中国历代官制大辞典

修订版

名誉主编　张政烺
主　　编　吕宗力

商務印書館
创于1897　The Commercial Press

图书在版编目(CIP)数据

中国历代官制大辞典. 修订版 / 吕宗力主编. — 北京：商务印书馆，2015（2024.12重印）
ISBN 978-7-100-10307-7

Ⅰ. ①中… Ⅱ. ①吕… Ⅲ. ①中国－历代－官制－辞典
Ⅳ. ①D691.42-61

中国版本图书馆CIP数据核字（2013）第234795号

中国历代官制大辞典
修订版

名誉主编　张政烺
主　　编　吕宗力

商　务　印　书　馆　出　版
（北京王府井大街36号　邮政编码 100710）
商　务　印　书　馆　发　行
三河市尚艺印装有限公司印刷
ISBN 978-7-100-10307-7

2015年1月第1版　　开本 880×1230 1/16
2024年12月第7次印刷　　印张 74

定价：350.00元

名誉主编　张政烺

主　　编　吕宗力

副 主 编（按姓氏笔画为序）

田人隆　刘　驰　刘洪波　李世愉
商　传　谢保成　赖长扬

《中国历代官制大辞典》修订版前言

《中国历代官制大辞典》自1994年由北京出版社出版至今已18年。在此前后，亦有多种官制或职官词典陆续问世。其中较有影响的，包括俞鹿年《中国官制大辞典》（黑龙江人民出版社1992），徐连达《中国历代官制大词典》（广东教育出版社2002），沈起炜、徐光烈《中国历代职官词典》（上海辞书出版社1992），龚延明《宋代官制辞典》（中华书局1997），龚延明《中国历代职官别名大辞典》（上海辞书出版社2006）等，但北京版《中国历代官制大辞典》仍有其特色及优势，受到广泛关注。

欧美著名汉学研究或中国学研究课程的参考书目中，多选用北京版《中国历代官制大辞典》为查询官名的主要中文工具书。例如曾任欧盟亚洲处处长和欧洲委员会驻华代表团团长的汉学家魏根深（Endymion Wilkinson）所编撰的《中国历史手册》（*Chinese History: A Manual*），是西方汉学界近年出版的最大规模、最具权威的中国历史研究工具书指南，也是欧美多所大学中国历史研究课程的入门教材。该书面向的读者是西方研究中国的学者和学生，所以在政治制度——职官名衔一节中，魏根深首先介绍贺凯（Charles O. Hucker）编撰的《中国古代官名辞典》（*A Dictionary of Official Titles in Imperial China*），称之为“以英文撰写的关于中华帝国历史各个时期中央及地方政府的最佳指南”；但魏根深同时指出，如果读者在贺凯书中未能查检到所需的官制信息，可以查阅北京出版社版《中国历代官制大辞典》，因为它“规模更大、更完备”，更附有贺著未曾收录的“历代职官品位表”。（Cambridge，MA：Harvard University Asia Center for the Harvard Yenching Institute，revised and enlarged edition，2000，p. 531）美国普林斯顿大学历史系及东亚系教授艾尔曼（Benjamin A. Elman）编撰的网络版《中国经典文献工具书录》（*Classical Historiography of Chinese History*），在“有关中国古代职官的工具书”一节，将贺凯《中国古代官名辞典》、《历代职官表》、北京出版社版《中国历代官制大辞典》列为最主要的参考书。事实上，欧美高校中主要的东亚学教学研究机构所编撰的中国研究工具书目录，也多将北京出版社版《中国历代官制大辞典》列为基本或最重要的中国古代官制参考书。例见丹麦哥本哈根大学文学院（Faculty of Humanities，University of Copenhagen）编撰的“中国研究参考书目”（Reference Works for Chinese Studies），以及德国莱比锡大学（Universitat Leipzig）采用的“汉学参考书目”（Sinologische Hilfsmittel）。在国内的史学、文献学、古籍整理等学科的教研活动中，北京出版社版《中国历代官制大辞典》更被视为常备工具书。

十多年来，我们逐渐发现本书的一些技术性瑕疵，例如错字、漏字（可能出于手写之误但未能校正），错简（编排次序紊乱），词目表所标记页数与正文页数不合，列为参见条的词目其实未曾立条，少数词目立条不当，某些词条的内容不够完整或准确，等等。此外，随着十多年来史学研究，特别是政治制度史研究的深入和细化，新史料的出现（如金文、帛书、简牍、碑铭、档案等），我们对古代官制的认识和知识也逐渐深化。因此，对北京出版社版《中国历代官制大辞典》作出较大幅度修订的时机已经成熟。

北京出版社版《中国历代官制大辞典》原主要撰稿人（按姓氏笔画排序）有王朝中、王静、毛佩琦、田人隆、史卫民、史金波、吕宗力、任道斌、刘华祝、刘驰、刘秀生、刘洪波、刘桓、刘翔、江丽、孙丽丽、孙言诚、李世愉、李宝柱、杨讷、杨林、何本方、张玉兴、张莉、陈长年、陈祖武、范勗之、罗燕生、孟世凯、徐万民、栾保群、黄正建、黄乘矩、商传、商全、谢保成、赖长扬、蔡松柏、廖心一等。本次修订完全由正副主编们承担，先由田人隆、吕宗力、刘驰、刘洪波、李世愉、商传、谢保成、赖长扬分别审阅全稿，各自提出修改意见，最后由吕宗力通审通校通改。

我们曾考虑利用这次修订的机会，大幅增订，也做了一些准备工作，应该可以增补数千词条。但由于大家目前工作繁重，精力有限，故此次修订只能着重于适度增删、补正和订正。

适度增删包括增补若干必须增补的新条目，例如厂臣、上等司、王相、公主府家令司、右谷蠡王、右柱国、右翼世职官学总理大臣、左柱国、市帅、司士中大夫、司乐中大夫、考工室令、团营、竹木抽分局、军学处、运同、作、补子、直隶总督、尚书三百六十曹、盐运使、御马司、鼓吹局、銮仪司、藉田令、藉田署等；以及删除立目不当或重出的词条，如左右光禄大夫、左右柱国、左右翼世职官学总理大臣、四将军、令史掾、主府者吏、礼服、司马令史掾、设特勤、典劝使者、南学正管学官、南学副管学官、说书、郡马、都督行府、资政、副留守、得君、谒、散骑集书、税吏、掣签法、导官令、导官丞、导官署等。

补正工作包括重撰条理不够清晰或内容有严重缺陷的词条，如内史、长官、水师、册立、守选、军功、关、贡院、诏狱、社学、补服、恩科、旅贲令、资国院、资政殿学士、资政殿大学士、度支、送故、阁门司、第一领民庶长、第二领民庶长、第三领民庶长等条；酌加补充或更新内容不够完整的词条，以及订正释文中不够准确甚至错误的用词、描述，如十二部、十八房、丁忧、三老、大比、大行、大将军府、大监、六察、世官、世职、东京留守司、右司谏、左司谏、四夷馆、外台、印、主考、弘文馆学士、光禄寺主簿、岁试、运判、里、兵房、兵曹、宏词科、词科、灵台、武举、直史馆、明堂、侍仪司、侍仪局、总管、宫相、宫相都总管府、都转运盐使司、都镇抚司、候官、剧县、银印、笺、殿中郎、殿中郎将、寨、爵等条。

订正工作包括修正词目及改正词目中的错字、顺序，如改邑有司为邑司、奉义校司为奉义校尉、典驽都尉为典弩都尉、典馔中士为典彘中士、铁局总局为铁路总局、河东河道总督为东河河道总督、阁内大都督为閤内大都督、阁内都督为閤内都督、策论为策论取士、儒士科学为儒士科举、鼈人为鳖人等；更包括清理技术性瑕疵，如查核校正引文，改正标点符号、错讹字、地名、年代等达上万处。

本次修订，增删、补正的条目不算很多，订正部分的工作相当琐碎，但总体工作量仍然巨大。参与修订者不仅要仔细校读自己专长的断代条目，更要通览全书的内容，校订文字、标点，复核史实，查对引文，留意词目与词条、词条与词条之间的关联协调。《中国历代官制大辞典》编撰团队的主要成员，在刚参与编撰时年逾而立，至北京版出版时早已年逾不惑。到了这次修订，则多至耳顺之年。明人何良俊有云："古人云'校书如拂几上尘'，言旋拂旋有也。"（《四友斋丛说》）前人也说，"校书如扫落叶，随扫随落"。引述此语，不是要为可能看走眼的错漏预留开脱的藉口，只是想说，集体编撰大型工具书的种种甘苦，如人饮水，冷暖自知，错误遗漏，在所难免。读者、方家如愿赐教，我们衷心欢迎。下次有修订或增订机会时，会充分吸收大家的批评、指正。

特别要说明的是，作为修订本，《中国历代官制大辞典》沿用北京出版社 1994 年版的词目排序，只做了局部调整。

最后，我谨代表《中国历代官制大辞典》的编撰团队，向当年支持我们编就此书的北京出版社，这次支持修订版的商务印书馆和丁波先生，以及协助审校的诸位先生，表示诚挚的谢意和敬意。

吕宗力
2012 年 3 月于未名湖畔

（1994 年版）前言

职官制度（即国家机构及其官员的设置、职掌、品秩、沿革等），是人类步入文明社会的必然产物，是政治制度和政治生活的重要组成部分。它服务于一定的政治和社会，给政治和社会予以了巨大影响。其设置废罢本身，就在很大程度上反映着相应的政治状况。社会政治、经济、文化的涨落兴衰，有时和职官制度也有不可分割的关系。在历史上曾经起过一定作用的政治家、军事家、思想家、史学家、文学家、艺术家、科学家及其交游，大多数人的生活经历与职官制度都有过关联。一些历史事件的发生和发展，离开了职官制度也难以理解。历史学者把职官制度与目录、年历、地理诸学并列，视为打开历史之门的钥匙，是十分恰当的。

我国历史悠久，在职官制度方面积累了丰富的经验。所谓“职官”，在古代是文武百官的通称。传说我国从夏代开始，就有了职官的设置。至少从商代起，就有了确切的有关职官的记载。《左传·成公九年》即以“职官”一词称官位。《左传·定公五年》“职官五正”，即以“职官”泛指众官。大约产生于战国时代的《周官》（即《周礼》），表述了“惟王建国，辨方正位，体国经野，设官分职”的一套宏大的职官体系。在一定意义上说，它是我国古代官僚制度的第一次整理和总结。此后，历代正史大都有“职官志”之类的专篇叙述职官状况。唐以来，又有通典、通考、会要等大型政书，多辟专章叙述职官制度。此外，前人还编纂过一些专著，断代的如《汉官》、《汉旧仪》、《唐六典》、《诸司职掌》等，通述的如《职官分纪》、《职源撮要》、《历代职官表》等。它们为了解历代政体的主干——职掌制度提供了丰富的资料。通过它们可以看到历代国家机关的组织管理的结构形式，职、权、责、利的划分及其整体运行机制。其间引人注目的是，在我国漫长的封建社会所形成的一整套设署分职、督促监察、任免升迁、告老退休等制度，曾有效地保证了国家机器的正常运行；其腐败淫滥诸弊也曾给国家和社会带来过深重的灾难。对此，历朝统治者和学者们多有总结。其实践形式之多、议论之广，无论是正面的还是反面的，世界上任何国家都无法比拟。从这个意义上说，我国古代职官制度及其理论，对世界文化有巨大的贡献。我们应当珍视这份遗产。

我国古代职官的置废沿革、职掌变易极为复杂。不仅历代有因有革，一朝之中也常有变化。一名多义、一义多名、名不副实、有实无名的情况极为常见。以上我们提到的那些职官的资料或著作，各有局限，尤其难以作为便于查阅的工具书使用。对此，读者多感烦恼。20世纪50年代，有关方面即想解决这个问题，终因工作量和难度太大、人力不足而作罢。“文化大革命”前后，出版了《辞海》和《辞源》修订本，其中收有一定数量的职官制度辞目，暂时解决了这一“饥荒”。80年代后，国内外又相继出版了几部简明“职官辞典”，由于容量等关系，仍难以满足需要。鉴于此，自1984年起，我们即组织同仁，着手编写这部大辞典。

我们的指导思想，第一是力求做到收辞“全”。但凡是中国古代所见中央和地方行政机构、职官、勋官、散官、封爵及尊称、别称、俗称、简称、合称、联称，农民起义、周边少数民族政权所设职官，官场用语、俗语，一律予以收录。因此，在材料上努力博采，除正史外，并及政书、实录、碑铭、简牍、封泥、词赋、文集等。现收辞两万余条，成为目前国内外最大的一部中国古代职官辞典。

我们力求做到的第二点是释文准确、完整。重点是写好“通条”。有些职官名称，数代并见，且忽置忽废，职司、品秩等变化较大。即使名家，也难一一廓清。为了保证释文质量，我们采取了有效的写作程序，即对某一辞目，由学有专长的编撰者各自提供断代素材，集中之后按时序编排，再交一人综合写成释文，然后请各提供素材者复审，经讨论后再定稿。这样，避免了不少通条释文极易产生的缺漏或舛误。我们还注意吸收前人和当代史学界的研究成果，择善而从。有许多释文，经编撰者自己根据纷繁歧异的史料，反复推敲、仔细研究后写成，实际上已是撰写者的新成果。唯其如此，我们对一辞多义的义项的分立才有更准确的把握；对机构及其职官的沿革演变的叙述，才不至于繁复杂乱。

我们努力想做到的第三点是雅俗共赏，尽可能适应多层次读者的需要。行文上尽量简洁明了，使一般中等文化程度的读者也能领会。内容上追求准确丰富，即使专业工作者亦可备参考。释文以释词为主，就词论词，不采用百科全书式的写法。

时经七载，这部辞典终于摆在了读者面前。暑去寒来，春华秋实，得失成败，唯请读者品评。但愿它能对大众了解我国古代职官制度有所帮助！

最后，我们谨向始终支持我们编就此书的北京出版社表示衷心的感谢！谨向曾经为本书的编写和出版提供过种种帮助和支持的各位先生表示衷心的感谢！

编者

1991年1月于北京

总　　目

凡　　例

一、本书收词时限，上起先秦，下迄清亡。内容包括历代中央、地方的官名、官署名（包括主要的别称、俗称、简称、合称等），以及与官制有关的各项制度（如选举、考核、封爵、俸禄、服饰、印信、文书等）中的主要词汇和常见的官场用语。对历代农民政权和周边各族政权的官名、官署名亦择要收录。共计收词21666条。

二、词目来源以二十四史及《清史稿》为主，并参考有关政书、碑铭、私家著作等。

三、本书使用规范简化字，容易引起歧义的字保留原来的繁体或异体。

四、词目按第一字笔画数和起笔笔形横（一）、竖（丨）、撇（丿）、点（丶）、折（乛）顺序排列，首字相同的按第二字笔画数和起笔笔形排列，依此类推。

五、一词多义的用❶❷❸分项叙述，一义中再需分项的用⑴⑵⑶分述。需要参见、互见的词目均在释文后注明。

六、历史纪年采用旧纪年，夹注公元纪年。公元前一律加“前”字，公元1—99年一律加“后”字，100年以后不加。同一词条或同一义项中重复出现同一年号时，只在第一次出现处夹注公元纪年。两个年号并存时，只用与该词条有直接关系的年号。

七、古地名在必要时夹注今地名。

八、对一些不常见的词目，释文中提供了资料来源，以便于读者查阅。

九、为方便读者，卷末附有《历代职官品位表》、《历代中央机构简表》。

词 目 表

一 画

〔一〕

〔乛〕

二 画

〔一〕

三 画

〔一〕

〔丨〕

四　画

〔一〕

〔丨〕

〔丿〕

〔丶〕

〔乛〕

五　画

〔一〕

〔丿〕

〔丶〕

〔乛〕

六 画

〔一〕

〔丨〕

〔一〕

七 画

〔一〕

〔丨〕

〔丿〕

八　画

〔一〕

〔丨〕

〔丿〕

〔丶〕

〔乛〕

九　画

〔一〕

〔丨〕

〔、〕

〔乛〕

十　画

〔一〕

〔丨〕

〔丿〕

〔丶〕

〔乛〕

十一画

〔一〕

〔丨〕

〔丿〕

〔丶〕

〔乛〕

十二画

〔一〕

〔丨〕

〔乛〕

十三画

〔一〕

〔丿〕

十四画

〔一〕

〔丨〕

十五画

〔一〕

十六画

〔一〕

十七画

〔一〕

〔丨〕

〔丿〕

〔丶〕

〔乛〕

十八画

十九画

二十画以上

一　画

〔一〕

一甲　官制用语。即进士第一等。北宋太宗太平兴国五年（980），殿试进士，始分甲、乙两等取人。八年，始分三甲，中第一甲者授知县。端拱（988—989）中，则又不分甲。各甲人数不固定，淳化三年（992），御试进士，第一甲放三百零二人，并赐及第，第二甲放五十一人，并赐同出身。其后，科举取士，多分三甲或五甲唱名，一甲例赐及第。元朝一甲赐进士及第，授从六品官职。明、清规定一甲取三人，称为状元、榜眼、探花，皆赐进士及第，并立即授予官职，一甲第一名任翰林院修撰，第二、三名任翰林院编修。清雍正五年（1727）规定，武进士一甲第一名授一等侍卫，一甲第二、三名授二等侍卫。

一尔希哈番　即伊勒希哈番。

一齐下库　见“一齐虾库”。

一齐下喇哈番　即伊齐辖喇哈番。

一齐虾库　满语官名。又作一齐下库、伊齐辖库、寺依一齐下库、寺依一齐虾库。汉名为寺正，即清朝大理寺之职官。

一齐虾喇哈番　即伊齐辖喇哈番。

一齐额尔机哈分布勒哈番　即伊齐额尔吉哈福布勒哈番。

一齐额尔机爱惜喇库哈番　即伊齐额尔吉爱什拉喇哈番。

一齐额尔机爱惜喇喇哈番　即伊齐额尔吉爱什拉喇哈番。

一帐三房　官署名。辽朝皇族机构合称。辽太祖阿保机祖父匀德实生四子，长子麻鲁早卒无后。次子岩木之后为孟父房；三子释鲁之后曰仲父房；四子即太祖之父，太祖阿保机之后称为横帐；阿保机之弟剌葛、迭剌、寅底石、安端、苏等为季父房。统称为一帐三房，是为四帐皇族。

一等艺师　官名。清末农工商部属官。光绪三十二年（1906）设。无定额，正六品。于部属农事试验场任职。以专科学校毕业试用合格者奏补，秩同主事。

一等书记官　官名。❶清末外务部之职官，为出使大臣之属官。光绪二年（1876）始设书记官，后分为一等、二等，一等从五品。三十二年定制，每使馆设一名，奏补。掌使馆文牍。❷清末新陆军职官。光绪三十年（1904）定新陆军营制，始置。每军四人（不常置），每镇三人，从三品，副参领充，简放。职掌文牍。

一等台吉　参见“台吉”。

一等库官　见“库官”❸。

一等译官　见“译官”。

一等侍卫　官名。清朝侍卫中之第一等。武职正二品。由上三旗子弟中才武出众者充任。掌宫廷宿卫及随扈皇帝之事。顺治元年（1644）定制：每旗二十人，共六十人。雍正五年（1727）始定，武进士一甲一名得授为此职。康熙三十七年（1698），增宗室侍卫，雍正七年定一等宗室侍卫九人，每旗三人。

一等参谋官　官名。清末新陆军军官。光绪三十年（1904）定新陆军营制，始置。每军二人，从三品，副参领充，简放。随同总参谋官分任计划诸务。唯平时不编军，故不常置。

〔乛〕

乙字库　官署名。❶明朝户部所属机构。设大使一人，正九品，副使一人，从九品。嘉靖（1522—1566）中革副使。掌户部收贮物品。❷明朝宦官所掌内府十库之一。初设大使一人，正五品，左、右副使各一人，从五品。后改设掌印太监一人，总理、掌司、写字、监工无定员。掌收贮奏本用纸，及各省送解宫中的军士棉服。

乙里职　蒙古语，意为“使臣”，异译“乙里只”、“额勒赤”等。

乙科　❶官制用语。汉代选拔官吏考试的第二个等级称乙科，在甲科之下。唐代明经分甲、乙、丙、丁四科，进士分甲、乙两科。❷明、清称举人为乙科。

乙室大王　即乙室部大王。

乙室已国舅大翁帐常衮　亦作乙室已国舅大翁帐敞稳。官名。辽国舅帐乙室已分作二房，曰大翁、小翁，此为主持乙室已大翁房事务的官员。

乙室已国舅大翁帐敞稳　即乙室已国舅大翁帐常衮。

乙室已国舅小翁帐常衮　官名。亦作乙室已国舅小翁帐敞稳。辽国舅帐乙室已分作二房，曰大翁、小翁，此为主持乙室已小翁房事务的官员。

乙室已国舅小翁帐敞稳　即“乙室已国舅小翁帐常衮”。

乙室王　即乙室部大王。

乙室王府　官署名。乙室部为契丹遥辇氏八部之一。辽太宗会同元年（938）改乙室部夷离堇为大王。在朝设乙室王府以主乙室部族之事。

乙室王府都监　官名。辽朝置。乙室王府官员。

乙室勃极烈　官名。设于金太祖时，管理对外事务，由太祖叔阿离合懑充任。阿离合懑死，官废。

乙室部大王　官名。又称乙室大王、乙室王。辽乙室王府长官，掌乙室部部族军马之政。任职者多为皇族、国舅等族之人。

二 画

〔一〕

二十四司 ❶官署名合称。即尚书省六部所统二十四个部门：吏部所领吏部、司封、司勋、考功，户部所领户部、度支、金部、仓部，礼部所领礼部、祠部、膳部、主客，兵部所领兵部、职方、驾部、库部，刑部所领刑部、都官、比部、司门，工部所领工部、屯田、虞部、水部。隋朝始置，唐朝完善。宋朝承袭，神宗元丰（1078—1085）改制后，六部头司之长官郎中、员外郎参领本部尚书、侍郎所掌之事，哲宗元祐（1086—1094）以后每部四司相兼领时有出现。明洪武十三年（1380）六部每部分四属部，头司皆曰总部，其后名称亦有变化；二十九年二十四司俱称清吏司，其司名、司数皆有变化。❷官名合称。隋炀帝女官六尚之属：尚宫所管司言、司簿、司正、司闱，尚仪所管司籍、司乐、司宾、司赞，尚服所管司玺、司衣、司饰、司仗，尚食所管司膳、司酝、司药、司饎，尚寝所管司设、司舆、司苑、司灯，尚工所管司制、司宝、司彩、司织。唐朝无司正，置司记；无司玺，置司宝；无司织，置司计；改尚工为尚功，司宝为司珍。金朝为尚宫所领司记、司言、司簿、司闱，尚仪所领司籍、司乐、司宾、司赞，尚服所领司宝、司衣、司饰、司仗，尚食所领司膳、司酝、司药、司饎，尚寝所领司设、司舆、司苑、司灯，尚功所领司制、司珍、司彩、司计。明朝同唐、金制，成祖永乐（1403—1424）后，职尽移宦官，所存者尚服所领司宝、司衣、司饰、司仗四司。

二十四军马牧 官署合称。隋朝陇右牧所属军马署，每牧置仪同及尉、大都督、帅都督等员。

二十四典 官名合称。隋炀帝始置，为宫廷女官六尚局所领诸司官，二十四司之佐。隋置典言、典簿、典正、典闱、典籍、典乐、典宾、典赞、典玺、典衣、典饰、典仗、典膳、典酝、典药、典饎、典设、典舆、典苑、典灯、典制、典宝、典彩、典织。唐朝沿置，无典正、典玺、典织，改设典记、典珍、典计。宋、金如唐制。明初不置，洪武二十七年（1394）始置。永乐（1403—1424）后，尽移其职于宦官，仅存尚服局四典。职掌分见各条。

二十四掌 官名合称。隋炀帝始置，为宫廷女官六尚局所领诸司官，二十四司、二十四典之佐。隋置掌言、掌簿、掌正、掌闱、掌籍、掌乐、掌宾、掌赞、掌玺、掌衣、掌饰、掌仗、掌膳、掌酝、掌药、掌饎、掌设、掌舆、掌苑、掌灯、掌制、掌宝、掌彩、掌织。唐朝沿置，无掌正、掌玺、掌织，改设掌记、掌珍、掌计。宋、金如唐制。明初不置，洪武十七年（1384）定六尚品秩后，始置，如唐制。永乐（1403—1424）后，尽移其职于宦官，仅存尚服局四掌。职掌分见各条。

二十四衙门 明朝内府衙门的总称，计有十二监、四司、八局，共二十四衙门。十二监为司礼监、内官监、御用监、御马监、司设监、尚宝监、神宫监、尚膳监、尚衣监、印绶监、直殿监、都知监。四司为惜薪司、宝钞司、钟鼓司、混堂司。八局为兵仗局、巾帽局、针工局、内织染局、酒醋面局、司苑局、浣衣局、银作局。除浣衣局外，各衙门皆设皇城中。二十四衙门各设掌印太监、少监、监丞、大使、副使、典簿、令、丞、常随、奉御小内使等管理，是宫廷内侍奉皇帝及其家族的机构。

二十等爵 爵位制度。战国时秦国始置。秦及汉朝沿用。秦商鞅变法时，依据原有爵制，参照各国制度，制定秦军功爵位等级，其后逐步形成二十等爵。据《汉书·百官公卿表》，二十等爵名为：一级为公士，二上造，三簪袅，四不更，五大夫，六官大夫，七公大夫，八公乘，九五大夫，十左庶长，十一右庶长，十二左更，十三中更，十四右更，十五少上造，十六大上造，十七驷车庶长，十八大庶长，十九关内侯，二十彻侯。簪袅别称谋人，大上造别称大良造。一级至四级相当于士，五级至九级相当于卿，十九、二十两级相当于诸侯。有爵者依据级位不同享有各种政治、经济特权。战国时秦国五大夫以上得食邑，汉初公大夫以上食邑，官大夫以下得免役，文帝时又改为五大夫以上才得免役。

二大 北魏时为大司马、大将军的合称。位在三师之下、三公之上。

二千石 官秩等级，因所得俸禄以米谷为准，故以“石”名之。汉朝二千石为中央政府机构的太子太傅、太子少傅、将作大匠、詹事、水衡都尉、内史等列卿及州牧郡守、诸侯王国相一级官员。月俸谷百二十斛，一年得谷一千四百四十斛。另有中二千石、比二千石、真二千石。（参见各条）三国两晋南北朝因之。南朝宋以太子太傅（三品）、太子詹事（三品）、州牧、太守、五营校尉等为二千石。梁武帝天监（502—519）初，定九品官秩，以第四、五品为二千石。陈制以左右卫将军、御史中丞（以上位三品）、通直散骑常侍、员外散骑常侍、黄门侍郎、左右骁骑、左右游击将军、太子中庶子、太子左右卫率（以上位四品）、大长秋、大郡太守（以上位五品）、小郡（不满万户）太守、内史、相（以上位七品）并二千石。故自汉朝至三国两晋南北朝，二千石亦作为州牧、郡守、国相以及地位与之相当的中央高级官员的泛称。

二千石郎 官名。尚书省二千石曹长官通称。三国魏始置，资浅者亦称郎中，资深者可转侍郎。秩四百石，六品。西晋沿置，东晋康帝、穆帝以后罢。北魏复置，孝文帝太和十七年（493）定郎为从五品中，郎中五品上；二十三年皆称郎中，六品，然仍可通称为郎。北齐沿置，隶都官尚书，六品上。

二千石郎中 官名。魏晋北朝与二千石郎互称，为尚书省二千石曹长官。参见“二千石郎”。

二千石曹 官署名。❶尚书曹名。西汉成帝时置，设尚书，掌州郡长官奏事，管理地方行政。属尚书令。东汉初沿置，属尚书台，设尚书、郎。后改掌京师治安、辞讼、刑狱等政，亦谓之贼曹。三国罢。❷尚书台（省）诸郎曹之一。三国魏、西晋置，设郎（郎中）。或说魏属尚书左仆射，西晋属三公尚书。东晋康帝、穆帝以后省。北魏孝文帝改制后复置，掌监察京师以外地区非违得失之事，兼典仪注，或说属都官尚书。北齐沿置，属都官尚书。

二千石曹尚书 官名。西汉成帝时置，属尚书令，为四曹（一说五曹）尚书之一。其职掌说法不一。《后汉书·百官志》本注以为主郡国二千石事，刘昭注引蔡质《汉仪》则以为掌中都官水火、盗贼、辞讼等。《晋书·职官志》认为东汉有二千石曹与中都官曹，前者主辞讼。

二卫 即左、右卫将军的合称。参见“左卫将军”、“右卫将军”。

二卫将军 即左卫将军与右卫将军的合称。

二五百主 武官名。战国秦置。辖两个五百主，兵千人。《商君书·境内》：“二五百主，将之主，短兵百。”

二尹 明清县丞之别称。

二甲 官制用语。北宋太宗太平兴国五年（980）殿试，始分进士为甲、乙两等。太平兴国八年，分为三等，称三甲，其第二等称二甲。宋朝时每科所分甲数及每甲所取人数皆不固定。太宗端拱元年（988）、二年取进士皆未分甲，而淳化三年（992）御试进士，共录取进士三百五十三人，第一甲三百零二人，第二甲五十一人，仅分一甲、二甲两等。以后多分三甲，亦有分五甲时。二甲例赐进士出身。元朝二甲赐进士出身，授正七品官职。明清时二甲名额多于一甲，但少于三甲，仍赐进士出身，其第一名称传胪。二甲中的优秀者可被选为翰林院庶吉士，其余分至各部、寺担任主事等中级官员或出任知县等地方官。

二史 宋朝起居郎与起居舍人合称。《宋史·职官三》：“间有不次擢用者，则自二著躐升二史，以至从列。”

二台 东汉御史台与尚书台合称。《后汉书·陈忠传》：“言事者见杜根，成翊世等新蒙表录，显列二台。”时杜为侍御史、成为尚书郎，分隶御史、尚书二台。

二司 汉朝司徒、司空合称。《后汉书·袁绍传》：“故太尉杨彪，历典二司，元纲极位。”时彪代董卓为司空，又代黄琬为司徒。

二百石 官秩等级。西汉多指县级政府机构地位较高的属吏，如县丞、尉，称为长吏，授予铜印黄绶。东汉时中央政府机构令史之属、四百石和三百石长相的属吏丞、尉及障塞尉、诸陵校尉长等皆二百石。月俸三十斛。三国两晋南北朝沿用之。南朝宋公府属吏为二百石。陈制，七品之太子舍人，九品之蕃王国郎中令、大农并二百石。

二征将军 新莽将军名号。天凤六年（后19），王莽得匈奴右骨都侯须卜当，赐姓征氏，号二征将军，欲诛单于舆以代之。

二庙令 官名。南朝梁置，管理太庙、小庙（梁武帝萧衍生母非正室，萧衍于太庙外别立庙以奉其神主，称小庙）日常事务的官员，属太常卿。位二班。

二庙丞 官名。南朝梁置，协助二庙令管理太庙、小庙日常事务的官员。

二府 ❶亦称两府。西汉为丞相、御史大夫官署的合称，也作为丞相、御史大夫的代称。《汉书·刘向传》：“今二府奏佞谄不当在位。”颜师古注引如淳曰：“二府，丞相、御史也。”东汉以称司徒、司空或太尉、司徒。晋朝亦作为大司马、太尉两府的合称。❷十六国前凉时期太府与少府的合称。❸宋朝中书门下与枢密院的合称。宋初赵普任枢密使，礼遇与宰相同，号称二府。后以中书门下掌政务，称东府；枢密院掌军务，称西府，对掌最高国务，故并称二府。❹明、清对府同知的别称。

二品 ❶官阶等级。即九品官阶中的第二个等级。三国魏始设，历朝因之。北魏以来又有正从之分。❷魏晋南北朝士族内部的等级。即中正所评定的乡品中的第二个等级，但因文献中没有关于一品的明确记载，故二品成为实际上最高的品级。对于一些优异者，有称为“灼然二品”或“二品之精”的。担任中正者，多为二品，而且二品之人还能参议中正之人选。魏晋时二品之人出仕即任清官，而三品以下之人则有许多种官职不能担任，到南朝宋以后，二品与三品间的差别更加明显。《宋书·恩幸传》：“凡厥衣冠，莫非二品，自此以还，遂成卑庶。”南朝梁改九品官阶为十八班，“位不登二品者，又为七班”。（《隋书·百官志上》）列为流外，使差别更加绝对化。由于士族高门子弟皆为二品，故出现“门地二品”与“二品才堪”的区别，前者仅凭借家世，而后者除家世外还有才能，在任用时有所不同。参见“九品官人之法”。

二品将军 两晋南北朝对位居第二品的各种名号将军的统称。将军的品位在各朝都有变化，两晋位二品的有骠骑、车骑、卫将军及诸大将军。其下置有长史、司马、主簿、功曹史等。禄赐与特进同。《晋书·职官志》："四征镇安平加大将军不开府、持节都督者，品秩第二，置参佐吏卒、幕府兵骑如常都督制，唯朝会禄赐从二品将军之例。"

二将　即东宫二将。

二院皇族　辽朝五院司、六院司皇族的统称。辽太祖阿保机五世祖耨里思长子洽昚之族在五院司，第三子葛剌、第四子洽礼及阿保机伯祖叔剌、帖剌、叔祖褭古直之族在六院司，此五房称作二院皇族，地位不如四帐皇族显贵。

二著　官名合称。即著作郎与著作佐郎。参见"二史"。

二率　指太子二率，即太子左、右卫率。

二率丞　即太子左、右卫率丞。

二税科　官署名。宋神宗元丰（1078—1085）改制置，隶户部左曹检法案，掌有关赋税受纳、驱磨、隐匿、支移、折变之事。

二等艺师　官名。清末农工商部属官。光绪三十二年（1906）设。无定额，正七品。于部属农事试验场任职。以专科学校毕业试用合格者奏补。

二等书记官　官名。❶清末外务部之职官，为出使大臣之属官。光绪二年（1876）始设书记官，后分为一等、二等，二等从六品。三十二年定制，每使馆设一名，奏补。掌使馆文牍。❷清末新陆军职官。光绪三十年（1904）定新陆军营制，始置。每协二人，每标二人，正四品，协参领充，奏补。掌文牍。❸清末国子监之职官。光绪三十二年设，三人。

二等出使大臣　见"出使大臣"。

二等库官　见"库官❶"。

二等译官　见"译官"。

二等侍卫　官名。清朝侍卫中之第二等，武职正四品。由上三旗子弟中才武出众者充任。掌宫廷宿卫及随扈皇帝之事。顺治元年（1644）定制：每旗五十人，共一百五十人。雍正五年（1727）始定，武进士一甲二、三名者得授此职。康熙三十七年（1698）增宗室侍卫，雍正七年，定宗室二等侍卫十八人，每旗六人。

二等参谋官　官名。清末新陆军军官。光绪三十年（1904）定新陆军营制，始置。每军二人（不常置），每镇一人，正四品，协参领充，奏补。随同总参谋官或正参谋官分任计划诸务。

二等参赞　官名。清朝二等出使大臣之属官。初制正四品，后改从四品。佐出使大臣办理交涉事务。参见"参赞"。

二等通译官　见"通译官"。

十二卫　军事管理机构合称。隋朝以左右翊卫、左右骁骑卫、左右武卫、左右屯卫、左右御卫、左右候卫为十二卫。唐朝承袭隋制，改为左右卫、左右骁卫、左右武卫、左右威卫、左右领军卫、左右金吾卫。五代为左右卫、左右骁骑卫、左右武卫、左右屯卫、左右领军卫、左右金吾卫。宋朝为左右金吾卫、左右卫、左右骁卫、左右武卫、左右屯卫、左右领军卫。隋唐时期统领内府、外府府兵，掌宫掖禁卫及京城巡警、京畿烽候道路，督摄队仗。唐朝后期，府兵既废，虽有其名，别无所领，至宋则仅存虚名。明洪武（1368—1398）中置，为京卫上直卫，计有：锦衣卫、旗手卫、金吾前卫、金吾后卫、羽林左卫、羽林右卫、府军卫、府军左卫、府军右卫、府军前卫、府军后卫、虎贲左卫，掌番上宿卫，称亲军，以护卫宫禁，不隶五军都督府。永乐（1403—1424）后屡增为二十六卫。

十二卫大将军　官名合称。隋炀帝大业三年（607）始置，每卫一员，正三品，总其卫府事，并统诸鹰扬府。唐朝沿置，掌宫禁宿卫、巡警、仪仗，统内、外府府兵；德宗贞元二年（786）置十二卫上将军后，为各卫次官。宋朝为环卫官，正四品，无定员，多以宗室或武臣为之，皆空官无职掌；南宋多不除授，孝宗隆兴（1163—1164）中复置，以节度使、承宣使遥领郡者为之。

十二卫上将军　官名合称。唐德宗贞元二年（786）初置，各一人，从二品，位十二卫大将军上，为每卫最高长官。宋朝左右金吾卫、左右卫为从二品，余为从三品，无定员，以宗室或武臣为之，皆空官无职掌；南宋初多不除授，孝宗隆兴（1163—1164）中复置，节度使正任领左右金吾卫上将军，承宣使正任领左右卫上将军，在内则兼带，在外则不带。

十二卫将军　官名合称。隋炀帝大业三年（607）始置，每卫各二人，从三品，为大将军副贰。唐朝沿置。宋朝为从四品，无定员，以宗室或武臣为之，皆空官无职掌；南宋初多不除授，孝宗隆兴（1163—1164）中复置，为武臣之馆阁职。

十二小将　官名合称。北魏明元帝永兴四年（412）七月，"置四厢大将，又放十二时，置十二小将"。（《魏书·太宗纪》）职掌不详。孝文帝太和十七年（493）改定官制后未见。

十二团营　军事编制。明天顺八年（1464）选三大营壮勇官军十二万，分立十二营。成化二年（1466）罢，三年正式设置。分为四勇营、四武营、四威营。各营内又分为五军、三千、神机三营。命勋臣为总督，监以内臣。各营以都督、都指挥或列爵统领，其军称为选锋。

十二监　官署名。明朝宦官衙门的通称，即司礼监、内官监、御用监、司设监、御马监、神宫监、尚膳监、尚宝监、印绶监、直殿监、尚衣监、都知监，共十二监。初各设太监一员，正四品；左、右少监各一员，从四品；左、右监丞各一员，正五品；典簿一员，正六品；长随、奉御无定员，均从六品。后改设提督太监、掌印太监及典簿、掌司、写字、长随、奉御等。

十二卿　官名合称。南朝梁置，武帝天监七年

(508)以太常卿、宗正卿、司农卿为春卿，太府卿、少府卿、太仆卿为夏卿，卫尉卿、廷尉卿、大匠卿为秋卿，光禄卿、鸿胪卿、大舟卿为冬卿，合为十二卿。

十二部 西魏文帝大统十二年（546）以后尚书省所辖机构的总称。《周书·李彦传》："（文帝大统）十二年，省（尚书）三十六曹为十二部。"其中包括计部、吏部、兵部、虞部、蕃部、民部等。西魏恭帝三年（556）罢。明朝两京各设六部，故有两京十二部之说。

十二诸侯 十二个诸侯的合称。春秋时期指鲁、齐、晋、秦、楚、宋、卫、陈、蔡、曹、郑、燕。《史记·十二诸侯年表》实列十三诸侯，司马贞索隐："篇言十二，实叙十三者，贱夷狄不数吴，又霸在后故也。不数而叙之者，阖闾霸盟上国故也。"战国时十二诸侯所含具体诸侯国有变动。《战国策·秦五》："梁君伐楚胜齐，制赵、韩之兵，驱十二诸侯以朝天子于孟津。"姚宏注："梁君，梁惠王也。伐楚、齐，胜之，制御赵、韩之兵，驱使十二诸侯鲁、卫、曹、宋、郑、陈、许之君，朝天子于孟津。"

十二道监察御史 官名。明朝各道监察御史的合称。洪武十五年（1382）始于都察院下置浙江、河南、山东、北平、山西、陕西、湖广、福建、江西、广东、广西、四川十二道监察御史，各道置监察御史三至五人，正九品。十七年，改正七品。建文二年（1400）改十二道为左、右两院。成祖夺位后，复旧制。永乐元年（1403）改北平道为北京道。十八年，罢北京道，增设贵州、云南、交阯三道，遂成十四道。

十七卫亲军指挥使司 明初所置武德、龙骧、豹韬、飞熊、威武、广武、兴武、英武、鹰扬、骁骑、神武、雄武、凤翔、天策、振武、宣武、羽林十七卫亲军指挥使司的总称。各设指挥使、同知指挥使、副使等官，掌轮番宿卫，以护卫宫禁。后增至二十六卫。

十八房 官名。明清科举会试中房考官的合称。明朝初制，会试同考官只用八人，其后渐增。正德六年（1511）用十七人，分《诗经》五房，《易经》、《书经》各四房，《春秋》、《礼记》各二房。至万历十四年（1586）定《诗经》、《易经》各五房，《书经》四房，《春秋》、《礼记》各二房，共十八房。四十四年，再增《诗经》、《易经》各一房，遂成二十房。清初会试同考官用二十人，顺治十五年（1658）定为十八人。

十八班 ❶官职等级制度。南朝梁武帝天监七年（508）置，以取代原有的九品官制。自丞相、太宰等至车府令，分十八个等级，称十八班。以班多者为贵，同班者则以班序先后分高下。只授予乡品二品的士族。乡品三品以下的寒士只能担任流外七班及流外三品蕴位、三品勋位中的官职，很难升入十八班中的官职。陈初沿置，后又改回九品官制。❷官职等级。南朝梁十八班制中最高的一个等级，居之者有丞相、太宰、太傅等官。

十八族元帅府 官署名。元朝置，掌岷州十八族军民政务，隶于吐蕃等处宣慰使司都元帅府。秩从三品。设达鲁花赤、元帅、同知、知事各一员。

十三仓监督 见"京通十三仓场监督"。

十三阶 宋朝武官横行正使自右武大夫（原西上阁门使）至通侍大夫（原内客省使）诸阶的合称。

十三都尉 金末高级军事官员合称。哀宗正大二年（1225），选诸路精兵直隶枢密院，先设总领六员，后改为都尉，至天兴（1232—1234）初年设十三都尉（一说十五都尉），秩四品，以曾掌元帅者充任，与元帅府、行枢密院同级。

十三道肃政按察司 明建文（1399—1402）时，改原浙江、四川、山东、河南、北平、陕西、山西、江西、广东、广西、福建、湖广、云南十三道提刑按察司为肃政按察司，仍各理一省刑名按劾之事。成祖初复旧制。

十三道监察御史 官名。明朝各道监察御史的合称。明初，于都察院下置监察御史，以各布政使司分别设置为道，初为十二道。永乐（1403—1424）中改为十四道。宣德十年（1435）罢原置交阯道，定为十三道，计有浙江、河南、山东、山西、陕西、湖广、福建、江西、广东、广西、四川、贵州、云南诸道，共置御史一百十人：浙江、江西、河南、山东各十人，福建、广东、广西、四川、贵州各七人，陕西、湖广、山西各八人，云南十一人，均正七品，主掌纠察内外百官。在朝内掌南北两京科试，巡视京营，监临乡试、会试及武举考试，巡视光禄寺、仓场、内库、皇城、京师五城，轮值登闻鼓。在外则为巡按，清军，提督学校，巡盐、茶马，巡漕、巡关及马政、屯田等事。出师时则监军纪功。因为巡按系代天子巡狩，大事奏报，小事立断，权力极大，上至藩服大臣，下至州县官吏，均仰其声息。

十三道提刑按察司 明朝浙江、四川、山东、河南、陕西、山西、江西、广东、广西、福建、湖广、贵州、云南道提刑按察司的总称。各设按察使、副使、佥事等员，掌一省刑名按劾之事。洪武（1368—1398）初，曾置北平道提刑按察司，永乐初革。永乐五年（1407）置交阯道，十二年始置贵州道，宣德五年（1430）革交阯道，遂定为十三道之制。

十三衙门 即内十三衙门。又称内十三道。清初宦官衙门之统称。顺治十年（1653）六月，以内务府事繁，依明内监二十四衙门例加以精简设立，即乾清宫执事官、司礼监、御用监、内官监（后改宣徽院）、司设监、尚膳监、尚衣监、尚宝监（后改尚宝司）、御马监、惜薪司、钟鼓司（后改礼仪监、礼仪院）、直殿局、兵仗局。十一年，复设尚方司（后改尚方院）。同年，裁内务府，以十三衙门代行其事，掌皇家之衣、食、住、行。十八年，圣祖即位，以防宦官擅权，革去十三衙门，恢复内务府，遂为定制。详见各监、司、局条。

十王宅使 使职名。唐玄宗开元（713—741）中置，以宦官充任，掌皇子十王（庆、忠、棣、鄂、荣、仪、台、颍、永、济）所居内宅事。

十五道 清朝都察院按省区划分的十五个监察机构之总称。即京畿道、河南道、江南道、浙江道、山西道、山东道、陕西道、湖广道、江西道、福建道、四川道、广东道、广西道、云南道、贵州道。初制，仅河南、江南、浙江、山东、山西、陕西六道授给印信，湖广以下八道均为坐道，不治事，由六道掌道兼理；河南道列为首道，参治院事；京畿道主管照刷京师衙署卷宗。乾隆十四年（1749）定，各道均给印，并按道确定御史名额和职掌。此后，每道设掌印监察御史满、汉各一人，监察御史各道不等，属官有笔帖式、经承等。各道除各自稽核本省刑名（京畿道兼管直隶、盛京，陕西道兼管甘肃、新疆）外，分工稽察在京各衙门事务。二十年，升京畿道为首道，参治院事，刷卷事改归河南道。清末改革官制，分江南道为江苏、安徽二道，湖广道为湖北、湖南二道，增辽沈、甘肃、新疆三道，共为二十道。十五道之名遂废。

十五道监察御史 清朝都察院监察御史之统称。清制，监察御史分隶京畿、江西、浙江、福建、湖广、河南、山东、山西、陕西、江南、四川、广东、广西、云南、贵州等十五道，故名。设置、职掌分见各道监察御史。

十五道掌印监察御史 即清朝都察院所属十五道监察御史中之掌印者。详见各道监察御史条及“掌印监察御史”。

十五善射处 官署名。清朝八旗所属之机构。专门管理官兵之习射。额设管理大臣一人，翼长二人，掌习射事务。习射官兵为官缺四十五，兵缺一百二十，均系兼缺。所选之官仍食原俸，兵仍食原饷。缺出，由管理大臣于年少王公、文武大臣、官员、侍卫、兵丁及闲散宗室内拣选补放。每月习射六次。

十五善射处管理大臣 官名。清朝掌管八旗官兵习射之大臣。额设一人，于都统、副都统或善射之王大臣内特简。掌拣选习射官兵，并管理每月六次习射事务。

十五善射处翼长 官名。清朝十五善射处之职官。额设二人，位十五善射处管理大臣之下，由管理大臣于善射之官员内奏派。协助管理大臣掌习射事务。

十六卫 军事管理机构合称。唐朝以十二卫加左右监门卫、左右千牛卫，始称十六卫。掌禁卫。唐朝后期渐存虚名。五代至宋、辽沿之。

十六卫大将军 官名合称。唐朝十六卫长官每卫一人，正三品，掌宫禁宿卫、巡警、仪仗，并统内外府府兵；德宗贞元二年（786）置十六卫上将军后，为各卫次官。宋朝为环卫官，正四品，无定员，多以宗室或武臣为之，皆空官无职掌；南宋多不除授，孝宗隆兴（1163—1164）中复置，以节度使、承宣使遥领郡者为之。辽朝置为加官。

十六卫上将军 官名合称。唐德宗贞元二年（786）置为十六卫最高长官，每卫一人，从二品，位大将军之上。宋朝沿置，为环卫官，唯左右金吾卫、左右卫上将军为从二品，余皆为从三品，无定员，以宗室或武臣为之，皆空官无职掌；南宋初多不除授，孝宗隆兴（1163—1164）中复置，节度使正任领左右金吾卫上将军，承宣使正任领左右卫上将军，在内则兼带，在外则不带。辽朝置为加官。

十六卫将军 官名合称。唐朝十六卫大将军之副贰，每卫二人，从三品。宋朝为从四品，无定员，以宗室或武臣为之，皆空官无职掌；南宋多不除授，孝宗隆兴（1163—1164）中复置，为武臣之馆阁职。辽朝置为加官。

十光将军 光烈、光明、光英、光远、光胜、光锐、光命、光勇、光戎、光野等十号将军的合称。南朝梁武帝普通六年（525）置，定为武职三十四班中的十四班。陈改定为拟六品，比秩千石。

十团营 军事编制。明景泰元年（1450）选原京军三大营（五军营、神机营、三千营）精锐改置，每营设都督一，号头官一，都指挥二，把总十，领队一百，管队二百，于三大营都督中推一人充总兵官，监以内臣，兵部尚书或都御史一人为提督。成化三年（1467）改十二团营。

十州都将 官名。北魏置。《汉魏南北朝墓志集释》图版一四一《元廞墓志》：“（元廞）为十州都将，主採金铁。”

十壮将军 壮武、壮勇、壮烈、壮猛、壮锐、壮盛、壮毅、壮志、壮意、壮力等十号将军的合称。南朝梁武帝普通六年（525）置，定为武职三十四班中的十九班。陈沿置，唯改壮盛为壮威将军，拟六品，比秩千石。

十库 官署名。明朝内府由太监掌管的库房。计有甲字、乙字、丙字、丁字、戊字、承运、广盈、广惠、广积、赃罚诸库。各设掌库一员、贴库数员、佥书数十员不等。自戊字库以后，改以承运等为库名，盖因按天干排序，戊字后为己，已意为止，不吉，故改用别名排序。详见各库条。

十武将军 武猛、武略、武胜、武力、武毅、武健、武烈、武威、武锐、武勇等十号将军的合称。南朝梁武帝普通六年（525）置，定为武职三十四班中的二十一班。陈改为拟六品，比秩千石。

十明将军 明智、明略、明远、明勇、明烈、明威、明胜、明进、明锐、明毅等十号将军的合称。南朝梁武帝普通六年（525）置，定为武职三十四班中的十五班。陈改为拟六品，比秩千石。

十忠将军 忠勇、忠烈、忠猛、忠锐、忠壮、忠毅、忠捍、忠信、忠义、忠胜等十号将军的合称。南朝梁武帝普通六年（525）置，定为武职三十四班中的十六班。陈改为拟六品，比秩千石。

十威将军　威雄、威猛、威烈、威振、威信、威胜、威略、威风、威力、威光等十号将军的合称。南朝梁武帝普通六年（525）置，定为武职三十四班中的二十二班。陈沿之，唯改威振为威震将军，拟六品，比秩千石。

十将　官名。唐朝元帅、都统、招讨使所总诸军属官，位兵马使下。宋朝为禁军中低级军职，隶属都一级统兵官，由都头、副都头或军使、副兵马使管辖，位都头、副都头下，将虞候上。

十郡六夷大都督　官名。十六国后赵置。《晋书·姚弋仲载记》："迁持节，十郡六夷大都督，冠军大将军。"掌管羌族等少数民族的军政事务。

十骁将军　骁雄、骁桀、骁猛、骁烈、骁武、骁勇、骁锐、骁名、骁胜、骁迅等十号将军的合称。南朝梁武帝普通六年（525）置，定为武职三十四班中的十八班；陈改为拟六品，比秩千石。

十家长　清朝山西、陕西等地边外蒙古地方编户之头目。乾隆二十二年（1757）设。于种地民人内择其诚实者充任，辖十家。专司查报偷窃为匪及来历不明者。其上有总甲、牌头等头目。

十样锦　官场用语。宋朝高级官员的十项待遇。朱弁《曲洧旧闻》卷十："今之中散大夫，即昔之大卿监也，旧说谓之'十样锦'。受命之初，不俟赦恩，便许封赠父母妻一次，一也；妻封郡君，二也（今为令人）；不隔郊奏荐，三也；奏子为职官，四也（今为从仕郎）；乘马许行驰道，五也；马鞍上施紫丝座，六也；马前执破木杖，七也；宴殿内金器且坐朵殿上，八也；身后许上遗表，九也；国史立传，十也。"

十猛将军　猛毅、猛烈、猛威、猛锐、猛震、猛进、猛智、猛武、猛胜、猛骏等十号将军的合称。南朝梁武帝普通六年（525）置，定为武职三十四班中的二十班。陈改为拟六品，比秩千石。

十雄将军　雄猛、雄威、雄明、雄烈、雄信、雄武、雄勇、雄毅、雄壮、雄健等十号将军的合称。南朝梁武帝普通六年（525）置，定为武职三十四班中的十七班。陈改为拟六品，比秩千石。

十路征收课税所　见"征收课税所"。

十路宣抚司　官署合称。元世祖中统元年（1260），于燕京、益都济南、河南、北京、平阳太原、真定、东平、大名彰德、西京、京兆等十路分置，掌管各路军政和民政。设宣抚使、副使等职。受燕京行中书省节制。中统二年罢。

十飙将军　飙勇、飙猛、飙烈、飙锐、飙奇、飙决、飙起、飙略、飙胜、飙出等十号将军的合称。南朝梁武帝普通六年（525）置，定为武职三十四班中的十三班。陈改为拟六品，比秩千石。

丁内艰　参见"丁忧"。

丁外艰　参见"丁忧"。

丁字库　官署名。明朝置，隶户部。设大使一人，正九品，副使二人，从九品，嘉靖（1522—1566）中革副使一人。掌收存浙江、福建、广东、四川、江西、湖广、河南、山东、山西布政司以及应天府、南直隶各府州解到铜、铁、生漆、桐油、皮张、牛角等料，工部召买苏木等物。

丁忧　指官员遭父母之丧的丧假。又曰丁艰。父母死亡，子女要居家守丧三年，不任官，不婚嫁，不赴宴，不应考。汉朝称"守"，魏晋以后称丁忧。官员丁忧，通常要解官持服，在家居丧，称守制，二十七个月为满。宋朝，武臣若丁忧不解官持服，则给假百日。清朝，满、蒙官员守制百日后可赴原任衙署办事，但不参与朝会、祭祀，期满方可重新出任官职。又，父或承重祖父之丧为丁外艰，母或承重祖母之丧为丁内艰。

丁艰　参见"丁忧"。

丁灵中郎将　官名。十六国汉置。管理入居中原地区的敕勒族事务。《魏书·铁弗刘虎传》："（刘虎）归附刘聪，聪以虎宗室，拜安北将军、监鲜卑诸军事，丁灵中郎将。"

丁灵单于　官名。十六国后赵置。掌管入居中原地区的敕勒族事务。《晋书·赫连勃勃载记》："（勃勃）祖豹子招集种落，复为诸部之雄，石季龙遣使就拜平北将军，左贤王、丁灵单于。"

厂卫　官署名。明朝宦官所领东厂、西厂及内行厂与锦衣卫的合称。因其均掌缉查治狱诸事，故合称之。

厂臣　明朝对掌东厂、西厂宦官之称。

厂员　❶清朝泛指矿厂管理机构之成员。❷清朝专指直接由官府委派管理矿厂之官役，又称"厂官"。如铜矿中总制金厂之"场主"，掌管出纳之司库，掌管文书之吏胥，掌管稽查弹压之巡役和练役等。

厂官　见"厂员❷"。

七大夫　爵名。即公大夫，为二十等爵第七级。秦始置，西汉因之。秦及西汉初均为高爵，汉高祖五年（前202）五月诏七大夫以上皆食邑。

七子　皇帝姬妾名号。秦置，西汉沿之，秩视八百石，比右庶长。东汉省。

七百之令　年俸七百石粮谷的行政长官统称。战国秦置。《商君书·境内》："七百之令，短兵七十人。"一般指县令、长。

七色补官人　又称非泛补官人。即宋朝七种通过特殊途径补授官职的人。一为宗室女婿曾得解者，二为皇室贵族女婿和捧香人，三为官员异姓缌麻以上亲属该享受恩泽者，四为阵亡人女婿，五为上书献颂、文理可采之士人，六为随从出使外廷而补官者，七为吏人任职期满该减磨勘年者。

七兵　尚书省七兵曹及其长官的省称。《魏书·王衍传》：迁"度支尚书，仍转七兵"。详见"七兵尚书"。

七兵尚书　官名。尚书省七兵曹长官。三国魏始置五兵尚书，掌管军事行政，领中兵、外兵、骑兵、别兵、都兵五曹。晋朝分中兵、外兵为左、右曹，实领七曹，但其长官仍沿称五兵尚书。十六国后燕始改此名。南朝多沿晋制，称五兵尚书，唯梁末侯景一度改此名。北魏定为官称。或说领七兵、骑兵、都兵、左右中兵、左右外兵七曹。孝文帝太和十七年（493）定为二品中，二十三年定为三品。北齐初沿置，后复改名五兵尚书。参见“五兵尚书”。

七兵郎　官名。尚书省郎官。北魏置，协掌军事，属七兵尚书。《魏书·李先传》：“以先为尚书右中兵郎”，“转七兵郎，迁博士、定州大中正”。孝文帝太和十七年（493）定为从五品中。

七驺　官名。周朝置。一说同趣马、走马。主管驾御车马的长官。《礼记·月令》：“命仆及七驺咸驾。”郑玄注：“七驺，谓趣马，主办诸官驾说者也。”

七品小京官　清朝对中央各部、院所设七品官之俗称。参见“小京官”。

七品伯克　官名。清朝新疆回部官员之一。掌司台站之事。英吉沙尔、叶尔羌属色勒库尔、塔噶喇木各设一人。

七品衔达　官名。清朝乐部什帮处之属官。“达”乃头领之意，设七品衔二人。分掌演奏“掇尔多密”乐曲之事。

七校　七校尉统称。西汉武帝置。《汉书·百官公卿表》有中垒、屯骑、步兵、越骑、长水、胡骑、射声、虎贲等凡八校尉，因胡骑不常置，故言七。或以为中垒原属北军，非武帝初置，不在七校之列。

七部尉　北齐京师清都郡所置左部、右部、东部、西部、南部、北部、后部尉的合称。分属于邺、临漳、成安三县，邺令领右部、南部、西部三尉，临漳令领左部、东部二尉，成安令领后部、北部两尉。典军事，负责京师治安管理，下设经途尉、里正以佐其职。从九品。

七舆大夫　春秋晋国下军的舆帅有七人，统称为七舆大夫。《左传·僖公十年》：“遂杀丕郑、祁举及七舆大夫。”《襄公二十三年》：“唯魏氏及七舆大夫与之。”《史记·晋世家》：“惠公之主，倍秦地及里克，诛七舆大夫，国人不附。”裴骃集解：“韦昭曰：‘七舆，申生下军之众大夫也。’”

〔丨〕

卜　❶官名。又称卜人。商朝始置，西周至战国沿置。主管卜龟筮卦，预言吉凶。《睡虎地秦墓竹简·传食律》：“上造以下到官佐，史毋（无）爵者，及卜、史、司御、寺、府。”❷卜官通称。卜官有大卜、卜正、卜尹等职称，通称卜。

卜人　官名。又称卜、卜者。商周皆置。掌卜龟筮卦，预言吉凶。《史记·鲁周公世家》：“周公已令史策告太王、王季、文王，欲代武王发，于是乃即三王而卜。卜人皆曰吉，发书视之，信吉。”

卜人师　官名。同仆人师。春秋战国置。仆人的官长。《礼记·檀弓上》：“扶君，卜人师扶右，射人师扶左。”郑玄注：“卜当为仆声之误也。”

卜儿赤　即博尔赤。

卜士　官名。卜人中之为士者。春秋鲁国有此官，掌太子出世时抱负之礼。《左传·桓公六年》：“九月丁卯，子同生。以大子生之礼举之，接以大牢，卜士负之，士妻食之，公与文姜、宗妇命之。”《礼记·内则》：“国君世子生，告于君，接以大牢”，“三日，卜士负之”。参见“仆人”。

卜尹　官名。春秋楚置。卜官之长。大夫爵。《左传·昭公十三年》：“（楚平王）召观从，王曰：‘唯尔所欲。’对曰：‘臣之先佐开卜。’乃使为卜尹。”《史记·楚世家》裴骃集解引贾逵曰：“卜尹，卜师，大夫官。”

卜正　官名。❶周朝卜官之长。《左传·隐公十一年》：“我，周之卜正也。”杜预注：“卜正，卜官之长。”❷一说即《周礼·春官》之太卜。❸隋、唐太常寺太卜署属官。隋炀帝置二十人。唐朝置二人。从九品下。掌占卜。

卜师　官名。❶《周礼》官名。春官之属。位次太卜。一说为周朝置。上士爵。《周礼·春官·卜师》：“卜师，掌开龟之四兆。一曰方兆，二曰功兆，三曰义兆，四曰弓兆。”郑玄注：“开，开出其占书也。经兆百二十体，言此四兆者，分之为四兆。”❷隋、唐太常寺太卜署占卜人员。

卜博士　官名。唐朝太常寺太卜署置二员，从九品下，掌教卜筮生。北宋因唐制，但存其名而罕除授。

〔丿〕

八大人　官名合称。北魏置。《魏书·官氏志》：“（明元帝）神瑞元年（414）春，置八大人官，大人下置三属官，总理万机，故世号八公云。”泰常二年（417）置六部大人，取代其职权。

八大臣　❶清太宗皇太极于天命十一年（1626）九月登基后，于八旗下各设总管大臣一人，名为“总管旗务八大臣”。总理各旗之一切事务，凡出猎行师时，各领本旗兵行，凡事均听其稽查，可与诸王、贝勒共同参与议政。❷清咸丰十一年（1861），咸丰帝死，同治帝继位，以御前大臣载垣、端华、景寿、肃顺，军机大臣穆荫、匡源、杜翰、焦佑瀛等八人赞襄政务，称“赞襄政务王大臣”。时俗称为八大臣。

八卫　军事机构合称。元朝后期将侍卫亲军中的前卫、后卫、左卫、右卫、中卫、武卫、左卫率府、右卫率府八支汉人卫军，合称为八卫或八卫汉军。

八卫汉军　见“八卫”。

八子　秦汉宫内女官，实为皇帝姬妾。秦置，西汉因之。秩视千石，比中更。又，西汉时诸侯王国亦置，秩比六百石。

八马坊 官署名。唐朝于豳、岐、泾、宁数州间所置牧马机构，一曰保乐，二曰甘露，三曰南普闰，四曰北普闰，五曰岐阳，六曰太平，七曰宜禄，八曰安定。八坊之田千二百三十顷，募民耕之以供马食草料。八坊之马为四十八监，置使以领之。

八公 ❶晋朝对太宰、太傅、太保、太尉、司徒、司空、大司马、大将军的合称。❷北魏对八大人的合称。《魏书·官氏志》："置八大人官，大人下置三属官，总理万机，故世号八公云。"参见"八大人"。

八长史 麹氏高昌国吏部、祠部、库部、仓部、主客、礼部、民部、兵部长史的合称，为诸部长官。分见各条。

八书吏 官名。北魏置。孝文帝太和十七年（493）定为从九品下，二十三年复次职令，未见。

八书博士 官名。北齐置，属太常寺，员二人。

八议 指八种人犯罪后可以享有减免刑罚特权的司法制度。周朝称八辟，汉朝称八议，三国魏正式载入律令，沿用到清朝。包括议亲（宗室外戚）、议故（皇帝故交旧友）、议贤（有大德行者）、议能（有大才艺者）、议功（有大功勋者）、议贵（高官显爵）、议勤（有大勤劳者）、议宾（前朝皇族等）。各朝对所包括的对象皆有具体规定，如议贵条，《唐律疏议》卷一《名例》："谓职事官三品以上，散官二品以上及爵一品者。"

八司马 麹氏高昌国吏部、祠部、库部、仓部、主客、礼部、民部、兵部司马的合称，是诸部的次官。分见各条。

八百之令 年俸八百石粮谷的行政长官的统称。战国秦置。《商君书·境内》："八百之令，短兵八十。"一般指县令、长。

八百石 官秩等级。西汉多为县令一级官吏，授予铜印黑绶。成帝阳朔二年（前23）废。三国两晋南北朝又置。南朝陈制，五品之皇弟皇子府谘议参军、嗣王府、庶子府庶姓公府长史、司马，并为八百石。

八百馆 官署名。八百，古国名，即所谓八百媳妇国，明洪武（1368—1398）时曾在彼设置八百大甸宣慰司（治所在今泰国北部清迈），后废。八百馆为明清时负责八百国语言文字翻译的部门，正德（1506—1521）中始置，设译字生、通事以掌其事，隶太常寺。清初沿置，隶翰林院。乾隆十三年（1748）省并入礼部。

八百等处宣慰司都元帅府 官署名。简称八百宣慰司。元文宗至顺二年（1331）置，治所在今泰国清迈境内，管理八百媳妇各部军民政务，隶属云南行省。置宣慰使都元帅、同知、副使等职。

八行科 宋朝贡举科目名。徽宗大观元年（1107）设。凡士人具备孝、悌、睦、姻、任、恤、忠、和等八"行"，即免试贡入太学上舍，审察核实后授官。不能全备但达若干"行"者，可选为州学三舍生。后废。

八关都尉 洛阳周围的函谷、大谷、广城、伊阙、轘辕、旋门、孟津、小平津诸关都尉的合称。东汉灵帝光和七年（184）二月，爆发黄巾起义，三月，灵帝于上述八关置都尉，以加强京城洛阳的防卫。

八安将军 南朝梁、陈所置安东、安西、安南、安北、安左、安右、安前、安后将军的合称。详见各条。

八作左右院 官署名。金朝置，掌收军需、军器等务。设使、副使等职。

八作左右院使 官名。金朝八作左右院长官，从五品。下设副使，从六品。

八作司 官署名。宋初置，隶三司，掌京城内外缮修事务。太宗太平兴国二年（977）分为东、西八作司，真宗景德四年（1007）复并为一司，仁宗天圣元年（1023）再分为二司。辖泥、赤白、桐油、石、瓦、竹、砖、井等八作。神宗元丰（1078—1085）改制，改隶将作监。又，元代大都、上都左右八作司的省称。

八作使 官名。宋初置，属东班诸司使。太宗太平兴国二年（977），分为东、西八作使。通常不领本职，仅为武臣迁转之阶。真宗咸平元年（998）定为同六品，神宗元丰（1078—1085）改制改为正七品。徽宗政和二年（1112）重定武臣阶官，废。

八作副使 官名。宋初置，属东班诸司使。太宗太平兴国二年（977），分为东、西八作副使。通常不领本职，仅为武臣迁转之阶。真宗咸平元年（998）定为同七品，神宗元丰（1078—1085）改制改为从七品。徽宗政和二年（1112）重定武臣阶官，废。

八坐 即八座。

八局 官署合称。即明朝内府宦官衙门中之兵仗局、银作局、浣衣局、巾帽局、针工局、内织染局、酒醋面局、司苑局。分掌宫廷所需兵器、仪仗、金银器及各种日常生活用品的生产工作。各设掌印太监一员及管理、佥书、监工等多员。

八剌合赤 即八剌哈赤。

八剌哈赤 蒙古语，意为管城者。又译八剌合赤。元朝城防人员及其官长均称此。怯薛中亦有此职，掌宫门守卫。大都城门尉，例由怯薛八剌哈赤充任。

八尚书 尚书八座的别称。指尚书令、尚书仆射及列曹尚书。参见"八座"。

八国常侍 北魏初建国时八部大夫的别称。《魏书·官氏志》："其八部大夫于皇城四方四维面置一人，以拟八座，谓之八国常侍。"

八府 官名合称。元朝中书省以右、左丞相各一员，平章政事二员，右、左丞各一员，参政二员，共八员宰执，合称为八府。

八法 明清吏部之处分制度。明朝定制，京察、大计之考察标准，通天下内外官计之，其目有八：

曰贪、曰酷、曰浮躁、曰不及、曰老、曰病、曰罢、曰不谨。清康熙十一年（1672）令以八法填注考语。后改六法之制，遂不用。

八思哈　突厥语。意为镇守者，达鲁花赤的同义词。

八部大夫　官名合称。北魏道武帝天兴元年（398）置。分掌京城周围诸部，共同处理国家日常政务。

八部帅　官名合称。北魏置。掌监督京畿之外诸部的生产及赋役征收。《魏书·食货志》："天兴（398—404）初，制定京邑，东至代郡，西及善无，南极阴馆，北尽参合，为畿内之田；其外四方四维置八部帅以监之，劝深农桑，量校收入，以为殿最。"

八座　高级官员合称。东汉用以称尚书令、仆射、六曹尚书。魏晋至隋用以称尚书令、左右仆射、诸曹尚书，无论共有几人，皆沿其称。唐朝尚书令、左右仆射为宰相，故以左、右丞及六部尚书为八座。明、清用作对六部尚书的俗称；清亦作为对总督、巡抚等高级官员的俗称。

八尉　官名合称。隋文帝开皇六年（586）所置武散官，为武骑、屯骑、骁骑、游骑、飞骑、旅骑、云骑、羽骑八尉，自正、从六品下阶，至正、从九品下阶。炀帝大业三年（607）罢。新置建节、奋武、宣惠、绥德、怀仁、守义、奉诚、立信八尉，自正、从六品，至正、从九品。

八番军民安抚司　官署合称。置于元英宗至治二年（1322），分设于罗番遏蛮军、程番武盛军、卧龙番南宁州、小龙番静蛮军、大龙番应天府、洪番永盛军、方番河中府、卢番静海军、石番太平军，改下属长官所二十八处为州县。秩正三品。每司置达鲁花赤（罗番不置）、安抚使各一员，下设同知、副使、佥事等职。

八番罗甸宣慰司　见"八番顺元等处宣慰司都元帅府"。

八番顺元等处宣慰司都元帅府　官署名。简称八番顺元宣慰司。元世祖至元十六年（1279），招降卧龙番、大龙番、小龙番、程番、罗番、石番、方番、卢番、洪番等部（均在今贵州惠水一带），置八番罗甸宣慰司以统之。十九年，置顺元等路宣慰司，统贵州（今贵州贵阳）、金竹府（今贵州长顺境）及顺元路诸部（今贵州修文、开阳、黔西等县境）。二十九年，八番、顺元两司合并，置司于贵州。八番宣慰司曾一度划归四川行省管辖，后定制隶于湖广行省。

八旗官学　学校名。清朝八旗子弟进学之处。顺治元年（1644）置。初定每旗一所。康熙五十年（1711）改为每二旗一所，雍正六年（1728）复旧。每所设助教三人，满洲二人，蒙古一人；教习七人，满洲一人，蒙古二人，汉四人；额外二人，汉员。分教满语、骑射、汉学等课艺。每所学生满洲六十名，蒙古二十名，汉军二十名；下五旗包衣学生，满洲六名，蒙古二名，汉军二名，入学者皆为文职五品、武职三品以上官员之子弟，十年期满，分别选用。光绪三十一年（1905）改隶学部。

八旗官缺　清朝官缺之一种，即八旗中额设之职官。分为公中缺、翼缺、旗缺、佐领下缺四种。详见各条。

八旗都统　见"都统❹"。

八旗俸饷处　官署名。又称俸饷处。清朝户部所属办事机构。乾隆十三年（1748）置，设郎中领其事，下设员外郎、主事等官。以上均无定员，为满官缺，由本部堂官酌派。唯有经承八人（每旗一人）为定制。掌放八旗官兵俸饷及赏恤，管理八旗户籍档案。光绪三十二年（1906）裁。

八镇　南朝梁、陈所置镇东、镇南、镇西、镇北、镇左、镇右、镇前、镇后将军的合称。分见各条。

人从看详案　官署名。宋朝兵部所属机构，神宗元丰（1078—1085）改制置，职掌不详。

人匠奥鲁总管府　官署名。元世祖中统四年（1263）置，掌管燕京（今北京）诸色人匠。秩从四品。设总管等职。至元十二年（1275），改为大都路管领诸色人匠提举司。

人材　荐举名目。明洪武六年（1373）罢科举后，置为荐举名目之一。选德才兼备者，礼送京师授官。明初重视各地粮长。干练者称税户人材，亦可推授官职。

人皇王　辽太祖子耶律倍封号。封于天显元年（926），治东丹国，统渤海故地。

人部郎　官名。隋炀帝大业三年（607）改户部侍郎为之，为户部头司人部司长官，从五品。唐高祖武德三年（620）改为户部郎中。

人啬夫　官名。一说即民啬夫。战国置。主管一乡百姓政教的长官。

人爵　即官位。《孟子·告子上》："仁义忠信，乐善不倦，此天爵也；公卿大夫，此人爵也。"

入　官吏由地方内调中央任职称"入"。无论升迁与否，均有迁赏之意。《汉书·循吏传·朱邑传》："以治行第一，入为大司农。"

入内内侍　官名统称。即宋朝入内内侍省都都知、都知、副都知、押班、内东头供奉官、内西头供奉官等宦官。

入内内侍省　官署名。又称后省。宋朝掌管侍奉宫廷内部生活事务的宦官机构。宋初置内中高品班院，太宗淳化五年（994）改入内内班院，后又改入内黄门班院、内侍省入内内侍班院。真宗景德三年（1006），与入内都知司、内东门都知司并为入内内侍省。设都都知、都知、副都知、押班等官。御药院、内东门司、合同凭由司、往来国信所、后苑、造作所、龙图、天章诸阁，并以入内内侍为勾当官。南宋高宗绍兴三十年（1160），以内侍省并入。

入内内侍省押班　宦官名。宋真宗景德三年（1006）置，位在副都知下、内东头供奉官上。神宗熙宁（1068—1077）中罢，后复置。徽宗崇宁二年（1103），改签书入内内侍省事。

入内内侍省都知 宦官名。宋朝置，位仅次于都都知，掌供奉禁中之事。神宗时定为正六品。徽宗崇宁二年（1103），改为知入内内侍省事。

入内内侍省都都知 宦官名。宋朝置，为最高内侍职，掌禁中供奉之事。神宗时定为从五品。

入内内侍省副都知 宦官名。宋朝置，位在都知之下，掌供奉禁中之事。神宗时定为正六品。徽宗崇宁二年（1103），改为同知入内内侍省事。

入内内品 宦官名。宋朝置，属入内内侍省，位在贴职祗候内品下、把门内品上。

入内内班院 见“入内内侍省”。

入内省 宋朝“入内内侍省”简称。

入内都知司 见“入内内侍省”。

入内黄门班院 见“入内内侍省”。

入品知班 宋朝御史台吏人。掌编排群臣朝参、下殿班次。

入阁 明清称以殿、阁大学士身份进入内阁办事而为宰辅者。明朝永乐（1403—1424）初年创设内阁，当时入阁者皆编、检、讲读之官，不置官署，不得专制诸司。洪熙（1425）时始以殿、阁大学士入值内阁，阁职渐崇，并兼尚书职衔。景泰（1450—1456）以后，内阁领诰敕房、制敕房、六部之事，阁权益重。嘉靖（1522—1566）以后，朝位班次俱在六部之上。凡入阁者多为翰林出身者，为内阁之长官，握宰相之权，称入阁预机务。清朝相沿未改，以大臣授殿、阁大学士及协办大学士者为内阁宰辅，亦称入阁。

入流 品官制度。隋唐至明清各朝用指官吏由无品级到有品级的变化，也泛指取得品级的官吏。以从九品为入流界限。没有取得品级者则称未入流、不入流、流外。

入粟 指用谷物买官、拜爵、赎罪的一种制度。亦称纳粟、输粟。秦始皇时已有纳粟千石拜爵一级之制。入汉因之。文帝时规定，入六百石，爵上造，四千石为五大夫，万二千石为大庶长。武帝时广开鬻官之路，桑弘羊请得入粟补官，或作为筹措财政费用的一种措施。时通西南夷道，经费拮据，乃募豪民田南夷，入粟官府，而受钱于都内。

入籍 官员改入他省、县籍，称为入籍。清制，凡入籍者，需其祖、父在寄居地方置有产业，居住二十年以上，方准入籍。由寄籍所在地方官察核，报吏部定议。

几杖 几指案几，杖为手杖。老人居则凭几，行则凭杖，古时用以表示敬老。汉朝皇帝常以几杖赐予年老重臣以示尊荣。《汉书·孔光传》：“赐太师灵寿杖，黄门令为太师省中坐置几，太师入省中用杖。”两晋南北朝沿袭此制。

九大夫 官名合称。隋炀帝大业三年（607）新增散职，即光禄大夫（从一品）、左右光禄大夫（正、从二品）、金紫光禄大夫（正三品）、银青光禄大夫（从三品）、正议大夫（正四品）、通议大夫（从四品）、朝请大夫（正五品）、朝散大夫（从五品）。

九门巡守将军 官名。太平天国朝上职官。定都天京（今江苏南京）后始设。职同将军，共十八人，分守天京所开九城。

九门提督 官名。清朝“提督九门步军巡捕五营统领”之俗称。

九水诸夷安抚使 官名。辽朝北面边防官，又称九水诸部安抚使。圣宗时，萧孝穆曾任此职。

九寺 九卿官署合称。《晋书·荀勖传》：“私谓九寺可并于尚书，兰台宜省付三府。”初为列卿主管的中央各行政机关的泛称。北魏、北齐以来，始专指太常、光禄、卫尉、宗正、太仆、大理、鸿胪、司农、太府九寺，设寺卿、少卿、丞为主管官。历代沿其制。北宋以后，诸寺省置无常，遂无此称。参见“九卿”。

九列 “九卿”之位。《汉书·韦玄成传》：“不遂我遗，恤我九列。”颜师古注：“九列，卿之位，谓少府。”《晋书·儒林·韦谀传》：“前后四登九列，六在尚书。”

九华 妃嫔号。十六国后赵石勒建平元年（330）置，在贵嫔、贵人之下，位视伯，无员限。见《晋书·石勒载记下》。

九成宫使 使职名。唐朝内诸司使之一，初以岐州刺史勾当，玄宗天宝七载（748）由给事中杨钊充任。其后间置，昭宗天祐元年（904）停。

九成宫总监 ❶官署名，唐朝司农寺置，主管修缮宫苑、供进炼饵之事，有监一人、副监一人，另有丞、主簿等。❷官名。唐朝司农寺九成宫总监长官，亦称九成宫总监监，从五品下。

九成宫总监丞 官名。唐朝司农寺九成宫总监属官，置一人，从七品下。

九成宫总监监 官名。九成宫总监长官，亦称“九成宫总监”。

九成宫总监副监 官名。唐朝司农寺九成宫总监次官，置一人，从六品下。

九关通事使 官名。明初殿庭仪礼司官。洪武九年（1376）始置。一人，正八品。掌赞导礼仪之事。三十年，改殿庭仪礼司为鸿胪寺，遂罢。

九关通事副使 官名。明初殿庭仪礼司官，位在九关通事使之下。六人，从八品，协掌赞导礼仪之事。参见“九关通事使”。

九江关监督 官名。清朝户关监督之一。顺治二年（1645）设，为九江榷关之主官。关署位于九江府城西郊。掌收盐茶竹木之船料及牲畜税。乾隆四年（1739）改由广饶九南道兼充。

九戏祝 官名。西周置。负责九戏的祭祀祝祷。《申簋铭》：“王命尹册命申，更乃祖考疋太祝，官司丰人众九戏祝。”

九豆和官　官名。北魏置。《南齐书·魏虏传》：“又置九豆和官，宫城三里内民户籍不属诸军戍者，悉属之。”此系南朝人对北魏鲜卑语官名的音译。

九译令　官名。秦置，汉因之，属典属国，掌诸属国少数民族通译事宜。成帝河平元年（前28）省并大鸿胪。

九牧　传说夏、商分天下为九州，州长官称牧，故统称九牧。《荀子·解蔽》：“此其所以代殷王而受九牧。”

九命　❶官职等级制度。西魏废帝元钦三年（554）置，北周沿之。《周书·文帝纪下》：“三年春正月，始作九命之典，以叙内外官爵。以第一品为九命，第九品为一命。”自正九命、九命至一命，共分十八个等级。隋文帝开皇元年（581）废。❷官职等级。西魏末、北周官制中的第二个等级，位次正九命，包括骠骑大将军、雍州牧等官。

九服　❶周朝王畿以外九等地区。《周礼·夏官·职方氏》：“乃辨九服之邦国。方千里曰王畿，其外方五百里曰侯服，又其外方五百里曰甸服，又其外方五百里曰男服，又其外方五百里曰采服，又其外方五百里曰卫服，又其外方五百里曰蛮服，又其外方五百里曰夷服，又其外方五百里曰镇服，又其外方五百里曰藩服。”郑玄注：“服，服事天子也。《诗》云‘侯服于周’。”❷传说古代王与后的九种服制。《周礼·天官·屦人》：“掌王及后之服屦。”郑玄注：“王吉服有九。”据宋王应麟《小学绀珠》九《制度》，包括冕服六，弁服三。

九府　❶指古代掌管财物的九种官署。《史记·货殖列传》：“管子修之，设轻重九府，则桓公以霸。”张守节《正义》：“周有大府、玉府、内府、外府、泉府、天府、职内、职金、职币，皆掌财币之官，故云九府也。”❷指九卿所掌官署。《晋书·温峤传》：“三省军校无兵者，九府寺署可有并相领者”，“随事减之”。

九宗五正　官名。殷朝始置，周沿置。春秋晋国亦置。《左传·定公四年》：“分唐叔以大路、密须之鼓，怀姓九宗，职官五正。”《隐公六年》：“翼九宗五正顷父之子嘉父逆晋侯于随。”杜预注：“五正，五官之长。九宗，一姓为九族也。顷父之子嘉父，晋大夫。”

九官　九卿的别称。《资治通鉴·魏高贵乡公甘露元年（256）》：“（孙）峻从弟宪尝与诛诸葛恪，峻厚遇之，官至右将军、无难督，平九官事。”胡三省注：“九官，即九卿也。魏明帝太和二年（228），吴主还建业，留尚书九官于武昌。”

九经科　五代、北宋贡举科目名。九经即《周易》、《尚书》、《毛诗》、《礼记》、《周礼》、《仪礼》、《春秋》、《公羊传》、《穀梁传》。考其帖书、墨义。宋神宗时罢。

九品　❶九卿的别称。《国语·周语中》：“内官不过九御，外官不过九品。”韦昭注：“九品，九卿。”❷官阶等级制度。三国魏始置，将各种官职划分为九个等级，自一品至九品，由高至低，依此享受禄秩及其他待遇。晋、南朝宋、齐对一些官职的品阶有所调整，仍沿用其制。南朝梁武帝天监七年（508）改为十八班，陈复旧。北魏孝文帝太和十七年（493）职员令沿用九品制，并加设从品，自第一品至从九品分十八个等级，每等级中又分上、中、下三阶，共为五十四阶；太和二十三年复次职令后，改为从三品以上不分阶，自第四品以下分上、下阶，共分三十阶。北齐沿北魏之制，西魏、北周改为九命之制。隋初沿用北齐之制，炀帝时罢上、下阶，唯留正、从品，共十八个等级。唐、五代除勋官仅有正、从品外，职事官、文散官仍沿前制，自第四品起复分上、下阶，武散官自第三品起即分上、下阶。宋沿唐制。元、明、清保留正、从品，品内不分阶，文武职皆同，不够从九品者，称不入流。隋唐时流外官自勋品（相当于第一品）至第九品另设九个等级，不分正、从品。❸魏晋南北朝时期士族内部的等级。自第一品至第九品分九个等级，称为乡品，由中正评定。乡品的等级与入仕时的起家官及以后所任的官职都有一定的联系，被中正降品后，官职亦随之而降。参见“九品官人之法”。

九品中正　即九品官人之法与中正制度的省称，详见“九品官人之法”和“中正”。

九品官人之法　官员选举制度。东汉献帝延康元年（220），曹丕即魏王位，从陈群之议，各郡置中正，评定本郡士族的品第，自第一品至第九品，分九个等级，称乡品。吏部根据中正所提供的家世及品、状来委任官职。起家官品阶与乡品有一定的对应关系，一般比乡品低四个等级。对士族的形成和巩固起到很重要的作用。魏、晋、南北朝皆沿用。南北朝后期，因士族高门的地位已相对固定，其作用渐弱。

九科　详见“太医院九科”。

九秩　❶流外官的等级制度。西魏废帝元钦三年（554）置，北周沿之。《周书·文帝纪下》：“三年春正月，始作九命之典，以叙内外官爵。以第一品为九命，第九品为一命。改流外品为九秩，亦以九为上。”隋文帝开皇元年（581）废。❷官职等级。西魏末，北周流外官中最高一等。

九卿　官名合称。《尚书大传》：“古者天子三公，每一公三卿佐之，故天子三公九卿二十七大夫八十一元士。”《汉书·百官公卿表上》以《周官》之天官冢宰、地官司徒、春官宗伯、夏官司马、秋官司寇、冬官司空为六卿，少师、少傅、少保为孤卿，合为九卿。汉朝习惯将奉常（太常）、郎中令（光禄勋）、太仆、廷尉（大理）、典客（大鸿胪）、宗正、治粟内史（大司农）、少府、卫尉、中尉（执金吾）、三辅长官等中二千石一级的中央各高级行政机构长官并列为九卿，并非专指九种官职，故亦称列卿。王莽改制时曾用以称呼大司马司允、大司徒司直和共工、予虞等九种秩中二千石的官员。西汉九卿仅次于丞相、御史大夫，分掌全国行政，职权甚重。东汉以后，其任渐轻。魏晋南朝亦作为卿级官员的统称，所置或十卿、十二卿，仍以九为号。北齐建太常、光禄、卫尉、宗正、太仆、大理、鸿胪、司农、太府九寺，遂成为九寺长官的专称。诸卿寺皆为事务机构，政令仰承尚书省，职权愈轻。隋唐至宋沿而不改。南宋至清，九寺常阙，九卿所指亦有不同。明朝一般以六部、都察院、通政司、大理寺的长官乃至堂上官为九卿，又称大九卿；太常寺卿、太仆寺卿、光禄寺卿、詹事、翰林学士、鸿胪寺卿、国子监祭酒、苑马寺卿、尚宝司卿为小九卿。清朝以六部尚书、理藩院尚书、都察院左都御史、大理寺卿为大九卿，以宗人府丞、詹事、太常寺卿、太仆寺卿、光禄寺卿、鸿胪寺卿、国子监祭酒、顺天府尹、左右春坊庶子为小九卿。

九棘 周朝在朝廷树棘以别朝臣品位，左右各九，称九棘。《周礼·秋官·朝士》："左九棘，孤、卿、大夫位焉，群士在其后；右九棘，公、侯、伯、子、男位焉，群吏在其后。"

九掌 官名合称。唐朝太子内官，为掌正、掌书、掌筵、掌严、掌缝、掌藏、掌食、掌医、掌园合称，俱为从八品，分掌太子内廷事务。

九御 ❶后宫嫔嫱等女官统称。《国语·周语中》："内官不过九御。"韦昭注："九御，九嫔也。"《鲁语下》："日入监九御，使洁奉禘、郊之粢盛。"韦昭注："九御，九嫔之官，主粢盛、祭服者也。"❷九嫔属官。每九嫔一人领女御九人，总八十一人。《周礼·天官·内宰》："以妇职之法教九御。"郑玄注："九御，女御也。九九而御于王，因以号焉。使之九九为属，同时御又同事也。"贾公彦疏："女御八十一人，九人为一属。属，犹聚也。九人同时御，又同为丝枲之事。"

九锡 九种器物。原为帝王专用，周朝或赐予有大功的诸侯。汉朝、两晋也赐予勋贵及有权威的元老重臣，以示尊礼。权臣篡权建立新王朝前，也例加九锡。古籍记载名目大同小异，排列前后次序不一。据《汉书·武帝纪》颜师古注引应劭曰，其品类一曰车马，二曰衣服，三曰乐器，四曰朱户，五曰纳陛，六曰虎贲百人，七曰鈇钺，八曰弓矢，九曰秬鬯。

九嫔 ❶《周礼》女官名。掌妇学之法，以教九御。妇德、妇言、妇容、妇功，各帅其属，而以时御叙于王所。❷女官合称。西晋武帝内官，为淑妃、淑媛、淑仪、修华、修容、修仪、婕妤、容华、充华，位视九卿。南朝宋孝武帝孝建三年（456）改置昭仪、昭容、昭华以取代修华、修仪、修容，明帝泰始三年（467）又改为淑媛、淑仪、淑容、昭华、昭仪、昭容、修华、修仪、修容。南齐遵晋制，梁承宋制，陈从梁制。隋炀帝改为顺仪、顺容、顺华、修仪、修容、修华、充仪、充容、充华。唐朝改为昭仪、昭容、昭媛、修仪、修容、修媛、充仪、充容、充媛，正二品。宋、金遵唐制。明嘉靖十年（1531）改置德嫔、贤嫔、庄嫔、丽嫔、惠嫔、安嫔、和嫔、僖嫔、康嫔。

〔乛〕

刀剑备身 官名。北齐置，为侍卫武官，属领左右府，由刀剑备身正、副都督统领，负责侍卫皇帝。八品。

刀剑备身五职 即刀剑备身都将、刀剑备身别将、刀剑备身统军、刀剑备身军主、刀剑备身幢主等侍卫武官的合称。北齐置，属领左右府，由刀剑备身正、副都督统率，负责侍卫皇帝左右。从七品。

刀剑备身正都督 官名。北齐置。属领左右府，下统刀剑备身副都督，刀剑备身五职及刀剑备身等，掌侍卫皇帝左右。从四品上。

刀剑备身军主 参见"刀剑备身五职"。

刀剑备身别将 参见"刀剑备身五职"。

刀剑备身统军 参见"刀剑备身五职"。

刀剑备身都将 参见"刀剑备身五职"。

刀剑备身副都督 官名。北齐置。属领左右府，佐刀剑备身正都督统领刀剑备身五职、刀剑备身等，负责侍卫皇帝左右。从五品上。

刀剑备身幢主 参见"刀剑备身五职"。

刀笔 见"刀笔吏"。

刀笔吏 泛称主办文案的官吏。刀、笔为古代书写工具，故称。《战国策·秦五》："臣少为秦刀笔，以官长而守小官。"职权较小，故又称刀笔吏。《史记·汲黯传》："天下谓刀笔吏不可以为公卿。"后代称讼师为刀笔，是指其笔利如刀，亦能杀人。

力士 官名。宋代置，掌管旗帜，作为皇帝出行的仪卫，选用健壮军士充任。明代属旗手卫，专门执掌金鼓旗帜，随皇帝车驾出入，并守卫四门。

力田 力田指力务农本者。汉朝多与孝悌连称孝悌力田。孝悌指孝顺父母兄弟者。始见于惠帝四年（前191）。高后元年（前187）令郡置孝悌力田一人。文帝十二年（前168）又计户口增置员额，以为民表率。被举者得免除徭役，时有赏赐，一般不担任官职。或以为皆乡官名，亦可备一说。

三 画

〔一〕

三九 三公九卿统称。《后汉书·郎顗传》："三九之位，未见其人。"李贤注："三公九卿也。"

三大夫 传说夏、商每一卿官有三位大夫相佐，合称三大夫。《尚书大传》："古者天子三公，每一公三卿佐之，每一卿三大夫佐之。"

三大户 即耆长。

三大府 官署名合称。明初中书省、大都督府及御史台三衙门的合称。

三大宪 清朝地方官员对总督（或巡抚）、布政使、按察使之合称。

三大馆 官署名合称。即唐、宋时期集贤院、史馆、弘（昭）文馆。

三口通商大臣 官名。清朝咸丰十年（1860）设。掌天津、牛庄、登州三口通商事务并天津关税，兼办海防。只颁关防，不加"钦差"名义。遇有要事，准会同奉天、直隶、山东府尹、督抚办理。同治九年（1870）改北洋通商大臣，为直隶总督兼职。

三千营 军事编制。明永乐（1403—1424）时以塞外降丁三千人组成，置为京军三大营之一。均为骑兵。司巡哨，以警卫京师，选勋臣二人为提督。景泰元年（1450）改立十团营。以原三营称老营，遂废。成化三年（1467）分立十二团营，每营下又各分置三千营以统骑兵。嘉靖（1522—1566）中复三大营旧制，改三千营为神枢营。

三门白波发运司 官署名。宋朝初年置，掌黄河三门至汴河水运，漕运陕西粮谷以供京城，设发运使一人，下设催促装纲、催纲、提辖等属。后改三门白波提举辇运司。

三门白波发运使 官名。宋朝初年置，掌黄河三门至汴河水运，漕运陕西诸州菽粟以供京师。

三门白波提举辇运司 见"辇运司"。

三卫 即亲卫、勋卫、翊卫合称。❶隋朝左、右卫所领亲卫、勋卫、翊卫及太子左右卫率所领亲卫、勋卫、翊卫，皆称三卫；炀帝大业三年（607）左右翊卫（左右卫）所领三卫改为三侍，太子左右卫率所领三卫依次改为功曹、义曹、良曹。唐朝皆复名亲卫、勋卫、翊卫，诸卫翊卫及率府亲、勋、翊卫，称三卫。❷三卫府属官。隋朝亲卫正七品上、勋卫从七品上、翊卫正八品上，太子亲卫从七品上、太子勋卫正八品上、太子翊卫从八品上；唐朝沿置，二、三品子补亲卫，二品曾孙、三品孙、四品子、职事官五品子若孙、勋官三品子以上有封及国公子补勋卫及率府亲卫，四品孙、五品及上柱国子补翊卫及率府勋卫，勋官二品及县男以上、散官五品以上子若孙补诸卫及率府翊卫。宋徽宗崇宁四年（1105）置三卫官，以后妃御族亲、勋臣贤德后裔、太中大夫及监、卿、团练使以上子孙试充，次年即废。

三卫中郎 官名。❶宋朝亲卫、勋卫、翊卫等三卫副长官，徽宗崇宁四年（1105）置，员二人，品秩同朝议大夫。❷宋朝亲卫中郎、勋卫中郎、翊卫中郎合称。徽宗崇宁四年置，凡四十员。五年，皆罢。参见"三卫官"。

三卫主簿 官名。宋徽宗崇宁四年（1105）置，助理三卫府之事。五年废。参见"三卫官"。

三卫侍郎 官名。宋徽宗崇宁四年（1105），改三卫郎置，品秩同太中大夫（从四品），总领三卫之事。五年罢。参见"三卫官"。

三卫官 官名统称。宋徽宗崇宁四年（1105），仿唐制置亲卫、勋卫、翊卫等三卫官，以三卫郎（后改三卫侍郎）一人为长官，三卫中郎二人为副长官，其下分置三卫博士、三卫主簿，亲卫、勋卫、翊卫郎及中郎。皆以贤德、勋戚之后为之，掌殿陛宿卫之事，立于起居郎之前。五年废。

三卫郎 官名。宋徽宗崇宁四年（1105）置，员一人，总领三卫之事，品秩同太中大夫（从四品），不久改三卫侍郎。

三卫博士 官名。宋徽宗崇宁四年（1105）置，掌教导亲卫、勋卫、翊卫郎，校试其程文、讲书、武艺，品秩同承议郎（从七品）。五年罢。参见"三卫官"。

三元 官场用语。科举乡试、礼部试、殿试皆名列第一，称三元。即解元、会元、状元。但能连中三元者极少，如明朝仅商辂一人。

三元士 传说夏、商每一大夫官有三位元士相佐，合称三元士。《尚书大传》："古者天子三公，每一公三卿佐之；每一卿三大夫佐之；每一大夫三元士佐之。"

三夫人 内官合称。晋武帝设内官，以贵嫔、夫人、贵人为三夫人，位视三公。南朝宋孝武帝孝建三年（456）改以贵妃、贵嫔、贵人为之；明帝泰始三年（467）又以贵姬代贵人。南齐高帝建元元年（479）复晋制；陈文帝则以贵妃、贵嫔、贵姬为之。北魏孝文帝改定内官时置，位视三公。隋炀帝参定内官，又以贵妃、淑妃、德妃为三夫人。唐无此号。

三太 太子太师、太子太傅、太子太保合称。参见"太子太师"。

三互法 汉朝任用地方官吏的一种避讳制度。据《后汉书·蔡邕传》李贤注，三互法即婚姻之家及两州人士不得相互为官。但此制似为三互法以前的情况，三互法应较此更为严格，目的是限制官吏结党营私，加强中央对地方的控制，其后因禁忌转密，官吏选用发生困难，幽冀二州久缺不补，故蔡邕奏请蠲除，然灵帝不纳。

三少 ❶少师、少傅、少保合称。亦称“三孤”。参见“少师”。❷太子少师、太子少傅、太子少保合称。参见“太子少师”。

三内职 内官合称。南齐高帝建元三年（481）置太子宫官，以良娣、保林、才人为三内职。

三公 周朝为最高辅政大臣的合称。一说指太师、太傅、太保。《尚书·周官》：“立太师、太傅、太保。兹惟三公，论道经邦，燮理阴阳，官不必备，惟其人。”一说指司徒、司马、司空。《尚书大传》：“天子三公，一曰司徒公，二曰司马公，三曰司空公，各兼二卿。”战国至秦习惯上作为对辅佐君主执掌军政的最高官员的泛称。《公羊传·隐公五年》：“天子三公者何？天子之相也。天子之相，则何以三？自陕而东者，周公主之；自陕而西者，召公主之；一相处乎内。”当时常以丞相、相国等官当之。《战国纵横家书·苏秦谓齐王章（四）》：“王举霸王之业而以臣为三公，臣有以矜于世矣。”西汉初因袭旧习，以称丞相、御史大夫等最高官员。成帝绥和元年（前8）以后，罢丞相制，建立三公同为宰相、共同执政的制度，以丞相（大司徒）、大司马、御史大夫（大司空）为三公，秩禄同丞相，各自立府，辟僚属，三分相权。东汉改名太尉、司徒、司空，同为中央最高行政长官，亦称“三司”。爵高禄厚，参议朝政，监察百官，其实际权力因人因时而异。名义上分部九卿，实际上仅行文上下，受成而已，国家机要政务，悉由尚书台处理，三公府成为处理庶政的事务机构。太尉如加“录尚书事”衔，始得实际主管尚书台政务。外戚、宦官干政，则秉其旨意行事。每遇灾变，常遭谴策免。位望虽尊，职任甚轻，责罚颇重。东汉末一度罢。三国、两晋、南朝、北魏、北齐皆置，已非行政首脑，而为名誉宰相，很少参与朝政，无具体职掌，多作为大臣的加官、赠官，有时亦备皇帝顾问，参理庶务。仍开府置僚属。全国军政要务实由尚书、中书、门下等省分掌。地位常低于太师（太宰）、太傅、太保、大司马、大将军诸公。北齐后主时为激赏人心，常增员而授，或三或四，不可胜数。北周罢太尉、司徒、司空，改以太师、太傅、太保号三公，为论道顾问之官，不置府僚。隋朝复置太尉、司徒、司空为三公，初犹置府僚，名义上参议大政，其位多旷，祭祀时常以他官代摄。寻省府署及僚佐，如置公则坐于尚书都省。唐朝用作亲王、大臣的加官、荣衔，无职掌，位次三师。晚唐、五代以加藩镇，遂至冗滥。五代或有单授者。北宋初用作宰相、亲王、使相加官，其特拜者亦不预政事，除授颇严。徽宗政和二年（1112），罢太尉、司徒、司空，以太师、太傅、太保为三公，为真宰相之任，执掌朝政。后亦用作勋臣加官。南宋因之。辽、金复置太尉、司徒、司空为三公，位次三师，仍用为加官、赠官。元朝以太师、太傅、太保为三公，用作大臣的最高荣衔。别有大司徒、司徒、太尉等官，不常置。明朝亦以太师、太傅、太保为三公，地位极尊。明初与三孤（少师、少傅、少保）并号公孤，同为皇帝辅弼大臣，其职至重。建文（1399—1402）间罢，仁宗复设。宣德三年（1428）命其各辍所领他职，专侍皇帝左右，咨访政事，几成专授。后渐成虚衔，作为勋戚大臣加官、赠官的最高荣衔，无职掌、无定员、无专授，所施甚隆，文臣罕有生加者，多以赠得之。清朝亦然。

三公尚书 官名。西汉成帝始置。东汉沿置，属尚书台。设二员，领尚书三公曹，秩六百石。掌断狱。《后汉书·陈忠传》：“司徒刘恺举忠明习法律，宜备机审，于是擢拜尚书，使居三公曹。”一说东汉掌三公府文书、州郡官之考课。三国不置。西晋初复置，掌断狱。三品。惠帝元康（291—299）以后罢。十六国西秦一度复置。

三公府 三公治事府署合称。西汉初指丞相府等，成帝以后指丞相（大司徒）、大司马、御史大夫（大司空）三府，东汉指太尉、司徒、司空三府。皆为宰相府署，自行辟除僚佐，分曹处理日常政务。西汉后期至东汉，政归尚书，三府唯理庶政，行文上下，受成而已。魏晋南北朝沿置，多指太尉、司徒、司空三府，北周指太师、太傅、太保三府。时三公皆为名誉宰相，决策、发令、行政分属中书、尚书、门下等省，三府形同虚设，或亦参理庶务。隋、唐以来，三公用作加官、赠官，不置府。参见“三公”。

三公郎 官名。尚书省三公曹长官通称。三国魏始置，亦称郎中，资深者可转侍郎。秩四百石，六品。两晋南北朝沿置。晋六品。南朝属吏部尚书。宋六品；梁侍郎六班，郎中五班；陈侍郎，郎中并秩六百石，四品。北魏属殿中尚书，孝文帝太和十七年（493）定郎为从五品中，郎中五品上；二十三年皆称郎中，六品，仍可通称为郎。北齐沿置，员二人，六品上，下置掌故主事等官。

三公郎中 官名。魏晋南北朝与三公郎互称，为尚书省三公曹长官。参见“三公郎”。

三公录冤局 官署名。南朝陈置。属尚书省吏部三公曹，掌理察冤狱。置令史。

三公曹 官署名。❶汉晋尚书台诸曹之一，设尚书。详见“三公尚书”。❷尚书台（省）诸郎曹之一。魏晋南北朝置。设郎（郎中）。西晋初隶三公尚书，掌断狱及宣读五季时令仪注。南朝隶吏部尚书，与比部曹同掌拟定、解释法制律令。北魏职掌略同，或说属殿中尚书。北齐隶殿中尚书，掌宣读五季时令、囚犯名册及断狱。

三公曹尚书 即三公尚书。

三长 即党长、里长、邻长的合称。北魏孝文帝太和十年（486）从李冲之议设立。为地方基层行政官吏，邻长管五户，里长管五邻，党长统五里。负责核实户籍，以便征发赋役。多由当地豪门担任，最初复除征役，后役调全免。北魏末期战事频发，曾临时征发为兵。北齐沿置，管辖户数有变化。

三父房 辽朝孟父、仲父、季父三帐皇族机构的统称。与太祖之后横帐统称一帐三房，为四帐皇族。参见“一帐三房”。

三尹 清朝县主簿之别称。

三巴校尉 即护三巴校尉。

三正 北魏地方基层行政官吏合称。一说即“三长”之别称。一说指族正、闾正、比正，与三长职权相似，设于畿内，设于畿外的则称三长。参见《魏书·太武五王列传》、《李冲传》。

三左三右 西周时期辅佑天子执政的六位大臣。一说即大宰、大宗、大史、大祝、大士、大卜。分立于周天子左右。《小盂鼎铭》：“惟八月既望辰在甲申，昧爽，三左三右、多君入服酒。明，王格周庙。”另一说认为三左为司土、司马、司工；三右为大祝、大史、大卜。

三帅 宋朝殿前都指挥使、侍卫亲军马军都指挥使、侍卫亲军步军都指挥使，分别俗称殿帅、马帅、步帅，合称为三帅。

三甲 官制用语。北宋太宗太平兴国八年（983）将所录取的进士分为三等，分称第一、二、三甲，此年第一甲取二十八人，第二甲取一百五十七人，第三甲取五十四人，三甲人数反少于二甲。太宗端拱元年（988）、二年取进士皆未分甲，淳化三年（992）只分为第一甲、第二甲两等。以后多分为三甲，有时亦分为五甲。取中为第三甲者，例赐同进士出身。元朝第三甲授正八品官职。明、清规定第三甲名额多于第二甲。明朝第三甲第一名亦称传胪，清朝只用以称第二甲第一名。第三甲多分至各部、寺、院担任中级官员或出任知县等地方官，地位一般较考在第二甲者为低，少数亦可选为翰林院庶吉士。

三史科 唐、宋贡举科目名。三史即《史记》、《汉书》、《后汉书》。考其墨义、义理、句读。宋神宗时罢。

三令 参见“王国三令”。

三礼科 唐、宋贡举科目名。三礼即《周礼》、《礼记》、《仪礼》。考其墨义、经注、疏义。宋神宗时罢。

三台 ❶三公别称。《后汉书·杨震传》：“都讲取鱼进曰：‘蛇鳝者，卿大夫服之象也。数三者，法三台也。’先生自此升矣。”《太平御览》卷二〇六引《春秋汉含孳》：“三公在天为三台。”❷官署合称。汉晋指尚书台、御史台、谒者台。应劭《汉官仪》：“尚书为中台，谒者为外台，御史为宪台。”隋朝指御史台、谒者台、司隶台。

三司 ❶官名合称。东汉、唐朝、辽朝等以称太尉、司空、司徒三公，唐朝又为太子内官司闺、司则、司馔合称。❷官署名合称。唐朝为御史台、中书省、门下省合称，侍御史、中书舍人、给事中更直朝堂谓三司理事；又为刑部、御史台、大理寺合称，其鞫大狱谓三司推事；唐朝后期、五代为盐铁、度支、户部合称，以重臣一人专判其事。明朝为各地都指挥使司、承宣布政使司、提刑按察使司合称。清朝初年为布政使司、按察使司、都转盐运使司合称，清朝末年为布政使司、提法使司、提学使司合称。❸官署名。北宋置，四方贡赋朝廷不预，一归三司，通管盐铁、度支、户部，号曰计省，掌邦国财用大计，有使、副使、判官、三部使、三部副使、三部判官等；神宗元丰（1078—1085）改制废。西夏亦置，属次等司，主财计，有正使、副使、承旨等职。金章宗泰和八年（1208）省户部官员而置，兼劝农、盐铁、度支，有使、副使、签三司事、同签三司事及判官、规措审计官、知事、勾当官、管勾架阁库、知法等员；金宣宗贞祐（1213—1217）间罢。

三司子司 官署名统称。宋神宗元丰（1078—1085）改制前，三司所辖三部勾院、都磨勘司、都主辖支收司、拘收司、都理欠司、都凭由司、开拆司诸机构之统称。

三司开拆司 官署名。北宋前期置，设判司官一人，以朝官充任。掌受宣敕及诸州申牒，置籍登录，然后转发三部，兼领发放、勾凿、催驱、受事司之事。神宗元丰（1078—1085）改制废。

三司勾当公事 官名。宋仁宗庆历元年（1041）置，为三司属官，以朝官通判资序者充任，掌检计、定夺、点检、覆验等事。神宗元丰（1078—1085）改制废。

三司勾凿司 官署名。北宋前期置，掌勾销、校核盐铁、度支、户部三部公事簿帐，以判开拆司官兼管。神宗元丰（1078—1085）改制废，其职事归比部。

三司勾簿司 官署名。宋真宗咸平元年（998）置，属三司，掌勾销、整理文簿，以判征欠司官兼领。景德四年（1007）废。

三司文书库 见“文书库”。

三司发放司 官署名。宋太宗太平兴国（976—984）中置，掌受三司帖牒而下发有关部门。神宗元丰（1078—1085）改制废。

三司行帐司 官署名。宋太宗时于三司临时置，掌清理了结旧帐。参见“三司帐籍司”。

三司会计司 官署名。宋神宗熙宁七年（1074）置，由宰相韩绛提举，总领天下财赋而较其盈亏。八年废。

三司巡官 见“三司推官”。

三司帐籍司 官署名。宋太宗淳化二年（991）置，设主判官一人，掌有关帐籍之事。四年并归三司开拆司。

三司判官 官名。北宋前期置，以朝官以上曾任转运使、提点刑狱者充任，佐三司使、副使分理三司事务。户部、盐铁、度支分置三使时，三部亦各设，称三部判官。神宗元丰（1078—1085）改制废。金朝亦置，员三人，从六品，佐理三司之事。

三司拘收司 官署名。宋真宗咸平四年（1001）置，以判磨勘司官兼掌。凡支收财利未结绝者，籍其名件而督之。神宗元丰（1078—1085）改制废。

三司使 ❶官名合称。唐朝审理重大案件，刑部尚书或侍郎、御史中丞、大理卿为大三司使，刑部郎官、侍御史、大理评事或司直为小三司使；唐朝太子监国，詹事、左庶子、右庶子为三司使。❷官名。五代后唐明宗长兴元年（930）以许州节度使张延朗行工部尚书充任，班在宣徽使下。宋朝初年亦置，以其总国计，应四方贡赋出入，通管盐铁、度支、户部，位亚执政，目为计相。太宗太平兴国八年（983）罢，分为盐铁、度支、户部三使。淳化四年（993）复为一员，总领三部，掌邦国财用大计，以两省五品以上及知制诰、杂学士、学士充任，亦有辅臣罢政出外召还充任者；若缺则置权三司使，又缺则有权三司使公事；五年又分为三使。真宗咸平六年（1003）再复置。神宗元丰（1078—1085）改制废。西夏、金朝均置为三司长官。金章宗泰和八年（1208）置一员，从二品；金宣宗贞祐（1213—1217）间罢。

三司受事司 官署名。北宋前期置，掌接收各处解送三司供役的罪人，登录名籍，然后发付三部。神宗元丰（1078—1085）改制废。

三司河渠司 官署名。宋仁宗皇祐三年（1051）置，掌修治黄河、汴河堤岸及开浚等事。初以三部副使及判官主其事，后特置都大提举河渠司。嘉祐三年（1058）废，另置都水监领其事。

三司河渠案 官署名。宋初置，领河渠之事。仁宗嘉祐三年（1058）废，其职归都水监。

三司承受御宝凭由司 官署名。宋真宗天禧三年（1019）置。凡内庭向诸司库务须索物品，入内内侍省传宣合同司以合同凭由发付各库务，各库务支给物品后，将合同凭由申缴御宝凭由司，置籍登记，以防欺弊。

三司修造案 官署名。北宋前期置，以推官或巡官领之，掌京城工作及陶瓦八作、排岸作坊、诸库簿帐勾校及诸州营垒、官廨、桥梁、竹木、簰筏修治之事。神宗元丰（1078—1085）改制废，其事多归将作监。

三司都勾院 见“三部勾院”。

三司都主辖支收司 官署名。宋太宗淳化三年（992）置，以判磨勘司官兼领。掌官物已支未除之数，候至所受之处，附籍报所由司而对除之；天下上供物至京，即日上奏，交纳完毕，取其钞以还本州。神宗元丰（1078—1085）改制废。

三司都凭由司 官署名。宋太宗淳化二年（991）并盐铁、度支、户部三凭由司置，以判都理欠司官兼管。掌在京官物支付之事，凡部支官物，皆覆视其凭由，无虚谬，始盖印签发；支付完毕，再据其数目报有关机构注销。至道二年（996）并归理欠司。

三司都理欠司 官署名。宋太宗淳化三年（992）并盐铁、度支、户部三理欠司置，设判司官一人，以朝官充任。掌清理在京及天下负欠官物之籍，立限催收。仁宗乾兴元年（1022）改为蠲纳司，天圣三年（1025）复旧名。神宗元丰（1078—1085）改制，并归刑部之比部司。

三司都催欠司 即三司都理欠司。

三司都磨勘司 官署名。宋太宗端拱二年（989）改三司磨勘司置，设判司官一人，以朝官充任，掌覆勾三部帐籍，以验出入之数。神宗元丰（1078—1085）改制废。

三司副使 官名。三司次官。五代后唐明宗天成二年（927）以枢密院承旨孟鹄为之，权判三司事。宋太宗太平兴国元年（976）沿置，以员外郎以上历河东、河北、陕西三路转运使及淮、浙、江、湖等六路发运使充任；盐铁、度支、户部三部分置使时，亦分为三部副使，神宗元丰（1078—1085）改制废。西夏亦置。金章宗泰和八年（1208）省户部而置，一人，正三品，宣宗贞祐（1213—1217）中罢。

三司推官 官名。宋太祖乾德四年（966）置，以朝官充任。太宗太平兴国三年（978），又分置各案推官或巡官，以京朝官充任，掌管诸案事务。神宗元丰（1078—1085）改制，皆废。

三司推勘公事 见“三司推勘院”。

三司推勘院 官署名。宋太祖开宝八年（975）置，设知推勘院事一人，不久废。仁宗嘉祐五年（1060），设三司推勘公事一人，以京朝官充任，掌推劾盐铁、度支、户部三部公事。神宗元丰元年（1078）罢。

三司提点司 官署名。宋太宗时置，掌整顿三司废怠事务。

三司催驱司 官署名。北宋前期置，掌催促京城诸司库务文帐，京畿仓场库务月帐凭由送勾，及三部支讫内外俸禄之事，由判开拆司官兼管。神宗元丰（1078—1085）改制废。

三式科 官署名。金朝司天台下属机构。设官四人。参见“司天台”。

三老 官名。❶乡官。战国、秦汉均置，职掌教化。据《墨子·号令》及《史记·滑稽列传》，战国时闾里及县均有三老。西汉初年，乡、县均置。汉高祖二年（前205）诏举民年五十以上，有修行，能帅众为善，置以为三老，乡一人，择乡三老一人为县三老。后郡国亦置。三老可免除徭役，就地方政事向县令丞尉提出各种建议。三国两晋南北朝一般不置乡、县、郡国三老，但据《晋书》、《宋书》，其时部分县、乡仍旧俗沿置，为乡官，然无定制。❷荣衔。东汉以授年老大臣，以示孝悌天下。三国两晋南北朝沿之。

三老三吏　西周时辅佐周天子的六位大臣。一说即“三左三右”，指大宰、大宗、大史、大祝、大士、大卜。《逸周书·大匡》：“王乃召冢卿，三老三吏，大夫、百执事之人，朝于大庭。”参见“三左三右”。

三老五更　即三老与五更的合称，分见“三老”、“五更”。

三考　传说虞舜时考绩官吏的制度。每三年考核一次，九年则三考。《尚书·虞书·舜典》：“三载考绩，三考，黜陟幽明。”孔安国传：“三年有成，故以考功；九岁则能否幽明有别，黜退其幽者，升进其明者。”

三吏　周朝王室三位大臣。一说为三公。一说为三卿。一说即三事大夫。《左传·成公二年》：“王使委于三吏，礼之如侯伯克敌使大夫告庆之礼，降于卿礼一等。”杜预注：“三吏，三公也。”

三有事　指三卿。《诗经·小雅·十月之交》：“皇父孔圣，作都于向。择三有事，亶侯多藏。”毛亨传：“择三有事，有司、国之三卿。”郑玄笺：“专权足己，自比圣人，作都立三卿，皆取聚敛之臣，言不知厌也。”

三百六十曹　北魏尚书省官署总称。道武帝天兴二年（399）分尚书三十六曹及其他官署置，分理各项政务。各设大夫主持。

三百石　官秩等级。汉朝置，三国两晋南北朝沿置。西汉中央政府机构部分郎官及县长、县丞、尉，秩三百石。东汉中央政府机构部分属吏、小县县长及侯国相也为三百石，月俸四十斛。南朝宋制，公府诸曹掾（除东、西曹）秩禄同。

三百石吏　战国时年俸为三百石粮谷的官吏。燕、秦等国置。《史记·燕召公世家》：“王（哙）因收印自三百石吏已上而效之子之。”

三师　❶太师、太傅、太保合称。北魏始有此称，位上公，居二大、三公上。名为辅导天子之官，位极尊而无具体职掌。北齐因之，后主时为激赏人心，增员而授，不可胜数。北周改称三公。隋、唐仍称三师，为赠予德高望重元老大臣的荣衔，无其人则阙。唐末用为藩镇加官，遂至冗滥。宋初为亲王、宰相等大臣的加官，后仅授予最尊贵的大臣。徽宗时改称三公，为宰相之任。辽、金复称三师，元改称三公，明、清因之。❷太子太师、太子太傅、太子太保合称。参见“太子太师”。

三传科　唐、宋贡举科目名。三传即《左传》、《公羊传》、《穀梁传》。考其经注、疏义。宋神宗时罢。

三色官　宋朝流外官、进纳官及摄官统称。依法，有举主二员，可参吏部或本路监司选阙，但不能注某些差遣窠阙，如主簿、县尉相兼处。

三州处置使司　官署名。辽朝置。韩德枢为南院宣徽使，遥领平、滦、营三州管内观察、处置等使，设三州处置使司治三州事。

三州都巡检使　官名。宋朝沿边溪峒有都巡检使。南宋时于海南琼管及归、峡、荆门等处，置水陆都巡检使或三州都巡检使，控制溪峒。

三字　唐、宋“知制诰”别称。

三军　周朝制度诸侯大国可建上、中、下军，合称三军。各设将、佐为正副长官。下辖各军大夫、尉、司马等。魏晋时期诸王国亦建三军，设上军将军、中军将军、下军将军分领之。

三妣　妃嫔名号。北周置，位在三妃下，六嫔上，位视三孤。

三丞　官名统称。宋朝指秘书丞、太常丞、宗正丞。其选甚清。北宋前期为寄禄官，神宗元丰（1078—1085）改制后为职事官。

三伴　官名合称。明朝诸王府伴读、伴讲、伴书的合称。

三兵中郎　官名。西晋末司马睿镇东丞相府从事中郎之一，与录事中郎、度支中郎分掌僚属诸曹事。

三库　清朝户部所辖银库、缎匹库、颜料库之合称。

三库库大使　官名。清朝户部三库之属官。隶属于三库掌印郎中，办事机构称为大使厅。雍正二年（1724）设，三库各一人。乾隆三年（1738）增银库大使一人。皆为满员，未入流。三年一更代，缺出由各部院笔帖式内保送调补。掌收各省解纳文批，呈主官阅后分转各库与各司，负收银点鞘承办之责。光绪二十八年（1902）裁。

三库库使　官名。清朝户部三库之属官。隶属三库掌印郎中。康熙二十五年（1686）设，三十二员。雍正二年（1724）改定银库六员，缎匹库九员，颜料库十一员。皆为满员，未入流。三年一更代，缺出由各部寺库使内保送选补。与笔帖式共同佐理本库文书档案，稽考库藏出纳。光绪二十八年（1902）裁。

三库堂主事　官名。亦称三库档房主事。清朝管理户部三库大臣之属官。雍正二年（1724）设，满洲一人，领总档房事，三年一更代，缺出于各部院满洲主事内保送选补。掌理三库之文案，籍会出纳，综汇奏销，兼掌解库银两之批回及雇用吏员、匠役之事。光绪二十八年（1902）裁。

三英　妃嫔号。十六国后赵石勒建平元年（330）置，在贵嫔、贵人之下，位视伯，无员限。见《晋书·石勒载记下》。

三事　❶居官者应遵循的三条原则，指清、慎、勤。《吕氏春秋·童蒙》：“当官之法，惟有三事，曰清、曰慎、曰勤。”❷周朝指三事大夫，即三公。《尚书·周书·周官》：“三事及大夫，敬尔有官，乱尔有政，以佑乃辟。”《诗经·小雅·雨无正》：“三事大夫，莫肯夙夜。”郑玄笺：“王流在外，三公及诸侯随王而行者，皆无君臣之礼，不肯晨夜朝暮省王也。”孔颖达疏：“郑言三公者，以经三事大夫为三公也。”❸汉朝以后谓丞相，亦有三司意。《汉书·韦贤传》：“天子我监，登我三事。”颜师古注：“三事，三公之位，谓丞相也。”《梁书·任昉传》：“我若登三事，当以卿为骑兵。”

三事大夫 参见“三事”。

三侍 官名合称。❶十二卫所属亲、勋、翊三卫，炀帝大业三年（607）改名为三侍。❷隋炀帝时鹰扬府所领亲、勋、武三侍，非翊卫府，无此三侍。

三舍法 宋朝三舍考选法或三舍选察升补法简称。神宗熙宁四年（1071），定太学生三舍法，分上舍、内舍、外舍三等。初入学者为外舍，人数不限，春、秋各考一次。外舍选升内舍，限二百人。内舍选升上舍，限百人。上舍生学业优异者，可直接授官。学生各习一经，随所属讲官学习。元丰二年（1079），定三舍法一百四十条，包括太学补试、私试、公试、舍试及升舍等规定。哲宗时，州县学或行三舍法。徽宗崇宁三年（1104），罢州郡解试和省试，取士皆由学校依三舍法升贡。宣和三年（1121），罢州县学三舍法，唯太学行之。南宋时，太学、武学、宗学皆行此法。

三京牧 宋朝陪都西京（今河南洛阳）、南京（今河南商丘）、北京（今河北大名）长官的合称。

三京国子监 见“西京国子监”。

三京留司御史台 官署名。北宋陪都西京（今河南洛阳）、南京（今河南商丘）、北京（今河北大名）三留守司各置留司御史台，各设管勾台事一人，以朝官充任。掌拜表行香，纠举违失。

三京诸道僧尼都总管 官名。辽景宗保宁六年（974），以沙门昭敏为之，加侍中，统领皇都、东京、南京各寺院僧尼。

三府 ❶即三公府。《后汉书·李云传》：“乃露布上书，移副三府。”《三国志·魏文帝纪》：“其以此诏藏之宗庙，副在尚书、秘书、三府。”亦作为“三公”的别称。❷明、清对通判的俗称。

三府卫 唐高祖武德七年（624）以亲卫曰一府，勋卫、翊卫曰二府，谓之三府卫。

三府掾 官名。即三公官署下属官员。三府东汉指司徒、司空、太尉之府。

三法司 明清两朝都察院、刑部、大理寺之合称。凡遇斩、绞等重大罪案皆由其会勘，先经刑部审明，送都察院参核，再送大理寺平允，其后会稿具题，呈请皇帝批准。

三河乌古部都详稳 官名。辽朝置，负责管理三河乌古部等部族军政事务，辽太祖天显七年（932），授耶律朔古为之。

三官 ❶大乐正、大司寇、司市合称。见《礼记·王制》。❷大司徒、大司马、大司空合称。❸司马、司徒、司空合称。见《左传·昭公四年》。❹指齐国军队中执掌鼓、金、旗以发布号令的三种官。见《管子·兵法》。❺管理农、商、工的田师、市师、器师三种官的合称。见《荀子·解蔽》。❻西汉“上林三官”的省称。❼魏晋南北朝“廷尉三官”或“建康三官”的省称。

三郎 秦汉时郎官的合称。其内涵说法不一。或谓中郎、外郎、散郎。又有议郎、中郎、散郎或郎中、车郎、户郎说。又，北魏内三郎省称。

三郎大帅 官名。北魏置。统帅内三郎，掌宫禁中侍卫，随皇帝出征时，还负责看管被俘敌将。《宋书·索虏传》：“虏法，获生将，付其三郎大帅，连锁锁颈后。”其下统三郎将、三郎卫士等。

三郎卫士 参见“内三郎”。

三郎将 官名。北魏置，为皇帝的侍从武官，属三郎大帅。

三孤 即三少。《尚书·周官》：“少师、少傅、少保曰三孤。”位卑于公，尊于卿。历代沿置。参见“少师”。

三经厂 官署名。明内府汉经厂、番经厂、道经厂的合称。分别掌习念佛教梵呗、道教诸品咒文经忏。各置掌厂太监一员，贴厂各司房数十员，由各衙门宦官兼任。

三省 官署合称。即尚书省、中书省、门下省。尚书、中书、门下三省并存，自三国魏始，尚书已成朝官，为政务机构；中书也逐渐分局问政，却未转为朝官；门下亦渐染指政事，仍以宫职尤多，国事运转须经三省而实现。南北朝后期，三省分职逐渐明朗。至隋，中书、门下由宫职转为朝官，尚书执行、中书出令、门下封驳。唐初，三省形成鼎足之势，三省长官尚书令（后为仆射）、中书令、侍中入政事堂共议国政，执行宰相职能；高宗至玄宗前后，三省长官的宰相地位渐为同平章事取代，三省并重遭破坏，时而中书为重，时而门下为重；三省分权也发生变化，中书出令为翰林学士院分割，门下封驳分散到尚书、中书，尚书执行权转移，专司一职，分管部务。五代时，枢密使发展为武宰相，进一步分割同平章事的相权。北宋初，政归中书、门下、枢密院及三司，宰相不专任三省长官，三省类以他官主判，三省长官以下各官用于寓禄秩、叙位著。神宗元丰（1078—1085）改制，废中书、门下及三司，重建三省，与枢密院共掌大政，以尚书省长官左、右仆射为宰相，左仆射兼门下侍郎，行侍中职，右仆射兼中书侍郎，行中书令职；门下省审命令、驳正违失，中书省掌进拟庶务、宣奉命令，尚书省掌施行制命。哲宗元祐（1086—1094）间，令三省同取旨。南宋高宗建炎三年（1129），并中书、门下二省为一，仍与尚书省统称三省。

三省枢密院激赏库 官署名。南宋高宗绍兴（1131—1162）中，因备边，与三省、枢密院激赏酒库同置，各设监官二人。掌计亩敛钱，以备犒军之用。绍兴和议后，专备宰执之厨的有关支遣。

三省枢密院激赏酒库 见“三省枢密院激赏库”。

三省监门官 官名。宋朝置，掌三省门钥。初以小使臣充任，南宋宁宗嘉定四年（1211），以曾任知县、通判资序人充任。

三品勋位 官职等级。南朝梁武帝天监七年（508）改原九品官制，在十八班和流外七班之下设三品蕴位和三品勋位，以授流外官。三品勋位包括中书正令史、尚书正令史至山阴狱丞等官职。授予寒士与寒人。

三品将军 两晋南北朝位居第三品的各种名号将军的统称。将军的品位在各朝都有变化，两晋位第三品的有诸征镇安平将军，镇军、抚军至龙骧将军等。《晋书·职官志》：“三品将军秩中二千石者，著武冠，平上黑帻，五时朝服，佩水苍玉，食奉、春秋赐绵绢、菜田、田驺如光禄大夫诸卿制。置长史、司马各一人，秩千石。”

三品蕴位 官职等级。南朝梁武帝天监七年（508）改原九品制，在十八班及流外七班之下，设三品蕴位，以授流外官。其中包括著作正令史、集书正令史至晋安练葛屯主等官。授予寒士与寒人。

三独 即“三独坐”。《魏书·张普惠传》：“不正其非，岂所望于三独。”

三独坐 东汉时御史中丞、司隶校尉、尚书令三官合称。汉朝百官朝会，一般接席而坐，光武帝刘秀特诏御史中丞、司隶校尉与尚书令会同并专席而坐，以示优宠，故京师号曰“三独坐”。

三闾大夫 官名。战国楚置。掌楚国王族昭、屈、景三姓的谱属，举荐贤良，参与议国事，监察百官等。屈原曾任此职。

三将 两晋、南朝时期虎贲中郎将、冗从仆射、羽林监的合称。详见各条。

三将军 官名合称。即骠骑将军、车骑将军、卫将军，汉朝为重号将军，皆金印紫绶。两晋南北朝皆置。梁、陈指镇卫、骠骑、车骑三号将军。北魏有骠骑、车骑、卫三将军，又有中军、镇军、抚军三将军。隋朝则指内军、镇军、抚军三将军。

三宫 春秋诸侯夫人的代称。《穀梁传·桓公十四年》：“甸粟而纳之三宫。”范宁注：“三宫，三夫人也。”

三院御史 官名合称。唐、五代为御史台之台院侍御史、殿院殿中侍御史、察院监察御史。

三班 见“三班院”。

三班奉职 官名。宋太宗淳化二年（991）改殿前承旨置，位在三班借职上、右班殿直下，无职掌，为低级武臣阶官。神宗元丰（1078—1085）改制，定为从九品。徽宗政和二年（1112）重定武臣官名，改承节郎。

三班使臣 见“三班院”。

三班院 官署名。❶北宋初，以供奉官、殿直、殿前承旨为三班，设点检三班公事，属宣徽院。太宗雍熙四年（987）置三班院，主管武臣三班使臣之注拟、升移、酬赏等事。神宗元丰（1078—1085）改制，改为吏部侍郎右选。❷辽朝置，掌左、右寄班之事，其属有左班都知、右班都知、寄班都知及三班院祗候。

三班借差 官名省称。即三班院借差。北宋无品武阶官，位三班差使下、殿侍上。徽宗政和二年（1112）重定武臣官名，改进义校尉。

三班借职 官名。宋太宗淳化二年（991）改借职承旨置，无职掌，为武臣低级阶官。神宗元丰（1078—1085）改制，定为从九品。徽宗政和二年（1112）重定武臣官名，改承信郎。

三班差使 官名。北宋置，为无品武阶官，位在三班借职下、三班借差上。徽宗政和二年（1112）重定武臣官名，改进武校尉。

三校尉 参见“太子三校”。

三都 即北魏三都大官的省称。

三都大官 北魏中都坐大官、内都坐大官、外都坐大官的合称。详见各条。

三都留守 官名合称。唐太宗贞观十九年（645）伐高丽，京城置留守，其后车驾不在京都则置；东都（洛阳）亦置。玄宗开元元年（713）改京兆、河南府长史为尹，通判府务；十一年（723）太原府置尹，以尹为留守，谓之三都留守。

三都尉 奉车都尉、驸马都尉、骑都尉合称。详见各条。

三监 ❶官名。周朝派往诸侯国的监察官员。《礼记·王制》：“天子使其大夫为三监，监于方伯之国，国三人。”❷周初对殷遗邶、鄘、卫三国派驻的三大臣合称。即武庚、管叔、蔡叔。《汉书·地理志》：“周既灭殷，分其畿内为三国，《诗·风》邶、鄘、卫是。邶以封纣子武庚；鄘，管叔尹之；卫，蔡叔尹之；以监殷民，谓之三监。”一说为管叔、蔡叔、霍叔。《史记·周本纪》张守节《正义》引《帝王世纪》：“自殷都以东为卫，管叔监之；殷都以西为鄘，蔡叔监之；殷都以北为邶，霍叔监之，是为三监。”❸唐朝官署合称。贞观元年（627）复置少府监，贞观二年变国子学为国子监，并将作监合称三监。

三卿 官名合称。周朝指司徒、司马、司空。《礼记·王制》：“大国三卿，皆命于天子”，“次国三卿，二卿命于天子，一卿命于其君”。孔颖达疏：“三卿者，依周制而言，谓立司徒兼冢宰之事，立司马兼宗伯之事，立司空兼司寇之事。故《春秋左传》云：‘季孙为司徒，叔孙为司马，孟孙为司空’，此是三卿也。”亦指三军主帅。《春秋·襄公十一年》：“王正月，作三军。”《公羊传》：“三军者何，三卿也。”或指上卿、亚卿、下卿。《孟子·告子下》：“天子在三卿之中。”杨伯峻注引全祖望《经史问答》：“孟子之世，七国官制尤草草。大抵三卿者，指上卿、亚卿、下卿而言。乐毅初入燕乃亚卿，是其证也。或曰，一卿是相，一卿是将，其一为客卿，而上下本无定员，亦通。”汉魏南北朝指诸侯王国三卿，即郎中令、中尉、大农。也指太子三卿，即家令、率更令、仆。或指太后三卿，即卫尉、少府、太仆。北魏孝文帝定百官，又以太常、光禄勋、卫尉为三卿。

三部 宋朝三司所属户部、度支、盐铁三机构合称。

三部勾院 官署名。宋初，盐铁、度支、户部各有勾院，以本部判官领之。太祖开宝五年（972），以盐铁勾院、户部勾院合为一院，度支勾院为一院。太宗太平兴国五年（980），合为一院。雍熙三年（986），复分为三院。淳化三年（992），置三司都勾院。后或分或合，无定制。掌勾稽天下所申三部金谷百物出纳帐籍，以察其差殊而关防之。神宗元丰（1078—1085）改制废。

三部巡官 官名。宋太宗太平兴国三年（978），盐铁、度支、户部置巡官或推官，以京朝官充任，分领各案事务。神宗元丰（1078—1085）改制废。

三部判官 官名。宋初盐铁、度支、户部皆置判官，以朝官充任，分掌三部诸案公事。神宗元丰（1078—1085）改制废。

三部都勾院 官署名。北宋太宗太平兴国五年（980），并盐铁户部勾院、度支勾院置，又称三司都勾院，设判院一人，同勾当一人，掌检举违失。雍熙三年（986），三部各置勾院。淳化三年（992），复为都勾院。五年又分置，至道二年（996）复并为一院，三年又为三院。真宗咸平六年（1003）又并为一院。大中祥符九年（1016）复改置三院。

三部副使 官名统称。即盐铁副使、度支副使、户部副使。宋太宗雍熙（984—987）中始置，以员外郎以上官充任，分领三部之事。后或省或置。神宗元丰（1078—1085）改制废。

三部推官 见“三部巡官”。

三辅 官名合称。❶西汉京畿地区三个地方行政长官——京兆尹、左冯翊、右扶风的合称，有时亦用以指他们所管理的京畿地区。在西汉时权任甚重，东汉以后虽名称未改，但位秩已减。❷十六国前燕慕容儁以慕容恪为辅国将军、慕容评为辅弼将军、左长史阳骛为辅义将军，亦称三辅。

三辅都尉 官名。汉朝三辅地区都尉总称。武帝元鼎四年（前113）置，秩二千石，有丞，六百石。其京辅都尉治华阴（今属陕西），左辅都尉治高陵（今陕西高陵西南），右辅都尉治郿（今属陕西）。东汉建武七年（后31）省，并诸太守。安帝时复置右扶风都尉、京兆虎牙都尉。

三眼花翎 服饰名。清朝官员所戴花翎之一。即孔雀羽尾端为三眼者。依例贵族中之贝子戴之。乾隆（1736—1795）中曾特赐郡王、亲王，以为美饰，其后沿以为例。并议及亲王戴五眼花翎，郡王戴四眼花翎，未得实行。

三铨 选官制度。唐朝前期，参加吏部或兵部主持铨试的选人分为三组，尚书一人主持六、七品选，称作尚书铨；侍郎二人分为两组，主持八、九品选，分别称作中铨和东铨，故曰三铨。睿宗景云（710—711）时始通其品而铨试，主持者也不一定是尚书、侍郎。

三馆 官署名合称。即史馆、昭文馆、集贤院。宋初置，掌修史、藏书、校书之事。置昭文馆大学士、集贤殿大学士、监修国史，皆由宰相兼领。又置集贤院学士、集贤殿修撰、直集贤院、集贤校理、史馆修撰、直史馆、史馆检讨、直昭文馆，亦以他官兼充。召试除授或特恩加授。除外官赐带馆职者外，凡除馆职者皆入馆供职一至二年，然后带职补外官。凡带馆职者，皆享受超迁官阶的优待。神宗元丰（1078—1085）改制罢，其职事归秘书省。

三旌之位 又作三珪之位。一说为三公爵位。一说为三卿爵位。《庄子·让王》：“（楚昭王）谓司马子綦曰：‘屠羊说居处卑贱而陈义甚高，子綦为我延之以三旌之位。’”郭庆藩集释：“《疏》：三旌，三公也。亦有作珪字者，谓三卿皆执珪，故谓三卿为珪也。《释文》：‘三旌’，三公位也。”

三最 宋朝考察州县守令之标准。以狱讼无冤、催科不扰为治事之最，农桑垦殖、水利兴修为劝课之最，屏除奸盗、人获安处、振恤困穷、不致流移为抚养之最。神宗元丰（1078—1085）中罢，哲宗元祐（1086—1094）后复行。

三等书记官 官名。清末国子监所属职官。光绪三十二年（1906）设，三人。掌文书案牍。

三等出使大臣 见“出使大臣”。

三等侍卫 官名。清朝侍卫中之第三等。武职正五品。由上三旗子弟中才武出众者充任。掌宫廷宿卫及随扈皇帝之事。顺治元年（1644）定制：每旗九十人，共二百七十人。雍正五年（1727）始定，武进士二甲得选授十人充任。康熙三十七年（1698），增宗室侍卫。雍正七年，定三等六十三人，每旗二十一人。

三等参谋官 官名。清末新陆军军官。光绪三十年（1904）定新陆军营制，始置。每镇一人，正五品，正军校充，奏补。随同正参谋官分任计划诸务。

三等参赞 官名。清朝三等出使大臣之属官，正五品。佐出使大臣办理交涉事务。参见“参赞”。

三等通译官 见“通译官”。

三等爵 爵位制度。三等爵即三等爵级，即公一级、侯伯一级、子男一级。一说与五等爵制均为西周实有制度，两者相互为用。即五等爵以定封地大小；三等爵以定其所食：公食其半，侯伯食三分之一，子男食四分之一。《周礼》载诸侯总共受到天子九次册命为公，七次册命为侯伯，五次册命为子男，是从西周册命制度进一步发展而来的。

三槐 三公于外朝所立之位。《周礼·秋官·朝士》：“面三槐，三公位焉。”相传周朝宫廷外植三棵槐树，三公朝见天子时面三槐而立。后成为三公的代称。《晋书·荀崧传》：“生有三槐之望，没无鼎足之名。”

三署 汉朝光禄勋属下左、右、五官三官署合称。三署各置中郎将分领郎官。西汉五官、左、右三署辖中郎（一说辖中郎、谒者、侍郎），别有车、户、骑三署，辖郎中。东汉时省车、户、骑，唯置五官、左、右署，中郎、侍郎、郎中皆属之，故名三署。

三署郎 东汉光禄勋所辖左、右、五官三中郎将署所掌郎官合称。时罢车、户、骑三将，故中郎、侍郎、郎中皆分属三署。以郡国所举孝廉补之，年五十以上属五官，其次分在左、右署，以供官吏人材之储备。其功高久次者得举茂才。尚书郎亦从中选任。三国吴沿置。魏、蜀不置三署，后其称遂废。

三衙 官署名合称。即殿前都指挥使司（殿前司、殿司）、侍卫亲军马军都指挥使司（侍卫马军司、马司）、侍卫亲军步军都指挥使司（侍卫步军司、步司）。北宋置，各设都指挥使为长官，统辖全国禁军。北宋亡，废。南宋初复置，仅统领驻守行在临安府之正规军。孝宗时，马军司移驻建康府。

三旗牛羊群牧处 官署名。清初内府所属之机构。掌理牛羊畜牧事务。顺治十年（1653）置，设员外郎六人，笔帖式十二人及厩长、厩副各六人分办事项。所属有内牛圈三处，西华门外外牛圈三处，南苑供乳饼圈一处及丰台羊圈六处。康熙十六年（1677）归并掌仪司管理，遂废。

三旗包衣前锋营 简称包衣前锋营，旧名解马营。清朝内务府中负责演习马上技艺之军事组织。乾隆十三年（1748）置。每旗设委署前锋参领二人，前锋校二人，委署前锋校二人，蓝翎长四人。

三旗庄头处 官署名。全称管理三旗银两庄头处。清朝内务府所属机构之一。又名钱粮衙门。雍正元年（1723）设，初名管理三旗纳银庄，后改称三旗庄头处。掌镶黄、正黄、正白三旗庄地钱粮草束之征收。所属庄地，分布于直隶近畿五十三个州县内，年征银五万余两，并征谷草、芦苇等物。设郎中一人，员外郎六人，委署主事一人，以下有催长、副催长、领催、副领催等员。

干 ❶官名。官府中低级佐吏，主管文书。汉朝郡县官府阁下及诸曹皆置。魏晋南北朝除郡县外，中央如尚书诸曹亦置，地位卑下。依机构、职掌不同，又分称为门干、直事干、斋干等。北魏则分为书干、主书干、典书干，俱九品上。❷东魏、北齐时依附民之一，被赐予享受食干待遇的官员。

干办 宋朝干办公事省称。参见“干办公事”。

干办公事 官名。宋朝置，简称干办官、干办、干官。旧称勾当公事，后避宋高宗赵构名讳改。为制置使、总领、安抚使、镇抚使、转运使、提点刑狱公事、都大提举茶马、都大提举坑冶等属官，分掌有关具体事务。

干办金吾街仗司 官名。南宋初置，为金吾街仗司长官。参见“金吾街仗司”。

干办官 宋朝干办公事别称。参见“干办公事”。

干办皇城司 官名。北宋置勾当皇城司，以诸司使副使及内侍都知、押班充任，掌宫城禁卫之事。南宋避高宗赵构名讳改称。

干吏 ❶郡、县等衙署中的低级办事人员。❷对办事干练官吏的称呼。

干当公事 官名。北宋王安石变法时，司农寺置勾当公事。神宗元丰（1078—1085）改制后，户部亦设勾当公事。徽宗时，将作监亦置。南宋避高宗赵构名讳改称。

干当官 宋朝干当公事别称。参见“干当公事”。

干当皇城司 官名。北宋皇城司置勾当官若干人，以诸司使副、内侍都知推班充任。南宋避高宗赵构名讳，改称干当官。

干当宫观 祠禄官名。宋神宗时置勾当宫观，以京官充任。南宋避高宗赵构名讳改称。

干事官 金朝对干办公事官员的称谓。通常不隶属省部，由专掌军资储备大臣委派，从事计本息等事。

干泽 谋求禄位。《孟子·公孙丑下》：“孟子去齐，尹士语人曰：‘不识王之不可以为汤武，则是不明也；识其不可，然且至，则是干泽也。’”

干官 宋朝干办公事省称。参见“干办公事”。

干堂 即参堂。

干禄 谋求禄位。《论语·为政》：“子张学干禄。”

于越 官名。契丹遥辇氏末期始见，为总执政官。耶律阿保机即位前，曾任于越。入辽，无所掌，官位在北、南大王之上。《辽史·百官志》称其坐而论议以象公师，实际为北面最高加官，非有殊勋者不授此职。臣属于辽的一些部落、属国，亦有于越之官称。

于厥迪烈都详稳 官名。辽兴宗景福元年（1031），以耶律郑留为于厥（即乌古部）迪烈都详稳。

工 官名。❶工匠师傅。《左传·隐公十一年》：“周谚有之曰：‘山有木，工则度之。’”❷乐官。《尚书·虞书·益稷》：“工以纳言。”孔安国传：“工，乐官。”

工大人 官名。战国秦、楚等国置。主持制造兵器和日常用品。地位比工师稍低。秦兵器《十三年相邦义戈铭》：“十三年，相邦义之造，咸阳工师田，工大人耆，工樻。”

工上造 官名。战国秦置。主铸造的低级工官，上造爵。秦始皇二十一年造《羊首车辖铭》：“廿一年，寺工献，工上造但。”

工尹 官名。春秋楚置。主管百工的长官，兼领兵征战。《国语·晋语》云：“王使工尹襄问之以弓。”韦昭注：“工尹，楚官。”《左传·文公十年》：“王使为工尹。”杜预注：“掌百工之官。”战国赵、燕设大工尹、右工尹等官职，主管兵器督造。赵兵器《七年相邦阳安君剑铭》：“大工尹某某。”燕兵器《燕王詈戮铭》：“燕王詈作行议镦，右工尹青其，工竖。”

工书 工部尚书省称。

工正 官名。相传少皞时即置，掌工匠营造。《左传·昭公十七年》：“五雉为五工正，利器用，正度量。”春秋鲁、宋、齐、楚等国均置。鲁、宋为司马属官，掌车服。齐、楚掌百工。明朝王府长史司下工正所亦置，员一人，正八品；另置工副一人，从八品。掌缮造修葺王府宫邸、廨舍。

工正所 官署名。明洪武四年（1371）置，隶王相府，十三年罢王相府，改隶王府长史司。设工正一人，副一人。嘉靖四十四年（1565）革副官。参见“工正”。

工务司 官署名。清末农工商部所属机构。光绪三十二年（1906）改商部通艺司设。掌工艺物料、机器制造诸工政、管理办矿准驳事宜，统辖京外各工艺制造、矿务学堂、公司、局、厂，兼管本部实业学堂、工艺局、劝工陈列所等。置郎中三人，员外郎、主事各四人。

工务司郎中 官名。清末农工商部属官。光绪三十二年（1906）设。定额三人，正五品，奏补。掌本司事务。

工师 官名。❶相传帝尧时置。掌百工。《史记·五帝本纪》：“讙兜进言共工，尧曰不可而试之工师。”❷春秋战国工官之长。司空属官。掌百工营造事务。《礼记·月令》：“命工师令百工，审五库之量，金铁、皮革、筋、角、齿、羽、箭干、脂胶、丹漆，毋或不良”；“命工师效功、陈祭器，按度程”，“物勒工名，以考其诚。功有不当，必行其罪，以穷其情”。❸春秋鲁国都邑工官，《左传·定公十年》：“叔孙谓郈工师驷赤。”❹战国秦、韩、赵、魏等国主武库兵器制造的官员。❺战国秦国有一定职位的工匠师傅。掌工徒技艺的传授。《睡虎地秦墓竹简·均工》：“新工初工事，一岁半红（功），其后岁赋红（功）与故等。工师善教之，故工一岁而成，新工二岁而成。”

工关 见“工部榷关”。

工关关差 见“工部榷关监督”。

工关监督 见“工部榷关监督”。

工巡总局 官署名。清末京师治安机关。光绪二十八年（1902）设内城工巡局，三十一年设外城工巡局。掌督修京师街道工程，管理巡捕事务。初设亲王一人管理内城工巡局，后设管理内外城工巡事务大臣一人，由大学士、尚书内特简，会办大臣二人以及监督、总办、帮办等。三十一年改内城巡警总厅、外城巡警总厅，置厅丞各一员，隶巡警部。

工巡捐总局 官署名。清末京师税收机关。光绪三十三年（1907）设。掌商民开市、失照歇业，收捐税、罚款事。辖文案、调查、稽核、会计、收捐、议罚、收发七处及内、外城工巡捐局。置总办一人。宣统二年（1910）撤，捐税并入内、外城巡警总厅办理。

工作案 官署名。宋神宗元丰（1078—1085）改制后置，属工部，掌工作之事。

工兵科 官署名。清末陆军部军制司所属七科之一。光绪三十二年（1906）设。掌工兵科军士以下之补充，工程队常备、续备、后备官兵之册籍，以及军用水陆交通、陆军工程、测量等事。置科长、科员、录事。

工侍 “工部侍郎”省称。

工官 官署名。西汉属少府。蜀郡、广汉郡、泰山奉高、济南东平陵、南阳宛、颍川阳翟、河南郡、河内郡、怀县等处均置；各有专业分工，如制造兵器、日用器物或手工艺品。元帝时蜀郡、广汉郡工官制作金银器，一岁费用达五百万。东汉时改隶郡国。郡有工官者，随事置令、长及丞，秩次如县、道，主工税物。又，为郑成功所设六官之一，参见“六官”。

工房 官署名。宋朝置，为“六房”之一。神宗元丰（1078—1085）改制，于中书、门下、尚书三省内设。属中书省者主行计度营造；属门下省者主行尚书省工房所上之事；属尚书省者掌工作之事，如营造、鼓铸、屯田、桥梁、舟车等。南宋时，中书门下省、尚书省仍设。明亦置，为中央和地方官署中书吏的办事机构，六房之一。清都察院堂下、通政使司登闻鼓厅下设有，掌有关案件之整理呈报。于房办事之书吏为经承，属都察院者三人，属通政使司者一人。顺天府及各直省府、州、县衙门内亦设，协助府、州、县长官经管修造及经办军需。其书吏，属顺天府者为经承，属各直省府、州、县者为典吏。

工科 官署名。明清“六科”之一。明洪武六年（1373）置。设给事中二人。初隶承敕监，后改隶通政司。二十四年设都给事中一人，左、右给事中各一人，给事中四人。南京工科亦设给事中一人。永乐（1403—1424）中六科自为一署。掌阅视军器局，巡视节慎库，稽察宝源局之事。清顺治（1644—1661）中沿设，都给事中满、汉各一人，左、右给事中满、汉各一人，汉给事中二人。康熙四年（1665）只留给事中满、汉各一人，余俱裁。五年，增设掌印给事中满、汉各一人。掌稽核工程、注销工部文卷之事。雍正元年（1723）改隶都察院，光绪三十二年（1906）裁。

工科右给事中 官名。参见“工科左给事中”。

工科左给事中 官名。明清工科之副长官。佐都给事中掌科事。明洪武二十四年（1391）设，左、右各一人，秩从八品。永乐（1403—1424）中改为从七品。清顺治十八年（1661）定设左、右满、汉各一人。康熙四年（1665）裁。

工科给事中 官名。明清工科之职官。明洪武六年（1373）设，二人，秩正七品，推年长者掌印。二十四年定设四人，秩正九品。建文（1399—1402）中改为从七品。又，南京工科亦设一人。分掌阅视军器局，巡视节慎库，稽察宝源局之事。清顺治（1644—1661）中沿设，汉二人。康熙四年（1665）改设满、汉各一人。初制为从七品，雍正七年（1729）升为正五品。分掌稽核工程、注销工部文卷之事。光绪三十二年（1906）裁改。

工科都给事中 官名。明清工科之主官。掌科事。明洪武二十四年（1391）设，一人，秩正八品。建文（1399—1402）中改为正七品。清顺治十八年（1661）沿设，满、汉各一人。康熙四年（1665）裁。

工室 官署名。战国秦置。县级管理手工业的机构。《睡虎地秦墓竹简·工律》："县级工室听官为正衡石赢（累），斗用（桶）、升。"

工部 ❶官署名。西魏恭帝三年（556）始置。北周沿置，属冬官府，置中大夫二人为长官，掌百工之籍，而理其禁令。隋朝置为尚书省六部之一，置官尚书一人。炀帝大业三年（607）增置侍郎一人，佐领部事，下辖工部、屯田、虞部、水部四司，掌土木水利工程及屯田、官府手工业之政令，具体事务则交少府监、将作监、都水监及地方府州办理。唐朝沿置。高宗龙朔二年（662）曾改称司平，咸亨元年（670）复旧；武则天光宅元年（684）再改称冬官，中宗神龙元年（705）复旧。宋初，凡城池土木工役之事，皆隶三司修造案，本曹无所掌，置判部事一人，以两制以上充任。神宗元丰五年（1082）改官制，置尚书、侍郎各一人，诸司各置郎中、员外郎。尚书掌百工山泽沟洫屯田之政令，侍郎为副，郎中、员外郎分掌本司职事。哲宗元祐元年（1086）革其属部水部郎官一人。绍圣元年（1094）其属屯田部、虞部，以郎官一人兼领。南宋初，尚书、侍郎仅置其一，并辖文思院、军器所，又一度兼领少府监、将作监、军器监。辽南面官亦置，设尚书、侍郎、郎中、员外郎等官，其制不详。金朝隶尚书省，初与左、右司同署。熙宗天眷三年（1140）始分立为部，置尚书、侍郎、郎中、员外郎各一人，从六品。海陵王天德三年（1151）增二人；主事二人，从七品。下设令史、译史、通事等。辖修内司、都城所、祗应司、甄官署、上材署等。掌修造营建法式、诸作二匠、屯田、山林川泽之禁令、江河堤岸、道路桥梁诸事。元世祖中统元年（1260）以兵、刑、工为右三部，至元元年（1264）分立。三年复并之，七年再分。二十八年定制，属中书省，置尚书三人，正三品，下设侍郎、郎中、员外郎等官，统掌诸色人匠总管府等官署机构。明洪武元年（1368）沿置，隶中书省，设尚书、侍郎、郎中、员外郎。六年，增尚书、侍郎各一人，置总部、虞部、水部、屯田部四属部，各设郎中、员外郎分掌。八年，增立四科，科设尚书、侍郎、郎中各一人，员外郎二人，主事五人，照磨二人。十三年，罢中书省，升部秩，直接统属皇帝，改置尚书一人，侍郎一人，并改原属屯田部为屯部，四属部分置郎中、员外郎各一人，主事二人。十五年，增侍郎一人，始分左、右。二十二年改所属总部为营部。二十九年，又改四属部为营缮、虞衡、都水、屯田四清吏司，遂成定制。建文（1399—1402）中曾改尚书为正一品，增设左、右侍中，正二品，位在侍郎上，并除各清吏司清吏字。成祖即位，复旧制。永乐（1403—1424）迁都前，北京置有行在六部，迁都后改置为六部，而以南京原六部加南京二字。仁宗即位，复旧。正统六年（1441）再复永乐迁都后制。宣德（1426—1435）中曾以尚书、侍郎提督易州山厂，专掌御用柴炭之事。嘉靖（1522—1566）后改由主事管理。又以工程日繁，增尚书一人，专督大工。其属司务厅，为办事机构，并置营缮所、文思院、军器局、节慎库、织染所、杂造局，广积、通积、卢沟桥、通州、白河各抽分竹木局、大通关提举司、柴炭司等。清朝沿置。天聪五年（1631）以贝勒掌部务，置满、汉承政、参政、启心郎等官。崇德三年（1638）改置承政、左右参政、启心郎、理事官、副理事官、额哲库等。顺治元年（1644）停贝勒理部务，改承政为尚书，左右参政为左、右侍郎，理事官为郎中，副理事官为员外郎，额哲库为主事。十五年，革启心郎。乾隆十年（1745）后，以大学士兼理部务。置满、汉尚书各一人，从一品，综理部务。满、汉左、右侍郎均各一人，正二品，协理部务。右侍郎并兼掌宝源局鼓铸。下设郎中，正五品；员外郎，从五品；主事，正六品，分各堂司办事。置四清吏司如明制，下置制造库、节慎库、料估所、清档房、汉档房、黄档房、司务厅、督催厅、当月处、饭银处、钱法堂、管理火药局等。光绪三十二年（1906）改置农工商部，遂废。❷隋唐五代尚书省工部头司，掌城池土木工役程式。置官郎中、员外郎、主事等。❸官名。工部中大夫省称。

工部上士 官名。西魏恭帝三年（556）置，北周沿置。冬官府工部次官，佐工部中大夫掌百工之籍，而理其禁令。正三命。隋文帝开皇元年（581）罢。

工部中士 官名。西魏、北周冬官府工部中大夫属官，正一命。

工部中大夫 官名。西魏恭帝三年（556）置，北周沿置。冬官府工部司长官，员二人，承司空之事，掌百工之籍，而理其禁令。下设工部上士、工部中士、工部旅下士以佐其职。北周武帝建德二年（573）省，宣帝即位后，复置。正五命。隋文帝开皇元年（581）罢。

工部分司 见"工部榷关"。

工部右侍郎 官名。明清置。详见"工部侍郎"。

工部左侍郎 官名。明清置，详见"工部侍郎"。

工部四科 官署名。明洪武八年（1375），因事务繁剧，于工部增置，科设尚书、侍郎、郎中各一人，员外郎二人，主事五人，照磨二人。十三年罢。

工部员外郎 官名。❶工部所属头司次官。隋文帝开皇六年（586）置。掌城池土木工程之事。炀帝大业三年（607）改名起部承务郎。唐高祖武德三年

(620)复旧名。置一人，从六品上。高宗龙朔二年(662)改名司平员外郎，咸亨元年(670)复旧名。玄宗天宝十一载(752)，改冬官员外郎，肃宗至德二载(757)复旧名。五代沿置。❷工部佐贰官。宋神宗元丰(1078—1085)改制后置。元丰改制前曾置为六品寄禄官，改制后改正七品，始参掌制作、营缮、计置、采伐材物等事，皆按程式以授有司。南宋高宗建炎三年(1129)并兼虞部员外郎职。孝宗隆兴元年(1163)兼领屯田之事。辽南面官亦置，职掌不详。金朝置，一人，从六品。完颜亮天德三年(1151)增二人，宣宗贞祐五年(1217)兼覆实习官。元朝沿置。明初亦置，位尚书、侍郎、郎中下，协掌部务，一人，正六品。清朝入关前曾置工部理事官、副理事官等。入关后于顺治元年(1644)改原工部副理事官置，正四品。后改置为各清吏司及各库长官。❸辽、明、清诸朝工部诸司员外郎的泛称。

工部尚书 官名。隋朝始置，为尚书省工部长官，员一人，正三品，掌百工、屯田、山泽之政令。唐朝沿置。中叶后渐成虚衔，部务由侍郎主持。又因工部居六部之末，故诸部尚书多由此起迁。高宗龙朔二年(662)改司平太常伯，咸亨元年(670)复旧。武则天光宅元年(684)再改冬官尚书，中宗神龙元年(705)复旧。宋承唐制，因城池土木工程式皆隶三司修造案，尚书无所掌，为三品寄禄官。神宗元丰(1078—1085)改制后，始实掌本部事，从二品。掌百工水土之政令，稽其功绪施以赏罚。南宋初，尚书与侍郎仅置其一。孝宗隆兴(1163—1164)时各置一人。辽南面官亦置。金熙宗天眷三年(1140)置，正三品。元世祖至元二十八年(1291)定制三人，正三品。明初沿置，员一人。洪武六年(1373)增一人。十三年罢中书省，升部秩，改正二品。建文(1399—1402)中升正一品。成祖即位，复旧制。宣德(1426—1435)中，以尚书或侍郎一人提督易州山厂。嘉靖(1522—1566)中革，改设主事管理，又以工程浩繁，增置尚书一人，专督大工。永乐(1403—1424)迁都前曾置行在六部，设尚书。迁都后官署北移，不称行在，原南京官署加南京二字，亦置尚书一人，秩同北京。仁宗即位，复称行在，除南京字。正统六年(1441)复永乐迁都后制。清朝顺治元年(1644)改原工部承政为尚书，综理部务。满、汉各一人。初满员正一品，汉员正二品。十六年改均正二品。康熙六年(1667)复旧品秩，九年仍改定正二品。雍正八年(1730)均升从一品。光绪三十二年(1906)革工部，遂废。

工部侍郎 官名。隋初为工部头司长官，尚书省工部置，员二人，正六品上。文帝开皇三年(583)升从五品，相当于后来的郎中。炀帝大业三年(607)始于工部尚书下置一人，协掌部事，成为工部次官。唐朝沿置。高祖武德七年(624)罢，太宗贞观二年(628)复置，员一人，正四品下。唐中叶后，尚书渐成虚衔，由侍郎掌部务。高宗龙朔二年(662)改司平少常伯，咸亨元年(670)复旧。武则天光宅元年(684)改冬官侍郎，中宗神龙元年(705)复旧。五代沿置。宋承唐制，因城池土木工役程式皆隶三司修造案，侍郎无所掌，为四品寄禄官。神宗元丰(1078—1085)改制后协助尚书掌部务，从三品。南宋初，侍郎、尚书仅置其一。孝宗隆兴(1163—1164)时始各置一人。辽南面官置。金沿置，员一人，正四品。元初兵、刑、工合为右三部，世祖至元二十八年(1291)始分置，于尚书下置侍郎，协掌部务。明初沿置，员一人，正四品。洪武六年(1373)增一人。十三年罢中书省，升部秩，改侍郎一人，正三品。后再增一人，分左、右侍郎。永乐迁都北京前，置行在工部，置尚书、侍郎。迁都后，去行在字，以原工部加南京字，定置左、右各一人，正三品。南京工部，仅于尚书下置右侍郎一人，品秩与北京同。清朝顺治元年(1644)改原工部左、右参政为左、右侍郎，均满、汉各一人。右侍郎并兼理钱法。初满官正二品，汉官正三品。十六年，改均正三品。康熙六年(1667)复满官正二品，九年仍改正三品。雍正八年(1730)均定为正二品。光绪三十二年(1906)罢工部，遂革。

工部郎中 官名。❶工部所属头司工部司长官。唐高祖武德三年(620)改原起部郎而置。一人，从五品上。掌城池土木工程建筑之政令。高宗龙朔二年(662)改名司平大夫，咸亨元年(670)复旧名。武则天光宅元年(684)再改名冬官郎中，中宗神龙元年(705)再复旧名。五代沿置。❷工部佐贰官。宋初曾置，无所职掌，为五品寄禄官。神宗元丰(1078—1085)改制后，始置协掌部事。改从六品。凡制作、营缮、计置、采伐材物，皆按程式以授有司。南宋高宗建炎三年(1129)兼虞部郎中。孝宗隆兴元年(1163)又兼领屯田事。辽南面官亦置，其制不详。金朝置一人，从五品、协掌部务。元朝沿置。明初亦置，改正五品。洪武六年(1373)后，改置为工部属司长官。清朝入关前曾置工部理事官，入关后于顺治元年(1644)改置为郎中。初正三品。后亦改置为工部属司长官。❸辽、明、清诸朝工部属司郎中的泛称。

工部郎官 工部郎中、员外郎通称。

工部总部 官署名。明初工部四属部之一，洪武六年(1373)始置，掌经营造作之众务。设郎中、员外郎各二人，主事八人；十三年改设郎中、员外郎各一人，主事二人；二十二年改称营部。

工部营部 官署名。明洪武二十二年(1389)改工部总部而置。设郎中、员外郎各一人，主事二人，掌经营造作之总务。二十九年(1396)改营缮清吏司。

工部钱法侍郎 官名。清朝工部所属钱法堂之主官。以满、汉右侍郎各一人兼管，掌理宝源局鼓铸事宜。

工部钱法堂 官署名。清朝工部所属管理钱法之机构。顺治元年（1644）置，由工部满、汉右侍郎兼管，掌理宝源局鼓铸事宜。光绪三十二年（1906），工部改为农工商部，遂废。

工部旅下士 官名。西魏、北周冬官府工部中大夫属官，正一命。

工部黄档房 官署名。清朝工部所属办事机构。顺治元年（1644）置，掌考核岁支款项与工需物料，每届冬至之月，会同内务府奏请钦派大臣查验。设郎中、员外郎、主事等官，无定员，由堂官于司员中派充。额定职官只掌稿笔帖式一人。

工部曹 官署名。隋朝尚书省六曹之一，唐朝为尚书省工部。

工部榷关 官署名。简称工关，又称工部分司。清朝工部所属之税关。顺治（1644—1661）初仿明工部抽分之制设。掌征通关竹木税，并兼征盐茶及商货税课，由工部营缮、都水二司稽核。雍正十年（1732）达十四处，即盛京木税、吉林木税、伊犁木税、直隶潘桃口等处木税、山西杀虎口等处木税、山东临清关、江苏龙江关、宿迁关、安徽芜湖关、浙江南新关、湖北荆关、新关、湖南辰关、四川渝关。每个榷关分设大关、分口、分巡口等征税口岸，由部遣关差或委员掌关政，由书吏、家人、巡拦、哨丁等吏役巡查稽征。纳课依部颁则例。十四榷关的定额为每年四十余万两白银，盈余无多。咸丰（1851—1861）中因战争停废数关。光绪（1875—1908）中陆续恢复，二十三年，与户关同标常关之名；三十二年，改归度支部管理。

工部榷关监督 官名。简称工关监督，亦称工关关差。清朝管理工部榷关之主官。顺治元年（1644）设。初遣工部司员及笔帖式充任，继改由各部院衙门司员中拣选钦派，带原品充任，每年一更代，关期扣满十二个月。掌征纳通关竹木税，兼及盐、茶、商货等税。康熙四年（1665）裁撤监督，税务交地方官管理。旋复旧制。十年（1671）以后始将部分诸关交户关监督兼管，或交地方督抚兼管。乾隆四十六年（1781）以后派遣监督主关政者唯龙江一关而已。光绪二十三年（1897）与户关监督同标常关监督之名。三十二年，改归度支部管理。

工宰 官名。战国末秦置。管督造兵器的工官。《陇西守戈铭》：“（秦始皇）廿六年，〔陇〕栖（西）守□造，西工宰阉，工□。”

工案 官署名。宋徽宗崇宁三年（1104），始于开封府所辖开封、祥符两县置，为县衙六案之一。大观二年（1108），令诸县皆置。南宋临安府亦置。职掌仿工部。北宋大宗正司亦置，掌宗室外住屋宇修造之事，应办本司杂务。

工副 官名。明朝于诸王府工正所置，一人，从八品，佐工正掌缮造修葺宫邸、廨舍之事。嘉靖四十四年（1565）革。

工曹 官署名。北魏初设。《魏书·宿石传》：“（宿沓干）迁给事，兼领工曹。”其后废。北宋徽宗崇宁三年（1104）改定开封府所属六曹，又置，掌京府工程劳作之事。大观二年（1108），天下州郡依开封府例置，长官为参军。又为明朝北京行部所属工曹清吏司的简称。

工曹清吏司 官署名。北京行部所属六曹清吏司之一。明永乐元年（1403）始置，设郎中一人，正五品，员外郎一人，从五品，主事一人，正六品。十八年迁都北京，遂罢。参见“北京行部”。

工曹清吏司员外郎 官名。明永乐元年（1403）置。见“工曹清吏司”。

工曹清吏司郎中 官名。明永乐元年（1403）置。见“工曹清吏司”。

工曹参军 参见“工曹”。

工程队参领官 官名。清末新陆军军官。光绪三十年（1904）定新陆军营制，始置。每军一人，正三品，正参领充，简放。参佐全军工队事务，遇工队聚用时指挥督率。唯平时不编军，故不常置。

工程队科 官署名。清末陆军部军学司所属七科之一。光绪三十二年（1906）设，宣统三年（1911）改隶军学处。掌拟工程队教育、训练、校阅之计划，审定工程队操法，核议工程队应用军械器具材料，考察所属学堂成绩等。置科长、科员、录事。

工程处 官署名。清朝太常寺所属机构。掌坛庙之修整、扫除事。由堂官酌委寺丞、博士、典簿、赞礼郎、读祝官等管理，无定员。光绪三十二年（1906）裁。

工瞽 官名。春秋齐国等置。乐官。《管子·四称》：“流于博塞，戏其工瞽。”

士 ❶爵名。周朝贵族地位较低的一种爵位，又分上、中、下三等。春秋时士多为卿大夫家臣，或食田，或以俸禄为生。《左传·昭公七年》：“故王臣公，公臣大夫，大夫臣士，士臣皂。”❷狱官。相传虞舜时皋陶任此官。西周时或称“司士”。春秋时晋国则称“大士”。《尚书·虞书·舜典》：“帝曰：‘（皋陶）汝作士，五刑有服。’”

士大夫 战国时期对官僚阶层的称呼。《墨子·三辨》：“士大夫倦于听治。”《周礼·考工记》：“作而行之，谓之士大夫。”郑玄注：“亲受其职居其官也。”后世沿之。

士子 出仕做官的士大夫。《诗经·小雅·北山》：“偕偕士子，朝夕从事。”毛亨传：“士子，有王事者也。”

士史 ❶掌管狱讼律文的文书小吏。史即“吏”。《鹖冠子·王铁》：“不待士史，苍颉作书，故后世莫能云其咎。”陆佃注：“士，李官也。”❷官名。汉朝置。边郡置尉，百里一人，下属士史、尉史各二人，巡行徼塞。

士吏 官名。❶下级军官。地位在尉以下，候长以上。战国秦置。《睡虎地秦墓竹简·戍律》：“县啬夫、尉及士吏行戍不以律，赀二甲。”❷掌管狱讼律文的文书小吏。“吏”写作“史”。

士师　官名。春秋战国置。主管狱讼刑罚的长官。《孟子·梁惠王下》：“士师不能治士，则如之何？”焦循正义：“士师，狱官吏也。”《周礼·秋官·士师》：“掌国之五禁之法，以左右刑罚。”

士君子　春秋战国时期对党正、卿大夫等的尊称。《礼记·乡饮酒义》：“乡人士君子，尊于房中之间。”郑玄注：“士，州长党正也；君子，谓卿大夫士也。”

士林馆　官署名。南朝梁置。武帝大同七年（541）立于宫城西，延集学者，置为学士，在馆中讲述经义。多由右卫将军朱异、尚书左丞贺琛讲述梁武帝所撰经义，常使沈洙为都讲。

士林馆学士　官名。南朝梁置。武帝大同七年（541）于宫城西立士林馆，延学者为之。在馆内讲授、议论经义。

士案　官署名。宋徽宗崇宁三年（1104），开封府所辖开封、祥符两县置。大观二年（1108），令诸县皆置。南宋临安府亦置。职掌仿吏部。大宗正司亦置，掌行南班宗室磨勘、转官、袭封，及缌麻袒免亲嫁娶房卧钱，宗室赐名授官，宗女夫乞官，郡县主奏荐、遗表恩泽，宗室乞岳庙差遣、换官，降生立名等事务。

士曹　❶官署名。汉末曹操丞相府置为僚属诸曹之一，以属为长官。晋朝公府、开府位从公加兵者、不开府将军、三品将军府俱置。赵王伦为相国，其府士曹增设掾。西晋末司马睿丞相府以参军为长官。南朝宋公府，北朝北魏州，东魏公府，北齐三师二大三公府、诸州府，隋朝州（郡）县、王府、大将军府皆置。长官因时而异，有参军、行参军、从事、佐等。隋高祖开皇三年（583）改名司士，炀帝大业三年（607）改其长官为司士书佐、行书佐。唐朝三都、诸州、都督府、王国复置，掌土功、公廨，或津梁、舟车、工艺等，长官为士曹参军事或司士参军事。宋朝于开封府、应天府及次府置，初掌官员到任罢任批书，后掌士人之婚姻田土斗讼。宋徽宗大观二年（1108）天下州郡并置。长官为参军。❷士曹官员如士曹掾、属、参军、参军事的省称。

士曹从事　官名。隋朝雍州牧属官，视从八品，文帝开皇十二年（592）改为士曹参军。

士曹行参军　官名。士曹长官。北魏置。初设若干员，宣武帝永平二年（509）并为一员，依所隶府的地位高低，自七品上至九品。东魏、北齐均置。北齐七品上至八品上。隋初亦置，王府诸州置者自七品上至从八品，上柱国、嗣王、郡王等府视正八品。隋高祖开皇三年（583）改为司士行参军。

士曹参军　官名。士曹长官。晋朝、南朝宋置。南朝宋七品。唐朝时为士曹参军事的省称。宋朝亦置。参见“士曹”。

士曹参军事　官名。❶唐朝王府属官，置一员，正七品上，掌其府土功、公廨等事。❷唐朝地方属官。三都各置二员，正七品下；大都督府各置一员，正七品下；中都督府各置一员，从七品上；下都督府各置一员，从七品下。掌河津、舟车、桥梁、廨宇、采冶、工艺诸事。多省称为士曹参军。

土工　官名。主管陶瓷用具制造。一说为殷朝官名。周朝属司空，称陶人、旊人。《礼记·曲礼下》：“天子之六工，曰土工、金工、石工、木工、兽工、草工，典制六材。”郑玄注：“此亦殷时制也。周则皆属司空。土工，陶、旊也。”孔颖达疏：“《考工记》：‘陶人为甗，实二鬴。’又：‘甑实二鬴七穿。’旊人职云：‘旊人为簋。’旊是放法，陶是陶冶，互为文耳。”

土千总　官名。清朝土官名号之一。武职。四川、云南、甘肃、贵州、湖北、湖南等省设。正六品。管所辖之兵士，受地方武官约束。世袭，其承袭事隶兵部。云南亦有非世袭者，初为世袭，雍正二年（1724）改拔补。详见“土官”。

土方下士　官名。西魏、北周夏官府职方中大夫土方中士佐官，正一命。

土方中士　官名。西魏恭帝三年（556）仿《周礼》土方氏置，北周沿置。为夏官府职方中大夫属官，正二命。下设土方下士。隋文帝开皇元年（581）罢。

土方氏　官名。掌理土圭的标准，以测日影，测量土地，选择居住，建立邦国之地。《周礼·夏官》：“土方氏，上士五人，下士十人，府二人，史五人，胥五人，徒五十人。”“掌土圭之法，以致日景。以土地相宅而建邦国都鄙。以辨土宜土化之法而授任地者。王巡守，则树王舍。”

土正　官名。传说颛顼氏所置五行之官，亦即中官。详见“木正”。

土目　❶明清对西南地区少数民族头领之称呼。❷明清土司佐治官之统称。无职衔。多为土官宗亲充任，或亦参以异姓。一土官之下，往往设有数名。均由土官自行指派。有管辖之地面，替土官征税治民。其名称视地区之不同，有营长、伙目、内甲、板栏、隘目、寨目、版目、所目、堡目、兵目等，统称为“土目”，或“土司头目”、“土官头目”。改土归流后，或为齐民；或改充保甲长；或仍留此名，改归地方官管辖，视同保甲长。❸清朝土司等级之一。其设置情况有三，一为土司支庶子弟降等分管土地，至无等可降，则为土舍、土目，无号纸；一为对新招抚的少数民族头领之实授，有号纸；一为对获罪土司之降授，亦有号纸；均属政府委派。

土训　官名。掌地理。《周礼·地官》：“土训，中士二人，下士四人，史二人，徒八人。”“掌道地图，以诏地事。道地慝以辨地物而原其生，以诏地求。王巡守，则夹王车。”郑玄注：“‘道’，说也。说地图九州形势山川所宜，告王以施其事也。”

土训下士　官名。西魏、北周地官府师氏中大夫土训中士佐官，正一命。

土训中士　官名。西魏恭帝三年（556）仿《周礼》土训置，北周沿置。为地官府师氏中大夫属官，正二命。下设土训下士以佐其职。隋文帝开皇元年（581）罢。

土主簿 官名。明清土官名号之一。文职。云南、贵州等省设于县或土县内。正九品。有自己所管辖之地区，受地方长官约束。世袭，其承袭事隶吏部。详见“土官”。

土司 ❶即土官。详见“土官”。❷明中期以后对少数民族地区由土官所管辖的地方行政机构之统称。如宣慰使司、宣抚司、安抚司、招讨司、长官司、土府、土州、土县等。

土弁 清朝对土官中低级武职之统称。亦有指高级武职者，则带有贬意。

土吏目 官名。明清土官名号之一。文职。广西、贵州等省设于州或土州内。从九品。有自己所管辖之地区，受地方官约束。世袭，其承袭事隶吏部。详见“土官”。

土师 官名。相传黄帝时有此官，《管子·五行》：“黄帝得六相而天地治、神明至”，“奢龙辨乎东方，故使为土师”。一说土师即司空，见尹知章注。或说“土”为“工”字之讹，工师在唐虞为共工，在周官为司空，司空即司工。见《管子校正》。

土同知 官名。明清土官名号之一。文职。云南、广西、贵州等省设于府或土府内。正五品。有自己所管辖之地区，受地方长官约束。世袭，其承袭事隶吏部。详见“土官”。

土州 地方行政区名。明清对世袭土官所管州之统称。元朝已有土官掌州事者，至明，始分流土，以别于流官所辖之州，故名。广西、云南等省设。与州平级，长官为土知州。其他职官及品级均同于内地之州，有州同（州同知）、州判（州判官）、吏目等。其佐贰官多由流官充任。参见“土司”❷。

土州同 官名。明清土官名号之一。文职。云南、广西等省设于州或土州内。从六品。有自己所管辖之地区，受地方长官约束。世袭，其承袭事隶吏部。详见“土官”。

土州判 官名。明清土官名号之一。文职。云南、广西等省设，设于州或土州内。从七品。有自己所管辖之地区，受地方长官约束。世袭，其承袭事隶吏部。详见“土官”。

土守备 官名。清朝土官名号之一。武职。甘肃、云南等省设。正五品。管所辖之兵士，受地方武官约束。世袭，其承袭事隶兵部。云南亦有非世袭者，初为世袭，雍正二年（1724）改拔补。详见“土官”。

土巡检 官名。明清土官名号之一。文职。四川、云南、广西、贵州等省设。从九品。有自己所管辖之地区，受地方官约束。世袭，其承袭事隶吏部。详见“土官”。

土均 官名。掌邦国都鄙土地政令。《周礼·地官》：“土均，上士二人，中士四人，下士八人，府二人，史四人，胥四人，徒四十人。”“掌平土地之政，以均地守，以均地事，以均地贡，以和邦国都鄙之政令刑禁；与其施舍礼俗丧祀祭祀，皆以地媺恶为轻重之法而行之，掌其禁令”。

土坝州同 官名。清朝管理北运河土坝之主官。隶于坐粮厅。掌漕粮车运过坝之事。每年南漕抵通，依例移驻河干，按界稽查。所辖土坝车户初为五十名，后为二十名，嘉庆十五年（1810）全裁，事归石坝经纪。

土把总 官名。清朝土官名号之一。武职。四川、云南、甘肃、贵州、湖北、湖南等省设。正七品。管所辖之兵士，受地方武官约束。世袭，其承袭事隶兵部。云南亦有非世袭者，初为世袭，雍正二年（1724）改拔补。详见“土官”。

土县 地方行政区名。明清对世袭土官所管县之统称。以别于流官所辖之县，故名。广西、云南等省设。与县平级，长官为土知县。其他职官及品级均同于内地之县，有县丞、主簿、典史等。其佐贰官多由流官充任。参见“土司”❷。

土县丞 官名。明清土官名号之一。文职。云南、贵州等省设于县或土县内。正八品。有自己所管辖之地区，受地方长官约束。世袭，其承袭事隶吏部。详见“土官”。

土作 官署名。明朝内府所属机构，隶内官监，设宦官进行管理。同木作、石作、瓦作等负责营造宫室、陵墓等事。

土典史 官名。明清土官名号之一。文职。云南省设于县内。无品级。有自己所管辖之地区，受地方官约束。世袭，其承袭事隶吏部。详见“土官”。

土知州 官名。明清土官名号之一。文职。云南、广西等省设，系土州之长官。从五品。管所属之州事，受地方长官约束。世袭，其承袭事隶吏部。详见“土官”。

土知县 官名。明清土官名号之一。文职。云南、广西等省设，系土县之长官。正七品。管所属之县事，受地方长官约束。世袭，其承袭事隶吏部。详见“土官”。

土知事 官名。明清土官名号之一。文职。四川、云南等省设于府或土府内。正九品。有自己所管辖之地区，受地方长官约束。世袭，其承袭事隶吏部。详见“土官”。

土知府 官名。明清土官名号之一。文职。云南、广西等省设，系土府之长官。明为正四品，清为从四品。管所属之府事，受地方长官约束。世袭，其承袭事隶吏部。详见“土官”。

土舍 ❶明清对土官族人之称呼。❷明清土司之属官，无职衔，多为土官宗亲充任，或亦参以异姓。掌庶务。其职，子孙可世袭。土官因故不能执政时，得以护理。另，清制规定，应袭土司者，若年幼未满十五岁，则由督抚选本族土舍护理。❸清朝土司等级之一。定制，土司支庶分地管理者，准降等给与职衔，至无等可降，则为土舍、土目。是为土司之最低等级。

土府 地方行政区名。明清对世袭土官所管府之统称。元朝已有土官掌府事者，至明，始分流、土，以别于流官所辖之府，故名。广西、四川、云南等省设。与府平级，长官为土知府。其他职官及品级均同于内地之府，有同知、通判、推官、经历、知事等。其佐贰官多由流官充任。另，明之军民府亦属此列。参见“土司❷”。

土官 元、明、清三朝对少数民族地区世袭地方官之统称。明中期以后又称“土司”。元始设，凡以少数民族首领任地方官者即称之，其名号与流官无别。明清沿元制，且有发展。专设名号，以别于流官。又以领土兵及守土之别，分为武职及文职两种。属武职者有宣慰使、宣抚使、安抚使、指挥使、指挥同知、土千总、土把总等；属文职者有土知府、土知州、土知县、土同知、土通判、土州同、土县丞、土巡检等；共数十种。分别设于湖广、四川、云南、广西、贵州等省。均由中央政府任命，颁发印信、号纸。世守其土，世长其民，世袭其职，分别受地方文武长官约束。向中央政府承担义务，定期交纳贡赋，随时备征调。其任命、承袭之事，元朝隶吏部；明初沿袭，洪武三十年（1397）改以武职隶兵部，文职隶吏部，但不严格；至清，较为严格，且有少数隶理藩院者。自明初起，中央政府即实行改土归流，废除土官，但不彻底，直至清亡，在边远地区仍然存在。分见“土官”各条。

土驿丞 官名。明清土官名号之一。文职。云南省设。无品级。有自己所管辖之地区，受地方官约束。世袭，其承袭事隶吏部。详见“土官”。

土经历 官名。明清土官名号之一。文职。湖广省设于府或土府内。正八品。有自己所管辖之地区，受地方长官约束。世袭，其承袭事隶吏部。详见“土官”。

土都司 官名。清朝土官名号之一。武职。四川、云南等省设。正四品。管所辖之兵士，受地方武官约束。世袭，其承袭事隶兵部。详见“土官”。

土通判 官名。明清土官名号之一。文职。四川、云南、贵州等省设于府或土府内。正六品。有自己所管辖之地区，受地方长官约束。世袭，其承袭事隶吏部。详见“土官”。

土副巡检 官名。清朝土官名号之一。文职。四川省设。无品级。有自己所管辖之地区，受地方官约束。世袭，其承袭事隶吏部。详见“土官”。

土推官 官名。明清土官名号之一。文职。贵州省设于府内。正七品。有自己所管辖之地区，受地方长官约束。世袭，其承袭事隶吏部。详见“土官”。

土绵 蒙古语，意为“万”，或用以称万户。

土游击 官名。清朝土官名号之一。武职。四川省设。从三品。管所辖之兵士，受地方武官约束。世袭，其承袭事隶兵部。详见“土官”。

下 满语官名。武职。汉译为侍卫。

下士 ❶爵名。周朝官制士一级爵位的最低等。《礼记·王制》：“诸侯之上大夫卿、下大夫、上士、中士、下士，凡五等。”“诸侯之下士，视上农夫，禄足以代其耕也。中士倍下士，上士倍中士、下大夫倍上士，卿四大夫禄。”❷新莽官秩名。《汉书·王莽传》始建国元年（后9）：“更名秩百石曰庶士，三百石曰下士。”❸官称。西魏、北周置。天官、地官等六府及下属诸司皆置，多为佐贰官。依职掌不同，各冠以所属官署之名，如典庖下士、宫门下士等。正一命。详见各条。❹清末新建陆军中之低级官员。可充任陆军部及所属各司处之“录事”，从九品。宣统元年（1909），修正陆军官制，其马、步、炮、工、辎、警察各队及军需、军医、测绘、军乐等部门皆设此职。

下大夫 ❶官爵名。周朝官制大夫爵中最低一等。《韩非子·外储说左下》：“上大夫二舆二乘，中大夫二舆一乘，下大夫专乘，此明等级也。”春秋时大国下大夫相当于小国下卿之位。《左传·成公三年》：“上国之上卿，当大国之下卿，中当其上大夫，下当其下大夫。”晋、郑、吴等国下大夫或称为“嬖大夫”。参见“大夫”。❷新莽官秩名。《汉书·王莽传》，始建国元年（后9）：“更名秩百石曰庶士，三百石曰下士，四百石曰中士，五百石曰命士，六百石曰元士，千石曰下大夫。”❸北魏官名。北魏前期尚书诸曹及内都、外都等曹皆置，位在诸曹令之上，多由此迁本部尚书。孝文帝太和十七年（493）职员令定为四品上，二十三年复次职令，无此职。❹西魏、北周官名。天官、地官等六府皆置，多为各司次官，如小宗师下大夫、小膳部下大夫等，亦有为较次要之司长官的，如司门下大夫、司射下大夫等。正四命。周武帝建德二年（573），省六府诸司中大夫以下官，府置四司，以下大夫为长官，上士为次官。宣帝即位后，复旧。隋文帝开皇元年（581）罢。

下万户府 官署名。元朝军府等级，秩从三品，统军三千以上。置达鲁花赤、万户各一员，俱从三品；副万户一员，从四品；经历一员，从七品；知事一员，从八品。

下千户所 官署名。元朝军府等级，秩从五品，掌军三百以上。置达鲁花赤、千户各一员，从五品；副千户一员，正六品。

下五旗包衣参领 官名。清朝八旗中下五旗包衣之职官。额定二十五人，每旗各五人。掌辖下五旗包衣，以供王公府属之执事。下属有包衣佐领四十二人，旗鼓佐领十人，管领四十二人，分管四十一人，旗鼓分管十人，骁骑校四十二人。

下五旗司钥章京 官名。清朝八旗护军营景运门直班大臣下所属官员。额定一人，以下五旗每旗司钥章京轮值。掌管紫禁城外值班钥匙。

下百户所 官署名。元朝军府等级，秩从七品，统军五十名以上，置百户一员。

下名 见“上名”。

下名开拆官 吏职名。南宋置，属临安府。

下壮大 满语官名。武职。汉译为侍卫什长。

下军大夫 官名。春秋晋置。晋国军制，有上、中、下三军，皆设大夫。下军大夫位在下军将、佐之下，候长之上，佐助将佐管理军务。《左传·宣公十二年》：“荀首、赵同为下军大夫。”

下军佐 官名。春秋晋置。下军将的副手，下卿爵。时晋置上、中、下三军，皆设将、佐。

下军将 官名。春秋晋置。下军之统帅，卿爵。晋国军制分上、中、下三军，皆设将、佐。

下军将军 官名。西晋王国属官。大国领兵千五百人，次国、小国领兵千人。南朝沿置。

下军校尉 官名。东汉灵帝中平五年（188）初置，以屯骑校尉鲍鸿任之，为西园八校尉之一，统于小黄门上军校尉蹇硕。

下阶 官制用语。北魏孝文帝太和十七年（493）职员令规定在每品内分三个等级，称上、中、下三阶。太和二十三年复次职令，改为自第一品至从三品内不分阶，自第四品至从九品每品内分上、下两阶，不过属于某品下阶的官职，称其品阶时一般只称某品，而不称某品下阶。北齐、隋初沿之，隋炀帝大业三年（607）改为品内不分阶。唐初复旧，自正四品以下仍分上、下阶。宋初沿之，神宗元丰（1078—1085）改制罢。

下宜都章京 满语官名。武职。汉译为“侍卫班领”。

下官 ❶下属官吏。《汉书·贾谊传》：“坐罢软不胜任者，不谓罢软，曰‘下官不职’。”❷封国属官对国主自称之词。其初，称臣或下官皆可，至南朝宋孝武时定为制度。《宋书·刘穆之传附刘邕传》：“先是郡县为封国者，内史、相并于国主称臣，去任便止。至世祖孝建中，始革此制，为下官致敬。”❸官吏自称时的谦词。

下隶 见“都史”。

下卸司 官署名。宋初三司置，掌下卸、搬运纲船所运物品，领厢兵装卸军五指挥，设监官一人，以京朝官充任。神宗时拨隶司农寺。

下庠 又称左学。相传为唐虞时所置的初级教育机构，低于上庠。相当于周朝的“小学”。《礼记·王制》：“有虞氏养国老于上庠，养庶老于下庠。”郑玄注：“下庠，小学也。”

下总管 官名。地方高级行政长官。隋朝置总管之州，分上、中、下三等。下州各置一员，视从三品。炀帝即位废。

下将军 官名。北魏皇子王国、诸王国、公国置。孝文帝太和二十三年（499）定为从八品下或从九品上。北齐沿置，官品同。

下客 北魏对降附其政权者的一种待遇。被围而后降的敌国官员，初到京师时享受此待遇，以后再酌情安排官职。见《魏书·崔玄伯传》。

下班祗应 官名。宋朝置，为无品武阶官，位进义校尉下、进武副尉上。

下都督 官名。宋朝置，不常设。参见“都督”。

下卿 爵名。或称亚卿、次卿。周朝诸侯国卿爵分上、中、下三等，下卿为卿爵最低等。参见“中卿”。

下案 官署名。宋神宗元丰（1078—1085）改制后置，隶中书、门下外省（后改称中书、门下后省），掌受付五案文书之事。

下第 选举制度用语。❶秀才、孝廉等被荐举者对策后获得的下等成绩。南朝宋明帝泰始（465—471）中规定，策试五条，答对二条者为下第，答对一条者不与第。十六国后赵规定答策下第者拜郎中。❷考课官吏时的最差等级。《晋书·杜预传》：“每岁言优者一人为上第，劣者一人为下第。”北魏时下第分三品，即下上、下中、下下。考下第的官吏要被贬降。❸科举考试未被录取，称下第。亦作不第、落第。

下等司 西夏第四等官衙。包括行宫司、荐人司、南院行宫三司、马院司、西院经纸寺，沙州经纸寺、定远县、怀远县、临河县、保静县、灵武郡、甘州城司、永昌城、开边城、三处工院、北院、南院、肃州、边境转运司、沙州、黑水、黑山、南院、西院、肃州、原州、大都督府、寺庙山、地边城司、震武城、西宁、隆州、摄远、银州、和乐、年晋城、定功城、卫边城、富清县、河西县、安持寨等。用十一两铜印。

下署 官署等级。隋唐寺、监所统辖官署分三级，最低一级署通称下署。隋朝有诸陵、崇玄、太卜、车府、清商、司仪、肴藏、良酝、掌醢、甄官、廪牺等署，长官令从八品，炀帝大业三年（607）增为正七品。唐朝为太卜、廪牺、珍羞、良酝、掌醢、守宫、武器、车府、司仪、崇玄、导官、中校、右校、左校、甄官、河渠、弩坊、甲坊等署，长官令正八品下，中宗神龙（705—707）间又有干、楫二署。

下濑将军 官名。西汉置。汉武帝时曾有下濑将军甲将罪人及楼船十万人，攻苍梧。

大 ❶南北朝时少数民族首领的称号。《魏书·太宗纪》神瑞二年（415）：“二月丁亥，大飨于西宫，赐附国大、渠帅朝岁首者缯帛金罽各有差。”❷满语“Da”之音译，意为“头目”、“首领”，清朝常用作官名。多译为“达”。

大卜 官名。同太卜。卜官之长。属员有卜师、卜人等。总掌卜筮之事。周朝置。一说殷时已置。《礼记·曲礼下》：“天子天官，先六大，曰大宰、大宗、大史、大祝、大士、大卜。”郑玄注：“此盖殷时制也。”《周礼·春官》：“大卜、下大夫二人。”

大人 ❶少数民族首领的称号。汉魏南北朝时的匈奴、乌丸、鲜卑及稍后的契丹等少数民族首领皆有此称。多由推举产生，任期有一定限制。《魏书》：

“（乌丸）常推募勇健能理决斗讼相侵犯者为大人，邑落各有小帅，不世继也。”（《三国志·乌丸鲜卑东夷传》裴松之注引）《旧五代史·外国列传第一》：“先是，契丹之先大贺氏有胜兵四万，分为八部，每部皆号大人，内推一人为主，建旗鼓以尊之，每三年第其名以代之。”❷官名。北魏建国初期，引用部落时期的称号为官名，置有六部大人、外朝大人等，分理政务。详见各条。

大九卿 参见“九卿”。

大三司使 唐德宗以后，有大狱，即以御史中丞、刑部侍郎、大理卿合议审理，称大三司使。

大三法司 清制，凡死刑，先由御史、大理寺官及刑部司官预审，称小三法司。然后由都御史、大理寺卿及刑部尚书、侍郎会审，称大三法司。

大工尹 官名。又作大攻尹。春秋战国曾、楚、赵等国设此官，主管手工、铸造业的工官之长。战国赵兵器《七年相邦阳安君剑铭》背面刻有“大工尹”职名。参见“大攻尹”。

大士 官名。同太士。❶神职官员。一说殷朝置。《礼记·曲礼下》：“天子建天官，先六大，曰大宰、大宗、大祝、大史、大士、大卜。”郑玄注：“此盖殷时制也”，“大士以神仕者”。孔颖达疏：“主神之士。”❷治狱官。春秋卫国置。《左传·僖公二十八年》：“士荣为大士。”杜预注：“大士，治狱官也。”❸宋朝士名。徽宗政和八年（1118）置，以赐在学选人，正六品。

大上造 爵名。战国时秦国置，为二十等爵第十六级，主上造之士。秦汉沿置。亦称大良造。

大门官 唐朝御史大夫别称。《资治通鉴》卷二四四唐文宗太和六年十二月丁未“初，李宗闵与德裕有隙”条胡三省注：“唐制：大朝会，御史大夫帅其属正百官之班序，迟明列于两观，故以为大门官。”

大小木局 官署名。设于元世祖至元十八年（1281），隶詹事院。成宗元贞元年（1295），并领皇后位下木局。后改隶大都等路诸色人匠提举司。设大使、副使、直长各一员。

大小化等处蛮夷军民长官 官名。元朝置，掌大小化等部，隶于湖广行省，设管番民总管等职。

大小雕木局 官署名。设于元世祖至元十五年（1278）。秩从八品。置大使一员。隶将作院。

大比 选官制度。始见于周。定每三年一次。《周礼·地官·乡大夫》：“三年则大比。考其德行、道艺，而兴贤者、能者。”科举时代，泛指科举考试。明清特指每三年举行一次的乡试，定于子、卯、午、酉年八月在各省省城及京师举行考试，考中者即得举人资格。

大元兴规运提点所 见“元兴营缮都司”。

大天 吏部尚书别称。洪迈《容斋四笔》卷一五《官称别名》：“唐人好以它名标榜官称”，“吏部尚书为大天”。

大天源延圣寺总管府 官署名。元朝置，又称天源延圣营缮总管府。泰定帝泰定元年（1324）降为提点所，隶万安规运寿福总管府，又称天源营缮提点所。掌累朝神御殿祭祀及钱谷事。致和元年（1328）三月，在延圣寺内建显宗甘麻剌神御殿，置总管府以总其财赋。九月，文宗即位，毁显宗庙室，罢总管府。天历三年（1330），改天源营缮提点所为延圣营缮司，秩正五品，仍隶寿福总管府下。置达鲁花赤、司令、大使、副使、都目各一员。

大夫 ❶官名。（1）有固定职司的官署长官。殷、周官制，国君以下有卿、大夫、士三级，大夫指低于卿高于士的官僚阶层，有乡大夫、遂大夫、朝大夫、冢大夫、县大夫、都邑大夫、公族大夫等。秦汉以来，或置御史大夫。北魏初置八部大夫，相当于尚书八座。旋分尚书及诸外署为三百六十曹，以大夫为长官，分曹治事。后又置六谒官，准右六卿，属官有大夫。西魏、北周仿《周礼》置六官府，下属诸司长官皆名大夫，有上、中、下三等。唐高宗时，亦曾改尚书省六部诸司郎中、殿中省诸局奉御、太子家令、率更、仆三寺长官为大夫，又改御史中丞为司宪大夫。（2）掌谏议、顾问之官。秦、汉宫廷中置太中大夫、中大夫（光禄大夫）、谏大夫等，皆无员。侍奉皇帝左右，备咨询应对，谏诤议政，为皇帝的高级顾问，常参与制定重要制度法令。亦常奉诏出使，如派往周边各族通好，向诸侯王和大臣颁赏、吊丧，赴郡国巡行风俗、赈灾宣慰等。地位尊崇，多由贵戚大臣、名儒或有军功者充任。西汉中后期，权臣多冠以光禄大夫之衔。东汉以来，渐成闲散官职，通常用来安置免职和不能任事、年老多病的官员，如光禄大夫、太中大夫、中散大夫等。唯谏议大夫北朝、唐、宋置为谏官，金又置为谏院长官。（3）唐宋以来，设阶官（亦称“散官”、“寄禄官”）以表示官员等级。其高级文职阶官号大夫。北宋后期高级武职及医官阶官亦号大夫。❷爵名。（1）周朝官爵分公、卿、大夫、士四等，大夫又有上、中、下三等。（2）战国秦至汉朝，实行二十等爵制，大夫居第五级。此外又有官大夫（六级）、公大夫（七级）、五大夫（九级）等名。

大夫佐 官名。大夫的辅佐官吏。《管子·度地》：“大夫、大夫佐各一人，率部校长官佐各财足。”

大木厂 官署名。明朝工部营缮司所属五大厂之一。掌贮木材，以供营缮。

大木局 官署名。设于元世祖中统二年（1261），掌都城殿阁营建修缮，隶大都修内司，设提领七员，管勾三员。

大中大夫 官名。❶即太中大夫。❷金、元、明文散官名。金、元为四十二阶之第十八阶，明为第十六阶。金从四品上；元从三品，宣授；明从三品，加授。

大中正 官名。❶魏晋南北朝及唐负责评定士族内部品第的官员。东汉献帝延康元年（220）置中正，评定士族品第。三国魏齐王曹芳时在郡中正之上设州大中正，核实郡中正所报的品、状，主管州内士族品第的评定，并有推举和罢免郡中正的权力（须经司徒府通过）。本官的设立是当时地方士族势力扩大的结果。两晋、南北朝沿袭此制。州大中正由司徒选授，本州内乡品二品的士族高门可以参与其推举，出任者皆为乡品二品的士族高门，许多家族世代相袭。北魏后期选授较滥，恩幸、阉宦亦有任此职者。北齐时规定州大中正须由京官担任，如官职调出京师，则不能担任此职。隋不置。唐高祖武德七年（624）正月复置，以本州门望高者领之。太宗贞观（627—649）初罢。北魏时无品、无禄，但有罪时可当刑。北齐时州大中正视五品。唐朝无品秩。除州设大中正外，有时郡、国亦置大中正，位在小中正之上，并可推举小中正。参见“九品官人法”、“中正”。❷唐朝时渤海国中正台主官，员一人，比御史大夫，居司政（比仆射）下。见《新唐书·北狄传》。

大中译 官名。清朝西藏噶厦所属官员之一。隶于噶伦。办理文书交际之事。设六品官二人。遇有缺出，以小中译、噶厦卓尼尔升补。

大内 ❶官署名。战国秦置。秦汉沿置。主管京师物资收藏。《睡虎地秦墓竹简·金布律》：“都官输大内，内受卖之，尽七月而觱。都官远大内者输县，县受卖之。”❷官名。主管大内。汉朝置。《史记·孝景本纪》：“以大内为二千石，置左右内官属大内。”裴骃《集解》引韦昭：“大内，京师府藏。”❸天子禁中。《品字笺》：“凡人寝室，皆曰卧内。而天子之禁中，则曰大内。大，言其广，亦言其尊，谓非诸王以下之所敢比拟也。”

大内史 官名。春秋郑国置。史官内史别称。《郑大内史叔上匜铭》：“郑大内史叔上作叔娟媵匜。”西魏、北周时为内史中大夫的别称。

大内相 官名。渤海国官，置一人，总政省堂事，居左、右相上。

大内皇城使 官名。即皇城使。

大内都总管司 官署名。辽朝置。《辽史·地理志》：庆云山“置藩、汉守陵三千户，并隶大内都总管司”。

大内都部署 官名。北宋每皇帝出征、巡幸，则于京师置，掌京城弹压之事。

大内都检点 官名。五代后唐始，凡车驾行幸及出征则置。后周世宗显德（955—959）中选骁勇之士充殿前诸班，改称殿前都检点。

大内惕隐 官名。辽朝大内惕隐司长官。

大内惕隐司 官署名。辽朝置，掌四帐皇族政教，隶于大惕隐司。设大内惕隐、知大内惕隐事、大内惕隐都监等职。

大内惕隐都监 官名。辽朝大内惕隐司主要官员之一。

大贝勒 清太祖努尔哈赤次子代善在八和硕中列位最前，称大贝勒。又八和硕贝勒中代善、阿敏、莽古尔泰、皇太极势力最强，合称“四大贝勒”。

大仆 官名。同太仆。或称大仆正。西周始置，众仆官之长。《大仆作父已簋铭》：“大仆作父已尊簋，子子孙孙万年永宝用。”参见“太仆”。

大仆正 官名。西周众仆官之长。详见“太仆”。

大公平 官名。三国吴时期评定士族内部品第的官员。《三国志·潘濬传》裴松之注引《襄阳记》：“襄阳习温为荆州大公平。大公平，今之州都。”

大长秋 官名。西汉景帝中六年（前144）改将行置。或用士人，或用宦者，宣达皇后旨意，领受皇帝诏命，与詹事（中少府）、中太仆等并为皇后宫高级官员。秩二千石。有丞一员。东汉省詹事（中少府）、中太仆等官后，成为管理皇后宫事务的最高官员，其职尊显，多由高级宦官迁任。属官有中宫仆、中宫谒者令、中宫尚书、中宫私府令、中宫永巷令、中宫黄门冗从仆射、中宫署令、中宫药长等。三国两晋南北朝沿置，领诸宦者，管理宫闱。或任士人。梁、陈领黄门、中署、奚官、暴室、华林等署。魏、晋、宋三品，梁九班，陈五品、秩二千石；北魏孝文帝太和十七年（493）定为从二品上，二十三年复次职令，改为从三品。北齐改名长秋卿。

大长秋丞 官名。汉魏两晋南北朝皆置。佐大长秋管理皇后宫事务。多用宦者。汉秩六百石；魏、晋、宋七品，梁四班，陈八品、秩六百石；北魏孝文帝太和二十三年（499）定为八品上。北齐改名“长秋丞”。

大长秋卿 官名。即大长秋。十六国后燕、北魏亦称大长秋卿。参见“大长秋”。

大凤 官名。唐、宋翰林学士之别称。明杨慎《艺林伐山》七《小凤》：“翰林学士谓之大凤。”

大方伯 明朝左右布政使之别称。

大计 官制用语。考核官吏政绩的制度。周朝每三年进行一次。依据考核成果或赏或罚。《周礼·天官·大宰》：“三岁，则大计群吏之治而诛赏之。”明孝宗弘治（1488—1505）中定大计之法督考官吏。地方官三年一朝，于辰、戌、丑、未岁入觐。事前移抚、按官，各综其属三年内功过状注考，汇送复核，以定升降。仓场库官一年考，巡检三年考，教官九年考。府州县官之考以地繁简分等。吏之考，三、六年满，移验封司拨用。九年满，又试授官，唯有王官及钦天、御用等监官不考。以八法为准，处分察例分四等。大计淘汰者，不复叙用。清顺治二年（1645）沿用此制。康熙元年（1662）罢之，专行考满。四年（1665）罢考满，复行大计，遂为定制。亦三年举行一次。由州、县至府、道、司，层层考察其属员事绩，造册申报督、抚。总督、巡抚核其事状，注考语，缮册送吏部复核。布政使、按察使由督、抚出考咨部，由部汇核具题请旨定夺；其他官员分别由督、抚和大计官按应举、应劾具题，吏部会同都察院吏科、京畿道等详加考核题复。大计之标准用才、守、政、年四格，才、守俱优者，称为“卓异”；表现不好者劾以六法；不入举劾者称为平等。卓异者，知县以上，皆引见，得旨后加一级回任候升；劾以六法者，其处分与京官相同；凡属贪官、暴吏，则特参。

大尹 官名。春秋战国时宋国置，卿爵，一说为近官有宠者，一说为宋外戚之官。新莽始建国元年（后9）改太守为大尹。东汉复旧称。明朝尊称府县主官为大尹。清朝则为知县别称。

大予 官名。即大予乐令，大予亦作太予。东汉明帝纳曹充议，依《尚书·璇玑钤》文改大（太）乐令置。员一人，秩六百石。职掌伎乐，凡国祭祀，掌请奏乐及大飨用乐，掌陈序。有丞一人。

大邧局 官署名。北齐置，掌冶铸事务，以大邧局丞为长官，属太府寺诸冶西道署。

大邧局丞 官名。北齐太府寺大邧局长官，属诸冶西道署。

大正 同“大政”。西周春秋时期称执掌国政的正卿大臣。《逸周书·尝麦》：“众臣咸兴，受大正书，乃降。大史筴刑书九局以升，授大正。”参见“大政”。

大东丹国中台省 官署名。辽太祖天显元年（926），灭渤海国，改国名为东丹，以太子耶律倍为人皇王统治东丹国，设中台省佐理国事，又称东京中台省。辽圣宗时一度罢，后复设。设左右大相、左右次相等职。

大东丹国中台省右大相 官名。辽耶律阿保机灭渤海国，改为大东丹国，以长子倍为国王，天显元年（926），设中台省统领政事，以左、右大相及左、右次相主其事。右大相位在左大相下，次相上。

大东丹国中台省左大相 官名。辽朝大东丹国中台省长官。天显元年（926）设，以阿保机弟耶律迭刺为之。

大右弼 官名。北周宣帝大成元年（579）正月置，为四辅官之一，是主要执政大臣，以申国公李穆任此。

大左 一说为官名，即左师，西周置。一说指朝王时百官所站立的行位，即指在王左立之“三左”。又一说认为指大师之在（王）左者。

大左司徒 官名。春秋鲁国置。大司徒别称。《鲁大左司徒元鼎铭》：“鲁大左司徒元作善鼎，其万年眉寿，永宝用之。”

大左辅 官名。北周宣帝大成元年（579）正月置，为四辅官之一，是主要执政大臣。以相州总管、蜀国公尉迟迥任此。

大帅 ❶古代对南方少数民族首领的称呼。《后汉书·宋均传》：“蛮夷震怖，即共斩其大帅而降。”《宋书·夷蛮传》：“世祖大明中，合浦大帅陈檀归顺，拜龙骧将军。”❷清朝对总督、巡抚的尊称。

大田 官名。春秋战国齐、秦等国置。掌农事。《韩非子·外储说左下》：“垦草仞邑，辟地生粟，臣不如宁武，请以为大田。”《睡虎地秦墓竹简·田律》：“禀大田而毋（无）恒籍者，以其致到日禀之，勿深致。”

大田师 官名。相传尧舜时置，主管农业生产。《淮南子·齐俗训》：“故尧之治天下也，舜为司徒，契为司马，禹为司空，后稷为大田师。”

大甲头 宋朝乡役名。南宋临安府行保甲法，以一百家为一大保，设大甲头一人，负责治安。

大史 官名。同“太史”。掌典法礼籍兼司星历。《周礼·春官》有大史，“下大夫二人，上士四人”。

大史寮 官署名。同“太史寮”。西周置。太史类史官处理公务的机构。详见“太史寮”。

大仪 官名。❶礼部尚书别称。洪迈《容斋四笔》卷一五《官称别名》：“唐人好以它名标榜官称”，“吏部尚书为大天，礼部为大仪”。❷宋朝内命妇之一，二品，位诸妃下，为诸嫔之首。

大令 县令、知县的别称、尊称。龚自珍《定盦续集》三《识某大令集尾》：“大令为儒，非能躬行实践，平易质直也。”

大乐正 官名。周朝置。掌教国子的乐官正长。同“大司乐”。《礼记·王制》：“凡入学以齿。将出学，小胥、大胥、小乐正简不帅教者，以告于大乐正，大乐正以告于王。”参见“大司乐”。

大乐案 官署名。宋徽宗崇宁元年（1102）大晟府置，上隶太常寺，掌大乐教习乐舞、鼓吹、警场之事。

大乐署 官署名。即太乐署。

大乐祭器库 官库名。宋朝置，隶太常寺，掌收储大乐祭器，设专知官一人，库子二人。

大主考 科举考试中对乡、会试正主考官之尊称。

大主禋 明清礼部祠祭清吏司之别称。

大礼五使 官名合称。五代、宋朝皇帝亲行祭祀、大礼时临时设置，事讫则罢。唐穆宗长庆（821—824）以后，设礼仪使，以太常卿为之，大礼使以御史中丞为之。哀宗时又设仪仗使。五代后梁以河南尹为大礼使，另置礼仪使、仪仗使、法物使。后唐始置五使，以宰相为大礼使，兵部尚书为礼仪使，御史中丞为仪仗使，兵部侍郎为卤簿使，开封尹为顿递使。后周沿置，唯以礼仪使归太常。宋初以宰相为大礼使，太常卿为礼仪使，御史中丞为仪仗使，兵部尚书为卤簿使，知开封府为桥道顿递使。其后，太常卿、御史中丞、兵部尚书或阙，则以翰林学士及其他尚书或丞、郎为之。

大礼板木库 官署名。宋朝置，隶卫尉寺，掌收藏有关大礼什物。

大礼使 官名。宋朝置，为大礼五使之一，以宰相或亲王充任。参见“大礼五使”。

大市刺奸 官名。三国吴置，负责治安事宜。《三国志·潘璋传》：“（璋）讨山贼有功，署别部司马，后为吴大市刺奸，盗贼断绝，由是知名。”

大永福寺都总管府 官署名。元仁宗延祐三年（1316），建大永福寺，置营缮提点所。五年，改提点所为都总管府，秩正三品。文宗天历元年（1328），复改为提点所。三年，又改为永福营缮司。

大加 见“古邹大加”。

大驭 ❶《周礼》官名。夏官司马的属官。中大夫爵。一说为周朝置。掌王车玉路的驾御。❷官署名。西魏、北周置。属夏官府。以大驭中大夫为长官，下役小驭下大夫，辖戎驭下大夫，斋驭下大夫、道驭上士、田驭上士、衔枚中士等。掌管皇帝出行时车乘等事务。

大驭中大夫 官名。西魏恭帝三年（556）仿《周礼》大驭置，北周沿置。为夏官府大驭司长官，掌皇帝出行车辆及道路的管理。正五命。下设小驭下大夫以佐其职，领戎驭下大夫、斋驭下大夫、道驭上士、田驭上士、衔枚中士等官属。北周武帝建德二年（573）省，宣帝即位后，复置。隋文帝开皇元年（581）罢。

大司工 官名。春秋时期始见。又写作大司攻。同大司空。《召叔山文簠铭》：“郑伯大司工召叔山文作旅簠。”详见“大司空”。

大司马 官名。❶相传为西周天子执政三官之一。《礼记·王制》：“百官各以其成，质以三官。大司徒、大司马、大司空以百官之成质于天子。”❷春秋战国宋、楚、齐、郳等国掌管军政的高级官员。常省称“司马”。宋国初为大夫爵，统兵征战，后为六卿之一，参掌国政。《左传·哀公二十六年》：“于是皇缓为右师，皇非我为大司马，皇怀为司徒，灵不缓为左师，乐茷为司城，乐朱钼为大司寇，六卿三族降听政。”楚国为令尹副贰，领左、右司马等。《左传·襄公十五年》：“楚公子午为令尹”，“芀子冯为大司马，公子櫜师为右司马，公子成为左司马”。齐、郳皆为军政长官。《韩非子·外储说左下》：“（齐）桓公问置吏于管仲，管仲曰：‘三军既成陈，使士视死如归，臣不如公子成父，请以为大司马。’”《郳大司马戈铭》：“郳大司马之造戈。”❸《周礼》六卿之一，为夏官之长。掌军政禁令、禁暴纠察、训练军队、统兵征伐。属官有小司马中大夫二员、军司马下大夫四员、舆司马上士八员、行司马中士十六员等。西魏末、北周仿《周礼》建六官，复置为夏官府长官，亦称“大司马卿”。正七命。掌握全国军政，权任极重。参见“夏官府”。❹楚汉战争期间，项羽曾置为武将名号。西汉武帝元狩四年（前119）置为加官号，以冠大将军、骠骑将军、车骑将军等。初授此号者皆为功勋卓著的将帅，后多授显贵外戚，成为执掌中枢政务的中朝领袖之官号。或说宣帝地节三年（前67）曾单置为官号。无印绶、官属。成帝绥和元年（前8）出居外朝，单置为官，不冠诸将军，赐金印紫绶，置官属，秩万石，位列三公之首，与丞相（大司徒）、御史大夫（大司空）并为宰相，共同负责政务。哀帝建平二年（前5）又去印绶、官属，冠将军如故。四年后复行成帝之制，置长史、司直、主簿等僚属，设诸曹分理政务。新莽、东汉初沿置。新莽末年曾分置前、后、左、右、中五人，分掌军政。东汉光武帝建武二十七年（后51）改名太尉。东汉末与太尉并置，位在三公之上。三国因之，号上公，皆为高级将帅，不预政务。魏多领兵屯驻合肥或皖以备吴，一品；吴一度分置左、右；蜀位颇重，然不常置。两晋十六国多为大臣加官，八公之一，居三公之上、三师之下，开府置僚属，然无具体职司。南朝不常授，多用作赠官。晋、宋一品，梁十八班，陈一品、秩万石。北魏、北齐与大将军并称“二大”，仍为加官，常典军事，地位尊显，皆一品。北齐后主时为激赏人心，增员而授，遂至冗滥。隋朝罢。❺兵部尚书的别称。

大司马护军 官名。属大司马。新莽及更始政权均置。更始时以陈遵为大司马护军，与归德侯刘飒俱使匈奴。参见“护军”。

大司马卿 官名。西魏恭帝三年（556）置，北周沿置。夏官府长官，员一人，多省称为大司马。掌军政，征伐敌国及四时治兵讲武皆由其主持，大祭祀则掌宿卫，庙社则奉羊牲，并掌官员迁调之权。因掌兵权，故多由皇帝或执政者的子弟及亲信担任。正七命。隋文帝开皇元年（581）罢。参见“夏官府”。

大司田 官名。又称大田。主农事。春秋战国齐置。《管子·小匡》：“垦草入邑，辟土聚粟，多众尽地之利，臣不如宁戚，请立为大司田。”

大司乐 官名。《周礼》春官大宗伯之属，为众乐官之长，掌国子的音乐舞蹈知识教授，主持国家各种礼仪中音乐的演奏。员二人，中大夫爵。西魏恭帝三年（556）复置，称大司乐中大夫。宋朝为太常寺大晟府长官。参见“大晟府”。

大司乐中大夫 官名。西魏恭帝三年（556）置，北周沿置。春官府大司乐司长官，亦称大司乐或司乐中大夫。掌音律，教授乐舞，管理各种伎乐的演奏。正五命。下设小司乐下大夫、小司乐上士、小司乐中士以佐其职，领乐师上士、乐胥中士、司歌中士、司钟磬中士、司鼓中士、司吹中士、司舞中士、籥章中士、掌散乐中士、典夷乐中士、典庸器中士等官属。武帝保定四年（564），改大司乐为乐部，遂改称乐部中大夫。

大司成 官名。❶周朝司徒属官。《礼记·文王世子第八》：“大司成论说在东序。”郑玄注：“大司成，司徒之属，师氏也。师氏掌以美诏王教国子以三德三行及国中失之事也。”❷学官名。唐高宗龙朔二年（662）由国子祭酒改名，咸亨元年（670）复。宋徽宗崇宁元年（1102）创太学之外学辟雍，三年置大司成管学事，四年改辟雍大司成为太学大司成，总管国子监和内外学校，凡学校事宜皆许直上朝廷。宣和三年（1121）罢。明朝为国子祭酒别称。

大司礼 官署名。北周置。西魏恭帝三年（556）仿《周礼》建六官，于春官府置典命司，掌内外九族及玉帛衣服的礼制规格，并管理全国的僧道事务。

北周初，改置大司礼。武帝保定四年（564）五月丁亥，又改为礼部。

大司农 ❶官名。西汉武帝太初元年（前104）改大农令置。简称大农。秩中二千石，列位九卿。掌管全国租赋收入和国家财政开支，凡百官俸禄、军费、各级政府机构经费等由其支付，管理各地仓储、水利，官府农业、手工业、商业的经营，调运货物，管制物价等。有丞二员，部丞若干员。属官有太仓、均输、平准、都内、籍田五令丞，斡官、铁市两长丞。郡国诸仓、农监、都水六十五官长，边郡的农都尉等屯田官员，亦皆属之。新莽先后改名羲和、纳言。东汉复故，机构减省，置丞、部丞各一员，属官有太仓、平准、导官三令丞，余皆罢省。地方都水、盐铁等官划归郡县主管。原属少府管理的帝室财政开支则并归大司农。三国沿置。魏三品，当时在诸郡县置有典农中郎将、校尉、都尉等屯田官，亦皆属之。西晋领太仓、籍田、导官三令，襄国都水长，东西南北部护漕掾，三品。东晋南北朝国家财政归尚书省主管，大司农或置或省，所掌惟仓储园苑及供膳之庶务。晋哀帝时曾省并都水台，孝武帝宁康元年（373）复置。南朝宋文帝元嘉二十九年（452）省，孝武帝大明四年（460）复置，三品。丞一员。领太仓、导官、籍田令丞。梁改名“司农卿”。北魏仍置，孝文帝太和十七年（493）定为二品上，二十三年复次职令，改三品。北齐改名司农卿。金朝复置，掌管农政，兼监察各地官吏，为司农司长官，正二品。属官有司农卿三员，司农少卿三员。又领各路行司农司。元朝仁宗皇庆二年（1313）置四员，为大司农司长官，管理农桑、水利、学校、饥荒之事，从一品。属官有卿二员，少卿二员，丞二员。❷户部尚书别称。

大司农少卿 官名。北魏置。亦简称司农少卿。四品上。协助大司农管理租税园苑仓储。北齐改名司农少卿。元朝仁宗皇庆二年（1313）亦置，员二人，属大司农司，从二品。

大司农中丞 官名。西汉武帝置，大司农属官，以桑弘羊为之。职掌财用度支、均输漕运诸事。东汉省。

大司农司 官署名。元世祖至元七年（1270）二月，立司农司，下设四道巡行劝农司。同年十二月，改置大司农司，掌农桑、水利、学校、饥荒等务，十四年罢，分派劝农官及知水利者巡行郡邑，察举勤惰。以按察司监领劝农事。十八年，立农政院，置官六员。二十年，改为务农司，秩从三品，置达鲁花赤、务农使各一员，同知二员。当年又改为司农寺，置达鲁花赤一员，司农卿二员，司丞一员。二十三年，复改为大司农司，秩正二品。仁宗皇庆二年（1313），升为从一品。置大司农、大司农卿、少卿、大司农丞等官。下辖籍田署、供膳司等衙。

大司农丞 官名。西汉为大司农副贰，员二人，或称大司农中丞。秩千石。东汉至南北朝沿置，员一人。东汉秩比千石，魏、晋、宋七品。北魏初因之，孝文帝太和十七年（493）定为从五品中。后增置大司农少卿辅佐大司农，丞降为佐官，七品。梁、北齐改名司农丞。元朝亦置，仁宗皇庆二年（1313）定员二人，属大司农司，从三品。

大司农卿 ❶大司农尊称。❷元朝大司农司次官。仁宗皇庆二年（1313）定置二员，正二品，位次大司农。参见“大司农司”。

大司农部丞 大司农属官。西汉武帝时置数十员，分部管理郡国均输、盐铁之官。平帝元始元年（后1）置十三员，人部一州，劝课农桑。皆属临时差遣之官。东汉定置一员，管理大司农所掌国库，秩六百石（一说千石）。三国魏亦置，七品。

大司攻 官名。同大司工。春秋时期始见。见《鄘大司攻鬲铭》。参见“大司工”。

大司武 即司武上大夫。

大司空 官名。❶相传为周天子执政三官之一。《礼记·王制》：“百官各以其成，质于三官。大司徒、大司马、大司空，以百官之成，质于天子。”❷即大司工。春秋战国晋、郑等国诸卿之一。掌土木工程，参掌国政。❸《周礼》六卿之一，冬官之长。掌土木工程。西魏末、北周仿《周礼》建六官，复置为冬官府长官，亦称大司空卿。正七命。参见“冬官府”。❹三公之一。西汉成帝绥和元年（前8）由御史大夫改名，秩万石。置长史等属官，府设诸曹分管具体事务，曹各置掾属。与丞相（大司徒）、大司马同为宰相，共同管理政务，不复领侍御史。位虽尊崇，权移尚书。哀帝建平二年（前5）复名御史大夫，元寿二年（前1）又名大司空，遂成定制。东汉初年因之，光武帝建武二十七年（后51）去大字，改名司空，历朝因之。唯十六国汉（前赵）复名大司空。参见“司空”。❺工部尚书的别称。

大司空士 官名。新莽置之，属大司空。王莽改革官制，以九卿分属三公，每一卿置大夫三人，一大夫置元士三人，故大司空亦置。

大司空卿 官名。西魏恭帝三年（556）置，北周沿置。冬官府长官，员一人，多省称为大司空。掌工程建筑、矿藏开发炼制、河道疏浚、舟船运输、服装织造等事务，正七命。隋文帝开皇元年（581）罢。参见“冬官府”。

大司宪 官名。即御史大夫，唐高宗龙朔二年（662）改，咸亨元年（670）复为御史大夫。

大司徒 官名。❶相传为周天子执政三官之一。《礼记·王制》：“百官各以其成，质以三官。大司徒、大司马、大司空，以百官之成质于天子。”❷春秋战国置。宋国为六卿之一，执国政。鲁国亦称大左司徒。《鲁大左司徒元鼎铭》：“鲁大左司徒元作善鼎。”齐国或省称大徒。《齐素命镈铭》：“余为大攻厄，大史、大徒、大宰，是以可使。”❸《周礼》六卿之一，为地官之长。掌国家土地图籍、户口，管理土地使用、诸侯封邑、人民教化。属官有小司徒中大夫二人、乡师下大夫四人、上士八人等。西魏末、北周仿《周礼》建六官，复置为地官府长官，亦称大司徒卿。正七命。参见“地官府”。❹三公之一。西汉成帝以丞相、大司马、大司空为三公，同号宰相。哀帝元寿二年（前1）以丞相之名不见于经书，改名大司徒，列大司马之下。东汉光武帝建武二十七年（后51）去大字，改名司徒，历朝因之。后亦作为司徒的代称。唯十六国汉（前赵）复名大司徒。元朝亦或置，非常制。参见“司徒”。❺户部尚书的别称。

大司徒卿 官名。西魏恭帝三年（556）置，北周沿置。地官府长官，亦省称大司徒，员一人，掌民户、土地、赋役、教育、仓廪、关市及山泽渔猎等方面的事务。正七命。隋文帝开皇元年（581）罢。参见“地官府”。

大司理 官名。又称大理。春秋战国齐置。掌刑狱。《管子·小匡》：“决狱折中，不杀不辜，不诬无罪，臣不如宾胥无。请立为大司理。”

大司戚 见“大司族”。

大司族 明清宗人府宗令之别称。以其掌皇九族之属籍，故名。又称大司戚。

大司寇 官名。❶《周礼》秋官之属。卿爵。属官有小司寇、士师、乡士等。一说为周朝置。掌国家法典，听狱讼，制刑罚。❷春秋时宋、鲁等国置。宋大司寇为六卿之一，听国政。鲁大司寇摄国政，掌狱讼、刑罚。❸北周置。即秋官府大司寇卿。负责刑律的撰定与执行。详见“大司寇卿”。❹刑部尚书别称。

大司寇卿 官名。西魏恭帝三年（556）置，北周沿置。秋官府长官，员一人，多省称为大司寇。掌刑政，主持刑法的制订与执行。正七命。隋文帝开皇元年（581）罢。参见“秋官府”。

大戎 兵部尚书别称。洪迈《容斋四笔》卷一五《官称别名》：“唐人好以它名标榜官称”，“兵部（尚书）为大戎”。

大考 清朝吏部之铨选制度。即通过考试对翰、詹官员进行考核以定升降之方法。始于乾隆二年（1737）。凡翰林院侍读学士以下至编修、检讨，詹事府少詹事以下至中允、赞善，每十年左右由皇帝特旨考试，并由皇帝亲自出题，亲加考试。不许规避请假，违者处分。考试结果分四等：一等者予以超级提升，二等者酌量升阶或应升时题奏，三等者分别留任、降调、罚俸，四等者降调、罚俸、休致。不入等者革职。

大亚 西周时期对执政重臣的称谓。《𩰫簋铭》：“命汝司成周里人，及者（诸）侯、大亚、讯讼罚。”

大吏 ❶高级高员统称，犹言大官。战国、秦汉皆然。《史记·秦始皇本纪》：“大吏持禄取容。”❷汉朝乌孙国官名。据《汉书·西域传》，乌孙国职官有“大吏一人”。❸清朝理藩院所属内馆职官，额为四人，负责承应来京蒙古人等事宜。

大执法 官名。十六国后赵置。《晋书·石勒载记下》：“（石勒）加张宾大执法，专总朝政，位冠僚首。”实际地位相当于尚书令、仆射，总揽朝政。还曾主持清定士族品第及官员选举。

大臣 ❶职尊权重之官的泛称。《管子·明法解》：“生杀之柄，专在大臣。”❷官名。清朝置。如中央有内大臣、军机大臣、总理各国事务大臣，各部、院、寺设管理大臣；对外有通商大臣、参赞大臣、领队大臣等；由皇帝特派的称钦差大臣。至清末尽改各部尚书为大臣，侍郎为副大臣。

大匠 官名。❶战国置，木工的官长。❷将作大匠的省称。《晋书·齐王冏传》：“使大匠营制，与西宫等。”《王彬传》：“苏峻平后，改筑新宫，彬为大匠。”❸“将作监”的别称。洪迈《容斋随笔·四笔》卷一五：唐人称“将作监为大匠”。

大匠丞 官名。南朝梁置，为大匠卿副贰。位三班。陈沿置，八品，秩六百石。

大匠卿 ❶将作大匠的别称。《晋书·张闿传》：“以闿为大匠卿，营建平陵。”❷官名。晋以来将作大匠虽名列九卿，有事则置，无事则省。南朝梁武帝天监七年（508）改此名，遂常置。为十二卿之一，位十班。掌管土木工程事务，属官有丞、功曹、主簿等。领左、右校诸署。陈沿置，三品，秩中二千石。隋复改将作大匠。

大有司 唐、宋尚书省俗称。

大师 官名。❶同太师。西周高级军官。位高于师氏。《诗经·大雅·常武》：“王命卿士，南仲大祖，大师皇父，整我六师，以修我戎。”❷北魏前期置。主管评定拓跋鲜卑统治者内部等级。后为中正取代。

大当户 匈奴官名。分左、右，位次左、右大都尉，以单于同姓贵族任之。汉时匈奴官制有左右贤王、左右谷蠡王、左右大将、左右大都尉、左右大当户之设，凡二十四长，大者领万骑，小者率数千。诸大臣皆世官。

大同侍卫 即大同侍卫亲军都指挥使司。

大同侍卫亲军都指挥使司 官署名。元朝侍卫亲军指挥机构之一，简称大同侍卫。武宗至大元年（1308）由大同等处屯储万户府改立。仁宗延祐元年（1314），改为中都威卫使司，隶徽政院。参见“大同等处屯储万户府”。

大同等处屯储万户府 官署名。简称大同等处万户府。设于元世祖至元十六年（1279），掌红城、马邑等处屯田新附军人一万人。武宗至大元年（1308），改为大同侍卫亲军都指挥使司。

大同路军器人匠提举司 官署名。元朝置，秩从五品。掌制作军器。隶武备寺。置达鲁花赤、提举各一员，同提举、副提举各一员。下设丰州、应州、平地县、山阴县、白登县五甲局，各置院长一员；丰州、赛甫丁二弓局，置局使或头目一员。

大同路采砂所 官署名。置于元世祖至元十六年

(1279)，管大同民一百六户，采夏水玉砂，起运大都，供玉工磨雕。置大使一员。隶将作院。

大行 ❶官名。春秋齐国置，掌外交宾客之礼。❷汉朝大行令省称。❸皇帝去世后至谥号、庙号确立前之称谓。

大行人 官名。周朝置。主管四方宾客朝觐礼仪事务的长官。大夫爵。《逸周书·王会》："相者，大史鱼、大行人皆朝服有繁露。"《大戴礼记·朝事》："《礼》：大行人以九仪别诸侯之命，等诸侯之爵，以同域国之礼，而待其宾客。"《周礼·秋官》有大行人，"中大夫二人"。

大行令 官名。❶西汉景帝中六年（前144）由典客改名（一说中二年已改），武帝太初元年（前104）又改名大鸿胪。参见"大鸿胪"。❷西汉武帝太初元年由行人令改名，为大鸿胪属官，秩六百石。协助大鸿胪掌管安排诸侯王、列侯入朝之迎送接待、朝会、封授等活动，百官朝会、少数民族使节朝见之礼仪。《汉书·景帝纪》中元二年："令诸侯王薨、列侯初封及之国，大鸿胪奏谥、诔、策；列侯薨及诸侯太傅初除之官，大行奏谥、诔、策。"颜师古注："故事之尊重者遣大鸿胪，而轻贱者遣大行也。"东汉因之，属官有丞一员，治礼郎四十七员。兼管诸郡国在京邸舍。三国魏改名客馆令，西晋复故，七品。百官朝会时，引领中二千石及以下官员行礼。东晋南朝有事临时设置，无事则省。

大行台 ❶官署名。北魏置，为尚书省设在各主要地区的派出机构，代行尚书省的权力，依所辖区域名称称关西大行台、东北道大行台、三徐州大行台等，管理辖区内的军政事务，是地方最高行政机构。设大行台尚书令为长官，大行台尚书仆射协助管理大行台事务，置大行台尚书、大行台郎中等分曹理事。南朝梁、东魏、西魏、北齐沿置，北魏末期的关陇义军领袖万俟丑奴亦置。唐高祖武德（618—626）初，设陕东道大行台尚书省，置令一员，仆射一员，左、右丞各一员，都事一员，兵部、民部、工部尚书各一员，司勋、考功、兵部、驾部、礼部、膳部、度支、仓部、刑部、都官、工部、屯田郎中各一员，食货监、农圃监、武器监、百工监各一员，主事及丞若干人。武德八年，省。❷官名。北魏、南朝梁、东魏、西魏、北齐时多作为大行台长官的省称。《魏书·董绍传》："时尔朱天光为关右大行台，启（董）绍为大行台从事，兼吏部尚书。"

大行台工部尚书 官名。唐高祖武德年间（618—626）陕东道大行台尚书省置一员，正四品，职如工部尚书，兼掌刑部事。

大行台仆射 大行台尚书仆射的省称。

大行台从事 官名。北魏置，大行台属官。《魏书·董绍传》："（董）绍至长安，时尔朱天光为关右大行台，启绍为大行台从事、兼吏部尚书。"参见"大行台"。

大行台仓曹郎中 官名。西魏置，大行台属官。掌仓廪事务。《北史·裴佗传》："周文帝以（裴诹之）为大行台仓曹郎中。"唐初陕东道大行台尚书省设仓部郎中，职掌同。参见"大行台"。

大行台右丞 大行台尚书右丞的省称。

大行台左丞 大行台尚书左丞的省称。

大行台民部尚书 官名。唐高祖武德年间（618—626）陕东道大行台尚书省置一员，职如民部尚书，正四品，兼掌礼部事。

大行台吏部尚书 官名。北魏置。大行台吏部曹长官，掌大行台内官员选举任免。《周书·杨宽传》："寻而（梁武帝）礼送（杨宽）还朝，至下邳，尔朱仲远启复宽官爵，留为大行台吏部尚书。"参见"大行台"。

大行台吏部郎 官名。北魏置，属大行台吏部尚书，协掌大行台内官员选举任免。《魏书·恩幸传》："上党王（元）天穆以（王绰）为北道行台郎中，尔朱荣代天穆为大行台，（王绰）仍为吏部郎。"可与"大行台吏部郎中"互称。

大行台吏部郎中 官名。北魏置，东魏沿之。《北齐书·封隆之传》："兴和（539—542）初，（平阳太守封子绘）自郡征补大行台吏部郎中。"可与大行台吏部郎互称。参见"大行台"。

大行台兵部尚书 官名。唐高祖武德年间（618—626）陕东道大行台尚书省置一员，职如兵部尚书，正四品，兼掌吏部事。

大行台尚书 官名。北魏、东魏、西魏、唐朝置。属大行台。如分曹理事，则冠以曹名，如大行台吏部尚书、大行台度支尚书等。唐初设陕东道大行台尚书省，置兵部、民部、工部尚书各一人，正四品。高祖武德八年（625），废陕东道大行台尚书省，遂罢。参见"大行台"。

大行台尚书仆射 官名。北魏置，多省称为大行台仆射。为大行台次官，佐大行台尚书令掌管大行台事务。《北齐书·赵郡王琛传》："高祖将谋内讨，以晋阳根本，召琛留掌后事，以为并、肆、汾大行台仆射（时高欢为大行台），领六州九酋长大都督，其相府政事琛悉决之。"唐高祖武德（618—626）初，置陕东道大行台尚书省，尚书之下，置左、右仆射各一员，从二品。武德八年省。

大行台尚书右仆射 官名。北魏置。大行台次官，与大行台尚书左仆射共佐大行台尚书令掌台中事务，位在左仆射下。唐高祖武德（618—626）初，陕东道大行台尚书省置尚书仆射一员，左、右任置，从二品。武德八年罢。参见"大行台"。

大行台尚书右丞 官名。北魏、东魏、西魏置。多省称为大行台右丞。属大行台，职掌同尚书右丞。多由大行台郎中迁任。唐初陕东道大行台尚书省置一人，掌分司纠正省内，正四品下。高祖武德八年（625）罢。参见"大行台"。

大行台尚书左仆射 官名。北魏置。大行台次官，佐大行台尚书令掌台中事务，权任颇重。《周书·贺拔胜传》："（孝武帝）乃拜胜为都督三荆、二郢、南襄、南雍七州诸军事，进位骠骑大将军，开府仪同三司、荆州刺史，加授南道大行台尚书左仆射。"唐高祖武德（618—626）初，陕东道大行台尚书省置，尚书仆射一员，左、右任置，从二品。武德八年罢。参见"大行台"。

大行台尚书左丞 官名。北魏、东魏、西魏置。多省称为大行台左丞。属大行台，职掌同尚书左丞。多由大行台郎中或大行台尚书右丞进任。唐初陕东道大行台尚书省置，一人，掌分司纠正省内，正四品下。高祖武德八年（625）罢。参见"大行台"。

大行台尚书令 官名。北魏置，大行台长官，掌辖区内的军政事务。北魏、南朝梁、东魏、西魏、北齐时多省称为大行台。唐高祖武德（618—626）初，设陕东道大行台尚书省，以此为长官，掌管内军人，总判省事，正二品。李世民任此职。武德八年（625），李世民为太子，废陕东道大行台尚书省，遂罢。参见"大行台"。

大行台尚书省 参见"大行台"。

大行台郎 大行台郎中的省称。

大行台郎中 官名。北魏、东魏、西魏、唐朝置。属大行台，如分曹理事，则冠以曹名，如大行台都官郎中、大行台吏部郎中等。在北魏末及东、西魏时，权力很大，加之当时授官较滥，常可加或兼其他较高官职，如杜弼任此职时加镇南将军。唐初设陕东道大行台尚书省，置司勋、考功、兵部、驾部、礼部、膳部、度支、仓部、刑部、都官、工部、屯田郎中各一人，皆正五品。高祖武德八年（625），罢。

大行台度支尚书 官名。西魏置。《周书·苏绰传》："（大统）十年（544），授大行台度支尚书，领著作，兼司农卿。"因当时大行台长官宇文泰是西魏的实际统治者，故本官职权不限于大行台内，实际管理西魏全国的财政收支、帐簿、仓廪、户籍以及供应军需等事务。参见"大行台"。

大行台都令史 官名。北魏置。《周书·周惠达传》："正光（520—525）中，（萧）宝夤为关西大行台，又假（冯）景陵江将军，领大行台都令史，从宝夤征讨。"职掌同尚书都令史。参见"大行台"。

大行台都官郎中 官名。北魏末、东魏、唐朝置。属大行台。《北史·崔挺传》："（崔季舒）为大将军、赵郡王（高）琛所器重，言之齐神武，神武亲简丞郎，补季舒大行台都官郎中。"职掌同尚书都官郎中。唐初设陕东道大行台尚书省，置一人，正五品上。高祖武德八年（625）罢。参见"大行台"。

大行丞 官名。东汉大鸿胪属官，为大行令副贰，员一人，秩三百石，助大行令主诸郎。

大行治礼丞 官名。西汉大鸿胪所属大行令属吏。《汉书·平当传》："当少为大行治礼丞，功次补大鸿胪文学。"

大后丞 官名。北周宣帝大成元年（579）正月置，为四辅官之一，是主要执政大臣。以大司马、随国公杨坚任此。

大名杂造提举司 官署名。设于元世祖至元二十一年（1284），掌大名路民户内织造缎匹等人匠，秩正六品。置达鲁花赤、提举、同提举、副提举各一员。隶织染杂造人匠都总管府下。

大名军器局 官署名。元朝置，隶武备寺。秩正七品。置大使、副使各一员。

大名兵马司 即大名兵马指挥司。

大名兵马指挥司 官署名。设于元顺帝至正十年（1350）十月，简称大名兵马司。掌境内防御、捕盗等职。置都指挥、指挥各二员，副指挥四员，下辖经历、知事等职。

大名府 北宋陪都。又称北京。仁宗庆历二年（1042），以大名府为北京。其官属有牧、尹、少尹，司录、户曹、法曹、士曹、司理参军及文学、助教。七年，又置北京留司御史台。牧、尹以下官职掌，与开封府全同。尹阙则设知府一人，以朝官及刺史以上或诸司使充任。又设通判一人，以京朝官充任。

大名府少尹 官名。北宋大名府副长官，从四品下，不常置。

大名府尹 见"大名府"。

大名府知府 见"大名府"。

大名织染提举司 官署名。置于元世祖至元二十一年（1284），秩正六品，掌大名路民户内织造缎匹人匠。置提举、同提举、副提举各一员。隶织染杂造人匠都总管府。

大名统军司 军府名。金太宗天会十年（1132）后置。统境内兵马。海陵王天德二年（1150）罢。

大论 官名。吐蕃大相论茝别称。

大军仓库 官库名。南宋置，隶四川总领所。

大军司马 官名。南朝梁武帝中大通四年（532）置，掌出征军务。以使持节、都督瑕丘诸军事、安北将军、兖州刺史羊侃为之，随太尉元法僧北讨。权任甚重。军还，罢。

大军机 清朝军机大臣之俗称。

大军库 官库名。南宋各屯驻大军皆置，如鄂州大军库、江陵府大军库，掌储钱为备边之费。

大军将 官名。南诏官，犹唐朝试官，与酋望往往兼主兵、户籍、礼、刑、官人、工作、财用、客、商贾、马、牛、仓廪诸官；望苴蛮置十二人，与清平官等列，日议事王所，出治军壁称节度，次补清平官，由曹长有功者补进。

大农 官名。❶相传尧舜时置。主管农事。《史记·三代世表》："文王之先为后稷"，"尧知其贤才，立以为大农"。❷大农令、大司农的省称。❸东汉末魏王国列卿之一。曹丕称帝后，改名大司农。诸王国仍置，七品，与郎中令、中尉合称三卿。两晋因之，六品。公国亦置。南朝王国皆置，公国不常置。宋六品，梁、陈品秩不等，随国主地位高低而定。北魏、北齐王、公、侯、伯、子、男国皆置，其品秩亦随国主地位而定。隋、唐唯王国置，员一人或二人，与国令协理王国事务，从八品下。北宋初存其名而罕除授，后省。

大农令 官名。秦置治粟内史，掌国家钱谷财货等财政收支。汉初沿置，至景帝后元年（前143）更名大农令。省称大农。秩中二千石，有两丞。武帝太初元年（前104）更名大司农。属官有太仓、均输、平准、都内、籍田五令丞，斡官、铁市两长丞。郡国诸仓农监、都水六十五官长丞也皆归其管辖。

大农寺 官署名。渤海国置，有卿。

大农寺卿 官名。渤海国大农寺长官。

大农丞 官名。西汉自景帝后元年（143）改治粟内史为大农令，下设两丞，称大农丞。佐令掌钱谷财货等财政收入和支出，秩千石。武帝时，东郭咸阳和孔仅等皆任此职，掌盐铁。

大农部丞 官名。西汉武帝置，属大农令，掌郡国均输盐铁。元封元年（前110），治粟都尉桑弘羊兼领大农，以诸官府各自为市，相与争利，物价腾贵，而天下赋输或不偿其运费，乃请置大农部丞数十人，分部主郡国均输、盐铁。武帝纳之，遂设。

大观库 官库名。宋徽宗大观（1107—1110）中置，掌收储发运司送的缗钱。

大羽真 官名。北魏置。赵万里《汉魏南北朝墓志集释》图版二六四《陆绍墓志》："（绍）曾祖大羽真、南部尚书、使持节、散骑常侍、都督诸军事、定州刺史，酒泉公。"参见"羽真"。

大马都下士 官名。北周置。赵万里《汉魏南北朝墓志集释》图版五二〇《宋永贵墓志》："大象元年（579），任右宫伯右侍散二命士，二年，迁大马都下士。"正一命。

大丞相 官名。魏晋南北朝丞相、相国不常置，皆非寻常人臣之位，多授予权位极高的重臣。北魏孝庄帝时，以尔朱荣有扶翼之功，拜柱国大将军，位在丞相上，后又拜大丞相、天柱大将军。其后东西魏、北齐、北周、隋亦置，得授此官者均系操纵军国政事的权臣，权任极重。北周曾分置左、右。唐朝罢。辽朝或置为南面朝官中书省长官，非定制。后不复置。元顺帝后至元五年（1339），加中书省右丞相为大丞相，六年罢伯颜职，遂废。参见"丞相"。

大丞相府 官署名。或简称丞相府、相府。北魏始于丞相上加大字，以尊崇权臣。孝武帝太昌元年（532），高欢为大丞相，于晋阳（今山西太原西南）建府，辟僚佐，置长史、司马、从事中郎、参军、掾、属等。诸僚属初仅管理相府事务，至东魏则"军国政务，皆归相府"。（《北齐书·神武纪下》）后不常置。北周静帝大象二年（580），杨坚为大丞相，总领百官，以正阳宫为大丞相府，置长史、司马、司录、从事内郎、掾、属、主簿、东阁祭酒、诸参军等。府僚地位甚高，如于谨以尚书左仆射兼相府长史。但具体政务不归相府，而由六官府分掌。隋恭帝时曾任命李渊为大丞相，"军国机务""咸归相府"。（《隋书·恭帝纪》）

大攻尹 官名。同大工尹。春秋战国曾、楚、赵等国置，是主管手工、铸造业、工官之长。春秋曾国铜器《季怡戈铭》："穆侯之子西宫之孙曾大攻（工）尹季怡之用。"战国楚国铜器《鄂君启节铭》："大攻（工）尹脽以王命命集尹"，"为鄂君启之府賸铸金节"。赵国铜器《四年相邦春平侯剑铭》："四年相邦春平侯，邦左库工师"，"大攻（工）尹肖（赵）间"。

大两省 官名统称。宋朝左右散骑常侍、给事中、中书舍人、左右谏议大夫等门下、中书两省五品以上官统称。参见"两省"。

大抚军院 官署名。置于元顺帝至正二十七年（1367）八月，隶于皇太子爱猷识理答腊下，总掌全国军机。秩从一品。置知院、同知、副使等职。二十八年闰七月罢。

大抚军院知院 官名。元末大抚军院长官，从一品，置四员，助皇太子掌全国军务。下设同知二员，副使、同佥各一员。

大帐皮室军 辽朝御帐亲军。太祖选诸部精壮千余人为亲军，以亲信大臣统帅，称腹心部，又称皮室军。太宗扩充至三万人，成为军队的一支重要力量。有左、右、南、北四皮室详稳司，号称四皮室，各设详稳统领。

大兵农司 官署名。设于元顺帝至正十五年（1355），置于有水田处，招集丁夫，有事乘机招讨，无事栽植播种。设保定、河间、武清、景蓟四处大兵农使司，下置二十四处兵农千户所，四十八处百户所，各设镇抚司一所。

大佥宪 明朝按察司佥事之别称。

大良造 爵名。又称大梁造或大上造。战国秦置。《史记·商君列传》："于是以鞅为大良造。"参见"大上造"。

大坡 谏议大夫别称。容迈《容斋四笔》卷一五《官称别名》："唐人好以它名标榜官称，谏议为大坡、大谏。"

大林牙院 官署名。辽朝北面官署。掌文翰之事，相当于南面官之翰林院。设北面都林牙、北面林牙承旨、北面林牙、左右林牙等职。

大丧史 官名。春秋时陈国等置。掌丧葬礼仪。《陈大丧史高钟铭》："陈大丧史仲高作铃钟。"

大尚书 吏部尚书的别称。因吏部居尚书列曹之首，且权任要重，故名。《三国志·卫继传》："拜奉车都尉、大尚书。"《晋书·孔愉传》："寻徙大尚书。"

大呼药 官名。西魏恭帝三年（556）置，北周沿置。雍州牧主要僚属之一，位在长史、司马、司录下。其下设有小呼药。正六命。隋文帝开皇元年（581）罢。

大典礼 礼部尚书之别称。

大国王 西夏封号。属上品官，与俱足封号同一等级。

大国师 明朝名僧封号。并有加太常寺卿、礼部尚书及宫保衔者。为一时殊荣，非常制。

大国舅司 官署名。辽朝北面官署。掌国舅乙室已、拔里二帐事务。太宗天显十年（935），合皇太后二帐为国舅司；圣宗开泰三年（1014），又并乙室已、拔里二帐为一，与国舅别部为二国舅帐。统归大国舅司管辖。置太师、太保、太尉、司徒、司空等职。

大国舅司知事 辽官名。大国舅司佐吏。

大国舅司郎君 辽官名。大国舅司佐吏。太宗会同元年（938），改为敞史。

大国舅司敞史 辽官名。太宗会同元年（938）由郎君改名。

大牧苑 官署名。明成祖永乐五年（1407）置北京苑马寺六监二十四苑，大牧苑属金台监。苑设圉长一人，从九品，下分各群，设群长，掌牧养马匹，以备军需。永乐十八年并入太仆寺。参见“金台监”。

大使 官名。❶代表帝王的特派使臣。《礼记·月令》：孟秋之月“毋以割地，行大使，出大币”。《魏书·世宗纪》：正始二年六月甲子，“诏尚书李崇、太府卿于忠、散骑常侍游肇、谏议大夫邓羡，崇、忠使持节并兼侍中，羡兼黄门，俱为大使，纠断外州畿内，其守、令之徒咎失彰露者，即便施决，州镇重职，听为表闻”。❷执行特殊任务的正使。《魏书·韦阆传附韦朏传》：“为荆郢和籴大使。”《北齐书·张琼传》：“天平中，高祖袭克夏州，以为慰劳大使，仍留镇之。”隋朝有安抚大使，唐朝曾置黜陟大使。宋朝有安抚大使，制置大使等，以官阶特高者充任。❸唐朝节度使之一种。亲王领节度使，称节度大使，皆留京师；由副大使知节度事，曰正节度。❹管理具体事务之官。元朝仓库、工局及礼部所属仪凤司、教坊司、会同馆、宣政院、太禧宗禋院、两都规运提点所、御药院、窑场等均置，如仓大使、场大使、税大使等。明朝为低级官吏，宦官八局，内设诸库大使品秩较高，为正五品、正七品。清朝户部所属银库、缎匹库、颜料库员外郎之下设，三年任差，掌核文移；户部宝泉局、工部宝源局置，掌守库藏；铸印局置，掌铸印事；地方行政机构亦置，有仓大使、场大使、税课大使等名目，皆八品以下，乃至不入流。

大使厅 官署名。清朝户部三库库大使办事处所。参见“三库库大使”。

大使臣 官名统称。北宋初以皇城、翰林（茶酒）、尚食、御厨、军器库、仪鸾、弓箭库、衣库、东绫锦院、西绫锦院、东八作、西八作、牛羊、香药库、榷易、毡毯、鞍辔库、酒坊、法酒库、翰林医官、宫苑、左骐骥、右骐骥、内藏库、左藏库、东作坊、西作坊、庄宅、六宅、文思、内园、洛苑、如京、崇仪、西京左藏库、西京作坊、东染院、西染院、礼宾、供备库等诸司使、副使为大使臣。徽宗政和二年（1112）改武臣官名后，以武功大夫、武德大夫、武显大夫、武节大夫、武略大夫、武经大夫、武义大夫、武翼大夫、武功郎、武德郎、武显郎、武节郎、武略郎、武经郎、武义郎、武翼郎、敦武郎、修武郎及閤门祇候为大使臣。

大命 周朝天子的诰命。《周礼·春官·大仆》：“出入王之大命。”郑玄注：“书大命，王之教也。”

大府 ❶官署名。（1）春秋战国楚置。负责收藏珍宝货贿，征收工商赋税，督造王室器皿等事。（2）汉朝指丞相、御史府。《汉书·杜周传》：“郡吏大府举之廷尉，一岁至千余章。”颜师古注：“大府，丞相、御史之职也。”❷《周礼》官名。天官冢宰属员。下大夫爵。一说为周朝置。掌贡赋货贿的收藏，供应王室消费及国家财货支出。❸元朝驻防将军。《元史·兵志》：“河洛山东，据天下腹心，则以蒙古探马赤军，列大府以屯之。”❹明、清总督、巡抚别称。❺泛指上级官府。

大庖 官名。周朝置。主管天子膳馐饮食烹饪。《诗经·小雅·车攻》：“徒御不惊，大庖不盈。”朱熹《诗集传》：“大庖，君庖也。”

大单于 ❶官名。单于本是匈奴最高首领的称号，十六国时期为各少数民族统治者沿用。除了用于称最高统治者外，主要指政权中管理汉族以外的少数民族事务的最高长官，多由该政权的皇位继承人或其宠信的儿子、大臣出任，并由出身少数民族的大臣辅佐。《晋书·刘曜载记》：“（刘曜）置单于台于渭城，拜（其子列胤）大单于，置左、右贤王已下，皆以胡、羯、鲜卑、氐、羌豪桀为之。”汉、后赵、前秦、后燕等皆置，为适应当时少数民族事务繁剧的状况，大魏、北燕的统治者冉闵、冯跋虽为汉人，亦以其子任此职。❷十六国时期一些割据政权统治者的称号，例由其所依附的宗主政权赐授。如鲜卑拓跋猗卢助西晋击刘渊，西晋假其大单于，赐金印紫绶。后秦姚苌曾拜刘卫辰为大单于。

大单于四辅 官名合称。十六国北燕置。冯跋以其太子冯永为大单于，置前、右、左、后四辅以协助处理军政事务。

大单于台 官署名。十六国后燕慕容熙光始元年（401）置。《晋书·慕容熙载记》：“改北燕台为大单于台，置左、右辅，位次尚书。”其职掌参见“大单于”。

大宗 ❶周朝宗法制度嫡长子为大宗，余子为小宗。《陈逆簋铭》：“陈氏裔子孙逆，作为皇祖大宗。”❷官名。同太宗。一说殷时已设，即《周礼·春官》的宗伯。西周春秋沿置。掌宗庙祭祀礼仪的长官。《礼记·曲礼下》：“天子建天官，先六大，曰大宰、大宗、大史、大祝、大士、大卜，典司六典。”郑玄注：“此盖殷时制也。”“大宗曰宗伯，宗伯为春官”。

大宗人 官名。周朝置。主管宗庙祭祀之礼。一说与“大宗伯”同。《礼记·杂记》：“大夫之表，大宗人相，小宗人命龟，卜人作龟。”孔颖达疏：“大宗谓大宗伯也。相佐威仪。”参见“大宗伯”。

大宗正　❶即宗正卿的别称。《晋书·司马宗传》：“（虞）胤为大宗正。”《虞胤传》则称“徙胤为宗正卿”。❷官署名称。北齐有大宗正寺，宋有大宗正司，金、元有大宗正府，详见各条。

大宗正少卿　官名。北魏置，为大宗正卿副贰，孝文帝太和十七年（493）定为三品上，二十三年改四品上。北齐因置，为大宗正寺次官，四品上。

大宗正司　官署名。宋仁宗景祐三年（1036）置，掌纠合宗室族属加以训导，接受族属词讼，纠其违失，有罪即劾奏，法例不能决者奏请裁决。总管宗室服属远近之数和赏罚规式，每年录存亡之数报宗正寺。设知大宗正事、同知大宗正事各一人，以宗室团练、观察使以上有声望者充任；丞二人，以文臣升朝官以上充任。神宗元丰（1078—1085）改制后，或置判大宗正事、知大宗正丞各一人。下设士、户、仪、兵、刑、工六案。吏人有主押官、押司官、前行、后行、正名贴司、守阙正名贴司、私名贴司等。南宋沿置。

大宗正寺　官署名。北齐置，管理皇族外戚名籍事务，领诸王国、长公主官属。为九寺之一。设卿、少卿、丞各一人。有功曹、五官、主簿、录事等属吏。秦汉以来，历朝置宗正管理皇族事务，北魏改称大宗正卿。北齐沿北魏制，故名。

大宗正丞　官名。北齐属大宗正寺，员一人，佐大宗正卿、少卿管理皇族宗室事务，七品。北宋属大宗正司，员二人，以文臣京朝官以上充任，佐知大宗正事、同知大宗正事训导宗室，纠其违失。南宋改置知大宗正丞一人。金朝属大宗正府，员二人，从四品。一人从宗室中选能干者充任，一人不限亲疏，佐判大宗正事、同判大宗正事、同签大宗正事训导宗室，分司上京长贰、兼管临潢以东六司属。章宗泰和六年（1206）随府改名大睦亲丞。

大宗正府　官署名。金朝掌理皇族政务，章宗泰和六年（1206）因避讳改为大睦亲府。元朝置于世祖至元十七年（1280），掌怯薛及诸王、驸马投下蒙古人、色目人诉讼等务，以蒙古诸王为府长，怯薛人员奉旨署事，定秩为从一品，设断事官多人，由皇帝位下及诸王有封国者择人充任。下置郎中二员，从五品；员外郎二员，从六品。

大宗正府也可札鲁忽赤　即大宗正府大断事官，又译为大宗正也可札鲁火赤，大宗正府札鲁忽赤之长。

大宗正府札鲁忽赤　官名。蒙古国时，置札鲁花赤（断事官）会决庶务。元世祖至元二年（1265），置二员，累增至十三员，后为大宗正府正官，从一品。世祖朝末年，增至四十六员。后稍有减少，定制设四十二员，以诸王一人为长，其余均来自皇帝位下及诸王投下，掌理断怯薛及蒙古各部诉讼等务。

大宗正府断事官　即大宗正府札鲁忽赤。

大宗正卿　官名。秦汉以来，历朝置宗正管理皇族事务，北魏始改此名。多以宗室担任，或亦任外姓。《魏书·良吏·窦瑗传》：“除大宗正卿，寻加卫将军。宗室以其寒士，相与轻之。瑗案法推治，无所顾避，甚见仇疾。”北魏孝文帝太和十七年（493）定为二品上，二十三年定为三品。北齐沿置，为大宗正寺长官，三品。

大宗师　❶宗师的别称。《晋书·宗室·司马纮传》：“更拜光禄大夫，领大宗师。”《宋书·二凶传》：“江夏王义恭以太保领大宗师。”参见“宗师”。❷明、清对学政的尊称。

大宗伯　❶官名。《周礼》六卿之一，为春官之长。掌祭祀、礼仪，参议国政。属官有小宗伯中大夫二人，肆师下大夫四人，上士八人等。西魏末、北周仿《周礼》建六官，复置为春官府长官，亦称大宗伯卿。正七命。参见“春官府”。❷礼部尚书的别称。

大宗伯卿　官名。西魏恭帝三年（556）置，北周沿置。春官府长官，员一人，多省称为大宗伯，掌礼、乐、祭祀、天文历法、卜祝以及纶诰、著作等方面的事务。正七命。隋文帝开皇元年（581）罢。参见“春官府”。

大官　❶古代职位显要的高级官员。汉朝多指官秩二千石以上者。❷官署名。大通太，即太官。战国秦、秦朝至三国皆置，详见“太官”。

大官令　官名。即太官令。

大官丞　官名。即太官丞。

大官署　官署名。明清光禄寺所属之机构。明洪武八年（1375）置，隶光禄司。三十年改隶光禄寺。初设署令一人，丞一人，监事一人。后改置署正一人，署丞四人，监事四人。洪熙元年（1425），南京光禄寺亦置，设官略同。掌供祭品宫膳、节令筵席、蕃使宴犒之事。清顺治元年（1644）沿置。设署正，满、汉各一人，满署丞二人，笔帖式五人，经承一人。掌供备猪只，征收菜园租银及预备筵席所用桌椅等物。十八年（1661）改隶礼部。康熙十年（1671）复属光禄寺。光绪三十二年（1906）随光禄寺归并礼部。

大官署署正　官名。明清光禄寺大官署长官。明洪武八年（1375）始置，初名署令，后改署正。一人，从六品。掌供祭祀用品及宫廷筵膳等事。清朝沿置，员二人，满、汉各一人。满员初定为四品，顺治十六年（1659）改六品，康熙六年（1667）升为五品，九年与汉员并定为从六品。

大官署署令　官名。明清光禄寺大官署长官。明洪武八年（1375）始置，一人，从六品，后改称署正。掌供祭品宫膳、节令筵席、蕃使宴犒之事。

大官署署丞　官名。明朝光禄寺大官署副长官。洪武八年（1375）始置，初置一人，后改四人，从七品，协署正掌供祭祀及宫廷筵膳等事。清朝设二人，俱由满人担任，初定为六品，康熙九年（1670）定为从七品。

大学士 官名。唐朝始置。中宗景龙二年（708）于修文馆（弘文馆）置，员四人，以象征四时，后员额稍减。以能文之士为之。玄宗天宝二年（743）于崇玄馆置一人，肃宗至德二载（757）于集贤院置。德宗贞元四年（788）皆罢。多由宰相兼领。宋朝沿置，于集贤殿、昭文馆、观文殿、资政殿分设，以备侍从顾问。神宗元丰（1078—1085）改制，废集贤殿、昭文馆所置。明洪武十三年（1380）罢丞相，十五年仿宋制于华盖殿、武英殿、文渊阁、东阁分置大学士，侍左右，以备顾问。文华殿亦置，以辅导太子，秩皆正五品。仁宗后，因阁臣多东宫旧僚，特升以侍郎、太常卿并兼大学士，又增谨身殿大学士。大学士遂成内阁长官。阁臣掌献替可否，奉陈规诲、点检题奏，票拟批答，以平允庶政。郊祀、巡幸则扈从。御经筵，则知经筵或知经筵事。东宫太子出阁讲读、冠婚，进士题名，大典礼，宗室请名、请封，诸臣请谥，均领其事。常侍皇帝殿阁之下，位极尊崇。世宗改置中极殿、建极殿、文华殿、武英殿、文渊阁、东阁诸大学士。清朝沿置，入关前崇德元年（1636）五月定内三院官制即置。顺治元年（1644）置满、汉大学士，不备官，兼各部尚书衔。十五年改内三院为内阁，遂置为内阁主官。有中和殿、保和殿、文华殿、武英殿、文渊阁、东阁诸殿阁衔，仍兼尚书。十八年复内三院旧制。康熙九年（1670）再改内三院为内阁，置满、汉大学士共四人。雍正时有署大学士、额外大学士之称。雍正九年（1731）增协办大学士，遂成定制。乾隆十三年（1748）始定大学士满、汉各二人，去中和殿衔，增体仁阁衔，以三殿三阁为定制。唯保和殿不常置。五十八年停兼尚书衔。品秩初定满官正一品，汉官正二品。顺治十五年均改正二品，雍正八年均升正一品。以协赞皇帝管理庶务。唯清初置议政处，雍正后设军机处，内阁大学士虽位列六部之上，文官之首，实权远不及明朝。任军机大臣，除亲王外，其首领者必大学士。宣统三年（1911）置责任内阁，以军机大臣为总协理大臣，大学士遂废。

大学博士 学官名。十六国后赵石勒置。《晋书·石季龙载记》："初，石勒置大、小学博士，至是复置国子博士、助教。"

大详稳 官名。辽朝大详稳司长官。

大详稳司 官署名。辽朝军事统帅机构。北面军官，掌统领各军兵马。设大详稳、都监、将军、小将军、军校、队帅等官吏。

大详稳司小将军 官名。辽朝大详稳司官员。

大详稳司将军 官名。辽朝大详稳司属官。

大详稳司都监 官名。辽朝大详稳司监治之官。

大承天护圣营缮提点所 见"护圣营缮司"。

大承华普庆寺都总管府 官署名。设于元武宗至大元年（1308），掌大承华普庆寺僧众、寺产。二年，改为延禧监，又改崇祥监。四年，升崇祥院，秩正二品。泰定四年（1327），复改为总管府。天历元年（1328），改为崇祥总管府。

大相 官名。吐蕃官，曰论茝，亦号大论。

大柱国 明朝巡抚之别称。

大政 又作大正。西周春秋时期称执政的正卿大臣。一说为中军元帅。《班簋铭》："班非敢觅，唯作昭考爽，谥曰大政。"《左传·成公六年》："子为大政。"杜预注："中军元帅。"

大挑 清朝从举人中选官的一种制度。清制，举人经会试三科未录取，即由礼部分省造册，咨送吏部，钦派王大臣面试拣选，称大挑。始于乾隆十七年（1752），每六年举行一次，十取其五。选取者分二等，一等以知县用，称大挑知县；二等以教职用。嘉庆十八年（1813）改为每届四科大挑一次。

大挑知县 见"大挑"。

大囿丞 官名。北齐司农寺大囿部长官，属钩盾署。

大囿部 官署名。北齐置，掌管苑囿禽兽等事务，以大囿丞为长官，属司农寺钩盾署。

大拜 旧以大拜称宰相。明清大学士如同旧之宰相，故亦以大拜别称之。

大秋台 刑部尚书之别称。

大矩 官名。西周置。见《丰尊铭》。职掌不详。

大选 明清吏部之铨选制度。又称双月选。明朝之制，凡内外官员出缺，由吏部选补，其初授官及考定升降者归双月选，按平常之缺依序升除。清朝沿之，以属于除班、升班之官员入双月选。后以补班内丁忧起复之汉郎中、员外郎、主事及补班之汉国子监监丞、典簿、翰林院待诏等官皆入于汉官双月选班。

大保 官名。同太保。西周始置。周王辅弼三公之一。《大保簋铭》："王降征令于大保。"春秋时曾国亦置，见《曾大保盆铭》，详见"太保"。

大保长 宋朝乡役名。神宗时行保甲法，每五十户为一大保，设大保长一人，负责治安。后改二十五户为一大保，以大保长取代原乡役耆长。

大侯 周朝诸侯大国国君。《管子·大匡》："小侯既服，大侯既附。"

大盈库使 使职名。唐朝内诸司使之一，主左藏大盈库事。宣宗大中五年（851）宦官刘遵礼曾为之。昭宗天祐元年（904）停。

大将 ❶古代高级军职名，位在诸将上。❷北宋无品武阶官名，位殿侍下、军将上。徽宗政和（1111—1118）后，改名进武副尉。❸大将军省称。

大将军 官名。❶高级军事统帅。战国秦汉皆有，非常设，遇有战事，临时委任统兵，事毕即罢。东汉初多冠以骠骑、建威等名号。西魏、北周置为府兵专职统帅官号，凡十二人，各领一军，分隶六柱国大将军，下统开府、仪同诸将军。隋、唐沿行府兵制，置为诸卫府长官官号，隋有十二卫，唐有十六卫，分领府兵，各置府僚，正三品，各冠以卫府之名。唐德宗贞元二年（786）诸卫增设上将军为长官，遂降为次官。唐朝左右羽林、左右龙武、左右神武、左右神策、左右神威诸禁卫军亦置，员额、品秩并同十六卫，然无实权，须加知军事衔方得掌兵。辽朝诸部族州国亦置，各统所治军队之政令，下辖上将军、将军、小将军等官。明、清有大将军及征虏、抚远等名号大将军，皆为临时委派领军的高级统帅，还师即缴还印信，所领军队各归原建制。❷高级军政官员。西汉武帝以后，大将军常冠大司马之号，秩万石，领尚书事，执掌朝政，成为中朝官最高领袖，优宠、权力常在外朝首领丞相之上。非将帅之文臣亦得居其职，多由皇帝宠信的贵戚担任。新莽地皇元年（后20）曾普授诸州牧以为官号。东汉复置一员，秩万石，不冠大司马，成为独立官职，多授予贵戚，常兼录尚书事，开府置僚属，与太傅、太尉等共同主持政务。三国时成为外朝职官，权任稍减。魏多以之屯驻长安以备蜀，一品。蜀为最高军事长官。吴则别置上大将军居其上。西晋为八公之一，位居三师、大司马下，三公上，开府置僚属。仍为朝中大臣，或亦加授重要地方长官。东晋、十六国颇重其任，常专擅军政事务。南朝不常授，或以为赠官。晋、宋一品，梁十八班，陈一品、秩万石。北魏、北齐与大司马并号“二大”，共典军政，位颇尊显，常由权臣兼任，皆一品。❸名誉职衔。魏晋南北朝有诸名号大将军，作为加授给大臣、重要州郡长官的戎号。凡加戎号者，可开军府。北周置勋官十一等，以酬军功，后亦兼施朝臣，大将军居第四等，正九命。此外又有柱国大将军（第二等）、上大将军（第三等）、上开府仪同大将军（第五等）、开府仪同大将军（第六等）、上仪同大将军（第七等）、仪同大将军（第八等）等号。隋初因之，炀帝废。唐、宋以骠骑、辅国、镇军、冠军、怀化、归德等名号大将军为从一品至从三品武散官，用以代表武职官员的品阶。唐朝府兵制消亡后，十六卫大将军成为优崇武官的虚衔。宋朝因之，置为环卫官，正四品，无定员、无职掌，以宗室、闲散武官为之，亦作为武官赠典。辽朝因之。金、元以昭武、昭毅、昭勇、安远、定远、怀远等名号大将军为武散官。金自正四品至从四品，元自正三品至从三品。清朝光绪三十二年（1906）置为阶官，正一品，以正都统有积劳者充之。❹军阶名。清末新陆军最高官阶之一。光绪三十年（1904）订新陆军官员等级，分三等九级。宣统元年（1909）比照文官品级修订，于上等第一级正都统上增大将军、将军一级。阶正一品。正都统积有勋劳者赐封。

大将军军监　官名。汉朝大将军属吏。《汉书·匈奴传》：“使大将军军监治众等四人，将五千骑，分三队，出塞各数百里，捕得虏各数十人而还。”

大将军府　官署名。❶汉代以来大将军皆开府，僚属主要有长史、司马、从事中郎、掾、属等，各朝略有增减。❷辽朝北面军官，各统所治军之政令，设大将军、上将军、将军、小将军等职。

大前疑　官名。北周宣帝大成元年（579）正月置，为四辅官之首，是主要执政大臣。越王宇文盛以上柱国、大冢宰任此。

大酋　官名。周朝置。酒官之长。《礼记·月令》：“乃命大酋。”郑玄注：“酒熟曰酋。大酋者，酒官之长也。”

大首领　西夏军队长官中有大首领、正首领、副首领等职，多以部族酋首担任，授铜印。

大总管　官名。❶地方高级军政长官。北周静帝大象二年（580）尉迟迥自称。《资治通鉴》陈宣帝太建十二年（580）：“迥乃自称大总管，承制置官司。”胡三省注：“称大总管者，欲以统摄诸州。”唐高祖武德五年（622）以洛、荆、并、幽、交五州置，七年改为大都督。❷军事统帅。唐初凡有征伐则置于所征之道，以督军事。太宗贞观三年（629）以后，行军即称大总管，本道即称大都督；中宗至玄宗时改为节度使。

大宪台　❶明朝巡抚之别称。❷明朝按察使之别称。

大宪副　明朝按察副使之别称。

大客　周朝称诸侯大国卿爵一级的使臣。《周礼·秋官·大行人》：“掌大宾之礼，及大客之仪。”郑玄注：“大客，谓其孤卿。”《秋官·小行人》：“凡四方之使者，大客则摈，小客则受其币而听其辞。”贾公彦疏：“此大客为要服以内诸侯之使臣也。”

大室韦军详稳司　官署名。辽朝北面边防官，统领大室韦部之兵马，长官为详稳，下设都监等官。属西北路总领司。

大祝　见“太祝”。

大郡　汉朝郡级政区等级。元帝建昭二年（前37）规定，户十二万以上为大郡。大郡军政长官官秩较一般郡为高。《汉书·元帝纪》：“益三河〔大〕郡太守秩。户十二万为大郡。”

大胥　官名。周朝置。主管教授国子舞蹈。《礼记·王制》：“凡入学以齿。将出学，小胥、大胥、小乐正、简不帅教者以告于大乐正。”郑玄注：“大胥、小胥，皆乐官属也。”《周礼》春官有“大胥”，“中士四人”，“掌学士之版，以待致诸子。春，入学，舍采合舞。秋，颁学合声。以六乐之会正舞位，以序出入舞者。凡祭祀之用乐者，以鼓征学士，序宫中之事”。郑玄注：“郑司农云，学士，谓卿大夫诸子学舞者。版，籍也。”“大胥主此籍以待当召众学舞者，卿大夫之诸子则接此籍以召之。”

大统　官名。❶军队主帅。南朝宋置。位在诸将之上。《宋书·王玄谟传》：“时四方反叛，以玄谟为大统，领水军南讨。”❷僧官名。北齐昭玄寺长官，员一人，掌全国各处佛教寺院及僧众，并管各州、郡、县沙门曹。

大珰　明朝称宫内有权势的太监，如司礼监秉笔太监、随堂太监及各监、司、局掌印太监为大珰。

大都人匠总管府 官署名。设于元世祖至元六年(1269)，秩从三品，隶工部。置达鲁花赤、总管、同知各一员。下设绣局，掌绣造诸王百官缎匹；纹锦总院，掌织诸王百官缎匹；涿州罗局，掌织造纱罗缎匹；尚方库，掌出纳丝金颜料，各置提领、大使或副使，用从七品印。

大都弓匠提举司 官署名。元朝置，隶武备寺，秩正五品，掌制造弓矢。置达鲁花赤、提举、同提举、副提举各一员。下设双搭、成吉里、通州三弓局，各置大使、副使一员。

大都小伯 西周时公卿采邑内的属官，指大夫士及邑宰。《尚书·周书·立政》："大都小伯。"孔颖达疏："谓公卿都邑之内大夫士及邑宰之属。"

大都太仓 官署名。元朝置，掌内府米豆酒药等物。初设于世祖至元五年(1268)，受制国用使司管辖。十二年，改隶宣徽院。二十五年，定秩为正六品。置提举、大使、副使各一员。

大都分府 官署名。置于元顺帝至正十八年(1358)，立于京城四隅，以备防御。

大都水陆地土种田人民提领所 见"大都等路民佃提领所"。

大都左右八作司 官署名。亦称八作司。元朝置，隶大都留守司，秩从五品，掌都城诸制造。置达鲁花赤、提领、大使、副使各一员。

大都甲匠总管府 官署名。元朝置。初设年代不详。世祖至元二十六年(1289)四月，改为军器人匠都总管府。

大都甲匠提举司 官署名。元朝置，秩正六品，掌制造甲胄，隶武备寺。置达鲁花赤、提举、同提举、副提举各一员。

大都四窑场 官署名。置于元世祖至元十三年(1276)，领匠夫三百余户，营造素白琉璃砖瓦。秩从六品，隶少府监。设提领、大使、副使各一员。下辖南、北窑场与琉璃局。

大都生料库 官署名。元世祖至元二十年(1283)从尚食局生料野物库分出，隶宣徽院。秩从五品，置提点、大使各二员，副使三员。

大都皮货所 官署名。设于元世祖至元二十九年(1292)，用从九品印，隶中书省工部。置提领、大使、副使各一员。

大都回回药物院 官署名。设于元世祖至元二十九年(1292)，秩从五品，掌回回药事。英宗至治二年(1322)，划隶广惠司下。置达鲁花赤一员，大使二员，副使一员。

大都行诸路也可札鲁忽赤 见"也可札鲁忽赤"。

大都杂造局 官署名。置于元成宗元贞二年(1296)，隶武备寺。置提领二员。

大都军器人匠都总管府 官署名。元世祖至元二十六年(1289)由甲匠总管府改立。后隶于武备寺，降为甲匠提举司。

大都运粮提举司 官署名。设于元世祖至元十六年(1279)，隶兵部。仁宗延祐四年(1317)改为陆运提举司。参见"大都陆运提举司"。

大都护 官名。❶鲜卑首领。《三国志·鲜卑传》引《魏书》："和帝时，鲜卑大都护校尉廆帅部众从乌桓校尉任尚击叛者，封校尉廆为率众王。"❷地方长官临时设职。《晋书·刘弘传》："太安中，张昌作乱"，……"弘遣南蛮长史陶侃为大都护"，"为都战帅"。❸都护府长官。唐高宗永徽(650—655)中置，亲王遥领都护，曰大都护，以副大都护兼王府长史，主大都护府事。五代后唐明宗长兴三年(932)只置安东、安南、安西、安北四大都护。宋朝渐废。元世祖至元十一年(1274)复置，从二品，掌畏兀儿旧领州城及畏兀儿人入属汉地者之词讼。

大都护府 官署名。唐高宗永徽(650—655)中，始于边方置安东、安西、安南、安北四大都护府，后又加单于、北庭等府，掌统该地区少数民族，慰抚、征讨、安辑、叙功、罚过；有大都护、副大都护、副都护、长史、司马及录事参军、录事、功仓户兵法诸曹参军、参军事等官。五代后唐明宗长兴三年(932)只置安东、安西、安南、安北四大都护府。

大都兵马司 即大都路兵马都指挥使司。

大都兵马使 即大都南北两兵马司指挥使。

大都陆运提举司 官署名。元仁宗延祐四年(1317)，由运粮提举司改立。秩从五品，隶兵部，掌两都陆运粮食。设提举二员，副提举一员。

大都规运提点所 官署名。设于元世祖至元二十八年(1291)，秩正四品，隶宣政院。置达鲁花赤、提点、大使、副使各一员。

大都尚饮局 官署名。置于元世祖中统四年(1263)。秩从六品，设大使、副使各一员。掌酿造御用细酒。至元十五年(1278)，升为从五品。后隶宣徽院，设提点、大使各一员，副使二员。

大都尚酝局 官署名。元世祖至元十六年(1279)由御酒库改立，秩从五品。掌酝造诸王百官酒醴，隶宣徽院。置提点、大使各一员，副使二员。

大都供需院 官署名。元成宗大德五年(1301)由警巡院分置，后以左、右警巡院副使及判官、典史各一员主之。

大都河间等路都转运盐使司 官署名。蒙古国初期，立河间税课达鲁花赤清沧盐使所，后创立运司，立提举盐榷所，又改为河间路课程所提举沧清课盐使所。元世祖中统三年(1262)，改为都提领拘榷沧清课盐所。至元二年(1265)，以刑部侍郎、右三部郎中兼沧清课盐使司，不久又改为河间都转运盐使司，下辖清、沧、深三盐司。八年，改为都转运使司。十九年，以户部尚书行河间等路都转运使司事，寻罢，改立清、沧二盐使司。二十三年，复立河间等路都转运司。二十七年，以户部尚书行运司事。秩正三品。隶户部。掌场灶榷办盐货。下设盐场二十二所，各场置司令一员，从七品，司丞一员，从八品。

大都河道提举司　官署名。元朝置，秩从五品。隶都水监。置提举、同提举、副提举各一员。

大都弦局　官署名。元世祖至元三十年（1293）由提举司改立，隶武备寺，掌制造弓弦。置大使、副使各一员。

大都城门尉　官名。设于元世祖至元二十年（1283），初以四怯薛八剌哈赤充任，于大都十一门各设二员，秩正六品，下辖副尉一员。掌门禁。后以六卫亲军参充门尉。

大都南北两兵马司指挥使　官名。简称大都兵马使。设于元世祖至元二十九年（1292），为大都兵马司长官，正四品，置二员，全称为大都路南北两城兵马都指挥使。下设副指挥使五员，知事一员。

大都南北两城兵马司　即“大都路兵马都指挥使司”。

大都南阳真定等处屯田孛兰奚总管府　官署名。元朝置，掌诸地农事。初设年代不详，世祖至元十八年（1281）十月，改立为农政院。

大都南城警巡院　即大都警巡院。

大都将　官名。北魏置。孝文帝太和（477—499）中尉元曾任此职，并为使持节、侍中、都督南征诸军事、征西大将军，是总率诸军讨伐青、徐等地的统帅。又设北征大都将，以元思誉为之。

大都宣课提举司　官署名。元朝置，掌诸色课程和京城各市。世祖至元十九年（1282），并原京城两税务为大都税课提举司。武宗至大元年（1308），改宣课提举司，秩从五品。设提举、同提举、副提举等职。下领马市、猪羊市、牛驴市、果木市、鱼蟹市、煤木所等机构。

大都宪　明朝巡抚之别称。

大都柴炭局　官署名。置于元世祖至元十二年（1275），秩从六品。十六年，升提举司，为从五品。成宗大德八年（1304），复降为局，正七品。隶宣徽院。置大使一员，副使二员。

大都柴炭提举司　见“大都柴炭局”。

大都留守　官名。元朝置，正二品，五员，大都留守司长官。下设同知二员，正三品；副留守二员，正四品；判官二员，正五品。

大都留守司　官署名。元世祖至元十九年（1282）四月置，兼管少府监与大都路总管府。二十一年，别置大都路都总管府治民事，本司专掌守卫宫阙都城、调度本路供亿诸务，仍领少府监，兼理营建修缮内府官邸、都中宫庙，尚方车服、内苑花木、御用器物造作及行幸汤沐宴游之所。置留守、同知等职。下辖修内司、祗应司等几十个官衙。

大都酒课提举司　见“酒课提举司”。

大都诸色人匠提举司　官署名。元朝置，秩从五品，隶随路诸色民匠都总管府下，掌仁宗潜邸工匠。置达鲁花赤、提举、同提举、副提举各一员。

大都尉　匈奴官名。位次左、右大将，以单于同姓贵族任之。汉时匈奴官制，自单于以下置左右贤王、左右谷蠡王、左右大将、左右大都尉、左右大当户，凡二十四长，大者领万骑，小者率数千。诸大臣皆世官。

大都尉丞　官名。汉朝西域龟兹等国置之，员一人。

大都随路管民都提领所　见“大都等路民佃提领所”。

大都惠民局　官署名。设于元世祖中统二年（1261），掌购制药品，救济贫民。隶太医院。至元十四年（1277），定秩为从六品。二十一年，升从五品。置提点、司令各一员。

大都提举资善库　官署名。设于元世祖至元二十六年（1289），掌宣政院钱帛之事。秩从五品。置达鲁花赤、提举、同提举、副提举各一员。

大都税课提举司　见“大都宣课提举司”。

大都等处田赋提举司　见“宣农提举司”。

大都等处玛瑙局　官署名。元朝置，秩从七品，设于世祖至元九年（1272），管领玛瑙匠户五百余名，置提举三员。十五年，改为玛瑙提举司。

大都等处织染提举司　官署名。元朝置，秩从五品，掌阿难答王位下人匠一千三百余户，隶随路诸色民匠都总管府。置达鲁花赤、提举、同提举、副提举各一员。

大都等路民匠总管府　官署名。设于元世祖至元七年（1270），秩从三品。十四年，升正三品。隶将作院。置总管、同知、副总管各一员。下辖备章总院，秩正六品；尚衣局，从五品；御衣局，从五品；御衣史道安局，从六品；高丽提举司，从五品；织佛像提举司，从五品；各置提举或大使分掌。

大都等路民佃提领所　官署名。元世祖至元二十九年（1292），以武清（今河北安次南）等十一处并立大都水陆地土种田人民提领所。后又设大都随路管民都提领所。文宗天历元年（1328），并两所为大都等路民佃提领所，隶会福总管府下。置提领、大使、副使各一员。

大都等路诸色人匠提举司　官署名。设于元世祖至元十六年（1279），秩从五品，隶随路诸色人匠都总管府。置提举、同提举、副提举各一员。下辖双线局、大小木局、盒钵局等衙。

大都等路断没提领所　官署名。元朝置，掌孥收产没之籍。世祖至元二十年（1283），改为司籍所。

大都督　官名。❶高级军事长官。三国吴、魏初于战争时临时设置，作为加官。《三国志·陆逊传》：“黄武元年（222），刘备率大军来向西界，（孙）权命逊为大都督，假节，督朱然、潘璋、宋谦、韩当、徐盛、鲜于丹、孙桓等五万人拒之。”魏明帝太和四年（230）征蜀时，亦加司马懿此职，并假黄钺。后司马师、司马昭相继自“都督中外诸军事”加大都督。后渐成为常设官职，地位极高。晋、南朝沿之。

在有战事时亦临时加置，冠以名号，如前锋大都督、北讨大都督等；还有以此衔都督某一地区军事者，其地位均较前述“都督中外诸军事”的大都督为低。北魏前、中期未见，孝文帝太和十七年（493）职员令及太和二十三年复次职令时皆未载。后期战事较多时亦置，统兵出征，有时又加以各种名号，如南道大都督、徐州大都督等。东、西魏分裂后，授予渐滥。东魏、北齐时所置“京畿大都督”，权势极重。北周初规定授柱国大将军、开府、仪同等官号者，并加使持节、大都督名义，后改都督诸州军事为总管，大都督与都督遂成为没有实际职权的勋官。（参见❸）唐高祖武德七年（624），改总管为都督，总十州军政者为大都督。睿宗太极（712）初，于并、益、荆、扬设四大都督府；玄宗开元十七年（729），又加潞州，共置五大都督府。府置都督一员，从二品，实即大都督，掌督诸州城隍、兵马、甲仗、食粮、镇戍等，总判府事。如以亲王为之，则多遥领其任，以长史居府总其事。宋承唐制，于兖州、徐州、陕州、扬州、杭州、福州设大都督府，以亲王为之，二品，职掌同州牧。元世祖中统元年（1260），设江淮大都督，掌山东军事。二年，设江汉大都督，掌河南军事，又以怯烈门、赵璧为大都督，掌管燕京所集军马。中统三年后相继罢废。元文宗至顺元年（1330），设大都督府，置大都督三员，正二品，掌管龙翊卫、左右钦察卫等侍卫军。元顺帝至正十六年（1356）朱元璋下集庆后，罢枢密院，改置大都督府，以朱文正为大都督，节制中外诸军事，从一品。吴元年（1367），罢。❷郡中统兵武职，地位很低。东汉献帝建安（196—220）中孙权置。《三国志·宗室传》：“初，孙权杀吴郡太守盛宪，宪故孝廉妫览、戴员亡匿山中。孙翊为丹阳（太守），皆礼致之。览为大都督，督兵，员为郡丞。”❸勋官。北周武帝时，因战事不断，由军勋而任此职者太多，故将之改为没有职掌的勋官，授予有军功的武职官员，八命。隋初沿袭此制，正六品上阶。隋炀帝大业三年（607）罢。唐高祖武德（618—626）初复置，武德七年改名飞骑尉。❹十六国各政权统治者在未正式建立政权时，多自称大都督。《晋书·沮渠蒙逊载记》：“（晋安帝）隆安五年（401），梁中庸、房晷、田昂等推蒙逊为使持节、大都督、大将军、凉州牧、张掖公，赦其境内，改元永安。”❺掌管军马的官员。隋朝陇右牧所统骅骝牧及二十四军马牧、原州羊牧、苑州十二马牧皆置。地位很低，为流外官。

大都督内外诸军事　官名。隋恭帝义宁元年（617）置，以太尉唐公李渊为之，总掌军国机务。

大都督兵农司　官署名。设于元顺帝至正十九年（1359）二月，置司于西京大同，以孛罗帖木儿领之。下设分司十道，专掌屯种之事。

大都督府　官署名。大都督虽设置于三国时期，但开始是为战争而临时设置的加官，无固定府属。晋、南北朝皆不常置，府属情况不详。北齐文宣帝天保九年（558），济南王以太子监国，因立大都督府，与尚书省分理众事，开府置佐，为中枢军政机构，赵郡王高叡以侍中摄大都督府长史。唐高祖武德七年（624），改大总管府为大都督府，为地方高级军政机构。太宗贞观二年（628），去“大”字，分为上、中、下都督府。睿宗太极（712）初，以并、益、荆、扬为四大都督府，玄宗开元十七年（729），又加潞州，共设五大都督府。府置都督一员，下有长史、司马，录事参军事，录事，功、仓、户、兵、法、士六曹参军事，典狱，问事，白直，市令、丞，佐、史，仓督，经学博士、助教、学生和医学博士、助教、学生等。宋承唐制，在兖州、徐州、陕州、扬州、杭州、福州设大都督府，管理地方军政，置大都督，以亲王为之。属官有长史，左右司马，录事参军、司户、司法、司士、司理、文学参军及助教。大都督、长史职掌同州牧、府尹。西夏中央所置，属次等司，设府主（令公）；地方所置属下等司。元朝于文宗至顺元年（1330）改都督府置，领左右钦察卫、龙翊卫等禁军、东路蒙古军元帅府、东路蒙古军万户府、哈剌鲁万户府。设大都督三员，同知二员（正三品），副都督三员（从三品），佥都督事二员（正四品）。另设有山东河北蒙古军大都督府。顺帝至正十六年（1356），朱元璋下集庆后，改枢密院置，以朱文正为大都督，节制中外诸军事，为最高军事机构。设司马、参军、经历、都事等官。又增设左、右都督，同知、副使、佥事、照磨各一员，并设断事官。又以原属中书省的都镇抚司隶之。吴元年（1367）罢大都督，以左、右都督为长官，同知都督，副都督，佥都督等俱升品秩。属官有参议、经历、断事官、都事、照磨。洪武九年（1376），罢副都督，改参议为掌判官。洪武十三年，改为五军都督府。

大都督府主　西夏官名。亦称大都督府令公。

大都路兵马都指挥使司　官署名。又称大都南北两城兵马司、大都南北兵马司等，简称大都兵马司。元世祖至元九年（1272）置。十六年，定秩为正四品，隶大都路都总管府，掌京城盗贼奸伪鞫捕之事，分置司于南、北城。例由刑部尚书一名提调司事。置都指挥使、副使等职。

大都路都总管府　官署名。元世祖至元二十一年（1284），设大都路总管府，由大都留守司兼领，秩从三品，置都达鲁花赤、都总管等官。二十七年独立，升都总管府，正三品，设达鲁花赤二员，都总管一员，副达鲁花赤、同知各二员。达鲁花赤、总管掌路内政务，其余官员分掌供需之事。下辖兵马司、司狱司、警巡院等衙。

大都路提举学校所　官署名。设于元世祖至元二十四年（1287），秩正六品，掌本路学校。隶大都路都总管府。置提举一员，教授二员，学正二员，学录一员。

大都奥鲁提领所 官署名。设于元世祖至元十八年（1281），掌理辖区人匠诉讼，受詹事院札。置提领一员。

大都箭局 官署名。元朝置，隶武备寺，秩从七品，掌制造箭矢。置大使、副使各一员。

大都警巡院 官署名。又称大都南城警巡院，设于元成宗大德九年（1305）十一月，隶大都路都总管府。秩正六品。置达鲁花赤、警巡使各一员，副使二员。

大都醴源仓 官署名。元朝置，秩从六品。设于世祖至元二十五年（1288），隶宣徽院，掌受香莎苏门等酒材糯米、乡贡麴药，以供宫廷及岁赐酿酒所用。置提举、大使、副使各一员。另设安丰怀远等处稻田提领所，秩从九品，掌种收稻米，转输醴源仓。

大莫弗 官名。十六国代置。《奚智墓志》："君，故大人，大莫弗乌洛头之曾孙。"（赵万里《汉魏南北朝墓志集释》图版二〇七）

大莫嚣 官名。嚣即敖，莫敖原为战国时楚国卿号。秦汉之际项羽所立西楚国沿用。

大真人 明朝道士封号。赐银币蟒玉，加太常卿、礼部尚书及宫保衔。为一时荣典，非常制。

大起 工部尚书别称。洪迈《容斋四笔》卷一五《官称别名》："唐人好以它名标榜官称"，"工部（尚书）为大起"。

大监 官名。❶汉朝乌孙国置。据《汉书·西域传》，乌孙国职官有大监二人。职掌不详。❷北魏置，为后宫女职，典宫内事。有宫内大监、文绣大监、典稟大监等。孝文帝改定内官时，作司、大监、女侍中三官视二品，也可因其劳绩为一品，或卒后赠第一品。❸辽、金、元时有秘书大监、将作大监、艺文大监等官名。

大晟府 官署名。宋徽宗崇宁元年（1102），制成大乐，特置大晟府专管，设大司乐为长官，典乐为副长官。下设大乐令、主簿、协律郎以按协声律、制撰文字、运谱等。分大乐、鼓吹、宴乐、法物、知杂、掌法六案。宣和七年（1125）废。

大晟府大乐令 官名。北宋徽宗崇宁元年（1102）置，位在典乐下，秩同诸寺丞。宣和七年（1125）废。参见"大晟府"。

大射正 官名。周朝置。射人之长官。主管公卿大夫朝觐宴享时的大射礼仪。《仪礼·燕礼》："若射，则大射正为司射，如乡射之礼。"郑玄注："大射正，射人之长者也。"

大卿 唐、宋太常、光禄、卫尉、宗正、太仆、大理、鸿胪、司农、太府九寺卿通称。

大卿监 见"卿监"。

大家 ❶周朝王公子弟及卿大夫封邑采地的别称。借指有地位的公卿大夫。《尚书·周书·梓材》："以厥庶民，暨厥臣，达大家。"孔安国传："言当用其众人之贤者与其小臣之良者，以通达卿大夫及都家之政于国。"孔颖达疏："《周礼》有都家之官。郑（玄）云，都谓王子弟所封及公卿所食邑，家谓大夫所食采地。（孔）《传》以大家言之，总包大臣，故言卿大夫及都家之政。卿大夫之政谓在朝所掌者，都家之政谓采邑所有。"❷汉朝后宫名号。原为对女子的尊称，东汉和帝以班昭博学多才，数召入宫，令皇后与诸贵人以师事之，尊称为大家。后顺帝虞美人生冲帝，但因大将军梁冀执政，未加封爵号，宫中称虞氏为大家，遂成为后宫名号。灵帝熹平四年（175）拜其为宪陵贵人，始罢。❸亲近侍从官及后妃对皇帝的称呼。

大宾 周朝称诸侯一级的来宾。《周礼·秋官·大行人》："掌大宾之礼，及大客之仪，以亲诸侯。"郑玄注："大宾，要服以内诸侯。"

大宰 官名。同太宰。周朝百官之长。详见"太宰"。

大资 宋朝资政殿大学士别称。

大冢宰 参见"大冢宰卿"。

大冢宰卿 官名。西魏恭帝三年（556）置，北周沿置。多省称为大冢宰。为居六官之首的天官府长官，员一人，正七命。职掌宫廷供奉侍御以及全国财政收支、赋役收入、百官俸给等事务。如加"五府总于天官"之诏命，则可总摄百官，执掌朝政。隋文帝开皇元年（581）罢。参见"天官府"。

大通关大使 官名。明朝置，隶兵部。未入流。掌大通关税课之事。

大通关副使 官名。明朝置，隶兵部。未入流。协掌大通关税课之事。

大通关提举司 官署名。明朝工部屯田司所属机构。永乐十八年（1420）迁都北京后，始置于北京大通关（今北京通县境内）。设提举一人，正八品，副提举二人，正九品，典史一人，未入流，后俱革。掌大通关税课之事。

大通桥监督 官名。清朝户部仓场衙门所属大通桥之主官。顺治（1644—1661）中设，差户部汉司官一人充任。康熙四十七年（1708）设满、汉各一人，由京、通十三仓监督中拣选派充。掌理石坝运到漕白二粮抽验斛面之事，督催车户分运京仓，兼收随粮松板。

大理 ❶官名。主刑罚狱讼。《史记·五帝本纪》："皋陶为大理，平民各伏得其实。"春秋晋、齐、卫诸国皆置。秦汉称廷尉。西汉景帝中六年（前144）至武帝建元四年（前137）、哀帝元寿二年（前1）、东汉献帝建安（196—220）末魏、吴建国初均曾改称大理。晋朝中央政府置廷尉，王国置大理，亦主刑狱。或说北魏中央亦置。《魏书·广陵王传》："（元）羽为大理，加卫将军，典决京师狱讼。"北齐改廷尉为大理，置署，为大理寺。❷南北朝至唐宋为廷尉（卿）、大理卿别称。

大理三官 "大理正"、"大理监"、"大理平（评）"的合称。详见各条。

大理少卿 官名。大理寺次官。北齐始置，员一人，四品。隋朝沿置，正四品上；炀帝大业三年（607）以后加一员，改从三品，寻废。唐高宗永徽六年（655）复置一员，中宗神龙元年（705）加一员，从四品上；高宗龙朔二年（662）改名详刑少卿，武则天光宅元年（684）改名司刑少卿，寻复旧。北宋初无职掌，只为四品寄禄官，神宗元丰（1078—1085）改制，置二员，正六品。南宋减为一员。辽朝圣宗统和十二年（994）亦置，主覆奏。金海陵王天德二年（1150）置，从五品。明洪武十四年（1381）置左、右少卿各一员，从五品；二十二年升为正四品。清顺治元年（1644）置，满一员、汉二员；乾隆十三年（1748）改满、汉各一员；初满员三品，汉员四品，顺治十六年并定为正四品；康熙六年至九年（1667—1670）曾复满员三品，汉员四品，后并定正四品；光绪三十二年（1906）大理寺改大理院，置一人，升正三品。

大理分院 官署名。清末大理院分设机构。宣统二年（1910）颁《法院编制法》，规定距较远或交通不便之省份得于高审厅内设大理分院。次年，大理院奏请于甘肃、四川、云南、广东四省筹设，辖地如总督。未及成立，清亡。

大理平 参见“大理评”。

大理正 官名。❶即廷尉正。汉景帝中六年（前144）改，武帝建元四年（前137）复改廷尉正，哀帝元寿二年（前1）再改。东汉献帝建安（196—220）末魏、吴建国初置，掌平决讼狱，称帝后复改为廷尉正。北魏亦曾称大理正。参见“廷尉正”。❷大理寺属官，亦称“大理寺正”。北齐始置，员一人，六品。隋朝沿置，正六品下。唐朝置二员，从五品下，掌议狱、正科条，凡丞断罪不当，则以法正之；五品以上论者，莅决；巡幸，则留总持寺事。高宗龙朔二年（662）改名详刑大夫，武则天光宅元年（684）改名司刑正，寻各复旧。北宋初与丞、评事分掌断狱，后选常参官兼任，称详断官，本官遂为寄禄官；神宗元丰（1078—1085）改制，复掌职事，置二员，审核狱案。南宋减为一员，从七品。辽朝亦置。金海陵王天德二年（1150）置，正六品。明洪武十四年（1381）分置左、右寺，各设一员，正六品，随其所辖而复审刑狱；建文（1399—1402）改为都评事；永乐元年（1403）复名左、右寺正。清前期置，满洲、汉军、汉各一员，正六品，乾隆十七年（1752）改左、右寺正为寺丞。

大理司 官署名。明建国前所置司法机构。朱元璋吴元年（1367）置，设卿为长官，秩正三品。洪武元年（1368）革。十四年后，改置大理寺。

大理司直 官名。大理寺属官，北齐始置，员十人，从五品。隋朝沿置。唐朝置六员，从六品上，掌出使推按，凡承制推讯长吏，当停务禁锢者，请鱼书以往。北宋前期为寄禄官，不预本寺公事；神宗元丰（1078—1085）改制，置六员，与评事掌详断。南宋减为一员，正八品。光宗绍熙（1190—1194）初选用有出身曾历任人，兼评事系衔。金海陵王天德二年（1150）置四员，正七品，掌参议疑狱、披详法状；曾有契丹司直一员；章宗明昌二年（1191）罢。

大理司卿 明朝建国前，朱元璋所置掌管刑狱之官。吴元年（1367）置，一人，正三品。洪武元年（1368）革。

大理寺 官署名。北齐始置，九寺之一，为国家最高审判机构，掌决正刑狱，置卿、少卿、丞各一员，有功曹、五官、主簿、录事等员，属官正、监、评各一员，律博士四员，明法掾二十四员，槛车督二员，掾十员，狱丞、掾各二员，司直、明法各十员。隋朝置卿、少卿各一员，丞二员，主簿二员，录事二员，又有正、监、评各一员，司直十员，律博士八员，明法二十员，狱掾八员；文帝开皇三年（583）罢监、评及律博士员，加正为四员；炀帝大业三年（607）改丞为勾检官，增正为六员，分判狱事；置司直十六员，后至二十员，又置评事四十八员。唐朝置卿一员、少卿二员，掌折狱、详刑；凡罪抵流、死，皆上报刑部，覆于中书、门下。有正二员、丞六员、主簿二员、狱丞二（四）员、司直六员、评事八（十二）员、录事二员及府、史、狱史、司直史、评事史、亭长、掌固、问事等属。高宗龙朔二年（662）改名详刑寺，咸亨元年（670）复旧。武则天光宅元年（684）改名司刑寺，中宗神龙元年（705）复旧，废狱丞。北宋初置判寺一员，兼少卿事一员，凡狱讼之事，随官司决劾，本寺不复听讯，但掌断天下奏狱，送审刑院详讫，同署上于朝廷。设详断官八员，以京官充；法直官二员，以幕府、州县官充。神宗元丰（1078—1085）改制，置卿一员、少卿二员、正二员、推丞四员、断丞、司直六员、评事十二员、主簿二员。卿掌折狱、详刑、鞫谳之事；凡断刑，则司直、评事详断，丞议之，正审之；奉旨推鞫及情犯重者，卿同所隶官请对奏裁；其职务分左断刑、右治狱共十一案，置吏六十九员；哲宗元祐三年（1088）罢右治狱，绍圣二年（1095）复置；南宋初并省官寺，唯大理寺不并，重司直、主簿之选，增选试取人数。辽朝置卿，圣宗统和十二年（994）又置少卿、正，后又有提点大理寺，为南面官，司汉人狱讼，官员为汉人。金海陵王天德二年（1150）置，掌审断天下奏案、评谳疑狱；有卿一员，少卿、正、丞、司直、评事，汉人共六员，女真、契丹各四员，后司直减为四员、评事减为三员，又有知法十一员、明法二员。元世祖至元二十年（1283）改领北庭都护府置，掌旧州城及畏兀儿人居汉地者词讼，二十二年复改领北庭都护府。明洪武十四年（1381）置，与刑部、都察院合称三法司，初审，刑部、都察院为主，复审，本寺为主。卿一员，左、右少卿各一员，左、右寺丞各一员，掌审谳平反刑狱之政令，寺分左、右，分理京畿、十三布政司刑名之事。凡刑部、都察院、五军断事官所推问狱讼，皆移案牍，引囚徒，诣寺详谳。其属有司务厅司务二员，左、右二寺各寺正一员、寺副二员、左评事四员、右评事八员。建文（1399—1402）初改左、右寺为司，寺正为都评事，寺副为副都评事，司务为都典簿。永乐（1403—1424）初复名左、右寺，设官如洪武时，二寺评事均分，各六员，弘治元年（1488）评事减为各四员。清顺治元年（1644）沿置，亦与刑部、都察院称三法司，定满、汉卿各一员，满、汉少卿各一员，其属有堂评事满洲一员，司务厅司务满、汉各一员，左、右寺丞满洲、汉军、汉俱各一员，左、右评事汉各一员，笔帖式满洲四员、汉军二员；另有左、右寺正，左、右寺副。顺治十一年差寺正、寺副各一员充各省恤刑官，康熙三十八年（1699）省左、右寺副，乾隆十七年（1752）改左、右寺正为寺丞。凡平反重辟，皆由三法司会勘，刑部定疑谳，都察院纠核，归其平决，参预朝廷大政事。光绪二十四年（1898）省入刑部，寻复，三十二年更寺为院，有正卿、少卿各一员及属官刑科、民科推丞，推事，典簿厅都典簿，典簿，主簿，录事等员。

大理寺少卿 官名。见“大理少卿”。

大理寺正 官名。见“大理正”。

大理寺右少卿 官名。明朝大理寺置，一人，正四品。详见“大理寺左少卿”条。

大理寺右寺 参见“大理寺左寺”。

大理寺右寺正 参见“大理寺左寺正”。

大理寺右寺丞 参见“大理寺左寺丞”。

大理寺右寺副 参见“大理寺左寺副”。

大理寺右治狱 官署名。宋神宗元丰（1078—1085）改制置，分左推、右推、寺案、知杂、检治五案，掌在京百司事当推治或特旨委勘及系官之物应追究事。哲宗元祐三年（1088）罢，以其事归户部。绍圣二年（1095）复置。

大理寺左少卿 官名。明朝大理寺职官自少卿以下分设左右，以便分区任事，互相稽察。后遂定以浙江、福建、山东、广东、四川、贵州属左，以江西、陕西、河南、山西、湖广、广西、云南属右。设左、右少卿各一人，正四品，佐寺卿掌驳正狱案及重囚复讯工作。

大理寺左寺 官署名。明清大理寺所属机构。大理寺自明朝始分设左、右二寺，分理刑狱。二寺分工，明初多次变动。永乐定都北京后更定为左寺管南北两京刑名，右寺管顺天府、应天府、南北直隶和各省刑名。万历九年（1581），以二寺事务繁简不均，改按刑部十三司、都察院十三道所管划分，浙江、福建、山东、广东、四川、贵州六司道归左寺，江西、陕西、河南、山西、湖广、广西、云南七司道归右寺。清沿明制，以奉天、江苏、安徽、浙江、山东、四川、广东、贵州各省刑名属左寺，山西、河南、江西、福建、湖北、湖南、陕西、甘肃、广西、云南各省刑名属右寺；在京各衙门、顺天府及直隶刑名则由二寺各分管一部分。二寺设官，明为左、右寺正各一人，左、右寺副各二人，左、右评事各四人。清为左、右寺丞，满、汉军、汉各一人；左、右评事，汉各一人。凡刑狱案件，俱先由二寺官各按所管核拟，然后呈堂定拟具奏。

大理寺左寺正 官名。明清大理寺之职官。明朝于大理寺设左、右寺正各一人，分掌左、右二寺事务，秩正六品。清初沿置，各设满洲、汉军、汉各一人。乾隆十七年（1752）改为左、右寺丞。

大理寺左寺丞 官名。明清大理寺之职官。明朝于大理寺设左、右寺丞各一人，秩正五品，为堂上官，与少卿同佐卿理事。清朝亦设左、右寺丞，为左、右二寺官，均满、汉军、汉各一人；正六品，相当于明朝之左、右寺正。

大理寺左寺副 明清大理寺之职官。明朝于大理寺左、右寺正下设左、右寺副各二人，协助寺正办理二寺刑名案件，秩从六品。清初沿置，各设汉一人。康熙三十八年（1699）裁。

大理寺左断刑 官署名。宋神宗元丰（1078—1085）改制置，分详刑、详谳、宣黄、分簿、奏表五案，掌奏劾命官、将校及大辟囚以下以疑请谳之事。

大理寺司务 官名。明朝洪武二十六年（1393）于大理寺置，二人，从九品，典出纳文移。建文（1399—1402）初改称都典簿。成祖朱棣即位，复旧制。

大理寺丞 官名。见“大理丞”。

大理寺都评事 官名。明朝大理司左、右司长官。掌狱讼复审。建文（1399—1402）时改左、右寺正置，各一人，正六品。成祖即位复旧制。

大理寺都典簿 官名。明建文（1399—1402）初改大理寺司务置，二人，从九品。仍掌出纳文移。成祖朱棣即位，复称司务。

大理寺卿 官名。见“大理卿”。

大理寺副都评事 官名。大理寺都评事之副。明建文（1399—1402）中改原左、右寺副而置，各一人，从六品。成祖即位复旧制。参见“大理寺都评事”。

大理寺提点 官名。又称提点大理寺。辽大理寺以他官主持者称提点，兴宗时，刘伸为三司副使，加谏议大夫，提点大理寺。

大理丞 官名。亦称大理寺丞。北魏或有其名。北齐置为大理寺属官，七品。隋朝置二员，正七品下；炀帝大业三年（607）改为勾检官，与大理正分判狱事。唐朝置六员，从六品上，掌分判寺事，正刑之轻重；一丞断事，诸丞共同参议签押。北宋初，尚有定员，与大理正、评事分掌断狱，其后因择他官明法令未常参者兼任，谓详断官；本官遂为寄禄官。神宗元丰（1078—1085）改制，置推丞四员、断丞六员，左断刑则丞议之，右治狱则丞专推鞫；正缺以丞补，丞缺以评事补。南宋高宗绍兴（1131—1162）初减为二员，正八品，诏与大理正并堂除。辽、金皆置。金海陵王天德二年（1150）汉人始设六员、契丹设四员，从六品。明洪武十四年（1381）左、右寺各置一员，正六品，位寺正上；二十二年置三员，正五品，与少卿协助大理卿掌审谳平反刑狱之政令。清朝左、右寺各置，初制满员正四品、汉员正六品。顺治十六年（1659）并定为正六品；康熙六年（1667）升正五品，九年仍定正六品，满洲、汉军、汉俱各一员，掌核内外刑名，质成长官，参纠部谳，康熙三十八年省满寺丞员；乾隆十七年（1752）改左、右寺正为寺丞。

大理评 官名。评亦作平。东汉献帝建安（196—220）末魏建国初置，魏文帝黄初元年（220）改为廷尉评。北魏置。北齐置为大理寺属官，一员，正六品。隋朝沿置，正六品下，掌审核刑狱，文帝开皇三年（583）罢。

大理评事 官名。大理寺属官，隋炀帝大业三年（607）置四十八员，掌推按刑狱，正九品。唐太宗贞观二十二年（648）置十员，从八品下，掌出使推覆，后加为十二员。北宋初犹有定员，与大理正、丞分掌断狱，其后别置详断官，本官遂为寄禄官；神宗元丰（1078—1085）改制，置十二员，凡隶左断刑之事务则与大理司直详断。南宋减为八员，正八品。金海陵王天德二年（1150）置三员，正八品，掌推按，参议疑狱、披详法状；章宗明昌二年（1191）减契丹评事一员；完颜永济大安二年（1210）减汉一员。明洪武十四年（1381）置左评事四员、右评事八员，正七品；永乐元年（1403）改左、右各六员，如刑部、都察院诸司、道，各带管直隶地方审录，二年复旧；弘治元年（1488）裁减右评事四员。清顺治元年（1644）定堂评事满、汉各一员，正四品，十六年改正七品；康熙六年（1667）升正五品，九年定正七品，三十八年定左、右评事汉各一员，掌左、右两寺章奏。

大理金齿宣慰司 即大理金齿等处宣慰司都元帅府。

大理金齿等处宣慰司都元帅府 官署名。元世祖中统元年（1260），置大理都元帅府；至元十八年（1281），改为大理威楚金齿等处宣慰使司都元帅府，掌大理路（今云南大理）、威楚路（今云南楚雄）、建宁路（后改顺宁府，今云南凤庆）、镇康路（今云南永德、镇康）等地军民政务。威楚后改设威楚开南宣抚司，不再隶本宣慰司管辖，宣慰司此后简称大理金齿宣慰司。秩从二品。置宣慰使三员，同知、副使、经历、知事各二员。

大理狱丞 官名。大理寺属官，北齐置二员。唐朝置二至四员，从九品下，掌率狱吏，检校囚徒及枷杖之事。北宋初废大理狱，不置，神宗元丰元年（1078）复置，领右治狱五案，掌其推鞫。哲宗元祐三年（1088）罢，绍圣二年（1095）复置，南宋因置，有二员。

大理威楚金齿等处宣慰使司都元帅府 见“大理金齿等处宣慰司都元帅府”。

大理院 官署名。清末最高审判机构。光绪三十二年（1906），改大理寺设。掌最高审判，凡宗人府会审案件、国事重罪案件、各高审厅判决不服上控案件，各省审拟大辟案件，以及特旨交审案件，均以其为终审。置正卿一人，少卿一人。下设刑、民两科，科下分庭，分掌刑、民审判，置推丞、推事若干人。又设详谳处，审批外省死刑案件，置总核、分核等；典簿厅，掌庶务，置典簿等。附设总检察厅，掌检察事，置厅丞、检察官等，以及看守所，掌关押未决人犯，置所长、所官。

大理院少卿 官名。清末大理院副长官。光绪三十二年（1906）设。一人，正三品，特简。佐正卿总理全院事务并监督一切事宜。

大理院正卿 官名。清末大理院长官。光绪三十二年（1906）设。一人，正二品，特简。掌总理全院事务，监督审判官等各官并所属各级审判厅应行事宜。

大理院典簿厅主簿 官名。清末大理院属官。光绪三十二年（1906）设。定额六人，正七品，奏补。掌录供、编案、译电并督同录事缮写文件。

大理院典簿厅典簿 官名。清末大理院属官。光绪三十二年（1906）设。定额四人，从六品，奏补。佐都典簿分任文牍、会计与庶务，并监印。

大理院典簿厅都典簿 官名。清末大理院属官。光绪三十二年（1906）设。定额一人，从五品，奏补。为典簿厅之长，总理文牍、会计及一切庶务，并监督簿以下各官。

大理院看守所协理 官名。清末大理院属官。光绪三十四年（1908）置。一人，正六品，奏补。职佐所长分理所务。

大理院看守所所长 官名。清末大理院属官。光绪三十三年（1907）大理院附设看守所，始置。定额一人，从五品，奏补。掌羁管现审人犯，总理所中一切事宜。

大理院看守所所官 官名。清末大理院属官。光绪三十三年（1907）大理院附设看守所，始置。定额四人，正八品，奏补。佐所长管理所中一切事宜。

大理院推丞 官名。清末大理院属官。光绪三十二年（1906）设。正四品。分刑科推丞与民科推丞，俱请简。刑科推丞，为刑科之长兼第一庭庭长，掌第一庭审判事并调度刑科一切事宜。民科推丞，为民科之长兼第一庭庭长，掌第一庭审判事并调度民科一切事宜。

大理院推事 官名。清末大理院属官。光绪三十二年（1906）设。正五品，奏补。掌审判。定额二十八人，刑科十九人，民科九人，分庭任事，每庭五人。

大理都元帅府 见“大理金齿等处宣慰司都元

帅府”。

大理监 官名。❶即廷尉监，西汉景帝中六年（前144）更名，武帝建元四年（前137）复旧，哀帝元寿二年（前1）又改。献帝建安（196—220）末魏、吴建国初皆置，秩六百石、六品，称帝后复名廷尉监。❷大理寺属官，北齐置一员，六品。隋朝沿置，文帝开皇三年（583）罢。

大理卿 官名。亦称大理寺卿。北齐改廷尉为大理而置，为大理寺长官，列位九卿。员一人，三品。隋朝沿置，炀帝大业三年（607）改从三品。唐朝置一员，从三品，掌邦国折狱详刑之事。高宗龙朔二年（662）改名详刑正卿。武则天光宅元年（684）改名司刑卿，旋皆复。北宋初为三品寄禄官，神宗元丰（1078—1085）改制，复为职事官，从四品，掌折狱、详刑、鞫谳之事。南宋因置。辽、金皆置，金海陵王天德二年（1150）置一员，正四品，掌审断天下奏案、详谳疑狱。朱元璋吴元年（1367）置大理司卿，正三品，明洪武元年（1368）革，十四年复置寺卿一员，正五品，二十二年升正三品，掌审谳平反刑狱之政令。清顺治元年（1644）定满、汉各一员，满员正二品，汉员正三品，十六年并定为正三品。康熙六年（1667）复故，九年仍改定正四品，掌平反重辟，以贰邦刑，参决秋审、朝审，并参预朝廷大政事。光绪二十四年（1898）省，寻复，三十二年改称大理院正卿，升正二品。

大理推丞 官名。宋神宗元丰（1078—1085）改制后大理寺置，员四人，掌推鞫狱事。

大理断丞 官名。宋神宗元丰（1078—1085）改制后大理寺置，员六人，掌断刑之事。

大教习 清朝对庶常馆中由大臣充任教习者之俗称。以别于由翰林官担任之小教习。额设二人，满、汉各一人。凡翰林院掌院学士、各部尚书、侍郎、内阁学士等俱得派充。掌教习庶吉士满、汉文课程。参见“庶常馆”。

大著 秘书省著作郎别称。

大著作 著作郎别称。

大著作郎 即著作郎。《晋书·百官志》：“著作郎一人，谓之大著作郎，专掌史任。”详见“著作郎”。

大营官 官名。清朝西藏地方官员之一。掌治所属各城军民之政事。前藏设五品官十九人，分辖十大营，后藏设三品官四人，分辖三大营。缺出以小营官调补，以小中译补放。

大啬夫 官名。即县啬夫。县令别称。战国秦置。《睡虎地秦墓竹简·司空律》：“所弗问而久系之，大啬夫、丞及官啬夫有罪。”参见“啬夫”。

大厩 官署名。战国秦置。掌管秦王所属马匹牛畜的机构。《睡虎地秦墓竹简·厩苑律》：“其大厩、中厩、宫厩马牛殹（也），以其筋、革、角及其价钱效，其人诣其官。”

大厩令 官名。西汉属太仆，主管皇帝乘马，有五丞一尉。东汉省。

大惕隐司 官署名。辽朝北面官署。掌皇族之政教。四帐皇族由大内惕隐司管理，二院皇族由二部惕隐管理，皇太子惕隐司掌皇太子宫帐之事，皆统于本司。

大崇恩福元寺规运都总管府 官署名。设于元武宗至大三年（1310）六月，秩正三品，领大崇恩福元寺钱粮，下设提举司、资用库、大益仓。十一月，改为隆禧院。

大堂 清朝对中央各部、院主官之称呼。如刑部大堂即指刑部尚书。

大铨衡 吏部尚书之别称。以其掌铨选，故名。

大率 即大帅。率、帅古相通。守城军将。《墨子·迎敌祠》：“城上步，一甲，一戟，其赞三人，五步有五长，十步有什长，百步有百长，旁有大率，中有大将，皆有司吏率长。”

大庶长 ❶官名。春秋时秦国初置，商鞅变法时为最高军事长官。❷爵名。战国秦置，为二十等爵第十八级，庶长中最尊者。西汉或用之。文帝时令民入粟边万二千石者，赐爵大庶长。

大阍 官名。又称阍或阍人。春秋置。典守城门。多以受刖刑者充任。《左传·庄公十九年》：“（鬻拳）遂自刖也，楚人以为大阍，谓之大伯。”

大清银行 清朝国家银行。光绪三十四年（1908）改户部银行设。总行设在北京，重要商埠、省城设分行。经理银行一般业务，并代国家发行纸币、经理国库之权。置正监督一人，副监督一人，理事四人。正副监督由清廷简任。各分行设总办，度支部奏派。民国元年（1912），改为中国银行。

大清银行正监督 官名。清末大清银行长官。光绪三十四年（1908）设。定额一人，正三品，简任，任期五年。总理全行事宜，并为该行理事会议长。

大清银行副监督 官名。清末大清银行副长官。光绪三十四年（1908）设。定额一人，正四品，简任，任期五年。掌佐正监督总理全行事宜，正监督有事故时代行其职。

大鸿胪 官名。九卿之一。秦称典客，西汉景帝改名大行令，武帝太初元年（前104）始改大鸿胪，秩中二千石。掌少数民族君长、诸侯王、列侯的迎送、接待、安排朝会、封授、袭爵及夺爵削土之典礼；诸侯王死，则奉诏护理丧事，宣读诔策谥号；百官朝会，掌赞襄引导；兼管京师之郡国邸舍及郡国上计吏之接待。成帝河平元年（前28）省典属国并入，遂又兼管少数民族朝贡使节、侍子。有丞一员，属官有行人（大行）、译官、别火令丞、郡邸长丞。东汉属官仅置大行令、丞，余皆省。三国因之，魏三品，其属官大行令改为客馆令。西晋三品，职掌略同，属官有大行、典客、园池、华林园、钩盾等令。原属少府的青宫列丞、郸玄武苑丞等亦划归之。东晋、宋、南齐有事权置兼官，事毕即省，掌赞导拜授诸王。梁、陈改称鸿胪卿。北魏亦称大鸿胪卿，孝文帝太和十七年（493）定为二品上，二十三年复次职令，改三品。北齐改称鸿胪卿。魏晋南北朝接待宾客、管理少数民族事务之职移归尚书省主客曹，本官渐成专司朝会礼仪之官。参见“鸿胪卿”。

大鸿胪少卿 官名。北魏置。为大鸿胪副贰，协掌典礼司仪、爵位封授削除等事务。孝文帝太和二十三年（499）定为四品上。

大鸿胪丞 官名。汉朝大鸿胪属官。东汉员一人，秩比千石。助大鸿胪职掌诸侯及周边少数族等事务。

大断事官 见“札鲁忽赤”。

大梁司寇 官名。又称邦司寇。战国魏置。中央政府高级官员，掌刑徒及督造兵器。魏惠王九年（前361）迁都大梁，故名。《三代吉金文存》卷三第四三页：“鄴（梁）廿又七年，大鄴（梁）司寇〔赵〕亡（无）智针（铸）。”

大梁造 爵名。同大良造。战国秦置。《战国策·东周策》：“石（右）行秦谓大梁造曰。”参见“大良造”。

大谏 官名。❶春秋齐国置，掌规劝训戒之事。《管子·小匡》：（管仲曰）“犯君颜色，进谏必忠，不辟死亡，不挠富贵，臣不如东郭牙，请立以为大谏之官。”《吕氏春秋·勿躬》作“大谏臣”。❷谏议大夫别称。洪迈《容斋四笔》卷一五《官称别名》：“唐人好以它名标榜官称”，“谏议为大坡、大谏”。

大谏臣 官名。同“大谏”。春秋齐置。君王左右主司谏议的大臣。《吕氏春秋·勿躬》：管子复于桓公，曰：“蚤（早）入晏出，犯君颜色，进谏必忠，不辟死亡，不重富贵，臣不如东郭牙，请置以为大谏臣。”

大谒者 官名。谒者之尊者。西汉高祖时已置，掌传宣帝命。及吕后以女主称制，以宦者为之，出入卧内，责任甚重。后罢。

大朝官 官名统称。北宋前期为太常丞、秘书丞、殿中丞、著作郎等以上文臣寄禄官统称，神宗元丰（1078—1085）改制后为奉议郎以上官统称。

大傅 官名。同太傅。周朝置。君王及太子的教导官。详见“太傅”。

大御正 北周御正上大夫别称。《周书·申徽传》：“明帝以御正任总丝纶，更崇其秩为上大夫，员四人，号大御正。”

大貂 侍中别称。洪迈《容斋四笔》卷一五《官称别名》：“唐人好以它名标榜官称”，“侍中为大貂”。

大禄 官名。汉朝西域乌孙等国置之。

大蓬 秘书省长官秘书监别称。洪迈《容斋四笔》卷一五《官称别名》：“唐人好以它名标榜官称，”“秘书监为大蓬”。

大督护 官名。东汉末董卓置，为军中统帅，任陈郡太守胡轸为之，统吕布等步骑五千迎战孙坚。东晋成帝咸和（326—334）初，苏峻反，会稽内史王舒、吴兴内史虞潭等檄顾众为五郡大督护，统诸义军讨峻。

大睦亲丞 官名。金章宗泰和六年（1206）由大宗正丞改置，从四品。协掌皇族事务。

大睦亲府 官署名。金章宗泰和六年（1206）由大宗正府改置，掌皇族政务。置判大睦亲事、同判、同佥等职。其长官由皇族中族属亲近者担任。

大廉宪 明朝按察使之别称。

大赘官 官名。新莽置，秩位上卿，为六监之一。主乘舆服物，后又典兵。新莽亡后即废。

大僚 周朝称朝廷重臣。《尚书·周书·多方》：“有服在大僚。”孔安国传：“有所服行在大官。”

大僧正 见“僧正”。

大漕 宋朝发运使别称。

大横帐常衮司 官署名。辽朝北面官署。掌太祖阿保机后九帐皇族之事。设常衮、太师、太保、司空、郎君、知事等官。

大鹾侯 明朝盐运使及运同之别称。

大藩侯 明朝左右布政使之别称。

大鹰军详稳司 官署名。辽朝有鹰军、铁鹞军之名，皆取其迅疾之意。详稳司即统帅本军衙署，以详稳为长官。

万亿四库都提举 官名合称。元世祖至元二十五年（1288）于万亿宝源、赋源、绮源、广源四库各设都提举一员，秩正四品。下置提举（正五品）、同提举（从五品）、副提举（从六品）等职。

万亿库 见“都提举万亿宝源库”。

万户 官名。金朝始置，为世袭军职。金太祖时于都统下置，统领猛安、谋克。海陵王天德三年（1151）废罢。蒙古成吉思汗建国，封右、中、左三万户，分领属下军民。元朝建立后，于中枢及各路置万户府，以统兵多少分上、中、下三等。七千以上为上，五千以上为中，三千以上为下。各置达鲁花赤、万户为长官，隶属行省，下领各千户所。明初沿置万户府，设万户，正四品，旋废，改置指挥使及千户等官。仅在西番（今西藏地区）置沙儿可、乃竹、罗思端、别思麻四万户府，以少数民族首领为万户。

万户府 官署名。蒙古成吉思汗建国，封右、中、左三万户，分领属下军民。元朝分设于中枢及各路，置官万户，统领属下千户。明初沿设，置官正万户，正四品，副万户，从四品。后以名不称实而罢。然于西番（今西藏等地区）设置沙儿可、乃竹、罗思端、别思麻四万户府，以当地少数民族首领统之。参见“万户”。

万户侯 爵名。战国秦、赵等国均置，食禄万户。《史记·范雎蔡泽列传》：“（虞卿见赵王）再见，拜为上卿；三见，卒受相印，封万户侯。”汉朝亦用称食邑万户的列侯。

万石 汉代官吏秩禄等级，凡丞相、太师、太保等皆为万石，实得月俸三百五十斛，一岁四千二百斛。实际发放时往往折合为钱，或钱谷兼发。

万宁宫提举司 官署名。金朝置，属尚书省刑部。掌守护宫城殿位。设提举、同提举领司事，秩从六品、从七品，辖本把十五人。

万宁营缮司 官署名。元成宗大德十年（1306），置万宁规运提点所，天历元年（1328），改为营缮司，秩正四品，隶寿福总管府。设达鲁花赤、司令、大使、副使各一员。

万圣祐国营缮提点所 见“祐国营缮都司”。

万年尹 官名。北魏置。太武帝延和元年（432）由代尹改名，为京都平城最高行政长官。后复旧。

万安规运提点所 见“寿福院”。

万安苑 官署名。明成祖永乐五年（1407）置北京苑马寺六监二十四苑，万安苑属卢龙监。苑设圉长一人，从九品，下分各群，设群长，掌牧养马匹，以备军需。永乐十八年并入太仆寺。参见“卢龙监”条。

万安营缮司 官署名。元文宗天历三年（1330）置，秩正五品，隶寿福总管府，掌万安寺营建修缮。置达鲁花赤、司令、大使、副使各一员。

万言书 官场用语。臣僚向皇帝所上长篇奏章，称为万言书。

万爽 官名。南诏官，主财用，以清平官、酋望、大军将兼之。

万骑大将军 官名。北魏前期置，孝文帝太和（477—499）改制前废。品位较高。《魏书·奚斤传》：“太延初，为卫尉，改为弘农王，加征南大将军，后为万骑大将军。”

万骑将军 官名。北魏前期临时设置。《魏书·官氏志》：“自太祖至高祖初，其内外百官屡有减置，或事出当时，不为常目，如万骑、飞鸿、常忠、直意将军之徒是也。旧令之失，无所依据。”

兀剌赤 元朝怯薛执事名。典车马，又译“兀剌阿臣”（意为马夫），驿站马夫及掌铺马者亦用此称。

兀剌阿臣 即兀剌赤。

兀勒都赤 即“云都赤”。

寸白军 元军队名。又作爨僰军，由爨人（寸人，亦称乌蛮、罗罗斯，今彝族祖先）与僰人（白人，亦称白蛮，今白族祖先）组成，属乡兵系统，隶云南行省各军府下屯田、镇戍。

弋禽下士 官名。西魏、北周秋官府田正下大夫弋禽中士佐官，正一命。

弋禽中士 官名。西魏恭帝三年（556）置，北周沿置。秋官府田正下大夫属官，正二命。下设弋禽下士以佐其职。隋文帝开皇元年（581）罢。

〔丨〕

上三旗司钥章京 官名。清朝八旗护军营景运门直班大臣下所属官员，定额一人，以上三旗每旗司钥章京轮值。掌管紫禁城内值班钥匙。

上工 官名。春秋战国置。乐官。大师属员。《仪礼·大射》：“仆人正徒相大师，仆人师相少师，仆人士相上工。”

上士 ❶爵名。周朝官制士一级爵位的最高一等。《礼记·王制第五》：“诸侯之上大夫卿、下大夫、上士、中士、下士、凡五等。”“诸侯之下士，视上农夫，禄足以代其耕也。中士倍下士，上士倍中士。”❷官名。西魏恭帝三年（556）依周礼建六官，天官、地官等六府皆置此职，北周沿置。依职掌不同，称“小宗师上士”、“司勋上士”等。正三命。详见各条。❸宋朝士名。宋徽宗政和八年（1118）置，以赐在学选人，从六品。❹清末新建陆军中之低级官吏。可在陆军部中任职，从八品。宣统元年（1909）修正陆军官制，其马、步、炮、工、辎、警察各队及军需、军医、测绘、军乐等部门中皆设此职。

上下 春秋、战国时期作为公卿大夫、士的统称。《礼记·曲礼（上）》：“君臣、上下、父子、兄弟，非礼不定。”孔颖达《正义》：“上谓公卿大夫，下谓士也。”

上下开拆司 官署名。南宋临安府置，设正开拆官、副开拆官、下名开拆官。掌文书收发之事。

上下四府 官名合称。金朝人称尚书省左、右丞相与平章政事二人为宰相，尚书左、右丞与参知政事二人为执政官，号为“上下四府”。例以皇族、外戚及女真人有战功者充任，有时参用奚、霫、契丹人。

上大夫 ❶官爵名。周朝官制大夫爵中最高的一等。《韩非子·外储说左下》：“上大夫二舆二乘，中大夫二舆一乘，下大夫专乘，此明等级也。”春秋时大国之上大夫相当于次国下卿、小国中卿之位。《左传·成公三年》：“次国之上卿，当大国之中，中当其下，下当其上大夫。小国之上卿，当大国之下卿，中当其上大夫，下当其下大夫。”参见“大夫”。❷新莽官秩名。《汉书·王莽传》始建国元年（后9）：“（改秩）二千石曰上大夫。”❸官名。北魏初置。《魏书·儒林传》：“国初（梁越）为礼经博士，太祖以其谨厚，举动可则，拜上大夫，命授诸皇子经书。”孝文帝太和十七年（493）职员令未载。❹西魏、北周置。天官、地官等六府皆置此职，如小冢宰上大夫、小司徒上大夫等，为六府的副长官。明帝时置御正上大夫。静帝大象元年（579），宣帝又置内史上大夫。正六命。隋文帝开皇元年（581）罢。❺王国官。北齐置，辅佐诸皇子、王、公。皇子王国员二人，从八品。诸王、公国员一人，从九品。

上大将军 官名。三国吴大帝黄龙元年（229）拜陆逊为之统兵，位大将军上。十六国汉、前燕、北燕亦置。北周武帝建德四年（575）置，正九命，位大将军上，为高级武官名号。隋朝为从二品散实官，炀帝大业三年（607）罢。唐高祖武德七年（624）置为十转勋官，正三品；太宗贞观十一年（637）改为上护军。

上万户府 官署名。元朝军府等级。秩正三品，统军七千以上，置达鲁花赤、万户各一员，俱正三品；副万户一员，从三品。

上千户所 官署名。元朝军府等级。秩从四品，掌军七百以上，置达鲁花赤、千户各一员，俱从四品；副千户一员，正五品。

上夫人 妃嫔名号。十六国汉置。《晋书·刘聪载记》："聪大怒，命斩之。上夫人王氏叩头乞哀，乃囚之诏狱。"

上开府 上开府仪同大将军的省称。

上开府仪同三司 勋官号。北周武帝建德五年（576）刘雄从皇太子征吐谷浑有功，加上开府仪同三司，为八命。隋朝置为从三品散实官，炀帝大业三年（607）罢。唐初复置，高祖武德七年（624）改名上轻车都尉，为正四品勋官。

上开府仪同大将军 勋官名。北周武帝建德四年（575）置，位在开府仪同大将军上。主要授予有军勋的功臣及北齐降官，无具体职掌，九命。初任此职者加使持节、大都督、骠骑大将军、侍中；静帝大象元年（579）罢此制，唯任总管、刺史及行兵者加持节。下置有长史、司马、司录、中郎、掾、属、参军等府僚。隋文帝开皇元年（581）罢。

上内史 即内史上大夫。

上介 官名。又称行介。春秋置。使官行人之副。《左传·哀公十五年》："上介芋尹盖对曰。"

上公 ❶爵名。《左传·昭公二十九年》："故有五行之官，是谓五官，实列受氏姓，封为上公，祀为贵神。"杜预注："爵上公。"❷秩位名。居三公上。据《周礼》，太师、太傅、太保三公八命，出封时加为九命，称上公。二王之后亦同。西汉平帝加王莽号曰宰衡，位上公。新莽以太师、太傅、国师、国将四辅为上公，王莽子孙亦加此位。东汉唯置太傅一人。三国魏相国（丞相）、太傅、大司马、大将军位上公。两晋南北朝太宰（太师）、太傅、太保位上公。唯十六国汉（前赵）以相国（丞相）、太师、太傅、太保、大司徒、大司空、大司马七公并位上公。❸官、爵居公位者，亦得尊称上公，谓其位在诸官、爵之上。或亦作为"三师"的尊称。

上计 战国、秦汉时地方向中央呈报施政情况，作为官员考课依据的制度。战国时，各地主管官吏将所辖地区赋税、户口、垦田等情况写于木券，呈送国君考核，国君据此进行奖惩，亦为考课官员的重要制度。汉朝其制分两级，县（道）令、长将该县户口、垦田、赋税征收、钱谷出入等编为计簿，呈报郡国；再由郡守、国相汇总将副本呈报中央丞相，或由皇帝亲自受计，皇帝据此考察地方官员政绩。东汉时，中央受计名义上归司徒总核，实际上由尚书台主持。每年年终郡国向京师的上计称为常课，三年一考察治状称为大课。郡国上计使者，两汉也有不同。西汉县（道）上计于郡国，令长丞尉自行；郡国上计于中央，由郡丞、国长史代行。东汉则改派地位较高的掾史，令长等不自行。

上计吏 官名。地方政府派赴中央呈递计簿的官员。西汉县道上计郡国及郡国上计中央，由县令长丞尉及郡丞、国长吏担任。东汉改派地位较高的掾史，令、长不自行。三国时诸郡、典农皆置。晋、南北朝亦置。其职掌并非仅司上计之责，在地方又参加考课的都试大会。在中央则代表地方参与朝会庆典，或由皇帝面询政事，同时上承诏敕，下达守相，其地位十分重要。

上计掾 官名。东汉、三国、南朝宋、齐及十六国前燕等均置，为县（道）郡国派赴上级机关或京师呈递计簿的属吏。亦称上计掾史。

上计掾史 参见"上计掾"。

上队将 官名。秦汉之际汉王刘邦置之。《汉书·高惠高后文功臣表》："（祝阿孝侯高色）以客起嚣桑，以上队将入汉。"

上书房 又作尚书房。清朝教习皇子、皇孙读书处。例选翰林官分侍讲读，教习国史、圣训、经籍、诗词及满、汉文字等。择大臣二三人充总师傅，综领督学。

上书拜官 汉朝选官制度。即上书言事符合皇帝旨意者授以官职。武帝时，上书言得失而求官者以千数，名臣如东方朔、终军、朱买臣、主父偃等皆以上书拜官。

上仪同 即上仪同大将军、上仪同三司的简称。

上仪同三司 勋官号。北周置，《周书·于翼传》："子诠，上仪同三司、吏部下大夫、常山公。"隋朝为从四品散实官，炀帝大业三年（607）罢。唐初杂用隋制，高宗咸亨五年（674）以其比上骑都尉。

上仪同大将军 勋官名。北周武帝建德四年（575）置，位在仪同大将军上。授予有军勋的功臣及其子弟，无具体职掌，九命。初，任此职者加使持节、大都督、车骑大将军、散骑常侍；静帝大象元年（579）罢，唯任总管、刺史及行兵者加持节。下置有长史、司马、司录、中郎、掾、属、参军等府僚。隋文帝开皇元年（581）罢。

上司 ❶汉朝用以称大司马。大司马职掌军事，东汉初改为太尉，故太尉亦称上司。❷西夏第一等官衙。包括中书、枢密，用五十两银印。❸属吏对上级官吏的统称。

上百户所 官署名。元朝军府等级。秩从六品，统军七十人以上，置百户二员。

上执珪 爵名。同执珪。春秋战国楚置。为楚国之上爵，故称。参见"执珪"。

上光禄 上光禄大夫的省称。

上光禄大夫 官名。十六国前赵置，拜卜泰为之，仪同三司，领太子太傅。后赵石虎建武（335—348）中复置，位在左、右光禄大夫之上。参见"光禄大夫"。

上名 官制用语。宋朝吏人、公人、军人等名次与地位较高者称为上名，较低者称为下名。

上军大夫 官名。春秋晋置。晋国军制设上、中、下三军，皆置大夫。上军大夫位在上军将、佐之下，侯长之上。佐助将、佐管理军务。《左传·宣公十二年》：“晋师救郑”，“赵括、赵婴齐为中军大夫，巩朔、韩穿为上军大夫，荀首、赵同为下军大夫”。

上军大将军 官名。三国魏文帝黄初三年（222）置，为将军名号，二品，不常设。晋沿置，官品同，开府者皆位从公。

上军司马 官名。又称舆司马。春秋晋置。晋国军制，上、中、下三军皆设司马。上军司马隶属于上军尉，掌执军法及训练士卒车乘。《左传·定公十三年》：“上军司马籍秦围邯郸。”《成公十八年》：“铎遏寇为上军尉，籍偃为之司马，使训卒乘，亲以听命。”

上军佐 官名。春秋晋置。上军将之副职。晋国军制分上、中、下军，皆设将、佐。

上军将 官名。春秋晋置。上军之统帅。晋国军制分上、中、下三军，皆设将、佐。

上军将军 官名。西晋王国置。其中大国领兵五千人，次国领兵二千人。南朝宋、齐沿置。

上军校尉 官名。东汉中平五年（188）初置，西园八校尉之一。灵帝以小黄门蹇硕任之，统余七校尉。

上军尉 官名。又称舆尉。春秋晋置。大夫爵。晋国军制，上、中、下三军皆设军尉，掌供将、佐的驾车御官及训练士卒。《左传·成公十八年》：“晋悼公即位于朝，始命百官”，“卿无共御，立军尉以摄之”，“铎遏寇为上军尉，籍偃为之司马，使训卒乘，亲以听命”。《国语·晋语七》：“（晋悼公）知铎遏寇之恭敬而信强也，使为舆尉。”高诱注：“舆尉，上军尉。”

上阶 官制用语。北魏孝文帝太和十七年（493）职员令规定在每品内分三个等级，称上、中、下三阶。太和二十三年复次职令，改为自第一品至从三品内不分阶，自第四品至从九品每品内分上、下两阶。北齐、隋初沿之，隋炀帝大业三年（607）改为品内不分阶。唐初复旧，自正四品以下仍分上、下阶。宋初沿之，神宗元丰（1078—1085）改制罢。

上批 参见“御笔”。

上护军 勋官号。唐太宗贞观十一年（637）改上大将军为之，置为十转勋官，比正三品。宋朝为第三等勋官，秩正三品。金朝为第三阶勋官，正三品。元朝为第三阶勋官，正二品，只用于封赠。明朝为第三阶武勋，正二品，再考称职者授。

上佐 州郡、军府高级佐官通称。《晋书·王舒传》：“明帝之为东中郎将，妙选上佐，以舒为司马。”《宋书·刘延孙传》：“世祖伐逆，府缺上佐，转补长史、寻阳太守，行留府事。”迄唐，凡别驾、长史、司马、治中，通谓上佐；掌贰府州之事，以纪纲众务，通判列曹，岁终则更入奏计，为僚属之长。宋朝以特恩授士人，或用以安置有过失官员，皆无职掌。亦称上佐官。

上佐官 参见“上佐”。

上坐 ❶僧官名。北魏置，北齐、隋、唐沿之。每佛寺置一人，由年长高僧担任，掌法事，位在寺主上。见《魏书·释老志》、赞宁《大宋僧史略》卷中《杂任职员》。❷又作“上座”，道官名。唐朝道教观宇中置。《大唐六典》卷四《礼部尚书·祠部郎中》：“每观，观主一人，上座一人，监斋一人，共纲统众事。”

上库令 官名。南朝梁置。流外三品蕴位。属太府卿。

上库丞 官名。南朝梁置，上库令副长官，协助上库令工作。属太府卿。为流外官。

上林三官 官署合称。省称三官。即西汉水衡都尉所属钟官、辩铜、技巧（一说为均输、钟官、辩铜）三官合称，因均在上林苑中，故名。武帝时禁郡国铸钱，专令上林三官铸，天下非三官钱不得行，诸郡国前所铸钱皆废销之，其铜上缴三官。

上林令 官名。西汉置，秩六百石。初隶少府，武帝元鼎二年（前115）后改归水衡都尉。掌上林苑中禽兽宫馆之事，有八丞二十尉。东汉以来改置上林苑令，或省称上林令。南朝梁、陈复置，隶司农卿，管理苑囿园池。北齐不置令，唯置上林部丞，隶司农寺钩盾署。隋、唐皆置，为司农寺上林署长官，管理园囿池沼，种植蔬果，冬季藏冰，以供宫廷、百官、朝会、祭祀所需。隋员三人，从八品；唐员二人，从七品下。北宋初唯存空名，后省。金朝复置，居提点上林署下，隶尚书省工部，从六品。参见“上林苑令”、“上林署”。

上林丞 官名。西汉员八人，协助上林令管理上林苑。东汉以来改置上林苑丞。南朝梁复旧名，员一人，流外三品蕴位。唐朝员四人，从八品下，为司农寺上林署次官。宋朝省，金朝复置，世宗大定七年（1167）增为二员，从七品。一人分司南京，以勾判兼任。大安三年（1211）省一员。参见“上林令”、“上林署”。

上林苑令 官名。东汉置，秩六百石，隶少府。管理上林苑及其居民。捕得禽兽送太官令，以供宫廷之需。有丞、尉各一员。三国魏、西晋因之，七品。东晋省。南朝宋世祖大明三年（459）复置，七品，有丞一员。隶尚书省殿中曹及少府。南齐因之。梁改称上林令。

上林苑监 官署名。明洪武二十五年（1392）议开上林苑，太祖朱元璋因其有妨民业而止。永乐五年（1407）始设于北京，为正五品衙门。置左、右监正各一人，左、右监副各一人，左、右监丞各一人。下设良牧、蕃育、嘉蔬、林衡、川衡、冰鉴及典察前后左右等十署。洪熙（1425）中，并为蕃育、嘉蔬二署。宣德十年（1435）定良牧、蕃育、林衡、嘉蔬四署，分置典署一人，署丞一人，录事一人。

掌所辖苑地，东至白河，西至西山，南至武清（今属天津），北至居庸关，西南至浑河（今永定河），督种植畜养之事，以供祭祀、宾客、宫府之用。正德（1506—1521）置监督内臣九十九人。嘉靖元年（1522）革八十人，并革蕃育、嘉蔬二典署，林衡、嘉蔬二录事。

上林苑监右监正　官名。明朝上林苑监长官，设一人，正五品。详见“上林苑监左监正”条。

上林苑监右监丞　官名。明朝上林苑监置，一人，正七品。详见“上林苑监左监丞”条。

上林苑监右监副　官名。明朝上林苑监置。一人，正六品，为监正佐官。详见“上林苑监左监副”。

上林苑监左监正　官名。明朝上林苑监长官。始设于永乐五年（1407），左右各一人，正五品，掌苑囿、园池、牧畜、种植之事，为宫廷提供日常生活的必需品。后监正不常设，以监丞署职。

上林苑监左监丞　官名。明朝上林苑监置。始设于永乐五年（1407），左右各一人，正七品，佐监正、监副掌苑囿、园池、牧畜、种植之事，为宫廷提供日常生活之必需品。后因监正、监副不常置，以监丞署职，为上林苑监实际长官。

上林苑监左监副　官名。明朝上林苑监置。始设于永乐五年（1407），左右各一人，正六品，与右监副佐监正掌苑囿、园地、牧畜、种植之事，为宫廷提供日常生活的必需品。后与监正不常置，乃以监丞署职。

上林部　官署名。北齐置，掌管上林苑事务，以上林部丞为长官，属司农寺钩盾署。

上林部丞　官名。北齐司农寺上林部长官，属钩盾署。

上林尉　官名。西汉属水衡都尉，员十二人。东汉改属少府，减至一人，秩三百石。助上林苑令主苑中禽兽及苑中居民。

上林署　官署名。隋朝司农寺所统诸署之一，置令三员。唐朝置令二员、丞四员，掌苑囿园池之事，植果蔬以供朝会、祭祀及尚食诸司常料，有监事十员、府七员、史十四员、典事二十四员、掌固五员。北宋初因唐制，存其名而罕除。金朝属尚书省工部，置提点一员，章宗泰和八年（1208）创设，完颜永济大安二年（1210）省；置令一员，掌诸苑园池沼、种植花木果蔬及承奉行幸舟船事；初置丞一员，世宗大定七年（1167）增一员分司南京，以勾判兼之，大安三年复省一员；有直长二员；又有花木局都监、同监二员；宣宗贞祐三年（1215）罢，以同乐园管勾兼；又有熙春园都监、同监三员，泰和四年置，贞祐三年省；又有同乐园管勾二员等。

上林署令　官名。见“上林令”。

上林署丞　官名。见“上林丞”。

上林署提点　官名。金朝上林署长官，主管上林苑事。章宗泰和八年（1208）设，秩从五品。大安二年（1210）罢。

上供案　官署名。北宋前期三司置，掌诸州上供钱帛。神宗元丰（1078—1085）改制废，其事归户部度支司。

上舍　宋朝学校三舍之第一等。神宗熙宁四年（1071）始于太学置，学生一百人。考试分上、中、下三等，上等可直接授官，中等许免礼部试，下等可免解试。上舍生或被选充太学前廊学录、学谕、直学等职事，给月俸。入学满六年获释褐者，称走马上舍。哲宗元符二年（1099），令州学每年贡上舍生一人入京师，暂入太学外舍，考试合格即升内舍，三次考试不升舍者，遣还州学。徽宗崇宁元年（1102）令州学三年一贡，成绩上等补上舍，中等补下等上舍，下等补内舍，其余为外舍。

上舍试　宋朝贡举考试名。简称舍试。神宗元丰二年（1079）始于太学实行。凡已校定分数的内舍生，两年考试一次，试卷封弥、誊录同礼部试。每三人取一人，优等限十人。内舍优校者，上舍试再中优等，称两优，补上等上舍，取旨释褐授官。如有数人两优，则以分数最多者为状元。一优一平者补中等上舍，免礼部试，俟赴殿试。两平或一优一否者补下等上舍，免解试，俟赴礼部试。武学、宗学亦曾行此法。

上京内省司　辽朝官署名。南面京官。置内省使、副使等职，掌上京内宫事务。

上京内客省　辽朝官署名。南面京官，置内客省使、副使等职。

上京东京等路按察司并安抚司　官署名。金朝置，掌镇抚人民、稽察边防军旅。设使、副使领司事，使居上京，秩正三品；副使居东京，秩正四品。下设签安抚司事、签按察司事、知事兼安抚司事、知法等官。

上京处置司　官署名。辽南面京官，置处置使。

上京城皇使　即上京皇城使。

上京城皇使司　即上京皇城使司。

上京曷懒等路提刑司　官署名。金朝九路提刑司之一。掌本路纠察黜陟、劝农采访、管领屯田、镇防诸军。大定二十九年（1189）置于上京会宁府。设提刑使（正三品）、副使（正四品）领司事，下设判官、知事等官。承安三年（1198）与东京等路提刑司并为一提刑使，兼宣抚使劝农采访事。

上京皇城使　官名。辽朝南面京官。亦称上京城皇使，为上京皇城使司长官。

上京皇城使司　官署名。辽朝置，亦称上京城皇使司。南面京官。掌上京宫城出入禁令。

上京都虞候司　官署名。辽朝置，为南面京官。

上京盐铁司　官署名。辽朝南面京官。总领上京路财政、赋税等事。与东京户部司、中京度支司、南京三司、西京计司合称五京计司。置盐铁使、副使、同知、判官等职。

上京盐铁使　官名。见“上京盐铁司”。

上京留守司　官署名。辽朝为南面官，会同元年

(938)，皇都更名上京，置留守司，统领上京军民政事，治临潢府（今内蒙古赤峰市巴林左旗林东镇南）。置留守行临潢府尹事、副留守、判官、推官等职。金朝熙宗天眷元年（1138）在会宁府设司，留守带本府尹兼本路兵马都总管，总领军民之政，秩正三品。下设同知留守事（正四品）、副留守（从四品）、判官（从五品）、推官（从六品）、司狱（正八品）等职。正隆元年（1156）罢。

上京提举皇城司 官署名。金朝置。管理上京宫城。设提举、同提举领司事，秩从六品、从七品。

上京路都转运司 官署名。金朝置。掌本路税赋钱谷、仓库出纳、权衡度量。天德三年（1151）设于上京路济州。四年，改为济州路转运司。

上官 大官，高官。《商君书·农战》：“多货，则上官可得而欲也。”

上官大夫 官名。战国楚置。《史记·屈原贾生列传》：“上官大夫与之同列。”《新序·节士》：“张仪之楚，货贵臣上官大夫靳尚之属。”

上隶 见“都史”。

上驷侍卫 见“阿敦侍卫”。

上驷院 官署名。清朝内务府所辖三院之一。与武备院、奉宸苑合称“内三院”。初名御马监，顺治十八年（1661）改阿敦衙门，以大臣、侍卫等管理；康熙十六年（1677）改是称。下设左、右二司，并辖上乘御马厩、皇子乘马厩、南苑御马厩等十七马厩，以及口外、盛京等处四牧厂。掌管理、供养御厩、马厂之马匹驼只，以供扈从应用。置兼管事务大臣，无定员。另设卿二人，堂主事二人，委署主事一人。左、右二司郎中一人，员外郎四人。

上驷院右司 官署名。清朝内务府上驷院之办事机构。康熙三十三年（1694）设。掌本院官员吏役俸饷及马驼草料稽核奏销等事。与左司共设郎中一人，掌左司印，本司另设员外郎二人，主事、委署主事各一人。

上驷院右司员外郎 官名。清朝内务府上驷院右司长官。康熙三十三年（1694）上驷院分设左、右二司，设郎中一人，掌左司印，另设员外郎二人掌管右司。

上驷院左司 官署名。清朝内务府上驷院之办事机构。康熙三十三年（1694）设。掌内外群厩、游牧处马驼数目、饲养滋生及定议赏罚之事。与右司共设郎中一人，掌左司印。又设员外郎二人，主事、委署主事各一人。

上驷院左司员外郎 官名。清朝内务府上驷院左司副长官。康熙三十三年（1694）上驷院分左、右二司。左司除郎中外，另设员外郎二人。协掌本司查验马驼、饲养滋生事。

上驷院左司郎中 官名。清朝内务府上驷院左司长官。康熙二十四年（1685）上驷院设郎中一人，三十三年上驷院分设左、右二司，次年移郎中于左司掌印，右司由员外郎管。乾隆四十三年（1778）定左司郎中为坐办堂郎中，专办堂上事务，并兼办左、右二司事务。

上驷院卿 官名。清朝内务府上驷院之长官。掌总理御厩事务，以及厩属官员之选除赏罚事。雍正六年（1728）设。乾隆十四年（1749）额定二人，由侍卫补授一人，内务府司官补授一人。正三品。

上驷院兼管事务大臣 官名。清朝内务府上驷院之主管官。掌综理上驷院各项事务。康熙十六年（1677）设。由皇帝特简大臣兼管，无定员。

上相 ❶《周礼》称朝廷举行朝觐会同等大典礼仪担任相礼之人。《周礼·春官·大宗伯》：“朝觐会同，则为上相。大丧亦如之。”郑玄注：“相，诏王礼也。出接宾曰摈，入诏礼曰相。”❷汉朝以后对宰相的尊称。宋朝宰相无常员，仅以尊称首相。

上相国 官名。明崇祯十六年（1643）李自成农民军置，为内阁之首。十七年正月，于西安置天佑殿大学士后，即废。

上柱国 官名。战国楚国置，位极尊，仅次于令尹，掌军政，主征战。秦末，项梁曾拜楚王、上柱国，陈胜以上蔡人房君蔡赐为上柱国。北周武帝建德四年（575），置为最高级勋官，正九命。隋朝置为从一品散实官，炀帝大业三年（607）罢。唐高祖武德七年（624）置为十二转勋官，比正二品。五代后唐明宗天成三年（928）诏，今后凡加勋，先自武骑尉经十二转方授之。宋朝为第一阶勋官，秩正二品。金朝为第一阶勋官，正二品。元朝为第一阶勋官，正一品，只用于封赠。明朝为最高一级文、武勋官，文、武正一品大臣可加授，如徐达、常遇春、李善长等，其后生前加授者唯世宗嘉靖（1522—1566）时夏言一人，神宗万历（1573—1620）时张居正卒后得赠。

上轻车都尉 勋官号。唐高祖武德七年（624）改上开府仪同三司置，八转勋官，比正四品。宋朝置为第五阶勋官，秩正四品。金朝为第五阶勋官，正四品。元朝为第五阶勋官，正三品，只用于封赠。明朝置为第五阶武勋，正三品，再考称职者授。

上庠 相传唐虞时所置高等教育机构。相当于周朝的太学。《礼记·王制》：“有虞氏养国老于上庠。”郑玄注：上庠，“上学也”。

上闻 爵名。战国置。或说与汉朝上闻爵同。《吕氏春秋·下贤》：“（魏文侯）东胜齐于长城，虏齐侯，献诸天子，天子赏文侯以上卿〔闻〕。”陈奇猷注：“毕沅改‘上卿’为‘上闻’，曰：梁伯子云：‘《国策》、《史记》皆不见文侯胜荆、齐之事。’‘上闻’旧本作‘上卿’，讹。案《史》、《汉》《樊哙传》‘上闻爵’，如淳注引此语作‘上闻’，张晏曰：‘得经上闻也’，晋灼曰：‘名通于天子也。’”

上将 见“上将军”。

上将军 官名。战国时魏、秦、燕、齐等国皆置，为督军征战的主帅，一说为前军之将。西汉亦置，位极尊。省称上将。西晋惠帝永康年间（300—

301）赵王伦又置。十六国后赵、西秦及北魏、北齐皆置。北魏多用以安置投顺的其他胡族酋帅，可世袭；诸王属官亦有上将军，诸皇子所属为从八品，其他王公国所属为从九品上阶。北齐品秩同此。唐朝为十六卫主管，位在大将军上，为环卫之官。贞元二年（786）初置，从二品，掌宫禁宿卫，凡五府及外府皆总制之。宋承唐制，置环卫官，诸卫皆有上将军，秩三品，多以宗室为之。或用为武臣赠典，实无所掌。辽属大将军府，亦为加官。道宗清宁九年（1063），宿卫官萧乙辛、耶律挞不也等九人并加上将军。金、元为武臣散阶。明朝废。

上总管 官名。地方高级军政长官。隋朝置总管之州，分上中下三等。文帝以并、益、荆、扬四州皆置，各一员，视从二品。炀帝即位废。

上客 北魏对归附其政权者的最高待遇。主动降附或立有功勋者，初来时一般享受这种待遇，包括房屋、生活资料等，以后再酌情安排官职。见《魏书·房法寿传》。

上郡将军 汉朝将军名号。《汉书·匈奴传》：“拜昌侯卢卿为上郡将军。”上郡为郡名。

上都八作司 官署名。元朝置。隶上都留守司。品秩、职掌同大都左右八作司。置达鲁花赤、提领、大使、副使各一员。

上都太仓 官署名。元朝置。建置、品秩、职掌、设官皆同大都太仓。

上都分台 官署名。御史台分支机构。元世祖至元五年（1268）五月，在上都建御史台官署。九年，御史台署迁往大都，上都原署成为皇帝每年巡幸时随从的御史台官员理事之处，称为上都分台。

上都仪鸾局 官署名。元朝置。秩正五品，隶上都留守司，掌宫内灯烛等务。原为典设署，武宗至大四年（1311）改为局。置大使二员，副使三员。

上都生料库 官署名。元朝置。秩从五品，掌收受弘州、大同等地岁办油面，供应内府及放支宫人宦者饮膳食物，隶宣徽院。置提点、大使各一员，副使二员。

上都回回药物院 官署名。元朝置。设于世祖至元二十九年（1292），秩从五品。英宗至治二年（1322），划隶广惠司下。置官同“都回回药物院”。

上都护府 官署名。唐、宋皆置，掌抚慰周边，辑宁外寇。唐朝置都护一员、副都护二员，另有长史一员、司马一员以及录事、功、仓、户、兵曹参军事各一员，参军事三员。北宋有安东上都护府，领幽、易、涿、檀等十四州，上都护缺而不除。

上都利贞库 官署名。元朝置。设于成宗元贞元年（1295），掌饮膳好事金银，隶宣政院。置提领、副使各一员，秩从七品。

上都兵马司 官署名。元朝置。秩正四品，隶上都留守司，职掌同大都兵马司。世祖至元二十九年（1292）设，置指挥使三员，副指挥使二员。

上都应办所 官署名。设于元世祖至元二年（1265），掌诸王驸马使客饮食。后隶上都留守司。仁宗延祐五年（1318），改为饩廪司。

上都规运提点所 官署名。设于元世祖至元二十八年（1291），秩正四品，隶宣政院。置官同“大都规运提点所”。

上都尚饮局 官署名。设于元仁宗皇庆二年（1313），隶宣徽院，秩从五品。置官、职掌同于“大都尚饮局”。

上都尚酝局 官署名。设于元世祖至元二十九年（1292），秩从五品，隶宣徽院。职掌、置官同“大都尚酝局”。

上都金银器盒局 官署名。秩从六品，设于元世祖至元十六年（1279），隶诸路金玉人匠总管府，掌上都金银器皿制造。置大使、副使各一员。

上都修内司 官署名。元朝置，秩从五品，隶上都留守司，掌上都内府修缮，设于元世祖至元八年（1271）。置大使一员，副使三员。

上都祗应司 官署名。元朝置。秩从五品，隶上都留守司，掌宫殿漆画等务。置大使一员，副使二员。

上都柴炭局 官署名。设于元世祖至元十二年（1275），秩从六品。十六年，改提举司，升从五品。成宗大德八年（1304），复降为局，正七品。隶宣徽院，置大使、副使各二员。

上都柴炭提举司 见“上都柴炭局”。

上都留守 官名。元朝上都留守司长官，兼上都路总管、虎贲卫亲军都指挥使，置六员。秩正二品，下设同知二员，正三品；副留守二员，正四品；判官二员，正五品。

上都留守司兼本路都总管府 元朝官署名。秩正二品。宪宗时，置开平府；世祖中统四年（1263），改上都路总管府；至元三年（1266）给留守司印，皇帝巡狩时行留守司事，皇帝回京后复旧。十八年（1281），并为上都留守司兼本路都总管府，掌守卫上都，营建和修缮宫殿，兼管本路民政。辖修内司、祗应司、器物局、仪鸾局、兵马司、警巡院等官署。

上都惠民局 官署名。设于元世祖中统四年（1263），掌购制药品，救济贫民。隶太医院，秩从五品。置官同“大都惠民局”。

上都税课提举司 官署名。秩正五品。设于元成宗元贞元年（1295），隶上都留守司。职掌同大都税课提举司。置提举二员，同提举、副提举各一员。

上都奥鲁提领所 官署名。设于元世祖至元十八年（1281），掌理本路人匠诉讼，隶随路诸色人匠总管府，受詹事院札。置提领、同提领各一员。

上都器物局 官署名。元朝置。秩从五品，隶上都留守司。职掌、设官同大都留守司所辖器物局。

上都警巡院 官署名。元朝置。秩正六品，隶上都留守司。职掌同大都警巡院。置达鲁花赤、警巡使各一员，副使二员。

上都醴源仓 官署名。秩从九品。设于元世祖至元二十五年（1288），隶宣徽院，掌大都转送至上都的酒材，酿造皇帝等巡幸上都所需酒食。置大使、直长各一员。

上造　爵名。战国秦置，为二十等爵第二级。秦汉因之，《汉书·百官公卿表》颜师古注："造，成也，言有成命于上也。"北魏沿置。

上卿　❶传说夏、商、周高级执政官或爵位名。王室与诸侯国均置。卿至春秋初期仅有上、下之别。后分为上、中、下三级。上卿位列公之下，卿之首。诸侯国次国之于大国，上卿相当其中卿，中卿相当其下卿，下卿相当其上大夫；小国之于大国，上卿相当大国下卿，中卿相当其上大夫，下卿相当其下大夫。晋朝对诸侯王国三卿亦尊称为上卿。❷新莽官位名号。时更名光禄勋曰司中，太仆曰太御，卫尉曰太卫，执金吾曰奋武，中尉曰军政，又置大赘官，位皆上卿，号曰六监。

上家人子　汉朝宫女名号。汉时挑选良家少女入宫，其地位低微者未有职号，但称家人子。秩位与有秩斗食相类，即日食一斗二升，一岁不满百石。

上案　官署名。宋神宗元丰（1078—1085）改制置，隶中书、门下外省（后改中书、门下后省），掌大朝会应行遣之事。

上第　选举制度用语。❶考核儒生或秀才、孝廉等被荐举者对策后获得的最好等级。可被授予较高官职。东汉献帝初平四年（193），策试儒生，上第赐位郎中，次太子舍人，下第者罢之。南朝宋明帝泰始（465—471）中规定，策试秀才，五问都答对者为上第。十六国后赵规定答策上第者拜议郎，中第为郎，下第为郎中。北魏时秀孝对策上第，可拜为中书博士。❷官吏考课最高等级。《晋书·杜预传》："每岁言优者一人为上第，劣者一人为下第。"北魏时上第分三品，即上上、上中、上下。孝文帝太和十五年，"诏二千石考在上上者，假四品将军，赐乘黄马一匹；上中者，五品将军；上下者，赐衣一袭"。（《魏书·高祖纪》）

上请　唐、宋贡举考试的一项规定。考试时，举人对试题出处和题意有疑难，可请考官解答，称为上请。北宋一度禁止，后复行。

上谕　文书名。清朝的下行文。指皇帝特降的命令或因臣僚奏请而下达宣示中外的命令，亦称"谕"，以别于对臣僚奏请而下达指示的"旨"。自雍正（1723—1735）以后，重要谕旨均由军机处草拟，经皇帝审定后颁发。其发布有两种形式。一由内阁"明发"，首书"某年某月某日内阁奉上谕"，结尾不署名。一由军机处"廷寄"，首书"军机大臣某字寄某人，某年某月某日奉上谕"，尾以"为此寄信前来"作结。

上骑督　官名。西晋置。统宿卫禁兵，侍卫皇帝，属左、右卫将军。与虎贲、羽林、异力、命中督并称二卫五部督。

上骑都尉　勋官号。唐高祖武德七年（624）置为六转勋官，比正五品。宋朝为第七阶勋官，秩正五品。金朝置为第七阶勋官，正五品。元朝为第七阶勋官，正四品，只用于封赠。明朝为第七阶武勋，正四品，再考称职者授。

上等司　西夏第一等官衙。包括中书、枢密。用五十两银印。

上虞备用处　即尚虞备用处。

上署　官署等级。隋朝、唐朝寺、监所统辖官署分三级，最高一级通称上署。隋朝有公车、郊社、太庙、太祝、平准、太乐、骅骝、武库、典客、钩盾、左藏、太仓、左尚方、右尚方、司染、典农、京市、太官、鼓吹等署，长官为令，正八品，炀帝大业三年（607）升正六品。唐朝为郊社、太乐、鼓吹、太医、太官、左藏、乘黄、典客、上林、太仓、平准、常平、左尚、右尚、典牧等署，长官为令，从七品下。高祖武德七年（624）又有太庙、诸陵、典农、中尚、都水、常平等署，其左尚、典牧本中署，右尚本下署，玄宗开元（713—741）初皆升为上署。

上赞　官名。周朝置。赞礼之官，下大夫爵。《仪礼·公食大夫礼》："上赞，下大夫也。"

口宣　官文书名。宋朝皇帝遣使慰问群臣、进贡使者，或有所赐与，由翰林学士撰"口宣"。采用四六句文体，文首多云"有敕"。

山人　官名。一说即山虞。掌山林。《左传·昭公四年》："山人取之，县人传之，舆人纳之，隶人藏之。"孔颖达疏："山虞，掌山林之政令，知山人虞官也。"后世多指山隐之士。

山长　学官名。宋初学者依山林名胜创办书院教授生徒，其掌教者称山长。真宗大中祥符五年（1012），命朱式为岳麓山书院山长，其他书院或称山主，或增设副山长。南宋后期，多由州学教授兼任。理宗景定（1260—1264）间改由吏部选派，待遇同州学教授，遂皆为朝廷命官。元朝由学录、教谕中选充，任满经考试合格，升任府或上、中州教授。明、清两朝仍置，总领书院事务，并兼讲学之事。乾隆（1736—1795）时改称院长，清末复旧名。光绪二十四年（1898），各省书院改为学校，遂废。

山东东西道肃政廉访司　官署名。元世祖至元二十八年（1291）由山东东西道提刑按察司改名。监治本道诸路，为内八道监司之一，隶御史台。设使二员（正三品）、副使二员（正四品）、佥事四员（正五品）、经历一员（从七品）、知事一员（正八品）、照磨兼管勾（正九品）及书吏、译史、通事等吏员。

山东东西道肃政廉访使　官名。见"山东东西道肃政廉访司"。

山东东西道提刑按察司　地方监察官署名。元世祖至元六年（1269），置司于济南路，设使、副使等官。监治河间、济南、大名、东平、益都等路，兼劝农事。隶御史台。二十八年，改为山东东西道肃政廉访司。

山东东西道提刑按察使 官名。元朝山东东西道提刑按察司长官。

山东东西路提刑司 官署名。九路提刑司之一。掌本路纠察黜陟、劝农采访、管领屯田及镇防诸军。金世宗大定二十九年（1189）六月，置于山东济南府。设使、副使领司事，秩正三品、正四品。下设判官、知事等官。

山东东路转运盐使司 官署名。元世祖至元八年（1271）改山东转运司置，掌管山东诸盐场的生产和销售事务，领盐场十九所。属户部。秩正三品，以转运盐使、同知、副使为正、副长官。

山东司 官署名。即山东清吏司。

山东司员外郎 官名。即山东清吏司员外郎。

山东司郎中 官名。即山东清吏司郎中。

山东行枢密院 官署名。简称山东行院。元世祖至元九年（1272）由山东统军司改置，掌管山东诸军。设行枢密院副使、判官等职。至元十年，改为淮西等路行枢密院。顺帝至正十八年（1358）复置山东行院，掌山东诸军征讨、屯田等务。又设分院于瀛州（今河北河西务），专掌畿内军屯。

山东行省 官署名。❶元太祖二十一年（1226），以张荣为山东行尚书省，治济南府。太宗四年（1232），改置济南路行军万户。❷太祖二十二年（1227），以李全为山东淮南楚州行尚书省，治益都府，又称益都行省。太宗三年（1231），李全死，子李璮袭职。世祖中统元年（1260），加江淮大都督，建行省大都督府，总管山东军、民政。三年，李璮以反叛被杀，设益都路行中书省都督府，掌山东民政，军政归山东经略司，又称山东诸路行中书省。至元元年（1264），加派耶律铸、张惠等行省事。三年，罢行省。❸顺帝十七年（1357），设山东行省，以哈剌章、普颜不花、申荣等为平章，分守益都、东昌等地。

山东行省大都督 即江淮大都督。

山东行院 即山东行枢密院。

山东河北蒙古军大都督府 官署名。元文宗天历二年（1329）置，掌管山东河北地区各路军民科差征进以及调遣军马等事务，权力甚大。秩从二品，以大都督三员为长官，同知、副各一员为次官。辖左、右手万户府、拔都万户府、哈答万户府、蒙古回回水军万户府、记都哥万户府。

山东科 清朝兵部武选清吏司所属之办事机构。额设经承一人。

山东统军司 官署名。全称为山东路都元帅府统军司。设于元世祖中统三年（1262），总管从宿州到宁海州的蒙古、汉军万户。至元二年（1265），由益都移司于沂州（今山东临沂）。设统军使、副使。至元九年，改为山东行枢密院。

山东盐使司 官署名。金朝置，掌管山东食盐产销。世宗大定十三年（1173）四月，益都、滨州两盐司合并为山东盐司，二十一年与沧州及山东各务并为海丰盐使司。二十五年以后，产盐之地共设七司，本司为七司之一。设使（正五品）、副使（正六品）领司事。下设判官、管勾、同管勾、都监、同监等官。

山东都转运盐使司 官署名。明太祖洪武二年（1369）始置，掌山东盐政。下辖二分司：胶莱、滨乐。设都转运使一人，从三品，同知一人，从四品，副使一人，从五品，判官无定员，从六品，及经历司经历、知事，各盐课司、盐仓、批验所大使、副使等职。同知、副使分司进行管理，总于都转运使。所产盐行销山东境内及河南东部诸府县。

山东诸路行中书省 见“山东行省”。

山东部 官署名。❶明朝户部十二属部之一。洪武二十三年（1390）改原民部、度支部、金部、仓部四属部而置十二属部，各以布政使司为别。设郎中、员外郎各一人，主事二人，领山东布政司户口、钱粮等事。部下分设四科：民科、度支科、金科、仓科。并置照磨、检校各一人，掌管文书出入等事。二十九年，改为山东清吏司。❷明朝刑部十二属部之一。洪武二十三年改原宪部、比部、都官部、司门部四属部而置十二属部，各以布政使司为别。设官同户部，领山东布政司及诸衙门卫所刑名之事。二十九年，改为山东清吏司。

山东部员外郎 官名。明初户部、刑部所属山东部分置，各一人，从五品。参见“山东部”。

山东部郎中 官名。明初户部、刑部所属山东部分置，各一人，正五品。参见“山东部”。

山东清吏司 官署名。简称山东司。❶明清户部诸司之一。掌理山东省钱粮收支数目。明洪武二十九年（1396）改山东部置。设郎中、员外郎、主事等官。分置民科、度支科、金科、仓科等四科治事。兼掌在京锦衣等三卫及辽东都司之俸饷，并掌天下盐课之事。洪熙元年（1425）南京户部亦置，设官略同。清顺治元年（1644）沿置。设郎中、员外郎、主事及笔帖式、经承若干人。分置民科、支科、金科、仓科、火房等机构办事，并掌东三省之钱粮及八旗官员之养廉银、盐课、参课之事。光绪三十二年（1906）裁。❷明清刑部所属诸司之一。掌理山东省刑名之事。明洪武二十九年（1396）改山东部置。设郎中、员外郎、主事等官。兼掌鲁、德、衡、泾四府，左军都督府，宗人府，长淮等各卫，宁靖千户所等处刑名之事。洪熙元年（1425）南京刑部亦置，设官略同。清顺治元年（1644）沿置。设郎中、员外郎、主事及经承若干人。兼掌收办兵部、太仆寺、东河总督等处文移。光绪三十二年（1906）裁。

山东清吏司员外郎 官名。简称山东司员外郎。❶明清户部山东清吏司之副长官。佐郎中掌司事。明洪武二十九年（1396）改山东部员外郎设，一人，从五品。清顺治元年（1644）沿设，汉员外郎一人。

满洲司官初不分曹，随长官所派。后增至四人，满洲三人，汉一人。❷明清刑部山东清吏司之副长官。佐郎中掌司事。明洪武二十九年（1396）改山东部员外郎设，一人，从五品。清顺治元年（1644）沿设，汉员外郎一人。满洲司官初不分曹，随长官所派。后增至三人，满洲二人，汉一人。

山东清吏司郎中 官名。简称山东司郎中。❶明清户部山东清吏司之主官。掌司事。明洪武二十九年（1396）改山东部郎中设，一人。宣德（1426—1435）中增设一人。南京户部山东清吏司亦设一人，皆正五品。清顺治元年（1644）沿设，汉郎中一人。满洲司官初不分曹，随长官所派。后增至三人，满洲二人，汉一人。光绪三十二年（1906）裁。❷明清刑部山东清吏司之主官。掌司事。明洪武二十九年（1396）改山东部郎中设，一人。南京户部山东清吏司亦设一人，皆正五品。清顺治元年沿设，汉郎中一人。满洲司官初不分曹，随长官所派。后定制满、汉各一人。兼掌收办兵部、太仆寺、东河总督等处文移。光绪三十二年（1906）裁。

山东道 官署名。明清都察院所属诸道之一。明洪武十五年（1382）置。设监察御史十人。南京都察院亦置，设监察御史二人。在本道外协管宗人府，兵部，大通关，在京羽林右等三卫，及中都留守司，辽东都司，凤阳等各卫，洪塘千户所等处。清顺治元年（1644）沿置。初掌山东道，兼理广西道。乾隆十四年（1749）设掌印监察御史满、汉各一人，监察御史满、汉各二人；属官有笔帖式、经承等。负责稽核山东刑名并稽察刑部、太医院事务。

山东道监察御史 官名。明清都察院所属山东道之主官。掌道事。明洪武十五年（1382）设，三至五人，后增至十人。洪熙元年（1425），南京都察院亦设二人。皆秩正七品。清顺治元年（1644）沿设。乾隆十四年（1749）定制，设掌印御史满、汉各一人，御史满、汉各二人。先是定为协道，分察在京诸司及各省刑名，至是按道办事。十七年，俱定为从五品官。

山东路都元帅府统军司 即山东统军司。

山北东西道提刑按察司 官署名。元世祖至元六年（1269）置司于大宁路（今内蒙古昭乌达盟宁城西），设使、副使等官。监治西京、北京、开元等路，兼劝农事。隶御史台。八年，改为山北辽东道提刑按察司。

山北东西道提刑按察使 官名。元朝山北东西道提刑按察司长官。参见“提刑按察使”。

山北辽东道肃政廉访司 官署名。由元世祖至元二十八年（1291）由山北辽东道提刑按察司改名。属内八道监司之一，隶御史台。治大宁。顺帝至正二十二年（1362），迁于惠州（大宁路南）。设使二员（正三品）、副使二员（正四品）、佥事四员（正五品）、经历一员（从七品）、知事一员（正八品）、照磨兼管勾（正九品）及书吏、译史、通事等吏员。

山北辽东道肃政廉访使 官名。见“山北辽东道肃政廉访司”。

山北辽东道提刑按察司 官署名。元世祖至元八年（1271），由山北东西道提刑按察司改名，又称北京按察司，设使、副使等，置司于大宁路。监治辽阳、广宁、大宁、沈阳、开元、咸平、泰宁、应昌、全宁等路、府，兼劝农事，隶御史台。二十四年，因蒙古宗王乃颜反叛，司治由大宁移置豪州。后又迁回大宁路。二十八年，改为山北辽东道肃政廉访司。

山北辽东道提刑按察使 官名。元朝山北辽东道提刑按察司长官。

山西司 官署名。即山西清吏司。

山西司员外郎 官名。即山西清吏司员外郎。

山西司郎中 官名。即山西清吏司郎中。

山西兵马都统军司 官署名。辽圣宗统和四年（986），辽兵大举伐宋，以耶律斜轸为山西兵马都统，设都统军司治事，迎击宋将潘美、杨继业。属北面边防官西路诸司之一。

山西部 官署名。❶明朝户部十二属部之一。洪武二十三年（1390）改原民部、度支部、金部、仓部四属部而置十二属部，各以布政使司为别。设郎中、员外郎各一人，主事二人，领山西布政司户口、钱粮等事。部下分设四科：民科、度支科、金科、仓科。并置照磨、检校各一人，掌管文书出入等事。二十九年，改为山西清吏司。❷明朝刑部十二属部之一。洪武二十三年改原宪部、比部、都官部、司门部四属部而置十二属部，各以布政司为别。设官同户部，领山西布政司及诸衙门卫所刑名之事。二十九年，改为山西清吏司。

山西部员外郎 官名。明初户部、刑部所属山西部分置。参见“山西部”。

山西部郎中 官名。明初户部、刑部所属山西部分置。参见“山西部”。

山西清吏司 官署名。简称山西司。❶明清户部诸司之一。掌理山西省钱粮收支数目。明洪武二十九年（1396）改山西部置。设郎中、员外郎、主事等官。分置民科、度支科、金科、仓科等四科治事。兼掌在京镇南等五卫及宣府、山西、大同等镇俸饷之事。洪熙元年（1425）南京户部亦置，设官略同。清顺治元年（1644）沿置，设郎中、员外郎、主事及笔帖式、经承若干人。分置民科、支科、金科、仓科、火房等机构办事。光绪三十二年（1906）裁。❷明清刑部诸司之一。掌理山西省刑名之事。明洪武二十九年（1396）改山西部置，设郎中、员外郎、主事等官。兼掌晋、代等五府，钦天监，在京旗手等八卫，沈阳中屯各卫，平定各千户所等处刑名之事。洪熙元年（1425）南京刑部亦置，设官略同。清顺治元年沿置。设郎中、员外郎、主事及经承若干人。兼掌察哈尔右翼与迤北各城刑名之事。并兼收办军机处、詹事府、内务府及崇文门等处之文移。光绪三十二年（1906）裁。

山西清吏司员外郎 官名。简称山西司员外郎。❶明清户部山西清吏司之副长官。佐郎中掌司事。明洪武二十九年（1396）改山西部员外郎设，一人，从五品。南京户部山西清吏司亦曾设一人。清顺治元年（1644）沿设，汉员外郎一人。满洲司官初不分曹，随堂官所派。后增至三人，满洲、蒙古、汉各一人。光绪三十二年（1906）裁。❷明清刑部山西清吏司之副长官。佐郎中掌司事。明洪武二十九年（1396）改山西部员外郎设，一人，从五品。清顺治元年（1644）沿设，汉员外郎一人。满洲司官初不分曹，随堂官所派。后定制满、汉各一人。光绪三十二年裁。

山西清吏司郎中 官名。简称山西司郎中。❶明清户部山西清吏司之主官。掌司事。明洪武二十九年（1396）改山西部郎中设，一人。宣德（1426—1435）中增设三人。南京户部山西清吏司亦设一人，皆正五品。清顺治元年（1644）沿设，汉郎中一人。满洲司官初不分曹，随堂官所派。后定制满、汉各一人。光绪三十二年（1906）裁。❷明清刑部山西清吏司之主官。掌司事。明洪武二十九年（1396）改山西部郎中设，一人。南京刑部山西清吏司亦设一人，皆正五品。清顺治元年沿设，汉郎中一人。满洲属官初不分曹，随堂官所派。后定制满、汉各一人。光绪三十二年（1906）裁。

山西道 官署名。明清都察院所属诸道之一。明洪武十五年（1382）置。设监察御史八人。南京都察院亦置，设监察御史二人。在本道外协管左军都督府，在京锦衣、府军右等十二卫，及直隶镇江、太平二府，沈阳中屯各卫，平定、蒲州二千户所等处。清顺治元年（1644）沿置。初掌山西道，兼理广东、贵州二道。乾隆十四年（1749）设掌印监察御史、监察御史，均满、汉各一人；属官有笔帖式、经承等。负责稽核山西刑名，稽察兵部、翰林院、六科、中书科、户部仓场衙门等处事务，并与河南道共监文武官月选掣签。

山西道监察御史 官名。明清都察院所属山西道之主官。掌道事。明洪武十五年（1382）设，三至五人，后增至八人。洪熙元年（1425），南京都察院亦设二人。皆秩正七品。清顺治元年（1644）沿设。乾隆十四年（1749）定制，设掌印御史满、汉各一人，御史满、汉各一人。先是定为协道，分察在京诸司及各省刑名，至是按道办事。十七年，俱定为从五品官。

山西路转运使 官名。辽兴宗重熙十二年（1043），杨皙曾为山西路转运使。属南面财赋官。

山后五州都管司 官署名。始置于辽圣宗统和四年（986），长官为五州都管。属南面边防官，为镇抚云、应等州而设。

山师 官名。周朝置。掌管山林贡赋。《周礼·夏官》有“山师”，“中士二人，下士四人，府二人，史四人，胥四人，徒四十人”，“掌山林之名，辨其物与其利害，而颁之于邦国，使致其珍异之物”。

山师下士 官名。西魏、北周夏官府职方中大夫山师中士佐官，正一命。

山师中士 官名。西魏恭帝三年（556）仿《周礼》山师置，北周沿置。夏官府职方中大夫属官，下设山师下士以佐其职。正二命。隋文帝开皇元年（581）罢。参见“山师”。

山阳部 官署名。北齐置。掌管山阳地区农业生产，以山阳部丞为长官，属司农寺典农署。

山阳部丞 官名。北齐司农寺山阳部长官，属典农署。

山阴司 参见“山金司”。

山阴狱丞 官名。南朝梁置，掌山阴狱。武帝天监七年（508）定为三品勋位，属流外官，地位很低。

山林都尉 官名。北周置。一命。职掌不详。

山金司 官署名。又称山阴司。辽朝置。在金山北，以阴山产金，故名。西京诸司之一，为控制西夏而设。后改为统军司，长官为统军使。属北面边防官。

山郎 郎官别称。《汉书·杨敞传附杨恽》：“郎官故事，令郎出钱市财用，给文书，乃得出，名曰‘山郎’。”后因豪富郎日出游戏，贿赂公行，宣帝时杨恽为中郎将，罢之。

山南江北道肃政廉访司 官署名。元世祖至元二十八年（1291）由山南江北道提刑按察司改名，监治本道诸路，为内八道监司之一，隶御史台。设使二员（正三品）、副使二员（正四品）、佥事四员（正五品）、经历一员（从七品）、知事一员（正八品）、照磨兼管勾一员（正九品）及书吏、译史、通事等吏员。

山南江北道肃政廉访使 官名。参见“山南江北道肃政廉访司”。

山南江北道提刑按察司 官署名。元世祖至元十四年（1277）置，置司于中兴路（治今湖北江陵），监治中兴、峡州、蕲州、黄州、襄阳等本道诸路，并兼劝农事，隶御史台。又称荆南按察司。设使、副使等官员。至元二十八年改名山南江北道肃政廉访司。

山南江北道提刑按察使 官名。元朝山南江北道提刑按察司长官。

山监 官名。南朝宋置。宋文帝元嘉二十四年（447）张绩曾任此官，见《宋书·符瑞志》。

山陵使 使职名。唐太宗贞观（627—649）中始置，掌议帝后陵寝制度、监造帝后陵寝，阎立德曾充任。昭宗天祐元年（904）遇弑，以平章事裴枢充山陵礼仪使、独孤损充山陵使、权知河南尹韦震充山陵桥道使，行安葬大礼。五代后唐又置检视诸陵使、奉修诸陵使等。宋仁宗明道二年（1033）皇太后崩，以吕夷简为山陵使，旋以张士逊为山陵使兼园陵使。

山虞 官名。掌管山林政令。《周礼·地官》："山虞，每大山中士四人，下士八人。府二人，史四人，胥八人，徒八十人，中山，下士六人，史二人，胥六人，徒六十人。小山，下士二人，史一人，徒二十人。"

山虞下士 官名。西魏、北周地官府虞部下大夫山虞中士佐官，正一命。

山虞中士 官名。西魏恭帝三年（556）仿《周礼》山虞置，掌山林之禁令。北周沿置。地官府虞部下大夫属官，正二命。下设山虞下士以佐其职。隋文帝开皇元年（581）罢。

巾车 官名。春秋置。车官之长，掌公车政令、器物。《左传·襄公三十一年》："车马有所，宾从有代，巾车脂辖。"杜预注："巾车，主车之官。"《仪礼·大射》："遂命量人，巾车张三侯。"郑玄注："巾车，于天子宗伯之属，掌装衣车者。亦使张侯。侯，巾类。"《周礼·春官》有"巾车"："下大夫二人，上士四人，中士八人，下士十有六人，府四人，史八人，工百人，胥五人，徒五十人"，"掌公车之政令，辨其用与其旗物而等叙之，以治其出入"。

巾帽局 官署名。明朝宦官二十四衙门之一。洪武十二年（1379）置，设官大使、副使。十七年定大使一人，正九品，副使一人，从九品。二十八年改大使正五品，左、右副使从五品。后改置掌印太监一员，管理、佥书、掌司、监工无定员。掌宫中内使帽靴、驸马冠靴及藩王之国诸旗尉帽靴。

〔丿〕

千人 官名。秦及西汉初属中尉，武帝太初元年（前104）后更属执金吾。又，边郡、属国都尉及西域都护皆置之，为武职。

千人军将 官名。北魏置，为统兵武官。《魏书·尉拨传》："（拨）从讨和龙，迁虎贲将，转千人军将。"

千人督 官名。三国魏置，为统领千人的将领，一说即校尉，六品。北魏置，孝文帝太和十七年（493）定为从六品中，二十三年复次职令，未见。

千夫 爵名。汉武帝所置武功爵第七级。时以军国用不足，故置武功爵，令民得以钱谷买之，其高爵得补吏、免役。千夫比二十等爵第九级五大夫，至此以上，可享受免役优待。

千夫长 官名。❶西周置为武官。《尚书·周书·牧誓》："王曰：'嗟，我友邦冢君、御事、司徒、司马、司空、亚旅、师氏、千夫长、百夫长。'"孔颖达疏："《周礼》二千五百人为师，师帅皆中大夫"，"孔以师虽二千五百人，举全数亦得为千夫长，长与帅其义同，是千夫长亦可以称帅，故以千夫长为师帅"。❷一说即《周礼》师帅，中大夫。❸三国时乌丸部落长官亦称千夫长，后改称王。❹蒙古成吉思汗曾置为世袭军职，又称"千户"。❺明朝土官名号之一。乃管理少数民族地区之头目，无专职品级。世袭。

千牛 ❶千牛备身、千牛左右省称。❷太子千牛省称。

千牛卫 军府名。左、右千牛卫省称。分见"右千牛卫"、"左千牛卫"。

千牛左右 官名。隋炀帝大业三年（607）改左右领左右府为左右备身府后，各置十六员，正六品，掌执千牛刀宿卫。唐朝改千牛左右、备身左右为千牛备身。

千牛仗 军府名。左、右千牛卫省称，因掌宫殿侍卫及供御之仪仗，遂名。分见"右千牛卫"、"左千牛卫"。

千牛备身 官名。北魏置，掌执千牛刀，宿卫侍从。北齐时属领左右府，六品。隋朝属左、右领左右府，员各十二人，正六品。东宫亦置，属左、右内率，员八人，正七品。隋炀帝时改左、右领左右府为左、右备身府，此亦改称"千牛左右"。唐太宗贞观（627—649）中复置左、右领左右府，此职亦复，正六品。高宗龙朔（661—663）中改名左、右奉裕（一作奉御），咸亨（670—674）初复旧，武则天垂拱二年（686）又改为奉裕，中宗神龙元年（705）复旧。左、右员各十二人。皆以高荫子弟年少姿容美丽者补之，花钿绣服，衣绿，执象笏，为贵胄起家之良选。宋朝初为荫补出身之一种，由兵部置籍掌管。

千长 官名。汉朝西域龟兹等国置之。龟兹国有东西南北部千长各二人。

千户 官名。❶金朝始置，为世袭军职。初专授予汉人降臣，后也用以称女真军事组织猛安。蒙古成吉思汗建国后封功臣，又称千夫长，共九十五。元朝于各路设千户所，置为长官，隶属于万户，下领百户。以统兵之数分为上、中、下三等。明朝沿置为千户所长官，正五品。上听于卫，下督百户。一人掌印，一人佥书，称管军，并有试与实授之别。❷明清于东北、西北及西南等少数民族土官中亦置，正五品，管理所辖部族及土兵。

千户所 官署名。元朝设于各路，置达鲁花赤一人，千户一人，隶于万户，下领百户所。并依所领军士分为上、中、下三等。七百人以上为上，五百人以上七百人以下为中，三百人以上五百人以下为下。明朝设于各卫下，隶于卫，设官正千户一人，副千户二人，镇抚二人。所辖十百户所，共计军士一千一百二十人。另有守御千户所，不隶卫，直领于都司。并有军民千户所，制同于各卫下千户所。全国共置二千五六百所。又，少数民族土司中亦设，多称为系縻卫所。清朝于甘肃、四川、青海等省少数民族地区设置。参见"千户"。

千石 官秩等级。西汉置，新莽时改为下大夫。东汉三国两晋南北朝又置。西汉丞相长史、御史中丞及其他中央机构的副职，皆秩千石。大县县令也有秩千石者。东汉略同，月俸八十斛。晋朝凡尚书令、尚书仆射、公府长史、司马，秩千石。南朝宋之公府长史、司马、廷尉正、监，尚书令、御史中丞、大县县令等，并千石。又陈制：四品之朱衣直阁，云骑、游骑将军，中书侍郎，太子三卿，太中、中散大夫、司徒左右长史，国子博士等；五品之散骑侍郎，四军将军，左右中郎将，皇弟皇子府长史，司马；六品之通直散骑侍郎，五校尉，东宫三校尉；七品之谒者仆射，八品之大县县令、相，五品、六品之杂号将军，并千石。

千石令　年俸为一千石粮谷的官长。战国秦置。《商君书·境内》："千石之令，短兵百人。"多为户口在一万以上大县的县令。

千总　官名。❶明朝京营三大营之领兵官。嘉靖二十九年（1550）设。有随征千总四人，随营千总二十人。位在中军以下，把总之上。❷清朝绿营军之下级军官，即基层组织"汛"之领兵官。位在守备之下，正六品。掌巡守营、哨汛地。亦称营千总。此外，尚有卫千总、守御所千总、门千总、土千总等名目。分见该条。

千拽剌详稳司　官署名。辽朝置。契丹语"拽剌"为勇士之意，在朝廷掌护卫、在军中司侦候。千拽剌详稳司统领千拽剌军，长官为详稳，为军中要职。圣宗统和十九年（1001），"以千拽剌详稳耶律王奴为乙室大王"（《辽史·圣宗纪》）。属北面军官。

千乘　春秋战国中等诸侯国的代称。地方百里，出车一千乘，称千乘之国。《孟子·梁惠王下》："千乘之国。"朱熹注："乘，车数，千乘之国，诸侯之国。"

乞万真　官名。北魏置。《南齐书·魏虏传》："通事人为乞万真。"此系南朝人对北魏鲜卑语官名的音译。

乞引莫贺咄　官名。北室韦部落渠帅。

乞托　官名。南诏官，主马，以清平官、酋望、大军将兼之。

乞骸骨　古代官员申请退休的习惯用语。意为向皇帝乞回骸骨，归葬故乡。也为大臣引咎辞职的一种方式。或称乞骸、赐骸骨。

川师　官名。掌管水源湖泽贡赋。《周礼·夏官》："中士二人，下士四人，府二人，史四人，胥四人，徒四十人"，"掌川泽之名，辨其物与其利害，而颁之于邦国，使致其珍异之物"。

川师下士　官名。西魏、北周夏官府职方中大夫川师中士佐官，正一命。

川师中士　官名。西魏恭帝三年（556）仿《周礼》川师置，北周沿置。夏官府职方中大夫属官，正二命。下设川师下士以佐其职。隋文帝开皇元年（581）罢。

川陕甲　清朝兵部职方清吏司所属之办事机构。额设经承一人。

川衡　官名。掌川泽禁令。《周礼·地官》："每大川下士有二人，史四人，胥十有二人，徒百有二十人；中川下士六人，史二人，胥六人，徒六十人；小川下士二人，史一人，徒二十人。""掌巡川泽之禁令而平其守。以时舍其守。犯禁者，执而诛罚之。祭祀、宾客，共川奠。"

川衡下士　官名。西魏、北周地官府虞部下大夫川衡中士佐官，正一命。

川衡中士　官名。西魏恭帝三年（556）仿《周礼》川衡置，掌巡察川泽，北周沿置。地官府虞部下大夫属官，正二命。下设川衡下士以佐其职。隋文帝开皇元年（581）罢。

川衡署　官署名。明朝永乐时上林苑监十属署之一。永乐五年（1407）始置，设典署一人，正七品，署丞一人，正八品，录事一人，正九品，掌上林苑川泽产品以供宫廷生活之需。洪熙元年（1425）并入本监蕃育署。

川滇边务大臣　见"边务大臣"。

义　太平天国后期在"王"下陆续增设的"六等爵"之一。由义王演变而成。1856年，杨韦事件后，翼王石达开入京辅政，被推为义王，辞未受。后出走，始有是爵。位在王爵之下，列"六等爵"之首。系衔加"天"字，又别冠一字以资区别，如亲天义、宝天义等。初设时尚为崇高爵位，后因封赏过滥，位渐卑下。参见"六等爵"❷。

义观　西夏官位。西夏语音"网藐"，中书位之一。

义兵万户府　官署名。元朝置。元末各地地主（主要是汉人）组织地方武装，抵抗农民起义军，自称义兵。惠宗至正十四年（1354）置南阳、邓州等处毛胡芦义兵万户府，管理并指挥本地各处地主武装，免除其差役。以后于汴梁等地又续有建置，迄于元亡。

义兵千户所　官署名。元朝置。元末惠宗至正十年（1350），为管理并协调指挥各地地主武装抗击农民起义，于广西、湖南、湖北等处分别置义兵千户所，免除地主武装的差役。以后于江西等地又续有建置，迄于元亡。

义兵将军　官名。北魏初置。太武帝始光三年（426）封礼曾任此职，随司空奚斤率军征夏赫连昌，位在雍州刺史之上。孝文帝太和十七年（493）改定官制后未见。见《魏书·奚斤传》。

义部　官署名。渤海国置，左六司之一，置卿一员，又有郎中、员外。

义部员外　官名。渤海国官，左六司义部属官，位郎中下。

义部郎中　官名。渤海国官，左六司义部属官，位卿之下。

义部卿　官名。渤海国官，左六司义部长官，置一员，居司政下。

义曹　官名。即太子左、右卫率所领勋卫，隋炀帝大业三年（607）改太子左、右卫率为左、右侍率时置，唐高祖武德元年（618）复名勋卫。

夕郎 ❶给事黄门侍郎、黄门侍郎别称。应劭《汉官仪》："黄门郎日暮人，对青琐门拜，名曰夕郎。"《陈书·文学·许亨传》："授给事黄门侍郎，享奉笺辞府。"王僧辩答曰："夕郎之选，虽为清显，位以才升，差自无愧。"❷唐朝对给事中的俗称。参见洪迈《容斋四笔》卷一五《官称别名》。

夕拜 给事中别称。洪迈《容斋四笔》卷一五《官称别名》："唐人好以它名标榜官称"，"给事郎为夕郎、夕拜"。

久次 汉朝选官制度。指官吏任职日久，论资历依次升迁。如《后汉书·陈忠传》，忠原任尚书，"以久次转为仆射"。

久赞 官名。南诏官，与坦绰、布燮同谓清平官，决国事轻重，犹唐朝之宰相。

凡担章京 满语。銮仪卫侍卫之总称。

及第 官制用语。原指科举考试应试中选，因列榜有次第，故称之。唐朝秀才、进士等科取中者即称及第。宋朝以后，进士科唯有中在第一甲者称及第。明清时第一甲唯取三名，故及第成为极高荣誉，为应考士人所企羡。宋朝以后的武科状元亦称及第。又，宋朝太学上舍生分数最高者，赐上舍及第。宋朝时对礼部试与殿试合格者，亦可通称及第举人或及第人。

〔丶〕

广文 明、清对儒学教官之别称。

广文馆 官署名。唐玄宗天宝九载（750）于国子监置，领附监修进士业者，有博士、助教等官。北宋仍隶国子监，收纳四方游士至京师求试者。补中广文馆生，得投牒就试国子监。哲宗元祐七年（1092），置学生二千四百人。绍圣元年（1094）罢。

广文馆助教 官名。唐玄宗天宝九载（750）国子监广文馆置一员，从七品上，肃宗至德（756—758）以后废。

广文博士 官名。唐玄宗天宝九载（750）置于广文馆，员四人，领国子监习进士业学生。宋初仅存空名，未尝除授。神宗元丰（1078—1085）改制，废其空名。

广东司 官署名。即广东清吏司。

广东司员外郎 官名。即广东清吏司员外郎。

广东司郎中 官名。即广东清吏司郎中。

广东按察司 见"海北广东道提刑按察司"。

广东科 官署名。清朝兵部武选清吏司所属之办事机构。额设经承一人。

广东部 官署名。❶明朝户部十二属部之一。洪武二十三年（1390）改原民部、度支部、金部、仓部四属部而置十二属部，各以布政司为别。设郎中、员外郎各一人，主事二人，领广东布政司户口、钱粮等事。部下分设四科：民科、度支科、金科、仓科，并置照磨、检校各一人，掌管文书出入等事。二十九年，改为广东清吏司。❷明朝刑部十二属部之一。洪武二十三年改原宪部、比部、都官部、司门部四属部而置十二属部，各以布政司为别，设官同户部，领广东布政司及诸衙门卫所刑名之事。二十九年，改为广东清吏司。

广东部员外郎 官名。明初户部、刑部所属广东部置，各一人，从五品。参见"广东部"。

广东部郎中 官名。明初户部、刑部所属广东部分置，各一人，正五品。参见"广东部"。

广东海北盐课提举司 官署名。明太祖洪武二年（1369）置，掌广东海北食盐生产、税课、行销之政。设提举一人，从五品，同提举一人，从六品，副提举无定员，从七品，及各场盐课司、各盐仓大使、副使等职。所产盐行销广东西部及广西全境。

广东清吏司 官署名。简称广东司。❶明清户部诸司之一。掌理广东省钱粮收支数目。明洪武二十九年（1396）改广东部置，设郎中、员外郎、主事等官。分置民科、度支科、金科、仓科等四科治事。兼掌在京义勇后等六卫及蕃牧、奠靖二千户所之俸饷。洪熙元年（1425）南京户部亦置，设官略同。清顺治元年（1644）沿置。设郎中、员外郎、主事及经承若干人，分置民科、支科、金科、仓科、火房等机构办事。兼掌八旗继嗣之政令及本部所属官差之更代。光绪三十二年（1906）裁。❷明清刑部诸司之一。掌理广东省刑名之事。明洪武二十九年（1396）改广东部置，设郎中、员外郎、主事等官。兼掌应天府、在京锦衣等七卫及直隶延庆州等处刑名之事。洪熙元年（1425）南京刑部亦置，设官略同。清顺治元年沿置。设郎中、员外郎、主事及经承若干人。兼理收办正白旗、安定门、广州将军等处之文移。光绪三十二年（1906）裁。

广东清吏司员外郎 官名。简称广东司员外郎。❶明清户部广东清吏司之副长官。佐郎中掌司事。明洪武二十九年（1396）改广东部员外郎设，一人。南京户部广东清吏司亦设一人，皆从五品。清顺治元年（1644）沿设，汉员外郎一人。满洲司官初不分曹，随长官所派。后增至四人，宗室一人，满洲二人，汉一人。光绪三十二年（1906）裁。❷明清刑部广东清吏司之副长官。佐郎中掌司事。明洪武二十九年（1396）改广东部员外郎设，一人。南京刑部广东清吏司亦设一人，皆从五品。清顺治元年沿设，汉员外郎一人。满洲司官初不分曹，随长官所派。后增至三人，满洲二人，汉一人。光绪三十二年（1906）裁。

广东清吏司郎中 官名。简称广东司郎中。❶明清户部广东清吏司之主官。掌司事。明洪武二十九年（1396）改广东部郎中设，一人，南京户部广东清吏司亦设一人，皆正五品。清顺治元年（1644）沿设，汉郎中一人。满洲司官初不分曹，随长官所派。后定制满、汉各一人。光绪三十二年（1906）裁。❷明清刑部广东清吏司之主官。掌司事。明洪武二十九年（1396）改广东部郎中设，一人。南京刑部广东清吏司亦设一人，皆正五品。清顺治元年（1644）沿设，汉郎中一人。满洲司官初不分曹，随长官所派。后定制满、汉各一人。光绪三十二年（1906）裁。

广东道　官署名。明清都察院所属诸道之一。明洪武十五年（1382）置。设监察御史七人。南京都察院亦置，设监察御史三人。在本道之外协管刑部、应天府、在京虎贲左等八卫，及直隶延庆州、开平中屯卫。清顺治元年（1644）沿置。初为坐道，由掌山西道兼理。乾隆十四年（1749）定制，设掌印监察御史满、汉各一人，属官有笔帖式、经承等。负责稽核广东刑名并稽察大理寺事务。

广东道监察御史　官名。明清都察院所属广东道之主官。掌道事。明洪武十五年（1382）设，三至五人。后增至七人。南京都察院亦设三人。皆秩正七品。清顺治元年（1644）沿设。乾隆十四年（1749）定制，设掌印御史满、汉各一人。先是定为坐道，不理本道之事，乃空衔，至是则以职事分隶之。十七年，俱定为从五品。

广西司　官署名。即广西清吏司。

广西司员外郎　官名。即广西清吏司员外郎。

广西司郎中　官名。即广西清吏司郎中。

广西房　官署名。宋神宗元丰（1078—1085）改制置，隶枢密院，掌广南西路边防及两浙路吏卒，兼行招军捕盗赏罚之事。

广西科　官署名。清朝兵部武选清吏司所属之办事机构。额设经承一人。

广西部　官署名。❶明朝户部十二属部之一。洪武二十三年（1390）改原民部、度支部、金部、仓部四属部而置十二属部，分别以十二布政司为名。设郎中、员外郎各一人，主事二人，领广西布政司户口、钱粮等事。部下分设四科：民科、度支科、金科、仓科，并置照磨、检校各一人，掌管文书出入等事。二十九年，改为广西清吏司。❷明朝刑部十二属部之一。洪武二十三年改原宪部、比部、都官部、司门部四属部而置十二属部，分别以十二布政司为名，设官同户部，领广西布政司及诸衙门卫所刑名之事。二十九年，改为广西清吏司。

广西部员外郎　官名。明初户部广西部、刑部广西部均置，各一人，从五品，协郎中掌本属部之事。参见“广西部”。

广西部郎中　官名。明初户部广西部、刑部广西部均置，各一人，正五品，掌本属部之事。参见“广西部”。

广西海北道肃政廉访司　官署名。元世祖至元二十八年（1291）由广西海北道提刑按察司改立。后改为岭南广西道肃政廉访司。

广西海北道肃政廉访使　官名。元朝广西海北道肃政廉访司长官，员二人，正三品。

广西海北道提刑按察司　官署名。元世祖至元二十年（1283）由岭南广西道提刑按察司改名，设使、副使等，二十八年，改肃政廉访司。

广西海北道提刑按察使　官名。元朝广西海北道提刑按察司长官。

广西清吏司　官署名。简称广西司。❶明清户部诸司之一。掌理广西省钱粮收支数目。明洪武二十九年（1396）改广西部置，设郎中、员外郎、主事等官。分置民科、度支科、金科、仓科等四科治事。兼理牺牲所、司牲司、在京沈阳左等五卫及二十三马房仓、京府各草场等处之俸饷。洪熙元年（1425）南京户部亦置，设官略同。清顺治元年（1644）沿置。设郎中、员外郎、主事及笔帖式、经承若干人。分置民科、支科、仓科、金科、火房等机构办事。兼掌矿政、钱法、内仓之出纳及本省之厂税。光绪三十二年（1906）裁。❷明清刑部诸司之一。掌理广西省刑名之事。明洪武二十九年（1396）改广西部置，设郎中、员外郎、主事等官。兼掌五军断事司，中城兵马司，在京富峪等八卫及直隶安庆、徽州二府等处之俸饷。洪熙元年（1425）南京刑部亦置，设官略同。清顺治元年（1644）沿置。设郎中、员外郎、主事及经承若干人。兼掌收办通政使司、广西道御史之文移及朝审之题稿，给发囚衣。光绪三十二年（1906）裁。

广西清吏司员外郎　官名。简称广西司员外郎。❶明清户部广西清吏司之副长官。佐郎中掌司事。明洪武二十九年（1396）改广西部员外郎设，一人。南京户部广西清吏司亦设一人，皆从五品。清顺治元年（1644）沿设，汉员外郎一人。满洲司官初不分曹，随长官所派。后增至五人，宗室一人，满洲三人，汉一人。光绪三十二年（1906）裁。❷明清刑部广西清吏司之副长官。佐郎中掌司事。明洪武二十九年（1396）改广西部员外郎设，一人，从五品。清顺治元年（1644）沿设，汉员外郎一人。满洲司官初不分曹，随长官所派。后定制宗室、汉各一人。光绪三十二年（1906）裁。

广西清吏司郎中　官名。简称广西司郎中。❶明清户部广西清吏司之主官。掌司事。明洪武二十九年（1396）改广西部郎中设，一人。南京户部广西清吏司亦设一人，皆正五品，清顺治元年（1644）沿设，汉郎中一人，满洲司官初不分曹，随长官所派。后定制满、汉各一人，光绪三十二年（1906）裁。❷明清刑部广西清吏司之主官。掌司事。明洪武二十九年（1396）改广西部郎中设，一人，南京刑部广西清吏司亦设一人，皆正五品。清顺治元年沿设，汉郎中一人。满洲司官初不分曹，随长官所派。后定制满、汉各一人。光绪三十二年（1906）裁。

广西道　官署名。明清都察院所属诸道之一。明洪武十五年（1382）置。设监察御史七人。南京都察院亦置，设监察御史三人。在本道之外协管通政司，六科，在京燕山右等十二卫，及直隶徽州等四府，安庆等四卫，紫荆关等三千户所。清顺治元年（1644）沿置。初为坐道，由掌山东道兼理。乾隆十四年（1749）设掌印监察御史，满、汉各一人，属官有笔帖式、经承等。负责稽核广西刑名并稽察太仆寺事务。

广西道监察御史 官名。明清都察院所属广西道之主官。掌道事。明洪武十五年（1382）设，三至五人，后增至七人。洪熙元年（1425）南京都察院亦设三人。皆秩正七品。清顺治元年（1644）沿设。乾隆十四年（1749）定制，设掌印御史满、汉各一人。先是定为坐道，乃空衔，不理本道之事，至是则以职事分隶之。十七年，俱定为从五品官。

广武将军 官名。三国魏、西晋、十六国前燕、前秦、西秦及南朝宋、北魏皆置。为名号将军中地位较高者。南朝宋时为五武将军之一。三国魏、晋、南朝宋四品。北魏韩秀任职时，为皇帝所亲任，随侍左右，并掌机密。孝文帝太和十七年（493）定为四品下，二十三年改从四品。

广武康里卫侍卫亲军都指挥使司 官署名。元武宗至大元年（1308）置，是由康里人组成的禁卫军，以中书平章政事康里人阿沙不花为都指挥使。至大四年仁宗即位后罢。

广威将军 ❶官名。三国魏始置。为武官第四品。晋、宋、十六国后赵、后燕沿置。南朝宋置为“五威将军”之一，第四品。北魏孝文帝太和十七年（493）职员令为第四品下，二十三年为从四品。❷武散官名。金朝始置，以授正五品上武官。元朝改武官正四品，宣授。明朝为正四品武官，加授。

广亲宅 宋朝宗室宅第名。仁宗庆历七年（1047）建，供秦康惠王德芳子孙居住，设专官管理。神宗熙宁三年（1070），以其事归宗正寺。

广胜库 官署名。元朝置。秩从五品，掌平阳、太原等处岁造兵器，以给北边征戍军需，隶武备寺。置达鲁花赤、大使、副使各一员。

广盈库 官署名。明朝置，隶工部。设大使一人，从九品，副使二人。嘉靖中革去副使。收存抄没违禁物、礼部开送外国进来罗纻绫细及工部退回缎匹。

广积抽分竹木局 官署名。明朝设置于北京的商业税务机构，设大使、副使各一人，掌科收竹木柴薪税。

广谊司 官署名。秩正三品，隶大都留守司。设于元至顺二年（1331），掌大都城内和雇和买、营缮织造、供亿物色等务。置令、同知、副使、判官各二员。

广教总管府 官署名。元文宗至顺二年（1331）置，全国共设十六处，分掌各地僧尼事务。秩正三品，以达鲁花赤、总管、同知为正、副长官，其中总管由僧人担任，其余由宣政院选任。惠宗元统二年（1334）罢。

广野将军 官名。北魏置。孝文帝太和十七年（493）定为九品上，二十三年复次职令，未载。

广惠司 官署名。元朝置。秩正三品，隶太医院，掌修制宫廷所用回回药物，治疗宿卫士及在京城孤寒者。置司卿四员，少卿、司丞各二员。下辖大都、上都回回药物院。

广惠库 官署名。明朝置，隶户部。宝钞广惠库之简称。设大使一人，正九品，副使二人，从九品，嘉靖（1522—1566）中革去副使。掌收存临清河西务，苏州、扬州、杭州、淮安、九江等钞关，五府六部等衙门官吏盐钞并各处枣株钞贯。

广储司 官署名。清朝内务府所属七司之一。掌皇宫库藏出纳。康熙十六年（1677）改御用监设。以内务府总管大臣一人值年管理。另设总办郎中、郎中各四人，主事、委署主事各一人，笔帖式二十五人，书吏三人，分掌本司各事。下设银、皮、瓷、缎、衣、茶六库，各置员外郎、司库、司匠、副司库、库使等官管理。六库出纳，按月缮折送司稽核，然后造册呈府堂核销。六库下又设银、铜、染、衣、绣、花、皮七作及帽、针线二房，各以司匠、领催督领匠役承办各项物品。

广储司员外郎 官名。清朝内务府广储司之职官。额设十八人，均在司属六库办事，库各三人。分掌各库之出纳。

广储司郎中 官名。清朝内务府广储司之职官。额设四人，位总办郎中下。其中二人管银库，兼管皮、瓷库；二人管缎库，兼管衣、茶库。

广储司总办郎中 官名。清朝内务府广储司之职官。又作总管六库郎中，或简称总管郎中，总掌司属六库之出纳。额设四人，本府二人，部员兼充二人。

广福监 见“印经提举司”。

广福提举司 见“印经提举司”。

广蕃苑 官署名。明成祖永乐五年（1407）置北京苑马寺六监二十四苑，广蕃苑属香山监。苑设圉长一人，从九品，下分各群，设群长，掌牧养马匹，以备军需。永乐十八年并入太仆寺。参见“香山监”条。

广德将军 官名。北齐置，用以褒赏军功勋臣，无职事。五品。

门人 官名。守门小吏。《穀梁传·襄公二十五年》：“吴子谒伐楚，至巢，入其门，门人射吴子，有矢创，反舍而卒。”

门干 吏名。“干”之一种。掌传达。三国魏诸郡、晋朝诸州郡县官府俱置。十六国后赵亦置。

门下 ❶汉朝郡县分曹治事，其亲近诸曹常冠以门下二字，如门下督盗贼、门下贼曹等。❷魏晋南北朝时常为门下三省即散骑省（集书省）、侍中省、西省之代称，自南朝梁及北魏孝文帝改制后专指门下省。参见“门下省”。❸南齐为侍中别称。

门下书吏 吏名。晋朝置，为骠骑将军以下及诸大将军不开府非持节者、三品将军秩中二千石者之属吏。

门下书佐 官名。汉朝置，为郡县属吏，即阁下所属书佐，掌文书缮写。三国沿之。晋朝特进、光禄大夫、卿、司隶校尉、太子二傅、县等皆置，员一人。南朝宋亦置。

门下史 官名。晋朝郡、县官府亲近属官，掌众杂事。位高于记室史。

门下令史 官名。门下省属官。晋朝置，九品。南朝宋、梁、陈，北魏、北齐沿置。北魏孝文帝太和十七年（493）定为七品上。隋朝降为流外官。

门下外省 官署名。北魏置，为门下省设在宫外的衙署，被废之帝、王多死于此。其后不见。北宋神宗元丰（1078—1085）改制，又置门下外省，掌谏诤拾遗，以左散骑常侍、左谏议大夫、左司谏、左正言各一员，给事中四员、起居郎一员、符宝郎二员隶之。分设上、下、封驳、谏官、记注、符宝等六案。元丰八年改为门下后省。

门下主书舍人 官名。北魏置，属门下省。掌起草诏令。孝文帝太和十七年（493）定为六品上，位高于中书舍人。二十三年复次职令未载。

门下主事令史 官名。南朝宋置。门下省低级官员。

门下坊 官署名。管理东宫供奉诸事，北齐始置，设中庶子、中舍人、通事守舍人、主事守舍人，各四员，领殿内、典膳、药藏、斋帅等局，各有属官。隋朝沿置，兼典经籍，设左庶子二员、内舍人二至四员、录事二员、主书令史四员，统司经、宫门、内直、典膳、药藏、斋帅六局，并有属官。唐高宗龙朔二年（662）改名左春坊。

门下侍郎 官名。门下省次官。十六国北凉曾置。唐玄宗天宝元年（742）至肃宗乾元元年（752）以及代宗大历二年（767）以后迄于五代，皆为“黄门侍郎”之改名，常加“同中书门下平章事”衔为宰相。宋朝初年为宰相叙迁之官，仅表示禄秩，不理门下省事，三品。神宗元丰（1078—1085）改制后，例以尚书左仆射兼任，代行门下省长官侍中之职务，另置侍郎一人为其副贰，秩正二品。掌参议大政，审中外出纳之事，管理省务。与知枢密院、同知枢密院、中书侍郎、尚书左右丞同为执政官。南宋省。辽朝为南面朝官。金初为言官，海陵王时随省罢。参见“门下省”、“黄门侍郎”。

门下郎 官名。三国魏置。七品。

门下录事 官名。门下省属官。掌出纳文奏。北魏置。孝文帝太和十七年（493）定为从五品中，二十三年（499）定为从八品上。北齐沿置，设员四人，从八品上。

门下奏事 官名。北魏前期置。古弼于明元帝（409—423）时曾任此职。孝文帝太和十七年（493）职员令未载。

门下封驳司 官署名。宋太宗淳化四年（993）置封驳司，隶通进银台司，设同知给事中事二人为长官，凡制敕有所不便皆许封驳，其余常程公事依例施行者不得随意留滞。真宗咸平四年（1001），令如有封驳事取门下省之印用之，因改封驳司为门下封驳司。神宗元丰（1078—1085）改制，改为门下省封驳房。

门下省 官署名。魏、晋、南朝初期为门下诸省的泛称。门下即黄门之下，其署设于宫禁中，其官得出入宫禁，为皇帝的亲近侍从官员。东汉有门下三寺，侍中、给事黄门侍郎等顾问侍从官员居侍中寺，中常侍、小黄门等宦官居东寺，禁卫军将领则宿直西寺。三国魏、西晋门下设侍中省，置侍中、给事黄门侍郎各四员（加官无定员），常侍从皇帝左右，出行则护驾，掌顾问应对，拾遗补阙，谏诤纠察，傧赞威仪，管理门下众事，侍奉皇帝生活起居，与散骑省共平尚书奏事，有异议得驳奏之；散骑省，置散骑常侍、给事中、通直散骑常侍、员外散骑常侍、散骑侍郎等官，亦常侍从皇帝左右，顾问应对，谏诤得失，与侍中省共平尚书奏事，有异议得驳奏。宰相、尚书等高级官员加门下职衔，始能出入殿省，入宫议政。东晋增设西省，以供禁军直宿，遂有“门下三省”之称。当时移中书省纳奏、拟诏、出令之职归门下之散骑省，后又常遣散骑、中书侍郎等官入直门下西省，草拟诏令。职参机密，颇为贵重。侍中省兼统宫廷内侍诸署，受纳吏民章奏、四方贡献，管理宫廷医药、饮食、车马等供奉事务，领公车、太医、太官、骅骝厩诸署。南朝宋改散骑省为集书省，主掌图书文翰之事，以文学撰述为职，权任遂轻。南齐、梁、陈门下省成为侍中省专称，于领内侍诸署、事奉皇帝生活起居、侍从左右傧相威仪、顾问应对、谏诤纠察等侍从本职外，兼掌出纳、玺封诏奏，有异议得封还、驳奏。凡臣僚奏事，由其审议上呈，承取皇帝旨意下达；中书省所拟诏草，由其审核上呈，经皇帝批准后发尚书省颁布执行，密奏、密诏可不经中书、尚书，直接封转颁行。地位渐与中书、尚书省齐肩。设侍中、给事黄门侍郎各四员。其官上亲皇帝，下接百官，官显职重，多选亲近及美姿容者为之。时号侍中为门下，侍郎为小门下，或以宰相目之。北朝略同。北魏末、北齐尤重，一度获中书出令之权，时有“政归门下”之语，其长贰常总典机密，受遗诏辅政，权任极重。北齐设侍中、给事黄门侍郎各六员为长贰，录事四员，通事令史、主事令史八员，下辖领左右、尚食、尚药、主衣、斋帅、殿中六局，分管宫廷供奉事务。隋初废西省，以集书省并入门下省，职掌侍从、出纳、审议政令、谏议出使，与尚书、内史（中书）同为中枢政务机构。设纳言二员、给事黄门侍郎四员为长贰，录事、通事令史各六员；又有散骑常侍、通直散骑常侍各四员，谏议大夫七员，散骑侍郎四员，员外散骑常侍六员，通直散骑侍郎四员，并掌部从朝直；又有给事二十员，员外散骑侍郎二十员，奉朝请四十员，职掌与散骑常侍等略同，兼任出使劳问。统城门、尚食、尚药、符玺、御府、殿内六局。文帝开皇六年（586）罢员外散骑常侍、奉朝请、通事令史，炀帝大业三年（607）并置尚书、门下、内史、秘书、殿内五省，以原隶门下省之城门、殿内、尚食、尚药、御府五局划归殿内省，门下省自是罢侍奉皇帝生活起居之职，专掌侍从谏诤、审议政令。改给事黄门侍郎为黄门侍郎，减为二员；增设给事郎四员，省读奏案；罢散骑常侍、通直散骑常侍、谏议大夫、散骑侍郎等员。大业十二年改纳言为侍内。唐高祖武德三年（620）定置为受命于皇帝的最高政令审议机构，与中书、尚书并号三省，共理军国政务，负责审议中书省草拟诏令，副署后付尚书省颁下执行，如有异议，可批改驳还；审阅各种上行文书，驳正违失，提出建议后交中书省进呈皇帝。设侍中二员为长官，与中书、尚书省长官在政事堂共议国政，同为宰相；门下侍郎二员为次官，参议朝政；给事中四员，分判省事，审议诏敕；录事、主事各四员，及令史、书令史、甲库令史、传制、亭长、掌固、修补制敕匠等吏员。文属之官，有诸谏诤、文学侍从官员左散骑常侍、左谏议大夫、左补阙、左拾遗、起居郎、典仪、城门郎、符宝郎及弘文馆学士、校书郎等。玄宗以后侍中不常授，省务常由侍郎主持。高宗龙朔二年（662）改名东台，咸亨元年（670）复旧；武则天光宅元年（684）改名鸾台，中宗神龙元年（705）复旧；玄宗开元元年（713）改名黄门省，五年复旧。唐初三省并重，自光宅以后，政事堂由门下移至中书，中书省遂居三省之首。玄宗以后，中书、门下二省孰重孰轻，因时而异。封驳诏奏之权，亦逐渐分散，至唐末五代，其制废而不行。北宋前期，掌印玺、亲祀、朝会版位，外官及流外考校、覆奏、文武官母妻叙封等赞相礼仪之事，其官皆为寄禄官；另置判省事一人，以两制以上官充任。太宗后期，恢复封驳诏奏之制，以同知给事中主其事，未几又设门下封驳司，隶银台司，如有封驳事则用门下省印。神宗元丰（1078—1085）改制后，职掌受纳全国章奏案牍，依旨分送有关机构；审议中书省、枢密院所拟政令及尚书省六部所上有法式事，驳正违失，送呈皇帝批准、玺封后颁下执行。虽设侍中为长官，阙而不授，以尚书左仆射兼门下侍郎，代行其职；另置门下侍郎一员为次官，管理省务，参议朝政；给事中四员，判门下后省之事，驳正政令，审议章奏，领通进司、进奏院；左散骑常侍、左谏议大夫、左司谏、左正言，掌谏诤得失，与中书省所领诸谏官同领谏院、登闻检院、登闻鼓院；起居郎一员，掌记录皇帝言行；符宝郎二员，掌外廷所用印玺。设吏、户、礼、兵、刑、工、开拆、章奏、制敕库十房，分掌庶务。南宋高宗建炎三年（1129）与中书省合为“中书门下省”。辽朝为南面官署，非中枢政务机构，设侍中、常侍、散骑常侍、给事中、门下侍郎等官，领起居舍人院、左谏院、通事舍人院、符宝司、东上閤门司、西上閤门司、东头承奉班、西头承奉班、通进司、登闻鼓院、匦院、诰院等机构。金初亦置，海陵王正隆元年（1156）废。元世祖时，朝议复置，因阿合马等阻议，未设，皇帝祭祀时的礼仪官，仍沿用侍中、门下侍郎等名义，由他官暂摄。

门下省录事　官名。宋神宗元丰（1078—1085）改制，门下省置，员三人。哲宗时增为四人。南宋时，定为正八品。分掌门下省诸房公事。

门下亭长　官名。西晋置。隶太子太傅、少傅。位在门下书佐上。

门下校郎　官名。十六国北凉以及南北朝、隋、唐前期之高昌国置。高昌国其官掌传达敕命、司察群臣，地位高于侍郎。

门下都督　官名。晋朝置为三品将军秩中二千石者属官。位在功曹下、列曹上。

门下贼曹　官名。贼曹长官省称。汉朝郡县置，因与长官关系亲近，故冠以“门下”，为门下五吏之一。掌盗贼警卫事。东汉末将军府亦有置者。晋朝成为专称，为诸郡属官。

门下通事令史　官名。北魏置。掌纳奏文案。见《魏书·范绍传》。

门下通事守舍人　官名。南朝梁置。太子属官。

门下通事舍人　官名。北魏置。孝文帝太和十七年（493）定为六品上。

门下掾　汉朝多泛指州郡府属吏中较亲近者，如功曹、贼曹、主簿等。《后汉书·公孙述传》：“州郡有掾，皆自辟除之。常居门下，故以为号。”亦作专称，为郡县长官亲近侍从，掌文书。晋朝郡府亦置。

门下循行　吏名。东汉、三国、晋朝置，为郡府低级散吏。设员不定，类似门下客。亦称循行。

门下禁防　官名。三国魏置。八品。

门下督　官名。汉朝郡县所属职吏，主盗贼事，亦称门下督盗贼。东汉末年丞相府、将军府亦置。三国因之。晋朝骠骑以下及大将军不开府者置之，员一人。北朝北魏州府及北齐清都郡亦置。

门下督盗贼　见“门下督”。

门大夫　❶官名。春秋晋国置，掌宫门警卫、通谒等事。见《说苑·正谏》。西汉置为列侯家臣，亦掌门卫、通谒。东汉省。❷太子门大夫省称。

门千总　官名。清朝八旗步军营所属掌管京师城门之职官。顺治四年（1647）改原城门指挥千百户设，又名城门千总。时隶兵部职方司。康熙十三年（1674），改隶步军统领，额定三十二人，分守内外十六门，每门二人，均为汉军缺，正六品。掌司门禁，稽察出入。

门子　❶周朝卿大夫嫡子之尊称。以其将代父当门户，故名。❷替官府守门之人，属役之一种。明朝为里甲正办外之常役，清朝为贱役。

门卫 官名。金哀宗正大元年（1224）置为太后两宫官属，员二人，正六品。

门尹 官名。掌守城门。相传商汤时已设，春秋沿置。《庄子·则阳》：“汤得其司御门尹登恒为之傅之。”成玄英疏：“门尹，官号也。”《国语·周语中》：“敌国宾至，关尹以告”，“门尹除门”。尹昭注：“门尹，司门也。”

门功曹书佐 官名。东汉司隶校尉所属佐吏，主选用吏人。

门正 官名。明朝皇宫诸门及各王府门官皆置，以宦官充任。皇宫各门置一人，正四品，王府一人，正六品，司晨昏启闭，关防出入。

门正上士 官名。北周置。一说属地官府。崔彭自侍伯上士转此职。正三命。

门令史 吏名。晋朝置。诸公及开府位从公者，可置一人。

门生主书 官名。十六国后赵石勒赵王元年（319）置。《晋书·石勒载记下》：“以张离、张良、刘群、刘谟等为门生主书，司典胡人出内，重其禁法，不得侮易衣冠华族。”

门主事 官名。清朝八旗护军营之职官。掌紫禁城内各门之文书事务。额定上三旗每旗一人，另有委署门主事各一人，以一人轮流值班景运门。

门吏 ❶春秋战国时闾里司门小吏。《墨子·号令》：“门有吏，主者（诸）门里管闲。”❷战国及其后位尊者所设司门小吏。掌通报、登录往来宾客。《战国策·楚策四》：“（春申君）召门吏为汗先生著客籍，五日一见。”《后汉书·赵壹传》：“过候太守皇甫规，门者不及通，壹遂遁去。门吏惧，以白之。”❸官名。（1）南朝宋总明观属官。明帝泰始六年（470）废国学，置总明观，有玄、儒、文、史四科，每科有门吏一人。（2）清朝各部院衙门之属吏，分办具体事务。又称经承。

门臣祭酒 官名。十六国后赵置。赵王元年（319）石勒以中垒将军支雄、游击将军王阳并领此职，专理胡人辞讼。后王阳统六夷辅佐石弘镇邺城。

门局 官署名。南朝梁置。属东宫。

门局郎 官名。五代后梁太祖开平元年（907）改门下省城门郎置，后唐庄宗同光元年（923）复为城门郎。参见“城门郎”。

门者 官名。春秋战国鲁、齐等国置。主司城门关闭开启的小吏。多以刑余之人充任。《韩非子·内储说下》：“齐中大夫有夷射者，御饮于王，醉甚而出，倚于郎门，门者刖跪请。”《淮南子·人间训》：“阳虎为乱于鲁，鲁君令人闭城门而捕之”，“阳虎因赴围而逐，扬剑提戈而走，门者出之”。

门官 官名。春秋时宋国置，守门侍卫之官。君在国则守卫门庭，君外出则在左右护卫。《左传·僖公二十二年》：“宋师败绩，公伤股，门官歼焉。”杜预注：“门官，守门者，师行则在君左右。”孔颖达疏：“此门官盖亦天子虎贲氏之类，故在国则守门，师行则在君左右。”魏晋时亦置。

门郎 官名。三国魏置于京城各门，属城门校尉。八品。

门神库 官署名。清朝工部制造库所属之机构。顺治元年（1644）置，设首领太监一人，太监十人。掌每岁收挂门神、门对之事。乾清门以内及宁寿宫、慈宁宫等处由首领太监收挂。乾清门以外由部员带领匠役收挂。

门神库太监 官名。清朝工部制造库所属门神库之官员。额设十人。掌每岁收挂门神、门对之事。

门神库首领太监 官名。清朝工部制造库所属门神库之主官，掌库事。顺治元年（1644）设一人。

门缺 清朝官缺之一。即指守卫京师内外城门额设之职官。

门笔帖式 官名。清朝八旗护军营之职官。掌章奏文移。额定三十人，上三旗每旗设十人。每以五人轮值，充直班门笔帖式，于守卫之景运门、隆宗门、后左门、后右门办理文书事务。参见“直班门笔帖式”。

门候 官名。主城门或军营门。西汉城门校尉属官有十二城门候，掌按时开闭城门。东汉沿置。城门每门候一人，六百石。又，诸将军营部亦置。隋朝为左右监门府属官。隋高祖仁寿三年（603）于监门府置门候一百二十人。炀帝时增至二百四十人，正七品，与左右门尉分掌门禁守卫。

门副 官名。明朝皇宫诸门及各王府门官皆置，以宦官充任。皇宫各门置一人，从四品，王府一人，从六品，佐门正司晨昏启闭，关防出入。后革。

门尉 官名。战国置，为守门之吏。《墨子·号令》：“门尉昼三阅之。”秦汉沿置，隶宗正。《汉书·高惠高后文功臣表》：“芒侯耏跖，以门尉前元年初起砀，至霸上，为定武君。”《百官公卿表》：宗正，“平帝元始四年更名宗伯”，“有诸公主家令、门尉皆属焉”。隋炀帝大业三年（607）于左、右监门府增置左、右门尉一百二十员，分左、右，正六品，与门候分掌门禁守卫。金朝南京（今河南开封）十四门置，从七品，有副尉。

〔乛〕

尸祝 官名。主司巫术祝祷之官。《庄子·天运》：“尸祝齐戒以将之。”成玄英疏：“巫师也。”

尸逐骨都侯 匈奴官名。分左、右，位次左右骨都侯，由异姓贵族充任。见《后汉书·南匈奴传》。

弓人 官名。周朝置。❶管理弓弩的小吏。《仪礼·燕礼》：“君与射”，“既发，则小臣受弓以授弓人”。❷制作弓弩的工官。《周礼·冬官·考工记》：“弓人为弓，取六材必以其时，六材既聚，巧者和之。”

弓工下士 官名。西魏、北周冬官府司木中大夫弓工中士佐官，正一命。

弓工中士 官名。西魏恭帝三年（556）置，北周沿置。掌管弓、弩的制作。冬官府司木中大夫属官，正二命。下设弓工下士以佐其职。隋文帝开皇元年（581）罢。

弓马从事 官名。晋朝州刺史属官。置于边远、险要或临近少数民族诸州，设员五十余人。

弓正 官名。传说黄帝置。《唐书·宰相世系表》：“黄帝子以昊青阳氏第五子挥为弓正，始制弓矢。”

弓矢司 官署名。清朝銮仪卫右所下设机构。顺治十一年（1654）置，掌弓矢、殳枪等。设掌印云麾使、掌司事治仪正各一人，共掌司事。

弓匠协领 参见“司弓”。

弓匠固山达 参见“司弓”。

弓匠委署固山达 参见“副司弓”。

弓局 官署名。元朝置。秩从七品，隶武备寺军器人匠提举司军器人匠局下，掌制造弓弩。置院长或大使、副使。

弓弩院 官署名。宋太祖开宝九年（976）置，掌制造弓弩、甲胄、器械、旗、剑、御镫等物。以诸司使、副使及内侍为监官，员二人，领兵匠千余人。

弓弩造箭院 官署名。宋真宗咸平六年（1003）并南、北造箭库置，掌造长箭、弩箭。以三班使臣及内侍为监官，员二人。

弓箭库使 官名。唐玄宗时始置，五代后梁沿置，为诸司使之一，掌内库弓矢刀箭。北宋初尚实莅其职，真宗时成为武臣阶官名号。

卫 ❶官名。商朝始置。甲骨文中数见“在某卫”之辞，即为商王派驻在殷都以外某地戍卫的武官。❷行政区域。周朝置。指京畿以外五等地区。周制：天子所居千里曰圻，其外每五百里为一服，有五服（分五等）、九服（分九等）之别。❸周朝诸侯国之名称。即卫国。❹军事编制。隋唐置十二卫、十六卫，各设大将军一人、将军二人。唐德宗贞元二年（786）十六卫又各置上将军一人。统领府兵及掌管门禁、侍卫之事。明朝亦置，分京卫、外卫。京卫或隶于五军都督府，或直隶于皇帝。外卫分设于各要害地区，上领于都司、行都司或留守司，而隶于五军都督府。每卫凡五千六百人。设指挥一人，同知二人，佥事四人，镇抚司镇抚二人。其属经历司经历、知事、吏目、仓大使、副使各一人。所辖千户所，多少不等。由指挥使、指挥同知、指挥佥事中考选其有才能者任掌印、佥书，以管理本卫之事。其职掌分理屯田、验军、营操、巡捕、漕运、备御、出哨、入卫、戍守、军器等杂物，称为见任管事。未任事之指挥使、同知、佥事则称带俸差操。出征时，率其属听主帅调遣。清初于少数民族地区土司改设流官后置，为地方行政区划，多仍沿袭明朝于该地区所设之卫，长官为守备。

卫士长 东汉王国属官。掌王官卫士。秩比四百石。

卫士令 官名。秦置，西汉因之，秩六百石。有丞。领未央宫卫士，管理宫城诸门警卫。隶卫尉（中大夫令）。其余诸宫亦置，分隶诸宫卫尉。东汉南、北宫各置一员，皆隶卫尉。三国魏、西晋沿置，七品。东晋、南朝省。北齐复置，为卫尉寺卫士署长官，掌京城及诸门屯卫士兵。

卫士丞 官名。秦属卫尉。西汉景帝初更属中大夫令，至后元年（前143）复属卫尉。为卫士令副贰，分掌宫门卫屯兵，禁卫皇宫。东汉有南、北宫卫士丞各一人，分掌南、北宫卫士，秩三百石。三国魏亦置，九品，秩二百石。北齐为卫尉寺卫士署次官，协掌京城及诸门屯卫士兵。

卫士署 官署名。北齐置，属卫尉寺，掌管京城及诸城门卫戍士兵。设令、丞。

卫大将军 官名。十六国后燕置，为高级武职，地位在卫将军上。北魏孝文帝太和十七年（493）定为一品下，位在仪同三司下。太和二十三年改为二品，位在太子太师上。北齐沿置，仍为二品，在太子太师上，但已不统兵，为安排有军勋人员的闲职。

卫千总 官名。清朝绿营军官。正六品。隶于漕运总督所辖各卫。掌督率运员，领运漕粮。参见“千总”。

卫仙 官名。唐朝内官。高宗龙朔二年（662）置六员，正六品，位同宝林，咸亨二年（671）废。

卫生司 官署名。清末民政部所属之机构。光绪三十二年（1906）设。原巡警部警保司卫生科事务归并办理。掌核办防疫卫生，检查医药设置、病院各事。辖保健、检疫、方术三科。置郎中一人总理司务，下设员外郎、主事各二人，七品小京官一人，六、七品医官各一人，分司各职。

卫生司郎中 官名。清末民政部卫生司之长官。光绪三十二年（1906）设，一人，正五品。掌司事。

卫生科 官署名。❶清末海军部军医司所属二科之一。宣统元年（1909）设于筹办海军事务处医务司。二年，改属军医司。同年，随司并入海军部。掌海军之卫生防疫，承办医疗材料的制造购备，经管海军医院及医务人员的使用和考核。置科长、科员、录事。❷清末陆军部军医司所属二科之一。宣统二年（1910）设。掌陆军卫生人员之教育、补任、考核，审查防疫治疗方法，编定卫生报告，承办卫生材料之制造、筹备、供给。置科长、科员、录事。

卫圣 宋朝功臣号。以赐诸班直禁军将校。参见“功臣号”。

卫司马 官名。西汉置。宣帝时，郑吉以侍郎田渠黎，积谷，发诸国兵攻破车师，迁卫司马，使护鄯善以西南道。

卫军 卫将军的省称。《晋书·石季龙载记下》：“统卫军张贺度、征西张良、征虏石闵等，率步骑十万讨之。”亦指卫大将军。《晋书·慕容垂载记》：“遣其征西慕容楷、卫军慕容麟。”时慕容麟为卫大将军。

卫军司 官署名。辽朝北面军事官。设司徒主司事。

卫佐 隋十二卫、唐十六卫及东宫诸率府录事参军事及仓、兵、骑、胄等曹参军事通称，并为美职。

卫所 官署名。明朝军事机构卫和所的合称。详见“卫”及“千户所”。

卫府 ❶卫将军府署的省称。《晋书·会稽文孝王道子传》：“卫府文武，一以配骠骑府。”❷隋唐置十二卫、十六卫府，分统禁卫兵。见“十二卫”、“十六卫”。

卫学 学校名。明洪武十七年（1384）始置于甘肃。宣德十年（1435）诏令于全国各卫分置，设教授一人，训导二人，职专教授生徒。学生为军生，军生中有廪膳生。其制与府、州、县学略同。

卫经历 官名。明朝各卫指挥使司所属经历司设，一人，从七品，为各卫首领官，掌出纳文移等事。

卫南都巡河官 官名。金朝都水监属官，设于新乡，掌河防，管辖崇福上、崇福下、卫南、淇上四埽。人选由都水监廉举，领埽兵约二千人。

卫指挥使司 官署名。明朝卫所制度，各卫均置，设指挥使一人，正三品，指挥同知二人，从三品，指挥佥事四人，正四品，镇抚司镇抚二人，从五品，及经历司经历等官，多为军官世袭之职。掌本卫军队，外卫统于都司、行都司或留守司，京卫或隶五军都督府，或直属皇帝。

卫将军 官名。西汉初为将军名号之一，统兵征战，事讫即罢。文帝即位，拜宋昌为之，总领南、北军，始成为重要武职，其后屡典京城、皇宫禁卫军队。东汉位次大将军、骠骑将军、车骑将军，秩万石，位亚三公。开府置官属。魏晋南北朝沿置，位在诸名号大将军之上，多作为军府名号，以加大臣、重要州郡长官，无具体职掌。东晋南朝甚重之，常以中书监、尚书令等权臣兼任，统兵出征。梁、陈改置镇卫将军。北魏、北齐仍置。魏、晋、宋二品，开府者位从公，一品。北魏孝文帝太和十七年（493）定为一品下，二十三年改二品。北齐二品。

卫候司 即卫候直都指挥使司。

卫候直都指挥使司 官署名。元成宗大德十一年（1307）由隆福宫卫候司改名，简称卫候司。秩正四品（或升正三品）。领东宫控鹤卫士，兼掌仪从金银器物。隶詹事院。英宗至治三年（1323）罢，泰定帝泰定四年（1327）三月复置，隶皇后位下，不久又罢。文宗天历二年（1329）再设，隶储政院，后又罢。顺帝至正元年（1341）复设，后隶詹事院。置达鲁花赤二员，都指挥使二员，副指挥使二员。下辖六百户所。

卫缺 清朝官缺之一。即指漕运总督所辖各卫及守御所额设之职官。

卫海将军 官名。南朝梁置，武帝天监七年（508）定为施于境外的武职二十四班中的第十八班，拟于武臣将军等四号将军，大通三年（529）定制后，仍拟武臣将军等号。

卫率 参见“太子卫率”。

卫率府 官署名。元朝东宫卫军机构。设于武宗至大二年（1309）二月，统汉军万人，隶詹事院。置卫率使、副使等职，由詹事院官兼任。仁宗延祐四年（1317）五月，改为中翊府，不久又改名为御临亲军都指挥使司；五年十月，再改为羽林亲军都指挥使司；六年六月，复隶东宫，改为左卫率府。

卫尉 官名。❶战国秦始置，西汉沿置，秩中二千石，列位九卿。景帝曾改名中大夫令，后元年（前143）复故。掌皇帝所居未央宫禁卫，主管宫门屯驻卫士，专司昼夜巡警和检查出入者之门籍。亦称未央卫尉。有丞一员。属官有公车司马、卫士、旅贲三令丞，诸屯卫候司马二十二官等。京城外建章、甘泉等行宫或置，冠宫名，置属官。新莽改名大卫。东汉复旧名，唯置一员，总领南、北宫卫士令丞，又辖左右都候、诸宫掖门司马。三国因之，魏三品。西晋兼管武库、冶铸，领江北三十九冶及南北东西诸督冶掾，三品。东晋省，间亦作为赠官。南朝宋复置，三品，专掌宫禁及京城防卫。梁、陈及北朝称卫尉卿。❷太后三卿之一。两汉魏晋南北朝皆置，掌太后宫禁。皆冠太后宫名为官号，位略同于九卿。隋朝省。金朝复置，掌太后两宫官属。中宫别置卫尉司，以中卫尉主之。皆从三品。

卫尉少卿 官名。秦、汉皆置丞为卫尉副贰，北魏始置少卿，位在丞上，四品上。北齐沿置，为卫尉寺次官，四品。隋炀帝增为员二人，从四品。唐、五代因之，从四品上。唐高宗、武则天时曾随本寺改名司卫大夫、司卫少卿，后各复旧。掌协助卫尉卿通判本寺事务。北宋初为四品寄禄官，仅表示品级俸禄，不预本寺公事，员一人。神宗元丰（1078—1085）改制后，始成为职事官，正六品。南宋高宗建炎三年（1129）罢。辽朝南面官亦有之。后省。

卫尉司 官署名。金朝置。掌皇后宫事务。设中卫尉（从三品）、副尉（从四品）为长贰，左常侍（从五品）掌周护导从仪仗之事；右常侍（从五品）。保卫三十人，奉引八十人，伞子四人，执旗二人。

卫尉寺 官署名。北齐始置，为九寺之一。主管宫殿、京城诸门禁卫，武器及宫廷仪仗库藏。设卿、少卿、丞各一员，属官有功曹、五官、主簿、录事等。辖城门寺及公车、武库、卫士三署。隋文帝开皇三年（583）罢，其职分隶太常寺、尚书省。十二年复置，宫门禁卫划属左、右监门，本寺唯掌武器、仪仗的库藏、供应，政令仰承兵部。辖公车、武库、守宫三署。炀帝增置少卿为二员。唐、五代因之，罢公车署，增武器署。唐高宗龙朔二年（662）改名司卫寺，咸亨元年（670）复故；武则天光宅元年（684）又改，中宗神龙元年（705）再复。北宋初，凡武库、武器收藏并归内库及军器库，以他官及内侍典领；守宫之仪仗帐幕归仪鸾司，本寺无具体职掌，卿、少卿、丞皆为寄禄官，另置判寺事一人，以郎官以上充任。神宗元丰（1078—1085）改制后，始恢复职掌，管理仪卫兵械、甲胄之验收、出纳，宫廷仪仗、帐幕之供应。岁终上计帐于兵部。置卿、少卿各一员为长贰，丞、主簿各一员。辖内弓箭库、南外库、军器弓枪库、军器弩剑箭库、仪鸾司、军器什物库、宣德楼什物库、左右金吾街司、左右金吾仪司、六军仪仗司等署。南宋高宗建炎三年（1129）并入兵部。辽朝南面官署有之，后不复置。

卫尉寺少卿 即卫尉少卿。

卫尉寺主簿 官名。秦朝始置卫尉主簿，汉因之。晋置二人，南朝宋、齐沿置。梁武帝天监七年（508）定位三班，陈因之。北朝北齐始称卫尉寺主簿，隋置二人。唐高祖武德（618—626）中沿置二人，正八品。太宗贞观（627—649）中减一人，改从七品上。其后，又改置二人，负责掌印及勾检稽失。北宋前期，用为文臣叙迁之阶。神宗元丰（1078—1085）改制，复为职事官，置一人，从八品。南宋高宗建炎三年（1129），卫尉寺并归兵部，遂罢。

卫尉寺丞 即卫尉丞。

卫尉寺卿 即卫尉卿。

卫尉丞 官名。秦汉魏晋南朝皆置一员，为卫尉副贰，协掌宫门禁卫。西汉秩千石，东汉秩比千石，魏、晋、宋七品，梁四班，陈八品。北魏增置少卿为卫尉之副，丞降为佐官。孝文帝太和十七年（493）定为从五品中，二十三年改从六品。北齐置卫尉寺，以卿、少卿为长贰，以丞管理本寺日常事务，从六品。隋、唐、五代因之，皆置二员，隋从六品，唐从六品上。掌判寺事，辨器械出纳之数。唐高宗、武则天时曾随本寺改名司卫丞，后各复旧。北宋员一人，初为寄禄官，用以表示品级、俸禄，无具体职掌。神宗元丰（1078—1085）改制后，始成为职事官，参领寺务，秩正八品。南宋高宗建炎三年（1129）罢。辽朝南面官有之。后不复置。北齐以来，亦称卫尉寺丞。

卫尉院 官署名。元世祖至元二十年（1283）由太仆院改名，兼领武备监。掌马匹出纳、马具制作及武器缮治出纳。二十一年武备监独立为寺。二十四年罢，改置太仆寺。

卫尉卿 官名。东汉魏晋常作为卫尉的尊称。南朝梁正式定为官称，十二班，位列十二卿。掌宫门宿卫屯兵，巡行宫外，纠察不法，管理武器库藏，领武库、公车司马令。陈沿置，三品、秩中二千石。北齐置为卫尉寺长官，三品，位列九卿。主管宫殿、京城诸门禁卫，武器、仪仗库藏。隋初罢，文帝开皇十二年复置，正三品，唯掌仪仗帷幕供应、武器库藏等事务，政令则仰承兵部。炀帝改从三品。唐朝因之。高宗龙朔二年（662）改名司卫正卿，咸亨元年（670）复故；武则天光宅元年（684）改名司卫卿，中宗神龙元年（705）复故。五代因之。北宋初为三品寄禄官，表示品级俸禄，不预本寺公事。神宗元丰（1078—1085）改制后，始成为职事官，从四品。南宋高宗建炎三年（1129）罢。辽朝南面官有之。后不复置。北齐以来，亦称卫尉寺卿。

卫镇抚 官名。明朝各卫镇抚司设，二人，从五品，掌本卫军士之事。

也可札鲁忽赤 蒙古语。汉译大断事官。蒙、元官称，札鲁忽赤之长。见“札鲁忽赤”。

女太史 女官名。十六国后赵置。《晋书·石季龙载记上》：“（石虎）置女太史于灵台，仰观灾祥，以考外太史之虚实。”

女古烈详稳司 官署名。辽朝置。统二女古部军，长官为详稳，下设都监等职。属北面军官。

女古斡鲁朵 辽宫名。即兴圣宫。

女史 女官名。❶《周礼》天官、春官之属。《天官》：“女史，掌王后之礼职，掌内治之贰，以诏后治内政、逆内宫、书内令；凡后之事，以礼从。”《春官·序官》：“世妇，每宫卿二人、下大夫四人、中士八人、女府二人、女史二人、奚十有六人。”郑玄注：“女府、女史，女奴有才知者。”❷内宫女职。北魏置，典内宫事，视三品。隋炀帝改名女使，分隶女官六局二十四司，视流外，其员额依诸局事务之繁简，多者十人以下，无定员。唐朝复名女史，宫官六尚二十四司及宫正皆置，二至十人不等，掌执文书；太子内官三司诸掌亦置，二至四人不等。金同唐制，六尚二十四司及宫正皆置，二至十人不等。明洪武五年（1372）内职定为六局一司，尚功局置六员，余五局及宫正司各置二员，二十七年共增为九十六员，二十四司及宫正司分置二至十人不等，比外职掾吏。

女巫 女官名。❶《周礼》春官之属。《春官》：“女巫，掌岁时祓除衅浴，旱暵则舞雩；若王后吊，则与祝前；凡邦之大灾，歌哭而请。”❷女卜师。隋朝太常寺太卜署置八员。

女秀才 明朝宫廷宫女之职。由通晓文理之宫女充任。无品级，地位在女史之下。其中优秀者可升任女史，递升女官。凡后宫礼仪活动时，多充当引礼官或赞礼官等。

女直司 官署名。金朝置。隶户部。通掌户籍、度支、财赋、仓廪诸务。以主事二员管领司事，秩从七品。人选由举人试进。

女直馆 官署名。明朝负责女直（即女真）语言文字翻译的部门。始置于永乐五年（1407），设译字生、通事以掌其事。初隶翰林院，弘治七年（1494）改隶太常寺。

女贤人 女官名。北魏后宫女职。孝文帝时定为视三品。见《魏书·皇后列传》。

女尚书 女官名。掌管宫中事务的女官。《后汉书·陈蕃传》：“侯览、曹节、公乘昕、王甫、郑飒等与赵夫人诸女尚书并乱天下。”李贤注：“女尚书，宫内官也。”三国魏亦置，《三国志·明帝纪》裴松之注引《魏略》："帝常游宴在内，乃选女子知书可付信者六人，以为女尚书，使典省外奏事，处当画可。"职掌略同中书。十六国后赵石虎曾遣所亲任女尚书出察太子石邃之病。北魏沿置，掌管宫中事务。孝文帝时定视三品，但亦可进品。赵万里《汉魏南北朝墓志集释》图版三五之二《王僧男墓志》："超迁女尚书，秩班品三。""克当乾心，使彤管扬辉，故锡品二。""（死后）又追赠品一。"

女侍中　女官名。北魏置，陪侍皇后或皇太后，多以能解诗书之近臣妻、母担任，与其他后宫女职由宫女充任不同。孝文帝时视二品。孝明帝神龟（518—520）初，曾以常山、顿邱两位长公主为之。北齐沿置，后主时陆令萱任之，参议朝政，权势极大。

女官　❶帝王宫中执事的女性官员的合称。历代均置。品位名目不一。汉分十四等，顺次名昭仪、婕妤、美娥、容华、美人、八子、充依、七子、良人、长使、少使、五官、顺常、无涓。后赵先有十八等，后增至二十四等；东宫十二等，诸公侯置九等。唐朝称内官，分十九等，顺次为贵妃、淑妃、德妃、贤妃、昭仪、昭容、昭媛、修仪、修容、修媛、充仪、充容、充媛、婕妤、美人、才人、宝林、御女、采女；开元时又置惠妃、丽妃、华妃，亦有宫官，即二十四司、二十四典、二十四掌。明朝由宫女、经女秀才、历女史递升女官，其中尚宫、尚仪、尚服、尚食、尚寝、尚功、宫正正五品；司记、司言、司簿、司闱、司籍、司乐、司宾、司赞、司宝、彤史正六品；典记、典言、典宝、典正等正七品；掌记、掌言、掌宝正八品，凡一百八十七人，五、六年得归父母，听婚嫁。永乐时，仅保留司宝，掌收贮宝玺，余尽移于宦官。清朝尽罢。❷太平天国妇女职官的合称。分朝内、军中、职同三种。朝内女官设军师四人，下设天地春夏秋冬六官正副丞相共十二人，禁城女检点三十六人，指挥七十二人，将军四十人，分别在天王府及各王府供职。军中女官有总制、监军、军帅各四十人，卒长一千人，管长四千人。另有职同女官，殿前女绣锦指挥二百四十人，职同指挥；女绣锦将军二百人，职同将军；女绣锦总制一百二十人，职同总制；女绣锦监军一百六十人，职同监军，均为统率女绣锦营的女官。此外，有内掌门三百人，内贵使二百八十人。女官合计六千五百八十四人。名位虽高，职权不大。

女官六局　明朝宫中尚宫、尚仪、尚服、尚食、尚寝、尚功六局的合称。掌管侍奉皇帝和后妃日常生活之事。详分见各局。

女学士　女官名。南朝陈后主置，以宫人有文学者担任。袁大舍曾任此职，见《陈书·皇后传》。

女食　女官名。北魏后宫女职。孝文帝定为视五品。

女祝　官名。《周礼》天官之属。一说为周朝置。掌王后宫内祭祀祝祷。位卑，多以女奴充任。《周礼·天官·女祝》："掌王后之内祭祀，凡内祷祠之事。掌以时招梗禬之事，以除疾殃。"《天官·序官》郑玄注："女祝，女奴晓祝事者。"

女祝史　女官名。南朝宋明帝置。四品。

女酒　女官名。北魏后宫女职。孝文帝定为视五品。

女祧　官名。《周礼》春官之属。一说为周朝置。负责守护先公先王配偶的庙祧。《周礼·春官·序官》："女祧每庙二人。"

女御　官名。❶《周礼》天官之属。《天官》："女御，掌御叙于王之燕寝，以岁时献功事；凡祭祀，赞世妇；大丧，掌沐浴；后之丧，持翣，从世妇而吊"。❷内宫女官。隋文帝开皇二年（582）著内官之式，置三十八员，视正七品，掌女工丝枲；炀帝增置宝林二十四人，御女二十四人，采女三十七人，通为女御。

女飨　女官名。北魏后宫女职。孝文帝定为视五品。

小卜上士　官名。西魏恭帝三年（556）置，北周沿置。春官府太卜司次官，佐太卜下大夫掌以占卜决定事物的吉凶。正三命。隋文帝开皇元年（581）罢。

小九卿　官名。明清九卿之外部分寺卿之合称。明朝一般指太常寺卿、太仆寺卿、光禄寺卿、詹事、翰林学士、鸿胪寺卿、国子监祭酒、苑马寺卿、尚宝司卿。清朝一般指宗人府府丞、詹事、太常寺卿、太仆寺卿、光禄寺卿、鸿胪寺卿、国子监祭酒、顺天府府尹、左右春坊庶子。谕旨中常将六部与九卿并提，则九卿所指无明文规定，记载又不一致，无定论。

小三法司　清朝会审要犯机构之合称，相对于"三法司"（刑部、都察院、大理寺）而言。凡在京重大案件，先由都察院有关道御史及大理寺左、右二寺官员与刑部承办司会审，此三者即为小三法司。会审后各以供词呈本堂官，由三法司堂官再行会审。此制于光绪三十二年（1906）废。

小门人　官名。西周置。一说即《周礼》之"门子"。一说为《周礼》之司门。

小门下　南齐给事黄门侍郎的俗称。

小马坊　官署名。唐朝内诸司之一，每岁群牧进其良者以供御，五代后唐明宗长兴元年（930）分飞龙院为左、右，此即为右飞龙院。

小马坊使　使职名。唐朝内诸司使之一，掌饲本坊御马；懿宗咸通（860—874）中，宦官田令孜曾任。五代后梁太祖开平元年（907）改名天骥使；后唐复旧，明宗长兴元年（930）分飞龙院为左、右，遂为右飞龙院使。

小子　官名。殷商始置，周朝沿置。❶君王诸侯及公卿大夫的侍从官员。《甲骨文存》卷二第二六二片："戊午卜，古贞，酢小子邻。"《令鼎铭》："王射，有司众师氏，小子合射。"《尚书·周书·酒诰》："我西土棐徂邦君，御事小子，尚克用文王教，不腆于酒。"❷祭祀时主管杂务的官员。《周礼·夏官》：小子，"下士二人，史一人，徒八人"。"掌祭祀羞羊肆羊殽肉豆，而掌珥于社稷，祈于王祀。凡沈辜侯禳，饰其牲，衅邦器及军器。凡师田，斩牲以左右徇陈。祭祀、赞羞受彻焉"。《夏官·序官》郑玄注："小子主祭祀之小事。"

小乡伯下大夫 官名。西魏恭帝三年（556）置，北周沿置。地官府民部中大夫属官，佐乡伯中大夫统掌各乡事务。正四命。隋文帝开皇元年（581）罢。

小乡伯上士 官名。西魏，北周地官府民部中大夫属官，正三命。职掌参见"乡伯中大夫"。

小乡伯中士 官名。西魏，北周地官府民部中大夫属官，正二命。职掌参见"乡伯中大夫"。

小夫 官名。西周置。职掌不详。见《小夫卣铭》。

小中正 魏晋南北朝时期负责评定士族内部品第的官员。各郡、国皆置，由郡、国大中正推举任职于京师的籍贯为本郡的士族，经司徒府通过，即可兼任，罢免亦同。佐郡、国大中正评品本郡士族。属官有清定、访问等。其职掌沿革详见"中正"。

小中译 官名。清朝西藏嘎厦所属官员之一。隶于噶伦。办理文书交际之事。设七品官三人。

小内史 即小内史下大夫的省称。

小内史下士 官名。西魏、北周春官府内史中大夫属官，正一命。职掌参见"内史中大夫"。

小内史下大夫 官名。西魏恭帝三年（556）置，北周沿置。亦称内史下大夫、内史次大夫。春官府内史司次官，员二人，佐内史中大夫掌纶诰，并参议刑罚爵赏以及军国大事。静帝大象元年（579），宣帝置内史上大夫为内史司长官，中大夫降为次官，其地位亦相应下降。正四命。隋文帝开皇元年（581）罢。

小内史上士 官名。西魏恭帝三年（556）置，北周沿置。亦称内史上士。春官府内史司属官，员二人，佐内史中大夫，小内史下大夫掌本司事务。正三命。隋文帝开皇元年（581）罢。职掌参见"内史中大夫"。

小内史中士 官名。西魏、北周春官府内史中大夫属官，正二命。职掌参见"内史中大夫"。

小长 学官名。宋徽宗崇宁五年（1106），以州、县小学学长改称。《大观重修国子监小学格》规定，州、县小学设职事小长一人，学生三十人以上则增设一人。

小凤 官名。唐、宋中书舍人的别称。见明杨慎《艺林伐山》七《小凤》。

小计部下大夫 官名。西魏恭帝三年（556）置，北周沿置。天官府计部次官，亦称计部下大夫。佐计部中大夫掌国家收入、支出的帐簿。周武帝建德二年（573），省六府诸司中大夫，遂成为计部长官，称计部下大夫。宣帝即位，六府诸司复置中大夫后，仍为次官。正四命。隋文帝开皇元年（581）罢。

小计部上士 官名。西魏恭帝三年（556）置，北周沿置。天官府计部中大夫属官，佐计部中大夫、下大夫掌国家收入、支出的帐簿。周武帝建德二年（573），省六府诸司中大夫，以下大夫为长官，遂成为计部次官。宣帝即位，六府诸司复置中大夫后，仍为属官。正三命。隋文帝开皇元年（581）罢。

小尹 周朝称级别较低的官长。《尚书·周书·立政》："虎贲、缀衣、趣马、小尹。"孔颖达疏："（趣马）是掌马之小官也。缀衣，是大仆。虎贲、大仆，皆下大夫也。""三官之下，小官多员。"

小书女 女官名。北魏后宫女职。孝文帝时，定为视三品。

小布宪上士 官名。西魏恭帝三年（556）置，北周沿置。秋官府布宪中大夫属官，佐布宪中大夫、布宪下大夫掌本司事务。北周武帝建德二年（573），省六府诸司中大夫，以下大夫为长官，遂为布宪司次官。宣帝即位，复置六府诸司中大夫后，仍为属官。正三命。隋文帝开皇元年（581）罢。

小右武伯 右小武伯下大夫的省称。

小龙 宋朝龙图阁直学士俗称。

小可汗 官名。西突厥处罗可汗立，置二人，分统所部。

小号将军 南朝用以泛称地位较低的名号将军，以与重号将军相区别。南朝宋左、右、前、后将军以下至偏、裨将军称此，府中佐吏少于重号将军。

小田正上士 官名。西魏恭帝三年（556）置，北周沿置。秋官府田正司次官，佐田正下大夫掌本司事务。正三命。隋文帝开皇元年（581）罢。

小史 官名。❶商朝置。职掌不详。❷《周礼》春官太史属员。中士爵。一说为周朝置。掌王室及诸侯国图志、世系，佐太史进行各种礼仪活动。❸即"小吏"。汉朝及魏晋郡县属吏中最卑微的职吏。处理诸杂务。员数甚众，名目不一。

小史下大夫 官名。西魏恭帝三年（556）仿《周礼》小史置，掌帝王世系昭穆，北周沿置。春官府太史司属官，正四命。下设小史上士以佐其职。隋文帝开皇元年（581）罢。

小史上士 官名。西魏恭帝三年（556）置，北周沿置。春官府太史中大夫、小史下大夫佐官。正三命。隋文帝开皇元年（581）罢。

小丘臣 官名。商朝置。掌丘陵地带的管理。盖与牧事有关。

小仪 礼部郎官别称。洪迈《容斋四笔》卷一五《官称别名》："唐人好以它名标榜官称"，"礼部（郎）为小仪、为南省舍人"。

小令尹 官名。战国楚置。《史记·樗里子甘茂列传》："（苏代曰）今公与楚解口地，封小令尹以杜阳，秦楚合，复攻韩，韩必亡。"

小乐正 官名。周朝置。负责国子教导的乐官，位在大乐正之下，大胥、小胥之上。《礼记·王制》："凡入学以齿。将出学，小胥、大胥、小乐正，简不帅教者，以告于大乐正，大乐正以告于王。"

小乐部下大夫 官名。北周武帝保定四年（564），改小司乐下大夫置，仍属春官府，为乐部次官，佐乐部中大夫掌音律，教授乐舞，管理各种伎乐的演奏。武帝建德二年（573），省六府诸司中大夫，遂成为乐部长官，称"乐部下大夫"。宣帝即位，复置六府诸司中大夫后，仍为乐部次官。正四命。隋文帝开皇元年（581）罢。

小乐部上士 官名。北周武帝保定四年（564），改小司乐上士置，仍属春官府，为乐部中大夫属官。佐乐部中大夫、小乐部下大夫掌本司事务，其下设小乐部中士。武帝建德二年（573），省六府诸司中大夫，以下大夫为长官，遂成为乐部次官。宣帝即位，复置六府诸司中大夫后，仍为属官。正三命。隋文帝开皇元年（581）罢。

小乐部中士 官名。北周武帝保定四年（564），改小司乐中士置，仍属春官府，为乐部中大夫属官。正二命。隋文帝开皇元年（581）罢。职掌参见"乐部中大夫"。

小礼部 小礼部上士的省称。

小礼部上士 官名。北周置。北周武帝保定四年（564）五月丁亥，改春官府大司礼为礼部，置为次官，省称小礼部。正三命。隋文帝开皇元年（581）罢。参见"大司礼"。

小驭下大夫 官名。西魏恭帝三年（556）置，北周沿置。夏官府大驭司次官，佐大驭中大夫掌皇帝出行的车辆及道路的管理。北周武帝建德二年（573），省六府诸司中大夫，遂成为大驭司长官。宣帝即位，复置六府诸司中大夫后，仍为次官。正四命。隋文帝开皇元年（581）罢。

小司土下大夫 官名。西魏恭帝三年（556）置，北周沿置。冬官府司土司次官，佐司土中大夫掌本司事务。北周武帝建德二年（573），省六府诸司中大夫，遂成为司土司长官，称司土下大夫。宣帝即位，复置六府诸司中大夫后，仍为次官。正四命。隋文帝开皇元年（581）罢。

小司土上士 官名。西魏恭帝三年（556）置，北周沿置。冬官府司土中大夫属官，佐司土中大夫、小司土下大夫掌本司事务。北周武帝建德二年（573），省六府诸司中大夫，以下大夫为长官，遂成为司土司次官。宣帝即位，复置六府诸司中大夫后，仍为属官。正三命。隋文帝开皇元年（581）罢。

小司门 即小司门上士的省称。

小司门上士 官名。西魏恭帝三年（556）置，北周沿置。可省称为小司门。地官府司门司次官，佐司门下大夫掌边境关门、城门及宫门的启闭，并发放过所（通行凭证）。正三命。隋文帝开皇元年（581）罢。

小司马 官名。❶《周礼》夏官大司马副佐。中大夫爵。职掌参见"大司马"。一说为周朝置。❷西魏、北周置。夏官府小司马上大夫省称。员二人，正六命。协助大司马卿管理全国军务。详见"小司马上大夫"。

小司马上大夫 官名。西魏恭帝三年（556）置，北周沿置。夏官府次官，员二人，省称小司马。佐大司马卿掌军政以及官员迁调。北周孝闵帝时尉迟纲任职，总统宿卫禁兵。亦可统兵出征或暂时在外驻守。正六命。隋文帝开皇元年（581）罢。

小司木下大夫 官名。西魏恭帝三年（556）置，北周沿置。冬官府司木司次官，佐司木中大夫掌木工之政令。北周武帝建德二年（573），省六府诸司中大夫，遂为司木司长官，称司木下大夫。宣帝即位，复置中大夫后，仍为次官。正四命。隋文帝开皇元年（581）罢。

小司木上士 官名。西魏恭帝三年（556）置，北周沿置。冬官府司木中大夫属官，佐司木中大夫、小司木下大夫掌本司事务。正三命。北周武帝建德二年（573），省六府诸司中大夫，以下大夫为长官，遂为司木司次官。宣帝即位，复置六府诸司中大夫后，仍为属官。隋文帝开皇元年（581）罢。

小司车辂上士 官名。西魏恭帝三年（556）置，北周沿置。春官府司车辂司次官，佐司车辂下大夫掌管自皇帝以下至士所用车辂的规格。正三命。隋文帝开皇元年（581）罢。

小司仓上士 官名。西魏恭帝三年（556）置，北周沿置。地官府司仓次官（一说司仓置中大夫，此职为司仓中大夫属官），佐司仓下大夫掌各种谷物的贮存、保管、加工、使用和借贷。员一人，正三命。隋文帝开皇元年（581）罢。

小司水下大夫 官名。西魏恭帝三年（556）置，北周沿置。冬官府司水司次官，佐司水中大夫掌河渠疏浚，灌溉及舟船运输事务。正四命。北周武帝建德二年（573），省六府诸司中大夫，遂成为司水司长官，称司水下大夫。宣帝即位，复置六府诸司中大夫后，仍为次官。隋文帝开皇元年（581）罢。

小司水上士 官名。西魏恭帝三年（556）置，北周沿置。冬官府司水中大夫属官，佐司水中大夫、小司水下大夫掌本司事务。正三命。北周武帝建德二年（573），省六府诸司中大夫，以下大夫为长官，遂成为司水司次官。宣帝即位，复置六府诸司中大夫后，仍为属官。隋文帝开皇元年（581）罢。

小司玉上士 官名。西魏恭帝三年（556）置，北周沿置。冬官府司玉司次官，佐司玉下大夫掌本司事务。正三命。隋文帝开皇元年（581）罢。

小司玉中士 官名。西魏、北周冬官府司玉下大夫属官，正二命。职掌参见司玉下大夫。

小司卉上士 官名。西魏恭帝三年（556）置，北周沿置。冬官府司卉司次官，佐司卉下大夫掌本司事务。正三命。隋文帝开皇元年（581）罢。

小司右下大夫 官名。西魏恭帝三年（556）置，北周沿置。夏官府司右司次官，佐司右中大夫掌皇帝出行田猎的护卫。正四命。北周武帝建德二年（573），省六府诸司中大夫，遂成为司右司长官，称司右下大夫。宣帝即位，复置六府诸司中大夫后，仍为次官。隋文帝开皇元年（581）罢。

小司右上士　官名。西魏恭帝三年（556）置，北周沿置。夏官府司右中大夫属官，正三命。北周武帝建德二年（573），省六府诸司中大夫，以下大夫为长官，遂成为司右司次官。宣帝即位，复置六府诸司中大夫后，仍为属官。隋文帝开皇元年（581）罢。

小司右中士　官名。西魏，北周夏官府司右中大夫属官，正二命。参见“司右中大夫”。

小司市上士　官名。西魏恭帝三年（556）置，北周沿置。地官府司市司次官，员一人，佐司市下大夫掌本司事务。正三命。隋文帝开皇元年（581）罢。

小司皮上士　官名。西魏恭帝三年（556）置，北周沿置。冬官府司皮司次官，佐司皮下大夫掌本司事务。正三命。隋文帝开皇元年（581）罢。

小司乐下大夫　官名。西魏恭帝三年（556）置，北周沿置。春官府大司乐司次官，亦称司乐下大夫。佐大司乐中大夫掌音律，教授乐舞，管理各种伎乐的演奏。正四命。北周武帝保定四年（564），改大司乐为乐部，遂改称小乐部下大夫。

小司乐上士　官名。西魏恭帝三年（556）置，北周沿置。春官府大司乐中大夫属官，正三命。北周武帝保定四年（564），改大司乐为乐部，遂改称小乐部上士。职掌参见“大司乐中大夫”。

小司乐中士　官名。西魏恭帝三年（556）置，北周沿置。春官府大司乐中大夫属官，正二命。北周武帝保定四年（564），改大司乐为乐部，遂改称乐部中士。职掌参见“大司乐中大夫”。

小司色上士　官名。西魏恭帝三年（556）置，北周沿置。冬官府司色司次官，佐司色下大夫掌本司事务。正三命。隋文帝开皇元年（581）罢。

小司武大夫　官名。北周置，亦称少司武。武帝宣政元年（578）未置司武上大夫前，佐司武中大夫掌宿卫军事，正四命；其后则佐司武上大夫掌其事。隋文帝开皇元年（581）罢。

小司金下大夫　官名。西魏恭帝三年（556）置，北周沿置。冬官府司金司次官，佐司金中大夫掌金属矿藏的开发、冶炼及器物制作。正四命。北周武帝建德二年（573），省六府诸司中大夫，遂成为司金司长官，称司金下大夫。宣帝即位，复置六府诸司中大夫后，仍为次官。隋文帝开皇元年（581）罢。

小司金上士　官名。西魏恭帝三年（556）置，北周沿置。冬官府司金中大夫属官，佐司金中大夫、小司金下大夫掌本司事务。正三命。北周武帝建德二年（573），省六府诸司中大夫，以下大夫为长官，遂成为司金司次官。宣帝即位，复置六府诸司中大夫后，仍为属官。隋文帝开皇元年（581）罢。

小司金中士　官名。西魏、北周冬官府司金中大夫属官，正二命。职掌参见“司金中大夫”。

小司空　即“小司空上大夫”的省称。

小司空上大夫　官名。西魏恭帝三年（556）置，北周沿置。冬官府次官，员二人，多省称为小司空或少司空，佐大司空卿掌国家各种工匠，负责建筑兴造事务。正六命。隋文帝开皇元年（581）罢。

小司隶上士　官名。西魏恭帝三年（556）置，北周沿置。秋官府司隶司次官，佐司隶下大夫掌五隶及徒者，捕盗贼囚执之事。正三命。隋文帝开皇元年（581）罢。

小司织上士　官名。西魏恭帝三年（556）置，北周沿置。冬官府司织司次官，佐司织下大夫掌各种丝麻织物的织造。正三命。隋文帝开皇元年（581）罢。

小司要上士　官名。西魏恭帝三年（556）置，北周沿置。秋官府司要司次官，佐司要下大夫掌本司事务。正三命。隋文帝开皇元年（581）罢。

小司射上士　官名。西魏恭帝三年（556）置，北周沿置。夏官府司射司次官，佐司射下大夫掌本司事务。正三命。隋文帝开皇元年（581）罢。

小司徒　官名。❶《周礼》地官大司徒属员。中大夫爵。一说为周朝置。掌国家教育法令，组织三年一次的大比会试；分配土地；考稽人民户口；划分政区，任命官守；规定贡赋税收；受理民众狱讼；考察官吏政绩等。❷西魏、北周置，地官府小司徒上大夫省称。员二人，正六命。协助大司徒卿管理户籍及地方行政机构等事务。详见“小司徒上大夫”。

小司徒上大夫　官名。西魏恭帝三年（556）置，北周沿置。地官府次官，多省称为小司徒，员二人，佐大司徒卿掌民户、土地、赋役、教育、仓廪、关市及山泽渔猎等方面的事务。正六命。隋文帝开皇元年（581）罢。

小司寇　官名。❶同少司寇。春秋时宋置。卿爵。掌听国政。《左传·成公十五年》：“鳞朱为少司寇。”❷《周礼》秋官大司寇属官。中大夫爵。一说为周朝置。掌外朝之政，听断狱讼等。❸北周置。即秋官府小司寇上大夫的省称。员二人，正六命。协助大司寇卿制定并执行刑律。详见“小司寇上大夫”。

小司寇上大夫　官名。西魏恭帝三年（556）置，北周沿置。秋官府次官，员二人，省称小司寇。佐大司寇卿掌刑政，主持刑法的制订及执行。正六命。隋文帝开皇元年（581）罢。

小刑部下士　官名。西魏、北周秋官府刑部中大夫属官，正一命。

小刑部下大夫　官名。西魏恭帝三年（556）置，北周沿置。秋官府刑部司次官，亦称刑部下大夫或小刑部，员一人，佐刑部中大夫掌杖、鞭、徒、流、死五刑的审讯、执行及赦免。正四命。北周武帝建德二年（573），省六府诸司中大夫，遂成为刑部长官，称刑部下大夫。宣帝即位，复置六府诸司中大夫后，仍为次官。隋文帝开皇元年（581）罢。

小刑部上士 官名。西魏恭帝三年（556）置，北周沿置。秋官府刑部中大夫属官，佐刑部中大夫、小刑部下大夫掌本司事务。正三命。北周武帝建德二年（573），省六府诸司中大夫，以下大夫为长官，遂成为刑部次官。宣帝即位，复置六府诸司中大夫后，仍为属官。隋文帝开皇元年（581）罢。

小老爷 清朝对地方州县中典史、吏目、巡检等一些佐杂官员的称呼，含有一定轻蔑之意。

小吏 ❶低级职吏的统称。❷官名。清朝理藩院所属内馆职官。额为八人，负责承应来京蒙古人等事宜。

小吏房 官署名。宋神宗时置，属枢密院，掌行两省内臣磨勘功过叙用，大使臣已上历任事状及校尉以上迁改之事。

小吏部 即小吏部下大夫的省称。

小吏部下大夫 官名。西魏恭帝三年（556）置，北周沿置。夏官府吏部司次官，亦称吏部下大夫、小吏部。员一人，佐吏部中大夫掌官员的选举与迁转。正四命。北周武帝建德二年（573），省六府诸司中大夫，遂为吏部长官，称吏部下大夫。宣帝即位，复置六府诸司中大夫后，仍为次官。隋文帝开皇元年（581）罢。

小吏部上士 官名。西魏恭帝三年（556）置，北周沿置。夏官府吏部中大夫属官，佐吏部中大夫、小吏部下大夫掌选举事务。正三命。北周武帝建德二年（573），省六府诸司中大夫，以下大夫为长官，遂为吏部次官。宣帝即位，复置六府诸司中大夫后，仍为属官。隋文帝开皇元年（581）罢。

小臣 官名。商朝始置，周朝沿置。殷商至西周，为君王近臣，掌王命传达，参与辅政，地位颇尊。春秋时期为侍御阉官。随王征伐，侍待君王，奉命出使，率众劳役；掌祭祀，宾客飨食之服位。《周礼》夏官有“小臣”，“上士四人”，“掌王之小命，诏相王之小法仪。掌三公及孤卿之复逆，正王之燕服位。王之燕出入，则前驱。大祭祀、朝觐，沃王盥。小祭祀、宾客、飨食、宾射，掌事，如大仆之法。掌士大夫之吊劳。凡大事，佐大仆”。

小臣正 官名。周朝置。诸侯侍御小臣之长。掌传君主命令，正君主服位。《仪礼·大射》：“公坐取大夫所媵觯兴，以酬宾。宾降西阶下，再拜稽首。小臣正辞。”郑玄注：“正，长也。”参见“小臣师”郑玄注。

小臣师 官名。周朝置。诸侯侍御小臣的官长。掌祭祀宾客飨享侍御之政令。位在小臣正之下，众小臣之上。《仪礼·大射》：“射人告具于公。公升即位于席西向。小臣师纳诸公卿大夫。”郑玄注：“小臣师，正之佐也。正相君，出入君之大命。”贾公彦疏：“下有小臣正。正，长也。故以师为佐。”

小匠师 小匠师下大夫的省称。

小匠师下大夫 官名。西魏恭帝三年（556）置，北周沿置。冬官府匠师司次官，员一人，亦称小匠师或匠师下大夫。佐匠师中大夫掌城郭宫室建筑之制及诸器物度量。正四命。北周武帝建德二年（573），省六府诸司中大夫，遂成为匠师司长官，称匠师下大夫。宣帝即位，复置六府诸司中大夫后，仍为次官。隋文帝开皇元年（581）罢。

小匠师上士 官名。西魏恭帝三年（556）置，北周沿置。冬官府匠师中大夫属官，佐匠师中大夫、小匠师下大夫掌本司事务。正三命。北周武帝建德二年（573），省六府诸司中大夫，以下大夫为长官，遂成为匠师司次官。宣帝即位，复置中大夫后，仍为属官。隋文帝开皇元年（581）罢。

小匠师中士 官名。西魏、北周冬官府匠师中大夫属官，正二命。职掌参见“匠师中大夫”。

小师 官名。❶《周礼》中的乐官。春官之属。大师属员。上士爵。一说为周朝置。掌教鼓、鼗、柷、敔、埙、箫、管、弦、歌。祭祀、飨宴，登歌击磬。小祭祀、小乐事，掌击鼓定音乐节奏。❷北魏置。“中正”设立之前曾负责评定拓跋鲜卑统治者内部等级。其职权后为中正所取代。

小师氏下大夫 官名。西魏恭帝三年（556）置，北周沿置。地官府师氏司次官，佐师氏中大夫用前代美善之事晓谕帝王，使其行善道，并教育太子以下的王公子弟。正四命。周武帝建德二年（573）省六府诸司中大夫，遂为师氏司长官，称师氏下大夫。宣帝即位，复置中大夫后，仍为次官。隋文帝开皇元年（581）罢。

小师氏上士 官名。西魏恭帝三年（556）置，北周沿置。地官府师氏中大夫属官，佐师氏中大夫、小师氏下大夫掌本司事务。正三命。周武帝建德二年（573），省六府诸司中大夫，以下大夫为长官，遂为师氏司次官。宣帝即位，六府诸司复置中大夫后，仍为属官。隋文帝开皇元年（581）罢。

小行人 官名。大行人属官。《周礼·秋官》有此官，“下大夫四人”。“掌邦国宾客之礼籍，以待四方之使者。令诸侯春入贡，秋献功，王亲受之。各以其国之籍礼之”。

小众人臣 官名。商朝置。掌管理平民阶层事务。

小多马羌臣 官名。商朝置。掌管多马羌。多马羌为替殷王养马的羌人奴隶。

小守庙下士 官名。西魏恭帝三年（556）置，北周沿置。春官府守庙中大夫属官，在祭礼时朗读祝文。正一命。隋文帝开皇元年（581）罢。

小守庙下大夫 官名。西魏恭帝三年（556）置，北周沿置。春官府守庙司次官，佐守庙中大夫掌宗庙的守卫和日常清扫，正四命。其下设小守庙上士、小守庙下士。武帝建德二年（573），省六府诸司中大夫，遂成为守庙司长官，称守庙下大夫。宣帝即位，六府诸司复置中大夫后，仍降为次官。隋文帝开皇元年（581）罢。

小守庙上士 官名。西魏恭帝三年（556）置，北周沿置。春官府守庙中大夫属官。佐守庙中大夫、小守庙下大夫掌本司事务。正三命。武帝建德二年（573），省六府诸司中大夫，以下大夫为长官，遂成为守庙司次官。宣帝即位，六府诸司复置中大夫后，仍为属官。隋文帝开皇元年（581）罢。

小论 官名。吐蕃副相，亦称论茝扈莽，置一人，与大相、都护、内大相、内副相、小相、整事大相、副整事、小整事共任国事。

小军机 清朝军机章京之俗称。

小两省 官名统称。宋朝起居郎、起居舍人、左右司谏、左右正言等官统称。

小医下大夫 官名。西魏恭帝三年（556）置，北周沿置。天官府太医下大夫属官。掌治疗民庶疾病，下设小医上士以佐之。正四命。隋文帝开皇元年（581）罢。

小医上士 官名。西魏、北周天官府太医下大夫属官，佐小医下大夫治疗民庶疾病。正三命。

小帐下督 官名。十六国后燕置。《晋书·冯跋载记》："及（慕容）熙僭号，（冯素弗）为侍御郎，小帐下督。"

小县伯下大夫 官名。西魏恭帝三年（556）置，北周沿置。亦称县伯下大夫。地官府民部中大夫属官，佐县伯中大夫掌本方事务，正四命。其下设小县伯上士、小县伯中士。隋文帝开皇元年（581）罢。

小县伯上士 官名。西魏、北周地官府民部中大夫属官，正三命。职掌参见"县伯中大夫"。

小县伯中士 官名。西魏、北周地官府民部中大夫属官，正二命。职掌参见"县伯中大夫"。

小秀才 官名。明洪武（1368—1398）中置。年轻举人、贡生等入国子学读书后，赴各衙门见习，取其中尤英敏者入文华、武英堂说书。

小兵部下大夫 官名。西魏恭帝三年（556）置，北周沿置。夏官府兵部司次官，省称为小兵部，佐兵部中大夫掌本部事务。正四命。北周武帝建德二年（573），省六府诸司中大夫，遂为兵部司长官，称兵部下大夫。宣帝即位，复置六府诸司中大夫后，仍降为次官。隋文帝开皇元年（581）罢。

小兵部上士 官名。西魏恭帝三年（556）置，北周沿置。夏官府兵部中大夫属官，佐兵部中大夫、小兵部下大夫掌本部事务。正三命。北周武帝建德二年（573），省六府诸司中大夫，以下大夫为长官，遂成为兵部司次官。宣帝即位，复置六府中大夫后，仍为属官。隋文帝开皇元年（581）罢。

小君 春秋时期诸侯国臣子以称本国国君的配偶。《穀梁传·庄公二十二年》："葬我小君文姜。小君非君也，以其为公配，可以称君也。"

小纳言 即纳言下大夫的别称。

小武伯 西魏、北周左、右小武伯下大夫的省称。

小武藏下大夫 官名。西魏恭帝三年（556）置，北周沿置。夏官府武藏司次官，亦称武藏下大夫，员一人。佐武藏中大夫掌各种兵器、铠甲及武士所着袍袄的收藏、保管，正四命。北周武帝建德二年（573），省六府诸司中大夫，遂成为武藏司长官，称武藏下大夫。宣帝即位，复置六府诸司中大夫后，仍为次官。隋文帝开皇元年（581）罢。

小坡 宋朝左、右司谏别称。

小帖子 宋朝官员于奏状或奏札后另纸申述或请求的补充文字。作用同贴黄。参见"贴黄"。

小呼药 官名。西魏恭帝三年（556）置，北周沿置。雍州牧主要僚属之一，位在长史、司马、司录、大呼药下，六命。隋文帝开皇元年（581）罢。

小典祀下大夫 官名。西魏恭帝三年（556）置，北周沿置。春官府典祀司次官，佐典祀中大夫掌有关祭祀的各种事务，正四命。其下设小典祀上士。武帝建德二年（573），省六府诸司中大夫，遂成为典祀司长官，称典祀下大夫。宣帝即位，六府诸司复置中大夫后，仍降为次官。隋文帝开皇元年（581）罢。

小典祀上士 官名。西魏恭帝三年（556）置，北周沿置。春官府典祀中大夫属官，佐典祀中大夫、小典祀下大夫掌本司事务，正三命。北周武帝建德二年（573），省六府诸司中大夫，以下大夫为长官，遂成为典祀司次官。宣帝即位，六府诸司复置中大夫后，仍为属官。隋文帝开皇元年（581）罢。

小典命上士 官名。西魏恭帝三年（556）置，北周初沿置。春官府典命司次官，佐典命下大夫掌内外九族和玉帛衣服的礼制规格以及全国的僧、道等宗教事务。正三命。后改典命为大司礼，遂罢。

小使臣 官名统称。宋徽宗政和三年（1113）以前，以内殿承制、内殿崇班、东头供奉官、西头供奉官、左侍禁、右侍禁、左班殿直、右班殿直、三班奉职、三班借职、三班差使、三班借差等十二阶武官为小使臣。政和三年，改称从义郎、秉义郎、忠训郎、忠翊郎、成忠郎、保义郎、承节郎、承信郎为小使臣。

小京官 清朝在京衙门中六品以下官员之统称。包括从六品之钦天监五官正，正七品之通政司知事，从七品之中书科中书，正八品之部院寺司务，从八品之翰林院典簿，从九品之国子监典籍及未入流之翰林院孔目等。

小府 ❶指与将军府设在同一州郡的校尉、中郎将、护军等的官署。南北朝时期战事频繁，各州郡长官多兼领将军名号，在州、郡内还设有校尉、中郎将、护军等领兵武职，位低权轻，其府署与将军府相比，则称小府，府中僚佐品阶亦低于大府僚佐。❷指设于不同地区的较低级名号的将军府署。东晋时甘卓为安南将军、梁州刺史，驻襄阳，王敦为大将军、荆州刺史。时人称王敦大将军府为大府，安南将军府与之相比则为小府。

小宗人 官名。周朝置。大宗人属官，掌宗庙祭祀礼仪。一说即小宗伯。《礼记·杂记》：“大夫之表，大宗人相，小宗人命龟，卜人作龟。”郑玄注：“相，相主人礼也。命龟，告以所问事也。”孔颖达疏：“小宗谓小宗伯也。命龟谓告龟道所卜之辞也。”参见“小宗伯”。

小宗师 小宗师下大夫的省称。

小宗师下大夫 官名。西魏恭帝三年（556）置，北周沿之。天官府宗师司次官，正四命。佐宗师中大夫掌管宗室事务，隋文帝开皇元年（581）废。

小宗师上士 官名。西魏恭帝三年（556）置，北周沿之。天官府宗师中大夫属官，正三命。亦作宗师上士。掌管宗室事务，多任用宗室子弟。《周书·宇文孝伯传》：“武成元年（559），拜（宇文孝伯）宗师上士，时年十六。”隋文帝开皇元年（581）废。

小宗师中士 官名。西魏、北周天官府宗师中大夫属官，正二命。

小宗伯 官名。❶《周礼》大宗伯属官，亦称少宗伯，中大夫爵。一说为周朝置。主要掌建国之神位，佐大宗伯。❷隋、唐后礼部侍郎别称。❸西魏、北周置。春官府“小宗伯上大夫”省称。员二人，正六命。协助大宗伯卿管理礼仪、祭祀等方面的事物。详见“小宗伯上大夫”。

小宗伯上大夫 官名。西魏恭帝三年（556）置，北周沿置。春官府次官，员二人，佐大宗伯卿掌礼、乐、祭祀、天文历法、卜、祝以及纶诰、著作等方面的事务。正六命。隋文帝开皇元年（581）罢。

小官 战国秦国不设啬夫的低级官署。《睡虎地秦墓竹简·金布律》：“小官毋（无）啬夫者，以此鼠（予）仆、车牛。”

小学 官立学校。西周始置，为教育王子及贵族子弟的学府，在太学之下。招收八岁以上、十五岁以下的贵族子弟，教授礼、乐、射、御、书、数等课程。十六国前赵、后赵及北魏亦置。《晋书·刘曜载记》：“曜立太学于长乐宫东，小学于未央宫西，简百姓年二十五已下十三已上，神志可教者千五百人，选朝贤宿儒明经笃学以教之。”《石勒载记上》：“勒增置宣文、宣教、崇儒、崇训十余小学于襄国四门，简将佐豪右子弟百余人以教之，且备击柝之卫。”宋朝有在京小学和州县小学。在京小学始建于神宗元丰（1078—1085）间，分“就傅”、“初筵”两斋；徽宗政和四年（1114）分为十斋，学生近千人，分八岁、十岁和十二岁以上三等，每季分别考试，依三舍法升补。州县小学始建于仁宗至和元年（1054），徽宗崇宁元年（1102）令州县遍置，十岁以上皆许入学。各设教谕、小长。南渡后重建学校，高宗绍兴十二年（1142）于太学附置小学一斋。西夏仁宗李仁孝人庆元年（1144）于禁中置，凡宗室子孙七岁至十五岁皆得入学，设教授，仁孝与皇后罔氏时为条教训导。元世祖至元二十八年（1291），令江南诸路学及各县学内置，选老成之士为师。

小学助教中士 官名。西魏恭帝三年（556）置，北周沿置。春官府属官，佐小学博士上士掌教授小学生经义。正二命。隋文帝开皇元年（581）罢。

小学教育科 官署名。清末学部普通司所属三科之一。光绪三十二年（1906）设。掌小学堂之设立维持，教课规程，设备规则，以及地方劝学所、教育会，并学堂与地方行政、财政有关之一切事务。置员外郎二人、主事一人。

小学教授 官名。宋朝诸王宫小学置，正八品，掌本王宫宗子教导之事。

小学博士 学官名。掌教授小学生经义。十六国后赵置。北魏孝文帝太和十八年（494）迁都洛阳，立四门小学，置四门小学博士，亦称四门博士或小学博士。九品上。世宗永平元年（508），大选儒生，以为小学博士，员四十人（一说员三千人）。北周设小学博士上士。

小学博士上士 官名。西魏恭帝三年（556）置，北周沿置。春官府属官，掌教授小学生经义，下设小学助教中士以佐之。正三命。隋文帝开皇元年（581）罢。

小驾部 小驾部下大夫的省称。

小驾部下大夫 官名。西魏恭帝三年（556）置，北周沿置。夏官府驾部次官，亦称驾部下大夫或小驾部，佐驾部中大夫掌皇帝出行的车驾及马、驼、羊的牧养。正四命。北周武帝建德二年（573），省六府诸司中大夫，遂成为驾部长官，称驾部下大夫。宣帝即位，复置六府诸司中大夫后，仍为次官。隋文帝开皇元年（581）罢。

小驾部上士 官名。西魏恭帝三年（556）置，北周沿置。夏官府驾部中大夫属官，员一人，佐驾部中大夫、小驾部下大夫掌本司事务。正三命。北周武帝建德二年（573），省六府诸司中大夫，以下大夫为长官，遂成为驾部次官。宣帝即位，复置六府诸司中大夫后，仍为属官。隋文帝开皇元年（581）罢。

小承御大夫 官名。北周置。佐承御大夫侍卫于皇帝左右。一说为正四命。

小承御上士 官名。北周置。承御大夫属官，亦称承御上士。在皇帝临朝及出征时，皆侍卫左右。正三命。

小相 官名。吐蕃官，亦称曩论充，置一人，与大相、副相、都护、内大相、内副相、整事大相、副整事、小整事共任国事。

小秋 刑部郎官别称。洪迈《容斋四笔》卷一五《官称别名》：“唐人好以它名标榜官称”，“刑部（郎）为小秋”。

小选 吏部郎官别称。洪迈《容斋四笔》卷一五《官称别名》：“唐人好以它名标榜官称”，“吏部郎为小选、为省眼”。

小选院 宋朝吏部侍郎铨别称。《宋史·职官三》：吏部“旧制有三司，尚书主其一，侍郎二员各主其一，分铨注拟事”，其后“凡文吏班秩品命令一出于中书，而小选院既不复置，本曹但掌京朝官叙服章、申请摄官、讣吊祠祭”。

小侯 周朝边远地区的诸侯国君。《礼记·曲礼下》：“庶方小侯，入天子之国曰某人，于外曰子，自称曰孤。”郑玄注：“谓戎狄子男君也。”孔颖达疏：“小侯，谓四夷之君，非为牧者也。”

小将军 官名。辽朝置。多设于北面衙署中，一般为军职，在将军之下，实为吏员。辽北面官中设小将军非常广泛，从中央各机构到各属国官衙，多有此职。

小首领 官名，西夏军队职官。在正首领之下，统领士卒作战。

小室韦军详稳司 官署名。辽朝置。统领小室韦部军，长官为详稳，下设都监等官。属北面边防官西北路总领司。

小宫 官名。西周置。见《融从盨铭》。参与土地宅邑的交付事宜。职位大小与具体职掌不详。

小宫尹 小宫尹上士的省称。

小宫尹上士 官名。北周置。太子宫尹下大夫副职，亦称小宫尹。佐太子宫尹辅佐太子。正三命。

小宫伯下大夫 官名。西魏恭帝三年（556）置，北周沿之。天官府宫伯司次官，分置左、右，皆正四命。协助左右宫伯中大夫掌管宫廷侍卫，轮番在宫内值勤，兼管临朝及出行的警卫。隋文帝开皇元年（581）废。

小祝 官名。周朝置。掌小祭祀祝事。《仪礼·少牢馈食礼》：“小祝设盘匜与箪巾于西阶东。”《周礼·春官》大祝属官。有小祝，“中士八人，下士十有六人，府二人，史四人，胥四人，徒四十人”，“掌小祭祀将事侯禳祷祠之祝号，以祈福祥，顺丰年，逆时雨，宁风旱，弭灾兵，远罪疾。大祭祀，逆粢盛，送逆尸，沃尸盥，赞隋，赞彻，赞奠。凡事，佐大祝。大丧，赞渳。设熬置铭。及葬，设道赍之奠，分祷五祀。大师，掌衅祈号祝。有寇戎之事，则保郊祀于社。凡外内小祭祀、小丧纪、小会同、小军旅、掌事焉”。

小祝上士 官名。西魏恭帝三年（556）仿《周礼》小祝置，北周沿置。春官府太祝司次官，佐太祝下大夫掌六祝之辞，事鬼神以祈求福祥。正三命。隋文帝开皇元年（581）罢。

小院 即别试所。

小胥 官名。周朝置。掌教国子的下级乐官。《礼记·王制》：“凡入学以齿。将出学，小胥、大胥、小乐正，简不帅教者，以告于大乐正。”郑玄注：“大胥、小胥，皆乐官属也。”《周礼·春官》有“小胥”，佐大胥，“下士八人，府二人，史四人，徒四十人”，“掌学士之征令而比之，觵其不敬者。巡舞列而挞其怠慢者。正乐县之位，王宫县，诸侯轩县，卿大夫判县，士特县”。参见“大胥”。

小班子 清朝吏目、巡检、典史之类佐杂官吏班次。详见“班”条❸。

小载师 即小载师下大夫的省称。

小载师下大夫 官名。西魏恭帝三年（556）置，北周沿置。地官府载师司次官，佐载师中大夫掌封邑的划分，管理全国农、牧、盐业生产及赋役的征发等事务。正四命。多省称为小载师。周武帝建德二年（573），省六府诸司中大夫，遂为载师司长官，称载师下大夫。宣帝即位，六府诸司复置中大夫后，仍为次官。隋文帝开皇元年（581）罢。

小载师上士 官名。西魏恭帝三年（556）置，北周沿置。地官府载师中大夫属官，佐载师中大夫、小载师下大夫掌本司事务。正三命。周武帝建德二年（573），省六府诸司中大夫，以下大夫为长官，遂成为载师司次官。宣帝即位，六府诸司复置中大夫后，仍为属官。隋文帝开皇元年（581）罢。

小夏采上士 官名。西魏恭帝三年（556）置，北周沿置。春官府夏采司次官，佐夏采下大夫掌帝王丧葬事务。正三命。隋文帝开皇元年（581）罢。

小卿 周朝称中等诸侯国以下未受王命的卿大夫为小卿。《仪礼·大射》：“小卿宾西，东上，大夫继而在上。”郑玄注：“小卿，命于其君者也。”贾公彦疏：“按《王制》云，大国三卿皆命于天子；次国三卿，二卿命于天子，一卿命于其君；小国亦三卿，一卿命于天子，二卿命于其君。若言小卿，据次国已下有之。”《礼记·燕礼》：“席，小卿次上卿。”

小宰 官名。周朝置。太宰属官。中大夫爵。主司王宫政令、刑法及一切纠察禁令。掌管国家法典规则和职责条文副本，考核各级官府政务，平均各诸侯国贡赋以节财用。按爵秩尊卑规定百官朝位、职掌、俸禄。以六属制度推行各官府的政治。依照治、教、礼、政、刑、事等六种职司来划分各官府职能。祭祀时辅佐太宰助王行礼事。月终时考核各官府呈报政绩，年终时辅佐冢宰考核所有官吏政绩。

小宰相 侍中、给事黄门侍郎的别称。《魏书·王慧龙传》：“时政归门下，世谓侍中、黄门为小宰相。”

小宾客 周朝称朝见天子的诸侯使臣。《周礼·地官·小司徒》：“小宾客，令野修道委积。”郑玄注：“小宾客，诸侯之使臣。”

小宾部 小宾部下大夫的省称。

小宾部下大夫 官名。西魏恭帝三年（556）置，北周沿置。秋官府宾部司次官，员一人，亦称小宾部或宾部下大夫，佐宾部中大夫掌南朝陈、北齐、突厥等敌国使臣晋见皇帝的礼仪。正四命。北周武帝建德二年（573），省六府诸司中大夫，遂成为宾部长官，称宾部下大夫。宣帝即位，复置六府诸司中大夫后，仍为次官。隋文帝开皇元年（581）罢。

小宾部上士 官名。西魏恭帝三年（556）置，北周沿置。秋官府宾部中大夫属官，佐宾部中大夫、小宾部下大夫掌本部事务。正三命。北周武帝建德二年（573），省六府诸司中大夫，以下大夫为官之长，遂成为宾部次官。宣帝即位，复置六府诸司中大夫后，仍为属官。隋文帝开皇元年（581）罢。

小冢宰　小冢宰上大夫的省称。

小冢宰上大夫　官名。西魏恭帝三年（556）置，北周沿置。多省称为小冢宰。天官府次官，员二人，佐大冢宰卿掌宫廷供奉、侍卫以及全国财政收支，百官俸给等事务，正六命。隋文帝开皇元年（581）罢。

小职方下大夫　官名。西魏恭帝三年（556）置，北周沿置。夏官府职方司次官，佐职方中大夫掌天下地图，主四方职贡。正四命。北周武帝建德二年（573），省六府诸司中大夫，遂为职方司长官，称职方下大夫。宣帝即位，复置六府诸司中大夫后，仍降为次官。隋文帝开皇元年（581）罢。

小职方上士　官名。西魏恭帝三年（556）置，北周沿置。夏官府职方中大夫属官，佐职方中大夫、小职方下大夫掌本司事务。正三命。北周武帝建德二年（573），省六府诸司中大夫，以下大夫为长官，遂为职方司次官。宣帝即位，复置六府诸司中大夫后，仍为属官。隋文帝开皇元年（581）罢。

小教习　清朝对庶常馆中由翰林官充任教习者之俗称，以别于由大臣充任之大教习。无常额，由翰林院掌院学士于侍读学士以下官内选学问优长者派充。掌教授庶吉士满、汉文课程。参见“庶常馆”。

小营官　官名。清朝西藏地方官员之一。掌治所属各城军民之政事。前藏设七品官二十五人，分辖二十五小营。后藏设七品官十六人，分辖十五小营。

小黄门　宦官名。东汉始置，名义上隶属少府，秩六百石。位次中常侍，高于中黄门。侍从皇帝左右，收受尚书奏事，传宣帝命，掌宫廷内外、皇帝与后宫之间的联络。明帝、章帝之世，员额十人，和帝后增至二十人。以后权势渐重，用事于中，甚至总典禁兵。诸中常侍多由此迁任。或说魏、晋仍置。北魏、北齐亦置，位在中黄门下。北魏孝文帝太和十七年（493）定为从五品上，二十三年改为从九品。北齐同，当属中侍中省、长秋寺。北宋亦置，属入内内侍省，为初补内侍之称，迁补则升为内侍黄门。

小辅　官名。西周置。掌乐之官。《师嫠簋铭》：“命汝司乃祖旧官小辅、众鼓、钟。”

小稃臣　官名。商朝置。掌刈获事务。

小谏　左右拾遗别称。洪迈《容斋四笔》卷一五《官称别名》：“唐人好以它名标榜官称”，“拾遗（今正言）为小谏”。

小朝官　官名统称。北宋前期以称太子中允、太子赞善大夫、太子中舍、太子洗马。

小掌朝上士　官名。西魏恭帝三年（556）置，北周沿置。秋官府掌朝司次官，亦称掌朝上士，佐掌朝下大夫掌纠察朝仪及四方非法之事，并收藏臣民交纳的罚金及物品。正三命。隋文帝开皇元年（581）罢。

小稍伯下大夫　官名。西魏恭帝三年（556）置，北周沿置。亦作稍伯下大夫。地官府民部中大夫属官，佐稍伯中大夫掌本方事务。正四命。隋文帝开皇元年（581）罢。

小稍伯上士　官名。西魏、北周地官府民部中大夫属官，正三命。职掌参见“稍伯中大夫”。

小稍伯中士　官名。西魏、北周地官府民部中大夫属官，正二命。职掌参见“稍伯中大夫”。

小御正　御正下大夫的省称。

小御正下大夫　即御正下大夫。

小御正上士　官名。西魏恭帝三年（556）置，北周沿置，亦称御正上士。天官府御正中大夫属官，正三命。在周武帝建德二年（573）至宣帝大象元年（579）省去御正中大夫期间，曾副御正下大夫主持司内事务。隋文帝开皇元年（581）罢。参见“御正中大夫”。

小貂　散骑常侍别称。洪迈《容斋四笔》卷一五《官称别名》：“唐人好以它名标榜官称”，“散骑常侍为小貂”。

小遂伯下大夫　官名。西魏恭帝三年（556）置，北周沿置，亦称遂伯下大夫，也可省称为小遂伯。地官府民部中大夫属官，佐遂伯中大夫掌本方事务。正四命。隋文帝开皇元年（581）罢。

小遂伯上士　官名。西魏、北周地官府民部中大夫属官。正三命。职掌参见“遂伯中大夫”。

小遂伯中士　官名。西魏、北周地官府民部中大夫属官。正二命。职掌参见“遂伯中大夫”。

小虞部上士　官名。西魏恭帝三年（556）置，北周沿置。地官府虞部次官，佐虞部下大夫掌山泽草木鸟兽等事务。正三命。隋文帝开皇元年（581）罢。

小满　官制用语。南朝地方长官的任期以三年为限，称小满。《南史·恩幸·吕文显传》：“晋、宋旧制，宰人之官，以六年为限，近世以六年过久，又以三周为期，谓之小满。”

小耤臣　官名。又称耤臣。殷商置。《甲骨文合集》第五六〇三片：“己亥卜，贞。令吴小耤臣。”

小旗　官名。明朝于各百户所下分置。每百户十人，各领军七十名。

小蕃部下士　官名。西魏、北周秋官府蕃部中大夫属官，正一命。参见“蕃部中大夫”。

小蕃部下大夫　官名。西魏恭帝三年（556）置，北周沿置。秋官府蕃部次官，佐蕃部中大夫掌诸侯朝觐的礼仪。正四命。北周武帝建德二年（573），省六府诸司中大夫，遂成为蕃部长官，称蕃部下大夫。宣帝即位，复置六府中大夫后，仍为次官。隋文帝开皇元年（581）罢。

小蕃部上士　官名。西魏恭帝三年（556）置，北周沿置。秋官府蕃部中大夫属官，佐蕃部中大夫、小蕃部下大夫掌诸侯朝觐的礼仪。正三命。北周武帝建德二年（573），省六府诸司中大夫，以下大夫为长官，遂成为蕃部次官。宣帝即位，复置六府诸司中大夫后，仍为属官。隋文帝开皇元年（581）罢。

小畿伯下大夫　官名。西魏恭帝三年（556）置，北周沿置。亦作畿伯下大夫。地官府民部中大夫属官，佐畿伯中大夫掌本方事务，正四命。下设小畿伯上士，小畿伯中士。隋文帝开皇元年（581）罢。

小畿伯上士　官名。西魏、北周地官府民部中大夫属官，正三命。职掌参见“畿伯中大夫”。

小畿伯中士　官名。西魏、北周地官府民部中大夫属官，正二命。职掌参见“畿伯中大夫”。

小整事　官名。吐蕃官，曰喻寒波充，与大相、副大相、都护、内大相、内副相、小相、整事大相、副整事等共任国事。

小膳部下大夫　官名。西魏恭帝三年（556）置，北周沿置。天官府膳部次官，佐膳部中大夫掌管皇帝饮食事务。正四命。周武帝建德二年（573），省六府诸司中大夫，遂成为膳部长官，称膳部下大夫。宣帝即位，六府诸司复置中大夫后，仍为次官。隋文帝开皇元年（581）罢。

小膳部上士　官名。西魏恭帝三年（556）置，北周沿之。天官府膳部中大夫属官。正三命。周武帝建德二年（573），省六府诸司中大夫，以下大夫为长官，遂成为膳部次官。宣帝即位，六府诸司复置中大夫后，仍为属官。隋文帝开皇元年（581）罢。

小膳宰　官名。春秋战国置。膳宰副佐。掌进献饮食。《仪礼·燕礼》：“羞卿者，小膳宰也”，“凡荐与羞者，小膳宰也”。郑玄注：“膳宰之佐也。”

飞龙军详稳司　官署名。辽朝置。统领飞龙军，长官为详稳，下设都监等职。飞龙军为辽朝廷直属军队之一。属北面军官。

飞龙苑　官署名。西夏元昊建国初期设置，掌御马供养事宜。

飞龙使　官名。唐朝武则天万岁通天元年（696）置，以宦官为之，初掌仗内飞龙厩马，玄宗天宝（742—756）时犹属闲厩使，代宗以后扩其权，闲厩御马职权皆归之。辽朝置为北面飞龙院长官，为诸厩长官之一。

飞龙院　官署名。辽朝北面官，掌马官衙。设飞龙使、副使等职。

飞龙厩　官署名。唐朝仗内六闲之一，武则天万岁通天元年（696）始置，其马于闲厩中最良。

飞鸿将军　官名。北魏前期置。《魏书·官氏志》：“自太祖至高祖初，其内外百官屡有减置，或事出当时，不为常目，如万骑、飞鸿、常忠、直意将军之徒是也。旧令亡失，无所依据。”

飞骑将军　官名。北齐置，为褒赏军功勋臣的闲职，从八品上。

飞骑尉　官名。隋文帝开皇六年（586）置，为散官八尉之一，正八品下；炀帝大业三年（607）罢。唐高祖武德七年（624）改大都督置，为三转勋官，比从六品。宋朝为第十阶勋官，秩从六品。金朝置为第十阶勋官，从六品。元朝为最末一阶勋官，从五品，只用于封赠。明朝为第十阶武勋，从五品，再考称职者授。

习马小底　吏名。辽朝养马小吏。辽穆宗应历（951—969）初，女里为习马小底。

习艺馆　官署名。唐武则天如意元年（692）改内文学馆置，隶中书省。曾改万林内教坊，寻复为习艺馆。置内教博士十八人、经学五人，史、子、集缀文三人，《庄子》、太一、篆书、律令、吟咏、飞白书、算、棋各一人。玄宗开元（713—741）末废，以内教博士以下隶内侍省，中官充任。

习办　官名。西夏置，中书位之一。

习尼昆　吏名。金代置，为女真语的音译，掌管纠军差役。

习学公事　官名。北宋神宗熙宁三年（1070），中书置检正官，以京朝官充任，掌纠正省务。后以选人领其职，即称习学公事。元丰四年（1081）罢。熙宁七年于大理寺亦置，选曾试刑法得循两资以上者充任，佐理大理寺所掌公事。

马厂协领　官名。清朝太仆寺之属官。雍正元年（1723）设，于牧长当差年久、工作勤奋者内选授。每翼骒马群四人，骟马群一人，两翼共设十人。正八品。协掌综理马政。光绪三十二年（1906）裁。参见“马厂总管”。

马厂总管　官名。清朝太仆寺之属官，即左、右翼马厂之长官。清太仆寺所辖马厂分为左、右两翼。左翼设于独石口外都石山之北，右翼设于山西大同边外丰镇厅境。康熙四十四年（1705），定左、右两翼马厂各设总管一人，正四品。于察哈尔佐领世爵牧厂翼长等官内选用，三年任满更代。次年各铸给关防以专职掌。二总管各居适中之地，分掌左、右两翼马厂。光绪三十二年（1906）裁。

马厂统辖总管　官名。又称统辖两翼牧厂总管。清朝太仆寺所属各马厂之总管。顺治元年（1644）初设立太仆寺时，分左、右两翼马厂，至乾隆十三年（1748），设统辖总管处，置统辖总管一员，或特简，或以察哈尔都统兼管。掌统理左、右两翼各马厂事务。其属官有左、右翼马厂总管各一人，翼长四人，协领十人，副协领十二人。光绪三十二年（1906）裁。

马厂副管　官名。清朝太仆寺之属官。即左、右翼马厂之副长官。初左、右翼马厂各置副管一人，雍正元年（1723）定两翼共设一人，左、右翼轮值。正五品。协掌两翼马厂事，与防御骁骑等在两翼马厂不时轮流巡察。光绪三十二年（1906）裁。参见“马厂总管”。

马厂翼长　官名。清朝太仆寺之属官。额设四人，正五品，于护军校内补授。协两翼总管综治马政。光绪三十二年（1906）裁。参见“马厂总管”。

马小臣　官名。殷商置。武官。《甲骨文合集》第二七八八二片："来告大方出伐我自，叀马小臣。"

马队科 官署名。清末陆军部军学司所属七科之一。光绪三十二年（1906）设。宣统三年（1911）改隶军学处。掌拟全国马队教育、训练、校阅之计划，审定马队操法，核议马队应用马匹、军械器具，考察所属学堂成绩等。置科长、科员、录事。

马正 官名。春秋时鲁国置。卿大夫家臣。掌卿大夫家兵甲车马之政令。一说即家司马。《左传·襄公二十三年》："季氏以公钼为马正。"杜预注："马正，家司马。"定公十年："公南为马正。"杜预注："叔孙家臣，武叔之党。"

马帅 见"侍卫亲军马军都指挥使司"。

马册房 清朝八旗中掌交马、牧马与畜牧事务之机构。设参领十六人，章京三十二人，骁骑校五十六人。凡马册之咨部者立限，各营之支领者皆附焉。另设管理马圈参领三十二人，章京三十二人，骁骑校四十八人，掌理圈务。

马加 官名。汉朝夫余国置之。夫余国以六畜名官，有马加、牛加、狗加等，分主各邑落。

马司 宋朝侍卫亲军马军都指挥使司省称。

马亚 官名。殷商置。武官。参与商朝对外族的征伐及王室田猎活动。《殷虚文字甲编》第三九一三片："壬戌卜，犬贞，叀马亚呼执。"《战后京津新获甲骨集》第四七七四片："贞，其令马亚射鹿。"

马师 官名。春秋时郑国置。主管马政的官长。大夫爵。《左传·昭公七年》："（罕）朔于敝邑，亚大夫也；其官，马师也。"杜预注："大夫，位；马师，职。"

马军大将军 官名。唐宪宗元和八年（813）废天威军，以其隶左、右神策军，置马、步军将军及指挥使，以马军大将军知军事。

马军行司 官署名。南宋孝宗乾道七年（1171）置于建康府（治今江苏南京），统侍卫马军司移屯军队。因设于临安之外，故称。迄南宋后期不变。

马军指挥使司 官署名。辽朝南面官。分设于各州，统领马军。设指挥使、副使等职。

马军将军 官名。唐宪宗元和八年（813）以天威军隶左、右神策军后置二员，位马军大将军下，从五品。

马军都军头 见"都军头"。

马军都指挥使 官名。即侍卫亲军马军都指挥使。

马军都虞候 官名。宋朝侍卫亲军马军司置一人，位在副都指挥使下。南宋时，定为从五品。每军亦置，位在军都指挥使下。

马军副都军头 见"都军头"。

马军副都指挥使 宋朝侍卫亲军马军副都指挥使省称。

马坊使 官名。五代后唐起于太原，马牧多在并州、代州。庄宗与后梁战，置马牧于相州，以康福为小马坊使以镇之；并州、代州之厩牧为大马坊。后康福总辖马牧，遂署为马坊使。

马步 官名。辽朝置。又作麻普。县令之副，原称县达剌干，会同元年（938），太宗改制，称马步。

马步司 官署名。唐朝后期河东诸镇皆置，设都虞候、判官，掌鞫讼刑狱。五代诸州沿置，改称马步院。

马步司判官 官名。唐朝后期河东诸镇于马步司置狱，以牙校充判官，与都虞候共掌鞫讼刑狱。

马步司都虞候 官名。唐朝后期河东诸镇置于马步司，以牙校充任，掌鞫讼刑狱。

马步军专勾司 官署名。宋太宗淳化五年（994），并马军专勾司、步军专勾司置。掌诸军兵马逃亡、收并之籍，审校诸司库务给受之数，审批粮料历以送粮料院，防止伪冒、欺诈之弊。初隶三司，神宗元丰（1078—1085）改制转属太府寺。南宋避高宗赵构名讳，改为审计司。

马步军都军头 见"都军头"。

马步军都指挥使司 官署名。辽朝南面官。分设于各州，统领马步军。设都指挥使、副使等职。

马步军都总管 官名。宋初有马步军都部署，后避英宗赵曙名讳改称，以诸路帅臣兼领，掌总治诸路军旅屯戍、营防守御之政令。南宋高宗建炎元年（1127），于沿河沿淮沿江要郡帅府置，以文臣充任，带安抚使衔。绍兴五年（1135），两浙、江南、荆湖、福建、广东路亦置。七年，又置于淮东。

马步军都虞候 宋朝侍卫亲军马步军都虞候省称。

马步军副都军头 见"都军头"。

马步军粮料院 官署名。宋太宗太平兴国八年（983），并马军粮料院、步军粮料院置，掌马、步诸军给授俸料批书券历。初隶三司，神宗元丰（1078—1085）改制转属太府寺。参见"粮料院"。

马步院 官署名。五代置于诸州，掌刑狱之事，设马步都虞候，以牙校充任。宋太祖开宝六年（973）改司寇院。参见"马步司"。

马兵科 官署名。清末陆军部军制司所属七科之一。光绪三十二年（1906）设。掌马队专科事宜，以及马兵科军士以下各兵科蹄铁、军士之补充，马队常备、续备、后备官兵之册籍，并管理马兵专科学堂等事。置科长、科员、录事。

马闲右部督 官名。三国吴置。《三国志·吕范传》："（吕据）还拜偏将军，入补马闲右部督，迁越骑校尉。"

马质 官名。掌管马政，评定马价，供应军马。《周礼·夏官》有马质，"中士二人，府一人，史二人，贾四人，徒八人"，"掌质马"，"凡受马于有司者，书其齿毛与其贾。马死，则旬之内更；旬之外；入马耳，以其物更。其外否。马及行，则以任齐其行。若有马讼，则听之，禁原蚕者"。

马府 官名。周朝置。掌管世族名籍。《韩非子·亡征》："私门之官用，马府之世〔绌〕。"陈奇猷注："此文马府者，当为掌典册之官。上句既言'私门之官用'，此句当系谓已入名册之人不用为官也。

如此则马府所掌当为人事册籍。据此，则此下当依今本补绌字，绌与黜通，黜谓罢黜。马府之世绌，犹言马府所掌之世族名册罢而不用。”

马政科 官署名。清朝兵部车驾清吏司所属之办事机构。额设经承二人。

马档房 官署名。清朝兵部车驾清吏司所属之办事机构。额设经承一人。

马监 官名。西汉置，主宫厩马匹。

马曹 官署名。三国魏元帝咸熙（264—265）中相国府僚属诸曹之一，长官为属。西晋初不置，杨骏太傅府又置，至司马伦为相国，增设掾为长官。

马圉 养马小吏。春秋置。《淮南子·人间训》：“孔子行游马失”，“乃使马圉往说之。”高诱注：“圉，养马者”。

马馆监督 官名。❶清朝礼部所属马馆之主官。初设马馆二，分建于宣武门、广渠门。储峙牧刍，以待外藩朝觐。设正监督一人，以本部司官充任；副监督一人，以理藩院司官充任，皆为一年一更代。乾隆二十七年（1762）以马馆归理藩院管理，遂裁。❷清朝兵部掌驿传邮政之官员。满、汉各一人，于兵部司员内遴选充补，任期一年。

马褂 服饰名。清朝官服之一。满语称“额伦代”。即是行褂，长只到股，袖只到肘，行军或旅行，主要是骑马时穿在袍服之外。自王公大臣以下官吏、庶民皆可用之。乾隆（1736—1795）中傅恒征金川归，喜其便捷，名之“得胜褂”，民间争效服之。唯有黄马褂为天子近侍之服，非“赏穿”不得服用。

马群太保 官名。辽朝北面群牧官。总领某马群饲养蕃息之事。萧陶隗“咸雍初，任马群太保，素知群牧名存实亡，悉阅归籍，除其羸病，录其实数，牧人畏服”。（《辽史·萧陶隗传》）

马群侍中 官名。辽朝北面群牧官。掌养马，位在马群太保下。

马群敞史 官名。辽朝北面官名。为群牧官吏，负责养马事务。

子 ❶爵名。周朝始设，为五等爵之第四等。《礼记·王制》：“王者之制禄爵，公、侯、伯、子、男，凡五等。”一说子、男爵位属同一等。《孟子·万章上》：“天子一位，公一位，侯一位，伯一位，子、男同一位，凡五等。”其后或置或废。魏晋南北朝各朝皆置，为“六等爵”之第五等，亦在“伯”下、“男”上，且有开国子、县子等名号。三国魏元帝咸熙元年（264）定爵制，诸子地方五十里，邑八百户。凡子爵，官一品。晋武帝咸宁三年（277）定大、次、小王国制，其五千户以上之小国，始封王之支子为子。北魏道武帝天赐元年（404）定制，子封小县，赐臣吏十二人。隋朝为九等爵之第八等，位于“伯”下、“男”上。置官，有令、大农、尉、典卫、常侍、舍人等员。又称“开国子”。正四品。炀帝大业三年（607）废。唐朝复设。太宗贞观十一年（637），加“开国”之称，为正五品上。宋朝定食邑五百户以上、七百户以下者封子。明初追封从征死事者有“县子”十二人。后无此封爵。清朝为九等爵之第四等，亦在“伯”下、“男”上。原称精奇尼哈番，乾隆元年（1736），改汉名为“子”。分为四等：一等子兼一云骑尉、一等子、二等子、三等子。叙正一品。❷周朝对小诸侯国之称呼。《公羊传·隐公五年》：“王者之后称公，其余大国称侯，小国称伯、子、男。”

子司 ❶尚书省各部中较次要的部门。唐、宋尚书省六部各辖四司，与本部名相同的司称本司，其余三司皆称子司。❷宋朝三司等官署下属的分支机构通称。如三部勾院、理欠司等皆称三司子司，转运司有时也称三司子司。

子使 官名。北魏为大使所统小使。《北齐书·祖鸿勋传》：（北魏孝庄帝）“永安（528—530）初，元罗为东道大使，署封隆之、邢邵、李浑、李象、鸿勋等并为子使。”北齐曾置为官。《隋书·食货志》：北齐武成帝河清三年（564）定令，“缘边城守之地，堪垦食者，皆营屯田，置都使、子使以统之。一子使当田五十顷，岁终考其所入，以论褒贬”。唐朝亦有其名。《旧唐书·韦挺传》：太宗贞观十九年（645）征辽东，使韦挺主运粮，“以人部侍郎崔仁师为副使，任自择文武官四品十人为子使”。

子城使 胥吏名。宋初沿五代旧制，诸州军胥徒府史有子城使、教练使、都教练使、左右押衙、左右都押衙、中军使、兵马使、都知兵马使。徽宗政和三年（1113）罢。

子将 官名。❶唐朝横河、高阳、唐兴、恒阳、北平等五军，每军一万人，分三番教习，每一千人置子将一员，以果毅都尉充任。❷唐末魏博节度使乐彦祯子从训，于牙兵外另聚亡命五百人，号子将，激起牙兵变乱。

子总管 官名。隋文帝开皇十年（590）行军总管杨素平江南时曾置，以来护儿为之。唐初缘边军镇，每千人置一员，任期二年。

子都 子都将的省称。

子都大将 官名。北魏置，统兵镇守边境。《魏书·裴骏传》：“（裴修）出为张掖子都大将，张掖境接胡夷，前后数致寇掠，修明设烽侯，以方略御之。”孝文帝太和十七年（493）职员令及二十三年复次职令时皆未载其品阶。

子都将 官名。北魏置。为统兵官，多作为副佐随主将出征或镇守，地位与太守相似。《刘玉墓志》：“义成王南讨长安，以（刘玉）祖可洛侯名家之孙，召接为副，充子都将。”（赵万里《汉魏南北朝墓志集释》图版二六一）孝文帝太和十七年（493）职员令及二十三年复次职令时皆未载其品阶。

子都督 官名。北魏置，西魏沿之。为统兵武官，位在都督下。亦可作为起家官。见《周书·李贤传》。

乡 官名。春秋时齐国置，掌管市场的官吏。《管子·小匡》："市立三乡，工立三族，泽立三虞，山立三衡。"《管子集校》引王引之说："'乡'亦官名，与族、虞、衡同例。"

乡三老 汉朝乡官。汉二年（前205）汉王刘邦令各乡置三老一人，称乡三老。需由年五十以上，有德行，能帅众为善者担任。

乡士 ❶官名。《周礼》秋官之属。一说为周朝置。主管国中及六乡的狱讼刑罚。《周礼·秋官》："乡士，上士八人，中士十有六人，旅下士三十有二人，府六人，史十有二人，胥十有二人，徒百有二十人"，"掌国中，各掌其乡之民数而纠戒之，听其狱讼，察其辞，辩其狱讼，异其死刑之罪而要之，旬而职听于朝，司寇听之，断其狱，弊其讼于朝，群士司刑皆在，各丽其法，以议狱讼。狱讼成，士师受中。协日刑杀，肆之三日，若欲免之，则王会其期。大祭祀、大丧纪、大军旅、大宾客，则各掌其乡之禁令，帅其属夹道而跸。三公若有邦事，则为之前驱而辟。其丧亦如之。凡国有大事，则戮其犯命者"。❷爵名。明朝洪武十九年（1386）置。赐予应天、凤阳二府年九十以上富民。得爵者与县官平礼，并免杂役，地方正官每年一次存问。冠带服色，未及颁行。后不复置。

乡士官 太平天国县以下地方官之统称。如伍长、两司马、卒长等。简称乡官。参见"乡官"。

乡大夫 官名。周朝置。乡的行政长官。《仪礼·士冠礼》："乃易服，服玄冠玄端爵韠，奠挚见于君，遂以挚见于乡大夫、乡先生。"《周礼·地官》乡大夫，"每乡卿一人"，"各掌其乡之政教禁令"。

乡大夫下大夫 官名。西魏恭帝三年（556）置，北周沿置。地官府民部中大夫属官，每乡设一人，掌本乡事务，正四命。下设乡正上士、乡正中士以佐其职。领州长上士、州长中士等官属。隋文帝开皇元年（581）罢。

乡公 爵名。三国魏置，封王之庶子。

乡长 官名。春秋齐国置，为各乡之长官，即乡大夫。齐制国二十一乡，每乡设一人，掌一乡之政教风化，向上推荐乡里的好学、慈孝、俊良和有勇力者，举告不孝不悌、骄躁淫暴和不用上令者。《国语·齐语》："正月之朝，乡长复事，君亲问焉。"后代亦有沿置者，为一乡之头目，掌教化。清朝为州县地方编户之职役。

乡书手 宋朝职役名。初为乡役，隶里正、户长，后升为县役。掌催收赋税，参与推排户等、编造五等丁产簿。仁宗时，令以第三、第四等户充当。神宗熙宁三年（1070）行免役法，改为雇役。

乡正 官名。春秋宋国置。《左传·襄公九年》："宋灾，乐喜为司城以为政"，"使华阅讨右官，官庀其司。向戌讨左，亦如之"，"二师令四乡正敬享"。宋国有四乡，每乡一乡正，掌一乡政教禁令。杜预注："乡正，乡大夫。"北周置为地官府民部司下属乡大夫下大夫属官，有上士、中士，见"乡正上士"、"乡正中士"。隋文帝开皇（581—600）初，苏威奏置，五百家设一员，令理民间辞讼，十年废。

乡正上士 官名。西魏恭帝三年（556）置，北周沿置。地官府民部中大夫属官，佐乡大夫下大夫掌本乡事务，正三命。其下设乡正中士。隋文帝开皇元年（581）罢。

乡正中士 官名。西魏、北周地官府民部中大夫属官，正二命。

乡司 宋朝县役职名。以乡书手改置，掌书写乡村赋税帐册。

乡老 ❶《周礼》官名。二乡设一人，监督乡大夫行政，为顾问，无常职。又作三公之别称。《周礼·地官·序官》："乡老，二乡则公一人。"郑玄注："老，尊称也。王置六乡，则公有三人也。三公者，内与王论道，中参六官之事，外与六乡之教。其要为民，是以属之乡焉。"❷后世对汉朝"三老"之称呼。汉制，每乡置三老一人，掌教化。故后世以乡老称之，亦称"乡耆"。《金史·良弼传》："可依汉制置乡老。"❸清朝州县地方乡里之职役。

乡吏 春秋战国乡一级行政官员统称。《管子·大匡》："凡庶人欲通，乡吏不通七日，囚。"

乡师 官名。周朝置。春秋齐国等亦置。掌一乡政令教化。《管子·立政》："州长以计于乡师。"《荀子·王制》："顺州里，定廛宅，养六畜，闲树艺，劝教化，趋孝弟，以时顺修，使百姓顺命，安乐处乡，乡师之事也。"《周礼·地官》有乡师，为司徒属官，置四人，下大夫，分掌六乡之教而听其治。故《地官·序官》郑玄注："师，长也。司徒掌六乡，乡师分而治之。二人者，共三分之事，相左右也。"

乡团 隋朝左右卫诸府、东宫领兵开府下属组织，有团主一人、佐二人，掌领乡居军户，检查户口，劝课农桑，中后期渐成为里坊组织。

乡先生 春秋战国称辞官归乡养老的卿大夫。《仪礼·士冠礼》："遂以挚见于乡大夫、乡先生。"郑玄注："乡先生，乡中老人为卿大夫致仕者。"

乡约 明清州县地方乡里之职役。其时各大村镇，每村地分数甲，数十百家。每甲之中又分某乡、某排。一排之中有排甲稽察，一乡之中设乡约约束。专司传达政令，调解纠纷。

乡佐 吏名。秦汉乡官佐吏，协助有秩或啬夫治理一乡民政，征收赋税。南朝宋亦置，列位乡官之首。

乡伯中大夫 官名。西魏恭帝三年（556）置，北周沿置。地官府民部中大夫属官，统掌各乡事务，正五命。下设小乡伯下大夫、小乡伯上士，小乡伯中士等佐其职，领诸乡大夫下大夫、州长上士等官属。寇遵考自小纳言、车骑大将军、仪同三司迁此。周武帝建德二年（573）省，以下大夫为长官。宣帝即位后，复置。隋文帝开皇元年（581）罢。

乡良人 官名。又称良人。一说即乡大夫。春秋时齐国置。乡级军政官长。《国语·齐语》："管子于是制国"，"十连为乡，故二千人为旅，乡良人帅之"。韦昭注："良人，乡大夫也。"

乡君 命妇封号。始见于三国魏。南朝宋、齐，北朝北魏皆置。多封予后妃之母、乡侯之妻及高官妻女。南朝宋、齐地位低于县君。唐朝封四品勋官之妻，母则封乡太君。不因夫、子得封者，称其品乡君。金朝封五品文散官朝列大夫、武散官宣武将军以上官员母妻。章宗承安二年（1197）改称县君，而以原县君为郡君。明朝为郡王玄孙女之封号。清朝为格格封授之第五等。奉恩镇国公、奉恩辅国公之嫡长女及贝勒侧室所生之女得受此封。品级待遇同镇国将军夫人。

乡君额驸 见"额驸"。

乡役 宋朝职役名。即乡里基层政权头目，有里正、户长掌催督租赋，耆长掌维持治安。神宗熙宁六年（1073）行保甲法，又置都保正、副保正、大保长、小保长。后以保正、保长取代耆长、户长。

乡法上士 官名。西魏恭帝三年（556）仿《周礼》乡士置，北周沿置。秋官府刑部中大夫属官，正三命。下设乡法中士以佐其职。隋文帝开皇元年（581）罢。参见"乡士"。

乡法中士 官名。西魏、北周秋官府刑部中大夫属官，正二命。

乡官 ❶秦朝以前大体指乡级政府治事之所。汉朝沿用。❷汉朝亦指三老、孝悌、力田等协助郡县治理一乡事务的官吏。通常由政府选任，无一定执掌，有位无禄，与郡县属吏不同。或以为有秩、啬夫、游徼也属之。隋初指州都、郡正、县正等以下光初主簿、光初功曹等佐官，由地方长官署用，不知时事。开皇三年（583）别置品官，皆吏部除授。十五年罢州县乡官。唐朝县以下之里正、乡长等也统称乡官。❸明朝称缙绅居乡者。❹太平天国县以下地方官统称。亦称乡土官。据《天朝田亩制度》规定，其地方行政组织仿军制，以每五家为一伍，设伍长一人；每二十六家（一作二十五家）为一两，设两司马一人；每一百零五家（一作一百家）为一卒，设卒长一人；每五百二十六家（一作五百家）为一旅，设旅帅一人；每二千六百三十一家（一作二千五百家）为一师，设师帅一人；每一万三千一百五十六家（一作一万二千五百家）为一军，设军帅一人。两司马至军帅皆由人民公举、保举或委派当地人充任，故称乡土官，省称乡官。定都天京（今南京）后，凡初占一地，即在乡里举军帅以下各乡官，并将所辖地方户籍、赋税申报天京，所属各户一律改挂太平天国门牌。其军帅给令旗，得有征调权，自师帅至两司马都设公堂，建三角旗，以旗长短分别统属，凡地方各项事务均由乡官担任。然其职不如军中之尊。

乡试 贡举考试名。又称乡贡、乡举。宋朝各州府每三年考试本地举人，称乡试。进士科由判官主之，诸科由录事参军主之，依解额录取合格人，分甲、乙等，第一名称为解元。乡试合格人可赴省试。金朝州府考试称为府试，其下设乡试，第一名称乡元，乡试合格始赴府试。元朝沿置，为行省、宣慰司一级考试。蒙古、色目人，试经问五条、策一道；汉人、南人，明经经疑二问、经义一道、古赋诏诰章表内科一道、策一道。中选者各给解据，行省移咨都省，送礼部。明朝为直省一级考试，每三年一次，中选者为举人，俟次年赴京师参加会试。乡试第一，称解元。因试期多在八月，又称秋闱。凡本省生员与监生、荫生、贡生等经科考等试合格者，均可应试。逢子、午、卯、酉年为正科，遇庆典加科则称恩科。清朝沿置，光绪三十一年（1905）废科举，遂罢。

乡侯 爵名。东汉列侯大者食县，小者食乡亭。食邑为乡者称乡侯，位次都乡侯。三国魏沿置。魏文帝定爵制，乡侯为第八等，位次县侯下亭侯上。晋亦置。南朝宋制官四品；陈制官八品，秩视千石。唐以后皆废。

乡啬夫 官名。秦汉乡官，不足五千户之小乡置啬夫。掌赋税徭役，兼听辞讼，由县府委派。参见"啬夫"。

乡善君 官名。汉朝西域车师前国置，员一人。

乡豪 官名。南朝梁武帝天监七年（508）置，县府属官，专掌搜荐人士。见《梁书·武帝纪》。

四 画

〔一〕

比 ❶官名。清朝新疆布鲁特（今柯尔克孜族）各部之首领，职权、地位与维吾尔族阿奇木伯克略同。乾隆（1736—1795）时定为二品至七品不等。❷地方基层行政组织。《周礼·地官·大司徒》：“令五家为比，使之相保；五比为闾，使之相受。”每比设比长一人。❸官制用语。（1）指考课。由《周礼·天官·内宰》“比其大小，与其粗良，而赏罚之”引申而出。据《周礼·地官》，每三年对官吏政绩进行一次考察，称大比。隋、唐以后主要指科举考试。（2）相当于某级官员的待遇。各朝皆有一些未列正式律令的官职，其禄秩、待遇或权限与列入律令的某一正式官职相同，则称比某官。

比二千石 官秩等级。汉置，三国两晋南北朝因之。次于二千石，银印青绶。西汉凡丞相司直、护军都尉、司隶校尉、西域都护、奉车都尉、驸马都尉、郡都尉等秩皆比二千石。东汉诸中郎将、光禄大夫、侍中、诸校尉也为比二千石。西汉月俸谷百斛，一岁凡得一千二百石，或钱谷兼给。东汉半钱半谷，偶有变动。

比长 官名。《周礼》以五家为比，五比为闾。比长为一比之行政官。《周礼·地官》：“比长，五家下士一人”，“各掌其比之治。五家相受，相和亲，有罪奇邪，则相及。徙于国中及郊，则从而授之。若徙于他，则为之旌节而行之。若无授无节，则唯圜土内之”。

比丘尼统 僧官名。北魏置。掌管全国比丘尼（尼姑）事务。见赵万里《汉魏南北朝墓志集释》图版二三九《魏故比丘尼统慈庆墓志铭》。

比试 宋朝武举考试名。又称较试。为武举最低一级考试，考经义与弓马。合格者赴发解、省试、殿试。

比视官 官职制度。北魏时将官品令中未列的一些官职，如直阁、直后、直斋、武官队主、队副等比附官品令中有品级的官职，以确定其待遇，称为比视官，但犯法不得以官当刑。孝明帝熙平、神龟（516—520）年间，胡太后从任城王元澄之奏，允许依中正之例当刑。北齐流内比视官十三等。隋、唐称为视品。

比秩 官制用语。南朝陈规定戎号（武官号）未列入正式品阶者，为确定其待遇，比附正式官职所享有的禄秩，称比秩。如四征将军比秩中二千石。

比饷镇抚司 官署名。明崇祯十七年（1644）李自成农民军进入北京后置。由刘宗敏、李过、李牟、田虎诸人主持。向明朝官吏追赃助饷。查明官僚存钱数目；按官阶高低，定饷银数目之多寡。限定：内阁十万，部院、京堂、锦衣七万、五万、三万，科道、吏部五万、三万，翰林三万、一万，部属以下各以千计。地方官吏亦在追赃之列。抗拒不交或不能如数交纳者，施以夹打刑罚。勋戚家产则完全籍没。自三月二十一至四月初八，共追银七千万两。

比音郎 官名。金朝置，属教坊。二十五阶之第十六阶，秩从七品上。

比换 官制用语。宋朝官员和吏人转迁的一项规定。朝廷内外各司吏职，原该年劳补官者，依法准许自愿改换相应官资，注拟差遣，称“比换”。官员亦可比换其他类别的相应官资。

比部 ❶官署名。魏晋南北朝尚书台（省）诸曹之一。或说魏、晋隶吏部尚书。南朝隶吏部尚书，与三公曹同掌拟定、修改法制，收藏稽核律文。设郎（郎中），资深者可称侍郎。北魏前期直隶尚书省，设尚书、侍郎、郎中等官。或说孝文帝太和（477—499）改制后改为郎曹，属都官尚书。北齐隶都官尚书，掌收藏稽核诏书律令，设郎中。隋初因之，设侍郎一员。文帝开皇三年（583）以后，成为刑部四司之一，设侍郎、员外郎各一员。炀帝改侍郎为郎，员二人，废员外郎，寻又省一郎，置承务郎一员，职同员外郎。唐、五代、宋沿置，改设郎中、员外郎、主事等。唐高宗龙朔二年（662）改名司计，咸亨元年（670）复故；玄宗天宝十一载（752）再改，肃宗至德二载（757）又复。隋、唐以来掌审计财政，核查赋税调敛、诸司百官经费俸禄赃赎、仓库出纳、丁匠工程、和籴收支、军资器械等帐目。北宋初其职归三司勾院、磨勘司、理欠司，郎中、员外郎皆为寄禄官，本司置判司事一人，以无职事朝官充任。神宗元丰（1078—1085）改制后，始恢复职掌，掌审核内外帐籍及赃罚欠负之事，定期审核场务、仓库出纳官物，稽核百司经费，决定是否勾销。南宋先以比部兼司门，后以都官兼比部，不常置。金、元废。明太祖洪武六年（1373）复置，为刑部四属部之一，设郎中、员外郎各二员，十三年改为各一员，二十三年分四部为十二部，遂罢。❷比部郎的省称。❸明、清对刑部司官的通称。

比部员外郎 官名。刑部比部司次官。隋文帝开皇六年（586）始置，掌本司籍帐，侍郎缺则代理其职。炀帝初废，大业三年（607）又置承务郎，职掌略同。唐高祖武德三年（620）复置，从六品上。

高宗、玄宗时先后随本司改为司计员外郎，后各复旧。五代沿置。北宋初为六品寄禄官，表示品级俸禄，不预本司公事。神宗元丰（1078—1085）改制后，始成为职事官，正七品。南宋或以都官员外郎兼领其事。金、元废。明太祖洪武六年（1373）复置，员二人，正六品。十三年减为一员，从五品。二十三年罢。

比部尚书 官名。北魏置。掌尚书省比部曹。《魏书·陈建传》："比部尚书、平原王陆睿。"参见"比部"。

比部侍郎 官名。魏晋南北朝尚书比部曹长官称郎，亦称郎中，其资深者可转侍郎。隋初置为尚书省比部长官，正六品。炀帝复改名郎。参见"比部郎"。

比部郎 魏晋南北朝尚书省比部曹长官通称，亦称比部郎中，其资深者可称比部侍郎。魏、晋、宋六品，梁五班，陈四品、秩六百石。北魏孝文帝太和十七年（493）定郎为从五品中，郎中五品上，二十三年皆称郎中，六品，仍可通称为郎。北齐六品。隋从五品。隋文帝改名比部侍郎，主刑部比部司，炀帝复名比部郎，从五品。唐改名"比部郎中"。

比部郎中 官名。魏晋南北朝与比部郎互称，为尚书省比部曹长官。唐高祖武德三年（620）置为刑部比部司长官，员一人，从五品上。置员外郎为副贰。高宗龙朔二年（662）改名司计大夫，咸亨元年（670）复故；玄宗天宝十一载（752）改名司计郎中，肃宗至德二载（757）复故。五代沿置。北宋初为五品寄禄官，表示品级俸禄，不预本司公事。神宗元丰（1078—1085）改制后，始为职事官，从六品。南宋或以都官郎中兼领其事。金、元废。明太祖洪武六年（1373）复置，员二人，正五品。十三年减为一员，二十三年罢。

比部郎官 比部郎中、员外郎通称。

比部曹 参见"比部"。

比曹 官署名。《张纳碑》：巴郡有比曹掾、史各一人。汉朝谓检阅户口、垦田为案比。比曹当即案验户籍之机关。

比盘 刑部比部司郎官别称。洪迈《容斋四笔》卷一五《官称别名》："唐人好以它名标榜官称"，"比部（郎）为比盘，又曰昆脚皆头"。

比德真 官名。北魏置。《南齐书·魏虏传》："曹局文书吏为比德真。"此系南朝人对北魏鲜卑语官名的音译。

扎尔古七 即扎尔固齐。

扎尔虎七 即扎尔固齐。

扎尔固齐 满语官名。清入关前所设之职官。又称都堂。设于明万历四十三年（1615），共十人。扎尔固齐，满语意为理事官、断事官，故又称理事十大臣。与理事听讼大臣五人共同佐理国政，凡诉讼之事，先经扎尔固齐审理，然后由五大臣、诸贝勒逐级听断公议，最后由努尔哈赤亲加审问。皇太极以后，不再有此称呼。

扎兰 即甲喇。

扎兰厄真 即甲喇额真。

扎兰章京 即甲喇章京。

扎萨克 即札萨克。

扎萨克达喇嘛 即札萨克达喇嘛。

扎萨克喇嘛 即札萨克喇嘛。

支马房 官署名。宋神宗元丰（1078—1085）改制置，属枢密院，掌行内外马政及坊院监牧吏卒、牧马、租课。

支计官 官名。❶唐朝左、右神策军属官，武宗会昌五年（845）七月敕定额一员。❷唐朝太仓属官，置三员。

支司 渤海政堂省左、右六司中的次等司。左六司中为爵、仓、膳部，右六司中为戎、计、水部。不置卿，只有郎中、员外。

支应所 官署名。又作支承所。金朝置，属太府监。掌宫中出入、御前支赐金银币帛。设都监二员领所事，秩正九品。

支供案 官署名。宋神宗元丰（1078—1085）改制置，属户部度支司，掌内外支供之事。

支使 官名。❶唐朝节度使、采访使、观察使之属，置一人，掌分使出入，或掌表笺书翰。❷宋朝即观察支使。

支承所 即支应所。

支科 官署名。清朝户部诸司及工部节慎库所属机构。顺治（1644—1661）中置，分掌出纳款项之事。

支度务使 官名。唐末至五代，节度使兼支度使，其下则置此官，以主钱粮等开支诸事。

支度使 官名。唐朝天下边军皆置，以计度军资粮仗。睿宗景云元年（710）置河西节度、支度、营田等使，领凉、甘、肃、伊、瓜、沙、西七州，治凉州。节度不兼支度者，以支度自为一司，有遣运判官、巡官各一人；其兼支度者，则节度使自领支度事，有副使、判官各一人。

支度副使 官名。唐朝节度使兼支度使，则置支度副使，以主军资粮仗。

支差房 官署名。宋神宗元丰（1078—1085）改制置，属枢密院，掌行调发军，迁补殿侍、选亲事官等事务。

支郡 西汉初年诸侯王封国的边郡。《汉书·晁错传》："请诸侯之罪过，削其支郡。"颜师古注："支郡，在国之四边者。"

支掌 宋朝观察支使与节度掌书记合称。

艺士 官名。清末内阁印铸局、陆军部、海军部、农工商部等中央机构之属官。位艺师之下。各有专长，分别掌治专门职业。如农工商部艺士均于部属农事试验场任职，以专科学校毕业试用合格者奏补，八、九品不等，无定额。

艺文监 官署名。秩从三品，掌翻译刻印儒学典籍，设于元文宗天历二年（1329）。置太监检校书籍事二员，从三品；少监同检校书籍事二员，从四品；监丞参检校书籍事二员，从五品。下辖监书博士二员，正五品，掌品定图画；艺林库，秩从六品，掌藏贮书籍；广成局，秩正七品，掌传刻、印造经籍。顺帝至元六年（1340），改为崇文监。

艺师　官名。清末内阁印铸局、陆军部、海军部、农工商部等中央机构之属官。各有专长，分别掌治专门职业。如印铸局艺师专办印铸事务。又农工商部艺师分为一、二等，分别为正六品、正七品。

云州宣谕招抚使　官名。又称云州管内宣谕招抚使。辽圣宗统和四年（986）以节度使韩毗哥、翰林学士邢抱朴充任，抚慰山西州县。

云州宣谕招抚使司　官署名。设于辽圣宗统和四年（986）。镇抚山西州县。

云纪大夫　官名。金朝司天散官。二十五阶之第七阶，秩从五品上。

云和大夫　官名。金朝教坊阶官。二十五阶之第八阶，秩从五品中。

云和署　官署名。秩从五品，隶礼部仪凤司，设于元世祖至元十二年（1275），掌乐工调音律等务。置署令、丞、管勾各二员。

云南司　官署名。即云南清吏司。

云南司员外郎　官名。即云南清吏司员外郎。

云南司郎中　官名。即云南清吏司郎中。

云南行省　云南等处行中书省的简称。

云南科　官署名。清朝兵部武选清吏司所属之办事机构。额设经承一人。

云南诸路行御史台　官署名。元世祖至元二十七年（1290），升云南道提刑按察司为云南诸路行御史台，治中庆路（今云南昆明），监治云南行中书省。设官、品秩同于御史台，隶于御史台。二十九年罢，三十年复立。大德元年（1297）迁往京兆，改名为陕西诸道行御史台。

云南诸路道肃政廉访司　官署名。设于元世祖至元二十九年（1292）九月，置司中庆路（今云南昆明）。三十年二月罢。大德元年（1297）复立，监治云南各路、州，隶陕西行御史台。设使二员（正三品）、副使二员（正四品）、佥事四员（正五品）、经历一员（从七品）、知事一员（正八品）、照磨兼管勾（正九品）及书吏、译史、通事等吏员。

云南清吏司　官署名。简称云南司。❶明清户部诸司之一。掌理云南省钱粮收支数目。明永乐十八年（1420）置。设郎中、员外郎、主事等官。分置民科、度科、金科、仓科等四科治事。兼掌在京泰陵等七卫之俸饷及管理大军仓、皇城四门仓、在外临清、德州、淮安诸仓与漕运之事。洪熙元年（1425）南京户部亦置，设官略同。清顺治元年（1644）沿置。设郎中、员外郎、主事及笔帖式、经承若干人。分置民科、支科、南漕科、北漕科、火房等机构办事。兼掌本省厂课及漕运事务。光绪三十二年（1906）裁。❷明清刑部诸司之一。掌理云南省刑名之事。明永乐十八年（1420）置。设郎中、员外郎、主事等官。兼掌顺天府、承运库、万全左等卫及蒲州千户所等处刑名之事。洪熙元年（1425）南京刑部亦置，设官略同。清顺治元年（1644）沿置。设郎中、员外郎、主事及经承若干人、兼掌收办镶黄旗、东直门、云南道御史之文移与堂印封启之事。光绪三十二年（1906）裁。

云南清吏司员外郎　官名。简称云南司员外郎。❶明清户部云南清吏司之副长官。佐郎中掌司事。明永乐十八年（1420）设。一人，从五品。南京户部云南清吏司亦曾设一人。清顺治元年（1644）沿设，汉员外郎一人。满洲司官初不分曹，随长官所派。后增至四人，满洲三人，汉一人。光绪三十二年（1906）裁。❷明清刑部云南清吏司之副长官。明永乐十八年（1420）设。一人，从五品。佐郎中掌司事。清顺治元年（1644）沿设，汉员外郎一人。满洲司官初不分曹，随长官所派。后定制满、汉各一人。光绪三十二年（1906）裁。

云南清吏司郎中　官名。简称云南司郎中。❶明清户部云南清吏司之主官。掌司事。明永乐十八年（1420）初设一人，宣德（1426—1435）中增设二人。南京户部云南清吏司亦设一人，皆正五品。清顺治元年（1644）沿设，汉郎中一人。满洲司官初不分曹，随长官所派。后增至三人，满洲二人，汉一人。光绪三十二年（1906）裁。❷明清刑部云南清吏司之主官。掌司事。明永乐十八年（1420）设。一人，南京刑部云南清吏司亦设一人，皆正五品。清顺治元年（1644）沿设，汉郎中一人。满洲司官初不分曹，随长官所派。后定制满、汉各一人。光绪三十二年（1906）裁。

云南等处行中书省　官署名。秩从一品。设于元世祖至元十一年（1274），治中庆路（今云南昆明），统三十七路五府，辖境包括云南省全境，四川、广西部分地区，以及泰国、缅甸北部一些地方。置丞相一员，平章二员，右丞、左丞各一员，参知政事二员。

云南道　官署名。明清都察院所属诸道之一。明永乐十八年（1420）置。设监察御史十一人。南京都察院亦设二人。在本道之外协管顺天府、广备库，在京羽林前等二卫，及直隶永平等二府，通州右等二十卫，居庸关等四千户所。清顺治元年（1644）沿置。初为坐道，由掌浙江道兼理。乾隆十四年（1749）设掌印监察御史满、汉各一人，实领本道事。属官有笔帖式、经承等。负责稽核云南刑名并稽察理藩院、钦天监事务。

云南道监察御史　官名。明清都察院所属云南道之主官。掌道事。明永乐十八年（1420）设，三至五人。后增至十一人。洪熙元年（1425）南京都察院亦设二人，皆正七品。清顺治元年（1644）沿设。乾隆十四年（1749）定制，设掌印御史满、汉各一人，先是，定为坐道，乃空衔，不理本道之事。至是，则以职事分隶之。十七年俱定为从五品官。

云南道提刑按察司 官署名。设于元世祖至元二十年（1283），置司中庆路（今云南昆明），设使、副使等官。隶御史台。二十四年罢，二十六年复置。二十七年，升为云南诸路行御史台。

云勇将军 官名。南朝梁置，武帝大通三年（529）定为武职三十四班中的十班，陈沿置，拟七品，比秩六百石。

云垒长 官名。西汉属左冯翊，有丞。

云垒丞 官名。西汉属左冯翊，为云垒长副职。

云都赤 元怯薛执事名。又译温都赤、兀勒都赤，蒙古语，意为带刀者，掌皇帐宿卫。

云梦官 官署名。据《汉书·地理志》，西汉南郡编县、江夏郡西陵县均置。

云梯健锐营 清朝健锐营之别称。

云骑将军 官名。梁武帝天监六年（507），置左右骁骑、左右游击将军，位视太子左、右率，改旧骁骑曰云骑，降左右骁、游一阶。属中领军（领军将军），侍卫左右。天监七年定为十班。陈沿置，四品，秩千石。北齐亦置，属左、右卫府，员各一人，四品上。

云骑尉 官名。隋文帝开皇六年（586）置为散官八尉之一，正九品下，炀帝大业三年（607）罢。唐高祖武德七年（624）改帅都督置，为二转勋官，比正七品。宋朝为第十一阶勋官，秩正七品。金朝置为第十一阶勋官，正七品。明朝为第十一阶武勋，正六品。清朝为九等爵第八等，正五品，乾隆元年（1736）定满文拖沙喇哈番汉字为此，满文如故；凡授爵，自此始，故别称半个前程。

云旗将军 官名。❶西汉末年隗嚣割据政权曾置。❷南朝梁置，中大通三年（531）定与龙骧将军同班。陈沿置，为七品，秩六百石，常以散骑官迁此职，外出多兼郡守。

云韶大夫 官名。金、元教坊阶官。金二十五阶之第一阶，秩从四品上。元十五阶第一阶，从三品。

云韶府 官署名。即内教坊，唐武则天如意元年（692）改此名，以宦官为使；中宗神龙元年（705）复名内教坊。

云需总管府 官署名。秩正三品，隶上都留守司。设于元仁宗延祐二年（1315）。掌守护察罕脑儿（今河北张北囫囵淖）行宫（又称西凉亭）及行营供办之事。置达鲁花赤、总管、同知、副总管各一员。

云麾使 官名。清朝銮仪卫之职官。顺治四年（1647）设。十一年定员二十二人，正四品。其中十四员为掌印云麾使，分掌六所一卫下属十四司之印。六员为掌所事云麾使，分管左、右、中、前、后、驯象六所日常所务。另外二员为管理驾仪者。

云麾将军 官名。南朝梁武帝天监七年（508）置为将军名号，与武臣、爪牙、龙骑将军取代旧置前、后、左、右将军，为武职二十四班中第十八班。陈沿置，为二十五号将军之一，四品，秩中二千石。唐高祖武德七年（624）置为从三品散号将军，以加武士之无职事者。宋朝为从三品上武散官。

元士 官名。❶受命于天子之士。《礼记·王制》："天子之元士视附庸。"郑玄注："元，善也。善士谓命士也。"孔颖达疏："按《周礼》注，'天子上士三命，中士再命，下士一命'。故云'善士谓命士'。则上、中、下之士皆称元士也。天子之士所以称元者，异于诸侯之士也。"❷王莽始建国元年（后9）更秩六百石为元士。新莽官制，九卿分属三公，每一卿置大夫三人，每大夫置元士三人，凡二十七大夫，八十一元士，分主中都官诸职。东汉废。北魏道武帝天赐元年（404）八月亦置，为大夫属官，秩七品；元士属官有署令长，秩八品；孝文帝太和十七年（493）改元士为从四品上；太和二十三年复次职令无此职。❸明朝洪武二十二年（1389）改给事中为元士，后以六科为政事本源，改为源士。旋复旧名。❹宋徽宗政和八年（1118）置，以赐在学选人，正五品。

元子 周朝天子和诸侯的嫡长子。《诗经·鲁颂·閟宫》："建尔元子，俾侯于鲁。"《仪礼·士冠礼》："天子之元子，犹士也。"

元丰库 官库名。宋神宗元丰三年（1080）建，掌收储诸路所输常平钱物，凡封桩者皆入储此库，属太府寺。

元丰改制 宋神宗元丰三年（1080）至五年的官制改革。宋初建官沿袭五代，三师、三公不常置，宰相不专任三省长官，中书省、门下省列于皇城之外，又别置中书于禁中，是为政事堂，与枢密院对掌大政。天下财赋，内庭诸司，中外管库，皆隶三司。中书省但掌册文、覆奏、考帐；门下省主乘舆八宝，朝会板位，流外考较，诸司附奏挟名而已；尚书省仅掌集议、定谥及祠祭受誓戒等事。三省、六部、二十四司类以他官主判，其正官皆不领本司之事，止叙位禄。给事中不封驳，中书舍人不草诏令，谏议大夫不规谏，起居郎不记注，司谏、正言非特旨不领谏职。别以差遣分治中外之事，以京朝官出领各种差遣。又置殿阁学士、待制、直阁及三馆诸职，以宠待文学之士。其任官之别，遂有官、职、差遣之分。神宗元丰三年，制定寄禄新格，以原散官开府仪同三司等为新寄禄官。五年，废三司，依《唐六典》设三省、六部、二十四司及诸寺监，皆置正官为职事官，枢密院依旧。文、武散官皆罢，唯蕃兵、蕃官仍授。

元帅 官名。春秋晋国始置，为三军中军主将之称，上卿爵，执掌国政，统兵作战。东汉灵帝时置西园八校尉，以小黄门上军校尉蹇硕为元帅，然非汉代定制。督司隶校尉以下，虽大将军亦领属之。北周亦置，为行军元帅简称，总辖军务，皆以宗室或重臣出任，行军出征方置为大军统帅，并非常设职官。开府、设监军、长史、司马、列曹参军等僚佐。隋朝沿袭此制。唐朝元帅皆以亲王任之，掌征伐，兵罢即省。安史之乱后，又置天下兵马元帅，大历八年（773）罢。其后凡调诸道兵马会战，则置元帅或都统，以为战时最高军事长官，多由亲王挂名，副元帅实掌其事，幕职有行军长史、行军司马，掌书记、判官、参谋、兵马史、都虞候等。元朝于各行省置都元帅府，秩正二品，元帅府正三品。郑成功设为各军统帅。其军队分为左、右、前、后、中五军。郑成功自为中军元帅。

元司马　官名。又称“中军司马”。春秋时晋国置。晋国上、中、下三军皆设司马。元司马为中军的军法执行官。大夫爵。《国语·晋语七》：“（晋悼公）知魏绛之勇而不乱也，使为元司马。”韦昭注：“元司马，中军司马。”参见“中军司马”。

元司空　官名。春秋时晋国置。掌都邑、宫室等工程建造事务的长官。大夫爵。《国语·晋语七》：“（晋悼公）知右行辛之能以数宣物定功也，使为元司空。”韦昭注：“司空掌邦事，谓建都邑，起宫室，经封洫之属。”

元兴营缮都司　官署名。元文宗天历元年（1328）立大元兴规运提点所，置官五员。三年，改为都司，秩正四品，隶隆祥使司。掌营缮工程。置达鲁花赤、司令、大使、副使各一员。

元妃　春秋时期称诸侯君主的元配夫人。《左传·隐公元年》：“惠公元妃孟子。孟子卒，继室以声子。”

元佐　僚佐之首。《宋书·张畅传》：“畅为元佐。”畅时为司空长史。

元凯　凯亦作恺，原指贤人才子。后成为对尚书八座（尚书令、仆射、列曹尚书）及辅佐大臣的美称。《太平御览》卷二一〇引《齐职仪》：“舜举八元八凯以隆唐朝，今号八座为元凯，谓贤能用事义如昔也。”《文苑英华》卷一六六张说《奉酬龙门北溪作》诗：“野失巢由性，朝非元恺才。”

元宝总库　官署名。设于元世祖中统元年（1260），掌收储、发放钞币。至元二十五年（1288）改名宝钞总库。

元侯　诸侯之长。《左传·襄公四年》：“天子所以享元侯也。”杜预注：“元侯，牧伯。”

元祐库　官库名。宋哲宗元祐三年（1088）改封桩钱物库置，属尚书省左右司，掌收储江南、荆湖、福建、成都府诸路运至京师之封桩钱物。

元候　官名。春秋时晋国置。主侦察敌情的军吏。《国语·晋语七》：“知张老之智而不诈也，使为元候。”韦昭注：“中军候奄。”

元宰　官名。太平天国后期翼王殿最高官员。乃翼王石达开率部出走后自设，参与谋划，位尊权重。

元尉　官名。春秋时晋国置。晋国军队设军尉，负责管理给将、佐派遣驾御车马的军吏及训练士卒。元尉为中军的军尉。大夫爵。《国语·晋语七》：“公（晋悼公）知祁奚之果而不淫也，使为元尉。”韦昭注：“元尉，中军尉。”

元随傔人　宋朝官员役卒随身、傔人合称。宰相、执政、使相至正任刺史以上有随身，其余官员给傔人，由一人至百人不等，给其衣粮或餐钱。

无事片　文书名。清朝上行文之一种。清制，中央各文职衙门及八旗、侍卫处等分班值日。各衙门有应行奏闻事件或升官补缺人员带领引见者，均于该衙门值班日办理。如此日无应办之事，亦当呈递折片奏明，俗称无事片。

无涓　西汉宫中女官名号，秩视百石。

无害吏　秦汉公文术语，用以说明官吏的品行和能力。历来注家说法不一，或以为通晓法律令，无人能与之相比，或以为持法公正，不以己意私怨枉法。

无难督　官名。三国吴置。统无难士，负责侍卫帝王，亦用于征战。分置左、右部，各以无难左、右部督领之。地位颇重要，孙虑曾以右将军为之。

天下兵马大元帅　官名。五代后唐明宗长兴四年（933）置，以秦王安从荣为之，中书门下奏节度使见元帅之礼仪，虽带平章事衔，亦以军礼廷参。北宋太祖建隆元年（960）复以钱俶为之。辽朝置，授太子、亲王，总军政。辽太宗以此职继帝位，其后立皇储多加此号。辽太宗曾立李胡为之，道宗以皇太叔重元为之，天祚帝立和鲁斡为之。

天下兵马大元帅府　官署名。辽朝置。以太子、亲王主持，总领军政。设天下兵马大元帅、副元帅等官。大元帅往往由皇储充任。

天下兵马元帅　官名。唐玄宗天宝十五载（756）置，都统朔方、河东、河北、平卢等节度兵马，以平定安史之乱，代宗大历八年（773）罢。昭宗天复三年（903）以后复改所置诸道兵马元帅为之。

天下兵马都元帅　官名。吐蕃最高总兵官，常兼宰相。

天下兵马副元帅　吐蕃最高总兵次官。辽朝为天下兵马大元帅副贰，以亲王充任。

天云军详稳　官名。辽北面军官。领天云军。

天文生　明清钦天监之属员。分隶各科，掌观候推算之事。清制，满、汉、蒙兼用，食九品俸。

天文科　官署名。金朝置。属司天台。掌天文。设官女真、汉人各六员。明、清属钦天监。掌观天象，凡晴雨、风雷、流星、异星，按日记注，汇录成册，进呈上阅。设有五官灵台郎、五官监候、博士、天文生等，分掌各事。

天文院　官署名。宋初置，隶司天监，掌浑仪台，昼夜测验辰象，及时上报本监。神宗元丰（1078—1085）改制，改隶太史局。有测验注记二人，刻择官八人，监生无定员，押更十五人，学生三十人。

天文博士　官名。隋朝太史曹属官，置二员，正八品，掌教习天文气象。唐武则天长安四年（704）省。

天乐署　官署名。元武宗至大四年（1311），由昭和署改立，掌音律，秩正六品，隶礼部仪凤司。皇庆元年（1312）升从五品。置署令、署丞、管勾各二员，协音、协律各一员。

天圣军都指挥使司 官署名。辽南面官。统天圣军，设都指挥使、副使、都监等职。

天地太师 官名。十六国成李雄置，执掌国政，位在丞相之上。《晋书·李雄载记》：“（雄）加范长生为天地太师，封西山侯，复其部曲不豫军征，租税一入其家。”

天全招讨使司 官署名。元朝置。秩正三品，隶吐蕃等路宣慰司都元帅府，置司于碉门（今四川天全）。置达鲁花赤一员，招讨使二员，经历、知事各一员。下辖鱼通路（今四川康定东）万户府、碉门鱼通等处管军守镇万户府等机构。

天寿山守备太监 官名。明置，掌长陵等处守陵太监，常设一人。为司礼监外差。

天坛尉 官名。清朝太常寺之属官。掌管天坛门钥、守卫、值宿之事。朔望则奉香以行礼，凡祀日则守门以司其启闭出入。额设八人，五品一人，六品七人，皆以满员充任。五品尉员缺，以六品尉序升，六品尉员缺，由吏部牒八旗选送补授。

天佑殿大学士 官名。明末李自成农民军政府于崇祯十七年（1644）正月置。以牛金星任，成为文官之首，实握宰相之权。

天武 宋朝禁军名号。马军、步军有天武左、右厢，各设都指挥使。

天制 宋朝天章阁待制省称。

天府 官名。《周礼》春官之属。一说为周朝置。主管祖庙祭享器具的保藏。《周礼·春官》：“天府，上士一人，中士二人，府四人，史二人，胥二人，徒二十人。”

天府院 官署名。唐朝太常寺所领四院之一，掌收藏瑞应及征伐所获之珍宝，宗庙大祭则陈列于庭。

天官 ❶官署名。（1）西魏、北周天官府简称。（2）吏部别称。唐武则天光宅元年（684）至中宗神龙元年（705）吏部改名。后代即沿称吏部或其首长。（3）太平天国吏、户、礼、兵、刑、工六部，以天、地、春、夏、秋、冬定名，天官即吏部。❷官名。（1）一说为商朝大宰、大宗、大史、大祝、大士、大卜的合称。（2）《周礼》分设六官，以冢宰为天官，为百官之长。（3）太平天国吏部正、又正、副、又副之官统称。（4）太平天国朝内官天官正丞相、天官又正丞相、天官副丞相、天官又副丞相。又，女官中朝内官所设天官正、副丞相，亦称。❸泛指百官，即天子之官。《后汉书·班固传》：“百官小吏曰天官。”

天官尚书 官名。即吏部尚书，唐武则天光宅元年（684）改，中宗神龙元年（705）复名吏部尚书。

天官侍郎 官名。即吏部侍郎，唐武则天光宅元年（684）改，中宗神龙元年（705）复名吏部侍郎。

天官府 官署名。西魏恭帝三年（556）置，北周沿置。为六府之首。以大冢宰卿为长官，设小冢宰上大夫、天官府都上士以佐其职，掌管宫廷供奉、侍御、警卫及全国财政收支，赋役调发，百官俸给等事务。在下“五府总于天官”之诏时，成为最高行政机构，总管全国各项事务。领司会中大夫、宗师中大夫、左右宫伯中大夫、御正中大夫（后置上大夫）、御伯中大夫（后改纳言中大夫）、膳部中大夫、太医下大夫、太府中大夫、计部中大夫、司内上士等属官，各司其职。武帝建德二年（573），省六府诸司中大夫，府置四司，以下大夫为长官。宣帝即位后，复旧。隋文帝开皇元年（581）罢。

天官府都上士 官名。西魏恭帝三年（556）置，北周沿置。天官府属官，佐大冢宰卿、小冢宰上大夫处理府中事务，正三命。隋文帝开皇元年（581）罢。

天驷监 宋朝养马机构。太宗太平兴国五年（980），置于开封景阳门外，左、右各二监，每监设监官一人。真宗咸平三年（1000）隶群牧司。神宗熙宁三年（1070）并为左、右两监。元丰（1078—1085）改制，改隶太仆寺。掌饲养国马，区别良驽，以备军国之用。

天柱大将军 官名。北魏孝庄帝永安二年（529）特置，以授实际控制朝政的尔朱荣，位在三师及柱国大将军上，为皇帝之下的最高官职。后曾授权臣尔朱兆和高欢，但皆固辞，尔朱兆未拜，高欢除后即解。

天保殿学士 官名。南朝陈置。《陈书·文学传》：“吏部尚书袁枢荐之于世祖，超授（陆玠）衡阳王文学，直天保殿学士。”为文学侍从官员。

天将 官名。太平天国后期增设之职官。天历庚申十年（1860）始设，次于王爵，在掌率之上。一般以数字编排，且冠“忠诚”二字，如忠诚一天将、忠诚一百六十三天将等。亦有只标数字而不冠忠诚二字者，尚有二者皆无，只称天将者。初时，均为朝上要员。天历辛酉十一年（1861）之后，以统兵在外的将领为多。

天部大人 官名。北魏明元帝泰常二年（417）置，为执掌国政的六部大人之一，由诸公担任。曾通署尚书三十六曹的崔宏首任此职，并由白马侯进爵为白马公。其下有三属官，佐其处理国家日常政务。太武帝复建尚书省后罢。

天海关正佐将 官名。太平天国后期增设之朝上职官。为天京（今江苏南京）江岸炮台水师主将，兼司海关税务。另设副佐将一员。

天厩坊 宋朝养马机构。太宗太平兴国五年（980），改左、右飞龙院置。雍熙二年（985），分左、右二坊。四年，改左、右骐骥院。

天章 宋朝天章阁省称。

天章阁 宋朝阁名。真宗天禧四年（1020）下令营建，以奉真宗御集御书。次年，阁成。仁宗天圣八年（1030）置天章阁待制，景祐四年（1037）置天章阁侍讲，庆历七年（1047）置天章阁学士、直学士，徽宗政和六年（1116）置直天章阁。其学士、直学士、待制为侍从职。南宋复于临安府建，藏图籍、符瑞、宝玩之物及宗室名籍，并安奉宋历朝皇帝画像与即位前旌节，仍置学士等贴职。

天章阁直学士　官名。宋仁宗庆历七年（1047）置，位在龙图阁直学士下，掌侍从备顾问，有所献纳则请对或奏对。神宗元丰（1078—1085）改制，定为从三品贴职。南宋因之。

天章阁侍讲　官名。宋仁宗景祐四年（1037）置，掌侍从备顾问。

天章阁学士　官名。宋仁宗庆历七年（1047）置，以他官兼任，掌侍从备顾问，有所献纳则请对或奏对。神宗元丰（1078—1085）改制，定为正三品贴职。南宋因之。

天章阁待制　官名。宋仁宗天圣八年（1030）置，以他官兼任，掌侍从备顾问，有所献纳则请对或奏对。神宗元丰（1078—1085）改制，定为从四品贴职。南宋因之。

天喜　爵名。太平天国后期翼王新设之世爵。天历戊午八年（1858），翼王石达开率部出走，新置官爵多种。是爵在“天义”之上，前系一字以资区别，如“掀天喜”。

天策上将军　官名。唐高祖武德四年（621）为酬秦王李世民平洛阳大功而特置，掌全国征讨军事，开府置属僚，九年省。五代后唐时，楚马殷亦依此故事，拜天策上将军。

天策上将府　官署名。唐高祖武德四年（621）为酬秦王李世民平洛阳大功而特置，掌全国征讨军事，位在王府之上。以天策上将军总判府事，有长史、司马各一员，从事中郎二员，并掌通判府事；军谘祭酒二员，掌参谋军事，赞相礼仪，宴接宾客；典签四员，掌宣令传达导引之事；主簿二员，掌省覆教命；录事二员、记室参军事二员，掌书疏表启，宣行教命；功曹参军事二员，掌官员假使、仪式、医药、任命、考课、禄恤、铺设等事；仓曹参军事二员，掌粮廪、公廨、田园、厨膳、过所等事；兵曹参军事二员，掌兵士簿帐、差点等事；骑曹参军事二员，掌马驴杂畜簿帐及牧养支料草粟等事；铠曹参军事二员，掌戎仗之事；士曹参军事二员，掌营造及罪罚之事；参军事六员，掌出使及杂务处置之事。九年（626）省。五代后唐时，楚马殷请依唐故事开天策府置官属，亦拜天策上将军。

天源营缮提点所　见“大天源延圣寺总管府”。

天骥使　使职名。即小马坊使，后梁开平元年（907）改此名，后唐复名小马坊使。

夫人　❶宫中女官名号。秦以前天子夫人位次王后，在众女官之上。秦汉沿用，凡皇帝、皇太子之妾，皆称夫人。东汉末曹操设内官时沿置，位次皇后，在众嫔妃之上。晋武帝置三夫人九嫔，夫人与贵嫔、贵人同为三夫人，位视三公。南朝宋孝武帝孝建三年（456）省。齐、梁又置。十六国后赵亦置，位视上公，高于贵嫔、贵人。北魏道武帝时以宫中余妾称夫人，无员，皆有品次。至孝文帝改定内官，置三夫人，位视三公。隋、唐拟周礼宫禁之制，妃皆合称夫人。隋炀帝置贵妃、淑妃、德妃三夫人。唐之贵妃、淑妃、德妃、贤妃亦合称夫人。其位次于皇后，正一品。❷诸侯妻的称号。《礼记·曲礼下》：“天子之妃曰后，诸侯曰夫人。”汉朝列侯之妻称夫人，夫死，其子继为侯，则改称太夫人。❸命妇封号。新王莽曾封崔篆母师氏为义成夫人，是以此作为对妇女的封号之始。唐朝规定，诸王、国公及文武官一品之母或妻封国夫人，三品以上官员之母或妻封郡夫人。宋徽宗政和（1111—1118）中改为执政以上的官员之妻封夫人。明、清沿之，一、二品官之母、妻皆封之。清朝公、侯、伯之妻为一品夫人，宗室封爵中的长子、贝勒、贝子、奉恩镇国公、奉恩辅国公、不入八分镇国公、不入八分辅国公、镇国将军、辅国将军之妻亦封夫人。❹明朝初期曾作为诸王妾的名号。

夫头　❶清朝矿厂等处丁户之头目。掌管采矿冶铸之丁役，向有司领票，开山采炼，定期依成交纳税金。❷清朝从事营缮、修浚等工程夫役之头目。专司带工造做，钤辖所属，查勘勤惰，稽报不安分之人。

专一监视斗面官　官名。南宋之省仓，丰储仓，草料场，淮东西、湖广总领所大军仓、草料场皆置，员各一人，以武臣充任。

专门处　官署名。清末学务大臣所辖六处之一。光绪二十九年（1903）设。置总办一人，帮办数人。管理专门学科学务。三十二年，并入学部。

专门司　官署名。清末学部所属之机构。光绪三十二年（1906）设。掌大学堂及高等学校，政艺专业，咸综领之。辖专门教务、专门庶务二科。置郎中二人，总理司务，下设员外郎、主事，分司各职。

专门司郎中　官名。清末学部专门司之长官。光绪三十二年（1906）设，掌司事。额设二人，正五品。

专门科　官署名。清末各省提学使司所辖六科之一。光绪三十二年（1906）设。掌理本省高等学堂及各种专门学堂之教课规程，设备规则，以及关于管理员、教员、学生等一切事务。置科长一人、副长一人。

专门教务科　官署名。清末学部专门司所属二科之一。光绪三十二年（1906）设。掌核办大学堂、高等学堂及凡属文学、政法、学术、技艺、音乐各种专门学堂一切事务，并稽核私立专门学堂教课设备是否合度及应否允准与官立学堂享有一律权利或颁公款补助等。置员外郎二人，主事一人。

专门庶务科　官署名。清末学部专门司所属二科之一。光绪三十二年（1906）设。掌奖励各种学术技艺，考察专门学会，兼理图书馆、天文台、气象台，负责海外留学生之派遣、奖励。置员外郎一人、主事一人。

专勾司 见“马步军专勾司”。

专司训练禁卫军大臣 官名。清末禁卫军训练大臣正式衔名。详见“禁卫军训练大臣”。

专达 即壮达。

专折 文书名。清朝奏折之一种，凡以某一事件奏知皇帝之奏折即为专折。

专典机密 唐朝宰相名号，指以三省长官之外他官行宰相事者。高宗以后渐少，玄宗以后不复用此号。参见“机密”。

专知 宋朝仓库场务之主管人员。常以手分等吏人或衙前充当，位在监当官之下，分管有关事务，督率仓、库、斗、秤、拣、掐子等。与其副手合称专副。

专操管带 官名。清朝神机营所辖二十五营之长官，额设二十四人。掌管分辖营众训练之事。

开元礼举 唐德宗贞元二年（786）以诸色举人中有能习《开元礼》者，同一经之例，选人不限选数许习，但问大义一百条，试策三道。全通者超资与官；义通七十条，试策通两道以上者，放及第；散官能通者亦依正官例。九年以全通为上等，大义通八十条以上、策两道以上为次等，遂为常式。

开印 见“封印”。

开边将军 官名。南朝梁置，武帝天监七年（508）定为武职二十四班中的二班，大通三年（529）定制后改为武职三十四班中的七班。陈沿置，拟九品，比秩四百石。

开列 清朝吏部之铨选制度。乃官缺补授方法之一。指官员升迁，奉旨由部开列名单题请而授官之例。清制，大学士、尚书、左都御史、侍郎、翰林院掌院学士、总督、巡抚、学政、布政使、按察使缺，各不俟开例具题，即奉特旨补放；若有旨令部开列者，仍照例开列请旨而授，大学士而下至京堂官，包括大学士、尚书、左都御史、侍郎、内阁学士、通政使、各寺卿、少卿、少詹事、侍读学士、侍讲学士、钦天监正、宗人府、顺天府、奉天府丞等，皆开列具题请旨补授。太常、鸿胪寺满少卿，则以开列引见补授。

开远将军 官名。南朝梁置，武帝天监七年（508）定为武职二十四班中的八班，大通三年（529）定制后改为武职三十四班中的十班。陈沿置，拟七品，比秩六百石。

开坊 明清制度，翰林院编修、检讨等官升任詹事府左、右春坊之职务（如中允，赞善之类），即称开坊。詹事府之官职，本专备翰林升转，故有此称。清末光绪二十八年（1902），詹事府裁撤，而翰林升任他职，亦沿旧说称“开坊”。

开拆司 官署名。北宋前期之三司，神宗元丰（1078—1085）改制后之户部，及南宋临安府皆置。掌宣牒发送之事。

开拆官 吏职名。南宋临安府所属开拆司置，有正开拆官、副开拆官、下名开拆官，分管开拆司有关事务。参见“开拆司”。

开拆房 官署名。宋神宗元丰（1078—1085）改制，门下省、尚书省各置，后中书省亦改主事房置。掌文书收发之事。

开拆案 官署名。宋神宗元丰（1078—1085）改制，吏部、仓部、兵部均设。掌文书收发之事。

开国子 爵名。初指子爵中开国置官食封者，后仅为爵位名。食邑为县，故爵前常冠以所封县名。晋朝始置，位在开国伯下，二品；南朝沿置，梁开国诸子位视二千石，班次之；陈为九等爵第五等，五品，秩视二千石；隋朝置为第八等爵，正四品，炀帝大业三年（607）废。北朝、唐又称开国县子，北魏中期置，四品，食邑五分食一；北齐品同，四分食一；北周正六命，食邑二百至二千户；唐朝太宗贞观十一年（637）子爵始加开国之称，为九等爵第八等，正五品上，不加实封者并不食封。宋朝置为十二等爵中第十一等，食邑七百至一千户。

开国乡男 爵名。北齐置。详见“开国男”。

开国公 爵名。晋朝、南北朝、隋、唐为开国郡公、开国县公省称。宋朝置为十二等封爵第六等，食邑二千户以上，位在开国郡公上。参见“开国郡公”、“开国县公”。

开国县子 爵名。参见“开国子”。

开国县公 爵名。初指公爵中开国置官食封者，后仅为爵位名。食邑为县，故爵前常冠以所封县名。晋朝始置，位在开国郡公下，一品。南北朝沿置。梁位视三公，班次之。陈置为九等封爵第二等，二品，秩视中二千石。北魏孝文帝太和二十三年（499）定为从一品，食邑三分食一。北齐二品，四分食一。北周食邑五百至四千七百户，命数不详。隋朝置为九等爵第五等，从一品。唐太宗贞观十一年（637）置，食邑千五百户，从二品，仍为第五等爵，不加实封者并不食封。宋朝置为十二等爵第八等，食邑二千户以上。

开国县男 爵名。参见“开国男”。

开国县伯 爵名。参见“开国伯”。

开国县侯 爵名。参见“开国侯”。

开国男 爵名。初指男爵中开国置官食封者，后仅为爵位名。食邑为县，故爵前常冠以所封县名。晋朝始置，位在开国子下，二品。南朝沿置，梁开国诸男，位视比二千石，班次之。陈置为九等爵第六等，六品，秩视二千石。隋朝置为九等爵第九等，正五品上，炀帝大业三年（607）废。北朝、唐朝又称开国县男，北魏中期置，孝文帝太和二十三年（499）定为五品，食邑五分食一。北齐品同，四分食一，另置开国乡男，从五品。北周正五命，食邑二百至八百户。唐朝太宗贞观十一年（637）男爵始加开国之称，为九等爵最末等，从五品上，名义食邑三百户，未加实封者并不食封。宋朝置为十二级封爵最末等，食邑三百至五百户。

开国伯　爵名。初指伯爵中开国置官食封者，后仅为爵位名。食邑为县，故爵前常冠以所封县名。晋朝始置，位在开国侯下，二品。南朝沿置，梁开国诸伯，位视九卿，班次之。隋初置为九等爵第七等，正三品，炀帝大业三年（607）废。南朝陈、北朝、唐朝又称开国县伯。南朝陈为九等爵第四等，四品，秩视中二千石。北魏中期置，孝文帝太和二十三年（499）定为三品，食邑四分食一。北齐同。北周正七命，食邑五百至一千九百户。唐朝太宗贞观十一年（637）伯爵始加开国之称，为九等爵第七等，正四品上，名义食邑七百户，不加实封者不食封。宋朝置为十二等封爵第十等，食邑七百至一千户。

开国侯　爵名。初指侯爵中开国置官食封者，后仅为爵位名。食邑为郡或县，故爵前常冠以所封郡县名。晋朝始置，分开国郡侯、开国县侯二级，位在开国公下，二品。南朝沿置，梁开国诸侯，位视孤卿、重号将军、光禄大夫，班次之。陈置为九等爵第三等，三品。北朝、隋、唐、宋只设一级。隋朝、宋朝称开国侯，隋为九等爵第六等，正二品。宋为十二等封爵第九等，食邑一千至二千户。北朝、唐朝称开国县侯，北魏中期置，孝文帝太和二十三年（499）定为二品，食邑四分食一。北齐从二品，食邑同北魏。北周正八命，食邑五百至一千八百户。唐朝太宗贞观十一年（637）侯爵始加开国之称，为九等爵第六等，从三品，名义食邑千户，未加实封者不食封。

开国郡公　爵名。初指公爵中开国置官食封者，后仅为爵位名。食邑为郡，故爵前常冠以所封郡名。晋朝始置，一品。南北朝沿置。南朝梁位视三公，班次之。陈为九等爵第二等，二品，秩视中二千石。北魏孝文帝太和二十三年（499）定为一品，食邑三分食一。北齐从一品，四分食一。北周正九命，食邑自一千至八千户。隋朝置为九等爵第四等，从一品。唐朝太宗贞观十一年（637）置，正二品，名义食邑二千户，不加实封者不食封。宋朝置为十二等爵第七等，食邑二千户以上。

开国郡侯　爵名。晋朝、南朝置，位在开国县侯上。详见“开国侯”。

开国辅运推诚　功臣封号。明朝置。封予佐太祖朱元璋定天下有功者，或封公、侯、伯，给铁券，岁禄以功为差，荫其子孙。

开府　❶指开设府署、辟置僚属。始于汉朝，通常只许三公开府。东汉献帝初平三年（192），又许车骑将军开府。魏晋南朝时期，常以此作为对高级官员的宠遇。❷官名。北魏置，孝文帝太和十七年（493）定为第一品下，二十三年改为从一品。北齐沿置，地位渐低，除授冗滥，宫中所养斗鸡亦加此号。北周置为府兵组织统兵官，府兵二十四军各设一员，统兵二千人左右。隋朝左右卫、武卫、武候、领军府及东宫领府兵率府所统亲卫、左勋卫及左翊四府各置一人，掌领本府府兵；东宫左右虞候府各置一人，掌斥候伺非，炀帝大业三年（607）改左右虞候开府为左右虞候率。❸魏、晋、南朝、北魏、北齐、北周、隋、唐、宋、金为开府仪同三司省称。❹清朝为督、抚尊称。

开府仪同三司　官名。三国魏始置，为大臣加号，意谓与三司即太尉、司徒、司空礼制、待遇相同，许开设府署，自辟僚属。两晋南北朝因之。北周置为勋官，九命；武帝建德四年（575）改开府仪同大将军。隋置为散官名号，初为正四品上，炀帝大业三年（607）改为从一品，位次王、公。唐沿置，为文散官第一等。勋官号中亦有之，从四品上。高祖武德七年（624）改为轻车都尉。玄宗开元（713—741）以前，散官皆给俸禄，得依本品班次预朝会。北宋前期为从一品文散官，神宗元丰（1078—1085）改制后用为文臣寄禄官，从一品，地位与改制前之使相同，亦号称使相。辽朝亦置，为散官最高一阶。金沿置，为从一品文散官。

开府仪同大将军　勋官名。北周武帝建德四年（575）改开府仪同三司置，位在上仪同大将军之上。主要授予有军勋的功臣及北齐降官，无具体职掌，九命。初任此职者加使持节、大都督、骠骑大将军、侍中，静帝大象元年（579）罢此制，唯任总管、刺史及行兵者加持节。下置长史、司马、司录、中郎、掾、属、参军等府僚。

开府同三司之仪　即开府仪同三司。

开宝通礼科　宋朝贡举科目名。太祖开宝六年（973），《开宝通礼》成书，始改开元礼科为开宝通礼科，为诸科之一。神宗熙宁四年（1071）罢，哲宗元祐六年（1091）复置，绍圣元年（1094）又罢。

开封尹　即开封府尹。

开封右司录事　见“开封左司录事”。

开封左司录事　官名。宋徽宗崇宁三年（1104），开封府置士、户、仪、兵、刑、工六曹，设左司录事、右司录事各一人，分领六曹之事。

开封府　官署名。治北宋都城开封之事。长官牧、尹以亲王充任，但不常置，而设权知府事一人，以待制以上充任，为实际长官。受理京城狱讼，小案可专决，大案则上奏。凡户口、赋役、道释占籍京邑者，会其帐籍，颁其禁令。其属有判官、推官四人，掌推鞫，并分事以治。领南司者一人，督察使院，主行非刑狱讼诉。司录参军一人，判户婚之讼，而通署六曹案牍。功曹、仓曹、户曹、兵曹、法曹、士曹参军各一人，视其官曹分职莅事。左右军巡使、判官各二人，分掌京城争斗讼诉。左右厢公事干当官四人，掌检覆推问，凡斗讼事轻者听论决。辖十八县、二十四镇。徽宗崇宁三年（1104），罢权知府，置牧一员以皇子领之，尹一员以文臣充，少尹一员，改立士、户、仪、兵、刑、工六曹。西夏元昊建国初期亦置，治其首都兴庆府事务，设尹、通判等官。

开封府少尹 官名。北宋徽宗崇宁三年（1104）始置，协助牧、尹管理本府之事，员一人，序位在左右司郎官之下、列曹郎官之上。北宋亡，遂废。

开封府尹 官名。五代以开封为京都，始置。宋初沿置，以亲王充任，从三品，为开封府行政长官。其后不置，而以权知府事领其职。徽宗崇宁三年（1104），复置一人，以文臣充，位在六曹尚书之下、侍郎之上。北宋亡，遂废。

开封府右少尹 见“开封府左少尹”。

开封府左少尹 官名。宋徽宗崇宁三年（1104），开封府设左、右少尹各一人，位在左右司郎官下、诸曹郎官上，参掌本府政事。

开封府司录司 官署名。北宋开封府所属司法机构，掌审讯狱囚。

开封府权知府 官名。即权知开封府事。北宋开封府牧、尹不常置，多以权知府事为实际长官，掌劝课民众、听断狱讼、屏除寇盗及户口赋役之事。

开封府判官 官名。宋初置，为开封尹副贰。后设开封少尹二人，若遇他官领尹事，则改少尹为判官。英宗治平三年（1066），命判官一人领使院事，民间俗称之为“南司”，掌审察文移簿籍。神宗元丰（1078—1085）改制，定为正八品。

开封府牧 官名。北宋开封府长官，从三品。不常设，而别以权知开封府事为长官。

开封府学钱粮官 官名。宋徽宗政和二年（1112）始置，掌开封府学钱粮之事。

开封府学博士 官名。宋徽宗大观元年（1107）增置，掌开封府学之事。

开封府界提点 官名。即提点开封府界诸县镇公事，或称开封府界提点诸县镇等事。宋真宗景德二年（1005）始置，以朝臣及閤门祇候以上充任，后罢武臣提点。掌提辖诸县刑狱、兵民、贼盗、仓场、库务，兼管沟洫河道之事。

开封府推官 官名。北宋开封府属官，员四人，掌刑狱讼诉。

开面 清朝军机处术语。凡臣工奏折，除留中外，均交军机处抄录副本。各折抄毕，由各章京持正、副二本互校，并于副本折面注明系某人奏某事，并标明朱批日月和交不交字样，称开面。

开复 清朝吏部之铨选制度。凡降级、革职官员恢复原官或原衔称开复。清制，内外官员，因故降革留任者，三年无过准予开复。京官，由各该衙门堂官详核咨部，由部题请恢复原级职；如系按例自陈大臣，由其自行奏请。外官，由各该督抚详核咨部，题请复还原级、职。

开缺 清朝吏部之铨选制度。凡实缺官员，犯过失而罪不至降级革职者，即饬令开去本职；官位低者另候补委，官位高者另候简用。

开域将军 官名。北齐置，为褒赏军功勋臣的闲职。从七品。

开黄阁 指担任三公或开府仪同三司之职。因汉朝丞相及以后的三公官署厅门不用朱色而用黄色，以与皇宫区别，故以黄阁作为三公代称。

开稻田使 使职名。唐玄宗开元二十二年（734）遣中书令张九龄充河南开稻田使，于许、豫、陈、亳等州置水屯。

井田科 官署名。清朝户部所属机构。雍正十二年（1734）置，以福建司选缺满洲郎中领其事。下设郎中、员外郎、主事无定额，由本部堂官酌派，唯有经承二人乃定制。掌核八旗土田、内府庄户，管理入官房宅地亩及征纳岁租之事。光绪三十二年（1906）裁。

不入八分辅国公 爵名。清朝宗室封爵之第十等，位不入八分镇国公下、镇国将军上。关于八分，参见“不入八分镇国公”。

不入八分镇国公 爵名。清朝宗室封爵之第九等。位奉恩辅国公下、不入八分辅国公上。所谓八分，系因太祖努尔哈赤时封八“和硕贝勒”，共议国政，赏赐均分，体制崇于其他贝勒，故称“八分”。后太宗皇太极定宗室爵位等级，自贝子以上皆入八分，镇国公、辅国公不加“不入八分”字样者亦入八分，统谓之入八分王公。宗室内有特恩封公及亲王余子授封公者皆不入八分。入关以后，入八分与不入八分实际上只反映特权待遇的差异。

不更 官爵名。春秋已见。一说为秦国爵名，一说为官名，或即车右。战国时为秦二十等爵第四级。秦汉因之。据《汉书·百官公卿表》颜师古注，不更言其不豫更卒之事。此当秦及汉初制度。汉文帝以后，九级爵五大夫以上始得免役。

不禄 周朝士死于官位之讳称。《公羊传·隐公二年》：“天子曰崩，诸侯曰薨，大夫曰卒，士曰不禄。”《礼记·曲礼下》：“士曰不禄。”孔颖达疏：“不禄，不终其禄也。”

木工 官名。主管竹木器具制造。一说为殷朝官名。《礼记·曲礼下》：“天子之六工，曰土工，金工，石工，木工，兽工，草工，典制六材。”郑玄注：“此亦殷时制也。”《周礼·冬官·考工记》将此官所司分成七类，各设官员。即轮人、舆人、弓人、庐人、匠人、车人、梓人。

木工令 官名。汉武帝太初元年（前104）更名东园主章令置，属将作大匠，掌宫殿建筑用大木。东汉省。

木工丞 官名。原名东园主章丞，汉武帝太初元年（前104）更名木工丞，属将作大匠，为木工令副贰。掌大材，以供东园大匠修造所需。成帝省。

木仓 官署名。清朝工部所属之办事机构。位于天安门右千步廊外。顺治（1644—1661）初置。设满、汉监督各一人，下设经承二人。掌储皇木厂所收各省解运木材及架木、幔城、网城物料并供内务府及京师工程用木。光绪三十二年（1906）改隶民政部营缮司。

木仓监督 官名。清朝工部所属木仓之主官。掌仓事。顺治（1644—1661）初设，一人，以满司官充任。康熙六十年（1721）改设满、汉司官各一人，每年一更代。后改为二年一更代。

木正　官名。传说颛顼氏所置五行之官，亦即春官。死后为神，称句芒。《汉书·百官公卿表》：“自颛顼以来，为民师而命以民事，有重黎、句芒、祝融、后土、蓐收、玄冥之官，然已上矣。”应劭注：“颛顼氏代少皞氏者也，不能纪远，始以职事命官也。春官为木正，夏官为火正，秋官为金正，冬官为水正，中官为土正。”

木作　明朝内府所属机构。隶内官监。与石作、瓦作、土作等负责营造宫室、陵墓等事。

木局丞　官名。南朝梁置。流外三品蕴位。掌木局事务。

木炭使　使职名。唐玄宗天宝五载（746）始以侍御史杨钊充任，掌京师百司炭薪供给。代宗永泰元年（765）以后常以京兆尹兼，代宗大历五年（770）停，德宗贞元十一年（795）又以户部侍郎裴延龄充京西木炭采造使，次年复停。

互市监　❶官署名。隋炀帝大业三年（607）于四方使署下置，掌互市，有监、副监。唐朝改隶少府监，每监，监一员、丞一员、价人四员，掌交易马驼驴牛等事；武则天垂拱元年（685）改为通市监。❷官名。隋炀帝大业三年（607）置为四方使者署互市监长官，视从八品。唐朝为少府监互市监长官，从六品下。

互市监丞　官名。唐朝少府监互市监次官，置一员，正八品下。

互市监副监　官名。隋炀帝大业三年（607）置为四方使者署互市监次官，一人。

互管佐领　清朝八旗世管佐领之一。又称“轮管佐领”。凡原立佐领人有亲子孙，而让与亲兄弟、伯叔、伯叔祖、曾伯叔祖之子孙及远族人承管者，为同姓互管佐领，佐领员缺依世管佐领例拣补。凡两姓或数姓合编互管之佐领，初亦递世互袭。乾隆二十六年（1761）改定，有一姓管过五世以上者，于其族中拣选数人，与本族应用人员一并引见补放；各姓承管均在四世以下者，作为公中佐领，族中无六品以上官员不准与选。

瓦里　管理奴隶的机构。始于契丹遥辇氏时期。于越释鲁遇害，其首恶家属没入瓦里。淳钦皇后时析出为著帐郎君，世宗下诏免之，其后凡内外戚属及世官之家，犯反逆等罪，复没入于此。各宫帐、部族皆有瓦里。

瓦作　明朝内府所属机构。隶内官监，设宦官进行管理。与木作、石作、土作等负责营造宫室、陵墓等事。

瓦屑坝抽分竹木局　官署名。明朝南京工部所属机构，设大使一人，掌竹木抽分征纳诸事。

王　❶君临一国的君主。殷、周最高统治者皆称王。春秋战国时诸侯国君或历代割据一方的统治者也僭称王。❷官名。清朝有“总理学务王”、“议政王”、“辅政王”，详见各条。❸爵名。汉朝以后为爵位的最高一等，在公之上，多用以封授宗室，少数建有殊勋的功臣亦封王，但历朝皆不多见。魏晋以后，权臣封王多为篡位前兆。

王人　❶君王。《尚书·周书·君奭》：“王人罔不秉德，明恤小臣。”❷王室的臣子。《左传·僖公八年》：“冬，王人来告丧。”

王子郎君班　官署名。辽朝置。王子院下级机构。管理王子班郎君。设详稳管班事。

王子侯　汉朝诸侯王子弟封侯者。西汉初年已有。武帝采纳主父偃建议，于元朔二年（前127）诏令诸侯王推私恩分子弟封邑，由皇帝制定名号，以此进一步削弱诸侯王势力，强化中央集权。

王子院　官署名。辽北面官。掌王子各帐之事。设王子太师、太保、司徒、司空等职。

王友　官名。王府属官，掌侍从游处，规讽道义。三国魏诸王各置一员，六品。晋朝、南北朝诸王各置一员，南朝宋六品，北魏孝文帝太和十七年（493）定为从四品下。隋朝以皇伯叔昆弟、皇子为亲王，下置二员，从五品下。唐朝诸王府各置一员，从五品下。宋真宗大中祥符九年（1016）置二员，以常参官兼任。

王公　❶一说指天子诸侯。一说即太师、太傅、太保三公。《考工记·总序》：“坐而论道，谓之王公。”郑玄注：“天子诸侯。”孙诒让《正义》引阮元说：“注以天子释王，以诸侯释公也。”《北堂书钞·职官部》引《五经异义》：“古《周礼》说天子立三公，曰太师、太傅、太保，无官属，与王同职。故曰坐而论道，谓之王公。”❷清朝满蒙各族首领封爵统称。王，指亲王、郡王等；公，指镇国公、辅国公等。

王尹　官名。春秋时楚国置。一说主管楚王宫内的纠察政令。大夫爵。《左传·昭公二十七年》：“楚莠尹然、王尹麇帅师救潜。”杨伯峻注：“‘王尹’原作‘工尹’，据孔《疏》引服虔云：‘王尹主宫内之政’，则服本作‘王尹’。”

王臣　西周时期隶属于王室的臣子。《大盂鼎铭》：“易（锡）夷司王臣十又三伯。”《周易·蹇》：“王臣蹇蹇，匪躬之故。”

王师　官名。参见“师”。

王行　官名。西周置。掌率王族所组成的军队。《盠方彝铭》：“王册命令尹易盠赤市，幽亢、攸勒，曰：用司六师、王行、参有司：司土、司马、司空。”

王后　简称“后”。周朝天子的配偶。后宫女官之长。《周礼·天官·内小臣》：“内小臣掌王后之命。”

王会司　官署名。即王会清吏司。

王会司员外郎　官名。即王会清吏司员外郎。

王会司郎中　官名。即王会清吏司郎中。

王会清吏司　官署名。简称王会司。清朝理藩院所属六司之一。掌理内扎萨克各部旗的俸禄、朝贡、赏赐之事及办理朝觐、随围等事。乾隆二十二年（1757）改宾客司设。以郎中满洲一人、蒙古二人为主官。下设员外郎、主事、笔帖式、经承及贴写书吏等佐助司务。光绪三十二年（1906）改隶理藩部。

王会清吏司员外郎 官名。简称王会司员外郎。清朝理藩院王会清吏司之副长官。佐郎中掌司事。乾隆二十二年（1757）设。满洲二人，蒙古三人，从五品。

王会清吏司郎中 官名。简称王会司郎中。清朝理藩院王会清吏司之主官。掌司事。乾隆二十二年（1757）设。满洲一人，蒙古二人，正五品。

王国三令 官名合称。南朝宋、梁以称王国所置典祠令、学官令、典卫令。梁品位自流外五班至三班不等。

王国吏 汉朝诸侯王国官吏。西汉自武帝后颁行左官律，称王国官吏为左官，对其在朝廷任职有种种限制。

王国侍郎 官名。参见“侍郎”。

王命 周朝天子对臣下的册命或诰命。《中甗铭》：“史儿至，以王命曰：‘余命汝使小大邦。’”《周礼·春官·内史》：“内史掌书王命，遂贰之。”

王府长史司 官署名。明洪武九年（1376）改诸王府参军司而置。十三年罢王相府，升长史司，正五品。置左、右长史为长官，总领王府庶务。其属，典簿一人。下辖审理、典膳、奉祠、典宝、纪善、良医、典仪，工正各所，各置正、副一人。又置伴读、教授、引礼舍人、仓大使、副使、库大使、副使等。

王府仪卫司 官署名。明洪武三年（1370）置，设仪卫正、仪卫副各一人，后增副一人。司仗六人，后改为典仗。掌王府侍卫仪仗。建文（1399—1402）中曾改王府仪仗司。成祖即位，复旧制。

王府护卫指挥使司 官署名。明太祖洪武五年（1372）始置于诸亲王府，每府设三护卫，每卫设指挥使、指挥同知、指挥佥事等官，俱与京卫同。各卫下辖左、右、前、后、中五千户所，负责护卫王邸。

王府近侍 官名。辽朝置。亲王府侍从官。

王府伴读 官名。明朝王府官属。建文（1399—1402）中置，一人，与伴讲、伴书同称王府三伴。进见亲王时，侍坐，称名而不称臣，王待之礼如宾师。成祖即位，革。

王府祗候 官名。辽朝置。亲王府小吏。

王府教授 官名。明洪武三年（1370）置，为王府长史司属官。无定员，从九品。参见“教授”。

王府孳牲所 官署名。明朝于各王府置，掌畜养牲畜，以供王府之需，所设官俱为杂职。

王官 商、周王室的官位。《左传·定公元年》：“若复旧职，将承王官，何故以役诸侯。”

王相 官名。明太祖洪武三年（1370）于各王相府置，左、右各一人，正二品，十三年罢。

王相府 官署名。明太祖洪武三年（1370）于各王府置，以辅导诸王，设左、右相各一人，正二品。十三年罢。

王保 官名。三国魏王国置。员一人，六品。

王恭厂 厂库名。明置于北京宣武门。设掌厂太监一员，贴厂、佥书无定员。辖匠头六十人，小匠若干名。初与盔甲厂职掌略同。万历三十三年（1605）后，专掌铳炮、火药营造。天启六年（1626）五月尽毁于大爆炸。遂于西直门改建，更名“安民厂”。

王旅 殷朝军队编制名。由商王统率的军队称“王旅”。《甲骨文合集》第五八二三片：“十，王旅。”

王家吏 官名。北魏前期王国属官。孝文帝太和十七年（493）定为从九品下。

王家郎 官名。汉朝诸侯王国郎官。《后汉书·灵帝纪》：熹平五年（176）“试太学生年六十以上百余人，除郎中、太子舍人至王家郎、郡国文学吏”。秩二百石。

王家尉 官名。北魏前期王国属官。孝文帝太和十七年（493）定为从七品中。

王姬 周朝天子女儿的称号。《春秋·庄公元年》：“夏，单伯送王姬。”孔颖达疏：“以姬系王，不称女字，以王为尊，故系之于王。”汉代以后亦称帝王之女为王姬。

王族 殷朝军队编制名。由王室贵族子弟组成。《甲骨文合集》第三三〇一七片：“己亥贞，令王族追旨方。”

王傅 官名。亦称傅。西汉诸侯王国官属置太傅，东汉沿置，改称傅，或王傅。三国魏置，六品，为诸王之师，掌辅导之事。晋初称师，因避司马师之讳，复称傅。南朝宋再改称师，北朝北魏曾为诸王置傅，后皆称师。隋沿置。唐玄宗开元（713—741）初始定名为傅，从三品，掌辅正过失，实际为闲职。宋朝置为亲王府官，而未尝除授。辽朝亦置，然其制不详。金朝置，正四品，掌亲王师范辅导参议之事。亲王在外，则兼本京节镇同知。元朝于诸王下各设一至三人，总领部下军需、封地内诉讼及本位下诸事。明洪武三年（1370）于诸王分置，从二品，左、右各一人，有文、武之分，掌辅导诸王之责。九年罢。参见“傅”。

王傅府 官署名。明太祖洪武三年（1370）于各王府分置，设左、右傅各一人，从二品，以文武要臣充任，以辅弼诸王。九年罢。

五十石 年俸五十石粮谷的官员。战国秦国置。《韩非子·定法》：“商君之法曰：斩一首者爵一级，欲为官者为五十石之官。”

五大夫 ❶官名。战国时楚、魏皆置。❷爵名。战国秦置，为二十等爵第九级，秦汉因之。秦朝可为官长、将率，赐邑三百户。西汉初仍得食邑。惠帝时，爵五大夫以上有罪当著械者，皆得宽容。文帝以后，五大夫以上才得免一人徭役，除以军功赐爵外，民人粟亦可为五大夫。三国魏、十六国后赵石勒亦置，然其地位及待遇或有不同。

五大臣　清入关前理政听讼大臣之俗称。因以额亦都、费英东、何和礼、安费扬古和扈尔汉五人充任，故名。详见“理政听讼大臣”。

五口通商大臣　官名。清朝道光二十二年（1842）设钦差大臣，办理外交及广州、福州、厦门、宁波、上海五口通商事务，故名。时由两江总督兼。二十四年，改两广总督兼。咸丰八年（1858），复归两江总督兼。十年，改南洋通商大臣。

五卫　元朝侍卫军事机构合称。指左卫、右卫、前卫、后卫、中卫五个侍卫亲军都指挥使司。又称五卫汉军。

五马　清朝知府之别称。

五井盐课提举司　官署名。明朝置，治所在云南大理府（今云南大理），掌该处食盐生产、税课、运销之政。设提举一人，从五品，同提举一人，从六品，副提举无定员，从七品，及各井盐课司、各盐仓大使、副使等职。

五长　官名。春秋战国置。守城军吏。《墨子·迎敌祠》：“五人有五长。”

五计司　辽朝官署合称。又称五京计司。辽在上京设盐铁使司，东京设户部使司，中京设度支使司，南京设三司使司，西京设计司，各领一方赋税、度支、盐铁等事，合称五计司。

五正　官名。五官之长。一说为木、火、金、水、土五行官长。殷朝始置。春秋时晋国沿置。《左传·定公四年》：“分唐叔以怀姓九宗，职官五正。”《隐公六年》：“翼九宗五正顷父之子嘉父逆晋侯于随。”杜预注：“五正，五官之长。”孔颖达疏：“五官之长者，谓于殷时为五行官长。”

五甲　官制用语。宋朝经殿试合格进士的等级。北宋太宗太平兴国八年（983）殿试进士，始分三甲取士。其后虽多分为三甲，但有时亦不分甲，有时则分二甲或五甲。分五甲时，此为最低一等，赐同进士出身。元、明以后，固定分为三甲，遂不再见此称。参见“三甲”。

五吏　春秋时晋国军队中军尉、司马、司空、舆尉、候奄五种军官合称。皆大夫爵。《左传·襄公二十五年》：“（齐）赂晋侯以宗器、乐器。自六正、五吏、三十帅、三军之大夫、百官之正长、师旅及处守者皆有赂。”

五百　亦作伍佰，汉朝官府执役者，官员出行时充作前导。文武官员职位不同，设人数也不等。据《后汉书·舆服制》曰，璅弩车前伍佰，公八人，中二千石、二千石、千石、六百石皆四人，四百石至二百石皆二人。三国蜀、晋及南朝宋亦置，地位如卒。

五百石　战国秦国所设官禄等级，亦为年俸五百石官吏代称。《史记·秦始皇本纪》：“秦人六百石以上夺爵，迁；五百石以下不临，迁，勿夺爵。”南朝宋置为小县长官的俸禄等级。《宋书·百官志下》：“县令千石至六百石，长五百石。”

五百主　战国时期秦国统帅五百人军队的将官。《商君书·境内》：“五百主，短兵五十人。”

五州制置使司　官署名。五州为建、霸、宜、锦、白川。辽圣宗统和（983—1012）中设五州制置使。开泰七年（1018）萧进忠为彰武军节度使兼五州制置。后废。

五州都总管　官名。辽穆宗时，以耶律速撒任霸、济、祥、顺、圣五州都总管。

五军十卫参军府　官署名。明太祖洪武十五年（1382）于五军都督府置。设左、右参军，掌参谋军务。后革。

五军统制　官名统称。南宋高宗建炎元年（1127）置御营司，下辖行在前、后、左、右、中等五军，每军各设统制一人为长官，统称五军统制。

五军都督府　官署名。明朝中、左、右、前、后五军都督府的简称，为明代最高统军衙门。明太祖初置大都督府，洪武十三年（1380）分置五军都督府，分领在京各卫所（唯锦衣卫等亲军卫、上直卫不隶五府）及在外各都司、卫所。永乐间在北京设行在五军都督府，永乐十八年（1420）去“行在”字，以在南京的五府加“南京”字，分掌南京诸卫所。各府设左、右都督，正一品，都督同知，从一品，都督佥事，正二品。五军都督府有统兵之权，但军令权操于兵部，故得互相箝制，以杜专擅。

五军部　官署名。崇祯十七年（1644）三月，李自成农民军进入北京后改五军都督府而置。其职掌仍因袭明朝旧制。

五军营　军事编制。明朝京军三大营之一。永乐二十二年（1424）置。所统马步军分为中军，左、右哨，左、右掖。并以围子手、幼官、舍人、殚忠、效义诸营隶附。以勋臣二人提督，并设提督内臣一人。坐营官一人。下设把总、把司、把牌等官。参见“三大营”。

五军断事　官名。明洪武（1368—1398）时分置于五军都督府中，理军中刑狱。详见“五军断事官”条。

五军断事司　官署名。初明太祖洪武十七年（1384）于五军都督府各置左、右断事二人，提控案牍一人，并从九品。二十三年升断事正五品，总治五军刑狱。又分设五断事司，各置稽仁、稽义、稽礼、稽智、稽信五人，俱正七品，分理五军府刑名。建文（1399—1402）中罢。

五军断事官　明太祖初于大都督府中置断事官，从五品，掌理断军中刑狱。洪武十三年（1380）改置中、左、右、前、后五军都督府，乃以中军都督府断事官为五军断事官。十七年，改五军各设左、右断事二人，从九品，二十三年升正五品，又分设五司，分理各军府刑名。建文（1399—1402）中革断事及五司官。

五军照磨所 官署名。明太祖洪武二十九年（1396）于五军都督府分置，专掌文牍。后革。

五远将军 南朝陈宁远、安远、征远、振远、宣远将军的合称。详见各条。

五贡 清朝科举制度中五种贡生之总称。即恩贡、拔贡、副贡、岁贡、优贡。以五贡资格而获官者，均属正途出身。

五均司市师 官名。新莽置之。王莽依《乐语》有五均之言，于长安以及洛阳、邯郸、临淄、宛、成都五都设五均官。更名长安东西市令及五都市长皆为五均司市师。长安东市称京，西市称畿，洛阳称中，余四都各以东西南北为称。下置交易丞五人，钱府丞一人。主要职掌为平抑物价，管盐铁，开赊贷。

五均官 官名，新莽置。省称均官。设于长安及洛阳、邯郸、临淄、宛、成都等五都，称长安东西市令及五都市长皆为五均司市师。主要是平准物价，实际是以此巧取豪夺。新莽败亡后即废。

五坊 官署名。辽朝置，属北面坊官，掌鹰犬、海东青鹘之类。管辖五坊人户。设五坊使等职。

五坊使 官名。唐朝五坊宫苑使的省称。辽朝五坊长官。

五坊宫苑使 使职名。唐武则天圣历（698—700）中置闲厩使押雕、鹘、鹞、鹰、狗五坊，以供狩猎之需，以一使总领之。玄宗开元十九年（731）以金吾将军杨崇庆充任，代宗宝应二年（763）入隶内宫苑使，领五坊小儿若干。

五材将军 官名。十六国前燕置。《资治通鉴·晋穆帝永和五年（349）》："（慕容）儁犹豫未决，以问五材将军封奕。"胡三省注："燕置五材将军，盖取宋子罕所谓'天生五材谁能去兵'之义。"

五花判事 唐朝中书省议论军国大事，中书舍人各执所见，分别署名，谓之五花判事。所署意见由中书侍郎、中书令审覆后，交门下省驳正，然后由尚书省颁下执行。

五更 年老致仕而有经验的乡里耆老。《礼记·文王世子》："遂设三老五更群老之席位焉。"

五邑守堰 官名，西周置。掌五邑守卫事。五邑是特指周都丰、镐、莽、成周、王城五地，或指一般五邑，不详。

五邑走马 官名。西周置。主管五邑的马政。《元年师兑簋铭》："王呼内史尹册命师兑，匹师和父司左右走马、五邑走马。"

五邑祝 官名。西周置。负责五邑的祭祀禳祷。《鄁簋铭》："昔先王既命汝作邑，摄五邑祝。"

五兵尚书 官名。属尚书省。三国魏始置，掌军事枢务，主管全国军事行政，领中兵、外兵、骑兵、别兵、都兵五郎曹。西晋初不置，武帝太康（280—289）间复置，分中兵、外兵为左右，共领七郎曹，仍称五兵。东晋、南朝沿置。但宋、南齐仅领中兵、外兵二曹，梁、陈仅领中兵、外兵、骑兵三曹。魏、晋、宋皆位三品，梁十三班，陈三品。十六国后燕及梁末侯景改名七兵尚书。北魏定称七兵尚书。北齐初沿北魏制，后复称五兵尚书，领左中兵、右中兵、左外兵、右外兵、都兵五曹，管理全国兵籍、征兵、仪仗等军事行政。三品。但因北齐于尚书省外别置外兵省、骑兵省管理全国兵马枢务，所以五兵较前权轻。隋以后改置"兵部尚书"。

五兵郎中 泛指五兵尚书所属诸曹郎中。《北齐书·袁聿修传》："仍历五兵、左民郎中。"参见"五兵尚书"。

五冶太师 官名。辽北面官。掌四方钱铁之冶。太宗时置。

五局司直 官名。北魏孝文帝太和（477—499）中置，属廷尉。专主刑狱。太和十七年（493）定为从四品中。因负责直接审理刑狱案件，颇受孝文帝重视，由其亲选。亦简称"司直"。后罢。至孝庄帝时复置司直，仅名义上隶属廷尉，无直接审理的职任，唯复核御史检劾的案件，职掌已有变化。

五武将军 官名合称。南朝宋以称建武、振武、奋武、扬武、广武等五将军。南朝陈以称智武、仁武、勇武、信武、严武等五将军。详见各条。

五押招讨大将军 官名。辽北面官，西南面五押招讨司长官。

五国节度使司 官署名。辽朝置。负责督察越棘等五国部族，设契丹节度使一员。始置于兴宗重熙六年（1037）。

五使 官名合称。宋朝御史台左巡使、右巡使、监祭使、廊下使、监香使合称。北宋前期置，神宗元丰（1078—1085）改制罢。

五服 区别尊卑的五种等级服饰。《尚书·虞书·皋陶谟》："天命有德，五服五章哉。"孔安国传："五服，天子、诸侯、卿、大夫、士之服也。"

五京计司 即五计司。

五府 官署合称。❶西汉指丞相、御史大夫、车骑将军、前将军、后将军府。东汉指太傅、太尉、司徒、司空、大将军府。魏晋以来，用作诸公府的泛称。❷唐朝十六卫之左、右卫，各有亲卫之府一，称亲府；勋卫之府二，称勋一府、勋二府；翊卫之府二，称翊一府、翊二府，合称五府。❸明朝"五军都督府"的简称。

五府科 官署名。清朝兵部武库清吏司所属之办事机构。额设经承一人。

五官 ❶五种官名合称。先秦典籍所载说法不一。或说为司徒、司马、司空、司士、司寇。亦指五行之官和五方之官。❷女官名。西汉宫中女官有五官，秩视三百石。❸司历之官。唐朝司天台（太史局）以春官、夏官、秋官、冬官、中官等分掌天文、历法、气象，并称五官。乾元以后，其司天台官员率加五官之号，又有五官正、五官司历、五官保章正、五官挈壶正、五官监候、五官灵台郎等名。❹五官中郎将、五官掾等省称，详见各条。

五官中郎 官名。东汉隶五官中郎将，比六百石，无员，更直执戟，宿卫诸殿门，出充车骑，实为后备官员，以供选用。三国时吴仍置。

五官中郎将 官名。秦置。西汉隶光禄勋，主中郎，秩比二千石。东汉时，部分侍郎、郎中亦归其统率。职掌宿卫殿门，出充车骑。东汉初年或参与战事；又协助光禄勋典领郎官选举，有大臣丧事，则奉命持节策赠印绶或东园秘器。东汉末，曹操以曹丕为之，置官属，为丞相副贰。位在魏国诸臣上，僚属有长史、司马、文学、功曹，地位尊崇。或说魏文帝践祚后不置、魏晋以来无，皆非。三国蜀置，或说与魏同，不领郎署。吴仍领郎署。晋沿汉制于光禄勋下置五官、左、右三中郎将，似无郎署，但仍为近侍之官。武帝泰始九年（273）省，太康（280—289）中又见。东晋穆帝永和元年（345）授张重华为五官中郎将、凉州刺史，仅为名誉职务，后不复见。

五官六府 朝廷五种官职与六种府库合称。传统说法为殷朝制度。《墨子·节葬下》：“五官六府。”《礼记·曲礼下》：“天子之五官，曰司徒、司马、司空、司士、司寇、典司五众；天子之六府，曰司土、司木、司水、司草、司器、司货，典司六职。”郑玄注：“此亦殷时制也。府，主藏六物之税者。”

五官正 官名合称。唐肃宗乾元元年（758）始置，即春官正、夏官正、秋官正、冬官正、中官正，员各一人，皆正五品上，掌司四时，观察气象变异，隶司天台。宋初隶司天监，神宗元丰（1078—1085）改制后改隶太史局，正八品，掌察天文祥异、钟鼓刻漏、写造历书。辽朝司天监亦设，为南面官。明朝属钦天监，正六品，掌推历法，定四时。清顺治元年（1644）沿置，由汉人充任，仍隶钦天监。康熙四年（1665）定为满、蒙各二人，从六品。掌以满文、蒙文颁布时宪书。清亡，废。

五官司历 官名。唐初沿隋制置司历，从九品上，肃宗乾元元年（758）加号五官司历，隶司天台。辽朝为司天监属官，掌有关历法之事，为南面官。明朝钦天监亦设，正九品，佐五官正推定历法。参见“司历”。

五官司书 又称司书。清朝钦天监时宪科之属官。顺治元年（1644）设。汉一人，秩正九品。掌校刊时宪书，颁布四方。

五官司辰 官名。唐朝秘书省司天台置，十五员，正九品，与挈壶正等皆掌知漏刻时辰，肃宗乾元元年（758）由司辰改名。辽南面官。袭唐制为司天监官员，与五官挈壶正同掌漏刻，报时辰。简称司辰。

五官司晨 官名。明朝钦天监置，从九品。佐漏刻博士，掌定时、换时、报更、晨昏、钟鼓诸事。大朝贺时则充鸡唱官。明初员八人，后革六人。简称司晨。清顺治元年（1644）沿置，汉军缺员一人，汉缺员七人。

五官灵台郎 官名。唐武则天长安二年（702）改天文博士为灵台郎；肃宗乾元元年（758）加号五官灵台郎，员五人，正七品下，掌天文气象观测及教习之事，隶司天台。辽朝为司天监属官，南面官。明钦天监亦置，从七品，掌观测天象。清因之。

五官侍郎 官名。东汉隶光禄勋所属五官中郎将，比四百石，无员。主更直执戟，宿卫宫殿门户，出充车骑。

五官郎 官名。五官中郎、五官侍郎、五官郎中统称，隶光禄勋所属五官中郎将，主更直执戟，宿卫宫殿门户，出充车骑。

五官郎中 官名。东汉隶五官中郎将。秩比三百石。更直执戟，宿卫宫殿门户，出充车骑，实为后备官员，以供选用。三国时吴仍置。

五官保章正 官名。唐武则天长安二年（702）改历博士为保章正；肃宗乾元元年（758）加号五官保章正，掌教习历生，与五官监候、司历掌历法及测景分至表准，从七品上，置一至二人，隶司天台。辽朝为司天监属官，南面官。明朝钦天监亦设，正八品，掌记录天象变化，占定吉凶。清初沿置，康熙十四年（1675）省。参见“保章正”。

五官将 五官中郎将的省称。

五官挈壶正 官名。唐武则天长安二年（702）始于太史局置挈壶正二人；肃宗乾元元年（758）加号五官挈壶正，员二人，正八品上，掌知更鼓漏刻，隶司天台。辽朝置为南面官，属司天监，与五官司辰同掌漏刻、报时辰等事。明朝属钦天监，从八品。清顺治元年（1644）钦天监刻漏科置，初由汉人充任，后定为满、蒙各一人，汉二人，皆从八品。属官有五官司晨、博士、天文生、阴阳生等。掌刻漏、谯楼计时报更之事，遇祭祀、朝会及营建宫室都邑，则事先选择吉日。参见“挈壶正”。

五官监候 官名。唐朝太史局始置监候五人，肃宗乾元元年（758）加号五官监候，置三人，正八品下，掌候天文，隶司天台。辽朝隶司天监，属南面官。明朝钦天监亦设，正九品，佐五官正推历法、定四时。清为钦天监天文科主要职官，员一人，由汉人充任，正九品，掌观测天象。参见“监候”。

五官副正 官名合称。唐肃宗乾元元年（758）置，为秘书省司天台所置春、夏、秋、冬、中五官正之副，各一员，正六品上。

五官掾 官名，省称五官。汉朝郡国属吏，地位仅次于功曹，祭祀居诸吏之首，无固定职掌，凡功曹及诸曹员吏出缺即代理其职务。晋至南北朝沿置。晋朝中央政府诸卿、领军、护军、太子太傅、少傅等及诸郡、国皆置为僚属。南朝宋自太常至长秋，领军、护军等将军、太子二傅、诸郡亦置，主诸曹事，为重要属吏之一。齐沿之。梁诸卿、太子二傅、詹事，领军、护军、左右卫等将军，诸郡皆置，位自三班到流外四班不等。陈沿之，位八、九品不等。

北齐诸卿、领护军、太子詹事、诸郡皆置。

五房 见“中书五房”。

五经百石卒史 官名。汉朝郡国官府属吏。元帝时始置，典一经，秩百石，职掌教化事宜。

五经科 唐、宋贡举科目名。五经即《周易》、《尚书》、《毛诗》、《礼记》、《春秋》。考其贴经、墨义。宋神宗时罢。

五经博士 官名。❶秦、西汉初太常属官有博士，文帝又增设诸子专书博士和儒家专经博士，武帝建元五年（前136）始置五经博士。初秩比四百石，后升比六百石。除原有议政、制礼、藏书、顾问应对等职能外，又增学官职能，掌策试官吏，在太学中教授儒家《诗》、《书》、《礼》、《易》、《春秋》五经之学，各置弟子员。或亦奉命出使，巡行风俗，视察灾情或赈济流民。秩卑而职尊，选任颇严，升迁亦极易，常可直迁九卿、郡国守相、尚书、刺史等官。武帝时置《诗》齐、鲁、韩，《书》欧阳，《礼》后，《易》杨（田），《春秋》公羊七家。宣帝时置《诗》齐、鲁、韩，《书》欧阳、大、小夏侯，《易》施、孟、梁丘，《礼》后，《春秋》公羊、穀梁十二家。元帝时又增《易》京氏。平帝、新莽时，又立《乐经》，置六经三十博士，除原有今文诸家，又增《左氏春秋》、《毛诗》、《逸礼》、《古文尚书》、《周官》等古文经学。东汉设五经十四博士，即《易》有施、孟、梁丘、京氏，《尚书》欧阳、大、小夏侯，《诗》齐、鲁、韩，《礼》大、小戴，《春秋》严、颜。当时议政职能已减弱，又因民间授受经学日盛，学术权威地位亦渐削弱。以后历朝虽置其官，多专司经学教授，其政治、学术地位及作用与西汉不可比拟。三国魏员十九人，五品；别置太常博士掌导引、制礼，位在其上。其议礼职能亦因此削弱。东晋、南朝宋、齐不复分掌五经，改置“太学博士”。十六国后赵仍置，设于诸郡国。梁武帝天监四年（505）建国学，开五馆，复置五经博士五员，各主一馆，位六班，在国子博士下，太学博士上。国子学招收贵胄子弟，五馆生皆引寒门俊才，不限人数，给其饩廪，射策及格即除为吏。陈因之，六品、秩六百石。北朝、隋不置。唐文宗大和七年（833）复置于国子监，每经各一员，后加为各二员，秩比国子博士，正五品上，以五经教国子生。后或置或罢。宋以来不置。明朝复置，隶国子监博士厅，员五人，从八品，分掌五经之教授，《大学》、《中庸》、《论语》、《孟子》则兼习之，按时考课。❷翰林院属官。明初设五员，各掌专经，以备讲读，后为圣贤先儒后裔世袭之职，唯居乡给俸，以奉先世祭祀，不治院事，正八品。授孔氏二人，颜氏一人，曾氏一人，仲氏一人，孟氏一人，周氏一人，程氏二人，邵氏一人，张氏一人，朱氏二人，刘氏一人（后革）。清顺治元年（1644），授孔氏北宗一人，颜氏一人，曾氏一人，孟氏一人。随后又授孔氏南宗一人，东野氏、姬氏、仲氏、闵氏、冉氏（仲弓后）、端木氏、冉氏（伯牛后）、卜氏、言氏、颛孙氏、有氏、伏氏、韩氏、张氏、邵氏各一人，朱氏二人，关氏三人。正八品。清末废。

五城兵马司 官署名。明清管理京师治安之机构。掌巡捕盗贼，街道沟渠、囚犯火禁之事。元朝曾于大都路设兵马司，掌治京城治安。明沿元制。洪武（1368—1398）中于北京、南京中、东、西、南、北五城分置，始称五城兵马司。设指挥、副指挥及吏目等。清顺治（1644—1661）中京师五城沿置，每城设指挥、副指挥、吏目各一人，分别设置衙署，隶于巡城御史。并掌宣示条教、平粜、赈恤等事。每城各司二坊，副指挥、吏目各管一坊。乾隆三十一年（1766），东、西、南、北四城副指挥分别移驻朝阳、阜成、永定、德胜诸门外，钤辖关厢。

五城兵马司指挥 官名。明清京城中、东、西、南、北五城兵马指挥司长官。各一人，正六品。明洪武二十三年（1390）始置，建文（1399—1402）中改兵马，永乐元年（1403）复称指挥。掌管京城巡捕盗贼、疏理街道沟渠及囚犯、火禁之事。通常凡亲王妃之父无官职者，多充任此官，又有以科贡正途任官者。清沿置。

五城御史 见“巡城御史”。

五城御史衙门 官署名。明清稽察京师地方之机构。明正统十三年（1448）置，分设中、东、西、南、北五城巡城御史。掌提调锦衣卫、五城兵马司维持地方治安之事。清顺治（1644—1661）中沿置，中、东、西、南、北五城分置衙署，称察院，以各城兵马司隶之。每城设巡城御史满、汉各一人，由科道官中简派，任期一年。所属有经承二十人。掌督率所属，厘奸剔弊，整顿风俗，办理地方之事。

五城察院 官署名。参见“五城御史衙门”。

五威中城将军 将军名号。新莽始建国元年（后9）置，主十二城门，以策命说符侯崔发任之。

五威右关将军 将军名号。新莽始建国元年（后9）置。《汉书·王莽传》：“命怀羌子王福曰：‘汧陇之阻，西当戎狄。女作五威右关将军，成固据守，怀羌于右。’”

五威左关将军 将军名号。新莽始建国元年（后9）置。《汉书·王莽传》：“命掌威侯王奇曰：‘肴黾之险，东当郑卫。女作五威左关将军，函谷批难，掌威于左。’”

五威司命 官名。省称司命。新莽始建国元年（后9）置，监察上公以下，凡不用命者、大奸猾者、铸伪金钱者、骄奢逾制者、漏泄省中及尚书事者、谢恩私门者等皆在监察之列。以统睦侯陈崇任之。

五威后关将军 将军名号。新莽始建国元年（后9）置。《汉书·王莽传》：“命尉睦侯王嘉曰：‘羊头之陒，北当燕赵。女作五威后关将军，壶口捶扼，尉睦于后。’”

五威将 官名。新莽始建国元年（后9），以王奇等十二人为五威将，颁符命四十二篇于天下；又赍印绶，凡王侯以下及官吏名更改者，外及匈奴、西域诸侯，皆授新室印绶，收故汉印绶。每一将各置左右前后中五帅。衣冠车服驾马如其方面色数。将持节，称太一之使；帅持幢，称五帝之使。

五威将军　❶将军名号。新莽时有五威将军苗䜣。❷南朝宋建威、振威、奋威、扬威、广威五将军合称，皆第四品。陈则为智威、仁威、勇威、信威、严威五将军合称，品位同，秩中二千石。

五威前关将军　将军名号。新莽始建国元年（后9）置。《汉书·王莽传》："命明威侯王级曰：'绕雷之固，商当荆楚。女作五威前关将军，振武奋卫，明威于前。'"

五省　官署名合称。南北朝指尚书省、门下省、集书省、中书省、秘书省。隋文帝时指尚书省、门下省、内史省、秘书省、内侍省；炀帝大业三年（607）改指尚书省、门下省、内史省、殿内省、秘书省。

五品将军　即位列第五品诸将军的泛称。《宋书·顾琛传》："元凶弑立，分会稽五郡置会州，以（刘）诞为刺史，即以琛为会稽太守，加五品将军，置将佐。"南朝宋以鹰扬至凌江诸将军为五品。

五院纠详稳　官名。辽北面官。掌五院部边防军。

五院司　官署名。辽属北面官，为管理北院皇族的机构。耶律阿保机五世祖耨里思长子洽昚之后房在五院司。

五院夷离堇　官名。辽北面官。掌五院部族军马之政。会同元年（938）改称大王。故又称北院大王、北大王。

五院都监　官名。辽北面官。掌监治五院部。

五院部　契丹部名。天赞元年（922）辽太祖以迭剌部强大难制，析为五院、六院两部。各设夷离堇统之，后更夷离堇为大王，因此五院部在朝又称北大王院。

五院御史　官名合称。唐朝指御史台之御史大夫、御史中丞、侍御史、殿中侍御史、监察御史。李绰《尚书故实》："台仪自大夫以下，至监察，通谓之五院御史。"

五校　参见"五校尉"。

五校尉　屯骑、越骑、步兵、长水、射声校尉合称。亦简称"五校"。西汉武帝置中垒、屯骑、步兵、越骑、长水、胡骑、射声、虎贲八校尉，掌宿卫兵。东汉省中垒、胡骑、虎贲，以五校尉领禁卫军北军五营，亦称北军五校尉。官显职闲，待遇优厚，多以皇族及亲近者居之。隶北军中候。三国魏、西晋隶领军（中领军），与中垒将军、武卫将军同领禁军宿卫兵，各立营，设属官。后宿卫之职主要由二卫、四军、骁骑等营担任，其职渐轻，或省营兵。东晋哀帝兴宁二年（364）罢。南朝宋武帝永初元年（420）复置，用以安置勋旧，不领营兵，为侍从武官之职，南朝因置。北魏员各二十人。北齐员各十人，隶左、右卫府，皆为无职事之散员官。参见各条。

五都尉　官名合称。金哀宗天兴二年（1233）改陈州为金兴军，以粘葛奴申为节度使，下辖建威卫、虎威卫、振武卫、振威卫、果毅卫五都尉，分掌各招抚司所发援兵。

五监　官署合称。隋炀帝大业三年（607）指少府监、长秋监、将作监、国子监、都水监。唐朝改长秋监为内侍省，增置军器监，仍合为五监。

五部大都督　官名。西晋置。掌入居塞内的五部匈奴事务，下设左部、右部、南部、北部、中部都尉，分治各部。《晋书·刘元海载记》："杨骏辅政，以元海为建威将军、五部大都督，封汉光乡侯。"

五部都尉　官名合称。❶三国蜀后主建兴三年（225），诸葛亮平南中，移南中劲卒青羌万余家于蜀，分为五部，置以统之。参见《华阳国志》卷四《南中志》。❷东汉献帝建安（196—220）中，曹操分入居塞内的南匈奴为五部，各部置帅。西晋武帝太康（280—289）中改帅为都尉（一说三国魏末改），分为左、右、南、北、中部。见《晋书·北狄传》、《刘元海载记》。

五部督邮　汉朝郡太守属吏有督邮，分部循行属县，督察吏治，有二部、三部、四部、五部不定。凡分东、西、南、北、中五部者，统称五部督邮。参见"督邮"。

五教　❶五伦之教。传说舜时司徒所掌。《尚书·虞书·舜典》："汝作司徒，敬敷在宽。"《左传·文公十八年》："举八元，使布五教于四方：父义、母慈、兄友、弟共（恭）、子孝。"❷唐朝司徒俗称。因传说司徒掌五教，故名。

五营　军事编制。明末李自成农民军置中、左、右、前、后五营，以权将军、制将军、果毅将军、威武将军等统之，凡二十二将。中营又称"标营"。标营统马步兵一百队，左、右、前、后四营共一百三十余队。每队马兵五十，孩儿兵三十或四十有差。步兵每队一百或五十有差。总计马步兵六万，马骡二万。标营白旗黑纛，各队以杂色号带为别。左营白旗白纛，右营红旗红纛，前营黑旗黑纛，后营黄旗黄纛。每临阵，标旗在前。驻营以次序值昼夜。

五营校督　官名。三国魏置。《三国志·毌丘俭传》裴松之注引《魏书》："太和（227—233）中，（文钦）为五营校督，出为牙门将。"一说五营即北军中候所监北军五营。

五营督　官名。三国吴置。统五营营兵，负责侍卫皇帝。《三国志·孙和传》："（孙）权欲废和立亮，无难督陈正、五营督陈象上书。"

五羖大夫　春秋时秦国大臣百里奚的官号。百里奚本为晋贱臣，秦国以五张羊皮赎之，故名。《史记·秦本纪》："缪公大说，授之国政，号曰五羖大夫。"《说苑·尊贤》："（秦缪公）亲举五羖大夫于系缧之中，与之语三日而授之政。"

五等子　爵名。南朝宋子爵等级之一，不食封。

见《宋书·郑鲜之传》。

五等男　爵名。南朝宋、北朝魏“男”爵等级之一，不食封。见《宋书·庾悦传》、《魏书·费于传》。

五等伯　爵名。南朝宋伯爵等级之一，不食封。见《南齐书·沈文季传》。

五等侯　爵名。南朝宋侯爵等级之一，不食封。见《宋书·王弘传》。

五等爵　爵制名。一说夏、商时为公、侯、伯、子、男五等，周朝为天子、公、侯、伯、子男五等。《礼记·王制》：“王者之制禄爵，公、侯、伯、子、男，凡五等。公侯田方百里，伯七十里，子男五十里。”《孟子·万章下》：“北宫锜问曰：‘周室班爵禄也，如之何？’孟子曰：‘天子一位，公一位，侯一位，伯一位，子、男同一位，凡五等。’‘天子之制，地方千里，公侯皆方百，伯七十里，子男五十里，凡四等。’”孙奭疏：“盖孟子所言周制，《王制》所言则夏商之制也。”一说认为它与三等爵制均为西周实有制度，并相互为用。即五等爵以定封地大小；三等爵以定其所食：公食其半，侯伯食三分之一，子男食四分之一。《周礼》载诸侯总共受到天子九次册命为公，七次册命为侯伯，五次册命为子男，是从西周的册命制度发展而来的。五等爵制秦汉未设。三国魏咸熙元年（264）复置公、侯、伯、子、男五等。晋以后沿设，多不食本邑。李自成大顺政权永昌元年（1644）亦设。参见“三等爵”。

五属大夫　❶春秋齐国五行政长官合称。《国语·齐语》：“正月之朝，五属大夫复事。”齐制，郊以外三十家为邑，邑有司；十邑为卒，卒有卒帅；十卒为乡，乡有乡帅；三乡为县，县有县帅；十县为属，属有大夫。五属，故立五大夫，各使治一属。❷地方军事组织五属的长官。春秋齐置。《管子·小匡》：“三乡为属，属有师，五属一大夫。武政听属，文政听乡。”

五德将军　官名合称。南朝梁武帝天监七年（508）置，指智威、仁威、勇威、信威、严威、智武、仁武、勇武、信武、严武等十将军。其中智威等五将军为武职二十四班中的十六班，以代替旧征虏将军；智武等五将军为十五班，以代替旧冠军将军。大通三年（529）复置冠军将军，与之并存。

牙门　❶官名。即牙门将的省称。❷麹氏高昌国官员议事处所。《周书·高昌传》：“官人虽有列位，并无曹府，唯每旦集于牙门评议众事。”❸官员办公府署的别称。即衙门。《北史·宋隐传》：“（宋世良为清河郡太守，）每日牙门虚寂，无复诉讼者，谓之神门。”❹担任护卫的军队名称。西晋惠帝曾以征南兵八百人给汝南王祐，特为置四部牙门。亦可被派遣出征。《晋书·马隆传》：“以隆为平虏护军、西平太守，将所领精兵，又给牙门一军，屯驻西平。”

牙门将　官名。三国魏文帝黄初（220—226）中置，蜀、吴及两晋、十六国后赵、前凉、南燕、南朝宋等亦置。常简称牙门。为统兵武职，位在裨将军下、郡守上。依任职地区不同，又有西戎牙门、淮南牙门将、扬州牙门将等名号。银章、青绶，冠服与将军同。魏、晋皆五品。

牙门将军　官名。东汉献帝建安（196—220）中刘备置，赵云曾任之。晋朝沿置。南朝梁武帝天监七年（508）用以取代旧建威将军，为武职流外八班中的八班，地位很低，成为乡品三品以下的寒士出任之职。

牙书　官吏名。又称牙署。辽北面官。石烈（相当于县）设，在麻普下，类似主簿。文班司设有文班牙署。

牙里不藏思八万户府　官署名。元朝置。乌思藏十三万户之一，隶乌思藏宣慰司，治所在今西藏山南地区乃东县亚堆区亚桑乡，掌藏传佛教伯木古鲁噶举派牙里不藏分派。置达鲁花赤、万户各一员。

牙校　低级武官。《新唐书·石雄传》：雄“少为牙校，敢毅善战，气盖军中”。西夏建国前党项夏州定难军节度使府及属州下置。李继迁、李德明时军中设置。

牙牌　官员所执牌记。因多系象牙兽骨制成，故名。其上书写官员官衔、履历。始见于宋。欧阳修《欧阳文忠公集·早朝感事》：“玉勒争门随仗入，牙牌当殿报班齐。”明朝正式定制，分为五种：公、侯、伯曰“勋”，驸马都尉曰“亲”，文官曰“文”，武官曰“武”，教坊曰“乐”。嘉靖中总编为“官字某号”，朝参时持以出入宫门，否则，门官止之。私相借者，论如律。有故，则交于内府。

牙署　即牙书。

屯千总　官名。清朝土官名号之一。武职。四川省设。正六品。管所辖之兵士，受地方武官约束。世袭，其承袭事隶兵部。详“土官”。

屯长　官名。亦作敦长。战国时置。《商君书·境内》：“能五人一屯长。”后地位稍高，然仍属低级军吏。《汉书·陈胜传》：“发闾左戍渔阳九百人，胜、广皆为屯长。”颜师古注：“人所聚曰屯，为其长帅也。”东汉将军所领部曲之下亦置，员一人，比二百石，位居候下。

屯田　官署名。❶尚书省六曹之一，西晋置，设尚书。武帝太康（280—289）中改名田曹。❷尚书省诸郎曹之一。西晋置（或说三国魏已置），掌屯田事务，设郎（郎中），东晋省。南朝梁、陈复置。北魏亦置，或说隶仪曹尚书。北齐设郎中，掌籍田、诸州屯田事务，隶祠部尚书。隋朝为工部四司之一，初置侍郎、员外郎为长贰；炀帝大业三年（607）改置郎、承务郎。唐高祖武德三年（620）沿置，设郎中、员外郎为长贰。掌全国屯田、京官职田、诸司公廨田等政，实际上闲简无事。高宗龙朔二年（662）改名司田，咸亨元年（670）复旧。五代因置。北宋初无职掌，设判屯田事一人，以无职事朝官充任。神宗元丰（1078—1085）改制后，复以郎中、员外郎为长贰，掌屯田、营田、学田、官庄等事务。南宋高宗建炎三年（1129），与水部合为一司。明初复置为工部四属部之一，掌屯种、抽分、薪炭、坟茔之事，设郎中、员外郎各一员，主事四员。洪武二十九年（1396）改名屯田清吏司。

屯田千户所 军事单位。明朝专为屯垦而置。多置于北部边境。设正千户、副千户、镇抚、百户等官与一般千户所同，往往不隶卫，而直属都司或行都司。

屯田司 官署名。❶隋唐五代尚书省工部第二司。掌天下屯田、京官职田、诸司公廨田及官园宅等，实则闲简无事。长官有屯田郎中一人，屯田员外郎一人为之贰，另有屯田主事等。唐高宗龙朔二年（662）改称司田司，咸亨元年（670）复旧。❷明清工部屯田清吏司之简称。见“屯田清吏司”。

屯田司员外郎 官名。即屯田清吏司员外郎。

屯田司郎中 官名。即屯田清吏司郎中。

屯田员外郎 官名。工部屯田司次官。隋文帝开皇六年（586）始置，炀帝大业三年（607）改置承务郎。唐高祖武德三年（620）复旧，从六品上。高宗时曾随本司改名司田员外郎，寻复旧。闲简无事。五代因置。北宋初为六品寄禄官，神宗元丰（1078—1085）改制后，始为职事官，正七品。南宋高宗建炎三年（1129），兼领水部之事。明初亦置，从五品，洪武二十九年（1396）改名屯田清吏司员外郎。参见“屯田”。

屯田尚书 官名。西晋初置，为尚书省六曹尚书之一。位三品。武帝太康（280—289）中改名田曹尚书。

屯田侍郎 官名。隋朝尚书省工部屯田司长官，置二员，正六品上，寻加为从五品，炀帝大业三年（607）改为屯田郎。

屯田使 官名。宋朝置都大制置屯田使、制置屯田使，多以安抚使、知州、通判等兼任，掌屯田事务。又有管勾屯田司公事、提点制置屯田事、措置屯田、屯田副使、提点屯田公事等屯田官。其官署为屯田司或屯田务。

屯田郎 官名。汉朝以尚书郎一人掌户口垦田事。西晋初置此官（或说三国魏已置），六品，掌尚书省屯田曹，与屯田郎中互称。东晋省。南朝梁、陈复置。北魏亦置，孝文帝太和十七年（493）定郎为从五品中，郎中五品上，二十三年皆称郎中，六品，仍可通称为郎。北齐沿置，六品上。隋初改称屯田侍郎，炀帝大业三年（607）复名屯田郎，从五品，为工部屯田司长官。唐朝改名屯田郎中。参见“屯田”。

屯田郎中 官名。魏晋南北朝与屯田郎互称，为尚书省屯田曹长官。唐高祖武德三年（620）定置为工部屯田司长官，从五品上。高宗时曾随本司改名司田大夫，寻复旧。闲简无事。五代因置。北宋初为五品寄禄官，不预司务。神宗元丰（1078—1085）改制后始为职事官，从六品。南宋高宗建炎三年（1129）兼领水部之事。明初亦置，正五品，洪武二十九年（1396）改名屯田清吏司郎中。参见“屯田”。

屯田郎官 屯田郎中、屯田员外郎通称。

屯田校尉 官名。西汉武帝置，掌西域诸屯田。自张骞通西域，李广利征伐大宛后，轮台、渠黎皆有屯田卒数百人，置使者、校尉领护，以给外国使者。后车师、乌孙、焉耆等国皆有屯田，亦以校尉领之。宣帝神爵二年（前60）置西域都护后，诸屯田校尉皆属之。

屯田都尉 官名。东汉末及三国魏、吴置。主屯田事务。一说即典农都尉。

屯田部 官署名。明初工部四属部之一。洪武六年（1373）置，设郎中、员外郎各一人，主事四人，掌屯田、抽分、薪炭、夫役及坟茔营造制式等。十三年，改屯部；二十九年，再改屯田清吏司，遂为定制。

屯田部员外郎 官名。明初工部所属屯田部置，一人，正六品，协郎中掌本属部事务。洪武十三年（1380）改屯部员外郎；二十九年，再改屯田清吏司员外郎，遂为定称。

屯田部郎中 官名。明初工部所属屯田部置，一人，正五品，掌本属部事务。洪武十三年（1380）改屯部郎中；二十九年，再改屯田清吏司郎中，遂为定称。

屯田曹 官署名。❶尚书省六曹之一，西晋置，掌管全国屯田事务，以尚书为长官。武帝太康（280—289）中改称田曹。❷尚书省诸郎曹之一。西晋置（一说三国魏已置），掌管屯田事务，以郎（郎中）为长官。东晋省。南朝宋、齐以左民郎中兼理屯田事务。梁复置，隶左民尚书。陈沿置。北魏亦置，一说隶仪曹尚书。北齐沿置，掌籍田、诸州屯田事务，隶祠部尚书。

屯田清吏司 官署名。简称屯田司。明清工部四司之一。掌理设置屯垦，增益军储，抽分征商，伐薪烧炭，百官茔制之事。后屯种事废，主管陵工。明洪武二十九年（1396）置，设郎中一人，员外郎一人，主事三人。南京工部屯田清吏司亦设郎中一人，主事一人。顺治元年（1644）沿置，设郎中五人，满洲四人，汉一人；员外郎六人，满洲四人，汉一人；主事五人，宗室一人，满洲二人，汉二人，以及笔帖式、经承若干人，分理司务。所属有都吏科、准支科、拒科、杂科、匠科等办事机构，并掌检督四司匠役，审核海、苇、煤课及本衙门汉官之升补。光绪三十二年（1906）裁，事归民政部。

屯田清吏司员外郎 官名。简称屯田司员外郎。明清工部屯田清吏司之副长官。佐郎中掌司事。明洪武二十九年（1396）设，一人，从五品。清顺治元年（1644）沿设，汉员外郎一人。满洲司属初不分曹，随堂官所派。后增至六人，满洲五人，汉一人。

屯田清吏司郎中 官名。简称屯田司郎中。明清工部屯田清吏司之主官。掌司事。明洪武二十九年（1396）设，一人。南京工部屯田清吏司亦设一人，皆为正五品。清顺治元年（1644）沿设，汉郎中一人。满洲司属初不分曹，随堂官所派。后增至五人，满洲四人，汉一人。

屯主 官名。南朝宋置，《宋书·符瑞志下》：“元嘉二十三年（446）七月庚辰，嘉禾生醴湖屯，屯主王世宗以闻。”唐朝属司农寺，每屯置屯主一员，属官有屯副、主簿、录事、府、史等，职劝率营农、督敛地课。

屯守备 官名。清朝土官名号之一。武职。四川省设有。正五品。管所辖之兵士，受地方武官约束。世袭，其承袭事隶兵部。详“土官”。

屯丞 官名。唐朝司农寺诸屯副长官，每屯置一或二人，从八品下，佐屯监掌本屯稼穑之事。宋初仅存空名而未尝除授，神宗元丰（1078—1085）改制废。

屯把总 官名。清朝土官名号之一。武职。四川省设有。正七品。管所辖之兵士，受地方武官约束。世袭，其承袭事隶兵部。详“土官”。

屯拨什库 满语官名。汉名为屯领催。清入关前所设，掌一屯之文书饷糈事。崇德元年（1636）定屯守堡为噶尚拨什库，即屯拨什库。雍正（1723—1735）初，拨什库改为领催，即为屯领催。

屯监 ❶官署名。西魏始置，掌屯田。《周书·薛善传》：“时欲广置屯田以供军费，乃除（善）司农少卿，领同州夏阳县二十屯监。”隋朝畿内所置隶司农寺，畿外所置隶诸州。唐朝皆隶司农寺。❷官名。隋朝诸屯监各置一人为长官，视从七品。唐朝诸屯亦沿置，从七品下，掌其屯稼穑之事。宋初仅存空名而未尝除授，神宗元丰（1078—1085）改制废。

屯骑校尉 官名。❶西汉武帝始置，为北军八校尉之一。秩二千石，有丞、司马等属官，位次列卿。掌本营骑士，戍卫京师，兼任征伐。东汉初改名骁骑校尉，建武十五年（后39）复故，隶北军中候，为北军五校尉之一，秩比二千石。掌宿卫禁兵。当时五校尉所掌北军五营为京师主要的常备禁军，故地位亲要，官显职闲，府寺宽敞，舆服光丽，伎巧毕给，多以宗室外戚近臣充任。三国两晋南北朝沿置，而职位渐轻。三国魏、西晋隶中领军（领军将军），领宿卫营兵，四品。东晋省其营兵，哀帝兴宁二年（364）又省其官。南朝复置，以授勋旧，不领营兵，充任皇帝的侍卫武官，仍隶中领军。宋四品，梁七班，陈六品、秩千石。北魏员二十人，为散员官，无职掌，孝文帝太和十七年（493）定为从三品中，二十三年改五品。北齐员十人，隶领军府属下的左、右卫府，从四品。❷南朝置为东宫三校之一。见“太子屯骑校尉”。

屯骑尉 官名。隋文帝开皇六年（586）置为从六品散官，番直出使监检。炀帝大业三年（607）罢。

车人 官名。周朝置。主管车辆制造。《周礼·冬官·考工记》：“车人为车。”

车工下士 官名。西魏、北周冬官府司木中大夫车工中士佐官，正一命。

车工中士 官名。西魏恭帝三年（556）置，北周沿置。冬官府司木中大夫属官，正二命。下设车工下士以佐其职。隋文帝开皇元年（581）罢。

车仆 官名。《周礼》春官之属。一说为周朝置。主管戎车的队行。《周礼·春官》：“车仆，中士二人，下士四人，府二人，史二人，胥二人，徒二十人”，“掌戎路之萃，广车之萃，阙车之萃，苹车之萃，轻车之萃。凡师，共革车，各以其萃。会同，亦如之。大丧，廞革车，大射，共三乏”。

车正 官名。相传夏朝置，主管制造车辆。《左传·定公元年》：“薛之皇祖奚仲居薛，以为夏车正。”

车右 官名。又称戎右、右。春秋晋、齐等国置。大夫爵。作战时与主将同车，立于车右，执戈盾护卫主将。兼管执兵著甲等车中役使之事。《公羊传·成公二年》：“逢丑父者，（齐）顷公之车右也。”《穀梁传·成公五年》：“晋侯召伯尊而问焉。伯尊来遇辇者，辇者不辟，使车右下而鞭之。”范宁注：“凡车将在左，御在中，有力之人在右，所以备非常也。”

车令 官名。战国韩置。主管车政的长官。《吕氏春秋·处方》：“昭厘侯至，诘车令。”

车司马 官名。秦置。《汉书·靳歙传》：“战蓝田北，斩车司马二人。”颜师古注引张晏曰：“主车也。”

车师君 官名。汉朝西域车师前国等置之，员一人。

车阳 官名。匈奴置，是匈奴语的音译。职掌不详。

车舍人 官名。战国卫置。主管驿车传递。《战国策·齐策五》：“昔者赵氏袭卫，车舍人不休傅（传）。”鲍彪注：“主车者。傅，作传。”

车服 官吏的车舆服制。历朝按等级地位高低制定有严格的规定，因而成为官吏等级的标志。《尚书·舜典》：“明试以功，车服以庸。”《国语·周语上》：“故为车服旗章以旌之。”韦昭注：“旌，表也。车服、旗章，上下有等，所以章别贵贱，为之表识也。”

车府令 官名。秦朝以赵高为中车府令。汉朝为太仆属官，置一员，主乘舆诸车。东汉秩六百石。三国魏沿置，六百石、七品。东晋、南朝皆隶尚书省驾部，梁、陈则为车府署长官，一班。北魏亦置，北齐、隋、唐、宋，为太仆寺车府署长官。北魏、北齐为从九品上，掌诸杂车。隋朝置一员，从八品下，炀帝大业三年（607）升为正七品。唐朝置一员，正八品下，掌王公以下车路及驯驭之法。宋朝存其名而罕有除授。

车府丞 官名。汉朝太仆所统车府令副贰，置一员。三国为九品。东晋、南朝皆置，隶尚书省驾部，梁、陈为车府署次官。北魏亦置。北齐、隋、唐、宋，皆为太仆寺车府署次官。隋朝置二员，从九品下。唐朝置一员，正九品下。宋朝存其名而罕有除授。

车府部 官署名。北齐置，属长秋寺中官仆署，管理后宫诸车。置丞。

车府部丞 官名。北齐置，车府部长官。由宦者担任。

车府署 官署名。北魏置，隶太仆。南朝梁、陈亦置，隶尚书省驾部。北齐、隋迄唐宋，皆属太仆寺，置令、丞，掌诸杂车及驯驭之法。唐朝下置府一员、史二员、典事四员、掌固六员、驭士一百七十五员。宋朝仅存其名而无职司。

车府署令 官名。即车府令。

车府署丞 官名。即车府丞。

车郎 官名。秦置，西汉因之。为郎官之一，属车将，位郎中，秩比三百石。掌宿卫，出充车骑。东汉省车、户、骑三将，郎中并属左、右、五官三署，遂不复有车郎。

车驾司 官署名。即车驾清吏司。

车驾司员外郎 官名。即车驾清吏司员外郎。

车驾司郎中 官名。即车驾清吏司郎中。

车驾清吏司 官署名。简称车驾司。明清兵部四司之一。明洪武二十九年（1396）改驾部设。置郎中、员外郎各一人，主事三人。掌理卤簿、仪仗、禁卫、驿传、厩牧之事。洪熙元年（1425），南京兵部亦置，设官略同。清顺治元年（1644）沿置。设郎中宗室、满、汉各一人，员外郎宗室、蒙古各一人，满洲二人，主事满、汉各一人以及笔帖式、经承若干人。掌理全国马政及传递文书事务。下设驿传科、脚力科、马政科、马档房、递送科等机构，分办司务。光绪三十二年（1906），兵部改为陆军部，遂裁。

车驾清吏司员外郎 官名。简称车驾司员外郎。明清兵部车驾清吏司之副长官。佐郎中掌司事。明洪武二十九年（1396）改驾部员外郎设，一人。洪熙元年（1425）南京兵部车驾司亦设一人。皆从五品。清顺治元年（1644）沿设，汉员外郎一人，以科甲出身者补授。满洲、蒙古司官初不分曹，随长官所派。康熙五十七年（1718）定制四人，宗室、蒙古各一人，满洲二人，均为从五品。光绪三十二年（1906）裁。

车驾清吏司郎中 官署名。简称车驾司郎中。明清兵部车驾清吏司之主官。掌司事。明洪武二十九年（1396）改驾部郎中设，一人。洪熙元年（1425）南京兵部车驾司亦设一人，皆正五品。清顺治元年（1644）沿设，汉郎中一人。以科甲出身者补授。满洲司官初不分曹，随长官所派。嘉庆四年（1799）定制三人，宗室、满洲、汉各一人，均为正五品。光绪三十二年（1906）裁。

车将 官名。秦置，西汉因之。主车郎，掌宿卫，出充车骑，秩比千石。东汉省。

车前司马 吏名。三国魏置。陈留王咸熙元年（264），相国司马昭奏复五等爵，为诸公置车前司马十人，诸侯置八人，诸伯置六人，诸子置四人，诸男置二人。见《太平御览》卷一九九《封建部二》。

车辂院 官署名。宋朝置，隶太仆寺，掌乘舆、法物，供大驾、法驾、小驾所用辇辂，并奉引属车，辨车辂、法物之名数及陈列先后之序。

车部郎 官名。西晋置，掌尚书省车部曹。六品。东晋罢。

车部曹 官署名。西晋置。为尚书省三十五郎曹之一。设郎。或说属驾部尚书。东晋罢。

车营务 官署名。北宋置，隶太仆寺，掌饲养驴牛驾车，以供京城内外官署役使。设监官三人，以京朝官、诸司使、诸司副使、三班使臣及内侍充任。辖役卒四千余人。

车曹 官署名。三国魏相国府僚属诸曹之一，长官为掾。西晋初不置，杨骏太傅府增设，长官为属，司马伦相国府又加设掾。西晋末，司马睿镇东丞相府亦设，长官为参军。

车厩局 官署名。南朝梁置，为东宫诸局之一。

车骑 即车骑将军、车骑大将军的简称。

车骑大将军 官名。魏晋制度，骠骑、车骑、卫三将军皆为重号将军，高于诸名号大将军，本无须加“大”。其后将军名号愈授愈滥，遂又增置此号，多加权臣元老，以示尊崇，一品，开府置僚属，不领兵。十六国、南朝、北魏、北齐因之。南朝宋一品；梁武帝天监七年（508）定为武职二十四班中的最高班二十四班，大通三年（529）刊定官号，又定为武职三十四班中的最高班三十四班；陈拟一品、秩中二千石。北魏孝文帝太和十七年（493）定为一品中，二十三年复次职令改为从一品；北齐从一品。西魏、北周实行府兵制，用为仪同府长官军号，九命。

车骑府 车骑将军府简称。两汉车骑将军地位甚重，常典禁卫，或参领政务，开幕府置僚属，处理诸务。魏晋南北朝车骑将军多为军号加官，其府多为军府。西魏北周实行府兵制，全国置二十四军，各置开府府，其下设仪同府，长官例授车骑大将军。隋初改仪同府为车骑府，为一级府兵指挥机构，分设各地，统领府兵，职级降低。设车骑将军为长官，与骠骑府并置而地位稍低。炀帝大业三年（607）并改鹰扬府。唐初复名车骑府，置车骑将军，仍次于骠骑府。分隶十二卫、十二军等，诸卫、东宫诸率府所属翊卫下亦置。后渐并入骠骑府。参见“车骑将军”、“仪同府”。

车骑将军 官名。西汉初置为军事统帅，作战时领车骑士，故名。事讫即罢。武帝后常设，地位仅次于大将军、骠骑将军，在卫将军上，常典京城、皇宫禁卫军队，出征时常总领诸将军。文官辅政者亦或加此衔，领尚书政务，成为中朝重要官员。东汉权势尤重，位比三公，常以贵戚充任，秩万石。出掌征伐，入参朝政。灵帝时常加授宠信宦官或作赠官。中平元年（184）分置左、右，旋罢。魏晋南北朝沿置，位次骠骑将军，在诸名号大将军上，多作为军府名号，以加授大臣、重要州郡长官，无具体职掌。魏、晋、宋二品，开府者位从公，一品。梁武帝天监七年（508）定为武秩二十四班，大通三年（529）改三十四班。陈一品、秩中二千石。北魏文帝太和十七年（493）定为一品下，二十三年改二品。北齐二品。北周正八命。隋朝因袭北周府兵制度，各级组织名称稍异，十二府所辖诸军府，称骠骑府或车骑府，分驻各地统领府兵，皆置车骑将军，正五品上。置于骠骑府者为次官，置于车骑府者为长官。炀帝大业三年（607）改诸骠骑、车骑府为鹰扬府，改车骑将军为鹰扬副郎将、鹰击郎将。唐初复置为车骑府长官或骠骑府次官，正五品上，分属十二卫、十二军等。高祖武德七年（624）以后，先后改名为别将、果毅都尉，诸卫、东宫诸率府亲、勋、翊卫府所置则改名郎将。

车舆局 官署名。辽北面官。掌皇帝车辇。

车舆郎君 吏名。辽朝置。即在车舆局服役的著帐郎君。

丰储仓所 官署名。南宋孝宗淳熙九年（1182）置，设提领一人，监官二人，掌桩管米收藏之事，非奉朝廷指挥不许支拨。属吏有职级一人，主管文字一人，贴司一人，手分一人。隶司农寺。

丰德库使 官名。唐末所置内诸司使之一，主丰德库务。五代后梁沿置。

韦工下士 官名。西魏，北周冬官府司皮下大夫韦工中士佐官，正一命。

韦工中士 官名。西魏恭帝三年（556）置，北周沿置。冬官府司皮下大夫属官，正二命。下设韦工下士以佐其职。隋文帝开皇元年（581）罢。

韦氏 官名。《周礼》冬官之属。一说为周朝置。主管制作皮革类物品的工官。《周礼·冬官·考工记》："攻皮之工，函、鲍、韗、韦、裘。"

友 ❶官同者称友。西周金文中，与大史官同者称大史友，与内史官同者称内史友。春秋金文中称官同者为朋友。《王孙遗者钟铭》："用宴以喜，用乐嘉宾父兄，及我朋友。"《诗·大雅·假乐》："之纲之纪，燕及朋友。"毛传："朋友，群臣也。"郑笺："其燕饮常与群臣，非徒乐族人而已。"《礼记·曲礼上》："僚友称其弟也，执友称其仁也，交游称其信也。"郑注："僚友，官同者。"❷官名。王、公国属官，掌陪侍规讽。自三国魏至唐宋，诸王皆置，称王友，详见"王友"条。三国魏诸公国皆置，六品。

太卜 官名。即大卜。❶一说为殷朝六大之一。《礼记·曲礼下》："天子建天官，先六大，曰大宰、大宗、大史、大祝、大士、大卜。"郑玄注："此盖殷时制也。"❷《周礼》春官之属。大宗伯属员。下大夫爵。卜师、卜人之长。一说为周朝置。掌三兆、三易、三梦之法。凡立君、大封、迁国、征伐、祭祀、丧事等国家大事，大卜皆命龟卜问吉凶。❸太卜下大夫的省称。西魏、北周置。属春官府。掌占卜。❹隋唐太卜令署简称。

太卜下大夫 官名。西魏恭帝三年（556）仿《周礼》太卜置，北周沿置。春官府太卜司长官，正四命。掌以占卜决定事物的吉凶。下设小卜上士以佐其职，领龟占中士、筮占中士、梦占中士、视祲中士等官属。隋文帝开皇元年（581）罢。

太卜中散 官名。北魏置。佐太卜令掌卜筮等事务。《魏书·恩幸传》："（王）叡少传父业，而姿貌伟丽。恭宗之在东宫，见而奇之。兴安（452—454）初，擢为太卜中散，稍迁为令，领太史。"

太卜令 官名。秦、汉置属太常（奉常），掌占卜。东汉并入太史令。北魏又置。《魏书·恩幸·王叡传》：文成帝兴安（452—454）初，"擢（叡）为太卜中散，稍迁为令，领太史"。隋唐为太常寺太卜署长官，各置一员。隋朝从八品下，炀帝大业三年（607）升为正七品。唐朝正八品下，掌卜筮之法。宋朝存其名而罕有除授。

太卜丞 官名。秦、汉为太卜令之副。东汉并入太史丞。北齐有太卜局丞，隶太常寺太史署。隋、唐置为太常寺太卜署次官，各一员。隋朝从九品下。唐朝正九品下。宋朝存其名而罕除授。

太卜局 官署名。北齐置，属太常寺，由太史令兼领。以太卜局丞为长官，掌诸卜筮等事务。

太卜局丞 官名。北齐置。太常寺太卜局长官，掌诸卜筮等事务。参见"太卜局"。

太卜博士 官名。北魏置，属太卜令，孝文帝太和十七年（493）定为从七品下，二十三年职员令未载。隋朝为太常寺太卜署属官，置二员，掌教授卜筮之法。

太卜署 官署名。隋朝太常寺置，有令一员、丞一员、卜师二十员、相师十员、男觋十六员、女巫八员、太卜博士二员、太卜助教二员、相博士一员、相助教一员。唐朝太常寺沿置，令一员、丞二员、卜正二员、博士二员，掌卜筮之法，辨其象数，以定吉凶。又有卜助教二员、卜师二十员、巫师十五员等。宋朝存其名而无职司。

太卜署令 官名。即太卜令。

太卜署丞 官名。即太卜丞。

太士 官名。又称大士。详见"大士"。

太卫 官名。新莽始建国元年（后9）更名卫尉为太卫。东汉复故。参见"卫尉"。

太子二率 即太子左卫率和太子右卫率的合称。

太子三少 太子少师、太子少傅、太子少保的合称。

太子三校 官名合称。南朝宋初以称太子屯骑校尉、太子步兵校尉、太子翊军校尉，齐、梁、陈沿置。梁位七班；陈六品，秩千石。亦称东宫三校。

北魏亦置，孝文帝太和十七年（493）定为四品上，二十三年定为从五品下。北齐改称旅骑、屯卫、典军三校尉。

太子三卿 官名合称。南朝宋以称太子家令、太子率更令、太子仆，五品。齐、梁、陈沿置。梁十班，陈四品。北魏、北齐亦置。北魏孝文帝太和十七年（493）定为从三品上，二十三年改从四品上，北齐同。

太子千牛备身 官名。太子左、右内率属官。隋朝置八员，正七品，掌执千牛刀宿卫，炀帝大业三年（607）改为司仗左右。唐朝复名千牛备身，高宗龙朔二年（662）改名奉裕；开元（713—741）中，与太子备身左右并为太子千牛，从七品上。

太子门下坊 官署名。北齐始置，掌东宫供奉事务，有中庶子、中舍人、通事守舍人、主事守舍人，各四员，领殿内、典膳、药藏、斋帅等局。隋朝置左庶子二员、内舍人四员、录事二员、主书令史四员，统司经、宫门、内直、典膳、药藏、斋帅等六局，炀帝大业三年（607）减内舍人二员，六局属官有减、有改。唐高祖武德三年（620）改内舍人为中舍人。唐太宗贞观（627—649）初又改为中允，十八年置司议郎二员。高宗龙朔二年（662）改名太子左春坊，咸亨元年（670）复改太子门下坊，睿宗景云二年（711）又改名太子左春坊，掌侍从赞相，驳正启奏。参见“太子左春坊”。

太子门大夫 东宫属官。掌远近表牒、关通内外。秦、西汉置二员（一说置五员），职比中郎将，隶太子太傅、少傅。东汉隶太子少傅，员二人，秩六百石。三国魏沿置，六品。西晋改隶太子詹事，掌远近表笺，员二人，六品。南北朝沿置，员一人。宋六品，梁三班，陈七品、秩六百石。北魏孝文帝太和十七年（493）定为从四品下，二十三年改从六品上。北齐为太子门大夫坊长官，隶太子典书坊，从六品上。隋朝改名太子宫门大夫。

太子卫率 东宫属官。秦、西汉秩比千石，隶太子詹事，掌东宫门卫。成帝时一度隶大长秋。东汉、三国魏秩四百石，隶太子少傅。西晋改隶太子詹事，掌东宫禁军，其官颇重。初置中卫率，晋武帝泰始五年（269）分置左、右，惠帝时又增前、后，号太子四率，领精兵万人，掌东宫宿卫，亦任征伐。东晋南北朝以来唯置左、右，皆领禁卫营兵。北齐开坊，唐朝开府。参见“太子左卫率”。

太子屯卫校尉 官名。北齐东宫侍从武官，“太子三校”之一。员二人，五品下。

太子屯骑校尉 官名。东宫侍从武官，掌骑兵。南朝宋置，“太子三校”之一，员七人。齐、梁、陈沿置，员一人。梁七班；陈六品，秩千石。北魏亦置，孝文帝太和十七年（493）定为四品上，二十三年改从五品下。北齐罢。

太子车右中士 官名。北周置。《隋书·史祥传》：“祥少有文武才干，仕周太子车右中士。”正二命。

太子车舆局 官署名。北齐置。属太子仆寺厩牧署，设丞。

太子车舆局丞 官名。北齐置，为太子车舆局长官。

太子友 官名。十六国前凉置，掌辅翊太子。郭荷曾任此职。

太子太帅 即太子太师。西晋因避司马师讳改。

太子太师 官名。东宫三师之首。西晋惠帝永熙元年（290）始置，与太子太傅、太保、少师、少傅、少保并号六傅，掌辅导太子，三品。然不常设。东晋、南朝省师、保，唯置二傅。北魏、北齐仍置，掌训导辅翊太子，无具体职司，东宫属官皆隶太子詹事。北魏孝文帝太和十七年（493）定为从一品上，二十三年改二品。北齐因之。隋、唐、五代沿置，多为安置退免大臣的闲职或用作加官、赠官，皆无官属。隋正二品。唐从一品。唐玄宗先天元年（712）曾诏开府，置令、丞各一员，隶詹事府，寻罢。宋朝用以授宰相官未至尚书仆射及枢密使致仕而其寄禄官阶较高者，初定一品，神宗元丰（1078—1085）后改从一品。辽朝有东宫三师府，金朝有宫师府，皆置三师、三少，掌保护东宫，训导太子。金三师正二品，领詹事院、三寺、十率府等。元不常置。明初为东宫大臣，以朝臣兼任，掌辅导、教谕太子，不列于詹事府，无定员、无专授，后为勋戚、大臣的加官、赠官，与辅导太子无关。从一品。清朝亦无职掌、无员额、无专授，用作兼官、加官、赠官。大臣多以庆典得之。从一品。

太子太保 官名。东宫三师之一。位居太子太师、太傅下。其设置、职掌、品秩同太子太师。

太子太傅 官名。与太子少傅并称太子二傅。西汉初掌保养、监护、辅翼太子，昭宣以后兼掌教谕训导。秩二千石。与太子少傅同领太子门大夫、庶子、洗马、舍人等东宫官属。新莽改名太子师。东汉复故，秩中二千石，掌辅导太子，不领东宫官属及庶务，诸属官由少傅主之。太子于二傅执弟子之礼，太傅不称臣。三国魏以二傅并摄东宫事务，与尚书、东曹并掌太子、诸侯官属选举，三品。西晋三品，有丞、功曹、主簿、五官等僚属。东宫官属如中庶子、中舍人、食官令、庶子、舍人、洗马、率更令、家令、仆、门大夫、卫率等悉隶詹事，有时罢詹事，则悉隶二傅。惠帝时增置太师、太保、少师、少保，与二傅合称六傅，然不常设。东晋、南朝省师、保，唯置二傅。南朝皆置詹事，二傅不领官属庶务。宋三品，梁十六班，陈二品，秩中二千石。北魏至明、清，设置、职掌、品秩皆同太子太师，位在太子太师下、太子太保上。

太子太傅丞 官名。太子太傅属官，两晋、南朝皆置。晋、宋七品，梁五班，陈七品、六百石。

太子少尹 官名。即太子少詹事。唐高宗龙朔二年（662）改詹事府为端尹府，少詹事为少尹，咸亨元年（670）复旧；武则天垂拱元年（685）改詹事府为宫尹府，少詹事为少尹；中宗神龙元年（705）复旧。

太子少师 官名。东宫三少之首。西晋惠帝永熙元年（290）始置，与太子太师、太傅、太保、少傅、少保并号六傅，掌辅导太子，三品。然不常设。东晋、南朝省师、保，唯置二傅。北魏、北齐仍置，掌训导辅翊太子，无具体职司，东宫属官皆隶太子詹事。北魏孝文帝太和十七年（493）定为二品上，二十三年改三品。北齐因之。隋、唐、五代沿之，多为安置退免大臣的闲职或用作加官、赠官，皆无官属。隋正三品，唐从二品。唐玄宗先天元年（712）曾诏开府，置令、丞各一员，隶詹事府，寻罢。北宋初东宫三少皆为执政的致仕官，唯太子少师非经顾命不授。真宗天禧四年（1020）太子同听政，始以宰相兼任，真授为东宫官，从二品。以后不置。南宋复以宰相兼太子少师、少傅。辽朝有东宫三师府，金朝有宫师府，皆置三师、三少，掌保护东宫，训导太子，金三少正三品，领詹事院、三寺、十率府等。元不常置。明初为东宫大臣，以朝臣兼任，掌辅导、教谕太子，不列于詹事府，无定员、无专授，后为勋戚、大臣的加官、赠官，与辅导太子无关。正二品。清朝亦无职掌、无员额、无专授，作为兼官、加官、赠官。大臣多以庆典得之。正二品。

太子少保 官名。东宫三少之一。亦尊称宫保。位居太子少师、少傅下。其设置、职掌、品秩同太子少师。

太子少傅 官名。与太子太傅并称太子二傅。西汉协助太子太傅监护、辅翼、教导太子，秩二千石。与太子太傅同领太子门大夫、庶子、洗马、舍人等东宫官属。东汉秩中二千石，掌辅导太子及东宫众务，原二傅所领官属，及原隶詹事之率更令、家令、仆、中盾、卫率等官悉隶之。三国魏以二傅并摄东宫事务，与尚书、东曹并掌太子、诸侯官属选举，三品。西晋有丞、功曹、主簿、五官等僚属，东宫官属如中庶子、中舍人、食官令、庶子、舍人、洗马、率更令、家令、仆、门大夫、卫率等悉隶詹事，有时罢詹事，则悉隶二傅。惠帝时增置太师、太保、少师、少保，与二傅合称六傅，然不常设。东晋、南朝省师、保，唯置二傅。南朝皆置詹事，二傅不领官属庶务。宋三品，梁十五班，陈二品、中二千石。北魏至明、清，设置、职掌、品秩皆同太子少师，位在太子少师下，太子少保上。

太子少傅丞 官名。太子少傅属官，两晋、南朝皆置。晋、宋七品，梁五班，陈七品、六百石。

太子少詹事 参见“少詹事”。

太子中卫率 官名。西晋初置，掌东宫军队。晋武帝泰始五年（269）分为左右，各领一军。参见“太子左卫率”。

太子中允 东宫官名。东汉太子属官有中允，后不置。唐太宗贞观（627—649）初改太子中舍人置，高宗永徽三年（652）改内允，旋复旧名。龙朔二年（662）改为左赞善大夫。咸亨元年（670）复置。其后以二员为额，正五品下，为左春坊次官，佐左庶子掌侍从赞相，驳正启奏。宋初用为文臣寄禄官，五品，神宗元丰（1078—1085）改制，改为通直郎。辽朝沿唐制，置为左春坊次官，辽亡遂废。

太子中侍局同监 官名。金朝置。属宫师府。位在都监之下。掌东阁内禁令，省察宫人廪赐给纳诸物，管辖侍人。秩从九品。

太子中侍局都监 官名。金朝置。属宫师府。掌东阁内禁令，省察宫人廪赐给纳诸物，管辖侍人。秩正九品。

太子中舍 即太子中舍人。

太子中舍人 东宫属官。亦简称太子中舍、中舍人、中舍。秦、汉有太子舍人，在东宫更直宿卫。西晋武帝咸宁四年（278），置中舍人四员，六品，选舍人中才学俱佳者为之，与太子中庶子共掌东宫文翰，侍从规谏太子，纠正违阙，傧相威仪，综典奏事文书，监督医药，检奏更直名册，职如黄门侍郎。位在太子中庶子下、洗马上。东晋南北朝沿置。宋六品，梁八班，陈五品、六百石。梁、陈又以功高者一人与中庶子祭酒共掌其署禁令。北魏孝文帝太和十七年（493）定为四品中，二十三年改五品上。北齐隶太子门下坊，五品。隋朝改名太子内舍人，炀帝时减为二员，佐太子左庶子领太子门下坊。唐复旧名，改隶典书坊，佐太子右庶子侍从、献纳、启奏，职如中书侍郎，正五品下。高宗永徽元年（650）改名太子内舍人，旋复故。龙朔二年（662）改典书坊为右春坊，太子中舍人为太子右赞善大夫。咸亨元年（670）复名太子中舍人。北宋初为五品寄禄官，神宗元丰（1078—1085）改制后，始为职事官，从七品。南宋员二人。辽朝南面官亦有之。

太子中盾 官名。秦置，西汉因之。属詹事，后属大长秋。东汉改属太子少傅，员一人，秩四百石。职掌太子宫禁卫。北魏亦置，孝文帝太和十七年（493）定为五品上。

太子中盾令 官名。北齐置。太子中盾署长官，九品，员一人。参见“太子中盾署”。

太子中盾丞 官名。北齐置，太子中盾署次官，员一人。参见“太子中盾署”。

太子中盾署 官署名。北齐置，属太子率更寺，掌巡逻禁卫。设令、丞为长贰。

太子中庶子 官名。汉置，为太子侍从。西汉属太子太傅、少傅。东汉属太子少傅，秩六百石，员五人，职如侍中。三国魏沿置。掌侍从、奏事、谏议等。蜀、吴亦置。晋减为四人，与中舍人共掌文翰。南朝宋同，品第五，秩六百石，属官有食官令。梁亦四人，掌东宫管记，并以功高者一人为祭酒，行则负玺，前后部护驾，与中舍人功高者同掌禁令，十一班。南朝陈四品，秩二千石。十六国后秦、前燕并置。北魏亦置，太和十七年（493）定为三品中，二十三年改四品上。北齐属门下坊，员四人，官四品。多以博学之士担任。

太子内坊 官署名。北齐置，属太子詹事府家令寺，设令、丞为长贰。隋、唐初沿置，隶东宫，长官改典内。唐玄宗开元二十七年（739）改为局，隶内侍省，复置令、丞。掌东宫阁门之禁令及宫人衣廪赐与之出入。属官有典直、坊事、导客舍人、阁帅、内阍人、内给使、内厩尉、驾士等。

太子内坊令 官名。北齐置。太子内坊长官，九品上。隋及唐初改为太子内坊典内，唐玄宗开元二十七年（739）复置，为太子内坊局长官，从五品下。

太子内坊丞 官名。北齐置。太子内坊次官，不入品。隋及唐初沿置，设二人。唐玄宗开元二十七年（739）置为太子内坊局次官，员二人，从七品下。

太子内坊丞直 官名。隋朝太子典书坊属官，员四人，从九品上。炀帝大业三年（607）改名典直。

太子内坊局 官署名。唐玄宗开元二十七年（739）移太子内坊隶内侍省，称局，改长官典内为令，掌东宫阁内及宫人粮廪之事。设丞，又有典直四员，主仪式导引、通传劳问、纠察非违、察出纳；另有坊事、导客舍人、阁帅、内阍人、内厩尉、典事、驾士等。

太子内坊局令 官名。唐朝太子内坊局长官，置二人，从五品下，掌东宫阁门及宫人粮廪。其初称典内，隶东宫。玄宗开元二十七年（739）改隶内侍省，始称令。

太子内坊局丞 官名。唐朝内侍省太子内坊局次官，玄宗开元二十七年（739）置，二人，从七品下。

太子内坊典直 官名。隋炀帝大业三年（607）改太子内坊丞直置，隶太子典书坊。唐朝改隶太子内坊局，员四人，正九品下，掌宫内仪式导引、通传劳问、纠劾非违、检察出入。

太子内直备身 官名。北齐置。属太子左右卫坊，侍卫东宫，由太子内直备身正、副都督统领。八品。

太子内直备身五职 北齐太子内直备身都将、太子内直备身别将、太子内直备身统军、太子内直备身军主、太子内直备身幢主的合称。属太子左右卫坊，由太子内直备身正、副都督统领，负责东宫侍卫。从七品。

太子内直备身正都督 官名。北齐置。属太子左、右卫坊，下统太子内直备身副都督、内直备身五职，内职备身等，掌东宫侍卫。从四品。

太子内直备身军主 参见“太子内直备身五职”。

太子内直备身别将 参见“太子内直备身五职”。

太子内直备身统军 参见“太子内直备身五职”。

太子内直备身都将 参见“太子内直备身五职”。

太子内直备身副都督 官名。北齐置。属太子左、右卫坊，位在太子内直备身正都督之下。从五品。

太子内直备身幢主 参见“太子内直备身五职”。

太子内直郎 官名。见“内直郎”。

太子内直监 官名。北齐置。殿内局长官，员二人，六品。属太子门下坊。下设副直监四人，掌管东宫殿内事务。

太子内阁帅 官名。北齐置。属太子门下坊斋帅局，员二人。负责东宫侍卫。

太子仆 官名。秦、西汉为詹事属官。东汉隶太子少傅，员一人，秩千石，主东宫车马，职如太仆。三国魏沿置，与家令、率更令并称太子三卿，五品，属有丞。蜀亦置。晋朝为詹事属官，主车马及亲族，武帝太康八年（287）进为五品。南朝宋、齐同晋制。梁武帝天监六年（507）视为黄门三等，位十班，置丞。陈四品、秩千石。北魏孝文帝太和十七年（493）定为三品上，二十三年改为从四品上。北齐为太子仆寺长官，从四品上。隋朝沿置，员一人，从四品上，掌东宫宗族亲疏、车舆骑乘。唐朝兼掌仪仗、丧葬，仍置一员，从四品上。高宗龙朔二年（662）改名驭仆大夫，咸亨元年（670）复为太子仆。宋朝不置太子仆寺，仅存其官名而罕除授。辽置为太子仆寺长官。

太子仆正 官名。金朝置。属宫师府。掌东宫车马、厩牧、弓箭、鞍辔、器物等事。秩正六品。

太子仆寺 官署名。北齐置于詹事府，与家令寺、率更寺合称三寺，长官为太子仆，佐官有丞，领厩牧署。隋朝置仆一员、丞一员，掌宗族亲疏、车舆骑乘，领厩牧令。唐朝沿置，仆一员、丞一员、主簿一员，掌车舆、乘骑、仪仗、丧葬，总厩牧署，另置进马十一员。高宗龙朔二年（662）改名驭仆寺，咸亨元年（670）复名太子仆寺。宋朝存其官名而无职司。辽朝置，设太子仆、丞、主簿。

太子仆丞 官名。秦、汉为太子仆佐官。三国魏、蜀沿置。南朝梁亦置。北魏孝文帝太和二十三年（499）定为从八品下。北齐置为太子仆寺次官，从八品下。隋、唐皆置，各一员。隋朝为从八品下，唐朝为从七品上，皆掌判寺事，掌东宫马畜刍粟，每岁季夏上于詹事。宋朝存其名而罕除授。辽朝亦为太子仆寺次官。

太子仓令 官名。东汉置，属太子少傅，秩六百石，主太子宫仓谷。北魏亦置，太和十七年（493）定为五品中，二十三年职员令不见。

太子文学 官名。三国魏置，为东宫属官。亦称太子文学掾。北周武帝建德三年（574）置十员。唐高宗龙朔二年（662）置四员，隶桂坊。咸亨元年（670）废桂坊后，隶太子左春坊。玄宗开元（713—741）中定为三员，正六品下，分知经籍，侍奉文章。宋朝存其名而罕除授。辽承唐制，隶太子左春坊司经局。元顺帝至正九年（1349）太子宫傅府置二员，正五品。明洪武（1368—1398）初东宫属官置有文学，十五年以后不设。

太子文学馆 官署名。辽南面东宫官。袭唐崇文馆制设。置学士、直学士、校书郎等职。

太子文学掾 官名。三国魏太子属官。荀闳曾任此职。亦称太子文学。

太子冗从仆射 东宫侍从武官，职掌略同冗从仆射。南朝宋初置，员七人。梁、陈沿置，员一人。梁五班；陈七品，秩六百石。

太子正书 官名。即太子正字。隋炀帝大业三年（607）改置，唐高祖武德元年（618）复名正字。参见“正字”。

太子正字 官名。见“正字”。

太子右卫司马 官名。北齐太子右卫坊属官，从七品上。

太子右卫坊 官署名。北齐置，属太子詹事府。长官为率，属官有司马等。与左卫坊并掌东宫禁卫，各领骑官备身、内直备身、备身，直阁、直前、直后，太子旅骑、屯卫、典军校尉，骑尉等侍卫武职。

太子右卫副率 官名。隋朝始置，为太子右卫率副贰，二员，从四品上。炀帝大业三年（607）改名右侍副率。唐高祖武德五年（622）复名右卫副率，为太子右卫率府次官，二员，从四品上。高宗龙朔二年（662）改名右典戎卫副率，咸亨元年（670）复名右卫副率。北宋初为四品寄禄官，官存而无职司，神宗元丰（1078—1085）改制后为从八品。南宋不置。

太子右卫率 官名。西晋武帝泰始五年（269）分太子中卫率置，宿卫东宫，亦任征伐，地位颇重。东晋、南朝皆置，宋二员，五品；齐一员；梁一员，十一班，领崇荣、永吉、崇和、细射等四营，属官有丞、殿中将军、员外将军、正员司马、员外司马督；陈一员，四品、二千石。十六国后秦置。北魏孝文帝太和十七年（493）定为三品上，二十三年以后定为从三品。北齐为太子右卫率坊长官，从三品，领骑官备身正副都督、骑官备身五职、骑官备身及内直备身、备身诸属员等。隋朝置一员，正四品，领掌宫中禁卫，置长史、司马及录事、功、仓、兵、骑兵等曹参军事，法曹、铠曹行参军，行参军，又有直阁、直寝、直斋、直后；炀帝大业三年（607）改名右侍率，改亲卫为功曹，勋卫为义曹，翊卫为良曹，罢直斋、直阁。唐高祖武德五年（622）复为太子右卫率府长官，置一员，正四品上，掌东宫兵、仗仪卫之政令，总诸曹及三府、外府事。高宗龙朔二年（662）改曰右典戎卫率，咸亨元年（670）复名右卫率。北宋初为四品寄禄官，官存而无职司，神宗元丰（1078—1085）改制后为从七品。南宋不置。辽、金皆为太子右卫率府长官，金朝为从五品，掌周卫导从仪仗，隶东宫宫师府。

太子右卫率府 官署名。唐高祖武德五年（622）改太子右侍率置，设长贰率一员、副率一员，掌东宫兵仗、仪卫，统亲、勋、翊及广济等五府诸府兵，设长史判诸曹府，及录事、仓、兵、胄曹参军事，又有司阶、中候、司戈、执戟等属官；其亲、勋、翊三府，每府置中郎将一员、左右郎将各一员，掌其府校尉、旅帅及亲、勋、翊卫之属宿卫，而总其事，并领外府五。高宗龙朔二年（662）改名右典戎卫，咸亨元年（670）复名右卫率府。北宋存其官名而无职司。辽、金东宫皆置，有率，掌周卫导从仪仗，金朝隶宫师府。元仁宗延祐五年（1318）以者连怯耶儿万户府，迤东、女真两万户府及右翼屯田万户府兵合置为太子右卫率府，隶皇太子硕德八剌，为东宫侍卫军之一，置率使，正三品；另有副使、佥事等属官；统镇抚所、千户所，又有儒学教授。

太子右卫率府副率 官名，即太子右卫副率。

太子右卫率府率 官名。即太子右卫率。

太子右内副率 官名。隋朝始置，为太子右内率副贰，员一人，从四品上。炀帝大业三年（607）降其品。唐朝为太子右内率府次官，员一人，从四品上。高宗龙朔二年（662）改名右奉裕卫副率，咸亨元年（670）复名右内副率。北宋初为四品寄禄官，官存而无职司，神宗元丰（1078—1085）改制后为从八品。南宋不置。

太子右内率 官名。隋朝始置，员一人，正四品上，掌领东宫备身以上禁内侍卫，供奉兵仗，有长史、司马及仓、兵曹参军事、铠曹行参军，又有千牛备身、备身左右、备身等官属。炀帝大业三年（607）降为正五品，千牛备身改名司仗左右、备身左右改名主射左右。唐朝置为太子右内率府长官，员一人，正四品上，掌东宫千牛供奉之事，总其府事。高宗龙朔二年（662）改名右奉裕率，咸亨元年（670）复；武则天垂拱元年（685）又改，中宗神龙元年（705）再复。北宋初为四品寄禄官，官存而无职司，神宗元丰（1078—1085）改制后为从七品。南宋不置。辽朝置为太子右内率府长官。

太子右内率府 官署名。唐朝东宫置，有率一员、副率一员，掌千牛供奉之事，有长史及录事、兵、胄参军事，又有千牛备身、备身左右、备身、主仗等官属。高宗龙朔二年（662）改为右奉裕卫，并改千牛备身名奉裕，咸亨元年（670）复旧；武则天垂拱元年（685）又改，中宗神龙元年（705）再复为右内率府；玄宗开元（713—741）中并千牛备身、备身左右为千牛。北宋初官存而无职司。辽朝东宫沿置，有率。

太子右内率府副率 官名。即太子右内副率。

太子右内率府率 官名。即太子右内率。

太子右司御副率 官名。唐高宗龙朔二年（662）改太子右宗卫副率置，太子右司御率府次官，员二人，从四品上。中宗神龙元年（705）又改为右宗卫副率，睿宗景云二年（711）复名右司御副率。北宋前期为四品寄禄官，官存而无职司，神宗元丰（1078—1085）改制后为从八品。南宋不置。

太子右司御率 官名。唐高宗龙朔二年（662）改太子右宗卫率置，太子右司御率府长官，置一员，正四品上，掌东宫兵仗、仪卫之政令，统诸曹及外府旅贲番上者。中宗神龙元年（705）又改为右宗卫率，睿宗景云二年（711）复名右司御率。北宋前期为寄禄官，官存而无职司，神宗元丰（1078—1085）改制后为从七品。南宋不置。辽朝东宫置为太子右司御率府长官。

太子右司御率府 官署名。唐高宗龙朔二年（662）改太子右宗卫率府置，率一员、副率二员，掌东宫兵仗、仪卫之政令，下设长史及录事、仓、兵、胄曹参军事，又有司阶、中候、司戈、执戟；并领外府三；中宗神龙元年（705）又改为右宗卫率府，睿宗景云二年（711）复名右司御率府。北宋初官存而无职司。辽朝东宫置，有率。

太子右司御率府副率 官名。即太子右司御副率。

太子右司御率府率 官名。即太子右司御率。

太子右奉裕卫 官署名。即太子右内率府，唐高宗龙朔二年（662）改名，咸亨元年（670）复名右内率府。

太子右典戎卫 即太子右卫率府，唐高宗龙朔二年（662）改，咸亨元年（670）复名右卫率府。

太子右侍率 官名。即太子右卫率，隋炀帝大业三年（607）改，唐高祖武德五年（622）复名右卫率。

太子右宗卫 官署名。隋朝东宫置，有率一员、副率二员，掌以宗人侍卫；又有长史、司马及录事、功仓兵骑诸曹参军事、法铠等曹行参军各一员，行参军六员。炀帝大业三年（607）改太子右宗卫为太子右武侍。唐高祖武德五年（622）复名太子右宗卫府，高宗龙朔二年（662）改名太子右司御率府。中宗神龙元年（705）又复为太子右宗卫率府，睿宗景云二年（711）定名为太子右司御率府。

太子右宗卫率 官名。隋朝太子右宗卫长官，置一人，正四品上，掌以宗人侍卫；炀帝大业三年（607）改为太子右武侍率。唐高祖武德五年（622）又改为太子右宗卫率。高宗龙朔二年（662）改名太子右司御卫率，中宗神龙元年（705）复旧名，睿宗景云二年（711）定名太子右司御卫率。

太子右春坊 官署名。见“右春坊”。

太子右春坊谒者 官名。北宋真宗天禧二年（1018）置为东宫属官，以左右监门副率兼。仁宗即位，遂省。

太子右宫正 官名。北周置。掌傅弼太子，匡正其过失。《周书·尉迟运传》：“时宣帝在东宫，亲狎谄佞，数有罪失。高祖于朝臣内选忠谅鲠正者以匡弼之，于是以运为右宫正。”

太子右监门 官名。金朝宫师府置，掌东宫门卫禁钥，正六品。

太子右监门副率 官名。隋朝始置，为太子右监门率副贰，员二人，正五品上。唐朝复置，为太子右监门率府次官，员二人，从四品上。高宗龙朔二年（662）改名右崇掖卫副率，咸亨元年（670）复旧；武则天垂拱元年（685）又改右鹤禁卫副率，中宗神龙元年（705）再复。北宋初为四品寄禄官，官存而无职司，真宗天禧二年（1018）以其兼右春坊谒者，仁宗即位（1023）省，神宗元丰（1078—1085）改制后为从八品。南宋为环卫阶官。

太子右监门率 官名。隋朝始置，员一人，从四品上，掌东宫诸门禁；长史以下属官，同太子右内率，又有直长。炀帝大业三年（607）改名宫门将，降为正五品，监门直长改为直事。唐高祖武德五年（622）复为太子右监门率府长官，仍置一员，正四品上，掌东宫禁卫之法。高宗龙朔二年（662）改名右崇掖卫率，咸亨元年（670）复旧；武则天垂拱元年（685）又改右鹤禁卫率，中宗神龙元年（705）再复。北宋初为寄禄官，官存而无职司，神宗元丰（1078—1085）改制后为从七品。南宋不置。辽朝置为太子右监门率府长官。

太子右监门率府 官署名。唐高祖武德五年（622）改右宫门将置，设率一员、副率二员，掌东宫诸门禁卫，置长史及录事、兵、胄曹参军事，又有监门直长等属官。高宗龙朔二年（662）改名右崇掖卫，咸亨元年（670）复旧；武则天垂拱元年（685）又改为右鹤禁卫率府，中宗神龙元年（705）再复。北宋初官存而无职司。辽朝东宫置，有率。

太子右监门率府副率 官名。即太子右监门副率。

太子右监门率府率 官名。即太子右监门率。

太子右积弩将军 官名。南朝宋置，为东宫侍从武官，员二人。南齐沿置。梁亦置，属太子左、右卫率，员一人，四班。陈同，八品，秩六百石。

太子右部督 官名。三国吴置，掌太子宿卫。吕据曾任此职，见《三国志·吕范传》。

太子右鹤禁卫率府 即太子右监门率府，武则天垂拱元年（685）改，中宗神龙元年（705）复为右监门率府。

太子右崇掖卫 即太子右监门率府，唐高宗龙朔二年（662）改，咸亨元年（670）复为右监门率府。

太子右率 官名。即太子右卫率。

太子右庶子 参见“右庶子”。

太子右清道副率 官名。唐高宗龙朔二年（662）改太子右虞候副率置，为太子右清道卫率副贰，置二员，从四品上。中宗神龙元年（705）复改右虞候副率，玄宗开元（713—741）初又改定为右清道率府次官。北宋初为四品寄禄官，官存而无职司；神宗元丰（1078—1085）改制后为从八品。南宋不置。

太子右清道率 官名。唐高宗龙朔二年（662）改太子右虞候率府为太子右清道卫，置为长官；中宗神龙元年（705）复改右虞候率，玄宗开元（713—741）初改定为右清道率府长官，置一员，正四品上，掌东宫内外昼夜巡警之法，总诸曹及外府直荡番上者。北宋初为寄禄官，官存而无职司，神宗元丰（1078—1085）改制后为从七品。南宋不置。辽朝置为太子右清道率府长官。

太子右清道率府 官署名。唐高宗龙朔二年（662）

改太子右虞候率府为太子右清道卫，中宗神龙元年（705）复，玄宗开元（713—741）初改定为太子右清道率府，置率一员、副率二员，掌昼夜巡警，统诸曹及外府直荡番上者；有长史及录事、仓、兵、胄曹参军事，又有司阶、中候司戈、执戟等属。北宋初官存而无职司。辽朝东宫置，有率。

太子右清道率府副率 官名。即太子右清道副率。

太子右清道率府率 官名。即太子右清道率。

太子右谕德 见“太子左谕德”。

太子右虞候 官署名。隋朝始置，有开府一员，掌斥候伺非；又有长史、司马及功仓兵骑诸曹参军事，法铠等曹行参军各一员、行参军三员；炀帝大业三年（607）改开府为率，并置副率。唐高宗龙朔二年（662）改名太子右清道卫，中宗神龙元年（705）复名右虞候率府，玄宗开元元年（713）又改右清道率府。

太子右虞候率 官名。隋炀帝大业三年（607）改太子右虞候开府置，正四品。唐高宗龙朔二年（662）改名太子右清道卫率，中宗神龙元年（705）复名右虞候率，玄宗开元元年（713）又改右清道率。

太子右虞候率府 官署名。隋炀帝大业三年（607）改太子右虞候开府为率。唐高祖武德五年（622）为府，高宗龙朔二年（662）改为太子右清道卫，中宗神龙元年（705）复名为太子右虞候率府，玄宗开元（713—741）初改定为太子右清道率府。其率、副率随署变更。

太子右詹事 参见“右詹事”。

太子右赞善 官名。金朝置，属宫师府。掌赞谕道德、侍从文章。秩正六品。元世祖至元十九年（1282）置，员一人，隶詹事院。至元三十一年，太子薨，詹事院改徽政院，罢。其后置废不详。明、清称右赞善。

太子右赞善大夫 官名。唐高宗龙朔二年（662）置，以替太子中舍人之职，员一人。咸亨元年（670）中舍人复旧，遂别自为官。员五人，掌侍从翊养，职比谏议大夫。正五品上。仪凤四年（679）增为十人，以诸王之子任之。睿宗景云二年（711）始兼用庶人。宋初为五品寄禄官，神宗元丰（1078—1085）改制，改通直郎。辽朝沿置，为南面官中左春坊属官。金、元称太子右赞善。

太子左卫司马 官名。北齐太子左卫坊属官，从七品上。

太子左卫坊 官署名。北齐置，属太子詹事府，长官为率，属官有司马等。与右卫坊并掌禁卫东宫，各领骑官备身、内直备身、备身、直阁、直前、直后，太子旅骑、屯卫、典军校尉，骑尉等侍卫武职。

太子左卫副率 官名。隋朝始置，为太子左卫率副贰，二员，从四品上。炀帝大业三年（607）改名左侍副率。唐高祖武德五年（622）复名左卫副率，为太子左卫率府次官，二员，从四品上。高宗龙朔二年（662）改名左典戎卫副率，咸亨元年（670）复名左卫副率。北宋初为四品寄禄官，官存而无职司，神宗元丰（1078—1085）改制后为从八品。南宋不置。

太子左卫率 官名。西晋武帝泰始五年（269）分太子卫率中而置，与太子前后、右卫率各领一军，宿卫东宫，亦任征伐，地位颇重。东晋、南朝皆置，宋七员，五品；齐一员；梁一员，十一班，领果毅、统远、立忠、建宁、陵锋、夷寇、祚德等七营，属官有丞、殿中将军、员外将军、正员司马、员外司马督；陈一员，四品、二千石。十六国前秦亦置。北魏孝文帝太和十七年（493）定为三品上，二十三年以后定为从三品。北齐为太子左卫坊长官，从三品，领骑官备身正副都督、骑官备身五职、骑官备身及内直备身、备身诸属员等。隋朝置一员，正四品，领掌宫中禁卫，置长史、司马及录事、功、仓、兵、骑兵等曹参军事，法曹、铠曹行参军，行参军，又有直阁、直寝、直斋、直后；炀帝大业三年（607）改名左侍率，改亲卫为功曹，勋卫为义曹，翊卫为良曹，罢直斋、直阁。唐高祖武德五年（622）复为太子左卫率府长官，置一员，正四品上，掌东宫兵仗、仪卫之政令，总诸曹及三府、外府事。高宗龙朔二年（662）改名左典戎卫率，咸亨元年（670）复名左卫率。北宋初为四品寄禄官，官存而无职司，神宗元丰（1078—1085）改制后为从七品。南宋不置。辽、金皆置为太子左卫率府长官，金朝为从五品，掌周卫导从仪仗，隶东宫宫师府。

太子左卫率府 官署名。唐高祖武德五年（622）改太子左侍率置，设长贰率一员、副率一员，掌东宫兵仗、仪卫，统亲、勋、翊及广济等五府诸府兵，有长史判诸曹府，及录事、仓、兵、胄曹参军事，又有司阶、中候、司戈、执戟等属官；其亲、勋、翊三府，每府置中郎将一员、左右郎将各一员，掌其府校尉、旅帅及亲、勋、翊卫之属宿卫，而总其事，并领外府五。高宗龙朔二年（662）改名左典戎卫，咸亨元年（670）复名左卫率府。北宋存其官名而无职司。辽、金东宫皆置，有率，掌周卫导从仪仗，金朝隶宫师府。元仁宗延祐六年（1319）改中翊府、御林和羽林亲军都指挥使司为此，为东宫侍卫军之一，置率使，正三品；另有副使、佥事等官；统镇抚所、行军千户所、弩军千户所、屯田千户所，又有蒙古、儒学及阴阳教授各一员。

太子左卫率府副率 官名。即太子左卫副率。

太子左卫率府率 官名。即太子左卫率。

太子左内副率 官名。隋朝始置，为太子左内率副贰，员一人，从四品上。炀帝大业三年（607）降其品。唐朝为太子左内率府次官，员一人，从四品上。高宗龙朔二年（662）改名左奉裕卫副率，咸亨元年（670）复名左内副率。北宋初置为四品寄禄官，官存而无职司，神宗元丰（1078—1085）改制后为从八品。南宋不置。

太子左内率　官名。隋朝始置，员一人，正四品上，掌领东宫备身以上禁内侍卫，供奉兵仗，有长史、司马及仓、兵曹参军事，铠曹行参军，又有千牛备身、备身左右、备身等官属。炀帝大业三年（607）降为正五品，千牛备身改为司仗左右、备身左右改为主射左右。唐朝置为太子左内率府长官，员一人，正四品上，掌东宫千牛供奉之事，总其府事。高宗龙朔二年（662）改名左奉裕卫率，咸亨元年（670）复；武则天垂拱元年（685）又改，中宗神龙元年（705）再复为左内率。北宋初为四品寄禄官，官存而无职司，神宗元丰（1078—1085）改制后为从七品。南宋不置。辽朝置为太子左内率府长官。

太子左内率府　官署名。唐朝东宫置，有率一员、副率一员，掌千牛供奉之事，有长史及录事、兵、胄曹参军事，又有千牛备身、备身左右、备身、主仗等官属；高宗龙朔二年（662）改名左奉裕卫，并改千牛备身名奉裕，咸亨元年（670）复旧；武则天垂拱元年（685）又改，中宗神龙元年（705）再复为左内率府；玄宗开元（713—741）中并千牛备身、备身左右为千牛。北宋初官存而无职司。辽朝东宫置，有率。

太子左内率府副率　官名。即太子左内副率。

太子左内率府率　官名。即太子左内率。

太子左司御副率　官名。唐高宗龙朔二年（662）改太子左宗卫副率置，太子左司御率府次官，员二人，从四品上。中宗神龙元年（705）又改为左宗卫副率，睿宗景云二年（711）复名左司御副率。北宋初为四品寄禄官，官存而无职司，神宗元丰（1078—1085）改制后为从八品。南宋不置。

太子左司御率　官名。唐高宗龙朔二年（662）改太子左宗卫率置，太子左司御率府长官，置一员，正四品上，掌东宫兵仗、仪卫之政令，统诸曹及外府旅贲番上者。中宗神龙元年（705）又改为左宗卫率，睿宗景云二年（711）复名左司御率。北宋初为寄禄官，官存而无职司，神宗元丰（1078—1085）改制后为从七品。南宋不置。辽朝东宫置为太子左司御率府长官。

太子左司御率府　官署名。唐高宗龙朔二年（662）改太子左宗卫率府置，率一员、副率二员，掌东宫兵仗、仪卫之政令，置长史及录事、仓、兵、胄曹参军事，又有司阶、中候、司戈、执戟；并领外府三。中宗神龙元年（705）又改为左宗卫率府，睿宗景云二年（711）复名左司御率府。北宋初官存而无职司。辽朝东宫置，有率。

太子左司御率府副率　官名。即太子左司御副率。

太子左司御率府率　官名。即太子左司御率。

太子左奉裕卫　官署名。即太子左内率府，唐高宗龙朔二年（662）改置，咸亨元年（670）复名左内率府。

太子左典戎卫　即太子左卫率府，唐高宗龙朔二年（662）改，咸亨元年（670）复名左卫率府。

太子左侍率　官名。即太子左卫率，隋炀帝大业三年（607）改，唐高祖武德五年（622）复名左卫率。

太子左宗卫　官署名。隋朝东宫置，有率一员、副率二员，掌以宗人侍卫；又有长史、司马及录事、功仓兵骑诸曹参军事、法铠等曹行参军各一员、行参军六员。炀帝大业三年（607）改太子左宗卫为太子左武侍。唐高祖武德五年（622）复名太子左宗卫府，高宗龙朔二年（662）改名太子左司御率府。中宗神龙元年（705）又复为太子左宗卫率府，睿宗景云二年（711）定名为太子左司御率府。

太子左宗卫率　官名。隋朝太子左宗卫长官，置一人，正四品上，掌以宗人侍卫；炀帝大业三年（607）改为太子左武侍率。唐高祖武德五年（622）又改为太子左宗卫率。高宗龙朔二年（662）改名太子左司御卫率，中宗神龙元年（705）复旧名，睿宗景云二年（711）定名太子左司御卫率。

太子左春坊　官署名。见“左春坊”。

太子左春坊谒者　官名。北宋太宗至道元年（995）置为东宫属官，主赞引之事，以左清道率府率兼。三年，真宗即位而省。天禧二年（1018）又置，仍以左清道率府率兼。仁宗即位，复省。

太子左宫正　官名。北周置。掌傅弼太子，匡正其过失。亦作东宫左宫正。《周书·宇文孝伯传》：“（孝伯）历司会中大夫、左右小宫伯、东宫左宫正。”

太子左监门　官名。金朝宫师府置，掌东宫门卫禁钥，正六品。

太子左监门副率　官名。隋朝始置，为太子左监门率副贰，员二人，正五品上。唐朝复置，为太子左监门率府次官，员二人，从四品上。高宗龙朔二年（662）改名左崇掖卫副率，咸亨元年（670）复旧；武则天垂拱元年（685）又改左鹤禁卫副率，中宗神龙元年（705）再复。北宋初为四品寄禄官，官存而无职司，真宗天禧二年（1018）以其兼左春坊谒者，仁宗即位（1023）省，神宗元丰（1078—1085）改制后为从八品。南宋为环卫阶官。

太子左监门率　官名。隋朝始置，员一人，从四品上，掌东宫诸门禁；长史以下属官，同太子左内率，又有直长；炀帝大业三年（607）改名宫门将，降为正五品，监门直长改为直事。唐高祖武德五年（622）复为太子左监门率府长官，仍置一员，正四品上，掌东宫禁卫之法。高宗龙朔二年（662）改名左崇掖卫率，咸亨元年（670）复旧；武则天垂拱元年（685）又改左鹤禁卫率，中宗神龙元年（705）再复。北宋初为寄禄官，官存而无职司，神宗元丰（1078—1085）改制后为从七品。南宋不置。辽朝置为太子左监门率府长官。

太子左监门率府　官署名。唐高祖武德五年（622）改左宫门将置，设率一员，副率二员，掌东宫诸门禁卫，置长史及录事，兵、胄曹参军事，又有监门直长等属官。高宗龙朔二年（662）改名左崇掖卫，咸亨元年（670）复旧；武则天垂拱元年（685）又改为左鹤禁卫率府，中宗神龙元年（705）再复。北宋初官存而无职司。辽朝东宫置，有率。

太子左监门率府副率 官名。即太子左监门副率。

太子左监门率府率 官名。即太子左监门率。

太子左积弩将军 官名。南朝宋置，为东宫侍从武官，员十人。南齐沿置。梁亦置，属太子左、右卫率，员一人，四班。陈同，八品，秩六百石。

太子左鹤禁卫率府 即太子左监门率府，武则天垂拱元年（685）改，中宗神龙元年（705）复为左监门率府。

太子左崇掖卫 即太子左监门率府，唐高宗龙朔二年（662）改，咸亨元年（670）复为左监门率府。

太子左率 官名。即太子左卫率。

太子左庶子 参见“左庶子”。

太子左清道副率 官名。唐高宗龙朔二年（662）改太子左虞候副率置，为太子左清道卫率副贰，置二员，从四品上。中宗神龙元年（705）复改左虞候副率，玄宗开元（713—741）初又改定为左清道率府次官。北宋太宗至道元年（995）置为四品寄禄官，官存而无职司，与率府率兼左春坊谒者，主赞引，真宗即位（997）省；神宗元丰（1078—1085）改制后为从八品；南宋不置。

太子左清道率 官名。唐高宗龙朔二年（662）改太子左虞候率为太子左清道卫，置为长官；中宗神龙元年（705）复改左虞候率，玄宗开元（713—741）初改定为左清道率府长官，置一员，正四品上，掌东宫内外昼夜巡警之法，总诸曹及外府直荡番上者。北宋太宗至道元年（995）置为寄禄官，官存而无职司，与副率兼左春坊谒者，主赞引，真宗即位（997）省，天禧二年（1018）又兼左春坊谒者，仁宗即位（1023）省；神宗元丰（1078—1085）改制后为从七品。南宋不置。辽朝置为太子左清道率府长官。

太子左清道率府 官署名。唐高宗龙朔二年（662）改太子左虞候率府为太子左清道卫，中宗神龙元年（705）复，玄宗开元（713—741）初改定为太子左清道率府，置率一员、副率二员，掌昼夜巡警，统诸曹及外府直荡番上者；有长史及录事、仓、兵、胄曹参军事，又有司阶、中候、司戈、执戟等属。北宋初官存而无职司；南宋不置。辽朝东宫置，有率。

太子左清道率府副率 官名。即太子左清道副率。

太子左清道率府率 官名。即太子左清道率。

太子左谕德 官名。简称左谕德。唐高宗龙朔二年（662）始置太子左、右谕德各一员，分隶左、右春坊，正四品下，掌以道德教谕太子。其后时有废置。睿宗景云二年（711）定置不废，职比散骑常侍。宋朝不常置，每立太子则随宜除授，多以他官兼领。辽朝承唐制，置为左、右春坊属官。金朝隶宫师府，掌赞谕道德，侍从文章，正五品。明朝沿置，隶左、右春坊，改从五品。清因之，清亡遂废。

太子左虞候 官署名。隋朝始置，有开府一员，掌斥候伺非；又有长史、司马及功仓兵骑诸曹参军事，法铠等曹行参军各一员、行参军三员；炀帝大业三年（607）改开府为率，并置副率。唐高宗龙朔二年（662）改名太子左清道卫，中宗神龙元年（705）复名左虞候率府，玄宗开元元年（713）又改左清道率府。

太子左虞候率 官名。隋炀帝大业三年（607）改太子左虞候开府置，正四品。唐高宗龙朔二年（662）改名太子左清道卫率，中宗神龙元年（705）复名左虞候率，玄宗开元元年（713）又改左清道率。

太子左虞候率府 官署名。隋炀帝大业三年（607）改太子左虞候开府为率。唐高祖武德五年（622）置为府，高宗龙朔二年（662）改为太子左清道卫，中宗神龙元年（705）复名为太子左虞候率府，玄宗开元（713—741）初改定为太子左清道率府。其率、副率随署变更。

太子左詹事 参见“右詹事”。

太子左赞善 官名。金朝置。属宫师府。掌赞谕道德、侍从文章。秩正六品。元世祖至元十九年（1282）置，员一人，隶詹事院。至元三十一年，太子薨，詹事院改徽政院，罢。其后置废不详。明、清称左赞善。

太子左赞善大夫 官名。唐高宗龙朔二年（662）置，以取代太子中允之职，员一人。咸亨元年（670），中允复旧，遂别自为官。员五人，掌侍从翊养，职比谏议大夫。正五品上。仪凤四年（679）增为十人，以诸王之子任之。睿宗景云二年（711）始兼用庶人。宋初为五品寄禄官，神宗元丰（1078—1085）改制，改通直郎。辽朝沿置，为南面官左春坊属官。金、元称太子左赞善。

太子四友 官名合称。三国吴大帝黄龙元年（229）置，即左辅都尉、右弼都尉、辅正都尉、翼正都尉，职掌辅弼太子。

太子四辅 官名合称。北魏置，以高官兼任，掌辅翊太子。参见《魏书·穆平国传》。

太子四率 即太子左卫率、太子右卫率、太子前卫率、太子后卫率的合称。

太子仗库局 官署名。北齐置，属太子家令寺司藏署。

太子仗库局丞 官名。北齐太子仗库局长官，为流外官。

太子主书舍人 官名。东宫属官。北魏初期置。孝文帝太和十七年（493）定为七品上。后期未见。

太子主衣舍人 官名。东宫属官。北魏初期置。孝文帝太和十七年（493）定为七品上，后期未见。

太子主事 官名。三国魏东宫官，位九品，员无考。

太子司马督 官名。汉末曹操设。三国魏六品，晋沿置。掌东宫宿卫。

太子司仓 官名。见“司仓”。

太子司议郎 官名。唐太宗贞观十八年（644）于太子门下坊置，员二人，正六品上，掌东宫侍从规谏，驳正启奏，并记注皇太子出入动静及宫内祥瑞、宫长除拜、死丧等事，岁终送史馆。高宗龙朔二年（662）改门下坊为左春坊，遂隶之，并分置左、右，咸亨元年（670）复旧，不分左右；睿宗景云二年（711）又改隶左春坊，职比给事中。辽朝南面官东宫左春坊亦置。

太子司则 官名。见“司则”。

太子司直 官名。唐高宗显庆元年（656）端尹（詹事）府始置，员二人；龙朔二年（662）改隶桂坊，置三员，职比侍御史。咸亨元年（670）依旧二员，隶詹事府，正七品上，掌纠劾东宫宫僚及率府之兵，太子监国则与詹事、庶子为三司使，一人与司议郎、舍人分日受理启状。辽亦置。

太子司直司 官署名。辽南面东宫官，袭唐制。掌弹劾官僚，纠察检举职事。置司直等职。

太子司经 官名。金朝置，属宫师府。掌太子所用的经史图籍、笔砚等事。秩正八品。

太子司经局 参见“司经局”。

太子司闺 官名。见“司闺”。

太子司旅下大夫 官名。北周置。《隋书·观德王雄传》：“周武帝时，（雄）为太子司旅下大夫。”正四命。

太子司馔 官名。见“司馔”。

太子司藏 官名。金朝置，属宫师府。掌库藏财货出入之事。秩从八品。

太子司藏令 官名。北齐置，太子司藏署长官，从九品上。隋、唐沿置。隋正九品，唐从八品下。

太子司藏丞 官名。北齐置，太子司藏署次官，流外。隋朝沿置，员三人。唐朝员二人，从九品下。

太子司藏署 官署名。北齐设，属太子家令寺。置令、丞为长贰，掌东宫库藏财货出纳、营缮诸事。隋、唐沿置。

太子先马 官名，亦作太子洗马。西汉属太子太傅、少傅。员十六人，秩比六百石，太子出行时以为前导。东汉属太子少傅，选郎中补之。

太子后卫率 官名。西晋惠帝置，与左、右、前卫率各领一军，宿卫东宫，亦任征伐，地位颇重，五品。东晋初废，孝武帝太元（376—396）年间复置。南朝宋废。

太子守舍人 官名。东宫属官。北魏置，孝文帝太和十七年（493）定为从六品上。北齐属太子典经坊，员二人。

太子军 辽军队名。辽代亲王大臣，往往置私军，大者千余骑、小者数百人，国家有事，即借其私军随征，余兵则保卫本官府。太子军即太子府私军。

太子坊事 官名。唐朝内侍省太子内坊局属官，玄宗开元二十七年（739）置，五员，从八品下，掌序导宾客。

太子步兵校尉 官名。东宫侍从武官，掌步兵。亦称东宫步兵校尉。南朝宋置，员七人，为太子三校之一。齐、梁、陈沿置，员一人。梁七班，陈六品、秩千石。北魏亦置，孝文帝太和十七年（493）定为四品上，二十三年改从五品下。

太子员外殿中将军 东宫侍从武官。南齐设。梁沿置，流外七班。职同“殿中将军”。

太子园丞 官名。北齐太子家令寺典仓署属官。

太子奉药 官名。金朝置，属宫师府。位在侍药下，掌承奉医药。

太子武卫率 官名。南北朝时西魏置，尉迟纲曾任此职。见《周书·尉迟纲传》。

太子直后 官名。北齐置，掌禁卫，属太子左、右卫坊，从七品。隋属太子左、右卫，员十人，品同北齐。

太子直阁 官名。北齐置，掌东宫禁卫，属太子左、右卫坊，从五品。隋初亦置，属太子左、右卫，员四人，从五品；炀帝大业三年（607）废。

太子直前 官名。北齐置。属太子左、右卫坊，掌东宫禁卫，从六品。隋朝罢。

太子虎贲督 官名。三国魏置，六品，掌东宫宿卫。

太子典内 官名。隋朝太子内坊长官，置二员，从六品，隶典书坊。唐朝沿置，二员，正六品上，隶右春坊。玄宗开元二十七年（739）改隶内侍省，名太子内坊令，升从五品下。

太子典仓令 官名。北齐太子典仓署长官，置一员，九品。隋朝沿置，一员，正九品。唐朝置一员，从八品下，掌东宫九谷入藏及庶羞、器皿、灯烛、园圃种植之事。金朝宫师府置，正八品，承奉膳馐。

太子典仓丞 官名。北齐太子典仓署次官。隋朝沿置，员一人。唐朝置二员，从九品下。金朝宫师府置，正九品。见“太子典仓令”。

太子典仓署 官署名。见“典仓署”。

太子典书令史 官名。北魏前期置，孝文帝太和十七年（493）定为正八品上，后期未见。

太子典书坊 官署名。北齐置，掌东宫行令书、表启等，隶詹事府，设太子庶子、太子舍人，又领典经坊、门大夫坊，统伶官西凉二部、清商二部。隋罢詹事，本坊仍置，设右庶子、舍人、通事舍人、录事、主事令史，炀帝大业三年（607）改舍人为管记舍人、通事舍人为宣令舍人。唐初沿置，与詹事府、门下坊并为东宫主要官署。掌侍从、献纳、启奏，传宣奉行皇太子令旨，职比中书省。设右庶子、中舍人为长贰，下设舍人、通事舍人、右谕德、右赞善大夫等，高宗龙朔二年（662）改名“右春坊”。

太子典仪 官名。金朝置，属宫师府。掌赞东宫礼仪。秩从六品。

太子典衣令史 官名。东宫属官。北魏前期置，孝文帝太和十七年（493）定为正八品上，后期不见。

太子典军校尉 官名。东宫侍从武官。北齐置，员二人，正五品，隶太子左、右卫坊。

太子典作局 官署名。北齐置，属太子家令寺司藏署。

太子典作局丞 东宫属官。北齐太子典作局长官，流外。

太子典设局 官署名。见“典设局”。

太子典设郎 官名。见“典设郎”。

太子典经坊 官署名。北齐置，属太子典书坊。设洗马、守舍人，掌经籍。隋改太子司经局，隶门下坊。

太子典膳丞 官名。北齐太子门下坊典膳局次官，置二员，正八品。隋朝沿置，正九品。唐朝为典膳局次官，置二员，正八品上。

太子典膳局 官署名。北齐置，属太子门下坊。掌东宫进膳、尝食，设监、丞为长贰。隋沿置。唐初因之，后属左春坊，设郎、丞为长贰，下设书令史、主食、典食等。

太子典膳郎 官名。太子典膳局长官，唐高宗龙朔二年（662）改太子典膳监置，二员，正六品上，掌东宫进膳、尝食，每夕更直于厨。

太子典膳监 官名。北齐太子门下坊典膳局长官，置二员，正六品下。隋朝沿置，正七品下。唐高宗龙朔二年（662）改名太子典膳郎。

太子侍正 官署名。金朝宫师府置，正八品，掌太子冠带衣服、左右给使之事。

太子侍讲 官名。东汉末年始有其名，三国魏、晋及北魏或置。唐初置，掌讲导经学，后废置不常。宋英宗治平三年（1066），神宗升储，置一人，以他官兼任，掌讲读经史。南宋沿置，正七品，宋亡遂废。

太子侍医 官名。北齐、隋、唐置，员四人。隶太子药藏局。太子有疾，侍医诊候议方。北齐七品，隋、唐从七品上。

太子侍药 官名。金朝置，属宫师府，掌承奉太子医药。秩正八品。

太子侍读 官名。北周置为东宫官属，选用文学之士，侍奉太子读书。唐太宗时晋王府置，及为太子亦置，后时有废置。无常员，掌讲导经学。宋英宗治平三年（1066），神宗升储，置一人，以他官兼任，掌讲读经史。南宋沿置，正七品，宋亡遂废。

太子舍人 官名。秦朝始置。两汉因之，秩二百石，无员额，轮流宿卫，如三署郎中。西汉隶太子太傅、少傅，东汉隶太子少傅。太子阙位则隶少府。三国沿置。魏七品。晋朝置十六人，七品，职比散骑、中书侍郎，掌文章书记，初隶太子太傅、少傅，后隶太子詹事。南朝沿置，宋七品，梁三班，陈七品。北魏亦置，孝文帝太和十七年（493）定为五品中，二十三年改从六品下。北齐置二十八人，从六品下，隶詹事府典书坊。隋朝太子典书坊置八人，从六品，掌书令表启之事，炀帝大业三年（607）改管记舍人，减四人。唐初复旧称，高宗龙朔二年（662）改右司议郎，咸亨元年（670）复旧，后以四员为额，正六品上，隶右春坊。北宋真宗、仁宗、神宗、钦宗升储，各置一人，以他官兼任。南宋因之，从七品。辽朝隶右春坊。

太子备身 官名。北齐置。属太子左、右卫坊，由太子备身正、副都督统领，侍卫东宫。九品。

太子备身五职 北齐太子备身都将、太子备身别将、太子备身统军、太子备身军主、太子备身幢主的合称。属太子左、右卫坊，由太子备身正、副都督统领，负责东宫侍卫。从八品。

太子备身正都督 官名。北齐置。属太子左、右卫坊，下统太子备身副都督、备身五职、备身等，掌东宫侍卫。五品。

太子备身左右 官名。太子左、右内率属官。隋朝置八员，正七品，掌供奉弓箭，侍卫东宫。炀帝大业三年（607）改名主射左右。唐朝复名备身左右，玄宗开元（713—741）中与太子千牛备身并为太子千牛，从七品上。

太子备身军主 参见“太子备身五职”。

太子备身别将 参见“太子备身五职”。

太子备身统军 参见“太子备身五职”。

太子备身都将 参见“太子备身五职”。

太子备身副都督 官名。北齐置。属太子左、右卫坊，协助太子备身正都督统领太子备身五职等，负责东宫侍卫。六品。

太子备身幢主 参见“太子备身五职”。

太子庙令 官名。唐朝宗正寺太子庙长官，置一员，从八品上，掌洒扫开阖之节，四时享祭。

太子庙丞 官名。唐朝宗正寺太子庙次官，置一人，正九品下。参见“太子庙令”。

太子药藏丞 官名。北齐置，为太子药藏局次官，置二员，八品。隋朝沿置，二员，正九品。唐朝二员，正八品上。

太子药藏局 东宫官署。掌皇太子医药、诊视。北齐置，属太子门下坊，设监、丞为长贰。隋沿置。唐初因之，后属太子左春坊，设郎、丞为长贰，下设侍医、典药、药童等。

太子药藏郎 官名。唐高宗龙朔二年（662）改太子药藏监置，为太子左春坊药藏局长官，置二人，正六品上，掌和医药，侍奉东宫。

太子药藏监 官名。北齐置，为太子药藏局长官，置二员，六品，掌和东宫医药。隋朝沿置，二员，正七品。唐高宗龙朔二年（662）改名太子药藏郎。

太子勋卫 即太子左右卫率府所统勋卫府及勋府卫士。详见“勋卫”。

太子勋卫中郎将 官名。太子左、右卫率府所属勋府长官，统领勋府卫士，侍卫太子。

太子勋卫郎将 官名。太子左、右卫率府所属勋府次官。佐勋卫中郎将统勋府卫士。

太子食官令 官名。东汉属太子少傅，秩六百石，主太子宫饮食。三国魏沿置，属家令，官七品。至晋，职如太官令，不复属家令。南朝宋属太子中庶子，官七品。北魏孝文帝太和十七年（493）定为五品上，二十三年职员令不载。北齐为太子家令寺食官署长官，第九品，有丞为副贰。隋朝沿置，正九品，唐朝为从八品下。

太子食官丞 官名。北齐太子食官署次官。隋朝沿置，设二员。唐朝为从九品下。

太子食官署 官署名。见“食官署”。

太子亲卫 即太子左、右卫率府所统亲卫府及亲府卫士。详见“亲卫”。

太子亲卫中郎将 官名。即太子左、右卫率府亲府长官。详见“亲府中郎将❷”。

太子亲卫郎将 官名。即太子左、右卫率府亲府次官。详见“亲府右郎将❷”、“亲府左郎将❷”。

太子洗马 东宫属官。洗亦作先。先马，即前驱。秦置，汉因之。掌宾赞受事，太子出行则为前导。西汉属太子太傅、少傅，秩比六百石，以十六员为额。东汉属太子少傅。三国魏因之，七品。蜀亦置。晋朝置八员，七品，为太子詹事属官，掌太子图籍、经书，太子出行则前导威仪。南朝因之，宋七品，秩比六百石；梁置八员，六班，隶詹事所辖典经局；陈因之，六品，秩六百石。北魏孝文帝太和十七年（493）定为从四品上，二十三年改从五品上。北齐置八员，从五品上，属詹事府典书坊所辖典经坊。隋隶太子门下坊司经局，从五品上，初置四员，炀帝时减二员。唐为太子左春坊（门下坊）司经局长官，员二人，从五品下，掌四库图籍缮写、刊缉之事。高宗龙朔二年（662）改名司经大夫（桂坊大夫），后复旧。宋朝为五品寄禄官，不领本职。辽朝为南面朝官，隶司经局。明洪武十五年（1382）置为司经局长官，员一人，从五品，隶詹事府。多由他官兼任，后无实际职掌，仅为翰林官迁转之阶。清因明制，满、汉各有员。参见“洗马”。

太子济司局 官署名。见“济司局”。

太子前卫率 官名。西晋惠帝置，与左、右、后卫率各领一军，宿卫东宫，亦任征伐，地位颇重。东晋初废，孝武帝太元（376—396）年间复置。南朝宋废。简称太子前率。

太子宫门大夫 官名。北魏置，楼稟曾任此职。隋朝为太子宫门局长官，置二员，从六品上。炀帝大业三年（607）改称太子宫门监。参见“宫门局”。

太子宫门局 官署名。见“宫门局”。

太子宫门郎 官名。唐高宗龙朔二年（662）改宫门监置，太子宫门局长官，置二员，从六品下，掌东宫宫门管钥。北宋初存其名而罕除授。辽朝太子宫门局沿置。参见“宫门局”。

太子宫门将 官名。即太子左、右监门率，隋炀帝大业三年（607）改，降为正五品。唐高祖武德五年（622）复名左、右监门率府率，正四品上。

太子宫门监 官名。太子宫门局长官，炀帝大业三年（607）改太子宫门大夫置。唐朝沿置，高宗龙朔二年（662）改名太子宫门郎。

太子宫尹 官名。北周置，职同太子詹事，掌东宫内外众务，有太子宫尹下大夫（正四命）、太子小宫尹上士（正三命）、太子宫尹中士（正二命）三级。唐朝武则天垂拱元年（684）至中宗神龙元年（705）为太子詹事改名。

太子宫尹下大夫 官名。北周置。亦称太子宫尹、宫尹下大夫。掌辅佐太子，一说即詹事之任。元善任职时，每执经以教太子。正四命。下设小宫尹上士、宫尹中士以佐其职。隋文帝开皇元年（581）罢。

太子宫正 官名。北周武帝建德二年（573）增改东宫官员时置，分为左、右宫正，负辅佐太子之责。命品不详。隋文帝开皇元年（581）罢。

太子校书 官名。北齐置。东宫官属，从九品上。隋及唐初沿置，属门下坊司经局。隋置六人，从九品上。唐高宗龙朔二年（662）起属左春坊司经局，四人，正九品下。与太子正字同掌校刊经史。明朝詹事府司经局亦置，二人，正九品。

太子校书郎 官名。辽朝袭唐制置。司经局官员，与太子正字共掌典校图书。

太子旅贲中郎将 官名。南朝宋置，员十人，职如虎贲中郎将，掌随从迎送太子，隶太子左、右卫率。南朝齐、梁、陈沿置，改设一人。梁五班，陈七品、秩六百石。

太子旅骑校尉 东宫侍从武官。北齐置，员二人，五品。隶太子左、右卫。参见“太子三校”。

太子斋帅 官名。北魏置。北齐为太子门下坊斋帅局长官，员二人，八品。隋及唐初沿置，员四人。隋正七品，唐从六品下。唐高宗龙朔二年（662）改斋帅局为典设局，斋帅为典设郎。

太子斋帅局 官署名。北齐置，掌东宫洒扫铺设事，属太子门下坊，设斋帅、内阁帅。隋朝沿置。唐初属典书坊，高宗龙朔二年（662）改典设局。

太子斋郎 官名。唐高祖武德（618—626）中置，为太子济司局长官。太宗贞观元年（627）改名太子典设郎，为太子典设局长官。参见“济司局”。

太子酒局 官署名。北齐置，属太子家令寺食官署。长官为丞。

太子酒局丞 官名。北齐置。太子酒局长官。

太子家令 官名。秦、西汉隶太子詹事。西汉管理太子汤沐邑，掌东宫刑狱、饮食、仓库，职比廷尉、司农、少府。秩千石（一说八百石）。新莽改名中更。东汉复故，改隶太子少傅，不掌刑狱。领太子仓令、食官令。与太子率更令、太子仆并号太子三卿，为东宫要职。两晋或隶太子二傅，或隶詹事，掌东宫刑狱、仓储、饮食、奴婢，五品。南朝隶詹事，宋、齐五品，清流者不为之；梁始重其选，十班；陈四品，千石。北魏亦置，孝文帝太和十七年（493）定为从三品上，二十三年改从四品上。北齐至辽为太子家令寺长官，北齐、隋、唐皆从四品上。隋炀帝曾改名司府令，唐初复旧。高宗龙朔二年（662）改名宫府大夫，咸亨元年（670）复旧。宋朝官名虽存，罕有除授。金朝不置寺，家令隶詹事院，掌东宫营缮栽植铺设灯烛等事，正八品。元朝为家令司长官，正三品。

太子家令寺 官署名。与太子率更寺、太子仆寺并号东宫三寺。北齐始置，属詹事府。设令、丞为长贰，主管东宫刑狱、膳食、仓储、奴婢诸务，领食官、典仓、司藏三署及内坊令、丞。隋朝罢詹事，三寺仍置。家令寺设令一员、丞二员、录事二员，领食官、典仓、司藏三署。炀帝时改名司府寺。唐朝复旧名，仍隶詹事府，设令一员、丞二员，主簿、录事各一员，仍领三署，掌东宫饮膳、仓储、库藏之政令，唯不主刑狱。高宗龙朔二年（662）改名宫府寺，咸亨元年（670）复旧。宋、辽存其名。金朝不置寺，元朝改置家令司。

太子家令寺丞 官名。隋朝太子家令寺官，置二人，从六品。唐朝沿置二人，从七品上，掌判寺事，凡食官、典仓、司藏三署出纳，皆刺于詹事。

太子家丞 官名。秦汉为太子家令副贰，秩四百石。两晋南北朝沿置。北魏孝文帝太和二十三年（499）定为九品，梁流外七班。北齐置为太子家令寺次官，九品。隋、唐沿置，称太子家令寺丞。隋从八品，唐从七品上。宋朝唯存其名，罕有除授。辽朝亦置。金朝为太子家令佐官，正九品。元朝置为“家令司”次官。

太子宾客 官名。汉高祖欲易太子，吕后用张良计，迎商山四皓以定太子，始有宾客之名。晋惠帝元康元年（291），太子师傅通称为东宫宾客。唐高宗显庆元年（656），始置为官称，以于志宁等四人为之，正三品，掌侍从规谏、赞相礼仪，位望颇尊。唐中叶后，多用为罢退大臣加衔，并不实任其职。北宋前期，通常用为三品寄禄官。太宗至道元年（995）立太子，特旨置二员领本职，以他官兼任。真宗天禧四年（1020），又特置，命执政大臣兼任。南宋初不置，后或置或省。辽朝掌太子宾客院事。明洪武元年（1368），复命朝臣兼领，正三品，掌侍从、赞相、规谏太子，后渐为虚衔。十五年后更定左、右春坊官制，遂废。

太子陵令 官名。唐朝宗正寺太子陵长官，置一员，从八品下，掌守卫太子山陵。

太子陵丞 官名。唐朝宗正寺太子陵次官，置一员，正九品下。协助太子陵令守卫太子山陵。

太子通事舍人 官名。南朝梁置，东宫官属，多以他官兼任，员二人，位一班。亦称东宫通事舍人。陈沿置，九品，不言秩。隋朝置于典书坊，员八人，正七品，炀帝大业三年（607）改为宣令舍人。唐初复旧，高宗龙朔二年（662）改隶右春坊，掌导引宫臣辞见及承令劳问事，制比中书省通事舍人，员八人，正七品下。辽朝亦置，隶右春坊，为南面朝官。

太子副仆正 官名。金朝置，属宫师府。位在仆正之下，掌东宫车马、厩牧、弓箭、鞍辔、器物等事，秩正七品。

太子副司仓 官名。金朝置，属宫师府。位在太子司仓之下。掌仓廪出纳薪炭等事。秩从九品。

太子副司经 官名。金朝置，属宫师府。位在司经之下，掌经史图籍、笔砚等事。秩正九品。

太子副司藏 官名。金朝置，属宫师府。位在太子司藏之下，掌库藏财货出入之事。

太子副直监 官名。北齐置。太子门下坊殿内局副长官，员四人，从六品。隋及唐初沿置，随局改属太子门下坊内直局，员二人，从六品下。亦作太子内直副监。唐高宗龙朔二年（662）改称丞。

太子厩长 官名。西汉属詹事。东汉改属太子少傅，秩四百石，员一人，主太子宫车马。三国时魏沿置，官七品。北魏亦置，孝文帝太和十七年（493）定为从五品下，二十三年降为从九品上。

太子厩丞 官名。秦置。西汉因之，属詹事。成帝鸿嘉三年（前18）省詹事官，并属大长秋。

太子厩牧令 官名。北齐置，太子厩牧署长官，从九品上。隋沿置，品同北齐。唐从八品下。

太子厩牧丞 官名。北齐太子厩牧署次官。隋、唐沿置，唐员二人，从九品下。

太子厩牧署 官署名。北齐置，属太子仆寺，设令、丞为长贰，又领车舆局丞。隋、唐沿置，唐亦以令、丞为长贰，下设典乘、牧长、翼驭、驾士、兽医等，掌东宫车马、闲厩、牧畜事，凡群牧隶东宫者，皆受其职事。

太子厩牧署典乘 官名。唐朝太子仆寺厩牧署官员，置四员，从九品下。太子出行，则先期习路马。北宋初存其名而罕除授。

太子辅义都尉 官名。三国吴置，钟离牧于吴赤乌五年（242）曾任此职。

太子常从 官名。三国魏置，六品。亦省称为常从。

太子常从虎贲督 官名。掌东宫宿卫。西晋设，六品。南齐、北魏亦置，北魏孝文帝太和十七年（493）定为从六品上。

太子翊卫 即太子左、右卫率府所统翊府及其卫士。详见“翊卫”。

太子翊军校尉 官名。东宫侍从武官。南朝宋置，员七人，太子三校之一，隶太子左、右卫率。南齐、梁、陈沿置，员一人。梁七班，陈六品、秩千石。北魏亦置，孝文帝太和十七年（493）定为四品上，二十三年改为从五品。

太子率更令 官名。秦、西汉掌知漏刻，主东宫值宿事，职似光禄勋，秩千石。隶太子詹事。东汉主太子庶子、舍人值宿事，隶太子少傅。与太子家令、太子仆并号太子三卿。三国因之。两晋南北朝不领庶子、舍人，掌太子宫殿门卫及赏罚等事，职似光禄勋、卫尉。两晋或隶太子二傅，或隶太子詹事。南北朝以来，隶太子詹事。晋、宋五品，梁十班，陈四品、千石。北魏孝文帝太和十七年（493）定为从三品上，二十三年改从四品上。北齐至辽为太子率更寺长官。唐高宗龙朔二年（662）曾改名司更大夫，咸亨元年（670）复旧。北齐掌东宫周卫禁防、漏刻钟鼓，隋掌伎乐漏刻，唐兼掌皇族次序礼乐刑罚之政令，皆从四品上。宋朝罕有除授。辽朝仅存其名。

太子率更寺 官署名。与太子家令寺、太子仆寺并号东宫三寺。北齐始置，属詹事府。设令、丞为长贰，主管东宫周卫禁防、漏刻钟鼓，领中盾署。隋朝罢詹事，三寺仍置。率更寺设令、丞、录事各一员，掌伎乐漏刻等庶务，不领署。唐朝沿置，仍隶詹事府。设令一员、丞二员（或作一员），属吏有主簿、录事、伶官师、漏刻博士、掌漏、漏童、典钟、典鼓及府、史、掌固、亭长等。掌东宫宗族次序、礼乐、漏刻、刑罚之政令。高宗龙朔二年（662）改名司更寺，咸亨元年（670）复旧。宋、辽存其名。

太子率更寺令 官名。即太子率更令。

太子率更寺丞 官名。即太子率更丞。

太子率更丞 官名。秦、汉为太子率更令副贰，秩四百石。两晋南北朝沿置。北魏孝文帝太和二十三年（499）定为九品，梁流外七班。北齐置为太子率更寺次官，九品。隋、唐沿置，隋从八品，唐从七品上。宋、辽唯存其名。

太子庶子 官名。秦、西汉隶太子太傅、少傅，东汉隶太子少傅，秩四百石。值宿东宫，职比郎官，无员额。别有太子中庶子，侍从太子左右，位在其上。三国因之，魏五品。两晋员四人，或隶太子詹事，或隶太子二傅，五品。为太子的亲近侍从官，献纳规谏，职比散骑常侍、中书监令，其任渐重，或以郡守参选。南朝沿置，隶太子詹事。宋五品，梁九班，陈五品、六百石。北魏略同，孝文帝太和十七年（493）定为从三品上，二十三年复次职令，改从四品上。北齐员四人，主管太子典书坊，为东宫要职，从四品上。隋、唐置太子左、右庶子，分主太子门下坊（左春坊）、典书坊（右春坊），历朝因之。

太子谏议大夫 官名。北周武帝建德三年（574）五月置，员四人。选用饱学之士充任。掌规谏太子。

太子骑官备身 官名。北齐置。属太子左、右卫坊，侍卫东宫，由太子骑官备身正、副都督统领。从七品。

太子骑官备身五职 北齐太子骑官备身都将、太子骑官备身别将、太子骑官备身统军、太子骑官备身军主、太子骑官备身幢主的合称。属太子左、右卫坊，由太子骑官备身正、副都督统领，侍卫东宫。七品。

太子骑官备身正都督 官名。北齐置。属太子左、右卫坊，下统太子骑官备身副都督、太子骑官备身五职、太子骑官备身等，掌东宫骑官，负责侍卫。从四品。

太子骑官备身军主 参见“太子骑官备身五职”。

太子骑官备身别将 参见“太子骑官备身五职”。

太子骑官备身统军 参见“太子骑官备身五职”。

太子骑官备身都将 参见“太子骑官备身五职”。

太子骑官备身副都督 官名。北齐置。属太子左、右卫坊，佐太子骑官备身正都督领太子骑官备身五职、太子骑官备身等，侍卫东宫。从五品。

太子骑官备身幢主 参见“太子骑官备身五职”。

太子骑尉 官名。东宫侍从武官。北齐置，属太子左、右卫坊，员三十人，七品。

太子掌饮令 官名。金朝置，属宫师府，掌承奉太子汤茶及酒果之事。秩正八品。

太子掌饮丞 官名。金朝置，属宫师府。位在掌饮令之下。掌承奉太子汤茶及酒果之事。秩正九品。

太子掌固 官名。属东宫。三国魏置，九品，员数不详。

太子掌宝 官名。金朝置，属宫师府。掌奉太子符宝，谨其出入。秩从六品。

太子詹事 详见“詹事”。

太子詹事丞 详见“詹事丞”。

太子詹事院 官署名。辽南面东宫官，袭唐制，总领东宫政令。设太子詹事、少詹事、詹事丞、詹事主簿等官。元世祖至元十九年（1282）置，以左、右詹事各一员为长官。其下设副詹事、詹事丞、院判各二员，吏属六十二人。又别置宫臣宾客二员，左右谕德、左右赞善各一员，校书郎二员，中庶子、中允各一员。至元三十一年，太子薨，罢。将院中钱粮选法工役等改置徽政院，归太后位下。成宗大德九年（1305）复立，寻罢。十一年，复置，秩从一品，设官十二员。武宗至大四年（1311）罢。仁宗延祐四年（1317）复立，七年罢。泰定帝泰定元年（1324）罢徽政院，改立詹事院同前。文宗天历元年（1328）改詹事院为储庆使司，二年复旧。寻又改称储政院。

太子殿中将军 官名。东宫侍从武官。南齐设，隶太子左、右卫率。梁、陈沿置。梁流外七班，陈九品。职同殿中将军。

太子殿内局 官署名。北齐置，属太子门下坊，置内直监、副直监等，掌东宫衣服、笔砚之事。隋改内直局。

太子端尹 官名。即太子詹事，唐高宗龙朔二年（662）改，咸亨元年（670）复名太子詹事。参见“詹事”。

太子閤帅 官名。唐朝太子内坊局置六员，流外四品，掌东宫门户禁令，帅内阍人、内给使以供其事。

太子器局 官署名。北齐置，属太子家令寺食官署，设丞。

太子器局丞 官名。北齐太子器局长官，不入流。参见“太子器局”。

太子赞仪 官名。金朝置，属宫师府。掌赞礼仪。秩从七品。

太子赞善大夫 官名。唐高宗龙朔二年（662）始置，左、右各一员，取代太子中允、中舍人，分隶左、右春坊。咸亨元年（670）复置中允、中舍人，遂别自为官，左、右各置五员，正五品上，掌传令、讽过失、赞礼仪，职比谏议大夫，以儒家经典教授诸郡王。仪凤四年（679）增为各十员，以诸王之子为之。睿宗景云二年（711）始兼用庶人。宋初为五品寄禄官，神宗元丰（1078—1085）改制，改通直郎。辽朝沿唐制，为南面官中左、右春坊属官。金、元称太子左、右赞善。

太夫人 命妇名号。汉朝列侯之母称号。晋朝正式加以册命。宋朝臣僚封赠母、祖母，不问其存没，皆封太夫人，徽宗政和（1111—1118）后，已亡者追封皆不加“太”字。明朝规定，凡因子、孙任二品官者得封，但其丈夫若尚在，则不封。

太中大夫 官名。亦作大中大夫。秦、西汉初位居诸大夫之首。武帝太初元年（前104）以后次于光禄大夫，秩比千石，无员额。侍从皇帝左右，掌顾问应对，参谋议政，奉诏出使，多以宠臣贵戚充任。名义上隶属郎中令（光禄勋）。东汉秩千石，后期权任渐轻。魏、晋、南朝宋七品，品秩虽不高，禄赐与卿相当。梁、陈及北朝品位与卿相近，多用以安置老疾退免的九卿等大臣，无职事。梁十一班，陈四品、千石。北魏孝文帝太和十七年（493）定为三品下，二十三年改从三品。北齐从三品。北魏亦用作加官、兼官，或供朝廷临时差遣。北周为散官，七命。唐高祖武德七年（624）定为正四品上散官，太宗贞观十一年（637）改为从四品上。北宋初为从四品上文散官，神宗元丰（1078—1085）改制后，为新寄禄官，相当于旧寄禄官中的左、右谏议大夫。金、元、明作大中大夫，为文散官。

太仆 官名。❶西周已置，亦作大仆。《周礼》列为夏官司马属官，下大夫，掌供天子舆马，传达王命。秦、汉秩中二千石，列位九卿，掌皇帝专用车马，有时亲自为皇帝驾车，地位亲近重要；兼管官府畜牧业。西汉属官有大厩、未央、家马、车府、路軨、骑马、骏马诸令丞，龙马、闲驹、橐泉、騊駼、承华五监长丞及边郡诸牧师官。新莽改名太御。东汉复旧，唯置车府、未央令丞，掌供皇帝专用车马，其余属官皆省。原隶少府的考工令则移归之，遂兼掌兵器制作、织绶等。三国因之，魏掌皇帝车马、田猎、兵器及全国畜牧业，三品。属官有考工、车府、典牧、乘黄厩、骅骝厩等令丞，典虞都尉及左、右、中牧官都尉。西晋沿置，三品。考工令改入尚方，移隶少府。东晋或置或省，省则皇帝用马（骅骝厩）归门下省，畜牧业由尚书省驾部曹管理。南朝宋、齐唯于郊祀典礼时权置之，事毕即省。管理御用车马、牧畜政令之职分属太常、尚书、门下。梁复置，改称太仆卿。北魏仍置，孝文帝太和十七年（493）定为二品上，二十三年改三品，常称太仆卿。北齐亦改太仆卿。❷两汉至南北朝，太后宫亦置此职，皆冠以宫号，为“太后三卿”之一，地位与九卿相当。金朝亦置，正六品。

太仆少卿 官名。北魏始置，为太仆副贰，位在丞上，四品上。北齐置为太仆寺次官，员一人，四品上。历朝沿置。隋、唐、五代员二人，协助太仆卿管理车舆厩牧，审计籍帐，通判本寺事务。隋初正四品上，炀帝改从四品。唐从四品上。唐曾随本寺改名司驭大夫、司仆少卿，旋各复旧。北宋初为四品寄禄官，神宗元丰（1078—1085）改制后，始为职事官，员一人，南宋省。辽朝南面官有之。元朝员二人。明初员二人，武宗正德十一年（1516）增为三人，一人佐判寺事，一人督营马，一人督畿马，正四品。清朝满、汉员各一人，正四品。皇帝出行，一人随行，管理车驾马驼。每岁夏季，赴马场稽查马匹，三年均齐一次，报兵部查核。光绪三十二年（1906）省。自北齐以来，亦称太仆寺少卿。

太仆正 官名。或称太仆。西周置。众仆官之长。《尚书·序》：“穆王命伯冏为周大（太）仆正。”参见“太仆”。

太仆主簿 辽官名。太仆寺官员，掌簿册文书。

太仆寺 官署名。北齐始置，中央行政机构九寺之一，为管理宫廷车马、全国畜牧业的事务机构。政令仰承尚书省殿中尚书所辖驾部曹。设卿、少卿、丞各一员，辖骅骝，左、右龙，左、右牝，驼牛，司羊，乘黄，车府诸署，领司讼、典腊、出入三局。历朝沿置。隋、唐、五代政令仰承尚书省兵部驾部司，设卿一员、少卿二员为长贰，属官有丞、主簿、录事、兽医博士等。隋初辖骅骝、乘黄、龙厩、车府、典牧、牛羊诸署，炀帝以骅骝改隶殿内省尚乘局，又罢牛羊署，增置主乘、司库、司廪官。唐朝辖乘黄、典厩（龙厩）、典牧、车府四署，领各州诸牧监。高宗龙朔二年（662）改名司驭寺，咸亨元年（670）复旧；武则天光宅元年（684）改名司仆寺，中宗神龙元年（705）复旧。后其职权渐归监牧使、闲厩使、飞龙使。北宋前期其职分隶群牧司、骐骥院诸坊监，本寺唯管理皇帝五辂及属车、后妃王公车辂、供应祭祀所需羊只，卿、少卿皆为寄禄官，置判寺事一人管理本寺，以朝官以上充任。神宗元丰（1078—1085）改制后始掌车辂、厩牧之政，管理全国马政。岁末钩覆帐籍，上报兵部驾部司。哲宗元祐二年（1087）诏令其马政事务直达枢密院，不经驾部。徽宗崇宁二年（1103）诏令复依旧制不治外事，仍归驾部。设卿、少卿为长贰，丞一员助理本寺事务。辖五案十二局。南宋高宗建炎三年（1129）省并兵部驾部司。辽朝南面官署有之。元世祖至元二十四年（1287）罢卫尉院，复置，掌牧养系官马匹、供给宫廷用马。设卿、少卿、丞各二员。

二十五年起隶中书省，置提调官二员。成宗大德十一年（1307）改名太仆院，武宗至大四年（1311）复旧。明太祖洪武六年（1373）改滁州群牧监为太仆寺，设卿、少卿、丞。后又于山西、北平（京）、陕西、甘肃、辽东等地分置行太仆寺，各设卿、少卿、丞。成祖定都北京后，改滁州之太仆寺为南京太仆寺，以北京行太仆寺为太仆寺，辖主簿厅、常盈库，管理京卫、畿内及山东、河南诸牧监、群、府州县之马政，诸行太仆寺分管各边卫所营堡之马政，皆听命于兵部。诸行太仆寺长官亦按治所管辖卫所镇抚首领官吏。时别有苑马寺，分掌各地马政，宫廷用马则由宦官所掌“御马监”管理。清初附于兵部武库司，雍正三年（1725）始建署，专掌两翼牧场之马政。设卿、少卿，满、汉各一员，辖左、右司及主簿厅。定期稽查寺属牧场马匹，并报兵部查核。宫廷用马归内务府上驷院。光绪三十二年（1906）省并陆军部。

太仆寺少卿　见“太仆少卿”。

太仆寺丞　参见“太仆丞”。

太仆寺卿　即太仆卿。

太仆丞　官名。秦、汉、魏、晋、南朝为太仆副贰，协掌车舆马政，管理本署事务。西汉员二人，秩千石。东汉员一人，秩比千石。魏、晋沿之，七品。南朝宋七品，梁三班，陈八品、六百石。北魏增置少卿为太仆之副，丞居其下，孝文帝太和十七年（493）定为从五品中，二十三年改七品。北齐置太仆寺，以卿、少卿为长贰，丞参领寺务，地位渐轻，七品。隋员三人，正七品。唐员四人，从六品上。掌勾检稽失，判本寺日常公务。高宗、武则天时曾随本寺改名司驭丞、司仆丞，旋各复旧。北宋前期置为寄禄官，用以表示品级俸禄，无职掌。神宗元丰（1078—1085）改制后，始成为职事官，正八品。南宋高宗建炎三年（1129）罢。辽朝南面官有之。元朝员二人，从五品。明初置员四人，后增至十二员，又减为三员，分领各地马政及管理库藏，正六品。北齐以来，亦称太仆寺丞。

太仆院　官署名。元世祖至元十九年（1282）由尚牧监改名。掌系官马匹出纳，马具制作。后改名卫尉院、太仆寺。成宗大德十一年（1307）复旧，武宗至大四年（1311）改称太仆寺。

太仆卿　官名。东汉、魏、晋、南朝、北魏常作为太仆的尊称。南朝梁正式定为官称，十班，位列十二卿。管理畜牧事务，政令仰承尚书省驾部曹。辖南马牧、左右牧、龙厩、内外厩丞。陈沿置，三品、中二千石。北齐置为太仆寺长官，三品，位列九卿。历朝沿置，亦称太仆寺卿。管理宫廷车马及全国畜牧事务，政令仰承兵部。隋初正三品，炀帝改从三品。唐因之，高宗龙朔二年（662）改名司驭正卿，咸亨元年（670）复旧；武则天光宅元年（684）改名司仆卿，中宗神龙元年（705）复旧。自唐设监牧使、闲厩使后，其职权渐夺，中唐后实权尽归飞龙使。北宋初为三品寄禄官，表示品级俸禄，不预本寺公务。神宗元丰（1078—1085）改制后，始成为职事官，从四品。南宋高宗建炎三年（1129）罢。辽朝南面官有之。元世祖至元二十四年（1287）复置，员二人。明朝员一人，从三品；又分其职权于诸行太仆寺、苑马寺、御马监。清朝专掌两翼牧场马政，满、汉员各一人，从三品。光绪三十二年（1906）罢。自北齐以来，亦称太仆寺卿。

太仆曹　官署名。北魏置。《魏书·阉官孙小传》：“迁给事中，绾太仆曹。”

太公祖　清朝地方士绅对巡抚、布政使、按察使以及道台、知府的尊称。

太仓少卿　官名。北魏置。《魏书·官氏志》：“（孝文帝太和十五年）又置司空、主客、太仓、库部、都牧、太乐、虞曹、宫舆、复育少卿官。”太和十七年（493）定为三品上，二十三年复次职令，未载。

太仓令　官名。秦朝属治粟内史。西汉初隶大农令，武帝太初元年（前104）以后隶大司农。东汉置一员，六百石。主受郡国漕谷，管理国家粮仓。三国沿置，魏六百石、七品。两晋、南朝皆沿置，梁、陈隶司农卿。北魏仍隶大司农。北齐、隋、唐为司农寺太仓署长官，北齐从八品上；隋朝置二员，正八品下，炀帝大业三年（607）升为正六品；唐朝置三员，从七品下。掌九谷廪藏。北宋仅存其名而罕除授。

太仓丞　官名。太仓令副贰。秦朝属治粟内史。西汉初隶大农令，武帝太初元年（前104）以后隶大司农。东汉置一员。三国、西晋沿置。东晋增置东仓、石头仓丞各一人。南朝皆置，梁、陈隶司农卿，梁又有左、右、中部三仓丞。北齐、唐朝为司农寺太仓署次官，唐朝置五员，从八品下。北宋仅存其名而罕除授。

太仓尚书　官名。北魏前期置，为尚书省诸曹长官之一，管理国家粮仓及征课事务。

太仓银库　官署名。明正统七年（1442）置，隶户部。置大使、副使各一人。嘉靖（1522—1566）革副使。掌贮赋税折银及援例上纳银两。

太仓署　官署名。北齐置，隶司农寺，有令、丞。隋朝有令二员，又有米廪督二员、谷仓督四员、盐仓督二员。唐朝有令三员、丞五员，又有监事、典事等属。皆掌廪藏之事。北宋存其名而无职司。

太仓署令　官名。即太仓令。

太仓署丞　官名。即太仓丞。

太平将军　官名。西晋赵王司马伦建始元年（301）置，以道士胡沃为之，以招福祐。见《晋书·赵王伦传》。

太史　亦作大史。相传殷朝为六大之一。《礼记·曲礼下》：“天子建天官，先六大，曰大宰、大宗、大史、大祝、大士、大卜，典司六典。”郑玄注：“此盖殷时制也。”《周礼》列为春官宗伯属官，下大夫。西周、春秋、战国列位大臣，掌起草文书，参与册命贵族典礼，代王宣命，记载史事，编撰史书，保管国家典籍、文书档案，规谏君王，备顾问谘询，兼管天文历法、祭祀事务。秦、西汉为太常属官太史令的简称，地位渐低。东汉以后，成为专司占候天文、修订历法的官署名称，称署、局、台、院不一，均与修史无涉。明、清设钦天监掌天文历法，而以修史之事归翰林院，故又成为翰林的别称。

太史上士 官名。西魏恭帝三年（556）置，北周沿置。春官府太史司次官，佐太史中大夫掌历法的编撰。正三命。隋文帝开皇元年（581）罢。

太史友 西周太史类史官同官僚友的称呼。《尚书·周书·酒诰》："矧太史友、内史友"，友即僚友。《中方鼎铭》载周王命太史赏赐中土地，《中甗铭》载史儿将王命向中宣读，史儿即太史僚友。又称太史寮，寮通僚，太史寮即太史友。《毛公鼎铭》："及兹卿事寮，太史寮。"参见"太史"。

太史中大夫 官名。西魏恭帝三年（556）置，北周沿置。春官府太史司长官，员一人，掌历法的编撰，正五命。下设太史上士以佐其职，领小史下大夫、冯相上士、保章上士等官属。北周武帝建德二年（573）省，周宣帝即位后，复置。隋文帝开皇元年（581）罢。

太史少令 官名。隋炀帝大业三年（607）改太史局为监，置监、少监，后又改少监为少令。参见"太史令"。

太史令 官名。❶相传夏朝置，掌文书。《吕氏春秋·先识览》："夏太史令终古，出其图法，执而泣之"，"太史令终古乃出奔如商。"❷秦朝奉常属官之一，胡毋敬曾任此职，作《博学》七章。西汉景帝中六年（前144）隶太常，掌天文、历法、撰史；东汉置一员，六百石，不再撰史，专掌天时、星历，岁终奏新年历，国祭、丧、娶奏良日及时节禁忌，有瑞应、灾异则记之。三国沿置，魏、蜀亦不撰史。东汉以降，其属官有丞、灵台丞、中郎、待诏、监候郎、候部史等，设置不一。晋朝沿置，别有灵台丞。十六国亦多置，前燕其地位颇重，间或参谘重要政务。南朝皆置，宋一员，掌三辰时日祥瑞妖灾，岁终奏新历；南齐沿置；梁武帝天监七年（508）隶太常卿，位一班；陈沿置。北魏置多人，主律历。北齐为太常寺太史署长官，掌天文地动、风云气色、律历卜筮。隋朝为秘书省太史曹（局）长官，置二员，从七品下；炀帝大业三年（607）改名监，进阶为从五品。唐高祖武德四年（621）复名令，从五品下，掌观察天文，稽定历数，凡日月星辰之变，风云气色之异，率其官属占候之。高宗龙朔二年（662）改名秘阁郎中，后又改名浑天监、浑仪监，武则天长安二年（702）复名令；中宗景龙二年（708）又改太史监，不隶秘书省，睿宗景云元年（710）又名令，隶秘书省；其后屡改屡复，玄宗天宝元年（742）名太史监，不隶秘书省；肃宗乾元元年（758）改名司天监，升从三品。北宋神宗元丰（1078—1085）改制后复置，为太史局长官，掌测验天文，考定历法，十年一迁。南宋因置。辽朝为司天监长官。元世祖至元十五年（1278）置，为太史院长官，武宗至大元年（1308）升从二品，仁宗延祐三年（1316）升正二品，后改为院使。元末朱元璋曾置为太史监长官，以刘基为之；吴元年（1367）改名太史院院使。

太史公 西汉司马谈、司马迁父子先后任太史令，皆称太史公。其由来说法不一，或以为尊称，或以为官名。

太史丞 官名。秦朝奉常属官，为太史令副贰。西汉景帝中六年（前144）改隶太常，东汉置一员，二百石。三国魏置一员，二百石、八品。晋朝、南朝沿置，梁隶太常卿，流外三品蕴位。北齐为太常寺太史署次官。隋朝为秘书省太史曹（局）次官，置二员，正九品下；炀帝大业三年（607）减一员，为太史监次官。唐朝武则天光宅元年（684）以前，为太史局（太史监、秘阁局、浑天监）次官，其后则为太史局（浑仪监、太史监、司天台）属官，置一员，正六品上。北宋神宗元丰（1078—1085）改制后为太史局属官。南宋因置，从八品。辽朝置为司天监属官。

太史助教 官名。北魏置，属太史令。孝文帝太和十七年（493）定为九品中。二十三年官品令未载。掌观测天文，推算历法。

太史局 官署名。隋朝秘书省置，初称曹，后改局，有令、丞各二员，司历二员、监候四员；其历、天文、漏刻、视祲，各有博士及生员。炀帝大业三年（607）改名太史监，减丞一员，又置司辰师八员，增监候为十员。唐高祖武德四年（621）复名为太史局，七年废监候；高宗龙朔二年（662）又改名秘阁局，改令为郎中，咸亨元年（670）复名太史局，长官称令；武则天光宅元年（684）又改为浑天监，不隶麟台（秘书省），后又置副监及丞、主簿，改司辰师为司辰；长安二年（702）复为太史局，废副监及丞，隶麟台，改天文博士为灵台郎、历博士为保章正，置挈壶正；中宗景龙二年（708）又改为太史监，不隶秘书省，复置丞；睿宗景云元年（710）又改局，隶秘书省，二年又改浑仪监；玄宗开元二年（714）又为太史监，改令为监，置少监，十四年复为局，以监为令而废少监，天宝元年（742）又为监，不隶秘书省；肃宗乾元元年（758）改名司天台。北宋神宗元丰（1078—1085）改制复名太史局，隶秘书省，掌测天文，考定历法；其官有令、正，有春官、夏官、中官、秋官、冬官正，有丞、直长、灵台郎、保章正；其判局及同判，则选五官正以上业优考深者充，保章正五年、直长至令十年一迁，唯灵台郎试中乃选；其别局有天文院、测验浑仪刻漏所、钟鼓院、印历所。南宋并同隶秘书省，长、贰、丞、郎轮季点检。

太史局正 官名。北宋神宗元丰（1078—1085）改制时置，为太史局副长官，协助太史局令掌占验天文及风云气候之事，正八品。

太史局令 官名。即太史令。

太史局丞 官名。即太史丞。

太史郎 官名。三国吴置，属太史令。掌观测天文气象，推算历法。见《三国志·陆凯传》、《赵达传》。

太史待诏 官名。东汉置。属太史令。《续汉书·百官二》李贤注引《汉官》："太史待诏三十七人，其六人治历，三人龟卜，三人庐宅，四人日时，三人《易》筮，二人典禳，九人籍氏、许氏、典昌氏，各三人，嘉法、请雨、解事各二人，医一人。"此外又置灵台待诏四十一人。三国魏沿置，属太史令，掌观测天文，推算历法。参见《三国志·高堂隆传》裴松之注引《魏略》。

太史院 官署名。元世祖至元十五年（1278）置，有太史令等官七员，掌天文历数之事；武宗至大元年（1308）升令从二品，设官十员；仁宗延祐三年（1316）升令正二品，设官十五员；后定置院使五员，正二品，并置同知二员、佥院二员、同佥二员、院判二员、经历一员、都事一员、管勾一员、令史三员、译史一员、知印二员、通事一员、宣使二员、典吏二员。其属官有春官正兼夏官正、秋官正兼冬官正、中官正各一员，保章正五员、掌历二员、腹里印历管勾一员、各省司历十二员、印历管勾二员、灵台郎一员、监候六员、副监候六员、星历生四十四员、挈壶正一员、司辰郎二员、灯漏直长一员、教授一员、学正一员、校书郎二员。朱元璋吴元年（1367）改太史监为院，院使正三品，同知正四品，院判正五品，另有五官正、典簿、雨旸司、时叙郎、纪候郎、灵台郎、保章正、副、掌历、管勾等属官；明洪武元年（1368）改名司天监。

太史院使 官名。明太祖朱元璋建国前曾置太史监。吴元年（元至正二十七年，1367）改监为院，置院使一人，正三品，为太史院长官。洪武元年（1368）改太史院为司天监，改院使为监令。

太史监 ❶官署名。唐秘书省置，后改太史局。元末朱元璋曾置，以刘基为太史令，下置通判太史监事，佥判太史监事，校事郎，五官正，灵台郎，保章正、副，挈壶正，掌历，管勾等。吴元年（1367）改太史院。❷官名。指唐太史监本署长官，参见"司天台"。

太史案 官署名。南宋置，属秘书省，掌太史局之事。

太史曹 官署名。隋朝秘书省所领官署，置令、丞各二员，司历二员、监候四员，另有历、天文、漏刻、视祲博士；炀帝大业三年（607）改名太史局。参见"太史局"。

太史博士 官名。北魏置，属太史令。孝文帝太和十七年（493）定为六品中、从七品下。二十三年官品令未载。掌观测天文，推算历法。

太史署 官署名。北齐置。掌管天文、地震及云气的观测、推算律历以及卜筮等事务。属太常。以太史署令为长官。

太史署令 官名。北齐置，太史署长官，除掌本署事务外，兼领灵台、太卜二局丞。亦称作太史令。

太史署丞 官名。北齐置，太史署次官，亦称太史丞。佐太史署令掌本署事务。

太史寮 见"太史友"。

太乐少卿 官名。北魏置。《魏书·官氏志》："（孝文帝太和十五年）又置司空、主客、太仓、库部、都牧、太乐、虞曹、宫舆、复育少卿官。"太和十七年（493）定为三品上，二十三年复次职令，未载。

太乐令 官名。又作大乐令。秦朝奉常属官之一。西汉景帝中六年（前144）隶太常，掌大祭祀及大飨时之乐舞。哀帝时罢乐府，其所领一部分器乐、歌舞演员亦归太乐。东汉沿置一员，秩六百石。明帝永平三年（后60）改为大予乐令。三国魏复置，六百石、七品，下设丞、歌舞师等。西晋沿置，东晋初省并鼓吹令，成帝咸和（326—334）中复置。南朝宋置一员，掌宫廷诸乐事；南齐沿置；梁一班，又有清商署丞，隶太常卿，与协律校尉、总章校尉监、掌故、乐正，皆掌乐事；陈因置。北魏隶太常，领太乐祭酒、太乐博士、太乐典事等官。北齐为太常寺太乐署长官，从八品上，掌诸乐及行礼节奏等事，隋朝为太常寺太乐署长官，置二员，正八品下，炀帝大业三年（607）升为正六品，与清商令、鼓吹令共掌乐事。唐朝太常寺太乐署置二员，从七品下，掌调钟律，以供祭享。宋朝改称大乐令，于太常寺大晟府置，秩比太常丞，位次大司乐、典乐；徽宗崇宁（1102—1106）中置为大乐局长官，大观四年（1110）省一员，宣和二年（1120）罢。辽、金为太常寺太乐署长官，金朝置一员，从六品，掌调和律吕，教习音声并施用之法。元世祖中统五年（1264）置为太常礼仪院太乐署长官，二员，从六品，掌管礼生乐工四百七十九户。

太乐丞 官名。又作大乐丞。秦朝奉常属官，太乐令副贰。汉景帝中六年（前144）隶太常，东汉改大予乐丞。三国魏置为九品。南朝皆置，梁为三品勋位，隶太常卿。北齐、隋唐为太常寺太乐署次官，隋朝置二员，正九品下；唐朝置一人，从八品下。辽、金置为太常寺太乐署次官，金朝为从七品。元世祖中统五年（1264）置为太常礼仪院太乐署次官，一员，从七品。

太乐库丞 官名。南朝梁置，属太乐令。位流外三品蕴位。掌太乐演奏所需的诸种器物。

太乐局 官署名。宋朝太常寺置，掌太乐及教习乐舞、鼓吹警场等事。设令一人，丞一人，乐正二人。徽宗崇宁元年（1102）改为大晟府大乐案。

太乐典录 官名。北魏置。孝文帝太和十七年

（493）定为从七品下，二十三年官品令未载。掌宫廷音乐。

太乐郎 官名。属太乐，掌音律。《晋书·律历志上》：晋武帝泰始十年（274），“中书监荀勖、中书令张华出御府铜竹律二十五具，部太乐郎刘秀等校试”。

太乐祭酒 官名。北魏置。孝文帝太和十七年（493）定为从五品中，二十三年官品令未载。掌宫廷音乐。

太乐博士 官名。北魏置。孝文帝太和十七年（493）定为六品下，二十三年官品令未载。掌宫廷音乐。

太乐署 官署名。北齐太常寺置，掌诸乐及行礼节奏等事，有令、丞，兼领清商部丞。隋唐五代皆置，隋令二员、丞二员、乐师八员，炀帝大业三年（607）改乐师为乐正，置十员；唐朝令一员、丞一员，另有乐正，掌祭享钟律，凡习乐，立师以教，而岁考其师之课业为上中下三等，申报礼部，十年大校，量优劣而黜陟。辽、金皆置，有令、丞，金朝兼鼓吹署，有乐工百员、乐工部籍直长一员、大乐正、大乐副正。元世祖中统五年（1264）于太常礼仪院置，秩从六品，令二员、丞一员，掌管礼生乐工四百七十九户。

太乐署令 官名。即太乐令。

太乐署丞 官名。即太乐丞。

太市令 官名。南朝梁置，位一班。职掌不详。

太师 官名。❶西周始置，为辅弼君王的重要大臣。相传周初与太傅、太保并号三公。《尚书·周官》：“立太师、太傅、太保。兹惟三公，论道经邦，燮理阴阳。”春秋沿置，辅导君王，执掌国政，督师征伐。战国后废。西汉平帝元始元年（后1）复置，与太傅、太保、少傅并号四辅，名为皇帝师傅，位上公，无实际职掌。新莽时亦列位四辅。名崇位尊，无实际职掌。东汉省，至末年董卓自为之，位在诸侯王上。西晋复置，因避司马师讳，改名太宰，位上公，执掌朝政。东晋南朝沿置，用作赠官，名义尊荣，无职掌，多用以安置元老勋旧大臣。参见“太宰”。十六国、北朝仍称太师，为三师之一，位在太傅、太保之上，一品。居百官之首，名位极尊。北齐后主为激赏人心，增员而授，遂不可胜数。北周改号三公，正九命。隋初复号三师，不主事，不置府僚，与皇帝坐而论道，正一品；炀帝省。唐朝复置，为赠予德高望重元老大臣的荣衔，正一品，所施极严，玄宗天宝（742—756）以前罕有除授。唐末五代用为藩镇加官，遂至冗滥。北宋初用作宰相、亲王、使相的加官，特拜者亦不预政事。后仅加予极少数尊贵大臣，正一品。徽宗政和二年（1112）改号三公，成为真宰相之任，执掌朝政，后亦作为勋臣加官。南宋因之。辽、金、元皆作为加官、赠官之最高阶，正一品。辽、金号三师，元号三公。明、清因之，皆正一品。明初为皇帝辅弼大臣，其职至重。建文（1399—1402）间罢。仁宗复设。宣宗宣德三年（1428）命公、孤官各辍所领，专侍左右，咨访政事，几成专授，后渐成虚衔，作为勋戚大臣的加官、赠官，无职掌、无定员、无专授。因其位居三师之首，历代作为加官、赠官的最高荣典，所施极隆，大臣多不敢居其位，即身后获赠者亦极少。清朝亦然。❷太子太师的简称。❸乐官之长。殷、西周、春秋皆置。《周礼》列为春官宗伯属官，下大夫。❹契丹（辽）亦用作北面官署、诸部族、宫帐、属国的高级长官官称。

太师将军 将军名号。新莽始建国元年（后9）置。时太师王舜病死，王莽以其子褒新侯匡为太师将军。

太后三卿 官名合称。指皇太后宫所置卫尉、少府、太仆。汉朝置，随太后宫为号，如长乐卫尉、长信少府、长乐太仆等，位在同号九卿上，无太后则不置。三国魏改汉制，定其位在九卿下，吴、蜀并置。晋复定位在同号卿上。南朝沿置，仍以宫为号，如晋有崇德卫尉、梁有弘训太仆等。

太舟丞 官名。南朝梁武帝天监七年（508）置。为太舟卿副贰，协掌航运河堤及本府庶务。位一班。陈沿置，位八品，秩六百石。

太舟卿 官名。南朝梁武帝天监七年（508）改都水使者置。位九班，居十二卿之末，班秩低于其余列卿。掌船舶航运河堤修治等事务。下设丞、功曹、主簿。属官有参军事二人、河堤谒者八人等，陈沿置，与其余列卿皆位三品，秩中二千石。隋朝复改名都水使者。

太守 官名。战国时为郡守尊称。秦统一后分全国为三十六郡，郡置守、尉、监。西汉景帝中二年（前148）更名郡守为太守。新莽改名大尹。东汉复故，秩二千石。为一郡最高行政长官，掌管郡之民政、司法、监察、军事、财赋。得自辟幕僚属吏。西汉置丞、都尉为佐官，边郡或增置长史。东汉置丞、长史，内郡不置都尉。属吏有功曹、五官掾、督邮、主簿及户、比、时、田、水、仓、金、集、漕、法、兵、尉、贼、辞、决等诸曹掾史。自后历代沿置，或属州刺史。三国至南北朝，多加将军、校尉等名号，兼领军民。三国魏置，秩二千石，官五品，皆加将军名号，掌治民、进贤、决讼、检奸，并举孝廉。有丞，边郡丞为长史。中正、都尉、司马为之佐，又置功曹、五官门下、文学、督邮、主簿等属吏。蜀、吴略同。晋制，太守属吏亦大体相同。南朝宋太守官五品，二千石。齐、陈沿置。陈依郡大小，有五品、六品、七品三等，皆秩二千石。北朝北魏分上、中、下郡三等，各为四、五、六品。北齐于上、中、下三等之内又各分上、中、下，合九等。又，三国以来有遥置之制，亦置官属，给俸禄，本用以赏功臣。梁末以来，京官文武月给唯得廪食，多遥带郡县官而取其禄食。隋文帝时置太守，上郡为从四品，中郡为从五品，下郡为六品。仁寿三年（603）罢郡为州，置刺史。炀帝大业三年（607）罢州置郡，郡置太守，上郡从三品，中郡正四品，下郡从四品。唐武德元年（618）改郡为州、太守为刺史。天宝元年（742）一度改州为郡，刺史为太守。宋以后改郡为府、州，习称知府、知州为太守。

太安人　命妇名号。明、清置。以封正、从六品官员之母。

太阴监　❶官署名。唐朝设于陆浑（今河南嵩县东北），掌采伐材木，有监、副监、丞等官。属将作监。❷官名。唐朝将作监所领太阴监长官，置一员，正七品下。

太阴监丞　官名。唐朝将作监所领太阴监属官，置一员，正八品上。

太阴监副监　官名。唐朝将作监所领太阴监次官，置一员，从七品下。

太孙太傅　官名。西晋惠帝永康元年（300）立司马臧为皇太孙，即储君。以司马伦为太孙太傅，职如太子太傅。太孙废，其官亦罢。参见《晋书·愍怀太子传》。

太孙右卫率　官名。南朝齐置，属皇太孙宫，职如太子右卫率。王晏曾任此职，参见《南齐书·王晏传》。

太孙舍人　官名。南朝齐置，属皇太孙宫，职如太子舍人。肖遥昌曾任此职，参见《南齐书·肖遥昌传》。

太孙洗马　官名。南朝齐置，属皇太孙宫。肖遥光曾任此职，职如太子洗马。参见《南齐书·肖遥光传》。

太孙詹事　官名。《南齐书·郁林王纪》："太孙詹事沈文季为护军将军。"当时因皇太子早逝，立皇太孙为储君，居东宫。故东宫官属皆冠"太孙"名。职掌同太子詹事。

太极采材军主　官名。北魏置。魏洪显曾任此职。见《魏书·律历志上》。

太极都将　官名。北魏置。《魏书·李叔虎传》："（叔虎）后兼散骑侍郎、太极都将。事讫，除高阳太守。"

太医下大夫　官名。西魏恭帝三年（556）置，北周沿置。天官府太医司长官，掌医药之政令，多供奉禁中，负责诊治帝、后及诸大臣的疾患。正四命。领小医下大夫、小医上士、医正上士，疡医上士、主药下士等官属。由精通医道者担任，不一定为品阶所限。姚僧垣即自遂伯中大夫、长寿县公除此职。隋文帝开皇元年（581）罢。

太医正　官名。隋炀帝始置，员十人。唐沿置八员，从九品下，为太医署属官，掌疗疾、番直莅坊。宋初不置，神宗元丰（1078—1085）改制复置，隶太医局。南宋亡遂废。

太医令　官名。战国秦置，侍医之长。《史记·扁鹊仓公列传》："扁鹊名闻天下"，"秦太医令李醯自知伎不如扁鹊也，使人刺杀之"。秦、汉置为少府属官，掌宫廷医药。领诸员医，如太医监、侍医、医工长、医待诏、乳医、本草待诏等。秦朝奉常、汉朝太常亦置为属官，或说主治百官之病。东汉仅于少府置一员，六百石，掌诸医，有药丞、方丞各一员，分主药、药方；员医二百九十三人，员吏十九人。三国魏置，六百石、七品，有丞、药丞；吴亦置。西晋改隶宗正，东晋省宗正后改隶门下省。南朝宋置一员，隶门下省侍中；南齐一员，隶尚书省；梁隶门下省，位一班；陈沿置。北魏亦置，另有太医博士、助教，隶属不详。北齐置为太常寺太医署长官，正九品上，掌医药等事。隋、唐、五代皆为太常寺太医署长官，置二员，隋为从八品上，唐为从七品下，掌医疗之法。宋朝隶太医局，掌药疗之法。明洪武十四年（1381）改太医院使置，一员，正五品，二十二年复名院使。

太医司马　宫廷医官名。晋朝置。《晋书·武帝纪》：咸宁四年（278），"太医司马程据献雉头裘"。铜印墨绶，地位与太医令相当。参见《宋书·礼志五》。

太医丞　官名。秦、西汉太医令副贰，少府、太常皆置。东汉唯少府置。三国曹魏、孙吴皆置。南朝皆置，宋一员，隶侍中；南齐一员，隶尚书省；梁二员，隶门下省，为流外三品蕴位。北齐始为太常寺太医署次官。隋、唐、五代俱为太常寺太医署次官，隋一员，从九品上；唐二员，从八品下。宋朝隶太医局，北宋前期以选人知太医丞事，神宗熙宁四年（1071）始专置，哲宗元祐（1086—1094）时定为从七品。明洪武十四年（1381）改太医院为正五品，设一员，二十二年改为院判。

太医助教　宫廷医官名。北魏置，孝文帝太和十七年（493）定为九品中，二十三年官品令未载。

太医局　官署名。北宋置，仁宗庆历四年（1044）令隶太常寺。神宗熙宁九年（1076）置提举一人、判局二人，不再隶太常寺。元丰（1078—1085）改制，复隶太常寺、礼部，设令、正、丞，掌治疗太学、律学、武学生及诸营将士疾病。徽宗政和（1111—1118）后改隶医学。南宋孝宗乾道八年（1172）罢，光宗绍熙二年（1191）复置。辽朝置，属北面官，掌宫廷医药，其官员称都林牙。金朝改为太医院。

太医局正　官名。北宋神宗元丰（1078—1085）改制时置，协助太医局令掌本局之事，序位在都水监丞之下、秘书省校书郎之上。

太医局丞　官名。北宋英宗治平元年（1064）置，以他官兼任，皆选医术精深者。神宗元丰（1078—1085）改制，定为太医局职事官，位在令、正之下，从七品。南宋改为正九品。

太医院　官署名。掌管宫廷医疗事务之机构。金朝始置，为宣徽院所属机构，掌医药。设提点、使、副使、判官分掌院事。下设正奉上太医、副奉上太医、长行太医、十科额五十人。别设御药院，掌进御汤药。元朝沿置，始为独立机构。且并御药院为下属机构，增制奉御药之职。世祖中统元年（1260），置宣差，提点院事。至元二十年（1283），改称尚医监，二十二年复旧称，以提点、院使、副使统领。下设同知、佥院、同佥、院判等官。辖广惠司、御药院、御药局、行御药局、御香局、大都惠民局、上都惠民局、医学提举司等机构。朱元璋吴元年（1367）亦置，设院使、院判、御医、吏目等官。院内按医术分为大方脉、小方脉、妇人、疮疡、针灸、眼、口齿、接骨、伤寒、咽喉、金镞、按摩、祝由十三科，医官、医士、医生各专一科。下设生药库。在内府与御药房相表里，在外辖府、州、县惠民药局及边关卫所医官、医士和医生。清朝设于顺治元年（1644），置院使、左、右院判各一人，掌院事。下设御医、吏目、医士、医生等百余人。乾隆五十八年（1793），置管理院务大臣一人，由满大臣内特简。初设十一科，后疹科归小方脉，咽喉、口齿并为一科，共有大方脉、小方脉、伤寒、妇人、疮疡、针灸、眼、咽喉、正骨九科。光绪（1875—1908）年间，又合并为大方脉、小方脉、外科、眼科、口齿五科。下设御药房、生药库，以及为宫廷培养医务人员的教习厅。同治六年（1867），又附设医学馆。

太医院九科 清朝太医院所属之医疗机构。即大方脉、小方脉、伤寒、妇人、疮疡、针灸、眼、咽喉、正骨等科。初为十一科，后痘疹科归小方脉、口齿科归咽喉科。各科分别治疗各种疾病。院属御医、吏目、医士等医官，均须各精一科。光绪（1875—1908）间，合并为大方脉、小方脉、外科、眼科和口齿五科，九科之名遂废。

太医院右院判 官名。清朝太医院之副长官。详“太医院院判”。

太医院左院判 官名。清朝太医院之副长官。详“太医院院判”。

太医院令 官名。明洪武十四年（1381）改太医院使而置，一人，正五品，为太医院长官。二十二年，复改令为院使。

太医院吏目 官名。明、清太医院所属之医官。各精一科，专为皇帝、后妃等治疗疾病。明洪武十四年（1381）设，一人，从九品。隆庆五年（1571）定设十人。清顺治元年（1644）沿置，初为三十人，后为二十六人，皆汉员。七品、八品各十三人。由医士升补。

太医院丞 官名。明洪武十四年（1381）改太医院为正五品衙门，置院丞一人，佐院令掌院事。二十二年，复改丞为院判，正六品。

太医院首领厅 官署名。清朝太医院所属之行政机构。负责验看初进太医院医生所具呈报，并送堂官面试。由吏目一人兼领厅事，下设经承四人。

太医院院判 官名。明、清太医院之副长官。佐院使掌院务。朱元璋吴元年（1367）设。洪武十四年（1381）改称院丞，二十二年复旧称。正六品。清顺治元年（1644）沿置，始分左、右，各一人，均由汉员充任。左院判由右院判升补，右院判由御医升补。正六品。宣统元年（1909）改正五品。

太医院院使 官名。明、清太医院之长官。掌考察院属各科医务官员之业务才能，并率御医、吏目、医士等为帝后、王公大臣等治疗疾病。朱元璋吴元年（1367）设。洪武十四年（1381）改称院令，二十二年复旧称。正五品。清顺治元年（1644）沿置，一人，由汉员充任，以左院判升补。正五品。宣统元年（1909）改正四品。

太医给事 监察宫廷医官的内廷官名。北魏置。《魏书·贾秀传》：“（乙浑）乃书太医给事杨惠富臂作‘老奴官慳’字，令以示秀。”

太医校尉 官名。晋朝置，掌宫廷医疗事务，银印青绶，地位高于太医令。别有殿中太医校尉。见《宋书·礼志五》。

太医都尉 官名。晋朝置，银印青绶，位在太医校尉下。别有殿中太医都尉。参见《宋书·礼志五》。

太医监 官署名。元末朱元璋置，设少监、监丞，管理医药。吴元年（1367）改名太医院。

太医监少监 官名。明太祖朱元璋在建立明朝前置太医监，掌医疗之事，设少监一职，正四品，为本监长官。吴元年（1367）改监为院，遂罢。

太医监监丞 官名。明太祖朱元璋在建立明朝前置太医监，掌医疗之事，设监丞一职，正六品，佐少监掌监事。吴元年（1367）改监为院，遂罢。

太医案 官署名。宋朝太常寺置，掌太医之事。

太医院教习厅 官署名。清朝太医院所属机构。掌为本院选补医官。设教习二人，由御医、吏目内选充，负责传授医术，培养医官人才。初进太医院之医生及医官子弟先进厅学习，无年限，遇医官缺出，经考试顶补。

太医院教习厅教习 见“太医院教习厅”。

太医院豫授吏目 官名。清初太医院所属之医官。职掌同吏目。顺治元年（1644）设，定十人，皆汉员。十八年省。康熙九年（1670）复故，三十一年又省。

太医博士 官名。北魏置，隶太医令。孝文帝太和十七年（493）定为从七品下，二十三年官品令未载。

太医署 官署名。北齐太常寺置，掌医药等事，有令、丞。隋朝令二员、丞一员，又有主药二员、医师二百员、药园师二员，医博士二员、助教二员、按摩博士二员、祝禁博士二员；炀帝大业三年（607）又置医监五员、正十员。唐朝令二员、丞二员、医监四员、医正八员，掌医疗之法；其属有四：医师、针师、按摩师、咒禁师，皆有博士执教，考试登用如国子监；课药之州置采药师一员，京师以良田为园，药园生业成为师；另有药医、针助教，针师，按摩师及医师、医工、医生、典药、针工、针生、按摩工、按摩生、咒禁师、咒禁工、咒禁生等属。

太医署令　官名。即太医令。

太医署丞　官名。即太医丞。

太弟屯骑校尉　官名。西晋成都王司马颖为皇太弟，相当于储君，以刘渊为太弟屯骑校尉。职如太子屯骑校尉。参见《魏书·匈奴刘聪传》。

太弟太师　官名。十六国汉设，职掌辅佐储君太弟刘乂，卢志曾任此职。职掌同太子太师。参见《晋书·刘聪载记》。

太弟太保　官名。西晋、十六国汉均置，掌辅佐储君皇太弟。职掌同太子太保。见《晋书·河间王颙传》、《刘聪载记》。

太弟太傅　官名。十六国汉置，掌辅佐储君太弟刘乂，崔玮曾任此职。职掌同太子太傅。参见《晋书·刘聪载记》。

太弟中卫率　官名。西晋置，成都王司马颖为皇太弟，除仿太子左、右、前、后卫率置太弟左、右、前、后卫率外，加置此职，合为五率，皆统领禁军，权任甚重。司马颖被废后皆罢。

太弟中庶子　官名。西晋设，属储君皇太弟，缪播、荀崧均任过此职，职如“太子中庶子”。

太弟右卫率　参见“太弟中卫率”。

太弟左卫率　参见“太弟中卫率”。

太弟后卫率　参见“太弟中卫率”。

太弟前卫率　参见“太弟中卫率”。

太社令　官名。南朝梁曾置。宋神宗熙宁三年（1070），置为太常寺太社局长官，员一人，正九品，掌巡视四郊及社稷坛壝，主管其祭祀及扫除之事。

太社局　官署名。宋神宗熙宁三年（1070）置，属太常寺，设太社令为长官，掌以时巡视四郊及社稷坛壝，主管其祭祀及扫除之事。

太君　封号名。唐朝外命妇之制：四品官母、妻为郡君，五品官母、妻为县君，其母邑号皆加太字，称郡太君、县太君。宋朝沿制，群臣母封号仍有郡太君、县太君。

太和山提点　道官。明朝置，一人，掌太和山（即今湖北、陕西两省边境的武当山）道教事务，由道士担任。

太和宫　宫帐名。又称阿思斡鲁朵。辽道宗所建。以诸宫帐御前承应人及兴中府户置，有正户一万，蕃汉转户二万，骑军一万五千。石烈二，名为阿厮、耶鲁；八瓦里，即阿厮、耶鲁、得里、纠里、撒不、鹘笃、蒲速斡、曷烈；七抹里，即恩州得里，斡奢得里、欧里本、特满、查剌土邻、纠里、阿里思迷里。在南京、西京、奉圣州、平州设有提辖司统帅宫卫兵丁。

太和宫马群司　官署名。辽北面官。掌太和宫所属马匹饲养。置侍中等职掌司事。

太和宫汉人行宫都部署司　即太和宫南面行宫都部署司。

太和宫使　官名。辽朝置，总掌太和宫军政事务，下设副使。另置有太和宫太师、太保、侍中等职。

太和宫南面行宫都部署司　官署名。辽南面官。又称太和宫汉人行宫都部署。掌太和宫汉人军政事务。置都部署、同知、副部署等职。

太和宫都部署司　官署名。辽北面官。掌太和宫契丹军民之事。置都部署、副部署、判官等职。

太和宫提辖司　官署名。辽朝置，掌太和宫所属各地兵丁。太和宫共有南京、西京、奉圣州、平州四处提辖司。

太和职员令　北魏孝文帝太和（477—499）间制定的有关职官品阶的令文。分前后两令，皆由孝文帝主持制定。前令于太和十七年颁布，是现存北魏第一个全面、正式规定各种职官品阶的令文，自第一品至从九品共分为十八个品级，每个品级内又分上、中、下三阶。后令于太和二十三年制定，后由宣武帝下诏颁行。后令除调整官职品阶外，又规定第一品至从三品不分阶，自第四品以下，每品分为两阶。又省并了一些官职。

太庙门仆　官名。北魏置。孝文帝太和十七年（493）定为七品下，二十三年官品令未载。

太庙什物库　官署名。宋朝置，隶太常寺，掌藏器服，以待祭祀之用，设监官。

太庙令　官名。三国魏太常属官，六百石、七品，下设丞、斋郎、行夜督郎等。蜀、吴亦置，掌帝王祖庙洒扫。两晋、南朝沿置，宋一员，领斋郎二十四员；南齐一员；梁置二庙令，二班；陈复设太庙令，六百石、五品。北魏亦置，又有太庙博士、太庙门仆等。北齐为太常寺太庙署长官，从八品上，掌郊庙社稷等事。隋、唐皆置一员，隋朝正八品下，炀帝大业三年（607）升为正七品；唐朝从七品下。掌宗庙开阖、洒扫、释奠之礼。武则天万岁登封元年（696）改名清庙台令，中宗神龙元年（705）复旧，玄宗开元二十四年（736）废，以太常少卿一人知太庙事，后以陵寝、宗庙事隶宗正寺。宋神宗元丰（1078—1085）改制后，又置为太常寺属官，正九品，掌宗庙荐新七祀及功臣从享之礼，以入内内侍充任。金熙宗皇统八年（1148）置为太常寺太庙署长官，一员，从六品，掌太庙、衍庆、坤宁宫殿神御诸物及提控诸门关键、扫除、守卫，兼廪牺令事。元惠宗至元三年（1337），太常礼院置为太庙署长官，员二人，从六品，掌宗庙行礼，兼廪牺令事。

太庙丞　官名。三国皆置，为太庙令副贰。南朝宋一员、南齐一员，梁置二庙丞，陈复为太庙丞。北齐置为太常寺太庙署次官。隋朝沿置，一员，正九品下。唐朝从八品下。武则天万岁登封元年（696）改名清庙台丞，中宗神龙元年（705）复名太庙丞，玄宗开元二十四年（736）废。金熙宗皇统八年（1148）沿置，从七品，兼廪牺署丞。元惠宗至元三年（1337）太常礼院置为太庙署次官，二员，从七品。

太庙斋郎 见“斋郎”。

太庙祭器法物库监 官名。宋朝置，员二人，隶少府监，掌祭祠器服等物品。

太庙尉 官名。清朝太常寺之属官。掌管太庙门钥、守卫、值宿之事。朔望则奉香行礼，凡祀日则守门以司其启闭出入。额设十人，四品二人，五品八人，均以满员充任。四品尉员缺，以五品尉序升，五品尉员缺，以六品尉序升。

太庙博士 官名。北魏置，管理帝王祖庙。见《魏书·礼志一》。

太庙署 官署名。北齐置，隶太常寺，掌郊庙社稷等事，有令、丞，兼领郊祠、崇虚二局丞，掌五郊群神、五岳四渎神祀及道士簿帐等事。隋朝有令、丞等；炀帝大业三年（607）增置阴室丞，守视阴室。唐朝有令、丞，掌宗庙开阖、洒扫、释奠之礼，武则天万岁登封元年（696）改为清庙台，中宗神龙元年（705）复为太庙，玄宗开元二十四年（736）废署，以太常少卿一人知其事；次年以陵寝、宗庙事，隶宗正寺，天宝十二载（753）又隶太常寺，肃宗至德二载（757）又隶宗正寺，代宗永泰元年（765）又隶太常寺，大历二年（767）复隶宗正寺。金熙宗皇统八年（1148）太常寺置署，有令、丞、直长，兼提举庆元、明德、永祚三宫，其令、丞兼廪牺署令、丞事。元惠宗至元三年（1337）于太常礼院置，秩从六品，掌宗庙行礼，兼廪牺署事，有令、丞。

太庙署令 官名。即太庙令。

太庙署丞 官名。即太庙丞。

太府 ❶管理财货库藏之官。亦作大府。《周礼》列为天官太宰属官，下大夫，辅助太宰管理贡赋的收藏和支出。北魏置为九卿之一，以代少府，多称太府卿。南朝梁则并置太府、少府二卿。北齐置太府寺，历朝因之，或名太府监。详见各条。❷官署名。都督府的别称。为十六国前凉、西凉、南凉等的最高政权机构，设长史、司马、主簿、参军等官属。❸州郡官署别称。《晋书·桓玄传》：“王腾之奉帝入居太府。”时王腾之为南郡太守。❹太府中大夫的省称。

太府上士 官名。西魏恭帝三年（556）置，北周沿置。天官府太府司次官，员一人，佐其统太府事务，正三命。隋文帝开皇元年（581）罢。

太府少监 官名。元朝置，为太府监次官，位在太府太监下，员五人，从四品。

太府少卿 官名。北魏孝文帝时始置，为太府副贰，位在丞上，四品上。北齐置为太府寺次官，员一人，四品上。隋、唐、五代员二人。隋初正四品上，炀帝改从四品；唐从四品上。协助太府卿掌仓储出纳，两京诸市，通判各署事务。高宗、武则天时曾随本寺改名外府大夫、司府少卿，旋各复旧。北宋初为四品寄禄官，表示品级俸禄，不预寺事。神宗元丰（1078—1085）改制后始为职事官，正六品。南宋高宗建炎三年（1129）罢，绍兴四年（1134）复置。自北齐以来亦称太府寺少卿。参见“太府寺”。

太府太监 官名。元朝置，为太府监次官，员六人，从三品。

太府太卿 官名。元朝置，为太府监长官，员六人，正三品。

太府中大夫 官名。西魏恭帝三年（556）置，北周沿置。天官府太府司长官，掌贡赋货赂，以供国用。设太府上士以佐其事，领玉府上士、内府上士、外府上士、左府上士、右府上士、缝工上士、染工上士等官属。周武帝建德二年（573）省，以下大夫为长官。宣帝即位后，复置。正五命。隋文帝开皇元年（581）罢。

太府右长史 官名。十六国前凉置。与左长史共同处理日常政务，位在其下，实际地位相当于尚书仆射。参见“太府”。

太府左长史 官名。十六国前凉置。总领政务，实际地位相当于尚书令、仆射。谢艾以败麻秋功，自军师将军进此职。参见“太府”。

太府主簿 官名。十六国前凉置。主管太府文书簿籍，参预机密，地位在长史、司马之下，相当于辅政大臣。西凉、南凉沿袭此制。参见“太府”。

太府司马 官名。十六国前凉置。主军务，实际地位相当于尚书。韩璞任此职时，督五将军出兵援长安。参见“太府”。

太府寺 官署名。北魏孝文帝太和（477—499）中改少府为太府，设卿、少卿、丞，其官署或称太府寺。北齐正式定名，列为九寺之一。职兼南朝之太府、少府二卿，掌管金帛库藏出纳，以供国用，兼管冶铸、染织及宫廷手工业。设卿、少卿各一员，辖左中右三尚方、左右藏、司染、诸冶东西道、黄藏、细作、左校、甄官等署。隋初因之，炀帝大业三年（607）分置少府监，以营造、冶铸、织染等事归之，本寺领两京诸市、左右藏、平准等署，掌管国家财货、廪藏、关市、贸易，政令则仰承尚书省户部，据户部度支司所行文书管理储藏出纳，度支司则凭本寺所申报帐目核其实数。设卿一员，少卿二员。唐朝因其制，增设常平署。高宗龙朔二年（662）改名外府寺，咸亨元年（670）复旧；武则天光宅元年（684）改名司府寺，中宗神龙元年（705）复旧。当时或特派大臣行其职权，称太府出纳使，并委判官管理寺务，卿、少卿形同虚设。北宋初卿、少卿为寄禄官，不预寺事，另置判寺事一人，以常参官充任，同判寺一人，以京朝官充任，仅掌供祠祭香币、帨巾、神位席及校造斗升衡尺等杂务。神宗元丰（1078—1085）改制后，始以卿、少卿各一员主持寺务，掌管有关国家财货之政令，库藏出纳、商税、平准、贸易等事。辖左藏库、内藏库、奉宸库、衹候库、元丰库、布库、茶库、杂物库、粮料院、审计司、都商税务、汴河上下锁、蔡河上下锁、都提举市易司、市易上界、市易下界、杂买务、杂卖场、権货务、交引库、抵当所、和剂局、惠民局、店宅务、石炭场、香药库等署。南宋高宗建炎三年（1129）罢归户部金部司，绍兴（1131—1162）后复置，辖粮料院、审计司、左藏东西库、交引库、衹候库、和剂局、惠民局、左藏南库、编估局、打套局、寄椿库等。辽、金、元改置太府监。

太府寺少卿 见“太府少卿”。

太府寺丞 见“太府丞”。

太府寺卿 见“太府卿”。

太府丞 官名。南朝梁武帝天监七年（508）置，员一人，为太府卿副贰，四班。陈因之，八品，六百石。北魏亦置，位次太府少卿，七品。北齐置为太府寺属官，七品。隋朝沿置，员六人，初正七品，炀帝改从五品。唐初员五人，太宗贞观（627—649）中减为四人，从六品上。掌判寺务，管理帐簿。高宗、武则天时曾随本寺改名外府丞、司府丞，旋各复故。北宋初为寄禄官，神宗元丰（1078—1085）改制后，成为职事官，参领寺事，员二人，正八品。南宋高宗建炎三年（1129）罢，绍兴元年（1131）复置，后增为三人。辽、金、元为太府监属官，金二员，从六品；元五员，正五品。参见“太府寺”、“太府监”。

太府参军 官名。十六国前凉置。掌参议军务以及经济等其他政务，并可率军出征。参见“太府”。

太府监 ❶官署名。辽朝改太府寺置，属南面官，职掌不详。金朝掌管国家财用钱谷的保管与出纳，负责供应宫廷用度和生活用品。以监、少监为正、副长官，辖左藏库、右藏库、支应所（又作支承所）、太仓、酒坊、典给署、市买司等。元世祖中统四年（1263）置，曾改为宣徽太府监、太府院；武宗至大四年（1311）定称为太府监。掌管国家钱、帛的保管与支付，辖内藏、左藏、右藏三库。设太卿、太监、少监为正、副长官。明朝罢。❷官名。辽朝置，为太府监本署长官。金沿置，正四品。

太府卿 官名。南朝梁武帝天监七年（508）置，为十二卿之一，十三班，掌管金帛库藏出纳、关市税收，以供国家、宫廷用度。辖左右藏、上库、太仓、南北市诸令丞及各地关津。别置少府卿掌器物营造、冶铸织染等事。陈因之，三品、中二千石。北朝位列九卿，兼南朝太府、少府二卿之职，北魏孝文帝太和（477—499）中改少府置，亦省称“太府”，太和二十三年定为三品。北齐置为太府寺长官，三品。隋唐以来，掌库藏出纳、贸易商税事务，仰承尚书省户部政令。隋初正三品，炀帝改从三品，唐因之。唐高宗、武则天时曾随本寺改名外府正卿、司府卿，旋各复旧。唐或特派大臣为太府“出纳使”，行其职权，本官渐同虚设。北宋初为三品寄禄官，表示品级俸禄，不预本寺公事。神宗元丰（1078—1085）改制后，始成为职事官，从四品。南宋高宗建炎三年（1129）罢，绍兴四年（1134）复置。

太宗 官名。同大宗。又称上宗。掌宗庙祭祀礼仪的长官。《尚书·周书·顾命》：“太保、太史、太宗皆麻冕彤裳。太保承介圭，上宗奉同瑁。”参见“大宗”。

太宜人 命妇名号。明、清置。以封正、从五品官员之母。

太官 ❶官署名，或作大官。战国秦置。见《睡虎地秦墓竹简·秦律杂抄》。秦汉沿置，掌宫廷膳食，由令、丞主之，属少府。魏沿置。晋属光禄勋。宋、齐属侍中。梁门下省领太官。陈因之。北魏时，掌百官膳食，属光禄卿。北齐后称太官署。参见“太官署”。❷太官令省称。

太官右监丞 官名。东汉桓帝永寿二年（156）初置，秩比六百石。

太官令 官名。又作大官令。秦、汉少府属官，掌宫廷饮食，东汉置一员，六百石，桓帝延熹元年（168）使太官令得补二千石，有左丞、甘丞、汤官丞、果丞各二员。三国魏沿置，六百石，七品，吴亦置。两晋改隶光禄勋，东晋一度因省光禄勋而隶司徒。南朝宋员一人，隶门下省侍中；南齐一员，隶尚书省；梁隶门下省，一班。北魏世祖（424—452）时以毛修之为太官尚书，主进御膳；后分太官为尚食、中尚食，知御膳，隶门下省；而太官令则掌百官之馔，隶光禄卿。北齐置为光禄寺太官署长官，从八品上，掌食膳而不主御膳。隋朝因置，设三员，正八品下，炀帝大业三年（607）升为正六品。唐朝置二员，从七品下，掌供祠宴朝会膳食。北宋神宗元丰（1078—1085）改制后，置一员，正九品，隶光禄寺；哲宗元祐元年（1086）罢，后复置；徽宗崇宁三年（1104）置尚食局后，仅掌祠祭之事。明洪武八年（1375）光禄寺置署，设大官令一员，从六品，掌供祭品宫膳、节令筵席、蕃使宴犒之事，后改为大官署署正。

太官丞 官名。又作大官丞。秦汉少府属官，太官令副贰，东汉有左丞、甘丞、汤官丞、果丞各一员，三国魏沿置。南朝宋置一员，隶侍中；南齐一员，隶尚书省；梁、陈改隶门下省。北魏隶光禄卿。北齐置为光禄寺太官署次官。隋、唐沿置，隋朝八员，正九品下；唐朝四员，从八品下。明洪武八年（1375）光禄寺置为次官，曰大官丞，一员，从七品，后增为四员。清顺治元年（1644）光禄寺大官署置为次官，满洲一员，康熙三十八年（1699）增一员；汉一员，康熙十五年省。初为正六品，康熙九年定从七品。

太官尚书 官名。北魏前期置。掌供宫廷御用膳食，属尚书省。《魏书·毛修之传》：“进太官尚书，赐爵南郡公，加冠军将军，常在太官，主进御膳。”当时亦或置太官令，职掌略同。孝文帝改制以后，御膳改由门下省掌，遂罢。

太官物料库 宋朝光禄寺所属机构。掌预备膳食荐羞之物，以供太官之用。

太官食监 官名。三国魏置，位七品。或说属太官令。见《通典·职官一八》。

太官献食丞 官名。西汉置。《汉书·陈汤传》："西至长安求官，得太官献食丞。"

太官署 官署名。北齐光禄寺置，掌百官食膳事，有令、丞。隋、唐光禄寺沿置，隋朝有令三员、丞八员，又有监膳十二员；唐朝有令二员、丞四员，掌供百官膳食，又有监膳十员、监膳史十五员、供膳二千四百员等。明洪武八年（1375）光禄寺置，曰大官署，有令一员、丞一员、监事一员，掌供祭品宫膳、节令筵席、蕃使宴犒之事，后改令为署正，一员；署丞四员、监事四员。清朝光禄寺沿置，掌供豕物，备器用，稽市直，征菜地赋额致诸库，有署正，满、汉各一员，满员正四品，顺治十六年（1659）改正六品，康熙六年（1667）升正五品，九年定从六品，汉员同；又有署丞，初为正六品，康熙九年定从七品，满洲一员，康熙三十八年增一员，汉员一人，康熙十五年省；又有监事汉员一员，康熙十二年省。

太官署令 官名。即太官令。

太官署丞 官名。即太官丞。

太学 学校名。周朝置为王公贵族子弟之学府，即大学，高于小学一级。八岁入小学，十五岁入大学，束发受教，学习成年人的各种礼仪。《礼记·王制》："天子命之教，然后为学。小学在公宫南之左，大学在郊。天子曰辟雍，诸侯曰泮宫。"汉武帝用董仲舒建议，兴太学，传授儒家经典，以博士为师，以造就官僚人才。东汉更盛，顺帝时有学舍二百四十房，千八百五十室。质帝时就读的太学生达三万。三国魏沿置。西晋初太常所置国子学，亦习惯称为太学。东晋置，又别立国学。南朝宋、齐等仅置国子学，隶太常。于国子学置太学博士，为国子诸学之一。北魏、北齐等与国子学、四门学并置，地位低于国子学，学生人数多于国子学。郡国学亦称太学。北周置，而不置国子学。隋唐五代为国子诸学之一。隋置博士五人、助教五人，学生三百六十人。高祖仁寿元年（601），罢国子学，唯立太学，仍置博士五人，总知学事。炀帝大业三年（607）复旧制，博士、助教均减为二人，学生五百人。唐沿置，博士三至六人，助教亦三至六人，掌教文武官五品以上及郡县公子孙，从三品之曾孙入学者。分五经为业，每经百人。宋朝沿置为最高学府。宋仁宗庆历四年（1044）置，内舍人二百人，由八品以下官员及平民子弟中招收。神宗熙宁元年（1068）增置外舍人一百人。四年行三舍法，自外舍升内舍，再升上舍。徽宗创辟雍为外学。南宋高宗绍兴十三年（1143）重建。先后所设学官有国子祭酒、司业、博士、直讲、丞、主簿等。学职有学正、学录、学谕等。西夏仁宗人庆二年（1145）设，仁宗亲临祭孔仪式，并对师生分别给予赏赐。金朝设，隶于国子监，位在国子学下。置博士四人，后减二人，助教四人，后仅置一人。明清时作为国子监之俗称。详见"国子监"。

太学正 宋朝太学学官和职事名。北宋仁宗时，始以学生为太学正，为太学职事。神宗以后，增置命官学正，仍差上舍、内舍生为职事学正。均掌举行学规，诸生违规矩者施以五等之罚，兼考校训导之职。参见"学正"。

太学令 官名。南齐置。属门下省。职掌不详。见《通典·职官三》。

太学司成 官名。宋徽宗崇宁四年（1105），改辟雍司成置，总领国子监及内外学校之事，凡学校之事，皆许专达。

太学助教 官名。西晋以来置国子学，有国子助教。东晋南朝沿置。另有太学博士教授太学生，但不设助教，北魏始置，协助太学博士教授学生。孝文帝太和十七年（493）定为八品中。北齐置国子寺，于所领太学设二十员，从九品。诸郡亦置。西魏、北周则于春官府乐部下置太学助教上士。隋朝复旧，初置五员，炀帝大业三年（607）置二员，正九品上。唐朝置三至六员，从七品中。金朝员四人，后减为二员，正八品。

太学助教上士 官名。西魏恭帝三年（556）置，北周沿置。春官府属官，员六人，佐太学博士下大夫掌教授太学生经义。正三命。隋文帝开皇元年（581）罢。

太学典录 官名。北魏置。孝文帝太和十七年（493）定为从七品下，二十三年官品令未载。

太学录 宋朝太学学官和职事名。仁宗时，始以学生任职事学录。神宗以后，增置命官学录，仍选差上舍、内舍生为职事学录。均掌举行学规，凡诸生违规矩者，施以五等之罚，兼考校训导之职。参见"学录"。

太学祭酒 官名。北魏置，管理太学事务。孝文帝太和十七年（493）定为从五品上，二十三年官品令未载。两晋南朝及北齐皆置国子祭酒，管理国子学，太学唯置博士，或属太常，或属国子祭酒。唯北魏并立国子学、太学，各置祭酒主其事。

太学博士 官名。汉、魏置五经博士，分经教授弟子员。东晋不复分经，统称太学博士，置十六员，六品，掌教授太学生，亦备咨询，参议礼仪，隶太常。又别置国子博士教授国子生。南朝宋、齐或置或省，六品。梁置八员，二班，又有限外博士。掌教授国子学生，隶国子祭酒，位次于国子博士、五经博士。陈因之，八品、六百石。北魏国子学、太学各置博士，教授学生，从七品。北齐太学隶国子寺，置博士十员，从七品。诸郡亦置，教授郡学生徒。北周称太学博士下大夫。隋唐以来，隶国子监。隋置五员，一度总知学事，初为从七品，文帝仁寿元年（601）改从五品，炀帝降从六品。唐置三至六员，正六品上，掌教文武官五品以上及郡县公子孙、从三品之曾孙为太学生者，位次国子博士。北宋前期未置，神宗元丰三年（1080）改国子监直讲置，员十二人，每经各二人，掌分经教授，考校程文，以德行道艺训导学生，从八品。哲宗改置十员。南宋高宗改置三员。金朝置四员，后减为二员，正七品。参见“太学”。

太学博士下大夫　官名。西魏恭帝三年（556）置，北周沿置。春官府属官，员六人，掌教授太学生经义，正四命。下设太学助教上士以佐之。隋文帝开皇元年（581）罢。

太保　官名。❶西周始置，为辅弼君王的重要大臣。相传周初与太师、太傅并号三公。《尚书·周官》：“立太师、太傅、太保。兹惟三公，论道经邦，燮理阴阳。”春秋沿置，辅导君王，执掌军政。战国后废。西汉平帝元始元年（后1）复置，与太师、太傅、少傅并号四辅，名为皇帝师傅，位上公，无实际职掌。不久罢。三国魏末年复置，位在三司上，安置元老重臣，无职掌，一品。两晋与太宰、太傅并为上公，一品，执掌朝政，开府辟僚属，为宰相之任。南朝沿置，用作赠官，名义尊荣，无职掌，多用以安置元老勋旧大臣。宋一品，梁十八班，陈一品、万石。北魏、北齐则为三师之一，位居太师、太傅之下，一品。北齐后主时增员而授，所施颇滥。北周改号三公，正九命。隋初复号三师，无职事，不置府僚，与皇帝坐而论道，正一品。炀帝罢。唐朝复置，正一品，用作赠予德高望重元老大臣的荣衔，所施极严，玄宗天宝（742—756）以前罕有除授。唐末五代用为藩镇加官，遂至冗滥。北宋初用作宰相、亲王、使相的加官，特拜者亦不预朝政。后仅加予极少数尊贵大臣，正一品。徽宗政和二年（1112）改号三公，成为真宰相之任，执掌朝政，后亦作为勋臣加官，南宋因之。辽、金、元皆作为加官、赠官，正一品。辽、金号三师，元号三公。明、清因之，皆正一品。明初为皇帝的辅弼大臣，其职至重。建文（1399—1402）间罢。仁宗复设。宣宗宣德三年（1428）命公孤官各辍所领，专侍左右，咨访政事，几成专授。后渐成虚衔，作为勋戚大臣的加官、赠官，无职掌、无定员、无专授。所施极隆。文臣罕有生加者，惟赠乃得。清朝亦然。❷太子太保简称。❸唐末五代藩镇加官冗滥。北宋沿其习，遂成为武将泛称。《宋史·职官八》：“诸司使、诸卫将军未领刺史者、及诸司副使不得呼‘太保’。”洪迈《容斋三笔》卷五：“天圣（1023—1032）职制：内外文武官不得容人过称官品”，“防御使至横行使，许称太保”。❹契丹（辽）用作北面官署、诸部族、宫帐、属国的高级长官官称。

太祝　官名。即大祝。❶一说为殷朝六大之一。《礼记·曲礼下》：“天子建天官，先六大，曰大宰、大宗、大史、大祝、大士、大卜。”郑玄注：“此盖殷时制也。”❷西周始置，历代沿置。西周时为众祝官之长，掌祭祀祝祷等事。秦朝有太祝令、丞，属奉常。汉初因之。景帝中六年（前144）改属太常，后更名祠祀。武帝太初元年（前104），更名庙祀。东汉复称太祝令、丞。晋、宋、齐、梁、陈、后魏、北齐皆因之。西魏、北周春官府设“太祝下大夫”，简称太祝，员一人。隋初太常寺置太祝署，有令、丞一员，太祝二员，炀帝罢署而留太祝八员于太常寺。唐以后因之。唐五代置六员，正九品上。北宋前期常以数十员为额，元丰（1078—1085）改制仅留一人。金太祝从八品。辽置十员于太常礼仪院，从八品。明初亦置，至成祖即位后革。清改为读祝官。❸《周礼·春官》宗伯属官。下大夫或上士爵。属官有小祝。主持禋祀、祭神、丧事、天灾、征伐、会同等的祷辞祝号。

太祝下大夫　官名。西魏恭帝三年（556）仿《周礼》大祝置，北周沿置。春官府太祝司长官，员一人，掌六祝之辞，事鬼神以祈求福祥。大将出征，以羊祭所过名山大川。正四命。下设小祝上士以佐其职，领司巫中士、丧祝中士、甸祝中士、诅祝中士、神士中士等官属。隋文帝开皇元年（581）罢。

太祝令　官名。秦朝置，属奉常。西汉属太常（奉常），有丞。景帝中六年（前144）更名祠祀。武帝太初元年（前104）又名庙祀。东汉复称太祝令，秩六百石，有丞一人，职掌大祭祀时宣读祝文和迎神、送神等事宜。三国魏沿置，秩六百石，七品，有丞。职掌、隶属同。西晋南北朝因之。南朝宋设令、丞一人。南齐同。梁位一班。北魏孝文帝太和十五年（491）官品令定为从五品上，太和二十三年官品令定为九品上。北齐于太常寺下置太祝署，掌郊庙赞祀、祭社衣服等事，以令、丞主之。隋初沿置，员一人，从九品上。炀帝大业三年（607）罢。

太祝丞　官名。西汉属太常，为太祝令副贰，助令掌祭祀。东汉沿置，秩三百石，掌祝小神事。三国魏、北齐均置。

太祝署　官署名。北齐置，隶太常寺，掌郊庙赞祝，祭社衣服等事，有令、丞。隋朝太常寺沿置，有令一员、丞一员，又有太祝二员；炀帝大业三年（607）罢署，而留太祝八员属太常寺。

太祝署令　官名。即太祝令。

太祝署丞　官名。即太祝丞。

太恭人　命妇名号。明、清置，以封正、从四品官员之母。

太原府　官署名。唐玄宗开元十一年（723）改并州置，为北都所在。设尹一员，为留守；少尹二员，为副留守；掌本府政务，巡视属县，查访民情，审理刑狱，岁终造册上报。府设属员司录及功、仓、户、田、兵、法、士曹参军事各二员，参军事六员、文学一员、医学博士一员。

太原府少尹　官名。太原府次官，唐玄宗开元十一年（723）改并州大都督府司马置，员二人，从四品下，掌贰府事，为副留守，岁终则更次入计。

太原府尹 官名。太原府长官，唐玄宗开元十一年（723）改并州大都督府长史置，员一人，从三品，总领府事，为留守。同时，代北都牧行事。

太原按察司 即河东山西道提刑按察司。

太监 ❶官名。辽朝置，或称大监，为少府、秘书、太府诸监长官。元朝沿置，在艺文监等府署仍为长官，在太府、秘书、中尚、章佩诸监则降为次官，位在太卿或监卿之下。❷明朝置为宦官衙门长官。洪武二十八年（1395）于内官十一监分设，位在少监、监丞之上。后分设于二十四衙门，各一员或多员，秩正四品。永乐（1403—1424）后权力渐大，拥有出使、监军、镇守、刺民隐事等大权。其中司礼监秉笔太监掌批红之权，地位尤重。清朝内务府设，自四品至八品不等，有总管太监、首领太监诸衔。权力远不及明朝，已无干政之机。❸明清宦官之通称。

太卿 官名。元朝置，为太府监、经正监等府署长官，位在太监上。职掌同诸监监卿、卿。

太宰 官名。❶即大宰。亦名冢宰，简称宰。相传殷朝始置。《礼记·曲礼下》："天子建天官，先六大，曰大宰、大宗、大史、大祝、大士、大卜。"郑玄注："此盖殷时制也。"《周礼》列为六卿之一，天官之长，掌王家内外事务，总百官，赞王命。西周王室所设，为朝廷百官之长，诸侯所设，掌内宫之事。春秋战国时期，周王室及鲁、郑、宋、齐、楚、吴、邾、曾等国皆置，为执掌国政的列卿之一。西魏、北周依《周礼》建六官，置大冢宰为天官府长官。❷西晋置太师、太傅、太保三上公，因避司马师讳，改太师为太宰，居上公之首。常与太傅、太保并掌朝政，为宰相之任，一品。东晋、南朝用作赠官，多用以安置元老勋旧大臣，名义尊荣，无职掌。宋一品，梁十八班，陈一品、万石。北魏、北齐则于太师、太傅、太保三师之上，别置太宰，皆一品。❸北宋徽宗政和二年（1112）改尚书左仆射置，兼门下侍郎，行宰相之职。钦宗靖康元年（1126）复改尚书左仆射。❹太宰令简称。❺吏部尚书的别称。

太宰令 官名。西汉属太常（奉常），有丞。东汉因之，秩六百石。职掌宫廷宰工之事，下辖屠者、宰等。祭祀时供应食具及鼎俎等器用。北朝亦置。北魏孝文帝太和十七年（493）定为从五品下，二十三年职员令未载。北齐属太常寺，主太宰署，掌诸神祀烹宰行礼事。

太宰丞 官名。西汉置，属太常（奉常），为太宰令副贰，助令掌管宫廷宰工鼎俎馔具及祭祀所用食物。北齐为太宰署副长官。

太宰署 官署名。北齐置，掌管祭祀诸神的烹宰及行礼等事务，属太常寺。以太宰署令为长官。

太宰署令 官名。北齐置，太宰署长官，亦称太宰令。从九品。

太宰署丞 官名。北齐置，太宰署次官，佐太宰署令掌本署事务。亦称太宰丞。

太姬 官名。北齐皇后之母位号，视第一品，班在长公主之上。

太常 官名。西汉景帝中六年（前144）由奉常改名。一说西汉初已有此名，惠帝时改为奉常，景帝时复旧。秩中二千石，位列九卿之首，官居清要，职务繁重，多由列侯充任。主管祭祀社稷、宗庙和朝会、丧葬礼仪，管理皇帝陵墓、寝庙所在县邑，每月巡视诸陵，兼管文化教育，博士和博士弟子的考核、荐举、补吏亦由其主持。置丞一员，辖太乐、太祝、太宰、太史、太卜、太医、都水、均官等令、长、丞及诸陵邑令。西汉中期以后职权逐渐分化削弱，考试之权转归尚书，陵邑划属三辅。新莽时改名秩宗。东汉复旧，裁省属官，唯置丞一员，太史、太祝、太宰、大予乐令、丞，博士祭酒，陵庙园等令；亦不必定由列侯担任，秩中二千石。三国沿置，魏三品，置丞、主簿、博士、协律都尉、国子祭酒、太学博士及太庙、太祝、太乐、诸陵园邑令、丞等属官。西晋三品，增设鼓吹令、丞。东晋省宗正，其属官除太医外皆归太常。南朝宋三品，又辖明堂、乘黄令；南齐不领乘黄，增廪牺令。北魏孝文帝太和十七年（493）定为从一品下，二十三年改三品。南北朝礼仪郊庙制度由尚书八座及仪曹裁定，太常位尊职闲。梁及北齐改称太常卿，然亦常省称为太常。参见“太常卿”。

太常少卿 官名。北魏始置，为太常副贰，位在丞上，孝文帝太和十七年（493）定为三品上，二十三年改四品上。北齐置为太常寺次官，员一人，四品上，位列诸寺少卿之首。隋初因之，炀帝增为员二人，从四品。唐、五代沿置，正四品上，协助太常卿管理礼乐宗庙祭祀事务，分领诸署。唐高宗、武则天时曾随本寺改名奉常大夫、司礼少卿，旋各复旧。北宋初为四品寄禄官，神宗元丰（1078—1085）改制后，始为职事官，员一人，从五品。南宋初，兼宗正少卿。辽朝置为南面官。金朝员一人，正五品。元朝或置或罢。明初称太常司少卿，洪武三十年（1397）复旧，员二人，正四品。弘治七年（1494）以后，增设一员，提督四夷馆，掌翻译事务。清朝设满、汉各一员，正四品，协助寺卿管理祭祀礼仪，至祭期可任赞礼官。光绪（1875—1908）中省。自北齐以来，亦称太常寺少卿。参见“太常寺”。

太常日者 官名。北魏置，属太常。孝文帝太和二十三年（499）定为从七品下。

太常主簿 辽官名。太常寺官员。掌文书簿册之类。

太常礼仪院 官署名。元武宗至大二年（1309）由太常寺改置，秩正二品，掌大礼乐、祭享宗庙社稷、封赠谥号等务。设官十二员。四年，复改太常寺。延祐元年（1314），又改为院，以大司徒领之。七年，降从二品。天历二年（1329），复升正二品。下辖太庙、郊祀、社稷、大乐四署，均秩从六品。

太常礼仪院使 官名。元朝置。秩正二品。太常礼仪院长官。置二员。下设同知二员，正三品；佥院二员，从三品；同佥二员，正四品；院判二员，正五品；经历一员，从五品。

太常礼院 官署名。唐朝始置，属太常寺。德宗贞元七年（791）置礼院直二人，九年置礼院修撰、检讨各一人。掌教礼仪，事许专达。五代沿置，掌郊庙之制，检讨礼仪故事。宋初设判院，掌礼仪之事。仁宗天圣元年（1023）以礼仪院并归本院，增置同知太常礼院官。名义上隶太常寺，实际事皆专达，寺、院之事不相兼。康定元年（1040），始由判太常寺官兼领。神宗元丰（1078—1085）改制废，于太常寺设礼仪案掌其职。

太常司 官署名。明太祖吴元年（元至正二十七年，1367）始置，掌祭祀礼乐之事，设卿、少卿、丞、典簿、协律郎、博士、赞礼郎等官。洪武二十四年（1391）以各祠祭署隶太常司。三十年改司为寺，官制仍旧。参见“太常寺”。

太常协律郎 即协律郎。

太常寺 官署名。北齐始置，位列九寺之首，掌管宗庙陵寝祭祀、礼乐仪制、天文术数等。设卿、少卿为长贰，丞一员。属官有博士、协律郎、八书博士等，领诸陵、太庙、太乐、衣冠、鼓吹、太祝、太史、太医、廪牺、太宰等署。历朝沿置。隋、唐为管理郊庙礼乐祭祀的事务机关，政令仰承尚书省礼部。隋初设卿、少卿各一员，丞二员，属官有博士、协律郎、奉礼郎等，领郊社、太庙、太祝、衣冠、太乐、清商、鼓吹、太医、太卜、廪牺等署。国子寺亦隶之。文帝开皇三年（583）废卫尉、鸿胪寺，其职掌属官并入太常寺，十二年复分置。十三年国子寺不复隶之，独立为国子学。从此学校之事不归太常。炀帝大业三年（607），少卿增为二员，罢太祝、衣冠、清商署。唐朝罢太庙署，增汾祠、两京齐太公庙署。高宗龙朔二年（662）改名奉常寺，咸亨元年（670）复旧；武则天光宅元年（684）改名司礼寺，中宗神龙元年（705）复旧。又或任大臣为礼仪使，总管制定礼仪。置太常礼院参议礼制，名义上隶本寺。北宋初唯掌社稷及武成王庙、诸坛斋习乐事务，置判寺官一或二人，由诸司三品以上者充任；丞一员，由久任礼官品阶较高者充任。寺卿、少卿皆为寄禄官。专掌讨论礼制的太常礼院名义上隶本寺，其实专达皇帝，互不相涉。仁宗康定元年（1040），置判寺、同判寺官，始兼管礼仪制度。神宗元丰（1078—1085）改制后，掌礼乐、封赠、郊庙、社稷、坛壝、陵寝之事，政令仍仰承尚书省礼部，凡礼乐仪制的损益，祀典、神祇、爵号与封袭、继嗣之事当考定者，皆上报礼部裁定。设卿、少卿为长贰，丞一员助理寺务，属官亦有博士、太祝、奉礼郎、协律郎等，领郊社、太乐、鼓吹（后改隶大晟府）、太庙、籍田、宫闱、太医（省置归属不一）等局，及保管祭祀朝会用器诸库所、教坊、诸陵祠坟所。南宋孝宗隆兴元年（1163），光禄寺并归本寺。辽朝置为南面官署，属官增设赞引，领太乐署、鼓吹署、法物库。金熙宗皇统三年（1143）置，属官增设检阅官、检讨，不设赞引，领太庙、廪牺、郊社、大乐、武成王庙、诸陵、园陵等署。元世祖中统元年（1260）置，设丞一员主管，至元二年（1265）以翰林兼摄寺务，九年正式立署，以侍仪司并入，二十年复分置。武宗至大元年（1308）改升院，四年复旧，延祐元年（1314）复改升太常礼仪院。明初置太常司，洪武三十年（1397）改寺，专掌祭祀之礼乐，政令仰承礼部。设卿一员、少卿二员、丞二员，属官有典簿厅典簿、博士、协律郎、赞礼郎、司乐，辖诸坛庙殿陵祠祭署及牺牲所。成祖永乐（1403—1424）以后，分为南、北京太常寺。弘治七年（1494）以后，兼辖四夷馆，增设卿或少卿为提督。清朝沿置，初隶礼部，顺治十六年（1659）独立，康熙二年（1663）复隶礼部，十年仍独立。雍正元年（1723）特选大臣总理寺事，乾隆十四年（1749）定置管理寺事大臣一人，由礼部满洲尚书兼领。本寺设卿、少卿满、汉各一员，属官有丞、赞礼郎、学习赞礼郎、读祝官、学习读祝官、博士厅博士、典簿厅典簿，及司库、库使、笔帖式等，领博士厅、典簿厅、工程处、祭祀署、神乐署（兼隶乐部）、牺牲所（后改隶内务府）等。光绪二十四年（1898）省入礼部，旋复旧，三十二年复省入礼部。

太常寺少卿 参见“太常少卿”。

太常寺丞 参见“太常丞”。

太常寺卿 参见“太常卿”。

太常丞 官名。两汉魏晋南北朝为太常副贰，员一人，掌管宗庙祭祀礼仪的具体事务，总管本府诸曹，参议礼制。两汉多用博士、议郎充任。西汉秩千石，东汉秩比千石，魏、晋、南朝宋七品，梁五班，陈八品、六百石。北魏增置少卿为太常之副，丞居其下，孝文帝太和十七年（493）定为五品下，二十三年改从六品。北齐置太常寺，以卿、少卿为长贰，丞参领寺务，从六品。隋、唐、五代员二人，管理本寺日常公务。隋初从六品，炀帝改从五品，唐从五品下。唐高宗、武则天时曾随本寺改名奉常丞、司礼丞，旋各复旧。北宋员一人，前期卿、少卿为寄禄官，置判寺官掌寺务，丞以久任礼官品阶较高者充任，理寺务，正五品。神宗元丰（1078—1085）改制后，复成为卿、少卿的佐官，从七品。南宋高宗建炎三年（1129）省，绍兴三年（1133）复置，孝宗隆兴元年（1163）省，二年复置。辽朝为南面官。金朝亦置，正六品。元世祖中统元年（1260）设太常寺，置丞一员掌寺务；至元二年（1265）以翰林兼摄寺务，丞佐之，九年设卿、少卿，丞始成为属官。后寺改升太常礼仪院，遂罢。明初置太常司丞，正五品，洪武三十年（1397）后复改太常寺丞，置二员，正六品。清初置满洲一员，汉左、右丞各一员，正六品；光绪十二年（1886）增满洲一员。掌管祭祀品式，遴补吏员，勾稽廪饩。后省。自北齐以来，亦称太常寺丞。

太常伯 官名。即尚书省六部长官，唐高宗龙朔二年（662）改吏、户、礼、兵、刑、工六部为司列、司元、司礼、司戎、司刑、司平，六部尚书改称太常伯，咸亨元年（670）复名尚书。参见“尚书”。

太常府 晋及南朝时称太常所居官署为太常府。

太常卿 汉、晋、南朝宋、齐、北魏为太常的尊称。南朝梁定为官名，十四班，掌宗庙祭祀礼乐宾客车舆天文学校陵园等事，领明堂、二庙、太史、太祝、廪牺、太乐、鼓吹、乘黄、北馆、典客馆等令、丞，陵监、国学及协律校尉、总章校尉监、掌故、乐正等。陈因之，三品、中二千石。北齐置为太常寺长官，三品，掌管宗庙祭祀礼乐。历朝沿置。以其掌礼乐祭祀，或称乐卿。隋、唐正三品。唐高宗龙朔二年（662）改名奉常正卿，咸亨元年（670）复旧；武则天光宅元年（684）改名司礼卿，中宗神龙元年（705）复旧。又或委大臣为礼仪使，总制定礼仪之事，置太常礼院参议礼制，本官职权渐轻，唯掌祭祀礼乐之事务，其政令则仰承礼部。北宋初为三品寄禄官，仅表示品级俸禄，不预寺务。神宗元丰（1078—1085）改制后，始成为职事官，正四品。南宋因之。自南北朝迄宋，位列诸卿之首，事权虽有削夺，地位清要。辽、金沿置，地位渐轻，金从三品。元初不置，唯以寺丞、翰林管理寺务，世祖至元九年（1272）始置，正三品。武宗时改升太常寺为太常礼仪院，遂罢。元末朱元璋吴元年（1367）置为太常司长官，明洪武三十年（1397）复为太常寺长官，正三品。明南、北京各置太常寺，均设寺卿，南寺卿多以科甲出身者充任，北寺卿则自永乐（1403—1424）以来，常由乐舞生累资迁任，甚或加礼部侍郎、尚书衔掌寺。至隆庆（1567—1572）初始改用科甲出身者。清朝置满、汉各一员，正三品，掌管坛庙祭祀。或隶礼部，或独立。又别委管理寺事大臣总领寺务，位在其上。明、清位次大理卿。光绪三十二年（1906）太常寺省入礼部，遂废。自北齐以来，亦称太常寺卿。参见“太常寺”。

太常斋郎 参见“斋郎”。

太常博士 官名。秦、汉有博士，名义上隶太常，备咨询顾问，参议朝政礼仪典章。西汉中期以后，分掌经学传授，称五经博士。魏、晋置国子博士、太学博士专掌经学传授，参议礼制，遂别置太常博士四员，为太常属官，掌引导乘舆，拟议王公以下谥号，参议朝廷礼仪典章，六品。南朝或置。北魏掌祭祀，职位较轻，从七品。北齐为太常寺属官，专掌讨论礼制，从七品；国子、太学博士则隶国子寺，专掌经学传授。隋、唐沿置，员四人。隋从七品，唐从七品上。掌辨五礼仪式，大祭祀时赞导礼仪，拟议国公以下谥号。名义上为太常寺属官，在礼院议论典礼，皆得自专，无须禀告本寺长官，位望甚高，号称清选，多以有学识者充任。北宋初为寄禄官，真宗大中祥符（1008—1016）中置二员，后增至四员。神宗元丰（1078—1085）改制后定为正八品。掌议定五礼仪式，有改革则据经审议，拟议谥号，撰定谥文，祭祀时监视仪物，掌赞导之事。南宋高宗绍兴九年（1139）增为五员，孝宗隆兴元年（1163）复以四员为额。辽朝为南面官。金朝置二员，正七品。元初为太常寺属官，寺改升院后，为太常礼仪院属官，置二员。明朝置二员，初为太常司属官，洪武三十年（1397）后为太常寺属官，正七品。清朝隶太常寺博士厅，置满洲、汉军、汉各一员，正七品。明、清本职仅掌缮写文牍，考查祝文礼节，岁核祀赋等事，拟谥、议礼不得与闻，位望较唐远逊。光绪三十二年（1906）太常寺省入礼部，遂改充典簿。

太清宫使 官名。唐玄宗天宝元年（742）改在京玄元宫为太清宫，二年以崇玄馆大学士都检校之，后置太清宫使。代宗大历三年（768）同中书门下平章事、崇玄馆大学士杜鸿渐已有太清宫使之称。昭宗天祐元年（904）停。

太淑人 命妇名号。明、清置。以封正、从三品官员之母、祖母。

太尉 官名。❶战国秦置，职掌选拔人才，主管赏罚爵禄。《吕氏春秋·孟夏纪》：“命太尉赞杰俊，遂贤良，举长大，行爵出禄，必当其位。”❷西汉初为武将最高称号之一，秩万石。有兵事则设，事毕即省。担任临时性的高级军事统帅，或为皇帝的军事顾问，并无发兵领兵的实际职权。武帝建元元年（前140）曾以文臣田蚡为之，与丞相地位相等，次年省。东汉光武帝建武二十七年（后51）改大司马为太尉，秩万石，列三公之首，与司徒、司空共同行使宰相职能，名位甚重。或与太傅并录尚书事，综理全国军政事务，考核地方长官，参议大政，名义上分部太常、卫尉、光禄勋三卿。开府辟僚属，设长史等属僚，置诸曹分管各种行政事务，相当于西汉的丞相府。但常受制于外戚宦官，决策发令统于尚书台，三公职权亦互相陵越，司徒、司空皆可各自为政，故实权不重。东汉末又别置大司马。至曹操为丞相，太尉府属官转归相府，职权随之旁落。魏晋南北朝列三公之首，为名誉宰相，位居一品（梁十八班），多为大臣加官，无实际职掌。隋朝名义上参议大政，其位多旷，遇有典礼，以他官摄行其事。如置，则坐于尚书都省。正一品。唐朝亦为大臣加官，正一品。晚唐五代用为藩镇加官，遂至冗滥。北宋初用为宰相、亲王、使相的加官，其特拜者亦不参预政事。旧在三师下，自唐至宋，居太傅上、太师下。徽宗政和二年（1112）改为武臣最高阶官，正二品。辽朝置为南面官。金朝亦置，仍号三公，正一品。元不常置，或授僧人。明朝废。❸新莽为诸郡都尉的改称。参见“都尉”。❹契丹（辽）亦用作北面诸帐、大部族高级长官官称。❺晚唐五代至宋朝对武将及统兵文臣的尊称。

太傅　官名。❶西周始置，为辅弼君王的大臣。相传周初与太师、太保并号三公。《尚书·周书·周官》：“立太师、太傅、太保。兹惟三公，论道经邦，燮理阴阳。”春秋战国沿置，辅导君王，执掌军政。西汉不常置。平帝、新莽时皆列位“四辅”，名为皇帝师傅，在太师下，太保上，名崇位尊，无实际职掌。东汉不置太师、太保，上公唯太傅一人，秩万石。居百官之首，以授元老重臣，位尊而无常职。自明帝以后，皇帝即位时皆置，兼录尚书事，行宰相职权，有缺则不补。魏、晋沿置，位上公，在三司上，一品。两晋时常与太宰、太保并掌朝政，开府置僚属，为宰相之任。南朝用作赠官，名义尊荣，无职掌，多用以安置元老勋旧大臣。宋一品，梁十八班，陈一品、万石。北魏、北齐则与太师、太保并号三师，位居太师下、太保上，一品。北齐后主时增员而授，所施颇滥。北周改号三公，正九命。隋初复号三师，无职事，不置府僚，与皇帝坐而论道，正一品；炀帝时罢。唐朝复置，正一品，用作赠予德高望重元老大臣的荣衔，所施极严，玄宗天宝（742—756）以前罕有除授。晚唐五代用为藩镇加官，遂至冗滥。北宋初用作宰相、亲王、使相的加官，特拜者亦不预政事。后仅加予极少数尊贵大臣，正一品。然官场仍沿五代旧习，用作对高级官员的泛称。洪迈《容斋三笔》卷五：“天圣（1023—1032）职制：内外文武官不得容人过称官品，诸节度、观察，虽检校官未至太傅者，许称太傅，”宋徽宗政和二年（1112）改号三公，成为真宰相之任，执掌朝政，后亦作为勋臣加官。南宋因之。辽、金、元皆作为加官、赠官，正一品。辽、金号三师，元号三公。明、清因之，皆正一品。明初为皇帝的辅弼大臣，其职至重。建文（1399—1402）间罢。仁宗复设。宣宗宣德三年（1428）命公孤官各辍所领，专侍左右，咨访政事，几成专授。后渐成虚衔，作为勋戚大臣的加官、赠官，无职掌、无定员、无专授。所施极隆，文臣罕有生加者，惟赠乃得。清朝亦然。❷太子太傅简称。❸西汉诸侯王国官名。职掌辅导国王，不预国政。遇有诸侯王不法，须谏诤或向朝廷举奏。秩二千石。成帝时去“太”字，称“傅”或“王傅”。

太御　官名。新莽始建国元年（后9）更名太仆为太御。东汉复故。参见“太仆”。

太尊　清朝知府属员及部下对知府之尊称。

太微宫使　官名。唐玄宗天宝元年（742）改东都玄元宫为太微宫，二年以崇玄馆大学士都检校之，后置太微宫使。代宗大历三年（768）同中书门下平章事、都统河南淮西山南东道诸节度行营、兼幽州卢龙等军节度使。齐国公王缙已有太微宫使之称，昭宗天祐元年（904）停。

太禧宗禋院　官署名。秩从一品，掌祭祀。元文宗天历二年（1329）由太禧院改置。设院使都典制神御殿事六员，同知兼佐仪神御殿事二员，副使兼奉赞神御殿事二员，佥院兼祇承神御殿事二员，同佥兼肃治神御殿事二员，院判兼供应神御殿事二员，断事官四员，客省使、副使各一员。下辖隆禧、会福等总管府。顺帝至元六年（1340）十二月罢。

太禧院　官署名。元文宗天历元年（1328）罢会福、殊祥二院，置太禧院，秩正二品。二年，改太禧宗禋院。

太孺人　命妇名号。明、清置，以封正、从七品官员之母。

犬　官名。殷朝始置。西周沿置。主田猎及领兵征伐。《京都大学人文科学研究所藏甲骨文字》第二八一片：“戊子卜，宾，贞犬征族裒田。”《员鼎铭》：“王兽（狩）于昏献，王命员执犬。”

犬人　官名。《周礼》秋官之属。掌理祭祀所用犬牲供应。《周礼·秋官》：“犬人，下士二人，府一人，史二人，贾四人，徒十有六人”，“掌犬牲，凡祭祀，共犬牲，用牷物。伏瘗，亦如之。凡几珥沈辜，用駹可也。凡相犬牵犬者属焉，掌其政治”。

犬师　官名。殷朝置。掌田猎。《甲骨文合集》第二七九一五片：“王其田，叀犬师匕迎毕。”

尤异　汉朝官制术语。凡官吏治绩最优者即称尤异，多升迁更高级职务。如昭帝时赵广汉为阳翟令，以治行尤异，遂迁京辅都尉，守京兆尹。

戈什　见“戈什哈”。

戈什哈　满语，护卫之意。清朝高级官员之侍从武弁，简称“戈什”。总督、巡抚、将军、都统、提督、总兵等官皆得自行委派。

戈什哈昂邦　即郭什哈昂邦。

戈什哈辖　即郭什哈辖。

戈船将军　汉朝将军名号。武帝时以归义越侯严为之。戈船，或以为于船下安装戈戟以御蛟龙水虫之害。南朝梁武帝天监七年（508）定为武职流外八班中的第五班。代旧扬威将军，大通三年（529）定制后，未见。

戈戟司　官署名。清朝銮仪卫后所下设机构。顺治十一年（1654）置，掌管帝、后仪仗之旗、瓜、吾仗等。设掌印云麾使、掌司事治仪正各一人，共掌司事。

厅　地方行政区名。清朝在新开发的地区设置，属地方基层行政机构。有直隶厅和散厅之别，直隶厅与府、直隶州平行，直隶于省；散厅与散州、县平行，隶于府。长官均为同知或通判。

厅长　官名。清末内阁所属承宣厅，军咨府所属四厅、盐政院、典礼院所属总务厅等各厅之长官。主管各厅事。

厅丞　官名。清末高等与京师地方审判厅长官。

详“审判厅厅丞”。

厅房 官署名。辽朝置。尚书省并入枢密院后，厅房即主工部事。《辽史·国语解》：“厅房，即工部。”

厅房主事 官名。辽朝置。尚书省并入枢密院，设厅房主工部事，以主事长厅房。

历 官名。周朝置。主管历法。《大戴礼记·千乘》：“日、历、巫、祝，执使（技）以守官，俟命而作，祈王年，祷民命而畜谷，蜚征，庶虞草。”

历正 官名。相传少皞置。掌天时历法。《左传·昭公十七年》：“我高祖少皞挚之立也，凤鸟适至，故纪于鸟，为鸟师而鸟名。凤鸟氏，历正也。”杜预注：“凤鸟知天时，故以名历正之官。”《尚书大传》：“凤凰氏，历正也。”郑玄注：“历正，掌历之官。凤鸟知天时，故以为历正之官。”

历生 流外官名。隋朝始置，属太史局。唐司天台置五十五人，八考入流，由保章正（隋称历博士）教习历法，又有装书历生五人。宋初沿置，隶司天监，掌测验浑仪，同知算造、三式。神宗元丰（1078—1085）中罢司天监，遂隶秘书省太史局，职如故。

历事 即拨历。

历俸 清朝吏部之铨选制度。乃官吏升转资格之一。康熙五十九年（1720）定制，凡内升京堂，外任道府等官，由编修、检讨、郎中授者需历俸二年，由员外郎或主事授者历俸三年，以食俸年限为升转资格，在此基础之上，授职先后以俸深者为先。

历博士 官名。隋朝太史曹置一员，掌教习历生。唐朝沿置，一员，从八品上；武则天长安二年（702）改名保章正，隶太史局（后改为司天台）。

厄夫 即额驸。

厄真 即额真。

巨托 官名。南诏官，主仓廪，由清平官、酋望、大军将兼。

〔丨〕

卝人 官名。《周礼》地官之属。一说为周朝置。掌金、锡、玉矿产地的守护及开采。《周礼·地官》：“卝人，中士二人，下士四人，府二人，史二人，胥四人，徒四十人”，“掌金玉锡石之地，而为之厉禁以守之。若以时取之，则物其地图而授之，巡其禁令”。

止法 官制用语。宋朝官员转官的一种限制。即各类官员和吏人逐级升转达到的最高官阶。如文臣至中大夫，须候职至侍从，方许依《格》法转太中大夫；执政至金紫光禄大夫，必待拜相，方许转行特进；武臣至武功大夫，有军功，方许转右武大夫。又如捧香人只许转至训武郎，年劳出官者只许转至承直郎。

少上造 爵名。战国秦置，为二十等爵第十五级，主上造之士。秦汉因之。

少内 ❶官名。即少内啬夫。掌钱财。战国秦置。有都少内与县少内。《睡虎地秦墓竹简·金布律》：“县、都官坐效，计以负赏（偿）者，已论，啬夫即以其直（值）钱分负其官长及冗吏，而人与参辨券，以效少内，少内以收责之。”❷汉朝官署。掌币赋之所。《周礼·天官·序官·职内》郑玄注：“职内注入也，若今之泉所入，谓之少内。”贾公彦疏：“汉之少内，亦主泉所入。案王氏《汉官解》云，小官啬夫，各擅其职，谓仓库少内啬夫之属，各自擅其条理所职主。”

少公 县尉别称。洪迈《容斋四笔》卷七《县尉为少仙》：“《随笔》载县尉为少公，予后得晏几道叔原一帖《与通叟少公》者，正用此也。”

少尹 ❶官名。唐朝置，为都城及其他地方重要府级行政副长官。玄宗开元元年（713）改京兆、河南、太原等府司马设，各二人，从四品。掌贰府州之事，岁终则更次入计。宋朝沿置，于京城开封府、临安府及陪都河南、应天、大名等府设。不常置，多以通判或判官为副长官。金朝于大兴府置，一员，正四品。掌通判府事。此外，唐朝西都、东都、北都副留守亦称少尹。金朝诸京留守司副留守亦带本府少尹兼本路兵马副都总管。❷即少詹事。唐高宗龙朔二年（662）改詹事府曰端尹府，武则天天授（690—692）间，改曰宫尹府。时少詹事均改称少尹，正四品上。旋即复旧称。❸明清州县辅佐官之别称。

少正 官名。❶一说为官之副职。《尚书·周书·酒诰》：“厥诰毖庶邦庶士，越少正、御事，朝夕曰祀兹酒。”《蔡传》：“少正，官之副贰也。”一说对大正而言的官名。春秋时鲁、郑等国置。《左传·襄公二十二年》：“晋人征朝于郑。郑人使少正公孙侨对。”杜预注：“少正，郑卿官也。”杨伯峻注：“少正，对大正而言，即亚卿也。公孙侨即子产，十九年《传》子产为卿，位次第三而亚于听政。”❷唐朝渤海国中正台属官，置一人。中正台大中正，比御史大夫。

少史 官名，即小吏。郡县官府诸曹地位卑微的职吏，指秩百石以下的斗食佐史之属。

少仙 县尉别称。洪迈《容斋四笔》卷七《县尉为少仙》：“杜诗有《野望因过常少仙》一篇”，“蜀士注曰：‘少仙应是言县尉也’”。

少仪 唐朝礼部员外郎之别称。

少司马 官名。春秋时宋、吴等国置。宋国少司马为六卿执政之一，位在大司马之下。吴国少司马为军吏。《左传·昭公二十一年》：“貙为少司马。”《国语·吴语》：“王（夫差）称左畸曰：‘摄少司马兹与王士五人，坐于王前。’乃皆进，自刭于客前以酬客。”

少司成 官名。即国子司业，唐高宗龙朔二年（662）改，咸亨元年（670）复名司业。参见“国子司业”。

少司农　清朝仓场侍郎之别称。

少司武　即小司武大夫。

少司空　❶西魏、北周小司空上大夫的省称。❷工部侍郎的别称。

少司徒　清朝仓场侍郎之别称。

少司寇　官名。春秋时宋、鲁等国置。宋国少司寇为执政之一，位在大司寇之下。《左传·成公十五年》：“向为人为大司寇，鳞朱为少司寇。”鲁国铜器《封孙它盘》有“鲁少司寇封孙它”等铭文。参见“司寇”。

少吏　秦汉县府小吏，相对长吏而言，地位低微，一般为秩百石以下，如斗食、佐史之属。

少臣　官名。同小臣。商朝置，辅佐国政。《叔夷钟铭》：“伊（尹）少臣惟辅，咸有九州，处禹之堵。”参见“小臣”。

少师　官名。❶与少傅、少保并称三少或三孤，居其首位。相传西周已置，辅助太师、太傅、太保辅弼君王。《尚书·周官》：“少师、少傅、少保，曰三孤。”后不置。北周复置三孤官，与三公（太师、太傅、太保）并为大臣加官，地位崇高，无实际职掌，正八命。隋、唐不置。北宋徽宗政和二年（1112），以三公为宰相，置三孤为辅相；宣和元年（1119）以后，亦作为勋臣加官，正一品。南宋因之。辽置为南面官。金、元不置。明初为皇帝辅弼大臣，其职至重。建文（1399—1402）间罢，仁宗复设，宣宗宣德三年（1428）命公孤官各辍所领，专侍左右，咨访政事，几成专授。后渐成虚衔，作为勋戚大臣的加官、赠官，无职掌、无定员、无专授，从一品。清朝因之。❷春秋楚、随等国置。《左传·桓公六年》：“随人使少师董成。”《说苑·至公》：“楚庄王之时，太子车立于茅门之内，少师庆逐之。”或说为太子师傅。后世用作“太子少师”的简称。❸乐官名，为太师之副。殷、西周、春秋皆置。

少年都统　官名。十六国前秦苻坚置。苻坚伐东晋前，召良家子年二十以下，武艺骁勇者出征，至者三万余骑。任命秦州主簿赵盛之为建威将军、少年都统，为其统帅。参见《晋书·苻坚载记下》。

少阳院使　官名。唐德宗贞元（785—805）以后，太子皆居少阳院，置使主管院事。文宗开成三年（838）以宦官张克己、柏常心充任。昭宗天祐元年（904）停。

少君　同小君。春秋时期臣子自称本国君侯夫人。《左传·定公十四年》：“从我而朝少君。”孔颖达疏：“少君，犹小君也。君为大君，君夫人为小君。”

少使　皇帝姬妾名号。秦置。西汉沿之，秩视四百石，比公乘，主供使者。东汉省。

少府　❶官署名。亦作小府。战国韩、赵等国置，掌工官器械制造。❷官名。秦、西汉列位九卿，秩中二千石，职掌帝室财政，如皇帝私府。管理山泽陂池市肆租税收入，供宫廷日常生活、祭祀、赏赐开支，其库藏比掌管国家财用的大司农丰裕。兼管衣食器用、医药娱乐丧葬等宫廷内部服务事务和宫廷手工业，管辖直接为皇帝服务的机要官员、内侍、宦者。其机构之大、属官之多，在列卿中居首位。西汉设丞六员，属官有尚书、符节、太医、太官、汤官、导官、乐府、若卢、考工室（考工）、左弋（佽飞）、居室（保宫）、甘泉居室（昆台）、左右司空、东织、西织、东园匠、中书谒者（中谒者）、黄门、钩盾、尚方、御府、永巷（掖廷）、内者、宦者诸令、丞，胞人、都水、均官诸长、丞，上林十池监等。新莽改名共工。东汉复旧，秩中二千石；机构职能变动较大，财政收入悉归大司农，助理机要国政的尚书、符节等署及侍中、给事黄门侍郎、御史台权位日增，仅在名义上隶属之；宫廷内部服务多由宦者担任，官职、机构激增，设中常侍、小黄门、中黄门等宦官及黄门、掖庭、永巷、御府、钩盾诸宦者官署，名义上隶属之，实际上皆得自专，权势极大。少府实际职掌宫廷日常生活用品的供应和财宝的保管等杂务，领太医、太官、守宫、上林苑令、丞。至魏、晋、南朝，原来在名义上有隶属关系的尚书、侍中、御史等皆各自独立为尚书省、门下省、御史台等中枢机构，宫廷服务及宦者诸署分隶尚书省、门下省、光禄寺等，少府主要管理宫廷手工业。三国魏三品，领材官校尉、太医、太官、上林苑、御府、钩盾、中藏府、中左右尚方、平准令、丞。西晋三品，领材官校尉、中左右尚方、中黄左右藏、左校、甄官、平准、奚官等令，左校坊、邺中黄左右藏、油官等丞。东晋哀帝时省并丹杨尹，孝武帝宁康元年（373）复置，省卫尉后，诸冶令亦属之。南朝宋三品，领左右尚方、东冶、南冶、平准等令、丞。南齐又有锻署、御府、上林等令。梁改称少府卿。北魏初仍置，孝文帝太和十五年（491）以后改名太府。隋炀帝时分太府寺别置少府监，管理宫廷手工业，历代沿置。参见“少府卿”、“少府监”。❸官名。太后三卿之一。两汉魏晋南北朝置，掌皇太后宫私府库藏出纳，皆冠太后宫号为官名。地位与九卿相当。❹秦、西汉初将作少府的简称。❺汉朝郡太守内府，掌管太守私人财政。《汉书·循吏·文翁传》：“减省少府用度。”颜师古注：“少府，郡掌财物之府，以供太守者也。”❻官署名。十六国前凉州牧府的别称，是前凉仅次于太府（都督府）的政权机构。设长史、司马等属官。参见“牧府”。❼北周少府下大夫的省称。❽唐朝对县尉的俗称。因当时称县令为明府，县尉为县令之佐，故名。❾清朝对内务府大臣的别称。因内务府管理宫廷服务各项事务，故名。❿明、清对县典史的别称。

少府下大夫　官名。北周置。一说属天官府。正四命。职掌参见“少府”。

少府少令　官名。即少府少监，隋炀帝大业三年（607）分太府寺为少府监，置监、少监，复改少监为少令。参见“少府少监”。

少府少监 官名。隋炀帝大业三年（607）始置，员一人，为少府监副长官，佐理百工技巧之事，从四品，后改少府少令。唐初废，太宗贞观元年（627）复置。高宗龙朔二年（662）改内府少监，咸亨元年（670）复旧称；武则天垂拱元年（685）改尚方少监，中宗神龙元年（705）再复旧名，例置二员，从四品下。北宋前期为四品寄禄官，神宗元丰（1078—1085）改制，置一人，正六品，与监同掌百工技巧之政令。南宋高宗建炎三年（1129），少府监并归工部，遂罢。辽朝亦置，为少府监副长官。金朝从五品，与监同掌百工营造之事。

少府令 官名。即少府监，隋炀帝大业三年（607）分太府寺为少府监，置监、少监，寻改监为令。参见“少府监”。

少府司马 官名。十六国前凉置。为州牧府主要属官，主军务。地位在太府司马之下。参见“少府”。

少府丞 官名。秦、汉、魏、晋、南朝宋为少府副贰。西汉置六员，秩千石。东汉减为一员，秩比千石。魏、晋、南朝宋因之，七品。梁、陈为少府卿副贰，梁四班，陈八品、六百石。北魏增置少卿为少府副长官，丞位次少卿，孝文帝太和十五年（491）后改置太府丞。隋以后置少府监丞。

少府监 ❶官署名。隋炀帝大业三年（607）由太府寺析置，统左尚、右尚、内尚、司织、司染、铠甲、弓弩、掌冶等署，设监（后改令）、少监（后改少令）、丞、主簿、录事等。唐高祖武德（618—626）初废，其事复归太府寺。太宗贞观元年（627）复置，辖中尚、左尚、右尚、织染、掌冶五署及诸冶、铸钱、互市等监，掌百工技巧之事。高宗龙朔二年（662）改内府监，咸亨元年（670）复旧；武则天垂拱元年（685）改尚方监，中宗神龙元年（705）再复。设监、少监为正副长官。北宋前期，凡进御器玩、后妃服饰、雕文错彩工巧之事，分隶于文思院、后苑造作所，本监仅掌造门戟、神衣、旌节及郊庙诸坛祭玉、法物，铸牌印朱记，并掌百官拜表案、褥之事。监、少监皆为寄禄官，别置判监事一人为长官，以朝官充任。神宗元丰（1078—1085）改制，复置监、少监、丞、主簿各一人，掌百工技巧、乘舆服御之物，册宝、符节、度量、权衡之制及祭祀、朝会礼乐之器服。南宋高宗建炎三年（1129）并归工部，绍兴三年（1133）拨归文思院。辽朝亦置。金朝设监、少监、丞，辖尚方、图画、裁造、文绣、织染、文思等署，掌官府百工营造之事。元世祖中统（1260—1264）初置，至元八年（1271），以宫殿府并入。十九年，置大都留守司，兼本路都总管，知少府监事。二十一年，另置大都路都总管府治民事，少府监并归留守司。仁宗皇庆元年（1312）别置少府监，隶大都留守司。延祐七年（1320）罢，仍以留守兼监事。辖大都四窑场等机构。❷本署长官名。亦称少府监监。隋炀帝大业三年始置，员一人，从三品，后改少府令。唐初废，太宗贞观元年复置，后屡随本署改名，中宗神龙元年复旧称，例置一人，从三品。北宋前期为三品寄禄官。神宗元丰（1078—1085）改制，复为职事官，员一人，正六品。南宋高宗建炎三年（1129）罢。辽朝属南面朝官。金朝正四品。

少府监主簿 辽官名。少府监官员，掌文书簿册。

少府监丞 官名。隋炀帝大业三年（607），析太府寺别置少府监，始置少府监丞二员为佐官，从五品，掌判监内日常公务。唐太宗贞观元年（627）复置后定置六员，从六品下。本寺诸署所需之物由其申报尚书省以供给之；诸署所判入库之物，则各以其名数州土为籍，并均衡工役之难易众寡劳逸。北宋前期为寄禄官，神宗元丰（1078—1085）改制后，置一员为职事官，正八品，参领少府之事。南宋高宗建炎三年（1129）罢。辽、金皆置。金朝置二员，从六品，世宗大定十一年（1171）省，二十一年复置。

少府监监 见“少府监❷”。

少府卿 官名。东汉、魏、晋、南朝、北魏为少府尊称，至南朝梁定为官名，九班。职掌宫廷手工业及冶铸、砖木、库藏等事务，领材官将军，中左右尚方、甄官、平水、南塘邸税库、东西冶、中黄、细作、炭库、纸官、染署等令、丞。陈沿置，三品、中二千石。

少宗 官名。同小宗人。周朝置。大宗副贰，掌宗庙祭祀。《逸周书·尝麦》：“少祝导王，亚祝迎王，降阶即假于大宗、少宗、少秘于社，各牡羊一牡豕三。”

少保 官名。❶与少师、少傅并称三少或三孤，位居其末。相传西周已置，辅助太师、太傅、太保辅弼君王。《尚书·周官》：“少师、少傅、少保，曰三孤。”后不置。北周复置三孤官，与三公（太师、太傅、太保）并为大臣加官，地位崇高，无实际职掌，正八命。隋、唐不置。北宋徽宗政和二年（1112），以三公为宰相，置三孤为辅相，宣和元年（1119）以后，亦作为勋臣加官，正一品。南宋因之。辽置为南面官。金、元不置。明初为皇帝辅弼大臣，其职至重。建文（1399—1402）间罢，仁宗复设，宣宗宣德三年（1428）命公孤官各辍所领，专侍左右，咨访政事，几成专授。后渐成虚衔，作为勋戚大臣的加官、赠官，无职掌、无定员、无专授，从一品。清朝因之。❷太子少保简称。

少祝 官名。周朝置。太祝之副。宗庙祭祀礼仪为王导引，掌祝祷。《逸周书·尝麦》：“爽明，仆告既驾，少祝导王，亚祝迎王。”

少胥附 官名。北周置。一说正式职名作小胥附下大夫。佐胥附大夫统所部禁兵。见《隋书·于玺传》。

少监 官名。❶隋朝至明朝各代省、台、监部分官署次官通称。隋炀帝大业三年（607）于殿内省、秘书省、太史监、将作监、少府监置；五年都水监加置。唐朝多所沿置，并改殿内为殿中、太史为司天台，内侍省新置，都水罢。北宋初除司天少监外，皆为四品寄禄官；神宗元丰（1078—1085）改制，改司天少监为太史局丞，秘书省、殿中省、少府监、将作监、军器监等少监皆为职事官。辽、金多沿置，辽朝秘书、太府、少府、将作、都水诸监皆置，金朝秘书、司天台、太府、少府、军器、都水等监亦置。元朝有因有革，都水、行都水监，光禄寺尚食监、阑遗监、艺文监等置。明朝初年司天监、回回司天监置，后改钦天监。宦官十二监各置左、右少监。❷元朝部分官署属官。储政院詹事院典用监、典医监、典牧监、典宝监，储政院徽政院甄用监、掌医监等，及太府监、少府监、度支监、利用监、中尚监、章佩监、经正监、秘书监、司天监等皆置。

少卿　官名。❶春秋郑国置。《左传·昭公三十年》："郑游吉曰：'灵王之丧，我先君简公在楚，我先大夫印段实往，——敝邑之少卿也。'"杨伯峻引沈钦韩补注："少卿，下卿也。"❷北魏以后九卿或诸寺（司）次官通称。北魏太常、光禄勋、卫尉、太仆、廷尉、大鸿胪、宗正、大司农、少府九卿置为副贰，孝文帝太和十七年（493）定为三品上，二十三年改四品上。北齐太常、光禄、卫尉、宗正、太仆、大理、鸿胪、司农、太府九寺皆置为次官，四品。隋、唐沿置，隋朝为正四品上，唐朝太常寺所置为正四品上，余八寺为从四品上。北宋初为四品寄禄官，神宗元丰（1078—1085）改制后为职事官，太常、宗正寺所置为从五品，余七寺为从六品。辽朝太常、崇禄、卫尉、宗正、太仆、大理、鸿胪、司农八寺置。金朝太常、大理二寺置，正、从五品。元朝宣徽院光禄、仁宗延祐元年（1314）以前太常及太仆、尚乘、长信、长秋、承徽、长宁、长庆、宁徽诸寺置，从四品。明朝大理、太常、光禄、太仆、鸿胪、行太仆、苑马诸寺（司）及尚宝司皆置，南京部分寺、司亦置，正四品至正、从五品不等。清朝大理、太常、光禄、太仆、鸿胪诸寺置，俱满、汉各一员，大理、太常、太仆寺所置为正四品，光禄为正五品，鸿胪为从五品。❸北魏、金、元部分官署属官。北魏孝文帝太和十五年（491）置司空、主客、太仓、库部、都牧、太乐、虞曹、宫舆、覆育少卿官。金朝司农司置，正五品。元朝大司农司置，从二品，位大司农、大司农卿下；储政院詹事院下属储膳司、徽政院下属掌谒司置，为司卿副贰；徽政院下属群牧监置，位卿、太卿下。

少卿监　宋朝诸寺监少卿、少监合称。

少宰　官名。❶春秋时楚、宋等国置。太宰之副。执政之一。《左传·成公十五年》："向带为大宰，鱼府为少宰。"❷宋徽宗政和二年（1112）改尚书右仆射为少宰，令兼中书侍郎，行宰相之职。钦宗靖康元年（1126）复旧。❸明、清吏部侍郎别称。

少常　太常少卿省称。

少常伯　官名。即尚书省六部次官。唐高宗龙朔二年（662）改尚书省吏、户、礼、兵、刑、工六部为司列、司元、司礼、司戎、司刑、司平，六部侍郎改称少常伯，咸亨元年（670）复名侍郎。

少庶子　官名。亲近侍御之臣。战国各封国之君、相国、县令皆设。《战国策·秦策五》："甘罗为文信侯少庶子。"《韩非子·内储说上》："商太宰使少庶子之市。"

少尉　清朝县典史之别称。

少傅　官名。❶与少师、少保并称三少或三孤，居少师下、少保上。相传西周已置，辅助太师、太傅、太保辅弼君王。《尚书·周官》："少师、少傅、少保，曰三孤。"后不置。北周复置三孤官，与三公（太师、太傅、太保）并为大臣加官，地位崇高，无实际职掌，正八命。隋、唐不置。北宋徽宗政和二年（1112）以三公为宰相，置三孤为辅相，宣和元年（1119）以后，亦作为勋臣加官，正一品。南宋因之。辽置为南面官。金、元不置。明初为皇帝辅弼大臣，其职至重，建文（1399—1402）间罢，仁宗复设，宣宗宣德三年（1428）命公孤官各辍所领，专侍左右，咨访政事，几成专授。后渐成虚衔，作为勋戚大臣的加官、赠官，无职掌、无定员、无专授，从一品。清朝因之。❷辅导太子之官。相传殷周已置。《礼记·文王世子》："三王教世子，必以礼乐"，"立太傅、少傅以养之"。春秋亦置。《左传·襄公十九年》："使高厚傅牙，以为太子，夙沙卫为少傅。"后世作为太子少傅的简称。

少蓬　秘书少监别称。洪迈《容斋四笔》卷一五《官称别名》："唐人好以它名标榜官称"，"秘书监为大蓬，少监为少蓬"。

少詹事　官名。唐朝始置，为詹事府之副长官。掌辅导太子。额设一人，正四品上。高宗龙朔二年（662）改为端尹府少尹，武则天天授（690—692）间又改为宫尹府少尹，旋皆复旧称。宋朝沿置，或以他官兼，或设专员，正六品。掌陪侍讲读。辽朝为太子詹事院次官。金朝为詹事院次官，从四品。明朝于洪武二十五年（1392）设，二人，正四品，复为詹事府副长官，佐詹事辅导太子。多由他官兼任。清朝顺治元年（1644）于詹事府设，一人。因当时不设詹事，实为詹事府长官，掌府事。其冬，詹事府省入内三院，遂废。九年复置二人，并詹事一人，至是，始为詹事之副。由汉人充任。十五年省。康熙十四年（1675）复置，满、汉各二人。后各省一人。正四品。汉员兼翰林院侍讲学士衔。康熙时为皇太子讲官。后因不立太子，故其职掌为文学侍从。经筵充日讲官，编纂书籍，典试提学，如翰林。光绪二十八年（1902），以名不符实，裁詹事府，其职遂废。

中二千石　汉代官吏秩禄等级，中是满的意思，中二千石即实得二千石，月俸一百八十斛，一岁凡得二千一百六十斛。其地位在真二千石、二千石和比二千石之上。凡太常、光禄勋、卫尉、太仆、廷尉、大鸿胪宗正、大司农、少府、执金吾等中央机构的主管长官，皆为中二千石。

中士 ❶爵名。周朝诸侯官制士一级爵位的第二等。《礼记·王制第五》："诸侯之上大夫卿、下大夫、上士、中士、下士，凡五等。""诸侯之下士，视上农夫，禄足以代其耕也。中士倍下士，上士倍中士。"❷新莽官秩名。《汉书·王莽传》始建国元年（后9）："更名秩百石曰庶士，三百石曰下士，四百石曰中士。"❸官名。西魏、北周置。天官、地官等六府皆置，依职掌不同，称"司服中士"、"典牧中士"等。正二命。详见各条。❹清末新建陆军中之低级官吏。可充任陆军部及所属各司处之"录事"，正九品。宣统元年（1909），修正陆军官制，其马、步、炮、工、辎、警察各队及军需、军医、测绘、军乐等部门皆置此职。

中大人 东汉时对年长有权势之宫女的称谓。《后汉书·邓皇后纪》："时宫婢出入，多能有所毁誉，其耆宿者皆称中大人。"

中大夫 ❶爵名。春秋始置。晋、齐等国分大夫爵为上、中、下三等，为其中第二等。郑国置称"亚大夫"。战国魏沿置。❷官名。秦、汉时置，为皇帝侍从官员，属郎中令，秩比二千石。掌论议，侍从皇帝左右，无定员，多至数十人。汉武帝太初元年（前104）更名光禄大夫。三国吴沿置。❸王国官。汉朝置，多以文学之士充任，掌奉使京城及诸国之事。两晋南朝沿置，晋置六人，九品，南朝宋、梁均置，品秩同晋。北朝亦置，北魏为从八品下或从九品上，孝文帝改革，遂罢。北齐复置，同于北魏。❹官名。十六国后赵、后秦均置。北魏置为职事官员，如典命中大夫等，各有分职，从三品上。后罢。西魏恭帝三年（556）行周礼，建六官，天官、地官等六府皆置。北周沿置，为六府所辖诸司长官。武帝建德二年（573）罢，宣帝复置。正五命。依其职掌不同，有吏部中大夫、民部中大夫等。❺散官名。唐朝置为从四品下文散官。诸王嫡子封郡王者，由此叙阶。宋初沿唐制，置为文散官，从四品下。神宗元丰（1078—1085）改制后，改置为正五品寄禄官，以取代旧寄禄官秘书监。金朝置为从四品中文散官，元朝置，改从三品，宣授。明朝为文散官，从三品，升授。

中大夫令 官名。战国秦置。《史记·秦始皇本纪》有中大夫令齐，职掌不详。西汉景帝初，更名卫尉为中大夫令，秩中二千石，掌宫门卫屯兵，中元六年（前144）复旧名。参见"卫尉"。

中大司马 官名。新莽地皇元年（后20）置。参见"大司马"。

中万户府 官署名。元朝军府。秩从三品，统军五千以上。置达鲁花赤、万户各一员，俱从三品；副万户一员，正四品。

中才人 内官名。西晋武帝始置，位三夫人、九嫔下，爵视千石以下。南朝宋武帝废，孝武帝孝建三年（456）复置，以为散位，太宗泰始元年（465）省，三年（467）又置，位在五职下，为散役。南齐沿置，位在九嫔下，亦为散职。北魏置、官视四品。

中山尹 官名。十六国后燕置为京都中山的行政长官。职掌略同河南尹。

中山宫令 宦官名。北齐置，中山宫署长官。

中山宫丞 宦官名。北齐置，中山宫署次官。

中山宫教博士 宦官名。北齐置，掌后宫教授。属长秋寺中山宫署，员二人，从九品上。

中山宫署 官署名。北齐置，掌宫中事务，以宦者充任，属长秋寺。设令、丞为长贰，下设宫教博士等。

中千户所 官署名。元朝军府，秩正五品，管军五百以上。置达鲁花赤、千户各一员，俱正五品；副千户一员，从五品。

中卫 ❶官署名。元朝置。世祖至元八年（1271）分京城侍卫亲军为右、左、中三卫，皆秩正三品，以都指挥使、副都指挥使为正、副长官。负责宫禁侍卫以及皇帝出行时扈从，并兼屯田。下辖镇抚所、行军千户所十个、弩军千户所一个、屯田千户所两个。❷中卫将军的省称。

中卫大夫 官名。宋徽宗政和二年（1112）置，为武臣及内侍阶官，取代旧武阶官引进使及内侍阶官宣政使，从五品。金朝为内侍阶官，二十五阶之第九阶，从五品下。元朝沿置，十四阶之第四阶，正四品。明洪武四年（1371），定为散阶，正五品内官得加此阶。

中卫郎 官名。宋徽宗政和二年（1112）重定武臣阶官名，改引进副使置，从七品。

中卫亲军都指挥使司 官署名。元朝侍卫亲军指挥机构，五卫之一。秩正三品。掌汉军万名。置营于武清、香河、宝坻，衙司设在大都丽正门内。设官与下属机构同左、右卫亲军都指挥使司。

中卫将军 官名。三国魏元帝咸熙二年（265）于晋王司马昭相国府置，统兵，位在骁骑将军、左右长史之上。司马炎即晋王位后，分为左、右卫将军。十六国前凉、后燕仍置。南朝梁武帝天监六年（507）复置，以尚书右仆射王茂任之。天监七年，王茂进号车骑将军，又以领军将军曹景宗为之。与中军、中权、中抚将军合称四中将军，地位显要，专授在京师任职的官员。初定为武职二十四班中的第二十三班，与四征将军同班，大通三年（529）改制后，为武职三十四班中的三十三班。陈改为拟二品，秩中二千石。

中卫率 太子中卫率省称。

中卫尉 官名。金朝卫尉司长官，掌皇后宫事务，从三品。

中小史 官名。北魏置，为宦官中的低级职务。《魏书·阉官传》："（刘）思逸少充腐刑，初为中小史，转寺人。久之，除小黄门。”

中车府令 官名。战国末秦置。掌王室车马政令。《史记·蒙恬列传》：“赵高昆弟数人，皆生隐宫，其母被刑僇，世世卑贱。秦王闻高强力，通于狱法，举以为中车府令。”秦统一六国后仍置。

中太一宫使 官名。宋神宗熙宁四年（1071）于京城建中太一宫，以前任宰执提举。哲宗元祐六年（1091）改置中太一宫使，为祠禄之官。

中太仆 官名。西汉置，掌皇太后舆马，不常置，或冠以长信、长乐等宫名。东汉因之，秩二千石，皇太后崩则省，不常置。

中少府 官名。新莽置。《汉书·翟方进传》：“中少府建威侯王昌为中坚将军。”

中从事 官名。州刺史属官，位在别驾从事下。南朝梁、陈置。官品依州等级不同而异，梁自九班至一班，陈自六品至九品。北魏、北齐皆置。一说即治中从事。

中长秋 官名。秦朝至西汉成帝时置，属詹事，掌皇后宫中事务。

中允 官名。太子左春坊次官，为左庶子副贰，协掌东宫侍从赞相、驳正启奏。唐太宗贞观（627—649）初改中舍人置，员二人，正五品下。高宗曾改名内允、左赞善大夫，寻复旧称。中宗始用庶姓，以其职比门下侍郎。辽朝东宫左春坊置，圣宗太平五年（1025）冯若谷曾为之。明洪武十五年（1382）东宫左、右春坊分置，为左、右中允，各二员，正六品，位左、右庶子、左右谕德下，二十二年隶詹事院，二十五年隶詹事府。清朝沿置，仍分左、右，乾隆十三年（1748）省左、右谕德后复为左、右庶子副贰，正六品，左、右满、汉各一员。

中尹 官名。北魏置，孝文帝太和十七年（493）定为三品上，二十三年改为四品上。北齐沿置，为长秋寺次官，位在卿下，员一人，以宦官充任。掌诸宫阁，并领中黄门、掖庭、奚官等署。四品。

中尹大夫 官名。金、元内侍阶官。金二十五阶之第二阶，秩从四品中。元改为中引大夫，十四阶第二阶，从二品。

中书 ❶中书省或中书门下简称。❷三国吴中书典校简称。掌察诸官府、州郡文书，擿微求瑕，权力颇重。❸南北朝为中书省官员省称，多指中书侍郎、中书舍人。明朝指内阁及中书科所置中书舍人。❹官名。清朝于内阁设中书百二十四人，其中满洲员七十，蒙古员十六，汉军员八，汉人员三十，均为正七品，分别于内阁各房处任事，掌撰拟、缮写、记档、翻译等事。例由贴写中书、笔帖式等考试除授，亦有新进士分部以中书用，到阁行走者。中书科设中书六人，其中满洲员二人、汉员四人，并从七品，掌缮书诰敕。宣统三年（1911）改官制后废。

中书门下 ❶官署名。唐玄宗开元（713—741）中改政事堂置，设于中书省，为宰相议政办公之所，下设吏、枢机、兵、户、刑礼五房分主众务。北宋初沿置，亦称政事堂，与枢密院分掌政务、军事，并称“二府”。题榜仅称中书，为宰相官署。其长官中书令、侍中皆不预政事，而别以丞郎以上至三师为同平章事，任宰相，掌邦国政令；以中书舍人以上至尚书为参知政事，辅佑宰相。其属有舍人院，专掌诰命。又设孔目、吏、户、兵、礼、刑、生事、勾销等房，由堂后官、主事、录事、主书、守当官分掌之。神宗元丰（1078—1085）改制后分置三省，遂废。南宋并中书、门下为一省。❷中书省、门下省合称。

中书门下平章事 官名。宋神宗元丰（1078—1085）改制前置，为宰相。参见“宰相”。

中书门下外省 官署名。宋神宗元丰（1078—1085）改制置。以左散骑常侍、左谏议大夫、左司谏、左正言各一员，给事中四员，起居郎一员，符宝郎二员，为门下外省，设上、下、封驳、谏官、记注、符宝等六案；以右散骑常侍、右谏议大夫、右司谏、右正言各一员，中书舍人六员，起居舍人一员，为中书外省，设上、下、制诰、谏官、记注等五案。元丰八年（1085）改为中书门下后省。

中书门下后省 官署名。宋神宗元丰八年（1085），改中书门下外省置。以左散骑常侍、左谏议大夫、左司谏、左正言、给事中、起居郎、符宝郎为门下后省；以右散骑常侍、右谏议大夫、右司谏、右正言、中书舍人、起居舍人为中书后省。南宋时，以给事中为门下后省长官，员四人，专主封驳，其属有令史一人，书令史二人，守当官五人，守阙守当官二人，设上、下、封驳、记注四案；以中书舍人为中书后省长官，员六人（常除二人），掌行诰命，其属有令史二人，守当官五人，守阙守当官二人，设上、下、制诰、记注四案。

中书门下省 官署名。宋初置，为宰相治事之所，题榜只称中书，印文行敕称中书门下。神宗元丰（1078—1085）改制，门下、中书、尚书三省分立，遂罢。南宋初，复并中书省、门下省为中书门下省。

中书门下省检正诸房公事 官名。南宋高宗建炎三年（1129）始置，员二人，正六品，掌检举催促行移稽留之事。一员检正吏、礼、兵房，一员检正户、刑、工房。四年罢。绍兴二年（1132）复置一人。

中书五房 官署名合称。隶中书门下。北宋神宗元丰（1078—1085）改制前置。孔目房掌文武升朝官及刺史以上、少尹、上佐、卫佐、伎术官、堂后官进奏、除授及知州、通判差遣之事；吏房掌后妃、诸王、公主封册，驸马除拜，京官幕职州县官注拟、加恩，武臣、内侍加恩，百僚赠官、追封、叙封，及河渠桥梁修造工役之事；户房掌财赋、军储、户口版籍、租调漕运、俸禄、赈贷、土贡及内外监当差官之事；兵礼房掌郊祀、朝拜陵庙、朝会宴享、贡举、荫补之事；刑房掌赦书德音、贬降责授经赦叙理、刑狱诉讼、擒捕旌赏之事。

中书仆射　官名。西汉中书谒者仆射省称，为中书谒者令之副，隶少府。由宦者担任，与中书谒者令同掌诏令章奏之传达。《通典·职官三》：“汉武帝游宴后庭，始以宦者典事尚书，谓之中书谒者，置令、仆射。”元帝时有中书仆射石显与中书令弘恭秉势用事，权倾内外。成帝改中书谒者令为中谒者令，遂罢。三国吴复置。

中书分省　官署名。元末置于有关行省，以处理军政事务。自顺帝至正十一年（1351）起，先后于济宁（今属山东）、彰德（今河南安阳）、陵州（今山东德州）、冀宁（今山西太原）、保定、大同、真定（今河北正定）等地设置。明太祖朱元璋建国前，曾沿元制于婺州（今浙江金华）置。

中书右丞　官名。元世祖中统二年（1261）置，属中书省，与中书左丞同号“左右辖”，协助宰相裁成庶务，位居执政。正二品。初员数不定，至文宗至顺元年（1330）定置一员。行中书省亦置，员数、品级同中书省。明初沿置，制如元朝，洪武十三年（1380）废。

中书左右部　官署名。元世祖中统三年（1262）以吏、户、礼为左三部，兵、刑、工为右三部，统称中书左右部。至元元年（1264），罢入中书省。三年，复置。五年，罢改为吏礼、兵刑、户、工四部。

中书左丞　官名。元、明初皆置，沿革、品级同右丞。详“中书右丞”。

中书令　官名。❶西汉为中书谒者令简称，武帝时置，由宦者担任，掌收纳尚书奏事、传达皇帝诏令，成帝时改中谒者令。参见“中书谒者令”。❷魏晋南北朝为中书省长官之一。三国魏文帝初年分秘书置中书省，以秘书左、右丞刘放、孙资分任中书监、令，并掌收纳章奏、草拟及发布皇帝诏令之机要政务，皆位三品，无所轩轾，唯入朝时班次略低于中书监。职权甚重，“见信于主，制断时政”。（《三国志·辛毗传》）吴国则仿西汉制度，置为中书长官，主草拟诏令。西晋承魏制，传宣皇帝旨意，贵重尤甚，虽资位逊于尚书令，实权则过之。入选者皆文学之士。常以宰相、诸公兼领。东晋纳奏、拟诏、出令之职移归散骑省、西省，中书省遣侍郎一员分任草诏，中书监、令遂成闲职，极少并置，多授予宗室亲王、大臣以示礼遇，或由宰相、诸公兼领。南朝中书省复掌纳奏、拟诏、出令，然权归中书舍人，监、令名为长官，品秩升高，多用作重臣加官。宋仍三品；梁明令中书令品秩低于中书监，十三班；陈亦然，三品、秩中二千石。北朝略同。《北齐书·陈元康传》：“元康既贪货贿，世宗内渐嫌之，元康颇亦自惧。又欲用为中书令，以闲地处之。”北魏孝文帝太和十七年（493）定为二品中，二十三年改三品，北齐因之。隋朝罢中书监，遂专为中书省长官，又随省改名内史令、内书令，复掌纳奏出令之任。唐高祖武德三年（620）复名中书令，员二人，正三品，为中书省长官，总判省事。与门下省、尚书省长官并为宰相，在政事堂共议国政。地位尊崇，师长百僚，主持决策出令之大政，承受、宣布皇帝旨意，付中书舍人草成诏敕，审复认可后呈皇帝批准，付门下省审议、尚书省执行。高宗以后在三省长官中最为重要，裴炎为中书令时，迁政事堂于中书省（后改政事堂为中书门下），遂专秉政事笔，成为首席宰相。玄宗以降，不轻授人，而以中书侍郎主持省务，实行宰相轮番秉笔制。代宗大历二年（767）升为正二品，名义崇高，罕预政事。唐朝中后期常加“检校”名义，用为褒赏功臣、藩镇的加官，号为使相，位或低于侍中。五代亦然。唐高宗龙朔二年（662）曾改名西台右相，咸亨元年（670）复旧；武则天光宅元年（684）改名凤阁内史，中宗神龙元年（705）复旧；玄宗开元元年（713）改名紫微令，五年复旧；天宝元年（742）改名右相，肃宗至德二载（757）复旧。北宋前期为二品寄禄官，仅表示品阶俸禄，无职事，作为亲王、枢密使、留守、节度使等之兼官，号使相，不预政事，不签署朝廷命令，唯于除授官员敕书末尾，存其官衔。神宗元丰（1078—1085）改制后复为中书省长官，正一品，然因官高未尝除授，而以尚书右仆射兼中书侍郎代行其职。南宋省。辽兴宗重熙十三年（1044）复置，为南面官署中书省长官，或用作亲王、大臣尊号。西夏建国初期为全国政务长官，位极尊荣，掌宣发命令，多由党项宗室亲贵担任，汉官位显功著者亦任之。金初尚书、中书、门下三省并立，然中枢政务实由尚书省主持，中书令仅为显贵尊号，熙宗至海陵王时，例由尚书右丞相兼任，纯属虚衔，后随省废。蒙古国时期汉人文官“必阇赤”或有此号，乃汉人随意选择的译名，非实称。元朝以中书省为全国最高政务机构，设中书令一员为长官，典领百官，初委任大臣，世祖以后，例以皇太子兼领，不常设，中书省政务实由左、右丞相主持。明初罢。

中书令史　官名。中书省掌管文书的低级官吏。三国魏置，八品。西晋、南北朝沿置，品秩皆低。至隋、唐降为流外吏职。

中书外省　官署名。北魏置。中书省办公处所之一，设于宫禁之外，尚书、门下官员常议事于此，其后不见。北宋神宗元丰（1078—1085）改制，又于中书增设外省，置右散骑常侍、右谏议大夫、右司谏、右正言、中书舍人、起居舍人等，分上、下、制诰、谏官、记注五案，掌日常事务。元丰八年改为中书后省。

中书议郎　官名。北魏置，属中书省，参议朝政、礼仪、刑狱，选用博学之士。孝文帝太和十七年（493）定为五品中，二十三年改定职令，未见此职。

中书写书生　吏名。北魏置，中书省低级办事人员，负责抄写。选能书者充任，多由地位较高官员推荐。

中书执政事笔　即以中书令主持政务之名义，为政事堂秉笔宰相。唐高宗弘道二年（684）中书令裴炎以此名义移政事堂至中书省，主持宰相议政，总其记录，并更直承旨。

中书后省　官署名。宋神宗元丰八年（1085），改中书外省置。参见“中书门下后省”。

中书丞　官名。三国吴置，为中书令属官，可参议国政，权任颇重。

中书助教博士　官名。北魏置，属中书学，由中书学生中选器业优者任之。不仅在中书学中讲释经义，还可入宫为皇太子讲授经义。选任标准很高，有时皇帝亦亲自参加选用讨论。任在中书教学博士下。

中书典校　参见“典校”。

中书侍郎　官名。三国魏文帝黄初（220—226）初年设中书省，在长官中书监、令以下有通事郎，后增设中书郎，亦称中书侍郎，五品。晋朝沿置，员四人，五品。魏、西晋时中书监、令承受、宣布皇帝旨意，由侍郎草拟成诏令，呈皇帝批准后颁下。职任机要，地位不高，但颇清贵，多用文学之士，亦为宗室起家（入仕）之阶梯。东晋中书纳奏、拟诏出令之职转归他省，监、令成为闲职，而以侍郎一员值班西省，分任诏令之起草。一度改称中书通事郎。十六国多有设立，其中北凉、前秦权任颇重，掌管机密。南朝拟诏出令之职仍归中书省，但事权悉由中书舍人执掌，侍郎职闲官清，成为诸王起家官，如缺监、令，或亦主持中书省务。宋五品，梁九班，陈四品，均设四员。梁以功高者一人主省事，成为中书省实际长官。北魏、北齐略同，俱设四员。北魏孝文帝太和十七年（493）定为四品上，二十三年改从四品上。北齐从四品，兼管伎乐。隋朝置四员，正四品，随省改称内史侍郎、内书侍郎。唐高祖武德三年（620）复称中书侍郎，置二员，为中书省次官，参议朝政，传宣皇帝旨意，审复中书舍人所拟诏敕，处理本省日常公务。亦常加参知政事、同中书门下平章事等职衔，列位宰相，入政事堂（中书门下）议政。正四品。代宗大历二年（767）升正三品。中唐以后中书令常阙，且不轻易授人，中书省事务实由其主持。唐高宗、武则天、玄宗时先后随省改名西台侍郎、凤阁侍郎、紫微侍郎等，寻皆复旧。北宋前期为三品寄禄官，多用为宰相阶官。神宗元丰（1078—1085）改制后始为职事官，正二品，以尚书右仆射兼任，代行中书令之职，另置一员为中书省次官，参议朝政，管理省务，传宣诏令，位居执政。南宋罢。辽朝置为南面朝官，任此职者，常加同平章事等衔为宰相。西夏亦置。

中书舍人　官名。❶中书省属官。三国魏、西晋中书省置，七品。与通事共掌收纳、转呈文书章奏，员各一人。或说魏唯置通事，西晋增设舍人。东晋合为一官，后省“通事”二字。多任用名流。南朝宋复名中书通事舍人，简称通事舍人、中书舍人、舍人。员四人，七品。南齐因之。梁、陈去“通事”，迳名“中书舍人”。梁四班；陈置五员，八品。南朝诸帝皆非出身高门，遂引用没有声望、社会地位的寒士、细人等亲信为之，入直禁中，于收纳、转呈文书章奏之本职外，渐夺中书侍郎草拟诏令之任。南齐至陈，自成舍人省，名义上隶属中书省，实际上直接听命于皇帝。专掌草拟、发布诏令；受理文书章奏，即所谓“天下文簿板籍，入副其省（舍人省）”（《南齐书·幸臣传序》）；监督指导尚书省及诸中央、地方政府机构施行政务。陈以舍人五员，领主事五员，书吏二百员，“分掌二十一局事，各当尚书诸曹，并为上司，总国内机要，而尚书唯听受而已”（《隋书·百官上》）。他如受诏劳问、出使慰抚、持节察授、受理冤案之上诉等汉朝谒者之职，亦皆属之。势倾天下，把持政务中枢。北朝亦名中书舍人，专掌草拟诏令，出纳之职由门下省分任，故职权较南朝为轻。北魏孝文帝太和十七年（493）定为六品上，二十三年改六品下。北齐员十人，六品。隋朝随省改名内史舍人、内书舍人。唐高祖武德三年（620）复旧，员六人，正五品上。为中书省要职，侍从朝会，受纳表章，参议政务。皇帝之旨意命令，经宰相下达词头后，由其草拟成诏旨制敕、玺书册命后，送中书省正副长官审复；如对词头有异议，有权封还；所拟诏令经有关机构审议、皇帝批准，则由其颁行。并参预复审冤狱、考课官吏之事。以六员分押尚书省六部，协助宰相批复章表公文。以久次者一人为阁老，判本省日常事务；一人知制诰，在政事堂值班；其余诸人分署制敕。时人视为清贵之官，号称“文士之极任，朝廷之盛选”（《通典·职官三》）。高宗、武则天、玄宗时先后改名西台舍人、凤阁舍人、紫微舍人等，寻各复旧。玄宗开元（713—741）以后以翰林学士草拟机密诏令，可不由政事堂而直接颁行，号内制；中书舍人唯掌草拟例行诏敕，称外制。后又常令他官兼知制诰掌外制，或以他官知中书舍人事，遂渐成闲职，成为翰林学士迁转之阶。五代略同。后晋天福五年（940）曾废翰林学士院，以制诏之职复归中书舍人，开运元年（944）复归翰林学士。宋朝仍为清贵之官。初为寄禄官，仅表示品阶俸禄，无实职，别置知制诰及直舍人院掌外制。神宗元丰（1078—1085）改制后，始为职事官，员四人，正四品。主管中书后省，掌奉行皇帝命令，草拟制词，如有异议，得封还词头。重大机要诏令，仍由翰林学士草拟。领上、下、制诰、谏官、记注五案，后兼领点检房。南宋以他官兼摄者称权舍人，资历浅者称直舍人院。辽朝为南面官，隶中书省下属中书舍人院。西夏为中书省属官，掌文书，多任有才之士。后期多见于出任馆伴使，或出使金朝。❷明初中书省亦置，洪武九年（1376）由直省舍人改名，员十人，初定正七品，寻改从七品，十年改隶承敕监，掌缮写诏敕。洪武十三年废中书省，中书舍人仍置，掌缮写诏敕文书等事，秩从七品，简称“中书”。中书科设二十员，掌缮写诰敕、制诏、银册、铁券等事；亦有在文华殿、武英殿当直及属内阁诰敕、制敕两房者，皆无定员。文华殿舍人，掌奉旨缮写书籍；武英殿舍人，掌奉旨篆写册宝、图书、册页；诰敕房舍人，掌书办文官诰敕，翻译敕书，并外国文书、揭帖，兵部纪功、勘合底簿；制敕房舍人，掌书办制敕、诏书、诰命、册表、宝文、玉牒、讲章、碑额、题奏等机密文书，各王府敕符底簿。舍人之出身大抵有两途，由进士部选者，得迁科道部属；其直两殿、两房舍人，不必由部选，自甲科、监生、生儒、布衣能书者，俱可为之。不由科甲者，不得迁科道部属。清初置于内阁，满洲一员，汉八员（后减四员），掌缮书诰敕，稽颁册轴。乾隆三十七年（1772）改名中书，其官署名中书科。

中书学 官署名。北魏明元帝时改国子学置，属中书省，是培养高级统治人才的学校。主要招收鲜卑及汉人士族子弟为中书学生，有时由皇帝特旨指定某人子弟为中书学生。学生毕业后多升为内外要职，是当时的主要仕进途径之一。以博学之士担任中书教授博士、中书教学博士和中书助教博士，为学生讲授经义。孝文帝太和（477—499）中，复改为国子学。

中书郎 官名。汉代置，属中书令。职掌及置废情况不详。三国吴沿置，仍隶中书令。负责草拟诏书，并常被派出执行重要使命，如孙休即位前，即由宗正与中书郎从会稽迎休至京城。还曾被派典校州郡文书，监察百官。品位虽不很高，但权任甚重。三国蜀亦置，权任较轻。一说蜀未置。魏、晋及南北朝时亦作为中书通事郎、中书侍郎的省称。

中书房 官署名。明朝于内廷中设，掌管文华殿中书舍人所缮写书籍、对联、扇柄等件，承旨发写，完日奏进。设掌房一员，以宦官为之。

中书省 官署名。三国魏文帝初年分秘书置，为掌管机要、出纳政令章奏的宫廷政治机构，收纳群臣奏书，草拟皇帝诏令，兼领修史、记录起居，权任颇重。以中书监、令为长官，下设通事郎、著作郎等官。西晋沿置，贵重尤甚，初兼领秘书、著作，惠帝以后秘书独立为监，著作亦归之，中书专掌纳奏、拟诏、出令。机密诏令，可不经尚书省，直接发至州郡。改通事郎为中书侍郎（或仍沿旧名），秉承监、令口传旨意，撰拟诏草；置舍人、通事掌呈奏案章。东晋纳奏、拟诏、出令诸职移归门下之散骑省、西省，中书监、令皆成闲职；舍人、通事并为通事舍人，后罢；而以中书侍郎一员直西省，分掌诏命。南朝复掌纳奏拟诏出令之职，多用以酬宗室、礼大臣，置监、令各一员，侍郎四员，以功高者一人主省内事，下设通事舍人（后去“通事”）、主事令史、令史等。然宋、齐、梁、陈四朝君王皆非出身高门，遂引用寒士、细人为中书通事舍人（中书舍人），入直禁中，于呈奏案章之本职外，渐夺侍郎拟诏之任，后尚书省奏事亦归其处置，组成舍人省，名义上隶属中书省，实则直接听命于皇帝，宋至梁设舍人四员，陈增至五员，领主事五员，书吏二百员，“分掌二十一局事，各当尚书诸曹，并为上司，总国内机要，而尚书唯听受而已”，“国之政事，并由中书省”。（《隋书·百官上》）《陈书·宣帝纪》太建十一年（579）五月诏：“自今应尚书曹、府、寺、内省监、司文案，悉付局（即舍人省所辖局）参议分判。”权位极重，成为实际上的政务中枢。北魏前期，职任不定，或兼掌侍从、出纳，孝文帝改制，始专掌出令、纳奏之职。魏末迄北齐初，中书门下孰重孰轻，纯视皇帝、权臣个人一时之好恶，出纳拟诏之职常移门下，又兼领修史、记录起居、宫廷伎乐、国学、刑狱诸政。北齐掌拟诏出令及宫廷音乐，设监、令各一员，侍郎四员，领伶官西凉部直长、伶官西凉四部、伶官龟兹四部，伶官清商部直长、伶官清商四部等；舍人省掌署敕颁行，宣旨劳问，设中书舍人、主书各十员，亦隶之。而传宣帝命，进呈章奏之职则归门下。隋朝改名内史省、内书省。唐高祖武德三年（620）复旧，与门下、尚书并号三省，共理军国政务，为受命于皇帝的最高决策出令机构，掌承受皇帝指示，草拟诏令及下行文书签署后送门下省审核、副署，付尚书省颁下执行；中央各部门及地方州府进奏章表公文，由本省审阅后上呈，参议得失，草拟批答；设中书令二员为长官，与门下、尚书省长官在政事堂共议国政，同为宰相；中书侍郎二员为次官，参议朝政；中书舍人六员，主书、主事各四员，及令史、书令史、能书、蕃书译语、乘驿、传制、亭长、掌固、装制敕匠、修补敕匠、掌函、掌案等吏员。文属之官有诸谏诤、文学侍从官员右散骑常侍、右谏议大夫、右补阙、右拾遗、起居舍人、通事舍人，及集贤殿书院、史馆诸官员。玄宗以后中书令不常授，省务常由侍郎主持。高宗龙朔二年（662）改名西台，咸亨元年（670）复旧；武则天光宅元年（684）改名凤阁，中宗神龙元年（705）复旧，玄宗开元元年（713）改名紫微省，五年复旧。唐初三省并重，自光宅以后，政事堂由门下移至中书，在三省中地位最重，玄宗以后中书、门下孰重孰轻，因时而异，又设枢密院掌宣传机密诏奏，翰林院撰拟机密诏命不经政事堂即可颁下，中书出令之权遂被分割，专掌撰拟常规的例行诏敕。五代因之。北宋前期军国大政归中书门下、枢密院主持，草拟诏令由知制诰、直舍人院和翰林学士分任，本省形同虚设，仅掌供给郊祀及皇帝册文版、幕职州县官较考等事，设判省事一人，以外制官充任。长官中书令或为寄禄官，以他官兼领，不预朝政，或为赠官，未尝真拜；其余诸官亦为寄禄官，仅表示品阶，无实际职掌。神宗元丰（1078—1085）改制后，掌承受，宣布皇帝诏令，付门下省审覆、尚书省执行；批复、转呈台谏章疏、群臣请示兴创改革及各种无陈规可依须请旨意之事；除授省、台、寺、监长贰以下及侍从、职事官，外任监司、节镇、知州军、通判，武臣遥郡横行以上等较高级官职。长官为中书令，阙而不授，以尚书右仆射兼中书侍郎，代行其职；另置中书侍郎一员为次官，管理省务，参议朝政；中书舍人四员，主持中书后省，掌诏敕文书颁行收发事务等；起居舍人一员，为侍立修注官。设吏、户、兵礼、刑、工、主事、班簿、制敕库八房，分掌庶务，元祐（1086—1094）后，析兵、礼为二，增催驱房、点检房，后又改主事为开拆。右散骑常侍、右谏议大夫、右司谏、右正言等谏官，亦隶之，职掌参见"门下省"。南宋高宗建炎三年（1129）与门下省合为中书门下省。辽世宗天禄四年建政事省，兴宗重熙十三年（1044）改名中书省，为南面官署，已非中枢政务机构，掌铨选州县录事参军、主簿等官，备顾问咨询。设中书令、知中书省事、中书侍郎等官，领中书舍人院、右谏院。西夏为全国政务中枢，起草、宣发诏命，长官为中书令或中书丞相，下设中书侍郎、右谏议大夫、左侍郎、中书舍人等职。天盛十四年（1162）移于内门外以便顾问。列为一品（上等司）。金初三省并置，海陵王正隆元年（1156）废中书、门下，唯置尚书省。元朝罢三省制，唯以中书省为全国最高行政机构，性质、职掌均不同于前朝。初犹与尚书省并立，同掌政务，后屡经分合，世祖至元二十九年（1292）罢尚书省，遂成定制。武宗至大二年（1309）一度复置尚书省，四年复并入本省。总领百官，综理政务，与枢密院、御史台分掌全国行政、军事、监察，职权极重。长官中书令多委任皇太子，不常设；左、右丞相及平章政事总领朝政，皆为宰相；左、右丞及参政皆副宰相，参议朝政。其总办公署号都省，设参议中书省事，典左、右司文牍，总管六部，参预政务；左、右司监督管理六部事务，各设郎中、员外郎；属吏有监印、知印、怯里马赤、蒙古必阇赤、省掾、宣使、省医、玉典赤等；又置断事官、客省使、检校官、照磨、架阁库管勾等员。下设吏、户、礼、兵、刑、工六部，分治政务，各设尚书、侍郎、郎中、员外郎等。又设诸行中书省；为派出机构，分领各地行政、军务。元末为及时处理各战区军政庶务，又于行省外增设数处中书分省。明初沿置，太祖洪武十三年（1380）诛丞相胡惟庸，遂罢。

中书省知印 元朝吏职。掌执用中书省印。设四员。

中书省录事 官名。宋神宗元丰（1078—1085）改制置，分掌中书省诸案公事，正八品。

中书省监印 元朝吏职。掌监视省事，设二员，有中书令则置。

中书省断事官 官名。元朝置。掌刑狱和理算钱谷，以皇室和投下怯薛官充任。秩正三品。元世祖中统元年（1260）置三十一员，后增为四十一员。下设首领官经历一员，知事一员，秩正七品、从八品。吏属为蒙古必阇赤二人，汉人令史十二人，回回令史一人，怯里马赤二人，知印二人，奏差八人，典吏一人。

中书科 官署名。明清掌缮写册文、诰敕之机构。明洪武七年（1374）设直省舍人十人，隶中书省。九年改设中书舍人。十年改隶承敕监。建文（1399—1402）中革中书舍人，改设侍书，入文翰馆。永乐（1403—1424）中仍复旧制，设中书科署于午门外。宣德（1426—1435）中内阁置诰敕、制敕两房。设中书舍人二十人及直文华殿东房，直武英殿西房、内阁诰敕房、制敕房中书舍人，并为从七品官。员无正贰，由历俸年深者掌印。掌理书写诰敕、制诏、银册、铁券等事。清顺治初年沿置，设中书舍人十二人，推资俸深者掌理科事。顺治九年（1652）设满洲记事官，同掌科事。康熙九年（1670）改记事官为中书舍人。乾隆十四年（1749）定设满中书二人，推资俸深者一人为掌印；汉中书四人，推资俸深者一人为掌科。三十六年增设管中书科事汉内阁学士一人。次年改管科事为稽察科事满、汉内阁学士各一人。掌理缮写册文、诰敕之事。下设笔帖式十人，供事八人办理科事。宣统三年（1911）四月与内阁同时裁撤。

中书监 官名。魏晋南北朝为中书省长官之一。三国魏文帝初年分秘书置中书省，以秘书左、右丞刘放、孙资分任中书监、令，并掌收纳章奏、草拟及发布皇帝诏令之机要政务，皆位三品，无所轩轾，唯入朝时监班次略高于令。职权甚重，"见信于主，制断时政"（《三国志·辛毗杨阜高堂隆传》）。西晋沿置，传宣皇帝旨意，贵重尤甚，虽资位逊于尚书令，实权则过之。《晋书·荀勖传》：勖以中书监"改尚书令。勖久在中书，专管机事，及失之，甚罔罔怅恨。或有贺之者，勖曰：'夺我凤皇池，诸君贺我邪？'"入选者皆文学之士。常以宰相、诸公兼领。东晋纳奏、拟诏、出令之职移归散骑省、西省，中书省遣侍郎一员分任草诏，中书监遂为闲职，与中书令不常并置，多授予宗室亲王、大臣以示礼遇，或由宰相、诸公兼领。南朝中书省复掌纳奏、拟诏、出令，然权归中书舍人，监、令名为长官，品秩升高，多用作重臣加官，时人视为闲地。宋仍三品；梁明令中书监品秩高于中书令，十五班；陈亦然，二品、秩中二千石。梁、陈或委任庶姓，且不令宰相兼之。北魏、北齐与南朝略同，品秩高于中书令。北魏孝文帝太和十七年（493）定为从一品中，二十三年改从二品，北齐因之。隋朝罢。

中书通事舍人 参见"中书舍人"。

中书通事郎 官名。三国魏置，为中书令属官。位在黄门郎下。章奏经黄门郎署名后，由此职进呈给皇帝，并为皇帝读奏章。经皇帝同意后，代皇帝批阅意见。位虽不高而权任甚重。亦省称为中书郎。西晋改为中书侍郎。一说魏末已称中书侍郎。东晋初曾改回此称，不久，仍改为中书侍郎。

中书教学博士 官名。北魏置，属中书学。选用博学之士担任，教授中书学生。任职者升迁较易，多升为中书、门下省要职。多省称为中书博士。

中书教授博士 官名。北魏置，属中书学，职任与中书教学博士同。多省称为中书博士。一说即中书教学博士。

中书著作郎 官名。三国魏明帝太和（227—233）中置著作郎，因隶于中书省，故有此称。西晋武帝元康二年（292）著作郎改隶秘书省，此称废。职掌参见“著作郎”。

中书堂后官 官名。北宋前期中书五房皆置，选前资令录充任，掌承受、批凿圣语，押定敕草，点检书写熟状等事。神宗元丰（1078—1085）改制废。

中书谒者令 官名。简称中书令。西汉武帝时以宦者典尚书事，故置中书谒者令，属少府。多选用明习法令故事，善为请奏者为之。掌收纳尚书奏事，草拟传达皇帝诏命，交尚书颁下。司马迁被腐刑后曾任此职。宣帝时欲收霍氏之权，因霍山领尚书事，遂令臣民奏事不经尚书，径由中书令出取之，中书宦官大见信用。元帝即位，以中书令石显多典机密，委以政事，贵幸倾朝。成帝建始四年（前29）罢中书宦官，更名中谒者令，专掌宫廷事务，纳奏出令之职仍归尚书。东汉因之。

中书谒者丞 官名。秦及西汉置之。属少府，为中书谒者令副贰。

中书博士 北魏中书教授博士、中书教学博士的省称。

中正 官名。❶秦末张楚农民政权置。职主监察。《史记·陈涉世家》：“陈王以朱房为中正，胡武为司过，主司群臣。”❷魏晋南北朝隋唐时期评定士族内部品第的官员。东汉献帝延康元年（220）曹丕从陈群之议置，一说曹操置于东汉献帝建安（196—220）间。由各郡长官推选籍贯本郡、任职于中央的有声望士人兼任，将本郡的士族依家世与才德写出“品”与“状”，划分为自第一品至第九品九个等级，为吏部委任官职的主要依据。三国魏齐王曹芳时在郡中正之上设州大中正。三国吴设有职能与之相似的“大公平”。晋、南北朝沿置。有州大中正、州中正、郡国大中正和小中正，北齐时县亦设中正。属官有清定、访问等。西晋时每三年清定一次士族品第，在京大小中正每月在上东门会议三次，评定和升降品第，小中正写出品、状，由大中正核实，再上于司徒府，司徒核实后交尚书以备选用。出任者多为“乡品”二品的士族高门，偶有乡品三品为此职者。中正的权力在魏、西晋时最大，东晋后士族内部的地位趋于固定化，南朝宋时“凡厥衣冠，莫非二品”（《宋书·恩幸传》），中正升降品第的权力大大缩小，而且皇帝经常下诏荡涤清议，即受中正贬退品级的士人可以不经中正而得到恢复的机会。但直到南朝后期，除一些未设中正的荒远地区，士人出仕仍须得到中正的推荐。北魏前、中期此职权力颇重，后期权力稍轻，且选授渐滥，恩幸、阉宦皆有出任者，到北魏末期战乱时，行台亦可权立此职，评定品第以便授予官职。隋朝因避讳，未置，但隋初设有职掌与之相同的州都、郡正，文帝开皇（581—600）中罢。唐高祖武德七年（624），各州复置大中正，太宗贞观（627—649）初罢。北魏时此职无品、无禄，但有罪时可当刑。北齐时为流内比视官，诸州大中正视五品，诸州中正、畿郡邑中正视从五品，司州州都视从七品，诸州州都、清河郡中正视八品，诸郡中正视从八品。

中正大夫 散官名号。洪武四年（1371）置，以授正四品内官。

中正台 官署名。渤海国置，比御史台，有大中正一员，比御史大夫。

中史 官名。西周置。掌司法案件备案。见《师旂鼎铭》。

中外大都督 官名。东晋置。掌指挥全国军队，地位极高。不常置，非平常人臣之职，东晋仅王导、刘裕曾任此职。《晋书·王导传》：“俄而贼退，（王导）解大司马，复转中外大都督，进位太傅，又拜丞相，依汉制罢司徒官以并之。”十六国后凉吕光即位前亦自称此职。一说即都督中外诸军事的别称。

中外府 官署名。即都督中外诸军事府的简称。北朝置。设长史、司马、司录、从事中郎、掾、属、诸曹参军、行参军等府佐。因北魏末高欢父子、西魏宇文泰及北周时宇文护等皆以“都督中外诸军事”身分控制朝政，故府佐的实际地位很高。《周书·达奚寔传》：“累迁大都督、持节、通直散骑常侍。魏废帝二年（553），除中外府司马。”

中外都督 即都督中外诸军事的省称。

中外诸军 即都督中外诸军事的省称。

中外诸军事 即都督中外诸军事的省称。

中令 “中书令”的简称。《陈书·蔡徵传》：“寻徙为中书令”，“中令清简无事”。

中仪 唐朝礼部员外郎之别称。

中仪大夫 官名。金、元内侍阶官。金二十五阶之第六阶，秩正五品下。元十四阶之第四阶，从三品。

中训女史 宫官名。南朝宋太宗定后宫百官时置，四品。

中议大夫 官名。金朝置，系文职正五品上之封阶，为四十二阶之第二十一阶。元朝袭之，升为正四品，宣授。明朝为文职正四品之加授，属四十二阶之第十七阶。清朝为文职从三品之封赠，属十八阶之第六阶。

中记室 中记室参军省称。

中记室参军 官名。南朝齐置为大将军府僚属。梁、陈诸皇弟皇子府、嗣王蕃王府、庶姓公府、庶姓持节府皆置。梁自七班至三班，陈自六品至九品，依府主地位而定。梁武帝天监七年（508）诸督府亦增设。

中台 ❶春秋战国时司徒别称。《周礼·春官·大宗伯》疏："武陵太守星传曰：三台，一名天柱。上台司命，为太尉；中台司中，为司徒；下台司禄，为司空。"❷即尚书省，唐高宗龙朔二年（662）、武则天长安三年（703）二度改，咸亨元年（670）、中宗神龙元年（705）先后复旧。❸尚书台（省）别称。❹元朝设在中央之御史台，相对设于各地的行御史台而言。

中台帅　宫官名。南朝宋太宗定后宫百官时置，五品。

中台侍御尹　宫官名。南朝宋太宗定后宫百官时置，掌铨查六宫。三品。

中台侍御节度内史　宫官名。南朝宋太宗定后宫百官时置，员二人，六品。

中台侍御执卫　宫官名。南朝宋太宗定后宫百官时置，人数不定。六品。

中台侍御执法内史　宫官名。南朝宋太宗定后宫百官时置，六品。

中台侍御应内史　宫官名。南朝宋太宗定后宫百官时置，员六人，六品。

中台侍御诏诰帅　宫官名。南朝宋太宗定后宫百官时置，员二人，五品。

中台侍御典内史　宫官名。南朝宋太宗定后宫百官时置，员二人，六品。

中台侍御奏案女史　宫官名。南朝宋太宗定后宫百官时置，掌铨选人士。四品。

中台侍御起居帅　宫官名。南朝宋太宗定后宫百官时置，员二人，五品。

中台侍御监司帅　宫官名。南朝宋太宗定后宫百官时置，员二人，六品。

中台侍御监闺帅　宫官名。南朝宋太宗定后宫百官时置，员二人，六品。

中台省　官署名。渤海国置，三省之一，有右相、右平章事、内史、诏诰舍人等官。辽太祖天显元年（926）灭渤海国后置为辽东丹国官署，有左大相、右大相、左次相、右次相等官，掌政务。

中司　唐、宋御史中丞别称。

中式　❶官名。北魏太武帝始置，为后宫妃嫔名号。❷科举用语。凡乡、会、殿试取录，皆俗称中式。

中权大将军　官名。南朝梁置，陈沿置。任命朝中官员为此职。班品较中权将军高一阶。参见"中权将军"。

中权将军　官名。南朝梁武帝天监六年（507）五月置，专授予在京都任职的官员，与中军、中卫、中抚将军合称四中将军，地位显要。或分置左、右。扬州刺史建安王萧伟自右将军进号此职。天监七年定为武职二十四班中的第二十三班，与四征将军同班。大通三年（529）定制后为武职三十四班中的三十三班。陈改为拟二品，比秩中二千石。

中列大夫　官名。金朝内侍阶官。二十五阶之第四阶，秩正五品上。

中执法　❶即御史中丞的别称。《汉书·高帝纪下》："御史中执法下郡守。"晋灼注："中执法，中丞也。"❷官名。三国吴置。《三国志·是仪传》："拜侍中、中执法。"洪饴孙《三国职官表》称"吴置中、左、右执法各一人，平诸官事"。职掌与御史相类。

中光禄大夫　官名。十六国后赵石虎建武（335—348）中置。位在左、右光禄大夫之上。参见"光禄大夫"。

中廷　西周天子在宗庙册封臣子，受命者接受册命时站立的位置。《楚簋铭》："王各（格）于康宫，中倗父内又（右）楚立中廷，内史尹氏册命楚。"

中廷御史　官名。三国魏置，位七品。职掌不详。见《通典·职官一八》。

中行　❶春秋晋国军制。晋文公五年（前632）于上、中、下三军外增左、中、右三行，八年废。《左传·僖公二十八年》："晋侯作三行以御狄，荀林父将中行。"❷唐、宋尚书省六部依其办公位次，分为前行、中行、后行，户部、刑部为中行。

中行员外郎　唐、宋时期户部、刑部诸司员外郎统称。北宋前期，叙迁转前行员外郎，若带知制诰职，则转后行郎中。

中行评博　官名。明为中书舍人、行人、评事、博士之合称。

中行郎中　唐宋户部、刑部诸司郎中统称。北宋前期，叙迁转前行郎中。

中旨　官府文书名。凡颁降御笔或圣旨，直接交付有关官府执行，称中旨。

中州断事官　官名。元太宗六年（1234）始设，为燕京行尚书省长官，掌管中原政刑财赋，又称行天下诸路也可札鲁忽赤、燕京等处行尚书省事等。中统元年（1260）罢。

中兴行省　见"甘肃行省"。

中军　❶春秋晋国僖侯时司徒之改称。以僖侯名司徒，故以避讳改称。❷官名。中军将军的简称。此外，尚有中军元帅、中军都督、中军都将，亦有省称为此者。明朝嘉靖二十九年（1550），京营三大营之五军营、神枢营、神机营各设中军官十一人，位千总上，俱由本营内推选。清朝为绿营军中各标、协、营之首领官，负责协助领兵长官统理所辖各营军务。总督所辖者称督标中军，负责掌管关防，综理军务；河运总督所辖者称河标中军，负责督理河员，稽核工汛，漕运总督所辖者称漕标中军，负责催护漕船、督率官弁。均由副将充任。抚标、提标中军由参将充任，镇标中军由游击充任。其他由副将、参将、游击统帅的协、营中军官以都司、守备充任。❸军事编制。周朝军队分为左、右、中三军。中军乃发号施令之所，由主帅自领。《左传·桓公五年》："王为中军；虢公林父将右军，蔡人、卫人属焉；周公黑肩将左军，陈人属焉。"西晋时诸王国皆置军，分上、中、下三军。中军二千人，上、下军各一千五百人。南朝宋、齐，及北魏、北齐沿之。明朝京营三大营中五军营、神机营内设中军，与左、右掖，左、右哨，谓之五军。另正德（1506—1521）时，武宗以阅兵为戏，自领群阉善射者为一营，亦称中军。

中军大夫 官名。春秋时晋国置。晋国军制分上、中、下三军，皆设大夫。中军大夫位在中军将、佐之下，侯长之上。佑助将、佐管理军务。《左传·宣公十二年》："晋师救郑。荀林父将中军，先谷佐之"，"赵括、赵婴齐为中军大夫"。

中军大将军 官名。三国魏文帝黄初（220—226）中置，曹真自上军大将军、都督中外诸军事、假节钺转拜此。地位显要，不常置。二品。晋朝不开府者仍为二品，其禄与特进同。如开府，则位从公，进为一品，食俸、置官属皆从诸公。南朝宋定为二品，南朝齐时位从公，开府仪同如公，置官属亦从公。南朝梁、陈时规定，较中军将军进一阶。北魏孝文帝太和十七年（493）定为从一品中，二十三年复次职令，改为二品。参见"中军将军"。

中军大都督 官名。北魏末置。东、西魏沿之。统率中军，地位很高。《魏书·出帝平阳王纪》："以车骑大将军，仪同三司、中军大都督高盛兼尚书仆射，北道行台，随机处分。"

中军四面大都督 官名。北魏末置。孝武帝欲讨高欢，以太傅、录尚书事长孙稚为此职，统率中军，其下设有中军北面大都督等。见《魏书·出帝平阳王纪》、《周书·念贤传》。

中军司 即中军师。晋朝人修史时避讳改。

中军司马 官名。又称元司马。春秋时晋国置。晋国军制上、中、下三军皆设司马。中军司马隶属于中军尉，掌执军法。大夫爵。《左传·襄公三年》："晋侯之弟扬干乱行于曲梁，魏绛戮其仆。"杨伯峻注："其仆，为扬干驾车者也。此时魏绛为中军司马，主管晋军军法。"

中军师 官名。东汉献帝建安（196—220）中曹操置，为丞相府重要僚属，位前、左、右军师之上。参议军国大事，并典刑狱。三国蜀亦置，无具体职掌。

中军佐 官名。春秋时晋国置。中军将之副。《左传·宣公十二年》："（晋军）及河，闻郑既及楚平，桓子欲还"，"以中军佐济"。

中军兵马使 官名。唐朝元帅、都统、招讨使属官之一，出征则置一员。

中军使 见"子城使"。

中军官 官名。清末新陆军军官。光绪三十年（1904）定新陆军营制，始置。每镇一人，从三品，副参领充，简放。掌全镇庶务，管辖弁目弁役。

中军将 官名。又称元帅。春秋时晋国置。晋国军制分上、中、下三军，中军为全军中枢，设中军将，统帅全军，兼掌国政。上卿爵。《史记·齐太公世家》："晋使郤克以车八百乘为中军将，士燮将上军，栾书将下军，以救鲁、卫，伐齐。"参见"元帅"。

中军将军 官名。❶西汉武帝置，为杂号将军，以公孙敖任之。后省。西晋武帝泰始元年（265）复置，以羊祜任之，统左右卫、前、后、左、右、骁骑等宿卫七营禁军，主管京师及宫廷警卫。泰始四年罢，置北军中候代其职。后复置为将军名号，不再领宿卫禁军，可离开京师，出任持节都督，镇守一方。十六国前秦时与镇军、抚军、冠军将军合称四军将军。南燕亦置。南朝置为重号将军，宋位比四镇将军，三品；南齐位在四征将军之上。梁、陈与中卫、中抚、中权将军合称四中将军，专授予在京师任职的官员，地位显要。梁武帝天监七年（508）定为武职二十四班中的二十三班，与四征将军同班；陈拟二品，比秩中二千石。北魏位在四镇将军下，孝文帝太和十七年（493）定为从一品下，二十三年复次职令，改为从二品。北齐用以安置罢任武官，成为无实权的闲职，从二品。北周八命。隋朝因避讳，改称内军将军。❷王国官。西晋以平原、汝南、琅邪、扶风、齐为大国，各置上、中、下三军，中军二千人，设将军一人统之。其余王国不设中军。南朝宋大、小国皆设三军。地位很低，晋、宋时皆未能列入九品以上的流内品阶。齐、梁沿宋制。梁武帝天监七年（508）定皇弟子国上、中、下三军将军为流外七班中的七班，嗣王国三军将军为六班，蕃王国三军将军为五班。

中军校尉 官名。东汉灵帝中平五年（188）置，西园八校尉之一，是统领禁军的主要将领。以虎贲中郎将袁绍任之。后，董卓以其兄子董璜任此职。

中军都将 官名。北魏置。统中军兵。《魏书·乐陵王传》："后除（拓跋思誉）使持节，本将军，领护匈奴校尉，都督，中军都将。"参见"都将"。

中军都督 官名。统兵武官。三国吴以全尚任卫将军督中军。十六国前秦、北魏皆置。北魏曾置中军大都督、中军副都督、中军四面大都督等。明立五军都督府，其中军都督府置都督，即此官，正一品。参见"都督"。

中军都督府 官署名。明朝五军都督府之一。初分领在京留守中卫、神策卫、广洋卫、应天卫、和阳卫、牧马千户所。永乐（1403—1424）后改广洋卫隶南京中军都督府，增蕃牧千户所。并领在外直隶扬州卫、和州卫、高邮卫、淮安卫、镇海卫、滁州卫、太仓卫、泗州卫、寿州卫、邳州卫、大河卫、沂州卫、金山卫、新安卫、苏州卫、仪真卫、徐州卫、安庆卫、宿州千户所及中都留守司、河南都司所领卫所。永乐后革和州卫、改宿州千户所为卫。增潼关卫、归德卫、武平卫、镇江卫及庐州卫、六安卫、徐州左卫、建阳卫、汝宁千户所、松江中千户所、青村中前千户所、南汇咀中后千户所、嘉兴中左千户所、吴淞江千户所、宝山千户所、刘河堡中千户所、崇明沙千户所、兴化千户所、通州千户所、泰州千户所、盐城千户所、东海千户所、海州中千户所、营州千户所。

中军都督府断事官 官名。明太祖初于大都督府中置断事官，从五品，掌理断军中刑狱。洪武十三年（1380）改置中、左、右、前、后五军都督府，乃以中军都督府断事官为五军断事官。十七年改五军各设左、右断事。建文（1399—1402）中罢。

中军都虞候 官名。唐朝元帅、都统、招讨使属官之一，出征则置一员。

中军副都督 官名。北魏末置，佐中军大都督掌管中军。《魏书·侯渊传》："（尔朱荣）以渊为中军副都督，常从征伐，屡有战功。"

中军尉 官名。又称元尉。春秋时晋国置，晋军设军尉，主管派遣为将佐驾御车马的军吏，及训练士卒。中军尉为中军所设的军尉，大夫爵。《左传·成公十八年》："晋悼公即位于朝，始命百官"，"卿无共御，立军尉以摄之。祁奚为中军尉，羊舌职佐之"。

中军骑督 官名。西晋置。典中军骑兵，《晋书·李特载记》："中护军切征，（李庠）不得已而应之，拜中军骑督。"

中军鼓角使 使职名。唐德宗建中四年（783），朱泚据长安谋反，朝廷特置，以右龙武军使令狐建为之。

中军督 官名。三国吴置。典宫省之事，掌宿卫禁兵。孙休永安元年（258），以武卫将军孙恩为御史大夫、卫将军、中军督。后孙休以亲信左将军张布任之，权势极重。

中妇诸子 春秋齐国宫内女官之号。《管子·戒》："中妇诸子谓宫人。"戴望注："中妇诸子，内官之号。"

中丞 官名。❶御史中丞的简称。❷明清巡抚的别称。明朝都察院副都御史职位相当于御史中丞，明清两朝常以副都御史或佥都御史出任巡抚，故有此称。

中丞相 官名。秦二世二年（前208），二世皇帝以宦官赵高任之，居宫中用事，代行丞相职务。秦汉中丞相仅此一见。

中极殿大学士 官名。明朝殿阁学士之一。嘉靖（1522—1566）时改原华盖殿大学士而置。清顺治（1644—1661）时改中和殿大学士。参见"华盖殿大学士"。

中更 爵名。战国秦置，为二十等爵第十三级。秦汉因之。据《汉书·百官公卿表》颜师古注，更即主领更卒，部其役使之谓。

中抚大将军 官名。南朝梁、陈置。亦称中抚军大将军。专授予在京师任职的官员，班品较中抚将军高一阶。参见"中抚将军"。

中抚军 官名。三国魏末置，司马炎自中护军迁任，副贰相国事，掌握朝政大权。南朝梁时为"中抚军将军"的省称。

中抚军大将军 参见"中抚大将军"。

中抚军将军 官名。南朝梁、陈中抚将军的别称。亦省称为"中抚军"。

中抚将军 官名。南朝梁置，省称为中抚，亦称中抚军将军。武帝天监七年（508）定为武职二十四班中的第二十三班，与中军、中卫、中权将军合称四中。专授予在京师任职的官员，地位显要。陈沿置，改为拟二品，比秩中二千石。

中护军 官名。东汉置，掌军中参谋、协调诸部。《后汉书·班彪列传下》：和帝永元（89—105）初，"大将军窦宪出征匈奴，以（班）固为中护军，与参谋"。献帝建安十二年（207）曹操改护军置。魏沿置，四品，资重者可迁护军将军，掌武官选举，与中领军同掌禁军，出征则督护诸将；隶中领军（领军将军）。入晋则不隶领军，亦不典武选，升三品，自领营兵；东晋元帝永昌元年（322）省并入领军，明帝太宁二年（324）复分置，掌督护京师以外地方诸军。属官有长史、司马、功曹、主簿、五官，受命出征则置参军。南朝沿置，宋三品，梁十四班，陈三品、中二千石。北魏则侍臣带护军始加中字，孝文帝太和十七年（493）定为二品中，二十三年定为三品。北齐三品，管四中关津，舆驾出则护驾，统东西南北四中郎将府及诸关尉、津尉，属官有长史、司马、功曹、五官、主簿、录事及诸曹参军。唐德宗贞元十二年（796）亦置，以宦官充任，为左右神威军监军使加号，以示尊宠。

中护军将军 官名。北魏置。《魏书·阉宦传》："（段）霸少以谨敏见知，稍迁至中常侍、中护军将军、殿中尚书。"

中护将军 官名。北魏置。《魏书·伊馛传》："世祖贤之，遂拜（馛）为中护将军、秘书监。"孝文帝太和十七年（493）职员令未载。

中坚将军 武官名。东汉献帝建安（196—220）初曹操置。魏、晋、南朝梁、十六国后赵、前凉及北魏、北周沿置。魏中坚将军率营兵，掌侍卫之责。齐王曹芳正始六年（245）曹爽毁中垒、中坚营，以兵属其弟中领军曹羲，嘉平六年（254）前复置此职。两晋时无营兵，魏、晋均为四品。南朝梁时地位低下，属流外六班，为寒人所任之官。北魏时地位与魏晋相似。北魏孝文帝太和十七年（493）定为四品上，太和二十三年职员令定为从四品上，北周时为六命。

中兵 ❶官署名。详见"中兵曹"。❷中兵参军简称。《梁书·武帝纪上》："高祖密召长史王茂、中兵吕僧珍、别驾柳庆远、功曹史吉士瞻等谋之。"详见"中兵参军"。

中兵马指挥司 官署名。明、清五城兵马司之一。凡京城内外，划境为五，其中间地域属该司，掌巡捕盗贼、疏理街道及囚犯、火禁之事。明朝设指挥一人，正六品，副指挥四人，正七品，吏目一人。清沿置，改副指挥只设一人，俱汉员。

中兵郎 官名。尚书省中兵曹长官通称，亦称中兵郎中。三国魏始置，属五兵尚书，六品。西晋武帝太康（280—289）中分设左、右中兵郎。东晋南朝并为一官，晋、宋六品，梁五班，陈四品，秩六百石。北魏与左、右中兵郎并置，属七兵尚书。孝文帝太和十七年（493）定郎中为五品上，郎为从五品中；二十三年皆称郎中，六品，仍可通称为郎。北齐罢，以左、右中兵郎属五兵尚书。

中兵参军 官名。两晋南北朝诸公、军府僚属之一，亦作中兵参军事。掌本府中兵曹事务，兼备参谋咨询。西晋末司马睿始置于丞相府。东晋南北朝沿置。唯东晋末至南朝宋改置中直兵参军，兼领中兵、直兵二曹。南齐、梁、陈则分置中兵、中直兵参军。北朝唯置中兵参军。其品位随府主地位高低不等。有以将军、太守兼领者。北周以后不置。

中兵参军事 即中兵参军。

中兵校郎 官名。高昌置，为四镇将军及杂号将军之属，位长史、司马、门下校郎下。

中兵都 中兵都令史的简称。

中兵都令史 官名。两晋以来尚书省置都令史八人，协助尚书左、右丞管理都省事务，监督诸曹尚书，参与政要。权任虽重，用人常轻。至南朝梁始重其选，置殿中、吏部、金部、左民、中兵五都令史，武帝天监九年（510）诏令选用有才干的士人。位仅二班，职权颇重。以中兵都令史监督五兵尚书政务。陈沿置。北魏、北齐复置八都令史。

中兵曹 官署名。❶魏晋南北朝尚书省诸郎曹之一。设郎（郎中）为长官，管理都城畿内军队政令军务，属五兵尚书（北魏及北齐初年属七兵尚书）。西晋武帝太康（280—289）中分为左、右两曹，东晋南朝仍并为一曹。北魏与左、右中兵曹并置；北齐罢，唯置左、右中兵曹。❷公、军府僚属诸曹之一。西晋末司马睿始置于丞相府，东晋南北朝诸公、军府沿置。掌本府亲兵。初设中兵参军掌管，东晋末至南朝与直兵曹并归中直兵参军总领；北朝仍专设参军。

中良大夫 官名。金朝内侍阶官。二十五阶之第十阶，秩正六品上。

中奉大夫 官名。北宋前期置为正四品下阶文散官，神宗元丰（1078—1085）改制废。徽宗大观二年（1108），以左中散大夫改置，为从五品寄禄官。金、元皆置，为文散官四十二阶第十四阶。金从三品下；元从二品，宣授。明朝沿置，从二品文官初授散官即加此阶。

中直兵 中直兵参军省称。

中直兵参军 官名。东晋末刘裕丞相府僚属，兼领中兵、直兵二曹，掌亲兵卫队。南朝宋、齐沿置。梁皇弟皇子府、嗣王蕃王府、庶姓公府、庶姓持节府置，位自七班至三班，武帝天监七年（508）诸督府亦置；陈同梁制，自六品至八品，皆随府主地位而定。

中尚方 官署名。秦置尚方，汉因之，属少府。主制作御用器物。东汉末年分为左、中、右。或以为汉武帝时已分。然据西汉出土文物铭文，唯见“中尚方”，或即尚方之别称，因其在禁中，故名。三国魏、西晋因之。属少府，以中尚方令主之。南朝梁、陈均置。北魏称中尚方署，北齐中尚方署改隶太府寺。

中尚方令 官名。三国魏分尚方令置，七品；西晋沿置，东晋复并一尚方令；皆隶少府。南朝梁、北齐置为中尚方署长官。隋朝因置，改名内尚方令，隶少府监。唐朝复名中尚方令，武则天垂拱元年（685）除方字为中尚令。参见“中尚方署”。

中尚方丞 官名。三国魏置，为中尚方令副贰，四百石、九品。南朝梁、北齐置为中尚方署次官。隋朝因置，改名内尚方丞。唐朝复为中尚方丞，武则天垂拱元年（685）除方字为中尚丞。参见“中尚方署”。

中尚方署 官署名。南朝梁、北齐置，梁隶少府卿，北齐隶太府寺，有令、丞；北齐又领别局、泾州丝局、雍州丝局、定州细绫局四局丞。隋朝改名内尚方署，隶少府监。唐朝沿置，复名中尚方署，有令、丞、监作等官，掌供郊社圭璧及天子器玩、后妃服饰文彩之制；武则天垂拱元年（685）改少府监为尚方监，其署去方字改中尚署。

中尚令 官名。唐武则天垂拱元年（685）改中尚方令置，为尚方监（少府监）中尚署长官，置一员，从七品下，掌供郊祀之圭璧、器玩之物。北宋初存其名而罕除授。

中尚丞 官名。唐武则天垂拱元年（685）改中尚方丞置，尚方监（少府监）中尚署次官，置二员或四员，从八品下。北宋初存其名而罕除授。

中尚使 使职名。唐玄宗开元（713—741）间置于中尚署，掌以检校进奉杂作，多以少府监及诸司五品以上官为之。昭宗天祐元年（904）停。

中尚药丞 官名。北齐置。属中侍中省，员二人，由宦官担任。佐中尚药典御管理皇帝医药方面的事务。从七品。

中尚药典御 官名。北齐置。属中侍中省，员二人。负责皇帝的医药事务，由宦官担任。从五品上。

中尚食丞 官名。北齐置。中侍中省中尚食局副长官，员二人。佐中尚食典御负责皇帝的饮食事务，由宦官担任。从七品。

中尚食局 官署名。北齐置。属中侍中省，以中尚食典御为长官，员二人，下设丞二人，监四人，皆由宦官担任。管理皇帝的饮食事务。

中尚食典御 官名。北齐中尚食局长官，员二人，属中侍中省。负责皇帝的饮食事务，以宦官担任。从五品上。

中尚食监 官名。北齐置。中侍中省中尚食局属官，员四人。佐中尚食典御等管理皇帝饮食，由宦官担任。

中尚署　官署名。唐朝少府监置，武则天垂拱元年（685）改中尚方署为之，掌宫内杂作，供郊祀圭璧及天子器玩、后妃服饰雕文错彩与百官鱼袋等，有金银作坊院；置令一员、丞二或四员，另有监作、典事等。玄宗开元（713—741）间又常置中尚使以监之。北宋初存其官名而无职司。

中尚署令　官名。即中尚令。

中尚署丞　官名。即中尚丞。

中典军　官名。三国蜀、吴置。蜀后主建兴（223—237）末，胡济曾任之，统诸军，封成阳亭侯，后迁中监军。吴置中、左、右典军，典宿卫禁军。东晋祖约代兄祖逖镇谯时，以戴洋为之，后迁督护。

中典牧都尉　官名。西晋置。与左、右典牧都尉同属太仆，掌管马、牛的牧养。六品。

中和殿大学士　清朝大学士衔名之一。明朝为中极殿（华盖殿）大学士。乾隆十三年（1748）省。参见“殿阁大学士”。

中侍大夫　官名。宋徽宗政和二年（1112），改内侍官景福殿使置，为寄禄阶官，正五品。金朝为内侍官二十五阶之第三阶，从四品下。明洪武四年（1371）定为散官，从四品内官得授此阶。

中侍上士　官名。西魏恭帝三年（556）置，北周沿置。天官府宫伯中大夫属官，分置左、右，皆正三命。负责皇帝寝宫的安全，皇帝出行及临朝时，亦随从护卫。披金甲，左执龙环，右执虎环长刀，并以金为饰。隋文帝开皇元年（581）废。

中侍中　官名。北魏孝文帝太和（477—499）间置，由宦官充任。初为加官，是宦官中最高官职，太和十七年定为二品上。北齐置为中侍中省长官，员二人，至末期恩幸、宦官专权，员数多达数十人。管理宫中事务，执宫门钥匙，掌管出入宫门。从三品。

中侍中省　官署名。北齐置。掌皇帝饮食、药物以及皇宫警卫、出入宫门等事务，是管理宫中事务的最高行政机构。其职皆由宦官充任。以中侍中二人为长官，下设中常侍、中给事中各四人。领中尚药典御、中谒者仆射及中尚食局、内谒者局等。

中侍局　官署名。金朝置，属宫师府。掌东宫閤内之禁令、省察宫人廪赐给纳诸物。设都监、同监领局事，秩正九品、从九品。

中侍郎　官名。❶十六国西秦置。《晋书·乞伏炽磐载记》：永康元年（412）“罢尚书令、仆射、尚书、六卿、侍中、散骑常侍、黄门郎官，置中左右常侍、侍郎各三人”。❷宋徽宗政和六年（1116）置，为武臣阶官，后定为从七品。

中使女生　官名。北魏置，为后宫女职。孝文帝改定内官，视四品。

中使司　官署名。明太祖洪武二十三年（1390）改各公主府家令司而置。设司正一人，司副一人，以宦官充任。

中舍　即太子中舍人省称。明太祖洪武（1368—1398）初曾定为东宫官名，十五年罢。

中舍人　官名。东宫属官，即“太子中舍人”。西晋武帝咸宁四年（278）置，以舍人中才学美者为之，与中庶子共掌东宫文翰，位在中庶子下、洗马上。《晋书·荀邃传》：“成都王为皇太弟，精选僚属，以邃为中舍人。”南朝宋置四员；南齐沿置；梁四员，八班，功高者一人，与中庶子祭酒共掌其坊之禁令，又有通事守舍人、典事守舍人、典法守舍人等员；陈五品、六百石。北魏孝文帝太和十七年（493）定为从四品中，二十三年改从四品上；北齐隶门下坊，置四员，五品。隋朝改名内舍人，炀帝大业三年（607）减为二员。唐高祖武德三年（620）复名中舍人，隶右春坊，置二员，正五品下，为右庶子副贰；高宗永徽元年（650）、龙朔二年（662）改名内舍人、右赞善大夫，咸亨元年（670）复置中舍人而右赞善大夫不废。北宋太宗至道（995—997）、真宗天禧（1017—1021）各置一员；神宗、钦宗为太子时亦置。南宋宁宗庆元（1195—1200）令其位在舍人上，嘉定（1208—1224）初置二员。辽朝右春坊亦置。

中京大内都部署司　官署名。辽朝置。负责管理中京宫城、陵寝、宗庙等事。置都部署、副部署等职。

中京文思院　官署名。辽南面官，袭唐制而设。掌造金银犀玉工巧之物，以供宫廷。设文思使等职。

中京巡逻使司　官署名。辽南面官。掌巡捕盗贼。设巡逻使等职。

中京国子监　官署名。始置于辽道宗清宁六年（1060），设在中京（今内蒙古宁城西大明城），职掌参见“国子监”。

中京学　官立学校。始置于辽道宗清宁元年（1055）。设博士、助教各一员。

中京度支使司　官署名。辽朝置。掌中京道赋税、度支、盐铁等事。与上京盐铁使司、东京户部使司、南京三司使司、西京计司，合称五计司。置度支使、知度支使、副使、判官等职。

中京都总管知大定府事　官名。辽朝置，中京都总管府长官，兼领大定府事。

中京都总管府　官署名。辽朝置。总领中京军民政事。

中京都虞候司　官署名。辽朝置。掌中京诸军戒严执法等事。

中京都虞候司都虞候　官名。中京都虞候司长官。辽道宗时，有中京诸军都虞候石瀚。（《全辽文》卷九《尚墓志铭》）

中京留守　官名。辽南面官，中京留守司长官，兼领大定府政事。下设副留守、同佥、判官、推官等职。

中京留守司　官署名。辽南面官，统领中京军民之政。太宗大同元年（947）升镇州（今河北正定）

为中京，置留守司。圣宗统和二十五年（1007）以奚王牙帐地建中京（今内蒙古宁城西大明城），设留守司，治大定府，兼领大定府事。

中京宰相府 官署名。辽南面官。设左相、右相、左平章政事、右平章政事等职。

中府 官署名。东周王室及韩国等设置。主管收藏财货器物。汉朝诸侯王亦置。《史记·田叔列传》：“发中府钱，使相偿之。”张守节《正义》：“王之财物所藏也。”

中官 官名。❶对春、夏、秋、冬官而言。贾公彦《周礼正义疏》：“春官为木正，夏官为火正，秋官为金正，冬官为水正，中官为土正，高辛氏因之。”唐朝以来，司天官有中官，设正一人，与春、夏、秋、冬诸官正掌习四时，各司其方之变。❷春秋晋国同姓贵族任职于宫室者，即内官。汉朝指宦官，以阉人给事于禁中故名。唐朝为内侍省官。唐太宗定制，内侍省不置三品官。至永淳（682—683）末，权未假于内官。神龙（705—707）中，宦者三千余。玄宗在位既久，崇重宫禁，中官稍称旨者，即授三品左右监门将军。德宗时，左、右神策军，天威军等命中官掌之，置护军中尉二员、中护军二员。亲军之权，全归宦者。将兵于外者，谓之观军客使。宋朝以后，宦官亦称中官。❸京官或朝中之官泛称。

中官大夫 官名。南宋孝宗淳熙三年（1176）置，为太史局伎术官阶官。

中官正 官名。唐朝肃宗乾元元年（758）始设，为司天台属官。额一人，正五品上。系春、夏、秋、冬、中五官正之一，掌司四时，司其方之变异。宋朝沿置。初属司天监，神宗元丰（1078—1085）改制后属太史局，正八品。辽、金、元三朝不置。明朝为钦天监属官，正六品。掌推历法，定四时。任职者不得改他官，子孙不得从他业。清朝为钦天监时宪科之职官，康熙四年（1665）设。由汉一人充任，从六品。掌管编制时宪书，及日月食之推算。

中官副正 官名。唐朝秘书省司天台官，肃宗乾元元年（758）置，员一人，正六品上，为中官正副贰。

中郎 官名。❶秦、西汉高级郎官之一，秩比六百石，位高于侍郎、郎中。给事禁中，宿卫宫禁，出充车骑，常侍皇帝左右，拾遗补缺，参议政事，在郎官中与皇帝最亲近。武帝以后由议郎专职议论，拾遗补缺，中郎仍职宿卫近侍，亦常给事于中朝、外朝各种机构。隶郎中令（光禄勋），由五官、左、右中郎将分别统率（一说专属五官中郎将）。无员额，多至千人。东汉分属五官、左、右中郎将三署，名义上仍职宿卫，实际上成为后备官员，无固定职掌，或给事于诸中央机构。又置虎贲中郎，宿卫宫殿，侍从左右，属虎贲中郎将。三国两晋或罢三署，仍置中郎作为储备人材的一种途径。魏、晋八品。参见“郎官”。❷中郎将的简称。❸从事中郎的简称。❹宋朝三卫府及其所属之亲卫、勋卫、翊卫府置，位次郎，为武职侍从官。详见各条。

中郎将 官名。秦、西汉为中郎长官，秩比二千石，隶郎中令（光禄勋）。职掌宫禁宿卫，随行护驾，协助郎中令（光禄勋）考核选拔郎官及从官，亦常奉诏出使，职位清要。后又专设五官、左、右中郎将分领中郎、常侍侍郎，谒者。期门（虎贲）、羽林郎等禁卫军亦专设中郎将统领。其职多由外戚及亲近官员担任，加中朝官号。东汉省并郎署，中郎、侍郎、郎中悉归五官、左、右三署，作为后备官员。五官、左、右中郎将仍隶光禄勋，职掌训练考核选拔郎官。宫禁宿卫侍从之职归虎贲、羽林中郎将。别设使匈奴中郎将管理南匈奴事务。亦有单称中郎将者。东汉末至魏晋南北朝，置诸名号中郎将为统兵将领，遂成为次于将军、高于校尉的统兵武职名称，品秩高低不等，其东、南、西、北四中郎将职位尤重，高于一般杂号将军。唐高祖武德七年（624）改左、右卫的三卫五府、诸卫翊府、太子诸率府的三卫三府诸内府长官骠骑将军为中郎将，各领禁卫府兵，统校尉、旅帅、亲卫、勋卫等官。诸卫所置正四品下，诸率所置从四品上。高宗永徽三年（652）改名旅贲郎，旋复旧。宋朝环卫官中左右金吾卫、左右卫、左右千牛卫亦置，位次将军，高于郎将，无职事、无定员，仅为武臣赠典、武臣责降散官及安置武职闲散人员，或除拜宗室、外戚。参见有关各条。

中录事 官名。❶十六国前凉置。席仂曾任此职。参见《晋书·张轨传》。❷中录事参军省称。

中录事参军 官名。南朝梁、陈置为皇弟皇子府、嗣王蕃王府、庶姓公府、庶姓持节府僚属。梁自七班至三班，陈自六品至九品，随府主地位而定。梁武帝天监七年（508）诸督府亦增置。

中隶 见“都史”。

中参军 官名。三国蜀置，胡济曾任此职，见《三国志·李严传》。

中织室 官署名。战国楚置。主管纺织业。战国楚官印有“中织室鉨”。

中城四关将军 将军名号。即五威中城将军、五威前关将军、五威后关将军、五威左关将军、五威右关将军合称。新莽始建国元年（后9）置。

中政使 官名。元朝置。秩正二品，中政院长官，置四员。下设同知二员，正三品；佥院二员，从三品；同佥二员，正四品；院判二员，正五品。

中政院 官署名。秩正二品。元成宗大德四年（1300），由中御府改置，掌皇后中宫财赋、营造、供给及宿卫士。至大三年（1310），升从一品。四年，并入典内院。皇庆二年（1313），复立中政院。下辖中瑞司、翊正司等机构。

中药藏丞 官名。南朝梁置，东宫中药藏局长官。流外三品蕴位。

中药藏局 官署名。南朝梁置。东宫诸局之一，设丞。

中尝药典御　官名。北魏置。《魏书·阉官传》："（贾粲）自崇训丞为长兼中给事中、中尝药典御，转长兼中常侍。"由宦官充任，负责皇帝、皇后的医药事务。北齐改称中尚药典御。

中尝食典御　官名。北魏置。负责皇帝的饮食事务，以宦官担任。《魏书·阉官传》："高祖以（王温）谨慎，补中谒者，小黄门，转中黄门、钩盾令，稍迁中尝食典御、中给事中。"北齐改称中尚食典御。

中贵　指为君王所宠信的宦官，与中贵人同。

中贵人　宦官的别称。原意指为君主所宠信的宦官。后常用以指所有的宦官。

中顺大夫　官名。金朝置，为文散官，以授正五品下文官。元沿置，改正四品文官，宣授。明朝亦置，为正四品文官，初授。

中盾　参见"太子中盾"。

中亮大夫　官名。宋徽宗政和二年（1112）重定武臣及内侍阶官名，改客省使、宣庆使置，从五品。金朝为内侍阶官，正六品上。

中亮郎　官名。宋徽宗政和二年（1112）重定武臣阶官名，改客省副使置，后定为从七品。

中将军　官名。北魏诸皇子、诸王公国置，统国中军兵，孝文帝太和二十三年（499）定为从八品或从九品上。北齐沿置，品同。

中总管　官名。地方高级军政长官。隋朝置总管之州，分上中下三等。中州各置一员，视正三品。炀帝即位废。

中宫仆　官名。东汉置之，属大长秋，员一人，秩千石，以宦者任之，掌管皇后车马。

中宫仆令　官名。北齐置，长秋寺中宫仆署长官，从九品上。以宦官充任。

中宫仆丞　宦官名。北齐置，长秋寺中宫仆署次官。

中宫仆射　官名。十六国汉置，郭猗曾任此职。参见《晋书·刘聪载记》。

中宫仆署　官署名。北齐置，属长秋寺，掌后宫车马。以令、丞为长贰，以宦官充任。领乘黄局教尉、细马车都督、车府部丞等官。

中宫永巷令　官名。东汉属大长秋，秋六百石，主管皇后宫人。有丞一人，均以宦者任之。

中宫永巷丞　官名。东汉属大长秋，为中宫永巷令副贰，员一人，秩三百石。

中宫私府令　官名。东汉属大长秋，秩六百石，有丞一人，均以宦者任之，主管皇后宫中所藏币帛诸物，及裁衣被补浣者。

中宫私府丞　官名。东汉属大长秋。为中宫私府令副贰，员一人，以宦者任之，秩三百石。

中宫尚书　官名。东汉属大长秋。员五人，以宦者任之，秩六百石，主管皇后宫中文书。

中宫药长　官名。东汉属大长秋，员一人，以宦者任之，秩四百石。

中宫黄门冗从仆射　官名。东汉属大长秋，秩六百石，主管中黄门冗从，以宦者任之。

中宫谒者　官名。东汉属大长秋，由中宫谒者令主之，员三人，秩四百石，主管皇后宫报中章，以宦者任之。

中宫谒者令　官名。东汉属大长秋。秩六百石，领中宫谒者三人，主管皇后宫报中章。

中宫署令　官名。东汉置，属大长秋，秩六百石，以宦者任之。所属有女骑六人，丞、复道丞各一人。

中宫署丞　官名。东汉置，属大长秋，为中宫署令副职，员一人，秩三百石，以宦者任之。

中宪　唐、宋御史中丞别称。

中宪大夫　官名。金朝置，系文职正五品中之封阶，为四十二阶之第二十二阶。元朝袭之，升为正四品，宣授。明朝为文职正四品之升授，属四十二阶之第十八阶。清朝为文职正四品之封赠，属十八阶之第七阶。另，清初武职中属八旗者正、从四品亦封此。乾隆三十二年（1767），改同绿营武职，分别封为昭武大夫、宣武大夫。五十一年，又分别改为昭武都尉、宣武都尉。

中垒令　官名。西汉置，属中尉。武帝太初元年（前104）中尉更名执金吾后改属之，职掌军中垒门，有丞、两尉。东汉省。

中垒丞　官名。西汉属执金吾，为中垒令副贰，员一人。

中垒将军　官名。三国魏置，晋，十六国后赵、前秦及北魏沿置。三国魏初有营兵，担任宫禁宿卫。齐王曹芳正始六年（245），曹爽毁中垒营，以兵属中领军。后不领营兵，仅作为将军名号。三国魏、晋皆定为四品，北魏孝文帝太和十七年（493）定为四品上，二十三年复次职令，改为从四品上。

中垒校尉　官名。汉武帝初置。为北军八校尉之一，秩二千石，戍卫京师，兼任征伐，有丞、司马。《汉书·百官公卿表》载中垒校尉掌北军垒门内，外掌西域，或谓"西域"当作"四城"。东汉省。

中垒曹　官署名。西晋始置，为御史台下属机构。设侍御史掌其事。东晋、南朝宋沿置。其后置否不详。

中给事　官名。十六国北燕置，以宦官充任，为皇帝亲信，负责宫中与外朝的联系。冯跋卧病时，中给事胡福掌宿卫禁军。北魏亦置，孝文帝太和十七年（493）定为从三品中，二十三年改名中给事中。

中给事中　官名。北魏孝文帝太和（477—499）末由中给事改名，从五品。北齐属中侍中省，员四人。由宦官充任，掌后宫事，并负责与外朝的联系。从五品。

中统军　官名。北魏置。《魏书·房法寿传》："高祖南伐，征为步兵校尉，直阁将军，中统军。"

中校令　官名。西汉属将作少府（将作大匠），有丞，成帝阳朔三年（前22）省。唐朝开元二年（714）又置，为中校署长官，从八品下。有丞，员三人，正九品下。掌供舟车兵仗、厩牧杂作器用之事。凡行幸陈设则供竿柱，闲厩供行槽，祭祀供葛竹堑等。

中校丞 官名。西汉属将作少府（将作大匠），为中校令副职。成帝阳朔三年（前22）省。唐朝开元二年（714）又置，为中校署次官，员三人，协助中校令掌供舟车兵仗，厩牧杂作器用之事。

中校尉 官名。北魏置，陆陵成自此职迁河间太守。孝文帝太和十七年（493）定为从九品上，二十三年复次职令，未载。

中校署 官署名。唐朝将作监置，有令一员、丞三员，掌供舟车、兵械、杂品；另有监事四员、典事八员等。武则天改名营缮署，垂拱元年（685）复名中校署，寻废；玄宗开元二年（714）复置。北宋初存其官名而无职司。

中校署令 官名。即中校令。

中校署丞 官名。即中校丞。

中都大官 即北魏中都坐大官的省称。

中都广备库 官署名。金朝置。掌中都匹帛颜色、油漆诸物出纳之事。设使、副使、判官领库事，秩从七品、从八品、正九品。下设攒典四人、库子十四人。

中都木场 官署名。金朝中都管理木材的机构。设使、副使、判官领场事，秩从八品、正九品。下设司吏一人，库子四人，花料一人，木匠一人。

中都左右厢别贮院 官署名。金朝置。掌朴（未经加工过的木材）等物品贮藏出纳。设使、副使、判官领院事，秩从八品、正九品、从九品。下设攒典、库子等吏员。

中都护 官名。三国蜀昭烈帝章武三年（223），以李严任之，统内外军事。宋朝初年亦置，位在五大都督府长史之下、少卿监之上，后不常置。

中都坐大官 官名。北魏置。多省称为中都大官，并与内都坐大官、外都坐大官合称为“三都大官”。掌刑狱，听理民讼，权势很大。任此职者多为宗室诸王及胡汉重臣，祭吊时位在三公及尚书令之上。孝文帝曾使其弟咸阳王元禧任此职。孝文帝太和（477—499）中改制时罢。

中都买物司 官署名。金朝置。掌收买宫中所用诸物。设使、副使领司事，秩从八品、正九品。下设都监四员掌支应等事，秩从九品；司吏二人。

中都虎贲司 官署名。元朝侍卫亲军机构。设于武宗至大元年（1308），置司于旺兀察都（今河北张北县北），掌修建中都等务。四年罢。

中都国子学 学校名。明洪武八年（1375）置，十五年改称中都国子监。详见“中都国子监”。

中都国子监 学校名。明洪武十五年（1382）改中都（今安徽凤阳县）国子学而置。其设置与京师国子监（亦是年改称监）同。二十四年更定员额、品秩，设祭酒、司业、监丞、典簿、博士、学正、学录、掌馔各一人，助教二人，品秩与在京同。二十六年罢。

中都店宅务 官署名。金朝中都房屋地产管理机构。参见“店宅务”。

中都官 汉朝京师诸官府统称。亦指京师诸官府官员。

中都官狱 汉朝京师诸官府所设监狱统称。

中都威卫使 官名。元朝置。中都威卫使司长官，秩正三品。下设副使、佥事等职。

中都威卫使司 官署名。元朝侍卫亲军机构之一。仁宗延祐元年（1314），由大同侍卫亲军都指挥使司改置，归徽政院。七年，改为忠翊侍卫亲军都指挥使司，仍隶枢密院。

中都都商税务司 官署名。金朝置。掌中都商业交易税务。设使、副使、都监等官，秩正八品、正九品、从九品。下设司吏四人，公使十人。

中都留守司 官署名。明洪武十四年（1381）改原中都留守卫指挥使司而置。设留守一人，左、右副留守各一人。后改设副留守一人，指挥同知二人。其属，经历司，经历、都事各一人；断事司，断事、副断事、吏目各一人。掌中都守御防护之事。中都即朱元璋故乡临濠（今安徽凤阳）。统凤阳、凤阳中、凤阳右、皇陵、留守左、留守中、长淮、怀远等八卫，护卫皇陵。

中都流泉务 官署名。金朝置。设在中都。掌解典诸物、流通货币。官长为使、副使，秩正八品、正九品。下设勾当官、攒典。

中都宰 官名。春秋鲁置。主管中等都城之行政长官。《史记·孔子世家》：“其后定公以孔子为中都宰，一年，四方皆则之。由中都宰为司空。”

中都督 官名。宋朝置，合班位在郡公下、上都护上。不常设。

中都督曹 官署名。西晋始置，为御史台下属十三曹之一。设侍御史掌其事，监察京都畿内诸军府长官。东晋、南朝宋沿置。其后置否不详。

中监女史 官名。南朝宋太宗定后宫百官时置。紫极、光兴二房俱设。四品。

中监尹 官名。南朝宋太宗定后宫百官时置。紫极、光兴二房俱设，掌铨查六宫。二品。

中监军 官名。三国蜀置，统兵，位在前、后、左、右护军上。地位很重要，刘巴以前将军兼任，督汉中军事。姜维以征西将军兼任，随诸葛亮伐魏。一说即中护军之任。

中监典 官名。南朝宋太宗定后宫百官时置。紫极、光兴中监典四品，宣融便殿中监典五品。

中监省帅 官名。南朝宋太宗设后宫百官时置，属紫极房。五品。

中贼曹吏 官名。即贼曹掾史。《后汉书·党锢列传·岑晊传》：“太守弘农成瑨下车，欲振威严，闻晊高名，请以功曹，又以张牧为中贼曹吏。”汉朝郡国府有贼曹，其掾吏或分左、右、中，主管盗贼事。

中秘书　官署名。北魏置。《魏书·李䜣传》："高宗即位，䜣以旧恩亲宠，迁仪曹尚书，领中秘书。"其长官为中秘书监。一说即内秘书之异称。

中秘书监　官名。北魏置，为中秘书长官。赵万里《汉魏南北朝墓志集释》图版二〇一《穆亮墓志》："（亮）祖寿，侍中，征东大将军，领中秘书监，宜都文宣王。"

中候　官名。秦置，属将作少府。西汉因之，执金吾所属又有式道中候，掌车驾出还清道。东汉唯北军置此官。晋朝北军中候也省称中候，详见"北军中候"。唐武则天天授二年（691）始于十二卫及左右千牛卫各置三人，正七品下；东宫六率各置二人，从七品下。乾元二年（759）又于北衙六军置，员额、品秩皆同诸卫。

中候中诏　官名。三国魏置，职掌不详。见《宋书·礼一》。

中射　参见"中射士"。

中射士　官名。同中射或中谢。战国置。❶宫廷侍御士官。《韩非子·十过》："中射士谏。"于省吾新证："吴北江先生谓射乃榭之借字是也。谢、榭金文作廚。《虢季盘》：'宣廚爰乡。'《春秋·宣十六年》作'宣榭'。此言中廚，谓廚中给事之臣也。"❷一说为武官，即射人。《战国策·楚策四》："中射之士问。"鲍彪注："射人之在中者。"

中卿　爵名。周朝官制卿爵至春秋初期有上、下之别，后又分为上、中、下三等。中卿为卿爵第二等。《公羊传·襄公十一年》："三军者何？三卿也。"何休注："卿大夫爵号，大同小异。方据上卿道中、下，故总言三卿。"诸侯国之间卿爵又有等差。大国的卿当次国中卿、小国上卿。次国、小国的卿依次降等。《左传·成公三年》："次国之上卿，当大国之中，中当其下，下当其上大夫。小国之上卿，当大国之下卿，中当其上大夫，下当其下大夫。上下如是，古之制也。"

中部　官署名。北魏置。《魏书·恩幸传》："（王袭）年十四，以父任擢为中散，仍总中部。"设中部令、中部大夫、中部给事中等官。一说即"殿中曹"之异称。

中部大人　官名。北魏置。原为鲜卑拓跋氏部落首领的称号，北魏初建国时，仍沿用此名。见《魏书·庾业延传》、《王建传》。

中部大夫　官名。北魏置。《魏书·谷浑传》："（谷季孙）入为秘书中散，迁中部大夫。"参见"中部"。

中部仓丞　官名。南朝梁司农卿所属中部仓长官。

中部帅　官名。东汉献帝建安（196—220）中曹操置，三国魏沿之。时将入居塞内的南匈奴分为左、右、南、北、中五部，各部立其中贵者为帅，选汉人为司马以监督之。魏末改中部都尉。一说西晋武帝太康（280—289）中改。

中部令　官名。北魏置。《魏书·裴骏传》："高祖嘉之，征（张掖子都大将裴修）为中部令。"

中部给事中　官名。北魏置。为内廷派驻中部监察政务的官员。《魏书·阉官传》："（苻承祖）因事为阉人，为文明太后所宠，自御厩令迁中部给事中、散骑常侍、辅国将军。"

中部都尉　官名。三国魏末置，西晋沿之。为匈奴中部长官，由中部帅改名，一说西晋武帝太康（280—289）中改置。统六千余落，居大陵县。见《晋书·北狄传》、《刘元海载记》。参见"五部都尉"。

中部督　官名。三国蜀置，掌宿卫禁军。《三国志·向朗传》：（后主）建兴元年（223），（向宠）封都亭侯，后为中部督，典宿卫兵。

中部督邮　官名。汉朝督邮为郡府属吏，职司监察诸县，地位重要。督邮分部设置，故其职名又冠于中、东、西、南、北之称。十六国北凉亦置，见《吐鲁番出土文书》第一丹哈拉和卓第九六号墓出土《中部督邮残文书》。

中益大夫　官名。金朝内侍阶官。二十五阶之第八阶，秩从五品中。

中准令　官名。原为平准令，东汉属大司农，秩六百石，掌知物价，主练染，作采色。有丞一人。灵帝熹平四年（175）改中准令，使宦者任之，列于内署。

中涓　官名。亦称涓人。宫内近侍。战国始置，掌清洁事务。秦汉沿置，主通书谒出入。《墨子·号令》："谒者、执盾、中涓及妇人侍前者。"《汉书·萧何曹参传》颜师古注："中涓，亲近之臣，若谒者、舍人之类。涓，洁也，主居中扫洁也。"《汉书·石奋传》颜师古注："中涓，官名，主居中而涓洁者也。外有书谒，令（石）奋受之也。"后罢。明、清指内侍、宦官。

中涓大夫　官名。金、元内侍阶官。金二十五阶之第十一阶，秩正六品下。元十四阶第六阶，从四品。

中家人子　汉朝宫女名号。汉时挑选良家少女入宫，其地位低微者未有职号，但称家人子。秩位与有秩斗食相类，即日食一斗二升，一岁不满百石。

中营官　官名。清朝西藏地方官员之一。掌治所属各城军民之政事。前藏设六品官五十九人，分辖四十三中营。后藏设六品官十七人，分辖十四中营。

中黄门　官名。西汉置，掌皇宫黄门之内诸伺应杂事，持兵器宿卫宫殿，为服役于宫廷中的低级宦官。名义上隶属少府，无定员。东汉宦官专权，其职任稍重，位次小黄门。魏、晋沿置，隶属不详。东晋南朝省。十六国汉（前赵）、南燕、后燕等仍置，侍从左右，出纳王命，宠幸用事。北魏、北齐亦置，隶中黄门令，位在小黄门上。汉秩比百石，后增为比三百石；魏、晋七品，北魏孝文帝太和十七年（493）定为五品中，二十三年定为九品上，北齐九品上。

中黄门冗从 官名。东汉少府及大长秋皆置。少府所属由中黄门冗从仆射主之，大长秋所属由中宫黄门冗从仆射主之。居则宿卫，值守门户，出则骑从，夹乘舆车。皆由宦官充任。

中黄门冗从仆射 官名。东汉置，秩六百石，统领中黄门冗从，掌管宿卫宫禁，值守门户，皇帝出行则骑从，夹乘舆车。名义上隶少府。北魏、北齐复置，隶长秋寺中黄门署。北魏孝文帝太和十七年（493）定为五品上，二十三年定为从八品上，北齐从八品上。

中黄门令 官名。领中黄门等宦者。始见于十六国后燕时。《晋书·慕容德载记》：慕容宝"遣其中黄门令赵思召慕容钟来迎"。隶属不详。北魏例由宦者担任，属长秋卿，有丞一人。孝文帝太和十七年（493）定为四品中，二十三年改为从八品上。北齐沿置，为长秋寺中黄门署长官。

中黄门丞 官名。北魏、北齐置，为中黄门令副贰。由宦官充任。

中黄门博士 宦官名。北齐置，员四人，属长秋寺中黄门署。

中黄门署 官署名。十六国后燕、北魏、北齐皆置。北齐属长秋寺，置令、丞。领中黄门冗从仆射、中黄门博士等官，皆用宦者。

中黄令 官名。南朝梁置，有丞。西晋有中黄藏、左藏、右藏令，管理金帛库藏，皆属少府。东晋以后不置。至梁始置此职，属少府卿，左、右藏令则属太府卿。陈沿置。隋则沿北齐制，称黄藏令。

中黄丞 官名。详见"中黄令"。

中黄藏令 官名。西晋置。东汉、三国魏皆有中藏府令，管理宫中金银币帛库藏。西晋改此名，职掌略同，仍属少府。东晋、南朝宋、齐不置。梁、陈于少府卿下置中黄令，北齐于太府卿下置黄藏令，职掌类此。

中厩 帝王宫中负责管理车马牛畜的机构。春秋楚、战国秦等国置。秦汉沿置。《左传·昭公二十七年》："夫左尹与中厩尹，莫知其罪，而子杀之。"《睡虎地秦墓竹简·厩苑律》："其大厩、中厩、宫厩马牛殹（也），以其筋、革、角及其价钱效，其人诣其官。"《后汉书·吕强传》："中厩聚太仆之马。"

中厩尹 官名。春秋时楚国置。主管王后车马的长官。《左传·昭公二十七年》："夫左尹与中厩尹，莫知其罪，而子杀之。"

中厩令 官名。汉初置，掌皇帝舆马。《史记·高祖功臣侯者年表》戴敬侯秋彭祖条："以中厩令击陈豨。"《汉书·百官公卿表》未见。

中堂 宰相之别称。北宋时因宰相于中书省内之政事堂办事而有此称。元朝沿称。明朝大学士握宰相之权，于内阁办公，居中，中书居东西两房，故称中堂。清朝用以称呼大学士、协办大学士。

中常大夫 官名。金朝内侍阶官。二十五阶之第七阶，秩从五品上。

中常侍 官名。秦、西汉为加官。初称常侍，元帝以后称中常侍。凡列侯、将军、卿大夫、将、都尉、尚书以至郎中，加此得出入禁中，常侍皇帝左右。武帝以后参与朝议，成为中朝官。无定员，或多至数十人，任用士人。东汉改为专职官员，侍从皇帝左右，出入皇宫，赞导宫内诸事，顾问应对。初秩千石，后增为比二千石。名义上隶属少府，实际上直达皇帝。初杂用士人、宦者，明帝时定员四人。自和帝时宦者中常侍郑众等参预帷幄，职位渐重，增至十员，兼领卿署之职。安帝时和熹太后以女主称制，不接公卿，遂成为高级宦官的专职，把持朝政，权倾人主。顺帝时李固说："中常侍在日月之侧，声势振天下。"（《后汉书·李固传》）三国沿置。魏初与散骑合并，改称散骑常侍，用士人。吴称散骑中常侍，简称中常侍，亦用士人。蜀仍用宦者，为亲近之职，干预朝政。两晋南朝不置。十六国汉、成汉置为高级宦官，宠幸用事。西秦则置中、左、右常侍，并为中枢长官，执掌国事，任用士人。北魏置为高级宦官，地位与诸少卿相等，侍从帝后左右，传达诏命，受理尚书、门下奏事，职权甚重，孝文帝太和十七年（493）定为三品上，二十三年改四品上。北齐置四员，为中侍中省次官，四品上，至末年宠信宦官，宦者带此职者数十人，多封王、开府。隋朝改名内常侍。金章宗泰和二年（1202）亦置，为内侍寄禄官，以升用内侍局御直、内直有年劳者。初隶宫闱局，寻直隶宣徽院，正五品。

中第 ❶选举制度用语。（1）秀才、孝廉等被荐举者"对策"后获得的中等成绩。南朝宋明帝泰始（465—471）中规定，策试五条，答对三、四条者为中第。十六国后赵规定答策中第者拜中郎。北魏时"秀孝"策试中第者，原不授官，孝明帝熙平初（516—518），尚书考功郎阳固"奏诸秀孝中第者听叙"（《魏书·阳尼传》）。（2）考课官吏时的中间等级。一般考为中第可仍留任原来官职。（3）科举考试，考中者，亦称中第。❷指士族内部较高门稍低的等级。北魏献文帝天安元年（466）设立郡国学，高允建议："学生取郡中清望，人行修谨，堪循名教者，先尽高门，次及中第。"（《魏书·高允传》）

中领军 官名。东汉献帝建安（196—220）中曹操改领军置。与中护军皆典禁兵，属丞相府。一说献帝延康元年（220）始置。三国魏时又置领军将军，职掌同，以资格较深者任之。为禁卫军最高统领，有营兵，主五校、中垒、武卫三营，并管中护军。魏末特许晋国亦置。三国蜀亦置。西晋武帝泰始七年（271）省并北军中候。惠帝时复置，一说怀帝永嘉（307—313）中始复。东晋元帝永昌元年（322）改为北军中候，寻复，成帝时又改为北军中候，寻又复。东晋时无营兵，总统二卫、骁骑、材官诸营禁军，不再管中护军。十六国成、前凉、后燕皆置。南朝掌京师驻军及禁军，而由中护军掌外军。魏、晋、宋三品。梁武帝天监七年（508）定为十四班，陈三品，秩中二千石。北魏侍臣带“领军”者，称中领军，孝文帝太和十七年（493）定为二品中，太和二十三年改为三品。北齐为领军府长官，掌禁卫宫掖，主朱华阁以外的禁卫官，又领左右卫、领左右等府，三品。西魏时仍总宿卫，恭帝三年（556）建六官时罢。

中领军将军　官名。北魏置，为侍臣带领军将军者之称。如娥清以给事黄门侍郎任此职。职掌参见“领军将军”。

中庶　即太子中庶子。

中庶子　官名。❶太子属官。春秋时楚，战国秦、韩等国皆置。掌诸侯卿大夫庶子的教育管理。《新序·杂事二》：“楚庄王莅位三年不治”，“中庶子闻之，跪而泣曰”。《战国策·燕策三》：“（荆轲）厚遗秦王宠臣中庶子蒙嘉。”《战国策·韩策三》：“韩公叔与几瑟争国，中庶子强谓太子。”❷汉朝以后为太子中庶子省称。

中翊府　见“卫率府”。

中谏　左、右补阙别称。洪迈《容斋四笔》卷一五《官称别名》：“唐人好以它名标榜官称”，“补阙（今司谏）为中谏”。

中谒者　官名。西汉刘邦置，以灌婴任此职，随从征伐。南朝宋、十六国后赵及北魏亦置，皆用宦官充任。后赵申扁任此职时，掌机密，处理奏案，权倾内外。北魏时属中谒者仆射，随侍宫中。北魏孝文帝太和十七年（493）职员令定为从五品下，二十三年复次职令，未载。参见“谒者”。

中谒者大夫　官名。北魏置，孝文帝太和十七年（493）定为四品上，二十三年复次职令，未载。

中谒者仆射　官名。北魏置，由宦者充任。孝文帝太和十七年（493）定为五品上，二十三年复次职令，改为从八品上。北齐时属中侍中省，员二人。负责宗亲谒见时的通报、引入等事务，从八品上。

中谒者令　官名。据《汉书·百官公卿表》，原为中书谒者令，属少府，有丞。成帝建始四年（前29）更名中谒者令。又，《成帝纪》颜师古注引臣瓒曰：“汉初中人有中谒者令。孝武加中谒者令为中书谒者令，置仆射。”

中谒者丞　官名。属少府，为中谒者令副贰。《汉书·成帝纪》：“中谒者丞陈临杀司隶校尉辕丰于殿中。”

中尉　官名。❶战国赵国置，掌选官举贤。《史记·赵世家》：“荀欣侍，以选练举贤，任官使能”，“为中尉”。❷秦、西汉初统兵武职名称，后遂常置，又称备盗贼中尉。位列九卿，秩中二千石。职掌京城治安执法，管理中央武库，兼领左右京辅兵卒，戍卫京师，或亦发兵卒远屯边塞。属官有丞二员及候、司马、千人等，领中垒、寺互、武库、都船令、丞，式道左右中候及丞等。景、武之世多用刀笔吏，严治宗室贵戚豪强之横暴者，案验诸侯王谋反案件。武帝太初元年（前104）改名执金吾。❸诸侯国军事长官。西汉初诸侯王国自置，景帝以后由中央代置，秩二千石。一度罢，成帝时复置。职掌维持王国治安，督察军吏，典领军队，与傅、相共同辅王。东汉沿置。魏晋南北朝地位稍减，与郎中令、大农并号三卿，以典兵为职。或唯置于王、公国，或王、公、侯、伯、子、男国皆置，其品秩随国之地位而定。魏、晋、宋六品，梁位三班至流外四班不等，陈八、九品不等，北魏、北齐七品至九品不等。隋朝改名“尉”。元朝复置，隶诸王内史府，员六人，正三品。❹秦、西汉主爵中尉的简称。❺北魏御史中尉的简称。❻唐护军中尉的简称。

中尉丞　官名。秦及西汉初为中尉副职。员二人，秩千石，助中尉缴循京师。武帝太初元年（前104）中尉更名执金吾后罢。

中散　官名。❶北魏初期置。为内廷官，直宿禁中，隶属幢将，无员限，无具体职掌，在皇帝左右参预机密，经常奉使出巡州镇，考察地方官政绩。皇帝出征时随从左右，管理御用兵器。兼用文武，亦任用以医、卜等专门技能侍奉皇帝者。中期以后，分设主文中散、奏事中散、侍御中散等。如长期派驻在某一机构，则冠其名，如秘书中散、外都曹奏事中散等。或作为起家官。设中散庶长，位在其上。孝文帝太和十七年（493）定为五品中，二十三年复次职令，未见。❷中散大夫省称。

中散大夫　官名。西汉平帝置。《汉书·萧由传》：元始（后1—5）中，“复为中散大夫，终官”。东汉隶光禄勋，秩六百石。无员，与光禄、太中、谏议大夫及议郎等皆掌顾问应对，无常事，唯诏令所使。三国、两晋、南北朝沿置，多养老疾，无职事。魏、晋皆七品；南朝宋六百石；南齐亦以处旧齿老年，重者加亲信二十人；梁无员，养老疾，十班；陈四品、千石。北魏曾为职事官之加官，受差遣，《魏书·恩幸传》：“（尚书）台遣中散大夫孙景安研检事状。”孝文帝太和十七年（493）定为四品上，二十三年改四品下；北齐四品下；北周七命。唐朝置为正五品上阶文散官。北宋沿置，神宗元丰三年（1080）废文散官，遂为从五品新寄禄官，取代光禄卿至少府监之旧寄禄官；哲宗元祐三年（1088）分为左、右两阶；徽宗大观二年（1108）以左中散大夫为中奉大夫，右中散大夫为中散大夫。金海陵王天德（1149—1153）中置为内侍阶官之第一阶，从四品上。元朝沿置，正二品。

中散庶长　官名。北魏置、统诸中散。孝文帝太和十七年（493）定为从四品上，二十三年复次职令，未见。职掌参见“中散”。

中朝　西周时称治朝，在燕朝与外朝之间，皆为议政之所。西汉又称内朝，系指大司马、左右前后将军、侍中、常侍、散骑、诸吏、左右曹、给事中、尚书诸官。自秦至汉初，丞相为百官之长，协助皇帝处理全国政务。汉武帝为加强皇权，提拔文学侍从之臣为幕僚，加侍中、常侍、给事中等官职，侍奉皇帝左右以备顾问，由此组成中朝，经常参与国家大事决策；丞相为首的百官称为外朝，实际上变成执行一般政务的机关。昭宣以后，担任大司马和将军的外戚重臣多领尚书事，成为中朝核心成员。东汉初年裁并内朝官职，专任尚书，其后宦官、外戚两个集团轮流控制朝政，尚书台成为他们手中的工具。晋朝仍有此称，但制度似有不同。又，东晋人士亦称西晋为中朝，其义已不同。至宋时，为三省及台省寺监合称。又，朝廷或朝廷百官也泛称中朝。

中厨帅　宫官名。南朝宋太宗设后宫百官时置。五品。

中厨廉　宫官名。南朝宋太宗设后宫百官时置，员三人，七品。

中掾　宫官名。南朝宋太宗拟百官、设后宫内职时置。诸房各置一人，位比五品敕吏。

中等司　西夏第三等官衙。包括大恒历院、都转运司、陈告司、都磨堪司、审刑司、群牧司、农田司、受纳司、边境监军司、宫前侍司、磨堪军案殿前司、鸣沙军、史算院、养贤务、租税务、回夷务、医人院、华阳县、泾原县、五原郡、京师工院、虎控军、威地军、大通军、宣威军、圣永地居等。用十二两铜镶银印。

中等教育科　官署名。清末学部普通司所属三科之一。光绪三十二年（1906）设。掌中学堂、女子中学堂之教课规程、设备规则，以及与地方行政、财政有关之一切事务。置员外郎一人、主事二人。

中傅　官名。汉朝诸侯王国置。《汉书·武帝纪》：“济川王坐杀太傅、中傅，废迁防陵。”颜师古注引应劭曰：“中傅，宦者也。”《汉书·百官公卿表》、《后汉书·百官志》均不载，职掌似为教导诸侯王。南朝宋明帝定后宫九品官时亦置，掌铨选人士，官四品。

中御大夫　官名。即殿中丞，唐高宗龙朔二年（662）改，咸亨元年（670）复名殿中丞。金朝置为内侍阶官。金为二十五阶中的第五阶，秩正五品中。元朝沿之，升为十四阶中的第三阶，正三品。

中御大监　官名。即殿中监，唐高宗龙朔二年（662）改，咸亨元年（670）复名殿中监。

中御少监　官名。即殿中少监，唐高宗龙朔二年（662）改，咸亨元年（670）复名殿中少监。

中御府　官署名。即殿中省，唐高宗龙朔二年（662）改，咸亨元年（670）复名殿中省。元成宗元贞二年（1296）复置，秩正三品。掌皇后中宫财赋等事务，以中御卿为长官。大德四年（1300）改称中政院。

中御卿　官名。元朝中御府长官，正三品。

中谢　官名。又称中射。战国楚置。侍御官吏。《吕氏春秋·去宥》：“威王好制，有中谢佐制者”，“中谢，细人也”。高诱注：“中谢，官名也。”《史记·张仪列传》司马贞索隐：“盖谓侍御之官。”

中瑞司　官署名。元朝置。秩正三品，隶中政院，掌奉皇后宝册。置中瑞卿五员，正三品；丞二员，正四品。下设典簿二员，写懿旨必阇赤四员，译史一员，令史四员。

中督护　官名。西晋末凉州张轨置为统兵主将，地位高于一般州所置督护。氾瑗任此职时，率兵二万讨东羌校尉韩稚。见《晋书·张轨传》。

中署　❶官署名。东汉灵帝（168—189）置，积蓄私藏，收天下之珍，以宦官掌之。三国魏沿置，以中署监为长官。南朝宋后废帝（473—477）初，省御府而置，隶少府所统右尚方令，掌作御刀、绶剑及诸玩好器物。南朝梁为大长秋所统诸署之一。❷隋、唐寺、监所统诸署之中级署通称。隋朝为太医、右藏、黄藏、乘黄、龙厩、衣冠、守宫、华林、上林、掌冶、导官、左校、右校、牛羊、典牧等十五署，长官令从八品上；炀帝大业三年（607）增为从六品。唐朝为钩盾、右藏、织染、掌冶、衣冠等署，长官令正八品上。

中署监　官名。三国魏置，为中署长官，七品。

中藏　宫中库藏之泛称。《后汉书·盖勋传》：“多出中藏财物以饵士。”李贤注：“中藏谓内藏也。”

中藏女典　官名。南朝宋太宗定后宫百官时置，掌铨查六宫。三品。

中藏帅　官名。南朝宋太宗定后宫百官时置。五品。

中藏府　官署名。东汉名义上属少府，掌宫中币帛金银诸货，有令、丞主之。

中藏府令　官名。东汉属少府，秩六百石。员一人。掌宫中币帛金银诸货物。三国时魏沿置。据洪饴孙《三国职官表》，中藏府令六百石，七品，属少府，有丞，职掌同。吴国亦置。晋分置“中黄左、右藏令”。

中藏府丞　官名。东汉名义上属少府，为中藏府令副贰，员一人，秩三百石，助令掌宫中币帛金银诸货物。

中藏掾　官名。南朝宋太宗定后宫百官时置。诸房各设二人，比五品敕吏。

内十三道　见“十三衙门”。

内十三衙门　见“十三衙门”。

内八府宰相　官名。元朝置。掌蒙古诸王朝觐傧介之事，与蒙古翰林院官一同译写润色诏令文字，贵近似宰相而无授受宣命，秩同二品，例以国戚勋贵子弟担任。

内八道监司　官署名。元朝御史台直辖八道监司，即山东东西、河东山西、燕南河北、江北河南、山南江北、江北淮东、淮西江北、山北辽东八道肃政廉访司。

内三郎　官名。北魏置。为皇帝身边的侍从护卫，亦称“三郎”或“三郎卫士”，属三郎大帅和幢将。除直宿禁中外，也随同皇帝外出征伐。选用宗室或代人功臣子弟中善于骑射者充任，位在内细射之上，也可作为起家官。孝文帝改定官制时罢。

内三院 ❶清初内国史院、内秘书院、内弘文院之合称。后金天聪十年（1636）三月，改文馆设。内国史院掌记注皇帝起居、诏令，编辑史书，纂修实录，撰拟祝文、诰命、册文等事。内秘书院掌撰拟与外国往来文书及敕谕、祭文，并录各衙门奏疏及词状。内弘文院掌注释古今政事得失，为皇帝进讲，为皇子侍讲，教育诸亲王，颁布制度等事。崇德元年（1636）五月，定内国史院、内弘文院大学士各一人，学士各二人；内秘书院大学士二人，学士一人。顺治二年（1645），均定为正二品衙门。且将翰林院并入，称内翰林国史院、内翰林秘书院、内翰林弘文院。十五年改为内阁，翰林院仍分出。十八年复旧制，不加"翰林"二字。康熙九年（1670），再改为内阁，翰林院再分出另设，遂成定制。❷清朝内务府所属上驷院、武备院、奉宸院之合称。

内三院大学士 官名。清朝内三院之长官。崇德元年（1636）五月仿明制设。内国史院、内弘文院各一人，内秘书院二人。分掌各院事。是为清置大学士之始。入关后，各院分置满、汉大学士。顺治二年（1645），翰林院并入内三院，遂改称内翰林某院大学士。十五年，内三院改内阁，大学士加殿阁衔，兼管各部尚书事。十八年复旧制，仍称内某院大学士。其品秩初为满一品，汉二品。后俱为正二品。康熙九年（1670），内三院改为内阁，遂为内阁大学士。

内三院学士 官名。清朝内三院之职官。崇德元年（1636）设。位大学士之下，共五人，计内国史院二人，内秘书院一人，内弘文院二人。协助内三院大学士掌院事。入关后人数历有增减。顺治八年（1651），定其品秩视侍郎。康熙九年（1670），内三院改为内阁后，遂为内阁职官。

内干 官名。南朝宋置，中书省属吏，掌宣诏。见《宋书·何偃传》。

内工部 官署名。清初内务府所属机构。顺治十八年（1661），重立内务府，改惜薪司设。掌理宫廷缮修工程事务。设郎中三人，员外郎六人，无品级库掌十二人，八品催总一人，库守五十九人，分司其事。康熙十六年（1677）改称营造司。

内工部右协理 官名。参见"内工部左协理"。

内工部左协理 官名。清初内工部之属官。顺治十八年（1661）设。左、右各一人，隶于总理之下。分掌宫廷缮修工程之事。后省。

内工部总理 官名。清初内工部之主官。顺治十八年（1661）设。掌理宫廷缮修工程之事。所属有左、右协理各一人。后省。

内大夫 周朝未经王命而由诸侯国君任命的大夫。《穀梁传·文公二年》："内大夫可以会外诸侯。"

内大臣 官名。清朝侍卫处之次长官，仅次于领侍卫内大臣。顺治元年（1644）设，武职从一品。额定六员，镶黄、正黄、正白旗各二人，由散秩大臣、都统、护军统领、前锋统领、满大学士、尚书内特简。协助领侍卫内大臣，掌率侍卫亲军，以宿卫扈从。

内大羽真 官名。北魏置。赵万里《汉魏南北朝墓志集释》图版六四之二《元夫人赵光墓志》："（夫人嫁）昭成皇帝之胤，散骑常侍，内大羽真、太尉公，使持节、车骑大将军，冀州刺史，比陵王孙。"

内大相 官名。吐蕃官，曰囊论掣逋，亦曰论莽热，置一人，任国事。

内大将军 官名。北魏置。《魏书·昭成子孙列传》："（拓跋纂）后悔过修谨，拜内大将军。"

内弓箭库 官署名。北宋前期置，掌收藏御用弓矢戎具及细铠具装、枪旗刀剑斧钺器械，设勾当官，以诸司使、诸司副使及内侍充任。神宗元丰（1078—1085）改制，归隶卫尉寺。

内小 官名。北魏置，为内廷官。赵万里《汉魏南北朝墓志集释》图版二四九之二《侯刚墓志》："太和五年（481），文明太后调（侯刚）为内小。季年，从驾襄沔，以军功转虎威将军，冗从仆射，尝食典御。"还有秘书内小、内行内小等。孝文帝太和（477—499）改制废。

内小臣 官名。周朝置。宦官，掌王后嫔妃御见之事。《仪礼·燕礼》："遂献左右正，与内小臣。"郑玄注："内小臣，奄人，掌君阴事阴令，后夫人之官也。"《周礼·天官》有"内小臣"，"奄上士四人，史二人，徒八人"，"掌王后之命，正其服位。后出入，则前驱。若有祭祀、宾客、丧纪，则摈诏后之礼事，相九嫔之礼事，正内人之礼事，徹（撤）后之俎。后有好事于四方，则使往。有好令于卿大夫，则亦如之。掌王之阴事阴令"。

内小臣奄下士 官名。西魏、北周天官府司内上士内小臣奄中士佐官，正一命。

内小臣奄中士 官名。西魏恭帝三年（556）仿《周礼》内小臣置，北周沿置。天官府司内上士属官，由阉人充任，负责后宫事务，正二命。下设内小臣奄下士以佐其职。隋文帝开皇元年（581）罢。

内飞龙使 官名。唐武则天万岁通天元年（696）置仗内六闲，以殿中丞检校仗内闲厩，以宦官为内飞龙使，简称飞龙使，掌仗内六厩之御马。五代后梁沿置。

内中高品班院 官署名。宋初置，为宦官机构，掌禁中供奉之事。太宗淳化五年（994），改为入内内班院。

内仆令 官名。隋、唐内侍省内仆局长官。隋朝置二员，从八品；唐朝置二员，正八品下。掌中宫车乘出入导引，中宫有出，则居左，与丞夹引之。

内仆丞 官名。隋、唐内侍省内仆局次官。隋朝置三员，从九品；唐朝置二员，正九品下。中宫有出，则居右，与令夹引之。

内仆局 官署名。隋、唐内侍省所领官署，隋朝置令二人、丞三人；炀帝大业三年（607）废。唐朝复置，有令二员、丞二员，掌中宫车乘出入导引；另置驾士百四十员，掌习御车舆、杂畜；典事八员，掌检校车乘等。

内仆局令 官名。即内仆令。

内仆局丞 官名。即内仆丞。

内仓 官署名。清朝户部所属办事机构。顺治十年（1653）改内官监仓设。以监督为主官。下设经承等吏员。贮藏岁入漕、白二粮，供给蒙古王公、喇嘛、来京蒙古人员、觉罗学教习、太监、匠役等人粮米，以及祭祀造酒用米及工部马豆等项。光绪三十二年（1906）裁。

内仓监督 官名。清朝户部所属内仓之主官。顺治十年（1653）设。初任满、汉司官，雍正二年（1724）改委本部满洲司官二人，二年一更代。下设经承一人佐理仓务。掌内仓之出纳。光绪三十二年（1906）裁。

内升 清朝吏部之铨选制度。即指官员在京之升用。其途有二：一为翰詹科道等升转相互衙门，如编、检迁中允、赞善；翰、詹、坊、局、国子监堂官、京堂之依制升用。雍正（1723—1735）初，以编、检、庶吉士内用科道、吏部，外用道、府、州、县。一为外任官升用京官。外官内升，初定每年司、道三人，汉人以科目出身，并且获卓异、俸荐俱优者充任。

内勾 官名。后唐庄宗同光元年（923）置，以他官兼，凡天下钱谷簿书，悉裁遣。

内文学馆 官署名。唐朝中书省置，以儒学者一人为学士，掌教宫人。武则天如意元年（692）改为习艺馆。

内火药库 官署名。清朝内务府所属办事机构。初掌鸟枪、火药事。乾隆五十一年（1786）分设御鸟枪处后，专掌配造和收发火药铅砂事务。设库长二人，库守九人。

内火器营 清朝火器营之设于京师内城者。包括枪营，营兵为鸟枪护军，共二千五百一十六人；炮营，营兵为炮甲，共八百八十人。设翼长一人，署翼长营总一人，营总三人，鸟枪护军参领四人，副鸟枪护军参领八人，署鸟枪护军参领十六人，分掌训练之事。

内火器营翼长 官名。清朝内火器营之长官。额设一人，正三品，于营总内拣补。在火器营掌印总统大臣、总统大臣统领之下，掌内火器营训练之事。

内允 官名。即中允，唐高宗永徽三年（652）改，显庆元年（656）复名中允。

内书生 官名。东魏置，在宫禁内负责文书抄写。《北齐书·儒林传》："（张景仁）幼孤家贫，以学书为业，遂工草隶，选补内书生。"

内书令 官名。即内史令，隋炀帝大业十二年（616）改，唐高祖武德元年（618）复名内史令，三年改中书令。

内书侍郎 参见"内史侍郎"。

内书舍人 参见"内史舍人"。

内书省 官署名。即内史省，隋炀帝大业十二年（616）改，唐高祖武德元年（618）复名内史省，三年改中书省。

内书堂 明朝宫内教授宦官识字读书之所。宣德四年（1429）始设，选儒臣任教。命小内使入堂读书。

内正司 官署名。元朝始置，隶中政院，正三品衙门。设卿四人，下有少卿、丞等。领尚工署、赞仪署、管领六盘山等处怯怜口民匠都提举司，掌中宫百工营缮及地产、牲畜，以供给膳服、赐予之用。明洪武六年（1373）置，专纠内官失仪及不法者。设司令一人，正七品；司副一人，从七品。后改典礼司，又改纪察司。

内正字 官名。东魏置。《北齐书·杜弼传》："（杜弼）以常调除御史，加前将军、太中大夫，领内正字。"

内东门司 官署名。宋真宗景德三年（1006），改内东门取索司置，设勾当官四人，以入内内侍充任，掌检查宫禁人物出入，承接实封机密奏牍、内外功德疏及回赐僧尼、道士等，排办宫廷修造、筵宴之事。按时发给皇亲衣物节料，向有关机构索取宫廷所用宝货。神宗元丰（1078—1085）改制，分四案，置吏十九员。南宋沿置。

内东门取索司 官署名。宋初置，真宗景德三年（1006）改称内东门司。职掌参见"内东门司"。

内东门都知司 见"入内内侍省"。

内东头供奉官 内侍官名。宋初置，后属入内内侍省。神宗元丰（1078—1085）改制，定为从八品。徽宗政和二年（1112）重定内侍官名，改为供奉官。

内左库曹 官署名。东晋分库曹置。隶御史台。与外左库曹并掌审核厩牧牛马市租。设侍御史掌其事。南朝宋文帝元嘉（424—453）中改名"左库曹"。

内史 官名。❶西周、春秋、战国为史官之一。西周内史类史官属官有作册内史、作命内史、尹氏、内史尹氏等，长官称内史尹或内史尹氏。掌出纳王命，收藏各地宗族谱系资料，参与祭祀，预测天象人事，备咨询顾问，以及受王派遣出使。西魏、北周所置内史官署属春官府。初以内史中大夫为长官，宣帝大象元年（579）改置上大夫为内史长官。掌诏书撰写，与议刑罚爵赏及军国大事，并修撰国志及起居注。下设小内史下大夫、上士、中士、下士，辖御史、外史、著作、校书等官属。❷战国时秦掌治京师之官也称内史。秦至西汉初沿置。汉景帝二年（前155）分置左、右。武帝太初元年（前104），右内史更名京兆尹，左内史更名左冯翊，与右扶风合称"三辅"。隋炀帝于诸郡置通守，位次太守，其在京兆、河南府则谓之内史，后罢。❸西汉诸侯王国亦置，掌民政，成帝绥和元年（前8）省，更令相治民，如郡太守。西晋武帝太康十年（289）又改诸王国相为内史，掌管民政。东晋、南北朝沿之。魏、晋、南朝宋为五品。陈万户以上郡为上品，不满万户郡为七品。北魏太和二十三年（499）官品令上郡为四品，中郡为五品，下郡为六品。十六国汉时万户置一内史，凡四十三。辽、元亲王府亦置，参见“内史府”。❹南朝宋后宫女官有后宫都掌内史、后宫殿中内史、后宫源典内史、后宫谷帛内史、后宫监临内史、中台侍御执法内史，中台侍御典内史、中台侍御节度内史、中台侍御应内史、紫极房内史、光兴房内史，皆为内职第六品。宋朝为女官，即宫内史。宋徽宗政和三年（1113）置，员一人，隶尚书内省。❺唐武则天光宅元年（684）至中宗神龙元年（705）改中书省为凤阁，长官中书令改称内史。❻清初入关时亦置，相当于日后的大学士。

内史下大夫　即小内史下大夫。

内史上士　即小内史上士。

内史上大夫　官名。北周大象元年（579），宣帝传位于静帝，自称天元皇帝，内史司置上大夫为长官，亦称上内史。员一人，掌皇帝诏书的撰写与宣读，权力极重。正六命。隋文帝开皇元年（581）罢。其职掌、官属参见“内史中大夫”。

内史友　西周内史类史官同官僚友的称呼。《尚书·周书·酒诰》：“矧太史友、内史友。”《王祀卫鼎铭》：“内史友寺刍。”其长官称内史尹氏，省称内史尹，或称作册尹，僚属有作命内史，作册内史尹氏等。参见“内史”。

内史中大夫　官名。西魏恭帝三年（556）置，北周沿置。省称内史、大内史。春官府内史司长官，员二人，掌皇帝诏书的撰写与宣读，参议刑罚爵赏以及军国大事，正五命。下设小内史下大夫、小内史上士、小内史中士、小内史下士以佐其职，领御史上士等官属。大象元年（579），宣帝传位于静帝，在其上置内史上大夫，遂降为内史司次官。隋文帝开皇元年（581）罢。

内史尹　官名。始见于西周中期以后铜器铭文，为内史类史官长官。内史尹氏的省称。参见“内史”。

内史尹氏　官名。始见于西周中期以后铜器铭文，为内史类史官长官。参见“内史”。

内史令　官名。隋朝内史省长官，置二员，正三品，炀帝大业十二年（616）改名内书令。唐高祖武德元年（618）复名内史令，三年改中书令。

内史次大夫　小内史下大夫的别称。

内史侍郎　官名。隋朝内史省次官。置四员，正四品；炀帝大业三年（607）减为二员，十二年（616）改内书侍郎。唐高祖武德元年（618）复名内史侍郎，三年改中书侍郎。

内史舍人　官名。隋朝内史省属官，置八员，正六品上，文帝开皇三年（583）加为从五品；炀帝大业三年（607）减为四员，十二年改名内书舍人。唐高祖武德元年（618）复名内史舍人，三年改中书舍人。参见“中书舍人”。

内史府　官署名。掌亲王府事务。辽朝为南面官署置内史、长史、参军等职。元世祖至元二十九年（1292），封晋王甘麻剌于漠北，改王傅为内史，秩从二品，置官十四员。仁宗延祐五年（1318），置司于京城，升正二品。设内史九员，正二品；中尉六员，正三品；司马四员，正四品；咨议二员，从五品。下辖断事官十六员，正三品，掌王府词讼；延庆司，正三品，掌王府祈祷；典军司，从七品，领王府仪卫。

内史省　官署名。隋朝五省之一，置监、令各一员，寻废监，置令二员，侍郎四员，舍人八员，通事舍人十六员，主书十员，录事四员；炀帝大业三年（607）减侍郎为二员，减内史舍人为四员，加置起居舍人二员，次舍人下，改通事舍人为谒者台，减主书为四员。十二年（616）改名内书省。唐高祖武德元年（618）复名内史省，三年改中书省。参见“中书省”。

内史监　❶官名。隋朝置为内史省长官，员一人正三品，寻废，以内史令为长官。❷官署名。朱元璋吴元年（1367）置，有令、丞、奉御、内史、典簿等官，掌皇帝饮食、起居诸事。明洪武（1368—1398）初改为内使监。

内外官缺　泛指中央及地方各衙门官员之额定人数。参见“官缺”。

内外城预审厅　官署名。清末京师司法机关。光绪三十一年（1905）改内外城工巡局发审处设，直属巡警部。三十二年，改隶民政部。掌京师民事、刑事诉讼事宜，重大案件咨刑部处理。辖看守所、待质所。置五品正审官，总理厅务。三十三年撤，其职掌移交法部、大理院。

内务府　官署名。清朝总管宫廷事务之专门机构，独立于政府的行政系统之外。顺治（1644—1661）初设，十一年（1654），以十三衙门取代之，十八年复设，遂为定制。总掌上三旗包衣之政令与宫禁之治理。具体负责宫廷之仓储、财物、典礼、食用、工程、警卫、刑罚；本府官员之任免；太监、宫女之管理等各项事宜。设总管大臣，无定员，总领府事。下属堂郎中一人，掌府属文职铨选并督催各司处承办事务；主事、委署主事各二人，佐理堂郎中；笔帖式若干人，掌理文书事务。下设广储、都虞、掌仪、庆丰、会计、营造、慎刑七司和上驷、武备、奉宸三院，分办具体事务。特设敬事房，专门管理宦官。此外，还有其他机构数十个，所办之事，除皇室事务外，亦有涉及国家庶政者。其活动范围亦不限于京师，而是遍及畿辅、直隶、奉天、吉林及口外蒙古地区。

内务府包衣缺　清朝官缺之一。亦称内务府包衣官缺。指专为具有内务府包衣身份之官员所设之额缺。有内务府郎中以下，未入流以上之额缺，皆由总管内务府大臣于内务府包衣内保题拣选，不准推升部院缺。惟坐办堂郎中、总理六库事务郎中等三缺，于得缺后咨部，以应升之缺列名。在京官员凡京堂以上之职得用满洲缺。凡外任官，汉军包衣得用汉缺。

内务府总管大臣 即总管内务府大臣。

内务府堂郎中 官名。清朝内务府之职官。亦称坐办堂郎中。掌查照一应事件及查核七司等处题本、堂稿并黄册、蓝册，兼管督催及文职铨选等事。康熙四十二年（1703）设，随即停补。雍正十三年（1735）复设，额置一人，由六库郎中升用，或选院卿及护军统领兼任。所属有主事、委署主事各二人。

内务府御史 官名。清朝由都察院派出视察内务府事务之御史。雍正二年（1724）设，四人，十三年省。乾隆三年（1738）复置二人。光绪三十二年（1906）裁。

内头领 见“掇尔契达”。

内记名 选官制度。清朝对因保举而由军机处记名者之称呼，以别于吏部之“存记”。凡此等人员升官得缺较易。

内主书 官名。北魏置，在宫禁内负责文书诏命抄写。《魏书·张蒲传》：“天兴（398—404）中，（张昭）以功臣子为太学生，太宗即位，为内主书。”

内主事 官名。隋文帝开皇十六年（596）内侍省置二十员，以承门阁。以宦官充任。

内弘文院 参见“内三院❶”。

内弘文院大学士 见“内三院大学士”。

内弘文院学士 见“内三院学士”。

内台 ❶尚书台（省）别称。因其官署在宫禁之内，故名。《南齐书·王思远传》：“迁吏部郎。思远以从兄晏为尚书令，不欲并居内台权要之职，上表固让。”❷秘书寺别称。《晋书·华峤传》：“转秘书监，加散骑常侍，班同中书。寺为内台。”❸指中央所设御史台，以别于地方所设之行御史台。《元史·百官二》：“江南诸道行御史台，设官品秩同内台。”

内司 ❶官署名。十六国前秦置。《晋书·苻坚载记上》：“课后宫，置典学，立内司，以授于掖庭，选阉人及女隶有聪识者署博士以授经。”❷官名。北魏置。为后宫女职之首，主宫内事，位视尚书令、仆射。亦作宫内司或宫大内司。

内司服 官名。《周礼》天官之属。后宫奄臣，掌王后、内外命妇衣服的保管及供给。《周礼·天官》：内司服，奄一人，“掌王后之六服”，“辨外内命妇之服”，“凡祭祀、宾客，共后之衣服，及九嫔世妇。凡命妇，共其衣服。共丧衰，亦如之。后之丧，共其衣服，凡内具之物”。

内司服奄下士 官名。西魏、北周天官府司内上士内司服奄中士佐官，正一命。

内司服奄中士 官名。西魏恭帝三年（556）仿《周礼》内司服置，北周沿置。天官府司内上士属官，由阉人充任，掌帝、后之服饰，并辨内、外命妇之服饰。正二命。下设内司服奄下士以佐其职。隋文帝开皇元年（581）罢。

内寺伯 宦官名。隋朝内侍省置二员，正九品上。唐朝加至六员，正七品下。掌纠察宫内不法。

内西头供奉官 内侍官名。宋初置，后属入内内侍省。神宗元丰（1078—1085）改制，定为从八品。徽宗政和二年（1112）重定内侍官名，改为供奉官。

内臣 禁内之臣。指宦官。《汉书·五行志》：“阙在司马门中，内臣石显之象也。”《宋史·真宗纪》：“禁内臣出使预民政。”

内匠上士 官名。西魏恭帝三年（556）置，北周沿置。冬官府匠师中大夫属官，正三命。下设内匠中士以佐其职。隋文帝开皇元年（581）罢。

内匠中士 官名。西魏、北周冬官府匠师中大夫内匠上士佐官，正二命。

内师 官名。春秋时宋国置。侍御太子的宦官之长。《左传·襄公二十六年》：“（宋平公）大子痤美而很，合左师畏而恶之。寺人惠墙伊戾为大子内师而无宠。”

内行厂 官署名。明朝宦官所掌之侦缉机构。始置于正德三年（1508）。时宦官刘瑾专权，置以侦缉官民隐事，并用以控制原有宦官特务机构东厂和西厂。五年，刘瑾被杀，遂革。

内行内小 官名。北魏置，为皇帝左右的亲信官员。赵万里《汉魏南北朝墓志集释》图版二六八《丘哲墓志》：“高祖孝文皇帝猥以照重，七岁之年，擢（丘哲）为内行内小。”参见“内小”。

内行长 官名。北魏置，为皇帝左右的侍从首领，在皇帝出征时有护卫之责。起连接皇帝与外朝的作用，故权力很大。《魏书·薛野賭传》：“太安（455—459）中，（薛虎子）迁内行长，典奏诸曹事。当官正直，内外惮之。”此职还多领或典御食、羽猎、龙牧等曹事务。孝文帝太和（477—499）改制罢。

内行长者 官名。北魏置，为皇帝左右的亲信官员。《魏书·穆崇传》：“（穆遂留）子乙九，内行长者，以功赐爵富城公，加建忠将军。”孝文帝太和（477—499）中改制罢。

内行令 官名。北魏置，为皇帝左右的侍从首领，在皇帝外出或游猎时亦随同前往。充任此职者有士人，亦有宦者，多由中散迁任。见《魏书·苟颓传》、《阉官传》。

内行羽真 官名。北魏置，为皇帝左右的亲信官员。赵万里《汉魏南北朝墓志集释》图版二〇七《奚智墓志》：“（智为）内行羽真，散骑常侍、镇西将军、云中镇大将内亦干之孙。”参见“羽真”。

内行阿干 官名。北魏置。鲜卑语称兄为阿干，故此职带有自部落联盟时期遗留下来的痕迹，是皇帝身边的亲信侍从，随其出猎、征伐。孝文帝太和十七年（493）职员令无此职。参见《魏书·昭成子孙列传》。

内行尚书 官名。北魏置，为皇帝左右的亲信官员。赵万里《汉魏南北朝墓志集释》图版二一九《王昌墓志》：“（王昌为）散骑常侍、中书监、内行尚书、使持节、镇东将军、都督幽州诸军事、幽州刺史、长乐定公之子。”

内行给事 官名。北魏置，皇帝左右的亲信官员。赵万里《汉魏南北朝墓志集释》图版二八一《韩震墓志阴》：“（韩震）母东燕侯文氏，内行给事侯文成女。”参见“给事”。

内衣库 官署名。宋初置，掌驾头服御伞扇等物。真宗大中祥符二年（1009），改为尚衣库。

内衣库使 官名。宋初置，为诸司使之一。后改衣库使。

内衣物库 官署名。北宋前期置，隶三司赏给案，掌收受锦绮、绫罗、色帛、银器、腰束带料，准备衣服、器币，以待颁赐诸王、皇亲、宗室、宰臣、使相、文武近臣、禁军将校，以及契丹及外国使臣辞见时赏赐。设监官二人，以京朝官及内侍充任。徽宗崇宁二年（1103）并归殿中省。

内军将军 官名。隋朝因避讳，改中军将军置，为散号将军中三将军之一，正六品。炀帝大业三年（607）罢。

内军器库 官署名。南宋高宗建炎四年（1130）并行在军器库、衣甲库、内弓箭库、南外库置，掌收储兵器铁甲等。绍兴三年（1133），以军器什物库并入。

内收掌 见“收掌❶”。

内丞直 宦官名。即内侍省内给事。隋炀帝大业三年（607）改，唐高祖武德四年（621）复名内给事。

内坊帅 官名。南朝宋太宗定后宫百官时置。五品。

内坊局 官名。即太子内坊局。

内坊典内 官名。隋朝始置，从六品，领太子内坊之事。唐因之，员一或二人，从五品下，掌东宫閤门之禁令及宫人粮廪赐与之出入。玄宗开元二十七年（739），改内坊令，为内侍省内坊局长官。宋初仅存空名，未尝除授，神宗元丰（1078—1085）改制废。

内坊典直 官名。隋朝太子内坊有丞直四人，唐朝改为典直，正九品下，掌以仪式引导宾客。玄宗开元二十七年（739），改隶内侍省内坊局。宋初仅存空名，未尝除授，神宗元丰（1078—1085）改制废。

内批 见“御笔”。

内医 官名。太平天国军中给事官。见“军中典官”。

内园使 官名。唐朝始置，为内诸司使之一。亦称内苑使。五代后梁改内园栽接使。宋复旧称，属西班诸司使，多不领本职，仅为武臣迁转之阶。真宗咸平元年（998）定为同六品，神宗元丰（1078—1085）改制改正七品。徽宗政和二年（1112）重定武臣官名，改武略大夫。

内园栽接使 官名。即栽接使。参见“内园使”。

内园副使 官名。宋初置，属西班诸司使，通常不领本职，仅为武臣迁转之阶。真宗咸平元年（998），定为同七品。神宗元丰（1078—1085）改制，改为从七品。徽宗政和二年（1112）重定武臣阶官名，改武略郎。

内作使 官名。唐玄宗时置，主少府制作诸事，领绫匠八十三人、巧儿四十二人等。昭宗天祐元年（904）停。

内言 官名。同纳言。相传尧舜时设。掌传递王命。战国铭刻写作内言。参见“纳言”。

内库仓 官署名。明朝内府贮库。太祖洪武二年（1369）设内仓监，六年改为内库仓，设大使一人、副使二人进行管理，皆以宦官为之。

内枢使 官名。即内枢密使。

内枢密使 官名。唐玄宗时，以宦官为中使，承受表奏，经其上呈，而皇帝有所处分，则宣付中书门下施行。代宗永泰（765—766）中设专职，先后以宦官董秀、乔献德充任，掌承受表章，出纳王言。宪宗元和（806—820）初，左、右各置一员，正式称枢密使。

内直丞 官名。唐高宗龙朔二年（662）改内直副监置，员二人，正八品下，为太子左春坊内直局次官。

内直局 官署名。隋朝置，以监、副监各二人为正、副长官，下设监殿舍人四人，隶东宫门下坊。唐朝沿置，设监二人、副监二人。掌符玺、衣服、伞扇、几案、笔砚、垣墙等。高宗龙朔二年（662），改监为内直郎、副监为丞，改隶太子左春坊。

内直局监 参见“内直监”。

内直局副监 参见“内直副监”。

内直备身 即太子内直备身。

内直郎 官名。❶东宫官。唐高宗龙朔二年（662）置为左春坊内直局长官，员二人，从六品下，掌符玺、伞扇、几案、衣服之事。北宋存其名而罕除授。金朝东宫宫师府置，正七品。❷散阶名称。金海陵王天德（1149—1153）中创置，内侍阶官第十九阶，正八品下。元为第十阶，从六品。明洪武四年（1371）为内官散官，从六品。

内直监 官名。亦称太子内直监。北齐为太子门下坊殿内局长官，置二员。隋改殿内局为内直局，置官仍旧。皆正六品。唐高宗龙朔二年（662）改名内直郎，隶太子左春坊。

内直副监 官名。隋朝太子门下坊内直局次官，置二员，从六品。唐高宗龙朔二年（662）改内直丞，隶太子左春坊。

内苑使 官名。即内园使。

内者右丞 官名。东汉置，名义上属少府，为内者令副职，员一人，秩三百石，佐令掌宫中布帐衣褒诸物。

内者左丞 官名。东汉置，名义上属少府，为内者令副职，员一人，秩三百石，佐令掌宫中布帐衣褒诸物。

内者令 官名。一名内谒者令。西汉属少府，掌宫内卧具帷帐，有丞。东汉以宦者为之，秩六百石，名义上隶属少府，有左、右丞各一人。

内者丞 官名。西汉属少府，为内者令副贰。东汉分左、右。

内尚方令 官名。隋朝太府寺内尚方署长官，置二员；正八品；炀帝大业三年（607）改隶少府监。唐朝改中尚方令，置一员，从七品下；武则天垂拱元年（685）去方字为中尚令。参见“内尚方署”。

内尚方丞 官名。隋朝太府寺内尚方署次官，置四员，正九品；炀帝大业三年（607）改隶少府监。唐朝改中尚方丞，置二员，从八品下；武则天垂拱元年（685）去方字为中尚丞。参见“内尚方署”。

内尚方署 官署名。隋朝太府寺置，有令二员，丞四员；炀帝大业三年（607）改隶少府监。唐朝改中尚方署。职掌同中尚方署。

内尚食丞 官名。隋朝内侍省内尚食局次官，置二员，正八品；以宦官充任。炀帝大业三年（607）罢。

内尚食局 官署名。隋朝内侍省所统，置典御及丞各二员，皆用宦者，掌御膳；炀帝大业三年（607）罢。

内尚食典御 官名。隋朝内侍省内尚食局长官，置二员，正六品；以宦官充任。炀帝大业三年（607）罢。

内典监 官名。北魏置。由宦者担任。《魏书·阉官传》：“（王质）幼下蚕室，颇解书学，为中曹吏、内典监，稍迁秘书中散。”

内国史院 参见“内三院”。

内国史院大学士 见“内三院大学士”。

内国史院学士 见“内三院学士”。

内物料库 见“物料库”。

内制 ❶亦称内命，皇帝直接发自禁中的诏令。唐玄宗开元二十六年（738）置翰林学士及学士院，专掌草拟重要诏书之事，不经中书门下两省，亦不加盖皇帝玺印。宪宗元和（806—820）初，方置“书诏印”，由翰林学士院掌之。凡敕书、德音、立后、建储、大诛讨、拜免三公将相，皆曰制，百官听于宣政殿。唐初由中书草制的制度渐被取代。宋朝沿用于宰相、枢密使、使相、节度使特恩加官、群臣奖谕敕书，外蕃加恩，赦书、德音，青祠祭祝斋文，巡幸大礼敕书、敕榜，立皇子制，命妃诰辞，军旅征伐诏令等。❷内制官别称。唐、宋翰林学士带知制诰者称之。

内侍 官名。北魏为内官，即侍从宫禁的亲近官员，多由亲贵子弟充任。《魏书·陆俟传》：“太宗践祚，拜侍郎，迁内侍，袭爵关内侯。”隋朝为内侍省长官，用宦者，置二员，从四品上；炀帝大业三年（607）改长秋令，用士人。唐高祖武德四年（621）复为内侍省长官，员四人，从四品上；玄宗天宝十三载（754）置内侍监为长官，改内侍为少监，后另置内侍四员，与少监同为内侍省次官，皆以宦者为之。宋朝以后为宦官统称。

内侍上士 官名。西魏、北周天官府宫伯中大夫属官，即中侍上士。隋朝修史，因避讳改称内侍。《隋书·酷吏传》：“（燕荣）仕周为内侍上士。”

内侍少监 官名。唐玄宗天宝十三载（754）内侍省置监为长官，改内侍曰少监，置二员，从四品上；寻更置内侍四员，同为内侍省次官。

内侍长 官名。十六国代置，北魏沿之。拓跋什翼犍建国（338—376）初，“又置内侍长四人，主顾问，拾遗应对，若今之侍中、散骑常侍也。”（《魏书·官氏志》）北魏时还负有察举百僚之责，后与散骑常侍并置。孝文帝太和（477—499）中改制罢。见《魏书·安同传》、《高湖传》。

内侍左右 官名。北魏初置。皇帝左右的侍臣，无固定职掌。多选用胡人大臣子弟充任，亦任用一些善书写及通北人语言的汉人。见《魏书·奚斤传》、《术艺传》。

内侍局 官署名。金朝置。属宣徽院。掌正位阁门之禁及承奉宫中事务。设令、丞、局长领局事，秩从八品、从九品，宣宗兴定五年（1221）升从六品、从七品、正八品。辖有各殿位都监、同监数人及御直、内直共六十四员。

内侍押班 官名。北宋内侍省置，以内侍官在内殿崇班以上者充任，位在副都知下，分掌往来国信所、军头引见司、翰林院等部门之事。神宗元丰（1078—1085）改制，定为正六品，为内侍职事官。南宋因之。

内侍官 见“内侍省”。

内侍郎 散官名号。明洪武四年（1371）置，以授正六品内官。

内侍省 官署名。隋朝改北齐中侍中省置，掌宫廷侍奉诸务。有内侍、内常侍各二员，内给事四员，内谒者监六员，内寺伯二员，内谒者十二员，寺人六员，伺非八员，并用宦者；领内尚食、掖庭、宫闱、奚官、内仆、内府等局；文帝开皇十六年（596）加置内主事二十员，以承门阁。炀帝大业三年（607）改名长秋监。唐高祖武德四年（621）复名内侍省，长官为内侍、次官为内常侍，掌宫廷侍奉、出入宫掖宣传之事，总掖廷、宫闱、奚官、内仆、内府五局之官属，玄宗开元二十七年（739）以太子内坊局隶之；天宝十三载（754）置内侍监为长官，改内侍为少监，寻又更置内侍，与少监同为次官；属官有内常侍六员通判省事，内给事十员分判省事，内谒者监十员掌内宣传，内谒者十二员掌诸亲命妇朝集班位，内寺伯六员掌纠察宫内不法，寺人六员掌皇后出入执御刀随从；另有高品一千六百九十六人，品官白身二千九百三十二人；

高宗龙朔二年（662）改名内侍监，咸亨元年（670）复旧；武则天垂拱元年（685）又改为司宫台，中宗神龙元年（705）再复。北宋太宗淳化五年（994）改内中高品班院为黄门班院，再改为内侍省，与入内内侍省号为前后省，同为宦官机构，掌殿中拱侍，备侍奉洒扫之职；其官有左班都知、副都知、右班都知、副都知、押班、内东头供奉官、内西头供奉官、内侍殿头、内侍高品、内侍高班、内侍黄门等；神宗熙宁（1068—1077）中罢都知、押班，置内客省使、延福宫使、宣政使、宣庆使、昭宣使；元丰（1078—1085）改制因置，徽宗政和二年（1112）以通侍大夫易内客省使，正侍大夫易延福宫使，中侍大夫易景福殿使，中亮大夫易宣庆使，中卫大夫易宣政使，拱卫大夫易昭宣使，供奉官易内东头供奉官，左侍禁易内西头供奉官，右侍禁易内侍殿头，左班殿直易内侍高品，右班殿直易内侍高班，黄门之名如故；其属有：合同凭由司监官、管勾往来国信所管勾官、后苑勾当官、造作所、军头引见司勾当官、翰林院勾当官，以内侍都知、押班及阁门宣赞舍人以充任；南宋高宗绍兴三十年（1160）并归入内内侍省。辽朝置，有黄门令，内谒者，内侍省押班，内侍左厢押班，内侍右厢押班，契丹、汉儿、渤海内侍都知，左承宣使，右承宣使。金朝改为内侍局，隶宣徽院。

内侍省入内内侍班院 官署名。宋太宗时置，为宦官机构。真宗景德三年（1006），改为入内内侍省。参见“入内内侍省”。

内侍省右班都知 官名。宋朝置，为宦官阶官，位在都知下。神宗元丰（1078—1085）改制，定为正六品。哲宗元祐（1086—1094）中，改为从六品。南宋复为正六品。

内侍省右班副都知 官名。宋朝置，为宦官阶官，位在都知下。神宗元丰（1078—1085）改制，定为正六品。哲宗元祐（1086—1094）中，改为从六品。南宋复为正六品。

内侍省左班都知 官名。宋朝置，为宦官阶官，位在都知下。神宗元丰（1078—1085）改制，定为正六品。哲宗元祐（1086—1094）中，改为从六品。南宋复为正六品。

内侍省左班副都知 官名。宋朝置，为宦官阶官，位在都知下。神宗元丰（1078—1085）改制，定为正六品。哲宗元祐（1086—1094）中，改为从六品。南宋复为正六品。

内侍省押班 宦官名。宋朝初年内侍省置，位副都知下。神宗元丰（1078—1085）改制，定为正六品。辽朝亦置，又有内侍左、右厢押班。

内侍省都知 官名统称。即宋朝内侍省左班都知与内侍省右班都知。

内侍省副都知 官名统称。即宋朝内侍省左班副都知与内侍省右班副都知。

内侍班 官名。宋朝置，为宦官最低一级，经恩迁补则为内侍黄门。

内侍校尉 官名。北魏置。《魏书·陆俟传》：“（陆）归弟尼，内侍校尉，东阳镇都将。”

内侍都知 即内侍省都知。

内侍监 ❶官署名。即内侍省，唐高宗龙朔二年（662）改，咸亨元年（670）复名内侍省。❷宦官名。唐朝内侍省长官，玄宗天宝十三载（754）置二员，从三品，掌宫廷侍奉，传宣制令，总判诸局事务。

内侍高品 官名。宋朝初年为内侍阶官，位在内侍殿头下、内侍高班上。神宗元丰（1078—1085）改制，定为正九品。徽宗政和二年（1112）重定内侍官名，改左班殿直。金章宗泰和二年（1202）置为内侍寄禄官，正八品，不限员额。

内侍高班 官名。宋朝初年为内侍阶官，位在内侍高品下、内侍黄门上。神宗元丰（1078—1085）改制，定为从九品。徽宗政和二年（1112）重定内侍官名，改右班殿直。金章宗泰和二年（1202）复置为内侍寄禄官，从八品。

内侍黄门 官名。宋朝置，为内侍阶官，位在内侍高班下、小黄门上。神宗元丰（1078—1085）改制，定为从九品。

内侍寄禄官 官名统称。金章宗泰和二年（1202）二月设，初隶宫闱局，后直属宣徽院。为从事内廷服役人员仕进而设，系无固定职掌的非正规官员。名称有中常侍、给事中、内殿通直、黄门郎、内谒者、内侍殿头、内侍高品、内侍高班等，秩正五品至从八品。

内侍殿头 官名。宋朝初年为内侍阶官，位在内西头供奉官下、内侍高品上。神宗元丰（1078—1085）改制，定为正九品。徽宗政和二年（1112）重定内侍官名，改右侍禁。金章宗泰和二年（1202）复置为内侍寄禄官，从七品。

内使监 官署名。明太祖吴元年（元至正二十七年，1367）置内史监，掌宫内之事，为宦官衙门。后改置内使监、御用监。内使监设令一人，正三品，丞二人，从三品，奉御，正六品，典簿，正七品。洪武二年（1369）定置内使监奉御六十人、尚宝一人、尚冠七人、尚衣十人、尚佩九人、尚药七人、纪事二人、执膳四人、司脯二人、司香四人、太庙司香四人、涓洁二人，主掌皇帝饮食起居之事。后罢内使监，以其所职事分置各监、司、房，如尚宝有尚宝监、尚衣有尚衣监、尚药有御药房等。

内命 即内制，见“内制”❶。

内命夫 《周礼》称王后宫内任职的卿大夫、士。《天官·阍人》：“凡外、内命夫命妇出入，则为之辟。”贾公彦疏：“内命夫，卿大夫、士在宫中者，谓若宫正所掌者也。”

内命妇 命妇之一种。❶周朝王室宗亲子姓世妇。《礼记·丧大记》：“内命妇姑姊妹子姓，立于四方。外命妇率外宗，哭于堂上北面。”郑玄注：“世妇为内命妇，卿大夫之妻为外命妇。”孔颖达疏：“内命妇则子妇也。”❷三夫人以下嫔妃。《周礼·天官·阍人》：“凡外、内命夫命妇出入，则为之辟。”贾公彦疏：“内命妇，即三夫人以下也。”北周分五等：三妃，位视三公；三妣，位视三孤；六嫔，位视六卿；御媛，分上、中、下，位各视上、中、下大夫；御婉，位约视士。唐朝定制，皇帝妃嫔及皇太子良娣以下，为内命妇，即正一品贵妃、淑妃、德妃，至正八品采女；正三品良娣，至正九品奉仪等。宋朝分品五：贵妃、淑妃、德妃、贤妃；大仪、贵仪、淑仪、淑容、顺仪、顺容、婉仪、婉容、昭仪、昭容、昭媛、修仪、修容、修媛、充仪、充容、充媛；婕妤；美人；才人、贵人。金朝分八品：元妃、贵妃、淑妃、德妃、贤妃，正一品；昭仪、昭容、昭媛、修仪、修容、修媛、充仪、充容、充媛等九嫔，正二品；婕妤，正三品；美人，正四品；才人，正五品；宝林，正六品；御女，正七品；采女，正八品。

内舍 宋朝学校名。仁宗庆历四年（1044），太学内舍招生二百人，支给食钱。神宗熙宁四年（1071），太学行三舍法，为三舍第二等，名额如旧。元丰二年（1079），增为三百人。哲宗元符二年（1099），令州学置内舍。南宋高宗绍兴十三年（1143）重建太学，复置，内舍生限百人。外舍生学满三季，积分合格，次年公试入等，升补内舍。内舍生私试连续三次不合格，则退降外舍。内舍生每两年一次赴上舍试，合格者补升上舍生。

内舍人 官名。隋朝太子门下坊次官，初置四员，炀帝大业三年（607）减二员，正五品上。唐朝改太子中舍人，高宗永徽三年（652）因避讳改，显庆元年（656）复名中舍人。参见“中舍人”。

内放 任官术语。清朝官员之实缺，绝大多数由中央政府任命，称内放。少数缺位由外省督抚呈请任用，称外补。

内府 ❶官署名。唐朝属五府（即亲府、勋一府、勋二府、翊一府、翊二府）及东宫三府（即亲卫府、勋卫府、翊卫府）所辖之折冲府。选五品以上官吏子弟，以宿卫宫廷。❷官名。《周礼》天官属官，为内库长官。上士爵。掌受九贡九赋九功之货贿、良兵良器，以待邦之大用。西魏、北周为天官府内府上士、内府中士之简称。❸唐高宗龙朔二年（662）改少府（监）置。咸亨元年（670）复旧称。❹明朝用以称宦官机构。

内府十库 明朝内府甲字、乙字、丙字、丁字、戊字、承运、广惠、广盈、广积、赃罚十库的合称。

内府上士 官名。西魏恭帝三年（556）仿《周礼》内府置，北周沿置。天官府太府中大夫属官，掌藏在内府的玉帛金银等物，正三命。下设内府中士以佐其职。隋文帝开皇元年（581）罢。

内府少监 官名。即少府少监，唐高宗龙朔二年（662）改，咸亨元年（670）复名少府少监。

内府中士 官名。西魏，北周天官府太府中大夫内府上士佐官。正二命。

内府令 官名。隋、唐内侍省内府局长官，皆置二员，正八品下，掌中藏宝货，给纳名数。

内府丞 官名。隋、唐内侍省内府局次官，皆置二员，正九品下。

内府局 官署名。隋、唐内侍省所统诸局之一，掌中藏宝货给纳之数，供灯烛、帐设、汤沐；置令二员、丞二员及诸属人等。

内府局令 官名。即内府令。

内府局丞 官名。即内府丞。

内府供用库 官署名。明洪武二十八年（1395）始置，为内府诸库之一。初设大使一人，左、右副使各一人，后改置掌印太监一员，总理、管理、掌司、写字、监工无定员。掌宫内及山陵等处内官食米及御用黄蜡、白蜡、沉香等，并以收贮油蜡诸库隶其属。

内府监 即少府监，唐高宗龙朔二年（662）改，咸亨元年（670）复改少府监。

内宗 《周礼》女官之一。掌宗庙祭礼等事。以与王室同姓有爵位之女担任，故称。《周礼·春官》：“内宗，凡内女之有爵者。”郑玄注：“王同姓之女，谓之内者。‘凡’，无常数之言。”贾公彦疏：“云‘有爵’，其嫁于大夫及士者。但妇人无爵，从夫之爵。今言‘内女有爵’，明嫁与卿大夫及士。”《内宗》：“掌宗庙之祭祀，荐加豆笾，及以乐徹。则佐传豆笾。宾客之飨食，亦如之。王后有事，则从。大丧，序哭者。哭诸侯，亦如之。凡卿大夫之丧，掌其吊临。”

内宠 ❶得到君王宠幸的内官。《左传·僖公十七年》：“易牙入，与寺人貂因内宠以杀群吏。”杜预注：“内宠，内官之有权宠者。”❷指宠幸的姬妾。

内官 ❶帝王近侍之臣，或称中官。汉朝亦指宦官。北魏道武帝天赐二年（405）置员二人，比侍中、常侍、迭直左右。❷后宫女官。《国语·周语中》：“内官不过九御。”高诱注：“九御，九嫔也。”历代后宫女官统称内官。❸官署名。西汉少府、宗正均置。少府所属以令、丞主之，宗正所属以长、丞主之。❹宋朝以后内侍官通称，亦作内臣。

内官长 官名。西汉属宗正，掌管分寸尺丈等长度标准、有丞。初属少府，中属主爵，后属宗正。东汉省。

内官丞 官名。西汉置，为内官长副贰，东汉省。

内官监 官署名。明清宦官衙门之一。通掌内史名籍，总督名职。明洪武十七年（1384）置，设令、丞、典籍等官司之。二十八年更定职秩，设正四品太监一人为主官，下设左、右少监各一人，左、右监丞各一人及典籍、长随、奉御等官佐之。所属有十作、米盐库、营造库、皇坛库、里冰窖、金海等机构。为内官二十四衙门之一。清顺治十年（1653）沿置，十七年改置宣徽院。

内官散官 明朝专授予宦官的散官。洪武四年

(1371）定制，凡宦官正四品授中正大夫，从四品授中侍大夫，正五品授中卫大夫，从五品授侍直大夫，正六品授内侍郎，从六品授内直郎，正七品授正奉郎，从七品授正卫郎，正八品授司奉郎，从八品授司直郎。同时更定宦官品秩，依次给授。

内帘　即内帘官。参见“帘官”。

内帘官　见“帘官”。

内房参事　官名。南朝宋太宗定后宫百官时置。五品。

内录　录尚书事的别称。

内参　即宦官。《北史·齐本纪下》：“（高纬于宫苑）写筑西鄙诸城，使人衣黑衣为羌兵，鼓噪临之，亲率内参临拒。”

内织染局　官署名。明朝宦官二十四衙门之一。洪武二十八年（1395）始置。初设大使一人，正五品，左、右副使各一人，从五品。后改置掌印太监一员，管理、佥书、掌司、监工无定员。掌染造御用及宫内应用缎匹绢帛之类。外署有浣濯袍服所和蓝靛厂。

内细射　官名。北魏置。皇帝左右的侍从护卫，也随同皇帝外出征伐。《魏书·豆代田传》：“豆代田，代人也。太宗时以善骑射为内细射。”孝文帝太和（477—499）改制罢。

内承运库　官署名。明洪武六年（1373）改原内府库而置。初设大使一人，副使二人。后改设掌印太监一员，近侍、佥书太监十员，掌司、写字、监工无定员。掌收贮金银宝货及浙江等处一百万两金花银。分里库、外库。里库设于宫内，称内东裕库、宝藏库。外库设于宫外。

内承奉　官名。即内侍省内常侍，隋炀帝大业三年（607）改内侍省为长秋监，改内常侍为内承奉。唐高祖武德四年（621）复长秋监为内侍监，内承奉亦复名内常侍。

内奏事　清朝内奏事处或内奏事太监之简称。

内奏事处　见“奏事处”。

内城巡警总厅　官署名。清末巡警部、民政部所辖之机构。光绪三十一年（1905），改京师内城工巡总局设。初隶巡警部，三十二年，改隶民政部。专理京师内城警务、民政及护卫皇帝车驾等事宜。置厅丞一员，从三品。辖总务、行政、司法、卫生四处及事务、巡查、守卫、军装、刑事巡查五所，左、中、右三分厅，官医院，警备队，侦缉队。

内相　唐、宋翰林学士别称。唐朝陆贽为翰林学士，虽有宰相主议大政，而贽常于内中参裁可否，故有此号。宋沿此故事，以称翰林学士。

内茶汤步磨务　官署名。宋仁宗景祐三年（1036）置，掌硙末茶汤供翰林司，以北排岸官兼领。后废。

内茶纸库　官署名。宋初置，掌供给皇帝御用龙凤细茶及纸墨等物，以诸司使、诸司副使及内侍二人主管。后废。

内茶炭库　官署名。北宋置，掌供给宫城及诸宫宿卫禁军茶炭、席荐等物，设监官，以三班使臣充任。

内竖　官名。❶周朝宫中小臣。掌传达王命。《礼记·文王世子》：“问内竖之御者。”郑玄注：“内竖，小臣之属，掌外内之通命者。”《周礼·天官·内竖》：“掌外内之通令。”郑玄注：“内，后六宫；外，卿大夫也。使童竖通王内外之命。”❷汉朝以后宦官的别称。《后汉书·梁商传》：“性慎弱无威断，颇溺于内竖。”

内省　❶即宫省。汉朝指宫禁之内，也泛指宫内官署。北魏、北齐均置内省官署。宋初承前代旧制，于宫中置内省，掌内职。太宗时改为尚书内省。❷宋朝内侍省简称。

内省都知　宋朝内侍省都知简称。

内品　官名。宋朝置，为宦官阶官。

内保　官名。南朝宋太宗定后宫百官时置，掌铨选人士，三品。

内亲信　官名。西魏置。为宇文泰身边的亲近侍卫。《周书·陆通传》：“（陆逞）起家羽林监，文帝内亲信。”

内阁　官署名。三国魏曾为秘书署别称。明朝置为综理国家政务的中枢机构。洪武十三年（1380）废中书省和丞相后，六部分任庶务，直接听命于皇帝。因政务繁剧，仿宋制设华盖殿、文华殿、武英殿、文渊阁、东阁大学士，备顾问。建文（1399—1402）中以兵部尚书齐泰、太常卿黄子澄等参预机务，为朝臣参预机务之始。成祖夺位后，即选翰林等官入直文渊阁，参预机务，以其地处内廷，故名内阁。肇建之初，阁臣皆编修、检讨等翰林之臣，不兼部务，无官属，尚未专制百司。内外章疏直达御前。仁宣以后，因阁臣多为东宫旧臣，以侍郎、太常卿兼任，品位尊崇，地居近密，撰草诏旨，票拟章奏、裁决机宜，其后又置诰敕、制敕二房，皆设中书舍人，为其属。六部承奉意旨，无所不欲，阁权日重。嘉靖（1522—1566）时，阁臣分为首辅、次辅，首辅专权用事，朝位班次均列六部尚书前，而阁权之争日激。明末天启（1621—1627）间魏忠贤专权，阁臣附为阉党。崇祯（1628—1644）一朝又频更阁臣，阁权下降。清军入关后，改内三院为内阁。额设大学士满、汉各二人，加保和殿、文华殿、武英殿、体仁阁、文渊阁、东阁各殿阁衔。协办大学士满、汉各一人。下设学士、典籍、侍读学士、侍读、中书、贴写中书等。分隶典籍厅、满本房、汉本房、蒙古房、满票签处、汉票签处、诰敕房、稽查房、收发红本处、饭银处、副本库、批本处等。名义上仍为最高官署，内阁大学士掌“赞理机务”，“表率百僚”，品秩极尊。初定正二品，雍正（1723—1735）时改正一品。实际已不再是朝廷政务中心。清初即有议政王大臣会议，裁决军国机要。康熙（1662—1722）时又以南书房草拟诏旨。雍正以后则以军机处承旨办理要政，内阁逐渐成为处理例行政务及发布文告机构。光绪（1875—1908）后期废止题本，更成为闲曹。宣统三年（1911）责任内阁成立后，旧内阁即告废除。

内阁中书 官名。参见“中书”。

内阁帅 官名。北齐置，员二人。属太子门下坊斋帅局。负责东宫警卫及侍卫太子。

内阁协理大臣 见“协理大臣”。

内阁佥事 官名。清末责任内阁属官。宣统三年（1911）成立责任内阁，始置。无定额，奏任。承阁丞及厅局长之命分任各厅局事务。

内阁典籍 官名。清朝内阁典籍厅之办事官员。康熙九年（1670）改内三院为内阁后设。满、汉、汉军各二人。正七品。负责出纳文移及收贮红本、图籍等事项，并保管典籍厅关防。

内阁侍读 官名。清朝内阁之属官。康熙九年（1670）改内三院侍读设。额设满十人，蒙古、汉军、汉各二人。分隶内阁满本房、汉本房、蒙古房各机构理事。正六品。掌勘对、检校之事。例以典籍、中书等升任。

内阁侍读学士 官名。清朝内阁之属官。康熙九年（1670），改内三院侍读学士设。额设满四人、蒙古二人、汉二人，分隶于满本房、汉本房、蒙古房各机构理事。秩从四品。掌章奏翻译、校阅等事。满、汉缺以通政使司参议、光禄寺少卿、鸿胪寺少卿、六科给事中、都察院御史及理事官、郎中等官升用，蒙古缺以蒙古给事中、御史、郎中等升，亦均可由内阁侍读、中书补授。初兼太常寺卿衔，后停。

内阁制敕房中书舍人 官名。明洪武十三年（1380）罢中书省，其官属尽革，唯存中书舍人。宣德（1426—1435）初，选能书之中书舍人处于内阁之西小房，谓之西制敕房。掌书办制敕、诏书、诰命、册表、宝文、玉牒、讲章、碑额、题奏、揭帖等一应机密文书，以及各王府敕符底簿。秩从七品，无定员。

内阁学士 官名。清朝内阁之属官。俗称阁学。康熙九年（1670），改内三院学士设。定制满六人、汉四人，秩从二品。初皆兼礼部侍郎衔，乾隆五十八年（1793）停止兼衔。额缺列于内阁典籍厅，但并不在厅办公，而以内阁大堂旁的“堂门”为直庐。例以詹事府詹事、少詹事、翰林院侍读学士及寺卿等官升任。掌敷奏本章。皇帝御门听政时则进折本，逢朝审、秋审时奏各省勾到罪犯姓名，汉学士并为题本批写汉字谕旨。乾隆（1736—1795）中期以后，选满、汉学士各一人为稽察中书科事。

内阁承宣厅 官署名。清末责任内阁所属机构。宣统三年（1911）四月成立责任内阁，始设。掌颁发谕旨、法律、法令，收发呈递折奏，请用御宝，收掌阁印、文牍以及会计、庶务诸事。置厅长一人，副厅长一人，并佥事、录事等。

内阁承宣厅厅长 官名。清末责任内阁属官。宣统三年（1911）四月设责任内阁，始置。一人，简任。承总理大臣之命掌机要文件，管理本厅事并监督指挥所属各官。

内阁承宣厅副厅长 官名。清末责任内阁属官。宣统三年（1911）四月设责任内阁，始置。一人。简任。佐厅长管理本厅事务，厅长有事故时代理其职。

内阁政务大臣 官名。清末新设职官。光绪三十二年（1906），改组内阁，设会议政务处，置此职，以各部尚书充任。宣统三年（1911），改责任内阁，遂改设内阁总理大臣、协理大臣。

内阁阁丞 官名。清末责任内阁之属官。宣统三年（1911）四月设责任内阁。始置。一人，简任。掌承总理大臣之命管理阁务。有事故时，由承宣厅长代理。

内阁总理大臣 见“总理大臣”。

内阁诰敕房中书舍人 官名。明洪武十三年（1380）罢中书省，其官属尽革，唯存中书舍人。正统（1436—1449）后，内阁置东诰敕房（与西制敕房相对而言），选中书舍人处其中，掌书办文官诰敕，翻译敕书，并外国文书、揭帖，兵部纪功、勘合底簿，遂为专职。秩从七品，无定员。

内阁诰敕房舍人 官名。即内阁诰敕房中书舍人。

内将军 官名。北魏置。《魏书·昭成子孙列传》：“太宗即位，拜（拓跋干）内将军，都将，入备禁中。”

内宣徽南院使 女官名。宋太宗时，于内省（后改尚书内省）置，以尚宫、大监充任。

内宫苑使 官名。唐朝置，初以一使掌宫苑，代宗宝应二年（763）以后五坊使入隶内宫苑使，后又有闲厩使兼其职。

内客省使 官名。宋初置，属横班诸司使，为武臣、内侍迁转之阶。太祖乾德二年（964）定为视三品。徽宗政和二年（1112）重定武臣及内侍官名，改为通侍大夫。

内郡 亦称内郡国。汉朝版图内缘边诸郡以外的郡国，与缘边诸郡即外郡相对而言。内郡和边郡所实行的政策有所不同。如成帝时，内郡举方正，北边二十二郡则举勇敢士。

内给事 官名。北魏置，侍从禁闱，任用士人。《魏书·杨播传》：杨椿“以端慎小心，专司医药，迁内给事，与兄播并侍禁闱”。隋朝为宦官，于内侍省置四员，从五品下；炀帝大业三年（607）改内承直。唐高祖武德四年（621）复名内给事，置十员，从五品下，仍为宦官，掌承旨劳问，分判内侍省事。

内骅骝厩丞 官名。南齐置，属尚书省，管理宫廷用马。

内班院 官署名。宋初置，为宦官机构。太宗淳化五年（994）改为黄门。

内都下大夫 官名。北魏置。内都坐大官属官。《魏书·陆俟传》：“（陆馛）少为内都下大夫。”孝文帝太和（477—499）改制罢。

内都大达官 官名。北魏时内都坐大官的异称。见赵万里《汉魏南北朝墓志集释》图版九九《元飏墓志》。

内都大官 北魏内都坐大官的省称。

内都坐大官 官名。北魏置。多简称为内都大官，并和中都坐大官、外都坐大官合称为“三都大官”。掌刑狱，并主司品官。属官有内都下大夫、内都坐令等。任此职者多为宗室诸王，外戚及胡汉重臣，权势很大。祭吊时位在三公及尚书令之上。孝文帝太和（477—499）改制罢。

内都坐令 官名。北魏置，内都坐大官属官。《魏书·崔玄伯传》：“承明元年（476），（崔衡）迁内都坐令，善折狱，高祖嘉之。”孝文帝太和（477—499）中改制罢。

内都知司 宋朝宦官机构。参见“内侍省”。

内都幢将 官名。北魏置。掌皇宫禁卫，有时亦统兵出征。《魏书·豆代田传》：“加散骑常侍，右卫将军，领内都幢将。”参见“幢将”。

内柴炭库 官署名。北宋前期置，隶三司，掌供给宫城及宿卫班直军士薪炭及席荐等物，设监官一人，以三班使臣充任。神宗元丰（1078—1085）改制，改隶司农寺。

内监 南北朝对殿中监、内殿中监近侍小臣之称。唐朝置内侍监，以宦官充任，后遂成为宦官的代称。

内监试 见“监试”。

内监殿守舍人 官名。南朝宋置，东宫属官。见《宋书·符瑞志》。

内监殿局 官署名。南朝梁置，东宫诸局之一，设中守舍人等流外官。

内秘书 官署名。北魏置。掌管禁中文事以及诏命的书写等。初以中散、中书监、尚书等官领之，后设内秘书令为长官。属官有内秘书中散、内秘书侍御中散等。孝文帝太和（477—499）改制罢。

内秘书中散 官名。北魏置。为内秘书属官，由皇帝所信任的中散官充任。《魏书·崔宏传》：“天安元年（466），擢（崔衡）为内秘书中散，班下诏命及御所览书，多其迹也。”孝文帝太和（477—499）改制罢。

内秘书令 官名。北魏置。为内秘书长官，掌管禁中文事，并参议国政，权任很重。《魏书·李冲传》：“高祖初，以例迁秘书中散，典禁中文事，以修整敏惠，渐见宠待。迁内秘书令，南部给事中。”孝文帝太和（477—499）改制罢。

内秘书侍御中散 官名。北魏置，为内秘书属官，由皇帝所信任的侍御中散官充任。《魏书·游明根传》：“（游肇）幼为中书学生，博通经史及苍、雅、林说。高祖初，为内秘书侍御中散。”孝文帝太和（477—499）改制罢。

内秘书院 参见“内三院❶”。

内秘书院大学士 见“内三院大学士”。

内秘书院学士 见“内三院学士”。

内乘黄令 官名。北魏置。《魏书·穆崇传》：“（穆乙九）以功赐爵富城公，加建忠将军，迁散骑常侍，内乘黄令，侍中。”

内酒坊 官署名。北宋置，掌造法糯、糯酒、常料三等酒，以供需用，以京朝官一人、三班使臣及内侍二人为监官，下有匠十九人，兵校一百三十九人，掌库十四人。

内宰 官名。❶《周礼》天官冢宰属官。下大夫爵。一说为周朝置。掌王后宫内政令，凡祭祀、宾客、丧事等王后宫内事务，赞王后行礼事。管理宫内货贿，以供王后及六宫财用。❷女官。宋朝尚书内省属官。徽宗政和三年（1113）置。掌尚书省六部所上之事。北宋亡，废。

内宰司 官署名。秩正三品。元世祖至元三十一年（1294）由家令司改置，隶徽政院。泰定帝泰定元年（1324）复改为家令司。天历二年，又改为内宰司。置内宰六员，司丞四员。下辖典膳署等机构。参见“家令司”。

内宰相 官名。回纥官，置三人。

内诸侯 汉朝版图内所分封的诸侯王、列侯，与作为藩臣的周边少数族或邻国相对而言。《汉书·终军传》：“南越王与汉和亲，乃遣军使南越，说其王，欲令入朝，比内诸侯。”

内职 ❶宫廷中由妇女担任的职务。《礼记·昏义》：“天子听外治，后听内职。”后世以称女官。❷宫廷内的机要职务。如汉代的尚书。宋朝指枢密院正副长官、宣徽院长官、三司使副、学士等官，因诸职多由宫廷职务演变而来，故名。

内教坊 宫廷教习乐舞之所。唐高祖武德（618—626）以后置于禁中，掌教宫廷乐舞，隶于太常寺。太宗贞观（627—649）中始造燕乐，玄宗时又分为二部，堂下立奏，堂上座奏。武则天如意元年（692）改名云韶府，玄宗开元二年（714）置于蓬莱宫侧，有音声博士、第一曹博士、第二曹博士。京都置左、右教坊掌俳优杂伎后，内教坊不再隶属太常寺，而以中官为教坊使领掌。参见“教坊司”。

内教博士 教官名。唐朝禁中教习乐舞者，初隶太常寺。玄宗时改隶内教坊，开元二十三年（735）敕留其长教者，给资钱，音声博士及第一曹、第二曹博士悉免杂徭。

内厩令 官名。北魏置。《魏书·韩均传》：“均弟天生，为内厩令。”管理宫廷用马。

内厩丞 官名。南朝梁、陈置。属太仆卿，掌宫廷用马。

内厩局 官署名。南朝梁、陈置，掌东宫用马。

内厩尉 官名。隋朝太子典书坊内厩长官，置二员，掌东宫车舆之事。

内常侍 宦官名。隋朝内侍省置二员，正五品上；炀帝大业三年（607）改名内承奉，隶长秋监。唐高祖武德四年（621）复名内常侍，置六员，通判内侍省事，正五品下。宋朝为内侍官，神宗元丰（1078—1085）改制后班序在内殿崇班下、太史局正上；南宋高宗绍兴（1131—1162）以后班序在修武郎下、少府监丞上，正八品。

内符宝郎 官名。宋朝置，以内侍充任，掌宫内符玺，从七品。

内馆 官署名。清朝理藩院所属办事机构之一。位于京师东长安门外御河桥侧，为内札萨克年班来京人员居住之所。设监督一人管理。下设大吏四人，小吏八人等员分办馆务。另设捕盗章京一人，由步军统领衙门派充，专司保护蒙古人之事。光绪三十二年（1906）改隶理藩部。

内馆监督 官名。清朝理藩院所属内馆之主官。管理内札萨克年班来京人员所居馆舍之事。额设一人，以六部保送之司官充任，每年一更代。下设大吏四人，小吏八人等佐理馆务。另有捕盗章京一人，由步军统领衙门派充，专司保护蒙古人员之事。光绪三十二年（1906）改隶理藩部。

内宿司 西夏官署名。西夏语音“姑要啰”。属次等司。

内谒者 官名。汉朝少府属官，掌宫中杂事。隋朝内侍省置十二员，为宦官，炀帝大业三年（607）罢；五年长秋监又置。唐朝内侍省沿置，从八品下，掌诸亲命妇朝集班序。辽朝内侍省置。金朝为内侍寄禄官，正七品。

内谒者局 官署名。北齐置，属中侍中省。设内谒者局统、丞各一人，掌监引诸命妇入宫朝会，并定其班位。

内谒者局丞 官名。北齐置。中侍中省内谒者局次官，员一人。

内谒者局统 官名。北齐置。中侍中省内谒者局长官，员一人，九品上。

内谒者监 官名。隋朝内侍省置六员，用宦者，从八品上。唐朝沿置，增至十员，正六品下。掌仪法、宣奏、承敕令及外命妇名帐。

内博士 官名。北魏置，在宫内讲授经书。《魏书·李灵传》：“灵以学优温谨，选授高宗经。后加建威将军、中散、内博士，赐爵高邑子。”

内散大夫 即中散大夫，隋朝讳忠字，故时人修墓志时改中散大夫为此。

内朝 ❶周朝时天子、诸侯有三朝，外朝一，内朝二。设于路门以外的内朝亦称治朝、正朝，是正式处理政务的场所；设于路门以内的亦称燕朝，是休息及与宗人商议私事的地方。一说设于路门之外的为中朝，路门之内的为内朝。见《周礼·夏官·司士》，《尚书·召诰》孔颖达疏引郑玄说。❷指宫廷政治机构，即“中朝”。❸指宫廷以内。《后汉书·和熹邓皇后传》载刘毅上书称颂邓太后：“正位内朝，流化四海。”❹北魏以内官、内行官、中散官以及门下省诸官等皇帝的侍臣组成内朝，除宣传诏命，侍奉皇帝及监察诸曹官署和地方州镇外，亦享有与外朝公卿相同的参议军国大事的权利。孝文帝太和（477—499）改制后罢。见《魏书·崔浩传》。

内提调 见“提调❶”。

内傅母 官名。北魏置，为后宫女职。赵万里《汉魏南北朝墓志集释》图版三一《刘华仁墓志》：“同伙人内傅母遗女痛念松年之契，悲悼感结，故刊玄石，述像德音。”

内御 官名。周朝宫廷内侍之官。《管子·五行》：“天子出令，命左右士师、内御，总别列爵，论贤不肖士吏。”

内殿中监 官名。南齐分殿中监置，员一人，属尚书省。梁称殿中内监。参见“殿中监”。

内殿承制 官名。宋真宗大中祥符二年（1009）置，为武臣阶官，七品。神宗元丰（1078—1085）改制，定为正八品。徽宗政和二年（1112）重定武臣阶官名，改为敦武郎。

内殿崇班 官名。宋太宗淳化二年（991）置，为武臣阶官，七品。神宗元丰（1078—1085）改制，改为正八品。徽宗政和二年（1112）重定武臣阶官名，改为修武郎。

内算官 官名。南诏望苴蛮官，代王裁处，以付六曹。

内管领处 官署名。参见“掌关防处”。

内幢将 官名。北魏置。《魏书·来大千传》：“（自中散）迁内幢将，典宿卫禁旅。”参见“幢将”。

内翰 翰林学士别称。

内翰林弘文院 官署名。清初“内三院”之一。顺治二年（1645）将原设翰林院裁撤，翰林院官分别并入内三院，原内弘文院遂改称内翰林弘文院，长官称内翰林弘文院大学士。十五年，内三院改为内阁。十八年复旧制后仍称内弘文院，不加翰林二字。康熙九年（1670）以后内阁成为定制，不复有内三院之称。参见“内三院❶”。

内翰林国史院 官署名。清初“内三院”之一。顺治二年（1645）将原设翰林院裁撤，翰林院官分别并入内三院，原内国史院遂改称内翰林国史院，长官称内翰林国史院大学士。十五年，内三院改为内阁。十八年复旧制后仍称内国史院，不加翰林二字。康熙九年（1670）以后内阁成为定制，不复有内三院之称。参见“内三院❶”。

内翰林秘书院 官署名。清初“内三院”之一。顺治二年（1645）将原设翰林院裁撤，翰林院官分别并入内三院，原内秘书院遂改称内翰林秘书院，长官称内翰林秘书院大学士。十五年，内三院改为内阁。十八年复旧制后仍称内秘书院，不加翰林二字。康熙九年（1670）以后内阁成为定制，不复有内三院之称。参见“内三院❶”。

内膳上士 官名。西魏恭帝三年（556）置，北周沿置。天官府膳部中大夫属官，员二人，掌帝、后饮食烹制，凡进食必先尝之。正三命。下设内膳中士及主食十二人以佐其职。隋文帝开皇元年

（581）罢。

内膳中士　官名。西魏、北周天官府膳部中大夫内膳上士佐官，员四人，正二命。

内藏库　官署名。宋朝太宗太平兴国三年（978）置，掌计度每年积余，以供国家非常之用。以诸司使、副使及内侍为监官。北宋前期隶三司，神宗元丰（1078—1085）改制拨归太府寺。辽朝置提点官。金朝设使、副使，掌内府珍宝财物。

内藏库使　官名。宋朝太宗太平兴国元年（976）置，后用为武臣阶官，属西班诸司使。真宗咸平元年（998）定为同六品，神宗元丰（1078—1085）改制改正七品。徽宗政和二年（1112）重定武臣官名，改武德大夫。金朝置为内藏库长官，从五品，掌内府珍宝财物。

内藏库副使　官名。宋朝太宗太平兴国元年（976）置，后用为武臣阶官，属西班诸司使。真宗咸平元年（998）定为同七品，神宗元丰（1078—1085）改制改从七品。徽宗政和二年（1112）重定武臣官名，改武德郎。金朝置为内藏库次官，从六品，与内藏库使同掌内府珍宝财物。

内藏曹　官署名。北魏置，掌宫内库藏。《魏书·阉官传》："（张祐）积劳主曹监，中给事，赐爵黎阳男，稍迁散骑常侍，都绾内藏曹。"

内翻书房　官署名。清朝军机处所属之机构。又称翻书房。约设立于乾隆（1736—1795）初年。掌谕旨、御论、讲章、御制诗文、册祝文字及起居注等档册书籍的满、汉文翻译，负责拟定满文音义标准，审定满语词汇等事。设管理大臣，无定员，由满军机大臣兼充；提调官、协办提调官各二人，收掌官、掌档官各四人，于本房行走官内派委，负责文移、收档诸事；另设翻译四十人。本房行走官由翰林院编、检（共二人）、内阁中书、部院司员、笔帖式等兼任，无定额。宣统三年（1911），改隶翰林院。

内翻书房协办提调　官名。见"内翻书房"。

内翻书房收掌　官名。见"内翻书房"。

内翻书房提调　官名。见"内翻书房"。

内翻书房掌档　官名。见"内翻书房"。

内翻书房管理大臣　官名。见"内翻书房"。

内饔　官名。《周礼》天官之属。掌君王、王后饮食烹调，及宗庙祭祀、宾客宴享膳食制作。《周礼·天官》："内饔，中士四人，下士八人，府二人，史四人，胥十人，徒百人。"

贝子　爵名。❶见"固山贝子"。❷清代蒙古贵族之封爵，位在贝勒之下。

贝勒　满族早期，贵族皆称贝勒。清太祖努尔哈赤以其子侄八人分别为八旗旗主，称和硕贝勒，较其他贝勒为尊。太宗皇太极崇德元年（1636）定宗室爵位等级，和硕亲王、多罗郡王下为多罗贝勒。入关以后定宗室十四等封爵，多罗贝勒列"长子"下、固山贝子上，为第五等。此外，清朝对蒙古贵族亦按亲王、郡王、贝勒、贝子各等级封爵。

贝勒一法一旦尼达　即贝勒依法依旦尼达。

贝勒依法依旦尼达　满语官名。汉译为司仪长，为清朝贝勒府总统领官。设一人，从四品。掌董率府僚，纪纲众务。宣统元年（1909），以避溥仪讳，改称司礼长。

见者啬夫　官名。战国魏置。主引见。《战国策·魏策四》："周最善齐，翟强善楚，二子者欲伤张仪于魏。张子闻之，因使其人为见者啬夫，闻见者因无敢伤张子。"

见面　清朝军机处术语。每日皇帝将奏折发下军机处后，凡批有"另有旨"、"即有旨"及未经朱批的奏折，均由军机章京另用黄匣贮放，交军机大臣捧入养心殿向皇帝当面请旨，称见面。

日　官名。周朝置。主卜筮计时日之官。《大戴礼记·千乘》："日、历、巫、祝，执伎以守官，俟命而作，祈王年、祷民命及畜谷、蜚征，庶虞草。"

日历所　官署名。宋初置，隶门下省编修院，掌修日历。神宗元丰四年（1081）归史馆，五年改属秘书省国史案。以著作郎、著作佐郎领之，会集宰执时政记、起居郎与起居舍人起居注所书修撰日历。哲宗元祐五年（1090），改隶门下省国史院。绍圣二年（1095），还属秘书省。南宋高宗绍兴元年（1131），改为修日历所。四年，改为史馆。十年，改名国史日历所。

日讲　官名。明以翰林院、詹事府春坊经局官及国子监祭酒为经筵讲官，轮班以时进讲经史，用其中年资深而品秩尊者为日讲官。清朝合日讲官与起居注官为一，称日讲起居注官。

日讲官　官名。陪侍皇帝讲读经史之官。明朝为皇帝讲读经史，除经筵仪外，另有日讲，称小经筵。清初沿其制，于顺治十二年（1655）选满、汉词臣八人为日讲官，定每年春、秋二季经筵之后，按日进讲，春讲到夏至日止；秋讲到冬至日止。康熙九年（1670）设起居注馆，以日讲官兼记注官，称日讲起居注官。雍乾以后，日讲很少举行，日讲官遂变为专职记注官，日讲成为虚衔。

日讲起居注官　官名。清朝起居注馆之专职记注官。掌记载皇帝言行及修起居注。顺治十二年（1655）置日讲官，以满、汉词臣兼充。康熙九年（1670）设起居注馆，以日讲官兼充起居注官，故名。后日讲很少举行，日讲官遂为专职记注官，"日讲"仅成其例带之虚衔。额设满十人、汉十二人，除翰林院掌院学士和詹事府詹事照例兼充外，余由翰、詹各官内简充。凡皇帝坐朝或举行典礼、祭祀，记注官皆轮班侍值，出行则请旨扈从，退而记载。编成之起居注每年底进呈，发下后送内阁存储，副本留翰林院。

日官　官名。周朝置。周王室主管历法之官。据天象，推历数、定岁时以颁告天下。位尊如卿。《左传·桓公十七年》："天子有日官，诸侯有日御。日官居卿以底日、礼也。”杜预注：“日官平历以班诸侯。”

日逐 匈奴官号。《后汉书·南匈奴列传》：“其余日逐、且渠、当户诸官号，各以权力优劣、部众多少为高下次第焉。”

日逐王 匈奴官名。位次谷蠡王。分左、右，由单于子弟充任。居单于庭东西两方，各有分地，随水草移徙。下各置千长、百长、什长、裨小王等属官，管理辖地军政，常兼外族事务。西边日逐王置僮仆都尉，使领西域。

日御 官名。周朝置。诸侯国掌历法之官。《左传·桓公十七年》：“天子有日官，诸侯有日御。”“日御不失日，以授百官于朝。”杜预注：“日官平历以班诸侯，诸侯奉之不失天时以授百官。”杨伯峻注：“天子之日官定历以颁于诸侯，诸侯之日御奉之以授百官。”

〔丿〕

仁王营缮司 官署名。元朝置。秩正五品，隶会福总管府，掌大护国仁王寺修建。初置护国仁王寺镇遏提举司，后改为镇遏所、诸色人匠提领所、镇遏民匠提领所。文宗天历三年（1330），改为仁王营缮司。置达鲁花赤、司令、大使、副使各一员。

仁义都尉 官名。三国吴置。《晋书·孝友传》：“（夏方）吴时拜仁义都尉，累迁五官中郎将。”

仁师 西夏官位。谏师位之一，为皇太子之师，在中书、枢密位下，与次等司等。

仁武将军 官名。南朝梁置，为五德将军之一，武帝天监七年（508）定为武职二十四班中的第十五班。陈改为五武将军之一，拟四品，比秩中二千石。

仁威将军 官名。南朝梁置，为五德将军之一，武帝天监七年（508）定为武职二十四班中的第十六班。陈改为五威将军之一，拟四品，比秩中二千石。

仁勇校尉 官名。唐太宗贞观十一年（637）始置，为正九品上武散官。宋初因之，神宗元丰五年（1082）改官制，除少数民族人士依旧除授外，余皆罢。

仁勇副尉 官名。唐太宗贞观十一年（637）始置，为正九品下武散官。宋初因之，神宗元丰五年（1082）改官制，除少数民族人依旧除授外，余皆罢。

仁部 官署名。渤海国左六司之一，置卿一人，有郎中、员外。

仁部员外 官名。渤海国左六司仁部属官，位郎中下。

仁部郎中 官名。渤海国左六司仁部属官，位卿之下。

仁部卿 官名。渤海国左六司仁部长官，置一人，居司政下。

仁智殿监工 官名。明朝内府御用监宦官。一人，掌直武英殿中书舍人所缮写书籍画册等，进奏御前。

什 春秋齐国地方基层单位。负责管理十户。《管子·立政》：“十家为什，五家为伍，什伍皆有长焉。”

什长 ❶户籍编制中基层单位之头目。周朝始置。十家为什，置长，专司监督、担保之责。《管子·立政》：“十家为什，五家为伍，什伍皆有长焉。”后代亦有沿用者，属地方之职役。清朝里甲制度中的牌长即仿此。❷军队编制中基层组织之头目。周朝始置。每十步设一什长，负责带领士卒。《墨子·迎敌祠》：“五步有五长，十步有什长，百步有百长。”后代亦有沿用者。❸匈奴官名。《汉书·匈奴传》：“诸二十四长，亦各置千长、百长、什长、裨小王、相、都尉、当户、且渠之属。”❹清末各省巡防队所辖各棚之长。详见“巡防队什长”。

什和勒伯克 官名。清朝新疆回部官员之一。掌理驿馆米刍之事。额设六品二人，七品三人。

什物库 宋朝南郊什物库、太庙什物库、军器什物库、宣德楼什物库等库的简称。

什帮处 官署名。亦作什傍处。清朝乐部所属之机构。管理演奏“掇尔多密”、即“音律平和”乐曲之事，其乐由笳吹乐、番部和奏乐二部组成。遇有朝廷燕飨、出巡及行围宴蒙古王公，皆奏之。以“掇尔契达”一人为主官，下设六品衔达二人，七品衔二人，拜唐阿六十人。

什傍处 见“什帮处”。

仆 官名。❶西周武官。《师旂鼎铭》：“师旂众仆不从王征于方。”❷春秋战国时掌御车之官。《国语·晋语七》：“魏绛斩其仆。”韦昭注：“仆，御也。”秦、西汉亦置，为詹事属官。西汉诸侯王国属官原有太仆，汉武帝改曰仆，秩千石。后代或因或改。❸魏晋南北朝太子仆省称。详见“太子仆”。❹春秋战国时家臣合称。《礼记·礼运》：“仕于家曰仆。”《左传·昭公七年》：“天有十日，人有十等。下所以事上，上所以共神也。故王臣公，公臣大夫，大夫臣士，士臣皂，皂臣舆，舆臣隶，隶臣僚，僚臣仆，仆臣台。”

仆人 官名。又称圉人。西周设官有“仆”。春秋诸侯国沿置，称仆人。掌王宫侍卫、奏报及引见宾客等。《左传·襄公三十一年》：“诸侯宾至，甸设庭燎，仆人巡宫。”《襄公三年》：“魏绛至，授仆人书。”《僖公二十四年》：晋侯之竖头须求见，“仆人以告，公遽见之”。

仆人士 官名。春秋战国置。仆人所属掌文书的小吏。《仪礼·大射》：“仆人士相上工。”郑玄注：“仆人正，仆人之长”，“士，其吏也”。贾公彦疏：“士其吏也者，以其在仆人之下，故知仆人之吏。吏则府史之类。”

仆人正 官名。春秋战国置。仆官之长。《仪礼·大射》：“仆人正徒相大师。”郑玄注：“仆人正，仆人之长。”

仆人师　官名。春秋战国置。仆人正的副职。《仪礼·大射》：“仆人正徒相大师，仆人师相少师。”郑玄注：“仆人正，仆人之长。师，其佐也。”

仆大夫　官名。春秋时晋国置。一说同大仆，掌宫中之事。《左传·成公六年》：“韩献子将新中军，且为仆大夫。”杜预注：“兼大仆。”孔颖达疏：“沈氏云：‘大仆职云，王视燕朝则正位，掌摈相。’郑注云：燕朝，朝于路寝之庭。韩献子即为仆大夫，故知寝庭，路寝之庭也。”

仆夫　官名。❶下级军吏。《诗经·小雅·出车》：“召彼仆夫，谓之载矣。王事多难，维其棘矣。”❷春秋楚国仆官之长，同太仆。又称仆。大夫爵。《国语·楚语上》：“使仆夫子皙问于范无宇。”《左传·昭公十二年》：“楚子次于乾谿”，“仆析父从”。马宗连补注：“析父为太仆，故时在王左右。”

仆射　官名。❶下级武官。战国秦置，位在屯长之下。《睡虎地秦墓竹简·秦律杂抄》：“徒食，敦（屯）长、仆射弗告，赀戍一岁。”《孙子·作战》曹操注：“陈车之法，五车为队，仆射一人。”汉晋南北朝有中黄门冗从仆射、冗从仆射、太子冗从仆射等侍卫武官。❷秦、汉置为侍中、谒者、博士、郎等诸官之长。依其职事为称，如谒者之长称谒者仆射，侍中之长称侍中仆射等，因古时重武臣，以善射者掌事，故名。❸东汉至宋为“尚书仆射”之省称。❹太平天国东、西、北、翼王殿属下官。1851年，永安（今广西蒙山）建制始设。分置左、右，掌服食起居。东、西王殿各设三十二人，职同检点；北、翼王殿各设十六人，职同指挥。

化分矿质局　官署名。清末各省劝业道或矿政总局附设机构。宣统二年（1910）始设。掌化验本省矿质成分，分辨优劣。置局长一人，由劝业道或矿务总局总办兼充。经理一人，技师一或二人，以谙矿学者充任。另置书记等。

从义郎　官名。宋徽宗政和二年（1112）重定武臣阶官名，改东头供奉官置，从八品。

从义案　官署名。南宋置，属吏部考功司，掌从义郎考课、磨勘、关升之事。

从史　官名。汉朝郡县不列入诸曹的散吏。《汉书·兒宽传》：“宽以儒生在其间，见谓不习事，不署曹，除为从史，之北地视畜数年。”颜师古注：“从史者，但只随官僚，不主文书。”

从仕郎　官名。为文散官，金朝始置，以授从八品下文官。明朝沿置，改从七品文官，初授。

从吉　宋朝官员守丧制度。即父母或尊亲属亡故后，遗属守丧，至大祥（满二十五月）毕，禫服（满二十七月）终了一月后改服吉服，称从吉。从吉后，方可朝见或参选。

从佐　官名。汉朝官府随从之类小吏，地位低微。《后汉书·周燮传》：“（冯良）少作县吏。年三十，为尉从佐。”李贤：“从佐谓随从而已，不主案牍。”

从事　官名。州部属吏。从事原用作动词，意为差事，非官名。汉元帝初，使丞相于定国条州大小设吏员为治中、别驾、诸部从事，秩皆百石。自此始为官名。东汉因之，称从事史，皆为州部长官自辟。三国、晋、南北朝沿置，名目不一。高昌国中央政府所置，位次主簿，与侍郎、校郎、主簿等分署诸事。隋初亦有祭酒从事、部郡从事及诸曹从事等佐官，开皇十二年（592），诏诸州以从事为名者并改为参军。唐朝藩镇幕僚泛称从事，非职事官。宋以后大体废置。明崇祯十七年（1644）三月，李自成农民军进入北京后改主事而置。职掌仍因袭明朝主事旧制。

从事中郎　官名。东汉大将军、车骑将军属官。职参谋议、大将军府所属员二人，秩六百石。魏晋南北朝皆置。其职依时依府而异，或主吏，或分掌诸曹，或掌机密，或参谋议，地位较高。三国时三公、将军府置，员不定。魏末相国府置四人。晋制，领兵之公府设，故常带将军号，公及位从公以上加兵者置二人，赵王伦为相国，增至四人，秩比千石。东晋诸公领兵者置二人，多至四人。南朝宋公府置略同，但将军为都督而未加仪同三司者不置。官六品。齐、梁公府置，梁官自九班至八班不等。陈制同，官五、六品不等，秩六百石。北魏公府、皇子开府、庶姓开府俱置，官五品。北齐三公府置，官五品。北周丞相府置。北周末避杨忠讳，改称从事内郎。

从事内郎　参见“从事中郎”。

从事史　参见“从事”。

从事郎　官名。宋徽宗崇宁二年（1103）改选人官名，防御、团练、军事推官换为从事郎，从八品。元朝置为文散官四十二阶第三十八阶，从七品，敕授。

从事祭酒　官名。东汉末州府属官，常为荣誉散职。位在治中从事下。

从官　❶亲近皇帝或国君的侍从官。❷泛指长官所部僚属官吏。东汉诸公主、黄门、掖庭、永巷、御府、钩盾、内者等宦者官署皆置。

从政　出仕做官。《论语·雍也》：“季康子问：‘仲由可使从政也与？’”

从政郎　官名。宋徽宗政和六年（1116），改通仕郎置，为选人阶官，从八品。

从宜府　官署名。元宪宗三年（1253），忽必烈受京兆分地，奏以河东解州盐供军用，立从宜府掌管其事，屯田凤翔，募民受盐入粟，转输四川。宪宗七年（1257）罢。

从品　官职等级制度。北魏孝文帝太和十七年（493）始置。《魏书·官氏志》：“前世职次皆无从品，魏氏始置之，亦一代之别制也。”指在第一品至第九品之外，又置从一品至从九品九个等级，合共十八个等级。从一品排在第一品下、第二品上，以下类排。隋朝以后，称原第一品、第二品等为正一品、正二品至正九品，以别于从品。

币制局　官署名。清末度支部附属机构。宣统二年（1910）改币制调查局设。掌币制改革事宜。置提调一人，帮提调二人。下设调查股、筹办股、稽核股、编译股及庶务处。各股置总会办一人主其事。

币制局帮提调　官名。清末度支部币制局副长官。宣统二年（1910）设。二人，正四品。由本部左、右参议兼充。掌佐提调提挈全局事务。

币制局提调　官名。清末度支部币制局长官。宣统二年（1910）设。一人，正三品，由本部左、右丞兼充。掌提挈全局事务。

币制调查局　官署名。清末度支部附属机构。宣统元年（1909）设。掌调查金融币制情况，研究各国币制改革办法，筹划币制改革措施。职官设置不详。二年，改币制局。

介　❶副手，副职。《左传·成公十三年》："孟献子从王以为介而重贿之。"《昭公元年》："任举为介。"❷官名。使臣随从官员。又称"行介"。周朝置。《周礼·秋官·大行人》："介五人。"《韩非子·八经》："遣使约其行介。"

介史　见"都史"。

介卿　次卿，副卿。区别于正卿。《左传·昭公四年》："且冢卿无路，介卿以葬，不亦左乎？"杜预注："介，次也。"

仓人　官名。《周礼》地官之属。一说为周朝置。掌谷物贮藏。《周礼·地官》："仓人，中士四人，下士八人，府二人，史四人，胥四人，徒四十人"，"掌粟入之藏，辨九谷之物，以待邦用。若谷不足，则止余法用。有余，则藏之，以待凶而颁之。凡国之大事，共道路之谷积，食饮之具"。

仓大使　官名。明清之仓官。掌地方仓庾之事。明朝设于府者为从九品，设于州县者未入流。清朝隶布政使及各府者为从九品，隶州县者未入流。

仓子　宋朝下等役职名。掌看守粮仓，领保管及出纳等事。或差下户充，或招募。

仓长　官名。清朝内务府所属各仓之主官。掌关防处设十三人，官三仓六人，外饽饽房三人，内饽饽房、器仓、糖仓、米仓各一人。盛京内务府掌关防处亦设三人，俱无品级。掌理本仓贮藏物品之事。

仓司　宋朝各路提举常平司简称。

仓场　❶收纳谷米之场所。宋初，诸仓场隶三司，掌受纳租税、出给禄廪。设提点仓场官领之。神宗元丰（1078—1085）改制，改属仓部。明朝户部辖京仓五十六，通仓十六。清朝户部亦辖有京、通十三仓。凡仓，均设专员管理。❷官署名。即管理仓场之机构。宋朝神宗元丰改制，于仓部设仓场案，掌粮草收支等事务。明朝宣德五年（1430）始设"总督仓场"一人，后增户部主事一员陪库。掌督理京师及通州等地仓场粮储。清朝顺治元年（1644）仿明制设汉总督仓场侍郎一人。康熙十八年（1679）定满、汉各一人。掌理漕粮之积储及北运河运粮事务。又称仓场衙门。下设笔帖式、经承、门吏等员佐理。所辖有坐粮厅、大通桥及京、通十三仓监督等官。光绪三十二年（1906），改隶度支部。

仓场侍郎　官名。见"总督仓场侍郎"。

仓场总督　官名。见"总督仓场侍郎"。

仓场案　官署名。宋神宗元丰（1078—1085）改制置，隶户部仓部司，掌仓库、场务之事。

仓场衙门　官署名。清朝户部所属掌管仓储之机构。详见"仓场❷"。

仓赤　官名。元朝置。"仓"，汉语，即仓廪；"赤"，蒙古语，犹言"者"。内宰府典膳署设仓赤三十五人。

仓佐　官名。战国秦置。仓啬夫属官。掌粮谷禀给。《睡虎地秦墓竹简·仓律》："而遗仓啬夫及离邑仓佐主禀者各一户以气（饩）。"

仓法　宋朝特别法之一。全称诸仓乞取法。宋初，吏人无俸禄，无以养廉。神宗熙宁三年（1070），因京师军粮仓吏人克扣军粮，遂给仓吏俸禄，定约束十条，严惩请托、勒索，称为仓法。其后，朝廷各司及州郡吏人皆依此法领俸。哲宗初罢，后复行。又称为重禄法。

仓科　官署名。明清户部诸司所属之办事机构。明洪武二十三年（1390）置。宣德十年（1435）分隶户部十三清吏司。掌理漕运、军储出纳料粮。清顺治元年（1644）沿置，分隶户部十四清吏司。各设经承一人办事。掌理漕粮、仓储。福建清吏司因掌管赈济与官房之事而分设直仓科、福仓科。陕西清吏司之仓科称粮科。光绪三十二年（1906）裁。

仓监　官名。隋、唐置，属司农寺，主各地漕转仓粟。唐朝各仓置员一人，正七品下；丞二人，从八品上；另有录事、典事等。宋朝在京及诸州仓均设监官，掌收储出纳之事。

仓部　官署名。魏晋南北朝尚书台（省）诸曹之一。职掌全国粮食仓储出纳之政令、帐目。长官为郎（郎中），资深者称侍郎。魏晋南朝隶度支尚书，北魏前期设尚书为长官，直属尚书省，孝文帝太和（477—499）改制后复为郎曹，隶度支尚书。北齐因之。麹氏高昌国亦置，为八部之一，设长史、司马为正副长官。隋初因之，长官称侍郎。文帝开皇三年（583）以后称仓部司，隶户部，历朝因之。掌全国仓储，出纳租税、禄粮、仓廪之政令，审核诸司出入之数，以义仓、常平仓备凶年，平谷价。开皇六年增置员外郎一员为次官，司本署籍帐。炀帝改侍郎为郎，置二员，罢员外郎，寻又减一郎，置承务郎一员，同员外郎之职。唐高祖武德三年（620）设郎中、员外郎各一员为正副长官。高宗龙朔二年（662）改名同庾，咸亨元年（670）复旧；玄宗天宝十一载（752）改名司储，肃宗至德二年（757）复旧。玄宗开元二十六年（738）以后，或以他官兼任出纳使，掌管仓储之事，渐夺其权。唐朝中晚期户部诸司职权渐归三司使，五代因之。北宋初仓庾受纳租税、出给禄廪之事悉归三司，又别置提点仓场官督察其事，本司无所掌，置判司事一人，以无职事朝官充任，郎中、员外郎皆为寄禄官。神宗元丰（1078—1085）改制后，始实掌国家仓场储积给受之政令，分设仓场、上供、给纳、粜米、掌法、知杂六案，由郎中、员外郎总领其事。南宋高宗建炎三年（1129）以司农寺并入，绍兴四年（1134）复分置。辽、金、元不置。明太祖洪武十三年（1380）复置为户部四属部之一，设郎中、员外郎各一人，二十三年分四属部为十二部，遂罢。又，渤海国置为左六司支司之一，置郎中、员外以主其事。

仓部长史　官名。麴氏高昌国仓部长官。职掌同尚书。员一人。参见“仓部”。

仓部司　见“仓部”。

仓部司马　官名。麴氏高昌国仓部次官，协助仓部长史处理本部事务。如被派遣至诸城相监检校，则称城令。

仓部员外　官名。渤海国左六司仓部次官，位郎中下。

仓部员外郎　官名。户部仓部司次官。隋文帝开皇六年（586）始置，司本曹籍帐，侍郎缺则代理曹事。炀帝省，寻置承务郎，其职相同。唐高祖武德三年（620）复旧，员一人，从六品上。高宗、玄宗时曾随本司改名司庾员外郎、司储员外郎，旋各复旧。五代因之。北宋初为六品寄禄官，表示品级俸禄，无职事。神宗元丰（1078—1085）改制后始成为职事官，正七品。辽、金、元不置。明太祖洪武十三年（1380）复置，从五品，二十三年罢。参见“仓部”。

仓部侍郎　官名。隋朝尚书省度支尚书属官，仓部曹（司）长官。员一人，正六品上，文帝开皇三年（583）加为从五品；炀帝大业三年（607）改名仓部郎。

仓部郎　官名。尚书省仓部曹长官通称。三国魏始置，亦称仓部郎中，资深者可转侍郎，六品，秩四百石。隶度支尚书。两晋南朝沿置，宋六品；梁侍郎六班，郎中五班；陈侍郎、郎中并四品、六百石。北魏前期仓部曹置尚书，郎居其下，孝文帝太和（477—499）改制后复隶度支尚书，以郎中为长官，太和十七年定郎为从五品中，郎中五品上；二十三年皆称郎中，六品，仍可通称为郎。北齐沿置，六品上。隋初称仓部侍郎，炀帝复称仓部郎，为户部仓部司长官，从五品。唐朝定名仓部郎中。参见“仓部”。

仓部郎中　官名。❶魏晋南北朝与仓部郎互称，为尚书省仓部曹长官。唐朝置为户部仓部司长官，从五品上。高宗、玄宗时曾随本司改名司庾大夫、司储郎中，旋各复旧。开元（713—741）以后以他官为出纳使，渐夺其权。五代因之。北宋初为五品寄禄官，表示品级俸禄，无职事，神宗元丰（1078—1085）改制后始成为职事官，从六品。辽、金、元不置。明太祖洪武十三年（1380）复置，正五品，二十三年罢。参见“仓部”。❷渤海国左六司仓部长官，位员外上。

仓部郎官　仓部郎中、仓部员外郎通称。

仓部曹　见“仓部”。

仓案　官署名。北宋前期置，隶三司，掌春秋及圣节大宴、节度使迎授恩赐、上元张灯、四时祠祭及契丹朝贡、内廷学士赴上之供帐，内外进奉则视其名物，岁给教坊伶人衣带。神宗元丰（1078—1085）改制，随三司废。

仓啬夫　官名。主管粮仓的小吏。战国秦置。秦汉沿置。《睡虎地秦墓竹简·仓律》：“县啬夫若丞及仓、乡相杂以印之，而遗仓啬夫及离邑仓佐主禀者各一户以气（饩）自封印。”参见“啬夫”。

仓曹　官署名。西汉丞相府僚属诸曹之一，东汉三公府沿置，主仓谷事，其掾秩比三百石，属秩比二百石；郡亦置，掾秩百石；献帝时曹操丞相府亦置，设掾、属。三国魏大将军府置，有掾无属；魏元帝咸熙（264—265）中，相国府置，有属二员，无掾。蜀丞相府置，有掾。晋朝诸公府置，有属一员，赵王伦为相国，增掾一员；东晋置掾一员，加崇者增属一员。西晋末司马睿为丞相，诸曹设参军为长官，东晋因之。太子二傅、诸县置，设令史、书佐等。南朝亦置，宋设掾、属各一员；南齐诸公督府置为十八曹之一，参军一员，掾一员；梁、陈诸军府皆置。北魏二大、公府、将军府置，长官为参军事。北齐三师、二大、三公府置，长官为参军事；护军府、州刺史府置，长官为参军事；三等诸镇亦置。隋朝十二卫、太子十率、亲王、上柱国、柱国、三公、三师、上大将军至上仪同三司府皆置，长官为参军事；炀帝大业三年（607）改参军为书佐；京兆、河南尹置，长官为书佐。唐朝十六卫、诸军、太子诸率府、诸王府、三都牧、诸都督府、都护府、诸镇及秦王、齐王护军府，天策上将府皆置，长官为参军事。掌粮廪俸禄、田园厨膳、出纳市易、租调公廨、勾稽过所等。另有佐、府、史等属。不置功曹者则兼掌文官勋考。宋朝开封府置，长官为参军事。

仓曹参军　官名。即仓曹参军事。

仓曹参军事　官名。仓曹之长。西晋末司马睿丞相府置，为僚佐，东晋、南朝沿置。北魏二大、二公府，将军府置，从六品至从八品不等。北齐三师、二大、三公府，护军府、州刺史、三等诸镇皆置，六品至七品不等。隋朝十二卫各置一员、太子十率各一员，亲王至上仪同三司府各一员，从六品至从九品不等。炀帝大业三年（607）改为仓曹书佐。唐朝十六卫各置二员，正八品上，掌五府文官勋考、假使、禄俸、公廨、田园、食料、医药、过所；诸军各置一员，兼总骑曹事，正八品下；太子诸率府各置一员，从八品下，掌文官簿书；诸王府各置一员，正七品上，掌禄廪、厨膳、出纳、市易、畋渔、刍藁等；诸都督府各置一员，正七品下至从七品下；

诸都护府各置一员，正七品下至从七品上；诸镇（上镇、军镇）各置一员，从八品下或从七品下，掌仪式、仓库、饮膳、医药、付事、勾稽、省署抄目、监印、给纸笔、市易、公廨等；秦王、齐王护军府各置一员，正九品下；天策上将府置二员，掌粮廪、公廨、田园、厨膳、过所等，高祖武德九年（626）省。宋朝开封府置一员，正八品。

仓督 官名。北齐为郡、镇属官。隋朝州置。唐朝都督府、三都、州、县皆置一至二员，掌仓储出纳。

仓督监 官名。东晋县府属官。见《晋书·王羲之传》。

公 ❶爵名。《孟子·万章下》：北宫锜问曰："周室班爵禄也，如之何？"孟子曰："天子一位，公一位，侯一位，伯一位，子、男同一位，凡五等也。"魏晋以后，始依封国规模，分郡公、县公、乡公、开国公、开国郡公、开国县公等名目。三国魏元帝咸熙元年（264）定制：凡公爵，一品，赐地方七十五里、邑一千八百户，许置相一人，职如太守，又置郎中令、中尉、大农、司马、常侍、侍郎、家令、典祠、典书、典卫、典礼等属官。西晋武帝咸宁三年（277）置大、次、小王国，凡大国、次国始封王之支子封为公，一品，置公国如五千户王国，设官因魏制，无定制，许置军千人，以中尉领之。东晋诸公仍置国，无常侍，罢中尉，不置军。南朝宋因之。梁置相掌民政，由朝廷选差；典祠令、典书令、典卫长等，得自选补。齐唯置郎中令一卿。梁定诸公位视三公，班次之。陈分开国郡公、开国县公两等，皇子皆封公。北魏道武帝天赐元年（404），定王、公、侯、子四等爵，公二品，封小郡。孝文帝太和二十三年（499）定制：开国郡公一品，开国县公从一品。北齐开国郡公从一品，散郡公、开国县公二品，散县公从二品，其国各设郎中令、大农、中尉、常侍、侍郎、上下将军等官，典书、典祠、典卫等令。北周置国公、郡公、县公三等，仍有开国、袭封之别。初皇子、皇弟不封王，但封国公，武帝建德三年（574）以后得进封王爵。国公正九命，食邑自三千户至万户，以封宗室、异姓功臣；郡公正九命，食邑自一千户至八千户；县公九命，食邑自五百户至四千七百户。隋朝置国公、郡公、县公，为九等爵第三、四、五等，皆从一品。炀帝大业三年（607）并为一等。唐朝国公从一品，食邑三千户；郡公正二品，食邑二千户；县公从二品，食邑一千五百户。太宗贞观十一年（637），复加开国之号。宋朝置五等，一国公，从一品；二郡公，三开国公，四开国郡公，正二品；五开国县公从二品。金朝国公正、从一品，郡公正、从二品。元朝国公正二品，郡公从二品。明朝为五等爵第一等。清朝有一、二、三等之别，并为九等世爵第一等。❷官名。春秋、战国齐、楚称县邑长官为公。《左传·宣公十一年》："（楚庄王曰）诸侯、县公皆庆寡人。"❸三公等执政大臣尊称。《公羊传·隐公五年》："天子三公称公。"后代因之。

公人 见"公吏"。

公士 爵名。战国秦置，为二十等爵第一级，仅高于士卒，言其异于士卒，故曰公士。秦及西汉因之。宋朝亦置。太宗端拱二年（989）赐诸州高年长者百余人公士爵。

公大夫 爵名。战国魏、秦皆置，秦为二十等爵第七级，也称七大夫。秦及西汉初以此为高爵起点，汉高祖时公大夫以上皆令食邑，可与县令、丞分庭抗礼。文帝以后，第九级五大夫以上始得免一人徭役。

公车 官署名。汉朝及三国均置。为公车司马省称，以令主之，属卫尉。掌管宫中司马门警卫，并接待臣民上书及征召。东晋、南北朝亦置。

公车令 官名。❶公车司马令省称。❷西晋卫尉属官，东晋罢卫尉后，改隶门下省。南朝宋沿置，员一人，掌受章表。南齐置一员，隶尚书省。梁复隶门下省，位三班。陈八品、六百石。北魏为公车署长官，孝文帝太和二十三年（499）定为从八品上，掌受章奏、以理冤事。北齐为卫尉寺公车署长官，从七品，掌尚书所不理之诉讼，有枉屈，经判奏闻。隋朝沿置，一员，正八品，炀帝大业三年（607）升为正六品。

公车司马 ❶官名。战国秦置。负责王宫警卫。《睡虎地秦墓竹简·秦律杂抄》："公车司马猎律。"❷官署名。参见"公车"。

公车司马令 官名。省称公车令。西汉属卫尉，职掌皇宫司马门警卫，夜则徼巡宫中。东汉时掌宫南阙门，秩六百石，下设丞、尉各一人。汉制，凡吏民上书，四方贡献，以及征诣公车者，均由公车司马令呈达。三国沿置。据洪饴孙《三国职官表》，公车司马令为六品，六百石，职略同。晋、南北朝则置公车令，职掌同。南朝梁、陈于卫尉下又置公车司马令，掌宫门禁卫。

公车司马丞 官名。西汉属卫尉，为公车司马令副职。员一人，东汉秩三百石。掌知非法。

公车司马尉 官名。东汉置，属卫尉，与公车司马丞并为公车司马令副职，员一人，秩三百石。主宫阙门禁，警戒非常。

公车丞 官名。❶公车司马丞省称。❷北齐卫尉寺置为公车署次官，九品下。隋朝沿置，一员，正九品下。

公车尉 官名。同军尉，春秋时晋国置，负责管理军队中驾车的御官及训练士卒车乘。大夫爵。《大戴礼记·卫将军文子》："（羊舌大夫）其为公车尉也信。"参见"军尉"。

公车署 官署名。北魏置，掌受章奏，以理冤事，其职颇重，设令、丞。北齐属卫尉寺，掌尚书所不理之诉讼，有枉屈，经判奏闻。长官为令、次官为丞。隋朝沿置，令、丞各一员。

公车署令 官名。即公车令。

公车署丞 官名。即公车丞。

公太保 西周召公奭任太保官职时的官号。《旅鼎铭》："惟公太保来伐反夷年，在十又一月庚申。"

公中佐领 官名。清朝八旗佐领之一种，即非世袭而由拣选任命之佐领。初制，凡无根由佐领，初编时即非一姓承管，佐领员缺于本旗大臣官员内拣选补放。乾隆（1736—1795）以后陆续规定，凡两姓以上之互管佐领内每姓承管均在四世以下者，世管佐领内承管人父子均因罪革退，或承管人绝嗣而家谱内亦无应袭之人者，皆改为公中佐领。佐领员缺，皆以本旗不兼部务之世爵及二品以下、五品以上文武官员内拣选兼任。

公中缺 清朝官缺之一种，属八旗官缺。即公中佐领之额设者，由八旗应用人员内通行拣选任命。参见"公中佐领"。

公公 明清时太监的通称。

公田所 官署名。宋徽宗政和六年（1116），改稻田务置，掌京畿诸县荒地，召人承佃。宣和三年（1121），并入西城所。

公用钱 宋朝俸禄制度之一。外任官员于本俸外，依等级每月另给钱若干；京师诸官依等级，或月给、或年给钱。称为公用钱。

公主 帝王之女称号。周朝天子之女称王姬，战国以后，国君之女即称公主。历代沿之。一说天子之女下嫁时，天子不自主婚，而使三公主之，故称公主。汉朝规定，皇帝之女称公主，皇帝姊妹称长公主，皇帝之姑称大长公主。其封地称汤沐邑，有公主家令等官属以掌诸项事务。历朝沿其制。清代依嫡庶分封为固伦公主、和硕公主。详见各条。

公主邑司令 官名。唐朝公主邑司长官，又称公主家令，置一员，初为正八品，睿宗太极元年（712）升从七品下。掌公主财货、仓廪、田园，其制度皆隶宗正寺。

公主府司丞 官名。明太祖洪武七年（1374）于各公主府家令司置，一人，正八品，佐家令总管公主府事务。二十三年改家令司为中使司，职官亦随改。

公主府家令 官名。明太祖洪武七年（1374）于各公主府家令司置，一人，正七品，总管公主府事务。二十三年改家令司为中使司，改家令为中使，以宦官充任。

公主府家令司 官署名。明太祖洪武七年（1374）置。掌公主府事务。

公主家令 官名。西汉属宗正，职掌公主家事务。东汉沿置，员一人，秩六百石，有丞。北魏、北齐亦置。孝文帝太和十七年（493）定为从七品中，二十三年职员令改为第九品上。北齐仍为第九品上。隋朝大长公主、长公主、公主皆置，各一人，视正九品。唐朝先为正八品，睿宗太极元年（712）改为从七品下，亦称公主邑司令。明朝称公主府家令。

公主家丞 官名。东汉属宗正，为公主家令副职，员一人，秩三百石，佐令执掌公主家事务。北齐亦置。隋朝大长公主、长公主、公主皆置。唐朝先为正九品，玄宗开元初改为从八品下，亦称公主邑司丞。

公司马 官名。周朝置。❶军吏。伍长别称。《周礼·夏官·大司马》："公司马执镯。"郑玄注："谓五人为伍，伍之司马也。""伍长谓之公司马者，虽卑，同其号。"❷官府的司马。别于家司马。《周礼·夏官·序官》："家司马，各使其臣以正于公司马。"郑玄注："公司马，国司马也。卿大夫之采地，王不特置司马，各自使其家臣为司马，主其地之军赋，往听政于王之司马。王之司马，其以王命来有事，则曰国司马。"

公吏 宋朝公人与吏人合称。担任管理仓场、库务、馆驿、津渡、纲运、牢狱等具体事务者，通常称为公人，有衙前、专副、库子、秤子、拣子、掐子、所由、拦头、狱子、杖直等名目。担任狱讼、帐目、遣发、书写等文职者，通常称为吏人，有都孔目官、押司官、帖司等名目。

公有司 官名。春秋时齐国置。掌公室财物。《左传·文公十四年》："公子商人骤施于国。而多聚士，尽其家，贷于公有司以继之。"杨伯峻注："公有司为一词，谓掌公室之财物者。"

公臣 西周时期在朝廷任官之臣。区别于王臣。《公臣簋铭》："虢仲令公臣司朕百工。"

公朱右官 官署名。战国置。掌理羞膳庖厨的机构。《公朱鼎铭》："公朱（厨）右官。"

公行 官名。春秋置。掌管君主出行兵车行列。《诗经·魏风·汾沮洳》："殊异乎公行。"郑玄笺："从公之行者，主君兵车之行列。"《左传·宣公二年》："及成公即位，乃宦卿之适而为之田，以为公族；又宦其余子亦为余子；其庶子为公行。晋于是有公族、余子、公行。"杜预注："掌率公戎行。"

公皂 见"都史"。

公使人 元朝官署中职司杂事的人员。包括跟随官长的祗候，外出勾捕的曳刺，看守监狱的禁子等。头目称为首领或总领，副职称面前。北方在四两包银户、南方在税粮三石以下户内选差；免纳科差、税银，免当杂泛差役，并可支请食钱。录事司、县衙门设十余人。延祐二年（1315），改为轮换当役。

公使钱 宋朝各路州军皆拨专款，以为宴请、馈赠官员赴任、罢官及入京往来费用，称公使钱。

公府 三公之府。《汉书·丙吉传》："吉曰：'夫以三公之府有案吏之名，吾窃陋焉。'""公府不案吏，自吉始。"两晋南北朝三师、二大与三公并号八公，其府皆称公府。

公府曹 汉朝三公（太尉、司徒、司空）下属职事机构统称。东汉太尉诸曹有东曹、西曹、户曹、奏曹、辞曹、法曹、尉曹、贼曹、决曹、兵曹、金曹、仓曹等。

公府掾 三公府下属诸曹职吏统称，包括掾史、属。其中东、西曹掾比四百石，余掾比三百石，属比三百石。

公试 宋朝太学考试名。由朝廷降敕差官主考。神宗元丰二年（1079）定制，太学外舍生每年公试一次。每年二、三月间举行，两日三场，第一日考诗、赋、经义五道，第二日考论、策各一道（分两场）。差外官主持，以学官佐之。外舍生公试入第二等，即升补内舍。武学、律学、医学亦有公试。

公荐 官场用语。宋初，知贡举官赴贡院主试之前，台阁近臣可推荐其所熟知的举人，称为公荐，实为请托。太祖建隆四年（963），下令禁绝。

公侯 春秋战国时期称爵位在公、侯一级的诸侯君主。《左传·僖公九年》："凡在丧，王曰小童，公侯曰子。"《荀子·王霸》："官人失要则死，公侯失礼则幽。"

公乘 爵名。战国秦置。为二十等爵第八级。公乘意即得乘公家之车。西汉初年，七大夫、公乘以上为高爵，得食邑，冠刘氏冠。文帝以后，改以第九级五大夫以上为高爵，公乘仅得免役。东汉明帝时又下诏规定，赐民爵不得超过公乘，如超过，则需将超过部分转移给其子、兄弟或兄弟之子。

公卿 ❶周朝三公九卿、大官僚统称。《国语·周语上》："王乃使司徒咸戒公卿、百吏、庶民。"❷春秋时期诸侯、卿大夫统称。《左传·宣公九年》："公卿宣淫，民无效焉。"❸汉朝以后泛指中央政府机构的首脑与主管长官。

公卿大夫 ❶三公九卿的爵位。《孟子·告子上》："公卿大夫，此人爵也。"❷春秋时期诸侯、卿大夫的统称。《左传·襄公二十九年》："公卿大夫相继于朝，史不绝书。"

公曹参军 官名。北魏置为司徒府僚属，甄楷曾任此职。见《魏书·甄楷传》。

公辅 三公及辅导皇帝的太傅等合称。

公族 ❶周朝王室及诸侯卿大夫的子弟。《毛公鼎铭》："命汝摄司公族雩（与）参有司，小子、师氏、虎臣。"《左传·宣公二年》："（晋）成公即位，乃宦卿之适而为之田，以为公族。"❷官名。公族大夫省称。周朝置。春秋战国各诸侯国亦置。《左传·宣公二年》："自是晋无公族。"孔颖达疏："公族之官，掌教公之子弟也。"孔晁注《国语》云："公族大夫，掌公族及卿大夫子弟之官，是卿之嫡子属公族也"；"公族大夫，是公族主教诲也"。

公族大夫 官名。❶春秋晋置。省称公族。掌公子及卿大夫子弟的教训。《左传·成公十八年》："荀家、荀会、栾黡、韩无忌为公族大夫，使训卿之子弟共俭孝弟。"❷十六国时赵置。掌管担任朝官的士族事务。《晋书·石勒载记（下）》："徙朝臣掾属已上士族三百户于襄国崇仁里，置公族大夫以领之。"

公督府 两晋、南朝指加持节都督号之诸公府。

公爵 ❶行政官吏和不任官职之人爵位统称。对军爵而言。❷战国秦五等爵之第一等。参见"公"。

分平尚书事 职衔名义。加此者得参与评议论决尚书政事，为机密要职。以同时加予数人，故称"分"。西汉武帝时以左右曹、诸吏分平尚书奏事，三国吴列为职衔。参见"平尚书事"。

分司 ❶唐、宋官职名。唐朝于东都洛阳分设略同于京师之官府，于此任官者称分司。除分司御史有监察之责外，其他分司官员均属闲散之职。宋朝沿唐制，于西、南、北三京设。多用以安置老疾不任吏事者或责降官员。自哲宗元祐元年（1086）起，自请分司者皆许带职事官。❷南宋各路坑冶司、总领所、财用司、茶盐司等在某些州、县设置的分支机构亦称分司，各设干办官等。明、清分管督察各盐场之盐务分司亦简称分司。❸清朝巡检之别称。

分发 清朝吏部之铨选制度。乃任用官员之方法，京官称分衙门学习行走，外官称发省差委试用，统称分发。如新进士等分部学习行走或以知县分发差委者即是。

分决诸道滞狱使 官名。辽南面官，非常置。临时差朝官分使诸道审决冤滞案件。圣宗统和九年，命邢抱朴等五员分决诸道滞狱。

分守 官名。明朝用称武官独镇一路者。多以副总兵、参将等充任。

分守道 官名。即守道。

分巡道 官名。即巡道。

分房法 宋朝贡院考校试卷的一项规定。南宋孝宗时，令礼部试、类省试、各州解试举人各场试卷，分散于各房，由考官批分定等，以防舞弊，称为分房法。

分府 清朝同知之别称。

分朔大夫 散官名。明洪武四年（1371）置，为钦天监散官，授以少监。十五年废，改依文散官分授。

分差粮料院 官署名。南宋于太平州、镇江、建康府、利州、鄂州等处置，各设监官一人，掌各地粮料之事。

分袭 清朝封爵制度之一。指应袭子侄兄弟数人分袭父兄之爵。清制，凡原系数人合并之爵，准予分袭。原属一人之爵合并者，不准分袭。

分得拨什库 满语官名。武职。位在佐领之下。清顺治十七年（1660）定汉译名为骁骑校。

分察使 使职名。唐代宗宝应二年（763）置，同诸道观察使外察官吏善恶；功过稍大，事当奏者，案成便奏；功过虽小，理堪惩劝者，案成即报考功。

分簿案 官署名。宋神宗元丰（1078—1085）改制后置，隶大理寺左断刑，掌行分探诸案文字。

父师 官名。同太师。《尚书·商书·微子》："微子若曰：'父师、少师、殷其弗或乱正四方。'"参见"太师"。

手力 宋朝县役名。分隶县令、县主簿、县丞。掌追催赋税及城郭征科。多以第二、第三等户充当。

手分　吏名。宋朝置，分前行、后行，分掌京城、州县衙门及内外仓库场务的各种事务，位在押司下、贴司上。

手本　❶文书名。明、清之平行文。政府平行机关间行文时使用。如清康熙（1662—1722）时翰林院典簿厅为纂修实录，拟补缮写满字撰文中书事，行文内阁典籍厅时用之。❷明、清下级官员谒见上级时所呈递的名帖。清朝分履历手本（如总兵见总督时用）、脚色手本（如副将、参将见巡抚时用）、官衔手本（如州县官见副将时用），根据不同身份、不同情况，分别使用。

手号军人打捕千户所　官署名。秩从四品。设于元世祖至元二十五年（1288），掌手号军人（南宋降军，原手背刺墨，乂称手记军、涅手军）打捕野物皮货，隶淮东淮西屯田打捕总管府。置达鲁花赤，上千户、上副千户各一员。领上百户所七，下百户所二。

手诏　官文书名。北宋前期，宰执、亲王有所陈请，例颁手诏答复，由翰林学士撰写。神宗元丰（1078—1085）改制后，赐文臣太中大夫、武臣观察使以上，用手诏及批答。徽宗时又有御笔手诏，由皇帝亲笔撰书付外。

手板　❶官员用具，即笏。上朝时执，有事书其上，晋朝以后始称为手板，亦称手版。但尚书省长官所持仍称笏。❷明清时属官谒见长官时专用的一种名帖，亦称手版或手本。有红禀、白禀之分。

午门外直房　午门为帝王宫城的正门。古时常于午门外置直房，作为大臣值宿时的住所。明朝六科衙署原在砖门内尚宝司西。永乐（1403—1424）中因火灾移于东、西两直房办公，每夜以一科值宿，备随时召应。

牛人　官名。《周礼》地官之属。掌畜养牛牲，以供国家祭祀、宾客、飨食、丧事等之用。《周礼·地官》："牛人，中士二人，下士四人，府二人，史四人，胥二十人，徒二百人"，"掌养国之公牛，以待国之政令"。

牛马群子　吏名。金朝置。简称群子，又称扫稳脱朵。群牧所小吏。选自各部家富丁多及有品官的子弟，管理牧放马、牛、羊群。

牛加　官名。夫余国置。夫余国以六畜命官，有牛加、马加、狗加等，分主各邑落。见《后汉书·东夷列传》。

牛羊令　官名。隋朝太仆寺牛羊署长官，置一员，从八品上；炀帝大业三年（607）罢。

牛羊司　官署名。宋初置，掌饲养牛、羊，供应大中小祀以及太官宴享、御厨烹宰。设监官三人，以京朝官、诸司使副、三班使臣充任。神宗元丰（1078—1085）改制后，隶光禄寺。南宋初，以乳酪院并入，改隶礼部。

牛羊丞　官名。隋朝太仆寺牛羊署次官，置三员，从九品上；炀帝大业三年（607）罢。

牛羊供应所　官署名。宋朝置，职掌同牛羊司。参见"牛羊司"。

牛羊使　官名。宋初置，属东班诸司使，多不领本职，仅为迁转之阶。真宗咸平元年（998），定为同六品。神宗元丰（1078—1085）改制，改为正七品。徽宗政和二年（1112）重定武臣阶官名，废。

牛羊副使　官名。宋初置，属东班诸司使，多不领本职，仅为迁转之阶。真宗咸平元年（998），定为同七品。神宗元丰（1078—1085）改制，改从七品。徽宗政和二年（1112）重定武臣阶官名，废。

牛羊署　官署名。隋朝太仆寺置，令一员，丞三员；炀帝大业三年（607）罢。掌牛羊畜牧之事。

牛羊署令　官名。即牛羊令。

牛羊署丞　官名。即牛羊丞。

牛录　清朝八旗之基层组织。原意为箭。初，满族人出兵打仗或狩猎行围，各依族党村寨结队而行，每人出箭一支，每十人立一长，称"牛录额真"，意为箭主。清太祖努尔哈赤于明万历二十九年（1601），编三百人为一牛录，设牛录额真统领。以后编立八旗，即以牛录为基层单位，每五牛录为一甲喇，每五甲喇为一固山。蒙古牛录始编于后金天命八年（1623），汉军牛录始编于后金天聪四年（1630）。

牛录章京　满语官名。原称牛录额真，后金天聪八年（1634）改是称。顺治十七年（1660），定汉名为佐领。参见"牛录额真"。

牛录额真　满语官名。意为箭主。清太祖努尔哈赤于明万历二十九年（1601）将每三百人编为一牛录，设牛录额真统之，始为正式官名。后金天聪八年（1634）改称牛录章京。清顺治十七年（1660），定汉名为佐领。参见"牛录"。

牛栏都统领司　官署名。辽北面官，所掌不详。有都统领、副统领。

牛鹿　即牛录。

牛群司　官署名。辽北面群牧官，掌饲养牛群等事。有太保、侍中等官。

牛群敞史　官名。辽朝置。牛群司佐吏。

升平少府　官名。三国吴孙皓所置太后三卿之一。升平为昭献皇太后宫号。见《三国志·严畯传》裴松之注引《吴书》。

升平署　官署名。清朝内务府所属机构。掌承应宫廷奏乐演戏之事。初称"南府"，道光七年（1827）改是称。设管理事务大臣一人司之，下设司员、笔帖式、副催长、披甲等员分理事务。以太监为内学学生，以民人为外学学生，皆无定额。宣统元年（1909）改隶掌礼司。

升甲　宋朝贡举考试的一项规定。举人殿试合格，通常按成绩分成五甲，赐及第、出身、同出身。部分举人得特殊优待，可升一至二甲。

升用　清朝吏部之铨选制度。乃任用官员之方法。指官员依照流品循序升迁之例。凡内外官入月选升班者，或以开列具题，或以论俸引见，或以请旨，或以保题，或以推升、或以保送升授新职，皆称升用。

升压　官制用语。宋朝官员该堂除差遣者，自愿回吏部注授本等合入窠阙，可提升名次以资奖励，称为升压。

升贡　宋朝取士方法之一。徽宗崇宁三年（1104），罢州郡解试及礼部试，州学、辟雍取士皆由县学上舍中选拔，称为升贡。县学按外舍、内舍、上舍逐等升补。县学上舍选升州学，州学选升京师辟雍。宣和三年（1121），辟雍废，遂罢。

升转　旧称官职的提升与调动。官阶自下而上为升，同级移调为转。

升舍　宋朝学校逐舍升补制度。神宗熙宁四年（1071），太学行三舍法，学生由外舍升补内舍，由内舍升补上舍。后武学、宗学亦行此制。参见“三舍法”。

升班　清朝授官班秩之一。指下级官员升任上级官职之班次。分为数途：开列具题升者，大学士以尚书、左都御史升任；论俸引见升者，汉司业、赞善以修撰、编修、检讨引见升任；拣选引见升者，满洲国子监司业，以科甲出身之编、检、员外、侍读、中允为升任，以太常寺寺正、钦天监监副等官为次应升；请旨升者，运使以知府升；以保举记名升者，京察一等记名之翰林院侍读、侍讲等官升道、府，及以效力期满保题注册升者、论俸推升者、保送拣选记名升者。

升授　授官制度。明朝文武官吏初授散阶后，历考得授本品中更高一阶散官。自正一品至从九品均置有升授之阶。

升调科　清朝兵部武选清吏司所属之办事机构。额设经承一人。

升朝官　宋朝常参官别称。参见“常参官”。

长　❶地方正职政务官。《管子·立政》：“分乡以为五州，州为之长。”《国语·齐语》：“桓公令官长，期而书伐。”韦昭注：“官长，长官也。”❷春秋战国诸侯朝见天子时的次序；其最先者。《左传·隐公十一年》：“滕侯、薛侯来朝，争长。”❸秦汉以后多用为朝廷各机构或地方行政长官或次官称号。

长大夫　爵名。上大夫别称。战国魏置。《吕氏春秋·慎小》：“吴起治西河，欲谕其信于民，夜日置表于南门之外。令于邑中曰：‘明日有人能偾南门之外表者，仕长大夫。’”高诱注：“长大夫，上大夫也。”参见“上大夫”。

长上　❶官名。十六国后燕置，为皇帝及诸王的侍卫。《晋书·慕容宝载记》：“长上段速骨、宋赤眉因众军之惮役也，杀司空、乐浪王宙。”十六国后赵石虎时，东宫亦置此职。唐朝诸卫、诸军置为属官。左右卫、左右威卫、左右武卫、左右领军卫，各置二十五员，从九品下；左右羽林军、左右龙武军、左右神武军，各置十员，从九品下。宋朝存其名而罕除授。❷卫兵、工匠不番代，每日上，亦谓长上。

长子　爵名。清朝宗室封爵之一，列郡王之下，多罗贝勒之上。郡王嫡子奉特旨得受此封，成为郡王爵位的指定继承人。

长水校尉　官名。西汉武帝初置，为北军八校尉之一，秩二千石，位次列卿，属官有丞、司马等。领长水宣曲胡骑，屯戍京师，兼任征伐。东汉光武帝建武七年（后31）省，十五年复置，为北军五校尉之一，秩比二千石，隶北军中候。掌宿卫禁兵，下设司马、胡骑司马各一员。旧有胡骑校尉，亦省并长水。当时五校尉所掌北军五营为京师主要的常备禁军，故地位亲要，官显职闲，府寺宽敞，舆服光丽，伎巧毕给，多以宗室外戚近臣充任。三国沿置。魏、晋四品，隶中领军（领军将军），迄至东晋初犹领宿卫营兵。其时别置二卫、四军诸禁军掌宿卫，五校职任渐轻，后罢其营兵，旋省其官。十六国多置。南朝复置，为侍卫武官，不领兵，仍隶中领军（领军将军），用以安置勋旧武臣。宋四品，梁七班，陈六品、千石。北魏初领营兵，位次列卿，后罢其兵，成为武臣散官，定员二十人。孝文帝太和十七年（493）定为从三品中，二十三年改五品。北齐置十员，隶领军府所辖左、右卫府，从四品。

长书　官场用语。宋朝士大夫向朝廷大臣所上长篇文字，称为长书。

长史　官名。战国秦置，掌顾问参谋。秦王政（秦始皇）曾拜李斯为长史。秦、汉因之。西汉丞相、太尉、御史大夫、大将军、车骑将军、前后左右将军皆置，为所在官署掾属之长，秩皆千石。丞相长史职权尤重。边郡于丞外复置长史，佐太守掌兵马，秩六百石。内郡或置之。东汉太傅、太尉、司徒、司空、诸将军沿置，秩千石。度辽将军、护羌校尉、护乌桓校尉亦置，秩六百石。诸王国、边郡、属国不置丞，置长史，常称将兵长史，掌兵马。西域长史后代都护成为护理西域之长官。三国时三公府、诸将沿置。丞相府长史为幕僚长（相国、司徒同），出征时又别置留府长史，总领丞相府事务乃至京都事务，行营长史随征，主行营事务；又有领军长史，地位显要。王府亦置长史，居国相、都尉、傅保下，当以处理王府事、领王府幕僚为主。边郡长史领兵，代替郡丞。西晋诸公、位从公者及位不从公而为名号大将军者皆置，千石，为幕僚长；司徒（丞相、相国）置左、右，处理政务。东晋，南朝宋、齐、梁、陈亦置。北朝大抵同。隋、唐长史有三类：诸都护府、诸都督府、诸州长史，中央南衙诸卫、北衙诸军、诸折冲府（隋为鹰扬府）、东宫诸率府长史及诸王府长史。员额、品秩各有不同，皆为幕僚之长，故有元僚之称。除大都督府如扬州、益州长史秩从三品，中叶以后例兼本镇节度使外，其余长史并无实际职任，时或废罢，多以位置闲散及贬谪官员。宋制，亲王府、大都督府、诸州府皆置，用为士人恩赏，或安置贬降之官，皆不厘务。明朝为王府长史司长官，左、右各一人，正五品。洪武九年（1376）改参军置，为亲王府首领官。十四年，升秩，职掌王府政令，辅弼亲王，总领王府庶务。清朝则为王、嫡子、公主府长官。顺治八年（1651）于亲王府、郡王府、世子府、长子府各置一人，从三品，掌督帅府僚，纪纲总务。乾隆五十一年（1786）诏固伦公主府亦置一人，职掌同。

长史司 即王府长史司。

长乐卫尉 官名。西汉置卫尉，主未央宫门警卫。皇太后宫、别宫、离宫如长乐宫、建章宫、甘泉宫亦置。长乐卫尉掌长乐宫警卫，不常置，武帝时名将程不识曾任此职。属官有长乐司马、长乐屯卫司马等。东汉沿置，秩二千石。

长乐屯卫司马 官名。《汉书·冯奉世传》："功次迁长乐屯卫司马。"

长乐少府 官名。西汉平帝元始四年（后4）改长信少府置，秩二千石。掌皇太后宫中事务。东汉因之，不常置，皇太后卒即省，位在大长秋上，其职吏皆宦者。三国蜀亦置。

长乐食监 官名。东汉长乐宫宦官。《后汉书·宦官列传·曹节传》："共矫诏以长乐食监王甫为黄门令，将兵诛武、蕃等。"

长宁大夫 官名。金、元教坊阶官。金二十五阶之第五阶，秩正五品中。元十五阶之第三阶，正四品。

长宁寺 官署名。秩正三品，设于元英宗至治三年（1323），掌英宗皇后速哥八剌位下钱粮营缮等事。置卿六员，少卿、寺丞各二员。

长宁宫 辽朝宫帐名。又称蒲速盌斡鲁朵。太祖淳钦皇后以辽州及海滨县等户置。宫帐在高州，陵寝在龙化州东一百里。有正户七千，蕃汉转户六千，出骑军五千。辖辽、仪坤、辽西、显四州，奉先、归义、定霸三县，北女古石烈，潭马、合不、达撒、慢押、耶里只、浑只六瓦里，浑得邻稍瓦只、合四卑腊因铁里卑稍只、夺罗果只、拏葛只、合里只、婆浑昆母温、阿鲁埃得本、东厮里门、西厮里门、东镬里、西镬里、牒得只、灭母邻里十三抹里。有南京、西京、奉圣州、平州四处提辖司掌典兵丁。宫设宫使、副使、太师、太保、侍中（一称"世烛"）等职。

长宁宫马群司 官署名。辽北面宫官。掌长宁宫马群饲养蕃息之事。设侍中等职。

长宁宫南面行宫都部署司 官署名。辽朝置。又称长宁宫汉人行宫都部署司。掌长宁宫汉人兵马之政。设都部署、副部署、同知等职。

长宁宫都部署 官名。辽朝置，属北面官。长宁宫都部署司长官。

长宁宫都部署司 官署名。辽北面官。掌长宁宫契丹军民之事。置都部署、副部署、判官等职。

长宁宫都部署司判官 官名。辽北面官。长宁宫都部署司官员，协助都部署处理日常事务。

长宁宫副部署 官名。辽北面官。长宁宫都部署司副长官。

长宁宫提辖司 官署名。辽北面官。掌长宁宫所属各地兵丁，共有南京、西京、奉圣州、平州四处提辖司。

长吏 ❶地位较高的官吏。战国秦官制，年俸二百石至四百石粮谷的官吏皆称长吏。《睡虎地秦墓竹简·仓律》："长吏相杂以入禾仓及发。"汉朝一般称六百石以上官吏为长吏。然县丞（尉）秩虽四百石至二百石，亦与县令（长）并称长吏。三国魏晋沿用，多指县令长和郡守。❷泛指上级长官。

长庆寺 官署名。秩正三品，设于元泰定帝泰定元年（1324），掌成宗斡耳朵及行幸怯薛衣粮。置卿六员，少卿、寺丞各二员。

长江舰队统领 官名。清朝长江舰队长官。宣统元年（1909）置。一人，从二品，海军协都统充。掌督率该舰队。

长安门仓 官署名。明朝南北两京均设，隶户部及南京户部，各副使一人，未入流，掌粮草储出诸事。

长安东市令 官名。西汉置于长安东市，属京兆尹，主管市政。新莽以长安为常安，东市称京，西市称畿，东市令为五均司市师。东汉复旧。西汉秩比千石，东汉为六百石。

长安市长 官名。西汉属左冯翊，长安四市均设，有丞，主管市政。参见"长安市令"。

长安市令 官名。西汉置，属京兆尹，秩比千石，东、西两市均设，主管市政及城内商业贸易。新莽以长安为常安，东、西市令为五均司市师，东市称京，西市称畿。东汉仍置，减为六百石。

长安市丞 官名。西汉置，长安四市均设，为市长副职，属左冯翊，主管市政。

长安西市令 官名。西汉置于长安西市，属京兆尹。主管市政。新莽以长安为常安，东市称京，西市称畿。西市令为五均司市师。东汉复旧。西汉秩比千石，东汉为六百石。

长安厨令 官名。西汉置，属京兆尹，秩比千石，主帝王出巡时有关离宫别馆饮食起居事宜。东汉仍置，减为六百石。

长兴苑 明成祖永乐五年（1407）置北京苑马寺六监二十四苑，长兴苑属涿鹿监。苑设圉长一人，从九品，下分各群，设群长，掌牧养马匹、以备军需。永乐十八年并入太仆寺。

长芦都转运盐使司 官署名。明初设置，掌长芦（治所在今河北沧州）盐政。下辖二分司：沧州、青州。设都转运使一人，从三品，同知一人，从四品，副使一人，从五品，判官无定员，从六品，及经历司经历、知事，各盐课司、盐仓、批验所大使、副使等职。同知、副使分司进行管理，总于都转运使。所产盐行销顺天府及北直隶真定、保定诸府。

长河西里管军招讨使司 官署名。元朝置。秩正三品，隶吐蕃等路宣慰司都元帅府，掌长河西（今大渡河西）军政。置招讨使二员，经历一员。下辖长河西管军万户府，置达鲁花赤一员，万户二员。

长官 ❶官名泛称，泛指上司或众官之长。唐宋常以称县令。❷官名统称。金朝皇统五年（1145），以京府尹牧、留守、知州、县令、详稳、群牧为长官，以别于佐贰官、幕职官、军职官、厘务官、监当官、吏等。❸官名。见“长官司长官”。

长官司 地方政权机构名。元朝于西南少数民族地区置，又称蛮夷长官司。秩如下州，设达鲁花赤、长官、副长官等，多以土人为之。明、清沿元旧称，只作为土官世袭的地方政权。湖广、四川、云南、广西、贵州等省设有。设长官、副长官等职。此外，明朝又置蛮夷长官司，设官及品级均同于长官司。参见“土司”。

长官司长官 官名。元朝西南地区诸溪洞所置长官司之职官。位达鲁花赤之下，掌司事。多以土人为之。明、清沿元旧称，始作为土官名号之一，武职。湖广、四川、云南、广西、贵州等省设有。正六品。管所辖土兵及司事，受地方长官约束。世袭，其承袭事隶兵部。详见“土官”。

长官司副长官 官名。元朝西南地区诸溪洞所置长官司之职官。位长官之下，协掌司事。多以土人为之。明、清沿元旧称，始作为土官名号之一，武职。湖广、四川、云南、广西、贵州等省设有。位次长官司长官，从七品。有自己所辖之土兵及地区，受地方长官约束。世袭，其承袭事隶兵部。详见“土官”。

长春州钱帛司 官署名。辽朝置。又称长春路钱帛司。设于长春州（今吉林省前郭尔罗斯蒙古族自治县之塔虎城），掌钱币铸造等事。始置于兴宗重熙二十二年（1053）。设都提点等职。

长春苑 明成祖永乐五年（1407）置北京苑马寺六监二十四苑，长春苑属清河监。苑设圉长一人，从九品，下分各群，设群长，掌牧养马匹，以备军需。永乐十八年并入太仆寺。参见“清河监”。

长春宫使 官名。唐玄宗开元八年（720）以同州刺史姜师度兼营阳长春宫使，检校同、蒲、绛、河东、西并沙苑内新旧注田蒲萑收入，二十九年又检校新丰邑屯田，其间或以左卫郎将、御史中丞、殿中监等充任，至代宗大历九年（774）宋诲除同州刺史、充长春宫使，遂常以同州刺史充任。五代后梁太祖开平元年（907）废，后唐庄宗同光元年（923）复置，后晋高祖天福四年（939）停，宫务委同州州司制置。

长贰 诸官署正副长官的通称。

长秋少令 官名。隋炀帝大业三年（607）改内侍省为长秋监时置，为长秋监次官，从五品，用士人。

长秋中尹 官名。北齐置。长秋寺次官，四品上。由宦者担任。

长秋令 官名。隋炀帝大业三年（607）改内侍省为长秋监时置，为长秋监长官，正四品，用士人。唐高祖武德四年（621）改长秋监为内侍监后省。

长秋寺 宦者官署名。北齐置，掌管后宫诸宫阁事务。设卿、中尹为长贰，有丞、功曹、五官、主簿、录事等员。下领中黄门、掖庭、奚官、晋阳宫、中山宫、园池、中宫仆等署及暴室局。元仁宗皇庆二年（1313）复置，秩正三品。掌武宗五斡耳朵户口钱粮等事，辖怯怜口诸色人匠提举司二。置卿五员，少卿二员，寺丞二员。

长秋丞 官名。北齐置，为长秋寺属官。员二人，从七品上。

长秋监 官署名。隋炀帝大业三年（607）改内侍省置，设令一员、少令一员、丞二员，并用士人；改内常侍为内承奉，置二员，给事为内承直，置四员，并用宦者；罢内谒者官；领掖庭、宫闱、奚官等三署，并参用士人；后又置内谒者官。唐高祖武德四年（621）改名内侍监。

长秋监少令 官名。即长秋少令。

长秋监令 官名。即长秋令。

长秋卿 官名。❶北齐长秋寺长官，从三品，以宦者担任，参见“长秋寺”。❷南朝陈有“安德宫长秋卿”，见《陈书·司马暠传》。❸北魏“大长秋”别称。

长信少府 官名。西汉景帝中六年（前144）更名长信詹事置，掌皇太后宫中事务，秩二千石。

长信寺 官署名。秩正三品。设于元成宗大德五年（1301），领大斡耳朵怯怜口诸事。至大元年（1308）升为长信院。四年，复改为寺。置卿四员，正三品；少卿二员，从四品；寺丞二员，从五品。辖怯怜口诸色人匠提举司。

长信院 见“长信寺”。

长信詹事 官名。西汉置。掌皇太后宫中事务，秩中二千石。景帝中六年（前144）更名长信少府。

长剑将军 官名。南朝梁置，武帝天监七年（508）定为武职二十四班中的四班，大通三年（529）改为武职三十四班中的八班，南朝陈改为拟八品，比秩六百石。

长差 任官制度。明朝国子监监生往各衙门历事时间较长者。初定三年，后改一年，到期上选。计有清黄一百名，写诰四十名，续黄五十名，清军四十名，天财库十名。

长流 ❶长流贼曹省称。❷长流参军省称。

长流正佐 长流参军代称，意即长流曹长官。见《宋书·颜师伯传》。

长流参军 长流贼曹参军与长流贼曹参军事省称。

长流参军事 亦称长流参军，即长流贼曹参军事。

长流贼曹 官署名。东晋末刘裕丞相府分贼曹而置，后成为公府、将军府属曹，长官为参军。南朝宋小府不置。南齐、梁、陈沿之。北魏诸州府，北齐三师、二大、三公府，护军府，诸州府，诸镇均置，长官为参军事。掌盗贼徒流事。

长流贼曹参军　官名。长流贼曹长官。常省称为长流参军。

长流贼曹参军事　官名。南北朝诸府长流贼曹长官。亦称长流贼曹参军、长流参军或长流参军事。

长兼　官制用语。晋朝、南北朝时期多见。原指长期兼任某职，后发展为一种任官形式。《魏书·郭祚传》："咸阳王禧等奏（郭）祚兼吏部尚书，寻除长兼吏部尚书，并州大中正。"秩位低于正员，可由此升为正员，亦可由正员降此。自太尉、侍中、御史中尉至行参军皆可设。

长随　官名。明洪武二十八年（1395）始置，各监均置，正六品，后渐为次等宦官，受役于有权势的太监。隶司礼监。平日看守六科廊、报水、巡街、礼仪房。夜间奉命寻查火警，赍送大臣赏赐，收接表笺礼物等，均为差使。其中为首数人为答应。后用以俗称官场中雇用的仆人。

长德　官名。北魏道武帝天兴三年（400）置，职比中散大夫，无常员。后罢。

长爵　即高爵。《汉书·贾谊传》："今西边北边之郡，虽有长爵不轻得复。"颜师古注引张晏曰："长爵，高爵也。"

片　文书名。上行文。亦称夹片、附片。清朝臣工以奏折奏事，一折准奏一事，凡意有未尽，或另言他事者，则另纸陈明，附于折内，是为片。每折可附一、二、三片不等，一片各言一事，不相关联，亦不具衔名及日期，开头以"再"字叙起，末以"谨奏"结尾，一般比较简短。

爪牙将军　官名。南朝梁置，武帝天监七年（508）定为武职二十四班中的十八班，与武臣将军等同班，代旧前、后、左、右四将军。普通六年（525）定为武职三十四班中的二十八班。南朝陈拟第四品，比秩中二千石。如加为爪牙大将军，则较此职进一阶。

欠州武器局　官署名。元朝置。秩从五品，掌欠州（又作谦谦州，今俄罗斯西伯利亚图瓦自治州西南）兵器制造，隶武备寺。置大使、副使各一员。

乌丸护军　官名。十六国前燕置。《魏书·阉官传》："（仇款）仕慕容为乌丸护军，长水校尉。"参见"护军"。

乌丸校尉　参见"护乌丸校尉"。

乌丸都督　官名。三国魏时乌丸酋长称号。《三国志·乌丸传》裴松之注引《魏略》："右北平乌丸单于寇娄敦，辽西乌丸都督率众王护留叶，昔随袁尚奔辽西，闻（毌丘）俭军至，率众五千余人降。"

乌古敌烈统军司　官署名。辽始置于道宗咸雍四年（1068），设统军使、都监等职。金初沿置，天德二年（1150）升为招讨司，又称东北路招讨司，迁治所于泰州（今黑龙江泰来县塔子城，一说故城在今吉林洮安县四家子村古城）。

乌布　满语，差事之意。清制，各部郎中以下官，凡实际负责掌印、主稿等事者，皆称乌布。

乌尔哈伯喀达拉喇哈番　见"吴尔哈伯额达喇喇哈番"。

乌克逊达　满语。汉译为族长。

乌林大　满语官名。汉译为司库。

乌思藏纳里速古鲁孙等三路宣慰使司都元帅府　官署名。秩从二品。隶宣政院。设于元世祖至元十六年（1279）到十八年之间，简称乌思藏宣慰司。掌乌思（前藏）、藏（后藏）、纳里速古鲁孙（阿里三围）军民政务。置宣慰使五员，同知二员，副使一员，经历一员。另设乌里藏管蒙古军都元帅二员，纳里速古鲁孙元帅二员，擔里（檐里）管军招讨使一员，分掌戍守这一地区的蒙古军队。下辖十三个万户，分掌吐蕃各部军民政务。

乌思藏宣慰司　即乌思藏纳里速古鲁孙等三路宣慰使司都元帅府。

乌矮真　官名。北魏置。《南齐书·魏虏传》："国中称内左右为直真，外左右为乌矮真。"此系南朝人对北魏鲜卑语官名的音译。

乌赫哩达　满语官名。汉译有三：❶九门提督。❷总管，为清朝所设专管某项事务之三、四品官，如陵寝总管、围场总管、盘山行宫总管、信炮总管，以及蒙古各部、旗所设总管。❸苑丞，为清朝内务府所属奉宸苑之职官。

乌撒乌蒙等处宣慰司　官署名。设于元世祖至元二十四年（1287），隶云南行省。置司于乌撒路（今贵州威宁），领乌撒、乌蒙（今云南昭通）、东川（今云南会泽）、芒部（今云南镇雄北）四路军民政务。置宣慰使、同知、副使等职。

乌撒宣慰司　即乌撒乌蒙等处宣慰司。

勾当马步军专勾司　官名。北宋前期置，员一人，以京朝官充任，掌诸军兵马逃亡收并之籍，诸司库务给受之数，审校其欺诈，批书粮料历以送粮料院。神宗元丰（1078—1085）改制后，属太府寺。南宋避高宗赵构名讳，改专勾司为审计司，设监官或干办官主管，遂废。

勾当马步军粮料院　官名。北宋前期置，以京朝官充任，属三司，掌给受俸料，批书券历。神宗元丰（1078—1085）改制后，隶太府寺。南宋避高宗赵构名讳，粮料院改置监官主管，遂废。

勾当公事　见"干办公事"。

勾当左右厢公事　见"厢官"。

勾当官　官职名。宋朝三司及其他许多机构皆置，主管某一方面的事务，南宋避高宗赵构名讳，改称干当官。金朝户部架阁库、平准务等官署亦置，掌出纳、勘覆、文帐和交钞、香、茶、盐引等事。员数历朝不等，多者至十五人，正八品。

勾当诸司粮料院　官名。宋初置都粮料使，以三司大将充任，掌文武官诸司、马步诸军给受俸料。太祖开宝六年（973），改用京官。太宗太平兴国五年（980），分置诸司、马军、步军三粮料院。雍熙四年（987），始置勾当诸司粮料院，以供奉官充任，掌诸司俸料。南宋避高宗赵构名讳，诸司粮料院改置监官，遂废。

勾当御药院 官名。宋太宗至道三年（997）置，以入内内侍充任。掌按验秘方，以时剂和药品以进御及供奉禁中之用。南宋避高宗赵构名讳，改干办御药院。

勾押官 吏名。五代州县属吏有勾押官、都勾押官，掌征收两税钱谷等事务。宋神宗元丰（1078—1085）改制前，大宗正司、三班院、诸监、客省、军头引见司、皇城司、内东门司、管勾往来国信所、御厨及金吾街仗司皆置，补正名后三至五年许可出官。

勾检官 官名。即大理丞。隋炀帝大业三年（607）改，增正员为六人，分判狱事。唐朝复名大理丞。

勾凿司 即三司勾凿司。

勾销房 官署名。北宋前期置，隶中书门下，设守当官一人主之，掌勾销公事文簿。神宗元丰（1078—1085）改制废。

勾管 吏名。北宋鞍辔库置，协助监官处理有关事务。

勾覆官 官名。唐朝左右神策军置，武宗会昌五年（845）定置一人，由中书门下依资拟注。北宋神宗元丰（1078—1085）改制前，三部勾院皆置，勾稽天下所申三部金谷百物出纳帐籍，任职五年无过犯可出为左、右班殿直。

勾覆案 官署名。宋哲宗元祐元年（1086）置，隶户部，职同刑部之比部。三年，以其事归比部。

勾簿司 官署名。宋太宗时置，职掌与理欠司略同。真宗景德四年（1007）废。

丹书 ❶丹书铁券省称。《汉书·高惠高后文功臣表》："申以丹书之信，重以白马之盟。"详"丹书铁契"。❷帝王诏书别称。亦称丹诏。❸春秋时文书的一种。以丹书罪或籍，故称。《左传·襄公二十三年》："斐豹隶也，著于丹书。"杜预注："盖犯罪没为官奴，以丹书其罪。"孔颖达疏："盖以斐豹请焚丹书，知以丹书其籍。近世魏律缘坐配没为工乐杂户者，皆用赤纸为籍，其卷以铅为轴，此亦古人丹书之遗法。"

丹书铁券 即丹书铁契。

丹书铁契 皇帝赐给功臣以享受特殊待遇的一种凭证。又名丹书铁券、金书铁券、金券、银券、世券等。省称铁券。始于汉高祖，后代沿之。原以丹书于铁板，故名。汉朝仅为颁发给臣下的一种封侯及荣誉凭证。南北朝以后，始具有免罪免死的功用。西魏还密赐与欲归附者，作为归附后享有特权的保证，并听世相传袭。唐朝在制度上作了明文规定。形制历代不一，后世基本上仿唐制。金朝铁券状如卷瓦，刻字画栏，以金填之，半予功臣，半留内府，以御宝为合。明洪武二年（1369）封功臣，因唐制有所损益，形亦如瓦，分七等。公二等，一高一尺，广一尺六寸五分；一高九寸五分，广一尺六寸。侯三等，一高九寸，广一尺五寸五分；一高八寸五分，广一尺五寸；一高八寸，广一尺四寸五分。伯二等，一高七寸五分，广一尺三寸五分；一高六寸五分，广一尺二寸五分。外刻所赐功臣履历、恩数，中镌免罪、减禄之数。封号分四等，佐太祖定天下者，曰开国辅运推诚；从成祖起兵，曰奉天靖难推诚；余则为奉天翊运推诚和奉天翊卫推诚。武臣曰宣力武臣，文臣曰守正文臣。字嵌以金。凡九十七副、各分左右，左颁功臣，右藏内府，有事则合之，以取信。洪武三年，赐铁券者公六人，侯二十八人；二十五年改制铁券，又赐公及故公共八家。永乐初，靖难功臣亦有赐者。

丹杨尹 官名。东晋元帝太兴元年（318）改丹杨内史置。为京城所在郡府长官。掌京城行政诸务并诏狱，一度掌少府职事，地位颇重要。亦称京尹。《晋书·温峤传》言其"辇毂喉舌，宜得文武兼能"。秩中二千石。南朝沿置。南齐位次九卿，陈五品、秩中二千石。属官有丞、诏狱正等。一作"丹阳尹"。

丹杨丞 官名。东晋南朝置，丹杨尹属官。一作"丹阳尹丞"。

丹阳尹 即丹杨尹。

丹阳尹丞 即丹杨丞。

丹阳诏狱正 官名。南朝梁置，属丹杨尹。虞荔曾任此职。见《陈书·虞荔传》。

丹粉所 官署名。北宋前期置，隶三司，掌烧变丹粉，以供绘饰。神宗元丰（1078—1085）改制，改隶将作监。

月令从事 官名。南朝宋置，扬州、徐州属官。职掌同汉朝月令师。

月令师 官名。东汉司隶校尉及州部属吏，主时节祠祀。南朝宋亦置，在内外文武官数外，属职掌人，为低级职吏。

月选 明清吏部之铨选制度。明朝定制，凡内外官员出缺，由吏部选补，每月开选一次。初授官及考定升降之官归双月大选。改授、改降、丁忧、候补者归单月急选。所选出之官称为月官。清沿明制，典章更为详备。凡月选之缺，京官自郎中以下，除提缺、调缺、拣选缺、佐杂要缺外，皆为月选缺。双月为大选，以除班、升班于双月开选；单月为急选，以补班于单月开选。闰月停选。凡月选，满洲、蒙古、汉军以上旬（每月初五日），汉官以下旬（每二十五日），笔帖式以中旬（每月二十日）前期截缺。每月截缺后，由吏部以本月所开之缺，按数截出到班者若干人，先司议，后堂议，定出应选官名单，曰出叙。至选日，封固缺签，传齐各官到部，公同掣签，以定官缺。

风俗使 官名。唐武则天光宅元年（684）置，隶左、右肃政台，每岁春发使八人，以四十八条纠察州县。

凤烈将军　官名。南朝梁武帝普通六年（525）置，定为武职三十四班中的十二班。陈沿置，拟七品，比秩六百石。

凤得拨什库　即分得拨什库。

凤鸟氏　官名。传说少皞氏置。掌历法。《左传·昭公十七年》："凤鸟氏，历正也。"杜预注："凤鸟知天时，故以名历正之官。"

凤池　魏晋南北朝中书省别称凤凰池的简称。唐以后又作为宰相的别称。参见"凤凰池"。

凤军详稳司　官署名。辽北面军官。辖凤军。设详稳等职。

凤阳守备太监　官名。明置。掌护卫皇陵，操练中都留守司八卫一所军马，兼管高墙犯罪宗室。一人，为司礼监外差。

凤阳关监督　官名。户关监督之一。清顺治八年（1651）置，为凤阳关之主官。大关设于安徽寿州正阳镇。掌征通关货税、船料及牲畜税。康熙五十五年（1716）至乾隆四年（1739）曾交巡抚兼管。复设监督后由庐凤道兼充。

凤阁　官署名。即中书省，唐武则天光宅元年（684）改，中宗神龙元年（705）复名中书省。

凤阁侍郎　官名。即中书侍郎，唐武则天光宅元年（684）改，中宗神龙元年（705）复名中书侍郎。

凤阁舍人　官名。即中书舍人，唐武则天光宅元年（684）改，中宗神龙元年（705）复名中书舍人。

凤凰池　中书省别称。原指禁苑中的池沼，魏晋南北朝设中书省于禁苑，掌管机要，故有此称。也可指中书省的主要官员。《晋书·荀勖传》："（勖自中书监守尚书令）人有贺之者，勖曰：'夺我凤凰池，诸君贺我邪！'"亦简称"凤池"。唐朝宰相称同中书门下平章事或同中书门下三品等，故亦作为宰相的别称。刘禹锡《刘梦得文集》卷一〇《湖南观察使故相国袁公挽歌》："五驱龙虎节，一入凤凰池。"

〔丶〕

计　官名。战国秦置。主管财政收支的官吏。官府、苑囿等机构及县尉等官员僚属均设。有"官计"、"苑计"、"尉计"等名称，总称为"计"。《睡虎地秦墓竹简·效律》："计用律不审而赢不备，以效赢、不备之律赀之，而勿令赏（偿）。"又："尉计及尉官吏节（即）有劾，其令、丞坐之，如它官然。"又说："司马令史掾苑计，计有劾，司马令史坐之，如令史坐官计劾然。"

计史　官名。唐朝太常寺太卜署、司农寺诸仓等置，流外三品、七品，掌料功程事等。

计议官　官名。南宋高宗建炎四年（1130），御营使司并归枢密院为机速房，改御营使司干办公事置，正八品。绍兴十一年（1141）罢。又南宋都督府、宣抚处置使司、制置使司、三衙等官署亦置。金章宗明昌六年（1195）以枢密使、礼部尚书、御史大夫等二十三人充任，商讨国家军事大计。

计吏　见"上计吏"。

计官　官名。唐朝殿中省诸署监置，宋朝仅存空名，未尝除授。

计相　❶主管上计、计籍之官。西汉初，萧何为相国，以张苍明习天下图书计籍，任为计相，居相府主郡国上计事。❷宋朝三司使别称。宋神宗元丰（1078—1085）改制前，以三司使总领天下财赋，其地位仅次于执政，故有此号。

计省　宋朝三司别称。

计部　官署名。❶西魏文帝大统十二年（546）改尚书三十六曹为十二部，设计部，置郎中为长官。恭帝三年（556）仿《周礼》建六官，以计部属天官府，置中大夫为长官，属官有小计部下大夫、小计部上士，辖掌纳上士，掌出上士等。职掌计帐及财赋出入。北周沿置，武帝建德二年（573）至宣帝即位前，以下大夫为长官。隋文帝开皇元年（581）罢。❷渤海国置，隶右六司，设郎中、员外郎等官。❸明、清对户部的别称。

计部下大夫　即小计部下大夫的省称。

计部中大夫　官名。西魏恭帝三年（556）置，北周沿置。天官府计部长官，员一人。掌国家赋役收入及百官俸给等事务，国家各项收入、支出皆须申报计部。正五命。下设小计部下大夫、小计部上士以佐之，领掌纳上士、掌出上士等官属。周武帝建德二年（573）省，以下大夫为长官。宣帝即位后，复置。隋文帝开皇元年（581）罢。

计部员外　官名。渤海国右六司计部次官，位郎中下。

计部郎中　官名。❶西魏尚书计部长官，掌国家财赋收入。参见"计部❶"。❷渤海国右六司计部长官。参见"计部"。

计曹　官署名。三国魏置，长官为掾。见《三国志·高堂隆传》。

计掾　见"上计掾"。

计偕　秦汉公文习惯用语。有两种：一为上计吏所偕之物，如地方产品、地图之类；一为随上计吏同赴京师之人，多指郡国选举的文学、儒生等，得享受所经郡县传舍的衣食住行方面的照顾。晋朝沿用此制。

计置司　官署名。宋仁宗天圣元年（1023）置，以枢密副使张士逊、参知政事吕夷简、鲁宗道总领，掌考校茶、盐、矾税岁入登耗，更立新法。

六工　六种工官的合称。《礼记·曲礼下》："天子之六工，曰土工、金工、石工、木工、兽工、草工。"郑玄注："此亦殷时制也。周则皆属司空。"

六大　六种职官的合称。指大宰、大宗、大史、大祝、大士、大卜。《礼记·曲礼下》："天子建天官，先六大，曰大宰、大宗、大史、大祝、大士、大卜；典司六典。"郑玄注："此盖殷时制也。"

六卫 元朝军事机构合称。又称六卫汉军。指前、后、左、右、中五卫与东宫侍卫六支侍卫亲军。

六乡 周朝行政区划名称。王城之外百里以内，分为六乡，每乡设一大夫管理政务。《周礼·地官·小司徒》："乃颁比法于六乡之大夫。"

六正 春秋晋国三军将佐，为六卿，称六正。《左传·襄公二十五年》："自六正、五吏、三十帅，三军之大夫，百官之正长，师旅及处守者，皆有赂。"孔颖达疏："三军将佐有六，与六正数同，故以六正为六卿也。"

六仪 唐朝内官淑仪、德仪、贤仪、顺仪、婉仪、芳仪合称。玄宗开元（713—741）中置，各一人，正二品，共掌教九御四德，率其属以赞后礼。

六司 ❶内官合称。隋朝内官置司令、司乐、司饰、司医、司筵、司制，各三人，合称六司。分属六尚所辖，分掌图籍法式、音律、簪珥花严、方药卜筮、铺设洒扫、衣服裁缝等事。炀帝时（605—618）增为二十四司。❷官署名称。唐朝各州佐治之官，分属六曹，即功、仓、户、兵、法、士，亦称六司。参见"六曹"。

六百石 官秩等级，战国秦置。秦汉中央政府所属机构令、长及郡国长吏如郡丞、县令、长等多为六百石。铜印黑绶，月俸七十斛。三国两晋南朝又演变为俸禄等级。如南朝宋凡太学博士、中散大夫、廷尉评、尚书仆射、尚书、给事黄门侍郎、羽林监、太子门大夫、太子中庶子、太子洗马、刺史、郡丞、小县县令等皆为六百石。

六百令 战国秦官年俸六百石粮谷的官长。《商君书·境内》："六百之令，短兵六十人。"

六夷大都督 官名。东晋置。《晋书·姚弋仲载记》："永和七年（351），拜弋仲使持节，六夷大都督、都督江淮诸军事、车骑大将军、仪同三司、大单于，封高陵郡公。"

六夷左都督 官名。十六国后赵置。《晋书·姚弋仲载记》："（石虎）启（石）勒以戈仲行安西将军，六夷左都督。"

六州九酋长大都督 官名。北魏末置。掌管迁至内地的原北部边镇镇民及该地区少数民族事务。《北齐书·赵郡王琛传》："高祖将谋内讨，以晋阳根本，召琛留掌后事，以为并、肆、汾大行台仆射，领六州九酋长大都督，其相府政事琛悉决之。"

六州大都督 官名。北魏末置，东魏、北齐沿置。掌管恒、云、燕、朔、显、蔚六州的军政事务。该六州皆由军镇改置，居民为构成高欢军事力量的主体，故此职地位很重要。东魏孝静帝天平四年（537）罢，六州事悉隶京畿大都督。后复置。

六州军事都督 官名。东魏置。掌管六州军事，位在六州大都督之下。《北齐书·清河王岳传》："天平二年（535），（高岳）除侍中，六州军事都督，寻加开府。"参见"六州大都督"。

六州流民大都督 官名。北魏末置。掌管迁至内地的北部边镇流民。《北齐书·孙腾传》："除侍中，寻加使持节、六州流民大都督，北道大行台。"

六宅使 官名。唐朝于诸王府置。五代沿置，为诸司使之一。宋初属西班诸司使，多不领本职，仅为武臣迁转之阶。真宗咸平元年（998）定为同六品，神宗元丰（1078—1085）改制改正七品。徽宗政和二年（1112）重定武臣官名，改武节大夫。西夏初期仿宋朝置，为内侍官。

六宅副使 官名。唐置，五代因之。宋初属西班诸司使，多不领本职，仅为武臣迁转之阶。真宗咸平元年（998）定为同七品，神宗元丰（1078—1085）改制改从七品。徽宗政和二年（1112）重定武臣官名，改武节郎。

六军仪仗司 官署名。北宋置，隶卫尉寺，掌奉引仪仗以肃禁卫，以时修饰仪物，选募人兵而校其迁补之事。

六军都督 官名。十六国汉李寿置，以尚书令马当为之，假节钺，统军大阅。后罢。见《晋书·李寿载记》。

六军辟仗使 官名合称。即左右羽林、龙武、神武六军辟仗使，见"辟仗使"。

六条问事 汉朝关于刺史监察职责范围的规定，汉武帝时制订颁行。六条是：一、强宗豪右田宅逾制，以强凌弱，以众暴寡。二、二千石不奉诏书、遵奉典制，倍公向私，旁诏守利，侵渔百姓，聚敛为奸。三、二千石不恤疑狱，风厉杀人，怒则任刑，喜则淫赏，烦扰刻暴，剥截黎元，为百姓所疾，山崩石裂，袄祥讹言。四、二千石选署不平，苟阿所爱，蔽贤宠顽。五、二千石子弟恃怙荣势，请托所监。六、二千石违公下比，阿附豪强，通行货赂，割损政令。六条以外，刺史不得干预地方政事，违者依法惩处。

六角 匈奴官号统称。即左、右温禺鞮王，左、右日逐王，左、右渐将王，统称六角。

六押 ❶官场用语。唐朝中书省置中书舍人六员，分押尚书省六曹，佐宰相判案，同署乃奏，唯枢密迁授不预，谓之六押。❷官名别称。即中书舍人。

六尚 ❶官名合称。秦朝指给事殿中的尚冠、尚衣、尚食、尚沐、尚席、尚书。隋朝指内官尚宫、尚仪、尚服、尚食、尚寝、尚工，炀帝置为女官六局之长。唐朝沿置，以称宫官尚宫、尚仪、尚服、尚食、尚寝、尚功，又称诸尚书，为六局之长。金同唐制，为宫人女官。明朝亦为女官六局之长。又为六部尚书简称。《艺文类聚》卷四八《隋江总让吏部尚书表》："窃以汉置五曹，方今六尚；魏隆八凯，拟古六卿。"❷官署名合称。隋、唐、宋殿中省所统尚食、尚药、尚酝、尚衣、尚舍、尚辇六尚局省称。

六尚局 参见"六尚❷"。

六典 ❶周朝六种治国法典合称。即治典、教典、礼典、政典、刑典、事典。属冢宰、司徒、宗伯、司马、司寇、司空六官分掌。《周礼·天官·大宰》："掌建邦之六典，以佐王治邦国。一曰治典，以经邦国，以治官府，以纪万民。二曰教典，以安邦国，以教官府，以扰万民。三曰礼典，以和邦国，以统百官，以谐万民。四曰政典，以平邦国，以正百官，以均万民。五曰刑典，以诘邦国，以刑百官，以纠万民。六曰事典，以富邦国，以任百官，以生万民。"❷殷朝六大分掌之法的合称。《礼记·曲礼下》："天子建天官，先六大，曰大宰、大宗、大史、大祝、大士、大卜，典司六典。"郑玄注："典，法也。此盖殷时制也。"❸隋朝内官合称。隋置六尚，分管六典：典琮、典赞、典栉、典器、典执、典会，各三人，视流外二品。分掌琮玺器玩、导引朝见、中栉膏沐、樽彝器皿、扇伞灯烛、财帛出入。炀帝演为"二十四典"。

六府 ❶六种掌管府库的官职合称。一说为殷朝官制。《礼记·曲礼下》："天子之六府，曰：司土、司木、司水、司草、司器、司货，典司六职。"郑玄注："府，主藏六物之税者，此亦殷时制也。"❷西魏、北周天官府、地官府、春官府、夏官府、秋官府、冬官府的合称。

六法 清朝吏部之处分制度。京官三年京察，外官六年大计。考核官吏，核以四格，纠以六法。六法为：一曰不谨，二曰罢软无为，三曰浮躁，四曰才力不及，五曰年老，六曰有疾。核之而实，则不谨者、罢软无为者革职，浮躁者降三级调用，才力不及者降二级调用，年老、有疾者休致。凡官贪者、酷者则特参，不入于六法。

六官 ❶《周礼》所述六个官府系统的合称。即天官冢宰、地官司徒、春官宗伯、夏官司马、秋官司寇、冬官司空。❷西魏、北周天官府、地官府、春官府、夏官府、秋官府、冬官府的合称。❸吏官、户官、礼官、兵官、刑官、工官之合称。郑成功于永历九年（清顺治十二年，1655）三月在思明州（今厦门）设，分理庶务。

六房 官署合称。❶宋朝六官署，即神宗元丰（1078—1085）改制前的孔目房、吏房、户房、兵房、礼房、刑房，改制后的吏房、户房、礼房、兵房、刑房、工房。❷明清中央及地方官署内书吏的办事机构，即吏房、户房、礼房、兵房、刑房、工房。分见各条。

六政府 官署名。崇祯十六年（1643），李自成农民军政府于襄阳置吏、户、礼、兵、刑、工六政府，设侍部、郎中、从事等官。入北京后，各增设尚书一人，侍郎、从事数人，多以明朝降官充任。

六政府尚书 官名。明末李自成农民军置。始于明崇祯十七年（1644）。李自成农民军攻克北京，于原吏、户、礼、兵、刑、工六政府各设尚书一人，多以明朝投降官吏充任。

六省 唐朝尚书、门下、中书、秘书、殿中、内侍六省合称。

六品伯克 官名。清朝新疆回部官员之一。掌理修坝管台之事。喀什噶尔等地共设二十七人。

六品衔达 官名。清朝乐部什帮处之属官。"达"乃头领之意，设六品衔二人。分掌演奏掇尔多密乐曲之事。

六科 官署名。明清监察机构之一。即吏、户、礼、兵、刑、工六科。明洪武六年（1373）置。设给事中十二人分隶之。十年隶承敕监，十二年改隶通政司。二十四年定，每科设都给事中一人，左、右给事中各一人，给事中共四十人。南京六科亦设给事中七人。永乐（1403—1424）中六科自为一署。掌侍从、规谏、补阙、拾遗、稽察六部百司之事，事权颇重。清顺治（1644—1661）中沿置，设都给事中满、汉各一人，左、右给事中满、汉各一人，给事中汉二人。康熙四年（1665）只留给事中满、汉各一人，余俱裁。五年增设掌印给事中满、汉各一人，并设笔帖式八十人，经承六十三人。雍正元年（1723）改隶都察院，从此权力大大缩小。凡城、仓、漕、盐与御史並差，台省合一。掌发科抄，分稽庶政，注销各衙门文卷及给发敕书、赴任文凭，察核奏锁册、文武生童学册等事。光绪三十二年（1906）裁。

六科给事中 官名。明清六科之谏官。明洪武六年（1373）置六科，共设十二人，秩正七品。十年隶承敕监。十二年改隶通政司。二十四年定设四十人，秩正九品。建文（1399—1402）中升秩从七品。永乐（1403—1424）中六科自为一署。洪熙元年（1425）南京六科亦设七人。万历（1573—1620）中裁八人。清顺治（1644—1661）中沿设，汉给事中十二人。康熙四年（1665）定设给事中满、汉各六人。初秩从七品，雍正七年（1729）升秩正五品。光绪三十二年（1906）裁六科，仅设给事中二十人，办理一切事宜。

六科都给事中 官名。明朝吏、户、礼、兵、刑、工六科都给事中的通称。每科一人，正七品。洪武二十四年（1391）始置，初正八品，建文（1399—1402）中改正七品。各掌本科事务。参见"六科"。

六科掌印给事中 官名。明朝吏、户、礼、兵、刑、工六科给事中之中掌印者。洪武六年（1373）设六科给事中，每科二人，并铸各科给事中印，推各科年长者掌印。二十四年改设各科都给事中，遂罢。清朝为都察院所属吏、户、礼、兵、刑、工六科掌印给事中之统称。

六将军 春秋晋国上、中、下三军将、佐的合称。《墨子·非攻中》："昔者晋有六将军。"

六宫 周朝王后嫔妃的代称，亦指王后。《周礼·天官·内宰》："以阴礼教六宫。"郑玄注："王后寝宫有六，正寝一，燕寝五，合为六宫。故六宫亦指王后。"

六院 官署名合称。即南宋登闻检院、登闻鼓院、粮料院、审计院、官告院、进奏院。其长官多以曾历知县有政绩者充任，或以曾任知州、知府人充任。

南宋初，六院长官有数人选调为御史，故当时六院号称察官之储。

六院司　官署名。辽朝北面官。负责管理六院部皇族。

六院夷离堇　官名。辽北面官。掌六院部族军民之政。会同元年（938）改称南院大王。

六院林牙　官名。辽北面官。掌六院部文翰之事。

六院部　契丹部族名。天赞元年（922），辽太祖阿保机以迭剌部强大难制，遂析为五院、六院两部，各设夷离堇以统之。会同元年（938），辽太宗更二部夷离堇为大王。六院部在朝又称南大王院。六院部大王及都监春夏居泰德泉之北，秋冬居独卢金。有石烈四，为辖懒、阿连、斡纳拨、斡纳阿剌。

六驺　春秋时晋国六个养马官的合称。《左传·成公十八年》："程郑为乘马御，六驺属焉。"杜预注："六驺，六闲之驺。"

六监　新莽时六上卿合称。始建国元年（后9），王莽更名光禄勋曰司中，太仆曰太御，卫尉曰太卫，执金吾曰奋武，中尉曰军正，又置大赘官，主乘舆服御物，后又典兵秩，位皆上卿，号曰六监。

六卿　❶殷周统军执政大臣合称。《尚书·甘誓》："大战于甘，乃召六卿。"孔安国传："天子六军，其将皆命卿也。"春秋诸国亦或置六卿统率六军。❷《周礼》六官之长冢宰、司徒、宗伯、司马、司寇、司空合称。《尚书·周官》："冢宰、司徒、宗伯、司马、司寇、司空，六卿分职，各率其属，以倡九牧。"西魏、北周亦置，为六官府长官合称。❸春秋宋国执政长官右师、大司马、司徒、左师、司城、大司寇合称。❹东汉末曹魏所置郎中令、太仆、大理、大农、少府、中尉六官合称。❺北魏分九卿为二，太仆、廷尉、大鸿胪、宗正、大司农、少府（太府）称六卿，位稍次于太常、光禄勋、卫尉三卿。❻六部尚书合称。

六部　隋唐以后对中央行政机构吏部、户部、礼部、兵部、刑部、工部之总称。隋朝始设。初称吏、礼、兵、都官、度支、工，寻改都官为刑部、度支为民部。唐高宗登基（649），改民部为户部。秦汉时，九卿分掌中央行政事务。魏晋以后，由尚书分曹治事。至隋，始确定以六部为尚书省的组成部分，掌管全国行政事务。中唐至五代，六部权力削弱，形同虚设。北宋前期，军政归枢密院，财政归三司，六部所掌事务甚少，各部正官除特旨供职者外，余皆为寄禄官。神宗元丰（1078—1085）改制，六部复行其本职。西夏、辽、金各朝均仿汉制置六部。元朝以六部改属中书省。明初沿元制，洪武十三年（1380）罢宰相，废中书省，析其政归六部。至此，六部各自独立，直接听命于皇帝，地位更崇。清沿明制。清末光绪二十七年（1901），增设外务部，班列各部上。三十二年，改户部为度支部，兵部为陆军部，刑部为法部，又增设农工商部（工部并入）、民政部、学部等，六部之称遂废。

六部大人　官名合称。北魏明元帝泰常二年（417）置，指天部、地部、东部、西部、南部、北部大人。皆由诸公担任，下设三属官，处理国家日常政务，权位甚重。太武帝时复建尚书省，罢其官。

六部大中丞　官名。太平天国后期翼王殿之新设职官。乃翼王石达开率部出走后自置。

六部官　官名。太平天国后期增设之朝上职官。杨韦事变后于六部僚外别置，为朝中吏、户、礼、兵、刑、工六部常设主管官。每部分正、副、又正、又副四人，六部共二十四人。名称同六部僚，唯易"僚"为"官"字。然职权如何与六部僚划分，未详。官阶与副掌率相当。参见"六部僚"。

六部都尉　参见"六部尉"。

六部监门　官名。南宋高宗绍兴二年（1132）置，掌尚书省六部门钥，选文臣升朝官有才力者充任，由吏部奏差。序位、请给依寺、监丞，六部郎官有阙得兼之。

六部尉　官名合称。东汉于京师洛阳置左部、右部、东部、西部、南部、北部尉，典兵，负责京师治安，合称为六部尉。亦作六部都尉。曹操曾任洛阳北部尉。西晋沿置。东晋于京师建康亦置。北魏迁都洛阳后复置，初职任较轻，宣武帝永平四年（511），定为正九品。下辖经途尉、里正。

六部路都统司　参见"都统司"。

六部僚　官名。太平天国后期增设之朝上职官。杨韦事变后始设，以便从事朝中吏、户、礼、兵、刑、工六部工作。因六部以天、地、春、夏、秋、冬定名，故属吏部者称天僚，属户部者称地僚，属礼部者称春僚，属兵部者称夏僚，属刑部者称秋僚，属工部者称冬僚，均冠以"殿前"二字，又分设正、副、又正、又副，如殿前吏部正天僚、殿前户部副地僚。每部四员，共二十四员，皆由王爵兼任，地位甚高。然职权如何与六部官划分，未详。

六案　官署合称。宋徽宗崇宁三年（1104），令开封府所辖开封、祥符两县置士、户、仪、兵、刑、工六案。大观二年（1108），令天下诸县皆仿此置六案。宣和四年（1122）大宗正司亦置。南宋又于临安府置。依案名分领有关事务。

六曹　官署合称。❶尚书诸曹合称。东汉光武帝于尚书台分置六曹，以三公曹掌年终考课诸州郡事，吏部曹掌选举祠祀事，民曹掌缮修功作及盐池园苑事，客曹掌护驾及羌胡朝贺事，二千石曹掌辞讼事，中都官曹掌水火盗贼事。西晋尚书省置六曹，各设尚书，曹名不定。南朝于尚书省置吏部、祠部、度支、左民、都官、五兵六曹，各设尚书，下辖诸郎曹。北齐置吏部、殿中、祠部、五兵、都官、度支为六曹。隋、唐定置吏、户、礼、兵、刑、工六部，合称六曹，亦称六部。北宋前期，六曹之事多散隶他司，尚书、郎官仅寓禄秩，六曹率由他官领判。神宗元丰（1078—1085）改制，六曹置官、职掌始复行唐制。其后多称"六部"。❷唐朝府州佐治之官亦分六曹，即功曹、仓曹、户曹、兵曹、法曹、士曹。宋初仿唐制置于开封府。徽宗崇宁三年（1104），改置士、户、仪、兵、刑、工六曹。大观二年（1108），令州郡皆依开封府例置六曹，分管地方行政。❸明朝永乐元年（1403），置北京行部，其属置六曹清吏司，即吏、户、礼、兵、刑、工，各设郎中、员外郎，后又改为六部。十八年定都北京，罢行部及六曹。

六曹参军　官名合称。唐朝州府功、仓、户、兵、法、士等六曹参军事合称。宋朝为州府士、户、仪、兵、刑、工等六曹参军事合称。

六曹清吏司　官署名。明永乐元年（1403）于北京行部下置。分吏、户、礼、兵、刑、工六曹。刑曹置郎中、员外郎各一人，主事四人，照磨、检校各一人，司狱一人。其余五曹分置郎中、员外郎、主事各一人。后户曹增主事三人。十八年定都北京，遂罢。

六厩令　官名。西汉属水衡都尉，有丞。职掌皇帝六厩，即未央、承华、騊駼、骑马、辂軨、大厩，马皆万匹。成帝建始二年（前31）省。

六厩丞　官名。西汉属水衡都尉，为六厩令副贰。成帝建始二年（前31）省。

六堂　明清国子监贡生、监生学习之场所。即率性堂、修道堂、诚心堂、正义堂、崇志堂、广业堂。

六馆　学馆合称。唐朝指国子监所领六学馆：太学、四门馆、广文馆、律学、书学、算学。《昌黎集》卷一四《太学生何蕃传》："于是太学六馆之士百余人"，"请谕留蕃"。

六谒官　官名合称。北魏初置，掌管国家日常政务。《魏书·官氏志》："（道武帝）天赐元年（404）八月，初置六谒官，准古六卿，其秩五品。"其下各设大夫，元士，署令、长、丞等属官。

六等爵　❶三国魏始定之爵制，即王、公、侯、伯、子、男。其后，两晋南北朝皆仿此。每一等内又有级别之不同，各朝稍异。详见各条。❷太平天国爵制，即后期在"王"下陆续增设的义、安、福、燕、豫、侯。由义王、安王、福王、燕王、豫王及侯爵演变而来。各爵系衔均加一"天"字，又别冠一字以资区别，如"亲天义"、"成天安"、"禧天福"之类。虽系爵位，然官爵不分，并可世袭。其升迁自卑至高，即由侯至义，或以次迁升，或越级迁升。1860年以前，义、安两爵尚属崇高爵位，后因封赏过滥，官阶加多，义爵上又设"朝将"、"天将"等官，六爵地位逐渐卑下。此外，对妇女亦有六爵，惟改称女贞姜（义）、女贞安、女贞福、女贞燕、女贞豫、女贞侯。

六番招讨使司　官署名。元朝置，秩正三品，隶吐蕃等路宣慰司都元帅府，置司于雅州（今四川雅安），掌军民政务。设达鲁花赤、招讨使、经历、知事各一员。

六察　❶汉朝刺史巡行诸郡，以六条问事。唐、宋监察御史则分察百官之六事：其一，察官人善恶；其二，察户口流散，籍帐隐没，赋役不均；其三，察农桑不勤，仓库减耗；其四，察妖猾盗贼，不事生业，为私蠹害；其五，察德行孝悌，茂才异等，藏器晦迹，应时用者；其六，察黠吏豪宗兼并纵暴，贫弱冤苦不能自申者。❷唐、宋以监察御史分察尚书省六部，唐朝号六察官，北宋真宗咸平（998—1003）中初置吏察、兵察、户察、刑察、礼察、工察，神宗元丰三年（1080）令监察御史专领之，小事则举正，大事则纠劾，置籍记其所察之多寡、当否，岁终条具殿最，以行黜陟。❸监察御史别称。朱熹《朱文公集》卷二八《与李诚父书》："兹闻荣被亲擢，进居六察之联，深以为慰。"

六察御史　见"六察"。

文书库　官署名。宋神宗元丰（1078—1085）改制前，置金耀门文书库，收藏三司积年旧帐，设专副主之，以三司军大将充任。俗称故纸仓。

文书房　官署名。明朝于内廷之中设，掌收进章奏题本，发下圣旨御批。设掌房十员，俱以宦官为之。文书房后来成为内廷宦官升转要职的必由之阶，凡升司礼监秉笔太监、随堂太监者，必由文书房出。

文吏　❶文法吏，即通晓法律的官吏，与儒者之吏相对而言。《后汉书·胡广传》："时尚书令左雄议改察举之制，限年四十以上，儒者试经学，文吏试章奏。"❷文臣泛称。《后汉书·光武帝纪》："退功臣而进文吏，戢弓矢而散马牛。"

文成库　见"藏珍库"。

文华殿大学士　官名。明、清殿阁大学士之一。明洪武十五年（1382）始置，初为辅导太子，与华盖殿、文渊阁诸殿阁大学士秩皆正五品。永乐（1403—1424）时始以殿阁学士衔简入内阁参与机务。洪熙（1425）、宣德（1426—1435）以后，阁权渐重，批答章奏，草拟诏令，事实上渐成为宰相之任。但因品级低，故常以尚书兼之，以高其品秩。清朝沿置，品级提高为正一品，但职任反不如明。雍正（1723—1735）中设立军机处，职权遂为军机大臣所替代。

文华殿学士　官名。明朝建文（1399—1402）中，改原文华殿大学士而置，一人。品级职掌均未变。

文华殿舍人　官名。"直文华殿东房中书舍人"之简称。为明朝值班文华殿，负责奉旨缮写书籍工作的职官，从七品，无定员。参见"直文华殿东房中书舍人"。

文阶官　宋朝文臣寄禄官阶通称。

文巡捕　见"巡捕"。

文扶州万户府　官署名。元朝置，秩从三品，隶吐蕃等处招讨使，全称文扶州西路南路底牙等处万户府，掌文州、扶州（今四川松潘、文县北）地区军民政务。置达鲁花赤一员，万户二员。

文武官　官场用语。文武百官统称。

文林郎　官名。❶散官。隋文帝开皇六年（586）

置为八郎之一，从九品上，炀帝大业三年（607）罢。唐高祖武德七年（624）置为从九品上文散官。宋初因之，神宗元丰三年（1080）废。金、元皆用为文散官，为四十二阶之第三十五阶。金正八品上；元正七品，敕授。明、清沿置，以授正七品文官。❷职事官。隋炀帝大业三年于秘书省置，员二十人，从八品，掌撰录文史，检讨旧事。❸寄禄官。宋徽宗崇宁二年（1103）置，为选人新寄禄阶官，取代旧官留守、节度、观察推官及军事判官，从八品。

文林著士 官名。南朝陈置。《陈书·儒林·沈志道传》："解褐扬州主簿，寻兼文林著士。"

文林馆 官署名。北齐后主武平三年（572）置。文学之士入馆者，称待诏文林馆。由开府仪同三司、侍中张景仁总制馆事，颜之推掌知馆事。先后入馆者达数十人，主要职务是编撰供皇帝阅览的书籍，撰成后名《修文殿御览》。

文明 宋朝文明殿学士省称。

文明殿学士 官名。宋太宗太平兴国五年（980），改端明殿学士置，掌侍从备顾问应对，有所献纳则请对或奏对。仁宗庆历七年（1047），改为紫宸殿学士。

文忠王府 辽朝宫帐名。耶律隆运本汉人，名韩德让，生前曾为大丞相、晋国王，宠遇无比，死后谥文忠，拟诸宫例，建文忠王府。辖川州及上京、中京、南京、西京、奉圣州、平州六提辖司。

文昌 六部尚书别称。

文昌右相 官名。即尚书右仆射。唐武则天光宅元年（684）改，中宗神龙元年（705）复名尚书右仆射。

文昌左相 官名。即尚书左仆射。唐武则天光宅元年（684）改，中宗神龙元年（705）复名尚书左仆射。

文昌台 官署名。即尚书省。唐武则天光宅元年（684）改，垂拱元年（685）以后又改名文昌省、中台等，中宗神龙元年（705）复名尚书省。

文昌省 参见"文昌台"。

文昌都台 官署名。即尚书都省。唐武则天垂拱元年（685）改，以后又名中台等，中宗神龙元年（705）复名尚书都省。

文昌都省 官署名。即尚书都省。唐武则天光宅元年（684）改，垂拱元年（685）为都台，长安三年（703）为中台，中宗神龙元年（705）复名尚书都省。

文庙奉祀官 官名。清末国子监之职官。光绪三十二年（1906）设。掌文庙典礼事。七品、八品、九品官各二人，咨补。

文学 官名。汉朝州郡及王国均置，或称文学掾、文学史。以明经者为之，职掌地方教育。三国魏置太子文学，诸王亦置，常为皇帝监督诸王的耳目；侯国亦置。晋朝诸王、诸王世子亦置。南朝宋王国置，品第六。南齐同。梁皇弟皇子府置，五班。陈制同，品第七。北魏王国置，多以博学俊才担任，又有皇子文学，六品上。北齐皇子文学，品第六上。隋、唐亲王府沿置，员二人，从六品上，掌校雠典籍，侍从文章。唐德宗时又改诸州经学博士为文学，从八品上，掌以五经教授诸生，实无职事，衣冠士人多耻任之。元和时中下州文学废。又，宋朝文学参军亦省称文学。

文学从事 官名。南朝梁置。州府属官。品级依州等级而定，自流外七班至三班不等。

文学主事掾史 官名。汉朝郡国职掌教育之官。《巴郡太守张纳碑》有文学主事掾史、文学掾史。

文学守助掾 官名。汉朝郡国职掌文化教育之属吏。据《后汉书·百官志》，东汉河南尹所属员吏九百二十七人，其中文学守助掾达六十人。

文学参军 官名。宋朝诸州置，以特恩授予士人，或用以安置贬降官，或授纳粟补官人，无职掌。

文学馆 官署名。唐高祖武德四年（621）秦王府置于宫城之西，以待四方之士；入馆者，时人谓之登瀛洲；秦王府僚属并以本官兼文学馆学士。

文学馆学士 官名。唐初秦王府文学馆置，王府僚属以本官兼之，号十八学士，食五品珍膳，分三番更直宿阁下，每日引见，讨论文典。

文学祭酒 官名。东汉末置，郡府属官，掌教授生徒，不常设。三国魏郡府、东晋大将军府曾置。南朝宋豫章王立左学，设此职位比州西曹。南齐王国学馆亦置。皆由文学之士充任。

文学博士 官名。明朝建文（1399—1402）时改原翰林侍读学士、侍讲学士而置。成祖即位，复称侍读、侍讲学士。

文学掾 官名。汉朝州郡职司教育的学官。亦称郡文学掾，省称文学。东汉末，王国、丞相府亦置。西晋郡国皆置。十六国前赵石勒立太学亦置。

文学掌故 官名。西汉置掌故，属太常，秩百石。又有文学掌故、太史掌故、治礼掌故等。掌礼乐制度等典章故事，备谘询。武帝时，丞相公孙弘请置博士弟子，一岁皆试，能通一艺以上，补文学掌故，又择文学掌故补郡属曹史。后遂为定制，岁课甲、乙、丙三科。其丙科即补文学掌故。

文思使 官名。❶文思院使简称。五代后梁置，太祖开平元年（907）改为乾文院使。❷宋朝武阶官。多不领本职，仅为武臣迁转之阶，属西班诸司使。真宗咸平元年（998）定为同六品，神宗元丰（1078—1085）改制改正七品。徽宗政和二年（1112）重定武臣阶官名，改武节大夫。❸西夏文思院长官，夏崇宗时辽降人萧合达曾任之。

文思院 官署名。五代后梁置，旋改乾文院。宋太宗太平兴国三年（978）复置，掌造金银犀玉工巧之物及彩绘装钿等器物，设监官四人，以京朝官、诸司使副、内侍、三班使臣充任。神宗熙宁三年（1070）定制，以文、武臣各一人为监官。元丰（1078—1085）改制，归少府监。南宋初，随少府监归隶工部，置提辖及监官。西夏置，职掌同北宋，以文思使为长官。金朝改置文思署。明朝复称文思院，属工部都水司，主管朝廷舆辇、册宝、法物和各种器服所需金银犀玉、金彩绘素等装饰品之制造和供应事宜，设大使、副使领其事。

文思院大使 官名。明朝置，文思院长官，员一人，正九品。职掌参见“文思院”。

文思院使 官名。五代后梁置，为诸司使之一，简称文思使。太祖开平元年（907），改乾文院使。

文思院提辖 官名。宋朝文思院长官，通管上、下界职事。与榷货务都茶场提辖、杂买务杂卖场提辖、左藏东西库提辖并称四辖，外补则为知州，内迁则为寺、监丞簿，亦有直接升任杂监司者。

文思副使 官名。宋朝初年置，多不领本职，仅为武臣迁转之阶，属西班诸司使。真宗咸平元年（998）定同七品，神宗元丰（1078—1085）改制改从七品。徽宗政和二年（1112）重定武臣阶官名，改武节郎。明朝亦置，为文思院次官。员二人，从九品。参见“文思院”。

文思署 官署名。金朝置，属少府监。掌造内外局署所用印、伞扇、金银、佛塔等，尚辇和仪鸾局车具、亭帐，织染、文绣两署金线，赠邻国礼品等。设令、丞领署事，秩从六品、从七品。明昌七年（1196）并入祗应司。

文选司 官署名。即文选清吏司。

文选司员外郎 官名。即文选清吏司员外郎。

文选司郎中 官名。即文选清吏司郎中。

文选清吏司 官署名。简称文选司。明清吏部四司之一。掌理官吏班秩迁除，平均铨法。明洪武二十九年（1396）改选部置。设郎中一人，员外郎一人，主事二人。洪熙元年（1425）南京吏部亦置，设官略同。清顺治元年（1644）沿置。设郎中满洲四人、蒙古一人、汉二人，员外郎满、汉各三人，主事满洲二人、汉三人及笔帖式、经承若干人，分置本房、印房、都吏科、求贤科、缺科、凭科等机构分办司务。宣统三年（1911）改组内阁，设铨叙、制诰等局，遂裁。

文选清吏司员外郎 官名。简称文选司员外郎。明清吏部文选清吏司之副长官。佐郎中掌司事。明洪武二十九年（1396）改选部员外郎设，一人，从五品。清顺治元年（1644）沿设，汉员外郎一人，以科甲出身者注授。满洲、蒙古司官初不分曹，随堂官所派，后始分司定缺。遂增至六人，满洲三人，汉三人，皆从五品。宣统三年（1911）裁。

文选清吏司郎中 简称文选司郎中。明清吏部文选清吏司之主官。掌司事。明洪武二十九年（1396）改选部郎中设，一人，南京吏部文选清吏司亦设一人，皆正五品。清顺治元年（1644）沿设，汉郎中一人。以科甲出身者注授。满洲、蒙古司官初不分曹，唯长官所派，后始分司定缺。遂增至七人，满洲四人，蒙古一人，汉二人，皆正五品。宣统三年（1911）裁。

文将帅 官名。太平天国地方行政官。天历乙卯五年至辛酉十一年（1855—1861）间设，为守土官，由天朝直接派任。初掌一省民务，后改任郡邑政事。全省民务另置官管理。

文班牙署 官署名。辽朝置，属文班司。始置于辽太宗会同元年（938）。

文班司 官署名。辽朝北面官。始置于太祖时，所掌不详。置太保、林牙等职。

文部 官署名。即尚书省吏部。唐玄宗天宝十一载（752）改，肃宗至德二载（757）复名吏部。

文部尚书 官名。即吏部尚书。唐玄宗天宝十一载（752）改，肃宗至德二载（757）复名吏部尚书。

文部侍郎 官名。即吏部侍郎。唐玄宗天宝十一载（752）改，肃宗至德二载（757）复名吏部侍郎。

文资 宋朝官场用语。❶指文臣之官资。❷指文职官员。

文绣大监 官名。北魏置，为后宫女职，主宫内女功。《大魏宫内司高唐县君杨氏墓志》：“又转文绣大监，化率一宫，课艺有方。”

文绣院 官署名。宋徽宗崇宁三年（1104）置，隶少府监，掌纂绣，供应乘舆服御及宾客、祭祀之用。

文绣署 官署名。金朝置，属少府监。掌织绣和制作皇帝、后妃所用服饰、烛笼照道、花卉等。设令、丞、直长等职，秩从六品、从七品、正八品。贞祐二年（1214）唯设官一员。辖有绣工、都绣头各一人，副绣头四人，女四百九十六人，其中上等七十人，次等四百二十六人。

文职封赠 参见“封赠”。

文馆 官署名。清入关前皇太极的咨询机构。后金天聪三年（1629）四月设。命儒臣入馆，分为两班，分掌翻译汉文书籍及记注本朝政事。十年三月，改为“内三院”。

文渊阁 ❶明代藏书阁名。为皇宫内收藏书籍之处，文臣亦在此陪侍皇帝读书并加讲解。明太祖建于南京奉天门东，成祖永乐（1403—1424）中迁都北京后，又于宫内建文渊阁。明、清又以此作为殿阁大学士名号。❷清朝专藏《四库全书》之所。乾隆三十九年（1774）建于北京紫禁城东华门内文华殿之后。初由奉宸院兼管，四十一年派内务府大臣一人兼充提举阁事，下设兼管司员、笔帖式各四人，供事二人，掌其陈设、启闭及书籍晾晒之事。又设领阁事二人、直阁事六人、校理十六人、检阅八人，掌所藏书籍的保管、注册、点验各事。

文渊阁大学士 官名。明、清殿阁大学士之一。明洪武十五年（1382）始置，简翰林院官为之，备顾问应对，秩正五品。永乐（1403—1424）时始以殿阁学士衔，简入内阁参与机务。洪熙（1425）、宣德（1426—1435）以后，阁权渐重，批答章奏，草拟诏旨，事实上渐成为宰相之任。但因品级低，故常以尚书兼之，以高其品秩。清朝沿置，品级提高为正一品，但职任反不如明。雍正（1723—1735）中设立军机处，其职权遂为军机大臣所替代。

文渊阁直阁事 官名。清朝文渊阁之职官。乾隆四十一年（1776）设。共满、汉六人，以科甲出身之内阁学士、詹事、少詹事、侍读学士、侍讲学士兼充。掌文渊阁书籍之典守厘缉。

文渊阁校理 官名。清朝文渊阁之职官。乾隆四十一年（1776）设，共满、汉十六人。掌文渊阁书籍之注册、点验。以庶子、侍读、侍讲、编修、检讨等官兼充。

文渊阁检阅 官名。清朝文渊阁之职官。乾隆四十一年（1776）设，共八人，以科甲出身之内阁中书兼充。掌文渊阁藏书之点检事。

文渊阁领阁事 官名。清朝文渊阁之长官。乾隆四十一年（1776）设。满、汉各一人，以大学士、协办大学士、翰林院掌院学士兼充。掌文渊阁书籍之典守事。

文渊阁提举阁事 官名。清朝文渊阁之长官。乾隆四十一年（1776）设，以内务府大臣一人兼充。掌文渊阁之陈设、启闭等事。随同办事的有内务府司员、笔帖式各四人，供事二人。

文散官 官名合称。隋始置。散官初无文武之分。隋唐时指不带职事的文官，授此以酬勤劳。隋有上柱国、柱国、特进、左右光禄大夫、金紫光禄大夫、银青光禄大夫、朝议大夫、朝散大夫，自从一品至正四品，称散实官，加文武官之德声者。高祖开皇六年（586）又别置朝议、通议、朝请、朝散、给事、承奉、儒林、文林八郎，正六品上至从九品上。炀帝大业三年（607）皆罢。自从一品至从五品，置光禄、左、右光禄、金紫、银青光禄、正议、通议、朝请、朝散等九大夫。唐朝有开府仪同三司、特进、左右光禄大夫、散骑常侍、太中大夫、通直散骑常侍、中大夫、员外散骑常侍、中散大夫、散骑侍郎、通直散骑侍郎、员外散骑侍郎、朝议郎、承议郎、通议郎、通直郎、朝请郎、宣德郎、朝散郎、宣义郎、给事郎、纪事郎、承奉郎、承务郎、儒林郎、登仕郎、文林郎、将仕郎，自从一品至九品。太宗贞观十一年（637）改通议郎为奉议郎，光禄大夫以下至朝散大夫的品级略有变动。开府、特进皆给俸禄，预朝会。光禄大夫以下，朝散大夫以上无俸禄，不预朝会。朝议郎以下，黄衣执笏，于吏部分番上下承使及亲驱使。宋朝以后也称散官为散阶，完全成为表示官员等级的称号。宋初分二十九阶：开府仪同三司、特进、光禄大夫、金紫光禄大夫、银青光禄大夫、正奉大夫、中奉大夫、太中大夫、中大夫、中散大夫、朝奉大夫、朝请大夫、朝散大夫、朝奉郎、承直郎、奉直郎、通直郎、朝请郎、宣德郎、朝散郎、宣奉郎、给事郎、承事郎、承奉郎、承务郎、儒林郎、登仕郎、文林郎、将仕郎，自从一品至从九品下。神宗元丰三年（1080）罢。金、元以后定为四十二阶：开府仪同三司、仪同三司、特进、崇进、金紫光禄大夫、银青荣禄大夫、光禄大夫、荣禄大夫、资德大夫、资政大夫、资善大夫、正奉大夫、通奉大夫、中奉大夫、正议大夫、通议大夫、嘉议大夫、大中大夫、中大夫、少中大夫、中议大夫、中宪大夫、中顺大夫、朝请大夫、朝散大夫、奉德大夫（后改朝列大夫）、奉政大夫、奉议大夫、奉直大夫、奉训大夫、承德郎、承直郎、承务郎、儒林郎、文林郎、承事郎、纪事郎、从仕郎（元改从事郎）、登仕郎、将仕郎、登仕佐郎、将仕佐郎。金自从一品上至从九品下。元改正一品至从八品。元制，一品至五品为宣授，六品以下为敕授；宣授以制任命，敕授则由中书署牒。一品至五品服紫，六品至七品服绯，八品以下服绿。明朝沿置，四十二阶：特进荣禄大夫、特进光禄大夫、荣禄大夫、光禄大夫、资善大夫、资政大夫、资德大夫、中奉大夫、通奉大夫、正奉大夫、嘉议大夫、通议大夫、正议大夫、亚中大夫、中大夫、大中大夫、中顺大夫、中宪大夫、中议大夫、朝列大夫、朝议大夫、朝请大夫、奉议大夫、奉政大夫、奉训大夫、奉直大夫、承直郎、承德郎、承务郎、儒林郎、宣德郎、承事郎、文林郎、宣议郎、从仕郎、征事郎、迪功郎、修职郎、迪功佐郎、修职佐郎、将仕郎、登仕郎、将仕佐郎、登仕佐郎，自正一品至从九品。分初授、升授，正二品至从四品有加授。清初沿置，仅用于封赠。

文德省 官署名。南朝梁置，文学侍臣入侍之处，亦称文德待诏省。《梁书·文学·庾於陵传》："及（萧）纲居东宫，又开文德省，置学士，（庾）肩吾子信、（徐）摛子陵、吴郡张长公、北地傅弘、东海鲍至等皆充其选。"亦有以员外散骑侍郎等官直文德省或待诏文德省。

文德待诏省 即文德省。

文籍院 官署名。渤海国置，有监、少监。

文籍院少监 官名。渤海国官，文籍院次官。

文籍院监 官名。渤海国官，文籍院长官。

方士 ❶官名。《周礼》秋官之属。一说为周朝置。掌四方都家的狱讼刑罚。《周礼·秋官》："方士，中士十有六人，府八人，史十有六人，胥十有六人，徒百有六十人"，"掌都家，听其狱讼之辞，辨其死刑之罪而要之"。参见"都家"。❷士名。宋徽宗政和八年（1118）置，以赐在学选人，正七品。

方书 官府文书。《汉书·张苍传》："秦时为御史，主柱下方书。"颜师古注："如淳曰：'方，板也。谓事在板上者也。秦置柱下史，苍为御史，主其事。或曰，主四方文书也。'"

方正 汉朝选举科目。始于文帝前二年（前178），两汉因之，多与贤良并称为贤良方正。晋朝沿袭此制。清朝科举中有孝廉方正之名。

方任 指受任镇守一方的军政长官。《资治通鉴》卷七二魏明帝太和五年："先是（王）凌表（满）宠年过耽酒，不可居方任。”胡三省注：“方任，方面之任也。”

方丞　官名。东汉置。隶少府所属太医令，员一人，秩三百石，主药方。

方伯　❶夏、商、周一方诸侯的首领。《礼记·王制》：“千里之外设方伯。”郑玄注：“伯、帅、正，亦长也。凡长皆因贤侯为之。殷之州长曰伯，虞夏及周皆曰牧。”❷唐朝以后地方长官泛称。《历代职官表·总督巡抚·汉》：“刺史，古之方伯。”唐朝转运使、观察使、采访使，明、清布政使，皆称方伯。

方者郎　官名。北魏置。孝文帝太和十七年（493）定为从五品下，二十三年复次职令，未见。

方岳　刺史等地方长官的别称。《晋书·周访传》：“二君皆位至方岳，功名略同。”

方驿博士　官名。北魏置。孝文帝太和十七年（493）定为从九品中，二十三年复次职令，未见。

方相氏　官名。《周礼》夏官之属。一说为周朝置。主司驱疫鬼。由武士充任。《周礼·夏官》：“方相氏，狂夫四人”，“掌蒙熊皮，黄金四目，玄衣朱裳，执戈扬盾，帅百隶而时难，以索室驱疫。大丧，先柩。及墓、入圹，以戈击四隅，驱方良”。

方宪上士　官名。西魏恭帝三年（556）置，北周沿置。秋官府刑部中大夫属官，正三命。下设方宪中士以佐其职。隋文帝开皇元年（581）罢。

方宪中士　官名。西魏，北周秋官府刑部中大夫方宪上士佐官，正二命。

方略吏　官名。汉朝县府属吏。晋朝沿置，员四人。

方略馆　官署名。清朝军机处所属之机构。掌修方略。初为特开之馆，乾隆十四年（1749），以金川奏凯，获准开馆，以后遂为常开之馆。馆在隆宗门外咸安宫之左。设总裁无定员，以军机大臣兼充。下有提调，满、汉各二人；收掌，满、汉各二人；纂修，满三人、汉六人；其中除由翰林院咨送一名汉纂修外，其余由军机章京兼充。又有校对、供事等人员，无定额，于内阁中书、六部司员内传取。除纂修各种方略、纪略外，还负责纂修奉旨交辑的其他书籍。军机处之档案全部存储于本馆大库。军机处的录副奏折也多由本馆抄录。

方略馆收掌　官名。清朝方略馆之职官。满、汉各二人。不常设，纂修方略时，由总裁官在军机章京内奏派。事毕则省。

方略馆总裁　官名。清朝方略馆之长官。无定额。由军机大臣兼充。总掌方略馆之事。

方略馆提调　官名。清朝方略馆之职官。满、汉各二人。不常设。纂修方略时由总裁官在军机章京内奏派。事毕则省。

方舞郎　官名。北魏置，属方舞郎庶长。孝文帝太和十七年（493）定为从六品中，二十三年复次职令，未见。

方舞郎庶长　官名。北魏置，统方舞郎。孝文帝太和十七年（493）定为从五品上，二十三年复次职令，未见。

方镇　初指掌握一方军政的军事长官。如两晋之持节都督，唐、五代之节度使等。《晋书·范宁传》：“又方镇去官，皆割精兵器仗以为送故，米布之属不可称计。”《新唐书·宪宗纪赞》：“由是朝廷益弱，而方镇愈强。”后成为节度使、承宣使等官的代称。

户口使　使职名。唐玄宗开元十二年（724）始以宇文融充诸道安辑户口使，天宝四载（745）又以王铁为勾当户口色役使，皆掌勘查逃户，核准户籍。

户口案　官署名。宋神宗元丰（1078—1085）改制后置，隶户部左曹，掌州县户口升降、民间立户分财、科差人丁、典卖屋业、陈告户绝以及索取妻男之讼。

户长　宋朝乡役名。掌督催赋税，参与推排户等，编造五等丁产簿。太宗淳化五年（994），令以乡村第二等户轮充。神宗熙宁三年（1070）改为雇役。后为催税甲头或保长所取代。南宋时，福建路仍置，轮差或招募。

户主　宫官名。南朝宋明帝定后宫百官时置。紫极、光兴二房并设，掌铨查六宫。一品。

户侍　户部侍郎省称。

户官　官名。郑成功所设六官之一。参见“六官”。

户郎　官名。秦置，西汉沿置。为郎官之一，属户将，位郎中，秩比三百石，掌宿卫宫殿门户。东汉省车、户、骑三将，郎中并属左、右、五官三署，不复有户郎。

户房　官署名。唐朝置，为五房之一。玄宗开元（713—741）中设于政事堂，与吏房、枢机房、兵房、刑礼房分曹以主众务。北宋初期，中书门下、枢密院承旨司设，为六房之一。属中书门下者掌财币军储、户口版籍、租调漕运、禄俸、赈贷、土贡及诸路转运等事；属枢密院者掌金谷刍粮出纳之事。神宗元丰（1078—1085）改制后，门下省、中书省、尚书省亦增设。明朝亦置，为中央和地方官署中书吏之办事机构，六房之一。清都察院堂下、通政使司登闻鼓厅下设，掌有关案件之整理呈报。于房办事之书吏为经承，属都察院者三人，属通政使司者一人。顺天府及各直省府、州、县衙门内亦设有，协助府、州、县长官经管户口及应征解给、夏税秋粮等项。其书吏，属顺天府者为经承，属各直省府、州、县者为典吏。

户科　官署名。明清六科之一。明洪武六年（1373）置，设给事中二人。初隶承敕监，后隶通政司。二十四年设都给事中一人，左、右给事中各一人，给事中八人。永乐（1403—1424）中六科自为一署。南京亦设。掌监光禄寺岁入金谷、甲字等十库钱钞杂物，纠内外陈乞土田、隐占侵夺者。清顺治（1644—1661）中沿置，设都给事中满、汉各一人，左、右给事中各一人，给事中汉二人。康熙四年（1665）止留给事中满、汉各一人，余俱裁。五年增设掌印给事中满、汉各一人。掌稽核财赋、注销户部文卷之事。雍正元年（1723）改隶都察院。光绪三十二年（1906）裁。

户科右给事中 官名。参见“户科左给事中”。

户科左给事中 官名。明清户科之副长官。佐都给事中掌科事。明洪武二十四年（1391）设，左、右各一人，秩从八品。永乐（1403—1424）中改为从七品。清顺治十八年（1661）沿设，左、右满、汉各一人。康熙四年（1665）裁。

户科给事中 官名。明清户科之属官。明洪武六年（1373）设，二人，秩正七品，推年长者掌印。二十四年定设八人，为正九品。建文（1399—1402）中改为从七品。宣德八年（1433）增一人，专理黄册。万历（1573—1620）中裁三人。又南京户科亦设二人。清顺治（1644—1661）中沿设，汉给事中二人。康熙四年（1665）改设满、汉各一人。初制为从七品，雍正七年（1729）升秩正五品。掌稽核财赋，注销户部文卷之事。

户科都给事中 官名。明清户科之主官。掌科事。明洪武二十四年（1391）设一人，秩正八品。建文（1399—1402）中改为正七品。清顺治十八年（1661）沿设，满、汉各一人。康熙四年（1665）裁。

户将 官名。秦置，西汉沿置。亦称郎中户将，掌户郎，主宿卫宫殿门户，秩比千石。东汉省。

户部 官署名。❶唐朝以后管理全国户口、财赋之总机构，为中央行政机构六部之一。北周始设民部。隋初设度支部，寻改民部。唐高宗登基（649），因避太宗讳，改民部为户部，长官为户部尚书。其后历代相沿不变。唐至宋属尚书省，元属中书省，明、清为独立机构，直接听命于皇帝。唐朝置尚书一人主部事，侍郎二人为之贰。下统户部、度支、金部、仓部四司，各设郎中、员外郎为之长，分掌天下土田户籍、财税钱谷、库藏出纳、库储仓廪之政。本部居行政节制地位，中央及地方具体财计、仓廪库藏事务，分别交由司农、太府寺及地方府、州办理。高宗龙朔二年（662）改为司元，咸亨元年（670）复旧。武则天光宅元年（684）改为地官，中宗神龙元年（705）复旧。中唐以后，权力削弱，财经大权为度支、盐铁、转运等使所夺。北宋前期，财政之令归于三司。神宗元丰（1078—1085）改制，罢三司，以其事分隶户部左、右曹。仍置尚书、侍郎领其事。左曹掌户口、农田、赋役等事，右曹掌常平、免役、坊场等事。各设郎中一人，员外郎一人。所属有度支、金部、仓部。南宋因之，然尚书不常设，侍郎二人通治左、右曹事。西夏、辽朝亦仿汉制置。金朝初与左、右司同署，熙宗天眷三年（1140）始分治。设尚书一员，下设侍郎、郎中、员外郎、主事等官。元世祖中统元年（1260）以吏、户、礼为左三部，至元五年（1268）分立户部。成宗大德五年（1301）定尚书三人，下设侍郎、郎中、员外郎等。辖万亿宝源库、万亿广源库、万亿绮源库等机构。明初沿元制隶中书省，洪武十三年（1380）废中书省，升部秩。设尚书一人，左、右侍郎各一人。初辖四属部：总部、度支部、金部、仓部。寻改十二部，又改十二清吏司。至宣德十年（1435），定为浙江、江西、湖广、陕西、广东、山东、福建、河南、山西、四川、广西、贵州、云南十三清吏司，各掌其分省之事，兼领所分两京、直隶贡赋及诸司、卫所禄俸，边镇粮饷并各仓场、盐课钞关。设郎中、员外郎各一人，主事二人分管司事。所辖有宝钞提举司、钞纸局、印钞局、宝钞广惠库、广积库、赃罚库，甲、乙、丙、丁、戊字库，广盈库、外承运库、承运库、行用库、太仓银库、御马仓、军储仓及各仓场等。清沿明制，天聪五年（1631）始设。初以贝勒领部务，下设承政、参政、启心郎、额哲库等官。崇德三年（1638）改以承政领部事，下设左、右参政、启心郎、理事官、副理事官、额哲库等。顺治元年（1644）改承政为尚书，参政为侍郎，理事官为郎中，副理事官为员外郎，额哲库为主事。五年，定满、汉尚书各一人。十五年，定满、汉左、右侍郎均各一人。下属十四清吏司，除沿明十三司外，增设江南一司，各掌其分省民赋及八旗诸司廪禄，军士饷糈并各仓、盐课、钞关、杂税等。各司郎中、员外郎、主事分别由宗室、满洲、蒙古、汉军、汉人充任。此外还设有井田科、俸饷处、现审处、饭银处、捐纳处、司务厅、督催所、监印处等机构，分办各项事务。所辖有钱法堂、宝泉局、内仓及银、缎、颜料三库、仓场衙门并各户关。光绪三十二年（1906），设民政部，划户籍民政事入之，另将原财政事务改设度支部，户部遂废。❷唐朝户部头司。详见“户部司”。

户部十二部 明初户部分部之制。洪武二十三年（1390）按所分管的省份置户部河南、北平、山东、山西、陕西、浙江、江西、湖广、广东、广西、四川、福建等十二属部。四川部兼领云南。每部设郎中、员外郎各一员，主事二员，各理一省户口、钱粮等事，兼领所分京师、直隶贡赋及诸司、卫所俸禄，边镇粮饷并各仓场盐课、钞关。每一属部内分民、度支、金、仓四科进行管理。二十九年改属部称清吏司。宣德十年（1435）定为十三清吏司之制。参见“户部十三司”。

户部十二清吏司 官署合称。洪武二十九年（1396）改户部十二属部为清吏司。每清吏司各设郎中一员，员外郎一员，主事二员，各理一省户口、钱粮等事，兼领所分京师、直隶贡赋及诸司、卫所俸禄，边镇粮饷并各仓场盐课、钞关，每司各分民、度支、金、仓四科进行管理。后几经更革，宣德十年（1435）定为十三清吏司之制。参见“户部十三司”。

户部十三司 官署合称。即“户部十三清吏司”。明洪武二十九年改户部十二属部为十二清吏司。永乐元年（1403）改北平司为北京司。十八年革北京司，设云南、贵州、交阯三清吏司，宣德十年（1435）革交阯司，定为十三司。每司各设郎中一人，员外郎一人，主事二人。各掌其分省之户口、钱粮等事，兼领所分两京、直隶贡赋及诸司、卫所俸禄，边镇粮饷并各仓场盐课、钞关。

户部三库　官署名。清朝户部银库、缎匹库、颜料库之合称。顺治十三年（1656）置，设理事官二人管库事。曾分属各部寺收支，兼设巡库科道，康熙三年（1664）仍归户部统辖。雍正元年（1723）设管理三库大臣满、汉各二人管库事。设总档房综理三库事务。下设郎中、员外郎、司库、大使、笔帖式、库使、经承等官，皆为满员。贮藏银钱、缎匹、颜料（包括茶、蜡、铜、铁等物），以待支放。光绪三十二年（1906）改隶度支部。

户部干当公事　官名。即户部勾当公事，南宋避高宗赵构名讳改称。参见“户部勾当公事”。

户部五科　明初户部分司之制。洪武六年（1373）于户部下置，一科、二科、三科、四科、总科共五科。每科设郎中、员外郎各一人，主事四人，唯总科郎中、员外郎各二人，主事五人。八年，因事务繁剧，每科设尚书、侍郎各一人，郎中、员外郎各二人，主事五人。洪武十三年（1380）改分四属部，乃罢。参见“户部四属部”。

户部分司　见“户部榷关”。

户部勾当公事　官名。宋哲宗元祐元年（1086）置，员二人。三年，罢大理寺右治狱，于户部置推勘检法官，推治在京官署有关钱谷之事，增置二人以佐之。绍圣元年（1094）罢，徽宗建中靖国元年（1101）复置。南宋改称户部干当公事。

户部右侍郎　官名。户部之副长官。明始设，一人，正三品。与左侍郎共佐尚书掌部务。清沿明制。满、汉各一人，从二品。除佐尚书掌部务外，尚兼掌宝泉局鼓铸，与工部右侍郎同兼管钱法堂事务。光绪三十二年（1906），户部更名度支部，遂改称度支部右侍郎。详见“户部左侍郎”。

户部右曹　官署名。宋神宗元丰（1078—1085）改制置，掌常平免役之政令，以及坊场、河渡、水利、伍保、没官田产、义仓赈济之事。南宋分六案：常平案掌常平、农田水利及义仓赈济，户绝田产，居养鳏寡孤独之事；免役案、坊场案、平准案、检法案、知杂案，各随其名而任其事。

户部右曹侍郎　官名。宋神宗元丰（1078—1085）改制置，专领户部右曹之事。南宋高宗绍兴四年（1134），令户部侍郎二员通治左、右曹，遂罢。

户部左侍郎　官名。明、清户部副长官。自唐至元，户部均设侍郎，一二人不等。至明，始分左、右，以左为上，左、右各一人，正三品。共佐尚书掌部务。清沿明制，初以左、右参政为户部副长官，顺治元年（1644）改左、右参政为左、右侍郎，无员限。十五年，定满、汉左、右侍郎均各一人。初制，满洲、汉军充任者二品，汉员三品。顺治十六年，改满侍郎三品。康熙六年（1667）复故，九年仍改正三品。雍正八年（1730），俱定为从二品。光绪三十二年（1906），户部更名度支部，遂改称度支部左侍郎。

户部左曹　官署名。宋神宗元丰（1078—1085）改制置，掌天下诸路州县户口、农田、贡赋、税租之政令，以及田务券债、酒麹园宅课入之事。南宋分三案：户口案掌户口升降，民间立户分财，科差人丁，典卖屋业，陈告户绝，索取妻男之讼；农田案掌农田及田讼，依限奏丰稔，验水旱虫蝗，劝课农桑，请佃地土，令佐任满赏罚，缴奏诸州雨雪，检按灾伤逃绝人户；检法案掌本部检法之事，下设二税科、房地科、课利科。又辖开拆、知杂司。

户部左曹侍郎　官名。宋神宗元丰（1078—1085）改制置，员一人，掌户部左曹之事。南宋高宗绍兴四年（1134），令户部侍郎二员通治左、右曹，遂罢。

户部北京司　官署名。即户部北京清吏司。

户部北京清吏司　官署名。明洪武二十三年（1390）初置户部北平部，二十九年改属部称清吏司，遂为北平清吏司。永乐元年（1403）改户部北平清吏司而置。设郎中、员外郎各一员，主事二员，分民、度支、金、仓四科进行管理。领北京布政司户口、钱粮等事，并兼管所分京师、直隶部分府州县、中央衙门、卫所财务行政。十八年定都北京，遂革。

户部北京清吏司员外郎　官名。明永乐元年（1403）改原户部北平清吏司员外郎而置。为户部北平清吏司副长官，一人，从五品。十八年革。参见“户部北京清吏司”。

户部北京清吏司郎中　官名。明永乐元年（1403）改原户部北平清吏司郎中而置，为户部北京清吏司长官，一人，正五品。十八年革。参见“户部北京清吏司”。

户部司　官署名。唐朝户部四司之一。高宗登基（649），以避太宗讳，改民部司设。为户部之头司，龙朔二年（662）改称司元司，咸亨元年（670）复旧。武则天光宅元年（684）改称地官司，中宗神龙元年（705）复旧。掌管全国户口、籍帐、土地、赋役、贡献、蠲免、优复及婚姻、继嗣之政。设户部郎中二人为长官，户部员外郎二人为次官，另有户部主事等。中唐以后，渐失其职。

户部执照　清朝给予报捐官生者之凭证。捐事由户部捐纳房主办，收捐或由外省，或由部库，咸丰（1851—1861）以后由京铜局。凡报捐之官生，由户部发给执照，以为凭据。

户部后库　官署名。清朝户部所属机构之一。顺治（1644—1661）初置。掌金银、缎匹、颜料诸物之藏贮支销。设满洲郎中四人，员外郎二人，司库六人，管理库务。十三年分建三库，遂废。

户部交阯司　官署名。即户部交阯清吏司。

户部交阯清吏司 官署名。明永乐十八年（1420）置，为户部分司之一。司设郎中一人，正五品，员外郎一人，从五品，主事二人，正六品，分民、度支、金、仓四科进行管理。领交阯地区（今越南境内）户口、钱粮等事，并兼管所分京师、直隶部分府州县、中央衙门、卫所财务行政。宣德三年（1428）罢交阯布政司，十年，户部交阯司亦革。

户部交阯清吏司员外郎 官名。明永乐十八年（1420）置，为户部交阯清吏司副长官。一人，从五品。宣德十年（1435）革。参见“户部交阯清吏司”。

户部交阯清吏司郎中 官名。明永乐十八年（1420）置，为户部交阯清吏司长官。一人，正五品。宣德十年（1435）革。参见“户部交阯清吏司”。

户部员外郎 官名。唐朝始置，为户部头司户部司次官。太宗贞观二十三年（649），高宗登基，以避太宗讳，改民部员外郎设。置二人，从六品上。佐户部郎中掌户部司事。龙朔二年（662）改称司元员外郎，咸亨元年（670）复旧。武则天光宅元年（684）改称地官员外郎，中宗神龙元年（705）复旧。德宗以后，度支事繁，常以一人判度支事务。五代因之。北宋前期为六品寄禄官，神宗元丰（1078—1085）改制后，始有实际职掌，正七品。其制有二，属左、右曹者，各一员，为部属之官，参掌本部事务。属各司者，为司之次官，协郎中掌司事。南宋高宗绍兴（1131—1162）中，废员外郎，别置户部郎官。辽朝户部亦设员外郎，其制不详。金朝户部不设诸司，置员外郎三人为本部佐贰官，从六品。以一员掌户籍、物力、婚姻、田宅、盐铁、市易等，一员掌度支、国用、俸禄、恩赐、贡赋等。元朝设三员，从六品，参领本部事务。明、清为户部所辖诸司之副长官，分别冠以各司之名号，从五品。明朝每司置一员。清朝每司二至五、六员不等，此外，户部所辖三库各设员外郎二人。光绪三十二年（1906），户部改度支部，其称遂废。

户部尚书 官名。唐朝以后中央行政机构户部之最高长官。总掌户部事。唐太宗贞观二十三年（649），高宗登基，以避太宗讳，改民部尚书设，隶尚书省之下。额一员，正三品。高宗龙朔二年（662）改称司元太常伯，咸亨元年（670）复旧。武则天光宅元年（684）改称地官尚书，中宗神龙元年（705）复旧。中唐以后，常以他官掌钱谷之政，本部之职渐为度支、盐铁、转运等使所夺，尚书多为外官所带空衔，本部日常事务多由侍郎主之。五代因之。北宋前期为三品寄禄官，不任本职，神宗元丰（1078—1085）改制后，始实领户部事。从二品。南宋初，以执政兼领财用事，后复置尚书掌部事。辽朝亦设，属南面官，无实职，多为加官。金朝设一人，正三品。元朝改属中书省。成宗大德五年（1301），定制为三员，正三品。明初沿元制，洪武十三年（1380）废中书省，六部尚书直隶于皇帝，事权提高，升为正二品。额设一员。清沿明制，初以承政为户部长官，顺治元年（1644）改承政为尚书。五年，定满、汉尚书各一人。初制，满员一品，汉员二品，顺治六年，改满尚书为二品。康熙六年（1667）复故，九年仍改二品。至雍正八年（1730），满、汉尚书俱定为从一品。光绪三十二年（1906），户部改度支部，遂改称度支部尚书。

户部侍郎 官名。❶隋朝度支部所属户部司之长官。掌户部事。置二人。初正六品上，高祖开皇三年（583）加为从五品。炀帝大业三年（607），改称民部郎。❷唐朝以后中央六部之一户部之副长官。佐户部尚书掌部事。唐高宗登基（649），以避太宗讳，改民部侍郎设。二人，正四品下。北宋前期为四品寄禄官，神宗元丰（1078—1085）改制后为从三品职事官。凡二人，分领左、右曹之事。南宋初，只设一员。高宗绍兴四年（1134），复置二员，通治左、右曹。辽朝设，为南面官，无实职，多为加官。西夏亦设，其制不详。金朝置二员，正四品。章宗泰和八年（1208）裁一员，大安二年（1210）复为二员。元世祖中统元年（1260），户部与吏、礼二部合称左三部，共置侍郎二员。至元五年（1268），户部等六部自立。后定制，部设侍郎二员，正四品。明初沿元制，设二人，正四品。后分置左、右侍郎，各一人，正三品。清沿明制，亦分左、右，满、汉各一人，从二品。光绪三十二年（1906），户部改度支部，遂称度支部左、右侍郎。参见“户部左侍郎”、“户部右侍郎”。

户部使 官名。宋太宗太平兴国八年（983）置，为三部使之一，掌天下户口、税赋之籍以及榷酒、工作、衣储之事。淳化四年（993）罢，五年复置，真宗咸平六年（1003）复罢。辽朝户部使司长官，南面官，掌东京路赋税、度支、盐铁事务。

户部使司 官署名。辽朝南面官。又称东京户部使司。掌东京路赋税、度支、盐铁等事。与上京盐铁使司、中京度支使司、南京三司使司、西京计司合称五计司。设户部使等职。

户部使司判官 官名。辽朝南面官，又称东京户部使司判官。户部使司官员，协助户部使处理日常事务。

户部郎中 官名。唐朝始置，为户部头司户部司长官。太宗贞观二十三年（649），高宗登基，以避太宗讳，改民部郎中设。置二人，从五品上。掌户籍、土田、赋役、蠲复、婚姻之政。龙朔二年（662）改称司元大夫，咸亨元年（670）复旧。武则天光宅元年（684）改称地官郎中，中宗神龙元年（705）复旧。德宗以后，度支事繁，常以一人判度支事务。五代因之。北宋前期为五品寄禄官，神宗元丰（1078—1085）改制后，始有实际职掌，从六品。其制有二，属左、右曹者，各一员，为部属之官，参掌本部事务。属各司者，为司之长官，掌司事。南宋高宗绍兴（1131—1162）中，废郎中，别置户部郎官。辽朝户部亦设郎中，其制不详。金朝户部不设诸司，置郎中三人为本部佐贰官，从五品。以一员掌户籍、物力、婚姻、田宅、盐铁、市易等，一员掌度支、国用、俸禄、恩赐、贡赋等。元朝设二员，从五品，参领本部事务。明、清为户部所辖诸司之长官，分别冠以各司之名号，正五品。各司所设，员额不等。此外，清朝户部所辖三库各设郎中一人。光绪三十二年（1906），户部改度支部，其名遂废。

户部郎官　官名合称。户部郎中、员外郎通称。南宋高宗绍兴（1131—1162）中，别置户部左、右曹主管官，总称户部郎官。

户部总科　官署名。明洪武六年（1373）置，为户部五科之一，设郎中、员外郎各二人，主事五人。八年，因事务繁剧，增设尚书、侍郎各一人。十三年罢。

户部总科员外郎　明朝户部总科佐贰官。洪武六年（1373）置，二人，协掌科事。十三年罢。

户部总科尚书　官名。明洪武八年（1375）因事务繁剧，于户部总科置，一人。十三年罢。

户部总科侍郎　官名。明洪武八年（1375）因事务繁剧，于户部总科置。一人，协尚书掌科事。十三年罢。

户部总科郎中　官名。明洪武六年（1373）置，二人。十三年罢。

户部院　官署名。五代始置，属三司。宋因之，为三部勾院之一，设勾覆官、判官各一人，判官以京朝官充任，掌勾稽天下所申金谷等物出纳帐籍，以察其差殊。神宗元丰（1078—1085）改制，随三司废。

户部都拘辖司　官署名。宋哲宗元祐元年（1086）置，掌点检寺监场务帐籍，后废。徽宗政和二年（1112）复置户部催辖司领其职。

户部钱法堂　官署名。明、清户部所属管理钱法之机构。明天启五年（1625）设，由督理钱法侍郎领其事，掌司宝泉局鼓铸事宜。清顺治元年（1644）沿置，由满、汉右侍郎兼管。下设满、汉主事各一人，由户部司员中派、委，二年一更代。并有经承四人，分属于印房、案房、火房等处。综理京师宝泉局、直省钱局之政令及鼓铸事宜。光绪三十二年（1906）裁。

户部副使　官名。宋初置，以员外郎以上官充任，掌三司户部之事。太宗端拱元年（988）罢，淳化三年（992）复置，后又罢。至道元年（995）又置，真宗即位，三部副使皆迁官，遂罢。咸平六年（1003）再置，神宗元丰（1078—1085）改制废。

户部推勘检法官　官名。宋哲宗元祐三年（1088）罢大理寺右治狱，于户部置，掌查治在京官署事干钱谷之事。

户部银行　清朝国家银行。光绪三十一年（1905）设。经理存款放款，买卖荒金荒银，汇兑划拨公私款项等银行业务。总行设北京，各大商埠设分行。置总办一人，副总办一人，由政府派充。理事四人，监事三人，由股东会选任。三十四年改为大清银行。

户部银行总办　官名。清末户部银行长官。光绪三十一年（1905）设。定额一人，简任，任期五年。掌管全行事务，并为理事会议长。

户部提举帐司　官署名。南宋高宗绍兴（1131—1162）中置，总管天下帐状，由户部左曹郎中、员外郎兼领。

户部提举管干官　见“户部提举管勾官”。

户部提举管勾官　官名。宋哲宗绍圣元年（1094）置，掌行免役、义仓之法。南宋避高宗赵构名讳，改称户部提举管干官。

户部催辖司　官署名。宋徽宗政和二年（1112）置，总领户、度、金、仓四部财赋。

户部榷关　官署名。又称户部分司。明、清户部所属之税关。明宣德四年（1429）置，于河西务、临清、淮安、扬州、九江、浒墅、北新等处设关收钞，或征船料，或征货税，称为钞关。户部派遣本部司官管关，钞关所征税钞直解户部，一切经贵州司奏理。清顺治元年（1644）沿置，至乾隆二十六年（1761）达二十四处。诸关有设监督管理者，如崇文门关、淮安关、张家口关；有交专差兼管者，如西新关、浒墅关、北新关分别由江南三织造兼管；有由督抚兼管者，分委道府监理，如太平关、扬州关、芜湖关。分设大关、分口、分巡口等口岸，由笔帖式、委员、家人、书吏、巡拦、哨丁等吏役稽查榷征。纳课依部颁船料则例与货税则例抽取百货税银。雍正三年（1725）征纳通关税达一百三十五万两，乾隆三十一年（1766）达五百万两，成为清代财政的第三大支柱。咸丰（1851—1861）以后税额锐减，光绪二十七年（1901）又有二十余处划为五十里常关，归海关税务司征税，课额更弱。三十二年改隶度支部。

户部榷关委员　官名。❶亦称户关关差。清朝户部榷关之主官。康熙四年（1665）裁榷关监督，交地方官委员管理，旋复旧制。五十三年（1714）后又陆续将部分榷关交地方督抚，驻防将军兼摄。或委道员，或委知府、知州、同知为主官，称委员。乾隆（1736—1795）中设十四人。❷榷关监督之下亦设委员，或以笔帖式充任，或于地方佐杂官中拣充。佐理关务。

户部榷关监督　官名。又称户关关差。清朝户部所属榷关之主官。顺治元年（1644）始设，初由户部司员中掣派，继改由各部院衙门选送题请钦派，满官缺、包衣缺的选送更具特权色彩，皆带原品充任。每年一更代，关期定为十二个月。掌通关船料、货税之征纳、收贮与解送，并兼掌稽查违禁商贩及侦伺地方。康熙四年（1665）裁，榷关皆交地方官管理，旋复旧制。最多达二十三人。五十三年（1714）后陆续裁革，至乾隆五十八年（1793）仅设十人。光绪二十三年（1897）改称常关监督。三十二年改归度支部统辖。

户案 官署名。宋徽宗崇宁三年（1104），令开封府所属开封、祥符二县置。大观二年（1108），复令天下诸县皆置。职掌仿户部。宣和四年（1122）大宗正司亦置，掌行南班宗室请受，非袒免以下亲降生分割财产、嫁娶房卧钱，及孤遗钱米等事务。南宋临安府亦置。

户曹 官署名。❶三国吴尚书台四曹之一，以尚书主之，下置郎。掌国家财政、会计、仓库、户籍、田宅等。参见“户曹尚书”、“户曹郎”。❷王府、公府、将军府僚属诸曹之一。汉朝三公府始置，掌民户、祠祀、农桑事，长官为掾。三国魏相国府、大将军府、晋朝诸公及位从公府、将军府皆置，长官设掾或属。至西晋末设参军主曹事。南朝诸公、督府，北魏北齐三师二大三公府、王府、位从公府、将军府，北周都督中外诸军事府皆置，长官为参军或参军事。隋朝左右领军府、王府置，长官为参军事，高祖开皇三年（583）改为司户，长官改司户参军事。唐朝王府复置，掌封户、僮仆、弋猎、过所。三都、都督府、督护府亦置，长官皆为参军事。❸地方州县官府诸曹之一。汉朝郡县始置，长官为掾或史，职掌同公府户曹。三国、晋、南朝郡县多置，南朝宋诸州亦置。北齐司州、郡县置。长官多为掾。隋朝州（郡）县置，开皇三年改司户，长官为从事、佐、参军事。唐朝诸州置，掌户籍、道路、过所、杂徭、婚姻、田讼、良贱等民事，长官为司户参军事。北宋初置于开封府、三京，掌户籍赋税、仓库受纳事，长官为参军。徽宗大观二年（1108）州郡并置。

户曹从事 官名。隋朝雍州牧属官，视从八品，文帝开皇十二年（592）改为户曹参军。

户曹尚书 官名。三国吴所置四曹尚书之一。管理财政赋役田宅等务，属尚书台。属官有郎、令史等。见《三国志·孙休传》。但《通典·职官五》、《太平御览》卷二一七引作“户部尚书”。

户曹郎 官名。三国吴所置尚书郎之一。《三国志·张温传》：“令守尚书户曹郎。”隶户曹尚书。

户曹参军 官名。户曹长官。西晋始置于公府、将军府，主户曹事。东晋、南朝沿置。品秩随府主地位而定，南朝宋七品，梁四班至流外七班，陈八品至九品。北宋开封府、诸州郡亦置。又为户曹参军事简称。参见“户曹”。

户曹参军事 官名。户曹长官。北魏公府、将军府置，依府主等级不同，自六品上至八品。北齐公府、州府置，自六品上至七品。隋朝亲王府、诸州府、左右领军府置，自从六品至从八品。高祖开皇三年（583）曾改为司户参军事，炀帝大业三年（607）又改为司户书佐。唐初复旧。玄宗开元元年（713）诸府所置沿此称，诸州称司户参军事。员一至二人，自正七品下至从八品下。常省称为户曹参军。

户曹清吏司 官署名。明北京行部所属六曹清吏司之一。永乐元年（1403）始置，设郎中一人，正五品，员外郎一人，从五品，主事一人，正六品，后增主事三人。十八年迁都北京，遂罢。参见“北京行部”。

户曹清吏司员外郎 官名。明永乐元年（1403）置。见“户曹清吏司”。

户曹清吏司郎中 官名。明永乐元年（1403）置。见“户曹清吏司”。

户曹掾 官名。户曹长官。汉朝三公府及郡府置，主户曹事。三国、西晋沿之。东晋、南北朝仅置于州郡县户曹，公府、将军府所置改以参军主之。

户税案 官署名。北宋前期置，隶三司户部，掌夏税之事。神宗元丰（1078—1085）改制，随三司废。

户籍科 官署名。清末民政部民治司所属四科之一。光绪三十一年（1905）设于巡警部警政司。三十二年，改隶民政部民治司。掌编审户口、国籍更易，旗籍、民籍移转、改隶，学龄儿童就学，宗教信仰，征兵事。置员外郎一人，主持科务。

冗从 官名。西汉置，诸王身边的侍从。《汉书·枚乘传》：“（枚皋）为王使，与冗从争（师古曰：冗从，散职之从王者也），见谗恶遇罪，家室没入。”东汉有中黄门冗从，由宦官充任，掌宿卫。魏、晋后置为皇帝的武职侍卫，属冗从仆射。

冗从仆射 官名。❶东汉有中黄门冗从仆射，以宦官任之，掌皇宫禁卫。三国魏因其名而改置，任用士人，统营兵，负责宫禁侍卫，属光禄勋。员一人，五品。西晋沿置，与虎贲中郎将、羽林监合称三将。五品。东晋以后无营兵。南朝属领军将军（中领军）。宋明帝泰始（465—471）以后，多以军功得之，无复员限，五品。梁武帝天监七年（508）定为五班，陈七品，秩六百石。北魏属领军将军，统领直斋，侍卫皇宫，孝文帝太和十七年（493）定为从四品上，二十三年改六品。北齐属左、右卫府，员三十人，六品。❷东宫官。南朝梁、陈置，属左、右卫率，员一人，负责侍卫东宫。梁武帝天监七年（508）定为五班，陈七品，秩六百石。

冗从右监 官名。十六国前凉置。《晋书·苻登载记附索泮传》：“（索菱）仕张天锡为执法中郎，冗从右监。”

冗从给事 官名。北周置。职掌不详。正四命。

冗食 周朝官吏因上值而由公家供膳。《周礼·地官·槁人》：“掌共（供）外内朝冗食者之食。”孙诒让注：“冗，散也。外内朝上直诸吏，谓之冗吏。亦曰散吏。以上直不归家，槁人供之，因名冗食者。”

冗骑常侍 官名。十六国前燕置。《资治通鉴·东晋成帝咸康三年（337）》：“（慕容皝任）皇甫真、阳协为冗骑常侍。”胡三省注：“冗骑常侍，晋之散骑常侍。”

火儿赤　蒙、元怯薛执事名。又译豁儿赤、忽赤、货鲁直等，蒙古语，意为佩带箭筒者，掌佩带弓箭轮值宫廷之侍卫。

火正　官名。传说颛顼氏所置五行之官。《左传·襄公九年》：“陶唐氏之火正阏伯居商丘，祀大火，而火纪时焉。相土因之，故商主大火。”《初学记》卷二四引《世本》：“祝融，颛顼臣，为高辛氏火正。”参见“木正”。

火师　官名。❶官号。《左传·哀公九年》：“炎帝为火师。”杜预注：“神农有火瑞，以火名官。”❷官名。周朝置。掌火。《国语·周语中》：“火师监燎。”韦昭注：“火师，司火。”

火你赤　蒙、元怯薛执事名。又译豁你赤，蒙古语，意为“牧羊者”。掌宫廷放牧羊群等务。

火者　元朝对阉人和宦者的别称。

火房　清朝一些部院衙门的内部机构。多隶于各司，以经承管理，负责办理火食。

火药作　明朝内府所属机构。隶内官监，设宦官进行管理，掌制造火药、鞭炮之事。

火药库　官署名。清朝盛京工部右司所属办事机构。顺治十六年（1659）置。掌制造盛京及黑龙江等处所用火药、铅子、火绳等物。光绪三十一年（1905）裁。

火药局　即管理火药局。

火药局管理大臣　即管理火药局大臣。

火器营　官署名。清朝八旗军中专门操演枪炮火器的军营，康熙三十年（1691）置。营兵有鸟枪护军（使用鸟枪）与炮甲（操用子母炮）两种。组成内、外两营。内火器营驻于城内，又分枪、炮两营。外火器营驻于城外蓝靛厂，专习鸟枪。设掌印总统大臣一人，总统大臣若干人，掌内、外火器营政令。下置协理事务翼长一人，署翼长营总三人，鸟枪护军参领四人，笔帖式八人。内、外火器营分别设翼长一人，署翼长营总一人，营总三人，鸟枪护军参领四人，副鸟枪护军参领八人，署鸟枪护军参领十六人，分掌内、外火器营训练事务。

火器营总统大臣　官名。清朝火器营之长官。康熙三十年（1691）置，于王、公、领侍卫内大臣、都统、前锋统领、护军统领、副都统内特简，无定员。随同掌印总统大臣一道掌内外火器营之政令。

火器营掌印总统大臣　官名。清朝火器营之最高长官。额设一人，于火器营总统大臣内特简。掌内外火器营之政令。

斗子　宋朝下等役职名。掌仓库出纳用斗，差下户充当，或招募。

斗食　秦、汉官府小吏，因俸禄微薄，故名。秩皆百石以下。据《汉书·百官公卿表》颜师古注引《汉官名秩簿》，斗食月俸十一斛；一说，斗食者岁俸不满百石，计日而食，一斗二升，故云斗食。

斗秤务　官署名。宋初置，隶太府寺，掌造斗、秤、升、尺等器具。神宗熙宁四年（1071），改隶文思院。

〔乛〕

队长　官名。南宋民兵统兵官。高宗建炎二年（1128）置，统民兵五十人，设队副佐之。

队正　官名。隋朝诸鹰扬府置，为府兵一队之长。唐朝折冲府沿置，正九品下，统五十人。三卫中郎将府亦置，属诸卫者正七品上，属率府者从八品上。宋初仅存空名未尝除授，神宗元丰（1078—1085）改制废。

队主　官名。东晋、南北朝军事编制队的主将。下设队副，上属军主。所指挥的兵力无定员，自数十人至数百人不等。南朝多以杂号将军领之。北魏为比视官，犯谴原不得当刑，孝明帝时依中正之例可当刑。担任仪卫等任务时可有较高品阶，如北齐太子二卫队主为从五品，太子诸队主为从六品。依所率领的部众不同有马队主、白丁队主、白直队主、宗子队主、羽林队主、防殿队主、鹰犬队主、媒翳队主、宿卫队主等。

队吏　官名。春秋战国带领一百名士卒的军吏。《墨子·号令》：“伍人逾城归敌，伍人不得斩。与伯归敌，队吏斩。”

队官　官名。清末新陆军军官。光绪三十年（1904）定新陆军营制，始置。每队（连）一人，正五品，正军校充，奏补。掌辖全队。

队将　官名。武职。春秋始置，为守城门主将。《墨子·号令》：“以吏归敌，队将斩。”孙诒让注：“队将，即四面四门之将。”后世或置或罢，职掌品位不一。秦汉之际领兵作战。南朝时为低级将吏，位在队主下。北宋神宗行将兵法，分天下之兵为九十二将，每将下设队将，约领五十人。金朝于边将中置，级别最低，正九品。

队副　官名。东晋、南北朝置，为队主副贰。北魏初为比视官，犯谴不得当刑，孝明帝时依中正之例，方可当刑。北齐左、右卫置，从七品；太子二卫所置为从八品。隋炀帝大业三年（607）十二卫诸鹰扬府皆置，为队正之副。唐朝十六卫之亲卫、勋卫、翊卫各置二十员，正七品下；诸卫折冲都尉府各置二十员，从九品下；左右羽林军翊卫中郎将府亦置二十员；亲王府亦置，从九品下。宋朝存其名而罕除授。南宋时置为民兵统兵官。

劝业公所　官署名。清末各省劝业道衙署。光绪三十三年（1907）改革地方官制，始设。置劝业道一人。下设总务、农务、工艺、商务、矿务、邮传六科，每科置科长（正六品）一人，副科长（正七品）一人，科员若干人。职掌全省农工商矿及交通事宜（大员特办者除外）。

劝业员　官名。清末地方州县佐治官。光绪三十三年（1907）改革地方官制，始置。直隶州、直隶厅及州、县每处一人，奏补。掌理该州厅县农工商及交通事宜。

劝业道 官名。清末各省劝业长官。光绪三十三年（1907）改革地方官制，始置。每省一人，正四品，简任。任期三年，归督抚节制，并由农工商部、邮传部考查。掌全省农工商矿及各项交通事务（大员特办者除外）。设公所为衙署。

劝农司 官署名。金朝置，掌劝课天下力田事。章宗泰和八年（1208）罢；宣宗贞祐（1213—1217）间复置，兴定六年（1222）改司农司。元世祖中统二年（1261）置，后改司农司。

劝农使 使职名。唐玄宗开元十二年（724）以兵部员外郎兼侍御史宇文融为劝农使，巡行州县，与吏民议定赋役。代宗广德二年（764）以太子詹事李岘为江南东西及福建等道选事并观农宣慰使，即此职。宋太宗至道二年（996）置，掌巡查陈、颍、蔡、襄、邓、唐、汝诸州，劝民垦田，不久废。真宗景德三年（1006）复置于诸路，令转运使、转运副使、知府、知州、知军、通判兼任，或称劝农事。天禧四年（1020）专置劝农使、劝农副使，令兼提点刑狱公事。后改称提点刑狱劝农使、副使。仁宗天圣四年（1026）废劝农使司专署，仍置使或劝农事，命他官兼领。金朝沿置，为劝农司长官，员一人，正三品。元世祖中统二年（1261），以陈邃等八人分任滨棣、平阳、济南、河间、邢洺、河南、东平、涿州劝农使。

劝农谒者 官名。南朝梁武帝天监九年（510）置，属司农卿。掌监督劝勉地方农事，位流外七班。

劝农掾 官名。即劝农掾史。汉朝郡县所属职吏。据《后汉书·百官志》，汉朝郡县各署掾史，县府五官为廷掾，监乡五部，春夏为劝农掾，秋冬为制度掾。

劝学从事 官名。东汉末年置。州属官，掌文教，不常设。三国蜀、晋朝、南齐均曾置。南朝宋郡府亦有置者。

劝学员长 官名。清末地方劝学所之主管官。宣统二年（1910）设。禀承该管长官办理劝学所一切事务，兼充县视学。

劝学所 官署名。清末地方推广教育之机构。光绪三十二年（1906）设。各府、厅、州、县均有。置视学一人，兼充学务总董，遵照奏定学堂章程，劝办小学，以逐渐推广普及教育。宣统二年（1910），改为府、厅、州、县长官办理学务之辅佐机关。设劝学员长一人，兼充县视学。

劝课大夫 官名。十六国后赵石勒置。《晋书·石勒载记下》："以右常侍霍皓为劝课大夫，与典农使者朱表，典劝都尉陆充等循行州郡，核定户籍，劝课农桑。"

劝爽 官名。南诏官，主官人，由清平官、酋望、大军将兼。

双元 官场用语。宋朝举人乡试、礼部试皆名列第一，称双元。

双月选 明清吏部之铨选制度。参见"大选"。

双宣 官场用语。宋朝翰林学士院每日有学士一员入值，遇朝廷有大除拜，则召两员同时入值分撰制词，称双宣。

双转 官制用语。即转两官。宋朝有军功人自武翼郎以上每转官即双转两官；文臣进士及第、进士出身者，至朝请大夫不转奉直大夫而转朝议大夫，至朝议大夫不转中散大夫而转中奉大夫，亦属双转。

双眼花翎 服饰名。亦称二眼花翎。清朝官员所戴花翎之一。即孔雀羽尾端为二眼者。依例贵族中封镇国公、辅国公及和硕额驸者戴之。乾隆（1736—1795）中因功绩伟茂得赐者有傅恒、尹继善、兆惠、阿桂、福康安等人。

引见 ❶古代礼制。皇帝接见臣下、少数民族首领或外国使臣等，由有关大臣导引入见，称引见。❷清朝吏部之铨选制度。凡中下级官员，即京官五品以下，外官四品以下，在授官、京察、大计、保举、升调、俸满时，均须朝见皇帝，由皇帝当面鉴定升降去留，文官由吏部引见，武官由兵部引见。届时，尚书、侍郎先以绿头名签呈进皇帝，得旨宣进。

引礼舍人 官名。明朝王府长史司置，初设三人，后革二人，未入流。掌接对宾客、安排仪事等。

引年 传说夏、商、周的养老制度。视年龄加以分划。《礼记·王制》："凡三王养老，皆引年。八十者一子不从政，九十者其家不从政。"

引年致仕 官场用语。官员已到或未到致仕之年，因昏老不能任事，或自愿退居就闲，援引七十岁休致之制，向朝廷申请致仕，称引年致仕。

引进司 官署名。宋朝置，掌臣僚及外国进奉礼物之事。初以横行使、副使管勾，神宗元丰五年（1082）改官制，设引进使、副使各二人。徽宗政和二年（1112）改武臣官名，改置知引进事为长官。辽朝属客省，以引进使为长官，掌贡使进献礼物等事。金朝隶宣徽院，设使、副使领之。

引进使 官名。五代始置，掌臣僚藩属进奉礼物之事。宋朝属横班诸司使。太祖乾德二年（964）令视左庶子。真宗咸平元年（998）定为同六品官，遂成为武臣迁转之阶，无职掌。神宗元丰五年（1082）改官制，改为职事官，员二人，为引进司长官。哲宗元祐（1086—1094）时改从五品。徽宗政和二年（1112）改名中卫大夫。辽朝复旧称，置为客省引进司长官。金朝沿置，正五品。属宣徽院。明初置为侍仪司正官，正八品，与侍仪使共掌朝会、宾客、吉凶仪礼之事。洪武九年（1376）改侍仪司为殿廷仪礼司，遂罢。

引进副使 官名。宋初置，为横行阶官，不领本职。太祖乾德二年（964）定为视六品。神宗元丰五年（1082）大改官制，改为职事官，置二人，为引进司副长官。徽宗政和二年（1112）重定武臣官名，改中卫郎，为武臣阶官。金复置。参见“引进司”。

引班舍人　官名。辽朝置，掌引导臣僚进见皇帝等事。

引爽　官名。南诏官，主客，由清平官、酋望、大军将兼。

引赞　官名。太平天国朝上职官。分左、右，左单右双，各八人，共十六人。称为左一引赞、右二引赞等。职同检点。

引赞官　官名。宋朝御史台置，补正名后，遇大礼可出为录事参军。

孔目　官吏名。唐朝始置。诸府州及方镇皆置孔目院，设都孔目一员，下设孔目若干，掌文书簿籍或财计出纳之事。因军府细事皆经其手，一孔一目无不综理，故名。玄宗开元五年（717），集贤书院曾置，员一人；左右神策军亦各置二员。太常寺、宗正寺等亦置。宋朝置为吏员。学士院、三司、开封府、殿前司、马步军司、崇文院、三馆均设，掌稽核文簿。金朝设于司、府等官署。地位高于一般吏人，掌呈覆纠正本案文书之事。明朝置为翰林院首领官，不入流。掌传达、文移、会计、簿书之事。建文（1399—1402）中曾改典簿，成祖即位，复旧制。清置于翰林院下典簿厅。顺治元年（1644）置汉员一名。十五年定满、汉各一名。满员从九品，汉员未入流。与典簿共掌章奏文移。

孔目官　吏名。金朝置，设于司、府等官署，掌呈覆纠正本案文书之事。地位较一般吏人优越。贞祐二年（1214），始给月俸。

孔目房　官署名。北宋神宗元丰（1078—1085）改制前置，中书五房之一。掌文武升朝官及刺史以上少尹、上佐、卫佐、技术官、堂后官进奏，除授知州、通判差遣之事，设堂后官一人领之。

孔庙执事官　官名。又称圣庙执事官。清朝置，为衍圣公属官。掌祭祀分献，并司爵帛香祝。额设四十人，三品二人，四品四人，五品六人，七品八人，八品、九品各十人。由衍圣公会同山东学政拣选孔氏族人补授。

乣官　官名。辽、金置，为统领边疆乣人的官员。元朝亦置，职掌同。

尺一　指皇帝诏书。汉朝一般简牍长度为一尺（约合今23厘米），唯书写诏书的木简长一尺一寸。故皇帝下达的诏书也称尺一。

尺籍　汉朝书写军令的简牍簿籍，因长一尺（约合今23厘米），故名。汉军法规定，如军队吏卒斩首，即以尺籍报送郡县。

尹　官名。❶殷商下级官吏。掌民众师田行役等劳作。《殷墟文字丙编》第七一片：“令尹作大田。”《戬寿堂所藏殷墟文字》第二十五页第三片：“贞其令尹作王寝。”❷西周史官之一。主持册命、祭祀等仪式。《申簋铭》：“王命尹册命申。”❸即官。《广雅·释诂四》：“尹，官也。”春秋战国楚官多以尹名。❹行政长官。汉朝始以都城行政长官称尹，后代沿袭，仅依其所在地不同而有别，如京兆尹、河南尹、丹阳尹。唐、五代地方府置改长吏为尹，有凤翔府尹、成都府尹、江陵府尹等。宋、辽、金沿之。元朝州县长官亦称尹。明朝仅应天、顺天府置。清顺天府、奉天府亦置，正三品；奉天府为满洲缺。❺李自成大顺政权于崇祯十六年（1643）克襄阳后置，职同知府。

尹工　官名。殷朝置。《甲骨文合集》第五六二八片：“壬辰卜，贞厥令尹工。”

尹氏　官名。❶西周执政之官。《师永盂铭》：“益公内即命于天子，公乃出厥命”，“井伯、荣伯、尹氏、师俗父、遣仲，公乃命奠司徒”，“永付厥田”。❷西周中期金文所见史官之一，又省称“尹”。掌书王命，代王宣命。《大克鼎铭》：“王乎尹氏册命善夫克。”❸西周内史类史官长官内史尹氏之省称。《楚簋铭》：“内史尹氏册命。”

尹氏友　西周晚期对内史类史官尹氏僚友的称呼。《克盨铭》：“王命尹氏友史趛典善夫克田、人。”参见“尹氏”。

尹伯　官名。西周置。一说即尹氏，执政大臣。《尚书·周书·立政》：“太史尹伯，庶常吉士。”杨筠如《尚书覈诂》：“尹伯，盖谓尹氏。”

办式　西夏职官封号。授与中品官，称为文武孝种恭敬东南姓关上支界。

办事大臣　官名。清朝派往新疆、外蒙古、青海、西藏地区的驻扎大臣，综理边疆事务，权任甚重。除西藏、青海大臣外，新疆、外蒙古办事大臣辅佐驻防将军或都统，办理军务，并兼理粮饷以及通商会盟等事务，由特旨简派。

办理军机处　清朝军机处的正式名称。

办理财政处　即财政处。

办理铁路大臣　官名。清末沪宁、京汉、汴洛、正太、道清五铁路长官。光绪三十一年（1905）设办理沪宁铁路大臣，嗣后复设办理京汉铁路大臣等职。一人，正二品。掌接办、清理原督办铁路大臣所掌事宜。三十三年裁，所辖事务由邮传部提调处接办。

巴牙喇专达　即巴牙喇壮达。

巴牙喇甲喇厄真　即巴牙喇甲喇额真。

巴牙喇甲喇章京　满语官名。武职。汉译为护军参领。

巴牙喇甲喇额真　满语官名。武职。位在巴牙喇纛额真之下。后金天聪八年（1634）改称巴牙喇甲喇章京。清顺治十七年（1660）定巴牙喇甲喇章京。汉译名为护军参领。

巴牙喇壮大　即巴牙喇壮达。

巴牙喇壮尼大　即巴牙喇壮达。

巴牙喇壮达　满语官名。武职。汉译为护军校。

巴牙喇图章京　即巴牙喇纛章京。

巴牙喇章京　满语官名。武职。汉译为护军章京。

巴牙喇纛章京　满语官名。武职。汉语译为护军统领。

巴牙喇纛额真 满语官名。武职。为巴牙喇营的统领官。后金天聪八年（1634）改称巴牙喇纛章京。清顺治十七年（1660）定巴牙喇纛章京。汉译名为护军统领。

巴克什 满语。意为学者、文士。亦作榜式、把什等。清入关前，往往以此称赐学问优赡之文臣，与有战功之武臣赐号巴图鲁同。太宗天聪三年（1629）四月设文馆，以达海、库尔缠等文臣分别翻译汉文书籍和记注政事，皆称巴克什，乃近于官名。五年七月更定官制，设立六部，规定"文臣赐号榜式者许仍旧称，余称笔帖式"。入关以后不再赐此称。

巴克式 即巴克什。

巴克玛塔尔伯克 官名。清朝新疆回部官员之一。掌理果园之事。喀什噶尔、叶尔羌各设一人，秩六品。

巴图鲁 满语的蒙语借词，意为勇敢、勇士。清朝立有战功的武职官员往往赐此称为勇号。赐号有两类，一类仅称巴图鲁，另一类于巴图鲁之上再冠以他字美称。清初，赐此称者俱系满、蒙官员，故上冠清字，称"清字勇号"。如搏奇巴图鲁、乌能伊巴图鲁、达桑巴图鲁等。后来也赐于汉族武官，上冠汉字，称"汉字勇号"，如奋勇巴图鲁、刚勇巴图鲁、诚勇巴图鲁等。

巴兔鲁 即巴图鲁。

巴济吉尔伯克 官名。清朝新疆回部官员之一，掌管税务之事。伊犁、阿克苏、喀什噶尔各设一人，六品；乌什设一人，七品。

巴雅喇扎兰章京 即巴牙喇甲喇章京。

巴雅喇扎兰额真 即巴牙喇甲喇额真。

巴雅喇堆额真 即巴牙喇纛额真。

巴雅喇纛章京 即巴牙喇纛章京。

予宁 汉朝官员父母去世，皇帝准其在家守丧之谓，有一定期限。哀帝时规定，博士弟子父母死，予宁三年。

予告 汉朝官吏休假制度。官吏休假称"告"，二千石以上官吏经考课居最，法令可带职休假，则称予告。予告不得归家，但居官不视事。一说，官吏考课连得三最，方得予告。东汉和帝时，此制废。后代凡官员因老、病休致，亦称予告。

予虞 官名。新莽始建国元年（后9）更名水衡都尉曰予虞。东汉废。

水正 官名。传说颛顼氏所置五行之官，亦即冬官。死后为神，称玄冥。详见"木正"。

水司空长 官名。西汉置，属水衡都尉，主上林诏狱囚徒，有丞。东汉省。

水司空丞 官名。西汉置，属水衡都尉，为水司空长副贰。

水师 ❶官名。周朝置。掌水之官。《国语·周语中》："水师监濯。"韦昭注："水师掌水，监涤濯之事也。"❷清朝、太平天国军制名，即水军、海军。沿江、沿海各省皆设，置提督、统领等官。

水州苑 明成祖永乐五年（1407）置北京苑马寺六监二十四苑，水州苑属金台监。苑设圉长一人，从九品，下分各群，设群长，掌牧养马匹，以备军需。永乐十八年并入太仆寺。

水军万户府 官署名。元惠宗至正十三年（1353）为镇压元末农民起义军于昆山置，统领水军。其后，于镇江等地亦续置，迄于元亡。

水利道 官名。明朝浙江省置。为本省布政使佐官左右参政、参议及按察使佐官副使、佥事的分道之职，以其中一人担任，专掌本省水利事务。

水陆运使 使职名。唐玄宗先天二年（713）置，以陕州刺史李杰充任。其后诸刺史常带使，开元十三年（725）敕陕州水陆运使别自置印；德宗建中二年（781）十二月停江淮水陆运使，转运事委度支处置，三年八月分置汴东西水陆运使，贞元三年（787）正月诸道水陆运使停；宪宗元和六年（811）十月敕河南、陕州水陆运使停。

水陆都巡检使 官名。南宋置，掌巡逻稽察之事。

水官 ❶官署名。春秋时齐国置。管理水利。《管子·度地》："请置水官，令习水者为吏，大夫、大夫佐各一人。"❷官名。（1）相传古代五行之官有水官。掌辨水的性味。《慎子·外篇》："古者五行之官，水官得职则能辨其性味，潜而复出，合而更分，皆可辨之。"（2）东汉郡县有水池及渔产地多置。主调配水利及收渔税。《后汉书·百官志》本注曰："（郡县）有水池及鱼利多者置水官，主平水收渔税。在所诸县均差吏更给之。置吏随事，不具县员。"

水官吏 春秋时齐国所设治水官府的官吏。《管子·度地》："管子对曰：'请除王害之说，以水为始。请置水官，令习水者为吏、大夫、大夫佐各一人'"；"后常令水官吏与都匠因三老、里有司、伍长察行之"。

水部 ❶官署名。尚书台（省）诸郎曹之一。职掌水道工程舟楫桥梁之政令，具体事务分属都水使者（太舟卿）等官。设郎（郎中），资深者称侍郎。三国魏始置，或说隶左民尚书，或说隶度支尚书。西晋沿置，或说隶屯田（田曹、左民）尚书。东晋中叶省。南朝复置，隶都官尚书。北魏、北齐亦隶都官尚书，隋朝改称水部司，隶工部。初设侍郎为长官，文帝开皇六年（586）增置员外郎为次官，炀帝改侍郎为郎，置二员，罢员外郎，寻又减一郎，置承务郎一员，同员外郎之职。唐高祖武德三年（620）复设郎中、员外郎各一员为正副长官。高宗龙朔二年（662）改名司川，咸亨元年（670）复旧；玄宗天宝十一载（752）改名司水，肃宗至德二载（757）复旧。唐制职掌水利工程及河运、渔捕、碾硙之政令，中唐以后又别置临时官司，本司闲简无事。渤海国置为右六司支司之一，以郎中为长官。北宋初川渎沟洫河渠等水利工程先后领于三司河渠案、都水监，本司无所掌，置判司事一人，以无职事朝官充任，郎中、员外郎皆为寄禄官。神宗元丰（1078—1085）改制后，始实掌沟洫津梁舟楫漕运之政令。南宋以都水监并入。辽、金、元不置。明太祖洪武六年（1373）复置，为工部四属部之一，设郎中、员外郎各一员，二十九年改名“都水清吏司”。❷明、清对工部司官的别称。

水部司　参见“水部”。

水部员外　官名。渤海国右六司支司水部属官，位郎中下。

水部员外郎　官名。工部水部司次官。隋文帝开皇六年（586）始置，司本曹籍帐，侍郎缺则代理曹事。炀帝省，寻置承务郎，其职相同。唐高祖武德三年（620）复置，从六品上。高宗、玄宗时先后随本司改名司川员外郎、司水员外郎，旋各复旧。虽有职掌，闲简无事。五代因之。北宋初为六品寄禄官，表示品级俸禄，无职事。神宗元丰（1078—1085）改制后始成为职事官，正七品。辽、金、元不置。明太祖洪武六年（1373）复置，正六品，后升从五品，二十九年改名都水清吏司员外郎。参见“水部”。

水部侍郎　官名。魏晋南北朝尚书水部曹长官称郎，其资深者可转侍郎。隋初定名侍郎，正六品，文帝开皇三年（583）加为从五品，炀帝大业三年（607）改名水部郎。

水部郎　官名。魏晋南北朝尚书水部曹长官通称。亦称水部郎中，资深者称侍郎。魏、晋、宋六品，梁侍郎六班，郎中五班，陈四品、六百石，北魏孝文帝太和十七年（493）定郎为从五品中，郎中五品上，二十三年皆称郎中，六品，仍可通称为郎；北齐六品上。隋炀帝时置为工部水部司长官，从五品。唐朝改名水部郎中。

水部郎中　官名。魏晋南北朝与水部郎互称，为尚书省水部曹长官。唐朝定置为工部水部司长官，从五品上。高宗、玄宗时曾随本司改名司川大夫、司水郎中，旋各复旧。虽有职掌，闲简无事。渤海国置为右六司支司中水部长官。五代因之。北宋初为五品寄禄官，表示品级俸禄，无职事，神宗元丰（1078—1085）改制后始成为职事官，从六品。辽、金、元不置。明太祖洪武六年（1373）复置，正五品，二十九年改名都水清吏司郎中。

水部郎官　水部郎中、员外郎通称。

水部曹　参见“水部”。

水曹　官署名。汉朝为郡国主管水利的机构，以掾领之。三国时魏或于大将军、相国等府置之，为诸曹之一，以掾、属领之。晋初不置，后或置或罢，改以参军主之。晋御史台十三曹有水曹，以侍御史主之。南朝宋、梁、北魏、北齐诸公府皆置，以行参军领之。北魏诸州亦置。唐朝为户部水部司郎官俗称。

水曹掾　官名。汉、魏、晋皆置，主水曹，职掌水利。

水虞　官名。春秋战国置。掌川泽禁令、水产赋税。《国语·鲁语上》：“水虞于是乎讲罛罶，取名鱼，登川禽。”韦昭注：“水虞，鱼师也，掌川泽之禁令。”

水衡　官署名。详见“水衡都尉”。

水衡令　官名。南朝宋孝武帝初置，以代都水使者之职，旋复故。

水衡都尉　官名。西汉武帝元鼎二年（前115）始置，秩二千石。初欲以主盐铁收入，因杨可告缗后上林苑保管财物众多，乃令主上林。凡上林诸机构、库藏，离宫禁苑农田水池禽兽及供宗庙用牲，均归其职掌。元鼎四年悉禁郡国铸钱，专令其属官上林三官铸钱。与少府并为皇帝私府，同掌帝室财政。原属少府的帝室收入大部分转归水衡掌管。官职亲近，甚受皇帝重视。有丞五员，属官有上林、均输、御羞、禁圃、辑濯、钟官、技巧、六厩、辨铜令、丞及衡官、水司空、都水、农仓、甘泉上林都水等长、丞。成帝建始二年（前31）省技巧、六厩官。新莽改名予虞。东汉省，其财政职掌归大司农，上林苑职掌并入少府。每年立秋貙膢之日暂置，以他官代摄，事讫即罢。三国魏复置（或说有前后左右中五人），职掌与汉不同，主管全国水军舟船器械，六品。别有都水使者、河堤谒者管理陂池灌溉河渠。西晋初省并入都水台。惠帝元康（291—299）中复分置，六品，多以都水使者兼领。南朝省。宋孝武帝一度省都水官，改置水衡令，旋罢，复置都水官。《南齐书·明帝纪》又谓：“并诏水衡量省御乘。”未知其详。北魏初与都水使者、河堤谒者并置，职掌不详，从五品中。孝文帝太和十七年（493）以后罢。唐武则天光宅元年（684）改都水监为水衡监，改都水使者为水衡都尉，中宗神龙元年（705）复改都水使者。参见“都水使者”。

水衡都尉丞　官名。属水衡都尉，员五人，秩六百石，助水衡都尉掌上林苑。东汉时水衡都尉仅立秋貙膢之日暂置，事讫乃罢之。

水衡监　官署名。即都水监，唐武则天垂拱元年（685）改，中宗神龙元年（705）复名都水监。

水磨务　官署名。宋朝置，掌水硙磨麦，供尚食及内外之用，设监官，以三班使臣及内侍充任。

书　文书诰册。始见于周，为周王册封赏赐臣子宣读之文诰。《免簋铭》：“王受作册尹书，俾册命免。”《礼记·祭统》：“再拜稽首，受书以归。”亦作为官署文书之通称。《周礼·秋官·小司寇》：“读书则用法。”郑玄注引郑司农说：“如今时读鞫已乃论之。”明朝为以上达下的公文程式之一，一般由殿阁大学士起草。

书干　官名。北魏置。太和十七年（493）定为九品上，二十三年复次职令后无此职。

书女　内官名。北魏孝文帝改定后宫、内官时置，位视三品。

书艺局　官署名。宋朝翰林院置，掌抄写诏命。神宗元丰（1078—1085）改制后，设待诏、艺学、书学祗候、学生等。

书办　清朝各部的低级职员，不在官制之内。办理例行的文书事务。

书史　官名。西周置。掌司法。见《格伯𣪕》。北魏置为后宫女职，孝文帝改定内官时，视三品。

书令史　佐理文书案牍的官吏。魏晋南北朝省、台、府、寺诸官署多置，位次令史（正令史），三国魏、晋、宋、北魏为流内九品官，梁、陈、北齐皆为流外吏职。唐朝尚书都省、六部、门下省、中书省、秘书省、殿中省、内侍省、御史台及太子左右春坊诸局均置，人数不等，掌分抄行署文书，流外二至四品不等。北宋前期，为尚书省、四方馆、审官院属吏，理选若干次可以出官。神宗元丰（1078—1085）改制后，门下省、中书省、尚书省、枢密院皆设，从八品。

书记　官名。❶主簿别称。《宋书·彭城王义康传》：宋文帝元嘉十七年（440）诛主簿孔胤秀等，“胤秀始以书记见任，渐预机密”。❷掌管书牍记录之文士。《文选》南朝梁任昉《齐竟陵文宣王行状》：“谋出股肱，任切书记。”唐朝吕向注：“书记，谓文学之士。”❸掌书记省称。唐朝元帅府、节度使属官，主文书。杜甫有《送韦书记赴安西诗》。宋朝节度使亦置。

书记长　官名。清末新陆军职官。光绪三十年（1904）定新陆军营制，始置。每军五人（不常置），每镇七人，每营一人，正六品，副军校充，奏补。掌经理文牍，由护军官等差遣。

书记官　官名。清末新设之职官。掌文书案牍。外务部及新陆军中所设均分为一等、二等；国子监所设为二等、三等。又，清末新设之川滇边务大臣，所属亦有书记官。详见“一等书记官”、“二等书记官”、“三等书记官”。

书写　❶吏名。金朝始设，为国史院属吏。又称史馆从事。掌抄写、誊清案牍之事。充任者须经严格考试。海陵王正隆元年（1156）定制，女真书写要具备将契丹字译成女真字的能力，契丹书写要谙于契丹大小字，并具备把汉字书史译成契丹字的能力。元朝沿置，中书省、御史台、枢密院、六部、蒙古翰林院等衙门内均设，员额不等。❷官名。明、清孔氏世袭之衍圣公所属职官。明制，额设一人，以流官充任。清制，正七品，与知印、掌书等官共掌文书印信，由衍圣公保举题授或题补。

书写文字　见“书写机宜文字”。

书写机宜文字　官名。宋朝招讨使、镇抚使等之属官，由长官奏辟，掌书写机密文字。简称书写文字。

书写房　官署名。明崇祯十七年（1644）三月，李自成农民军入北京后改明中书房而置。职掌仍因袭明朝旧制。

书写待诏　官名。宋神宗元丰（1078—1085）改制后，翰林院书艺局置，掌抄写三元八节奏献祖宗神御表词及大礼毕奏谢诸宫观寺院表词、道场醮仪玉简，及抄写国书等事。

书吏　吏名。承办官府文书案牍之吏员。南朝陈置于中书省，二百人，位主事之下。书吏不足，并取助书。北魏置于诸局。孝文帝太和十七年（493）定为九品上。北齐沿置，位书令史之下。唐朝于秘书省、殿中省六局、内侍省五局、东宫六局置，员额二至十数人不等。五代时藩镇亦设。宋朝设于御史台。真宗咸平六年（1003）定主推书吏十二人。神宗元丰（1078—1085）改制后有六察书吏，南宋孝宗隆兴元年（1163）改为十一人，乾道六年（1170）改为九人。金朝主要设于按察司、安抚司，多以终场举人内选充，有女真书吏、汉人书吏之别。元朝主要设于按察司、转运司和检校所，多由岁贡儒吏、下第举子等充任。武宗时（1308—1311）规定南人不得任书吏。清朝为外吏四种（书吏、承差、典吏、攒典）之一，即总督、巡抚、学政、各仓、各关监督所辖之吏。又可作为内外各级官署中之吏员（如经承、堂书、厅书、供事、司书、承差、典吏、攒典）之统称，以其掌文书案牍之事，故名。清制，五年役满可考职，一等晋从九品杂职，二等为未入流。后亦有以现任书吏升任七品知县者。光绪二十七年（1901），命各部堂官督率司员，躬亲部务，裁汰书吏，其制遂废。

书佐　官名。主办文书的佐吏。汉朝州、郡、县皆分曹治事，诸曹下各有书佐。州部书佐位次从事，郡、县书佐则次掾、史，职主起草和缮写文书。由州郡县长官自行辟除。三国蜀、晋朝州郡沿置。魏晋南北朝亦为“功曹书佐”、“西曹书佐”、“门下书佐”、“记室书佐”等省称。隋初，诸州及王府诸曹置参军及行参军等。炀帝大业三年（607）更名行书佐，唐朝复旧。

书库官　吏名。宋神宗元丰（1078—1085）改制后，秘书省置，掌四库藏书。

书状人　吏名。元朝置，各县衙及录事司皆设一人，为诉讼人写状词。成宗大德五年（1301）规定从籍记司吏中选取，任期一年，轮流担任。

书判拔萃科　宋朝贡举科目名。太祖建隆三年（962）设，选人有格未至而能试判三道者，可请文解应试。成绩分五等，上二等可非次拔擢，第三等以下或超资授官，或依资授官，或放选授官，或放选赴冬集。仁宗天圣七年（1029），重定试法，应试选人录所撰判词三十道传流内铨，词理优长者赴京考判词十道，合格者许赴殿试。景祐元年（1034）罢。

书启师爷　参见“师爷”。

书表司　吏名。宋神宗元丰（1078—1085）改制后，太常寺置，掌有关细务。

书画局　官署名。金朝置，属秘书监。掌御用书画纸札。设直长一员、都监一至二员领局事，秩正八品、正九品。

书直官　吏名。宋神宗元丰（1078—1085）改制后，秘书省置，掌四库之事。

书府　官署名。战国秦置。主管典册文书收藏《睡虎地秦墓竹简·内史杂》："毋敢以火入臧（藏）府、书府中。"

书学　国立学校名。隋朝国子寺置，设博士二员、助教二员，教授书法，文帝开皇十三年（593）罢。唐太宗贞观二年（628）复置，隶国子监，置博士二员、助教一员，掌教八品以下及庶人子为生者，以石经、《说文》、《字林》为专业，兼习余书；高宗显庆三年（658）又废，以博士以下隶秘书省，龙朔二年（662）复。宋朝徽宗崇宁三年（1104）置，五年罢。

书学助教　官名。隋朝国子寺书学置二员，协助书学博士教授书法，文帝开皇十三年（593）罢。唐太宗贞观二年（628）国子监书学复置一员，高宗显庆三年（658）废学而隶秘书省，龙朔二年（662）复隶国子监。

书学祗候　见"书艺局"。

书学博士　官名。隋朝始置二人，隶国子寺，从九品，掌书学教授之事，文帝开皇十三年（593）罢。唐初置废不定，高宗龙朔二年（662）定置二人，从九品下，主管国子监书学之事。宋初不置，徽宗崇宁三年（1104）国子监创置书学，五年复置书学博士，掌教授书法。

书奏　吏名。宋神宗元丰（1078—1085）改制后，尚书省左、右司置，员四人，掌校定尚书省都事以下属吏功过及迁补之事。

书部　官名。三国吴置。《三国志·胡综传》：孙权为车骑将军，"召综还为书部，与是仪、徐详俱典军国密事"。为幕僚之职。

书博士　学官名。西晋置，掌教授书法。《晋书·荀勖传》："又立书博士，置弟子教习，以钟、胡为法。"

书僮　吏名。南朝梁郡、县置。员数视郡、县等级而定。

书籍库　官署名。清朝置，掌贮藏图书典籍，属礼部。由礼部堂官委任所属司员管理库事，无定员。每届顺天府乡试、会试之期，将钦颁书籍送考官检阅，事毕取回库存。宣统三年（1911）改隶典礼院。

五 画

〔一〕

功臣 ❶有功劳的大臣。或封土加号，或晋爵升迁，享有政治和经济特权。参见“功臣号”。❷官名。太平天国军中给事官。见“军中典官”。

功臣号 唐、宋、明三朝赐功臣之荣誉衔，即叙录其勋绩于“功臣”一词之上。始于唐德宗奉天之役。自后，藩镇下至从军资深者，例赐之。宋初因袭，至神宗元丰（1078—1085）乃罢。明初复赐。名目繁多，唐有从奉天定难功臣、宝应功臣，明有开国辅运推诚宣力武臣、推忠辅国协谋宣力文臣等。

功名 功绩和名声。《庄子·山木》：“削迹捐势，不为功名。”科举时代用称科第。

功次 官制用语。指官吏升迁的一种标准，即以功绩大小和资历决定升迁官职的次序。《汉书·酷吏传·田广明传》：“以郎为天水司马，功次迁河南都尉。”

功论郎 官名。南朝宋始置，为尚书省功论曹长官。亦称功论郎中。南齐、梁、陈沿置。宋六品，梁五班，陈四品，秩六百石。资深者称侍郎，梁六班。参见“功论曹”。

功论曹 官署名。南朝宋文帝元嘉三十年（453）始置。南齐、梁、陈沿置。为都官尚书所辖四曹之一。掌考察文武官员。置郎（郎中）一人，资深者称侍郎。

功劳 官制术语。指事功、劳绩。《汉书·宣帝纪》：“自丞相以下，各奉职奏事，以傅奏其言，考试功能。侍中尚书功劳当迁及有异善，厚加赏赐，至于子孙，终不改易。”

功劳将军 官名。北魏置。《魏书·公孙表传》：“太宗初，（公孙）表参功劳将军元屈军事，讨吐京叛胡。”孝文帝太和十七年（493）职员令及太和二十三年复次职令时，皆未载。

功勋 参见“功勋制度”。

功勋加一等 参见“功勋制度”。

功勋制度 太平天国勋阶制度。定鼎天京（今江苏南京）后，特定功过条例：凡起自金田（今广西桂平县北）与祝天王万寿者称“功勋加一等”；凡自金田起义后投军从征至永安（今广西蒙山）者，称功勋；凡在扬州攻三汊河者，称平湖加一等；凡监试一次者，称监试加一等。其余有功则加等，记过则降等。如功勋平湖加二等，即参加金田起义，随入永安，并攻三汊河者；功勋监试加三等降一等，即有功勋、监试功，并得一城而又因过降等者。如降至三等则另降、改补或革职。

功曹 ❶官署名。汉朝始设，为地方官府职事机构。职掌选举，兼参诸曹事务。其主者，司隶校尉府称功曹从事，州府称治中从事，郡称功曹，县称功曹掾。南朝宋以后、北朝北魏为将军府诸曹之一，长官为参军事。隋唐王府、州，唐三都、都督府所属七曹之一。唐朝王府所属置有功曹参军事一人，参军事二人，行参军四人，典签二人，掌文官簿书、考课、陈设等，只使检校。隋朝府、州、县功曹置掾史、参军事、府史、行参军等员。唐三都置功曹参军事二人、参军事六人。掌考课、假使、祭祀、礼乐、学校、表疏、书启、禄食、祥异、医药、卜筮、陈设、丧葬等事宜。都督府亦置功曹参军事，员一人。又，唐都护府属置功曹参军事一人，参军事三人。唐高祖武德四年（621）置天策上将府，亦设功曹，有参军事二人，掌官员假使、仪式、医药、选举、考课、禄恤、铺设等事。太宗立为太子后即省。北宋开封府亦置。宋徽宗崇宁三年（1104）废。❷官名。汉朝郡县置功曹史，省称功曹，职掌人事，并参与一郡政务。三国郡、晋不开府将军、太子二傅、特进、郡县皆置。南朝宋、齐沿之。梁、陈之列卿、皇弟皇子府、嗣王府、蕃王府置。北朝北魏凡皇子、不开府将军、太常光禄卫尉、郡，北齐九寺、郡县，北周郡亦置。职掌吏事或主选举。将军等所置，在晋位于主簿下，在梁、北魏位于主簿上，郡县所置位常在丞下、五官上。凡郡功曹多用本地大族，权重，郡守常委事于功曹。品级：梁自六班至下四班不等；陈自七品至九品，北魏自六品至从九品。

功曹从事 官名。东汉司隶校尉属吏。主州选署及从事，秩百石，由所属长官自辟除。

功曹书佐 官名。即门功曹书佐。东汉司隶校尉及州郡长官佐吏，为功曹从事属员，主人事选用。三国蜀州府亦置，职同。晋朝后改为西曹书佐。不开府将军、太子二傅及郡皆置，为功曹史之佐。

功曹史 官名。汉朝郡县官府所属功曹之长，亦称功曹、主吏。主选署功劳、职掌吏员赏罚任免事宜，秩百石。由守、相委任，职统诸曹，在诸曹掾史中地位最高，甚至权逾郡丞、长史。三国时郡及晋朝不开府将军、太子二傅、特进、郡县置。南朝宋沿之。梁、陈皇弟皇子府、嗣王均置。唐朝诸功曹置为属吏。

功曹参军 官名。即功曹参军事。

功曹参军事 官名。功曹之长。南朝宋将军兼刺史者置一员，为僚属，位记室下、户曹上，掌纠驳献替。北魏二大、三公、皇子、将军、蕃王诸府置，孝文帝太和二十三年（499）定为六品上至八品上。北齐三师、二大、三公、护军府、诸州置，六品上至七品下。隋朝左右卫、武卫、武候、领军府，太子左右卫、宗卫、虞候率府，亲王、三公、上柱国至开府仪同三司、诸州，皆置，从六品下至从八品下；文帝开皇三年（583）改名司功参军事，炀帝大业三年（607）又改司功书佐。唐高祖武德（618—626）中复旧，诸王府置一员，正七品上，掌文官簿书、考课、陈设；大都督府置一员，正七品上；中都督府所置从七品上，下都督府所置七品下；大都护府置一员，正七品下；上都护府所置从七品上。宋朝开封府置一员，正八品。

功曹掾　官名。汉朝县府所属功曹之长，亦称主吏掾。掌选署功劳。北齐司州、清都郡，邺、临漳、成安三县以及州属功曹亦置。

功曹督护　官名。南朝梁皇弟皇子府、嗣王蕃王府、庶子府、庶姓持节府属官，自流外五班至一班不等，依府主地位高低而定。

功牌　帝制时代赏给有功者的奖牌。清朝用以赏给八旗军功人员。定制：八旗营总以下叙军功者得以授予。牌分五等，分别赏给一至五等军功者，其出众效力者，给一等功牌一，加三等功牌一。上书所立功绩年月，钤用兵部印。

功德司　官署名。西夏始设，有僧众、护法、出家等功德司。掌管佛教事务。元世祖至元十七年（1280）置，又称功德使司、都功德使司，秩从二品，掌奏帝师所统僧人及吐蕃军民等事，并经管内廷作佛事。三十一年（1294）罢。成宗大德七年（1303）复立。泰定帝泰定三年（1326）罢，后又立。文宗天历二年（1329）再罢，以所掌事归宣政院。至顺三年（1332）复立。顺帝至元元年（1335）罢。

功德司正使　官名。西夏功德司长官，掌司事。

功德司同知　官名。元朝置，为功德司副官，佐功德使掌佛教事务，秩正三品。

功德使　官名。唐德宗贞元四年（788）置左右街大功德使、东都功德使、修功德使，总领僧尼之籍及功役。宪宗元和二年（807）以道士、女官隶左、右街功德使，四年以左军中尉吐突承璀领功德使，盛修安国寺。武宗会昌二年（842），以僧尼隶礼部主客司，六年复隶两街功德使。五代沿置。元朝置，为功德司长官。掌司事。从二品。原设十员，仁宗延祐七年（1320）省为六员，常以宣政院使兼任。

功德使司　见“功德司”。

功德副使　官名。西夏设，为功德司副官，佐功德正使掌司事。下设通判、承旨等职。元朝于同知下设副使，正四品，下设经历、都事等职。

功德疏　官府文书名。宋朝逢皇帝诞辰，各路帅守、监司皆进呈贺表及道、释功德疏，以歌功颂德。

打卯牌子　官名。明朝宦官御前近侍之一。掌随皇帝出朝时捧剑，位居司礼监太监及东厂提督守备等太监之次，属太监中地位极高者。

打牲乌拉处　见“打牲乌拉衙门”。

打牲乌拉衙门　官署名。又称打牲乌拉处。满语称“布特哈衙门”。清朝内务府兼领之机构。顺治十四年（1657）设于东北吉林松花江边乌拉地方，负责采捕宫廷所需之东珠、蜂蜜、松子、鲟鳇鱼等东北特产，并管理屯庄事物。设三品总管一人，总领事务；下设翼长、委署翼长、骁骑校、委署骁骑校、委署章京、委官、仓官、笔帖式、委署笔帖式共五十五人，均以该处旗员充任。所属上三旗打牲牲丁每三十人编为一珠轩，设正副珠轩长各一人。分别负责采珠、捕鱼等事。所统屯庄，分布于盛京及直隶东北口内外地方，各定有额粮。

打套局　官署名。宋朝置，掌拣选市舶香药等第，以待贸易。南宋属太府寺。

札　文书名。下行文。始用于宋朝，时称札子，为机密文书。凡中书、枢密院处置公事，均用以指挥所部。中书札子，宰相押字在上，次相及参政依次向下；枢密院札子则枢密院长官押字在下，副长官依次向上。元、明两朝改称札付。清朝沿用，但将札与札付区别使用。中央六部、都察院行文顺天府尹，六部行文太常寺、太仆寺、光禄寺、鸿胪寺、国子监、钦天监、太医院、宝泉局、宝源局、各仓监督、各关监督、各织造以及布政使、按察使等，都察院行文六科，礼部行文各省学政，兵部行文各提督、总兵，经略行文提督、副都统等，均用札。亦俗称札子。凡接受札文之衙门，回文均用咨呈文。惟各省织造、各关监督对户部，提督、总兵对兵部用呈文。参见“札付”。

札也　又译札野。金朝军事将领的勤杂服役人员，选勇敢及家庭富有者充任。元朝亦沿此制。

札子　见“札”。

札由瓦万户　官名。元朝置。乌思藏十三万户之一，隶乌思藏宣慰司下，治所在今山南地区隆子县加玉区。

札付　文书名。下行文。宋朝有札子作为下行文，元、明仿宋制，改称札付。清朝沿用，但与札区别使用。中央六部及地方巡抚、提督等衙门向非所属的下级衙门行文时用札付，余用札。如巡抚行文副将、参将、游击、都司，提督行文府、州、厅、县，均用札付。又，绿营自总兵至把总等各级武职官员赴任时，均由兵部给予札付，任满咨部截角缴销。参见“札”。

札尔固齐　即扎尔固齐。

札兰　即甲喇。

札兰章京　即甲喇章京。

札兰额真　即甲喇额真。

札里赤　蒙、元怯薛执事名。蒙古语，意为书写圣旨者，掌书写大汗、皇帝口述圣旨。

札拦额真　即甲喇额真。

札委　清制，凡以“札”委任官员称札委。

札调 清制，凡以“札”调动官员称札调。

札萨克 官名。亦作扎萨克。蒙古语音译，意为藩封掌印，即一旗之长。掌一旗之政令。清朝内、外藩蒙古及哈密、吐鲁番回部每旗设一人。世袭者循例题请，特简者由理藩院于每旗之王、贝勒、贝子、公、台吉、塔布囊等贵族内拣选请旨充任。隶属于盟长。下设协理台吉二至四人襄理旗务，并设管旗章京、副章京、参领、佐领、骁骑校等官分理各项军民事务。另有内蒙古六盟各设兵备札萨克一人，专掌本盟之军务。

札萨克达喇嘛 封号。清朝藏传佛教之职任喇嘛。乃活佛之下最高喇嘛称号。北京、盛京、热河等处皆设。掌理寺庙佛教之事。

札萨克喇嘛 封号。清朝藏传佛教之职任喇嘛。位在札萨克达喇嘛之下。驻京喇嘛设四人。蒙古各庙徒众过五百人者设一人。分理寺庙宗教事务。

札野 即札也。

札鲁火赤 即札鲁忽赤。

札鲁花赤 即札鲁忽赤。

札鲁忽赤 官名。又译札鲁火赤、札鲁花赤，蒙古语，汉译断事官。蒙古建国之初设，领司法、财政、行政事务，诸王投下亦设。札鲁忽赤之长称也可札鲁忽赤。元朝在大宗正府、中书省、枢密院等宫署下置多员，掌刑狱与理算钱谷。

札温 蒙古语，意为“百”，或用以称百户。

节 符节。❶使臣所持凭信。多以羽、旄牛尾编制。《周礼·地官·掌节》郑玄注：“王有命，则别其节之用以授使者，辅王命者，执以行为信。”❷准许通过关卡的官方凭证。多用竹、玉、青铜等材料制成，刻有铭文。《周礼·地官·掌节》：“门关用符节。”

节下 对拥有假节、持节、使持节等名义的将领的尊称。《晋书·殷仲堪传》：“愿节下弘之以道德。”后亦以称刺史、太守等地方长官。

节从虎贲 官名。东汉置。隶光禄勋所属虎贲中郎将，秩比二百石，掌宿卫侍从。久者，以才能高低转迁虎贲郎中、虎贲侍郎，以至虎贲中郎。

节帅 清朝总督、巡抚之尊称。

节级 唐、宋低级军职名。唐朝员阙，以军健量材差使。宋朝有军头、十将、将虞候、承局及押官等名目。

节判 节度判官之省称。

节服氏 官名。《周礼》夏官之属。一说为周朝置。掌君王祭祀、朝觐礼仪时所穿礼服。《周礼·夏官》：“节服氏，下士八人，徒四人”，“掌祭祀朝觐，衮冕六人，维王之太常。诸侯则四人，其服亦如之。郊祀，裘冕二人，执戈，送逆尸从车”。

节府 南朝为持节都督府省称。见《南齐书·张敬儿传》。

节亲主 西夏职官称谓。加于宗室重臣职称前，以示显贵。

节度 ❶官名。三国吴置，使典军粮。《三国志·诸葛恪传》引《江表传》：“权为吴王，初置节度官，使典军粮，非汉制也。”❷节度使省称。❸节制调度。《北齐书·唐邕传》：“七年，于羊汾堤讲武，令邕总为诸军节度。”

节度大使 官名。唐玄宗开元十五年（727）始以亲王遥领节度使，其留京师者则称大使，以副大使知节度事。

节度孔目官 官名。唐、宋节度使属官。唐朝以押衙充任，宋初因之。南宋临安府亦置。掌有关细务。

节度州 以节度使为长官之州。宋朝为三品州，高于观察州，为六等州之第二等，节度使不赴镇者，则以他官判、知，属官有节度判官、节度掌书记、节度推官，又有节度副使专授左降官。辽朝节度州设节度使、节度副使，为正副长官，其属有同知节度使事、行军司马、军事判官、节度掌书记等。金朝节度州设节度使、同知节度使、节度副使、节度判官、知法、州教授、司狱等官。

节度观察留后 官名。唐末、五代节度使不在本镇则置，代行节度使之职。宋初沿置，多不赴本任，用为三品武臣寄禄官。神宗元丰（1078—1085）改制，改为正四品。徽宗政和七年（1117），改名承宣使。

节度判官 官名。唐末五代藩镇属佐，置二员，位行军司马下，分判仓、兵、骑、胄四曹事，多由藩镇自辟置。北宋初改由朝廷除授，选士人充任，为选人阶官，神宗元丰（1078—1085）改制，定为从八品，徽宗崇宁二年（1103）改名承直郎。辽朝改军事判官。金朝复置一员，正七品，掌纪纲节镇众务、佥判兵马之事，兼判兵、刑、工案事。

节度使 官名。唐高祖武德六年（623）诸州总管加号使持节，高宗永徽（650—655）以后，都督带使持节即为其任，不带节者不是。睿宗景云二年（711）贺拔延嗣除凉州都督，充河西节度使，始有此号。玄宗天宝（742—756）初，沿边有九节度使。受职时双旌双节，总领军旅民政，专诛杀，外任之重，无与伦比，辖区内各州刺史（郡守）皆为其属，并兼领所驻州刺史（郡守）；亲王、宰相遥领，则以副大使知节度事。凡节度使必带中央官衔，最高带同平章事，名曰使相。肃宗至德（756—758）以后，天下用兵，中原刺史亦循其例，授此号。所辖地区多兼军号，如泽潞节度使号昭义军节度使。河北等地节度使拥兵自大，传位子孙或部将，不奉朝命，世为藩镇。僖宗中和元年（881）党项首领拓跋思恭被封夏州节度使，至宋初元昊建国，党项历代首领均封此职，允其世袭。五代设置更多，废置不常。北宋初犹有实任者，谓之归镇，总领所辖州郡行政大权，正三品。太宗太平兴国二年（977）罢其所领支郡，仅领本州府事；武臣以其为阶官者不必赴治所，宗室、国戚领其衔仅奉朝请，无职掌。神宗元丰三年（1080）以其带中书令、侍中或同平章事衔者改为开府仪同三司，余者升从二品。辽太祖天赞二年（923）置平州卢龙军节度使，其后州军皆置，称某州某军节度使，兼掌军事、民政，有遥授、遥摄、遥领、领、加、赠等，一般为实职；州军之外，又有部族节度使，统领契丹及辽属其他部族；辽圣宗太平二年（1022）又授高丽参知政事王同显静海军节度使。金朝诸节镇各置一员，从三品，掌镇抚诸军防刺，总判本镇兵马之事，兼管本州内观察使事；其观察使所掌，与府尹兼军州事管内观察使同。明末李自成义军于崇祯十七年（1644）在北京曾改巡抚为之。

节度使司　官署名。辽朝于大州设节度使，统领军政、民政，称某州某军节度使司。时共有节度使州四十余处。

节度使判官　官名。辽朝节度使司官员，协助节度使处理日常事务。统和元年（983），圣宗下诏，谕“诸道节度使判官……当执公方，勿得阿顺”。

节度使留后　官名。唐朝节度使入朝或宰相遥领节度使不临镇则置。玄宗开元十六年（728）萧嵩除同中书门下平章事，节度河西如故，则以牛仙客为留后，主持军政大事。李林甫、杨国忠为相，遥领陇右、剑南，分别以杜希望、崔圆为留后。代宗广德元年（763），以梁崇义为山南东道节度使留后。其后，藩镇强大，各置留后，多以子侄或亲信充任。亦有军士、叛将自立为留后者。五代多沿置。北宋设节度观察使留后，为朝廷正式命官。徽宗政和七年（1117）改为承宣使。

节度留后　官名。即节度使留后。

节度副大使　官名。唐玄宗开元十五年（727）以亲王遥领节度使，而以在军主持事务者称节度副大使知节度事。

节度副使　官名。节度使属官。唐朝或以亲王遥领节度使，副大使知节度事者为正节度，别置副使一人，位行军司马下、判官上，又有同节度副使十人。宋朝多用于安置贬谪官员，无职掌。辽朝置，称某州某军节度副使。金朝诸节镇置一员，从五品，位同知节度使下、节度判官上。

节度推官　官名。唐末、五代为藩镇幕职官，多由藩镇自辟置。宋朝改由朝廷除授，选士人充任，用为选人阶官。神宗元丰（1078—1085）改制，定为从八品。徽宗崇宁二年（1103）重定选人阶官，换文林郎。

节度掌书记　官名。唐朝后期置，为节度使属官，掌朝觐聘问慰荐祭祀祈祝之文及号令升纳之事。宋初沿置。太祖乾德二年（964），令两使留后奏荐历两任有文学者充任。太宗太平兴国六年（981），命有出身人充任。后逐渐成为选人阶官。神宗元丰（1078—1085）改制，定为从八品。徽宗崇宁二年（1103）重定选人阶官，换儒林郎。

节将　魏、晋、南朝对持节统辖某一地区的军事长官的简称。《三国志·牵招传》：“护乌丸校尉田豫出塞为轲比能所围于故马邑城，移招求救，招即整勒兵马，欲赴救豫，并州以常宪禁招，招以节将见围，不可拘于吏议。”

节推　节度推官省称。

节骑郎　官名。南朝宋置，掌皇帝出行仪仗行列等事务之侍从官。

节慎库　官署名。明清工部所属之办事机构。明嘉靖八年（1529）改本部大堂后库置，设从九品大使一员为主官。贮藏矿银，以给工价，后专备内府取用。清顺治元年（1644）沿置，设满洲郎中一人。下设满洲员外郎一人，司库二人，库使二十二人，经承二人。分设支科与外解科办事。贮藏提取户部银及直隶木税银、工役截旷银等项，支放小额工程费用及搭放旗兵铜钱，按月奏报。光绪三十二年（1906）裁。

节慎库郎中　官名。清朝工部节慎库之主官。掌库事。顺治元年（1644）设，满洲一人，由本部堂官于各司郎中内奏派，二年一更代。光绪三十二年（1906）裁。

节镇　指置节度使之州、道。唐初，仅置于边地，玄宗开元（713—741）中凡八节度使：碛西、河西、陇右、朔方、河东、幽州、剑南、岭南；其后更增加兼改名号，大者连州数十，小者犹兼三四，父死子继，世称藩镇。五代犹甚。北宋太宗太平兴国二年（977）罢其领支郡，唯领本州府，地方行政机构，遂多称某某军，唯孟州称河阳三城、襄阳府称山南东道、太原府称河东、凤翔称凤翔、扬州称淮南、江陵府称荆南、成都府称剑南西川、潼川府称剑南东川、兴元府称山南西道；南宋诸州升改节镇凡十有二，诸将勋名有兼两镇、三镇者。辽朝如唐制，置节度使，另有军名，称某州某军节度使，又有某州某军节度副使、同知节度使事、行军司马、军事判官、掌书记、衙官等。金朝大州置，另有军名；蒲与、恤品、曷苏馆、胡里改等路置，无军名；领以节度使一员，并有同知节度使、副使、节度判官、观察判官等各一员。

平　官制用语。汉朝指参与某官政事，多用于平尚书之事。《后汉书·梁冀传》：“（冀）十日一人，平尚书事。”李贤注：“谓平议也。”

平水　❶官名。三国魏置于诸郡，掌均水渔税。《三国志·杜恕传》裴松之注引《魏略》：“预勅督邮、平水，不得令属官遣人探候，修设曲敬。”❷官署名。南朝梁置。参见“平水令”。

平水令　官名。南朝梁由平准令改名。位流外三品蕴位。为平水署长官，属少府卿，掌平抑物价及染事。陈沿置。隋复改平准令。

平水丞　官名。南朝梁、陈置。平水署次官。参见“平水令”。

平水署　官署名。南朝梁、陈置，属少府卿、设令、丞。详见“平水令”。

平东大将军 官名。晋朝置，职掌同平东将军，唯资深者得任之，二品。历朝皆不常置。南朝宋二品，梁、陈皆较平东将军进一阶。北魏孝文帝太和十七年（493）定为二品中。参见“平东将军”。

平东将军 官名。东汉献帝建安（196—220）初置，吕布曾任之。三国魏时与平西、平南、平北将军合称四平将军，权任很重，多持节都督或监某一地区的军事，有时亦作为刺史等地方官员兼理军务的加官。两晋沿置，魏、晋皆三品。十六国前凉、前秦、西秦亦置。南朝宋三品，梁武帝天监七年（508）定为武职二十四班中的二十班，陈拟三品，比秩中二千石。北魏孝文帝太和十七年（493）定为从二品上，二十三年改为三品。北齐为褒赏军功勋臣的闲职，三品。北周正七命。隋初列为散号将军，从六品上，炀帝大业三年（607）罢。

平东校尉 官名。东汉献帝建安（196—220）中孙权置。贺齐任之，统兵征伐上饶等地。见《三国志·贺齐传》。

平北大将军 官名。西晋置，职掌同平北将军，唯资深者得任之，二品。历朝皆不常置。南朝宋二品，梁、陈皆较平北将军进一阶。北魏孝文帝太和十七年（493）定为二品中。参见“平北将军”。

平北将军 官名。东汉献帝建安（196—220）中曹操置。《三国志·张燕传》：“太祖将定冀州，燕遣使求佐王师，拜平北将军，率众诣邺。”魏晋时多兼镇守地区的刺史，统管军、政事务，与平南、平东、平西将军合称四平将军。在南朝及北朝前期地位仍较高，北朝后期渐成为无职掌的散官。三国魏、晋、南朝宋皆定为三品。梁武帝天监七年（508）改为武职二十四班中的二十班，普通六年（525）定为武职三十四班中的三十班。陈拟三品，比秩中二千石。北魏孝文帝太和十七年（493）职员令定为从二品上，太和二十三年复次职令，定为三品。北齐仍三品。北周定为正七命。隋初列为散号将军，降为从六品上，炀帝大业三年（607）罢。

平北都尉 官名。东汉献帝建安（196—220）中孙权置。《三国志·吕蒙传》：“（吕蒙领兵）从讨丹阳，所向有功，拜平北都尉，领广德长。”

平汉将军 官名。北魏置。孝文帝太和十七年（493）职员令未载，太和二十三年复次职令时定为从五品上。

平头部 官署名。北齐置，属司农寺典农署，设丞。职掌不详。隋省。

平头部丞 官名。北齐置，掌平头部。见“平头部”。

平台事 即平尚书事。《三国志·诸葛亮传》：董厥由尚书令“迁大将军，平台事”。

平戎将军 官名。三国吴置。《三国志·步骘传》：“由是加拜（征南中郎将步骘）平戎将军，封广信侯。”

平戎校尉 官名。南朝梁、陈置。设于南秦州、梁州，由刺史或将军兼领，负责镇压少数民族。其官府称小府，府佐品级随府主军号轻重而定，一般减大府一阶。陈定为拟六品，比秩千石。

平西大将军 官名。晋朝置，职掌同平西将军，唯资深者得任之，二品。历朝皆不常置。南朝宋二品，梁、陈皆较平西将军进一阶。北魏孝文帝太和十七年（493）定为二品中。参见“平西将军”。

平西将军 官名。东汉献帝建安（196—220）末，刘备置，以马超任之。建安二十四年，群臣奉刘备为汉中王，上表于汉献帝时，马超以此职列名首位。三国魏时与平东、平南、平北将军合称四平将军。多持节都督或监某一地区的军事，有时亦作为刺史等地方官员兼理军务的加官。两晋沿置，魏、晋皆三品。十六国汉亦置。南朝宋三品，梁武帝天监七年（508）定为武职二十四班中的二十班，陈拟三品，比秩中二千石。北魏孝文帝太和十七年（493）定为从二品上，二十三年改为三品。北齐为褒赏军功勋臣的闲职，三品。北周正七命。隋初列为散号将军，从六品上，炀帝大业三年（607）罢。

平州路钱帛司 官署名。辽朝置，掌钱币铸造等事。设于平州（今河北卢龙）。

平江等处田赋提举司 官署名。元朝置，秩从五品，隶崇祥总管府，掌平江地区大承华普庆寺田产。置达鲁花赤、提举、同提举、副提举各一员。

平江善农提举司 官署名。元朝置，秩从五品，隶隆祥使司。原为平江田赋提举司，文宗天历三年（1330）改善农提举司，掌大承天护寺田产。置达鲁花赤、提举、同提举、副提举各一员。

平军国事 指参与评决军政大事。《三国志·濮阳兴传》：孙休“征兴为太常、卫将军，平军国事”。

平阳大尹 官名。十六国汉置。刘渊河瑞元年（309）迁都平阳，置为行政长官，刘曜光初元年（318）灭靳准，徙都长安，遂罢。

平远将军 官名。十六国前秦置，十六国西秦、南朝梁及北魏亦置。北魏孝文帝太和十七年（493）职员令中未载，太和二十三年复次职令，定为四品。梁武帝天监七年（508）定为施用于境外的武职二十四班中的十七班，拟镇兵将军等号。大通三年（529）定制后，仍拟镇兵将军。

平均司 官署名。清末商部所属四司之一。光绪二十九年（1903）设。掌管开垦、农务、蚕桑、水利及畜牧诸事。置郎中、员外郎、主事各二人。三十二年，商部改农工商部，改为农务司。

平吴校尉 官名。十六国前秦置。苻坚为伐江南而设，以强弩将军王显任之，统兵戍下邳。见《晋书·苻坚载记上》。

平县 汉朝根据县府政务繁简，分为剧县、平县，两者官员的待遇有所不同。东汉安帝时规定，长吏如非父母丧无故去职者，剧县十岁，平县五岁以上，乃得重新叙用。

平狄将军 官名。东汉献帝建安（196—220）间曹操置，统兵，三品。十六国西秦、南朝梁沿置。梁武帝天监七年（508）定为武职二十四班中的第五班，普通六年（525）刊正将军名号时罢。

平羌将军　官名。明朝军制，甘肃地区总兵官挂印称将军者，曰平羌将军。

平羌校尉　官名。东晋南朝置。初，晋穆帝永和三年（347）因仇池氏杨氏称蕃于晋，拜杨初为使持节、征南将军、雍州刺史、平羌校尉、仇池公。后遂为仇池氏杨氏专设，其统治者多兼之。

平松等处福元田赋提举司　官署名。元朝置，秩正五品，隶隆禧总管府，掌平江、松江等处南镇国寺田产。置达鲁花赤、提举、同提举、副提举各一员。

平尚书事　职衔名义。加此者得参与评议论决尚书政事，为机密要职。西汉多加予中朝官，位次于领尚书事，可同时加予数人。武帝时以左右曹、诸吏分平尚书奏事。东汉多以大臣录尚书事，加此者极少。三国皆置，蜀位次于录尚书事，吴则无高下之分。魏、晋以散骑常侍、散骑侍郎与侍中、黄门侍郎共平尚书奏事，录尚书事则专授予公卿权重者。东晋唯置录尚书事。北魏复置，与录尚书事亦无高下之分，唯常同时加予数人。

平虏中郎将　官名。三国魏文帝黄初（220—226）中置。《三国志·李通传》载魏文帝诏书："以（李）基为奉义中郎将，（李）绪平虏中郎将。"洪饴孙《三国职官表》作四品。

平虏护军　官名。西晋置。晋武帝时，河西鲜卑树机能率众反抗西晋政权，征西大将军、都督雍凉等州诸军事、扶风王司马骏命平虏护军文淑督凉、秦、雍诸军击败树机能。后马隆以西平太守兼此，统兵，屯驻西平。十六国前凉时亦置，率军征战。参见"护军"。

平虏将军　官名。东汉献帝建安（196—220）间曹操置，孙权亦置，南朝梁、陈沿置。梁武帝天监七年（508）定为武职二十四班中的五班，大通三年（529）定制后列为武职三十四班中的九班。南朝陈改为拟八品，比秩六百石。

平虏校尉　官名。东汉献帝建安元年（196）曹操置。为领兵武职，随军征伐。建安末牵招为之，将兵督青、徐州郡诸军事。

平和大夫　见"保和大夫"。

平和郎　官名。宋徽宗宣和元年（1119），改保痊郎置，为医官阶官，从七品。南宋因之。

平金牌　见"牌符"。

平河将军　官名。南朝梁置，武帝天监七年（508）定为施用于境外的武职二十四班中的六班，大通三年（529）定制后拟忠勇将军等号，班阶略升。

平胡中郎将　官名。南朝齐置。《南齐书·王玄载传》："以玄载士望，板为徐州刺史、持节、监徐州豫州梁郡军事、宁朔将军、平胡中郎将。"

平胡加一等　参见"功勋制度"。

平南大将军　官名。晋朝置，职掌同平南将军，唯资深者得任之，二品。历朝皆不常置。南朝宋二品，梁、陈皆较平南将军进一阶，北魏孝文帝太和十七年（493）定为二品中。参见"平南将军"。

平南将军　官名。东汉献帝建安（196—220）初，江东孙氏置，孙辅曾任之，领交州刺史。三国魏时，与平东、平西、平北将军合称四平将军，多持节都督或监某一地区的军事，有时亦作为刺史等地方官员兼理军务的加官。两晋沿置，魏、晋皆三品。十六国前秦亦置。南朝宋三品，梁武帝天监七年（508）定为武职二十四班中的二十班，陈拟三品，比秩中二千石。北魏孝文帝太和十七年（493）定为从二品上，二十三年改为三品。北齐为褒赏军功勋臣的闲职，三品。北周正七命。隋初列为散号将军，从六品上，炀帝大业三年（607）罢。

平秩郎　散官名。明洪武四年（1371）置，为钦天监散官，以授五官保章正。十五年废，改依文散官分授。

平津都尉　官名。东汉灵帝光和七年（184）三月置。为灵帝所置八关都尉之一，掌管小平津关（今河南省巩县西北）。董卓入洛阳后，贾诩曾以太尉掾为之。见《后汉书·皇甫嵩传》、《三国志·贾诩传》。

平宪司直　官名。北魏置。《魏书·韦阆传》："（姜俭）父昭，自平宪司直，出为兖州安东长史，带高平太守。"

平虑郎　官名。三国吴孙皓特置，授工人吴平，以符祥瑞。银印青绶。见《三国志·孙皓传》。

平秩郎　散官名。金朝置，为司天监散官，属二十五阶之第二十一阶，秩从八品下。元朝沿置，属十四阶之第十阶，秩从七品。

平准下士　官名。西魏、北周地官府司市下大夫平准中士佐官，正一命。

平准中士　官名。西魏恭帝三年（556）置，北周沿置。地官府司市下大夫属官，主平衡市上物价，使相依准。其下设平准下士以佐其职。正二命。隋文帝开皇元年（581）罢。

平准令　官名。汉武帝元封元年（前110），桑弘羊为治粟都尉，领大农，置大农部丞数十人，分部主郡国，置平准于京师。受天下委输，尽笼天下之货物，贵即卖之，贱则买之，使富商大贾无所牟大利，而物价得平。其后，赵广汉以廉洁举茂材，为平准令。东汉置一人，秩六百石，隶大司农，掌知物价，主练染，作采色。和帝时，改中准令。晋复旧称，隶少府。南朝宋避顺帝刘准名讳，改染署令。南齐复为平准令。北齐置为司农寺平准署长官，六品下。隋初沿置，员二人，正八品；炀帝大业三年（607）改隶太府寺，升正六品。唐沿置，从七品下。掌供官市易之事，凡百司不用之物及没官之物，则以时出卖。

平准务 官署名。北宋哲宗元符二年（1099）改市易务置，掌乘时贸易，平衡物价。金宣宗元光二年（1223）五月亦置，属户部，十月罢。

平准行用交钞库 官署名。简称平准行用库、钞库。元朝置，秩从七品，掌发行钞币、买卖金银、收换昏钞。世祖中统元年（1260）始设交钞库，掌金银钞互换及收换昏钞。四年，禁民间私相买卖金银，置燕京平准库。次年，诸路皆置。设提领大使、副使各一员，下置把坛库子辨验金银成色，昏钞库子管检昏钞、伪钞。成宗大德八年（1304），改行用库。

平准行用库 即平准行用交钞库。

平准丞 官名。汉武帝时始置，隶大司农，佐平准令平抑物价。东汉置一人，秩三百石。和帝时改中准丞，以宦者为之。晋复旧称，隶少府。南朝宋避顺帝刘准名讳，改染署丞。南齐复旧名。北齐置为司农寺平准署次官。隋沿置，正九品，炀帝时改隶太府寺。唐沿置，从八品下，佐平准令掌供官市易之事。

平准案 官署名。宋哲宗元符三年（1100），改太府寺市易案置，掌平抑市易物价。南宋户部右曹亦置，掌平抑全国物价。

平准署 官署名。北齐司农寺置，设令、丞，掌平准之事。隋初因之，炀帝时改隶太府寺。唐沿置，掌供官市易之事，凡百司不用之物及没官之物皆以时出卖。设令、丞、监事、典事等官职。

平准署令 见“平准令”。

平准署丞 见“平准丞”。

平难中郎将 官名。东汉灵帝中平（184—189）间，黑山帅张燕降东汉政权，受拜此职，使领河北诸山谷事，岁得举孝廉，计吏。见《后汉书·朱儁传》。

平难将军 官名。东汉献帝建安（196—220）间曹操置。《三国志·赵俨传》：“太祖徙出故韩遂、马超等兵五千余人，使平难将军殷署等督领。”

平章 中书门下平章事、平章军国事、平章军国重事、平章政事、同中书门下平章事等官的省称。

平章军国大事 官名。辽末，耶律淳僭位，以张琳为守太师、平章军国大事，阳以元老尊之，实则不使与政。

平章军国事 官名。南宋宁宗开禧元年（1205）置，以授韩侂胄，位在宰相之上。

平章军国重事 初为职衔名义，后演为官号。唐中宗神龙（705—707）中始为非侍中、中书令而居宰相职者加号。《旧唐书·中宗纪》：神龙元年（705）六月癸亥，“尚书左仆射豆卢钦望，军国重事中书门下可共平章”；二年十二月丙申，“特进、尚书左仆射、兼安国相王府长史、芮国公豆卢钦望为开府仪同三司，依旧平章军国重事”。宋哲宗元祐（1086—1094）中置，以文彦博太师、吕公著守司空相继为之，序宰臣上，以处老臣硕德，或称同平章军国事；其后，蔡京、王黼以太师总三省事，赴都堂治事；南宋宁宗开禧元年（1205）省“重”字、去“同”字；度宗咸淳三年（1267）贾似道窃位，在丞相上。

平章事 官号。唐高宗永淳元年（682）始为外司四品以下知政事者加号，有同中书门下平章事、中书门下平章事等名称，为宰相职衔。宋朝为中书门下平章事、平章军国重事、平章军国事等官省称。辽朝中书省置，又有同中书门下平章事、同政事门下平章事。

平章政事 初为宰相的职衔名义。唐太宗贞观八年（634）诏李靖“每三两日至门下、中书平章政事”。渐演为官名。金朝尚书省置二员，从一品，与左、右丞相同为宰相，掌丞天子，平章万机。元世祖中统元年（1260）中书省、尚书省置，为丞相副贰，从一品，后由一员增至六员，文宗至顺元年（1330）定为四员；诸行中书省亦置二员，丞相缺则为长官。明初中书省置，从一品，洪武九年（1376）废；行中书省置为长官，从一品，亦九年废。

平寇将军 官名。东汉献帝建安（196—220）间曹操置，三国魏定为三品。南朝梁武帝天监七年（508）定为施用于境外的武职二十四班中的十二班，拟“武威将军”等号，大通三年（529）定制后，拟威雄将军等号。

平越中郎 即平越中郎将。

平越中郎将 官名。西晋武帝置，东晋、南朝沿置。主管南越事务。设府置僚佐，治广州，多兼任广州刺史。南朝陈拟六品，比秩千石。

平越将军 官名。北齐置，为褒赏军功勋臣的闲职，八品。

平蛮将军 将军名号。新莽置。《汉书·王莽传》：“（天凤元年）益州蛮夷杀大吏程隆，三边尽反。遣平蛮将军冯茂将兵击之。”明朝亦置。湖广地区总兵官挂印称将军者，曰平蛮将军。

平蛮校尉 官名。南朝齐武帝永明三年（485）置，隶益州，主益州少数民族事务。与镇蛮、护西戎、护羌校尉合称四校尉。亦授予依附其政权的少数民族首领。

平署 即连署。东汉时有重大案件，需由具体承办机关呈转三公连署，奏报皇帝。据《后汉书·党锢列传》，东汉末年党锢事起，宦官集团诬害李膺等人，案卷送经三府，太尉陈蕃不肯平署。结果皇帝震怒，迳直下令逮考李膺等人于黄门北寺狱。

平蜀大都督 官名。北魏宣武帝征蜀时置，权任甚重。《魏书·世宗纪》：“诏司徒高肇为大将军、平蜀大都督，步骑十万西伐。”

平漠将军 官名。北魏置。孝文帝太和十七年（493）定为五品上。

平魏将军 官名。三国吴置。《三国志·妃嫔传》：“（徐矫）弟祚袭封，亦以战功至于芜湖督，平魏将军。”

灭羌校尉　官名。十六国前秦苻登置。以尚书苻硕原为前禁将军兼此，戍平凉，以对抗后秦姚苌（羌族）。见《晋书·苻登载记》。

灭贼校尉　官名。三国吴领兵武职。《三国志·贺齐传》裴松之注引《会稽典录》："（贺）景为灭贼校尉，御众严而有恩，兵器精饰，为当时冠绝。"

灭寇将军　官名。三国吴领兵武职，《三国志·丁奉传》："（丁奉自冠军将军）迁灭寇将军，进封都乡侯。"十六国前凉亦置。

丙字库　官署名。明朝户部置。设大使一人，正九品，副使一人，从九品。掌收存浙江、河南、山东并北直隶真定府解到丝绵花绒，南直隶池州府、扬州府岁解土丝等物。

丙署长　官名。东汉置，名义上属少府，员七人，以宦者任之，秩四百石，黄绶。各主中宫别处。

正　❶西周称执政大臣。《大盂鼎铭》："若文王命二三正。"❷正职。即一官之长。《周礼·天官·大宰》："乃施法于官府，而建其正，立其贰。"❸乡官名。晋朝凡千户以上乡置一人。

正一　❶官名。明清道录司之职官。洪武十五年（1382）始置，左、右各一人，正六品。掌全国道教事务。详见左、右正一。❷明朝道士的第二等，地位低于全真。

正一真人　道教封号。全称龙虎山正一真人。明清掌道教者，领龙虎山上清宫道众。洪武元年（1368）张正朝入朝，封为真人，秩二品，世袭。隆庆（1567—1572）中革去真人，只称提点，万历（1573—1620）初仍复旧称。所属有法官、赞教、掌书等法官。清顺治八年（1651）授张应京大真人，秩三品，袭封。所属有提点、提举、法箓局提举、副理、赞教、知事等法员。乾隆元年（1736）授光禄大夫。后曾降为正五品，三十一年仍复旧制。

正人　周朝称官吏之长。《尚书·周书·康诰》："惟厥正人。"孔安国传："正官之人。"孔颖达疏："正官之人，若《周官》三百六十职。正，官之首。"

正大夫　即长大夫，执政官长。《诗经·小雅·雨无正》："正大夫离居，莫知我勚。"

正万户　官名。明初于各万户府分置，为各万户府长官。正四品。后以名不符实，与万户府并罢，改置为指挥使及千户等官。仅于少数民族地区留置沙儿可、乃竹、罗思端、别思麻四万户府，以少数民族土官分掌其事。

正卫郎　散官名号。明洪武四年（1371）置。初授库副使、仓丞等，后内官品秩屡更，则专授从七品内官。

正马医官　官名。清末新陆军职官。光绪三十年（1904）定新陆军营制，始置。每镇一人，正四品，协参领充，奏补。掌考查全镇马匹卫生医药等事。

正开拆官　吏名。南宋置，隶临安府开拆司，主管开拆司事，其下有副开拆官、下名开拆官。

正历　任官制度。明朝定以监生拨往在京各大衙署历事。计吏部四十一名，户部五十三名，礼部十三名，兵部二十五名，刑部七十名，工部二十四名，都察院六十三名，大理寺二十八名，通政司五名，行人司四名，五军都督府五十名。三月后上选，遇有缺出，依次补官。亦有至一年余者。

正仆人　官名。又称仆人正或太仆正。春秋楚置。仆官之长。《左传·昭公十三年》："蔡公使须务牟与史猈先入，因正仆人杀大子禄及公子罢敌。"

正长　❶君长。《墨子·尚同上》："天下之所以乱者，生于无正长。"❷百官群吏之长。《左传·襄公二十五年》："自六正、五吏、三十帅、三军之大夫、百官之正长、师旅及处守者，皆有赂。"❸乡里之长。《墨子·尚同上》："诸侯国君既已立，以其力为未足，又选择其国之贤可者，置立之以为正长。"孙诒让注："此正长，即中篇所云左右将军、大夫，即乡里之长。"

正心殿学士　官名。明建文（1399—1402）时改谨身殿为正心殿，置学士，备顾问应对。成祖即位，复旧殿名，罢学士不设。

正术　官名。明清阴阳学学官之一。明洪武十七年（1384）始设，府各一人，从九品。凡天文、占候、星卜、相宅、选日之流，悉归管理。然设官不给禄。清顺治（1644—1661）初年沿设，府各一人，未入流，由所辖有司遴选学行端正者，咨部给札。雍正七年（1729），令兼辖星学。

正旦使　见"贺正旦国信使"。

正仪大夫　官名。金朝置，熙宗天眷（1138—1140）年间始定。为司天翰林官散阶。从四品中。明洪武四年（1371）定钦天监散官，监令为正四品，授正仪大夫。十五年后，改依品级授以文职散官。

正印　见"正印官"。

正印官　明清对地方各级长官之统称。如布政使、知府、知县等。以其主管一级政府之政务，有僚属，且所用印为正方形，故名。简称"正印"。

正令史　佐理案牍文书的官吏。简称令史。秦、汉诸官署多置令史，掌文书。三国魏、两晋、南朝、北魏、北齐省、台、府、寺诸官署沿置，称正令史，高于书令史。魏、晋、宋、北魏为流内官。梁、陈、北齐皆为流外吏职。

正议大夫　官名。隋炀帝大业三年（607）始置，正四品。唐沿置为正四品上文散官。宋初沿唐制，太宗太平兴国（976—984）初改正奉大夫。神宗元丰三年（1080）置为新寄禄官，取代旧寄禄官六部侍郎，从三品。哲宗元祐三年（1088）分为左、右二阶。徽宗大观二年（1108）又以左正议大夫为正议大夫，改右正议大夫为通奉大夫。金朝置为文散官，正四品上。元改正三品，宣授。明为正三品，加授。

正议校尉　官名。东汉末孙策置。以张纮任之，与长史张昭并参谋议，地位很高，常一人随孙策征伐，一人主持留守事务。见《三国志·张纮传》。

正执法官　官名。清末新陆军职官。光绪三十年（1904）定新陆军营制，始置。每镇一人，从三品，副参领充，简放。掌本镇军事司法及关于镇监各项事件，战时承办俘虏及占领地方司法诸事。

正任　官制用语。宋朝观察使、防御使、团练使、刺史，凡不别带其他阶官者称正任，别带其他阶官者称遥郡。正任可享受其待遇，遥郡则否。

正任团练使　参见“正任”、“团练使”。

正任防御使　参见“正任”、“防御使”。

正任观察使　参见“正任”、“观察使”。

正任承宣使　参见“正任”、“承宣使”。

正名　官制用语。宋朝称正授吏人为正名。非正授者，则带守阙、私名等名目而行其职。流外吏人必须至正名后，始许按一定选限出官。如门下省甲库令史，补正名后，八选可出为县主簿、县尉。

正字　官名。北齐始置，为秘书省属官。四人，从九品上。掌校定典籍，刊正文字。后代因之。隋朝于秘书省置四人，著作曹置二人，从九品上。唐朝属秘书省者改正九品。德宗贞元八年（792），集贤殿书院置二人，从九品上。又，隋初太子司经局置二人，从九品，炀帝大业三年（607）改名正书，至唐复旧称，从九品上。北宋初亦置于秘书省，为寄禄官。神宗元丰（1078—1085）改制后，秘书省置二人，从八品，掌编集书籍，校正脱误。南宋高宗建炎二年（1128）罢，绍兴（1131—1162）中复置。辽朝南面官置，属秘书监著作局。掌典籍校雠事。又，司经局置太子正字，与太子校书郎共掌典校图书。元不置。明朝于詹事府司经局置二人，从九品，与校书同为洗马属官。清初沿明制。康熙十四年（1675）定满、汉各二人，三十八年定为汉一人，为内阁中书兼衔。乾隆三十六年（1771）裁。

正军医官　官名。清末新陆军职官。光绪三十年（1904）定新陆军营制，始置。每镇一人，从三品，副参领充，简放。掌考查全镇卫生医药等事。

正军校　军阶名。清末新陆军次等官阶之一。光绪三十年（1904）定新军官员等级，分三等九级，始置。为次等第一级，任督队官、执事官等。秩视守备，阶正五品。宣统元年（1909）修订，军官冠以某队（步队、马队）、军佐冠以某科（军医、军需）字样。

正军械官　官名。清末新陆军职官。光绪三十年（1904）定新陆军营制，始置。每镇一人，从三品，副参领充，简放。掌考查全镇战具军火等事。

正纪郎　散官名。金朝置，为司天监散官，属二十五阶之第二十二阶，秩正九品上。元朝沿置，属十四阶之第十一阶，秩正八品。

正员　官制术语。指正式编制以内的官员。参见“员外”。

正员郎　即魏晋南北朝、隋唐时期编制以内的散骑侍郎，系与员外散骑侍郎相对而言。参见“散骑侍郎”。

正言　官名。北宋太宗端拱元年（988），改左、右拾遗为左、右正言，八品。其后多出居外任，或兼领别司，不专任谏诤之职。仁宗明道元年（1032）置谏院后，非特旨供职者不预规谏之事。神宗元丰（1078—1085）改制，始专掌规谏讽谕，凡朝廷有阙失，大事则廷诤，小事则论奏，升从七品，左隶门下省、右隶中书省。南宋孝宗淳熙十五年（1188）复为左、右拾遗，光宗绍熙二年（1191）复改左、右正言。明洪武十三年（1380）置谏院，设左、右正言各二人，从七品，掌侍从、规谏、补阙、拾遗，并稽察六部百司之事。十五年罢。

正言博士　官名。南朝梁武帝大同七年（541）置。员一人，九班。有助教二人。属国子祭酒，教授梁武帝所撰《孔子正言》。

正奉大夫　官名。北宋前期置为正四品上阶文散官，神宗元丰（1078—1085）改制废。徽宗大观二年（1108），又改右光禄大夫置，为正三品文臣寄禄官。金、元亦置，为四十二阶文散官第十二阶。金从三品上；元从二品，宣授。明朝沿置为散阶，以授从二品文官。

正奉郎　散官名号。洪武四年（1371）置，以授正七品内官。

正刺　宋朝正任刺史简称。

正直长　官名。唐朝诸军卫置。宋朝仅存空名，未尝除授。

正直侍中　魏晋南北朝时期指诸侍中中主要值事者，由侍中轮流担任。舆驾出时，由其主持仪式，并负玺陪乘。

正直将军　官名。北魏置。《魏书·叔孙建传》：“太宗即位，念建前功，乃以建为正直将军，相州刺史。”孝文帝太和十七年（493）职员令及太和二十三年复次职令，皆未载。

正押衙　官名。唐末、五代盐铁、户部、度支三司所置属官。五代后唐明宗长兴四年（933）以盐铁转运使额职极多，将正押衙设为尚书省省职，为转迁之序。其下有同押衙、衙前都虞候、衙前子弟，其他名目撤销。

正侍大夫　官名。宋徽宗政和二年（1112），重定内侍官名，改延福宫使置，正五品。

正侍郎　官名。宋徽宗政和六年（1116）置，为武臣阶官，从七品。

正供　❶吏名。宋朝殿中省尚舍局、尚辇局属吏。宋徽宗崇宁二年（1103），改次供御置。参见“次供御”。❷清朝官员的正常收入。即按官员品级每年发给的固定银米，亦称正俸。区别于恩俸、养廉、津贴等额外待遇。详见“正俸”。

正供御　宋朝殿中省尚辇局属佐。详见“尚辇局”。

正治上卿　文勋官名。明置，以授正二品文官再考称职者。

正治卿　文勋官名。明置，以授从二品文官再考称职者。

正净 西夏职官封号。授与下品官，称为文孝恭敬东南姓关上柱国。下有长艳、闻正、缘集、福合、德称、智观、养孝、利式、才盛、意教、复全等十一种。

正郎 唐朝尚书省诸司郎中别称。《唐会要》卷五五《中书舍人》：宣宗大中六年（852）六月敕，“每选知制诰，于尚书省六行郎中官选择有文学行实、公论显著者，以备擢用，不得偏取前行正郎”。

正参军 南北朝时参军等级之一。高于行参军。亦直称为参军或参军事。

正参领 军阶名。清末新陆军中等官阶之一。光绪三十年（1904）定新陆军官员等级，分三等九级，始置。为中等第一级，任统制官、正参谋官等，秩视参将，阶正三品。宣统元年（1909）修订，军官冠以某队（步队、马队）、军佐冠以某科（军医、军需）字样。

正参谋官 官名。清末新陆军军官。光绪三十年（1904）定新陆军营制，始置。每镇一人（如一镇独挡一路，则为二人），正三品，正参领充，简放。掌赞佐号令，参画机宜。

正奏名 见“特奏名”。

正贴司 吏名。宋神宗元丰（1078—1085）改制后，吏部、秘书省等官署置，分领有关细务。

正钞 见“科钞”。

正科 ❶明清科举考试中按期举行的乡试、会试称正科。每三年一次，乡试逢子、午、卯、酉年举行，会试逢丑、未、辰、戌年举行。如遇国家庆典增加举行之乡试、会试称恩科。❷官名。明清地方府之医学学官。明洪武十七年（1384）设。每府一人，从九品。设官不给俸。掌教授生徒之事。清沿明制设，未入流。由所辖有司遴选谙医理者，咨部给札。宣统元年（1909），奉天模范监狱成，设医务所所长，省府正科一人。

正选 清朝吏部之铨选制度。乃月选官员班秩之一。凡内外官缺出，以正班之员选补。单、双月选官缺，分别以进士、举人、恩贡、拔贡、副贡、荫生、散馆庶吉士、满教习、教习及捐输、应升、俸满即升、卓异、俸深、议叙、降调、开复等官为正班，皆依吏部所颁规制办理。

正将 军职名。北宋神宗行将兵法，每路兵设一员统领。金朝诸边将亦置，正七品，掌率所部轮番巡守边境。

正首领 西夏军队职官。在将佐之下，小首领之上。有权正首领。

正总权 官名。参见“正总制”。

正总制 官名。又称正总权。明崇祯十七年（1644）三月，李自成农民军政府克北京，改原明总兵而置，职掌因明旧制。

正统 西夏军队职官。为第一等，有副统辅佐。

正统司 官署名。西夏仁宗乾祐（1170—1193）年间置。与枢密院分掌军政。

正都统 军阶名。清末新陆军上等官阶之一。光绪三十年（1904）定新陆军官员等级，分三等九级，始置。为上等第一级，任总统官，秩视提督，阶从一品。

正监理官 官名。清末度支部派驻各省清理财政局官员。宣统元年（1909）各省设清理财政局，始置。每省一人，三、四品不等，度支部遴员奏派。共派二十人，任期二年。掌稽查督催该局一切应办事宜。

正监督 参见“监督”。

正俸 清朝官员之俸饷。指王公百官额定之俸禄。有俸银、俸米、俸缎等名目。凡官俸皆分别依等发放。宗室之俸分二十一等，公主格格之俸分十四等，世爵之俸分二十七等，文职官之俸分十等，八旗武职官之俸分九等，绿营武职之俸分八等，外藩蒙古之俸分九等，回爵之俸分六等。其文职官，从一品至正九品为九等，从九品及未入流列为第十等，俸银从岁支银一百八十递降至三十一两有奇。虽正俸银一两兼支米一斛，然官俸之低，自古少见。

正途 明清官员出身之一。凡进士、举人出身及恩贡、拔贡、副贡、岁贡、优贡生、荫生出身者均为正途，其余出身者均为异途。清朝定制，异途经保举，亦同正途出身，但不得考选科道。非科甲正途出身，不得授翰林院、詹事府及吏、礼二部官员，惟旗员不拘此例。清朝官吏出身限制极严，八旗户下，汉人家奴、长随等不准入仕籍，即别流品，严登进之意。

正卿 卿大夫之长。春秋始见，战国沿用。正卿是执国政的首辅。《国语·晋语九》：“有武德以羞为正卿。”韦昭注：“正卿，长卿。”《史记·赵世家》：“君子讥盾：‘为正卿，亡不出境，反不讨贼。’故太史书曰：‘赵盾弑其君。’”

正留守 官名。自隋唐始，皇帝出巡或亲征时指定亲王或大臣留守京城，得便宜行事，称京城留守；其陪京和行都则常设留守，以地方行政长官和军事长官兼任。明朝以凤阳为中都，置中都留守司，设正留守一人，正二品，统凤阳、长淮等八卫，以防护皇陵。世宗嘉靖十八年（1539）于湖广承天府（治所在今湖北钟祥县）置兴都留守司，统显陵、承天二卫，设正留守等职如中都制。

正通赞官 官名。清末国子监之职官。光绪三十二年（1906）设。协掌文庙、辟雍典礼事。二人，从六品，奏补。

正理问 见“理问”。

正堂 明清地方府、州、县主官之尊称。

正笺 见“笺”。

正领 官名。郑成功设。其军队分为五军，下辖陆军七十二镇、水师二十镇。每镇五协，共有官兵一千二百人。每协设正领五人、副领十人，掌率兵士。每正领管十班。班设班长。

正谏大夫　官名。即谏议大夫，唐高宗龙朔二年（662）改，中宗神龙元年（705）复名谏议大夫。

正厨丞　官名。南朝梁置，位流外三品蕴位。

正税务司　官名。清朝后期负责海关税务之官员。咸丰四年（1854），上海成立江海关，征收洋税，清政府派“司税”管理，但实权在英、美、法委员手中。咸丰八年（1858），为办五口通商税务，改司税为正、副税务司，各一人，由英、美人担任。十一年，成立全国性的总税务司署。其后，所属各海关，分别设税务司一人，副税务司一、二人不等，各有数十人，均由洋人担任。

正御史　官名。战国秦置。御史之长。《商君书·境内》：“将军为木壹，与国正监，与正御史参望之。”参见“御史”。

正寝　即路寝。古代帝王治事的地方。《公羊传·庄公三十二年》：“路寝者何？正寝也。”

正翼长　见“翼长”。

玉人　官名。主相玉之官。又称玉尹。春秋时楚国置。《韩非子·和氏》：“楚人和氏得玉璞楚山中，奉而献之厉王，厉王使玉人相之。”《新序·杂事五》：“荆人卞和得玉璞而献之荆厉王，使玉尹相之。”

玉门大护军　官名。十六国前凉置。主管玉门关的军务，领营兵。张骏时隶沙州刺史。

玉尹　见“玉人”。

玉列赤局　官署名。元朝置，秩从七品，隶尚工署，掌皇后中宫裁缝制作。置提领、大使、副使各一员。

玉匠局　官署名。元朝置，设于世祖至元三年（1266），用正七品印，掌各路玉匠造作。十五年，改为玉局提举司。

玉局提举司　官署名。元朝置，秩从五品，隶诸路金玉人匠总管府，世祖至元十五年（1278）由玉匠局改置。设提举、同提举、副提举各一员。

玉典赤　蒙古语，意为守门者。汉译户郎、户者。别译额阔阐赤、额兀迭臣。蒙、元怯薛执事之一，掌宿卫门禁。中书省、宣徽院下也设有玉典赤多人。

玉府　官名。《周礼》天官之属。一说为周朝置。掌保管王室金玉珍宝兵器的收藏，供应礼服玉饰。《周礼·天官》：“玉府，上士二人，中士四人，府二人，史二人，工八人，贾八人，胥四人，徒四十有八人”，“掌王之金玉，玩好，兵器，凡良货贿之藏，共王之服玉、佩玉、珠玉。王斋，则共食玉。大丧，共含玉，复衣裳、角枕、角柶，掌王之燕衣服，衽席床笫，凡亵器。若合诸侯，则共珠槃玉敦，凡王之献金玉、兵器、文织、良货贿之物，受而藏之。凡王之好赐，共其货贿”。

玉府上士　官名。西魏恭帝三年（556）仿《周礼》玉府置，北周沿置。天官府太府中大夫属官，设玉府中士以佐其职。正三命。隋文帝开皇元年（581）罢。参见“玉府”。

玉府中士　官名。西魏、北周天官府太府中大夫玉府上士佐官，正二命。

玉资伯克　官名。清朝新疆回部官员之一。掌理百户征输之事。伊犁、喀剌沙尔、布古尔等地设七十六人，秩七品。

玉宸乐院　官署名。元成宗大德十一年（1307）由仪凤司改置，秩从二品。置院使、副使、佥事、同佥、院判等职，掌乐工、供飨等务。武宗至大四年（1311），复为仪凤司。

玉宸院　官署名。元朝于世祖至元八年（1271）置，掌乐工、供奉、祭飨等务，置乐长、乐副、乐判各一员。秩正四品。二十年（1283），改为仪凤司。

玉堂　唐宋以来翰林院之通称。宋苏易简为翰林学士，太宗以红罗飞白书“玉堂之署”四字以赐，故有是名。

玉堂署长　官名。东汉置，名义上隶属少府，以宦者任之，员一人，秩四百石，黄绶，主中宫别处。

玉清昭应宫判官　宫观官名。北宋真宗大中祥符七年（1014）始置，以右正言、直集贤院夏竦为之。八年，定班位在龙图阁待制下。

玉清昭应宫都监　宫观官名。北宋真宗大中祥符七年（1014）始置，以入内内侍省押班充任。

玉清昭应宫副使　宫观官名。北宋真宗大中祥符七年（1014）始置，以参知政事丁谓充任。

玉牒　❶文书名。古代告天之文书。书于简，鐍而封之，以玉为饰，故名。凡帝王举行封禅之礼时则用之。❷皇族族谱。自唐即有之，至清沿袭未变。如清代皇族，自兴祖至溥仪，其爱新觉罗一族男女老幼之生卒年月、嫡庶名分、封爵官职以及婚丧嫁娶、妻妾子女等皆记录在内。玉牒修纂之事，宋代隶玉牒所，清代隶玉牒馆。

玉牒所　官署名。宋太宗至道（995—997）初，命编皇族属籍。真宗咸平三年（1000）修成，后以《皇宋玉牒》为名。南宋专置玉牒所，掌修玉牒之事。设提举一至二人，以宰执兼任，以侍从一人兼修，宗正卿、少卿同修纂。后改隶宗正寺。

玉牒馆　官署名。清朝宗人府所属之机构。掌修皇族谱牒。顺治十三年（1656）开馆。后定制玉牒十年一修，届修则开，修成则闭。设正、副总裁官，无定员，届修时由皇帝在宗令、宗正及大学士、礼部尚书、侍郎、内阁学士内钦派；督催一人，以大学士充；总校官一人，以府丞充；提调官二人，纂修官十一人，收掌官十二人，誊录官三十六人，分别由宗人府及内阁、礼部、翰林院等衙门选派。所修玉牒，以帝系为统，长幼为序，存者朱书，殁者墨书。纂成后缮录三份，分存大内乾清宫、景山寿皇殿（嘉庆十二年以前存皇史宬）、盛京敬典阁（乾隆八年以前存礼部）。另录副本及备查档，存宗人府，以为备查及下届纂修之底本。

古列干　蒙、元驸马名。蒙古语，意为“婿”。

古伦额驸　即固伦额驸。

古邹大加　官名，简称大加。高句丽国置，职掌宾客接待事务。见《后汉书·东夷列传》。

末等司　西夏第五等官衙。包括刻字司、宝金工司、织绢院、番汉乐人院、观鬘饰司、铁工院、木工院、纸工院、砖瓦院、出车院、远寨、长威寨、镇国寨、定国寨、府州、宣德堡、安远堡、讹泥寨、夏州、绥州等。用十两铜印。

未入流　古代官制从三国魏开始，即分为九品。隋朝称一品至九品官为流内，不入九品者称流外。流外亦分为一品至九品。其后沿袭此制。明清未入流者不分品级，如典吏、驿丞、吏目、闸官、河泊所大使等官。其级附于从九品。

未央卫尉　官名。西汉置，掌屯兵，警卫未央宫。汉武帝即位，曾以名将李广任之。

未央令　官名。《汉书·百官公卿表》太仆属官有未央令。或为未央厩令简称。西汉时有五丞一尉。东汉太仆属官有未央厩令，主乘舆及厩中诸马。

未央厩令　官名。西汉置，东汉属太仆，秩六百石。主皇帝乘舆及厩中诸马。

术士　为君主画策的谋士。《韩非子·人主》："主有术士，则大臣不得制断。"

本司　官制术语。即官员本来所属的官署。《魏书·辛雄传》："庄帝曰：'卿且还本司，朕当别有处分。'"

本报　文书名。特指清朝皇帝出巡时，内阁与皇帝所驻地之间往来传送的应办本章。由内阁满票签处负责办理。发报（递送本章）、到报（批回本章）日期，均预先奏定。此期间各部院折奏事件，均附本报往来传送。

本房　官署名。清朝内阁及吏部、礼部、兵部等中央各部院卿寺衙门所属办事机构。内阁设有满本房与汉本房。满本房掌校阅满文题本，收发、进呈与收藏实录等事；汉本房掌收发通本与翻译满文等事。设满汉侍读学士、侍读、中书、贴写中书、供事等办事。吏、礼、兵等部院衙门或称本房，或称汉本房。掌理缮写满、汉文题本之事及管理本部汉员官吏之题升调补。设有堂主事、笔帖式、堂书、经承等吏员办理文案。

本品　官制用语。唐朝凡九品以上文武职事官，皆带散官衔，谓之本品；依此以定班位、俸给与章服，与实际职掌无涉。

本班尽先前　清朝捐纳事例之一。乃后期之加捐花样。咸丰九年（1859）为鼓励加捐而特设之班次。因依成交纳实银而又称为银捐。其选用优异，仅次于新班遇缺先、新班遇缺。序补五缺一周，先用新班遇缺先三人，然后新班遇缺及各项轮补班各得其一。其序补过速，有见缺指捐之弊。光绪（1875—1908）中停而复设，直到捐纳停办。

本班局　官署名。辽朝置，为北面著帐官。掌御前侍应等事，属著帐郎君院，置本班郎君等职。

本秩　官制用语。即兼官者之本职官秩品级。《后汉书·刘焉传》："出焉为监军使者，领益州牧，太仆黄琬为豫州牧，宗正刘虞为幽州牧，皆以本秩居职，州任之重，自此而始。"

本资　官制用语。即官员目前所有的任职资格。《魏书·崔挺传》："后改定职令，（崔）振本资惟拟五品，诏曰：'振在郡著绩，亦有褒升。'除太子中庶子。"

本章　泛指臣工向皇帝报告事务的文书，如题本、奏本、奏折等。

本禅　官名。藏语，意为大官人。元朝乌思藏萨斯迦最高行政长官，由帝师从款氏家族子弟中选任，有时兼任乌思藏纳里速古鲁孙宣慰使司都元帅府宣慰使、都元帅。

击车师都尉　官名。西域龟兹国置，员一人。见《汉书·西域传》。

击胡君　官名。西域尉犁、危须等国置之，员一人，或分左、右。见《汉书·西域传》。

击胡侯　官名。西域危须等国置，员一人。见《汉书·西域传》。

击胡都尉　官名。西域焉耆等国置，员一人。见《汉书·西域传》。

世及　诸侯之世袭。《礼记·礼运》："大人世及以为礼。"孔颖达疏："世及，诸侯传位与自家也。父子曰世，兄弟曰及。"

世子　❶天子、诸侯之嫡子。《仪礼·聘礼》："世子之丧。"贾公彦疏："世子，惟据天子、诸侯之子。"《白虎通·爵》："所以名之为世子何？言欲其世世不绝也。"后世则称继承王位、爵位者为世子，多由嫡长子充任。❷明朝亲王嫡子。清朝宗室封爵的第二等。位列亲王之下，郡王之上。亲王嫡子奉特旨始得封，成为亲王爵位的特定继承人。

世子庶子　官名。西晋、十六国后秦、南朝宋王国皆置，掌辅翊王世子，职比太子庶子。麴氏高昌国亦置。

世子福晋　见"福晋"。

世臣　❶世代在本国做官的贵族。《孟子·梁惠王下》："所谓故国者，非谓有乔木之谓也，有世臣之谓也。"❷父辈老臣。《礼记·曲礼下》："大夫不名世臣侄娣。"郑玄注："世臣，父时老臣。"

世妇　宫中女官名。周朝天子世妇地位在九嫔之下，诸侯世妇在夫人之下、众女官之上。赞助王后或夫人管理后宫事物。《礼记·昏义》："古者天子后立六宫、三夫人、九嫔、二十七世妇、八十一御妻，以听天子之内治，以明章妇顺，故天下内和而家理。"《礼记·檀弓上》："公侯有夫人，有世妇，有妻，有妾。"后世宫中多设，名目或因或改，品位不一。北魏置，高祖时定制，位视中大夫。隋朝置九员，视正五品，掌宾客祭祀，后增至二十七员。炀帝以婕妤十二人（正三品）、美人、才人十五人（正四品）为之。

世券 即丹书铁契。明制，铁券可世代相传，故称。参见“丹书铁契”。

世官 由一族一姓世代承袭的职官。起源于商周，后世沿之。各朝允许传承的职位不一。《孟子·告子下》：“士无世官。”赵岐注：“仕为大臣，不得世官，贤臣乃得世禄也。”历朝掌管天文的官吏多为世官。

世胙 世袭官位。《左传·襄公十四年》：“世胙大师。”

世祖庙令 官名。东汉置，属太常，六百石，领员吏六人，卫士二十人，掌守世祖庙，案行扫除。

世卿 世袭为卿相。《公羊传·隐公三年》：“尹氏者何？天子之大夫也。其称尹氏何？贬，曷为贬？讥世卿。世卿非礼也。”何休注：“世卿者，父死子继也。”

世职 即世代传袭之职位爵衔。明朝多以武职为世职，如指挥使、指挥同知、指挥佥事等，分袭职、替职二种；都督、都指挥使、留守等一般不得为世职，仅有出特恩为世职者。清制，凡立军功或阵亡者，国家赏恤爵位勋职，其子孙可以依例传袭。初定封爵之制，公、侯、伯之下未立子、男，而别立五等世职，共为八等。皆为满名。乾隆元年（1736）奏准，以精奇尼哈番为子爵，阿思哈尼哈番为男爵，阿达哈哈番为轻车都尉，拜他喇布勒哈番为骑都尉，拖沙喇哈番为云骑尉。十六年（1751）增恩骑尉一职，合为世爵九等。每等三级，共为二十七等。凡世爵皆有袭次，其与国长存者则加“世袭罔替”字样。原只有八旗世职之例。四十九年（1784）定绿旗营世职之制。又圣贤后裔及土司，予官皆世袭，亦用此称。

世袭军号 北魏初期的一种官职制度。《魏书·官氏志》：“旧制，诸以勋赐官爵者子孙世袭军号。”是沿袭部族时的旧制，子孙可世袭祖上所得的将军名号，统领部众。孝文帝太和十六年（492）罢此制，仅可承袭爵位。

世袭刺史 官职制度。北魏末实行，曾封元天穆为世袭并州刺史，高欢为世袭定州刺史等，但因政局的变动，实际上其子孙都未能继任刺史。西魏及北周初沿袭其制，武帝保定三年（563），令世袭州、郡、县者改为五等爵，世袭州刺史者封伯。唐初曾议此制，但未实行。

世袭罔替 清朝袭爵之制。天聪五年（1631）初定世袭之制，凡立军功或阵亡者，国家赏恤爵位，准子孙世代承袭。凡世爵皆有袭次，即限定世数，其不计袭次与国长存者，则加“世袭罔替”。宗室中亲王加“世袭罔替”者即俗称之铁帽子王，共有八个。世职中加“世袭罔替”者则延及八旗、绿旗、圣贤后裔及土司。

世赏 即荫补。

世禄 世代享受官禄。又指世代享受官禄的制度。《尚书·周书·毕命》：“世禄之家。”《史记·管晏列传》：“鲍叔既进管仲，以身下之，子孙世禄于齐。”《孟子·滕文公上》：“夫世禄，滕固行之矣。”

世管佐领 官名。清朝八旗佐领之一种，即世袭之佐领。凡由原立佐领之人带来人丁编立与因功所得户口编立之佐领，或由兄弟一同带来人丁编立与族人合编之佐领，以及初编或分编佐领时即令承管积有五世以上者，均为世管佐领。其佐领员缺，例由原立佐领人或承管佐领人之子孙，按照房族之亲疏及管过之次数，分别拟正、拟陪与列名，请旨补授，世袭罔替。

甘州行省 见“甘肃等处行中书省”。

甘丞 官名。东汉隶少府所属太官令，秩三百石，员一人，主膳具，掌诸甘肥。三国魏沿置，九品。职同。

甘肃行省 即甘肃等处行中书省。

甘肃科 清朝兵部武选清吏司所属之办事机构。额设经承一人。

甘肃等处行中书省 官署名。元世祖中统二年（1261），立西夏中兴行省，治中兴府（今宁夏银川）。至元三年（1266）罢。八年复立，十年又罢。十八年，再立。次年，分设行中书省于甘州（今甘肃张掖），称甘州行省，二十二年罢。二十三年，徙西夏中兴行省治甘州，改称甘肃等处行中书省，简称甘肃行省，秩从一品。领七路二府军政事务，辖境包括今甘肃、宁夏及内蒙古部分地区。置丞相一员，平章二员，左丞、右丞各一员，参知政事一员。

甘泉卫尉 官名。西汉置，掌屯兵，警卫甘泉宫，不常置。

甘泉长 官名。西汉置，属水衡都尉。

甘泉丞 官名。西汉置，为甘泉长副贰。

甘泉居室令 官名。西汉置，属少府，有丞。或说管理甘泉离宫。武帝太初元年（前104）更名昆台令。东汉省。

甘泉居室丞 官名。西汉置，属少府，为甘泉居室令副贰，武帝太初元年（前104）改为昆台丞，员五人。

东厂 官署名。明朝宦官所掌之侦缉机构。始置于永乐（1403—1424）前期，但尚未公之于众。十八年（1420）迁都北京，于东安门外迤北正式建成官署，始为世所共知。设掌印太监一人，以司礼监掌印或秉笔太监第二、三人提督其事。下设掌班、领班、司房等，无定员。又设贴刑二人，以锦衣卫官充任。掌刺缉刑狱之事，自京师至全国各地，官民隐事，无不在其侦缉之中。与锦衣卫合称厂卫。权势远在诸法司之上。

东八作司 见“八作司”。

东八作使 见“八作使”。

东三省总督 官名。清末东北地方长官。光绪三十三年（1907）改奉天、吉林、黑龙江特别行政区为行省，始置。由盛京将军改设，一人，从一品，钦差大臣。掌三省民政财政，并兼三省将军事务。宣统二年（1910），兼奉天巡抚。

东上閤门司 官署名。辽朝置，为南面官。掌庆礼奉表、文武官及外使朝见辞谢引导序班，以及勘箭等事。设閤门使、副使等职。金沿置。

东上閤门使 官名。唐朝中期以后置，为诸司使之一，多以宦官充任。五代沿置，无职掌。宋初属横班诸司使，太祖乾德二年（964），定其品秩视少监（四品）。常领本局之事，掌乘舆、朝会、游幸、大宴供奉之事，并赞引亲王、宰相、百官、蕃客朝见辞谢，纠弹失仪。神宗元丰（1078—1085）改制，定为正六品职事官，员三人，专领閤门之事。徽宗政和二年（1112），改名左武大夫，为武臣阶官，别置知閤门事领其职。辽太宗会同元年（938）亦置，掌东上閤门司礼仪之事。金朝初置二员，正五品，掌赞导殿庭礼仪，章宗明昌六年（1195）省一人，降为从五品。

东上閤门副使 官名。唐朝中叶以后置，为诸司使之一，多以宦官充任。五代沿置，无职掌。宋初属横班诸司使，多不领本职，仅为武臣迁转之阶。太祖乾德二年（964），定其品秩视员外郎（六品）。神宗元丰（1078—1085）改制，复置为职事官，员二人，从七品，为閤门司次官。徽宗政和二年（1112）重定武臣阶官名，改左武郎，别置知閤门事领其职。辽太宗会同元年（938）亦置，为东上閤门司次官。金朝初置二人，正六品，与正使同掌赞导殿庭礼仪，章宗明昌六年（1195）减一员。

东川行枢密院 官署名。元朝地方统军机构。世祖至元十年（1273）四月，由东川统军司改置，设司于重庆附近，掌东川诸军，置行院事、佥院、同佥等职。十三年四月，并入西川行枢密院。

东川局 官署名。清朝云南东川之铸钱局。雍正十一年（1733）置，设监铸官一人，以东川府知府充任，掌理滇铜鼓铸事宜。

东川统军司 官署名。元朝地方统军机构，世祖至元五年（1268）七月由东川都元帅府改置。设统军使、副统军使等职。十年，改为东川行枢密院。

东川都元帅府 官署名。元朝地方统军机构。设于世祖中统三年（1262）十月，又称阆蓬广安顺庆夔府等路都元帅府，置府阆州，掌青居山、大获城、虎啸寨等处戍军。设都元帅、元帅等职。至元五年（1268）改为东川统军司。

东门将军 官名。十六国后秦置。《资治通鉴·东晋孝武帝太元十四年（389）》：“十二月，后秦主（姚）苌使其东门将军任瓮诈遣使招秦主（苻）登，许开门纳之。”胡三省注：“东门将军，苌使守安定东门者也。”

东门校尉 官名。东汉献帝建安（196—220）初袁绍置，掌邺城东门。见《后汉书·袁绍传下》。

东中郎将 官名。东汉灵帝时所置四中郎将之一，帅师征伐，时以董卓任之。魏晋南北朝沿置，地位重要，多有较固定的辖区和治所。晋、南朝宋时多兼任刺史，或持节、都督相邻数州军事，银印青绶。南朝宋、齐常以宗室诸王任之。梁或置或罢。东魏静帝天平元年（534）都邺后，于礓石桥置东中郎将府。北魏初，属中护军（护军将军），世宗永平（508—512）中权隶中领军（领军将军）。东魏静帝武定七年（549）复属中护军，北齐亦属护军府。

东仓丞 官名。东晋、南朝宋置，属太仓令。

东平兵马司 即“东平兵马指挥司”。

东平兵马指挥司 官署名。简称东平兵马司。元朝于顺帝至正十年（1350）十月置，掌辖境防御、捕盗等职。置都指挥、指挥各二员，副指挥四员。

东平流泉务 官署名。金朝设于东平府。掌解典诸物、流通货币。长官为使、副使，秩正八品、正九品。下设勾当官、攒典等职。

东北面行军都统所 官署名。辽朝置，为北面官。亦称东北路都统所、东北路行军都统所。天祚帝天庆四年（1114），以守司空萧嗣先为东北路都统率兵远征女真，天庆七年（1117），有东北路行军都统奚霞末。皆设司治事，称都统所。

东北面详稳司 官署名。又称东北路兵马详稳司、东北路详稳司。辽朝置，掌统领东北各部兵马。置详稳等职。

东北路女直详稳司 官署名。辽朝置，掌东北路女直兵马。

东北路行军都统所 即东北面行军都统所。

东北路兵马详稳司 即东北面详稳司。

东北路详稳司 即东北面详稳司。

东北路统军使司 即东北路都统军使司。

东北路都统军使司 官署名。辽朝置，为北面官。亦称“东北路统军使司”。统遥里、伯德、奥里等九部族及泰、长春、宁江等州兵马，控制女真等部。设统军使、副使、都监、掌法官等职。

东北路都统所 即东北面行军都统所。

东北路监军马司 官署名。辽朝置，职掌不详。

东北路监军马使 官名。辽朝置，为东北路监军马司长官。

东且弥侯 官名。西域东且弥国置，员一人。见《汉书·西域传》。

东市署 官署名。北齐置，掌管邺城东市的事务，设令、丞为长贰，属司州牧。

东市署令 官名。北齐置，东市署长官，掌邺城东市的事务。属司州牧。从七品。

东市署丞 官名。北齐置。东市署次官，佐东市署令掌邺城东市的事务。

东头供奉官 官名。❶唐朝大明宫供奉官。五代沿置。❷宋朝三班小使臣，内侍省叙迁之阶，徽宗政和二年（1112）改为从义郎，从八品。

东台 ❶西晋惠帝永安元年（304）留守洛阳的政权机构。时惠帝被张方胁迫西迁长安，“唯仆射荀藩、司隶刘暾、太常郑球、河南尹周馥与其遗官在洛阳，为留台，承制行事，号为东西台焉”（《晋书·惠帝纪》）。长安所建政权机构称西台，两台各自执行政务。❷即门下省。唐高宗龙朔二年（662）改名，咸亨元年（670）复旧。❸唐朝对东都洛阳御史台的俗称。设在西京长安的御史台号西台。

东台侍郎 官名。即门下侍郎，唐高宗龙朔二年（662）改黄门侍郎置，咸亨元年（670）复名黄门侍郎，玄宗天宝元年（742）又改门下侍郎。

东台舍人 官名。即给事中，唐高宗龙朔二年（662）改，咸亨元年（670）复名给事中。

东司 清朝布政使之别称。

东边诸乣都监 官名。辽朝置，为北面官。东部诸乣军监治官。始置于圣宗统和十四年（996）。

东西上阁门使 东上阁门使与西上阁门使合称。

东西上阁门副使 东上阁门副使与西上阁门副使合称。

东西川行枢密院 见“西川行枢密院”。

东西两官厅 军事编制。明正德（1506—1521）中置。初选官军于东官厅操练。八年再选京营十二团营精锐及勇士四卫军于东、西两官厅操练。各设总兵、参将统领。后西官厅改名威武团练营。嘉靖二十九年（1550）罢。

东西作坊使 见“作坊使”。

东西作坊副使 官名。见“作坊副使”。

东西染院使 见“染院使”。

东西染院副使 见“染院副使”。

东夷校尉 官名。亦称护东夷校尉。三国魏置，掌鲜卑慕容部、段部、宇文部及高句丽事；明帝景初二年（238）灭公孙渊后改护东夷校尉，后复。西晋沿置，驻平州（今辽宁辽阳），四品。十六国前燕、北魏亦置。唐太宗贞观二十二年（648）契丹酋长窟哥、奚帅可度并率所部内属，以契丹部为松漠都督府、奚部为饶乐都督府，于营州复东夷都护府兼统松漠、饶乐地，遂复置此官。

东行作 官署名。明朝内府所属机构，隶内官监。设宦官进行管理。与瓦作、木作、西行作等负责营造宫室、陵墓等事。

东杀 官名。突厥领兵官，即左杀。

东观左丞 官名。三国吴置。协助东观令校书修史。《晋书·周处传》：“仕吴为东观左丞。”

东观令 官名。三国吴置，有丞。掌校定宫廷藏书及修史。见《三国志·周鲂传》、《华覈传》。

东观祭酒 官名。即南朝宋所置“总明观祭酒”。《南齐书·王谌传》：“寻以本官领东观祭酒，即明帝所置总明观也。”

东拒 西夏官位。枢密位之一。

东园主章令 官名。西汉属将作大匠，有丞。职掌木材，以供东园大匠修造宫殿用。武帝太初元年（前104）更名木工令。东汉省。

东园匠令 官名。西汉属少府。主帝陵所需器物，如棺椁、明器等丧葬用品。东汉沿置，西晋改属光禄勋，后不复见。

东园局 官署名。北齐置，属光禄寺，掌宫廷丧葬器用。置丞一人。

东园局丞 官名。详见“东园局”。

东作坊 见“作坊”。

东作坊使 见“作坊使”。

东作坊副使 见“作坊副使”。

东序 相传为夏朝所置的教育机构。相当周朝的“太学”。《礼记·王制》：“夏后氏养国老于东序。”郑玄注：“东序，亦大学。在国中王宫之东。”

东冶小库丞 官名。南朝梁置，属东冶令。流外三品蕴位。

东冶太库丞 官名。南朝梁置，属东冶令。流外三品勋位。

东冶令 官名。西晋置诸冶令，并属卫尉。东晋、南朝宋、齐唯置东、南冶令，梁、陈改置东、西冶令，皆隶少府。有丞。东冶尤重，掌鼓铸锻冶，领工徒。梁一班。隋省并“掌冶令”。

东冶丞 官名。佐东冶令掌鼓铸。

东羌校尉 官名。三国魏置护东羌校尉，西晋改此名，掌居于雍、秦、梁等州羌族的事务。领兵，下设东羌督、猎将等部属。晋多以将军或西中郎将等兼领，有时亦兼秦州刺史。四品。南朝宋末以拜宕昌王梁弥机（羌族），齐、梁时由其子裔世袭。

东羌猎将 官名。西晋置，为领兵武职，属东羌校尉。见《晋书·李特载记》。

东羌督 官名。西晋置，为领兵武职，属东羌校尉。见《晋书·李流载记》。

东明司马 官名。东汉置，属卫尉，主皇宫东门，领员吏十三人，卫士一百八十人。

东征行枢密院 官署名。辽朝置，为北面官。东征高丽、女直等国时临时设置，总领东征军事。

东征都统所 官署名。辽朝置，为北面官，为征讨高丽、女直、渤海大延琳都曾设过东征都统所，统领东征兵马。亦称“东面行军都统所”、“东路行军都统所”。

东京小司寇 官名。北周东京小司寇上大夫的省称。静帝大象元年（579）置，为东京（今河南洛阳）秋官府长官，长孙平任职时与小宗伯赵芬分掌东京六府事，后听命于东京小冢宰。正六命。隋文帝开皇元年（581）罢。

东京小司寇上大夫 参见“东京小司寇”。

东京小吏部上士 官名。北周静帝大象元年（579）置。东京夏官府吏部次官，佐吏部下大夫掌东京六府官员选举。正三命。隋文帝开皇元年（581）罢。

东京小宗伯 官名。北周东京小宗伯上大夫的省称。静帝大象元年（579）置，为东京春官府长官，赵芬任职时兼摄夏官府事，并与小司寇长孙平分掌东京六府事。后听命于东京小冢宰。正六命。隋文帝开皇元年（581）罢。

东京小宗伯上大夫 参见“东京小宗伯”。

东京小冢宰 官名。北周东京小冢宰上大夫的省称，为东京六府的主要长官。静帝大象二年（580）杨坚控制政权后，以世子杨勇为洛州总管兼此职，不仅掌天官府事务，而且总统东京六府之事。正六命。隋文帝开皇元年（581）罢。

东京小冢宰上大夫　参见“东京小冢宰”。

东京内省司　官署名。辽朝置，为南面官。负责管理东京大内等事务。设内省使、副使等职。

东京六府　北周设于东京（今河南洛阳）的行政机构天官府、地官府、春官府、夏官府、秋官府、冬官府的合称。武帝建德六年（577）平齐后，于相州置宫及六府官，静帝大象元年（579），移相州六府于洛阳，称东京六府。河阳、幽、相、豫、亳、青、徐七总管，受其处分。其官员数较设在长安的六府官大为减少，初以小司寇上大夫长孙平与小宗伯上大夫赵芬分掌东京六府事务，静帝大象二年九月，以杨勇为洛州总管、东京小冢宰上大夫，统东京六府事，治理原北齐统治之地。其主要官员还有司宗中大夫、司宪中大夫、司门下大夫、吏部下大夫、小吏部上士等。隋文帝开皇元年（581）罢。

东京户部使司　即户部使司。

东京司门下大夫　官名。北周静帝大象元年（579）置。东京地官府司门司长官，正四命。隋文帝开皇元年（581）罢。职掌略同司门下大夫。

东京司宗中大夫　官名。北周静帝大象元年（579）置。东京春官府司宗司长官，正五命。隋文帝开皇元年（581）罢。职掌略同司宗中大夫。

东京司宪中大夫　官名。北周静帝大象元年（579）置，东京秋官府司宪司长官，正五命。隋文帝开皇元年（581）罢。职掌略同司宪中大夫。

东京吏部下大夫　官名。北周静帝大象元年（579）置。东京夏官府吏部长官，掌东京六府官员选举，下设小吏部上士以佐其职。正四命。隋文帝开皇元年（581）罢。

东京安抚使司　官署名。辽朝置，职掌不详。设安抚使等职。

东京军巡使　官名。辽朝置，为东京军巡院长官。

东京军巡院　官署名。辽朝置，负责管理归化营军。

东京兵马都部署司　官署名。又称东京都部署司。辽朝置，统领楮特奥隗、窃爪、稍瓦、曷术四部及显、乾、贵德、沈等州兵马。

东京舍利军详稳　官名。辽朝置。掌东京舍利军马。

东京学　辽朝官立学校。设于东京（今辽宁辽阳），掌教授东京及附近州县生员等事。始置于道宗清宁元年（1055）。

东京学助教　官名。辽朝东京学之学官，佐博士教诲诸生。

东京学博士　官名。辽朝东京学之学官，掌教授生员，考察学业。

东京咸平路提刑司　官署名。金朝之地方机构，为九路提刑司之一。掌纠察黜陟、劝农采访、管领屯田及镇防诸军。世宗大定二十九年（1189）六月，置于东京咸平路。设使、副使领司事，秩正三品、正四品。下设判官、知事等官。章宗承安三年（1198）与上京等路提刑司并为一提刑使。

东京统军司　即东京都统军使司。

东京统军使　官名。辽朝置，为北面官。东京都统军使司长官。

东京都详稳司　官署名。辽朝置，为北面官。掌东京路兵马。

东京都总管知辽阳府事　官名。辽朝置，为东京都总管府长官，兼理辽阳府事。

东京都总管府　官署名。辽朝置，总领东京军民政事。

东京都统军使司　官署名。辽朝置，为北面官。又称东京统军司。统领开、保、湖、宁、衍、连等州及顺化、来远等城兵马。

东京都部署司　即东京兵马都部署司。

东京都虞候司　官署名。辽朝置，掌东京诸军戒严执法等事。

东京都虞候司都虞候　官名。辽朝置，为东京都虞候司长官。

东京留守　官名。❶即东都留守。唐玄宗天宝（742—756）改是称，肃宗复为东都留守。详“东都留守”。❷宋朝东京留守司长官。辽金亦置。见“东京留守司”。

东京留守司　官署名。辽为南面官署，统领东京政事及部分军政，治东京（今辽宁辽阳）。会同元年（938），太宗改南京为东京，始置。宋太祖建隆元年（960），因亲征泽、潞置，以枢密使吴廷祚任留守。其后，皇帝出巡或亲征，皆置，掌宫钥及京城守卫、修葺、弹压及畿内钱谷、兵民等事务，以亲王或大臣掌留守司事。金海陵王天德二年（1150）后，置于东京辽阳府。

东京留守行辽阳府尹事　官名。辽为南面官。东京留守司长官兼治辽阳府。一般以朝廷要员充任。下设副留守、判官、推官等职。金朝以留守带本府尹兼本路兵马都总管，秩正三品。

东京宰相府　官署名。辽朝置。原为大东丹国中台省，后改此名。设左、右相，左、右平章政事等职。

东京宰相府右平章政事　官名。辽朝设，为东京宰相府官员，在左平章政事下。

东京宰相府右相　官名。辽朝设，为东京宰相府官员，次于左相。

东京宰相府左平章政事　官名。辽朝设，为东京宰相府官员，在右相下。

东京宰相府左相　官名。辽朝设，为东京宰相府官员，为首相。

东京路兵马都部署司　官署名。金朝地方统军机构。置于辽阳府。海陵王天德二年（1150）改为本路兵马都总管府。参见“兵马都总管府”。

东府 ❶东晋孝武帝时会稽王司马道子与其子元显并录尚书事，掌国政，道子府称东府。见《晋书·会稽文孝王道子传》。❷宋朝中书门下（政事堂）别称。参见“二府”。

东单于 官名。十六国汉置。《晋书·石勒载记上》：“刘聪以平幽州之勋，乃遣其使人柳纯持节署勒大都督陕东诸军事，骠骑大将军、东单于，侍中、使持节、开府、校尉、二州牧、公如故。”

东河河道总督 官名。清朝督理河东河道之最高长官。雍正七年（1729）改原副总河设，一人。驻济宁。总督河南、山东河道，掌理黄河南下，汶水分流，运河蓄泄及支河湖港疏浚、堤防之事。九年设东河副总河一人佐之。十二年，移驻兖州。乾隆二年（1737）省副总河，其后省设不定。光绪二十八年（1902）裁。从此河务无专官。

东织令 官名。西汉置，属少府，有丞。与西织令同掌文绣郊庙衣服织作。成帝河平元年（前28）省。

东织丞 官名。西汉置，属少府。为东织令副贰。成帝河平元年（前28）省。

东织室令史 官名。西汉置。《汉书·宣帝纪》：“东织室令史张赦使魏郡豪李竟报冠阳侯霍云谋为大逆。”东织室属少府，主作郊庙文绣之服，令史当为其职吏。

东经略司 参见“经略司”。

东城长 官名。西域于阗等国置，员一人。见《汉书·西域传》。

东城兵马指挥司 官署名。明、清五城兵马指挥司之一。凡京城内外，划境为五，其东境属该司，掌巡捕盗贼、疏理街道及囚犯、火禁之事。明朝设指挥一人，正六品，副指挥四人，正七品，吏目一人。清沿置，设指挥、副指挥、吏目各一人，俱汉员。

东南路都统司 官署名。金朝地方军事机构。统领本路军兵。设都统、副都统领本司事。太宗天会十年（1132）由南京路平州军帅司改置，治辽阳府。

东面行军都统所 即“东征都统所”。

东面经略司 官署名。金朝地方军事机构。统领军马控制东面边要。宣宗贞祐二年（1214）四月，置于平州。设东面经略使领司事，以乌林答乞住充任东面经略使。同年八月罢。

东省 ❶东晋南朝散骑（集书）省别称。❷唐朝门下省别称。

东庠祭酒 官名。十六国前燕置。掌教授经学。《晋书·慕容廆载记》：“平原刘赞儒学该通，引为东庠祭酒，其世子（慕容）皝率国胄束脩受业焉。”

东阁 宋朝宰相之俗称。

东阁大学士 明、清大学士衔名之一。参见“殿阁大学士”。

东阁学士 官名。明朝殿阁学士。建文（1399—1402）中，改原东阁大学士而置。侍从皇帝左右，以备顾问。成祖即位后罢。

东阁祭酒 官名。❶汉朝郡府属吏，地位较尊，不领具体职掌。《后汉书·周磐传》：“太守韩崇召（蔡顺）为东阁祭酒。”❷王府、公府、丞相府、将军府僚属。东汉献帝建安元年（196）曹操为司空时置，《三国志·邴原传》引《原别传》：“魏太祖为司空，辟原为东阁祭酒。”晋朝诸公及开府位从公者各置一员，位西阁祭酒下；杨骏为太傅，增一员；赵王伦为相国，增为四员；东晋复为一员，位西阁祭酒上，与主簿、舍人主阁内事。南朝宋沿置，南齐三公、公督府各置一员。北魏置，《魏书·邢昕传》：“萧宝夤以车骑大将军开府讨关中，以子明为东阁祭酒，委以文翰。”北齐三师、二大、三公府皆置，七品上；诸开府七品下。隋朝亲王府各置一员，从七品上。唐朝诸王置，各一员，与西阁祭酒掌礼贤良、导宾客，正六品下，高宗永淳（682—683）以后为从七品上。北宋存其名而罕除授。

东宫 ❶太子所居之宫。亦为太子代称。《曶鼎铭》：“以匡季告东宫，东宫乃曰。”《诗经·鄘风·硕人》：“东宫之妹，邢侯之姨。”毛亨传：“东宫，齐太子也。”孔颖达疏：“太子居东宫，因以东宫表太子。”❷春秋战国诸侯妾媵所居之宫。故后世以为妃嫔代称。《公羊传·僖公二十年》：“有西宫则有东宫矣。”何休注：“礼，夫人居中宫，少在前；右媵居西宫，左媵居东宫，少在后。”❸太后所居之宫。亦代指皇太后。汉制，太后居长乐宫，在未央宫东，故称。《汉书·刘向传》：“依东宫之尊。”颜师古注：“东宫，太后所居也。”

东宫二将 官名合称。指太子旅贲中郎将、太子冗从仆射。

东宫九牧监 ❶官署名。唐朝太仆寺置，掌养马牛，以供皇太子之用。初有监、副监、丞等官，后省监、副监，置丞二员、录事一员，东宫马牧常别置使以总之。❷官名。唐朝太仆寺东宫九牧监长官，后省。

东宫九牧监丞 官名。唐朝太仆寺东宫九牧监省监、副监后为长官，置二员，正八品上，掌牧养马牛，以供皇太子之用。

东宫三太 即太子太师、太傅、太保。

东宫三少 指太子少师、少傅、少保。

东宫三师 指太子太师、太傅、太保。

东宫三校 即“太子三校”。

东宫门下通事守舍人 官名。南朝齐东宫属官，属中庶子，掌宣传皇太子令旨、东宫内外启奏，员四人。梁沿置，流外三品勋位。北齐属门下坊，员四人。

东宫义省学士 官名。南朝陈置，为东宫文学侍从之臣。岑之敬于陈宣帝太建（569—582）初年曾任此职。

东宫卫库丞 官名。南朝梁置，流外三品勋位。

东宫卫尉 官名。西汉置。武帝时分别以程不识、李广为东、西宫卫尉。东宫指未央宫，东宫卫尉即未央卫尉，掌屯兵，警卫未央宫。

东宫内侍长 官名。北魏置。游雅于宣武帝时曾任此职。

东宫内典书通事舍人 官名。南齐置，属太子庶子，员二人。掌宣传皇太子令旨、东宫内外启事。省称为通事舍人。

东宫内监殿中守舍人 官名。南朝梁置，为内监殿局官员，流外三品勋位。

东宫长上 官名。十六国后赵置，杨杯曾任此职。参见《晋书·石季龙载记》。

东宫六局 官署合称。明朝置典玺、典膳、典服、典药、典乘、典兵六局，均为侍奉皇太子起居生活的宦官机构。洪武二年（1369）始置。初设有典翰局，典乘、典兵合为典乘兵一局。二十八年始罢典翰，分典乘兵为二局。遂为定制。详分见各局条。

东宫六傅 即太子三师、三少。

东宫队白从 官名。南朝宋置，陈超曾任此职，参见《宋书·符瑞志》。

东宫右统将军 官名。十六国后赵石虎建武（335—348）中置，掌东宫宿卫，位在太子四率上。参见《晋书·石季龙载记》。

东宫左宫正 即太子左宫正。

东宫左统将军 官名。十六国后赵石虎建武（335—348）中置，掌东宫宿卫，位在太子四率上。参见《晋书·石季龙载记》。

东宫四率 官名合称。十六国后赵指东宫左、右、前、后四卫率。参见《晋书·石季龙载记》。

东宫外监殿中守舍人 官名。南朝梁置，为外监殿局属官。流外三品蕴位。

东宫主书 官名。❶南朝齐置。茹法亮曾任此职。参见《南齐书·茹法亮传》。❷北魏置，即太子主书舍人。

东宫导客守舍人 官名。南朝梁置，属东宫导客局。流外三品蕴位。

东宫步兵校尉 即太子步兵校尉。

东宫武卫率 官名。北周置，侯莫陈凯曾任此职。

东宫直后 官名。南朝梁置，隶太子左、右卫率，为东宫侍从武官。多为起家官。北齐亦置。

东宫直阁 官名。南朝齐、梁置，隶太子左、右卫率，为东宫侍从武官。北齐亦置。

东宫直阁将军 官名。南朝梁置，陈庆之曾任此职。参见《梁书·武帝纪》。

东宫典书守舍人 官名。南朝梁置，属东宫典经局，掌经籍。流外三品勋位。

东宫典经守舍人 官名。南朝梁置，属东宫典经局，掌经籍，流外三品蕴位。

东宫侍卫亲军都指挥使司 官署名。元朝侍卫亲军机构。设于世祖至元十六年（1279）七月，掌汉军万名，隶詹事院。置都指挥使、副都指挥使等职。三十一年八月，改为隆福宫左都威卫使司。

东宫侍讲 官名。十六国北凉置，程骏曾任此职。

东宫侍郎 官名。北魏置，吴延于太武帝时曾任此职。参见《魏书·高允传》。

东宫舍人 官名。❶十六国汉置，见《晋书·刘聪载记》。❷东宫通事舍人省称。❸即太子舍人。

东宫官 辅翼、训谕、侍从皇太子及担任太子宫内各项职务的官员的统称。

东宫学士 官名。南朝梁、陈置，东宫文学侍从，任者皆为才学之士。参见《陈书·徐陵传》、《姚察传》。

东宫学士省 官署名。南朝梁设，为东宫安置文学侍臣之所。参见《梁书·殷芸传》。

东宫食官丞 官名。南朝梁置。东宫食官局长官。流外三品蕴位。

东宫食官局 官署名。南朝梁置，掌皇太子膳食。长官为丞。

东宫斋帅 即太子斋帅。

东宫通事舍人 官名。❶南朝梁置，属太子中庶子、庶子，掌宣传皇太子令旨、东宫内外启奏。员二人，一班；陈沿置，九品。隋朝属太子典书坊，员八人，正七品，炀帝改为宣令舍人。唐朝复旧名，掌导引东宫诸臣辞见之礼及承令劳问事，员八人，正七品下。亦称太子通事舍人。❷东宫内典书通事舍人省称。

东宫常侍 官名。南朝梁武帝天监（502—519）初置，由散骑常侍担任。

东宫领直 官名。南朝梁置，韦粲曾任此职。

东宫蒙古侍卫亲军都指挥使司 官署名。元朝侍卫亲军机构。世祖至元二十二年（1285），由侍卫总管府改置，掌札剌儿、忙兀、兀鲁兀、弘吉剌、亦乞列思五部探马赤军。置都指挥使、副都指挥使等职。隶詹事院。三十一年八月，改为隆福宫右都威卫使司。

东宫蒙古侍卫总管府 官署名。元朝侍卫亲军机构。设于世祖至元二十一年（1284），其军士来自蒙古札剌儿、忙兀、兀鲁兀、弘吉剌、亦乞列思五部探马赤军。隶詹事院。二十二年，改为东宫蒙古侍卫亲军都指挥使司。

东宫摘句郎 官名。三国魏置，八品。隶太子詹事。

东染院使 官名。见“染院使”。

东染院副使 官名。见“染院副使”。

东诰敕房 官署名。明正统中，选书法优良之中书舍人于内阁东小房办公，专掌书办文官诰敕，翻译敕书，并外国文书、揭帖，兵部纪功、勘合底簿。故称其办公处曰东诰敕房（相对西制敕房而言），中书舍人曰内阁诰敕房中书舍人，简称诰敕房舍人，从七品，无定员。

东院王 西夏诸王位之一。在师位、中书位、枢密位以上。

东统将军 官名。北魏初期置。明元帝永兴（409—413）初，尉诸自国部大人为幽州刺史，加此职。位在平东将军上。孝文帝太和十七年（493）改定官制后未见。见《魏书·尉古真传》。

东班 官制用语。即宋朝东班诸司使、副使。包括皇城、翰林（茶酒）、尚食、御厨、军器库、仪鸾、弓箭库、衣库、东绫锦、西绫锦、东八作、西八作、牛羊、香药库、榷易、毡毯、鞍辔库、酒坊、法酒库、翰林医官使、副使。宋初犹有实领本职者，后用为武臣或医官阶官。徽宗政和二年（1112）重定武臣及医官名，换为新名。

东都少尹 官名。唐玄宗开元元年（713）改河南府左、右司马置，员二人，从四品下，掌贰府州之事，岁终则更次入计。

东都尹 官名。唐朝陪都洛阳实际行政长官，玄宗开元元年（713）升河南府长史置，员一人，从三品，通判府务，东都牧缺，则行其事。

东都功德使 官名。唐德宗贞元四年（788）罢崇玄馆大学士后置，与京都左右街大功德使、修功德使总领全国僧、尼之籍及功役。

东都苑东面监 ❶官署名。唐高宗显庆二年（657）改洛阳宫农圃监置，设监、副监各一员，丞二员，掌本苑完葺苑面、宫馆、园池与种莳、蕃养六畜之事。❷官名。唐朝东都苑东面监长官，从六品下。

东都苑北面监 ❶官署名。唐高宗显庆二年（657）改青城宫监置，设监、副监各一员，丞二员，掌本苑完葺苑面、宫馆、园池与种莳、蕃养六畜之事。❷官名。唐朝东都苑北面监长官，从六品下。

东都苑四面监 官署名合称。即唐朝青城宫监、明德宫监、洛阳宫农圃监、食货监总称，高宗显庆二年（657）分别改为东都苑北、南、东、西四面监。

东都苑西面监 ❶官署名。唐高宗显庆二年（657）改食货监置，置监、副监各一员，丞二员，掌本苑完葺苑面、宫馆、园池与种莳、蕃养六畜之事。❷官名。唐朝东都苑西面监长官，从六品下。

东都苑南面监 ❶官署名。唐高宗显庆二年（657）改明德宫监置，设监、副监各一员，丞二员，掌本苑完葺苑面、宫馆、园池与种莳、蕃养六畜之事。❷官名。唐朝东都苑南面监长官，从六品下。

东都国子监 官署名。唐高宗龙朔二年（662）陪都洛阳增置，初有国子学、太学、四门、书学、算学，玄宗天宝九载（750）置广文，宪宗元和（806—820）初置律学，学官、学生分为京师、东都两地教授。

东都牧 官名。唐朝陪都洛阳最高行政长官，高宗显庆二年（657）置一员，从二品，以亲王遥领，常以长史领府事，玄宗开元元年（713）改河南府长史为尹，通判府务，代行其事。

东都省 官署名。辽朝置，属北面军官，分掌军马之政。

东都省太师 官名。辽朝设，为北面官东都省长官。

东都留台 官署名。唐朝东都所置御史台，分司监察弹劾之事；置御史中丞一员、侍御史一员、殿中侍御史二员、监察御史三员。宪宗元和（806—820）以后不置中丞，以侍御史、殿中侍御史、监察御史主留台务，而三院御史亦不常备。

东都留守 官名。唐朝以洛阳为东都，皇帝不在东都时，则置留守。先以朝廷大臣充任，玄宗开元元年（713）改长史为尹，即以河南府尹为留守。玄宗天宝（742—756）间改东都为东京，又称东京留守，肃宗复名东都。

东胶 周朝对贵族子弟进行教育的机构，相当于太学。《礼记·王制》：“周人养国老于东胶。”郑玄注：“东胶，亦大学。在国中王宫之东。”

东部大人 官名。原为少数民族部落首领的称号，北魏建国初，沿用此名。明元帝泰常二年（417），与天部、地部、西部、南部、北部大人合称为六部大人，共同处理国家日常政务，皆由诸公担任，其下有三属官。太武帝时复建尚书省，罢。

东海都尉 官名。西晋置。《晋书·郗鉴传》：“时宁远将军陈留王邃领东海校尉，镇石头。”

东陵承办事务掌关防郎中 官名。清朝东陵工部衙门之主官。康熙（1662—1722）中设，驻石门。下设员外郎四人，笔帖式四人，经承二人及守库把总、巡兵、匠役等员役。掌陵寝工程岁修之事及祭器、祭物之供给。宣统三年（1911）改归内务府，仍带工部衔。

东陵陵寝礼部衙门 官署名。清朝管理东陵陵寝三衙门之一。设于河北遵化地方。包括昭西陵、孝陵、孝东陵、景陵、裕陵、定陵、定东陵及惠陵等八处，设掌关防郎中一人，郎中五人，员外郎十六人及读祝官、赞礼官、笔帖式等员。掌东陵之判署文案及监视礼仪、岁供物品之事。

东曹 官署名。西汉丞相府所属诸曹之一，东汉时三公府亦置。据《后汉书·百官志》，太尉所属东曹主二千石长吏迁除选举及军吏。以掾领之，秩比四百石。汉末曹操于相府亦置东、西曹，皆典选举。东曹典府外官吏。三国魏大将军、丞相（相国），蜀丞相、大司马及吴车骑将军、骠骑将军等并置。西晋初，诸公及开府位从公者皆置，位在西曹下，赵王伦为相国时增置属吏。西晋末，丞相府一度置参军主东曹事。东晋省。十六国又置，南朝宋、齐亦置。梁于诸公府置，以督护主之。

东曹属 丞相府僚属名。汉朝置，三国、西晋沿置，秩二百石。协助东曹掾管理二千石长吏任免事务。不置掾时，即为东曹主官。详见“东曹”。

东曹掾 官名。西汉丞相府、东汉三公府属吏，主东曹，职掌二千石长吏选择迁除。东汉秩比四百石。三国两晋公府沿置。两晋末以参军代之，秩四百石，后罢。十六国亦多置。

东曹督护　公府僚属名。东晋南朝置。《通典·职官三》：丞相、相国府“又有参军督护、东曹督护，二督护江左置”。南朝梁诸公府置，位流外五班、四班不等。

东堂监　官名。南朝梁置。武帝天监七年（508）定为三品蕴位。属流外官，地位很低。

东绫锦使　官名。宋太宗太平兴国二年（977）置，后用为武臣阶官，属东班诸司使。真宗咸平元年（998），定为同六品。神宗元丰（1078—1085）改制，改正七品。徽宗政和二年（1112）重定武臣阶官，废。

东绫锦副使　官名。宋太宗太平兴国二年（977）置，后用为武臣阶官，属东班诸司使。真宗咸平元年（998），定为同七品。神宗元丰（1078—1085）改制，改从七品。徽宗政和二年（1112）重定武臣阶官名，废。

东朝　西汉时太后居长乐宫，号东宫，故太后称制或参与朝政时亦称太后所居为东朝。《史记·魏其武安列传》：“东朝廷辩之。”颜师古注引如淳曰：“东朝，太后朝也。”

东掌客上士　官名。西魏恭帝三年（556）仿《周礼》掌客置。北周沿置。秋府官宾部中大夫属官，员一人，掌东边诸国使臣来朝的接待和安排。下设东掌客中士以佐其职。正三命。隋文帝开皇元年（581）罢。

东掌客中士　官名。西魏、北周秋官府宾部中大夫东掌客上士佐官，正二命。

东道慰劳　东道慰劳大使的省称。《周书·赵肃传》：“（肃）又兼行台左丞、东道慰劳。”

东道慰劳大使　参见“东道慰劳”。

东督护　官名。西晋末四川流人领袖李特置。以其弟镇东将军李流为之，督帅东营将士。见《晋书·李流载记》。

东路行军都统所　即东征都统所。

东路兵马都总管府　官署名。辽朝置，设都总管等职，掌军政。

东路林牙　官名。辽朝置，为东路都统军使司官员，掌文翰等事。

东路钦察军万户府　见“东路蒙古军元帅府”。

东路统军使　官名。辽朝置，为东路都统军使司长官。

东路都统军使司　官署名。辽朝置，职掌不详。

东路蒙古军元帅府　官署名。元朝军府之一。初置年代不详。原隶辽阳行省，文宗天历二年（1329），划归大都督府，列入侍卫亲军系统。至顺元年（1330），改为东路钦察军万户府。顺帝至正七年（1347），复置元帅府，仍隶辽阳行省。

东路蒙古侍卫亲军都指挥使司　官署名。元朝侍卫亲军机构。文宗至顺二年（1331）正月，由东路蒙古军上万户府改置，隶大都督府。秩正三品。仍统钦察、乃蛮、捏古思、那亦勤等千户军。置营辽阳，衙司在大都丽正门内。设都指挥使、副都指挥使等职。

东翰林院　官署名。唐玄宗开元二十六年（738）置翰林学士后，又置此于金銮殿之西，随皇帝所在，选取便稳者，大抵召入一二人至五六人不等，亦有以鸿儒硕学、经术优长、访问质疑为皇帝所礼者。

厉武将军　官名。三国吴置，东晋、北魏沿置。北魏孝文帝太和十七年（493）职员令定为八品下，二十三年复次职令，改为从八品。

厉威将军　官名。北魏置。孝文帝太和十七年（493）职员令定为六品上，二十三年复次职令，改为从六品上。

厉锋将军　官名。南朝梁置，武帝天监七年（508）定为武职二十四班中的七班，普通六年（525）刊定将军名号时罢。北魏置，孝文帝太和十七年（493）职员令定为八品下，二十三年复次职令时改为从八品。

厉锋校尉　官名。东汉末曹操置。曹仁以别部司马行之，常督骑兵为前锋。

布大衣大　满语官名。汉译为尚膳总领。为盛京三陵（永陵、福陵、昭陵）官。

布打衣大　即布大衣大。

布库　官署名。宋太祖建隆元年（960）置，隶三司，掌收储诸州所纳布，司其出给。设监官二人，以京朝官及三班使臣充任。神宗元丰（1078—1085）改制，改隶太府寺。

布政使　官名。亦称藩司，或称方伯。明清各直省承宣布政使司之主官。掌一省之政令与财赋之事。明洪武九年（1376）设，一人，秩正二品。十四年增设左、右各一人。二十二年定秩从二品。宣德三年（1428）定十三布政使司之制。初置藩司，为一省最高行政长官，与六部均重。后专设总督、巡抚等官，其权渐轻。清顺治（1644—1661）中沿设。康熙六年（1667）去左、右系衔，止设一人，为从二品。全国十八个直省，共设十九人，唯江苏设二人。台湾省亦曾设一人。自乾隆（1736—1795）以后，督抚成为固定之封疆大吏，布政使遂为属官，与按察使合称两司。

布政使司　见“承宣布政使司”。

布政榜　官府文书名。北宋亲王、节度使不赴本镇者，其除授之后，学士院仍撰写榜文，由朝廷颁下，告谕本镇军民，称为布政榜。

布宪　❶官名。《周礼》秋官司寇的属官。中、下士爵。一说为周朝置。掌公布国家刑罚禁令。国家有大事聚合民众，则掌其刑禁号令。❷颁布法令。《管子·立政》：“君乃出令，布宪于国。”❸官署名。西魏、北周置。属秋官府。长官为布宪中大夫。下设布宪下大夫、小布宪上士，辖修闾中士、掌墐中士、禁杀戮中士、禁游中士、禁暴中士、司瘠中士等。

布宪下大夫 官名。西魏恭帝三年（556）置，北周沿置。秋官府布宪司次官，佐布宪中大夫掌本司事务。北周武帝建德二年（573），省六府诸司中大夫，遂成为布宪司长官。宣帝即位，复置六府诸司中大夫后，仍为次官。正四命。隋文帝开皇元年（581）罢。

布宪中大夫 官名。西魏恭帝三年（556）仿《周礼》布宪置，北周沿置。秋官府布宪司长官。北周武帝建德二年（573），宣帝即位后，复置。正五命。隋文帝开皇元年（581）罢。参见“布宪”。

布特哈拜唐阿 满语。拜唐阿是清代各衙署中无品级的管事人员，布特哈拜唐阿则是一种内廷差事人员，如粘杆处（尚虞备用处）等处行走无品级职事人等。粘杆处有粘杆拜唐阿四十人、备网拜唐阿十二人，为皇帝打猎捕鱼服务。

布特哈衙门 满语官署名。即打牲乌拉衙门。布特哈，意为渔猎。

布燮 官名。南诏官，与坦绰、久赞谓清平官，决国事轻重，犹如唐朝宰相。

石工 官名。主管玉器石磬等器物制作的官员。一说为殷朝官名。《礼记·曲礼下》：“天子之六工，曰土工、金工、石工、木工、兽工、草工，典制六材。”郑玄注：“此亦殷时制也”，“石工，玉人、磬人也”。孔颖达疏：“玉人谓作圭璧者，磬人作磬也。玉及磬同出于石，故谓石工也。”

石工下士 官名。西魏、北周冬官府司玉下大夫石工中士佐官，正一命。

石工中士 官名。西魏恭帝三年（556）置，北周沿置。冬官府司玉下大夫属官，正二命。下设石工下士以佐其职。隋文帝开皇元年（581）罢。

石头仓丞 官名。东晋、南朝宋置，属太仓令。

石坝州判 官名。清朝管理北运河上石坝之主官，隶于坐粮厅。掌漕粮盘剥过坝之事。每年南漕抵通，依例移驻河干，按界稽查。所辖有经管石坝军粮经纪百名，白粮经纪二十五名。嘉庆十五年（1810）裁土坝车户后，通仓转运事务皆归石坝经纪经理。

石作 官署名。明朝内府所属机构，隶内官监，设宦官进行管理。与木作、瓦作、土作等负责营造宫室、陵墓等事。

石库令 官名。西汉属将作大匠，有丞。东汉省。

石库丞 官名。西汉置，属将作大匠，为石库令副贰。

石炭场 宋朝太府寺所属机构。掌受纳、出卖石炭。

石济水次仓令 官名。北齐置，属司农寺。有丞。

石济水次仓丞 官名。北齐置。

石烈 原为契丹氏族称谓。辽建国后，相当于县的建置。

石烈辛衮 官名。辽朝置，为北面官。石烈相当于县级建制，石烈辛衮即为石烈之长。

石窟丞 官名。北齐置，属太府寺甄官署。

右 ❶官名。又称车右、戎右。春秋晋国置，车战中居于主将之右，掌护卫主将并供其役使。《左传·闵公元年》：“晋侯作二军，公将上军，大子申生将下军，赵夙御戎，毕万为右。”❷战国、汉、元官制尚右，秦及汉以后诸朝多尚左。故汉朝官位相近而地位稍高者称右。《史记·廉颇蔺相如列传》：“以相如功大，拜为上卿，位在廉颇之右。”司马贞《索隐》：“王劭按：董勋《答礼》曰‘职高者名录在上，于人为右；职卑者名录在下，于人为左，是以谓下迁为左’。”

右一护军府 官署名。唐初秦王、齐王府所置六护军府之一，掌侍卫陪从，置护军一员、副护军二员，长史、录事及仓、兵、铠曹参军各一员；统军五员、别将十员，分掌领亲、勋卫及外军。

右一护军府护军 官名。唐初秦王、齐王府右一护军府长官，置一员，正四品下，掌率本府统军以下侍卫陪从。

右一护军府副护军 官名。唐初秦王、齐王府右一护军府次官，置二员，从四品下。

右二护军府 官署名。唐初秦王、齐王府所置六护军府之一，职掌、设官同右一护军府。

右二护军府护军 官名。同右一护军府护军。

右二护军府副护军 官名。同右一护军府副护军。

右九棘 棘，棘树。朝廷之右所树棘，为周朝公、侯、伯、子、男五等封君朝觐周天子时所站立的位置。《周礼·秋官·朝士》：“右九棘，公、侯、伯、子、男位焉，群吏在其后。”

右力辅君 官名。西域龟兹等国置，员一人，见《汉书·西域传》。

右三护军府 官署名。唐初秦王、齐王府六护军府之一，职掌、设官同右一护军府。

右三护军府护军 官名。同右一护军府护军。

右三护军府副护军 官名。同右一护军府副护军。

右三部 官署名。元世祖中统三年（1262）设，掌兵、刑、工三部事。置尚书二员，侍郎二员，郎中五员，员外郎五员。至元元年（1264）罢，以兵刑为一部，别置工部。三年，复立。五年，又分为兵刑部与工部。

右三部检法司 官署名。金朝置，属尚书省。主管兵、刑、工三部法律事宜。设司正二员掌披详法状，秩正八品；检法二十二员掌检断各司取法文字，秩从八品。兴定二年（1218）曾增设知法、掌法等职，四年罢。

右工尹 官名。战国燕置。主持冶铸兵械器物的工官之长。《三代吉金文存》卷一九，页五二第三器“燕王詈铍铭”：“燕王詈作行议铍，右攻（工）尹青其，攻（工）竖。”

右工师 工官。战国楚置。主持器物制造。

右士师 官名。春秋战国置。主管官吏爵秩等级。《管子·五行》：“天子出令，命左、右士师，内御，总别列爵，论贤不肖士吏。”

右士尚书 官名。北魏文成帝兴安二年（453）置。为尚书省右士曹长官。后罢。

右士郎 官名。西晋置，为尚书省右士曹长官，亦称郎中，六品。东晋省。北魏置。或说孝文帝太和（477—499）改制后隶都官尚书。太和十七年定郎为从五品中，郎中五品上；二十三年皆称郎中，六品。仍可通称为郎。

右士曹 官署名。西晋、北魏所置尚书省诸曹之一。西晋为郎曹；北魏前期为尚书曹，后改郎曹。参见“右士郎”、“右士尚书”。

右大夫 官名。春秋时秦国置。军队将官。《左传·成公二年》：“十一月，公及楚公子婴齐、蔡侯、许男、秦右大夫说，宋华元、陈公孙宁、卫孙良夫、郑公子去疾及齐国之大夫盟于蜀。”《襄公十一年》：“秦右大夫詹帅师从楚子，将以伐郑。”

右大司马 官名。新莽地皇元年（后20）分大司马为前后左右中五员，分掌军政。更始政权亦分设左、右大司马。东汉初合为一员，旋罢。三国吴孙权赤乌九年（246）复分置左、右，孙亮建兴（252—253）中合为一员。十六国后赵侯子光起事，聚众于杜南山，自称大黄帝，亦置左、右大司马官。参见“大司马”。

右大丞相 官名。北魏以来常于丞相上加大字以示尊崇。北周静帝大象二年（580）置左、右大丞相，以宇文赞为右大丞相，位在左大丞相下。不久罢。参见“大丞相”。

右大相 即大东丹国中台省右大相。

右大将 官名。匈奴、西域乌孙国皆置。见《汉书·西域传》、《匈奴传》。

右大将军 官名。东汉初年曾置，旋罢。三国蜀后主景耀（258—263）中置，位次大将军。十六国前秦亦于大将军外分置左、右大将军，地位尊崇，皆为统兵武职。

右大都督 官名。北魏末置。与左大都督同为军事行动的副长官，辅佐主帅统领大军，位在左大都督下。《周书·寇洛传》：“太祖至平凉，以洛为右大都督。”

右大监 官名。相传黄帝所置，主监察。《史记·五帝本纪》：“（黄帝）置左、右大监，监于万国。”

右千牛卫 禁卫军指挥机构。唐朝十六卫之一，高宗龙朔二年（662）改右奉宸卫置，设大将军一员、将军二员、中郎将二员，与左千牛卫统率亲近禁军，共掌侍卫宫禁及供御兵器仪仗，不领府兵；受朝之日，侍列于御坐左、右，职任甚重；又有长史、录事及兵、胄曹参军及千牛备身、备身左右、主仗等属，武则天天授二年（691）加置四色官，德宗贞元二年（786）置上将军一员，位大将军上。辽朝置，设大将军、上将军、将军，领折冲都尉、果毅都尉。

右千牛卫大将军 官名。唐高宗龙朔二年（662）改右奉宸卫大将军置，设一员，正三品，德宗贞元二年（786）添置上将军前，为右千牛卫长官。掌侍卫宫禁及供御兵器仪仗，皇帝受朝之日，领备身左右升殿列侍，亲射则率属以从。宋朝置为环卫官，无定员、无职掌，多命宗室为之，亦用为武臣赠典或武官责降散官，神宗元丰（1078—1085）改制，降为正四品。南宋多不除授，孝宗隆兴（1163—1164）中复置。辽朝亦置，为加官，位上将军上。

右千牛卫上将军 官名。唐德宗贞元二年（786）置为右千牛卫长官，一员，从二品，位大将军上，掌侍卫宫禁及供御兵器仪仗，凡千牛及备身左右以御刀仗升殿供奉者，皆领之。宋朝置为环卫官，无定员、无职掌，多命宗室为之，亦用为武臣赠典；神宗元丰（1078—1085）改制前为三品，后为从三品。南宋多不除授，孝宗隆兴（1163—1164）中复置。辽朝亦置，为加官，位大将军下。

右千牛卫中郎将 官名。唐高宗龙朔二年（662）改右奉宸卫中郎将置，设二员，正四品下，掌供奉侍卫，佐大将军、上将军职；有口敕，声不下闻者，则宣告。宋朝置为环卫官，无定员、无职掌，多以宗室为之，亦用为武臣赠典或武官责降散官。南宋多不除授。

右千牛卫将军 官名。唐高宗龙朔二年（662）改右奉宸卫将军置，设二员，从三品，协掌侍卫宫禁及供御兵器仪仗。宋朝置为环卫官，无定员、无职掌，多以宗室为之，亦用为武臣赠典或武官责降散官，神宗元丰（1078—1085）改制降为从四品。南宋多不除授。辽朝置为加官。

右千牛府 官署名。唐高宗显庆五年（660）改右府置，龙朔二年（662）改右奉宸卫，后定名为右千牛卫。参见“右千牛卫”。

右千牛府大将军 官名。唐高宗显庆五年（660）改右府大将军置，龙朔二年（662）改右奉宸卫大将军，后定名为右千牛卫大将军。

右千牛府将军 官名。唐高宗显庆五年（660）改右府将军置，龙朔二年（662）改右奉宸卫将军，后定名为右千牛卫将军。

右门尉 官名。隋炀帝大业三年（607）于右监门府置，六十员，正六品，与左门尉同掌宫城门禁守卫等。

右卫 ❶禁军指挥机构。西晋武帝泰始元年（265）分中卫而置，设将军一员，掌领宿卫营兵；又置长史、司马、功曹、主簿等属，并掌佽飞虎贲，前驱、由基、强弩三部司马及虎贲、羽林、异力、上骑、命中虎贲等五部督。东晋罢长史。南朝宋、齐、梁、陈沿晋制，置将军一员，另置长史、司马、功曹、主簿等属。北魏时，置将军，并依第三品将军例置僚属。北齐开府，为右卫府，置将军一员为长官，隶领军府，掌领右厢，与左卫共主朱华阁外禁卫官；以武卫将军二员为副长官，有司马、功曹、主簿、录事，厘其事务。下辖御仗、直荡、直卫、直突、直阁等属官，又有武骑、云骑、骁骑、游击、前后左右四军将军及左右中郎将、五校尉、三将、殿中将军等禁卫官。西魏、北周亦置。隋朝为十二卫之一，置大将军一员、将军二员，掌宫掖禁御，督摄仗卫，设长史、司马及录事、功、仓、兵、骑等曹参军，法、铠曹行参军各一员，行参军六员；又有直阁、直寝、直斋、直后等将军，并掌宿卫侍从；奉车都尉，掌驭副车；武骑常侍、殿内将军、员外将军、殿内司马督、员外司马督，并以参军府朝，出使劳问；又统亲卫，领诸开府府（骠骑府）、仪同府（车骑府）；诸府皆领军坊。文帝开皇六年（586）罢殿内将军、司马督、武骑常侍等员，炀帝大业三年（607）改名右翊卫，改其所统亲、勋、翊三卫为三侍，废直阁将军以下员，军士名骁骑，领诸鹰扬府；又置护军四员，掌副贰将军，寻改武贲郎将，以武牙郎将六员副之。唐高祖武德五年（622）复为右卫府，为十六卫之一。高宗龙朔二年（662）去府字，设大将军一员、将军二员，掌宫禁宿卫。德宗贞元二年（786）增置上将军一员，位大将军上；长史及录事、仓、兵、骑、胄诸曹参军事各一、二员。武则天天授二年（691）置司阶、中候、司戈、执戟四色官及长上各二人至二十五员，统领亲、勋一、勋二、翊一、翊二凡五府及外府。宋朝存其官而无职司。辽朝沿置，设大将军、上将军、将军、折冲都尉、果毅都尉等，皆加官。元世祖至元八年（1271）三分侍卫而置，为枢密院所领京城侍卫，秩正三品，掌宿卫扈从，兼屯田，国有大事则调度之，定置都指挥使三员、副都指挥使二员、佥事二员、经历二员、知事二员、照磨一员，统镇抚所、行军千户所、弩军千户所、屯田左右千户所等属。❷官名。高昌官，位令尹（相国）、公（交河公、田地公）下，八长史上。❸右卫将军的省称。

右卫大将军 官名。❶北齐置。《北齐书》卷四一《綦连猛传》："天统元年，迁右卫大将军，乃奉世祖敕，恒令在嗣主左右，兼知内外机要之事。"❷右卫之长。隋朝置一人，正三品，掌宫掖禁御，督摄仗卫；炀帝大业三年（607）改为右翊卫大将军，总府事，并统诸鹰扬府。唐高祖武德五年（622）复为右卫府大将军，高宗龙朔二年（662）去府字，置一人，正三品，德宗贞元二年（786）置上将军前为长官，掌宫禁宿卫，总制五府及外府。宋朝置为环卫官，无定员，无职掌，多命宗室为之，亦用为武臣赠典或武官责降散官，神宗元丰（1078—1085）改制，降为正四品。南宋多不除授，孝宗隆兴（1163—1164）中复置，以承宣使遥郡者为之。辽朝置，位上将军上，为加官。

右卫上将军 官名。唐德宗贞元二年（786）置为右卫长官，位大将军上，置一人，从二品，掌宫禁宿卫，总制五府及外府。宋朝为环卫官，无定员，无职掌，多命宗室为之，亦为武臣赠典；神宗元丰（1078—1085）改制前为三品，后复为从二品。南宋多不除授，孝宗隆兴（1163—1164）中复置，以承宣使正任为之。辽朝置，为加官，位大将军下。

右卫中郎将 官名。唐高祖武德五年（622）改右翊卫为右卫府而置，高宗龙朔二年（662）去府字，置一人，正四品下，将军缺，则代之，掌贰大将军、上将军事。宋朝置为环卫官，无定员，无职掌，多以宗室为之，亦用为武臣赠典或武官责降散官。北宋前期为四品，南宋多不除授。

右卫府 见"右卫❶"。

右卫亲军都指挥使司 元朝侍卫亲军指挥机构，五卫之一。秩正三品，掌汉军万名。置营于永清（今属河北），衙司在大都丽正门内。设都指挥使三员、副都指挥使二员、佥事二员。下辖一镇抚所，十行军千户所，左、右屯田千户所及弩军千户所。

右卫将军 官名。三国魏元帝咸熙二年（265），司马昭卒，司马炎即晋王位，分中卫将军为左、右卫将军，以赵序任此。掌佽飞虎贲及前驱、由基、强弩三部司马，属下还有虎贲、羽林、上骑、异力、命中虎贲等五部督，负责宫禁宿卫。西晋初，属中军将军，后属领军将军（中领军）。为禁卫军主要统帅之一，权任很重，多由皇帝亲信之人担任。员一人，四品。与领军、护军、左卫、骁骑、游击等六将军合称为六军。十六国前秦、北燕、南燕亦置。南朝宋四品。南齐高帝建元二年（480）诏，左、右二卫将军每晚留一人宿直宫中。南朝后期，此职亦统兵出征。梁武帝天监七年（508）定为十二班，陈三品、秩二千石。北魏孝文帝太和十七年（493）定为从二品下，二十三年改为三品，孝明帝正光元年（520）改为员二人。北齐时为右卫府长官，员一人，三品。掌右厢，与左卫将军共主朱华阁以外禁卫事务，各有武卫将军二员以协助其理事。隋初，为"十二卫"中的右卫副长官，员二人，从三品，协助右卫大将军掌宫掖禁御，督摄仗卫。炀帝大业（605—618）初，改左、右卫为左、右翊卫，此职改为右翊卫将军。唐复置，仍为右卫副长官，从三品。佐右卫大将军统领宫廷禁卫之法令，以督其属之队仗，而总诸曹之职务。非上日，以其一人押仗，若阙，则以中郎将代之，掌贰上将军事。宋朝为环卫官，无定员，无职掌，多以宗室为之，亦为武臣赠典，或为武官责降散官。北宋前期为三品，神宗元丰（1078—1085）改制后，降为从四品。辽朝沿置，属南面官。位左卫将军下，无实职。

右卫率 官名。即太子右卫率。

右卫率府 元朝侍卫亲军指挥机构。设于仁宗延祐六年（1319）七月，秩正三品。军士来自者连怯耶儿（黄羊川，今内蒙古敖汉旗东）万户府、迤东万户府、女直万户府及右翼屯田万户府。隶东宫詹事院下。置卫率使二员，副使二员，佥事二员。七年三月，划归枢密院管辖。下辖五千户所。

右卫督 即右卫司马督。参见"司马督"。

右小武伯 右小武伯下大夫的省称。

右小武伯下大夫 官名。西魏恭帝三年（556）置，北周沿置。夏官府右武伯司次官，省称右小武伯或小右武伯，员二人。佐右武伯中大夫与左武伯中大夫共掌皇宫内外卫禁令，统虎贲、旅贲、射声、骁骑、羽林、游击等六率禁卫军士，在皇帝临朝及出行时，负责侍卫。北周武帝建德二年（573），省六府诸司中大夫，遂成为右武伯司长官，称右武伯下大夫。宣帝即位复置六府诸司中大夫后，仍降为次官。正四命。隋文帝开皇元年（581）罢。

右小武伯上士 官名。西魏恭帝三年（556）置，北周沿置。夏官府右武伯中大夫属官，佐右武伯中大夫、右小武伯下大夫掌本司事务。北周武帝建德二年（573），省六府诸司中大夫，以下大夫为长官，遂成为右武伯司次官。宣帝即位，复置六府诸司中大夫后，仍为属官。正三命。隋文帝开皇元年（581）罢。

右小宫伯下大夫 官名。西魏、北周置，详见“小宫伯下大夫”。

右飞龙院 官署名。五代后唐明宗长兴元年（930）分飞龙院为左、右，以小马坊为之，掌马牧之事。

右马 官名。右司马省称。战国楚置。仰天湖第二五号墓竹简文：“右马之绖衣，锦纯，锦绛。”

右天驷监 见“天驷监”。

右天厩坊 见“天厩坊”。

右屯卫 禁卫军指挥机构。隋朝为十二卫之一，炀帝大业三年（607）改右领军府置，设大将军一员、将军二员，总府事，并统诸鹰扬府；其军士名羽林；置护军四员，寻改为武（虎）贲郎将，以武（虎）牙郎将六员副之；又有长史、录事参军、司仓、兵、骑、铠等员。唐高宗龙朔二年（662）改名右威卫。五代后周太祖广顺二年（952）复名右屯卫。宋朝存其官而无职司。

右屯卫大将军 官名。隋炀帝大业三年（607）改右领军府为右屯卫，置一员为长官，正三品，总其府事，并统诸鹰扬府。唐高宗龙朔二年（662）改名右威卫大将军。五代后周太祖广顺二年（952）复名右屯卫大将军。宋朝沿置，为环卫官，无定员，无职掌，多命宗室为之，亦用为武臣赠典或武官责降散官，神宗元丰（1078—1085）改制降为正四品。南宋多不除授，孝宗隆兴（1163—1164）中复置。

右屯卫将军 官名。隋炀帝大业三年（607）改右领军府为右屯卫，置二员，从三品，协助大将军总府事，领诸鹰扬府。唐高宗龙朔二年（662）改名右威卫将军。五代后周太祖广顺二年（952）复名右屯卫将军。宋朝沿置，为环卫官，无定员，无职掌，多以宗室为之，亦为武臣赠典或武官责降散官，神宗元丰（1078—1085）改制降为从四品。南宋多不除授。

右车骑将军 官名。东汉末及三国蜀后主时均曾分置车骑将军为左、右，为领兵武职。参见“车骑将军”。

右少司卫中大夫 官名。北周置。东宫司卫上大夫属官，佐其统率东宫卫士。正五命。隋文帝开皇元年（581）罢。见赵万里《汉魏南北朝墓志集释》图四〇九《苏慈墓志》。

右少监 官名。明初内府神宫监、尚宝监、内官监等以监为名的宦官衙门皆置，各一人，从四品。后渐革。

右中允 官名。明清詹事府所属机构右春坊之职官。与右庶子、右谕德等共掌记注、纂修之事。明洪武十五年（1382）始置。二十五年，改詹事院为詹事府，始为詹事府右春坊属官。额二人，正六品。虽沿古制为太子东宫官属，实仅为翰林官迁转之阶。清沿置。初二人，俱由汉人充任。康熙十四年（1675）定满、汉各二人。三十七年省满员一人，五十二年省汉员一人，只留满、汉各一人，遂为定制。亦正六品。汉员初兼翰林院编修衔，乾隆末停兼衔。光绪二十八年（1902），詹事府省入翰林院，遂废。

右中护 官名。即太子右庶子，唐高宗龙朔二年（662）改，咸亨元年（670）复名太子右庶子。

右中兵郎 官名。西晋分中兵郎置，为尚书省右中兵曹长官通称，亦称郎中，六品。属五兵尚书。东晋、南朝省并中兵郎。北魏复置，属七兵尚书。孝文帝太和十七年（493）定郎为从五品中，郎中五品上；二十三年皆称郎中，六品，仍可通称为郎。北齐沿置，属五兵尚书，六品上。

右中兵郎中 官名。西晋、北朝与右中兵郎互称，为尚书省右中兵曹长官。参见“右中兵郎”。

右中兵曹 官署名。尚书省诸郎曹之一。西晋分中兵曹置，与左中兵曹并掌都城畿内军队政令军务。属五兵尚书。置郎（郎中）。东晋、南朝省并中兵曹。北魏复置，与中兵、左中兵曹并属七兵尚书。北齐沿置，掌畿内兵士名籍、兵役等军务之政令，属五兵尚书。

右中侍上士 官名。西魏、北周置，详见“中侍上士”。

右中郎将 官名。西汉置，隶光禄勋。居宫禁中，与五官、左中郎将分领中郎，更值宿卫，协助光禄勋考核管理郎官谒者从官。秩比二千石。一说专掌常侍侍郎。多由外戚及亲近之臣充任。东汉领右署中郎、侍郎、郎中，职掌训练、管理、考核后备官员，出居外朝。三国沿置。魏、西晋初不设五官、左、右三郎署，其官仍置，职任渐轻，四品，居宫禁之外。晋武帝泰始九年（273）罢。南朝复置，为侍从武官，分司丹禁，改隶中领军（领军将军），宋四品，梁八班，陈五品、千石。北魏、北齐置五员，为冗职，用以安置闲散武臣，隶领军府所辖左、右卫府，从四品。北周为散官，六命。

右内侍 官名。西魏、北周时天官府宫伯中大夫属官，即右中侍上士，隋朝修史避讳改。详见“中侍上士”。

右日逐 官名。匈奴置。由四贵姓中地位最高的呼延氏充任（一译作呼衍氏），与左日逐世为辅相。

右仆射 ❶即尚书右仆射。❷即行台省尚书右仆射。参见“行台尚书仆射”。

右长史 官名。❶东汉末曹操为丞相时分长史为左、右，总领相府诸曹。魏晋南北朝相国、丞相府例置。当时司徒府诸曹办理日常事务，司徒或置或缺，其左、右长史则常置，统领诸曹。其余诸公唯置长史一员，加崇者方分置左、右。秩千石。❷十六国的政权机构都督府（太府）、牧府（少府）多置左、右长史，总执朝政，位冠僚首，实为国务长官之任，位次左长史。❸明朝王府长史司长官设左、右长史。参见“长史”。

右计使 官名。宋太宗淳化四年（993）置，掌京西诸道财计之事。五年罢。

右六司 官署合称。渤海国智、礼、信部及支司戎、计、水部总称。

右文殿修撰 官名。宋徽宗政和六年（1116），改集贤殿修撰置，为贴职，从六品。

右户行参军 南齐、北齐时诸公、都督府僚属名。参见“右户曹”。

右户郎中 官名。北齐置，为尚书省右户曹长官，六品上。

右户参军 东晋、南朝宋诸公、都督府僚属名，主持右户曹事务，七品。南齐以后改置行参军。

右户曹 官署名。❶诸公、都督府僚属诸曹之一。东晋、南朝、北齐皆置。东晋、南朝宋设参军，南齐设行参军，北齐设兼行参军。❷尚书省度支尚书所领郎曹之一。北齐置，掌天下公私田宅租调等事，设郎中。❸州刺史府僚属诸曹之一。北齐置，设掾史等员。

右允 官名。渤海国官，比唐朝尚书右丞。

右尹 官名。春秋战国楚置。初为尊官，次令尹，征战时兼任军帅。后地位稍降。多以王族充任。《左传·成公十六年》：“楚子救郑。司马将中军，令尹将左，右尹子辛将右。”战国曾侯乙墓竹简所记楚官名亦见。

右平章事 官名。渤海国官，居中台省。

右正一 官名。明清道录司之官员。分掌天下道教之事。明洪武十五年（1382）设，一人，正六品。康熙十三年（1674）定设一人，亦为正六品。依例升迁左正一，缺出由左演法升补。

右正言 参见“正言”。

右玉钤卫 官署名。即右领军卫。唐武则天光宅元年（684）改，中宗神龙元年（705）复名右领军卫。

右玉钤卫大将军 官名。即右领军卫大将军。唐武则天光宅元年（684）改，中宗神龙元年（705）复名右领军卫大将军。

右玉钤卫将军 官名。即右领军卫将军。唐武则天光宅元年（684）改，中宗神龙元年（705）复名右领军卫将军。

右布政使 参见“布政使”。

右龙令 官名。北齐置。详见“右龙署”。

右龙丞 官名。北齐置。详见“右龙署”。

右龙局 官署名。北齐置，属太仆寺右龙署，设都尉。

右龙武军大将军 官名。唐朝北衙禁军右龙武军统兵长官，玄宗开元二十七年（739）改右万骑营为右龙武军置，初一员；肃宗乾元二年（759）增为二员，正三品，掌领右龙武军，宿卫京师。

右龙武军将军 官名。唐朝北衙禁军右龙武军统兵官，玄宗开元二十七年（739）置二员，从三品；德宗贞元三年（787）增为三员，为右龙武军大将军副贰。

右龙武军统军 官名。唐德宗兴元元年（784）置，一员，从二品，以授节帅罢任者，无职事。

右龙虎军大将军 官名。辽朝置，属南面官。加官，无实职。在左龙虎军大将军下。

右龙虎军上将军 官名。辽朝置，属南面官。加官，无实职。在左龙虎军上将军下。耶律合住，保宁初为右龙虎卫上将军。

右龙虎军将军 官名。辽朝置，属南面官。加官，无实职。在左龙虎军将军下。

右龙都尉 官名。北齐置，掌右龙局。从九品。

右龙署 官署名。北齐置，属太仆寺，设令、丞。领右龙局。

右史 官名。史官之一。周朝始设，为内史之别称。掌记王言。《礼记·玉藻》：“动则左史书之，言则右史书之。”郑玄注：“其书，《春秋》、《尚书》其存者。”孔颖达疏：“《尚书》记言语之事，故以《尚书》当右史所书。”后世亦有沿此者，然不常置。唐朝高宗龙朔二年（662），改起居舍人为右史，咸亨元年（670）复旧。宋朝之起居舍人亦称右史。职掌均同前。明、清不置，直仿唐、宋，以起居注官行其职。太平天国于永安（今广西蒙山）建制时仿古制置，属朝上职官，正、副各一人，职同检点。主记言，兼为天王作起居注，为太平天国之国史官。参见“左史”、“起居舍人”。

右外兵郎 官名。西晋分外兵郎置，为尚书省右外兵曹长官通称，亦称郎中，六品。属五兵尚书。东晋、南朝省并“外兵郎”。北魏复置，属七兵尚书。孝文帝太和十七年（493）定郎为从五品中，郎中五品上；二十三年皆称郎中，六品，仍可通称为郎。北齐沿置，六品上，属五兵尚书。

右外兵郎中 官名。西晋、北朝与右外兵郎互称，为尚书省右外兵曹长官。参见“右外兵郎”。

右外兵曹 官署名。尚书省诸郎曹之一。西晋分外兵曹置，与左外兵曹并掌京畿以外各地军队政令军务，属五兵尚书。设郎（郎中）。东晋、南朝省并“外兵曹”。北魏复置，与外兵、左外兵曹并属七兵尚书。北齐沿置属五兵尚书，掌河北及潼关以西诸州兵士名籍及发召征兵之政令。

右令 官名。同右领。春秋战国楚置。曾侯乙墓出土竹简文字中有此官名。参见“右领”。

右玄义 官名。参见“左玄义”。

右主 官名。战国秦置。守塞小吏。《吕氏春秋·当赏》：“秦小主夫人用奄变，群贤不说自匿，百姓郁怨非上。公子连亡在魏，闻之，欲入，因群臣与民从郑所之塞。右主然守塞，弗入。”陈奇猷注：“‘右主’，当是官爵之名。秦爵多以左、右为名，如左庶长、右庶长、左更、右更之类，皆其例。《汉书百官表》列秦爵二十级，无‘右主’一级，盖以此甚小（守塞吏当是小官），故不载耳。”

右主客郎 官名。西晋置，为尚书省右主客曹长官通称，亦称郎中，六品。东晋省并主客郎。北魏复置，孝文帝太和十七年（493）定郎为从五品中，郎中五品上；二十三年皆称郎中，六品，仍可通称为郎，北齐省。

右主客曹 官署名。尚书省诸郎曹之一。西晋置左、右、南、北主客曹，各设郎（郎中）。初属客曹尚书，后不详。东晋省并主客曹。北魏复置，或说属仪曹尚书。北齐省。

右台 官署名。右御史台、右肃政台省称。见“右御史台”、“右肃政台”。

右民尚书 官名。西晋惠帝所置六曹尚书之一，三品。旋省并左民尚书。北魏太武帝始光元年（424）复分置，不久罢。参见“左民尚书”。

右民郎 官名。亦称右民郎中。西晋分民曹郎置，为尚书省右民曹长官通称，亦称郎中，六品。东晋省并左民郎。北魏复分置。初属右民尚书，孝文帝太和（477—499）改制后属度支尚书。太和十七年定郎为从五品中，郎中五品上，二十三年皆称郎中，六品，仍可通称为郎。

右民郎中 官名。西晋、北魏与右民郎互称，为尚书省右民曹长官。参见“右民郎”。

右民曹 官署名。❶西晋惠帝所置尚书省六曹之一，设尚书为长官。旋省并左民曹。北魏太武帝始光元年（424）复分置，掌户籍及工官事务。❷西晋分民曹置，为尚书省郎曹之一。东晋省并左民曹。北魏复分置，初属右民尚书，孝文帝太和（477—499）改制后，属度支尚书。

右皮室详稳 官名。辽朝置，为北面官右皮室军长官。乃辽军重要将领。

右皮室详稳司 辽朝军事机构。辽有皮室军，为御帐亲军，有左、右、北、南等军号。右皮室详稳司为统领右皮室军的官衙。设详稳等职掌军。

右司 官署名。❶初为尚书都省办事机构。隋、唐、五代皆置，隋朝有郎一员，唐朝有郎中、员外郎各一员，为尚书右丞副贰，掌监督管理兵部、刑部、工部十二司政务。北宋神宗元丰（1078—1085）改制后，监管兵部、刑部、工部、案钞房，亦有郎中、员外郎各一员。辽朝沿置。金朝掌本司奏事，总察兵、刑、工三部受事付事，兼带修注官，回避其间记述之事，有郎中、员外郎各一员。元朝并尚书省入中书省，遂改隶中书省，世祖至元十五年（1278）置，掌兵房边关、站赤、铺马、屯田、牧地五科，刑房法令、弭盗、功赏、禁治、枉勘、斗讼六科，工房横造军器、常课缎匹、岁赐、营造、应办、河道六科，有郎中、员外郎各二员。元末朱元璋中书省置，有郎中、员外郎；明洪武十三年（1380）随中书省罢。❷大理寺所统官署。明洪武十四年（1381）复置勘磨司，分左、右，有司丞、司副各一员，二十年罢；建文（1399—1402）初改大理右寺为右司，置都评事、副都评事、都典簿等；永乐（1403—1424）初复名右寺。❸清朝宗人府，盛京礼、兵、刑、工四部均置，分见各条。

右司工 官名。即司空。战国司工官分左右。三晋官印有“右司工”之官名。《古玺汇编》第九一号：“汪匋右司工。”

右司卫上大夫 参见“司卫上大夫”。

右司马 官名。春秋置。《史记·孔子世家》：“古者诸侯出疆，必具官以从。请具左、右司马。”战国时，楚、齐、燕等国亦置，掌军政，领兵征战。《左传·襄公十五年》：“楚公子午为令尹”，“公子橐师为右司马，公子成为左司马”。秦汉时期仍为武官。宋朝大都督府亦置，无职掌。

右司乐 官名。参见“左司乐”。

右司驭 见“司驭中大夫”。

右司过 官名。战国赵置。掌规劝君王纠正过失。《史记·赵世家》：“武灵王少，未能听政，博闻师三人，左、右司过三人。”

右司员外郎 官名。唐武则天永昌元年（689）始置，隶尚书都省，一人，从六品上，与右司郎中同为尚书右丞副贰，监管兵、刑、工部诸司政务，举稽违、署符目、知直宿，位在诸司员外郎上；中宗神龙元年（705）省，次年复置。北宋初为寄禄官，神宗元丰（1078—1085）改制置一员，从六品，与右司郎中监管兵、刑、工部、案钞房。辽朝沿置。金朝尚书省右司置一员，正六品，佐郎中掌本司奏事及总察兵、刑、工三部受事付事。元朝中书省右司置二员，正六品，佐郎中掌兵房五科、刑房六科、工房六科。元末朱元璋中书省置为属官，正六品；明洪武十三年（1380）罢。

右司武上大夫 参见“司武上大夫”。

右司直郎 官名。明洪武十五年（1382）于右春坊置。二人，从六品。与左司直郎及左、右清纪郎共掌太子东宫弹劾、纠举之事。不常设。

右司侍郎 官名。即尚书右丞，五代后梁太祖开平二年（908）因避讳改，后唐庄宗同光元年（923）复名尚书右丞。

右司郎中 官名。唐太宗贞观二年（628）置，员一人，从五品上，为尚书右丞副贰，协掌尚书都省事务，监管兵、刑、工部诸司政务，举稽违、署符目、知直宿，位在诸司郎中上；高宗龙朔二年（662）改名右承务，咸亨元年（670）复。北宋初为寄禄官，神宗元丰（1078—1085）改制，置一员，正六品，领兵、刑、工部、案钞房事。辽朝沿置。金朝尚书省右司置一员，正五品，掌本司奏事，总察兵、刑、工三部受事付事，兼带修注官。元朝中书省右司置二员，正五品，掌兵房五科、刑房六科、工房六科事。元末朱元璋中书省置为属官，正五品，明洪武十三年（1380）罢。

右司隶 官名。十六国汉刘聪置。右司隶部行政长官，位次尚书仆射。见《晋书·刘聪载记》。

右司隶寺 官署名。十六国汉刘聪置。以右司隶为其长官，掌管右司隶部民，共领户二十余万，其下设内史，每一内史领万户。见《晋书·刘聪载记》。

右司政 官名。渤海国官，置一人，居左、右平章事下，比唐朝尚书仆射。

右司徒 官名。掌民众百姓教化。春秋战国置。《管子·五行》："天子出令，命左右司徒、内御，不诛不贞，农事为敬。"战国铭刻有大司徒，又有右司徒、左司徒等职官名。

右司副 官名。明初内府惜薪、钟鼓、宝钞、混堂四司皆置。见"左司副"。

右司谏 官名。北宋太宗端拱元年（988）改右补阙置，掌规谏讽谕，七品。其后，非有特旨不领谏职。神宗元丰（1078—1085）改制，始令专任谏诤，凡发令举事，有不便于时、不合于道，大事则许廷议，小事则许上封。正七品，隶中书外省（后改中书后省）。南宋初，令不隶中书。孝宗淳熙十五年（1188）复名右补阙，光宗绍熙二年（1191）复旧名。金朝于谏院置一员，从五品。明朝置为詹事府属官，从九品，多由他官兼任，掌箴诲鉴戒、拾遗补过。

右戎卫 官署名。即右领军卫，唐高宗龙朔二年（662）改，咸亨元年（670）复为右领军卫。

右戎卫大将军 官名。即右领军卫大将军，唐高宗龙朔二年（662）改，咸亨元年（670）复名右领军卫大将军。

右戎卫将军 官名。即右领军卫将军，唐高宗龙朔二年（662）改，咸亨元年（670）复名右领军卫将军。

右戎昭将军 官名。十六国后赵石虎置，地位高于左、右卫将军。《晋书·石季龙载记上》："（石虎）置左右戎昭、曜武将军，位在左右卫上。"

右寺 官署名。明清大理寺所属机构，分掌狱讼复审工作。参见"大理寺左寺"。

右西曹 官署名。晋朝司徒府僚属增设左西曹后，改原西曹为右西曹。南朝沿置。参见"西曹"。

右西章帅 宫官名。南朝宋太宗定后宫百官时置，无定员，五品。

右执法 官名。三国吴置。洪饴孙《三国职官表》："吴置中、左、右执法各一人，平诸官事。"

右执法郎 官名。十六国后赵石勒置，属大执法。《晋书·石勒载记下》："署张班为左执法郎、孟卓为右执法郎，典定士族，副选举之任。"

右匡政 官名。即尚书右仆射，唐高宗龙朔二年（662）改，咸亨元年（670）复名右仆射。

右至义 官名。明清道录司之官员。分掌天下道教之事。明洪武十五年（1382）初设，一人，从八品。清康熙十三年（1674）定设一人，亦为从八品。依例升迁左至义，缺出由候补道官升补。

右至灵 官名。明清道录司之官员。分掌天下道教之事。明洪武十五年（1382）设，一人，正八品。清康熙十三年（1674）定设一人，亦为正八品。依例升迁左至灵，缺出由左至义升补。

右夷离毕 官名。辽朝置，为北面官。夷离毕院官员。在左夷离毕下。参见"左夷离毕"。

右师 ❶军队建制。殷朝置。《甲骨文合集》第三三〇〇六片："丁酉贞，王作三师，左、中、右。"❷官名。春秋宋国置。六卿执政大臣，有右师、左师。右师掌君臣百官的教训，又与左师兼管乡政。《左传·成公十五年》："华元曰：'我为右师，君臣之训，师之所司也。今公室卑，而不能正，吾罪大矣。不能治官，敢赖宠乎？'乃出奔晋。"战国时齐国沿置此官。《孟子·离娄下》："公行子有子之丧，右师往吊。"焦循注："公行子，齐大夫也。右师，齐贵臣王，字子敖。"

右光禄 右光禄大夫的省称。

右光禄大夫 官名。三国魏置，《三国志·刘放传》："正始元年（240），更加（刘）放左光禄大夫，（孙）资右光禄大夫，金印紫绶，仪同三司。"作为在朝显职的加官，以示优崇，或授予年老有病者为致仕之官，亦常用为卒后赠官。无职掌。西晋时假金章紫绶，禄赐、班位、冠帻、车服、佩玉，置吏卒及诸所赐给与特进同。二品。其以为加官者，唯章绶、禄赐、班位而已，不别给车服吏卒。卒赠此位者，如本已有卿官，不复重给吏卒，其余皆给。光禄大夫在汉朝属光禄勋，魏、晋时地位提高，不复属之，南朝时仍属光禄勋。南朝梁武帝天监七年（508）定为十六班，位在金紫光禄大夫上，加开府仪同三司者，升为十七班，置官属同三公。陈二品，秩中二千石。北魏孝文帝太和十七年（493）定为从一品中，二十三年改为二品，北齐仍二品，北周正八命，亦在金紫光禄大夫上。隋初定为正二品，炀帝大业三年（607）降为从二品。唐初沿之，太宗贞观（627—649）后，唯设光禄大夫，不分左右。宋哲宗元祐三年（1088），分光禄大夫为左、右两阶，徽宗大观二年（1108），改称为正奉大夫。参见"光禄大夫"。

右当户 官名。匈奴置。由四贵姓中的兰氏充任。

右牝令 官名。北齐置。详见"右牝署"。

右牝丞 官名。北齐置。详见"右牝署"。

右牝局　官署名。北齐置，属太仆寺右牝署，设都尉。

右牝都尉　官名。北齐置，掌右牝局，从九品。

右牝署　官署名。北齐置，属太仆寺，掌驼马。设令、丞。领右牝局。

右先司马　官名。战国置。军队中的先锋官。《古玺汇编》第四六号："阳州左、右先司马。"

右行　❶军队建制。春秋晋置。《左传·僖公二十八年》："晋侯作三行以御狄。荀林父将中行，屠击将右行，先蔑将左行。"❷官名。(1) 春秋时晋国武官，为右行军队的主将。《左传·僖公十年》："遂杀丕郑、祁举及七舆大夫，左行共华、右行贾华。"(2) 战国秦置。《战国策·东周策》(姚宏《士礼居丛书》本)："右行秦谓大梁造。"吴师道补正(鲍彪《四部丛刊初编》本注引)："右行，秦官也。"

右行人　官名。明初行人司职官，洪武十三年(1380)置，从九品，寻改为右司副。

右后侍中士　官名。西魏、北周置，详见"后侍中士"。

右杀　官名。突厥领兵官，登利可汗从父曾任此职。典掌西厢之兵，皆精劲之属，号右杀。又称西杀。

右名曹　宋朝兵部、刑部、工部通称。

右名曹员外郎　宋朝兵部、刑部、工部员外郎统称。

右名曹郎中　宋朝兵部、刑部、工部郎中统称。北宋前期，左曹郎中带待制以上职者转右名曹郎中，再转为左名曹郎中，仍隔一资超转。

右安乐王　官名。匈奴置。由单于子弟充任，统领部众，地位在左、右显禄王之下。

右讲经　官名。明清僧录司之官员。分掌天下释教之事。明洪武十五年(1382)设，一人，正八品。清康熙十三年(1674)定设一人，亦为正八品。依例升迁左讲经，缺出由左觉义升补。

右军　❶右军统帅代称。周朝及春秋战国越、赵等诸侯国置左、中、右三军，故称。《国语·吴语》："(越王)夜中，乃命左军、右军涉江鸣鼓中水以须。"《史记·赵世家》："(武灵王)二十一年，攻中山。赵袑为右军，许钧为左军，公子章为中军，王并将之。"❷魏晋南北朝"右军将军"省称。

右军中尉　官名。即右神策军护军中尉。

右军师　官名。东汉献帝建安(196—220)中曹操置。为丞相府重要僚属，员一人，参议军国大事。三国吴亦置，地位较高，不属丞相府，多由左大司马兼任。

右军巡判官　见"军巡判官"。

右军巡使　见"军巡使"。

右军巡院　见"军巡院"。

右军将军　官名。西晋武帝泰始(265—274)初置，与前军、左军、后军将军合称四军将军，各领营兵千人，掌宿卫。是护卫皇帝宫廷的主要禁军将领之一。初属中军将军，后改属领军将军(中领军)。员一人，四品。东晋哀帝兴宁二年(364)，因不领营兵，罢。后复置，但不掌宫禁宿卫，孝武帝太元八年(383)淝水战后，都督豫州诸军事、豫州刺史桓伊自西中郎将迁此，后桓伊迁江州刺史，仍兼此，桓伊拜护军将军时，以右军府千人自随，配护军府。南北朝时，仍掌宫禁宿卫。南朝宋初，员一人，四品。明帝泰始(465—471)以后，多以军功得官，无复员限，成为侍卫武职。梁武帝天监七年(508)定为九班，陈五品、秩千石。北魏孝文帝太和十七年(493)定为从三品上，太和二十三年复次职令，降为从四品上。北齐时属左、右卫府，员五人，从四品上。隋初列为散号将军，从六品上，炀帝大业三年(607)罢。

右军都督府　官署名。明朝五军都督府之一。初分领在京虎贲右卫、留守右卫、水军右卫、武德卫、广武卫。永乐后改水军右卫、广武卫隶南京右军都督府，并领在外云南都司、贵州都司、四川都司、陕西都司、广西都司及其所领卫所。永乐后增直隶宣州卫，陕西行都司所领卫所，四川都司所领土官天全六番招讨司等，四川行都司所领卫所与土官昌州长官司等及云南都司、贵州都司所领土官茶山长官司、新添长官司等。设左、右都督，正一品，都督同知，从一品，都督佥事，正二品，及经历司经历等。参见"五军都督府"。

右军督　官名。西晋置。武帝时，赵休任之，曾上书陈杨氏权势太盛。见《晋书·杨骏传》。

右戏　官名。西周置。《师虎簋铭》："今余惟帅型先王命，命汝更乃祖考，嫡官司左、右戏繁荆。"

右羽林军大将军　官名。唐朝北衙禁军右羽林军统兵长官，高宗龙朔二年(662)置，员一人，正三品。武则天时地位日重，玄宗开元(713—741)年间最为荣宠，成为举足轻重的禁军统兵官，多以宦官为之。肃宗乾元二年(759)增为二员。辽朝亦置，为加官。

右羽林军上将军　官名。辽朝置，为南面官。加官，无实职。在左羽林军上将军下。

右羽林军将军　官名。唐朝北衙禁军右羽林军统兵次官，高宗龙朔二年(662)置，员二人，从三品。德宗贞元三年(787)增一员。辽朝亦置，为加官。

右羽林军统军　官名。唐德宗兴元元年(784)置，一人，从二品，以授节帅罢任者，无职事。

右羽林倅长下士　官名。西魏、北周夏官府右武伯倅大夫右羽林率上士属官，正一命。

右羽林率上士　官名。西魏恭帝三年(556)置，北周沿置。夏官府右武伯中大夫属官，统禁军羽林士，负责皇帝临朝及出行的侍卫，下设右羽林率中士、右羽林倅长下士以佐其职。正三命。隋文帝开皇元年(581)罢。

右羽林率中士　官名。西魏、北周夏官府右武伯中大夫右羽林率上士佐官，正二命。

右丞 官名。❶即尚书右丞。❷即中书右丞。❸金、元行台尚书省、行中书省、行尚书省之职官。参见各条。❹清末新设各部之职官。外务部承政厅及民政部、巡警部、度支部、学部、陆军部、法部、农工商部、邮传部等皆设一员，位列各部侍郎（副大臣）下，掌机密文移，综领众务。位次左丞。

右丞相 官名。战国秦始置，秦朝沿置，为政府最高国务长官之一，辅助皇帝管理国家政务。亦省称丞相。西汉初唯置一丞相，惠帝六年（前189）分置左、右，文帝二年（前178）又置一丞相，武帝征和二年（前91）复分置，不久又置一员。秩皆万石，为宰相之任。三国吴一度分置左、右。两晋、南朝、北魏、北齐或置或省，皆特为权臣专设之名号，并非处理实际政务的宰相。置则位一品、秩万石（梁位十八班）。唐玄宗开元元年（713）改尚书右仆射为右丞相，从二品，天宝元年（742）复旧。南宋孝宗乾道八年（1172）亦改尚书右仆射为右丞相，正一品，皆为宰相之任，处理国家政务。辽朝为南面朝官，隶属三省之一的中书省，非定制，亦无实权。西夏建国初置宰相，以党项人充任，后期称右丞相。金朝为尚书省长官之一，与左丞相、平章政事合称宰相，总理政务，从一品。元朝沿之，初为中书省、尚书省长官之一，置省不常，员额不定；武宗至大四年（1311）后，尚书省并入中书省，设左、右丞相各一员，为中书省长官，总理政务，正一品。文宗至顺元年（1330）专任右丞相，左丞相或置或省。明初沿置，正一品，洪武十三年（1380）罢中书省，遂废。汉、元皆居左丞相上，秦、北朝、唐、宋则居左丞相下。参见“丞相”。

右巡使 官名。唐朝以殿中侍御史为之，掌纠察京城外官员违失。宋朝亦以殿中侍御史兼任，掌正祭祀朝会文官之班序，纠其违失。

右巡御史 官名。唐朝御史台置，初以侍御史掌纠察违失，分左、右巡，以右巡监察京城之外，尽雍（今陕、甘一带）、洛（今河南）二州之境，月一代；后以殿中侍御史掌知；寻以务剧，又选用京畿县尉。

右走马 官名。周朝置。掌养马。《元年师兑𣪘》：“王呼内史尹册令师兑疋师龢父司左右走马、五邑走马。”参见“走马”。

右更 爵名。战国秦置，二十等爵第十四级。秦汉沿置。《汉书·百官公卿表》颜师古注：“更，言主领更卒，部其役使也。”汉成帝时吏民有入谷物助官府赈赡贫民在百万以上者，加赐爵右更，欲为吏补三百石。参见“二十等爵”。

右扶风 官名。秦置主爵中尉，掌列侯。入汉因之。景帝中六年（前144）更名主爵都尉。武帝太初元年（前104）改右扶风。职掌全异，主内史右地（京畿部分地区），有两丞，属官有掌畜令、丞，及右都水、铁官、厩、廱厨四长、丞。与左冯翊、京兆尹并称三辅。

右扶风都尉 官名。西汉右扶风置都尉。东汉初罢之。安帝时以羌族犯边，三辅有陵园之守，复置右扶风都尉，并设诸曹掾史。

右折冲都尉 官名。辽朝置，为南面官。加官，无实职。《辽史·仪卫志》：“左右诸折冲二十一人。”

右护卫司 官署名。辽朝置，为北面官。辽北、南护卫府各设右护卫司，与左护卫司分领护卫府护卫。皇太后宫亦有右护卫。置太保、右护卫等职。

右护军 官名。东汉献帝建安（196—220）中孙权置。召荡寇将军、领濡须督蒋钦还都任之，典领辞讼。三国蜀、吴亦置。

右帐内府 官署名。唐朝初年秦王、齐王府所领侍卫府之一，掌领帐内，侍卫、陪从。设官有统军、长史、录事及仓、兵、铠曹参军、别将、驱咥直等。太宗贞观（627—649）以后不分左、右。参见“帐内府”。

右员外侍郎 官名。北周置。正五命。参见“员外散骑侍郎”。

右员外常侍 官名。北周置。正五命。参见“员外散骑常侍”。

右伯 见“左右伯”。

右佥承 官名。参见“左佥承”。

右佥都御史 官名。明朝都察院置，正四品。详见“左佥都御史”。

右谷蠡王 见“右奕蠡王”。

右评事 参见“左评事”。

右译长 官名。汉朝西域各国与汉朝交往频繁，多置有译长，或分左、右。《汉书·西域传》，卑陆国有左、右译长各一人。

右补阙 官名。唐武则天垂拱元年（685）置二人，从七品上，掌供奉讽谏，隶中书省。天授二年（691）增为五人。其后除授颇为滥杂，有“补阙连年载”之讥。宋初沿置，七品，多不领本职，而出领中外其他职务。太宗端拱元年（988）改右司谏。南宋孝宗淳熙十五年（1188）复置，专任谏诤，不兼纠劾之职，隶谏议大夫。光宗绍熙二年（1191）复改右司谏。辽朝置，为南面官，掌讽谏，隶中书省右谏院。金朝正七品，隶谏院。明建文（1399—1402）改官制，六科及通政使寺下皆置，成祖即位，复洪武（1368—1398）旧制，遂废。

右阿速卫亲军都指挥使司 官署名。元朝侍卫亲军指挥机构。秩正三品。设于武宗至大二年（1309），掌阿速军士。置营潮河、苏沽川（古北口内），衙司在大都丽正门内。设官同左阿速卫。下辖行军、把门千户所九翼。

右奉宸卫 官署名。即右千牛卫。唐高宗龙朔二年（662）改右千牛府置，旋改右千牛卫。

右奉宸卫大将军 官名。即右千牛卫大将军。唐高宗龙朔二年（662）改右千牛府大将军置，旋改右千牛卫大将军。

右奉宸卫将军　官名。即右千牛卫将军。唐高宗龙朔二年（662）改右千牛府将军置，旋改右千牛卫将军。

右奉裕卫　官署名。即太子右内率府。唐高宗龙朔二年（662）改，咸亨元年（670）复名右内率府。

右奉裕卫副率　官名。即太子右内率府副率。唐高宗龙朔二年（662）改，咸亨元年（670）复名右内率府副率。

右奉裕卫率　官名。即太子右内率府率。唐高宗龙朔二年（662）改，咸亨元年（670）复名右内率府率。

右武大夫　官名。宋徽宗政和二年（1112）重定武臣阶官名，改西上閤门使置，正六品。

右武卫　禁卫军指挥机构。隋朝为十二卫之一，置大将军一员、将军二员，掌宫掖禁御，督摄队仗，有长史、司马、录事、功仓兵骑等曹参军事、法铠曹行参军、行参军，统开府、仪同府，并领外军宿卫；炀帝大业三年（607）以大将军、将军总府事，并统诸鹰扬府，所领军士名熊渠，置护军四员，掌副贰将军，将军缺则以其一人摄，寻改为武（虎）贲郎将，以武（虎）牙郎将副之，又置长史、录事参军、司仓、司兵、司骑、司铠等员。唐朝为十六卫之一，置大将军一员、将军二员，统翊府及外府府兵，掌宫禁宿卫，大朝会在正殿前以其队次立于右骁卫之下，有长史、录事及仓兵骑胄等曹参军，武则天天授二年（691）又置司阶、中候、司戈、执戟、四色官及长上等属，其翊府有中郎将、郎将、兵曹参军事、校尉、旅帅、队正、副队正等；武则天光宅元年（684）改名右鹰扬卫，中宗神龙元年（705）复名右武卫；德宗贞元二年（786）置上将军一员，位大将军上。辽朝沿置，设大将军、上将军、将军，领折冲都尉、果毅都尉。

右武卫大将军　官名。隋朝十二卫大将军之一，置一员，正三品，总其府事，并统诸鹰扬府。唐朝沿置，掌宫禁宿卫，凡翊府之翊卫、外府熊渠番上者，分配之。宋朝置为环卫官，无定员，无职掌，多命宗室为之，亦用为武臣赠典或武官责降散官，神宗元丰（1078—1085）改制降为正四品。南宋多不除授，孝宗隆兴二年（1164）中复置。辽朝沿置，为加官，位上将军上。

右武卫上将军　官名。唐德宗贞元二年（786）置为右武卫长官，一员，从二品，位大将军上，掌宫禁宿卫，凡翊府之翊卫、外府熊渠番上者，分配之。宋朝置为环卫官，无定员，无职掌，多命宗室为之，亦用为武臣赠典，神宗元丰（1078—1085）改制前为三品，后为从三品。南宋多不除授，孝宗隆兴（1163—1164）中复置。辽朝亦置，为加官，位大将军下。

右武卫将军　官名。隋朝十二卫将军之一，置二员，从三品，佐大将军总府事并统诸鹰扬府。唐朝沿置二员，从三品，掌宫禁宿卫，凡翊府之翊卫、外府熊渠番上者，分配之。宋朝置为环卫官，无定员，无职掌，多命宗室为之，亦用为武臣赠典或武官责降散官，神宗元丰（1078—1085）改制降为从四品。南宋多不除授。辽朝亦置，为加官。

右武伯　右武伯中大夫的省称。

右武伯中大夫　官名。西魏恭帝三年（556）置，北周沿置。夏官府右武伯司长官，省称为“右武伯”，员一人。与左武伯中大夫共掌皇宫内外宿卫禁令，兼统虎贲、旅贲、射声、骁骑、羽林、游击等六率禁卫军士。皇帝临轩时，备三杖于庭，立于殿上东、西阶之侧。皇帝出行时则列兵护于帝之左右。下设右小武伯下大夫、右小武伯上士以佐其职，领右虎贲率上士、右旅贲率上士、右射声率上士、右骁骑率上士、右羽林率上士、右游击率上士等官属。北周武帝建德二年（573）省。宣帝即位后，复置。正五命。隋文帝开皇元年（581）罢。

右武侍率　官名。即太子右宗卫率。隋炀帝大业三年（607）改，唐高祖武德五年（622）复名右宗卫率。

右武郎　官名。宋徽宗政和二年（1112）重定武臣阶官名，改西上閤门副使置，从七品。

右武威　官署名。即右骁卫。唐武则天光宅元年（684）改，中宗神龙元年（705）复名右骁卫。

右武威大将军　官名。即右骁卫大将军。唐武则天光宅元年（684）改，中宗神龙元年（705）复名右骁卫大将军。

右武威将军　官名。即右骁卫将军。唐武则天光宅元年（684）改，中宗神龙元年（705）复名右骁卫将军。

右武候　禁卫军指挥机构。隋朝十二卫之一，置大将军一员、将军二员，与左武候同掌车驾护从，昼夜巡察，烽候道路，执其营禁，分领诸骠骑府、车骑府府兵；有长史，司马，录事及功、仓、兵、骑曹参军，法、铠曹行参军等员，另置司辰师、漏刻生；炀帝大业三年（607）改为右候卫，司辰师改隶太史局，增置察非掾，专纠弹之事。

右武候大将军　官名。隋朝十二卫大将军之一，置一员，正三品，与左武候大将军同掌车驾出营卫，分领府兵；炀帝大业三年（607）改名右候卫大将军。

右武候将军　官名。隋朝十二卫将军之一，置二员，从三品，为左右武候大将军副贰；炀帝大业三年（607）改名右候卫将军。

右林牙　官名。辽朝置，为北面官。大林牙院官员，掌文翰等事。相当于南面翰林学士。

右刺奸掾　东汉末曹操丞相府所置僚属名。掌监察。《三国志·陈思王传》裴松之注引《魏略》：“转（丁）仪为右刺奸掾。”

右直史　官名。明建文（1399—1402）中于各郡王府置，一人，具体职掌不详。永乐（1403—1424）初罢。

右虎贲倅长下士 官名。西魏、北周夏官府右武伯中大夫右虎贲率上士属官，正一命。

右虎贲率上士 官名。西魏恭帝三年（556）置，北周沿置。夏官府右武伯中大夫属官，统禁军虎贲士，负责皇帝临朝及出行的侍卫，下设右虎贲率中士、右虎贲倅长下士以佐其职。正三命。隋文帝开皇元年（581）罢。

右虎贲率中士 官名。西魏、北周夏官府右武伯中大夫右虎贲率上士佐官，正二命。

右贤王 匈奴官名。即右屠耆王。屠耆为匈奴语“贤”，汉人因称右屠耆王为右贤王。为单于之下的最高官职，地位仅次于左贤王，以单于子弟充任。一般统辖万余骑，居单于西方，最为大国。下置千长、百长、什长、裨小王、相、都尉、当户、且渠等官属，以管理军政事务。十六国时仇池氏杨茂及子孙亦称此号。

右尚方 官署名。参见“尚方”。

右尚方令 官名。西汉尚方已有中、左、右之分。东汉末设令，为少府属官。三国魏沿置，六百石、七品。西晋沿置。东晋省并尚方令，主作御刀绶剑诸器物。南朝宋复置，亦掌造军器；齐沿置；梁隶少府卿，为右尚方署长官，一班。北齐为太府寺右尚方署长官，从八品上。隋朝沿置二员，正八品；炀帝大业三年（607）升正六品，改隶少府监。唐初沿置，武则天垂拱元年（685）改少府监为尚方监，右尚方则去方字，改为右尚令。

右尚方丞 官名。三国魏置，四百石、九品，右尚方令之副贰。西晋沿置；南朝宋置一员，南齐一员；梁隶少府卿，为右尚方署次官，流外三品勋位。北齐太府寺右尚方署置为次官，从九品上。隋朝沿置六员，正九品，炀帝大业三年（607）隶少府监。唐初沿置，武则天垂拱元年（685）改少府监为尚方监，去方字为右尚丞。

右尚方署 官署名。南朝梁少府卿下属机构，有令、丞掌之。北齐太府寺置，有令、丞，又别领别局丞。隋朝隶太府寺，有令二员、丞六员；炀帝大业三年（607）改隶少府监，升令品。唐初沿置，武则天垂拱元年（685）改少府监为尚方监，去方字为右尚署。

右尚令 官名。唐朝武则天垂拱元年（685）改右尚方令置，为右尚署长官，二员。初为正八品下，玄宗开元（713—741）初升从七品下。北宋存其名而罕除授。参见“右尚署”。

右尚丞 官名。唐朝武则天垂拱元年（685）改右尚方丞置，为右尚署次官，四员，初为正九品下，玄宗开元（713—741）初升从八品下。北宋存其名而罕除授。

右尚署 官署名。唐朝武则天垂拱元年（685）改右尚方署置，隶尚方监（少府监），置令二员、丞四员，掌席荐、制革、胶墨等杂作，供天子御马之鞍辔及刀剑、斧钺、甲胄、纸笔、茵席、鞋履等；另有监作、典事等。初为下署，玄宗开元（713—741）初升为上署。北宋存其官名而无职司。

右尚署令 官名。即右尚令。

右尚署丞 官名。即右尚丞。

右果毅都尉 官名。唐朝折冲府次官之一。太宗贞观十年（636）改别将（车骑将军）置，一员，上府从五品下，中府正六品上，下府从七品下，与左果毅都尉掌通判府事，为折冲都尉副职。辽朝诸卫各置二十八员，为加官。

右典军 官名。三国吴置中、左、右典军，掌宿卫禁军。为皇帝身边亲信之臣。张休以侍中、羽林都督，平三典军事。

右典牧都尉 官名。西晋置。掌管马、牛的牧养，属太仆，六品。

右国史 官名。三国吴置，为史官。与左国史同掌修国史。多以他官兼领。

右牧丞 官名。南朝梁、陈置，掌宫廷用马，属太仆卿。

右侍下大夫 官名。北周置。《隋书·独孤楷传》：“其后数从征讨，赐爵广阿县公，邑千户，拜右侍下大夫。”正四命。

右侍上士 官名。西魏、北周时天官府宫伯中大夫属官，正三命。与左侍上士共同负责皇帝寝宫的安全。皇帝临朝及出行时，亦随侍左右。皆披银甲，执麟环长刀，刀用银饰。北周多作为起家官，周武帝即位初期，宇文孝伯任职，常陪侍武帝读书。隋文帝开皇元年（581）废。

右侍中士 官名。西魏、北周天官府宫伯中大夫右侍士上佐官，正二命。

右侍极 官名。即右散骑常侍。唐高宗龙朔二年（662）改，咸亨元年（670）复名右散骑常侍。

右侍伯 即“右侍伯中大夫”。

右侍伯中大夫 官名。北周置。统所部禁军，负侍卫之责。亦省称右侍伯。武帝宣政元年（578），苏慈自前侍伯中大夫迁此。正五命。见赵万里《汉魏南北朝墓志集释》图四〇九《苏慈墓志》。

右侍郎 官名。❶十六国西秦乞伏炽磐置，为高级执政官。《晋书·乞伏炽磐载记》：“罢尚书令、仆射、尚书、六卿、侍中、散骑常侍、黄门郎官，置中左右常侍、侍郎各三人。”❷王、公国属官。掌侍从赞礼，通传教令。南朝或置，位在左、右常侍之下。参见“侍郎❺”。❸明、清六部及清朝理藩院各设左、右侍郎，为各部之副长官。详见各部右侍郎条。

右侍率 官名。即太子右卫率。隋炀帝大业三年（607）改，唐高祖武德五年（622）复名右卫率。

右侍禁 官名。❶武臣阶官。宋太宗淳化二年（991）置，系三班小使臣。神宗元丰（1078—1085）改制，定为正九品。徽宗政和二年（1112）重定武臣阶官名，改忠翊郎。❷宦官。宋徽宗政和二年重定宦官名，改殿头置。❸西夏置于监军司内，分左、右，汉族与党项均可领其职。

右侍散二命士 官名。西魏、北周时天官府右宫伯中大夫属官。赵万里《汉魏南北朝墓志集释》图五二〇《宋永贵墓志》："大象元年（579），任右宫伯右侍散二命士。"即右侍中士的别称。

右侍御史 官名。明洪武十三年（1380）置，正四品，同年即罢。详见"左侍御史"。

右使人 见"左右使人"。

右征尹 官名。战国楚置。《楚高罍铭》："楚高，右征尹。"

右金吾卫 禁卫军指挥机构。唐朝十六卫之一，高宗龙朔二年（662）改右候卫置。设大将军一员、将军二员，与左金吾卫同掌宫中、京城巡警，烽候道路，以执御非违，领翊府及诸折冲府府兵。下设长史、录事及仓、兵、骑、胄曹参军事。武则天天授二年（691）又置司阶、中候、司戈、执戟四色官及长上等属，又有街使、判官等。其翊府有中郎将、郎将、兵曹参军事、校尉、旅帅、队正、副队正等员。德宗贞元二年（786），置上将军一员，位大将军上。西夏置，掌京城巡警。仁宗、桓宗时设上将军、正将军，多派为赴金使节。辽朝置，设大将军、上将军、将军，领折冲都尉、果毅都尉。

右金吾卫大将军 官名。唐高宗龙朔二年（662）改右候卫为右金吾卫而置，一员，正三品；德宗贞元二年（786）添置上将军前为右金吾卫长官，掌宫中、京城巡警，烽候、道路、水草之宜；凡翊府之翊卫及外府佽飞番上，皆属之。宋朝置为环卫官，无定员，无职掌，多命宗室为之，亦用为武臣赠典或武官责降散官，神宗元丰（1078—1085）改制降为正四品。南宋多不除授，孝宗隆兴（1163—1164）中复置，以节度使遥郡者为之。辽朝亦置，为加官，位上将军上。

右金吾卫上将军 官名。唐德宗贞元二年（786）置为右金吾卫长官，一员，从二品，位大将军上，掌宫中、京城巡警，烽候、道路、水草之宜；凡翊府之翊卫及外府佽飞番上，皆属之。宋朝置为环卫官，无定员，无职掌，多命宗室为之，亦用为武臣赠典；神宗元丰（1078—1085）改制为从二品。南宋多不除授，孝宗隆兴（1163—1164）中复置，以节度使领任，以正任为之。辽朝亦置，为加官，位大将军下。

右金吾卫中郎将 官名。唐高宗龙朔二年（662）改右候卫为右金吾卫，其右翊府置，为长官，员一人，正四品下。掌领本府翊卫，督京城六街铺巡警。宋朝置为环卫官，无定员，无职掌，多命宗室为之，亦用为武臣赠典或武官责降散官。北宋前期为四品，南宋多不除授。

右金吾卫将军 官名。唐高宗龙朔二年（662）改右候卫为右金吾卫，置二员，从三品，佐大将军掌宫中、京城巡警，烽候、道路、水草之宜。宋朝置为环卫官，无定员，无职掌，多以宗室为之，亦用为武臣赠典或武官责降散官，神宗元丰（1078—1085）改制降为从四品。南宋多不除授。辽朝亦置，为加官。

右金吾引驾仗司 见"金吾街仗司"。

右金吾仗司 见"金吾街仗司"。

右金吾街司 见"金吾街仗司"。

右金紫光禄大夫 官名。北周置，为朝中官员的加官，无具体职掌，八命。详见"金紫光禄大夫"。

右采铁 官名。战国秦置。主铁官之一。《睡虎地秦墓竹简·秦律杂抄》："大（太）官、右府、左府、右采铁、左采铁课殿，赀啬夫一盾。"

右受 官名。战国周王室置。掌制造器物的工官有左受工和右受工。右受即右受工省称。《增订洛阳金村古墓聚英》第四五图·银俑刻铭："右受"，"中府，右亻酉（酒）。"

右受工 官名。战国周王室置。掌制造器物。省称"右受"。

右备身府 禁卫军指挥机构。❶隋文帝开皇十八年（598）置，炀帝大业三年（607）改为右骁骑。❷隋炀帝大业三年（607）改右领左右府置。设备身郎将一员为长官，直斋二员以为副，与左备身府同掌侍卫皇帝左右的亲信禁兵，职任甚重。统千牛左右、司射左右。有长史、录事及司兵、仓、骑参军等员。以折冲郎将三员总领骁果，以果毅郎将三员为其副。其骁果，分置左、右雄武府，各设雄武郎将领之，以武勇郎将为副职，有司兵、司骑二局，并置参军事。唐高祖武德五年（622）改右领左右府，后又改右千牛府。

右於陆王 官名。匈奴置。由单于子弟充任，统领部众，地位在左、右奕蠡王之下。

右府 官署名。❶战国时燕、秦等国置。掌工官。亦以代称其长官。燕国铜象尊刻铭有"右府尹"。《睡虎地秦墓竹简·秦律杂抄》："大（太）官、右府、左府、右采铁、左采铁课殿，赀啬夫一盾。"❷即右千牛卫。唐高祖武德五年（622）改备身府置，高宗显庆五年（660）改右千牛府，后定置为右千牛卫。❸明朝右军都督府省称。

右府上士 官名。西魏恭帝三年（556）置，北周沿置。天官府太府中大夫属官，掌右府库中所藏器物，下设右府中士以佐其职。正三命。隋文帝开皇元年（581）罢。

右府中士 官名。西魏、北周天官府太府中大夫右府上士佐官，正二命。

右沮渠 官名。匈奴置。由四贵姓中的须卜氏（一译作卜氏）充任。

右治狱 宋朝大理寺右治狱省称。

右单于 东汉末乌丸首领。袁绍因乌丸助其击公孙瓒，遣使拜乌丸三王皆为单于，《三国志·乌丸传》裴松之注引《英雄记》载其版文："乌桓单于都护部众，左、右单于受其节度，他如故事。"

右宗人 官名。参见"左宗人"。

右宗正 官名。参见“左宗正”。

右宗侍下士 官名。西魏、北周置。详见“宗侍下士”。

右官 官署名。春秋时宋国置。宋国六卿执政大臣有右师、左师，掌君臣百官的教训。宋国分官司为右与左，分辖于二师。右官为右师的治所，左官为左师的治所。《左传·襄公九年》：“使华阅讨右官，官庀其司。向戌讨左，亦如之。”杜预注：“（华阅）亦华元子，代元为右师。讨，治也，庀，具也。使具其官属。”

右学 商朝所置教育机构。相当于周朝的太学。《礼记·王制》：“殷人养国老于右学。”郑玄注：“右学为大学，在王城西郊。”

右郎将 官名。唐高祖武德七年（624）改车骑将军为郎将，分左、右，左右卫之亲、勋一、勋二、翊一、翊二凡五府及诸卫翊府皆置，为其府中郎将副贰，各一员，正五品上；太子卫率府之亲府、勋府、翊府三府亦置，各一员，正五品下，领其属宿卫。高宗永徽三年（652）改右翊军郎，显庆元年（656）复名右郎将。

右肃机 官名。即尚书右丞，唐高宗龙朔二年（662）改，咸亨元年（670）复名尚书右丞。

右肃政台 官署名。唐武则天文明元年（684）改御史台为肃政台，光宅元年（684）分置左、右，按右台监察京城外文武官僚；中宗神龙元年（705）改右御史台。

右参议 官名。见“参议”。

右参政 见“参政”。

右参赞 见“驻藏大臣左参赞”。

右承务 官名。即右司郎中。唐高宗龙朔二年（662）改，咸亨元年（670）复名右司郎中。

右承宣使 官名，辽置。内侍省官员。职掌不详。

右春坊 官署名。属东宫，唐高宗龙朔二年（662）改太子典书坊置，掌侍从、献纳、启奏，职比中书省。咸亨元年（670）复名典书坊，睿宗景云二年（711）再改为右春坊。长官右庶子二员，次官中舍人二员，另有太子舍人四员、通事舍人八员、右谕德一员、右赞善大夫五员、录事一员、主事二员。宋朝置主管官二员，以内臣兼；同主管官二员，以武臣兼；承受官一员，以内侍充。南宋因置。辽朝置太子右庶子、太子中舍人、太子舍人、太子右谕德、右赞善大夫、太子通事舍人，并领太子家令寺、太子率更寺、太子仆寺之属。明、清隶詹事府。明洪武十五年（1382）分春坊为左右，置大学士一员，掌太子上奏请、下启笺及讲读之事，皆审慎而监省之；又有右庶子、右谕德各一员，右中允、右赞善、右司直郎各二员；二十九年又增置右清纪郎、右司谏、右通事舍人。嘉靖、隆庆之后，仅为翰林院编修、检讨升迁之阶。清顺治九年（1652）沿置，十五年裁。康熙十四年（1675）复置，掌记注、纂修之事，仅为翰林升转之所。置右庶子、右中允、右赞善，俱满、汉各一员；汉员分别兼翰林院侍读、编修、检讨衔。初，有右谕德，康熙五十七年省。光绪二十八年（1902），詹事府省入翰林院，遂废。

右春坊大学士 官名。明朝詹事府右春坊置。正五品，一人，与左春坊大学士掌太子上奏请、下启笺及讲读之事。参见“左春坊大学士”。

右春坊谒者 官名。宋真宗天禧二年（1018）置为东宫官属，以别官兼任，主赞引之事。乾兴元年（1022），仁宗即位，遂罢。

右相 官名。相传商汤、周成王皆置左、右相。春秋齐景公置左、右相辅佐国政，以右相为首相。《史记·齐世家》：“景公立，以崔杼为右相，庆封为左相。”周赧王六年（前309），秦置丞相，以樗里疾为右相，甘茂为左相。十六国西秦乞伏国仁建义元年（385）亦置左、右相，以右相为次相。唐高宗龙朔二年（662）至咸亨元年（670）改中书省为西台，以长官中书令为右相。武则天光宅元年（684）至中宗神龙元年（705）改尚书省为文昌台，以尚书右仆射为文昌右相。玄宗天宝元年（742）至肃宗至德二载（757）称中书令为右相。南宋孝宗乾道八年（1172），改尚书左、右仆射为左、右丞相，简称左、右相。明洪武三年（1370）于诸王府设左、右相各一人，正二品。左相多由勋臣充任，右相多以文臣充任。掌王府之政令，辅相规讽以匡王失，率府僚各供其事，而总其庶务。

右相国 官名。朱元璋建国前于元至正二十四年（1364）置。是年正月，朱元璋自立为吴王，于应天府（今江苏南京）设中书省，置为中书省长官，正一品，位在左相国上。吴元年（元至正二十七年，1367）改百官礼仪，以左为上，遂改原右相国为左相国。明洪武元年（1368）改置为右丞相。

右柱国 勋官名。明置，以授文、武官正一品再考称职者。参见“柱国”。

右威卫 禁卫军指挥机构。唐朝十六卫之一，高宗龙朔二年（662）改右屯卫置。设大将军一员，将军二员，掌宫禁宿卫，大朝会则被黑甲铠、弓箭刀楯旗等，为右厢队，次右武卫之下；凡分兵主守，则知皇城东面助铺，领翊府及诸折冲府府兵；有长史、录事及仓、兵、骑、胄曹参军事，司阶、中候、司戈、执戟四色官及长上等属；其翊府有中郎将、郎将、录事、兵曹参军事、校尉、旅帅、队正、副队正；武则天光宅元年（684）改名右豹韬卫，中宗神龙元年（705）复改右威卫；德宗贞元二年（786）置上将军一员，位大将军上。辽朝置，设大将军、上将军、将军，领折冲都尉、果毅都尉。

右威卫大将军 官名。唐朝十六卫大将军之一，高宗龙朔二年（662）改右屯卫大将军而置，一员，正三品；德宗贞元二年（786）置上将军以前为右威卫长官，与左威卫大将军同掌宫禁宿卫，督其属翊府之翊卫、外府熊渠番上者。辽朝亦置，为加官。

右威卫上将军 官名。唐德宗贞元二年（786）置为右威卫长官，一员，从二品，位大将军上，掌宫禁宿卫，督其属翊府之翊卫、外府熊渠番上者。辽朝亦置，为加官。

右威卫将军　官名。唐朝十六卫将军之一，高宗龙朔二年（662）改右屯卫将军置，二人，从三品，佐右威卫大将军掌宫禁宿卫，督其属。辽朝亦置，为加官。

右拾遗　官名。唐武则天垂拱元年（685）始置，员二人，从八品上，属中书省，掌供奉讽谏。天授二年（691）增至五人，后除授渐滥，有“拾遗平斗量”之讥。宋初沿置，多别领中外职任，不专任谏职。太宗端拱元年（988）改名右正言。南宋孝宗淳熙十五年（1188）复置，掌规谏讽谕，隶中书门下省。光宗绍熙二年（1191）复改右正言。辽朝置为南面官，掌讽谏，隶中书省右谏院。金朝正七品，隶谏院。明建文（1399—1402）改官制，通政使寺及六科下皆置，成祖即位后乃罢。

右省　唐朝中书省官署位于门下省之右，别称右省。

右昭仪　妃嫔号。北魏太武帝时置，孝文帝改定内官后，在皇后之下，位视大司马。北齐武成帝河清（562—565）新令，位比丞相。后主武平五年（574）置左、右娥英后，降为比二大夫。

右勋侍下士　官名。西魏、北周置，详见“勋侍下士”。

右勋曹中大夫　官名。北周置。《隋书·于仲文传》：“及宣帝嗣位，（于玺）转右勋曹中大夫。”正五命。

右显禄王　官名。匈奴置。以单于子弟充任，统领部众，地位在左、右独鹿王之下。

右贵嫔　妃嫔号。十六国汉置。《晋书·刘聪载记》：“（聪）使其兼大鸿胪李弘拜（刘）殷二女为左、右贵嫔，位在昭仪上。”

右钦察卫亲军都指挥使司　元朝侍卫亲军指挥机构。秩正三品。英宗至治二年（1322）二月，由钦察卫亲军都指挥使司分立。置达鲁花赤一员，都指挥使二员，副都指挥使二员，佥事二员。下辖十八行军千户所，二屯田千户所。置司、营地点同左钦察卫。

右选　宋朝吏部尚书右选、侍郎右选通称。神宗元丰（1078—1085）改制置，掌武臣选调之事。

右选侍郎　官名。宋神宗元丰（1078—1085）改制，吏部设侍郎右选，若命他官兼掌，则称右选侍郎。参见“侍郎右选”。

右选郎　官名。三国蜀置，尚书郎官名。亦作右选部郎。与左选郎、吏部郎同掌官吏铨选。见《三国志·杨戏传》。

右选曹尚书　官名。十六国刘汉置。掌官吏铨选，位次尚书仆射。属尚书省。《晋书·刘聪载记》：“省吏部，置左、右选曹尚书。”

右科　武举别称。

右独鹿王　官名。匈奴置。由单于子弟充任，统领部众，地位在左、右朔方王之下。

右亲事府　官署名。唐初秦王、齐王府所领侍卫府之一，置统军一人，掌领亲事，侍卫陪从；又有长史、录事及兵、铠曹参军事、库直等属；太宗贞观（627—649）以后不分左、右。见“亲事府”。

右奕蠡王　官名。匈奴置。奕蠡为匈奴语音译，亦作谷蠡。由单于亲子弟担任，地位仅低于左、右贤王和左奕蠡王，而合称四角，有依次担任单于的可能。西汉时居西方，所统土地、人口多于其他地位较低的诸王。

右度辽将军　官名。东汉末期置。《资治通鉴·汉献帝建安五年》：“（曹）操还军官渡，阎柔遣使诣操，操以柔为乌桓校尉。鲜于辅身见操于官渡，操以辅为右度辽将军，还镇幽土（胡三省注：今使鲜于辅还镇幽土，故以为右度辽将军。自中国而北，向以西河为左，幽土为右也）。”

右闻司马　官名。战国置。《善斋吉金录》卷一四页三著录有战国官印文：“右闻司马。”

右将军　官名。汉朝为重号将军之一，与前、左、后将军并为上卿，位次大将军及骠骑、车骑、卫将军，有兵事则典掌禁兵，戍卫京师，或任征伐。设长史、司马等僚属。平时无具体职务，一般兼任他官，常加诸吏、散骑、给事中等号，成为中朝官，宿卫皇帝左右，参与朝政。如加领尚书事衔则负责实际政务。不常置。魏、晋常设，权位渐低，仅为武官名号，略高于一般杂号将军，不典禁兵，不与朝政，三品。初犹领兵征战，东晋南北朝成为军府名号，用作加官，常不载官品。南朝宋三品。北魏孝文帝太和十七年（493）定为从二品上，二十三年定为三品。北周正七命。隋朝废。

右前侍中士　官名。西魏、北周置，详见“前侍中士”。

右觉义　官名。明清僧录司之官员。分掌天下释教之事。明洪武十五年（1382）设，一人，从八品。康熙十三年（1674）定设一人，亦为从八品。依例升迁左觉义，缺出由候补僧官升补。

右宣徽使　官名。金朝置，为宣徽院副长官，秩正三品。参见“宣徽院”。

右宫门将　官名。即太子右监门率，隋炀帝大业三年（607）改，并降为正五品，唐高祖武德五年（622）复名右监门率。

右宫正　参见“太子宫正”。

右宫伯中大夫　官名。西魏、北周置，详见“宫伯中大夫”。

右宫伯都上士　官名。西魏、北周置，详见“宫伯都上士”。

右客省使　官名。辽朝置，为南面官。客省官员，在左客省使下。

右神武军大将军　官名。唐朝北衙禁军右神武军统兵长官，玄宗开元二十六年（738）分羽林军而置，寻废。肃宗至德二载（757）以左、右羽林军减耗而又别置，初设一员，正三品，乾元二年（759）以战乱未息，增为二员，总衙前射生兵。辽朝亦置，为加官。

右神武军上将军 官名。辽朝置，为南面官。加官，无实职。在左神武军上将军下。

右神武军将军 官名。唐朝北衙禁军右神武军统兵官，肃宗至德二年（757）置二员，从三品；德宗贞元三年（787）增置一员，为右神武军大将军副贰。辽朝亦置，为加官。

右神武军统军 官名。唐德宗兴元元年（784）置，一人，从二品，以授节帅罢任者，无职事。

右神威军大将军 官名。唐朝禁军右神威军统兵长官，德宗贞元三年（787）改殿前右射生军为右神威军而置，二员，正三品，宪宗元和三年（808）罢。辽朝亦置，为加官。

右神威军上将军 官名。辽朝置，为南面官。加官，无实职。在左神威军上将军下。

右神威军将军 官名。唐朝禁军右神威军统兵次官，德宗贞元三年（787）改殿前右射生军为右神武军而置，二员，从三品，宪宗元和三年（808）罢。辽朝亦置，为加官。

右神策军大将军 官名。唐朝北衙禁军右神策军统兵长官，德宗贞元二年（786）改神策右厢为右神策军而置，二员，正三品，掌卫兵及内外八镇兵，僖宗光启元年（885）以其为右神策诸都指挥使。辽朝亦置，为加官。

右神策军上将军 官名。辽朝置，为南面官。加官，无实职。在左神策军上将军下。

右神策军护军中尉 官名。唐德宗贞元十二年（796）置，以宦官为之，禁军最高统兵官之一，权倾天下，皇帝废立，多出其可否。

右神策军将军 官名。唐朝北衙禁军右神策军统兵官，德宗贞元二年（786）改神策右厢为右神策军而置，二员，从三品，三年加置二员。辽朝亦置，为加官。

右神策军统军 官名。唐德宗贞元十四年（798）置二员，以崇禁卫，从二品。

右祗候郎君 官名。辽朝置，为北面官。著帐郎君院官员。掌御前祗应等事。

右祗候郎君直长 官名。辽朝置，为北面官。著帐郎君院官员。领当值郎君侍应事。

右祗候郎君闸撒狘 官名。辽朝置，为北面官。著帐郎君院官员，掌右祗候郎君之禁卫者。

右祗候郎君拽剌 官名。辽朝置，为北面官。著帐郎君院官员。掌宫帐禁卫、随行扈从。

右祗候郎君班详稳 官名。辽朝置，为北面官。著帐郎君院官员。右祗候郎君班详稳司长官。任此职者，多为皇帝亲近之人。

右祗候郎君班详稳司 官署名。辽朝置，为北面官。属著帐郎君院。统领右祗候郎君班。

右院 官署名。明建文二年（1400）置。参见“左院”。

右给事中 官名。参见“左给事中”。

右骁卫 禁卫军指挥机构。隋炀帝大业三年（607）改右备身府置，又称右骁骑，十二卫之一。置大将军一员、将军二员，统诸鹰扬府府兵；置护军四员，掌副贰将军，寻改武（虎）贲郎将，又置武（虎）牙郎将六员，有长史、录事参军，司仓、兵、骑、铠等员，军士名豹骑。唐朝沿置，为十六卫之一，位左右卫下，掌宫禁宿卫，领翊府及诸折冲府府兵。凡翊府之翊卫、外府豹骑番上者，分配之；凡分兵守诸门，在皇城四面、宫城内外，与左右卫分知助铺。武则天天授二年（691）置司阶、中候、司戈、执戟四色官及长上。光宅元年（684）改称右武威，中宗神龙元年（705）复名右骁卫。德宗贞元二年（786）置上将军一员，位大将军上。辽朝置，设大将军、上将军、将军，领折冲都尉、果毅都尉。

右骁卫大将军 官名。隋炀帝大业三年（607）改右备身府为右骁卫，置为十二卫大将军之一，正三品，总府事，并统诸鹰扬府。唐朝沿置，武则天光宅元年（684）改称右武威大将军，中宗神龙元年（705）复名右骁卫大将军。德宗贞元二年（786）添置上将军前为右骁卫长官，掌宫禁宿卫，凡翊府之翊卫、外府豹骑番上者，分配之；凡分兵守诸门，在皇城四面、宫城内外，则与右卫大将军分知助铺。宋朝置为环卫官，无定员，无职掌，多命宗室为之，亦用为武臣赠典或武官责降散官，神宗元丰（1078—1085）改制，降为正四品。南宋多不除授，孝宗隆兴（1163—1164）中复置。辽朝亦置，位上将军上，为加官。

右骁卫上将军 官名。唐德宗贞元二年（786）初置，一员，从二品，为右骁卫长官，位大将军上，掌宫禁宿卫。凡翊府之翊卫、外府豹骑番上者，分配之；凡分兵守诸门，在皇城四面、官城内外，则与右卫上将军分知助铺。宋朝置为环卫官，无定员，无职掌，多命宗室为之，亦用为武臣赠典，神宗元丰（1078—1085）改制前为三品，后为从三品。南宋多不除授，孝宗隆兴（1163—1164）中复置。辽朝亦置，位大将军下，为加官。

右骁卫府 即唐朝十六卫之右骁卫，高宗龙朔二年（662）除府字。

右骁卫将军 官名。隋炀帝大业三年（607）改右备身府为右骁卫，置二员，从三品，佐大将军总府事。唐朝沿置，掌宫禁宿卫。凡翊府之翊卫、外府豹骑番上者，分配之；凡分兵守诸门，在皇城四面、宫城内外，则与右卫将军分知助铺。武则天光宅元年（684）改右武威将军，中宗神龙元年（705）复为右骁卫将军。宋朝置为环卫官，无定员，无职掌，多以宗室为之，亦用为武臣赠典或武官责降散官，神宗元丰（1078—1085）改制，降为从四品。南宋多不除授。辽朝亦置，为加官。

右骁骑将军 官名。南朝梁武帝天监六年（507）四月置，掌管宿卫事务，领朱衣直阁，并给仪从。多由散骑常侍等文职清官兼领。天监七年定为十一班，陈沿置，四品、秩二千石。

右骁骑倅长下士 官名。西魏、北周夏官府右武伯中大夫右骁骑率上士属官，正一命。

右骁骑率上士 官名。西魏恭帝三年（556）置，北周沿置。夏官府右武伯中大夫属官，统禁军骁骑之士，负责皇帝临朝及出行的侍卫。下设右骁骑率中士、右骁骑倅长下士以佐其职。正三命。隋文帝开皇元年（581）罢。

右骁骑率中士 官名。西魏、北周夏官府右武伯中大夫右骁骑率上士佐官，正二命。

右班殿直 官名。❶宋朝武阶官，系三班小使臣。神宗元丰（1078—1085）改制，定为正九品。徽宗政和二年（1112）重定武臣阶官名，改保义郎。❷宦官。宋徽宗政和二年，重定内侍官名，改高班置。

右校 ❶官名。亦称邦右校。战国赵置，主管兵器铸造。❷官署名。详见“右校令”、“右校署”。

右校令 官名。汉朝隶将作大匠（将作少府），领本署工徒修造宫室宗庙陵园道路等，秩六百石。官吏犯法，常输右校为工徒。三国魏沿置（一说并归材官校尉），七品。西晋省。南朝梁、陈复置，隶大匠卿。隋、唐为将作监右校署长官，置二员。隋从八品上，唐正八品下。参见“右校署”。

右校司马 官名。春秋时吴国置。吴王夫差时吴国军队分中军、左校、右校。左、右两校各设司马。右校司马为右校长官，掌军政。《越绝书·外传·吴王占梦》：“王孙骆为左校司马，太宰嚭为右校司马。王从骑三千，旌旗羽盖，自处中军，伐齐大克。”

右校丞 官名。汉朝为右校令副贰，秩三百石。西汉成帝阳朔三年（前22）省，东汉复置。隋、唐为将作监右校署次官，置三员。隋从九品，唐正九品下。参见“右校令”、“右校署”。

右校尉 官名。秦汉军制，于将军下分部，以校尉主之，部分左、右者，即设左、右校尉。然仅因事而设。东汉明帝永平八年（65）置度辽将军，领左、右校尉，将黎阳虎牙营士，屯五原曼柏，后罢。和帝永元十一年（99）复置右校尉官，在西河鹄泽县，遂常置。灵帝所置西园八校尉之一亦称右校尉。

右校署 官署名。南朝梁、陈置，隶大匠卿。隋朝将作寺置，设令二员、丞三员、监作八员。文帝开皇二十年（600）改隶将作监。唐朝沿置，令二员、丞三员、监作十员，掌版筑、涂泥、丹垩、匽厕之事。北宋初存其官名而无职司。

右校署令 官名。即右校令。

右校署丞 官名。即右校丞。

右都水长 官名。西汉置，属右扶风，员一人，有丞，掌内史右地水利事务。

右都水丞 官名。西汉置，属右扶风，为右都水长副贰，员一人，协掌内史右地水利事务。

右都水使者 官名。北魏、北齐置。《魏书·范绍传》：“转右都水使者。”详见“都水使者”。

右都护 官名。三国吴置。孙权黄龙元年（229），拜陆逊上大将军兼此，权位极重。是年孙权东巡建业，使陆逊辅太子，掌荆州及豫章三郡事，董督军国。蜀亦置，地位稍低。

右都押衙 官名。唐末盐铁、户部、度支三司所置属官。五代后唐长兴四年（933）以盐铁转运使额职极多，三司使奏罢之。

右都威卫 即隆福宫右都威卫使司。

右都候 ❶官名。东汉属卫尉，员一人，秩六百石。与左都候同主剑戟士，徼巡宫中，及天子有所收考，有丞一人。❷匈奴官号。与左都候皆由匈奴贵族四姓中乔氏出任。

右都候丞 官名。东汉置，属卫尉，员一人，为右都候副贰，秩三百石。主剑戟士，领员吏二十三人，卫士四百一十六人，徼巡皇宫，及天子有所收考。

右都御史 官名。参见“左都御史”。

右都督 官名。北魏置，为统兵将帅，位在大都督下，西魏亦置。元末朱元璋置，为大都督府副长官，正二品，吴元年（1367）改为大都督府长官，正一品。明洪武十三年（1380）改五军都督府长官。位次左都督。参见“左都督”。

右监门卫 禁卫军指挥机构。唐高宗龙朔二年（662）改右监门府置，十六卫之一，不领府兵。置大将军一员、将军二员、中郎将四员，与左监门卫率亲近禁军，共掌宫城诸门禁卫及门籍，判出，职任颇重。有长史、录事参军事，兵曹参军事兼掌仓曹，胄曹参军事兼掌骑曹。武则天天授二年（691）置四色官及长上。德宗贞元二年（786）置上将军一员，位大将军上。辽朝置，设大将军、上将军、将军，领折冲都尉、果毅都尉。

右监门卫大将军 官名。唐高宗龙朔二年（662）改右监门府为右监门卫而置，一员，正三品。德宗贞元二年（786）置上将军前为长官，掌宫城诸门禁卫及门籍，行幸，则率属于衙门监守。宋朝置为环卫官，无定员，无职掌，多命宗室为之，亦用为武臣赠典或武官责降散官。神宗元丰（1078—1085）改制，降为正四品。南宋多不除授，孝宗隆兴（1163—1164）中复置。辽朝亦置，位上将军上，为加官。

右监门卫上将军 官名。唐德宗贞元二年（786）置为右监门卫长官，一员，从二品，位大将军上，掌宫城诸门禁卫及门籍，行幸，则率属于衙门监守。宋朝置为环卫官，无定员，无职掌，多命宗室为之，亦用为武臣赠典。神宗元丰（1078—1085）改制前为三品，后为从三品。南宋多不除授，孝宗隆兴（1163—1164）中复置。辽朝亦置，位大将军下，为加官。

右监门卫中郎将 官名。唐高宗龙朔二年（662）置，四员，正四品下，掌监诸门，检校出入。

右监门卫将军 官名。唐高宗龙朔二年（662）改右监门府将军为之，置二员，从三品，协掌宫城诸门禁卫及门籍，判出。宋朝置为环卫官，无职掌，无定员，多以宗室为之，亦用为武臣赠典或武官责降官。神宗元丰（1078—1085）改制，降为从四品。南宋多不除授。辽朝亦置，为加官。

右监门府 禁卫军指挥机构。隋朝置，与左监门府统率亲近禁军，同掌宫殿门禁及守卫事，职任颇重。设将军一员、郎将二员，校尉、直长各三十员，又有长史、司马、录事及仓、兵二曹参军，铠曹行参军等属。文帝仁寿三年（603），又置门候一百二十员。炀帝大业三年（607）改将军为郎将，置直阁六员，其属官同右备身府，又增门尉、门候员，以分掌门禁守卫。唐朝沿置，高宗龙朔二年（662）去府字，称右监门卫。

右监门府郎将 官名。❶隋初右监门府次官，置二员，正四品，炀帝大业三年（607）废。❷隋炀帝大业三年改右监门府将军置，为右监门府长官，一员，正四品，分掌门禁守卫。唐初复为右监门府将军，后改为右监门卫将军。

右监门府将军 官名。隋朝置一员，从三品，为右监门府长官，掌宫殿门禁及守卫事。炀帝大业三年（607）改称右监门府郎将，正四品。唐高祖武德五年（622）复为右监门府将军。

右监军 官名。三国蜀置。统兵，位在前、后、左、右护军上。后主建兴十二年（234），诸葛亮卒，姜维还成都，自中监军、征西将军迁任，兼辅汉将军，统领诸军。

右监丞 官名。明朝上林苑监置左、右各一人，正七品。因本监左、右监正，左、右监副不常置，故往往署职，掌监事。此外，明初，内府神宫监、尚宝监、内官监等宦官衙门也曾置，左、右各一人，正五品，后革。

右铁鹞子军详稳司 官署名。辽朝置，为北面军官，统领右铁鹞子军。

右积弩将军 官名。❶职掌、品级同“左积弩将军”，参见该条。❷即太子右积弩将军。

右积射将军 官名。职掌、品级同左积射将军。

右候卫 禁卫军指挥机构。隋炀帝大业三年（607）改右武候置，为十二卫之一，置大将军一员、将军二员，统诸鹰扬府府兵；置护军四员，掌副贰将军，寻改武（虎）贲郎将，又置武（虎）牙郎将六员，有长史、录事参军，司仓、兵、骑、铠等员，军士名佽飞。唐初沿置，高宗龙朔二年（662）改名右金吾卫。

右候卫大将军 官名。隋炀帝大业三年（607）改右武候为右候卫而置，为十二卫大将军之一，一员，正三品，总其府事，并统诸鹰扬府。唐初沿置，高宗龙朔二年（662）改名右金吾卫大将军。

右候卫将军 官名。隋炀帝大业三年（607）改右武候为右候卫而置，为十二卫将军之一，二员，从三品，佐大将军总府事。唐初沿置，高宗龙朔二年（662）改名右金吾卫将军。

右射声长下士 官名。西魏、北周夏官府右武伯中大夫右射声率上士属官，正一命。

右射声率上士 官名。西魏恭帝三年（556）置，北周沿置。夏官府右武伯中大夫属官，统禁军射声士，负责皇帝临朝及出行的侍卫，下设右射声率中士、右射声倅长下士以佐其职。正三命。隋文帝开皇元年（581）罢。

右射声率中士 官名。西魏、北周夏官府右武伯中大夫右射声率上士佐官，正二命。

右豹韬卫 官署名。即右威卫。唐武则天光宅元年（684）改，中宗神龙元年（705）复名右威卫。

右豹韬卫大将军 官名。即右威卫大将军，唐武则天光宅元年（684）改，中宗神龙元年（705）复名右威卫大将军。

右豹韬卫将军 官名。即右威卫将军。唐武则天光宅元年（684）改，中宗神龙元年（705）复名右威卫将军。

右旅 殷朝军队编制名。《小屯南地甲骨》第二三二八片：“其雉，翌日，王其令右旅众左旅畓见方，𢦔，不雉众。”

右旅贲倅长下士 官名。西魏、北周夏官府右武伯中大夫右旅贲率上士属官，正一命。

右旅贲率上士 官名。西魏恭帝三年（556）置，北周沿置。夏官府右武伯中大夫属官。统禁军旅贲士，负责皇帝临朝及出行的侍卫，下设右旅贲率中士，右旅贲倅长下士以佐其职。正三命。隋文帝开皇元年（581）罢。

右旅贲率中士 官名。西魏、北周夏官府右武伯中大夫右旅贲率上士佐官，正二命。

右部仓丞 官名。南朝梁、陈置，属司农卿。

右部帅 官名。❶东汉献帝建安（196—220）中曹操置，三国魏沿置。曹操将入居塞内的南匈奴分为左、右、南、北、中五部，各部立其中贵者为帅，选汉人为司马以监督之。三国魏末改名为右部都尉，一说西晋武帝太康（280—289）中改。见《晋书·北狄传》、《刘元海载记》。❷十六国时羌人姚襄置。统领羌人右部，以敛岐任此职。见《晋书·姚襄载记》。

右部都尉 官名。三国魏末置，西晋沿置。为匈奴右部长官，由右部帅改名，一说西晋武帝太康（280—289）中改。统匈奴六千余落，居祁县。刘宣任职时，武帝特给赤幢曲盖。见《晋书·北狄传》、《刘元海载记》。参见“五部都尉”。

右部督 官名。三国吴置。❶即武昌右部督。孙权分武昌为二部，右部督掌自武昌上至蒲圻军事。❷即太子右部督。

右酒　官名。战国置。掌周王室酒政。《增订洛阳金村古墓聚英》第四五图·一银俑刻铭："右受"，"中府，右酉（酒）"。

右朔方王　官名。匈奴置。由单于子弟充任，统领部众，地位在左、右渐尚王之下。

右宰　官名。春秋时卫国置。或说为家宰。《左传·隐公四年》："卫人使右宰丑涖杀州吁于濮。"杨伯峻注："右宰，卫国官名，襄十四年传有右宰穀。古卿大夫有家臣，家臣之长曰宰。"

右陶　官署名。战国燕置。燕国设置右陶、左陶两官署，分管陶器制作。战国燕国陶文有此官。

右陶尹　官名。战国燕置。主管右陶机构的长官。战国燕国陶文《季木藏陶》卷六〇第七号有此官。

右娥英　妃嫔号。北齐置。《北齐·后主纪》："（武平）五年（574）春正月乙丑，置左、右娥英各一人。"比左、右丞相，位在左、右昭仪之上。

右通进　官名。辽朝置，为南面官，属门下省通进司，职掌不详。似仿宋制。圣宗统和二十八年（1010），萧韩家奴为右通进，典南京栗园。

右通政　官名。明清通政使司之副长官。佐主官掌司事。明洪武十年（1377）设，一人，并设誊黄右通政一人。南京通政使司亦设一人，皆正四品。清顺治元年（1644）沿设，汉二人。乾隆十年（1745）裁一人。十三年俱裁。

右教坊　官署名。唐玄宗开元（713—741）初，京都置，掌俳优杂技，以教坊使领之，不隶太常寺。又，参见"教坊司"。

右副都御史　官名。参见"左副都御史"。

右副留守　官名。明初以凤阳为中都，置中都留守司，设右副留守一人，佐正留守统凤阳、长淮等八卫，防护皇陵。后改副留守不分左右，只设一人，定正三品。

右副管　官名。参见"左副管"。

右曹　❶西汉加官名号。武帝时置，与左曹合称诸曹，秩二千石。加此者每日朝谒，在殿中收受平省尚书奏事，亲近皇帝，典掌枢机。东汉省。❷官署合称。宋朝尚书省六部二十四司分左、右，兵部、刑部、工部为右名曹，其职方、驾部、库部、都官、比部、司门、屯田、虞部、水部诸司为右曹。❸官署名。宋神宗元丰（1078—1085）改制后，户部置，掌常平、免役、伍保、义仓之法及农田水利、坊场河渡之事，设郎中、员外郎各二人领之。❹中书别称。应劭《汉官仪》："左右曹受尚书事，前世文士以中书在右，因称中书为右曹，又称西掖。"

右曹员外郎　❶宋朝职方、驾部、库部、都官、比部、司门、屯田、虞部、水部员外郎统称。❷官名。宋神宗元丰（1078—1085）改制后户部置，佐理户部右曹之事。

右曹侍郎　❶宋朝兵部、刑部、工部侍郎统称。❷官名。宋神宗元丰（1078—1085）改制后户部置，掌户部右曹之事。

右曹郎中　❶宋朝职方、驾部、库部、都官、比部、司门、屯田、虞部、水部郎中统称。❷官名。宋神宗元丰（1078—1085）改制后户部置，佐理户部右曹之事。

右曹郎官　宋朝户部右曹郎中、员外郎通称。

右厢大都督　官名。北魏末置，掌右厢禁卫军兵。《魏书·侯莫陈悦传》："尔朱天光之讨关西，（尔朱）荣以悦为天光右厢大都督，本官（征西将军、金紫光禄大夫）如故。"

右厢都督　官名。北魏末置。《北齐书·厍狄回洛传》："以军功补都督，加后将军、太中大夫，封顺阳县子，邑四百户。迁右厢都督。"

右厩上士　官名。西魏恭帝三年（556）置，北周沿置。夏官府驾部中大夫属官，员一人，掌右厩中马匹。下设右厩中士、右厩闲长下士以佐其职，又领奉乘二十人，驭夫一百三十人。正三命。隋文帝开皇元年（581）罢。

右厩中士　官名。西魏恭帝三年（556）置，北周沿置。夏官府驾部中大夫右厩上士佐官，正二命。

右厩闲长下士　官名。西魏、北周夏官府驾部中大夫右厩上士属官，正一命。

右推案　见"左右推案"。

右辅　官名。十六国西秦乞伏国仁建义元年（385）置，位在左、右相及左辅之下。后燕慕容熙光始元年（401）"改北燕台为大单于台，置左、右辅，位次尚书"。

右辅相　官名。西晋时鲜卑拓跋猗卢置。代人姬澹自信义将军、楼烦侯任之。见《魏书·卫操传》。

右辅将军　官名。十六国乞伏述延置。为统兵武职。《晋书·乞伏国仁载记》："（述延以）出连高胡为右辅将军，镇至便川。"

右堂　清朝对地方州县中吏目、典史之别称。

右常侍　官名。❶十六国西秦乞伏炽磐置，为高级执政官。《晋书·乞伏炽磐载记》："罢尚书令、仆射、尚书、六卿、侍中、散骑常侍、黄门郎官，置中左右常侍、侍郎各三人。"❷王、公国属官。两晋南朝及北魏置，掌侍从左右，赞相礼仪，献替谏诤，员额依国之大小不等。参见"常侍"。❸即右散骑常侍。

右银青光禄大夫　官名。西魏、北周置。《周书·黎景熙传》："魏恭帝元年（554），进号平南将军、右银青光禄大夫。"为加官，无具体职掌，正七命。参见"光禄大夫"。

右领　官名。又作右令。春秋战国楚置。《左传·昭公二十七年》："郤宛直而和，国人说之。鄢将师为右领，与费无极比而恶之。"

右领左右府　禁卫军指挥机构。隋朝置，设大将军一员、将军二员，与左领左右府同掌侍卫皇帝左右的亲信禁军，供御兵仗，职任甚重。领千牛备身十二员，掌执千牛刀；备身左右十二员，掌供御弓箭；备身六十员，掌宿卫侍从；有长史、司马、录事及仓、兵二曹参军事、铠曹行参军等属。炀帝大业三年（607）改名右备身府。

右领左右府大将军 官名。隋朝右领左右府长官，置一员，正三品，掌领千牛备身、备身左右等侍卫左右，供御兵仗，炀帝大业三年（607）罢。

右领左右府将军 官名。隋朝右领左右府次官，置二员，从三品，佐大将军掌领侍卫左右，供御兵仗，炀帝大业三年（607）罢。

右领军 官名。三国吴大帝黄龙元年（229）置。《三国志·胡综传》："（徐）详、（胡）综并为侍中，进封乡侯，兼左、右领军。"

右领军卫 禁卫军指挥机构。唐朝十六卫之一，高祖武德五年（622）改右御卫置，设大将军一员、将军二员，掌宫禁宿卫。大朝会则被青甲铠、弓箭刀楯旗等，为右厢仪仗，次立右威卫之下。凡分兵主守，则知皇城西面助铺及京城、苑城诸门，领翊府及诸折冲府府兵，有长史、录事及仓、兵、骑、胄四曹参军、司阶、中侯、司戈、执戟等属；翊府有中郎将、郎将、兵曹参军、校尉、旅帅、队正、队正副等。高宗龙朔二年（662）改右戎卫，咸亨元年（670）复；武则天光宅元年（684）改右玉钤卫，中宗神龙元年（705）再复。德宗贞元二年（786）置上将军一员，位大将军上。辽朝置，设大将军、上将军、将军，领折冲都尉、果毅都尉。

右领军卫大将军 官名。唐高祖武德五年（622）改右御卫为右领军卫，置为长官，一员，正三品，掌宫禁宿卫。凡翊府之翊卫、外府射声番上者，分配之。凡分兵主守，则知皇城西面助铺及京城、苑城诸门。高宗龙朔二年（662）改右戎卫大将军，咸亨元年（670）复；武则天光宅元年（684）又改右玉钤卫大将军，中宗神龙元年（705）再复。德宗贞元二年（786）置上将军后，居其次。北宋置为环卫官，无定员，无职掌，多以宗室为之，亦用为武臣赠典或武官责降散官，神宗元丰（1078—1085）改制，降为正四品。南宋多不除授，孝宗隆兴（1163—1164）复置。辽朝亦置，位上将军下，为加官。

右领军卫上将军 官名。唐德宗贞元二年（786）置，为右领军卫长官，位大将军上，一员，从二品，掌宫禁宿卫。凡翊府之翊卫、外府射声番上者，分配之；凡分兵主守，则知皇城西面助铺及京城、苑城诸门。宋朝置为环卫官，无定员，无职掌，多以宗室为之，亦用为武臣赠典，神宗元丰（1078—1085）改制前为三品，后为从三品。南宋多不除授，孝宗隆兴（1163—1164）中复置。辽朝亦置，位大将军下，为加官。

右领军卫将军 官名。唐高祖武德五年（622）改右御卫为右领军卫，置二员，从三品，协掌宫禁宿卫。凡翊府之翊卫、外府射声番上者，分配之；凡分兵主守，则知皇城西面助铺及京城、苑城诸门。宋朝置为环卫官，无定员，无职掌，多以宗室为之，亦用为武臣赠典或武官责降散官，神宗元丰（1078—1085）改制降为从四品。南宋多不除授。辽朝亦置，为加官。

右领军府 官署名。隋朝置，与左领军府同掌十二军籍帐、差科、辞讼之事。不置将军，唯有长史、司马、掾属、录事及功、仓、户、骑、兵曹参军，法、铠曹行参军，又置明法，隶于法司，掌律令轻重；又统开府府（骠骑府）、仪同府（车骑府）。炀帝大业三年（607）改置右屯卫，为十二卫之一。

右猛贲 渤海国十卫之一，相当于唐朝的十六卫，置大将军一人、将军一人。

右猛贲大将军 官名。渤海国十卫之一右猛贲长官，置一人。

右猛贲将军 官名。渤海国十卫之一右猛贲次官，置一人。

右翊蒙古侍卫亲军都指挥使司 元朝侍卫亲军指挥机构。秩正三品。成宗大德七年（1303），由蒙古侍卫亲军都指挥使司分立，掌蒙古军士。置营武清、新城，衙司在大都丽正门内。设官同左翊蒙古侍卫。下辖千户所十二翼。

右率 即太子右卫率。

右率府使 官名。明初置为太子东宫官。见"左率府使"。

右率府副使 官名。明初太子东宫职官。参见"左率府副使"。

右庶子 官名。隋朝置，为太子典书坊长官，员二人，正四品。唐高宗龙朔二年（662）改典书坊为右春坊，右庶子为右中护。咸亨元年（670）复旧。睿宗景云二年（711）再改典书坊为右春坊，以其比中书令，置二人，正四品下。掌侍从、献纳、启奏。宋朝沿置，不常设。明、清设为詹事府右春坊官，仅为翰林官迁转之阶。其员额、品级、职掌均同左庶子。参见"左庶子"。

右庶长 爵名。战国秦置，为二十等爵第十一级，秦汉因之。庶长，意即众列之长。汉景帝、武帝曾赐中二千石爵右庶长。

右庶侍下士 官名。西魏、北周置，详见"庶侍下士"。

右阐教 官名。明清僧录司之官员。分掌天下释教之事。明洪武十五年（1382）设，一人，从六品。清康熙十三年（1674）定设一人，亦为从六品，依例升迁左阐教，缺出由左讲经升补。

右清纪郎 官名。明洪武二十九年（1396）于詹事府置。一人，从八品。与左、右司直郎及左清纪郎共掌太子东宫弹劾、纠举之事。不常设。

右清道卫 官署名。即太子右清道率府。唐高宗龙朔二年（662）改太子右虞候率府置，中宗神龙元年（705）复改右虞候率府，玄宗开元（713—741）初定置为右清道率府。

右渐尚王 官名。匈奴置。由单于子弟充任，统领部众，地位在左、右於陆王之下。

右谏议大夫　官名。秦以来有谏议大夫。唐德宗贞元四年（788），分置左、右，各四员。右隶中书省，掌侍从赞相、规谏讽谕。宪宗元和元年（806）罢左、右之号，武宗会昌二年（842）复分左、右。初为正五品上，后升正四品下。北宋前期，多出领其他职任而不专言职，用为五品寄禄官。神宗元丰（1078—1085）改制，复置为职事官，员一人，从四品。隶中书省，与左谏议大夫同掌规谏讽谕，凡朝廷有阙失，大事则廷诤，小事则论奏。南宋高宗建炎三年（1129），令不隶中书省。辽朝置为中书省右谏院长官，南面官，掌规谏讽谕，侍从赞相。金朝正四品，与左谏议大夫同掌谏院。

右谏院　见"谏院"。

右谕德　官名。唐高宗龙朔三年（663）始置太子左、右谕德各一人，正四品下，掌谕太子以道德，随事讽赞，分隶左、右春坊。宋朝仁宗、神宗、钦宗为太子时皆置，以他官兼任。金朝置为东宫僚属，正五品，掌赞谕道德、侍从文章。明朝隶詹事府右春坊，掌赞谕规谏太子，从五品，以翰林院官兼任。清顺治九年（1652）沿置，员一人，由汉人充任，隶詹事府右春坊，与右庶子等共掌记注纂修之事。十五年省。康熙十四年（1675）复置，满、汉各一员，汉员兼翰林院修撰衔。三十七年省满员，五十七年又省汉员，遂废。

右屠耆王　匈奴官名。屠耆为匈奴语"贤"，汉人因称右贤王。为单于之下最高官职，以单于子弟充任，一般统辖万余骑，居单于西方，最为大国，下置千长、百长、什长、裨小王、相、都尉、当户、且渠等官属，以管理军政事务。十六国时仇池氏杨氏亦称此号。

右骑君　官名。西域扜弥等国置，员一人，见《汉书·西域传》。

右骑侍下士　官名。西魏、北周置，详见"骑侍下士"。

右骐骥使　官名。宋太宗雍熙（984—987）中置，后用为武臣阶官，属西班诸司使。真宗咸平元年（998），定为同六品。神宗元丰（1078—1085）改制，改正七品。徽宗政和二年（1112）重定武臣阶官名，改武德大夫。

右骐骥副使　官名。宋太宗雍熙（984—987）中置，后用为武臣阶官，属西班诸司使。真宗咸平元年（998），定为同七品。神宗元丰（1078—1085）改制，改从七品。徽宗政和二年（1112）重定武臣阶官名，改武德郎。

右散骑常侍　官名。唐、宋、辽置。详见"散骑常侍"。

右雄武府　官署名。隋炀帝大业三年（607）置，隶左、右备身府，与左雄武府各置雄武郎将，领皇帝亲近禁军骁果，以武勇郎将为副贰，有司兵、司骑二局，并置参军事。

右厨　官署名。战国置。主管饮食的机构。《三代吉金文存》卷二第五三页著录有战国铭刻"右胅"之称。

右傅　官名。明太祖洪武三年（1370）于各王府分置，各一人，从二品，以辅弼诸王。九年罢。

右街大功德使　官名。又名右街功德使，唐德宗贞元四年（788）崇玄馆罢大学后置，与左街大功德使总领僧、尼之籍及功役；宪宗元和二年（807）又以道士、女冠隶之。武宗会昌二年（842）以僧、尼改隶礼部主客司，六年复隶左、右街大功德使。

右街功德使　官名。即右街大功德使。

右街司　见"金吾街仗司"。

右街使　官名。唐朝左、右金吾卫属官，置一员，掌分察六街徼巡，入夜则以骑卒巡行、武官暗探。

右街道录院　见"道录院"。

右街僧录司　见"僧录司"。

右御　官名。掌君王饮食。《韩非子·外储说左上》："右御、冶工言王曰：'臣闻人主无十日不燕之斋。'"陈奇猷注："右御当系典饮食之官。"

右御卫　禁卫军指挥机构。隋炀帝大业三年（607）置，设大将军一员、将军二员，统诸鹰扬府府兵，置护军四员，掌副贰将军，寻改武（虎）贲郎将，又置武（虎）牙郎将六员，又有长史、录事参军，司仓、兵、骑、铠等员，军士名射声。唐初沿置，高祖武德五年（622）改名右领军卫。

右御卫大将军　官名。隋炀帝大业三年（607）置，为十二卫大将军之一，置一员，正三品，总其府事，并统诸鹰扬府。唐初沿置，高祖武德五年（622）改右领军卫大将军。

右御卫将军　官名。隋炀帝大业三年（607）置，为十二卫将军之一，置二员，从三品，佐大将军总府事。唐初沿置，高祖武德五年（622）改右领军卫将军。

右御史大夫　官名。三国吴孙休永安五年（262）分御史大夫置。《三国志·孙休传》："廷尉丁密、光禄勋孟宗为左、右御史大夫。"唐中宗神龙元年（705）改右肃政大夫为右御史大夫，为右御史台长官，掌监察地方文武官僚，从三品。睿宗延和元年（712）废。元末朱元璋吴元年（1367）复置，与左御史大夫并为御史台长官，掌纠察朝廷内外百官，从一品。明洪武十三年（1380）废。参见"御史大夫"、"御史台"。

右御史中丞　官名。明洪武十三年（1380）置，正二品，与左中丞实为御史台长。同年即罢。详见"左御史中丞"。

右御史台　官署名。唐中宗神龙元年（705）改右肃政台置，睿宗景云三年（712）废，玄宗先天二年（713）复置，督察诸州，寻废。参见"御史台"。

右貂　唐高宗显庆二年（657）分散骑常侍为左右，隶中书、门下，皆金蝉、珥貂，右散骑常侍与中书令为右貂。

右游击将军　官名。南朝梁武帝天监六年（507）

置，充当侍卫之任，多由散骑常侍等文职清官兼领，天监七年定为十一班。陈沿置，四品，秩二千石。

右游击倅长下士 官名。西魏、北周夏官府右武伯中大夫右游击率上士属官，正一命。

右游击率上士 官名。西魏恭帝三年（556）置，北周沿置。夏官府右武伯中大夫属官，统禁军游击士，负责皇帝临朝及出行的侍卫。下设右游击率中士、右游击倅长下士以佐其职。正三命。隋文帝开皇元年（581）罢。

右游击率中士 官名。西魏、北周夏官府右武伯中大夫右游击率上士佐官，正二命。

右善世 官名。明清僧录司之官员。分掌天下释教之事。明洪武十五年（1382）设，一人，正六品。清康熙十三年（1674）定设一人，亦为正六品。循序升补左善世，缺出由右阐教升补。

右遂伯中大夫 官名。西魏恭帝三年（556）置，北周沿置。可省称为右遂伯。地官府民部中大夫属官，正五命。隋文帝开皇元年（581）罢。职掌参见“遂伯中大夫”。

右弼 官名。北魏明元帝泰常七年（422）置。太子拓跋焘监国，以重臣崔浩等出任。坐西厢东面，与左辅同掌百僚。宋徽宗政和二年（1112）改中书令置，钦宗靖康元年（1126）复旧名。明末李自成农民军政府亦置，崇祯十六年（1643）于襄阳置为内阁官员，位在上相国、左辅之下。十七年正月罢。

右弼都尉 官名。三国吴置。孙权黄龙元年（229）立孙登为太子，置左辅、右弼、辅正、翼正都尉以辅佐之，称四友。张休自中庶子转此职。见《三国志·张昭传》、《孙登传》。

右禁将军 官名。十六国前燕置。《魏书·徒何慕容廆传》：“（慕容垂）以侍中、右禁将军，录留台事，镇龙城。”前秦苻坚亦置，为四禁将军之一。统兵驻于京师，亦经常率军出外征讨。见《晋书·苻坚载记上》。

右敀 官名。战国齐置。主管陶质量器制作。《簠斋藏陶》卷一一页一八：“□右敀，均亳釜。”

右署郎 官名。东汉光禄勋属官右中郎将所主郎官统称，包括中郎、侍郎、郎中，皆无员。

右詹事 官名。❶西汉承秦制置詹事，管理太后、皇后宫事务，成帝时省并大长秋。哀帝即位，复置，分左、右，为恭皇太后、恭皇后宫中总管。后罢。❷北魏前期置太子左、右詹事，分掌东宫事务，孝文帝太和十七年（493）职员令定为二品下，至二十三年复次职令，改置詹事一员。明太祖洪武（1368—1398）初年复于东宫置左、右詹事各一员，以勋旧大臣兼任。后设詹事府，改置詹事一员。参见“詹事”。

右辖 元朝中书省、尚书省右丞的别称。

右罴卫 渤海国十卫之一，相当于唐朝的十六卫，置大将军一人、将军一人。

右罴卫大将军 官名。渤海国十卫之一右罴卫长官，置一人。

右罴卫将军 官名。渤海国十卫之一右罴卫次官，置一人。

右韶舞 官名。参见“左韶舞”。

右演法 官名。明清道录司之官员。分掌天下道教之事。明洪武十五年（1382）设，一人，从六品。清康熙十三年（1674）定设一人，亦为从六品。依例升迁左演法，缺出由左至灵升补。

右察 官名。突厥默啜可汗置，位小可汗下，以其侄默矩为之，统兵二万，攻唐朝陇西。

右熊卫 渤海国十卫之一，相当于唐朝的十六卫，置大将军一人、将军一人。

右熊卫大将军 官名。渤海国十卫之一右熊卫长官，置一人。

右熊卫将军 官名。渤海国十卫之一右熊卫次官，置一人。

右骠骑将军 官名。三国蜀后主置。洪饴孙《三国职官表》：“景耀二年（259）复增置右骠骑将军。”参见“骠骑将军”。

右螭 起居舍人别称。洪迈《容斋四笔》卷一五《官称别名》：“唐人好以它名标榜官称”，“起居郎为左螭，舍人为右螭，又并为修注”。

右赞善 官名。参见“左赞善”。

右廪 官署名。战国齐置。齐国设置右廪、左廪，分管粮谷收藏与供应。《衡斋金石识小录》齐陶量印文：“陈榑三立事岁，右廪釜。”

右藏 官署名。宋太宗淳化三年（992），分左藏置，专掌财赋受纳。四年，复并入左藏。

右藏令 官名。西晋少府属官，东晋省。南朝梁、陈皆置，隶太府卿，梁为流外三品勋位。北齐为太府寺右藏署长官。隋朝沿置，有二员，从八品上，炀帝大业三年（607）升从六品。唐朝置二员，正八品上，掌内库金玉、珠宝、铜铁、骨角、齿毛、彩画等。北宋初存其名而罕除授。金朝改右藏库使，隶太府监。

右藏丞 官名。北齐置为太府寺右藏署次官。隋朝沿置，四员。唐朝置三员，升正九品上。北宋初存其名而罕除授。金朝改右藏库副使，隶太府监。

右藏库 官署名。❶北宋初置，淳化四年（993）并入左藏库。详见“左藏库”。❷金朝置，属太府监。掌锦帛丝绵毛褐、诸道常课诸色杂物。设使、副使领库事，秩从六品、从七品。下设本把四人。

右藏署 官署名。北齐太府寺置，有令、丞。隋朝沿置，有令二员、丞四员。唐朝太府寺置，令二员、丞三员、监事四员。掌金玉、珠宝、铜铁、骨角、齿毛、彩画及诸州贡物库藏。入库，由太府卿、御史监阅，太府丞主帐簿；出库，则勘验本寺符契而发。北宋初存其名而无职司。金朝改为右藏库，隶太府监。

右藏署令 官名。即右藏令。

右藏署丞 官名。即右藏丞。

右翼世职官学总理大臣　官名。清置。参见“左翼世职官学总理大臣”。

右翼军都统所　官署名。辽朝署，属北面官，皇帝亲征，兵分三路，右翼军都统所统右路兵马。

右孺子　皇储妃位号。北魏置。《魏书·刘芳传》：“芳乃称其族子长文之女，高祖乃为（太子）恂娉之，与郑懿女对为左右孺子焉。”

右曜武将军　官名。十六国后赵石虎置，地位高于左、右卫将军。《晋书·石季龙载记上》：“置左右戎昭、曜武将军，位在左右卫之上。”

右鹰扬卫　官署名。即右武卫。唐武则天光宅元年（684）改，中宗神龙元年（705）复名右武卫。

右鹰扬卫大将军　官名。即右武卫大将军，唐武则天光宅元年（684）改，中宗神龙元年（705）复名右武卫大将军。

右鹰扬卫将军　官名。即右武卫将军。唐武则天光宅元年（684）改，中宗神龙元年（705）复名右武卫将军。

右警巡院　官署名。元朝置，与左警巡院合称左、右警巡二院。官员设置、职掌见“左警巡院”。

左一护军府　官署名。唐初秦王、齐王府所置六护军府之一，掌侍卫陪从。置护军一员、副护军二员，长史、录事及仓、兵、铠曹参军各一员；统军五员、别将十员，分掌领亲、勋卫及外军。

左一护军府护军　官名。唐初秦王、齐王府左一护军府长官，各置一员，正四品下，掌率本府统军以下侍卫陪从。

左一护军府副护军　官名。唐初秦王、齐王府左一护军府次官，各置二员，从四品下。

左二护军府　官署名。唐初秦王、齐王府所置六护军府之一，掌侍卫陪从。置护军一员、副护军二员，长史、录事及仓、兵、铠曹参军各一员，统军二员、别将四员，分掌领亲、勋卫及外军。

左二护军府护军　官名。同左一护军府护军。

左二护军府副护军　官名。同左一护军府副护军。

左九棘　周朝朝廷之左所树棘树，为卿大夫朝见周天子时站立的位置。《周礼·秋官·朝士》：“左九棘，孤卿大夫位焉，群士在其后。”参见“右九棘”。

左力辅君　官名。西域龟兹国置，员一人。见《汉书·西域传》。

左三护军府　官署名。唐初秦王、齐王府六护军府之一，职掌、设官同左二护军府。

左三护军府护军　官名。同左一护军府护军。

左三护军府副护军　官名。同左一护军府副护军。

左三部　官署名。元世祖中统三年（1262）置，掌吏、户、礼三部事。设尚书二员，侍郎二员，郎中四员，员外郎六员。至元元年（1264）罢，以吏礼为一部，另立户部。三年，复立。五年，又分为吏礼部和户部。

左三部检法司　官署名。金朝置，属尚书省。掌吏、户、礼三部法律事宜。设司正二员主管披详法状，秩正八品；检法二十二员掌检断各司取法文字，秩从八品。

左士师　官名。春秋战国置。主管官吏的爵秩等级，考核吏治。《管子·五行》：“命左、右士师、内御、总别列爵，论贤不肖士吏。”

左士郎　官名。西晋置，为尚书省左士曹长官，亦称左士郎中，六品。东晋省。北魏置。或说孝文帝太和（477—499）改制后隶都官尚书。太和十七年定郎为从五品中，郎中五品上；二十三年皆称郎中，六品。仍可通称为郎。

左士曹　官署名。西晋、北魏所置尚书省诸郎曹之一。参见“左士郎”。

左大司马　官名。新莽地皇元年（后20）分大司马为前后左右中五员，分掌军政。更始政权亦分设左、右大司马。东汉初合为一员，旋罢。三国吴孙权赤乌九年（246）复分置左、右，孙亮建兴（252—253）中合为一员。十六国后赵侯子光起事，聚众于杜南山，自称大黄帝，亦置左、右大司马。参见“大司马”。

左大丞相　官名。北魏以来常于“丞相”上加大字以示尊崇。北周静帝大象二年（580）置左、右大丞相，令“百官总己以听于左大丞相”（《周书·静帝纪》），而以杨坚任此职。不久去左、右之号。参见“大丞相”。

左大相　即大东丹国中台省左大相。

左大将　官名。匈奴及西域乌孙国置。见《汉书·西域传》、《匈奴传》。

左大将军　官名。东汉初曾置，旋罢。十六国前秦置，地位尊崇。《晋书·符生载记》：“以吕婆楼为侍中、左大将军。”参见“大将军”、“右大将军”。

左大都督　官名。北魏末置，西魏沿置。亦作左厢大都督。《周书·贺拔胜传》：“以（贺拔）岳为持节、假卫将军、左大都督，又以征西将军代郡侯莫陈悦为右大都督，并为（尔朱）天光之副以讨之。”参见“右大都督”。

左大监　官名。相传为黄帝所置，主司监察。《史记·五帝本纪》：“（黄帝）置左右大监，监于万国。”

左弋令　官名。西汉属少府，有丞。职掌弋射，供宗庙祭祀用禽鸟。武帝太初元年（前104）更名佽飞令。东汉省。

左弋丞　官名。西汉置，属少府，为左弋令副贰，武帝太初元年（前104）改左弋为佽飞。

左千牛卫　禁卫军指挥机构。唐朝十六卫之一，高宗龙朔二年（662）改左奉宸卫置，设大将军一员、将军二员、中郎将二员，与右千牛卫统率亲近禁军，共掌侍卫宫禁及供御兵器仪仗，不领府兵。受朝之日，侍列于御座左、右，职任甚重。又有长史、录事及兵、胄曹参军及千牛备身、备身左右、主仗等属。武则天天授二年（691）加置四色官，德宗贞元二年（786）置上将军一员，位大将军上。辽朝置，设大将军、上将军、将军，领折冲都尉、果毅都尉。

左千牛卫大将军 官名。唐高宗龙朔二年（662）改左奉宸卫而置，一员，正三品。德宗贞元二年（786）添置上将军前，为左千牛卫长官。掌侍卫宫禁及供御兵器仪仗，皇帝受朝之日，领备身左右升殿列侍，亲射则率属以从。宋朝置为环卫官，无定员，无职掌，多以宗室为之，亦用为武臣赠典或武官责降散官。神宗元丰（1078—1085）改制，降为正四品。南宋多不除授，孝宗隆兴（1163—1164）中复置。辽朝亦置，为加官，位上将军上。

左千牛卫上将军 官名。唐德宗贞元二年（786）置为左千牛卫长官，一员，从二品，位大将军上，掌侍卫宫禁及供御兵器仪仗，凡千牛及备身左右以御刀仗升殿供奉者，皆领之。宋朝置为环卫官，无定员，无职掌，多以宗室为之，亦用为武臣赠典。神宗元丰（1078—1085）改制前为三品，后为从三品。南宋多不除授，孝宗隆兴（1163—1164）中复置。辽朝亦置，为加官，位大将军下。

左千牛卫中郎将 官名。唐高宗龙朔二年（662）改左奉宸卫而置，二员，正四品下，掌供奉侍卫，佐大将军、上将军职；有口敕，声不下闻者，则宣告。宋朝置为环卫官，无定员，无职掌，多以宗室为之，亦用为武臣赠典或武官责降散官。南宋多不除授。

左千牛卫将军 官名。唐高宗龙朔二年（662）改左奉宸卫而置，二员，从三品，协掌侍卫宫禁及供御兵器仪仗。宋朝置为环卫官，无定员，无职掌，多以宗室为之，亦用为武臣赠典或武官责降散官。神宗元丰（1078—1085）改制，降为从四品。南宋多不除授。辽朝亦置，为加官。

左千牛府 官署名。唐高宗显庆五年（660）改左府置，龙朔二年（662）改左奉宸卫，后定名为左千牛卫。参见“左千牛卫”。

左千牛府大将军 官名。唐高宗显庆五年（660）改左府大将军置，龙朔二年（662）改左奉宸卫大将军，后定名为左千牛卫大将军。

左千牛府将军 官名。唐高宗显庆五年（660）改左府将军置，龙朔二年（662）改左奉宸卫将军，后定名为左千牛卫将军。

左门尉 官名。隋炀帝大业三年（607）于左监门府置，六十员，正六品，与右门尉同掌宫城门禁守卫等。

左卫 ❶禁卫军指挥机构。西晋武帝泰始元年（265）分中卫而置，设将军一员，掌领宿卫营兵。属官有长史、司马、功曹、主簿等，并掌佽飞虎贲，前驱、由基、强弩三部司马及虎贲、羽林、异力、上骑、命中虎贲等五部督。东晋罢长史。南朝宋、齐、梁、陈沿晋制，置将军一员，又有长史、司马、功曹、主簿等属。北魏时置将军，并依第三品将军例置僚属。北齐开府，为左卫府，置将军一员为长官，隶领军府，掌领左厢，与右卫共主朱华阁外禁卫官；以武卫将军二员为副长官，有司马、功曹、主簿、录事，厘其事务。下辖御仗、直荡、直卫、直突、直阁等属官，又有武骑、云骑、骁骑、游击、前后左右四军将军及左右中郎将、五校尉、三将、殿中将军等禁卫官。西魏、北周亦置。隋朝为十二卫之一，置大将军一员、将军二员，掌宫掖禁御，督摄仗卫。下设长史、司马及录事、功、仓、兵、骑等曹参军，法、铠曹行参军各一员，行参军六员；又有直阁、直寝、直斋、直后等将军，并掌宿卫侍从；奉车都尉，掌驭副车；武骑常侍、殿内将军、员外将军、殿内司马督、员外司马督、武骑常侍等员。炀帝大业三年（607）改为左翊卫，改其所统亲、勋、翊三卫为三侍，废直阁将军以下员，军士名骁骑，领诸鹰扬府；又置护军四人，掌副贰将军，寻改为武贲郎将，以武牙郎将六人副之。唐高祖武德五年（622）复为左卫府，为十六卫之一，高宗龙朔二年（662）去府字，设大将军一人、将军二人，掌宫禁宿卫。德宗贞元二年（786）增置上将军一人，位大将军上；长史及录事、仓、兵、骑、胄诸曹参军事各一、二人。武则天天授二年（691）置司阶、中候、司戈、执戟及四色官长上各二人至二十五人，统亲、勋一、勋二、翊一、翊二凡五府及外府。宋朝存其官而无职司。辽朝沿置，设大将军、上将军、将军、折冲都尉、果毅都尉等。元世祖至元八年（1271）三分侍卫而置，为枢密院所领京城侍卫，秩正三品，掌宿卫扈从，兼屯田，国有大事则调度之，定置都指挥使三人、副都指挥使二人、佥事二人、经历二人、知事二人、照磨一人，统镇抚所、行军千户所、弩军千户所、屯田左右千户所等属。❷高昌官，位令尹（相国）、公（交河公、田地公）下，八长史上。❸左卫将军的省称。

左卫大将军 官名。❶北齐置。《北齐书》卷一四《高思宗传》：“及文宣受命，为左卫大将军。”❷左卫之长。隋朝置一人，正三品，掌宫掖禁御，督摄仗卫。炀帝大业三年（607）改为左翊卫大将军，总府事，并统诸鹰扬府。唐高祖武德五年（622）复为左卫府大将军。高宗龙朔二年（662）去府字，置一人，正三品。德宗贞元二年（786）置上将军前，为长官，掌宫禁宿卫，总制五府及外府。宋朝置为环卫官，无定员，无职掌，多以宗室为之，亦用为武臣赠典或武官责降散官。神宗元丰（1078—1085）改制，降为正四品。南宋多不除授，孝宗隆兴（1163—1164）中复置，以承宣使遥郡者为之。辽朝亦置，位上将军上，为加官。

左卫上将军 官名。唐德宗贞元二年（786）置为左卫长官，位大将军上，置一人，从二品，掌宫禁宿卫，总制五府及外府。宋朝为环卫官，无定员，无职掌，多以宗室为之，亦为武臣赠典。神宗元丰（1078—1086）改制前为三品，后复为从二品。南宋多不除授，孝宗隆兴（1163—1164）中复置，以承宣使正任为之。辽朝置，为加官，位大将军下。

左卫中郎将　官名。唐高祖武德五年（622）改左翊卫为左卫府而置，高宗龙朔二年（662）去府字，置一人，正四品下，将军缺，则代之，掌贰大将军、上将军事。宋朝置为环卫官，无定员，无职掌，多以宗室为之，亦用为武臣赠典或武官责降散官。北宋前期为四品，南宋多不除授。

左卫府　见“左卫❶”。

左卫亲军都指挥使司　官署名。元朝侍卫亲军指挥机构，五卫之一。秩正三品。掌汉军万名。置营于东安州（今河北安次西），衙司在大都丽正门内。设都指挥使三员，副都指挥使二员，佥事二员。下辖一镇抚所，十行军千户所，左、右屯田千户所及弩军千户所。

左卫将军　官名。三国魏元帝咸熙二年（265），司马昭卒，司马炎即晋王位，分中卫将军为左、右卫将军，以羊琇任此。掌佽飞虎贲及前驱、由基、强弩三部司马，属下还有虎贲、羽林、上骑、异力、命中虎贲等五部督，负责宫禁宿卫。西晋初，属中军将军，后属领军将军（中领军）。为禁卫军主要统帅之一，权任很重，多由皇帝亲信之人担任。员一人，四品。与领军、护军、右卫、骁骑、游击等六将军合称为六军。十六国前秦、后燕、南燕亦置。南朝宋四品。南齐高帝建元二年（480）诏，二卫将军每晚留一人宿直宫中。南朝后期，此职亦统兵出征。梁武帝天监七年（508）定为十二班，陈三品、秩二千石。北魏孝文帝太和十七年（493）定为从二品下，二十三年改为三品，孝明帝正光元年（520）改为员二人。北齐时为左卫府长官，员一人，三品。掌左厢，与右卫将军共主朱华阁以外禁卫事务，各有武卫将军二员以协助其理事。隋初，为“十二卫”中的左卫副长官，员二人，从三品，协助左卫大将军掌官掖禁御，督摄仗卫。炀帝大业（605—618）初，改左、右卫为左、右翊卫，此职改为左翊卫将军。唐复置，仍为左卫副长官，从三品。佐左卫大将军统领宫廷禁卫之法令，以督其属之队仗，而总诸曹之职务。非上日，以其一人押仗，若阙，则以中郎将代之，掌贰上将军事。宋朝为环卫官，无定员，无职掌，多以宗室为之，亦为武臣赠典，或为武官责降散官。北宋前期为三品，神宗元丰（1078—1085）改制后，降为从四品。辽朝沿置，属南面官，无实职，为加官。位右卫上将军下。

左卫领营将军　官名。《资治通鉴·东晋孝武帝太元十四年（389）》：“左卫领营将军许营上疏。”胡三省注：“以左卫将军领营兵，是为左卫领营将军。”

左卫率　官名。即太子左卫率。

左卫率府　官署名。元朝侍卫亲军指挥机构。秩正三品。仁宗延祐六年（1319）六月，由羽林亲军都指挥使司改立。统汉军万名，隶东宫詹事院下。置卫率使三员，副使二员，佥事二员。置营于武清，衙司在大都丽正门内。七年三月，划归枢密院管辖。下辖行军千户所十，弩军千户所一，屯田千户所三。

左小武伯下大夫　官名。西魏恭帝三年（556）置，北周沿置。夏官府左武伯司次官，员二人。佐左武伯中大夫与右武伯中大夫掌内外卫禁令，统虎贲、旅贲、射声、骁骑、羽林、游击等六率禁卫军士，在皇帝临朝及出行时，负责侍卫。北周武帝建德二年（573），省六府诸司中大夫，遂成为左武伯司长官，称左武伯下大夫。宣帝即位，复置六府诸司中大夫后，仍降为次官。正四命。隋文帝开皇元年（581）罢。

左小武伯上士　官名。西魏恭帝三年（556）置，北周沿置。夏官府左武伯中大夫属官，佐左武伯中大夫、左小武伯下大夫掌本司事务。北周武帝建德二年（573），省六府诸司中大夫，以下大夫为长官，遂成为左武伯司次官。宣帝即位，复置六府诸司中大夫后，仍为属官。正三命。隋文帝开皇元年（581）罢。

左小宫伯下大夫　官名。西魏、北周置，详见“小宫伯下大夫”。

左飞龙院　官署名。五代后唐明宗长兴元年（930）分飞龙院置，掌马牧之事。

左天驷监　见“天驷监”。

左天厩坊　见“天厩坊”。

左王　官名。匈奴左贤王简称。《汉书·卫青传附赵破奴传》：“以浚稽将军将三万骑击匈奴左王。”参见“左贤王”。

左屯卫　❶东宫宿卫武官。北周置，杨炯《唐上骑都督高君神道碑》：“曾祖冲，北齐鹰扬郎将，周左屯卫、清宫别将。”❷禁卫军指挥机构。隋朝为十二卫之一，炀帝大业三年（607）改左领军府置，设大将军一员、将军二员，总府事，并统诸鹰扬府；其军士名羽林；置护军四员，寻改为武（虎）贲郎将，以武（虎）牙郎将六员副之：又有长史、录事参军，司仓、兵、骑、铠等员。唐高宗龙朔二年（662）改名左威卫。五代后周太祖广顺二年（952）复名左屯卫。宋朝存其官而无职司。

左屯卫大将军　官名。隋炀帝大业三年（607）改左领军府为左屯卫，置一员为长官，正三品，总其府事，并统诸鹰扬府。唐高宗龙朔二年（662）改名左威卫大将军。五代后周太祖广顺二年（952）复名左屯卫大将军。宋朝沿置，为环卫官，无定员，无职掌，多以宗室为之，亦用为武臣赠典或武官责降散官。神宗元丰（1078—1085）改制，降为正四品。南宋多不除授，孝宗隆兴（1163—1164）中复置。

左屯卫将军　官名。隋炀帝大业三年（607）改左领军府为左屯卫，置二员，从三品，协助大将军总府事，领诸鹰扬府。唐高宗龙朔二年（662）改名左威卫将军。五代后周太祖广顺二年（952）复名左屯卫将军。宋朝沿置，为环卫官，无定员，无职掌，多以宗室为之，亦为武臣赠典或武官责降散官。神宗元丰（1078—1085）改制，降为从四品。南宋多不除授。

左车骑将军 官名。东汉末及三国蜀后主时均曾分置车骑将军为左、右，为领兵武职。参见“车骑将军”。

左少监 官名。明初内府神宫监、尚宝监、内官监等以监为名的宦官衙门皆置，各一人，从四品。后渐革。

左中允 官名。明清詹事府所属机构左春坊之职官。与左庶子、左谕德等共掌记注、纂修之事。明洪武十五年（1382）始置。二十五年，改詹事院为詹事府，始为詹事府左春坊属官。额二人，正六品。虽沿古制为太子东宫官属，实仅为翰林官迁转之阶。清沿置。初设二人，由汉人充任。康熙十四年（1675）定满、汉各二人。三十七年省满员一人，五十二年省汉员一人，只留满、汉各一人，遂为定制。亦正六品。汉员初兼翰林院编修衔，乾隆（1736—1795）末停兼衔。光绪二十八年（1902），詹事府省入翰林院，遂废。

左中权将军 官名。南朝梁置。《梁书·王莹传》：“（王莹）俄迁尚书令、云麾将军，侍中如故。累进号左中权将军，给鼓吹一部。”参见“中权将军”。

左中军司马 官名。战国置，为武官。《古玺汇编》第四七号：“左中军司马。”

左中护 官名。即太子左庶子，唐高宗龙朔二年（662）改，咸亨元年（670）复名太子左庶子。

左中兵郎 官名。西晋分中兵郎置，为尚书省左中兵曹长官通称，亦称郎中，六品。属五兵尚书。东晋、南朝省并中兵郎。北魏复置，属七兵尚书。孝文帝太和十七年（493）定郎为从五品中，郎中五品上；二十三年皆称郎中，六品，仍可通称为郎。北齐沿置，属五兵尚书，六品上。

左中兵郎中 官名。西晋、北朝与左中兵郎互称，为尚书省左中兵曹长官。参见“左中兵郎”。

左中兵曹 官署名。尚书省诸郎曹之一。西晋分中兵曹置，与右中兵曹并掌都城畿内军队政令军务。属五兵尚书。置郎（郎中）。东晋、南朝省并中兵曹。北魏复置，与中兵、右中兵曹并属七兵尚书。北齐沿置，属五兵尚书，掌诸郡督告身、诸宿卫官等事。

左中侍上士 官名。西魏、北周置，详见“中侍上士”。

左中郎将 官名。西汉置，隶光禄勋。居宫禁中，与五官、右中郎将分领中郎，更值宿卫，协助光禄勋考核管理郎官谒者从官。秩比二千石。一说专掌谒者。多由外戚及亲近之臣充任。东汉领左署中郎、侍郎、郎中，职掌训练、管理、考核后备官员，出居外朝。三国沿置。魏、西晋初不设五官、左、右三郎署，其官仍置，职任渐轻，四品，居宫禁之外。晋武帝泰始九年（273）罢。南朝复置，为侍从武官，分司丹禁，改隶中领军（领军将军）。宋四品，梁八班，陈五品、千石。北魏、北齐置五员，为冗职，用以安置闲散武臣，隶领军府所辖左、右卫府，从四品。北周为散官，六命。

左日逐 官名。匈奴置。由四贵姓中地位最高的呼延氏（一译作呼衍氏）充任，与右日逐世为辅相。

左仆 官名。战国置。掌驾驭战车。《善斋吉金录》卷一四页四著录战国官印文：“左仆□鈢。”刘体智释注：“周制一车，左为仆，右为戎。戎右，故此称左仆。”

左仆射 ❶即尚书左仆射。❷即行台省尚书左仆射。参见“行台尚书仆射”。

左长史 官名。❶东汉末曹操为丞相时分长史为左、右，总领相府诸曹。魏晋南北朝相国、丞相府例置。当时司徒府诸曹办理日常事务，司徒或置或缺，其左、右长史常置，统领诸曹。其余诸公唯置长史一员，加崇者方置左、右。秩千石。❷十六国的政权机构都督府（太府）、牧府（少府）多置左、右长史，总执朝政，位冠僚首，实为国务长官之任，位在右长史上。❸明朝王府长史司长官设左、右长史。参见“长史”。

左计使 官名。宋太宗淳化四年（993）置，掌京东诸道财计之事。五年罢。

左六司 官署合称。渤海国忠、仁、义部及支司爵、仓、膳部总称。

左户 ❶官署名。（1）诸公、都督府僚属诸曹之一。北齐置，设行参军。（2）尚书省诸郎曹之一。北魏、北齐置，隶度支尚书。掌全国计帐、户籍等事。设郎（郎中）。（3）州刺史僚属诸曹之一。北齐置，设掾史等员。❷即左民。唐人修《隋书》，避唐太宗讳改。参见“左民尚书”、“左民郎”。❸官名。唐朝户部侍郎置二员，其“判使案者居别一署，谓之‘左户’。元和后，选委华重，宰相多由此进”（《新唐书·孟简传》）。

左户行参军 北齐诸公、都督府僚属名。掌左户曹事务。

左户尚书 即左民尚书。

左户郎 ❶参见“左户郎中”。❷即左民郎。

左户郎中 官名。北魏、北齐置，亦称左户郎。为尚书省左户曹长官，六品上。隶度支尚书。参见“左户”。

左户都 即左民都。

左户掾 北齐州刺史属吏名。参见“左户”。

左允 官名。渤海国官，比唐朝尚书左丞。

左尹 官名。春秋时楚国置。秦汉之际亦置。位次令尹，位尊，多以王室贵族任之。掌军事。《左传·昭公二十七年》：“左尹郤宛，工尹寿帅师至于潜，吴师不能退。”

左节度 官名。三国吴孙权置，掌管军需粮谷及文书帐簿。《三国志·顾雍传》：“赤乌（238—251）中，（顾谭）代（诸葛）恪为左节度，每省簿书，未尝下筹，徒屈指心计，尽发疑谬。”

左平章事 官名。渤海国官，居宣诏省。

左正一 官名。明清道录司之官员。掌理天下道教之事。明洪武十五年（1382）设，一人，正六品。清康熙十三年（1674）定设一人，亦为正六品。可兼充道录司，缺出由右正一升补。

左正言　参见“正言”。

左玉钤卫　官署名。即左领军卫。唐武则天光宅元年（684）改，中宗神龙元年（705）复名左领军卫。

左玉钤卫大将军　官名。即左领军卫大将军。唐武则天光宅元年（684）改，中宗神龙元年（705）复名左领军卫大将军。

左玉钤卫将军　官名。即左领军卫将军。唐武则天光宅元年（684）改，中宗神龙元年（705）复名左领军卫将军。

左布政使　参见“布政使”。

左右　君王近臣代称。《左传·昭公六年》：“左右谄谀。”《史记·廉颇蔺相如列传》：“左右欲刃相如，相如张目叱之，左右皆靡。”

左右大都督　官名。北齐置。统领皇帝左右亲军，随从征伐。《北齐书·皮景和传》：“后从袭库莫奚，加左右大都督。”

左右士师　左士师和右士师合称。参见“左士师”、“右士师”。

左右司过　官名。即左司过、右司过。掌纠君王过失。战国赵国设左右司过。《史记·赵世家》：“武灵王年少，未能听政，博闻师三人，左右司过三人。”参见“司过”。

左右司空令　官名，西汉置，或说掌制陶瓦。属少府，有丞。东汉省。

左右司徒　官名。即左司徒、右司徒。掌百姓教化。《管子·五行》：“天子出令，命左右司徒、内御，不诛不贞，农事为敬。”

左右寺案　官署名。宋神宗元丰（1078—1085）改制置，隶大理寺右治狱，掌断讫公事案后收理追赃等事。参见“大理寺右治狱”。

左右守藏　女官名。南朝宋置。员四人，品秩比诸房禁防。

左右军巡　见“军巡使”。

左右军巡使　见“军巡使”。

左右伯　官名。即左伯、右伯。春秋时齐国置。司空属官，掌治道路。《管子·轻重戊》：“（齐桓公）令谓左右伯沐涂树之枝。”《管子集校》引张佩纶云：“《周礼》‘宫伯’，注：‘伯，长也’。《国语》‘司空视涂’，韦注：‘司空，掌道路者’。则此左右伯，司空之属。案古者列树表道，右左伯沐涂树之枝，殆亦治道之一端。”

左右直长　官名。北魏、南齐、北齐均置。北齐属门下省领左右局，协助领左右掌禁中诸事。员四人，从五品上。

左右押衙　见“子城使”。

左右知客押衙　见“使院牙职”。

左右使人　官名。即左使人、右使人。内侍宦官。《管子·五行》：“天子出令，命左右使人、内御，御其气，足则发而止。”

左右金吾街仗司　见“金吾街仗司”。

左右备身　官名。北齐置，为侍卫武官，属领左右府，由左右备身正都督、副都督统领，负责宿卫侍从。从七品。宋朝时仅存其名而罕除授。隋唐时称备身左右。参见“备身左右”。

左右备身五职　北齐侍从武官左右备身都将、左右备身别将、左右备身统军、左右备身军主、左右备身幢主的合称。属领左右府，由左右备身正、副都督统领，负责宿卫侍从。七品。

左右备身正都督　官名。北齐置，皇帝侍从武官首领之一。属领左右府，下统左右备身副都督、左右备员五职、左右备身等，掌宿卫侍从。从四品上。

左右备身军主　参见“左右备身五职”。

左右备身别将　参见“左右备身五职”。

左右备身统军　参见“左右备身五职”。

左右备身都将　参见“左右备身五职”。

左右备身副都督　官名。北齐置。属领左右府。协助左右备身正都督统领左右备身五职、左右备身等，负责宿卫侍从。从五品上。

左右备身幢主　参见“左右备身五职”。

左右郎将　官名。南齐置。统带宿卫军兵。《南齐书·幸臣·纪僧真传》：“出为建武将军，建康令。还除左右郎将，泰山太守。”

左右都押衙　见“子城使”。

左右哨　军营官署名。即左、右哨。明永乐二十二年（1424）于京营五军营、神机营下分置。各设管哨官，称坐营。以勋臣充任，掌管左、右两哨军马，平日驻训，战时从征。

左右厢店宅务　见“店宅务”。

左右推案　官署合称。即左推案、右推案。宋神宗元丰（1078—1085）改制后，大理寺右治狱置，掌鞫勘诸处送下公事及定夺等事。参见“大理寺右治狱”。

左右掖　军营官署名。即左、右掖。明永乐二十二年（1424）于京营五军、神机二营分置。各设管掖官，称坐营，以勋臣充任，掌管左、右两掖军马，平日驻训，战时从征。

左右骐骥使　见“骐骥院使”。

左右骐骥副使　见“骐骥院副使”。

左龙令　官名。北齐置，为左龙署长官。

左龙丞　官名。北齐置，为左龙署次官。

左龙局　官署名。北齐置，属太仆寺左龙署。置都尉。

左龙武军大将军　官名。唐朝北衙禁军统兵长官之一，玄宗开元二十七年（739）改左万骑营为左龙武军置，初一员，肃宗乾元二年（759）增为二员，正三品，掌领左龙武军，宿卫京师。

左龙武军将军　官名。唐朝北衙禁军统兵官，玄宗开元二十七年（739）置，二员，从三品。德宗贞元三年（787）增为三员，为左龙武军大将军副贰。

左龙武军统军 官名。唐德宗兴元元年（784）置，一员，从二品，以授节帅罢任者，无职事。

左龙虎军大将军 官名。辽朝置，属南面官。加官，无实职。在右龙虎军大将军上。

左龙虎军上将军 官名。辽朝置，属南面官。加官，无实职。在右龙虎军大将军下。统和二十八年（1010）有左龙虎卫上将军萧合卓。

左龙虎军将军 官名。辽朝置，属南面官。加官，无实职。在右龙虎军上将军下。

左龙都尉 官名。北齐置，掌左龙局。从九品。

左龙署 官署名。北齐置，属太仆寺。设令、丞。领左龙局。

左史 官名。史官之一。周朝始设，为太史之别称。时有左、右史之分，左史掌记事，书国史；右史掌记言。《礼记·玉藻》："动则左史书之，言则右史书之。"郑玄注："其书，《春秋》、《尚书》其存者。"孔颖达疏："《春秋》是动作之事，故以《春秋》当左史所书。"一说左史记言，右史记事（《汉书·艺文志》）。春秋时晋、楚两国均置左史。后世亦有沿此者，然不常置。唐朝高宗龙朔二年（662），改起居郎为左史，咸亨元年（670）复旧。宋朝之起居郎亦称左史。职掌均同前。明、清不设左、右史，直仿唐、宋，以起居注官行其职。太平天国于永安（今广西蒙山）建制时仿古制置，属朝上职官，正、副各一人，职同检点。主记事，兼为天王作起居注，为太平天国之国史官。参见"起居郎"、"起居注官"。

左外兵郎 官名。西晋分外兵郎置，为尚书省左外兵曹长官通称，亦称郎中，六品。属五兵尚书。东晋、南朝省并外兵郎。北魏复置，属七兵尚书。孝文帝太和十七年（493）定郎为从五品中，郎中五品上；二十三年皆称郎中，六品，仍可通称为郎。北齐沿置，六品上，属五兵尚书。

左外兵郎中 官名。西晋、北朝与左外兵郎互称，为尚书省左外兵曹长官。参见"左外兵郎"。

左外兵曹 官署名。尚书省诸郎曹之一。西晋分外兵曹置，与右外兵曹并掌京畿以外各地军队政令军务。属五兵尚书。设郎（郎中）。东晋、南朝省并外兵曹。北魏复置，与外兵曹、左外兵曹并属七兵尚书。北齐沿置。属五兵尚书，掌河南及潼关以东诸州兵士名籍及发召征兵之政令。

左令 官名。战国楚置。曾侯乙墓出土竹简文字中有此官名。

左冯翊 官名。秦置内史，掌治京师。汉景帝前二年（前155）分置左、右。武帝太初元年（前104）左内史更名左冯翊，掌内史左地（京畿部分地区）属官有廪牺令、丞、尉，及左都水、云垒、长安四市长、丞。

左玄义 官名。明朝管理全国道教事务衙门道录司职官。洪武十五年（1382）置，左右各一人，从八品，以道士为之。

左主客郎 官名。西晋置，为尚书省左主客曹长官通称，亦称郎中，六品。东晋省并主客郎。北魏复置，孝文帝太和十七年（493）定郎为从五品中，郎中五品上；二十三年皆称郎中，六品，仍可通称为郎。北齐省。

左主客郎中 官名。西晋、北魏为尚书省左主客曹长官。参见"左主客郎"。

左主客曹 官署名。尚书省诸郎曹之一。西晋置左、右、南、北主客曹，各设郎（郎中）。初属客曹尚书，后不详。东晋省并主客曹。北魏复置，或说属仪曹尚书。北齐省。

左台 官署名。左御史台、左肃政台省称。见"左御史台"、"左肃政台"。

左民尚书 官名。三国魏改民曹尚书置，为五曹尚书之一。两晋、南朝皆置，为尚书省左民曹长官。魏、晋、宋、齐及梁初皆三品，梁武帝天监七年（508）改为十三班，陈复置为三品。北魏初亦置，后改置度支尚书。唐人修《隋书》，避唐太宗讳，改称左户尚书。

左民郎 官名。西晋分民曹郎置，为尚书省左民曹长官通称，亦称郎中。东晋、南朝以右民郎并入，属左民尚书。北魏复分置，初属左民尚书，孝文帝太和（477—499）改制后，属度支尚书。晋、宋六品，梁五班，陈四品，北魏孝文帝太和十七年定郎为从五品中，郎中五品上，二十三年皆称郎中，六品，仍可通称为郎。唐人修《隋书》，避唐太宗讳，改称左户郎。参见"左民曹"。

左民郎中 官名。西晋、北魏与左民郎互称，为尚书省左民曹长官。参见"左民郎"。

左民都 左民都令史省称。唐人修《隋书》，避唐太宗讳，改称左户都。

左民都令史 官名。两晋以来尚书省置都令史八人，协助尚书左、右丞管理都省事务，监督诸曹尚书，参与政要，权任虽重，用人常轻。南朝梁始重其选，置殿中、吏部、金部、左民、中兵五都令史，武帝天监九年（510）诏令选用有才干的士人。位仅二班，职权颇重，以左民都令史监督左民尚书政务。陈沿置。北魏、北齐复置八都令史。

左民曹 官署名。❶尚书省诸曹之一。三国魏改民曹置，设尚书为长官。掌修缮功作、盐池园苑等土木工程。西晋初改驾部，旋复故。东晋、南朝沿置。属尚书省。梁、陈、北魏兼掌户籍。宋、齐领左民、驾部二曹，梁、陈增起部、屯田曹。余不详。北魏初亦置，后改置度支曹。❷尚书省诸郎曹之一。两晋、南朝皆置。设郎（郎中），属左民尚书。北魏亦属，初属左民尚书，孝文帝太和（477—499）改制后，属度支尚书。北齐省。

左皮室详稳 官名。辽朝置，北面军官。左皮室军长官。以勋戚及亲信大臣充任。

左皮室详稳司 官署名。辽朝军事指挥机构。隶左皮室军。平时守卫宫帐，战时出征。设详稳等职。

左司 官署名。❶初为尚书都省办事机构。隋、唐、五代皆置，隋朝有郎一员，唐朝有郎中、员外郎各一员，为尚书左丞副贰，掌监督管理吏部、户部、礼部十二司政务。北宋神宗元丰（1078—1085）改制后，监管吏部、户部、礼部、奏钞房、班簿房事务，亦有郎中、员外郎各一员。辽朝沿置。金朝掌本司奏事，总察吏、户、礼三部受事付事，兼带修注官，回避其间记述之事，有郎中、员外郎各一员。元朝并尚书省入中书省，遂改隶中书省，世祖至元十五年（1278）置，掌吏礼房南吏、北吏、贴黄、保举、礼、时政记、封赠、牌印、好事九科，知除房资品、常选、台院选、见阙选、别里哥选五科，户杂房定俸、衣装、羊马、置计、田土、太府监、会总七科，科粮房海运、运、边远、赈济、事故、军匠六科，银钞房钞法、课程二科，应办房饮膳、草料二科，有郎中、员外郎各二员。元末朱元璋中书省置，有郎中、员外郎；明洪武十三年（1380）随中书省罢。❷大理寺所统官署。明洪武十四年（1381）复置勘磨司，分左、右，有司丞、司副各一员，二十年罢；建文（1399—1402）初改大理左寺为左司，置都评事、副都评事、都典簿等；永乐（1403—1424）初复名左寺。❸清朝宗人府，盛京礼、兵、刑、工四部均置，分见各条。

左司工 官名。司工即司空。战国司工官分左右。战国官印有之。见《古玺汇编》第八九号。

左司卫上大夫 参见“司卫上大夫”。

左司马 官名。春秋始置。《史记·孔子世家》：“定公十年春”，“具左右司马”。战国时，齐、楚、燕等国沿置，掌军政，领兵征战。《战国策·燕策三》：“燕使太子请救于楚，楚王使景阳收而救之。暮舍，使左、右司马各营壁地。”秦汉之际沛公刘邦亦置，使典武职。宋朝为大都督府属官，无职掌。参见“司马”。

左司乐 官名。明清礼部教坊司之属官。明初设，左、右各一人。南京礼部教坊司亦设，左、右各一人。又嘉靖（1522—1566）中增设显陵教坊司，亦设左、右各一人，皆正五品。掌乐舞承应，以乐户充之。清顺治元年（1644）沿设，左、右各一人，为正九品。雍正七年（1729），改教坊司为和声署，遂裁。

左司过 见“左右司过”。

左司员外郎 官名。唐武则天永昌元年（689）始置，隶尚书都省，员一人，从六品上，与左司郎中同为尚书左丞副贰，监管吏、户、礼部诸司政务，举稽违、署符目、知宿直，位在诸司员外郎上；中宗神龙元年（705）省，次年复置。北宋初为寄禄官，神宗元丰（1078—1085）改制置一员，从六品，与左司郎中监管吏、户、礼部、奏钞、班簿房。辽朝沿置。金朝尚书省左司置一员，正六品，佐郎中掌本司奏事及总察吏、户、礼三部受事付事。元朝中书省左司置二员，正六品，佐郎中掌吏礼房九科、知除房五科、户杂房七科、科粮房六科、银钞房二科、应办房二科。元末朱元璋中书省置为属官，正六品；明洪武十三年（1380）罢。

左司武上大夫 参见“司武上大夫”。

左司直郎 官名。明洪武十五年（1382）于左春坊置。二人，从六品。与右司直郎及左、右清纪郎共掌太子东宫弹劾、纠举之事。不常设。

左司侍郎 官名。即尚书左丞，五代后梁太祖开平二年（908）因避讳改，后唐庄宗同光元年（923）复名尚书左丞。

左司郎中 官名。唐太宗贞观二年（628）置，员一人，从五品上，为尚书左丞副贰，协掌尚书都省事务，监管吏、户、礼部诸司政务，举稽违、署符目、知直宿，位在诸司郎中上；高宗龙朔二年（662）改名左承务，咸亨元年（670）复。北宋初为寄禄官，神宗元丰（1078—1085）改制，置一员，正六品，领吏、户、礼部、奏钞、班簿房事。辽朝沿置。金朝尚书省左司置一员，正五品，掌本司奏事，总察吏、户、礼三部受事付事，兼带修注官。元朝中书省左司置二员，正五品，掌吏礼房九科、知除房五科、户杂房七科、科粮房六科、银钞房二科、应办房二科。元末朱元璋中书省置为属官，正五品，明洪武十三年（1380）罢。

左司隶 官名。十六国汉刘聪置。左司隶部行政长官，领户二十余万，位次尚书仆射。见《晋书·刘聪载记》。

左司隶寺 官署名。十六国汉刘聪置。以左司隶为长官，掌管左司隶部民，领户二十余万，下设内史，每一内史领万户。见《晋书·刘聪载记》。

左司政 官名。渤海国官，置一人，居左右平章事下，比唐朝尚书仆射。

左司徒 官名。掌民众百姓教化。春秋战国置。《管子·五行》：“天子出令，命左右司徒、内御，不诛不贞，农事为敬。”战国铭刻有之，见《古玺汇编》第二〇号。参见“司徒”。

左司副 官名。明初内府惜薪、钟鼓、宝钞、混堂四司皆置，左、右各一人，从五品，为司正之贰。后渐革。

左司谏 官名。宋太宗端拱元年（988）改左补阙置，掌规谏讽谕，秩七品。其后多出居外任，或兼领别司。仁宗明道元年（1032）置谏院，非特旨供职不与言责。神宗元丰（1078—1085）改制后，始专供谏职。正七品，隶门下省。南宋初，令不隶门下。孝宗淳熙十五年（1188）复名左补阙，光宗绍熙二年（1191）复旧名。金朝于谏院置一员，从五品。明太祖洪武二十九年（1396）左、右春坊下置，左、右各一人，并从九品。不常置。掌箴诲鉴戒，以拾遗补过。凡有启事于东宫太子，与司直、清纪执笔记令旨，规正其伪谬者。

左戎卫 官署名。即左领军卫，唐高宗龙朔二年

（662）改，咸亨元年（670）复名左领军卫。

左戎卫大将军　官名。即左领军卫大将军，唐高宗龙朔二年（662）改，咸亨元年（670）复名左领军卫大将军。

左戎卫将军　官名。即左领军卫将军，唐高宗龙朔二年（662）改，咸亨元年（670）复名左领军卫将军。

左戎昭将军　官名。十六国后赵石虎置，地位高于左、右卫将军。《晋书·石季龙载记上》："（石虎）置左右戎昭、曜武将军，位在左右卫上。"

左寺　官署名。明清大理寺所属机构，分掌狱讼复审工作。参见"大理寺左寺"。

左西曹　官署名。晋朝司徒府特设属曹，位在诸曹上。南朝沿置。长官为掾。

左西章帅　宫官名。南朝宋太宗定后宫百官时置，无定员，五品。

左西属　官名。司徒府左西曹属官。参见"司徒左西属"。

左西掾　官名。司徒府左西曹长官。参见"司徒左西掾"。

左机令　官名。北魏置。《魏书·尉古真传》："太宗时，（尉地干）为左机令。世祖少而善之，即位，擢为库部尚书，加散骑常侍、左光禄大夫，领侍辇郎。"

左执　尚书仆射别称。《陈书·张种传》："宜居左执。"

左执法　官名。❶战国齐威王置。执法官。《姓氏书辨证》卷二引《世本》："齐威王时有左执法公旗藩。"❷三国吴置。员一人，与中、右执法共平诸官事。《三国志·薛综传》："孙皓初，（薛莹）为左执法，迁选曹尚书。"

左执法郎　官名。十六国后赵石勒置，属大执法。《晋书·石勒载记下》："署张班为左执法郎，孟卓为右执法郎，典定士族，副选举之任。"

左匡政　官名。即尚书省左仆射。唐高宗龙朔二年（662）改，咸亨元年（670）复名左仆射。

左至义　官名。明清道录司之官员。分掌天下道教之事。明洪武十五年（1382）设，一人，从八品。康熙十三年（1674）定设一人，亦为从八品。依例升迁右至灵，缺出由右至义升补。

左至灵　官名。明清道录司之官员。分掌天下道教之事。明洪武十五年（1382）设，一人，正八品。康熙十三年（1674）定设一人，亦为正八品。依例升迁右演法，缺出由右至灵升补。

左夷离毕　官名。辽朝置，属北面官。夷离毕院官员。低于夷离毕，高于右夷离毕，为重要官员。终辽之世，无汉人任此职者。掌刑狱之外，亦有上达下言之责。

左师　❶军队建制。殷朝置。《甲骨文合集》第三三〇〇六片："丁酉贞，王作三师，左、中、右。"❷官名。（1）春秋时宋国置。六卿执政大臣之一，掌君臣百官的教训，又与右师兼掌四乡政令。《左传·成公十五年》："君臣之训，师之所司也。"《襄公九年》："使华阅讨右官，官庀其司。向戌讨左，亦如之"；"二师令四乡敬享"。杜预注："向戌，左师。"（2）战国赵置，有左师触龙。尊称"左师公"。❸官署名。战国东周置。《东周左师壶铭》："廿九年十二月，为东周左师酒壶。"

左师公　战国赵左师尊称，见《史记·赵世家》参见"左师"。

左光禄　左光禄大夫的省称。

左光禄大夫　官名。三国魏置。《三国志·刘放传》："正始元年（240），更加（刘）放左光禄大夫，（孙）资右光禄大夫，金印紫绶，仪同三司。"作为在朝显职的加官，以示优崇，或授予年老有病者为致仕之官，亦常用为卒后赠官。无职掌。西晋时假金章紫绶，禄赐、班位、冠帻、车服、佩玉、置吏卒及诸所赐给与"特进"同。二品。其以为加官者，唯章绶、禄赐、班位而已，不别给车服吏卒。卒赠此位者，如本已有卿官，不复重给吏卒，其余皆给。光禄大夫在汉朝属光禄勋，魏、晋时地位提高，不复属之，南朝时仍属光禄勋。南朝梁武帝天监七年（508）定为十六班，位在金紫光禄大夫上，加开府仪同三司者，升为十七班，置官属同三公。陈二品，秩中二千石。北魏孝文帝太和十七年（493）定为从一品中，二十三年改为二品，北齐仍二品，北周正八命，亦在金紫光禄大夫上。隋初定为正二品，炀帝大业三年（607）降为从二品。唐初沿之，太宗贞观（627—649）后唯设光禄大夫，不分左右。宋哲宗元祐三年（1088），分光禄大夫为左、右两阶，徽宗大观二年（1108），改称为正奉大夫。参见"光禄大夫"。

左当户　官名。匈奴置。由四贵姓中的兰氏充任。

左牝令　官名。北齐置。详见"左牝署"。

左牝丞　官名。北齐置。详见"左牝署"。

左牝局　官署名。北齐置，属太仆寺左牝署，设都尉。

左牝都尉　官名。北齐置，掌左牝局，从九品。

左牝署　官署名。北齐置，属太仆寺，掌驼马。设令、丞。领左牝局。

左先司马　官名。战国置。军队中的先锋官。《古玺汇编》第四六号："阳州左、右先司马。"

左迁　官员贬职、降职之称呼。古以右为尊，左为卑，故云。《汉书·周昌传》："吾极知其左迁。"颜师古注："是时尊右而卑左，故谓贬秩位为左迁。"《晋书·杜预传》："其优多劣少者叙用之，劣多优少者左迁之。"

左行　❶军队建制。春秋晋国置。晋文公时于上、中、下三军之外，增设左、中、右三行。后又废三行，改设新军。❷官名。春秋晋国武官，为左行军队的主将，卿爵。《左传·僖公十年》："左行共华，右行贾华。"左、中、右三行废置后，是职亦废。

左行人 官名。明洪武十三年（1380）于行人司置。左、右行人，从九品。初位在行人下，寻改行人为司正，左、右行人为司副，更置行人三百四十五人，后减至三十七人。职专捧节、奉使之事。凡颁诏、册封、征聘及慰问、赈济等，皆受命出行。

左后侍中士 官名。西魏、北周置，详见“后侍中士”。

左杀 官名。突厥领兵官，登利可汗从父曾任此职。典掌东厢之兵，皆精劲之属，号左杀。又称东杀。

左名曹 宋朝吏部、户部、礼部统称。

左名曹员外郎 宋朝吏部、户部、礼部员外郎统称。

左名曹郎中 宋朝吏部、户部、礼部郎中统称。北宋前期，右名曹郎中转左名曹郎中。

左安乐王 官名。匈奴置。由单于子弟充任，统领部众，地位在左、右显禄王之下。

左关师 官名。战国齐置。掌左关量器标准政令的官长。《陈纯釜铭》：“命左关师发敕□左关之釜，节于廪釜。”

左讲经 官名。明清僧录司之官员。分掌天下释教之事。明洪武十五年（1382）设，一人，正八品。清康熙十三年（1674）定设一人，亦为正八品。依例升迁右阐教，缺出由右讲经升补。

左军 ❶左军统帅代称。周朝及春秋战国越、赵等国置左、中、右三军，故称。与右军相对，参见“右军”。❷魏晋南北朝左军将军省称。

左军大都督 官名。北魏末置，西魏沿置。为左军统帅。《魏书·出帝平阳王纪》：“以使持节、侍中、大司马、开府、司州牧、广陵王（元）欣为左军大都督。”

左军中尉 官名。即左神策军护军中尉。

左军师 官名。东汉献帝建安（196—220）中曹操置。为丞相府重要僚属，员一人，参议军国大事。三国吴亦置，掌军务，地位较高，不属丞相府，多由右大司马兼任。

左军巡判官 见“军巡判官”。

左军巡使 见“军巡使”。

左军巡院 见“军巡院”。

左军将军 官名。三国魏置，四品。西晋时与前军、后军、右军将军合称四军。领营兵千人，掌宿卫。西晋初属中军将军，后属领军将军（中领军）。员一人，四品。东晋哀帝兴宁二年（364）改为游击将军，后复置此职。南朝宋初，员一人，四品。宋明帝泰始（465—471）以后，多以军功得官，无复员限，成为侍卫武职。梁武帝天监七年（508）定为九班，陈五品，秩千石。北魏孝文帝太和十七年（493）定为从三品上，太和二十三年复次职令，降为从四品上。北齐时属左、右卫府，员五人，从四品上。隋初列为散号将军，从六品上，炀帝大业三年（607）罢。

左军都督府 官署名。明朝五军都督府之一。初分领在京留守左卫、镇南卫、水军左卫、骁骑右卫、龙虎卫、英武卫、沈阳左卫、沈阳右卫。永乐（1403—1424）后改水军左卫、英武卫隶南京左军都督府，并领在外浙江都司、辽东都司、山东都司所领卫所及南京左军都督府所领卫所。设左、右都督，正一品；都督同知，从一品；都督佥事，正二品；及经历司经历等。参见“五军都督府”。

左戏 官名。西周置。参见“右戏”。

左羽林军大将军 官名。唐朝北衙禁军左羽林军统兵长官，高宗龙朔二年（662）置，员一人，正三品。武则天时地位日重，玄宗开元（713—741）年间最为荣宠，成为举足轻重的禁军统兵官，多以宦官为之。肃宗乾元二年（759）增为二员。辽朝亦置，为加官。

左羽林军上将军 官名。辽朝置，属南面官。加官，无实职，在右羽林军大将军下。

左羽林军将军 官名。唐朝北衙禁军左羽林军统兵次官，高宗龙朔二年（662）置，员二人，从三品。德宗贞元三年（787）增一员。辽朝亦置，为加官。

左羽林军统军 官名。唐德宗兴元元年（784）置，一人，从二品，以授节帅罢任者，无职事。

左羽林倅长下士 官名。西魏、北周夏官府左武伯中大夫左羽林率上士属官，正一命。

左羽林率上士 官名。西魏恭帝三年（556）置，北周沿置。夏官府左武伯中大夫属官，统禁军羽林士，负责皇帝临朝及出行的侍卫，下设左羽林率中士、左羽林倅长下士以佐其职。正三命。隋文帝开皇元年（581）罢。

左羽林率中士 官名。西魏、北周夏官府左武伯中大夫左羽林率上士佐官，正二命。

左丞 官名。❶东汉太官令佐贰官，掌供宫廷饮食。❷即尚书左丞。❸即中书左丞。❹金、元行台尚书省、行中书省、行尚书省之职官。参见各条。❺清末新设各部之职官。外务部承政厅及民政部、巡警部、度支部、学部、陆军部、法部、农工商部、邮传部等皆设一员，位列各部侍郎（副大臣）下，掌机密文移，综领众务。位在右丞上。

左丞相 官名。战国秦始置，秦朝沿置。为政府最高国务长官之一，辅助皇帝管理政务。亦省称丞相。西汉初唯置一丞相，惠帝六年（前189）分置左、右，文帝二年（前178）又置一丞相，武帝征和二年（前91）复分置。不久又置一员。秩皆万石，为宰相之任。三国吴一度分置左、右。两晋、南朝、北魏、北齐，或置或省，皆特为权臣专设之名号，并非处理实际政务的宰相。置则位一品、秩万石（梁位十八班）。唐玄宗开元元年（713）改尚书左仆射为左丞相，从二品，天宝元年（742）复旧。南宋孝宗乾道八年（1172）亦改尚书左仆射为左丞相，正一品，皆为宰相之任，处理国家政务。辽朝为南面朝官，隶属三省之一的中书省，非定制，亦无实权。金朝为尚书省长官之一，与右丞相、平章政事合称宰相，总理政务，从一品。元朝沿之，初为中书省、尚书省长官之一，置省不常，员额不定；武宗至大四年（1311）后，尚书省并入中书省，设左、右丞相各一员为中书省长官，总理政务，正一品；文宗至顺元年（1330），专任右丞相，左丞相或置或省。明初沿置，正一品，洪武十三年（1380）罢中书省，遂废。汉、元皆居右丞相下，秦、北朝、唐、宋居右丞相上。参见“丞相”。

左巡使　官名。唐朝以殿中侍御史为之，掌纠察京城百官违失。宋朝亦以殿中侍御史兼任，掌正祭祀朝会武官之班序，纠其违失。

左巡御史　官名。唐朝御史台置，初以侍御史掌纠察违失，分左、右巡，以左巡监察京城之内，后以殿中侍御史掌知；寻以务剧，又选用京畿县尉。

左走马　官名。周朝置。掌养马。《元年师兑𣪘》：“王呼内史尹册令师兑疋师龢父辞左右走马、五邑走马。”参见“走马”。

左更　爵名。战国秦置。为二十等爵第十二级。秦汉沿置。《汉书·百官公卿表》颜师古注：“更，言主领更卒，部其役使也。”参见“二十等爵”。

左折冲都尉　官名。辽朝置，属南面官。加官，无实职。《辽史·仪卫志》：“左右诸折冲二十一人。”

左护卫司　官署名。辽朝置，属北面官。北、南护卫府各设左护卫司，以太保统领。下设左护卫等职。

左护军　官名。东汉献帝建安（196—220）中曹操、孙权皆置。统诸军。三国蜀、吴亦置。

左帐内府　官署名。唐朝初年秦王、齐王府所领侍卫府之一，掌领帐内，侍卫、陪从。设官有统军、长史、录事及仓、兵、铠曹参军、别将、驱晊直等。太宗贞观（627—649）以后不分左右，见“帐内府”。

左员外侍郎　官名。北周置。正五命。参见“员外散骑侍郎”。

左员外常侍　官名。北周置。正五命。参见“员外散骑常侍”。

左里敀　官名。又称“左敀”。战国齐置。主管陶质量器制作。《季木藏陶》第八〇页第八号：“王孙陈棱立事岁，左里敀，亳豆。”

左伯　见“左右伯”。

左佥承　官名。清初文书馆之属官。分掌勾摹御笔之事，并造珠墨。设左、右各一人，隶于承制之下。所属有刻字作、裱作、墨作等工匠多人。后俱裁。

左佥都御史　官名。明洪武十六年（1383）置，二人，初正五品，与左、右都御史，左、右副都御史，右佥都御史同掌都察院事。十七年升正四品。为皇帝耳目风纪之臣。后渐有以尚书、侍郎、少卿等官加授者，出外为总督、巡抚，以总理一方军政。清初定为坐院官，而以右佥都御史为巡抚等官加衔。乾隆十三年（1748）与右佥都御史俱罢。

左库曹　官署名。御史台属曹之一，南朝宋太祖元嘉（424—453）中改内左库曹置。设侍御史。掌厩牧、牛、马、市租。

左评事　官名。明朝大理寺之职官。隋以后历朝大理寺均设评事一官，至明朝始分左、右，分别隶大理寺左、右二寺，与二寺主官同掌所管刑名案件。明朝左、右评事各设四人，清朝减为各一人，均为正七品。

左译长　官名。汉朝西域各国与汉朝交往频繁，多置有译长，或分左、右。《汉书·西域传》卑陆国有左、右译长各一人。

左补阙　官名。唐武则天垂拱元年（685）始置，员二人，从七品上，掌供奉讽谏，隶门下省。天授二年（691）增至五人，其后除授颇为杂滥，有“补阙连车载”之讥。宋初多出领外任，或兼领别司，不专任谏职。太宗端拱元年（988），改为左司谏。南宋孝宗淳熙十五年（1188）复置，专任谏诤，不兼纠劾之职，隶中书门下省。光宗绍熙二年（1191），复改左司谏。辽朝置，为南面官，掌供奉讽谏，扈从乘舆，隶门下省左谏院。金朝正七品，隶谏院。明建文（1399—1402）改官制，于六科及通政使寺之下皆置，成祖即位复洪武（1368—1398）旧制，遂废。

左阿速卫亲军都指挥使司　官署名。元朝侍卫亲军指挥机构。秩正三品。设于武宗至大二年（1309），掌阿速军士。置营于潮河川（古北口内），衙司在大都丽正门内。设达鲁花赤一员，都指挥使三员，副都指挥使二员，佥事二员。下辖围宿把门千户所十三翼。

左奉宸卫　官署名。即左千牛卫。唐高宗龙朔二年（662）改左千牛府置，旋改左千牛卫。

左奉宸卫大将军　官名。即左千牛卫大将军。唐高宗龙朔二年（662）改左千牛府大将军置，旋改左千牛卫大将军。

左奉宸卫将军　官名。即左千牛卫将军。唐高宗龙朔二年（662）改左千牛府置，旋改左千牛卫将军。

左奉裕卫　官署名。即太子左内率府。唐高宗龙朔二年（662）改，咸亨元年（670）复名左内率府。

左奉裕卫副率　官名。即太子左内率府副率。唐高宗龙朔二年（662）改，咸亨元年（670）复名左内率府副率。

左奉裕卫率　官名。即太子左内率府率。唐高宗龙朔二年（662）改，咸亨元年（670）复名左内率府率。

左武大夫　官名。宋徽宗政和二年（1112）重定武臣阶官名，改东上閤门使置，正六品。

左武卫　禁卫军指挥机构。隋朝为十二卫之一，置大将军一员、将军二员，掌宫掖禁御，督摄队仗，有长史、司马、录事，功、仓、兵、骑等曹参军事，法、铠曹行参军、行参军，统开府府、仪同府，并领外军宿卫；炀帝大业三年（607）以大将军、将军总府事，并统诸鹰扬府，所领军士名熊渠，置护军四员，掌副贰将军，将军缺则以其一人摄，寻改为武（虎）贲郎将，以武（虎）牙郎将副之，又置长史、录事参军、司仓、司兵、司骑、司铠等员。唐朝为十六卫之一，置大将军一员、将军二员，统翊府及外府府兵，掌宫禁宿卫，大朝会在正殿前以其队次立于左骁卫之下，有长史、录事及仓、兵、骑、胄等曹参军，武则天天授二年（691）又置司阶、中候、司戈、执戟、四色官及长上等属，其翊府有中郎将、郎将、兵曹参军事、校尉、旅帅、队正、副队正等。武则天光宅元年（684）改名左鹰扬卫，中宗神龙元年（705）复名左武卫。德宗贞元二年（786）置上将军一员，位大将军上。辽朝置，设大将军、上将军、将军，领折冲都尉、果毅都尉。

左武卫大将军　官名。隋朝十二卫大将军之一，置一员，正三品，总府事，并统诸鹰扬府。唐朝沿置，掌宫禁宿卫，凡翊府之翊卫、外府熊渠番上者，分配之。宋朝置为环卫官，无定员，无职掌，多以宗室为之，亦用为武臣赠典或武官责降散官，神宗元丰（1078—1085）改制，降为正四品。南宋多不除授，孝宗隆兴（1163—1164）中复置。辽朝沿置，位上将军上，为加官。

左武卫上将军　官名。唐德宗贞元二年（786）置为左武卫长官，一员，从二品，位大将军上，掌宫禁宿卫，凡翊府之翊卫、外府熊渠番上者，分配之。宋朝置为环卫官，无定员，无职掌，多以宗室为之，亦用为武臣赠典。神宗元丰（1078—1085）改制前为三品，后为从三品。南宋多不除授，孝宗隆兴（1163—1164）中复置。辽朝亦置，为加官，位大将军下。

左武卫将军　官名。隋朝十二卫将军之一，置二员，从三品，佐大将军、上将军总府事并统诸鹰扬府。唐朝沿置二员，从三品，掌宫禁宿卫，凡翊府之翊卫、外府熊渠番上者，分配之。宋朝置为环卫官，无定员，无职掌，多以宗室为之，亦用为武臣赠典或武官责降散官。神宗元丰（1078—1085）改制，降为从四品。南宋多不除授。辽朝亦置，为加官。

左武伯　左武伯中大夫的省称。

左武伯中大夫　官名。西魏恭帝三年（556）置，北周沿置。夏官府左武伯司长官，省称为左武伯，员一人，与右武伯中大夫共掌皇宫内外宿卫禁令，兼统虎贲、旅贲、射声、骁骑、羽林、游击等六率禁卫军士。皇帝临轩，则备三仗于庭，立于殿上东、西阶之侧。皇帝出行则列兵于帝之左右。下设左小武伯下大夫、左小武伯上士以佐其职，领左虎贲率上士、左旅贲率上士、左射声率上士、左骁骑率上士、左羽林率上士、左游击率上士等官属。北周武帝建德二年（573）省。宣帝即位后，复置。正五命。隋文帝开皇元年（581）罢。

左武侍率　官名。即太子左宗卫率。隋炀帝大业三年（607）改，唐高祖武德五年（622）复名左宗卫率。

左武郎　官名。宋徽宗政和二年（1112）重定武臣阶官名，改东上閤门副使置，从七品。

左武威　官署名。即左骁卫。唐武则天光宅元年（684）改，中宗神龙元年（705）复名左骁卫。

左武威大将军　官名。即左骁卫大将军。唐武则天光宅元年（684）改，中宗神龙元年（705）复名左骁卫大将军。

左武威将军　官名。即左骁卫将军。唐武则天光宅元年（684）改，中宗神龙元年（705）复名左骁卫将军。

左武候　禁卫军指挥机构。隋朝十二卫之一，置大将军一员、将军二员，与右武候同掌车驾护从。昼夜巡察，烽候道路，执其营禁，分领诸骠骑府、车骑府府兵；有长史、司马、录事及功、仓、兵、骑曹参军，法、铠曹行参军等员，另置司辰师、漏刻生。炀帝大业三年（607）改名左候卫，司辰师改隶太史局，增置察非掾，专纠弹之事。

左武候大将军　官名。隋朝十二卫大将军之一，置一员，正三品，与右武候大将军同掌车驾出营卫，分领府兵。炀帝大业三年（607）改名左候卫大将军。

左武候将军　官名。隋朝十二卫将军之一，置二员，从三品，为左武候大将军副职。炀帝大业三年（607）改名左候卫将军。

左林牙　官名。辽朝置，属北面官。大林牙院官员。在北面林牙下，右林牙上。相当南面翰林学士，掌文翰之事。

左直史　官名。明建文（1399—1402）中于各郡王府置，一人，具体职掌不详。永乐（1403—1424）初罢。

左转　官制用语。指官员被降职。古时尊右，以左为下，故以此作为降职的代称，其义与左迁同。

左虎贲倅长下士　官名。西魏、北周夏官府左武伯中大夫左虎贲率上士属官，正一命。隋文帝开皇元年（581）罢。

左虎贲率上士　官名。西魏恭帝三年（556）置，北周沿置。夏官府左武伯中大夫属官，统禁军虎贲士，负责皇帝临朝及出行的侍卫，下设左虎贲率中士、左虎贲倅长下士以佐其职。正三命。隋文帝开皇元年（581）罢。

左虎贲率中士　官名。西魏、北周夏官府左武伯中大夫左虎贲率上士佐官，正二命。

左贤王　匈奴官名。即左屠耆王。屠耆为匈奴语“贤”。汉人因称左屠耆王为左贤王，为单于手下的最高官职。匈奴尚左，故常以太子担任此职。一般统率万余骑，居单于东方，最为大国。下各置千长、百长、什长、裨小王、相、都尉、当户、且渠等官属，以管理辖地军政事务。十六国时后赵、前秦、后秦等国沿置。十六国时仇池氏杨氏亦自称此号。

左尚方 官署名。参见“尚方”。

左尚方令 官名。西汉尚方已有中、左、右之分。东汉末设令，隶少府。三国魏沿置，六百石、七品。西晋亦置。东晋省并尚方令，主作御刀绶剑诸器物。南朝宋复置，以相府作部配台，谓之左尚方，置一员，掌造军器。齐沿置。梁隶少府卿，为左尚方署长官，一班。北齐为太府寺左尚方署长官，从八品上。隋朝沿置二员，正八品。炀帝大业三年（607）升正六品，改隶少府监。唐初沿置，武则天垂拱元年（685）改少府监为尚方监，左尚方则去方字，改为左尚令。

左尚方丞 官名。三国魏置，四百石、九品，左尚方令之副贰。西晋沿置。南朝宋置一员，南齐一员。梁隶少府卿，为左尚方署次官，流外三品勋位。北齐太府寺左尚方署置为次官。隋朝沿置八员，正九品。炀帝大业三年（607）隶少府监。唐初沿置，武则天垂拱元年（685）改少府监为尚方监，去方字为左尚丞。

左尚方署 官署名。南朝梁少府卿下属机构，设令、丞掌之。北齐太府寺置，有令、丞，又别领别局、乐器、器作三局丞。隋朝隶太府寺，有令二员、丞八员；炀帝大业三年（607）改隶少府监，升令品。唐初沿置，武则天垂拱元年（685）改少府监为尚方监，去方字以为左尚署。

左尚令 官名。唐武则天垂拱元年（685）改左尚方令置，为左尚署长官，一员。初为正八品上，玄宗开元（713—741）初升从七品下。北宋存其名而罕除授。参见“左尚署”。

左尚丞 官名。唐武则天垂拱元年（685）改左尚方丞置，为左尚署次官，五员。初为正九品上，玄宗开元（713—741）初升为从八品下。北宋存其名而罕除授。

左尚署 官署名。唐朝武则天垂拱元年（685）改左尚方署置，隶尚方监（少府监），置令一员、丞五员，掌车辇伞扇及画素刻镂与宫中蜡炬等杂作，供天子皇室妃主王公贵族车辂；另有监作、典事等。初为中署，玄宗开元（713—741）初升上署。北宋存其官名而无职司。

左尚署令 官名。即左尚令。

左尚署丞 官名。即左尚丞。

左果毅都尉 官名。唐朝折冲府次官之一。太宗贞观十年（636）改别将（车骑将军）置，一员，上府从五品下，中府正六品上，下府从七品下，与右果毅都尉掌通判府事，为折冲都尉副职。辽朝诸卫各置二十八员，为加官。

左典军 官名。三国吴置中、左、右典军，掌宿卫禁军，为皇帝身边亲信之臣。贺邵自此职迁任中书令。

左典牧都尉 官名。西晋置。与中、右典牧都尉同属太仆，掌管马、牛的牧养，六品。

左国史 官名。三国吴置，为史官，与右国史同掌修国史。多以他官兼领。《三国志·韦曜传》：“为侍中，常领左国史。”

左牧令 官名。北魏置。《魏书·斛斯椿传》：“父敦，肃宗时为左牧令。”

左牧丞 官名。南朝梁、陈置，掌宫廷用马，属太仆卿。

左侍上士 官名。西魏、北周时天官府宫伯中大夫属官，正三命。与右侍上士共同负责皇帝寝宫安全，皇帝临朝及出行时亦随侍左右。皆披银甲，执凤环长刀。刀用银饰。北周多作为起家官。隋文帝开皇元年（581）废。

左侍中士 官名。西魏、北周天官府宫伯中大夫左侍上士佐官，正二命。

左侍极 官名。即左散骑常侍。唐高宗龙朔二年（662）改，咸亨元年（670）复名左散骑常侍。

左侍郎 官名。❶十六国西秦乞伏炽磐置，为高级执政官。《晋书·乞伏炽磐载记》：“罢尚书令、仆射、尚书、六卿、侍中、散骑常侍、黄门郎官，置中左右常侍、侍郎各三人。”❷王、公国属官。掌侍从赞礼，通传教令。南朝或置，位在左、右常侍之下。参见“侍郎❺”。❸明、清六部及清朝理藩院置，为各部之副长官。详见各部左侍郎条。

左侍率 官名。即太子左卫率。隋炀帝大业三年（607）改，唐高祖武德五年（622）复名左卫率。

左侍禁 官名。❶武臣阶官。宋太宗淳化二年（991）置，系三班小使臣。神宗元丰（1078—1085）改制，定为正九品。徽宗政和二年（1112）重定武臣阶官名，改忠训郎。❷宦官。宋徽宗政和二年重定宦官名，改内西头供奉官置。❸西夏置于监军司内，分为左、右，汉族与党项均可领其职。

左侍御史 官名。明洪武十三年（1380）于御史台置，左、右各一人，俱正四品。同年罢。参见“侍御史”。

左使人 见“左右使人”。

左金吾卫 禁卫军指挥机构。唐朝十六卫之一，高宗龙朔二年（662）改左候卫置。设大将军一员、将军二员，与右金吾卫同掌宫中、京城巡警，烽候道路，以执御非违，领翊府及诸折冲府府兵。下设长史、录事及仓、兵、骑、胄曹参军事。武则天天授二年（691）又置司阶、中候、司戈、执戟四色官及长上等属，又有街使、判官等。其翊府有中郎将、郎将、兵曹参军事、校尉、旅帅、队正、副队正等员。德宗贞元二年（786）置上将军一员，位大将军上。西夏置，掌京城巡警。仁宗、桓宗时设上将军、正将军，多派为赴金使节。辽朝置，设大将军、上将军、将军，领折冲都尉、果毅都尉。

左金吾卫大将军 官名。唐高宗龙朔二年（662）改左候卫为左金吾卫而置，一员，正三品，德宗贞元二年（786）置上将军前，为左金吾卫长官，掌宫中、京城巡警，烽候、道路、水草之宜；凡翊府之翊卫及外府佽飞番上，皆属之。宋朝置为环卫官，无定员，无职掌，多以宗室为之，亦用为武臣赠典或武官责降散官，神宗元丰（1078—1085）改制降为正四品。南宋多不除授，孝宗隆兴（1163—1164）中复置，以节度使遥郡者为之。辽朝亦置，为加官，位上将军上。

左金吾卫上将军 官名。唐德宗贞元二年（786）置为左金吾卫长官，一员，从二品，位大将军上，掌宫中、京城巡警，烽候、道路、水草之宜；凡翊府之翊卫及外府佽飞番上，皆属之。宋朝置为环卫官，无定员，无职掌，多以宗室为之，亦用为武臣赠典；神宗元丰（1078—1085）改制为从二品。南宋多不除授，孝宗隆兴（1163—1164）中复置，以节度使正任为之。辽朝亦置，为加官，位大将军下。

左金吾卫中郎将 官名。唐高宗龙朔二年（662）改左候卫为左金吾卫，其左翊府置为长官。员一人，正四品下，掌领本府翊卫，督京城六街铺巡警，以果毅二员助巡；入阁日，升殿受状。宋朝置为环卫官，无定员，无职掌，多以宗室为之，亦用为武臣赠典或武官责降散官。北宋前期为四品，南宋多不除授。

左金吾卫将军 官名。唐高宗龙朔二年（662）改左候卫为左金吾卫，置二员，从三品，佐大将军、上将军掌宫中、京城巡警，烽候、道路、水草之宜。宋朝置为环卫官，无定员，无职掌，多以宗室为之，亦用为武臣赠典或武官责降散官。神宗元丰（1078—1085）改制，降为从四品。南宋多不除授。辽朝亦置，为加官。

左金吾引驾仗司 见“金吾街仗司”。

左金吾仗司 宋朝“左金吾引驾仗司”简称。

左金吾街司 见“金吾街仗司”。

左金紫光禄大夫 官名。北周置，为朝中官员的加官，无具体职掌，八命。详见“金紫光禄大夫”。

左采铁 官名。战国秦置，主铁官。《睡虎地秦墓竹简·秦律杂抄》：“大（太）官、右府、左府、右采铁、左采铁课殿，赀啬夫一盾。”

左受工 工官。战国周王室置。掌制造器物。《增订洛阳金村古墓聚英》第一四图·1银铫刻铭：“左受工，中府，左酉（酒）。”

左备身府 禁卫军指挥机构。❶隋文帝开皇十八年（598）置，炀帝大业三年（607）改为左骁骑。❷隋炀帝大业三年（607）改左领左右府置，设备身郎将一员为长官，直斋二员以为副，与右备身府同掌侍卫皇帝左右的亲信禁军，职任甚重。统千牛左右、司射左右。有长史、录事及司兵、仓、骑曹参军等员。以折冲郎将三员总领骁果，以果毅郎将三员为其副。其骁果，分置左、右雄武府，各设雄武郎将领之，武勇郎将为其副。下有司兵、司骑二局，并置参军事。唐高祖武德五年（622）改左领左右府，后又改左千牛府。

左於陆王 官名。匈奴置。由单于子弟担任，统领部众，地位在左、右奕蠡王之下。

左府 官署名。❶战国秦置，掌工官。亦以称其长官。《睡虎地秦墓竹简·秦律杂抄》：“大（太）官、右府、左府、右采铁、左采铁课殿，赀啬夫一盾。”❷即左千牛卫。唐高祖武德五年（622）改左备身府置，高宗显庆五年（660）改左千牛府，后定制为左千牛卫。❸明朝左军都督府省称。

左府上士 官名。西魏恭帝三年（556）置，北周沿置。天官府太府中大夫属官，掌左府库中所藏器物，下设左府中士以佐其职。正三命。隋文帝开皇元年（581）罢。

左府中士 官名。西魏、北周天官府太府中大夫左府上士佐官，正二命。

左沮渠 官名。匈奴置。由四贵姓中的须卜氏（一译作卜氏）充任。

左单于 东汉末乌丸首领。袁绍因乌丸助其击公孙瓒，遣使拜乌丸三王皆为单于，《三国志·乌丸传》裴松之注引《英雄记》载其版文：“乌桓单于都护部众，左、右单于受其节度，他如故事。”

左宗人 官名。明清宗人府之职官。分掌皇族属籍、纂修玉牒之事。明洪武二十二年（1389）设，左、右各一人，位左、右宗正下，以勋戚大臣兼充，正一品。清顺治九年（1652）沿设，左、右各一人。初由贝勒、贝子、镇国公、辅国公或镇国将军、辅国将军内选充，后改任贤者，然而非宗室不任。

左宗正 官名。明清宗人府之副长官。分掌皇族属籍、纂修玉牒之事。明洪武二十二年（1389）设，左、右各一人，位宗人令下。以勋戚大臣兼充，正一品。清顺治九年（1652）沿设，左、右各一人，位宗令下。初由亲王、郡王及贝勒、贝子、镇国公、辅国公内选充，后改任贤者，然而非宗室不任。

左宗侍下士 官名。西魏、北周置，详见“宗侍下士”。

左官 官署名。春秋时宋国置。时设右师与左师。二师各有官属，右师辖右，治所为右官；左师辖左，治所为左官。详见“右官”。

左学 殷朝置。负责教育的机构。相当于周朝的小学。《礼记·王制》：“殷人养国老于右学，养庶老于左学。”郑玄注：“左学，小学也。”

左郎将 官名。唐高祖武德七年（624）改车骑将军为郎将，分左、右，左右卫之亲、勋一、勋二、翊一、翊二凡五府及诸卫翊府皆置，为该府中郎将之副职，各一员，正五品上。太子卫率府之亲府、勋府、翊府三府亦置，各一员，正五品下，领其属宿卫。高宗永徽三年（652）改左翊军郎，显庆元年（656）复名左郎将。

左肃机 官名。即尚书左丞。唐高宗龙朔二年（662）改，咸亨元年（670）复名尚书左丞。

左肃政台 官署名。唐武则天光宅元年（684）分肃政台置，监察在京百司及军旅。中宗神龙元年（705）改左御史台。

左降 官吏被贬降级。《晋书·应詹传》：应詹上疏云“今宜峻左降旧制，可二千石免官，三年乃得叙用；长史六年，户口折半，道里倍之”。唐朝官员因罪被贬至边远地方任职，经一定年限或遇赦，可改迁近处任职。因其常有可能被再度征召入朝掌权，在地方仍被另眼相待。宋真宗时曾以星变赦天下，左降官羁管十年以上者放还京师。

左降官 被贬降级的官吏。参见“左降”。

左参议 官名。❶明清布政使司之职官。明洪武十四年（1381）设，左、右各一人，正四品。后改从四品，无定员，皆因事添设，分司督粮道、分守道。清初沿设，称为守道。有通辖全省者，有分辖三四府州者，因时裁设，衔额无定，皆视其升补之本职而不同。乾隆十八年（1753）裁。❷明清通政使司之职官。洪武十年（1377）设，左、右各一人，位左、右通政下，正五品。佐通政使掌司事。清初沿设，不分左、右，满、汉各一人。正五品。光绪二十八年（1902）裁省。❸清末新官制。设于中央各部左、右丞之下，为重要司员，掌审议有关部务之法令。

左参政 见“参政”。

左参赞 见“驻藏大臣左参赞”。

左承务 官名。即左司郎中。唐高宗龙朔二年（662）改，咸亨元年（670）复名左司郎中。

左承宣使 官名，辽置。内侍省官员。职掌不详。

左驺 驺即骑士。东汉灵帝时，令西园驺为中使，密敕州郡助军修宫钱，并于西园鬻官，拜三公者，皆须输礼钱千万，监督其事之中使则号左驺。

左细杖主 官名。南朝设。掌皇帝仪卫。一般以直阁将军担任。

左春坊 官署名。东宫置。唐高宗龙朔二年（662）改太子门下坊置，掌侍从赞相，驳正启奏，总领司经、典膳、药藏、内直、典设、宫门六局，职比门下省。咸亨元年（670）复名门下坊，睿宗景云二年（711）再改为左春坊。长官左庶子二员，次官中允二员，另有司议郎二员、左谕德一员、左赞善大夫五员、录事二员、主事二员等。宋朝置主管官二员，以内臣兼；同主管官二员，以武臣兼；承受官一员，以内侍充。南宋因置。辽朝置太子左庶子、太子中允、太子司议郎、太子左谕德、太子左赞善大夫，并领文学馆、司经局、典设局、宫门局之属。明、清隶詹事府。明洪武十五年（1382）分春坊为左右，置大学士一员，掌太子上奏请、下启笺及讲读之事，皆审慎而监省之；又有左庶子、左谕德各一员，左中允、左赞善、左司直郎各二员；二十九年又增置左清纪郎、左司谏、左通事舍人。嘉靖、隆庆之后，仅为翰林编修、检讨升迁之阶。清顺治九年（1652）沿置，十五年裁，康熙十四年（1675）复置，掌记注、纂修之事，仅为翰林升转之所；置左庶子、左中允、左赞善，俱满、汉各一员；汉员分别兼翰林院侍读、编修、检讨衔；初，有左谕德，乾隆十三年（1748）省，光绪二十八年（1902）詹事府省入翰林院，遂废。

左春坊大学士 官名。明洪武十五年（1382）于左春坊置，二十五年定为正五品，一人，与右春坊大学士掌太子上奏请、下启笺及讲读之事。不常授，景泰（1450—1456）间，倪谦、刘定之而后，仅杨廷和一人任之，后不复设。

左春坊谒者 官名。宋太宗至道元年（995）置，为东宫官属，主赞引之事。三年，真宗即位，遂罢。天禧二年（1018）复置，乾兴元年（1022）仁宗即位，复罢。

左相 官名。相传商汤、周成王皆置左、右相。春秋齐景公置为次相，辅佐国政。《史记·齐世家》：“景公立，以崔杼为右相，庆封为左相。”周赧王六年（前309），秦置丞相，以樗里疾为右相，甘茂为左相。十六国西秦乞伏国仁建义元年（385）亦置，为首相。唐高宗龙朔二年（662）至咸亨元年（670）改门下省为东台，侍中为左相。武则天光宅元年（684）至中宗神龙元年（705）改尚书省为文昌台，左仆射为文昌左相。玄宗天宝元年（742）至肃宗至德二载（757），复改侍中为左相。南宋孝宗乾道八年（1172），改尚书左、右仆射为左、右丞相，简称左、右相。明洪武三年（1370）于诸王府各设一人，正二品，多由勋臣充任，与右相共掌王府之政令，辅相规讽以匡王失，率府僚各供其事，而总其庶务。

左相国 官名。元至正二十四年（1364）正月，朱元璋于应天自立为吴王，始置。为中书省长官，正一品。初位次于右相国。吴元年（元至正二十七年，1367）改百官礼仪以左为上，遂改原左相国为右相国。明洪武元年（1368）改置为左丞相。

左相室 官名。战国置。家臣的长官。《十二家吉金图录》卷下著录“鼎”铭：“王后左相室。”

左柱国 勋官名。明置，以授文、武官正一品再考称职者。参见“柱国”。

左威卫 禁卫军指挥机构。唐朝十六卫之一，高宗龙朔二年（662）改左屯卫置，设大将军一员、将军二员，掌宫禁宿卫，大朝会则被黑甲铠、弓箭刀楯旗等，为左厢队，次左武卫之下。凡分兵主守，则知皇城东面助铺，领翊府及诸折冲府府兵。有长史、录事及仓、兵、骑、胄曹参军事，司阶、中候、司戈、执戟四色官及长上等属。其翊府有中郎将、郎将、录事、兵曹参军事、校尉、旅帅、队正、副队正。武则天光宅元年（684）改名左豹韬卫，中宗神龙元年（705）复改左威卫。德宗贞元二年（786）置上将军一员，位大将军上。辽朝置，设大将军、上将军、将军，领折冲都尉、果毅都尉。

左威卫大将军 官名。唐朝十六卫大将军之一，高宗龙朔二年（662）改左屯卫大将军而置，一员，正三品，德宗贞元二年（786）置上将军以前，为左威卫长官，与右威卫大将军同掌宫禁宿卫，督其属翊府之翊卫、外府熊渠番上者。辽朝亦置，为加官，位上将军上。

左威卫上将军　官名。唐德宗贞元二年（786）置为左威卫长官，一员，从二品，位大将军上，掌宫禁宿卫，督其属翊府之翊卫、外府熊渠番上者。辽朝亦置，为加官，位大将军下。

左威卫将军　官名。唐朝十六卫将军之一，高宗龙朔二年（662）改左屯卫将军置，二员，从三品，佐左威卫大将军、上将军掌宫禁宿卫，督其属。辽朝亦置，为加官。

左拾遗　官名。唐武则天垂拱元年（685）始置，员二人，从八品上，属门下省，掌供奉讽谏。天授二年（691）增至五人，后除授颇滥，有“拾遗平斗量”之讥。宋初多出领外任，或兼领别司，不专任谏职。太宗端拱元年（988）改名左正言。南宋孝宗淳熙十五年（1188）复置，专任谏诤，不兼纠劾之职，隶中书门下省。光宗绍熙二年（1191）复改左正言。辽朝置，为南面官，掌供奉讽谏，扈从乘舆，隶门下省左谏院。金朝正七品，隶谏院。明建文（1399—1402）改官制，于通政使寺及六科之下置，成祖即位复洪武（1368—1398）旧制，遂废。

左战帅　官名。十六国前凉置。为领兵武职，李伟曾任之。参见《晋书·张轨传》。

左省　唐朝门下省官署位中书省之左，故别称左省。

左昭仪　妃嫔号。北魏太武帝时置，孝文帝改定内官后，在皇后之下，位视大司马。北齐武成帝河清（562—565）新令，位比丞相，后主武平五年（574）置左右娥英后，降为比二大夫。

左勋卫　❶北周宿卫官。《隋故仪同三司王府君墓志铭》：“公授左勋卫，俄迁帅都督。”❷隋朝左、右卫所统领内府府兵之组织，置开府府（骠骑府），领军坊、乡团，掌宿卫宫禁。

左勋卫开府　❶官署名。即隋朝左、右卫所统左勋卫开府府（骠骑府），置开府（骠骑将军）一员，有长史、司马、录事及仓、兵等曹参军、法曹行参军各一员，行参军三员，领军坊、乡团，掌宫禁宿卫。❷官名。隋朝左、右卫所统左勋卫开府府（骠骑府）长官，即骠骑将军，置一员，正四品上。

左勋侍下士　官名。西魏、北周置，详见“勋侍下士”。

左勋曹下大夫　官名。北周置。《隋书·和洪传》：“（洪）复从帝平齐，进位上仪同，赐爵北平侯，邑八百户，拜左勋曹下大夫。”正四命。

左显禄王　官名。匈奴置。以单于子弟充任，统领部众，地位在左、右独鹿王之下。

左贵嫔　妃嫔号。十六国汉置。《晋书·刘聪载记》：“（聪）使其兼大鸿胪李弘拜（刘）殷二女为左、右贵嫔，位在昭仪上。”

左钦察卫亲军都指挥使司　官署名。元朝侍卫亲军指挥机构。秩正三品。英宗至治二年（1322）二月，由钦察卫亲军都指挥使司分立。置都指挥使三员，副都指挥使二员，佥事二员。下辖十行军千户所，一守城千户所，一屯田千户所。置营于清州（今河北省青县），衙司在大都丽正门内。

左选　宋朝吏部尚书左选、侍郎左选通称。神宗元丰（1078—1085）改制置，分掌文臣选调之事。

左选侍郎　官名。宋神宗元丰（1078—1085）改制，吏部设侍郎左选，若命他官兼掌，则称左选侍郎。参见“侍郎左选”。

左选郎　三国蜀所置尚书郎官名。亦作左选部郎。与右选郎、吏部郎同掌官吏铨选。见《三国志·邓芝传》。

左选曹尚书　官名。十六国刘汉置。掌官吏铨选，位次尚书仆射。属尚书省。《晋书·刘聪载记》：“省吏部，置左、右选曹尚书。”

左食官　官署名。又称“左官”。战国周王宫廷内掌供应饮食的机构。《洛阳故城古墓考》第二三二鼎铭有“宫左私（食）官”之名。

左独鹿王　官名。匈奴置。由单于子弟充任，统领部众，地位在左、右朔方王之下。

左亲事府　官署名。唐初秦王、齐王府所领侍卫府之一，有统军一人，掌领亲事，侍卫陪从。又有长史、录事及兵、铠曹参军、库直等员。太宗贞观（627—649）以后不分左、右，见“亲事府”。

左亲侍散望　官名。高昌门下属官。

左奕蠡王　官名。匈奴置。奕蠡为匈奴语音译，亦作谷蠡。由单于亲信子弟担任，地位仅次于左、右贤王（一说位在右贤王之上），有依次担任单于的可能，与左、右贤王及右奕蠡王合称为四角。西汉时居东方，所统土地、人口多于其他地位较低的诸王。

左度辽将军　官名。东汉末置。《三国志·公孙瓒传》：“太祖与袁绍相拒于官渡，阎柔遣使诣太祖受事，迁护乌丸校尉，而（鲜于）辅身诣太祖，拜左度辽将军。”一说拜鲜于辅为右度辽将军。

左将军　官名。汉朝为重号将军之一，与前、右、后将军并位上卿，位次大将军及骠骑、车骑、卫将军。有兵事则典掌禁兵，戍卫京师，或任征伐。设长史、司马等僚属。平时无具体职务，一般兼任他官，常加诸吏、散骑、给事中等号，成为中朝官，宿卫皇帝左右，参与朝议。如加领尚书事衔则负责实际政务。不常置。魏、晋常设，权位渐低，仅为武官名号，略高于一般杂号将军，不典禁兵，不与朝政，三品。初犹领兵征战，东晋南北朝成为军府名号，用作加官，常不载官品。南朝宋三品，北魏孝文帝太和十七年（493）定为从二品上，二十三年定为三品，北周正七命。隋朝废。

左前侍中士　官名。西魏、北周置，详见“前侍中士”。

左觉义　官名。明清僧录司之官员。分掌天下释教之事。明洪武十五年（1382）设，一人，从八品。清康熙十三年（1674）定设一人，亦为从八品。依例升迁右讲经，缺出由右觉义升补。

左宣徽使 官名。金朝宣徽院长官，秩正三品。参见“宣徽院”。

左宫门将 官名。即太子左监门率，隋炀帝大业三年（607）改，并降为正五品，唐高祖武德五年（622）复名左监门率。

左宫正 参见“太子宫正”。

左宫伯中大夫 官名。西魏、北周置，详见“宫伯中大夫”。

左宫伯都上士 官名。西魏、北周置。详见“宫伯都上士”。

左客省使 官名。辽朝置，为南面官。客省官员，次于客省使。

左神武军大将军 官名。唐朝北衙禁兵左神武军统兵长官，玄宗开元二十六年（738）分羽林军而置，寻废。肃宗至德二载（757）以左、右羽林军减耗而又别置，初设一员，正三品，乾元二年（759）以战乱未息，增为二员，总衙前射生兵。辽朝亦置，为加官。

左神武军上将军 官名。辽朝置，为南面官。加官，无实职。在右神武军大将军下。

左神武军将军 官名。唐朝北衙禁军左神武军统兵官，肃宗至德二载（757）置，二员，从三品，德宗贞元三年（787）增置一员，为左神武军大将军副贰。辽朝亦置，为加官。

左神武军统军 官名。唐德宗兴元元年（784）置，一人，从二品，以授节帅罢任者，无职事。

左神威军大将军 官名。唐朝禁军左神威军统兵长官，德宗贞元三年（787）改殿前左射生军为左神威军而置，二人，正三品，宪宗元和三年（808）罢。辽朝亦置，为加官。

左神威军上将军 官名。辽朝置，为南面官。加官，无实职。在右神威军大将军下。

左神威军将军 官名。唐朝禁军左神威军统兵次官，德宗贞元三年（787）改殿前左射生军为左神威军而置，二人，从三品，宪宗元和三年（808）罢。辽朝亦置，为加官。

左神策军大将军 官名。唐朝北衙禁军左神策军统兵长官，德宗贞元二年（786）改神策左厢为左神策军而置，二员，正三品，掌卫兵及内外八镇兵，僖宗光启元年（885）以其为左神策诸都指挥使。辽朝亦置，为加官。

左神策军上将军 官名。辽朝置，为南面官。加官，无实职。在右神策军大将军下。

左神策军护军中尉 官名。唐德宗贞元十二年（796）置，以宦官为之，禁军最高统兵官之一，权倾天下，皇帝废立，多出其可否。

左神策军将军 官名。唐朝北衙禁军左神策军统兵官，德宗贞元二年（786）改神策左厢为左神策军而置，二员，从三品，三年加置二员。辽朝亦置，为加官。

左神策军统军 官名。唐德宗贞元十四年（798）置，二员，以崇禁卫，从二品。

左袛候郎君 官名。辽朝置，为北面官。著帐郎君院官员，属左袛候郎君班详稳司。掌御前袛应等事。

左袛候郎君直长 官名。辽朝置，为北面官。著帐郎君院官员，属左袛候郎君详稳司。掌当值郎君袛应事。

左袛候郎君闸撒狘 官名。辽朝置，为北面官。著帐郎君院官员，属左袛候郎君班详稳司。掌左袛候郎君之禁卫事。

左袛候郎君拽剌 官名。辽朝置，为北面官。著帐郎君院官员。属左袛候郎君班详稳司。掌宫帐禁卫、随行扈从。

左袛候郎君班详稳 官名。辽朝置，为北面官。著帐郎君院官员。统领左袛候郎君班。任此职者，多为皇帝亲近之人。

左袛候郎君班详稳司 官署名。辽朝置，属北面官。隶著帐郎君院。统领左袛候郎君班的衙署。

左院 官署名。明朝建文二年（1400）改都察院为御史府，改十二道为左、右两院，只设御史二十八人。成祖即位，复旧制。参见“都察院”。

左给事中 官名。明清六科之副长官。佐都给事中掌科事。明洪武二十四年（1391）设十二人，每科左、右各一人，秩从八品。永乐（1403—1424）中升秩从七品。清顺治十八年（1661）沿设，二十四人，每科左、右满、汉各一人。康熙四年（1665）裁。

左给事中士 官名。北周天官府纳言中大夫属官，佐给事上士掌理六经及诸文志，给事于皇帝左右。赵万里《汉魏南北朝墓志集释》图版五一《元□智墓志》：“周保定四年（564），诏擢为左给事中士。”正二命。隋文帝开皇元年（581）罢。

左骁卫 禁卫军指挥机构。隋炀帝大业三年（607）改左备身府置，又称左骁骑，为十二卫之一。置大将军一员、将军二员，统诸鹰扬府府兵；置护军四员，掌副贰将军，寻改武（虎）贲郎将，又置武（虎）牙郎将六员，有长史、录事参军，司仓、兵、骑、铠等员，军士名豹骑。唐朝沿置，为十六卫之一，位左右卫下，掌宫禁宿卫，领翊府及诸折冲府府兵。凡翊府之翊卫、外府豹骑番上者，分配之；凡分兵守诸门，在皇城四面、宫城内外，与左右卫分知助铺。武则天天授二年（691）置司阶、中候、司戈、执戟四色官及长上。光宅元年（684）改称左武威，中宗神龙元年（705）复名左骁卫。德宗贞元二年（786）置上将军一员，位大将军上。辽朝置，设大将军、上将军、将军，领折冲都尉、果毅都尉。

左骁卫大将军 官名。隋炀帝大业三年（607）改左备身府为左骁卫，置为十二卫大将军之一，正三品，总府事，并统诸鹰扬府。唐朝沿置，武则天光宅元年（684）改左武威大将军，中宗神龙元年（705）复名左骁卫大将军。德宗贞元二年（786）置上将军前，为左骁卫长官，掌宫禁宿卫；凡翊府之翊卫、外府豹骑番上者，分配之；凡分兵守诸门，在皇城四面、宫城内外，则与左卫大将军分知助铺。宋朝置为环卫官，无定员，无职掌，多以宗室为之，亦用为武臣赠典或武官责降散官。神宗元丰（1078—1085）改制，降为正四品。南宋多不除授，孝宗隆兴（1163—1164）中复置。辽朝亦置，位上将军上，为加官。

左骁卫上将军 官名。唐德宗贞元二年（786）初置，一员，从二品，为左骁卫长官，位大将军上，掌宫禁宿卫。凡翊府之翊卫、外府豹骑番上者，分配之；凡分兵守诸门，在皇城四面、宫城内外，则与左卫上将军分知助铺。宋朝置为环卫官，无定员，无职掌，多以宗室为之，亦用为武臣赠典。神宗元丰（1078—1085）改制前为三品，后为从三品。南宋多不除授，孝宗隆兴（1163—1164）中复置。辽朝亦置，位大将军下，为加官。

左骁卫府 即唐朝十六卫之左骁卫，高宗龙朔二年（662）除府字。

左骁卫将军 官名。隋炀帝大业三年（607）改左备身府为左骁卫，置二员，从三品，佐大将军、上将军总府事。唐朝沿置，掌宫禁宿卫。凡翊府之翊卫、外府豹骑番上者，分配之；凡分兵守诸门，在皇城四面、宫城内外，则与左卫将军分知助铺。武则天光宅元年（684）改左武威将军，中宗神龙元年（705）复名左骁卫将军。宋朝置为环卫官，无定员，无职掌，多以宗室为之，亦用为武臣赠典或武官责降散官。神宗元丰（1078—1085）改制，降为从四品。南宋多不除授。辽朝亦置，为加官。

左骁骑将军 官名。南朝梁武帝天监六年（507）四月置，掌管宿卫事务，领朱衣直阁，并给仪从。多由侍中、散骑常侍等文职清官所兼领，天监七年定为十一班，陈沿置，四品、秩二千石。

左骁骑倅长下士 官名。西魏、北周夏官府左武伯中大夫左骁骑率上士属官，正一命。

左骁骑率上士 官名。西魏恭帝三年（556）置，北周沿置。夏官府左武伯中大夫属官，统禁军骁骑之士，负责皇帝临朝及出行的侍卫。下设左骁骑率中士、左骁骑倅长下士以佐其职。正三命。隋文帝开皇元年（581）罢。

左骁骑率中士 官名。西魏、北周夏官府左武伯中大夫左骁骑率上士佐官，正二命。

左班殿直 官名。❶武臣阶官。北宋前期置，系三班小使臣。神宗元丰（1078—1085）改制，定为正九品。徽宗政和二年（1112）重定武臣阶官名，改成忠郎。❷宦官。宋徽宗政和二年，重定内侍官名，改高品置。

左校 ❶官名。亦称邦左校。战国赵置，职掌兵器制造。《相邦春平侯剑铭》："十五年，相邦春平侯，邦左佼（校）□，工师长藿，冶□执齐。"❷官署名。详见"左校令"、"左校署"。

左校令 官名。汉朝隶将作大匠（将作少府），领本署工徒修造宫室、宗庙、陵园、道路等，秩六百石。官吏犯法，常输左校为工徒。三国魏以其主天下木材，并入材官校尉。西晋复置，隶少府，七品。东晋省并材官将军。十六国后赵仍置，掌土木工程。南朝宋、齐不置（一说宋仍置），梁、陈复置，隶大匠卿。北魏、北齐为太府寺左校署长官。隋、唐置二员，改隶将作监。隋从八品上，唐正八品下。参见"左校署"。

左校司马 官名。春秋时吴国置。吴王夫差时吴国军队分中军、左校、右校。左、右两校各设司马，掌其军政。《越绝书·外传吴王占梦》："王孙骆为左校司马，太宰嚭为右校司马。"

左校丞 官名。汉朝为左校令副贰，秩三百石。西汉成帝阳朔三年（前22）省，东汉复置。北齐、隋、唐为左校署次官。隋、唐置四员，隋从九品，唐正九品下。参见"左校令"、"左校署"。

左校坊丞 官名。西晋置，属少府。东晋省。

左校尉 官名。秦汉军制，于将军下分部，以校尉主之。部分左、右者，即设左、右校尉，仅因事而设。东汉明帝永平八年（后65）置度辽将军，领左、右校尉，将黎阳虎牙营士，屯五原曼柏，遂为常置。灵帝所置西园八校尉之一亦称左校尉。

左校署 官署名。南朝梁、陈皆置，隶大匠卿。北齐太府寺置，有令、丞掌之。隋朝将作寺置，设令二员、丞四员、监作十二员；文帝开皇二十年（600）改隶将作监。唐朝沿置，掌梓匠之事及宫室官修，置令二员、丞一员、监作十员。北宋初存其名而无职司。

左校署令 官名。即左校令。

左校署丞 官名。即左校丞。

左都水长 官名。西汉置，属左冯翊，掌水利事务。

左都水丞 官名。西汉置，属左冯翊，为左都水长副贰。

左都护 官名。三国吴置，孙权黄龙元年（229）拜诸葛瑾为大将军兼此，领豫州牧，权任极重。蜀亦置，地位稍低。

左都威卫 即隆福宫左都威卫使司。

左都候 ❶官名。东汉置，属卫尉，秩六百石。主剑戟士，有丞一人，领员吏二十八人，卫士三百八十三人，徼巡皇宫，宫中如有被劾犯罪者，则执戟戏车缚送诏狱，依照官位高下送相应机关处治。❷匈奴官号。与右都候皆由匈奴贵族四姓中乔氏出任。

左都候丞 官名。东汉置，属卫尉，为左都候副职，秩三百石。

左都御史 官名。又称总宪。明清都察院之主官。掌院事。明洪武十六年（1383）设，左、右都御史各一人，秩正三品。十七年升秩正二品。洪熙元年（1425）南京都察院设右都御史一人。清顺治元年（1644）改承政设，一人。五年（1648）定制，满、汉各一人。初制满员一品，汉员二品。十六年（1659）并改二品。雍正八年（1730）俱升为从一品。其右都御史为总督之兼衔，不设专员。

左都督 官名。北魏置为统兵武臣，位在大都督之下。西魏亦置。元末朱元璋置为大都督府副长官，正二品。吴元年（1367）更定官制，改置为大都督府长官，正一品。明洪武十三年（1380）改大都督府为五军都督府，遂置为各府长官。永乐元年（1403）设北京留守行后军都督府，后再改行在五军都督府，十八年置南北两京五军都督府，均置为长官。并充任各省、镇镇守总兵官、副总兵。遇大征讨，则挂将军、大将军、前将军、副将军印，统兵出征，回师交印。任各府掌印及佥书者，均有公、侯、伯勋爵者。

左监门卫 禁卫军指挥机构。唐高宗龙朔二年（662）改左监门府置，十六卫之一。不领府兵，置大将军一员、将军二员、中郎将四员，与右监门卫率亲近禁军，共掌宫城诸门禁卫及门籍，判入，职任颇重。有长史、录事参军事，兵曹参军事兼掌仓曹，胄曹参军事兼掌骑曹。武则天天授二年（691），置四色官及长上。德宗贞元二年（786）置上将军一员，位大将军上。辽朝置，设大将军、上将军、将军，领折冲都尉、果毅都尉。

左监门卫大将军 官名。唐高宗龙朔二年（662）改左监门府为左监门卫而置，一员，正三品，德宗贞元二年（786）置上将军以前，为长官。掌宫城诸门禁卫及门籍；行幸，则率属于衙门监守。宋朝置为环卫官，无定员，无职掌，多以宗室为之，亦用为武臣赠典或武官责降散官。神宗元丰（1078—1085）改制，降为正四品。南宋多不除授，孝宗隆兴（1163—1164）中复置。辽朝亦置，位大将军上，为加官。

左监门卫上将军 官名。唐德宗贞元二年（786）置为左监门卫长官，一员，从二品，位大将军上。掌宫城诸门禁卫及门籍；行幸，则率属于衙门监守。宋朝置为环卫官，无定员，无职掌，多以宗室为之，亦用为武臣赠典。神宗元丰（1078—1085）改制前为三品，后为从三品。南宋多不除授，孝宗隆兴（1163—1164）中复置。辽朝亦置，位大将军下，为加官。

左监门卫中郎将 官名。唐高宗龙朔二年（662）置，四员，正四品下，掌监诸门，检校出入。

左监门卫将军 官名。唐高宗龙朔二年（662）改左监门府将军为之，置二员，从三品，协掌宫城诸门禁卫及门籍，判入。宋朝置为环卫官，无职掌，无定员，多以宗室为之，亦用为武臣赠典或武官责降散官。神宗元丰（1078—1085）改制，降为从四品。南宋多不除授。辽朝亦置，为加官。

左监门府 禁卫军指挥机构。隋朝置，与右监门府统率亲近禁军，同掌宫殿门禁及守卫事，职任颇重。设将军一员、郎将二员，校尉、直长各三十员，又有长史，司马，录事及仓、兵二曹参军，铠曹行参军等属。文帝仁寿三年（603），又置门候百二十员。炀帝大业三年（607），改将军为郎将，置直阁六员，其官属同左备身府，又增门尉、门候员，以分掌门禁守卫。唐朝沿置，高宗龙朔二年（662）去府字，称左监门卫。

左监门府郎将 官名。❶隋初左监门府次官，置二员，正四品，炀帝大业三年（607）废。❷隋炀帝大业三年改左监门将军置，为左监门府长官，一员，正四品，分掌门禁守卫。唐初复为左监门府将军，后改为左监门卫将军。

左监门府将军 官名。隋朝置，一员，从三品，为左监门府长官。掌宫殿门禁及守卫事。炀帝大业三年（607）改名左监门府郎将，正四品。唐高祖武德五年（622）复名左监门府将军。

左铁鹞子军详稳司 官署名。辽朝置，属北面军官。统领左铁鹞子军。辽军多以猛兽凶禽命名。取其勇健迅捷之意。铁鹞军即其一。

左积弩将军 官名。❶三国、晋朝置，领禁卫营兵，隶中领军（领军将军）。北魏为侍卫武职、从四品下。参见“积弩将军”。❷即太子左积弩将军。

左积射将军 侍卫武官。北魏置，孝文帝太和十七年（493）定为从四品下，二十三年改七品上。

左候卫 禁卫军指挥机构。隋炀帝大业三年（607）改左武候置，为十二卫之一。置大将军一员、将军二员，统诸鹰扬府府兵。下设护军四员，辅佐将军，寻改武（虎）贲郎将，又设武（虎）牙郎将六员，有长史、录事参军，司仓、兵、骑、铠等员。军士名佽飞。唐初沿置，高宗龙朔二年（662）改名左金吾卫。

左候卫大将军 官名。隋炀帝大业三年（607）改左武候为左候卫而置，为十二卫大将军之一，一员，正三品，总其府事，并统诸鹰扬府。唐初沿置，高宗龙朔二年（662）改名左金吾卫大将军。

左候卫将军 官名。隋炀帝大业三年（607）改左武候为左候卫而置，为十二卫将军之一，二员，从三品，佐大将军总府事。唐初沿置，高宗龙朔二年（662）改名左金吾卫将军。

左射声倅长下士 官名。西魏、北周夏官府左武伯中大夫左射声率上士属官，正一命。

左射声率上士 官名。西魏恭帝三年（556）置，北周沿置。夏官府左武伯中大夫属官，统禁军射声士，负责皇帝临朝及出行的侍卫，下设左射声率中士、左射声倅长下士以佐其职。正三命。隋文帝开皇元年（581）罢。

左射声率中士 官名。西魏、北周夏官府左武伯中大夫左射声率上士佐官，正二命。

左徒 官名。战国楚置。一说相当后世拾遗一类的谏议官。《史记·屈原贾生列传》："屈原者，名平，楚之同姓也。为楚怀王左徒。"张守节《正义》："盖今左右拾遗之类。"

左豹韬卫 官署名。即左威卫。唐武则天光宅元年（684）改，中宗神龙元年（705）复名左威卫。

左豹韬卫大将军 官名。即左威卫大将军。唐武则天光宅元年（684）改，中宗神龙元年（705）复名左威卫大将军。

左豹韬卫将军 官名。即左威卫将军。唐武则天光宅元年（684）改，中宗神龙元年（705）复名左威卫将军。

左卿士 官名。春秋时期周王室执政大臣，以诸侯入朝担任。《左传·隐公九年》："宋公不王，郑伯为王左卿士，以王命讨之。"

左旅 殷朝军队编制名。《小屯南地甲骨》第二三二八片："王其令右旅众左旅畓见方，𢦏。"

左旅下大夫 官名。北周置。《隋书·韦世康传》："周武帝时，（韦艺）数以军功，致位上仪同，赐爵修武县侯，邑八百户，授左旅下大夫。"正四命。

左旅贲倅长下士 官名。西魏、北周夏官府左武伯中大夫左旅贲率上士属官，正一命。

左旅贲率上士 官名。西魏恭帝三年（556）置，北周沿置。夏官府左武伯中大夫属官。统禁军旅贲上，负责皇帝临朝及出行的侍卫，下设左旅贲率中士、左旅贲倅长下士以佐其职。正三命。隋文帝开皇元年（581）罢。

左旅贲率中士 官名。西魏、北周夏官府左武伯中大夫左旅贲率上士佐官，正二命。

左部仓丞 官名。南朝梁、陈置，属司农卿。

左部帅 官名。❶东汉献帝建安（196—220）中曹操置，三国魏沿置。曹操将入居塞内的南匈奴分为左、右、南、北、中五部，各部立其中贵者为帅，选汉人为司马以监督之。三国魏末改名左部都尉。一说西晋武帝太康（280—289）中改。见《晋书·北狄传》、《刘元海载记》。❷十六国时羌人姚襄置。统领羌人左部，以伏子成任之。见《晋书·姚襄载记》。

左部都尉 官名。三国魏末置，西晋沿置。为匈奴左部长官，由左部帅改名。一说西晋武帝太康（280—289）中改。所统万余落，居于太原故兹氏县。见《晋书·北狄传》、《刘元海载记》。参见"五部都尉"。

左部尉 官名。北齐置，为临漳县二尉之一，辖九行经途尉。九品上。

左部督 官名。❶三国吴置，即武昌左部督。❷西晋武帝时匈奴单于刘猛麾下置。《晋书·北狄传》："（何桢）乃潜诱（刘）猛左部督李恪杀猛，于是匈奴震服，积年不敢复反。"

左酒 官名。战国周王室置。掌酒政。《增订洛阳金村古墓聚英》第一四图·1银铫刻铭："左受工、中府，左酒。"

左朔方王 官名。匈奴置。由单于子弟充任，统领部众，地位在左、右渐尚王之下。

左宰 官名。春秋时鲁国置。君主近侍大臣。《左传·襄公二十三年》："季氏以公为马正"，"（公钽）又出为公左宰"。

左陶 官署名。战国燕置。主管陶器制作。战国燕国陶文有此官。

左陶尹 官名。战国燕置。主管左陶机构的长官。战国燕国陶文有"左陶〔尹〕"之名。

左娥英 妃嫔号。北齐置。《北齐书·后主纪》："武平五年（574）春正月乙丑，置左、右娥英各一人。"比左、右丞相，位在左、右昭仪之上。

左通议大夫 官名。宋哲宗元祐三年（1088），分通议大夫置。绍圣二年（1095），复为通议大夫。

左通进 官名。辽朝置，为南面官，属门下省通进司。职掌不详。

左通政 官名。明清通政使司之副长官。佐主官掌司事。明洪武十年（1377）设一人，正四品。清顺治元年（1644）沿设，满、汉各一人。乾隆十三年（1748）改为副使。

左教坊 官署名。唐玄宗开元（713—741）初，京都置，掌俳优杂技，以教坊使领之，不隶太常寺。又，参见"教坊司"。

左副都御史 官名。又称副宪。明清都察院之副长官。佐左都御史掌院事。明洪武十六年（1383）设。左、右各一人，秩正四品。十七年升秩正三品。洪熙元年（1425），南京都察院设右副都御史一人。清顺治元年（1644）改参政设。三年，定设满、汉各二人，为正三品。其右副都御史为巡抚、河道总督、漕运总督之兼衔，不设专员。

左副留守 官名。明初以凤阳为中都，置中都留守司，设左副留守一人，佐正留守统凤阳、长淮等八卫，防护皇陵。后改副留守只设一人，不分左、右，定正三品。

左副管 官名。清初于御马、御用、尚衣、尚膳诸监俱设左、右副管各一人，为都管之副。后因改设郎中、员外郎等官，遂省。

左曹 ❶西汉加官名号。武帝时置，与右曹合称诸曹。秩二千石。加此者每日朝谒，在殿中收受平省尚书奏事，亲近皇帝，典掌枢机。东汉省。❷官署合称。宋朝尚书省六部二十四司分左、右，吏部、户部、礼部为左名曹，其司封、司勋、考功、度支、金部、仓部、祠部、主客、膳部诸司为左曹。❸官署名。宋神宗元丰（1078—1085）改制后，户部置，掌户口、税赋、土贡、征榷、田讼之事，设郎中、员外郎各二人领之。

左曹员外郎 ❶宋朝司封、司勋、考功、度支、金部、仓部、祠部、主客、膳部员外郎之统称。❷官名。宋神宗元丰（1078—1085）改制后置，属户部，员二人，佐理户部左曹之事。

左曹侍郎 ❶宋朝吏部、户部、礼部侍郎之统称。❷官名。宋神宗元丰（1078—1085）改制后置，掌户部左曹之事。

左曹郎中 ❶宋朝司封、司勋、考功、度支、金部、仓部、祠部、主客、膳部郎中之统称。❷官名。宋神宗元丰（1078—1085）改制后置，佐理户部左曹之事。

左曹郎官 宋神宗元丰（1078—1085）改制后，户部左曹郎中、员外郎之统称。

左厢大都督 官名。北魏末置，掌左厢禁卫军兵。东魏相府亦置，经常统兵出征。《北齐书·薛孤延传》："入为左卫将军，改封平秦郡公。为左厢大都督，与诸军将讨颍州。"

左厩上士 官名。西魏恭帝三年（556）置，北周沿置。夏官府驾部中大夫属官，员一人，掌左厩中马匹。下设左厩中士、左厩闲长下士以佐其职，又领奉乘二十人，驭夫一百三十人。正三命。隋文帝开皇元年（581）罢。

左厩中士 官名。西魏、北周夏官府驾部中大夫左厩上士佐官，正二命。

左厩闲长下士 官名。西魏、北周夏官府驾部中大夫左厩上士属官，正一命。

左推案 见"左右推案"。

左辅 ❶官名。西汉孺子婴居摄元年（后6）始置，以为辅弼之臣。《汉书·王莽传》："以太傅、左辅、骠骑将军安阳侯王舜为太师。"十六国西秦乞伏国仁建义元年（385）置，位在左右相之下。后燕慕容熙光始元年（401）于大单于台置，位在尚书之下。北魏明元帝泰常七年（422），太子拓跋焘监国，以重臣为之，坐东厢西面，与右弼共总百僚。明崇祯十六年（1643）李自成农民军在襄阳时置，为内阁官，位在上相国之下，旋废。❷汉左冯翊郡别称，为拱卫京师三辅之一。

左辅相 官名。西晋时鲜卑拓跋猗卢置。代人卫雄自左将军、云中侯任之。见《魏书·卫操传》。

左辅将军 官名。十六国乞伏述延置。为统兵武职。《晋书·乞伏国仁载记》："（述延以）斯行乌埿为左辅将军，镇蔡园川。"

左辅都尉 官名。三国吴置。孙权黄龙元年（229）立孙登为太子，置左辅、右弼、辅正、翼正都尉，以辅佐之，称四友。诸葛恪自中庶子转此职。参见《三国志·孙登传》、《诸葛恪传》。

左堂 清朝县丞之别称。

左常侍 官名。❶十六国西秦乞伏炽磐置，为高级执政官。《晋书·乞伏炽磐载记》："罢尚书令、仆射、尚书、六卿、侍中、散骑常侍、黄门郎官，置中左右常侍、侍郎各三人。"❷王、公国属官。两晋南朝及北魏置，掌侍从左右，赞相礼仪，献替谏诤，员额依国之大小不等。参见"常侍❺"。❸即左散骑常侍。

左银青光禄大夫 官名。西魏、北周置，亦省称为左银青光禄。《寇遵考墓志》："（明帝）武成二年（560），除前将军、左银青光禄，司寇府都上士。"（赵万里《汉魏南北朝墓志集释》图版三六三之二）为加官，无具体职掌，正七命。参见"光禄大夫"。

左领左右府 禁卫军指挥机构。隋朝置，设大将军一员、将军二员，与右领左右府同掌侍卫皇帝左右的亲信禁军，供御兵仗，职任甚重。领千牛备身十二员，掌执千牛刀；备身左右十二员，掌供御弓箭；备身六十员，掌宿卫侍从；有长史、司马、录事及仓、兵二曹参军事，铠曹行参军等属。炀帝大业三年（607）改名左备身府。

左领左右府大将军 官名。隋朝左领左右府长官，置一员，正三品，掌领千牛备身、备身左右等侍卫左右，供御兵仗，炀帝大业三年（607）罢。

左领左右府将军 官名。隋朝左领左右府次官，置二员，从三品，佐大将军掌领侍卫左右，供御兵仗，炀帝大业三年（607）罢。

左领军 官名。三国吴孙权黄龙元年（229）置。《三国志·胡综传》："（徐）详、（胡）综并为侍中，进封乡侯，兼左、右领军。"

左领军卫 禁卫军指挥机构。唐朝十六卫之一，高祖武德五年（622）改左御卫置，设大将军一员、将军二员。掌宫禁宿卫，大朝会则被青甲铠、弓箭刀楯旗等，为左厢仪仗，次立左威卫之下，凡分兵主守，则知皇城西面助铺及京城、苑城诸门，领翊府及诸折冲府府兵。有长史、录事及仓、兵、骑、胄四曹参军，司阶、中候、司戈、执戟等属。翊府有中郎将、郎将、兵曹参军事、校尉、旅帅、队正、副队正等。高宗龙朔二年（662）改左戎卫，咸亨元年（670）复；武则天光宅元年（684）改左玉铃卫，中宗神龙元年（705）再复。德宗贞元二年（786）置上将军一员，位大将军上。辽朝置，设大将军、上将军、将军，领折冲都尉、果毅都尉。

左领军卫大将军 官名。唐高祖武德五年（622）改左御卫为左领军卫，置为长官，一员，正三品。掌宫禁宿卫，凡翊府之翊卫、外府射声番上者，分配之；凡分兵主守，则知皇城西面助铺及京城、苑城诸门。高宗龙朔二年（662）改左戎卫大将军，咸亨元年（670）复；武则天光宅元年（684）又改左玉铃卫大将军，中宗神龙元年（705）再复。德宗贞元二年（786）置上将军后，居其次。北宋置为环卫官，无定员，无职掌，多以宗室为之，亦用为武臣赠典或武官责降散官。神宗元丰（1078—1085）改制，降为正四品。南宋多不除授，孝宗隆兴（1163—1164）中复置。辽朝亦置，位上将军上，为加官。

左领军卫上将军 官名。唐德宗贞元二年（786）置为左领卫长官，位大将军上，一员，从二品。掌宫禁宿卫，凡翊府之翊卫、外府射声番上者，分配之；凡分兵主守，则知皇城西面助铺及京城、苑城诸门。宋朝置为环卫官，无定员，无职掌，多以宗室为之，亦用为武臣赠典。神宗元丰（1078—1085）改制前为三品，后为从三品。南宋多不除授，孝宗隆兴（1163—1164）中复置。辽朝亦置，位大将军下，为加官。

左领军卫将军　官名。唐高祖武德五年（622）改左御卫为左领军卫，置二员，从三品。协掌宫禁宿卫，凡翊府之翊卫、外府射声番上者，分配之；凡分兵主守，则知皇城西面助铺及京城、苑城诸门。宋朝置为环卫官，无定员，无职掌，多以宗室为之，亦用为武臣赠典或武官责降散官。神宗元丰（1078—1085）改制，降为从四品。南宋多不除授。辽朝亦置，为加官。

左领军府　官署名。隋朝置，与右领军府同掌十二军帐籍、差科、辞讼之事。不置将军，唯有长史、司马、掾属、录事及功、仓、户、骑、兵曹参军，法、铠二曹行参军等员。又置明法，隶于法司，掌律令轻重。又统开府府（骠骑府）、仪同府（车骑府）。炀帝大业三年（607）改置左屯卫，为十二卫之一。

左猛贲　渤海国十卫之一，相当于唐朝的十六卫，置大将军一人、将军一人。

左猛贲大将军　官名。渤海国十卫之一左猛贲长官，置一人。

左猛贲将军　官名。渤海国十卫之一左猛贲次官，置一人。

左翊一开府　❶官署名。隋朝左、右卫所统左翊一开府府（骠骑府），置开府（骠骑将军）一员，有长史、司马、录事及仓、兵等曹参军，法曹行参军各一员，行参军三员，领军坊、乡团，掌宫禁宿卫。❷官名。隋朝左、右卫所统左翊一开府（骠骑府）长官，即骠骑将军，置一员，正四品上。

左翊二开府　❶官署名。隋朝左、右卫所统左翊二开府府（骠骑府），置开府（骠骑将军）一员，有长史、司马、录事及仓、兵等曹参军，法曹行参军各一员，行参军三员，领军坊、乡团，掌宫禁宿卫。❷官名。隋朝左、右卫所统左翊二开府（骠骑府）长官，即骠骑将军，置一员，正四品上。

左翊三开府　❶官署名。隋朝左、右卫所统左翊三开府府（骠骑府）。❷官名。隋朝左、右卫所统左翊三开府（骠骑府）长官。同左翊二开府。

左翊四开府　❶官署名。隋朝左、右卫所统左翊四开府府（骠骑府）。❷官名。隋朝左、右卫所统左翊四开府（骠骑府）长官。同左翊二开府。

左翊蒙古侍卫亲军都指挥使司　官署名。元朝侍卫亲军指挥机构。秩正三品。成宗大德七年（1303），由蒙古侍卫亲军都指挥使司分立，掌蒙古军士。置营于沧州、清州，衙司在大都丽正门内。设都指挥使三员，副都指挥使二员，佥事二员。下辖千户所七翼。

左率　即太子左卫率。

左率府使　官名。明初置为太子东宫官。由勋旧大臣兼领其职，不别设，以训导太子。洪武十五年（1382）以后不置。

左率府副使　官名。明初置为太子东宫官。由勋旧大臣兼领其职，不别设，以训导太子。洪武十五年（1382）以后不置。

左庶子　官名。秦汉置有太子庶子。西晋始分左、右。武帝咸宁四年（278）以朱冲任此职，定为太子东宫官属。掌侍从赞相，驳正启奏。隋为太子门下坊长官，员二人，正四品上。唐高宗龙朔二年（662）改门下坊为太子左春坊，左庶子为左中护。咸亨元年（670）皆复旧。睿宗景云二年（711）再改门下坊为左春坊，庶子以比侍中，置二人，正四品上。宋不常置，每立太子，随宜除授，多以他官兼领。明初置，洪武十五年（1382）更定左春坊官，员一人，正五品，为左春坊主要官员，在大学士之下，谕德、中允、赞善、司直郎之上。其职在于陈古义、申典制，以规鉴太子。不常置。嘉靖后，詹事府坊局之官，仅为翰林官迁转之阶。清顺治九年（1652）沿置为詹事府左春坊官，十五年裁。康熙十四年（1675）复置。满、汉各一名，正五品。掌记注撰文。汉员则兼翰林院侍读。光绪二十八年（1902），詹事府省入翰林院，遂废。

左庶长　❶爵名。战国秦置，秦汉两朝因之。为二十等爵第十级。庶长，意为众列之长。秦时多以军功得之。汉武帝时，卜式以数入财物，亦得赐爵左庶长。❷官名。战国秦置，相当于将军。

左庶侍下士　官名。西魏、北周置，详见“庶侍下士”。

左阐教　官名。明清僧录司之官员。分掌天下释教之事。明洪武十五年（1382）设，一人，从六品。清康熙十三年（1674）定设一人，亦为从六品。循例升补右善世，缺出由右阐教升补。

左清纪郎　官名。明于洪武二十九年（1396）于詹事府左春坊置。一人，从八品。与左、右司直郎及右清纪郎掌太子东宫弹劾、纠举之事。不常设。

左清道卫　官署名。即太子左清道率府。唐高宗龙朔二年（662）改太子左虞候率府置，中宗神龙元年（705）复改左虞候率府，玄宗开元（713—741）初定置为左清道率府。

左渐尚王　官名。匈奴置。由单于子弟充任，统领部众，地位在左、右於陆王之下。

左断刑　宋朝大理寺左断刑省称。

左谏议大夫　官名。秦以来有谏议大夫。唐德宗贞元四年（788），分置左、右，各四员。左隶门下省，掌侍从赞相、规谏讽谕。宪宗元和元年（806）罢左、右之号，武宗会昌二年（842）复分置左、右。初为正五品上，后升为正四品下。北宋前期，多出领外任，或兼领别司，不专言职，用为五品寄禄官。神宗元丰（1078—1085）改制，复置为职事官，员一人，从四品，隶门下省，与右谏议大夫同掌规谏讽谕，领谏院。凡朝廷有阙失，大事则廷诤，小事则论奏。南宋高宗建炎三年（1129），令不隶门下省。辽朝置为门下省左谏院长官，南面官，掌侍从赞相，规谏讽谕。金朝正四品，与右谏议大夫同掌谏院。

左谏院　见“谏院”。

左谕德　官名。唐高宗龙朔三年（663）始置太子左、右谕德各一人，正四品下，掌谕太子以道德，随事讽赞，分隶左、右春坊。宋朝仁宗、神宗、钦宗为太子时皆置，以他官兼任。金朝置为东宫僚属，正五品，掌赞谕道德、侍从文章。明朝隶詹事府左春坊，掌赞谕规谏太子，从五品，以翰林院官兼任。清顺治九年（1652）沿置，员一人，由汉人充任，隶詹事府左春坊，与左庶子等共掌记注纂修之事。十五年省。康熙十四年（1675）复置，满、汉各一人，汉员兼翰林院修撰衔。乾隆十三年（1748）废。

左屠耆王　匈奴官名。屠耆为匈奴语“贤”，汉人因称左贤王，为单于手下最高官职。匈奴尚左，故常以太子任之。一般统率万余骑，居单于东方，最为大国。下各置千长、百长、什长、裨小王、相、都尉、当户、且渠等官属，以管理辖地军政事务。十六国时后赵、前秦等国沿置。仇池氏杨氏亦自称此号。

左尉　官名。南朝宋置，为大县所设二尉之一。

左骑君　官名。汉朝西域扜弥、于阗等国置。

左骑侍下士　官名。西魏、北周置，详见“骑侍下士”。

左骐骥使　官名。宋太宗雍熙（984—987）中置，后用为武臣阶官，属西班诸司使。真宗咸平元年（998）定为同六品。神宗元丰（1078—1085）改制，改正七品。徽宗政和二年（1112）重定武臣阶官名，改武德大夫。

左骐骥副使　官名。宋太宗雍熙（984—987）中置，后用为武臣阶官，属西班诸司使。真宗咸平元年（998）定为同七品。神宗元丰（1078—1085）改制，改从七品。徽宗政和二年（1112）重定武臣阶官名，改武德郎。

左散骑常侍　官名。唐、宋、辽置。详见“散骑常侍”。

左雄武府　官署名。隋炀帝大业三年（607）置，隶左、右备身府，与右雄武卫府各置雄武郎将，领皇帝亲近禁军骁果，以武勇郎将为副贰，有司兵、司骑二局，并置参军事。

左傅　官名。明太祖洪武三年（1370）于各王府分置，各一人，从二品，以辅弼诸王。九年罢。

左街大功德使　官名。又名左街功德使。唐德宗贞元四年（788）崇玄馆罢大学士后置，与右街大功德使总领僧、尼之籍及功役。宪宗元和二年（807）又以道士、女冠隶之。武宗会昌二年（843）以僧、尼改隶礼部主客司，六年复隶左、右街大功德使。

左街功德使　官名。即左街大功德使。

左街仗司　见“金吾街仗司”。

左街司　见“金吾街仗司”。

左街使　官名。唐朝左、右金吾卫属官，置一员，掌分察六街徼巡，入夜则以骑卒巡行、武官暗探。

左街道录院　见“道录院”。

左街僧录司　见“僧录司”。

左御卫　禁卫军指挥机构。隋炀帝大业三年（607）置，设大将军一员、将军二员，统诸鹰扬府府兵。又置护军四员，掌副贰将军，寻改武（虎）贲郎将，又置武（虎）牙郎将六员，有长史、录事参军，司仓、兵、骑、铠等员，军士名射声。唐初沿置，高祖武德五年（622）改名左领军卫。

左御卫大将军　官名。隋炀帝大业三年（607）置，为十二卫大将军之一，置一员，正三品，总其府事，并统诸鹰扬府。唐初沿置，高祖武德五年（622）改左领军卫大将军。

左御卫将军　官名。隋炀帝大业三年（607）置，为十二卫将军之一，置二员，从三品，佐大将军总府事。唐初沿置，高祖武德五年（622）改左领军卫将军。

左御史大夫　官名。三国吴孙休永安五年（262）分御史大夫置。《三国志·孙休传》：“廷尉丁密、光禄勋孟宗为左、右御史大夫。”唐中宗神龙元年（705）改左肃政大夫为左御史大夫，为左御史台长官，掌监察在京百司及军旅，后兼察地方长官，从三品。睿宗延和元年（712）废。元末朱元璋吴元年（1367）复置，与右御史大夫并为御史台长官，掌纠察朝廷内外百官，从一品。明洪武十三年（1380）废。参见“御史大夫”、“御史台”。

左御史中丞　官名。明洪武十三年（1380）于御史台置，左、右各一人，俱正二品。因当时不设御史大夫，故左、右中丞实为御史台长。同年即罢。

左御史台　官署名。唐中宗神龙元年（705）改左肃政台置，及废右台，即去左字。参见“御史台”。

左貂　唐高宗显庆二年（657）分散骑常侍为左、右，隶门下、中书，皆金蝉、珥貂，左散骑常侍与侍中为左貂。

左游击将军　官名。南朝梁武帝天监六年（507）置，充当侍卫之任，有时亦率众出征。天监七年定为十一班。陈沿置，四品，秩二千石。

左游击倅长下士　官名。西魏、北周夏官府左武伯中大夫左游击率上士属官，正一命。

左游击率上士　官名。西魏恭帝三年（556）置，北周沿置。夏官府左武伯中大夫属官，统禁军游击士，负责皇帝临朝及出行的侍卫。下设左游击率中士、左游击倅长下士以佐其职。正三命。隋文帝开皇元年（581）罢。

左游击率中士　官名。西魏、北周夏官府左武伯中大夫左游击率上士佐官，正二命。

左善世　官名。明清僧录司之官员。分掌天下释教之事。明洪武十五年（1382）设，一人，正六品。

清康熙十三年（1674）定设一人，亦为正六品。缺出由右善世升补。

左遂伯中大夫 官名。西魏恭帝三年（556）置，北周沿置。可省称为左遂伯。地官府民部中大夫属官，正五命。隋文帝开皇元年（881）罢。职掌参见“遂伯中大夫”。

左禁将军 官名。十六国前秦苻坚置，为四禁将军之一。统兵驻于京师，亦经常率军出外征讨。见《晋书·苻坚载记上》。

左督护 官名。西晋末凉州张轨置。为统兵武职，地位较一般州所置的督护为高。见《晋书·张轨传》。

左敀 官名。战国齐置。主管陶质量器制作。《古陶琐萃》第一册第六页：“王卒左敀甘里支。”

左署郎 官名。东汉光禄勋属官左中郎将所主郎官统称，包括中郎、侍郎、郎中，皆无员。

左詹事 参见“詹事”。

左辖 元朝中书省、尚书省左丞的别称。

左罴卫 渤海国十卫之一，相当于唐朝的十六卫，置大将军一人、将军一人。

左罴卫大将军 官名。渤海国十卫之一左罴卫长官，置一人。

左罴卫将军 官名。渤海国十卫之一左罴卫次官，置一人。

左韶舞 官名。明、清礼部教坊司之属官。明初设，左、右各一人。南京礼部教坊司亦设右韶舞一人，皆从九品。掌乐舞承应，以乐户充之。清顺治元年（1644）沿置，亦设左、右各一人，从九品。雍正七年（1729），改教坊司为和乐署，遂裁。

左演法 官名。明、清道录司之官员。分掌天下道教之事。明洪武十五年（1382）设，一人，从六品。清康熙十三年（1674）定设一人，亦为从六品。依例升迁右正一，缺出由右演法升补。

左察 官名。突厥默啜可汗置，位小可汗下，以咄悉匐为之，统兵二万，以攻唐朝陇西。

左熊卫 渤海国十卫之一，相当于唐朝的十六卫，置大将军一人、将军一人。

左熊卫大将军 官名。渤海国十卫之一左熊卫长官，置一人。

左熊卫将军 官名。渤海国十卫之一左熊卫次官，置一人。

左螭 起居郎别称。洪迈《容斋四笔》卷十五《官称别名》：“唐人好以它名标榜官称”，“起居郎为左螭，舍人为右螭，又并为修注”。

左赞善 官名。金朝始置，为詹事院属官，属东宫官。分设左、右，均正六品。掌赞谕道德，侍从文章。明清为詹事府属官。掌记注纂修之事。明洪武十五年（1382），改赞善大夫设，亦分左、右，各二人。二十五年，改隶詹事府之左、右春坊，定秩从六品。清顺治九年（1652）沿设，左、右各二人，皆汉员。十五年裁。康熙十四年（1675）复设，左、右均满、汉各二人。五十二年定制，左、右均满、汉各一人。从六品。汉员兼翰林院检讨衔。光绪二十八年（1902），詹事府省入翰林院，遂废。

左廪 官署名。战国齐置。主管粮谷收藏与供应。《十六金符斋印存》卷一第一号：“左廪之。”

左藏 宋朝左藏库简称。

左藏东西库 官署名。即左藏东库、左藏西库。宋徽宗政和六年（1116）置，掌受四方财赋之入，以为国家经费，供给官吏、军兵俸禄赐予。南宋因之。

左藏东西库提辖 官名。南宋高宗绍兴二十七年（1157）置，员一人，由户部于辖下丞簿内选通晓财计者充任，掌检察送到纲运。任满无遗阙依左藏库监官例理赏，每月支给茶汤钱十贯。

左藏北库 见“左藏库”。

左藏令 官名。西晋少府属官，东晋省。南朝梁、陈皆置，隶太府卿，梁流外三品勋位。北齐为太府寺左藏署长官，从八品上。隋朝沿置，有二员，正八品，炀帝大业三年（607）升为正六品。唐朝置三员，从七品下，掌钱帛、杂彩等。北宋初存其名而罕除授。金朝改左藏库使，隶太府监。

左藏丞 官名。北齐置为太府寺左藏署次官。隋朝沿置，四员，正九品。唐朝置五员，从八品下。北宋初存其名而罕除授。金朝改左藏库副使，隶太府监。

左藏库 官署名。五代后梁置。宋太宗太平兴国二年（977）分为二库，淳化四年（993）以右藏库并入。神宗元丰（1078—1085）改制后隶太府寺，分南、北二库，掌收受四方财赋，以为国家经费，供给官吏、军兵俸禄赐予。徽宗政和六年（1116），改置东、西二库。南宋因之。孝宗即位，拨御前桩管激赏库归左藏，置左藏南库。金朝亦置，属太府监。掌管金银珠玉、宝货钱币。设使、副使领库事，秩从六品、从七品下。下设本把四人。

左藏库使 官名。五代后梁置，掌左藏库，多以武职充任。宋朝为西班诸司使，不领本职，为武臣迁转之阶，有西京左藏库使、左藏库使。神宗元丰（1078—1085）改制，定为正七品，徽宗政和二年（1112）改武经大夫、武显大夫。金朝太府监左藏库置为长官，从六品，掌金银珠玉、宝货钱币。

左藏库副使 官名。五代置。宋初用为武臣阶官，不领本职。真宗咸平元年（998），定为同七品。神宗元丰（1078—1085）改制，改从七品。徽宗政和二年（1112）重定武臣阶官名，改武显郎。

左藏南库 见“左藏库”。

左藏署 官署名。北齐太府寺置，有令、丞。隋朝沿置，有令二员、丞四员。唐朝太府寺置，令三员、丞五员、监事八员，掌钱帛、杂彩库藏。入藏，由太府卿、御史监阅，太府丞主帐簿；出库，则勘验本寺符契而发。北宋初存其名而无职司。金朝改左藏库，隶太府监。

左藏署令　官名。即左藏令。

左藏署丞　官名。即左藏丞。

左翼世职官学总理大臣　官名。清朝掌左翼世职官学事务之大臣。于满洲一、二品大臣内特简。定制，八旗左、右翼各设世职官学二。凡世职及世袭佐领十岁以上、十八岁以下者皆令入学。每五年主持考试满语、骑射，分别等次使用。其属下有参领六人，章京四人，清书（满文）教习八人，骑射教习八人。

左翼军都统所　官署名。辽朝置，属北面官。皇帝亲征，举大兵分为三路，左翼军都统所统领左路兵马。

左孺子　皇储妃位号。北魏置。《魏书·刘芳传》："芳乃称其族子长文之女，高祖乃为（太子）恂娉之，与郑懿女对为左右孺子焉。"

左曜武将军　官名。十六国后赵石虎置，地位高于左、右卫将军。《晋书·石季龙载记上》："置左右戎昭、曜武将军，位在左右卫之上。"

左鹰扬卫　官署名。即左武卫，唐武则天光宅元年（684）改，中宗神龙元年（705）复名左武卫。

左鹰扬卫大将军　官名。即左武卫大将军，唐武则天光宅元年（684）改，中宗神龙元年（705）复名左武卫大将军。

左鹰扬卫将军　官名。即左武卫将军，唐武则天光宅元年（684）改，中宗神龙元年（705）复名左武卫将军。

左警巡院　官署名。元世祖至元六年（1269），在大都置警巡院，领民事及供需。成宗大德九年（1305），在大都南城分立警巡院。武宗至大三年（1310），改原警巡院为左、右警巡院，秩正六品，隶大都路都总管府。置达鲁花赤、警巡使各一员，副使三员。顺帝至正十一年（1351），升两警巡院为正五品。

龙山苑　官署名。明成祖永乐五年（1407）置。为北京苑马寺六监二十四苑之一，属卢龙监。苑设圉长一人，从九品，下分各群，设群长，掌牧养马匹，以备军需。永乐十八年并入太仆寺。参见"卢龙监"。

龙卫军详稳司　官署名。辽朝置，为北面军官，统领龙卫军。

龙飞恩例　见"龙飞榜"。

龙飞榜　宋朝贡举考试公布名次的一种方榜。凡皇帝即位后第一次殿试礼部奏名举人，其公布合格举人名次的文榜称为龙飞榜。中此榜者得受特殊优遇，称龙飞恩例或龙飞特恩。

龙马监　官署名。西汉置，属太仆，有长、丞主其事，掌皇帝乘马。

龙马监长　官名。西汉置，属太仆。主管龙马监，掌皇帝乘马。

龙马监丞　官名。西汉置，属太仆，为龙马监长副贰，掌皇帝乘马。

龙马厩令　官名。西晋置，掌宫廷用马，属太仆。东晋省。

龙庆栽种提举司　官署名。元世祖至元十七年（1280）设，隶宣徽院，秩从五品。掌缙山（后改龙庆州，今北京延庆）岁输粱米及易州、龙门官园瓜果梨桃栽种，以供宫廷。置达鲁花赤、提举、同提举、副提举各一员。

龙江关监督　官名。清朝工部龙江关之主官。掌关政。顺治二年（1645）设，一人。始派工部司员充任，继改由各部院衙门司员中拣派，带原品任职。康熙十年（1671）、二十八年两度兼管两新户关。六十一年由江宁织造兼充。光绪三十二年（1906）改隶度支部。

龙江抽分竹木局　官署名，明朝掌管抽征商税的机构。隶属于南京工部屯田司。设大使一人，以掌抽分征商之事。

龙江盐仓检校批验所　官署名。明朝南京所属掌管仓场盐课的机构，设大使一人以掌其事。

龙江提举司　官署名。明朝南京工部所属机构。设提举一人，正八品，副提举二人，正九品，后革副提举。掌供办物料诸事。

龙军详稳司　官署名。辽朝置，属北面军官。统领龙军。

龙直　宋朝龙图阁直学士简称。

龙虎山正一真人　明朝中央朝廷赐予龙虎山（今江西贵溪县西南）道士张氏（汉张道陵后裔）的世袭封号，全称"正一嗣教道合无为阐祖光范领道事张真人"，正二品。太祖洪武元年（1368）始封此号，隆庆（1567—1572）间革真人称号，只称提点，万历（1573—1620）复旧号。清初沿明制，乾隆十七年（1752）革去其封袭，部议改为正五品。

龙虎将军　武散官名。明朝置，武官正二品，加授。万历（1573—1620）时，曾加封建州卫左都督努尔哈赤龙虎将军之号。

龙图　宋朝龙图阁省称。

龙图阁　宋朝阁名。真宗咸平元年（998）建。初收藏太宗、真宗御书、御制文集及典籍、图画、宝瑞之物以及宗正寺所进属籍、世谱。后真宗御书、御制文集移置天章阁。景德元年（1004）置龙图阁待制，四年置龙图阁直学士，大中祥符三年（1010）置龙图阁学士，九年置直龙图阁，皆以他官兼任。待制、直学士、学士为侍从职，直阁为贴职。南宋复于临安府建。

龙图阁直学士　官名。宋真宗景德四年（1007）置，位在枢密直学士下，无吏守，无职掌，唯出入侍从备顾问。多以特恩加赐内外官，带此职者皆享受超迁官阶的优待。神宗元丰（1078—1085）改制，定为从三品。

龙图阁学士　官名。宋真宗大中祥符三年（1010）置，位在枢密直学士上，无吏守，无职掌，唯出入侍从备顾问。多以特恩加赐内外官，带此职者可享受超迁官阶的优待。宋神宗元丰（1078—1085）改制，定为正三品。

龙图阁待制　官名。宋真宗景德元年（1004）置，以他官兼任。无吏守，无职掌，惟出入侍从备顾问。四年，定其位在知制诰下。多以特恩加赐内外官，带此职可享受超迁官阶的优待。神宗元丰（1078—1085）改制，定为从四品。

龙制　宋朝龙图阁待制简称。

龙牧曹　官署名。北魏置，掌管牲畜的牧养，属都牧尚书。多以他官典本曹事务。《魏书·韩茂传》："（韩天生）为内厩令，后典龙牧曹。"孝文帝太和（477—499）改制罢。

龙牧曹奏事中散　官名。北魏置。为内廷派驻龙牧曹监察政务的官员，兼掌牲畜牧养事务。《魏书·吕洛拔传》："（洛拔）长子文祖，显祖以其勋臣子，补龙牧曹奏事中散。以牧产不滋，坐徙武川镇。"参见"奏事中散"。

龙河苑　官署名。明成祖永乐五年（1407）置，为北京苑马寺六监二十四苑之一，属涿鹿监。苑设圉长一人，从九品，下分各群，设群长，掌牧养马匹，以备军需。永乐十八年并入太仆寺。参见"涿鹿监"。

龙泉苑　官署名。明成祖永乐五年（1407）置，为北京苑马寺六监二十四苑之一，属香山监。苑设圉长一人，从九品，下分各群，设群长，掌牧养马匹，以备军需。永乐十八年并入太仆寺。参见"香山监"。

龙神卫四厢都指挥使　宋朝军职名。太宗时置，隶侍卫司，为骑兵龙卫军、步兵神卫军统兵官，地位略低于殿前司所属捧日天武四厢都指挥使。北宋中期以后，多不领本职，成为武将虚衔。

龙厩令　官名。隋朝太仆寺龙厩署长官，置二员，从八品上；炀帝大业三年（607）改名典厩令，升从六品。

龙厩丞　官名。南朝梁、陈置，掌宫廷用马，属太仆卿。隋初置二人，为龙厩署次官，从九品上。炀帝大业三年（607）改名典厩丞。

龙厩署　官署名。隋朝隶太仆寺，置令二员、丞二员。炀帝大业三年（607）改名典厩署。

龙厩署令　官名。即龙厩令。

龙厩署丞　官名。即龙厩丞。

龙章　汉朝高级官员官服上的龙形图案，常与三辰并用，称为"三辰龙章之服"。《后汉书·仲长统传》："身无半通青纶之命，而窃三辰龙章之服。"三辰谓日、月、星，龙章即山龙之章。

龙翊侍卫亲军都指挥使司　官署名。元朝侍卫亲军指挥机构。秩正三品。设于文宗天历元年（1328）十二月，分掌钦察军士，隶大都督府。置营于文安（今属河北）。设都指挥使三员，副都指挥使二员，佥事二员。下辖行军千户所九翼，屯田千户所一翼。

龙骑将军　官名。南朝梁置，武帝天监七年（508）定为武职二十四班中的十八班，与武臣将军等同班，代旧前、后、左、右四将军。大通三年（529）定制后为武职三十四班中的二十八班。陈沿置，拟四品，比秩中二千石。如加为龙骑大将军，则进一阶。

龙翔万寿营缮提点所　见"集庆万寿营缮都司"。

龙幕将军　官名。南朝梁置，武帝天监七年（508）定为施用于境外的武职二十四班中的十六班，拟智威将军等号，大通三年（529）定制后，仍拟智威将军。

龙骧大将军　官名。西晋置，如开府，则为位从公，假金章紫绶，一品；如不开府非持节都督者，二品，禄赐与"特进"同。十六国后赵沿置。十六国时沮渠蒙逊等曾推段业为使持节、大都督、龙骧大将军、凉州牧、建康公，建立北凉。

龙骧将军　官名。三国魏置（一说西晋置），地位较高，三国魏、晋、南朝宋皆三品。十六国前凉、后赵、前秦、西秦亦置。南朝后期地位渐低，梁武帝大通三年（529）定为武职三十四班中的十二班，陈改为拟七品，秩比六百石，北魏孝文帝太和十七年（493）定为三品上，二十三年复次职令，改为从三品。

戊己校尉　官名。西汉元帝初元元年（前48）始置，掌管屯田事务，治所在车师前王庭，隶西域都护，单独设府，有丞、司马、候等属官。所领吏士亦任征伐。秩比二千石。新莽至东汉初或置或省。东汉明帝永平十七年（后74）复置二员，一屯车师后王部金蒲城，一屯车师前王部柳中城，相去千余里。后或置或罢。安帝永初元年（107）省西域都护后，常与西域长史共同管理西域事务。三国魏文帝黄初三年（222）亦置，治所在高昌，四品。两晋沿置，四品。十六国前凉张骏擒戊己校尉赵贞，以其地为高昌郡，仍置其官，与西域都护、玉门大护军并号三营。南朝宋亦曾以北凉主沮渠安周领之。

戊字库　官署名。明朝置，隶工部，设大使一人，正九品，副使一人，从九品。嘉靖（1522—1566）中革副使。掌收贮弓箭、弦条、盔甲等物。

戊曹士　官名。新莽置，太傅所属曹掾。《汉书·王莽传》："太傅平晏从吏过例，掖门仆射苛问不逊，戊曹士收系仆射。"王莽迷信五行说，故使太傅置戊曹士以为曹掾。

可汗　又作可寒。古代柔然、突厥、回纥、蒙古等族最高统治者的称号。初，鲜卑族中有此称，但作为最高统治者的称号，始于公元402年柔然首领社崙称丘豆伐可汗。

可敦　突厥—蒙古语，又译合屯、哈敦，汉译皇后、娘子。蒙古大汗正妻及主斡耳朵的妻子称可敦。

可薄真　官名。北魏置，为掌管城门的守卫。《南齐书·魏虏传》："守门人为可薄真。"此系南朝人对北魏鲜卑语官名的音译。

〔丨〕

归义中郎将 官名。北魏置，职掌不详。孝文帝太和十七年（493）定为从五品下，二十三年复次职令，未载。

归义侯 ❶东汉政权赐予少数民族君长的封爵。《后汉书·百官志五》："四夷国王，率众王，归义侯，邑君，邑长，皆有丞，比郡、县。"❷官爵名。东晋置，封授被征服政权的统治者。如灭十六国成汉后，封授其统治者李势。十六国后秦亦置。北魏孝文帝太和十七年（493）定为五品下，二十三年复次职令，改为从五品，北齐仍从五品。

归义将军 官名。南朝梁置。武帝天监七年（508）定为施用于境外的武职二十四班中的四班，拟伏波将军等号，大通三年（529）定制后，拟光烈将军等号，班阶略高。

归正人 官场用语。南宋初，流落金朝人来归，称为归正人。有官人归正，即恢复原有官职，多注授不厘务差遣。士人归正，许于所在州军入学就读或赴秋试。

归正侯 爵名。北齐置。专授被征服政权的统治者。从五品。

归汉都尉 官名。西域车师前国等置，员一人，见《汉书·西域传》。

归圣军右厢兵马都指挥使司 官署名。辽朝置，南面官。统领归圣军右厢兵马。

归圣军左厢兵马都指挥使司 官署名。辽朝置，南面官。统领归圣军左厢兵马。

归圣军兵马都指挥使司 官署名。辽朝置。统领归圣军左右厢兵马。

归圣军兵马都总管府 官署名。辽朝置，属南面官。统领归圣军。设都总管、副总管、判官等职。

归司官 官场用语。宋朝诸司吏人出官后，任官期满，复归司任吏职差遣，称归司官。

归休 指官吏致仕、退休。《汉书·张敞传》："及卫将军张安世，宜赐几杖归休，时存问召见。"又，大臣例日归私宅休息亦称归休。

归明人 官场用语。唐朝吐蕃等少数民族人来归，称归明。北宋时契丹人及流落辽国之汉人、南宋时女真人来归，或溪峒首领纳土归顺，皆称归明人。归明官年二十五以上，许注授官职，添差不厘务差遣。

归命侯 爵名。西晋置，专授给被征服政权的统治者，灭吴后，封孙皓为归命侯。北齐亦置，从五品。

归宗 过继他人为子，后因继父生有亲子而愿回原家族者，称归宗。清制。凡官员归宗，需由本籍地方官取具宗图册结及亲族甘结，报吏部准行。吏员出身者不准归宗。

归诚将军 官名。南朝梁置。武帝天监七年（508）定为施用于境外的武职二十四班中的一班，拟前锋将军等号，为最低的一班。大通三年（529）定制后，仍拟前锋将军等号。

归顺人 官场用语。宋朝，凡西夏、蕃部部落首领带领族属、马匹，或金朝契丹族投奔宋朝，称归顺。溪峒首领纳土"归顺"，仍主管溪峒职事，称归顺人。

归朝官 官场用语。南宋初，原北宋有官人流落金朝者来归，称归朝官。通常只添差不厘务差遣。

归德大将军 官名。唐朝武官散阶第八阶，从三品上，位六麾将军下、归德将军上，授新归附唐廷的诸蕃首领，仍隶各卫。

归德中郎将 官名。唐德宗贞元十一年（795）置，从四品下，武散官，授归唐少数民族政权将领。

归德中候 官名。唐德宗贞元十一年（795）置，从七品下，武散官，授归唐少数民族政权将领。

归德司戈 官名。唐德宗贞元十一年（795）置，从八品下，武散官，授归唐少数民族政权将领。

归德司阶 官名。唐德宗贞元十一年（795）置，从六八品下，武散官，授归唐少数民族政权将领。

归德执戟长上 官名。唐德宗贞元十一年（795）置，从九品下，武散官，授归唐少数民族政权将领。

归德郎将 官名。唐德宗贞元十一年（795）置，从五品下，武散官，授归唐少数民族政权将领。

归德侯 爵名。北齐置。专授给被征服政权的统治者。从五品。

归德将军 官名。唐高宗显庆三年（658）置，从三品下，武散官，授归唐少数民族政权首领，分隶诸卫。宋朝为从三品武散官，神宗元丰五年（1082）罢。

帅 ❶通"率"。西周称诸侯方伯之长。《驹父盨》："南仲邦父命驹父即南者（诸）侯率高父，见南准夷。"❷军队主将、统帅。《左传·宣公十二年》："其三帅者，专行不获。"又《僖公二十七年》："作三军，谋元帅。"参见"元帅"。❸春秋齐国五乡为帅。《管子·小匡》："五乡为帅。"《国语·齐语》："五乡一帅，故万人为一军，五乡之帅帅之。"❹十六国、北朝时期，少数民族酋豪之称。《魏书·太祖纪》："离石胡帅呼延铁，西河胡帅张崇等聚党数千人叛。"❺官名。南朝宋后宫置内职。有永巷帅、装饰帅等名目。另诸房各置一人，官品自第二至第五不等。参见各条。❻清朝总督、巡抚等官员的尊称。

帅札 官文书名。南宋四川安抚制置司拥有军事重权，兼处置铨量、差注、类试等事，其颁发札子，称帅札。其他安抚制置司受命便宜行事，亦可颁发。

帅司 宋朝安抚司别称。

帅机 宋朝安抚司主管机宜文字简称。

帅守 宋朝知州、知府兼任安抚使者，称帅守。

帅甸 官名。春秋时宋国置。一说为公邑大夫，一说为甸师，一说为帅甸役徒卒之官。《左传·文公十六年》："宋昭公将田孟诸，未至，夫人王姬使帅甸攻而杀之。”杨伯峻注：“帅甸为官名，有三解。孔（颖达）疏云：‘《周礼·载师》云：以公邑之田任甸地。’帅甸者，甸地之帅，当公邑大夫也。此一解也。沈钦韩补注则以《周礼·天官》之甸师当之，云：‘《周礼》甸师之官，其徒三百人。《文王世子》，公族有罪，磬于甸人。帅甸即此官也。’此又一解也。俞樾《茶香室经说》则云：‘是甸役徒卒谓之甸徒，则帅此甸役徒卒者，宜谓之帅甸。’此又一解也。三解之中，沈说较为可信。《礼记·檀弓疏》引此文，帅甸即作甸师，虽系误文，亦可见古人已有解帅甸为甸师者矣。”

帅都督　官名。❶西魏文帝大统（535—551）初置，北周武帝天和五年（570）省，建德二年（573）复置，多授各地豪望，以统乡兵；刺史、镇将等亦多加此号。❷府兵组织“旅”之长官，由子都督、都督迁此，再转为大都督，北周为正七命。隋炀帝大业三年（607）改名“旅帅”。❸北周始为勋官号，正七命。隋朝为十一等勋官之第九等，从六品上，位仪同三司、大都督下，都督上；炀帝大业三年（607）罢。唐初杂用隋制，高宗咸亨五年（674）以其比云骑尉，为正七品上阶勋官。❹隋朝骅骝牧及二十四军马牧、驴骡牧、苑川十二马牧，每牧皆置，一至二人。驴骡牧所置为长官，其余诸牧所置位次仪同、大都督及尉。

帅准　宋朝安抚司准备差遣简称。

帅漕宪仓　宋朝安抚司、转运司、提点刑狱司、提举常平司四司简称。

北厂　官署名。明朝置，为供应宫廷薪炭的机构之一。隶内府惜薪司，设佥书、监工以督其事，皆以宦官为之。

北大王　即北院大王。

北大王帐郎君　即北（大王）院郎君。

北大王府　即北大王院。

北大王院　官署名。辽朝置，属北面官。亦称北王府、北大王府，分掌部族军民之政。天赞元年（922），太祖阿保机以迭刺部强大难制，析其为五院、六院二部，各设夷离堇统之；太宗会同元年（938），改二院夷离堇为大王，因此，五院部在朝称北大王院。简称“北院”。

北门学士　官号。唐太宗时，召名儒学士草拟诏令，犹未有号。高宗乾封（666—668）以后，弘文馆直学士刘祎之，著作郎元万顷，左史范履冰、苗楚客，右史周思茂、韩楚宾等，皆召入禁中，密令参决朝政，以分宰相之权。因其常于北门待诏，始号北门学士。唐玄宗时，改置为翰林待诏、翰林供奉、翰林学士。

北门南牙　官名别称。唐朝以北门谓羽林诸将，南牙谓宰相。《资治通鉴·唐中宗神龙元年（705）》：驸马都尉安阳王同皎曰：“北门南牙，同心协力，以诛凶竖，复李氏社稷。”胡三省注：“南牙谓宰相，北门谓羽林诸将。”

北女直兵马司　官署名。辽朝置，又称北路女直兵马司。治辽州（今辽宁沈阳西北），统领龙化、辽、祺、韩、双、银、铜、咸、郢、肃、安等州兵马。设官不详。

北王府　即北大王院。

北王府军详稳司　官署名。辽朝置，属北面边防官，掌五院部西北部之兵马，属西北路诸司。

北王府舍利军详稳司　官署名。辽朝置，属北面军官，统五院部皇族之从军者。

北王府郎君　即北（大王）院郎君。

北屯司马　官名。东汉置，属卫尉。领员吏二人，卫士三十八人，警卫皇宫北门。

北中郎将　官名。东汉末年所置四中郎将之一，帅师征伐，时以卢植任之。魏晋南北朝沿置，地位重要，多有较固定的辖区和治所。西晋时多镇邺，东晋及南朝常兼徐、兖等州刺史，或持节，都督徐、兖、幽、并等州军事，银印青绶。南朝宋、齐多以宗室任之。梁时或置或罢。东魏静帝天平元年（534）都邺后，于洺水置北中郎将府。北魏初，属中护军（护军将军），世宗永平（508—512）中权隶中领军（领军将军）。东魏静帝武定七年（549）复属中护军，北齐亦属护军府。

北平行太仆寺　官署名。参见“行太仆寺”。

北平部　官署名。❶明朝户部十二属部之一。洪武二十三年（1390）改原民部、度支部、金部、仓部四属部而置十二属部，分别以十二布政司为名。设郎中、员外郎各一人，主事二人，领北平布政司户口、钱粮等事。部下分设四科：民科、度支科、金科、仓科。并置照磨、检校各一人，掌管文书出入等事。二十九年，改为北平清吏司。❷明朝刑部十二属部之一。洪武二十三年，改原宪部、比部、都官部、司门部四属部而置十二属部，分别以十二布政司为名，设官同户部，领北平布政司及部分在京衙门卫所刑名之事。二十九年，改为北平清吏司。

北平部员外郎　官名。明初户部北平部、刑部北平部均置，各一人，从五品，协郎中掌本属部之事。参见“北平部”。

北平部郎中　官名。明初户部北平部、刑部北平部均置，各一人，正五品，掌本属部之事。参见“北平部”。

北平清吏司　官署名。❶明朝户部十二清吏司之一。洪武二十九年（1396）改原北平部而置，设官及职掌均无变化。建文（1399—1402）中罢，改户部十二清吏司为四清吏司。成祖即位，复旧制。永乐元年（1403）改北京清吏司。❷明朝刑部十二清吏司之一。洪武二十九年，改原北平部而置，设官及职掌均无变化。永乐元年（1403）改北京清吏司。

北平清吏司员外郎　官名。明初户部所属北平清吏司及刑部所属北平清吏司均置，各一人，从五品，协郎中掌本司事。参见“北平清吏司”。

北平清吏司郎中　官名。明初户部所属北平清吏司及刑部所属北平清吏司均置，各一人，正五品，掌本司之事。参见“北平清吏司”。

北平道 官署名。明初都察院十二道之一。洪武十五年（1382）始置，置监察御史掌其事。建文（1399—1402）中罢。成祖即位，复置。永乐元年（1403）改北京道。

北平道监察御史 官名。明洪武十五年（1382）置，为明初诸道监察御史之一。设三至五人，秩正七品，掌监察百官。以时巡按所部，追核刑名，照刷卷宗；并协管在京吏部、金吾卫、旗手卫、直隶苏州府卷宗照刷工作。永乐元年（1403）改北平道为北京道，十八年革。

北右卫 渤海国十卫之一，置大将军一人、将军一人。

北右卫大将军 官名。渤海国十卫之一北右卫长官，置一人。

北右卫将军 官名。渤海国十卫之一北右卫次官，置一人。

北左卫 渤海国十卫之一，置大将军一人、将军一人。

北左卫大将军 官名。渤海国十卫之一北左卫长官，置一人。

北左卫将军 官名。渤海国十卫之一北左卫次官，置一人。

北外都水丞 官名。宋神宗元丰（1078—1085）改制置，员一人，隶都水监，掌北外都水丞司之事。哲宗元祐五年（1090），定三年为一任。元符三年（1100）罢，其事归漕臣。徽宗重和元年（1118）复置，宣和三年（1121）再罢。南宋高宗绍兴九年（1139）复置于东京，十年，都水事归工部，遂罢。

北外都水丞司 官署名。宋神宗元丰（1078—1085）改制置，设北外都水丞为长官。徽宗宣和三年（1121）罢。南宋高宗绍兴九年（1139）复置于东京（今河南开封），十年，罢归工部。

北主客郎 官名。西晋置，为尚书省北主客曹长官通称，亦称郎中，六品。初属客曹尚书，后不详。东晋省。北魏复置，或说属吏部尚书。孝文帝太和十七年（493）定郎为从五品中，郎中五品上；二十三年皆称郎中，六品，仍可通称为郎。北齐省并主客郎。

北主客郎中 官名。西晋、北魏与北主客郎互称，为尚书省北主客曹长官。参见“北主客郎”。

北主客曹 官署名。东汉分客曹置，与南主客曹分掌护驾及接待周边民族使节宾客事务。隶尚书台。设尚书为长官。三国魏省。西晋复置，设郎（郎中）为长官。隶客曹尚书，不置客曹尚书时隶尚书左仆射。东晋省，并入主客曹。北魏复置，北齐复省并主客曹。参见“主客曹”。

北主客曹尚书 官名。西汉尚书分为四曹，有主客曹。掌羌胡朝贺，法驾出则护驾。东汉分南、北，故置北主客曹尚书。

北市令 官名。南朝梁、陈置，与南市令分掌市肆税收，隶太府卿。

北皮室详稳 官名。辽朝置，为北面军官。北皮室军长官。多以勋戚及亲信大臣任之。

北皮室详稳司 官署名。辽朝置，属北面官，统领大帐皮室军之北皮室军。设详稳。亦称北皮室军详稳司。参见“大帐皮室军”。

北司 唐朝内侍省设在长安城北宫城内，与在城南三省等中央官署相对，故为内侍省别称，借指宦官势力。

北寺 官署名。明朝北京大理寺的省称。因与南京大理寺相别，故名。

北地将军 将军名号，西汉置。《汉书·匈奴传》：“宁侯魏遬为北地将军。”北地为郡名。

北军五校尉 见“五校尉”。

北军中候 官名。东汉始置，掌监屯骑校尉、越骑校尉、步兵校尉、长水校尉、射声校尉所领北军五营，秩六百石。秩虽轻而职重，实为京师常备禁卫军长官，得自辟僚属。三国魏、西晋增设禁军兵力，置地位更高的中领军统辖，北军五营作用渐轻，北军中候或置或省，五品，常与中领军并置。东晋元帝永昌元年（332）改中领军为北军中候，领左右卫、骁骑、游击、四军等诸营禁军，寻复改中领军。咸帝时复改名北军中候，寻又复旧。

北护卫府 官署名。辽朝置。掌北院护卫之事，有左、右护卫司、总领左右护卫司等机构。设太师、太保、司徒等职。

北作坊 见“作坊”。

北作坊使 官名。五代置，为诸司使之一。宋初沿置，属西班诸司使。后多不领本职，用为武臣阶官。真宗咸平元年（998），定为同六品。神宗熙宁三年（1070），改为西作坊使。

北作坊副使 官名。五代置，为诸司使之一。宋初沿置，属西班诸司使。后多不领本职，用为武臣迁转之阶。真宗咸平元年（998），定为同七品。神宗熙宁三年（1070），改为西作坊副使。

北闱 即明、清于京师（今北京）举行的顺天乡试。

北武库令 官名。南朝梁、陈分武库令置，为北武库署长官。梁一班。

北武库丞 官名。北武库署次官，南朝梁、陈置，员二人。梁流外三品蕴位。

北武库署 官署名。南朝梁、陈分武库为南、北署，各设令、丞各二人。掌保管兵器。隶都官尚书所领库部曹。隋省并“武库署”。

北枢密院 官署名。辽朝置。亦称契丹枢密院，简称北院。始置于世宗大同元年（947）。初掌契丹及部族事务，后逐渐成为辽朝政治中心，为辽最高执政官衙。主要管理契丹及其他部族军、政事务。长官为北院枢密使，下设知北院枢密使事、知枢密院事、北院枢密副使、知北院枢密副使事、同知北院枢密使事、签书北枢密院事等官；办事官员又有承旨、林牙、贴黄、头子、敞史、郎君、通事、掾史等。下设北枢密院中丞司，纠察百官，有点检中丞司事，总知中丞司事，左、右中丞，同知中丞司事，侍御等官。任职北枢密院者，契丹人居多，但也有部分汉人曾身居北院要职。

北枢密院中丞司 官署名。辽朝北枢密院所属机构。掌纠察百官，兴宗重熙二十年（1051），“罢中丞记录职官过犯，令承旨总之”。（《辽史·兴宗纪》）

北枢密院敞史 吏名。辽朝北枢密院佐吏，在掌北院头子事下。

北枢密院通事 吏名。辽朝北枢密院吏员，在北院郎君下。

北苑丞 官名。南朝梁、陈置，管理北苑，属司农卿。隋省。

北直隶苑马寺 官署名。明成祖永乐四年（1406）置，又称北京苑马寺，辖清河、金台、涿鹿、卢龙、香山、通州六监，各监又下辖四苑，共二十四苑。掌牧养马匹，以备军需。设卿，从三品，少卿，正四品，寺丞，正六品；各监设监正，正九品，监副，从九品；各苑设苑长，从九品。永乐十八年并入太仆寺。

北征大都将 官名。北魏置。《魏书·乐陵王传》：“高祖初，蠕蠕犯塞，以思誉为镇北大将军、北征大都将。”

北征统军 官名。北魏置。《魏书·房法寿传》：“（房敬宝为）奉朝请、征北中兵参军、北征统军、宁远将军。”

北京左藏库 官署名。北宋置于陪都北京（今河北大名），职掌与左藏库略同。

北京行太仆寺 官署名。参见“行太仆寺”。

北京行部 官署名。明朝永乐元年（1403）始置。设尚书二人，侍郎四人，并置吏、户、礼、兵、刑、工六曹清吏司，各设郎中、员外郎、主事及照磨、检校、司狱等。品秩同于六部，职掌略同于布政司。十八年迁都北京，遂罢。

北京行部尚书 见“行部尚书”。

北京行部侍郎 见“行部侍郎”。

北京国子监 见“西京国子监”。

北京按察司 即山北辽东道提刑按察司。

北京临潢路提刑司 官署名。金朝地方九路提刑司之一。世宗大定二十九年（1189）六月，置于北京（治今辽宁辽阳西）临潢路。掌纠察黜陟、劝农采访、管领屯田及镇防诸军。设使、副使领司事，秩正三品、正四品。下设判官、知事等官。

北京盐使司 官署名。金朝七盐使司之一。掌食盐产销。设在北京（治今辽宁辽阳西）。行盐地面为本路及临潢府、肇州、泰州及接壤处。设使、副使领司事，秩正五品、正六品。下设判官、管勾、同管勾、都监、同监、知法等官。北京盐旧课收二十一万三千八百九十二贯五百文，章宗承安三年（1198）十二月增为三十七万六千一百五十一贯六百一十七文二分。

北京都转运司 官署名。金朝置。掌辖区税赋钱谷、仓库出纳、权衡度量之制。初以临潢府为北京（治今内蒙古巴林左旗东南），设司，海陵王天德二年（1150）改北京为临潢府路，以北京都转运司为临潢路转运司。三年罢。贞元元年（1153）以大定府为北京（治今辽宁辽阳西）后，设于大定府。长官为转运使，秩正三品。下设同知转运使、副转运使、都勾判官、户籍判官等职。

北京留司御史台 官署名。宋仁宗庆历七年（1047），置于北京（今河北大名）留守司，设管勾一人，以少卿充任。掌拜表行香，纠举违失。属吏有令史、知班、驱使官、书吏各一人。

北京留守 官名。北宋陪都北京（今河北大名）留守司长官，员一人，以知府兼任，掌守卫、弹压之事及钱谷、兵民之政。金朝海陵王贞元元年（1153）于北京留守司设，为长官，秩正三品。带本府尹兼本路兵马都总管。又，唐朝北都留守曾于玄宗天宝（742—756）间改称北京留守，肃宗时复旧称。

北京留守司 官署名。北宋陪都北京（今河北大名）置，掌守卫、弹压之事及钱谷、兵民之政，设留守为长官。金朝海陵王贞元元年（1153）设于北京大定府（治今辽宁辽阳西），长官为留守，秩正三品，带本府尹兼本路兵马都总管。

北京清吏司 官署名。❶明朝户部所属清吏司。永乐元年（1403）改原北平清吏司而置，设官及职掌均无变化。十八年定都北京后罢。❷明朝刑部所属清吏司。沿革与户部北京清吏司同。

北京清吏司员外郎 官名。明初户部所属北京清吏司及刑部所属北京清吏司均置，各一人，从五品，协郎中掌本司事。永乐十八年（1420）随清吏司并罢。

北京清吏司郎中 官名。明初户部所属北京清吏司及刑部所属北京清吏司均置，各一人，正五品，掌本司事，永乐十八年（1420）随清吏司并罢。

北京道 官署名。明初都察院十二道之一。永乐元年（1403）改原北平道而置。十八年，罢，分其政于其他诸道。

北京道监察御史 官名。明永乐元年（1403）改北平道为北京道，员额品秩依旧，十八年罢。详见“北平道监察御史”条。

北府 ❶东晋初指北中郎将府。《世说新语·排调二十五》“郗司空拜北府”条引《南徐州记》：“旧徐州都督以东为称，晋氏南迁，徐州刺史加北中郎将，北府之号，自此起也。”后成为驻在京口（今江苏镇江）、广陵（今江苏扬州）的军府的习称。谢玄镇广陵时，召募北来侨民为兵，号北府兵，成为淝水之战中战胜前秦的主力。❷西魏文帝大统（535—551）初，领军独孤信镇洛阳，时称其都督府为北府。❸即辽朝北宰相府。

北府宰相　官名。辽朝北宰相府长官。掌北府事，为执政大臣。国舅五帐世预其选，圣宗以后，也间用汉人。

北河总河　见“直隶河道总督”。

北河副总河　参见“直隶河道总督”。

北泽都尉　官名。西晋置。《晋书·石勒载记上》：“太安（302—303）中，并州饥乱，勒与诸小胡亡散，乃自雁门还依宁驱。北泽都尉刘监欲缚卖之，驱匿之，获免。”

北单于　官名。西晋置。《魏书·匈奴刘聪传》：“（成都王司马颖）拜（刘）渊北单于，参丞相军事。”

北城兵马指挥司　官署名。明、清五城兵马指挥司之一。凡京城内外，划境为五，其北境属该司。掌巡捕盗贼，疏理街道及囚犯、火禁之事。明朝设指挥一人，正六品，副指挥四人，正七品，吏目一人。清沿置，指挥、副指挥、吏目各设一人，俱汉员。

北南枢密院点检中丞司事　官名。辽朝北、南两枢密院中丞司之长官。下置左、右中丞，侍御等职。

北面边防官　辽朝北面官类名。辽境内部族交错，专门设官镇抚、防御，统称为北面边防官，主要官衙有各都部署司、指挥使司、统军使司、详稳司、统领司、戍长司、甲马司、招讨使司、巡察司、兵马司、节制司、节度使司等。分布五京及东、西、南、北各边防要地。

北面行军官　辽朝北面官类名。辽兵制，凡有大的军事行动，皆由朝廷临时任命大员统领，设衙治事，统称北面行军官。有行枢密院、行军都统所、行军都押司、行军都部署司、先锋使司、先锋都统所、左翼军都统所、右翼军都统所、中军都统所、御营都统所等衙署。

北面军官　辽朝北面官类名。辽宫帐、部族、京州、属国，皆各自为军，设军官以统之，总称为北面军官。主要有天下兵马大元帅府、大元帅府、都元帅府、便宜从事府、大详稳司、东西都省、大将军府、护军司、诸路兵马都部署司及各军各乣详稳司等。

北面坊场局冶牧厩等官　辽朝北面官类名。为专门管理畜牧、冶炼、器物制造等官衙的统称。有诸坊、围场、诸局、群牧、尚厩、飞龙院、监鸟兽等官署。

北面官　辽朝官职类别。治诸宫帐、部族、属国之政，与南面官对称。形成于太祖、太宗时，以契丹故有官制为基础。下分朝官、帐官、宫官、军官、部族官、属国官、边防官等。北面官又各分南北，有北、南宰相府，北、南大王院等。

北面房　官署名。宋神宗元丰（1078—1085）改制置，属枢密院，掌河北、河东路吏卒及北界边防、国信事。

北面皇族帐官　辽朝北面官类名。辽皇族有四帐皇族、二院皇族之分。四帐皇族为皇帝近亲，设有专门机构管理，统称皇族帐官，有大内惕隐司、大横帐常衮司、孟父帐常衮司、仲父帐常衮司、季父帐常衮司、四帐都详稳司、舍利司、亲王国、大东丹国中台省、王子院、驸马都尉府等。

北面宫官　辽朝北面官类名。辽每一皇帝登基，即建宫帐，称斡鲁朵。除诸帝外，应天、承天两皇后、圣宗弟耶律隆庆、大丞相耶律隆运（即韩德让）亦建有宫帐，统称为十二宫一府。各宫帐皆有宫户、骑军、兵丁等。诸宫皆设官署管理，统称北面宫官，主要有诸行宫都部署院、契丹行宫都部署司、行宫诸部署司、十二宫一府诸官衙、押行宫辎重夷离毕司等。

北面部族官　辽朝北面官类名。为专门管理各部族的官衙。除五院、六院、乙室、奚四大部族设有王府，其他小部族则各设有节度使司、详稳司，前者总领本部事，后者统领军马。

北面诸帐官　辽朝北面官类名。辽内大部族除迭剌部（后析为五院、六院）外，尚有遥辇九帐、奚王府、乙室部及外戚国舅族等，对这些部族，亦设专门机构管理，统称诸帐官。有遥辇九帐大常衮司，大国舅司、国舅别都、渤海帐司（灭渤海国后所存族帐）、奚王府、乙室王府等。

北面著帐官　辽朝北面官类名。辽宫帐禁卫、近侍及宫内侍候等事，以犯罪籍没者充任，内族、外戚、世官之家因罪籍没者称著帐郎君，其他人犯罪籍没者称著帐户，管理这些人户的机构，统称著帐官，主要为著帐郎君院和著帐户司。

北面属国官　辽朝北面官类名。辽境内，除契丹、奚各部外，尚有许多从属于契丹的部族，大者称属国、小者称部族。属国有大王、于越、左右相等官，部族则有节度使。统称属国官。一般以本族人为之，有时亦用契丹人统领。

北面朝官　辽朝北面官类名。为主持辽北面中央大政的政府机构总称。有契丹枢密院，北、南宰相府，北、南大王院，宣徽北、南院，大于越府，大惕隐司，夷离毕院，大林牙院，敌烈麻都司，文班司，阿札割只。辽朝重北轻南，所以北面朝官诸衙实为总领全国政务的中枢机构。

北面御帐官　辽朝北面官类名。辽掌宫帐宿卫、警戒巡查、供御会朝等官衙统称为御帐官。主要有侍卫司，北、南护卫府及奉宸司、三班院、宿卫司、宿直司、硬寨司、皇太子惕隐司等。

北省　❶南北朝对尚书省的俗称。《资治通鉴·梁武帝大同十年（544）》：“东魏高澄谓崔暹、宋游道曰：‘卿一人处南台，一人处北省，当使天下肃然。’”胡三省注引杜佑曰：“御史台在宫阙西南，故名南台。尚书省在北，故曰北省。”❷唐朝对中书省、门下省的俗称。因其署在宫城之北，故名。

北选　铨选制度。唐朝对岭南、黔中等地，因路途悬远、土风不同，由中央派人主持六品以下官的选拔，称为南选。相对而言，在长安和洛阳的铨选，则为北选，一般指由吏部、兵部主持的文选、武选。金朝设科取士，以南、北之制不同，分南、北二选。北选拟词赋进士擢第一百五十人、经义五十人，嗣场词赋进士七十人，经义三十人。海陵王天德二年（1150）以后并南北选为一。

北宫　周朝王后妃嫔所居宫室。《周礼·天官·内宰》："宪禁令于王之北宫，而纠其守。"孙诒让正义："后六宫在王六寝之后，对南宫言之，谓之北宫。"

北宫卫士令　官名。东汉置，属卫尉，秩六百石。领员吏七十二人，卫士四百七十一人，有丞一人。掌北宫卫士，徼巡宫中。

北宫卫士丞　官名。东汉置，属卫尉，为北宫卫士令副贰。员一人，秩三百石。

北洋大臣　即北洋通商大臣。

北洋水师统领　官名。清末北洋海军长官。光绪七年（1881）置。从一品。掌统领北洋海军。十四年，北洋海军成军，改为北洋水师提督。

北洋通商大臣　官名。简称北洋大臣。清朝同治九年（1870），改三口通商大臣设。加钦差名义，由直隶总督兼。掌直隶、奉天、山东三省通商、交涉、海防及其他洋务。凡津海、东海、山海各关政悉统焉。

北院　❶即北枢密院。❷即北大王院。

北院大王　官名。辽朝置，属北面官。亦称北大王、五院大王。统领五院部军政、民政。原称北院夷离堇，太宗会同元年（938），改称大王。

北院王　西夏诸王位之一。在师位、中书位、枢密位之上。

北院太师　官名。辽朝北大王院官员，在知北院大王事下。

北院太保　官名。辽朝北大王院官员，在北院太师下。

北院司空　官名。辽朝北大王院官员，在北院司徒下。

北院司徒　官名。辽朝北大王院官员，在北院太保下。原称北院梯里已（即惕隐），太宗会同元年（938）改称司徒。

北院夷离堇　官名。辽朝五院部长官。太宗会同元年（938），改称北院大王。

北院林牙　官名。辽朝北枢密院官员。在北院副承旨下，掌北枢密院文翰之事。

北院枢密使　官名。辽朝北枢密院长官，总领契丹及其他部族军、民之政。始置于大同元年（947）。任职者多为勋戚大臣，以契丹人为主，间用汉人。

北院枢密副使　官名。辽朝北枢密院官员，低于知北院枢密院事、知枢密院事。

北院使　宣徽北院使省称。

北院详稳司　官署名。辽朝置，北面官，属北大王院。掌北院部族军马之政令。设详稳、都监、将军、小将军等职。

北院郎君　官名。辽朝置，为北面官。❶亦称北大王帐郎君、北王府郎君，北大王院官员，在北院司空下。❷北枢密院官吏，在北枢密院敞史下。

北院宣徽使　官名。辽朝置，属北面官，又称宣徽北院使。总领宣徽北院事。

北院宣徽副使　官名。辽朝置，属北面官。宣徽北院官员，在知北院宣徽事下。

北院都承旨　官名。辽朝北枢密院官员，在签书北枢密院事下。掌传达皇帝旨意，持诏宣问等事，佐理枢密院日常事务。

北院都统军司　官署名。辽朝置，北面官，属北大王院。掌北院从军之政令。设统军使、副使、都监等职。

北院都部署司　官署名。辽朝置，北面官，属北大王院。掌北院部族军民之事。设都部署、副部署等职。

北院副承旨　官名。辽朝北枢密院官员，为都承旨佐贰官。

北院梯里已　即北院司徒。

北院惕隐　即北院梯里已，太宗会同元年（938）改称北院司徒。

北院掾史　吏名。辽朝北枢密院吏员，在北枢密院通事下。

北班内品　官名。北宋置为宦官，隶入内侍省者转后苑散内品，隶内侍省者转后苑勾当事内品。

北都少尹　官名。唐朝陪都太原副长官。玄宗开元十一年（723）改太原府司马置，二员，从四品下，掌贰府州之事，岁终则更次入计。

北都尹　官名。唐朝陪都太原实际长官。玄宗开元十一年（723）改太原府长史置，一员，从三品，通判府务，巡属县、观民风、理刑狱，牧缺则行其事。

北都牧　官名。唐朝陪都太原名誉长官。玄宗开元十一年（723）并州牧改置，一员，从二品，以亲王为之，实际上常以北都尹领州事。

北都留守　官名。唐朝陪都太原实际长官。玄宗开元十一年（723）置，以太原尹为之。

北盐厅　官署名。清末盐政院所属机构。宣统三年（1911）八月设。掌理奉天、直隶、山东、山西盐务。置厅长一人掌厅事，下设参事二人，一、二、三、四等佥事，一、二、三等录事无定员。十一月裁。

北盐厅厅长　官名。清末盐政院北盐厅长官。宣统三年（1911）八月设，掌北盐厅事。十一月裁。

北部下大夫　官名。北魏前期置，尚书省北部曹次官，佐尚书管理北方州郡事务。《魏书·慕容白曜传》："高宗即位，（白曜）拜北部下大夫。袭爵，迁北部尚书。"四品上。孝文帝太和（477—499）改制废。

北部大人 官名。原为少数民族首领称号，十六国代拓跋什翼犍建国二年（339）沿用此名。《魏书·官氏志》："其诸方杂人来附者，总谓之'乌丸'，各以多少称酋、庶长，分为南北部，复置二部大人以统摄之。时帝弟觚监北部，子实君监南部，分民而治。"北魏初沿置，明元帝泰常二年（417），与天部、地部、东部、西部、南部大人并称六部大人，共同执掌国政，处理日常事务，下设三属官。太武帝复建尚书省，罢。其职掌后并入北部尚书。

北部长 官名。北魏置，尚书省北部曹属官，一说为次官，与下大夫不并置。《魏书·陆俟传》："（陆叡）为北征都督，拜北部长，转尚书。"孝文帝太和（477—499）改制时废。

北部帅 官名。东汉献帝建安（196—220）中曹操置，三国魏沿置。时分入居塞内的南匈奴为左、右、南、北、中五部，各部立其贵者为帅，选汉人为司马以监督之。三国魏末改名北部都尉。一说西晋武帝太康（280—289）中改。见《晋书·北狄传》、《刘元海载记》。

北部主书郎 官名。北魏置，尚书省北部尚书属官，主管北部曹文书往来，多用文学之士。外放可出任郡守，偶有任州刺史者。孝文帝太和（477—499）改制废。

北部司马 官名。❶东汉献帝建安（196—220）中曹操置。时分入居塞内的匈奴为左、右、南、北、中五部，部立其贵者为帅，选汉人为司马以监督之。参见《晋书·北狄传》。❷十六国后燕置。《晋书·冯跋载记》："（冯跋）潜入龙城，匿于北部司马孙护之室。"

北部尚书 官名。北魏道武帝皇始元年（396）置，尚书省北部曹长官。权任很重，略低于南部尚书。文成帝崩时，慕容白曜任此职，与乙浑共秉相政。参见"北部曹"。

北部给事 官名。北魏置，为内廷派驻北部曹的官员，佐理曹务，并负有监察之责。《魏书·尧暄传》："（吕）受恩为侍御中散，典宜官曹，累迁外都曹令，转北部给事，秦州刺史。"从三品上，孝文帝太和（477—499）改制废。

北部给事中 官名。北魏置，为内廷派驻北部曹的官员，负责监察北部曹事务以及巡视北边州郡。地位较北部给事为高。《魏书·杨播传》："（播）擢为中散，累迁给事，领中起部曹。""进北部给事中，诏播巡行北边，高祖亲送及户，戒以军略。"从三品上。孝文帝太和（477—499）改制时废。

北部都尉 官名。❶西晋置，为匈奴"五部都尉"之一。西晋武帝太康（280—289）中，改匈奴北部帅置，统四千余落，居新兴县。太康末，刘渊曾任之。参见《晋书·北狄传》、《刘元海载记》。❷郡国官。较大的郡、国分南、北部，各置都尉一人，统郡国兵，负责地方治安。

北部曹 官署名。北魏置，属尚书省，设北部尚书为长官。管理北边州郡的考课、选举、辞讼等事务，自北方境外归附者亦由其接待。以北部下大夫为次官，属官有北部长（一说亦为次官，与下大夫不并置）、北部主书郎等。派驻曹中的给事中、给事等，除佐理曹务外，还有监察之责。或以他官兼理其事。《魏书·尧暄传》："（暄）除太尉中给事，兼北部曹事。"孝文帝太和（477—499）改制废。

北座 西夏官位。枢密位之一。

北宰相 即北府宰相。

北宰相府 官署名。辽朝置，属北面官，亦称北府。掌佐理军国大政，与南宰相府共理国政。北、南府之称，始于契丹遥辇时，二府为契丹八部的两个集团，北府以迭剌部为核心，包括品部、乌隗部、涅剌部、突吕不部。耶律阿保机登位后，世以国舅族为北府宰相（圣宗以后，也间用汉人）。北府在圣宗时，所辖部族多至三十二个。

北假田官 官署名。西汉政府在北假设置的屯田机构。北假属五原郡，在今内蒙古伊克昭盟境。元帝时罢。

北馆令 官名。南朝梁、陈置，有丞，属太常卿。梁流外三班。

北馆丞 官名。南朝梁、陈置，为北馆令佐官。

北掌客上士 官名。西魏恭帝三年（556）仿《周礼》掌客置，北周沿置。秋官府宾部中大夫属官，员一人，掌北边诸国使臣来朝的接待与安排。下设北掌客中士以佐其职。正三命。隋文帝开皇元年（581）罢。

北掌客中士 官名。西魏、北周秋官府宾部中大夫北掌客上士佐官，正二命。

北道行军都统所 官署名。辽朝为伐西夏而设。兴宗重熙十八年（1049），有北道行军都统耶律敌鲁古。

北衙 即北枢密院。

北衙门 清朝步军统领衙门之俗称。

北新关监督 官名。清朝户关监督之一。顺治二年（1645）设，为北新关之主官。关署位于杭州府仁和县芳林乡。掌理征纳货税、船料及牲畜税。曾先后由两浙盐运使、杭州织造兼充。兼充者同时兼管工部南新关。乾隆五十八年（1793）改归浙江巡抚兼管。

北蓟科 清朝兵部武选清吏司所属之办事机构。额设经承一人。

北鞍库 官署名。清朝内务府武备院之办事机构。康熙三十七年（1698）分鞍库设。掌供奉御用鞍辔、伞盖、幄幕诸事。下设伞房、帐房、鞍板作等。置五品员外郎二人，六品库掌二人，委署六品库掌一人，各种匠役四百八十余人。

北镇抚司 官署名。明朝锦衣卫所属机构。成祖时分原锦衣卫镇抚司为南、北二司，北司专掌诏狱。宪宗成化（1465—1487）间始置北镇抚司印，狱成专达皇帝，不须通过锦衣卫官，锦衣卫官不掌诏狱者亦不得干预其事。

叶尔仓巴　官名。清朝西藏地方政府官员之一。隶于噶伦。掌理粮务之事。前藏设二人，为五品官。后藏设一人，为四品虚衔。

叶护　官名。❶突厥置。是突厥语的音译。为其主要大臣，世袭，无员限。《周书·突厥传》：“（突厥）大官有叶护，次设，次特勤，次俟利发，次吐屯发，及余小官凡二十八等，皆世为之。”❷回鹘置。后回鹘葛勒可汗封唐敦煌郡王李承寀为此职，给四节。

卢龙监　官署名。明成祖永乐五年（1407）始置，初属北京苑马寺，十八年随该寺并入太仆寺。掌蕃养马匹，以备军需。设监正一人，正九品，监副一人，从九品，录事一人。下辖辽阳、龙山、万安、蕃昌四苑，苑设圉长一人，从九品，掌具体牧养之事。

卢沟桥抽分竹木局　官署名。明朝商业税务机构。设于北京卢沟桥，设大使、副使各一人，掌科收竹木柴薪税。

占人　官名。《周礼》春官之属。一说为周朝置。掌视蓍龟兆卦而预言吉凶。《周礼·春官》：“占人，中士八人，下士十有六人，府二人，史二人，胥四人，徒四十人”，“掌占龟，以八筮占八颂，以八卦占筮之八故，以视吉凶。凡卜筮，君占体，大夫占色，史占墨，卜人占坼。凡卜筮，既事，则系币以比其命。岁终，则计其占之中否”。

占梦　官名。掌占验梦的吉凶。《周礼·春官》：“占梦，中士二人，史二人，徒四人”，“掌其岁时，观天地之会，辨阴阳之气，以日月星辰占六梦之吉凶。一曰正梦，二曰恶梦，三曰思梦，四曰寤梦，五曰喜梦，六曰惧梦。季冬聘王梦，献吉梦于王，王拜而受之。乃舍萌于四方，以赠恶梦。遂令始难，区攴疫”。

卡伦侍卫　官名。清朝侍卫处侍卫奉命于卡伦（蒙古地区之哨卡）戍守任事者。定制，乌里雅苏台九人，科布多二人。凡派往者皆有赏。任事三年，任满准由该处将军、大臣酌保。

号头官　官名。明朝京营置。永乐二十二年（1424）京军三大营各于提督内臣、武臣之下设掌号头官二人。由兵部于都指挥、指挥内推选。嘉靖二十九年（1550）于三大营分设大号头官一人，由兵部推选；监枪号头官一人，由营内推选。

号军　明朝科举考试中负责看守考场的兵士。因诸生在考场内之席舍称为号房，故称看守者为号军。主要防止考生作弊。清朝亦设号军，但职同杂役。

号纸　文书名。明清土官之任职凭证。凡新封授、承袭之土官，均由吏部或兵部颂发，上书土官之官职、世系及袭职年月。新袭职之土官在领取新号纸之前，应缴回原号纸。

号房　❶明朝国子监及地方学宫所设之诸生居住房舍，以千字文编号，故有此称。❷明清科举中乡试、会试于贡院举行，入闱士子各居一席舍答卷，所用席舍称号房。光绪（1875—1908）末叶废科举，此制遂不用。

只哈赤　蒙古语，意为渔人。指蒙、元宫廷、投下捕鱼人户及掌管渔务官员。

只哈赤八剌哈孙达鲁花赤　官名。元世祖至元十三年（1276）设，掌管上都东凉亭行宫（蒙古名为只哈赤八剌哈孙，意为渔者之城）。仁宗延祐二年（1315），改为尚供总管府。

出　官制用语。汉朝指官吏由中央外调地方任职，常含贬降之意。晋朝沿用，指内侍、内朝或京官调为外朝或地方官。后世亦称。

出入局　官署名。北齐置，设丞。属太仆寺。

出入局丞　官名。北齐置，掌出入局。

出入使人　官名。又称逆出使人。西周置，掌传达王命。《卫鼎铭》：“用飨王出入使人众多朋友。”

出身　官制用语。❶指出任做官。旧以当官为委身事君，故以出身代指做官。《三国志·杜畿传》注引荀绰《兖州记》：“（杜柯）时幼小，不能让。及长悔恨，遂幅巾而居，后虽出身，未尝释。”《魏书·房亮传》：“时边州刺史例得一子出身，亮不言其子而启弟子超为奉朝请。”❷指官员获得官职前的身份以及入仕的途径或资格。唐朝科举考试中的常举，分为进士、明经、明法等诸科，凡考中各科的人即获得出身，也就是获得了做官的资格，但须再经吏部考试方可授官。制举应考者，成绩列上等即可授官，其次亦给与出身。宋朝科举取士之制分五等，一、二等曰及第，三等曰出身，四、五等曰同出身。各科举人殿试合格，由朝廷赐及第、出身、同出身，即成为有出身人。其他诸科举人和太学上舍生合格者，赐本科和上舍出身或同出身。凡文才出众，不经殿试，亦可赐进士出身或同进士出身。有出身人在注官和升转时，比无出身人（主要为荫补入仕者）受优待。明、清殿试中式者分三甲，称进士及第、进士出身、同进士出身，统称进士出身。另，以乡试中式后资格选入为官者称举人出身。清制：官员出身分为：进士、举人、贡生、监生、荫生、生员、官学生、吏等。无出身者，满洲、蒙古、汉军称闲散，汉称俊秀。凡经科举中式及由贡生、荫生入仕者均称正途，以其他身份或经捐纳、议叙获官者均称异途，亦曰杂途。异途出身者经保举，亦同正途，但不得考选科、道官。非科甲正途，不得为翰、詹及吏、礼二部官，然旗员不拘此例。

出纳使　使职名。唐玄宗为控制司农寺、太府寺府库钱、帛、谷、物而置，开元二十六年（738）侍御史杨慎矜充太府出纳使，天宝二年（743）殿中侍御史张瑄充太府出纳使，天宝四载（745）殿中侍御史杨钊充司农出纳钱物使，六载杨慎矜改户部侍郎、充两京含嘉仓出纳使，旋由杨钊替充两京含嘉仓出纳使，肃宗乾元元年（758）度支郎中第五琦充两京司农、太府出纳使。

出使大臣 官名。全称钦命出使大臣。清末派驻外国的高级官员。光绪元年（1875）设。初由总理各国事务衙门所辖，二十七年，改归外务部。三十三年始定三等制：头等，秩一品；二等，秩二品；三等，秩三品。其职掌为向所驻国递交国书；管理出洋游历事务；保护工商贸易；遇有重大事件则受以交涉全权；管理辖下领事及所属使馆人员的任免、奖惩、经费等。

出使义国大臣 官名。清朝光绪七年（1881）设。驻德大臣兼。正二品。十三年，改驻英大臣兼。二十八年，始设专驻义国（意大利）大臣。辖二等参赞官一人，二等通译官一人，一等、二等书记各一人。

出使比国大臣 官名。清朝光绪十一年（1885）设。正二品。初由出使德、法、英等国大臣兼。二十八年，始专设出使比国（比利时）大臣。辖二等参赞、二等通译、一等书记、二等书记各一人。

出使日本国大臣 官名。清朝光绪二年（1876）设。正二品。辖副使一人，二等、三等参赞各一人，二等、三等通译官各一人，一等、二等书记官各一人，商务委员一人。四年，设神户大阪正理事一员，长崎正理事一员，横滨、筑地正理事一员。八年，裁副使。十三年，设大阪副理事、筑地副理事、箱馆理事各一员。

出使各国考察政治大臣 官名。清末临时派往各国考察宪政之高级官员。光绪三十一年（1905）始置，初为五人。三十三年后续置。无定额，特简。多为从一品、正二品官员。掌分赴东西洋各国考求一切政治，提出报告与建议，以供采择。

出使英国大臣 官名。清朝光绪元年（1875）始设。正二品。初兼驻法、俄、义、比等国大臣。二十八年，始为专使英国大臣。辖二等、三等参赞各一人，二等、三等通译官各一人，一等、二等书记官各一人，商务委员一人，以及驻新加坡、南非洲、澳洲、加拿大总领事，驻纽丝纶、仰光领事等。

出使法国大臣 官名。清朝光绪四年（1878）设。由出使英国大臣兼。正二品。十年，驻德兼。十三年，复归英兼。二十一年，始专设出使法国大臣。二十九年，兼西班牙。辖二等、三等参赞，一等、二等书记官，二等、三等通译官以及商务委员各一人。

出使俄国大臣 官名。清朝光绪四年（1878）设。正二品。六年，驻英大臣兼。十三年，驻俄兼德、奥、荷。二十二年后，不兼德、荷、奥。宣统三年（1911），兼瑞典。辖二等、三等参赞各一人，二等、三等通译官各一人，一等、二等书记官各一人，商务委员一人，海参崴交涉商务委员等。

出使美国大臣 官名。清朝光绪元年（1875）设驻美国、日斯巴尼亚（西班牙）、秘鲁国大臣一人，副使一人，正二品。二十九年，不兼日斯巴尼亚，改兼墨西哥。三十三年，又兼古巴，为出使美、秘、墨、古四国大臣。辖二等、三等参赞各一人，二等、三等通译官各一人，一等、二等书记官各一人，商务委员一人，以及秘鲁、墨西哥、古巴分馆，金山、小吕宋、巴拿马总领事，纽约、檀香山领事等。

出使荷国大臣 官名。清朝光绪七年（1881）设。驻德使臣兼。正二品。十三年，改驻俄兼。二十三年，复旧。三十一年，始专设出使大臣兼办保和公会事宜。辖爪哇总领事、泗水、苏门答腊领事各一员，参赞官、通译官、书记官等。

出使朝鲜国大臣 官名。清朝光绪二十四年（1898）设。正三品。三十二年裁。改设驻汉城总领事。三十三年，设元山领事。宣统三年（1911）设新义州领事。

出使奥国大臣 官名。清朝光绪七年（1881）设。出使德国大臣兼。正二品。十三年，改驻俄大臣兼。二十八年，始专设出使奥国（奥匈帝国）大臣。辖二等参赞、二等通译、一等书记、二等书记各一人。

出使德国大臣 官名。清朝光绪三年（1877）设。正二品。七年后，兼驻义、奥、荷、法、比等国大臣。十三年，改驻俄大臣兼。二十二年，复专设出使德国大臣。辖二等、三等参赞各一人，二等、三等通译官各一人，一等、二等书记官各一人，商务委员一人。

出官 官制用语。宋朝守选人、荫补得官人及吏人等初次注授差遣，称出官。守选人、荫补得官人年满二十五（后改二十岁），经铨试或呈试合格，方许赴吏部注授差遣。如铨试不中，年满四十；呈试不中，年满三十，亦许出官。在京诸司吏人，理不同选限可出为主簿、县尉、奉职、借职等官。

出缺 清朝吏部之铨选制度。凡内外官因升迁、调转、降革、病故、守制、休致或告假等因而离开原任官缺，以待另选他人充补者，谓之出缺。

出家功德司 官署名。西夏管理佛教事务的三功德司之一。掌管度僧出家。与住家功德司共有六国师为正使，有言过处六、承旨六。

出宰 官制用语。由京官外调任地方长官之谓。《后汉书·明帝纪》，永平十八年诏："郎官上应列宿，出宰百官，有非其人，则民受其殃。"

出职 宋朝吏人出官别称。

出常调 官制用语。宋朝在常调次序以外注授差遣窠阙，称出常调。如知州军有劳绩，得高级官员举荐，可特升转运使、转运副使、转运判官或提点刑狱、开封府判官。

出蜡局 官署名。元世祖至元十二年（1275）设，隶诸色人匠总管府。仁宗延祐三年（1316），升为提举司。

出蜡局提举司 官署名。元朝仁宗延祐三年（1316）由出蜡局改置，秩从五品，隶工部诸色人匠总管府，掌出蜡铸造工匠。置提举、同提举、副提举各一员。

出蜜万户 官名。元朝乌思藏十三万户之一，隶乌思藏宣慰司，治所在今西藏日喀则县曲弥地方。

业全　西夏官位。西夏语音“尼责我”，中书位之一。

且渠　匈奴官名。秦汉时匈奴自左右贤王以下分二十四部，部各置官属。且渠与日逐、当户等诸官号各以权力优劣、部众多寡为高下次第。

田　❶官名。殷朝始置，周朝沿置。主农业生产。《殷虚书契乙编》第七七四六片：“在攸田武其来告。”《公姞鬲铭》：“公姞命叉司田。”《礼记·月令》：“王命布农事，命田舍东郊，皆修封疆，审端经术。”郑玄注：“田，谓田畯，主农事之官也。”❷爵名，同甸。（1）殷朝外服诸侯爵名。《大盂鼎铭》：“惟殷边侯田雩殷正百辟率肆（?）于酒。”（2）周朝五等爵名之一。《令方彝铭》：“诸侯：侯、田、男。”❸封赏及官禄单位名。《国语·晋语四》：“士食田。”

田人　官名。同甸人。西周置。主藉田。参见“甸人”。

田仆　官名。《周礼》夏官之属。掌驭君王用车。《周礼·夏官》：“田仆，上士十有二人”，“掌驭田路，以田以鄙，掌佐车之政，设驱逆之车。令获者植旌，及献比禽。凡田，王提马而走，诸侯晋，大夫驰”。

田正　❶官名。古代农官之长。即稷。《左传·昭公二十九年》：“后土为社；稷，田正也。有烈山氏之子曰柱为稷，自夏以上祀之。周弃亦为稷，自商以来祀之。”杜预注：“弃，周之始祖，能播百谷，汤既胜夏，废柱而以弃代之。”❷唐朝诸州属官。唐中宗景龙三年（709）置司由参军一员，殇帝唐隆元年（710）废，肃宗上元二年（761）又置，并置田正三人。❸官署名。西魏、北周置。属秋官府。掌管田猎事务。以田正下大夫为长官，下设小田正上士，辖掌犬中士、司迹中士、弋禽中士、捕兽中士、掌皮中士、弭妖中士、剪蠹中士、庶蠹中士等。

田正下大夫　官名。西魏恭帝三年（556）置，北周沿置。秋官府田正司长官，掌田猎方面的事务，下设小田正上士以佐其职，领掌犬中士、司迹中士、弋禽中士、捕兽中士、掌皮中士、弭妖中士、剪蠹中士、庶蠹中士等官属。正四命。隋文帝开皇元年（581）罢。

田右上士　官名。西魏恭帝三年（556）置，北周沿置。夏官府司右中大夫属官，正三命。隋文帝开皇元年（581）罢。

田禾将军　将军名号。新莽置，屯田北边。《后汉书·赵孝传》：“父普，王莽时为田禾将军。”

田驭上士　官名。西魏恭帝三年（556）仿《周礼》田仆置，北周沿置。夏官府大驭中大夫属官，正三命。隋文帝开皇元年（581）罢。参见“田仆”。

田戎　官名。同“田人”。西周时期散国置。掌藉田。《散氏盘铭》：“散人小子眉，田戎微父。”

田地公　官名。高昌国置。位在令尹之下，与交河公皆由王子出任。除国政大事由高昌王决定外，其余事务则由世子与交河公及本官随状断决。

田师　官名。战国置。主管农事耕稼之官。《荀子·解蔽》：“农精于田而不可以为田师，贾精于市而不可以为市师，工精于器而不可以为器师。有人也，不能此三技而可使治三官，曰精于道者也。”

田官　❶官名。西汉于北假（今内蒙河套以北、阴山以南夹山带河地区）置，主该地屯田事宜。❷东汉末及三国魏时，作为典农中郎将、典农校尉、典农都尉等管理屯田事务官员的泛称。

田部吏　官名。战国赵置。掌收田赋租税的官员。《史记·廉颇蔺相如列传》：“赵奢者，赵之田部吏也。收租税而平原君家不肯出租，奢以法治之，夺平原君用事者九人。”

田曹　❶官署名，掌农政。（1）西晋置，为尚书省六曹之一。参见“田曹尚书”。（2）王府、公府、将军府僚属诸曹之一。西晋杨骏太傅府始置，其后相国府、丞相府等均置，以掾、属领之。西晋末改以参军主曹事。东晋、南朝宋同。南朝齐、梁、陈、北齐王府、公府、将军府置，以行参军主之。北魏诸王、公府及位从公开府、北周都督中外军事府、大丞相府置，长官为参军事。隋朝王府置，长官为行参军，高祖开皇三年（583）改司田，长官改司田行参军。唐朝初年王府置，掌公廨、职田、弋猎，太宗贞观（627—649）年间废。都督府亦置，长官为参军事。（3）州郡府僚属诸曹之一。汉朝郡县置。北魏一度置。北齐诸州、京畿诸郡县置。长官为掾。唐朝中宗景龙三年（709）三都、诸州置，次年省，肃宗上元二年（761）复置，掌园宅、口分、永业及荫田，长官为司田参军事。❷官名。麹氏高昌国诸城置。❸户部屯田司郎官俗称。

田曹行参军　官名，田曹长官。南朝齐王、公、督府置，掌田曹事。梁、陈、北齐同。梁自三班至流外五班，陈自八品至九品，北齐自七品上至八品上。隋朝亲王府置，从七品，高祖开皇三年（583）改司田行参军，炀帝大业三年（607）改司田行书佐。

田曹尚书　官名。掌农政。西晋初于尚书省置六曹尚书，有屯田尚书，武帝太康（280—289）中改此名。三品。

田曹参军　官名。田曹长官。西晋末司马睿丞相府始置，东晋、南朝宋沿置。南朝宋七品。常为田曹行参军或田曹参军事省称。

田曹参军事　官名。田曹长官。北魏王府、公府、将军府置，诸州一度置，从六品上至从八品。北周置于大丞相府、都督中外诸军事府。唐朝都督府置，员一至二人，正七品下至从七品下。中宗景龙三年（709）地方诸府析户曹置，掌园宅农田，劝课农桑。

田啬夫　官名。战国秦置。县啬夫属官。掌县内农事。《睡虎地秦墓竹简·田律》：“百姓居田舍者毋敢醢（酤）酉（酒），田啬夫、部佐谨禁御之，有不从令者有罪。”又《厩苑律》：“以四月、七月、十月、正月肤田牛。卒岁，以正月大课之，最，赐田啬夫壶酉（酒）束脯。”参见“啬夫”。

田赋司 官署名。清末度支部所属机构。光绪三十二年（1906）设。掌各省地丁正耗完欠，奏销新增地丁随粮各捐，规复征额差徭，筹议垦务，清丈田亩，改正地租升科定则并稽核内务府、旗庄田地亩等事宜。置郎中三人，员外郎六人，主事三人。

田赋司郎中 官名。清末度支部田赋司主官。光绪三十二年（1906）设。三人，正五品，奏补。掌总核本司所属事宜。

田畯 官名。周朝置。掌土地耕作等农事的长官。《诗经·豳风·七月》：“馌彼南亩，田畯至喜。”毛亨传：“田畯，田大夫也。”

田禄 西周及春秋战国时采田俸禄。《礼记·曲礼下》：“无田禄者，不设祭器。有田禄者，先为祭服。”

由基司马 官名。晋朝置，左、右卫将军所属三部司马之一，领禁军，下设督史。

申文 文书名。上行文。始于宋，时称申状。元、明因之。清改称申文，凡州县杂职上行州县，州县上行府厅，府厅上行司道，司道上行督抚皆用之。

申状 官府文书名。宋朝内外官署呈文于中书、尚书省、三司；御史台呈文于中书、枢密院；在外官员呈文于所统摄官署，如三省、枢密院或省、台、寺、监及本路察访官，皆用申状。

申田 官名。春秋战国时齐置。主农业生产。《管子·立政》：“相高下，视肥垸，观地宜，明治期前后，农夫以时均修焉；使五谷桑麻，皆安其处，申田之事也。”

申明亭 乡里断事场所。明太祖洪武五年（1372）命地方里邑置。凡十恶、奸盗、诈伪、干犯名义、有伤风化及犯赃至徒者，书其名于申明亭，以示劝戒。里老人、里长于此理断乡里民事纠纷及轻微刑事案件。

甲 户口编制单位。自宋朝以后，地方一直推行里甲及保甲制。里设里长，保设保长，甲设甲长。每甲所辖户数历代不等，有十户、数十户，亦有百户者。清初以十户为一甲，置甲长。至雍正四年（1726）定制，十牌（百户）为一甲，立甲长一人。

甲长 ❶参见“甲”。❷南宋乡兵基层领兵官。高宗建炎元年（1127），诸路州军置忠义巡社，隶宣抚司。后募乡民为之，每十人为一甲，设甲长一人领之。

甲本 见“甲琫”。

甲头 宋朝乡役名。又称甲首、催头。神宗熙宁七年（1074）置，由保丁轮流充任，代户长催税。元丰八年（1085）罢。哲宗绍圣元年（1094）复置。

甲次 官制用语。宋朝选人经磨勘获准改官，以数名编为一甲，按各甲顺序，定期引见，其次序称为甲次。

甲匠提举司 官署名。元朝置于大都、通州、蓟州等地，掌制作盔甲，隶武备寺。秩正五品、正六品。置达鲁花赤、提举、同提举、副提举各一员。

甲字库 官署名。明朝置，隶户部。设大使一人，正九品，副使一人，从九品。掌收存各布政司、应天府及南直隶各府州解到绵布、银朱及各种药材、染料等物。

甲坊令 官名。唐朝军器监甲坊署长官，置一员，正八品下。掌出纳甲胄、杂作及工匠等。

甲坊丞 官名。唐朝军器监甲坊署次官，置一人。正九品下。

甲坊署 官署名。唐太宗贞观六年（632）改甲铠署置，或隶军器监，或隶少府监，玄宗开元三年（715）始定隶军器监；置令一员、丞一员，掌出纳甲胄、绠绳、筋角、杂作及工匠；另有监作、典事等。金朝亦置，属军器监。掌修治甲胄。置令、丞、直长理署事。章宗泰和四年（1204）罢，并入军器署。

甲坊署令 官名。即甲坊令。

甲坊署丞 官名。即甲坊丞。

甲库 官署名。❶掌储奏钞档案之机构。唐朝置，门下省、吏部、兵部等机构内设有。以令史直曹，门下省十三人，吏部十三人，兵部十二人。五代沿置。宋朝于吏部置，掌受纳制敕及宣黄之甲，出给签符、优牒，并掌选人废置改名。又，高宗时设御前甲库，负责向皇帝提供有关官府不能供应的图画、酒等杂物。❷掌储兵器之机构。北周庾信《庾子山集》卷一五《周大将军怀德公吴明彻墓志铭》：“长沙楚铁，更入兵栏；洞浦藏犀，还辅甲库。”清朝置，为内务府武备院所辖四库之一。康熙十五年（1676）始设，掌督造及收藏盔甲、刀仗、旗纛、器械，供皇帝出巡、阅兵之用。设员外郎二人掌库事，另设库掌二人、委署库掌一人，协掌库事。下设鋑作、穿甲处。

甲库官 官名。唐朝置，又称库官。德宗建中二年（781），于尚书省、门下省、中书省甲库各设一人。掌保管、检勘甲库文件。满四年，量资授官。

甲局 官署名。元朝置，隶武备寺军器人匠提举司，秩从七品，掌制作盔甲。置院长或头目一员。

甲科 选官考试之等级。始于汉武帝，时设五经博士，置弟子员，岁末考试，以成绩定为甲、乙、丙三科。平帝时，岁课甲科四十人为郎中。依选拔方法不同，又有射策甲科、明经甲科之别，皆得为郎。东汉沿之。顺帝时又增十人。唐朝明经科分甲、乙、丙、丁，进士科分甲、乙。宋朝指进士高科，其中包括礼部试前十名，别试、国子、开封解试及武举第一名，经明行修进士，应特奏而预正奏者。明清指经过殿试取录的一、二、三甲进士，而以举人为乙科。

甲铠署 官署名。唐初掌甲胄之官署，太宗贞观六年（632）改为甲坊署。

甲琫 官名。亦称甲本。清朝西藏地方武官之一。

隶于戴琫，分掌各城典兵之事。设六品官二十四人。每人辖定琫五人。遇有缺出由定琫升补。

甲喇　清朝八旗之组织单位，五牛录为一甲喇。又作札兰。札兰意为队。参见“牛录”、“甲喇额真”。

甲喇章京　满语官名。又作札兰章京、扎兰章京。原称甲喇额真，后金天聪八年（1634）改称甲喇章京。清顺治八年（1651），定汉名为“参领”。秩正三品。

甲喇额真　满语官名。又作札兰额真、扎兰厄真、扎拦额真。意为一队之主。清太祖努尔哈赤于明万历四十三年（1615）在原来牛录组织的基础上编立八旗，以五牛录为一甲喇，五甲喇为一固山（即一旗）。每甲喇设甲喇额真一人统领。后金天聪八年（1634），改称甲喇章京。清顺治八年（1651），定汉名为参领。秩正三品。

电报处　官署名。清末总理各国事务衙门所属之机构。光绪十年（1884）设。掌翻译电报。光绪二十七年，并入外务部。

电政司　官署名。清末邮传部所属机构。光绪三十三年（1907）设。掌全国电政，凡官商电报局则例、线路规章、万国电政联盟条款，以及城市电话、电灯各事皆属之。置郎中二人，员外郎三人，主事六人。

电政司郎中　官名。清末邮传部电政司主官。光绪三十三年（1907）设。二人，正五品，奏补。掌管本司事务。

电政总局　官署名。清末邮传部直属机构。光绪三十二年（1906）设。掌经营电报、电话事务。置督办、襄办各一人，下设总务、会计、考工、稽核、电话五科。

电威将军　官名。南朝梁置，武帝天监七年（508）定为武职二十四班中的十一班，大通三年（529）定制后为武职三十四班中的十二班，南朝陈沿置，拟七品，比秩六百石。

电耀将军　官名。南朝梁置。武帝天监七年（508）定为武职二十四班中的十三班，与宁远将军等同班，代旧宁朔将军。普通六年（525）刊正将军名号，罢。

四十一道按察分司　官署合称。明太祖洪武二十九年（1396）将全国按察分司分为四十一道。计有直隶（今江苏、安徽）六道，湖广（今湖南、湖北）四道，陕西五道，四川、山东、山西、江西、广东、广西各三道，浙江、北平、河南、福建各二道。各省按察副使、佥事分道任事，以时巡察，称分巡道。其后建置多变，至明末，除特设之兵备道外，已增至六十九道，按察副使、佥事常驻于各道，其固定驻所渐成为地方行政官署。延至清朝，遂有专设道员之制。

四大贝勒　清太祖努尔哈赤封其子侄八人为和硕贝勒，分掌八旗。其中次子代善、侄阿敏、五子莽古尔泰、八子皇太极列前四位，势力最强，被称为四大贝勒。皇太极即位之初，四大贝勒按月分值，轮流执政；群臣朝贺则同坐受之。天聪三年（1629）废此制度，改以诸贝勒代之。后又削去阿敏、莽古尔泰二人大贝勒爵位。继之幽禁阿敏，处罚莽古尔泰，至六年正月，正式废除四大贝勒并坐旧制，而代之以皇太极一人南面独坐。

四大都护　官名合称。即唐朝所置安东、安西、安南、安北四大都护府都护。五代后唐以此为定额，仍以安东大都护为首，其安南、安西、安北三大都护次之。详见各条。

四川司　官署名。即四川清吏司。

四川司员外郎　官名。即四川清吏司员外郎。

四川司郎中　官名。即四川清吏司郎中。

四川行省　见“四川等处行中书省”。

四川茶盐都转运司　官署名。明太祖洪武五年（1372）始置，设都转运使、同知、副使、判官等员，掌四川茶、盐事务。十年罢。

四川科　清朝兵部武选清吏司所属之办事机构。额设经承一人。

四川盐课提举司　官署名。明朝初年置，掌四川食盐生产、税课、行销之政。设提举一人，从五品，同提举一人，从六品，副提举无定员，从七品，及各井盐课司、各盐仓大使、副使等职。

四川部　官署名。❶明朝户部十二属部之一。洪武二十三年（1390）改原民部、度支部、金部、仓部四属部为十二属部，分别以十二布政司为名。四川部设郎中、员外郎各一人，主事二人，领四川布政司户口、钱粮等事，并兼领云南布政司户口、钱粮。下设四科：民科、度支科、金科、仓科。并置照磨、检校各一人，掌管文书出入等事。二十九年，改为四川清吏司。❷明朝刑部十二属部之一。洪武二十三年，改原宪部、比部、都官部、司门部四属部为十二属部，分别以十二布政司为名，设官同户部，领四川布政司及部分在京衙门卫所刑名之事，二十九年，改为四川清吏司。

四川清吏司　官署名。简称四川司。❶明清户部诸司之一。掌理四川省钱粮收支数目。明洪武二十九年（1396）改四川部置，设郎中、员外郎、主事等官。分置民科、度支科、金科、仓科等四科治事。兼掌在京神策等十一卫及南直隶所辖各卫所等处之俸饷及应天府、南直隶池州等处之贡赋。洪熙元年（1425）南京户部亦置，设官略同。清顺治元年（1644）沿置。设郎中、员外郎、主事及笔帖式、经承若干人。分置民科、支科、金科、仓科、火房等机构办事。兼掌各地麦禾收成分数及稽核草场出纳、纸朱奏销、入官之款。光绪三十二年（1906）裁。❷明清刑部诸司之一。掌理四川省刑名之事。明洪武二十九年（1396）改四川部置。设郎中、员外郎、主事等官。兼理蜀府、工部、工科，巾帽、织染二局，在京府军等八卫及神木千户所等处刑名之事。

洪熙元年（1425）南京刑部亦置，设官略同。清顺治元年（1644）沿置。设郎中、员外郎、主事及经承若干人。兼掌收办工科、四川道御史、成都将军等处之文移，并管刑具。光绪三十二年（1906）裁。

四川清吏司员外郎 官名。简称四川司员外郎。❶明清户部四川清吏司之副长官。佐郎中掌司事。明洪武二十九年（1396）改四川部员外郎设，一人，从五品。清顺治元年（1644）沿设，汉员外郎一人。满洲司官初不分曹，随长官所派。后增至三人，满洲二人，汉一人。光绪三十二年（1906）裁。❷明清刑部四川清吏司之副长官。佐郎中掌司事。明洪武二十九年（1396）改四川部员外郎设，为从五品。清顺治元年（1644）沿设，汉员外郎一人。满洲司官初不分曹，随长官所派。后定制满、汉各一人。光绪三十二年（1906）裁。

四川清吏司郎中 官名。简称四川司郎中。❶明清户部四川清吏司之主官。掌司事。明洪武二十九年（1396）改四川部郎中设，一人。南京户部四川清吏司亦设一人，皆正五品。清顺治元年（1644）沿设，汉郎中一人。满洲司官初不分曹，随长官所派。后定制满、汉各一人。光绪三十二年（1906）裁。❷明清刑部四川清吏司之主官。掌司事。明洪武二十九年（1396）改四川部郎中设，一人。南京刑部四川清吏司亦设一人，皆正五品。清顺治元年（1644）沿设，汉郎中一人。满洲司官初不分曹，随长官所派。后定制满、汉各一人。光绪三十二年（1906）裁。

四川等处行中书省 官署名。元世祖至元三年（1266）十二月，由四川行枢密院改置，简称“四川行省”。置签省官员。十年四月罢，十五年复置，次年又罢。十八年，陕西四川行省分省成都，称四川行省或西川行省。二十三年，正式分置四川等处行中书省，秩从一品，省治成都（至元二十五年至二十七年曾迁治重庆）。领九路、三府军民政务，辖境包括今四川省大部及湖南、陕西部分地区。置丞相一员，平章二员，右丞、左丞各一员，参知政事二员。

四川道 官署名。明清都察院所属诸道之一。明洪武十五年（1382）置。设监察御史七人。南京都察院亦置，设监察御史二人。在本道之外协管工部，文思院，都知等监，兵仗、鞍辔、抽分竹木各局，僧、道录司，在京府军等五卫，蕃牧千户所，及直隶松江府、天全六番招讨司等处。清顺治元年（1644）沿置。初为坐道，由掌江南道兼理。乾隆十四年（1749）设掌印监察御史满、汉各一人；属官有笔帖式、经承等。负责稽核四川刑名并稽察銮仪卫事务。

四川道监察御史 官名。明清都察院所属四川道之职官。掌道事。明洪武十五年（1382）设。三至五人，后增至七人。洪熙元年（1425）南京都察院亦设二人。正七品。清顺治元年（1644）沿设。乾隆十四年（1749），设掌印御史满、汉各一人。先是定为坐道，乃空衔，不理本道之事，至是则以职事分隶之。十七年俱定为从五品官。

四门小学 国立学校名。北魏孝文帝太和二十年（496）置四门小学博士，宣武帝正始四年（507）下诏修小学于四门，延昌二年（513）修成。有博士四十人，教授学生。

四门小学博士 官名。北魏孝文帝太和二十年（496）置，员四十人，亦称“四门博士”。二十三年定为九品上。以教授四门小学学生五经文字为主，参预礼仪的议定和秘书省所藏书籍的整理，或被遣检试诸郡学生学业。北齐称“四门学博士”。

四门助教 官名。北齐始置，协助四门博士教授四门学生，员二十人。隋初沿置，员五人，从九品，文帝开皇十三年（593）罢。唐国子监四门馆置三至六人，从八品上，职掌如故。

四门直讲 官名。国子监四门学置，唐朝有四员，掌佐博士、助教之职。

四门学 国立学校名。北齐改四门小学置，隶国子寺，设博士、助教各二十员，教授学生五经文字。隋朝沿置，博士、助教各五员，文帝开皇十三年（593）罢。唐朝国子监置，亦称“四门馆”。

四门学生 ❶北齐国立学校生员，从四门学博士、助教学习五经文字，员三百人。❷隋初国子寺四门学亦置，员三百六十人，为视从九品官，文帝开皇十三年（593）罢。唐朝国子监四门馆复置，员三百至五百人，东都五十人，选七品以上及侯、伯、子、男之子或庶人子为之。

四门学助教 即四门助教。

四门学学生 即四门学生。

四门学博士 即四门博士。

四门馆 国立学校名。唐朝国子监置，设博士、助教、直讲，掌教七品以上及侯、伯、子、男之子为生者、庶人子为俊士生者，另有典学等属员；通四经业成，上于尚书省吏部，试登第者，加阶放选。

四门馆助教 见“四门助教”。

四门馆直讲 见“四门直讲”。

四门馆博士 见“四门博士”。

四门博士 官名。北魏孝文帝太和二十年（496）始置，员四十人，九品上，掌四门学教授之事，参议朝廷礼仪，检试诸郡学生成绩，兼整理秘书省典籍。北齐沿置，员二十人，正九品上，隶国子寺。隋初沿置，员五人，从八品上，文帝开皇十三年（593）罢。唐国子监四门馆置三至六人，正七品上，掌教文武七品以上及侯、伯、子、男之子为生者、庶人子为俊士生者。后废。宋仁宗庆历三年（1043）复置四门学，设博士，四年又废。

四友 新莽始建国元年（后9）置。王莽为太子置师、友各四人，秩以大夫。以故尚书令唐林为胥附，博士李充为奔走，谏大夫赵襄为先后，中郎将廉丹为御侮，是为四友。

四中　南朝梁、陈中军、中卫、中抚、中权将军的合称。

四中郎将　即东、西、南、北中郎将的合称。详见各条。

四氏学学录　官名。又称四氏（孔、颜、曾、孟）学录。明清衍圣公所属四氏学之属官。协掌训课四氏生徒。例由孔氏生员内选用。清制，初由衍圣公咨部题补，后改由山东巡抚验看，送部题请补授。历俸六年后可升补四氏学教授。

四氏学教授　官名。又称四氏（孔、颜、曾、孟）教授。明清衍圣公所属四氏学之长官。额设一人，正七品。掌训课四氏生徒。例由孔子后裔中选用。

四方使者　官名合称。即隋炀帝大业（605—617）初所置东夷、南蛮、西戎、北狄四方使者，各一人，掌其方国及互市事；每使者皆置署。

四方使者署　官署名合称。隋炀帝大业（605—618）初置，为东夷、南蛮、西戎、北狄四方使者署，掌四方方国及互市事，各置使者一人及典护、录事、叙职、叙仪、监府、监置、互市监、监副、参军各一人；录事主纲纪，叙职掌其贵贱立功合叙者，叙仪掌小大次序，监府掌其贡献财货，监置掌安置其驼马船车，并纠察非违，互市监及副掌互市，参军掌出入交易。

四方馆　官署名。隋炀帝始置于东都洛阳建国门外，以待四方使者，后罢，有事则置，隶鸿胪寺，据事务繁简临时损益，东夷、南蛮、西戎、北狄各置使者一人，掌其方国互市事。唐初复置，以通事舍人主之，属中书省，凡四方进表，华夷纳贡，皆受而进之。宋初，掌通事舍人分番供奉宣赞之名籍，及文武官正衙朝见谢辞、国忌赐香、诸道月旦正至章表，郊祀朝会蕃官、贡举人、进奉使、京官、致仕官、道释、耆老陪位之事，以检校官判馆事。太宗淳化四年（993），置使领其事。其后使阙，则以客省、引进、閤门使副兼掌。神宗元丰（1078—1085）改制，复以使领其事。徽宗政和二年（1112），改横行官名，设知四方馆事为长官。南宋初一度并归閤门，后复置。辽朝置，属客省。设使领之。金朝属尚书省兵部，主管诸路驿舍驿马及陈设器皿等事，置使、副使领馆事。

四方馆使　官名。北宋初以检校官判四方馆，太宗淳化四年（993）置使，掌馆事。后多不领本职，仅为武臣阶官，属横班诸司使。神宗元丰（1078—1085）改制复置二员，使领本职，正六品。徽宗政和二年（1112）重定武阶官名，改拱卫大夫，复为横行阶官，另置知四方馆事领其职。辽、金皆置为四方馆长官。金为正五品，掌诸路驿舍驿马及陈设器皿等事。

四方馆使者　官名合称。隋炀帝时胪鸿寺置，分掌东、南、西、北四方诸国及互市等事，各一人。每使者署，典护录事、叙职、叙仪、监府、监置、互市监及副、参军各一人。后量事繁简，临时损益。

四方献言详定使司　官署名。元顺帝至正十七年（1357）设，秩正三品。掌考四方陈言，择善上达于皇帝。置详定使、副使、掌书记各二员，由中书官提调。

四平将军　平东、平南、平西、平北将军的合称。详见各条。

四宁　宁东、宁西、宁南、宁北将军的合称。详见各条。

四百石　官秩俸禄等级。西汉多指县丞、尉一级的长吏。东汉则多为中央政府各机构的丞、尉、长、相，小县县长、侯国相等。月俸四十五斛。三国两晋南北朝沿用为俸禄等级。

四夷馆　官署名。❶北魏置，专门接待自境外归附北魏之人。其中金陵馆接待南朝来者，燕然馆接待北方少数民族，扶桑馆接待东海诸国人员，崦嵫馆接待西北诸国来人。在馆中居住满三年者，正式赐予住宅。❷又称四译馆。明清掌译书事之机构。明永乐五年（1407）置，分设蒙古、女直、西番、西天、回回、百夷、高昌、缅甸八馆。初隶翰林院，弘治四年（1491）设太常寺卿、少卿各一人为主官，遂隶太常寺。设译字生、通事，翻译语言文字。后增置八百馆、暹罗馆。只设少卿一人。清顺治元年（1644）沿置，隶翰林院，以太常寺少卿为主官。分设西番、西天、回回、百夷、高昌、缅甸、八百、暹罗八馆，设序班二十人，朝鲜通事官六人。乾隆十三年（1748）省入礼部，更名会同四译馆。

四师　新莽始建国元年（后9）置。王莽为太子置师、友各四人，秩以大夫。以故大司徒马宫为师疑，故少府宗伯凤为傅丞，博士袁圣为阿辅，京兆尹王嘉为保拂，是为四师。

四行　汉朝选拔、考核官吏的制度。因分质朴、敦厚、逊让、有行四种科目，故名。此制始于元帝永光元年（前43），时下诏丞相、御史举质朴、敦厚、逊让、有行者，光禄每年以此科目考核郎及从官。东汉时科目有所不同。《后汉书·黄琼传》：“旧制，光禄举三署郎，以高功、久次、才德、尤异者为茂才四行。”

四色官　官名合称。即唐武则天天授二年（691）诸卫所置司阶、中候、司戈、执戟。宋朝诸卫废，无官属，唯金吾卫置一人，每日于正衙候朝谒，仍称四色官。

四安将军　安东、安西、安南、安北将军的合称。详见各条。

四军　前、后、左、右军将军的合称。十六国前秦时亦以称中军、镇军、抚军、冠军将军。

四军兵马都指挥使司　官署名。又称契丹、奚、汉、渤海军都指挥使司。辽朝置，设太师、都指挥使等职。

四抚　抚东、抚西、抚南、抚北将军的合称。详见各条。

四时选　见“集注”。

四帐皇族 辽朝太祖及近亲之后，称横帐、孟父房、仲父房、季父房，统称四帐皇族。见“一帐三房”。

四帐都详稳司 官署名。辽朝置，为北面官，总领四帐皇族军马之事。置都详稳、都监、将军等职。

四角 南匈奴贵臣合称。指左贤王、左谷蠡王、右贤王、右谷蠡王。皆单于子弟，可依次继承单于位。

四库书直 吏名。南宋秘书省置，员二人，掌四库藏书。

四译科 官署名。清朝礼部主客清吏司所属机构，分办本司事务。参见“主客清吏司”。

四译馆 参见“四夷馆”。

四局都林牙 官名。辽朝置，为北面官。总领客省、器物、太医、兽医四局事务。

四武营 军事编制。明朝京军十二团营中奋武、耀武、练武、显武四营的合称。成化三年（1467）置。各设坐营内臣一员、武臣一员、号头一员、把总二十员。嘉靖二十九年（1550）罢。

四直都虞候 军职名。北宋置，统领禁军簇御龙、御龙骨子、御龙弓箭、御龙弩四直卫士，属殿前司。

四岳 传说尧舜时主方岳的四时官。一说为羲和四子分掌四岳诸侯。《史记·五帝本纪》：“尧又曰：‘嗟，四岳，汤汤洪水滔天，浩浩怀山襄陵，下民其忧，有能使治者？’”裴骃集解引郑玄说：“四岳，四时官，主方岳之事。”张守节正义引孔安国说：“四岳，即上羲和四子也，分掌四岳之诸侯，故称焉。”

四征将军 征东、征南、征西、征北将军的合称。详见各条。

四征都将 官名。北魏置。寇臻曾以中川、恒农二郡太守，振武将军任此职。见赵万里《汉魏南北朝墓志集释》图版二〇六之二《寇臻墓志》。

四府 ❶西汉丞相、御史大夫、车骑将军、前将军府，东汉太傅、太尉、司徒、司空府之合称。有时也指太尉、司徒、司空、大将军四府。❷唐朝县尉别称。

四府掾属 东汉大将军府掾属、太尉府掾属、司徒府掾属、司空府掾属统称。

四怯薛 见“怯薛”。

四怯薛太官 见“怯薛”。

四姓小侯 指东汉樊氏、郭氏、阴氏、马氏四姓外戚子弟。明帝时崇尚儒学，特为四姓子弟立学，号四姓小侯。以其非列侯，或以年小获封，故称小侯。

四威 威东、威西、威南、威北将军的合称。详见各条。

四威营 军事编制。明朝京军十二团营中立威、伸威、扬威、振威四营合称。成化三年（1467）置。各营设坐营内臣一员，武臣一员，号头官一员，把总二十员。嘉靖二十九年（1550）罢。

四面大都督 官名。北魏末置。《魏书·尔朱度律传》：“元晔之立，以度律为太尉公、四面大都督，封常山王。”

四贵 唐朝枢密使与两军中尉合称，昭宗天祐元年（904）废。

四品将军 魏晋南北朝时期位居四品的各种名号将军的统称。《晋书·桓宣传》：“（张平）、（樊）雅遣军主簿随（桓）宣诣丞相府受节度，（元）帝皆加四品将军，即其所部，使扞御北方。”将军的品位各朝都有变化，两晋位四品的有武卫，左、右卫，中坚，中垒，骁骑，游击将军等二十余号。

四选 官署合称。即宋朝之吏部尚书左选、尚书右选、侍郎左选、侍郎右选。神宗元丰（1078—1085）改制后置，分掌文武臣选调。

四将 新莽更始将军、卫将军、立国将军、前将军合称。始建国元年（后9）置，与四辅三公并居公位，位次三公。东汉废。

四勇营 军事编制。为明朝京军十二团营中敢勇、果勇、效勇、鼓勇四营的合称。成化三年（1467）置。各设坐营内臣一员、武臣一员、号头官一员、把总二十员。嘉靖二十九年（1550）罢。

四监 即四监大夫。

四监大夫 官名。同四监。一说为周朝王畿内监郡大夫。一说为主山林川泽之官。《吕氏春秋·季夏》：“令四监大夫合百县之秩刍，以养牺牲。”高诱注：“周制，天子畿内方千里，分为百县，县有四郡”，“四监，监四郡大夫也”。《礼记·月令》郑玄注：“四监，主山林川泽之官。”参见“监”。

四部 北魏东、西、南、北四部之总称。是中央政权分管各方州郡事务的机构。《魏书·尉古真传》：“世祖即位，命（尉）眷与散骑常侍刘库仁等八人分典四部，绾奏机要。”明元帝时刘杰、古弼即已分典东、西部，太武帝即位后古弼“进为侍中、吏部尚书，典南部奏事”。（《魏书·古弼传》）

四部尚书 官名。北魏置，属尚书省。《魏书·李顺传》：“迁四部尚书，甚见宠待”，“未几，复征为四部尚书，加散骑常侍”。《穆亮妻尉太妃墓志》亦称其祖父曾任此职（赵万里《汉魏南北朝墓志集释》图二〇二）。一说为东、西、南、北四部尚书的统称，一说为西部尚书之讹。

四绥 绥东、绥南、绥西、绥北将军的合称，详见各条。

四厢大将 官名。北魏明元帝永兴四年（412）置，职掌不详。孝文帝太和十七年（493）改定官制后未见。

四捷军都指挥使司 官署名。辽朝置，为南面官，统领四捷军。置详稳、都指挥使、都监等职。

四推御史 官名合称。唐朝御史台进行推按监察，分京城诸司及诸州为东、西两部分，以侍御史二人分知东、西推，殿中侍御史二人同知东、西推，合称四推御史。单日以侍御史所居台院受事，双日以殿中侍御史所居殿院受事。宪宗元和（806—820）中罢东、西推及分日受事之限。五代因之。

四辅　君王之辅佐大臣。《礼记·文王世子》："设四辅及三公。"孔颖达疏引《尚书大传》："古者天子必有四邻，前曰疑，后曰丞，左曰辅，右曰弼。"西汉为太师、太傅、太保、少傅合称。平帝元始元年（后1）置。位居三公上。以太傅领四辅事，总揽朝政。新莽指太师、太傅、国师、国将，始建国元年（后9）置。位上公，居三公上。东汉废。十六国北燕前、后、左、右辅亦合称四辅。北周亦置，指大前疑、大右弼、大左辅、大后丞。明朝太祖设四辅官，以春、夏、秋、冬为名，实仅置春、夏二官，秋、冬阙。

四翊　翊前、翊后、翊左、翊右将军的合称。详见各条。

四率　官名合称。❶前凉张骏置。《晋书·张骏传》云张骏"赦其境内，置左、右、前、后四率官"。❷即东宫四率。

四等侍卫　参见"蓝翎侍卫"。

四等爵　爵位制度。指王、公、侯、子四等，北魏道武帝天赐元年（404）废伯、男而置。后复设伯、男。

四道巡行劝农司　见"大司农司"。

四道按察司　即四道提刑按察司。

四道提刑按察司　元朝地方监察机构合称。简称四道按察司。世祖至元五年（1268）立御史台；六年，设山东东西、河东陕西、山北东西、河北河南四道提刑按察司，为御史台直辖机构，掌管各地监察事宜。

四善　官制用语。唐宋考察流内官的标准之一。以"德义有闻、清谨明著、公平可称、恪勤匪懈"为四善。

四禁　前禁、后禁、左禁、右禁将军的合称。十六国前秦置。统兵驻在京师。苻坚曾下诏"中外、四禁、二卫、四军长上将士，皆令修学"。（《晋书·苻坚载记上》）

四辖　南宋榷货务都茶场、杂买务杂卖场、文思院、左藏东西库四处提辖官统称。四辖官外补则为知州，内迁则为寺、监丞、簿，或直接升任杂监司。

四镇　镇东、镇西、镇南、镇北将军的合称。位在四征将军之下，统兵职掌与之略同。诸路征、镇一般不并置。详见各条。

史　❶官名。商朝置。原指驻守在边疆的武官，后成为侍王左右的史官。西周史官分太史和内史两个系统。内史系统包括内史、作册内史、作命内史、尹氏、内史尹氏等职名。春秋又有南史、左史、外史等职名。战国增置御史、柱下史。职掌记录国君的言行举止，草拟朝廷文书诏令，保管国家图书典籍法典，册封诸侯臣子时代宣诰命，掌握贵族的宗谱世系，著述史籍，备顾问咨询等。❷官府佐吏统称。主文书。《周礼》六官皆置。汉朝三公府及郡县属吏亦置。名目不一。郡府属吏曰卒史，县丞、尉属吏曰丞史、尉史，县令属吏曰令史。三公府属吏曰长史，署诸曹事；又有令史，位在诸曹掾、史之下，犹小吏之职。小史为地位最低之属吏。晋朝沿置，为郡县诸曹属吏，如功曹史、兵曹史等，与掾同置，则位低于掾。诸乡所置，为低级属吏。尚书、中书、秘书、著作等所属令史也称史。隋唐中央诸寺监、诸卫、东宫诸寺、诸王府、公主邑司及地方府州县镇戍关津皆置，盖为掌文书之低级事务员，一般以六品以下子及白丁充之。

史书　清朝对"红本"之钞录。定制，六科对"红本"所做摘录共二份，一份送交内阁备修史之用，称史书；另一份留科备编纂，称录书。录书今已不存。史书原存内阁大库，现为中国第一历史档案馆内阁全宗档案之一。

史官　掌管保藏国家典籍、记录王命、著述历史的官员。殷朝史官有作册。周朝王室有太史、内史。诸侯王国亦有国史，称南史、左史、御史等。《周礼·春官》又有大史、小史、内史、外史、御史，六官所属职官都有史。秦汉以后历朝则泛指修史之官。如西汉置太史令，魏晋称大著作，北齐以后专置史馆，唐朝修史乃属兼典史职的修撰及直馆。元、明以后，翰林学士兼任史事，故翰林也有太史之称。

史学祭酒　官名。十六国后赵石勒赵王元年（319）置。《晋书·石勒载记下》："任播、崔濬为史学祭酒。"

史院　宋朝国史院简称。

史馆　官署名。唐太宗贞观三年（629）闰十二月始置于禁中，在门下省北，及大明宫初成，置于门下省南。玄宗开元二十五年（737）移于中书省北。掌修国史，凡天地日月之祥、山川封域之分、昭穆继代之序、礼乐师旅之事、诛赏废兴之政，皆本于起居注、时政记，以为实录，然后立编年之体，既终藏之于府。置监修国史，多以宰相兼领；修撰，掌修国史，著作郎则罢史职，多以他官兼任；以官高一人判馆事；直馆，以初入馆者为之；又有令史、楷书、典书、亭长、掌固、熟纸匠、装潢直等员。宋朝置为三馆之一，以宰相兼领监修国史，以史馆修撰官高者一人判馆事，并有史馆检讨、直史馆等员。神宗元丰（1078—1085）改制，隶秘书省，掌修纂、校勘史籍。明朝凡修史时临时设置，修毕则罢，亦有未修成而罢者。清有国史馆。

史馆从事　见"书写❶"。

史馆同修撰　官名。南宋史馆置，以侍从官充任，位在修撰下、检讨上，掌修史之事。

史馆学士　官名。辽朝置，为南面官，翰林院国史院官员，在监修国史下，实掌国史院事务。保宁八年（976），"谕史馆学士，书皇后言亦称'朕'暨'予'，著为定式"。（《辽史·景宗纪》）

史馆相　北宋前期，宰相兼监修国史者，称史馆相。

史馆修撰 官名。唐玄宗天宝（742—756）以后他官兼史职者、宪宗元和六年（811）登朝官领史职者皆为史馆修撰，以官高者一人判馆事，初入或未登朝官则为直馆。宣宗大中八年（854）增为四人，分掌四季，以修国史。宋朝沿置，以他官兼任，不许带职外补。神宗元丰（1078—1085）改制罢。南宋高宗绍兴三年（1133）重修《神宗、哲宗实录》，以从官充任，五年置二人，国史、实录皆寓史馆；十年以未修正史，罢史馆官并归实录院。辽朝翰林院国史院置，位史馆学士下。金沿置，卫绍王完颜永济大安（1209—1211）末，刘辉曾充任。

史馆校勘 官名。宋太宗雍熙四年（987）始置为馆职，以他官兼任，掌编修史籍。任职期满，非有特恩不许带职补外。神宗元丰（1078—1085）改制，减磨勘三年，罢所带职。南宋高宗绍兴四年（1134）复置。

史馆检讨 官名。宋太宗淳化二年（991）始置，以他官兼任，掌编纂史籍。供职期满，外补则落职，代归可复授。神宗元丰（1078—1085）改制，随三馆罢。南宋高宗绍兴四年（1134）复置。

史馆勘书 官名。宋太宗太平兴国八年（983）置，掌校勘史籍，选新及第进士充任。

史馆编修 官名。宋太宗太平兴国八年（983）置，掌编修史籍，以别官兼任。

史策 官名。西周置。主祝祷的史官。《史记·鲁周公世家》："周公已令史策告太王、王季、文王，欲代武王发，于是乃即三王而卜。"

〔丿〕

仕 做官。《左传·闵公元年》："毕万筮仕于晋。"《论语·子张》："学而优则仕。"

仗司 宋朝左右金吾引驾仗司省称。

付身 宋朝吏部发给官员的功过历。又称付身文字、付身文书。由官员随身携带。上级官府于其上批写：该官员于某年月日奉某官司之命，差到干办某事，至某年月日替罢；有无未结绝事件、在假月日、不在职月日，以及展磨减勘指挥等。

代人令史 官名。北魏道武帝天兴四年（401），复尚书三十六曹，曹置代人令史一人，由鲜卑人担任。

代尹 官名。北魏管理包括京都平城在内的代郡事务的最高长官。太武帝延和元年（432）改称万年尹，后复旧。设丞为次官，属官有功曹、主簿、通事及诸曹掾史。孝文帝太和十七年（493）定为三品上。太和十八年迁都洛阳，二十三年复次职令，未见。

代尹丞 官名。北魏代郡次官，协助代尹管理以京都平城为中心的代郡事务。孝文帝太和十七年（493）定为从五品中，太和十八年迁都洛阳，二十三年复次职令，未见。

代本 见"戴琫"。

代州钱监 铸钱机构。金世宗大定十八年（1178）置，以震武军节度使李天吉、知保德军事高季孙监铸大定通宝，所铸钱质次不能用，改任工部郎中张大节、吏部员外郎麻珪监铸。十九年铸钱成。次年改名阜通监。

代郡将军 将军名号。西汉武帝时有代郡将军公孙敖。代郡为地名。

代郡通事 官名。北魏置。属代尹。孝文帝太和十七年（493）定为七品上，二十三年复次职令，未见。

仙人博士 官名。北魏道武帝天兴三年（400）置，典煮炼百药，供帝王服食。立仙坊，封西山以供其薪蒸，由太医负责煎采药物。后罢。

仙尉 宋朝县尉俗称。

仙韶大夫 阶官名。金朝始置，以授教坊官。为二十五阶之第二阶，秩从四品中。元朝亦置，为十五阶第二阶，从三品。

仪卫正 官名。明朝王府仪卫司长官。详见"仪卫司"。

仪卫司 官署名。元顺帝至正十三年（1253）设，专掌皇太子扈卫，隶詹事院。秩从四品。设指挥二员，副指挥二员，知事一员。明太祖洪武三年（1370）于诸王府置，掌王府侍卫仪仗。设仪卫正、副各一人，司仗六人。四年，改司仗为典仗。后定为仪卫正一人，正五品；仪卫副二人，从五品；典仗六人，正六品。建文（1399—1402）中改称仪仗司，增置吏目一人。成祖初复旧制。

仪卫副 官名。明朝王府仪卫司副长官。详见"仪卫司"。

仪比 汉朝制度，指获准享有高于本职的仪制待遇。《汉书·张汤传》："放为侍中、中郎将、监平乐屯兵，置幕府，仪比将军。"

仪比三司 即仪同三司。指未任三公而享受相当于三公的礼仪待遇。《三国志·吕布传》："（王）允以布为奋威将军、假节，仪比三司，进封温侯，共秉朝政。"

仪凤司 官署名。元世祖至元二十年（1283）由玉宸院改置，秩正四品，掌乐工、供飨等务。置大使、副使各一员。隶宣徽院。二十五年，改隶中书省礼部。成宗大德十一年（1307），改为玉宸乐院。武宗至大四年（1311）复为仪凤司，秩正三品。仁宗延祐七年（1320），降为从三品，置大使五员；副使四员（从四品）。下辖掌乐工调音律之云和署、安和署，分掌回回、河西乐人的常和署、天乐署，掌乐器的广乐库等。

仪仗司 官署名。明洪武时于各王府置仪卫司，掌侍卫仪仗。建文（1399—1402）时改称仪仗司。成祖初复旧制。详见"仪卫司"。

仪仗使 官名。宋朝大礼五使之一，以御史中丞、枢密直学士、知制诰、参知政事或翰林学士充任，掌皇帝亲行祭祀及举行大礼之有关仪仗事宜。

仪仗都部署　官名。宋太祖建隆（960—964）中置，掌南郊仪仗之事，设副都部署佐之。后不常置。

仪仗副都部署　见“仪仗都部署”。

仪同　官名。❶仪同三司的省称。南北朝使用广泛，授予人数甚多。❷北周为仪同大将军、仪同将军省称，位开府大将军下。

仪同三司　❶谓官非三公而仪制待遇同于三司（三公）。《后汉书·邓骘传》：东汉殇帝“延平元年（106），拜骘车骑将军，仪同三司，始自骘也”。魏晋时期，授予开府位从三公之文武官。南北朝授予范围不断扩大，逐渐成为官号。北魏孝文帝太和十七年（493）定为一品下，二十三年以后改从一品，位开府上。北齐二品，位三公下。❷官名。西魏、北周府兵二十四开府府所统仪同府主管将军，军号为车骑大将军、仪同三司，简称仪同将军；北周武帝建德四年（575）改为仪同大将军。隋初沿用，全称仍为车骑将军、仪同三司，勋级虽同，但已有领兵不领兵之分。❸勋官、散官号。北周为九命。隋朝为十一等之第八等，正五品上；炀帝大业三年（607）罢。唐初杂用隋制，高祖武德七年（624）改为骑都尉，从五品上。金朝置为文散官四十二阶之第二阶，从一品中，位开府仪同三司下、特进上。元朝沿置，正一品，为宣授，以制命之。

仪同三师　即享受与太师、太傅、太保相等的礼仪待遇。北魏前废帝普泰元年（531）特置，居上公下、三公上，以授尔朱世隆。孝武帝太昌元年（532）又授清河王元亶。

仪同大将军　官名。北周武帝建德四年（575）改仪同三司置。主要授予有军勋的功臣及北齐降官，无具体职掌，九命。初加使持节、大都督、车骑大将军、散骑常侍，静帝大象元年（579）罢其制，唯总管、刺史及行兵者加持节。下设长史、司马、司录、中郎、掾、属、参军等府僚。隋文帝开皇元年（581）罢。

仪同府　官署名。西魏、北周府兵开府府所辖军团一级机构，亦称仪同三司府。置主管将军车骑大将军、仪同三司，简称仪同将军，又设长史、司马、司录，皆六命；中郎、掾、属，皆四命；列曹参军，正三命；参军事。北周武帝建德四年（575）改仪同三司为仪同大将军后，遂为仪同大将军府简称。隋朝左右卫、左右武卫、左右武候、左右领军、东宫领府兵率府下皆置，初称其为车骑府，置车骑将军，又有长史、司马、录事及仓、兵曹参军，法曹行参军等属；炀帝大业三年（607）废。

仪制司　官署名。即仪制清吏司。

仪制司员外郎　官名。即仪制清吏司员外郎。

仪制司郎中　官名。即仪制清吏司郎中。

仪制清吏司　官署名。简称仪制司。明清礼部四司之一。掌诸礼文、宗封、贡举、学校之事。明洪武二十九年（1396）改仪部置。设郎中一人，员外郎一人，主事三人。洪熙元年（1425）南京礼部亦置，设官略同。清顺治元年（1644）沿置，设郎中三人，满洲二人，汉一人；员外郎四人，满洲三人，汉一人；主事二人，满、汉各一人；以及笔帖式、经承等员。所属有建言科、王府科、印信科、学政科、火房等机构，办理本司事务。光绪三十二年（1906）以鸿胪寺及主客司并入。宣统元年（1909）为避帝讳改称典制清吏司。三年（1911）改隶典礼院。

仪制清吏司员外郎　官名。简称仪制司员外郎。明清礼部仪制清吏司之副长官。佐郎中掌司事。明洪武二十九年（1396）改仪部员外郎设，一人，从五品。清顺治元年（1644）沿设，汉员外郎一人。七年（1650）增设满洲员外郎。后增至四人，满洲三人，汉一人。宣统元年（1909）为避讳改称典制清吏司员外郎。三年（1911）改隶典礼院。

仪制清吏司郎中　官名。简称仪制司郎中。明清礼部仪制清吏司之主官。掌司事。明洪武二十九年（1396）改仪部郎中设，一人。南京礼部仪制清吏司亦设一人，皆正五品。清顺治元年（1644）沿设，汉郎中一人。七年（1650）增设满洲郎中。后增至三人，满洲二人，汉一人。宣统元年（1909）为避帝讳改称典制清吏司郎中。三年（1911）改隶典礼院。

仪宾　官名。明朝定，以称宗室郡主、县主、郡君、县君、乡君为妻者。给禄，不与政。

仪案　官署名。宋徽宗崇宁三年（1104），开封府所属开封、祥符两县置。大观二年（1108），令天下诸县皆置。职掌仿礼部。宣和四年（1122）大宗正司亦置，掌行宗室朝参，主奉祠事，陈乞入道为尼，及太庙五飨三献奏告等行事差官，宗室听请量试赠官，南班差药院等事务。南宋临安府亦置，掌礼乐、祭祀、学校、贡举等事。

仪曹　❶官署名。（1）尚书省诸曹之一。三国魏始置，设郎（郎中），掌车服羽仪朝觐郊庙飨宴等吉凶礼制。西晋沿置。或说隶尚书右仆射。东晋南朝隶祠部尚书，若祠部尚书缺则隶尚书右仆射。北魏前期直属尚书省，设尚书为长官，置郎、令、长等官。孝文帝太和（477—499）改制后复为郎曹，隶殿中尚书。北齐因之。隋初罢。炀帝大业三年（607）改礼部尚书所辖礼部司为仪曹，设郎二员，后减为一员，又设承务郎一员贰之。唐高祖武德三年（620）改名礼部司。（2）宋朝州府六曹之一。徽宗崇宁三年（1104）始置于开封府，设参军，大观二年（1108）诸州并置。❷官名。（1）国子祭酒属官。南齐高帝建元四年（482）置，员二人。（2）礼部郎官别称。

仪曹长　官名。北魏置，协掌尚书省仪曹事务，隶仪曹尚书。见《魏书·公孙表传》、《游明根传》。

仪曹令　官名。北魏置，协掌尚书省仪曹事务。隶仪曹尚书。《魏书·李韶传》：“除仪曹令，时修改车服及羽仪制度，皆令韶典焉。”

仪曹尚书 官名。北魏置，为尚书省仪曹长官。《魏书·游明根传》：“假安南将军、仪曹尚书。”孝文帝太和十七年（493）定为二品中，二十三年改为三品。

仪曹侍郎 官名。两晋南朝尚书省仪曹长官通称仪曹郎，亦称仪曹郎中，资深勤能者可转侍郎。参见“仪曹郎”。

仪曹郎 官名。魏晋南朝北齐为尚书省仪曹长官通称，北魏为仪曹尚书属官。亦称郎中，资深者可转侍郎。魏、晋、宋六品，梁五班，陈四品、六百石，北齐六品上。北魏孝文帝太和十七年（493）定郎中为五品上，郎从五品中；二十三年皆称郎中，六品，仍可通称为郎。隋初罢。炀帝大业三年（607）改礼部侍郎为仪曹郎，掌礼部仪曹司，从五品。唐高祖武德三年（620）改名礼部郎中。辽亦有此官。据《辽史·杨佶传》，圣宗开泰六年（1017），杨佶转仪曹郎，典掌书命。

仪曹郎中 官名。魏晋南北朝与仪曹郎互称。参见“仪曹郎”。

仪曹参军 官名。宋徽宗崇宁三年（1104）开封府置，大观二年（1108）诸州府皆置。掌礼乐、学校、贡举等事务，正八品。

仪鸾司 官署名。五代后梁始置，宋初因之。掌供应皇帝祭祀、朝会、巡幸、宴享及内廷所需幕帟、帷帐以及其他陈设之物。设勾当官，以京朝官、诸司使副及内侍充任。神宗元丰（1078—1085）改制，并归卫尉寺。南宋沿置，改隶兵部。

仪鸾局 官署名。金朝置，属宣徽院。掌殿庭铺设、帐幕、香烛等事。设提点、使、副使、直长、收支都监、同监诸职，并设司吏二员。提点正五品，使从五品，副使从六品，各一员。直长四员，正八品。收支都监正九品，设于世宗大定七年（1167），章宗明昌二年（1191）增设一员，一员掌受铺陈诸物，一员掌万宁宫收支库。元朝于世祖至元十一年（1274）亦设，隶大都留守司，秩正五品。置轮直怯薛大使四员，副使二员。辖烛剌赤、水手、针工、蜡烛四提领所。

仪鸾使 官名。五代梁太祖开平元年（907）改同和院使置。宋初沿置，多不领本职，仅为迁转之阶，属东班诸司使。真宗咸平元年（998）定同六品，神宗元丰（1078—1085）改制降为正七品。徽宗政和二年（1112）改成全大夫。金朝仪鸾局亦置，为职事官，从五品，掌殿庭铺设、帐幕、香烛等事。

仪鸾院使 使职名。即同和院使，五代后梁开平元年（907）改。

仪銮司 官署名。明洪武三年（1370）置，隶亲军都尉府。四年定秩正五品，设大使一人，副使二人。掌卤簿仪仗，典校尉。十五年改置锦衣卫。

他齐哈哈番 满语官名。汉译为博士。清朝太常寺、国子监和钦天监都设有博士，人数、品级、职掌各不相同。

他赤哈哈番 即他齐哈哈番。

他库尔使 满语吏名。汉译为承差，为清朝外省总督、巡抚衙门中吏员的一种。

他库尔使壮尼大 满语官名。汉名为给使什长。清初，满洲八旗每旗内设他库尔使（给使应役之人）十名，内设壮尼大一员。正六品。掌管一旗承差人役事宜。例由他库尔使补授。此外，蒙古、汉军旗中亦设。

他库尔使噶喇大 满语官名。汉名为给使翼长、翼长。清初，八旗分两翼，每翼各设一员。正五品。掌管一翼承差人役事宜。例由他库尔使壮尼大补授。

他库喇布勒哈番 满语官名。汉译为司务。

他沙勒哈番 即拖沙喇哈番。

仔琫 官名。清朝西藏地方政府官员之一。掌稽商上事务。凡喇嘛库藏出纳之所曰商上。前藏设三人，为四品官。隶于噶伦。遇有缺出，以叶尔仓巴、协尔帮、大中译及济仲喇嘛升补。

外大夫 春秋时期本国称别国的大夫。《公羊传·定公四年》：“刘卷者何？天子之大夫也。外大夫不卒，此何以卒？我主之也。”

外卫 明朝卫所制度。南、北两京各卫之外的卫所总称。各统于都指挥使司、行都指挥使司或留守司。参见“卫”。

外卫指挥副佥事 清朝骑都尉之别称。

外夫人 春秋时期本国称别国诸侯的配偶。《公羊传·庄公四年》：“齐侯葬纪伯姬。外夫人不书葬。此何以书？隐之也。”

外仆 官名。春秋时郑国置。主设坛和行舍。《左传·襄公二十八年》：“子产相郑伯以如楚。舍不为坛。外仆言曰：‘昔先大夫相先君适四国，未尝不为坛。’”

外火器营 清朝火器营之设于京师城外蓝靛厂者。专习鸟枪，营兵为鸟枪护军，共二千五百一十六人。设翼长一人，署翼长营总一人，营总三人，鸟枪护军参领四人，副鸟枪护军参领八人，署鸟枪护军参领十六人，分掌训练之事。

外火器营翼长 官名。清朝外火器营之长官。额设一人，正三品，于营总内拣补。在火器营掌印总统大臣、总统大臣统领之下，掌外火器营训练之事。

外左库曹 官署名。东晋分库曹置，属御史台。与内左库曹并掌审核厩牧牛马市租，设侍御史掌其事。南朝宋省。

外史 官名。❶春秋时鲁国置。主司盟等。《左传·襄公二十三年》：“将盟臧氏，季孙召外史掌恶臣而问盟首焉。”❷《周礼》史官之一。春官之属。《周礼·春官》：“外史，上士四人，中士八人，下士有六人，胥二人，徒二十人”，“掌书外令，掌四方之志，掌三皇五帝之书，掌达书名于四方，若以书使于四方，则书其令”。

外史下大夫 官名。西魏恭帝三年（556）仿《周礼》外史置，北周沿置。春官府外史司长官，正四命。掌纪录君王言行，以为国志（即起居注），兼掌书籍。下设外史上士以佐其职，领著作上士、校书下士等官属。隋文帝开皇元年（581）罢。

外史上士 官名。西魏恭帝三年（556）置，北周沿置。春官府外史司次官，正三命。隋文帝开皇元年（581）罢。

外务部 官署名。清末新设的中央机构之一，即办理外交行政之总机构。光绪二十七年（1901），改总理各国事务衙门设。班列各部之首。掌管对外交涉。置总理亲王、会办尚书、兼会办左、右侍郎，各一人。改总办章京为左、右丞、左、右参议，均各一人。并置郎中以次各官，不分满、汉。下设承政、参议、司务三厅，和会、考工、榷算、庶务四司以及储才馆、总税务司等机构，兼领驻各国使馆、总领事馆、领事馆。宣统三年（1911），省总理、会办兼职，改尚书为大臣、侍郎为副大臣。清亡，民国改称外交部。

外务部大臣 官名。清末外务部之长官。宣统三年（1911），改外务部尚书设。从一品，特简。掌主交涉，昭布信德，保护侨人佣客，以慎邦交。民国改称外交部总长。

外务部会办大臣 官名。清末外务部之长官。光绪二十七年（1901）设。正一品或从一品。佐外务部总理亲王办理交涉事务。宣统三年（1911）省。

外务部会办大臣兼尚书 官名。清末外务部之长官。光绪二十七年（1901）设。从一品。佐外务部总理亲王主持交涉事务。宣统三年（1911）省会办兼职，改尚书为外务部大臣。

外务部丞 官名。清末外务部之职官。光绪二十七年（1901），改总理衙门总办章京设。正三品，左、右各一员，请简。掌机密文移，综领众务。

外务部侍郎 官名。清末外务部之副长官。光绪二十七年（1901）设。正二品，左、右各一人，特简。兼会办，佐总理王大臣、会办大臣、尚书办理外交事务。宣统三年（1911），改外务部副大臣。

外务部参议 官名。清末外务部之职官。光绪二十七年（1901），改总理衙门总办章京设。正四品，左、右各一员，请简。掌审议法令。

外务部参事 官名。清末外务部之职官。光绪二十七年（1901）设。四人。俱奏补。佐参议审议法令。

外务部总理王大臣 官名。清末外务部之长官。光绪二十七年（1901）设。亲王内特简，专任总理部务。又称总理亲王。宣统三年（1911）省。

外务部副大臣 官名。清末外务部之副长官。宣统三年（1911），改外务部侍郎设。正二品，特简。佐大臣掌理外交事务。民国改称外交部次长。

外兰台御史 官名。北魏初置，道武帝拓跋珪天兴四年（401）省。《魏书·官氏志》："罢外兰台御史，总属内省。"

外台 ❶汉朝谒者台别称。参见"三台"。❷御史台（又称兰台）别称。鱼豢《魏略》载秘书丞薛夏言："兰台为外台，秘书为内阁。"❸刺史别称。《后汉书·方术·谢夷吾传》："寻功简能，为外台之表。"王先谦集解引沈钦韩曰："《通典·职官》十四：或谓州府为外台。即此。《魏志》，贾逵曰：州本以御史出监诸郡，故云台。"❹宋朝监司别称。宋诸路转运使、提点刑狱公事等有监察辖区官员之权，其官署通称监司，号为外台。❺金朝提刑司别称。章宗设九路提刑司，除提点刑狱之事外，兼黜陟官吏、荐举人才，号称外台。❻元朝亦指行御史台。

外司 ❶泛指京都官以外的官员。《后汉书·郎𫖮传》："方今中官外司，各各考事。"❷司隶校尉别称。《三国志·崔林传》："及为外司，万里肃齐。"崔林时为司隶校尉。❸州属吏。《梁书·安成康王秀传》："外司请依旧僦度，收其价直。"

外吏 指在地方各衙门办事之吏，相对于京吏而言。清制，外吏有四：书吏、承差、典吏、攒典。

外臣 ❶春秋战国列国大夫、士对别国君主的自称。《仪礼·士相见礼》："凡自称于君"，"他国之人，则曰外臣"。《左传·成公三年》："以赐君之外臣首。"❷汉朝对有朝请贡纳关系的周边少数民族国家的称呼。《汉书·匈奴传》："丞相长史任敞曰：'匈奴新困，宜使为外臣，朝请于边。'"

外匠上士 官名。西魏恭帝三年（556）置，北周沿置。冬官府匠师中大夫属官，正三命。下设外匠中士以佐其职。隋文帝开皇元年（581）罢。

外匠中士 官名。西魏、北周冬官府匠师中大夫外匠上士佐官，正二命。

外夷通事 官名。明洪武三十年（1397）置，隶鸿胪寺，以掌接待外国使臣及边远少数民族来朝之事。

外收掌 见"收掌❶"。

外丞 宋朝外都水丞省称。

外兵 ❶官署名。见"外兵省"、"外兵曹"。❷外兵参军简称。《梁书·南平元襄王伟传》："府迁骠骑，转外兵。"

外兵郎 官名。尚书省外兵曹长官通称，亦称外兵郎中。三国魏始置，属五兵尚书，六品。西晋武帝太康（280—289）中分设左、右外兵郎。东晋南朝并为一官，晋、宋六品，梁五班，陈四品，秩六百石。北魏与左、右外兵郎并置，属七兵尚书。孝文帝太和十七年（493）定郎为从五品中，郎中五品上；二十三年皆称郎中，六品，仍可通称为郎。北齐罢，以左、右外兵郎属五兵尚书。

外兵郎中 见"外兵郎"。

外兵参军 亦称外兵参军事，两晋南北朝诸公、军府僚属名。掌本府外兵曹事务，兼备参谋谘询。西晋末司马睿始置于丞相府，东晋南北朝沿置。其品位随府主地位高低不等，有以将军、太守兼领者。

外兵参军事 见"外兵参军"。

外兵省 官署名。北齐改相府外兵曹置。北魏后期至东魏，大丞相、相国等权臣用事，相府诸曹实掌国家政务，其外兵、骑兵曹掌全国军队机密政令，“总为诸军节度”。(《北齐书·唐邕传》)天保元年(550)，北齐代东魏，遂罢相国府，诸曹多并尚书省，唯外兵、骑兵特置为省，分掌军机枢务，直接禀命于皇帝。外兵省掌全国军队，位权极重。参见《北齐书·文宣帝纪》、《唐邕传》、《白建传》。

外兵曹 官署名。❶魏晋南北朝尚书省诸郎曹之一。设郎（郎中）为长官，掌京畿以外各地军队政令军务，属五兵尚书（北魏及北齐初年属七兵尚书）。西晋武帝太康（280—289）中分为左、右两曹，东晋南朝仍并为一曹。北魏与左、右外兵曹并置，北齐罢，唯置左、右外兵曹。❷诸公、军府僚属诸曹之一。西晋末司马睿始置于丞相府，东晋南北朝诸公、军府沿置。设参军掌其事。高欢为东魏丞相时，相府外兵曹掌全国军队之政令。高洋建北齐，相府诸曹归并尚书省，外兵曹则改外兵省，直接禀命于皇帝。

外补 见“内放”。

外刺 官名。东汉将军府（大将军、骠骑将军及左右前后将军等）所部职吏，主罪法。

外刺奸 官名。东汉大将军府属官，掌罪法事。

外转 清朝吏部之铨选制度。即指京官外用。其例始于顺治十年（1653），以少詹事等官外用为司、道。后又定为：詹事、侍读学士、中允、编、检可外用布政使、按察使、参政、副使等官。康熙二十五年（1686）翰林官外用同知、运副、提举、通判，后又用为知府。雍正（1723—1735）初以编、检、庶吉士外用道、府、州、县。京官外用，京察外有截取保送，皆俟俸满保送。依班次改外用为府、牧、令、丞、倅。

外制 ❶外朝所拟诏书，与内制相对而言。唐玄宗开元二十六年（738）置翰林学士后，翰林学士所撰，直接发自禁中者为内制。中书舍人或他官知制诰者所撰，为外制。外制所拟，为一般诏书，需经门下省，由符宝郎加盖天子八宝。宋朝中书所下制命，亦称外制。❷外朝草拟诏书官的别称。宋朝为中书舍人、知制诰、直舍人院的统称，明朝称知制诰为外制。

外委 清朝对绿营军官于限额之外委任者之通称，为绿营中之低级军官。有外委千总、外委把总，其职掌与额设千总、把总相同，但品秩、俸饷略低。另有额外外委，其品秩又较外委为低，乃绿营中最低级军官。

外委千总 官名。清朝绿营中于正式名额之外所任命的千总。其职权与千总相同，但品秩、俸饷略低，只正八品。

外委把总 官名。清朝绿营中于正式名额之外所任命的把总。其职权与把总相同，但品秩、俸饷略低，只正九品。

外物料库 见“物料库”。

外所千总 官名。清朝云骑尉之汉名原称，详见“云骑尉”。

外舍 宋朝学校三舍之第三等。神宗熙宁元年（1068），太学外舍招生一百人，为太学非正式学生。四年，行三舍法，始为太学正式学生。五年，限招七百人，官给食钱。元丰二年（1079），增至二千人。哲宗元符二年（1099），州学行三舍法，每年贡其上舍、内舍生一至二人，升补太学外舍、内舍。徽宗崇宁三年（1104），太学外舍并归辟雍。南宋重建太学后，复置。

外命夫 任朝官的卿大夫、士。相对任宫中官职的卿大夫、士而言。《周礼·天官·阍人》：“凡外、内命夫命妇出入，则为之辟。”贾公彦疏：“内命夫，卿大夫、士之在宫中者，”“对在朝卿大夫、士为外命夫。”

外命妇 宫外命妇通称。夫或子为官，帝王可加相应封号于其母及妻，使获得一定的地位和待遇。始于周朝，指卿大夫之妻。西汉皇帝女皆尚列侯，称公主；姊妹称长公主，姑母称大长公主；皇帝外祖母、大臣夫人，有封为郡君者，如宣城郡广德君、鄭君等。东汉皇女皆封县公主，仪服同列侯；尊崇者加号长公主，仪服同蕃王。诸王女皆封乡亭翁主，仪服同乡亭侯。汉章帝唯特封东平宪王苍、瑯玡孝王京女为县公主。南朝宋，诸王女封县主。北周帝姑、帝姊称长公主，帝女称公主，王母为王太妃，王妻为王妃，柱国以下、帅都督以上母妻，授太夫人、夫人、郡君、县君等。唐朝公主及王妃以下，诸王母妻及妃，文武官一品及国公母、妻为国夫人；三品以上母妻为郡夫人；四品为郡君，五品为县君，勋官四品有封者为乡君。玄宗开元（713—741）间，敕令王妻为妃，文武官及国公妻为夫人，母加太字。宋朝有十四种号：大长公主、长公主、公主、郡主、县主、国夫人、郡夫人、淑人、硕人、令人、恭人、宜人、安人、孺人。叙赠之制：三公、宰臣、执政、节度使三代，金紫、银青光禄大夫二代，余官一代，各辨其位序以进。加食邑实封，则视其品高下，以定户数多寡。父及嫡母存，不得请所生母封赠。所生母未封，亦不许先及其妻。元朝一品封国夫人，二品郡公夫人，三品郡侯夫人，四品郡君，五品县君，六品恭人，七品宜人。明朝之号九，分十等：公曰国夫人，侯曰侯夫人，伯曰伯夫人，一品曰夫人（后称一品夫人），二品曰夫人，三品曰淑人，四品曰恭人，五品曰宜人，六品曰安人，七品曰孺人。因其子孙封者，加太字，夫在则否。封赠之次，七品至六品一次，五品一次，三品、二品、一品各一次。三母不并封，两封从优品。父职高于子，则进一阶。父应停给，及子为人后者，皆得移封。嫡在不封生母，生母未封不先封妻。妻之封，止于一嫡一继。可追夺。清沿明号。

外府 ❶官名。《周礼·天官》冢宰属官。上士爵。一说为周朝置。掌国家财政收支，供应君王及后妃世子服装等。❷汉以后州、郡府别称。《南史·王劢传》："王生才地，岂可游外府乎？"❸隋、唐诸折冲（都尉）府统称。即左右卫亲、勋、翊等五府之外府兵诸府。

外府上士 官名。西魏恭帝三年（556）仿《周礼》外府置，北周沿置。天官府太府中大夫属官，员二人，掌绢、帛、丝、麻、钱物、皮角筋骨之藏，下设外府中士以佐其职。正三命。隋文帝开皇元年（581）罢。

外府中士 官名。西魏、北周天官府太府中大夫外府上士佐官，员二人，正二命。

外府少卿 官名。即太府少卿。唐高宗龙朔二年（662）改，咸亨元年（670）复名太府少卿。

外府正卿 官名。即太府卿。唐高宗龙朔二年（662）改，咸亨元年（670）复名太府卿。

外府寺 官署名。即太府寺。唐高宗龙朔二年（662）改，咸亨元年（670）复名太府寺。

外宗 官名。指王诸姑姊妹之女有爵位者。辅佐王后掌宗庙祭祀。《周礼·春官》："外宗，凡女之有爵者"，"掌宗庙之祭祀，佐王后荐玉豆，视豆笾。及以乐彻，亦如之。王后以乐羞粢，则赞。凡王后之献，亦如之。王后不与，则赞宗伯。小祭祀，掌事。宾客之事，亦如之。大丧，则叙外内朝莫哭者。哭诸侯，亦如之"。郑玄注："外女，王诸姑姊妹之女谓之外宗。"贾公彦疏："外宗，外女也。郑不解有爵者已于内宗注讫，明此亦是嫁与大夫及士可知也。言'凡'，亦是无常数之言也。"参见"内宗"。

外宗正司 官署名。宋徽宗崇宁元年（1102），置南外宗正司于南京（今河南商丘），西外宗正司于西京（今河南洛阳），各置敦宗院。掌外居宗室之事，设知宗各一员，选宗室之贤者充任。又于本州通判职官内选二人任丞、主簿。大观三年（1109）罢，政和二年（1112）复置。南宋初，南外移镇江，西外移扬州。后屡经迁徙，南外移至泉州，西外移至福州。

外官 ❶古以九卿为外官。《国语·周语中》："内官不过九御，外官不过九品"。高诱注："九品，九卿也。"❷侍卫臣僚以外官员通称。《汉书·终军传》："臣年少材下，孤于外官，不足以亢一方之任。"颜师古注："外官谓非侍卫之臣。"隋制，非禁中诸省及禁卫之官皆为外官。❸指地方官。《后汉书·章帝纪》："尧试臣以职，不直以言语笔札。今外官多旷，并可以补任。"《魏书·孝文帝纪下》："（太和二十二年，498）夏四月甲寅，从征武直之官进位三阶，文官二级，外官一阶。"唐朝以后多用为地方官总称。宋朝外官分亲民、厘务二等。明、清两朝，凡京城以外，在各省的文武官员皆称外官。

外帘 即外帘官。

外帘官 见"帘官"。

外郎 ❶汉朝对散郎之称呼。汉之郎官，有议郎、中郎、侍郎、郎中，掌宫殿门户，出充车骑。没有固定职务的散郎称外郎。《汉书·惠帝纪》："赐民爵一级，中郎、郎中满六岁爵三级，四岁二级。外郎满六岁二级"，"谒者、执楯、执戟、武士、驺比外郎"。颜师古注引苏林曰："外郎，散郎也。"或谓给事宫外之郎，在郎官中地位最低。❷宋元时对衙门书吏之称呼。《元曲选》，孟汉卿《魔合罗》二："官人清如水，外郎白如面，水面打一合，糊涂成一片。"❸明朝对吏员之称呼。《日知录》卷二四《外郎》："今以吏员为外郎。"❹官名。清朝置，为衙门中之低级官员。如八旗都统衙门、驻防将军衙门、兵部武选司、盛京五部等机构内均设，员额不等，位笔帖式之下。一般由官学生考试后选用，秩从九品。属兵部武选司者，由兵部于领催内遴选咨部补授。五年期满并无过犯，经一一交待清楚，本司出具印结，咨部以八品笔帖式即用。属盛京五部者，多为汉军缺，由候补笔帖式内挨补，六年期满，除授州同、州判、县丞。

外奏事 清朝外奏事处及其奏事官之简称。

外奏事处 见"奏事处"。

外城巡警总厅 官署名。清末巡警部、民政部所辖之机构。光绪三十一年（1905），改外城工巡总局设。初隶巡警部，三十二年，改隶民政部。掌京师外城警务、民政及护卫皇帝车驾等事宜。置厅丞一员，从三品。辖总务、行政、司法、卫生四处及事务、巡查、守卫、军装、刑事巡查五所，左、右二分厅，官医院，戒烟局，警备队，侦缉队。

外省 宋朝中书外省与门下外省简称。

外钞 见"科钞"。

外骅骝厩丞 官名。南齐分骅骝厩丞置，与内骅骝厩丞并掌宫廷用马，属尚书省。

外狡士 官名。战国秦置。主管王室犬政。《睡虎地秦墓竹简·法律答问》："可（何）谓'宫狡士'、'外狡士'？皆主王犬者殹（也）。"

外都下大夫 官名。北魏置。外都坐大官的属官，佐其审理案件。《魏书·沈文秀传》："显祖重其节义，稍亦加礼之，拜（文秀）为外都下大夫。太和三年（479），迁外都大官。"孝文帝太和改制罢。

外都大官 即北魏外都坐大官的省称。

外都水丞 官名。北宋神宗元丰（1078—1085）改制后，南、北外都水丞司各置，为本司长官，分治河事。徽宗宣和三年（1121）罢。南宋高宗绍兴九年（1139）复置，南、北外都水丞司各一员。十年，以都水事归工部，遂废。

外都水使者 官名。宋神宗元丰（1078—1085）改制置，掌外都水监事。后废。哲宗元祐四年（1089）复置。

外都坐大官 官名。北魏置。多简称为外都大官，与中都坐大官、内都坐大官合称为三都大官。掌刑狱、听理民诉讼。属官有外都下大夫、外都曹令及内廷派驻的外都曹奏事中散等。任此职者多为宗室诸王、外戚及胡汉重臣，权势很大。吊祭时位在三公、尚书令之上。孝文帝太和（477—499）中改制时罢。

外都曹令 官名。北魏置。外都坐大官属官。《魏书·尧暄传》：“（吕受恩）累迁外都曹令，转北部给事、秦州刺史。”孝文帝太和（477—499）中改制罢。

外都曹奏事中散 官名。北魏置。内廷派驻在外都曹监察政务的官员。《魏书·吕洛拔传》：“后（吕）文祖以旧语译注《皇诰》，辞义通辩，超授阳平大守。未拜，转为外都曹奏事中散。”

外都督曹 官署名。西晋置，属御史台，掌监察京畿以外诸军府长官。设侍御史掌其事。东晋、南朝宋、南齐沿置。梁、陈不详。

外监 外殿中监省称。

外监典事 官名。南朝外殿中监属官，见《南齐书·高帝纪》。

外监试 见“监试”。

外监殿局 东宫官署。南朝梁置，设中守舍人等官。

外部掾 官名。晋朝置，太常、大鸿胪属官，职掌不详。见《晋书·舆服志》。

外宰相 官名。回纥官，置六人。

外戚恩泽侯 指军功之外，以外戚重臣等身份，或因祖荫、宠幸而恃恩泽获封列侯者。《汉书》专门列有《外戚恩泽侯表》。东汉光武帝时，因外戚恩泽封侯者四十五人。

外厩丞 官名。南朝梁、陈置，掌宫廷用马，属太仆卿。

外厩局 官署名。南朝梁、陈置，掌东宫用马，属太子仆。

外馆 官署名。清朝理藩院所属办事机构之一。掌理外札萨克年班来京人员所居馆舍之事。设监督一人为主官，由都察院保送科道官充任，每年一更代。光绪三十二年（1906），改隶理藩部。

外馆监督 官名。清朝理藩院所属外馆之主官。参见“外馆”。

外朝 相传周制天子诸侯皆有三朝：外朝一；内朝二：燕朝、治朝，为国君听政之所。秦至汉初，中都官本无内外之分，丞相为百官之长，协助皇帝处理全国政务。汉武帝为强化皇权，以侍中、常侍、给事中等近臣组成内朝，参与国家大事决策；以丞相为首下至六百石的朝官组成外朝，变为执行一般政务的机关。东汉初年，置司徒、司空、太尉三公为外朝，实际权力归于尚书台。安帝以后，遇有灾变，则策免三公。三国魏仍有内、外朝之分。

外朝大人 官名。北魏道武帝登国元年（386）置，无常员。统率侍中以下至中散等官员。主受诏命，出入禁中，参议军国大事及奉命出使。在建国初期权力很大，尚书省设立后，遂废。

外提调 见“提调❶”。

外解科 官署名。清朝工部节慎库所属之机构。顺治（1644—1661）中置。分掌出纳工需款项之事。

外褂 服饰名。清朝官服之一。其长及股，其袖端平，对襟，罩于袍外，俗称“外套”。官员用之，有朝褂、行褂、常服褂之别。所用颜色，多为石青、绀色（黑中透红），乾隆（1736—1795）中尚玫瑰紫，嘉庆（1796—1820）以后尚泥金、浅灰色。所用物料按季节更换，或布、绸，或棉、皮，惟不得用亮纱及羊皮。

外殿中监 官名。南朝置。除与内殿中监共掌皇帝衣食住行外，兼掌传达皇帝诏敕。品卑而亲近皇帝，幸臣常居此以弄权。参见“殿中监”。

外算官 官名。南诏望苴蛮官，记王所处分指示，以付六曹。

外察 明朝外官考核制度。初无定制。洪武六年（1373）命御史及按察司察举有司官有无过犯，奏报黜陟，为考察之始。弘治（1488—1505）时始定，外官三年一朝觐，定以辰、戌、丑、未之岁，同时进行考核，以定升黜去留。

外膳下士 官名。西魏、北周天官府膳部中大夫外膳上士属官，正一命。

外膳上士 官名。西魏恭帝三年（556）仿《周礼》外饔置，北周沿置。天官府膳部中大夫属官，正三命。其下设外膳中士、下士。隋文帝开皇元年（581）罢。参见“外饔”。

外膳中士 官名。西魏、北周天官府膳部中大夫外膳上士佐官，正二命。

外饔 官名。《周礼》天官之属。掌对天地山川社稷等外祭祀用牲时的切割烹调，并负责致宴飨宾客的食物。《周礼·天官》：“外饔，中士四人，下士八人，府二人，史四人，胥十人，徒百人”，“掌外祭祀之割亨，共其脯脩。刑朊，陈其鼎俎实之牲体鱼腊。凡宾客之飧，饔飧食之事，亦如之。邦飧耆老孤子，则掌其割亨之事。飧士庶子，亦如之。师役，则掌共其献赐脯肉之事。凡小丧纪，陈其鼎俎而实之”。

印 ❶执政者所持施政的凭信。后通称印信、关防。秦朝以前通称为玺。后天子、诸侯王以玉为之，称玺。唐朝改称玺为宝。汉朝列侯黄金龟钮，御史大夫金印紫绶，文皆曰“章”；千石至四百石皆铜印，文曰“印”。一般称皇帝所佩为玉玺或玺，臣下所佩曰印。明制二品以上银质，三品以下铜质。唯京尹，以三品得用银。❷官职代称。《史记·张耳陈余列传》：“陈乃去印，势利倾夺。”《新唐书·程异传》：“自以非人望，久不敢当印秉笔。”

印历所 官署名。北宋初置，隶司天监，掌占验历法，印造历书。神宗元丰（1078—1085）改制后，改隶秘书省太史局。置历生一人。

印务参领 官名。清朝八旗都统衙门之属官。又称协理事务参领、印房参领。雍正十三年（1735），省左、右司掌关防参领设。乾隆元年（1736），复定员额，满洲旗各二人，蒙古旗各一人，汉军旗各二人，共四十人。各于本旗参领内选充。掌章奏文移、档案、印务之事。

印务章京　官名。清朝八旗都统衙门之属官。又称协理事务章京、印房章京。雍正十三年（1735），省左、右司掌关防章京设。乾隆元年（1736），复定员设，满洲旗各八人，蒙古旗各四人，汉军旗各六人，共一百四十四人。各于本旗世职及佐领、骁骑校等官员内选补兼管。掌协助印务参领办理章奏文移、档案、印务之事。此外，景运门直班大臣下设一员，向导处设二员，库伦、哈密、塔尔巴哈台、喀什噶尔、乌什、库车等处驻扎大臣衙门亦设，分掌各处文书档案事务。

印纸　官府文书名。宋朝官员已授差遣，须十日内缴真本告札、付身，赴吏部本选照验，请二日内于所交纸二十张上用印，用印后交官员携带，称印纸。官员出行，即于印纸填写所经地点、月日，至所到之处交官府检验。若赴任，则书到任月日；替罢则书有无未了事件，并填写在任功过。

印房　官署名。宋朝置，为尚书省内部之机构。神宗元丰（1078—1085）改制设，掌尚书省之印，由左、右司同领之。后代亦有沿置者。清朝中央各部院多设，为其内部机构，多隶于各司，以经承管理，掌司印。

印房参领　见“印务参领”。

印房章京　见“印务章京”。

印经院　官署名。宋太宗太平兴国八年（983）置，掌刊印佛经。神宗熙宁四年（1071）废。

印经提举司　官署名。元朝置，掌刊印佛经等务。设于仁宗延祐元年（1314）。三年，升为广福监；五年，分出延福监，皆正三品。英宗至治元年（1321），广福监降为广福提举司，延福监降为延福提举司，皆为从五品。

印钞局　官署名。元朝始置，为交钞提举司下属机构。分置于大名、济宁等处。掌印钞事。世祖至元十四年（1277）七月罢。明洪武七年（1374）亦置，隶宝钞提举司。掌印造宝钞。设大使、副使各一人，十三年罢。十九年复置。中叶后，因钞法不行，遂革。

印信　参见“印”。

印造交钞库　官署名。元世祖中统元年（1260），于燕京行省交钞提举司下置印造局，掌印制钞币。四年，置印造交钞库，秩从八品。至元二十四年（1287），改为印造宝钞库。

印造局　见“印造交钞库”。

印造宝钞库　官署名。元世祖至元二十四年（1287）由印造交钞库改置。秩正七品。设达鲁花赤一员，大使二员（从七品），副使二员（正八品）。

印造钞引库　官署名。金朝置，掌交钞、盐引印造发放。设正使、副使、判官各一员。大安二年（1210），兼管抄纸纺。

印造盐茶等引局　官署名。元朝置，掌印造腹里和各行省盐、茶、矾、铁等引。隶于户部。设于世祖至元二十四年（1287），置大使、副使各一员。

印票　文书名。亦称照票。清朝之下行文。凡皇帝谒陵、巡幸或皇子等外出，每日须向沿途所在地方官支领柴炭等物，即以此为凭证。

印曹　官署名。汉朝置，属御史台。《宋书·百官下》：“掌刻印。”设侍御史掌其事。两晋、南朝宋、南齐置。梁、陈不详。

印绶　印和系印的丝带，官吏印章的统称。凡治事的命官皆颁有印绶，以示职权受命于天子，并代表级别和权力。历代有之，但具体制度或有不同。

印绶监　官署名。明朝宦官二十四衙门之一。洪武二十八年（1395）置，设太监一人，正四品，左、右少监各一人，从四品，左、右监丞各一人，正五品，典簿一人，正六品，并置长随、奉御，均正六品。后改置掌印太监一员，佥书、掌司无定员。掌古今通集库（又称质慎库）并铁券、诰敕、贴黄、印信、勘合、符验、信符诸事。

印铸局　官署名。清末责任内阁所属机构。宣统三年（1911）四月成立责任内阁，始设。掌官报、法令及其他官文书之编辑、印刷、发行，册宝、印信、关防、图记之铸造、颁发。置局长一人，副局长一人，并佥事、艺师、艺士、录事等。

印铸局艺师　官名。清末责任内阁属官。宣统三年（1911）四月设责任内阁印铸局，始置。无定额，奏任。承局长之命办理印铸事务。

印铸局局长　官名。清末责任内阁属官。宣统三年（1911）四月设责任内阁。始置。一人，简任。承总理大臣之命管理局务，并监督指挥所属各官。

印铸局副局长　官名。清末责任内阁属官。宣统三年（1911）四月成立责任内阁，始置。一人，简任。职任辅佐局长管理局务，局长有事故时得代行其职。

令　官名。❶战国时县级行政机构长官。自秦汉后历代相沿，元改县尹，明、清改称知县。❷汉朝九卿所属各官署长官多称令。魏晋南北朝、隋、唐五代中央部分高级官署如尚书省、中书省（隋称内史省、内书省）长官，诸寺监下各署、内侍省各局、秘书省太史局、太子家令寺、率更寺及其下各署长官亦称令，亲王国、公主邑司长官，五岳四渎、关、津长官皆称令。

令人　命妇封号。宋徽宗政和二年（1112）重定命妇封号，寄禄官太中大夫以上、职事官未至侍郎者，其妻封令人。

令大夫　同命大夫。春秋时期由周天子或诸侯亲命的大夫，位在一般守邑大夫之上。《管子·轻重乙》：“使卿诸侯藏千钟，令大夫藏五百钟，列大夫藏百钟。”

令王　对官居尚书令、中书令而兼封王爵者的尊称。《魏书·尔朱彦伯传》：“时（尚书令尔朱）世隆封王，故呼为令王。”隋朝豫章王杨暕为内史令（隋因避讳，改中书为内史），崔赜亦称其为令王。见《隋书·炀三子传》。

令仆 尚书令、仆射合称。《晋书·周顗传》：“若不三司，便应令仆邪？”

令公 ❶尚书令的尊称。《宋书·孔琳之传》：尚书令省事倪宗云：“中丞何得行凶，敢录令公人。”❷中书令的尊称。《魏书·高允传》：允为中书令，“高宗重允，常不名之，恒呼为‘令公’”。隋唐以来，遂为习称。唐末期以后，武人多加中书令，此称颇滥。❸西夏官名。见“大都督府主”。

令尹 官名。❶春秋战国楚国最高官职，辅佐楚王掌管全国军政事务。秦末张楚政权亦置。❷县级行政长官别称。秦汉以来，一县之长称县令，元朝叫县尹，故合称令尹。清朝为知县别称。

令正 官名。春秋时郑国置。掌修外交文告辞令的长官。《左传·襄公二十六年》：“印堇父与皇颉戍城麇，楚人囚之，以献于秦。郑人取货于印氏以请之，子大叔为令正，以为请。”杜预注：“主作辞令之正。”

令史 官名。战国秦置。县府属吏。一般低级官吏亦称令史。汉朝兰台、尚书台、三公府及大将军等府皆置，位在诸曹掾下。据《后汉书·百官志》，太尉府令史及御属二十三人。又有记室令史、门令史、阁下令史之称。三国、晋皆沿置。晋以来，除尚书台、兰台置令史外，诸公及开府位从公者，府属诸曹亦置。所主除文书，又有主图、主谱令史等。实已成为各机关皆设的一种低级办事员吏。然尚书诸曹之令史颇有实权。梁、陈沿之。北魏亦同。北齐则诸省台府寺等官寺皆置，均有品秩。两晋南北朝又分为正令史、书令史等级别。尚书省置都令史，职权甚重。隋、唐、五代中央部分官署吏职亦称令史。尚书省六部诸司、诸台省、东宫詹事府、左右春坊及其下各局署皆随曹闲剧而置，掌文书案牍（其余九寺诸监卫则置府史），亦常差充他职，如捉钱令史、甲库令史等，为流外官。隋朝令史得官者甚少，唐初官吏不充，遂优其升迁叙次，令史两考署职，故六七年有升至本司主事及上县尉者。一般则限八考以上入流；若能通仓颉、史籀篇者，并入流为职事官。宋朝三省及在京官署亦置，主文案，选限满可以出官。辽中书省所置由进士充任。文官及武官均设，朝廷中书机构之令史参与朝廷册封等大典。金代令史有女真、汉人、进士、宰执子弟、吏员转补等区别，出仕之制各异。元朝省、部、台、院均有此职，多从下一级衙门令史中选充。武宗至大元年（1308）规定，半数由在职官员充任。

令吏 官名。战国秦等国置。县令属员。掌文书。《睡虎地秦墓竹简·仓律》：“其病者，称议食之，令吏主。”

令丞案 官署名。宋神宗元丰（1078—1085）改制，吏部考功司置，掌有关令、丞考功之事。

令状 见“职令状”。

令录 宋朝县令、司录参军、录事参军合称。

令曹 官署名。汉朝置，属御史台。《宋书·百官下》：“掌律令。”设侍御史掌其事。西晋改置法曹。

令稳 辽初官名。太祖时，契丹迭剌、乙室两大部以外各部夷离堇改称令稳。圣宗时，又改令稳为节度使。

冬使 官名。三国魏、晋朝、南朝宋置，为各地派往京城或郡县派往州府庆贺冬至的使节。宋武帝永初元年（420）八月废。

冬官 ❶官署名。（1）西魏、北周冬官府简称。（2）唐武则天光宅元年（684）至中宗神龙元年（705）工部之改名。后代即沿用以称工部或其首长。（3）太平天国吏、户、礼、兵、刑、工六部，以天、地、春、夏、秋、冬定名，冬官即工部。❷官名。（1）传说颛顼氏所置五官之一。参见“春官”。（2）《周礼》六官之一，即司空之官。《周礼·冬官·考工记》贾公彦疏：“释曰郑目录云：象冬所立官也。是官名司空者，冬闭藏万物。天子立司空使掌邦事。亦所以富立家，使民无空者也。”（3）明初四辅官之一。参见“春官”。（4）太平天国工部正、又正、副、又副之官统称。（5）太平天国朝内官冬官正丞相、冬官又正丞相、冬官副丞相、冬官又副丞相之统称。又，女官中朝内官所置冬官正、副丞相，亦称。

冬官大夫 官名。南宋孝宗淳熙三年（1176）太史局置，为伎术官阶官。

冬官正 官名。唐肃宗乾元元年（758）司天台置，员一人，正五品上，为五官正之一，掌司四时，司其方之变异。并置副正一人为副贰。北宋前期属司天监，神宗元丰（1078—1085）改制后隶太史局，掌天文祥异，正八品。明朝钦天监置，正六品，掌推历法，定四时，每年呈奏次年大统历，移送礼部颁行。清康熙四年（1665）始置，以汉官充任，从六品，掌编制时宪书及日、月食推算，绘图以测验。

冬官尚书 官名。即工部尚书，唐武则天光宅元年（684）改，中宗神龙元年（705）复名工部尚书。

冬官侍郎 官名。即工部侍郎。唐武则天光宅元年（684）改，中宗神龙元年（705）复名工部侍郎。

冬官府 官署名。西魏恭帝三年（556）置，北周沿置。与天官、地官、春官、夏官、秋官府合称六府。以大司空卿为长官，设小司空上大夫、冬官府都上士以佐其职。掌国家各种工匠，负责兴造、制作事务以及金属开采炼制，河道疏浚，舟船运输等。领工部中大夫、匠师中大夫、司木中大夫、司土中大夫、司金中大夫、司水中大夫、司玉下大夫、司皮下大夫、司色下大夫、司织下大夫、司卉下大夫等官属，各司其职。北周武帝建德二年（573），省六府诸司中大夫以下官，以下大夫为长官，上士贰之。周宣帝即位后，六府诸司复置中大夫。隋文帝开皇元年（581）罢。

冬官府都上士　官名。西魏恭帝三年（556）置，北周沿置。冬官府属官，佐大司空卿、小司空上大夫掌府务，正三命。隋文帝开皇元年（581）罢。

冬官副正　官名。唐肃宗乾元三年（760）置，隶秘书省司天台，一员，正六品上，为冬官正副贰。

冬曹　工部之别称。古者有兴作，必于冬季农隙时，故名。

冬卿　❶工部长官别称。因《周礼》以冬官司空掌工程，故名。参见“冬官”。❷南朝梁光禄、鸿胪、太舟三卿的合称。❸明初四辅官之一，即冬官。参见“四辅”。

务农司　官署名。元世祖至元二十年（1283）由农政院改置，掌农桑、水利等务。秩从三品。置达鲁花赤、务农使各一员，同知二员。当年，改为司农寺。

禾爽　官名。南诏官，主商贾，由清平官、酋望、大将军兼。

矢人　官名。周朝置。掌镞矢制造的工官。《周礼·冬官·矢人》：“矢人为矢。”

生　周朝对年老贤臣的赡养。一说减免亲贵功臣死罪称生。《周礼·天官·大宰》：“以八柄诏王驭群臣”，“五曰生，以驭其福”。郑玄注：“生，犹养也。贤臣之老者，王有以养之。”孙诒让正义：减免亲贵功臣死罪称生。

生辰使　见“贺生辰国信使”。

生员　科举制度时指在太学等处官学学习者。唐朝指在太学学习之监生，其员额有规定，故称。宋以后监生与生员有别。明清时期，凡进入府、州、县学者，统用此称，即俗称之秀才。要接受本地方教官及学政之监督考核。亦称诸生。

生药库　官署名。明清太医院所属机构，亦称药库。掌验收、管理各省解送及本院买办之药材。明设大使、副使各一人，掌库事，另有礼部委官一员稽察之。清沿置，初属礼部，顺治十六年（1659）改隶太医院。设管理药库委官二人。十七年又选医官一人兼管库务，并增设库役十人。

白从　官吏名。南朝宋置，为东宫及各公府执役吏。《宋书·符瑞志下》：“元嘉八年（431）闰六月丁亥，司徒府白从伊生于淮南繁昌获白兔以献。”

白片　文书名。清朝指各衙门来往文书未及盖用堂司印信者。至道光十九年（1839）始定：嗣后平常日行事件毋许擅用，如有紧急文移不及用印则可行，应于文后注明后补印文。

白札子　宋朝士大夫上宰相、执政议论政事的札子，称白札子。

白衣　❶初指无官职的士人。两晋南北朝时，官员因失误削除官职，或以白衣守、领原职，遂成为一种对官员的处罚方式。《晋书·外戚传》：“其后司隶校尉刘毅劾之，应至重刑，武帝以旧恩，直免（羊琇）官而已。寻以（甘露亭）侯白衣领护军，顷之，复职。”❷西汉官府给役小吏。《汉书·龚胜传》：“（夏侯常）即应曰：‘闻之白衣，戒君勿言也。奏事不详，妄作触罪。’”颜师古注：“白衣，给官府趋走贱人，若今诸司亭长掌固之属。”❸北魏皇帝左右的随侍之臣，可受遣传达诏令。《魏书·甄琛传》：“世宗遣白衣吴仲安敕（广平王元）怀宽放（甄侃）。”参见“白衣左右”。

白衣左右　官名。北魏置。为皇帝、太子身边的侍从，多用亲信近臣，故权力甚大，升迁颇速。《魏书·恩幸传》：“（赵）脩本给事东宫，为白衣左右，颇有膂力。世宗践阼，仍充禁侍，爱遇日隆”，“旬月之间，频有转授，历员外，通直散骑常侍，镇东将军，光禄卿”。

白衣臣　官名。北魏置。孝文帝太和十五年（491）官品令为九品下，太和二十三年官品令无此职。

白衣斋子　官吏名。北齐置。属门下省领左右局。《隋书·百官志》中：“领左右局，领左右各二人，（原注：掌知朱阁内诸事，宣传已下，白衣斋子已上，皆主之。）左右直长四人。”

白间局　官署名。北齐置，设丞。隶右府寺诸冶东道署，掌冶事。

白间局丞　官名。北齐置。见“白间局”。

白纸坊　官署名。元世祖至元九年（1272）设，掌制造诏旨宣敕纸札，秩从八品。隶中书省礼部。置大使、副使各一员。

白河抽分竹木局　官署名。明朝商业税务机构。设于北京白河，设大使、副使各一人。掌科收竹木柴薪税。

白盐井盐课提举司　官署名。明朝置，治所在云南姚安府（今云南姚安县），掌该处食盐生产、税课、运销之政。设提举一人，从五品，同提举一人，从六品，副提举无定员，从七品，及各盐课司、各盐仓大使、副使等职。

白笔　标志官员身份的用具。官员上朝皆执笏，有事则书之，故常簪笔。魏晋南北朝时，三台五省二品文官簪白笔，王、公、侯、伯、子、男、卿、尹及武官不簪，加内侍者乃簪。尚书令、仆射、尚书手板头复有白笔，以紫皮裹之，称笏。以后渐成为单纯仪饰。唐朝七品以上文官以白笔代簪。

白堂　官场用语。宋朝官员因公事诣政事堂向宰相、执政请示汇报，称白堂。

白麻　官府文书名。唐朝拜免将相、号令征伐，宋朝立后妃、太子，拜免三公、宰相，以及大赦、德音，或宣布重大战事等制书，用白麻纸书写，故称白麻。

白渡盐马司　官署名。明太祖洪武五年（1372）置于四川白渡地方，掌该处盐政、马政。设司令，以掌选官为之，司丞，以内使为之。十三年罢，寻复置。十五年改设大使、副使各一人进行管理。后革。

白旗科　清朝兵部职方清吏司所属之办事机构。

额设经承一人。

白鹭　官名。北魏置。《魏书·官氏志》："以伺察者为候官，谓之白鹭，取其延颈远望。"职掌参见"候官"。

白簿治礼吏　官名。南朝齐置。太常国学属官，员八人，五品。

包衣大　满语官名。意为包衣头。汉译为内管领。

包衣牛录　清朝由镶黄、正黄、正白三旗包衣人组成的佐领。汉译为内府佐领。

包衣牛录章京　满语官名。武职。汉译为包衣佐领。

包衣牛录摆牙喇　即包衣摆牙喇。

包衣达　即包衣大。

包衣护军参领　官名。清朝内务府三旗包衣护军营掌治营务之副长官。康熙十六年（1677）始设，时为长官。额定每旗五人，共十五人。从三品。雍正元年（1723）设包衣护军统领之后，为其副。

包衣护军统领　官名。清朝内务府三旗包衣护军营掌治营务之长官。雍正元年（1723）设，每旗一人，正三品。

包衣昂邦　满语官名。汉译为总管内务府大臣。

包衣昂邦衙门　满语官署名。汉译为内务府总管衙门。

包衣按班　即包衣昂邦。

包衣前锋营　见"三旗包衣前锋营"。

包衣骁骑参领　官名。清朝内务府三旗包衣骁骑营中掌治各旗营务之官员。康熙十六年（1677）设，每旗五人，共十五人。以内务府郎中兼充，从三品。掌管关防，督率佐领审查人丁，办理应试，挑补披甲，监督领放俸饷，查报贤孝节义，禁止奴仆逃亡，稽察袭职世系，以及按时训练部属以备紫禁城之宿卫。

包衣骁骑副参领　官名。清朝内务府三旗包衣骁骑营中掌治各旗营务之副长官。额定十五人，每旗各五人，从四品。职同"包衣骁骑参领"。

包衣营总　官名。清朝圆明园内务府三旗护军营中掌管分辖包衣营众之长官。雍正十年（1732）设，额设一人，正四品。乾隆三十七年（1772）定为三品虚衔。

包衣摆牙喇　满语。指清朝由内府佐领之精兵组成的护军。

鸟枪前锋　清朝前锋营中使用鸟枪之兵。清制：前锋营众以一半人习鸟枪，称为鸟枪前锋。

鸟枪前锋什长　官名。清朝前锋营之基层武官。每旗六人，从鸟枪前锋内选充，以领其众。

处　指一级官署。清朝设置广泛，然名称各异，地位悬殊。如军机处、太常寺工程处、粘竿处、侍卫处等。至清末，始作为中央各部下属机构。

处士　本指未仕或不愿出仕的士人。宋朝用作授予学人隐居不仕者的称号。著名者有种放、魏野、林逋、孔旼、尹焞等，皆颁发诰身。

处长　官名。清末新设中央机构下属各处之长官。主管各处事。如陆军部所属审计处、军学处，各设处长一员。

处守　留守代理政务。《孟子·告子下》："孟子居邹，季任为任处守，以币交，受之而不报。"焦循注："任，薛之同姓小国也。季任，任君季弟也。任君朝会于邻国，季任为之居守其国也。"

处置使　使职名。唐玄宗以后，采访、观察、都统等使加"处置"，赋予处理、决断权。玄宗开元二十二年（734）初置采访处置使，以御史中丞卢绚等为之，肃宗乾元元年（758）改为观察处置使。肃宗乾元元年（758）李峘除都统淮南江东江西节度宣慰观察处置等使，宣宗大中五年（851）以特进、守司空兼门下侍郎平章事白敏中充邠宁节度使、招讨南山平复党项兵马都统处置等使。五代沿置，后唐庄宗同光元年（923）侍中郭崇韬兼领成德军节度镇翼深赵等州观察处置等使，后汉高祖乾祐元年（948）以皇弟勋山南西道节度管内观察处置等使。南宋高宗建炎三年（1129）知枢密院事张浚为川、陕、京西、湖北等路宣抚使，加"处置"二字入衔为宣抚处置使。

册书　官府文书名。唐宋立后妃，封亲王、皇子、大长公主，拜三师、三公、三省长官时用之。由翰林学士撰文。

册立　古代皇帝封立太子、皇后之礼一般称册立。唐封立妃嫔、周边诸政权新主，亦称册立。

册立使　使职名。唐中宗至玄宗时置，周边诸政权凡立新主，遣其册立。中宗景龙二年（708）置册立诸国使，隶礼部主客司，择汉官任。玄宗开元二十五年（737）新罗王金兴光卒，其子承庆嗣位，遣赞善大夫邢玮摄鸿胪少卿，往吊祭、册立；二十六年渤海靺鞨王大武艺死，其子钦茂嗣立，遣使吊祭、册立。五代后唐庄宗同光二年（924）命司农卿郑质、将作少监何延嗣持节册回鹘权知可汗仁美为英美可汗，明宗天成三年（928）命使册回鹘仁裕为顺化可汗。

册立诸国使　使职名。参见"册立使"。

册礼使　使职名。五代后梁太祖开平元年（907）受禅，以摄中书令张文蔚充任，奉传禅册宝，押金吾仗卫、太常卤簿等。以礼部尚书苏循副之。

册命　帝王祝告天地宗庙，册立后妃，封赏臣子所用的文书。《尚书·周书·顾命》："太史秉书"，"御王册命"。后用指册立或册封之事。

册封　古代皇帝封立宗族、皇子、妃嫔、周边诸政权新主等，都经过一种仪式，在受封者面前，宣读授给封爵位号的册文，连同印玺一起授给被封人，称为册封。

册授　官制术语。唐制，凡三品以上官员，由皇帝当面册封，称册授。

用事　❶掌管某一职事。《曶鼎铭》："曶，令汝更乃祖考司卜事，锡汝用事。"❷当权，执国政。《战国策·赵策四》：“赵太后新用事。”

乐人 官名。春秋时齐国置。掌奏歌乐。《晏子春秋·内篇杂上》：“晏子臣于庄公”，“公令乐人奏歌”。

乐尹 官名。春秋时楚国置。掌乐大夫。《左传·定公五年》：“（楚昭王）将嫁季芈”，“以妻钟建，以为乐尹”。杜预注：“司乐大夫。”

乐正 官名。❶乐官之长。相传尧时已置。春秋战国沿之。分大、小乐正。属员有太师、瞽工等。《左传·昭公二十八年》：“昔有仍氏生女”，“乐正后夔取之”。《吕氏春秋·孟春》：“命乐正入学习舞。”高诱注：“乐正，乐官之长也。入学宫，教国子讲习羽籥之舞。”后世乐正地位较低。南朝梁太常卿下有乐正，掌乐事。隋炀帝改太乐署、清商署乐师称乐正，置十人。唐朝太乐署置八人、鼓吹署置四人，皆从九品下，助理本署令教习鼓乐。北宋太常寺亦置，掌声律。❷后宫官。南朝宋明帝置。掌铨查六宫。官品第三。

乐师 乐官。《吕氏春秋·孟夏》：“乃命乐师，习合礼乐。”高诱注：“乐所以移风易俗，荡人之邪，存人之正性，故命乐师使习合之。”《周礼》春官有乐师，下大夫四人，上士八人，下士十六人。其职掌教国小乐舞、乐仪。凡国家礼乐之事，掌其乐政。隋朝太常寺太乐署置八人、清商署置二人，从九品，掌教习声乐，炀帝大业三年（607）改为乐正。

乐师上士 官名。西魏恭帝三年（556）仿《周礼》乐师置，北周沿置。初为春官府大司乐中大夫属官，北周武帝保定四年（564），改大司乐为乐部，遂为乐部中大夫属官。员一人，掌乐官政令，听其治讼，并主持乐官的演奏。正三命。下设乐师中士以佐其职。隋文帝开皇元年（581）罢。

乐师中士 官名。西魏恭帝三年（556）置，北周沿置。初为春官府大司乐中大夫属官，北周武帝保定四年（564），改大司乐为乐部，遂为乐部中大夫属官。员一人，佐乐师上士掌乐官政令，听其治讼，并主持乐官演奏。正二命。隋文帝开皇元年（581）罢。

乐府 官署名。秦朝已设。西汉沿置，职掌制作郊祀宗庙音乐及采择民间歌谣，管理宫廷歌舞艺人，制作乐器。隶少府。（一说初隶太常所辖太乐令，武帝时始分立，改隶少府）武帝时规模较大，置于上林苑中。设令一员、丞三员，又有音监、倡监、游徼等属官。所辖乐人众多。桓谭《新论》：“余昔在成帝时为乐府令，凡所典领倡优伎乐，盖有千人。”哀帝初有器乐、歌舞演员等八百二十九人，哀帝罢其署，以其中三百八十八人改属太乐令。后世或作为主管音乐官署的泛称。

乐府令 官名。西汉属少府，有丞。主宗庙祭祀之乐。惠帝时有乐府令夏侯宽，然《汉书·礼乐志》谓武帝定郊祀之礼，乃立乐府。所辖乐人众多。哀帝初有器乐、歌舞演员等八百二十九人。哀帝罢乐府，其中三百八十八人改属太乐令。

乐府丞 官名。西汉属少府，为乐府令副职。

乐胥下士 官名。西魏恭帝三年（556）仿《周礼》小胥置，北周沿置。初为春官府大司乐中大夫属官，北周武帝保定四年（564），改大司乐为乐部，遂为乐部中大夫属官。正一命。隋文帝开皇元年（581）罢。职掌参见“乐胥中士”。

乐胥中士 官名。西魏恭帝三年（556）仿《周礼》大胥置，北周沿置。初为春官府大司乐中大夫属官，北周武帝保定四年（564），改大司乐为乐部，遂为乐部中大夫属官。掌教授舞乐及纠正演奏、舞蹈者的错误，正二命。下设乐胥下士以佐其职。隋文帝开皇元年（581）罢。

乐卿 ❶汉武帝所置武功爵第八级。其时国用不足，置赏官，称为武功爵。买爵者得试补为吏，最高可至乐卿。❷唐宋太常卿的别称。

乐部 官署名。北周始置。西魏、北周春官府原设司乐，周武帝保定四年（564）改为乐部。掌演乐事，以乐部中大夫主其事。后代多废不置，其演乐事分属太常寺、太乐署等机构。清朝置，乃特设之机构。掌管大祭祀、大朝会的演乐及审定乐器音律事务。设于乾隆七年（1742）。长官为管理大臣，亦称典乐大臣。初由礼部满尚书兼任，其他懂音乐之王大臣亦可简派，无定员。后改为由各部侍郎、内务府大臣兼理，而满大臣中懂音乐者亦可派为管理大臣。下设署正、署丞、协律郎、司乐等官，以及乐生一百八十人，舞生三百人，分别隶于各署、处，所属机构有神乐署、和声署、什榜处等。此外，内务府掌仪司所掌宫中庆贺燕飨之乐及銮仪卫所掌卤簿诸乐，均由乐部统一管理。其职官仍隶原衙门。

乐部下大夫 即小乐部下大夫。

乐部中大夫 官名。北周武帝保定四年（564），改大司乐中大夫置。仍属春官府，为乐部长官，下设小乐部下大夫、小乐部上士、小乐部中士以佐其职。掌音律，教授乐舞，管理各种伎乐的演奏。领乐师上士、乐胥中士、司歌中士、司钟磬中士、司鼓中士、司吹中士、司舞中士、籥章中士、掌散乐中士、典夷乐中士、典庸器中士等官属。武帝建德二年（573）省。宣帝即位后，复置。正五命。隋文帝开皇元年（581）罢。

乐部管理大臣 官名。亦称典乐大臣。清朝乐部之长官，掌部事。乾隆七年（1742）设，以礼部满洲尚书一人兼充，或从王大臣内知乐者特旨简派，无定员，后亦由各部侍郎兼总管内务府大臣者充任。

乐曹参军 官名。北周置，为都督中外诸军事府僚属。见《周书·杜叔毗传》。

乐悬院 唐朝太常寺四院之一，掌收藏大享用六乐之器。

乐游丞 官名。南朝置，掌乐游苑。梁、陈属司农卿。

乐器局 官署名。北齐置，属太府寺左尚方署，设丞。掌宫廷乐器制作。

乐器局丞 官名。北齐置。见“乐器局”。

〔丶〕

冯相上士 官名。西魏恭帝三年（556）仿《周礼》冯相氏置，北周沿置。春官府太中大夫属官，掌观测历法时辰与天位的对应，来考察历法的精粗，正二命。下设冯相中士以佐其职。隋文帝开皇元年（581）罢。

冯相中士 官名。西魏、北周春官府太史中大夫冯相上士佐官，正二命。

冯相氏 官名。《周礼》春官之属。一说为周朝置。掌天文星象历法之推步。《周礼·春官》：“冯相氏，中士二人，下士四人，府二人，史四人，徒八人”，“掌十有二岁，十有二月，十有二辰，十日，二十有八星之位，辨其叙事，以会天位。冬夏致日，春秋致月，以辨四时之叙”。

讨击使 唐朝边镇武官，位在军镇大使下。

讨夷将军 官名。东汉献帝建安（196—220）间曹操置，三国魏、南朝梁、北魏沿置。梁武帝天监七年（508）定为武职二十四班中的五班，普通六年（525）刊正将军名号后罢。北魏孝文帝太和十七年（493）定为七品中，二十三年复次职令，七品。

讨狄将军 官名。南朝梁置。武帝天监七年（508）定为武职二十四班中的七班，普通六年（525）刊正将军名号后罢。

讨虏大都督 官名。北魏置。《魏书·肃宗纪》：“以卫将军、讨虏大都督尔朱荣为车骑将军、仪同三司。”

讨虏护军 官名。西晋置于西北地区，统兵，多由郡太守兼任。武帝咸宁五年（279），马隆以武威太守兼此，统兵伐凉州虏帅树机能。参见“护军”。

讨虏将军 官名。东汉献帝建安（196—220）初置，建安五年，曹操表孙权任之，领会稽太守。建安末，刘备亦任黄忠为之。西晋、十六国汉沿置。北魏孝文帝太和十七年（493）定为七品中，二十三年复次职令，七品。

讨虏校尉 官名。东汉末置。贾诩自平津都尉迁此，隶中郎将牛辅。见《三国志·贾诩传》。

讨逆将军 官名。东汉献帝建安（196—220）初置。《三国志》卷四六《孙策传》：“曹公表（孙）策为讨逆将军，封为吴侯。”后曹操亦置，文聘以讨关羽功，加此职。

讨难将军 官名。北魏置。孝文帝太和十七年（493）职员令定为七品中，二十三年复次职令，七品。

讨秽将军 将军名号。新莽置。《汉书·王莽传》有讨秽将军严尤。

讨寇将军 官名。三国魏、蜀皆置，统兵出征或作为太守等地方长官的加官。魏、晋、南朝宋皆八品（一说魏为五品）。北魏沿置，孝文帝太和十七年（493）定为七品中，二十三年复次职令，为七品，隋初列为散号将军，降为从八品上，炀帝大业三年（607）罢。

讨寇校尉 官名。东汉献帝建安（196—220）初曹操置，为领兵武职。见《三国志·乐进传》。

讨越中郎将 官名。东汉献帝建安（196—220）中孙权置。领兵，掌讨伐山越。见《三国志·蒋钦传》。

讨蜀护军 官名。三国魏置。统兵，属征西将军。齐王曹芳正始（240—249）中，夏侯霸曾以右将军任之。参见“护军”。

让 官制用语。朝廷高级官员在得到任命后，一般皆上表辞让，以示谦逊。不让者反成特例。东晋王述迁尚书令，不让，“（其）子坦之谏，以为故事应让”。（《晋书·王湛传》）地位较低的官一般不须辞让。《南齐书·谢朓传》：“迁尚书吏部郎，朓上表三让，中书疑朓官未及让，以问祭酒沈约。”

训士 官名。北魏道武帝天兴三年（400）置，职比谏议大夫，规讽时政，匡刺非违。

训方下士 官名。西魏、北周夏官府职方中大夫训方中士佐官，正一命。

训方中士 官名。西魏恭帝三年（556）仿《周礼》训方氏置，北周沿置。夏官府职方中大夫属官，正二命。下设训方下士以佐其职。隋文帝开皇元年（581）罢。参见“训方氏”。

训方氏 官名。《周礼》夏官之属。一说为周朝置。负责向君王报告诸侯政事、诵说四方传说兼掌民众教化。《周礼·夏官》：“训方氏，中士四人，府四人，史四人，胥四人，徒四十人”，“掌道四方之政事，与其上下之志，诵四方之传道。正岁则布而训四方，而观新物”。

训术 官名。明清阴阳学学官之一。明洪武十七年（1384）始设。县各一人，未入流。凡天文、占候、星卜、相宅、选日之流，悉归管理。然设官不给禄。清顺治（1644—1661）初年沿设，县各一人，未入流，由所辖有司遴选学行端正者，咨部给札。雍正七年（1729），令兼辖星学。

训导 官名。明清地方学校之学官。明洪武二年（1369）始置。各府州县学均设一人。分别为府学教授、州学学正、县学教谕之副职，分掌教授生徒之事。清朝相沿未改。

训武郎 官名。南宋改敦武郎置，为正八品武阶官。

训练近畿陆军各镇事宜大臣 官名。清末近畿陆军督练公所长官。光绪三十三年（1907）十二月置。一人，正二品，特简。掌近畿第一、三、五、六各镇陆军的管理、训练事宜。宣统二年（1910）省。

训练官 官名。宋朝军中教官。神宗熙宁七年（1074），于系将禁兵中置，掌军事训练。哲宗时，某些不系将禁兵亦置，由都监或监押充任。南宋属军职，位在准备将之下。

训练科　官署名。清末海军部军学司所属五科之一。原属筹办海军事务处。宣统二年（1910），随司改属海军部。掌厘定海军各类训练章程，稽核训练成绩，筹拟雇用练船、教员、洋员。置科长、科员、录事。

训科　官名。明清地方县之医学学官。明洪武十七年（1384）始设。每县一人，未入流，设官不给禄。掌教授生徒之事。清沿明制设，未入流。由所辖有司遴选谙医理者，咨部给札。

议长　官名。清末各省谘议局长官。详见“谘议局议长”。

议令史　官名。东汉末年置，曹操丞相府属吏。诸曹如东曹、西曹、法曹等皆设。

议生　官名。晋朝郡、县属吏中散吏之一，职掌谋议。北齐清都郡，邺、临漳、成安三县亦置。

议处　官制用语。即对有过失的官员交有关部门拟定处罚办法。清制，一般官员均由吏部拟定，如系吏部官员则交都察院拟定处罚办法。其情节轻微者，则称察议。

议礼局　官署名。宋徽宗大观元年（1107）尚书省置，以执政兼领，下设详议官，掌议定礼制。政和三年（1113），修成五礼仪注，遂罢。

议司　官署名。宋神宗元丰六年（1083）大理寺置，由大理卿、少卿、丞主管，掌覆议断司所断公案。

议员　官名。清末参预中央资政院及地方谘议局议案讨论、表决之官员。资政院议员分为钦选议员、民选议员两种。详见“资政院钦选议员”、“资政院民选议员”、“咨议局常驻议员”、“咨议局议员”。

议官　宋朝详议官简称。

议郎　官名。❶西汉置，隶光禄勋。为高级郎官，不入直宿卫，职掌顾问应对，参与议政，指陈得失，为皇帝近臣，秩比六百石。东汉更为显要，常选任耆儒名士、高级官吏，除议政外，亦或给事宫中近署。魏、晋及北魏仍置，作为后备官员，不再以参议谏诤为职。魏、晋七品。品秩虽低，名义清高，即三品将军、九卿亦有拜之者。❷隋朝谒者台属官。炀帝大业三年（607）置，员二十四人，掌出使巡察。寻废。

议政大臣　见“议政王大臣会议”。

议政王　见“议政王大臣会议”。

议政王大臣会议　清初满族贵族参预国政之政治制度。努尔哈赤于明万历四十三年（1615）设理政听讼大臣五人，又称议政大臣，是为清议政制度的最早记载。天命七年（1622），努尔哈赤定子侄八人为八和硕贝勒，共议国政。十一年，皇太极嗣位，为加强君权，分散诸王贝勒权力，命八旗总管大臣（固山额真）均参加议政。后又将议政范围扩大到贝子，定每旗各设议政大臣三人。入关后，重要事务仍由议政大臣会议讨论决定。满族王公、大臣被加以议政衔者即为议政王大臣，其办公处即为议政处。军机处设立以后，重要军国大政皆由军机大臣承旨遵办，王公大臣议政制度遂废。至乾隆五十六年（1791）正式取消。

议政五大臣　见“理政听讼大臣”。

议政贝勒　清入关前非旗主贝勒而参与议处国政者之统称。后金天命七年（1622）后，努尔哈赤实行八贝勒共治国政之制。八贝勒即八旗之旗主贝勒，又称主旗贝勒。此外，非旗主之贝勒，亦有参与议政者，如德格类、杜度、阿巴泰等，是为议政贝勒，以别于主旗贝勒。

议政处　参见“议政王大臣会议”。

议叙　清朝吏部之奖叙制度。凡官员考核成绩优良或有功绩者，奉旨交部议叙，以资奖励。议叙之法，分为纪录、加级两种。由保举而授任之官亦称议叙，如议叙知县等即是。

议曹　官署名。亦称谋曹，主参议。汉朝郡县州府置。三国魏公府列曹亦置。晋朝州郡沿置。南朝宋、齐、梁、陈州皆置，以从事史（从事）主之，郡亦或置，以掾主之。又，南朝宋、梁尚书亦置。

议曹从事　官名，即议曹从事史。东汉为刺史（州牧）属吏。东汉末，刘备为益州牧，以杜琼为议曹从事，职参谋议。晋不详。南朝以来，州府皆置。员数多寡各随州，无定制。其地位随州之大小，有一班、流外七、六、五、四班之不同。陈大州议曹从事位九品。

议曹从事史　见“议曹从事”。

议曹郎　官名。南朝尚书省诸曹郎之一。

议曹祭酒　官名。汉朝郡府属吏。不领具体职司，参与谋议，属散吏，地位较尊。《后汉书·循吏列传·任延传》：“延辟让再三，遂署议曹祭酒。”

议督军　官名。三国蜀置。《三国志·刘封传》裴松之注：“（刘）封子林为牙门将，（魏元帝）咸熙元年（264）内移河东。（孟）达子兴为议督军，是岁徙还扶风。”

讯　❶西周时期典狱官审问罪犯的程式。❷官名。西周时期负责审问罪犯的官吏。

记名　清朝吏部奖叙制度。指官员有功，登记备考之例。凡文武官员著有勋绩，须交吏部或军机处存记其名，遇缺奏请任用。

记注院　官署名。金朝置。掌记述皇帝言行，修起居注。官员多由他官兼领。

记注案　官署名。宋神宗元丰（1078—1085）改制后，门下外省（后改门下后省）、中书外省（后改中书后省）各置，掌录起居注事，隶门下者由起居郎领之，隶中书者由起居舍人领之。南宋因之。

记室　❶官名。汉朝自三公府至郡县皆置为佐吏，具体名称不一，太尉属吏有记室令史，郡府有主记室史，县府有记室史，皆主文书表报。三国魏定诸府记室官七品。两晋南北朝以来有记室令史、记室督、记室参军、中记室参军等名目，省称记室。宋太宗雍熙二年（985）诸王府置记室参军，以常参官兼任，掌以忠孝之道赞导诸王。明朝洪武二十八年（1395）靖江王府所属谘议所置，员一人。建文（1399—1402）中各王府皆置二人，掌文书。成祖即位，皆罢。❷官署名。西晋于丞相府置，为诸曹之一，设参军为长官，专掌文疏表章。南北朝、隋唐，诸王府、公府、将军府皆置，以参军主其事。

记室书令史 官名。晋朝置，为诸公府属吏。

记室书佐 官名。西晋置，司隶校尉、诸州属吏。掌记录、缮写等秘书工作。

记室史 官名。西晋置，郡府属官，掌文书记录，位在主记室下。

记室参军 官名。又称记室参军事。西晋始置，为记室曹长官，掌文疏表奏。南北朝时，皇弟皇子府、嗣王蕃王府、公府、持节都督府皆置，品级自七品至九品不等。隋置于亲王府，从六品。唐因之，从六品上。宋朝以常参官兼任。金朝为正八品，掌亲王府表笺书启之事。世宗大定七年（1167）始置，后以亲王府文学兼任。参见“记室”。

记室参军事 即记室参军。

记室省事令史 官名。西晋置，诸公及开府位从公者属官，掌文书。

记室监 官名。十六国南凉置。《晋书·秃发利鹿孤载记》：“记室监麹梁明聘于段业。”

记室掾 官名。北齐置，为司州，清都郡，邺、临漳、成安三县以及诸州属官。

记室督 官名。西晋置。诸公及开府位从公加兵者属官，给侍一人，位在主簿下。赵王伦为相国，曾置四人。职掌同州郡记室官，掌记录、文书缮写。

记档太监 官名。清朝内奏事处中任职之太监。额设四人。详见“奏事处”。

汉人司 官署名。金朝置，隶属户部。设主事，秩从七品，同户部员外郎分掌曹事，兼提控编附条格、管勾架阁等。

汉人行宫都部署院 官署名。辽朝置。又称汉儿行宫都部署院、南面行宫都部署司。总领诸行宫汉人之事。设都部署、副部署等职。

汉人枢密院 辽朝官署名。即南枢密院。

汉人省掾 参见“省掾”。

汉人宣徽院 辽朝官署名。即南面官之“宣徽院”。

汉儿司 官署名。辽朝置，为南面官。始置于太祖时，以韩知古总知汉儿司事，统领汉人事务，太宗时改为汉人枢密院。

汉儿行宫都部署院 即汉人行宫都部署院。

汉大学院 官署名。西夏置，然不在西夏官制序列中。设博士。

汉本房 官署名。清朝内阁所属之办事机构。掌收发“通本”，翻译无满文之本（照贴黄译），缮写同题本一起呈进的本单，以及各种满文翻译事项。设侍读学士满、汉各二人；侍读满三人，汉二人；中书满三十一人，汉军八人，汉三人；贴写中书满十六人；供事三人。又，吏、礼、兵、刑、工五部亦设，掌收发汉文本章。由各部堂主事兼管。

汉军都团练使司 官署名。辽朝置，为南面官，统领部分汉军。始置于太祖神册二年（917）。设都团练使、副使、判官等职。

汉军都指挥使司 官署名。辽朝置。属东京契丹、奚、汉、渤海四军都指挥使司，统领汉军。其他有汉军之处亦设，统领汉军兵马。

汉军缺 清朝官缺之一。亦称汉军官缺。指为有汉军旗籍身份之官员而专设之额缺。钦天监之正六品秋官正定为其额缺，内阁侍读、典籍、中书、部院堂主事、大理寺寺丞、太常寺博士、钦天监灵台郎、司晨博士、部院衙门笔帖式，皆定有其额缺。在京汉军司官以上可用汉缺，唯有刑部司官，不用汉军。京堂以上可用满洲缺。凡外官，汉军包衣皆可用汉缺。

汉忠将军 将军名号。东汉初置。光武帝时有汉忠将军王常，见《后汉书·王常传》。

汉侍卫 官名。清朝侍卫中之一种。从上三旗汉军中选拔。分四等，即一、二、三等侍卫及蓝翎侍卫，无定额。详见“侍卫”。

汉档房 官署名。清朝理藩院所属机构。掌理汉文档案。设堂主事汉军一人掌其事。

汉缺 清朝官缺之一。亦称汉官缺。指为具有汉族籍身份之官员而专设之额缺。凡内外官缺中，除宗室缺、满洲缺、蒙古缺、汉军缺、内务府包衣缺之外，皆为汉官缺。在京官缺，汉军司官以上得用汉缺。在外官缺，满洲、蒙古、汉军、包衣亦皆得用之。宗室、满洲、内务府包衣亦常破例地使用汉官缺。

汉票签处 官署名。清朝内阁所属之办事机构。掌拟、缮汉文票签，撰拟制、诏、诰、敕、祝文、赐谥号、封号等御制文字，缮写御制诗文集、宫殿匾额、楹帖、碑文，登录外纪簿等事。设汉侍读二人，汉中书二十七人，供事四人。此外，还有委署侍读，无定额，由汉典籍、中书内派委。

礼书 宋朝礼部尚书简称。

礼仪使 官名。唐朝玄宗开元十年（722）以他官知礼仪事，始称使，专掌五礼。天宝九载（750）始定置不改，亦称礼仪祠祭使，多以太常卿、六部尚书或侍郎充任。代宗大历五年（770）罢，事归太常，七年复置，德宗建中元年（780）停，自后不置，每有南郊大礼，权置，礼毕即停。宋朝沿置，为大礼五使之一，初以太常卿充任，缺则以学士、尚书丞、郎为之，神宗元丰（1078—1085）改制后，以礼部尚书、侍郎充任。

礼仪房 官署名。明朝于内廷之中设，掌一应选婚、选驸马、诞皇太子女、选择乳妇等事。设提督太监一员，由司礼监掌印太监或秉笔太监兼摄之；又设掌司、写字、管事、长随等，无定员，皆以宦官为之。

礼仪院　官署名。❶宋真宗大中祥符六年（1013）置，掌依典礼裁定行礼所用仪仗、法物等制度。多以参知政事为判院，学士、丞郎、诸司三品以上为知院。仁宗天圣元年（1023）废。❷清初内府机构之一。顺治十七年（1660）改礼仪监设。掌内庭礼乐之事，并考核太监品级。初设总理，左、右协理各一人，后改设郎中三人，员外郎八人，笔帖式二十人，赞礼郎十二人，司胙官四人。所属有喇嘛哮经处、皇史宬等。康熙十六年（1677）改称掌仪司。

礼仪监　官署名。清初内府机构之一。顺治十三年（1656）改钟鼓司设。掌内庭礼乐之事。并考核太监品级。初设总理，左、右协理各一人。十七年，改为礼仪院。

礼仪案　官署名。宋神宗元丰（1078—1085）改制，太常寺置，掌讨论大庆典礼、袭封定谥，检举忌辰，以及神祠道释等事。

礼乐长　官名。东汉置，为王国属官，掌乐人，秩比四百石。

礼乐案　官署名。宋神宗元丰（1078—1085）改制后，礼部置。掌五礼大乐、鼓吹晏乐，朝会、上寿、飨宴，上元张灯，祠祭、朝谒、朝拜、籍田、郊庙、陵园、坛域、蕃贡。凡礼乐制度，仪注、器服、牲牢、婚姻、丧葬、赙赠皆属之。

礼直官　吏名。宋神宗元丰（1078—1085）改制，太常寺置，其下又设副礼直官，掌有关细务。

礼物局　官署名。南宋置，掌造每年遣国信使所用礼物。孝宗隆兴二年（1164），并入文思院。

礼制局　官署名。宋徽宗政和二年（1112）置于编类御笔所，掌讨论古今宫室、车服、器用、冠婚、丧祭沿革制度。宣和二年（1120）废。

礼制署　官署名。清末典礼院所属机构。宣统三年（1911）设。掌朝会、尊崇、庆贺、大婚、经筵、巡幸、耕耤各事以及皇子公主婚嫁、册立册封、进书颁赏事宜。置署长一人，佥事、录事并鸣赞、序班等。

礼制署署长　官名。清末典礼院属官。宣统三年（1911）设。一人，奏任。承掌院、副掌院之命总核本署事务。

礼侍　宋朝礼部侍郎简称。

礼店文州蒙古汉军西番军民元帅府　官署名。元朝置。秩正三品。隶吐蕃等处宣慰司都元帅府，掌礼店、文州（今甘肃文县、礼县）军民政务。设达鲁花赤、元帅、同知、经历、知事各一员，镇抚二员，蒙古奥鲁官二员。下辖礼店文州蒙古汉军奥鲁军民千户所，秩从五品；礼店文州蒙古汉军西番军民上千户所，秩正四品。

礼官　官名。❶掌礼仪之官。《周礼·春官·序官》："乃立春官宗伯，使帅其属而掌邦礼，以佐王和邦国。礼官之属，大宗伯卿一人，小宗伯中大夫二人。"后代或作为主司礼仪官员的通称。❷郑成功所设六官之一。参见"六官"。

礼官博士　官名。北魏置。孝文帝太和十七年（493）定为六品中，二十三年复次职令，未见。

礼房　官署名。宋朝置，为"六房"之一。初隶于中书门下及枢密院，掌礼仪国信之事。神宗元丰（1078—1085）改制后设于门下省、中书省，掌郊祀、朝拜陵庙等典礼之事。明亦置，为中央和地方官署中书吏的办事机构，六房之一。清都察院堂下、通政使司登闻鼓厅下设，掌有关案件之整理呈报。太常寺博士厅设，分管厅事。其办事之书吏为经承，属都察院者二人，余各一人。顺天府及各直省府、州、县衙门内亦设，协助府、州、县长官经管春秋祭祀及考试等事。其书吏，属顺天府者为经承，属各直省府、州、县者为典吏。

礼科　官署名。明清六科之一。明洪武六年（1373）置，设给事中二人。初隶承敕监，后隶通政司。二十四年设都给事中一人，左、右给事中各一人，给事中六人。永乐（1403—1424）中，六科自为一署。掌监订礼部仪制，纪录大臣曾经纠劾削夺、有玷士论者，以核赠谥之典。清顺治（1644—1661）中沿置，设都给事中满、汉各一人，左、右给事中满、汉各一人，给事中汉二人。康熙四年（1665），只留给事中满、汉各一人，余俱裁。五年，增设掌印给事中满、汉各一人。掌稽核典礼事务，注销礼部、宗人府、理藩院等衙门之卷。雍正元年（1723）改隶都察院。光绪三十二年（1906）裁。

礼科右给事中　官名。参见"礼科左给事中"。

礼科左给事中　官名。明清礼科之副长官。佐都给事中掌科事。明洪武二十四年（1391）设左、右各一人，秩从八品。永乐（1403—1424）中改为从七品。清顺治十八年（1661）设左、右满、汉各一人。康熙四年（1665）裁。

礼科给事中　官名。明清礼科之属官。明洪武六年（1373）设，二人，秩正七品，推年长者掌印。二十四年定设六人。秩正九品。建文（1399—1402）中改为从七品。万历（1573—1620）中裁一人。又，南京礼科亦设一人。分掌监订礼部仪制，纪录大臣曾经纠劾削夺、有玷士论者，以核赠谥之典。清顺治（1644—1661）中沿设，汉二人。康熙四年（1665）改设满、汉各一人。初制为从七品，雍正七年（1729）升为正五品。分掌稽核典礼事务，注销礼部、宗人府、理藩院等衙门之文卷。光绪三十二年（1906）裁。

礼科都给事中　官名。明清礼科之主官。掌科事。明洪武二十四年（1391）设一人，秩正八品。建文（1399—1402）中改为正七品。清顺治十八年（1661）设满、汉各一人。康熙四年（1665）裁。

礼信司　官署名。辽朝置，为南面官。属客省。职掌不详。

礼院　官署名。即太常礼院。

礼院修撰官　官名。唐朝太常礼院置，一员，德宗贞元七年（791）停，九年复置，成为定制。

礼院检讨官 官名。唐朝太常礼院置，一员，德宗贞元七年（791）停，九年复置，成为定制。

礼部 ❶官署名。北魏始置，隋朝以后为中央行政机构六部之一，掌管五礼之仪制及学校贡举之法。北魏王谌曾任礼部尚书，然其制不详。西魏置，文帝大统十二年（546）为尚书省十二部之一。后建六官府，遂改隶春官府。北周沿置，属春官府。武帝保定四年（564）改礼部为司宗，大司礼为礼部。以礼部下大夫为长官，下设小礼部上士。辖典瑞、典服、司寂、司玄、治礼、司谒等官属。掌内外九族之差、玉器衣服之令、法门道士之法。隋始为六部之一，长官为礼部尚书，其后历代相沿不改。隋至宋属尚书省，元属中书省，明、清为独立机构，直接听命于皇帝。隋置尚书一人。下辖礼部、祠部、膳部、主客四司，初由侍郎掌管，炀帝大业三年（607），改侍郎为尚书之佐，各司侍郎均改为郎。四司分掌礼乐、学校、宗教、民族及外交之政。唐因之，置尚书、侍郎各一人四司设郎中、员外郎为正、副长官。高宗龙朔二年（662），更名司礼，咸亨元年（670）复旧。武则天光宅元年（684）更名春官，中宗神龙元年（705）复旧。玄宗开元二十四年（736）以后，又兼掌贡举，历代沿之。五代沿唐制。北宋前期设判部事一员或二员，以两制及带职朝官充任。掌制科举人，奏补太庙及郊社斋郎、室长、掌坐，都省集议，百官谢贺章表，诸州申报祥瑞，出纳内外牌印，兼管贡院。神宗元丰（1078—1085）改制，厘正礼部职掌，始掌礼乐、祭祀、朝会、宴飨、学校、贡举之法，设尚书、侍郎、郎中、员外郎领其事。南宋因之。西夏亦置，其制不详。辽朝属南面官，始置于太祖时。初由中书省兼，后属尚书省。掌礼仪、祭祀、贡举之政令。金朝初与左、右司同署，熙宗天眷三年（1140）始分治。设尚书、侍郎、郎中、员外郎、主事等官。掌礼乐、祭祀、燕享、学校、贡举、仪式、符印、表疏、册命、祥瑞、庙讳、释道、四方使客，诸国进贡、犒劳张设等事。所辖有惠民司。元世祖中统元年（1260），与吏、户二部为左三部。至元元年（1264），分置吏礼部。十三年定制，礼部自成一部。设尚书三员。下设侍郎、郎中、员外郎等。辖侍仪司、拱卫直都指挥使司、仪凤司、教坊司、会同馆等机构。职掌同前。明初沿元制隶中书省，并辖四属部：总部、祠部、膳部、主客部。洪武十三年（1380）废中书省，升部秩。二十九年定部下所辖为仪制、祠祭、主客、精膳四清吏司。设尚书一人，左、右侍郎各一人，以及四司郎中、员外郎、主事等员。兼辖铸印局、教坊司等。清沿明制。天聪五年（1631）始设，初以贝勒领部事，下设承政、参政、启心郎等官。崇德三年（1638），改以承政领部事，下设左、右参政、启心郎、理事官、副理事官、额哲库等官。顺治元年（1644），改承政为尚书，参政为侍郎，理事官为郎中，副理事官为员外郎，额哲库为主事。五年，定尚书满、汉各一人。十五年，定左、右侍郎满、汉均各一人。下属四清吏司如明制，分掌各种礼仪。所辖有铸印局、会同四译馆。部内设有司务厅、清档房、汉本房、督促所、当月处等机构，以办理文书等事务。光绪三十二年（1906），光禄、太常、鸿胪三寺併人。宣统三年（1911），改为典礼院。❷北周礼部下大夫之省称。❸隋唐五代礼部头司。详见“礼部司”。❹南北朝时高昌国八部之一，设长史、司马为正、副长官。❺渤海国右六司之一，置卿一人。

礼部下大夫 官名。北周武帝保定四年（564）五月，改春官府大司礼为礼部，置为长官，掌内外九族以及玉帛衣服的礼制规格，并管理全国的僧、道等宗教事务。正四命。下设小礼部上士以佐其职，领典瑞中士、典服中士、司寂上士、司玄中士、治礼中士、司谒中士等官属。隋文帝开皇元年（581）罢。

礼部上士 官名。西魏恭帝三年（556）置，北周沿置。春官府礼部次官，正三命。佐礼部中大夫掌礼仪的制订与执行，下设礼部中士、礼部旅下士。武帝保定四年（564）五月丁亥，改礼部为司宗，遂改称司宗上士。

礼部中士 官名。西魏恭帝三年（556）置，北周沿置。春官府礼部中大夫属官，正二命。武帝保定四年（564）五月丁亥，改礼部为司宗，遂改称司宗中士。职掌参见“礼部上士”。

礼部中大夫 官名。西魏恭帝三年（556）置，北周沿置。春官府礼部长官，是春官府的主要官员，掌礼仪的制订与执行，在国家重要的仪式上，佐大宗伯卿主持其事，较小的仪式则由其主持。正五命。下设礼部上士、礼部中士、礼部旅下士以佐其职。北周武帝保定四年（564）五月丁亥，改礼部为司宗，遂改名司宗中大夫。

礼部长史 官名。麴氏高昌国礼部长官。职掌同尚书。参见“礼部❹”。

礼部右丞 参见“礼部左丞”。

礼部右侍郎 官名。明、清礼部之副长官。明朝始设，一人，正三品，与左侍郎同佐尚书掌部务。清沿明制，定满、汉各一人，从二品。宣统三年（1911），礼部改为典礼院，遂废。详见“礼部左侍郎”。

礼部右参议 参见“礼部左参议”。

礼部左丞 官名。清末礼部属官。光绪三十二年（1906）置。左、右各一人，正三品，简任。佐尚书、侍郎奉行典礼，总核本部司员升转奏补，督理出入经费等。宣统三年（1911），礼部改典礼院，遂省。

礼部左侍郎 官名。明、清礼部之副长官。自唐至元，礼部均设侍郎，一二人不等。至明，始分左、右，以左为上，左、右各一人，正三品。共佐尚书掌部务。清沿明制。初以左、右参政为礼部副长官，顺治元年（1644）改左、右参政为左、右侍郎，无员限。十五年，定满、汉左、右侍郎各一人，共四人。初制，满洲、汉军充任者二品，汉员三品。顺治十六年，改满侍郎为三品，康熙六年（1667）复故，九年仍改三品。雍正八年（1730），俱定为从二品。宣统三年（1911），礼部改为典礼院，其称遂废。

礼部左参议　官名。清末礼部属官。光绪三十二年（1906）置。左、右各一人，正四品，简任。佐尚书、侍郎奉行典礼，审议各司重要事务，总核征收地租及一切公产等。宣统三年（1911）礼部改典礼院，遂省。

礼部四属部　官署合称。明洪武六年（1373）于礼部下置总部、祠部、膳部、主客四部，称礼部四属部。属部分设郎中、员外郎各一人，主事各三人。十三年改每属部主事各一人。二十二年改总部为仪部。二十九年，改四属部为仪制、祠祭、精膳、主客四清吏司。

礼部仪部　官署名。明洪武二十二年（1389）改礼部四属部之一的总部而置。掌礼仪、宗室分封、贡举、学校之事，设郎中一人，正五品，员外郎一人，从五品，主事一人，正六品。二十九年改名仪制清吏司。参见“礼部总部”。

礼部仪部员外郎　官名。见“礼部仪部”条。

礼部仪部郎中　官名。见“礼部仪部”条。

礼部司　官署名。隋唐五代尚书省礼部四司之头司。掌礼乐、学校、仪式、制度、衣冠、符印、表疏、册命、祥瑞、铺设及丧葬赙赠之事。隋初设侍郎一人领司事，高祖开皇六年（586）另设员外郎一人司籍帐。炀帝大业三年（607）升侍郎为尚书之佐，改其司为仪曹，长官为仪曹郎，废员外郎而置承务郎。唐高祖武德三年（620）复旧。以郎中、员外郎为司之正、副长官。高宗龙朔二年（662）改名司礼司，咸亨元年（670）复旧。武则天光宅元年（684）改名春官司，中宗神龙元年（705）复旧。

礼部司马　官名。麹氏高昌国礼部次官，协助礼部长史处理本部事务。如被派遣到诸城相监检校，则称城令。

礼部员外　官名。渤海国右六司礼部属官，位郎中下。

礼部员外郎　官名。隋高祖开皇六年（586）始置，为尚书省礼部头司礼部司次官，佐司之长官礼部侍郎掌司事。炀帝大业三年（607）改称仪曹承务郎。唐高祖武德三年（620）复旧称。置一员，从六品上，佐礼部郎中掌礼部司事。高宗龙朔二年（662）改称司礼员外郎，咸亨元年（670）复旧。武则天光宅元年（684）改称春官员外郎，中宗神龙元年（705）复旧。五代因之。北宋前期为六品寄禄官，神宗元丰（1078—1085）改制后，始有实际职掌，作为礼部之佐贰官，参领本部事务，降为正七品。辽朝亦设，圣宗开泰五年（1016），王景运任此职，其制不详。金朝设一员，从六品；元朝设二员，从六品。均同宋制，参领本部事务。明、清于礼部所属仪制、祠祭、主客、精膳四清吏司设员外郎，为各司之副长官，分别冠以各司之名号。明制，每司设一员，从五品。清朝每司员额不等，四司共十二人，分别由宗室一人、满洲八人、蒙古一人、汉二人充任。初制正四品，顺治十六年（1659）改正五品，康熙九年（1670）定从五品。此外，礼部铸印局尚设员外郎一人。宣统三年（1911），礼部改为典礼院，遂废。

礼部尚书　官名。北魏始置，为礼部之长官，王据曾任此职，然其制不详。西魏初为尚书省十二部尚书之一。隋朝设一人，正三品，属尚书省，为中央行政机构六部之一礼部的最高行政长官，掌礼仪、祭祀、宴享及学校之政令，总判部属各司事。自此地位提高，历代相沿不变。唐朝置一人，正三品。高宗龙朔二年（662）改称司礼太常伯，咸亨元年（670）复旧。武则天光宅元年（684）改春官尚书，中宗神龙元年（705）复旧。玄宗开元二十四年（736）以后，又兼管贡举事。唐中叶以后，诸部尚书多为外官兼官，渐成不治部务之空衔，故本部事务多由侍郎主之。五代因之。北宋前期为三品寄禄官，不任本职。神宗元丰（1078—1085）改制后，始实领礼部事，升为从二品。辽朝亦设，为南面官。无实职，多为加官。金朝设一员，正三品。元朝改属中书省，初设二员，成宗元贞元年（1295）增一员，领会同馆事，共三员，正三品。明初以废中书省，六部尚书直隶于皇帝，事权提高，升为正二品，额一员。成、弘以后，率以翰林儒臣为之，由此登公孤、任辅导者，冠于诸部。清沿明制，初以承政为礼部长官，顺治元年（1644）改承政为尚书。五年，定满、汉各一人。初制，满员一品，汉人二品。顺治十六年，改满尚书二品，康熙六年（1667）复故，九年仍改二品。至雍正八年（1730），满、汉尚书俱定为从一品。宣统三年（1911），礼部改典礼院，遂废。

礼部尚书衔兼理藩院事　官名。清朝顺治十六年（1659）定，理藩院尚书改兼礼部衔，遂有此称。十八年仍复旧称。遂废。

礼部侍郎　官名。❶隋朝礼部头司礼部司之长官，置一人，正六品上，掌礼部司事。高祖开皇三年（583）升从五品。炀帝大业三年（607），升为礼部副长官，以佐尚书掌部事。礼部司长官改称仪曹郎。❷隋朝以后中央行政机构礼部之副长官。隋炀帝大业三年（607）始置，一人，正四品，佐礼部尚书掌部事。唐高祖武德七年（624）罢，太宗贞观二年（628）复置。额一员，正四品下。高宗龙朔二年（662）改称司礼少常伯，咸亨元年（670）复旧。武则天光宅元年（684）改称春官侍郎，中宗神龙元年（705）复旧。佐尚书掌天子礼仪、祭祀、宴享及学校之政，玄宗开元二十四年（736）后兼掌贡举。中唐以后，诸部尚书多为外官兼职，礼部事务实由侍郎主之。五代沿置。北宋前期为四品寄禄官，神宗元丰（1078—1085）改制后，始领本职，与尚书共掌礼部事，升为从三品。辽朝置，为南面官。多为加官。西夏亦置，其制不详。金朝置一员，正四品。元世祖中统元年（1260），礼部与吏、户二部为左三部，共置侍郎二人。后礼部自立，定设侍郎二人，正四品。明初沿元制设二人，正四品。后分置左、右侍郎，各一人，正三品。清沿明制，置左、右侍郎，均满、汉各一人，从二品。宣统三年（1911），礼部改典礼院，其称遂废。参见“礼部左侍郎”、“礼部右侍郎”。

礼部侍郎衔协理理藩院事 官名。清朝顺治十六年（1659）定，理藩院侍郎改兼礼部衔，遂有此称。至十八年仍复旧称，遂废。

礼部试 贡举考试名。唐初，吏部掌贡举，由考功员外郎主持考试。玄宗开元二十四年（736），以考功员外郎资望轻，移贡举于礼部，由礼部侍郎主持礼部试，试毕送中书门下详覆。其后，礼部侍郎阙，亦以别官主考，称为权知贡举。礼部侍郎之亲故赴试，则移于考功，称为别头试，后罢。宋朝亦设，又称省试、南省试、春试。皆于贡院举行，设知贡举掌之。英宗以后，每三年举行一次。解试合格者皆可赴试，呈验解牒，交纳试纸，加盖官印。中选者由贡院放榜，正式奏名朝廷后赴殿试。省试第一名称省元。金朝称为省试或会试，设知贡举、同知贡举掌之，以府试合格者赴试，其中选者参加御试。元、明、清各朝均称会试，参见“会试”。

礼部郎中 官名。❶唐朝始置，为尚书省礼部头司礼部司长官。高祖武德三年（620）改仪曹郎设。额一员，从五品上。掌司事。因其地望清贵，又掌尚书省文翰之事，故多以有文名者居之，号为南宫舍人，短期内即可擢迁知制诰。高宗龙朔二年（662）改名司礼大夫，咸亨元年（670）复旧。武则天光宅元年（684）改春官郎中，中宗神龙元年（705）复旧。五代因之。北宋前期为五品寄禄官，神宗元丰（1078—1085）改制后，始有实际职掌，作为礼部之佐贰官，参领本部事务，降为从六品。辽朝亦设，为南面官。道宗大安（1085—1094）末，刘辉曾任此职。掌仪制，辨名数。西夏亦置，其制不详。金朝设一员，从五品；元朝设二员，从五品。均同宋制，参领本部事务。明、清于礼部所属仪制、祠祭、主客、精膳四清吏司设郎中，为各司长官，分别冠以各司之名号。明制，司各一员，正五品。清朝各司员额不等，四司共十一人，分别由满洲六人、蒙古一人、汉四人充任，各司均有一汉人。初制正三品，顺治十六年（1659）改正五品，寻升四品，康熙九年（1670）定正五品。宣统三年（1911），礼部改典礼院，遂废。❷渤海国右六司礼部属官，位卿下。

礼部郎官 礼部郎中、员外郎通称。

礼部总部 官署名。明初礼部四属部之一。洪武六年（1373）设。掌礼文、宗封、贡举、学校之事，设郎中，正五品。员外郎，从五品，各一人，主事三人，正六品。十三年改主事为一人。二十二年改仪部，二十九年（1396）再改仪制清吏司，遂为定制。参见“礼部四属部”。

礼部卿 官名。渤海国右六司礼部长官，置一人，居司政下。

礼部旅下士 官名。西魏恭帝三年（556）置，北周沿置。春官府礼部中大夫属官，正一命。北周武帝保定四年（564）五月丁亥，改礼部为司宗，遂改名司宗旅下士。职掌参见“礼部上士”。

礼宾使 官名。五代始置，为诸司使之一。宋初沿置，属西班诸司使，多不领本职，仅为武臣迁转之阶。真宗咸平元年（998），定为同六品。神宗元丰（1078—1085）改制，改为正七品。徽宗政和二年（1112）重定武臣阶官名，改武义大夫。辽亦置。

礼宾使司 官署名。辽朝置，为南面官，属客省。掌接待四方使者礼仪事。置礼宾使等职。

礼宾院 官署名。唐朝宴劳少数族政权或外邦使者之所。玄宗天宝十三载（754）令鸿胪寺勾当检校，宪宗元和九年（814）置于长兴里之北；以礼宾使主其事，引对番客。宋朝掌回鹘、吐蕃、党项、女真等朝贡馆设及互市、译语之事，神宗元丰（1078—1085）改制，归鸿胪寺，置监官二人，以阁门祗候以上及三班使臣充任。南宋并入礼部。

礼宾副使 官名。五代始置，为诸司使之一。宋初沿置，属西班诸司使，多不领本职，仅为武臣迁转之阶。真宗咸平元年（998），定为同七品。神宗元丰（1078—1085）改制，改从七品。徽宗政和二年（1112）重定武臣阶官名，改武义郎。

礼请 皇帝赐予大臣的一种待遇，获此待遇者可在规定的时间参加朝会。《三国志·刘封传》裴松之注引《魏略》：“（申）仪至京师，诏转拜仪楼船将军，在礼请中。”

礼曹清吏司 官署名。明朝北京行部所属六曹清吏司之一。永乐元年（1403）始置，设郎中一人，正五品，员外郎一人，从五品，主事一人，正六品。十八年迁都北京，遂罢。参见“北京行部”。

礼曹清吏司员外郎 官名。明永乐元年（1403）置。见“礼曹清吏司”。

礼曹清吏司郎中 官名。明永乐元年（1403）置。见“礼曹清吏司”。

立 ❶国君即位。《左传·隐公三年》：“桓公立。”❷设置官职。《尚书·周书·周官》：“立太师、太傅、太保。”《左传·僖公二十八年》：“立舟之侨以为戎右。”

立义大都督 官名。西魏置。《周书·陈忻传》：“魏孝武西迁之后，忻乃于辟恶山招集勇敢少年数十人，寇掠东魏，仍密遣使归附。大统元年（535），授持节、伏波将军、羽林监、立义大都督，赐爵霸城县男。”

立义将军　官名。东汉献帝建安（196—220）间曹操置，十六国西秦沿置。南朝梁武帝天监七年（508）定为专施用于境外的武职二十四班中的三班，大通三年（529）定制后班阶提高，拟飚勇将军等号。北魏孝文帝太和十七年（493）定为从三品下，二十三年复次职令，改为四品。

立义都尉　官名。三国吴置。《三国志·孙和传》裴松之注引《吴历》：“孙皓即位，诏曰：故仆射屈晃，志匡社稷，忠谏亡身。封晃子诸为东阳亭侯，弟干、恭为立义都尉。”

立义都督　官名。东魏置。《周书·裴文举传附高宾传》：“（高宾）仕东魏，历官至龙骧将军，谏议大夫、立义都督。”

立节中郎将　官名。三国吴置。为领兵武职，屯于柴桑（今江西九江）等军事要地。陆抗自建武校尉迁此。

立节将军　官名。十六国后秦置。南朝梁武帝天监七年（508）定为施用于境外的武职二十四班中的九班，普通六年（525）刊正将军名号后罢。北魏孝文帝太和十七年（493）定为从三品下，太和二十三年复次职令，改为四品。

立武中郎将　官名。东汉献帝建安（196—220）中孙权置，为统兵武职。《三国志·步骘传》：“徙交州刺史、立武中郎将，领武射吏千人，便道南行。”

立忠将军　官名。十六国前秦置。北魏孝文帝太和十七年（493）定为从三品下，二十三年复次职令，改为四品。

立国将军　将军名号。新莽置。《汉书·王莽传》：“轻车将军成武侯孙建为立国将军、成新公。”

立信将军　官名。南朝梁置。武帝天监七年（508）定为施用于境外的武职二十四班中的十班，普通六年（525）刊正将军名号后罢。

立信校尉　官名。三国吴置。《晋书·武帝纪》泰始十年（274）：“攻拔吴枳里城，获吴立信校尉庄祐。”

立信都尉　官名。三国吴孙权黄武（222—229）初置，为出使之职。《三国志·吴立传》裴松之注引《吴书》：“（孙）权遣立信都尉冯熙聘于蜀，吊（刘）备丧也。”

立信尉　官名。隋炀帝大业三年（607）置，从九品，为散职。

玄义　官名。明朝道官。道录司置，左、右二人，从八品，协掌道教事务。

玄坛丞　官名。隋炀帝大业三年（607）改道观为玄坛置，为玄坛监之副职。

玄坛监　官名。隋炀帝大业三年（607）改道观为玄坛，置监为主官，掌玄坛事。

玄武司马　官名。东汉置。属卫尉，领员吏二人，卫士三十八人，守卫皇宫玄武门。

玄官　官名。主祭天。《管子·幼官》：“令曰：‘以尔壤生物共玄官，请四辅，将以礼上帝。’”

玄教院　官署名。明太祖洪武元年（1368）置，管理全国道教事务，本院职官皆以道士为之。洪武四年革。十五年设道录司以掌其事。

主上　古代臣下对国君或帝王的称呼。《韩非子·孤愤》：“是以国地削而私家富，主上卑而大臣重。”《史记·吴王濞列传》：“今主上虽急，固有死耳。”

主马左右　官名。北魏置。《世宗嫔李氏墓志》：“（嫔乃）殿中将军，领斋帅、主马左右（李）续宝之女也。”（赵万里《汉魏南北朝墓志集释》图版三九）

主计处　官署名。清末海军部所属之机构。宣统二年（1910）设。掌核计本部各项出入款目，各省支出之海军款目，并办理海军统计报告事宜。辖统计、会计两科。置处长一人，科长二人，科员八人，录事六人。

主文　主文卷之考官。范镇《东斋纪事》卷一：“景德中，李迪、贾边皆举进士，有名当时。及就省试，主文咸欲取之。”

主文中散　官名。为北魏中期由中散官中分化出来的专门掌管文书事务的中散官。任职于秘书省、侍御曹的称秘书主文中散、侍御主文中散。五品中。孝文帝太和（477—499）改制罢。参见“中散”。

主书　❶官名。战国魏置。掌文书档案。《吕氏春秋·乐成》：“文侯知之，命主书曰：‘群臣宾客所献书者，操以进之。’主书举两箧以进，令将军视之。”北齐置于中书省。隋炀帝大业三年（607）改主书令史称主书，置四人，加为正八品。唐朝中书省置四人，从七品上，以流外入流者累转为之。又，高祖龙朔二年（662）曾改门下省录事为东台主书，咸亨元年（670）复旧。宋朝废。❷主书令史省称。魏晋南北朝时尚书、中书、秘书等省皆置。详“主书令史”。

主书干　官名。北魏置，孝文帝太和十七年（493）定为九品上。

主书令史　官名。掌文书，位在正、书令史之上。魏晋南北朝尚书、中书、秘书等官署多置。亦省称主书。中书省初用武官，南朝宋以后改用文吏。北齐唯置于中书省，去“令史”之名。一说陈亦去“令史”名，隋复加令史，唐又除去。魏、晋八品；北魏孝文帝太和十七年（493）定为七品上，二十三年改从八品上。

主书司马　官名。西晋置，属丞相府。见《晋书·武十三王传》。

主书郎　官名。北魏置，孝文帝太和十七年（493）定为六品上。

主节　掌符节之小吏。战国置。《墨子·杂守》：“守节出入，使主节必疏书，署其情，令著其事，而须其还报，以参验之。”孙诒让注：“主节，小吏，掌符节者。”唐朝亦置，隶门下省符宝郎，掌守幡节；十八人，流外七品，分番上下，谓之番官。

主帅 官名。❶西魏置。《周书·韩褒传》："（北雍州刺史韩褒）乃悉诏桀黠少年素为乡里患者，署为主帅，分其地界。"❷唐朝太仆寺置，掌领饲丁饲养国家厩中马匹。❸统军主将之泛称。

主仗令 官名。北魏置。《魏书·高湖传》："（高睹儿）膂力过人，尤善弓马。显祖时，羽林幢将。皇兴（467—471）中，主仗令。高祖初，给事中。"

主记 官名。❶长官亲近之吏，掌记录、文书。三国魏郡府、吴将军府置，北齐清都郡，邺、临漳、成安三县亦置。❷东汉以来，常为主记室史等记室属吏省称。参见各条。

主记史 主记室史省称。

主记室 官名。晋朝置，郡府属吏，掌记录、文书。位仅次于主簿。

主记室史 官名。省称主记史、记室史，汉朝郡县属吏，主录记书，催期会。

主司 ❶泛指各级官府之主管官员。《魏书·释老志》："但主司冒利，规取赢息。"❷唐朝以后对科举考试中主考官之称呼。《新唐书·选举志》："诸生拜主司，答拜乃叙齿谢恩，遂升阶。"

主考 明清乡试之主持者。又称主司。由皇帝简派。明朝每省用二人，清朝每省正、副各一人，唯顺天乡试用三人，一正二副。初由推举产生，雍正（1723—1735）时始行考差制度，通过考试选拔各省主考官。掌理批阅士子试卷，分别去取，核定名次，上奏皇帝，候旨颁布。其主要助手为同考官。

主吏 官名，即功曹。秦置，西汉因之。掌官府人事，居掾属之首。丞相掾属有西曹主吏。

主衣 官名。南朝皆置，掌御用衣服器玩，皇帝、后宫、东宫、诸王均置。宋为女官，准二卫五品，敕吏比六品；梁置东宫主衣局，多用左右亲信，以寒人充任。北魏亦置。北齐有主衣局，隶门下省。唐朝殿中省尚衣局置十六员，诸陵署（台）置四员。

主衣子统 官名。北齐置，属门下省主衣局，员二人。协助主衣都统管理御用衣服器玩等事务。

主衣局 官署名。北齐置，属门下省。以主衣都统二人为长官，下设主衣子统二人，掌管御用衣服器玩等事务。南朝梁东宫亦设。

主衣都统 官名。北魏置，西魏、东魏、北齐沿置。掌管御用衣服器玩等事务，是皇帝左右亲近之职，地位很高，多以散骑常侍兼领，罗鉴、高季武以金紫光禄大夫兼领。北齐为门下省主衣局长官，员二人，五品。

主译者 西夏译经者称号。直译为都译勾管作者。主持西夏译经，常以国师担任。景宗元昊时为白法信，惠宗秉常时为白智光。

主事 官名。汉朝光禄勋所属有南北庐主事、三署主事，于诸郎中察茂才高第者为之，秩四百石。三国魏沿置，属中书，官七品。晋朝门下、中书亦置，官八品。南朝宋、齐、梁、陈及北朝魏、齐并置，称主事令史。北齐尚书诸曹、隋初诸省亦置。隋炀帝改制，规定每十令史置一主事。杂用才术之士。唐、五代以流外官入流者充任，为中央部分官府掌管署覆文书案牍之下级官员。然亦常得擅权。一般为九品上阶，开元二十四年（736）稍增其秩。宋朝尚书省二十四司皆置，为高级吏职。金、元设于六部，为首领官，掌管案牍和管辖吏员等。金各部设四至五名，秩从七品，多以进士任职，非特旨不得用吏员。元朝员数不等，秩七品，多由吏员升任。明朝初年亦为六部首领官，洪武二十九年（1396）始改为司官，为司官中最低一级，秩正六品。清朝中央各部、院及其他机构皆置，或称司官，掌章奏文移及缮写诸事。清初设六部时称额哲库，顺治元年（1644）更定六部官制，改置主事。吏、户、礼、兵、刑、工六部、理藩院、太仆寺、内务府、宗人府、銮仪卫、侍卫处、盛京五部等机构及盛京、吉林、黑龙江各驻防将军衙门均置，名额不等，历由满洲、蒙古、汉军及宗室人员充任。初制四品，顺治十六年改六品，康熙六年（1667）升五品，九年定为正六品。各部院等衙署又有堂主事（在堂上办事者）及委署主事（尚未实授者）之称。清时新进士分部或庶吉士散馆分部用者先补主事，以次迁升为员外郎、郎中。光绪年间（1875—1908）先后成立、改设之外务部、民政部、度支部、学部、陆军部、法部、工农商部、邮传部等均设此职，沿至清亡。

主事令史 官名。南朝宋门下省、梁中书省置。北朝北魏、北齐尚书诸司及北齐门下省亦置。隋文帝时为太子官，门下坊、典书坊各置四人。开皇十四年（594）诸省各置主事令史员。炀帝大业三年（607）定令，诸司主事并去令史之名。每十令史置一主事，不满十人者，亦置一人。其余四省三台，亦皆曰令史，九寺五监诸王府，则曰府史。参见"主事"。

主事守舍人 官名。北齐置，隶太子门下坊。

主事郎 官名。北魏置，孝文帝太和十七年（493）定为从六品上。

主事房 官署名。北宋前期，中书门下置，掌依时限分配文案。神宗元丰（1078—1085）改制后，中书省置，掌行收发文书。

主事候郎 官名。三国魏置，官九品。

主图令史 官名。魏晋南朝尚书、中书、秘书等官署多置，掌宫廷图书。《宋书·吴喜传》："为主书书史，进为主图令史。"魏、晋八品。后不详。

主宝 官名。唐朝门下省符宝郎属官，置二员，流外四品，掌印玺。

主政 明清中央各部院主事之别称。

主药下士 官名。西魏恭帝三年（556）置，北周沿置。天官府太医下大夫属官，员六人，掌药的配制、收藏。正一命。隋文帝开皇元年（581）罢。

主食 官名。唐朝殿中省尚食局置十六员，流外三品，侍奉皇宫膳食；太子左春坊典膳局置六员，流外四品，侍奉东宫膳食。

主将 官名。太平天国朝上职官。金田起义之始即设。永安封王前，设五军主将。永安封王后，仅石达开留主将衔。石达开出走，改称通军主将。天历戊午八年（1858）重设五军主将，次年重新封王。是职仅在王爵之下。天历庚申十年（1860）设朝将、天将等职，乃与“义”爵等。五军主将外，设四方主将，又设护僚正、副主将。系衔或以地域、兵种，或以数字，或加特衔，亦有衔号不可考者。

主客 ❶官名。战国齐置，掌迎送接待宾客。《史记·滑稽列传》：“（齐威王）以（淳于）髡为诸侯主客。”张守节正义：“今鸿胪卿也。”秦、汉时匈奴亦置。《史记·匈奴列传》：“郭吉既至匈奴，匈奴主客问所使。”韦昭注：“主使来客官也。”❷官署名。见“主客司”、“主客曹”。❸官署名。麹氏高昌国所置八部之一，设长史、司马为正副长官。❹主客郎、主客郎中的省称。

主客少卿 官名。北魏置。《魏书·官氏志》：“（孝文帝太和十五年）又置司空、主客、太仓、库部、都牧、太乐、虞曹、宫舆、复育少卿官。”太和十七年（493）定为三品上，二十三年复次职令时，无此职。

主客长史 官名。麹氏高昌国主客部长官，职掌同尚书。参见“主客❸”。

主客令 官名。北魏置，协掌尚书省主客曹事务，隶主客尚书。《魏书·李安世传》：“拜中散”，“累迁主客令”，“迁主客给事中”。

主客司 官署名。隋初置，为尚书省礼部四司之一，设侍郎二员为长官，文帝开皇六年（586）又置员外郎一员贰之；炀帝时改名司蕃。唐高祖武德三年（620）复旧，设郎中、员外郎各一员为长贰，职掌前朝二王后裔入朝之接待及生活用品之供应，少数民族及外国宾客使节接待给赐之事，颁发诸蕃国封爵授官之命。五代因之。北宋初礼部诸务归太常礼仪院，本司无职掌，郎中、员外郎为寄禄官，神宗元丰（1078—1085）改制后，恢复职事，诸少数民族、外国宾客入朝，由其确定接待规格，至则图其衣冠，书其山川风俗，有封爵礼命，则承诏颁付；掌嵩、庆、懿陵祭享，崇义公承袭之事。下设四案。哲宗元祐（1086—1094）初兼领膳部事，绍圣（1094—1098）初与膳部互置郎官兼领，南宋高宗建炎三年（1129）省并郎曹，遂改由礼部郎官兼领其职。明初置为礼部四属部之一，设郎中、员外郎各一员，洪武二十九年（1396）改名主客清吏司。清沿明制未改。参见“主客清吏司”。

主客司马 官名。高昌国主客部次官，协助主客长史处理本部事务。如被派遣到诸城相监检校，则称城令。

主客司员外郎 参见“主客员外郎”、“主客清吏司员外郎”。

主客司郎中 参见“主客郎中”、“主客清吏司郎中”。

主客员外郎 官名。隋文帝开皇六年（586）置，为礼部主客司之副长官，员一人，佐长官侍郎掌司事。炀帝大业三年（607）改称司蕃承务郎。唐高祖武德三年（620）复旧称。置一员，从六品上，佐长官郎中掌司事。五代沿置。北宋前期为六品寄禄官，神宗元丰（1078—1085）改制后，始有实际职掌，降为正七品。南宋省。明初复置，从五品。洪武二十九年（1396）改名主客清吏司员外郎。参见“主客司”、“主客清吏司”。

主客尚书 官名。汉朝以尚书掌主客曹政务，十六国后秦、西秦及北魏定为官名，置为尚书省主客曹长官。北魏孝文帝太和（477—499）改制后罢。

主客侍郎 官名。隋朝尚书省礼部所辖主客司长官，置二员，正六品上，文帝开皇三年（583）加为从五品；炀帝大业三年（607）改为主客郎，后又改为司蕃郎。

主客郎 官名。尚书省主客曹长官通称。三国魏置南主客郎，西晋有南、北、左、右主客郎，东晋省并，唯置一主客郎，亦称主客郎中，六品。后省。南北朝复置，宋六品，梁五班，陈四品、六百石。北魏孝文帝太和十七年（493）定郎中为五品上，郎从五品中，二十三年皆称郎中，六品，仍可通称为郎；北齐六品上。隋初改名主客侍郎，炀帝大业三年（607）复旧，从五品；大业五年改名司蕃郎。参见“主客曹”。

主客郎中 官名。魏晋南北朝与主客郎互称，为尚书省主客曹长官。唐高祖武德三年（620）改司蕃郎置，为礼部主客司长官，员一人，从五品上。高宗龙朔二年（662）改名主客大夫，咸亨元年（670）复故。五代沿置。北宋初为五品寄禄官，表示品级俸禄，不预本司公事。神宗元丰（1078—1085）改制后，始为职事官，从六品。哲宗元祐（1086—1094）初兼领膳部事，后或与膳部郎官互置兼领，南宋省。明初复置，正五品，洪武二十九年（1396）改名主客清吏司郎中。参见“主客曹”、“主客司”。

主客郎官 礼部主客郎中、员外郎通称。

主客给事 官名。北魏置。为派驻尚书省主客曹监察政务、兼理曹事的内廷官员。《魏书·尉羽传》：“驾部令，转主客给事。”位次主客给事中。孝文帝太和十七年（493）定为从三品上。

主客给事中 官名。北魏置，为派驻尚书省主客曹监察政务、兼理曹事的内廷官员。位在主客给事上。孝文帝太和十七年（493）定为从三品上。

主客曹 官署名。❶尚书曹名。或作客曹，西汉始置。《晋书·职官志》：成帝建始四年（前29），“又置尚书五人，一人为仆射，而四人分为四曹，通掌图书秘记章奏之事，各有其任”，“其四曰主客曹，主外国夷狄事”。东汉初分为南、北主客曹，东汉末省并为客曹，皆置尚书。掌少数民族蕃国朝聘接待之政令及护法驾。三国魏、西晋改名客曹。十六国后秦、西秦及北魏复置，设尚书为长官，北魏又设令、给事中、给事、郎等。北齐省，其职属祠部。❷尚书省郎曹名。三国魏始置南主客曹，西晋分为左、右、南、北主客曹，掌少数民族蕃国朝聘接待之政令。皆设郎（郎中）主其事，隶客曹尚书。武帝太康（280—289）以后省客曹尚书，其隶属不详。东晋并为一主客曹，旋省。南朝复置，皆一曹，隶尚书左仆射。或说北魏孝文帝时有南、北主客曹，隶吏部尚书；左、右主客曹，隶仪曹尚书。北齐唯置主客曹，隶祠部尚书。隋朝改称主客司。

主客清吏司 官署名。明、清礼部四司之一，简称主客司。明初沿前制，于礼部设主客部。洪武二十九年（1396），改部为清吏司。掌土司及诸蕃朝贡接待、赏赐之事，兼提督会同馆。初设郎中一人、员外郎一人、主事一人，分掌司事。弘治五年（1492），增主事一人，专管会同馆事。清顺治元年（1644）沿置。设郎中三人，满洲、蒙古、汉各一人；员外郎二人，宗室、满洲各一人；主事二人，满、汉各一人；以及笔帖式、经承若干人。掌宾礼之事，并司进贡芽茶之额与实录、玉牒告成之颁赏。所属有赏赐科、四译科、芽茶科、火房等机构，分办本司事务，光绪三十二年（1906），并入仪制清吏司。

主客清吏司员外郎 官名。明、清礼部主客清吏司次官，简称主客司员外郎。明洪武二十九年（1396），改主客部员外郎设，一人，从五品。与司郎中共掌司事。清顺治元年（1644）沿置，汉一人。七年，增满洲一员。后改设二人，宗室、满洲各一人。初制正四品，顺治十六年改正五品，康熙九年（1670）定从五品。光绪三十二年（1906），主客清吏司併入仪制清吏司，遂裁。

主客清吏司郎中 官名。明、清礼部主客清吏司主官，简称主客司郎中。明洪武二十九年（1396），改主客部郎中设，一人，正五品。掌司事。清顺治元年（1644）沿置，汉一人。七年，增设满郎中。后定制为三人，满洲、蒙古、汉各一人。初制正三品，顺治十六年改正五品，寻升四品，康熙九年（1670）定为正五品。光绪三十二年（1906），主客清吏司併入仪制清吏司，遂裁。

主祠 官名。掌祭祀。《吕氏春秋·季秋》："命主祠祭禽于四方。"高诱注："主祠、掌祀之官也。祭始设禽兽者，於四方报其功也。"

主乘 官名。隋炀帝大业三年（607）太仆寺典厩署始置。唐朝沿置，六员，正九品下。

主射左右 官名。即太子左右内率府所统备身左右，隋炀帝大业三年（607）改名，唐朝复名备身左右。参见"备身左右"。

主玺下士 官名。西魏恭帝三年（556）置，北周沿置。天官府纳言中大夫属官，员四人，分掌神玺、传国玺与六玺之藏。正一命。隋文帝开皇元年（581）罢。

主玺令史 官名。南朝宋置，掌皇帝印信，属门下省。参见《宋书·礼志》。

主玺局 官署名。南朝梁置，属东宫。

主案 吏名。元朝官署中起草案牍的人员，为吏员的助手，也是吏员来源之一。

主符 官名。唐朝门下省符宝郎属官，置四员，流外四品，掌印符。

主章长 官名。西汉属将作大匠，有丞，主管将作大匠所用木料。东汉省。

主章丞 官名，西汉属将作大匠，掌供宫殿修造等使用之材木。

主寝上士 官名。西魏恭帝三年（556）置，北周沿置。天官府御正中大夫属官，正三命。掌管皇帝寝室诸事务。下设主寝中士以佐其职。隋文帝开皇元年（581）废。

主寝中士 官名。西魏、北周天官府御正中大夫主寝上士佐官，正二命。

主管三省枢密院架阁文字 官名。南宋宁宗嘉定八年（1215）置，以选人或京朝官充任，掌三省、枢密院文书收储之事。

主管大内公事 女官名。南宋初置，掌知尚书内省事。

主管万寿宫 宫观官名。宋神宗元丰五年（1082）置，以供奉官充任，位在提点之下。钦宗靖康元年（1126）罢。

主管太医局 官名。南宋太医局置，以京官充任，从八品，为太医局次官，位在判太医局下。

主管文字 宋朝主管书写机宜文字简称。

主管文德殿钟鼓院 官名。南宋置，属太史局，掌刻漏进牌之事。

主管书写机宜文字 官名。宋朝都督、宣抚使、招讨使、镇抚使之属官，掌起草机密文书，多由本司长官奏辟。

主管玉清宫 宫观官名。北宋置管勾玉清官，钦宗靖康元年（1126）罢。南宋避高宗赵构名讳改称。

主管右春坊事 官名。宋朝置为东宫属官，以内侍兼任。

主管左春坊事 官名。宋朝置为东宫属官，以内侍兼任。

主管仙韶公事 女官名。宋朝尚书内省置，原名管干仙韶公事，南宋改称。

主管机宜文字 官名。宋朝都督、招讨使、宣抚使、经略安抚使之属官。原名管勾机宜文字，南宋避高宗赵构名讳改。掌管机要文书。

主管安抚司公事 官名。北宋若以官阶低者领安抚司事，则为管勾安抚司事。南宋避高宗赵构名讳改称。

主管佑神观 宫观官名。南宋高宗绍兴三十二年（1162）置，以转运副使资序人充任，仍奉朝请。

主管侍卫马军司 宋朝主管侍卫马军司公事省称。

主管侍卫马军司公事 官名。南宋置为侍卫马军司长官，为三衙最高军职之一，掌马军之政令。

主管侍卫步军司公事 官名。南宋置为侍卫步军司长官，为三衙最高军职之一，掌步军之政令。

主管往来国信 见“国信所”。

主管往来国信所 见“国信所”。

主管官告院 官名。宋神宗元丰（1078—1085）改制，置为官告院长官，以吏部诸司郎官兼任。后另委他官充任。

主管经略安抚使公事 见“经略安抚使”。

主管茶马司 官名。北宋都大提举茶马司置，掌收茶利以供市马经费，位在都大提举下、同主管上。

主管亲贤宅玉牒所 官名。南宋置为亲贤宅、玉牒所主管官，以入内内侍省押班充任。

主管宫观 宫观官名。南宋改管勾宫观置。

主管神霄宫 宫观官名。宋徽宗政和（1111—1118）中，天下州郡遍置神霄宫，以郡守兼管勾、通判兼同管勾。钦宗靖康元年（1126）罢。南宋避高宗赵构名讳，改称。

主管架阁库 官名。南宋高宗绍兴十五年（1145）置，吏部、户部各一员，礼部、兵部共差一员，刑部、工部共差一员，全称为主管尚书某部架阁库，掌收藏尚书省帐籍文案。

主管诸司 官名。南宋国史院、日历所、会要所置，以本署官兼任，掌本署修史之事务。

主管禁卫所 官名。南宋初置为行宫禁卫所长官，以皇城司官兼任。

主管殿前司公事 官名。南宋置为殿前司长官，为三衙最高军职之一，掌诸班直禁军扈卫之事。

主旗贝勒 见“议政贝勒”。

主谱令史 官名。魏晋南朝秘书、著作等官署多置。魏、晋八品，后不详。

主稿 官名。清朝中央各部院负责办理文牍之官员。自各部所属司官中选派熟谙部务者充任。

主廪 官名。金朝设于掖庭局、太后两宫，掌仓廪出纳薪炭等事，秩从八品。

主藏 官名。金朝设于掖庭局、太后两宫，掌库藏财货出入之事，秩从八品。

主醢 官名。唐朝光禄寺掌醢署置，十员，流外五品，掌酱醋醯醢。

主爵 ❶官署名。即主爵曹。北齐为吏部三曹之一，掌封爵事，置郎中一员。隋朝置为吏部四曹（司）之一，设侍郎、员外郎各一员，炀帝大业三年（607）改侍郎为郎，废员外郎而置承务郎。唐高祖武德三年（620）改郎为郎中、承务郎为员外郎，高宗龙朔二年（662）、武则天垂拱元年（685）曾改为司封，旋皆复名主爵。玄宗开元二十四年（736）定名为司封。❷官名。主爵中尉之省称。

主爵下大夫 官名。北魏置。孝文帝太和（477—499）中，高道悦自治书侍御史迁此。太和十七年定为四品上，二十三年复次职令时，未见。

主爵中尉 官名。秦置，掌列侯封爵之事。入汉因之，秩二千石。景帝中六年（前144）更名主爵都尉。

主爵员外郎 官名。隋文帝开皇六年（586）始置，一员，司主爵曹之籍帐，为主爵侍郎副贰，侍郎缺则厘其曹事，炀帝大业三年（607）废，寻置承务郎，同员外郎职。唐初复置，一员，从六品，为主爵司次官，高宗龙朔二年（662）、武则天垂拱元年（685）曾改为司封员外郎，旋皆复名主爵员外郎。玄宗开元二十四年（736）定名司封员外郎。

主爵郎 官名。隋炀帝大业三年（607）改主爵侍郎置，主爵司长官。唐初沿置，高祖武德三年（620）加中字为主爵郎中。

主爵郎中 官名。北齐吏部始置，为主爵曹长官，一员，六品上。唐高祖武德三年（620）改主爵郎置，为吏部主爵司长官，一员，从五品上，掌封爵等事。高宗龙朔二年（662）改为司封大夫，咸亨元年（670）复旧；武则天垂拱元年（685）又改为司封郎中，中宗神龙元年（705）再复，玄宗开元二十四年（736）定名司封郎中。

主爵都尉 官名。汉景帝中六年（前144）改主爵中尉置，掌封爵之事。武帝太初元年（前104）更名右扶风，治内史右地，为三辅行政长官之一，职掌全异。

主爵曹 官署名。见“主爵❶”。

主簿 官名。汉朝中央及州郡官府均置，典领文书簿籍，经办事务。丞相或三公府称黄阁主簿，录省众事，职权甚重。三国魏末丞相府置，员四人。西晋初三公及位从公者加兵，始置主簿。东晋则诸公皆置，员二人。与祭酒、舍人主阁内事。南朝宋、齐、梁、陈沿之。其品位秩级随府官长地位高下而异。北朝同。诸将军、五校尉等军府、列卿寺监、光禄大夫等皆置，品位秩级随府长官而不等。州、郡、县亦置。虽非掾吏之首，然地位较高，县之主簿较州之主簿更甚。隋、唐、五代部分中央及地方机关皆置。中央御史台、秘书省、司天台、诸寺监、东宫詹事府及太子诸寺、地方县、关所置，多掌监印，检核文书簿籍，勾稽缺乏，故有主簿为印曹之说。王府置，掌覆省王教；公主邑司有主簿，掌督封地租税及主财货出入。宋朝台省寺监沿置，职掌文书。辽、金、元三代为县府佐贰官，金正八品或正九品，元从八品或正九品。明制，詹事府、太仆寺、鸿胪寺、钦天监、苑马寺，及在外各县编户二十里以上者均可设置。属府、寺、监者典勾省文移之事，县主簿与县丞分掌巡捕、粮马之事。清制，于鸿胪寺、钦天监、太仆寺均设。鸿胪寺、钦天监所属为满、汉各一人，分别为从八品、正八品；太仆寺所属仅满员一人，正七品。分管各寺、监之章奏文移及档案事务。其办事机构称为主簿厅。另，县佐贰官亦置，无定员，视地方事务之繁简，事繁之县多至数员，事简则不设。正九品。佐知县掌钱粮、户籍诸事。

主簿厅 官署名。明清詹事府、鸿胪寺、太仆寺、钦天监之下属机构。掌理本机构之章奏文移，或兼理他事。设主簿一职，管理厅事。

市长　官名。秦汉大城市商业区均置。司马迁曾祖泽曾为汉市长。西汉长安有两市，一市设令，属京兆尹；一市设长，属左冯翊；洛阳、邯郸、临淄、宛、成都皆设市长。西汉洛阳市长属大司农，东汉改属河南尹，秩四百石。三国魏于邺、洛阳均设，十六国前凉、北朝齐郡县亦置。

市正　官名。春秋时吴国置。负责市场管理的长官。《越绝书·荆平王内传》："子胥遂行至吴，徒跣被发，乞于吴市。三日，市正疑之，而道于阖庐。"

市帅　唐市令属官。《唐会要》作市师。参见"市令"及"市官"。

市史　官名。市令属官。参见"市令"。

市令　官名。春秋时楚国置，主管市场交易。汉朝大城市均置市长，然长安两市，一市置长，一市置令。长安市令属京兆尹。南北朝或置。唐、五代因之，职掌略同。唐朝诸都督府、府、州、县皆设市，以市令主之，另置丞、佐、史、帅等。员额、品秩不等，多取勋官五品以上及职事九品者充任，有品秩者由中央任命，无品秩者听州县署拟，但州市令不得任用本州人，县市令不得用本县人。贞观十七年（643）一度废之，垂拱年间复置。参见"市官❶"。

市令司　官署名。金朝于中都设。掌市场管理，包括平物价、检查度量权衡、百货估价等。辖有司吏四人，公使八人。

市司　官名。北齐置。掌邺市。见《北齐书·宋游道传》。

市师　官名。战国置。掌市场管理。《荀子·解蔽》："贾精于市而不可以为市师。"战国玺印文有此官。

市买司　官署名。金朝置，属太府监。掌收买宫中所用果实生料诸物。设使、副使主司事，秩从八品、正九品。海陵王天德二年（1150）改市买局。

市买丞　官名。南朝宋置，张奇曾兼任此职。见《宋书·颜师伯传》。

市买局　官署名。金朝置，属太府监。旧称市买司，海陵王天德二年（1150）更名。掌收买宫中所用果实生料诸物。参见"市买司"。

市丞　官名。唐市令之副职，掌判市事。

市佐　官名。唐市令属官。参见"市令"。

市者　官名。主管集市。《韩非子·内储说上》："庞敬，县令也，遣市者行。"

市易下界　官署名。宋神宗熙宁五年（1072），改榷货务置，掌发放飞钱文券，以便商人籴买粮食，输于沿边地区。元丰（1078—1085）改制，拨归太府寺。元丰七年（1084）复为榷货务。

市易上界　官署名。宋神宗熙宁五年（1072），改市易务置，掌收购滞销货，出售市场缺货，以平抑市场物价。元丰（1078—1085）改制，拨归太府寺。元丰七年（1084）复为市易务。

市易务　官署名。宋神宗熙宁五年（1072）置，掌乘时贸易，平抑物价，以通货财，及召人抵当借钱出息等事物，设提举官。不久以在京商税院、杂卖场、杂买务隶属提举市易务，并以榷货务为市易西务下界，市易务为市易东务上界。六年，隶都大提举在京诸司库务司。不久改称都提举市易司，兼领诸州市易务。元丰（1078—1085）改制后，隶太府寺。元丰七年（1084）改市易下界为榷货务，上界为市易务。哲宗元符二年（1099），改市易务为平准务。

市易抵当　官署名。宋神宗元丰（1078—1085）中置，掌市易抵当钱物之事，隶太府寺。徽宗崇宁二年（1103），令开封府界不及万户县镇系商贩要会处并置，委监当官兼领。

市易案　官署名。宋神宗元丰（1078—1085）改制，太府寺置，掌市易上、下界之事。哲宗元符二年（1099），改为平准案。

市官　官名。❶掌市场贸易之官。《周礼·地官·序官》："司市下大夫二人。"注："司市，市官之长。"疏："市官，谓质人以下至泉府。"《汉书·王莽传中》："又令市官收贱卖贵，赊贷予民，收息百月三。"唐宣宗大中五年（851）州县职员令：大都督府置市令一人，掌市内交易，禁察非为；通判市事丞一人，掌判市事；佐一人、史一人、师三人。中县满三千以上置市令一人、史二人，谓市官；不满三千户以上者，并不置。❷行刑官。南朝置。《宋书·申坦传》："坦弃市，群臣为之请，莫能得。将行刑，始兴公沈庆之入市抱坦恸哭"，"市官以白上，乃原生命，系尚方"。

市曹　北魏时为吏部别称。《魏书·昭成子孙列传》："（元晖）迁吏部尚书，纳货用官，皆有定价，大郡二千匹，次郡一千匹，下郡五百匹，其余受职各有差，天下号曰'市曹'。"

市啬夫　官名。掌管市（特定商业区）内商贾交易和征税事宜。《汉书·何武传》："武弟显有市籍，租常不入，县数负其课，市啬夫求商捕辱显家。"

市舶　见"市舶司"。

市舶司　官署名。唐朝始置于广州。宋朝置提举市舶司，先后于广州、泉州、明州（今浙江宁波）、杭州、温州、密州（今山东胶州）等地分置，设官市舶使、判官等，以掌海外贸易。元朝沿置，改市舶提举司，先后置泉州、温州、广东、庆元（今浙江宁波）、澉浦、上海、杭州七处，然多有变更。设官提举，正五品，隶行省，掌海外贸易，签发商人出海入境公验、公凭，检查船只，抽分抽税。明洪武七年（1374）于太仓、黄渡（今上海嘉定）置，后罢。复于宁波、泉州、广州置，后亦罢。永乐三年（1405）再置，除宁波、泉州、广州外，并增云南、交阯（今越南）二处。嘉靖（1522—1566）中因倭寇掠宁波，再罢，仅存广东一处。清朝不置。

市舶使 官名。唐朝置，主市舶司事，以招徕海中蕃舶。玄宗开元二年（714），右威卫中郎将周庆立为安南市舶使，与波斯僧广造奇巧，以备进内。代宗广德元年（763）宦官市舶使吕太一逐广南节度使张休，故纵部下大掠广州。宋朝亦置，为市舶司主官，掌海外贸易事。

市舶提举司 见“市舶司”。

市署丞 官名。南朝梁、陈置，隶太官令。流外三品蕴位。

兰台 ❶西汉宫中收藏图书档案之处，由御史中丞掌管。东汉以来御史中丞出为御史台长官，遂成为御史台的别称。❷东汉置兰台令史掌书奏及印工文书，班固任其官，受诏撰史。后世因用作史官的别称。❸即秘书省。高宗龙朔二年（662）改名，咸亨元年（670）复旧。

兰台大夫 官名。即秘书丞，唐高宗龙朔二年（662）改，咸亨元年（670）复名秘书丞。

兰台太史 官名。即秘书监，唐高宗龙朔二年（662）改，咸亨元年（670）复名秘书监。

兰台令史 官名。东汉始置，隶御史中丞。掌书奏及印工文书，兼校定宫廷藏书文字，秩六百石。班固曾任其官，受诏撰史。魏、晋、南朝沿置，掌监察刑狱文书，班次侍御史。魏、晋、宋六品。《隋书·刑法志》：“（南朝陈）御史中丞、侍御史、兰台令史亲行京师诸狱及冶署，理察囚徒冤枉。”

兰台侍郎 官名。即秘书少监，唐高宗龙朔二年（622）改，咸亨元年（670）复名秘书少监。

兰台郎 官名。即秘书郎，唐高宗龙朔二年（662）改，咸亨元年（670）复名秘书郎。

写发 吏名。元朝官府中任抄写案牍等事的见习吏员。无俸禄。

写字 宦官名。明朝内府二十四衙门各监、司、局及内府各供用库多有设置，无定员。

宁 汉朝官吏丧假之谓。汉初有“宁告之科”。哀帝即位后诏令博士弟子父母死，予宁三年，以居家服丧。东汉光武时“绝宁告之典”。安帝元初三年（116）令大臣得行三年丧，建安年间复废。

宁古塔将军 官名。清初吉林驻防八旗之最高长官。掌驻防旗营及地方之军民事务，修兴武备，镇守地方。顺治十年（1653）设，初名宁古塔昂邦章京。康熙元年（1662）改为镇守宁古塔等处将军。所辖有副都统二人，协领十人，佐领三十一人，防御二十九人，骁骑校三十一人，管水手四品、五品官各二人，十五年（1676）移驻吉林，称吉林将军，宁古塔改设副都统一人。

宁东将军 官名。❶西晋赵王司马伦建始元年（301）置，以加扬州刺史郗隆。十六国前燕张平、大夏亦置。❷南朝梁武帝天监七年（508）置，四宁将军之一，为施用于境外的武职二十四班中的二十二班，地位相当于镇东将军。

宁北将军 官名。❶西晋置，多兼并州、青州等州刺史，或都督并州、冀州诸军事，位在东中郎将之上。十六国后赵及北魏沿置。❷南朝梁武帝天监七年（508）置，四宁将军之一，为施用于境外的武职二十四班中的二十二班，相当于镇北将军。

宁令 官名。西夏置。意为大王。西夏党项语“宁”即王，“令”即大。景宗显道元年（1032），元昊立官制，以此为蕃官名称之一。

宁边将军 官名。南朝梁置。武帝天监七年（508）定为施用于境外的武职二十四班中的九班。普通六年（525）刊正将军名号后罢。

宁戎护军 官名。十六国后凉置。吕光龙飞（396—398）中，赵策曾任之，统兵。参见“护军”。

宁戎校尉 官名。十六国前凉置。领兵，驻枹罕（今甘肃临夏东北）。张瓘任此职时兼河州刺史。见《晋书·张轨传》。

宁西将军 官名。❶十六国前赵刘曜置，以授苻洪，统率氐人。后赵及北魏沿置。❷南朝梁武帝天监七年（508）置，四宁将军之一，为施用于境外的武职二十四班中的二十二班，相当于镇西将军。

宁夷护军 官名。西晋置。《晋书·庾亮传》：“（庾统）出为建威将军、宁夷护军、寻阳太守。”参见“护军”。

宁关将军 官名。南朝梁置。武帝天监七年（508）定为施用于境外的武职二十四班中的六班，拟武毅将军等号，大通三年（529）定制后班阶略高，拟忠勇将军等号。

宁远将军 官名。将军名号。三国魏置（一说始置于西晋，山涛为冀州刺史时，加此）。魏、晋皆五品。十六国后赵、西凉亦置。南朝宋五品，梁武帝天监七年（508）定为武职二十四班中的十三班，普通六年（525）改为武职三十四班中的二十三班，陈拟五品，比秩千石。北魏孝文帝太和十七年（493）定为五品上，北周正五命。隋初列为散号将军，从七品上，炀帝大业三年（607）罢。唐朝复置，为正五品下武散官。宋仍为正五品武散官，神宗元丰（1078—1085）改制罢。

宁沙将军 官名。南朝梁置。武帝天监七年（508）定为施用于境外的武职二十四班中的十七班，拟镇兵将军等号，大通三年（529）定制后，仍拟镇兵将军。

宁羌中郎将 官名。十六国前赵刘曜授仇池氐杨难敌为侍中、上大将军武都王，兼领此职。见《晋书·刘曜载记》。

宁羌护军 官名。十六国前凉置。张茂时阴鉴曾任之，统兵，管理羌族事务，驻桑壁。参见“护军”。

宁陇将军 官名。南朝梁置。武帝天监七年（508）定为施用于境外的武职二十四班中的十二班，拟武威将军等号，大通三年（529）定制后，拟威雄将军等号。

宁国中郎将 官名。东汉献帝建安（196—220）

初袁绍置，为统兵武职。张郃自校尉迁此。

宁河将军 官名。南朝梁置。武帝天监七年（508）定为施用于境外的武职二十四班中的八班，拟略远将军等号，大通三年（529）定制后班阶略高，拟骁雄将军等号。

宁始将军 将军名号。新莽置。《汉书·王莽传》有宁始将军孔永，后任大司马。

宁南将军 官名。❶十六国后赵置，前燕及北魏沿置。为领兵武职。❷南朝梁武帝天监七年（508）置，四宁将军之一，为施用于境外的武职二十四班中的二十二班，相当于镇南将军。

宁朔大使 官名。即朔方节度之号。唐太宗贞观十四年（640）置，以护突厥。

宁朔将军 官名。三国魏置。西晋时此职多驻幽州，为幽州地区军政长官，兼管乌丸事务。三国魏、晋、南朝宋皆定为四品。十六国前秦、西凉亦置。南朝梁武帝天监七年（508）置宁远将军等五号将军代此。但梁元帝时，仍拜徐度为此职。北魏孝文帝太和十七年（493）职员令定为第四品上，二十三年复次职令，改为从四品。北周定为六命。隋初列为散号将军，正七品，炀帝大业三年（607）罢。

宁寇将军 官名。南朝梁置。武帝天监七年（508）定为施用于境外的武职二十四班中的十五班，拟智武将军等号。

宁蛮校尉 官名。东晋安帝时置，南朝沿置。掌管雍州（今湖北襄阳市）的少数民族事务。领兵，设府于襄阳，称小府。多由其他将军或刺史兼任，若单作，则减刺史一阶。南朝宋四品，陈为拟五品。

宁境将军 官名。南朝梁置。武帝天监七年（508）定为施用于境外的武职二十四班中的十四班，拟轻车将军等号。

宁徽寺 官署名。元文宗天历二年（1329）设，秩正三品。掌明宗皇后八不沙位下钱粮等事。置卿六员，少卿四员，丞二员。

穴氏 官名。《周礼》秋官之属。一说为周朝置。负责捕捉冬眠的野兽，按时贡献野味皮革。《周礼·秋官》："穴氏，下士一人，徒四人"，"掌攻蛰兽，各以其物火之，以时献其珍异皮革"。贾公彦疏："凡兽蛰皆藏在穴中，故以穴为官名，使取蛰兽也。"

永丰库 官署名。金朝置。掌泉货、金银、珠玉出纳之事。兼领镀铁院。设使、副使、判官领库事，秩从七品、从八品、正九品。下设吏员攒典、库子。

永平屯田总管府 官署名。元世祖至元二十四年（1287）设。掌北京采木人三千于永平路马城县（今河北滦县南）屯田事。隶大司农司。秩从三品。置达鲁花赤、总管、同知各一员。下辖昌国、济民、丰赡三署，各置署令、署丞一员。

永宁卫尉 官名。三国魏置，为齐王曹芳时明元郭太后永宁宫三卿之一，掌太后宫禁卫，职比卫尉。孟观曾任此职。见《三国志·管宁传》。

永宁太仆 官名。三国魏置，为齐王曹芳时明元郭太后永宁宫三卿之一，掌太后宫车马，职比太仆。张阁曾任此职。见《三国志·邴原传》。

永宁寺典作副将 官名。北魏置。掌管永宁寺的营建事务。《魏书·李彪传》："（李志）以军功累转后军将军、中散大夫、辅国将军、永宁寺典作副将。"

永宁署令 官名。三国魏置。齐王曹芳时为郭太后宫属官，由宦官充任。见《三国志·夏侯玄传》。

永成苑 官署名。明永乐五年（1407）置，为北京苑马寺六监二十四苑之一，隶通州监。设圉长一人，从九品，下分各群，设群长，负责牧养马匹，以备军需。十八年革苑马寺，改隶太仆寺。

永安太仆 官名。三国魏置，为明帝时文德郭太后永安宫三卿之一，掌太后宫车马，职比太仆。严干曾任此职。见《三国志·裴潜传》。

永安丞 官名。东汉置，隶少府所属钩盾令，员一人，以宦者任之，秩三百石。

永兴宫 辽朝宫帐名。又称国阿辇斡鲁朵，初名孤稳斡鲁朵。太宗以太祖平渤海俘户，东京、怀州提辖司及云州怀仁县、泽州滦河县等户置。宫帐在游古河侧，陵寝在怀州南二十里。共有正丁六千，蕃汉转丁一万六千，骑军八千。设有宫使、副使、太师、太保、侍中（一作世烛）、行宫都部署等。又设提辖使掌典提辖司兵丁，马群太保等官掌养马。

永兴宫马群司 官署名。辽朝永兴宫所属机构。掌马群畜养蕃息之事。置侍中、敞史等职。

永兴宫汉人行宫都部署司 即永兴宫南面行宫都部署司。

永兴宫使 官名。辽朝永兴宫长官。总领永兴宫所属军民事务。汉人亦有任此职者。下置副使、太师、太保、世烛等职。

永兴宫南面行宫都部署司 官署名。辽朝置，南面官，亦称永兴宫汉人行宫都部署司。掌永兴宫汉人之政令。置都部署、副部署、同知等职。

永兴宫都部署司 官署名。辽朝置，北面官。总领永兴宫契丹军民之政。置都部署、副部署、判官等职。

永兴宫提辖司 官署名。辽朝置，北面官，统领永兴宫各地丁户，征调兵丁。永兴宫共设提辖司四处，即南京、西京、奉圣州、平州，皆军政重地。

永寿省 官署名。南朝齐置。收藏四部图书的处所，设于宫内。《梁书·沈约传》："太子入居东宫，（沈约）为步兵校尉，管书纪，直永寿省，校四部图书。"

永巷长 官名。东汉王国置，掌宫中婢使。秩比四百石。

永巷帅 官名。南朝宋太宗定后宫百官时置。六品。

永巷令 官名。西汉属少府，以宦官充任。有丞以为副贰。掌后妃宫女及宫中狱事。武帝太初元年（前104）更名掖庭令。东汉于掖庭令外复置永巷令，秩六百石。名义上隶属少府，掌宫中官婢。又，西汉詹事属官亦有永巷令，后并属大长秋；东汉因之，称中宫永巷令。

永巷丞　官名。西汉初属少府，为永巷令副贰。武帝太初元年（前104）改永巷为掖廷。东汉少府属官于掖庭令、丞外另置永巷令、丞。丞员一人，以宦者任之，助令典官婢侍使。

永昌宫　辽朝宫帐名。天祚帝置。又称阿鲁盌斡鲁朵，契丹语辅祐称阿鲁盌，宫帐称斡鲁朵。以诸宫帐御前承应人，春、宣二州户置。有正丁一万六千，蕃汉转丁二万，骑军一万。设官有宫使、副使、太师、太保、侍中（一作世烛）及行宫都部署等，又有提辖司掌典兵丁，马群司掌养马。

永昌宫马群司　官署名。辽朝永昌宫下属机构，掌马群畜养蕃息之事。置侍中、敞史等职。

永昌宫使　官名。辽朝永昌宫长官，北面官。总领永昌宫军民各项事务。下设副使、太师、太保、侍中等职。

永昌宫南面行宫都部署司　官署名。辽朝置，南面官，亦称永昌宫汉人行宫都部署司。掌永昌宫汉人之政令。设都部署、副部署、同知等职。

永昌宫都部署司　官署名。辽朝置，北面官，掌永昌宫契丹军民之事。设都部署、副部署、判官等职。

永昌宫提辖司　官署名。辽朝置，北面官，统领永昌宫各地丁户，征调兵丁。永昌宫共有提辖司四处，为南京、西京、奉圣州、平州。

永福财用所　官署名。元朝置，隶崇祥总管府，秩从七品。掌大承华普庆寺颜料诸物出纳。原设诸物库、永积仓，文宗天历二年（1329）合为财用所。设提领、大使、副使各一员。

永福营缮司　官署名。元朝置，隶崇祥总管府，秩正五品。掌大承华普庆寺所属大永福寺营造。初为营缮提点所，文宗天历三年（1330）改营缮司。设达鲁花赤、司令、大使、副使各一员。

永福营缮提点所　见“大永福寺都总管府”。

必呈万户府　官署名。元朝置，隶吐蕃等处宣慰司都元帅府，掌必呈（又译必赤里，今青海贵德）吐蕃部族。设达鲁花赤二员，万户四员。

必里公万户　即迷儿军万户。

必彻彻　即必阇赤。

必帖黑　即笔帖式。

必阇赤　蒙古语，意为书史。又译必彻彻。蒙、元怯薛执事中为大汗、皇帝主文史者的称谓。元各官衙中以蒙古文作书之掾史、令史，称为蒙古必阇赤。

头下州军　即头下军州。

头下军州　辽朝以俘户设立的地方行政建制。凡诸王、公主、外戚、大臣、诸部以俘掠的人户建立的州县，即称之。亦称投下州、头下州军。其长官，除节度使由朝廷任命外，刺史以下皆由所属主人任命；官位九品以下及井邑商贾之家，征税归主人，酒税上交上京盐铁司。一般设有州、县、军、城、堡等，即所谓“不能州者谓之军，不能县者谓之城，不能城者谓之堡”（《辽史·百官志四》）。朝廷规定：横帐诸王、国舅、公主许建立州城，其余人等不许建城郭，所建州、县额数，由朝廷赐与，不得擅立头下。一般建在襟要之地，以上京道为最多。名称通常沿袭俘掠人户旧居州县名。其民户称头下户，多为汉人和渤海人。

头子　宋朝官文书名。官员差出或赴任，有走马头子，可乘递马。官吏向商人购物，不即时付钱可给头子作债务凭证。

头司　唐、宋尚书省六部二十四司中吏部、户部、礼部、兵部、刑部、工部等六司通称。

头关提船将军　官名。太平天国朝上职官。定都天京（今江苏南京）后，设于天京沿江三关（提头关、提中关、提下关）之提头关，专主头关船舶，职同将军。

头面库　官署名。金朝置，属宣徽院。掌内府头面（首饰）。世宗大定二年（1162），从内藏库析出。设都监、同监领库事，秩正九品、从九品。有本把七人，知书二人。

头等出使大臣　官名。清末派驻外国的高级官员。光绪二年（1876）始设。三十三年，定制为正一品，特简。掌处理重大国际交涉事务。无定员，有事权置，毕乃省。其属官有头等参赞官、头等通译官等。参见“出使大臣”。

头等参赞　官名。清朝头等出使大臣之属官。正三品。佐出使大臣办理交涉事务。参见“参赞”。

头等通译官　见“通译官”。

半个前程　清朝云骑尉之原称。

半刺　宋朝通判之别称。

半通　秦汉官吏印章。秦汉官印一般为正方形。有秩、啬夫等低级官吏则用长方形印章，相当于正方形官印之半，故名半通。《后汉书·仲长统传》：“身无半通青纶之命，而窃三辰龙章之服。”

〔乛〕

加　❶居官。《孟子·公孙丑上》：“夫子加齐之卿相。”赵岐注：“加犹居也。”❷提升官位等级。《吕氏春秋·怀宠》：“皆益其禄，加其级。”❸原职之外，增授其他职衔或虚衔。

加级　旧时官员之奖叙制度。清制，凡官员考核成绩优良，或有功绩者，均交吏部议叙，以资奖励。论叙之法分为两种：一曰纪录，一曰加级。纪录分三等；加级亦有加级一次，加级二次，加级三次之别。纪录三次之上为加一级，两者合之，共有十二等。即：自纪录一次，至纪录三次，其上为加一级；再上为加一级纪录一次，至加一级记录三次，再晋为加二级；加二级纪录一次，至加二级纪录三次，直至加三级为止。凡加级有随带者，指军功之级；食俸者，指照所加之支俸；予衔者，指照所加之衔换给顶戴，得旨准行。

加级随带 清朝吏部奖叙制度。对京外有功绩官员，给予议叙奖励，或纪录，或加级。凡给以纪录奖励者，无论调任、升任，俱准随带至新任注册；凡给加级奖叙者，则有随带与不随带之分。已经升任者，其前任所得恩诏，及因陵寝、河清、庆云及京察加级，俱不准随带，改为纪录一次。对品调补、转补，并非升任者，准随带至新任注册。捐纳之加级，或题明或指捐随带者，准其随带，未经题明及指捐随带者，则不准随带，俱改为纪录一次。唯军功加级，不论曾否题明随带，均准带至新任。

加官 指官吏于本职之外所加领的其他官衔。汉朝凡侍中、左右曹、诸吏、散骑、中常侍皆加官，所加或列侯、将军、卿大夫、将、都尉、尚书、太医、大官令至郎中，无员，多至数十人；给事中所加或大夫、博士、议郎，掌顾问应对，位次中常侍。皆为侍从之职，所加者可入侍禁中。西汉为内朝官，地位显要，权力很大，多由皇帝亲信担任。魏晋除特进外，举凡三公、二大、诸名号将军等，皆可为加官；侍中、散骑、给事中等自后为实职，有员数、职掌、官署。隋唐至元，皆设加官。明朝所加多为荣衔，如勋戚、文武大臣加公、孤官或东宫官，尚书、侍郎由翰林出身者加学士衔。亦有为便宜行事加官遂成定制者。如明中叶后，总督、巡抚皆加都御史或副、佥都御史衔。清朝以太师、太傅、太保（正一品），少师、少傅、少保（从一品），太子太师、太子太傅、太子太保（从一品），太子少师、太子少傅、太子少保（正二品）为加衔，皆无职掌、员额、专授，实为虚衔。

加荣 清朝封赠制度。即指对孔子后裔之封赠。孔子后裔，本支嫡长封衍圣公。其承袭事由山东巡抚具题，吏部复行。

加捐指分 见“指分”。

加捐指省 见“指省”。

加授 授官制度。明朝文武官员凡在任得授散阶者，自正二品至从四品，每品分为三阶：初授、升授、加授。官员经历考后得授此。为本品最高一阶。

加衔 亦称兼衔。清朝吏部之奖叙制度。指在本任官之上另加高于本职之虚衔以显荣其品秩。凡太师、太傅、太保、少师、少傅、少保、太子太师、太子太傅、太子太保、太子少师、太子少傅、太子少保等为大臣加衔及赠官。又总督兼右都御史、兵部尚书衔，总漕、总河、巡抚兼右副都御史、兵部侍郎衔，学正凡进士出身者兼编修衔等均属加衔。

加麻瓦万户 官名。元朝乌思藏十三万户之一，隶乌思藏宣慰司，治所在今西藏拉萨市墨竹工卡县西南甲马乡。

加蓝章京 即甲喇章京。

对月领凭 见“领凭”。

对卢 官名。高句丽国置，见《后汉书·东夷列传》。

对扬 西周时期受赏册封命的臣子向周天子称颂答谢的礼仪程式。《趞鼎铭》：“史留受王命书趞”，“锡趞”，“拜稽首敢对扬天子丕显鲁休”。

对拜 官场用语。唐、宋贡举考试的一种仪式。凡试进士日，于考场厅前设香案，知贡举官等照规定仪式而拜，举人答拜，然后下帘幕，出示试题，进行考试。

对换 官制用语。宋朝官员注授差遣制度之一。又称对易、对替、两易、对移。凡官员因避亲嫌，或因罪被劾受轻罚者，得与其他官员换任。

对读 官名。科举考试中特设之官。又称对读官。宋朝置。其制，凡士子试卷需经誊录副本交考官阅读。为防止誊写错误，特设对读所，将副本与原本校订。选京朝官和选人及粗通文理之大小使臣管理校订事，称为对读官。后代亦沿置。明清时选文理明通之生员校订，并设官管理，是为对读官，属考场之外帘官，简称对读。其负责校订之生员称对读生。

对读官 见“对读”。

对移 即对换。

对策 古代考试方法。皇帝或主考官的提问叫策问，应试者的回答叫对策。汉朝皇帝以政事经义为题征询臣下意见，或以其文辞定高下，作为选拔官吏的一种方法。南朝宋明帝泰始（465—471）中规定，策试“秀孝”五条问题，全对者为上等，对三四条者为中等，对两条者为下等，余不入等，北魏时则在中书省对策。自隋朝设进士科及实行科举制后亦时用之。

弘义将军 官名。北齐置。为褒赏军功勋臣的闲职，五品。

弘义宫 辽朝宫帐名。太祖置，又称算斡鲁朵。契丹语腹心曰算，宫帐为斡鲁朵。以心腹之卫置，后又增渤海俘户、锦州户。宫帐在临潢府，陵寝在祖州东南二十里。有正户八千，蕃汉转户七千，出正丁一万六千，蕃汉转丁一万四千，骑军六千。

弘义宫马群司 官署名。辽朝弘义宫所属机构。掌弘义宫马群畜养蕃息之事。置侍中、敞史等职。

弘义宫汉人行宫都部署司 即弘义宫南面行宫都部署司。

弘义宫使 官名。辽朝弘义宫长官。总领弘义宫军民事务。下设副使、太师、太保、侍中等职。

弘义宫南面行宫都部署司 官署名。辽朝置，南面官，又称弘义宫汉人行宫都部署司。掌弘义宫汉人军民之政令。设都部署、副部署、同知等职。

弘义宫都部署司 官署名。辽朝置，北面官，掌弘义宫契丹军民之事。设都部署、副部署、判官等职。

弘义宫提辖司 官署名。辽朝置，北面官，统领弘义宫各地丁户，征调兵丁。共设南京、西京、奉圣州、平州四处提辖司。

弘文院　官署名。金朝置。掌校订翻译经史等务。设知院掌院事，从五品；下设同知院事、校理等职。元世祖中统四年（1263），改经籍所署。后罢。

弘文馆　官署名。唐高祖武德九年（626）改原修文馆而置，隶门下省。掌详正图籍、教授生徒，参议朝廷制度沿革、礼仪轻重之事。武则天垂拱（685—688）后以宰相兼领馆务，号馆主。中宗神龙元年（705）避太子讳，改名昭文馆，玄宗开元七年（719）复旧。置学士，均五品以上，六品以下者为直学士，未登朝为直馆，无定员。太宗贞观（627—649）中置讲经博士，高宗仪凤（676—679）中置详正学士。中宗景龙二年（708）置大学士四人、学士八人、直学士十二人。睿宗景云（710—711）中减员，玄宗开元七年（719）增置校书郎、校理等官。穆宗长庆三年（823）罢详正学士、讲经博士。金朝置，改称弘文院，设知院、同知弘文院事、校理；掌校译经史。明太祖洪武三年（1370）曾置，设学士，旋罢。宣德（1426—1435）中复置，改名弘文阁，随即并入文渊阁。明末李自成农民军进入北京后改原明朝翰林院而置，职掌依旧。

弘文馆学士　官名。唐高祖武德九年（626）改修文馆为弘文馆，精选天下贤良文学之士五品以上者为之，以本官兼，无定员。令轮流宿直，听朝之际，引入内殿，讲论文义，商量政事，有时至夜分方罢。并掌详正图籍，教授生徒，朝廷制度沿革、礼仪轻重，皆参议之。高宗仪凤（676—679）中，以馆中图书众多，置详正学士校理。中宗景龙二年（708），置大学士四员、学士八员，后减其员。穆宗长庆三年（823）罢详正学士，专以五品以上为学士、六品以下为直学士。明洪武三年（1370）法唐制，置弘文馆，以胡铉为学士，刘基等兼学士。九年，罢。

弘文馆馆主　官名。唐武则天垂拱（685—688）以后，以宰相兼领弘文馆馆务，号馆主。

弘节将军　官名。南朝梁置。武帝天监七年（508）定为施用于境外的武职二十四班中的五班，拟克狄将军等号。大通三年（529）定制后，改拟明智将军等号。

弘训太仆　官名。南朝宋置，为后废帝明恭王太后弘训宫三卿之一，掌太后宫车马，职比太仆。王琨曾任此职。见《南齐书·王琨传》。

弘州种田提举司　官署名。元朝置，秩正六品，隶宣徽院。掌弘州（今山西大同东）输纳米面等务。设达鲁花赤、提举、同提举、副提举各一员。

弘信将军　官名。南朝梁置。武帝天监七年（508）定为施用于境外的武职二十四班中的三班，大通三年（529）定制后，拟飙勇将军等号。

弘德夫人　妃嫔号。北齐置。《北齐书·后主纪》："拜弘德夫人穆氏为左皇后。"

纠察司　宋朝纠察在京刑狱司省称。

纠察刑狱司　宋朝纠察在京刑狱司省称。

纠察在京刑狱　见纠察在京刑狱司。

纠察在京刑狱司　官署名。宋真宗大中祥符二年（1009）置，掌审查京城刑狱案件。凡御史台、开封府及其他刑禁机构所判徒刑以上案件，须及时上报该司，审理不当或积压者，许据情节驳奏。设纠察在京刑狱官，以两制以上充任。神宗元丰三年（1080），并入刑部。

纠察官　即纠察在京刑狱。

纠察案　官署名。南宋置，属刑部，掌审问大辟狱案。

驭　官名。西周置。掌驾车马之官。《敌驭弟觥铭》："敌驭弟史（使）遣马。"《敌驭簋铭》："敌驭从王南征。"

驭夫　官名。《周礼》夏官之属。一说为周朝置。掌王副车，及其驾车马匹的驯驭。《周礼·夏官》："驭夫，中士二十人，下士四十人"，"掌驭贰车、从车、使车，分公马而驾治之"。郑玄注："贰车，象路之副也。从车，戎路、田路之副也。使车，驱逆之车。"

驭仆大夫　官名。即太子仆，唐高宗龙朔二年（662）改，咸亨元年（670）复名太子仆。

驭仆寺　官署名。即太子仆寺，唐高宗龙朔二年（662）改，咸亨元年（670）复名太子仆寺。

召　旧指君主呼唤属下前来。《左传·僖公三十二年》："召孟明、西乞、白乙，使出师于东门之外。"

召见　皇帝特旨命某官员进见，称召见。《史记·田叔传》有诏召见卫将军舍人语。清朝官吏奉特旨召见者皆属高级官员，其他官员均为循例引见。

召试　选举官员考试方式之一。宋朝文科进士出身已任官职而献文求试或被荐举，特旨召试，合格者授秘书省官。应试者先交纳家状、试卷稿纸；试前一日，考官锁宿拟题；以学士院、舍人院或中书后省为考场；试诗、赋或策、论。成绩分五或七等。宗室及武举出身亦可求召试。后代亦有行之者，其制略异。

召募使　使职名。唐德宗建中四年（783）以神策军使白志贞为京城召募使，募禁兵以讨李希烈，以曾为节度、观察、团练使者子弟率奴马自备资装从军，授以五品官，贫者甚苦之，人心动摇。

台　东汉以后，用作官署名称，如尚书台、御史台，故亦常作为这些官署的省称。两晋南朝又作为朝廷禁省及中枢政权机构的代称，故禁城称台城，禁军称台军等。后世亦用作对高级官吏的尊称，如制台、抚台、藩台等。

台主　❶指御史中丞。《晋书·职官志》：西汉哀帝元寿二年（前1），"中丞出外为御史台主。历汉东京至晋因其制，以中丞为台主"。❷指尚书令、仆射。《南齐书·百官》："尚书令，总领尚书台二十曹，为内台主。""无令，左仆射为台主。"

台司　❶指三公之位。《后汉书·袁绍传》："既累世台司，宾客所归。"魏晋以来开府仪同三司者亦有此称。❷指尚书台、御史台等机构。《晋书·王羲之传》："兼以台司及都水御史行台文符如雨。"《宋史·李宗谔传》："尝牒御史台不平空，中丞吕文仲移文诘之，往复再三，宗谔执言两省故事与台司不相统摄者凡八。"

台吉 ❶爵名。清朝蒙古贵族封爵之第七等。位次辅国公。土默特左旗和喀喇沁三旗称塔布囊。有一、二、三、四等之别，秩视一品至四品。此外，新疆回部吐鲁番和哈密的贵族封爵制同蒙古，亦有台吉。❷官名。清朝设于内蒙古各旗之职官。称协理台吉。辅助扎萨克管理旗务。又，西藏达赖喇嘛及班禅喇嘛之属官有一等台吉一人，佐理藏务。

台吏 尚书台、御史台等官署的属吏。《晋书·艺术·戴洋传》："吴末为台吏，知吴将亡，托病不仕。"《旧五代史·职官志》："（御史中丞卢文纪）令台吏谕以旧仪相见。"

台传御史 官名。南齐置，隶御史台，掌督诸郡钱谷。《资治通鉴·齐明帝永泰元年（498）》："召山阴令王询、台传御史钟离祖愿。"胡三省注："台传御史，台所遣督诸郡钱谷者。"

台丞 御史中丞简称。

台巡驱使官 吏名。宋朝御史台左、右巡使属吏，负责纠正百官班序，历九选授勒留官后，考察合格，许出为县主簿、县尉。

台使 ❶朝廷使臣。两晋南朝称宫廷禁省为"台"，故名。《晋书·段匹磾传》："（邵）洎复欲执台使王英送于季龙，匹磾正色责之曰：'卿不能遵兄之志，逼吾不得归朝，亦以甚矣，复欲执天子使者。'"❷北魏尚书、御史台所遣巡察纠劾州郡官吏的使者。《魏书·赵郡王传》："台使元延到其州界，以驿逻无兵，摄帅检核。"

台府 尚书台、三公府合称。《晋书·华谭传》："州郡贡秀孝，台府简良才。"

台官 ❶朝廷官员的泛称。相对王府官员而言。两晋南朝称朝廷禁省为"台"，故名。《宋书·彭城王义康传》："凡朝士有才用者，皆引入已府，无施及忤旨，即度为台官。"❷尚书台官员的泛称。《宋书·百官上》："汉制，公卿御史中丞以下，遇尚书令、仆、丞、郎，皆辟车预相回避，台官过，乃得去。"❸御史台官员的泛称。《旧唐书·李实传》："故事，府官避台官。实常遇侍御史王播于道，实不肯避，导从如常。"

台郎 尚书郎别称。《后汉书·虞翊传》载：翊为尚书仆射，上言："台郎显职，仕之通阶。"宋朝为尚书省左右司郎中、员外郎合称。《宋会要辑稿·职官》四之一九："初于都司置吏设案，而议者谓台郎宰掾不当自为官司，遂随尚书省诸房分治所领之事。"

台相 宰相别称。东汉宋弘曾任大司空，为三公之一。故《后汉书·宋弘传》论曰："中兴以后，居台相总权衡多矣。"

台省 东汉至隋、唐对中央中枢官署尚书台（省）、中书省、门下省、御史台等的简称及其合称。

台省礼钱 唐末、五代诸道使府及州县官带御史台宪官及三省检校官所纳光台钱与光省钱，以此充修缮廨署及杂费开支。参见"光台钱"、"光省钱"。

台省官 官名泛称。❶即御史台与尚书、中书、门下三省官员。❷唐高宗龙朔二年（662）以尚书省为中台、门下省为东台、中书省为西台，称三省为台省，三省官为台省官。

台阁 ❶东汉至隋、唐对尚书台（省）的别称。《后汉书·仲长统传》："虽置三公，事归台阁。"李贤注："台阁谓尚书也。"❷指御史台、秘书监及内阁。《三国志·王肃传》裴松之注引《魏略》："兰台为外台，秘书为内阁，台阁一也。"❸北宋对御史台官、诸阁职的简称。

台院 官署名。唐朝始置，为侍御史治事之所，御史台下属三院之首。初设侍御史四员，后增为六员，掌监察弹劾百官、入閤承诏、受制出使、分管御史台事务，又轮直朝堂，与给事中、中书舍人共同受理词讼，与刑部、大理寺会审重大案件等。以资深者一人知杂事，号杂端，处理御史台日常事务，分派殿中、监察御史职掌，台官提名、迁改，评定令史考课等第，专决台事；一人知公廨，即管理衙署之事；一人知弹，即纠劾百官；二人分知东、西推，即分掌京城诸司、地方诸州案件之审理复查，知西推者兼理赃赎、三司受事，亦号副端，知东推者兼理匦使；一人分司东都留台。又有里行、内供奉等名目，为定员以外添派之职，员数为正官之半，俸禄有差，职事略同。又设主簿一人、录事二人，令史十五人，书令史二十五人，亭长六人，掌固十二人。玄宗开元（713—741）以降，令其弹奏须先禀御史中丞、御史大夫，再通报中书、门下，始得奏上，职权渐轻。北宋初沿置，因侍御史用作寄禄官及武臣兼官，另以郎中、员外郎任侍御史知杂事，号知杂、知端，佐贰御史台长官管理台务。下设台一推、台二推，各置主推、书吏。神宗元丰（1078—1085）改制后，罢知杂，置侍御史一员，为御史台副长官。

台垒科 官署名。清末陆军部军制司所属七科之一。光绪三十二年（1906）设。掌要塞炮兵、工兵军士以下之补充，要塞炮兵、工兵之常备、续备、后备官兵之册籍，并勘查建筑台垒，划分台垒区域。置科长、科员、录事。

台衮 三公别称。古以三公比天之三台，衮即三公命服。《风俗通义·十反》："（刘矩）三登台衮，号为名宰。"

台宰 宰相、三公别称。《后汉书·谢弼传》："夫台宰重器，国命所继。"

台职 ❶尚书台之职。《后汉书·郑弘传》："弘奏以为台职虽尊，而酬赏甚薄"，"请使（尚书）郎补千石令，令史为长"。❷魏、晋、南朝指朝廷禁省之官职。《晋书·范宁传》："又郡守长吏，牵置无常，或兼台职，或带府官。"《宋书·百官上》："魏世至晋江左，左右积弩为台职，领营兵。"❸御史台之职。《宋史·吕诲传》："乞解台职。"诲时为侍御史知杂。

台基厂　官署名。明朝置，隶工部营缮清吏司，掌收贮薪苇等营造物料。

台辅　宰相、三公等最高级官员的尊称。《后汉书·李固传》："臣闻台辅之位，实和阳阳，璇机不平，寇贼奸轨，则责在太尉。"

台谏　官名、官署名别称。又称台谏官。唐、宋为御史台与谏官的合称。明沿指御史及给事中。称御史为台官，给事中为谏官，因其均有纠察、逮言之责，故称。

台谏官　见"台谏"。

台鼎　三公、宰相的尊称。《后汉书·陈球传》："球称司徒刘郃曰：'公出自宗室，位登台鼎。'"

台端　侍御史别称。《通典·职官六》：侍御史"台内之事悉主之，号为台端。他人称之曰端公"。其知杂事者，又号为杂端。

台察　官名、官署名别称。唐、宋指御史台六察。明初沿称御史台。御史台废罢后，亦沿称都察院。

台衡　三公别称。《后汉书·安帝纪》："推咎台衡，以答天眚。"李贤注："台谓三台，三公象也。衡，平也，言天下所取平。伊尹为阿衡，即其义也。"一说衡即玉衡，与三台俱为古星名，位在紫微宫帝座之前，故以之比喻三公宰辅。

弁工下士　官名。西魏、北周冬官府司织下大夫属官，正一命。

弁工中士　官名。西魏恭帝三年（556）置，北周沿置。冬官府司织下大夫属官，正二命。下设弁工下士以佐其职。隋文帝开皇元年（581）罢。

弁师　官名。《周礼》夏官之属。一说为周朝置。掌王冠冕，区别诸侯、孤卿大夫冠冕等级。《周礼·夏官》："弁师，下士二人，工四人，史二人，徒四人"，"掌王之五冕"，"诸侯及孤卿大夫之冕。皮弁、弁绖，各以其等为之，而掌其禁令"。

民王　清朝对非宗室封王者之称呼。此外，凡削去宗室籍之王亦视为民王。如雍正四年（1726），廉亲王允禩被削宗室籍，革去黄带子（清宗室之标记），易为民王。

民公　清朝对非宗室封公爵者之称呼。清制，宗室封爵有镇国公、辅国公等，谓之国公。此外，对功臣及外戚之封爵有九等，第一等为公，以别于宗室封公者，又谓之民公。

民生　监生名目。亦名俊秀。指明朝实行纳粟制度后，一般庶民经纳粟援生员之例入国子监而为监生者。出路仅为州县佐贰及府首领官，得京职者，则任职光禄寺、上林苑等不重要的衙门。亦有任各边省军卫有司首领官，或卫学、王府教授者。

民兵仗卫案　官署名。南宋置，属兵部，掌民兵、仗卫之事。

民兵房　官署名。宋神宗元丰（1078—1085）改制置，属枢密院，掌行三路保甲及弓箭手之事。

民事二庭　官署名。见"民科❷"。

民治司　官署名。清末民政部所属之机构。光绪三十二年（1906），改巡警部警政司户籍科设。掌稽核地方行政、地方自治，编审户口，整饬风俗、礼教，核办保息、荒政、移民、侨民各事。辖地方行政、地方自治、户籍、保息四科。置郎中二人，员外郎四人，主事五人，七品小京官一人。

民治司郎中　官名。清末民政部民治司长官。光绪三十二年（1906）设，掌司事。额二人，正五品。

民政大臣　见"民政部尚书"。

民政使　官名。清末东三省民政使司之主官。掌主民籍。光绪三十三年（1907）设，每省一人，正三品。宣统元年（1909），依布政使例，升从二品。同年，黑龙江省民政使兼管财政事。

民政使司　官署名。清末东三省所属之办事机构。光绪三十三年（1907）置。掌主民籍。各设民政使一人掌司事，下设佥事、科员及一、二等医官协助办事。宣统元年（1909），黑龙江省裁度支使，所管财政事亦归民政使司兼管。

民政部　官署名。清末新设的中央机构之一，系管理全国公安、内务、民政之总机构。光绪三十二年（1906），改巡警部设。并入户部疆理、保息、赈救，礼部仪制、风教、方术，工部营缮和吏部所掌文职官员户籍等事宜。职掌全国巡警，统属考核直省民政等官，辖京师内、外城巡警总厅。分设承政、参议二厅，民治、警政、疆理、营缮、卫生五司。置尚书，左、右侍郎各一人。宣统三年（1911），改尚书为大臣，侍郎为副大臣。

民政部丞　官名。清末民政部之职官。光绪三十二年（1906），改巡警部丞设。位侍郎之下，正三品，左、右各一人。掌承政厅，任一部总汇之事。

民政部尚书　官名。清末民政部之长官。光绪三十二年（1906），改巡警部尚书设。从一品。掌主版籍，整饬风教，绥靖黎物，以奠邦治。宣统三年（1911），改民政大臣。

民政部侍郎　官名。清末民政部之次长官。光绪三十二年（1906），改巡警部侍郎设。正二品，左、右各一人。佐尚书执掌本部一应事务。宣统三年（1911），改副大臣。

民政部承政厅　官署名。清末民政部所属机构。光绪三十二年（1906）设。掌一部总汇之事，凡承办机密，考核员司，编存文卷，筹核经费各事皆属焉。辖机要、文牍、会计、庶务四科及递折处、电报处。置左、右丞各一人，员外郎、主事、七品小京官各四人。

民政部参议　官名。清末民政部之职官。光绪三十二年（1906）改巡警部参议设。正四品，左、右各一人。掌参议厅，任一部谋议之事。

民政部参议厅　官署名。清末民政部所属机构。光绪三十二年（1906）设。掌一部谋议之事，议定本部法令章程。置左、右参议各一人，参事二人。设则例局、统计处。

民政副大臣　见“民政部侍郎”。

民科　官署名。❶明清户部诸司所属之办事机构。掌理所属省府州县地理、人物、图志、古今沿革、山川险易、土地肥瘠宽狭、户口物产多寡登耗之数。明洪武二十三年（1390）置。宣德十年（1435）隶户部十三清吏司。清顺治元年（1644）隶户部十四清吏司。各设经承一人办事，唯福建清吏司分设保民科、河民科，因其兼管赈济与官房之事。光绪三十二年（1906）裁。❷清末大理院所属机构。光绪三十二年（1906）设。掌大理院管辖之民事案件审判。置推丞一人，推事九人。分二庭，每庭以五人司审判。另置主簿、录事等书记官。第一庭，以推丞为长，掌宗室民事案与不服京师高等审厅判决民事上告案审理。第二庭，掌不服各省高等审厅判决民事上告案审理。

民科推丞　见“大理院推丞”。

民部　官署名。十六国后凉、后燕均置，设尚书为长官。麹氏高昌国置为八部之一，设长史、司马为正、副长官。西魏文帝大统十二年（546）改尚书三十六曹为十二部，此为十二部之一，隶尚书省，设郎中为长官，或说亦置尚书。至恭帝三年（556）仿《周礼》建六官府，遂为地官府所辖诸司之一，协助大司徒卿，管理户口籍帐。设中大夫二员为长官，属官有民部吏上士、民部吏中士等，领诸乡伯中大夫、左右遂伯中大夫、稍伯中大夫、县伯中大夫、畿伯中大夫、州长上士、党正旅下士等。北周沿其制。隋文帝开皇三年（583）改度支为民部，为尚书省六部之一，职掌财赋户籍，设尚书为长官；炀帝大业三年（607）增设侍郎一员为次官，领度支、民部（人部）、金部、仓部四司。唐初沿置，高宗永徽元年（650）因避太宗讳，改名户部。又，明太祖洪武二十二年（1389）改户部四属部之首的总部为民部，设郎中、员外郎各一员为正、副长官，主事四员，职掌省府州县土地户籍。二十三年分四属部为十二部，遂罢。

民部中大夫　官名。西魏恭帝三年（556）置，北周沿置。地官府民部司长官，员二人，掌管民户数额。下设民部吏上士以佐其职，领乡伯中大夫、左右遂伯中大夫、稍伯中大夫、县伯中大夫、畿伯中大夫等官属。周武帝建德二年（573）省，以下大夫为长官。宣帝即位后，复置。正五命。隋文帝开皇元年（581）罢。

民部长史　官名。麹氏高昌国民部长官。职掌同尚书。参见“民部”。

民部司马　官名。麹氏高昌国民部次官，协助民部长史处理本部事务。如被派遣至诸城相监检校，则称城令。

民部吏上士　官名。西魏恭帝三年（556）置，北周沿置。地官府民部次官，佐民部中大夫掌民户数额，正三命。下统民部吏中士。隋文帝开皇元年（581）罢。

民部吏中士　官名。西魏、北周地官府民部中大夫属官，正二命。

民部尚书　官名。十六国后凉、后燕皆置，掌尚书省民部曹。或说西魏初亦置。隋文帝开皇三年（583）置为尚书省六部长官之一，由度支尚书改名。唐初沿置，高宗永徽元年（650）改名户部尚书。隋、唐正三品。参见“民部”。

民部郎中　官名。西魏文帝大统十二年（546）置，为尚书省民部曹长官。至恭帝建六官府，遂罢。明洪武二十二年（1389）复置，由户部总部郎中改名，正五品，二十三年废。参见“民部”。

民曹　官署名。❶尚书曹名。设尚书为长官。西汉成帝置，职掌吏民上书事。东汉改掌土木工程，缮治修造监池苑囿及盗贼事。三国魏改置左民曹。❷尚书省郎曹名。设郎（郎中）为长官。三国魏置，晋分为左、右民曹。

民曹尚书　官名。西汉成帝时置，属尚书令，为四曹（一说五曹）尚书之一。东汉沿置，为六曹之一，秩六百石。其职掌说法不一。《后汉书·百官志》本注以为主凡吏上书事；刘昭注引蔡质《汉仪》则称，民曹尚书典缮治功作，监池苑囿盗贼事。

民曹郎　官名。三国魏置，为尚书民曹长官，隶左民尚书。六品。晋分置左、右民曹郎。

皮毛监　❶官署名。隋朝陇右牧置，有监、副监及丞、录事。❷官名。隋朝陇右牧皮毛监长官，视正八品。

皮毛监丞　官名。隋朝陇右牧皮毛监属官，视从九品。

皮毛监副监　官名。隋朝陇右牧皮毛监次官，视从八品。

皮作局　官署名。明置，隶工部虞衡司。设大使一人，正九品，副使二人，从九品。后革副使。掌供宫廷百官及内府所需之皮革制品。

皮角场　官署名。北宋前期置，掌收纳皮革、筋角以供作坊使用。神宗元丰（1078—1085）改制后，隶军器监。

皮角场库　官署名。北宋置，掌收储骨、革、筋、角、脂、硝等物，以供制造军器、鞍辔、毡毯，设监官二人，以京朝官、三班使或内侍充任。初分三库，真宗景德三年（1006）并为一库。

皮库　官署名。清朝内务部广储司所属六库之一。掌储皮革、呢绒、象牙、犀角等物。银库郎中兼司皮库事。本库置员外郎三人，六品司库一人，无品级副司库二人及库使若干。库藏之出纳，按月缮折，送司核对并呈府堂奏销。

皮官　官名。战国置。掌皮革。《滨虹草堂藏古玺印》著录战国官印有“北宫皮官”。朱德熙等《战国铜器铭文中的食官》认为，“北宫皮官当是掌六宫皮革之事的职官”。

皮剥所　官署名。宋太祖开宝二年（969）置，掌割剥死亡马牛驴骡等牲畜，设监官二人，以三班使臣充任。后隶于群牧司。

发引使　使职名。勋臣死后，皇帝派官员担任送丧柩车的执引前导，称发引使。

发丘中郎将　官名。或说东汉献帝建安（196—220）初曹操置，《三国志·袁绍传》裴松之注引《魏氏春秋》载袁绍檄州郡文：“（曹操）又置发丘中郎将、摸金校尉，所过隳突，无骸不露。”一说曹实未置，系敌方诋斥之辞。南朝宋置，主发掘坟墓，搜括金宝。《宋书·前废帝纪》：“以魏武帝有发丘中郎将、摸金校尉，乃置此二官，以建安王休仁、山阳王休祐领之。”

发运司　官署名。宋初有三门白波发运司、京畿东路水陆发运司。太宗太平兴国二年（977）置江淮水陆发运司于开封，置发运使、发运副使、发运判官，掌江、淮漕运之事。端拱元年（988）罢江淮发运司，以其事隶排岸司。至道元年（995）复于淮南置司，设使、副。仁宗庆历七年（1047）又置于真州，设制置发运副使主之。南宋初，仅掌籴买之事。高宗绍兴二年（1132）罢。八年，复置江湖荆浙闽广经制发运司，专掌籴事，九年罢。后置废不常。

发运判官　见“发运司”。

发运使　官名。唐玄宗先天二年（713）始于陕州（治今河南陕县）置，亦称水陆运使，掌洛阳、长安间漕运，后移职转运使。宋朝承置，掌经度山泽财货之源，漕运淮、浙、江、湖六路储廪以输京都，兼制茶盐、泉宝之政及监察官吏。

发运都监　官名。宋真宗天禧二年（1018）始置，以诸司副使充任，为发运司属官。

发运案　官署名。北宋前期三司置，掌汴河、广济、蔡河漕运、桥梁、折斛、三税等事务。神宗元丰（1078—1085）改制，改于户部置，隶度支郎中。

发运副使　见“发运司”。

发抄　文书制度。亦作发钞。清制，明发谕旨和经皇帝批阅应交在京衙门知道或办理的奏折，下内阁后由满票签处传知有关衙门抄回执行。此外，经皇帝批示过的题本由红本处交六科传抄。

发放司　官署名。宋太宗太平兴国（976—984）中置，属三司，掌发放三司帖牒，以判开拆司官兼管。神宗元丰（1078—1085）改制，随三司废。

发官　赴官任职。《商君书·定分》：“天子则各主法令之，皆降受命，发官。”

发弩官　官署名。汉朝郡国所置工官之一。据《汉书·地理志》，南郡置有此官。颜师古注：“主教放弩也。”疑此说误，似为专门制造弩器之工官。

发弩啬夫　官名。战国秦置。射弩兵之官长，《睡虎地秦墓竹简·秦律杂抄》：“除士吏、发弩啬夫不如律，及发弩射不中，尉赀二甲。发弩啬夫射不中，赀二甲，免，啬夫任之。”

发敕司　官署名。北宋通进银台司置，掌接受中书、枢密院所下宣敕，登记后颁下，设发敕官三人，以中书沿堂五院通引官以下充任。

发敕官　见“发敕司”。

发副　宋朝发运副使简称。

司　❶主持掌管某事。《尚书·高宗肜日》：“王司敬民。”❷泛指官职。《吕氏春秋·审分》：“百官，众有司也。”《管子·小匡》：“制五家有轨，轨有长，十轨为里，里有司。”❸官署名称。隋、唐以后历朝所设名称不一，地位悬殊。多用为六部之下的一级机构，隋至元称司，明、清称清吏司，如吏部文选司、礼部主客司。至清末新设之部改称局，其制同司。宋、金之尚书省、元之中书省亦设左、右司，分管六部事。尚有属于独立的中央机构者，如金、元之大司农司，明、清之通政使司；有属于地方机构者，如明、清之布政使司、按察使司；有属于军事指挥机构者，如宋之殿前司、明之都指挥使司；有属于负责具体事务之机构，如五城兵马司、市舶司、盐课提举司、巡检司；亦有前后变化较大者，如宣抚司、安抚司等，宋朝作为临时性的中央派出机构，元朝为地方行政机构，明、清则专为土官所把持的地方政权机构。❹官府泛称。李商隐《上翰林萧侍郎启》：“图书之府，鼎鼐之司。”又，明、清之刑部、都察院、大理寺合称三法司。明中叶以后，各土官衙门又泛称土司。参见“土司❷”。

司几筵　官名。《周礼》春官之属。一说为周朝置。掌几、席器物之管理及陈设，以供各种典礼使用。《周礼·春官》：“司几筵，下士二人，府二人，史一人，徒八人”，“掌五几五席之名物，辨其用与其位”。

司几筵下士　官名。西魏、北周春官府典祀中大夫司几筵中士佐官，正一命。

司几筵中士　官名。西魏恭帝三年（556）仿《周礼》司几筵置，北周沿置。春官府典祀中大夫属官，正二命。下设司几筵下士以佐其职。隋文帝开皇元年（581）罢。参见“司几筵”。

司九陂　官名。西周置。掌水利工程。《微䜌鼎铭》：“令微䜌𤔲司九陂。”

司刀盾下士　官名。西魏、北周夏官府武藏中大夫司刀盾中士佐官，正一命。

司刀盾中士　官名。西魏恭帝三年（556）仿《周礼》司戈盾置，北周沿置。夏官府武藏中大夫属官，正二命。下设司刀盾下士以佐其职。隋文帝开皇元年（581）罢。参见“司戈盾”。

司干　官名。《周礼》春官之属。一说为周朝置。掌理舞蹈用具。《周礼·春官》：“司干，下士二人，府二人，史二人，徒二十人”，“掌舞器。祭祀，舞者既陈，则授舞器。既舞，则受之。宾飨，亦如之。大丧，廞舞器。及葬，奉而藏之。”郑玄注：“舞器，羽籥之属”。贾公彦疏：“司干者，周尚武，故以干为职。”

司工 官名。同“司空”。殷朝始置。周朝沿置。《甲骨续存》卷一第七〇片：“壬辰卜，贞叀□令司工。”《扬簋铭》：“王若曰：‘扬，作司工，官司量田。’”秦嘉谟辑《世本·氏姓》：“司工氏，周宣王时司工锜，因官氏焉。”参见“司空”。

司士 官名。❶殷朝五官之一。《礼记·曲礼下》：“天子之五官，曰司徒、司马、司空、司士、司寇。”郑玄注：“此亦殷时制也。”❷西周掌百官狱讼刑罚之官。《牧簋铭》：“王若曰：牧，昔先王既命汝乍司士，今余……命汝辟百寮。”❸春秋晋国车右属官，掌训练勇力之士以供驱使。《左传·成公十八年》：“晋悼公即位于朝，始命百官”，“荀宾为右，司士属焉，使训勇力之士时使”。孙颖达疏：“司士，车右之官”，“春秋之世，车右为尊，此司士盖《周礼》司右之类，为车右属官”。❹司马属官，掌群臣朝仪班位。《礼记·文王世子》：“庶子之正于公族者”，“其在外朝则以官，司士为之”。郑玄注：“司士，亦司马之属也，掌群臣之班，正朝仪之位。”兼掌大夫宾客馈食之礼。《仪礼·少牢馈食礼》：“司马刲羊，司士击豕。”贾公彦疏：“案《周礼》注：‘司空承豕。’司士乃司马之属官，今不使司空者，诸侯犹兼官，大夫又职职相兼，况士无官，仆隶为司马、司士，兼其职可知，故司士击豕也。”又掌士射仪之礼。《礼仪·大射礼》：“大射之仪”，“司士戒士射，与赞者”。郑玄注：“赞，佐也，谓士佐执事不射者。”❺《周礼》官名，为夏官司马之属，下大夫爵，掌群臣名籍、爵禄、正朝仪之位；掌国中士治戒令；凡祭祀、会同、大丧、军事，掌士之戒令行事。西魏、北周仿《周礼》置六官，于夏官府置，以中大夫为长官，统中士、下士。❻唐朝京县置，有佐四人、史八人。❼司士参军事的省称。

司士上士 官名。西魏恭帝三年（556）仿《周礼》司士置，北周沿置。夏官府司士中大夫属官，正三命。下设司士中士以佐其职。隋文帝开皇元年（581）罢。

司士中士 官名。西魏、北周夏官府吏部中大夫司士上士佐官，正二命。

司士中大夫 官名。西魏恭帝三年（556）置，北周沿置。夏官府司士司长官，掌百官名数，定其朝仪之位，辨其贵贱之等，并据考核以进退官员。正五命。统上士、中士。参见“司士❺”。

司士参军 官名。即司士参军事。

司士参军事 官名。北魏、北周诸州置。唐高祖武德（618—626）初改司士书佐置，掌津梁、舟车、舍宅、百工众艺之事，三都、六府各置二员，为士曹长官，正七品下；上州各置一员，从七品下；中州各一员，从八品下。宋朝无职掌，用为特恩授士人，亦为责降散官，或为纳粟授官名目。

司土 ❶殷朝天子六府之一。掌划分土地种类，定税赋等级。参见“六府”。❷即司徒。西周金文“司徒”多作“司土”。详见“司徒”。❸官署名。西魏、北周置。属冬官府。以司土中大夫为长官，下设小司土下大夫、小司土上士，辖复工中士、陶工中士、涂工中士等。掌制作陶器等事。

司土中大夫 官名。西魏恭帝三年（556）置，北周沿置。冬官府司土司长官，掌各种陶器的制作。正五命。下设小司土下大夫、小司土上士以佐其职，领复工中士、陶工中士、涂工中士等官属。北周武帝建德二年（573）改置下大夫为长官，宣帝即位后，复置。隋文帝开皇元年（581）罢。

司川 官署名。即工部水部司，唐高宗龙朔二年（662）改，咸亨元年（670）复改水部。

司川大夫 官名。即水部郎中，唐高宗龙朔二年（662）改，咸亨元年（670）复名水部郎中。

司川员外郎 官名。即水部员外郎，唐高宗龙朔二年（662）改，咸亨元年（670）复名水部员外郎。

司义侍郎 官名。亦称司义郎。南朝梁置，为皇帝的经学侍臣。《陈书·周弘正传》：梁武帝“普通（520—527）中，初置司文、义郎，直寿光省，以弘正为司义侍郎”。

司义郎 官名。亦称司义侍郎。南朝梁置。《陈书·儒林·全缓传》：“梁太清（547—549）初，历王国侍郎、奉朝请，俄转国子助教，兼司义郎，专讲《诗》、《易》。”参见“司义侍郎”。

司门 ❶《周礼》官名。地官司徒之属，分掌都城各城门开闭，监督出入，查禁货贿，通报宾客来访。郑玄注：“司门，若今城门校尉，主王城十二门。”西魏、北周地官府仿《周礼》置，设中大夫，掌关门、城门、宫门启闭。❷官署名。尚书省刑部第四司。隋初设司门侍郎二员，文帝开皇六年（586）增置员外郎一员，司其籍帐，侍郎缺则厘其曹事；炀帝大业三年（607）改侍郎为郎，后减一员，废员外郎，置承务郎一员，取代员外郎之职。唐朝改郎为郎中、承务郎为员外郎，各置一员，掌门、关出入之籍及遗失之物；高宗龙朔二年（662）改为司关，咸亨元年（670）复为司门。五代沿置。北宋初，置判司门事一员，以无职事朝官充任，无职掌；神宗元丰（1078—1085）改制，始掌关津、道路之禁令及其废置移复之事，讯案官吏、军民出入时违禁者，有郎中、员外郎各一员；南宋高宗建炎三年（1129）以比部兼领，孝宗隆兴元年（1163）改由都官兼掌。明初为刑部四属部之一，设郎中、员外郎，洪武二十三年（1390）罢。

司门下大夫 官名。西魏恭帝三年（556）置，北周沿置。地官府司门司长官，掌边境关门，京都城门及皇宫宫门的启闭，并发放过所（通行凭证）。下设小司门上士以佐其职，正四命。领掌节中士、宫门中士、城门中士、司关中士等官属。隋文帝开皇元年（581）罢。

司门员外郎 官名。隋文帝开皇六年（586）尚书省刑部始置，为司门司次官，司其曹之籍帐，侍郎缺则厘其曹事；炀帝大业三年（607）废，改置承务郎。唐高祖武德三年（620）复置，一员，从六品上，仍为司门司次官，高宗龙朔二年（662）改为司关员外郎，咸亨元年（670）复旧。北宋初置为寄禄官，神宗元丰（1078—1085）改制后，实领司门之事，降为正七品。明初亦置，从五品，洪武二十三年（1390）罢。

司门郎 官名。隋炀帝大业三年（607）改司门侍郎置。唐高祖武德三年（620）改为司门郎中，为刑部司门司长官。

司门郎中 官名。唐高祖武德三年（620）改司门郎而置，为尚书省刑部司门司长官，置一员，正五品上，掌门关出入之籍及道路遗失之物；高宗龙朔二年（662）改为司关大夫，咸亨元年（670）复为司门郎中。北宋初置为五品寄禄官，神宗元丰（1078—1085）改制，始实领司门之事，掌关津道路之禁令，降为从六品。明初亦置，正五品，洪武二十三年（1390）罢。

司门郎官 司门郎中、员外郎通称。

司门部 官署名。明初刑部四属部之一。洪武六年（1373）置，设郎中、员外郎各二人，主事四人。十三年改设郎中、员外郎各一人，主事二人。与总部、比部、都官部共掌刑法之事。二十三年改四属部为十二属部，遂罢。

司门部员外郎 官名。明初刑部所属司门部副长官。洪武六年（1373）始置，初二人，正六品。十三年，升部秩，随改从五品，一人。协郎中共掌本属部之事。二十三年，随司门部并罢。

司门部郎中 官名。明初刑部所属司门部长官。洪武六年（1373）始置，初二人，正五品。十三年，改置一人。掌本属部之事。二十三年，随司门部并罢。

司弓 官名。清朝内务府武备院所属毡库之属官。掌备弓处事。初名弓匠固山达，额设五人。康熙十五年（1676），改为弓匠协领。二十一年，定为正七品。乾隆二十四年（1759）改是称。四十四年定为六品职衔，赏戴蓝翎。光绪三十年（1904）裁一人。

司弓矢 官名。《周礼》夏官之属。一说为周朝置。掌管弓箭矢镞的收藏与颁发，为缮人、槀人诸官之长。《周礼·夏官》："下大夫二人，中士八人，府四人，史八人，胥八人，徒八十人"，"掌六弓四弩八矢之法，辨其名物，而掌其守藏与其出入"。

司弓矢下士 官名。西魏、北周夏官府武藏中大夫司弓矢中士佐官，正一命。

司弓矢中士 官名。西魏恭帝三年（556）仿《周礼》司弓矢置，北周沿置。夏官府武藏中大夫属官，正二命。下设司弓矢下士以佐其职。隋文帝开皇元年（581）罢。参见"司弓矢"。

司卫上士 官名。北周置，司卫上大夫属官，正三命。隋文帝开皇元年（581）罢。

司卫上大夫 官名。北周置。简称司卫。侍卫长官，掌东宫卫士，在非常时期亦可统率皇帝宿卫兵马，权任甚重。正六命。周武帝北征至云阳宫，患病，召宇文孝伯授以此职，总宿卫兵马事。分置左、右。其下设左、右司卫中大夫、司卫上士、司卫中士等官属。隋文帝开皇元年（581）罢。

司卫少卿 官名。即卫尉少卿，唐高宗龙朔二年（662）改，咸亨元年（670）复；武则天光宅元年（684）又改，中宗神龙元年（705）复名卫尉少卿。

司卫正卿 官名。即卫尉卿，唐高宗龙朔二年（662）改，咸亨元年（670）复名卫尉卿。

司卫寺 官署名。即卫尉寺，唐高宗龙朔二年（662）改，咸亨元年（670）复；武则天光宅元年（684）又改，中宗神龙元年（705）再复为卫尉寺。

司卫监 官名。北魏置。总督禁旅，掌宫禁秩序，权任很重，由宗室或鲜卑著姓充任。孝文帝太和十七年（493）定为三品上。

司卫卿 官名。即卫尉卿，唐武则天光宅元年（684）改，中宗神龙元年（705）复名卫尉卿。

司马 官名。❶掌管军政、军赋、马政的执政大臣。亦称大司马。相传殷朝已置。《礼记·曲礼下》："天子之五官，曰司徒、司马、司空、司士、司寇，典司五众。"郑玄注："此亦殷时制也。"西周为三公之一。《盠方彝铭》："用司六师王行，叁有司：司土、司马、司工。"春秋战国沿置，卿爵。西汉所置，称大司马。❷《周礼·夏官》大司马属官，有小司马、军司马、舆司马、行司马等。西魏、北周夏官府亦置，详见各条。❸春秋晋国置，掌军中司法及诸侯赋贿之事。大夫爵。❹春秋战国县都邑军政长官。《墨子·迎敌祠》："司马视城，修卒伍，设守门。"战国铭刻有都司马、都大司马等名。❺军府高级幕僚。掌参赞军务，管理府内武职，位仅次于长史。两汉魏晋南北朝诸将军府等皆置，其品秩随府主而定，高低不等。北周、隋勋官开府者之府及隋诸卫府及鹰扬府亦置，其品秩亦随府主地位而定。唐则于藩镇、元帅、都统等军府置行军司马，总参谋议，为军府重职。隋、唐诸都护府亦置，唐从四品下至从五品下。宋朝大都督府、都督府所置为虚职，无职事。元末朱元璋置为大都督府属官，由李善长兼任，明初罢。❻公府高级幕僚，位次长史。东汉末至三国，丞相、相国多以权臣居之，总揽军政，府置司马，参赞军务，地位甚高，秩千石。或分置左右。两晋南北朝诸公府多置，管理府内武职，与长史共参府务。❼领兵武职。春秋至秦汉皆置为领兵官，或分左、右。汉朝大将军、将军所领诸营兵，各置校尉统领，而以军司马、军假司马副之。校尉缺则以司马领营。或置别部司马，单独领营。边郡亦置。或依所领兵种，称车司马、骑司马等。宫禁诸门皆置，掌门卫，隶卫尉。两晋南北朝左右卫、殿中、羽林皆置，各领一部禁军，掌宫殿宿卫。亦名司马督。后渐为侍从武官或散官名号，不典兵，有正员、员外之分。❽州郡佐官。三国蜀于益州置前后左右四部司马，非常制。两晋南北朝州郡长官多带将军名号开军府，皆置为幕僚，主军务，武职。隋朝废州郡军府，文帝开皇三年（583）改州佐官治中为司马，协助刺史治理州事，位次长史，上州正五品，中州从五品，下州正六品。炀帝改州为郡，省并长史、司马为赞治。唐初复置治中为州佐官，贞观二十三年（649）高宗即位后，复改司马，与别驾、长史并为州上佐，名义上纪纲众务，通判列曹，品高俸厚，实际上无具体职事，多用以安置贬谪大臣，或用作迁转官阶及寄禄官，上州从五品下，中州正六品下，下州从六品上。❾王国、王府属官。两晋南北朝置于王国者隶中尉；其王带将军号者，军府亦置，为高级幕僚。品秩随王地位而定。隋、唐置为王府官，通判府事，从四品下。宋朝仅存其名。金朝仍置，与尉同，掌检校门禁，总统府事，从六品。元朝诸王内史府置四员，正四品。❿少数民族所设之官。《晋书·四夷·匈奴传》：“建安中，魏武始分其众为五部，部立其中贵者为帅，选汉人为司马以监督之。”其后吐谷浑、高昌等国皆自置。高昌置八人，为吏部、祠部、库部、仓部、主客、礼部、民部、兵部八部次官，又与侍郎相监检校诸城，名为城令。⓫农司马省称。⓬明、清对兵部尚书的别称。兵部侍郎称少司马。⓭通判的别称。⓮同知的俗称。⓯清朝农民起义军捻军所设职官。

司马门 旧指皇宫的外门。《史记·张释之冯唐列传》：“太子与梁王共车入朝，不下司马门，于是释之追止太子、梁王，无得入殿门，遂劾不下宫门，不敬。”

司马中 旧指皇宫的内门。《汉书·元帝纪》：“令从官给事官司马中者，得为大父母、父母、兄弟通籍。”颜师古注引应劭曰：“司马中者，宫内门也。司马主武，兵禁之意也。”

司马公 司马之尊称。《尚书大传》：“天子三公，一曰司徒公，二曰司马公，三曰司空公。”详见“司马”。

司马正 官名。周朝诸侯行大射礼时的司仪长官。一说即小司马。《仪礼·大射》：“司马正适次，袒决遂执弓右挟之出，升自西阶，适下物，立于物间。”贾公彦疏：“案天子有大司马卿一人，小司马中大夫一人。此虽诸侯礼，亦应有小司马，号为司马正也。”

司马令史 官名。战国秦置。县属主军事的长官。《睡虎地秦墓竹简·效律》：“司马令史掾苑计，计有劾，司马令史坐之，为令史坐官计劾然。”

司马师 官名。周朝诸侯行大射礼时司仪官员，位次于司马正。《仪礼·大射》：“司马师命负侯者，执旌以负侯。”

司马督 即殿中司马督的省称。

司元 官署名。即户部，唐高宗龙朔二年（662）改，咸亨元年（670）复名户部。

司元大夫 官名。即户部郎中，唐高宗龙朔二年（662）改，咸亨元年（670）复名户部郎中。

司元太常伯 官名。即户部尚书，唐高宗龙朔二年（662）改，咸亨元年（670）复名户部尚书。

司元少常伯 官名。即户部侍郎，唐高宗龙朔二年（662）改，咸亨元年（670）复名户部侍郎。

司元员外郎 官名。即户部员外郎，唐高宗龙朔二年（662）改，咸亨元年（670）复名户部员外郎。

司天 辽朝司天监官员之统称。

司天少监 官名。唐肃宗乾元元年（758）由太史丞改名，置二员，升为正四品上，为司天监副贰。北宋前期为四品寄禄官，神宗元丰（1078—1085）改制，改司天监为太史局，遂废。

司天台 官署名。唐肃宗乾元元年（758）由太史监改名，隶秘书省。置司天监为长官，下有少监二员、丞一员、主簿二员、主事一员，掌察天文，稽历数；观测风云气色之变化，率其属员预测天象。每季录祥异送门下、中书省，纪录于起居注，岁终送史馆；岁颁历书于天下。又置春官、夏官、秋官、冬官、中官正及副正各一员；有通玄院；其保章正、灵台郎、挈壶正、监候、司历、司辰诸属官，皆加五官名号，又有漏刻博士等属。宋、辽均置，名司天监。金朝隶秘书监，有提点、监，掌天文历数、风云气色，密以奏闻。又有少监、判官、教授、司天管勾等属官。下设天文科、算历科、三式科、测验科、漏刻科。元世祖中统元年（1260）沿金制置，设官属；至元十五年（1278）别置太史院掌颁历之政，本台专掌教授天文历法。仁宗延祐元年（1314）改为司天监。至元八年又置回回司天台，延祐元年改为回回司天监。

司天丞 司天台丞、司天监丞之简称。

司天监 ❶官名。唐肃宗乾元元年（758）改太史令置，为司天台（监）长官，升从三品，掌察天文，稽历数。北宋初为司天监长官，神宗元丰（1078—1085）改制，复名太史令，隶秘书省。辽朝沿置，亦名太史令。金朝秘书监司天台置，位提点下，从五品。元朝司天监置三员，正四品，位提点下。回回司天监亦置。❷官署名。宋朝改司天台置，掌察天文祥异，钟鼓漏刻，写造历书，供诸坛祀祭告神名版位画日。置监、少监、丞、主簿、春官正、夏官正、中官正、秋官正、冬官正、灵台郎、保章正、挈壶正各一员。监及少监缺，则置判监事二人，以五官正充，或别置提举官。神宗元丰中改名太史局，隶秘书省。辽朝沿置，有太史令及丞、司历、灵台郎、挈壶正、五官正、主簿、五官灵台郎、保章正、司辰、监候、漏刻博士、典钟、典鼓等。元朝仁宗延祐元年（1314）改司天台置，为正四品官署，掌天文历象之事，有提点一员、司天监三员、少监五员、丞四员、知事一员、令史二员、译史一员、通事兼知印一员，属官有提学、教授、学正及天文科、算历科、三式科、测验科、漏刻科管勾各二员等。另有回回司天监，掌观象衍历。明洪武元年（1368）

改太史院置，设监令一员、少监二员、监丞一员及主簿一员、主事一员、五官正各一员、五官副正各一员及灵台郎、保章正、监候、司辰、漏刻博士等。三年，改称钦天监。

司天翰林官 即司天散官。金初自从七品而下止五阶。熙宗天眷（1138—1140）定制，自从四品而下，立为二十五阶。

司木 官名。传说为古代税官。为六府之一。一说即《周礼》之山虞。详见“六府”。参见“山虞”。

司木中大夫 官名。西魏恭帝三年（556）置，北周沿置。冬官府司木司长官，员一人，掌木工之政令。正五命。下设小司木下大夫、小司木上士以佐其职，领车工中士、角工中士、彝工中士、器工中士、弓工中士、箭工中士、庐工中士等官属。北周武帝建德二年（573），改置下大夫为长官，宣帝即位后，复置。隋文帝开皇元年（581）罢。

司王宥 官名。西周置。王囿之长。掌王园林管理。

司车下士 官名。西魏、北周春官府司车辂下大夫司车中士佐官，正一命。

司车中士 官名。西魏恭帝三年（556）仿《周礼》车仆置，北周沿置。春官府司车辂下大夫属官，正二命。下设司车下士以佐其职。隋文帝开皇元年（581）罢。参见“车仆”。

司车辂下大夫 官名。西魏恭帝三年（556）仿《周礼》巾车置，北周沿置。春官府司车辂司长官，掌公车之政，辨其名品，与其物色，自帝、后以下至士，其车辂的规格各有不同。正四命。下设小司车辂上士以佐其职，领典路中士、司车中士、司常中士等官属。隋文帝开皇元年（581）罢。

司戈 官名。唐武则天天授二年（691）始于诸卫置，员各五人，正八品下，为四色官之一；东宫六率各置二人，从八品下。肃宗乾元二年（759），北衙六军亦准诸卫置，员额、品秩皆同。宋初仅存其空名，未尝除授，神宗元丰（1078—1085）改制废。

司戈盾 官名。《周礼》夏官之属。一说为周朝置。掌理戈盾类兵械器具，负责颁发使用。《周礼·夏官》：“司戈盾，下士二人，府一人，史二人，徒四人”，“掌戈盾之物而颁之，祭祀授旅贲殳，故士戈盾。授舞者兵亦如之。军旅，会同，授贰车戈盾，建乘车之戈盾，授旅贲及虎士戈盾。及舍，设藩盾，行则敛之”。

司历 官名。掌历法制订。春秋时鲁国置。《左传·哀公十二年》：“冬十二月，螽。季孙问诸仲尼，仲尼曰：‘丘闻之，火伏而后蛰者毕。今火犹西流，司历过也。’”隋朝初于太史曹置员二人，从九品。唐朝太史局（太史监）因之，从九品上。乾元元年（758）太史局改司天台，加五官之名，五人，从八品上。辽朝于司天监置，即五官司历。金朝司天翰林官有司历郎，从九品。元朝改司历为掌历，于太史院置二员，正八品。明朝钦天监下设五官司历，二人，正九品，协五官正推历法。

司历郎 散官名。金朝置，为司天监散官，属二十五阶之第二十四阶，秩从九品上。元朝沿置，属十四阶之第十三阶，秩从八品。

司中 官名。新莽始建国元年（后9）更名光禄勋为司中，佐上卿，为六监之一。东汉复旧。参见“光禄勋”。

司内上士 官名。西魏恭帝三年（556）置、北周沿置。一说作内司奄上士。天官府司内司长官，由阉人充任，掌宫内事务，是宦官的首领。正三命。设司内中士以佐之，领内小臣奄中士、内司服奄中士、典妇功奄中士、巷伯中士等官属。隋文帝开皇元年（581）罢。

司内中士 官名。西魏、北周天官府司内上士属官，正二命。

司仆 官名。即刑部都官司，唐高宗龙朔二年（662）改，咸亨元年（670）复名都官。

司仆大夫 官名。即都官郎中，唐高宗龙朔二年（662）改，咸亨元年（670）复名都官郎中。

司仆少卿 官名。即太仆少卿，唐武则天光宅元年（684）改，中宗神龙元年（705）复名太仆少卿。

司仆寺 官署名。即太仆寺，唐武则天光宅元年（684）改，中宗神龙元年（705）复名太仆寺。

司仆员外郎 官名。即都官员外郎，唐高宗龙朔二年（662）改，咸亨元年（670）复名都官员外郎。

司仆郎 阶官名。金朝置，为内侍阶官，属二十五阶之第二十三阶，秩正九品下。

司仆卿 官名。即太仆卿，唐武则天光宅元年（684）改，中宗神龙元年（705）复名太仆卿。

司仓 ❶官署名。(1) 西魏、北周地官府置，掌辨九谷之物，管理粮仓，以量国用，长官为中大夫，置一员，有下大夫、上士各一员，统舍人、司禄二上士，神仓、黍仓、稷仓、稻仓、豆仓、麦仓、米仓、盐仓、典、典麹春、典硙诸中士。(2) 隋文帝开皇三年（583）改仓曹置，置于诸卫、诸率、诸王府，长官为参军，炀帝大业三年（607）改参军为书佐，诸郡亦置。唐高祖武德（618—626）中，诸王府复置为仓曹，长官为参军事；玄宗开元元年（713）诸卫、诸率府亦复置为仓曹，长官为参军事；诸州仍称司仓，长官为参军事，诸县亦置，有佐官。❷官名。(1) 司仓参军省称。(2) 金朝东宫宫师府詹事院置，从八品，掌仓廪出纳薪炭等事。

司仓下大夫 官名。西魏恭帝三年（556）置，北周沿置。地官府司仓司长官（一说在其上曾设中大夫，此职为次官），员一人，掌各种谷物的贮存、加工、使用和借贷。正四命。下设小司仓上士以佐其职。领舍人上士、司禄上士、神仓中士、黍仓中士、稷仓中士、稻仓中士、豆仓中士、麦仓中士、米仓中士、盐仓中士、典麹中士、典舂中士、典硙中士等官属。隋文帝开皇元年（581）罢。

司仓中大夫 官名。北周时地官府司仓司长官

（一说以司仓下大夫为长官，未设中大夫职），武帝建德（572—578）初，杜杲曾自司城中大夫迁此职。正五命。其职掌参见“司仓下大夫”。

司仓参军 官名。即司仓参军事。

司仓参军事 官名。隋文帝开皇三年（583）诸卫、太子诸率、诸王府、诸州改仓曹参军事而置；炀帝大业三年（607）均改为司仓书佐。唐高祖武德（618—626）中诸王府、玄宗开元（713—741）初诸卫、太子诸率先后复名仓曹参军事；高祖武德中诸府、州改司仓书佐为此，三都、六府各置一至二人，正七品下，掌租调、公廨、庖厨、仓库、市肆；诸州各置一人，上州从七品下，中州正八品下，下州从八品下。宋初存其名而罕除授。

司风令史 官名。南朝宋置。《南齐书·虞愿传》：“（宋明帝）体肥憎风，夏月常著皮小衣，拜左右二人为司风令史，风起方面，辄先启闻。”

司长 官名。清末新设陆军部、海军部等所属各司之长官。主管各司事。

司计 ❶官署名。原为尚书省兵部比部。唐高宗龙朔二年（662）改此称，以比部郎中为司计大夫。咸亨元年（670）复旧名。玄宗天宝十一载（752）再改此称，肃宗至德二年（757）重为比部。❷官名。唐朝始置，为宫廷女官，二十四司之一，二人，正六品，属尚功局。掌支度衣服、饮食、薪炭。宋、金、明悉如唐制。明永乐（1403—1424）后归其职于宦官。❸明洪武八年（1375），户部下设四人，掌会计之事，旋罢。

司计大夫 官名。即比部郎中，唐高宗龙朔二年（662）改，咸亨元年（670）复名比部郎中。

司计员外郎 官名。即比部员外郎，唐高宗龙朔二年（662）改，咸亨元年（670）复；玄宗天宝十一载（752）改，肃宗至德二载（757）复名比部员外郎。

司计郎中 官名。即比部郎中，唐玄宗天宝十一载（752）改，肃宗至德二载（757）复名比部郎中。

司文局 官署名。即秘书省著作局，唐高宗龙朔二年（662）改，咸亨元年（670）复名著作局。

司文侍郎 官名。亦称司文郎。南朝梁武帝普通（520—527）中置，直寿光省，为皇帝的文学侍臣。《梁书·文学·任孝恭传》：“高祖闻其有才学，召入西省撰史。初为奉朝请，进直寿光省，为司文侍郎，俄兼中书通事舍人。”

司文郎 官名。❶文学侍从之臣。南朝梁置。《陈书·周弘正传》：梁武帝“普通（520—527）中，初置司文、义郎，直寿光省”。亦称司文侍郎。多选任文学、史学名士。❷唐高宗龙朔二年（662）至咸亨元年（670）为著作佐郎的改名。参见“著作佐郎”。

司文郎中 官名。即著作郎，唐高宗龙朔二年（662）改，咸亨元年（670）复名著作郎。

司文监 官署名。明洪武九年（1376）始置。设令一人，正六品；丞二人，从六品。后改令正七品，丞正八品。参掌给授诰敕之事。十年罢。

司户 官名。司户参军事省称。

司户参军 官名。即司户参军事。

司户参军事 官名。隋文帝开皇三年（583）由诸王府、诸州户曹参军事改名，炀帝大业三年（607）均改为司户书佐。唐高祖武德（618—626）诸王府所置复名户曹参军事，诸府、州并改此名，三都、六府各置一至二员，正七品下，掌户籍、计帐、道路、过所、蠲符、杂徭、逋负、良贱、刍藁、逆旅、婚姻、田讼、旌别孝悌；上州置二员，从七品下；中州置一员，正八品下；下州置一员，从八品下。宋朝诸州置，掌户籍赋税、仓库受纳，神宗元丰（1078—1085）改制，上州为从八品，中、下州并为从九品。

司火下士 官名。西魏，北周夏官府兵部中大夫司火中士佐官，正一命。

司火中士 官名。西魏恭帝三年（556）置，北周沿置。夏官府兵部中大夫属官，正二命。下统司火下士。隋文帝开皇元年（581）罢。

司引郎 阶官名。金朝置，为内侍阶官，属二十五阶之最末一阶，秩从九品下。元朝沿置，属十四阶末阶，从八品。

司水 官署名。❶西魏、北周管理川泽、堤防、桥梁、渔业、舟舰运输的官署。隶冬官府。设中大夫为长官，小司水下大夫、小司水上士为属官。辖典壅上士、掌津中士、舟工中士、典鱼中士、典彘中士等。❷唐玄宗天宝十一载（752）由水部改名，肃宗至德二载（757）复旧。参见“水部”。

司水中大夫 官名。西魏恭帝三年（556）置，北周沿置。冬官府司水司长官，员一人，掌河渠疏浚、灌溉及舟船运输事务。正五命。下设小司水下大夫、小司水上士以佐其职，领典壅上士、掌津中士、舟工中士、典鱼中士、典彘中士等官属。北周武帝建德二年（573）省，以下大夫为长官。宣帝即位后，复置。隋文帝开皇元年（581）罢。

司水员外郎 官名。即水部员外郎，唐玄宗天宝十一载（752）改，肃宗至德二载（757）复名水部员外郎。

司水郎中 官名。即水部郎中，唐玄宗天宝十一载（752）改，肃宗至德二载（757）复名水部郎中。

司书 官名。❶《周礼》天官之属。佐司会管理国家财政帐簿，为司会之副。《周礼·天官·序官》，司会属官有司书。郑玄注：“司书，主计会之簿书。”❷清朝钦天监时宪科属官，五官司书之简称。详见“五官司书”。

司书上士 官名。西魏、北周天官府司会中大夫属官，正三命。《周书·颜之仪传》：“世宗以（之仪）为麟趾学士，稍迁司书上士。”隋文帝开皇元年（581）废。

司书生 官名。清末新陆军职官。光绪三十年（1904）定新陆军营制，始置。每军十五人，每镇十五人，每协二人，每标二人，每营六人（炮队五人），正七品，协军校充，奏补。掌文牍缮录。

司功　❶官名。春秋晋国置。《左传·昭公十五年》孔颖达疏引《世本》："伯生司徒公，公生曲沃正少襄，襄生司功大伯，伯生候季子。"王谟辑《世本》："司功氏，晋大夫司功景子士焉佗，因官氏焉。"❷官署名。隋文帝开皇三年（583）改功曹置，置于诸卫、诸率、诸王府，掌簿书、考课。设参军为长官。京兆郡，大兴、长安县，诸州、郡、县亦置。炀帝大业三年（607），改其长官参军为书佐。唐高祖武德（618—626）初，诸王府复改为功曹，长官为参军事；三都亦改为功曹，长官则名司功参军事；诸州、县仍为司功，在州长官为参军事，在县有佐官。❸司功参军事的省称。

司功参军　官名。即司功参军事。

司功参军事　官名。隋文帝开皇三年（583）改诸卫、太子诸率、诸王府、诸州功曹参军事而置，炀帝大业三年（607）均改为司功书佐。唐高祖武德（618—626）中诸王府、玄宗开元（713—741）初诸卫、太子诸率先后复置功曹参军事；高祖武德中诸府、州改司功书佐为此，三都、六府各置一至二员，正七品下，掌考课、假使、祭祀、礼乐、学校、表疏、书启、禄食、祥异、医药、卜筮、陈设、丧葬；诸州各置一员，上州从七品下，中州正八品下，下州从八品下。宋初存其名而罕除授。

司平　官署名。即尚书省工部，唐高宗龙朔二年（662）改，咸亨元年（670）复名工部。

司平大夫　官名。即工部郎中，唐高宗龙朔二年（662）改，咸亨元年（670）复名工部郎中。

司平太常伯　官名。即工部尚书，唐高宗龙朔二年（662）改，咸亨元年（670）复名工部尚书。

司平少常伯　官名。即工部侍郎，唐高宗龙朔二年（662）改，咸亨元年（670）复名工部侍郎。

司平员外郎　官名。即工部员外郎，唐高宗龙朔二年（662）改，咸亨元年（670）复名工部员外郎。

司正　❶官名。周朝及晋等诸侯国置。为宾主宴会监礼官。《仪礼·乡饮酒礼》："作相为司正，司正礼辞许诺。"郑玄注："作，使也。礼乐之正，既成，将留宾，为有懈怠，立司正以监之。"《国语·晋语一》："公饮大夫酒，令司正实爵。"韦昭注："司正，正宾客之礼者。"❷女官名。掌纠察宫闱、戒令、谪罚等事。隋炀帝始置，二人，从六品，属尚宫局。唐朝改置，为宫正之佐，二人，正六品，宫人不供职者，以牒取裁，小事决罚，大事奏闻。宋沿唐制。金同，置二人，与宫正同掌总知宫内格式、纠正推罚之事。明朝宫正司亦置，二人，正六品。

司正郎　散官名。金朝置，为司天监散官，二十五阶之第十九阶，秩正八品下。元沿置，为十四阶之第九阶，秩正七品。明洪武四年（1371）置，为钦天监散官，以授五官灵台郎。十五年废，改依文散官分授。

司玉下大夫　官名。西魏恭帝三年（556）置，北周沿置。冬官府司玉司长官，掌各种玉器的加工、制作。正四命。下设小司玉上士、司玉中士以佐其职，领琯工中士、磬工中士、石工中士等官属。隋文帝开皇元年（581）罢。

司玉中士　官名。西魏恭帝三年（556）置，北周沿置。冬官府司玉下大夫属官，佐司玉下大夫、小司玉上士掌本司事务。正二命。隋文帝开皇元年（581）罢。

司卉下大夫　官名。西魏恭帝三年（556）置，北周沿置。冬官府司卉司长官，掌竹器、网具、纸张等的制作。正四命。下设小司卉上士以佐其职，领竹工中士、籍工中士、罟工中士、纸工中士等官属。隋文帝开皇元年（581）罢。

司厉　官名。《周礼》秋官之属。一说为周朝置。掌理收缴民间兵械和财物。《周礼·秋官》："司厉，下士二人，史一人，徒十有二人。""掌盗贼之任器货贿，辨其物，皆有数量，贾而楬之，入于司兵。其奴，男子入于罪隶，女子入于舂槁。凡有爵者与七十者，与未龀者，皆不为奴。"

司厉下士　官名。西魏、北周秋官府掌朝下大夫司厉中士佐官，正一命。

司厉中士　官名。西魏恭帝三年（556）仿《周礼》司厉置，北周沿置。秋官府掌朝下大夫属官，掌男女诸奴，男子入于罪隶，女子入于舂饎之事。正二命。下设司厉下士以佐其职。隋文帝开皇元年（581）罢。

司右　❶官名。《周礼·夏官》之属。上士二人，下士二人。一说为周朝置。掌群右之政令；充王车右。《周礼·夏官·序官》郑玄注："右谓有勇力之士充王车右。"❷官署名。西魏、北周置。属夏官府。以司右中大夫为长官，下设小司右下大夫、小司右上士、小司右中士，辖戎右下大夫，斋右下大夫、宾右上士、道右上士、田右上士等。

司右中大夫　官名。西魏恭帝三年（556）仿《周礼》司右置，北周沿置。夏官府司右司长官，掌皇帝出行、田猎时的护卫。正五命。下设小司右下大夫、小司右上士、小司佑中士以佐其职。北周武帝建德二年（573）省。宣帝即位后，复置。隋文帝开皇元年（581）罢。

司号长　官名。清末新陆军职官。光绪三十年（1904）定新陆军营制，始置。每协、每标各一人，正七品，协军校充，奏补。掌考查全协、全标号兵。

司号官　官名。清末新陆军职官。光绪三十年（1904）定新陆军营制，始置。每镇一人，正六品，副军校充，奏补。掌考查全镇号兵。

司业　即国子监司业。

司田　官署名。即工部屯田司。唐高宗龙朔二年（662）改，咸亨元年（670）复名屯田。

司田大夫　官名。即屯田郎中。唐高宗龙朔二年（662）改，咸亨元年（670）复名屯田郎中。

司田员外郎 官名。即屯田员外郎。唐高宗龙朔二年（662）改，咸亨元年（670）复名屯田员外郎。

司田参军 官名。即司田参军事。

司田参军事 官名。唐中宗景龙三年（709）始置，三都、六府各置一至二员，正七品下，掌园宅、口分、永业及荫田；诸州各置一员，上州从七品下，中州正八品下，下州从八品下；旋省。肃宗上元二年（761）复置，德宗贞元十七年（801）废，其职并入户曹。

司甲 官名。《周礼》夏官之属。一说为周朝置。掌理铠甲，为众司甲兵戈盾等官员之正长。《周礼·夏官》："司甲，下大夫二人，中士八人，府四人，史八人，胥八人，徒八十人。"郑玄注："甲，今之铠也。司甲，兵戈盾官之长。"贾公彦疏："云司甲兵戈盾官之长者，以其此官下大夫、又在上，已下皆士官，故云长也。"

司甲下士 官名。西魏、北周夏官府武藏中大夫司甲中士佐官，正一命。

司甲中士 官名。西魏恭帝三年（556）仿《周礼》司甲置，北周沿置。夏官府武藏中大夫属官，正二命。下设司甲下士以佐其职。隋文帝开皇元年（581）罢。参见"司甲"。

司仗 官名。隋炀帝始置，为宫廷女官，二十四司之一。员二人，从六品。属尚服局，掌宫内羽仪仗卫之事。唐朝改正六品。宋、金、明悉如唐制。

司仗上士 官名。西魏恭帝三年（556）置，北周沿置。夏官府司射下大夫属官，正三命。下设司仗中士。隋文帝开皇元年（581）罢。

司仗中士 官名。西魏、北周夏官府司射下大夫司仗上士佐官，正二命。

司仗左右 官名。即太子左右内率所统千牛备身，隋炀帝大业三年（607）改名，唐高祖武德元年（618）复名千牛备身。参见"千牛备身"。

司仪 ❶官名。《周礼》秋官之属。一说为周朝置。上士八人，中士十六人。佐助大行人掌九仪之宾客摈相之礼。唐朝鸿胪寺司仪署置六人。明朝洪武十三年（1380）亦置，四人，从九品，初为殿庭仪礼司序班，后改隶鸿胪寺。❷司仪署省称。详见"司仪署"。❸女官名。宋徽宗政和三年（1113）改尚书内省官制置，职事仿礼部。

司仪上士 官名。西魏恭帝三年（556）仿《周礼》司仪置，北周沿置。秋官府宾部中大夫属官，员一人，正三命。下设司仪中士以佐其职。隋文帝开皇元年（581）罢。参见"司仪"。

司仪中士 官名。西魏、北周秋官府宾部中大夫司仪上士佐官，员二人，正二命。

司仪令 官名。北齐鸿胪寺司仪署长官，从九品上。隋朝沿置，二员，从八品，炀帝大业三年（607）升正七品。唐朝置一员，正八品下，掌凶礼丧葬之具。宋初存其名而罕除授。

司仪丞 官名。北齐鸿胪寺司仪署次官。唐朝沿置，一员，正九品下，佐司仪令掌凶礼丧葬之具。宋初存其名而罕除授。明洪武三十年（1397）置，为鸿胪寺司仪署长官，一员，正九品，典陈设、引奏。

司仪官 官名。北魏孝文帝太和十五年（491）置。见《魏书·官氏志》。

司仪曹事 官名。宋徽宗政和三年（1113）改仪曹参军置，职如故。

司仪署 官署名。北齐鸿胪寺始置，有令、丞，又有奉礼郎三十员。隋朝有令二员、掌仪二十员。唐朝置令、丞各一员，掌凶礼丧葬之具，又有司仪、掌设、斋郎、幕士等属员。宋初存其名而无除授。明洪武三十年（1397）改殿庭仪礼司为此，置丞一员、鸣赞四员、序班五十员，掌陈设、引奏，外吏来朝，必先演仪于寺；建文（1399—1402）中罢，永乐（1403—1424）初复置。

司仪署令 官名。即司仪令。

司仪署丞 官名。见"司仪丞"。

司令 官名。隋朝始置。高祖开皇二年（582）置为宫廷内官尚宫属官，员三人，视勋品，掌图籍法式，纠察宣奏。金沿置，为典卫司、宫苑司、惠民司诸司长官，各一人，正七品至从六品。元朝置于御香局、掌薪司、供膳司、上都惠民司、各营缮司及广谊司，各一至二人，品秩同金制。盐场亦置，各一人，从七品，掌办盐务。明洪武三年（1370）于察言司、磨勘司置，一、二人不等。十年改通政使。十四年复置。二十年再罢，改大理寺卿。又，十七年曾设稽疑司，置一人，正六品，掌卜筮。旋罢。茶马司内正司亦置。

司务 官名。明清六部、都察院、大理寺等中央各部院卿寺衙门所属司务厅之职官。为首领官。皆分设若干人不等。掌理省署抄目，出纳文书之事。明制为从九品。清初亦为从九品，乾隆三十年（1765）定为正八品。又，清末总理各国事务衙门及学部所属司务厅亦置，掌文书、印信之事。

司务厅 官署名。❶明清六部、都察院、大理寺等中央各部院卿寺衙门所属之机构。掌理省署抄目、出纳文书之事。设司务若干人办理各项事务。❷清朝同治三年（1864）总理各国事务衙门置，光绪二十七年（1901）外务部复置。掌收发文件，呈递折件，保管监督使用印信等事务。设司务二人总领厅事。❸清末学部所属之机构。光绪三十二年（1906）设。掌开用印信，收发文件，值日值宿，递折、传抄折件，并管辖学部各项人役。凡不属于各科杂项事件皆隶之。置司务二人。

司务长 军阶名。清末新陆军低等官阶之一。光绪三十年（1904）定新陆军官员等级，分三等九级。宣统元年（1909）修订，增司务长等，计十四级。军官冠以某队，军佐冠以某科。为额外军官，阶正八品。

司矢 官名。又称备箭协领。清朝内务府武备院所属毡库之属官。掌备箭处事。初名备箭固山达，额设五人。康熙十一年（1672）增一人。三十八年定为正八品，乾隆二十四年（1759），改是称。四十四年定为六品职衔。光绪三十年（1904）省一人。

司乐 官名。❶掌乐之官。西魏始置于春官府。北周沿置。武帝保定四年（564）改为乐部。参见“大司乐中大夫”。明朝置，为太常寺之属官，额定二十人，从九品，掌祭祀、宴飨之舞乐。多由乐舞生、乐户充任。清沿明制，顺治元年（1644）初设时亦隶太常寺，乾隆七年（1742）设乐部后，始为乐部神乐署之属官。定制为二十五人，正九品。掌郊庙、祭祀诸乐。又，明、清之教坊司及明之显陵供祀教坊司均设有左、右司乐，职掌同前。详“左司乐”、“右司乐”。❷宫廷女官。隋高祖开皇二年（582）置，为六司之一，三人，视勋品。炀帝置为二十四司之一，从六品，属尚仪局。掌宫内乐人习乐及诸乐陈布之仪。唐朝因置，升为正六品，二人。宋朝沿置，属尚书内省。金朝置四人，其制同唐。明朝亦为二十四司之一，属尚仪局。二人，正六品。掌音乐之事。

司乐中大夫 即大司乐中大夫。

司乐郎 阶官名。金朝置，为教坊阶官，二十五阶之第十七阶，秩从七品下。元沿置，为十五阶第九阶，从六品。

司刍 官名。西周置。司空属官，掌盖房之刍薪。

司议郎 官名。即太子司议郎。

司记 官名。宫人女官二十四司之一，唐朝始置，二员，正六品，隶尚宫局，掌宫内文簿出入，录为抄目，审而付行；牒状无违，然后加印。宋朝隶尚书内省。金同唐制。明洪武五年（1372）置二员，十七年定品秩，正六品，永乐（1403—1424）后职尽移宦官。

司礼 官署名。即尚书省礼部。唐高宗龙朔二年（662）改，咸亨元年（670）复名礼部。

司礼大夫 官名。即礼部郎中，唐高宗龙朔二年（662）改，咸亨元年（670）复名礼部郎中。

司礼太常伯 官名。即礼部尚书。唐高宗龙朔二年（662）改，咸亨元年（670）复名礼部尚书。

司礼少卿 官名。即太常少卿。唐武则天光宅元年（684）改，中宗神龙元年（705）复名太常少卿。

司礼少常伯 官名。即礼部侍郎，唐高宗龙朔二年（662）改，咸亨元年（670）复名礼部侍郎。

司礼寺 官署名。即太常寺。唐武则天光宅元年（684）改，中宗神龙元年（705）复名太常寺。

司礼员外郎 官名。即礼部员外郎。唐高宗龙朔二年（662）改，咸亨元年（670）复名礼部员外郎。

司礼监 官署名。明洪武十七年（1384）始置，为宦官二十四衙门之一。设令一人，正七品，丞一人，从七品。二十八年改设太监一人，正四品，左、右少监各一人，从四品，左、右监丞各一人，正五品，典簿一人，正六品，又设长随、奉御，正六品。后改置提督太监一员，掌印太监一员，秉笔、随堂太监、书籍名画等库掌司、六科廊掌司、典簿无定员。提督太监掌督理皇城内一应礼仪、刑名，钤束长随、当差、听事各役，严关防门禁，催督光禄寺供应等事。掌印掌理内外章奏及御前勘合。秉笔、随堂太监掌章奏文书，照阁票批朱。凡每日章奏，除皇帝亲批数本外，例由众太监用朱笔楷书分批，再由内阁拟诏谕颁发。秉笔太监中最受皇帝宠幸者往往兼掌东厂。故司礼监为宦官衙门第一署。清顺治十年（1653）沿置，为十三衙门之一。十八年重立内务府，遂裁。

司礼卿 官名。即太常卿，唐武则天光宅元年（684）改，中宗神龙元年（705）复名太常卿。

司玄下士 官名。西魏恭帝三年（556）置，为春官府典命下大夫属官。北周沿置，后改典命为大司礼，遂隶大司礼，武帝保定四年（564），改大司礼为礼部，又为礼部下大夫属官。正一命。佐司玄中士掌国内道士、道观事务。武帝建德三年（574），诏废佛道两教，遂无所掌。

司玄大夫 散官名。金朝置，为司天监散官，二十五阶之第十一阶，秩正六品下。元沿置，为十四阶之第五阶，秩正五品。明洪武四年（1371）置，为钦天监散官，以授五官正。十五年废，改依文散官分授。

司玄中士 官名。西魏恭帝三年（556）置，北周沿置。初为春官府典命下大夫属官，后改典命为大司礼，遂隶大司礼，武帝保定四年（564）改大司礼为礼部，又为礼部下大夫属官。掌国内道士、道观事务。正二命。下设司玄下士以佐其职。北周武帝建德三年（574），诏废佛、道两教，沙门道士，并令还俗，寺观塔庙，赐给王公，遂无所掌。

司市 ❶官名。《周官》地官之属，掌市之政令，度量禁令，为一市之长。新莽更名市令、市长为司市师，说省称司市。职掌市场政令，正度量，息讼争，止奸商，管理集市贸易。时长安东西市令及洛阳、邯郸、临淄、宛、成都市长皆为五均司市师。掌商贾交易物价，下置交易丞五人，钱府丞一人。东汉废。❷官署名。西魏、北周置，属地官府。以司市下大夫主之。下设小司市上士一人，辖均工中士、平准中士、泉城中士等。掌管市内秩序，兼管市门税征收。

司市下大夫 官名。西魏恭帝三年（556）仿《周礼》司市置，北周沿置。地官府司市司长官，员一人，掌市场的管理、收税及核准度量，并兼管钱币的铸造。正四命。下设小司市上士以佐其职。领均工中士、平准中士、泉府中士等官属。隋文帝开皇元年（581）罢。

司驭少卿 官名。即太仆少卿。唐高宗龙朔二年（662）改，咸亨元年（670）复名太仆少卿。

司驭中大夫 官名。北周置。《北史・史宁传》：“（史雄）累迁驾部中大夫、司驭中大夫。”后分置左、右，称左、右司驭。正五命。

司驭正卿　官名。即太仆卿，唐高宗龙朔二年（662）改，咸亨元年（670）复名太仆卿。

司驭寺　官署名。即太仆寺，唐高宗龙朔二年（662）改，咸亨元年（670）复名太仆寺。

司民　官名。周朝置。掌理户籍人口登记的官员。《国语·周语上》："司民协孤终。"《周礼·秋官》有"司民"，"中士六人，府三人，史六人，胥三人，徒三十人"，"掌登万民之数，自生齿以上皆书于版。辨其国中，与其都鄙，及其郊野，异其男女，岁登下其死生。及三年大比，以万民之数诏司寇。司寇及孟冬祀司民之日，献其数于王，王拜受之，登于天府。内史司会冢宰贰之，以赞王治"。

司皮下大夫　官名。西魏恭帝三年（556）置，北周沿置。冬官府司皮司长官，掌各种皮革的加工、缝制。正四命。下设小司皮上士以佐其职，领裘工中士、履工中士、鞄工中士、韗工中士、韦工中士、胶工中士、毳工中士等官属。隋文帝开皇元年（581）罢。

司刑　❶官名。《周礼》秋官之属。中士二人。一说为周朝置。掌墨、劓、宫、刖、杀五刑之法。佐司寇量罪施刑。❷司刑寺简称。唐武则天光宅元年（684）改大理寺为司刑寺，中宗神龙元年（705）复旧。

司刑大夫　官名。即刑部郎中。唐高宗龙朔二年（662）改，咸亨元年（670）复名刑部郎中。

司刑太常伯　官名。即刑部尚书。唐高宗龙朔二年（662）改，咸亨元年（670）复名刑部尚书。

司刑少卿　官名。即大理少卿。唐武则天光宅元年（684）改，中宗神龙元年（705）复名大理少卿。

司刑少常伯　官名。即刑部侍郎。唐高宗龙朔二年（662）改，咸亨元年（670）复名刑部侍郎。

司刑寺　官署名。即大理寺。唐武则天光宅元年（684）改，中宗神龙元年（705）复名大理寺。

司刑员外郎　官名。即刑部员外郎。唐高宗龙朔二年（662）改，咸亨元年（670）复名刑部员外郎。

司刑卿　官名。即大理卿。唐武则天光宅元年（684）改，中宗神龙元年（705）复名大理卿。

司寺下大夫　官名。北周置。冬官府属官，正四命。李行之曾任之。见《北史·序传》。

司场　官名。西周置。掌场圃。有隶属于军队和夷隶两种。一说即《周礼》之场人。

司吏　吏名。春秋时即有是称。《墨子·迎敌祠》："五步有五长，十步有十长，百步有百长，旁有大率，中有大将，皆有司吏卒长。"金、元时亦置。掌路总管府至司县等衙门文书案牍和衙门事务。金朝分女真司吏与汉人司吏。汉人司吏据户多少置员。县司吏上县多为八人，下县六人。元朝府州司吏从低一级衙门中选充，考满出任典史、吏目等流外官。县由贴书等见习司吏和巡尉司司吏中选充。

司戎　官署名。即尚书省兵部。唐高宗龙朔二年（662）改，咸亨元年（670）复名兵部。

司戎大夫　官名。即兵部郎中。唐高宗龙朔二年（662）改，咸亨元年（670）复名兵部郎中。

司戎太常伯　官名。即兵部尚书。唐高宗龙朔二年（662）改，咸亨元年（670）复名兵部尚书。

司戎少常伯　官名。即兵部侍郎。唐高宗龙朔二年（662）改，咸亨元年（670）复名兵部侍郎。

司戎员外郎　官名。即兵部员外郎。唐高宗龙朔二年（662）改，咸亨元年（670）复名兵部员外郎。

司列　官署名。即尚书省吏部。唐高宗龙朔二年（662）改，咸亨元年（670）复名吏部。

司列大夫　官名。即吏部郎中。唐高宗龙朔二年（662）改，咸亨元年（670）复名吏部郎中。

司列太常伯　官名。即吏部尚书。唐高宗龙朔二年（662）改，咸亨元年（670）复名吏部尚书。

司列少常伯　官名。即吏部侍郎。唐高宗龙朔二年（662）改，咸亨元年（670）复名吏部侍郎。

司列员外郎　官名。即吏部员外郎。唐高宗龙朔二年（662）改，咸亨元年（670）复名吏部员外郎。

司成　❶官名。又称大司成。一说即师氏。掌教国子。《礼记·文王世子》："《语》曰：'乐正司业，父师司成。一有元良，万国以贞。'世子之谓也。"又："大司成论说在东序。"郑玄注："论说课其义之深浅，才能优劣。此云'乐正司业，父师司成'，即大司成，司徒之属，师氏也。师氏掌以美诏王，教国子以三德三行，及国中失之事也。"❷官署名。唐高宗龙朔二年（662）改国子监为司成馆，祭酒为大司成，司业为少司成，咸亨元年（670）复旧。❸国子监祭酒别称。

司成下大夫　官名。北周置。《北齐书·源彪传》："武平七年（576），周武平齐（彪），与阳休之、袁聿修等十八人同敕入京，授仪同大将军、司成下大夫。"正四命。

司成中大夫　官名。北周置。张羡自雍州刺史、仪同三司迁任，典国史。其下设司成下大夫以佐其职。正五命。

司成宣业　官名。即国子博士。唐高宗龙朔二年（662）改，咸亨元年（670）复名国子博士。

司成馆　官署名。即国子监。唐高宗龙朔二年（662）改，咸亨元年（670）复名国子监。

司匡中士　官名。西魏、北周秋官府蕃部中大夫司匡上士佐官，正二命。

司匡上士　官名。西魏恭帝三年（556）仿《周礼》匡人置，北周沿置。秋官府蕃部中大夫属官，正三命。下设司匡中士以佐其职。隋文帝开皇元年（581）罢。参见"匡人"。

司匠　官名。清朝工部、内务府及各王府所设管辖匠役之官。内务府司匠正八品，王府司匠从八品，工部、内务府制造司匠从九品。此外，尚有副司匠、委署司匠等名目。

司过　官名。君王左右近臣，掌纠王过失，示惩戒。相传商朝置。春秋战国沿置。《吕氏春秋·自知》:“汤有司过之士。”《晏子春秋·内篇问上》:“司过荐罪。”《史记·赵世家》:“武灵王少,未能听政,博闻师三人,左右司过三人。”秦汉之际张楚政权亦置,掌监察臣下。《汉书·陈胜传》:“以朱防为中正,胡武为司过,主司群臣。”

司则 官名。唐朝太子内官,置二员,从六品,掌礼仪参见,领掌严、掌缝、掌藏。

司竹丞 官名。唐朝司农寺司竹监属官,置二员,从八品上。

司竹都尉 官名。三国魏置,两晋、北魏沿置。设于郡国有材木处,掌竹园管理,下设监丞。魏、晋六品,北魏孝文帝太和十七年(493)定为从五品中,二十三年复次职令,未载。

司竹监 ❶官署名。唐朝司农寺置,监一员、副监一员、丞二员,掌植竹、苇,供尚食局竹笋及宫中百司帘篚等。另有录事、监事、苇园匠等。❷官名。唐朝司农寺司竹监长官,置一员,从六品下。

司竹副监 官名。唐朝司农寺司竹监次官,置一员,正八品下。

司行下士 官名。西魏恭帝三年(556)置,北周沿置。秋官府宾部中大夫属官,正一命。隋文帝开皇元年(581)罢。

司舟 官名。西周置。掌周王辟雍大池内之舟船,备射禽、渔猎等仪式用。

司会 ❶官名。周朝置。掌国家财政计划之长官。《礼记·王制》:“司会以岁之成,质于天子。”郑玄注:“司会,冢宰之属,掌计要者。成,计要也。质,平也,平其计要。”《周礼·天官》有司会,冢宰属官,中大夫二人,下大夫四人,上士八人,中士十六人。郑玄注:“会,大计也。司会主天下之大计,计官之长。”其职“掌邦之六典八法八则之贰,以逆邦国都鄙官府之治。以九贡之法致邦国之财用,以九赋之法令田野之财用,以九功之法令民职之财用,以九式之法均节邦之财用。掌国之官府郊野县都之百物财用。凡在书契版图者之贰,以逆群吏之治,而听其会计”。❷官署名。西魏恭帝三年(556)置,属天官府。北周沿置。以司会中大夫为长官,下设司会上士、司会中士、司会旅下士、司书中士等官属。管理全国财政。又,北周先后于同州、并州、相州三处亦置司会,隋文帝开皇元年(581)废。❸西魏、北周司会中大夫简称。

司会上士 官名。西魏恭帝三年(556)置,北周沿置。天官府司会司次官,正三命。协助管理财政事务。隋文帝开皇元年(581)废。

司会中士 官名。西魏、北周天官府司会中大夫属官,正二命。

司会中大夫 官名。西魏恭帝三年(556)置,北周沿置。天官府司会司长官,员一人,主管全国财政收支计划。正五命。下设司会上士、中士、旅下士以佐其职。在下五府总于天官之诏命时,协助大冢宰卿管理六府之事,是大冢宰卿的主要助手。隋文帝开皇元年(581)罢。

司会旅下士 官名。西魏、北周天官府司会中大夫属官。正一命。

司色下大夫 官名。西魏恭帝三年(556)置,北周沿置。冬官府司色司长官,员一人,掌各种器物、衣料的着色。正四命。下设小司色上士以佐其职,领缋工中士、漆工中士、油工中士等官属。隋文帝开皇元年(581)罢。

司衣 官名。隋炀帝始置,为宫廷女官,二十四司之一。员二人,从六品。属尚服局,掌宫内衣服首饰之事,唐朝改正六品。宋、金、明悉如唐制。

司灯 官名。隋炀帝始置,为宫廷女官,二十四司之一。员二人,从六品。属尚寝局,掌门閤灯烛之事。唐朝改正六品。宋、金、明悉如唐制。明永乐(1403—1424)后归其职于宦官。

司州司事 官名。北魏司州刺史属官。孝文帝太和十七年(493)定为六品上,二十三年复次职令,未见。

司州刺史 官名。北魏置。治洛阳。北魏孝文帝太和(477—499)中,拟迁都洛阳,故特崇其位,在诸州刺史上。属官有功曹、都官、主簿、司事、从事、录事及诸曹掾史。太和十七年定为从二品中,二十三年复次职令,改为司州牧。

司州牧 官名。北魏京畿行政长官,治洛阳。太和二十三年(499)由司州刺史改名,从二品。东魏孝静帝天平元年(534),北魏分裂为东、西魏后,东魏迁都于邺,改原相州刺史为司州牧。北齐沿置。属官有别驾从事史,治中从事史,州都、主簿、西曹书佐、记室、户曹、功曹、金曹、租曹、兵曹、骑曹、都官、法曹、部郡等从事员。又领西、东市署令、丞,统清都郡及诸畿郡。

司关 官名。《周礼》地官之属。一说为周朝置。掌边境关卡检查。《周礼·地官》:“司关,上士二人,中士四人,府二人,史四人,胥八人,徒八十人,每关下士二人,府一人,史二人,徒四人。”“掌国货之节,以联门市,司货贿之出入者;掌其治禁与其征廛。凡货不出于关者,举其货,罚其人;凡所达货贿者,则以节传出之;国凶札,则无关门之征,犹几;凡四方之宾客,敂关则为之告;有外内之送令,则以节传出内之。”

司关下士 官名。西魏、北周地官府司门下大夫司关中士佐官,正一命。

司关大夫 官名。即司门郎中,唐高宗龙朔二年(662)改,咸亨元年(670)复名司门郎中。

司关中士 官名。西魏恭帝三年(556)置,北周沿置。地官府司门下大夫属官,掌边境关门的启闭,并负责控制人员和货物的出入。正二命。下设司关下士以佐其职。隋文帝开皇元年(581)罢。

司关员外郎 官名。即司门员外郎,唐高宗龙朔二年(662)改,咸亨元年(670)复名司门员外郎。

司羊令 官名。北齐置。见“司羊署”。

司羊丞 官名。北齐置。见“司羊署”。

司羊署 官署名。北齐置。隶太仆寺，掌牧养诸羊事务。设令、丞。领特羊、牸羊局。

司讼局 官署名。北齐置，隶太仆寺。设丞。

司讼局丞 官名。北齐置。见“司讼局”。

司设 官名。隋炀帝始置，为宫廷女官，二十四司之一。员二人，从六品。属尚寝局，掌床帷铺设、洒扫之事。唐朝改正六品。宋、金、明悉如唐制。明永乐（1403—1424）后归其职于宦官。

司设监 官署名。明清宦官衙门之一。掌理御用仪仗、辇辂、舆帐、裀褥之张设。明洪武十七年（1384）置，设令、丞、奉御等官司之。二十八年更定职秩，设正四品太监一人为主官，下设左、右少监各一人，左、右监丞各一人及典簿、长随、奉御等官佐之。所属有监库等机构。乃内官二十四衙门之一。清顺治十年（1653）沿置，为十三衙门之一。十八年重立内务府，遂裁。

司农 ❶官名。掌农政。《吕氏春秋·季冬》：“命司农，计耦耕事，修耒耜，具田器。”❷大司农、司农寺、司农卿的简称。❸户部尚书的别称。

司农上士 官名。西魏恭帝三年（556）置，北周沿置。地官府载师中大夫属官，员一人，掌三农九谷稼穑之政令。正三命。下设司农中士以佐其职。隋文帝开皇元年（581）罢。

司农少卿 官名。北魏大司农少卿之省称。北齐为司农寺次官，员一人，四品上。历代沿置，亦称司农寺少卿。隋初正四品上，隋炀帝增为二员，改从四品。唐初增为四员，太宗贞观（627—649）减为二员，从四品上。高宗时曾随本寺改名司稼少卿，寻复旧。北宋初为四品寄禄官，神宗元丰（1078—1085）改制后，始成为职事官，置一员，正六品。南宋初省，高宗绍兴四年（1134）复置。辽朝为南面官。金朝置三员，隶司农司，位次大司农、司农卿，正五品。元末朱元璋吴元年（1367）复置，为司农司次官，明洪武元年（1368）罢，三年复置二员，正四品。四年复罢。参见“司农寺”、“司农司”。

司农中士 官名。西魏、北周地官府载师中大夫司农上士佐官，员一人，正二命。

司农仓 官署名。宋神宗元丰（1078—1085）改制置，隶司农寺，掌廪藏食粮以供官吏、军兵禄食，凡纲运受纳及封桩支用之数，每月申报司农寺，下辖二十五仓。

司农司 官署名。金宣宗兴定六年（1222）改劝农司置。职掌劝课天下农耕，兼巡视监察、采访公事。正二品。设大司农一员为长官，下设司农卿三员、司农少卿三员、知事二员。后又于各地置行司农司，各设卿、少卿，巡察各地，监察升黜官吏。元世祖至元七年（1270）亦置，掌农桑、水利、学校、饥荒之政，分派劝农官及知水利者巡行郡邑，察举勤惰。设卿，官五员。旋改大司农司。元末朱元璋吴元年（1367）复置，设卿、少卿、丞，辖庸田署令、典簿、司计等属官。明洪武元年（1368）罢，三年复置，开治所于河南，设卿一员、少卿二员、丞四员，主簿、录事各二员。四年又罢，其职掌归户部。

司农司少卿 官名。明朝司农司副长官。朱元璋吴元年（1367）于司农司置，正四品。洪武元年（1368）罢。三年复置，二人，掌农事，四年再罢。

司农司丞 官名。明朝司农司副长官，位在少卿下。朱元璋吴元年（1367）于司农司置，正五品。洪武元年（1368）罢。三年复置，四人，四年再罢。协卿、少卿共掌农耕之事。

司农司卿 官名。明朝司农司长官。朱元璋吴元年（1367）于司农司置，一人，正三品。洪武元年（1368）罢。三年复置，四年再罢。掌农耕之事。

司农寺 官署名。北齐始置，为管理仓储市易，供应宫廷粮食薪菜、百官禄廪的事务机关。设卿、少卿、丞各一员，领平准、太仓、钩盾、典农、导官、梁州水次仓、石济水次仓、籍田等署。历代沿置，掌粮食储积、仓廪管理及京朝官禄廪、朝会祭祀供御之供应事务，其政令仰承户部。隋初置卿、少卿各一员为长贰，属官有丞五员及主簿、录事等，领太仓、典农、平准、廪市、钩盾、华林、上林、导官等署，炀帝增少卿为二员，置上林、太仓、钩盾、导官四署。唐朝因之，又辖诸监、屯监。高宗龙朔二年（662）改名司稼寺，咸亨元年（670）复旧。北宋初唯掌供应籍田、祭祀所需物品及常平仓，设判寺事二人，以两制或朝官以上充任，卿、少卿皆为寄禄官；神宗熙宁三年（1070）废制置三司条例司，青苗、免役、农田水利、保甲等法悉由司农寺主持推行，并考核升黜诸路提举常平官，成为推行新法的重要机构，以判寺、同判寺掌寺事，又置干当公事官。元丰（1078—1085）改制后，原有职事归户部右曹，本寺掌仓廪、籍田、苑囿、漕运事务，供应官吏军兵禄食薪炭、牧监草料及宫廷所用粮、酒，哲宗元祐三年（1088）复置长贰官。南宋高宗建炎三年（1129）罢归户部仓部司，绍兴四年（1134）复置。辽朝为南面官署。金朝改置司农司。元世祖至元二十年（1283）改名务农司为司农寺，掌农桑水利之事，设达鲁花赤一员，卿二员，丞一员。二十三年改名大司农司。

司农寺少卿 官名。即司农少卿。

司农寺丞 见“司农丞”。

司农寺卿 官名。即司农卿。

司农丞 官名。南朝梁、陈为司农卿副贰。梁四班，陈八品、六百石。北魏为大司农丞省称。北齐置为司农寺属官，位次卿、少卿，七品。历朝沿置。隋、唐、五代判本寺日常公务，掌租税折糙进京收纳及官产奴婢分配等事。隋置五员，初正七品，炀帝改从五品；唐置六员，从六品上。高宗时随本寺改名司稼丞，旋复旧。北宋置一员，初为寄禄官，用以表示品级俸禄，神宗熙宁三年（1070），始为职事官，协助判寺、同判寺推行新法；元丰（1078—1085）改制后，参领本寺公务，正八品。南宋初随寺省。高宗绍兴三年（1133）复置，员二人，时未置寺，有事则申报户部施行；四年始复置寺。辽朝为南面官。元朝一度置，隶司农寺，旋改大司农丞。元末朱元璋曾置，隶司农司，明洪武元年（1368）罢；三年复置，员四人，正五品，四年罢。自北齐以来，亦称司农寺丞。参见“司农寺”、“司农司”。

司农卿 官名。两晋时为大司农别称。南朝梁武帝天监七年（508），改大司农为司农卿，职掌劝农、仓储、园苑、供应宫廷膳馐，十一班，有丞。领太仓、导官、籍田、上林令，乐游、北苑丞，左右中部三仓丞，茭库、荻库、箬库丞、湖西诸屯主等，九年又置劝农谒者。陈因之，三品、中二千石。北齐置为司农寺长官，三品。历代沿置，亦称司农寺卿。隋初正三品，炀帝改从三品，唐因之。唐高宗时曾随本寺改名司稼正卿，旋复旧。北宋初为三品寄禄官，表示品级俸禄，不预本寺公务，神宗元丰（1078—1085）改制后始成为职事官，从三品。南宋初省，高宗绍兴四年（1134）复置。辽朝为南面官。金宣宗兴定六年（1222）置为司农司次官，员三人，正四品。元世祖至元七年（1270）亦置，员一人，旋罢。二十年复置为司农寺次官，员二人，位次达鲁花赤，二十三年罢。元末朱元璋置为司农司长官，明洪武元年（1368）罢，三年复置，正三品，四年罢。参见“司农寺”、“司农司”。

司阶 官名。唐武则天天授二年（691）始于诸卫及北衙六军置，员各二人，正六品上，为四色官之一；东宫六率各一人，从六品上。宋初仅存空名未尝除授，神宗元丰（1078—1085）改制废。

司约 官名。《周礼》秋官之属。一说为周朝置。掌理券书契约之法。《周礼·秋官》：“司约，下士二人，府一人，史二人，徒四人”，“掌邦国及万民之约剂。治神之约为上，治民之约次之，治地之约次之，治功之约次之，治器之约次之，治挚之约次之。凡大约剂书于宗彝，小约剂书于丹图”。

司约下士 官名。西魏、北周秋官府掌朝下大夫司约中士佐官，正一命。

司约中士 官名。西魏恭帝三年（556）仿《周礼》司约置，北周沿置。秋官府掌朝下大夫属官，正二命。下设司约下士以佐其职。隋文帝开皇元年（581）罢。参见“司约”。

司声 官名。主讽谏君王。春秋置。《管子·七臣七主》：“四隟不计，司声不听，则臣下恣行，而国势大倾。”《管子集校》郭沫若按：“司声当是谏官之属。古者‘陈诗以观民风’，‘士为诗，工诵箴谏’，以为规戒。”

司李 官名。明朝置，又作司理。见“司理”。

司均上士 官名。西魏恭帝三年（556）置，北周沿置。地官府载师中大夫属官，掌田里之政令，主持均田制的执行。正三命。下设司均中士以佐其职。隋文帝开皇元年（581）罢。

司均中士 官名。西魏、北周地官府载师中大夫司均上士佐官，正二命。

司巫 官名。《周礼》春官之属。一说为周朝置。掌理巫筮，为众巫官之长。《周礼·春官》：“司巫，中士三人，府一人，史一人，胥一人，徒十人”，“掌群巫之政令，若国大旱，则帅巫而舞雩，国有大灾，则帅巫而造巫恒”。

司巫下士 官名。西魏、北周春官府太祝下大夫司巫中士佐官，正一命。

司巫中士 官名。西魏恭帝三年（556）仿《周礼》司巫置，北周沿置。春官府太祝下大夫属官，掌群巫之政令。正二命。下设司巫下士以佐其职。隋文帝开皇元年（581）罢。

司更大夫 官名。即太子率更令，唐高宗龙朔二年（662）改，咸亨元年（670）复名率更令。

司更寺 官署名。即太子率更寺，唐高宗龙朔二年（662）改，咸亨元年（670）复名率更寺。

司辰 官名。唐太宗贞观元年（627）改司辰师置，员十九人，正九品下，掌漏刻之事。肃宗乾元元年（758）加号五官司辰，员十五人，正九品上，为司天台属官。宋朝仅存空名，未尝除授。辽朝为司天监属官。金朝置司辰郎，从九品下，为司天阶官。元朝太史院置司辰郎二人，正九品。明洪武元年（1368）于司天监置，员八人，正九品。后改五官司晨，从九品。

司辰下士 官名。西魏、北周夏官府兵部中大夫司辰中士佐官，正一命。

司辰中士 官名。西魏恭帝三年（556）置，北周沿置。夏官府兵部中大夫属官，正二命。下统司辰下士。隋文帝开皇元年（581）罢。

司辰师 官名。隋朝于左右武候置四员，正九品，炀帝大业三年（607）改隶秘书省太史监，置八员。唐朝秘书省司天台置五员，正九品下，武则天光宅元年（684）以后改名司辰。掌观测天文。肃宗乾元元年（758）后名五官司辰，置八员。

司辰郎 散官名。金朝置，为司天监散官，二十五阶之第二十五阶，秩从九品下。元沿置，为十四阶之第十四阶，秩从八品。

司医 官名。隋炀帝大业三年（607）始置，隶殿内省尚药局。唐朝殿中省尚药局置四、五员，正八品下，与医佐掌分疗众疾。

司里 ❶官名。周朝设，为里邑之官，即里宰。周王室及陈国所设，掌宾客授馆。《国语·周语中》：“周之《秩官》有之曰：‘敌国宾至’，‘司里授馆’。”韦昭注：“司里授客所当馆，次于卿也。”鲁国所设，掌大夫宅居之次。《国语·鲁语上》：“公欲弛郈敬子之宅，亦如之。对曰：‘先臣惠伯以命于司里’，‘今命臣更次于外’，‘请从司徒以班徙次’。”韦昭注：

“言先臣惠伯受命于司里，居此宅也。”宋国所设，掌里邑之政令。《左传·襄公九年》：“宋灾。乐喜为司城以为政。使伯氏司里，火所未至，彻小屋，涂大屋，陈畚、挶，具绠、缶，备水器，量轻重，蓄水潦，积土涂，巡丈城，缮守备，表火道。”杜预注：“伯氏，宋大夫。司里，司宰。”❷官场用语。清朝布政使、按察使谒见督抚时的自称。

司员 明清六部、清朝理藩院及内务府等衙门的郎中、员外郎、主事的通称。以其分司摄事，故名。又称司官。其他某些衙门与部院司官地位相当的办事官员，如清末军机章京、总理衙门章京等，也称为司员。

司吹下士 官名。西魏恭帝三年（556）置，北周沿置。初为春官府大司乐中大夫属官，北周武帝保定四年（564），改大司乐为乐部，遂为乐部中大夫属官。正一命。隋文帝开皇元年（581）罢。职掌参见“司吹中士”。

司吹中士 官名。西魏恭帝三年（556）仿《周礼》笙师置，北周沿置。初为春官府大司乐中大夫属官，北周武帝保定四年（564），改大司乐为乐部，遂为乐部中大夫属官。掌竽、笙、埙、箫等吹奏乐器的演奏及其人员的管理。正二命。下设司吹下士以佐其职。隋文帝开皇元年（581）罢。

司兵 ❶官名。《周礼》夏官之属，员四人，掌兵械武库。十六国前凉亦置，掌军务，常率兵出征。又为司兵参军省称。❷官署名。即兵曹，隋高祖开皇三年（583）改。

司兵局 官署名。隋炀帝大业三年（607）改左右领左右府为左右备身府后置，有参军事员。

司兵参军 ❶司兵参军事省称，参见该条。❷官名。宋朝置，但仅存其名，多不除授。

司兵参军事 官名。❶隋文帝开皇三年（583）改诸卫、太子诸率、诸王府、诸州兵曹参军事为之，炀帝大业三年（607）均改为司兵书佐。唐高祖武德（618—626）中诸王府、玄宗开元（713—741）初诸卫、太子诸率所置先后复名兵曹参军事；高祖武德中诸府、州改司兵书佐为此，三都、六府各置一至二员，正七品下，掌武官选举、兵甲、器仗、门禁、管钥、军防、烽候、传驿、畋猎；诸州各置一员，上州从七品下，中州正八品下，下州从八品下。❷隋炀帝大业三年（607）改左右领左右府为左右备身府后置为属官，正八品。其下辖司兵局亦置。

司兵勋 官名。十六国后赵石勒元年（319）置。《晋书·石勒载记下》：“署前将军李寒领司兵勋，教国子击刺战射之结。”

司役上士 官名。西魏恭帝三年（556）置，北周沿置。地官府载师中大夫属官，掌力役之政令，负责全国力役的调派。正三命。下设司役中士以佐其职。隋文帝开皇元年（581）罢。

司役中士 官名。西魏、北周地官府载师中大夫司役上士佐官，正二命。

司言 官名。隋炀帝始置，为宫廷女官，二十四司之一。员二人，从六品。属尚宫局，掌宣传启奏。唐朝改正六品。宋、金、明悉如唐制。明永乐（1403—1424）后归其职于宦官。

司库 ❶官名。隋朝始设，为殿内省尚乘局属官。炀帝大业三年（607）置。唐朝沿置于殿中省尚乘局。初为二人，玄宗开元二十三年（735）减一人。正九品下。掌六闲之藁秸、鞍辔出纳。后代多不设。清朝置，为户部、刑部、工部、理藩院、太常寺、光禄寺、内务府、各王府，以及盛京户部、刑部、工部等机构所属各库之管库官，亦有为库之长官者。均为满洲缺，品秩七品、八品不等。掌守库藏，并领各库库使以管理库事。例以各部院衙门一等笔帖式升。惟户部三库，以各衙门司库及满洲内阁中书、缮书房中书、中书科中书、通政司知事及经历、大理寺评事等调补，均由各衙门保送引见补授，三年俸满更代。❷官署名。即唐朝高宗龙朔二年（662）至咸亨元年（670）兵部所属库部之改称。详见“库部”。

司库大夫 官名。即库部郎中，唐高宗龙朔二年（662）改，咸亨元年（670）复名库部郎中。

司库员外郎 官名。即库部员外郎，唐高宗龙朔二年（662）改，咸亨元年（670）复；玄宗天宝十一载（752）改，肃宗至德二载（757）复名库部员外郎。

司库郎中 官名。即库部郎中，唐玄宗天宝十一载（752）改，肃宗至德二载（757）复名库部郎中。

司闱 官名。隋炀帝始置，为宫廷女官，二十四司之一。员二人，从六品。属尚宫局，掌宫闱管钥。唐朝改正六品。宋、金、明悉如唐制。明永乐（1403—1424）后归其职于宦官。

司判 官名。见“司候司”。

司社下士 官名。西魏、北周春官府典祀中大夫司社中士佐官，正一命。

司社中士 官名。西魏恭帝三年（556）置，北周沿置。春官府典祀中大夫属官，员一人，掌祭祀太社的有关事务。正三命。下设司社下士以佐其职。隋文帝开皇元年（581）罢。

司启 官名。传说少皞氏所置。为历正属官。掌立春立夏。《左传·昭公十七年》：“青鸟氏，司启者也。”杜预注：“历正之属官。”

司陈 金朝皇后位下女官名。掌帐幕床褥舆伞、洒扫铺陈、薪炭灯烛之事。设一员，秩九品。

司鸡下士 官名。西魏、北周春官府典祀中大夫司鸡中士佐官，正一命。

司鸡中士 官名。西魏恭帝三年（556）仿《周礼》鸡人置，北周沿置。春官府典祀中大夫属官，掌在祭祀时供鸡牲，大祭祀时还掌报晓。正二命。下设司鸡下士以佐其职。隋文帝开皇元年（581）罢。参见“鸡人”。

司环下士 官名。西魏、北周秋官府宾部中大夫司环中士佐官，正一命。

司环中士　官名。西魏恭帝三年（556）仿《周礼》环人置，北周沿置。秋官府宾部中大夫属官，正二命。下设司环下士以佐其职。隋文帝开皇元年（581）罢。参见“环人”。

司奉郎　散阶名号。金朝置，为内侍阶官，二十五阶之第二十四阶，秩从九品上。元朝沿置，为十四阶之第十三阶，正八品。明洪武四年（1371）亦置，以授正八品内官。

司武　❶官名。春秋宋国置。一说为司马别称。《左传·襄公六年》：“司武而梏于朝，难以胜矣。”杜预注：“司武，司马。”杨伯峻注：“司武即司马。武、马，古同音，且宋国司马之职掌武事。”❷官署名。北周置。属夏官府。一说属东宫。初以司武中大夫为长官。周武帝宣政元年（578），置司武上大夫为长官，并分置左右。主管宿卫军事。下辖左右小司武下大夫、司武上士等。

司武上士　官名。北周置。司武上大夫属官，佐其总宿卫军事，分置左、右。正三命。隋文帝开皇元年（581）罢。

司武上大夫　官名。北周武帝宣政元年（578）置。亦称大司武。司武原设中大夫为长官，尉迟运兼司武时，防御卫王宇文直作战有功，特置上大夫为长官，使尉迟运任之。分置左、右，员各一人，总宿卫军事。权任很重，在宫廷政变时作用尤为显著。正六命。其下设小司武大夫、司武上士、司武中士等以佐其职。隋文帝开皇元年（581）罢。

司武中士　官名。北周置，司武上大夫属官，正二命。隋文帝开皇元年（581）罢。

司武中大夫　官名。北周置，多省称为司武。掌宿卫军事，正五命。武帝宣政元年（578）罢，改置司武上大夫。参见“司武上大夫”。

司林　官名。西周置。司虞属员。掌森林事务。一说即《周礼》之林衡。

司事　❶泛指任职官吏。《国语·周语上》：“承王命以为过宾于陈，而司事莫至，是蔑先王之官也。”❷官名。（1）传说少皞氏掌营造之官。《左传·昭公十七年》：“鹘鸠氏，司事也。”孔颖达疏：“国家营事，缮治器物，一年之间，无时暂止，故以（鹘鸠）此鸟名司事之官也。司事，谓营造之事。于六官皆属司空。此司空、司事各为一官者，古今代异，犹如《舜典》司空与共工各为一官也。”（2）传说上古掌农事之官。《国语·周语上》：“稷以告王曰：‘史帅阳官以命我司事曰：距今九日，土其俱动，王其祇袚，监农不易。’”韦昭注：“司事，主农事也。”

司事生　官名。清末新陆军职官。光绪三十年（1904）定新陆军营制，始置。每军三人（不常置），每镇五人，正六品，副军校充，奏补。掌承办杂务，由护军官、军需官等差遣。

司事令史　官名。北魏置。孝文帝太和十七年（493）定为八品上，二十三年复次职令，未见。

司事郎　官名。北魏置。孝文帝太和十七年（493）定为七品上，二十三年复次职令，未见。

司直　官名。相传商汤已置。汉武帝元狩五年（前118）初置丞相司直，省称司直，秩比二千石，掌佐丞相举不法。东汉改属司徒，助司徒督录诸州郡上奏。建武十一年（后35）省。献帝建安八年（203）复置，不属司徒，掌督京师百官，不领诸州。九年，诏司直比司隶校尉，坐同席。汉末曹操为司空，置司空司直，职权同于丞相司直。三国吴亦置。时司直中郎将也省称司直。晋朝丞相、相国不常置，如权臣为相，则多置之。如西晋末司马睿为丞相，置丞相司直。十六国前凉亦置。北魏孝文帝太和（477—499）中置司直，属廷尉，称五局司直，专主刑狱，后罢。孝庄帝永安二年（529）复置十人，名隶廷尉，秩五品，位在廷尉正、监上，不署曹事，唯覆核御史检核之案件，亦称廷尉司直，北齐属大理寺，称大理司直。员十人，从五品，位在大理正、监、评上。又，御史中丞亦别称司直。北宋前期未置，元丰改制后唯大理寺设。

司直中郎将　官名。三国吴置，主监察群臣，弹劾非法。员一人，直属于皇帝，权势甚重。下设弹曲二十人。

司直郎　官名。明朝太子官署詹事府所属左、右春坊置，左、右二人，从六品，掌弹劾纠举。不常设。又置为内官散官，以授从八品宦官。

司刺　官名。《周礼》秋官之属。一说为周朝置。掌刑罚。《周礼·秋官》：“司刺，下士二人，府一人，史二人，徒四人”，“掌三刺三宥三赦之法，以赞司寇听狱讼。壹刺曰讯群臣，再刺曰讯群吏，三刺曰讯万民。壹宥曰不识，再宥曰过失，三宥曰遗忘。壹赦曰幼弱，再赦曰老旄，三赦曰蠢愚。以此三法者求民情，断民中，而施上服下服之罪，然后刑杀”。

司刺上士　官名。西魏恭帝三年（556）仿《周礼》司刺置，北周沿置。秋官府刑部中大夫属官，正三命。下设司刺中士以佐其职，隋文帝开皇元年（581）罢。参见“司刺”。

司刺中士　官名。西魏、北周秋官府刑部中大夫司刺上士佐官，正二命。

司苑　官名。隋炀帝始置，为宫廷女官，二十四司之一。员二人，从六品。属尚寝局，掌园苑种植蔬果。唐朝改正六品。宋、金、明悉如唐制。明永乐（1403—1424）后归其职于宦官。

司苑局　官署名。明朝宦官二十四衙门之一。洪武十七年（1384）置大使一人，正九品。二十八年改置大使一人，正五品，左、右副使各一人，从五品。后改置掌印太监一员，总理、佥书、掌司、写字、监工无定员。掌宫内食用蔬菜、瓜果。

司叔金　官名。西周置。掌王旗帜。《吴方彝铭》：“册令吴司旃众叔金。”郭沫若《两周金文辞大系》：“‘叔金’疑即叚为素锦，《尔雅·释天》：‘旃旂，素锦绸杠’，与旆相因，故连类相及也。”参见“司旆”。

司败　官名。春秋时楚、陈、唐等国置。掌司法、刑狱、治安。相当于他国司寇职。《左传·文公十年》：“臣归死于司败也。”杜预注：“陈、楚名司寇为司败。”《左传·定公四年》：“子常归唐侯，自拘于司败。”《史记·仲尼弟子列传》：“陈司败问孔子。”北魏亦置司败，掌刑狱事务。孝文帝太和十七年（493）定为从四品中。

司贮　官名。西周置。膳夫属员。掌食品的贮藏保管。

司典　官名。春秋时晋国置。掌国家典籍的史官。《左传·昭公十五年》：“且昔而高祖孙伯黡，司晋之典籍，以为大政，故曰籍氏”，“汝，司典之后也，何故忘之？”

司果执事　见“果上人”。

司固上士　官名。西魏恭帝三年（556）仿《周礼》掌固置，北周沿置。夏官府兵部中大夫属官，正三命。下统司固中士。隋文帝开皇元年（581）罢。参见“掌固”。

司固中士　官名。西魏、北周夏官府兵部中大夫司固上士佐官，正二命。

司牧　官吏泛称。《左传·襄公十四年》：“天生民而立之君，使司牧之。”以牧羊喻治民，故称。

司牧局　官署名。明洪武（1368—1398）中置孳牧所，后改孳牧所为司牧司，又改司为局。为光禄寺属局。置大使一人，从九品。掌养牲，以供宫膳、节令筵席、蕃使宴犒之用。嘉靖七年（1528）革。

司牧掾　官名。西晋置，属宗正。东晋省。

司制　官名。隋高祖开皇二年（582）始置，为宫廷女官，六司之一。隋炀帝置为二十四司之一。员二人，从六品。属尚工（唐改尚功）局，掌供御衣服裁缝。唐朝改正六品。宋、金、明悉如唐制。明永乐（1403—1424）后归其职于宦官。

司饰　官名。隋文帝开皇二年（582）始置，为宫廷女官六司之一。炀帝置为二十四司之一。员二人，从六品。属尚服局，掌汤沐巾栉。唐朝改正六品。宋、金、明悉如唐制。

司货　官名。商朝天子六府之一。《礼记·曲礼下》：“天子之六府，曰司土、司木、司水、司草、司器、司货，典司六职。”郑玄注：“司货，丱人也。”孔颖达疏：“司货，六也。于周为丱人。言矿器未成者也。掌金玉锡石之地，而为之守禁。以时取之，以供器物。金玉曰货，故称货人。”

司金　官署名。❶西魏、北周冬官府置，掌金属矿藏、冶炼及加工制造，长官为中大夫，有小司金下大夫、小司金上士、小司金中士，统锻工上士及典丱、冶工、铸工、函工、雕工等中士。❷即尚书省户部金部司，唐玄宗天宝十一载（752）改，肃宗至德二载（757）复名金部。

司金中大夫　官名。西魏恭帝三年（556）置，北周沿置。冬官府司金司长官，掌金属矿藏的开发、冶炼及制作器物。下设小司金下大夫、小司金上士以佐其职，领典丱中士、冶工中士、铸工中士、锻工中士、函工中士、雕工中士等官属。北周武帝建德二年（573）省，以下大夫为长官，宣帝即位后，复置。正五命。隋文帝开皇元年（581）罢。

司金中郎将　官名。东汉献帝建安（196—220）中曹操置，三国魏沿置。掌冶金等事，典作农战之具。洪饴孙《三国职官表》列为四品。三国蜀亦置。

司金员外郎　官名。即金部员外郎，唐玄宗天宝十一载（752）改，肃宗至德二载（757）复名金部员外郎。

司金郎中　官名。即金部郎中，唐玄宗天宝十一载（752）改，肃宗至德二载（752）复名金部郎中。

司金都尉　官名。东汉末曹操置。《三国志·韩暨传》：“徙监冶谒者”，“加司金都尉，班亚九卿”。管理铁器的冶铸制造。

司命　见“五威司命”。

司命军正　官名。新莽置。与军监同察不奉命者。

司服　官名。掌服饰的官员。《吕氏春秋·仲秋》：“乃命司服具饬衣裳，文绣有常，制有大小，度有短长，衣服有量，必循其政，冠带有常。”高诱注：“司服，主衣服之官。将饬正衣服，故命之也。”《周礼》春官有司服，“掌王之吉凶衣服，辨其名物，与其用事”。郑玄注：“祭祀、视朝甸、凶吊之事，衣服各有所用。”

司服上士　官名。西魏恭帝三年（556）置，北周沿置。天官府御正中大夫属官，员二人，正三命。掌皇帝祭祀、临朝、出巡所用的各种服冕。下设司服中士以佐之。隋文帝开皇元年（581）废。

司服中士　官名。西魏、北周天官府御正中大夫司服上士佐官，员二人，正二命。

司府少卿　官名。即太府少卿。唐武则天光宅元年（684）改，中宗神龙元年（705）复名太府少卿。

司府令　官名。即太子家令，隋炀帝大业三年（607）改，唐高祖武德（618—626）中复名太子家令。

司府寺　官署名。即太府寺。唐武则天光宅元年（684）改，中宗神龙元年（705）复名太府寺。

司府卿　官名。即太府卿。唐武则天光宅元年（684）改，中宗神龙元年（705）复名太府卿。

司郊下士　官名。西魏、北周春官府典祀中大夫司郊上士属官，正一命。

司郊上士　官名。西魏恭帝三年（556）置，北周沿置。春官府典祀中大夫属官，员一人，掌在东、西、南、北等四郊祭祀的有关事务。正三命。下设司郊中士、司郊下士以佐其职。隋文帝开皇元年（581）罢。

司郊中士　官名。西魏、北周春官府典祀中大夫司郊上士佐官，员一人，正二命。

司法　❶官署名。隋文帝开皇三年（583）改法曹置，诸卫、诸率、诸王府及诸州皆置。长官为行参军，雍州、京兆郡、大兴、长安县及诸郡、县置佐官。炀帝大业三年（607）改行参军为行书佐。唐高祖武德（618—626）初诸王府复改为法曹，长官为参军事；三都亦改为法曹，长官为司法参军事；诸州、县仍名司法，在州长官为参军事，在县有佐官。❷官名。即司法参军事省称。

司法大臣　官名。即法部大臣，清末法部长官。详见“法部大臣”。

司法参军　官名。即司法参军事。

司法参军事　官名。唐高祖武德（618—626）初改司法行书佐置，为三都、六府法曹长官，一至二员，正七品下，执法理狱，督捕盗贼，追赃查贿；上州置二员，从七品下；中州一员，正八品下；下州一员，从八品下。宋朝诸州置，掌议法断刑，神宗元丰（1078—1085）改制，上州为从八品，中、下州为从九品。

司法警务科　官署名。清末民政部警政司所属四科之一。光绪三十二年（1906）设。掌罪犯搜索、逮捕、解送、罪证搜索检查，稽核违警罪处分事。置员外郎一人主持科务。

司宝　官名。隋炀帝始置，为宫廷女官二十四司之一。员二人，从八品。属尚工局，掌金玉钱货。唐朝改正六品，属尚服局，掌瑞宝、符契、图籍。宋、金、明悉如唐制。

司宗下大夫　官名。北魏置。孝文帝太和十七年（493）定为四品上。二十三年复次职令，未见。参见“下大夫”。

司宗上士　官名。北周武帝保定四年（564）五月丁亥，改礼部为司宗时，由原礼部上士改名，为春官府司宗司次官，佐司宗中大夫掌礼仪的制订及执行。正三命。下设司宗中士、司宗旅下士。隋文帝开皇元年（581）罢。

司宗少卿　官名。即宗正少卿，唐高宗龙朔二年（662）改，咸亨元年（670）复名宗正少卿。

司宗中士　官名。北周武帝保定四年（564）五月丁亥，改礼部为司宗时，由原礼部中士改名，为春官府司宗中大夫属官，正二命。隋文帝开皇元年（581）罢。职掌参见“司宗上士”。

司宗中大夫　官名。北周武帝保定四年（564）五月丁亥，改礼部为司宗时，由礼部中大夫改名，仍属春官府。佐大宗伯卿掌礼仪的制订与执行。正五命。下设司宗上士、司宗中士、司宗旅下士以佐其职。隋文帝开皇元年（581）罢。

司宗旅下士　官名。北周武帝保定四年（564）五月丁亥，改礼部为司宗时，由原礼部旅下士改名，为春官府司宗中大夫属官，正一命。隋文帝开皇元年（581）罢。职掌参见“司宗上士”。

司宗正卿　官名。即宗正卿，唐高宗龙朔二年（662）改，咸亨元年（670）复名宗正卿。

司宗寺　官署名。即宗正寺，唐高宗龙朔二年（662）改，咸亨元年（670）复名宗正寺。

司官　❶明清中央各部院等衙门属官之通称。主要指各部院诸司之郎中、员外郎、主事等。清朝还包括七品小京官等官，同时指各寺监之少卿、寺丞、监副、监丞等官。乃相对“堂官”而言。❷清朝理藩院派出之官员亦用此称。有管驿站者，如喜峰口司官；有掌理事务者，如热河司官；有掌互市者，如恰克图司官；有随同八旗驻防将军、大臣办事者，如乌里雅苏台司官、科布多司官。凡派出司官皆由堂官保送，由吏部引见，或由本院引见，奉旨钦差。

司空　官名。❶相传殷朝为辅政大臣之一。《礼记·曲礼下》：“天子之五官，曰司徒、司马、司空、司士、司寇，典司五众。”郑玄注：“此亦殷时制也。”西周为三公之一。亦作司工、大司工、大司空。《盠方彝铭》：“用司六师王行，叁有司：司土、司马、司工。”《周礼·冬官》有大司空、少司空，掌土木工程。春秋战国置司空，职掌营建城邑宫室、修治道路、平整水土等土木工程。王室所置为卿爵，诸侯国所置为卿或大夫爵。晋国三军亦置，掌军事工程。宋国因避武公讳，改名司城。战国时都、邑、县等亦多置，称多司空、县司空等。时因所领工徒多系囚犯，故亦作为狱名。汉朝犹置都司空、水司空、左右司空诸狱。参见“大司空”。❷三公之一。西汉成帝绥和元年（前8）改御史大夫为大司空，东汉光武帝建武二十七年（后51）改名司空，与太尉、司徒并为三公，分掌宰相职能，秩万石。开府辟僚属，有长史、诸曹掾属、令史等属官。本职掌水土工程，名义上分部宗正、少府、大司农三卿，并参议大政，实际上权归尚书，三公上下行文，受成而已。历代沿置，名列三公之末。魏晋南北朝为名誉宰相，多为大臣加官，位居一品（梁十八班），无实际职掌。隋朝名义上参议大政，其位多旷，遇有典礼，以他官摄行其事，如置，则坐于尚书都省，正一品。唐朝亦为大臣加官，正一品。晚唐五代用为藩镇加官，遂至冗滥。北宋初用为宰相、亲王、使相的加官，其特拜者亦不预政事，徽宗政和二年（1112）罢。辽朝为南面朝官，无实职，多用作加官、赠官。金朝亦置，正一品。元朝或授僧人，后罢。❸契丹（辽）北面官名，朝官、御帐官、皇族帐官、诸帐官、部族官、属国官中皆置。太宗会同元年（938），曾改诸宰相、节度使帐为司空，属国官闼林亦改司空。❹工部尚书别称。工部侍郎则称少司空。

司空少卿　官名。北魏置。《魏书·官氏志》：“（孝文帝太和十五年，491）又置司空、主客、太仓、库部、都牧、太乐、虞曹、宫舆、复育少卿官。”太和十七年定为三品上，二十三年复次职令，无此职。

司空公　司空的尊称。《尚书大传》：“天子三公，一曰司徒公，二曰司马公，三曰司空公。”参见“司空”。

司空司直　官名。东汉末曹操置为司空府僚属，掌监察。《三国志·杜畿传》："太祖以畿为司空司直。"

司空佐史 官名。战国秦置，为县司空属吏，掌文书记事。《睡虎地秦墓竹简·秦律杂抄》："军人买（卖）禀禀所及过县，赀戍二岁；同车食、敦（屯）长、仆射弗告，戍一岁；县司空，司空佐史、士吏将者弗得，赀一甲。"

司空啬夫 官名。战国秦置。司空有监督刑徒制作车辆等物的机构。司空啬夫即其主管官员，即邦司空或县司空。《睡虎地秦墓竹简·秦律杂抄》："大车殿，赀司空啬夫一盾，徒治（笞）五十。"

司空 官名。西周置。掌设置天子的行宫。《扬簋铭》："王若曰：'扬、作司工，官司量田。众司空，众司茨。'"

司房 宦官名。明朝内府钟鼓司置，无定员，掌出朝钟鼓及各种杂戏。此外，某些大宦官的私臣中也有司房一职。

司录 官名。❶西周置。"录"即麓。司虞属员。掌山麓事务。❷西魏、北周置。大丞相府、都督中外诸军事府及开府将军、诸州府重要僚属，总录一府之事。位在长史、司马下。置于大丞相府、都督中外诸军事府者地位尤重。命品同长史、司马。州府所置自六命至四命。❸唐、宋司录参军省称。

司录上士 官名。西魏恭帝三年（556）置，北周沿置。夏官府吏部中大夫属官，正三命。下设司录中士以佐之。隋文帝开皇元年（581）罢。

司录中士 官名。西魏、北周夏官府吏部中大夫司录上士佐官，正二命。

司录事 官名。宋徽宗政和三年（1113）改司录参军置，职如故。

司录参军 官名。即司录参军事。

司录参军事 官名。唐玄宗开元元年（713）改京兆府录事参军事置。其后西都、东都、北都三都及凤翔、成都、河中、江陵、兴元、兴德六府并置，各二员，正七品上。掌符印，参议府政得失。宋朝诸府置，掌府衙庶务，户婚诉讼，通书六曹案牒。带京朝官、选人、三班使臣等阶官或试衔者任职，则称知录。徽宗大观二年（1108）一度改签书判官厅公事为司录参军，高宗建炎元年（1127）复旧。

司隶 ❶官名。（1）《周礼·秋官》属官，设中士二人，下士十二人。职掌管理使役奴隶刑徒，捕治盗贼，负责王宫及郊野馆舍的治安。西魏末、北周复置，隶秋官府。以司隶下大夫、小司隶上士为正副长官。辖掌罪隶、掌走隶、掌戎隶、掌狄隶、掌徒中、下士。（2）西汉大司空属官。哀帝即位时置，位比司直，掌监察。参见"司隶校尉"。（3）十六国汉地方行政长官。《晋书·刘聪载记》："置左、右司隶，各领户二十余万，万户置一内史，凡内史四十三。"❷司隶校尉及其所辖地区的简称。❸官署名。见"司隶台"。

司隶下大夫 官名。西魏恭帝三年（556）置，北周沿置。秋官府司隶司长官，掌罪、戎、蛮、夷、狄五隶及徒者，捕盗贼囚执之事。正四命。下设小司隶上士以佐其职，领掌罪隶中士、掌夷隶中士、掌蛮隶中士、掌戎隶中士、掌狄隶中士、掌徒中士等官属。隋文帝开皇元年（581）罢。

司隶从事 ❶司隶校尉所置僚佐诸从事的泛称。汉朝有都官、功曹、别驾、簿曹、兵曹、部郡国诸从事，秩百石。又有掾、史之别。魏、晋又增诸曹、武猛、督军等从事。详见各条。❷隋朝司隶台属官。炀帝置，员四十人，协助刺史巡察诸郡。后罢司隶台，仍留司隶从事之名，临时选用京官清明者暂摄其职。

司隶台 官署名。隋炀帝大业三年（607）始置，长官司隶台大夫一员，掌巡察纠劾之事。别驾二员，分察东都及京师。刺史十四员，巡察畿外。诸郡从事四十员，佐刺史巡察。所掌六条：一察品官以上理政能力，二察官人贪残害政，三察豪强奸猾而官司不能禁止者，四察水旱虫灾枉征赋役或无灾妄免者，五察部内盗贼隐而不申者，六察茂才异行隐而不贡举者。每年二月出巡，十月入奏。又有丞、主簿、录事等员。后罢，留司隶从事行其职，不为常员，临时选京官清明者权摄之。

司隶台大夫 官名。隋炀帝大业三年（662）置，司隶台长官，设一员，正四品，掌诸巡察，后罢。

司隶校尉 官名。西汉武帝征和四年（前89）始置，秩二千石。初掌管理使役在中央诸官府服役的徒隶，领一千二百人，持节，亦捕治罪犯。后罢其兵，职掌纠察京都百官及京师附近的三辅（京兆、左冯翊、右扶风）、三河（河东、河内、河南）、弘农七郡的犯法者，职权渐重。属官有从事掾、史、假佐等。元帝初元四年（前45）去节。成帝元延四年（前9）省，哀帝即位后复置，改名司隶，隶大司空，位比司直。东汉仍名司隶校尉，秩比二千石，而威权尤重。凡宫廷内外，皇亲贵戚，京都百官，无所不纠，兼领兵，有检敕、捕杀罪犯之权，并为司隶州行政长官，辖前述七郡。治所在河南洛阳。光武帝特诏朝会时与御史中丞、尚书令并专席而坐，时号"三独坐"。东汉末权臣往往自兼此职以控制京师。所设机构较西汉复杂，属官有都官、功曹、别驾、簿曹、兵曹、部郡国等从事史十二员，假佐二十五员。三国魏沿置，先治弘农，后治河南，辖司州所属河南、河东、河内、弘农、平阳五郡，三品。属官有从事史、假佐一百员，增设诸曹、武猛、督军从事等。蜀亦置，掌督察京师，但不典益州事，常以重臣兼领。西晋沿魏制，三品。东晋罢，其职归扬州刺史。十六国多置。北魏初曾置，旋罢，其职归司州牧、司州刺史。

司驾 官名。北魏置。掌驾驭皇帝乘御的马车。见《魏书·高允传》。

司织 ❶官署名。西魏、北周冬官府置，掌丝、麻、锦制作，长官为下大夫，有小司织上士，统弁工、织丝、织彩、织枲、织组诸中士。❷官名。隋炀帝时女官，隶尚工局，置二员，从六品，掌织染。

司织下大夫　官名。西魏恭帝三年（556）置，北周沿置。冬官府司织司长官，员一人，掌管金国纺织事务，并管理工匠。正四命。设小司织上士以佐其职，领弁工中士、织丝中士、织彩中士、织枲中士、织组中士等官属。隋文帝开皇元年（581）罢。

司织署　官署名。隋炀帝大业三年（607）置，隶少府监。后与司染署并为织染署。

司经大夫　官名。即太子洗马，唐高宗龙朔二年（662）改，咸亨元年（670）复名太子洗马。

司珍　❶官署名。原为尚书省金部，唐高宗龙朔二年（662）改此称，郎中更名司珍大夫。咸亨元年（670）复旧称。❷官名。唐朝始置，为宫廷女官，二十四司之一。员二人，正六品，属尚功局，掌珍宝钱货。宋、金、明悉如唐制。明永乐（1403—1424）归其职于宦官。

司珍大夫　官名。即金部郎中，唐高宗龙朔二年（662）改，咸亨元年（670）复名金部郎中。

司珍员外郎　官名。即金部员外郎，唐高宗龙朔二年（662）改，咸亨元年（670）复名金部员外郎。

司城　官名。❶春秋时宋国避武公讳改司空置，六卿之一。掌治城廓，执国政。《左传·襄公九年》："宋灾，乐喜为司城以为政，使伯氏司里。火所未至，彻小屋，涂大屋，陈畚、挶，具绠、缶，备水器，量轻重，蓄水潦，积土涂，巡丈城，缮守备，表火道。"又《哀公二十六年》："司城为上卿。"❷春秋时郑、曹、陈等国置。执政。《史记·郑世家》："初，往年郑文公之卒也，郑司城缯贺以郑情卖之，秦兵故来。"《左传·哀公七年》："曹鄙人公孙强好弋"，"有宠，使为司城以听政"。《史记·孔子世家》："孔子遂至陈，主于司城贞子家。"❸北周司城中大夫省称。❹唐高宗龙朔二年（662）至咸亨元年（670）改兵部职方为司城，职方郎中为司城大夫。参见"职方"。

司城大夫　官名。❶北周司城中大夫省称。❷即唐朝兵部职方郎中，唐高宗龙朔二年（662）改，咸亨元年（670）复名职方郎中。

司城中大夫　官名。北周置。亦省称司城、司城大夫。杜杲自御正中大夫迁此，为聘陈使主。正五命。

司城员外郎　官名。即职方员外郎，唐高宗龙朔二年（662）改，咸亨元年（670）复名职方员外郎。

司政　女官名。宋徽宗政和三年（1113），改尚书内省官制置，职事仿兵部。

司柞下士　官名。西魏、北周秋官府司柞中士佐官，正一命。

司柞中士　官名。西魏恭帝三年（556）仿《周礼》柞氏置，北周沿置。秋官府属官，正二命。下设司柞下士以佐其职。隋文帝开皇元年（581）罢。参见"柞氏"。

司封　官署名。又称司封司。吏部诸司之一。唐高宗龙朔二年（662）改主爵置；掌封爵、命妇赐予之级。设郎中、员外郎各一人，为正副长官。咸亨元年（670）复为主爵，武则天垂拱元年（685）又为司封，中宗神龙元年（705）又改主爵，玄宗开元元年（713）再为司封，遂不改。北宋前期，置判司事一员，以无职事朝官充任，仅主定谥之事。神宗元丰（1078—1085）改制，设郎中或员外郎，掌封爵、赠官、宗室诸亲及命妇奏荫、承袭等事。明洪武十三年（1380）置为吏部四属部之一，设郎中、员外郎各一人，二十九年改验封清吏司。

司封下士　官名。西魏、北周地官府载师中大夫司封中士佐官，正一命。

司封大夫　官名。即主爵（司封）郎中，唐高宗龙朔二年（662）改，咸亨元年（670）复名主爵（司封）郎中。

司封中士　官名。西魏恭帝三年（556）仿《周礼》封人置，北周沿置。地官府载师中大夫属官，掌有爵位者封邑的分配。正二命。下设司封下士以佐其职。隋文帝开皇元年（581）罢。参见"封人"。

司封司　官署名。吏部诸司之一。详见"司封"。

司封员外郎　官名。唐高宗龙朔二年（662）改主爵员外郎置，员一人，从六品上，为吏部司封司次官，掌封爵、命妇、朝会及赐予等事。咸亨元年（670）及中宗神龙元年（705）曾改称主爵员外郎，玄宗开元元年（713）再改司封员外郎。北宋前期不领司封事，用为六品寄禄官。神宗元丰（1078—1085）改制，复置爵职事官，始实领司封之事，正七品。明初亦置，从为司，洪武二十九年（1396）改验封清吏司员外郎。

司封郎中　官名。唐武则天垂拱元年（685）改主爵郎中置，员一人，从五品上。为吏部司封司长官，掌封爵、命妇、朝会及赐予等事。中宗神龙元年（705）复改主爵郎中，玄宗开元元年（713）再改司封郎中。北宋前期不领司封事，用为五品寄禄官。神宗元丰（1078—1085）改制复置为职事官，始实主司封事，掌封爵、叙赠、奏荫、承袭之事，从六品。明初亦置，正五品，洪武二十九年（1396）改验封清吏司郎中。

司封郎官　司封郎中、员外郎通称。

司草　官名。商朝六府之一。掌稼种下地及除草。《礼记·曲礼下》"司草"孔颖达疏："司草，四也。于周为稻人也。掌稼种下地及除草莱。"参见"六府"。

司茨　官名。西周置。《扬簋铭》："王若曰：'扬，作司工，官司量田。众司秣，众司茨。'"

司药　官名。隋炀帝始置，为宫廷女官，二十四司之一。员二人，从六品。属尚食局，掌方药。唐朝改正六品。宋、金、明悉如唐制。明永乐（1403—1424）后归其职于宦官。

司药丞　官名。北魏置。《魏书·恩幸传》："（常）

季贤起于主马，世宗初好骑乘，因是获宠。位至殿中将军、司药丞，仍主厩闲。”

司要下大夫 官名。西魏恭帝三年（556）置，北周沿置。秋官府司要司长官，正四命。下设小司要上士以佐其职，领司烜中士、伊耆氏中士等官属。隋文帝开皇元年（581）罢。

司威仪 官名。西周置。掌礼法仪容。《㾓簋铭》：“飘皇祖考司威义（仪），用辟先王。”

司星 官名。春秋时宋国置。掌理天文星历。《史记·宋微子世家》：“荧惑守心。心，宋之分野也。景公忧之，司星子韦曰：‘可移于相’。”

司勋 ❶官名。《周礼》夏官属官，掌六卿赏地之法，以等其功。❷官署名。西魏恭帝三年（556）置，于夏官府吏部司下置司勋上士一人，中士若干人，掌勋爵戎秩封赏以等其功。北周初沿置，后别为一司，直隶夏官府，设中大夫为长官，下设下大夫、上士、中士，领司录上士、中士。隋置为吏部诸司之一，掌勋级之政令。初有侍郎二人，文帝开皇六年（586）置员外郎一人，炀帝大业三年（607）改侍郎为郎，废员外郎置承务郎。唐朝置郎中、员外郎各一人，为正副长官。北宋前期，设判司事一人，以无职事朝官充任，无所职掌。神宗元丰（1078—1085）改制，设郎中或员外郎，掌功勋酬奖、审复赏格。南宋孝宗隆兴元年（1163），由司封郎官兼领其事。明初为吏部属部之一，设郎中、员外郎，洪武二十九年（1396）改稽勋清吏司。

司勋下大夫 官名。北周置。夏官府司勋司次官，佐司勋中大夫掌六勋之赏，以酬其功。正四命。隋文帝开皇元年（581）罢。参见“司勋中大夫”。

司勋大夫 官名。即司勋郎中，唐高宗龙朔二年（662）改，咸亨元年（670）复名司勋郎中。

司勋上士 官名。西魏恭帝三年（556）置，北周沿置。初为夏官府吏部中大夫属官，员一人，掌六勋之赏，以酬其功。下设司勋中士以佐其职。北周时，因征战不断，从军受勋者日众，故于司勋上士之上置中大夫、下大夫以掌其事，别自立司，不复属吏部中大夫，此职则佐司勋中大夫、下大夫掌其事务。正三命。隋文帝开皇元年（581）罢。

司勋中士 官名。西魏恭帝三年（556）置，北周沿置。初为夏官府吏部中大夫属官，后改为司勋中大夫属官，正二命。隋文帝开皇元年（581）罢。参见“司勋上士”。

司勋中大夫 官名。北周置。西魏恭帝三年（556），依周礼建六官，夏官府吏部中大夫属下有司勋上士，掌六勋之赏，以酬其功。北周时因征战不断，从军受勋者日众，故司勋别自立司，不复属吏部，置此为司勋司长官以掌其事。正五命。下设司勋下大夫、司勋上士、司勋中士以佐其职。隋文帝开皇元年（581）罢。

司勋司 官署名。吏部诸司之一。详见“司勋”❷。

司勋员外郎 官名。吏部司勋司次官。隋文帝开皇六年（586）始置，员一人，炀帝大业三年（607）改司勋承务郎。唐高祖武德三年（620）复置，员二人，从六品上，掌校定勋绩及授予勋官告身等事。北宋前期不预司勋之事，用为六品寄禄官。神宗元丰（1078—1085）改制，复置为职事官，始掌功勋酬奖、审复赏格，正七品。南宋孝宗隆兴元年（1163）省，由司封郎官兼领其事。明初亦置，正六品，后升从五品，洪武二十九年（1396）改稽勋清吏司员外郎。

司勋侍郎 官名。隋朝尚书省吏部司勋曹（司）长官，置二员，正六品上，文帝开皇三年（583）加为从五品。炀帝大业三年（607）改名司勋郎。

司勋郎 官名。隋炀帝大业三年（607）改司勋侍郎置，唐高祖武德三年（620）改名司勋郎中，为吏部司勋司长官。

司勋郎中 官名。吏部司勋司长官。唐高祖武德三年（620）改司勋郎置，员一人。高宗龙朔二年（662）改司勋大夫，咸亨元年（670）复旧称。掌校定勋绩及授予勋官告身等事，从五品上。北宋前期不领司勋事，用为五品寄禄官。神宗元丰（1078—1085）改制复置为职事官，始掌功勋酬奖、审复赏格，从六品。南宋孝宗隆兴元年（1163）省，由司封郎官兼领其事。明初亦置，正五品，洪武二十九年（1396）改稽勋清吏司郎中。

司勋郎官 司勋郎中、员外郎通称。

司勋部 官署名。明初吏部属部之一。洪武六年（1373）始置，设郎中、员外郎各一人，主事二人，十三年改设主事一人，掌勋级、名籍、丧养之事。二十九年改称稽勋清吏司。

司牲司 官署名。明洪武（1368—1398）中置，初隶光禄司，后改司为寺。建文（1399—1402）中改孳生所。成祖即位复旧。置大使一人，从九品，副使一人，未入流，后革副使。掌养牲，以供祭享、膳馐之用。

司钟磬下士 官名。西魏恭帝三年（556）置，北周沿置。初为春官府大司乐中大夫属官，北周武帝保定四年（564），改大司乐为乐部，遂为乐部中大夫属官。正一命。隋文帝开皇元年（581）罢。职掌参见“司钟磬中士”。

司钟磬中士 官名。西魏恭帝三年（556）仿《周礼》钟师置，北周沿置。初为春官府大司乐中大夫属官，北周武帝保定四年（564），改大司乐为乐部，遂为乐部中大夫属官。掌钟、磬的演奏。正二命。下设司钟磬下士以佐其职。隋文帝开皇元年（581）罢。

司钥库 官署名。又名天财库。明洪武十七年（1384）置，为内府诸库之一。初设大使一人，副使四人，二十八年改置左、右副使各一人。后又改设掌印太监一员，总理管理、掌司、写字、监工无定员。掌收贮制钱以给赏赐。监工并兼管乾清宫等门及午门、东华门等处钥匙，每日于五更三点自宫中发生、分启各门，用毕缴回。

司钥章京　官名。清朝八旗护军营之职官。每旗设一人，各以本旗护军参领内奏充轮值。掌司紫禁城内外门禁。属上三旗者，可充上三旗司钥章京；属下五旗者，可充下五旗司钥章京；此外，每旗尚设署司钥章京一人，职同司钥章京。参见“上三旗司钥章京”、“下五旗司钥章京”。

司香　官名。清朝内务府掌仪司所属之员役。分掌内廷祭祀祝祷、供香之事。顺治元年（1644）定设三十人，内司香长六人，以府属佐领、管领下妇人充任。月有银、米之赏。初隶钟鼓司，十三年改隶礼仪监，十七年改隶礼仪院。康熙十六年（1677）始隶掌仪司。

司律中郎将　官名。三国魏置。典音律。见《三国志·杜夔传》。

司律司马　官名。南朝宋置。总章监、鼓吹监设，典音律等事。铜印、墨绶，朝服。任职总章监者，进贤一梁冠。见《宋书·礼王》。

司律郎　阶官名。金始置，为教坊阶官，属二十五阶之第二十三阶，秩正九品下。元朝沿置，属十五阶第十三阶，正八品。

司俎官　官名。清朝内务府掌仪司之属官。乾隆二十四年（1759），改司胙官设，共五人。正六品。掌供祭祀之俎实。

司胙官　官名。清朝内务府掌仪司之属官。顺治十七年（1660）设于礼仪院，共四人。正六品。掌供祭祀之俎实。康熙十六年（1677）改隶掌仪司。三十七年增设一人。乾隆二十四年（1759）改称司俎官。

司狱　❶官署名。金朝管理狱囚之机构。设司狱一员，下设司吏二人、公使二人、典狱二人。❷官名。金朝始置，设于各司狱官署，为管理监狱之官长，正九品，另有属诸节镇者，正八品。元、明、清三朝沿置，为司狱司之主官。又，元大德七年（1303）设于刑部。掌率狱吏、典囚徒之事。大都路及南北两城兵马司下亦置。正八品。明、清于刑部、顺天府、提刑按察使司及各府司狱司皆置，一人或数人不等，均为从九品，办理所属事务。

司狱正管守长　官名。清末法部属官。光绪三十二年（1906）设。原为兼差，三十四年改为专差。二人，正七品，由各司实缺小京官奏补，任期三年。掌分管本部南北两监狱卒，稽查所监人犯。

司狱司　官署名。元、明、清三朝掌管刑狱之机构。元成宗大德七年（1303）始置于刑部。此外，大都路及南、北两城兵马司下亦置。掌率狱吏、典囚徒之事。明、清刑部、顺天府、提刑按察使司及各府皆置。各设司狱一人或数人，办理所属事务。

司狱总管守长　官名。清末法部属官。光绪三十二年（1906）设。定额二人，五、六品不等。原由典狱司员外郎、主事各一人兼充，三十四年改为专差，由本部员外郎、主事中奏补，任期二年。掌领本部南、北两监事务。

司狱副管守长　官名。清末法部属官。光绪三十二年（1906）设。原由典狱司录事兼任，三十四年改为专差。定额六人，八、九品不等。由各司实缺录事拣派，任期三年。掌南、北两监管理稽查事宜，并分班住宿。

司度　官署名。即户部度支司，唐高宗龙朔二年（662）改，咸亨元年（670）复名度支。

司度下士　官名。西魏、北周冬官府匠师中大夫司度中士佐官，正一命。

司度大夫　官名。即度支郎中，唐高宗龙朔二年（662）改，咸亨元年（670）复名度支郎中。

司度中士　官名。西魏恭帝三年（556）置，北周沿置。冬官府匠师中大夫属官，掌度量器具的标准及制作，正二命。下设司度下士以佐其职。隋文帝开皇元年（581）罢。

司度员外郎　官名。即度支员外郎，唐高宗龙朔二年（662）改，咸亨元年（670）复名度支员外郎。

司音郎　阶官名。金朝始置，为教坊阶官，属二十五阶之第二十二阶，秩正九品上。元朝沿置，属十五阶第十二阶，正八品。

司迹下士　官名。西魏、北周秋官府田正下大夫司迹中士佐官，正一命。

司迹中士　官名。西魏恭帝三年（556）仿《周礼》迹人置，北周沿置。秋官府田正下大夫属官，正二命。下设司迹下士以佐其职。隋文帝开皇元年（581）罢。参见“迹人”。

司闺　官名。❶唐朝太子内官，置二员，从六品，掌导引妃及宫人名簿，领掌正、掌书、掌筵。❷金朝皇后位下女官。掌宫内诸事及给散宫人俸给食料。设一员，秩八品。

司酋望　官名。南诏官，犹唐朝试官。

司津监　❶官署名。即都水监，唐高宗龙朔二年（662）改，咸亨元年（670）复名都水监。❷官名。即都水使者，唐高宗龙朔二年（662）改，咸亨元年（670）复名都水使者。

司宫　官名。周朝置。❶太宰所属掌宫庙之吏。《仪礼·公食大夫礼》：“司宫具几。”郑玄注：“司宫，大宰之属，掌宫庙者也。”孔颖达疏：“大宰之下有宫人，掌宫中除污秽之事，即此司宫。”❷宫内阉官之长。《左传·襄公九年》：“令司宫、巷伯儆宫。”《昭公五年》：“南遗使国人助竖牛以攻诸大库之庭，司宫射之，中目而死。”杜预注：“司宫，奄臣，内官也。”

司宫台　官署名。即内侍省。唐武则天垂拱元年（685）改，中宗神龙元年（705）复名内侍省。

司宪　❶官署名。（1）西魏、北周秋官府置，掌刑罚，处治犯罪，并参预撰定刑律。长官为中大夫，置二员；有上士二员，统中士、下士若干。（2）即尚书省刑部头司，唐玄宗天宝十一载（752）改，肃宗至德二载（757）复名刑部。❷官名。宋朝尚书内省女官，徽宗政和三年（1113）改尚书内省制时设，职视刑部。

司宪大夫 官名。即御史中丞，唐高宗龙朔二年（662）改，咸亨元年（670）复名御史中丞。

司宪上士 官名。西魏恭帝三年（556）置，北周沿置。秋官府司宪司次官，员二人，佐司宪中大夫掌本司事务。正三命。隋文帝开皇元年（581）罢。

司宪中士 官名。西魏、北周秋官府司宪中大夫属官，正二命。

司宪中大夫 官名。西魏恭帝三年（556）置，北周沿置。秋官府司宪司长官，员二人，佐大司寇卿制订刑法，并依据刑法决定罪犯刑罚轻重。下设司宪上士、司宪中士、司宪旅下士以佐其职。北周武帝建德二年（573）省。宣帝即位后，复置。正五命。隋文帝开皇元年（581）罢。

司宪员外郎 官名。即刑部员外郎，唐玄宗天宝十一载（752）改，肃宗至德二载（757）复名刑部员外郎。

司宪郎中 官名。即刑部郎中，唐玄宗天宝十一载（752）改，肃宗至德二载（757）复名刑部郎中。

司宪旅下士 官名。西魏、北周秋官府司宪中大夫属官，员八人，正一命。

司寀 官名。西周置。《庚季鼎铭》：“用左右俗父司寀。”

司染令 官名。北齐太府寺司染署长官，从八品上。隋朝沿置，二员，正八品。炀帝大业三年（607）升正六品，改隶少府监，寻与司织令合并为织染令。

司染丞 官名。北齐太府寺司染署次官。隋朝沿置，四员，正九品。炀帝大业三年（607）与司织丞合并为织染丞。

司染都尉 官名。掌造作宫廷衣物。北魏置。见《魏书·京兆王传》。

司染署 官署名。北齐太府寺始置，有令、丞，又别领京坊、河东、信都三局丞。隋朝沿置，有令二员、丞四员。炀帝大业三年（607）改隶少府监，寻与司织署合并为织染署。

司染署令 官名。即司染令。

司染署丞 官名。即司染丞。

司祝 官名。又称萨满。清朝内务府掌仪司所属之员役。分掌内廷祭祀祝祷、香供之事。顺治元年（1644）定制，设十二人，内司祝长二人。以上三旗觉罗命妇充任。岁有官用缎、纱、绫、绸、绢、杭绸之赐，月有银、米之赏。初隶钟鼓司，十三年改隶礼仪监，十七年改隶礼仪院，康熙十六年（1677）始隶掌仪司。

司险 官名。《周礼》夏官之属。一说为周朝置。掌九州版图，设置山川险阻以守禁。《周礼·夏官》：“司险，中士二人，下士四人，史二人，徒四十人”，“掌九州之图，以周知其山林川泽之阻，而达其道路。设国之五沟五涂，而树之林以为阻固，皆有守禁，而达其道路。国有故，则藩塞阻路，而止行者，以其属守之，唯有节者达之”。

司载 官名。周朝置。掌天文。《国语·鲁语下》：“是故天子大采朝日”，“少采夕月，与大史、司载纠虔天刑”。韦昭注：“载，天文也。司天文谓冯相氏、保章氏，与大史相偭偶也。因夕月而恭敬观天法，考行度以知妖祥也。”

司贾 官名。西周置。掌贸易买卖。《善夫山鼎铭》：“王曰：‘山，命汝官司饮献人于己克，用作宪司贾，毋敢不善。’”

司盐校尉 官名。三国蜀、吴置。主盐政。蜀兼理盐铁之利，领盐府，亦称盐府校尉。其属官有典曹都尉数员。吴治所在海盐（今浙江海盐东北）。见《三国志·王连传》、《孙休传》。

司盐都尉 官名。三国魏置，两晋、北魏沿置。设于郡国产盐处，掌盐政。东晋时王允之以建武将军、钱唐令领之。魏、晋六品，北魏孝文帝太和十七年（493）定为从五品中，二十三年复次职令，未载。

司牺下士 官名。西魏、北周春官府典祀中大夫司牺中士佐官，正一命。

司牺中士 官名。西魏恭帝三年（556）置，北周沿置。春官府典祀中大夫属官，掌供祭祀所用的牲畜。正二命。下设司牺下士以佐其职。隋文帝开皇元年（581）罢。

司铎 ❶官署名。春秋时鲁国置。负责民众教化。《左传·哀公三年》：“夏五月辛卯，司铎火。”章炳麟《春秋左传读》：“司铎，盖官署之在宫城中者也。”❷官名。春秋鲁置。掌教化。《左传·昭公十三年》：“司铎射怀锦，奉壶饮冰，以蒲伏焉。”❸古代文教官员泛称。

司候 官名。见“司候司”。

司候司 官署名。金朝置。分设于防御州、刺史州等处，掌监察吏卒，维护治安。设司候、司判领司事，秩正九品、从九品。下设司吏、公使。

司射 ❶官名。春秋战国置。主司射仪礼节。《仪礼·燕礼》：“若射，则大射正为司射，如乡射之礼。”贾公彦疏：“燕礼轻，又不主射，故射人为摈又为司正。至射时，大射正为司射，大射之时略于燕，主于射，故大射正为摈，又为司正。至射，又亲其职，故不同为司射也。”❷官署名。西魏、北周置。属夏官府。以司射下大夫为长官，下设小司射上士，辖司仗上士、中士等。

司射下大夫 官名。西魏恭帝三年（556）仿《周礼》射人置，北周沿置。夏官府司射司长官，亦称司射大夫，贺若谊曾任此职。掌操演射箭时的礼仪与法度等事务。下设小司射上士以佐之，领司仗上士、司仗中士等官属。正四命。隋文帝开皇元年（581）罢。参见“射人”。

司射左右 官名。隋炀帝大业三年（607）改左右领左右府为左右备身府后置，十六员，正六品，掌供御弓箭。

司臬　明清按察使之别称。

司徒　官名。❶相传殷朝为辅政大臣之一。《礼记·曲礼下》：“天子之五官，曰司徒、司马、司空、司士、司寇，典司五众。”郑玄注：“此亦殷时制也。”西周为三公之一。亦作司土。《盠方彝铭》：“用司六师王行，参有司：司土、司马、司工。”《周礼·地官》有大司徒、小司徒等官。春秋战国置司徒，卿爵，职掌民众教化、土地管理、征发徒役。时又有大司徒、都司徒、御司徒、左司徒、右司徒等名。❷西汉哀帝元寿二年（前1）改丞相为大司徒，东汉光武帝建武二十七年（后51）改名司徒，与太尉、司空并为三公，分掌宰相职能，秩万石。开府辟僚属，有长史、诸曹掾属、令史等属官。本职掌民政，年终考课州郡长官，名义上分部太仆、大鸿胪、廷尉三卿，并参议大政，实际上权归尚书，三公上下行文，受成而已。东汉末罢，改置丞相。三国魏恢复三公制，改相国为司徒，管理民政，公务繁多，一品，其府属吏甚众。蜀、吴则与丞相并置，无实际职权。两晋沿魏制，与丞相通职，一般不并置。为名誉宰相，一品，亦常参录朝政，然仅掌事务，政务仍归尚书，加录尚书事衔者得为真宰相。其府仍处理全国日常行政事务，考核地方官吏，督课州郡农桑，领全国名数户口簿籍，其他公府缺公则省，唯司徒府缺公亦常置，并增设左、右长史，左西曹掾属等僚佐。南朝或与丞相、相国并置，职掌依旧。南齐、陈丞相、相国皆为赠官，司徒则实授，或录尚书事。宋一品，梁十八班，陈一品、万石。北魏、北齐亦一品。北魏初令州郡公文先上司徒府，后改上丞相府。隋朝名义上参议大政，其位多旷，遇有典礼，以他官摄行其事，如置，则坐于尚书都省，正一品。唐朝亦为大臣加官，正一品。晚唐五代用为藩镇加官，遂至冗滥。北宋初用为宰相、亲王、使相的加官，其特拜者亦不预政事，徽宗政和二年（1112）罢。辽朝为南面朝官，无实职，作为重臣、功臣加官。金朝亦置，正一品。元朝不常置，或授僧人。明朝废。❸官员俗称。《宋史·职官八》：“太宗淳化元年（990）令，供奉官以下不得呼‘司徒’。”❹契丹（辽）北面官名，朝官、御帐官中皆置。原称惕隐（梯里已），掌部族事务。太宗会同元年（938）升五院部、六院部梯里已为司徒，后诸部族、属官、诸纠中皆置。❺户部尚书的俗称。

司徒公　司徒尊称。《尚书大传》：“天子三公，一曰司徒公，一曰司马公，一曰司空公。”参见“司徒”。

司徒长史　官名。东汉始置，员一人，秩千石。为司徒府僚属之长，佐司徒总管府内诸曹，或亦参预政务。三国魏以后分置左、右长史。参见“司徒右长史”。

司徒右长史　官名。三国魏分司徒长史置。与司徒左长史并为司徒府僚属之长，佐司徒总管府内诸曹，位次左长史。两晋南北朝及隋初沿置。南朝或不设司徒，其府则常置，管理州郡农桑户籍、官吏考课，皆由左、右长史主持。魏、晋、宋六品，梁十班，陈四品，秩千石；北魏四品上，北齐四品。

司徒左长史　官名。魏晋南北朝置，位在司徒右长史上。魏、晋、宋六品，梁十二班、陈四品，秩千石；北魏孝文帝太和十七年（493）定为四品上，二十三年改从三品；北齐从三品。参见“司徒右长史”。

司徒左西掾　官名。晋朝置，司徒府僚属，掌左西曹。多以文史之士充任。南朝沿置。梁八班，陈六品。

司徒左西属　官名。晋朝置，司徒府僚属，参掌左西曹。多以“夷雅有才识”之士充任（《晋书·荀组传》）。南朝沿置。陈六品。

司啚下士　官名。西魏、北周春官府典祀中大夫司啚中士佐官，正一命。

司啚中士　官名。西魏恭帝三年（556）仿《周礼》啚人置，北周沿置。春官府典祀中大夫属官，正二命。下设司啚下士以佐其职。隋文帝开皇元年（581）罢。参见“啚人”。

司彩　官名。隋炀帝始置，为宫廷女官，二十四司之一。员二人，从六品。属尚工（唐改尚功）局，掌锦彩缣帛事。唐朝改正六品。宋、金、明悉如唐制。明永乐（1403—1424）后归其职于宦官。

司玺　官名。隋炀帝大业三年（607）内官尚服局置二员，从六品，掌琮玺符节。

司旂　官名。西周置。掌理旗政。《闬硕鼎铭》：“王命闬硕司旂井（型）。”

司烜下士　官名。西魏、北周秋官府司要下大夫司烜中士佐官，正一命。

司烜中士　官名。西魏恭帝三年（556）仿《周礼》司烜氏置，北周沿置。秋官府司要下大夫属官，正二命。下设司烜下士以佐其职。隋文帝开皇元年（581）罢。参见“司烜氏”。

司烜氏　官名。《周礼》秋官之属，一说为周朝置，掌理火禁。《周礼·秋官》：“司烜氏，下士六人，徒十有六人”，“掌以夫遂取明火于日，以鉴取明水于月，以共祭祀之明斋明烛，共明水。凡邦之大事，共坟烛庭燎。中春，以木铎修火禁于国中。军旅，修火禁。邦若屋诛，则为明竁焉”。

司准下士　官名。西魏、北周冬官府匠师中大夫司准中士佐官，正一命。

司准中士　官名。西魏恭帝三年（556）置，北周沿置。冬官府匠师中大夫属官，掌衡器的规格、标准，正二命。下设司准下士以佐其职。隋文帝开皇元年（581）罢。

司宾　官名。❶北周武帝建德元年（572）仿成周之制置，职如周官大行人。❷隋炀帝始置，为宫廷女官，二十四司之一。员二人，从六品。唐朝改正六品，属尚仪局。掌宫中宾客朝见、宴会赏赐之事。宋、金、明悉如唐制。明永乐（1403—1424）后归其职于宦官。

司宾少卿 官名。即鸿胪少卿，唐武则天光宅元年（684）改，中宗神龙元年（705）复名鸿胪少卿。

司宾寺 官署名。❶即鸿胪寺，唐武则天光宅元年（684）改，中宗神龙元年（705）复名鸿胪寺。❷渤海国官署，有卿。

司宾卿 官名。❶即鸿胪卿，唐武则天光宅元年（684）改，中宗神龙元年（705）复名鸿胪卿。❷渤海国官，司宾寺长官置一人。

司宾署 官署名。明洪武（1368—1398）中置，隶鸿胪寺。置署丞一人，正九品。建文（1399—1402）中罢。成祖即位复置。掌教外国使臣来朝时仪礼之事。

司宰少卿 官名。即光禄少卿，唐高宗龙朔二年（662）改，咸亨元年（670）复名光禄少卿。

司宰正卿 官名。即光禄卿，唐高宗龙朔二年（662）改，咸亨元年（670）复名光禄卿。

司宰寺 官署名。即光禄寺，唐高宗龙朔二年（662）改，咸亨元年（670）复名光禄寺。

司调下士 官名。西魏、北周秋官府司调中士佐官，正一命。

司调大夫 官名。西魏恭帝三年（556），置有司调中士、下士，北周于其上加置此职。武帝时明克让自仪同三司累迁此职。王仲荦《北周六典》列为正四命。隋文帝开皇元年（581）罢。

司调中士 官名。西魏恭帝三年（556）仿《周礼》调人置，北周沿置。秋官府属官，正二命。下设司调下士以佐其职。北周时于其上置有司调大夫，以总其事。隋文帝开皇元年（581）罢。参见“调人”。

司袍袄下士 官名。西魏、北周夏官府武藏中大夫司袍袄中士佐官，正一命。

司袍袄中士 官名。西魏恭帝三年（556）置，北周沿置。夏官府武藏中大夫属官，正二命。下设司袍袄下士以佐其职。隋文帝开皇元年（581）罢。

司理 ❶刑狱官泛称。《晋书·刑法志》：“夫刑者司理之官。”❷官名略称。北宋太宗太平兴国四年（979）改诸州司寇参军为司理参军，简称司理，掌本州狱讼勘鞫之事。元祐（1086—1094）官品令：上州从八品，中、下州从九品。❸明朝推官别称。又作“司李”。

司理判官 官名。宋太宗太平兴国四年（979）置，选牙校中晓法律、高赀者充任，属司理院。

司理治书 官名。三国魏置，九品。见《通典·职官一八》。

司理参军 官名。简称司理。北宋太宗太平兴国四年（979）改诸州司寇参军置，掌本州讼狱勘鞫之事。哲宗元祐（1086—1094）中定制，隶上州者从八品，隶中、下州者从九品。

司理院 官署名。宋太宗太平兴国四年（979）改司寇院置，掌各州刑狱，设司理参军领之。参见“司寇院”。

司教 女官名。宋徽宗政和三年（1113），改尚书内省官制置，职掌仿户部。

司酝 官名。隋炀帝始置，为宫廷女官，二十四司之一。唐朝沿置，二人，正六品，属尚功局，掌酒醴进御之事。宋、金、明悉如唐制。明永乐（1403—1424）后归其职于宦官。

司戚 官名。西周置。见《曩侯弟遗鼎铭》。职掌不详。

司救 官名。《周礼》地官之属。一说为周朝置。掌以礼法防禁邪恶，挽救犯有过失的民众。《周礼·地官》：“司救，中士二人，史二人，徒二十人”，“掌万民之邪恶过失而诛让之，以礼防禁而救之”。

司救上士 官名。西魏恭帝三年（556）仿《周礼》司救置，北周沿置。地官府师氏中大夫属官，正三命。下设司救中士以佐其职。隋文帝开皇元年（581）罢。参见“司救”。

司救中士 官名。西魏、北周地官府师氏中大夫司救上士佐官，正二命。

司常 官名。《周礼》春官之属。一说为周朝置。掌旌旗之政令。《周礼·春官》：“司常，中士二人，下士四人，府二人，史二人，胥四人，徒四十人”，“掌九旗之物名，各有属，以待国事”，“及国之大阅、赞司马，颁旗物”，“凡祭祀，各建其旗。会同、宾客，亦如之。置旌门。大丧，共铭旌。建廞车之旌。及葬，亦如之。凡军事，建旌旗。及致民，置旗弊之。甸，亦如之，凡射，共获旌。岁时，共更旌”。

司常下士 官名。西魏、北周春官府司车辂下大夫司常中士佐官，正一命。

司常中士 官名。西魏恭帝三年（556）仿《周礼》司常置，北周沿置。春官府司车辂下大夫属官，保管皇帝、皇后所乘车辆上使用的旗帜等饰物，并掌管皇帝以下诸臣使用旗物的规格。正二命。下设司常下士以佐其职。隋文帝开皇元年（581）罢。

司晨 见“五官司晨”。

司龠 官名。西周置。“龠”即籥。一说即《周礼》之籥师。

司旂 官名。西周置。掌王旗帜。《吴方彝》：“册令吴司旂众叔金。”《逸周书·克殷》孔晁注：“旗色白，故字为旂。”

司庾 官署名。即户部仓部司，唐高宗龙朔二年（662）改，咸亨元年（670）复名仓部。

司庾大夫 官名。即仓部郎中，唐高宗龙朔二年（662）改，咸亨元年（670）复名仓部郎中。

司庾员外郎 官名。即仓部员外郎，唐高宗龙朔二年（662）改，咸亨元年（670）复名仓部员外郎。

司商 官名。西周置。掌赐族受姓。《国语·周语上》：“司商协民姓。”韦昭注：“司商，掌赐族受姓之官。”

司阍郎 阶官名。金朝置，为内侍阶官，属二十五阶之第二十二阶，秩正九品上。元朝沿置，属十四阶第十二阶，从七品。

司寇 ❶官名。三代始置。殷、周、春秋沿置。王室为卿爵，诸侯国或卿爵、或大夫爵，为国君重要辅佐大臣之一。春秋鲁、宋等国又设大司寇、少司寇，郑国有野司寇。战国时或称邦司寇。主刑狱诘盗，督造兵器。西汉哀帝元寿元年（前2）更名护军都尉为司寇，职掌迥异。❷明清为刑部尚书俗称。

司寇院 官署名。宋太祖开宝六年（973）改诸州马步院置，掌本州刑狱勘鞫之事，设司寇参军领之。太宗太平兴国四年（979），改为司理院。

司寂上士 官名。西魏恭帝三年（556）置，北周沿置。初为春官府典命下大夫属官，后改典命为大司礼，遂隶大司礼，北周武帝保定四年（564），改大司礼为礼部，又为礼部下大夫属官。掌国内僧尼寺院事务。正三命。下设司寂中士以佐其职。北周武帝建德三年（574），诏废佛、道两教，沙门道士，并令还俗，寺观塔庙，赐给王公，遂无所掌。

司寂中士 官名。西魏恭帝三年（556）置，为春官府典命下大夫属官。北周沿置，后改典命为大司礼，遂隶大司礼，武帝保定四年（564），改大司礼为礼部，又为礼部下大夫属官。正二命。佐司寂上士掌国内僧尼寺院事务。武帝建德三年（574），诏废佛、道两教，遂无所掌。

司谏 官名。❶《周礼》地官属官，掌纠正万民。❷谏诤政事阙失之官。宋太宗端拱元年（988）由左、右补阙改名，分置左、右。其后，亦有领他职而不预谏诤者。神宗元丰（1078—1085）改制，左、右各置一人，正七品，凡朝廷政事阙失，大臣至百官任非其人，三省至百司事有违失，皆得谏正，分隶门下、中书两省。南宋初不隶两省，高宗绍兴二年（1132）复隶中书门下省。孝宗淳熙十五年（1188）改补阙，光宗绍熙二年（1191）复旧。❸明朝詹事府左右春坊属官，分置左、右，从九品，多由他官兼任，掌箴诲鉴戒，拾遗补过。

司谏上士 官名。西魏恭帝三年（556）仿《周礼》司谏置，北周沿置。地官府师氏中大夫属官，掌考察民庶的德行道艺，辨其能任于国事者。正三命。下设司谏中士以佐其职。隋文帝开皇元年（581）罢。

司谏中士 官名。西魏、北周地官府师氏中大夫司谏上士佐官，正二命。

司谒下士 官名。西魏恭帝三年（556）置，为春官府典命中大夫属官。北周沿置。后改典命为大司礼，遂隶大司礼，武帝保定四年（564），改大司礼为礼部，又为礼部下大夫属官。正一命。隋文帝开皇元年（581）罢。参见“司谒中士”。

司谒中士 官名。西魏恭帝三年（556）置，北周沿置。初为春官府典命下大夫属官，后改典命为大司礼，遂隶大司礼，武帝保定四年（564），改大司礼为礼部，又为礼部下大夫属官。掌朝觐、大飨时宾赞之职。正二命。下设司谒下士以佐其职。隋文帝开皇元年（581）罢。

司谒郎 阶官名。金朝置，为内侍阶官，属二十五阶之第二十一阶，秩从八品下。元朝沿置，属十四阶第十一阶，正七品。

司属少卿 官名。即宗正少卿，唐武则天光宅元年（684）改，中宗神龙元年（705）复名宗正少卿。

司属司 官署名。金朝置，属大宗正府。管领宗室将军及其所占人口、奴婢事务。原名宗室将军司，章宗明昌二年（1191）更名。设令、丞领司事，秩正七品、正八品。中都、上京、扎里瓜、合古西南、梅坚寨、蒲与、临潢、泰州、金山等处各置司。

司属寺 官署名。即宗正寺，唐武则天光宅元年（684）改，中宗神龙元年（705）复名宗正寺。

司属卿 官名。即宗正卿，唐武则天光宅元年（684）改，中宗神龙元年（705）复名宗正卿。

司骑局 官署名。隋炀帝大业三年（607）改左右领左右府为左右备身府后置，有参军事员。

司骑参军 官名。即司骑参军事。

司骑参军事 官名。❶隋文帝开皇三年（583）改诸卫骑曹参军事为之，炀帝大业三年（607）改为司骑书佐。唐玄宗开元（713—741）初复名骑曹参军事。❷隋炀帝大业三年（607）改左右领左右府为左右备身府后置为属官，正八品，其下辖司骑局亦置。

司绩 官署名。即吏部考功司，唐高宗龙朔二年（662）改，咸亨元年（670）复名考功。

司绩大夫 官名。即考功郎中，唐高宗龙朔二年（662）改，咸亨元年（670）复名考功郎中。

司绩员外郎 官名。即考功员外郎，唐高宗龙朔二年（662）改，咸亨元年（670）复名考功员外郎。

司朝谒者 官名。隋炀帝大业三年（607）增谒者台后置，二员，从五品，为谒者台大夫副职。参见“谒者台”。

司幄 官名。清朝内务府武备院所属北鞍库之属官。掌帐房处事。初名帐房头目，额设三人。康熙二十一年（1682）定为七品。乾隆二十四年（1759）改是称。三十六年定为三等侍卫衔，食六品俸。

司赋上士 官名。西魏恭帝三年（556）置，北周沿置。地官府载师中大夫属官，掌功赋之政令，凡年龄自十八至六十四者，皆须纳赋。正三命。下设司赋中士以佐其职。隋文帝开皇元年（581）罢。

司赋中士 官名。西魏、北周地官府载师中大夫司赋上士佐官，正二命。

司量下士 官名。西魏、北周冬官府匠师中大夫司量中士佐官，正一命。

司量中士 官名。西魏恭帝三年（556）仿《周礼》量人置，北周沿置。冬官府匠师中大夫属官，掌建造用于郊祀的坛的各项规格。正二命。下设司量下士以佐其职。隋文帝开皇元年（581）罢。

司鼎俎下士 官名。西魏、北周天官府膳部中大夫司鼎俎中士佐官，正一命。

司鼎俎中士 官名。西魏恭帝三年（556）置，北周沿置。天官府膳部中大夫属官，正二命。负责将在镬中烹制好的食物盛到鼎俎中以供御。下设司鼎镬下士以佐之。隋文帝开皇元年（581）罢。

司税 官名。参见“正税务司”。

司筵 官名。隋朝内官尚寝之属，置三员，视勋品，掌铺设洒扫；炀帝时改司设。

司储 官署名。即户部仓部司，唐玄宗天宝十一载（752）改，肃宗至德二载（757）复名仓部。

司储员外郎 官名。即仓部员外郎，唐玄宗天宝十一载（752）改，肃宗至德二载（757）复名仓部员外郎。

司储郎中 官名。即仓部郎中，唐玄宗天宝十一载（752）改，肃宗至德二载（757）复名仓部郎中。

司御 官名。战国秦置。掌管车辆。《睡虎地秦墓竹简·传食律》：“上造以下到官佐、史毋（无）爵者，及卜、史、司御、寺、府，糲（糲）米一斗，有采（菜）羹，盐廿二分升二。”

司御上士 官名。北周置。《元智墓志》建德五年（576）四月“迁为司御上士”。（赵万里《汉魏南北朝墓志集释》图五一）正三命。

司尊彝 官名。《周礼》春官之属。一说为周朝置。掌理礼器中的尊与彝，供祭祀之用。《周礼·春官》：“司尊彝，下士二人，府四人，史二人，胥二人，徒二十人”，“掌六尊六彝之位，诏其酌，辨其用与其实”。

司禄 官名。《周礼》地官之属。一说为周朝置。掌理颁发官禄。《周礼·地官》：“司禄，中士四人，下士八人，府二人，史四人，徒四十人。”郑玄注：“主班禄。”贾公彦疏：“班禄者，用粟与之。司禄职次仓人，明是班多少之官。故郑（玄）云‘主班禄’。”

司禄上士 官名。西魏恭帝三年（556）仿《周礼》司禄置，北周沿置。地官府司仓下大夫属官，掌百官禄秩的颁发。正三命。隋文帝开皇元年（581）罢。

司稍下士 官名。西魏、北周夏官府武藏中大夫司稍中士佐官，正一命。

司稍中士 官名。西魏恭帝三年（556）置，北周沿置。夏官府武藏中大夫属官，正二命。下设司稍下士以佐其职。隋文帝开皇元年（581）罢。

司媒上士 官名。西魏恭帝三年（556）仿《周礼》媒氏置，北周沿置。地官府师氏中大夫属官，正三命。设司媒中士以佐其职。隋文帝开皇元年（581）罢。参见“媒氏”。

司媒中士 官名。西魏、北周地官府师氏中大夫司媒上士佐官。正二命。

司鼓下士 官名。西魏恭帝三年（556）置，北周沿置。初为春官府大司乐中大夫属官，北周武帝保定四年（564），改大司乐为乐部，遂为乐部中大夫属官。正一命。隋文帝开皇元年（581）罢。职掌参见“司鼓中士”。

司鼓中士 官名。西魏恭帝三年（556）仿《周礼》鼓人置，北周沿置。初为春官府大司乐中大夫属官，北周武帝保定四年（564），改大司乐部，遂为乐部中大夫属官。掌祭祀、军旅、乐舞中的各种鼓手及其演奏。正二命。下设司鼓下士以佐其职。隋文帝开皇元年（581）罢。

司鼓钟 官名。西周置。掌王钟鼓。一说为司钟与司鼓两种职官的合称。

司墓 官名。春秋时郑国置。掌公墓。《左传·昭公十二年》：“郑简公卒。将为葬除”，“司墓之室有当道者”。杜预注：“司墓之室，郑之掌公墓大夫徒属之家。”

司碓 官名。清朝内务府掌仪司所属之员役。分掌内庭祭祀祝祷、供香之事。顺治元年（1644）定设十三人，内司碓长六人，以府属佐领、管领下妇人充任。月有银、米之赏。初隶钟鼓司，十二年改隶礼仪监，十七年改隶礼仪院。康熙十六年（1677）始隶掌仪司。

司裘 官名。《周礼》天官之属。一说为周朝置。掌制供王用的毛皮服饰。《周礼·天官》：“司裘，中士二人，下士四人，府二人，史四人，徒四十人”，“掌为大裘，以共王祀天之服。中秋，献良裘，王乃行羽物。季秋，献功裘，以待颁赐。王大射，则共虎侯熊侯豹侯，设其鹄。诸侯则共熊侯豹侯，卿大夫则共麋侯，皆设其鹄。大丧，廞裘，饰皮车。凡邦之皮事，掌之。岁终，则会。唯王之裘与其皮事不会”。

司辔 官名。清朝内务府上驷院之属官。掌预备马辔。额设御马司辔二十人，皇子司辔二人，皆以额鲁特蒙古充任。辖以司鞍长。

司虞 ❶官名。西周置。诸侯国亦置。掌管山林泽虞。十六国后赵亦置。《晋书·石季龙载记下》：“郡国前后送苍麟十六，白鹿七，季龙命司虞张曷柱调之，以驾芝盖，列于充庭之乘。”❷官署名。即尚书省工部虞部司，唐高宗龙朔二年（662）改，咸亨元年（670）复；玄宗天宝十一载（752）又改，肃宗至德二载（757）再复为虞部。

司虞大夫 官名。即虞部郎中。唐高宗龙朔二年（662）改，咸亨元年（670）复名虞部郎中。

司虞中郎将 官名。十六国后赵置。《魏书·羯胡石勒传》：“（石虎）遣司虞中郎将贾霸率工匠四千，于东平冈山造猎车千乘。”

司虞员外郎 官名。即虞部员外郎。唐高宗龙朔二年（662）改，咸亨元年（670）复；玄宗天宝十一载（752）改，肃宗至德二载（757）复名虞部员外郎。

司虞郎中 官名。即虞部郎中。唐玄宗天宝十一载（752）改，肃宗至德二载（757）复名虞部郎中。

司盟 官名。《周礼》秋官之属。一说为周朝置。掌盟约之法。《周礼·秋官》："司盟，下士二人，府一人，史二人，徒四人"，"掌盟载之法，凡邦国有疑会同，则掌其盟约之载。及其礼仪，北面诏明神。既盟，则贰之。盟万民之犯命者。诅其不信者，亦如之，凡民之有约剂者，其贰在司盟。有狱讼者，则使之盟诅。凡盟诅，各以其地域之众庶，共其牲而致焉。既盟，则为司盟共祈酒脯"。

司盟下士 官名。西魏、北周秋官府掌朝下大夫司盟中士佐官，正一命。

司盟中士 官名。西魏恭帝三年（556）仿《周礼》司盟置，北周沿置。秋官府掌朝下大夫属官，正二命。下设司盟下士以佐其职。隋文帝开皇元年（581）罢。参见"司盟"。

司鄙 官名。西周置。掌理郊鄙。《恒簋铭》："命汝更□克司直鄙。"

司禋 官署名。即礼部祠部司。唐高宗龙朔二年（662）改，咸亨元年（670）复名祠部；玄宗天宝十一载（752）又改，肃宗至德二载（757）再复为祠部。

司禋大夫 官名。即祠部郎中。唐高宗龙朔二年（662）改，咸亨元年（670）复名祠部郎中。

司禋员外郎 官名。即祠部员外郎。唐高宗龙朔二年（662）改，咸亨元年（670）复；玄宗天宝十一载（752）改，肃宗至德二载（757）复名祠部员外郎。

司禋郎中 官名。即祠部郎中。唐玄宗天宝十一载（752）改，肃宗至德二载（757）复名祠部郎中。

司禋监 官署名。元朝置。掌师翁祭祀祈禳之事。初设于世祖时，秩正四品，后罢。顺帝至正元年（1341）复立，秩正三品。设内监、少监、监丞各二员。

司歌下士 官名。西魏恭帝三年（556）置，北周沿置。初为春官府大司乐中大夫属官，北周武帝保定四年（564），改大司乐为乐部，遂为乐部中大夫属官。佐司歌中士掌祭祀或宴饮时的歌人，任此职者须懂音律，能歌。正一命。隋文帝开皇元年（581）罢。

司歌中士 官名。西魏恭帝三年（556）置，北周沿置。初为春官府大司乐中大夫属官，北周武帝保定四年（564），改大司乐为乐部，遂为乐部中大夫属官。掌祭祀或宴饮时歌人唱歌等事务，任此职者须懂音律、能歌。正二命。下设司歌下士以佐其职。隋文帝开皇元年（581）罢。

司閤 官名。唐朝诸王府皆置，各一人，正九品下，掌本府诸门开闭及管钥。武则天时废。

司輿 ❶官署名。唐高宗龙朔二年（662）改驾部置。咸亨元年（670）复旧称。❷官名。隋炀帝始置，为宫廷女官，二十四司之一。二人，从六品。唐改正六品，属尚寝局。掌舆辇、伞扇、羽仪之事。宋、金、明悉如唐制。明永乐（1403—1424）后归其职于宦官。

司輿大夫 官名。即驾部郎中。唐高宗龙朔二年（662）改，咸亨元年（670）复名驾部郎中。

司輿员外郎 官名。即驾部员外郎，唐高宗龙朔二年（662）改，咸亨元年（670）复名驾部员外郎。

司舞下士 官名。西魏恭帝三年（556）置，北周沿置。初为春官府大司乐中大夫属官，北周武帝保定四年（564），改大司乐为乐部，遂为乐部中大夫属官。正一命。隋文帝开皇元年（581）罢。职掌参见"司舞中士"。

司舞中士 官名。西魏恭帝三年（556）置，北周沿置。初为春官府大司乐中大夫属官，北周武帝保定四年（564），改大司乐为乐部，遂为乐部中大夫属官。掌祭祀、宴饮时各种舞蹈的教授及演出。正二命。下设司舞下士以佐其职。隋文帝开皇元年（581）罢。

司寤下士 官名。西魏、北周秋官府布宪中大夫司寤中士佐官，正一命。

司寤中士 官名。西魏恭帝三年（556）仿《周礼》司寤氏置，北周沿置。秋官府布宪中大夫属官，正二命。下设司寤下士以佐其职。隋文帝开皇元年（581）罢。参见"司寤氏"。

司寤氏 官名。《周礼》秋官之属。一说为周朝置。掌夜间禁戒。《周礼·秋官》："司寤氏，下士二人，徒八人"，"掌夜时，以星分夜，以诏夜士夜禁。御晨行者，禁宵行者、夜游者"。

司蕃 官名。即礼部主客司。唐高宗龙朔二年（662）改，咸亨元年（670）复名主客。

司蕃大夫 官名。即主客郎中。唐高宗龙朔二年（662）改，咸亨元年（670）复名主客郎中。

司蕃员外郎 官名。即主客员外郎。唐高宗龙朔二年（662）改，咸亨元年（670）复名主客员外郎。

司蕃郎 官名。隋炀帝大业三年（607）废尚书省诸司员外郎增置曹郎后，改主客郎置，为礼部司蕃司长官。唐高祖武德三年（620）改置主客郎中。

司鞍 官名。清朝内务府上驷院之属官。掌管马鞍等物。额设御马司鞍五人，皇子司鞍二人，皆以额鲁特蒙古充任。辖以司鞍长。

司鞍长 官名。清朝内务府上驷院之属官。掌服驾。乾隆二十三年（1758）设。正六品。四十五年额定三人。所辖有司鞍、司辔等多人。

司稽 官名。《周礼》地官之属。一说为周朝置。司市属吏，掌市场的巡查稽察，检举违法者。《周礼·地官》："司稽，五肆则一人；胥，二肆则一人；肆则一人"，"掌巡市，而察其犯禁者，与其不物者而搏之。掌执市之盗贼以徇，且刑之。胥各掌其所治之政，执鞭度而巡其前。掌其坐作出入之禁令，袭其不正者。凡有罪者，挞戮而罚之”。

司稼　官名。《周礼》地官之属。一说为周朝置。掌教民众耕稼农作。《周礼·地官》：“司稼，中士四人，下士八人，府二人，史四人，徒四十人”，“掌巡邦野之稼而辨穜稑之种，周知其名，与其所宜地，以为法而悬于邑闾，巡野观稼，以年之上下出敛法。掌均万民之食，而赒其急而平其兴”。

司稼少卿　官名。即司农少卿。唐高宗龙朔二年（662）改，咸亨元年（670）复名司农少卿。

司稼正卿　官名。即司农卿。唐高宗龙朔二年（662）改，咸亨元年（670）复名司农卿。

司稼寺　官署名。即司农寺。唐高宗龙朔二年（662）改，咸亨元年（670）复名司农寺。

司饎　官名。隋炀帝始置，为宫廷女官，二十四司之一。员二人，从六品。属尚食局，掌给宫人廪食、薪炭。唐朝改正六品。宋、金、明悉如唐制。明永乐（1403—1424）后归其职于宦官。

司馔　官名。唐朝太子内官，置二员，从六品，掌东宫膳馐进食先尝，领掌食、掌医、掌园。

司虣　官名。《周礼》地官之属。一说为周朝置。司市属吏。掌理市场治安秩序。《周礼·地官》：“司虣，十肆则一人”，“掌宪市之禁令，禁其斗嚣者，与其虣乱者，出入相陵犯者，以属游饮食于市者。若不可禁，则搏而戮之”。

司樽郎　官名。南朝陈置，八品，秩六百石。

司薙下士　官名。西魏、北周秋官府司薙中士佐官，正一命。

司薙中士　官名。西魏恭帝三年（556）仿《周礼》薙氏置，北周沿置。秋官府属官，正二命。下设司薙下士以佐其职。隋文帝开皇元年（581）罢。参见“薙氏”。

司圜　官名。《周礼》秋官之属。一说为周朝置。掌收监犯有过失的人并加以感化。《周礼·秋官》：“司圜，中士六人，下士十有二人，府三人，史六人，胥十有六人，徒百有六十人”，“掌收教罢民。凡害人者，弗使冠饰，而加明刑焉。任之以事，而收教之”，“其不能改而出圜土者，杀。虽出，三年不齿。凡圜土之刑人也，不亏体。其罚人也，不亏财”。

司赞　官名。隋炀帝始置，为二十四司之一。属尚仪局，二人，从六品。唐改正六品。掌朝见、宴会、赞相之事。宋、金、明悉如唐制。明永乐（1403—1424）后归其职于宦官。

司赞郎　阶官名。金朝置，为内侍阶官，属二十五阶之第二十阶，秩从八品上。

司膳　❶官署名。原尚书省膳部，唐高宗龙朔二年（662）改此称，以郎中为司膳大夫。咸亨元年（670）复旧称。玄宗天宝十一载（752）再改此，肃宗至德二载（757）复名膳部。❷官名。隋炀帝始置，为宫廷女官，二十四司之一。属尚食局。员四人，从六品。掌烹制膳食之事。唐朝改正六品。宋沿置，徽宗政和三年（1113）改尚书内省官制，其职视工部。金、明悉如唐制。明永乐（1403—1424）后归其职于宦官。

司膳大夫　官名。即膳部郎中。唐高宗龙朔二年（662）改，咸亨元年（670）复名膳部郎中。

司膳少卿　官名。即光禄少卿。唐武则天光宅元年（684）改，中宗神龙元年（705）复名光禄少卿。

司膳令　官名。渤海国置，司膳寺长官。

司膳寺　官署名。❶即光禄寺。唐武则天光宅元年（684）改，中宗神龙元年（705）复名光禄寺。❷渤海国置，有令、丞。

司膳丞　官名。渤海国置，司膳寺次官。

司膳员外郎　官名。即膳部员外郎。唐高宗龙朔二年（662）改，咸亨元年（670）复，玄宗天宝十一载（752）改，肃宗至德二载（757）复名膳部员外郎。

司膳使　使职名。五代后梁太祖开平元年（907）改御食使置。

司膳郎　散官名号。明洪武十年（1377）置，以授光禄司司丞中庖人出身者。三十年改司为寺，则授寺丞。

司膳郎中　官名。即膳部郎中。唐玄宗天宝十一载（752）改，肃宗至德二载（757）复名膳部郎中。

司膳卿　官名。即光禄卿。唐武则天光宅元年（684）改，中宗神龙元年（705）复名光禄卿。

司廪　官名。西周置，主管仓廪粮食。隋炀帝大业三年（607）于殿中省尚乘局加置，唐太宗因之，置二人，正九品下，后减一人。掌六闲饲料出纳。北宋前期仅存空名，神宗元丰（1078—1085）改制废。

司藏小底　辽朝杂役名。属著帐户司承应小底局，由著帐户充任，为宫帐服役。

司藏令　官名。❶北齐太子家令寺所属司藏署长官，置一员，从九品。隋、唐沿置，皆各一员，隋为正九品，唐为从八品下。掌东宫库藏财货、出纳、土木营缮。❷渤海国置，司藏寺长官。

司藏寺　官署名。渤海国置，有令、丞。

司藏丞　官名。❶北齐太子家令寺所属司藏署次官。隋、唐沿置，隋三员，唐二员，从九品下。❷渤海国置，司藏寺次官。

司藏署　官署名。北齐太子家令寺所统诸署之一，置令、丞，别领仗库、典作二局丞。隋朝沿置，令一员、丞三员。唐朝置令一员、丞二员，掌东宫库藏财货、出纳及土木营缮等事，又有计史一员。

司鐏彝下士　官名。西魏、北周春官府典祀中大夫司鐏彝中士佐官，正一命。

司鐏彝中士　官名。西魏恭帝三年（556）仿《周礼》司尊彝置，北周沿置。春官府典祀中大夫属官，掌祭祀时罇、彝等礼器的安排。正二命。下设司罇彝下士以佐其职。北周宣帝时，在后宫有时亦用罇彝等宗庙礼器饮食。隋文帝开皇元年（581）罢。

司簿 官名。隋炀帝置为宫廷女官，二十四司之一。员二人，从六品。属尚宫局，掌宫人名簿、廪赐。唐朝改正六品。宋、金、明悉如唐制。明永乐（1403—1424）后归其职于宦官。

司籍 官名。隋炀帝始置，为宫廷女官，二十四司之一，属尚仪局。员二人，从六品。掌宫中供御经籍、笔札、几案之事。唐改正六品。宋、金、明悉如唐制。明永乐（1403—1424）后归其职于宦官。

司籍所 官署名。元世祖至元二十年（1283）由大都等路断没提领所改置，隶中书省刑部，掌孥收产没之籍。设提领、同提领各一员。

司爟 官名。《周礼》夏官之属。一说为周朝置。掌理用火之政令。《周礼·夏官》："司爟，下士二人，徒六人"，"掌行火之政令。四时变国火以救时疾。季春出火，民咸从之。季秋内火，民亦如之。时则施火令。凡祭祀，则祭爟。凡国失火，野焚莱，则有刑罚焉"。

司爨 官名。清朝内务府掌仪司所属之员役。分掌内庭祭礼祝祷、供香之事。顺治元年（1644）定设十九人，内司爨长三人。月有银、米之赏。初隶钟鼓司，十三年改隶礼仪监，十七年改隶礼仪院。康熙十六年（1677）始隶掌仪司。

辽东盐使司 官署名。金朝七盐使司之一。掌辽东等路诸盐场产销。设在辽东。行盐地面为辽东各地。设使、副使领司事，秩正五品、正六品。下设判官、管勾、同管勾、都监、同监、知法等官。辽东盐旧课收入十三万一千五百七十二贯八百七十文。章宗承安三年（1198）十二月，增为三十七万六千九百七十贯二百五十六文。

辽东路转运司 官署名。金朝地方机构。掌税赋钱谷、仓库出纳、权衡度量。置于上京咸平府。设转运使领司事，秩正三品。下设同知转运使、副转运使等职。章宗泰和八年（1208）以辽东转运使兼按察副使，同知转运使兼签按察司事，转运副使兼按察判官。

辽东煎盐提举司 官署名。明朝设置于辽东地区，掌食盐生产、运销之政。设提举，正七品，同提举，正八品，副提举，正九品，及各盐场盐课司、各盐仓大使、副使等职。

辽东煎盐提举司同提举 官名。明朝辽东煎盐提举司之副长官。佐提举掌司事。正八品。

辽东煎盐提举司副提举 官名。明朝辽东煎盐提举司之副长官。佐提举掌司事。正九品。

辽东煎盐提举司提举 官名。明朝辽东煎盐提举司之长官。掌辽东食盐之生产、销售事。正七品。

辽西盐官长 官名。汉朝辽西有盐官，设长以主之。《汉书·王尊传》："太守察尊廉，补辽西盐官长。"

辽西路钱帛司 官署名。辽朝置，负责钱币铸造等事。

辽阳大都督府 官署名。辽太宗会同二年（939）置。设大都督等职。

辽阳行省 即辽阳等处行中书省。

辽阳苑 官署名。明成祖永乐五年（1407）置，为北京苑马寺六监二十四苑之一，属卢龙监。苑设圉长一人，从九品，下分各群，设群长，掌牧养马匹、以备军需。永乐十八年并入太仆寺。参见"卢龙监"。

辽阳等处行中书省 官署名。元世祖至元元年（1264）置行省于北京（今内蒙古宁城西），称北京行省。二年罢。六年，又置行省于东京（后改辽阳，今属辽宁省），称东京行省，后徙治北京，十五年罢。二十三年，再立东京行省，同年罢。二十四年，设辽阳等处行中书省，简称辽阳行省，秩从一品，领东北七路一府军民政务，辖境包括今辽宁、吉林、黑龙江三省及黑龙江以北、乌苏里江以东地区。置丞相一员，平章二员，右丞、左丞各一员，参知政事二员。

辽阳等处金银铁冶都提举司 官署名。元朝置，秩正四品，隶中政院。掌金银铁冶课赋。延祐七年（1320）收入尽归中宫。设都提举、同提举、副提举各一员。

边务大臣 官名。全称为川滇边务大臣。清末光绪三十二年（1906）置，专管移民垦殖之事。所属有书记等官。

边吏 守疆臣吏泛称。汉朝亦指边郡太守。《汉书·杜延年传》："后数月，复召拜为北地太守。延年以故九卿外为边吏，治郡不进。"

边报 宋朝官府文书名。沿边州军将边境情况用实封申报尚书省、枢密院，称为边报。

边邑长 官名。春秋吴、楚等国置。为负责边境城邑的行政长官。《史记·吴太伯世家》："楚边邑卑梁氏之处女与吴边邑之女争桑，二女家怒相灭。两国边邑长闻之，怒而相攻，灭吴之边邑。"

边郡 汉朝版图内缘边诸郡，与内郡国相对而言。边郡和内郡国所实行的政策有所不同。如成帝时内郡举方正，北边二十二郡则举勇敢士。

边候 官名。春秋时吴国置。负责边境侦察敌情的小吏。《韩非子·说林上》："子胥出走，边候得之。"

边俸 清朝吏部之铨选制度。乃外官历俸升转途径之一。凡烟瘴缺、苗疆缺皆属此类，俱三年俸满，有政绩而无差失者，例即升用。沿海缺、沿河缺历俸升擢视同边俸。边疆水土恶厉，或不到三年即可升迁；其水土非甚恶劣，苗疆非甚紧要者，升迁或同腹俸。乾隆（1736—1795）年间，定边缺、夷疆、海疆久任之制，依地择人，不拘常例，有满六年或八年方始升用者。

边营官 官名。清朝西藏地方官员之一。掌治所属各城军民之政事。前藏设五品官二十三人，分辖十四边营。缺出以小营官甲琫调补，以小中译补放。

母 官名。春秋置。女官。掌王侯夫人的辅导和护卫。一说由年老大夫的妻子充任。《公羊传·襄公三十年》：“吾闻之也，妇人夜出，不见傅、母不下堂。”何休注：“礼，后夫人必有傅、母，所以辅正其行，卫其身也。选老大夫为傅，选老大夫妻为母。”

六 画

〔一〕

邦 ❶即国。大国曰邦。《广雅·释诂四》："邦，国也。"《周礼·天官·大宰》："以佐王治邦国。"郑玄注："大曰邦，小曰国。"❷诸侯封土。《诗经·大雅·抑》孔颖达疏："邦国，谓畿外诸侯。"❸分封。邦与封通。《说文通训定声》："邦，假借为封。"《尚书·蔡仲之命》："乃命诸王邦之蔡。"

邦右伐器 官署名。战国赵置。主造兵器。战国赵国兵器题铭有"邦右伐器"。

邦左伐器 官署名。战国赵置。主造兵器。《商周金文录遗》第六〇〇号战国赵国兵器题铭："十五年，相邦春平侯，邦左伐器口，工师长藋，冶口执齐。"

邦司空 官名。又称国司空。战国秦置，掌工程营建和役使刑徒。《睡虎地秦墓竹简·秦律杂抄》："军人买（卖）禀禀所及过县，赀戍二岁；同车食、敦（屯）长、仆射弗告，戍一岁；县司空、司空佐史、士吏将者弗得，赀一甲；邦司空一盾。"《商君书·境内》："其攻城围邑也，国司空訾其城之广厚之数。"

邦司寇 官名。战国魏置。又称大梁司寇。管理刑徒及负责督造兵械器的长官。《三代吉金文存》卷二〇第四十页第五号："七年邦司寇富胜，上库工戍间，冶朕。"

邦伯 周朝诸侯之长。《尚书·周书·酒诰》："越在外服，侯、甸、男、卫邦伯。"《召诰》："周公乃朝用书命庶殷，侯、甸、男邦伯。"

邦君 周朝称诸侯国君。《梁其钟铭》："梁其身邦君大正，用天子宠。"《尚书·周书·酒诰》："我西土棐徂邦君、御事、小子，尚克用文王教，不腆于酒。"《诗经·小雅·雨无正》："邦君诸侯，莫肯朝夕。"

邦国 周朝称分封的诸侯国家。《周礼·秋官·大行人》："以九仪辨诸侯之命，等诸臣之爵，以同邦国之礼，而待其宾客。"

邦冢君 同"邦君"。周朝称诸侯国君。《班簋铭》："王命毛公以邦冢君、土（徒）驭"，"伐东或（域）痛戎"。《尚书·周书·召诰》："太保乃以庶邦冢君，出取币，乃复入，锡周公。"

刑书 宋朝刑部尚书省称。

刑史 官名。春秋时晋国置。掌刑罚书记的官吏。《国语·晋语七》："无乃不堪君训而陷于大戮，以烦刑史。"王引之《经义述闻》卷二一："刑史谓刑官之史，掌刑书以赞治者。"

刑礼房 官署名。唐玄宗开元十一年（723）政事堂移中书门下后，为其办事机构五房之一，分主刑、礼众务，设堂后主书三人，掌行遣文书工作。

刑民科 官署名。清末各省提法使司所属机构。掌各级审判厅的设废、辖区变更，稽核检察事务，以及各类案件的统计上报事宜。置科长一人，一等科员一人，二等科员一至四人。

刑名师爷 参见"师爷"。

刑事四庭 官署名。见"刑科❷"。

刑侍 刑部侍郎简称。

刑法试 宋朝选举官员考试方式之一。凡京朝官、选人等愿考刑法者，由两制，刑部、大理寺主判官及各路监司奏荐，选派大理寺或刑部官员主考，试断案、刑名、《刑统》大义等各若干道，称刑法试。第一等授审刑院或大理寺、刑部法官。

刑官 主司刑狱之官。❶一说周朝以司寇为官长。《周礼·秋官·序官》："乃立秋官司寇，使帅其属而掌邦禁，以佐王刑邦国。刑官之属，大司寇卿一人。"小司寇中大夫二人。属官有士师、乡士、遂士、方士等。❷郑成功所设"六官"之一，主刑法之事。

刑房 官署名。宋朝置为六房之一。初隶中书门下，掌赦书德音、贬降责授、刑狱诉讼、擒捕旌赏等事。神宗元丰（1078—1085）改制后，门下省、中书省、尚书省均设，分掌赦宥、契勘刑狱及官员贬降叙复之事。明清亦置，为中央和地方官署中书吏的办事机构，六房之一。清都察院堂下、通政使司登闻鼓厅下设有，掌有关案件之整理呈报。于房办事之书吏为经承，属都察院者四人，属通政使司者一人。顺天府及各直省府、州、县衙门内亦设有，协助府、州、县长官经管人命、盗逃、词讼、保甲、捕役、监仓、禁卒等事。其书吏，属顺天府者为经承，属各直省府、州、县者为典吏。

刑房承旨 官名。辽朝南面官，南枢密院官员。尚书省并入南枢密院后，主刑部事。

刑科 官署名。❶明清六科之一。明洪武六年（1373）置，设给事中二人。初隶承敕监，后隶通政司。二十四年设都给事中一人，左、右给事中各一人，给事中八人。南京刑科亦设给事中一人。永乐（1403—1424）中六科自为一署。掌每岁二月下旬奏报前一年南北罪囚之数，岁终类奏一岁蔽狱之数，越十日一奏实在罪囚之数。清顺治（1644—1661）中沿置，设都给事中满、汉各一人，左、右给事中满、汉各一人，给事中汉二人。康熙四年（1665）只留给事中满、汉各一人，余皆裁。五年（1666）增设掌印给事中满、汉各一人，掌稽核刑名案件、注销刑部文卷之事。雍正元年（1723）改隶都察院。光绪三十二年（1906）裁。❷清末大理院所属机构。光绪三十二年（1906）设。掌大理院管辖之刑事案件审判。置推丞一人，推事十九人。分四庭，每庭以五人司审判，另置主簿、录事等书记人员。第一庭，以推丞为长，掌特交案、国事案审理，并详核京内外大辟重案。第二庭，掌宗室与官犯案审理。第三庭，掌不服京师高审厅判决案审理。第四庭，掌不服各省高审厅判决案审理。

刑科右给事中 官名。参见“刑科左给事中”。

刑科左给事中 官名。明清刑科之副长官。佐都给事中掌科事。明洪武二十四年（1391）设左、右各一人，秩从八品。永乐（1403—1424）中改为从七品。清顺治十八年（1661）定设满、汉各一人。康熙四年（1665）裁。

刑科给事中 官名。明清刑科之属官。协掌科事。明洪武六年（1373）设，二人，秩正七品，推年长者掌印。二十四年定设八人，秩正九品。建文（1399—1402）中改为从七品。万历（1573—1620）中裁二人。又，南京刑科亦设一人。清顺治（1644—1661）中沿设，汉二人。康熙四年（1665）改设满、汉各一人。初制为从七品，雍正七年（1729）升为正五品。光绪三十二年（1906）裁。

刑科都给事中 官名。明清刑科之主官。掌科事。明洪武二十四年（1391）设一人，秩正八品。建文（1399—1402）中改为正七品。清顺治十八年（1661）沿设，满、汉各一人。康熙四年（1665）裁。

刑科推丞 见“大理院推丞”。

刑狱 刑狱贼曹或刑狱参军省称。

刑狱参军 刑狱贼曹参军或刑狱贼曹参军事省称。参见“刑狱贼曹参军”。

刑狱参军事 刑狱贼曹参军事省称。参见“刑狱贼曹参军”。

刑狱贼曹 官署名。东晋末刘裕丞相府分贼曹而置，掌盗贼刑狱，后成为公府、将军府属曹，长官为参军。南朝沿置。北魏公府、诸州府，北齐三师、二大、三公府、诸州府亦置，长官为参军事。常简称为刑狱。参见“贼曹”。

刑狱贼曹参军 官名。刑狱贼曹长官。东晋末、南朝置。南朝宋七品，梁四班至流外七班，陈八品至九品。北魏、北齐又称刑狱贼曹参军事。北魏初置员若干，宣武帝永平二年（509）并为一员。北齐自七品上至八品上。简称为刑狱参军。

刑宪 宋朝提点刑狱公事别称。

刑部 官署名。❶掌管刑法的机构。西魏恭帝三年（556）置，属秋官府，以刑部中大夫为长官，小刑部下大夫为次官。北周武帝建德二年（573）省公府诸司中大夫，以刑部下大夫为长官，周宣帝即位后，复置公府诸司中大夫，仍以中大夫为长官。隋文帝开皇元年（581）罢，置都官部，三年复，为尚书省六部之一。置尚书一人，侍郎一人，下领刑部、都官、比部、司门四司。掌刑法、徒隶、勾覆及关禁之政令。唐朝沿置，与御史台、大理寺合称三司，共同会审重大案件。高宗龙朔二年（662）改司刑，咸亨元年（670）复旧。武则天光宅元年（684）又改秋官，中宗神龙元年（705）复旧。玄宗天宝十一载（752）至肃宗至德二载（757）一度改称宪部。五代沿置。北宋前期置判部事一人或二人，以御史台知杂以上或朝官充任，掌复查全国大辟已决案件及官员叙复、昭雪等事。神宗元丰（1078—1085）改制，审刑院及纠察在京刑狱司并归刑部。设尚书、侍郎等官，其属有都官、比部、司门。掌刑法、狱讼、奏谳、赦宥、叙复等事。辽南面官置，诸曹设置不详。金初与左、右司同署，熙宗天眷三年（1140）专置为官署，隶尚书省。置尚书、侍郎、郎中各一人，员外郎、主事各二人，下辖万宁宫提举司、庆宁宫提举司。掌律令、刑名、关津讥察、勘鞫、追征给没、监户、官户、配隶、城门启闭、官吏改正、功赏捕亡等事。元世祖中统元年（1260）以兵、刑、工为右三部。至元元年（1264）始分置。下辖司狱司、司籍所，隶中书省。置尚书三人，并置侍郎、郎中、员外郎。掌刑法政令诸事。明洪武元年（1368）沿置，隶中书省，置尚书一人，下设侍郎、郎中、员外郎、主事、照磨所照磨、检校、司狱司司狱等官。六年增设尚书、侍郎各一人，并置总部、比部、都官部、司门部四属部。都官部置郎中、员外郎各一人，余各置二人。八年，以部事浩繁，增设四科，科设尚书、侍郎、郎中各一人，员外郎二人，主事五人。十三年罢中书省，升部秩，直接统属于皇帝，掌天下刑名及徒隶、勾覆、关禁之令。与都察院、大理寺合为三法司，凡有重大狱案则三法司会审。改置尚书一人，侍郎一人，仍分四属部，各置郎中一人、员外郎一人及主事等官。后增置侍郎一人，遂分为左、右侍郎。二十二年改总部为宪部。二十三年分四部为河南、北平、山东、山西、陕西、浙江、江西、湖广、广东、广西、四川、福建十二部。二十九年改为十二清吏司。建文（1399—1402）中，升尚书品秩，并增设左、右侍中，位在侍郎上。除去诸司清吏字。成祖即位，复旧制。永乐元年（1403）以北平清吏司为北京清吏司。十八年迁都前，曾置行在刑部，置官如制。迁都后去行在字，以原刑部为南京刑部。并革北京清吏司，增云南、贵州、交阯三清吏司。仁宗即位，复迁都前制。正统六年（1441）复永乐迁都后制。宣德弃交阯后，废交阯司，遂成定制。清入关前天聪五年（1631）即置。初以贝勒管理部务。置满、汉承政、参政、启心郎等官。崇德三年（1638）改置承政，左、右参政，启心郎，理事官，副理事官，额哲库等。顺治元年（1644）停贝勒管理部务，改承政为尚书，参政为侍郎，理事官为郎中，副理事官为员外郎，额哲库为主事。嘉庆四年（1799）定以大学士兼理部务。设满、汉尚书各一人，满、汉左、右侍郎各一人，下设郎中、员外郎、主事满、汉各若干人，分司办事以及司务、司狱、司库、笔帖式等官。所属有直隶、奉天等十七清吏司以及督捕清吏司、总办秋审处、减等处、律例馆、提牢厅、赃罚库、赎罚库、饭银处、清档房、汉档房、司务厅、督催所、当月处等。光绪三十二年（1906）后改为法部。遂废。❷隋为都官部下属部之一。置侍郎等官。唐、五代为尚书省刑部头司名。掌律令格式及按覆刑狱等事。置郎中二人，员外郎二人及主事等官。

刑部十二部 官署名。明洪武二十三年（1390）按所分管的省份设刑部河南、北平、山东、山西、陕西、浙江、江西、湖广、广东、广西、四川、福建十二属部，浙江部兼领云南。各部设郎中、员外郎各一人，主事二人，各理一省刑名，量其繁简，带管直隶府州，在京衙门。二十九年俱改称清吏司。

刑部十二清吏司 官署名。明洪武二十九年（1396）改原刑部十二属部为清吏司，简称“司”。均设郎中、员外郎各一人，主事二人，各理一省刑名，并带管所分直隶府州、在京衙门。永乐元年（1403）改北平清吏司为北京清吏司。十八年革北京司，增云南、贵州、交阯三司，为十四清吏司。至宣德十年（1435）革交阯司，遂定为十三清吏司之制。参见“刑部十三清吏司”。

刑部十三清吏司 官署名。明朝刑部河南、山东、山西、陕西、浙江、江西、湖广、广东、广西、四川、福建、云南、贵州十三清吏司的总称。各掌其分省刑名，量其繁简，带管所分直隶府州、在京衙门。司各设郎中一人，正五品，员外郎一人，从五品，主事二人，正六品。各分宪、比、都官、司门四科以治其事。参见“刑部十二清吏司”。

刑部下大夫 见“小刑部下大夫”。

刑部中大夫 官名。西魏恭帝三年（556）置，北周沿置。秋官府刑部司长官，正五命。掌杖、鞭、徒、流、死五刑的判决与执行。下设小刑部下大夫、小刑部上士、小刑部下士以佐其职，领司刺上士、乡法上士、遂法上士、稍法上士、县法上士、畿法上士、方宪上士、掌囚中士等官属。北周武帝建德二年（573）省。宣帝即位后，复置。隋文帝开皇元年（581）罢。

刑部右厅 官署名。宋神宗元丰（1078—1085）改制置，掌叙雪之事，以刑部侍郎领之，下设郎中、员外郎佐理其事。南宋初罢，高宗绍兴二十六年（1156）复置，以刑部郎官一员领之。

刑部右侍郎 官名。明清置。详见“刑部侍郎”。

刑部右曹 即刑部右厅。

刑部左厅 官署名。宋神宗元丰（1078—1085）改制置，掌详覆之事，以刑部侍郎领之，下设郎中、员外郎佐理其事。南宋初不置，高宗绍兴二十六年（1156）复置，以刑部郎官一员领之。

刑部左侍郎 官名。明清置，详见“刑部侍郎”。

刑部左曹 即刑部左厅。

刑部北京清吏司 官署名。明永乐元年（1403）改北平为北京，故改刑部北平清吏司为北京清吏司，置官依旧。十八年革。

刑部四科 官署名。明洪武八年（1375）因部事浩繁，增设刑部四科，科设尚书、侍郎、郎中各一人，员外郎二人，主事五人。十三年罢。

刑部交阯清吏司 官署名。明朝刑部属司之一，始置于永乐十八年（1420），掌交阯布政司（今越南境内）刑名，并带管所分直隶府州、在京衙门。宣德三年（1428）罢交阯布政司，十年革刑部交阯司。

刑部员外郎 官名。❶隋文帝开皇六年（586）始置为刑部头司次官。炀帝大业三年（607）改宪部承务郎。唐高祖武德（618—626）初复旧名，二人，从六品上。高宗龙朔二年（662）改名为司刑员外郎，咸亨元年（670）复旧名。武则天光宅元年（684）再改名秋官员外郎，中宗神龙元年（705）复旧名。玄宗天宝十一载（752）改名司宪员外郎，肃宗至德二载（757）再复旧名。五代沿置。掌刑法及按覆刑狱等事。❷宋神宗元丰（1078—1085）改制后置为刑部属官。北宋前期曾置为六品寄禄官。元丰后改正七品，二人，分左、右厅治事。掌详复、叙雪之事。辽南面官置，其制不详。金朝于刑部置，二人，从六品，一人掌律令格式、审定刑名、关津讥察、赦诏勘鞫、追征给没诸事，一人掌监户、官户、配隶、诉良贱、城门启闭、官吏改正、功赏捕亡等事。元朝沿置。明初亦曾置，正六品。洪武六年（1373）后，改置为刑部诸司次官。清未入关前曾置刑部理事官、副理事官等。顺治元年（1644）改副理事官为员外郎，后即改于刑部诸司分置。❸隋、唐、五代、明、清刑部诸司员外郎泛称。

刑部尚书 官名。隋朝始置。文帝开皇三年（583）由都官尚书改名。唐朝沿置，正三品。唐中叶后，多以外官兼任，渐成空衔，侍郎实掌部务。高宗龙朔二年（662）改司刑太常伯，咸亨元年（670）复旧。武则天光宅元年（684）再改秋官尚书，中宗神龙元年（705）复旧。玄宗天宝十一载（752）至肃宗至德二载（757）一度改宪部尚书。吐蕃（今西藏）王朝仿唐制置刑法长官，译名亦为刑部尚书。北宋前期为三品寄禄官。神宗元丰（1078—1085）改制后，升从二品，始掌全国刑狱政令。辽南面官置。西夏亦置。金初刑部与左、右司同署，熙宗天眷三年（1140）分立，置尚书一人，正三品。元世祖至元十三年（1276）亦置，三人，正三品。明太祖洪武元年（1368）置，初一人，正三品，隶中书省。六年增一人。十三年废罢中书省，升部秩，仍置一人，正二品。建文（1399—1402）中升正一品，成祖即位，复旧制。永乐迁都前，并置行在刑部尚书于北京，迁都后去行在字，以南京原刑部加南京字，置一人，秩同北京，分掌南京诸司及公、侯、伯、五府、京卫、所刑名之事。清未入关前天聪五年（1631）即置刑部承政等官，顺治元年（1644）改承政为尚书掌部务。置满、汉各一人。初满官正一品，汉官正二品。十六年均定正二品。康熙六年（1667）复旧制。九年再均改正二品。雍正八年（1730）定满、汉均从一品。光绪三十二年（1906）改刑部为法部，遂废。

刑部侍郎 官名。隋文帝初始置，为尚书省都官曹所辖刑部曹长官，从五品，相当于后代郎中。开皇三年（583）改都官曹为刑部，炀帝大业三年（607）置侍郎一人，正四品，为刑部副长官，协尚书同掌部务。改原头司刑部侍郎为宪部郎。唐初置。高祖武德七年（624）罢。太宗贞观二年（628）复置，员一人，正四品下。唐中叶后，多以外官带尚书，部务实由侍郎掌。高宗龙朔二年（662）曾改司刑少常伯，咸亨元年（670）复旧。武则天光宅元年（684）再改秋官侍郎，中宗神龙元年（705）复旧。玄宗天宝十一载（752）至肃宗至德二载（757）一度改宪部侍郎。北宋前期为四品寄禄官。神宗元丰（1078—1085）改制，升从三品，始协同尚书掌制勘、体量、奏谳、纠察、录问诸事。辽南面官置，属尚书省，刑部官员。金置一人，正四品。元朝沿置。明初洪武元年（1368）置一人，六年增一人。十三年罢中书省，升部秩，定正三品。后增置一人，始分左、右侍郎。清未入关前天聪五年（1631）即置刑部承政、参政等官。崇德三年（1638）分置左、右参政。顺治元年（1644）改参政为侍郎，左、右各二人，各满、汉一人。初满官及汉军官正二品，汉官正三品。十六年均改正三品。康熙六年（1667）复旧。九年再均改正三品。雍正八年（1730）定均正二品。光绪三十二年（1906）改刑部为法部，遂废。

刑部郎中 官名。❶唐高祖武德三年（620）始置为刑部头司长官，二人，从五品上。掌司法及审覆大理寺与州府刑狱。高宗龙朔二年（662）改名司刑大夫，咸亨元年（670）复旧名。武则天光宅元年（684）再改秋官郎中，中宗神龙元年（705）复旧名。玄宗天宝十一载（752）至肃宗至德二载（757）又改名为司宪郎中，后复旧名。五代沿置。❷宋神宗元丰（1078—1085）改制后置为刑部属官，协掌刑部事务。元丰改制前置为五品寄禄官，改制后定制二人，从六品，分左、右厅治事。掌详复、平反等事。辽南面官置，属尚书省，刑部官员，位侍郎下。金朝置一人，从五品，协掌部务。元朝沿置。明太祖洪武元年（1368）沿置于刑部，位尚书、侍郎下，一人，正五品。六年后改置为刑部属司长官。清朝入关前曾置刑部理事官。入关后于顺治元年（1644）改原理事官而置，品秩依旧。后改置为刑部属司长官。❸隋、唐、五代、明、清诸朝刑部属司郎中的泛称。

刑部郎官 刑部郎中、员外郎通称。

刑部总部 官署名。明初刑部四属部之一，洪武六年（1373）始置。设郎中、员外郎各二人，主事六人。十三年改设郎中、员外郎各一人，主事四人。二十二年改宪部。

刑部宪部 官署名。明初刑部四属部之一。洪武二十二年（1389）改刑部总部而置，设郎中、员外郎各一人，主事六人。二十三年改置河南部等十二属部，遂罢。

刑案 官署名。宋真宗景德二年（1005），并三司兵案、度支案置，掌衙司军将、大将、四排岸司兵卒名籍，及库务月帐，吉凶仪制，官吏宿直，诸州衙吏、胥史迁补，本司官吏功过，三部胥吏名帐，刑狱、造船、捕盗、逃亡户绝资产、禁钱等事。神宗元丰（1078—1085）改制，随三司废。徽宗崇宁三年（1104），开封府所属开封、祥符两县置，大观二年（1108），天下诸县皆置，职掌仿刑部。宣和四年（1122），大宗正司亦置，掌行宗室陈乞叙官、除落过名，作过犯罪之拘管锁闭及年满放免等事务。南宋临安府亦置，掌本府刑狱之事。

刑曹 官署名。宋徽宗崇宁三年（1104），令开封府置。大观二年（1108），令天下州府皆置。职掌仿刑部。

刑曹参军 见“曹官”。

刑曹清吏司 官署名。明北京行部所属六曹清吏司之一。永乐元年（1403）始置，设郎中一人，正五品，员外郎一人，从五品，主事四人，正六品。下设照磨一人，正九品，司狱一人，从九品。十八年迁都北京，遂罢。参见“北京行部”。

刑曹清吏司员外郎 官名。明永乐元年（1403）置。见“刑曹清吏司”。

刑曹清吏司郎中 官名。明永乐元年（1403）置。见“刑曹清吏司”。

刑察 见“六察”。

式假 官制用语。宋朝官员休假制度之一。除遇父母亡故解官持服、祖父母亡故重服外，其余亲属亡故，朝廷按规定给假，称为式假。假期自一日至三十日不等。武臣及归正、归附官丁忧，不解除官职，亦给式假一百日。

式道中候 官名。西汉置，属执金吾。秩六百石，有丞。皇帝车驾出，掌清道；还，持麾至宫门，宫门乃开。东汉省。

式道中候丞 官名。西汉置，属执金吾，为式道中候副职。东汉省。

式道右候 官名。西汉置，属执金吾，秩六百石，有丞。皇帝车驾出，掌清道；还，执麾至宫门，宫门乃开。东汉省。

式道右候丞 官名。西汉置，属执金吾，为式道右候副职。东汉省。

式道左候 官名。西汉置，属执金吾，秩六百石，有丞。皇帝车驾出，掌清道；还，持麾至宫门，宫门乃开。东汉省。

式道左候丞 官名。西汉置，属执金吾，为式道左候副职。东汉省。

式道候　官名。西汉为执金吾属官式道左候、式道右候、式道中候统称。东汉但置式道候，又不常置，或以郎兼之，事讫即罢，不复属执金吾。皇帝车驾出行，掌清道；还，持麾至宫门，宫门乃开。晋朝沿置，中朝大驾卤簿有式道候二人，分左、右。时仅卤簿用，平时不见，后亦无。

戎　官名。西周置。武职。职掌及官位大小不详。见《散氏盘铭》。

戎仆　官名。《周礼》夏官之属。一说为周朝置。主掌驾驭兵车及天子所乘副车的官长。《周礼·夏官》："戎仆，中大夫二人"，"掌驭戎车，掌王倅车之政，正其服，犯軷，如玉路之仪。凡巡守及兵车之会，亦如之。掌凡戎车之仪"。

戎右　❶官名。春秋时晋、随等国设。又称车右或右。车战时与主将同车立于车右，执戈盾护卫主将。兼管车中使役之事。大夫爵。《左传·僖公二十八年》："（晋文公）杀颠颉以徇于师，立舟之侨以为戎右。"《桓公八年》："随侯逸，斗丹获其戎车，与其戎右少师。"❷《周礼》夏官之属。一说为周朝置。掌天子所乘兵车之兵革，佐助击鼓传达军令。《周礼·夏官》："戎右，中大夫二人，上士二人"，"掌戎车之兵革，使诏赞王鼓，传王命于陈中。会同，充革车。盟，则以玉敦辟盟，遂役之"。

戎右下大夫　官名。西魏恭帝三年（556）仿《周礼》戎右置，北周沿置。夏官府司右中大夫属官，正四命。隋文帝开皇元年（581）罢。

戎驭下大夫　官名。西魏恭帝三年（556）仿《周礼》戎仆置，北周沿置。夏官府大驭中大夫属官，正四命。隋文帝开皇元年（581）罢。

戎司　❶宋朝都统制司别称。❷泛指主管军事的机构。

戎政府　官署名。明世宗嘉靖二十九年（1550）于京军三大营（五军营、神机营、神枢营）之上置戎政府，设武臣一，称总督京营戎政；文臣一，称协理京营戎政。其下设副将、参将等官二十六员。隆庆（1567—1572）初，改总督为提督，改协理为阅视，寻并改阅视为提督。四年（1570）二月更京营制，三营各设二提督，文、武各一，文臣系右都御史衔。九月，罢六提督，仍设总督、协理。天启（1621—1627）、崇祯（1628—1644）时，增设监督等职，任之以内臣，京营戎政之权遂尽落于宦官手中。军制隳坏，更无战斗力可言。

戎昭将军　官名。南朝梁置，陈沿置。南朝梁时班阶不详，陈定为拟八品，比秩六百石，北齐亦置，为七品上。

戎部　官署名。渤海国置，右六司支司之一，置郎中、员外，以主其事。

戎部员外　官名。渤海国右六司支司戎部属官，位郎中下。

戎部郎中　官名。渤海国右六司支司戎部属官，位员外上。

戎曹　官署名。三国魏末相国府僚属诸曹之一，长官为属。西晋初不置，后杨骏太傅府复设，至司马伦为相国，增设掾一人。东晋罢。

戎御　官名。又称御戎。春秋晋置。掌驾驭兵车。大夫爵。《国语·晋语七》："知栾纠之能御以和于政也，使为戎御。"

协办大学士　官名。清朝内阁之职官。乾隆四年（1739）始设。时非额设，仅于大学士奉差在外或内廷行走时才临时另简大臣协理阁务。十三年定为满、汉各一人，秩从一品。由尚书、总督内特简补授，仍各带本职。职责为佐理大学士处理阁务，纂修实录、史、志时充监修总裁官，经筵充领讲官，会试充考试官，殿试充读卷官，春秋释奠典礼则摄行祭事。大学士缺出，尽先递补。

协正庶尹　文勋官名。明置，以授从五品文官再考称职者。

协尔帮　官名。清朝西藏地方政府官员之一。隶于噶伦。掌理刑名之事。设五品官二人。

协乐郎　阶官名。金教坊二十五阶之第十九阶，秩正八品下。元十五阶第十阶，正七品。

协台　清朝绿营军官副将之别称。

协同守备　官名。通常省称协守。明朝军中总兵官、副总兵官及参将、游击将军、守备等军职，凡与主将同守一城者，则为协守。有协守副总兵官、协守参将等名目。

协同官　官名。清朝礼部教坊司之属官。分掌殿廷朝会乐律及舞仪之事。顺治元年（1644）设，初定十五人，继裁五人。正九品。雍正七年（1729）裁。

协守　参见"协同守备"。

协纪大夫　散官名。金朝司天二十五阶之第八阶，秩从五品中。

协军校　军阶名。清末新陆军次等官阶之一。光绪三十年（1904）定新陆军官员等级，分三等九级，始置。为次等第三级，任司书生、司号长等，秩视把总，阶正七品。宣统元年（1909）修订，军官冠以某队（步队、马队）、军佐冠以某科（军医、军需）字样。

协忠大夫　官名。宋徽宗政和六年（1116）置，为正五品武阶官。

协忠郎　官名。宋徽宗政和六年（1116）置，为从七品武阶官。

协参领　军阶名。清末新陆军中等官阶之一。光绪三十年（1904）定新陆军官员等级，分三等九级，始置。为中等第三级，任管带官、参军官等，秩视都司，阶正四品。宣统元年（1909）修订，军官冠以某队（步队、马队）、军佐冠以某科（军医、军需）字样。

协标　清朝凡为总督、巡抚、提督、总兵分守险要之副将，均称协标。

协修 官名。参见“纂修”。

协律大夫 阶官名。金教坊二十五阶之第九阶，秩从五品下。元十五阶第五阶，从四品。

协律中郎 官名。北魏置。《魏书·刘文晔传》：“拜协律中郎。”职掌同协律郎，位在其上。孝文帝太和十七年（493）定为从四品下。

协律中郎将 官名。晋朝置。《晋书·律历上》：“泰始十年（274），中书监荀勖、中书令张华出御府铜竹律二十五具”，“问协律中郎将列和”。职掌当同协律校尉。

协律郎 官名。汉朝有协律都尉，北魏置协律郎，八品。北齐为太常寺属官，员二人，八品上，掌监调律吕音乐。隋朝置二人，隶太常寺。唐沿置，正八品上，掌和律吕。宋朝太常寺置一人，从八品，掌乐律及宫架、特架之位、奏乐次序，指挥大祭祀及宴享时奏乐。辽朝太常寺亦置，南面官，掌和六吕六律，辨四时之气，八风五音之节，有重大仪式，则担任乐队指挥。金朝从八品，掌以麾节乐，调和律吕，监视音调，隶太常寺。元朝置二人，从八品，隶太常寺或太常礼仪院。明朝正八品，掌祭祀舞乐，逢大礼则举麾指挥，初置二人，后增至五人，隶太常寺。清顺治元年（1644）太常寺置，乾隆七年（1742）改隶乐部，正八品，掌郊庙、祭祀诸乐。

协律校尉 官名。晋朝改协律都尉置，职掌略同，隶太常。南朝宋、齐省，梁、陈复置。参见“协律都尉”。

协律都尉 官名。西汉武帝一度置，以李延年为之，佩二千石印绶，掌谱作新曲。寻省。三国魏复置，隶太常，掌校定调和音律。六品。晋改协律校尉。

协统 参见“统领官”。

协都统 军阶名。清末新陆军上等官阶之一。光绪三十年（1904）定新陆军官员等级，分三等九级，始置。为上等第三级，任统领官，秩视副将，阶从二品。宣统元年（1909）修订，军佐冠以军医、制械等字样。

协理 官名。清朝京师僧道官之副职。道光二十四年（1844）设，京师僧官分设各城者八，道官分设各城者六，皆各置协理一人，由僧录司、道录司给札。

协理大臣 官名。清末责任内阁之副长官。又称内阁协理大臣。宣统三年（1911）四月设责任内阁，始置。一或二人，特简。为国务大臣副领袖。掌佐总理大臣辅弼皇帝，总理政务。总理大臣因事未能到阁，得代为办理。九月，省。

协理台吉 官名。清朝蒙、回各部札萨克之副长官。佐办旗务。康熙二十一年（1682）设，每旗分别为二至四人。遇有缺出，由札萨克会同盟长于闲散王以下，台吉、塔布囊以上，遴选贤能奏补。

协理事务头等侍卫 官名。清朝尚虞备用处之职官。位管理大臣之下。额设一人，正三品。协助管理大臣掌处内日常之章奏文移事务，并兼任粘竿长头等侍卫，掌翊卫扈从事。

协理事务护军参领 官名。清朝圆明园护军营之职官。佐协理事务总管掌章奏文移。额设二人。由总统大臣于圆明园护军参领中拣选引见充补。

协理事务护军校 官名。清朝圆明园护军营之职官，掌章奏文移事务。额定四人，由总统大臣于现任护军校内委派。

协理事务侍卫班领 官名。清朝侍卫处之职官。顺治元年（1644）设，定员十二人，由上三旗内选拔。乾隆三十六年（1771）始定，同一等侍卫，武职正三品。由领侍卫内大臣统领。掌章奏文移之事。

协理事务参领 见“印务参领”。

协理事务前锋侍卫 官名。清朝前锋营之职官。康熙三年（1664）设。左、右翼各一人，由统领于本翼前锋侍卫内选拟引见充补。佐协理事务前锋参领掌章奏文移。

协理事务前锋参领 官名。清朝前锋营中随前锋统领办事之属官。康熙三年（1664）设。左、右翼各一人。由统领于本翼前锋参领内选拟引见充补。掌章奏文移。

协理事务前锋校 官名。清朝前锋营中随前锋统领办事之属官。雍正三年（1725）设。共四员，左、右翼各二人。由统领于本翼前锋校内酌委。掌章奏文移。

协理事务总管 官名。清朝圆明园护军营之职官。掌章奏文移事务。额设二人，正三品。由总统大臣于现任总管内拣选引见充补。

协理事务章京 见“印务章京”。

协理事务翼长 官名。清朝火器营之职官。总掌章奏文移事务。额设一人，正三品，以内火器营翼长兼充。

协理图撒拉克齐 见“图撒拉克齐”。

协理京营戎政 官名。明嘉靖二十九年（1550）置，以兵部尚书侍郎或右都御史充任，协掌京营操练之事。万历九年（1581）革。十一年复置。天启（1621—1627）中增一人，后革。崇祯二年（1629）复增一人。

协理监营 见“监营”。

协堂道 官名。明朝于河南、浙江二省设，为所在省布、按两司佐官参政、参议、副使、佥事的分道之职，以其中一人担任。

协领 官名。清朝驻防八旗之将领。额定一百五十六人，从三品。分为专城协领及一般协领。专城协领五人，主要设于东北地区，制如城守尉、防守尉，均专城办事，亦由驻防将军、副都统兼辖。余为一般协领，分布在各省将军、都统、副都统驻防之地，在其直接统率下办理防务。

协尉 官名。即步军协尉。清朝八旗步军营之属官。乾隆十九年（1754），改步军副尉设。定员满洲十人，蒙古八人，汉军八人，共二十六人，正四品。

与翼尉等分辖八旗步军，以供京师守卫、巡警之事。

协揆 清朝协办大学士之别称。

协镇 清朝绿营军官副将之别称。

巩昌按察司 官署名。元朝地方监察机构，建于元世祖至元十一年（1274）。十二年，并入陇右河西道提刑按察司。

圬人 官名。春秋时晋国置。司空属吏。掌涂泥修筑宫室。《左传·襄公三十一年》：“侨闻文公之为盟主也……司空以时平易道路，圬人以时塓馆宫室。”

地方自治科 官署名。清末民政部民治司所属四科之一。光绪三十二年（1906）设。掌京外董事会、议事会设置、组织事，京外自治局、自治所各事项，自治经费之调查、监督，资政院参议员选举事。置员外郎一人主持科务。

地方行政科 官署名。清末民政部民治司所属四科之一。光绪三十二年（1906）设。掌地方官制变更，考核地方官吏，管理各省官立行政局所之废置、分合，各省官员选举任用之注册存案，地方衙门官员裁汰革除等事。置员外郎一人，总理科务。

地方审判厅 官署名。清末地方审判机构之一。光绪三十三年（1907）始设于京师、奉天等地，宣统二年（1910）后各省渐设。省城、商埠、府每处一所。掌审理不属初审厅管辖案件的一审及不服初审厅判决的二审案。置推事长一人，刑科、民科推事六人（亦有十二人），并典簿、主簿、录事等。

地方检察厅 官署名。清末地方检察机构之一。光绪三十三年（1907）始设于京师、奉天等地，宣统二年（1910）后各省渐设。省城、商埠、府每处一所。掌对同级审判厅管辖案件的检察事宜。置检察长一人，检察官一至二人，并录事等。

地坛尉 官名。清朝太常寺之属官。掌管地坛门钥、守卫、值宿之事。朔望则奉香以行礼，凡祀日则守门以司其启闭出入。额设八人，五品一人，六品七人，均以满员充任。五品尉员缺以六品尉序升，六品尉员缺由吏部牒八旗选送补授。

地官 ❶官署名。(1) 西魏、北周设地官府，以大司徒卿为长官。详“地官府”。(2) 唐武则天光宅元年（684）至中宗神龙元年（705）户部改名，神龙元年复旧。后世即以为户部或其长官别称。(3) 太平天国吏、户、礼、兵、刑、工六部，以天、地、春、夏、秋、冬定名，地官即户部。❷官名。(1)《周礼》分设六官。以司徒为地官。《周礼·地官·序官》：“立地官司徒，使帅其属而掌邦教，以佐王安扰邦国。”《周礼·天官》：“二曰地官，其属六十，掌邦教。”(2) 太平天国户部正、又正、副、又副之官统称。(3) 太平天国朝内官地官正丞相、地官又正丞相、地官副丞相、地官又副丞相。又，女官中朝内官亦设地官正、副丞相。

地官尚书 官名。即户部尚书。唐武则天光宅元年（684）改，中宗神龙元年（705）复名户部尚书。

地官侍郎 官名。即户部侍郎。唐武则天光宅元年（684）改，中宗神龙元年（705）复名户部侍郎。

地官府 官署名。西魏恭帝三年（556）置，北周沿置。与天官、春官、夏官、秋官、冬官府合称六府。以大司徒卿为长官，设小司徒上大夫、地官府都上士佐其职，领民部中大夫、载师中大夫、师氏中大夫、司仓下大夫、司门下大夫、司市下大夫、虞部下大夫等官属。掌民户、土地、赋役、仓廪、教育、关市及山泽渔猎等方面的事务。周武帝建德二年（573），省六府诸司中大夫以下官，府置四司，以下大夫为长官，上士副之。宣帝即位后，六府诸司复置中大夫。隋文帝开皇元年（581）罢。

地官府都上士 官名。西魏恭帝三年（556）置，北周沿置。地官府属官，佐大司徒卿、小司徒上大夫掌地官府事务。正三命。隋文帝开皇元年（581）罢。

地面 军事设置。明朝于奴儿干都司（治所在今黑龙江下游特林地方）下置。共有弗孙河、木温、埔坎河、撒哈、亦马河咬东、可木、黑龙江七处，置如羁縻卫所，均以当地少数民族首领管理。

地租处 官署名。清朝礼部所属之办事机构。由堂官酌委所属司员管理，二年一更代，无定员。掌收本部四百余顷田亩地租，以为添补养廉之用。所征钱币转输养廉处。宣统三年（1911）改隶典礼院。

地部大人 官名。北魏明元帝泰常二年（417）置，与天部、东部、西部、南部、北部大人并称为六部大人，处理国家日常政务，皆由诸公担任，其下设三属官。太武帝时复建尚书省，遂罢。

场 官名。西周置。管理场圃的官吏。《同簋铭》：“王命同左右吴大父，司场、林、虞、牧。”《国语·周语上》：“场协入。”韦昭注：“场人掌场圃，委积珍物，敛而藏之也。”

场人 官名。《周礼》地官之属。一说为周朝置。管理国家农圃，种植瓜果菜蔬。《周礼·地官》：“场人，每场下士二人，府一人，史一人，徒二十人”，“掌国之场圃，而树之果蓏珍异之物，以时敛而藏之。凡祭祀、宾客，共其果蓏。享，亦如之”。

场子 宋朝下等役职名。通常差下户充，或招募，掌看守场务，保管财物。

场师 官名。春秋战国置。掌管理场圃。《孟子·告子上》：“今有场师，舍其梧槚，养其樲棘，则为贱场师焉。”焦循注：“场师，治场圃者。场以治谷；圃，园也。梧桐槚梓皆木名；樲棘，小棘，所谓酸枣也。言此以喻人，舍大养小，故曰贱场师也。”

朴大真 官名。北魏置。《南齐书·魏虏传》：“檐衣人为朴大真。”此系南朝人对北魏鲜卑语官名的音译。

机干 宋朝主管机宜文字、主管书写机宜文字与干办公事合称。

机宜 宋朝主管机宜文字、主管书写机宜文字简称。

机要司　官署名。清末陆军部海军处所属机构。光绪三十三年（1907）设。掌海军规制、炮械、驾驶、轮机等项事宜。辖制度、筹械、驾驶、轮机四科。置司长一人，科长四人，科员十二人，录事六人。三十四年，改称海政司。宣统元年（1909），并入筹办海军事务处。

机要科　官署名。清末学部总务司所属三科之一。光绪三十二年（1906）设。掌理机密文书，撰拟紧要章奏及关涉呈部事体之文件、函电，稽核京外办理学务职官功过及其任用、升黜、更调并掌检定教员等事。置员外郎二人、主事二人。

机速房　官署名。南宋高宗建炎四年（1130）改御营使司置，隶枢密院，掌边防、急速军运、调发军马移屯及遣发间探人等事务。绍兴二十九年（1159）罢。

机密　机要职务或机要部门的通称。唐朝初年，指挥军事于禁中，遂以“机密”二字名官。太宗贞观（627—649）中，非三省长官行宰相事，加专典机密衔。

权　官制用语。指代理、兼摄官职，魏晋以来或用之。唐职事官非正除者或加“权”字，称权知、权判。北宋前期，寄禄官依散官品高下分权、行、守、试四等；凡除授差遣，其资序较浅者亦带“权”字，暂代某职则带“权发遣”。神宗元丰（1078—1085）改制，凡职事官并以寄禄官高下分权、行、守、试，侍郎、尚书始除必加“权”字，其后始改试、守、行。

权发遣　官制用语。宋朝除授差遣的一项规定。资序低而任重，低两等资序为权发遣，低一等者为权知。参见“权发遣三司判官”。

权发遣三司判官　官名。宋仁宗庆历三年（1043）始置，以员外郎及太常博士充任，仍理本等资序，不得差出，任满三年，令三司保明议升陟。神宗元丰（1078—1085）改制，随三司废。

权同都督　官名。南宋高宗绍兴二年（1132）始置，以参知政事兼任，置司镇江，掌都督江、淮、两浙、荆湖诸军事。后改同都督。

权位　西夏官位。在中书、枢密位之下。有统军、巍行两种。

权局　见“摄官”。

权尚书　官名。宋哲宗元祐三年（1088）始置，奉赐依守侍郎，班序在试尚书之下，杂压在左、右散骑常侍之下。

权知　见“权发遣”。

权知开封府　见“开封府”。

权知军州事　官名。宋朝初年置，以朝臣充任，使出守各郡，以革五代藩镇之弊。掌总理郡政，宣布条教，导民以善而纠其奸慝，以时劝课农桑，旌别孝悌，及赋役、钱谷、狱讼之事。

权侍郎　官名。宋哲宗元祐二年（1087）始置，从四品，禄赐比谏议大夫。官未历给事中、中书舍人，职未至待制者，初除侍郎皆带“权”字。徽宗崇宁（1102—1106）中罢。南宋高宗建炎四年（1130）复置，满二年为真。补外者除待制，未满二年则除修撰。

权将军　官名。明崇祯十六年（1643）李自成农民军政府置，一品。正、副二人，以田见秀为正，刘宗敏为副，提督五营军事。入北京后，并以刘宗敏节制文官。

权领枢密院　官名。宋徽宗政和七年（1117）始置，以童贯为之，宣抚陕西、河东、河北三路。宣和元年（1119），改领枢密院。

芋尹　官名。春秋楚、陈等国置。掌田猎驱兽之事。《左传·昭公七年》：“楚子之为令尹也，为王旌以田。芋尹无宇断之。”《新序·义勇》：“芋尹文者，荆之欧鹿彘者也。”芋尹误作芊尹。

吉林将军　官名。清朝吉林驻防八旗之最高长官。统辖吉林驻防旗营及地方之军民事务，综制文武、镇守封疆。康熙十五年（1676）由宁古塔将军改设，驻吉林。将军衙门设主事、助教、笔帖式等官员办理所属事务，并置理刑司、银库等办事机构。所辖有副都统六人，水师营总管一人，火器营参领一人，以及驻防协领、佐领、防御、骁旗校等官员，分掌驻防旗营各项事务。光绪三十三年（1907）改设巡抚，遂裁。

圭　周朝天子册命诸侯臣子时颁赐的玉器，作为册封的凭信。《诗经·大雅·崧高》：“锡尔介圭。”

圭田　周朝封赐卿大夫等大臣的祭祀用田。《孟子·滕文公上》：“卿以下必有圭田，圭田五十亩。”朱熹注：“圭，洁也。所以奉祭祀也。”

寺　❶官吏治事之所统称。《汉书·何并传》：“令骑奴还至寺门。”颜师古注：“诸官曹之所，通呼为寺。”❷九卿治事之所的专称。《左传·隐公七年》：“发弊于公卿。”杜预注：“诣公府卿寺。”孔颖达疏：“自汉以来，三公所居谓之府，九卿所居谓之寺。”北齐定制，九卿官署正式称寺，历朝有“九寺”之称。❸寺人省称。《礼记·内则》：“阍寺守之。”详“寺人”。

寺人　❶官名。又作侍人。春秋时亦称“阍”、“竖”。掌宫内侍卫、御车、守藏、主履等事务。《左传·哀公十四年》：“侍人御之，子行杀侍人。”《榖梁传·襄公二十九年》：“阍，门者也，寺人也。”三国魏、晋有寺人监。北魏有寺人之官。《魏书·刘思逸传》：“初为中小史，转寺人。久之，除小黄门。”孝文帝太和十五年（491）官品令定寺人佐从六品上。隋唐内侍省置，员六人，唐为从七品下。掌皇后出入执御刀侍从。❷内侍通称。自东汉始专指宦官。❸《周礼》天官冢宰属员。宫内侍御小臣。一说为周朝置。掌内侍及女宫戒令、纠察宫门出入、佐世妇治礼等事。

寺人监　官名。三国魏及晋皆置，位七品。专任宦者。

寺工　官名。战国秦置。主造兵械等器物的工官。《三年相邦吕不韦戈铭》："三年相邦吕不韦造，寺工诏，丞义，工写。"

寺互令　官名。西汉置，掌官府门禁，初属少府，中属主爵都尉，后属中尉，有丞。武帝太初元年（前104）中尉更名执金吾后，改属之。东汉省。

寺互丞　官名。秦及西汉置。初属少府，中属主爵都尉，后属中尉、执金吾，为寺互令副职。东汉省。

寺正　官名。明朝大理寺属官。洪武十四年（1381）置，大理寺下分左、右寺，各一人，正六品。建文（1399—1402）初改左、右寺为司，改寺正为都评事。成祖即位，复旧制。各掌本寺，分理全国刑名复审之事。

寺务司　官署名。北宋置，掌京城大寺建筑修缮之事。设提点一人，以内侍充任；监官一人，以三班使臣充任。初隶开封府，神宗熙宁八年（1075），改隶三司。元丰（1078—1085）改制，改隶入内内侍省。哲宗时，拨归鸿胪寺。

寺主　僧官名。各佛教寺院皆置，主持寺务。与上坐、都维那合称寺院三纲。东汉时白马寺以知事主寺务，东晋以后始称寺主。北魏僧令曾为嵩高闲居寺主。宋朝徽宗政和三年（1113）禁僧、尼称寺主、院主、庵主等，后遂以住持主持寺务。

寺观监　❶官署名。唐朝置，隶鸿胪寺，有监一员，掌寺观道士帐籍、斋醮之事；太宗贞观（627—649）中废。❷官名。唐朝鸿胪寺寺观监长官，置一员，太宗贞观（627—649）中废。

寺丞　官名。历朝大理寺、太常寺、光禄寺、太仆寺、鸿胪寺、苑马寺等衙门均置，为各官署次官，协掌本寺事务，品秩自正五品至从六品不等，详见各寺丞条。

寺库　官署名。清朝太常寺所属机构。掌储藏祭器、果品及工程银两。设七品满洲司库一人，九品满洲库使二人。

寺依一齐虾库　见“一齐虾库”。

寺监　隋、唐、五代至宋、辽、金时期，太常寺、宗正寺、光禄寺、太仆寺、大理寺、鸿胪寺、司农寺、太府寺、国子监、少府监、将作监、军器监、都水监、司天监等官署合称。

寺卿　参见“卿”。

寺副　官名。明制大理寺左右寺下置，二人，后革一人，从六品。为寺正之副，各随其所辖而复审之。

老　❶年老辞官。《左传·隐公三年》："桓公立，乃老。"❷上公，元老大臣别称。《礼记·王制》："属于天子之老二人。"郑玄注："老，谓上公。"❸官名。战国秦置。即乡官伍老。《睡虎地秦墓竹简·傅律》："典、老弗告，赀各一甲。"

老人　乡里管事之人。明朝洪武（1368—1398）年间置，选每里中德高望众者充任，三、五人不等。会同里长调解或审判乡里一般民事纠纷和轻微刑事案件，负责教化，督课农桑，主持乡村水利事务。明前期，颇有权威，甚至可以直接奏闻皇帝，因而多有缘此恃权谋私，为害乡里者。中叶后地位有所下降。

老公公　明清太监之通称。

老公祖　清朝地方士绅对巡抚以及布、按、道、府长官之尊称。

老父台　清朝地方士绅对州县官之尊称。

老凤　官名。唐、宋丞相之别称。明杨慎《艺林伐山》七《小凤》："丞相谓之老凤。"

老寿将军　官名。北魏置。授予沙门。《魏书·释老志》："帝后幸广宗，有沙门昙证，年且百岁，邀见于路，奉致果物，帝敬其年老志力不衰，亦加以老寿将军号。"

老秀才　官名。明洪武十四年（1381）置。选国子监监生中才学优等聪明俊伟之士，命之博极群书讲明道德经济之学，以期大用。

考　对文武百官功过、善恶的考察。秦汉称考课。北魏孝文帝定为三年一考，分三等，上、下两等分为三品，中等为一品；五品以上由皇帝与公卿评议，六品以下由尚书重问。唐朝吏部考功掌之，一年一考，百司之长较其属功过，差以九等；流内之官叙以四善、二十七最，一最四善为上上，一最三善为上中，一最二善为上下，无最而有二善为中上，无最而有一善为中中，职事粗理而善最不闻为中下，爱憎任情而处断乖理为下上，背公向私而职务废阙为下中，居官谄诈而贪浊有状为下下；凡考定，皆集于尚书省，唱第然后奏；亲王及中书、门下、京官三品以上、都督、刺史、都护、节度、观察使，则奏功过状，以核考行之上下；流外官，以行能功过为四等：清谨勤公为上，执事无私为中，不勤其职为下，贪浊有状为下下；凡中上以上，每进一等，加禄一季；中中，守本禄；中下以下，每退一等，夺禄一季；中品以下，四考皆中中者进一阶，一中上考复进一阶，一上下考进二阶；有下下考者解任。宋朝任满一周年为一考，欠日不能成考，以七事考监司，四善、三最考守、令，分上、中、下三等，为叙迁依据。金朝尚书省吏部郎中、员外郎掌之，章宗泰和四年（1204）定考课令，准唐四善、二十七最之制，分三等，定其甄擢。明朝以考满、考察二者相辅而行。考满，论一身所历之俸，其目有三，曰称职、平常、不称职，是为上、中、下三等。考察，通天下内外官计之，其目有八，曰贪、酷、浮躁、不及、老、病、罢、不谨。考满之法，三年给由，曰初考，六年曰再考，九年曰通考。依《职掌》事例考核升降。考察之法，京官六年，四品以上自陈以取上裁，五品以下分别致仕、降调、闲往为民者有差，具册奏请；外官三年一朝觐，州县以月计上之府，府上下其考，以岁计上之布政司，至三年，抚、按通核其事状，造册具奏，丽以八法。清朝分京察、大计，分别考核京官、外官。京察三年一次，由部、院、司长官掌其事，分称职、勤职、供职三等。大计亦三年一次，先由地方长官察其优劣，申报督抚，审核送部。参见“考课”。

考工右丞　官名。东汉置，属太仆，为考工令副职。员一人，秩三百石。助令主作兵器弓弩刀铠之属，及主织绶诸工。

考工左丞　官名。东汉置，属太仆，为考工令副职。员一人，秩三百石。助令主作兵器弓弩刀铠之属，及主织绶诸杂工。

考工令　官名。汉武帝太初元年（前104）更名考工室令置，属少府。新莽更名共工。东汉仍称考工，转属太仆。秩六百石，有丞二人。主作器械，以兵器为主，成则上交执金吾入武库；兼作青铜器、漆器及织绶诸事。西汉时下设牢狱，囚禁有罪大臣。据洪饴孙《三国职官表》，魏太仆所属亦置，六百石，七品，职掌略同，有左、右丞。

考工司　官署名。清末外务部所属四司之一。光绪二十七年（1901）设。掌铁路、矿务、电线、机器制造、军火、船政，以及聘用洋将洋员、招工、出洋学生各事。置郎中、员外郎、主事等。

考工司郎中　官名。清末外务部考工司长官，光绪二十七年（1901）设。掌司事。正五品，奏补。

考工丞　官名。原为考工室丞，属少府。武帝太初元年（前104）更名考工丞，为考工令副职。

考工室令　官名。西汉置，属少府，武帝太初元年（前104）改考工令。

考工室丞　官名。西汉置，属少府，为考工室令副职。武帝太初元年（前104）改考工丞。

考功　官署名。三国魏吏部尚书所领四郎曹之一，掌考第及秀孝贡士事。西晋沿置，为吏部五郎曹之一，东晋省。北魏为吏部四曹之一，置掌固、令史、书令史、主事。北齐置为吏部三曹之一。隋朝置为吏部四曹（司）之一，设侍郎、员外郎，炀帝大业三年（607）改侍郎为郎，废员外郎而置承务郎。唐高祖武德（618—626）初改郎为郎中、承务郎为员外郎，掌内外文武官吏之考课。高宗龙朔二年（662）改称司绩，咸亨元年（670）复称考功。北宋置判考功事一人，以带职京官或无职事朝官充任，主管审复太常寺所拟谥号及幕职州县官、流外官年终考课之事。神宗元丰（1078—1085）改制后，主管文武官考课、磨勘、关升、资任之政令及名谥、碑碣等事。置官考功郎中或员外郎。明清为考功清吏司简称。

考功司　官署名。即考功。

考功司员外郎　官名。即考功清吏司员外郎。

考功司郎中　官名。即考功清吏司郎中。

考功员外郎　官名。隋文帝开皇六年（586）始置，炀帝大业三年（607）改考功承务郎。唐高祖武德三年（620）复旧，员一人，从六品上，为尚书省吏部考功司副长官，位郎中下，分掌外官考课之事，太宗贞观（627—649）后兼掌贡举。玄宗开元二十四年（736）以贡举事属礼部。高宗龙朔二年（662）改司绩员外郎，咸亨元年（670）复旧。五代沿置。北宋前期置为六品寄禄官。神宗元丰（1078—1085）改制后，定正七品，始实领考功之职，与郎中共掌考课及名谥、碑碣之事。明朝改置吏部考功清吏司，于郎中下设员外郎一人，从五品，共掌官吏考课、黜陟之事。清朝沿置。崇德三年（1638）未入关前，曾置吏部副理事官。顺治元年（1644）改员外郎。考功清吏司置四人，满洲二人、蒙古一人、汉一人。初秩正四品，十六年改正五品。康熙六年（1667）复正四品，九年定从五品，遂成定制。

考功侍郎　官名。隋朝尚书省吏部考功曹（司）长官，置一员，正六品上，文帝开皇三年（583）加为从五品；炀帝大业三年（607）改名考功郎。

考功所　官署名。元末至正二十四年（1364）朱元璋置，隶中书省。置考功郎，正七品，掌官吏考课之事。洪武元年（1368）革。

考功郎　官名。隋炀帝大业三年（607）改考功侍郎置，唐高祖武德三年（620）改置考功郎中。

考功郎中　官名。三国魏曾置尚书考功郎，掌尚书考功曹，以考课官吏。其资历浅者为郎中，深者可转侍郎，皆称郎。晋及南朝不置，北魏复置，孝文帝太和十七年（493）定秩五品上，二十三年改六品。北齐沿置，为尚书省吏部属下考功曹长官，掌考第及秀、孝贡士等。隋文帝改置考功侍郎，炀帝改郎。唐高祖武德三年（620）再改郎中，员一人，从五品上，为尚书省吏部考功司长官，掌京官考课事务，旧曾兼掌贡举，太宗贞观（627—649）后归职于考功员外郎。高宗龙朔二年（662）改司绩大夫，咸亨元年（670）复旧。五代沿置。北宋前期置为五品寄禄官，神宗元丰（1078—1085）改制，改从六品，始实领考功之职，掌迁叙、磨勘、资任、考课及名谥碑碣之事。明朝改置吏部考功清吏司，置郎中一人，正五品，掌文职官吏考课、黜陟之事，以协赞尚书。清沿明制。崇德三年（1638）未入关前，曾置吏部理事官。顺治元年（1644）改郎中，四人，满洲三人、汉一人。初秩正三品，十六年改正五品，后升正四品。康熙六年（1667）仍改正三品，九年定正五品，遂为定制。

考功郎官　考功郎中、员外郎通称。

考功监　官署名。洪武八年（1375）置，设令、丞。九年定制，令一人，正六品，丞二人，从六品。后改令正七品，丞正八品。参掌给授诰敕之事。十八年罢。

考功部　官署名。明初吏部属部之一。洪武六年（1373）始置，设郎中、员外郎各一人，主事二人，十三年改设主事一人。掌官吏考课、黜陟之事。二十九年改称考功清吏司。

考功曹　官署名。三国时魏置，为尚书诸郎曹之一，以侍郎、郎中、郎为主官。属吏有典事、令史等。晋及南朝不置。北魏复置，以郎中为主官。属吏有主事令史等。北齐尚书省诸曹分统于六尚书，吏部尚书统吏部、考功、主爵三曹。考功曹掌官吏考课、选举秀才孝廉贡士等。以郎中为主官。属吏有令史、主事、掌故等。隋初沿置，改以侍郎为主官。文帝开皇三年（583），改名考功司。

考功清吏司 官署名。简称考功司。明清吏部四司之一。掌理官吏考课、黜陟之事。明洪武二十九年（1396）改考功部置。设郎中一人，员外郎一人，主事二人。洪熙元年（1425）南京吏部亦置，设官略同。清顺治元年（1644）沿置。设郎中满洲三人，汉一人，员外郎满洲二人，蒙古、汉各一人，主事满洲一人，汉二人及笔帖式、经承若干人。分置本房，山东甲、江南甲、北直甲、广东甲、火房等机构分办司务。宣统三年（1911）改组内阁，设铨叙、制诰等局，遂裁。

考功清吏司员外郎 官名。简称考功司员外郎。明清吏部考功清吏司之副长官。佐郎中掌司事。明洪武二十九年（1396）改考功部员外郎设，一人，从五品。清顺治元年（1644）沿设，汉员外郎一人，以科甲出身者注授。满洲司官初不分曹，随长官所派。后增至三人，宗室、满洲、汉各一人。康熙九年（1670）俱定从五品。宣统三年（1911）裁。

考功清吏司郎中 官名。简称考功司郎中。明清吏部考功清吏司之主官。掌司事。明洪武二十九年（1396）改考功部郎中设，一人。南京吏部考功清吏司亦设一人，皆正五品。清顺治元年（1644）沿设，汉郎中一人。以科甲出身者注授。满洲司官初不分曹，随长官所派。后增至四人，满洲三人，汉一人。康熙九年（1670）皆定正五品。宣统三年（1911）裁。

考官 又称内帘官。明清乡试主考官，会试总裁及同考官之统称。主考官为一正、一副。会试总裁，明为二人，清后期多简派三、四人充任，官品较高，称大考差。掌批阅试卷，核定名次，并将结果奏报皇帝，以候钦命。

考试官 官名。主持科举考试的官员。金朝以职位高者一人充任，余为同考试官。另有词赋试官、经义试官、策论试官、监试官、试律官等。后隶考试院。

考试院 官署名。金朝管理科举考试的机构。又分为词赋考试院、经义考试院。词赋考试院掌管词赋、律科等，设监试官、考试词赋官、试律官等。经义考试院掌经义、经童等科，设经义试官、经童试官、经义读卷官等。考试院还设誊录官、检搜怀挟官等。

考封 清朝封授制度。定制，亲王以下，奉恩将军以上，除一子袭封外，其余诸子年至二十，例应考试马、步骑射及满语，分别等第封授，称考封。

考核科 官署名。清末海军部军制司所属五科之一。原属筹办海军事务处，宣统二年（1910）随司改属海军部。掌承办海军各类人员请奖、加级、开复、议给赏恤，以及核办海军人员请给封典、恩荫、改荫、退荫、还荫等项事宜。置科长、科员、录事。

考课 依据一定标准考核官吏政绩的制度，秦汉分常课、大课。常课每年一次，大课三年一次。由两个系统进行，一是中央课郡、郡课县，为中央对地方的考课；一是公卿守相或各部门长官课其属吏，为上级对下级的考课。均评其殿最，升降赏罚。魏晋沿之。官员任职一定时期（一年或三年）后，由其直属长官对其功过加以评定，并记入考簿。依此决定官员升黜。唐朝则由尚书省吏部考功郎中、员外郎掌管。应考者皆具录当年功过行能，由本司（州）长官对众读议优劣，依四善二十七最标准，定为九等考第；所在官署按规定名额平衡校定，再报送尚书省。考功郎中、员外郎、监考使、校考使分别检覆后，京官集应考之人对读注定，外官对朝集使注定，最后向皇帝奏闻。亲王及中书门下与京官三品以上，外官五大都督则以功过状直接向皇帝奏闻，由皇帝亲见裁定其考第。宋朝亦称磨勘，设审官院、考课院署理其事。审官院考京官，考课院考幕职地方官。官员任满一年为一考，由上级官府考校优劣。以四善、三最（或四最）考校守令，以七事（或十五事）考校监司。考校入优等或上等者得减选、升资或转官。明朝分考满、考察两种，二者相辅而行。考满根据功过决定升降，其法为三年初考、六年再考，九年通考；分称职、平常、不称职三种，以此决定升、复职和降职，考察主要针对予以处理的官吏。其法为京官六年，谓之京察；外官三年一朝觐，察典随之，谓之外察。清朝则有京察、大计之分。对象分别为京官和外官。京察三年一次，由部院司长官主持，分称职、勤职、供职三等。大计亦三年一次，先由各级地方长官察其优劣，申报督抚，审核送部。参见“考”。

考课院 官署名。宋太宗淳化四年（993）置，掌幕职州县官磨勘之事。不久即罢，以其事归流内铨。

考授 清朝官缺补授方法之一。指官缺不入月选，由本衙门主官考试授官之例。在京司官、小京官、笔帖式等官皆有经考选授职者，或由本衙门拟定正、陪咨吏部，或予取数名，交吏部注册，缺出依序升用。皆须由吏部带领引见，奉旨补授。

考绩科 官署名。清末陆军部军衡司所属四科之一。光绪三十二年（1906）设。掌陆军官佐之补升调转，军内文官之任用，并查核考绩表及退休、给假、离任、丁忧、起复、参革、惩罚各事。置科长、科员、录事。

考满 明清考核官员之制度。明初考察、考满之法并行。洪武十四年（1381）初定考满之法。其法三年给由，为初考，六年为再考，九年为通考。皆论所历之俸，分为称职、平常、不称职之上、中、下三等。清天聪八年（1634）沿用内外官三年考满之制。顺治（1644—1661）中与京察、大计并行。

康熙元年（1662）停京察、大计，只行考满之法。考满时京官、外官分别按不同标准考核定等。京官俸满三年，准送吏部、都察院考满；督抚照京官考满。外官分级注考，由督抚分别以地方荒残，冲废、充实，简易四项开注，以政绩多寡酌定等第。京官四品、外官布政使以下，考满分为五等：一等为称职，纪录；二等为勤职，奖赏；三等为平常，留任；四等为不及，降调；五等为不称职，革职。笔帖式考满亦照有职掌官员例施行。康熙四年（1665）复行京察、大计，停考满之制。

考察 任官制度。明朝定为考核官吏之法，分京察和外察，通称大计。分见“京察”、“外察”。

考察政治馆 官署名。清末预备立宪机构。光绪三十一年（1905）令设，次年开馆。掌研究各国政法制度，斟酌损益，编纂进呈。政务处王大臣兼领，下置提调二人并章京等。三十三年改为宪政编查馆。

考簿 记载官员考课成绩的文书。由各官员的直属长官签署，送吏部作为该员升黜的根据。

西厂 官署名。明朝宦官所掌之侦缉机构。始置于成化十三年（1477），厂址在北京旧灰厂。由宦官汪直提督其事，所领缇骑倍于原宦官特务机构东厂。自京师至全国各地，随意侦伺官民隐事，罗织罪名，有生杀之权。曾因群臣反对暂罢，数月后即复如初。十八年，复因群臣反对而罢。正德元年（1506）复置。以刘瑾亲信邱聚、谷大用督领。五年，刘瑾被杀，遂罢。

西八作司 见“八作司”。

西八作使 见“八作使”。

西上閤门司 官署名。辽朝南面官，掌朝会慰礼进名、导引群臣及外国使节等事。置閤门使、副使等职。金亦于閤门司设西上閤门使，掌赞导殿廷礼仪。初设二员，秩正五品。明昌六年（1191）减一员，降从五品。

西上閤门使 官名。唐玄宗前后置，以宦官充任，掌供奉朝会，赞引亲王、宰相、百官、蕃客朝见辞谢等。五代后梁沿置。其后，渐以安排武臣，无职掌。宋因之，属横班诸司使，多不领本职，仅为武臣迁转之阶。太祖乾德二年（964），定为视四品官。神宗元丰（1078—1085）改制，复置为职事官，员三人，正六品，掌供奉乘舆、朝会、游幸、大宴及赞引亲王、宰相、百僚、蕃客朝见辞谢，纠弹失仪。徽宗政和二年（1112）重定武臣阶官名，改右武大夫，另置知西上閤门事领其职。辽朝置为西上閤门司长官，隶门下省。金朝置二人，正五品，掌赞导殿庭礼仪。

西上閤门副使 官名。北宋初年置，为横班诸司副使之一，多不预閤门之事，仅为武臣迁转之阶。太祖乾德二年（964），定为视六品官。神宗元丰（1078—1085）改制置为职事官，员二人，从七品，掌供奉乘舆、朝会、游幸、大宴及赞引亲王、宰相、百僚、蕃客朝见辞谢，纠弹失仪。徽宗政和二年（1112）重定武臣阶官名，改右武郎，另置知西上閤门事领其职。辽朝置为西上閤门司次官，隶门下省。金朝置二人，正六品，掌赞导殿庭礼仪。

西川行枢密院 官署名。元朝地方统军机构。世祖至元十年（1273）四月，由西川统军司改立，置司于成都。置行院事、副使、佥院、同佥等职。十三年四月，以东川行院并入西川，合称东西川行枢密院，又称四川行枢密院。十五年九月，罢。

西川行省 见“四川等处行中书省”。

西川统军司 官署名。元朝地方统军机构。世祖至元五年（1268）七月由西川都元帅府改立，置司于成都，又称成都统军司。八年八月，迁司眉州。置统军使、副统军使等职。十年，改为西川行枢密院。

西川都元帅府 官署名。元朝地方统军机构。设于世祖中统三年（1262）十月，置府成都，分府潼川，掌成都、潼川和吐蕃境内诸军。设都元帅、右副元帅、左副元帅、元帅等职。至元五年（1268），改为西川统军司。

西山采材司马 官名。北魏置。掌西山材木的采伐。《魏书·灵徵志》：“有司奏西山采材司马张神和上言司空谷木连理。”

西天馆 官署名。明清时负责翻译古印度语言文字的机构。始设于明成祖永乐五年（1407），设译字生、通事以掌其事。初隶翰林院，乾隆十三年（1748）省并入礼部。

西中郎将 官名。东汉献帝时所置四中郎将之一，帅师征伐。魏晋南北朝沿之，或镇守某地。魏、西晋多兼凉州刺史，东晋、南朝多兼豫州刺史，镇历阳，或持节都督司、豫、冀、并等州军事，银印青绶。南朝宋、齐多以宗室诸王任之。梁或置。东魏静帝天平元年（534）都邺后，于蒲泉置西中郎将府。北魏初，属中护军（护军将军）。世宗永平（508—512）中，权隶中领军（领军将军）。东魏静帝武定七年（549）复属中护军，北齐亦属护军府。

西北路兵马都部署司 官署名。辽朝北面官，统领西北路兵马。

西北路戍长司 官署名。辽朝北面官，总领西北路戍兵。置戍长等职。

西北路巡检司 官署名。辽朝北面官，分掌西北、西南二招讨之地。

西北路阻卜都部署司 官署名。辽朝北面官，掌督察西北路阻卜诸部。

西北路招讨司 即西北路招讨使司。

西北路招讨使司 官署名。辽朝北面官，重要军事机构。掌镇抚西北诸部族，统领突吕不、奥衍、室韦、楮特等部族军及招州兵马。亦称西北路招讨府、西北路招讨司。置招讨使、副使、都监等职。

西北路招讨府 即西北路招讨使司。

西北路总领司 官署名。辽朝北面官，不常置，总领西北路军事。

西北路统军司　官署名。辽朝北面官，分掌西北部族兵马。

西北路禁军都统司　官署名。辽朝北面官，总领西北路禁军。

西北路管押详稳司　官署名。辽朝北面官，掌管理西北各部。

西北路镇抚司　官署名。辽朝北面官，兼掌西北诸部军民。

西外宗正司　官署名。宋徽宗崇宁元年（1102）置于西京（今河南洛阳），设敦宗院，择宗室之贤者一人为管勾，掌外居宗室事务。南宋初，先移扬州，后几经迁徙，止于福州。

西市令　官名。北齐置，司州西市署长官，从七品。

西市丞　官名。北齐置，司州西市署次官。

西市署　官署名。北齐置，属司州，设令、丞。

西宁办事大臣　官名。清朝特设管理青海地区之驻札大臣。乾隆元年（1736）设，驻西宁。辖青海三十六旗。所属有司员、笔帖式。

西头供奉官　官名。宋初置为三班小使臣，真宗咸平元年（998）定为同八品。哲宗元祐（1086—1094）中，改从八品。徽宗政和二年（1112）重定武臣官名，改秉义郎。

西台　❶两晋南朝称朝廷禁省及中枢政权机构为台。故西晋惠帝被张方胁迫西迁长安后所建政权机构号西台，留守洛阳、承制行事的政权机构号东台，各自为政。西晋末丞相司马睿南渡，在江左建立政权，承制行事，长安朝廷遂号西台。南齐萧宝融、梁萧铎皆曾于江陵建西台，以别于设在建康的政权机构。❷即中书省。北魏为中书省的别称。《魏书·崔光传》："卿是朕西台大臣。"时光任中书监。唐高宗龙朔二年（662）至咸亨元年（670）为中书省的改称。❸唐朝对设在西京长安的御史台的俗称。设在东都洛阳的御史台号东台。❹唐朝对刑部（宪部）的别称。❺元朝陕西诸道行御史台的简称。

西台中散　官名。北魏置。《魏书·阉官传》："（孙小）转西台中散，每从征伐，屡有战功，多获赏赐。"为任职于中书省的中散官。五品中。

西台直后　官名。北魏置，为侍卫之官。《魏书·奚康生传》："后（康生）以勋除中坚将军、太子三校、西台直后。"

西台侍郎　官名。即中书侍郎。唐高宗龙朔二年（662）改，咸亨元年（670）复名中书侍郎。

西台舍人　官名。即中书舍人。唐高宗龙朔二年（662）改，咸亨元年（670）复名中书舍人。

西司　清朝按察使之别称。

西戎牙门　官名。西晋置。为雍州地区的统兵武官，地位较一般牙门将略高。《三国志·邓艾传》裴松之注引《世语》："（晋武帝）咸宁（275—280）中，积射将军樊震为西戎牙门，得见辞。"

西戎校尉　官名。三国魏置，亦称护西戎校尉，五品。西晋初治长治，掌雍州少数民族事务。领兵，多以征西、镇西等将军领之，并兼雍州刺史。四品。东晋后改治汉中，有时兼梁州刺史。南朝宋四品。梁置于北凉、南秦州，立府，有长史、司马、主簿、牙门等僚属。陈拟六品，比秩千石。北魏设于敦煌、仇池等镇。孝文帝太和十七年（493）定为三品下，二十三年改从三品。

西夷护军　官名。西晋置。驻益州，协助护西夷校尉管理当地少数民族事务。

西夷校尉　官名。❶西晋武帝太康三年（282）置，治宁州，宁州并入益州后，以益州刺史兼领。亦称护西夷校尉。四品。东晋孝武帝太元（376—396）中平蜀后复置，治益州涪城。持节、统兵，掌益州少数民族事务。立府，置长史、司马，可与刺史一样举秀才、廉吏、良吏。见《华阳国志》卷八《大同志》，《太平御览》卷二四二"西夷校尉"条引沈约《宋书》。❷十六国西凉李暠建初（405—417）中置，以李让任此，并兼敦煌太守，制御西域。❸十六国后秦、南朝宋置。分别除授西秦乞伏炽磐、北凉沮渠蒙逊等依附性割据政权统治者。

西行作　官署名。明朝内府所属机构，隶内官监，设宦官进行管理。与木作、瓦作、东行作等负责营造宫室、陵墓等事。

西杀　官名。突厥领兵官，即右杀。

西安门仓　仓库名。明置于南北两京，各设副使一人，不入流。掌贮京城粮食等。

西园八校尉　官名合称。东汉灵帝中平五年（188）初置，领西园军，以镇压黄巾起义。据《后汉书·灵帝纪》李贤注引乐资《山阳公载记》，八校尉即小黄门蹇硕为上军校尉，屯骑校尉鲍鸿为下军校尉，议郎曹操为典军校尉，赵融为助军左校尉，冯芳为助军右校尉，谏议大夫夏牟为左校尉，淳于琼为右校尉。一说袁绍为佐军校尉，或说赵融为助军校尉，淳于琼为佐军校尉，皆统于蹇硕。灵帝死，何进杀蹇硕，领其屯兵，八校尉遂废。

西作坊　见"作坊"。

西作坊使　见"作坊使"。

西作坊副使　官名。宋神宗熙宁三年（1070），改北作坊副使置，为武臣迁转之阶。元丰（1078—1085）改制，定为从七品。徽宗政和二年（1112）重定武臣阶官名，改武显郎。

西伯　商末西方诸侯之长。即周文王。《孟子·离娄上》："吾闻西伯善养老者。"《史记·殷本纪》："西伯出而献洛西之地，以请除炮格之刑。纣乃许之，赐弓矢斧钺，使得征伐，为西伯。"

西序　夏朝所置教育机构。相当于周朝的小学。《礼记·王制》："夏后氏养国老于东序，养庶老于西序。"郑玄注："西序……亦小学也。"

西冶令　官名。南朝梁、陈置，与东冶令皆隶少府。掌鼓铸锻冶，领工徒。有丞。梁一班。隋省并掌冶令。

西冶丞 官名。见“西冶令”。

西冶都将 官名。北魏置。管理西道铸冶事务。源贺长子源延曾赐此官。

西羌大都督 官名。十六国后赵置。《晋书·姚弋仲载记》：“弋仲率部众数万迁于清河，拜奋武将军、西羌大都督，封襄平县公。”

西羌校尉 官名。东汉置。以授内附羌人酋长迁那，并假冠军将军、归顺王。

西羌都督 官名。三国魏置。《魏书·羌姚苌传》：“（姚苌）祖柯回，助魏将绊姜维于沓中，以功假绥戎校尉、西羌都督。”

西制敕房 官署名。明宣德初年，选书法优良之中书舍人于内阁西小房办公，专掌书办制敕、诏书、诰命、册表、题奏、揭帖等一应机密文书及各王府敕符底簿之事，故称其办公处曰西制敕房，中书舍人曰制敕房中书舍人，简称制敕房舍人，仍从七品，无定员。

西京计司 官署名。辽朝南面官，掌西京道盐铁、赋税、度支等事。与上京盐铁使司、东京户部使司、中京度支使司、南京三司使司合称五京计司，总管全国财政。置计司使、副使、判官等职。

西京左藏库 官署名。北宋置于西京（今河南洛阳），职掌与左藏库略同。

西京左藏库使 官名。北宋初置，属西班诸司使。初有以正官充任者，其后但以检校官为之，用为武臣阶官。北宋前期，为同六品。神宗元丰（1078—1085）改制，定为正七品。徽宗政和二年（1112）改武臣阶官，换为武经大夫。

西京左藏库副使 官名。宋初置，多不领本职，仅为武臣迁转之阶。真宗咸平元年（998），定为同七品。神宗元丰（1078—1085）改制，改从七品。徽宗政和二年（1112）重定武臣阶官名，改武经郎。

西京作坊使 官名。宋初置，属西班诸司使，多不领本职，仅为武臣迁转之阶。真宗咸平元年（998），定为同六品。神宗元丰（1078—1085）改制，改正七品。徽宗政和二年（1112）重定武臣阶官名，改武义大夫。

西京作坊副使 官名。宋初置，属西班诸司使，多不领本职，仅为武臣迁转之阶。真宗咸平元年（998），定为同七品。神宗元丰（1078—1085）改制，改从七品。徽宗政和二年（1112）重定武臣阶官名，改武义郎。

西京国子监 官署名。宋仁宗景祐元年（1034），改河南府（今河南洛阳）学置，设分司官。后南京（今河南商丘）、北京（今河北大名）亦置国子监。徽宗崇宁四年（1105），罢三京国子监官，各置司业一员。

西京学 辽朝官立学校。道宗清宁元年（1055），“诏设学养士，颁经及传疏，置博士、助教各一员”。

西京都虞候司 官署名。辽朝掌西京诸军戒严执法等事。置都虞候等职。

西京盐使司 官署名。金朝七盐使司之一。掌食盐产销，设在兜答馆。行盐地面为西京各地。直隶省部。西京盐旧课收入十万四百一十九贯六百九十六文，章宗承安三年（1198）十二月增至二十八万二百六十四贯六百八文。

西京留司御史台 官署名。北宋置于陪都西京（今河南洛阳），设管勾台事一人，以朝官以上充任，掌拜表行香，纠举违失。属吏有令史、知班、驱使官、书吏等。

西京留守 官名。唐玄宗天宝（742—756）中改京城为西京，改西都留守为西京留守。肃宗以后称京城为上都，仍沿用西都留守旧名。宋朝西京河南亦置，以知府兼任。辽朝南面官西京留守司置为长官，多以府尹兼。金海陵王时置，亦为西京留守司长官。元初沿置，世祖至元二十五年（1288）改西京为大同，遂罢。

西京留守司 官署名。辽为南面官，兴宗重熙十三年（1044），升大同（今山西大同）为西京，置留守司统领军民政事，治大同府。置留守，行大同府尹事；下设副留守、判官、推官。金于海陵王天德二年（1150）后置司大同府，留守带本府尹兼本路兵马都总管。下设官员同辽。

西京路兵马都部署司 官署名。金朝地方统军机构。设于大同府。海陵王天德二年（1150）改西京路兵马都总管府。

西京路转运司 官署名。金朝地方财政机构，掌本路税赋钱谷、仓库出纳、权衡度量之制。置于西京大同府。设转运使领司事，秩正三品。下设同知转运使、副转运使等职。

西京路提刑司 官署名。金朝九路提刑司之一。掌本路纠察黜陟、劝农采访、管领屯田及镇防诸军。世宗大定二十九年（1189）六月，置于西京大同府。设使、副使领司事，秩正三品、正四品。下设判官、知事等官。

西府 ❶东晋孝武帝时会稽王司马道子与其子元显并录尚书事，元显府号西府。❷东晋西中郎将府的省称。❸宋朝枢密院别称。

西单于 官名。十六国前秦置。《魏书·铁弗刘虎传》：“（苻）坚后以（刘）卫辰为西单于，督摄河西杂类屯代来城。”

西官 郡马别称。

西织令 官名。西汉属少府，与东织令并主织作文绣郊庙之服，有丞。成帝河平元年（前28）改织室令。

西织丞 官名。西汉置，属少府。为西织令副职，成帝河平元年（前28）西织更名织室后罢。

西城长 官名。汉朝时，西域于阗等国置，员一人。

西城兵马指挥司 官署名。明、清五城兵马指挥司之一。凡京城内外，划境为五，其西境属该司，掌巡捕盗贼，疏理街道及囚犯、火禁之事。明朝设指挥一人，正六品，副指挥四人，正七品，吏目一人。清沿置，改副指挥只设一人，俱汉员。

西城所　官署名。宋徽宗宣和（1119—1125）中置，掌管公田。先后由杨戬、李彦主管，民间良田多被指为天荒而拘没入官，强迫原业主承佃，输纳公田钱。

西南边大详稳司　官署名。辽朝北面官，初见于太宗时，统辖西南路兵马。

西南面五押招讨司　官署名。辽朝北面官，所掌不详。

西南面节制司　官署名。辽朝北面官，西南路领兵官，长官为节制西南诸军事。非常制。

西南面巡检使司　官署名。辽朝南面官，掌巡检西南与宋边界事。景宗保宁（969—979）初，以耶律合住为涿州刺史、西南兵马都临、招安、巡检等使。后置巡检、同巡检等职。

西南面招讨司　官署名。辽朝北面官，亦称西南面都招讨司、西南路招讨司、西南路招讨府。治丰州（今内蒙古呼和浩特东），掌镇抚西京道西部。统领丰、云内、宁边、东胜等州，金肃、河清军及涅剌、乌古涅剌、涅剌越兀、梅古悉、颉的、匿讫唐古、鹤剌唐古、品、迭剌迭达、品达鲁瑰、乙典女直等部兵马。始置于太祖神册元年（916）。置招讨使、副使、都监等职。

西南面拽剌详稳司　官署名。辽朝北面官，统领西南面拽剌军。设详稳。

西南面都招讨司　即西南面招讨司。

西南面都统军司　官署名。辽朝北面官，统领西南边兵马。

西南路巡察司　官署名。辽朝北面官，掌巡察西南路边界部族事。置将军、巡边官。

西南路招讨司　即西南面招讨司。

西南路招讨府　即西南面招讨司。

西面经略司　官署名。金朝地方军事机构，掌大和岭诸隘屯兵，控制边要。宣宗贞祐二年（1214）四月，置于代州。设西面经略使领司事。经略司设立后，行元帅府辄分其兵，西京、太原、河东及州郡军马不从征调。同年八月，罢经略司，经略使入为枢密院事。

西省　❶《后汉书·董皇后纪》：“孝仁皇后使故中常侍夏恽、永乐太仆封谞等交通州郡，辜较在所珍宝货赂，悉入西省。”李贤注：“西省，即谓永乐宫之司。”❷官署名。设在宫禁之中。东晋为门下三省之一，禁军将领直宿之处。孝武帝常居内殿，以武官受纳奏书，以他省郎官如中书、散骑等侍郎轮流直宿西省，掌起草诏诰，号西省郎。南朝于驻禁军外亦置学士等文学侍从之臣，掌图书著作撰史等事。北魏孝文帝改制以后为禁军直宿专署，北齐因之。❸南朝中书省、秘书省的别称。唐朝以称中书省。

西省义学士　官名。南朝梁置，为文学侍从之臣。

西省学士　官名。南朝梁、陈置。即秘书省学士，掌撰史等。多以才学之士担任。

西阁祭酒　官名。王府、公府、丞相府、将军府僚属。西晋诸公及开府位从公者各置一人，位东阁祭酒上；杨骏为太傅，增一人；赵王伦为相国，增为四人；东晋复置一人，位东阁祭酒下，与主簿、舍人主阁内事。南朝宋沿置，南齐三公、公督府各置一人。北魏亦置，《魏书·邓渊附献传》：“献，奉朝请、司空西阁祭酒、员外常侍、河阴令。”北齐三师、二大、三公府皆置，七品上；诸开府所置为七品下。隋朝亲王府各置一人，从七品上。唐朝诸王各置一人，与东阁祭酒掌礼贤良、导宾客，正六品下，高宗永淳（682—683）以后为从七品上。北宋存其名而罕除授。

西宫卫尉　官名。即长乐卫尉。西汉置，武帝时以程不识、李广分别为东、西宫卫尉。掌屯兵，警卫长乐宫。不常置。

西染色库　官署名。宋太宗太平兴国三年（978）置，掌收受染色之物以供染院之用。

西染院使　官名。宋太宗太平兴国三年（978），分染坊使置。后用为武臣阶官，属西班诸司使。真宗咸平元年（998），定为同六品。神宗元丰（1078—1085）改制，改正七品。徽宗政和二年（1112）重定武臣阶官名，改武义大夫。

西染院副使　官名。宋太宗太平兴国三年（978），分染坊副使置。后用为武臣阶官，属西班诸司使。真宗咸平元年（998），定为同七品。神宗元丰（1078—1085）改制，改从七品。徽宗政和二年（1112）重定武臣阶官名，改武义郎。

西屏大将军　将军名号。新莽末年更始政权置，曾以申屠建任之。

西院王　西夏诸王位之一。在师位、中书位、枢密位以上。

西班　官制用语。❶即宋朝西班诸司使、副使。包括宫苑、左骐骥、右骐骥、内藏库、左藏库、东作坊、西作坊、庄宅、六宅、文思、内园、洛苑、如京、崇仪、西京左藏库、西京作坊、东染院、西染院、礼宾、供备库使、副使。宋初尚有实领本职者，后用为武臣阶官。徽宗政和二年（1112），换为新武阶官。❷宋朝龙图阁、观文殿学士及待制等职序班在西，故亦称西班或西班学士。

西都少尹　官名。唐朝西都（长安）所在地方行政副长官，置二人，从四品下，协助西都尹掌府州之事，年终逐项上报本地各类统计。

西都尹　官名。唐玄宗开元元年（713）改京兆府长史置，为西都（长安）所在地方实际行政长官，一人，从三品，通判府州事，牧缺则行其事，掌考核官吏、教化百姓、荐贤举能、劝课农桑等；每岁一巡属县，阅丁口、观风俗、录囚犯、恤鳏寡等。

西都牧　官名。唐朝西都（长安）所在地方最高行政长官，置一人，从二品，多以亲王兼领，实际事务则以长史（后改为尹）署理。

西都省 官署名。辽朝北面官，分掌军马之政。设太师。

西都省太师 官名。辽朝北面官，西都省长官。

西都留守 官名。唐朝以长安为都，相对东都而言，又称西都、西京。太宗征高丽，以房玄龄为京城留守。其后，凡皇帝不在京城，皆置。玄宗开元元年（713）改长史为尹，遂以京兆府尹为留守。玄宗天宝（742—756）改西都为西京，又称西京留守。

西夏中兴河州等处军民总管府 官署名。元朝置，秩正三品，隶吐蕃等处宣慰司都元帅府。置司河州（今甘肃临夏）。设达鲁花赤、总管、同知、治中各一员。下辖税务提领及宁河县官脱脱禾孙、弓甲匠达鲁花赤等官。

西夏中兴道提刑按察司 官署名。简称西夏提刑按察司。元朝地方监察机构，设于元世祖至元六年（1269），治司于宁夏府路（今宁夏银川）。至元十二年，改为陇右河西道提刑按察司。

西夏行省 见“甘肃行省”。

西部大人 官名。北魏明元帝泰常二年（417）置，与天部、地部、东部、南部、北部大人并称为六部大人，皆以诸公为之，共同处理国家日常政务。下置三属官。太武帝复建尚书省后罢。

西部长 官名。北魏太武帝时置，尚书省西部曹次官，协助尚书管理西部州郡及战事所需之事务。

西部尚书 官名。北魏尚书省西部曹长官。权任轻于南、北部尚书，且存在时间较短。

西部曹 官署名。北魏初尚书省唯置南、北部曹，太武帝时经营西方，灭大夏、北凉，战事频繁，故增置此曹，主管西部州郡，并负责战事所需之事务。以西部尚书为长官，西部长为次官。平定西方后不久即罢。

西陵承办事务掌关防郎中 官名。清朝西陵工部衙门之主官。乾隆元年（1736）设，一人，驻易州。下设员外郎六人，主事二人，笔帖式二人，经承二人及守库把总、巡兵、匠役等员役。掌陵寝岁修工程之事及祭器、祭物之供给。宣统三年（1911）改归内务府，仍带工部衔。

西陵陵寝礼部衙门 官署名。清朝管理西陵陵寝三衙门之一。设于直隶易州（今河北易县）。包括泰陵、泰东陵、昌陵、昌西陵、慕陵、慕东陵及崇陵等七处。设郎中四人，员外郎十五人，主事二人及读祝官、赞礼官、笔帖式等。掌西陵之判署文案及监视礼仪岁供物品之事。

西域大都护 官名。十六国前赵置。刘曜以凉州张茂遣使称藩，授其为凉州牧，并领此职。后凉亦置。《晋书·吕光载记》：“（吕）光以子复为使持节、镇西将军、都督玉门已西诸军事、西域大都护，镇高昌，命大臣子弟随之。”

西域卫亲军都指挥使司 官署名。元朝侍卫亲军指挥机构。秩正三品。又称阿儿浑卫。设于成宗元贞元年（1295）六月，统阿儿浑军人。置营于荨麻林（今河北张家口西洗马林）、丰州（今内蒙古呼和浩特东）等地，衙司在大都丽正门内。设达鲁花赤一员，都指挥使二员，副都指挥使二员，佥事二员。下辖行军千户所、把门千户所各一。

西域长史 官名。东汉章帝建初元年（后76）罢西域都护，军司马班超留于阗，绥集诸国。八年，以超为西域长史，亦称将兵长史，掌管西域事务。和帝永元三年（后91）复置西域都护，遂为都护属官。永初元年（107）悉罢。安帝延光二年（123）复置，以班勇为之，将弛刑徒五百人，屯柳中，执行都护职务。后遂为常制，与戊己校尉共主西域事务。十六国前凉亦置。

西域校尉 官名。亦称护西域校尉。掌管西域少数民族事务。三国魏置，西晋沿置，治雍州。东晋初废，安帝元兴（402—404）中又置，寄治西阳（今湖北鄂城）。魏、晋皆五品。北魏亦置，多以凉州地区军事长官兼领，驻凉州。

西域都护 官名。西汉始置，亦称都护西域、使西域都护，主管西域地区军政事务。初，武帝置使者、校尉领护西域。宣帝神爵（前61—前58）中，以郑吉并护鄯善以西南道、车师以西北道，称都护西域骑都尉，于乌垒设府，监护西域诸国。后遂为常制，秩比二千石，有副校尉，设丞一员，司马、候、千人各二员。诸屯田校尉、戊己校尉皆属之。新莽时中原王朝与西域断绝，或罢。东汉明帝永平十七年（后74）复置，后或省或置。班超任都护时，府治移龟兹。安帝永初元年（107）以后不复置，西域事务由西域副校尉或西域长史、戊己校尉主之。十六国前凉亦置，领营兵，为沙州刺史所辖三郡三营之一，职权不同于汉。前秦时苻坚亦任张天锡为此职。

西曹 ❶官署名。汉朝丞相、三公府僚属诸曹之一，掌署用府吏事，以掾主其事。三国、晋公府、丞相府、将军府沿置，其中晋司徒府增设左西曹之后，改为右西曹。北齐、隋州县亦置。东晋以前设掾、属，以后设参军、掾、佐等。❷西曹书佐或西曹掾属省称。

西曹从事 官名。十六国南凉置。南朝梁诸州亦置，位在诸从事上，自一班至流外四班不等，掌同西曹掾。

西曹书佐 官名。州刺史佐吏。晋改功曹书佐置。南朝、北魏、北齐、隋俱置。掌诸吏及选举事，位在别驾、治中下，与主簿相亚而略低，但在诸从事上。北齐司州视八品，他州视从八品；隋雍州视从八品，他州视正九品。炀帝大业三年（607）罢州置郡后废。

西曹令史 官名。东汉、三国魏、蜀、晋朝置，西曹低级官吏，位低于属，掌文书等。

西曹议令史 官名。东汉末曹操丞相府置，西曹属吏。卢毓曾任此职。

西曹属 官名。东汉、三国魏、晋朝置，西曹次官，阙掾则为西曹长官。

西曹掾 官名。东汉、三国魏、晋朝诸公、位从公府僚属，为西曹长官，掌府吏署用事。北齐司州、诸县亦置，置于司州者位在西曹书佐下，非西曹长官。

西掖 中书省别称。应劭《汉官仪》："左右曹受尚书事。前世文士以中书在右，因谓中书为右曹，亦称西掖。"后世因以称中书省。

西馆 宋朝三馆别称。参见"崇文院"。

西绫锦使 即西绫锦院使。

西绫锦院使 官名。北宋初置，属东班诸司使，通常不领本职，仅为武臣及医官迁转之阶。亦称西绫锦使。真宗咸平元年（998），定为同六品。神宗元丰（1078—1085）改制，改为正七品。徽宗政和二年（1112）重定武臣、医官阶官，换为保和大夫。

西绫锦副使 官名。宋初置，属东班诸司使，多不领本职，仅为武臣及医官迁转之阶。真宗咸平元年（998），定为同七品。神宗元丰（1078—1085）改制，改从七品。徽宗政和二年（1112）重定武臣及医官阶官名，改医职新官保和郎。

西掌客上士 官名。西魏恭帝三年（556）仿《周礼》掌客置，北周沿置。秋官府宾部中大夫属官，员一人，掌西边诸国使臣来朝的接待和安排。正三命。下设西掌客中士以佐其职。隋文帝开皇元年（581）罢。

西掌客中士 官名。西魏、北周秋官府宾部中大夫西掌客上士佐官，正二命。

西番馆 官署名。明清时负责翻译西域各民族语言文字的机构。始置于明成祖永乐五年（1407），设译字生、通事以掌其事。初隶翰林院，弘治七年（1494）改隶太常寺。清初沿置，隶翰林院，乾隆十三年（1748）省并入礼部。

西敦宗院 宋朝西外宗正司所属机构。参见"西外宗正司"。

西蛮校尉 官名。东晋置，十六国前秦沿置。掌益、宁、梁等州少数民族事务。领兵，有时兼任刺史。

西摄 西夏官位。枢密位之一。

西路招讨使司 官署名。辽朝北面官，掌西路兵马。

西路群牧使司 官署名。辽朝北面官，掌西路马、牛、羊饲养蕃养等事。

西蜀四川道肃政廉访司 官署名。元朝地方监察机构，由提刑按察司改置，隶陕西行御史台。

西蜀四川道提刑按察司 官署名。元朝地方监察机构，设于元世祖至元十六年（1279），置司成都路，设使、副使等职，监治成都、嘉定、广元、顺庆、永宁、重庆、夔州、叙州、马湖等路，兼劝农事。二十八年，改肃政廉访司。

西藏办事大臣 见"驻藏大臣"。

西翼校尉 官名。北魏置，职掌不详。常文通以南天水太守任此。

亚 ❶次一等，第二。如亚大夫、亚卿。❷武官。殷朝始置，西周沿置。《库方二氏所藏甲骨卜辞》第一〇二八片："贞亚畯保王，亡不若，一月。"《尚书·周书·酒诰》："越在内服，百僚、庶尹、惟亚、惟服、宗工，越百姓里居。"

亚大夫 爵名。春秋时郑国置。相当别国的中大夫。《左传·昭公七年》："朔于敝邑，亚大夫也；其官，马师也。"

亚中大夫 官名。元朝始置为文散官，初为少中大夫，仁宗延祐（1314—1320）间改名。明朝置为文散官，从三品，初授。

亚台 御史大夫别称。洪迈《容斋四笔》卷一五《官称别名》："唐人好以它名标榜官称"，"御史大夫为亚台、为亚相、为司宪"。

亚师 少师之别称。

亚走马 官名。殷朝置。《甲骨文合集》第二七九三九片："庚申贞，其令亚走马。"

亚相 御史大夫别称。洪迈《容斋四笔》卷一五《官称别名》："唐人好以它名标榜官称"，"御史大夫为亚台、为亚相、为司宪"。

亚保 少保之别称。

亚将 见"副将"。

亚祝 官名。周朝置。掌祭祀祝祷的官员。《逸周书·尝麦》："少祝导王，亚祝迎王，降阶即假于大宗、少宗。"

亚卿 爵名。春秋战国置。比上卿低一等的卿大夫。《左传·文公六年》："先君是以爱其子，而仕诸秦，为亚卿焉。"《史记·乐毅列传》："乐毅于是为魏昭王使于燕"，"遂委质为臣，燕昭王以为亚卿"。

亚旅 ❶官名。西周置，春秋时晋国沿置。领兵征战的武官。《尚书·周书·牧誓》："我友邦冢君，御事，司徒、司马、司空、亚旅、师氏、千夫长、百夫长。"《左传·成公二年》："司马、司空、舆帅、候正、亚旅皆受一命之服。"❷一说指上大夫。《左传·文公十五年》："请承命于亚旅。"杜预注："亚旅，上大夫也。"

亚畯 官名。殷朝置。《库方二氏所藏甲骨卜辞》第一〇二八片："甲辰卜"，"贞，亚畯保王，亡不若。一月"。

亚傅 少傅之别称。

再考 官吏考核制度。明朝定为考满之法。见"考满"。

吏 ❶百官通称，相对民而言。❷战国后期指秩位较低的官员。秦汉分长吏、少吏。一般秩位在四百石至二百石者为长吏，百石以下为少吏。历代沿称。明清称衙署房吏书办无俸禄而供事于官者。清朝分京吏、外吏两类，京吏有供事、儒士、经承三种，外吏包括书吏、承差、典吏、攒典，均由民间选充。宗人府、内阁、翰林院、詹事府供事考取，内廷三馆及修书各馆供事由内阁、翰林院等衙门供事送馆，则例馆供事由本衙门经承、贴写充补，儒士由经承转补，其余皆募充，五年役满更换。凡经制之吏，五年役满可考职，经堂官、总督、巡抚考试后，京吏取十之七，外吏取十之五；一等晋从九品，二等为未入流，咨报吏部给照，注册备于铨选。事繁京吏及乌里雅苏台供事，役满免考职，京吏掣签，授从九品或未入流职；乌里雅苏台供事议叙，授府经历，皆注册备选。

吏士 官名。战国置。掌文书的小吏。《墨子·备城门》："城上十人，一什长，属一吏士。"

吏大夫 官名。战国魏置。主管官吏的长官。《水经·河水注》引《竹书纪年》："魏襄王十七年，邯郸命吏大夫奴迁于九原。"

吏户 宋朝担任吏职的人户，称为吏户。

吏书 宋朝吏部尚书省称。

吏目 官名。金朝始置，为首领官。掌案牍和管辖吏员，负责处理官府内部具体公事。元朝沿置，亦为首领官。中下州地方官府中设一至二名，为流外职，任满可升为都目。例由路总管府、府、州司吏考满升入。明朝地方各州设，为州之属官，从九品。掌刑狱及官署内部事务，若州无同知、判官，则分理州事。太常寺牺牲所、五城兵马司、市舶提举司、盐课提举司、中都留守司、兴都留守司、都指挥使司、千户所等亦设，为各衙门属官，秩从九品或未入流。掌出纳文移。清承明制，于地方各州设，从九品，掌司奸盗、察狱囚、典簿录。例以宜课司大使、礼部铸印局大使、兵马司吏目、典史、巡检、驿丞等升任。又五城兵马司各设一员，未入流，与兵马司副指挥分管各坊，掌平诉讼、诘奸匿、弥盗窃以及收容、赈济诸事。此外，明清之土州多设吏目，以约束土官。太医院亦设吏目，为医官，明从九品，清正九品。

吏主者 战国秦国称主管某事的官吏。《睡虎地秦墓竹简·仓律》："城旦为安事而益其食，以犯令律论吏主者。"

吏礼部 官署名。元朝隶中书省。世祖至元元年（1264）十一月，罢左三部，置吏礼部。设尚书三员，侍郎二员，郎中四员，员外郎六员。三年，复为左三部。五年，又置吏礼部，设尚书二员，侍郎、郎中、员外郎各一员。七年，吏、礼分为二部。八年，又合为一部，置尚书、侍郎、郎中各一员，员外郎二员。十三年，分为吏、礼二部。

吏侍 吏部侍郎简称。

吏卒 汉朝为吏与士卒的合称。晋朝指给官府役使者。凡高级官员均给车服吏卒。

吏官 官名。郑成功所设六官之一，主任官、考核等事。

吏房 官署名。唐朝置，为五房之一。玄宗开元（713—741）中设于政事堂，与枢机房、兵房、户房、刑礼房分曹以主众务。北宋初期，设于中书门下，为六房之一。掌后妃、诸王、公主册封，驸马除拜，京官、幕职州县官注拟、加恩，诸司使副以上加恩，以及百官封赠等事。设堂后官一员总领。此外，枢密院亦设，掌阁门祗侯以上迁补之名籍，及三公、将帅迎受恩命等事。神宗元丰（1078—1085）改制后，于门下省、中书省、尚书省及枢密院设。掌有关官员转官、循资、考课、荐辟、升陟、恩赏、致仕等项事务。明清朝亦置，为中央和地方官署中书吏的办事机构，六房之一。清都察院堂下、通政使司登闻鼓厅下设有，掌有关案件之整理呈报。太常寺博士厅设有，分管厅事。于房办事之书吏为经承，属都察院者三人，余各一人。顺天府及各直省府、州、县衙门内亦设有，协助府、州、县长官分办所属事务。其书吏，属顺天府者为经承，属各直省府、州、县者为典吏。

吏科 官署名。明清六科之一。明洪武六年（1373）置，设给事中二人。初隶承敕监，后隶通政司。二十四年设都给事中一人，左、右给事中各一人，给事中四人。南京吏科亦设给事中一人。永乐（1403—1424）中六科自为一署。凡吏部引选之请旨，外官领文凭之画字，内外官考察，自陈之具奏及拾遗纠其不职者并皆掌之。清顺治（1644—1661）中沿置，设都给事中满、汉各一人，左、右给事中各一人，给事中汉二人。康熙四年（1665）止留给事中满、汉各一人，余俱裁。五年增设掌印给事中满、汉各一人。掌稽核人事，注销吏部、顺天府文卷之事。雍正元年（1723）改隶都察院。光绪三十二年（1906）裁。

吏科右给事中 官名。参见"吏科左给事中"。

吏科左给事中 官名。明清吏科之副长官。佐都给事中掌科事。明洪武二十四年（1391）设，左、右各一人，秩从八品。永乐（1403—1424）中升从七品。清顺治十八年（1661）沿设，左、右满、汉均各一人。康熙四年（1665）裁。

吏科给事中 官名。明清吏科之属官。明洪武六年（1373）设，二人，秩正七品，推年长者掌印。二十四年定设四人，正九品。建文（1399—1402）中改为从七品。又南京吏科亦设一人。分掌吏部引选之诸旨，外官领文凭之画字，内外官考察、自陈之具奏及拾遗纠其不职者之事。清顺治（1644—1661）中沿设，汉二人。康熙四年（1665）改设满、汉各一人。初制为从七品，雍正七年（1729）升为正五品。分掌稽核人事，注销吏部、顺天府文卷之事。光绪三十二年（1906）裁。

吏科都给事中 官名。明清吏科之主官。掌科事。明洪武二十四年（1391）设一人，秩正八品。建文（1399—1402）中改为正七品。清顺治十八年（1661）沿设，满、汉各一人。康熙四年（1665）裁。

吏部 官署名。❶东汉始于尚书台置吏曹（一说名吏部曹），掌选举祠祀事，后改名选部，专掌官吏的任免考选，三国魏改名吏部，职掌文职官吏任免考选，兼典法制，隶尚书台（省），设尚书为长官，武官选举归中护军；或说领吏部、考功、定课、比部等郎曹。两晋沿置，所领郎曹或有增减，兼掌武官选举。南朝定制，置为尚书省六曹之一，设尚书，领吏部、删定、三公、比部四郎曹。自魏、晋至南北朝，居尚书列曹之首，其职极重，其官品秩常比他曹为高，宋孝武帝大明二年（458），因不欲威权在下，增尚书为二员以削弱其权任，寻复置一员。北魏前期或称选部，孝文帝改制后定置为尚书省六曹之一，或说领吏部、考功、南北主客四曹。北齐领吏部、考功、主爵三郎曹，掌文武官吏任免考选封爵之政，法制改归都官曹。麹氏高昌国置为八部之首，设长史、司马为正副长官。历朝又每以大臣参掌选事分其权任，重大任命须与众执政大臣参议，由皇帝、宰相裁定。西魏文帝大统十二年（546）置为尚书省十二部之一，设郎中；西魏末、北周仿《周礼》建六官府，改隶夏官府为诸司之一，设中大夫为长官，下大夫、上士各一员副之，或省中大夫，则以下大夫为长官。隋、唐、五代为尚书省六部之首，掌全国文职官员铨选、勋封、考课之政。隋初设尚书为长官，领吏部（选部）、司封（主爵）、司勋、考功等署；炀帝大业三年（607）增设侍郎一员为次官。唐增侍郎为二员，诸司各设郎中、员外郎、主事等员。高宗龙朔二年（662）改名司列，咸亨元年（670）复旧；武则天光宅元年（684）改名天官，中宗神龙元年（705）复旧；玄宗天宝十一载（752）改名文部，肃宗至德二载（757）复旧。唐前期兼管贡举，玄宗开元二十四年（736）始移其事归礼部。因尚书常由宰相兼任，部务实际上由侍郎主持。中唐以后，尚书省诸部职权为宰相、诸使职侵夺，本部铨选之权日轻。北宋初文武官铨选分属中书、审官院、枢密院、三班院，稍后文选属审官东院、流内铨，武选属审官西院、三班院，本部唯掌注拟州县、幕职官，京朝官叙服章、申请摄官讣吊祠祭、拔萃举人等事，兼管南曹、甲库，置判吏部事二人，以带职京朝官或无职事朝官充任，又有格式司，尚书、侍郎皆为寄禄官。神宗元丰（1078—1085）改制后，始掌管全国文武官吏铨选爵勋考课之政令，置尚书一员、侍郎二员；改审官东、西院为尚书左、右选，由尚书主持，管理较高级的文武官吏；改流内铨、三班院为侍郎左、右选，由侍郎主持，管理较低级的文武官吏，合称吏部四选，各置郎中、员外郎，分掌铨选之政。高级文官须由中书省敕授，高级武官须由枢密院宣授。领吏部、司封、司勋、考功四司，各置郎中、员外郎，分掌爵勋考课之政，吏部司兼佐部务；官告院掌官吏任命文书，置主管官等员。辽朝为南面官署，无实际职掌。金朝职掌与宋略同，然不分四选，不设诸司，置尚书、侍郎各一员为长贰，郎中、员外郎各二至四员，掌拟注从七品以下职事官，正七品以上，将名单上报尚书省，听制授。领架阁库、官诰院。金初与尚书省左、右司通署，熙宗天眷三年（1140）始分治。元朝隶中书省，掌文官铨选，武官归枢密院。世祖中统元年（1260）与户、礼并为左三部，后或自为一部，或与礼部合为吏礼部，至元十三年（1276）始定制自为一部，置尚书、侍郎、郎中、员外郎，员额不等，亦不设诸司。后定员尚书三员，侍郎、郎中、员外郎各二员。惠宗至元三年（1337）增置考功郎中、员外郎各一员，至正元年（1341），又置司绩一员，掌百官行止。明太祖洪武十三年（1380）罢中书省后，六部直隶皇帝，分掌政务，吏部掌全国文官铨选、考课、爵勋之政，武官归兵部。除内阁大学士、吏部尚书由廷推或奉特旨外，内外百官皆由吏部会同其他高级官员推选或自行推选。设尚书一员，左、右侍郎各一员。初领总部、司勋、考功三属部，洪武十三年增司封部，二十二年改总部为选部，二十九年定置文选、验封、稽勋、考功四清吏司及司务厅。建文（1399—1402）中一度增置左、右侍中居尚书下、侍郎上，去诸司清吏字，成祖即位后复旧。永乐（1403—1424）中，六部迁北京。清朝天聪五年（1631）始置，以贝勒管理部务，设满、蒙、汉承政、参政、启心郎等官。崇德三年（1638）分参政为左、右，增理事官、副理事官、额哲库等官。顺治元年（1644）停贝勒掌部务，改承政为尚书，参政为侍郎，理事官为郎中，副理事官为员外郎，额哲库为主事，八年复以亲王、郡王兼摄部务，九年罢。雍正元年（1723）以大学士领部务，嘉庆四年（1799）改以亲王领，六年复以大学士领，遂为定制。置尚书满、汉各一员，左、右侍郎满、汉各一员。属官有堂主事，清档房满二员，汉本房满二员，汉军一员，掌文案章奏。所领诸司沿明制，又置当月处、督促所等机构，各置满、汉、蒙古、汉军等郎官，员额不等。宣统三年（1911）成立责任内阁，设铨叙、制诰等局，遂废。❷魏晋南北朝尚书省郎曹之一，设郎（郎中），隶吏部尚书，协掌铨选之政。隋初改设侍郎二员，炀帝大业三年（607）改名选部。唐高祖武德五年（622）复旧，设郎中、员外郎各二员，及主事等员，为吏部头司，协掌铨政，领南曹，在诸司中最为重要。高宗、武则天时曾随本部改名司列、天官，寻各复旧。宋朝亦置，初无职掌，神宗元丰（1078—1085）改制后设郎中、员外郎各四员，协掌铨选及部务。

吏部下大夫 即小吏部下大夫。

吏部上士 即小吏部上士。

吏部中大夫 官名。西魏恭帝三年（556）置。夏官府吏部司长官，员一人，掌官员选举，权力极重。下设小吏部下大夫、小吏部上士以佐其职，领司士上士、司勋上士、司录上士等官属。北周沿置，司勋置中大夫，不复属之。北周武帝建德二年（573）省。宣帝即位后，复置。正五命。隋文帝开皇元年（581）罢。

吏部长史 官名。麹氏高昌国吏部长官。职掌同尚书。

吏部右侍郎 参见“吏部左侍郎”。

吏部左侍郎 官名。明太祖洪武十三年（1380）置吏部左、右侍郎各一员，正三品，为吏部副长官，协掌部务。时罢中书省，六部直达皇帝，分掌政务，故其职甚重。清朝顺治元年（1644）改吏部左、右参政为左、右侍郎，满、汉各一员，凡四员。初定满、汉军员正二品，汉员正三品，顺治十六年改皆正三品，康熙六年（1667）复旧制，九年复改皆正三品，雍正八年（1730）皆升正二品。光绪三十二年（1906）各减一员，宣统三年（1911）废。参见“吏部”、“吏部侍郎”。

吏部四选 宋朝吏部尚书左、右选与侍郎左、右选总称。北宋前期，以审官东院、审官西院、流内铨、三班院分治选事。神宗元丰（1078—1085）改制，铨注之事皆归吏部，改审官东院为尚书左选，流内铨为侍郎左选，主管文选；改审官西院为尚书右选，三班院为侍郎右选，主管武选。

吏部主判 即判吏部事。

吏部司马 官名。麹氏高昌国吏部次官，协助吏部长史处理本部事务。始被派遣到诸城相监检校，则称城令。

吏部员外郎 官名。❶吏部头司吏部司次官。隋文帝开皇六年（586）始置一员，掌本曹籍帐，侍郎缺则代理曹事。炀帝大业三年（607）罢，后又置选部承务郎行其职。唐高祖武德三年（620）复旧，置二员，一掌判南曹，核实选人解状、簿书、资历与考课，以呈尚书、侍郎；一掌判本司事务。高宗、武则天时曾随本司改名司列员外郎、天官员外郎，寻各复旧。从六品上。五代因之。北宋初为六品寄禄官，不预司务，神宗元丰（1078—1085）改制后，尚书左右选、侍郎左右选各置郎官，协助尚书、侍郎分掌文武官铨选之事，其资序未及知府以上者为员外郎，正七品，或加尚左、尚右、侍左、侍右诸名目。详见“尚书左选”、“尚书右选”、“侍郎左选”、“侍郎右选”。❷吏部佐贰官。辽朝为南面朝官。金朝为吏部尚书佐贰官，分判曹务及参议选事，所掌与郎中同，从六品。元朝略同。明初置，正六品，旋罢。清初亦置，后罢。❸吏部诸司员外郎统称。如隋、唐、五代、两宋之吏部、司封、司勋、考功员外郎，明、清之文选（总部、选部）、验封、稽勋、考功员外郎等。详见各条。

吏部尚书 官名。东汉置吏曹尚书，一说名吏部曹尚书，后改名选部尚书。三国魏改选部尚书置，为尚书台（省）吏部曹长官，三品。两晋南北朝沿置，位居列曹尚书之上，晋、宋三品，梁十四班，陈三品、中二千石；孝文帝太和十七年（493）定为二品下，二十三年改三品，北齐三品。主管官吏铨选考课奖惩，其实权甚或过于尚书仆射。然重要官职的任免须与诸执政大臣合议，由皇帝、宰相裁定，亦常命尚书仆射领吏部事务或任命大臣参掌选事以分其权任。南朝宋孝武帝大明二年（458）故置二尚书以轻其任，寻复置一员。西魏末、北周改置吏部中大夫，属夏官府。隋、唐复为尚书省六部长官之首，正三品，与二侍郎分掌六品以下文官选授、勋封、考课之政，称为三铨。唐高宗、武则天、玄宗时曾随本部先后改名司列太常伯、天官尚书、文部尚书，寻各复旧。因其地位尊荣，多由宰相兼任或为外官带职，常不治部务。北宋初为三品寄禄官，表示品级俸禄，不预本部公务，神宗元丰（1078—1085）改制后，始成为职事官，从二品，掌文武二选，奉行其制命。百官选授、封爵、功赏、考课之事，由诸司分掌，而由尚书汇总验实裁定，若有疑不能决，大事禀议于尚书省。设左、右选，各置郎中、员外郎。详见“尚书右选”、“尚书左选”。辽朝为南面朝官。西夏亦置。金初与尚书省左、右司通署，熙宗天眷三年（1140）始分置，正三品。元初员额一至七人不等，后定置三员，隶中书省，正三品。明初置一或二员，洪武十三年（1380）定置一员。时罢中书省，遂直达皇帝。《明史・职官一》：“掌天下官吏选授、封勋、考课之政令，以甄别人才，赞天子治。盖古冢宰之职，视五部为特重”，“表率百僚，进退庶官，铨衡重地，其礼数殊异，无与并者”。初班位序内阁大学士上，弘治六年（1493）以后始列其下。景泰（1450—1456）中，设二尚书，天顺（1457—1464）初复置一员。明初止三品，洪武十三年改正二品，建文（1399—1402）中改正一品，永乐（1403—1424）复改正二品。清朝顺治元年（1644）改承政置，满、汉各一员，职权较明为轻。初满员正一品，汉员正二品，顺治十六年改皆正二品，康熙六年（1667）复旧，九年复皆为正二品，雍正八年（1730）皆从一品。光绪三十二年（1906）减为一员，宣统三年（1911）废。

吏部侍郎 官名。❶两晋南北朝吏部郎资深勤能者可转侍郎。参见“吏部郎”。❷隋初吏部司长官。隶吏部尚书。初为六品上，文帝开皇三年（583）升从五品。炀帝大业三年（607）改名选部郎。❸吏部次官。隋炀帝大业三年（607）始置，员一人，唐增为二员，居六部侍郎之首，正四品上。高宗、武则天、玄宗时曾随本部改名司列少常伯、天官侍郎、文部侍郎，寻各复旧。初分掌八、九品文官铨选，称东、西铨，睿宗景云（710—711）以后，与尚书通掌六品以下文官铨选。时尚书常由宰相兼任或为外官带职，部务实由侍郎主持。中唐以后，职权日轻。五代因之。北宋初为四品寄禄官，表示品级俸禄，不预部务，神宗元丰（1078—1085）改制后，始成为职事官，置二员，从三品，协理部务，分领侍郎左、右选，掌较低级文武官员的铨选，各设郎中或员外郎佐之。详见“侍郎右选”、“侍郎左选”。或命官兼摄，亦称左选侍郎、右选侍郎。南宋又称侍左侍郎、侍右侍郎。辽朝为南面朝官。金朝置一员，元朝置一至三员不等，皆协理部务，正四品。明朝沿置，太祖洪武十三年（1380）以后定置左、右侍郎各一员。

吏部郎　官名。尚书省吏部曹长官通称。三国魏、蜀始置，两晋南北朝沿置。亦称郎中，资深者可转侍郎。属吏部尚书，主管官吏选任铨叙调动事务，对五品以下官吏之任免有建议权。南朝如加“参掌大选”名义，则可参议高级官吏之任免。历朝皆重其选，职位高于尚书省诸曹郎。魏六品，秩四百石，晋、宋六品，梁十一班，陈四品，秩六百石；北魏孝文帝太和十七年（493）定为从四品上，二十三年改四品上；北齐四品上。隋初称吏部侍郎。

吏部郎中　官名。❶魏晋南北朝与吏部郎互称，为尚书省吏部曹长官。参见“吏部郎”。❷吏部头司吏部司长官。唐高祖武德三年（620）改选部郎置，员二人。一掌考定核实文官资历档案班秩阶品告身，一掌选补流外官。高宗、武则天时曾随本司改名司列大夫、天官郎中，寻各复旧。初为正四品上，贞观二年（628）改从五品上。五代因之。北宋前期为五品寄禄官，神宗元丰（1078—1085）改制后置四员，从六品，分掌尚书左、右选，侍郎左、右选，协助尚书、侍郎管理文武官铨选之事，其资序在知府以上。或加尚左、尚右、侍左、侍右诸名目。详见各条。❸吏部佐贰官。辽朝为南面朝官。金朝置二员，一掌文武选、流外迁用、官吏差使、行止名簿、封爵制诰之事，一掌勋级酬赏、荫袭、循迁、致仕、考课、议谥之事，皆为尚书佐官。元朝略同。从五品。明初置，正五品，旋罢。清初亦置，后罢。❹吏部诸司郎中统称。如隋、唐、五代、两宋之吏部、司封、司勋、考功郎中，明、清之文选（总部、选部）、验封、稽勋、考功郎中等。

吏部郎官　吏部郎中、员外郎通称。北宋神宗元丰（1078—1085）改制后，参掌四选之事。以知府资序以上人充郎中，未及者为员外郎。南宋高宗建炎四年（1130），罢权摄、添差郎官。凡初进拟，仅称吏部郎官；及拟告身细衔，始分郎中、员外郎，并加尚左、尚右、侍左、侍右之称。

吏部都　吏部都令史简称。

吏部都令史　官名。亦称吏曹都令史。两晋以来尚书省置都令史八人，协助尚书左、右丞管理都省事务，监督诸曹尚书，参与政要。权任虽重，用人常轻。至南朝梁始重其选，置殿中、吏部、金部、左民、中兵五都令史，梁武帝天监九年（510）诏令选用有才干的士人。位仅二班，职权颇重。以吏部都令史监督吏部尚书政务。陈沿置。北魏、北齐均置八都令史。

吏部曹　参见“吏部”。

吏部阙榜　宋朝吏部流内铨公布官缺的文榜。仁宗皇祐（1049—1054）中，吏部流内铨设阙亭，凡州县报官缺，即时出榜公布，称吏部阙榜。后部吏往往隐匿不宣，甚至公然论价卖给选人。

吏啬夫　春秋战国时期管理某一职事的官长。《管子·君臣》：“吏啬夫任事，人啬夫任教”，“吏啬夫尽有訾程事律，论法辟衡权斗斛，文劾不以私论，而以事为正”。

吏曹　官署名。❶隶尚书台。东汉改常侍曹置，掌官吏铨选及祠祀之政，设尚书为长官。后改选部。❷隶御史台。两晋南朝置，以侍御史主之，掌监察官吏。❸晋朝县置诸曹之一，设史。

吏曹都令史　即吏部都令史。

吏曹清吏司　官署名。明朝北京行部所属六曹清吏司之一。永乐元年（1403）始置，设郎中一人，正五品，员外郎一人，从五品，主事一人，正六品。十八年迁都北京，遂罢。参见“北京行部”。

吏曹清吏司员外郎　官名。明永乐元年（1403）置。见“吏曹清吏司”。

吏曹清吏司郎中　官名。明永乐元年（1403）置。见“吏曹清吏司”。

吏籍案　官署名。宋神宗元丰（1078—1085）改制置，隶刑部都官司，掌六曹寺监吏额及关防约束之事。哲宗元祐四年（1089）罢。徽宗崇宁二年（1103）复置。南宋因之。

共工　官名。新莽始建国元年（后9）更名少府置。东汉复故。

共和　西汉宫中女官名号。秩与百石类似。《汉书·外戚传》：“无涓、共和、娱灵、保林、良使、夜者皆视百石。”

列士　爵名。❶周天子所命，又称元士。位同诸侯国家的下大夫。《国语·鲁语下》：“列士之妻加以朝服。”韦昭注：“列士，元士也。”❷诸侯国君所命，同“上士”。《左传·哀公十一年》：“吴将伐齐，越子率其众以朝焉，王及列士皆有馈赂。”

列大夫　爵名。❶一说即中大夫。春秋战国设。《史记·孟子荀卿列传》：“于是齐王嘉之，自如淳于髡以下，皆命曰列大夫，为开第康庄之衢，高门大屋，尊宠之。”《管子·揆度》：“令诸侯之子将委质者，皆以双虎之皮，卿大夫豹饰，列大夫豹幨。”戴望注：“列大夫，中大夫也。”❷即汉朝公大夫。爵第七，又称七大夫。《史记·樊郦滕灌列传》：“赐爵列大夫。”❸众大夫统称。《史记·孟子荀卿列传》：“齐尚修列大夫之缺，而荀卿三为祭酒焉。”

列伍长　官名。战国秦置。商贾伍人之长。《睡虎地秦墓竹简·金布律》：“贾市居列者”，“列伍长弗告，吏循之不谨，皆有罪”。

列国　春秋战国时期的诸侯大国。《左传·昭公二十三年》：“列国之卿当小国之君。”《礼记·曲礼下》：“列国之大夫入天子之国曰某士。”

列荣　内官名。南朝宋明帝泰始三年（467）定内官时置，为五职之一，班亚九嫔。

列侯　爵名。战国时楚、秦等国皆置。秦称彻侯，为二十等爵最高一级。汉朝沿置，因避武帝讳，故曰通侯、列侯。为最高爵位，金印紫绶。秦及汉初多以军功封授。自武帝时丞相公孙弘封平津侯始，丞相亦得封侯。诸侯王推恩分封子弟，亦称列侯。又有以外戚和恩泽封侯者。西汉食邑多者万户，少者数百，皆为县侯。奉朝请在长安者位次三公。东汉又有都乡侯、乡侯、都亭侯、亭侯等。后世亦为诸侯泛称。列侯享有政治、经济等种种特权。

列卿 位列卿位的高级官员的泛称。参见“卿”。

列爵 ❶爵位等次。《尚书·周书·武成》：“列爵惟五。”❷爵位。《商君书·错法》：“列爵禄赏不道其门，则民不以死争位矣。”

夸兰达 满语官名。指众武官举选为首者，通译作“营总”。

夺里本斡鲁朵 即延昌宫。

夺情 古时官员丁忧，须去职，居家守制。若守制未满期而应朝廷之召出而任职，称为夺情。另有朝廷要员，因某种需要，特命不必去职居丧，以素服留署办事，但不参与吉礼者，亦称夺情。

厌难将军 将军名号。新莽置。《汉书·翟方进传》：“中郎将李棽为厌难将军。”

有正 周朝各级官长泛称。《尚书·周书·酒诰》：“文王诰教小子、有正、有事，无彝酒。”

有司 官吏和官署泛称。古代设官分职，各有专司，故称。《牧簋铭》：“命汝辟百寮、有司事。”《汉书·文帝纪》：“有司请令县道，人八十已上，赐米人月一石、肉二十斤、酒五斗。”《晋书·石崇传》：“有司承旨奏（石）统，将加重罚。”

有事 周朝执事官吏通称。《利簋铭》：“锡有事利金。”《尚书·周书·酒诰》：“文王诰教小子、有正、有事，无彝酒。”

有室 卿大夫代称。《尚书·周书·立政》：“迪惟有夏，乃有室大竞。”孔安国传：“惟有夏禹之时，乃有卿大夫室家之强。”

有秩 乡官。秦汉时职掌一乡民政赋役，由郡任命，秩百石。满五千户之乡，置有秩。乡小者县置啬夫一人，边郡要地虽不及五千户，亦设有秩。其后或此县有而彼县无，依遵旧俗，无定制。

有秩吏 年俸百石的官吏。战国秦国称俸禄百石以上为“有秩”，百石以下称“斗食”。《睡虎地秦墓竹简·金布律》：“都官有秩吏及离官啬夫，养各一人。”

有家 卿大夫代称。《尚书·虞书·皋陶谟》：“夙夜浚明有家。”孔安国传：“卿大夫称家。”

在位 ❶帝王当政叫在位。❷居官任职。《尚书·虞书·大禹谟》：“小人在位。”

在京行用库 官署名。洪武八年（1375）置，隶户部，以收易昏烂之钞。设大使一人，副使二人，典史一人，都监二人，进行管理。仁宗即位罢。

在京房 官署名。宋神宗元丰（1078—1085）改制置，属枢密院，掌行遣殿前步军司事，及支移兵器，川陕路边防，畿内、福建路吏卒，军头司、皇城司兵卒。

在官 居官任职。《尚书·虞书·皋陶谟》：“俊乂在官。”

在野 不任官职。《尚书·虞书·大禹谟》：“君子在野，小人在位。”

存记 选官制度。清朝官员欲得实缺，需经保举，并于吏部登记，称存记，以按班选补。

存抚使 使职名。唐武则天天授二年（691）发十道存抚使，安辑抚恤天下，以右肃政台御史中丞知大夫事李嗣真等为之，阁朝有诗送之，名曰《存抚集》。

达 满语。又作大。意为“头目”、“首领”。常用作官名。

达干 官名。❶突厥阿史那氏别部大臣，世代为其官而无员限。❷回纥黠戛斯官之第六等，无员。

达吏 周朝对卑职小吏的劳绩进行考察而举荐升迁。《周礼·天官·大宰》：“七曰达吏。”郑玄注：“达吏，察举勤劳之小吏也。”

达拉密 参见“军机达拉密”。

达官 ❶显贵的官吏。《礼记·檀弓下》：“诸达官之长杖。”孔颖达疏：“达官，谓国之卿、大夫，士被君命者也。”❷明代对少数民族官员之泛称。

达剌干 官名。辽太宗会同元年（938），改称部达剌干为副使，县达剌干为马步，又译麻普。

达琫 官名。清朝西藏地方政府官员之一。隶于噶伦。管理马厂之事。前藏设六品官二人，后藏设五品虚衔一人。缺出以大营官、边营官及嘎厦卓尼尔升补。

达喇嘛 封号。清朝藏传佛教之职任喇嘛。位在札萨克喇嘛之下，副达喇嘛之上。于北京、盛京、热河等地设十七人。蒙古各庙徒众在五百人以下者亦得设一人。分掌寺庙佛教事务。

达鲁花赤 官名。蒙古语，意为“镇守者”，汉译“宣差”。蒙古国时期在被征服地区所设监治官，掌军民政实权。元朝建立后，路、府、州、县及蒙古军以外军队元帅府、万户府、千户所皆设此职，品秩同各官署正官，地位高于正官。朝内各人匠总管府、营缮司等亦置。多由蒙古人、色目人担任，汉人、南人按规定不得任此职。

达赖喇嘛 佛号。藏传佛教格鲁派两大活佛转世系统之一。达赖，蒙古语，意为大海，达赖喇嘛意为德智广深如海无所不纳之上师。明朝万历六年（1578），蒙古俺答汗始以此名尊奉锁南嘉错，称三世，并追奉其一世、二世。清朝顺治十年（1653）册封达赖五世阿旺罗桑嘉错为“西天大善自在佛所领天下释教普通瓦赤喇怛喇达赖喇嘛”，成为藏传佛教各派的最高首领。终清之世，达赖转世皆要朝廷册封。驻拉萨。所辖僧官有国师、禅师、札萨克大喇嘛、札萨克喇嘛、大喇嘛、副喇嘛、堪布等。亦掌全藏之政令，并受成于驻藏大臣。所属有辅国公、一等台吉、噶伦、仔琫、商卓特巴、叶尔仓巴、朗仔辖、协尔帮、硕第巴、六品达琫、大中译等官员。又定制，大小番目及前后藏所管喇嘛缺出不准从在世达赖、班禅族属挑补，俟转世方可酌用。

戍　❶官名。殷周置，武官，掌戍边及征伐。《甲骨文合集》第二七九七二片："其乎（呼）戍御羌方。"《询簋铭》："成周走亚、戍。"❷地方军事行政机构。南北朝置，多设于边境军事要地。以戍主为长官，下设戍副、戍将、掾、队主、队副等，有的戍还设有驿将。管理辖区内的军务，拱卫边防。隶属于州，在北魏设镇之处则隶属于镇。北齐以后分上、中、下三等。隋朝仅设于边防，属镇，各戍皆设戍主、副。唐初沿置，五十防人为上戍，三十防人为中戍，不及三十防人为下戍。唯上戍设戍副，并有佐一人，史一人，中戍设史二人，下戍设史一人。中叶以后，内地方镇亦置，其员颇有增减。

戍主　官名。南北朝置，为戍的主将，掌守防捍御之事，除管理军政外，还干预民政和财政。多以郡太守、县令、州参军及杂号将军等官兼领。北魏肃宗孝昌三年（527），因政权不稳，曾诏留戍主、副质子于京师。北齐定为从七品，北齐以后，戍分上、中、下三等。北周为三命。隋唐时不干预民政、财政。隋朝上戍主为正七品，中戍主为正八品、下戍主为正九品。唐朝上戍主正八品下，中戍主从八品下，下戍主正九品下。宋朝虽存其名而罕有除授。

戍吏　负责戍防的军吏。《水经·河水注》引《竹书纪年》："魏襄王十七年，邯郸命吏大夫奴迁于九原，又命将军、大夫、適子、戍吏皆貉服。"

戍将　官名。南北朝戍的属官。《魏书·张衮传》："世宗时，（张法）除怀荒镇金城戍将。"

戍副　官名。南北朝置，是戍的副主将，协助戍主管理军政等事务。北魏肃宗孝昌三年（527），曾因政权统治不稳固，诏留戍副质子于京师。唐朝唯上戍设此职，中、下戍不设。北齐定为从八品。北周为二命，隋朝上戍副为正八品，唐朝上戍副改定为从八品下。宋朝虽存其名而罕有除授。

成正郎　阶官名。金朝太医二十五阶之第十四阶，秩正七品上。

成全大夫　官名。宋徽宗政和二年（1112）重定医官阶官名，改军器库使置，正七品。

成全郎　官名。宋徽宗政和二年（1112）改军器库副使置，为医官阶官，从七品。金朝为正八品下阶太医官。元朝正七品，为太医散官。

成安大夫　官名。宋徽宗政和二年（1112）重定医官阶官名，改军器库使置，从六品。

成安郎　官名。宋徽宗政和二年（1112）改军器库副使置，为医官阶官，从七品。金朝为正七品下阶太医官。元朝为正六品太医散官。

成均司业　官名。即国子司业。唐武则天垂拱元年（685）改，中宗神龙元年（705）复名国子司业。

成均监　官署名。即国子监，唐武则天垂拱元年（685）改，中宗神龙元年（705）复名国子监。

成均祭酒　官名。即国子祭酒。唐武则天垂拱元年（685）改，中宗神龙元年（705）复名国子祭酒。

成忠郎　官名。宋徽宗政和二年（1112）重定武臣阶官名，改左班殿直置，正九品，属小使臣。

成忠案　官署名。南宋置，属吏部考功司，掌成忠郎磨勘、关升、资任、较考等事。

成国上公　官名。新莽末年更始政权置，以王匡任之。

成和大夫　官名。宋徽宗政和二年（1112）重定医官阶官名，改军器库使置，从六品。

成和郎　官名。宋徽宗政和二年（1112）改军器库副使置，为医官阶官，从七品。金朝为从七品下阶太医官。元朝为从六品太医散官。

成顺郎　阶官名。金朝太医二十五阶之第十六阶，秩从七品上。

成都统军司　即西川统军司。

成资　官制用语。宋朝选举制度之一。即官员一任期满而考课合格者，可取得该任资序。又称得资。如选人初为防御、团练、军事推官，军事判官者，满三年成资；掌书记、防御、团练判官，满二年成资。

成愈郎　阶官名。金朝太医二十五阶之第十八阶，秩正八品上。

成韶大夫　阶官名。金朝内侍二十五阶之第三阶，秩从四品下。

百人督　官名。三国魏置。为统领百人的将领，位在牙门之下。蒋济为护军，主武官选举，货赂大行，时有谣言："欲求牙门，当得千匹，百人督五百匹。"

百工　❶官名。殷朝始置，周朝沿置，地位在里君之下。掌营造的工官。《小屯南地甲骨》卷上第二五二五片："癸未卜，又囚百工。"《作册令方彝铭》："明公朝至于成周，遂命舍三事命罘卿事寮，罘诸尹，罘里君，罘百工。"❷百官，众官，又称多工。《尚书·虞书·尧典》："允厘百工，庶绩咸熙。"孔安国传："工，官。"《国语·周语上》："百工谏。"泛指主管各类营造制作的工官。《周礼·考工记·总序》："国有六职，百工与居一焉"，"审曲面执，以饬五材，以辨民器，谓之百工"。郑玄注："百工，司空事官之属。"

百工监　❶官署名。隋朝行台省下置，有监一员、副监一员、丞四员。唐朝陕东道大行台尚书省下亦置，监一员、丞四员，掌舟车及营造杂作之事。唐朝将作监下亦置，有监一员、副监（或称少监）一员、丞一员，掌采伐木材；另有监作、典事等。❷官名。隋朝行台省百工监长官，置一员，视正八品。唐朝陕东道大行台尚书省百工监长官，置一员，正八品下。唐朝将作监百工监长官，置一员，正七品下。

百工监丞　官名。隋朝行台省百工监属官，置四员。唐朝陕东道大行台尚书省百工监次官，置四员，正九品下；将作监百工监属官，置一员，正八品上。

百工监副监 官名。隋朝行台省百工监次官，置一员，视从八品。唐朝将作监百工监次官，置一员，从七品下。

百工衙 官署统称。太平天国管理百工技艺的生产机构。金田起义后不久即在军队中设置，咸丰三年（1853）定都天京（今南京）后，又加扩充。设于军中者，有典旗帜、典炮、典铅码、典红粉、典硝、典铁匠、典木匠、典竹匠、典绳索，分别负责生产各项军需。设于天京者，有典炮衙、典硝衙、旗帜衙、典织衙、缝衣衙、典金衙等数十种，分别负责军工、食品、服饰、建筑、交通、日用品等项的生产加工。

百夫长 官名。简称百夫，为低级武职，统率百人。一说为卒帅，一说为旅帅。《尚书·周书·牧誓》："嗟，我友邦冢君，御事、司徒、司马、司空、亚旅、师氏、千夫长、百夫长。"孔颖达疏："百人为卒，卒长皆上士。孔（安国）以师虽二千五百人，举全数亦得为千夫长。长与帅，其义同，是千夫长亦可以称师，故以千夫长为师帅，百夫长为卒帅。王肃云师长、卒长与孔同，顺经文而称长耳。郑玄以为师帅旅帅也，与孔不同。"北方少数民族职官往往有之。

百长 官名。❶武官。春秋时，守城百步的长官。《墨子·迎敌祠》："城止步，一甲、一戟，其赞三人，五步有五长，十步有什长，百步有百长，旁有大率，中有大将，皆有司吏卒长。"❷匈奴官名。《汉书·匈奴传》："诸二十四长，亦各自置千长、百长、什长、裨小王、相、都尉、当户、且渠之属。"❸清朝土官之一种。武职。世袭。设于青海、西藏。隶兵部武选司，平时归地方官管辖。

百户 官名。元朝始置，为世袭军职，百户所长官。上百户所置蒙、汉各一人，下百户所置一人，隶于千户所。明朝沿置，正六品，下辖总旗二人，小旗十人，军士凡一百十二人。均以世官充任，有试职、有实授。清朝置为土官，分设于甘肃、四川、青海、西藏等地，管理所辖土兵。又清衍圣公属有林庙守卫司百户。

百户所 官署名。元朝始置，隶于千户所。分上、下。上置百户二人，下置一人。明朝沿置，分设于全国要害去处。以一百十二人为一所，设百户统领。上隶于千户所，下领总旗二人、小旗十人以率卒伍。

百尹 周朝称各官府的正长。《尚书·周书·顾命》：乃同召"师氏、虎臣、百尹、御事"。

百石官 年俸粮谷一百石的官吏。战国秦官制，斩两颗敌人首级者可以获得年俸百石的官职。《韩非子·定法》：商君之法，"斩二首者爵二级，欲为官者为百石之官"。

百司问事谒者 官名。唐朝诸王府皆置，各一人，正七品下，掌本府与诸司联络等事。武则天时废。

百吏 群吏，百官。《国语·周语上》："王乃使司徒咸戒公卿、百吏、庶民。"

百执事 百官，群吏。《尚书·商书·盘庚》："呜呼！邦伯，师长，百执事之人，尚皆隐哉。"《国语·吴语》："王总其百执事。"韦昭注引贾侍中说："百执事，百官。"

百夷馆 官署名。明清翻译各族语言文字的机构。置于明成祖永乐五年（1407），隶提督四夷馆。设译字生、通事。清初沿置，隶翰林院，乾隆十三年（1748）并入礼部。

百官 众官群吏。《尚书·商书·伊训》："百官总已以听冢宰。"《国语·周语上》："百官御事。"

百官表 官府文书名。宋朝百官诣殿朝见皇帝，宰相为班首押班，向皇帝所呈贺表、拜表，称为百官表。郡国有大庆瑞、奉上尊号、请行大礼等，群臣皆上百官表。

百官案 官署名。北宋前期置，隶三司度支，掌京朝官、幕职官俸料，祠祭礼物及诸州驿料。神宗元丰（1078—1085）改制罢，其事归户部。

百姓 百官族姓之长。《诗经·小雅·天保》："群黎百姓"。郑玄笺："百姓，百官族姓。"《国语·楚语下》："民之彻官百，王公之子弟之质能言能听彻其官者，而物赐之姓，以监其官，是为百姓。"

百将 官名。战国秦置。统领百人士卒的将官。《商君书·境内》："五人一屯长，百人一将。其战，百将、屯长不得首斩。"

百揆 ❶官名。传说尧时置。百官之长。《尚书·虞书·舜典》："纳于百揆，百揆时叙。"孔安国传："揆，度也；度百事，总百官，纳舜于此官。"《后汉书·百官志》刘昭注："《古史考》曰：'舜居百揆，总领百事。'说者以百揆尧初别置，于周更名冢宰，斯其然矣。"❷百官统称。《世说新语·赏誉下》："桓公（温）语嘉宾（郗超）：阿源（殷浩）有德有言，向使作令仆，足以仪刑百揆，朝廷用违其才耳。"

百辟 周朝诸侯国君统称。《尚书·周书·洛诰》："汝其敬识百辟享，亦识其有不享。"孔安国传："言汝为王，其当敬识百君诸侯之奉上者。"王先谦《尚书孔传参正》："辟，君也"，"诸侯各君其国，故云百辟"。

百篇举 贡举科目名。唐朝设，应试者一日内撰诗百篇即中选。宋朝有求试者即命试。太宗太平兴国五年（980），皇帝亲试求试士人，仅成数十首，为激励后学，仍赐及第。真宗景德三年（1006）废。

百寮 百官。《牧箴铭》："牧，昔先王既命汝作司土"，"今汝辟百寮"。

夹单 文书之附页。清朝官场习惯，凡属员向长官禀事，对不便写于手本内之事则另书于一张单帖上，夹附在手本的第一幅内，称夹单。

夹喇章京 即甲喇章京。

夹签 文书名。清朝刑部题本内之附加说明文。凡遇有死刑重案或应加重罪名之案件，而其中又有情可原或例可减等治罪者，即缮签说明，随本上报，请皇帝裁决。

扦海将军　官名。南朝梁置。武帝天监七年（508）定为施用于境外的武职二十四班中的四班，拟伏波将军等号，大通三年（529）定制后，班阶略提高，拟光烈将军等号。

托忒学　学校名。清理藩院所属学校之一。掌教授托忒文及翻译托忒文书之事。由唐古特学司业、助教兼管。另设兼教官二人，学生八人。

执义将军　官名。南朝梁置。武帝天监七年（508）定为施用于境外的武职二十四班中的七班，普通六年（525）刊正将军名号后罢。

执书　官名。北齐皇子及诸王国置，员二人，位在典府丞之下。

执讯　官名。春秋时郑国置。掌通讯联络。《左传·文公十七年》："郑子家使执讯而与之书，以告赵宣子。"杜预注："执讯，通讯问之官。"孔颖达疏："使执讯，使之行适晋也。与之书，与此执讯书，令持以告宣子。"

执讯将军　官名。南朝梁置。武帝天监七年（508）定为武职流外八班中的四班，代旧"广威将军"，大通三年（529）定制后，改为武职三十四班中的三班。

执圭　❶使臣代称。《论语·乡党》："执圭，鞠躬如也。"刘宝楠注引包咸说："为君使聘问邻国，执持君之圭；鞠躬者，谨慎之至。"❷爵名。同执珪。春秋战国初置。秦汉之际刘邦反秦时沿用之。

执守侍　官名。清朝七品太监之衔名。充首领太监。亦有充总管太监、副总管太监者。

执事　❶指一般官吏。《尚书·商书·盘庚》："邦伯，师长，百执事之人。"❷指专司某一职事的随从官员。《周礼·天官·大宰》："祀五帝，则掌百官之誓戒，与其具修。前期十日，帅执事而卜日，遂戒。"郑玄注："执事，宗伯、太卜之属。"

执事中尉　官名。南朝梁置，王国属官。

执事官　简称执事。❶指各级官府内有具体职务之官员，相对于散官而言。《隋书·百官下》："居曹有职务者为执事官，无职务者为散官。"《六部成语注解·吏部成语》："办理何项事务之官即谓之何项执事。"❷指祭祀时主祭官之辅佐者。如清朝太常寺之赞礼郎、读祝官，祭祀时各充执事。❸官名。清末新陆军军官。光绪三十年（1904）定新陆军营制，始置。军、镇、协、标各一人，正五品。正军校充，奏补。掌庶务。

执金吾　官名。西汉武帝太初元年（前104）由中尉改名，秩中二千石。职掌京师治安，督捕盗贼，负责宫廷之外、京城之内的警卫，戒备非常水火之事，管理中央武库，皇帝出行则掌护卫及仪仗队。属官有丞、候、司马、千人及中垒、寺互、武库、都船四令、丞，领式道左右中候、候丞及左右京辅都尉、尉丞兵卒，出巡时舆服导从甚盛。王莽始建国元年（后9）更名奋武，东汉复旧。京师治安多委司隶校尉，遂减省属官，唯领一丞及武库令、丞，罢其兵，领缇骑二百人，专掌巡察宫外及主中央武库。三国沿置，西晋罢。北魏初复置，寻罢。

执金吾丞　官名。东汉属执金吾，员一人，秩比千石，助执金吾领缇骑二百人，邀巡皇宫周围，以备非常水火之事。

执法　官名。❶春秋战国执行法令之官。《史记·滑稽列传》：齐威王置酒后宫，淳于髡曰："赐酒大王之前，执法在傍，御史在后，髡恐惧俯伏而饮，不过一斗径醉矣！"❷即"御史"。新莽始建国元年（后9）改名，东汉复故。❸三国吴置中、左、右执法各一人，掌平决诸官奏事。十六国后赵置大执法总掌朝政，宫门小执法掌谏议，又有左右执法郎、执法御掾等。

执法中郎　官名。十六国前凉置。《晋书·苻登载记附索泮传》："（索菱）仕张天锡为执法中郎。"职掌不详。

执法刺奸　官名。新莽天凤四年（后17）置执法左右刺奸，选用能吏等分督六尉、六队郡，职如西汉刺史。

执法御掾　官名。十六国前凉置。《晋书·苻登载记附索泮传》："（张）天锡即位，拜（泮）司兵，历位禁中录事，执法御掾。"

执政　❶指执掌国政的大臣。《左传·昭公十六年》："辟邪之人而皆及执政，是先王无刑罚也。"❷宋朝专指宰相以外的执政大臣。包括参知政事、枢密使、枢密副使、签书枢密院事、知枢密院事、同知枢密院事、尚书左丞、尚书右丞、中书侍郎、门下侍郎等，地位仅次于宰相。金朝以称尚书左右丞与参知政事，元朝以称中书左右丞、参政，皆为副宰相之职。

执政官　官名合称。金朝尚书省左、右丞与参知政事合称执政官，佐宰相治本省之事。

执信将军　官名。南朝梁置。武帝天监七年（508）定为施用于境外的武职二十四班中的十一班，拟电威将军等号，大通三年（529）定制后，拟武猛将军等号。

执盾　官名。《墨子·号令》有之，秦及西汉初多见。亦作执楯、陛楯郎。与执戟同为皇帝近侍，朝会时持盾挟陛护卫皇帝。

执珪　爵名。同执圭。春秋战国楚置。《吕氏春秋·异宝》："荆国之法，得五（伍）员者，爵执圭，禄万担，金千镒。"

执秩　官名。春秋晋置，掌爵秩。《左传·僖公二十七年》："作执秩以正其官。"杜预注："执秩，主爵秩之官。"

执戟　❶皇帝的亲近侍卫。《汉书·惠帝纪》："谒者、执楯、执戟、武士、驺比外郎。"颜师古注引应劭曰："执楯、执戟，亲近侍卫也。"秦、汉以郎中、中郎、侍郎等郎官执戟宿卫宫殿门户，故亦为郎官代称。❷武官名。唐武则天天授二年（691）始于诸卫各置五人，正九品下，为四色官之一；东宫六率各三人，从九品下。肃宗乾元元年（758）北衙六军亦准诸卫置，员额、品秩皆同。宋初仅存空名，神宗元丰（1078—1085）改制废。

执慎将军 官名。三国蜀置。《三国志·来敏传》："后以（来）敏为执慎将军，欲令以官重自警戒也。"

执幢 官名。北魏置。出征时持掌旌旗作为军中仪仗。《魏书·韩茂传》："太宗曾亲征丁零翟猛，茂为中军执幢。时有风，诸军旌旗皆偃仆，茂于马上持幢，初不倾倒。"

执膳郎 散官名号。明洪武十年（1377）置，以授光禄司监事中庖人出身者。三十年改司为寺，官制仍旧。

扫狄将军 官名。南朝梁置。武帝天监七年（508）定为武职二十四班中的九班，大通三年（529）改为武职三十四班中的十一班，陈定为拟七品，比秩六百石。

扫虏将军 官名。西晋时，汲桑曾署石勒为之。南朝梁武帝天监七年（508）定为武职二十四班中的九班，大通三年（529）改为武职三十四班中的十一班。陈改定为拟七品，比秩六百石。北魏孝文帝太和十七年（493）定为八品中，二十三年复次职令，改为从八品上。

扫逆将军 官名。北魏置。孝文帝太和十七年（493）定为八品中，二十三年复次职令，改为从八品上。

扫难将军 官名。三国魏置。晋、南朝宋定为八品，北魏孝文帝太和十七年（493）定为八品中，二十三年复次职令，改为从八品上阶，北周二命，隋初列为散号将军，正九品，炀帝大业三年（607）罢。

扫寇将军 官名。三国魏置。晋、南朝宋省、置无常。宋八品。南朝梁武帝天监七年（508）定为施用于境外的武职二十四班中的八班，拟略远将军等号，大通三年（529）定制后，改拟骁雄将军等号。北魏孝文帝太和十七年（493）定为八品中，太和二十三年复次职令，改为从八品上阶。北周定为二命。隋初列为散号将军，正九品，炀帝大业三年（607）罢。

扬化将军 官名。东汉光武帝建武元年（后25）置，任坚镡为此职，统兵出征。南朝梁武帝复置，天监七年（508）定为施用于境外的武职二十四班中的七班，拟厉锋将军等号；大通三年（529）定制后，班阶稍提高，改拟猛烈将军等号。

扬州行省 即江淮行省。

扬州鹰房打捕达鲁花赤总管府 见"淮东淮西屯田打捕总管府"。

扬武中郎将 官名。东汉献帝兴平（194—195）间曹操置。为领兵武职，曹洪自鹰扬校尉迁此。三国吴亦置，孙奂以此领江夏太守。

扬武将军 官名。东汉光武帝建武（后25—后56）初置，东汉末曹操亦置。统兵出征。南朝宋列为五武将军之一。三国魏、晋、南朝宋皆定为第四品。十六国前秦、后秦、后凉、西凉、西秦亦置，北魏孝文帝太和十七年（493）定为四品下，二十三年复次职令，降为从四品。清朝时为临时设置的军事统帅之一，无品阶。

扬武校尉 官名。东汉末孙策置。为领兵武职。《三国志·宗室·孙辅传》："（辅）以扬武校尉佐孙策平二郡。"

扬武都尉 官名。东汉末置。《三国志·陶谦传》裴松之注引《吴书》："会西羌寇边，皇甫嵩为征西将军，表请武将，召拜（陶）谦扬武都尉，与嵩征羌。"献帝建安（196—220）初孙策亦置为领兵武职，随从征伐。

扬威护军 官名。三国魏置。晋武帝泰始四年（268）罢此职与振威护军，改置左、右积弩将军。

扬威将军 官名。❶东汉末曹操置。为领兵之官。蜀、吴亦置。晋、南朝宋沿置，十六国前燕和北魏亦置。魏、晋、宋为四品，北魏孝文帝太和十七年（493）定为第四品上，二十三年改为从四品。❷清朝临时委派的军事统帅之一，品秩从原官，事毕则解。

扬烈将军 官名。三国魏明帝时拜占据辽东的公孙渊为之，兼辽东太守。五品。晋朝、十六国前凉沿置。南朝宋五品。北魏孝文帝太和十七年（493）定为五品上，二十三年复次职令，仍五品上。

扬麾将军 官名。北齐置，为褒赏军功勋臣的闲职，从七品上。

轨 春秋齐国地方基层行政组织。《国语·齐语》："管子于是制国，五家为轨，轨为之长。"

轨长 官名。春秋时齐国置。❶基层行政官吏，五家之长。《管子·小匡》："制五家为轨，轨有长；十轨为里，里有司。"❷军队下级官吏。《国语·齐语》："五家为轨，故五人为伍，轨长帅之。"

过官 拟职制度。唐朝六品以下文武职事官的任用，先由吏部、兵部提名，经门下省量其阶资、校其才用而审定；若拟职不当，则按被提名人的优劣重新授职，谓之过官。

过省 官场用语。宋朝举人礼部试（即省试）合格，称过省。

过班 官场用语。清朝对官员因保举或捐纳而升官阶之称呼。如知县升知府，县丞升知县之类。

过称 官场用语。即对官员的称呼超过实际官衔。宋朝初年，殿直、承旨差出者称司徒，京朝官不分品秩高下一例呼为郎中。太宗淳化元年（990），规定台省官只许呼本官，太常博士以下并京官至大理评事不得呼郎中，诸司使、诸卫将军不带遥郡者及诸司副使不得呼太保，三班自供奉官以下不得呼司徒，京官自校书郎以下不得呼员外，待诏、医官不得呼奉御，府司录参军、县令不得呼员外，判司簿尉不得呼侍御。后内外官称仍多过资品。真宗咸平三年（1000），重新规定三省、御史台、九寺、三监、东宫常参官、京官、武班诸卫各呼本官，有检校兼官者许从高呼，节度、观察留后官未至检校太傅者许通呼太傅，横班、诸司使官未至检校太保许通呼太保，副使许通呼司徒。部分过呼成为合法。以后虽一再条制，过呼现象仍然存在。

过堂　官场用语。宋朝尚书省、枢密院属官，持所议公事上都堂禀报宰执，然后施行，称过堂。

臣　官吏泛称。在朝廷执政者称大臣，在君王左右侍御者称小臣。秦以后也沿用作为官吏、百姓对皇帝的自称或作为第一人称的谦称。

臣工　西周百官统称。《诗经·周颂·臣工》："嗟嗟臣工，敬尔在公。"毛亨传："工，官也。"

臣邦君长　官名。战国秦置管理少数民族地区政务的长官。《睡虎地秦墓竹简·法律答问》："及臣邦君长所置为后太子。"

臣邦真戎君长　战国秦对少数民族首领的称谓。参见"真臣邦君公"。

臣服　以臣礼事君，《尚书·周书·康王之诰》："今予一二伯父，尚胥暨顾，绥尔先公之臣服于先王。"

匡人　官名。《周礼》夏官之属。一说为周朝置。掌监察诸侯邦国。《周礼·夏官》："匡人，中士四人，史四人，徒八人"，"掌达法则，匡邦国，而观其慝，使无敢反侧，以听王命"。

匠人　官名。春秋战国置。❶掌宫室都邑修造的工官。《礼记·杂记下》："匠人执羽葆御柩。"孔颖达疏："匠人主宫室，故执盖羽御柩。"《周礼·冬官·考工记》："匠人营国，方九里，旁三门。"❷掌农田水利工程的工官。《周礼·冬官·考工记》："匠人为沟洫。"郑玄注："主通利田间之水道。"

匠师　官名。❶《周礼》地官乡师属员。一说为周朝置。《周礼·地官·乡师》："及葬执纛以与匠师御柩而治役。"郑玄注："匠师，事官之属，其于司空，若乡师之于司徒也，乡师主役，匠师主众匠，共主葬引。"❷春秋时鲁国置。掌管工匠。《国语·鲁语上》："庄公丹桓宫之楹，而刻其桷。匠师庆言于公。"韦昭注："匠师庆，掌匠大夫御孙之名也。"西魏、北周冬官府置匠师中大夫。详"匠师中大夫"。

匠师下大夫　见"小匠师下大夫"。

匠师中大夫　官名。西魏恭帝三年（556）置，北周沿置。冬官府匠师司长官，员一人，掌城郭宫室之制，及诸器物度量。正五命。下设小匠师下大夫、小匠师上士以佐其职，领内匠上士、外匠上士、司量中士、司准中士、司度中士、掌材上士等官属。北周武帝建德二年（573）省。宣帝即位后，复置。隋文帝开皇元年（581）罢。

至孝　选举科目。十六国后赵石勒赵王二年（320），"令群僚及州郡岁各举秀才、至孝、廉清、贤良、直言、武勇之士各一人"。（《晋书·石勒载记下》）石勒建平二年（331）又下书公卿百僚岁荐至孝一人，答策上第者拜议郎，中第中郎，下第郎中。

至灵　分见"右至灵"、"左至灵"。

夷仆　官名。西周置。籍贯为少数民族的侍卫。《静簋铭》："小子众服众小臣众夷仆，学射。"

夷司王臣　西周时期少数民族在王室供职者。《大盂鼎铭》："锡夷司王臣十又三伯。"

夷隶　官名。《周礼》秋官之属。一说为周朝置。掌供役牧人养牛及守护王宫。《周礼·秋官·夷隶》："掌役牧人养牛"，"其守王宫者，与其守厉禁者，如蛮隶之事"。

夷离毕院　官署名。辽朝北面官，掌刑狱听讼等事。太祖神册五年（920）始设皇都夷离毕。后置院，设夷离毕、郎君、敞史、选底等职。

夷离堇　官名。❶契丹各部统兵官，始见于契丹遥辇后期，一度成为实际执政官，各部夷离堇皆由本部望族中世选。辽太祖即位前曾为迭剌部夷离堇，立国后仍以夷离堇为各部之长。太祖时，迭剌、乙室、奚以外的小部族夷离堇改称令稳。太宗会同元年（938），升北、南二院（迭剌部析为二院）、乙室夷离堇为王。圣宗统和十四年（996），改诸部令稳为节度使。至道宗时，复有夷离堇之称。❷辽石烈（相当于县）及弥里（相当于乡）长官，后者又称辛衮、弥里马特本。❸从属于辽之女真、阻卜等部族亦有其官，统领本部兵马。

〔丨〕

贞武将军　官名。南朝梁置。班阶不详。武帝大通三年（529）置安远将军以代之。

贞威将军　官名。南朝梁置，武帝天监七年（508）定为武职二十四班中的八班，大通三年（529）后班阶稍降，为武职三十四班中的十班，陈定为拟七品，比秩六百石。

贞毅将军　官名。南朝梁置，梁武帝天监七年（508）定为武职二十四班中的十四班，与轻车将军等同班，代旧辅国将军，大通三年（529）后为武职三十四班中的二十四班。陈改为拟五品，比秩千石。梁将军加大者最低为此职，陈时其下尚有明威将军，凡加大者，通进一阶。

师　官名。❶国王师傅。相传殷商已置，西周、春秋战国沿置。《礼记·文王世子》："师也者，教之以事而喻诸德者也"，"《记》曰：'虞、夏、商、周有师保'"。其后不设。西晋武帝复置为王国官，掌辅导诸王。后避讳改为傅。南朝宋复旧，六品。齐、梁、陈沿置。梁十一班，陈四品。北魏、北齐亦置。北魏孝文帝太和十七年（493）定为三品上，二十三年改三品。北齐三品。隋朝王国置，员二人，从三品。唐朝王府置，员一人，从三品，掌辅正过失，睿宗景云二年（711）改为傅，玄宗开元二年（714）废，旋复置。❷执政官。掌出入王命，统辖众官。殷周皆置。

《大克鼎铭》："师华父励克王服，出入王命。"❸殷周军队统帅。《师寰簋铭》："王若曰：'（师寰），今余肇命汝率齐师，征淮夷。'"《尚书·洪范》：八政，"七曰宾、八曰师"。孔颖达疏："师，掌军旅之官。"亦指军事参谋。《史记·孙子吴起列传》："（齐威王）以田忌为将，而孙子为师，居辎车中，坐为计谋。"❹乐官之长。殷周置。多通晓乐理，精于演奏，亦有为君王顾问者。《史记·殷本纪》："（帝纣）于是使师涓作新淫声、北里之舞、靡靡之乐。"《史记·晋世家》："悼公问治国于师旷。"

师工 周朝乐官统称。《国语·楚语上》："宴居有师工之诵。"韦昭注："师，乐师也。工，瞽蒙也。"

师友从事 官名。汉朝州郡属员。为不担任实际职务的散吏，地位尊荣，即署为从事而待以师、友之礼。三国吴州府亦置，见《三国志·士燮传》。

师友祭酒 官名。❶新莽置。《汉书·王莽传》："又置师友祭酒及侍中、谏议、六经祭酒各一人，凡九祭酒，秩上卿。"❷东汉末、三国蜀郡县长官幕僚，以有道艺者担任。

师长 ❶众官之长。《尚书·盘庚下》："邦伯、师长、百执事之人。"孔颖达疏："师，训为众。师长，众官之长，故为三公六卿也。"❷指大夫。《国语·楚语上》："自卿以下至于师长、士，苟在朝者。"韦昭注："师长，大夫。"❸军官。五旅之长，次于正。周朝置。五百人为旅，五旅为师。

师氏 官名。❶西周置。掌教育贵族子弟。《尚书·周书·顾命》："师氏、虎臣。"《周礼》亦有师氏，《地官·司徒》："师氏，中大夫。"郑玄注："师，教人以道者之称也。"孔颖达疏："以其教国子有道艺，故使中大夫尊官为之也。"西魏、北周地官府设师氏中大夫，掌教育。详见"师氏中大夫"。❷西周置。武职。掌守王门，亦领兵征战。《诗经·大雅·云汉》："趣马师氏，膳夫左右。"

师氏中大夫 官名。西魏恭帝三年（556）仿《周礼》师氏置，北周沿置。地官府师氏司长官，掌以前代美善之事晓谕于帝王，使其能行善道，还负有教育太子以下王公子弟的使命。正五命。下设小师氏下大夫、小师氏上士以佐其职，领保氏下大夫、司谏上士、司救上士、司媒上士、土训中士、诵训中士等官属。周武帝建德二年（573）省，宣帝即位后，复置。隋文帝开皇元年（581）罢。

师尹 周朝诸正官之合称。位卑于卿士。《尚书·洪范》："曰王省惟岁，卿士惟月，师尹惟日。"孔颖达疏："师，众也；尹，正也，众正官之吏，谓卿士之下有正官大夫，与其同类之官之长。《周礼》大司乐为乐官之长，太卜为卜官之长，此之类也。""《诗》称赫赫师尹，乃谓三公之官，以此师尹为正官之吏。谓大夫者，以此师尹之文在卿士之下，卑于卿士。知是大夫与小官为长，亦是众官之长，故师尹之名同耳。"

师帅 ❶《周礼》官名。为军队一师之统帅。《周礼·夏官·司马》："二千五百人为师，师帅皆中大夫。"又《周礼》二千五百家为州，州出二千五百人为师，故师帅即指州长。❷汉朝对郡守、县令之别称。《汉书·董仲舒传》："今之郡守、县令，民之师帅。"宋朝亦作为知州、知县等地方长官之别称。❸太平天国军中及地方之职官。起义之初即设。一军下辖五师，每师设一员。以前、后、左、右、中编营系衔，如前四军前营师帅、左六军中营师帅等。掌统率所辖军队。另有职同师帅、恩赏师帅之职，数不可考。地方以二千六百三十一家（一说二千五百家）为一师，设师帅一人为乡官，由地方推举。专司一师民事、赋役和征兵之事，然不如军中位尊。

师爷 旧时对地方官府中幕友的俗称。其中负责钱粮者称钱谷师爷，负责诉讼者称刑名师爷，负责文书者称书启师爷。

师位 西夏官位。在诸王位之下，中书、枢密位之上。有德师、国师，皆与上等司等位。

师君 东汉末五斗米道首领。《三国志·张鲁传》："鲁遂据汉中，以鬼道教民，自号师君。"

师范教育科 官署名。清末学部普通司所属三科之一。光绪三十二年（1906）设。掌优级师范、初级师范学堂、盲哑学堂、女子师范学堂之教课规程，设备规则，以及学堂与地方行政、财政有关之一切事务。置员外郎一人、主事二人。

师保 师、保合称。负责辅导和协助君王和太子。传说虞、夏始置，商、周沿置。《礼记·文王世子》："师也者，教之以事而喻诸德者也；保也者，慎其身以辅翼之，而归诸道者也。《记》曰：'虞、夏、商、周有师保，有疑丞。'"春秋战国各诸侯国亦设。《左传·成公九年》："其（楚共王）为太子也，师保奉之。"《国语·晋语九》："今吾子嗣位，有文之典刑，有景之教训，重之以师保，加之以父兄，子皆疏之，以及此难。"

师旅 ❶师、旅合称。分见"师"、"旅"。❷引申为军队。

师曹 官名。春秋卫国等置。乐官。大师属吏。《左传·襄公十四年》："公饮之酒，使大师歌《巧言》之卒章。大师辞，师曹请为之。"

师傅 历代太师、太傅、太保、少师、少傅、少保通称，或亦指王府师、傅及三公。《史记·儒林列传》："自孔子卒后，七十子之徒散游诸侯，大者为师傅卿相。"《战国策·赵策二》："寡人宫居，属于师傅，不得与国谋。"《晋书·乞伏国仁载记》："（乞伏述延）以叔父轲遝为师傅，委以国政。"

师疑 官名。新莽太子四师之一。始建国三年（后11）王莽为太子置师、友各四人，秩以大夫，以故大司徒马宫为之。

当月处 官署名。清朝六部及理藩院、都察院、光禄寺等中央各部院寺衙门所属办事机构之一。掌理收发在京衙门之文书，编号记档，分司办理，或兼管监印等项事宜。通设满、汉司官各一人，由各司、署、处郎中、员外郎、主事及七品小京官等按日轮值。

当户　官名。匈奴及西域诸国均置，见《汉书·西域传》。

当州大都督　官称。北魏指由刺史兼任本州大都督，管理军务。《北齐书·斛律金传》：“太昌（532）初，以（斛律）金为汾州刺史、当州大都督，进爵为侯。”

当州都督　官称。北魏指由刺史兼任本州都督，管理军务。《魏书·杨播传》：“永安（528—530）初，诏除（杨）津本将军、荆州刺史，加散骑常侍、当州都督。”

当时　传说远古掌历法时日之官。《管子·五行》：“蚩尤明乎天道，故使为当时。”戴望注：“谓知天时之所当也。”

当直　唐、五代职事官值班制度。尚书省官每一日一人宿直，尚书都省设值班记录依次传递；内外官上班视事，下班而退，有事则直。五代后梁逐日以中书舍人及吏、兵部知印郎官、少府监及篆印文兼书写告身人吏等，轮次于中书侧近止宿。

当国　指大臣执政主持国事。《史记·鲁周公世家》：“周公乃践阼，代成王摄行政当国。”

当郡大都督　官称。北魏指由太守兼任本郡大都督，管理军务。《北齐书·李元忠传》：“分广平之易阳、襄国，南赵郡之中丘三县为易阳郡，以（李）愍为太守，赐爵襄王侯。永安（528—530）末，假平北将军、持节、当郡大都督。”

当郡都督　官称。北魏指由太守兼任本郡都督，管理军务。《北齐书·封隆之传》：“魏朝以河内要冲，除隆之龙骧将军、河内太守，寻加持节、后将军、假平北将军、当郡都督。”

当笔　唐朝宰相轮番执政事笔，主持政务，肃宗时每人十日，德宗时每日一人。后以轮值主政称当笔。

当途　亦作当塗，指居要职执掌大权。《韩非子·孤愤》：“当塗之人擅事要，则外内为之用矣。”后世多沿用。

当御细达　官名。北魏置，为后宫女职。《王遗女墓志》：“尤辨鼎和，是以著称。故显祖文明太皇太后擢知御膳。至高祖幽皇后，见其出处益明，转当御细达。”

当塗　即当途。

当路　指当仕路，居要职掌握政权和掌握政权者。《孟子·公孙丑上》：“夫子当路于齐，管仲、晏子之功可复许乎？”后世多沿用。

光台礼钱　即光台钱。

光台钱　唐五代凡带宪衔兼官者给御史台的捐纳之资。凡诸道节度、观察、防御、经略等使，刺史、县令，诸道幕府参佐及诸司带宪衔者皆需纳钱于御史台，礼钱纳毕，方付告身；兼御史大夫纳三十千、兼中丞纳二十千、兼侍御史纳八千三百、兼殿中侍御史纳十一千三百、兼监察御史纳十三千三百。后唐庄宗同光二年（924）各减其半，后周世宗显德五年（958）又减。

光戎将军　见“十光将军”。

光寺钱　唐朝大理寺官员被超擢他官所出犒酬本寺同僚之资。李肇《唐国史补》卷上：“韩令为宣武军节度使，张正元为邕管经略使，王崇为寿州刺史，皆自试大理评事殊拜。本寺移牒醵光寺钱，相次而至，寺监为荣。”

光远将军　官名。十六国后秦置，姚兴任党娥为之，统兵出征。南朝梁武帝普通六年（525）复置，列为十光将军之一，定为武职三十四班中的十四班。陈改定为拟六品，比秩千石。

光迎功曹　官名。北齐置，为郡、县属官，专掌迎接新任长官诸事，位高于同级功曹。

光迎主簿　官名。北齐置，为州、郡、县属官，与光迎功曹同掌迎接新任长官诸事，位在同级主簿上。南朝陈诸州亦置，任此职者能优先入仕。

光初功曹　官名。隋朝诸郡、县属官。

光初主簿　官名。隋朝诸州、郡、县属官。

光英将军　见“十光将军”。

光明将军　见“十光将军”。

光国中郎将　官名。十六国前赵置。以尚书郎王犷为之，出使仇池。

光命将军　见“十光将军”。

光学钱　唐朝大臣捐纳修建学校之资。懿宗咸通（860—874）中，国子祭酒刘允章始建言，宰相纳五万钱，节度使纳四万钱，刺史纳一万钱。

光省礼钱　即光省钱。

光省钱　唐五代带三省官衔兼官者给三省捐纳之资。晚唐五代藩镇及使府参佐、州县官员带中书、门下、尚书省检校官，皆需纳钱，检校太师、太尉纳钱四十千，检校太傅、太保三十千，检校司徒、司空二十千。后唐明宗天成元年（926）各减半，检校仆射、尚书则由十五千减至七千，检校郎中、员外郎由十千减至三千四百，检校藩镇带平章事由一千贯减至五百贯。

光胜将军　见“十光将军”。

光院钱　唐朝翰林学士擢拜将相等职所出宴餉学士院同僚之资。自昭宗乾宁三年（896）陆扆入相始，为将相者纳二百千，为使相者五百千，为观察使者三百千，为度支使者纳三百千，为盐铁使者纳二百千，为户部尚书者纳一百千。

光勇将军　见“十光将军”。

光烈将军　官名。十六国后赵置。《魏书·临渭氐苻健传》：“石虎平秦陇，表石勒拜（苻洪）冠军将军、泾阳伯，又徙之枋头，迁光烈将军，进爵为侯。”南朝梁武帝普通六年（525）复置，为十光将军之一，定为武职三十四班中的十四班。陈改为拟六品，比秩千石。

光野将军　官名。南朝梁置，武帝天监七年（508）

定为武职二十四班中的八班，普通六年（525），列为十光将军之一。参见“十光将军”。

光锐将军 见“十光将军”。

光禄大夫 官名。西汉武帝太初元年（前104），改中大夫置，属光禄勋，秩比二千石。掌论议，在大夫中地位最为尊显，武帝时霍光、金日磾皆曾任此职。西汉晚期，多作为贵戚重臣的加官。无员限。东汉时，因权臣不复冠此号，渐成闲散之职，虽仍掌顾问应对，但多用以拜假赗赠之使，及监护诸国嗣丧事。三国魏以后，地位提高，不再作为使命之官，三公等大臣告老后，就家拜此职，也作为在朝显职的加官，以示优崇，亦常用作卒后赠官。三品。齐王芳正始元年（240），增置左、右光禄大夫，位在其上。晋以后，诸公告老不再加此职，但仍授予其它年老有病的致仕官员。无具体职掌。三品。凡假银章青绶者，称为银青光禄大夫，或迳称光禄大夫，而注明假银章青绶。加金章紫绶者，后称金紫光禄大夫，以资区别。与诸卿同秩中二千石，食奉日三斛。晋武帝太康二年（281），始给春赐绢五十匹，秋绢百匹，绵百斤。晋惠帝元康元年（291），始给菜田六顷，田驺六人，置主簿、功曹史、门亭长、门下书佐各一员，如加兵则同三品将军。魏、晋时因位在诸卿上，不复属光禄勋，南朝时仍以之属光禄勋。十六国汉、后赵又置上光禄大夫，后赵还设中光禄大夫，位皆在左、右光禄大夫上。南朝宋三品，梁武帝天监七年（508）定为十三班，陈改为三品、秩中二千石。北魏孝文帝太和十七年（493）定为从二品中，二十三年复次职令，改三品。北齐三品。隋初未置，炀帝大业三年（607）加置，位在左、右光禄大夫上，为文散官之首，从一品。唐初，光禄大夫犹分左、右，太宗贞观（627—649）后唯设光禄大夫、金紫光禄大夫、银青光禄大夫，从二品。作为加官者无俸禄，衣服依本品，不预朝会。北宋初为从二品，神宗元丰（1078—1085）改制后定为正三品新寄禄官，在银青光禄大夫下，取代旧寄禄官的尚书左、右丞。哲宗元祐三年（1088），分为左、右两阶。徽宗大观二年（1108），以右银青光禄大夫为光禄大夫。西夏为文阶官。金、元皆为文散官，在金紫光禄大夫下，金从二品上，元从一品。明朝为文、武从一品升授散官。清初，文、武正从一品皆以此为封赠，乾隆三十二年（1767），仅作为文职正一品之封赠。

光禄少卿 官名。北魏始置，为光禄勋副职。孝文帝太和十七年（493）定为三品上，二十三年改四品上。北齐置为光禄寺次官，员一人，四品上。历代沿置，亦称光禄寺少卿。隋初置一员，正四品上，炀帝增为二员，从四品。唐因之，从四品上。高宗、武则天时曾随本寺改名司宰少卿、司膳少卿，寻各复旧。北宋初为四品寄禄官，不预寺务，神宗元丰（1078—1085）改制后始成为职事官，置一员，正六品。南宋随寺省。辽朝改名崇禄少卿，为南面朝官。元世祖至元十五年（1278）置三员，二十三年改一员，二十四年改二员，仁宗延祐七年（1320）定置二员，从四品。明朝置二员，曾随本寺改名光禄司少卿，寻复旧。明初正五品，洪武八年（1375）改从四品，建文（1399—1402）中改正四品，寻各复旧。清初置满一员、汉二员，康熙三十八年（1699）改满、汉各一员。初满、汉军员正四品，汉员正五品，顺治十六年（1659）改皆正五品。光绪三十二年（1906）随寺省。参见“光禄寺”。

光禄四行 汉朝选举科目，即光禄勋举有敦厚、质朴、逊让、有德等四种品行的人为官。

光禄司 官署名。明太祖洪武八年（1375）改光禄寺置，职掌机构略同，升其秩。卿从三品、少卿从四品，丞从六品。所用司官，或内官，或流官，或庖人，出身不同，皆授散官。十年定其散官品秩，内官、流官除授者各照内官、流官散官给授；庖人除授者，卿从三品，授尚膳大夫，少卿正五品，授奉膳大夫，丞从六品，授司膳郎，各署丞从七品，授掌膳郎，监事从八品，授执膳郎。三十年复改光禄寺。

光禄司少卿 参见“光禄司”。

光禄司卿 参见“光禄司”。

光禄寺 官署名。北齐置为九寺之一，设卿、少卿、丞各一员。职掌宫殿门户、帐幕铺设器物、百官朝会膳食等事务。领守宫、太官、宫门、供府、肴藏、清漳、华林等署及东园局。隋朝沿置，唯掌祭祀及朝会宴享酒食之供设，其政令仰承礼部。历代因之。领太官、肴藏、良酝、掌醢等署；文帝开皇三年（583）曾并入司农寺，十二年复置。初设卿、少卿各一员，丞三员，炀帝大业三年（607）以后少卿增为二员。唐、五代沿置，改肴藏为珍羞，丞减为二员。高宗龙朔二年（662）改名司宰寺，咸亨元年（670）复旧；武则天光宅元年（684）改名司膳寺，中宗神龙元年（705）复旧。北宋初掌供祭祀用品及点馔、进胙，设判寺事一人，以朝官以上充任，卿、少卿为寄禄官，不预寺务。神宗元丰（1078—1085）改制后，复沿唐职掌，设卿、少卿、丞各一员，领太官、法酒库、内酒坊、太官物料库、翰林司、牛羊司、牛羊供应所、乳酪院、油醋库、外物料库等署。南宋高宗建炎二年（1128）并入礼部，绍兴二十三年（1153）复置，孝宗隆兴元年（1163）并入太常寺。辽朝改名崇禄寺，为南面官署。金朝不置，以其职归宣徽院。元世祖至元十五年（1278）置，掌起运米曲诸事，领尚饮、尚酝局，沿路酒坊、各路布种事，隶宣徽院，二十五年拨隶礼部，三十一年复隶宣徽院。初设卿一员、少卿三员，二十年改名尚酝监，二十三年复旧，设卿二员，少卿、丞各一员，二十四年增少卿为二员；仁宗延祐七年（1320）以后定置卿四员、少卿、丞各二员。明太祖洪武元年（1368）改宣徽院置，八年改名光禄司，三十年复名寺。置卿一员，少卿、丞各二员。领太官、珍羞、良酝、掌醢四署及典簿厅。初又领尚食局、供需库、法酒库、孳牧所等，寻罢各局库，置司牲司；改孳牧所为司牧司，后改司牧局，嘉靖七年（1528）省；万历二年（1574）又设银库。职掌宫廷膳食、祭祀、宴享之供设，政令听于礼部。然当时又假御膳为名，令各省额解银、米、牲口、野味、果蔬等不经户部，直送本寺，甚至令尚膳监宦官提督寺事，任意支取钱粮，糜费甚巨，厨役窜名其中者达数千人。清顺治元年（1644）沿置，机构略同，后省司牲司，又设督催所、当月处、黄册房等。设卿满、汉各一员；少卿满一员、汉二员，康熙三十八年（1699）减一员；丞汉一员，康熙三十八年省。乾隆十三年（1748）始命满大臣一人兼管寺事，由皇帝特简。职掌因唐制，唯掌祭祀、朝会酒会之供设，宫廷膳食改隶内务府，故经费有限，职权较轻。顺治初凡事由礼部具题，札寺遵行，十年寺务归礼部，十五年仍归本寺，十八年钱粮由寺奏销，府州县考成仍归礼部；康熙三年钱粮改储户部，十年复以礼部精膳司所掌归本寺。光绪二十四年（1898）省入礼部，寻复置，三十二年仍省入礼部。

光禄寺少卿 参见“光禄少卿”。

光禄寺主簿 官名。西汉至魏晋南北朝有光禄主簿，为光禄勋、光禄卿属官。梁武帝天监七年（508），定其班为七班中之三班。陈因之。北齐改光禄寺主簿。隋朝置二人。唐初沿置，员二人，正八品上。太宗贞观（627—649）后，改从七品上。北宋前期，用为文臣叙迁之阶。神宗元丰（1078—1085）改制，复为职事官，置一人，从八品。南宋孝宗隆兴元年（1163），光禄寺并归太常寺，遂废。

光禄寺丞 参见“光禄丞”。

光禄寺卿 参见“光禄卿”。

光禄丞 官名。两汉为光禄勋副职，权位较重，多以博士、议郎充任。西汉秩千石，东汉秩比千石。魏晋南北朝沿置。魏、晋、宋七品；梁为光禄卿副职，三班；陈八品、六百石。北魏增设少卿为卿副职，丞为佐官，孝文帝太和十七年（493）定为从五品中，二十三年改从六品。北齐置为光禄寺处理日常公务的事务官，员一人，从六品。历代沿置，亦称光禄寺丞。隋置三员，初为从六品，炀帝改从五品。唐置二员，从六品上。高宗、武则天时曾随本寺改名司宰丞、司膳丞，寻各复旧。北宋初为寄禄官，神宗元丰（1078—1085）改制后始成为职事官，置一员，正八品。南宋随寺省。元世祖至元二十三年（1286）置一员，仁宗延祐七年（1320）后置二员。明初置二员，正六品；太祖洪武八年（1375）曾随本寺改名光禄司丞，从六品；寻复旧，正五品。清初置一员，以汉人充任，协掌宫内膳食及祭祀朝会宴席之需，康熙三十八年（1699）省。

光禄勋 官名。西汉武帝太初元年（前104）改郎中令置。秩中二千石，位列九卿。虽不如郎中令亲近，但职司范围更加扩大，地位显要。职掌宫殿门户宿卫，兼侍从皇帝左右，宫中宿卫、侍从、传达诸官如大夫、郎官、谒者等皆属之。兼典期门（虎贲）、羽林诸禁卫军。官署设宫禁中，宫内设狱，称光禄外部。属官众多，机构庞大，有丞、掾、主事、主簿等，领诸大夫，五官、左、右中郎将，郎中车、户、骑三将，期门仆射、羽林中郎将、诸郎署长等。新莽改名司中。东汉复旧，职司机构有所变动，以掌宫殿门户宿卫为主，罢郎中三将，五官、左、右三中郎将署，分领中郎、侍郎、郎中，名义上备宿卫，实为后备官员储备之所。虎贲、羽林中郎将、羽林左右监仍领禁军，掌宿卫侍从。职掌顾问参议的大夫、掌传达招待的谒者及骑、奉车、驸马三都尉名义上隶属之。两汉郎官为选拔人才的重要途径，故光禄勋对简选官吏负有重要责任。魏晋南北朝沿置，掌宫殿门户名籍，外官遭劾禁入宫省，则通知光禄勋废止门籍。其官署出居宫禁之外，五官、左、右中郎将虽存，其署已罢，无选举之任；禁卫军改由中领军典掌，虎贲、羽林渐为侍从武官之职，无宿卫之责；大夫、谒者、三都尉与光禄勋亦无隶属关系。魏、晋三品。西晋兼掌原属少府的一部分宫廷供御事务，领虎贲中郎将、羽林郎将、冗从仆射、羽林左监、五官左右中郎将，东园匠、太官、御府、守宫、黄门、掖庭、清商、华林园、暴室等令。东晋哀帝兴宁二年（364）省并司徒，孝武帝宁康元年（373）复置。南朝其所领武官悉属中领军，太官、御府、清商等宫廷供御官署改隶门下省、尚书省、太常、少府、大长秋等官府，诸大夫名义上仍隶之，职任愈轻。宋仍三品。梁改名光禄卿，或亦沿称旧名。北魏仍置，兼掌供应百官膳食，孝文帝太和十七年（493）定为从一品下，二十三年定为三品。北齐改名光禄卿。

光禄卿 官名。南朝梁武帝天监七年（508）改光禄勋置，十一班，位列十二卿，掌宫殿门户及一部分宫廷供御事务。有丞、功曹等属官，领守宫、黄门、华林园、暴室等令。陈因之，三品、中二千石。北齐置为光禄寺长官，掌宫殿门户、帐幕器物、百官朝会膳食等，三品。隋、唐沿置，唯掌祭祀、朝会、宴享之供设，政令仰承礼部。隋初正三品，炀帝改从三品，唐因之。唐高宗、武则天时曾随本寺改名司宰正卿、司膳卿，寻各复旧。北宋初为三品寄禄官，表示品级俸禄，不预寺务，神宗元丰（1078—1085）改制后始成为职事官，从四品。南宋随寺省。辽朝改置崇禄寺卿。元朝隶宣徽院，初设一、二员不等，仁宗延祐七年（1320）定置四员，正三品。明朝兼掌皇室膳食，职事繁重，虽听于礼部，又受尚膳监太监督察。初定正四品，洪武八年（1375）随本寺改名光禄司卿，三十年复旧，从三品。清朝置满、汉各一员，职掌与唐略同，职轻事简，从三品。光绪三十二年（1906）随寺省。自北齐以来，亦称光禄寺卿。

光署钱 唐末及五代光台钱、光寺钱、光省钱、光院钱之统称，分见各条。

光爵 官名。北魏孝文帝太和十五年（491）置。《元诠墓志》："诠少袭王爵，加征西大将军，寻拜光爵。"（赵万里《汉魏南北朝墓志集释》图一六〇）太和十七年定为三品上，二十三年复次职令，未见。

吐屯 官名。突厥阿史那氏别部大臣，世代为其官而无员限。

吐屯发 官名。突厥置，是突厥语的音译。世袭，无员限。《周书·突厥传》："大官有叶护，次设，次特勤，次俟利发，次吐屯发，及余小官凡二十八等，皆世为之。"

吐里太尉 即奚六部秃里太尉。

吐浑军详稳司 官署名。辽朝北面官，统领吐谷浑族军。设详稳。

吐蕃招讨司 见"碉门鱼通黎雅长河西宁远等处军民安抚使司"。

吐蕃宣慰司 又作土番宣慰司，即吐蕃等处宣慰司都元帅府。

吐蕃等处招讨使司 官署名。元朝置，秩正三品，隶宣政院吐蕃等处宣慰司都元帅府，又称脱思马田地招讨使司，兼掌军民政务。置招讨使二员，知事一员，镇抚一员。

吐蕃等处宣慰司都元帅府 官署名。元朝置，秩从二品，隶宣政院。设于世祖至元初年，原设府地点不详，至元六年（1269）迁到河州（今甘肃临夏），掌管朵思麻（脱思麻，今青海东部）地区军民政务。又称朵思麻宣慰司，简称吐蕃宣慰司。置宣慰使五员，僧俗并用。下设经历二员，都事二员，捕盗官二员。

吐蕃等路宣慰使司都元帅府 官署名。元朝置，秩从二品。设置年代不详。管辖吐蕃朵甘思（今青海东南部、四川甘孜及西藏昌都地区）之地及四川黎、雅地区。设宣慰使四员，同知二员，副使一员，经历、都事各二员，捕盗官三员，镇抚二员。下辖朵甘思、剌马刚、奔不、六番、天全、长河西六个招讨使司等机构。

则例局 官署名。清末民政部参议厅所属机构。光绪三十二年（1906）设。掌拟编《光绪政要》，编纂《会典则例》，增改原奏清单等事。

岁升试 宋朝学校考试名。县学生入学满三月，未犯上二等罚，许于次年正月赴州学补试，合格者补入州学外舍，因每年补试一次，故名。三赴此试不能升入州学者，即取消学籍。

岁考 即岁试。

岁贡 ❶贡士之法，即由诸侯国或地方州郡每年向朝廷选送人才。《汉书·食货志上》："诸侯岁贡少学之异者于天子，学于太学，命曰造士。行同能偶，则别之以射，然后爵命焉。"《文选》王融《三月三日曲水诗序》："兴廉举孝，岁贡于外府。"注："言举孝廉贤才，每岁贡自州郡也。"《称谓录》："《蔡邕传》：'古者取士，必使诸侯岁贡。'"❷明清科举制度中贡生之一种。即每年由各府、州、县学贡入国子监读书的生员。明洪武十六年（1383）奏准，天下府、州、县学自明年始，岁贡生员一人。二十五年，定府学岁二人，州学二岁三人，县学岁一人。又名常贡。清沿明制。然多经学政考准授官，而愿入监肄业者鲜。因以食廪年深者挨次升贡，又称挨贡。

岁贡就教选 任官制度。明朝以岁贡生员充任教职的制度。凡岁贡生员将本年应领食饩贡于国子监，再由翰林院考试，合格者授以学正、教谕、训导等官。

岁试 明清时期对儒学生员进行的黜陟考试。又称岁考。明代各省提学官在三年任期中，要对所辖儒学生员进行两次考试，第一次为岁试，轮流至所辖府、州举行。按考试成绩分为六等，分别奖罚。清朝由各省学政巡回所属州、县主持，凡府、州、县学之生员、增生、廪生均须应考。试以四书文一题，五经文一题，诗一首，并默写《圣谕广训》一二百字。分为六等黜陟，文理平通者列一等，文理亦通者列二等，文理略通者列三等，文理有疵者列四等，文理荒谬者列五等，文理不通者列六等。一二等与三等前列者有赏，四等以下有罚或黜革。

岁课 汉朝从太学中选任官吏的考试。汉武帝时根据公孙弘的建议，制定法律，规定博士弟子员每岁课试，能通一艺以上，补文学掌故缺，其高第可以为郎中，太常籍奏。如有秀才异等，辄以名闻。其成绩低劣及不能通一艺，辄罢之。至王莽时，又岁课甲科四十人为郎中，乙科二十人为太子舍人，丙科四十人补文学掌故。

吊祭使 使职名。❶唐朝派遣吊祭周边少数族政权首领及封疆大吏亡故之使臣，玄宗时始置。❷宋、金间祭奠对方亡故皇帝或皇太后之使臣。

同三品 同中书门下三品省称。

同中书门下二品 宰相衔名。五代后唐明宗长兴四年（933）冯赟为相，因平章事字犯其父名，敕改同中书门下平章事为同中书门下二品。后周世宗显德（955—959）中，枢密使吴廷祚亦加此衔。

同中书门下三品 宰相职衔。唐朝初年以中书、门下两省长官共知政事，皆为宰相，中书、门下省长官中书令、侍中皆为正三品官，太宗贞观十七年（643）令太子太保萧瑀、太子詹事李勣同知政事，号为同中书门下三品，意即同于中书令、侍中，得出入政事堂议政。其后，非两省长官而受诏预知政事者，皆加此号，得入政事堂议政，尚书省长官左、右仆射亦不例外，后为副相职衔。高宗龙朔二年（662）改为同东西台三品，咸亨元年（670）复；武则天光宅元年（684）改为同凤阁鸾台三品，中宗神龙元年（705）复；玄宗开元元年（713）改为同紫微黄门三品，五年复为同中书门下三品。代宗大历二年（767）升中书令、侍中为正二品，此号不复用。

同中书门下平章事 官名。简称同平章事。唐初以尚书令、仆射、中书令、侍中为正宰相，太宗时或以他官加此名义行宰相事，入政事堂议政。贞观八年（634）诏李靖三两日一至中书门下平章事，始有平章事之名。高宗永淳元年（682）以黄门侍郎郭待举、兵部侍郎岑长倩同中书门下平章事，始以同平章事入衔。玄宗以后，逐渐成为宰相专称，迄五代不改。藩镇节度使带此号则称使相。北宋前期为宰相、使相所带官，神宗元丰（1078—1085）改制废。南宋高宗建炎三年（1129），宰相尚书左右仆射复加此衔，孝宗乾道八年（1172）省。辽朝偶以为中书省长官，职同宰相，参与朝政，然多用为功臣加官及死后赠官，亦称同政事门下平章事、同平章政事、同政事令门下平章事等。

同中书门下平章政事 官名。唐朝宰相名号，指三省长官之外他官行宰相事者。《唐会要·名称》：太宗贞观十七年（643）“高士廉除开府仪同三司，仍同中书门下平章政事”。

同凤阁鸾台三品 宰相职衔。即同中书门下三品，唐武则天光宅元年（684）改，中宗神龙元年（705）复称同中书门下三品。

同凤阁鸾台平章事 宰相职衔。即同中书门下平章事，武则天光宅元年（684）时改中书省为凤阁、门下省为鸾台，遂有此称，中宗神龙元年（705）复称同中书门下平章事。

同文少卿 官名。即鸿胪少卿。唐高宗龙朔二年（662）改，咸亨元年（670）复名鸿胪少卿。

同文正卿 官名。即鸿胪卿。唐高宗龙朔二年（662）改，咸亨元年（670）复名鸿胪卿。

同文寺 官署名。即鸿胪寺。唐高宗龙朔二年（662）改，咸亨元年（670）复名鸿胪寺。

同文馆 官署名。❶宋朝置，为四方馆之一。神宗熙宁（1068—1077）年间创立，掌接待高丽使者。元丰（1078—1085）改制后属鸿胪寺。南宋改属礼部。❷清朝置，为清末之学馆。亦称京师同文馆。咸丰十年（1860）十二月批准设立，至同治元年（1862）五月正式开办。先后设英文、法文、俄文、德文四馆，各分前馆、后馆两级，分别教授各国语言文字。光绪二十二年（1896），又增设东文（日文）馆。另外，从同治五年起，先设算学馆，继设化学、格致（力学、水学、声学、气学、光学、地学）、医学三馆。置管理大臣，一或二人，由总理各国事务衙门大臣内特简，掌通五大洲之学，以佐朝廷。下设提调、帮提调各二人，由总理衙门内资深之章京中选充，掌安排课程及督察学生勤惰之事。其教课人员，有总教习一人，洋教习若干人，均由洋人担任；通洋学之汉教习及汉文教习三人，分别由各省保举及在京招考任用。学生初定为十名，多不过二十四名，同治四年改为每馆十名，至光绪十三年增至一百二十名。初定各馆学习期限为三年，光绪二十一年改为八年，前馆五年，后馆三年。光绪二十七年底，并入京师大学堂。

同文馆试 宋朝贡举考试之一。南宋高宗绍兴十四年（1144），命居住临安（今杭州）原籍在一千里以外的举人，附于国子监发解试，另立号考校，以同文馆为考场，故称同文馆试。

同文馆总教习 官名。清末同文馆之官员，总管同文馆学生授课事，额一人，由洋人担任。

同文馆洋教习 官名。清末同文馆之官员，负责教授同文馆学生课程，无定额，视学生多少而定。由洋人担任。

同文馆管理大臣 官名。清末同文馆之总管官。由总理大臣内特简，无定员。总管同文馆事务。下设提调二人，帮提调二人，负责安排课程及督察学生。

同正员 唐朝正员官以外所添置的员外官中，可与正员官享受同等俸禄待遇者。始置于唐高宗永徽（650—655）间。

同平章军国事 官名。宋哲宗元祐三年（1088）置，以吕公著为之，位在宰相之上，凡三省及三省与枢密院同取旨事，如边防、大公案、大量支移钱粮、废置州县、特立捕盗赏格、创立更改法令及一切非常规公事，皆与三省、枢密院同议签书，然后取旨施行。

同平章事 即同中书门下平章事。

同平章国计 官名。唐朝宰相名号，指三省长官之外他官行宰相事者。《唐会要·名称》：太宗贞观四年（630）“戴胄除民部尚书，与左右仆射、侍中、中书令同平章国计”。

同平章政事 即同中书门下平章事。

同东西台三品 宰相职衔。即同中书门下三品，唐高宗龙朔二年（662）改中书门下为东西台，故名，咸亨元年（670）复名同中书门下三品。

同出身 官制用语。进士科举人殿试进入一定等次（宋朝第四等、第五等或第三、四、五等），赐同出身，下出身一等。有同三传出身、同进士出身、同学究出身等名目。诸科举人及太学上舍生考试合格，可赐本科及上舍同出身。科举同出身人，通常须守选。

同主管右春坊事 官名。宋真宗天禧二年（1018）立皇太子，置同主管左、右春坊事二人，以武臣兼任。神宗升储又置。南宋因之。

同主管左春坊事 见“同主管右春坊事”。

同考官 明清乡试、会试中协同主考或总裁阅卷官之统称。乡试同考官，明朝定制四人，由保举中选，多用科甲，兼用教职。清朝多用科甲出身之属官。会试同考官，明初定八人，其后渐多。翰林、京官并用，由部科简任。清朝沿之。因在闱中各居一房，又称房考官，简称房官。试卷由房官选阅，以蓝笔加批后荐给主考或总裁。

同年 官场用语。同榜登科者为同年。

同州司会 官名。北周置。驻同州，职掌同司会中大夫，总州务。隋文帝开皇元年（581）罢，置同州总监以代之。参见“司会中大夫”。

同州总监 ❶官署名。隋朝置，设总监、副监各一员，丞二员，统食货、农圃二监。❷官名。隋朝同州总监长官，置一员，视从五品。

同州总监丞 官名。隋朝同州总监属官，置二员，视正八品。

同州总副监 官名。隋朝同州总监次官，置一员，视从六品。

同进士出身 官制用语。明以前进士科举人殿试合格，进入第四甲或第五甲或第三、四、五甲，即赐此等出身，简称同出身。明清专授殿试三甲获得者，一甲赐进士及第，二甲赐进士出身，三甲赐同进士出身。

同佥大宗正事 官名。金世宗大定元年（1161）置于大宗正府，正三品。以宗室充任，位于判大宗正事、同判大宗正事之下。章宗泰和六年（1206），改为同佥大睦亲事。

同佥大睦亲事 官名。金章宗泰和六年（1206）由同佥大宗正事改名，正三品，置一员。

同佥枢密院事 官名。金枢密院在签书枢密院事下设同佥枢密院事一员，正四品。元于成宗大德十年（1306）在佥院下置同佥三员，后定置二员，正四品。

同佥宣徽院事 官名。金设于同知宣徽院事下，正五品。元设于佥宣徽院事下，置二员，正四品。

同判大宗正事 官名。北宋置，为大宗正司副长官，位在判大宗正事之下。后废。金为大宗正府次官，从二品，置一员。章宗泰和六年（1206），改为同判大睦亲事。

同判大睦亲事 官名。金章宗泰和六年（1206）由同判大宗正事改名，从二品。

同判太史局事 官名。宋神宗元丰（1078—1085）改制置，为太史局次官，选五官正以上艺业优秀资考较深者充任。

同判太府寺事 官名。北宋前期置，员一人，以京朝官充任，为太府寺次官。神宗元丰（1078—1085）改制罢，另设少卿一人主其事。

同判太常礼院事 见“同知太常礼院事”。

同判太常寺事 官名。宋仁宗康定元年（1040）置，员二人，以待制以上充任，为太常寺次官。神宗元丰（1078—1085）改制罢，另设太常少卿领其职。

同判司农寺事 官名。北宋前期置，为司农寺副长官。神宗元丰（1078—1085）改制罢，另以司农少卿领其职。

同判国子监 官名。宋真宗乾兴元年（1022）置，员一人，以龙图阁直学士兼侍讲冯元为之。时国子监颇任贵游子弟之初仕者，资序与管库略同，故设此职以隆其任。神宗元丰（1078—1085）改制罢。

同判都水监事 官名。宋仁宗嘉祐三年（1058）置，员一人，以朝官以上充任，为都水监副长官。神宗元丰（1078—1085）改制罢。

同押衙 官名。唐末、五代盐铁、户部、度支三司所置属官。五代后唐明宗长兴四年（933）以盐铁转运使额职极多，将其设为尚书省省职，为转迁之序，位正押衙下、衙前都虞候上。

同转运使 官名。宋朝转运司置，员二人，职掌与转运使尽同。参见“转运使”。

同和院使 使职名。唐朝内诸司使之一，五代后梁太祖开平元年（907）改为仪銮院使。

同知 ❶即副贰之义。宋、辽、金某些官署副长官或佐贰官多带此衔。宋朝有同知枢密院事、同知贡举、同知閤门事、同知国用事等。辽有同知汉儿行营都部署事、同知度支使事、同知留守事、同知府事、同知宣徽院事、同知节度使事、同知州事、同知转运使、同知都点检、同知兵马事等。金置同知审官院事从四品，同知宣徽院事正四品，同知弘文院事从六品，同知登闻鼓院事正六品，同知登闻检院正六品，同知集贤院从五品，府同知正四品或从四品，同知留守事正四品。同知都总管从四品，同知节度使正五品，同知防御使事正六品，同知刺史正七品，同知转运使从四品。❷官名。元、明、清置。通常为副长官。元朝京畿都漕运使司同知正四品，枢密院同知正二品，宣徽院同知正二品，侍正府同知正三品，将作院同知正三品，通政院同知正三品，中政院同知正三品，储政院同知正三品，都护府同知从三品，其他许多机构亦或置。明制，州同知从六品，府同知正五品，都转运盐使司同知从四品。清有转运同知；事繁之府亦设为知府辅佐，正五品；设厅之区又多以同知为长官。

同知大宗正事 官名。宋仁宗景祐三年（1036）始置，为大宗正司副长官，选宗室官在团练、观察使以上且有德望者充任。神宗元丰（1078—1085）改制后仍置。南宋因之。

同知太常礼院事 官名。宋仁宗天圣元年（1023）改同判太常礼院置，为太常礼院副长官。神宗元丰（1078—1085）改制罢。

同知中丞司事 官名。辽朝北面朝官，南、北枢密院中丞司官员，在南、北院右中丞下，南、北院侍御上，详见“南枢密院中丞司”、“北枢密院中丞司”。

同知节度使事 官名。辽朝节度使司官员，在节度副使下。

同知北院枢密使事 官名。辽朝北面官，北枢密院官员，低于知北院枢密副使事。

同知北院宣徽事 官名。辽朝北面官，宣徽北院官员，在北院宣徽副使下。

同知州事 官名。辽朝刺史州官员，在刺史下。

同知贡举 官名。宋朝礼部试则置，佐知贡举主持考试。皆临时差官，以防事先请托。

同知枢 同知枢密院事简称。

同知枢密院事　官名。亦称同知枢。北宋太宗淳化二年（991）始置，为枢密院副长官，神宗元丰（1078—1085）改制，定为正二品。辽朝北、南枢密院各设同知北院、同知南院枢密使事，位在枢密副使下。元世祖至元七年（1270）置一员，后定置四员，正二品，为知枢密院事的副职，位在枢密副使上。

同知国用事　官名。南宋孝宗乾道二年（1166）置，以参知政事兼任，为国用司副长官，五年罢。宁宗嘉泰四年（1204）复置，仍以参知政事兼，员二人。参见“国用司”。

同知京朝官考课　官名。宋太宗雍熙二年（985）置，淳化四年（993）罢。

同知审官东院　官名。宋神宗熙宁三年（1070）改同知审官院置，元丰（1078—1085）改制废。

同知审官西院　官名。宋神宗熙宁三年（1070）置，为审官西院副长官。元丰（1078—1085）改制废。

同知审官院　官名。宋太宗淳化四年（993）置，员二人，同为审官院长官，掌京朝官磨勘之事。神宗熙宁三年（1070），改同知审官东院。

同知经筵　官名。明英宗正统元年（1436）始置。以开设经筵讲席，定经筵仪注，命内阁大学士二人同知经筵事，翰林院、春坊经局及国子监祭酒等官进讲经史。

同知南院枢密使事　官名。辽朝南面官，南枢密院官员，在南院枢密副使下。

同知南院宣徽事　官名。辽朝北面官，宣徽南院官员。在南院宣徽副使下。

同知宣徽院事　官名。辽、金、元宣徽院佐贰官。辽诸宣徽院皆设，低于宣徽副使。金在左、右宣徽使之下，秩正四品。元世祖至元十五年（1278）置二员，元成宗大德二年（1298）增二员。后定制二员，正二品，为本院副长官，仅低于院使。历朝职掌有所不同，参见“宣徽院”。

同知给事中事　官名。宋太宗淳化四年（993）置，员二人，以两制以上官充任，凡制敕有所不便，许准故事封驳。不久即罢。

同知银台司事　官名。北宋前期置，以两制以上官充任。神宗元丰（1078—1085）改制罢。参见“银台司”。

同知谏院　官名。宋神宗元丰（1078—1085）改制前置，为谏院次官。元丰改制罢。

同知詹事院事　官名。明初置为太子官属，以勋旧大臣领职。洪武二十二年（1389）置詹事院，遂罢。

同知閤门事　官名。宋朝閤门使、副使阙，则置知閤门事、同知閤门事。南宋高宗绍兴五年（1135），令左武大夫以上称知閤门事，官未及右武大夫者即称同知閤门事。

同详议　即同详议官。

同详议官　官名。宋徽宗政和二年（1112）置，为礼制局属官，掌讨论宫室、车服、器用、冠婚、丧祭制度沿革。宣和二年（1120）罢。

同政事门下平章事　即同中书门下平章事，辽朝官。

同政事令门下平章事　即同中书门下平章事，辽朝官。

同修国史　官名。宋朝国史实录院属官，以侍从官兼任，掌修国史。

同修起居注　官名。北宋前期置，掌起居郎、起居舍人之职。神宗元丰（1078—1085）改制罢。

同统制　官名。南宋初年置，为诸屯驻大军统兵官，位在统制下、副统制上。

同统领　官名。南宋初年置，为诸屯驻大军统兵官，位在统领下、副统领上。

同都督　官名。南宋高宗绍兴二年（1132）始置，以执政兼任，为都督府副长官。

同提举一行事务　官名。南宋御营使司、宣抚使司置，助理本署公事，位在提举一行事务之下。

同提举详定一司敕令所　官名。南宋孝宗乾道六年（1170）置，以参知政事兼任，掌编纂敕令。

同提举茶马　官名。宋朝茶马司置，位在都大提举茶马之下，掌榷茶之利，以供市马。

同提举编修敕令所　官名。南宋初年置，以执政兼任，为编修敕令所副长官，佐提举编修敕令所掌裒集诏旨，编纂成书。

同紫微黄门三品　宰相职衔。即同中书门下三品，唐玄宗开元元年（713）改，五年复名同中书门下三品。

同紫微黄门平章事　宰相职衔。即同中书门下平章事，唐玄宗开元元年（713）改，五年复名同中书门下平章事。

同掌宿卫事　官名。辽朝北面官，宿卫司官员，在总知宿卫事下。

同签书枢密院事　官名。宋太宗太平兴国八年（983）始置同签署枢密院事。后避英宗赵曙名讳改称。神宗元丰（1078—1085）改制罢。哲宗元祐（1086—1094）后复置。

同签枢密院事　官名。金朝枢密院置，一人，正四品，位签书枢密院事下。元成宗大德十年（1306）枢密院复置，三人，后定置二人，正四品。

同签宣徽院事　官名。金朝宣徽院置，正五品，位同知宣徽院事下。元世祖至元十五年（1278）复置二人，正四品，位签宣徽院事下。

同寮　同一官署做官的人。《左传·文公七年》：“同官为寮。吾尝同寮，敢不尽心乎？”

因杅将军　汉朝将军名号。武帝时有因杅将军公孙敖，曾奉命筑塞外受降城。因杅，匈奴地名，因所征以命将军。

团　❶西魏、北周府兵领兵机构。《北史》卷六〇传论：“每大将军督二开府，凡为二十四员，分团统领，是二十四军。每一团，仪同二人。自相督率，不编户贯。”❷隋唐府兵基层组织。隋朝左右卫、武卫、武候、领军府及东宫领兵开府、仪同府置，设团主一员、团佐二员，检查户口，劝课农桑。唐朝折冲府以三百人为团，一校尉领之；其属有旅、队、火等；每府统领八团至十五团不等。

团主 官名。隋朝左右卫、武卫、武候、领军府及东宫领兵开府、仪同府所统乡团长官，各置一员，掌检查户口，劝课农桑。

团佐 官名。隋朝左右卫、武卫、武候、领军府及东宫领兵开府、仪同府所统乡团次官，置二员。

团练州 以团练使为长官之州。宋朝为六等州之第五等，位防御州下，团练使不赴任者，以他官判、知，其属有团练推官等，又有团练副使专授左降官。辽朝团练州设团练使、团练副使、团练判官、州学博士、助教等官。

团练守捉使 使职名。唐肃宗至德、乾元（756—760）中改防御使置，主兵事而无旌节，有副使一人，判官二人，代宗永泰（765—766）以后有加置参谋者。

团练守捉副使 使职名。唐肃宗至德、乾元（756—760）防御使为团练守捉使后置，一人。

团练使 官名。唐肃宗至德、乾元（758—760）中置于诸道，大者领十州，小者领三、五州，掌本地区防务。代宗时诸州刺史皆兼本州团练使，旋废。唐后期诸州刺史不兼防御使者多带此衔，诸道不设节度使者，多以都团练使（或都防御使）总领军务。五代沿置。宋朝团练州置，多不驻本州，无职掌，仅为武臣寄禄官。北宋前期官品不详，神宗元丰（1078—1085）改制定为从五品。辽朝为团练使司长官，属南面方州官，下设团练副使、团练判官。宋初常授予党项熟户首领。太宗雍熙二年（985）李继迁占银州，设此以封酋豪。元昊建西夏，亦置，为军职，领三至五百族帐，位在刺史上。元顺帝至正十八年（1358）于耀州、邠州置团练安抚劝农使司，每司置使二人。

团练副使 官名。唐朝始置，为团练使副职。五代沿置，后周世宗显德五年（958），定为准从六品。宋朝常用以安置贬降官员，无职掌，哲宗元祐（1086—1094）中定为从八品。辽朝诸州或置，为团练使司副长官。

团营 明代军事机构。景泰元年（1450）选三大营精锐立十团营。以总督统领，以总兵掌之，以内臣监军。后改十二团营。以都督、都指挥或公侯为统领，以总督统辖。

回子佐领 又称回人佐领。清朝由叶儿羌等处迁居京城居住之维吾尔人编立之佐领，隶正白旗包衣第五参领。佐领下回人准任五品以下武职，不得为文官。

回马官 官名。金朝置，管理民养驿马。

回回令史 官名。元朝设于中书省左、右司和断事官下。又称回回省掾。

回回司天台 官署名。元朝置，世祖至元四年（1267），回回星历学者扎马鲁丁制西域天文仪器七种及《万年历》。八年，立回回司天司，秩从五品，以扎马鲁丁为提点。仁宗皇庆元年（1312），改为回回司天监。

回回司天监 官署名。元朝始置。仁宗皇庆元年（1312）改回回司天台置，秩正四品。设提点、监、少监、监丞等官，属员有教授及天文、算历、三式、测验、漏刻等科管勾，额设阴阳人十八名。掌回回人观测天象，编制回回历。明初沿置，设监令、少监、监丞。洪武三年（1370）改回回钦天监。

回回司天监少监 官名。元皇庆元年（1312）改回回司天台为监，设少监二人，正五品，以回回人充任，佐提点、监掌司天监事。明洪武元年（1368）沿置，亦设二人，正五品，以回回人充任。三年，改名回回钦天监少监。

回回司天监令 官名。明洪武元年（1368）沿元制置回回司天监。设监令一人为长官，正四品，以回回人充任。三年，改名回回钦天监令。

回回司天监丞 官名。元皇庆元年（1312）改回回司天台为监，设监丞二人，正六品，佐提点、监、少监掌司天监事。以回回人充任。明洪武元年（1368）沿置，亦二人，正六品，以回回人充任。三年，改名回回钦天监丞。

回回国子学 学校名。元世祖至元二十六年（1289）始置，教授亦思替非文字，即波斯文字，寻罢。

回回国子监 学校名。元仁宗延祐元年（1314）置，定学官及生员五十余人，官给廪膳，培养波斯文译史人员。

回回省掾 官名。元中书省中的回回令史。

回回科 官署名。明朝及清初钦天监所属机构。明洪武元年（1368），设回回司天监。三年，改称回回钦天监。三十一年，罢监设科，隶钦天监。掌以回回之法推算天行之度。清顺治元年（1644）沿置，十四年省。

回回钦天监 官署名。明朝掌观察天象、推衍回历的机构。洪武三年（1370）改回回司天监置，设监令一人，正四品，少监二人，正五品，监丞二人，正六品。十四年，去少监不设，改监丞，只设一人，降本监秩正五品。三十一年罢，以其所掌之事归钦天监。

回回炮手军匠上万户府 元朝统领回回炮手及军匠的机构。元世祖至元二十二年（1285）改回回炮手都元帅府置，秩正三品。设达鲁花赤、万户、副万户等官，下辖千户所三翼。

回回馆 明、清负责翻译阿拉伯语言文字的部门。始置于永乐五年（1407），设译字生、通事以掌其事。初隶翰林院，弘治七年（1494）改隶太常寺。清初沿置，隶翰林院，乾隆十三年（1748）省并入礼部。

回易务　官署名。宋朝沿边官府所设以官钱为本经营商业、借贷业或倒卖钞券的机构，求赢利以弥补地方财政收入之不足，以本部属吏掌管。金章宗承安三年（1198）十月，沿置于两行部，以绵绢物段易银钞。宣宗贞祐二年（1214）迁都汴京后废。四年三月，翰林侍讲学士赵秉文建言恢复。

回易库　官署名。宋朝官府所设掌回易钱物的机构。北宋时各经略、安抚司多置。南宋初，都督府于建康（今江苏南京）及镇江等处置，并立库官赏格。国信所、安抚司、转运司及屯驻大军亦置。又有回易酒库，专以本钱经营造酒及贩卖以取利。

回授　官制用语。❶官员因功勋获一个以上爵位时，可申请将较低者转让给子弟。《周书·王勇传》："（新阳郡公王勇）又论讨茹茹功，别封永固县伯，邑五百户。时有别封者，例听回授次子，勇独请封兄子元兴，时人义之。"❷宋朝转官的一种规定。凡官员磨勘后应转官，若碍于"止法"，许请以恩命授予弟侄、子孙，使之出官或转行，称为回授。

回避　❶官制用语。汉代有"三互法"，令婚姻之家及两州之人，为官不得相临，以避嫌疑。唐代宗广德二年（764），令中书、门下两省五品以上，尚书省四品以上，御史五品以上，诸同正员三品以下及诸王、驸马等，其亲属及女婿、外甥，不得任京兆府判司、畿令、赤县丞、簿、尉。永泰元年（765），复令不得任本贯州县官及本贯邻县官。宋朝，凡官员本族缌麻以上亲、有服及无服外亲，于职事有统摄或相干者，皆须回避。如宰相、执政亲属不得任两制及台谏官，官员不得在祖籍及有亲戚处任地方长官等。明初，定南北更调之制，南人官北，北人官南。其后，免南北之限，除学官外，一律不得于本省为官。清朝踵行，法渐细密：文职官员，不得在本籍和原籍任职，亲属不得在同一地方或同一衙门做官。如满、蒙尚书以下司官，小京官以上，亲伯叔兄弟同衙门者，官小者回避，同阶则由后至者回避；祖孙父子，除堂、司官应由司官回避外，其余无论品秩及先后至，均应子孙回避，丧亲，姻亲等则免回避。❷明清乡会试，上自主考官，下迄总理供给官，其子弟、本族、姻亲及其他至亲等，不许入考，亦谓之回避。

曲台　太常寺之别称。

曲先塔林都元帅府　官署名。元朝置，秩从二品，设于成宗初年，掌曲先（今新疆库车）、塔林（今塔里木河）戍军。置都元帅三员，副元帅二员。后罢。

曲阳钱监　即利通监。

曲豆局　官署名。北齐置，设丞。隶长秋寺中山署。

曲豆局丞　官名。北齐置。见"曲豆局"。

曲面部　官署名。北齐置，设仓督。隶司农寺导官署。掌供宫廷用粮。

曲面部仓督　官名。北齐置。见"曲面部"。

曲靖等处宣慰司兼管军万户府　官署名。元朝置，秩从二品，隶云南行省。置司曲靖，掌曲靖、普安、普定（今贵州安顺）、潜江（今云南澄江）四路军民政务。置宣慰使三员，同知、副使各一员。

曳剌　又译拽剌、移剌。契丹语，意为"壮士"、"勇士"。辽有拽剌军。又置旗鼓曳剌，护卫皇帝仪仗旗鼓。军中设拽剌司，掌边防侦候、传报军情。著帐局亦设拽剌官。金为枢密院、招讨司属官，司侦候与传送军情。架阁库曳剌为属吏。元初，十道宣抚司设曳剌，司催督差役、勾捕等事。后京府州县均设，渐演为民间差役。

〔丿〕

竹工下士　官名。西魏、北周冬官府司卉下大夫竹工中士佐官，正一命。

竹工中士　官名。西魏恭帝三年（556）置，北周沿置。冬官府司卉下大夫属官，正二命。下设竹工下士以佐其职。隋文帝开皇元年（581）罢。

竹木务　官署名。北宋前期置，隶三司胄案，掌收纳诸路水运竹木、竹索，抽算诸河商贩竹木，以供营造之用。设勾当官一人，以京朝官或閤门祗候充任。神宗元丰（1078—1085）改制，并归将作监。

竹木抽分局　明代工部下属机构。于卢沟桥、通州、白河分设。置大使、副使各一人。掌抽取商贩竹木，以供营造。

舌人　官名。周朝置。掌语言翻译。《国语·周语中》："故坐诸门外，而使舌人体委与之。"韦昭注："舌人，能达异方之志，象胥之官。"

先马　官名。西汉太子太傅、少傅属官，置十六人，秩比谒者，六百石，为车马前导。

先用　铨选制度。清朝吏部任用官员之方法。指列于月选班秩者，尽先授官之例。凡京察列于一等之官员，京官七分之一，笔帖式八分之一，皆得尽先授职。

先后　官名。新莽太子四友之一。始建国三年（后11），王莽为太子置师、友各四人，秩以大夫。以谏大夫赵襄任之。

先离闼览官　官名。辽朝北面官。圣宗统和四年（986）置先离闼览官六员，领于骨里、女直、迪烈于等诸部人之隶宫籍者。

先锋使司　官署名。辽朝北面行军官，非常制。每有大的军事行动，则设先锋使统领前军，皆以精兵为之。

先锋都统所　官署名。辽朝北面官，有大的军事行动，皆选勇健为先锋军，设先锋都统所以领之。

先登校尉　官名。东汉末孙策置。韩当自别部司马迁此，授兵二千、骑五十匹，随从征伐。

迁　官制用语。指官吏调动职务，有平迁、超迁之分。以积功久次（功劳资历）循序而升者为平迁，有特殊功绩或才能优异被越级提拔者为超迁。官吏贬职降级，亦称左迁。升迁，指低品位迁至高品位，或一官迁至他官、品位相同而班次稍前。

迁官 官制用语。或仅称“迁”。指官员调动。《商君书·农战》：“常官治则迁官。”详见“迁”。

廷 ❶君王受朝布政令的地方。《史记·廉颇蔺相如列传》：“设九宾于廷。”❷战国时期地方官吏处理政务的公堂，如县廷。《睡虎地秦墓竹简·封诊式》：“即令甲、女载丙死（尸）诣廷。”

廷平 ❶官名。廷尉平之省称。西汉宣帝置。《汉书·刑法志》：“置廷平，秩六百石，员四人。”❷唐朝大理评事俗称。

廷史 官名。廷尉史省称。《汉书·杜周传》：“始周为廷史。”颜师古注：“廷史，即廷尉史也。”

廷议 廷臣议事制度。明朝凡有大政及推举文武大臣，内阁会同五军都督府、六部、都察院、六科给事中计议，然后具本奏闻，由皇帝裁决。

廷吏 朝廷大吏。《韩非子·八奸》：“大臣廷吏，人主之所与度计也。”

廷臣 朝廷大臣。《韩非子·八经》：“相室约其廷臣，廷臣约其官属。”陈奇猷注：“廷臣，在朝廷之臣，大官也。”

廷评 宋朝大理评事别称。

廷试 见“殿试”。

廷理 官名。春秋时楚国置，朝廷执法官。《韩非子·外储说右上》：“荆庄王有茅门之法曰：‘群臣大夫诸公子入朝，马蹄践霤者，廷理斩其辀，戮其御。’”

廷推 任官方法。明朝定制，凡内阁大学士、吏部尚书除奉特旨外，多由朝廷大臣推举二三人选，经皇帝选任。侍郎以下及祭酒等官，则由吏部会同三品以上官员推选。在外督、抚大员，则由吏部主持，九卿皆参与推选。其余官员均不用此法。

廷寄 清朝雍正（1723—1735）以后传达皇帝谕旨的一种形式。凡皇帝上谕涉及重大机密政务者均由军机处直接封交兵部捷报处寄送有关官员，称为寄信，亦称密寄，外间官员谓之廷寄。根据受文官员之地位，又分为字寄和传谕两种形式。其行经略大将军、钦差大臣、将军、参赞大臣、都统、副都统、办事大臣、领队大臣、总督、巡抚、学政等高级官员者称军机大臣字寄；行盐政、关差、布政使、按察使及各省提督、总兵等官员者称军机大臣传谕。二者封函书写格式亦不相同。

廷尉 官名。亦称廷尉卿，战国秦始置，秦、西汉沿置。景帝中六年（前144）改名大理，武帝建元四年（前137）复旧。秩中二千石，列位九卿，为中央最高司法审判机构长官，遵照皇帝旨意修订法律，汇总全国断狱数，主管诏狱。文武大臣有罪，由其直接审理收狱，重大案件由皇帝派人会审。又为地方司法案件的上诉机关，负责复核审决郡国疑狱，或上报皇帝，有时也派员至郡国协助审理重要案件。属官有正，左、右监，史等，宣帝时增置左、右平。哀帝元寿二年（前1）改名大理。新莽改名作士。东汉复名廷尉，省右平、右监。当时御史中丞、司隶校尉也有治狱奏谳之责，重大案件或由三方会审。魏、晋、南朝沿置，属官有丞、正、监、平、律博士各一员。当时修订法律及刑狱之政令仰承尚书省，南朝又置“建康三官”分掌刑狱，廷尉职权较汉为轻。魏、晋、宋三品。梁、陈定名廷尉卿。北魏或称廷尉卿，又增设少卿为之副贰，其余属官略同，孝庄帝永安二年（529）又置司直十人，覆审御史检劾案件。孝文帝太和十七年（493）定为二品上，二十三年改三品。北齐初沿置，后改置大理卿。

廷尉三官 廷尉属官廷尉正、廷尉监、廷尉平（评）的合称。协助廷尉治刑狱。狱牒或以三官通署。

廷尉少卿 官名。北魏始置，为廷尉卿次官。孝文帝太和十七年（493）定为三品上，二十三年改四品上。北齐初沿置，后设大理寺，遂改置大理少卿。

廷尉文学卒史 官名。汉朝廷尉属吏，秩百石。《汉书·兒宽传》：“以射策为掌故，功次，补廷尉文学卒史。”

廷尉平 官名。简称廷平，亦称廷评、廷尉评。廷尉属官。西汉宣帝地节三年（前67）因负责判案的廷尉史任重禄薄而增置，员四人，秩六百石。或说置左、右平二员。负责具体案件的审理，位次于廷尉正、监。东汉唯置左平。魏晋南北朝去“左”字，置一员。参议案例律条，复核平决疑狱，可驳回廷尉所奏罪案。公牍须正、监、平三官联署，以互相监督。魏、晋、宋六品，梁六班，陈七品、六百石，北魏孝文帝太和十七年（493）定为五品中，二十三年改六品。北齐改置大理评。

廷尉正 官名。秦、汉为廷尉副贰，地位相当于列卿丞，为高级审判官员，可代表廷尉参加诏狱会审，或独立决断疑狱、平反冤案，参议案例律条。西汉秩千石，东汉秩六百石。魏晋南朝宋、齐沿置，六品。梁、陈为廷尉卿属官，梁六班，陈七品、六百石。地位高于廷尉监、平，但公牍须三官联署，以互相监督。北魏或称大理正。孝文帝时置少卿为廷尉副贰，遂降为佐官。孝文帝太和十七年（493）定为五品中，二十三年改六品。北齐改置大理正。

廷尉右监 官名。秦置。入汉因之。属廷尉，秩千石。东汉省。参见“廷尉左监”。

廷尉左监 官名。秦置，入汉因之。属廷尉，秩千石。东汉减为六百石。职掌助廷尉平决诏狱。

廷尉司直 官名。北魏孝庄帝永安二年（529）置，员十人。视五品。隶廷尉，掌复审御史检劾之案件。北齐设大理寺后，改大理司直。

廷尉丞 官名。西晋始置，东晋、南朝、北魏沿置。属廷尉。参议刑狱，分任审判事务，地位低于正、监、平三官。晋、宋七品，梁四班、陈八品；北魏孝文帝太和十七年（493）定为从五品中，二十三年改七品。北齐改置大理丞。

廷尉评　即廷尉平。

廷尉律博士　见“律博士”。

廷尉监　官名。秦置，西汉分置左、右监，隶廷尉。秩千石，禄秩与廷尉正相当而位稍次之。执行具体逮捕任务，亦参议案例、律条，审理疑狱。与正、平通署公牍，互相监督。东汉唯置左监，秩六百石。魏晋南北朝去“左”字，置一员。魏、晋、宋六品，梁六班，陈七品、六百石。北魏孝文帝太和十七年（493）定为五品中，二十三年改六品。北齐改置大理监。

廷尉卿　东汉至南朝、北魏为廷尉尊称。南朝梁武帝天监七年（508）定为正式官称，十一班。陈因之，三品、中二千石。

廷掾　官名。汉朝县府掾属。或称五官掾，地位较高，祭祀时可排在功曹之前，兼有督邮之职，经常巡行乡下。《续汉书·百官志》：“诸曹略如郡员，五官为廷掾，监乡五部，春夏为劝农掾，秋冬为制度掾。”两晋、南朝宋沿置，地位渐低。

廷辩　汉朝议政制度，亦作庭辩。公卿百官奉皇帝之命会集朝廷，就施政方针或重大事件进行辩论。《汉书·窦婴传》：“上然之，赐婴食，曰：‘东朝廷辩之。’”颜师古注引张晏曰：“会公卿大夫东朝，共理而分别之。”

年劳　官制用语。宋朝吏人出职的一项规定。吏人任职至一定年限，称年劳。按年劳，可依次迁改或补官。参见“年劳补官法”。

年劳补官法　宋朝吏人授官的一项规定。俗称出职法，亦称流外出官法。吏人任职至法定年限，可补授将仕郎（迪功郎），并可免铨试直接注授差遣。枢密院、三司吏人，可补三班借职以上武官；内廷诸司主吏、三司大将，可补三班借职等。非年劳补官者，通常不得注授差遣。

朱衣吏　吏名。唐制两省官出使，得朱衣吏前导。宋朝沿置，朝殿日，皇太子、亲王、使相、参政、翰林学士，各有朱衣吏二人，自下马处导至殿门。

朱衣直阁　朱衣直阁将军的省称。

朱衣直阁将军　官名。南朝梁武帝天监六年（507）置，以曾任方牧者为之，都督南兖等五州诸军事、辅国将军、南兖州刺史昌义之首任此职。负责宫内侍卫，属中领军（领军将军）。天监七年定为十班。陈改为四品，秩千石。北魏亦置。北齐为左右卫府直阁属官，位在直阁将军之上，从四品。

朱批　清朝皇帝在臣工奏折上所写的批示。用朱砂写成，故名。康熙（1662—1722）、雍正（1723—1735）时，皇帝对此十分重视，批语往往很长很细，文笔亦相当活泼。后期渐趋于简单。雍正以后定制，朱批奏折发交原奏人执行完毕后，必须定期缴回内廷存储。

朱批奏折　文书名。即经皇帝批示过的奏折。

朱谕　清代皇帝亲自起草的上谕。因用朱砂写成，故名。其实并非所有朱谕都由皇帝亲自起草，有些是交大学士起草，经皇帝审定后再用朱笔誊写于黄折上，这种朱谕一般是颁发给各部院衙门的。另外，军机处起草的谕旨经过皇帝朱笔修改叫朱批谕旨。这些谕旨颁发执行完毕后，必须缴回，存于宫中。

朱爵司马　官名。东汉置，属卫尉。领员吏四人，卫士一百二十四人。主皇宫南掖门。

传车　汉朝刺史别称。

传升　任官制度。明成化（1465—1487）时始定，即以大内特批授官，所授官称传奉官。文武僧道由此得官者达数千。

传令　官名。唐朝太子左、右春坊各置四员，流外五品，承受传宣太子之令。

传吏　传舍小吏。《后汉书·光武帝纪》：“光武乃称邯郸使者，入传舍。传吏方进食，从者饥，争夺之。”

传诏　官名。北魏置。掌传达皇帝诏命，及宣召大臣。地位不高。

传奉官　明朝以皇帝传旨授予的官职。行于明宪宗成化（1465—1487）间，文武僧道由此授官滥至数千。孝宗即位后汰革，后渐不行。

传国　以国相授，即转让王位。《吕氏春秋·不屈》：“魏惠王谓惠子曰：‘上世之有国，必贤者也。今寡人实不若先生，愿得传国。’惠子辞。”

传制　官名。唐朝门下省置二员、中书省置十员，流外四品，掌承传制敕。

传舍长　官名。战国置。管理传舍的长官。战国时列国封君多养士，置传舍。属员有传舍吏。《史记·孟尝君列传》：“孟尝君问传舍长。”

传舍吏　官名。战国置。管理传舍的小吏。《史记·平原君虞卿列传》：“邯郸传舍吏子李同说平原君曰：‘君不忧赵亡邪？’”参见“传舍长”。

传法院　官署名。宋太宗太平兴国八年（983）改译经院置，属鸿胪寺，掌翻译佛经。

传胪　❶科举制度中，在殿试后皇帝宣布登第进士名次的典礼称传胪。其制始于宋，进士在集英殿宣唱名次之日，皇帝至殿宣唱，由閤门承接，转传于阶下，卫士六七人皆齐声传名而高呼，故名。❷明朝称进士二、三甲第一名为传胪，清朝则专指二甲第一名。

传骑　官名。骑马传递讯息的小吏。春秋时齐国置。《韩非子·外储说左上》：“齐景公游少海，传骑从中来谒曰：‘婴疾甚，且死，恐公后之。’景公遽起，传骑又至。”

传谕　清朝寄信（廷寄）的一种形式。详见“廷寄”。

传置　汉朝政府在交通线上间隔一定距离设置的驿站。备有车马，供乘传者换用。

休吏　汉朝官府假日不治事之谓。《汉书·薛宣传》：“及日至休吏。”颜师古注：“冬夏至之日不省官事，故休吏。”

休沐　即休息、洗沐，指古代官员的例行假期。

汉朝律令规定，吏五日得一休沐。唐朝永徽三年（652）二月定制，百官每十日一休假，称为旬假，又曰旬休。宋朝岁节寒食、冬至，百官休沐五日，上元、中元休沐一日，每旬择皇帝不御殿时赐休沐一日。

休官大都统 官名。十六国西秦置，掌管陇西少数民族休官部事务。《资治通鉴·东晋孝武帝太元十八年（393）》：“权千成为秦所逼，请降于金城王（乞伏）乾归，乾归以为东秦州刺史、休官大都统、显亲公。”胡三省注：“休官，杂夷部落之名。”

休致 参见“致仕”。

伍长 ❶即伍老。五家之长。春秋战国时各诸侯国户籍制度，五家为伍、十家为什，各置长。后世多沿之。《管子·立政》：“十家为什，五家为伍，什伍皆有长焉。”汉朝或称伍长为五人。太平天国地方基层亦置。❷军吏名。五人之长。周朝置，后世多沿之。太平天国军中亦置，五伍为两，每军有伍长二千五百人；伍长分别以刚强、勇敢、雄猛、果毅、威武为号，顺次为每一两的第一至第五伍长。

伍老 伍长别称。《韩非子·外储说右下》：“訾其里正与伍老屯二甲。”刘师培注：“里正、伍老均乡官，盖闾师之属。”

伍佰 亦作五百。汉朝官署侍从小吏，职在导引，问事。《后汉书·宦官传·曹节传》李贤注引韦昭《辨释名》曰：“五百字本为‘伍’。伍，当也；伯，道也。使之导引当道陌中以驱除也。”

伍符 汉朝封建国家为控制军队，令士卒互相担保的凭信。《汉书·冯唐传》：“士卒尽家人子，起田中从事，安知尺籍伍符？”颜师古注引李奇曰：“伍符，军士五五相保之符信也。”又引如淳曰：“伍符亦什伍之符，要节度也。”

伎术官 官名泛称。唐朝为秘书省、殿中省、太常寺、太仆寺、左春坊等部门具有天文、音乐、医术、阴阳卜筮等专门技能并管理该事务的官员的通称。分本色出身与非伎术出身两种。以伎术起家出仕者为本色出身，其叙迁有限制，不得任清要官职。武则天神功元年（697）规定，由天文出身者进官不得过太史令，由音乐出身者不得过太乐、鼓吹署令，由医术出身者不得过尚药奉御，由阴阳卜筮出身者不得过太卜令；其他伎术官若累阶应至三品者，亦不再进阶。非伎术出身而其才堪任伎术官者，出任伎术官后，迁叙劳考可不拘本色伎术官之例。宋朝包括翰林医官院及太医局医官，司天监、太史局及翰林天文院之太史令至挈壶正，翰林院书艺、图画奉御至待诏等官员。通常只于本部迁转，其落伎术官头衔而任京官者，遇恩泽只转阶或加勋，不得授朝官。

伏义将军 官名。南朝梁置。武帝天监七年（508）定为施用于境外的武职二十四班中的一班，为地位最低的一班，大通三年（529）定制后，仍为最低的一班。

伏武将军 官名。南朝梁武帝普通六年（525）置。为武职三十四班中的二班，地位仅高于偏、裨将军。

伏夜牙门 官名。西晋怀帝永嘉元年（307）汲桑置，以石勒任之。参见“牙门将”。

伏波大将军 官名。晋朝置。位在抚军大将军上，不开府非持节都督者，二品，开府者位从公，进为一品。不常置。

伏波司马 官名。《汉书·景武昭宣元成功臣表》海常严侯苏弘条：“以伏波司马得南越王建德侯。”

伏波将军 官名。西汉武帝置，为统兵武官名号，以路博德为之，后渐为官名。东汉、魏、晋、南北朝，迄隋，皆置为将军名号。高昌亦置。东汉末至三国魏，地位较高。三国魏、两晋、南朝宋皆为五品，梁为武职二十四班之第四班，陈八品、六百石。北魏孝文帝太和十七年（493）定为五品上，二十三年为从五品上；北齐亦为从五品上。北周五命。隋朝为从七品下，炀帝大业三年（607）罢。

伏顺将军 官名。十六国前燕置，委任投降的敌对政权统治者。《晋书·慕容儁载记》：“（慕容）恪遂克广固，以（段）龛为伏顺将军。”

优台 官名。高句丽国置之。《后汉书·东夷传》：“其置官，有相加、对卢、沛者、古邹大加、主簿、优台、使者、帛衣先人。”

优异世管佐领 参见“优异佐领”。

优异佐领 清朝八旗世管佐领之一。全称优异世管佐领。凡初立佐领之人率众归诚有功，或立佐领后承管之人著有军功劳绩，得赐户口，编为佐领者，均为优异世管佐领。佐领员缺，由立佐领人和得优异佐领人之子孙世代承管。

优贡 清朝五贡之一。即贡入国子监的生员之一种，亦称优生。初分贡、监名色，廪生、增生准做优贡，附生准做优监。乾隆（1736—1795）中定，每三年由各省学政考选，大省五、六名，中省三、四名，小省一、二名，到部朝考。然无录用条例，故被选者多不赴京。同治（1862—1874）中始定，优贡经廷试，列一、二等者用知县或教职，三等用训导。亦属正途出身。

优试 官场用语。宋朝每年由近臣与判流内铨官于尚书省试各司吏人，出律题三道，成绩合格者须口诵所答内容，中者即补正名，理劳考。其自叙劳绩，官员为之陈请者，特免口诵，称为优试。凡优试者，皆中选。

优叙 明清吏部之奖叙制度。凡官员考核成绩优异，或有重大功绩者，奉旨交部从优议叙，加倍给予奖励，称为优叙。

优恤俸饷 清朝官员俸饷之一种。用于优恤官员或家属。王公百官之禄称为俸，军兵之禄称为饷。凡大臣年老有病休致者，武职官有军功告休者，武职旗员告休者，及以上官员没后所遗孤、寡无告者，皆得请旨，依例领取全俸、半俸、四分之一俸等，以维持生计。凡军兵出征伤病者，有军功而告退者，阵亡所遗之孤、寡者，八旗兵故后其妻守节者，八旗孤女、八旗鳏寡孤独无产者，皆得依例领取全饷、半饷、四分之一饷，或领取一定数量之银、米。

优监　清朝监生之一。顺治（1644—1661）中，直省不拘廪生、增生、附生，选文学兼优者，大学二人，小学一人送国子监。雍正（1723—1735）中始分贡、监。廪生、增生准做优贡，附生准做优监。

伐船谒者　官名。南朝梁、陈置，流外三品蕴位。

仲父帐详稳司　官署名。辽朝北面官，掌仲父房兵马之事。设详稳。

仲父族帐常衮司　官署名。辽朝北面官，辽太祖阿保机之叔释鲁的后代称皇族仲父房，为四帐皇族之一，专设常衮司以掌族帐之事。

任　新莽改称公主为任，时王氏九族之女为任者有八十三人，均食邑。

任人　官名。同常任，西周置，执政大臣。《尚书·周书·立政》："任人、准夫、牧，作三事。"孔颖达疏："任人，则前经所云'常任'，六卿也。"

任子　因父兄功绩保任授予官职。汉朝凡吏二千石以上任职满三年者，得任其同产（兄弟）若子一人为郎。任子一般为郎官，或太子官属。哀帝下诏废除，旋复。东汉因之，公卿、校尉、尚书均能任子弟为郎或舍人。东汉桓、灵时，宦官权势炽盛，任子弟为官，布满州郡。三国两晋南北朝时，常形成割据局面，下级向上级多送子为人质，故任子即质子，或置任子馆以处之。唐朝有门荫之法，官僚子弟可以父荫直接得官，如一、二品官的儿子，始任即可做正七品官。宋朝有补荫制度，规定三公、宰相的儿子，可以做中央各寺的丞。明初，文官一至七品皆得荫一子以世其禄。后渐为限制，在京三品以上，满考著绩，方得请荫，谓之官生。出自特恩者，不限官品，谓之恩生。或即与职事，或送监读书。明、清国子监生又有荫监一类。清制，京官文职四品以上，武职二品以上，外官三品以上，都准送一子入监读书；遇庆典给予的，称恩荫；因先代殉职给予的，称难荫；功臣子弟由皇帝特别恩准的，亦称恩荫。取得监生身历后，即具备了做官的资格。

任子令　汉朝关于选官的律令。其中规定，凡吏二千石以上任职满三年者，得任其同产（兄弟）若子一人为郎。任子一般为郎官或太子官属。哀帝时下诏废除，旋复。东汉因之。

任官　委任官职。《尚书·商书·咸有一德》："任官惟贤材。"《礼记·王制》："任官然后爵之。"

任官科　官署名。清末陆军部军衡司所属四科之一。光绪三十二年（1906）设。掌陆军官佐升补官阶、注册给凭，以及陆军各校毕业学生除授官阶等事。置科长、科员、录事。

价人　❶周朝武官代称。《诗经·大雅·板》："价人维藩，大师维垣。"郑玄注："价，甲也，被甲之人。谓卿士掌军事者。"❷吏名。唐朝太府寺平准署置十人，少府监所属互市监置四人。掌市场价格调节。

伦侯　爵名。战国末秦置，秦统一后因之。位低于列侯，无封邑。《史记·秦始皇本纪》：琅邪台石刻有伦侯建成侯赵亥，伦侯昌武侯成，伦侯武信侯冯毋择。

仰化将军　官名。南朝梁置。武帝天监七年（508）定为施用于境外的武职二十四班中的三班，大通三年（529）定制后班阶略提高，拟飙勇将军等号。

伊什罕伯克　官名。清朝新疆回部官员之一。掌襄理回务，为正、副城主。和阗、伊里齐城、库车等处设四品伯克十三人。阿克苏属之拜城设五品伯克一人。叶尔羌属之色勒库尔设六品伯克一人。

伊尔希达　满语官名。汉译有二：❶副总管，为总管（乌赫哩达）之副职。❷苑副，为清朝内务府奉宸苑所属南苑、圆明园、长春园、畅春园、清漪园等处之管理官员，苑丞之副职，品秩从七品至未入流不等。

伊齐辖喇哈番　满语官名。汉译为郎中。

伊齐额尔吉哈福布勒哈番　满语官名。汉译为右通政使。

伊齐额尔吉爱什拉喇哈番　满语官名。汉译为右参议。

伊阳监　❶官署名。唐朝将作监下置，在伊阳（今河南嵩县西南），有监、副监、丞各一员，监作四员，掌采伐材木。❷官名。唐朝将作监伊阳监长官，置一员，正七品下。

伊阳监丞　官名。唐朝将作监伊阳监属官，置一员，正八品上。

伊阳监副监　官名。唐朝将作监伊阳监次官，置一员，从七品下。

伊吾司马　官名。东汉置，主伊吾卢屯田。明帝永平中留兵屯伊吾卢城，置宜禾都尉屯田。后时废时置。至顺帝永建六年（131）复令开设屯田，置伊吾司马一人。

伊吾都尉　官名。三国魏置，西晋、十六国前凉沿置。主伊吾（今新疆哈密一带）军务。魏、晋皆七品。见《魏书·私署凉州牧张寔传》。

伊都阿真　即伊都额真。

伊都章京　满语官名。武职。原称伊都额真，雍正元年（1723）改。汉译为"班领"。

伊都额真　满语官名。雍正元年（1723）改称伊都章京。汉译为班领。隶侍卫处。有协理事务侍卫班领、侍卫班领、署班领几种。又译作益都额真。

伊耆氏　官名。《周礼》秋官之属，一说为周朝置。掌理颁发王室优待老臣的手杖。《周礼·秋官》："伊耆氏，下士一人，徒二人"，"掌国之大祭祀，共（供）其杖咸。军旅，授有爵者杖。共王之齿杖"。

伊耆氏下士　官名。西魏、北周秋官府司要下大夫所属伊耆氏中士佐官，正一命。

伊耆氏中士 官名。西魏恭帝三年（556）仿《周礼》伊耆氏置，北周沿置。秋官府司要下大夫属官，正二命。下设伊耆氏下士以佐其职。隋文帝开皇元年（581）罢。

伊勒希哈番 满语官名。汉译为少卿。

伊犁将军 官名。全称总管伊犁等处将军。清朝新疆驻防八旗之最高长官。乾隆二十七年（1762）设，驻伊犁。总掌驻防八旗、绿营及地方各民族事务，综制文武，兼辖军民，天山南北两路皆听节制。其衙门设司官五人，笔帖式四人。分置印房、粮饷处、驼马处等办事机构。所辖有参赞大臣一人（光绪时改副都统）、领队大臣四人、总管六人、副总管七人，以及协领、佐领、骁骑校、防御等驻防武职，分掌驻防旗营军务及锡伯、索伦、察哈尔、额鲁特各部落游牧事务。

伊循都尉 官名。西汉置。主伊循屯田。伊循城处西域鄯善（楼兰）国，其地肥美。昭帝元凤四年（前77）应其国王尉屠耆之请，遣司马一人，吏士四十人，田伊循以镇抚之。其后更置都尉。

伊阙都尉 官名。东汉灵帝光和七年（184）三月置。为灵帝所置八关都尉之一，掌管伊阙关（今河南洛阳南）的守卫及出入。张承自议郎迁此。

华文阁 宋朝阁名。南宋宁宗庆元二年（1196）建，以藏孝宗御制。设学士、直学士、待制、直阁等职。待制以上为侍从贴职。

华文阁直学士 见“华文阁”。

华文阁学士 见“华文阁”。

华文阁待制 见“华文阁”。

华妃 官名。唐玄宗开元（713—741）中所置内宫三妃之一，正一品，与惠妃、丽妃掌佐皇后论妇礼，同领后宫众务。

华林令 官名。北齐光禄寺置为华林署长官，掌禁御林木等事，从九品上。隋朝为司农寺华林署长官，置一员，从八品上；炀帝大业三年（607）罢。

华林丞 官名。北齐置。见“华林署”。

华林园令 官名。三国魏始置。洪饴孙《三国职官表》：“华林园令一人，六百石，第七品。主华林园，本名芳林园，避少帝讳改名。”属光禄勋。西晋沿置。其园本在洛阳，东晋南迁，又以三国吴所建华林园为御苑，南朝继续增建，皆置华林园令管理御苑林木。北魏、东魏沿用洛阳华林园为宫苑，置华林都将管理。十六国后赵、北齐都邺，亦建华林园为宫苑。北齐于光禄寺下置华林署，以令、丞掌其事。

华林都将 官名。北魏置。见《魏书·恩幸·郑俨传》。参见“华林园令”。

华林署 官署名。❶南朝梁大长秋所统四署之一。❷北齐光禄寺置，掌禁御林木等事，有令、丞。隋朝沿置，改隶司农寺，令一员；炀帝大业三年（607）罢。

华林署令 官名。即华林令。

华林署丞 官名。即华林丞。

华盖殿大学士 官名。明洪武十五年（1382）始置。初，与武英殿、文渊阁诸殿阁大学士同备皇帝顾问。永乐（1403—1424）时始简入内阁参予机务，洪熙（1425）、宣德（1426—1435）以后，阁权渐崇，批答章奏，起草诏令，然其品级仅正五品，故常以尚书兼之，以高其品秩。嘉靖（1522—1566）时因殿名改中极殿大学士。

华盖殿学士 官名。明洪武十五年（1382）置华盖殿大学士，与诸殿阁大学士侍皇帝左右，备顾问应对。建文（1399—1402）中，改大学士为学士。成祖即位，复旧制。

延圣营缮司 见“大天源延圣寺总管府”。

延庆司 官署名。元朝置，秩正三品。先后隶詹事院、徽政院、储政院，掌修建佛事。世祖至元二十一年（1284）置，文宗天历元年（1328）罢。二年复立。设使二员，同知一员，副使二员。

延庆宫 宫帐名。辽兴宗所建。又称窝笃盌斡鲁朵。契丹语称孳息为窝笃盌，宫帐为斡鲁朵。兴宗即位后，以诸宫帐户及饶州户置。宫帐在高州西，陵寝在上京庆州。所属饶、长春、泰三州；窝笃盌、鹘笃骨二石烈；窝笃盌、厮把、厮阿、虬里、得里、欧烈六瓦里；欧里本、燕厮、缅四、乙僧、北得里、南得里六抹里；南京、西京、平州、奉圣州四提辖司。有正户七千，蕃汉转户一万；正丁一万四千，蕃汉转丁二万，骑军一万。

延庆宫马群司 官署名。辽朝北面官，掌延庆宫马群饲养蕃息之事。置侍中、敞史等职。

延庆宫汉人行宫都部署司 即延庆宫南面行宫都部署司。

延庆宫使 官名。辽朝北面官，总领延庆宫军民之政，为延庆宫长官。下设副使、太师、太保、侍中等职。

延庆宫南面行宫都部署司 官署名。辽朝南面官，亦称延庆宫汉人行宫都部署司。掌延庆宫汉人军民之政。置都部署、副部署、同知等职。

延庆宫都部署司 官署名。辽朝北面官，掌延庆宫契丹军民之政。置都部署、副部署、判官等职。

延庆宫提辖司 官署名。辽朝北面官，统领延庆宫所属丁户，征调兵丁。延庆宫共有南京、西京、平州、奉圣州四处提辖司。

延安屯田打捕总管府 官署名。元朝置，秩从三品，隶枢密院。设于世祖至元二十八年（1291），管领析居放良人户及来自吉利吉思的蒙古人口屯戍。置达鲁花赤、总管、同知各一员，打捕屯田官十二员。

延昌宫 宫帐名。辽穆宗所建，又称夺里本斡鲁朵，契丹语称讨平为夺里本，宫帐为斡鲁朵。穆宗即位，以永兴宫户及阻卜俘户，中京提辖司、南京制置司，咸、信、韩等州户置。其宫帐在虬雅里山南，陵寝在京南。有遂、韩二州；须石烈；抹骨古等、兀没、潭马、合里直四瓦里；抹骨登兀没灭、土木直移邻、息州决里、莫瑰夺石四抹里及中京、南京、平州三处提辖司。有正户一千，蕃汉转户三千，正丁二千，蕃汉转丁六千，骑军二千。

延昌宫马群司　官署名。辽朝北面官，掌延昌宫马群饲养蕃息等事。置侍中、敞史等职。

延昌宫汉人行宫都部署司　即延昌宫南面行宫都部署司。

延昌宫使　官名。辽朝北面官，统领延昌宫军民之政，延昌宫长官。下设副使、太师、太保、侍中等职。

延昌宫南面行宫都部署司　官署名。辽朝南面官，掌延昌宫汉人军民之事。亦称延昌宫汉人行宫都部署司。置都部署、副都部署、同知等职。

延昌宫都部署司　官署名。辽朝北面官，掌延昌宫契丹军民之事。置都部署、副部署、判官等职。

延昌宫提辖司　官署名。辽朝北面官，统领延昌宫所辖丁户，征调兵丁。延昌宫共有中京、南京、平州三处提辖司。

延资库使　使职名。唐宣宗大中三年（849）改备边库为延资库后置，初以度支郎中判，四年以宰相判，掌收纳度支、户部、盐铁三司钱物。五代后梁太祖时，以门下侍郎、同中书门下平章事兼。

延康殿学士　官名。宋徽宗政和四年（1114），改端明殿学士置，正三品。南宋高宗建炎二年（1128）复旧名。

延福司　官署名。元朝置，秩正三品，掌后宫供帐及扈从盖造之人，隶徽政院。置令、丞各四员。成宗大德十一年（1307），并入群牧监。

延福宫使　官名。宋仁宗明道元年（1032）置，为内侍、武臣阶官。哲宗元祐（1086—1094）中，定为从五品。徽宗政和二年（1112）重定武臣、内侍阶官名，改正侍大夫。

延福监　见“印经提举司”。

延福提举司　见“印经提举司”。

延禧监　见“大承华普庆寺都总管府”。

自讼斋　宋朝学校斋名。太学生严重违反学规者，即入此斋反省。徽宗崇宁元年（1102）罢，其不率教者转入辟雍。辟雍废后复置。州学亦置，上书获罪士人与三舍生讥讽时政者，遣回原籍，于此斋听读。南宋时，诸王宫学亦设，凡犯罪未至拘管的宗室于此斋循省。

向义将军　官名。南朝梁置。武帝天监七年（508）定为施用于境外的武职二十四班中的十三班。拟宁远将军等号，大通三年（529）定制后，仍拟宁远将军等号。

向导处　官署名。清朝为皇帝出巡做前导工作之机构。初有其实而无其名。凡皇帝出巡之前，向导官则率所属前往出巡地点，详察路径，通桥梁、平险阻，计途程之远近以奏报。待皇帝出京时作前导。乾隆二十九年（1764）正式设立衙署，四十二年（1777）以后，始有“向导处”字样。其长官为向导处掌印总统大臣，一人；总统大臣，无定员。下设协理事务章京二人，笔帖式二人，向导章京三十二人，拜唐阿四十八人，分管皇帝出巡向导事宜。

向导处总统大臣　官名。清朝向导处之长官。雍正（1723—1735）时名向导总管。乾隆（1736—1795）初改为向导总统，中期以后向导处定为正式衙署，始有是称。由前锋统领、护军统领、副都统内特简，无定员。其中一名为掌印总统大臣，掌率属员以备皇帝出巡时作前导。

向导处掌印总统大臣　官名。清朝向导处之最高长官。由向导处总统大臣内特简。定员一人。掌率属员，以备皇帝出巡时作前导。

向导总统　官名。见“向导处总统大臣”。

向导总管　官名。见“向导处总统大臣”。

行　❶官名。行人省称，即通使诸侯者。❷官制用语。指官缺未补，暂由他官兼摄其事。汉朝摄行制度较普遍。有以低级官吏摄行高一级职务者，有以平级而兼摄行者，亦有以文官行武官事者，也有以武官行文官事者。魏晋南北朝沿袭此制。唐时其义又有不同，行某官则以其散位高于职事。宋初，官员散品高于寄禄官品者，结衔时又于寄禄官前加行字。元丰改制后，职事官低于寄禄官一品以上者，于职事前加行字，以此确定其俸禄。

行人　官名。《周礼·秋官》属官有大行人、小行人，掌迎送接待宾客之礼。春秋战国各国多设行人，掌朝觐聘问，常任使者。秦、西汉初有行人令，为大行令（典客）属官，掌接待少数民族宾客。西汉诸侯国亦置行人，东汉省。十六国、南北朝常置，以任出使聘问。明朝洪武十三年（1380）置为行人司长官，正九品，下设左、右行人，从九品，旋改行人为司正，左、右行人为左、右司副，下设行人三百四十五员，多以孝廉充任，掌捧节奉使之事，凡颁行诏赦、册封宗室、抚谕诸蕃、征聘贤才、赏赐、慰问、赈济、军旅、祭祀、传旨法司、遣戍囚徒等皆差之。明初在京各衙门不外差，有事则遣行人。二十七年定制，以孝廉奉使率不称旨，改任进士，员三十七人，正八品。非奉旨，诸司不得擅差，其职始重。建文（1399—1402）中罢行人司，以其官隶鸿胪寺，成祖复旧。

行人令　官名。西汉属大鸿胪，武帝太初元年（前104）更名大行令。

行人司　官署名。明洪武十三年（1380）置。设行人，正九品，左、右行人，从九品。后改行人为司正，左、右行人为左、右司副，另设行人三百四十五人。二十七年后定均以进士充任，升品秩。掌传旨，册封等事。凡颁行诏敕，册封宗室，抚谕四方，征聘贤才，及赏赐、慰问、赈济、军务、祭祀，则遣其行人出使。建文（1399—1402）中罢。成祖即位，复旧制。

行人司右司副 官名。见“行人司司副”。

行人司左司副 官名。见“行人司司副”。

行人司司正 官名。明洪武（1368—1398）中改行人置，正九品。为行人司正官。二十七年改以进士充任，升品秩，正七品。掌捧节、奉使之事。建文（1399—1402）中罢。成祖即位，复旧制。

行人司司副 官名。明朝行人司副长官，左、右各一人，从七品，协司正掌司事，专掌奉节出使诸事。

行人丞 秦及西汉初属典客，景帝中六年（前144）又属大行令，为行人令副职。武帝太初元年（前104）更名行人为大行令后罢。

行三司 官署名。金朝置，掌劝农催租、军需科差及盐铁酒榷等事。宣宗兴定三年（1219）七月，置于汴京东、西、南三路。京东路治归德，京南路治许州，京西路治中京实河南府。以户部侍郎分摄司事，三司使居中总领。

行夫 官名。《周礼》秋官之属。一说为周朝置。低级外交使官，主掌对诸侯邦国福庆丧荒等事宜。《周礼·秋官》：“行夫，下士三十有二人，府四人，史八人，胥八人，徒八十人”，“掌邦国传遽之小事媺恶而无礼者。凡其使也，必以旌节，虽道有难，而不时必达。居于其国，则掌行人之劳辱事焉。使则介之”。

行太仆寺 官署名。明洪武三十年（1397）置北平及辽东、山西、陕西、甘肃等处行太仆寺，掌各边卫所、营堡之马政，以听于兵部。山西、北平、陕西，每寺设少卿一人，丞三人；甘肃、辽东，每寺设少卿、丞各一人。永乐元年（1403）改北平行太仆寺为北京行太仆寺，十八年改称太仆寺，洪熙元年（1425）复称北京行太仆寺，正统六年（1441）再次定名为太仆寺，而以洪武时置于滁州之太仆寺加“南京”字。

行中书省 官署名。简称行省。蒙古成吉思汗建国后始置。元世祖中统（1260—1264）、至元（1264—1294）间于各地分立，作为中书省派出机构，设丞相、平章、左右丞、参知政事等官，一般多以中书省官员出任。初凡遇地方征伐之役，以分任军民事，无定制。后渐成为固定地方官署，统掌本省军政事务。秩正一品。至元二十四年（1287）、武宗至大二年（1309）两次改称尚书省，旋复旧称。明初沿元旧制，各设平章政事、左右丞、参知政事等官，下设左、右司、郎中、员外郎、都事、检校、照磨、管勾、理问、知事等。秩从一品。洪武九年（1376）废罢，改置承宣布政使司。

行介 官名。又称上介。周朝置，外交使官行人的副使。《韩非子·八经》：“遣使约其行介。”《左传·昭公元年》：“楚公子围聘于郑”，“伍举为介”。杜预注：“介，副也。”

行文 官场用语。即指官署之间以文书相往来。根据发送、接受文书各官署地位之不同，分为上行文、下行文、平行文。各种文体历代均有定制，使用时不得违例。

行书佐 官名。即王府、州郡所置行参军，隋炀帝大业三年（607）改，唐高祖武德（618—626）初复名行参军。

行用六库 见“行用库”。

行用交钞库 见“行用库”。

行用库 官署名。元朝置，掌兑换钞币。全称行用交钞库，亦称交钞库、钞库。世祖中统元年（1260），始立中都行用库，秩从七品。后诸路及部分府州亦置。至元二十四年（1287），改置大都光熙、文明、顺承三库。二十六年，又增健德、和义、崇仁三库，均以大都城门为名，合称行用六库。各行用库由宝钞总库关领料钞、钞本，在本处发行、兑换。各处置提领一员，从七品；大使一员，从八品；副使一员，从九品。

行主 官名。西夏军职，在副统之下，步马将佐之上。

行头 官名。春秋时吴国置。吴国军制百人为行，行的长官称行头。《国语·吴语》：“陈士卒百人以为彻行、百行，行头皆官师。”

行台 ❶官署名。三国魏置，为皇帝出征时随侍身边临时执行尚书台职权的机构，由尚书台部分主要官员组成，以便皇帝和执政大臣决定军国大事。两晋时不再随侍于皇帝，而由权臣控制，东海王司马越、荀藩、荀晞、温峤、刘裕等曾在战乱中先后建立过行台，以发号施令。北魏初曾于邺及中山置行台，以尚书为长官，执掌当地军政事务，旋罢。肃宗正光（520—525）末，因各地战乱，在各地陆续设立行台主管各地军务，成为常设的地方行政机构。到北魏末期渐理民事，北齐时正式兼理民政，成为地方最高行政机构。北魏末期的农民起义领袖如万俟丑奴、纥豆陵步藩亦置行台。北魏、北齐以行台尚书令为长官，也有以尚书仆射或左、右仆射以及尚书来主管行台事务者。下设行台尚书左、右丞，各部尚书及郎中处理具体事务。又，北魏、北齐还设有大行台。隋、唐初设行台省，金朝设行台尚书省。❷元朝行御史台的省称。❸官名。北朝行台长官的省称。《魏书·杨播传》：“尔朱荣之死也，（杨）昱为东道行台，率众拒尔朱仲远。”

行台仆射 行台尚书仆射的省称。

行台仓部郎中 官名。北魏置，唐朝沿置。《北齐书·蔡儁传》：“及义旗建，（庞）苍鹰乃弃家间行归高祖，高祖以为兼行台仓部郎中。”职掌略同仓部郎中。唐初，诸道行台省设此职，员二人，从五品上。唐高祖武德九年（626）罢。

行台右仆射 行台尚书右仆射的省称。

行台右丞 行台尚书右丞的省称。

行台左中兵郎中 官名。东魏置。《周书·王士良传》：“武定（543—550）初，（士良）除行台左中兵郎中，又转大将军府属，从事中郎，仍摄外兵事。”

行台左仆射　行台尚书左仆射的省称。

行台左民郎中　官名。东魏置。《梁书》卷五六《侯景传》："侯景又遣其行台左丞王伟、左民郎中王则诣阙献策，求诸元子弟立为魏王，辅以北伐，许之。"职掌同左民郎中。

行台左丞　行台尚书左丞的省称。

行台吏部郎　官名。北魏置。亦称行台吏部郎中。《魏书·裴延儁传》："高祖南伐，（裴夙）为行台吏部郎，仍除征北大将军穆亮从事中郎。"职掌略同吏部郎。

行台吏部郎中　官名。北魏置。亦称行台吏部郎。《周书·辛庆之传》："及贺拔岳为行台，复启庆之为行台吏部郎中、开府掾。"

行台尚书　官名。❶十六国南燕置。代表尚书台巡行郡县，不常驻固定地区。《晋书·慕容德载记》："以（尚书韩）谆为使持节、散骑常侍、行台尚书，巡郡县隐实，得荫户五万八千。"❷北魏置，为行台长官。《魏书·太祖纪》："乃置行台，以龙骧将军、日南公和跋为尚书，与左丞贾彝率郎吏及兵五千人镇邺。"北魏末期为行台属官，分曹理事。在未设行台尚书令或行台仆射时，仍为行台长官。东魏、北齐、隋、唐初沿置，唐高祖武德九年（626）省诸道行台时罢。隋视正三品，唐从三品。

行台尚书仆射　官名。北魏、北齐所设诸行台高级官员，为行台尚书令副职，尚书令缺或未置，则为行台最高长官，分左、右则左居右上。隋朝置为行台省副长官，左、右任置一员，视从二品。唐高祖武德（618—626）初，诸道行台尚书省各置一员，正三品，左、右任置，掌贰行台尚书令事，武德五年、九年先后省并。

行台尚书右仆射　官名。北齐置。亦称行台右仆射。《北齐书·皮景和传》："寻迁（景和）河南行台尚书右仆射、洛州刺史。"职掌略同尚书右仆射。若左、右并置，则右居左下。隋朝沿置，各行台省左、右任置，一人，视从二品。唐初诸行台尚书省亦置一人，正三品。

行台尚书右丞　官名。北魏置，东魏、西魏、北齐、隋、唐沿置。多省称为行台右丞。在行台内职掌同尚书右丞。隋唐时诸道行台只设一丞，左、右任置。唐高祖武德九年（626）省诸道行台时罢。隋视从四品，唐为四品。

行台尚书左仆射　官名。亦称行台左仆射。北齐置。《北齐书·段荣传》："武平（570—576）末，（段深任）徐州行台左仆射、徐州刺史。"左、右并设，则左居右上。隋朝沿置，各行台省左、右任置，一人，视从二品。唐初诸道亦各置一人，正三品。

行台尚书左丞　官名。北魏置。东魏、北齐、隋、唐沿置。多省称为行台左丞。在行台内职掌同尚书左丞。隋唐时诸道行台只置一丞，左、右任置。唐高祖武德九年（626）省诸道行台时罢。隋视从四品，唐为四品。

行台尚书令　官名。北魏、北齐所设诸行台最高长官，总领所辖地区军政、民政。隋朝为行台省长官，视正二品，置一员。唐高祖武德（618—626）初，诸道行台尚书省各置一员，从二品，掌管内军民，总判省事，武德五年、九年先后省并。

行台尚书省　官署名。简称行台省。隋文帝初于诸道设置，有河北道、河南道、西南道、山南道、淮南道等行台尚书省，设尚书令、仆射各一员为长贰；兵部尚书一员兼吏部、礼部，度支尚书一员兼都官、工部；丞一员，左、右任置；都事四员；又有考功侍郎一员兼吏部、爵部、司勋，礼部侍郎一员兼祠部、主客，膳部侍郎一员，兵部侍郎一员兼职方，驾部侍郎一员，库部侍郎一员，刑部侍郎一员兼都官、司门，度支侍郎一员兼仓部，户部侍郎一员兼比部，金部侍郎一员，工部侍郎一员，屯田侍郎一员兼水部、虞部；又置食货、农圃、武器、百工诸监，正、副监各一员及丞、录事等员。唐高祖武德（618—626）初，以诸道军务事繁，分置于益州道、襄州道、东南道、河东道、河北道、山东道，掌管内军政，有令一员、仆射一员，丞一员左右任置，都事、主事各二员；兵部尚书一员兼掌吏部、礼部事，领考功郎中一员、主事二员，膳部郎中一员、主事二员；民部尚书一员兼掌刑部、工部事，领仓部郎中一员、主事二员，刑部郎中一员、主事二员，屯田郎中一员、主事二员；食货监一员兼掌农圃监事，丞一员；武器监一员兼掌百工监事，丞二员，两监并有录事、典事等员；武德五年罢山东道行台，九年余道并省。金朝置，掌管内政务，熙宗天会十五年（1137）罢刘豫伪齐政权，置于汴京（今河南开封），隶尚书省，置左、右丞相，天眷元年（1138）以河南、陕西地还宋朝，遂改置于燕京（今北京），三年复移置于汴，皇统二年（1142）定其官品皆比中台（中央尚书省）低一等，海陵王天德二年（1150）罢，政令统一于朝廷。

行台治书侍御史　官名。十六国后赵置。《晋书·石勒载记下》："勒以成周土中，汉晋旧京，复欲有移都之意，乃命洛阳为南都，置行台治书侍御史于洛阳。"

行台郎　参见"行台郎中"。

行台郎中　官名。北魏置。东魏、西魏、北齐、唐朝沿置。亦称行台郎。为行台诸曹郎中的泛称，各曹皆冠以曹名。有时以称不理具体曹务的官员，如卢光在西魏时任之，专掌书记而不理具体曹务。唐初，定为从五品上，高祖武德九年（626）罢。

行台省　官署名。即行台尚书省。

行台省工部尚书　官名。唐高祖武德（618—626）初陕东道大行台尚书省置，一员，正四品，掌同工部尚书，兼掌刑部事，九年罢。

行台省民部尚书　官名。唐高祖武德（618—626）初置，陕东道大行台省一员，正四品，掌同民部尚书，兼掌礼部事；诸道行台尚书省一员，从四品，兼掌刑部、工部；五年至九年罢。

行台省兵部尚书　官名。隋唐行台尚书省置，隋朝一员，视正三品，掌同兵部尚书，兼吏部、礼部。唐初陕东道大行台尚书省一员，正四品，兼掌吏部事；诸道行台尚书省一员，从四品，兼掌吏部、礼部事；高祖武德五年至九年（622—626）罢。

行台省尚书右丞　官名。北魏始置，东魏、西魏、北齐沿置。隋、唐行台尚书省置，皆一员，隋朝为视从四品；唐初陕东道大行台尚书省为正四品下，诸道行台尚书省为从四品下。与左丞掌分司纠正省内。高祖武德五年至九年（622—626）间罢。

行台省尚书左丞　官名。北魏始置，东魏、西魏、北齐沿置。隋、唐行台尚书省置。皆一员，隋为视从四品；唐初陕东道大行台尚书省为正四品下，诸道行台尚书省为从四品上。与右丞掌分司纠正省内。高祖武德五年至九年（622—626）间罢。

行台省度支尚书　官名。隋朝行台尚书省置，一员，视从三品，掌同度支尚书，兼掌都官、工部事。

行台度支郎中　官名。北魏置。《北齐书·杜弼传》："孝昌（525—527）初，除太学博士，带广阳王骠骑府法曹行参军，行台度支郎中。"职掌略同度支郎中。隋朝行台省设度支侍郎，职掌与此同。

行台都督　官名。十六国大魏冉闵置。统军出征。《晋书·石季龙载记下》："（冉）闵遣尚书左仆射刘群为行台都督，使其将王泰、崔通、周成等帅步骑十二万次于黄城，闵躬统精卒八万继之。"

行台殿中尚书　官名。东魏置。《北齐书·张亮传》："寻加（亮）都督扬、颍等十一州诸军事，兼行台殿中尚书。"职掌略同殿中尚书。

行司马　官名。《周礼》夏官之属。一说为周朝置。掌军行步卒的小吏。属员有旅、府、史、胥、徒等。《周礼·夏官·序官》"行司马"郑玄注："行，谓军行列。"

行司农司　官署名。金朝司农司派出机构，设于宣宗兴定六年（1222），于陕西及河南三路置司，设官五员。哀宗正大元年（1224），归德、许州、河南、陕西各置司农司，设卿、少卿、丞，分别为正四、五、六品。卿以下轮流出巡，监察升黜官吏。元朝设巡行劝农司，亦称行司农司。

行在　天子外出巡幸居止之处。明朝永乐七年（1409）起，成祖长期离京师（今南京）赴北京经营迁都及北征诸事项，于北京分置诸司衙门，均加行在二字，称行在某部、行在都察院、行在五军都督府等。详见诸条。

行在工部　官署名。明永乐（1403—1424）中所置北京行在六部之一。参见"行在六部"。

行在五军都督府　官署名。明成祖永乐初年于北京置行在中、左、右、前、后五军都督府，各设左右都督、都督同知、都督佥事等官，制同五军都督府。十八年（1420）定都北京，除"行在"字，而以在南京五府加"南京"字。洪熙元年（1425）复称行在，正统六年（1441）复除"行在"字。

行在六部　明朝永乐迁都北京前在北京所置行在吏、户、礼、兵、刑、工六部的合称。十八年（1420）迁都北京后罢。洪熙元年（1425）复置，并将南京官署去掉"南京"二字，北京官署复加"行在"之称。正统六年（1441），北京诸官署再次去"行在"之称，南京官署加"南京"二字，遂成定制。

行在户部　官署名。明永乐（1403—1424）中所置北京行在六部之一。参见"行在六部"。

行在礼部　官署名。明永乐（1403—1424）中所置北京行在六部之一。参见"行在六部"。

行在刑部　官署名。明永乐（1403—1424）中所置北京行在六部之一。参见"行在六部"。

行在吏部　官署名。明永乐（1403—1424）中于北京置。为行在六部之一，置官如六部之制。因明成祖朱棣本人常驻北京，故行在六部已行使六部职能。十八年定都北京，以六部官属移之北，不称行在。其留南京者，加"南京"字。洪熙元年（1425）复置各部官属于南京，去"南京"字，而以在北京者加"行在"字。正统六年（1441），于北京去"行在"字，于南京仍加"南京"字，遂为定制。

行在后军都督府　官名。明成祖永乐初年于北京置。后除"行在"字。详见"行在五军都督府"条。

行在兵部　官署名。明永乐（1403—1424）中所置北京行在六部之一。参见"行在六部"。

行在转运使　官名。宋朝皇帝巡幸则于行在置，掌应奉巡幸所需钱物，事毕即罢。

行在皇城司　官署名。南宋高宗绍兴元年（1131），改行宫禁卫所置，设提举、提点、干当官，以诸司使、副使、内侍都知、押班充任。参见"皇城司"。

行在都察院　官署名。明洪熙元年（1425）于都察院前加"行在"字，称行在都察院，而以在南京者称都察院。正统中，去"行在"字，仍以在南京者称南京都察院，遂为定制。

行后府　官署名。北京留守行后军都督府的简称。明成祖永乐元年（1403）始置于北京，设左、右都督，都督同知，都督佥事等官，与五军都督府同。后在此基础上置行在五军都督府，永乐十八年除"行在"字。洪熙元年（1425）复于北京官署名前加"行在"字，仍设行后府。宣德三年（1428）年革。正统六年复除"行在"字。

行军元帅　官名。北周临时设置的最高统兵官，统一道或数道行军总管，兵停则罢，多以亲王或重臣为之。隋朝、唐朝前期用兵，亦多沿置。

行军长史　官名。东汉末曹操丞相府高级僚属，出征则置，掌管行营事务。至隋，历代多沿置。隋文帝开皇二十年（600）晋王杨广为灵朔道行军元帅，杨素为行军长史。唐初用兵，各总管府亦置。亲王遥领，则以行军长史主其军事。

行军右司马 官名。唐武则天大足元年（701）东都、北都、雍、荆、扬、益州置为僚佐，中宗神龙二年（706）省，睿宗太极元年（712）雍、洛四大都督府复置，各一员，与左司马同掌辅弼军政，平时则练习搜集狩猎；战时则申战守之法，专主器械、粮草、军籍、奖励。

行军左司马 官名。唐武则天大足元年（701）东都、北都、雍、荆、扬、益州置为僚佐，中宗神龙二年（706）省，睿宗太极元年（712）雍、洛四大都督府复置，各一员，与右司马同掌辅弼军政，平时则练习搜集狩猎；战时则申战守之法，专主器械、粮草、军籍、奖励。

行军司马 官名。西魏、北周时有军事行动时临时设置，事讫即罢。尉迟炯伐蜀时，柳敏自吏部郎中任此职，掌军中筹略。唐、五代时置为节度使主要幕僚，掌本镇军符号令、军籍、兵械、粮廪、赐予等事务，权任甚重。唐德宗以后，常继位为节度使，有副倅之称。文宗开成（836—840）时一度省罢，晚唐复置。元帅、都统开府时亦置，所掌同。辽袭唐制，亦在节度使下置此职。宋朝列为散官，无职掌，常用以安置责降官。党项亦本唐制而置，设于节度使衙门。北宋太宗雍熙二年（985）李继迁占银州，预署官职设之。李德明在位时，设行军左、右司马，掌军事重任。

行军参谋 官名。唐朝用兵，置天下兵马元帅或元帅，则设行军参谋一人，掌军中机密。玄宗时一度罢置，旋复。

行军总管 官名。北周置。战时临时任命大臣为之，统兵出征，事讫即罢。在重大军事行动中，隶属于行军元帅。《周书·宣帝纪》："上柱国、郧国公韦孝宽为行军元帅，率行军总管杞国公亮、郕国公梁士彦以伐陈。"隋沿置。开皇十年（590）江南李棱等举兵反隋，文帝以杨素为行军总管，帅众征讨。自隋始，行军总管渐渐过渡为地方军政长官，或掌一道军政，或领数道，时有大总管、总管之分。唐改为都督。五代又以都总管为最高统帅。宋朝更有都总管、副总管、总管等武职。参见"总管"。

行军都押司 官署名。辽朝北面官，非常制，有征伐则设。置都押官、副押官等职。

行军都统所 官署名。辽朝北面行军官。辽各路兵马皆设司管辖，有征伐，则临时调遣，由朝廷派大员指挥，称都统或行军都统，设衙则称行军都统所。都统下设副都统、都监、监军、监战等职。

行军都部署 官名。辽朝北面官，非常制，行军都部署司长官。有征伐，则派朝廷大员委以方面之任，全权统领一方军马。收兵则卸职。

行军都部署司 官署名。辽朝北面官，非常制，每有征伐，设行军都部署司统领一方军马。

行军都部署司监军 官名。辽朝北面官，行军都部署司监治官。临时委任，收兵卸职，仍回本任官。

行军副部署 官名。辽朝北面官，行军都部署司副长官。亦临时委任，收兵卸职，仍回本任官。

行阵将军 官名。南朝梁置。武帝天监七年（508）定为武职流外八班中的四班，代旧广武将军，大通三年（529）定制后改为武职三十四班中的三班。

行走 清朝官制用语，即入值办事之意。清制，凡不改原来官职而调充其他职务，即称在某处某官上行走。如御前大臣上行走、军机大臣上行走、南书房行走、总理各国事务衙门行走之类。又派往某处学习亦称行走。

行李 同行理、行旅，或称行人。❶见"行理"。❷唐朝称官府导从之人及使府参佐为行李。

行间之吏 战国秦国称在军队中担任职务的官吏。《商君书·境内》："行间之吏也，故爵公士也，就为上造也。故爵上造，就为簪袅。"

行状 文书名。记述死去官员生平行事之专文，南朝时期即有之，唐宋后极盛行，多由逝者家属请名士草撰。

行枢密院 官署名。辽、金、元三朝因军事需要，在地方所设临时军事行政机构，简称行院。

行枢密院右林牙 官名。辽朝北面官，行枢密院官员，在左林牙下，同掌文翰之事。

行枢密院左林牙 官名。辽朝北面官，行枢密院官员，掌文翰之事。

行枢密院参谋 官名。辽朝北面官，行枢密院官员，在右林牙下。

行取 明清吏部之铨选制度。指凡在外州县官内升，依规定年限，经保举可调京职，并经考选可补授科、道或部属官职之例。明朝创行，清朝踵行，康熙（1662—1722）时有授御史者。曾定三年一举行，每直省或五员、三员、一员不等，以主事用。乾隆十六年（1751）罢之。

行事 南北朝官职制度。亦称行某州或某府事，还有行某戍或某州军事等。指以他官代行某官职权。南朝多以较低官阶代行较高官职，如以长史、司马、太守代行刺史职权等。由于当时多以年幼皇子为将军、刺史出镇诸州，以其长史为行事，实际负责军府和州府的军政事务，权力很大。北朝则多以将军等武职兼行州、郡民政。

行事都丞 官名。战国置。掌宫中执事的低级宦官。《韩非子·难一》："当世之行事都丞之下征令者"。陈奇猷注："旧注：'都丞，宦官之卑者也。'"

行尚书省 官署名。金朝尚书省大臣出镇地方时，临时设置，掌一方军政。元朝建国前于燕京设置。世祖至元二十四年（1287）改行中书省置，为一级地方行政机构，有固定治所、辖境。寻复旧。武宗至大二年（1309）又改，寻又复旧。设丞相、平章、右丞、左丞、参知政事、郎中、员外郎、都事等官，皆与行中书省同。参见"行中书省"。

行服 清朝官服之一。乃行军与旅行之时穿用，主要为骑马时穿服。包括行袍、行褂。行袍大襟之右下角比左面和后面剪短一尺，称缺襟袍。行褂穿在袍之外，长只到股，袖只到肘，又称为马褂。

行夜督郎 官名。三国魏置，为公主属官。九品。

行府 官署名。宋朝皇帝出征，则于所至之处置，设知行府事或权知行府事。太祖建隆元年（960），以石守信为扬州行营前军都部署兼知扬州行府事。开宝二年（969），以卢多逊权知太原行府事。八年，以马处璘权知润州行府事。太宗太平兴国四年（979），以潘美兼制置太原行府军粮事。雍熙三年（986），以刘保勋知幽州行府事。属官有行府推官、行府判官、行府通判。

行府判官 官名。宋太宗太平兴国四年（979），置于太原行府，佐理行府事务。

行府通判 官名。宋太祖开宝二年（969），置于太原行府。太宗太平兴国四年（979），复置于太原行府。为行府次官。

行府推官 官名。宋太祖开宝二年（969），于太原行府置，佐权知行府事理行府事务。

行官 官名。唐朝节镇、州、府皆置，主行役出四方。见《资治通鉴·唐代宗广德二年（764）二月》胡注。

行参军 官名。三国至唐俱置。晋初制度，中央除拜者为参军，诸府自辟者为行参军。晋末以后行参军亦可除拜，唯品阶例低于参军。❶三国蜀诸葛亮丞相府所置，无固定职掌。两晋、南朝、北魏、北齐公府、将军府、州府亦置，不署曹，员额不定。北魏从七品上至流外，北齐从七品至八品。隋朝王府、诸卫率府、诸州置，员三至六人，正八品上至视从九品，炀帝改为行书佐。唐初复旧，后又改为参军事，唯王府仍置四人，从八品上，掌出使监察。❷南朝齐、梁、陈、北魏、北齐、隋公府、将军府、州府僚属列曹中法、墨、田、铠、集、士等曹置为长官，皆冠以曹名。品秩例高于不署曹之行参军。梁三班至流外五班，陈八品至九品，北魏七品上至九品，北齐七品上至八品上，隋从七品至视正九品。隋炀帝大业三年（607）改为行书佐。宋朝亦置，但存其名而罕除授。

行政警务科 官署名。清末民政部警政司所属四科之一。光绪三十二年（1906）设。掌巡警职制，考核巡警官吏，管理消防、风俗、交通警察，并稽查外国来华人员。置员外郎一人，主持科务。

行省 官署名。行尚书省或行中书省的省称。

行宣政院 官署名。元朝宣政院派出机构，掌佛教寺院、僧侣。世祖至元二十八年（1291）立于杭州，后罢。仁宗延祐五年（1318）又立于杭州，设官八员，文宗天历元年（1328）罢。顺帝元统二年（1334），复立于杭州，设院使、同知、副使各二员，同佥、院判各一员。后至元二年（1336），因西番不安，置行宣政院，率军前往镇抚。

行宫三司判官 见“行宫三司使”。

行宫三司使 官名。宋神宗元丰（1078—1085）改制前，皇帝巡幸则于行宫置，下设副使、判官，职掌与三司同。

行宫三司副使 见“行宫三司使”。

行宫司 官署名。西夏语音“酩喻啰”。属下等司。

行宫同留守 见“行宫留守”。

行宫使 官名。宋真宗咸平（998—1003）中置，掌应奉皇帝巡幸事宜，其下设行宫都监。

行宫使者 官名。朝辽置，掌送发皇帝书信等事。

行宫总监 官名。隋炀帝大业三年（607）置，上宫正五品，中宫从五品，下宫正七品，掌司皇帝行宫事务。

行宫都监 见“行宫使”。

行宫都部署 官名。北宋皇帝巡幸则置，为行宫长官。后避英宗赵曙名讳，改称行宫都总管。

行宫留守 官名。南宋高宗绍兴四年（1134）始置，以参知政事充任，奏差主管书写机宜文字官一员，干办官二员，准备差遣、差使各三员，使臣五十员。五年罢。六年复置，下设行宫同留守，掌参决尚书省、枢密院事。后废。

行宫禁卫所 官署名。南宋初年置，掌出入皇城宫门等敕号，给三种牌号，稽验出入，皇帝出行则纠察导从。高宗绍兴元年（1131），改行在皇城司。

行都卫指挥使司 官署名。明太祖洪武七年（1374）置西安行都卫指挥使司于河州（今甘肃临夏县）。翌年改称陕西行都指挥使司。参见“行都指挥使司”。

行都水监 官署名。元朝都水监派出机构，掌巡视河道、治河等事，设于顺帝至正八年（1348），立司济宁路郓城。九年，又立山东河南等处行都水监。各置监、少监、监丞等职。

行都司 官署名。明朝陕西、山西、福建、湖广、四川行都指挥使司的简称。详见“行都指挥使司”。

行都指挥使司 官署名。明朝于军务繁多、地位冲要之处置。简称行都司，制同都指挥使司。设都指挥使一人，正二品，都指挥同知二人，从二品，都指挥佥事四人，正三品，及经历司经历、断事司断事等官。共有陕西（驻河州）、山西（驻大同）、福建（驻建宁）、湖广（驻郧阳）、四川（驻建昌）五行都司。洪武中曾改北平都司为北平行都司，永乐元年（1403）改为大宁都司。

行都督府 官署名。❶明初于凤阳及各省分置，设官如都督府，为地方最高军事机构。后罢。❷北京留守行后军都督府的简称。

行俸 参见“住俸”。

行部尚书 官名。明永乐元年（1403）改北平为北京，置北京行部，设尚书二人，品秩同六部尚书，职掌则同于布政使、按察使。十八年迁都后革。洪熙元年（1425）复置，宣德三年（1428）再罢。

行部侍郎 官名。明朝北京行部副长官。永乐元年（1403）置，四人，正三品。名为侍郎，其实为北京地方副长官。十八年罢。洪熙元年（1425）复置，宣德三年（1428）再罢。

行病帅　宫官名。南朝宋太宗定后宫百官时置，无定员，六品。

行诸路金玉人匠总管府　官署名。又称杭州路金玉总管府。元朝置，秩从三品，为诸路金玉人匠总管府分衙，世祖至元十七年（1280）设于杭州。置达鲁花赤、总管、同知、副总管各一员。

行袍　清朝官员穿用行服之一。又称缺襟袍。行袍同长袍类似，只是大襟右下角比左面与后面剪缺一尺。为了骑马时穿用便利。主要为行军或旅行时穿用。

行通政院　官署名。设于元世祖至元二十九年（1292），由通政院分官四员，前往江南四省整理驿站，又称江南分院。成宗大德七年（1303）罢。

行理　官名。❶周朝置。掌迎送宾客的外交官。《国语·周语中》："敌国宾至"，"行理以节逆之"。韦昭注："行理，小行人也。"❷春秋时诸侯国掌交往使命的官员。《左传·昭公十三年》："行理之命无月不至。"

行营兵马都统　官名。唐朝中后期临时设置，掌征伐，总诸道兵马，不赐旌节，兵罢则省。僖宗乾符五年（878）王铎曾充诸道行营兵马都统。

行营钤辖　见"行营都部署"。

行营都监　见"行营都部署"。

行营都部署　官名。宋朝初年，每大军出征则置为统帅，下设副都部署、都监、钤辖等官。后避英宗赵曙名讳，改称行营都总管。

行营副都部署　官名。宋朝初年，大军出征置。后避英宗赵曙名讳，改称行营副都总管。

行领军　官名。东汉献帝建安（196—220）中曹操置，出征时督率诸将。职掌略同领军。三国蜀亦置。见《三国志·夏侯渊传》。

行御史台　官署名。简称行台、外台。元朝置，秩从一品，御史台分司机构，设官、品秩、职掌同于御史台，置于江南与陕西。参见"江南诸道行御史台"、"陕西诸道行御史台"。

行御药局　官署名。元朝置，秩从五品，隶太医院。设于成宗大德九年（1305），掌皇帝巡幸时医药治疗。置达鲁花赤一员，大使二员，副使三员。

行褂　服饰名。见"马褂"。

行路御史　见"近侍局"。

行察官　官名。北魏孝文帝置。自延兴二年（472）至太和二年（478），多次遣使巡省风俗，问民疾苦，抚慰初附，参察守宰，谓之行察官。太和三年正月罢。

后　❶指君王。《尚书·虞书·大禹谟》："后克艰厥后，臣克艰厥臣。"❷指诸侯。《尚书·虞书·舜典》："五载一巡守，群后四朝。"❸天子配偶。后宫女官之长。《礼记·曲礼下》："天子之妃曰后。"《周礼·天官·内宰》："佐后使治外内命妇。"

后土　官名。上古时代掌管土地事务的官。《左传·昭公二十九年》："土正曰后土。"杜预注："土为群物主，故称后土。"

后大司马　官名。新莽地皇元年（后20）置。见《汉书·王莽传》。

后卫亲军都指挥使司　官署名。元朝侍卫亲军指挥机构，五卫之一。秩正三品。掌汉军万户。置营于白雁口（今河北信安北），衙司在大都丽正门内。设职与下属机构同左、右卫亲军都指挥使司。

后台　官署名。三国魏临时设置的留守后方之尚书台。《资治通鉴·魏文帝黄初六年（225）》："诏以陈群为镇军大将军，随车驾董督众军，录行尚书事；司马懿为抚军大将军，留许昌，督后台文书。"胡三省注："行尚书，谓尚书之随驾者；后台，谓尚书台之留许昌者也。"

后司　官署名。南宋殿前司、侍卫马军司、侍卫步军司及长江沿岸诸军皆置，为审讯狱讼机构。狱讼皆由主帅判决，不经属官。光宗时，命精于刑律者兼管。宁宗嘉定五年（1212），命武举人主管。

后行　唐宋尚书省六部按办公次位排列，分前行、中行、后行，以礼部、工部为后行。

后行员外郎　唐宋礼部、工部诸司员外郎统称。北宋前期叙迁，转中行员外郎，有特旨可转起居舍人或侍御史。

后行郎中　唐宋礼部、工部诸司郎中统称。北宋前期叙迁，转中行郎中。

后军大都督　官名。北魏末置，西魏沿置。总管后军事务。《魏书·出帝平阳王纪》："又以（太傅、录尚书事）长孙稚为后军大都督。"

后军师　官名。三国蜀置，为丞相府重要僚属，在长史之上。费祎自此职入为尚书令。

后军兵马使　官名。唐朝元帅、都统、招讨使属官，出征则置，兵罢即省，置一人，位中军兵马使下、中军都虞候上。

后军将军　官名。西晋武帝泰始八年（272）置，与前军、左军、右军将军合称四军将军，各领营兵千人，是护卫皇帝宫禁的主要禁军将领之一。员一人，四品。东晋初犹领营兵，哀帝兴宁二年（364），因不领营兵，罢。南朝宋复置，仍掌宫禁宿卫，员一人，四品。明帝泰始（465—471）后，多以军功得官，无复员限。梁武帝天监七年（508）定为九班，陈五品、秩千石。北魏孝文帝太和十七年（493）定为从三品上，二十三年复次职令，改为从四品上。北齐属左、右卫府，员五人，从四品上。隋初列为散号将军，从六品上，炀帝大业三年（607）罢。

后军都督　官名。北魏末北海王元颢置。统领后军事务。《魏书·孝庄帝纪》："行台崔孝芬、大都督刁宣破元颢后军都督侯暄于梁国，斩之，擒其卒三千人。"

后军都督府　官署名。明朝五军都督府之一。初分领在京横海卫、鹰扬卫、兴武卫、江阴卫。永乐

(1403—1424）迁都后改横海卫、江阴卫隶南京后军都督府，增留守后卫、大宁中卫、大宁前卫、会州卫、富峪卫、宽河卫、神武左卫、神武后卫、忠义左卫、忠义右卫、忠义前卫、忠义后卫、义勇中卫、义勇左卫、义勇右卫、义勇前卫、义勇后卫、武成中卫、蔚州左卫。并领在外北平都司、北平行都司、山西都司、山西行都司、北平三护卫、山西三护卫。永乐后罢北平都司，改所领卫所为直隶卫所。改北平行都司为大宁都司，并增万全都司。设左、右都督，正一品，都督同知，从一品，都督佥事，正二品，及经历司经历等。参见“五军都督府”。

后妃 ❶即后。后宫众女官之长。《礼记·月令》：“后妃帅九嫔御。”❷皇后妃嫔合称。

后苑内品 官名。宋朝内侍省、入内内侍省皆置，位在后苑勾当事内品上、内品及把门内品下。

后苑勾当事内品 官名。宋朝内侍省、入内内侍省置，位在后苑内品下。

后苑房廊所 官署名。宋朝置，掌后苑所属房廊，寄囤蔡河商人所运谷物，存放淮浙江湖六路运到货物。

后苑造作所 官署名。宋真宗咸平三年（1000），并造作所、后苑作置，掌造内廷及皇属婚娶所需物品，设监官三人，以内侍充任。下设专典十二人，有兵校、匠役数百人，分七十余作。

后苑烧朱所 官署名。宋太宗太平兴国三年（978）置，掌烧变朱红以供丹漆绘饰之用，设监官一人，以内侍充任。真宗咸平（998—1003）末暂罢，大中祥符元年（1008）复置。

后苑散内品 官名。宋朝置。隶入内内侍省者，位在北班内品上、后苑勾当事内品下；隶内侍省者，位在祗候班上、散内品下。

后典军 官名。三国蜀置。统兵。后主建兴十二年（234），王平迁此职、安汉将军，副佐车骑将军吴壹驻汉中，又领汉中太守。

后侍中士 官名。西魏、北周天官府宫伯中大夫属官，分置左、右，皆正二命。统领宫廷卫士负责御寝北门的警卫，皇帝临朝及出行时，亦随从护卫。隋文帝开皇元年（581）废。

后庙令 官名。宋朝置，属宗正寺，以入内内侍充任，掌葺治修饰庙宇。

后府 官署名。明朝五军都督府之后军都督府的省称。

后省 宋朝中书、门下后省简称。

后阁舍人 官名。南朝齐后宫置，以宦者担任。

后将军 官名。汉朝为重号将军之一，与前、左、右将军并位上卿，位次大将军及骠骑、车骑、卫将军。有兵事则典掌禁兵，戍卫京师，或任征伐。设长史、司马等僚属。平时无具体职务，一般兼任他官，常加诸吏、散骑、给事中等号，成为中朝官，宿卫皇帝左右，参与朝议。如加领尚书事衔则负责实际政务。不常置。魏、晋常设，权位渐低，仅为武官名号，略高于一般杂号将军，不典禁兵，不与朝政，三品。初犹领兵征战，东晋南北朝成为军府名号，用作加官，常不载官品。南朝宋三品，北魏孝文帝太和十七年（493）定为从二品上，二十三年改三品，北周正七命。隋朝废。

后宫 皇后、女官统称。本指宫中妃嫔居所，犹言内宫、后庭，后借指妃嫔、女官。

后宫中房帅 女官名。南朝宋明帝定后宫百官时置。员二人，五品。

后宫司仪 女官名。南朝宋明帝定后宫百官时置。职准尚书左仆射，掌铨选人士，三品。

后宫司政 女官名。南朝宋明帝定后宫百官时置。职准尚书右仆射，掌铨选人士，三品。

后宫列叙 女官名。南朝宋明帝定后宫百官时置。职准尚书令，掌铨查六宫，二品。

后宫谷帛内史 女官名。南朝宋明帝泰始（465—471）中置，佐后宫谷帛治职管理宫中用度，员二人，六品。

后宫谷帛帅 女官名。南朝宋明帝定后宫百官时置。员二人，五品。

后宫谷帛治职 女官名。南朝宋明帝定后宫百官时置。职准度支尚书，四品。

后宫校事女史 女官名。南朝宋明帝定后宫百官时置，掌铨选人士，四品。

后宫都掌内史 女官名。南朝宋明帝泰始（465—471）中置，佐后宫都掌治职管理宫中事务，员二人，六品。

后宫都掌治职 女官名。南朝宋明帝定后宫百官时置。职准尚书左、右丞，位比尚书，员二人，四品。

后宫监临内史 女官名。南朝宋明帝泰始（465—471）中置，负责后宫的监察事务，员二人，六品。

后宫通尹 女官名。南朝宋明帝定后宫百官时置。职准录尚书，掌铨查六宫，一品。

后宫通关参事 女官名。南朝宋明帝定后宫百官时置。五品。

后宫源典内史 女官名。南朝宋明帝泰始（465—471）中置。佐后宫源典治职管理宫中事务，员一人，六品。

后宫源典帅 女官名。南朝宋明帝定后宫百官时置。员二人，五品。

后宫源典治职 女官名。南朝宋明帝定后宫百官时置。职准祠部尚书，四品。

后宫殿中内史 女官名。南朝宋明帝泰始（465—471）中置。佐后宫殿中治职管理后宫殿中事务，员一人，六品。

后宫殿中治职 女官名。南朝宋明帝定后宫百官时置。职准左民尚书，四品。

后校令 官名。西汉属将作大匠，与前、左、右、中并为五校。有丞，主领工徒掌修作事。成帝阳朔三年（前22）省。

后校丞　官名。西汉属将作大匠，为后校令副职。成帝阳朔三年（前22）省。

后监军　官名。三国蜀置。统兵，位在后军师下，后护军上。

后部帅　官名。十六国姚襄置。《晋书·姚襄载记》：“（襄）以强白为后部帅。”

后部尉　官名。北齐置。成安县属官，主管十一行经途尉，九品上。

后曹　官署名。汉朝郡府职事机构，指贼曹、决曹。《汉书·萧望之传》：“传召茂陵令诣后曹，当以职事对。”颜师古注引如淳曰：“贼曹、决曹皆后曹。”

后扈大臣　官名。清朝侍卫处之职官。掌皇帝出入之扈从。额定二人，于御前大臣、领侍卫内大臣中特简。凡皇帝朝会、祭祀、驾出、驾入以及谒陵、耕耤等，皆引导扈从。凡皇帝御经筵、大阅、御楼受俘、赐见等，则立于御座之后。

后禁将军　官名。十六国前秦苻坚置，为四禁将军之一。统兵驻于京师，亦经常率军出外征讨。

后稷　又称稷。尧舜之时农官弃的官号，西周沿置为官职名。《史记·周本纪》：“帝尧闻之，举弃为农师，天下得其利，有功”，“封弃于邰，号曰后稷”。

舟　官名。西周置，掌舟船。《楚簋铭》：“内史尹氏册命楚”，“司□鄙官内师舟”。

舟工下士　官名。西魏、北周冬官府司水中大夫舟工中士佐官，正一命。

舟工中士　官名。西魏恭帝三年（556）置，北周沿置。冬官府司水中大夫属官，员一人，主舟船运输。正二命。下设舟工下士以佐其职。隋文帝开皇元年（581）罢。

舟牧　官名。周朝置，掌舟船。《礼记·月令》：“命舟牧覆舟，五覆五反，乃告舟备具于天子焉。”郑玄注：“舟牧，主舟之官也。”

舟楫署　官署名。隋炀帝大业三年（607）于都水监置。唐太宗贞观六年（632）沿置，设令一人，掌舟楫、漕运，高宗上元二年（675）置丞二人，掌运漕隐失。玄宗开元二十六年（738）罢。宋初犹存空名，神宗元丰（1078—1085）改制废。

舟楫署令　官名。唐太宗贞观六年（632）始置，员一人，正八品下，为舟楫署长官，掌舟楫、漕运之事。玄宗开元二十六年（738）罢。宋初仅存空名，神宗元丰（1078—1085）改制废。

舟楫署丞　官名。唐高宗上元二年（675）始置，员二人，正九品下，为舟楫署次官，掌运漕隐失。玄宗开元二十六年（738）罢。宋初仅存空名，神宗元丰（1078—1085）改制废。

舟虞　官名。管理舟船之官。《吕氏春秋·上农》：“泽非舟虞不敢缘名。”高诱注：“舟虞，主舟官。”

舟鲛　官名。先秦掌薮泽之官。《左传·昭公二十年》：“泽之萑蒲，舟鲛守之。”孔颖达疏：“鲛是大鱼之名。泽中有水有鱼，故以舟鲛为官名也。”一说即舟虞，为掌船官。

全营翼长　即总理全营事务翼长。

会元　明清会试之魁。科举考试中，乡试中试之举人赴京师参加礼部主持之会考，称会试，中试者称贡士，其第一名称会元。

会计处　官署名。清末学务大臣所辖六处之一。光绪二十九年（1903）设。置总办一人，帮办数人，管理各学堂经费。三十二年，并入学部。

会计司　官署名。❶清朝内务府所属七司之一。又作会稽司。初名内官监，顺治十七年（1660）改宣徽院。康熙十六年（1677）改会计司。掌本府帑项出纳及庄园地亩之事，兼办选用宫女、太监等事。设郎中二人，员外郎六人，主事、委署主事各一人，以及笔帖式、书吏等员。❷清末学部所属之机构。光绪三十二年（1906）设。掌支计出入，典领器物，及教育恩给。辖度支、建筑二科。置郎中二人，总理司务，下设员外郎、主事，分司各职。

会计司员外郎　官名。❶清朝内务府会计司之职官。额设六人。佐郎中理司事。❷清末学部会计司之职官。额设二人，佐郎中理司事。

会计司郎中　官名。❶清朝内务府会计司之主官。额设二人。掌司事。❷清末学部会计司之主官。额设二人，掌理司务。

会计科　官署名。❶清末各省提学使司所属六科之一。光绪三十二年（1906）设。掌学务公所经费之收支报销，核检省会及各府、厅、州、县教育费用是否合度。凡各学校建造营缮之事，亦归考核经理。置科长一人、副科长一人。❷清末海军部主计处所属二科之一。宣统二年（1910）设。掌拟海军会计法，核计海军全部收入、支出各款及决算、预算。置科长、科员、录事。

会办　官名。清末新设官署及办事机构之职官。一般为总办之副职，即会同办理之意。其品秩视机构而异。

会议政务处　官署名。清末中央政务机构。光绪三十二年（1906），改督办政务处设。次年并入内阁。掌审议变通政治章奏，研究奉旨交议事件，请旨裁夺。置政务大臣，无定额，由军机大臣、大学士兼充；参预政务大臣，各部尚书兼充。下设提调二人，帮提调六人，总办一人，帮总办二人，并文案、递事官等。宣统三年（1911）裁。

会考府　官署名。清朝特设办理钱粮核销之专门机构。雍正元年（1723），为革除各省钱粮奏销中之积弊而设，掌各地钱粮奏销事。置满、汉郎中各二人，员外郎各二人，主事各三人，笔帖式十人。然成立之后，各处奏销之事仍有不报者，后恐多一衙门即多一事，遂于三年九月裁撤。

会同　周朝诸侯依时朝见天子的制度。《论语·先进》：“宗庙之事，如会同。”《周礼·春官·大宗伯》：“时见曰会，殷见曰同。”

会同四译馆　官署名。清朝礼部所属之机构。顺治元年（1644）置会同、四译二馆。会同馆隶礼部，以主客司满、汉主事提督馆事。四译馆隶翰林院，以太常寺汉员少卿兼摄馆事，立回回、缅甸、百夷、西蕃、高昌、西天、八百、暹逻八馆，以译贡使文字。乾隆十三年（1748）将四译馆并入礼部会同馆，遂用今称。掌理接待各国贡使之事，督治馆舍供给，宴享颁赏，翻译外国文字。设礼部郎中一人兼鸿胪寺少卿衔为主官。继又增设满洲稽察大臣二人摄馆事。下设汉大使一人，序班汉二人，通事十二人，及经承等官佐治。改八馆为西域、八夷二馆，光绪二十九年（1903）裁。

会同四译馆大使　官名。清朝礼部会同四译馆之属官。乾隆十三年（1748）设，一人，汉员，正九品。于序班内升用。掌治接待贡使馆舍之事。

会同四译馆稽查大臣　官名。清朝会同四译馆之最高长官。乾隆（1736—1795）时设，满洲大臣二人，于六部及都察院、通政司、大理寺等部衙衙门内奏请钦派。统摄馆事。光绪二十九年（1903）裁。

会同馆　官署名。❶接待少数民族官员及外国使臣之机构，金朝始置。掌招待西夏、高丽来人并进行贸易。元世祖至元十三年（1276）于礼部设。二十五年罢，二十九年复置。成宗元贞元年（1295）定制，以礼部尚书一员领馆事，另设大使二人，副使二人。掌接待、引见边地诸族官员及外国使者，并通译、伴送，点视贡物及在馆互市等事。明朝改设于兵部车驾司，其职掌亦稍有变化，只作为京城接待内外使臣宾客及递运行李物品之机构，其通译及点视贡物之职由礼部主客清吏司及太常寺所属四夷馆分掌。初以南京公馆改设，永乐（1403—1424）时复设于北京。正统六年（1441）定为南、北二馆。北馆六所，南馆三所。设大使一人，副使二人。以副使一人分管南馆。弘治五年（1492），添礼部主客清吏司主事一人提督馆事。凡瓦剌、朝鲜、日本、安南使臣人等例于南馆安顿，其他周边各卫及土司、各王府公差使节等于北馆安顿。清初仿明制，于顺治元年（1644）设会同、四译两馆。会同馆隶礼部，以主客清吏司满、汉主事提督馆事。四译馆隶翰林院，以太常寺少卿提督馆事。两馆分掌接待各国贡使及通译之事。乾隆十三年（1748）四译馆并入礼部，更名会同四译馆。以礼部郎中一人带鸿胪寺少卿衔兼摄馆事，三年一更换。后又增设满稽察大臣二人。其属有大使、序班、通事等官。光绪二十九年（1903）裁。详见“会同四译馆”。❷清朝兵部所属机构。掌皇华驿之事，即管理京师驿传事务及买补挚马之事。设管理馆所侍郎一人，由本部侍郎内简派，任期一年；满、汉监督各一人，由兵部尚书于司员内选补，一年后更代。另有外郎二人，为办事员。

会问案　官署名。南宋置，属刑部，掌批会过犯。

会灵观判官　宫观官名。宋真宗大中祥符九年（1016）置，以知制诰充任，杂压在太常少卿之上。仁宗皇祐五年（1053）废。

会灵观使　宫观官名。宋真宗大中祥符九年（1016）始置，以翰林学士充任。仁宗皇祐五年（1053）废。

会灵观副使　宫观官名。宋真宗天禧元年（1017）始置，以参知政事兼领。仁宗皇祐五年（1053）废。

会表　天子会诸侯或诸侯之霸主会诸侯时，诸侯皆依次设位并在其位置立标志，谓之会表。《左传·昭公十一年》：“叔向曰：‘单子其将死乎，朝有著定，会有表，衣有襘，带有结，会朝之言，必闻于表著之位，所以昭事序也。’”

会府　即省会所在之府。

会试　明清科举考试制度之一。明洪武四年（1371）首次举行。十七年颁为定制。清朝因之。每三年一次，在京师举行全国性考试。因试期多在春季三月，故又称春闱。又因由礼部主持考试，也称“礼闱”。每逢辰、戌、丑、未年为正科。若乡试有恩科，则次年亦举行会试恩科。考试分三场，第一场四书文三篇，五言八韵排律诗一首。第二场经文五篇。第三场策五道。考中的称贡士，第一名称会元，皆参加殿试。光绪三十一年（1905）废科举，遂停。

会政　周朝考察地方官政绩的制度。《周礼·地官·乡大夫》：“岁终则令六乡之吏皆会政致事。”郑玄注：“会，计也。”

会要所　官署名。南宋置，编修会要，属秘书省。设提举编修会要，以宰相兼；提举诸司官、承受官、主管诸司官，皆以国史日历所官兼任。

会推　任官制度。明朝定凡重要官职，多召集内阁、吏部、九卿、科道会官推举，然后由皇帝决定任命。

会衔　官场用语。清制，凡公文由两人以上联合署名者称会衔。

会盟使　使职名。唐玄宗时置，主与周边政权会盟事。穆宗长庆元年（821）以大理卿刘元鼎为吐蕃会盟使。

会福财用所　官署名。元朝置，秩从七品，隶会福总管府，掌大护国仁王寺粮草诸物。原设财用库、盈益仓，文宗天历元年（1328）并为财用所。置提领、大使各一员，副使二员。

会福总管府　官署名。元朝置，秩正三品，隶太禧宗禋院，文宗天历元年（1328）由会福院改立。置达鲁花赤、总管、同知各一员。下辖仁王营缮司、襄阳营田提举司、江淮等处营田提举司、大都等路民佃提领所、会福财用所等机构。

会福院　官署名。元朝置，掌大护国仁王寺及昭应宫财用。世祖至元十一年（1274）建寺，立财用规运所，秩正四品。十六年，改为总管府。武宗至大二年（1309），改都总管府，秩从二品，不久升为会福院，置院使五员。仁宗延祐三年（1316），升正二品。文宗天历元年（1328）罢院，改为会福总管府。

会稽司　官署名。清朝内务府所属七司之一。又作会计司，详见“会计司”。

会稽都籍　官署名。南宋孝宗乾道四年（1168）置，属户部度支，掌总知户部五司财赋收入、支出之数。

合入　官制用语。宋朝铨选制度规定，一定官阶的官员，积累一定任数、考数，可升任相应官职，如迪功郎以上改京官、文林郎以上改升朝官，即称合入。

合扎猛安　金朝军名。又称亲管猛安。合扎意为“亲近”。金皇室、贵族直接掌握的猛安军，金初只限隶于阿骨打、吴乞买、宗干、宗翰四人名下。阿骨打称帝后发展成侍卫亲军，隶侍卫亲军司。后改设殿前都点检司及宣徽院，分别管辖。人数最多时达六千，从诸军中选取身高五尺五寸、善骑射者充军士。

合方氏　官名。《周礼》夏官之属，一说为周朝置。掌统一天下道路及度量衡器具的标准。《周礼·夏官》：“合方氏，中士八人，府四人，史四人，胥四人，徒四十人”，“掌达天下之道路，通其财利，同其数器，壹其度量。除其怨恶，同其好善”。

合台　官场用语。宋朝御史台自御史中丞至御史每人各上一奏章，以言某官之罪，称合台。

合同凭由司　官署名。宋朝置，属入内内侍省，掌禁中宣索物品，给其要验，破除金银宝货钱帛合同事。设监官二人，以入内内侍充任；典四人，主管官二人，以内侍充任。

合昌局　官署名。北齐置，隶都水台。

合堂帅　女官名。南朝宋太宗定后宫百官时置。员二人，七品。

杀　突厥官名。《新唐书·突厥传上》：“（骨咄禄）乃自立为可汗，以弟默啜为杀，咄悉匐为叶护。”

杂历　任官制度。明朝定以监生往各衙署历事制度。往各部掌写本之事，或随同御史出巡。往各司写本者，户部十名，礼部十八名，兵部二十名，刑部十四名，工部八名，都察院十四名，大理寺、通政司各四名，随御史出巡者四十二名，俱以一年为限，期满上选。

杂布提墨克塔布伯克　官名。清朝新疆回部官员之一。掌理教习经馆之事。叶尔羌设一人，秩六品。

杂号护军　指魏、晋、南朝所置各种名号护军，如振威护军、安远护军、镇蛮护军、抚夷护军等。统兵，职掌同将军，而位低于同号将军。

杂号将军　地位较低、置废无常、无固定职掌的诸名号将军的泛称。汉朝除大将军、骠骑将军、车骑将军、卫将军及前、后、左、右将军等重号将军外，皆为杂号将军。魏晋以后将军名号骤增，除上述将军外，领军、护军、四征、四镇、四安、四平、中、镇、抚三号及征虏、伏波等将军亦列为重号将军，唯宣威将军以下至偏、裨将军仍称杂号将军。

杂出身　官制用语。宋朝非经应举登第、荫补、吏人年劳出职而得以补官者，皆属杂出身。参见“杂流”。

杂考　官吏考核制度。明朝定，凡外官，或一、二年，或三年、九年进行考核，以定黜陟迁转。

杂压　官制用语。宋朝官员班序制度之一。即将官、职、差遣、散官、环卫官、宫观官等，按职位高低排成一个班序系列，以区别高下尊卑。亦称为合班。

杂买务　官署名。宋太宗太平兴国（976—984）中置，掌收购宫廷、官府所需之物。设监官三人，以京朝官、三班使臣及内侍充任。下有库子、秤子等人吏。神宗元丰（1078—1085）改制，归隶太府寺。南宋沿置。孝宗隆兴二年（1164），选注通判、知县资序，不曾犯赃私罪，年未及六十者主管。

杂买务杂卖场提辖　官名。南宋置，为四辖之一。孝宗隆兴二年（1164），令选通判、知县资序人充任。外补则为郡守，内迁则为寺、监丞簿，或直接升任杂监司。

杂卖场　官署名。宋真宗景德四年（1007）置，掌收受京城及各地官府多余物资，计值以待出卖，或准折支用，设监官二人，以内侍及三班使臣充任。后亦差文武朝臣主管。神宗元丰（1078—1085）改制，归隶太府寺。南宋沿置，与杂买务总为一署。高宗绍兴六年（1136），置提辖官一员。

杂物库　官署名。北宋置，掌收纳内外杂输之物，以备支用，以瓷器库监官兼领，隶太府寺。金属宣徽院，世宗大定二年（1162）从内藏库析出。设都监、同监领库事，秩正九品、从九品。辖有本把八人，知书二人。

杂学士　宋朝枢密直学士及龙图、天章诸阁学士统称。

杂监司　宋朝提举坑冶铸钱司、提举市舶司等官署统称。

杂造局　官署名。明朝工艺制造部门。设于工部及各布政使司。掌造其他同类专业局（如军器局）所不属者。工部所属设大使一人，正九品，副使一人，从九品，进行管理。各布政使司所属设大使一人，从九品，副使一人。

杂途　官吏出身之一种。又称异途。详见“出身”。

杂流　官制用语。宋朝非科举中第，而由军班、进纳、捧香恩例、上书献策、勤王、守御、捕盗、奉使等途径补授官职者，包括公人、吏人、作匠、技术人（如医人）出身者，皆属杂流。其迁官至武功大夫止，破格迁横行者，恩数、俸禄仍依武功大夫。补官限至训武郎，差遣限至监当、将领、副将等。明清亦为官员出身异途之一种。明朝主要指吏员、承差、知印、书算、篆书、译字、通事诸出身者。清朝主要指经承、攒典、典史、书史、供事、承差诸出身者。

杂职 清朝对非正印佐贰官之称呼。有京职与地方之别。京职有汉鸿胪寺主簿、序班，礼部会同四译馆大使、序班，铸印局大使，刑部司狱等。地方杂职有库官、仓官、税官、狱官、驿官、闸官及河泊所官等。

杂端 官名。唐朝侍御史年资深者一人判台（御史台）事，知公廨杂事，谓之杂端，权任甚重。后作为侍御史别称。

朵甘思元帅府 朵甘思田地里管军民都元帅府的简称。

朵甘思田地里管军民都元帅府 官署名。元朝置，秩正三品，隶吐蕃等路宣慰司都元帅府，掌朵甘思（今青海东南、四川甘孜、西藏昌都地区）军民政务，简称朵甘思元帅府。置都元帅、经历、镇抚各一员。

朵甘思哈答李唐鱼通等处钱粮总管府 官署名。元朝置，隶吐蕃等路宣慰司都元帅府，掌朵甘思、哈答（今四川乾宁北）、李唐（今四川理塘）、鱼通（今四川康定东）等处钱谷。置达鲁花赤、总管、副总管各一员。

朵思麻宣慰司 即吐蕃等处宣慰司都元帅府。

名王 匈奴诸王中名位尊贵者。《汉书·宣帝纪》：“匈奴单于遣名王奉献。”颜师古注：“名王者，谓有大名，以别诸小王也。”

名分 名位和职分。《庄子·天下》：“《春秋》以道名分。”《吕氏春秋·审分》：“故人主不可以不审名分也。”高诱注：“名，虚实爵位之名也；分，杀生与夺之分也。”

名号侯 爵位等级。东汉献帝建安二十年（215）曹操置，以赏军功。三国魏文帝黄初元年（220）定其位在关内侯下，为虚封，不食租，有崇德侯、宗圣侯等名号。南朝沿置。

名位 指官爵品位。《左传·庄公十八年》：“王命诸侯，名位不同，礼亦异数。”

名表郎 宋朝礼部郎官之别称。

名籍案 官署名。宋神宗元丰（1078—1085）改制置，属吏部，掌官员名册。南宋因之。

多子 众卿大夫。《尚书·洛诰》：“予旦以多子越御事笃前人成烈。”孔颖达疏：“大夫皆称子，故以多子为众卿大夫。”

多工 殷商工官合称。《殷虚文字丙编》第五四片：“乙未，酒，多工率口遣。”

多士 周朝泛指众官。《诗经·大雅·文王》：“济济多士，文王以宁。”《尚书·周书·多士》孔颖达疏：“士者，在官之总号，故言多士也。”

多马 官名。殷商武官，参与田猎征战。《殷虚文字丙编》第七六片：“乎（呼）多马逐鹿，隻（获）。”

多马亚 官名。殷商置，又称马亚。武臣多马的长官。《甲骨文合集》第五七一〇片：“贞多马亚其出囚。”《战后京津新获甲骨集》第四七七四片：“其令马亚射鹿。”

多犬 殷商众犬官合称。参与狩猎、征战及担任警卫。《甲骨文合集》第五六六五片：“乎多犬卫。”

多尹 殷商诸长官合称。《甲骨文合集》第三二九八〇片：“甲午贞，其令多尹作王寝。”

多正 周朝众执政大臣合称。《作册魖卣铭》：“公大史咸见服于辟王，辨于多正。”

多田 官名。殷商置。武官，主征伐、田猎及驻防。《甲骨文合集》第二七八九三片：“以多田伐又封。”

多田亚 官名。殷商置，武官，主田猎及戍卫。《甲骨文合集》第三二九九二片（反面）：“以多田亚戍？”

多生 官名，殷商置。武官。《甲骨文合集》第二四一四〇片：“辛卯卜，即贞，叀多生射。”

多尔机昂邦 满语官名。汉译为内大臣。清朝侍卫处设，地位低于领侍卫内大臣。

多尔吉衙门 清朝内阁之满语音译名。

多亚 官名。殷商置，《甲骨文合集》第五六七七片：“庚辰卜，令多亚□犬。”

多臣 官名。殷商置，武官。《殷契粹编》第一一六九片：“多臣往（警）。”

多里吉衙门 满语官署名。汉译为内阁。又作多尔吉衙门。

多君 殷商诸侯方伯别称。《甲骨续存》卷一第一五〇七片：“辛巳卜，矣贞，多君弗言余其㞢于庚，匄祼，九月。”

多罗儿昂邦 即多尔机昂邦。

多罗贝勒 爵名。清朝宗室封爵之第五等，位长子下、固山贝子上。简称贝勒。

多罗郡王 爵名。清朝宗室封爵之第三等。位世子下、长子上。简称郡王。初封时均另给赐号，如克勤郡王、端郡王等。死后予谥，在赐号下加一字。

多罗格格 满语，意即县主，为清朝郡王之女的封号。

多罗额驸 清朝郡王女称多罗格格，即县主。其夫称多罗额驸或县主额驸，汉名为县主仪宾。秩视武职二品。

多射 官名。殷商置，武官，主征伐、戍卫及田猎。《殷虚文字甲编》第一一六七片：“癸酉卜，争贞，令多射卫。”

多寇 官名。殷商置，武官，主征伐。《殷虚书契续编》卷三第二二片：“癸酉卜，㱿贞，乎（呼）多寇伐吕方”。

负侯 官名。周朝诸侯行大射礼时的执事小吏。《仪礼·大射》：“司马师命负侯者，执旌以负侯。”

争臣 天子左右直言谏诤的大臣。《孝经·谏诤》：“昔者天子有争臣七人，虽无道，不失其天下。”

色长 官名。宋朝置，为太常寺所属教坊之属官。管理舞乐，为乐工之长。清初亦置，为礼部教坊司属官。顺治元年（1644）设，十七人。雍正七年

（1729）改教坊司为和音署，遂废。

色役使　使职名。即户口色役使，唐玄宗天宝四载（745）户部郎中王鉷加勾当户口色役使。

色迪尔伯克　官名，清朝新疆回部官员之一。掌襄理税务之事。伊犁、喀什噶尔、叶尔羌各设一人，秩七品。

色依得尔伯克　官名。清朝新疆回部官员之一。掌理巡查道路、园林果木之事。叶尔羌设一人，秩六品。

凫氏　官名。《周礼》冬官之属，一说为周朝置。掌铸造乐钟。《周礼·冬官·考工记》："凫氏为钟。"

凫鸭　官名。北魏置。《魏书·官氏志》："初，（道武）帝欲法古纯质，每于制定官号，多不依周汉旧名，或取诸身，或取诸物，或以民事，皆拟远古云鸟之义。诸曹走使谓之凫鸭，取飞之迅疾。"

匈奴中郎将　见"使匈奴中郎将"、"护匈奴中郎将"。

匈河将军　汉朝将军名号。武帝时有匈河将军赵破奴，曾奉命出令居。匈河，水名，在匈奴地界。

〔丶〕

齐三服官　官署名。汉朝齐地制作三服之官。三服即春献冠帻纵为首服，纨素为冬服，轻绡为夏服。

齐仆　官名。《周礼》夏官之属，一说为周朝置。掌驾驭天子金车。《周礼·夏官》："齐仆，下大夫二人"，"掌驭金路以宾、朝觐、宗遇、飨食，皆乘金路。其法仪，各以其等为车送逆之节"。

齐右　官名。《周礼》夏官之属，一说为周朝置。天子护卫官。《周礼·夏官》："齐右，下大夫二人"，"掌祭祀、会同、宾客，前齐车。王乘则持马。行则陪乘。凡有牲事，则前马"。

齐固佐领　即旗鼓佐领。

充人　官名。《周礼》地官之属，一说为周朝置。负责饲养祭祀用牲。《周礼·地官》："充人，下士二人，史二人，胥四人，徒四十人"，"掌系祭祀之牲牷。祀五帝，则系于牢，刍之三月。享先王，亦如之。凡散祭祀之牲，系于国门，使养之。展牲，则告牷。硕牲，则赞"。

充仪　嫔妃名号。隋炀帝始置，为九嫔第七，正二品。唐朝沿置。宋、金为正二品内命妇。

充华　嫔妃名号。西晋武帝置为后宫九嫔之一，位视九卿。南朝宋明帝泰始三年（467）定制，置为五职之一，班亚九嫔。南齐复列为九嫔。梁亦置。陈又列为五职。北魏孝文帝置为内官六嫔之一。隋炀帝再置为九嫔之一，正二品。

充衣　内官名。南朝宋孝武帝置，为散位之一，明帝泰始元年（465）废。

充依　皇帝姬妾名号。西汉武帝置。秩视千石，比左更。东汉省。

充容　嫔妃名号。隋炀帝始置，为九嫔第八，正二品。唐朝沿置。宋、金为正二品内命妇。

充媛　嫔妃名号。唐朝置，为九嫔第九，正二品。宋、金皆为正二品内命妇。

亦都额真　即伊都额真。

交片　文书名。清朝军机处向在京各衙门行文时所使用的专用文书。

交引库　官署名。宋朝置，属太府寺，掌印发、出纳交引、钱钞之事。

交代　清朝吏部之铨选制度。凡官员因迁调或其他缘故离任，必须将任内经办之已毕、未完事件，词讼案件，档案文卷以及仓库钱粮等，向新任或署任官员交接清楚，谓之交代。官员交代期限、手续等均有定制，违限或违制者，视不同情况给予罚俸、降级乃至革职等不同处分。交代时，前任官员将应交代事项按规定准备妥当，新任官员进行清点核对，称为交盘。交盘亦有期限、范围、手续等定章，违者亦给处分。

交市监　❶官署名。即缘边交市监，隋朝始置，畿内隶司农寺，畿外分隶诸州，置监一员、副监一员，掌缘边互市事。❷官名。隋朝缘边交市监长官，各置一员，视从八品。

交市副监　官名。隋朝缘边交市监次官，各置一员，视正九品。

交阯清吏司　官署名。❶明朝户部所属清吏司。永乐十八年（1420）始置，设郎中、员外郎各一人，主事二人。掌交阯布政司户口、钱粮等事，并代管京畿及卫所户口、钱粮之事。宣德十年（1435）革。❷明朝刑部所属清吏司。永乐十八年始置，设官同户部。掌交阯布政司刑名，并代管京畿及部分卫所刑名之事。宣德十年革。

交阯清吏司员外郎　官名。明朝户部交阯清吏司及刑部交阯清吏司均置，各一人，从五品。协郎中掌本司之事。参见"交阯清吏司"。

交阯清吏司郎中　官名。明朝户部交阯清吏司及刑部交阯清吏司均置，各一人，正五品。掌本司之事。参见"交阯清吏司"。

交阯道　官署名。明朝都察院十二道之一。永乐十八年（1420）置，宣德十年（1435）罢。原掌交阯（今越南国北部）布政使司巡按考察诸事。

交阯道监察御史　官名。明永乐十八年（1420）置，为永乐、洪熙、宣德时诸道监察御史之一，掌纠劾百官，主察交阯布政司（今越南境内），并协管两京、直隶部分衙门、卫所卷宗照刷工作。宣德十年（1435）革。

交折　清朝军机处术语。军机处将下发之奏折抄录副本后，由值班章京将本日所接各直省原折各归原函，缴还内奏事处，以便分别退还原具奏之人，称交折。

交易丞　官名。新莽置。王莽改制时于长安及洛阳、邯郸、临淄、宛、成都等五都分别设五均司市师，皆置交易丞，员五人，职掌五均赊贷及交易等事。

交河公 官名。麴氏高昌国置。位在令尹之下，与田地公皆由王子出任。除大事由王决定外，小事则由世子与田地公及本官随状断决。

交钞库 官署名。金设于海陵王贞元二年（1154），管理钞币，隶尚书省户部。置库使、副使、判官各一员。元行用库亦称交钞库。

交钞库物料场 官署名。金朝属尚书省户部。掌收支交钞物料。完颜永济至宁元年（1213）置。设场官领场事，旧秩正八品，后改正九品。

交钞提举司 官署名。元朝置，掌印造、发行钞币。宪宗三年（1253）始于京兆路立司，印钞以佐经用。七年，罢司。世祖中统元年（1260），置诸路交钞提举司，隶燕京行中书省管辖，后以户部官兼提举交钞事。至元三年（1266），设制国用使司总管钱谷，下设诸路交钞都提举司，秩正五品，置达鲁花赤、都提举等官。八年十一月罢司，后复置，改隶户部。二十四年，改诸路交钞都提举司为诸路宝钞都提举司。至元十七年，设畏吾境内交钞提举司；二十四年，设江南四省交钞提举司，后均改为宝钞提举司。

交涉使 官名。清末地方各省交涉使司之主官。光绪三十三年（1907）始置于奉天、吉林二省。正三品。宣统二年（1910），直隶、江苏、浙江、福建、湖北、广东、云南亦援例续置。

交涉使司 官署名。清末地方各省所属之办事机构，办理外交事务。光绪三十三年（1907）始置于奉天、吉林二省，设交涉使为主官，下设佥事、科员及一、二等译官协助办事。附设交涉公所，办理公众交涉事务。宣统二年（1910），直隶、江苏、浙江、福建、湖北、广东、云南亦援例续置。

衣甲库 官署名。元朝置，秩从五品，设于世祖至元五年（1268），隶军器监。十年，改寿武库。

衣库 清朝内务府广储司所属六库之一。掌储朝服、便衣及八旗兵丁盔甲等物。缎库郎中兼司衣库事。本库置员外郎三人，六品司库一人，八品司匠二人，无品级副司库二人及库使若干。库藏之出纳，按月缮折，送司核对并呈府堂奏销。

衣库使 官名。宋初有内衣库使，后去“内”字。多不领本职，仅为武臣迁转之阶。真宗咸平元年（998），定为同六品。大中祥符二年（1009），改尚衣库使。

衣库副使 官名。宋初有内衣库副使，后去“内”字。多不领本职，仅为武臣迁转之阶。真宗咸平元年（998），定为同七品。大中祥符二年（1009），改尚衣库副使。

衣杭大 满语官名。汉名为牛群牧长。清朝内务府庆丰司属官，掌牛群放牧事。王府官中亦设。

衣冠令 官名。北齐置。见“衣冠署”。

衣冠丞 官名。北齐置。见“衣冠署”。

衣冠署 官署名。北齐、隋初隶太常寺，掌供祭祀典礼用服饰衣冠。设令、丞。炀帝大业（605—617）中罢。

衣都额真 即伊都额真。

衣徒 宋朝匠人。属殿中省尚衣局，员三十人。徽宗崇宁二年（1103）置，钦宗靖康元年（1126）罢。

衣粮案 官署名。北宋前期置，属三司户部，掌勾校百官诸军诸司俸料、春冬衣、禄粟、茶、盐等。神宗元丰（1078—1085）改制，随三司废。

庄宅使 使职名。唐武则天时置为内诸司使之一，授宦官，掌两京官府庄田、磨坊、店铺、菜园、车坊等业。五代后梁沿置。宋朝为西班诸司使之一，无职掌，仅为武臣迁转之阶，同六品，神宗元丰（1078—1085）改制定为正七品，徽宗政和二年（1112）易以新名为武节大夫。

庄宅副使 官名。北宋置，属西班诸司使，通常不领本职，仅为武臣迁转之阶。真宗咸平元年（998）定为同七品，神宗元丰（1078—1085）改制改从七品。徽宗政和二年（1112）重定武臣官名，改武节郎。

庆丰司 官署名。清朝内务府所属七司之一。初名三旗牛羊群牧处，康熙十六年（1677）归并掌仪司。二十三年，独立设司。雍正元年（1723），始隶内务府。掌牛羊畜牧事务。凡皇城内及南苑等处牛羊圈、张家口外牛羊群牧厂，均归本司委员管理。以总管大臣一人值年管理司事，设郎中二人，员外郎六人，主事一人，委署主事二人，以及笔帖式、书吏等员。牺牲所司官（二人），例由本司司员兼充一人。

庆丰司员外郎 官名。清朝内务府庆丰司之职官。额设六人。佐郎中理司事。

庆丰司郎中 清朝内务府庆丰司之主官。额设二人。掌司事。

庆丰闸官 官名。清朝管理北运河庆丰闸之官员，未入流。隶于坐粮厅。掌闸门之启闭，水大则泄，水小则蓄。兼司东直门角楼回龙闸。并管束运米脚夫，勿任抛散。

庆宁宫提举司 官署名。金朝属尚书省刑部。掌守护宫城殿位。设提举、同提举总领司事。提举秩正七品，兼龙门县令。同提举秩正八品，兼仪鸾监。

庆喜大夫 阶官名。金朝教坊二十五阶之第十阶，秩正六品上。

灯烛局 官署名。辽朝北面官，掌宫帐灯烛等事，为御前祗应官署，属著帐郎君院。

灯烛郎君 官名。辽朝北面官，灯烛局官员，掌御帐灯烛等事。

州 地方行政区划名。《周礼·夏官·职方氏》及《尚书·禹贡》皆有九州之说。周朝又为王畿六乡所属行政单位。《周礼·地官·序官》：“乡大夫，每乡卿一人；州长，每州中大夫一人。”春秋时齐国亦置为乡属行政单位。《管子·立政》：“分乡以为五州，州为之长。”西汉为监察郡国行政而置。武帝时，除司隶校尉外，全国分为十三州。东汉则将司隶校尉列入十三州之数，以刺史（州牧）主其事，渐成为地方行政单位。西晋武帝太康元年（280），省司隶置司州，天下共分十九州，统一百七十三郡。置刺史以统之。任重者，为使持节都督；轻者，为持节都督。另有别驾、治中从事、诸曹从事等属官。南朝宋、齐、梁、陈沿置。北魏诸州初置三刺史，宗室一人，异姓二人，比古之上、中、下三大夫。孝文帝太和二十三年（499）分州为上、中、下三等，分置刺史。北齐司州置牧外，州分九等，置刺史。隋文帝沿北齐制。炀帝大业三年（607）罢州置郡，凡一百九十。唐初改郡为州，置刺史，加使持节，又置都督府。太宗贞观十三年（639）定簿，州府三百五十八，分上、中、下三等。玄宗时一度改州为郡。后复为州，兼治军旅则加节度使号。北宋徽宗宣和四年（1122），天下分路二十六、府三十、州二百五十四、监六十三，诸州置知州事一人，或兼经略安抚使、马步军都总管等，掌本州兵民之政。辽朝于五京道及府下置州，以节度、观察、团练、防御等使及刺史领其事。节度使州另有军名。契丹贵族俘虏人口为私属，于所居地另建头下军州。金朝分州为节镇、防御州、刺史州三等。节镇以某军节度使领之，兼本州管内观察使事。防御州和刺史州则以防御使、刺史分别领其事。无观察使、团练使州，隶于路或府。元朝世祖至元三年（1266）以一万五千户以上为上州，六千户以上为中州，以下为下州。二十年又以江南五万户以上为上州，三万户以上为中州，以下为下州。每州设达鲁花赤、州尹（或知州）各一人。上州、中州、下州分别为从四品、正五品、从五品，皆隶于路或府，亦有直接隶于省者。明朝以天下为二百三十四州，分属州、直隶州。属州视县，为府下属行政机构；直隶州视府，但品秩相同。以知州掌其州之政。同知、判官等属官则视其州事繁简而置。清朝置为府一级的下属行政机构，以知州一人掌本州政务。佐贰官有州同、州判，视州事繁简而设，协助知州掌钱粮、水利、海防、河防诸事。另置直隶州，详见“直隶州”条。

州大夫 官名。春秋时齐国置。《管子·度地》：“常以冬少事之时令甲士以更次益薪积之水旁，州大夫将之，唯毋后时。”

州长 ❶周朝州府最高行政长官。《管子·立政》：“分国以为五乡，乡为之师；分乡为五州，州为之长。”一说即“州伯”，是为二百一十国之长。《礼记·王制》：“千里之外设方伯……二百一十国为州，州有州伯。”《礼记·内则》：“州伯命藏诸州府。”孔颖达疏：“州伯则州长也。”❷《周礼》地官之属，乡大夫属员，中大夫爵。一说为周朝置，掌一州政教法令。❸新莽天凤元年（后14）置，六郊州长各一人，人主五县。❹西魏、北周州长上士和州长中士简称。参见“州长上士”。

州长上士 官名。西魏恭帝三年（556）置，北周沿置。地官府民部中大夫属官，每州置一人，位在乡大夫下大夫下，掌本州事务。正三命。下设州长中士以佐其职。隋文帝开皇元年（581）罢。

州长中士 官名。西魏、北周地官府民部中大夫州长上士佐官，正二命。

州史 官名。春秋战国置，掌州府文书。《礼记·内则》：“宰告闾史，闾史书为二，其一藏诸闾府，其一献诸州史。州史献诸州伯，州伯命藏诸州府。”

州台 东晋州府别称。

州司 指州刺史。《后汉书·史弼传》：“州司不敢弹纠，傅相不能匡辅。”

州司马 ❶清朝州同之别称。❷州衙佐贰官，与州长史同掌统州僚，纲纪众务。唐上州为从五品下，中州为正六品上，下州为从六品上。

州同 官名。明朝称州同知，清沿置，改称州同，为地方各州之副职。以别于各府之同知。无定员。从六品。与州判分掌督粮、捕盗、海防、水利诸事。全国共设五十二人，属直隶州者二十，例以举人除授；属散州者三十二，例以兵马司副指挥、京县县丞、京府经历等升任。

州伯 官名。春秋战国置，掌州行政的长官。《礼记·内则》：“州史献诸州伯，州伯命藏诸州府。”

州役 宋朝州府衙门公吏总称。吏人自都孔目官至粮料押司官共十级，称为职级，其下又有手分、贴司等名目，掌文职行案事务。依所掌分客司（掌招待宾客）、通引官（掌接引传达）、书表司（掌书写文件）、法司（掌司法事务）、攒司、帐司、（掌攒造帐册）、开拆司（掌收发文件）等。公人有衙前、专副、祗候典、散从官、院虞候、杂职、仓子、库子、斗子、秤子、拣子、掐子、拦头等名目，掌行细务。

州判 官名。清朝地方各州之副职。无定员，从七品。与州同分掌督粮、捕盗、海防、水利诸事。例以鸿胪寺汉主簿、鸣赞、汉军九品笔帖式、按察司知事、府经历、县丞等升任。另恩拔副贡就职者，可除授直隶州州判。

州纲 南朝州府高级僚属别称。亦称纲纪。

州牧 官名。省称牧。汉武帝时分全国为十三州部，各置刺史监察诸郡，秩六百石。成帝绥和元年（前8）更名州牧，秩二千石，位次九卿。哀帝建平二年（前5）复旧称。元寿二年（前1）又改州牧。东汉复置刺史，逐渐演变为州一级行政长官。灵帝中平五年（188）天下纷乱，刘焉以刺史威轻，建议改置州牧，选重臣以居其位。灵帝从之。州牧掌全州军政大权，地位高于郡守。至三国、晋、南北朝成为一州长官。与刺史并置时，位高于刺史。三国、晋、十六国时，凡州多置牧，授与位尊者，亦有遥领之制，如三国吴之幽州牧。南朝宋以后仅扬州、豫州等数州设牧，为荣誉称号，授与丞相等权臣。北朝诸州多设刺史，然北魏、北齐之司州，北周之雍州常设牧。其中北魏司州牧为从二品，北周雍州牧九命。唐初雍州等牧为从二品，亲王为之，常以别驾领州事。至宋朝设冀、兖、青、徐、扬、荆、豫、梁、雍州牧，以亲王为之，不赴任所，或用为宗室追赠官。清朝为知州的别称。

州府 官署名。春秋战国置。管理州内文件档案之所。《礼记·内则》："州史献诸州伯，州伯命藏诸州府。"

州驾 清朝州同之别称。

州院 官署名。宋朝各州皆置，以录事参军主管，与同理院同掌本州刑狱之事。

州统 官名。北魏诸州沙门曹长官，主持州内佛教事务。北魏末，因战乱仓廪空虚，诏诸沙门有输粟四千石入京仓者，授本州统。

州都 魏、晋、南朝州大中正的别称，一说为州都大中正的省称。亦称都士。北魏为州牧的属官。负责评定士族内部品第，职似"中正"。当时实行九品中正制度，依品第选任官吏，故其任颇重。北齐为州刺史属官，视八品，地位远低于州大中正。隋文帝初仍置，雍州所属视正八品，诸州所属视从八品。开皇三年（583）始不理事，称为乡官。十五年罢。

州监 官名。南朝梁置，为朝廷派驻诸州监察政务的官员，武帝天监七年（508）定为流外三品蕴位。

州部 官名。又称州部之吏，战国始见，地方州长的部属小吏。《韩非子·显学》："故明主之吏，宰相必起于州部。"《五蠹》："州部之吏，操官兵，推公法而求索奸人。"陈奇猷注："州部之吏为地方小官"，"即州长之下属官"。

州宰 州府长官之别称。

州望 官名。南朝梁置。掌管举荐州内人才。《梁书·武帝纪中》：天监七年（508）"诏于州、郡、县置州望、郡宗、乡豪各一人，专掌搜荐"。

州端 别驾的尊称。《资治通鉴·宋文帝元嘉二十八年（451）》："（王）子夏亲为州端，曾无同异。"胡三省注："州别驾居群僚之右，故曰州端。"

冲冠将军 官名。南朝梁置。武帝天监七年（508）定为武职二十四班的四班，与伏波将军同班，大通三年（529）改为武职三十四班中的八班。陈定为拟八品，比秩六百石。

次 副职。《仪礼·聘礼》："使次介假道。"《说苑·臣求》："公孙支为次卿以佐之也。"

次介 官名。春秋战国置，使官随员，副使。《仪礼·聘礼》："若过邦，至于竟，使次介假道，束帛将命于朝。"

次对 官制用语。唐宋时宰相于宣政殿奏对退班后，待制官、御史台左右巡官等皆得引对，以其次于宰相之后而得对奏于皇帝，故谓次对。

次司空 官名。一说次于都司空的职官。《墨子·杂守》："县候，面一。亭尉、次司空。"孙诒让注："次司空，亦次于都司空也。"

次直侍中 诸侍中中协助正直侍中安排舆驾出行仪式者，由侍中轮流担任。在舆驾出行时，佩信玺、行玺，与正直黄门侍郎随从护驾在后。

次官 指各部门次于正职的副长官，亦称副贰、副职。

次相 官名。❶少师、少傅、少保的别称，以其位居宰辅之次，为次相之任。❷御史大夫的别称。

次将 官名。指位次于主将者。《汉书·高祖纪》："乃以宋义为上将，项羽为次将，范增为末将。"

次客 北魏对归附其政权者的一种待遇。归附人的名望及所立功勋较小者，初来时享受此待遇，以后再酌情安排官职。

次卿 爵名。又称亚卿。春秋战国置。爵位低于正卿一等的卿大夫。《说苑·臣求》："故百里奚为上卿以制之，公孙支为次卿以佐之也。"

次剧县 县的等级。金朝以二万户以上、二万五千户以下的县为次剧县。

次辅 对少师、少傅、少保之统称。以其位太师、太傅、太保下，乃次辅之任，故名。明代内阁辅臣，位在首辅之下。

次等司 西夏第二等官衙。包括殿前司、御史、中兴府、三司、和尚功德司、出家功德司、大都督府、皇城司、宣徽院、内宿司、护法功德司、閤门司、御庖厨司、匦匣司、西凉州等。用十五两铜镶银印。

次傅 少傅之别称。

决胜将军 官名。南朝梁置，陈沿置。梁武帝天监七年（508）定为武职二十四班中的八班，大通三年（529）定制后为武职三十四班中的十班。陈定为拟七品，比秩六百石。

决狱官 官名。契丹遥辇时，自萧敌鲁五世祖胡母里始，其后代世为决狱官。掌理狱讼。

决曹 官署名。西汉丞相府所属诸曹之一。东汉三公府亦置，主罪法事。掾秩比三百石。郡国亦置，掾秩百石。

决疑祭酒 官名。东汉末置，县府僚属。袁津曾任此职。

冰井务 官署名。宋太祖建隆二年（961）置，掌藏冰，设监官一人，以内侍充任。隶皇城司。

冰厅 唐、宋时期祠部别称。以其为清要之选，且事务较少，故名。

冰窖 官署名。清朝工部都水司所属之机构。顺治元年（1644）置。设满、汉监督各一人，由本部堂官委派所属司员带原品充任，每年一更代。掌收发藏冰。凡置四处二十二窖。乾隆四年（1739）以后，额定藏冰十八万五千七百块。

冰鉴署 官署名。明初上林苑监十属署之一。永乐五年（1407）始置，设典署一人，正七品，署丞一人，正八品，录事一人，正九品。掌冰贮之事，以供宫廷生活需要。洪熙元年（1425）并入本监嘉蔬署。

江东建康道肃政廉访司　官署名。元朝地方监察机构，由提刑按察司改立，为江南十道监司之一。

江东建康道提刑按察司　官署名。元朝地方监察机构，设于世祖至元十四年（1277），置司建康（今江苏南京），监治宁国、徽州、饶州、集庆、太平、池州、信州、广德等路。隶江南行御史台。二十三年，迁司于宁国路（今安徽宣城）。二十八年，改肃政廉访司。

江北河南道肃政廉访司　官署名。元朝地方监察机构，世祖至元二十九年（1292）由河北河南道肃政廉访司改立，置司于汴梁（今河南开封），监制汴梁、河南府路等地，为内八道监司之一，直隶御史台。

江北淮东道肃政廉访司　官署名。元地方监察机构，由提刑按察司改立，置司扬州（至元二十九年由淮安迁至扬州），为内八道监司之一，直隶御史台。

江北淮东道提刑按察司　官署名。元朝地方监察机构，设于世祖至元十四年（1277），置司淮安路，简称淮东按察司，监治扬州、淮安、高邮等路府。二十一年，移司于扬州路。二十六年，迁回淮安路。二十八年，改肃政廉访司。

江汉大都督　官名。元世祖中统二年（1261）以河南屯田万户史权为江汉大都督，总管河南军事。至元元年（1264）罢。

江西司　官署名。即江西清吏司。

江西司员外郎　官名。即江西清吏司员外郎。

江西司郎中　官名。即江西清吏司郎中。

江西行省　即江西等处行中书省。

江西科　清朝兵部武选清吏司所属之办事机构。额设经承一人。

江西清吏司　官署名。简称江西司。❶明清户部所属诸司之一。掌理江西省钱粮收支数目。明洪武二十九年（1396），改江西部置。设郎中、员外郎、主事等官。分置民科、度支科、金科、仓科等四科治事。兼掌旗手、金吾前、金吾后等五卫之俸饷。洪熙元年（1425）南京户部亦置，设官略同。清顺治元年（1644）沿置。设郎中、员外郎、主事及笔帖式、经承若干人。分置金科、仓科、支科、民科、火房等机构治事。兼掌各省协饷，光绪三十二年（1906）裁。❷明清刑部诸司之一。掌理江西省刑名之事。明洪武二十九年（1396），改江西部置。设郎中、员外郎、主事等官。兼掌淮、益等五府，燕山左、龙骧等十卫，直隶庐州、六安各卫等处刑名之事。洪熙元年（1425）南京刑部亦置，设官略同。清顺治元年（1644）沿置。设郎中、员外郎、主事及笔帖式、经承若干人。兼掌收办江西道御史、中城御史、正黄旗等处文移。光绪三十二年（1906）裁。

江西清吏司员外郎　官名。简称江西司员外郎。❶明清户部江西清吏司之副长官。佐郎中掌司事。明洪武二十九年（1396）改江西部员外郎设，一人。南京户部江西清吏司亦设一人，皆从五品。清顺治元年（1644）沿设，汉员外郎一人。满洲司官初不分曹，随堂官所派。后增至三人，满洲二人，汉一人。❷明清刑部江西清吏司之副长官。佐郎中掌司事。明洪武二十九年（1396）改江西部员外郎设，一人。南京刑部江西清吏司亦设一人，皆从五品。清顺治元年（1644）沿设，汉员外郎一人。满洲司官初不分曹，随堂官所派。后定制满、汉各一人。光绪三十二年（1906）裁。

江西清吏司郎中　官名。简称江西司郎中。❶明清户部江西清吏司之主官。掌司事。明洪武二十九年（1396），改江西部郎中设，一人。南京户部江西清吏司亦设一人，皆正五品。清顺治元年（1644）沿设，汉郎中一人。满洲司官初不分曹，随堂官所派。后定制，宗室、汉各一人。光绪三十二年（1906）裁。❷明清刑部江西清吏司之主官。掌司事。明洪武二十九年（1396），改江西部郎中设，一人。南京刑部江西清吏司亦设一人，皆正五品。清顺治元年（1644）沿设，汉郎中一人。满洲司官初不分曹，随堂官所派。后定制满、汉各一人。光绪三十二年（1906）裁。

江西等处行中书省　官署名，元朝置，秩从一品。设于世祖至元十四年（1277），省治隆兴（今江西南昌），又称隆兴行省，统江西、福建地。十五年，另置福建行省，寻将江西行省并入福建。不久，又立江西行省于赣州。十六年，还治隆兴。后江西、福建行省几次分合。成宗大德三年（1299），福建地入江浙行省，江西自为一省，领十八路、九州军民政务，辖境包括今江西和广东省大部分地区。置丞相一员，平章二员，左、右丞各一员，参知政事二员。

江西湖东道肃政廉访司　官署名。元朝地方监察机构，由提刑按察司改立，为江南十道监司之一。

江西湖东道提刑按察司　官署名。元朝地方监察机构，设于世祖至元十四年（1277），置司龙兴路（今江西南昌），监治龙兴、吉安、瑞州、袁州、临江、抚州、江州、南康、赣州、建昌、南安等路。隶江南行御史台。二十八年，改肃政廉访司。

江西道　官署名。明清都察院所属诸道之一。明洪武十五年（1382）置。设监察御史十人。南京都察院亦置，设监察御史二人。在本道之外协管前军都督府，在京燕山左等八卫，直隶淮安府及大河等六卫。清顺治元年（1644）沿置。初为坐道，由掌江南道兼理。乾隆十四年（1749）设掌印监察御史、监察御史，均满、汉各一人；属官有笔帖式、经承等。负责稽核江西刑名并稽察光禄寺事务。

江西道监察御史　官名。明清都察院所属江西道之主官。掌道事。明洪武十五年（1382）设三至五人。后增至十人。南京都察院亦设二人。皆秩正七品。清顺治元年（1644）沿设。乾隆十四年（1749）

定制，设掌印御史满、汉各一人，御史满、汉各一人。初为坐道，不理本道之事，乃空衔，至是则以职事分隶之。十七年俱定为从五品官。

江防同知 官名。清朝同知之一种。设于江苏江宁府、安徽安庆府及江西九江府三处。以专理江防事务，故名。正五品。

江苏司 即江苏清吏司。

江苏司员外郎 即江苏清吏司员外郎。

江苏司郎中 即江苏清吏司郎中。

江苏清吏司 官署名。清朝刑部所属十八清吏司之一。简称江苏司。雍正十二年（1734），分江南清吏司设。掌核江苏刑名，并兼理江南道御史、江宁将军、京口副都统、漕运总督、南河总督文移及察核、具奏各省减免与恩赦之案。设郎中满、汉各一人，员外郎满二人、汉一人，主事满、汉各一人，经承三人。光绪三十二年（1906），刑部改为法部，遂裁。

江苏清吏司员外郎 官名。清朝刑部所属江苏清吏司副长官。简称江苏司员外郎。雍正十二年（1734）设。满、汉各一人，从五品。佐郎中掌司事。光绪三十二年（1906），刑部改为法部，遂裁。

江苏清吏司郎中 官名。清朝刑部所属江苏清吏司长官。简称江苏司郎中。雍正十二年（1734）设。满、汉各一人，正五品。掌司事。光绪三十二年（1906），刑部改为法部，遂裁。

江南十道监司 元朝江南诸道行御史台下辖监司合称。即江东建康、江西湖东、江南浙西、浙东海右、江南湖北、岭北湖南、岭南广西、海北广东、海北海南、福建闽海十道肃政廉访司。

江南八道提刑按察司 元朝地方监察官署合称。世祖至元十四年（1277），设江南行御史台，下设江北淮东、淮西江北、山南湖北、浙东海右、江南浙西、江东建康、江西湖东、岭北湖南八道提刑按察司。

江南司 即江南清吏司。

江南司员外郎 即江南清吏司员外郎。

江南司郎中 即江南清吏司郎中。

江南行台 江南诸道行御史台的简称。

江南行御史台 见“江南诸道行御史台”。

江南河道总督 官名。又称南河河道总督。清朝督理江南河道之最高长官。总督江南河道，掌理黄、淮汇流入海，南北运河泄水行漕及瓜洲江工，支河湖港疏浚、堤防之事。雍正七年（1729）改总河设，驻清江浦，并设副总河一人襄理河务。十二年移驻兖州。乾隆二年（1737）省副总河，其后省置无恒。咸丰十年（1860），南河事务归漕运总督兼管，遂裁。

江南科 清朝兵部武选清吏司所属之办事机构。额设经承一人。

江南浙西道肃政廉访司 官署名。元朝地方监察机构，由提刑按察司改立，置司于杭州（至元二十九年由平江路迁至杭州），为江南十道监司之一。

江南浙西道提刑按察司 官署名。元朝地方监察机构，设于世祖至元十四年（1277），置司杭州，监治杭州、湖州、嘉兴、平江、常州、镇江等路，隶江南行御史台。二十一年，移司于平江路（今江苏苏州），二十三年迁回杭州路，二十六年又迁至平江路。二十八年，改肃政廉访司。

江南诸道行御史台 官署名。元朝监察机构，简称南台，御史台分司机构。秩从一品。世祖至元十四年（1277），设江南行御史台于扬州。后迁于杭州、江州等地。二十九年二月，定台址于建康（今江苏南京）。成宗大德元年（1297），定名为江南诸道行御史台，统江南十道监司。置御史大夫一员，从一品；御史中丞二员，正二品；侍御史二员，从二品；治书侍御史二员，正三品。下辖察院，秩正七品，设监察御史二十八员。

江南清吏司 官署名。简称江南司。❶清朝户部十四司之一。初制按省分职，顺治元年（1644）于十三司之外增设江南一司。以郎中为主官。所属有员外郎，满洲三人，汉一人；主事，满、汉各一人及笔帖式、经承若干人分理司务。掌理江苏、安徽二省户口、田亩之数，征纳地丁钱粮、杂税、茶课、厘金等项岁赋，稽其存留解运，出纳奏销。兼掌各省平余银未结者，江宁、苏州二织造之奏销及江宁、京口驻防之俸饷。下设金科、民科、仓科、支科、火房等机构。光绪三十二年（1906）裁。❷清初刑部所属机构。顺治元年（1644）设。掌核江南省刑名。置郎中、员外郎、主事等官。雍正十二年（1734），分为江苏、安徽二清吏司。

江南清吏司员外郎 官名。简称江南司员外郎。❶清朝户部江南清吏司之副长官，佐理司务。然而亦有受堂官指派主稿或掌印，实领司事者。设满洲三人，汉一人，皆从五品。光绪三十二年（1906）裁。❷清初刑部江南清吏司副长官。顺治元年（1644）设，汉一人，从五品。佐郎中掌司事。雍正十二年（1734），江南司分为江苏、安徽二司，遂裁。

江南清吏司郎中 官名。简称江南司郎中。❶清朝户部江南清吏司之长官。顺治元年（1644）设，满、汉各一人，皆正五品。掌司事。光绪三十二年（1906）裁。❷清初刑部江南清吏司长官。顺治元年（1644）设，汉一人。雍正五年（1727），定为二人，正五品。掌司事。十二年，江南司分为江苏、安徽二司，遂裁。

江南湖北道肃政廉访司 官署名。元朝地方监察机构，世祖至元二十九年（1292），在武昌路复置监司，称江南湖北道肃政廉访司，监治武昌、岳州、常德、兴国、靖州等路，为江南十道监司之一。

江南湖北道提刑按察司 官署名。元朝地方监察机构，设于世祖至元十四年（1277），置司武昌路（今湖北武汉），监治武昌、岳州等路。二十五年，

两府、节度、观察判官，一选；掌书记、支使、防御、团练判官，二选；进士、制举，三选；九经，四选；五经、三礼、三传、三史、明法，五选；中州录事参军、中县令，六选；下县令、学究，七选；上县簿、尉，八选；中县簿、尉，九选；下县簿、尉，十选。神宗时，废守选法，进士、选人守选者，皆须考试刑法，通者放选注官。

守闾者　官名。掌闾门开闭的小吏。《墨子·公输》："子墨子归，过宋，天雨，庇其闾中，守闾者不内也。"孙诒让注："《管子·立传》云：'置闾有司以时开闭。'《周礼·乡大夫》云：'国有大故，则令民各守其闾，以待政令。'时楚将伐宋，宋已闻之，故墨子归，过宋，守闾者恐其为间谍，不听入也。"

守宫　官名。西周置。掌守卫王宫。陈梦家《西周铜器断代》："守宫可能是世袭的官名。"

守宫令　官名。东汉隶少府，掌管御用文具，尚书台财物、封泥等。有丞一员。秩六百石。灵帝时曾令其监修渠道。原任用士人，桓帝永寿三年（157）初以小黄门为之，东汉末仍用士人。晋、南朝改隶光禄勋（光禄卿）。北齐为光禄寺守宫署长官，掌宫殿铺设用品。隋朝沿置，改隶卫尉寺，置二员，从八品上。唐、五代置一员，正八品下。

守宫丞　官名。东汉魏晋南北朝为守宫令副贰，北齐、隋、唐为守宫署次官。唐朝正九品下。

守宫署　官署名。北齐隶光禄寺，掌供设宫廷铺陈张设之物，设令、丞各一员。隋、唐、五代改隶卫尉寺，掌祭祀、巡幸、朝会、王公婚礼之帐幕床席供设。隋朝置令二员，唐朝置令一员、丞二员。又有监事、掌设、幕士等员。

守宫署令　官名。即守宫令。

守宫署丞　官名。即守宫丞。

守将　春秋时称守官任职的军队主帅。《孙子·用间》："凡军之所欲击，城之所欲攻，人之所欲杀，必先知其守将左右谒者门者舍人之姓名。"张预注："守将，守官任职之将也。"

守捉使　官名。唐初于边要之地置军屯防，大者设军，小者设守捉、城、镇，而总领于道。守捉置使以领其属。安史之乱起，诸郡当冲者皆置防御守捉使。肃宗乾元元年（758）置团练守捉使、都团练守捉使。其后，刺史皆得兼团练守捉使，代宗大历十二年（777）罢天下州团练守捉使名。

守倅　知州与通判合称。

守旅　官名。崇祯十七年（1644）三月，李自成农民军进入北京后改守备而置。职掌仍因袭明朝旧制。

守宰　地方官别称，多称郡守。《后汉书·朱浮传》："间者守宰数见换易，迎新相代，疲劳道路。"

守祧　官名。《周礼》春官之属，一说为周朝置，宦官，掌守护先王先公的庙祧。《周礼·春官》："守祧，奄八人，女祧每庙二人，奚四人"，"掌守先王先公之庙祧，其遗衣服藏焉。若将祭祀，则各以其服授尸。其庙则有司修除之，其祧则守祧黝垩之。既祭，则藏其隋与其服"。

守陵上士　官名。西魏恭帝三年（556）置，北周沿置。春官府夏采下大夫属官，每陵员一人，掌所在皇帝陵墓的守卫、清扫、修缮等事务，下设守陵中士以佐其职。正三命。隋文帝开皇元年（581）罢。

守陵中士　官名。西魏、北周春官府夏采下大夫守陵上士佐官，正二命。

守啬夫　官名。战国秦置。代理啬夫。《睡虎地秦墓竹简·除吏律》："有兴，除守啬夫，假佐居守者，上造以上不以令，赀二甲。"

守御千户所　明朝卫所制度中的一种特种编制。不隶卫，直属都指挥使司。设官与一般千户所同，正千户一人，正五品，副千户二人，从五品，镇抚二人，从六品。下辖十百户所。

守道　官名。又称分守道，明清道员之一，主掌钱谷之事。如再兼某衔者，则更兼管其事。明朝永乐（1403—1424）年间，常派方面官巡视民瘼，遂定布政司之右参政、右参议分守各属府州县。共设六十道。两京不设布政司，守道无所属，则寄衔于邻近省之布政司。清顺治（1644—1661）中沿设，前后共二十人，除数省不设外，设者多则三人，少则一人。各道员或通辖全省，或分辖三四府州，皆因事设官，裁设衔额无定，带原品衔充任。十六年定各道均兼布政使司衔。乾隆十八年（1753）裁参政、参议等衔，定为正四品官。守道由此从临时性之差使，转为实官。嘉庆四年（1799）准其密折奏事，加之兼衔者多，事权益重，渐与布、按二司并论。所属有库大使、仓大使、典吏、攒典等员分办事务，皆因地建置，不备设。宣统三年（1911），清亡遂废。

守嗣大夫　爵名。春秋时期世袭的卿大夫爵位。又称承嗣大夫或嗣大夫。《左传·昭公三十一年》："齐豹为卫司寇，守嗣大夫，作而不义，其书为'盗'。"

守阙书令史　官名。宋徽宗大观（1107—1110）中枢密院置，员三人，正九品。

守阙主事　官名。宋朝置，为枢密院属吏，员二人，从八品。

守阙守当官　吏名。北宋前期，中书门下置。神宗元丰（1078—1085）改制后，中书省、门下省各置。位在守当官下。

守阙军将　见"守阙进义副尉"。

守阙进义副尉　宋朝无品武阶官名。徽宗政和二年（1112）重定武阶官名，改守阙军将置，位在进义副尉下、进勇副尉上。

守阙进勇副尉　宋朝无品武阶官名。南宋高宗绍兴五年（1135）改效用公据置，位摄进勇副尉下、守阙进武副尉上。

守阙听候使唤 宋朝无品武阶官名。南宋置，为效用十资第五资，月给钱四千五百，米一石二斗，春冬衣绢三匹半。

守阙听候差使 宋朝无品武阶官名。南宋置，为效用十资第七资，月给钱四千五百，米一石六斗八升，春冬衣绢五匹。

守阙都教练使 见“使院牙职”。

守阙效士 宋朝无品武阶官名。南宋置，为效用十资第三资，月给钱三千，米一石五升，春冬衣绢各二匹。

守阙准备使唤 宋朝无品武阶官名。南宋置，为效用十资第九资，月给钱五千，米六石八升，春冬衣绢五匹。

守阙教练使 见“使院牙职”。

守阙毅士 宋朝无品武阶官名。南宋置，为效用十资第一资，月给钱三千，米一石五升，春冬衣绢各二匹。

守旗 官名。明崇祯十七年（1644）三月，李自成农民军进入北京，改明军把总而置。职掌仍因袭明朝旧制。

守藏史 官名。周朝置。一说商已置。史官，掌藏国家图籍。《史记·老子韩非列传》：“老子者……周守藏室之史也。”司马贞《索隐》：“守藏史，周藏书室之史也。”王谟辑《世本》宋衷注：“彭祖姓篯名铿，在商为守藏史，在周为柱下史。”

安 太平天国后期在“王”下陆续增设的“六等爵”之一。由“安王”演变而成。1856年，杨韦事件后，翼王石达开入京辅政，天王洪秀全封其长兄洪仁发为安王，以挟制石达开。后因翼王出走及朝臣反对，改为“天安”，始有是爵。位在义爵下，属六等爵之第二等。系衔加“天”字，又别冠一字以资区别，如“凝天安”、“苇天安”等。初设时与义爵尚为崇高爵位，后因封赏过滥，位渐卑下。又，太平天国对妇女亦有六爵，其第二等称“女贞安”。参见“六等爵”。

安人 命妇名号。宋徽宗政和二年（1112），定以封朝奉郎以上至朝散大夫之妻。明朝亦置，封六品官员之妻。其因子孙得封者称太安人。清朝亦为六品官之妻室的封号。

安世侯 官名。汉朝时西域尉犁等国置，员一人。

安东大将军 官名。三国魏元帝咸熙（264—265）初，司马骏自安东将军转此，镇许昌。职掌同安东将军，唯资深者得任之。二品。历朝皆不常置。晋朝二品，禄赐与特进同。南朝宋二品，梁、陈较安东将军进一阶。北魏孝文帝太和十七年（493）定为二品上。

安东中郎将 官名。三国吴置。领兵征伐。孙桓自武卫都尉迁此。

安东将军 官名。东汉献帝时，曾加徐州牧陶谦为之。为出镇某一地区的军事长官，或作为州刺史兼理军务的加官。魏晋以后与安南、安北、安西将军合称为四安将军。南朝梁、陈时加安前、安后、安左、安右将军，合称八安将军。三国魏、晋、南朝宋皆三品。南朝梁武帝天监七年（508）定为武职二十四班中的二十一班，为重号将军；普通六年（525）改为武职三十四班中的三十一班。陈拟三品，比秩中二千石。北魏孝文帝太和十七年（493）定为二品下，二十三年复次职令，降为三品，北齐为褒赏军功勋臣的闲职，三品。

安右将军 官名。南朝梁置，为八安将军之一，只授予在京都任职的官员。武帝天监七年（508）定为武职二十四班中的二十一班，为重号将军；大通三年（529）改定官制后，为武职三十四班中的三十一班。陈沿置，拟三品，比秩中二千石。如加为安右大将军，则进一阶。

安左将军 官名。南朝梁置，为八安将军之一，只授予在京都任职的官员。武帝天监七年（508）定为武职二十四班中的二十一班，为重号将军；大通三年（529）改定官制后，为武职三十四班中的三十一班。陈沿置，拟三品，比秩中二千石。如加为安左大将军，则进一阶。

安北大将军 官名。西晋置，安北将军资深者得为此职，职掌同安北将军。二品，禄赐与特进同。十六国汉刘聪时，赵固曾任之，统兵攻晋。历代皆不常置。南朝宋二品，梁、陈皆较安北将军进一阶。北魏孝文帝太和十七年（493）定为二品上。

安北将军 官名。三国魏文帝黄初（220—226）、明帝太和（227—233）中置，与安东、安西、安南将军合称四安将军。为出镇北方某一地区的军事长官，或作为刺史等地方官员兼理军务的加官，权任很重。三国魏、晋、宋皆定为三品。十六国汉、后秦、西秦、南凉亦置。南朝宋三品。梁、陈时加安前、安后、安左、安右将军，合称八安将军。梁武帝天监七年（508）定为武职二十四班中的二十一班，为重号将军；大通三年（529）改为武职三十四班中的三十一班。陈改为拟三品，比秩中二千石。北魏孝文帝太和十七年（493）定为二品下，二十三年复次职令，改为三品，北齐仍三品。

安乐堂 明内府诸堂之一。置掌房官一员，掌司数十员。为宦官养病之所。

安汉公 西汉平帝时王莽封号。王莽于元始元年（后1）正月丙辰拜太傅，赐号安汉公，备四辅官。

安汉将军 官名。东汉献帝建安（196—220）末刘备置，班在军师将军上。三国蜀沿置。南朝梁武帝天监七年（508）定为施用于境外的武职二十四班中的十五班，拟智武将军等号，大通三年（529）定制后，仍拟智武将军等号。

安宁盐课提举司 官署名。明朝置，治所在云南安宁州（今云南安宁县），掌该处食盐生产、税课、运销之政。设提举一人，从五品，同提举一人，从六品，副提举无定员，从七品，及各井盐课司、各盐仓大使、副使等职。

安民厂　官署名。明朝内府厂库之一。天启六年（1626）五月王恭厂灾后，遂建于北京西直门，置官职掌均同于王恭厂。

安民都尉　官名。三国吴置。《三国志·孙綝传》：“（孙）綝父绰为安民都尉。”

安边将军　官名。南朝梁置。武帝天监七年（508）定为施用于境外的武职二十四班中的十九班，拟忠武将军等号，大通三年（529）定制后仍拟忠武将军等号。

安戎护军　官名。高昌国武官。

安西大将军　官名。晋朝置，职掌同安西将军，唯资深者得任之，二品。历朝皆不常置。南朝宋二品，梁、陈皆较安西将军进一阶。北魏孝文帝太和十七年（493）定为二品上。

安西将军　官名。东汉献帝建安十六年（211），曹操讨马超于关中，以曹仁行此职，督诸将拒潼关。魏晋以后，为出镇某一地区的军事长官，或作为刺史等地方官员兼理军务的加官，权任很重。与安东、安南、安北将军合称四安将军，三国魏、晋皆定为三品。十六国后赵、南凉亦置。南朝宋三品。梁、陈时加安前、安后、安左、安右将军，合称八安将军。梁武帝天监七年（508）定为武职二十四班中的二十一班，为重号将军；大通三年（529）改为武职三十四班中的三十一班。陈定为拟三品，比秩中二千石。北魏孝文帝太和十七年（493）定为二品下，二十三年复次职令，改为三品。北齐仍三品。

安夷护军　官名。三国魏置，治美阳（今陕西扶风以东），主降氐事务。西晋改镇安定。皆五品，与郡太守同。

安夷将军　官名。东汉献帝建安（196—220）间曹操置。三国魏沿置，定为三品。南朝梁武帝天监七年（508）定为武职二十四班中的三班，普通六年（525）刊正将军名号时罢。

安后将军　官名。南朝梁置，为八安将军之一，只授予在朝中任职的官员。武帝天监七年（508）定为武职二十四班中的二十一班，为重号将军；大通三年（529）改定官制后，为武职三十四班中的三十一班。陈沿置，拟三品，比秩中二千石。如加为安后大将军，则进一阶。

安众将军　官名。东汉献帝建安（196—220）间曹操置，三国魏沿置，三品。

安军中郎将　官名。三国吴置。为领兵武职。吕据自副军校尉迁此。

安远护军　官名。东晋南朝置。职掌如将军，而位略低。统兵，管理少数民族事务。置于武陵郡，多由武陵内史领之。立府，僚属随府主号轻重而不为定。宋六品，陈拟八品，比秩六百石。若单作此职，则减太守、内史一阶，如其上设有将军，亦减一阶。

安远将军　官名。东汉末始置。多用以封降将或边远地区地方长官。三国魏沿置，三品。十六国前秦、后秦、西秦均置。南朝梁武帝天监七年（508）专授于外藩，位武职十九班。大通三年（529）后曾以此代替贞武将军，与宁远将军同班。陈沿置。北魏亦置。北魏太和十七年（493）定从三品下，二十三年改第四品。隋文帝置为散号将军，正七品上。炀帝大业三年（607）罢。明朝置为武散官，从三品，加授。

安抚大使　使职名。隋文帝仁寿四年（604），以杨素为河北道安抚大使，率兵讨汉王杨谅。唐高宗显庆四年（659），以左骁卫大将军苏定方为之，出师西域。宋高宗建炎四年（1130）定制，诸路帅臣如系二品以上官即为安抚大使，掌一路兵民之政。

安抚司　官署名。北宋置于河北、河东等地，掌北部边境戎机交聘之事。河北沿边安抚司，真宗景德三年（1006）设；河东安抚司，大中祥符元年（1008）设；洮河安抚司，神宗熙宁四年（1071）设。南宋时，诸路也曾设置。设安抚使、安抚大使或主管安抚司公事为长官。辽朝有易州飞狐兵马司，道宗咸雍四年（1068）改易州安抚司，属南面边防官。金朝先置宣抚司，后改安抚司，又置上京、东京等路按察司并安抚司。掌镇抚辖区人民、稽察边防军旅之事，并专管猛安谋克，教习武艺及令保其本土风俗。元初曾于部分地区置，后少数族地区亦设，正三品，设达鲁花赤、安抚使、同知、副使、佥事各一员。明洪武七年（1374）西南地区多归附，沿元制置安抚司，设土官署。凡事皆因其土俗，使之附辑少数民族，谨守疆土，修职贡，供征调。其官员有安抚使、同知、副使、佥事各一人，其属有吏目一人。清朝改置安抚使司。

安抚司同知　官名。元朝地方行政机构安抚司之职官。位安抚使之下，协安抚使掌司事。明清沿元旧称，始作为土官名号之一，武职。系土官官署安抚司之职官。湖广、四川、云南等省设有。正六品。有自己所辖之土兵及地区。世袭，其承袭事隶兵部。

安抚司佥事　官名。元朝地方行政机构安抚司之职官，位副使之下。明清沿元旧称，始作为土官名号之一，武职。系土官官署安抚司之职官。湖广、四川、云南等省设有。正七品。有自己所辖之土兵及地区。世袭，其承袭事隶兵部。

安抚司副使　官名。宋朝安抚司之副职，协掌军务、治安。元朝为地方行政机构安抚司之职官，位同知之下，协掌司事。明清沿元旧称，始作为土官名号之一，武职。系土官官署安抚司之职官。湖广、四川、云南等省设有。从六品。有自己所辖之土兵及地区。世袭，其承袭事隶兵部。

安抚制置大使　官名。南宋高宗绍兴三年（1133）置于江南西路，以赵鼎充任，掌一路行政、军旅之事。属佐有参谋、参议、主管机宜书写文字各一人，干办文字三人，准备将领、差遣、差使各五人。四年，又置于荆湖南路。五年，复置于成都府路。八年，又置于江西。其官署为安抚制置大使司。

安抚制置大使司 官署名。南宋高宗绍兴三年（1133）置于江南西路，以安抚制置大使为长官。四年，又置于荆湖南路。五年，又置于成都府路。八年，复置于江西。掌一路行政、军旅之事。属官有参谋、参议、主管机宜书写文字、干办文字、干办公事、准备将领、准备差遣、准备差使等。

安抚制置使 官名。南宋高宗建炎三年（1129）始置于浙西，不久诸州守臣亦加此衔，且许便宜行事。绍兴四年（1134）又置于江西。与安抚制置大使行移文字，许用公牒。属官有参谋、参议、主管机宜书写文字等。其官署为安抚制置使司。

安抚制置使司 官署名。南宋高宗建炎三年（1129）始置于浙西，后诸州亦置。设安抚制置使为长官，掌一路或一州行政、军旅之事。行移文字与安抚制置大使司，许用公牒。属官有参谋、参议、主管机宜书写文字，准备将领、差遣、差使等。

安抚使 官名。隋文帝开皇九年（589）遣柱国韦洸安抚岭外，仁寿四年（604）又以杨素为河北道安抚大使，皆为行军主帅之兼职。唐太宗贞观（627—649）初遣大使十三人巡省天下诸州水旱，有安抚、巡察、存抚等名，后或以节度使兼任，德宗贞元（785—805）时又加置副使。宋真宗咸平二年（999）复置于西川及陕西，以两制为之。景德三年（1006）又置于河北沿边，以雄州守臣兼任。后陕西沿边诸州亦置。仁宗庆历二年（1042）湖南置一人，八年河北四路各置一人。徽宗崇宁二年（1103）河南置一人。掌总护诸将，统制军旅，察治奸宄，肃清一道，总兵民之政，听狱讼、颁禁令、定赏罚，稽钱谷、甲械出纳之籍。若事难专决，则具可否禀奏；机速边防及士卒抵罪之事，则许便宜裁断。南宋高宗建炎元年（1127）置于沿河、沿淮、沿江处，兼马步军都总管，以文臣充任。四年罢，改置镇抚使。后复置，罢镇抚使。辽朝于易州置，又有九水诸夷安抚使，掌巡查边境，招抚降叛等事。金朝置为安抚司长官，从一品。元朝沿置，位在达鲁花赤下。明朝置为土官，即西南少数民族地区所设安抚司长官，从五品，由当地少数民族首领充任，掌守疆土、修职贡。清沿置，为从五品土官，许世代承袭为安抚使司长官，掌辖区政务及土兵之事，受地方督抚节制。

安抚使司 官署名。辽朝南面边防官有易州飞狐招安使司，圣宗统和二十三年（1005）改安抚使司。清朝于云南、四川、湖广等地设为土官衙署，属武职从五品衙门，以少数民族首领任安抚使，管理辖区政务及土兵之事，受地方督抚节制。雍正（1723—1735）间，湖南所属各司悉改为流官。

安抚都监 官名。宋真宗景德三年（1006）置于河北沿边安抚司，以诸司副使充任，掌巡所部，兼提点本司所辖诸州军榷场。后不常置。

安抚副使 官名。唐德宗贞元（785—805）时始置，为安抚使副贰。宋朝诸路有灾伤，朝廷例遣官安抚，时或特命安抚副使，以诸司副使以上充任。金朝置为安抚司副长官，正三品。明朝置为安抚司土官，由少数民族首领充任，从六品，位在安抚使、安抚同知之下。

安沙将军 官名。南朝梁置。武帝天监七年（508）定为施用于境外的武职二十四班中的十八班，拟武臣将军等号。天监十年，占据仇池的杨孟孙卒，武帝诏赠其此职、北雍州刺史。大通三年（529）定制后，仍拟武臣将军等号。

安陇将军 官名。南朝梁置。武帝天监七年（508）定为施用于境外的武职二十四班中的十三班，拟宁远将军等号，大通三年（529）定制后，仍拟宁远将军等号。

安国侯 官名。汉朝时西域龟兹等国置，员一人。

安和署 官署名。元朝置，秩从五品，隶礼部仪凤司，设于世祖至元十三年（1276），掌乐工调音律及部籍更番事。置署令、丞、管勾各二员。

安南大将军 官名。西晋置，安南将军资深者得为此职，职掌同安南将军。二品，禄赐与“特进”同。历代皆不常置。南朝宋二品，梁、陈时皆较安南将军进一阶。北魏孝文帝太和十七年（493）定为二品上，北魏时还曾任仇池氐杨集始为此职。

安南将军 官名。东汉初置，岑彭曾任此职。三国魏、蜀、吴沿置。为出镇南方地区的军事长官，或作为刺史等地方官员兼理军务的加官。魏晋以后，与安东、安西、安北将军合称四安将军。魏、晋、南朝宋皆定为三品。南朝梁、陈时加安前、安后、安左、安右将军，合称八安将军。梁武帝天监七年（508）定为武职二十四班中的二十一班，为重号将军；大通三年（529）改为武职三十四班中的三十一班。陈为拟三品，比秩中二千石。北魏孝文帝太和十七年（493）定为二品下，二十三年复次职令，降为三品，北齐仍三品。

安南校尉 官名。三国吴置。领兵。孙权赤乌十一年（248），陆胤以交州刺史领此，平定交趾、九真之乱。

安前将军 官名。南朝梁置，为八安将军之一，只授予在朝中任职的官员。武帝天监七年（508）定为武职二十四班中的二十一班，为重号将军；大通三年（529）改定官制后，为武职三十四班中的三十一班。陈沿置，拟三品，比秩中二千石。如加为安前大将军，则进一阶。

安垒将军 官名。南朝梁置，武帝天监七年（508）定为武职二十四班中的十班，大通三年（529）定制后班阶稍降，为武职三十四班中的十一班。陈沿置，改为拟七品，比秩六百石。

安朔将军 官名。南朝梁置。武帝天监七年（508）定为施用于境外的武职二十四班中的八班，大通三年（529）定制后拟骁雄将军等号。

安蛮校尉 官名。南朝宋置。南平王刘铄以豫州刺史领此，掌南北交界地区的少数民族事务。立府，设置僚佐。

安辑户口使　使职名，亦称户口使。唐玄宗开元十二年（724）置，以宇文融除御史中丞充诸色安辑户口使，括得客户八十余万，征籍外田税钱数百万，朝廷多异议。天宝四载（745）以户部郎中王鉷加勾当户口色役使。

安置　官制用语。宋朝对犯罪官员的一种处分。即指定地区居住，并在一定程度上限制其行动。其处分轻于编管而重于居住。

安徽司　即安徽清吏司。

安徽司员外郎　即安徽清吏司员外郎。

安徽司郎中　即安徽清吏司郎中。

安徽清吏司　官署名。清朝刑部所属十八清吏司之一，简称安徽司。雍正十二年（1734），分江南清吏司设。掌核安徽刑名，兼办镶红旗、宣武门文移。设郎中，满、汉各一人；员外郎，满、汉各一人；主事，满、汉各一人；经承二人。光绪三十二年（1906），刑部改为法部，遂裁。

安徽清吏司员外郎　官名。清朝刑部所属安徽清吏司副长官。简称安徽司员外郎。雍正十二年（1734）设。满、汉各一人，从五品。佐郎中掌司事。光绪三十二年（1906），刑部改为法部，遂裁。

安徽清吏司郎中　官名。清朝刑部所属安徽清吏司长官。简称安徽司郎中。雍正十二年（1734）设。满、汉各一人，正五品。掌司事。光绪三十二年（1906），刑部改为法部，遂裁。

字寄　清朝寄信（廷寄）的一种形式。详见“廷寄”。

并州六府　官署合称。即北周设于并州（今山西太原）的天官、地官、春官、夏官、秋官、冬官六府。武帝建德六年（577）二月，于并州置宫及六府官，但仅置司会等主要官员，同年十二月，罢并州宫及六府。

并州司会　官名。北周置。武帝平齐后，于建德六年（577）二月在并州置宫及六府官，此为六府主要官员，柳带韦以此兼并州总管府长史，实际主持并州的军政事务。建德六年十二月戊辰，废并州宫及六府，罢。参见“司会中大夫”。

并州尚书省　官署名。北齐置于晋阳。北齐都邺，但高氏父子在东魏时即长期居住晋阳，遥控朝政。北齐历代皇帝也常驻晋阳，故设，简称并省。设录尚书事，尚书令，左、右仆射及各部尚书，主持并州及其周围地区的事务。当皇帝驻晋阳时，可在一定程度上代行京师尚书省职权。由宗室或亲信重臣出任录尚书事及尚书令，主持省务。其各级官员，与京师尚书省同职官员地位相似，而班次略低。

并省　并州尚书省的简称。

并省三公郎中　官名。北齐置。掌并州尚书省三公曹事务。其职掌与三公郎中略同。

并省比部郎中　官名。北齐置。掌并州尚书省比部曹事务，属并省都官尚书。《北齐书·羊烈传》：“天保（550—559）初，授太子步兵校尉、轻车将军，寻迁并省比部郎中。”其职掌与比部郎中略同。

并省五兵尚书　官名。北齐置，掌并州尚书省五兵曹事务。《北齐书·皮景和传》：“又除并省五兵尚书，天统元年（565），迁殿中尚书。”其职掌与五兵尚书略同。

并省右民郎　官名。北齐置，掌并州尚书省右民曹事务，属并省度支尚书。其职掌与右民郎略同。

并省吏部尚书　官名。北齐置。掌并州尚书省吏部曹事务。《北齐书·后主纪》：“以并省吏部尚书高元海为尚书右仆射。”其职掌与吏部尚书略同。

并省吏部郎中　官名。北齐置。掌并州尚书省吏部曹事务，属并省吏部尚书。《北齐书·封隆之传》：“天统三年（567），（封孝琰）除并省吏部郎中，南阳王友，赴晋阳典机密。”其职掌与吏部郎中略同。

并省尚书　北齐并州尚书省属官。《北齐书·张保洛传》：“康德，代人也。历数州刺史，并省尚书，封新蔡郡王。”

并省尚书右仆射　官名。北齐置。佐并省尚书令及左仆射管理并州尚书省事务。地位略低于京师尚书右仆射。其职掌与尚书右仆射略同。

并省尚书左仆射　官名。北齐置。佐并省尚书令管理并州尚书省事务。地位略低于京师尚书左仆射。其职掌与尚书左仆射略同。

并省尚书令　官名。北齐置。主管设在晋阳的并州尚书省事务。其职掌与尚书令略同。

并省录尚书事　官名。北齐置。总管设在晋阳的并州尚书省事务。《北齐书·高祖十一王传》：“自孝昭、武成时，车驾还邺，常令（高）湝镇晋阳，总并省事，历司徒、太尉、并省录尚书事。”其职掌与录尚书事略同。

并省度支尚书　官名。北齐置。掌并州尚书省度支曹事务。《北齐书·崔劼传》：“（崔劼）迁并省度支尚书，俄授京省，寻转五兵尚书。”其职掌与度支尚书略同。

并省都官尚书　官名。北齐置。掌并州尚书省都官曹事务。《北齐书·李稚廉传》：“（稚廉）为南青州刺史，未几，征为并省都官尚书。”其职掌与都官尚书略同。

并选　清朝吏部之铨选制度。乃月选班秩之一。指外官俸满并入京官班内或他官班内升转铨补之法。外任降革起用之员并入单月开复应补班，统较奉旨日期选用，如指补之官与所降之级相同，即并入降补班选用。

关　❶地方要塞。先秦至清，历代在地形重要处建筑关塞，驻军防卫，设关尹、关令、关吏、关丞、关使、巡检司等官，稽查监控人员、物资流动及征税。秦汉、北齐于险要关塞置关都尉、关尉等军职。隋唐设令、丞为正、副长官。明清又设有钞关、海关等。分见各条。❷官府文书。唐朝尚书省诸司相质之文书的一种。宋朝中书、枢密院之间以及同一长官统摄下的各机构间往来之文书，称为关。后代沿之，清称关文。

关人 官名。春秋战国置。掌守边境关卡，负责通报宾客来访的小吏。《仪礼·聘礼》："乃谒关人。关人问从者几人，以介对。"

关中护军 官名。东汉献帝建安（196—220）中曹操置，统率关中所驻诸将之兵。《三国志·赵俨传》："（俨）迁扶风太守，太祖徙出故韩遂、马超等兵五千余人，使平难将军殷署等督领，以俨为关中护军，尽统诸军。"

关中侯 爵名。东汉末曹操置，以赏军功，位在名号侯下，不食租。三国魏、晋朝、南朝、北魏初俱置。陈九品，秩视六百石。

关内侯 ❶诸侯分封大臣的称号，若附庸。春秋战国始有。❷爵名。战国秦置。为二十等爵第十九级，位在彻（通）侯之下。秦汉沿置。因秦都咸阳，以关内为王畿，故名。但有侯号，居京师；无封土，依封户多少享有征收租税之权。建安二十年（215），曹操始置名号侯，至五大夫，与旧列侯、关内侯凡六等，以赏军功。三国魏文帝定爵制，为第十等，位在亭侯下。仅为爵位的一种品级，多系虚封，无食邑，以赏军功。晋、十六国之后赵、前秦、后秦、南凉、前燕皆置。其中南凉以二千石长吏清高有惠化者封之。南朝宋制，关内侯官六品。北朝北魏亦设。

关内领侯将 官名。十六国后赵石虎置。《晋书·苻洪载记》："（洪）累有战功，封西平郡公，其部下赐爵关内侯者二千余人，以洪为关内领侯将。"

关升 官制用语。宋朝官员升迁方法之一。京朝官、选人、大小使臣关申吏部四选，按一定的年龄、出身、考数、任数、举主员数，升迁相应资序或差遣，称为关升。

关文 文书名。平行文。始于唐，尚书省诸司之间有所质询时使用。后代沿之。清朝府、州、县长官行文该管之佐贰官，两司首领行文厅、州、县均用之。

关引科 清朝兵部职方清吏司所属之办事机构。额设经承一人。

关尹 官名。周朝置。掌管边境关卡的官长。《国语·周语中》："敌国宾至，关尹以告。"《吕氏春秋·不二》："关尹贵清。"高诱注："关尹，关正也。"

关外侯 爵名。东汉末曹操置，以赏军功，位在关中侯下，不食租。三国魏、晋朝、南朝均置。陈九品，秩视六百石。

关令 官名。关之长官，周朝又称关令尹或关尹。《史记·老子韩非列传》："（老子）至关，关令尹喜曰：'子将隐矣，强为我著书。'"隋唐五代于山林河口要道皆置，掌稽察行人车马出入、核验其过所（通行证），禁察奸匿、游惰等。唐朝有二十六关，分上、中、下三等。京城四面有驿道者为上关，无驿道者为中关，余为下关。各有令一人，阶从八品下至从九品下不等。

关市 ❶官署名。掌关与市税收事务的衙署。《韩非子·内储说上》："卫嗣公使人为客过关市，关市苛难之，因事关市，以金与关吏，乃舍之。"❷官名。战国秦置。《睡虎地秦墓竹简·关市》："为作务及官府市，受钱必辄入其钱缿中，令市者见其入，不从令者赀一甲。关市。"《通鉴·周纪四》胡注认为，关市即《周礼》之"司关"、"司市"，"战国之时合为一官"。

关吏 官名。❶春秋战国置。关市之吏，掌工商税收。《韩非子·内储说上》："卫嗣公使人为客过关市，关市苛难之，因事关市，以金与关吏，乃舍之。"陈奇猷《集释》："关吏，关市之属吏也。"❷守关之吏。《汉书·武帝纪》："徙弘农都尉治武关，税出入者以给关吏卒食。"又《终军传》："步入关，关吏予军繻。"

关防 明清印信之一。形制长方，阔边朱文。明洪武（1368—1398）年间创制。朱元璋为防止群臣预印空白证明，改用半印，以便拼合验对。取"关防严密"之意，故名。清朝部分官员用印，而临时性机构或办理财经、工程事务之机关多用关防，如各省总督、巡抚、仓场、河道、漕运总督、钦差出使各国大臣及各仓监督、各关监督、各省守巡道，各省织造等官。印用朱红印泥，关防用紫红色水，故有"紫花大印"之称。

关防衙门 官署名。参见"掌关防处"。

关丞 官名。隋、唐、五代关津次官，隋朝上关所置正九品、中关从九品上。唐朝上关置二员，正九品下；中关置一员，从九品下，掌付事、勾稽、监印、省署钞目，通判关事。

关尚书八条事 参领尚书省政务的一种名义。《梁书·沈约传》："领太子詹事，扬州大中正，关尚书八条事，迁尚书令。"据《宋书·百官上》，两晋常置数人共录尚书事，称参录或录六条事，谓其各掌一部分政务；又有关尚书七条、参关尚书等名义。参见"录尚书事"。

关使 官名。金朝设在关口之处。掌关禁、稽察奸伪及守护关口，秩正七品或从七品。属官有讥察官（或由关使兼）、副讥察及司吏等。

关试 贡举考试名。宋朝凡举人殿试登科，交纳敕牒所用朱、胶、绫纸成本费，由礼部贡院关送吏部南曹，试判三道，称为关试。

关都尉 官名。秦置。入汉因之。函谷关、武关、玉门关、阳关皆置。掌守卫关隘，稽察行人，征收关税。其中函谷关尤为重要。西汉文献凡称关都尉而不冠地名者，皆指函谷关都尉。当时重视关都尉人选，或以才能，或以大臣子弟、皇帝亲信为之。东汉初沿置，建武六年（后30）省，十九年复置。至灵帝中平元年（184）黄巾起义，自函谷、大谷、广城、伊阙、轘、旋门、孟津、小平津八关并置都尉，称八关都尉。

关尉　官名。北齐置于诸关，掌关隘守卫，控制人员进出，属护军府。从九品上。

羊人　官名。《周礼》夏官之属，一说为周朝置。掌祭祀用羊牲的宰杀烹调。《周礼·夏官》："羊人，下士二人，史一人，贾二人，徒八人"，"掌羊牲，凡祭祀，饰羔，祭祀，割羊牲，登其首。凡祈珥，共其羊牲。宾客，共其法羊。凡沈辜、侯禳、衅、积，共其羊牲。若牧人无牲，则受布于司马，使其贾买牲而共之"。

羊牧丞　官名。西晋置，隶典牧令。东晋省。

羊真　官称。北魏置。《南齐书·魏虏传》："三公贵人，通谓之羊真。"此系南朝人对北魏鲜卑语官名的音译。

兴中州等处油户提领所　官署名。元朝置，秩从九品。设于世祖至元二十九年（1292）。掌岁办油十万斤以供内庖，隶大司农司供膳司。置提领、大使、副使各一员。

兴文署　官署名。元朝集贤院置，掌提调国子生饮膳与有关文牍簿书之事。秩从六品。设令一人，以翰林修撰兼；丞一人，以翰林应奉兼。

兴业将军　官名。东汉献帝建安（196—220）间刘备置，三国蜀沿之。王连自司盐校尉迁蜀郡太守、此职，仍领盐府。

兴业都尉　官名。三国吴置，领兵。《三国志·周瑜传》："（周胤）初拜兴业都尉，妻以宗女，授兵千人，屯公安。"

兴宁苑　官署名。明永乐五年（1407）置，为北京苑马寺六监二十四苑之一，隶通州监。设圉长一人，从九品，下分各群，设群长，掌牧养马匹，以备军需。十八年革苑马寺，改隶太仆寺。

兴圣宫　宫帐名。辽圣宗所建，又称女古斡鲁朵。契丹语称金为女古，宫帐为斡鲁朵。圣宗即位，以国阿辇、耶鲁盌、蒲速盌三宫帐户置，其宫帐在女混活直，陵寝在庆州西南。有州五：庆、隰、乌（上京）、乌（东京）、霸；石烈四：毫兀真女姑、拏兀真女室、女特里特、女古滂；瓦里六：女古、蒲速盌、鹘笃、乙抵、翕、埃也；抹里九：乙辛不只、铁乖温、埃合里只、嘲瑰、合鲁山血古只、夺忒排登血古只、劳骨、虚沙、土邻；闸撒五：达邻频你、和里懒你、爪阿不厥真、粘独里僧、袍达夫人厥只；提辖司四：南京、西京、奉圣州、平州。有正户一万、蕃汉转户二万，正丁二万、蕃汉转丁二万、骑军一万。

兴圣宫马群司　官署名。辽朝北面官，掌兴圣宫马群饲养蕃息等事。置侍中、敞史等职。

兴圣宫汉人行宫都部署司　即兴圣宫南面行宫都部署司。

兴圣宫使　官名。辽朝北面官，兴圣宫长官，统领兴圣宫军民之政。下设副使、太师、太保、侍中等职。

兴圣宫南面行宫都部署司　官署名。辽朝南面官，掌兴圣宫汉人军民之政。亦称兴圣宫汉人行宫都部署司。置都部署、副都部署、同知等职。

兴圣宫都部署司　官署名。辽朝北面官，掌兴圣宫契丹军民之政。置都部署、副部署、判官等职。

兴圣宫提辖司　官署名。辽朝北面官，统领兴圣宫所属丁户。兴圣宫共有南京、西京、奉圣州、平州四处提辖司。

兴庆尹　参见"开封府"。

兴都留守司　官署名。明嘉靖十八年（1539）于兴都置。兴都即湖北承天（今钟祥等七县），为明世宗父兴献王封国及陵寝显陵所在地。设留守一人，副留守一人，指挥同知二人。其属经历司，设经历、都事各一人；断事司，设断事、副断事、吏目各一人。掌兴都守御防护之事，统显陵、承天二卫，护卫显陵。

米仓下士　官名。西魏、北周地官府司仓下大夫米仓中士佐官，正一命。

米仓中士　官名。西魏恭帝三年（556）置，北周沿置，地官府司仓下大夫属官，掌管米的收藏与保存，正二命。下设米仓下士以佐其职。隋文帝开皇元年（581）罢。

米盐库　官署名。明代内府贮库之一。收存米、盐等厨膳物品，属内官监，设宦官进行管理。

讲书　官名。宋英宗治平元年（1064）置，属亲王府，掌教授皇族子弟。凡皇族年三十五或年十五以上及一百一十三人之王府，置四员。南宋高宗绍兴十二年（1142），改为王府教授。

讲书祭酒　官名。新莽始建国三年（后11）置，为六经祭酒之一，秩上卿，以唐昌为之。

讲议司　官署名。北宋徽宗崇宁元年（1102）置，隶尚书都省，负责讨论宗室、冗官、国用、商旅、盐铁、赋调等问题，以宰相蔡京提举，下设参详官、检讨官。同时，枢密院亦置，讨论武备之事，以知枢密院为提举。三年，皆罢。宣和六年（1124）又置，仍命蔡京兼领其事。

讲议所　官署名。金哀宗于汴京置，受陈言文字，以御史大夫纳合宁、左司都事元好问、大理卿纳合德辉等十七人总其事，以备咨询。

讲议钱谷官　官名。金朝置，商讨钱钞、田赋、税粮等事。章宗承安（1196—1200）初，始置十人。

讲官　明清指经筵讲官、日讲官等，即为皇帝进讲经史之官员。参见"经筵讲官"、"日讲官"。

讲学　官立学校。北魏孝文帝时西兖州刺史高佑仿郡国太学，于所属县立之。

讲学大夫　官名。新莽置。时有讲学大夫衡咸。

讲郎　官名。东汉章帝置，讲授经籍。《后汉书·儒林列传》：建初（76—84）中，"又诏高才生受《古文尚书》、《毛诗》、《穀梁》、《左氏春秋》，虽不立官学，然皆擢高第为讲郎，给事近署，所以网罗遗逸，博存众家"。

讲经 分见“右讲经”、“左讲经”。

讶士 官名。《周礼》秋官之属，一说为周朝置。掌理四方诸侯狱讼，兼掌迎送宾客。《周礼·秋官》：“讶士，中士八人，府四人，史八人，胥八人，徒八十人”，“掌四方之狱讼，谕罪刑于邦国。凡四方之有治于士者造焉。四方有乱狱，则往而成之。邦有宾客，则与行人送逆之。入于国，则为之前驱而辟。野，亦如之。居馆，则帅其属而为之蹕。诛戮暴客者。客出入，则道之，有治，则赞之。凡邦之大事聚众庶，则读其誓禁”。

讷克布伯克 官名。清朝新疆回部官员之一。掌理匠役营建之事。喀尔噶尔、叶尔羌各设一人，正五品；阿克苏、库车等地设六人，秩七品。

论茝 官名。吐蕃官，即大相，置一人，亦号大论。

论茝扈莽 官名。吐蕃官，即副相，置一人，亦号小论。

论莽热 官名。吐蕃官，即内大相。

设 官名。突厥别部典兵者。《新唐书·太宗诸子常山王承乾传》：“又好突厥言及所服”，“曰：‘使我有天下，将数万骑到金城，然后解发，委身思摩，当一设，顾不快邪！’”

设案 官署名。北宋前期置，属三司盐铁，掌甸设、节料、斋钱、餐钱、羊豕、米面、薪炭、陶器等物。神宗元丰（1078—1085）改制，随三司废。

访问 官名。魏晋南北朝时中正的属官，根据乡里的评论写出对本地士族的“品”、“状”，再由中正裁定。还负责管理记载品、状的黄纸。

访单 官吏考核文书。明朝考察、检选官吏时使用。由吏部密托吏科都给事中及河南道掌道御史共分咨访，填写人匿其名。隆庆（1567—1572）后改称动册。

军门 明朝为总督、巡抚之代称。清朝为提督或总兵加提督衔者之尊称。

军卫 担任警卫的武臣。《左传·宣公十二年》：“且虽诸侯相见，军卫不彻，警也。”

军中典官 太平天国军中给事官员之统称。攻克永安（今广西蒙山）前后设。前、后、左、右、中五方位军每军设三十五人，职同监军。名称以职守不同各异。如负责文书者，有宣诏书，主全军册籍；疏附，主递文书。负责后勤供应者，有典圣库、典买办、典圣粮、典油盐。负责生产制造者，有典旗帜、典炮、典钻码、典红粉（火药）、典硝、典铁匠、典木匠、典竹匠、典绳索。主司法者，有巡查、典刑罚、典罪囚（司牢狱）。主医药者，有掌医（外科）、内医（内科）、拯危急（军中救急药官）、理能人（主病伤号管理）、功臣（主药）。

军中候 官名。同“候”，战国赵国置。军队中负责侦察敌情的小吏。《史记·廉颇蔺相如列传》：“军中候有一人言急救武安，赵奢立斩之。”

军从事 官名。东汉末凉州置为属吏。灵帝末期，氐羌起事，州郡募发民有勇力者欲讨之，署马腾为此职。典领州郡募兵。后以功拜军司马。

军计司 官署名。清末陆军部所属机构。光绪三十二年（1906），由兵部职方司、练兵处考功科归并设立。掌陆军官佐之补官任职，八旗、绿营员弁之叙功、议过等项事宜。辖考绩、策勋、恤赏、议罚四科。置司长一人掌司事，下设承发官一人，科长四人，科员十人，录事十二人，分司各职。宣统二年（1910），并入军衡司。

军计司司长 官名。清末陆军部军计司之长官。光绪三十二年（1906）设，掌军计司事。宣统二年（1910），以军计司并入军衡司，遂废。

军功 官制用语。❶战国以来，历代封爵、赏赐、升迁，都有以征战功劳为依据之制度。如秦汉的二十等爵、军功爵，后世的勋官、名号将军等。❷唐宋武官出身之一。凡士卒在战斗中亲冒矢石、斩获敌首、身受重伤、退敌解围及运粮守城、进筑把隘等，有功而授官职者，称军功出身。清代以军功得官者，亦称军功出身。

军功曹 官名。石勒为十六国汉安东大将军时置，掌参议军政大事。《晋书·石勒载记上》：“乃引张宾为谋主，始署军功曹。”

军正 官名。❶军中司法官，春秋置。《史记·司马穰苴列传》：“召军正问曰：‘军法期而后至者云何？’对曰：‘当斩。’”两汉三国军中多置。《汉书·胡建传》颜师古注：“南北军各有正，正又置丞。”时监军御史穿北军垒垣以为贾区，军正丞胡建据军法诛之，表奏其罪，引《军法》曰：“正亡属将军，将军有罪以闻。”有时亦单独统军征战。北周为军正中大夫、军正下大夫简称。❷新莽改中尉置，位上卿，为六监之一。参见“中尉”。❸南宋义兵统兵官。高宗时置，以县令充任，掌团集本县义兵。

军正下大夫 官名。北周置。尉迟惇曾任之。一说属夏官府。正四命。

军正中大夫 官名。北周置。《北史·皮景和传》：“（皮信）降周军，授上开府、军正中大夫。”一说属夏官府。多省称为军正。正五命。下设军正下大夫以佐其职。

军正丞 官名。西汉南北军置军正，诸军出征亦置，军正丞当为其副职。

军正将军 官名。十六国前凉置，主管军中法律事务。《晋书·张轨传》：“于是（张重华）以（谢）艾为使持节、都督征讨诸军事、行卫将军，（索）遐为军正将军，率步骑二万距之。”

军帅 官名。太平天国军中及地方之职官。起义之初即设，每军一人。负责平时训练及战时督战。以前、后、左、中、右及一至十九之数编次系衔，如前一军军帅、后六军军帅等。另有职同军帅、恩赏军帅，数不可考。地方则以一万三千一百五十六家为一军，设军帅一人为乡官。未设监军之州县，设总军帅。由地方推选，专司一军民事、赋役和征兵之事，然不如军中位尊。

军乐队官　官名。清末新陆军职官。光绪三十年（1904）定新陆军营制，始置。每镇一人，正五品，正军校充，奏补。掌领镇军乐队事宜。

军乐排长　官名。清末新陆军职官。光绪三十年（1904）定新陆军营制，始置。每镇一人，正六品，副军校充，奏补。掌佐队官管理军乐队。

军主　官名。❶南北朝置，为军的主将，其下设有军副。所统兵力无定员，自数百人至万人以上不等。除统率步兵的军主外，还有马军主、水军主；因任务不同又有帐内军主、游荡军主、伐蛮军主、前军军主、衵山陵军主等名目；以官署名则有台军主、左厢军主等。北齐时宿卫宫禁的诸备身五职中皆置此职，当时除作战、警卫外，亦有掌管营造事务者，则属将作大匠。隋初为三卫府属官，炀帝大业三年（607），改三卫为三侍，遂罢。在南朝无固定品阶，多以将军领之，最高者为三品将军。在北朝地位稍低，在此职之上设有相当于南朝军主的统军，北齐定为从七品，北周定为四命，隋朝为正九品。❷五代及北宋时，军都指挥使的简称。❸三国魏时，为军队主帅的泛称。❹党项熟户族帐百户以上大首领称本族军主，高于指挥使，低于都军主。李继迁、李德明时均设此职。

军市候　官名。三国魏置。军队出征，屯驻一地时，则立军市，与民贸易，以给军需，置此以掌其事。

军头　官名。❶府兵将官。唐高祖武德元年（618）改鹰扬郎将置，正四品下，寻改骠骑将军。参见“骠骑将军”。❷宋朝为低级军职，或代都头、副都头、军使、副兵马使统率所部兵士，非普遍设置。

军头引见司　即御前忠佐军头引见司。

军头司　宋朝御前忠佐军头引见司省称。

军议中郎将　官名。东汉献帝建安（196—220）末刘备置。射援以议曹从事中郎兼此。

军议校尉　官名。东汉献帝建安（196—220）初益州牧刘璋置。掌参议军事。

军议掾　官名。东汉末、三国魏置。为公府僚属，参议军政。

军民千户所　明朝军事编制。洪武二十三年（1390）始置，其设正千户、副千户、镇抚、百户等官，同千户所。

军民府　见“土府”。

军司　官名。西晋因避讳改军师置，东晋、南朝、北魏、北齐沿置。为诸军府主要僚属，佐主帅统带军队，负有匡正监察主帅之责，地位很高，常继任主帅。《晋书·杜预传》：“（羊）祜病，举预自代，因以本官假节行平东将军，领征南军司。及祜卒，拜镇南大将军、都督荆州诸军事。”出征时可给兵。卫瓘为镇西军司，随钟会伐蜀，给兵千人。参见“军师”。

军司大都督　官名。东魏置。《北齐书·高乾传》：“（高昂）复为军司大都督，统七十六都督，与行台侯景治兵于虎牢。”

军司马　官名。❶《周礼·夏官》属官有军司马下大夫四人。西魏末、北周为军司马中大夫、上士、中士、旅下士简称，隶夏官府。掌兵事。❷领兵武官。两汉校尉所领营部，置其官以佐之。不置校尉之部，则置为长官，又置军假司马、假候为副职。秩比千石。魏、晋、南朝亦置。

军司马上士　官名。西魏恭帝三年（556）置，北周沿置。夏官府军司马司次官，佐军司马中大夫掌兵事。正三命。其下设有军司马中士、军司马旅下士。隋文帝开皇元年（581）罢。

军司马中士　官名。西魏恭帝三年（556）置，北周沿置。夏官府军司马中大夫属官，正二命。隋文帝开皇元年（581）罢。职掌参见“军司马上士”。

军司马中大夫　官名。西魏恭帝三年（556）置，北周沿置。夏官府军司马司长官，省称为军司马，掌兵事，职权颇为重要。正五命。下设军司马上士、军司马中士、军司马旅下士以佐其职。北周武帝建德二年（573）省，宣帝即位后，复置。隋文帝开皇元年（581）罢。

军司马旅下士　官名。西魏恭帝三年（556）置，北周沿置。夏官府军司马中大夫属官，正一命。隋文帝开皇元年（581）罢。职掌参见“军司马上士”。

军司空　官名。其职掌有二说。一说主军中狱事。据《汉书·杜延年传》颜师古注引如淳曰：“律，营军司空、军中司空各二人。”一说据《淮南子·兵略训》高诱注，以为主行军工程之官。

军机大臣　官名。清朝军机处之长官。俗称大军机，又称枢臣。正式名称，初为办理军机事，以后分为军机处行走和军机处学习行走二等。嘉庆（1796—1820）中期以后，又分别称军机大臣上行走和军机大臣上学习行走。一般初入值资历较浅者为“学习行走”，资历稍深后则去掉“学习”二字。光绪（1875—1908）末亦有直以“军机大臣”任命者。皆为兼差。由皇帝在满汉大学士、尚书、侍郎、京堂及外任督抚等官员内特简，亦可由军机章京升任。无定员，少时四五人，最多时十一人。例以位高资深之满、汉各一人为领班，称“揆席”。前期，除个别例外，亲王不入军机；咸丰（1851—1861）、同治（1862—1874）以后则屡以亲王入值，任领班军机大臣。负责常日侍直内廷，备顾问，赞理政务。具体职责为每日晋见皇帝，协助处理折奏，参议大政，并承皇帝旨意撰拟谕旨（乾隆中期以后实际由军机章京代拟）；还负责审拟交办的重大案件，稽察各部院衙门汇奏事件，以及奏补重要官缺等事。例兼方略馆总裁和内翻书房管理大臣。宣统三年（1911），成立责任内阁，遂转为总理大臣、协理大臣。

军机大臣上行走　清朝军机大臣的正式名称之一。

见“军机大臣”。

军机大臣上学习行走 官名。清朝军机大臣的正式名称之一。一般任以初入军机处资历较浅者，有见习之意。俟一二年后有一定资历，可由皇帝正式任命为行走，取消“学习”二字。参见“军机大臣”。

军机处 官署名。办理军机处之简称。清朝中期以后辅助皇帝处理政务之机构。初设于雍正七年(1729)，一说八年。时称军机房。十年，始称办理军机处。十三年十月，改设总理事务处。乾隆二年(1737)十一月复故，遂沿置不改。以其成立后，即成为秉承皇帝意旨办理军国大政的实际政务中枢，故又有“枢府”之称。职官有军机大臣和军机章京两种。其职掌为，每日由军机大臣晋见皇帝，讨论大政，秉承皇帝旨意撰拟谕旨，待皇帝阅定后向各部门各地方长官下发。还负责审拟特交案件，稽察各部院衙门汇奏事件，奏补重要官缺等事。军机章京负责缮写、记档和收发文移等具体事务；乾隆(1736—1795)中期以后并代军机大臣撰拟谕旨。此外，方略馆和内翻书房也由军机处管理。宣统三年(1911)，责任内阁成立后遂撤废。

军机处司员上行走 见“军机章京”。

军机处行走 见“军机大臣”。

军机处学习行走 见“军机大臣”。

军机达拉密 满文官名。清朝军机处满、汉军机章京中领班者之称呼。共四人，满、汉各二人。“达拉密”满语“为首”之意。参见“军机章京”。

军机值房 清朝军机处的办公处所。因军机处不是正式官署，故没有衙门，只有数间值房或称直庐，也叫军机堂。位于清宫隆宗门内。军机大臣每天在这里等候皇帝召见和商议政务。军机章京值房在它南面，满、汉章京分左右居之。又圆明园亦有军机值房，在如意门内御河之南，其右为满章京值房，前为汉章京值房，是皇帝驻跸该园时的侍值所在。

军机堂 见“军机值房”。

军机章京 官名。清朝军机处之办事官员。俗称小军机，又称枢曹。其正式名称，早期为军机司员上行走或军机处司员上行走。乾隆四十五年(1780)以后改称章京上行走，因有是称。初无定额，由军机大臣于内阁中书及六部司员内选调兼充。嘉庆四年(1799)以后始定满、汉章京各十六人，各分两班，每班择资深者二人任领班、帮领班。例由内阁、六部及理藩院中书、郎中、员外郎、主事、笔帖式等官内保送，经军机处考取引见后记名，以次传补，仍系兼差。汉章京还可由七品小京官内进士出身者兼充。以后又设有额外汉章京一二员。掌军机处之拟旨、缮写、记档、收发文移各项具体事务；参预军机处承办案件之审理和纂修方略；亦可奉旨到地方查办或处理事务。至光绪三十二年(1906)定汉章京为二十人。

军吏 军队中各级长官的统称，包括军中文职人员。《周礼·夏官·大司马》：“军吏载旗。”郑玄注：“军吏，诸军帅也。”贾公彦疏：“谓从军将至下伍长皆是军吏也。”《汉书·韩信传》：“信谓军吏曰：‘赵已先据便地壁，且彼未见大将旗鼓，未肯击前行，恐吾阻险而还。’”

军师 官名。❶西周至春秋已置，为军中高级参谋幕僚之职。《吕氏春秋·贵因》：“天雨，日夜不休，武王疾行不辍。军师皆谏曰：‘卒病，请休之。’”汉朝如刘秀、隗嚣军中皆设，非常制。东汉末曹操置为丞相府高级幕僚，有中、前、后、左、右军师及军师祭酒等名目，分掌军国选举、刑狱法制、军务等，遂定置，地位在长史之上。三国皆置。魏大司马、大将军、三公、诸征镇将军等府皆置，主管军务，五品。蜀亦属丞相府，有军师祭酒，中、前、后军师等名目，典掌军政，兼负监军之任，位在监军之上。魏延曾以征西大将军兼前军师。吴有军师、副军师、左右军师，不隶相府，地位甚高，或以丞相、左右大司马兼任。西晋避司马师讳，改名军司，诸军府皆置，职掌监军。❷太平天国总理军政之官。位次于天王，职权极重，实际负责天国军政之管理。初分正、又正、副、又副四员，以杨秀清、萧朝贵、冯云山、韦昌辉为之。1851年永安封王后，各王仍保留军师原衔。石达开出走后，洪秀全曾自任军师，总理朝政。1859年洪仁玕以精忠军师辅政。后期成为荣誉职衔，石达开、李秀成、陈玉成等皆得封此，比王爵为重。

军师中郎将 官名。东汉献帝建安十三年(208)刘备置，以诸葛亮为之，总管军政。后庞统亦受此职，位在亮下，建安末诸葛亮迁军师将军后，未再置。十六国大夏亦置。

军师将军 官名。东汉初曾置。《后汉书·邓禹传》：“左于为军师将军。”东汉末、三国蜀诸葛亮为之，权势极重。十六国前凉、前秦，南朝梁、陈等用作武官名号。梁武帝天监七年(508)定为武职二十四班中的十九班，陈四品、秩中二千石。

军师祭酒 官名。东汉献帝建安三年(198)曹操置，为司空府僚属。建安十三年曹操为丞相后，改为丞相府僚属。参掌戎律，位在左、右军师之下。晋朝修史为避讳，亦称军祭酒、军谋祭酒、军谘祭酒。

军防司 官署名。清末筹办海军事务处所属之机构。宣统二年(1910)改原第四司设。掌铨衡各省水师将弁并侦测等事。设司长一员掌司事。辖侦测、铨衡两科。同年改属海军部。三年撤销。铨衡科并入军制司，侦测科并入军学司。

军级 官制用语。北魏时由军功而获得的官职等级，于战事结束后，可依此取得朝廷正式官职。孝庄帝以后，发授较滥，私自增改以求官者亦甚多。

军巡判官 官名。宋太祖开宝六年(973)，开封府置，左、右各一员，为军巡使副职。后陪都河南府、应天府、大名府亦置，为军巡院副长官。神宗元丰（1078—1085）改制，定为从八品。哲宗元祐（1086—1094）中，改正八品。

军巡使　官名。唐末始置。五代后梁于开封府置，左、右各一人，以牙校充任。宋朝开封府及陪都河南府、应天府、大名府皆置，各左、右一人，为军巡院长官。太祖开宝六年（973），改用士人，增设左、右军巡判官为副职。掌京城内争斗、推鞫、救火等事。哲宗元祐（1086—1094）中，定为正八品。

军巡院　官署名。北宋开封府及陪都河南府、应天府、大名府皆置，分左、右两院，设左、右军巡使，左、右军巡判官为正副长官，掌治安及刑狱审讯。

军坊　府兵基层组织。隋朝诸卫所统亲、勋、翊卫府置，东宫领兵开府皆置，为府兵长期集中居住之所在；每坊置坊主一人、佐二人，检查户口、劝课农桑；后因军人在城坊分散居住日益普遍则不复存在。

军医司　官署名。❶清末陆军部所属机构。光绪三十二年（1906）设。掌陆军卫生、治疗、防疫、医药器具，兼司军医人员之教育、升调。初辖医务、马医二科。宣统二年（1910）改辖卫生、医务二科。置司长一人掌司事，下设科长二人，科员十四人，副官一人，录事人员，分司各职。❷清末海军部所属之机构。宣统元年（1909）设于筹办海军事务处，时称医务司，二年，改军医司，同年并入海军部。掌海军疗伤、医药、卫生及军医教育。辖医务、卫生二科。置司长一人掌司事，下设科长二人，科员四人，录事三人，分司各职。

军医司司长　官名。❶清末陆军部军医司之长官。光绪三十二年（1906）设，由副协都统或正参领充任。掌军医司事。❷清末海军部军医司之长官。宣统二年（1910）设，掌军医司事。由协都统或正参领充任。

军枢司　官署名。清末海军部所属之机构。宣统二年（1910）改筹办海军事务处参赞厅秘书司设，旋并入海军部。掌收发文牍函件，并本部人员升迁、调补、功过之册籍及一切典礼奏咨事。初辖机要、奏咨、典章、承发四科。三年，省机要科。置司长一人掌司事，下设科长三人，科员十人，录事八人，分司各职。

军枢司司长　官名。清末海军部军枢司之长官。宣统二年（1910）设，掌军枢司事。由协都统或正参领充任。

军事会议处　官署名。清末军谘处所属机构。宣统二年（1910）设。为军事参议院成立前的暂设机构。三年，改属军谘府。

军事判官　官名。唐玄宗天宝（742—756）以后，节度使、观察使及设团练使、防御使之州皆置，为幕职，由诸使自行辟举。后唐明宗天成三年（928）设刺史之州改防御判官而置，不得兼录事参军。宋朝置于各军事州，助理行政，掌簿书案牍文移付受督催之事，后为七阶选人第三阶，神宗元丰（1078—1085）改制定为从八品。徽宗崇宁二年（1103）改名文林郎；南宋复置，以选人充。辽朝节度使置，位行军司马下、掌书记上。

军事官报局　官署名。清末军咨处第四厅所属机构。宣统二年（1910）置。设正、副局长各一人，庶务、文牍、收支、编纂、译述、校对人员若干。三年，改属军咨府。

军事推官　官名。唐玄宗天宝（742—756）以后，节度、观察、团练、防御诸使皆置为幕职，掌助理军政。北宋神宗元丰（1078—1085）改制，定为从八品。徽宗崇宁二年（1103）重定选人阶官，换从事郎。

军典　吏名。金朝设在兵马司、统军司等军事官署。掌名籍、差遣文簿、行署文书、巡捕等事。

军牧司　官署名。清末陆军部所属机构。光绪三十二年（1906）设。职掌视旧太仆寺，负责军马之购运、补充、孳生、牧养及治疗。宣统三年（1911），改为暂设机构，以备改建军马总监。辖均调、繁殖二科。置司长一人掌司事，下设副官一人，科长二人，科员十二人，录事十人，分司各职。

军牧司司长　官名。清末陆军部军牧司之长官。光绪三十二年（1906）设。掌军牧司事。

军制司　官署名。❶清末陆军部所属机构。光绪三十二年（1906）设。掌陆军制度、编制、征调、补充及军械制造、交通建筑等项事宜。辖搜简、步兵、马兵、炮兵、工兵、辎重兵、台垒七科。置司长一人掌司事。下设科长七人、科员三十六人、录事二十人，分司各职。❷清末海军部所属之机构。宣统二年（1910）改原筹办海军事务处第一司设，旋并入海军部。掌海军规制、铨法，旌别水师人员，功过、封荫、赏恤并典领之。辖制度、考核、铨衡、驾驶、轮机五科。置司长一人掌司事。下设科长五人、科员十四人、录事十人，分司各职。

军制司司长　官名。❶清末陆军部军制司之长官。光绪三十二年（1906）设，由副协都统或正参领充任。掌军制司事。❷清末海军部军制司长官。宣统二年（1910）设，掌军制司事。由协都统或正参领充任。

军使　❶军职。唐高宗仪凤（676—678）中置，以黑齿常之为河源军副使、大使，常之在军七年，吐蕃不复为边患。五代沿置，后梁太祖开平元年（907）于辉州砀山县（今安徽砀山）置崇德军，以使领之，始命朱彦让为军使。后晋高祖天福六年（941）改澶州顿邱镇为德清军，改镇使为军使。宋朝置为骑兵都一级统兵官，下有副兵马使、军头、十将、将、虞候、承勾、押官。上隶马军司。❷五代、宋朝地方行政区划——军之长官。宋朝位县官上、军监下，带京朝官等寄禄官而任职者，称知军事或知军，掌略同知府事。

军府　官署名。春秋时晋国储藏军械的府署。《左传·成公七年》："晋人以钟仪归，囚诸军府。"

军法司 官署名。❶清末陆军部所属机构。光绪三十二年（1906）设。掌陆军司法、刑罚、审判、监狱、勾检军事条约，兼司陆军司法监狱人员之补任、教育。设司长一人掌司事，下设一等司法官一人，二、三等及初级司法官十二人，司副官一人，看守官三人，录事十人，分司各职。❷清末海军部所属机构。宣统二年（1910）设于筹办海军事务处，旋并入海军部。掌拟定各类海军法规，稽查违法事件，经管军法会审、惩罚、监狱，核拟各项军事公约、契约等。置司长一人，司法官十人，录事三人。

军法司司长 官名。❶清末陆军部军法司之长官。光绪三十二年（1906）设，由副协都统或正参领充任。掌军法司事。❷清末海军部军法司之长官。宣统二年（1910）设，掌军法司事。由协都统或正参领充任。

军学处 官署名。见"军学司❶"。

军学处处长 官名。清末陆军部军学处之长官。宣统三年（1911）设。掌军学处事。

军学司 官署名。❶清末陆军部所属机构。光绪三十二年（1906），以练兵处军学司之训练、教育两科归并设立。掌陆学各学堂教育及各项队伍操法。辖教育、步队、马队、炮队、工程队、辎重队、要塞炮队七科及陆军编译局。置司长一人掌司事，下设承发官一人，科长七人，科员三十四人，录事十二人及编译局总办多员，分司各职。宣统三年（1911），改称军学处。❷清末海军部所属机构。宣统二年（1910）改原筹办海军事务处第三司设，旋并入海军部。掌海军学堂教育，舰队训练。辖教育、训练，谋略、侦测、编译五科。置司长一人掌司事，下设科长五人，科员十四人，录事八人，分司各职。

军学司司长 官名。❶清末陆军部军学司之长官。光绪三十二年（1906）设。掌军学司事。宣统三年（1911）改称军学处处长。❷清末海军部军学司之长官。宣统二年（1910）设，掌军学司事。由协都统或正参领充任。

军实司 官署名。清末陆军部所属机构。光绪三十二年（1906），由兵部武库司、练兵处器械科归并设立。掌器械、弹药、军装之制造、存储、销用各项事宜。辖制造、保储二科。置司长一人掌司事，下设承发官一人，科长二人，科员十六人，绘图员、艺师、艺士各一人，录事八人，分司各职。宣统二年（1910），并入军制司。

军实司司长 官名。清末陆军部军实司之长官。光绪三十二年（1906）设，掌军实司事。宣统二年（1910），以军实司并入军制司。遂废。

军政 官员考察制度。明朝定以考核武官与文官考察同。凡五年一考，由兵部武选清吏司掌之。

军政司 官署名。清末海军部所属之机构。宣统二年（1910）改原筹办海军事务处第二司设。旋并入海军部。掌管造船舰，检校器械，兼司军港工程。辖制造、建筑、器械三科。置司长一人掌司事，下设科长三人，科员八人，录事四人，分司各职。

军政司司长 官名。清末海军部军政司长官。宣统二年（1910）设，掌司事。由协都统或正参领充任。

军勋 官制用语。即因军功而取得的勋级。北魏在每次战事结束后，由主将把部属的勋劳记载在勋书上，送吏部与中兵局，吏部根据勋书除官、进阶。孝庄帝建义元年（528）以前，叙军勋不得过于征虏将军，以后则可将余阶积以进品。

军须库 官署名。金朝置，掌军需事务。宣宗贞祐二年（1214）置。设使、副使领库事，秩从八品、从九品。

军饷司 官署名。清末度支部所属机构。光绪三十二年（1906）设。掌核全国海陆各军、长江水师、在京各旗、驻防旗兵、各省绿营、官设警兵饷项并各省报解协饷各事宜。置郎中三人，员外郎六人，主事三人。

军饷司郎中 官名。清末度支部军饷司主官。光绪三十二年（1906）设。三人，正五品，奏补。掌管本司事务。

军将 ❶周朝一军主帅别称。《周礼·夏官·序官》："凡制军，万有二千五百人为军。王六军，大国三军，次国二军，小国一军。军将皆命卿。"❷官名。统兵武职。（1）北魏置。《魏书·周观传》："初为三郎，迁军将。"有千人军将、逐贼军将、游徼军将等。柔然亦置。《魏书·蠕蠕传》："始立军法：千人为军，军置将一人。"（2）北宋无品武阶官，分正名军将和守阙军将，位大将下。徽宗政和（1111—1118）后，改名进义副尉和守阙进义副尉。

军班 官场用语。宋朝内外诸军兵、诸班直及军头司人等，以年劳或军功得官，皆称军班，为低级武官出身之一。

军校 官名。辽朝为大详稳司下级军官。

军都指挥使 官名。五代始置，宋因之。为军一级统兵官。迁补则遥领刺史，再迁为厢都指挥使。

军都虞候 官名。五代、宋朝军一级统兵官，位在军都指挥使之下。

军监 官名。西汉置，属大将军，为领兵之职。《汉书·匈奴传》："使大将军军监治众等四人将五千骑，分三队，出塞各数百里。"新莽时另置十二人，行监察事，领属似有不同。《汉书·王莽传》："内置司命军正，外设军监十有二人，诚以司不奉命，令军人咸正也。"

军乘司 官署名。清末陆军部所属机构。光绪三十二年（1906），改原兵部车驾司设。掌军台、驿站牌票、贡马各项事宜。辖驿传、销算、配戍三科及捷报处、马馆。置司长一人掌司事，下设承发官一人，科长三人，科员十八人，录事十二人，以及捷报处总办、马馆监督以下各员，分司各职。宣统二年（1910）撤。

军乘司司长　官名。清末陆军部军乘司之长官。光绪三十二年（1906）设，掌军乘司事。宣统二年（1910）撤。

军候　官名。省称候，位次校尉。据《后汉书·百官志》，大将军营五部，部置校尉一人，部下有曲，曲有军候一人，秩比六百石。

军容　官名。❶南齐置，选拔魁健有武艺之士充任，使之前驱，以壮军容。《南齐书·王敬则传》："敬则军大败，敬则索马，再上不得上，兴盛军容袁文旷斩之，传首。"❷唐朝观军容使省称。《朱子语类》卷九一《礼八》："唐人幞头，初只以纱为之，后以其软，遂斫木作一山子，在前衬起，名曰军容头。其说以为起于（观军容使）鱼朝恩，一时人争效之。"

军资库　官署名。宋朝置于各州，掌收储本州钱物，以供本州、本路军兵衣赐之用。南宋高宗绍兴十二年（1142），令州县诸司所入一金以上皆入军资库，以使取之于民者尽归于官。

军职　官制用语。五代、宋朝军中各级统兵官统称。北宋初不序品位，不入杂压。徽宗政和四年（1114），始定殿前都指挥使在节度使之上，殿前副都指挥使在正任观察留后之上，马军都指挥使、马军副都指挥使在正任观察使之上，殿前都虞候、马军都虞候、步军都虞候在正任防御使之上，捧日天武四厢都指挥使、龙神卫四厢都指挥使在正任团练使之上。其余军职仍不序品位、不入杂压。

军副　官名。❶出征军队的副主帅。《南齐书·周山图传》："（沈）攸之事起，世祖为西讨都督，启山图为军副。"❷南北朝时期"军"的副长官，协助军主管理军务，军主有阙则代领其众。南朝无品阶，多以将军、中郎将等领之，北朝地位较低，北齐为八品。

军曹令　官名。北魏前期置，贾儁自秘书中散任此。

军假司马　官名。东汉置，佐军司马管理军务。《后汉书·百官一》："其不置校尉部，但军司马一人。又有军假司马、假候，皆为副贰。"参见"军司马"。

军祭酒　即军师祭酒。晋朝避讳改。

军谋祭酒　官名。东汉献帝建安三年（198），曹操置军师祭酒，陈寿撰《三国志》时，因避讳而改称军谋祭酒。南朝齐末，梁武帝为相国，府中置此职，以何点为之，点未就。北魏时骠骑将军府亦置。参见"军师祭酒"。

军谋掾　官名。东汉末曹操置为司空、丞相府僚属，参议军政。刘备在益州亦置。

军谘大臣　官名。清末军谘府之长官。宣统三年（1911）置。额设二员，以亲王、郡王、贝勒、贝子、公，或从一品陆军正都统充，特简。主掌军谘府，秉承诏命，襄赞军谋。清亡，民国改称参谋总长。

军谘正使　官名。清末军谘处之长官。光绪三十三年（1907）设。军阶协都统，从二品。掌全处事务。宣统元年（1909）撤。

军谘处　官署名。即清末军谘府之前身。光绪三十三年（1907），改练兵处军令司设，附于陆军部。禀承陆军部堂官之命，掌理全国筹防用兵事务，管理陆军各参谋官，检查参谋人员的报告，负责参谋人员的教育，兼管陆军大学堂。置协都统一人充正使，正参领一人充副使。设测地、第一、第二、第三、第四等五司。宣统元年（1909），始成独立机构。凡关涉国防用兵一切命令、计划，皆由该处拟案奏请，由皇帝亲裁，饬下陆、海军部遵办。并统辖陆军大学堂、陆地测绘学堂、驻札各国使馆武官、陆军文库及海、陆军参谋等官。置管理大臣二员，军谘使二员，下设总务、第一、第二、第三、第四、第五、海军七厅。三年，改为军谘府。

军谘使　官名。清末军谘处总务厅之长官。宣统元年（1909）置，二人，以协都统（从二品）、正参领（正三品）充。掌综理众务。三年，改隶军谘府。

军谘府　官署名。清末新设的中央机构之一，即陆海军总参谋部，宣统三年（1911）改军谘处设。其职掌为上承诏命赞襄军谋，凡经武要略之政皆汇焉。置军谘大臣二人，掌府事。辖总务、第一、第二、第三、第四、第五等六厅及军事官报局、测地局。清亡，民国改称参谋本部。

军谘府总务厅　官署名。清宣统元年（1909）设于军谘处。三年，改隶军谘府。掌综领本府人员之考工及秘书、会计等众务，凡不隶各厅之事皆汇于该厅。下分四科：第一科，掌考工；第二科，掌秘书；第三科，掌会计；第四科，掌庶务。置军谘使二人，统辖厅务。

军谘府第一厅　官署名。清宣统元年（1909）设于军谘处，三年改隶军谘府。掌国防、要塞、编制、出师计划、参谋官、陆军大学堂事宜。设第一、第二、第三、第四等四科。置厅长一人，禀承军谘大臣统辖各科。

军谘府第二厅　官署名。清宣统元年（1909）设于军谘处，三年改隶军谘府。掌对各国牒报、作战方法之研究，以及驻外武官、调查员等事。置厅长一人，辖第一、第二、第三、第四、第五等五科。

军谘府第三厅　官署名。清末宣统元年（1909）设于军谘处，三年改隶军谘府。掌水陆交通运输、电信、邮政等事宜。置厅长一人，辖第一、第二、第三等三科。

军谘府第四厅　官署名。清宣统元年（1909）设于军谘处，三年改隶军谘府。掌军事测绘、制图等事宜。置厅长一人，辖第一、第二、第三等三科及测地、制图二局。

军谘府第五厅　官署名。清宣统元年（1909）设于军谘处，三年改隶军谘府。掌编纂战史、战记、地理、地志及陆军文库等事宜。置厅长一人，辖第一、第二、第三等三科。

军谘副使 官名。清末军谘处之副长官。光绪三十三年（1907）设。军阶正参领，正三品。佐正使掌处事。宣统元年（1909）撤。

军谘祭酒 官名。晋朝因避讳，由军师祭酒改名。诸将军府置，位在诸僚佐之上。司马睿任镇东将军及丞相时，府中置多员，赞划军机及处理政务。十六国西凉因李嵩、李歆父子皆称大都督，此职位在左、右长史之上，宋繇又以此职录三府事，实际权力相当于尚书令、仆射。西凉亦置。

军尉 官名。春秋时晋国三军皆设尉，掌管卿将驾车之御官及士卒训练。《左传·成公十八年》："晋悼公即位于朝，始命百官"，"卿无共御，立军尉以摄之。祁奚为中军尉"，"铎遏寇为上军尉，籍偃为之司马，使训卒乘，亲以听命"。

军储司 官署名。清末海军部所属之机构。宣统二年（1910）改筹办海军事务处参赞厅庶务司设，旋并入海军部。掌本部及海军之经营费用，并稽核煤粮、服装、物品等。初辖会计、收支、储备、庶务四科，三年，省会计科。置司长一人掌司事，下设科长三人，科员十人，录事六人，分司各职。

军储司司长 官名。清末海军部军储司之长官。宣统二年（1910）设，掌军储司事。由协都统或正参领充任。

军储所 官署名。元朝始设于太宗时，置所于新卫，收贮山东、河北钱粮，以供军用。宪宗二年（1252），忽必烈采姚枢建议，于汴、卫等地设五军储仓，统之于都转运使司。七年，使司罢。世祖中统二年（1261）复置。

军储都转运使 官名。元世祖中统二年（1261）设军储都转运使司，以汪古部人马月合乃为都转运使，下设副使，掌管调集、征发各路军用物资，输往开平（今内蒙古正蓝旗北）和漠北。次年，马月合乃以饷军有功，升为礼部尚书，官罢。

军储都转运使司 官署名。元朝初置于宪宗二年（1252），后罢。世祖中统二年（1262）复设，以汪古部人马月合乃为都转运使，周锴为副使，负责转运各路宣抚司征集的武器、马匹、粮草、铠甲等。次年改为漕运所。

军粮同知 官名。清朝奉天府之职官。光绪二年（1876），改理事通判设。一人，正五品。分理地方事宜，掌治旗民之交涉诉讼事。

军需司 官署名。清末陆军部所属机构。光绪三十二年（1906）置。掌粮饟廪饩，兼司军需人员教育。辖统计、粮服、建筑三科，附设银库。设司长一人掌司事，下设科长三人，科员三十人，司副官一人，法规总编纂员二人，编纂员三人，录事三十人，分司各职。

军需司司长 官名。清末陆军部军需司之长官。光绪三十二年（1906）设，由副协都统或正参领充任。掌军需司事。

军需库 官署名。清朝工部虞衡司所属机构。顺治元年（1644）置，设满、汉监督各一人，由本部堂官于司员内选充，每年一更代。掌收发旗纛、帐篷。光绪三十二年（1906）改隶陆军部军实司。

军需房 官署名。又称户部军需房。清朝户部所属之临时机构。雍正六、七年间（1728—1729），以西北对准噶尔部用兵而设。专办军需事务。由怡亲王允祥等为办理军需大臣。当时西北两路军营，亦专设办理军需事务官员，以为辅助。十三年以后裁撤。

军管处 官署名。清末陆军部所属机构。宣统三年（1911）由军学司改设，职掌不变，辖教育、步队、马队、炮队、工程队、辎重队六科。置处长一人掌处事，下设副官一人，科长六人，科员三十四人，普遍编辑员三人，兵事编辑员六人，绘图员一人，录事十四人，分司各职。

军器人匠局 官署名。元朝隶武备寺，掌兵器制造，品秩低于军器人匠提举司，正、从七品不等，或称军器局。置局使、副使各一员，或置院长一员。少数局于局使上增置达鲁花赤一员。分设于太原、怀孟、汴梁、彰德、大名、奉圣州、归德、汝宁、陈州、许州、咸平、隆兴、平滦等地。

军器人匠提举司 官署名。元朝隶武备寺，掌制造兵器，分设于大同、平阳、保定、真定、上都、辽河、蔚州、宣德、东平、大宁等路，按所统工匠人数定秩，从五品、正从六品不等。置达鲁花赤、提举、同提举、副提举各一员。

军器弓枪库 官署名。北宋置，掌藏兵器，隶卫尉寺。

军器少监 官名。唐玄宗开元（713—741）中始置，正五品上，为军器监副长官，后省。宋初仅存空名，神宗元丰（1078—1085）改制始用为军器监副长官。哲宗元祐（1086—1094）中，定从六品。南宋初省，高宗绍兴十一年（1141）复置，孝宗隆兴元年（1163）又省，乾道五年（1169）再置。金朝为从六品。

军器什物库 官署名。宋神宗元丰（1078—1085）改制后，卫尉寺置，掌收贮军器什物，按籍颁发。

军器衣甲库 官署名。北宋卫尉寺置，掌收储军器衣甲。

军器丞 即军器监丞。

军器坊 官署名。辽朝北面官，掌制造兵器，为八坊之一。置坊使、副使等职。

军器坊详稳司 官署名。辽朝北面官，掌军器坊兵马之事。置详稳、都监等职。

军器库 官署名。掌保管军械。唐玄宗开元十二年（724）置北京军器库，二十五年废。北宋置军器什物库，简称军器库。金朝置，掌甲胄兵仗，设使、副使领之。元世祖至元五年（1268）亦置，掌随路军器，设提点、大使、副使，十年改利器库。

军器库使 官名。唐朝始置，为诸司使之一。宋朝沿置，属东班诸司使，多不领本职，用为医官迁转之阶。真宗咸平元年（998）定同六品，神宗元丰（1078—1085）改制降为正七品。徽宗政和二年（1112）重定医官阶官，改和安、成和、成安、成全大夫。金朝为军器库长官，正八品，掌甲胄兵仗。元朝有军器库大使，后改利器库大使。

军器库副使 官名。唐朝始置，为诸司使之一。宋朝沿置，属东班诸司使，多不领本职，用为医官迁转之阶。真宗咸平元年（998）定同七品，神宗元丰（1078—1085）改制改从七品。徽宗政和二年（1112）重定医官阶官，改和安、成和、成安、成全郎。金朝为军器库副长官，正九品或从九品，掌甲胄兵仗之事。元朝沿置三员，正七品，后改利器库副使。

军器局 官署名。明朝工部及各布政使司皆置，各设大使一人（工部所属正九品，布政司所属从九品），副使一人（工部所属初为二人）。掌造戟、节、角、锣、刀、盾、弓箭等。

军器使 使职名。唐玄宗开元三年（715）十二月二十四日置，以为军器监长官，十一年罢；肃宗乾元元年（758）又置，领弩、甲二坊。

军器所 官署名。南宋初年置。属工部，掌兵器制造。设监造等员。

军器弩剑箭库 官署名。北宋卫尉寺置，掌收储兵器。

军器监 ❶官署名。唐高祖武德元年（618）置，掌兵器甲弩制造。太宗贞观（627—649）初，并入少府监为甲弩坊。玄宗开元三年（715）复置，领甲坊、弩坊二署，设使以领其事。十一年复为少府监甲弩坊。十六年于北都置，设监、丞为正、副长官。二十五年废。天宝六载（747）于旧所复置。肃宗乾元元年（758）又置军器使领其事。宋初不置，以三司胄案掌兵器制造。神宗熙宁六年（1073）复置，以侍从官判监事，统属东、西作坊与各州都作院。元丰（1078—1085）改制，置监、少监为正副长官，丞助理本监事务。掌监督制造兵器，以供军用。南宋高宗建炎三年（1129）并归工部，绍兴三年（1133）后，又陆续设官。金章宗承安二年（1197）置，泰和四年（1204）改军器署。卫绍王至宁元年（1213）复置，设监、少监，辖军器库、甲坊署、利器署等机构。元初亦置，世祖至元二十年（1283）改武备监。❷官名。唐玄宗开元三年置，为本署长官，正四品上。二十五年罢，天宝六载再置，肃宗乾元元年改军器使。宋初不置，神宗元丰改制置一人，正六品。南宋初罢，后复置。金朝为正五品。元初亦置，世祖至元二十年改武备监。

军器监丞 官名。唐高祖武德（618—626）中置，员一至二人，正七品上，掌判监事，督课材革出纳之数与工徒众寡之役。其后，随署废、置。宋初不置，神宗元丰（1078—1085）改制复置二人，从八品，助理本监事务。哲宗元祐三年（1088）减一员。南宋高宗建炎三年（1129）省，绍兴三年（1133）复置一员。金朝为从七品，佐监与少监掌修治甲胄兵仗之事。

军器副监 官名。北周置。营军器监次官，佐营室殿军器大监掌军器制作。

军器署 官署名。金朝属兵部。章宗泰和四年（1204）罢军器监设，辖并甲坊、利器两署。设令、丞、直长理署事。完颜永济至宁元年（1213）复为军器监。

军衡司 官署名。清末陆军部所属机构。光绪三十二年（1906）设。掌陆军军官之班秩、阶品、封赠、袭荫，以及官佐之任职，凡军官、官佐并领其籍。辖任官、赏赉、考绩、旗务四科。置司长一人掌司事，下设科长四人，科员四十人，司副官一人及录事二十六人，分司各职。

军衡司司长 官名。清末陆军部军衡司之长官。光绪三十二年（1906）设，由副协都统或正参领充任。掌军衡司事。

军爵 军队中实行的爵位。战国时秦国商鞅颁布此爵，最低一级为小夫。《商君书·境内》："军爵，自一级已下至小夫，命曰校徒。"

农 官名。春秋战国置，一说即田畯，掌农田耕作。《礼记·郊特牲》"飨农"郑玄注："农，田畯也。"

农工商大臣 官名。清末农工商部长官。宣统三年（1911）改农工商部尚书设。并作为国务大臣。一人，从一品，特简。掌理本部事务，参加阁议。

农工商总局 官署名。清光绪二十四年（1898）设，掌理农工商政务。寻省。三十二年成立农工商部。

农工商部 官署名。清末新设中央机构之一。光绪三十二年（1906）由商部、工部等合并而成。掌全国农工商政并森林、水产、河防、水利、商标、专利诸事。置尚书一人，左、右侍郎，左、右丞，左、右参议均各一人。下设农务、工务、商务、庶务四司并承值所、统计处。置郎中十二人，员外郎十六人，主事十八人并额外司员、艺师等分司治事。宣统三年（1911），尚书改大臣，侍郎改副大臣。所辖有商标局、商律馆、工艺局、京师劝工陈列所、农事试验场等。

农工商部右丞 参见"农工商部左丞"。

农工商部右侍郎 见"农工商部左侍郎"。

农工商部右参议 参见"农工商部左参议"。

农工商部左丞 官名。清末农工商部属官。光绪三十二年（1906）设。左、右各一人，正三品，简任。掌辅佐堂官，综核各司事务，并得派赴各省考查农工商务。

农工商部左侍郎 官名。清末农工商部副长官。光绪三十二年（1906）设。左、右各一人，正二品，特简。掌赞尚书整理部务，并监督本部厅司各官。尚书有事故时，代行其职权。宣统三年（1911）改为副大臣，右侍郎省。

农工商部左参议 官名。清末农工商部属官。光绪三十二年（1906）设。左、右各一人，正四品，简任。职掌辅佐堂官，综核各司事务，并得派赴各省考查农工商务。

农工商部尚书 官名。清末农工商部长官。光绪三十二年（1906）设。一人，从一品，特简。掌理本部事务，监督所属各官。宣统三年（1911）改为农工商大臣。

农工商部庶务司 官署名。清末农工商部所属机构。光绪三十二年（1906）改商部会计司设。掌本部收支款项、报销经费与各司员缺升迁调补、承领俸银俸米事以及各项杂务。置郎中三人，员外郎四人，主事六人。

农工商部庶务司郎中 官名。清末农工商部属官。光绪三十二年（1906）设。定额三人，正五品，奏补。掌本司事务。

农工商副大臣 官名。清末农工商部副长官。宣统三年（1911）改农工商部左侍郎设。一人，正二品，特简。佐大臣总理部务。

农大夫 官名。周朝置，主管农业。《国语·周语上》："命农大夫咸戒农用。"一说即田畯。韦昭注："农大夫，田畯也。"

农仓长 官名。西汉置，属水衡都尉。

农仓丞 官名。西汉置，属水衡都尉，为农仓长副职。助掌粮食仓储及转运事宜。

农父 官名。西周司徒别称。司徒掌土田农事，故称。《尚书·周书·酒诰》："矧惟若畴圻父、薄违农父。"孔颖达疏："以司徒教民五土之艺，故言农父也。"

农正 官名。❶相传少皞氏时置，掌农事之官。《左传·昭公十七年》："我高祖少皞挚之立也"，"九扈为九农正"。❷周朝置。一说即田畯。后稷属官。掌农田耕稼。《国语·周语上》："农师一之，农正再之。"韦昭注："农正，后稷之佐，田畯也，故次农师。"

农田司 官署名。西夏语音"相啰"，属中等司。元昊建国初设，掌农田水利、仓储委积、平粜事务。置卿、少卿、丞、主簿等。清朝盛京户部设为办事机构，顺治十五年（1658）置。设员外郎二人，主事一人，笔帖式若干人。掌田亩升降之数，定垦殖科则，征牧地之税，并管户婚之事。

农田案 官署名。宋神宗元丰（1078—1085）改制置，隶户部左曹，掌农田及田讼事务，奏报丰稔，验水旱虫蝗，劝课农桑，请佃地土，令佐任满赏罚，缴奏诸州雨雪，检按灾伤逃绝人户等事。

农务司 官署名。清末农工商部所属机构。光绪三十二年（1906），改商部平均司设。掌农田、屯垦、树艺、蚕桑、山利、海界，并各省河湖江海堤防工程，以及河道、海港、各处沟洫岁修款项核销事宜。置郎中三人、员外郎四人、主事四人，综理各务。

农务司郎中 官名。清末农工商部属官。光绪三十二年（1906）设。定额三人，正五品，奏补。掌综理全司事务。

农司马 即典农司马。

农师 官名。相传尧舜时立弃为此官，周朝沿置，掌农事。《史记·周本纪》："帝尧闻之，举弃为农师，天下得其利，有功。"《国语·周语上》："农师一之，农正再之，后稷三之。"韦昭注："农师，上士也。"

农官 劝农之官，或管理公田耕种和租税收入。汉朝大司农所属有农监。汉武帝时实行告缗，又于水衡、少府、太仆等各置农官，管理郡县没收的土地。此为领属中央者，郡国亦当有之。三国魏指诸典农官（典农中郎将、典农校尉等）及其所辖地区。

农政院 官署名。元世祖至元十八年（1281），由大都南阳真定等处屯田孛兰奚总管府改立，掌管农桑、水利等事务，置官六员。二十年，改为务农司。

农都尉 官名。始自西汉武帝，置于边郡，主屯田积谷，受大司农及郡太守双重节制。东汉沿置。

农监 官署名。秦朝及西汉置于郡国。秦属治粟内史。汉景帝后元年（前143）更属大农令，武帝太初元年（前104）属大司农。有长、丞主其事。

农监长 官名。秦朝属治粟内史。西汉景帝后元年（前143）更属大农令，武帝太初元年（前104）属大司农。各郡国农监皆置，有丞，应为劝农之官。

农监丞 官名。秦及西汉郡国皆置，为农监长副职。

农圃监 ❶官署名。隋朝行台省置，有监一员、副监一员、丞六员、录事二员；唐朝陕东道大行台尚书省亦置，有监一员、丞四员，掌仓廪、园圃、柴炭、刍藁、运漕之事。❷官名。隋朝行台省农圃监长官，置一员，视正八品；唐朝陕东道大行台尚书省农圃监长官，置一员，正八品下。

农部郎 官名。三国魏置，农部曹长官。六品。

农部曹 官署名。三国魏置，设郎，隶尚书台。西晋省。

〔乛〕

驴骑使 使职名。唐玄宗天宝（742—756）以后骑宿卫之法渐废，安史乱起，宿卫禁兵，弱不能抗。肃宗即位，调补禁军，置使以选补，乾元二年（759）以御史大夫充骑使，御史充判官。

异力督 官名。西晋置。统宿卫禁兵，侍卫皇帝。属左、右卫将军。与虎贲、羽林、上骑、命中督并称二卫五部督。

异事 官职相同职掌不同。《诗经·大雅·板》："我虽异事，及尔同僚。"郑玄笺："我虽与尔职事异者，乃与女（汝）同官，俱为卿士。"

异姓王 与皇室异姓的诸侯王。汉初因功封异姓王者共八人，即赵王张耳、长沙王吴芮、梁王彭越、淮南王英布、燕王臧荼、燕王卢绾、韩王韩信、楚王韩信。后相继被翦灭。

异样局总管府　官署名。元朝置，秩正三品，隶将作院。世祖中统二年（1261）立提点所，至元六年（1269），改总管府，掌绫锦纱罗等制造。置达鲁花赤、总管各一员，正三品；同知一员，从四品；副总管一员，从五品。下辖异样纹绣、绫锦织染、纱罗提举司及纱金颜料总库。

异样纹绣提举司　官署名。元世祖中统二年（1261）设异样纹绣局，至元十四年（1277）改提举司，秩从五品，隶异样局总管府。置提举、同提、举副提举各一员。

异途　清朝官员出身之一种。又称“杂途”。详见“出身”。

导从　官吏出行时的仪仗队伍，前为导，后为从。据《后汉书·舆服志》，汉朝公卿以下至县三百石长导从，置门下五吏：贼曹、督盗贼、功曹，皆带剑，三车导；主簿、主记，两车为从，县令以上，加导斧车。历代皆有之，唯仪仗规模、形式因时而宜。

导仓丞　官名。南朝梁置。《梁书·何敬容传》：“坐妾弟费慧明为导仓丞，夜盗官米，为禁司所执，送领军府。”

导官令　官名。西汉置，属少府，掌选择供奉皇室所用粮食。东汉沿置，秩六百石，改属大司农。三国魏定为七品。两晋、南朝皆置。北齐、隋、唐为司农寺导官署长官。隋从八品，唐正八品下，员皆二人。宋初仅存空名，神宗元丰（1078—1085）改制废。

导官丞　官名。西汉置，属少府，为导官令副职。东汉改属大司农。三国魏、两晋及南北朝皆沿置。北齐为司农寺导官署次官。唐亦置，员四人，正九品上。宋初仅存空名，神宗元丰（1078—1085）改制废。

导官署　官署名。秦、汉、三国、两晋、南北朝皆置导官令，掌采择加工宫廷御用粮食。北齐于司农寺下置署，以令、丞掌其事，辖有御细部、曲面部、典库部等仓督员吏。隋、唐沿置，其官有令、丞。宋初仅存空名，神宗元丰（1078—1085）改制废。

导官署令　官名。即导官令。

导官署丞　官名。即导官丞。

导洛通汴司　见“汴河堤岸司”。

导客局　官署名。南朝梁置，为东宫诸局之一。

导桥掾　官名。晋朝置，司空府属官。亦作道桥掾。

寻胜使　使职名。唐玄宗开元二十一年（733）敕令百僚寻胜，因置检校寻胜使，以厚其事。

尽管　官名。太平天国后期增设之朝上职官。天历庚申十年（1860）始设。位低于统管，高于朝将。职务未详。

阳山玛瑙提举司　官署名。元朝置，秩从五品，隶诸路金玉人匠总管府，设于世祖至元十五年（1278），置提举、同提举、副提举各一员。

阳武将军　官名。三国吴置。《三国志·钟离牧传》：“（钟离牧）迁公安督、阳武将军，封都乡侯。”

阳官　官名。传说夏、商置，春官，掌农时。《国语·周语上》：“史帅阳官以命我司事。”韦昭注：“史，大史。阳官，春官。司事，主农事也。”

阶　官职等级。北魏官员等级分正、从九品，品内又分等则谓之阶，孝文帝太和十七年（493）令，每品分上、中、下三阶；二十三年令，从三品以上不分阶，四品以下每品分上、下两阶，依考格迁转，五等爵及从五品以上者可以阶当刑两岁，亦可转让。北齐官品，四品以下每品分上、下两阶。隋朝沿其制。唐朝流内九品分三十阶，凡叙阶之法，有以封爵，有以亲戚，有以勋庸，有以资荫，有以秀孝，有以劳考，有免除而复叙者，皆依法申报。北宋文臣有散官二十九阶、寄禄官阶和选人官阶，武臣有散官三十一阶、寄禄官阶，神宗元丰（1078—1085）改制，并罢文、武散阶，以旧文散官阶为新寄禄官阶，定为二十四阶，后增为三十七阶；徽宗崇宁二年（1103）以承直郎至将仕郎换选人七阶，政和二年（1112）武阶易以新名，为五十二阶；又定内侍官十二阶、医官十四阶。金朝文散官九品四十二阶；武散官正三品以下阶与文资同，为三十四阶；司天翰林官自从四品而下，立为十五阶；太医官自从四品而下，立为十五阶；内侍自从四品以下，十五阶；教坊亦如之。元朝文散官八品四十二阶，九品无散官；武散官正二品至从八品三十四阶；内侍散官正二品至从八品十四阶；司天散官从三品至从八品十四阶；太医散官从三品至从八品十五阶；教坊司散官亦如之。明朝文散阶四十有二，正一品至从九品；武散阶三十，正一品至从六品。清朝有封赠正一品至从九品十八阶。

阶级法　宋朝军法名。该法确立了厢都指挥使至长行（士兵）上下级的绝对隶属关系，凡长行违忤、陵犯或论告长官，即属犯阶级，分别处死或流放。唐朝中期以降，藩镇威侮朝廷，士卒侵逼主帅之积弊，由此得以矫治。

阴阳学　官署名。元世祖至元二十八年（1291）依儒学、医学之例，始于诸路置。明太祖洪武十七年（1384）置阴阳学官，府设正术一人，从九品，州设典术一人，县设训术一人，均未入流。设官不给禄，掌管天文、占候、星卜、相宅、选日之事。清朝因之，改正术为未入流。

阴室丞　官名。隋炀帝大业三年（607）增置，隶太常寺太庙署，守视阴室。

防门　官名。三国魏诸州郡置为属吏，八品或九品。

防主　官名。西魏、北周置，为防的主将，管理所辖区域的军政事务。多以刺史、郡守或都督数州及数防诸军事兼领此职，下设长史。江陵曾设副防主，余防不详。隋炀帝大业三年（607）亦置，掌同诸镇。

防守尉　官名。清朝驻防八旗中的专城将领。设于直隶及盛京地方的一些城镇、关口。额定十八人，正四品，俱满缺。辖兵五十名至数百名不等，总掌本城镇旗籍和防守事务。下设佐领、防御、骁骑校等官。分别由驻防将军、都统、副都统等兼辖。

防城大都督　官名。北魏末置，负责州治的城防事务，名位高于防城都督。《周书·独孤信传》："建明（530—531）初，出为荆州新野镇将，带新野郡守。寻迁荆州防城大都督，带南乡守。"

防城使　使职名。唐德宗建中四年（783）朱泚据长安谋反，朝廷置，以神策军都虞候侯仲庄为左卫将军兼奉天防城使，以御敌。

防城都督　官名。北魏末诸州置，负责城防事务，位在长史、司马下。《魏书·李顺传》："寻假（李裔）平北将军，（定州）防城都督。贼既围城，裔潜引（杜）洛周，州遂陷没。"

防阁　❶官名。南朝宋时，为诸王置，选勇略之士充任，以防卫斋阁，亦称防阁将军。齐、梁皆沿置。北魏时亦为诸王置，皆为诸王亲信。北齐时皇子及诸王国置，员四人，皇子防阁为九品上。❷官员享受的待遇。唐朝京师文武职事官皆有防阁，作为侍从，由百姓轮流充任，为色役之一。一品官有九十六人，以下递减，至五品有二十四人，六品以下官无。玄宗开元（713—741）后，改发钱，以防阁名义并入五品以上官员俸禄，而不再实际派防阁为侍从。开元二十四年官员月俸中，一品官有防阁费二十千，以下递减，五品官有五千。

防阁将军　官名。南朝宋置。为诸王的武装侍从，防卫斋阁。《资治通鉴·宋苍梧王元徽三年（475）》："是岁，防阁将军王季符得罪于（建平王）景素（胡三省注：江左之制，禁卫有直阁将军，王国有防阁将军），单骑亡奔建康，告景素谋反。"亦作防阁。

防辅　官名。三国魏置。设在诸王身边的监察官员，防其为非而辅之以正，受诏奏闻诸王的举动善恶。

防御　官名。清朝驻防八旗之基层军官。位在佐领之下，骁骑校之上。正五品。凡驻防之处丁少而不足治以佐领者，皆置防御治之，或专设，或与佐领兼设，视驻地营丁多寡而异。掌所辖驻防户籍，以时颁其教戒。

防御州　以防御使为长官之州。宋朝为六等州之第四等，位观察州下、团练州上。防御使不赴任者，以他官判、知，属官有防御推官等，又有防御副使专授左降官。辽朝亦置，低于团练州，设防御使、防御副使、防御判官、州学博士、助教等官。金朝防御州在节镇之下、刺史州之上，设防御使、同知防御使事、防御判官、知法、州教授、司军等官。

防御判官　官名。唐朝玄宗天宝（742—756）后置，为防御使属官。五代周世宗显德五年（958）定为准七品官。宋朝沿置，属两使职官，为选人七阶第二阶，选士人充任，三任六考，进士出身者授太子中允，余者授著作佐郎。神宗元丰（1078—1085）改制定为从八品。徽宗崇宁二年（1103）重定选人阶官名，换儒林郎。辽朝置为防御使司属官。金朝诸防御州皆置，员各一人，正八品，掌签判州事，并专掌通检推排簿籍。

防御使　官名。唐武则天圣历（698—700）中始以夏州领防御使。安史之乱期间，置于大郡要害之地，或称防御守捉使，掌本区军事防务，位在团练使下。唐朝后期，诸州刺史不带团练使者多加此衔，或与团练使互兼。诸道不设节度使处，亦或置都防御使以领军事。宋初分实任与遥领两种，后多不赴本任，遂为武臣及宗室寄禄官。神宗元丰（1078—1085）改制定从五品。真宗景德元年（1004）党项首领李德明嗣定难军留后，于境内夏、银二州设置，元昊建西夏国后废。辽、金皆置，为防御州长官。辽朝位在团练使下、刺史上。金朝位在节度使下、刺史上，从四品，主管本州民政，兼掌防捍不虞，御制盗贼。元顺帝至正十七年（1357），为团结义兵镇压农民起义，以州县正官兼防御使事，由宣慰使司节制。明崇祯十六年（1643），李自成在襄阳建立政权，于所占要地设。十七年进北京后，正式改兵备为防御使，职掌与明朝兵备同。

防御使司　官署名。辽在一些州、府设，主持本州政事。高于刺史州，低于团练州。主要有广州、镇海府、冀州永安军、衍州安广军。安、宁江、儒、郢、郑、陇、曹等州也曾设置。太祖神册四年（919）修辽阳故城，改为东平郡，置防御使，当为设防御使司之始。置员有防御使、副使、判官等。金防御使司低于节镇，高于刺史州，置防御使一员，从四品，主管本州军民事。下设同知防御使事、判官、知法、州教授、司军、军辖兼巡捕使。

防御副使　官名。唐玄宗天宝（742—756）后置，佐防御使掌本州军事防务。五代后周世宗显德五年（958）定为准从六品。宋朝沿置，无职掌，用以安置贬降官员，哲宗元祐（1086—1094）中定从八品。辽朝置为防御使司副长官。

防蛮别将　官名。北魏置。统兵、驻广州，管理当地少数民族事务。

收支科　官署名。清末海军部军储司所属三科之一。原属筹办海军事务处参赞厅庶务司。宣统二年（1910），改属军储司。同年，随司并入海军部。掌核收各项海军经费及所有入款，支发舰队、军港、船坞、学校各项用款及各项人员薪饷津贴事。置科长、科员、录事。

收发红本处　官署名。简称红本处或收本房，清朝内阁所属之办事机构，清中期以后设立。掌收发红本（即经皇帝用红笔批示的奏章）。由大学士于满、汉中书内委员理事，无定员。起居注馆咨送揭帖和各地咨送内阁饭银，亦归此经收。

收买药材所　官署名。宋朝置，隶太府寺，掌收购药材，以供修合汤药出售。

收掌　官名。❶又称收掌官。明清科举考试中特设之官。负责把试卷分配给各房“房官”。分为内收掌、外收掌，分属内、外帘官。❷清朝内阁所属内翻书房、方略馆之职官。详见“内翻书房”、“方略馆收掌”。

收掌官　见“收掌”。

如本　见“如琫”。

如京使　使职名。唐朝内诸司使之一，以武臣为之，职掌不详。《资治通鉴·唐文宗开成三年（838）》九月胡注：“唐置如京使，以武臣为之，内职也，未知所职何事。”一说为监太仓使，取《诗·小雅·甫田》“如砥如京”之意，改称如京使。五代后梁沿置。北宋为西班诸司使，无职掌，仅为武臣迁转之阶，有副使；神宗元丰（1078—1085）改制定为正七品。徽宗政和二年（1112）易名为武略大夫。

如京副使　官名。五代置为诸司使之一。宋初多不领本职，仅为武臣迁转之阶，属西班诸司使。真宗咸平元年（998），定为同七品。神宗元丰（1078—1085）改制，改从七品。徽宗政和二年（1112）重定武臣官名，改武略郎。

如琫　官名。亦称如本。清朝西藏地方武官之一。隶于戴琫，分掌各城典兵之事。设五品官十二人。每人辖甲琫二人。遇有缺出由甲琫升补。

妇　官名。殷朝置，后宫女官。殷朝卜辞及金文常见“妇某”称谓，如妇好、妇辛等等。参见“世妇”。

妇官　后宫女官总称。《吕氏春秋·季夏》：“是月也，命妇官染采。”

妃　秦朝以前以嘉偶曰妃，后世渐专指皇帝之妾及太子、王侯之妻。《左传·桓公二年》：“嘉耦曰妃，怨耦曰仇。”《说文解字注》：“妃本上下通称，后人以为贵称耳。”皇帝妃各朝名号繁多，称谓不一。参见各条。

妃嫔媵嫱　后宫诸女官泛称。妃嫔较媵嫱贵。《阿房宫赋》：“妃嫔媵嫱，王子皇孙，辞楼下殿，辇来于秦。”《注》：“自皇后而下，次为妃，次为嫔，又其次为媵为嫱，皆宫女之在阿房宫中者。”

好农使　官名。西汉宣帝时派遣使者至郡劝督农桑，故名。《汉书·食货志》：“蔡葵以好农使劝郡国，至大官。”

观风俗使　使职名。唐太宗贞观八年（634）授萧瑀、李靖等十三人，巡省天下州县，观风俗之得失，察刑政之苛弊。

观风整俗使　官名。清朝为巡察地方，劝谕化导风俗而特设之官。雍正四年（1726），查嗣庭、汪景祺以文字获罪，世宗谓浙江士子浇漓，乃停其乡试，并设观风整俗使。后，福建、广东、湖南等省亦设，均属临时性设置，事毕则解。

观文殿大学士　官名。宋仁宗皇祐元年（1049）始置，以宠待旧相。其后，宰相善罢而不除使相者例加此职，以罪黜免者则否。神宗元丰（1078—1085）改制，定为从二品。掌出入侍从，以备顾问，无官守，无典掌，而资望极高。西夏襄宗时亦置。

观文殿学士　官名。宋仁宗庆历八年（1048），改紫宸殿学士置。除特恩外，非曾任执政者不除。神宗元丰（1078—1085）改制，定为正三品。掌出入侍从，以备顾问。

观军容使　使职名。详见“观军容宣慰处置使”。

观军容宣慰处置使　使职名。唐肃宗乾元元年（758）郭子仪、李光弼等九节度之师围讨安庆绪，不置统帅，而授宦官鱼朝恩此号，监督诸军，犹监军使。其后又有左右神策军观军容使，唐僖宗中和三年（883），权宦田令孜为神策十军兼十二卫观军容使，统领全部禁军。

观政进士　对录为进士而未直接任官者的称呼。明洪武十八年（1385）始定，给以禄米，于诸司观政，使其谙练政体，然后擢任之。除入翰林院称庶吉士外，六部、都察院、大理寺、通政司诸署仍称进士。三年后即选京职。

观阁令史　官名。三国蜀置。《晋书·陈寿传》：“仕蜀为观阁令史。”

观察　❶唐、宋观察使之简称。❷宋朝缉捕使之别称。❸元、明捕役之别称。❹清朝道员之尊称。

观察支使　官名。❶唐朝节度使兼观察使，节度使府则置观察支使一员，分察支州、支郡善恶，位副使下、判官上。宋太宗太平兴国六年（981）诸节度州置一员，以明经及诸色入仕无出身人充任，与掌书记不得并置。❷宋朝选人官阶第二阶，神宗元丰（1078—1085）改制定为从八品，徽宗崇宁二年（1103）改为儒林郎。

观察孔目官　吏名。南宋临安府置，员一人，掌助理府事。

观察处置使　官名。唐肃宗乾元元年（758）改采访处置使置，详见“观察使”。

观察州　以观察使为长官之州。宋朝为六等州之第三等，低于节度州，观察使不赴任者，则以他官判、知，属官有观察判官、观察支使、观察推官等，又有观察副使专授左降官。辽朝观察州设观察使、观察副使、观察判官、州学教授、助教。金朝无专设观察使之州，以节镇、节度使兼本州观察使事，下设同知、观察判官等官。

观察判官　官名。唐肃宗以后置，为观察使属官，奏请有出身人及六品以下正员官充任。五代沿置。宋初观察州置，掌助理郡政，选士人充任。神宗元丰（1078—1085）改制，定为从八品。徽宗崇宁二年（1103）重定选人阶官，换承直郎。南宋临安府复置，助理本府政事。辽亦置为观察使州属官，位观察使下，协助处理政务。金朝诸节镇各置一人，为观察使属官，正七品，掌纪纲观察众务，分判吏、户、礼案事，通检推排簿籍。

观察使 官名。又称观察处置使。唐肃宗乾元元年（758）停诸道采访处置使、黜陟使而置，掌监察所部官吏善恶，张举朝廷大纲。唐朝中期未设节度使之江南、岭南诸道则置为最高长官，总其军政、民政，下设副使、支使及掌书记、判官、推官、巡官、衙推、随军、要籍、进奏官各一人；唐朝后期则多由节度使兼领，又有支使、判官、推官、巡官、衙推各一人。宋朝诸州沿置，有实任与遥领之别；后多用为武臣及宗室寄禄官，无定员、无职掌，不驻本州，神宗元丰（1078—1085）改制前为四品，后为正五品，位承宣使下、防御使上。西夏置，初为武官转迁职衔，后掌兵为实职。辽朝不设节度使之州置为观察使司长官，掌本州行政之事，有副使、判官。金朝诸节镇以节度使兼知，掌同府尹兼军州事，有同知管内观察使，以同知节度使兼。明洪武（1368—1398）初尝设十人，旋革。

观察使司 官署名。辽在一些州设，总领一州政事。主要为高、武安、利、益、宁、归、宁江、永、静等州。濮、易、泰、沈、应、蔚等州也曾设置。观察使州低于节度使州。

观察副使 官名。辽朝观察使州副长官。

观察推官 官名。唐肃宗以后置，为观察使属官，奏请有出身人及六品以下正员官充任。五代沿置。宋初观察州置，掌助理郡政，选士人充任。神宗元丰（1078—1085）改制，定为从八品。徽宗崇宁二年（1103）重定选人阶官，换文林郎。南宋临安府复置，助理本府政事。

羽人 官名。❶春秋时齐国置。《晏子春秋·外篇》：“景公盖姣，有羽人视景公僭者。”❷一说为周朝置，掌征收羽毛制作饰物。《周礼·地官》：“羽人，下士二人，府一人，徒八人。”“掌以时征羽翮之政于山泽之农，以当邦赋之政令。凡受羽，十羽为审，百羽为抟，十抟为缚。”

羽林 皇帝禁卫军。西汉武帝置，属光禄勋，掌禁卫皇宫。据《汉书·百官公卿表》，羽林掌送从，次期门，武帝太初元年初置，名曰建章营骑，后更名羽林骑。有令丞。宣帝令中郎将、骑都尉监羽林。颜师古注：“羽林，亦宿卫之官，言其如羽之疾，如林之多也。”东汉由羽林中郎将统率。魏晋南北朝沿之。北魏孝文帝太和十九年（495），选天下武勇之士十五万人为羽林、虎贲。武人挽上格者为羽林，次格者为虎贲。除担任宿卫外，也时常出征。

羽林中郎 官名。北魏置，负责皇帝的禁卫。多由宗室或鲜卑拓跋族人充任，是皇帝左右的亲信之职。北魏孝文帝太和十七年（493）官品令为从四品上，太和二十三年官品令无此职。

羽林中郎将 官名。西汉宣帝令中郎将监羽林禁军，称羽林中郎将，主羽林郎，掌宿卫侍从。属光禄勋，秩比二千石。东汉及三国魏、蜀沿置，多由外戚或功臣子弟等亲信充任。西晋罢。北魏复置，属领军将军（中领军），多授宗室或鲜卑拓跋部人，仍掌宫禁宿卫。孝文帝太和十七年（493）定为三品下，二十三年复次职令，未载。

羽林队仗副 官名。北魏置。《魏书·神元平文诸帝子孙列传》：“（元鸷）为羽林队仗副。高祖末，以征伐有功，赐爵晋阳男。”

羽林队主 官名。北魏置。统带羽林军士，负责宫廷侍卫。

羽林右监 官名。东汉置，秩六百石。属羽林中郎将。主羽林右骑，有丞一人。职掌宿卫宫禁，护从皇帝。三国魏、十六国西凉亦置。

羽林右监丞 官名。东汉置，属羽林中郎将，为羽林右监副职，员一人，秩三百石，助羽林右监领羽林右骑，掌宿卫侍从。

羽林右部督 官名。三国蜀置。《三国志·李恢传》：“（李）恢弟子球，羽林右部督，随诸葛瞻拒邓艾，临阵授命，死于绵竹。”

羽林左监 官名。东汉置。秩六百石，隶属羽林中郎将，主羽林左骑。有丞一人。职掌宿卫宫禁，护从皇帝。

羽林左监丞 官名。东汉置，属羽林中郎将，为羽林左监副职，员一人，秩三百石，助羽林左监领羽林左骑，掌宿卫侍从。

羽林郎 官名。西汉武帝初置羽林骑，掌宿卫送从。宣帝令中郎将骑都尉监羽林，谓之羽林中郎将，领郎百人，谓之羽林郎。选送汉阳、陇西、安定、北地、上郡、西河六郡良家子补。本武帝以便马从猎，还宿殿陛岩下室中，又号岩郎，出可补三百石丞尉。东汉沿置，秩比三百石，无员。安帝时，三公以国用不足，奏令吏人人钱谷为之。三国魏晋南北朝沿置，魏、晋为第八品，北魏太和十七年（493）官品令为从五品中。

羽林郎将 官名。西晋置，属光禄勋。统率羽林郎，负责宫殿门户的禁卫。东晋哀帝兴宁二年（364）省光禄勋，并人司徒属下，孝武帝宁康元年（373）复置光禄勋，仍属之。北魏亦置，太和十七年（493）定为从四品上。北魏还设有“高车羽林郎将”。

羽林都督 官名。三国吴置。《三国志·张昭传》：“（张休）为侍中，拜羽林都督，平三典军事。”

羽林监 官名。东汉置羽林左、右监。三国魏（一说晋）省其一，置羽林监，掌宿卫送从。东晋哀帝兴宁二年（364）置。南朝宋武帝永初元年（420）复置。齐、梁、陈及北魏、北齐沿之。西晋领营兵，东晋无复营兵。铜印墨绶，武冠，绛朝服。南朝多以文官领此职。北齐时属左右卫府，员十五人。魏、晋、宋为第五品。梁为五班。陈为七品，秩六百石。北魏太和二十三年（499）官品令为第六品。北齐亦六品。

羽林副 官名。南朝宋置。统带羽林军士。《宋书·宗室传》：“升明二年（478），（刘晃）与员外散骑侍郎安成戢成祖、荒人王武连、羽林副彭元儁等谋反，国除。”

羽林骑督 官名。西晋置。统率羽林骑士，侍卫皇帝出行。见《晋书·舆服志》。

羽林督 官名。三国吴置，晋朝亦置。统率羽林军士，侍卫皇帝。西晋属左、右卫将军。

羽林幢将 官名。北魏置。《魏书·高湖传》：“（高儿）美容貌，膂力过人，尤善弓马。显祖时，羽林幢将。”

羽直 官名。南朝宋人对北魏“羽真”的异称。

羽真 官名。北魏置，是鲜卑语的音译，为皇帝身边侍从近臣，职掌不详。《元昭墓志》：“（昭）祖连，使持节、侍中、征西大将军，都督河西诸军事、内都坐大官、羽真、统乃突镇都大将，常山王。”还有内行羽真、内大羽真、大羽真等。孝文帝太和（477—499）中改制时废。

羽猎曹 官署名。北魏置。掌皇帝出猎事务，多以他官兼领曹务。《魏书·罗结传》：“（罗伊利）除内行长，以沉密小心、恭勤不怠领御食、羽猎诸曹事。”

羽骑将军 官名。南朝梁置，陈沿之。武帝天监七年（508）定为武职二十四班中的十一班，大通三年（529）定制后班阶稍降，为武职三十四班中的十二班。陈改定为拟七品，比秩六百石。

羽骑尉 官名。隋文帝开皇六年（586）吏部所置八尉之一，从九品；隋炀帝大业三年（607）罢。

羽葆 官员的仪仗。以鸟羽注于柄头如盖，一说以翟尾为之。汉晋南北朝时，诸王及重要大臣有功则赐，大臣丧，亦或赐。北魏末赐尔朱荣前、后部羽葆，以示尊崇。

羽檄 即羽书。皇帝征召军队的一种文书。上插鸟羽，表示紧急，必须尽快传递。《汉书·高帝纪》：“吾以羽檄征天下兵，未有至者。”颜师古注：“檄者，以木简为书，长尺二寸，用征召也。其有急事，则加以鸟羽插之，示速疾也。”

驯马司 官署名。清朝銮仪卫左所下设机构。顺治十一年（1654）置，掌管帝、后仪仗之车驾。设掌印云麾使、掌司事治仪正各一人，共掌司事。

驯良苑 官署名。明成祖永乐五年（1407）置，北京苑马寺六监二十四苑之一，属清河监。设圉长一人，从九品，下分诸群，设群长，掌牧养马匹，以备军需。永乐十八年并入太仆寺。

驯象所 官署名。清朝銮仪卫所属六所之一。顺治十一年（1654）设。掌饲养仪象及保留乐器。置掌印冠军使、掌所事云麾使等官。下设东、西二司，分掌所事。

驰义将军 官名。南朝梁置。武帝天监七年（508）定为施用于境外的武职二十四班中的十一班，拟电威将军等号，大通三年（529）定制后，改拟武猛将军等号。

驰射将军 官名。南朝梁置。陈沿之。梁武帝天监七年（508）定为武职二十四班中的一班，是流内最低一班的最后一号，大通三年（529）定制后为武职三十四班中的七班。陈改定为拟九品，比秩四百石。

驰锐将军 官名。南朝梁置，陈沿之。武帝天监七年（508）定为武职二十四班中的十一班，大通三年（529）定制后班阶稍降，为武职三十四班中的十二班。陈改为拟七品，比秩六百石。

红本 ❶明朝宦官刘瑾专权之时，凡官员章疏必先具红揭投刘瑾，号红本；然后交通政司，号白本。❷明清专指用红笔批过皇帝处理意见的臣僚奏章。清制，内外题本经内阁票拟、皇帝裁决后，仍发回内阁，用红笔将皇帝选定之票签分别以满、汉文字批于本面，名曰批红。经过批红的题本，即为红本，每天由六科值日给事中领出传钞各关系衙门执行，年终缴回内阁，贮存于红本库。

红册 清朝宗人府之户籍簿。其制，分黄、红册两种，宗室载入黄册，觉罗载入红册，以图永世保存。

红头牌 清朝膳牌之一种，为宗室王公呈进给皇帝的衔名牌。木质，红漆。

红单 文书名。清朝官兵向兵部领取马匹之凭证。清制，扈从皇帝出巡之官兵例由兵部发给马匹，应领者首先赴兵部预领此单，然后持单至放马处领取。

红带子 清朝“觉罗”之别称。以其系红色带，故名。

红旗科 清朝兵部职方清吏司所属之办事机构。额设经承一人。

约禄 求取爵禄。《商君书·修权》：“夫废法度而好私议，则奸臣鬻权以约禄。”

级 官爵品级。《史记·秦始皇本纪》：“百姓内（纳）粟千石，拜爵一级。”秦制，以战争中斩敌之首加爵，斩敌一首加爵一级，斩敌十首，即为十级。

级纪抵销 清朝吏部之处分制度。凡官员因过给予降级、罚俸处分者，准予本人所得加级、纪录抵销。有加级，则抵销其降级；有纪录，则抵销其罚俸。加一级可抵销降一级，兵部所叙军功加一级，可抵销降二级。纪录一次，可抵销罚俸六月；兵部所叙军功纪录一次，可抵销罚俸一年。欲以加级抵销罚俸者，凡因劳绩或特旨加赏之级，每一级准改纪录四次，按次抵销罚俸；唯覃恩所得加级及捐纳加级，不准改抵。若遇大过所加实降实罚，则指明不准抵销。

纪和大夫 散官名。金朝司天二十五阶之第十阶，秩正六品上。

纪事司 官署名。明太祖洪武六年（1373）于内廷中置。设司正，秩正七品，以宦官为之，具体职掌不详。后罢该司。

纪录 清朝吏部奖叙制度。凡官员考核成绩优良，或有功绩者，得以纪录。分为三等，分别为纪录一次、二次、三次。与加级合计则共分十二等。可抵销降罚，纪录四次抵降一级，记录一次抵罚俸六个月。官升则准随带，有级则改为纪录，准随带加级者不改。参见“加级”。

纪候郎 官名。朱元璋吴元年（元至正二十七年，1367）于太史院置，正七品，具体职掌不详。洪武元年（1368）罢。

纪善 官名。明朝于各王府纪善所分置，各二人，正八品，掌规谏讽谕。

纪善所 官署名。明洪武三年（1370）置，初隶王相府。十三年罢王相府，改隶王府长史司。置纪善二人，正八品。掌讽导礼法，以教王为善。

丞 官名。辅佐官统称。战国时县丞省称丞，为县令副职。汉朝沿用为各官署长官副佐的统称。自中央至郡县均有丞。中央各官署有令、丞，长、丞；郡有郡丞、县有县丞，其官秩自千石至三百石不等。魏晋南北朝诸卿、诸署令、太子詹事府、公主家令、郡县等官署亦多置，官品自六品至九品不等。隋、唐、五代中央及地方部分官署皆置。中央秘书省、殿中省、诸寺、诸监、东宫太子詹事府均有丞，为处理本官署日常事务之佐官。史称丞掌判省事、丞掌判寺事。尚书省之左、右丞亦属此类。中央诸寺监下各署、内侍省各局（或相当于署、局一级的监、陵、库等）、东宫诸率府及其下各署，地方县、关及公主邑司亦置，皆为本官府副长官。清朝中央机构各寺、监之属官亦称丞。明初沿旧制设中书省，于丞相、平章政事下设左、右丞，正二品。洪武十三年（1380）罢中书省，遂废。清制，大理寺设左右寺丞，满、汉军、汉各一人，正六品，掌核内外刑名，质成长官，参纠部谳。太常寺设寺丞，满、汉各二人，正六品，掌祭祀品式，遴补吏员。光禄寺所属太官、珍馐、良酝、掌醢四署设四署丞，满洲一人，从七品，佐署正掌署事。国子监丞一人，正七品，掌颁祝制，稽勤惰，核支销等。此外，鸿胪寺初设左、右寺丞，光禄寺初设寺丞，后均省。清末则为新设各部职官名。其内阁设丞一人，掌主阁务，综领众局。外务部承政厅设有左、右丞，民政部、度支部、学部、法部、农工商部、邮传部均设左、右丞，位列副大臣之下，掌机密文移，综领众务。

丞仪 官名。金朝皇后位下女官，掌左右给事、宣传启奏、经籍纸笔之事。设一员，秩正九品。

丞杂 御史中丞与侍御史知杂事（知杂侍御史）合称。

丞直 官名。即太子内坊丞直。

丞郎 尚书左右丞及六部侍郎、郎中通称。

丞参 清末新设于各部尚书、侍郎以下的左、右丞和左、右参议之统称。主要职掌为拟订、审议有关部务之法制政令。

丞相 官名。❶最高国务长官。战国秦始置，或设一员，或分设左、右（或说魏、赵、燕等国亦置）。由君主任免，秉承君主命令，任用领导百官，辅助国君管理军政要务，从而改变春秋列国世卿世禄、政出私门、诸卿共执国政的局面，加强集权和君主专制。其封列侯者权位尤重。属官较少，具体事务由各级官吏分工负责。秦朝沿置，增设御史大夫为其副贰，以相制约。西汉因袭秦制，职司机构更加完备。初置一员，寻改称相国，不久复旧，或分置左、右。秩万石，金印紫绶。秉承帝命，处理全国政务。可自行辟除僚属；有荐举选用官吏及劾奏百官、执行诛罚之权；主管郡国上计，保管全国计籍，考课、黜陟地方长官；总领百官奏事朝议；对皇帝诏令有权封驳谏诤；兼管刑狱、律令，在军事、边防方面也有一定权限。丞相府组织日益庞大，至武帝时有属吏三百余人。置司直、长史、征事、掾、史、属等僚属，设东、西、奏、集、议等诸曹，分管官吏迁除、郡国事务、章奏议论、征集租谷等庶务。总领朝廷百官，位极尊隆，军国政务无所不综，多由功臣出身爵封列侯者担任，或可抗折旨意，皇帝亦对其优礼相待。至武帝时为加强皇权，削弱相权，引用侍从左右地位亲近的文武官员如侍中、诸吏、左右曹及诸将军、大夫、郎等参与谋议，以尚书（中书）掌受纳传达章奏诏旨，形成参与决策的中朝（内朝）体制。丞相作为外朝官首领，成为执行成命的行政长官。昭帝以后更以大司马大将军为中朝官首领，录尚书事，执掌决策、出令之机要政务。成帝号丞相、大司马、大司空为三公，同称宰相，三分相权。哀帝复改丞相为大司徒，东汉称司徒。东汉末曹操复自为之，独揽朝政，挟天子以令诸侯，非寻常人臣之职，其相府实为小朝廷，综理军政庶务，僚属更多。魏晋南北朝因之，省置无常，或分置左、右，或称大丞相，多用以位置权臣，皆一品，梁称十八班。凡任之者权任极重，独揽军政，令由己出，往往由此进位皇帝。或亦用作赠官。实际负责政务的宰相多加其他职衔。隋朝废。❷唐玄宗开元元年（713）、天宝元年（742）及南宋孝宗乾道八年（1172）曾改尚书左、右仆射为左、右丞相，用作尚书省长官之名。唐朝从二品，宋朝正一品。辽朝置左、右丞相为中书省长官，系南面朝官，非定制，亦无实权。金朝亦分置左、右，为尚书省长官，从一品，与平章政事并为宰相，总理政务。元朝建国前，汉人以称蒙古诸帝所置掌政刑的大断事官（也可扎鲁忽赤），分治中原汉地的断事官及燕京行尚书省长官亦有此称，主管宣发号令和内外闻奏诸事的必阇赤长称中书丞相。元世祖中统元年（1260）置为中书省长官，总领百官，位次中书令，次年分置左、右。其后尚书省亦置。员额皆不定，省置亦无常。武宗至大四年（1311）后，定制尚书省并入中书省，设左、右丞相各一员，正一品。其左丞相或置或省。诸行中书省（行尚书省）亦设为长官，但不常置。明初亦设左、右丞相为中书省长官，正一品，太祖洪武十三年（1380）随中书省废。❸太平天国朝上职官之一，代表官阶，非如前代宰辅之职。金田起义后分天、地、春、夏、秋、冬六官，各设正、又正、副、又副丞相四员，共二十四员，地位仅次于王、侯。奉命出征时可独当一面，统领数军，总制以下均听指挥。行文系衔称钦差大臣。初期又设东、西、南、北四殿丞相，在各王处听使，后废。有战功者封平胡丞相，然不予印绶。又有恩赏丞相，系朝官加衔或一时赐授。此外皆称殿前丞相，不得与六官丞相并列。❹唐、宋用作宰相的通称。后世亦因之。

丞相少史　官名。汉武帝置，为丞相属官，秩四百石。《汉书·昭帝纪》："丞相少史王寿诱将安入府门。"

丞相长史　官名。西汉文帝始置，员二人，或增为三人，秩千石。丞相府幕僚之长，协助丞相署理相府诸曹，监领府事，并可出席朝议，参与重大案件的会审，奉诏干预地方事务等。哀帝至东汉改名大司徒长史、司徒长史。三国两晋南北朝丞相权位极重，往往非寻常人臣之职，相府僚属地位亦重，其长史多分置左、右，丞相出征，置行军长史掌军旅行伍，留府长史（居府长史）掌留守，位皆尊崇。甚至有以尚书令、仆射、中书令、侍中等官兼任者。

丞相史　官名。西汉置，属丞相，秩四百石。初佐丞相掌监察地方。武帝元封五年（前106）置部刺史监察州部后，协助丞相处理具体事务，无定员，位在司直、长史下。

丞相司直　官名。西汉武帝元狩五年（前118）始置，秩比二千石，为丞相府地位最高的僚属。位居司隶校尉上，有所会，居中二千石前。协助丞相监察检举百官，督录州郡长官。哀帝时改置大司徒司直。东汉初复置，光武帝建武十一年（后35）省。东汉末曹操为丞相时复置，西晋亦曾置，掌监察京师诸官。

丞相征事　官名。西汉属丞相。据《汉仪注》，征事比六百石，皆故吏二千石不以臧罪免者为之。东汉献帝建安十五年（210）亦置，员二人。

丞宣　官名。太平天国东、西、北、翼王殿属官。永安建制始设，分置左、右，各王殿均为二十四人，掌发号施令。东、西王殿丞宣职同检点，北、翼王殿丞宣职同指挥。

丞监　官名。战国秦国置，掌监察。《商君书·禁使》："今恃多官众吏，官立丞监。夫置丞立监者，且以禁人之为利也。而丞监亦欲为利，则何以相禁。"

丞尉　战国秦国县丞和县尉的合称。

巡仓科道　见"巡视京通各仓御史"。

巡白　官场用语。宋朝百官赴政事堂、枢密院议事，称为巡白。

巡对　唐德宗贞元七年（791）令常参官每日二人引见，问以政事，谓之巡对。

巡边使　使职名。唐玄宗开元四年（716）曾以御史中丞姜晦为之。

巡行　中央官员对地方机构巡视督察。《礼记·月令》："命司徒巡行县鄙。"

巡守　古代帝王视察诸侯所守的地区。《尚书·虞书·舜典》："东巡守。"孔安国传："诸侯为天子守土，故称守，巡行之。"《孟子·梁惠王下》："天子适诸侯曰巡狩。巡狩者，巡所守也。"朱熹《集注》："巡所守，巡行诸侯所守之土也。述所职，陈其所受之职也。"

巡防队什长　官名。清末各省巡防队各棚之长。光绪三十一年（1905）后改各省旧军为巡防队。三十三年定制，分五路驻防，每路辖步马队若干营，营辖三哨，步队每哨辖八棚，马队每哨辖四棚。每棚设什长一人，管正兵九人。

巡防队分路帮统官　官名。清末各省分路巡防队副长官。光绪三十一年（1905）后各省旧军改巡防队，三十三年定制分五路驻防，每路设帮统官一人，由防营、绿营军官中选充，事简可缓设。协同统领官督率操防及稽查事宜。

巡防队分路统领官　官名。清末各省分路巡防队长官。光绪三十一年（1905），令各省旧军改为巡防队，亦称巡防营。三十三年定制，分前、后、中、左、右五路驻防，每路设统领官一人。由勇营、绿营资深而年富力强之军官中调充。掌该路各营操防及稽查等事宜。

巡防队书记官　官名。清末各省分路巡防队属官。光绪三十一年（1905）后各省旧军逐步改为巡防队，分五路驻防，始置。每路一人，奏补。掌本路往来各项文牍。

巡防队执事官　官名。清末各省分路巡防队属官。光绪三十一年（1905）后各省旧军逐步改为巡防队，分五路驻防，始置。每路一人，奏补。掌本路各营庶务。

巡防队会计官　官名。清末各省分路巡防队属官。光绪三十一年（1905）后各省旧军逐步改为巡防队，分五路驻防，始置。每路一人，奏补。掌本路各营饷项。

巡防队哨长　官名。清末各省巡防队各哨副长官。光绪三十一年（1905）后改各省旧军为巡防队。三十三年定制，分五路驻防，每路辖步马队若干营，营辖中、左、右三哨。每哨设哨长一人为副长官，佐哨官管理全哨事务。

巡防队哨官　官名。清末各省巡防队各哨长官。光绪三十一年（1905）后改各省旧军为巡防队。三十三年定制，分五路驻防，每路辖步马队若干营，每营辖中、左、右三哨。每哨设哨官一人为长官，负管理全哨事务之责。

巡防队管带官　官名。清末各省巡防队各营长官。光绪三十一年（1905）后各省旧军渐改为巡防队。三十三年定制，分五路驻防，每路辖步马队若干营，营置管带官一人。职掌管理全营事务。

巡抚　官名。❶宋朝巡视安抚地方之特遣官员。

宋制，地方诸州遇有灾伤，则遣廉访民瘼之官员，有巡抚大使、副大使、安抚使、副使等，其官卑者不加使名，只称巡抚。以其职责为巡视安抚，故名。为临时性设置，事毕则解。❷明朝廷派驻地方官员、清地方长官。明洪武二十四年（1391），遣懿文太子朱标巡抚陕西。永乐十九年（1421），始以朝臣巡视地方，安抚军民，谓之巡抚，或名镇守。然非地方专任之官，遇事则遣，事毕复命，即或停遣。自宣德五年（1430）始，各省专设，遂为定员。景泰四年（1453），加都御史衔。其名称以管辖之地区与职责之不同而时相参错。如巡抚兼军务者，加提督；有总兵地方，加赞理或参赞，所辖多、事众者，加总督。有总督兼巡抚、提督兼巡抚，及总理巡视抚治等员，皆加都御史衔或副佥都御史衔。与总督同为地方最高长官。清初沿明制，无定员。后加调整，山东、山西、河南、江苏、安徽、江西、福建、浙江、湖北、湖南、陕西、甘肃、广东、广西、云南、贵州各一员，正式成为省级地方政府长官。总揽一省的军事、吏治、刑狱等，掌宣布德意，抚安齐民，修明政刑，兴革利弊，考核群吏。每逢乡试，则充监临官，总摄场务。武科充主试官。标下有参将、游击等官。地位略次于总督，定制为从二品。雍正元年（1723）定巡抚衔制，由侍郎授者，改兵部右侍郎兼都察院右副都御史；由学士、副都御史及卿员、布政使等官授者，俱为右副都御史；由左佥都御史或四品京堂、按察使等官授者，俱为右佥都御史。乾隆十四年（1749），定巡抚不由侍郎授者，俱兼右副都御史，是否兼兵部侍郎衔则由吏部请旨定夺。如兼侍郎衔者则为正二品。清末宣统（1909—1911）间，军政、盐政厚集中央，督、抚之权大削。别称抚台、抚军、抚院、部院。

巡抚大使　官名。唐、宋置，掌廉访民瘼，或置副大使佐之。

巡抚使　使职名。高宗仪凤元年（676）遣使分道巡抚，以宰相来恒为河南道巡抚使、薛元超为河北道巡抚使、尚书左丞崔知悌为江南道巡抚使。五代仍置，以朝官为之。

巡抚副大使　见“巡抚大使”。

巡官　官名。唐朝节度使、观察使、团练使、防御使属官，位判官、推官下。又有营田巡官、转运巡官、馆驿巡官等名目，盖随使而置。北宋太宗太平兴国三年（978）三司诸案置，位推官下，以朝官充任，分领诸案庶务，淳化四年（993）废。

巡视　官名。❶明朝监察御史在京内之职。有巡视京营、巡视光禄、巡视仓场、巡视内库等名目。都御史、副、佥都御史在外者亦置，始于永乐（1403—1424），不常置，因事而设。嘉靖二十七年（1548）改原浙江巡抚而置。二十八年罢，三十一年复置。始定。❷明镇戍军置，如湖广守备中有“巡视洞庭湖”一人。

巡视五城御史　见“巡城御史”。

巡视京通各仓御史　官名。明清都察院专差御史之一。明朝设巡视仓场御史、提督京通二仓御史，不时巡查。清朝沿设。初差一人，其后差、停不定。雍正五年（1727）定京、通仓各差一人，乾隆四十三年（1778）增差内仓一人。因巡仓御史科、道并差，故又称巡仓科道。

巡城御史　官名。又称巡视五城御史、五城御史。清朝京都五城察院之长官。中、东、西、南、北五城，每城设满、汉各一人，由科道官内简派，一年一更换。掌稽查地方，厘剔奸弊，整顿风俗。

巡政　清朝巡检之别称。

巡查　官名。太平天国军中给事官。见“军中典官”。

巡按　巡按御史之简称。

巡按御史　官名。简称巡按。明清都察院专差御史之一。明洪武十年（1377）始派监察御史出巡地方。以后定制北直隶设二人，南直隶三人，宣大一人，辽东一人，甘肃一人，十三省各一人。监察御史虽官仅七品，但出为巡按，名曰代天子巡狩，在地方考察民情，监督吏治，大事奏裁，小事立断，事权甚重，地方官员不敢与抗。系差遣职务，事毕还京。清初沿置，每省一人，顺治十七年（1660）裁。

巡阁道使　使职名。唐玄宗天宝十五载（756）六月车驾次扶风郡后，将幸蜀，遂以韦谔为巡阁道使并先行。

巡洋长江舰队统制　官名。清末海军长官。宣统元年（1909）设。一人，正二品，海军副都统加海军正都统衔充。职督率巡洋、长江二舰队。

巡洋舰队统领　官名。清末巡洋舰队长官。宣统元年（1909）置。一人，从二品，海军协都统充。掌督率该舰队。

巡盐御史　官名。明清都察院之属官。专司巡盐。明洪武（1368—1398）中设。后定制两淮、两浙、长芦、河东各派一人，任期一年。对所属都转运盐使司行监察之责。清初沿置，并增设福建、两广各一人。康熙（1662—1722）以后陆续停派，改设盐政，督理盐务。

巡捕　官名。清朝总督、巡抚、将军的随从官。分文、武两种，文巡捕以本省之佐杂官充任，武巡捕以本省低级武官充任，分别负责宣传和护卫事。又，钦差官如主考、学政亦有临时之巡捕，由总督、巡抚指派。

巡检　官名。❶负责地方治安之官。五代后唐始置。宋朝置于沿边寨及险要去处，以閤门祇候至诸司使、将军或内侍等充任。另或置同都巡检使，若供奉官以下充任，则不带“使”字。并置巡检都监、巡检使或同巡检使等，若三班使臣充任，则不带“使”字。管辖一州或几州事务。每二至七县，又置驻泊巡检一人；沿海则有刀鱼战棹巡检，江河湖海有捉贼巡检等。西夏及金朝始专置为巡检司长官，秩正九品。元朝沿置，分设于大都东、西、南、北关厢及全国各地。明初置为巡检司长官，初较重视，后改为杂职，各一人，正九品。清沿置。❷清朝各都转运盐使司所属巡检司长官。初两淮二人，后增直隶一人、山西二人，共五人。掌巡查盐场员额，验核引盐出入、盐商单照等事。

巡检司　官署名。❶掌管地方治安机构。宋真宗景德三年（1006）始置京东五路巡检司，其后各处分置，或置都巡检司。西夏沿置，仁宗天盛年间（1149—1169）不设。金、元沿置于京城及要害之处。明洪武二年（1369）始沿置于广西，后渐增置于各州县关隘要冲之处，而都城不设。设巡检、副巡检以掌缉捕盘诘，维持地方治安之事。清朝沿置。❷清朝基层盐务机构。隶都转运盐使司，于长芦、两淮、山西等都转运盐使司下分置，设巡检，下设攒典，帮办巡察盐场事务，并督兵役。

巡检使　官名。宋朝置于诸州及沿边诸寨，路当险要处亦或置。又有都巡检使、同都巡检使、同巡检使等名目。掌巡检州邑、捕诘盗贼及查禁私贩茶盐之事，以阁门祗候以上至诸司使、将军或内侍充任。若供奉官以下及三班使臣任职，则不称使。领一州或数州，或从道路便宜不限境土，各因其地以为名。

巡教使臣　军事教官名。宋神宗时置，掌训练考核军士武艺。数年后废。

巡尉　宋朝巡检与县尉合称。

巡尉司吏　吏名。亦称尉史、尉吏。元成宗大德四年（1300）定制，各县巡尉司置一人，掌捕盗。初从民间选取，旋改由贴书等补充。任满一年无过，升任县司吏。

巡绰　官名。又称巡绰官。明清科举考试中特设之官，属外帘官。由兵部委派，负责管理号军，维持考场纪律。

巡绰官　见“巡绰”。

巡铺官　贡院官名。宋太宗雍熙二年（985）礼部试，派官巡察廊下，以防应试举人作弊。真宗景德四年（1007），命官员巡试铺。仁宗天圣二年（1024），正式置巡铺官。其后，每开科必置。

巡道　官名。又称分巡道。明清道员之一。主掌刑名之事，其再兼某衔者，则更兼管其事。明朝初制，恐守令贪鄙不法，于各布政司所属设试佥事。后罢试佥事，改设按察分司四十一道，以按察司副使、佥事分司之。渐增至六十九道，其中兼兵备者五道，两京不设按察司，巡道无所属，则寄衔于邻近省之按察司。清顺治（1644—1661）中沿设，先后共设七十二道。十六年定各道均兼带按察使司衔。各道员或通辖全省，或分辖三四府州，因职设官，裁设衔额无定，皆带原品衔充任。乾隆十八年（1753）裁副使、佥事等衔，定为正四品官。巡道由此从临时性的差使，变为实官。嘉庆四年（1799）准其密折奏事，加之兼衔者多，事权益重，渐与布、按二司并论。所属有库大使、仓大使、典吏、攒典等员分办事务，皆因地建置，不备设。宣统三年（1911）清亡，遂废。

巡漕御史　官名。明清都察院之属官。专司巡漕。明永乐十六年（1418）差御史巡漕。万历（1573—1620）中定设御史一员，督催粮务。清初停废。雍正七年（1729），因粮船过淮抵通，诸弊丛生而复设二人，以御史、给事中拣选派充，一年一更代。乾隆二年（1737）增为四人，分驻淮安、济宁、天津、通州。专司纠察诸弊，巡视漕河，挑浅疏滞，催赶运船，查需索，禁夹带，严监兑。道光二年（1822）停遣。

巡察　官名。清初特设巡察地方之官。康熙十九年（1680），以刑部尚书魏象枢任之，以巡察畿辅，按治豪猾。雍正六年（1728），命国子监侍读励宗万任之，巡察山西。皆为临时差遣，不专设，事毕则解。

巡察使　使职名。朝廷临时委派巡视地方之使臣。唐太宗贞观十七年（643）遣十七道巡察；二十年遣孙伏伽等二十二人以六条巡察天下，黜陟官吏；武则天时（684—704）或以左、右御史台官充任；中宗神龙二年（706）诏以左、右台内外五品以上官二十八人分为十道巡察，二年一替；玄宗开元三年（715）敕巡察使察官人善恶闻奏，二十二年以后遂为采访处置使取代。

巡覆官　官名。唐朝诸道盐铁转运等使属官，文宗（827—840）时刘茂贞曾任此职。

巡警　❶宋朝巡检使之别称。以其有巡行警备之责，故名。❷明朝巡捕房执事人员之通称。❸清末警察之俗称。

巡警公所　官署名。清末各省巡警道衙署。光绪三十三年（1907）改革地方官制，始设。置巡道一人，下设总务、行政、司法、卫生四科。各科置科长（正六品）一人，副科长（正七品）一人，科员（正八品）若干人。掌全省巡警、消防、户籍、营缮、卫生事宜。

巡警部　官署名。清末新设的中央机构之一。即全国最高公安行政机关。光绪三十一年（1905），改工巡总局设。掌全国警政，直辖京师司法、内务、治安事宜。辖警政、警法、警保、警学、警务五司及京师内城巡警总厅、外城巡警总厅、高等巡警学堂、外城预审厅、内城预审厅、习艺所、稽查处、路工局、消防队、协巡营、探访队。置尚书，左、右侍郎，左、右丞，左、右参议，三十二年，改民政部。

巡警部机务所　官署名。清末巡警部所属之机构。光绪三十一年（1905）设。掌开用印信、收发文件、接洽电话、值日值宿、递送折件等事。置七品小京官四人。三十二年，并入民政部。

巡警部丞　官名。清末巡警部之职官。光绪三十一年（1905）设。正三品，左、右各一员。佐尚书、侍郎统率各司，综领众务。三十二年，改民政部丞。

巡警部尚书 官名。清末巡警部之长官。光绪三十一年（1905）设。从一品，特简。掌总理部务，统率全国警政，筹议警察制度。三十二年，改民政部尚书。

巡警部侍郎 官名。清末巡警部之副长官。光绪三十一年（1905）设。正二品，左、右各一人，特简。佐尚书统率全国警政，筹议警察制度。三十二年，改民政部侍郎。

巡警部参议 官名。清末巡警部之职官。光绪三十一年（1905）设。正四品，左、右各一员。分判各司事务，稽核司员以下功过，与左、右丞协同核审全国警章。三十二年，改民政部参议。

巡警道 官名。清末各省巡警长官。光绪三十三年（1907）改革地方官制，始置。每省一人，正四品，简任。任期三年，归督抚统属，并由民政部考查。掌全省巡警、消防、户籍、营缮、卫生事务，并监督指挥所属各官。设巡警公所为衙署。

七　画

〔一〕

玛瑙提举司　官署名。元朝置，秩从五品，隶诸路金玉人匠总管府。世祖至元十五年（1278），由大都等处玛瑙局改立，领大都、弘州两处造作。置提举、同提举各一员。

形方氏　官名。《周礼》夏官之属，一说为周朝置，掌邦国地域疆界划分。《周礼·夏官》："形方氏，中士四人，府四人，史四人，胥四人，徒四十人"，"掌制邦国之地域，而正其封疆。无有华离之地，使小国事大国，大国比小国"。

麦仓下士　官名。西魏、北周地官府司仓下大夫麦仓中士佐官，正一命。

麦仓中士　官名。西魏恭帝三年（556）置，北周沿置。地官府司仓下大夫属官，掌大、小麦的收藏和保管，正二命。下设麦仓下士以佐其职。隋文帝开皇元年（581）罢。

麦䴵场　官署名。宋朝将作监置，掌接受京畿诸县夏租麦茎，以供修治墙垣。设监官一人，以三班使臣充任。

寿光学士　官名。南朝梁所置文学侍从之臣。《陈书·文学·岑之敬传》："寻为寿光学士、司义郎。"

寿光省　南朝梁文学侍从之臣入直之处所，设于寿光殿。置司文郎、司义郎、学士等官。亦或令他官入直。《梁书·文学·任孝恭传》："进直寿光省，为司文侍郎。"《陆云公传》："召兼尚书仪曹郎，顷之即真，入直寿光省，以本官知著作郎事。"

寿武库　官署名。元朝置，秩从五品，世祖至元十年（1273）由衣甲库改立，隶军器监、武备寺。置提点、大使各二员，副使四员。

寿福总管府　官署名。元朝置，秩正三品，隶太禧宗禋院。文宗天历元年（1328）由寿福院改立，掌大圣寿万安寺寺产、僧众。置达鲁花赤、总管、副达鲁花赤、同知各一员。下辖万安、万宁、延圣营缮司。

寿福院　官署名。元武宗至大四年（1311），建大圣寿万安寺，置万安规运提点所，秩正五品。仁宗延祐二年（1315），升都总管府，秩正三品。后升寿福院，秩正二品。文宗天历二年（1329）降为总管府。

进士　科举制度。周始定为取士之法，取士可以进而仕之意。《礼记·王制》："大乐正论造士之秀者，以告于王，而升诸司马，曰进士。"郑玄注："进士，可进受爵禄也。"隋炀帝时始定为科目之名，亦用以称由此科目而取录者。唐宋，凡应此科考试举人皆称进士，已登第则自称"前进士"。辽、金、元时，士人经地方考试选拔后，赴京会考，经礼部试取录后，再由皇帝殿试以定名次。一甲授官从六品，二甲正七品，三甲正八品。辽前期无契丹人试进士之制，后渐有应试登第者。金朝则专设女直进士科。元朝以蒙古、色目人为右榜，其试题较汉人、南人的左榜为易。会试落第则称乡贡进士。明清沿前制，举人须经殿试取录后方称进士，否则只称会试中式举人。进士或入为翰林官。一甲第一名为状元，授修撰，第二、三名分别为榜眼、探花，授编修。二、三甲可考选庶吉士、给事中、主事、中书、行人、太常博士、国子博士，或授地方府推官，州、县等官。参见"进士科"。

进士及第　科举制度。宋朝进士科考第分五等，上二等即称进士及第。元、明、清诸朝规定，经殿试取录者共分三甲，第一甲赐进士及第。共三人，分别称状元、榜眼、探花。

进士出身　科举制度。宋朝进士科考第分五等，第三等即称进士出身。元、明、清诸朝规定，经殿试取录者共分三甲，第二甲赐进士出身。

进士科　贡举科目名。隋朝始置。唐朝尤贵此科，其得人亦为最盛，应此科者试诗、赋及时务策五道、帖一大经，经策全通为甲第；策通四、帖过四以上为乙第。甲第，从九品上；乙第，从九品下。后以箴论表赞，代诗赋试策三道。宋朝为最重要的科目，考诗、赋、论、时务策。神宗熙宁（1068—1077）中，改试经义、论、策。哲宗元祐四年（1089），分诗赋进士、专经进士两科，皆兼试诗赋与经义、论策。绍圣元年（1094），罢诗赋进士科，南宋复设。第一、二等赐及第，第三等赐出身，第四、五等赐同出身。进士及第或出身者待遇优厚，士人多习此科，故此科得人最多，后世称为将相科。金朝亦置，分词赋、经义两科，以待汉族士人。词赋进士试赋、诗、策论各一道，经义进士试所治一经义、策论各一道。世宗大定十一年（1171），创设女直进士科，初仅试策，后增试论，用女直文字以为程文，以待女真士人。元朝进士分论、经义、词赋三科，又有蒙古进士科、汉人进士科之别。明朝以后定为贡举唯一科目，其中分文科、武科。以乡试合格举人赴会试，中式者赴殿试。分一、二、三甲取名次；一甲三人，分别称状元、榜眼、探花，赐进士及第；二甲若干人，赐进士出身；三甲若干人，赐同进士出身。

进义校尉　官名。宋徽宗政和二年（1112）重定武臣阶官名，改三班借差置，位在进武校尉下、下班祗应上，属无品武阶官。金、元皆置，为武散官三十四阶第三十二阶。金为正九品下。元朝为正八品，敕授。

进义副尉　官名。宋徽宗政和二年（1112）重定武臣阶官名，改正名军将置，位进武副尉下、守阙进义副尉上，属无品武阶官。金、元亦置，为武散官三十四阶最末一阶。金为从九品下。元朝从八品，敕授。

进马　官名。唐朝殿中省尚乘局置六员，正七品下。每日尚乘以厩马八匹，分为左右厢，立于正殿侧宫门外，进马二人，戎服执鞭，侍立于马之左侧，随马进退，虽名属殿中省，实为武职，用资荫选择，如千牛备身。玄宗天宝八载（749）罢，十二载（753）复，肃宗乾元（758—760）省，上元（760—761）复置。宋朝为荫补官，台省六品、诸司五品以上官子弟得应补，须年龄合格，并试以念书，精熟者始补授。

进拟案　官署名。宋神宗元丰（1078—1085）改制置，属刑部，掌进断案刑名文书。南宋因之。

进纳　官场用语。即纳粟补官，俗称买官。宋朝为三色官之一。宋制，富室纳粟赈粜、雇夫筑城或出钱粮助边，均可依数量多寡补授不同官职。宋太宗淳化五年（994），规定纳粟一千石赐爵一级，二千石授本州助教，三千石授本州文学，四千石授试大理评事、三班借职，五千石赐出身、授三班奉职，七千石授别驾、不签书本州公事，一万石授殿直、太祝。入粟授斋郎、试衔、出身、簿尉、殿直、奉职者，可依现任文武品官例免本家州县色役。入粟补官者初皆于宣敕内明注“进纳”二字，仁宗庆历八年（1048）以豪民耻见此二字，皆除落。凡进纳人，许四任十考改官。

进武校尉　宋朝无品武阶官名。位在从九品承信郎下、进义校尉上。

进武副尉　宋朝无品武阶官名。位在下班祇应下、进义副尉上。

进奏官　官名。唐代宗大历十二年（777）改上都留后院为上都知进奏院而置，为进奏院长官。主持藩镇设在京师官邸之邸务，领以大将，亦称邸官，掌朝廷与本镇间诏令、章奏及各种文书的承传。唐末藩镇跋扈，诸镇皆置，进奏官皆得入见天子。五代恣横益甚。宋初尚沿旧制，各州镇皆置，专达京师，多至百人，实为皂隶。真宗大中祥符二年（1009）始定任职十年以上可补三班奉职。

进奏院　官署名。唐朝藩镇皆置邸于京师，以大将领之，称为上都留后院。代宗大历十二年（777）改为上都进奏院，简称留邸、进奏务。以进奏官主其事，掌传送文书。五代时，州郡不隶藩镇者，自于京师置邸。宋初沿旧制，诸州镇署人为进奏官驻京师。太宗即位，尽罢藩镇领支郡，诸州各置邸京师。时外州将吏不愿久住京师，多私募京师人或以亲信代理，事多泄漏。太平兴国七年（982），置都进奏院，以京朝官及三班使臣二人为监官，掌受诏敕及诸司符牒颁下诸州军，接收各地奏案牍状牒，以奏御分送诸司。神宗元丰（1078—1085）改制后，隶给事中。

进食使　使职名。唐玄宗天宝九载（750）置，时诸贵戚竞以向皇帝进膳食相尚，遂以宦官姚思艺为检校进食使，掌所进水陆珍羞。

进勇副尉　宋朝无品武阶官名。南宋高宗绍兴五年（1135），改效用兵甲头置。位在守阙进义副尉下、同进勇副尉上。

进谋将军　官名。十六国前燕置。《晋书·艺术传》：“（慕容）儁闻冉闵乱，将图中原，访之于（黄）泓，泓劝行，儁从之。及僭号，署（泓）为进谋将军、太史令、关内侯。”

远方选　任官制度。明朝始定，为举人、监生出仕时最劣等出路。即待选授云南、贵州及各边省官署首领官、卫学教授、王府教授之缺。

远地　官场用语。宋朝官员所任差遣之地离都城千里以外者，称远地。

远官　春秋时晋国县邑等地方官职别称。《国语·晋语四》：“异姓之族，掌其远官。”韦昭注：“远官，县鄙。”

违年　官场用语。宋朝官员赴任皆有规定期限，逾期不到即为过犯，称违年。违年事需载入本人印纸。

运干　转运司干办公事简称。

运同　同知转运使简称。辽、金置为转运司次官，元为都转运盐使司次官。参见“转运司”。

运判　官名。转运判官之简称。宋朝始设，为转运使之佐官。初掌随军供办军需，太宗以后，因转运使逐渐成为各路之长官，遂改为经度一路全部或部分财赋。后代沿置。西夏仿宋制。辽朝置于山西路都转运使司及诸州转运使司。金朝为都转运司（中都路）及转运司（其余各路）之职官，有都勾判官、户籍判官、支度判官、盐铁判官等名目。分掌税赋钱谷、仓库出纳、权衡度量等事务。元朝为都转运盐使司之职官，每司一、二员不等，位同知、副使之下，正六品。与运同、运副同为盐运使佐官，分掌各盐场，管理食盐之产销。此后，遂成为专司盐务之判官。明沿元制，朱元璋吴元年（1367）设于都转运盐使司，无定员，从六品。属官有经历、知事及库、仓大使、副使等。分掌各盐场。清朝为都转盐运使司之职官。直隶一人、两淮三人、两浙一人。其品级、职掌、属官均与明同。例由兵马司副指挥、京府经历、汉军八品笔帖式、按察司经历及州判升任。

运使　转运使简称。

运部　官署名。南朝宋置。《宋书·文帝纪》：元嘉三十年（453）“青、徐州饥，二月壬子，遣运部赈恤”。

运副　官名。转运副使简称。始见于唐。玄宗开元（713—741）中，裴耀卿为江淮转运使，以崔希逢等为副。宋朝置，为转运使之佐官。初掌随军供办军需，太宗以后，因转运使逐渐成为各路之长官，遂改为经度一路全部或部分财赋。后代沿置。金朝为都转运司（中都路）及转运司（其余各路）之职官，分掌税赋钱谷、仓库出纳、权衡度量等事务。元朝为都转运盐使司之职官，每司设一员，正五品，位运同下、运判上，与运同、运判同为盐运使佐官，分掌各盐场，管理食盐之产销。此后，遂成为专司盐务之副使。明沿元制，朱元璋吴元年（1367）设于都转运盐使司，每司一员，从五品。属官有经历、知事及库、仓大使、副使等。掌管各盐场。清朝为都转盐运使司之职官。只两浙分司设一人，其品级、职掌、属官均与明同。例由外府通判、外县知县、运判、州同升任。

运曹　官署名。❶尚书省诸郎曹之一。西晋置，设郎。东晋省。❷公府僚属诸曹之一。西晋末司马睿始置于丞相府，设参军。南朝宋省。

运曹郎　官名。西晋置，为尚书省运曹长官，六品。东晋省。

运曹参军　官名。西晋末司马睿丞相府所置诸曹僚属之一，掌运曹。南朝宋省。

运署谒者　官名。南朝梁、陈置，流外三品蕴位。

运筹司　官署名。清末陆军部海军处所属机构。光绪三十三年（1907）设。掌筹画海战，考核教育、测绘等事。辖谋略、教务、测海三科。置司长一人，承发官一人，科长三人，科员六人，艺师二人，艺士三人，录事六人。三十四年，改称筹备司。宣统元年（1909），并入筹办海军事务处。

还省　官场用语。宋朝贡举考试的一项规定。举人乡试合格获准取解或有免解资格，赴省试前遇近亲亡故，服丧期满，可赴下次省试；以及原已获准免省，再命赴省试，皆称还省。

还殿　官场用语。宋朝贡举考试的一项规定。举人省试合格，因故未参加殿试，可赴下次殿试，称为还殿。

坛庙案　官署名。宋神宗元丰（1078—1085）改制置，属太常寺，掌室坛、庙宇、陵寝之事。

圻父　官名。同祈父。一说为司马别称。西周置。《尚书·周书·酒诰》："矧惟若畴圻父。"孔安国传："圻父，司马。"孔颖达疏："司马主圻封，故云圻父。"《诗经·小雅·祈父》："祈父，予王之爪牙。"毛亨传："祈父，司马也。职掌封圻之兵甲。"郑玄笺："此司马也。时人以其职号之，故曰祈父。"

均人　官名。《周礼》地官之属，一说周朝置，掌平均土地赋税及人民力役。《周礼·地官》："均人，中士二人，下士四人，府二人，史四人，胥四人，徒四十人。""掌均地政，均地守，均地职，均人民牛马车辇之力政。凡均力政，以岁上下。丰年，则公旬用三日焉。中年，则公旬用二日焉。无年，则公旬用一日焉。凶札，则无力政。无财赋，不收地守地职，不均地政。三年大比，则大均。"

均工下士　官名。西魏、北周地官府司市下大夫均工中士佐官，正一命。

均工中士　官名。西魏恭帝三年（556）置，北周沿置。地官府司市下大夫属官，职掌不详，正二命。其下设有均工下士。隋文帝开皇元年（581）罢。

均官长　官名。西汉分属太常（奉常）、少府，有丞，主管皇帝陵园林木事宜。东汉省。

均官丞　官名。西汉置，属少府，为均官长副职。

均调科　官署名。清末陆军部军牧司所属二科之一。光绪三十二年（1906）设。掌筹设军马分监，管理旧有牧场，负责陆军各镇马医补充及分监牧场官弁、马医之任用、考核等。置科长、科员、录事。

均输长　官名。西汉郡国置，黄霸曾察廉补河东均输长。

均输令　官名。西汉分属大司农及水衡都尉。督领地方均输官，转运调剂郡国贡输之物，以节省运往京师的费用，减少物资损耗，并可从中谋利。东汉省。

均输丞　官名。秦朝治粟内史，西汉大农令、大司农及水衡都尉均置，员一人，为均输令副职。又，水衡都尉所属上林令亦置，员四人。

均输官　官名。始置于汉武帝，郡国皆设，大司农所属又有均输令、丞。职掌调剂转运地方贡输之物。东汉省。

坊长　又称坊总。清朝管理街市之职役。城中曰坊，其编户之头目称坊长。推诚实及家道殷实之人充任。掌稽查奸伪、偷盗、赌博及来历不明之人。定期更换。

坊主　官名。隋朝诸卫所统亲、勋、翊卫府及东宫领兵军府所统军坊长官，置一人，检察户口、劝课农桑，以本军坊五品勋官为之；后因军人在城坊分散居住日益普遍，府兵长期集中居住之军坊不复存在，坊主亦不复存在。

坊场案　官署名。宋神宗元丰（1078—1085）改制置，隶户部右曹，掌有关坊场之事。

坊佐　官名。隋朝诸卫所统亲、勋、翊卫府及东宫领兵军府所统军坊官，置二人，后随军坊渐废。

坊事　官名。唐玄宗开元二十七年（739）内侍省太子内坊局置，五人，从八品下，与导客舍人共掌序导宾客之事。

坊城局　官署名。北齐置，隶都水台。

坊总　见"坊长"。

坊缺　清朝官缺之一种。翰林院、詹事府衙门官员之额定编制，有此称谓。翰、詹官员一体，互相升转。由修撰、编修、检讨升用者，以赞善为初阶，故赞善以上官缺统称坊缺。清制，翰、詹官员升转分为内班、外班拣选。翰、詹官员升转，谓之内班。翰、詹官员出缺，编修、检讨等不敷升转，以部院科甲出身司员升用，称为外班。汉庶子、侍读、侍讲、洗马、中允，皆以应转应升之员开列具题，赞善论俸引见。满庶子、侍读、侍讲、洗马、中允、赞善，先尽内班应升之员论俸拟正陪引见。如无人，再以外班应升之员拣选拟正陪引见。

坑冶铸钱司 见“铸钱监”。

材官 秦、汉为兵种名称，为善射步兵，郡国多置。或置材官将军。魏晋南北朝为官署名，三国魏文帝黄初（220—226）中置，隶少府，设校尉为长官，掌土木工程用材木及工徒。东晋改校尉为将军，掌工匠土木之事，有营兵，隶中领军（领军将军）。南朝宋、齐因之，兼隶尚书省起部曹。梁、陈复隶少府。后世用以称供差遣的低级武职。

材官司马 官名。三国魏置，属少府，佐材官校尉主天下材木之事。东晋时材官校尉改为材官将军，仍隶之。有营兵，与二卫、骁骑等营皆隶中领军（领军将军）。南朝沿置。梁位流外三品蕴位。

材官吏 官名。南朝宋置，隶尚书省起部材官将军。《宋书·符瑞志下》：元嘉二十五年（448）“五月丁丑，白雀二见京都，材官吏黄公欢、军人丁田夫各获以献”。

材官将军 官名。汉朝为将军名号，领郡国材官士（步兵）出征，师还则省。东晋为材官校尉改称，设司马一员，掌工匠土木之事，领营兵，隶中领军（领军将军）。南朝宋、齐沿置，兼隶尚书省起部曹。梁、陈改隶少府卿。北魏初亦置，寻废。晋、宋五品，梁二班，陈九品、六百石。

材官校尉 官名。三国魏文帝黄初（220—226）中置。主天下材木事，属少府。六品，秩比二千石。东晋哀帝时省少府，改属丹阳尹，孝武帝复置少府，仍属之。六品。东晋改名材官将军。

材料案 官署名。宋神宗元丰（1078—1085）改制置，属工部，掌工作营造材物。

杓窊司 官署名。辽朝置，掌收管杓窊印。

杓窊印 辽朝印信。杓窊意为鹰，以鹰鹘作印纽，取疾速之意。有征伐，往往赐将帅用之。

却胡君 官名。汉朝时西域龟兹国置，员三人。

却胡侯 官名。汉朝时西域焉耆等国置，员一人。

却胡都尉 官名。汉朝时西域龟兹等国置，员一人。

豆仓下士 官名。西魏、北周地官府司仓下大夫豆仓中士佐官，正一命。

豆仓中士 官名。西魏恭帝三年（556）置，北周沿置。地官府司仓下大夫属官，掌各种豆类的收藏和保管，正二命。下设豆仓下士以佐其职。隋文帝开皇元年（581）罢。

丽正书院 参见“丽正修书院”。

丽正修书院 官署名。唐玄宗开元六年（718）改乾元院置，设使及检校官，改修书官为丽正殿直学士；八年，加文学直、修撰、校理、刊正、校勘官；十一年，置丽正院修书学士；光顺门外，亦置；十二年，东都明福门外亦置丽正书院；十三年，改为集贤殿书院。

丽正修书院使 使职名。唐玄宗开元六年（718）改乾元院使置，掌刊辑四部书。

丽正院修书学士 官名。唐玄宗开元十一年（723）置，六品以上为之，掌刊辑图书经籍。

丽正殿直学士 官名。唐玄宗开元六年（718）改乾元院修书官置，以六品以下充任。

丽妃 官名。唐玄宗开元（713—741）中所置内官三妃之一，正一品，位惠妃下、华妃上，掌佐皇后论妇礼，同领后宫众务。

克什哈番 满语官名。又作克食哈番。汉名为恩骑尉，清朝世职之最后一等。

克戎将军 官名。南朝梁置。武帝天监七年（508）定为武职二十四班中的三班，与佽飞将军同班，普通六年（525）刊正将军名号时罢。

克狄将军 官名。南朝梁置，武帝天监七年（508）定为武职二十四班中的五班，普通六年（525）改为武职三十四班中的九班。陈沿置，拟八品，比秩六百石。

克敌将军 官名。南朝梁武帝普通六年（525）刊正将军名号时置，为武职三十四班中的八班。陈沿置，拟八品，比秩六百石。

孛可孙 官名。蒙古语，意为督查者，掌马驼草料供应分配，秩正三品。元武宗废。

孛堇 女真部落首领称号，金建国后转化为军事组织官员或爵号。熙宗改制后废。

贡 春秋晋国公卿的食禄。《国语·晋语四》：“公食贡，大夫食邑，士食田。”

贡士 周朝诸侯国向天子推荐人才称贡士。《礼记·射义》：“诸侯岁献，贡士于天子。”《后汉书·左雄传》：“郡国孝廉，古之贡士。”唐宋以后称由各地学校升贡入京师国子学及赴殿试者为贡士。明清又以会试考中者为贡士，殿试赐出身者为进士。一般习惯，即以会试考中者称进士。

贡生 明清入府、州、县学就读者称生员，经考选升入京师国子监读书者称贡生。明清贡生名目不同：明朝有岁贡、选贡、恩贡和纳贡；清朝有恩贡、拔贡、副贡、岁贡、优贡；均为正途出身。另有以捐纳获贡生者称例贡。

贡举 选拔官吏的一种制度。又称贡士。魏晋南北朝以前，由地方州郡向朝廷选送人才。唐宋以后，则以科举诸科考试统称为贡举。

贡举案 官署名。宋神宗元丰（1078—1085）改制后，礼部置。掌有关学校、经籍、科举、发解、省试及讲筵史官赐书修书之事。

贡院 ❶唐宋时科举考试机构。唐玄宗开元二十四年（736）始置于礼部，掌有关科举事务。然独立于礼部之外，设有专门印信。宋沿置。主管各地解送进士、诸科举人名单和家状、保状、试卷，负责核对其乡贯、举数、年龄等。平时以朝官一员主判，开科场时，则罢主判官，另委官知贡举，以防请托。试毕，以合格举人奏名朝廷，筹备殿试。❷科举考试的场所。宋仁宗以前，解试、省试无固定场所，临时以佛寺、学校或官舍为试院。宋哲宗以后，礼部、各州皆建贡院，作为考场。少者三五百间，多者上千间，一般分监试、考试、封弥、誊录等处所。明、清亦建为京师及各省乡、会试之场所。院中除考生应考号舍外，还设有公堂、监试厅、弥封所、受卷所、供给所、誊录所、对读所及供同考官居住阅卷的会经堂、东西经房等。贡院四周围墙上又铺以荆棘，以防传递等弊，故又称棘闱。

贡院参详官　官名。宋神宗熙宁九年（1076）始置，员四人，选学官、秘书省官充任。掌复查点检试卷官所定试卷等第。南宋置八人，一员差监察御史，其余以卿监、六部郎中充任。宁宗嘉泰（1201—1204）中改称监试，理宗绍定元年（1228）复旧名。

贡院监门官　官名。宋太宗雍熙二年（985）始置，掌引导举人进入试场，对号入座，并搜检是否怀挟书籍。真宗咸平四年（1001），以监察御史充任。后各类解试亦置监门官，以有出身官员充任。

贡监　监生名目。明朝专指各府、州、县儒学生员贡入国子监为监生者。分岁贡、选贡、恩贡、纳贡等。

贡职　周朝诸侯向朝廷及小国向大国交纳规定的赋税。《穀梁传·庄公三十年》："贡职不至。"《礼记·月令》："贡职之数。"

志士　宋朝士名。徽宗政和八年（1118）置，以赐在学选人，从九品。

芸台　藏书台别称。《初学记》卷一二引鱼豢《典略》："芸台香辟纸鱼蠹，故藏书台称芸台。"后世亦作为掌管图书的秘书省的别称。

芽茶科　官署名。清朝礼部主客清吏司所属机构，分办本司事务。

花木局　官署名。金朝属工部上林署。掌宫苑栽植花木。初设接手官四人，章宗泰和元年（1201）罢，置都监、同监二员领局事。宣宗贞祐三年（1215）罢都监、同监，以同乐园管勾兼领局事。

花样　清朝捐纳事例之一。乃加捐诸名目之合称。捐纳官或非捐纳官，于序补之本班上输资若干，使班次较优，铨补加速，故有此称。乾隆（1736—1795）以前，正途铨补不甚壅滞。道光（1821—1850）中始增插班间选、抽班间选、遇缺等加捐花样。咸丰（1851—1861）中则多立班次以广捐例，陆续增设新班遇缺、新班尽先、不论班尽遇缺选补等多种名目。同治（1862—1874）中又增银捐新班、尽先、遇缺等项，并于新班遇缺之上，另设十成实银之新班遇缺先等大八成花样捐。银捐各班选用特优，它途莫及，以至序补过速，有见缺指捐之弊。光绪四年（1878）各项花样一律停捐。然积重难返，虽进士即用知县，不加捐花样，亦难授官。十年以后花样加捐事例陆续重开。至二十七年，各项花样随实官捐并停。

花翎　服饰名。明清官员之冠饰。明朝之公侯伯朝服，皆加笼巾貂蝉，插雉尾。正德（1506—1521）中都督江彬等承日红笠之上，缀以靛染天鹅翎，以为贵饰，贵者飘三英，次者二英。得赐一英者，亦为殊荣。清朝官员依品级戴用。花翎用孔雀尾羽制成，插于冠顶顶珠下部，拖于脑后，如古之珥貂。以翎端眼数不同而有单眼，双眼、三眼之别。用以分等第、别品秩。凡贝子以下至内大臣、满洲亲军侍卫五品以上者皆得按官品戴用。六品以下者戴鹖羽蓝翎。品官中，各省兼提督之巡抚准戴用，离职即撤，称为例翎。赏戴翎枝被视为特殊恩荣，有亲、郡王获之以为美观者，有因军功卓著保荐得之者，有行围、较射、射牲蒙赐者。道光（1821—1850）以后赏翎渐多渐滥，并开捐翎之例。

苍龙司马　官名。东汉置，属卫尉，员一人，领员吏六人，卫士四十人，警卫皇宫东门。

芳仪　官名。唐玄宗开元（713—741）中所置内官六仪之一，一人，正二品，与淑仪、德仪、贤仪、顺仪、婉仪掌教九御四德，率其属以赞后礼。

苏杭应奉局　官署名。宋徽宗崇宁四年（1105）置于苏州，掌搜罗奇花异石运往京师，号为花石纲。方腊起义时罢，后复置。宣和七年（1125）废。

苏拉　满语。清朝指在内廷及一些机关承担粗重杂役的人。宫内各处及内阁、军机处、内务府等部门均有之。苏拉意为闲散，因亦通指无职之闲散旗人。

苏拉昂邦　满语官名。汉译为散秩大臣。

苏拉章京　满语官名。汉译为散骑郎。清朝王公府属武职官员。

苏拉喇嘛　封号。清朝藏传佛教之职任喇嘛。分掌寺庙佛教事务。另有称教习苏拉喇嘛、额外教习苏拉喇嘛者，皆于京师设若干人。

走马　官名。❶即趣马。商、周朝皆置。商朝走马职掌不详。周朝走马掌养马，其长称师，地位较高，位近师氏。左走马、右走马次之。亦有地位很低下者，可与物品一起用于赏赐。❷《周礼》官名。《周礼·夏官·司马》有"趣马"，即走马。身份地位很低。详见"趣马"。

走马承受　走马承受公事简称。

走马承受公事　官名。宋太宗时置于诸转运司及沿边各路，以三班使臣或内侍充任，员各一至三人。掌监察部内官吏，亲军政、察边事。无事则每年回京入奏一次，沿边有警则随时驰驿上闻，例许风闻言事。神宗元丰元年（1078）定制，凡差拨军马、士卒私有陪费及将官措置乖失，皆须密具其事及时奏闻。徽宗政和六年（1116）改为廉访使者，钦宗靖康元年（1126）复旧名。南宋初因之，后废。

走亚　官名。西周置，武职，职掌不详。

走卿　司农卿别称。洪迈《容斋四笔》卷一五《官称别名》："唐人好以它名标榜官称"，"司农（卿）为走卿"。

赤发氏　官名。《周礼》秋官之属，一说为周朝置。掌清除墙屋害虫。《周礼·秋官》："赤发氏，下士一人，徒二人”，“掌除墙屋，以蜃炭攻之，以灰洒毒之，凡隙屋，除其狸虫”。

赤县　唐朝指县治设在京城的各县，西京以长安、万年等为赤县，东京以河南、洛阳等为赤县，北京以太原、晋阳等为赤县。金、元二朝以首都所在地设置的县称赤县，即大兴、宛平二县。金赤县秩从六品，元赤县秩正六品。

赤沙中郎将　官名。西晋置。《晋书·刘聪载记》：“（聪）入为骁骑别部司马，累迁右部都尉，善于抚接，五部豪右无不归之，河间王颙表为赤沙中郎将。”

赤沙都尉　官名。西晋置。《晋书·北狄传》：“武帝时，有骑督綦毋俔邪伐吴有功，迁赤沙都尉。”

赤眉将军　将军名号。东汉初置，以耿䜣为之。见《后汉书·邓禹传》。

孝文园令　官名。西汉置，属太常，主守护汉文帝陵园。

孝经师　官名。东汉司隶校尉及州部佐吏，主监试经。南朝宋置，属内职掌人，为流外官。

孝悌　❶孝悌指孝顺友爱父母兄弟者，汉朝多与力田连称。力田指力务农本者。始见于惠帝四年（前191）。高后元年（前187）令郡置孝悌力田一人。文帝十二年（前168）又计户口增置员额，以为民表率。被举除者得免除徭役，时有赏赐，一般不担任官职。或以为皆乡官名，亦可备一说。❷制举科目之一。北宋太祖开宝（968—976）中曾设此科，诸道、州荐举数百人，命礼部试其艺业，一无可采，皆遣回原籍。

孝悌力田　始见于西汉惠帝四年（前191）。高后元年（前187），令郡置孝悌力田一人。文帝十二年（前168）又计户口数增置其员，以奖励有孝悌德行及力务农本者，为民表率。被举为孝悌力田者得免除徭役，时有赏赐，一般不担任官职。据《后汉书·明帝纪》李贤注，孝悌、力田皆乡官名。此可备一说。明洪武（1368—1398）中定为荐举科目，以孝悌之名被推荐者则可授官。

孝廉　选拔官吏科目，孝指孝子，廉指廉洁之士。原为二科，汉武帝采纳董仲舒建议，于元光元年（前134）初令郡国举孝、廉各一人。其后多混同连称为一科，所举也不限于孝者和廉吏。察举孝廉为岁举，郡国每年要向中央推举一至二人。被举者大都先除受郎中。东汉顺帝时，左雄奏请郡国孝廉年不满四十不得察举，皆先诣公府课试，以观其能。其后遂为制度，为汉朝仕进主要途径之一。三国魏黄初二年（221）令郡国口满十万者举孝廉一人，其有秀异，不拘户口。三年，又令举廉不限年齿，老幼皆可。蜀、吴亦由郡举孝廉。晋沿魏制，尚书郎缺，从孝廉中补，须经策试，合格者补令、长。东晋以来，大郡岁各举二人，郡国仍举一人。十六国、南北朝沿之，地位不及秀才、国子生。时察举权归州郡中正，依九品官人之法，所举皆世家豪族子弟，无须策试。隋唐只有秀才之科，无孝廉之举。至明朝，为荐举之一种，亦用称乡试合格者，即“举人”。清朝亦然。

李　官名。同“理”，掌治狱刑罚，相传大禹时皋陶曾任此官。《管子·法法》：“皋陶为李。”尹知章注：“古治狱之官。”

李官　官名。又称“李”或“理”。上古时代掌狱讼的法官。周朝设置称“士”或“司寇”。《鹖冠子·近迭》：“苍颉作法，书从甲子，成史李官。”陆佃注：“成史，盖以狱成告于正者。李官，士师也。”

严武将军　官名。南朝梁置，为五德将军之一。武帝天监七年（508）定为武职二十四班中的十五班，普通六年（525）定为武职三十四班中的二十五班。陈置为五武将军之一，拟四品，比秩中二千石。

严威将军　官名。南朝梁置，为五德将军之一。武帝天监七年（508）定为武职二十四班中的十六班，普通六年（525）改为武职三十四班中的二十六班。陈置为五威将军之一，拟四品，比秩中二千石。

巫　官名。殷朝置。掌巫筮、预言吉凶、禳祷以除疾病。《甲骨文合集》第五六四七片：“壬辰卜，亘贞，㞢册，巫乎（呼）取□。”周、秦、汉朝沿置。参见“男巫”、“女巫”。

巫马　官名。《周礼》夏官之属，一说为周朝置，掌治疗马疾。《周礼·夏官》：“巫马，掌养疾马而乘治之。相医而药攻马疾。受财于校人。马死，则使其贾粥之，入其布于校人。”

巫史　官名。即巫祝。《礼记·礼运》：“藏于宗祝、巫史。”《汉书·郊祀志》：“家为巫史。”

巫师　男巫、女巫通称，即“巫”。《后汉书·和帝阴皇后纪》李贤注：“巫师为蛊，故曰巫蛊。”唐朝太常寺太卜署置十五人。

巫医　官名。春秋战国置。掌以禳祷之术治疗疾病。《论语·子路》：“人而无恒，不可以作巫医。”《管子·权修》：“上恃龟筮，好用巫医，则鬼神骤祟。”

巫官　官名。春秋时鲁国置，掌巫筮禳祷。《说苑·辨物》：“哀公射而中稷，其口疾不肉食，祠稷而善卜之巫官。”

巫祝　官名。春秋战国置，掌祝祷。《庄子·人间世》：“此皆巫祝之知也。”《史记·孟子荀卿列传》：“荀卿嫉浊世之政，亡国乱君相属，不遂大道，而营于巫祝，信禨祥，鄙儒小拘，如庄周等又猾稽乱俗。”

两广甲　清朝兵部职方清吏司所属之办事机构。额设经承一人。

两中尉　即左、右神策军护军中尉。

两司　官署及官名之合称。宋朝指中书门下和枢密院。金朝指尚书省左、右司。元朝指中书省左、右司。清朝指布政使和按察使。

两司马　官名。❶《周礼》夏官之属。军制二十五人为两，其长官为两司马，中士爵。❷太平天国军队及地方之职官。起义之初即仿古制设。军队基层编制中有两，四两为一卒，每两设两司马一人，以东、西、南、北编营系衔。如前二军左营前前二东司马，即前二军左营（师）前旅前二卒东司马。另有职同两司马，数不可考。地方以二十六家（一说二十五家）为一两，亦设两司马一人，为乡官，由地方推举，专司一两之赋役、征兵及民事，然不及军中位尊。

两江甲　清朝兵部职方清吏司所属之办事机构。额设经承一人。

两军中尉　即左、右神策军护军中尉。

两巡使　见“左、右巡使”。

两制　唐、宋翰林学士与中书舍人（或他官知制诰）合称。以翰林学士掌内制，中书舍人及他官知制诰掌外制，故称。

两使　节度使、观察使合称。

两使判官　节度判官、观察判官合称。与留守判官同为选人最高一阶。宋神宗元丰（1078—1085）改制，定为从八品。徽宗崇宁二年（1103）重定选人阶官，换承直郎。

两使职官　宋朝节度州、观察州幕职官统称。共分三阶：三京府、留守、节度、观察判官为一阶，节度掌书记、观察支使、防御、团练判官为一阶，京府、留守、节度、观察推官、军事判官为一阶。皆由朝廷选士人充任。徽宗崇宁二年（1103）重定选人阶官，换为承直郎、儒林郎、文林郎三阶。

两使推判官　节度推官、判官与观察推官、判官合称。

两使推官　节度推官、观察推官合称。皆由朝廷选士人充任。宋神宗元丰（1078—1085）改制，定为从八品。徽宗崇宁二年（1103）重定选人阶官，换文林郎。

两京武库令　官名。唐朝京城长安（今陕西西安）、东都（洛阳）武库署长官，隶卫尉寺，各置一员，从六品下，掌收藏保管兵械，辨其名数，以备国用。

两京武库丞　官名。唐朝京城长安（今陕西西安）、东都（洛阳）武库署次官，隶卫尉寺，各置二员，从八品下。

两京武库署　官署名。即唐朝卫尉寺京城长安（今陕西西安）、东都（洛阳）两武库署，收藏保管兵械，以备国用；东都始置于玄宗开元二十五年（737）。各有令一员、丞二员，另有监事、典事等属。

两京武库署令　见“两京武库令”。

两京武库署丞　见“两京武库丞”。

两京郊社令　官名。唐朝京城长安（今陕西西安）、东都（洛阳）郊社署长官，隶太常寺，各置一员，从七品下，掌五郊、社稷、明堂之位，祠祀、祈祷之礼。

两京郊社丞　官名。唐朝京城长安（今陕西西安）、东都（洛阳）郊社署次官，隶太常寺，各置一员，从八品上。

两京郊社署　官署名。即唐朝太常寺京城长安（今陕西西安）、东都（洛阳）两郊社署，掌五郊、社稷、明堂之位，与奉礼郎设樽、罍、篚、幂。各置令一员、丞一员，另有典事、门仆、斋郎等属。

两京郊社署令　见“两京郊社令”。

两京郊社署丞　见“两京郊社丞”。

两京诸市令　官名。唐朝京城长安（今陕西西安）、东都（洛阳）诸市长官，隶太府寺，各置一员，从六品上，管理市场财货交易、度量器物，辨其真伪轻重。

两京诸市丞　官名。唐朝京城长安（今陕西西安）、东都（洛阳）诸市次官，隶太府寺，各置二员，正八品上。

两京诸市署　官署名。即唐朝太府寺京城长安（今陕西西安）、东都（洛阳）东、西、南、北诸市署，分掌诸市财货交易、度量器物，辨其真伪轻重，各有令一员、丞二员，另有录事、典事等属。

两京诸市署令　见“两京诸市令”。

两京诸市署丞　见“两京诸市丞”。

两省　唐宋中书省、门下省合称。

两浙都转运盐使司　官署名。明初设置，掌两浙盐政。下辖四分司：嘉兴、松江、宁绍、温台。设都转运使一人，从三品，同知一人，从四品，副使一人，从五品，判官无定员，从六品，及经历司经历、知事、各盐课司、盐仓、批验所大使、副使等职。同知、副使分司进行管理，总于都转运使，所产盐行销南直隶江南诸府州及浙江全境。

两淮都转运盐使司　官署名。明初设置，掌两淮盐政。下辖三分司：泰州、淮安、通州。设都转运使，从三品，同知，从四品，副使，从五品，皆各一人，判官，从六品，无定员，及经历司经历、知事、各盐课司、盐仓、批验所大使、副使等职。同知、副使分司进行管理，总于都转运使。所产盐行销应天府、南直隶江北各府州、江西，嘉靖（1522—1566）时又增湖广部分府州。

两税使　使职名。唐德宗建中三年（782）置，分为汴东、汴西水陆运两税盐铁使。贞元三年（787）以度支员外郎元友直为河南、江淮南勾勘两税钱帛使；宪宗元和五年（810），诏盐铁使扬子留后、江陵留后、上都留后、度支山南西道分巡院官充诸道两税使，掌催征诸道夏、秋两税；后又置勘定两税使，检查两税实施情况。

两翼稽察大臣　见“稽察宝坻等处驻防大臣”。

更　❶继承官职。《曶鼎铭》：“王若曰：‘曶，令汝更乃祖考，司卜事。’”❷替代职务。《班簋铭》：“王令毛伯更虢城公服。”郭沫若注：“‘更虢城公服’是替代虢城公的某种官职。”

更人　官名。战国秦置，打更巡夜的小吏，一说守囚之吏。《睡虎地秦墓竹简·法律答问》：“可

（何）谓署人、更人？耤（藉）牢有六署，囚道一署旞，所道旞者命曰署人，其他皆为更人。或曰守囚即更人殹（也），原者署人殹（也）。”

更名　官员更改姓名，称更名。清制，凡官员姓名与王公大臣、陵名相同者，或一省两官同名者，或其称不协于义者，以及满员对音不依附汉义者，不似汉姓名者，皆须更改。京官由各该衙门咨部，旗员由本旗咨部，分别取具同乡印结和本佐领图记。在籍候补汉京官，由本籍总督巡抚咨部；外官，由任所总督、巡抚咨部。凡请更名者，经核察皆准更改，由吏部文选司注册。

更始将军　将军名号。新莽置。《汉书·王莽传》：“大阿、右拂、大司空、卫将军广阳侯甄丰为更始将军。”

更调　任官制度。明洪武（1368—1398）间定，凡南人任官北方，北人官南方。后渐定除学官外，任官不得在本省，无南北之限。

更鼓房　官署名。明朝置。为内府掌更鼓之处。以有罪内官司其事。每夜五人，轮流于玄武门楼打更。例只一更一人上楼，不许携灯，风雨无阻。

更满　官制用语。地方长官任期满限，称更满。《魏书·韦阆传》：“（韦崇）出为乡郡太守，更满应代，吏民诣阙乞留，复延三年。在郡九年，转司徒谘议。”

来化将军　官名。南朝梁置。武帝天监七年（508）定为施用于境外的武职二十四班中的七班，拟厉锋将军等号，大通三年（529）罢。

来文　公文术语。即某一机关对其他机关发来公文之统称。清朝各衙署对来文有严格的登记制度。

来远驿　官署名。宋神宗熙宁三年（1070）置，属鸿胪寺，掌接待少数民族及外国来客。

扶义将军　官名。东汉献帝建安（196—220）间孙权置。《三国志·朱治传》：“建安七年，（孙）权表治为九真太守，行扶义将军。”

扶令　官名。北魏置。孝文帝太和十七年（493）定为从七品下，二十三年复次职令，未见。

扶侍局　官署名。南朝梁置，为东宫诸局之一。

抚干　安抚司干办公事简称。

抚东将军　官名。南朝梁武帝天监七年（508）置，与抚西、抚南、抚北将军合称四抚将军。为施用于境外的武职二十四班中的二十三班，地位相当于征东将军。

抚北将军　官名。南朝梁武帝天监七年（508）置，与抚东、抚西、抚南将军合称四抚将军。为施用于境外的武职二十四班中的二十三班，地位相当于征北将军。

抚民同知　官名。清朝同知之一种，为直隶厅或厅的行政长官，掌厅事。清制，直隶厅或厅之长官，分设抚民同知、抚民通判、理事同知及理事通判。属同知者，正五品，属通判者，正六品。

抚民通判　参见“抚民同知”。

抚边将军　官名。东汉献帝建安（196—220）末孙权置。南朝梁沿置，武帝天监七年（508）定为施用于境外的武职二十四班中的十班，大通三年（529）定制后罢。

抚台　明清对巡抚之别称。

抚戎将军　官名。三国蜀置，张嶷为越嶲太守，安抚蛮夷，开通旧道，故加此职。西晋时凉州刺史张寔亦置。

抚西将军　官名。南朝梁武帝天监七年（508）置，与抚东、抚南、抚北将军合称四抚将军。为施用于境外的武职二十四班中的二十三班，地位相当于征西将军。

抚夷护军　官名。三国魏明帝时，司马懿镇关中，罢左冯翊羌阳县，于其地置此，管理自武都徙来的降氐。西晋惠帝元康（291—299）初罢。十六国汉、后赵、前秦、后秦、西凉复置。北魏初沿之，后罢，复置县。

抚夷将军　官名。东汉献帝建安（196—220）间曹操置，三国吴亦置。是地位较低的杂号将军。

抚夷掌堡　官名。清初于四川改土归流地区所设之官。掌管各番寨。由地方官委任。乾隆二十二年（1757）后，各番寨均责成乡约、甲长稽查，仍听抚夷掌堡管束。

抚州司候司　官署名。金朝地方机构，掌监察吏卒，维护治安。章宗明昌四年（1193）设在西京抚州。置司候、司判领司事，秩正九品、从九品。

抚军　❶官名。将军之名号。即抚军将军、抚军大将军、中抚军之省称。❷明、清巡抚之别称。

抚军大将军　官名。三国魏文帝黄初（220—226）中置，以司马懿任之，文帝出征时，总留守事。二品，魏末司马师、司马炎相继任之，执掌朝政。晋沿置，二品，禄与特进同，置长史、司马、主簿等。如开府辟僚佐，则位从公，进为一品。西晋武帝时司马亮任之，领后军将军，统冠军、步兵、射声、长水等营，给兵五百人，骑百匹。十六国汉、后秦、西秦、大夏皆置。南朝宋仍二品，齐位从公，开府仪同如公。北魏孝文帝太和十七年（493）定为从一品中，二十三年改为二品。

抚军中郎将　官名。东汉末孙策置。《三国志·张昭传》：“孙策创业，命昭为长史、抚军中郎将，升堂拜母，如比肩之旧，文武之事，一以委昭。”三国魏亦置。

抚军将军　官名。三国蜀后主建兴八年（230）置，蒋琬以丞相留府长史加此。吴孙权赤乌十年（247），步协代其父步骘督西陵，亦加此。晋朝定为三品。十六国前凉、北燕亦置。南朝宋时，此职与中军、镇军将军三号位比四镇将军，三品。齐时位在四征将军之上。梁亦置。北魏孝文帝太和十七年（493）定为从一品下，二十三年复次职令，降为从二品，北齐时多以武职罢任者为之，从二品。北周定为八命。隋初列为散号将军，与内军（即中军，隋朝避讳改）、镇军将军合称三将军，正六品。炀帝大业三年（607）罢。

抚军都尉 官名。东汉献帝建安（196—220）中曹操置，三国魏沿置。本属校事官，主刺举，监察百官，权力极大，与诸属官员矛盾也很大。齐王曹芳嘉平（249—254）中罢。

抚河将军 官名。南朝梁置。武帝天监七年（508）定为施用于境外的武职二十四班中的十八班，拟武臣将军等号，大通三年（529）定制后仍拟武臣将军等号。

抚治 官名。明宪宗成化十二年（1476）因湖广郧阳、襄阳（今湖北西部）地区流民屡次起义，乃设抚治一人以进行安抚，系都察院都御史衔，属京官外差的性质。万历二年（1574）以抚治事权不专，添兼提督军务衔。万历九年裁革，十二年复设。

抚治道 官名。明朝于陕西设有抚治商洛道，专理安抚流民等事，为本省布、按两司佐官参政、参议、副使、佥事的分道之职，以其中一人担任。

抚南将军 官名。南朝梁武帝天监七年（508）置，与抚东、抚西、抚北将军合称四抚将军。为施用于境外的武职二十四班中的二十三班，地位相当于征南将军。

抚宪 清朝地方官员对巡抚之尊称。

抚院 清朝巡抚之别称。

抚朔将军 官名。南朝梁置，武帝天监七年（508）定为施用于境外的武职二十四班中的十七班，拟镇兵将军等号，大通三年（529）定制后，仍拟镇兵将军等号。

抚谕司 见“抚谕使”。

抚谕使 官名。南宋高宗建炎元年（1127），始于京城设，以执政充任。后诸路亦置，皆以朝臣充任。掌宣扬朝廷意旨，安慰存问，按察官吏，采访民间利病。或不加使名，只称抚谕官。其官署称抚谕使司或抚谕司。

抚谕使司 见“抚谕使”。

抚谕官 见“抚谕使”。

抚越将军 官名。三国吴置。孙权拜诸葛恪为此，领丹阳太守，以招抚山越。

技士长 军阶名。清末新陆军低等官阶之一。光绪三十年（1904）定新陆军官员等级，分三等九级。宣统元年（1909）修订，增技士长等，计十四级。炮队、工程队设，为额外军官，阶正八品。

技巧令 官名。西汉属水衡都尉，主工艺技巧，有丞。成帝建始二年（前31）罢。一说即上林三官之一，主刻钱范。

技巧丞 官名。西汉置，属水衡都尉，为技巧令副职。成帝建始二年（前31）省。

批本处 官署名。清朝内阁所属之办事机构。乾隆（1736—1795）以前称红本房。设于宫内。掌进本、批本事务。每日进本，将满票签处所送转奏事处进呈。本章发下后，均用红笔将皇帝阅定之签批于本面，再交满票签处。遇改签及折本，则记档存案，按日发交办理。司员有满翰林官一人，内阁中书七人。

批回 文书名。亦称回批。清朝的一种回执。凡有解银到京，接收衙门验收后，在限期内给予押解委员批回，以表示解到无误；过期不给，照例参处。今存军机处档案中，尚有回批簿，即给发回批之底簿。

批红 公文制度。亦作批朱。明朝章奏批答过程中，需先由内阁大学士票拟文字，再交由司礼监，经秉笔、随堂太监用朱笔批改，然后方可准行。这是内阁与司礼监互相制约的方法。

批验所 官署名。明朝各地分置，设大使、副使各一人，均未入流。掌检验茶、盐引。

批答 官文书名。宋朝执政官以上有章奏请，皇帝降“批答”答复，以示厚遇；执政以下官则降诏答复。

拒斜 封号。西夏授与六品官，又称为武孝恭敬东南姓关上耐原。

抄儿赤 蒙古语，意为乐师、琴师。元朝司乐官员之称。

抄纸坊 官署名。金朝属尚书省户部。掌抄造钞引纸。设使、副使、判领坊事，秩从八品、正九品、从九品。曾设都监一职，后罢。卫绍王大安二年（1210）以印造钞引库兼领。宣宗贞祐二年（1214），复为独立机构，仍设都监二员。元设于世祖中统四年（1263），隶中书省户部，秩正八品，置提领、大使各一员，副使二员。

抄参 官场用语，又称科参。明朝由吏、户、礼、兵、刑、工六科给事中掌管。凡内外所上章疏发下，分类抄出，参署付有关执行部门，以驳正其违误。

折本 清朝“题本”之一种。定制，题本经内阁票拟后进呈皇帝，皇帝认为所拟之签有待斟酌之本，当时不批，折其一角发下，谓之折本。待积若干件，于御门听政时与大学士评议处理，得旨后内阁另拟票签进呈。

折冲上士 官名。北周置。折冲中大夫属官，正三命。

折冲中大夫 官名。北周置。正五命。武帝宣政元年（578），和洪自左勋曹下大夫迁任。下设折冲上士以佐其职。

折冲中郎将 官名。东汉献帝兴平（194—195）间孙策置。《三国志·太史慈传》：“（慈）还吴，授兵，拜折冲中郎将。”

折冲府 即折冲都尉府。

折冲郎将 官名。隋炀帝大业三年（607）置，为左右备身府属官，各三员，正四品，掌领骁果禁兵。

折冲将军 武官名号。新莽时有折冲将军阎迁。东汉献帝建安十一年（206）曹操亦置。魏、晋，南朝宋、梁、陈沿之。三国吴、十六国成汉、前凉、西凉、北凉及北魏、北齐皆置。为杂号将军中地位较高者。魏、晋、刘宋为五品，梁武帝天监七年（508）为武职二十四班中第十班，大通三年（529）后地位稍降。陈为七品，秩六百石。北魏太和十七年（493）、二十三年职员令皆为第五品上。北齐时为第五品。后高昌国亦置，见《吐鲁番出土文书》第三册“某氏残谱”。

折冲校尉 官名。东汉末置。《三国志·袁术传》：“举孝廉，除郎中，历职内外，后为折冲校尉。”为领兵武职。曹操、孙权亦置。

折冲都尉 官名。折冲都尉府长官，唐太宗贞观十年（636）由统军（骠骑将军）改名，每府置一员，上府正四品上，中府从四品下，下府正五品下，领所属府兵备宿卫。辽朝诸卫亦置。金章宗泰和六年（1206）伐宋，权置殄寇折冲都尉，正六品，为统兵将官，军还则罢；宣宗元光（1222—1223）间招义军，置总领使，哀宗正大二年（1225）更名都尉，四年升从三品，有折冲之名。

折冲都尉府 军府名。唐太宗贞观十年（636）改统军府为之，遍布全国各主要州，皆有名号，设折冲都尉、左右果毅都尉，掌领所属备宿卫，出师则总领军器、粮草、物资、传点等事。以善骑射者为越骑，余为步兵；凡兵马在府，每岁季冬，则习以军阵、战斗之法。武则天垂拱（685—688）中，以千二百人为上府，千人为中府，八百人为下府，赤县为赤府、畿县为畿府；属员废置略有变化，置长史（或司马），总司兵、司骑二局；又有左右别将、兵曹参军事；以三百人为团，以校尉统领；团下有旅，以旅帅统领；旅下为队，以队正领之；队下有火，以火长领之。玄宗天宝（742—756）中停止上下鱼符及上番、发兵活动，天宝末虽保其官员、保其兵额，却徒具形式而已。

折博务 官署名。北宋于陕西沿边诸州置，掌商人入中现钱与粟帛，按值予以茶盐。

折溃真 官名。北魏置。《南齐书·魏虏传》：“为主出受辞人为折溃真。”此系南朝人对北魏鲜卑语官名的音译。

投供验到 清朝吏部之铨选制度。凡赴吏部候选、候补之官员，均需取具本旗都统、本籍或原任省分督抚咨文。汉京官郎中以下，外官道以下需取具同乡六品以上京官印结，到部投供验到。供，指本人亲书之履历。到部之员，均令书写履历单呈交查效，谓之投供，投供之员，尚需书写本人官衔、姓名一纸，呈交文选司，叫做职揭。候选、候补官员到京后，即赴吏部报到，并呈交咨文、印结和履历单，吏部主管官员验其文结，年貌等，称为验到。

抗表 官场用语。即臣下用上奏表章的形式表示自己与皇帝意见的不同。《晋书·卫瓘传》：“武帝敕瓘第四子宣尚繁昌公主。瓘自以诸生之胄，婚对素微，抗表固辞，不许。”

护三巴校尉 官名。亦称三巴校尉。南朝宋明帝泰始六年（470）置（一说泰始五年置），任张悦为之，加持节、辅师将军，领巴郡太守，以巴东、巴西、梓潼、建平五郡隶之。银印青绶，武冠，绛朝服。南齐高帝建元二年（480）罢，置巴州，以三巴校尉明慧昭任巴州刺史。见《太平御览》卷二四二《三巴校尉》条引《齐职仪》。

护于 匈奴王号。据《汉书·匈奴传》，乌珠留单于时，左贤王数死，以其号不祥，更名为护于。地位最尊，依次当代单于。单于授其长子为护于，欲传以国。

护卫 官名。辽朝北面官，北、南护卫府及皇太后宫官员。掌护卫事，分左右。

护卫太保 官名。辽朝北面官，北、南护卫府官员，各设左、右护卫司，以护卫太保领之。

护乌丸校尉 即护乌桓校尉。

护乌桓校尉 官名。汉武帝始置，掌内附乌桓事务。武帝遣骠骑将军霍去病击破匈奴左地后，为防止乌桓与匈奴交通，因徙其部于上谷、渔阳、右北平、辽西、辽东五郡塞外，置乌桓校尉监之，秩二千石，持节统领之。后不常置。东汉建武二十五年（后49），辽西乌桓朝贡，使居塞内，布于缘边诸郡，令招来种人，给其衣食，为汉侦察，助击鲜卑、匈奴。复置护乌桓校尉，秩比二千石，屯上谷宁城，并领鲜卑。常将乌桓等部兵与度辽将军、使匈奴中郎将、护羌校尉等协同作战，戍卫边塞。魏、晋及十六国后赵沿置。西晋多以都督幽州诸军事兼领此职。

护东夷中郎将 官名。北魏置。《魏书·高句丽传》：“（北魏太武帝）遣员外侍郎李敖拜（高句丽王高）琏为都督辽海诸军事、征东将军、领护东夷中郎将、辽东郡开国公、高句丽王。”高琏后裔世代相袭。

护东夷校尉 官名。即东夷校尉。

护东羌校尉 官名。三国魏置。掌居于秦、雍、梁等州羌族的事务，领兵。邓艾以安西将军领此职。西晋称东羌校尉，职掌同。见《三国志·邓艾传》。

护氐羌校尉 官名。十六国前赵置。《晋书·刘曜载记》：“（前凉张茂向刘曜遣使称藩）曜大喜，使其大鸿胪田崧署茂使持节、假黄钺、侍中、都督凉南北秦梁益巴汉陇右西域杂夷匈奴诸军事、太师、领大司马、领州牧、领西域大都护、护氐羌校尉、凉王。”

护氐校尉 官名。东晋置。掌边境氐族事务。杨佛嵩以平远将军任之。见《晋书·姚苌载记》。

护圣营缮司 官署名。元文宗天历二年（1329），立大承天护圣营缮提点所，掌营造工匠与寺僧衣粮、收征房课。三年，改营缮司。隶隆祥使司，秩正五品。置达鲁花赤、司令、大使、副使各一员。

护戎中郎将 官名。北魏置。掌管西部少数民族事务。孝文帝太和十七年（493）定为三品中，二十三年改为从三品。

护西戎中郎将 官名。北魏置。《魏书·吐谷浑传》：北魏孝文帝太和（477—499）中“拜伏连筹使持节、都督西垂诸军事、征西将军、领护西戎中郎将、西海郡开国公、吐谷浑王，麾旗章绶之饰皆备给之”。

护西戎校尉　即西戎校尉。

护西夷校尉　官名。❶十六国前秦置。苻洛以持节都督、征南大将军、益州牧领此，镇成都。掌益州及其西部地区少数民族事务。见《晋书·苻坚载记上》。❷十六国北凉段业（397—401）置。李暠以镇西将军领此，掌凉兴（今甘肃敦煌东）以西少数民族事务。见《晋书·凉武昭王李玄盛传》。

护西羌校尉　官名。西晋末为南安羌人酋长姚弋仲自称。十六国前秦置为官。灭前凉后，以梁熙为持节、西中郎将、凉州刺史领此，镇姑臧。

护西胡校尉　官名。十六国北凉段业置。掌管凉州地区少数民族事务。李玄盛以安西将军、敦煌太守领之。见《晋书·凉武昭王李玄盛传》。

护西域校尉　即西域校尉。

护夷中郎将　官名。北魏置。掌管东部少数民族事务。孝文帝太和十七年（493）定为三品中，二十三年改为从三品。下设护夷校尉佐之。北齐沿置，从三品。

护夷校尉　官名。北魏置。掌管东方少数民族事务。孝文帝太和十七年（493）定为三品下，二十三年改为从三品。北齐沿置，从三品。

护匈奴中郎将　官名。东汉置，亦作使匈奴中郎将或匈奴中郎将。监护南匈奴单于，参预司法事务，并助南匈奴防御北匈奴的侵扰。员一人，持节，秩比二千石。设官府，官属不固定，随事而置，主要有副中郎将、副校尉、司马、从事、掾史等。东汉末罢。三国魏明帝太和五年（231）复置，仍监护南匈奴事务，多以并州刺史兼任，使持节或假节，四品。晋朝沿置，四品。十六国前秦、后秦亦置。南朝宋以授北凉统治者沮渠蒙逊。北魏初置，太武帝天兴四年（401）罢，后复置。孝文帝太和十七年（493）定为三品中，二十三年复次职令，改为从三品。北齐从三品。

护军　官名。❶军中监督官。秦朝已置。《史记·蒙恬列传》：“使者以蒙恬属吏，更置。胡亥以李斯舍人为护军。”陈胜起义后，以武臣为将军，邵骚为护军，张耳、陈馀为左右校尉，予卒三千人，北略赵地。刘邦曾以陈平为护军都尉、护军中尉，皆临时设置，监督诸将，调节诸部军队关系。西汉或置护军将军督领诸军，大司马、大将军及诸将军幕府常置护军都尉，监督诸部，有时也单独率部征战，简称护军。哀帝时，大司马府所置护军都尉改名司寇，平帝元始元年（后1）更名护军，新莽及东汉诸将军幕府多置。东汉末曹操置关中护军，统率关中所驻诸将之兵。❷统兵武职。魏晋南北朝置。常随征伐目的，置诸杂号，如讨蜀护军、征西护军、镇蛮护军等，职如将军，而地位稍逊同号将军，资历稍浅之统帅常授此。❸东汉献帝建安（196—220）初曹操置于丞相府，掌武官选举，并与领军同掌禁军，出征时监护诸将，隶属领军。建安十二年改名中护军，资重者称护军将军，皆可简称护军。两晋南北朝沿置，职权归属略有变化。北魏初带侍臣者始加“中”字。参见“中护军”、“护军将军”。❹魏晋南北朝诸军事要镇长官。十六国及诸少数民族地区设置尤多。管理辖区军事民政，职掌与郡守相类。北魏初，隶大将军府，文成帝太安三年（457），皆改称太守。❺隋朝十二卫属官。炀帝大业三年（607）置，卫各四员，为将军副职，正四品。寻改名虎贲郎将。❻唐初秦王、齐王府各置左右六护军府，各有护军、副护军为正四品下、从四品下，掌率所部侍卫陪从。高祖武德九年（626）废。❼唐德宗以后左右神策军置护军中尉，左右神威军置中护军。❽勋官名。唐朝为十二级之第四级，比从三品。北宋沿置，徽宗政和三年（1113）罢。金朝袭唐制，从三品。元朝为十级之第四级，从二品，止用于封赠。明朝为十二级之第四级，从二品。❾清朝为守卫宫禁的八旗士兵之称，置护军统领等官督率之。

护军中尉　官名。❶秦、汉之际汉王刘邦临时设置，以陈平为之，监督诸将，调节诸部军队关系。❷唐德宗贞元十二年（796）置，员二人，分掌左、右神策军，统帅禁军。以宦官充任，权势极盛。

护军中尉监　官名。唐德宗贞元十二年（796）置，以监勾当左右神策军。

护军司马　官名。东汉置。《后汉书·傅燮传》：“后为护军司马，与左中郎将皇甫嵩俱讨贼张角。”

护军府　官署名。❶即中护军及护军将军府署。参见“中护军”、“护军将军”。❷唐初秦王、齐王府置，各设左右六府。其左一、右一府置护军（正四品下）一员，掌率统军以下侍卫陪从，副护军（从四品下）各二员，长史（从七品下）各一员，录事参军等各一员，统军各五员，别将各十员，分领亲勋卫及外军。左二、右二、左三、右三府，各减统军三员，别将六员，余皆同。分见各条。❸明初诸王府置，掌护卫。太祖洪武九年（1376）罢。

护军官　官名。清末新陆军军官。光绪三十年（1904）定新陆军营制，始置。每军一人，正三品，正参领充，简放。经理庶务，管辖制内弁目兵役。唯平时不编军，故不常置。

护军参领　官名。清朝八旗护军营之将领。次于护军统领。入关前名巴牙喇甲喇额真，天聪八年（1634）改为甲喇章京。顺治十七年（1660）定汉名为护军参领。满洲每旗十人，蒙古每旗四人，共一百一十二人，正三品，掌统率护军。

护军将军　官名。❶西汉将军名号。武帝时以韩安国为之，督护诸将军。不常置。❷东汉献帝建安十二年（207）曹操改丞相府护军为中护军，其资重者迁护军将军，四品，职掌相同，典武官选举，与中领军（领军将军）同掌禁军，出征时督护诸将，隶属领军。西晋不典选举，不隶领军，自领禁卫营兵，三品。东晋元帝永昌元年（322）省并入领军，明帝太宁二年（324）复分置。南北朝沿置，掌督护京师以外诸军，属官有长史、司马、功曹、主簿、五官等，出征时置参军。权任颇重，诸将军皆敬之。北齐为护军府长官，领东、西、南、北四中郎将府及各地关尉、津尉，皇帝出则护驾，属官有长史、司马、功曹、五官、主簿、录事及诸曹参军。宋三品，梁十五班，陈三品，中二千石，北魏孝文帝太和十七年（493）定为二品上，二十三年改从二品，北齐从二品。皆金章紫绶。魏、晋、宋、陈其品皆与中护军同，梁、北魏、北齐则比中护军高一阶。

护军统领 官名。清朝八旗护军营之长官。入关前名巴牙喇纛额真。天聪八年（1634）改为纛章京。顺治十七年（1660）定汉名为护军统领。每旗各一人，共八人。乾隆三十四年（1769）定为正二品。掌八旗护军之政令，统率护军环卫宫殿门户，稽察出入。皇帝出巡，则统众扈从。

护军校 官名。满语称巴牙喇壮达。清朝八旗军营之下级官员，即护军队长。八旗满洲每佐领下各一人，共六百八十一人。其中包括空衔花翎护军校五十六名，每旗七人。八旗蒙古每佐领下各一人，共二百零四人。正六品，掌分辖营众之事。

护军校尉 官名。三国吴置。《三国志·宗室传》："孙皎字叔朗，始拜护军校尉，领众二千余人。"

护军都尉 官名。秦置护军，护即监领之意，入汉或置护军中尉、护军将军。后公孙敖以护军都尉从大将军卫青击匈奴，遂以为常制。汉武帝元狩四年（前119）属大司马；成帝绥和元年（前8），居大司马府比司直；哀帝元寿元年（前2）更名司寇，平帝元始元年（后1）更名护军。秩比二千石。然《汉书·百官公卿表》哀帝元寿二年尚有护军都尉官。又，卫将军下亦有护军都尉，东汉初沿置。

护赤沙中郎将 官名。十六国前秦置。《晋书·苻坚载记》："大鸿胪韩胤领护赤沙中郎将，移乌丸府于代郡之平城。"

护羌戎中郎将 官名。北魏置。掌管羌族事务。孝文帝太和十七年定为三品中，二十三年改为从三品。北齐沿置，从三品。

护羌戎校尉 官名。北魏置。掌管西部少数民族事务。前期多以征西、安西将军领此职，统兵，镇凉州或敦煌，兼任当地军事长官。孝文帝太和十七年（493）定为三品下，二十三年改为从三品。北齐沿置，从三品。

护羌校尉 官名。西汉武帝置，持节统领羌族事务。东汉初罢。建武九年（后33），复以牛邯为护羌校尉。后或省或置。章帝以后遂为常制。秩比二千石，有长史、司马二人，多以边郡太守、都尉转任。除监护内附羌人各部落外，亦常将羌兵协同作战，戍卫边塞。魏、晋及北魏沿置。后凉、西凉、北凉亦置。南朝齐、梁时授吐谷浑王此职。

护法功德司 官署名。西夏管理佛教事务的三功德司之一，维护佛门戒律、纠察僧人行为。设一正使、一副使、一通判、一承旨。为次等司。

护南氐校尉 官名。十六国前赵刘曜置。《晋书·刘曜载记》："曜大悦，署（杨）难敌为使持节、侍中、假黄钺、都督益宁南秦凉梁巴六州陇上西域诸军事、上大将军、益宁南秦三州牧、领护南氐校尉、宁羌中郎将、武都王。"

护南蛮校尉 参见"南蛮校尉"。

护高车中郎将 官名。北魏前期置。掌管高车、丁零等部事务，有时统率诸部出征。《魏书·太宗纪》："（泰常）三年（418）春正月丁酉朔，帝自长川诏护高车中郎将薛繁率高车、丁零十二部大人众北略，至弱水。"孝文帝太和十七年（493）和二十三年职员令皆未载。

护理 官制术语。清制，省级长官出缺，未及派员接替，即以次官暂代其职务，称护理。如总督、巡抚多由布政使护理。

护苑使者 官名。西汉置。《汉书·谷永传》："音犹不平，荐永为护苑使者。"

护蛮越中郎将 官名。北魏置。掌管与南朝接壤地区少数民族的事务。孝文帝太和十七年（493）定为三品中，二十三年改为从三品。北齐沿置。从三品。

护蛮越校尉 官名。北魏置，掌管南方边境少数民族事务。孝文帝太和十七年（493）定为三品下，二十三年改为从三品。北齐沿置，从三品。

护鲜卑中郎将 官名。十六国前秦置。掌管居于东北地区的鲜卑族事务。石越以平州刺史领此，镇龙城（今辽宁朝阳）。见《晋书·苻坚载记上》。

护鲜卑校尉 官名。三国魏文帝黄初元年（220）置。掌鲜卑各部事务，统兵，驻昌平。员二人，秩比二千石，四品。

护銮书制学士 官名。五代后唐庄宗同光元年（923）翰林院置，当时庄宗初建号，故特立此名。

护漕都尉 官名。西汉置，掌护漕运，不常置。西汉转漕关东粟以给京师，一岁多至六百万石，用卒数万人，因置护漕都尉督运。东汉建武七年（后31）罢。

护漕掾 官名。西晋置，分东、西、南、北四部，掌督漕运，隶大司农。东晋省。

把门内品 宋朝内侍官名。隶入内内侍省者，位在后苑内品上、入内内品下；隶内侍省者，位在后苑勾当事内品上、内品下。

把司 官名。明永乐二十二年（1424）于京营三大营下设。为诸营基层带兵军官。

把关太尉 官名。西夏元昊建国初期设置，掌边境关卡事务及和市。

把总 官名。❶明朝之基层领兵官。分设于京营三大营及各地总兵之下。属京营三大营者，位在千总之下，设于永乐二十二年（1424）。属总兵者，位在守备之下，无品级，无定员，分属所领之兵。❷清朝绿营军之下级军官，即基层组织“汛”之领兵官。位于千总之下，正七品，掌巡守营、哨汛地。亦称“营把总”。此外，尚有卫把总、守御所把总、土把总等名目。

把牌　官名。明永乐二十二年（1424）置，为京营中基层领兵军官。

把截使　使职名。唐僖宗广明（880—881）中为堵截黄巢西进所置各路统兵官，齐克让为汝、郑把截制置都指挥使，张承范为把截潼关制置使。其后，偶有设置。

报匣　清朝存放机密文件之木匣。装有小锁。清制，地方督抚等官例由皇帝赏给，以便呈报重要章奏时封存之用。皇帝向其交办机密事项亦用此密封下达。

报谢使　官名。南宋时，金或蒙古若准许宋廷议和，宋廷则需派使臣致谢，所派使臣称报谢使。

拟正　清朝吏部之铨选制度。乃遴选官员方法之一。官员出缺，或由九卿保举，或由吏部提名，均应将候选名单题请补用，名单内一般每缺开列两名人选，一正一陪，其正取者称拟正，备取者称拟陪。

拟用　官制用语。指出征在外的将军，有权自行选用官吏，然后征求吏部同意。《魏书·王肃传》：“其从（王）肃行者，六品已下听先拟用，然后表闻。”

拟陪　清朝吏部之铨选制度。参见“拟正”。

拟票　即票拟。

连长　官名。春秋时齐国置。❶基层行政官员。《管子·小匡》：“制五家为轨，轨有长；十轨为里，里有司；四里为连，连有长。”❷下级军吏。《国语·齐语》：“管子于是制国”，“四里为连，故二百人为卒，连长帅之”。

连尹　官名。春秋战国楚置，西楚霸王项羽亦置，一说为射官。《左传·襄公十五年》：“公子追舒为箴尹，屈荡为连尹，养由基为宫厩尹，以靖国人。”孔颖达疏引服虔：“连尹，射官。言射相连属也。”《善斋吉金录》卷一四·五有战国楚“连尹之”印。一说为主车官。《左传·宣公十二年》杨伯峻注：“高本汉本卜鲁曼之说，谓连尹为掌车辆之官，亦推测之辞。”《汉书·灌婴传》：“所将卒斩楼烦将五人，连尹一人。”颜师古注：“连尹，楚官也。”

医　❶春秋时君王医职官员省称。《国语·晋语》：“平公有疾，秦景公使医和视之”，“对曰：‘上医医国，其次医人，固医官也。’”韦昭注：“官，犹职也。”❷吏名。南朝梁置，为郡县属吏。

医人院　官署名。西夏中等司。

医工长　官名。汉朝诸侯王国主管王宫医药的官吏。《汉书·武五子传》：“旦得书，以符玺属医工长。”颜师古注：“医工长，王宫之主医者也。”《续汉书·百官志》所载王国官中有医工长。本注曰：“主医药。”

医士　官名。明清太医院之属官，掌各科诊治之法。朱元璋吴元年（1367）设。俱以父祖世业代补，或在外访保精通医术者充之。凡医术十三科，学习三年或五年，经三试，定其升降。在内充御医局之四御医，王府、文武百官有疾，奉旨往视。受院派遣，往边关卫所就医职。清顺治元年（1644）沿设，二十人。皆为汉员，用从九品冠带。肄业专科为医术九科。初由教习厅，后由医学馆考试。分班侍值于宫中称宫直，值于外廷称六直。赴外藩、军营、刑狱、大比皆由院派。

医正　官名。隋炀帝大业三年（607）始置。为太常寺太医署属官，十人。唐沿隋制，改八人，从九品下，与医监、医师、医工掌医疗疾病，并以其治愈之数为考课。宋朝徽宗崇宁二年（1103）置于殿中省尚药局，以医官副使充任，后随尚药局并罢。金于东京、北京、上京、河东东西路、山东东西路、大名、咸平、临潢、陕西统军司、西南招讨司、西北路招讨司、婆速路、曷懒路、速频、蒲与、胡里改、隆州、泰州、盖州等处医院各设一人，以掌医疗之事。明朝又称良医正。于各王府长史司下良医所分置，各一人，正八品，掌王府医务。

医正下士　官名。西魏、北周天官府太医下大夫医正上士佐官，正一命。

医正上士　官名。西魏恭帝三年（556）置，北周沿置。天官府太医下大夫属官，掌诊治民庶百官的各种疾病，正三命。设医正中士、医正下士及医生三百人以佐之。隋文帝开皇元年（581）罢。

医正中士　官名。西魏、北周天官府太医下大夫医正上士佐官，正二命。

医正郎　阶官名。金朝太医二十五阶之第二十一阶，秩从八品下。元十五阶之第十一阶，秩从七品。

医生　官名。❶清朝内务府上驷院之属官。掌治上驷院马驼之疾。额设蒙古十五人，移八旗咨选。❷清末新陆军职官。光绪三十年（1904）定新陆军营制，始置。每营一人，六、七品不等，副军校与同协军校充，奏补。协同军医长医治伤病。

医令　官名。金朝太后两宫医官，掌承奉医药。秩正八品。

医务司　官署名。清末陆军部海军处所属机构。光绪三十四年（1908）设。掌海军卫生防疫，疗病治伤，筹备药料，以及海军医务人员开补升调、教育。置司长一人，承发官一人，军医五人，录事六人。宣统元年（1909），并入筹办海军事务处。

医务科　官署名。❶清末陆军部军医司所属二科之一。光绪三十二年（1906）设。掌军医人员之补任、考核，负责官兵、学生之身体检查，办理因公致疾之抚恤，并收存药料、药具等。置科长、科员、录事。❷清末海军部军医司所属二科之一。宣统元年（1909）设于筹办海军事务处医务司。二年，改属军医司。同年，随司并入海军部。掌承办海军人员内外各科医务、医疗设施及军医人员的教育、使用事。置科长、科员、录事。

医师 官名。❶周朝医官之长。《周礼·天官·序官》有医师，上士二人，下士四人。郑玄注："医师，众医之长。"掌医疗政令，组织疾病防治。❷一般医官。北齐尚书、门下、中书等省皆置，从九品。隋、唐太常寺太医署亦置，隋二百人，唐二十人，为流外之职。宋朝徽宗崇宁二年（1103），改御药院为尚药局，以医官使上名有功效者为医师，钦宗靖康元年（1126）罢。

医师长 官名。又称医生头目。清朝内务府上驷院之属官。掌教习上驷院蒙古"医生"。额设三人。于蒙古医生内拣选医道优长、胜任教习者充任。初给八品顶戴，乾隆四十三年（1778），定给六品职衔。

医全郎 阶官名。金朝太医二十五阶之第二十阶，秩从八品上。

医丞 官名。金朝太后两宫医官，掌承奉医药，为医令下属，秩正九品。

医佐 官名。隋炀帝大业三年（607）殿内省尚药局置。唐太宗贞观（627—649）中沿置，员十人，正九品下，与司医同掌分疗众疾。宋初不置。徽宗崇宁二年（1103），改御药院医官置，隶尚药局。钦宗靖康元年（1126）罢。

医针助教 医官名。唐朝置，隶太医署，员一人，从九品下，协助医针博士，以针刺之法教授学生。北宋很少除授，仅存其空名。

医官 掌医疗之官的统称。历代皆置。《周礼》有医师，掌医之政令。秦汉有太医令、丞，属少府。东汉又有医丞、医工长。魏因之。晋沿置而属宗正。南渡后省中正，改属门下省。宋、齐隶侍中，梁、陈因之。后魏有太医博士助教。北齐又称太医令、丞。后周置太医下大夫。隋、唐均置太医署，隶太常寺，置令。凡领针灸、按摩、咒禁，各有博士。殿中、殿内省另置有尚药奉御、侍御医、司医、医佐等官。唐、五代又有翰林医官使。宋朝置翰林医官院使、副各二人，并领院事，以尚药奉御充。或有加诸司者，直院四人，尚药奉御六人，医官、医学无定员。辽朝北面太医局，官有使、副使、都林牙；又有医兽局，官同太医局。南面官有汤药局。金太医院官有提点使、副使、判官。元朝太医院奉御药物，领各属职，官有院使十二人，同知、佥院、同佥、院判、经历、都事各二人，照磨兼承发架阁库一人。中统元年（1260）置宣差提点太医院事，二十年改为尚医监，二十二年复为太医院，置提点四人，院使、副使、判官各二人。明朝太医院设院使一人，院判二人。清朝太医院院使汉人一人，左右院判汉人各一人。另，明清各府设正科，州设典科，县设训科，皆一人，设官不给禄，掌地方医疗人材培养。

医官使 使职名。唐末置，以主医官。其待诏者，名翰林医官使。

医学 学校名。唐朝州府于太宗贞观三年（629）置，有博士一人及学生十至二十不等。玄宗开元元年（713）置助教，未几博士、学生皆省，唯边远少医诸州如故，后复置学生掌州境巡疗。代宗永泰元年（765）复置博士。三都、都督府、上州、中州各助教一人。宋徽宗崇宁二年（1103）建，隶国子监。分方脉、针、疡三科教授学生，依太学学制，行三舍法，上舍生四十人，内舍生六十人，外舍生二百人，分斋习读。成绩入高等，授尚药局医师以下职，其余各依等第补官，为本学博士、正、录及外州医学教授等。设医学博士四人，掌教导，行学规。大观四年（1110），改太医学，隶太医局。政和五年（1115），州、县亦置。宣和二年（1120），罢在京医学。南宋复置。

医学馆 官署名。清朝太医院所属机构。同治六年（1867）设。负责每年春秋两季考试医士、医生、医员、肄业生等，分别等第，预备升补。另外，每六年组织大考一次，吏目、医士等均得参加，由本院堂官核其文理、医学，分别去留，列出等第，送礼部复勘，咨行吏、礼二部注册。未录取者，仍发教习厅学习，下届再参加考试。

医学博士 官名。即医药博士，唐玄宗开元元年（713）改。参见"医药博士"。宋徽宗崇宁二年（1103）置四员，掌医学教导，并举行学规。

医学提举司 官署名。元朝置，秩从五品，隶太医院，设于世祖至元九年（1272），掌考较诸路医生课义，试验太医教官，检勘名医撰述文字，辨验药材，领各路医学。置提举、副提举各一员。

医药官 官名。金朝置，掌惠民司医药。哀宗天兴二年（1233）八月，以太医数人于惠民司更直，病人官给以药。择年老进士二人为医药官。

医药博士 官名。唐太宗贞观三年（629）置于诸府、州，一员，从九品上，掌教授医学生及医疗民疾。玄宗开元元年（713）改称医学博士。其后间或废省。

医监 官名。太常寺太医署官员，隋炀帝大业三年（607）始置五员，唐朝置四员，从八品下。与医师、医正轮流以一人值班疗疾。

医候郎 阶官名。金太医二十五阶之第二十三阶，秩正九品下。元十五阶之第十三阶，秩正八品。

医效郎 阶官名。金太医二十五阶之第二十二阶，秩正九品上。元十五阶之第十二阶，秩正八品。

医曹 官署名。东汉置，职掌官医。《三国志·华佗传》沛督邮徐毅得病，谓佗曰："昨使医曹吏刘祖针胃管讫，便苦咳嗽。"

医痊郎 阶官名。金太医二十五阶之第二十四阶，秩从九品上。元十五阶之第十四阶，秩从八品。

医兽局 官署名。辽朝北面官，掌医治畜兽等事。置使、副使等职。

医博士 官名。❶太常寺太医署官员，隋朝置二员，唐朝置一员，正八品上。掌教授诸生医学。❷

即唐朝府、州医药博士。

医愈郎　阶官名。金太医二十五阶之第末阶，秩从九品下。元十五阶之末阶，秩从八品。

求盗　官名。战国秦置，为亭部吏卒，掌追捕盗贼。《睡虎地秦墓竹简·秦律杂抄》："求盗勿令送逆为它，令送逆为它事者，赀二甲。"秦统一后及汉朝沿之。

〔丨〕

步队科　官署名。清末陆军部军学司所属七科之一。光绪三十二年（1906）设。宣统三年（1911）改隶军学处。掌拟全国步队教育、训练、考察、校阅之计划，审定步队操法，核议步队应用军械器具，考察所属学堂成绩等。置科长、科员、录事。

步帅　侍卫亲军步军都指挥使简称。

步司　侍卫亲军步军都指挥使司简称。

步军司　侍卫亲军步军都指挥使司简称。

步军协尉　见"协尉"。

步军参尉　官名。清朝八旗步军营之属官。雍正四年（1726）设。掌分辖八旗步军。乾隆十九年（1754）改步军副尉。

步军将军　官名。唐宪宗元和八年（813）废天威军后，以其军士隶左右神策军，乃置二员，从五品。

步军总尉　见"步军翼尉"。

步军统领　见"步军统领衙门"。

步军统领衙门　官署名。简称步军营。清朝负责京师警卫、稽查之机构。以官署设于北城，又称北衙门。初为正二品衙门，设步军统领及左、右翼总尉各一人，专管八旗步兵。康熙十三年（1674），兼提督京城九门事务。三十年兼管京师绿营之巡捕三营（南、北、中）。雍正七年（1729），始简部臣一人办理刑名，并定为步军统领衙门。乾隆四十六年（1781），增巡捕营为五营（南、北、中、左、右）。步军统领始称提督九门步军巡捕五营统领。嘉庆四年（1799），升为从一品衙门。职掌对京师地面实行分汛防守，稽查出入，严行门禁，缉捕追逃，审断案件，编查保甲，发信号炮，颁布禁令等。长官即步军统领。下设左、右翼总兵各一人。所辖军队，一为八旗步军营，兵额二万一千余；一为巡捕五营，兵额一万一千余，共计三万二千余人。八旗步军营设有翼尉、帮办翼尉、协尉、副尉、步军校、委署步军校等官；巡捕五营设有副将、参将、游击、都司、守备、千总、把总、外委各官，分管所辖营众。此外，尚设白塔信炮总管一人，掌鸣炮报警事。

步军校　官名。清朝八旗步军营之基层武官。额定满洲一百九十二人，蒙古、汉军各七十二人，共三百三十六人。正五品，分掌各旗步军，负责警夜、清道、诘奸等事。

步军都指挥使　官名。即侍卫亲军步军都指挥使。

步军都虞候　官名。即侍卫亲军步军都虞候。

步军副都指挥使　侍卫亲军步军副都指挥使简称。

步军副尉　官名。简称副尉。清朝八旗步军营之属官，顺治五年（1648）设。雍正四年（1726）增设步军参尉。乾隆十九年（1754）改步军副尉为协尉，步军参尉为副尉。额设满洲十人，蒙古八人，汉军八人，共二十六人。正五品。掌分辖八旗步军。

步军副翼尉　即帮办翼尉。

步军营　❶清朝步军统领衙门之简称。❷清朝步军统领衙门所属之八旗步军营，掌率八旗步军，以供守卫巡警之事。长官为翼尉，额设二人，左、右翼各一人。以下设帮办翼尉二人，协尉、副协尉各二十六人，步军校三百三十六人，委署步军校七十二人，分辖八旗步军。所辖步军兵士共二万一千余人。

步军翼尉　官名。清朝八旗步军营之军官。初名步军总尉，乾隆十九年（1754）改是称。左、右翼各一人，正三品。掌率八旗步军以供守卫巡警。

步兵科　官署名。清末陆军部军制司所属七科之一。光绪三十二年（1906）设。掌步队、陆军警察队、军乐队一切事宜，以及军士以下人员之补充，常备、续备、后备官兵之册籍，并管理步队专科学堂、各镇操场、靶场事。置科长、科员、录事。

步兵校尉　官名。❶西汉武帝始置，为北军八校尉之一，秩二千石，位次列卿，属官有丞、司马等。领上林苑门屯兵，戍卫京师，兼任征伐。东汉为北军五校尉之一，秩比二千石，隶北军中候。掌宿卫禁兵，有司马一员。当时五校尉所掌北军五营为京师主要的常备禁军，故地位亲要，官显职闲，府寺宽敞，舆服光丽，伎巧毕给，多以京室外戚近臣充任。三国两晋南北朝沿置，魏、西晋隶中领军（领军将军），领宿卫营兵，四品。东晋初犹领营兵。其时别置二卫、四军诸禁军掌宿卫，五校职任渐轻。后罢其兵，旋省其官。十六国多置。南朝复置，为皇帝的侍卫武官，不领营兵，仍隶中领军（领军将军），用以安置勋旧武臣。宋四品，梁七班，陈六品、千石。或说梁改步骑校尉。北魏初领营兵，位次列卿，后罢其兵，成为武臣散官，无职掌，定员二十人。孝文帝太和十七年（493）定为从三品中，二十三年改五品。北齐员二十人，隶领军府所辖左、右卫府。从四品。❷南朝为东宫三校之一。见"太子步兵校尉"。❸隋炀帝大业三年（607），鹰扬府每府置二员，领步兵，正六品，唐高祖武德元年（618）罢。

步挽　以人力牵拉而行的车，亦称步挽车。皇帝在宫廷游宴时常乘之，有时则作为副车。当大臣年老体弱时，作为特殊恩遇，赐乘步挽入朝。

步骑校尉　见"步兵校尉"。

卤簿使　使职名。掌天子车驾仪仗次第。唐开成五年（840）葬文宗，以兵部尚书王起为之。五代沿置，多以兵部尚书充任。宋初始改以他官充任，太宗太平兴国九年（984）始铸其印；真宗大中祥符

（1008—1021）以后，凡有大礼，以中书、枢密分为之，仍特铸印。

邺中黄右藏丞 官名。西晋置，属少府，掌邺中黄右藏，驻邺城。

邺中黄左藏丞 官名。西晋置，属少府，掌邺中黄左藏，驻邺城。

邺玄武苑丞 官名。西晋置。为大鸿胪所属邺城玄武苑长官。

邺城门校尉 官名。西晋置。《晋书·宗室传》："（武帝）太康（280—289）初，（司马泰）入为散骑常侍、前将军，领邺城门校尉。"主邺城城门启闭，人员出入等事务。

邺奚官督 官名。西晋置。《晋书·武帝纪》：泰始五年（269）六月，"邺奚官督郭廙上书陈五事以谏，言甚切直，擢为屯留令"。

坚锐将军 官名。南朝梁武帝普通六年（525）刊正将军名号时置，定为武职三十四班中的十班。陈沿置，拟七品，比秩六百石。

听事 官府治事之所。《晋书·谢万传》：太原王述"为扬州刺史，万尝衣白纶巾，乘平肩舆，径至听事前，谓述曰"。亦作厅事。

听鼓 官场用语。旧时官衙以卯刻鸣鼓召集僚属，故谓赴官所伺候上官为听鼓。后又用来称候补官缺者。

岐州监 ❶官署名。隋朝于岐州（今陕西凤翔）置，有监、副监。参见"同州总监"。❷官名。隋朝岐州监长官，视正八品。

岐州副监 官名。隋朝岐州监次官，视正九品。

帐下 官名。十六国前凉及北魏置。为将帅左右的亲信侍从，因行军多居营帐，故称。北魏初，诸王亦置。

帐下吏 官名。三国魏置，军中官佐。《三国志·乐进传》："以胆烈从太祖，为帐下吏。"

帐下帅 官名。北魏初东宫置。为太子的亲信侍从。《魏书·车路头传》："少以忠厚选给东宫，为太宗帐下帅。"

帐下司马 官名。东汉末置，掌有关军旅事务。东汉献帝兴平元年（194）赵韪为益州帐下司马，被称为州大吏，以拥立刘璋为益州牧，迁征东中郎将。西晋太尉贾充统军伐吴时，置二十人。

帐下统军 官名。北魏置。统领主将身边的亲信部队。《周书·杨忠传》："尔朱度律召（忠）为帐下统军。"

帐下都督 官名。北魏置。为主将亲信，统领帐下亲军，侍卫主将。《魏书·尔朱彦伯传》："（尔朱）弼帐下都督冯绍隆为弼所信持。"

帐下督 官名。在主帅军中督兵之官。《晋书·王恭传》："遣（刘）牢之率帐下督颜延先据竹里。"

帐内 官名。北魏末高欢置为侍卫近职。《北齐书·张保洛传》："及高祖起义，保洛为帐内，从破尔朱兆于广阿。寻迁右将军、中散大夫，仍以帐内从高祖围邺城"，"以帐内从高祖出山东，有麹珍、段琛、牒舍乐、尉摽、乞伏贵和及弟令和、王康德，并以军功至大官"。西魏宇文泰亦置，皆用亲信，掌侍卫；大丞相府又有帐内亲信大都督、帐内亲信都督、帐内虞候大都督、帐内虞候都督、帐内直荡都督等名目。隋朝三公以下、三品以上高级官员左右并置为亲兵，随品高卑而置员。唐朝诸王亲事府、帐内府置六百六十七人，由典军、副典军等率领，掌侍卫、陪从。

帐内大都督 官名。北魏末及东、西魏沿置。统领主帅身边的侍卫军士。《北齐书·步大汗萨传》："（尔朱）荣死后，从尔朱兆入洛，补帐内大都督，从兆拒战于韩陵。兆败，萨以所部降。"

帐内军主 官名。南北朝置。北魏末，贺拔胜兄弟皆以强弩将军任此。

帐内别将 官名。北魏末置。蔡儁以平远将军任此。

帐内直荡都督 官名。西魏置，为大丞相府属官。《周书·王勇传》："及太祖为丞相，引为帐内直荡都督。"

帐内府 官署名。唐高祖武德（618—626）中秦王、齐王府置，并分左、右，太宗贞观（627—649）以后不分左、右；置典军、副典军各二员，掌府事，领校尉、旅帅、队正、队副及帐内亲兵，侍卫陪从。

帐内府典军 官名。唐初秦王、齐王府左、右帐内府领兵长官，置二员，正五品上，掌领府事及亲兵，侍卫陪从。

帐内府副典军 官名。唐初秦王、齐王府左、右帐内府领兵次官，置二员，从五品上。

帐内都将 官名。北魏置。《窦泰墓志》："起家为襄威将军，帐内都将。"（赵万里《汉魏南北朝墓志集释》图版三二一）参见"都将"。

帐内都督 官名。北魏末及东、西魏置。统领主帅左右的侍卫军士，东魏中外府、西魏大丞相府皆设。《北齐书·綦连猛传》："（元象）二年（539），除平东将军、中散大夫。其年，又转中外府帐内都督。"

帐内督 官名。北魏置。《周书·陆通传》："文帝（宇文泰）时在夏州，引（陆通）为帐内督。"统领亲兵，侍卫主帅。

帐司 ❶官署名。北宋神宗元丰（1078—1085）改制前置，属三司，掌点检帐目，设提举官一人。元丰改制废。❷吏名。北宋前期于帐司置，选后行吏人充任。

帐籍告身案 官署名。北宋神宗元丰（1078—1085）改制置，隶兵部，掌兵部帐籍，颁发武选告身。南宋因之。

帐籍案 官署名。南宋置，属刑部，掌行在库务、理欠帐籍。

时见 周天子不定期地召见诸侯发布政令。《周礼·春官·大宗伯》："时见曰会。"郑玄注："时见者，言无常期。诸侯有不顺服者，王将有征讨之事，则既朝觐，王为坛于国外，合诸侯而命事焉。”

时务策　论时政的对策。唐朝科举考试，明经科，先帖文，后口试问经义，再答时务策三道；进士科，试时务策五道，帖一大经，经、策全通为甲第。宋朝亦为考试内容之一。

时会　同时见。《周礼·秋官·大行人》：“时会，以发四方之禁。”郑玄注：“时会即时见也，无常期。”参见“时见”。

时叙郎　官名。明太祖吴元年（元至正二十七年，1367）改前置太史监为太史院，置为属官，正七品，具体职掌不详。洪武元年（1368）罢。

时宪科　官署名。清朝钦天监所属机构。顺治元年（1644）设。掌编制时宪书，推算月食，绘图以测验，各项祭祀，则选择吉日记于册。设有五官正、春官正、夏官正、中官正、秋官正、冬官正、五官司书、博士、天文生等，分掌各事。

旷野将军　官号。北魏置为杂号将军，位较低，孝文帝太和二十三年（499）定为九品上。北周沿置，为正一命。隋朝为散号将军，从九品上，炀帝大业三年（607）罢。

财政处　官署名。清末为整顿全国财政而特设之机构。又称办理财政处。光绪二十九年（1903）设。掌理全国财政事宜。置大臣三人，以王大臣兼充。机构属官不详。三十二年，并入度支部。

助军右校尉　官名。东汉灵帝中平五年（188）初置，为西园八校尉之一，以冯芳任之，统于小黄门上军校尉蹇硕。

助军左校尉　官名。东汉灵帝中平五年（188）初置，为西园八校尉之一。以赵融任之，统于小黄门上军校尉蹇硕。

助防　官名。南朝梁、陈置，为边远州属官，有以侯爵担任者。见《梁书·张缅传》、《陈书·岳阳王叔慎传》。

助译者　西夏译经者称号。辅助主译者译经，分工负责记录、翻译、核定译文、润色词句。在西夏译经图中十六人分列主译者左右，其中八名僧人有姓名题款，四人为党项人。

助教　官名。❶国子监诸学置，协助博士教授生徒。西晋武帝咸宁（275—280）中初立国子学，置十五员，讲授儒家经典；东晋孝武帝太元十年（385）减为十员。南朝宋沿置十员，分掌十经；如不置学，则仅设一员。南齐高帝建元四年（482）置国学，设十员，位比御史。梁初沿置，武帝大同七年（541）又置正言助教二员。北魏国子学、太学各置。北齐国子寺之国子学置十员，太学置二十员，四门学置二十员。隋朝国子寺之国子学、太学、四门学各置五员，书学、算学各置二员；文帝开皇十三年（593）改置国子学，仁寿元年（601）罢置；炀帝大业三年（607）国子监国子学置一员，太学置二员。唐朝国子监国子学置五员，太学置六员，四门学置六员，书学置一员，算学置一员，律学置一员，广文馆置一员。宋朝神宗元丰（1078—1085）改制前国子学、律学皆置，改制后不置。辽朝国子监国子学置。金朝国子监国子学置二员，太学置四员。元朝集贤院国子学初置四员，成宗大德八年（1304）为分职上都，增置二员；蒙古翰林院蒙古国子学置二员。元惠宗至正二十五年（1365）朱元璋置国子学，亦设，明洪武十五年（1382）改学为监，置十六员，分掌六堂，后改十五员；永乐元年（1403）北京国子监置二员，十八年迁都北京后，北监置十五员，南监置六员，后减为四员；中都国子监曾置二员，洪武二十六年罢。清朝顺治元年（1644）建八旗官学，置满洲助教十六员、蒙古助教八员；并分设六堂，置满、汉助教各十二员；国子监所兼领算法馆置二员，俄罗斯馆置满、汉各一员。❷太医官。协助诸博士以教生徒医学。北魏置太医助教。隋朝太常寺太医署置二员。唐朝太医署置药医助教一员、针助教一员。❸太史官。协助太史博士教诸生天文历法。北魏置太史助教。❹太卜官。助诸博士以教生徒占卜相术等。隋朝太常寺太卜署置太卜助教二员、相助教一员。❺州郡学官。北齐郡置太学助教以协助博士。宋朝开封、临安、河南应天府以外诸次府、大都督府、都督府、诸州、诸军皆置，多以特恩授士人，或用以安置贬谪官员，亦为纳粟授官名目。辽朝上、东、中、南、西五京学，黄龙府学，兴中府学，诸观察使、团练使司、防御使司、刺史之州学，诸县学，皆置。参见“国子助教”等条。

邮传大臣　官名。清末邮传部长官。宣统三年（1911），改邮传部尚书设。一人，从一品，特简。掌理本部事务，并为国务大臣，参与阁议。

邮传部　官署名。清末新设中央机构之一。光绪三十二年（1906）设。掌理全国轮船、铁路、电报、邮政事务。置尚书一人，左、右侍郎，左、右丞，左、右参议均各一人。下设承政、参议二厅，船政、路政、电政、邮政、庶务五司，并讲习所、考工局、通译局等。置佥事四人，郎中十人，员外郎十二人，主事二十四人。宣统元年（1909）裁庶务司。三年，改尚书、侍郎为大臣、副大臣。所属有铁路总局、电政总局、邮政总局、交通银行等。

邮传部右丞　参见“邮传部左丞”。

邮传部右侍郎　参见“邮传部左侍郎”。

邮传部右参议　参见“邮传部左参议”。

邮传部左丞　官名。清末邮传部之职官。光绪三十三年（1907）设。左、右各一人，正三品，简任。掌领本部承政厅事宜。

邮传部左侍郎　官名。清末邮传部副长官。光绪三十二年（1906）设。左、右各一人，正二品，特简。佐尚书总理部务。宣统三年（1911），左侍郎改副大臣，右侍郎裁。

邮传部左参议　官名。清末邮传部之职官。光绪三十三年（1907）设。左、右各一人，正四品，简任。掌领本部参议厅事宜。

邮传部尚书 官名。清末邮传部长官。光绪三十二年（1906）设。一人，从一品，特简。掌总核本部事务。宣统三年（1909），改邮传大臣。

邮传部参议厅 官署名。清末邮传部所属机构。光绪三十三年（1907）设。掌纂定四政律例，审订章程合同，核议条陈及提议交议决议各项事件。置左、右参议各一人掌厅事，并设佥事二人，员外郎二人，主事二人，小京官二人。

邮传部承政厅 官署名。清末邮传部所属机构。光绪三十三年（1907）设。掌承办机密，考核司员，筹核经费，典守部库等事宜。置左、右丞各一人掌厅事，并设佥事二人，员外郎二人，主事二人，小京官二人。

邮传副大臣 官名。清末邮传部副长官。宣统三年（1911），改邮传部左侍郎设。一人，特简。佐大臣管理本部事务。

邮政司 官署名。清末邮传部所属机构。光绪三十三年（1907）设。掌全国邮政，凡邮递方法、邮便汇兑、邮便包裹、邮票款式及邮盟条约均属之。置郎中二人，员外郎二人，主事五人等。

邮政司郎中 官名。清末邮传部邮政司主官。光绪三十三年（1907）设。二人，正五品，奏补。掌主本司事务。

邮政总局 官署名。清末邮传部所属机构。宣统三年（1911）设。掌理全国邮政业务。置局长一人，总办一人，会办一人，下设总务、营业、稽核等股。

邮政总局局长 官名。清末邮传部所辖邮政总局长官。宣统三年（1911）设。一人，简任，由署邮传部左侍郎兼署，掌总领本局事务。

邮政总局总办 官名。清末邮政总局副长官。宣统三年（1911）设。一人，请简，以二品卿衔洋员充，掌司本局事务。

邮置 汉朝传递文书的驿站。《后汉书·郭太传》："识张孝仲刍牧之中，知范特祖邮置之役。"邮置依一定距离设置。

别火令 官名。西汉武帝太初元年（前104）初置，属大鸿胪。据《汉仪注》，别火为狱令官，主治改火之事。新莽时改隶典乐。东汉省。

别火丞 官名。汉武帝太初元年（前104）初置，属大鸿胪，为别火令副职。

别帅 十六国、北朝时期少数民族部落酋豪的名称。《魏书·太祖纪》："（天兴）六年（403）五月辛未，朔方尉迟部别帅率万余家内属，入居云中。"

别失八里局 官署名。元朝设于世祖至元十三年（1276），掌织造御用丝段，隶工部。秩从七品。置大使、副使各一员。

别失八里和州等处宣慰使司都元帅府 官署名。元朝置，秩从二品，设于世祖至元二十年（1283），治别失八里（今新疆吉木萨尔境），掌畏兀儿之地戍军。置都元帅、同知等职。后罢。

别失八里等处行尚书省 官署名。元太宗元年（1229），以牙老瓦赤掌撒麻耳干、不花剌、拔汗那、斡端、可失哈耳等城邑和农耕地区行政财赋，宪宗时定界东起畏兀儿地，西至阿母河，置行政长官。《元史》称为别失八里等处行尚书省。

别头试 贡举考试名。唐朝礼部试士，举人与礼部侍郎有亲故关系者，移试吏部考功司，称别头试。德宗贞元十六年（800）罢。北宋太宗雍熙二年（985），复命礼部试考官亲戚移试别处。真宗咸平元年（998），令国子监、开封府发解官亲戚赴别试。仁宗景祐四年（1037），各路亦行别头试。自此，除殿试外，各级考试多设别头场或别试院。

别里哥 蒙古语，意为符验、证件，元朝泛指各种文符证件。

别邑 汉朝列侯原封国邑之外的食邑。《汉书·张汤传》："延寿已列位九卿，既嗣侯，国在陈留，别邑在魏郡，租入岁千余万。"

别兵郎 官名。尚书省别兵曹长官通称。三国魏始置，秩四百石，六品。西晋沿置。东晋省。

别兵曹 官署名。三国魏始置，设郎。掌少数民族军队之政令军务，隶五兵尚书。西晋沿置。东晋省。

别局 官署名。北齐太府寺左、中、右尚方署下皆置，设丞。亦为诸署别领之局的泛称。

别试 即别头试。

别试所 宋朝贡举考试机构。又称别试院、别院、小院。为各级考试举行别头试场所。北宋礼部试常置于国子监或太常寺，南宋后期专建别试院。

别驾 官名。即别驾从事、别驾从事史，汉朝州部佐吏。据应劭《汉官仪》，汉元帝时，丞相于定国条州大小为设吏员，治中、别驾、诸部从事员一人，秩皆百石。因从刺史行部，别乘传车，故谓之别驾。秩轻职重，有"其任居刺史之半"之说，位居州吏之右，与治中从事史同为州上纲，事无不统。三国魏、蜀、吴皆置。晋朝亦置。南朝宋主吏员选举，多以六品官担任。齐同。梁扬州别驾十班，陈为六品，他州高者六品，低者九品。自晋、南朝宋以后，别驾位虽日崇，但职任渐为府佐所夺。十六国前秦、前凉、后秦并置。北朝北魏亦置，孝文帝太和十七年（493）定司州别驾为正四品中，二十三年改为从四品上。他州别驾依州品不同，自正五品至正七品不等。北齐司州别驾从四品上，上州正六品上，中州从六品上，下州正七品上。北周三万户以上州别驾正四命，一万户以上州四命，五千户以上州正三命。魏、晋、北魏前期，别驾例用本州人，由刺史自辟，后期渐由朝廷任命。自北周始，州、府佐吏渐混为一系。隋、唐为府州上佐之一，与长史互改名称，亦或并置，并无实际职任，因品高俸厚，多以安置贬谪大臣，时有废罢。又，隋炀帝时于司隶台置别驾二人，从五品，分察畿内。宋朝诸州皆置，无职掌，或特恩授流外之人，或安置贬谪官员。明、清为各府通判别称。

别驾从事　官名。东汉司隶校尉及州部属吏。司隶校尉行部时由别驾从事奉行，录众事，秩百石。州刺史（州牧）所属别驾从事职秩同。均由所部长官自辟除。

别驾从事史　参见“别驾”。

别驾祭酒　官名。东晋成帝咸康（335—342）中江州置，居僚属之首，高于别驾从事史。南朝宋罢。

别封　北周封爵食邑制度。即已有爵位者又立功勋，原爵位已高（多为郡公），难于再升迁，则另外授予封邑，称别封。一般回授次子，也可依立功者的意愿，封给其它亲属等。

别食　北周封爵食邑制度。《周书·窦炽传》：“保定元年（561），（炽）进封邓国公，邑一万户，别食资阳县一千户，收其租赋。”其邑一万户是空有名义的虚封，能实际收到租赋的是别食之一千户。

别将　官名。秦、汉泛指率领部分兵力与主力分道而进的次要将领。北魏中叶以后，出兵之制，军之统帅为都督，与主力分道而行为之辅翼的将领，初称别道都将，后遂沿用此称，逐渐成为一级统兵武官名称，或冠以拟戍地名，如三关别将。开始权任较重，约相当于刺史，位在统军之上，统率兵力无定数，自二千至万人不等。后期战乱，地位渐低，诏能募三千人者用为别将。北周隶诸州总管，六命。北齐置为禁军诸府及太子左、右卫率属官，皆为近卫武官，与都将、统军、军主、幢主并列五职，如左右备身五职、太子内直备身五职等。品级自七品至从八品不等。隋初仍置，正八品，炀帝大业三年（607）罢。唐高祖武德七年（624）改车骑将军为诸折冲府次官，协领本府府兵，太宗贞观十年（636）改名果毅都尉，武则天圣历三年（700），又于折冲府增置别将，从六品下，居果毅都尉之次，其后分左、右，久之，复置一员，降其品。上府正七品下，中府从七品上，下府从七品下。又，唐初秦王、齐王府曾各置左右六护军府及左右亲事、帐内府，各有别将。其左一、右一护军府，各置十员，左二、右二、左三、右三护军府，各减六员，与长史、录事参军等分领亲勋卫及外军。其左右亲事府，置左、右别将各一员，正五品下，与长史、录事参军等掌率亲事以上侍卫陪从。

别部都督　官名。十六国前秦置。《晋书·慕容载记》：“（苻）坚征寿春，以（慕容）時为平南将军、别部都督。”

别署监　官名。南朝梁诸州置，流外三品勋位，职掌不详。

呈文　文书名。上行文，始于宋，时称呈状，以后历代均有。清朝沿用，改称呈文。凡织造、关监督行文户部，提督、总兵行文兵部，道府以下直接行文六部，布政使、按察使行文军机处，六科行文都察院，六部各司对堂官均用之。又，各部院衙门下级官吏对上级官吏报告事件，亦多用呈。清末地方谘议局对于地方官府也特定用呈。

呈试　宋朝选举官员考试方式之一。大小使臣、校尉，每半年一赴殿前司或马军司，考试弓马及七书义，称为呈试。合格者赴兵部铨量读法，注授武职差遣。

呈稿　文书名。上行文，清朝内务府所属各单位呈送府堂核办的文稿。主要内容有：呈报、呈领各处庄头、园头交过地租、杂差银两及拖欠银两情况；呈报、发放和奏销官员、兵丁、杂役、孀妇等米石、银两等。

吴　官名。同“虞”，又称吴人。周朝置，掌山泽苑囿。参见“吴人”。

吴人　官名。同“虞人”，掌管理山泽。春秋战国秦石鼓文写作吴人。《石鼓·吴人》：“吴人怜亟。”郭沫若注：“‘吴人’，即虞人，盖山虞、泽虞之类。”参见“虞人”。

吴尔哈伯喀达喇喇哈番　满语官名。又作乌尔哈伯喀达拉喇哈番。汉名为司牲官，即礼部属官。正八品。专司牧养牛羊事。

吴师　官名。同虞师。西周置。详“虞师”。

吴兵将军　官名。北魏明元帝泰常七年（422）进攻南朝宋时置，以公孙表为之。以后主要统率江南籍士兵。《魏书·毛修之传》：“神麍（428—431）中，以修之领吴兵讨蠕蠕大檀，以功拜吴兵将军，领步兵校尉。”孝文帝太和十七年（493）改定官制后未见。

员外　❶官制用语。指定员即正员以外之官。如南北朝之员外散骑常侍、员外散骑侍郎。隋朝因之。唐武则天时置二千余人，皆用事宗亲，给俸禄，使厘务，至有与正员争事相殴者。后罢员外官厘务。❷南诏官，位大军将下，犹唐朝试官。❸六部诸司员外郎简称。

员外司马督　侍从武官名。初指定员以外添授的司马督，后成为正式官称，亦有员额。南朝梁隶左、右卫将军及太子左、右卫率，流外四班。陈沿置。北魏从九品下。北齐员一百人，隶左、右卫府，从九品。多以寒门之人为之。隋初沿北齐置，员四十人，从九品下，与武骑常侍、殿内将军、殿内司马督等并参军府朝，出使劳问，文帝开皇六年（586）废。

员外羽林监　官名。即正员之外添授之羽林监，北魏置。《周书·杨敷传》：“魏建义初，袭祖（杨）钧爵临贞县伯，邑四百户。除员外羽林监。”东魏沿置。

员外官　正式编制外添置之官。魏晋南北朝或置，初无员额，后亦定员。多用以安置退免臣僚，无实际职事。唐高宗永徽五年（654）亦置，中宗神龙（705—707）以后大增，玄宗开元二年（714）悉罢，唯皇亲及有战功者特行录用，后贬谪官员或以员外官处之；称员外置同正员者，与正员官享有同样俸禄。

员外郎　❶两晋南北朝员外散骑侍郎的简称。❷官名。隋文帝开皇六年（586）始置，为尚书省吏、户、礼、兵、刑、工六部诸司次官，协助长官侍郎管理本司事务。炀帝大业三年（607）废，后置承务郎行其职。唐高祖武德三年（620）复置员外郎，为六部诸司次官，协助长官郎中处理司务，从六品上。与郎中通称郎官。武则天永昌元年（689）尚书都省左、右司亦置为次官。北宋初皆为六品寄禄官，不预部司公务，神宗元丰（1078—1085）改制后，复为职事官，左、右司所置从六品，六部所置正七品。辽朝为南面朝官，无实际职权。金、元尚书省（中书省）左、右司仍置为次官，正六品；六部不置诸司，故与侍郎、郎中并为各部尚书佐贰，位次郎中，从六品。元行中书省（行尚书省）亦置。明初略同，洪武六年（1373）罢中书省，六部直达皇帝，下设诸司，以郎中、员外郎、主事为司官的三个级别，以次递升。员外郎从五品，简称外郎或员外，通称副郎。清初称副理事官，顺治元年（1644）改此名。清制除六部诸司外，理藩院各司、宗人府、太仆寺、内务府、步军统领衙门、陵寝衙门等官署皆置，制同六部，为郎中副贰。宗人府、陵寝衙门专任满人，其余官署参用满、蒙、汉及宗室，员额不等。雍正二年（1724），宗人府所属员外郎复改名副理事官。光绪（1875—1908）中先后成立外务部、民政部、度支部、学部、陆军部、法部、农工商部、邮传部等，其所属各司亦置。清亡遂废。清初正四品，顺治十六年改正五品，康熙六年（1667）改正四品，九年改从五品。❸隋炀帝时谒者台属官，员八十人，掌出使。❹宋朝校书郎等官的俗称。《宋史·职官八》：太宗淳化元年（990），翰林学士宋白等请："校书郎以下令、录事不得呼'员外郎'。"

员外将军　即正员限额以外添授的将军。南北朝时期为殿中员外将军的省称。隋朝为殿内员外将军的省称。

员外酋望　官名。南诏官，与酋望、正酋望、大军将、员外，皆如唐朝试官，是一种带衔，无实事。

员外常侍　员外散骑常侍省称。

员外谏议大夫　官名。北魏置。指在正员之外添授的谏议大夫。前废帝普泰元年（531），诏此职得俸而不给力，老合外选者，依常格，其未老欲外选者，听解此职。朔望入朝，若正员有缺，随才进补。

员外散骑侍郎　官名。初为正员之外添差之散骑侍郎，无员数，后成定员官。西晋武帝始置，南朝、北魏、北齐沿置，属散骑省（东省、集书省），初多以公族、功臣子充任，为闲散之职，常用以安置闲退官员、衰老人士。南朝陈为三公之子起家官。梁三班，陈七品。北魏初沿例授予南朝北奔之士，班比吏部郎，员六人，孝文帝太和十七年（493）定为从四品下，二十三年改七品上。北齐此官所授颇滥，集书省设一百二十员，七品上。隋初为门下省属官，职掌同散骑常侍，兼掌出使劳问，从五品。炀帝大业三年（607）废。唐初复置，其后无闻。

员外散骑常侍　官名。初为正员之外添差之散骑常侍，无员数，后为定员官。三国魏末置，两晋、南朝、北魏、北齐沿置。属散骑省（东省、集书省）。初多授公族、宗室，虽是闲职，仍为显官，南朝宋以后常用以安置闲退官员、衰老之士，地位渐低。至梁武帝天监六年（507）复重其选，以其职依正员，品视黄门郎，但终不为人所重。梁十班，陈四品。北魏置六员，孝文帝太和十七年（493）定为从三品上，二十三年改五品上。北齐置二十员，五品。隋初属门下省，与散骑常侍等并掌立朝当班、陪从顾问。员六人，正五品上。隋文帝开皇六年（586）废。

员外置同正员　任官制度。在定制以外所任官员，称为员外置。其中有一种特置，一切待遇同于定制以内的正员，是为员外置同正员。参见"员外官"。

邑　❶国的别称。称国为邑、或大邑。《尚书·周书·武成》："用附我大邑周。"《左传·桓公十一年》："君次于郊郢，以御四邑。"❷官名。西周置。又称邑人。管理邑内事务。《鄘簋铭》："昔先王既命汝作邑，摄五邑祝。"《师瘨簋铭》："汝官司邑人、师氏。"❸行政单位名。春秋齐置。《管子·小匡》："桓公曰：'五鄙柰何？'管子对曰：'……六轨为邑，邑有司。十邑为率、率有长。'"❹春秋战国卿大夫封邑。邑的总管称邑宰或邑大夫。《左传·成公十七年》："施氏之宰有百室之邑。与匡须句邑、使为宰。"战国三晋官印："阳成君邑大夫金安。"❺汉代相当于县一级的地方行政建置，《汉书·百官公卿表》："列侯所食县曰国，皇太后、皇后、公主所食曰邑，有蛮夷曰道，凡县、道、国、邑千五百八十七。"

邑人　官名。殷朝始置，西周沿置，掌邑的行政长官。《殷虚文字外编》第三四片："癸酉卜，王贞，自今癸酉至于乙酉，邑人其见方印不其见方执，一月。"

邑大夫　官名。❶战国时卿大夫封邑的行政长官。战国三晋官印文："阳成君邑大夫金安。"（《文物》一九五九年第八期六二页）❷春秋时县令通称。参见"邑宰"。

邑令　❶唐、宋公主邑司令之简称。❷"县令"、"知县"之别称。

邑司　官名。春秋时齐国置，主管一邑的行政官长。《国语·齐语》："管子对曰：'制鄙。三十家为邑，邑有司。'"《管子·小匡》："桓公曰：'五鄙奈何？'""管子对曰：'……六轨为邑，邑有司。'"

邑宰　官名。❶春秋时期卿大夫家邑之长。《史记·仲尼弟子列传》："子路为卫大夫孔悝之邑宰。"❷春秋时县令通称。《通典》卷三三《州郡下·县令》："县邑之长曰宰、曰尹、曰公、曰大夫，其职一也。"晋谓之大夫，鲁、卫谓之宰，楚谓之公、尹。❸清朝知县别称。

邑尊　清朝知县之尊称。

岚州监牧使　使职名。唐朝置于岚州（今山西岚县），辖楼烦、玄池、天池三牧监，管理该地区畜牧业。玄宗开元十三年（725）前废。

男　❶爵名。周朝五等爵之第五等。《礼记·王制》："王者之制禄爵，公、侯、伯、子、男，凡五等。"三国魏元帝咸熙元年（264）复五等爵，定诸男地方三十五里，邑四百户，位一品。晋朝始对立国建官食封邑之男爵加"开国"之称。西晋武帝咸宁三年（277）定王国制，规定不满五千户始封王之支子、始封公侯之支子皆为男。男国不置军，官属减公国，无定制。南北朝、隋、唐、宋、金皆置，有开国男、开国乡男、开国县男等名号，唐朝以后实际多不食封。参见"开国男"、"县男"。清朝为九等世爵之第五等。满名原为阿思哈尼哈番，乾隆元年（1736）定汉名为男，满名如故。分为四级：一等男兼一云骑尉、一等男、二等男、三等男，皆叙正二品。❷周朝行政区域名，即男服，为九服之一。

男巫　官名。《周礼》春官之属，一说为周朝置。掌望祀的祝号，以禳祷除疾病。其官长称"师"。属员有府、史、胥、徒。《周礼·春官·男巫》："掌望祀望衍，授号，旁招以茅。冬堂赠，无方无算。春招弭，以除疾病。王吊，则与祝前。"

县　地方行政区划名。古代称邦畿千里之地为县。春秋时期，秦、晋、楚等大国常于新兼并得的土地置县。其后，逐渐推广到内地。王畿内都邑为县，诸侯境内之地亦置。新兼并得边远地置郡，郡虽大于县，地位却低于县。战国时期，边远地区的郡下始置县，逐渐形成郡、县两级制。秦统一后，确立郡县制，以郡统县，为后代因袭。秦汉时期，万户以上县置令，不及万户的县置长，皆以丞、尉为长吏。唐朝县隶于府（或州），分赤、畿、望、紧、上、中、下七等，皆置令，以丞为副。五代以后，或隶于府（州）、军、监、厅。宋朝多以京朝官主其事，称知某县。元朝置达鲁花赤，以县尹为副。明清置知县。

县人　官名。周朝置，县属官吏。《左传·昭公四年》："县人传之。"杜预注："县人，遂属。"孔颖达疏："《周礼》'五县为遂'，是县为遂之属也。"

县工　官署名。战国秦国置，主管官营手工业。《睡虎地秦墓竹简·秦律杂抄》："县工新献，殿，赀啬夫一甲。"

县士　官名。《周礼》秋官之属，一说为周朝置，掌郊野县邑民众狱讼。《周礼·秋官》："县士，中士三十有二人，府八人，史十有六人，胥十有六人，徒百有六十人"，"掌野。各掌其县之民数。纠其戒令而听其狱讼。察其辞辨其狱讼，异其死刑之罪而要之。三旬而职听于朝，司寇听之，断其狱，弊其讼于朝，群士司刑皆在，各丽其法，以议狱讼。狱讼成，士师受中，协日刑杀，各就其县肆之三日。若欲免之，则王命六卿会其期。若邦有大役聚众庶，则各掌其县之禁令。若大夫有邦事，则为之前驱而辟。其丧，亦如之。凡野有大事，则戮其犯命者"。

县大夫　官名。春秋置，掌一县政令的长官。《左传·襄公三十年》："赵孟问其县大夫，则其属也。"《史记·赵世家》："晋顷公之十二年，六卿以法诛公族祁氏、羊舌氏，分其邑为十县，六卿各令其族为之大夫。"

县大夫下大夫　官名。西魏恭帝三年（556）仿《周礼》县正置，北周沿置。地官府民部中大夫属官，每县置一人，掌本县事务，正四命。下设县正上士、县正中士以佐其职。隋文帝开皇元年（581）罢。

县子　爵名。晋朝、南北朝、唐朝多为开国县子省称。金朝置，正五品，食邑五百户，无实封。元朝正五品，止用于封赠。明初置为五等爵之一，封建国前战死诸臣，太祖洪武（1368—1398）后不设。

县太君　命妇封号名。唐朝内命妇，以三、四品母为县太君，正五品；外命妇，以五品母为县太君。宋沿唐制，太祖建隆三年（962）规定，左右庶子、少卿监、诸行郎中、国子司业、三京少尹、赤县令、太子少詹事、左右谕德、诸卫将军、刺史、下都护、下都督、太子家令、太子率更令、太子仆之母，并封县太君。徽宗政和二年（1112）重定命妇封号名，废。

县少内　官署名。战国秦置，县级收储钱财的机构。《睡虎地秦墓竹简·法律答问》："可（何）谓'府中'？唯县少内为'府中'，其它不为。"

县长　官名。秦置，县一级行政机构长官，掌一县政令。秦制，万户以上为令，减万户为长，秩五百石至三百石。两汉、三国魏、晋南北朝沿置。魏官品第九、晋八品。南朝宋秩五百石、品第八，梁、陈不详。北朝北魏初期有令有长，天赐二年（405）县置三令长，八品，至孝文帝太和十七年以县分上、中、下，无长。北齐后仅置令。隋朝县亦设令、长。唐朝县又分上、中、下各级，置令不再分令、长。参见"县令"。

县公　❶官名。春秋楚置，掌一县之政令。《左传·昭公十一年》："楚子城陈、蔡、不羹。使弃疾为蔡公。"一说为爵名，即楚县大夫之僭称。《左传·宣公十一年》："诸侯县公，皆庆寡人。"杜注："楚僭王，故县大夫亦僭公。"❷爵名。南北朝、隋、唐、宋朝常为开国县公省称。

县尹　官名。❶一县之长。春秋时楚国置，省称"尹"。《左传·襄公二十六年》："此子为穿封戌，方城外之县尹也。"又，《哀公十七年》："王卜之，武城尹吉，使帅师取陈麦。"❷元朝每县置达鲁花赤一人，以蒙古人任之；置县尹一人，以汉人任之，同理县事。大都路总管府所辖宛平、大兴两县县尹正六品，上县从六品，中县正七品，下县从七品。

县正　官名。❶《周礼》地官之属，位次遂大夫，一说为周朝置。《周礼·地官·县正》："各掌其县之政令征比，以颁田里，以分职事。掌其治讼，趋其稼事而赏罚之。”❷隋朝郡县属员。郡置县正，县置正，大兴、长安县正为视从九品。文帝开皇三年（583）不治事，谓乡官，十五年罢。炀帝大业三年（607）以后改县尉为县正。唐高祖武德元年（618）改书佐曰县尉，旋改曰正。畿县、上县皆四人。七年复改为县尉。

县正上士　官名。西魏、北周置。地官部民部中大夫属官，佐县大夫下大夫掌本县事务，正三命。下设县正中士。

县正中士　官名。西魏、北周地官府民部中大夫县正上士佐官，正二命。

县令　官名。省称“令”，战国置，县级行政机构长官，掌一县之政令。秦始皇统一六国后，在全国确立郡县制度，县万户以上设令，秩千石至六百石，汉承秦制，略有损益，边地县不满万户也称令。令长区别及其本身秩位高低除依户口多少、地区大小外，尚包括治理难易及治绩好坏。职掌治民，举凡县内赋役，狱讼上计等一切事务，无所不管。佐官丞、尉，由中央任命。属吏有诸曹掾史、书佐等，由令自署。三国魏沿置，秩千石者六品，六百石者七品。吴亦然。晋朝县千户以上，州郡治所五百户以上，皆为令。南朝宋、齐同。梁官品分七班，大县六班，小县两转方至一班。陈制，建康令秩千石，七品；五千户以上县令，千石，八品；不满五千户县令，六百石，九品。北朝北魏重京县，洛阳令为从五品。外县则初期有令有长，道武帝天赐二年（405）县置三令长，八品，后多为令。孝文帝太和二十三年（499）定上县令正六品下，中县令正七品下，下县令正八品下。后期多选旧令史担任，缙绅耻居其位。北齐承袭魏制，邺、临漳、成安三县令从五品。北周长安、万年县令正五命，户七千以上县令五命，户四千以上县令正四命，户二千以上县令四命，户五百以上县令正三命，户不满五百以下县令三命。县令常加将军、校尉号。隋、唐、五代沿置，秩自正五品上至从七品下不等，属吏有丞、主簿、尉及司功佐、司仓佐、司户佐、司兵佐、司法佐、司士佐、典狱等，员额多寡增减不一。唐制，县令有赤、畿、望、紧、上、中、下七等之差。宋朝初年为选人阶官。徽宗崇宁二年（1103）改为通仕郎，后别置县令为职事官，总治县政。辽、金县府长官亦沿称县令。金赤县令从六品，剧县令正七品，其他从七品。元朝改称县尹。明末李自成农民军政府改明知县为县令，职掌仍袭明朝，设于湖北、河南、陕西、山东等地。至清朝，县令为知县别称。

县主　❶皇族女子封号。东汉皇女皆封县公主。南朝宋诸王女封县主。唐朝亲王女为县主，封县，视正二品。宋朝为命妇第五等，位郡主下。明朝郡王女为县主。清朝格格封授的第二等，郡王嫡出女得受此封，品同贝勒夫人。❷县令的尊称。

县主额驸　见“额驸”。

县主簿　官名。汉、晋有之，例由令长自辟署。隋炀帝时，诸县始遍置。唐朝京县置二人，其他县置一人。初以流外人充任，高宗时始定为品官，任上县者，正九品下。负责勾稽县署簿籍，纠正县内非违。北宋太祖开宝三年（970），令诸千户以上县置，四百户以上至千户县以县令知主簿事，四百户以下县以主簿兼知县事。任赤县者从八品上，任三京畿县者正九品上，任上、中县者正九品下，任中下、下县者从九品上。神宗元丰（1078—1085）改制后，任赤县者从八品，任京畿赤县者正九品，其余为从九品。南宋沿置，县不置丞者，则兼丞之事。负责出纳官物，销注簿书。辽朝亦置，由政事省差注。金朝赤、次赤、诸县皆置，同为正九品，负责佐理县事。元朝亦置。明清诸县大都置一人，正九品，与县丞分掌粮马、巡捕之事。

县吏　县级行政官员统称。《管子・大匡》：“凡庶人欲通，乡吏不通七日，囚”，“凡县吏进诸侯士而有善，观其能之大小以为之赏，有过无罪”。

县师　官名。周朝置，县大夫属官，掌县邑地域田亩，人民口数，赋税征收等事。《左传・襄公三十年》：“以为绛县师。”杜预注：“县师掌地域，辨其夫家人民。”《周礼・地官・县师》：“掌邦国都鄙稍甸郊里之地域，而辨其夫家人民田莱之数，及其六畜车辇之稽”，“凡造都邑，量其地，辨其物，而制其域。以岁时征野之赋贡”。《序官》：“县师上士二人，中士四人。”郑玄注：“主天下土地人民已下之数，征野赋贡也。名曰县师者，自六乡以至邦国，县居中焉。”

县廷　县级行政官署。战国、秦、汉皆称。

县丞　官名。战国置，为县令副佐。协助县令治理一县政事。秦汉沿置，员额多为一人，秩四百石至二百石，由中央任命。职掌文书及仓狱事宜。三国魏大县县丞秩四百石，八品；次县、小县九品。吴亦置。晋同。南朝宋皆九品，但不常置。梁置。北齐邺、临漳、成安三畿县及外县皆置，皆从九品上。北周万年县有丞。唐朝按县等级置一至二员，阶由从七品上至正九品下不等。宋朝自仁宗天圣四年（1026）始置，以有出身幕职、令录充任。辽、金、元均设。金赤县丞秩正八品，剧县秩正九品，中县以下不置。元朝上县丞正八品，中县以下不置。明朝为知县佐贰官，正八品。分知县政，掌粮马、巡捕之事。编户不及二十里之县不置。清朝大体一县设一员，正八品，事简之县或不置，职掌同。

县男　爵名。晋朝、南北朝、唐朝常为开国县男省称。金朝置为从五品爵，食邑三百户，无实封。元朝从五品，止用于封赠。明初置为五等爵之一，以封建国前战死诸臣。太祖洪武（1368—1398）后不设。

县伯　❶爵名。晋朝、南北朝、唐朝常为开国县伯省称。金朝初年置，位郡侯下，正、从四品，章宗承安二年（1197）改郡伯。❷官署名。西魏、北周置，属地官府民部。以县伯中大夫为长官，下设小县伯下大夫、小县伯上士，小县伯中士。

县伯下大夫　即小县伯下大夫。

县伯中大夫　官名。西魏恭帝三年（556）仿《周礼》县师置，北周沿置。地官府民部中大夫属官，每方置一人，掌本方事务，正五命。下设小县伯下大夫、小县伯上士、小县伯中士以佐其职，领县大夫下大夫等官属。周武帝建德二年（573），省。宣帝即位后复置。隋文帝开皇元年（581）罢。

县役　宋朝职役名。包括县吏人、公人，如前后押司、录事、前行、后行、贴司、书手等，分领各种实际事务或杂事。

县君　命妇封号。始见于南北朝，历朝皆置。多封皇后母、县公之妻及高官之母妻。北周时位在郡君下。唐、五代外命妇封五品官员，内命妇封三品、四品官员之妻，其母则封县太君。不因夫、子得封者，称某品县君。宋朝沿置，封庶子、少卿监、司业、郎中、京府少尹、赤县令、少詹事、谕德、将军、刺史、下都督、下都护、家令、率更令、仆等官员之妻。金朝定四品文散官少中大夫、武散官怀远大将军以上母妻得封。章宗承安二年（1197）改原郡君为郡侯夫人，以县君为郡君。明朝定为郡王曾孙女之封号。清朝为格格封授之第四等。贝子嫡长女及郡王侧福晋所生之女封此。品级待遇同镇国公夫人。

县君额驸　见“额驸”。

县法上士　官名。西魏恭帝三年（556）仿《周礼》县士置，北周沿置。秋官府刑部中大夫属官，正三命。下设县法中士以佐其职。隋文帝开皇元年（581）罢。

县法中士　官名。西魏、北周秋官府刑部中大夫县法上士佐官，正二命。

县官　❶指官府、朝廷。《史记·范雎蔡泽列传》：“收穰侯之印，使归陶，因使县官给车牛以徙。”❷县府官吏统称。《睡虎地秦墓竹简·语书》：“又且课县官，独多犯令而令、丞弗得者，以令、丞闻。”注：“课，考核；县官，县中官吏。”后世亦作为州县官吏统称。❸指皇帝。《史记·绛侯周勃世家》：“庸知其盗买县官器。”司马贞《索隐》：“县官谓天子也。所以谓国家为县官者，《夏官》王畿内县即国都也。王者官天下，故曰县官也。”

县学　学校名。唐朝凡县皆置，经学博士、助教各一人，学生25—50人不等。辽道宗清宁元年（1055），诏设学养士，颁经及传疏，置博士、助教各一员。元、明、清各县亦设学，教授生员。

县学助教　学官名。掌教授县学生员。参见“县学”。

县学博士　学官名。掌教授县学生员、稽考学业。参见“县学”。

县侯　爵名。❶汉朝置，即食邑为县之列侯。汉制列侯大者食县，小者食乡亭。三国魏置为第七等爵，位男下、乡侯上。晋朝定位在开国县男下，三品。南朝宋因之。北齐设散县侯，位低于开国县侯，高于开国县伯，三品。❷南北朝、唐朝为开国县侯省称。

县宰　官名。新莽县府长官，即西汉之县令、长。《汉书·王莽传》：“改郡太守曰大尹，都尉曰太尉，县令长曰宰。”

县啬夫　官名。战国秦置。又称大啬夫，即县令、长。《睡虎地秦墓竹简·仓律》：“县啬夫若丞及仓、乡相杂以印之。”《鹖冠子·王》：“五乡为县，县有啬夫治焉。”

县尉　官名。战国置。县级行政机构佐官，掌一县军事，逐捕盗贼。秦汉沿置，大县设左、右尉，小县多为一人，都城所在县或设多人。秩四百石至二百石，由中央任命。自有治所，主要属吏有尉史、尉从佐。三国魏同。晋以后，京师畿县置六部尉、经途尉等，余县同魏制。北朝仅畿县设。隋、唐、五代掌课调征收，判司户、司法等曹事务。隋炀帝曾改县正，寻改书佐。唐初复改县尉，员额品秩各因县之级别而异，少至一人，多者六人，阶从八品下至从九品下不等。通常为进士入仕者初任之官，京畿县尉尤为显重，入朝可授郎官、御史等职。宋朝自太祖建隆三年（962）始置，统辖弓手，维持治安。元丰改制，定为从九品。辽、金、元均设，掌巡捕盗贼。金代赤县尉正八品，其他正九品。下县以主簿兼领。元朝县尉从九品，民少事简之地则以簿兼尉。

县尊　明清时知县之别称。

县掾　官名。汉朝县府诸曹掾史统称。《后汉书·贾复传》：“王莽末，为县掾。”

围子手营　军事编制。明朝京军置，隶附五军营，设坐营官一人，下分四司，各设把总二人。掌操练上直叉刀手及京卫步队官军。

围场都太师　官名。辽朝北面官，总领围场事务。下置都管、使、副使等职。

园令　官名。❶主管陵园的官吏。西汉属太常。东汉秩六百石，每陵员一人。❷主管园林的官吏。南朝宋华林园令亦省称园令。

园池令　官名。西晋置，隶大鸿胪。东晋省。北齐复置，隶长秋寺，掌园池署。

园池丞　官名。北齐置。见“园池署”。

园池署　官署名。北齐置，设令、丞。隶长秋寺。又别领桑园部丞。

园丞　官名。西汉属太常，掌守陵园，东汉沿置，员一人，秩三百石。南朝宋华林园丞亦省称园丞。唐朝太子家令寺典仓署掌九谷、庶羞及园圃种植之事，亦置园丞二人。

园郎　官名。《汉书·金日传》：“元帝崩，故事，近臣皆随陵为园郎。”应为郎官之一种，所属及职掌不详。

园陵啬夫　官名。掌管帝王园陵。《后汉书·城阳恭王祉传》："立考侯、康侯庙，比园陵，置啬夫。"李贤注："啬夫本乡官，主知赋役多少，平其差品。园陵置之，知祭祀、征求诸事。"

园陵署　官署名。金朝属太常寺。主管帝后墓地。设令、丞领署事。初由宛平县令、丞兼园陵署令、丞。宣宗贞祐二年（1214）园陵迁大兴县境，遂以大兴县令、丞兼领署事。

里　周朝王畿内遂所属的行政单位。春秋战国时为乡属行政单位。春秋齐国分国为五乡，乡属有州、里，里亦为军事组织单位。战国时秦国所设以里典主之。汉朝以来为县以下基层行政单位。城、乡均有。通常一里百家，以什伍编制。北齐以五十家为闾里。隋唐以百户为里，里有长（或正）。明朝自洪武十四年（1381）规定，凡居处相邻之一百十户为里。清沿之。

里人　官名。同里宰，春秋置，掌授卿大夫宅居之事。《国语·鲁语上》："若罪也，则请纳禄与车服而违署，唯里人所命次。"韦昭注："里人，里宰也。有罪去位，则当受舍于里宰。"

里长　官名。战国置，为一里之长，掌里之政令。北魏亦置，为地方基层行政官吏。孝文帝太和十年（486）初立党、里、邻三长，定民户籍，五家立一邻长，五邻立一里长，五里立一党长。负责核实户籍，征发徭役。里长最初可复二夫兵役，后免一夫役调。北齐改以五十家为闾里，设长一人。隋文帝开皇九年（589）定制：百家为里，设里长一人。唐改里长为里正。明朝规定每县民户相邻一百十户为一里，推丁粮多者十户为里长，里分十甲曰里甲。里长、甲长轮充，十年一轮。里长负责一里一岁中诸色杂目应役，依上、中、下户分为三等编第均之，故里长亦为当时徭役一种。清朝大体沿袭明制。

里尹　官名。春秋战国置，管理闾里政务的长官，相当于里宰。《礼记·杂记下》："夫若无族矣，则前后家，东西家。无有，则里尹主之。"郑玄注："里尹，闾胥里宰之属。"

里正　官名。春秋战国置，为一里之长。主里政，检举善恶。秦及西汉沿置。东汉又称里魁。北魏亦置，管理京师诸坊内事务，每坊内有七、八百户或千户以上，设里正一人，下有二吏；原为流外四品，宣武帝时为流外勋品。北齐沿置，每坊有里正二人，里吏二人；里吏不常置，尚有隅老四人。隋唐百户为里，置里正（长）一人，掌按比户口、课植农桑、检查非法、催办赋役。一般由县司选勋官六品以下及白丁清平强干者充任。宋朝里正负责督催赋税，参与推排户等，编造五等丁产簿，故演变为乡役名。太宗淳化五年（994）规定差乡村第一等户轮充。仁宗至和二年（1055）废。神宗实行保甲法后，保正亦称里正。金、元亦为差役名目。金置里正，按比户口，催督赋役，劝课农桑。村设主首，助里正禁察非法之事。里正由富民出钱雇募强壮可信任者充当，每任一年。元朝分置乡、都二级。乡设里正，都设主首，负责催办差税和地方治安。有些地方，里正专管催办钱粮，主首供应杂事。里正、主首均在应役诸色人户中轮流差充。至明朝改为里长。

里老　清朝乡里之职役。顺治十七年（1660）定里社之制，设耆老之职役。於本乡年高有德，众所推服之人内选充，不许闲吏卒及有过之人充当。协助里社之长查察地方。

里吏　秦汉时掌管里政的小吏。晋朝沿置。县率百户置一人，其土广人稀，听随宜置里吏，限不得减五十户。

里有司　官名。里闾执事官员。《管子·度地》："与三老、里有司、伍长行里。"《鹖冠子·王铁》："伍人有勿故不奉上令，有余不足居处之状，而不辄以告里有司，谓之乱家，其罪伍长以同。"

里行　监察御史里行、殿中侍御史里行等简称。

里君　官名。西周始置，春秋战国沿置，乡里的行政长官。《令簋铭》："舍三事命、众卿事寮、众诸尹、众里君、众百工、众诸侯侯田男。"《尚书·周书·酒诰》："越在外服，侯甸男卫邦伯；越在内服，百僚庶尹，惟亚惟服宗工越百姓里居（系君字之伪）。"《管子·小匡》："择其贤民使为里君。"

里典　官名。又称"典"。战国秦置，闾里的行政长官。《睡虎地秦墓竹简·封诊式》："某里典甲诣里人士五（伍）丙。"

里官　官名。春秋时齐国置，一说即里尉，掌闾里行政之长官。《管子·戒弟》："管仲为左，隰朋参乘。朔月三日，进二子于里官。"尹知章注："里官，谓里尉也。齐国之法，举贤必自里尉始，故令里官进二子，将旌别而用之。"

里监门　秦汉时掌管里门的吏卒，主里门开闭，百姓出入。

里宰　官名。❶《周礼》地官遂大夫属官，下士爵。《周礼·地官·序官》："掌比其邑之众寡，与其六畜兵器，治其政令。"❷北魏置。掌京邑平城诸里治安。以下代令长及五等散男有经略者为之。

里尉　官名。❶邑里长官。春秋时齐国置，掌治安禁令。《管子·立政》："分州以为十里，里为之尉。""一道路，博出入，审闾闬，慎管键，管藏于里尉。置闾有司，以时开闭，闾有司观出入者，以复于里尉。"❷北魏置。京师洛阳所设六部尉、经途尉的统称，掌京师治安。

里魁　官名。汉朝主持里政的小吏。《续汉书·百官志》："里有里魁，民有什伍，善恶以告。"本注曰："里魁掌一里百家。什主十家。伍主五家，以相检察。民有善事恶事，以告监官。"

〔丿〕

针工局　官署名。明朝内府宦官衙门，为八局之一。掌造各种旗、伞、幡、扇、氅及衣服等。设掌印太监一员，管理、佥书、掌司、监工多员，皆以宦官为之。

针线院　官署名。北宋初年置，掌裁制衣服。太祖乾德四年（966），并归裁造院。

针博士　官名。唐朝太常寺太医署置一员，从八品上，掌以针灸之术教授针生。

利用院　见“利用监”。

利用监　官署名。元世祖至元十年（1273）改资用库置。二十年罢，二十六年复置，升从三品。二十九年，升正三品。掌皮货衣物出纳。成宗大德十一年（1307），升利用院，秩从三品。武宗至大四年（1311），复为监，正三品。置卿八员，太监、少监各五员，监丞四员。辖资用库、怯怜口皮局人匠提举司、杂造双线局、熟皮局、软皮局、斜皮局、貂鼠局提举司、染局等机构。

利通监　官署名。又称曲阳钱监。设于金世宗大定二十七年（1187），掌铸造钱币，置副监、监丞等职。二十九年罢。

利器库　官署名。元朝置，秩从五品，世祖至元十年（1273）由军器库改名，隶军器监、武备寺，通掌随路军器。置提点三员，大使二员，副使三员。

利器署　官署名。金朝属军器监，本名都作院，宣宗兴定二年（1218）更此名。掌修弓弩刀槊等兵器。设令、丞、直长领署内事务，秩从六品、从七品、正八品。

私人　卿大夫属吏。即家臣。《诗经·大雅·崧高》：“王命傅御，迁其私人。”毛亨传：“私人，家臣也。”

私名　吏名。北宋神宗元丰（1078—1085）改制后，吏部置，员十人，分掌各案具体事务。

私名赞者　吏名。北宋神宗元丰（1078—1085）改制后，太常寺置，位在守阙赞者下。

私奉养　汉朝皇室及封君在汤沐邑内所得赋税收入，皆归其私有，供其日常享用，故称之为私奉养，不领于国家经费。

私府长　官名。秦置，属詹事，西汉沿置。掌后宫中收藏币帛诸物，裁制补浣衣物。成帝鸿嘉三年（前18）因詹事省，并属大长秋。东汉诸公主属吏有私府长，大长秋所属称中宫私府长。

私府丞　官名。秦置，属詹事。西汉沿置，为私府长副职。成帝鸿嘉三年（前18）因詹事省，并属大长秋。

私试　宋朝太学考试名。又称月校。由本学长官自出题考试，朝廷不另差考官。神宗元丰二年（1079），令太学外舍生每月私试一次，每年公试一次，合格者补内舍生。武学、律学、医学等亦有私试，试法与大学相类。

告　秦汉官吏休假之谓。据《汉书·高帝纪》颜师古注引孟康曰，汉朝法律规定，吏二千石有予告、赐告。予告即官吏有功最，法所当得者；赐告者，即病满三月当免，天子优赐，复其告，使得带印绶，将官属，归家治病。

告归　战国时期官吏告假还乡。《战国策·秦策一》：“商尹告归。”

告老　因年老请求退职。《左传·襄公七年》：“晋韩献子告老。”

告身　授官之符。《北齐书·傅伏传》：“周克并州，遣韦孝宽与其子世宽来招伏”，“授上大将军、武乡郡开国公，即给告身”。《新唐书·选举志下》：唐朝授官“皆给以符，谓之‘告身’”。中唐府库无蓄积，朝廷专以官爵赏功，诸将出征，皆给空名告身，自开府、特进、列卿、大将军，下至中郎、郎将，听临事注名；其后未有告身，先给信牒，授人官爵。宋朝妃嫔、王公、文武品官、内外命妇及受封赠者皆给，由官告院掌之；神宗元丰（1078—1085）改制，入品者给告身，无品者给黄牒：其绫纸幅数褾轴各色，皆视其品之高下，应奏钞画闻者给之。后沿用为授官之符。

告近　官制术语。清制，凡汉官任外职，如离本籍过远不能迎养父母者，得请改为近省，以行省之毗连者为限，谓之告近。

告词　官场用语。朝廷在告命上所题褒扬的文词。宋朝侍从官以上，用四六句文体。朝内各司官员官告亦命词。外任官员，惟京官通判以上有之。封赠官员父母，太中大夫、观察使以上用专词，其余用通行之词。

告哀使　使职名。唐朝国有大丧时，所遣赴周边各政权及诸道方镇通告噩耗的使者，穆宗长庆四年（824）吴思充任。

秃里　又译吐里、秃鲁。辽、金管理边疆诸部族的官职，掌词讼和防察背叛等务。元初沿用。

秃鲁　即秃里。

秃鲁华　即秃鲁花。

秃鲁花　又译睹鲁花、秃鲁华、秃儿合黑。源于突厥语，含质子之意，指蒙古、元怯薛中的散班。成吉思汗建怯薛，设秃鲁花八千户，从各级那颜子弟中择人充任。入元后渐废。

秀才　本意指优秀人才。汉武帝始定为选举科目。东汉时避光武帝刘秀讳，改称茂才。三国魏州举秀才，郡举孝廉。晋朝沿之。东晋时以学校陵迟，秀才、孝廉一度不策试。通常扬州岁举二人，诸州举一人，或三岁一人，随州大小，并对策问。南北朝略同。时秀才之选最为重要，多以此出任要职；因由州郡国中正把持选举，故所举多世家豪族。隋、唐沿用，为举士科目。唐朝试方略策五道，以文理粗通为上上、上中、上下、中上，凡四等为及第。上上第正八品上，上中第正八品下，上下第从八品上，中上第从八品下。高宗永徽二年（651）罢。宋朝凡读书应举者皆称秀才。明朝亦为荐举之一种。洪武十五年（1382），举秀才有数千人之多。被举者多受重用，每任命为地方或中央大吏。在荐举科目中最为显要。亦作为科举科目中生员之俗称。清朝亦然。

秀异 选举科目。十六国后赵石勒建初二年（331），“又下书令公卿百僚岁荐贤良、方正、直言、秀异、至孝、廉清各一人，答策上第者拜议郎，中第中郎，下第郎中”。见《晋书·石勒载记下》。

秀孝 秀才、孝廉合称。《晋书·华谭传》：“时九州秀孝策无逮谭者。”

估马司 官署名。北宋真宗咸平元年（998）置，后隶群牧司，掌诸州所市马匹，估值验记，分给诸马监牧养。设勾当官一人，以诸司使、诸司副使充任。仁宗嘉祐三年（1058）废。

体仁阁大学士 清朝大学士衔名之一。乾隆十三年（1748）始设。

体量案 官署名。北宋神宗元丰（1078—1085）改制后，刑部置，掌体究之事。南宋因之。

何浑地汗 官名。北魏置。《刘玉墓志》：“大魏开建，托定恒代，以（玉）曾祖初万头，大族之胄，宜履名官，从驾之众，理须督率，依地置官，为何浑地汗。尔时此班，例亚州牧。”

佐 ❶辅佐。《周礼·天官·大宰》：“以佐王治邦国。”❷辅佐之人。《左传·襄公三十年》：“有伯瑕以为佐。”❸官名。（1）战国秦置。秩斗食。《睡虎地秦墓竹简·秦律杂抄》：“吏自佐、史以上负从马、守书私卒，令市取钱焉，皆迁。”《汉书·百官公卿表》：“百石以下有斗食、佐、史之秩，是为少吏。”（2）乡官。晋千户以上乡置佐一人，五千五百户以上乡置佐二人。（3）郡属官。南朝梁制，郡丞三万户以上置佐一人。（4）隋、唐郡、府、州、县、镇诸曹皆置，称某曹佐或司某佐。（5）隋朝军坊、乡团各置二人。

佐下军 春秋晋国等所置下军副长官。

佐弋 官名。战国置，掌弋射之官。《史记·秦始皇本纪》：“卫尉竭、内史肆、佐弋竭、中大夫令齐等二十人皆枭首。”裴骃《集解》：“《汉书·百官公卿表》曰：‘秦时少府有佐弋，汉武帝改为佽飞，掌弋射者。’”

佐上军 春秋晋国等所置上军之副长官。

佐史 辅佐官员统称。汉朝主要指地方官府属吏。如书佐、假佐之类。郡县属吏百石以下有斗食、佐史之秩，月俸八斛。南朝齐为公府僚属泛称，指从事中郎、仓曹掾、户曹属等等。隋朝则为州、郡、县低级官员泛称。

佐军校尉 官名。东汉灵帝中平五年（188）置，为西园八校尉之一，以淳于琼任之，统于小黄门上军校尉蹇硕。

佐贰官 主官的副职或辅佐官之统称。如金熙宗皇统五年（1145）以同知、签院、副使、少尹、通判、丞称佐贰官。明清为地方政府主官的辅佐官之统称，如同知、通判、判官、县丞等，品级略低于主官，但非属员。

佐食 官名。春秋战国置，掌祭祀飨食进献食具。《仪礼·士虞礼》：“祝酌醴，命佐食启会。佐食许诺，启会却于敦南”，“祝飨，命佐食祭”。

佐将 官名。太平天国后期增设之朝上职官，天历庚申十年（1860）始设。在此之前，为军中带兵官之通称，后逐渐演变为次于主将的正式职官。又有大佐将之职，官阶亦低于主将。

佐著作郎 官名。三国魏明帝太和（227—233）中置，隶中书省，协助著作郎修撰国史及起居注。《史通·史官建置》：初置一人，后增为三人，七品。西晋惠帝元康二年（292），改隶秘书省，员八人。除修史外，亦整理秘书所藏典籍。东晋哀帝兴宁元年（363）减为四人，孝武帝宁康元年（373）复置八人。由秘书监选任，无秘书监时，由吏部选用。到任后，须撰写名臣传一篇。因系职闲廪重的清官，故多为贵势所争，很少凭才学选人。南朝宋改称著作佐郎。

佐领 ❶清朝八旗组织之基层编制单位，即牛录。❷官名。清朝八旗组织中基层编制单位牛录之长官，满语称牛录额真、牛录章京。顺治十七年（1660）定汉名为佐领。定制：满洲六百八十一人，蒙古二百零四人，汉军二百六十六人，秩为正四品。统壮丁三百，掌稽所治牛录之户口、田宅、兵籍，岁时颁其教戒。分世袭的世管佐领与拣选任命的公中佐领两种。又，驻防八旗中亦设此职，掌所辖驻防户籍，统以营丁。

佐领下缺 清朝官缺之一种，属八旗官缺。即各佐领内额设之职官，由本佐领下应用人员内拣选任命。

佐管大臣 官名。清太宗皇太极于天命十一年（1626）九月登基后设。八旗中每旗设二人，共十六人。与总管旗务之八大臣共理国政，掌察办本旗事务，审断词讼。

佑神观使 宫观官名。北宋徽宗大观元年（1107）置，以前宰相充任。其后，执政解职亦除此官。

佃史 官名。西周置，佃即甸，为管理农业之官。

作 明代宦官机构。属内官监。分木、石、瓦、搭材、土、东行、西行、油漆、婚礼、火药十作，分管相应材料制作。

作士 官名。新莽更名大理为作士，典全国刑狱。东汉复称廷尉。

作册 官名。史官之一，殷朝始见，迄于西周。西周中期以后为内史类史官属官，参与祭祀。《作册夨令尊铭》：“王命周公子明保尹三事四方，受卿事寮。丁亥，命夨告于周公宫”，“用牲于京宫”，“用牲于康宫”，“用牲于王”。受王命出使，传达王命。《作册折尊铭》：“（王）命作册折贶望土于相侯，锡金锡臣。”掌书册命、代王宣命。《免簋铭》：“王受作册尹书，俾册命免。”

作册内史 官名。西周中期以后置，内史类史官，掌册命宣读王命。参见“作册”。

作册尹 官名。始见于西周中期以后铜器铭文，为内史类史官长官内史尹的别称。

作伥　宫官名。南朝宋太宗定后宫百官时置，位比王官。

作坊　官署名。北宋初年置。太祖开宝九年（976），分为南、北作坊。掌造兵器、戎具、旗帜、油衣、藤漆什器等物。设监官，以京朝官、诸司使、诸司副使及内侍充任。神宗熙宁三年（1070），改为东、西作坊。六年，归隶军器监。南宋高宗建炎三年（1129），并入御前军器所。

作坊物料库　官署名。北宋初年置，下分三库。真宗景德元年（1004），并为一库。掌收储铁、木、铅、锡、羽翎等材料，以供作坊之用。设监官，以京朝官、内侍充任。初隶三司提举司，神宗熙宁（1068—1077）中改隶军器监。元丰（1078—1085）改制，改隶将作监。

作坊使　官名。五代始置，宋初因之，太祖开宝九年（976）分置南、北作坊使。属西班诸司使，多不领本职，仅为武臣迁转之阶。真宗咸平元年（998），定为同六品。神宗熙宁三年（1070），改为东、西作坊使。元丰（1078—1085）改制，改正七品。徽宗政和二年（1112）重定武臣阶官名，改武显大夫。

作坊副使　官名。宋朝初年置，太祖开宝九年（976）分置南、北作坊副使。属西班诸司使，多不领本职，仅为武臣迁转之阶。真宗咸平元年（998），定为同七品。神宗熙宁三年（1070），改为东、西作坊副使。元丰（1078—1085）改制，改从七品。徽宗政和二年（1112）重定武臣阶官名，改武显郎。

作命内史　官名。西周中期置，内史类史官，掌册命宣读王命。《利鼎铭》："王乎（呼）作命内史册命利。"

作院　官署名。南宋高宗绍兴二年（1132），于行在临安府置，掌造器甲。以工部尚书、侍郎提点，工部郎官每旬点检其事。金朝沿置，兼管囚徒。设使、副使领院事；都监一员，掌收支等事。

作曹　官署名。北魏置。掌器物的造作。见《魏书·灵徵志》。

作堂金银局丞　官名。南朝梁、陈置，流外三品蕴位。

作策　官名。同作册。西周置，史官，《史记·周本纪》："康王命作策毕公分居里，成周郊，作《毕命》。"

伯　❶官名。周朝置，一指方伯，即一方诸侯之长。《礼记·王制》："分天下以为左右，曰二伯。"《左传·哀公十三年》："王合诸侯，则伯帅侯牧以见于王，伯合诸侯，则侯率子男以见于伯。"又指有司官吏。《大盂鼎铭》："尸司王臣曰伯。"❷爵名。周朝五等爵第三等。《礼记·王制》："王者之制禄爵，公、侯、伯、子、男，凡五等。"三国魏元帝咸熙元年（264）复五等爵，定诸伯地方六十里，邑千二百户，位一品。晋朝始对立国建官食封邑之伯爵加"开国"之号。晋武帝咸宁三年（277）定爵制，规定大国次国继承封王之支子为伯，不置军，官属减公侯国。南北朝、隋、唐、宋、金皆置，唐朝以后实际多不食封。有开国伯、开国县伯等名号。参见"开国伯"、"县伯"。明朝置为三等爵第三等。清朝为九等世爵第三等，分四级：一等伯兼一云骑尉、一等伯、二等伯、三等伯，叙为超品。乾隆十四年（1749）追加美名，以为伯号，如敦惠伯等。

伯夫人　命妇名号。明置，以封伯爵，曾祖母、祖母、母及本官妻为某伯夫人。如非追封，本官母以上俱加"太"字，称伯太夫人。

伯木古鲁万户　官名。元朝乌思藏十三万户之一，隶乌思藏宣慰司，治所在今西藏山南地区乃东县境内，由掌握伯木古鲁派主寺的郎氏贵族充任。

伯克　官名。维吾尔语音译。新疆回部旧制，凡官皆曰伯克，其职以号别之。清朝乾隆二十四年（1759）平定大小和卓叛乱后，各城派驻大臣统辖，回官则仍循旧名，唯改伯克世袭制为任命制，并分定额缺、品级，授予俸地。设官自三品至七品不等，额外空衔伯克无级，给顶戴。其职制最高者为阿奇木伯克，其次为伊什罕伯克。此外还有三十多种名目，如噶杂拉齐伯克、商伯克、哈资伯克等等，分理回务、赋税、工程、刑罚等项事务。道光八年（1828）定，三品至五品伯克由本城大臣填注履行，咨送喀什噶尔参赞大臣覆核上闻，六品、七品咨送验放。故事，大伯克回避本城，小伯克回避本庄。光绪十年（1884）新疆改建行省，各城分别改建府县，除阿奇木伯克、伊什罕伯克职秩较竣仍留原衔外，余皆裁汰。

伯使　吏名。汉朝置。掌为诸官驱使清路。

伶　官名。又称"伶人"，乐官，春秋置。《国语·周语下》："问之伶州鸠。"韦昭注："伶，司乐官。"参见"伶官"。

伶人　见"伶官"。

伶官　官名。又称伶或伶人，周朝置，掌音乐。《诗经·邶风·简兮·序》："卫之贤者仕于伶官。"郑玄笺："伶官，乐官也。伶氏世掌乐官而善焉，故后世多号乐官为伶官。"

住俸　官制用语。凡官员因丁忧或受处分，自开缺之日，停给俸银，称住俸。又，京官外出公务，其原俸仍由京城支领，本人在外另得俸饷，称行俸，亦名住俸。

住家功德司　官署名。西夏管理佛教事务的功德司之一。

伴书　官名。明朝王府三伴之一。建文（1399—1402）中置，一人，从九品。与伴读、伴讲合为王府三伴。诸王待如宾师。成祖即位，革。

伴讲　官名。明朝王府三伴之一。建文（1399—1402）中增置，一人，从九品。与伴读、伴书合为王府三伴。诸王待如宾师。成祖即位，革。

伴读　官名。宋真宗始置于各亲王府，以教宗室子弟。辽南面官诸王文学馆亦置。明洪武九年

(1376)置为亲王府属官，与伴书、伴讲合为王府三伴。选老成、明经、慎行之士充任。初四人，后减三人，从九品。掌侍从起居，陈设经史。

佛子 明朝置，为名僧封号，并有加太常寺卿、礼部尚书及宫保衔者，为一时殊荣，非常制。

兵马大元帅 官名。北宋太祖建隆元年（960）置，以加封吴越国王钱俶。后不设。钦宗靖康元年（1126）复置，以赵构为之，置大元帅府，掌率天下兵马，许以便宜行事。赵构即皇帝位，遂省。建炎元年（1127），罢大元帅府。后不复置。

兵马大元帅府 见“兵马大元帅”。

兵马司 官署名。金设在总管府、节镇之地。掌地方军事、维护治安。设都指挥使总管司事，秩正五品。下设副都指挥使、指挥使、军使等官及军典、营典、司吏、译人、公使等吏员。辖有军兵。元设于大都、上都，掌都城治安，秩正四品。顺帝时，又在大名、东平、济南、徐州、沂州、济宁置兵马司，维持地方治安。明初沿置。洪武二十三年（1390），改设中、东、西、南、北五城兵马指挥司，简称五城兵马司。设指挥一人，副指挥三人，吏目一人。永乐二年（1404）又置北京兵马指挥司。分区掌管京城内外巡捕治安，街道沟渠疏理及囚犯、火禁等事。清顺治元年（1644）于北京沿置，五城皆置司，每司又分二坊。其设官、职掌皆与明同。十年，定由五城察院之御史督其事。

兵马司指挥 官名。明清京师分五城兵马司之主官。掌司事。明洪武（1368—1398）中设，于南、北两京五城各设一人，秩正六品。所属有副指挥、吏目等员。清顺治（1644—1661）中沿设，京师五城各一人，隶于巡视五城御史。

兵马司副指挥 官名。明清京师五城兵马司之副长官。佐指挥掌司事。明朝于南、北两京之五城兵马司各设一人，秩正七品，隶于指挥。清朝沿设，品秩与明同，并分掌一坊之事。乾隆三十一年（1766）东、西、南、北四城移驻城外，兼辖关厢。

兵马使 官名。唐朝中后期方镇使府军将，总兵权，任甚重，有都知兵马使、左厢兵马使、右厢兵马使、前军兵马使、中军兵马使、后军兵马使、宅内兵马使等名；肃宗至德（756—758）以后，都知兵马使多为藩镇储帅。五代因之。

兵马钤辖 官名。简称钤辖。北宋前期，选朝官及诸司使以上官充任，官高资深者为都钤辖，官卑资浅者为钤辖。领一州、一路或数路兵马之事。多以知州兼本州钤辖、安抚使兼本路钤辖。若知州兼钤辖，其正任钤辖即改称兵马副钤辖。终宋之世，沿置不替。金朝诸府州皆置，员各一人，从六品，掌巡捕盗贼。

兵马都钤辖 官名。宋朝选朝官及诸司使以上官任兵马钤辖，领一州、一路或数路兵马之事，其官高资深者则为都钤辖。金朝于京兆、咸平府置，掌巡捕盗贼。

兵马都总管府 官署名。辽朝设于各路，统领本路军兵。设兵马都总管、副都总管等官，通常由诸京留守、府尹等兼任。金朝沿置，设都总管、同知都总管、副都总管等官，掌统本路兵马甲仗。

兵马都统府 官署名。金朝军事机构，统领军马，镇戍一方。太宗天会元年（1123），以袭辽天祚帝，立西南、西北两路都统府。三年，更为元帅府。海陵王正隆（1156—1161）末，复升陕西统军司为都统府。世宗大定五年（1165），又降为统军司。章宗泰和六年（1206）四月，升诸道统军司为兵马都统府，设兵马都统使、副使领府事。

兵马都监 官名。宋朝诸路分都监及诸府、州、军、监，以至县、镇、城、寨、关、堡都监，或称兵马都监，掌屯戍、边防、训练政令。辽朝置为诸部署属官，属北面边防官。参见“都监”。

兵马都部署 官名。辽朝北面官，有征伐，则在都元帅、都统以下设兵马都部署掌号令。亦有以兵马都部署总领兵马征伐之制。下设副部署等职。

兵马都部署司 官署名。金朝统领军兵机构。设于诸京。海陵王天德二年（1150），改为本路兵马都总管府。

兵仗局 官署名。明清宦官衙门之一。掌造各项军器及御用锤、钳、针、剪之类，故又有小御用监之称。明洪武二十八年（1395）置。设正五品大使一人为主官，下设左、右副使各一人佐之。所属有火药局、军器库等。为内官二十四衙门之一。清初称鞍楼，设三旗侍卫三人司其事。顺治十一年（1654）仍改兵仗局，为十三衙门之一。设总辖司之，下设左、右佐辖各一人佐之。后俱裁省。十八年，重立内务府，遂改称武备院。

兵礼房 官署名。北宋前期，中书门下置，掌郊祀、朝拜陵庙、朝会享宴、尊号、祭器、仪仗、刻漏、册礼、旌表、假告、外交、馆阁、国学、图书、祥瑞、贡举、补荫、释道、旌节、符印、诸司职掌、诸道行军司马、将校加恩、功臣子孙、寒食洒扫、禁火，以及知军差官之事。以堂后官一人主管，下设录事、主书、守当官各一人分领之。神宗元丰（1078—1085）改制，改隶中书省。哲宗元祐（1086—1094）以后，分为兵房、礼房。

兵刑部 官署名。元世祖至元元年（1264）十一月，罢右三部，置兵刑部，掌军事、刑狱之政，设尚书四员，侍郎三员，郎中五员，员外郎五员。三年，复为右三部。五年，又置兵刑部，设尚书二员，侍郎二员，郎中五员，员外郎一员。七年，兵、刑分为二部。八年，又合为一部，置官与吏礼部同。十三年，分为兵、刑二部。

兵匠案 官署名。北宋神宗元丰（1078—1085）改制，工部置，掌修造器甲工匠之事。南宋因之。

兵侍 兵部侍郎简称。

兵备札萨克 见“札萨克”。

兵备道 官名。全称整饬兵备道。明清道员之一。

主治兵备事宜。明弘治（1488—1505）年间，以武职不修，议增副佥一员，隶于总兵，自此设兵备道者凡四十三处，分巡道兼兵备者五处。皆以布、按二司所属之参政、参议及副使、佥事充任。清顺治（1644—1661）中沿设，二处，以分守、分巡、粮储、盐法各道兼兵备者六处。皆隶于巡抚。自乾隆十八年（1753）道员改为实官后，多加兵备衔，先后有八十多人，节制境内都司、守备、千总、把总等武职。

兵官 官名。郑成功所设六官之一，主征战、兵仗等事。

兵房 官署名。唐朝置，为五房之一。玄宗开元（713—741）中设于政事堂，与吏房、枢机房、户房、刑礼房分曹以主众务。北宋初期，枢密院承旨司置，掌兵马名籍及卒校迁补、筑城垒、防戍战守之事。神宗元丰（1078—1085）改制后，更名兵籍房。另设兵房于门下省、中书省、尚书省，为六房之一，掌有关军政之事。辽尚书省并入南枢密院，亦设兵房，置承旨。元沿置，隶尚书省（中书省）右司，下属有边关、站赤、铺马、屯田、牧地五科。明清亦置，为中央和地方官署中书吏的办事机构，六房之一。清都察院堂下、通政使司登闻鼓厅下设，掌有关案件之整理呈报。于房办事之书吏为经承，属都察院者三人，属通政使司者一人。顺天府及各直省府、州、县衙门内亦设有，协助府、州、县长官分办所属事务。其书吏，属顺天府者为经承，属各直省府、州、县者为典吏。

兵房承旨 官名。辽朝南面官。南枢密院官员。南枢密院初兼尚书省，以兵房承旨主兵部事。

兵科 官署名。明清六科之一。明洪武六年（1373）置，设给事中二人。初隶承敕监，后隶通政司。二十四年设都给事中一人，左、右给事中各一人，给事中十人。南京兵科亦设给事中一人。永乐（1403—1424）中六科自为一署。掌监视武臣贴黄诰敕及兵部引选之请旨、武官领文凭之画字等事。清顺治（1644—1661）中沿置，设都给事中满、汉各一人，左、右给事中满、汉各一人，汉给事中二人。康熙四年（1665）只留给事中满、汉各一人，余俱裁。五年（1666）增设掌印给事中满、汉各一人。掌稽核军政，注销兵部、銮仪卫、太仆寺等衙门文卷之事。雍正元年（1723）改隶都察院。光绪三十二年（1906）裁。

兵科右给事中 官名。参见“兵科左给事中”。

兵科左给事中 官名。明清兵科之副长官，佐都给事中掌科事。明洪武二十四年（1391）设左、右各一人，秩从八品。永乐（1403—1424）中改为从七品。清顺治十八年（1661）设左、右满、汉各一人。康熙四年（1665）裁。

兵科给事中 官名。明清兵科之属官，明洪武六年（1373）设，二人，秩正七品，推年长者掌印。二十四年定设十人，秩正九品。建文（1399—1402）中改为从七品。万历（1573—1620）中裁三人。又，南京兵科亦设一人。分掌监视武臣贴黄诰敕及兵部引选之请旨、武官领文凭之画字等事。清顺治（1644—1661）中设，汉二人。康熙四年（1665）改设满、汉各一人。初制为从七品，雍正七年（1729）升为正五品。分掌稽核军政，注销兵部銮仪卫、太仆寺等衙门文卷之事。光绪三十二年（1906）裁。

兵科都给事中 官名。明清兵科之主官。掌科事。明洪武二十四年（1391）设一人，秩正八品。建文（1399—1402）中改为正七品。清顺治十八年（1661）沿设，满、汉各一人。康熙四年（1665）裁。

兵部 官署名。❶魏晋南北朝于尚书省置五兵曹（七兵曹），设尚书为长官，初掌军令、军政等军事枢务，后专掌兵籍、征兵、仪仗等军事行政，十六国后燕及后秦、西秦、北凉等则称兵部。麴氏高昌国置为八部之一，设长史、司马为正副长官。西魏改七兵为兵部，为尚书省十二部之一。恭帝三年（556）仿《周礼》建六官，遂为夏官府所属诸司之一，置中大夫为长官，小兵部下大夫、小兵部上士为佐贰，或省中大夫，则以下大夫为长官。领武环率下大夫、武侯率下大夫、司固上士、司火中士、司辰中士等属官，掌诸兵种及全国军务。北周因之。隋、唐、五代置为尚书省六部之一，领兵部（兵曹）、职方、驾部、库部四司。隋初设尚书为长官，炀帝增设侍郎一员为次官，唐增侍郎为二员。诸司各设郎中、员外郎等员。高宗龙朔二年（662）改名司戎，咸亨元年（670）复旧；武则天光宅元年（684）改名夏官，中宗神龙元年（705）复旧；玄宗天宝十一载（752）改名武部，肃宗至德二载（757）复旧。职掌武官铨选考核（五品以上送中书门下，六品以下量资注定）及军籍、地图、疆界、边防、车舆、厩牧、驿传、装备、军械、仪仗等军事行政之节制，具体事务由太仆寺、卫尉寺、诸卫及地方官府分别办理。因尚书常由宰相兼任，部务实际上由侍郎主持。中唐以后，尚书省诸部职权为宰相、诸使职侵夺，宦官典掌禁军，藩镇自出军令，本部权任日轻，形同虚设。北宋初，武官铨选及军令、军政悉归枢密院，本部唯掌仪仗、武举及义军、弓箭手名籍，设判部事一人，以两制充任，职任甚轻，尚书、侍郎皆为寄禄官。神宗元丰（1078—1085）改制后，武官铨选归吏部，军令、禁军兵籍仍归枢密院，本部领兵部、职方、驾部、库部四司，设尚书、侍郎为长贰，除原有职掌外，兼掌厢军、乡兵、土兵、蕃兵名籍及边境少数民族首领官封、承袭等事。南宋以卫尉寺、太仆寺并入，尚书不常置，侍郎置一、二员不等。属吏分十案：赏功、民兵卫、厢兵、人从看详、帐籍告身、武举、蕃官、开拆、知杂、检法。诸司郎官或分或并。辽朝为南面官署。金初与尚书省左、右司通署，熙宗天眷三年（1140）始分治，设尚书、侍郎、郎中各一员，员外郎二员，不置诸司，领四方馆、法物库、承发司。职掌兵籍、军器、城隍、镇戍、屯牧、铺驿、车辂、仪仗、地图、边防、远方归化等军事行政事务。军权、军令归都元帅府、枢密院，武官铨选归吏部。元朝隶中书省，世祖中统元年（1260），与刑、工合为右三部，置尚书、侍郎总领之，后或分或合，至元十三年（1276）定制自成一部，设尚书、侍郎、郎中、员外郎各二员，后又增尚书员额。职掌地图、疆界、邮驿、屯田、畜牧之政。武官铨选、军令、军事行政悉归枢密院。不置诸司，领大都陆运提举司、管随诸路打捕鹰房民匠总管府、管领本投下大都等路打捕鹰房等户都总管府、管领本位下打捕鹰房民匠等户都总管府等机构。明太祖洪武十三年（1380）废中书省后，六部直隶皇帝，分掌政务。兵部掌武卫官、土官选授考课及军制、训练、征调、镇戍、边防、仪仗、禁卫、驿传、厩牧、军械、符勘、兵籍、武学等军事行政，其堂官往往督军出征，本部操赏罚进退将帅之柄，职权尤重。初设尚书、侍郎各一员，后分置左、右侍郎。建文（1399—1402）中置左、右侍中，居尚书下、侍郎上，寻罢。景泰（1450—1456）中增设尚书一员，协理部事，天顺（1457—1464）初罢。隆庆四年（1570）添注侍郎二员，寻罢，万历（1573—1620）末复置。景泰以来，又常以尚书、侍郎兼掌京营戎政，督领京营操练。初领总部、驾部、职方三属部，后又增设库部，洪武二十二年改总部为司马部，二十九年定制，改四部为武选、职方、车驾、武库四清吏司，又领司务厅、会同馆、大通关。清朝所掌略同，职权则轻，仅为管理军事行政的事务机构。始设于天聪五年（1631），以贝勒管理部务，置满、蒙、汉承政、参政、启心郎等官。崇德三年（1638）分参政为左、右，增理事官、副理事官、额哲库等官。顺治元年（1644）停贝勒管理部务，改承政为尚书，参政为侍郎，理事官为郎中，副理事官为员外郎，额哲库为主事。八年复以诸王、贝勒兼理部事，寻罢。雍正元年（1723）以大学士领部事，置尚书满、汉各一员，左、右侍郎满、汉各一员。属官有堂主事，清档房满二员，汉本房满二员，汉军一员，掌文案章奏。领司务厅、武选、车驾、职方、武库四清吏司，及会同馆、捷报处、督催所、当月处、稽封厅等机构。顺治十一年，曾增设督捕侍郎、郎中、员外郎等官，分掌追缉逃亡旗人，康熙三十八年（1699）省并刑部。光绪三十二年（1906）改名陆军部。❷兵部头司名。隋、唐、五代掌兵籍、军戎调遣名数、武官阶品禄赐告身假告、贡举等事，在兵部诸司中最为重要。隋初置侍郎二员为长官，炀帝大业三年（607）改名兵曹。唐朝复旧，置郎中、员外郎各二员为长贰。高宗、武则天、玄宗时曾随本部改名司戎、夏官、武部，寻各复旧。宋朝亦置，初无职掌，神宗元丰（1078—1085）改制后设郎中、员外郎各一员，协助尚书、侍郎管理司务。南宋高宗建炎三年（1129），兼领职方司，其后或又兼领驾部、库部司。

兵部中大夫　官名。西魏恭帝三年（556）置，北周沿置。夏官府兵部长官，亦省称为兵部，掌全国军务。正五命。下设小兵部下大夫、小兵部上士以佐其职，领武环率下大夫、武候率下大夫、司固上士、司火中士、司辰中士等官属。北周武帝建德二年（573）省。宣帝即位后，复置。隋文帝开皇元年（581）罢。

兵部长史　官名。麴氏高昌国兵部长官，职掌同兵部尚书。

兵部右侍郎　参见“兵部左侍郎”。

兵部左侍郎　官名。明太祖洪武十三年（1380）置兵部左、右侍郎各一员，正三品，为兵部副长官，协掌部务。时罢中书省，六部直达皇帝，分掌政务，故其职甚重。清朝顺治元年（1644）改兵部左、右参政为左、右侍郎，满、汉军员正二品，汉员正三品，顺治十六年改皆正三品，康熙六年（1667）复旧制，九年复改皆正三品，雍正八年（1730）皆升正二品。光绪三十二年（1906）各减一员，宣统三年（1911）废。

兵部司马　官名。麴氏高昌国兵部次官，协助兵部长史处理本部事务。如被派遣到诸城相监检校，则称“城令”。

兵部司马部　官署名。明初兵部四属部之一。洪武二十二年（1389）改总部而置。设郎中一人，正五品，员外郎一人，从五品，主事一人，正六品。掌武职选授、升调、袭替、功赏之事。二十九年改为武选清吏司。

兵部员外郎　官名。❶兵部头司兵部司次官。隋文帝开皇六年（586）始置一员，掌本曹籍帐，侍郎缺则代理曹事。炀帝大业三年（607）罢，后又置兵曹承务郎行其职。唐高祖武德三年（620）复旧，置二员，一掌武官贡举及杂请之事，一掌判南曹，每岁选人，审核其解状、簿书、资历、考课。高宗、武则天、玄宗时，曾随本司改名司戎员外郎、夏官员外郎、武部员外郎，寻各复旧。从六品上。五代因之。北宋初为六品寄禄官，神宗元丰（1078—1085）改制后，成为职事官，置一员，与兵部郎中协助尚书、侍郎参掌本司事务，正七品。若从军或将命于外，则假以为宠。❷兵部佐官。辽为南面朝官，金、元为兵部尚书佐贰官，分掌部务，位次于郎中，从六品。明初置，正六品，旋罢。清初亦置，后罢。❸兵部诸司员外郎统称。如隋、唐、五代、两宋之兵部、职方、驾部、库部员外郎，明清之武选（总部、司马部）、职方、车驾、武库员外郎，清初之督捕员外郎等。

兵部尚书　官名。魏晋南北朝置五兵尚书、七兵尚书，掌军事枢务，十六国后燕、西秦、北凉所置则称兵部尚书，为尚书省兵部曹长官。西魏尚书省分十二部，改七兵为兵部，或说置尚书。西魏末、北周改置兵部中大夫，属夏官府。隋、唐置此为尚书省兵部长官，正三品。唐朝多由宰相兼任或为外官带职，渐成虚衔，不治部务。高宗、武则天、玄宗时曾随本部先后改名司戎太常伯、夏官尚书、武部尚书，寻各复旧。北宋初为三品寄禄官，不预本部公务，神宗元丰（1078—1085）改制后，始成为职事官，从二品。南宋与侍郎往往不并置。辽朝为南面朝官。金初与尚书省左、右司通署，熙宗天眷三年（1140）始分置，正三品。元初或与刑、工部合署，员额不等，后分置，定置三员，隶中书省，正三品。明太祖洪武十三年（1380）罢中书省，遂直隶皇帝，管理军政，职权颇重。置一员，景泰（1450—1456）中增设一员，协理部事，天顺（1457—1464）初罢。或令协理京营戎政。又常特派出征，为总督军务大臣。初为正三品，洪武十三年改正二品，建文（1399—1402）改正一品，永乐（1403—1424）复改正二品。清朝顺治元年（1644）改承政置，满、汉各一员，职权较明为轻。总督例加此衔。初满员正一品，汉员正二品，顺治十六年改皆正二品，康熙六年（1667）复旧，九年复改皆正二品，雍正八年（1730）皆升从一品。光绪三十二年（1906）兵部改名陆军部，遂废。

兵部侍郎　官名。❶隋初兵部头司兵部司长官。初为六品上，文帝开皇三年（583）升从五品。炀帝大业三年（607）改名兵曹郎。❷兵部次官。隋炀帝大业三年（607）始置，员一人，正四品。唐增为二员，与尚书分掌武官铨选、勋阶考课之政，正四品下。时尚书常由宰相兼任或为外官带职，部务实由侍郎主持。高宗、武则天、玄宗时，曾随本部改名司戎少常伯、夏官侍郎、武部侍郎，寻各复旧。中唐以后，职权日轻。五代因之。北宋初为四品寄禄官，表示品级俸禄，不预部务，神宗元丰（1078—1085）改制后，始成为职事官，置一员，从三品。南宋与尚书不并置，员一至二人。辽朝为南面朝官。金朝置一员，元朝置一至二员，皆协理部务，正四品。明初置一员，正四品；洪武十三年（1380）分置左、右侍郎，正三品。隆庆四年（1570）添注侍郎二人，寻罢，万历（1573—1620）复置。又或增设一人，加协理京营戎政衔，掌京营操练之事。清朝顺治元年（1644）改左、右参政为左、右侍郎，满、汉各一员，凡四员。各省巡抚例加兵部侍郎衔。又设会同馆管理馆所侍郎一员。顺治十一年，置督捕满左侍郎、汉右侍郎各一员，掌追缉逃亡旗人，康熙三十八年（1699）省并刑部。清初满、汉军员正二品，汉员正三品，顺治十六年改皆正三品，康熙六年（1667）复旧，九年复皆为正三品，雍正八年（1730）皆升正二品。光绪三十二年（1906）改兵部为陆军部，遂废。

兵部郎　官名。十六国后秦尚书省兵部曹属官，掌管军务事宜。《晋书·姚兴载记》：“兵部郎金城边熙上陈军令烦苛，宜遵简约。兴览而善之，乃依孙、吴誓众之法以损益之。”

兵部郎中　官名。❶西魏尚书省兵部曹官员，掌军务。❷兵部头司兵部司长官。唐高祖武德三年（620）改兵曹郎置，员二人。一掌武官阶品、卫府名数、校考、给告身之事，一掌军籍、军队调遣名数、朝集、禄赐、假告等事。高宗、武则天、玄宗时曾随本司改名司戎大夫、夏官郎中、武部郎中，寻各复旧。从五品上。五代因之。北宋前期为五品寄禄官，神宗元丰（1078—1085）改制后，成为职事官，置一员，从六品，与员外郎协助尚书、侍郎参掌本部事务。若从军或将命于外，则假以为宠。❸兵部佐贰官。辽为南面朝官，金、元为兵部尚书佐贰官，分掌部务，从五品。明初沿置，正五品，旋罢。清初亦置，后罢。❹兵部诸司郎中统称。如隋、唐、五代、两宋之兵部、职方、驾部、库部郎中，明、清之武选（总部、司马部）、职方、车驾、武库郎中，清初之督捕郎中等。

兵部郎官　兵部郎中、员外郎通称。

兵部总部　官署名。明初兵部属部之一。洪武六年（1373）始置，掌武职选授、升调、袭替、功赏之事。设郎中、员外郎各一人，主事三人。十三年，改设主事一人。二十二年改称司马部，二十九年改为武选清吏司。

兵部曹　官署名。隋朝尚书省六曹之一，唐朝为尚书省兵部。

兵案　官署名。❶北宋前期宣徽院所属机构。掌诸司使至内殿崇班等武臣及内侍供奉官、诸司工匠兵卒名籍。神宗元丰（1078—1085）改制罢。❷北宋前期三司所属机构。掌衙司军将、大将、四排岸司兵卒名籍，库务月帐，及吉凶仪制，官吏宿直，诸州衙吏、胥史之迁补，本司官吏功过，三部胥吏名帐，刑狱、造船、捕盗、户绝资产、禁钱等事。神宗元丰改制罢。❸宋朝县衙下属机构。徽宗崇宁三年（1104），始于开封府所属开封、祥符两县置。大观二年（1108），令天下诸县皆置。职掌视兵部。❹宋朝大宗正司所属机构。徽宗宣和四年（1122）置，掌行宗室差亲事官、兵士等事务。❺南宋临安府所属机构。职掌视兵部。

兵曹　官署名。西汉丞相府所属诸曹之一，主兵事。东汉三公府、州郡县亦置。隋兵部曾置为头司。隋、唐诸卫、诸率、诸王府、诸州，宋开封府皆置，设参军事主其事。

兵曹从事　官名，即兵曹从事史。东汉司隶校尉及州部属吏。司隶校尉下属有从事史十二人。其有军事，则置兵曹从事，主兵事，秩百石。州刺史（州牧）所属职秩同。均由所部长官自行辟除。隋朝为雍州属官，视从八品。开皇十二年（592）改为兵曹参军。

兵曹郎　官名。隋炀帝大业三年（607）改兵部头司长官兵部侍郎置，以异兵部次官侍郎之名。唐高祖武德三年（620）改为兵部郎中。

兵曹参军　官名。即兵曹参军事。

兵曹参军事　官名。隋朝诸卫、诸率、诸王府、诸州皆置为僚属，正七品上至正九品下、视正八品至视正九品不等，文帝开皇三年（583）改名司兵参军事，十二年雍州改兵曹从事置；炀帝大业三年（607）皆改名司兵书佐。唐高祖武德（618—626）中诸王府复置兵曹参军事，各一员，正七品上，掌武官簿书、考课、仪卫、假使；诸率府亦复置兵曹参军事，一员，从八品下，掌武官簿书；玄宗开元（713—741）初诸卫复置兵曹参军事，各置二员，正八品下，掌五府武官宿卫番第，受其名号；左右金吾卫所置掌翊府、外府武官，兼掌猎师；左右监门卫所置兼领仓曹；左右羽林军、龙武军、神武军皆各置一员，正八品下；其亲、勋、翊五府中郎将府所置为正九品上；各都督府、都护府皆置，正七品下至从七品下不等；诸镇亦置，从八品下至正九品下，掌防人名帐、戎器、管钥、马驴、土木、谪罚之事。宋朝开封府置一员，视其曹而莅事，正八品。

兵曹清吏司　官署名。明北京行部所属六曹清吏司之一。永乐元年（1403）始置，设郎中一人，正五品，员外郎一人，从五品，主事一人，正六品。十八年迁都北京，遂罢。

兵曹清吏司员外郎　官名。明永乐元年（1403）置。见“兵曹清吏司”。

兵曹清吏司郎中　官名。明永乐元年（1403）置。见“兵曹清吏司”。

兵曹掾　官名。东汉太尉府设兵曹，有兵曹掾，秩比三百石。郡县亦置，秩百石。兵曹主兵事，以掾司理其事。

兵曹掾史　官名。东汉兵曹所属职吏。《续汉书·百官志》：“其职吏部集各一人，总知营事。兵曹掾史主兵事器械。”

兵獳司　官名。南诏官，掌机密。

兵籍房　官署名。北宋神宗元丰（1078—1085）改制后，枢密院置，掌行诸路将官差发禁兵、选补卫军文书。

皂衣　汉朝官吏制服，备大臣上朝时穿戴。皂，黑色。《汉书·萧望之传》：“（张）敞备皂衣二十余年。”颜师古注：“虽有四时服，至朝皆著皂衣。”亦用作官吏代称。

皂服从事　官名。北齐置。为州刺史属官，位在典签上。

皂隶　春秋时晋国的小吏。《国语·晋语四》：“皂隶食职。”

皂啬夫　官名。战国秦置。掌管马匹皂隶。《睡虎地秦墓竹简·秦律杂抄》：“马劳课殿，赀皂啬夫一盾。”

皂盖　车上的黑色篷盖。汉制，二千石官员坐车皆为皂盖，以显示身分。也用作官员代称。

皂囊　汉制，群臣所上奏表多启封。如事涉机密，则以皂囊封之。《后汉书·蔡邕传》：“具对经术，以皂囊封上。”李贤注引《汉官仪》：“凡章表皆启封，其言密事得皂囊也。”

身言书判　官场用语。唐、宋考察选人的标准。即身材相貌、言词谈吐、书写文字、撰写判词。唐制，身须体貌丰伟，言须言辞辩正，书须楷法遒美，判须文理优长。先集而试之，观其书、判，吏部侍郎出题，试判两道，定等第以收其俊乂。试毕过铨，察其身、言。铨量合格，然后注官。宋太祖建隆三年（962）设书判拔萃科，未应格选人亦许应试，考判词三道。真宗时，复命近臣与判吏部流内铨官以身、言、书、判试选人，判词优等，授京官知县或大理寺丞，其次循一资或授职官知县，并引对便殿。后以无益于事，乃罢。

身者库　即辛者库。

彻侯　爵名。战国秦二十等爵最高一级，以其爵位上通于天子，故名。秦汉沿置，因避汉武帝刘彻讳，改为通侯或列侯。金印紫绶。汉朝列侯有征收封邑租税之权。

役司马　官名。主管军中徒役。《墨子·迎敌祠》：“役司马射自门右，蓬矢射之，茅参发，弓弩继之。”孙诒让注：“役司马，盖官名，掌徒役者。”

近幸　君主器重宠爱之臣。《战国策·赵策一》：“以子之才而善事襄子，襄子必近幸子。”

近侍　通常指皇帝身边的近臣，包括朝廷官吏和宦官。朝廷官吏多指御史、给事中等，宦官有御前近侍，如打卯牌子、御前牌子、答应长随、尚衣、尚履等。

近侍局　官署名。掌皇帝侍卫。辽为北面官，隶侍卫司，置直长、小底等职。金设于章宗泰和八年（1208），隶殿前都点检司，置提点、使、副使、直长及奉御（旧名入寝殿小底）与奉职（旧名不入寝殿小底或外帐小底），掌侍从、承发敕令与转进奏帖。南迁后，其权尤重，常被用来伺察百官和军中监战，民间号为行路御史。

近侍详稳司　官署名。辽朝属侍卫司，掌近侍兵马之事。置详稳、都监、将军、小将军等职。

近官　泛指在朝廷任职的大臣。《国语·晋语四》：“胥、籍、狐、箕、栾、郤、柏、先、羊舌、董、韩、寔掌近官。”韦昭注：“十一族，晋之旧姓，近官朝廷者。”

近畿陆军督练公所　官署名。清末训练近畿陆军之机构。光绪三十三年（1907）十二月设。掌督率训练新陆军第一、三、五、六镇。置专司训练近畿陆军各镇事宜大臣一人，督办大臣一人，帮办大臣一人并参议官等。下设兵备处、参谋处、教练处及粮饷、军械、军医、稽查四局。各处、局置总办、帮办、委员、文案等。宣统二年（1910）裁。

邻　❶指近臣。《尚书·虞书·益稷》：“钦四邻。”孔安国传：“前后左右之臣。”❷周朝基层行政组织。《周礼·地官·遂人》：“五家为邻。”

邻长　官名。❶《周礼》地官之属，一说为周朝置。《周礼·地官·序官》：“邻长五家则一人。”里宰属官。“掌相纠相受，凡邑中之政相赞，徙于他邑，则从而授之。”❷北魏置。地方行政吏员。孝文帝太和十年（486）“二月甲戌，初立党、里、邻三长，定民户籍”。每五家立一邻长，负责核定户籍，征发赋役。可复一夫兵役，后改为役调全免。北齐时改为以十家为比邻，设长一人。

邻连敖　官名。战国楚置，曾侯乙墓出土竹简记载有邻连敖官名。参见裘锡圭《谈谈随县曾侯乙墓的文字资料》。

余子　官名。春秋战国晋、魏等国置，掌管公卿大夫之庶子事务。《左传·宣公二年》：“晋于是有公族、余子、公行。”杜预注：“皆官名。”《吕氏春秋·报更》：“张仪，魏氏之余子也。”

余子啬夫　官名。战国置。余子，嫡长子之弟，亦称众子或庶子。余子啬夫，管束和役使余子的长官。三晋官印《簠斋古印集》第四三号：“余子啬夫。”

余地　官名。匈奴置，是匈奴语的音译。职掌不详。

余莫弗瞒咄　官名。南室韦二十五部各部首领，犹酋长，死则子弟代立，嗣绝则择贤豪立。

佥书　职掌名。明朝设于各都指挥使司及卫所等机构。专指统掌本司事以外的副职，一般一至二人，掌练兵及屯田等事。

佥判太史监事　官名。明太祖朱元璋建立明朝前于太史监置，为太史令之佐官。掌观察天文、推定历法等事。吴元年（元至正二十七年，1367），改监为院，职官亦随改。

佥事　官名。明朝及清初提刑按察使司之职官。朱元璋吴元年（1367）始设，为按察使司之正官，正五品。洪武十三年（1380）革，次年复设。分领提学、驿传、清军、分巡、兵备等道。各省因事而置，无定员。清初沿置，无定员，为巡道之兼衔。乾隆十八年（1753）省，参见“佥事道”。又，清末东三省地方机构民政使司、交涉使司、度支使司中各置佥事，佐长官掌司事。

佥事道　官名。清朝道员之兼衔。顺治（1644—1661）中沿明旧制，分设守道、巡道，辅佐藩臬二司办理地方政务，乃省与府州间之地方长官。皆带原品衔充任。由郎中、员外郎、主事、同知补授者为佥事道，正五品。乾隆十八年（1753）改道员为实官，遂省。

佥宣徽院事　官名。元朝宣徽院置，二人，正三品，位宣徽副使下。

佥院　佥都御史的别称。

佥都御史　官名。明洪武十六年（1383）置，为都察院正官，左、右各一人，初正五品，十七年升正四品。建文元年（1399）革。成祖即位复置，南京都察院亦置，无左职。佐都御史、副都御史，掌都察院事。又称佥院。

含德主帅　官名。南齐置，掌管含德殿事务。苟励曾任此职。见《南齐书·张欣泰传》。

谷　官吏的俸禄。又指在官食禄。《论语·宪问》：“邦有道，谷；邦无道，谷，耻也。”

谷蠡王　匈奴官名。位仅次于屠耆王。分左、右，居单于庭东西两方，各有分地，逐水草迁徙，多由单于子弟担任。下各置千长、百长、什长、裨小王、相、都尉、当户、且渠等官属，以管理辖地军政事务。

希喇默哈番　满语官名。汉译有二：❶国子监监丞。❷太常寺寺丞。

坐办　官制术语。清制，凡非常设机构中负责日常事务者为坐办。

坐办郎中　官名。清朝户部所属职官。雍正十二年（1734），设井田科，掌核八旗土田、内府庄户及官房、官地之岁租，隶户部福建司。因选该司满郎中坐办，故名。下设郎中、员外郎、主事，无定员，由尚书酌派。

坐名敕　文书名。清朝敕书之一种。

坐选　清朝吏部之铨选制度。乃月选班秩之一。凡外官缺出，依例坐补原缺。外官病痊起用，终养事毕开复者及霉烂仓谷、亏空钱粮全完开复者，亲老告近改选者，俱坐补原选之缺。其原缺系月选之缺，在部候补；原系调之缺，赴该省候补。奉旨不必坐补原缺者，可归单月有关班内铨选。

坐营官　官名。明永乐（1403—1424）中于京军三大营中五军营置。共六人，中军置大营、中营各一人。左、右掖，左、右哨各置一人，以勋臣充任。京营围子手营、幼官舍人营等亦置，各一人。景泰元年（1450）改三大营为十团营，遂罢。嘉靖二十九年（1550）复置三大营，每营均置一人，又称备兵坐营官。万历二年（1574）裁二人。各镇守总兵官下亦置，员额不等。其职为正兵，备城守，由兵部推选。

坐曹　汉朝官府分曹处理政事，因称官吏在官署治事为坐曹。

坐粮厅　官署名。清朝户部仓场衙门所属之机构。亦用作官名，指坐粮厅之长官。顺治元年（1644）设，一人，以户部汉司官充任。康熙二年（1663）添设户部满司官一员。后以各部院官员通行差遣，二年一更代。掌理验收漕粮及由通州至京水陆转运事务，并管北运河河工及通济库之出纳及征纳通州榷税。初差笔帖式佐理，后省。下设经承等官办理厅务。所属有东、西、南、北四科及河税科、收支科、铜科、白粮科等机构。所辖有通济库大使、石坝州判、土坝州同、通流闸官、庆丰闸官等吏员。光绪三十二年（1906）改隶度支部。

坐黜　官吏因犯罪而被撤职。见《汉书·王尊传》。

狂夫　官名。《周礼》夏官之属，一说为周朝置，方相氏属吏。《左传·闵公二年》：“是服也，狂夫阻之。”孔颖达疏引韦昭说：“狂夫，方相氏之士也。”

《周礼·夏官·序官》："方相氏，狂夫四人。"参见"方相氏"。

饭上人 官名。亦称尚膳。清朝内务府御茶膳房之属员。顺治元年（1644）设，共三十五人，隶属于总领。分掌宫内备办饮食及典礼筵宴酒席之事。雍正元年（1723）定授三等侍卫六人，蓝翎侍卫七人，称饭上侍卫。乾隆八年（1743）定三等侍卫内授一等侍卫一人。十五年分属于内、外膳房。二十四年改隶于尚膳正、尚膳副。

饭上侍卫 官名。亦称膳上侍卫。清朝内务府御茶膳房"饭上人"之加衔。

饭银处 官署名。清朝内阁、户部、刑部、工部及理藩院等衙门内所设之机构。负责收支本衙门员司之饭银。这种饭银由各省按额数报解中央各衙门，各衙门之间也有帮帖（如户部每年都帮帖内阁、军机处及礼、兵、刑各部一部分，工部也要拨给刑部一部分）。各衙门自堂官以下官员的饭银各有一定额数，均由本处按量给发。其职官一般无定额，由堂官派委司员二、三人办事。

饮官令 官名。金朝太后两宫官，掌承奉汤茶及酒果。秩正八品。

彤史 官名。唐朝始置，为宫廷女官，员二人，正六品，属尚仪局。掌纪功书过。明洪武二十七年（1394）亦置，同唐制，掌宴见进御之事。凡后妃宫人御于君所，谨书记其月日。明永乐（1403—1424）后归其职于宦官。

邸吏 ❶府邸属吏。《新唐书·李德裕传》："后除浮屠法，僧亡命多趣幽州，德裕召邸吏戒曰：'为我谢张仲武、刘从谏招纳亡命，今视之何益？'仲武惧，以刀授居庸关吏曰：'僧敢入者斩！'"❷进奏官之别称。《宋史·刘奉世传》："先是，进奏院每五日具定本报状，上枢密院，然后传之四方。而邸吏辄先期报下，或矫为家书，以入邮置。奉世乞革定本，去实封，但以通函腾报。"

邸抄 又称邸报、宫门抄。我国最古老的报纸。汉之郡国、唐之藩镇，均置邸于京城，作为来朝时栖息之所，并在此传抄诏令章奏之类，随时向地方传报，故名邸抄。明朝各省均于京城设公所，有提塘官专办此事，故又称塘报。清因之，各省驻京提塘官均设有报房，每日至六科抄录所颁发之上谕及本章折件，印发本省。又称阁抄。凡未交发科抄之件，不得刊发。凡有应慎密之本章折件，须待科抄到部后十日后方许抄发，如有比部文先发者，各该省督抚应将提塘官参处。

邸报 见"邸抄"。

邸官 官名。即进奏官，又称邸吏。

邸阁督 官名。东汉末设，仅置于有邸阁之郡县，主管邸阁即军屯之处资粮。三国、晋朝沿置。

删定使 使职名。即删定格式使。

删定官 官名。南宋编修敕令所置，于职事官内差除，掌删削敕令中轻重不伦、前后抵牾者。

删定郎 官名。南朝尚书省删定曹长官通称。宋六品，梁五班，陈四品、秩六百石。

删定格令使 使职名。即删定格式使。

删定格式使 使职名。唐朝修改律令格式之官，先以中书门下官充任，德宗建中元年（780）置，二年停，委刑部删定。

删定曹 官署名。南朝宋文帝元嘉十八年（441）置设郎。职掌与三国魏所置定科曹同，掌制定律令法规隶吏部尚书。南齐、梁、陈沿置。

角人 官名。《周礼》地官之属，一说为周朝置，掌征收兽类角齿骨物。《周礼·地官》："角人，下士二人，府一人，徒八人"，"掌以时征齿角凡骨物于山泽之农，以当邦赋之政令。以度量受之，以共（供）财用"。

角工下士 官名。西魏、北周冬官府司木中大夫角工中士佐官，正一命。

角工中士 官名。西魏恭帝三年（556）置，北周沿置。冬官府司木中大夫属官，正二命。下设角工下士以佐其职。隋文帝开皇元年（581）罢。

龟 官名。周朝置，掌龟卜。《尚书·周书·洪范》："龟从，筮从，卿士从，庶民从，是之谓大同。"

龟人 官名。《周礼》春官之属，一说为周朝置，掌整治龟版以供祭祀占卜。《周礼·春官》："龟人，中士二人，府二人，史二人，工四人，胥四人，徒四十人"，"掌六龟之属，各有名物"。"各以其方之色与其体辨之。凡取龟用秋时，攻龟用春时，各以其物，入于龟室。上春衅龟，祭祀先卜。若有祭事，则奉龟以往。"

龟占下士 官名。西魏、北周春官府太卜下大夫龟占中士佐官，正一命。隋文帝开皇元年（581）罢。

龟占中士 官名。西魏恭帝三年（556）仿《周礼》龟人置，北周沿置。春官府太卜下大夫属官，掌以龟甲占卜事或人之吉凶，正一命。下设龟占下士以佐其职。隋文帝开皇元年（581）罢。

龟绶 指刻有龟纽，系以丝组的官印。《后汉书·西域传》李贤注以龟为印文，似不确。汉朝凡吏秩比二千石以上，皆银印青绶，银印即背龟钮。

免 官制用语，即罢免官员职务。《汉书·文帝纪》："遂免丞相勃，遣就国。"北魏免官者三年后降一阶叙用；才优擢受者，不拘此限。后世沿用，制度或有不同。

免役案 官署名。北宋神宗元丰（1078—1085）改制置，属户部右曹，掌行免役之法。

免省 官场用语。即免省试。宋朝举人或太学生解试合格，不经礼部试而直接参加殿试，称免省。神宗元丰二年（1079），令太学上舍生成绩中等以上者免省试。南宋高宗绍兴三十二年（1162）后，宗室子弟已获两次文解者，许直赴殿试。

免选 官制用语。宋朝铨选制的一项规定。选人不再守选，直接赴吏部注授差遣，称免选。

免解　官场用语。五代后唐至宋朝，举人获准不经解试，直接参加礼部试，称为免解。或准免一次，或准永远免解。进士科及武举举人获永远免解者，称为免解进士。

免殿试　宋朝贡举考试的一项规定。省试合格待赴殿试举人，遇皇帝居丧，或其即位后第一次取士，则特准免殿试，直接诣殿参加唱名。南宋初，边远地区礼部正奏名举人难以赴试者，亦免殿试，赐同进士出身。

条记　清朝印信之一种。使用者多属低级机构或官员。如管理御园、礼部铸印局大使、各州县儒学、各省守备、各省驻防旗营佐领、盛京户部六品管庄、库大使、县丞、主簿、吏目、盐课所、批验所等用之。铜质直纽，尺寸、文体有所不同。

条例司　制置三司条例司简称。

条狼氏　官名。《周礼》秋官之属，一说为周朝置，掌君王出入清除道路。《周礼·秋官》："条狼氏，下士六人，胥六人，徒六十人"，"掌执鞭以趋辟，王出入，则八人夹道。公则六人，侯伯则四人，子男则二人。凡誓，执鞭以趋于前，且命之，誓仆右曰'杀'，誓驭曰'车'，誓大夫曰'敢不关鞭五百'，誓师曰'三百'，誓邦之大史曰'杀'，誓小史曰'墨'"。

甸　❶官名。又称甸人。（1）周朝置，掌藉田。《南宫柳鼎铭》："司义夷场、甸事。"（2）春秋置，掌供薪蒸的小吏。《左传·襄公三十一年》："诸侯宾至，甸设庭燎，仆人巡宫。"❷诸侯国家的名称。又作"田"。殷朝始见，周朝沿袭。《大盂鼎铭》："唯殷边侯、田（甸）雩（与）殷正百辟，率肆于酒。"《令方彝铭》："眔诸侯：侯、田（甸）、男，舍四方命。"❸周朝行政区域名称。（1）指王畿以外地区。1.九服之一：侯服、甸服、男服、采服、卫服、蛮服、夷服、镇服、藩服。见《周礼·夏官·职方氏》。2.五服之一。《左传·襄公十五年》："甸、采、卫大夫。"杜预注："甸、采、卫，五服之名也。天子所居千里曰圻，其外曰侯服，次曰甸服，次曰男服，次曰采服，次曰卫服。五百里一服。"（2）指王畿以内地区。《礼记·王制》："千里之内曰甸，千里之外曰采。"（3）指王畿以内王城郊外地区。1.郊外百里之外二百里之内。《周礼·天官·大宰》："三曰邦甸之赋。"贾公彦疏："郊外曰甸，百里之外，二百里之内。"2.郊外五百里内。《尚书·夏书·禹贡》："五百里甸服。"孔安国传："规方千里之内谓之甸服。为天子服治田，去王城四面各五百里。"

甸人　官名。西周、春秋置。❶主管藉田，省称"甸"。《柞钟铭》："司王邑甸人事。"《左传·成公十年》："晋侯欲麦，使甸人献麦。"❷掌供薪蒸致飨享的小吏。《国语·周语中》："敌国宾至"，"甸人积薪"。韦昭注："甸人掌薪蒸之事也。"《仪礼·燕礼》："甸人执大烛于庭。"郑玄注："甸人掌共薪蒸者。"《公食大夫礼》："羹定，甸人陈鼎七。"郑玄注："甸人，冢宰之属，兼亨人者。"❸掌郭野之官兼主刑罚。《礼记·文王世子》："公族其有死罪，则磬于甸人。其刑罪，则纤，亦告于甸人"，"致刑于甸人"。

甸戎　官名。西周散国置，掌藉田之官。《散氏盘铭》："夨舍散田"，"散人小子眉，田（甸）戎微父"。

甸师　官名。《周礼》天官之属，一说为周朝置，掌藉田及供野味。《周礼·天官》："甸师，下士二人，府一人，史二人，胥三十人，徒三百人"，"掌帅其属而耕耨王藉，以时入之。以共粢盛。祭祀，共萧茅，共野果蓏之荐。丧事，代王受眚灾。王之同姓有罪，则死刑焉。帅其徒以薪蒸，役外、内饔之事"。

甸祝　官名。《周礼》春官之属，一说为周朝置，掌田猎祭祀祝祷。属员有府、史、徒。《周礼·春官》："甸祝下士二人，府一人，史一人，徒四人"，"掌四时之田表貉之祝号。舍奠于祖庙，祢亦如之。师甸致禽于虞中，乃属禽。及郊，馌兽，舍奠于祖祢。乃敛禽。禂牲禂马，皆掌其祝号"。

甸祝下士　官名。西魏、北周春官府太祝下大夫甸祝中士佐官，正一命。

甸祝中士　官名。西魏恭帝三年（556）仿《周礼》甸祝置，北周沿置。春官府太祝下大夫属官，正二命。下设甸祝下士以佐其职。隋文帝开皇元年（581）罢。

迎从事　官名。南朝宋置，为州属官，掌迎接新任长官诸事，多为长官亲信。王谌曾任此职。

迎主簿　官名。南朝宋、梁置，为州属官。掌迎接新任长官诸事，多由长官挑选有孝行或文学之士担任。

迎辉馆　官署名。党项首领西平王李德明于景德四年（1007）置，以迎北宋使者。掌修五百里内道路、桥梁，宋使至则以重臣郊迎。

迎新　官名。南朝梁置，为郡县属官。职为迎接新任长官至治所。

〔丶〕

言官　古代对谏官如监察御史及给事中等之统称。

亨人　官名。《周礼》天官之属，一说为周朝置，掌亨煮肉类食物。《周礼·天官》："亨人下士四人，府一人，史二人，胥五人，徒五十人"，"掌共鼎镬，以给水火之齐，职外内饔之爨亨煮，辨膳羞之物。祭祀，共大羹、铏羹。宾客，亦如之"。

辛者库　满语。为清朝内务府管领下食口粮之奴隶。清初获罪之旗人及其家属常罚入辛者库，专执贱役。

床幔局　官署名。辽朝北面官，属著帐郎君院，掌御帐床帏等事。

库 官署名。春秋战国置，掌兵械修造、收藏。参见“库人”。

库人 官名。春秋时郑国置，掌管兵械仓库。《左传·昭公十八年》：“使府人、库人各儆其事。”《礼记·曲礼下》郑玄注：“库谓车马兵甲之处也。”

库长 即库掌。

库令 官名。《汉书·景十三王传》：成帝建始元年（前32），“复立元弟上郡库令良”。

库守 官名。清朝内务府所属各库之属官。营造司所属木、铁、炭等七库及铁作、漆作、炮作等三作，官房租库，养心殿造办处各库，御茶膳房库，武备院鞍、甲、毡等四库及内火药库等处皆设。隶于库掌、副库掌之下，皆无品级。分掌本库贮藏物品之事。

库谷监 ❶官署名。唐朝将作监于库谷置，有监、副监、丞各一员，监作四员，掌采伐材木。❷官名。唐朝将作监所属库谷监长官，置一员，正七品下。

库谷监丞 官名。唐朝将作监所属库谷监属官，置一员，正八品上。

库谷监副监 官名。唐朝将作监所属库谷监次官，置一员，从七品下。

库直 官名。东魏、北齐置。亦作库真。是诸王及主要大臣的侍卫。《北齐书·王纮传》：“（孝静帝）兴和（539—542）中，世宗召为库直，除奉朝请。世宗暴崩，（王）纮冒刃捍卫，以忠节赐爵平春县男。”唐朝亦置，隶亲事府。

库官 ❶见“甲库官”。❷掌管仓库官员之统称。如库大使、库长、司库、库掌、库守等。❸官名。清末东三省所属度支使司之属官。协掌财赋。分一、二等，一等正六品，二等正七品。

库真 参见“库直”。

库真都督 官名。北齐置。《北齐书·高祖十一王传》：“（高洋）乃使库真都督破六韩伯升之邺征（高）涣。”

库部 官署名。❶魏晋南北朝尚书省诸曹之一。多设郎（郎中）为长官。掌军械制造、保管之政。或说魏、晋隶度支尚书。南朝隶都官尚书，兼领武库署。北魏前期置为尚书曹，设尚书、令、郎中、少卿、弩库曹下大夫等职，及内廷派驻的给事中、给事等，孝文帝太和（477—499）改制，改为郎曹，以郎中为长官，隶度支尚书。北齐沿置。隋、唐置为兵部四司之一，掌军器装备、卤簿仪仗制造、修缮、保管之政。隋初设侍郎、员外郎为长贰，炀帝改置郎、承务郎。唐朝置郎中、员外郎。高宗龙朔二年（662）改名司库，咸亨元年（670）复旧；玄宗天宝十一载（752）又改，肃宗至德二载（757）再复。北宋前期无所掌，置判库部事一人，以无职事朝官充任，神宗元丰（1078—1085）改制后，职掌与唐略同，置郎中、员外郎各一员，分案四。哲宗元祐（1086—1094）初，由职方司郎官兼领。南宋或以驾部、兵部郎官兼领。辽、金、元不置。明太祖洪武十三年（1380）复置为兵部四属部之一，设郎中、员外郎、主事各一员。二十九年改名武库清吏司。❷麹氏高昌国八部之一，设长史、司马为正副长官。

库部少卿 官名。北魏置。属尚书省库部曹。《魏书·官氏志》：“孝文帝太和十五年（491）又置司空、主客、太仓、库部、都牧、太乐、虞曹、宫舆、复育少卿官。”太和十七年（493）定为三品上，二十三年复次职令，未见。

库部长史 官名。麹氏高昌国库部长官，职掌同库部尚书。

库部令 官名。北魏前期置。属库部尚书，协掌库部曹事务。《魏书·窦瑾传》：“（窦遵）后以善书，拜库部令，卒官。”孝文帝太和（477—499）改制时罢。

库部司马 官名。麹氏高昌国库部次官，协助库部长史处理本部事务。如被派遣到诸城相监检校，则称城令。

库部员外郎 官名。兵部库部司次官。隋文帝开皇六年（586）始置，炀帝大业三年（607）改置承务郎。唐高祖武德三年（620）复旧，置一员，从六品上。高宗、玄宗时曾随本司改名司库员外郎，寻各复旧。五代因之。北宋初为六品寄禄官，神宗元丰（1078—1085）改制后，始为职事官，正七品。后省置无常。辽、金、元不置。明太祖洪武十三年（1380）复置，从五品，二十九年改名武库清吏司员外郎。

库部尚书 官名。北魏前期置，为尚书省库部曹长官。《魏书·尉古真传》：“太宗时，（尉地干）为左机令。世祖少而善之，即位，擢为库部尚书，加散骑常侍、左光禄大夫，领侍辇郎。”孝文帝太和（477—499）改制时罢。

库部侍郎 官名。两晋南北朝尚书库部郎之资深勤能者可转侍郎。隋文帝置为兵部库部司长官，隶兵部，正六品上，开皇三年（583）升从五品。炀帝大业三年（607）改名库部郎。

库部郎 官名。魏晋南北朝尚书省库部曹长官通称。（北魏前期为库部曹属官）亦称库部郎中，资深者可转侍郎。魏、晋、宋六品，梁五班，陈四品、六百石，北魏孝文帝太和十七年（493）定郎中为五品上，郎从五品中，二十三年皆称郎中，六品，仍可通称为郎。隋文帝改名库部侍郎，炀帝大业三年（607）改此名，掌兵部库部司，从五品。唐朝改名库部郎中。

库部郎中 官名。魏晋南北朝与库部郎互称，为尚书省库部曹长官。唐朝置为兵部库部司长官，从五品上。高宗、玄宗时曾随本司改名司库大夫、司库郎中，寻各复旧。五代因之。北宋初为五品寄禄官，神宗元丰（1078—1085）改制后，始为职事官，从六品。后省置无常。辽、金、元不置。明太祖洪武十三年（1380）复置，二十九年改名武库清吏司郎中。

库部郎官　库部郎中、员外郎通称。

库部给事　官名。北魏前期置。是内廷派驻尚书省库部曹监督政务的官员。《魏书·杨播传》："（杨钧）祖晖，库部给事，稍迁洛州刺史。"

库部给事中　官名。北魏前期置。为内廷派驻尚书省库部曹监督政务的官员。《魏故恒州治中晋阳男王君墓志铭》："曾祖定国，圣朝库部给事中、河内太守。"（赵万里《汉魏南北朝墓志集释》图版二一六）

库部曹　官署名。西晋武帝置，为尚书三十四曹之一，设郎主其事。南朝宋，隶都官尚书。南朝沿置。北魏曾置为尚书曹，以库部尚书为长官。北齐隶尚书省度支尚书，掌戎仗器用所须事，以郎中一人领之。隋初隶兵部尚书，置侍郎一人。文帝开皇六年（586），置员外郎一人，司其籍帐，侍郎缺则厘其事。炀帝大业三年（607），改侍郎为郎，废员外郎，增置一郎，为二人。其后又减一郎，置承务郎一人，同员外郎之职。唐初，为尚书省兵部四司之一，不再称曹，郎为郎中，承务郎为员外郎。

库啬夫　官名。战国置。秦国所置掌兵车府，三晋所置为武库工官，掌兵器督造。汉朝沿置，见《居延汉简》。

库曹　官署名。东晋初置，隶御史台，掌审核厩牧牛马市租。设侍御史掌其事。后分为外左库、内左库二曹。

库掌　官名。清朝内务府所属各库之主官。营造司所属木、铁、炭等七库及铁作、漆作、炮作等三作，官房租库，掌关防处菜、车等库，养心殿造办处各库，武英殿修书处各库，御茶膳房库，御药房库，武备院鞍、甲、毡四库及内火药库等处皆设。或为六品、或为七品，或为无品级。掌理本库所贮物品之事。

库藏司　官署名。清末度支部所属机构。光绪三十二年（1906）设。掌核国库出入款项、各省报解京饷各项经费、收放颜缎两库物料，核议苏杭两省织造奏销，盘查银缎颜三库。置郎中三人，员外郎四人，主事三人。

库藏司郎中　官名。清末度支部库藏司主官。光绪三十二年（1906）设。三人，正五品，奏补。掌管本司事务。

应天府　府名。❶宋真宗景德三年（1006）以原宋州（今河南商丘）升置，为陪都，置官如开封府。金太宗天会八年（1130）改归德府。❷元顺帝至正十六年（1356）朱元璋改集庆路（今江苏南京）置。洪武元年（1368）建国后，实际以此为京师，十一年正式定都。永乐十九年（1421）迁都北京，以应天府为南京；洪熙元年（1425）复为京师，正统六年（1441）重定为南京。初置知府，洪武三年后改府尹，员一人，正三品；府丞一人，正四品；给中一人，正五品；通判二人，正六品；推官一人，从六品。下设经历、知事、照磨、检校各一人，儒学教授一人，训导六人。所辖上元、江宁二县，及司狱司、织染局、都税局、宣课司、税课局、龙江递运所、批验所、河泊所、龙江关、石灰山关等。

应天府少尹　官名。北宋陪都应天府副长官，从四品，不常设。

应天府尹　官名。北宋陪都应天府长官，神宗元丰（1078—1085）改制前为三品。常阙而不授，另置知应天府事。明于南京应天府设，一人，正三品。为应天府长官。

应天府判官　官名。北宋陪都应天府属官，或以京朝官签书判官之事，掌助理本府公事。

应天府知府事　官名。北宋陪都应天府行政长官，以郎中以上官充任。府尹阙位时则置。

应天府牧　官名。北宋陪都应天府名义长官，常阙而不除。

应天府通判　官名。北宋陪都应天府行政长官之一，以朝官充任，与知府同理本府政事。明南京应天府亦设，参见"应天府"。

应天府推官　官名。北宋陪都应天府属官，或以京朝官签书推官之事，与判官同助理本府公事。明南京应天府亦设，参见"应天府"。

应办使　官名。金朝置，战时掌征集物资等事。

应诏　官名。北魏置，即应诏左右。《北齐书·魏兰根传》："时应诏王道习见信于（北魏孝）庄帝，兰根乃托附之，求得在外立功。"

应诏左右　官名。北魏置，亦称应诏，为皇帝左右的亲信之职。《魏书·郭祚传》："时应诏左右赵桃弓与御史中尉王显迭相唇齿，深为世宗所信。"

应奉　官名。明洪武二年（1369）置为翰林院属官。正七品。十四年革。

应奉司　官署名。北宋徽宗崇宁四年（1105）置应奉局，总领花石纲。方腊起义后罢。宣和三年（1121）恢复诸应奉局，置应奉司总领，搜罗四方珍异之物，供应宫廷。

应奉翰林文字　官名。金设于翰林学士院，秩从七品。元翰林兼国史院、蒙古翰林院各置五员，从七品。

应闺　宫官名。南朝宋太宗定后宫百官时置。员六人，七品。诸房亦置，无定员，官品同。

庐人　官名。周朝置，掌戈矛殳类长兵器制造。《周礼·冬官·考工记》："庐人为庐器。戈柲六尺有六寸，殳长寻有四尺，车戟常，酋矛常有四尺，夷矛三寻。"

庐工下士　官名。西魏、北周冬官府司木中大夫庐工中士佐官，正一命。

庐工中士　官名。西魏恭帝三年（556）置，北周沿置。冬官府司木中大夫属官，正二命。下设庐工下士以佐其职。隋文帝开皇元年（581）罢。

序迁　任官方式。用指官吏升迁中按资历和任内治行，循序而升者。

序班 官名。❶明朝内阁之属官。掌诰敕之誊副缮正之事。分在诰敕、制敕两房办事，位在中书之下。❷明清鸿胪寺之属官。掌殿廷行礼侍班、齐班、纠仪及传赞之事。明洪武九年（1376）设，十六人，从九品，隶殿廷仪礼司。十三年增至四十四人。三十年始隶鸿胪寺，增为五十人。洪熙元年（1425）南京鸿胪寺设九人。嘉靖三十六年（1557）革八人，万历十一年（1583）复设六人。清顺治元年（1644）沿设，二十二人。乾隆七年（1742）定为四人，均汉员，从九品。又于儒学生员内考录学习序班八人。❸清朝会同四译馆之属官。顺治元年（1644）置翰林院之四译馆，设二十人，乾隆十三年（1748）定制设二人，从九品。掌教习各国文字，以备翻译。

怀义将军 官名。南朝梁置。武帝天监七年（508）定为施用于境外的武职二十四班中的一班，是最低的一班，大通三年（529）定制后仍为最低的一班。

怀义校尉 官名。东汉献帝兴平元年（194）置。统兵。《三国志·孙讨逆传》："太傅马日磾杖节安集关东，在寿春以礼辟策，表拜怀义校尉。"

怀仁尉 官名。隋炀帝大业三年（607）新置散职八尉之一，正八品。

怀化大将军 官名。唐高宗显庆三年（658）始置，为正三品上武散官，专授归唐将领，隶于诸卫。宋朝置为武散官，初正三品，神宗元丰五年（1082）罢为武散官，唯蕃兵蕃官仍授。

怀化中郎将 官名。唐德宗贞元十一年（795）增置，为正四品下武散官，专授归唐将领，隶诸卫。

怀化中候 官名。唐德宗贞元十一年（795）增置，为正七品下武散官，专授归唐将领，隶诸卫。

怀化司戈 官名。唐德宗贞元十一年（795）增置，为正八品下武散官，专授归唐将领，隶诸卫。

怀化司阶 官名。唐德宗贞元十一年（795）增置，为正六品下武散官，专授归唐将领，隶诸卫。

怀化执戟长上 官名。唐德宗贞元十一年（795）增置，为正九品下武散官，专授归唐将领，隶诸卫。

怀化郎将 官名。唐德宗贞元十一年（795）增置，为正五品下武散官，专授归唐将领，隶诸卫。

怀化将军 官名。唐朝武官散阶，第六阶，正三品下，位怀化大将军下、云麾将军上，授新归附唐廷的诸蕃首领，仍隶各卫。

怀方下士 官名。西魏、北周夏官府职方中大夫怀方中士佐官，正一命。

怀方中士 官名。西魏恭帝三年（556）仿《周礼》怀方氏置，北周沿置。夏官府职方中大夫属官，掌四夷远来之民，收其所献方物，安排其馆舍饮食。正二命。下设怀方下士以佐其职。隋文帝开皇元年（581）罢。

怀方氏 官名。《周礼》夏官之属，一说为周朝置，掌招徕四方邦国之民贡献各地特产。《周礼·夏官》："怀方氏，中士八人，府四人，史四人，胥四人，徒四十人"，"掌来远方之民，致方贡，致远物而送逆之。达之以节，治其委积馆舍饮食"。

怀州招抚司 官署名。金末战时设立的机构。宣宗兴定五年（1221）设于河东南路怀州，以招集离散民众，受中京行枢密院节制。

怀关将军 官名。南朝梁置。武帝天监七年（508）定为施用于境外的武职二十四班中的八班，拟略远将军等号，大通三年（529）定制后班阶略提高，拟骁雄将军等号。

怀远大将军 官名。金朝武散官三十四阶之第十二阶，从四品下。元朝沿置，从三品，宣授。

怀远驿 官署名。北宋真宗景德三年（1006）置，掌交州、龟兹、占城、大食、注辇、于阗、甘州、沙州、宗哥等地贡奉与通使事宜，设监官二人，以三班使臣、内侍充任。神宗元丰（1078—1085）改制后，隶鸿胪寺。

怀远将军 官名。东汉献帝建安（196—220）间曹操置，为杂号将军，第五品，位在奋武将军之上。金、元置，有武散官怀远大将军。明沿置，改怀远将军，从三品，初授。清初沿置，为武职中属绿营者从三品之封赠。乾隆二十年（1755）改武翼大夫。五十一年，与八旗从三品统一定为武翼都尉。

怀奇将军 官名。南朝梁武帝普通六年（525）刊正将军名号时置，定为武职三十四班中的二班，仅高于偏、裨将军。

怀泽将军 官名。南朝梁置。武帝天监七年（508）定为施用于境外的武职二十四班中的一班，为地位最低的一班，大通三年（529）定制后，仍为最低的一班。

怀威将军 官名。南朝梁置。武帝天监七年（508）定为施用于境外的武职二十四班中的九班，拟扫狄将军等号，大通三年（529）定制时罢。

怀信驿 官署名。五代后周世宗初平淮南，江南国主李景称臣，置怀信驿以馆其来使。宋太宗太平兴国二年（977）江左平定，改都亭驿。

怀信将军 官名。南朝梁置。武帝天监七年（508）定为施用于境外的武职二十四班中的五班，拟克狄将军等号，大通三年（529）定制后班阶略提高，拟明智将军等号。

怀集将军 官名。三国魏置。《三国志·刘封传》："申耽降魏，魏假耽怀集将军，徙居南阳。"

怀德将军 官名。南朝梁置。武帝天监七年（508）定为施用于境外的武职二十四班中的十一班，拟电威将军等号，大通三年（529）定制后拟武猛将军等号。

闰察 官吏考核制度。明朝定为京察、外察之外的考察，凡执政者欲对官吏有所驱除时则行。万历十三年（1585）废。

闲驹监 官署名。秦及西汉属太仆。掌皇帝所用马匹，有长、丞主之。东汉省。

闲驹监长 官名。秦及西汉属太仆，主闲驹监。东汉省。

闲驹监丞　官名。秦及西汉属太仆，为闲驹监长副职。东汉省。

闲厩使　使职名。唐武则天圣历三年（700）二月置，掌仗内六厩，管理御用马匹，以受宠的殿中监充任，夺殿中省、太仆寺部分职权。玄宗开元（713—741）初，闲厩马至万余匹，骆驼、巨象皆养，以驼、马隶之，殿中省尚乘局只名存而已。闲厩使押五坊，以供时狩：一为雕坊，二为鹘坊，三为鹞坊，四为鹰坊，五为狗坊。

闲散　官制用语。❶指清闲少事的官职或机构。❷清朝对满洲、蒙古、汉军无出身而入仕者之称呼。拜唐阿、亲军前锋、护军领催就文职者亦视于此。其人仕不准考取中书、笔帖式。

闲散云麾使　官名。清朝銮仪卫之职官。顺治十一年（1654）设。定额六员，俱满缺，掌銮仪卫所属六所之事。

闲散治仪正　官名。清朝銮仪卫之职官。顺治十一年（1654）设。定额十八员，俱满缺。掌銮仪卫所属六司之治仪事。

间补　清朝吏部之铨选制度。乃指每遇缺出，先补此班一人，再有缺出则补彼班一人之间相补用授官之例。候补之官分为多种班，如正途班、捐班等等，皆按顺序依次轮流间相补授。

灶长　清朝盐场管理灶丁之职役。雍正六年（1728）初设于两淮，掌查核灶户煎盐之多寡，使其尽入商垣，以杜私盐。

冷官　官场用语。职务优闲之官泛称。唐朝杜甫诗云“广文先生官独冷”，后人遂专称学官为冷官。

冶　官名。战国置，掌冶铸的低级工官。《战国策·西周策》：“函冶氏为齐太公买良剑。”姚宏注：“函，姓也。冶，官名也，因以为氏。知铸冶，晓铁理，能相剑。”

冶工　官名。冶金工匠师傅，掌金属器物的铸造。《韩非子·外储说左上》：“右御、冶工言王。”

冶工下士　官名。西魏、北周冬官府司金中大夫冶工中士佐官，正一命。

冶工中士　官名。西魏恭帝三年（556）置，北周沿置。冬官府司金中大夫属官，掌铁器的冶炼，正二命。下设冶工下士以佐其职。隋文帝开皇元年（581）罢。

冶大夫　官名。战国置，掌冶铸的工官之长。《左官鼎铭》：“十一年十一月乙巳朔，左官冶大夫杕命（?），冶喜（?）铸贞（鼎）。”

冶氏　官名。周朝置，掌冶铸箭镞戈戟。见《周礼·冬官·考工记》。

冶尹　官名。战国韩、赵等国置，主办冶铸的工官之长。韩国《四年郑令韩口戈铭》：“冶尹造。”

冶令　官名。汉朝于各地有铁、铜处设铁、铜官，掌使役工徒，熔铸铜铁，西汉隶司农，东汉隶郡县。西晋改称冶令，江北设三十九处，隶卫尉。江南有梅根、冶塘二冶令，隶扬州刺史。东晋、南朝宋、齐于江南诸郡县各置冶令或冶丞，设东、南冶令分领之，总隶于少府。梁、陈改南冶令为西冶令。梅根诸冶令仍隶扬州刺史。北朝亦置。北齐于太府寺下置诸冶东、西道署，分领诸冶事。

冶吏　官名。战国赵、魏等国置，掌冶铸的下级官吏。赵国《七年相邦阳安君剑铭》：“冶吏疱执剂。”

冶监　❶官署名。隋朝置，分大、中、小三等，以监、丞领其事。唐朝隶少府监，掌铸造兵农之器，供给军士、屯田居民，唯兴农冶则专供陇右监牧。置监一人，丞一人；另有监作、典事等。宋初仅存空名，神宗元丰（1078—1085）改制废。❷官名。隋朝冶监长官，大冶监视正八品，中冶监视从八品，小冶监视正九品。唐朝少府监冶监沿置一人，正七品下，掌铸造兵农之器。宋初仅存空名，神宗元丰改制废。

冶监丞　官名。隋朝诸冶监次官，大冶监丞视正九品，中冶监丞视从九品。唐朝少府监所统冶监次官，置二员，从八品上。

汧池苑　官署名。明成祖永乐五年（1407）置，北京苑马寺六监二十四苑之一，属涿鹿监。设圉长一人，从九品，下分各群，设群长，掌牧养马匹，以备军需。永乐十八年并入太仆寺。

沛者　官名。高句丽国置。《后汉书·东夷传》：“其置官，有相加、对卢、沛者、古邹大加、主簿、优台、使者、帛衣先人。”

沙门大统　官名。北魏置。主持全国僧务。僧令自寺主征为都维那，再转任此。见赵万里《汉魏南北朝墓志集释》图版二八八《魏故昭玄沙门大统僧令法师墓志铭》。参见“沙门统❶”。

沙门统　官名。❶全国最高僧官。北魏文成帝和平（460—465）初，改道人统置，主持昭玄事务，管理全国僧众。亦称沙门大统或沙门都统、昭玄统，昙曜任此职时开凿云岗石窟，惠深任此职时，立内律僧制，以后僧徒除杀人外，皆由昭玄以内律僧制治罪。见《魏书·释老志》。❷北齐州、郡、县沙门曹长官。《北齐书·苏琼传》：“道人道研为济州沙门统，资产巨富，在郡多有出息，常得郡县为征。”

沙门都统　参见“沙门统❶”。

沙门曹　官署名。北齐州、郡、县置。管理境内寺院僧务，属昭玄寺，以都统、统、维那为长官。

沙里　契丹语。《辽史·国语解》：“沙里，郎君也。”《太祖纪》：“国人号（阿保机）阿主沙里。”

沙汰　官制用语。即解除不适于现职之官员的职务。《北齐书·文襄纪》：“（高澄）又沙汰尚书郎，妙选人地以充之。”

沙苑羊牧　官署名。隋朝陇右牧之盐州牧置，尉二员；炀帝大业三年（607）后，置左、右牧监各一员，主其事。

沙苑监　❶官署名。唐朝太仆寺置于冯翊县南十二里（今陕西大荔南），长官为监，有副监、丞各一员，另有主簿、录事等员；掌储存、牧养陇右群牧牛羊，以供宴享、祭祀及尚食局取用，每岁与典牧署分月供给；玄宗开元二十三年（735）废，旋复，以养马为主，成为重要育马场之一。❷官名。唐朝太仆寺沙苑监长官，置一员，从六品下。

沙苑监丞 官名。唐朝太仆寺沙苑监属官，置一员，正九品上。

沙苑监副监 官名。唐朝太仆寺沙苑监次官，置一员，正七品下。

沙鲁田地里管民万户 官名。元朝乌思藏十三万户之一，隶乌思藏宣慰司，治所在今西藏日喀则县霞炉乡。

沙糖局 官署名。元朝置，秩从五品，隶宣徽院。设于世祖至元十三年（1276），掌沙糖、蜂蜜煎造供应及各地进贡果木。置达鲁花赤、提点、大使、副使各一员。

汾祠令 官名。唐朝太常寺汾祠署长官，置一员，从七品下。

汾祠丞 官名。唐朝太常寺汾祠署次官，置一员，从八品上。

汾祠署 官署名。唐玄宗开元二十一年（733）始置于太常寺，掌享祭洒扫之制，长官汾祠令一员，次官丞一员，另有庙干二员。

汾祠署令 官名。即汾祠令。

汾祠署丞 官名。即汾祠丞。

沧州盐使司 官署名。金朝七监使司之一，掌食盐产销，设在深州及宁津县。行盐地面为河北、河南等地。设使、副使领司事，秩正五品、正六品。下设判官、管勾、同管勾、都监、同监、知法等官。沧州盐旧课一百五十三万一千二百贯，章宗承安三年（1198）十二月增至二百七十六万六千六百三十六贯。

泛阶 官制用语。指北魏时因战事胜利、新帝即位或立太子等而晋升全部或一部分官员的品阶。

泛级 官制用语。即普遍提高官员的等级。北魏时常因战事胜利，新帝即位，立太子等，而下诏提高部分或全部官员的等级。庄帝以后较滥。北齐仍沿其制。

沟河司 官署名。北宋仁宗天圣四年（1026）置，掌管理开封府界与南京（今河南商丘）、亳州、宿州等地沟洫河道。宝元二年（1039）罢，令所在官员与开封府界提点司及转运司各认地段分管。神宗熙宁九年（1076），以其事归都水监。

汴东水陆运两税盐铁使 使职名。唐德宗建中三年（782）置，以江淮盐铁使、太常少卿包佶充任，与汴西两税使总天下山泽之利。

汴西水陆运两税盐铁使 使职名。唐德宗建中三年（782）置，以大理少卿崔纵充任，与汴东两税使总天下山泽之利。

汴河堤岸司 官署名。北宋神宗元丰二年（1079），导洛水入汴河，置导洛通汴司，设都大提举总领其事。三年，改汴河堤岸司，仍设都大提举。八年，令隶都水监。

汴河锁 官署名。北宋于汴河上置上、下二锁，掌征收汴河中舟船通行税。神宗元丰（1078—1085）改制后，隶太府寺。

汴梁等路管民总管府 官署名。元朝置，秩正三品。成宗元贞元年（1295）改息州总管府置，掌归附民八千七百余户差发赋税，隶徽政院。泰定帝泰定元年（1324），改隶詹事院，后隶储政院。置达鲁花赤、总管、同知、府判各一员。辖常盈库及八提领所、十二管佃提领。

汴梁稻田提举司 官署名。元朝置，秩从五品，隶崇祥总管府，掌汴梁大承华普庆寺田产。置达鲁花赤、提举、同提举、副提举各一员。

沈尹 官名。春秋时楚国武官。《左传·昭公六年》："楚师济于罗汭，沈尹赤会楚子，次于莱山。"《宣公十二年》："沈尹将中军。"

状 ❶选举制度用语。魏晋南北朝时期中正及其属官对每个士族人士才、德的简要评语，并据此及家世来评定其在士族内部的品级。状的好坏在很大程度上取决于与中正的关系。《晋书·孙楚传》："初，楚与同郡王济友善。济为本州大中正，访问铨邑人品状，至楚，济曰：'此人非卿所能目，吾自为之。'乃状楚曰：'天才英博，亮拔不群。'"❷公文用语。唐朝尚书省、门下省公文之一种，凡上行文书，其制有六，近臣呈文为状。

状元 科举制度，指文科、武科殿试第一名，始见于唐。初因应礼部试得中放榜，故称第一名为状头（元）。宋朝定制。太祖开宝八年（975）殿试，重定礼部合格举人名次，正式用以称得第一名者。后历朝沿用，亦称殿元。明清文状元赐进士及第，授修撰。武状元之制以崇祯四年（1631）取录王来聘始，授副总兵；清授一等侍卫。

判 ❶官制用语。即以他官兼代某职，称判某职或判某职事。始于北齐。如以银青光禄大夫判祠部尚书事，仪同开府行参军判集书省事等。唐、五代以高官兼掌低职曰判，如以尚书判三司户部、度支事。宋初，二品官领三品州、三品官领四品州、四品官领五品州，皆称判某州。其后，仅辅臣、宣徽使、太子太保、尚书仆射领州府，始称判。又，神宗元丰（1078—1085）改制前，三省、六部二十四司虽有正官，非特旨不治本司事，而类以他官主持，曰判。金朝官衔中凡带"判"字者，不带"行"、"守"、"试"、"充"。❷官名。金朝抄纸坊置，从九品；南京丰衍东西库置二人，正九品。

判工部事 官名。北宋前期置为工部长官，员一人，以两制以上官充任。神宗元丰（1078—1085）改制罢，工部复以尚书为长官。

判大宗正事 官名。宋朝大宗正司置，以位高属尊者充任，为大宗正司最高长官。金朝为大宗正府长官，从一品，以皇族亲属一人充任，掌敦睦纠率宗属服从皇命。章宗泰和六年（1206）改为判大睦亲事。

判大理寺事　官名。北宋前期置，为大理寺长官，以朝官以上充任。神宗元丰（1078—1085）改制，复以大理卿为大理寺长官，遂罢。

判大睦亲事　官名。金章宗泰和六年（1206）由判大宗正事改名，大睦亲府长官，从一品，置一员。

判卫尉寺事　官名。北宋前期置，为卫尉寺长官，以郎官以上充任。神宗元丰（1078—1085）改制，复以卫尉卿为卫尉寺长官，遂罢。

判比部事　官名。北宋前期置，员一人，以无职事朝官充任，无职掌。神宗元丰（1078—1085）改制，比部司复置郎中、员外郎，遂罢。

判太仆寺事　官名。北宋前期置，为太仆寺长官，以朝官以上充任。神宗元丰（1078—1085）改制，复以太仆卿为太仆寺长官，遂罢。

判太史局事　官名。宋神宗元丰（1078—1085）改制后置，选五官正以上业优资深者充任，位在太史局令、正之下。

判太医局事　官名。宋神宗熙宁九年（1076）置，为太医局副长官，选差知医事者充任。

判太府寺事　官名。北宋前期置，为太府寺长官，以两制或带职朝官充任。神宗元丰（1078—1085）改制，复以太府卿为太府寺长官，遂罢。

判太常礼院事　官名。宋仁宗天圣元年（1023）置，以带职朝官充任，主管礼院之事。神宗元丰（1078—1085）改制罢。

判太常寺事　官名。北宋前期置，为太常寺长官，以两制以上充任。仁宗康定元年（1040），令兼领礼院之事。神宗元丰（1078—1085）改制，复以太常卿为太常寺长官，遂罢。

判屯田事　官名。北宋前期置，员一人，以无职事朝官充任，无职掌。神宗元丰（1078—1085）改制，屯田司复置郎中、员外郎，遂罢。

判少府监事　官名。北宋前期置，为少府监长官，以朝官充任。神宗元丰（1078—1085）改制，少府复以监为长官，遂罢。

判水部事　官名。北宋前期置，员一人，以无职事朝官充任，无职掌。神宗元丰（1078—1085）改制，水部司复置郎中、员外郎，遂罢。

判仓部事　官名。北宋前期置，员一人，以无职事朝官充任，无职掌。神宗元丰（1078—1085）改制，仓部司复置郎中、员外郎，遂罢。

判户部事　官名。北宋前期置，为尚书省户部长官，以两制以上充任。神宗元丰（1078—1085）改制，户部复以尚书为长官，遂罢。

判北京留司御史台事　官名。北宋神宗熙宁二年（1069）置，以大卿监以上官充任，为北京（今河北大名）留司御史台长官。

判北院枢密使事　官名。辽朝多以太子或亲王任此职，统领北枢密院政事。

判礼部事　官名。北宋前期置，员一或二人，以两制及带职朝官充任，主管礼部之事。神宗元丰（1078—1085）改制，复以礼部尚书为礼部长官，遂罢。

判主客事　官名。北宋前期置，员一人，以无职事朝官充任，无职掌。神宗元丰（1078—1085）改制，主客司复置郎中、员外郎，遂罢。

判司　官名合称。唐朝节度使、州郡僚属的统称。

判司门事　官名。北宋前期置，员一人，以无职事朝官充任，无职掌。神宗元丰（1078—1085）改制，司门司复置郎中、员外郎，遂罢。

判司天监事　官名。北宋前期置，员二人，以五官正充任，为司天监长官。神宗元丰（1078—1085）改制，随司天监罢。

判司农寺事　官名。北宋前期置，员二人，以两制或朝官以上充任，主管司农寺事。神宗元丰（1078—1085）改制，复以司农卿为司农寺长官，遂罢。

判司封事　官名。北宋前期置为司封司长官，员一人，以无职事朝官充任，掌定谥及先期戒本部赴集之事。神宗元丰（1078—1085）改制，司封复置郎中、员外郎，遂罢。

判司勋事　官名。北宋前期置，员一人，以无职事朝官充任，无职掌。神宗元丰（1078—1085）改制，司勋司复置郎中、员外郎，遂罢。

判司簿尉　官名合称。宋朝军巡判官，司理、司户、司法参军，县主簿，县尉，简称判、司、簿、尉。为选人第四等、第七阶。徽宗崇宁二年（1103）重定选人官名，换迪功郎。

判考功事　官名。北宋前期置为考功司长官，员一人，以带职朝官或无职事朝官充任，掌覆太常拟谥及幕职州县官、流外官较考之事。神宗元丰（1078—1085）改制，考功复置郎中、员外郎，遂罢。

判刑部事　官名。北宋前期置为刑部长官，以御史知杂以上或朝官充任。神宗元丰（1078—1085）改制，复以刑部尚书为刑部长官，遂罢。

判吏部事　官名。北宋前期置，以带职朝官或无职事朝官充任，主管吏部之事。神宗元丰（1078—1085）改制，吏部复以尚书为长官，遂罢。

判西京留司御史台事　官名。北宋真宗天禧四年（1020）置，以三品以上官充任。三品以下官领其事，则称管勾或权判。

判光禄寺事　官名。北宋前期置，以朝官充任，为光禄寺长官。神宗元丰（1078—1085）改制，光禄寺复以卿为长官，遂罢。

判州　官名。宋朝使相、宣徽使及宰相官至仆射、东宫三师者，即二品以上官，出领州、府，则为判州、判府。三品及三品以下官，出领州、府，则为知州、知府。

判军器监　官名。北宋神宗熙宁六年（1073）置，以侍从官充任，总领军器之事。神宗元丰（1078—

1085）改制，军器监复以监为长官，遂罢。

判兵部事 官名。北宋初，兵部尚书犹实任其职，后仅表示官阶，另设判兵部事，以朝官或两制充任，主管兵部之事。神宗元丰（1078—1085）改制，兵部复以尚书为长官，遂罢。

判库部事 官名。北宋前期置，员一人，以无职事朝官充任，无职掌。神宗元丰（1078—1085）改制，库部司复置郎中、员外郎，遂罢。

判国子监事 官名。北宋前期置，以两制或带职朝官充任，总管国子监之事。神宗元丰（1078—1085）改制，国子监复以监为长官，遂罢。

判尚书都省事 官名。北宋前期，尚书令、仆射、左右丞、左右司郎中、员外郎皆为寄禄官，不任实职，设判尚书都省事一人，以诸司三品以上官或翰林学士充任，总领尚书都省事及集议、定谥等事。神宗元丰（1078—1085）改制罢。

判金部事 官名。北宋前期置，员一人，以无职事朝官充任，无职掌。神宗元丰（1078—1085）改制，金部司复置郎中、员外郎，遂罢。

判府 见“判州”。

判府事 宋朝对二品以上官及带中书、枢密院、宣徽使等官职任知府者之称呼。参见“知府”。

判宗正寺事 官名。北宋前期置，员二人，选宗姓两制以上充任，主管宗庙诸陵及宗室之籍。神宗元丰（1078—1085）改制，宗正寺复以卿为长官，遂罢。

判官 官名。隋朝有过海判官。唐朝遍置于使府。《唐六典》卷二：“凡别敕差使，事务繁剧者给判官二人”，“非繁剧者，判官一人”。采访、节度、观察、招讨、经略、防御、团练、支度、营田、监军等使之下皆置。综理本使日常事务，权重务剧，为幕府上佐，甚至充任留后。府州诸曹参军事亦或称判官。五代领州郡事，成为州府职官。方镇全部幕职亦泛称判官。北宋三司各部置，分管各案；开封府所置，分日轮流审判案件；左、右军巡院所置，掌京城争斗与案件审理；节度州、观察州、防御州、团练州、军事州所置，为幕职官；南宋临安府及节度州亦置。辽朝南面官如诸州、军节度使、观察使、团练使、防御使，及五京留守司、计司皆置为下属，协助长官处理日常事务。北面宫官、边防官部分官署亦设。金朝三司、司天台、武卫军都指挥使司、诸京留守司、诸总管府、诸州、警巡院、录事司皆设，品秩自从五品至从八品不等。元朝大都、上都留守司与路、府、州、录事司、警巡院各置，参决民政，或兼捕盗之事，品秩自正五品至正八品不等。少数中央官署，如太医院、京畿都漕运使司等，亦设此职。明朝诸州所置，分掌都粮、缉捕等事；都转运盐使司所置，助理盐政，分督各场、仓盐课司。清因之，简称州判、运判。

判官告院事 官名。宋太宗淳化五年（994）置，以朝官充任，员一人，掌文武官告身及封赠告身。神宗元丰（1078—1085）改制罢。

判录司 官署名。明朝掌管京师官吏薪俸、文移、勘合的机构。洪武十三年（1380）始置。设判录一人，正七品，副判二人，从七品。后改判录为司正，副判为左、右司副。十八年，罢。

判录司右司副 参见“判录司”。

判录司左司副 参见“判录司”。

判录司司正 参见“判录司”。

判驾部事 官名。北宋前期置，员一人，以无职事朝官充任，无职掌。神宗元丰（1078—1085）改制，驾部司复置郎中、员外郎，遂罢。

判南京留司御史台事 官名。北宋仁宗庆历五年（1045），于陪都应天府（今河南商丘）置南京留司御史台。后置判台事，以三品以上官充任。不及三品者，为权判或管勾。

判南院枢密使事 官名。辽朝多以太子或亲王任此职，统领南枢密院政事。

判度支事 官名。北宋前期置，员一人，以无职事朝官充任，无职掌。神宗元丰（1078—1085）改制，度支司复置郎中、员外郎，遂罢。

判将作监事 官名。北宋前期置，员一人，以朝官以上充任，为将作监长官，仅掌祠祀供省牲牌、镇石等事。神宗元丰（1078—1085）改制，将作监复以监为长官，遂罢。

判祠部事 官名。北宋前期置，员一人，以无职事朝官充任，掌祠祭、国祭、休假日期，受诸州僧尼道士女冠童行之籍，给剃度受戒文牒。神宗元丰（1078—1085）改制，祠部司复置郎中、员外郎，遂罢。

判都水监事 官名。宋仁宗嘉祐三年（1058）置，员一人，以员外郎以上官充任，为都水监长官。神宗元丰（1078—1085）改制，都水监复置都水使者为长官，遂罢。

判都官事 官名。北宋前期置，员一人，以无职事朝官充任，无职掌。神宗元丰（1078—1085）改制，都官司复置郎中、员外郎，遂罢。

判都理欠司事 官名。北宋前期置，员一人，以朝官充任，总领三司都理欠司之事。神宗元丰（1078—1085）改制，随三司废。

判都磨勘司 官名。北宋前期置，员一人，以朝官充任，总领三司都磨勘司之事。神宗元丰（1078—1085）改制，随三司废。

判秘阁事 官名。宋真宗大中祥符九年（1016）置，以秘书监兼任。后以两省五品以上官充任。神宗元丰（1078—1085）改制，秘阁并归秘书省，遂罢。

判职方事 官名。北宋前期置，以无职事朝官充任，掌接受诸州闰年图及图经。神宗元丰（1078—1085）改制，职方司复置郎中、员外郎，遂罢。

判鸿胪寺事 官名。北宋前期置，员一人，以朝官以上充任，掌祭祀朝会前资官、致仕官、蕃客、进奉官等陪位，及丧葬卤簿、薨卒赙赠之事。神宗元丰（1078—1085）改制，鸿胪寺复以卿为长官，遂罢。

判虞部事　官名。北宋前期置，员一人，以无职事朝官充任，无职掌。神宗元丰（1078—1085）改制，虞部司复置郎中、员外郎，遂罢。

判殿中省事　官名。北宋前期置，员一人，以无职事朝官充任，掌郊祀、元日、冬至天子御殿及禘祫后庙神主、赴太庙伞扇。神宗元丰（1078—1085）改制罢。

判膳部事　官名。北宋前期置，员一人，以无职事朝官充任，无职掌。神宗元丰（1078—1085）改制，膳部司复置郎中、员外郎，遂罢。

宋兵将军　官名。北魏明元帝泰常七年（422）进攻南朝宋时置。周几自宁朔将军进此，孝文帝太和十七年（493）改定官制后未见。

宏父　官名。一说为司空别称。《尚书·周书·酒诰》："若保宏父，定辟。"孔安国传："宏，大也。宏父，司空。"孔颖达疏："诸侯之三卿，以上有司马、司徒，故知宏父为司空。"

宏词科　科举科目。亦称博学宏词科。唐朝制科科目，玄宗开元十九年（731）郑昉、陶翰以此科及第。宣宗大中十二年（858）放此科陈琬等三人。五代后唐承唐制以宏词拔萃。南宋高宗绍兴三年（1133）沿唐制再立，为主要制举科目。金章宗明昌元年（1190）设为宏词科。至清乾隆（1736—1795）中，讳改"宏"为"鸿"。

审寚令　官名。战国曾国置。随县曾侯乙墓出土竹简文字记载中有"审寚令"的官职名。参见裘锡圭《谈谈随县曾侯乙墓的文字资料》。

牢长　官名。金朝牢狱之长。监管囚徒及差设牢子。设于作院。

究微郎　散官名。金朝司天二十五阶之第十四阶，秩正七品上。

评尚书事　北魏时以他官平决尚书事、参议朝政的一种名义。乃宰相之任。《魏书·尉眷传》："寻拜侍中、太尉，进爵为王。与太宰常英等评尚书事。"

诅祝　官名。《周礼》春官之属，一说为周朝置，掌盟诅祝祷及盟辞制作。《周礼·春官》："诅祝，下士二人，府一人，史二一，徒四人"，"掌盟诅类造攻说禬禜之祝号，作盟诅之载辞，以叙国之信用，以质邦国之剂信"。

诅祝下士　官名。西魏、北周春官府太祝下大夫诅祝中士佐官，正一命。

诅祝中士　官名。西魏恭帝三年（556）仿《周礼》诅祝置，北周沿置。春官府太祝下大夫属官，正二命。下设诅祝下士以佐其职。隋文帝开皇元年（581）罢。

诉理所　官署名。北宋哲宗元祐元年（1086）置，掌重新审理神宗熙宁元年（1068）正月以后至元丰八年（1085）三月六日大赦以前，命官与诸色人等判罪案判，事涉冤抑者，予以申雪。以及熙宁变法得罪者，皆获雪除。

词林　宋以来翰林院之通称。宋仁宗至和元年（1054）九月，仁宗飞白书"词林"二字以赐翰林院，故有是名。明朝洪武初年于皇城内建翰林院，亦扁其额曰"词林"。

词学兼茂科　见"词科"。

词科　唐宋贡举科目宏词科、词学兼茂科、博学宏词科通称。唐朝有文辞雅丽、博学宏词、辞藻宏丽等各目。宋哲宗绍圣元年（1094）设宏词科，考章表、戒谕、露布、檄书等九种文体，分上、中两等。徽宗大观四年（1110），改为词学兼茂科，加试制、诰，免试檄书。宣和三年（1121），定三年一试。南宋高宗绍兴三年（1133），改为博学宏词科，考制、诰、诏、表等十二种文体。理宗嘉熙三年（1239），改称词学科，每年一试。

诏　❶文书名。下行文，初意为上告于下。《周礼·春官·大宗伯》："诏相王之大礼。"秦统一天下，始定天子称皇帝，其令为诏。此后，即作为皇帝专用的命令文书之一。后世皆因之。亦称诏书、诏旨、诏命等。宋朝赐待制、大卿、大监、中大夫、观察使等五品以上官用诏书，由翰林学士院锁院起草，采用四六句文体。明朝之诏书，由殿阁大学士起草进画，以下之诸司。清朝皇帝在遇有"大政事布告臣民，垂示彝宪"时使用诏书，如即位、亲政、上尊号等，均应诏告天下。皇帝临终也有遗诏。例由内阁撰拟，钤用"皇帝之宝"。其刊刻颁行全国称"誊黄"。❷南诏称王为诏。《旧唐书·南蛮传》：南诏"谓王为诏"，"其先渠帅有六，自号六诏"，唐玄宗开元（713—741）间，"六诏合为一诏"。

诏书　见"诏❶"。

诏式　文书名。清朝内阁撰文中书所起草的诏书定稿。系用折纸誊写，并在折面上书"诏式"二字，以便进呈皇帝审定。

诏旨　见"诏❶"。

诏板　皇帝的命令文告，同诏书。因诏书写于板上，故名。《后汉书·窦武传》："（曹节）召尚书官属，胁以白刃，使作诏板，拜王甫为黄门令。"

诏命　见"诏❶"。

诏狱　官制用语。官员犯重罪，皇帝下诏置狱，派专官审讯，称为诏狱。西汉设置甚多，宗正、少府、宫廷中、上林苑等皆有，而由廷尉主审。东汉光武帝废诸狱，仅保留廷尉、洛阳诏狱。两晋十六国之御史台及京师亦或设。北宋初，官员犯罪由御史台或开封府、大理寺审讯。仁宗后，由皇帝特派官员、宦官置诏狱审讯。明代诏狱，由锦衣卫北镇抚司主持。

诏诰局　官署名。南朝陈置，掌撰诏诰。《隋书·百官上》："其有特发诏授官者，即宣付诏诰局，作诏章草奏闻。"

诏诰舍人　官名。渤海国中台省官。

诏授 官制用语。即下诏除授官职，适用于较高级官员的任命。《隋书·百官上》：“（南朝陈定官品并遵梁制）为十八班，而官有清浊，自十二班以上并诏授，表启不称姓。自十一班至九班，礼数复为一等。”

译长 官名。汉朝属黄门，主传译与奉使。时西域诸国亦设此官，或分左、右。三国魏沿之。西域戎部译长，第八品。

译书处 官署名。清末法律馆所属机构。

译史 吏名。从事笔译，设于州以上官署。辽道宗大康九年（1083），定译史迁叙等级。金制，役满一百二十个月，即可出职。元制，役满九十个月无过错，可出职。蒙古人译史出职，较色目人、汉人高一等。

译令史 官名。北魏道武帝天兴四年（401），复尚书三十六曹，曹置代人令史一人，译令史一人，书令史二人。

译字生 官名。明永乐五年（1407）于四夷馆置。选国子监生充任，掌翻译各国及少数民族语言文字。宣德（1426—1435）后兼选官民子弟充任。经考试，通译者与官，不通者黜退。明初与乡、会试额科甲一体出身。后止为杂流。在馆者，升转皆为鸿胪寺官。

译官 官名。清末地方交涉使司之属官。协助办理交涉事务。分一、二等，一等正六品，二等正七品。

译官令 官名。秦朝属典客。入汉沿置。景帝中六年（前144）典客更名大行令，武帝太初元年（前104）又名大鸿胪，乃先后改属之。主汉王朝与周边各族和外国通使往来传译事宜。新莽时改隶典乐。东汉省。

译官丞 官名。秦、汉置，为译官令副职。

译经所 官署名。金朝掌译汉文经籍为女真文。世宗大定二十三年（1183）九月，曾呈进所译《易》、《书》、《论语》、《孟子》、《老子》、《扬子》、《文中子》、《刘子》及《新唐书》等，世宗命颁行。

译经院 官署名。北宋太宗太平兴国五年（980）下令营建，七年建成，中设译经堂、润文堂。八年，改名传法院。掌翻译佛经。

译经润文使 官名。北宋太宗太平兴国七年（982）译经院建成，中设润文堂，以大臣为译经润文官，润色所译经文。真宗天禧五年（1021），以宰相为译经润文使。仁宗天圣三年（1025），又以宰相充任。后皆由宰相兼领，但在麻制中不入衔。庆历三年（1043），始令于麻制中入衔。神宗元丰五年（1082）罢。

译署 即总理各国事务衙门。

译署大臣 即总理各国事务衙门大臣。

社长 ❶官名。南宋乡兵之统兵官。时诸州忠义巡社每十人为一甲，五甲为一队，四队为一部，五部为一社。设社长、副社长各一人，由社内推选。掌统一社之兵。绍兴（1131—1162）初罢。❷元朝社会基层组织社的负责人，属地方职役。世祖至元七年（1270）起，全国普遍建立社。农村以自然村为基础，大体五十家为一社，设社长，由官府委派，负责督促本社农业生产、统计户口、征调赋役、维持治安等事，本人免除杂乏差役。城市的社设在坊下，户数无定制，社长负责维护封建法纪及地面治安。❸明、清社仓之主持人。明朝地方设社仓，令民二、三十家为一社，择家殷实而有行义者一人为社首，处事公平者一人为社正。清朝则以正、副社长管理，三年一更换。下设正、副仓长。

社正 见“社长❸”。

社学 学校名。始于元代。至元七年（1270）颁布立社之文，每五十家立一社，每社设学一所，以通经者为师，于农闲时令子弟入学，习《孝经》、《小学》等。后渐废。明洪武八年（1375）诏令于全国民间各坊厢均置。选年老生员为师，令十五岁以下幼童入学，教读《百家姓》、《千字文》及小学、经史、历算等。并曾一度令读《大诰》及冠婚丧祭诸礼。清代于每乡设一所，凡近乡子弟十二岁以上者令入学，且与科举考试相联系。鸦片战争期间，广东人民利用社学编练义勇，以抗击英军。

社首 见“社长❸”。

社稷坛尉 官名。清朝太常寺之属官。掌管社稷坛门钥、守卫、值宿之事。朔望则奉香行礼，祀日则守门以司其启闭出入。额设五人，五品一人，六品四人，均以满员充任。五品尉员缺以六品尉序升，六品尉员缺由吏部牒八旗选送补授。

祀礼长 官名。东汉王国官。一作祠祀长。

祀丞 官名。明清太常寺所属各祠祭署之副职。明洪武二十四年（1391），改各署署丞置。天坛、地坛、朝日坛、夕月坛、先农坛、帝王庙等各坛庙均设，各二人，从八品。佐奉祀掌典守神库、以时巡视而督其洒扫之事。清沿置，而帝王庙不设。每坛、庙一人，从八品。后日、月二坛亦省。

祀官斋郎 官名。北魏置。孝文帝太和十七年（493）定为九品中，二十三年复次职令，未见。

祀部 官署名。高昌国掌政务诸部之一。

补 ❶官制用语。即递补、委任官职。《汉书·儒林传》：“请选择其秩比二百石以上及吏百石通一艺以上补左右内史、大行卒史，比百石以下补郡太守卒史，皆各二人，边郡一人。”后代沿用。制度或有不同。❷即补服，指官服上的文绣。

补子 明清官服上标志品级的徽饰。以金线彩丝绣成，缀于前胸、后背，文官绣禽，武官绣兽。明洪武二十四年（1391）定公、侯、驸马、伯乡麒麟、白泽；文官一品仙鹤，二品锦鸡，三品孔雀，四品云雁，五品白鹇，六品鹭鸶，七品鸂鶒，八品黄鹂，九品鹌鹑；杂职练鹊；风宪官獬廌；武官一品、二品狮子，三品、四品虎豹，五品熊罴，六品、七品彪，八品犀牛，九品海马。其后补纹亦有所改易。清朝自亲王以下至贝子，皆用圆形补子，或绣团龙，或绣行蟒；民公以下皆用方形补子，民公绣蟒，文官绣禽，武官绣兽。文职自一品至九品官分别绣：鹤、锦鸡、孔雀、雁、白鹇、鹭鸶、鸂鶒、鹌鹑，都御史等官绣獬豸；武职自一品至九品官分别绣：麒麟、狮、豹、虎、熊、彪、犀牛、海马，分别缀于前胸、后背，前幅中间剖开，高、阔各约三十厘米，以深色为地，多饰花边，中缀鸟兽，以别等第品级。诰命妇人所用补子与其夫或子品级相同，唯不用兽文，只用禽文。除按职任穿用外，获赏赐者亦得穿用，所得补子品级皆与得赐顶戴相称。

补服 服饰名。亦称补褂，朝褂。清朝官服之一。即缀有补子之外褂，罩于蟒袍之外。此服于坛庙祀典、殿廷朝会，坐堂理事之期穿服。除按职任穿用外，获赏赐者亦得穿用。参见“补子”。

补试 宋朝太学招生考试，称为补试。仁宗庆历四年（1044），定每年一试，考论一首。神宗以后，改一年四试，考经义。南宋高宗时，改一年两试。后以应试者众，改年春季一试。孝宗初，礼部试后，各地举人可赴补试，取合格者入太学外舍，又称混补。后增设待补法，限制投考名额。武学、医学、宗学亦以补试招生，试法与太学略同。州、县学亦行补试，每年春、秋两次，考试经义，合格者即注学籍。

补班 清朝授官班秩之一。指各种出缺官员候补改授之班次。凡补班分为多途：裁缺候补者，回避开缺候补者，丁忧服满候补者，终养事毕候补者，病痊候补者，降革开复候补者，援例捐输开复候补者，等等，皆由部铨选，依例补用。有以原衙门补用，及借补、改补、降补等区别。

补衮 左、右补阙别称。洪迈《容斋四笔》卷一五《官称别名》：“唐人好以它名标榜官称”，“补阙（今司谏）为中谏，又曰补衮”。

补褂 服饰名。参见“补服”。

补阙 官名。唐武则天垂拱元年（685）置，左、右各二员，分隶门下、中书两省，掌供奉讽谏，天授二年（691）各增为五人，后至六人。从七品上，为士人清选。宋太宗端拱元年（988）改左、右司谏，南宋孝宗淳熙十五年（1188）复旧称，光宗绍熙二年（1191）再改左、右司谏。辽朝置，左隶门下省左谏院，右隶中书省右谏院。金朝为正七品，隶谏院。明建文（1399—1402）中罢六科给事中，增置左、右补阙。成祖即位，废。

初考 官吏考核制度。明朝定为考满之法。见“考满”。

初级审判厅 官署名。清末地方审判机构之一。光绪三十三年（1907）后始设于京师、东三省，宣统二年（1910）各省渐设。省城、商埠、府、州、县均设。掌较小民刑案件的一审。置推事一至二人，并录事等。附看守所一处。

初级检察厅 官署名。清末地方检察机构之一。光绪三十三年（1907）后始设于京师、东三省等地，宣统二年（1910）各省渐设。掌对同级审判厅案件的检察事宜。置检察官一人并录事等。

初郡 汉朝初次设立郡级行政机构的地区。武帝开边，曾设初郡十七。初郡所行制度，依其原有习俗，与既有郡国有所不同。

初授 授官制度。文武见任官吏未经考察直接得授散阶，为本品最低一阶。

初等职官 官制用语。宋朝幕职官四等之第二等。包括防御推官、团练推官、军事推官、军监判官等。

启 ❶泛指官信。《太平御览·文部·启》：“服虔《通俗文》曰：‘官信曰启。’”❷专指密奏。《晋书·山涛传》：“涛再居选职有十余年，每一官缺，辄启拟数人，诏旨有所向，然后显奏，以帝意所欲为先”，“涛所奏甄拔人物，各为题目，时称《山公启事》”。❸唐朝尚书省公文的一种，凡上行文书，其制有六：上于皇太子为启，于长者亦为之。

启心郎 官名。清入关前六部中所设之职官，后金天聪五年（1631）始置。每部一人，以汉员为之，以沟通满、汉语言隔阂。崇德三年（1638），每部增至三人，满一人，汉二人。顺治九年（1652）定为三品。十五年裁。

启本 文书名。上行文。启之用作文书，魏晋时已有，晋尤盛行，时为臣工向皇帝启奏的文书之一。明沿唐制以启本作为百官上书于东宫（皇太子）或对诸王言事文书之专称。款式与题本同，亦有批红。清初多尔衮为摄政王，大臣官员对其上书言事也沿明制用启本，至顺治三年（1646）命永行停止。

良人 官名。❶又称乡良人、乡帅，春秋时齐国置，乡的行政长官。《管子·小匡》：“十里为乡，乡有良人。”有武事，则为一旅之长。《国语·齐语》：“十连为乡，故二千人为旅，乡良人帅之。”❷女官。秦置，汉因之。《汉书·外戚传》：“良人视八百石，比左庶长。”东汉废。三国魏文帝复置，明帝太和中定其位为视千石。晋废。南朝宋明帝泰始元年（465）复置。陈亦置。位九嫔五职之下。

良医正 官名。明朝于各王府良医所分置，各一人，正八品，掌王府中医疗之事。

良医所 官署名。明洪武四年（1371）置，隶王相府。十三年罢王相府，改隶王府长史司。设良医正一人，副一人。掌王府医疗之事。嘉靖四十四年（1565）革副官。

良医副 官名。明朝于各王府良医所分置，各一人，从八品，佐良医正掌王府医疗之事。嘉靖四十四年（1565）革。

良牧署 官署名。明永乐五年（1407）置，为上林苑监属署之一。置典署一人，正七品，署丞一人，正八品，录事一人，正九品。掌苑地内牧养牛羊豕之事。洪熙（1425）中并入蕃育署。宣德十年

(1435)复置。

良使　汉朝宫中女官名号。武帝初置，秩视百石。

良娣　内官名。西汉始置，为皇太子妾。南朝宋孝武帝大明(457—464)间置为太子内职之一，低于保林。南齐高帝建元三年(481)定太子三内职，以其位比开国侯，高于保林。梁、陈、隋、唐沿置。唐置二人，正三品。

良酝令　官名。隋朝光禄寺置为良酝署长官，二员，从八品，文帝开皇三年(583)改隶司农寺，十二年复隶光禄寺，炀帝大业三年(607)增为正七品。唐朝沿置，正八品下，掌供五斋、三酒。宋初存其名而罕除授。明洪武八年(1375)光禄司良酝署置一员，从六品，掌供酒醴之事，三十年改置良酝署署正。

良酝丞　官名。隋朝光禄寺良酝署置为次官，四员，从九品下。唐朝沿置二员，正九品下。宋初存其名而罕除授。明洪武八年(1375)光禄司良酝署置一员，三十年改隶光禄寺良酝署，增为四员，从七品。清朝置二员，俱由满人担任，初为六品，康熙九年(1670)定为从七品。

良酝署　官署名。隋朝光禄寺置，有令二员、丞四员，又有掌酝五十员，文帝开皇三年(583)改隶司农寺，十二年复隶光禄寺。唐朝沿置，有令二员、丞二员，掌供五斋、三酒；凡享太庙，则供郁鬯以实六彝；进御，则供春暴、秋清、酴醾、桑落之酒；另有监事、掌酝、酒匠、奉觯等属。宋初存其名而无职司。明洪武八年(1375)光禄司置，有令一员、丞一员、监事一员，掌供酒醴之事，三十年改隶光禄寺，改署令为署正，置一员，丞四员、监事四员。清朝沿置，署正满、汉各一员，署丞满员二员，掌酒醴，别水泉，量曲糵，并大内牛酪，另有笔帖式、经承等属员，光绪三十二年(1906)随光禄寺并归礼部。

良酝署令　官名。即良酝令。

良酝署丞　官名。即良酝丞。

良酝署署正　官名。明洪武三十年(1397)改良酝署令置，设一人，从六品。清朝沿置，设二人，满、汉各一人。初制，满员四品，顺治十六年(1659)改六品，康熙六年(1667)升五品，九年与汉员并定为从六品。

良酝署署令　官名。见“良酝令”。

良酝署署丞　官名。见“良酝丞”。

良曹　即太子翊卫，隋炀帝大业三年(607)改，唐高祖武德元年(618)复名翊卫。

良媛　官名。唐朝太子内官，置六员，正四品，位次良娣。

〔一〕

张家湾盐仓检校批验所　官署名。明置于通州东张家湾，为户部直辖的盐课批验所，设大使、副使各一人。隆庆六年(1572)革。

改土归流　明清对少数民族地区地方行政制度的改革。即废除世袭之土官，而代之以流官的统治。始于明洪武二十八年(1395)。时云南越州土知州阿资因作乱被斩，乃废土州，置越州卫。其后时有此举，而规模较大者，一为永乐(1403—1424)时平贵州思南、思州两宣慰使之乱，析其地为八府四州；一为万历(1573—1620)时平四川播州宣慰使之叛，分播地为遵义、平越二府。清朝雍正(1723—1735)间，由云贵总督鄂尔泰主持的改流，乃历史上规模最大的一次，涉及云南、广西、贵州、四川、湖广五省。各地改流后，均实行与内地相同的政治制度，如登记户口，征收赋税，编制保甲，兴办学校，实行科举等。促进了边远地区与内地经济、文化的交流，加强了中央对边远地区的控制。但直至清亡，土司制度在一些地区仍然存在。

改补　清朝吏部之铨选制度。官缺补授方法之一。指官员补授不用原官缺分，另补别缺授官之例。凡入改班之选授补缺者，皆用此称。参见“改班”。

改注　官场用语。宋朝官员注授差遣过程中，因避亲或违反铨选条法，允许或必须退回原注窠阙，另射他阙，称改注。

改官法　官制用语。即宋朝选人改为京朝官的制度。凡在任选人，取得本路一定员数的帅抚、监司、知州作举主保奏，按本人历任任数和考数，经磨勘合格，授予改官状五份，即赴京等待班引，班引后改承务郎以上官资，即成为京朝官。改官途径有三：一、用考第改官。承直郎至修职郎须三任六考，迪功郎七考，举主皆五员，改为京官。进士及第第二、第三名，初任回，即经磨勘改为次等京官；承直郎资序和儒林郎系进士、明经、九经出身，改升朝官。进纳人四任十考，有举主五员，亦可磨勘改官。二、酬赏改官。军功出身，九考，有举主六员，改京官通直郎资序。三、致仕改官。选人陈乞致仕，历任半年以上，曾关升至六考，改为通直郎资序。每年选人改官，皆有限定员数。

改班　清朝授官班秩之一。指同品级官员改补之班次。其途有：开列改者，八旗武职奉特旨改用文职者，奉旨记名改者，拣选引见改者，保送考试引见改者，以甄别改者，以呈明愿改者，等等。满洲、蒙古外任降调至从六品以下者，分别改补知县与京职。亦可告降一级改补。各省分发孤缺、无缺之员，准改补正、从对品品官。如正、从对品又系孤缺、无缺者，准降一等改补。

即用班　清朝授官班秩之一。指奉旨以某官即用者之特旨班次。凡奉旨指明何衙门及何省者，亦遇缺即用。乾隆三十年(1765)定，即用之员，不论双单月，不入常班班次，即行选用。

即补　清朝吏部之铨选制度。指官员授官，遇缺即用之例。凡属特用班、即用班之官员，不入月选之班，遇缺即由吏部带领引见，奉旨率先补授各缺。

即选　清朝吏部之铨选制度。乃月选官员班秩之一。凡遇官员缺出，奉旨即用人员，特用班人员，不论双单月遇缺即行选补，其他官员之回避者，亲老告近查复到部者，丁忧服满者，裁缺赴部另补者，外任官经督抚保题即升卓异及俸满保荐未经升用者，等等，皆遇缺即行选补。另有病痊者，丁忧服满者，亲老者，以京职改补者等官亦准于月选中尽先补用。

即真　官制用语。指“行”、“兼”或“试守”等试署、暂理某职的官员得到朝廷的正式除授。

灵台　官署名。东汉置，隶太史令，掌日月星气，观测天象，设丞为长官。魏晋南朝沿置。十六国前、后、南燕皆设令。北齐置灵台局，亦设丞。唐以来沿置，参见“灵台郎”。又，明朝内府置，设掌印太监一员，佥书近侍、看时近侍无定员。掌观察气象，测候灾祥，并会同钦天监经管每年造历之事。

灵台令　官名。十六国前燕、后秦、南燕等国皆置，掌观察天象。当时甚受重用，常参议政事。参见《晋书·艺术·黄泓传》。

灵台丞　官名。东汉隶太史令，秩二百石。掌候日月星气，观测天象。属吏有灵台待诏四十余员，其十四员候星，二员候日，三员候风，十二员候气，三员候晷景，七员候钟律，一员舍人。魏、晋、南朝沿置。北齐称灵台局丞。

灵台局　官署名。北齐置，设丞。掌观测天文气象。隶太常寺太史署。

灵台局丞　官名。北齐置。见“灵台局”、“灵台丞”。

灵台郎　官名。唐武则天长安二年（702）置，掌教习天文气象，兼掌观测天文气象，员二人，正八品下。肃宗乾元元年（758）加号五官灵台郎，置五人，正七品下。宋初隶司天监，神宗元丰（1078—1085）改制后隶太史局，从八品。辽朝属司天监。金朝置为司天散官二十五阶之第十五阶，正七品下。元朝太史院置一人，正七品；又置为司天散官十四阶之第七阶，正六品。朱元璋吴元年（1367）太史监（后改监为院）置，正八品。明洪武元年（1368）设二人，正七品，隶司天监。三年改司天监为钦天监，四年定监官散官，以为监丞所带散官。清钦天监天文科置五官灵台郎，从七品，掌观测天象。

灵芝园监　官名。三国魏置，七品。

灵官　明朝道官。阁皂山（今江西樟树市东）、三茅山（今江苏句容县东南）道观，各置一人，正八品。

灵宪大夫　散官名。金朝司天二十五阶之第四阶，秩正五品。

局　指一级官署。历代所设，名称不一，地位悬殊。北齐门下省辖有尚食、尚药等六局，太常寺太庙署下有郊祠局、崇虚局。后代亦有设局者，如太医局、礼制局、司经局、掖庭局，以及宦官衙门中的兵仗局、银作局等。至清末内阁所设制诰、叙官、统计、印铸四局，其地位最高。历代所设诸局之长官，名称各异，至清末内阁四局长官始称为局长。

局长　官名。清末内阁所属制诰、叙官、统计、印铸四局，军咨府所辖测地、军事官报二局，以及邮传部所辖邮政、电政总局之长官。主管各局事。三、四、五品不等。

局生　❶北宋神宗元丰（1078—1085）改制，改司天监为太史局，监生改称局生。学生经铨试历算合格，便收为局生。❷宋朝太医局亦置。医生经补试合格，即收为局生。掌分科专管医治三衙诸军班直病患。经锁试，得升任医官。

局丞　官名。明太祖洪武二年（1369）于太子东宫六局分置，各一人，以宦官担任。二十八年改设二人，定从五品，掌侍服之事。

局郎　官名。明太祖洪武二年（1369）于太子东宫六局分置，各一人，以宦官担任。二十八年定为正五品。掌侍服之事。

君　❶周朝称拥有封土的各级统治者。《诗经·小雅·小乐》：“宜君宜王。”《仪礼·丧服》：“君，至尊也。”郑玄注：“天子，诸侯及卿、大夫有地者皆曰君。”❷战国时期对有采邑的公卿大夫的尊称，如“商君”、“武安君”、“春申君”等。

君子　周朝称有权势的官吏。《尚书·周书·无逸》：“君子所其无逸。”孔颖达疏引郑玄说：“君子，止谓在官长者。”

君子营　❶官署名。石勒为十六国汉安东大将军时置。将被其俘获的衣冠士族集在一起，号君子营。❷军营名。东晋置。《晋书》卷七〇《刘超传》：“（刘超）迁射声校尉，时军校无兵，义兴人多义随超，因统其众以宿卫，号为君子营。”

君王　❶周朝指诸侯和天子。《诗经·小雅·斯干》：“朱芾斯皇，室家君王。”郑玄笺：“宣王将生之子，或且为诸侯，或且为天子。”❷春秋时期对称王的诸侯国君的尊称。《左传·文公元年》：“江芈怒曰：‘呼！役夫！宜君王（楚成王）之欲杀汝而立职也。’”

君公　指诸侯。《尚书·商书·说命中》：“树后王君公，承以大夫师长。”孔颖达疏：“君公谓诸侯也。”

君长　官名。战国秦置。主管某一地区少数民族事务的官长。《后汉书·南蛮传》：“（秦惠文王）以巴氏为蛮夷君长。”

君侧　原指君主的旁侧，借指近侍之臣。《公羊传·定公十三年》：“荀寅与士吉射者曷为者也？君侧之恶人也。”

君命　君主对臣子的委命或命令。《羌簋铭》：“羌对扬君命于彝。”

君侯　❶春秋战国时诸侯之尊称。后世用以称丞相。❷汉朝以后高官贵人泛称。

陆军大臣　官名。清末陆军部之长官。宣统二年（1910）改陆军部尚书设，军阶正都统，从一品，特简。掌陆军行政事宜，统辖陆军军人、军属。

陆军审计处 官署名。清末陆军部所属机构。宣统三年（1911）设。掌陆军部所属军队、学堂、局、厂军费之预算、决算，并审核支销。辖综察、核销二科。置处长一人掌处事，下设副官一人，科长二人，科员二十八人，录事十六人，分司各职。

陆军部 官署名。清末新设的中央机构之一，系管理陆军军政之总机构。光绪三十二年（1906），改兵部设，并将练兵处、太仆寺并入。掌全国陆军行政事宜，统辖京外陆军及八旗、绿营各营，稽颁营制饷章，审办一切关系陆军的重大事件，以巩国防。初置尚书一人，左、右侍郎、左、右丞，左、右参议各一人。辖承政、参议二厅，军衡、军乘、军计、军实、军需、军学、军医、军法、军牧、军制十司和捷报处，兼辖军咨处、海军处。宣统元年（1909），军咨处、海军处独立。二年，改尚书为大臣，侍郎为副大臣，各一人，撤销左、右丞、左、右参议及军乘、军计、军实三司，改军学、军牧二司为暂设机构，增设陆军审计处。清亡，民国仍沿其名。

陆军部右丞 官名。清末陆军部之职官，光绪三十二年（1906）设，正三品。掌承政厅庶务、收支两科事项。宣统二年（1910）撤。

陆军部右侍郎 官名。清末陆军部之副长官，军阶、品级、职掌均与陆军部左侍郎同。参见“陆军部左侍郎”。

陆军部右参议 官名。清末陆军部之职官，光绪三十二年（1906）设，正四品。掌稽察本部及军队、学堂、局、厂章制等事。宣统二年（1910）撤。

陆军部左丞 官名。清末陆军部之职官，光绪三十二年（1906）设，正三品。主掌承政厅秘书、典章两科事项。宣统二年（1910）撤。

陆军部左侍郎 官名。清末陆军部之副长官，光绪三十二年（1906）设，军阶副都统，正二品，特简。与陆军部右侍郎共佐陆军部尚书管理陆军行政事宜。宣统二年（1910），改称陆军副大臣。

陆军部左参议 官名。清末陆军部之职官，光绪三十二年（1906）设，正四品。掌核议本部及军队学堂、局、厂章制等事。宣统二年（1910）撤。

陆军部尚书 官名。清末陆军部之长官，光绪三十二年（1906）设，军阶正都统，从一品，特简。掌主综核陆、海军军政、马政、军谋、军学。宣统元年（1909），军咨处、海军处独立，权限缩小，主掌全国陆军军政。二年，改称陆军大臣。

陆军部参议厅 官署名。清末陆军部所属机构，光绪三十二年（1906）设。掌规划军事、考订本部及军队学堂、局、厂章制，研究访查、详议决议等事宜。设左、右参议各一人，咨议官、检查官无定员，录事十二人，承发官一人。宣统二年（1910）撤。

陆军部参事 官名。清末陆军部之职官，宣统二年（1910）设，以正参领（正三品）以次军官充之，共四员。掌参订陆军一切法律章制并本部咨询事件及特交参议各事。

陆军部承政厅 官署名。清末陆军部所属机构，光绪三十二年（1906），由兵部、练兵处有关机构改并。掌本部文牍收发、经费出入、各官差缺、各员功过并全部庶务，凡不属各司事项皆归管理。辖秘书、典章、庶务、收支四科。设左、右丞各一人，科长四人，科员二十人，译员五人，录事十四人，承发官二人，正副从事官各一人。宣统二年（1910），改承政司。

陆军部承政司 官署名。清末陆军部所属机构，宣统二年（1910）改承政厅设，掌本部文牍收发、经费出入、各官功过并全部庶务，凡不隶他司及应会同各司办理事项皆归管理。辖秘书、典章、庶务、收支四科。设司长一人，掌司事，下设科长四人，科员二十八人，录事二十人，分司各职。

陆军部调查员 官名。清末陆军部之职官，宣统二年（1910）设，俱以正参领（正三品）以次军官充之，无定员。驻札各省，掌调查各省军人、军事之情况，以报告本部。

陆军部检查官 官名。清末陆军部之职官，宣统二年（1910）设，俱以正参领（正三品）以下军官充之，共八员。掌陆军军队、学堂、局厂等处之检察及大臣特命检察之一切事宜。

陆军部副官 官名。清末陆军部之职官，宣统二年（1910）设，俱以正参领（正三品）以次军官充之，共四员。供大臣、副大臣差遣及传达命令。

陆军副大臣 官名。清末陆军部之副长官，宣统二年（1910），改陆军部侍郎设，军阶副都统，正二品，特简。佐陆军大臣管理陆军行政事宜。

陆军镇监 官署名。清末新陆军各镇的军事监狱。光绪三十四年（1908）始设（京师附近各镇除外），隶各镇司令处。掌监禁犯一月以上、十年未满监禁罪的军事罪犯。置监长一人，监副一人，司书生二人，并监卒、卫兵等。

陆军镇监监长 官名。清末陆军各镇监狱长官，光绪三十四年（1908）设。每监一人，四、五品不等，以协参领或正军校充任。承本管长官掌管监狱一应事务。

陆军镇监监副 官名。清末陆军各镇监狱副长官，光绪三十四年（1908）设。每监一人，五、六品不等，以正军校或副军校充。承监长经理监狱庶务，并随同检查所属应办事宜。

阿儿浑卫 即西域卫亲军都指挥使司。

阿木孙章京 满语官名。汉译为司胙官，乾隆二十四年（1759）改为司俎官。内务府掌仪司设，掌祭祀物品的供备。初设时四人，康熙中增为五人，光绪三十年（1904）复改为四人。秩正六品。

阿木苏依达 满语官名。汉译为尚膳正，为清朝内务府所属御茶、膳房之职官。

阿尔巴布伯克 官名。清朝新疆回部官员之一，掌理差役之事。喀什噶尔、叶尔羌各设六品伯克一人，乌什、库东等地设七品伯克四人。

阿母河等处行尚书省　官署名。蒙古置，管辖阿母河以西各地行政事务。元太宗时，始置行政官。宪宗时用行省名。旭烈兀西征期间，行省受其节制。元世祖即位后，阿母河以西委付旭烈兀管辖，行省废。

阿达哈哈番　爵名。清初九等世爵之第六等。乾隆元年（1736）定汉文名为轻车都尉。为公、侯、伯、子、男五等封爵之下四级世职的第一级。分为三等，叙正三品。

阿买勃极烈　官名。金太祖建国后，设四勃极烈共掌国政，以习不失为国论阿买勃极烈，意为国家第一勃极烈。习不失死后官废。

阿里哈达　满语官名。意为宰相、中堂、大学士。

阿里哈昂邦　满语官名。汉译为尚书。

阿里哈按班　即阿里哈昂邦。

阿里哈哈番　满语官名。汉译为卿。

阿里哈笔帖黑大　满语官名。汉译为大学士。

阿里哈超哈甲喇章京　满语官名。武职。汉译为骁骑参领。

阿里费哈福布勒哈番　满语官名。汉译为通政使。

阿奇木伯克　官名。清朝新疆回部官员之一，掌综本城及所属回庄事务。乾隆二十四年（1759）抚定回部，因其旧各置官，随征效力者并封三品阿奇木。时称管理叶尔羌、喀什噶尔、库车、和阗、阿克苏、乌什者为六大城伯克。共设三品伯克十二人，四品伯克八人，五品伯克十一人，六品伯克七人。

阿舍勃极烈　官名。金太宗天会二年（1124）置，即副勃极烈，以谩都诃充任，参议国政。次年，谩都诃死，官废。

阿波　官名。突厥阿史那氏别部大臣之一，世袭其官而无员限。

阿思哈尼昂邦　满语官名。汉译为侍郎。

阿思哈尼哈番　爵名。清初九等世爵之第五等。乾隆元年（1736）定汉文名为“男”。分为四等，叙正二品，不加美名。参见“男”。

阿速拔都达鲁花赤　官名。设于元世祖至元九年（1272），掌禁军中的阿速军士。二十三年，归隶前、后卫。武宗至大二年（1309），分属于左、右阿速卫亲军都指挥使司，仍各置达鲁花赤。

阿热　回鹘黠戛斯君长名。

阿监　官名。唐朝宫官，视七品，隶宫正。

阿辅　官名。新莽太子四师之一，始建国三年（后11）置，秩大夫，以博士袁圣任之。

阿喇哈拨什库　满语官名。汉译为委署领催。

阿喇哈物林达　满语官名。汉译为副司库。

阿喇哈章京　满语官名。武职。汉译为委署参领。

阿喇哈额哲库哈番　满语官名。汉译为委署主事。

阿敦达　满语官名。即指牧马头目。阿敦，意为牧群、马群。达，意为头目。

阿敦侍卫　官名。又称上驷侍卫。清朝内务府上驷院之属官，掌随侍皇帝及骑试御马。乾隆六年（1741）额定二十一人。嘉庆六年（1801），始令兼管堂务，与司官一体办事。阿敦，满语意为牧群。

阿敦衙门　官署名。清初内务府所辖机构。阿敦，满语意为牧群。初名御马监，顺治十八年（1661）改是称，隶内务府。掌管理、供养御厩、马厂之马匹驼只及稽核刍牧事宜。以大臣、侍卫等管理，无定员。康熙十六年（1677）改称上驷院。

阿衡　官名。商王成汤时伊尹曾任此官。《诗经·商颂·长发》：“实维阿衡，实左右商王。”一说即保衡，阿、保皆伊尹所任官名，即保育教养之官，衡则为伊尹字。见俞樾《群经平议》。晋朝为宰相尊称，或为权置之官号，号尊而无实职。

陇右三使　官名合称。唐朝太仆寺置，领陇右七马坊事，掌京师西属马牧及孳课等事。

陇右牧　官署名。隋朝诸牧总署，掌畜牧事务，置总监、副监、丞，统骅骝牧、二十四军马牧、驴骡牧、原州羊牧、原州驼牛牧、盐州牧、苑川十二马牧、沙苑羊牧，又领皮毛监。

陇右牧丞　官名。隋朝陇右牧属官，置一员，视正八品。

陇右牧总监　官名。隋朝陇右牧长官，置一员，视从五品，掌统诸牧。

陇右牧总副监　官名。隋朝陇右牧次官，置一员，视从六品。

陇右河西道提刑按察司　官署名。元朝地方监察机构，世祖至元十二年（1275）由西夏中兴道、巩昌两按察司合并而成，置司巩昌（今陕西陇西），仍简称巩昌按察司。二十年，移司于甘州路（今甘肃张掖），改为河西陇北道提刑按察司。

陇西将军　将军名号。西汉置。文帝时有陇西将军周灶，往击匈奴。陇西为郡名。

陈告司　官署名。西夏中等司。

陈兵将军　官名。北魏明元帝泰常七年（422）进攻南朝宋时置，张蒲自南中郎将、南蛮校尉加此。孝文帝太和十七年（493）改定官制后未见。

附义中郎将　官名。北魏置。孝文帝太和十七年（493）定为从五品下，二十三年复次职令，未载。

附国大人　北魏时指臣服于朝廷的少数民族首领。《魏书·太宗纪》：“（永兴三年412）赐附国大人锦罽衣服各有差。”

附城　爵名。王莽居摄三年（后8）置，即汉朝关内侯。《汉书·王莽传》：“于是封高者为侯伯，次为子男，当赐关内侯者更名附城，凡数百人。”

附真　官名。北魏置。《南齐书·魏虏传》：“贵人作食人为附真。”此系南朝人对北魏鲜卑语官名的音译。

附离　官名。突厥置，为突厥王的侍卫之士。是突厥语的音译，意译为狼，因突厥人自称为狼的后裔，故名此以志不忘旧。

附庸　❶周朝称附属于诸侯大国的小国。《礼记·王制》："附于诸侯曰附庸。"《孟子·万章下》："不能五十里，不达于天子，附于诸侯，曰附庸。"❷西周、春秋时分封的小国国君。《史记·秦本纪》："（孝王曰）'朕其分土为附庸。'邑之秦，使复续嬴氏祀，号曰秦嬴。"

陀西　官名。南诏官，隶于府，犹唐朝判官。

陀酋　官名。南诏官，隶于府，犹唐朝管记。

陂官　官署名。职掌陂湖之利。据《汉书·地理志》，西汉九江郡置。

妙正真人　道教封号。清朝雍正九年（1731）嘉法官娄近垣忠诚而封，并授四品提点。乾隆元年（1736）又授通议大夫。

鸡人　官名。《周礼》春官之属，一说为周朝置，掌供应祭祀的鸡牲及呼告国家祭祀的时辰。《周礼·春官》："鸡人，下士一人，史一人，徒四人"，"掌共鸡牲，辨其物。大祭祀，夜呼旦以叫百官。凡国之大宾客、会同、军旅、丧纪，亦如之。凡国事为期，则告之时。凡祭祀面禳衅，共其鸡牲"。

劲武将军　官名。北齐置。为褒赏军功勋臣的闲职。六品上。

劲捷左旅上大夫　官名。北周置。《隋书·权武传》："宣帝时，拜劲捷左旅上大夫，进位上开府。"正六命。

甬官　官名。战国秦置，掌管徭役。《商君书·垦令》："令有甬官食概。"高亨注："甬官，掌管徭役的官。"

驱使官　吏职名。或作使官。唐朝左右神策军、藩镇使府置，供派遣役使。五代后唐进奏院有台巡驱使官。宋朝尚书省、门下省、中书省、学士院、御史台、少府监、将作监、金吾街仗司皆置，掌传递公文，操办杂事。

驱磨案　官署名。宋神宗元丰（1078—1085）改制后，大理寺右治狱置，掌驱磨两推官钱、官物、文书。

驴骡牧　官署名。隋朝置，隶陇右牧。设帅都督及尉；炀帝大业三年（607）后置左、右牧监各一员，以主其事。

纯和郎　阶官名。金教坊二十五阶之第十三阶，秩从六品下。元十五阶第七阶，从五品。

纰论　官名。吐蕃官，即外相。

纱罗提举司　官署名。元世祖至元十二年（1275）改局置司，秩从五品，隶异样局总管府。置提举、同提举、副提举各一员。

纱金颜料总库　官署名。元朝置。秩从九品。设于世祖中统二年（1261），隶异样局总管府。置大使、副使各一员。

纲纪　原意为治理。汉朝为郡县右曹大吏别称。右曹即指主簿、督邮、五官掾、功曹等总揽内外众务之职吏，地位较高。魏晋南北朝州、郡国、县府所属摄诸曹、理众事，地位最尊。三国魏多指郡功曹，晋多指郡国主簿，南朝梁、北朝魏多指州别驾。

纲佐　南朝对州别驾的别称。

纲辖　尚书左、右丞别称。

纳贡　明朝贡生之一种。凡生员捐纳钱财进入国子监读书者称纳贡，由普通身分捐赀入监者称例监。

纳里速宗卡下珞达洛万户　官名。元朝乌思藏十三万户之一，隶乌思藏宣慰司，治所当在今阿里与后藏交界处。

纳言　官名。❶亦作内言。相传舜时有此官，职掌承上启下，传宣上命，受纳奏言。《尚书·舜典》："命汝为纳言，夙夜出入朕命，惟信。"孔安国传："纳言，喉舌之官也。听下言纳于上，受上言宣于下，必信也。"战国亦置，见《季木藏陶》第80号。后世因作为侍中的别称。隋朝因避文帝父名讳，改侍中为纳言，置二员，为门下省长官，正三品。炀帝大业十二年（616）改名侍内。唐高祖武德元年（618）复改纳言，三年改名侍中。武则天光宅元年（684）复置纳言，为门下省长官，正三品，中宗神龙（705—707）中复改侍中。参见"侍中"。❷新莽由羲和（大司农）改名。东汉复名大司农。❸东汉以来对尚书官员的别称。❹北周武帝时由御伯改名，设中大夫、下大夫、上士、中士，掌出纳帝命，为枢要近侍之臣。隶天官府。

纳言士　官名。尚书属官。《后汉书·耿纯传》："纯学于长安，因除为纳言士。"注："王莽法古置纳言之官，即尚书也。每官皆置士，故曰纳言士也。"

纳言下大夫　官名。北周武帝保定四年（564）改御伯下大夫置，为天官府纳言司次官，省称小纳言。员二人，佐纳言中大夫随侍于皇帝左右，正四命。武帝建德二年（573）省中大夫，遂为纳言司长官，宣帝即位后，复置中大夫，仍为次官。隋文帝开皇元年（581）罢。

纳言大将军　将军名号。新莽置。《汉书·王莽传》："莽遣司命大将军孔仁部豫州，纳言大将军严尤、秩宗大将军陈茂击荆州。"

纳言上士　官名。北周武帝保定四年（564）改御伯上士置，为天官府纳言中大夫属官。正三命。武帝建德二年（573）省中大夫，以下大夫为长官，遂成为纳言司次官。宣帝即位后，复置中大夫，仍为属官。隋文帝开皇元年（581）罢。

纳言中士　官名。北周天官府纳言中大夫属官，隋文帝开皇元年（581）罢。

纳言中大夫　官名。北周武帝保定四年（564）改御伯中大夫置。仍属天官府。员二人，正五命。随侍于皇帝左右，掌管皇帝所用的书籍，可被派出使敌国及执行其他使命。下设纳言下大夫、纳言上士、纳言中士以佐其职，领给事上士、掌式上士等官属。武帝建德二年（573）省，宣帝即位后，复置。隋文帝开皇元年（581）罢。

纳言令　官名。十六国前燕置。《资治通鉴·晋成帝咸康三年（337）》："（慕容皝）于是备置群司，以封奕为国相，韩寿为司马，裴开为奉常，阳骛为司隶，王寓为太仆，李洪为大理，杜群为纳言令。”胡三省注：“纳言令，晋之尚书令。”

纳陛　汉朝皇帝宫殿建筑的一种装饰，本为皇帝专用，间或赐与有殊勋的贵戚重臣。据《汉书·王莽传》，平帝时王莽秉政，以策命拜受九锡，其一即为纳陛。颜师古注引孟康曰：“纳，内也，凿殿基为陛，不使露也。”

纳溪盐马司　官署名。明太祖洪武五年（1372）置于四川纳溪县（今四川纳溪县），掌该处盐政、马政。设司令，以常选官为之，司丞，以内使为之。十三年罢，寻复置。十五年改设大使、副使各一人进行管理。后革该司。

纶音档　档案名。清朝军机处之档册，专记皇帝特降之谕。清制，皇帝的命令，通称谕旨。然“谕”与“旨”亦有所别，凡因臣下奏请而发者称“旨”；凡不因奏请而特降者称“谕”。

纸工下士　官名。西魏、北周冬官府司卉下大夫纸工中士佐官，正一命。

纸工中士　官名。西魏恭帝三年（556）置，北周沿置。冬官府司卉下大夫属官，正二命。下设纸工下士以佐其职。隋文帝开皇元年（581）罢。

纸官令　官名。南朝梁、陈置，有丞。隶少府卿。

纸官丞　官名。南朝梁、陈置。见“纸官令”。

纸署　官署名。三国魏置，设监。见《通典·职官一八》。

纹绢簟席丞　官名。南朝梁置，流外三品蕴位。

八 画

〔一〕

环人 《周礼》官名，一说为周朝置。❶军吏。掌查获军队中的奸细，拘捕敌方间谍。《周礼·夏官》："环人，下士六人，史二人，徒十有二人"，"掌致师，察军慝，环四方之故。巡邦国，搏谍贼，讼敌国，扬军旅，降围邑"。❷卫戍武官。负责宾客人身和财物安全。《周礼·秋官》："环人，中士四人，史四人，胥四人，徒四十人"，"掌送邦国之通宾客，以路节达诸四方，舍则授馆，令聚欜，有任器，则令环之。凡门关无几，送逆及疆"。贾公彦疏："此环人与《夏官》'环'字虽同义则异。彼环人主致师，此环绕宾客，使不失脱，是其异义。"

环卫官 官制用语。又称"南班"。北宋承唐制，置左右金吾卫上将军、大将军、将军、中郎将、郎将，左右卫上将军、大将军、将军、中郎将、郎将，左右骁卫上将军、大将军、将军，左右武卫上将军、大将军、将军，左右屯卫上将军、大将军、将军，左右领军卫上将军、大将军、将军，左右监门卫上将军、大将军、将军，左右千牛卫上将军、大将军、将军、中郎将、郎将，号为环卫官。皆无定员，多命宗室为之，亦用为武臣赠典。大将军以下，又用为武官责降散官。皆无职掌。南宋初多不除授，孝宗时复置。以节度使领左右金吾卫上将军，承宣使领左右卫上将军，在内则兼带，在外则不带；正任者为上将军，领遥郡者为大将军。

环列之尹 官名。春秋楚置。掌王宫禁卫的长官。《左传·文公元年》："穆王立，以其为大子之室与潘崇，使为大师，且掌环列之尹。"杜预注："宫卫之官，列兵而环王宫。"

现审右司 官署名。清朝刑部所属机构，雍正元年（1723）设，主鞠讯囚禁。五年，定于原有十四司内择选满、汉司官各三人，专掌该司事务。乾隆六年（1741），改为直隶清吏司。

现审左司 官署名。清朝刑部所属机构，雍正元年（1723）设，主鞠讯囚禁。五年，定于原有十四司内择选满、汉司官各三人，专掌该司事务。乾隆六年（1741），改为奉天清吏司。

现审处 官署名。清朝户部所属办事机构。乾隆十三年（1748）年置，设郎中领其事。下设员外郎、主事等官，皆无定员，由本部堂官酌派。掌理旗民争讼户口田房之案，必须刑讯者，会同刑部审理。光绪三十二年（1906）裁。

规运提点所 官署名。元朝置。秩正五品。顺帝至元六年（1340），改原属太禧宗禋院之会福、崇祥、隆禧、寿福四总管府及隆祥使司为规运提点所，又增设万宁提点所，均隶宣政院。

规措京兆府耀州三白渠公事 官署名。金朝置为管理水利灌溉的官署。长官为规措官，掌灌溉民田，秩正七品。下设点检渠堰官一员，掌启闭泾阳等县渠堰。辖司吏二人。

青巾左校尉 官名。东汉光武帝建武九年（后33）初置。

青册 文书名。清朝之平行文，乃黄册（详见"黄册❶"）之副本。清制，臣工在将黄册随同题本呈进御览之同时，亦抄出副本，咨送有关衙门，以备查考。因以青色为封皮，故名，以示与黄册相区别。亦作清册。

青衣 官名。北魏置，为后宫女职，一作春衣。孝文帝改定内官时，与女酒、女食等视五品。见《北史·后妃传上》。

青词 历朝帝王献给天神的奏章表文。又称青辞。每逢有关节日或遇天灾，在著名宫观建水陆道场时用之。由翰林学士或地方官起草，因用朱笔写在青藤纸上，故名。祈晴、祈雨，皆用青词。多采用四六句文体。

青城宫监 ❶官署名。唐朝京都园苑监之一，掌苑内宫馆园池，与种莳、蕃养六畜之事。置监、副监各一员，丞二员。高宗显庆二年（657）改名东都苑北面监。❷官名。唐朝京都园苑青城宫长官，置一员，从六品下。高宗显庆二年改名东都苑北面监。

青绶 青色印带。两汉魏晋南北朝，凡秩比二千石以上、中二千石以下官吏，如诸卿、郡守、杂号将军、中郎将、校尉、都尉等，皆银印青绶。故用以代指官吏等级。《三国志·孙坚传》裴松之注引《英雄记》："今此行也，要当斩一青绶，乃整齐耳。"后亦称银青。

责任内阁 官署名。清末最高行政机构，宣统三年四月（1911年5月）设。由总理大臣一人、协理大臣二人，以及外务大臣、民政大臣、度支大臣、学务大臣、陆军大臣、海军大臣、司法大臣、农工商大臣、邮传大臣、理藩大臣各一人组成。掌辅弼皇帝，担负责任，秉承宸谟，定政治之方针，保持行政之统一。九月，改组，省协理大臣并扩大职权。十二月，随清帝退位解散。

责授 官场用语。贬谪官员，朝廷授以低阶，称责授某官。不受法定该降若干级官阶的限制。责授散官者，许任意居住一地，但不得擅离。

表 文书名。❶指下言于上之文书。始见于汉。

三国沿制，除言密事得皂囊盛外，余皆启封。唐朝定为以下达上之制，上于天子。宋朝以后渐成重大吉庆祥瑞及称谢恩典的专门上书。逢正月皇帝不受朝及喜庆祥瑞之事或群臣奉上尊号、请行大礼时，宰相率文武群臣或连同内诸司使、三班、诸军将校、蕃夷酋长、僧道、耆老等，到东上閤门上之。平日西京留守司官，每五日一上，问皇帝起居；皇帝出巡时，东京留守司官，每五日上之，问候起居。群臣迁官改秩、致仕、荫子及新科进士考中传胪（殿试后宣读皇帝诏命唱名叫传胪，其制始于宋代）后，皆上而称谢。明清沿前制，凡元旦、冬至、万寿圣节（皇帝生日）及登极等重大庆典，王公百官与在外高级官员均上表庆贺，其式由内阁拟定，交礼部颁发。清朝初用满、蒙、汉三体文字，后专用汉文，唯驻防满官用满文。四六骈体，历历相沿，稍易字句而已。正、副两份，正本卷而不折，副本叠为折状，储于表匣，以黄绫包裹。仪后送内阁存贮。❷明清各藩属国遣使朝贡时致皇帝的国书。其质有金叶、蒲叶及纸等多种。

表奏议司　官署名。北宋神宗元丰（1078—1085）改制后，大理寺置，掌拘催详断案八房断议狱案，兼管旬月申奏。

表奏司　❶官署名。宋朝大理寺置，掌收受地方所断狱案奏状。❷吏名。宋置。属大理寺。

表奏官　官名。❶唐朝左、右神策军各置一员，位勾覆官下、支计官上。❷宋朝四方馆、三馆、金吾街仗司属吏，任满十年许出官。

奉义中郎将　官名。三国魏置，文帝黄初（220—226）初以李基为之。职掌不详。四品。

奉义将军　官名。三国蜀置，诸葛亮收伏姜维后，辟其为仓曹掾，加此职，封当阳亭侯。南朝梁武帝天监七年（508）定为施用于境外的武职二十四班中的十班，大通三年（529）罢。

奉义校尉　官名。东汉献帝建安（196—220）初孙策置，孙权曾行之。见《三国志·吴主传》。

奉王讲读　官名。唐文宗开成元年（836）改王府侍读置，宣宗大中元年（847）复为侍读。

奉天司　即奉天清吏司。

奉天司员外郎　即奉天清吏司员外郎。

奉天司郎中　即奉天清吏司郎中。

奉天府　官署名。清朝设于陪都盛京地方之府属建制，顺治十四年（1657）改辽阳府置。设兼管府事大臣一人、府尹一人、府丞一人，所属治中、围场通判、库大使、经历、司狱、巡检兼司狱、府学教授各一人，书吏十九人。另有海防同知、军粮同知、承德县知县、典史各一人。掌理盛京地方之刑名钱谷，并掌宗室、觉罗官学。所辖地方初为二府、四厅、五州、十四县。光绪（1875—1908）中增至五府、四厅、六州、二十六县。三十一年置行省，遂罢尹、丞，置知府。宣统元年（1909）省教佐各官。二年，省承德县。

奉天府府尹　官名。清朝奉天府之主官。顺治十四年（1657）设，一人，由满人充任，正三品。掌理留都治化与其禁令，小事决之，大事以闻。乾隆二十七年（1762），始受盛京将军节制。三十年，改派盛京五部侍郎兼管。光绪二年（1876），加二品衔，以右副都御史行巡抚事，复归盛京将军兼管。三十一年改行省，遂裁。

奉天府府丞　官名。清朝奉天府之属官。康熙二年（1663）设，一人，由汉人充任，正四品。隶于府尹。掌理学校，兼辖宗室、觉罗官学、义学。康熙二十八年（1689）主奉天考试之事。光绪三十一年（1905）置行省，遂裁。

奉天倡义大元帅　官名。明末李自成农民军置。始于明崇祯十六年（1643），农民军攻克承天（今湖北钟祥等地）后，李自成用以自称。同年改称新顺王，此称遂不再用。

奉天翊卫推诚　功臣封号。明朝置。凡以功封公、侯、伯爵者，皆可得封。给铁券，岁禄以功为差，荫其子孙。唯从太祖、成祖起兵有功者另有封号，不属此。

奉天翊运推诚　功臣封号。明朝置。凡以功封公、侯、伯爵者，皆可得封。给铁券，岁禄以功为差，荫其子孙。唯从太祖、成祖起兵有功者另有封号，不属此。

奉天清吏司　官署名。清朝刑部所属十八清吏司之一。简称奉天司。乾隆六年（1741），改现审左司设。掌核盛京、黑龙江、吉林将军及奉天府所属刑名案件，兼理宗人府、理藩院文移。设郎中，蒙、汉各一人；员外郎，满，汉各一人；主事，满、汉各一人；经承三人。光绪三十二年（1906），刑部改为法部，遂裁。

奉天清吏司员外郎　官名。清朝刑部所属奉天清吏司副长官。简称奉天司员外郎。乾隆六年（1741）设。满、汉各一人，从五品。佐员中掌司事。光绪三十二年（1906），刑部改为法部，遂裁。

奉天清吏司郎中　官名。清朝刑部所属奉天清吏司长官。简称奉天司郎中。乾隆六年（1741）设。蒙、汉各一人，正五品。掌司事。光绪三十二年（1906），刑部改为法部，遂裁。

奉天靖难推诚　功臣封号。明朝置。封予从成祖起兵有功者。并封公、侯、伯，给铁券，岁禄以功为差，荫及子孙。

奉车中郎将　官名。东汉献帝建安（196—220）末刘备置，以刘璋子刘循为之。职掌不详。

奉车都尉　官名。西汉武帝始置，职掌皇帝车舆，入侍左右，多由皇帝亲信充任，秩比二千石。东汉名义上隶光禄勋。三国因之，地位渐低。蜀参用宦者。魏、晋用作加官，与驸马都尉、骑都尉并号“三都尉”，多任宗室、外戚，并奉朝请，六品，名义上隶散骑省。西晋末司马睿为晋王时，其府参军悉加此官，后罢其奉朝请。南朝隶集书省，无员额，宋六品，陈七品、六百石。北魏列为冗职，孝文帝太和十七年（493）定为从四品上，二十三年改从五品上。宣武帝正始四年（507）定员二十人。北齐员十人，隶左、右卫府，从五品。北周列为散官，五命。隋初左、右卫沿置，员六人，掌驭副车，从五品上，炀帝大业三年（607）废。唐朝复置，从五品下，然有其名无其人，遇重大仪式则以他官暂摄。宋朝废。

奉化将军 官名。南朝梁置，专施用于境外，武帝大通三年（529）定与度嶂将军同班，拟猛烈将军等号。

奉正将军 官名。南朝梁置，武帝天监七年（508）定为施用于境外的武职二十四班中的二班，拟先锋将军等号，大通三年（529）定制后拟伏波将军等号。

奉正都尉 官名。东汉献帝建安（196—220）初孙策置。《三国志·孙讨逆传》裴松之注引《江表传》："策遣奉正都尉刘由、五官掾高承奉章诣许拜献方物。"

奉仪 官名。唐朝太子内官，置二十四员，正九品，位昭训下。

奉训大夫 官名。金始置，为文散官，以授从六品下文官。元朝沿置，改文官从五品，宣授。明朝为文官从五品，初授。

奉议大夫 文散官名。明置。文官正五品，初授。

奉议郎 官名。唐朝始置，为从六品上文散官。五代、宋初因之。太宗太平兴国（976—984）初改奉直郎。神宗元丰（1078—1085）改制复置，为正八品文臣寄禄官，取代旧寄禄官太常、秘书、殿中丞和著作郎。

奉礼郎 官名。唐高宗时因避讳改治礼郎置，员四人，从九品上，掌朝会、祭祀时君臣版位之次及赞导跪拜之仪，隶太常寺。宋初为寄禄官，神宗元丰（1078—1085）改制，复为太常寺从八品职事官。掌奉币帛授祭祀初献官，大礼则设亲祠版位。辽、金皆置，属太常寺。金从八品，掌设版位，执仪行事。元朝太常礼仪院置二人，从八品。

奉圣亭侯 爵名。晋武帝泰始三年（267）改宗圣侯置，奉孔子祀。南朝陈亦置。

奉圣州转运使司 官署名。辽朝置。南面官，掌漕运等事。始置于圣宗开泰三年（1014）。

奉衣 官名。金朝皇后位下女官。掌首饰、衣服、器玩诸宝财货，裁制缣彩之事。设一员，秩正九品。

奉安符宝所 官署名。南宋宁宗嘉定十六年（1223）置，隶皇城司，以都提举奉安符宝所承受官主管。

奉医大夫 官名。即尚药奉御，唐高宗龙朔二年（662）改，咸亨元年（670）复名尚药奉御。参见"尚药奉御"。

奉医局 官署名。即殿中省尚药局。唐高宗龙朔二年（662）改，咸亨元年（670）复名尚药局。参见"尚药局"。

奉邑 汉朝列侯受封的食邑。《汉书·高后纪》："列侯幸得赐餐钱奉邑。"颜师古注："奉邑，本所食邑也。"

奉迎使 使职名。唐德宗建中元年（780）以睦王李述为奉迎使、工部尚书乔琳为副使，分道访求太后。宋朝亦置，钦宗靖康元年（1126）以赵野为道君皇帝行宫奉迎使，迎奉道君皇帝。

奉祀 官名。明朝置为太常寺属官。天坛、地坛、朝日坛、夕月坛、先农坛、帝王庙、祈谷殿，长陵、献陵、景陵、裕陵、茂陵、泰陵、显陵、康陵、永陵、昭陵祠祭署各置一人，从七品。掌典守神库，以时巡视而督其洒扫之事。南京太常寺亦置，天地坛、山川坛、籍田、祖陵、皇陵、孝陵、扬王坟、徐王坟各置一人，品秩与北京同。清朝沿置，天坛、地坛、朝日坛、夕月坛、先农坛各一人，仍从七品。均以汉人充任。

奉直大夫 官名。宋朝始置。徽宗大观二年（1108）由右朝议大夫改置，正六品。金置为文散官，以授从六品上文官。元朝沿置，改文官从五品，宣授。明朝为文官从五品，升授。清朝为文官从五品之封赠。

奉直郎 官名。北宋前期置，为从六品上文散官。神宗元丰三年（1080）废。

奉忠将军 官名。南朝梁置。武帝天监七年（508）定为施用于境外的武职二十四班中的三班，拟佽飞将军等号，大通三年（529）定制后拟飙勇将军等号。

奉国中尉 爵位名。明朝置为最低一级宗室封爵，以封郡王非嫡长之六世孙以下者。故凡极疏远的宗室往往得封。

奉国将军 ❶爵名。明朝为宗室封爵之第七等，位辅国将军之下。清朝为宗室封爵之第十三等，位辅国将军下、奉恩将军上。并有一、二、三等之别，秩视武职正三品。❷散阶称号。明朝为武职从二品之加授。

奉使宣抚 使职名。元朝廷派遣官员视察各地，了解民间疾苦和官吏贪廉，或奖励将帅，称奉使宣抚。非常制，系临时性设置。

奉诚尉 官名。隋炀帝大业三年（607）新置散职八尉之一，正九品。

奉驾大夫 官名。即尚乘奉御，唐高宗龙朔二年（662）改，咸亨元年（670）复名尚乘奉御。参见"尚乘奉御"。

奉驾局 官署名。即殿中省尚乘局，唐高宗龙朔二年（662）改，咸亨元年（670）复名尚乘局。参见"尚乘局"。

奉承直长 官名。北齐置，员二人，隶太仆寺骅骝署。

奉政大夫 官名。金朝始置为文散官，以授正六品上文官。元朝沿置，改文官正五品，宣授。明朝为文官正五品，升授。

奉信郎 官名。隋炀帝大业三年（607）以后置，五十员，从九品，为正员，寻改为散从郎，量事大小，受命出使。隶谒者台。

奉信将军　官名。南朝梁置。武帝天监七年（508）定为施用于境外的武职二十四班中的一班，是最低的一班，大通三年（529）定制后，仍为最低的一班。

奉祠　宋朝宫观官俗称。

奉祠正　官名。明朝于各王府奉祠所分置。参见“奉祠所”。

奉祠所　官署名。明洪武四年（1371）置，初名典祠，后改奉祠，隶王相府。十三年罢王相府，改隶王府长史司。设奉祠正一人，正八品，副一人，从八品，典乐一人，正九品。掌诸王府祭祀乐舞。

奉祠副　官名。明朝于各王府奉祠所分置。嘉靖四十四年（1565）革。参见“奉祠所”。

奉班都知　官名。明朝侍仪司下置，正九品，掌殿庭仪礼之事。后革。

奉恩将军　爵名。清朝宗室封爵之十四等，即最末一等。秩视武职正四品。以下即为闲散宗室。

奉恩辅国公　爵名。清朝宗室封爵之第八等，位奉恩镇国公下、不入八分镇国公上。

奉恩镇国公　爵名。清朝宗室封爵之第七等，位在固山贝子下、奉恩辅国公上。

奉乘　官名。隋炀帝大业三年（607）殿内省尚乘局置十员。唐朝殿中省尚乘局置十八员，正九品下，掌率习驭、掌闲、驾士等属，饲习驭马。宋初存其名而罕除授。

奉乘郎　官名。北魏置。孝文帝太和十七年（493）定为从五品中，二十三年复次职令，未见。

奉钱　即俸钱。汉朝支付给官吏作为俸禄的货币。西汉官吏俸禄主要支付实物，故官吏品级以“石”名之，部分也支付货币。东汉各级官吏受奉皆半钱半谷。《续汉书·百官志》所载“百官受奉例”有具体规定。

奉玺君　官名。十六国前燕置。慕容儁破冉闵后，诈云冉闵妻得传国玺以献，于元玺元年（352）即皇帝位，封冉闵妻为此。见《晋书·慕容儁载记》。

奉宸司　官署名。辽朝置为北面官，掌供奉宸御之事。

奉宸库　官署名。北宋仁宗康定元年（1040），合并奉宸五库置，掌收储金银珍宝，以供宫廷需索。设监官二人，以入内内侍充任；提点一人，以内侍都知充任。神宗元丰（1078—1085）改制后，隶太府寺。

奉宸苑　官署名。清朝内务府所辖三院之一，与上驷院、武备院合称“内三院”，康熙二十三年（1684）设。掌景山、三海、玉泉山稻田厂、南苑、圆明园、畅春园、清漪园等处管理、修缮事宜。置总理大臣，无定员。另设卿二人，郎中一人，员外郎四人，主事一人，苑丞十人。

奉宸苑郎中　官名。清朝内务府奉宸苑之属官。掌理长河一带行宫事务，并掌本苑题奏咨行、补授职员之事。康熙二十三年（1684）设。一人，正五品。

奉宸苑总理大臣　官名。清朝内务府奉宸苑之主管官，乾隆十四年（1749）设。由皇帝于大臣内特简，无定员。总理皇家苑囿及本苑职官迁授升除之事。

奉宸苑卿　官名。清朝内务府奉宸苑之长官。掌各处苑囿禁令，以时修葺，以备皇帝临幸。雍正六年（1728）设。正三品。乾隆十四年（1749）额定二人，由侍卫补授一人，内务府司官补授一人。

奉扆大夫　官名。即尚舍奉御，唐高宗龙朔二年（662）改，咸亨元年（670）复名尚舍奉御。参见“尚舍奉御”。

奉扆局　官署名。即殿中省尚舍局，唐高宗龙朔二年（662）改，咸亨元年（670）复名尚舍局。参见“尚舍局”。

奉常　官名。秦、西汉初置，掌宗庙礼仪，有丞。列位九卿，秩中二千石。景帝中六年（前144）改名太常。一说入汉即改太常，惠帝时复名奉常。东汉末至南北朝诸霸府所建王国或置，称帝后即改太常。后世或用作太常寺别称。唐朝曾改太常寺为奉常寺。参见“太常”。

奉常少卿　官名。即太常少卿，唐高宗龙朔二年（662）改，咸亨元年（670）复名太常少卿。参见“太常少卿”。

奉常正卿　官名。即太常卿，唐高宗龙朔二年（662）改，咸亨元年（670）复名太常卿。参见“太常卿”。

奉常寺　官署名。即太常寺，唐高宗龙朔二年（662）改，咸亨元年（670）复名太常寺。参见“太常寺”。

奉常丞　官名。秦、西汉置，为奉常佐贰，秩比千石。景帝时改名“太常丞”。

奉常署　官署名。清末典礼院所属机构，宣统三年（1911）设。掌亲行礼节、斋戒、阅视版、赞引读祝各事，典守坛、庙并兼理神乐署、和声署各乐舞事。置署长一人，佥事、录事并读祝官、赞礼郎等。

奉常署署长　官名。清末典礼院属官。宣统三年（1911）设。一人，奏任。承掌院、副掌院之命总核本署事务。

奉辇大夫　官名。即尚辇奉御。唐高宗龙朔二年（662）改，咸亨元年（670）复名尚辇奉御。参见“尚辇奉御”。

奉辇局　官署名。即殿中省尚辇局，唐高宗龙朔二年（662）改，咸亨元年（670）复名尚辇局。参见“尚辇局”。

奉骑都尉　官名。北周置为散官，无职掌。五命。

奉朝请　两汉朝廷给予退休大臣、列侯、宗室、外戚等的一种政治优待。当时春季朝会称朝，秋季朝见称请。西汉授此者特许参加朝会，班次亦可提高。如列侯就国者位次将作少府，而留居长安奉朝请者则在九卿之上。亦称朝朔望。东汉所施甚广，地位渐轻。西晋成为加官名号。晋武帝以宗室、外戚为奉车、驸马、骑都尉，并授此号。司马睿为晋王，其府僚属亦皆授此。东晋独立为官，亦作加官。南朝列为散骑（集书）省属官，安置闲散，所施益滥。宋武帝永初（420—422）以后，以其太杂，令尚公主者唯拜驸马都尉，不加此官。南齐武帝永明（483—493）中，竟至六百余人。梁位二班，陈八品。北魏亦为冗散官，有俸无职。孝文帝太和十一年（487）定员二百人，十七年定为六品下，二十三年改从七品。北齐改为职事官，员二百四十人，掌献纳谏净，隶集书省，从七品。北周列为散官，四命。隋初改隶门下省，员四十人，兼出使劳问，从七品。文帝开皇三年（583）废。宋朝无差遣的闲散官员及免职守本官的常参官等，例须五日（一说逢一、五日）一奉朝，亦称奉朝请。

奉冕大夫 官名。即尚衣奉御，唐高宗龙朔二年（662）改，咸亨元年（670）复名尚衣奉御。参见“尚衣奉御”。

奉冕局 官署名。即殿中省尚衣局，唐高宗龙朔二年（662）改，咸亨元年（670）复名尚衣局。参见“尚衣局”。

奉御 官名。初为宫中侍奉之名目，隋炀帝大业三年（607）始置为殿内省六局长官，各二人，正五品。唐朝改殿内省为殿中省，各局沿置，正五品下。高宗龙朔二年（662）曾改大夫，咸亨元年（670）复旧。五代置如唐制。宋初作为待诏、医方之别称，并置为六尚局官。金世宗大定十六年（1176）改近侍局，以入寝殿小底为之，十六人。元朝置为尚冠、尚衣、尚鞶、尚沐、尚饰兼尚辇奉御各二人，从五品，副奉御各二人，从六品，又置奉御掌簿四人，从七品，合为二十四人。由怯薛速古儿赤（尚内府尚供衣服者）充任，隶侍正府，掌皇室衣帽车饰。明朝为宦官一种，从六品，地位低于太监、少监、监丞、典簿等。

奉瑞大夫 官名。十六国前赵刘曜置。《晋书·刘曜载记》：“（长安人刘终于终南山崩处得有字白玉一方，献上）时群臣咸贺，以为（石）勒灭之征。（刘）曜大悦，斋七日而后受之太庙，大赦境内，以终为奉瑞大夫。”

奉禁都尉 官名。三国吴孙皓置。以陈训为之，使主风角占候。见《晋书·艺术·陈训传》。

奉舆大夫 又作奉辇大夫。

奉舆局 又作奉辇局。

奉馔 官名。金朝置，为皇后位下女官。掌饮食、汤药、酒醴、蔬果之事。设一员，秩正九品。

奉銮 官名。明清礼部教坊司之主官，掌殿廷朝会乐律及舞仪之事。明朝设一人，正九品。清顺治元年（1644）沿设，一人，亦正九品。雍正七年（1729）裁。

奉膳大夫 官名。❶唐高宗龙朔二年（662）至咸亨元年（670）改殿中省尚食局为奉膳局，置为长官。❷明置为光禄寺散官。洪武十年（1377）定凡光禄司少卿出身于庖人者，授此。三十年改光禄司为光禄寺，仍沿旧制。

奉膳局 官署名。即殿中省尚食局，唐高宗龙朔二年（662）改，咸亨元年（670）复名尚食局。参见“尚食局”。

武力将军 见“十武将军”。

武士将军 官名。北魏置。孝文帝太和十七年（493）定为从五品上，二十三年复次职令，未载。

武义大夫 阶官名。北宋徽宗政和二年（1112）重定武臣官名，改西京作坊使、东西染院使、礼宾使置，为正七品武阶官，属大使臣。清朝乾隆二十年（1755）改昭勇将军而置，为武职中属绿营者正三品之封赠。三十二年，属八旗者正三品亦封此。五十一年，改为武义都尉。

武义郎 官名。北宋徽宗政和二年（1112）重定武臣官名，改西京作坊副使、东西染院副使、礼宾副使置，为从七品武阶官，属大使臣。

武义都尉 散阶称号。清朝武职正三品之封赠。初，武职中属绿营者正三品封昭勇将军，乾隆二十年（1755）改武义大夫；属八旗者正三品封通议大夫。三十二年，统一为武义大夫。五十一年，改此称，遂成定制。

武卫 ❶官号。东汉献帝建安十六年（211）曹操置。《三国志·许褚传》：褚“迁武卫中郎将，武卫之号，自此始也”。其后有武卫将军、武卫大将军、武卫校尉、武卫都尉等名号。详见各条。❷武卫将军省称。❸隋、唐十二卫之左、右武卫的统称，位骁卫下，领府兵，掌宫禁宿卫。

武卫大将军 官名。即武卫将军加“大”者。北魏置，掌宿卫禁军，位任很重。《魏书·穆崇传》：“及车驾南迁，（穆亮自司空）迁武卫大将军，以本官董摄中军事。高祖南伐，以亮录尚书事，留镇洛阳。”孝文帝太和十七年（493）定为二品。北齐沿置。参见“武卫将军”。

武卫中郎将 官名。东汉献帝建安（196—220）中曹操置，掌统率亲军护卫。三国魏文帝黄初（220—226）初，改名武卫将军。

武卫军 金、元禁军机构。金隶尚书省兵部，置都指挥使司，掌防卫都城，警捕盗贼，设都指挥使一员，从三品；副都指挥使二员，从四品。下辖钤辖司，置钤辖十员，正六品，都钤辖四员，从七品；都将二十员，从九品。元世祖中统元年（1260），仿金制在京城置武卫军，统军三万人，掌扈卫皇帝、保卫京师、畿内屯田等务。设都指挥使、副都指挥使各二员，下辖千户、百户等。至元元年（1264）改为右、左翼侍卫亲军。

武卫亲军都指挥使司 元朝侍卫亲军指挥机构，

秩正三品。掌汉军万名，负责修造京城城隍及京师内外工役，兼管大都屯田等务。置达鲁花赤一员，都指挥使三员，副都指挥使二员，佥事二员。达鲁花赤、都指挥使多由大都留守兼任。设营于涿州南，衙司在大都丽正门内。下辖一镇抚所，七行军千户所，六屯田千户所。

武卫将军 官名。三国魏置。《三国志·许褚传》："文帝践阼，进封万岁亭侯，迁武卫将军，都督中军宿卫禁兵。"权任很重。曹爽由此拜大将军，受明帝遗诏辅命。三国吴置，权任亦重。西晋武帝泰始三年（267）罢，惠帝永康（300—301）中赵王伦执政时复置。东晋或置或省。魏、晋时皆四品。十六国汉、前凉、前秦、西凉、西秦、南凉、西燕亦置。南朝宋孝武帝大明（457—464）中复置，代殿中将军之任，比员外散骑常侍，权任渐轻。齐、梁、陈沿置，梁武帝天监七年（508）定为三班，陈八品，秩六百石。北魏时仍掌宿卫禁军，孝文帝太和十七年（493）定为从二品下，二十三年改为从三品。北齐时为左、右卫府次官，员各二人，佐左、右卫将军掌宫禁宿卫，从三品。北周亦置，命品不详。

武卫校尉 官名。东汉末孙权置，吴沿之。《三国志·朱治传》裴松之注引《吴书》："（朱才）少以父任为武卫校尉，领兵，随从征伐。"

武卫都尉 官名。三国吴置。领兵，随从征伐。多授予宗室。《三国志·孙峻传》："孙权末，（峻）徙武卫都尉，为侍中。"

武牙将军 即虎牙将军。唐朝人因避讳，于所修史书中改名。

武牙郎将 官名。隋炀帝大业三年（607）十二卫护军改为武贲郎将后置，每卫六人，从四品，为武贲郎将副贰。

武功大夫 阶官名。北宋徽宗政和二年（1112）重定武臣官名，改皇城使置，为正七品武阶官，属大使臣。西夏后期亦置，品阶不详。清朝乾隆二十年（1755）改骁骑将军置，为武职中属绿营者从二品之封赠。三十二年，属八旗者从二品亦封此。五十一年，改为武功将军。

武功郎 官名。北宋徽宗政和二年（1112）重定武臣官名，改皇城副使置，为从七品武阶官，属大使臣。西夏后期亦置，品阶不详。

武功将军 散阶称号。清朝武职从二品之封赠。初，武职中属八旗者正、从二品封资政大夫，属绿营者从二品封骁骑将军，后各有变化。至乾隆五十一年（1786）统一于此，只封武职从二品，遂成定制。

武节大夫 官名。北宋徽宗政和二年（1112）重定武臣官名，改庄宅使、六宅使、文思使置，为正七品武阶官，属大使臣。西夏亦置，品阶不详。

武节郎 官名。北宋徽宗政和二年（1112）重定武臣官名，改庄宅副使、六宅副使、文思副使置，为从七品武阶官，属大使臣。

武节将军 散阶称号。金始置为武散官，以授正六品武官。元朝沿置，改武官正五品，宣授。明朝为武官正五品，升授。

武功爵 爵制。汉朝武帝元朔六年（前123）置，以奖励军功。据《汉书·食货志》注引臣瓒曰，《茂陵中书》载有武功爵，一级曰造士，二级曰闲舆卫，三级曰良士，四级曰元戎士，五级曰官首，六级曰秉铎，七级曰千夫，八级曰乐卿，九级曰执戎，十级曰政戾庶长，十一级曰军卫。第八级以上专用以奖励军功，第七级以下允许买卖，每级十七万。买爵至一定级位，即能享受试补吏、减罪及免役的特权。不久废。

武厉将军 官名。北魏置。《周书·窦炽传》："长广王建明元年（530），（窦炽）加武厉将军。"孝文帝太和十七年（493）职员令及二十三年复次职令时，皆未载。

武归 官名。北魏置。《魏书·官氏志》："（道武帝天赐）二年（405）二月，复罢尚书三十六曹，别置武归、修勤二职，武归比郎中，修勤比令史，分主省务。"太武帝时复置诸曹尚书，遂罢。

武成王庙署 官署名。金朝置。属太常寺。掌武成王庙春秋祀享。章宗泰和六年（1206）始建武成王庙，七年以金功臣配祀，大安元年（1209）置署。设令、丞领署事，秩从六品、从七品，由郊社署令、丞兼任。

武臣将军 官名。南朝梁置，武帝天监七年（508）定为武职二十四班中的十八班，与爪牙、龙骑、云麾将军代旧前、后、左、右四将军，大通三年（529）定制后为武职三十四班中的二十八班。陈沿置，改为拟四品，比秩中二千石。如加为武臣大将军，则进一阶。

武安局 官署名。北齐置，设丞，隶太府寺诸冶东道署。掌冶事。

武安局丞 官名。北齐置。见"武安局"。

武安将军 官名。南朝梁置。武帝天监七年（508）定为施用于境外的武职二十四班中的二十四班，是最高的一班，拟车骑将军，大通三年（529）定制后仍为最高的一班，拟镇卫将军等三号。

武巡捕 见"巡捕"。

武库令 官名。西汉初为中尉属官，武帝太初元年（前104）改中尉为执金吾，仍隶之，有三丞，掌京师武库兵器，洛阳、大将军等处亦置。东汉沿置，秩六百石，主兵器，丞一员。三国魏置，七品，主藏兵器。西晋沿置，隶卫尉，出征时主武库、领兵器；东晋省。南朝宋置一员，掌军器，隶尚书省库部曹；南齐沿置；梁隶卫尉卿及尚书省库部，又分南、北武库二署令，位一班；陈卫尉卿下置。北齐为卫尉寺武库署长官，从八品上，掌兵器及吉凶仪仗。隋朝沿置，二员，正八品，炀帝大业三年（607）增为正六品。唐朝置二员，从六品下，掌藏兵杖、器械，以备国用；玄宗开元二十五年（737）

东都亦置。金朝为殿前都点检司武库署长官，从六品，掌收贮诸路常课甲仗，以晓军器女真人充。

武库司 官署名。即武库清吏司。

武库司员外郎 官名。即武库清吏司员外郎。

武库司郎中 官名。即武库清吏司郎中。

武库丞 官名。西汉执金吾（中尉）属官，为武库令之副。东汉沿置，一员，秩三百石。南朝梁南、北武库二署各置二员，流外三品蕴位。隋朝卫尉寺武库署置为次官，二员，正九品。唐朝置二员，从八品下，玄宗开元二十五年（737）东都亦置。金朝殿前司武库署置，从七品。

武库清吏司 官署名。简称武库司，明清兵部四司之一，明洪武二十九年（1396）改库部置。设郎中、员外郎各一人，主事二人。洪熙元年（1425）南京兵部亦置，设官略同。掌理戎器、符勘、尺籍、武学、薪隶之事。清顺治元年（1644）沿置。设郎中满洲二人、汉一人，员外郎满、蒙各一人；主事满、汉各一人以及笔帖式、经承若干人。掌理全国兵籍及军器，并掌武科举之事。下设督学科、编军科、俸粮科、五府科、营科等机构，分办司务。光绪三十二年（1906），兵部改为陆军部，遂裁。

武库清吏司员外郎 官名。简称武库司员外郎，明清兵部武库清吏司之副长官，佐郎中掌司事。明洪武二十九年（1396）改库部员外郎设，一人，从五品。清顺治元年（1644）沿设，汉员外郎一人，以科甲出身者补授。满洲、蒙古司官初不分曹，随长官所派。康熙五十七年（1718）定制二人，满、蒙各一人。皆为从五品。光绪三十二年（1906）裁。

武库清吏司郎中 官名。简称武库司郎中，明清兵部武库清吏司之主官，掌司事。明洪武二十九年（1396）改库部郎中设，一人。洪熙元年（1425）南京兵部武库司亦设一人。皆正五品。清顺治元年（1644）沿设，汉郎中一人，以科甲出身者注授。满洲司官初不分曹，随长官所派。雍正五年（1727）定制三人，满洲二人，汉一人。均为正五品。光绪三十二年（1906）裁。

武库署 官署名。南朝梁置南、北署，各有令、丞。北齐卫尉寺置，掌甲兵及吉凶仪仗，有令；又别有修故局丞，掌领匠修故甲等事。隋朝沿置，有令二员、丞二员。唐朝卫尉寺置，玄宗开元二十五年（737）东都亦置，掌藏兵械，各置令二员、丞二员、监事一员。金朝殿前都点检司置，掌收贮诸路常课甲仗，有令、丞、直长等属。参见“武库令”。

武库署令 官名。即武库令。

武库署丞 官名。即武库丞。

武环倅长下士 官名。西魏、北周夏官府兵部中大夫武环率下大夫属官，正一命。

武环率下大夫 官名。北周置。夏官府兵部中大夫属官，员二人，统武环兵，正四命。下设武环率上士、武环倅长下士以佐其职。隋文帝开皇元年（581）罢。

武环率上士 官名。西魏、北周夏官府兵部中大夫武环率下大夫佐官，正三命。

武英殿大学士 明、清殿阁学士之一。明洪武十五年（1382）始置，简选翰林院官为之，备顾问应对，秩正五品。永乐（1403—1424）时始以殿阁学士衔简入内阁参与机务。洪熙（1425）、宣德（1426—1435）以后，阁权渐重，批答章奏，草拟诏旨，事实上渐成为宰相之任。但因品级低，故常以尚书兼之，以高其品秩。清朝沿置，品秩提高为正一品，但职任反不如明。雍正（1723—1735）中设立军机处，其职权遂为军机大臣所替代。

武英殿舍人 官名。“直武英殿西房中书舍人”之简称。参见“直武英殿西房中书舍人”。

武英殿修书处 清朝宫内刊刻书籍之所。隶内务府。康熙十九年（1680）设武英殿造办处，雍正七年（1729）改称修书处。设管理王大臣，无定员，下设内务府兼管司员二人及正监造员外郎、副监造副内管领、委署主事、库掌、委署库掌、笔帖式人等，负责监印书籍。另设总裁、提调、总纂、纂修、协修二十余人，由翰林官充任，负责校勘文字。

武奋将军 官名。北魏置，孝文帝太和十七年（493）定为六品下，二十三年复次职令，改为七品上。北齐沿置，从八品。

武昌右部督 官名。三国吴置。吴大帝孙权赤乌八年（245），分武昌为左、右两部，各设督一人，统兵马，职权颇重。右部掌管自武昌上至蒲圻的军务，以吕岱任此职，迁上大将军。

武昌左部督 官名。三国吴置。吴大帝孙权赤乌八年（245），分武昌为左、右两部，各设督一人，统兵马，职权颇重。左部掌武昌下游军务，薛莹以选曹尚书、领太子少傅迁此。

武侍 官名。隋炀帝大业三年（607）十二卫诸翊卫鹰扬府置，为三侍之一，位亲、勋二侍下，非翊卫府则无。

武备寺 官署名。元朝置。秩正三品，世祖至元二十一年（1284）由武备监改置，与卫尉院并立。成宗大德十一年（1307）升武备院。武宗至大四年（1311）复为寺。掌兵器制造、收储、给发。置卿四员，正三品；同判六员，从三品；少卿四员，从四品；丞四员，从五品；经历、知事各一员，照磨兼提控案牍、承发架阁库管勾各一员，辨验弓官、辨验筋角翎毛等官各二员。辖寿武、利器、广胜三库及大同、平阳、保定等路军器人匠提举司。

武备院 官署名。❶清朝内务府所辖三院之一。与上驷院、奉宸苑合称“内三院”。顺治十八年（1661），改兵仗局设。掌陈设御用兵仗、修造器械及本院官员奖惩、俸饷诸事。置兼管事务大臣，无定员。另设卿二人，郎中一人，主事二人。下设南鞍、北鞍、甲、毡四库，各署员外郎二人，库掌二人。❷见“武备寺”。

武备院郎中 官名。清朝内务府武备院之属官。

康熙二十一年（1682）设，额一人，正五品。掌本院题奏事件、核销钱粮、总理四库、收发文件诸事。

武备院卿　官名。清朝内务府武备院之长官。顺治十八年（1661）改兵仗局为武备院，由兼管大臣及三旗侍卫管理院事。康熙十六年（1677），以职掌事务侍卫一人掌院印。雍正六年（1728），改职掌事务侍卫为三品卿。乾隆十四年（1749）定卿额二人，由侍卫补授一人，由内务府司官补授一人。掌综理南鞍库、北鞍库、甲库、毡库等四库，办理修造器械，陈设兵仗事。

武备院兼管大臣　官名。又称“武备院兼管事务大臣”，清朝内务府武备院之主管官。乾隆十四年（1749）设，由皇帝特简，无定员。总掌制造、收贮御用军械、装备及宫中陈设器物诸事。

武备院兼管事务大臣　见“武备院兼管大臣”。

武备监　元朝官署名。秩正四品，世祖至元二十年（1283）由军器监改置，隶卫尉院。二十一年，改武备寺。

武学　官学名。北宋仁宗庆历三年（1043）始置，设教授一人，掌讲授兵书、兵法，数月后罢。神宗熙宁五年（1072）复置，设教授以文武臣熟知兵事者充任，其上设判学一人。生员以一百人为限，凡使臣未参班及门荫、草泽人，许由两名京朝官推荐，视看人材、试验弓马，合格者始许入学。学习三年，考试及格者，分等第授官。元丰（1078—1085）改制，改教授为博士。徽宗崇宁（1102—1106）中，各州皆设，仿儒学行考选升贡法。宣和二年（1120），罢州县武学。南宋高宗绍兴十六年（1146），依旧制复置。

武学司计　见“武学直学”。

武学司书　见“武学掌仪”。

武学直学　官名。南宋高宗绍兴十六年（1146）重建武学，置一员，兼任武学司计。

武学学正　官名。南宋高宗绍兴十六年（1146）重建武学，置一员，兼任武学学录。

武学学录　见“武学学正”。

武学斋长　武学职事名。南宋高宗绍兴十六年（1146）重建武学，下分六斋，每斋差置斋长一员。

武学斋谕　武学职事名。南宋高宗绍兴十六年（1146）重建武学，下分六斋，每斋差置斋谕一员。

武学教授　官名。北宋前期，武学置。神宗元丰（1078—1085）改制，改武学博士。

武学谕　官名。南宋高宗绍兴十六年（1146）重建武学，置一员，以武举出身人充任，正九品。后又差文臣有出身者充任。掌以兵书、弓马、武艺教授学生。

武学博士　官名。北宋神宗元丰（1078—1085）改制，改武学教授置。南宋沿置。高宗绍兴十六年（1146），选文臣有出身或武举出身曾预高选人充任。从八品。掌以兵书、弓马、武艺教授学生。

武学掌仪　官名。南宋高宗绍兴十六年（1146）重建武学，置一员，兼任武学司书。

武视将军　即虎视将军，唐朝人修史时避讳改。

武经大夫　官名。北宋徽宗政和二年（1112）重定武臣官名，改西京左藏库使置，为正七品武阶官，属大使臣。

武经郎　官名。北宋徽宗政和二年（1112）重定武臣官名，改西京左藏库副使置，为从七品武阶官，属大使臣。

武贲　❶即虎贲。唐朝人修史书时，因避讳改。参见“虎贲”。❷武贲中郎将（即虎贲中郎将）的省称。

武贲中郎将　即“虎贲中郎将”。唐朝人修史书时，因避讳改。

武贲郎将　官名。隋炀帝大业三年（607）改十二卫护军置，每卫四人，正四品。

武贲督　参见“虎贲督”。

武威司马　官名。北周置，为散官。二命。

武威将军　官名。东汉献帝建安（196—220）初置。《三国志·公孙度传》：“太祖表（公孙）度武威将军，封永宁乡侯。”两晋沿置，统兵出征。西晋末巴氐李特起事后亦置。南朝梁武帝天监七年（508）定为武职二十四班中的十二班，普通六年（525）列为十武将军之一，改为武职三十四班中的二十一班。陈改为拟六品，比秩千石。

武显大夫　阶官名。北宋徽宗政和二年（1112）重定武臣官名，改左藏库使、东西作坊使置，为正七品武阶官，属大使臣。清朝乾隆二十年（1755）改骠骑将军置，为武职中属绿营者正二品之封赠。三十二年，属八旗者正二品亦封此。五十一年，改为武显将军。

武显郎　官名。北宋徽宗政和二年（1112）重定武臣官名，改左藏库副使、东西作坊副使置，为从七品武阶官，属大使臣。

武显将军　散阶称号。清朝武职正二品之封赠。初，武职中属八旗者正、从二品封资政大夫，属绿营者正二品封骠骑将军，后各有变化。至乾隆五十一年（1786）统一于此，只封武职正二品，遂成定制。

武胜将军　见“十武将军”。

武选司　官署名。即武选清吏司。

武选司员外郎　官名。即武选清吏司员外郎。

武选司郎中　官名。即武选清吏司郎中。

武选官　宋朝武阶官别称。

武选清吏司　官署名。简称武选司，明清兵部四司之一。掌理武职选授，升调、袭替、功赏之事，并典营制及土司之政令。明洪武二十九年（1396）改司马部置。设郎中、员外郎各一人，主事二人。洪熙元年（1425）南京兵部亦置。设官略同。清顺治元年（1644）沿置。设郎中满洲三人，蒙、汉各一人，员外郎满洲四人、汉二人，主事满、汉各一人，以及笔帖式经承若干人。下设都统房、升调科、将材料、诰敕科及架阁科等机构，分办司务。光绪三十二年（1906）兵部改为陆军部，遂裁。

武选清吏司员外郎 官名。简称武选司员外郎。明清兵部武选清吏司之副长官，佐郎中掌司事，明洪武二十九年（1396）改司马部员外郎设，一人，从五品。清顺治元年（1644）沿设，汉员外郎一人。雍正五年（1727）定制六人，满洲四人，汉二人。均为从五品。光绪三十二年（1906）裁。

武选清吏司郎中 官名。简称武选司郎中，明清兵部所属武选清吏司之主官，掌司事。明洪武二十九年（1396）改司马部郎中设，一人，洪熙元年（1425）南京兵部武选司亦设一人，皆正五品。清顺治元年（1644）沿设，汉郎中一人，以科甲出身者补授。满洲、蒙古司官初不分曹，随长官所派。雍正五年（1727）定制五人，满洲三人，蒙古、汉各一人。均为正五品。光绪三十二年（1906）裁。

武信佐郎 散阶称号。清朝乾隆二十年（1755），改忠显校尉置，为武职中属绿营者从六品之封赠。三十二年，属八旗者从六品亦封此。五十一年，改为武略佐骑尉。

武信佐骑尉 散阶称号。清朝武职从七品之封赠。初，武职中属绿营者从七品无封赠，属八旗者从七品从文职封文林郎，后改奋武郎。乾隆三十二年（1767），统一定为奋武佐郎。五十一年，改此称，遂为定制。

武信骑尉 散阶称号。清朝武职正七品之封赠。初，武职中属绿营者正七品封奋勇校尉，乾隆二十年（1755）改奋武郎；属八旗者正七品封文林郎。三十二年，统一为奋武郎。五十一年，改此称，遂为定制。

武信郎 散阶称号。清朝置。乾隆二十年（1755）始定，为武职中属绿营者正六品及属八旗者正、从六品之封赠。三十二年，八旗改同绿营，只封正六品。五十一年，改为武略骑尉。

武举 ❶科目名。专为选拔武官而设置的科目。始见于唐武则天长安二年（702），有长垛、马射、步射、平射、筒射，又有马枪、翘关、负重、身材等选。北宋仁宗天圣七年（1029）置，此后废置不常。治平元年（1064）又置，迄宋末不改。神宗时规定，三年一次随进士、明法举人发解年考试。南宋时，与进士科相仿。明成化十四年（1478）定制，悉视文科之例，分三场考试，第一、二场试射箭、技勇，第三场试策一道。乡试、会试均同。崇祯时（1628—1644）增武殿试。清沿为制度。嘉庆十二年（1807）改第三场试策论为默写武经百余字，故渐以骑射、技勇为重。所取录状元、进士、举人、生员均同于文科。光绪二十七年（1901）废止。❷武举人之简称。

武举试法 宋朝武举考试制度之一。神宗熙宁（1068—1077）中修定。该法规定：凡武举，始试兵书墨义及对策于秘阁，武艺则试于殿前司，及殿试，则又试骑射及策。武艺、策皆优者授右班殿直，武艺次优授三班奉职，又次授三班借职，末等授三班差使、减磨勘年。策入平等而武艺优者授奉职，次优借职，又次三班差使、减磨勘年，武艺末等者三班差使。明清沿用，内容有所变动。

武冠 武官、侍从官服用之冠。亦称武弁、大冠。《续汉书·舆服下》："武冠，一曰武弁、大冠，诸武官冠之。侍中、中常侍加黄金珰，附蝉为文，貂尾为饰，谓之'赵惠文冠'。"《晋书·舆服》："武冠，一名武弁，一名大冠，一名繁冠，一名建冠，一名笼冠，即古之惠文冠。""天子元服亦先加大冠，左右侍臣及诸将军武官通服之。侍中、常侍则加金珰，附蝉为饰，插以貂毛，黄金为竿，侍中插左，常侍插右。"

武勇 十六国后赵所定选举科目之一。《晋书·石勒载记》："（石勒）令群僚及州郡岁各举秀才、至孝、廉清、贤良、直言、武勇之士各一人。"

武勇郎将 官名。隋炀帝大业三年（607）置为左、右雄武府次官，位同鹰扬府鹰击郎将，从五品，佐长官雄武郎将领其府骁果禁兵。

武勇将军 见"十武将军"。

武烈将军 官名。北魏置，孝文帝太和十七年（493）定为六品下，二十三年改为七品上。南朝梁武帝普通六年（525）列为十武将军之一，定为武职三十四班中的二十一班。陈改为拟六品，比秩千石。

武候上大夫 官名。北周武帝时置，在武候率下大夫之上，仍属夏官府，为武候府长官，统武候兵，正六命。其下设次大夫。隋文帝开皇元年（581）罢。

武候次大夫 官名。北周武帝时置。夏官府武候府次官，佐武候上大夫统武候兵。宣帝时乙娄谦曾任之。隋文帝开皇元年（581）罢。

武候倅长下士 官名。西魏、北周夏官府兵部中大夫武候率下大夫属官，正一命。

武候率下大夫 官名。北周置，夏官府属官，员二人，统武候兵，下设武候率上士、武候倅长下士以佐其职。武帝时，增置武候上大夫、次大夫，位在其上。又分置左、右，称左、右武候。正四命。隋文帝开皇元年（581）罢。

武候率上士 官名。西魏、北周夏官府兵部中大夫武候率下大夫佐官，正三命。

武健将军 见"十武将军"。

武部 官署名。即兵部，唐玄宗天宝十一载（752）改，肃宗至德二载（757）复名兵部。参见"兵部"。

武部尚书 官名。即兵部尚书，唐玄宗天宝十一载（752）改，肃宗至德二载（757）复名兵部尚书。参见"兵部尚书"。

武部侍郎 官名。即兵部侍郎，唐玄宗天宝十一载（752）改，肃宗至德二载（757）复名兵部侍郎。参见"兵部侍郎"。

武旅将军　官名。南朝梁置，梁武帝天监七年（508）定为武职二十四班中的十四班，与轻车将军等同班，代旧辅国将军；大通三年（529）定为武职三十四班中的二十四班。陈沿置，改为拟五品，比秩千石。如加为武旅大将军，则进一阶。

武职封赠　参见“封赠”。

武略大夫　官名。北宋徽宗政和二年（1112）重定武臣官名，改内园使、洛苑使、如京使、崇仪使置，为正七品武阶官，属大使臣。

武略中郎将　官名。三国蜀置。杜琪与樊岐同时任此职，琪以此职行参军，岐领从事中郎。见《三国志·李严传》裴松之注引诸葛亮《公文上尚书》。

武略佐骑尉　散阶称号。清朝武职从六品之封赠。初，武职中属绿营者从六品封忠显校尉，乾隆二十年（1755）改武信佐郎；属八旗者从六品封承德郎，后改武信郎。三十二年，统一为武信佐郎。五十一年，改此称，遂为定制。

武略郎　阶官名。北宋徽宗政和二年（1112）重定武臣官名，改内园副使、洛苑副使、如京副使、崇仪副使置，为从七品武阶官，属大使臣。清朝乾隆二十年（1755），改武略将军置，为武职中属绿营者从五品之封赠。三十二年，属八旗者从五品亦封此。五十一年，改为武德佐骑尉。

武略将军　散阶称号。❶金始置为武散官，以授从六品下武官。元沿置，改武官从五品，宣授。明朝为武官从五品，初授。清初沿置，为武职中属绿营者从五品之封赠。乾隆二十年（1755），改武略郎。❷见“十武将军”。

武略骑尉　散阶称号。清朝武职正六品之封赠。初，武职中属绿营者正六品封昭信校尉，乾隆二十年（1755）改武信郎；属八旗者正六品封承德郎。三十二年，统一为武信郎。五十一年，改此称，遂成定制。

武猛从事　州刺史僚属名。东汉末临时设置。《三国志·张扬传》：“以武勇给并州为武猛从事。”魏、晋司隶校尉、诸州刺史皆置，参掌军事。北齐唯司州置，视从九品。隋朝因之，置于雍州，文帝开皇十二年（592）改名武猛参军。

武猛将军　官名。南朝梁置。武帝天监七年（508）定为武职二十四班中的十二班，普通六年（525）列为十武将军之一，武职三十四班中的二十一班。陈改为拟六品，比秩千石。

武猛校尉　官名。东汉末曹操、孙权皆置。领兵。典韦任职时为曹操随身侍卫。见《三国志·三少帝纪》、《潘璋传》。

武猛都尉　官名。南朝宋置。《宋书·礼五》：“（武猛）都尉，银印。朝服，武冠。其以此官为千人司马虎贲以上、及司马史者，皆假青绶。”

武清等处大兵农使司　见“大兵农司”。

武谕　武学谕简称。

武骑司马　官名。北周置，为散官。二命。

武骑侍郎　官名。北魏置。《魏书·于栗传》：“太和（477—499）中，（于忠）授武骑侍郎，因赐名登。转太子翊军校尉。”太和十七年（493）定为从四品上，二十三年复次职令，未见。北周置为散官，三命。

武骑将军　官名。南朝梁置，武帝天监七年（508）定为武职三十四班中的十二班，普通六年（525）刊正将军名号时罢。北齐时属左、右卫府，为侍卫朱华阁以外的禁卫武官。员一人，四品上。

武骑常侍　官名。西汉置为加官，亦称常侍武骑，皇帝近侍护卫之一，多以郎官为之，车驾游猎，常侍左右。《史记·李将军列传》：“用善骑射，杀首虏多，为汉中郎。广从弟蔡亦为郎，皆为武骑常侍，秩八百石。”一说秩六百石。东汉省。南朝宋孝武帝大明（457—464）中复置，为侍从武官，用以安置闲散，隶中领军（领军将军），位比奉朝请。南齐、梁、陈因之。梁二班，陈八品。北齐略同，员二十五人，隶左、右卫府，从七品。北周列为散官，三命。隋初因袭北齐制度，员十人，从七品下，文帝开皇六年（586）罢。

武骑尉　官名。隋文帝开皇六年（586）始置。初为武散官八尉之一，炀帝大业三年（607）罢。唐朝改置为一转勋官，从七品上。宋承唐制，为十二级勋官末等，从七品。金亦置如宋制。明朝置为武勋，从六品。

武博　武学博士简称。

武散官　武臣无职事或寄禄者。隋朝置上柱国以下十一等散实官，六品以下翊军等四十三号将军为散号官；文帝开皇六年（586）又别置武骑以下八尉，正六品至从九品；炀帝大业三年（607）皆罢，置建节以下等八尉，正六品至从九品。唐高祖武德七年（624）置辅国、镇军二大将军，冠军以下共十将军为散号将军；太宗贞观十一年（637）更置骠骑大将军为从一品武散官，辅国、镇军二大将军为从二品武散官，冠军将军加大字及云麾以下、游击以上十将军为五品以上武散官；又置昭武、振威以下八校尉、八副尉为六品以下武散官；高宗显庆三年（658）又置怀化大将军、怀化将军、归德大将军、归德将军及中郎将、郎将、司阶、中候、司戈、执戟长上为正三品至从九品武散官，凡四十五阶，专授归唐之少数族政权首领。宋朝自骠骑大将军从一品至陪戎副尉从九品，凡三十一阶，仁宗康定二年（1041）定散官不系品位，神宗元丰五年（1082）罢置。金元皆置龙虎卫上将军以下三十四阶，金朝为正三品上至从九品下，凡仕至从二品以上至从一品者，皆用文资；元朝为正二品上至从八品下，五品以上为宣授，以制任命，六品以下为敕授，由中书省署牒。明朝武官六品，散阶三十，有初授、升授、加授之别。清朝武职封赠分为十八阶。

武提刑　宋朝武臣任提点刑狱公事之简称。

武锋中郎将　官名。东汉献帝建安（196—220）

中孙权置。领兵。《三国志·黄盖传》："拜武锋中郎将，武陵蛮夷反乱，攻守城邑，乃以盖领太守。"

武锋校尉 官名。东汉末孙策置，以黄盖任之。领兵。见《三国志·孙讨逆传》裴松之注引《吴录》。

武锐将军 官名。南朝梁置。武帝天监七年（508）定为武职二十四班中的九班，普通六年（525）列为十武将军之一，改为武职三十四班中的二十一班。陈改为拟六品，比秩千石。

武榜状元 武科目殿试取录的第一名。明朝旧有武科，无武科殿试，故仅有武举人，无武进士、状元之名。崇祯四年（1631）始开武殿试，钦定一甲三人，以王来聘能舞百斤大刀，定为状元，授副总兵。清沿其制，光绪二十七年（1901）始罢。参见"武举"。

武德大夫 官名。北宋徽宗政和二年（1112）重定武臣官名，改宫苑使、左右骐骥使、内藏库使置，为正七品武阶官，属大使臣。

武德司 官署名。北宋初置，设武德使、副使为正、副长官，掌皇城出入管籥木契及亲从官、亲事官名籍，并以武德卒潜察臣民动静。太宗太平兴国六年（981）改为皇城司，使名亦改。

武德佐骑尉 散阶称号。清朝武职从五品之封赠。初，武职中属绿营者从五品封武略将军，乾隆二十年（1755）改武略郎；属八旗者从五品封奉政大夫。三十二年，统一为武略郎。五十一年，改此称，遂为定制。

武德使 见"皇城司"。

武德郎 官名。北宋徽宗政和二年（1112）重定武臣官名，改宫苑副使、左右骐骥副使、内藏库副使置，为从七品武阶官，属大使臣。清置为散阶称号，乾隆二十年（1755）改武德将军置，为武职中属绿营者正五品之封赠。三十二年，属八旗者正五品亦封。五十一年，改为武德骑尉。

武德将军 散阶称号。金始置为武散官，以授正六品下武官。元朝沿置，改武官正五品，宣授。明朝为武官正五品，初授。清初沿置，为武职中属绿营者正五品之封赠。乾隆二十年（1755），改武德郎。

武德骑尉 散阶称号。清朝武职正五品之封赠。初，武职中属绿营者正五品封武德将军，乾隆二十年（1755）改武德郎；属八旗者正五品封奉政大夫。三十二年，统一为武德郎。五十一年，改此称，遂成定制。

武毅将军 官名。❶南北朝杂号将军之一。南朝宋八品；梁武职六班，大通三年（529）列为"十武将军"之一，班次稍高；陈因之，六品、千石。北魏孝文帝太和（477—499）中置，十七年定为六品下，二十三年改七品上。北齐因之。❷南朝梁、陈杂号将军名号，与前锋将军同班。《隋书》避唐太祖讳改。❸明朝武官散阶名。三十阶之第二十五阶，从五品，升授。

武器令 官名。唐朝卫尉寺武器署长官，置一员，正八品下，掌在外使用之兵器，祭祀、巡幸之仪仗则纳于武库。宋初存其名而罕除授。金朝殿前都点检司武器署置，位提点下，从六品，掌卤簿、仪仗、旗鼓、笛角之事。

武器丞 官名。唐朝卫尉寺武器署次官，置二员，正九品下。宋初存其名而罕除授。金朝殿前都点检司武器署置，位提点、令下，从七品。

武器监 ❶官署名。唐朝中央政府、隋唐行台省皆置，有监、少监（或副监）、丞等，掌兵仗、厩牧之事；中央政府所置，于唐太宗贞观六年（632）废，玄宗开元三年（715）又置军器监。行台省所置，于唐高祖武德五年（622）至九年（626）随行台省罢。❷官名。唐朝中央政府武器监长官，置一员，正八品下；隋朝行台尚书省武器监长官，置一员，视正八品；唐朝陕东道大行台尚书省武器监长官，置一员，正八品下；诸道行台尚书省武器监长官，置一员，从八品上。

武器署 官署名。唐朝卫尉寺置，有令一员、丞二员，掌在外使用之戎器，祭祀、巡幸之仪仗则纳于武库，给六品以上葬卤簿、棨戟，又有监事二员；唐太宗贞观（627—649）中东都（洛阳）亦置。宋初存其名而无除授。金朝殿前都点检司置，有提点、令、丞，掌祭祀、朝会、巡幸及公卿婚葬卤簿、仪仗、旗鼓、笛角之事；又有直长二员、顿舍官二员。

武器署令 官名。即武器令。

武器署丞 官名。即武器丞。

武翼大夫 阶官名。北宋徽宗政和二年（1112）重定武臣官名，改供备库使置，为正七品武阶官，属大使臣。清朝乾隆二十年（1755），改怀远将军置，为武职中属绿营者从三品之封赠。三十二年，属八旗者从三品亦封此。五十一年，改为武翼都尉。

武翼郎 官名。北宋徽宗政和二年（1112）重定武臣官名，改供备库副使置，为从七品武阶官，属大使臣。

武翼都尉 散阶称号。清朝武职从三品之封赠。初，武职中属绿营者从三品封怀远将军，乾隆二十年（1755）改武翼大夫；属八旗者从三品封通议大夫。三十二年，统一为武翼大夫。五十一年，改此称，遂为定制。

武藏下大夫 即小武藏下大夫。

武藏中大夫 官名。西魏恭帝三年（556）置，北周沿置。夏官府武藏司长官，员一人，掌各种兵器、铠甲及武士所着袍袄的收藏，保管。正五命。下设小武藏下大夫以佐其职，领司袍袄中士、司弓矢中士、司甲中士，司矟中士、司刀盾中士等官属。北周武帝建德二年（573）罢。宣帝即位后，复置。隋文帝开皇元年（581）罢。

坦绰 官名。南诏官，与布燮、久赞同为清平官，犹唐朝宰相，决国事轻重。

林　官名。西周置，掌管山林。《免簠铭》："命免作司土，司奠还林，众吴（虞）、众牧。"《免簠铭》："今汝匹周师司林。"

林牙　辽朝官名。北面官，掌文翰之事，有时亦主兵事。辽有大林牙院专掌修文告等事。此外北枢密院、文班司等官署也设有此职。群牧诸司所设，仅管簿书而已。

林庙守卫司百户　官名。清朝衍圣公所属之职官，负责孔庙之守卫事。正七品。由衍圣公保举题授。

林衡　官名。《周礼》地官之属，一说为周朝置，掌林麓禁令守护。《周礼·地官》："林衡，每大林麓下士十有二人，史四人，胥十有二人，徒百有二十人；中林麓如中山之虞；小林麓如小山之虞"，"掌巡林麓之禁令，而平其守，以时计林麓而赏罚之。若斩木材，则受法于山虞，而掌其政令"。

林衡下士　官名。西魏、北周地官府虞部下大夫林衡中士佐官，正一命。

林衡中士　官名。西魏恭帝三年（556）仿《周礼》林衡置，北周沿置。地官府虞部下大夫属官，掌巡视林麓，严禁随意砍伐，正二命。下设林衡下士以佐其职。隋文帝开皇元年（581）罢。

林衡署　官署名。明永乐五年（1407）置为上林苑监属署之一。置典署一人，正七品，署丞一人，正八品，录事一人，正九品。掌苑地内种植果树花木之事。洪熙（1425）中并入嘉蔬署，宣德十年（1435）复置。嘉靖（1522—1566）时革录事。参见"上林苑监"。

枝官　谓官府冗员。《韩非子·和氏》："损不急之枝官，以奉选练之士。"

枢机房　官署名。唐玄宗开元十一年（723）政事堂移中书门下后，置为五房之一，掌枢密之任，以宰相主其事；后宠任宦官，枢密归内侍。

枢臣　明朝兵部尚书、清朝军机大臣及明清大学士之别称。

枢直　枢密直学士简称。

枢府　❶宋朝枢密院之别称。❷清朝军机处之别称。

枢相　五代、宋枢密使带相印或宰相兼任枢密使者称枢相。

枢副　枢密副使简称。

枢曹　清朝军机章京之别称。

枢辅　官名。明朝用称内阁辅臣出掌兵事之官。仅见于天启元年（1621）内阁大学士孙承宗督师经略山海关一例。

枢密　❶处理政府重大机密事务之官署。《北史·刘洁传》："洁久在枢密，恃宠自专，帝心稍不平。"时刘洁任尚书令，枢密指尚书令治事之所。唐朝中期以后则专指枢密院。参见"枢密院"。❷枢密使省称。❸明朝大都督与大都督府别称。

枢密分院　元末官署名。枢密院分衙机构，掌地方军务，顺帝至正十五年（1355）后，设于卫辉、彰德、直沽、沂州等地。

枢密行府　官署名。南宋高宗绍兴三十一年（1161）置，以知枢密院事为长官，掌督视江淮荆襄军马。其文书行移皆依枢密院体式施行，所有奏报文字直发入内内侍省投进。三十二年罢。

枢密直学士　官名。简称枢直。五代后唐庄宗同光元年（923），改直崇政院置，选有政术文学者充任。宋初置为皇帝侍从，备顾问应对。神宗元丰（1078—1085）改制，定为正三品。徽宗政和四年（1114），改为述古殿直学士。南宋高宗建炎二年（1128）复旧名。辽朝亦置，为南面官，属南枢密院，位在知枢密院副使事下。西夏仁宗时亦置。参见"枢密院"。

枢密使　官名。唐代宗永泰（765—766）中始置内枢密使，以宦官为之，掌宫庭奔走，宣传机密诏奏，承受表奏，于内中进呈，若皇帝有所处分，则宣付政事堂及翰林院学士。僖宗时，杨复恭、西门季玄任枢密使，始于堂状后帖黄，指挥公事，侵夺宰相之权，地位极重，与两军中尉合称"四贵"。五代后梁太祖开平元年（907）改崇政院使，以士人充任，备顾问、参谋议，出纳诏奏，职权与唐略同。后唐庄宗同光元年（923）复旧名，以宰相兼，为枢密院长官，又置枢密院使一人，权侔宰相。后晋高祖天福四年（939）废，出帝开运元年（944）复置。宋沿置，仍为枢密院长官。太祖建隆三年（962）罢宰相兼任，专掌佐皇帝管理军政，为国家最高军事长官，号称执政，与宰相同执朝政，有发兵之权，无拥兵之重。神宗元丰（1078—1085）改制罢，另置知枢密院领其职。南宋高宗绍兴七年（1137）复以宰相兼，定为从一品，二十六年又罢。三十二年再令宰相兼，迄宋亡不改。辽北、南枢密院皆设。北院枢密使掌兵机、武铨、群牧之政，领契丹军马；南院枢密使掌汉人兵马之政。西夏枢密院亦设。金朝从一品，掌武备机密之事。元世祖中统四年（1263）置，以皇太子真金兼领。武宗、仁宗、顺帝时，皆曾令皇太子兼领。另置知枢密院事为枢密院实际长官。参见"枢密院"。

枢密承旨　官名。五代枢密院置，主管承旨司之事。北宋初沿置，太宗太平兴国七年（982），始名枢密都承旨。南宋因之。

枢密院　官署名。唐代宗永泰（765—766）中始以宦官为内枢密使，不置司局，无视事之厅。僖宗、昭宗时，杨复恭、西门季玄为枢密使，始于堂状后帖黄，指挥公事，专置官署，扩为东西（上下）两院，设枢密使两人及承旨、院吏等，全用宦官，出纳机密诏奏，分割政事堂之权。五代后梁太祖开平元年（907）废，职归崇政院。后唐庄宗同光元年（923）复改崇政院置，职掌与唐略同，协助皇帝决策发令，官员改用士人，以宰相兼枢密使领院事。后晋高祖天福四年（939）废，事归中书。出帝开运元年（944）复置，军国大政皆归之。宋初罢宰相兼掌枢密之制，遂与中书门下（政事堂）并称“二府”，对掌军政大权。本院专掌军国机务、兵防、边备、军马等政令及出纳机密命令之事，为国家最高军事机构。初设枢密使、副使，后陆续增置签署院事、同签署院事、知枢密院事、同知枢密院事。通常使、副使与知院、同知院不并置，神宗熙宁元年（1068）始同时设置。元丰五年（1082）罢使与副使，置知院事、同知院事各一人。南宋初，命宰相兼知枢密院。高宗绍兴七年（1137）复置枢密使，仍以宰相兼任。二十六年罢宰相兼领枢密，三十二年复令宰相兼枢密使，后不改。辽太宗会同元年（938）灭后晋，依晋制在汉地设枢密院，掌汉人军政。世宗大同元年（947）设契丹枢密院，统领契丹、渤海、女真等部族军兵，亦主民事、刑狱诉讼、纠察百官等事，实为辽的政治中枢，称北枢密院。汉人枢密院称南枢密院，总领汉人之政，掌政治、财赋、军事，地位不如北枢密院。各设枢密使、知枢密使事、知枢密院事、枢密副使、知枢密副使事、同知枢密使事、签书枢密院事等官。皇帝亲征时，常设行枢密院，总领兵事。西夏亦置，西夏语音“令泥落”，掌全国军事枢要、边防等，属上等司。长官为都枢密使、枢密使或知枢密院事。枢密位有枢密南益、枢密北座、枢密西摄、枢密东拒、枢密副使、入枢密名。又有枢密都承旨、枢密都招讨使、枢密直学士等职。金太祖天辅七年（1123）置，总领汉军。章宗泰和六年（1206）改都元帅府，八年复旧名，掌朝廷军机要务。设枢密使、枢密副使、签书枢密院事、同签枢密院事等官。元世祖中统四年（1263）置，为朝廷军事行政机构，掌军事机要。由皇太子真金兼领枢密使。后枢密使几度再设，皆由皇太子兼领，实为虚衔。定置知枢密院事、同知枢密院事、枢密副使、佥枢密院事、同佥枢密院事、枢密院判官、参议等官。有征伐之事，则置行枢密院；为一方一事而设者，则称某处行枢密院。

枢密院左右押衙 吏名。宋朝枢密院承旨司置，员二人。

枢密院左右副知客 吏名。宋朝枢密院承旨司置，员二人。

枢密院机速房 见“机速房”。

枢密院讲议司 官署名。北宋徽宗崇宁元年（1102），改尚书省讲议武备房置，掌讨论武备，以知枢密院事提举。三年罢。

枢密院判官 官名。简称院判，属枢密院。金朝末年曾置。元世祖至元七年（1270）置一人，后增为二员，正五品。

枢密院直学士 官名。五代后唐庄宗同光元年（923）由崇政院直学士（直崇政院）改名，选有政术文学者为之。

枢密院承旨 官名。唐宣宗大中（847—860）中置，以枢密院吏充任，承受传宣皇帝旨意。五代以诸卫将军充，后晋高祖天福五年（940）改为枢密院承宣。宋朝复为枢密院承旨，以士人充，为清选。神宗元丰（1078—1085）改制，定为正六品。

枢密院承旨司 官署名。五代始置，宋初因之。设枢密院都承旨、副都承旨为正、副长官，设副承旨分领诸房公事。掌传达皇帝命令，管理枢密院内部事务。皇帝于崇政殿阅试禁军武艺或接见外国使臣时，都承旨、副都承旨侍立于侧，随事陈奏，或取旨以授有关机构。并掌检察枢密院主事以下属吏功过、迁补等事。

枢密院副承旨 官名。五代始置枢密副承旨，以诸卫将军充任。宋朝沿置，分领枢密院承旨司诸房公事。哲宗元祐（1086—1094）中定为正八品。南宋升为正七品。辽朝北、南枢密院皆设，位在都承旨下。

枢密院编修司 官署名。宋朝枢密院置，随事置编修官，或以枢密院官兼充。神宗熙宁三年（1070）编修《经武要略》，兼删定诸房例册。哲宗绍圣四年（1097）编修刑部、军马司事。徽宗政和七年（1117）编修《北边条例》。南宋宁宗嘉定七年（1214）编修《中兴经武要略》，又另置详复官。

枢密院编修官 官名。宋朝枢密院编修司置，掌编修《经武要略》、删定诸房例册。正八品。

枢密都承旨 官名。北宋太宗太平兴国七年（982）始置，为枢密院承旨司长官，总领诸房公事。后用枢密院吏递迁。神宗熙宁三年（1070）复用士人充任。元丰（1078—1085）改制，定为从五品，领枢密院事务及承旨司之事。南宋高宗绍兴元年（1131），以两制为之。孝宗时复用武臣。辽朝北、南枢密院皆设，隶北院者位在签书北枢密院事下，隶南院者位在枢密直学士下。西夏亦置，为枢密院承旨司长官。

枢密副使 官名。五代后唐庄宗同光元年（923）改崇政院副使置，为枢密院副长官。宋初因之。神宗元丰（1078—1085）改制罢，以同知枢密院领其职。南宋复置，正二品。辽北、南枢密院皆置，位知枢密院事之下。金朝从二品，章宗泰和四年（1204）一度置二员。元世祖中统四年（1263）置二员，为枢密院实际长官。至元二十八年（1291）后定为从二品，官阶低于知枢密院事、同知枢密院事。

枢密副承旨 官名。参见“枢密院副承旨”。

枢密副都承旨 官名。北宋前期，枢密院承旨司置，通署诸房公事。神宗元丰（1078—1085）改制，定为正六品，与都承旨通领枢密院事务及承旨司之事。西夏仁宗时亦置，为枢密院承旨司副长官。

枚卜 选官方式。以占卜而定。《尚书·虞书·大禹谟》：“禹曰：‘枚卜功臣，惟吉之从。’”《左传·哀公十六年》：“王与叶公枚卜子良，以为令尹。”为古选官之法。明末用以选任内阁大学士。崇祯（1628—1644）初年，命廷臣推举十人候选，贮名金瓯，焚香肃拜，以次探取。得名者入阁。

板片库 官署名。清朝礼部所属之办事机构，由本部堂官委任所属司员管理库事，无定员。掌贮藏书板，内有《钦定三礼义疏》、《大清会典》、《大清会典事例》、《大清通礼》、《礼部则例》、《科场条例》等书。宣统三年（1911）改隶典礼院。

板职　官制用语。指不由吏部正式任命，而由地方军政长官自行选用的官职。南北朝时，还常作为授予年老军人或平民的虚衔。《北齐书·废帝纪》："诏九州军人年七十已上授以板职。"

板授　官制用语。指地方军政长官自行选用官员，未经吏部正式任命，而由州、府的户曹行板文委派。

松州虎贲分司　官署名。元朝侍卫亲军机构虎贲卫亲军都指挥使司分衙。设置年代不详，置司于松州（今内蒙古自治区赤峰市西南），掌卫军屯田、戍守。

松林苑　官署名。明成祖永乐五年（1407）置，北京苑马寺六监二十四苑之一，属香山监。设圉长一人，从九品，下分各群，设群长，掌牧养马匹，以备军需。十八年并入太仆寺。参见"香山监"。

松潘叠宕威茂州宣抚使司　官署名。元朝置。秩正三品，隶吐蕃等处宣慰司都元帅府。原为安抚司，武宗至大二年（1309）七月改为宣抚司，迁治茂州汶川县（今四川汶川），治松州、潘州、叠州、宕州、威州、茂州（今甘肃岷县至四川汶川一带）地区军民政务。置达鲁花赤、宣抚使、同知、佥事各一员。下辖静州茶上必里溪安乡等处二十六族军民千户所、龙木头都留（蛇谷陇迷）等一十二族军民千户所、岳希蓬罗匐村等处二十二族军民千户所及折藏万户府等机构。

杭州织造　见"织造"。

杭州路金玉总管府　即行诸路金玉人匠总管府。

取急　官制用语。指官吏因患病而请假。《北齐书·崔传》："（崔瞻）转尚书吏部郎中。因患取急十余日，旧式，百日不上解官，吏部尚书尉谨性褊急，以瞻举指舒缓，曹务繁剧，遂附驿奏闻，因而被代。"

耶鲁碗斡鲁朵　即积庆宫。

刺　❶官府公文之一。诸司相质，其制有三：关、刺、移。刺，即刺举之。唐朝为尚书省诸司相质公文，宋朝为尚书省对六部之移文。❷常用文书之一。官员互谒，以此通报。

刺史　官名。汉武帝元封五年（前106）始置，分全国为十三部（州），部置刺史一人，秩六百石。无治所，奉诏巡行诸郡，以六条问事，省察治政，黜陟能否，断理冤狱。所察对象主要是二千石长吏，其次为强宗豪右，诸侯王亦在督察之列。成帝绥和元年（前8）更名州牧，秩真二千石。哀帝建平二年（前5）复旧制，元寿二年（前1）又改名州牧。东汉建武十一年（后35）省。十八年仍置，秩六百石。西汉刺史常以八月巡视所部郡国，岁尽诣京都奏事。东汉不令自诣，属吏有从事史、假佐，员称略与司隶校尉同，有固定治所，实际上成为比郡高一级的地方行政长官，权力增大，除监察权外，又有选举、劾奏之权，有权干预地方行政，又拥有领兵之权。灵帝中平五年（188），刘焉以刺史威轻，建议改置州牧，遂选群臣以居其任。三国魏州或置牧，或置刺史。置刺史则领兵者为四品，不领兵者则称单车刺史，五品。蜀、吴皆置，已成为一州行政长官，除治民外，领兵者兼掌武事。晋刺史三级：领兵且加都督者，二品；领兵者四品；不领兵者五品。凡领兵即加将军者皆可开府，置府僚。加都督者权颇重。南朝宋同。齐亦置，制不详。梁州分六等，刺史秩二千石，选拟视内职，班品不详。大致大州比令、仆班，小州比参军班。陈刺史亦三等，但稍异晋、宋之制，有不领兵刺史，大州三品，中州四品，小州五品；加督者，大州二品，中州三品，小州四品；加都督者，大州一品，中州二品，小州三品。凡刺史多有加持节、假节之号者，然与官品无关。为加强控制权，刺史常自领治所之郡太守。北朝北魏孝文帝时司州置刺史，官极崇重，为二品中；至太和二十三年（499）时改为司州牧，从二品。外州则例置刺史。道武帝天赐二年（405）制，诸州置三刺史，宗室一人，异姓二人。皇兴（467—470）中亦有一州置二刺史者，以后不见。至太和二十三年，定上州刺史三品，中州从三品，下州正四品下。北周三万户以上州刺史正八命，二万户以上州刺史八命，一万户以上正七命，五千户以上七命，五千户以下正六命。凡刺史例加将军并开府。有加持节、都督等号者，督一州或若干州，又有加仪同三司者。北周则常兼总管，为总管者位高权重。刺史属官分州佐、府佐两个系统，前者有别驾、治中等，后者有长史、司马等。隋炀帝时曾改州为郡，刺史称太守，另于司隶台置刺史十四人（正六品），掌以六条巡察郡县，与汉制略同。隋唐五代，刺史为一州行政长官，不带军号，员一人，品秩依州等级由从三品至正四品下不等。其属有长史、司马、别驾、录事参军及司功、司仓、司户、司田、司兵、司法、司士参军事等，员额增减不一。唐初刺史例加使持节，唯给铜鱼一枚。中叶以后多带防御使、团练使，其属又有押牙、虞候、兵马使等。时藩镇擅权，刺使受制，出现"制敕不下支郡"，"刺史不专奏事"的局面。宋承唐制。宋朝初年尚有驻本州者，后多为武臣寄禄官。北宋前期为五品，元丰改制定为从五品。至明清，刺史又为知州别称。

刺史州　以刺史为长官之州。宋朝又称军事州，为六等州之第六等，刺史不赴任者，则以他官判、知，属官有军事推官、录事参军等。辽朝刺史州设刺史、同知州事、录事参军等职。金朝刺史州设刺史、同知、判官、司军、知法、军辖兼巡捕使各一员。

刺奸　新莽时曾置左右执法、刺奸。东汉大将军等将帅所统营部职吏有刺奸，掌监察执法。西晋太宰、相国府或置，为僚属诸曹之一，设掾、属主持。

刺奸令史 官名。东汉献帝建安（196—220）年间曹操置为僚属，掌管司法事务。《三国志·高柔传》：“（曹操）以（柔）为刺奸令史，处法允当，狱无留滞。”西晋司马孚为太宰后，其府设刺奸曹，有令史。

刺奸主簿 官名。东汉献帝建安（196—220）年间曹操置为属官，掌管司法事务。《三国志·孙礼传》：“径诣刺奸主簿温恢，恢嘉之，具白太祖，各减死一等。”

刺奸将军 官名。东汉置。东汉初光武帝置，以掌军中法制，督奸猾。祭遵自军市令迁此职。

刺奸都督 官名。三国魏大将军及太尉设为属官，掌管司法事务，洪饴孙《三国职官表》作第七品。晋朝诸公及开府位从公加兵者亦置。

刺奸掾 官名。东汉献帝建安（196—220）年间曹操置为属官，又分左、右，掌管司法事务。北齐诸州亦置。

画旨 见“录白”。

画局 官署名。元朝置，秩从八品，设于世祖至元十五年（1278），隶诸路金玉人匠总管府，掌描造诸色样制。置大使一员。

画学 宋朝学校名。徽宗崇宁三年（1104）设，学生以绘佛道、人物、山水、鸟兽、花竹、屋木为业，并习读《尔雅》、《说文》、《方言》、《释名》等。依太学分三舍，士流、杂流各自为斋。由国子监公厨给食。补试外舍者，须本贯出给保明公据，照验得实或命官一人委保，纳家状、试卷，然后收试。士流试经义二道，杂流诵小经三道。大观四年（1110），并入翰林图画局。宣和（1119—1124）中，徽宗亲出试题，考试艺能。北宋亡，废。

画室署长 官名。东汉置，名义上隶属少府，秩四百石，以宦者任之。

画黄 官文书名。宋朝中书省据皇帝意旨起草诏令，交门下省审复。重大事件面奏，得旨后另以黄纸录送门下省，称画黄。小事则先拟出处理意见，得旨及进呈熟状后，另以黄纸抄录送门下省，称录黄。

画缋 官名。周朝置，掌衣裳花纹绘制。见《周礼·冬官·考工记》。

卦者 官名。周朝置，筮人属吏，掌辨识爻卦，书写卦象。《仪礼·士丧礼》：“筮人许诺，不述命，右还，北面指中封而筮，卦者在左。”《士冠礼》：“筮人许诺，右还，即席，坐西面。卦者在左，卒筮书卦，执以示主人。”

直入正都督 官名。北齐置，为左、右卫府直荡属官，负责舆驾出入之侍卫。领直入副都督。五品上。

直入副都督 官名。北齐置，为左、右卫府直荡属官，负责舆驾出入之侍卫，六品。

直卫三郎 官名。北魏置。是皇帝左、右的侍卫。《南齐书·魏虏传》：“（咸阳王元禧谋反，宣武帝元恪）遣直卫三郎兵讨禧，执杀之。”

直卫正都督 官名。北齐置，为左、右卫府直卫属官，负责舆驾出入之侍卫。领直卫副都督。五品上。

直卫副都督 官名。北齐置，为左、右卫府直卫属官，负责舆驾出入之侍卫，从六品。

直天章阁 官名。北宋徽宗政和六年（1116）始置，正七品，为中级官员所带贴职。

直从 官名。北魏置。为禁卫武官，位在直阁之下。见《魏书·肃宗记》。

直仓科 见“仓科”。

直长 官名。北魏始置，为皇帝近侍亲信。间有左、右之分，多以他官兼领。北齐时门下省领左、右局，置左、右四人，从五品。隋唐五代亦置。一为殿中省所领尚食、尚药、尚衣、尚舍、尚乘、尚辇六局所置，无定员，秩正七品上，为本局次官。一为左、右监门卫置，位监门校尉下，为宿卫武官，六百八十人，太子左、右监门率府亦置七十八人，均从七品下。宋朝于太史局置。金太常寺各署置，章宗明昌三年（1192）后多罢，仅存诸陵署者。又于殿前都点检司下各监、局、署、鹰坊，宣徽院各局，太医院，各库、署，太府监，少府监，军器监各署司，惠民司，法物库，修内司，祗应司，甄官署，上林署等处置，为各官署属官，多为正八品。明洪武三年（1370）置为秘书监属官，掌内府书籍。十三年与秘书监俱革。

直文华殿东房中书舍人 官名。明朝置，以直文华殿东房，负责缮写工作。初为内官职，继以中书舍人分值，后乃专选书法优良的中书舍人充任，仍从七品，无定员，专掌奉旨缮写书籍，称直文华殿东房中书舍人，简称文华殿舍人。

直水 关吏名。南朝置。《隋书·食货》：“又都西有石头津，东有方山津，各置津主一人，贼曹一人，直水五人，以检察禁物及亡叛者。其获炭鱼薪之类过津者，并十分税一以入官。”

直龙 直龙图阁简称。

直龙图阁 官名。北宋真宗大中祥符九年（1016）始置。其后，凡馆阁之久次者，必选直龙图阁，作为擢待制之基。神宗元丰（1078—1085）改制，省郎、寺监长贰补外或领监司帅臣，则除此职。哲宗元祐（1086—1094）中定为正七品。

直史 宋直史馆的简称。

直史馆 官名。唐朝指未登朝官（六品以下）入史馆修者。宋朝初年，为馆职之一，任职一至二年，然后委以重任，并可超迁官阶。后亦作为特恩加授外任官。神宗元丰（1078—1085）改制罢。

直年旗大臣 官名。清朝掌八旗联合会理事之大臣。额设八人，每旗各一人。于都统、副都统内特简。任期一年，岁终更代。掌八旗会理之事，并于年终将八旗已结、未结及其他年例之事向皇帝汇报。

直年旗公署 官署名。清朝八旗的联合组织，掌八旗会理之事。每年终，将八旗已结、未结及其他年例之事向皇帝汇报。简派各旗都统或副都统八人为直年旗大臣，并选派各旗司员若干协理事务。任期均为一年，岁终更换。

直年旗参领 官名。清朝八旗直年大臣之属官，由直年大臣于各旗参领内委派，无定员。掌章奏文移。

直年旗章京 官名。清朝八旗直年大臣之属官，由直年大臣于各旗章京内委派，位直年旗参领之下，无定员。掌章奏文移。

直华文阁 官名。南宋光宗庆元二年（1196）置，为特恩所授贴职。

直后 官名。北魏置，是皇帝左右的侍卫武官，有时以给事中、宣威将军等领之。原为比视官，有罪不得除刑，孝明帝时胡太后从任城王元澄之议，得依中正例当刑。南朝齐亦置，职掌同。北齐时为左右卫府直阁属官，从六品上。隋初属左右卫府，员十五人，从六品，炀帝大业三年（607）罢。

直讲 官名。唐武则天长安四年（704），始于国子学、四门学置，员四人，掌佐博士、助教讲授学业。宋太宗淳化五年（994）于国子监置，以京朝官充任。仁宗皇祐（1049—1054）中定置八人，每员各专一经。掌以经术教授学生。神宗元丰三年（1080），改为太学博士。又，资善堂亦置，以儒臣充任，掌讲读经史。

直里监 官名。东汉置，隶少府所属钩盾令。秩四百石。直里，园名，在洛阳城西南角。

直兵 直兵曹或直兵参军之省称。

直兵参军 官名。东晋、南朝置，为直兵曹长官。南朝宋七品，梁四班至流外七班，陈八品至九品。参见“直兵曹”。

直兵曹 官署名。东晋末诸公府、将军府僚属诸曹之一，掌亲兵卫队，长官为参军。刘裕为相，改与中兵曹共设一参军。南朝宋、齐沿置，凡单设者亦置参军。梁、陈王府、公府、将军府皆置，设参军。

直言 选举科目。十六国后赵石勒赵王二年（320），“令群僚及州郡岁各举秀才、至孝、廉清、贤良、直言、武勇之士各一人”（《晋书·石勒载记下》）。石勒建平二年（331）又下书公卿百僚岁荐直言一人，答策上第者拜议郎，中第中郎，下第郎中。

直武英殿西房中书舍人 官名。明朝直武英殿西房负责缮写工作者，初为内官职，继以中书舍人分直，后乃专选书法优良之中书舍人充任，仍从七品，无定员，专掌奉旨篆写册宝、图书、册页，称直武英殿西房中书舍人，简称武英殿舍人。

直枢密院 官名。辽朝置。天祚帝保大二年（1122），李处温立耶律淳为帝，以族弟李处能直枢密院，实掌枢密院之权。

直刺 清朝直隶州知州之别称。以知州别称刺史，故名。

直事令史 官名。北魏置。孝文帝太和十七年（493）定为从八品上。

直事郎 官名。❶西晋尚书省直事曹长官，六品。❷北魏置，职掌、隶属不详。孝文帝太和十七年（493）定为从七品上。

直事曹 官署名。❶尚书省诸郎曹之一。西晋置，设郎。东晋省。❷御史台诸曹之一。西晋置，设侍御史掌其事。南朝宋、齐沿置。梁、陈不详。

直舍人院 见“舍人院”。

直宝文阁 官名。北宋徽宗政和六年（1116）始置，为正七品贴职，作为特恩授中级官员。

直宝章阁 官名。南宋理宗宝庆二年（1226）始置，为贴职之一，作为特恩以授中级官员。

直宝谟阁 官名。南宋宁宗嘉泰元年（1201）始置，为贴职之一，作为特恩以授鸿儒。

直学 宋朝学校职事名。北宋太学设四员，南宋二员，掌太学生学籍及进出门登记簿，兼治斋仆不尽职者。徽宗时曾置命官直学，与职事直学并存，不久省罢。州、县学亦设，各一至二员，差进士或州学生充任，掌本学钱粮。宗学、武学亦设，职责与太学直学略同。

直学士 ❶官名。唐朝弘文馆、集贤殿书院置，以六品以下官为之，掌详正图籍，教授生徒。金朝翰林学士院置，从四品，无定员。元朝翰林兼国史院、蒙古翰林院、集贤院皆置，员各二人，从三品。朱元璋吴元年（1367）于翰林院置，正五品。明洪武十四年（1381）废。清宣统三年（1911）典礼院置，员八人，掌讨论典礼。清亡遂废。❷宋朝枢密直学士、诸阁直学士、辽朝昭文馆直学士、崇文馆直学士省称。

直学士院 官名。北宋太祖开宝二年（969）始置，以中书舍人及知制诰充任。其后，翰林学士阙，常以他官直学士院。南宋，以翰林学士官高多不除人，而以直学士院代行其职。

直郎 官名。北魏置。选用文学之士，多作为起家官。《魏书·崔浩传》：“（浩）弱冠为直郎，天兴（398—404）中，给事秘书，转著作郎。”

直隶厅 参见“厅”。

直隶甲 清朝兵部职方清吏司所属之办事机构，额设经承一人。

直隶司 即直隶清吏司。

直隶司员外郎 即直隶清吏司员外郎。

直隶司郎中 即直隶清吏司郎中。

直隶州 地方行政区名。明清地方行政建制之一。地位略次于府，有下属之县。因直隶于布政使司，故名。

直隶河道水利总督 见“直隶河道总督”。

直隶河道总督 全称直隶河道水利总督，又称北河总河。官名。清朝督理直隶河道之最高长官。雍正八年（1730）设，一人。驻天津。掌理漳卫入运归海及永定河疏浚堤防之事。九年设北河副总河一人，驻固安，佐之。乾隆二年（1737）皆裁，河道事务归直隶总督兼管。

直隶总督　官名。清初废南直隶，以明北直隶（辖顺天等八府二州，相当于今北京、天津、河北大部和河南、山东部分地区）为直隶省，顺治五年（1648）置直隶山东河南总督为军政长官，治大名府；十五年改直隶巡抚，十七年改治真定；十八年复置总督，治大名。康熙三年（1664）仍为三省总督，八年省，移巡抚还驻保定。雍正元年（1723）复置直隶总督，遂为定制。例兼右都御史或兵部尚书，从一品。乾隆十四年（1749）令兼河道，二十八年令兼巡抚。咸丰三年（1853）兼管长芦盐政。同治九年（1870）加天津、营口、烟台三口通商事务，授北洋通商大臣，常驻天津，冬令封河，还驻保定。故其职衔全称为总督直隶等处地方提督军务、粮饷、管理河道兼巡抚事，治理拱卫京畿要地，位居疆臣之首。清后期还兼掌外交、洋务，统辖北洋水师，是极亲重之任。

直隶清吏司　官署名。清朝刑部所属十八清吏司之一。简称直隶司。乾隆六年（1741），改现审右司设。掌核顺天府、直隶及八旗游牧察哈尔左翼所属刑名案件，兼理京畿道御史、顺天府府尹、东西陵、热河都统、围场总管、密云副都统、山海关副都统、古北口、张家口、独石口、喜峰口、芦峰口、塔子沟、三座塔、八沟、乌兰哈达、喀拉河屯、多伦内尔等处文移。设满、汉郎中各一人，员外郎满洲、蒙古各一人、汉二人，主事满、汉各一人，经承四人。光绪三十二年（1906），刑部改为法部，遂裁。

直隶清吏司员外郎　官名。清朝刑部直隶清吏司副长官。简称直隶司员外郎。乾隆六年（1741）设。满、蒙各一人，汉二人，从五品。佐郎中掌顺天府、直隶及八旗游牧察哈尔左翼所属刑名。光绪三十二年（1906），刑部改为法部，遂裁。

直隶清吏司郎中　官名。简称直隶司郎中，清朝刑部所属直隶清吏司长官。乾隆六年（1741）设。满、汉各一人，正五品。掌司事。光绪三十二年（1906），刑部改为法部，遂裁。

直指使　官名。明崇祯十七年（1644）三月李自成农民军政府克北京，改原明十三道御史而置。职掌因明旧制。

直指使者　见“绣衣直指”。

直指绣衣使者　见“绣衣直指”。

直省局　官署名。金朝置。属尚书省，掌官员参谢之仪、都堂之礼。设局长、副局长领局事，秩从八品、正九品。下设管勾尚书省乐工，从九品。

直省舍人　官名。元至元七年（1270）始于中书省置，隶客省使，初仅二员，后增至三十三员，掌奏事给使差遣之役。明洪武七年（1374）沿置于中书省，设十人，秩从八品。九年改为中书舍人。

直省官　官名。唐五代三省皆置，凡百官诣宰相，皆以其引接。

直显文阁　官名。南宋度宗咸淳元年（1265）置，为贴职之一，作为特恩以授中级官员。

直显谟阁　官名。北宋徽宗政和六年（1116）始置，为从七品贴职，作为特恩以授中级官员。

直阁　官名。❶南朝及北魏置，为皇帝左右侍卫之官。北魏时，位在直阁将军之下，为比视官，有罪不得免除。孝明帝时，胡太后从任城王元澄之议，直阁可依中正之例当刑。又，朱衣直阁和直阁将军亦省称直阁。隋文帝时，左右卫率置直阁将军六人、直寝十二人，直斋、直后各十五人，并掌宿卫侍从。太子左右卫率府亦有直阁、直寝、直斋、直后若干员。炀帝时悉罢之，仅于左右备身府各置直斋二人，左右监门府各置直阁六人，皆为本府郎将之贰。❷宋朝为馆阁职名。有直龙图阁、直天章阁、直宝文阁、直显谟阁等十二阁之称。

直阁将军　官名。南朝及北魏、北齐置之，为皇帝左右侍卫之官，地位显要，在南朝宫廷政变中举足轻重。南朝梁时亦领兵出征。北魏时，以宗室任此职。北齐时为左右卫府直阁属官。北魏孝文帝太和十七年（493）定为从三品下，北齐为从四品。隋朝时为左右卫属官，各有六人，从四品。炀帝大业三年（607）改三卫为三侍，直阁将军等并废。

直突都督　官名。北齐置，为左、右卫府直突属官，负责舆驾出入之侍卫。从六品上。

直班门主事　官名。清朝八旗护军营景运门直班大臣之属员，掌紫禁城内景运门之章奏文移。额定一人，以上三旗每旗设门主事轮值。所属有直班门笔帖式五人。

直班门笔帖式　官名。清朝八旗护军营景运门直班大臣之属员，掌章奏文移。额定五人，以上三旗每旗所设门笔帖式中五人轮值。其中景运门二人，隆宗门、后左门、后右门各一人。分别于各门办理文书事务。

直班护军参领　官名。清朝八旗护军营之将领，额设二十七人。与直班前锋参领共同掌管率领直班兵士以宿卫。下属有护军校九十一人、护军七百八十七人。

直班前锋参领　官名。清朝八旗护军营之将领，额设二人。与直班护军参领共同掌管率领直班兵士以宿卫。下属前锋校二人、前锋十八人。

直班领侍卫内大臣　官名。清朝侍卫处之长官，即掌平日紫禁城宿卫之领侍卫内大臣。定员一人，每日轮换。如领侍卫内大臣出差或兼他职，则以内大臣、散秩大臣奏请简派。皇帝巡幸或驻跸圆明园，则以内大臣直紫禁城。下有散秩大臣三人（直乾清门二人、宁寿门一人）、内班侍卫四十人（宿卫乾清门、宁寿门、内右门、神武门各十人）、外班什长三人。

直真　官名。北魏置。《南齐书·魏虏传》：“国中称内左右为直真。”此系南朝人对北魏鲜卑语官名的音译。

直秘　直秘阁简称。

直秘阁　官名。北宋太宗端拱元年（988）始置，以直史馆兼任，掌秘阁藏书事务。神宗元丰（1078—1085）改制，三馆并入秘书省，改为贴职。

直斋　官名。北魏孝文帝太和十九年（495）置，是皇帝左右的侍卫武官。原为比视官，有罪不得除刑，孝明帝时胡太后从任城王元澄之议，依中正例当刑。北齐时为左右卫府直阁属官，从五品。隋初属左右卫府，员十五人，从五品，炀帝大业三年（607）罢。

直荡　军名。十六国后赵禁卫军。《晋书·石季龙载记》："改直荡为龙腾，冠以绛帻。"北朝设有直荡都督、直荡别将等职。唐朝太子左、右清道率府兵称直荡。

直荡正都督　官名。北齐置。为左、右卫府直荡属官，负责舆驾出入之侍卫。领直荡副都督。四品上。

直荡别将　官名。北魏末置。《周书·杨绍传》："魏永安（528—530）中，授广武将军，屯骑校尉、直荡别将。"

直荡都督　官名。西魏置。《周书·侯莫陈崇传》："（侯莫陈悦）从魏孝武入关，为太祖直荡都督。"

直荡副都督　官名。北齐置。为左、右卫府直荡属官，负责舆驾出入之侍卫，从五品上。

直崇政院　官名。五代后梁改崇政院直学士置，后唐庄宗同光元年（923）改名枢密院直学士。

直馆　官名。唐朝弘文馆，史馆皆置，以他官兼领而未登朝者，或卑位而有才者，加此号。玄宗天宝（742—756）后以他官兼史职而初入馆者加此；宣宗大中八年（854）废史馆直馆二员，增修撰四员。

直焕章阁　官名。南宋孝宗淳熙十五年（1188）始置，为贴职之一，作为特恩以授中级官员。

直集　直集贤院简称。

直集贤院　官名。五代南唐置，以朝士充任。北宋太宗淳化元年（990）再置，以朝官充任。仁宗天圣十年（1032），始以特恩加授外官，遂兼为贴职。神宗元丰（1078—1085）改制，三馆并入秘书省，用为贴职。哲宗绍圣二年（1095），并入直秘阁。

直勤　北魏鲜卑语的音译。亦作直懃，指北魏皇帝的嫡系子弟。《宋书·索虏传》："（拓跋）晃子濬字乌雷直懃，素为（拓跋）焘所爱。"

直意将军　官名。北魏置。明元帝即位后，因王洛儿有随侍并帮助其即位之功，拜洛儿散骑常侍，并加此职。孝文帝太和十七年（493）职员令及太和二十三年复次职令时，皆未载。见《魏书·王洛儿传》。

直寝　官名。北魏置。是皇帝左右的侍卫武官，多选用功臣子弟充任。北齐时为左右卫府直阁属官，从五品。侯景篡梁后，于太始元年（551）改直殿主帅为此。隋初属左右卫府，员十二人，从五品上，炀帝大业三年（607）罢。

直殿主帅　官名。南朝梁置，负责殿内侍卫。侯景太始元年（551）篡梁后，改名直寝。

直殿监　官署名。明朝宦官二十四衙门之一，洪武十七年（1384）置，设令一人，正七品，丞四人，从七品，小内使十五人。二十八年改置太监一人，正四品，左、右少监各一人，从四品，左、右监丞各一人，正五品，典簿一人，正六品，长随、奉御无定员，正六品。后渐改置掌印太监一人，佥书、掌司无定员。掌各殿及廊庑洒扫。

直閤　官名。金朝皇后位下女官。掌帐幕床褥舆伞、洒扫铺陈、薪炭灯烛之事。设一员，秩正九品。

直翰林医官局　见"翰林医官院"。

直徽猷阁　官名。北宋徽宗大观二年（1108）始置，为从七品贴职，作为特恩以授中级官员。

卖盐官　官名。金朝置，掌贩卖食盐以佐军用。曾设在阳武。

若卢右丞　官名。《汉书·王吉传》："以郡吏举孝廉为郎，补若卢右丞。"若卢有诏狱，有令、丞主其事，或分左、右。西汉属少府。

若卢令　官名。西汉属少府，主若卢狱，掌治库兵及将相大臣。有郎中二十人，主弩射。

若卢丞　官名。西汉属少府，为若卢令副贰。

茂才　汉朝选举科目。西汉称秀才，始于武帝元封五年（前106）。东汉避光武帝刘秀讳，改为茂才，或茂材。建武十二年（后36）诏三公举茂才四行各一人，司隶州牧岁举茂才一人，遂为岁举常科。西汉多除地方县令。三国沿之，亦有称秀才者。晋以后复称秀才。

茂崖　职官封号。西夏置，授与末品官，又称为武孝恭敬东南姓关民忍地，下有论予、功有、友要、善定、涨满等五种。

苜蓿部　官署名。北齐置，设丞，属司农寺钩盾署。

苜蓿部丞　官名。北齐置。为苜蓿部长官。

苗民官　官名。明朝武职土官，非泛指。设置于湖广、云南、贵州某些苗民区，以当地民族头人担任，世袭。

苗疆缺　清朝外官缺分之一。属此缺者有云南之元江、鹤庆、广南、普洱、昭通、镇边等府、厅通判、同知，镇雄、恩乐、恩安、永善、宁洱、宝耳等州、县，贵州之古州兵备道，黎平、镇远、都匀、铜仁等府同知，清江、都江、丹江通判及永丰知州、荔波知县、四川马边、越嶲同知等数十职。俱三年俸满，有政绩而无差错者，依例升用。因属边俸缺，边疆水土恶劣，或不待三年即行升擢。乾隆（1736—1795）中，依地择人，实行苗疆久任制，有升用须满六年至八年者。

英库丞　官名。南朝梁、陈置，隶司农卿。

英国股　官署名。清末总理各国事务衙门所属之机构，同治三年（1864）设，掌管对英吉利及奥斯马加（奥地利）两国交涉事务，并办理各国通商及关税等事。光绪二十七年（1901）并入外务部。

英果中大夫　官名。北周置。《隋书·宇文述传》："及（武）帝亲总万机，召（述）为左宫伯，累迁英果中大夫。"正五命。

英果将军　官名。南朝梁武帝普通六年（525）刊正将军名号时置；为武职三十四班中的十一班。陈沿置，定为拟七品，比秩六百石。

苑川十二马牧　官署合称。隋朝置，隶陇右牧，每牧置大都督、尉各一员，帅都督二员。

苑马寺　官署名。明朝掌管官养马匹的机构，其职掌同于行太仆寺。为从三品衙门。永乐四年（1406）置北直隶、辽东、平凉、甘肃四苑马寺。五年增设北直隶苑马寺六监二十四苑。十八年革北京寺，并入太仆寺。宣德（1426—1435）中曾议革辽东寺，以旧制未果。正统四年（1439）革甘肃寺。各寺设卿一人，少卿一人，寺丞无定员，各辖六监二十四苑，督各苑养育马匹，听命于兵部。

苑马寺少卿　官名。明朝苑马寺副长官。一人，正四品。协寺卿掌管本寺六监二十四苑马政，而听于兵部。

苑马寺卿　官名。明朝苑马寺长官，一人，从三品。掌本寺所领六监二十四苑之马政，而听于兵部。

苑吏　官名。战国秦置，掌禁苑及公家圈养马牛的苑囿。《睡虎地秦墓竹简·徭律》："县葆禁苑、公马牛苑，兴徒以斩（堑）垣离（篱）散及补缮之，辄以效苑吏，苑吏循之。"

苑丞　官名。汉朝始置，为上林苑次官，亦称上林丞。隶少府。《汉书·百官公卿表》："上林苑有五丞。"南朝宋置，为掌御苑之官。时设乐游、上林、南苑诸御苑，各置苑丞主其事。清朝亦置，为内务府属官。设于内务府奉宸苑，以及圆明园、畅春园、万寿山、玉泉山、香山等处。各处二、三员至十余员不等。初名总领、催总，乾隆二十四年（1759）改是称。奉宸苑所属为六品职衔，余六、七品兼用，食八品俸。分掌各园庭看守、值宿、管理、修缮等事。南苑苑丞掌征守南苑之地赋及管理行宫。天坛斋宫苑丞掌斋宫之陈设洒扫等事。

苑副　官名。清朝内务府奉宸苑之属官。佐苑丞掌各园庭看守值宿、陈设器皿之事。初名副催总、副总领。乾隆二十四年（1759）改是称。额设十七人，二人食九品俸，余七、八、九品不等。

苑啬夫　官名。战国秦置，主管苑囿。《睡虎地秦墓竹简·内史杂》："苑啬夫不存，县为置守，如厩律。"

茅土　爵位、封邑的代称。

昔宝赤　官名。蒙、元怯薛执事，蒙古语，意为鹰人，又译"昔博赤"。掌打捕鹰房等务。

昔博赤　即昔宝赤。

者线蒙庆等处宣慰司都元帅府　元朝官署名。隶云南行省，治者线（今泰国清盛）。泰定帝泰定四年（1327），因八百媳妇土官之请置。惠宗至正二年（1342），并入八百宣慰司。

幸臣　君主宠爱之臣。《韩非子·奸劫弑臣》："必将以曩之合己，信今之言，此幸臣之所以得欺主成私者也。"

述古殿直学士　官名。北宋徽宗政和四年（1114），改枢密直学士置，属侍从职。南宋高宗建炎二年（1128），复旧名。

述旨　清制，军机大臣每天面见皇帝承旨，退出后根据皇帝的意见和要求拟写谕旨（乾隆以后一般谕旨由军机章京拟），交给章京缮写好，然后进呈皇帝审定，称为述旨。

述律军详稳司　官署名。辽朝北面官。述律军为辽西北部驻军，设详稳以统之。

述职　❶周朝诸侯朝见天子，陈述职守。《左传·昭公五年》："小有述职，大有巡功。"杜预注："诸侯适天子曰述职。"《孟子·梁惠王下》："诸侯朝于天子曰述职。述职者，述所职也。"❷上任。《魏书·崔楷传》："初，楷将之州，人咸劝留家口，单身述职。"

雨旸司　官名。朱元璋吴元年（元至正二十七年，1367）改前置太史监为太史院，置为属官，正七品，掌察天气阴晴。明洪武元年（1368）改太史院为司天监，遂罢。

雨服　清朝官服之一。乃夏避雨，冬避雪之时穿用者。包括雨衣，雨裳。形制与常服同。多用羽缎、油绸为之。二品以上用红色，二品以下用青色。

丧史　官名。春秋置。主持丧葬事务。《丧史赏钍》铭："丧史自作钍。"

丧祝　官名。《周礼》春官之属，一说为周朝置，掌大小丧祭的祝祷。《周礼·春官》："丧祝，上士二人，中士四人，下士八人，府二人，史二人，胥四人，徒四十人"，"掌大丧劝防之事，及辟，令启。及朝御柩，乃奠。及祖，饰棺，乃载，遂御。及葬，御柩，出宫，乃代。及圹，说载，除饰。小丧，亦如之。掌丧祭祝号。王吊，则与巫前，掌胜国邑之社稷之祝号，以祭祀祷祠焉。凡卿大夫之丧，掌事而敛，饰棺焉"。

丧祝下士　官名。西魏、北周春官府太祝下大夫丧祝中士佐官，正一命。

丧祝中士　官名。西魏恭帝三年（556）仿《周礼》丧祝置，北周沿置。春官府太祝下大夫属官，正二命。下设丧祝下士以佐其职。隋文帝开皇元年（581）罢。参见"丧祝"。

事材场　官署名。北宋太宗太平兴国七年（982）置，掌供营缮所需物料，设监官四人，以诸司使、副使、閤门祇候及内侍充任。神宗元丰（1078—1085）改制后，隶将作监。

事故官　明朝专指因事故谪贬罢免的官吏。凡因亲属处以极刑，或老疾不赴任所，或本人犯有笞、杖、徒、流之罪，或对上述诸事隐而不报者，均以事故谪免。

矿务铁路总局　官署名。又称“统辖矿务铁路总局”，清末中央行政官署之一，光绪二十四年（1898）设。掌理全国开矿铁路事务。由总理各国事务衙门大臣二人兼管，下设会办大臣一人，并提调、章京等。二十七年，改隶外务部考工司。二十八年复设，置督办大臣二人兼管，总办大臣一人专理，下设提调、翻译、文案等。二十九年裁。

矿政调查局　官署名。清末各省矿政机构，光绪三十一年（1905）奏设。前此已设之矿务总局或查矿公所俱改是名。置总理、协理并矿师等。总、协理由商部加札为矿务议员。职掌全省已开、未开各矿调查分析事宜。

矿监　官名。明朝掌管开矿征税的宦官。始设于万历二十四年（1596），此后矿监税使遍布天下，搜刮祸民。三十三年诏罢而实存。明神宗死后，始以遗诏罢矿税监。

矿税监　官名。又称“矿监税使”，明万历二十四年（1596）始置。均以宦官充任，往各地开矿征商。权力极大，可专摺奏事，节制地方官吏。其于各处横征暴殓，先后激起多起民变。三十三年罢矿监，税使仍置，直至明神宗死后始罢。

郁若　官名。北魏置。《南齐书·魏虏传》：“郁若，比二千石。”此系南朝人对北魏鲜卑语官名的音译。

奔不田地里招讨使司　元朝官署名。秩正三品，隶吐蕃等路宣慰司都元帅府。掌奔不（又译倴不思，今四川理塘西）地区军民政务。置招讨使、经历、镇抚各一员。

奔走　官名。新莽置，亦作“犇走”，为四友之一。《汉书·王莽传》：“为太子置师友各四人，秩以大夫。”“故尚书令唐林为胥附，博士李充为犇走，谏大夫赵襄为先后，中郎将廉丹为御侮，是为四友。”

奔命书　文书名。紧急文书。称奔命者，言其迅疾。《汉书·丙吉传》：“适见驿骑持赤白囊边郡发奔命书驰来至。”

奇谋异勇科　科举制度。明崇祯十四年（1641）置，为武科名目，以选任武才，应付农民起义。诏下，无有应者。

奄　官名。即太监，西周、春秋战国置，宫内侍御之臣。《韩非子·外储说右上》：“因令奄将宫人之美妾二十人并遗季。”陈奇猷注：“奄，奄官。”《周礼·天官·序官》：“酒人，奄十人。”郑玄注：“奄，精气闭藏者，今谓之宦人。”

奄尹　官名。春秋战国诸侯国置，后宫宦官之长，掌后宫政令。《礼记·月令》：“命奄尹申宫令、审门闾、谨房室，必重闭。省妇事，毋得淫。”郑玄注：“奄尹，主领奄竖之官也。于周则为内宰，掌治王之内政宫令。”

奋节将军　官名。十六国前凉置。《晋书·张轨传》：“（张天锡）遣从事中郎韩博、奋节将军康妙奉表，并送盟文。”

奋冲将军　将军名号，新莽置。时有奋冲将军刘宏，见《汉书·翟方进传》。

奋武　新莽官名。据《汉书·王莽传》，始建国元年（后9）由执金吾改名。东汉复旧。参见“执金吾”。

奋武中郎将　官名。东汉献帝建安（196—220）中孙权置。《三国志·潘濬传》裴松之注引《吴书》：“（芮良卒，其弟）玄领良兵，拜奋武中郎将，以功封溧阳侯。”

奋武佐郎　散阶称号。清朝乾隆三十二年（1767）置，为武职从七品之封赠。五十一年，改武信佐骑尉。

奋武佐校尉　散阶称号。清朝武职从八品之封赠。初，武职中属绿营者从八品无封赠，属八旗者从八品从文职封修职郎。乾隆三十二年（1767），统一为修武佐郎。五十一年，改此称，遂为定制。

奋武郎　散阶称号。清朝置。乾隆二十年（1755）始定，为武职中属绿营者正七品及属八旗者正、从七品之封赠。三十二年，八旗改同绿营，只封正七品。五十一年，改为武信骑尉。

奋武将军　官名。新莽及东汉末曾置。三国两晋南北朝为杂号将军中地位较高者。魏、晋、宋四品，北魏孝文帝太和十七年（493）定为四品下，二十三年改从四品。

奋武校尉　官名。东汉献帝建安（196—220）初孙策置，表拜孙静为之。建安十五年周瑜卒，鲁肃自赞军校尉迁此，代瑜领兵，有部属四千余人，后增至万余人。清乾隆五十一年（1786）复置，为武职正八品之封赠。

奋武尉　官名。隋炀帝大业三年（607）新置散职八尉之一，从六品。

奋威护军　官名。西晋置。统兵，职掌同杂号将军，位低于同号将军。武帝泰始（265—274）中，田章曾任之，随安西将军讨秦州叛虏。

奋威将军　官名。西汉置，为杂号将军。三国魏、两晋定为四品。十六国前秦亦置。南朝宋时与建威、振威、扬威、广威将军并称为五威将军，四品。北魏孝文帝太和十七年（493）定为四品中，二十三年复次职令，改为从四品。

奋威校尉　官名。东汉献帝建安（196—220）中孙权置。《三国志·全琮传》：“（孙）权以（琮）为奋威校尉，授兵数千人，使讨山越。因开募召得精兵万余人，出屯牛渚。”

奋勇校尉　散阶称号。清朝置，初为武职中属绿营者正七品之封赠。乾隆二十年（1755），改奋武郎。五十一年，与八旗正七品统一定为武信骑尉。

顶戴　服饰名。亦称顶珠。清朝官服之一。冠顶圆球形，上饰诸色宝石及东珠，顶球下部有管可插翎枝。崇德元年（1636）初定冠制，顺治二年

（1645）渐成定制，乾隆五年（1740）略作更动，用以分等第：自亲王至文武一品官用红宝石顶，上饰东珠；文武二品官用珊瑚顶；文武三品官用蓝宝石顶；文武四品官用青金石顶；文武五品官用水晶石顶；文武六品官用砗磲顶；文武七品官用素金顶；文武八、九品官皆用金顶。自二品至九品官皆顶饰杂色宝石。可由赏赐及通过捐纳获得。

抹里 官署名。❶辽朝皇帝宫卫禁军。亦称“墨离”。❷辽朝各宫帐管理宫分人的行政单位。

拓远将军 官名。南朝梁置。武帝天监七年（508）定为施用于境外的武职二十四班中的十六班，拟智威将军等号，大通三年（529）定制后，仍拟智威将军等号。

拔山将军 官名。南朝梁武帝普通六年（525）刊正将军名号时置，为武职三十四班中的十班。陈沿置，定为拟七品，比秩六百石。

拔贡 选举名目。明朝泛指选拔贡生之制。清初定为五贡之一，每六年一次，乾隆七年（1742）改十二年一举。每次选府学二名，州、县学各一人，由各学政经考选保送入京，经朝考列一二等者，分别派充京官、知县或教职。考列三等者入监肄业。

拔胡将军 将军名号。西汉武帝时有拔胡将军郭昌，曾将京师亡命从军者镇压益州、昆明少数族反抗。

拣子 宋朝下等役职名。掌看验、检查仓库出纳财物，加盖姓名印子。差下户充当，或招募。与掐子合称拣掐。

拣发 清朝吏部之铨选制度。乃调派官员方法之一。各省督抚因本省官员不敷差遣，奏请由候选人员中拣选若干员，分发各该省委用，称为拣发。

拣选 明清吏部之铨选制度。指官员出缺，于应升此缺之人中拣择最好者，带领引见候旨定夺之制。明朝拣选，三年一次。清朝定制，在京满洲、蒙古司业，太常寺、陵寝衙门读祝官、赞礼郎及鸿胪寺鸣赞等官之拣择，各省督抚奏准拣发人员之拣择，皆由吏部奏请钦派拣选大臣于上谕馆办理。会试后奉旨大挑举人，则在内阁办理。凡考试拣择由各衙门自行办理者，于办理完毕后，由吏部引见请旨，并注册于部。

拣授 清朝官缺补授方法之一。指凡不经开列题请，而以应升之员拟正陪引见授官之例。京官司员中，满洲、蒙古国子监司业、汉钦天监监正及翰詹坊缺，外任官道府以下各官，皆由各该主管官拣选，交部引见，奉旨后补授各缺。

拈阄法 选官制度。明朝用以选任在外府、州、县正官、佐官，在内大小九卿之属员。即以拈阄（即抓阄）的方式确定待选官的职任，以杜偏私之弊。由吏部文选清吏司掌之。万历（1573—1620）中改行掣签法。

押队 宋朝军职名。北宋时，军队作战或教阅，编排队列，临时设置。神宗行将兵法及结队法，每二十队差押队使臣一人，简称押队，地位次于正将、副将。北宋末至南宋，置为队的头领之一，战斗时引领全队作战。

押队使臣 见“押队”。

押牙 官名。亦作押衙。唐、五代方镇使府置，尽掌节度使衙内之事，管领仪仗、侍卫；有左右押牙、左右厢都押牙等名目；都押牙尤为军府重职，位兵马使上；诸州亦置军事押衙、都押衙等职。党项夏州政权定难军节度使衙置为亲信武职，主管官称都押牙，参与军机、统率军队。

押司 吏名。又称押司官。宋朝州县及部分中央机构设。地位在手分之上，常负责某一方面事务，如负责粮料，为粮料押司官等。县押司则与县录事合称押录，为县衙最高吏员。

押司官 即“押司”。

押传国宝使 使职名。五代后梁太祖开平元年（907）受禅，以摄侍中杨涉充任，奉受命传国八宝。翰林学士张策副之。

押行宫辎重夷离毕司 官署名。辽朝北面官，掌诸官巡幸扈从辎重之事。

押运同知 官名。清朝督理漕粮之官员，隶属总漕。清初，凡南方各省督粮道不能亲押运船抵通，遂由总漕会同督抚于各省同知、通判中选委十六人以代，均秩正六品。执掌督运粮船，管束运军，查禁沿途迟延、侵盗、搀和等弊。抵通后由仓场侍郎送部引见，部给限单，监押回空，到淮由总漕查验，逾限参处。光绪三十一年（1905）裁。

押运通判 官名。参见“押运同知”。

押金宝使 使职名。五代后梁太祖开平元年（907）受禅，以御史大夫薛贻矩充任，奉皇后及太子之信。尚书左丞赵光逢副之。

押官 军职名。唐初，缘边军镇每五百兵士置一人，为统兵官，任期随兵交替。宋朝属都一级统兵官，受都头、副都头或军使、副兵马使管辖，位在承局之下。

押院中使 官名。唐玄宗开元五年（717）乾元院置一员，掌出入、宣进奏，领宦官监守院门。

押班 见“都知”。

押衙 官名。即押牙。

押蕃使 使职名。唐玄宗开元二十年（732）以朔方节度使增领押诸蕃部落使。直至五代后唐明宗天成元年（926）雄武军节度使官衔内，仍兼押蕃落使，后晋出帝开运二年（945）皇弟重睿遥领雄武军节度、秦阶成等州观察处置，押蕃落等使，监管辖区内少数族政权事。

抽分竹木局 官署名。明朝置为竹木税收机构，以所收供营缮之费。隶工部。成化七年（1471）始置，于芜湖、沙市、杭州等地。后南京之龙江、大胜港、卢沟桥、通州、白河口等地亦置。计有广积、通积、卢沟桥、通州、白河、龙江（隶南京工部）等抽分竹木局。分设大使、副使各一人，以掌其事。

拖沙喇哈番　爵名。清初九等世爵之第八等，俗称“半个前程”。乾隆元年（1736）定汉文名为“云骑尉”。为公、侯、伯、子、男五等封爵之下四级世职的第三级。叙正五品。凡封爵自此始。参见“云骑尉”。

拍试　考试名。宋制：武官奏补人铨试弓马并抽考律文，称拍试。合格者可赴解试。

拥队　军职名。宋神宗时实行结队法，正规军以五十人为一队，设拥队为头领之一，作战时执刀押后。

抵当库　库名。宋朝官府所开质库。以金银物品为抵押，可于此库贷钱，每贯月息三文，为期两年，到期不赎者，抵押品即充官物。

抵当免行所　官署名。北宋神宗熙宁四年（1071）置，以官钱为本，听人以物品抵押借用，从中取息。初隶开封府，后属都提举市易司。元丰（1078—1085）改制，归隶太府寺。

抵当所　即抵当免行所。

抵选　清朝吏部之铨选制度。乃月选班秩之一。按例应选官员到班无人，以他官替补任官之法。如单月选，小京官教习班例以三年期满者补用二人，六年期满者补用一人，三缺轮流选补，如三年期满无人，以六年期满者抵补。他官亦依例抵补。

拘收司　即三司拘收司。

拉堆洛万户　官名。元朝乌思藏十三万户之一，隶乌思藏宣慰司，治所在今西藏日喀则地区定日县境内。

拉堆绛万户　官名。元朝乌思藏十三万户之一，隶乌思藏宣慰司，治所在今西藏日喀则地区昂仁县境内。

拉雅哈资伯克　官名。清朝新疆回部官员之一，掌细民争讼。叶尔羌设一人。秩五品。

拦头　役名。宋朝下等役职，掌在监当官与专知指挥下稽察来往商旅，拘拦搜检漏税及禁卖货物。差五等户充当，或招募。

拂竹真　官名。北魏置。《南齐书·魏虏传》：“伪台乘驿贱人为拂竹真。”此系南朝人对北魏鲜卑语官名的音译。

招讨司　官署名。北宋仁宗庆历三年（1043），以郑戬为四路都招讨，置府于泾州，招讨使始专置官署。辽置招讨司，设招讨使、副使、都监等，统领俘降军兵。金朝于西北路、西南路、东北路三处各置招讨司，每司设使一人，正三品，副招讨使二人，从四品，掌招怀降附、征讨叛离。其属有判官一人，从六品；勘事官一人，从七品；知事一人，正八品；知法二人，从八品。元朝于西南少数民族地区置数司，为正三品官衙，每司设达鲁花赤一人，招讨使一人，经历一人。明朝沿置于西南地区，为土官衙门。每司设招讨使一人，从五品；副招讨一人，正六品。

招讨司副使　官名。辽、金、元三朝军事行政机构招讨司之副长官。位招讨使之下，协掌司事。明朝沿元旧称，始作为土官名号之一，武职。仅四川设一员，正六品。位次招讨使，有自己所辖之土兵及地区。世袭，其承袭事隶兵部。清初沿置，雍正六年（1728）废，次年改设流官。详“土官”。

招讨使　官名。宋朝一路至数路地区之统兵官，掌招抚讨伐事务，不常置。辽、金、元三朝为军事行政机构招讨司之长官。辽招讨使负责统领编入军籍之俘降军兵，金招讨使掌招抚征讨及接受贡纳、颁给赏赐等事，元招讨使掌招抚征讨事。明朝沿元旧称，始作为土官名号之一，武职。仅四川设一员，从五品。乃土官官署招讨司之长官。管所辖之土兵及地区，受地方长官约束。世袭，其承袭事隶兵部。清初沿置，雍正六年（1728）废，次年改设流官。详“土官”。

招讨使司　见“招讨司”。

招召乡兵使　使职名。唐懿宗咸通九年（868）以司农寺丞薛琼，可赞善大夫，充滁庐寿州招召乡兵使，临时征召兵源。

招安使　官名。北宋太宗淳化五年（994）置，以内侍充任，掌镇压李顺起义之事。军事皆委其制置，不从中覆。管内系囚，非十恶正赃，悉得以便宜决遣。

招远将军　官名。南朝梁置，武帝天监七年（508）定为武职二十四班中的二班，普通六年（525）改为武职三十四班中的七班。陈沿置，定为拟九品，比秩四百石。

招抚司　官署名。金末战时机构。掌招集离散，安集遗黎。宣宗兴定五年（1221）二月，置司于单州，以安集河北遗黎。罢怀州行元帅府，置怀州招抚司，受中京行枢密院节制。天兴元年（1232）十月，哀宗以户部侍郎刁壁总招抚司，规运南京城外粮斛。二年，哀宗出逃归德后，参知政事粘葛奴申行尚书事于陈州，立五都尉，凡招抚司至者皆使隶都尉司。

招抚使　官名。唐朝置于边疆地区，掌安抚边民。北宋或置，掌招降、安抚、讨伐之事。南宋初多置，节制一路或数路兵马，招抚陷金军民。

招纳司　官署名。南宋初置，隶宣抚司，掌招纳沦陷区军民。

招贤所　官署名。金朝设于宣宗贞祐四年（1216），备咨询，以谏官许古等掌其事。

招练道　官名。明朝于山东省间设。为本省布、按两司佐官参政、参议、副使、佥事的分道之职，以其中一人担任，专理招练兵勇之事。

拨历　任官制度。又名历事。明朝国子监监生坐堂到一定期限后，分拨各衙门历事。有历正、杂历、长差、短差之分。正历、杂历、长差期满即可补官，短差或材力不及者仍回监坐堂读书。

拨什库　满语官名。汉译为领催。

拨发　官名。北宋置，蔡河拨发一人，以朝臣或三班使臣充任；江南、两浙、荆湖拨发，以三班使臣充任。掌拨发纲运。

拨发司 官署名。北宋初置蔡河拨发司，后改为蔡河拨发催纲司，设拨发官，掌京西部分州县自蔡河起发纲运，供输京城开封事宜。

转 ❶官制用语。官吏调任曰转。指转任与原品秩相同的其他官职，或同职而仅调换任所，并无升级或降职之意。汉朝尚右黜左，故官吏降职亦称左转。唐朝为改官形式之一，多由品同职重官转为品同（或稍低）职轻之官。宋朝官员寄禄官叙迁称为转官。军职迁补称为转员。明、清指官员调任。❷唐朝勋官等级代称。唐制，勋官有十二转，自上柱国至武骑尉，一转即一等。

转对 官场用语。即百官轮次面奏时政得失。五代后晋天福（936—944）中，令五日内殿起居，以两人转对，各具实封以闻。后汉高祖乾祐（948—950）初罢。宋太祖建隆三年（962）复行，凡遇内殿起居日，在朝文班朝臣及翰林学士等，轮次指陈时政阙失，明举朝廷急务。仁宗天圣七年（1029）置看详转对章疏官，同年罢。八年，以群臣转对已周遍，暂罢。皇祐五年（1053）复行。哲宗元祐七年（1092）特免侍从官转对，八年职事官权侍郎以上皆免。绍圣四年（1097），复令百官皆转对。南宋高宗绍兴二年（1132），令厘务官免对。

转补 清朝吏部之铨选制度。官缺补授方法之一，指凡依转班之缺分而授官之例。参见“转班”。

转运 转运司、转运使简称。

转运司 官署名。亦称转运使司。宋朝诸道（路）皆置，均调一道（路）租税以供国家支用，以转运使、副使主其事，兼分巡所部，监察官吏能否，其属有转运判官。辽朝置山西路都转运使司及奉圣州、蔚州、应州、朔州、保州转运使司，各设转运使、副使、同知转运使、转运判官掌其事，属南面财赋官。西夏亦仿宋制置，西夏语音“怀酩罗”，其都转运司属中等司，三品；边境转运司属下等司，四品。金朝于中都路置都转运司，其余各路置转运司，设使、同知、副使、都勾判官、户籍判官、支度判官、盐铁判官、都孔目官及知法等官，掌本路税赋钱谷、仓库出纳、权衡度量之制。上京路、北京路亦曾短期设过都转运司。章宗泰和八年（1208）以其权轻，州县不畏，不能规措钱谷，遂加强其职权。诸路转运使由按察使兼任，同知转运使由按察司副使兼任，转运副使由签按察司事兼任。个别地区转运使兼任按察副使。

转运判官 官名。宋太宗太平兴国三年（978）置于诸道，总管转运司庶务，兼督察属吏。辽朝都转运使与诸州转运使司皆置，属南面财赋官。元朝改置运判。参见“运判”。

转运使 官名。唐玄宗开元二十一年（733）以裴耀卿为江南淮南转运使，掌东南水陆运输。后又置诸道转运使，掌全国粮谷调拨。安史之乱后又于各地置巡院。因其转运力资多来自盐铁收入，故常兼盐铁使，合称盐铁转运使，常由宰相兼任，为唐后期中央最高财政长官。宋初设随军转运使、水陆计度转运使，供办军需。太宗以后分设于各路，演变为地方高级长官，经度一路财赋，监察各州官吏，奏报官吏违法、民生疾苦。选朝官以上充任，若两省五品以上官充任则称都转运使。辽朝山西路都转运使司及诸州转运使司，均设为长官，属南面财赋官。金朝亦设，正三品，掌税赋钱谷、仓库出纳、权衡度量之制。参见“转运司”。

转运使司 即转运司。

转运副使 官名。宋朝京东、京西、河北、陕西、河东及淮、浙诸路转运司皆置，为转运使副贰。不设正使处，或置二员。选朝官以上充任。辽朝转运使司所置，为南面财赋官。金朝为正五品，居转运使、同知转运使下。

转员 官制用语。即军职转迁。宋制，每遇大礼，殿前、侍卫马步军诸军职，各依次迁补。转至军都指挥使，再迁则遥领刺史；再迁为厢都指挥使，遥领团练使。若所迁军职已满员，即罢军职，则正为团练使、刺史赴本任，或为他州总管、钤辖。

转班 清朝授官班秩之一。指同级京官转补优秩之班次。六部、理藩院右侍郎转左侍郎，翰林院侍讲学士转侍读学士，侍讲转侍读，詹事府右庶子转左庶子，右中允转左中允，右赞善转左赞善，皆于开列本内列名请转，再以转出之缺请升。惟满洲左庶子以下系引见转补，都察院御史转给事中、满洲给事中，以宗室、满洲、蒙古御史通行引见转补。汉给事中，以汉御史通行引见转补。

轮人 官名。周朝置，掌制作车轮。《礼记·杂记》：“叔孙武叔朝，见轮人以其杖关毂而輠轮者。”郑玄注：“轮人，作车轮之官。”《周礼·冬官·考工记》：“轮人为轮。”

轮对 官场用语。北宋太祖常令百官轮次面对，须指陈时政得失、举述朝廷急务，凡事关利害者许以极言，称为轮对。其后，成为一种定制。

轮机科 官署名。清末海军部军制司所属五科之一，原属筹办海军事务处，宣统二年（1910），改属海军部。掌轮机人员的学习、补官、任职、迁调、黜陟，各船机器的试验、制造、维修、改良、更换，并稽核、评阅、保存轮机报告、机器图样，以及工匠、学徒的招募等事宜。置科长、科员、录事。

轮管佐领 见“互管佐领”。

轮船统领 官名。清朝福建海军长官。同治九年（1870）任福建水师提督为轮船统领，始置。从一品，掌督率福州船局轮船。光绪五年（1879）改为福建总统水师。

妻 官名。周朝置，后宫女官，位在嫔下妾上，掌侍御王寝。《礼记·曲礼下》：“天子有后，有夫人，有世妇，有嫔，有妻，有妾。”郑玄注：“妻，八十一御妻。《周礼》谓之女御，以其御序于王之燕寝妾贱者。”

瓯令　官名。即理瓯使，唐肃宗至德元年（756）改，代宗大历（766—779）中复置理瓯使。

瓯使　官名。理瓯使和知瓯使省称。

瓯匣司　官署名。西夏置。西夏语音“贵夏罗”。仿唐制，掌纳谏，见于西夏中、晚期。官有押进瓯匣使、精鼎瓯匣使等。天盛法典《天盛年改定新律》列入二品（次等司）。

瓯匣使　见“瓯匣司”。

瓯院　官署名。辽朝置为南面官，属门下省，掌理冤狱，受纳诉状。

〔丨〕

虎儿赤　官名。蒙、元怯薛执事。蒙古语，意为“琴师”，掌宫廷奏乐等务。

虎门学　北周露门学的别称，因露门又名虎门，故名。

虎牙大将军　将军名号。东汉光武帝时有虎牙大将军盖延，见《后汉书·光武帝纪》。

虎牙郎将　官名。唐初避高祖李渊祖父李虎名讳改武牙郎将。

虎牙将军　官名。汉朝为将军名号，不常置。三国魏、吴亦置。魏位列九卿上。十六国汉及北朝皆置，为杂号将军之一，地位较低。北魏孝文帝太和十七年（493）定为八品下，二十三年改从八品，北齐因之。北周一命。高昌国置为杂号将军之一。

虎头牌　见“牌符”。

虎军详稳司　官署名。辽朝军事衙置。统领虎军。设详稳。

虎臣　官名。西周春秋置，武官，掌领兵征战。《诗经·鲁颂·泮水》：“既作泮宫，淮夷攸服，矫矫虎臣，在泮献馘。”

虎步监　官名。三国蜀置。统虎步兵，负责侍卫及外出征战。孟谈曾任此职，统兵随诸葛亮北伐。见《水经注》卷一八《渭水》中。

虎枪营　军事机构。清朝扈从皇帝围猎之禁卫军，康熙二十三年（1684）始置。隶上三旗，设总统，无定员，总领六人，笔帖式六人，虎枪校二十一人，委虎枪校二十一人。上三旗每旗设虎枪兵一百六十人，学习虎枪兵四十人。凡皇帝出巡，派一百名随从，木兰秋围时派三百人随从。行围时，以佩虎枪者十人为前导。遇虎则列枪以备，得者即击毙之。凡驻跸御营，必伏弩以御猛兽。

虎枪营总统　官名。清朝虎枪营之最高长官。初设一人，后有增加，无定员。由王、公或御前大臣、领侍卫内大臣内特简。掌辖本营官兵以备扈从。

虎枪营总领　官名。清朝虎枪营之长官。定员六人，分属上三旗，每旗二人。于一品至五品大臣、官员内特简，或由虎枪营总统选拟引见补用。在虎枪营总统率领下，掌辖虎枪兵，以备扈从。

虎枪校　官名。清朝虎枪营之职官。额设二十一人，上三旗每旗各七人。掌率虎枪兵以供役使。

虎奋将军　官名。北魏置。孝文帝太和十七年（493）定为八品下，二十三年复次职令，降为从八品。

虎视将军　官名。南朝梁武帝普通六年（525）置，为武职三十四班中的十二班。陈沿置，拟七品，比秩六百石。唐朝人所修史书，因避讳改称武视将军。

虎贲　官名。西周始置，《周礼》夏官之属有虎贲氏，为宫中卫戍部队将领，掌王之出入仪卫之事。春秋战国沿置。汉朝属中央禁卫军。原名期门，武帝置，平帝元始元年（后1）更名虎贲郎，由虎贲中郎将率领，职掌宿卫，禁卫皇宫。东汉、魏、晋、南北朝皆置。北魏孝文帝太和十九年（495），选天下武勇之士十五万人为羽林、虎贲，以充侍卫。次年，以代迁之士皆为羽林、虎贲。武人挽上格者为羽林，次格者为虎贲。除担任侍卫外，也常奉命出征，或赐与大臣充作仪仗，作为对大臣的特殊优遇。至唐始废。唐人为避讳，亦称武贲。

虎贲卫亲军都指挥使司　官署名。元朝侍卫亲军指挥机构。秩正三品。掌汉军万名，负责上都修造与屯田事宜。立于成宗大德元年（1297），置司上都。设都指挥使三员，多由上都留守兼任；副都指挥使二员，佥事二员。下辖撒的赤、不花、脱脱木、大忽都鲁、迷里火者及杨千户六翼千户。

虎贲中郎　官名。东汉置，隶光禄勋所属虎贲中郎将，秩比六百石，无员，掌宿卫侍从。

虎贲中郎将　官名。主宿卫。《汉书·百官公卿表》载，平帝元始元年（后1）更名期门为虎贲郎，置虎贲中郎将统领，秩比二千石。隶属光禄勋。然据《王莽传》，似为元始三年以后事。东汉因之。主虎贲禁兵。光武帝、明帝时常以侍中兼领之，其后多以贵戚充任，或领兵出征。明帝时曾命马廖赴西域击东师。下属有左、右仆射，左、右陛长各一人，秩比六百石。仆射主虎贲郎习射，陛长主虎贲值宿，朝会在殿中。三国魏、蜀、吴沿之，属光禄勋，统率宿卫兵。东晋哀帝兴宁二年（364）罢，南朝宋武帝永初元年（420）复置，属领军。齐、梁、陈及北魏、北齐沿置。西晋时领有营兵，东晋后无营兵。铜印墨绶，武冠绛朝服，与羽林监、冗从仆射合称“三将”。北齐时属左右卫府，员十五人。唐人所修史书中，因避讳改称“武贲中郎将”。魏、晋、宋为第五品。梁为五班。陈七品，秩六百石。北魏孝文帝太和二十三年（499）定为第六品。北齐亦为第六品。

虎贲氏　官名。《周礼》夏官之属，一说为周朝置，负责周王禁卫。《周礼·夏官》：“虎贲氏下大夫二人，中士十有二人，府二人，史八人，胥八十人，虎士八百人”，“掌先后王而趋以卒伍。军旅、会同，亦如之。舍，则守王闲。王在国，则守王宫。国有大故，则守王门。大丧，亦如之。及葬，从遣车而哭。适四方使，则从士大夫，若道路不通，有征事，则奉书以使于四方”。

虎贲帅 官名。北魏置，为虎贲军下级军官。《魏书·尉拨传》：“（尉拨）从讨和龙，迁虎贲帅，转千人军将。”

虎贲司马 官名。北魏置。统领虎贲，侍卫皇帝。孝文帝太和十七年（493）定为从五品上，二十三年复次职令，未载。

虎贲军书令史 官名。北魏置，为虎贲军下级官吏。孝文帝太和十七年（493）定为从八品下，二十三年复次职令，未载。

虎贲侍郎 官名。东汉置，隶光禄勋所属虎贲中郎将，秩比四百石，掌宿卫侍从。

虎贲郎 官名。西汉武帝建元三年（前138）初置期门，比郎，多至千人。平帝元始元年（后1）更名虎贲郎，属虎贲中郎将，禁卫皇宫。东汉沿置，又有虎贲中郎、虎贲侍郎、虎贲郎中、节从虎贲之分。分别参见各条。北魏亦置虎贲郎，孝文帝太和十七年（493）定为从六品上。

虎贲郎将 官名。北魏置，统率虎贲郎担当侍卫皇帝之任。太和十七年（493）定为从五品上，二十三年复次职令，未载。唐初避高祖李渊祖父李虎名讳改武贲郎将。

虎贲将军 将军名号。新莽置。《汉书·翟方进传》：“复拜卫尉王级为虎贲将军。”

虎贲给事 官名。北周置，为散官。正四命。

虎贲校尉 官名。西汉武帝初置，为北军八校尉之一，秩二千石，有丞、司马。掌轻车，戍卫京师，兼任征伐。东汉省并射声校尉。

虎贲督 官名。西晋置，为左、右卫五部督之一，统领虎贲，侍卫皇帝，分属于左、右卫将军。唐朝人修史时，因避讳改称武贲督。

虎贲幢将 官名。北魏置。统领虎贲，侍卫皇帝，并随驾出征。《魏书·宿石传》：“（宿石）父沓干，世祖时虎贲幢将，从征平凉有功，拜虎威将军，侍御郎，赐爵汉安男。”

虎威将军 官名。东汉献帝建安（196—220）中曹操置，三国魏沿置，三国魏、晋皆定为五品，南朝宋八品。北魏孝文帝太和十七年（493）定为五品中，二十三年复次职令，改为从五品。

虎烈将军 官名。三国魏置，五品。下设长史、司马，并八品。

虎圈啬夫 官名。掌管上林苑之虎圈。《史记·张释之冯唐列传》：“文帝游上林苑，问上林尉禽兽簿。虎圈啬夫从旁代尉对上所问禽兽甚悉。”

虎符 古代调兵遣将的信物。一般以铜铸成，虎形，背有铭文，分两半，右半留中，左半授予统兵将帅。调兵时由使臣持符验合，方可发兵。《史记·魏公子列传》：“公子诚一开口请如姬，如姬必许诺，则得虎符夺晋鄙军。”汉朝和元朝又有金虎符，作用与铜虎符相同。

虎骑监 官名。三国蜀置。典禁卫骑兵。《三国志·麋竺传》：“（竺）子威，虎贲中郎将。威子照，虎骑监。自竺至照，皆便弓马，善射御云。”

贤仪 官名。唐朝内官，玄宗开元（713—741）中置为六仪之一，一人，正二品，与淑仪、德仪、顺仪、婉仪、芳仪同掌教九御四德，率其属以赞后礼。

贤妃 妃嫔号。唐初始置，与贵妃、淑妃、德妃合称夫人，位第四，正一品。掌佐皇后论妇礼，于内无所不统。宋朝位在皇后之下，为正一品夫人。金朝为五妃之末，正一品。以后为妃嫔名号，无品秩。

贤良 选举科目。始于汉文帝前二年（前178），虽非岁举，但两汉诸帝屡颁诏令诸侯王、公卿守相察举，常与方正、文学、能直言极谏者连称，也称贤良文学、贤良方正。三国亦置，非常制。西晋初有之，亦视为制科，因未规定年限、地域、名额，故除公卿外，州郡皆得选举。出身颇重，皆须策对。十六国时，后赵制群僚及州郡岁各举贤良一人，与秀才、至孝、廉清、直言、武勇并列为定科，须策对，皆拜郎。前秦、北燕亦有此制。南朝未见。北周有，然非常科，时颇重其选。

贤良方正 贤良、方正联称。分见各条。

贤良科 贡举科目名。又称贤良方正科。西汉始设，由公卿大臣、诸侯王、郡守举荐，皇帝亲自策问，中选者授官。后世因之。唐朝为制举之一，试策一道以定中否，常取十数或二十余人。宋朝沿设，由各路长官荐举或自行在原籍投状应试。仁宗庆历六年（1046），令随礼部贡举，不得自荐。神宗时一度废罢，后或复或废。

非泛补官人 即七色补官人。

尚工 官名。隋文帝内官六尚之一，置三员，视从九品，掌内宫营造百役，领司制三员、典会三员。炀帝置为尚工局长官，置二员，从五品，领司制二员、司宝二员、司彩二员、司织二员。参见“尚工局”。

尚工局 官署名。隋炀帝内官六尚局之一，分掌内宫供奉事务。下领司制，掌营造裁缝；司宝，掌金玉珠玑钱货；司彩，掌缯帛；司织；掌织染。置尚工二员为其长，四司各二员，每司又置典二员、掌二员，为其副贰。

尚工署 元朝官署名。秩从五品，隶内正司，掌中宫百工制造，设于仁宗皇庆元年（1312）。置令一员，丞二员。

尚父 官名。辽朝置。为重臣加官，无实职。

尚方 ❶官署名。亦作上方。秦、汉皆置，隶少府。设令、丞，掌使役工徒，制造新奇贵重手工艺品及精美的宫廷器用、刀剑等兵器，专供御用，所制兵器，为上好精品。西汉文帝时周亚夫买尚方甲楯为葬器，被召诣廷尉问罪。普通兵器及器用，由考工等署制作。东汉末分中、左、右三署，各设令、丞。（一说西汉武帝时已分）历代沿置。魏、西晋也分中、左、右三署。东晋唯置一署，或省或置。十六国仍置。后燕尚方工徒达五千余人。南朝宋沿置，以本署为右尚方，又改原相府作部为左尚方，仍隶少府，并掌制作一般军械，职如汉朝之考工令，精巧器玩兵器之制造则归门下省的细作（御府）署，后废帝初，改细作为中署，以之隶右尚方。南齐因之。梁、陈又增中尚方，复置三署。北朝略同，兼掌丝织品、乐器等制作。北齐中、左、右三尚方署隶太府寺。隋朝因之，避文帝父忠名讳，改中尚方为内尚方，隶少府监。唐朝改内为中，武则天时去“方”字。金朝复置尚方署，掌制作金银器物、亭帐、车舆、床榻、帘席、鞍辔、伞扇等宫廷器用，隶少府监，设令、丞。又，唐朝曾置“尚方监”，清朝曾置“尚方司”、“尚方院”。❷汉朝王国医官名。《史记·封禅书》：“栾大，胶东宫人”，“已而为胶东王尚方”。

尚方少监 官名。即少府少监，唐武则天垂拱元年（685）改，中宗神龙元年（705）复为少府少监。参见“少府少监”。

尚方令 官名。秦始置，两汉因之。为尚方长官，隶少府，秩六百石。有丞。东汉常任宦者。汉末（一说西汉武帝时）分置中、左、右三令，各有丞。历代或省或置。魏、晋、南朝宋七品，梁一班，北齐隶太府寺。唐朝去“方”字，改名中、左、右尚令。金朝复置，从六品。参见“尚方”。

尚方司 官署名。清初内府机构之一。太宗时曾设。顺治十一年（1654）复设。掌理审拟上三旗之刑狱案件。下设左、右协理各一人佐之。十二年改设尚方院。

尚方丞 官名。❶尚方令副贰。秦、汉、三国、两晋、南北朝皆置，或分置中、左、右。汉秩三百石，魏、晋、南朝宋九品。隋、唐改置中、左、右尚丞。金朝复置，从七品。参见“尚方”、“尚方令”。❷尚方监佐贰官，即少府丞。唐高宗时改少府监为内府监，武则天垂拱元年（685）复改名尚方监，其官亦随监改名。参见“少府丞”。

尚方院 官署名。清初内府机构之一。顺治十二年（1655）改尚方司置。掌理审拟上三旗之刑狱案件。初设总理一人为主官，下设左、右协理各一人佐之。后俱省，改设郎中三人，员外郎六人，催总一人，分办所属事务。康熙十六年（1677）改称慎刑司。

尚方监 官署名。即少府监，唐武则天垂拱元年（685）改，中宗神龙元年（705）复名少府监。参见“少府监”。

尚方署 官署名。金置。属少府监。掌造金银器物、亭帐、车舆、床榻、帘席、鞍辔、伞扇及装钉之事。设令、丞领署事，秩从六品、从七品。下设直长，秩正八品。

尚书 ❶官署名。秦始置于宫禁中，西汉沿置。设令、仆射、丞、尚书吏，职掌收发文书，传达记录诏命章奏，隶少府。西汉中期以后，渐成为重要宫廷政治机构，参与国家机密，常以中朝大臣兼领、平、视，以左右曹诸吏平尚书奏事，参与议政决策，宣示诏命，责成丞相、列卿执行。百官奏事先呈尚书，皆为正、副二封，由领尚书者拆阅副封，加以裁决，可屏抑不奏。百官选举任用考察诘责弹劾之责亦归之。以其事务繁重，常以郎官供差遣，逐渐分曹治事。武帝信用宦官，设中书谒者令（中书令）、仆射，掌出纳机密诏命章奏，尚书奏事，须经中书转呈皇帝。宣帝时欲收霍氏之权，因霍山领尚书事，遂令百官上书不送尚书，由中书令出取之，职权渐移中书。成帝罢中书宦官，复重尚书，虽三公九卿，希得见帝，中央郡国百官上奏，皆上尚书，始达帝所，百官之征召诘对升调劾治，悉由其主管。于令、仆射外，定置尚书五员，分曹治事，领诸尚书郎。其常侍曹掌丞相御史公卿奏事，二千石曹掌州郡长官奏事，户曹（民曹）掌吏民上书事，主客曹掌少数民族及外交事务，三公曹掌断狱事。然仍以记录管理文书档案、传达出纳等秘书职能为主，并未主持政务。东汉置尚书台，魏、晋以来置尚书省，职权更为扩大。参见“尚书台”、“尚书省”。❷官名。战国秦、齐等国始置，亦称掌书，又有主书，都是为诸侯国君管理文书的小吏。秦朝由少府遣吏四人，在宫中收发文书，称尚书，地位甚轻。设令、仆射、丞以主之。西汉初因之。自武帝至成帝初，置四员分曹治事，领诸郎，掌管机要，职权渐重，为中朝重要宫官。博士选三科，高第者为尚书。又别置中书（中尚书），以宦者充任。成帝建始四年（前29）罢中书，增尚书为五员，分治常侍、二千石、户（民）、主客、三公诸曹，以保管文书档案、传达记录诏命章奏为主，拆阅、裁决章奏之权归领尚书事、尚书令、仆射。东汉尚书台分六曹，各置尚书，秩六百石，位在令、仆射下，丞、郎上。与令、仆射合称“八座”，重大议案八人联署，有不同意见可建异议。身兼宫官朝官双重身份，既掌纳奏拟诏出令，又可向公卿等行政机构直接下达政令，秩位虽轻，职权颇重。三国沿置，员数不等。魏晋南北朝纳奏出令谏诤之权转归中书、门下省，尚书出为朝官，分掌尚书省诸曹，品秩提高，但不再直接向皇帝奏事，承受诏命，成为行政官员。魏、晋时尚可对诏书提出驳议，南北朝驳权移归门下。魏、晋、南朝宋三品；梁吏部十四班，列曹十三班；陈三品、中二千石；北魏孝文帝太和十七年（493）定吏部从一品下，列曹二品中，二十三年改皆三品；北齐三品。隋、唐为尚书省吏、户、礼、兵、刑、工六部长官，分掌行政事务，正三品。历代因之。唐高宗龙朔二年（662）改名太常伯，咸亨元年（670）复旧。中唐以后，多由宰相兼任或成为外官所带检校官衔，不治部务，渐成虚衔，六部事务实由侍郎主持。五代因之。北宋初为三品寄禄官，神宗元丰（1078—1085）改制后始成为职事官，从二品。辽朝为南面朝官。西夏、金亦置为尚书省六部长官，金正三品。元朝废尚书省，六部改隶中书省。初仅设左三部、右三部，各置尚书二员，世祖至元七年（1270）始分置六部，尚书员额不定，后定制各置三员，正三品。明太祖洪武元年（1368）于中书省置六部，各设尚书，正三品；六年诸部各设二员；八年以户、刑、工三部事繁，部下各增数科，亦设尚书为长官。十三年废中书省，罢诸科，六部各置尚书一员，直接听命于皇帝，成为国务大臣，地位、职权均较前重要，正二品。至内阁权重，职权稍移。清朝置为六部、理藩院长官，分掌政务，权任较明为轻。顺治元年（1644）由承政改名，六部置满、汉各一员，理藩院置满一员，亦或任蒙古人。初满员正一品，汉员正二品，顺治十六年改皆正二品，康熙六年（1667）复旧，九年复改皆正二品，雍正八年（1730）皆升从一品。光绪（1875—1908）中先后成立、改设外务部、民政部、度支部、学部、陆军部、法部、农工商部、邮传部等，均置尚书为长官，宣统三年（1911）改名大臣。太平天国亦置，为东、西、北、翼王殿属下官。东王殿、西王殿每部各十二员，职同点检，北王殿每部六员，翼王殿每部一员，皆职同指挥。以数字依次系衔，如东殿吏部十二尚书等。参见“尚书台”、“尚书省”、“中书省”。

尚书二千石郎 参见“二千石郎”。

尚书三十六曹 北魏前期尚书省诸曹统称。拓跋珪皇始元年（396）始置（或说实为三十四曹，合左、右丞为三十六），各设郎。天兴二年（398）分为三百六十曹，各设大夫；四年复故，曹各置代人令史、译令史、书令史学官。天赐二年（405）复罢。

尚书三公郎 参见“三公郎”。

尚书三百六十曹 参见“尚书三十六曹”。

尚书下舍 魏晋南北朝诸曹尚书办公之署。因设在宫禁中，亦称尚书下省。《宋书·二凶传》：“移江夏王义恭住尚书下舍。”《梁书·到溉传》：“旧制，（御史）中丞不得入尚书下舍，洽兄溉为左民尚书，洽引服亲不应有碍，刺省详决。左丞萧子云议许入溉省。”参见“尚书下省”。

尚书下省 魏晋南北朝诸曹尚书办公之署。以在宫禁中，故名。亦称尚书下舍。为当时处理日常政务的主要场所，故亦常令辅政大臣入直。《南齐书·王俭传》：“先是，诏（尚书令）俭三日一还朝，尚书令史出外咨事，上以往来烦数，复诏俭还尚书下省。”

尚书上省 魏晋南北朝尚书省长官总办公署。又称尚书都省、尚书都坐、尚书都堂。设在宫中。亦令诸曹尚书入直。《宋书·王僧绰传》：“及（刘）劭弑逆，（吏部尚书）江湛在尚书上省，闻变。”

尚书比部郎 参见“比部郎”。

尚书五都 尚书五都令史简称。

尚书五都令史 尚书省殿中、吏部、金部、左民、中兵五都令史合称。两晋以来置尚书都令史八人，佐尚书左、右丞监督诸曹尚书、尚书郎。权任虽重，用人常轻。南朝梁置五都令史分监诸曹，武帝天监九年（510）诏：“尚书五都，职参政要，非但总领众局，亦乃方轨二丞”，“可革用士流，每尽时彦”。（《隋书·百官上》）始重其选。陈沿置。隋改置都事。

尚书屯田郎 参见“屯田郎”。

尚书车部郎 参见“车部郎”。

尚书中兵郎 参见“中兵郎”。

尚书内省 官署名。北宋太宗时，改内省置，设于宫内，由女官组成。设尚宫、大监，并号为尚书；改祗候人为御侍，衣服为司衣，梳篦为司饰，枕被为司寝，汤药为司药，乐使、副使为仙韶使、副使，茶器为翰林局，掌御阁为直阁，掌宫门为直门，掌灯火为掌灯，掌从物为宜仗，针线院为裁缝院。以尚宫、大监知尚书内省事，掌宫廷内部事务，主管外朝请示皇帝事宜，批出四方奏牍及临时处分，常代皇帝御批。真宗时，设二十四司、二十四掌、二十四典。又设司宫令一人，正四品，位在尚宫之上。哲宗时，又设管干尚书内省公事一人。徽宗政和三年（1113）改其官制，设内宰二人，副宰四人，都事六人，主事六人，录事十二人，令史十二人，书令史二十四人，书史二十四人。下分六司：司治，职事视吏部；司教，职事视户部；司仪，职事视礼部；司政，职事视兵部；司宪，职事视刑部；司膳，职事视工部；各设官内史一人，治中一人，吏令史二人，书令史四人，书史六人。南宋复置知尚书内省事。

尚书仆射 官名。秦、西汉为尚书令副贰，秩六百石。东汉为尚书台次官，职权益重，若公为之，增秩至二千石。职掌拆阅封缄章奏文书，参议政事，谏诤驳仪，监察百官。令不在，则代理其职。献帝建安四年（199）分置左、右。魏、晋置为尚书省次官，三品。或单置，或并置左、右，有时单置左或右仆射。左仆射居右仆射上。辅助尚书令执行政务，参议大政，谏诤得失，监察纠弹百官，可封还诏旨，常受命主管官吏选举。南朝尚书令为宰相之任，位尊权重，不亲庶务，尚书省日常政务常由仆射主持，诸曹奏事由左、右仆射审议联署。左仆射又领殿中、主客二郎曹，右仆射与祠部尚书通职，不并置，置则领祠部、仪曹二郎曹。梁、陈常缺尚书令，仆射实为尚书省主官，列位宰相。宋三品，梁十五班，陈二品、中二千石。北朝亦列位宰相，然录尚书、尚书令常置，故其地位稍逊南朝，职掌都省庶务及执法，或典选举，左仆射兼掌纠弹百官。北魏孝文帝太和十七年（493）定为从一品中，二十三年改从二品。北齐因之。隋朝罢录尚书，又常缺令，仆射成为正宰相，从二品，与门下、内史省长官共秉国政。文帝开皇三年（583）令左仆射掌判吏、礼、兵三部事，兼纠弹御史所纠不当者；右仆射掌判都官、度支、工部三部事，兼知用度。行台尚书省亦置，视从二品。唐朝尚书令罕有除授，高宗龙朔二年（662）又废，左、右仆射正式成为尚书省长官，总判省务，从二品。与中书、门下省长官并为宰相，在政事堂共议国政，师长百僚，享礼隆重。本省日常政务由左、右丞监督执行。高宗龙朔二年改名左、右匡政，咸亨元年（670）复旧；武则天光宅元年（684）改名文昌左、右相，中宗神龙元年（705）复旧；玄宗开元元年（713）改名左、右丞相，天宝元年（742）复旧。贞观二十三年（649）以后，例带同中书门下三品等号，中宗以后，不带此号而单任仆射者，不得入政事堂参议国政、执行宰相职务。玄宗开元（713—741）以后多不带此号，逐渐成为安置元老旧臣的荣衔，或缺而不授。五代因之。北宋初为二品寄禄官，仅表示品级俸禄，神宗元丰（1078—1085）改制后，复为宰相，主持尚书省政务，从一品。左仆射兼门下侍郎，行侍中之职；右仆射兼中书侍郎，行中书令之职。徽宗政和二年（1112）改左、右仆射为太宰、少宰，钦宗靖康元年（1126）复旧。南宋高宗建炎三年（1129）皆加“同中书门下平章事”衔，罢兼门下、中书侍郎。孝宗乾道八年（1172）改名左、右丞相。参见“尚书台”、“尚书省”。

尚书仓部郎　参见“仓部郎”。

尚书水部郎　参见“水部郎”。

尚书功论郎　参见“功论郎”。

尚书右士郎　参见“右士郎”。

尚书右中兵郎　参见“右中兵郎”。

尚书右仆射　参见“尚书仆射”。

尚书右外兵郎　参见“右外兵郎”。

尚书右主客郎　参见“右主客郎”。

尚书右民郎　参见“右民郎”。

尚书右司员外郎　官名。唐朝武则天永昌元年（689）置，员一人，从六品。中宗神龙元年（705）省，二年又置。协助郎中处理都司政务。北宋前期，用为文臣寄禄官，六品。神宗元丰（1078—1085）改制，复为职事官，员一人，从六品，协助郎中掌兵房、刑房、工房、案钞房之事。受付兵部、刑部、工部之事，举正文书稽失。金朝亦置，员一人，正六品，协助郎中掌本司奏事，总察兵、刑、工三部受事付事，兼带修注官。元朝尚书省亦置，员二人，正六品，职掌如故。

尚书右司郎中　官名。唐初置，高宗龙朔二年（662）改右承务郎，咸亨元年（670）夏旧称。员一人，从五品，掌受付诸司之事，举正稽违。如缺官，则以左司郎中兼行其职。北宋前期，用为文臣叙迁之阶，不领本职，为五品寄禄官。神宗元丰（1078—1085）改制，复为职事官，正六品，员一人，掌受付兵、刑、工部之事，举正稽失。金朝亦置，员一人，正五品，掌本司奏事，总察兵、刑、工部之事，兼带修注官。元朝尚书省亦置，员二人，正五品，职掌如故。

尚书右丞　官名。东汉始置，为尚书台佐贰官，居尚书左丞下，秩四百石。掌授廪假钱谷，假署印绶，管理尚书台专用文具及诸财用库藏，并与左丞通掌台内庶务，保管文书章奏。魏、晋南朝为尚书省佐官，位次尚书，与左丞共掌尚书都省庶务，率诸都令史监督稽核诸尚书曹、郎曹政务，纠举弹劾百官。右丞又掌本省库藏庐舍，督录远道州郡文书章奏，凡兵士百工名籍、内外库藏谷帛、刑狱诉讼、军械、田地、州郡租布、户籍、行政区划，州郡县长官免赠收捕等文书奏事皆属之。魏、晋、宋六品，梁八班，陈四品、六百石。北魏略同，孝文帝太和十七年（493）定为四品中，二十三年改从四品。北齐沿置，从四品，与左丞共掌都省庶务外，又管理省内用度杂物，不掌弹纠，监督驾部、虞曹、屯田、起部、都兵、比部、水部、膳部、仓部、金部、库部诸郎曹政务。隋、唐左丞缺，则通判都省事。领右司郎中、员外郎，监督稽核兵、刑、工三部十二司。高宗龙朔二年（662）曾改名右肃机，咸亨元年（670）复旧。隋从四品，唐初正四品下，武则天永昌元年（689）升从三品下，如意元年（692）复改正四品下。又，隋行台尚书省亦置，视从四品。唐朝罢尚书令，玄宗开元（713—741）以后，仆射、尚书亦渐成名誉职务，尚书省政务实由左、右丞主持，实权反在仆射之上。诏敕经门下省审查后，须经左、右丞复审，有权封驳，或有加“同平章事”衔成为宰相，入政事堂议政者。五代因之。后梁开平二年（908）改名右司侍郎，后唐同光元年（923）复旧，长兴元年（930）升为正四品。北宋初为四品寄禄官，不预省务，神宗元丰（1078—1085）改制后，升为正二品，位列执政，为宰相副贰，居六部尚书上，参议大政，与左、右仆射合治省事。南宋省。辽朝为南面朝官。金、元亦为执政，佐宰相治省事，正二品。时行台尚书省、行尚书省亦置。元朝号右辖，位居左丞上。后尚书省并入中书省，遂废。参见“尚书台”、“尚书省”。

尚书右选　官署名。简称尚右。北宋神宗元丰五年（1082）改革官制，由审官西院改名，掌铨注武臣升朝官自皇城使、职事官自金吾街仗司以下、非枢密院宣授者。设右选郎中一员。与尚书左选总隶于吏部尚书。下分六案，设主事、令史、书令史、守当官等吏人。南宋沿置，分十案，掌大使臣以上差注，破格出缺，较量功过，奏荐诸军赏功等事。

尚书左士郎　参见“左士郎”。

尚书左中兵郎　参见“左中兵郎”。

尚书左仆射　参见“尚书仆射”。

尚书左户部　官署名。即尚书省左户曹。《魏书·祖莹传》：“后侍中崔光举为国子博士，仍领尚书左户部。”

尚书左外兵郎　参见“左外兵郎”。

尚书左主客郎　参见“左主客郎”。

尚书左民郎　参见“左民郎”。

尚书左司员外郎　官名。唐朝武则天永昌元年（689）置，员一人，从六品。中宗神龙元年（705）省，二年又置。协助郎中处理都司政务。北宋前期，用为文臣寄禄官，六品。神宗元丰（1078—1085）改制，复为职事官，员一人，从六品，协助郎中掌吏房、户房、礼房之事，受付吏、户、礼三部之事，举正文书稽失。金朝亦置，员一人，正六品，协助郎中掌本司奏事，总察吏、户、礼三部受事付事，兼带修起居注官。元朝尚书省亦置，员二人，正六品，职掌如故。

尚书左司郎中　官名。唐初置，高宗龙朔二年（662）改左承务郎，咸亨元年（670）复旧称。员一人，从五品，掌受付诸司之事，举正稽违。右司郎中缺，则兼行其职。北宋前期，用为文臣叙迁之阶，不领本职，为五品寄禄官。神宗元丰（1078—1085）改制，复为职事官，员一人，正六品，掌受付吏、户、礼三部之事，举正稽失。金朝亦置，员一人，正五品，掌本司奏事，总察吏、户、礼三部受事付事，兼带修起居注官。元朝尚书省亦置，员二人，正五品，职掌如故。

尚书左丞　官名。东汉始置，为尚书台佐贰官，居尚书右丞上，秩四百石。总领尚书台庶务，主管吏民章奏及台内小吏。魏、晋、南朝为尚书省佐官，位次尚书，与右丞共掌尚书都省庶务，率诸都令史监督稽核诸尚书曹、郎曹政务，督录近道文书章奏；监察纠弹尚书令、仆射、尚书等文武百官，号称“监司”；分管宗庙祠祀、朝仪礼制、选授官吏等文书奏事，职权甚重。八座以下，侧目惮之。魏、晋、宋六品，梁九班，陈四品、六百石。北魏略同，孝文帝太和十七年（493）定为四品上，二十三年改从四品上。北齐从四品上，凡三师以下百官皆得弹劾，监察本省诸官，监督吏部、考工、主爵、殿中、仪曹、三公、祠部、主客、左右中兵、左右外兵、都官、二千石、度支、左右户诸郎曹政务。隋、唐通判都省事，监察省内，领内司郎中、员外郎，监督稽核吏、户、礼三部十二司。高宗龙朔二年（662）曾改名左肃机，咸亨元年（670）复旧。隋从四品，唐初正四品上，武则天永昌元年（689）升正三品，如意元年（692）复改正四品上。又，隋行台尚书省亦置，视从四品。唐朝罢尚书令，玄宗开元（713—741）以后仆射、尚书亦渐成名誉职务，尚书省政务实由左、右丞主持，实权反在仆射之上。诏敕经门下省审查后，须经左、右丞复审，有权封驳，或有加“同平章事”衔成为宰相，入政事堂议政者。五代因之。后梁太祖开平二年（908）改左司侍郎，后唐庄宗同光元年（923）复旧，长兴元年（930）改正四品。北宋初为四品寄禄官，不预省务，神宗元丰（1078—1085）改制后，升为正二品，位列执政，为宰相副贰，居六部尚书上，参议大政，与左、右仆射合治省事。南宋省。辽朝为南面朝官。金、元亦为执政，佐宰相治省事，正二品。时行台尚书省、行尚书省亦置。元号左辖，位居右丞下。后尚书省并入中书省，遂废。参见“尚书台”、“尚书省”。

尚书左选　官署名。简称尚左。北宋神宗元丰五年（1082）改革官制，由审官东院改名，掌铨注文臣寄禄官自朝议大夫、职事官自大理正以下、非中书敕授者。设左选郎中一员。与尚书右选总隶于吏部尚书。下分八案，设主事、令史、书令史、守当官等吏人。南宋沿置，分十二案，掌考校京朝官以上殿最，叙其爵秩，拟奏内外任使。

尚书北主客郎　参见“北主客郎”。

尚书仪曹郎　参见“仪曹郎”。

尚书令　官名。秦、西汉为尚书署长官，掌收发文书，隶少府。初秩六百石，武帝以后，职权稍重，为宫廷机要官员，掌传达记录诏命章奏，并有权审阅宣读裁决章奏，升秩千石。常以中朝官领、平、视尚书事，居其上。又置中书谒者令（中书令），以宦者充任，以分其任。宣帝时重用中书，尚书职权实移于中书令。成帝建始四年（前29）罢中书宦官，复重尚书令。虽三公九卿，希得见帝，出令纳奏，一以主之。东汉为尚书台长官，兼具宫官、朝官职能，掌决策出令、综理政务，秩位虽低，实际上总领朝政，无所不统。如以公任其职，增秩至二千石。名义上仍隶少府。朝会时，与御史中丞、司隶校尉皆专席坐，时号“三独坐”。其上常置录尚书事，以太傅、太尉、大将军等重臣兼领。和帝以后，信用宦官，中常侍出纳王命，职任渐重，与其分权。灵帝时以宦官曹节领其职。三国沿置，复用士人，不再隶少府。录尚书事或缺，则代行宰相之职。两晋南朝宋为尚书省长官，综理全国政务，出居外朝，成为高级政务长官，参议大政。虽位三品，实权有如宰相，如录尚书事缺，则兼有宰相之名义。南齐录尚书事定为官号，成为尚书省长官，令为其副贰。梁罢录尚书事，遂复为尚书省长官，正式成为最高政务长官，居宰相之位，十六班，虽低于诸公、开府仪同三司，实为百官之长。陈升为一品、中二千石，位尊权重，遂常缺，以仆射主省务。北魏初不常置，亦不掌实际政务，孝文帝改制后，尚书省权任颇重，以录尚书为长官，尚书令为副贰，兼掌监察百官，皆为宰相。太和十七年（493）定为从一品上，二十三年定为二品。北齐因之。隋朝罢录尚书事，遂复为尚书省长官，正二品，居正宰相之任。因位尊权重，偶有除授，多缺而不授。行台尚书省亦置，视正二品。唐初以李世民为之，后亦不授，皆以左、右仆射主省务，高宗龙朔二年（662）废其职。其后唯代宗广德元年（763）及德宗建中二年（781），因雍王李适及郭子仪有大功而特授此职，作为荣衔。五代后梁太祖开平三年（909）升秩正一品，亦作为大臣荣衔。北宋初为一品寄禄官，罕有除授，偶有亲王以使相兼领，不预政事。神宗元丰（1078—1085）改制后，定为正一品职事官，然未尝真拜，以仆射代行其职。南宋废。辽朝为南面朝官中品秩最高者，系荣爵，或作赠官。西夏为尚书省长官。金朝正一品，居宰相之首，多授重臣为荣衔，不亲庶务。行台尚书省、行尚书省亦置。元朝因之。尚书省并入中书省后，遂废。参见“尚书”、“尚书台”、“尚书省”。

尚书令史　参见“令史”。

尚书外兵郎　参见“外兵郎”。

尚书主客郎　即主客郎。

尚书民曹郎　即民曹郎。

尚书台　官署名。秦、西汉少府有尚书署，掌收发诏命章奏。东汉称尚书台，亦号中台、内台，仍设宫禁中，职权更加扩大，名义上仍隶少府，实际上直属皇帝，既是参与决策的宫廷出令机构，又是综理国事的政务中枢，兼具中朝、外朝双重职能。各级官府奏章皆呈送尚书台，由其拆阅、裁定、记录、转呈、代奏，并向皇帝提供建议，参议政事。皇帝有成命，由其拟诏出令，下达三公府，有时不经三公，径下九卿。本台官员对诏令有异议，有权驳议。官吏选举、任免、考课、弹劾、诛赏、刑狱，无所不总。上自中央九卿，下至州郡，一切行政事务，由其分曹监督管理。虽置三公，形同虚设，权归台阁。太傅、太尉、大将军等大臣如加“录尚书事”衔，始可参与国政，综理政务，成为真宰相。长官为尚书令，次官为尚书仆射，总领台事，参议朝政。左、右丞各一员，掌台内具体事务及监督诸曹。设尚书六员，分领三公、吏、二千石（后又分曹）、民、客（后分南北主客）、中都官诸曹，曹各置郎（侍郎、郎中）、令史。东汉末仆射分置左、右。和帝以后，信用宦官，中常侍出纳王命，与尚书台分权。魏、晋以来改称尚书省。然魏、晋、南朝宋、齐往往台、省互称。参见“尚书”、“尚书省”。

尚书寺　秦、汉以寺为官舍通称，故尚书署、尚书台亦称尚书寺。南北朝时为尚书省的别称。

尚书考功郎　即考功郎。

尚书吏部郎　即吏部郎。

尚书农部郎　即农部郎。

尚书丞　官名。秦、西汉为尚书令佐贰官，位次仆射。初置一员，成帝建始四年（前29）置四员，秩四百石。东汉改置左、右丞各一员，历代沿置。参见“尚书令”、“尚书左丞”、“尚书右丞”。

尚书运曹郎　即运曹郎。

尚书别兵郎　即别兵郎。

尚书删定郎　即删定郎。

尚书兵部郎中　即兵部郎中。

尚书库部郎　即库部郎。

尚书直事郎　即直事郎。

尚书典事　官名。三国魏、西晋皆置，七品。隶尚书台诸曹。

尚书侍郎　参见“侍郎”。

尚书金部郎　即金部郎。

尚书定课郎　即定课郎。

尚书郎　官名。西汉武帝时常以郎官供尚书署差遣，掌收发文书章奏庶务，后渐成定制，成为中朝常设官职，员四人，一主匈奴单于营部，一主羌夷吏民，一主户口垦田功作，一主钱帛贡献委输，分隶诸曹尚书。东汉置三十六员（或说置三十四员、三十五员），分隶尚书台六曹尚书，分曹治事。百官章奏由八座收纳后，由尚书郎启封，面奏皇帝，事之轻重，可自酌情决定，并解答皇帝的质疑。皇帝成命经八座传达后，由尚书郎代拟诏令下达。其官缺，从三署郎中选年不满五十之孝廉，诣尚书台考试，每缺一郎试五人。初上尚书台任职称守尚书郎中，满一年称尚书郎（一说初上台称守尚书郎，满岁称尚书郎中），三年称侍郎，统称尚书郎。秩四百石，秩轻而职显权重，升迁颇速。其出任外官，初补县长，章帝后得补千石县令，甚至有赐迁二千石刺史者。魏、晋出居外朝，为尚书省诸郎曹长官，隶列曹尚书，分曹执行政务，奏对拟诏之职则移归中书。其职清美，凡政事须议者先由其立意，文书庶务则由令史、书令史等属吏处理。亦称尚书郎中，资深勤能者可转侍郎，或冠以曹名，皆可统称尚书郎。三国魏置殿中、吏部、驾部、金部、虞曹、比部、南主客、祠部、度支、库部、农部、水部、仪曹、三公、仓部、民曹、二千石、中兵、外兵、都兵、别兵、考功、定课、都官、骑兵二十五郎。西晋罢农部、定课，增直事、屯田、左士、右士、运曹，分民曹、中兵、外兵为左、右，分主客为左、右、南、北，凡三十五曹，设二十三郎分领之，或一曹数郎，或数曹一郎。东晋几经省并，最后唯置殿中、祠部、仪曹、吏部、比部、左民、驾部、度支、金部、仓部、库部、中兵、外兵、三公、都官十五郎。南朝宋、齐定置二十郎：吏部、删定、三公、比部隶吏部尚书；祠部、仪曹隶祠部尚书或尚书右仆射；度支、金部、仓部、起部隶度支尚书；左民、驾部隶左民尚书；都官、水部、库部、功论隶都官尚书；中兵、外兵隶五兵尚书。梁增三郎：虞曹、屯田隶左民，骑兵隶五兵。陈省二郎，或说为骑兵、虞曹。自晋以后，多不直接向皇帝奏对，其章奏由中书、门下转呈代奏，至梁始可不经转呈，径上皇帝。魏、晋、宋六品，梁吏部郎十一班，诸曹侍郎六班、郎中五班，陈皆四品、六百石。北朝可直接向皇帝奏报本职政务。北魏前期尚书省诸曹皆置尚书为长官，下设郎及令、长、给事中等员。孝文帝太和（477—499）改制后，复以尚书郎为诸郎曹长官，分隶六曹尚书。太和十七年定郎中五品上，郎从五品中，二十三年皆称郎中，六品，仍可通称为郎。西魏置尚书十二部：吏部、民部、礼部、兵部、刑部、工部、计部、膳部、驾部、蕃部、宾部、虞部，各设郎中为长官，或说亦置尚书。北齐置郎曹二十八，郎中三十员：吏部（二员）、考功、主爵郎中隶吏部尚书；殿中、仪曹、三公（二员）、驾部郎中隶殿中尚书；祠部、主客、虞曹、屯田、起部郎中隶祠部尚书；左右中兵、左右外兵、都兵郎中隶五兵尚书；都官、二千石、比部、水部、膳部郎中隶都官尚书；度支、仓部、左右户、金部、库部郎中隶度支尚书，六品。隋初改称侍郎，炀帝复称郎，为二十四司长官：选部、主爵、司勋、考功隶吏部尚书；人部、度支、金部、仓部隶民部尚书；仪曹、祠部、主客、膳部隶礼部尚书；兵曹、职方、驾部、库部隶兵部尚书；宪部、都官、比部、司门隶刑部尚书；起部、屯田、虞部、水部隶工部尚书。然多冠以司名，不常有单称尚书郎者。从五品。唐朝定称郎中，冠以司名。历代因之。

尚书郎中 参见“尚书郎”、“郎中”。

尚书房 参见“上书房”。

尚书驾部郎 即驾部郎。

尚书南主客郎 即南主客郎。

尚书南部郎 官名。北魏置。参见“南部郎”。

尚书省 官署名。东汉有尚书台，魏、晋以后称省，然常台、省互称。当时拟诏出令纳奏封驳之权转归中书、门下（散骑、集书）等省，尚书省虽仍设于宫禁中，实已成为综理全国政务的外朝最高行政机构，地位颇重，规模庞大，人员众多，唯掌执行成命，向皇帝奏事须经中书、门下，对诏命有异议可行驳权。组织机构逐渐完备，分为都省（都堂）、尚书曹、郎曹三级。都省即总办公厅，置令、左右仆射（或置一仆射）为正副长官，总领省务，参议国政，有时又以大臣录尚书事，居尚书令上；左、右丞管理都省事务，监督尚书列曹。尚书列曹以尚书为长官，分曹治理政务，下达政令，并参与议政，与令、仆射合称八座。魏置吏部、左民、客曹、五兵、度支五曹。郎曹以尚书郎（郎中、侍郎）为长官，设令史等属吏，分隶列曹尚书，分曹处理具体政务。两晋南北朝大体相沿，都省增置都令史，协助左、右丞监督诸曹。西晋尚书曹名屡有变动，初置吏部、三公、客曹、驾部、屯田、度支六曹，武帝咸宁二年（276）省驾部，四年省一仆射，又置驾部；太康（280—289）中改置吏部、殿中、五兵、田曹、度支、左民六曹。东晋置吏部、祠部、五兵、左民、度支五曹，其祠部尚书常由右仆射兼任。南朝定置尚书六曹：吏部、祠部、度支、左民、都官、五兵。自魏、西晋置中书省，掌纳奏拟诏出令之政，职权极重，过于尚书。东晋、南朝宋、齐复重尚书，尤其录尚书事为真宰相，职权极重，无所不总，凡重号将军、刺史，皆得命曹授用，至南齐复由职衔变为官号，正式成为尚书省长官，权臣为之者专擅朝政，事决于己，或缺而不授。梁、陈又常缺尚书令，贬抑尚书省职权，以中书省总机要政务，置诸局对口监管尚书省诸曹，尚书听受成命而已。北魏拓跋珪皇始元年（396）仿晋制置尚书省，设令、仆射、尚书等官，至天兴二年（399）即罢，分尚书三十六曹及诸外署为三百六十曹，各以大夫主之；四年复置尚书三十六曹，各置代人令史主管庶务；太武帝以后始置左右仆射、左右丞，诸曹尚书，多由郎曹扩充，先后曾置殿中、南部、北部、吏部（选部）、左民、右民、仪曹、太官（宰官）、驾部、库部、西部、都官、乐部、太仓、祠部（神部）、右士、金部、主客、都牧（牧曹）、虞曹、礼部、中曹侍御等曹，皆设尚书为长官，又置令、长、郎等职，又有给事中、给事由内廷派驻诸曹，监督、协理政务。孝文帝改制以后，以录尚书为长官，令、仆射副之，置六尚书、二丞，权任颇重，不仅总庶务，行文书，而且为枢机之任。北齐因之，置六曹尚书：吏部、殿中、祠部、五兵、都官、度支。祠部或不置尚书，则由右仆射领。别置外兵省、骑兵省掌军政，不隶尚书省，由录尚书事兼领。又有并州尚书省，置官略同。西魏初沿北魏制，文帝大统十二年（546）改置十二部：吏部、民部、礼部、兵部、刑部、工部、计部、膳部、驾部、蕃部、宾部、虞部，各设郎中为长官（或说亦置尚书），后仿《周礼》建六官，遂罢尚书省，诸部分隶六官府。隋朝复置，与门下、内史并号三省，共秉军国大政。本省为政务中枢，职事尤重。罢录尚书事，尚书令常缺，省务常由左、右仆射主持。都省为总办公厅、政务总汇，置左右丞，及都事八员，分司管辖。设六部：吏部、民部（度支）、礼部、兵部、刑部（都官）、工部，各设尚书为长官，炀帝增设侍郎为副长官。历代沿置。时又有行台尚书省。唐初三省并重，本省为最高政令执行机关，出居宫禁外，时号南衙、南省。凡中书省所出诏敕及批准章奏，经门下省审议、皇帝批准后，皆交由本省颁下执行，亦有封驳、审复之权。中央九寺诸监等事务机关发往州府的符移关牒，须经本省发布下达，天下大事不决者，皆上本省。尚书令常缺而不授，高宗龙朔二年（662）废，左、右仆射为本省长官，与中书省、门下省长官并为宰相。都省为本省总办公厅，以左、右丞监督节制六部诸司，管理全国行政事务；下分左、右司，各设郎中、员外郎，分隶左、右丞，左司监督吏、户、礼三部诸司，右司监督兵、刑、工三部诸司。高宗龙朔二年改名中台，咸亨元年（670）复旧；武则天光宅元年（684）改文昌台，俄改文昌都省，长安三年（703）又改中台，中宗神龙元年（705）复旧。武则天以后，渐居三省之末，中唐以降，八座（仆射、尚书）多成为名誉职务，省务由侍郎、左右丞主持，六部职权为宰相、诸使职侵夺。五代因之。北宋初由中书门下（政事堂）、枢密院分掌政务，本省与中书、门下三省皆同虚设，尚书令、左右仆射、左右丞、尚书、侍郎、郎中、员外郎皆为寄禄官，不预省务。置判尚书都省事一人，以诸司三品以上充任，总领六部及集议定谥、文武官封赠等事务。神宗元丰（1078—1085）改制后，复掌执行政令，罢中书门下，以尚书都堂为政事堂（宰相总办公厅），在三省中职权最重，唯军政仍隶枢密院。左、右仆射（曾改名太宰、少宰）为长官，列位宰相，分别兼任门下、中书侍郎，兼管二省事务。左、右丞通治省事，参议朝政，列位执政。左、右司郎官监督节制六部，分治省事。设吏、户、礼、兵、刑、工、开拆、都知杂、催驱、制敕库，奏钞、班簿、案钞、御史等房，分掌具体事务。六部、诸司沿唐制。南宋改左、右仆射为左、右丞相。辽朝为南面官署，名义上掌汉人之政，实际上其职事大多在南枢密院，其官多为荣爵。西夏仍为最高行政机构，仍设六部，下辖十六司，总理百官庶府之事。省设尚书令、左右司郎中等官，部设尚书、侍郎，司设郎中。金太宗天会四年（1126）置尚书、中书、门下省，本省实际执政，职权最重。海陵王废中书、门下省，独存本省，与枢密院分掌文武二柄，号称二枢府，设尚书令、左右丞相、平章政事，皆为宰相；左右丞、参知政事，皆为执政。都堂设左右司、架阁库、提点岁赐所、堂食公使酒库、直省局等机构。左右司各设郎中、员外郎、都事，分掌本司奏事，总察诸部。六部初与左、右司通署，熙宗天眷二年（1139）始分署，各置尚书、侍郎、郎中、员外郎。又置诸行台尚书省、行尚书省，分掌地方军政。元世祖至元七年（1270）罢制国用使司，改立尚书省，与中书省并立，总领六部，又改行中书省为行尚书省。政务多由本省处决，唯大事与中书省长官共议奏闻。设左右丞相、平章政事、左右丞、参政等官，六部各置尚书、侍郎、郎中、员外郎。八年，并入中书省，二十四年复立，二十九年再罢。武宗至大二年（1309）再置，分理财用，仍领六部及诸行省；四年，复并入中书省。

尚书省都事　官名。隋文帝开皇（581—600）初，改尚书都令史置，员八人，正八品上。唐朝沿置，员六人，从七品上。掌受事发辰，察稽失、监印、给纸笔。宋神宗元丰（1078—1085）改制后亦置，正八品。金朝置四人，正七品，分隶尚书左、右司。

尚书度支郎　即度支郎。

尚书祠部郎　即祠部郎。

尚书都令史　官名。两晋南北朝皆置，位在令史上，属尚书省。协助尚书左、右丞管理都省事务，监督诸曹尚书、尚书郎。晋、宋、南齐、北齐皆置八人，梁、陈置五人。晋、宋秩二百石，梁二班，北魏、北齐从八品上。

尚书都兵郎　即都兵郎。

尚书都坐　两晋南朝尚书省长官总办公署。亦称尚书上省、尚书都省。《宋书·百官上》："晋西朝八坐丞郎，朝晡诣都坐朝，江左唯旦朝而已。八座丞郎初拜，并集都坐。"

尚书都事　官名。隋朝尚书省置，设八员，从八品上，协助尚书左、右丞监督六部诸司政务；炀帝大业三年（607）置都司郎各一员，为左、右丞副贰，掌都事之职，仍置都事，升正八品，位都司郎下，分隶六尚书。唐朝左、右丞分辖左、右司，左、右司各设郎中、员外郎协助左、右丞署理、监督六部诸司，都事为其佐贰，置六员，从七品上，受事发辰，察稽失，监印。宋朝尚书省置三员，为属吏。

尚书都官郎　即都官郎。

尚书都省　官署名。魏晋南北朝为尚书省长官办公场所。亦称尚书上省、尚书都坐。《通典》卷二二《职官四》："八座丞郎初拜，并集都省。"录尚书事、尚书令、仆射为都省长官，属官有左、右丞，都令史，下统六部。隋、唐沿置，统六部二十四司。唐高宗龙朔二年（662）改为中台，武则天光宅元年（684）改曰文昌台，又改文昌都省，垂拱元年（685）改称都台，长安三年（703）又称中台。北宋神宗元丰（1078—1085）改制前，尚书省例称尚书都省，以诸司三品以上官或学士一员权判，总领省事及集议、定谥、祠祭受誓戒、在京文武官封赠注甲、发付选人出雪投状、二十四司吏员迁补、纳检校官兑省礼钱，设议事、注甲、白状、公廨、杂事等案。二十四司悉以他官主判，其事务至少者，但中书批状送印领判。尚书令、仆射、左右丞、左右司郎中、左右司员外郎、尚书、侍郎，诸司郎中、员外郎，皆不领本司之事，止为正官以叙位禄。

尚书都堂　参见"都堂"。

尚书起部郎　即起部郎。

尚书通事舍人　官名。南朝置，属尚书省。《梁书·贺琛传》："稍迁中卫参军事、尚书通事舍人。"

尚书骑兵郎　即骑兵郎。

尚书虞曹郎　即虞曹郎。

尚书殿中郎　即殿中郎。

尚书算生　官名。北魏置，属尚书省。孝文帝太和二十三年（499）定为从八品中。

尚书膳部郎中　即膳部郎中。

尚功　官名。唐朝始置，为宫廷女官，掌女功程课，为尚功局长官，二人，正五品。下设司制、司珍、司彩、司计四司。宋、金、明悉如唐制。明永乐（1403—1424）后归其职于宦官。

尚功局　官署名。宫廷女官六局之一。隋炀帝始置，初名尚工。唐改置为尚功。掌督宫服缝制、珍宝钱货、锦彩缣帛、支度衣食诸事。设尚功二人，下设司制、司珍、司彩、司计四司，各分置司、典、掌以掌其事。宋、金置而不称局。明朝沿唐制，永乐（1403—1424）后尽归其职于宦官。

尚右　即尚书右选。

尚右员外郎　官名。南宋置，参掌尚书右选之事。

尚右郎中　官名。南宋置，参掌尚书右选之事。

尚右郎官　官名。南宋以吏部郎官改称，参掌尚书右选之事。

尚左　即尚书左选。

尚左员外郎　官名。南宋置，参掌尚书左选之事。

尚左郎中　官名。南宋置，参掌尚书左选之事。

尚左郎官　官名。南宋以吏部郎官改称，参掌尚书左选之事。

尚仪　官名。隋文帝开皇二年（582）始置，为宫廷女官，掌宫中礼仪起居，视从九品。炀帝时改从五品，为尚仪局长官，二人。下设司籍、司乐、司宾、司赞四司。唐朝改正五品。宋、金、明悉如唐制。明永乐（1403—1424）后归其职于宦官。

尚仪局　官署名。宫廷女官六局之一。隋炀帝始置，掌宫中经籍纸笔几案，礼仪起居，宾客觐见等事。设尚仪二人，下辖司籍、司乐、司宾、司赞四司，各分置女官司、典、掌以掌其事。唐朝沿置。宋、金置而不称局。明沿唐制，永乐（1403—1424）后尽归其职于宦官。

尚衣小底　辽朝杂役名。属著帐户司承应小底局，为御帐、皇太后、皇后等宫内杂役，掌衣冠等事，例以著帐户充任。

尚衣库　官署名。宋真宗大中祥符二年（1009）改内衣库置，监官二员，以内侍三班充，掌收藏皇帝服御，诸驾头服御伞扇之各物，凡御殿、大礼前一日，以乘舆、衮冕、镇圭、袍服待进御，事毕复还内库。又有典一员、掌库十员，徽宗崇宁二年（1103）并入殿中省。辽朝内侍省置，以尚衣库使掌之。

尚衣库使　官名。宋真宗大中祥符二年（1009）改内衣库使置，东班诸司使之一，无职掌，仅为迁转之阶，神宗元丰（1078—1085）改制，定为正七品。徽宗政和二年（1112）重定武臣官名，废。辽朝内侍省尚衣库置为长官。

尚衣库副使　官名。北宋真宗大中祥符二年（1009）改内衣库副使置，同七品，属东班诸司使，多不领本职，仅为武臣迁转之阶。神宗元丰（1078—1085）改制，改从七品。徽宗政和二年（1112）重定武臣官名，废。

尚衣局　官署名。隋炀帝大业三年（607）改门下省御府局置，隶殿内省，置奉御二员、直长四员。唐朝殿中省置，有奉御二员、直长四员，掌供皇帝冕服、宫廷陈设，祭祀，则奉镇圭于监，而进于皇帝；大朝会，设案。高宗龙朔二年（662）改名奉冕局，咸亨元年（670）复旧，又设主衣十六员。宋朝殿中省沿置，掌衣服冠冕之事，有典御二员、奉御四或六员、监门一、二员、又有衣徒。南宋罢。辽朝殿中司置，以奉御掌之。金朝宣徽院置，有提点、使、副使，掌御用衣服、冠带等事，又有都监、直长、同监等属。元世祖至元二年（1265）置，七年隶将作院大都等路民匠总管府，从五品，有达鲁花赤一员、提举一员、同提举一员、副提举一员、都目一员。

尚衣局奉御　官名。即尚衣奉御。

尚衣局直长　官名。即尚衣直长。

尚衣奉御　官名。隋炀帝大业三年（607）殿内省尚衣局置为长官，二员，正五品。唐朝殿中省尚衣局沿置，二员，从五品上，掌供冕服、几案；高宗龙朔二年（662）改名奉冕大夫，咸亨元年（670）复旧。宋朝置四或六员，徽宗崇宁三年（1104）置典御后，位其下；南宋罢。辽朝殿中司尚衣局置。元朝侍正府置二员，从五品。朱元璋吴元年（1367）内史监置，以尚宝奉御兼，正六品；明洪武二年（1369）置十员；十二年更置尚衣监，为其属官，位令、丞下，置四员，正八品；二十八年重定内官监，为尚衣监属官，位典簿、长随下，正六品。

尚衣直长　官名。隋炀帝大业三年（607）殿内省尚衣局置为次官，四员，正七品。唐朝殿中省尚衣局沿置，四员，正七品。宋朝存其名而罕除授。金朝宣徽院尚衣局置，正八品。

尚衣监　官署名。明朝宦官二十四衙门之一，亦称西直房，掌选御用冠冕、袍服、履舄、靴袜诸事。下设袍房，为制作袍服之所。洪武十二年（1379）始置，设令一人，正七品，丞一人，从七品，奉御四人，正八品。二十八年重定内官监、司、库、局官，改设太监一人，正四品，左、右少监各一人，从四品，左、右监丞各一人，正五品，典簿一人，正六品。又设长随、奉御，均正六品。后渐改置掌印太监一人，管理、佥书、掌司、监工无定员。清初沿置，为宦官十三衙门之一。顺治十八年（1661）革。

尚医监　官署名。元朝掌管医疗事务之机构。世祖至元二十年（1283）改太医院设，二十二年复旧称。详见“太医院”。

尚牧所　官署名。元朝置，秩从五品，隶宣徽院。设于武宗至大四年（1311）。置提举二员，同提举、副提举各一员。

尚饮小底　杂役名。辽朝宫中置，属著帐户司承应小底局。充御帐、皇太后、皇后等帐杂役，掌饮酒、茶、水等事。例以著帐户充任。

尚供总管府　官署名。元朝置，秩正三品，隶上都留守司。仁宗延祐二年（1315）由只哈赤八剌哈孙达鲁花赤改置，掌上都东凉亭（上都东七十里）行宫及游猎供需等务。置达鲁花赤、总管、同知、副总管各一员。

尚舍寺　官署名。元朝置，掌宫室帷幙帐房陈设，牧养骆驼，供进乳酪。初于世祖至元十七年（1280）设尚舍监，秩正四品。武宗至大元年（1308），改为尚舍寺，升正三品。四年，复改为监，不久，又改为寺。仁宗延祐三年（1316），降为正四品。隶宣徽院。置太监、少监、监丞各二员。

尚舍局　官署名。隋炀帝大业三年（607）改门下省殿内局置，隶殿内省，置奉御二员、直长八员。唐朝殿中省置，有奉御二员、直长六员，掌殿庭祭祀张设、汤沐、灯烛、汛扫，皇帝行幸，则设三部帐幕；其外，则蔽以排城；大朝会，设黼扆，施蹑席、董炉。高宗龙朔二年（662）改名奉扆局，咸亨元年（670）复旧。宋朝殿中省沿置，掌次舍幄帟之之事，有典御二员、奉御四或六员、监事一、二员，又有幕士。南宋罢。辽朝殿中司置，以奉御掌之。

尚舍局奉御 官名。即尚舍奉御。

尚舍局直长 官名。即尚舍直长。

尚舍直长 官名。隋炀帝大业三年（607）殿内省置为尚舍局次官，八员，正七品。唐朝殿中省尚舍局沿置，六员，正七品。宋朝存其名而罕除授。

尚舍奉御 官名。隋炀帝大业三年（607）殿内省置为尚舍局长官，二员，正五品。唐朝殿中省沿置，二员，从五品上。掌殿庭祭祀张设、汤沐、灯烛、汛扫。高宗龙朔二年（662）改名奉扆大夫，咸亨元年（670）复旧。宋朝置四至六员，徽宗崇宁三年（1104）置典御后，位其下，南宋罢。辽朝殿中司尚舍局置。有仪式，则掌设御座及诸官之位。

尚舍监 见“尚舍寺”。

尚服 官名。隋朝始置。文帝开皇二年（582）置为宫廷女官，视从九品，掌宫内服用采章之数。炀帝置为尚服局长官，二人，从五品。唐朝沿置，改正五品。宋、金、明悉如唐制。明永乐（1403—1424）后，宫廷女官之职多归于宦官，此职犹存。

尚服局 官署名。宫廷女官六局之一。隋炀帝始置，掌供给符契、服饰、仪仗。置尚服二人，下辖司玺、司衣、司饰、司仗四司，各司分置司、典、掌以掌其事。唐朝沿置，改司玺为司宝。宋、金置而不称局。明沿唐制。永乐（1403—1424）后，宫廷女官诸司职尽归于宦官，仅存尚服四司。

尚宝司 官署名。明朝掌管宝玺、符印的机构，朱元璋吴元年（1367）始置。凡用宝玺时则与内官尚宝监共掌。并掌发金牌、令牌、铜牌、牙牌、祭牌、双鱼铜牌及符验，职掌至重。设卿、少卿各一人、司丞三人。后多以恩荫寄禄，无常员。

尚宝司少卿 官名。明朝尚宝司副长官。一人，从五品，佐司卿掌宝玺、符牌、印章之事。后多以恩荫寄禄，作为勋贵大臣子弟之荣誉职位，遂无定员。

尚宝司丞 官名。明朝尚宝司属官。原定制三人，正六品，佐尚宝司卿掌宝玺、符牌、印章之事。后多为优宠勋贵子弟之职，遂无定员。

尚宝司卿 官名。明朝尚宝司长官。定制一人，正五品，掌宝玺、符牌、印章之事。初以侍从儒臣、勋卫领之，其后多以恩荫寄禄，遂无定员。

尚宝监 官署名。明朝宦官二十四衙门之一。洪武十七年（1384）置，设令一人，正七品，丞一人，从七品。二十八年改置太监一人，正四品，左、右少监各一人，从四品，左、右监丞各一人，正五品，典簿一人，正六品，长随、奉御无定员，正六品。后改置掌印太监一员，佥书、掌司无定员。掌宝玺、敕符、将军印信。凡用宝玺时，外尚宝司以揭贴赴本监请旨，再至女官尚宝司领取，监视外司用讫，存号簿，缴进。

尚珍署 官署名。元朝置，秩从五品。设于世祖至元十三年（1276），十五年罢，二十三年复置，隶宣徽院，掌收存济宁等处粮食，以供酿酒所用。置达鲁花赤、令、丞各一员。

尚茶 官名。见“茶上人”。

尚茶正 官名。清朝内务府御茶膳房之茶房长官。初置茶饭处，设总领为长官。乾隆二十四年（1759），改总领为尚茶正、尚膳正。尚茶正，额二人，正四品，主管茶房事。又，清朝陵寝官中亦设此职，东陵、西陵，以及关外诸陵均设，四、五品不等。

尚茶副 官名。清朝内务府御茶膳房之茶房副长官。初置茶饭处，设有副总领。乾隆二十四年（1759），改副总领为尚茶副、尚膳副，各一人，正五品。分别协助尚茶正、尚膳正管理茶房、膳房事。又，清朝陵寝官中亦设此值，东陵、西陵，以及关外诸陵均设，五至八品不等。

尚药丞 官名。北齐门下省尚药局次官，员二人。佐尚药典御总知御药事，选擅长医药之术者任职。从七品。时又有中尚药丞。

尚药局 官署名。北齐门下省置，设典御、丞各二人，总知御药事，下设侍御师、尚药监各四人。隋初因之，炀帝大业三年（607）改隶殿内省。唐朝隶殿中省，置奉御二人，正五品下；直长二人，正七品上；侍御医四人，从六品上；司医五人，正八品上；医佐十人，正九品下；以及按摩师、咒禁师、主药、药童、合口脂匠等。高宗龙朔二年（662）改奉医局，咸亨元年（670）复旧名。宋初不置。徽宗崇宁二年（1103）又置，仍隶殿中省，掌和剂诊候之事，设典御二人，奉御四人，监门二人，医师二人，御医四人，医正四人，医佐四人，以及药童、封人、药工、掌库、库典、局长、典事、局史、直吏、书史、贴书等。钦宗靖康元年（1126）罢。金朝置，属宣徽院，设提点，正五品，使从五品，副使从六品，直长正八品，都监正九品，果子都监、同监各一人，本把四人。掌进汤药茶果。

尚药局奉御 官名。即尚药奉御。

尚药局直长 官名。即尚药直长。

尚药局典御 官名。即尚药典御。

尚药奉御 官名。隋炀帝大业三年（607）置为殿内省尚药局长官，二员，正五品。唐朝殿中省沿置二员，正五品下，掌合和御药及诊候方脉之事；高宗龙朔二年（662）改称奉医大夫，咸亨元年（670）复为尚药奉御。北宋置四至六员，徽宗崇宁三年（1104）置典御后，位其下；南宋罢。

尚药直长 官名。尚药局次官。隋朝门下省置四员，正七品下；炀帝大业三年（607）改隶殿内省，仍置四员，正七品。唐朝隶殿中省，置四员，正七品上。

尚药典御 官名。北魏置。北齐沿置为门下省尚药局长官，置二员，五品，总知御药事，以精通医术之人充任。隋朝沿置，二员，正五品；炀帝大业三年（607）改名尚药奉御，隶殿内省。北宋徽宗崇宁二年（1104）殿中省置二员，掌合和御药及诊候方脉，位尚药奉御上；南宋罢。

尚药监 官名。三国魏置，七品。北齐亦置，为门下省尚药局属官，员四人，掌御药。

尚食 官名。隋始置。高祖开皇二年（582）置为宫廷女官，视从九品，掌宫廷膳事。炀帝置为尚食局长官，二人，从五品。唐朝沿置，改正五品。宋、金、明悉如唐制。明永乐（1403—1424）后尽归其职于宦官。

尚食丞 官名。北齐门下省尚食局副长官，佐尚食典御总知御膳事。员四人，从七品。时又有“中尚食丞”。

尚食局 官署名。❶北齐门下省置，总知御膳事，有典御二员，丞、监各四员。隋朝门下省沿置，有典御二员、直长四员、食医四员；炀帝大业三年（607）改隶殿内省，置奉御二员、直长六员，又有食医员。唐朝殿中省沿置，有奉御二员、直长五员、食医八员，掌储供，进御膳必辨时禁而先尝；宴飨百官宾客，则与光禄寺按品秩而供；高宗龙朔二年（662）改为奉膳局，咸亨元年（670）复。宋朝殿中省亦置，掌宫廷膳羞之事，有典御二员、奉御四或六员、监门一、二员，又有膳工；南宋罢。辽朝殿中司置，以奉御掌之。金朝宣徽院置，有提点、使、副使，掌总知御膳，进食先尝，兼管从官膳食，又有直长一员、都监三员，并统生料、收支二库都监、同监各一员，宣宗元光二年（1223）参用近侍、奉御、奉职。元朝宣徽院沿置，从五品，掌供御膳及出纳油面酥蜜诸物，世祖至元二年（1265）置提点，十一年置生料野物库，隶焉；二十年省并尚药局归之别置生料库；定置提点一员、大使一员、副使二员、直长一员。朱元璋吴元年（1367）置，隶宣徽院，明洪武元年（1368）改隶光禄寺。❷隋炀帝内官六局之一，掌进膳先尝，管司膳、司酝、司药、司饎四司，每司又置典、掌，以贰其职，唯司膳、典膳、掌膳各四员，余各二员，又有女使员。唐朝宫官沿置，有尚食二员，掌供膳羞品齐，总司膳、司酝、司药、司饎，凡进食先尝，四司、四典、四掌各二员，又有女史十四员。明朝女官沿置，有尚食二员，掌膳羞品齐之数，凡以饮食进御，则先尝之，领司四：司膳、司酝、司药、司饎；司膳、典膳、掌膳各四员，余三司、三典、三掌各二员，又有女史十员；服劳多者，或五六载，得归父母，许听婚嫁；年高者许归，愿留者听；现授职者，家给与禄；永乐（1403—1424）以后职尽移于宦官。

尚食局奉御 官名。即尚食奉御。

尚食局直长 官名。即尚食直长。

尚食局典御 官名。即尚食典御。

尚食奉御 官名。隋炀帝大业三年（607）置为殿内省尚食局长官，二员，正五品。唐朝殿中省沿置，正五品下；高宗龙朔二年（662）改名奉膳大夫，咸亨元年（670）复旧。宋朝置四或六员，徽宗崇宁三年（1104）置典御后，位其下，南宋罢。辽朝殿中司尚食局置。金宣宗元光二年（1223）宣徽院尚食局参用此职。

尚食直长 官名。隋朝门下省尚食局置四员，正七品；炀帝大业三年（607）沿置六员，为尚食奉御副贰，改隶殿内省。唐朝殿中省置为尚食局次官，五员，正七品上。宋朝存其名而罕除授。金朝宣徽院尚食局置一员，位副使下，正八品，不限资考。元朝沿金置一员，正八品。

尚食典御 官名。北魏已置，掌御膳之事。北齐门下省尚食局置为长官，二员，五品，总知御膳事。隋朝门下省尚食局沿置，炀帝大业三年（607）改名尚食奉御，隶殿内省。宋徽宗崇宁三年（1104）复置，二员，隶殿中省，位尚食奉御上；南宋罢。

尚食使 官名。唐朝内诸司使之一。主宫内储供、监膳事。五代后梁仍置。宋朝属东班诸司使，无职掌，仅为转迁之阶。金朝宣徽院尚食局置，位提点下，从五品，掌知御膳、进食先尝，兼管从官膳食。

尚食监 官名。汉朝诸侯王国或置。三国魏置，七品。北齐置为门下省尚食局属官，员四人，佐尚食典御、丞等负责皇帝饮食。

尚宫 官名。隋高祖开皇二年（582）始置，为宫廷女官，掌导引中宫，视从九品。炀帝改从五品，为尚宫局长官，二人。下设司正、司言、司簿、司闱四司。唐改正五品，并改司正为司记。宋太宗时置，主管司记、司言、司簿、司闱四司，总知女官五局物品出纳，兼知尚书内省事，与大监并号为尚书。金、明悉如唐制。明永乐（1403—1424）后归其职于宦官。

尚宫局 官署名。宫廷女官六局之一。隋炀帝始置，凡宫中出纳文移，皆其印署。设尚宫二人，下辖司正、司言、司簿、司闱四司。各司分置女官司、典、掌以掌其事。唐朝沿置，改司正为司记。宋、金置而不称局。明朝沿唐制，永乐（1403—1424）后尽归其职于宦官。

尚乘司库 官名。隋炀帝大业三年（607）尚乘局始置。唐朝殿中省尚乘局置一员，正九品下，掌六闲御马鞍辔乘具。

尚乘司廪 官名。隋炀帝大业三年（607）尚乘局始置，唐朝殿中省尚乘局置员，正九品下，掌六闲藁秸出纳。

尚乘局 官署名。隋炀帝大业三年（607）改太仆寺骅骝署置，隶殿内省，有奉御二员、直长十四员，统左右六闲：左右飞黄闲、左右吉良闲、左右龙媒闲、左右騊駼闲、左右駃騠闲、左右天苑闲，又有奉乘、主乘、司库、司廪等属。唐朝殿中省沿置，有奉御二员、直长十员，掌内外闲厩御马饲养、训练，统左右六闲；高宗龙朔二年（662）改名奉驾局，咸亨元年（670）复旧；又有司廪、司库各一员，掌藁秸出纳；奉乘十员，掌饲习御马；习驭五百员，掌调六闲之马；掌闲五千员，掌饲六闲之马，治其乘具鞍辔；典事五员，掌六闲刍粟；兽医七十员。玄宗开元（713—471）以后，其职渐归闲厩使。辽朝殿中司置，以尚乘奉御掌之。

尚乘局奉御　官名。即尚乘奉御。

尚乘局直长　官名。即尚乘直长。

尚乘奉乘　官名。隋、唐殿中（内）省尚乘局属官，统领习驭、掌闲、驾士，掌饲养调习御马之法。隋朝置十员；唐朝置十八员，正九品下。

尚乘奉御　官名。隋炀帝大业三年（607）殿内省尚乘局置为长官，二员，正五品。唐朝殿中省尚乘局沿置，二员，从五品上，掌左右六闲御马；高宗龙朔二年（662）改名奉驾大夫，咸亨元年（670）复旧。玄宗开元二年（714）以后隶闲厩使。辽朝殿中司尚乘局沿置，二员。宋朝初年，定其位在殿中丞之下，大理正之上。后仅存空名，罕有除授。

尚乘直长　官名。隋炀帝大业三年（607）殿内省尚乘局置为次官，十四员，正七品。唐朝殿中省尚乘局沿置，十员，正七品下。宋朝存其名而罕除授。

尚玺寺　官署名。明崇祯十七年（1644）三月，李自成农民军克北京，改原明尚宝司而置，职掌因明旧制。

尚席　官名。掌管皇帝宴席。《汉书·周勃传》："条侯心不平，顾谓尚席取箸。"颜师古注引应劭曰："尚席，主席者也。"

尚浴　官名。春秋战国置，掌侍君王沐浴。《韩非子·内储说下》："僖侯浴，汤中有砾，僖侯曰：'尚浴免则有当代者乎？'"

尚宰　官名。春秋战国置，近侍之臣，掌膳食。《韩非子·内储说下》："昭僖侯之时，宰人上食而羹中有生肝焉。昭侯召宰人之次而诮之曰：'若何为置生肝寡人羹中？'宰人顿首服死罪曰：'窃欲去尚宰人也。'"

尚酝局　官署名。北宋徽宗崇宁二年（1103）置，为殿中省六尚局之一，掌供奉御用酒醴之事。设典御二人，奉御四人，监门二人，酒人十五人，酒工五十人，掌库二人，库典五人，局史三人，书吏二人。钦宗靖康元年（1126）罢。

尚酝署　官署名。金朝置。属宣徽院。掌进御酒醴。设令、丞、直长等官。秩从六品、从七品、正八品。

尚厩　官署名。辽朝置为北面官，掌御马喂养调训等事。置使、副使。

尚厩局　官署名。金朝置，属殿前都点检司，掌饲养和训练皇帝御用马匹、牛群等。设提点、使、副使领局事，秩正五品、从五品、从六品。下设直长、掌厩都辖、副辖等官。

尚符玺郎　官名。亦称符玺郎中，属符节令。以郎官而掌符玺，故名。东汉员四人，二人在中，主符及虎符、竹符之半者。

尚辇　官名。唐朝始置，为殿中省尚辇局属员，二人，正九品下。

尚辇局　官署名。隋炀帝大业三年（607）殿内省置，有奉御二员、直长四员，又有掌辇六员。唐朝殿中省沿置，有奉御二员、直长三员、尚辇二员。掌宫廷舆辇、伞扇，大朝会陈于庭，大祭祀陈于庙，皆伞二、翰一、扇一百五十六，事毕而藏之；常朝则去扇，左右留三。高宗龙朔二年（662）改名奉舆局，咸亨元年（670）复旧。又有掌扇六十员、掌翰三十员，掌执伞扇、纸笔砚杂供奉之事；掌辇二员，掌率主辇以供其事。宋朝殿中省沿置，掌舆辇之事，有典御二员、奉御四或六员、监门一、二员，又有正供御；南宋罢。辽朝殿中司置，以尚辇奉御掌之。金朝殿前都点检司置，有使、副使，掌承奉舆辇等事，又有直长、典舆都辖、收支都监、同监、本把等属。

尚辇局奉御　官名。即尚辇奉御。

尚辇局直长　官名。即尚辇直长。

尚辇奉御　官名。隋炀帝大业三年（607）殿内省尚辇局置为长官，二员，正五品。唐朝殿中省尚辇局沿置，二员，从五品上。高宗龙朔二年（662）改名奉舆大夫，咸亨元年（670）复旧。宋朝殿中省尚辇局沿置，四或六员，徽宗崇宁三年（1104）置典御后，位其下；南宋罢。辽朝殿中司尚辇局沿置。元朝侍正府置二员，正六品，以尚饰兼。

尚辇直长　官名。隋炀帝大业三年（607）殿内省尚辇局置为次官，四员，正七品。唐朝殿中省尚辇局沿置，三员，正七品下。宋朝存其名而罕除授。金朝殿前都点检司尚辇局置，正八品，不限资考，世宗大定十九年（1179）除年六十以下人充。

尚虞备用处　官署名。又作"上虞备用处"，清朝负责协助护卫与随侍皇帝钓鱼娱乐之机构，俗称"粘竿处"。清初即设，具体年月不可考。掌日常协助护卫，并备皇帝出巡时偶作垂钓之承应事。长官为管理大臣。其下设粘竿长头等侍卫一人，兼任协理事务头等侍卫；二等侍卫三人，三等侍卫二十一人，蓝翎侍卫十五人。此外，尚有粘竿拜唐阿四十人，备网拜唐阿十二人，鱼钓匠二人，库拜唐阿十人。

尚虞备用处管理大臣　官名。清朝尚虞备用处之长官。初设时仅为侍卫班长，后定为管理大臣。由宗室王公、蒙古王公、额驸及满蒙大臣内特简。掌率所属侍卫，日常协同侍卫处护军营等入值宿卫。皇帝出巡时随扈，并备皇帝偶作垂钓之承应事。

尚寝　官名。隋文帝开皇二年（582）始置，为宫廷女官，掌燕寝进御次序，视从九品。炀帝改从五品，为尚寝局长官，二人。下设司设、司舆、司苑、司灯四司。唐朝改正五品。宋、金、明悉如唐制。明永乐（1403—1424）后归其职于宦官。

尚寝局　官署名。宫廷女官六局之一。隋炀帝始置，掌皇帝宴寝之事。置尚寝二人，下辖司设、司舆、司苑、司灯四司。各司分置女官司、典、掌以掌其事。唐朝沿置。宋、金置而不称局。明沿唐制，永乐（1403—1424）后尽归其职于宦官。

尚膳 官名。见“饭上人”。

尚膳大夫 散官名号。明洪武十年（1377）置，以授光禄司卿中庖人出身者。三十年改司为寺，官制仍旧。

尚膳小底 役名。辽朝置，属著帐户司承应小底局，充御帐、皇太后、皇后等帐杂役。掌膳食等事。例以著帐户充任。亦称“尚食”。

尚膳正 官名。清朝内务府御茶膳房之膳房长官。初置茶饭处，设总领为长官。乾隆十五年（1750），改饭房为外膳房。二十四年，改总领为尚茶正、尚膳正。尚膳正，额三人，正四品，主管膳房事。又，清朝陵寝官中亦设此职，东陵、西陵，以及关外诸陵均设，四、五品不等。

尚膳监 官署名。明朝宦官二十四衙门之一，洪武十七年（1384）始置。初设令一人，正七品，丞一人，从七品。二十八年，改设太监一人，正四品；左、右少监各一人，从四品；左、右监丞各一人，正五品。下设典簿一人，正六品；长随、奉御无定员，均正六品。后渐改置掌印太监一人，提督光禄太督一人，总理一人，管理、佥书、掌司、写字、监工及所属牛羊等房厂监工无定员。掌御膳及宫内食用并筵宴诸事。清顺治十年（1653）沿置，为十三衙门之一。初设都管一人为主官，左、右副管各一人佐之，后俱裁。十八年改称采捕衙门。

尚膳副 官名。清朝内务府御茶膳房之膳房副长官。初置茶饭处，设有副总领。乾隆十五年（1750），改饭房为外膳房。二十四年，改副总领为尚茶副、尚膳副各一人，正五品。分别协助尚茶正、尚膳正管理茶房、膳房事。又，清朝陵寝官中亦设此职，东陵、西陵，以及关外诸陵均设，五至八品不等。

呼毕勒罕 佛语。亦作呼必勒罕。蒙古语音译，意为自在转生，或言化身。藏传佛教谓达赖喇嘛、班禅额尔德尼及众呼图克图、沙布隆等有行者，身故之后，皆能寄胎以神识转生，复接其前生之位号。其转生采用金瓶掣签法办理。

呼召 官场用语。宋朝官员或士人欲见宰相、执政，须将本人名刺、门状递呈本府书司值省官，称为下呼召。候呼召时，即随其引导参见。

呼图克图 僧号。藏语“朱必古”的蒙古音译，亦作胡图克图、胡土克图。藏传佛教中大喇嘛之名号，俗称活佛。教中认为其身故之后能转生于世，永继佛号。清制，称呼毕勒罕呼图克图，均载名于理藩院名册，一切袭封事宜皆由理藩院及驻藏大臣用金瓶掣签法办理。

呼药 官名。西魏恭帝三年（556）置，北周沿置。为州府主要僚属之一，位在长史、司马、司录下，别驾上。命品随所在州大小而异，三万户以上州为五命，二万户以上州正四命，万户以上州四命，五千户以上州正三命，五千户以下州为三命。另，雍州设有大、小呼药。隋文帝开皇元年（581）罢。

鸣赞 官名。明洪武九年（1376）置。初隶殿庭仪礼司，二人，正九品。三十年，改隶鸿胪寺。建文（1399—1402）中升秩。成祖即位，复旧。其后员额屡增自四人至九人，改从九品。掌典赞仪礼之事。

岭北行省 即岭北等处行中书省。

岭北等处行中书省 官署名。元朝置。秩从一品，仁宗皇庆元年（1312）由和林等处行中书省改置，省治和宁，辖和宁路、称海宣慰司及镇戍、屯田、造作、仓廪、驿站等机构，辖境包括今蒙古国、内蒙古部分地区及俄罗斯西伯利亚地区。置丞相一员，平章二员，右丞、左丞、参知政事各一员。

岭北湖南道肃政廉访司 官署名。元朝地方监察机构，由提刑按察司改立，为江南十道监司之一，隶江南行台。参见“肃政廉访司”。

岭北湖南道提刑按察司 官署名。元朝地方监察机构名。设于元世祖至元十四年（1277），置司潭州路（后改名天临路，今湖南长沙），监治潭州、衡州、道州、永州、郴州、全州、宝庆、武岗、桂阳等路。设使、副使等，隶江南行台。至元二十八年，改肃政廉访司。参见“提刑按察司”。

岭南广西道肃政廉访司 官署名。元朝地方监察机构。由广西海北道肃政廉访司改立，仍置司静江，为江南十道监司之一。

岭南广西道提刑按察司 官署名。元朝地方监察机构。设于世祖至元十五年（1278），置司静江路（今广西桂林），监治静江、南宁、梧州、浔州、柳州等路，简称广西按察司。设使、副使等，隶江南行台。二十年，改为广西海北道提刑按察司。参见“提刑按察司”。

岷州十八族元帅府 官署名。元朝置。秩从三品，隶吐蕃等处宣慰司都元帅府，掌岷州（今甘肃岷县）吐蕃十八族军民政务，又称十八族元帅府。置达鲁花赤、元帅、同知、知事各一员。

帖 官府文书名。宋朝诸州行下属县公文，不用符者则用帖。其他上级府衙对下属，亦可用之。

帖麦赤 官名。蒙、元怯薛执事。蒙古语，意为放牧骆驼者，又译帖蔑额赤。

帖蔑额赤 即帖麦赤。

帕提沙布伯克 官名。清朝新疆回部官员之一，掌理巡缉狱囚之事。叶尔羌设五品伯克一人，叶尔羌、喀什噶尔各设六品伯克二人，和阗等地设七品伯克四人。

明义将军 官名。南朝梁置。武帝天监七年（508）定为施用于境外的武职二十四班中的十四班，拟轻车将军等号，大通三年（529）定制后，仍拟轻车将军等号。

明节将军 官名。南朝梁置。武帝天监七年（508）

定为施用于境外的武职二十四班中的十一班，拟电威将军等号，大通三年（529）定制后，改拟武猛将军等号。

明汉将军　官名。东汉献帝建安（196—220）初置。《三国志·孙讨逆传》裴松之注引《江表传》：“孙策自以统领兵马，但以骑都尉领郡为轻，欲得将军号，乃使人讽（汉献帝所遣议郎王）谦，谦便承制假策明汉将军。”

明发　清朝雍正（1723—1735）以后传达皇帝谕旨的一种形式。凡皇帝上谕中属于一般例行政务可以公开的，均交内阁传抄执行，称为“明发”。凡以此下发之谕旨，首书“某年某月某日内阁奉上谕”或“某年某月某日内阁奉旨”，结尾不署名。

明进将军　参见“十明将军”。

明远将军　参见“十明将军”。

明时大夫　散官名。金、元皆置为司天散官。金为二十五阶之第五阶，秩正五品中。元十四阶之二阶，秩正四品。

明伯克　官名。清朝新疆回部官员之一，掌理千户征输之事。喀什噶尔及所属伯什克勒木、叶尔羌等地设六品伯克八人，阿斯图阿尔图什、斯塔浑、乌帕尔等地设七品伯克五十七人。

明兵法　汉朝察举特科。亦称勇猛知兵法。始于成帝元延元年（前12），其后多见于哀、平及东汉后期。

明纬郎　散官名。金朝置为司天散官二十五阶之第十六阶，秩从七品上。

明使君　“刺史”的尊称。

明府　郡守尊称，亦作明府君。汉朝三国皆然。《后汉书·张湛传》：“明府位尊德重，不宜自轻。”李贤注：“郡守所居曰府，府者尊高之称。”上下、朋友之间均可用。至唐朝，为县令俗称，明清为知县别称。

明法　❶或称明律令，即通晓法律。汉朝选举科目。时诏令察举人才，所设科目有明习法令一项，即为明法之始。明法者多任以与司法、监察有关的职务，如御史、御史中丞。唐、宋取士之科皆有明法。唐试律七条、令三条，全通为甲等，从九品上；通八为乙第，从九品下。❷官名。北齐置，属大理寺，员十人。隋朝沿置，大理寺属员二十人；左右领军府属员四人，隶于法司，掌律令轻重。

明法掾　官名。晋朝置，属廷尉。由通晓法令者担任。北齐亦置，属大理寺，员二十四人。

明经　选举制度。意为通晓经学。始见于汉，自武帝尊崇儒术后，颇盛。无常制。东汉章帝元和二年（后85）始令郡国举通晓经学者，凡十万以上举五人，十万以下举三人。后附以年龄规定，如质帝本初元年（146）定年五十以上，七十以下。此科多补博士、议郎。东汉后渐不为所重。隋炀帝置，与进士科并行。唐沿置，为进士、秀才等六科之一。分为五经、三经、二经、学究、一经、三礼、三传等科。宋仁宗嘉祐三年（1058）亦设，下分三礼、三传等科。以《礼记》、《左传》为大经，《毛诗》、《周礼》、《仪礼》为中经，《周易》、《尚书》、《穀梁传》、《公羊传》为小经。每经考墨义、大义，贴小经，试时务策。殿试考大义，贴大经、中经和小经。出身与进士科同。神宗熙宁四年（1071）罢。明太祖洪武十五年（1382）复置，得五百人，分授郎中、东宫侍书、御史、参政、通判、王府引礼舍人等官，亦有至佥都御史者。后虽不行，但渐成为明清学校贡生的俗称。

明威将军　官名。西汉末隗嚣曾置，时有明威将军王遵。西晋、南朝齐、梁、陈及北魏、北齐、北周皆置为杂号将军名号。南朝梁武帝天监七年（508），定为武职二十四班第十三班，大通三年（529）移入轻车将军班中；陈五品，秩千石；北魏六品上；北齐六品；北周正四命。又，南朝梁、陈所置“十明将军”中亦有此号，班品较低。唐高祖武德七年（624）置为从四品下武散官。宋初因之，改为从四品。神宗元丰五年（1082）罢武散官，唯蕃兵蕃官仍授。金朝为正五品下武散官。元朝为正四品武散官。明朝为正四品武官初授散官之号。清初沿置，为武职中属绿营者正四品之封赠。乾隆二十年（1755），改昭武大夫。

明保　清朝荐擢官吏之方式。京外大员推荐有才能之人或叙录有功劳之官员，奏请以某项官职任用或赐与某项荣典，其章疏交吏部等衙门审议者，称为明保。如有特殊才能奏请破格录用者，一般交军机处存记，于适当之时提请任命，称为密保或暗保。

明信将军　官名。南朝梁置。武帝天监七年（508）定为施用于境外的武职二十四班中的四班，拟伏波将军等号，大通三年（529）定制后，班阶略提高，改拟光烈将军等号。

明胜将军　参见“十明将军”。

明勇将军　参见“十明将军”。

明烈将军　官名。❶南朝梁、陈十明将军之一，参见“十明将军”。❷南朝梁初置，在宁远将军班中，武帝大通三年（529），置宣远将军代之。

明堂　❶周朝天子处理政务之场所。朝令、祭祀、庆赏、选士、养老等国家大典都在明堂举行。《礼记·明堂位》：“武王崩，成王幼弱，周公践天子之位，以治天下。六年，朝诸侯于明堂。制礼作乐，颁度量，而天下大服。”❷官署名。汉代以来历朝多设为官署，管理、营建明堂之事，设令、丞。

明堂大将　官名。北魏置，掌营建明堂等。《魏书》卷六七《崔励传》：“领军将军元叉为明堂大将，以励为长史。”亦称营明堂大将。

明堂令　官名。东汉始于太常属官太史令下置明堂丞，掌明堂事。南朝宋孝武帝大明（457—464）中置明堂令，而以丞为副，直属太常。南齐、梁、陈沿置。梁位二班，陈位五品、秩六百石。

明堂丞　官名。东汉为太常属官太史令所领职吏，员一人，秩二百石，掌守明堂。三国魏沿置。南朝宋、齐、梁、陈为明堂令副贰，直属太常。

明略将军 参见“十明将军”。

明锐将军 参见“十明将军”。

明智将军 参见“十明将军”。

明德宫监 ❶官署名。唐朝京都园苑监之一，掌苑内宫馆、园池，与种莳、蕃养六畜之事，置监、副监各一员，丞二员；高宗显庆二年（657）改名东都苑南面监。❷官名。唐朝京都园苑明德宫长官，置一员，从六品下。高宗显庆二年（657）改名东都苑南面监。

明毅将军 参见“十明将军”。

岸奔 官名。吐蕃官，掌财政收支。

岩州营 辽军名。怨军八营之一，因其兵士皆募自岩州，因以为名。参见“怨军八营都详稳司”。

岩郎 官名。羽林郎别称。羽林郎掌宿卫侍从，以便马从猎，还宿殿陛岩下室，故号岩郎。

忠 职官封号。西夏置，授与末品官，称为文孝恭敬东南姓关民忍地。下有义平、识睦、益荣、谋便、蔽集等五种。

忠义人 官场用语。南宋初年，原宋朝军人、百姓在边境或金国境内，心怀忠义，建立军功者，称为“忠义人”。

忠义大将军 官名。十六国前赵置。《晋书·刘曜载记》：“（刘曜）嘉（黑匿）郁鞠忠款，署使持节、散骑常侍、忠义大将军、左贤王。”

忠义将军 官名。三国魏置，为杂号将军，洪饴孙《三国职官表》作五品。后罢。南朝梁武帝普通六年（525）复置，为十忠将军之一，定为武职三十四班中的十六班。陈改为拟六品，比秩千石。

忠义校尉 官名。东汉献帝建安（196—220）中孙权置。是仪自骑都尉迁此，专典机密。见《三国志·是仪传》。

忠义都上士 官名。北周置，统忠义兵以充宿卫。《苏慈墓志》：“建德元年（572），授夏官府都上士，治中义都上士。”（赵万里《汉魏南北朝墓志集释》图版四〇九）隋朝因避讳，作志时改忠义为中义。

忠义都尉 官名。三国魏置。高贵乡公甘露二年（257），因玄菟郡高显县民王简负担被反叛吏民所杀的县长郑熙之丧至州，特下诏拜简为之。见《三国志·三少帝纪》。

忠正 功臣号。宋制，以赐外臣及中书、枢密院臣僚。参见“功臣号”。

忠节将军 官名。三国蜀置。《三国志·杨洪传》：“（后主）建兴元年（223），赐（杨洪）爵关内侯，复为蜀郡太守，忠节将军。”

忠训郎 官名。北宋徽宗政和二年（1112）重定武臣官名，改左侍禁置，为正九品武阶官，属小使臣。

忠师 官名。西夏置，为谏师位之一，为诸王之师。在中书、枢密位下，与中等司等。

忠壮将军 参见“十忠将军”。

忠武将军 官名。南朝梁武帝天监七年（508）置，为诸名号将军中地位较高者，属武职二十四班第十九班，仅次于重号将军。陈四品，秩中二千石，如加大为忠武大将军，则进一阶。唐高祖武德七年（624）置为正四品上武散官，宋初因之。神宗元丰五年（1082）罢武散官，唯蕃兵蕃官仍带。

忠武校尉 散官名号。金始置。为文散官，以授从七品上武官。元朝沿置，改武官从六品，敕授。明朝为武官从六品，升授。

忠果 宋朝功臣号。以赐诸班直禁军将校。参见“功臣号”。

忠显校尉 散官名号。金始置，为武散官以授从七品下武官。元朝沿置，改武官从六品，敕授。明朝为武官从六品，初授。清初沿置，为武职中属绿营者从六品之封赠。乾隆二十年（1755），改武信佐郎。五十一年，与八旗从六品统一定为武略佐骑尉。

忠信将军 参见“十忠将军”。

忠胜将军 参见“十忠将军”。

忠亮 宋朝功臣号。以赐皇子、皇亲、文武臣僚及外臣。参见“功臣号”。

忠勇 宋朝功臣号。以赐诸班直将士。参见“功臣号”。

忠勇将军 参见“十忠将军”。

忠烈将军 参见“十忠将军”。

忠捍将军 参见“十忠将军”。

忠部 官署名。渤海国置，左六司之一，置卿一人，又有郎中、员外。

忠部员外 官名。渤海国左六司忠部属官，位郎中下。

忠部郎中 官名。渤海国左六司忠部属官，位卿之下。

忠部卿 官名。渤海国官，左六司之忠部长官，居司政（比仆射）下。

忠猛将军 参见“十忠将军”。

忠翊卫 即忠翊侍卫亲军都指挥使司。

忠翊侍卫亲军都指挥使司 官署名。元朝侍卫亲军机构之一，简称忠翊卫。仁宗延祐七年（1320）六月，由中都威卫使司改置。统红城、马邑、大同等地屯田侍卫军人。秩正三品。置都指挥使三员，副都指挥使、佥事各二员。下设行军千户所十翼，弩军千户所一翼，屯田千户所二翼。

忠翊郎 官名。北宋徽宗政和二年（1112）重定武臣官名，改右侍禁置，为正九品武阶官，属小使臣。

忠锐将军 参见“十忠将军”。

忠意将军 官名。北魏置。《魏书·车路头传》：“及太宗即位，拜（车路头）为散骑常侍，赐爵金乡公，加忠意将军。”孝文帝太和十七年（493）职员令及太和二十三年复次职令时，皆未见。

忠毅将军 参见“十忠将军”。

昃勃极烈　官名。金朝置。太祖建国后，设四勃极烈共掌国政，弟杲任国论昃勃极烈，意为国家第二勃极烈。杲死后官废。

昆台令　官名。西汉武帝太初元年（前104）改甘泉居室令置，有五丞。隶少府。东汉省。

昆台丞　官名。西汉武帝太初元年（前104）改甘泉居室丞置，为昆台令副职，员五人。东汉省。

昆脚皆头　官名。刑部比部司郎官别称。洪迈《容斋四笔》卷一五《官称别名》："唐人好以它名标榜官称"，"比部（郎）为比盘，又曰昆脚皆头"。

昌黎尹　官名。十六国后燕，北燕京都行政长官。后燕慕容盛都龙城（今辽宁朝阳），为昌黎郡治，故改昌黎太守置。职掌略同京兆尹。

昜　同"锡"。君王对臣子赏锡，赐予。《小臣邑斝》铭："王昜小臣邑贝十朋。"

昜州山厂　官署名。明宣德四年（1429）始置，景泰间（1450—1456）移于平山（今属河北），又移满城县。天顺元年（1457）仍移于易州（今河北易县）。设官专理其事。初以尚书或侍郎督厂事。嘉靖后改以主事管理。隶工部屯田司，掌供御用柴炭。

昂邦　满语。意为大臣。

昂邦章京　满语官名。武职，汉译为总兵。

罗氏　官名。《周礼》夏官之属，一说为周朝置，掌以罗网捕鸟。《周礼·夏官》："罗氏下士二人，徒八人"，"掌罗乌鸟，蜡则作罗襦。中春，罗春鸟，献鸠以养国老，行羽物"。

罗苴子统　官名。南诏官，乡兵罗苴子百人之长。

罗罗斯宣慰司兼管军万户府　元朝官署名。秩从二品，隶云南行省，置司建昌路（今四川西昌），领建昌、德昌、会川三路和柏兴府，辖境包括今四川凉山彝族自治州与西昌专区一部分地区。置宣慰使三员，同知、副使各一员。

具员　❶官制用语。唐太宗贞观（627—649）故事：除拜京常参官及外官五品以上，中书门下皆立簿书记其课绩、功赏，以为迁授之资，谓之具员；安史乱后，此法遂废，德宗建中三年（782）后复振。五代后唐因之。❷泛指唐朝五品以上官员。《资治通鉴》唐宣宗大中二年（848）二月："上欲知百官名数，令狐绹曰：'六品以下，官卑数多，皆吏部注拟；五品以上，则政府制授，各有籍，命曰具员。'"

具官　配备官员。《史记·孔子世家》："古者诸侯出疆，必具官以从。"

咒禁师　官名。唐朝殿中省尚药局置四员，太常寺太医署置二员，流外三品，掌咒禁驱邪。

咒禁博士　官名。隋朝太常寺太医署置，二员；唐朝沿置，一员，从九品下，掌教咒禁驱邪之术。

典　❶官名。战国时秦国有里典，为一里之长，简称典。《睡虎地秦墓竹简·秦律杂抄》："匿敖童，及占瘩（癃）不审，典、老赎耐。"❷宋朝吏职名。北宋神宗元丰（1078—1085）改制前，御药院、内衣物库、新衣库、朝服法物库均设若干人，分掌有关具体事务。徽宗崇宁二年（1103）殿中省六尚局亦各置若干人，钦宗靖康元年（1126）罢。❸官制用语。即以其他官职掌管某官署事务，称典某官署。北魏时常以内官典外朝官署。

典卫　官名。❶三国魏末诸公、侯国所置侍卫官。北周公府亦置。隋朝王国、公侯伯子男诸国俱置，员额自八人至一人，品级自视正七品至视从八品。唐朝王国置八人，掌守卫府第。❷泛指典卫令、典卫长等官。

典卫长　官名。南朝梁公、侯国置，掌府第警卫。参见"典卫令"。

典卫令　官名。晋朝王国属官，掌府第警卫。南朝沿置。梁依王国等级不同，自流外五班至流外一班不等。北魏皇子王国置，孝文帝太和二十三年（499）定为从九品上。北齐皇子王国、诸王国俱置，皇子王国品同北魏。

典卫丞　官名。三国魏末诸子国置。南朝梁伯、子国亦置。职掌同典卫令。参见"典卫令"。

典马令　官名。北魏置。《魏书·长孙肥传》：长孙安都"显祖时，为典马令"。

典天牢　官名。太平天国朝上职官。见"朝上典官"。

典木匠　官名。太平天国军中给事官。见"军中典官"。

典丱下士　官名。西魏、北周冬官府司金中大夫典矿中士佐官，正一命。

典丱中士　官名。西魏恭帝三年（556）仿《周礼》丱人置，北周沿置。冬官府司金中大夫属官，正二命，下设典丱下士以佐其职。隋文帝开皇元年（581）罢。参见"丱人"。

典牛下士　官名。西魏、北周地官府载师中大夫典牛中士佐官，正一命。

典牛中士　官名。西魏恭帝三年（556）仿《周礼》牛人置，北周沿置。地官府载师中大夫属官，员一人，掌国家耕牛的牧养和使役，正二命。下设典牛下士以佐其职。隋文帝开皇元年（581）罢。参见"牛人"。

典仓令　官名。即太子典仓令。

典仓丞　官名。即太子典仓丞。

典仓署　官署名。北齐太子家令寺置，有令、丞，又别领园丞。隋朝太子家令寺沿置，令一员、丞一员。唐朝置令一员、丞二员。掌东宫九谷入藏及庶羞、器皿、灯烛与园圃种植之事，给官奴婢、番户、杂户资粮衣服，月籍出纳上于家令寺，岁终上于詹事府。

典计　官名。唐始置，为宫廷女官。二十四典之一，属尚功局。员二人，正七品，为司计之佐，协掌度支衣服、饮食、柴炭之事。宋沿置，属尚书内省。金、明悉如唐制。明永乐（1403—1424）后尽归其职于宦官。

典劝都尉 官名。十六国后赵置。职司劝课农桑。《晋书·石勒载记下》："以右常侍霍皓为劝课大夫，与典农使者朱表，典劝都尉陆充等循行州郡，核定户籍，劝课农桑。"

典书 官吏名。❶三国魏末复五等爵，诸公国置。子、男国置典书丞。两晋南北朝王国以下所置称典书令、典书长。南朝宋、梁东宫属官亦有此职。❷唐朝为流外吏职。弘文馆、崇文馆皆置若干人，掌管图书。❸元末朱元璋置，为国子监属官。吴元年（1367）罢。

典书干 官名。北魏置。孝文帝太和十七年（493）定为九品上，二十三年复次职令，未见。

典书长 官名。南朝梁伯、子国置，掌同王国典书令。参见"典书令"。

典书令 官名。西晋王国属官，位在常侍下、侍郎上。东晋改居三军将军下，公侯伯子男诸国俱置。南朝宋、齐沿置。梁王、公、侯国亦置，掌管国相以下公文上奏。依诸国等级不同，自流外六班至流外一班不等。诸侯国可自行选补。十六国前燕及北魏、北齐并置。北魏、北齐俱正九品上。

典书丞 官名。西晋子国、男国置，掌同典书令。南朝宋同，梁仅置于男国。参见"典书令"。

典书坊 官署名。北齐东宫始置，设庶子四员、舍人二十八员，领典经坊，并统伶官西凉二部、伶官清商二部。隋朝东宫沿置，设右庶子二员，舍人、通事舍人各八员，录事二员，主事令史四员；炀帝大业三年（607）改舍人为管记舍人，减四员；改通事舍人为宣令舍人，仍八员。唐朝沿置，高宗龙朔二年（662）改为右春坊，咸亨元年（670）复为典书坊，中宗景龙元年（707）又改为右春坊。参见"右春坊"。

典正 官名。隋炀帝始置，为宫廷女官，二十四典之一，属尚宫局。员二人，从七品，为司正之佐，协掌纠察宫闱、戒令、谪罚之事。唐朝改正七品，不属二十四典，为宫正、司正之佐。宋沿置，属尚书内省，金、明悉如唐制，明永乐（1403—1424）后尽归其职于宦官。

典术 官名。明清阴阳学学官之一。明洪武十七年（1384）始设，每州一人，未入流。凡天文、占候、星卜、相宅、选日之流，悉归管理。然设官不给禄。清顺治（1644—1661）初年沿设，州各一人，未入流。由所辖有司遴选学行端正者，咨部给札。雍正七年（1729）令兼辖星学。

典史 官名。元朝置，县衙和录事司各设一员，为首领官。掌衙门文书事务和管辖吏员。由路府州县司吏考满充任，一般可升为吏目。明朝沿置，为各县首领官，未入流，掌出纳文移。凡县不设县丞或主簿，则领丞、簿职，掌粮马、捕盗事。清朝亦置，为知县之属官，未入流，掌稽核狱囚。凡县不设县丞、主簿，则兼其职。例由儒士及吏员除授，亦以茶引批验所大使、厅州库大使、驿丞等升任。因元朝各县设县尉，主捕盗事，而明、清不设，多以典史任其职，故典史又别称县尉。

典仗 官名。隋炀帝始置，为宫廷女官，二十四典之一，属尚服局。员二人，从七品。唐改正七品，为司仗之佐，协掌朝贺，帅女官擎执仪仗之事。宋沿置，属尚书内省。金、明悉如唐制。

典仪 官名。南齐置典仪录事，为东宫属官，隶殿中将军所领导客局，掌朝会司仪。梁、陈不详所属，掌唱警唱奏之事。北魏有"典仪监"。隋朝为谒者台属官。唐高祖武德五年（622）复置，员二人，隶门下省，掌殿廷赞唱之节及版位之次，从九品下。初用人皆轻，太宗贞观（627—649）以来多用士人。金朝为詹事院属官，从六品。

典仪正 官名。明朝于诸王府典仪所分置，一人，正九品，掌陈仪式。

典仪所 官署名。明朝于各王府置，隶王府长史司。置典仪正一人，正九品，典仪副一人，从九品。掌陈仪式。

典仪监 官名。北魏置。孝文帝太和十七年（493）定为从五品上。参见"典仪"。

典仪副 官名。明朝于各王府典仪所分置，各一人，从九品，佐典仪正掌陈仪式。嘉靖四十四年（1565）革。

典印署 官署名。明建文（1399—1402）中，于各郡王府置，设官一人，掌印绶符牌。永乐（1403—1424）初罢。

典令 官名。战国楚置，掌王命政令。《战国策·韩策二》："今王之国有柱国、令尹、司马、典令，其任官置吏，必曰廉洁胜任。"鲍彪注："皆楚官。"

典乐 官名。传说舜时置，掌教音乐。《尚书·虞书·舜典》："帝曰：'夔，命汝典乐，教胄子。'"新莽时为大鸿胪之改称。隋、唐宫内女官置，为二十四典之一。员四人，隋从七品，唐正七品，隶尚仪。宋朝大晟府及尚书内省女官皆置，隶尚书内省者为司乐属佐。金朝宫内女官亦置，员四人，佐司乐掌音乐之事。明初国子祭酒有修举古乐之职，故于国子学内亦置，由流官充任。洪武十五年（1382）改学为监后，不设。又，宫内女官亦置，员四人，正七品，为二十四典之一。

典乐人 宫官名。南朝宋太宗定后宫百官时置，官比诸房禁防。七品。

典乐大臣 见"乐部管理大臣"。

典乐帅 宫官名。南朝宋太宗定后宫百官时置，员数不定，四品。

典乐郎 阶官名。金朝教坊阶官。二十五阶之第十八阶，秩正八品上。

典记 官名。唐始置，为宫廷女官。二十四典之一，属尚宫局，员二人，正七品。为司记之佐，协掌宫内诸司簿书，出入录目，加印，然后授行。宋沿置，属尚书内省，金、明悉如唐制。明永乐

（1403—1424）后尽归其职于宦官。

典礼司　官署名。明太祖洪武六年（1373）于内廷之中置内正司，旋改称典礼司，设司正一人，正七品，司副一人，从七品，以宦官为之，专纠宦官礼仪有失及妄为不法者。不久又改称典礼纪察司，升司正正六品，司副从六品。

典礼纪察司　官署名。明朝设置于内廷之中，专纠内官礼仪有失及妄为不法者。详见“典礼司”。

典礼院　官署名。清末新设中央机构之一。宣统三年（1911）改礼部设。掌朝廷、坛、庙、陵寝的礼乐及用品制造与典守事宜。置掌院大学士、副掌院学士各一人，学士、直学士各八人，并厅长、署长、佥事等。下设总务厅、礼制署、祠祭署、奉掌署、精膳署等。

典礼院直学士　官名。清末典礼院属官，宣统三年（1911）设。八人，简任。襄同学士讨论典礼，参订章制。

典礼院学士　官名。清末典礼院属官，宣统三年（1911）设。八人，简任。承掌院大学士之命讨论典礼，参订章制。

典礼院总务厅　官署名。清末典礼院所属机构之一，宣统三年（1911）设。掌校阅祭告祝文，缮写祝版、神牌，典守院印，并本院补官考绩、经费、庶务诸事。置厅长一人，并佥事、录事、谋正、典簿等。

典礼院总务厅长　官名。清末典礼院属官，宣统三年（1911）设。一人，简任。掌领本厅事务。

典礼院副掌院学士　官名。清末典礼院副长官，宣统三年（1911）设。一人，特简。佐掌院大学士总理院务。

典礼院掌院大学士　官名。清末典礼院长官，宣统三年（1911）设。一人，特简。总理本院事务，监督所属官员。

典礼署　官署名。明建文（1399—1402）中于各郡王府置，设官一人，掌陈礼仪之事。永乐（1403—1424）初罢。

典圣库　官名。太平天国军中给事官。见“军中典官”。

典圣粮　官名。太平天国军中给事官。见“军中典官”。

典司　主管某一部门。《礼记·曲礼下》：“天子之五官，曰司徒、司马、司空、司士、司寇，典司五众。”

典司宗祏　官名。春秋时郑国置，掌守宗庙藏主石室。《左传·庄公十四年》：“先君桓公命我先人典司宗祏。”杜预注：“宗祏，宗庙中藏主石室。言己世为宗庙守臣。”

典驭下大夫　官名。北周置。《隋书·董纯传》：“（纯）在周，仕历司御上士，典驭下大夫。”一说属夏官府。正四命。

典丝　官名。《周礼》天官之属，一说为周朝置，掌进贡丝织品的鉴定、标价、收藏及支出。《周礼·天官》：“典丝，下士二人，府二人，史二人，贾四人，徒十有二人”，“掌丝入而辨其物，以其贾楬之，掌其藏与其出。以待兴功之时，颁丝于外内工，皆以物授之。凡上之赐予，亦如之。及献功，则受良功而藏之，辨其物而书其数，以待有司之政令，上之赐予。凡祭祀，共黼画组就之物。丧纪，共其丝纩组文之物。凡饰邦器者，受文织丝组焉。岁终，则各以其物会之”。

典刑罚　官名。太平天国朝上及军中职官。见“朝上典官”、“军中典官”。

典戎将军　官名。南朝梁置。武帝天监七年（508）定为武职流外八班中的六班，代旧奋武将军，普通六年（525）改为武职三十四班中的四班。

典戎校尉　官名。十六国前凉置，掌管少数民族事务。索泮以中垒将军，西郡、武威太守兼此，总管该地区军政事务。见《晋书·苻登载记》。

典寺令　官名。北魏置，管理佛教寺庙僧侣。《魏书·王琼传》：“太和九年（485），为典寺令。”北齐沿置，为鸿胪寺典寺署长官。

典寺丞　官名。北魏、北齐置，为典寺令副贰。

典寺鉴　官名。北魏置。《寇治墓志》：“（治）夫人河内司马氏，父庆安，中书郎，典寺鉴。”（赵万里《汉魏南北朝墓志集释》图版二五四之二）

典寺署　官署名。北魏始置。北齐沿置，设令、丞，隶鸿胪寺。管理佛教寺庙僧侣。辖僧祇部丞一人。

典吏　吏名。明清四种外吏（承差、书吏、典吏、攒典）之一，即司、道、府、厅、州、县之书吏。清各省布政使司设二十五人至七十二人不等，江苏最少，四川最多；按察使司设六人至五十六人不等，江苏最少，四川最多。府设十余人至二十余人不等，厅设一人至十四人不等，州设四人至二十人不等，县设五、六人至十八人不等。分吏、户、礼、兵、刑、工六房办事。

典执　官名。隋文帝内官六典之一，置三员，隶尚寝，视流外二品，掌内宫扇伞灯烛。

典匠少府　官名。十六国后赵置。《资治通鉴·晋成帝咸康元年（335）》春正月：“（石）虎好治宫室，鹳雀台崩，杀典匠少府任汪。”胡三省注：“典匠少府，即汉将作大匠之职也。”

典夷乐下士　官名。西魏恭帝三年（556）置，北周沿置。初为春官府大司乐中大夫属官，北周武帝保定四年（564），改大司乐为乐部，遂为乐部中大夫属官。正一命。隋文帝开皇元年（581）罢。职掌参见“典夷乐中士”。

典夷乐中士　官名。西魏恭帝三年（556）置，北周沿置。初为春官府大司乐中大夫属官，北周武帝保定四年（564），改大司乐为乐部，遂为乐部中大夫属官。掌高昌、龟兹等国传入的音乐、舞蹈的演出及其人员的管理，正二命。下设典夷乐下士以佐其职。隋文帝开皇元年（581）罢。

典竹匠 官名。太平天国军中给事官。见“军中典官”。

典牝上士 官名。西魏恭帝三年（556）置，北周沿置。夏官府驾部中大夫属官，员一人，掌牝马的饲养，正三命。下设典牝中士以佐其职。隋文帝开皇元年（581）罢。

典牝中士 官名。西魏、北周夏官府驾部、中大夫典牝上士佐官，员一人，正二命。

典师 官名。北魏王、公、侯、子国皆置。职比家丞，总统臣吏。

典会 官名。隋文帝内官六典之一，置三员，隶尚工，视流外二品，掌内宫财帛出入。

典同 官名。《周礼》春官之属，一说为周朝置，掌协调乐律。《周礼·春官》：“典同，中士二人，府一人，史一人，胥二人，徒二十人”，“掌六律六同之和。以辨天地四方阴阳之声，以为乐器”。“凡为乐器，以十有二律为之数度，以十有二声为之齐量。凡和乐，亦如之。”

典曲下士 官名。西魏、北周地官府司仓下大夫典曲中士佐官，正一命。

典曲中士 官名。西魏恭帝三年（556）置，北周沿置。地官府司仓下大夫属官，掌曲的制作，正二命。下设典曲下士以佐其职。隋文帝开皇元年（581）罢。

典灯 官名。女官二十四典之一，隶尚寝，副司灯掌内宫灯烛，昼漏尽一刻，与掌灯分察。隋炀帝始置，二员，从七品。唐朝沿置，正七品。宋朝为尚书内省女官，隶司灯，正七品。金同唐制。明洪武二十七年（1394）置，亦二员，正七品，永乐（1403—1424）后其职尽移于宦官。

典羊下士 官名。西魏、北周夏官府驾部中大夫典羊中士佐官，正一命。

典羊中士 官名。西魏恭帝三年（556）仿《周礼》羊人置，北周沿置。夏官府驾部中大夫属官，员一人，正二命。下设典羊下士以佐其职。隋文帝开皇元年（581）罢。参见“羊人”。

典设 官名。隋炀帝始置，为宫廷女官，二十四典之一，从七品。唐朝改正七品，员二人，属尚寝局，为司设之佐，协掌床帷、茵席、汛扫、张设之事。宋朝沿置，属尚书内省。金、明悉如唐制。明永乐（1403—1424）后尽归其职于宦官。

典设郎 官名。唐高宗龙朔二年（662）改太子斋帅置，太子典设局长官，置四员，从六品下，掌东宫汤沐、灯烛、汛扫、铺设。辽朝左春坊典设局置。

典军 官名。❶主管营兵之官。三国吴置，分左、中、右，掌禁军，地位颇重，张休曾以羽林都督平三典军事。三国蜀置中典军、后典军，位在护军下。❷十六国北凉官，位在长史、司马、五官之下。❸隋、唐亲王府所属亲事府、帐内府长官，员各二人，正五品上，掌校尉以下守卫陪从之事。❹典军将军省称。

典军大将军 官名。西晋置，统宿卫禁军，权势颇重。东安王司马繇以侍中兼此，并领右卫将军。不开府非持节都督者，二品，禄与特进同。置长史、司马、主簿、功曹史、门下督录事，兵、铠、士、贼曹、营军、刺奸、帐下都督等。其假节为都督者，所置与四班镇加大将军不开府为都督者同。开府者位从公，进为一品，假金章紫绶，置僚佐从诸公。

典军中郎 官名。三国吴置，属典军。《三国志·顾雍传》：“（丁）谞至典军中郎。”

典军郎将 官名。三国魏置，统领宿卫军兵。《晋书·宗室传》：“（司马遂）仕魏关内侯，进封平昌亭侯，历典军郎将。”

典军将军 官名。西晋置，掌宿卫禁军，有时亦奉遣宣传诏命。十六国前凉亦置，位在中坚将军之上。

典军校尉 官名。东汉灵帝中平五年（188）置，典掌禁军，为“西园八校尉”之一，以曹操为之。献帝建安（196—220）中，曹操授丁斐此职，总摄内外。

典农 典农中郎将、典农校尉、典农都尉等官的简称（参见各条）。《三国志·后妃·明悼毛皇后传》：“迁（毛）曾散骑常侍，后徙为羽林、虎贲中郎将，原武典农。”

典农中郎将 官名。东汉献帝建安元年（196），曹操兴办屯田，各郡国有屯田者置，掌屯田事务，管理所部吏民，属大司农。郡国太守、内史不得干预其事务。可派遣上计吏，并通贡举，同于郡、国。秩二千石。部内亦常设军兵。属官有司马、功曹、上计吏、稻田守丛草吏等。三国魏沿置，六品。魏元帝咸熙元年（264），罢屯田官，遂改为太守。十六国后赵复置，仍掌屯田。

典农功曹 官名。东汉末、三国魏置。典农中郎将、典农校尉、典农都尉的属官。

典农令 官名。北齐、隋置。见“典农署”。

典农司马 官名。东汉末、三国魏置。典农中郎将、典农校尉、典农都尉的属官。亦称农司马。典农中郎将及典农校尉所置为八品。

典农丞 官名。北齐置。见“典农署”。

典农使者 官名。十六国后赵置。《晋书·石勒载记下》：“以左常侍霍皓为劝课大夫，与典农使者朱表、典劝都尉陆充等循行州郡，核定户籍，劝课农桑。”

典农校尉 官名。东汉献帝建安元年（196），曹操置，掌屯田事务。职掌及僚属同典农中郎将，唯任稍低，郡国大者置中郎将，小者置此，秩比二千石。三国魏沿置，六品。元帝咸熙元年（264）罢诸田官，遂改任太守。吴诸郡有屯田者亦置，统诸县如太守。参见“典农中郎将”。

典农都尉 官名。东汉献帝建安元年（196），曹操兴办屯田，各县有屯田者皆置此职以掌屯田事务。

秩六百石，一说为四百石。管理所部吏民，属典农中郎将或典农校尉。郡国太守，内史不得干预其事务。三国魏沿置，七品。魏元帝咸熙元年（264），罢诸田官，遂改为县令。西晋复置，属太仆。参见“典农中郎将”。

典农署 官署名。北齐置，设令、丞。掌劝课农桑，隶司农寺。又辖山阳、平头、督亢三部丞。隋初沿置，设令二员（正八品），炀帝大业三年（607）罢。

典妇功 官名。《周礼》天官之属，一说为周朝置，掌教导和督促后宫女官纺织。《周礼·天官》：“典妇功，中士二人，下士四人，府二人，史四人，工四人，贾四人，徒二十人”，“掌妇式之法，以授嫔妇及内人女功之事赍。凡授嫔妇功，及秋献功，辨其苦良，比其小大而贾之物书而楬之，以共王及后之用，颁之于内府”。

典妇功奄下士 官名。西魏、北周天官府司内上士典妇功奄中士佐官，正一命。

典妇功奄中士 官名。西魏恭帝三年（556）仿《周礼》典妇功置，北周沿置。天官府司内上士属官，由阉人充任，掌后宫女工织造等事务，正二命。下设典妇功奄下士以佐其职。隋文帝开皇元年（581）罢。参见“典妇功”。

典观吏 官名。南朝宋明帝泰始六年（470）置，总明观属官。凡玄、儒、文、史四科每科置二人。南齐武帝永明三年（485）废。

典买办 官名。太平天国朝上及军中职官。见“朝上典官”、“军中典官”。

典红粉 官名。太平天国朝上及军中职官。见“朝上典官”、“军中典官”。

典坊 宫官名。南朝宋明帝定后宫百官时置，掌铨查六宫。三品。

典护录事 官名。隋炀帝大业三年（607）四方使者署皆置，隶鸿胪寺，各一员，主纲纪。

典医丞 官名。晋朝王国置。南朝宋、梁，北朝齐皆置。梁由王国自选补。

典医监 官署名。元朝置，秩正三品，领东宫太医。成宗大德十一年（1307）置，隶詹事院。武宗至大四年（1311）罢。文宗天历二年（1329）又由典医署改立，隶储政院。置达鲁花赤二员，卿三员，太监、少监、丞各二员。下辖广济提举司与典药局。

典医署 官署名。元朝置，秩从五品，掌东宫太医，隶詹事院。设于世祖至元十九年（1282）。三十一年，改掌医署，隶徽政院，寻罢。成宗大德十一年（1307），立典医监，武宗至大四年（1311）罢。泰定帝泰定四年（1327）复立署，文宗天历二年（1329），改典医监。

典牡上士 官名。西魏恭帝三年（556）置，北周沿置。夏官府驾部中大夫属官，员一人，掌牡马的饲养，正三命。下设典牡中士以佐其职。隋文帝开皇元年（581）罢。

典牡中士 官名。西魏、北周夏官府驾部中大夫典牡上士佐官，员一人，正二命。

典作都将 官名。北魏置，掌兴造事务。《魏书·张衮传》：“（张）陵袭爵，后为赤城典作都将。”

典兵中郎 官名。西晋置，皇帝出行时，督摄仗卫，在五时车后。或亦随军出征。

典兵参军 官名。典兵曹长官。参见“典兵曹”。

典兵曹 官署名。西晋末丞相府、公督府僚属诸曹之一，长官为参军。东晋沿置。南朝宋不置。

典言 官名。隋炀帝始置，为宫廷女官，二十四典之一。属尚宫局，员二人，从七品，为司言之佐。唐朝改正七品。协掌宣传启奏之事。宋沿置，属尚书内省。金、明悉如唐制。明永乐（1403—1424）后尽归其职于宦官。

典库部 官署名。北齐置，设仓督，隶司农寺导官署。

典库部仓督 官名。北齐置。见“典库部”。

典闱 官名。隋炀帝始置，为宫廷女官，二十四典之一。属尚宫局，员六人。从七品，唐朝改正七品，二人，为司闱之佐，协掌宫闱管键之事。宋沿置，属尚书内省。金、明悉如唐制。明永乐（1403—1424）后尽归其职于宦官。

典诏命 官名。太平天国朝上职官。见“朝上典官”。

典祀 ❶官名。《周礼》春官之属。中士二人，下士四人。一说为周朝置。《周礼·春官·典祀》：“掌外祀之兆守皆有域，掌其政令。若以时祭祀，则帅其属而修除，征役于司隶而役之。”郑玄注：“外祀，谓所祀于四郊者。域、兆表之茔域。”❷西魏、北周“典祀中大夫”省称。掌祭祀事务。

典祀中大夫 官名。西魏恭帝三年（556）置，北周沿置。春官府典祀司长官，员一人，掌有关祭祀的各种事务。正五命。下设小典祀下大夫，小典祀上士以佐其职。领司几筵中士、司罇彝中士、掌郁中士、司鬯中士、司牺中士、司鸡中士、司郊上士、司社中士、掌次上士等官属。武帝建德二年（573）省。宣帝即位后，复置。正五命。隋文帝开皇元年（581）罢。

典苑 官名。隋炀帝始置，为宫廷女官，二十四典之一。属尚寝局，员二人。从七品，唐朝改正七品，为司苑之佐。协掌园囿种植花果之事。宋沿置，属尚书内省。金、明悉如唐制。明永乐（1403—1424）后尽归其职于宦官。

典事 官名。三国魏尚书诸曹置为属吏，掌庶务，七品；殿中监亦置，九品。晋朝黄沙御史置，七品。南朝宋、南齐有外监典事。《宋书·恩幸·阮佃夫传》：“佃夫以告外监典事东阳朱幼。”《南齐书·高帝纪下》：“有司奏遣外监典事四人，周行离门外三十五里为限。”北魏亦置，《资治通鉴·梁武帝天监三年（504）》：“典事史元显献鸡雏，四翼四足。”胡三省注：“典事，犹今尚书六部主事，吏职也。”唐朝殿中省、内侍省，太常、卫尉、宗正、太仆、司农、太府诸寺，少府、将作、军器、都水诸监、太子家令寺及其所统部分局、署皆置，为吏职，掌庶务，少则二员，多则三十员，流外五品；诸关亦置，二至六员，掌巡雍及杂当。

典事史 官名。北魏置。《魏书·崔光传》：“有典事史元显献四足四翼鸡。”《资治通鉴》胡三省注认为即南朝的典事，相当于后来尚书六部的主事。参见“典事”。

典事守舍人 东宫属官。南朝梁置，属太子中舍人。

典牧下士 官名。西魏、北周地官府载师中大夫典牧中士佐官，正一命。参见“牧人”。

典牧中士 官名。西魏恭帝三年（556）仿《周礼》牧人置，北周沿置。地官府载师中大夫属官，掌国家的牧业生产，正二命。下设典牧下士以佐其职。隋文帝开皇元年（581）罢。

典牧令 官名。西晋置，隶太仆，掌畜牧事务，又别置羊牧丞。北魏亦置。《魏书·宇文福传》：“未几，转骁骑将军，仍领太仆典牧令。”隋朝置为太仆寺典牧署长官，二员，从八品上，炀帝大业三年（607）增为从六品。唐朝太仆寺典牧署沿置，二员，正八品上，玄宗开元（713—741）初升从七品下，掌诸牧杂畜给纳及酥酪脯腊等畜产品之事。北宋初存其名而罕除授。

典牧司 官署名。金朝掌畜牧及提供肉类等事的机构。宣宗贞祐年间（1213—1217）置。设使、副使、判官理司事，秩正七品、从八品、正九品。

典牧丞 官名。隋朝太仆寺典牧署次官，置三员，从九品上。唐朝沿置四员，正九品上，玄宗开元（713—741）初升从八品下。北宋初存其名而罕除授。

典牧都尉 官名。西晋置，掌管马、牛的牧养。分设左、右、中，六品。北魏沿置，孝文帝太和十七年（493）定为从五品中，二十三年职员令未载。

典牧监 元朝官署名。秩正三品，掌东宫马畜，隶詹事院、储政院。成宗大德十一年（1307）置，后罢。文宗天历二年（1329）复立。置卿、太监、少监、丞各二员。

典牧署 官署名。隋朝太仆寺置，有令二员、丞三员，炀帝大业三年（607）罢牛羊署，以其事并入。唐朝沿置，有令二员、丞四员，掌诸牧杂畜给纳及酥酪脯腊之事，群牧所送羊犊，供太常寺廪牺署、殿中省尚食局，又有监事八员、主酪七十四员、驾士百六十员等。宋初存其名而无除授。明建文（1399—1402）中，于太仆寺增置，永乐（1403—1424）初废。

典牧署令 官名。即典牧令。

典牧署丞 官名。即典牧丞。

典制 官名。隋炀帝始置，为宫廷女官。二十四典之一，属尚工（唐改尚功）局，员二人。从七品，唐改正七品，属尚功局，为司制之佐，协掌衣服裁制缝纫之事。宋沿置，属尚书内省，金、明悉如唐制。明永乐（1403—1424）后尽归其职于宦官。

典制司 官署名。即典制清吏司。

典制司郎中 官名。即典制清吏司郎中。

典制清吏司 官署名。参见“仪制清吏司”。

典制清吏司郎中 官名。参见“仪制清吏司郎中”。

典命 官名。《周礼》春官之属，一说为周朝置，掌诸侯群臣封迁爵秩命数等级之文书。《周礼·春官》：“典命，中士二人，府二人，史二人，胥一人，徒十人”，“掌诸侯之五仪诸臣之五等之命”。

典命下大夫 官名。北魏置，为典命中大夫佐官。孝文帝太和十九年（495），李元凯曾任之，参预制订礼仪。北魏孝文帝太和十七年定为四品上，二十三年复次职令，未见。西魏恭帝三年（556）置为春官府典命司长官，掌内外九族及玉帛衣服的礼制规格，并管理全国僧、道事务。正四命。下设小典命上士为佐官，领典瑞中士，典服中士，司寂上士，司玄中士、治礼中士、司谒中士等。北周初，改为大司礼。

典命中大夫 官名。北魏置。孝文帝太和（477—499）中，游肇自通直散骑侍郎，秘阁令迁此。太和十七年定为从三品上，二十三年复次职令，未见。

典命官 官名。同“典命”。周朝置，掌诸侯群臣爵秩等级。《大戴礼记·朝事》：“是故古者天子之官，有典命官掌诸侯之仪”，“以等其爵，故贵贱有别，尊卑有序，上下有差也”。

典饰 官名。隋炀帝始置，为宫廷女官，二十四典之一。属尚服局。员二人，从七品，唐改正七品，为司饰之佐。协掌巾栉、膏沐之事。宋沿置，属尚书内省。金、明悉如唐制。

典服 ❶官名。唐朝太子左春坊内直局置，员十二至三十人。掌服饰伞扇。❷官署名。明朝东宫典服局及王府典服所简称。

典服下士 官名。西魏恭帝三年（556）置，为春官府典命下大夫属官。北周沿置，后改典命为大司礼，遂隶大司礼，武帝保定四年（564），改大司礼为礼部，又为礼部下大夫属官。正一命。隋文帝开皇元年（581）罢。

典服中士 官名。西魏恭帝三年（556）仿《周礼》司服置，北周沿置。为春官府典命下大夫属官，后改典命为大司礼，遂隶大司礼，武帝保定四年（564），改大司礼为礼部，又为礼部下大夫属官。掌皇太子、诸公以下百官的服饰标准，正二命。下设典服下士以佐其职。隋文帝开皇元年（581）罢。参见“司服”。

典服正 官名。明初于各王府典服所置，一人，正六品，掌王府冠服之事。后罢。

典服副 官名。明初于各王府典服所置，一人，正六品，佐典服正掌王府冠服之事。后罢。

典鱼下士 官名。西魏、北周冬官府司水中大夫典鱼中士佐官，正一命。

典鱼中士 官名。西魏恭帝三年（556）仿《周礼》渔人置，北周沿置。冬官府司水中大夫属官，正二命。下设典鱼下士以佐其职。隋文帝开皇元年（581）罢。参见“渔人”。

典府 官名。王国属官，晋朝平原、汝南、琅琊、扶风、齐等大国各置一员，位舍人下；其后演为典府丞。至隋朝又有典府长、丞，掌府内杂事。

典府长 官名。隋朝诸王国置，各一员。唐朝亲王国各置二员，正九品下，掌府内杂事。

典府丞 官名。王国属官，晋朝平原、汝南、琅玡、扶风、齐等大国置典府，位舍人下，后演为此职。南朝宋沿置，各一员；梁亦置，以中正品评位不登二品者为之。北齐皇子王国、诸王国皆置，各一员。隋朝诸王国各置一员，位典府长下。唐朝亲王国置二员，从九品下，为典府长副贰。

典庖下士 官名。西魏、北周天官府膳部中大夫典庖中士佐官。正一命。

典庖中士 官名。西魏恭帝三年（556）仿《周礼》庖人置，北周沿置。天官府膳部中大夫属官，员一人，正二命，其下设典庖下士以佐之。隋文帝开皇元年（581）罢。参见“庖人”。

典法守舍人 东宫属官。南朝梁置，属太子中舍人。

典油盐 官名。太平天国军中给事官。见“军中典官”。

典宝正 官名。明朝于各王府长史司典宝所置，一人，初为正六品，后改正八品。掌王府印章、符牌。

典宝所 官署名。明洪武四年（1371）置，初隶王相府。十三年罢王相府，改隶王府长史司。设典宝正一人，正八品，副一人，从八品。掌诸王宝符牌。

典宝监 元朝官署名。秩正三品，隶詹事院、储政院。设于成宗大德十一年（1307）。武宗至大四年（1311）罢，仁宗延祐四年（1317）复立，七年罢。泰定帝泰定元年（1324）再立，文帝天历元年（1328）罢。二年，再置。设卿、太监、少监、丞各二员。

典宝副 官名。明朝于各王府长史司典宝所置，一人，初为从六品，后改从八品，佐典宝正掌王府印章、符牌之事。嘉靖四十四年（1565）革。

典宝署 官署名。元朝设于世祖至元十九年（1282），隶詹事院。秩从五品。二十年，升正五品。三十一年，改掌谒司。

典学 官名。❶南齐高帝建元四年（482）置国学，管理国学庶务，有二员，位准太常主簿。梁国学亦置，位流外三品蕴位。唐朝国子监所统国子学、太学、四门、律学、书学、算学先后皆置，或四员或二员，掌抄录课业。❷唐太宗贞观（627—649）于太常寺太医署置二员。

典学从事 官名。三国魏、蜀皆置。属州刺史，管理州内诸郡学校、时节祭祀等事。晋朝沿置。《三国志·谯周传》：“蒋琬领刺史，徙为典学从事。”《资治通鉴·晋武帝泰始八年（272）》有典学从事何旅，胡三省注：“典学从事，典学校及部诸文学掾。汉诸州刺史有孝经师，主监试经；月令师，主时节祭祀。魏、晋合其职为典学从事。”

典学校尉 官名。三国蜀置。《三国志·来敏传》：“先主定益州，署敏典学校尉。”其职掌与典学从事相类。

典弩都尉 官名。三国魏置。《太平御览》卷二四一《都尉》条引《魏略》：“积弩都尉，秩比二千石，后更为典弩都尉。”

典驼下士 官名。西魏、北周夏官府驾部中大夫典驼中士佐官，正一命。

典驼中士 官名。西魏恭帝三年（556）置，北周沿置。夏官府驾部中大夫属官，员一人，掌骆驼的饲养及使役，正二命。下设典驼下士以佐其职。隋文帝开皇元年（581）罢。

典驼局 官署名。北齐置，设都尉。隶太仆寺驼牛署。

典驼都尉 官名。北齐置，掌典驼局。从九品上。

典织 官名。隋炀帝所置女官，尚工局司织副贰，二员，从七品。

典经守舍人 即东宫典经守舍人。

典经局 官署名。南朝梁置，属东宫，掌经籍。设太子洗马、典经守舍人等官员。

典珍 官名。唐始置，为宫廷女官。二十四典之一，属尚功局。员二人。正七品，为司珍之佐。协掌金玉宝货。宋沿置，属尚书内省，金、明悉如唐制。明永乐（1403—1424）后尽归其职于宦官。

典栉 官名。隋文帝所置内官六典之一，隶尚服，置三员，视流外二品，掌内宫巾栉膏沐。

典药 官名。❶唐朝太子左春坊药藏局置，掌东宫医药。员二人，为吏职。❷隋炀帝置为宫廷女官，从七品，二十四典之一。唐朝置，二人，比正七品，属尚食局，为司药之佐，协掌医方药物。宋、金、明悉如唐制。明永乐（1403—1424）后归其职于宦官。

典药署 官署名。明建文（1399—1402）中于各郡王府置，设官一人，掌医药之事。永乐（1403—1424）初罢。

典科 官名。明清地方州之医学学官。明洪武十七年（1384）始设，每州一人，未入流。设官不给禄。掌教授生徒之事。清沿明制设，未入流，由所辖有司遴选谙医理者，咨部给札。

典选 官制术语。指受命掌管官吏选举。有时非吏部官员或吏部官员调任他职后，亦得奉诏典选，兼理选举事务。《北齐书·源彪传》：“（后主）天统（565—569）初，（彪）入为吏部郎中，迁御史中丞，典选如故。”

典狱司 官署名。清末法部八司之一，光绪三十二年（1906）设。掌各省监狱、警察、习艺所罪犯名册、衣粮费用，编纂牢狱规则、统计书表事项。置郎中三人，员外郎、主事各四人。

典狱司郎中 官名。清末法部典狱司长官，光绪三十二年（1906）设。定额三人，正五品，奏补。掌本司事务。

典狱员 官名。清末地方州县佐治官。光绪三十三年（1907）改革地方官制，始置。直隶州、直隶厅及州县每处一人，奏补。掌理该州厅县监狱事宜。

典狱科 官署名。清末各省提法使司所属机构。掌改良监狱，推广习艺所，稽核罪犯工作成绩及编纂监狱统计诸事宜。置科长一人，一等科员一人，二等科员一至四人。

典客 ❶官名，秦、西汉初皆置，列位九卿，秩中二千石。掌接待少数民族等事务。景帝中六年（前144）改名大行令，武帝太初元年（前104）又改名大鸿胪。参见“大鸿胪”。❷吏职名。唐朝鸿胪寺典客署属官，员十三人。参见“掌客”。

典客令 官名。西晋改客馆令置，为典客署长官，隶大鸿胪。南朝复改名客馆令。梁、陈称典客馆令。北齐复置，为鸿胪寺典客署长官。隋初置二员，正八品，炀帝大业三年（607）改名典藩令。唐朝复旧，置一员，从七品下。宋朝存其名而罕除。金朝复置，从六品。参见“典客署”。

典客丞 官名。❶秦、西汉初典客副贰。参见“典客”。❷西晋、北齐、隋、唐典客署次官。唐置二至三员，从八品下。宋朝省。金朝复置，从七品。参见“典客署”。

典客舍人 官名。北魏置，属典客监。孝文帝太和十七年（493）定为从八品中。后罢。

典客参军 官名。北魏置，属典客监。孝文帝太和十七年（493）定为九品中。后罢。

典客监 官名。北魏置，掌招待宾客、少数民族朝聘等事务。领舍人、参军等官。孝文帝太和十七年（493）定为从五品上。后罢。

典客馆令 官名。南朝梁、陈置，掌宾客、少数民族之接待事务，有丞。隶太常卿，流外三品勋位。隋改典客令，隶鸿胪卿。

典客馆丞 官名。南朝梁、陈置，为典客馆令副贰。

典客署 官署名。西晋置，掌接待少数民族等事务。隶大鸿胪。设令、丞以掌署事。北齐、隋、唐沿置。宋朝省，金朝复置。

典客署令 官名。即典客令。

典客署丞 官名。即典客丞。

典炮 官名。太平天国军中给事官。见“军中典官”。

典祠 典祠令、典祠长省称。

典祠长 官名。三国魏元帝咸熙元年（264）置，诸男国属官。晋朝、南朝沿置。梁由男国自选补。

典祠令 官名。三国魏元帝咸熙元年（264）置，为诸王、公、侯、伯、子国属官。两晋、南北朝沿置。梁制，王国置者依国主地位高低，自流外五班至流外一班，其他则自选补。北魏孝文帝太和二十三年（499）定为从九品上，北齐同。

典祠署 官署名。明建文（1399—1402）中于各郡王府置，设官一人，掌祠祭之事。永乐（1403—1424）初罢。

典冠 官名。战国韩置，掌君王冠饰。《韩非子·二柄》：“昔者韩昭侯醉而寝，典冠者见君之寒也，故加衣於君之上”，“君因兼罪典衣与典冠。其罪典衣，以为失其事也；其罪典冠，以为越其职也”。

典郡书佐 官名。东汉司隶校尉有假佐二十五人，所部有七郡国。每郡国各设典郡书佐一人，各主一郡文书。由郡吏充补，满一岁更替。

典枲 官名。《周礼》天官之属，一说为周朝置，掌保管麻草及制作麻布的材料。《周礼·天官》：“典枲，下士二人，府二人，史二人，徒二十人。”“掌布缌缕纻之麻草之物，以待时颁功而授赍。及献功，受苦功，以其贾楬而藏之，以待时颁，颁衣服授之。赐予，亦如之。岁终则以其物会之。”

典给署 官署名。金章宗明昌三年（1192）由钩盾署改置，掌宫中所用薪、炭、冰、烛，隶太府监。置令、丞、直长等职。

典校 官名。三国吴孙权黄武（222—229）中置，属中书省，由中书郎充任，故亦称中书典校、典校郎，负责审理诸官府及州郡文书，并监察群臣过失，后来发展到控制大臣案件的刑讯及处理。时亦称此为校曹、校官。因其与曹魏校事性质相似，后人所撰史书中也称作校事。会稽王孙亮建兴元年（252）诸葛恪辅政后罢。

典起居注 官名。北魏置，选文学之士以他官兼领，掌起居注的修撰。郑伯猷以尚书外兵郎中，魏收以散骑侍郎为之。

典钻码 官名。太平天国军中给事官。见“军中典官”。

典铁匠 官名。太平天国军中给事官。见“军中典官”。

典铁库 官名。太平天国朝上职官。见“朝上典官”。

典笔吏 吏名。南朝宋置，郡属吏，掌笔墨。见《宋书·赵伯符传》。

典乘兵局 官署名。明朝太子东宫六局之一。洪武二年（1379）始置，设局郎一人，丞一人，以宦官为之，掌兵仗车舆。洪武二十八年，改为典兵、典乘二局（原典翰局罢，故仍为六局），各置局郎一人，正五品，局丞二人，从五品。

典玺 ❶官名。隋炀帝始置，为宫廷女官，从七品，属尚服局。唐改典宝。❷官名。唐朝置，员四人，为太子左春坊内直局官，掌东宫符玺、服饰等事。玄宗开元（713—741）中废。❸官署名。明朝东宫典玺局简称。

典宾参军　官名。西晋末司马睿镇东丞相府僚属，典宾曹长官。东晋公督府沿置。南朝宋罢。

典宾曹　官署名。西晋末司马睿镇东丞相府僚属诸曹之一，长官为参军。东晋公督府沿置。掌接待宾客。南朝宋不置。

典舂下士　官名。西魏、北周地官府司仓下大夫典舂中士佐官，正一命。

典舂中士　官名。西魏恭帝三年（556）置，北周沿置。地官府司仓下大夫属官，掌粮食的舂制，正二命。下设典舂下士以佐其职。隋文帝开皇元年（581）罢。

典酝　官名。隋炀帝始置，为宫廷女官，二十四典之一，属尚食局。员二人，从七品，唐改正七品。为司酝之佐。协掌酒醴酏饮之事。宋沿置，属尚书内省。金、明悉如唐制。明永乐（1403—1424）后归其职于宦官。

典曹都尉　官名。三国蜀置。管理盐铁之政，属盐府校尉。见《三国志·吕乂传》。

典碓下士　官名。西魏、北周地官府司仓下大夫典碓中士佐官，正一命。

典碓中士　官名。西魏恭帝三年（556）置，北周沿置。地官府司仓下大夫属官，掌碓的管理及粮食的加工，正二命。下设典碓中士以佐其职。隋文帝开皇元年（581）罢。

典厩令　官名。隋炀帝大业三年（607）改龙厩令置，为太仆寺典厩署长官，置二员，从六品。唐朝二员，从七品下，掌饲马牛、给养杂畜。宋初存其名而罕除授。

典厩丞　官名。隋炀帝大业三年（607）改太仆寺龙厩丞置，仍为二员，从九品上。唐朝太仆寺典厩署沿置为次官，四员，从八品下。北宋存其名而罕除。

典厩署　官署名。隋炀帝大业三年（607）改龙厩署置，仍隶太仆寺，设令二员，丞二员，有左右驳皂二厩。唐朝太仆寺沿置，有令二员、丞四员，掌饲马牛、给养杂畜，良马一丁，中马二丁，驽马三丁，乳驹、乳犊十给一丁；又有主乘六员、执驭百员、驾士八百员。宋初存其名而无职司。明建文（1399—1402）中，于太仆寺增置，永乐（1403—1424）初废。

典厩署令　官名。即典厩令。

典厩署丞　官名。典厩丞。

典铠都尉　官名。三国魏置。《太平御览》卷二四一《都尉》条引《魏略》："积弩都尉，秩比二千石，后更为典弩都尉。又有典铠都尉，秩与典弩同，皆属积弩。"

典彩　官名。女官二十四典之一，隶尚功，副司彩掌内宫用绵彩、缣帛、丝枲，有赐用则每十日一记录。隋炀帝始置，二员，从七品。唐朝沿置，正七品。宋朝为尚书内省女官，隶司彩，正七品。金同唐制。明洪武二十七年（1394）置，亦二员，正七品，永乐（1403—1424）后其职尽移于宦官。

典章科　官署名。清末海军部军枢司所属三科之一，原属筹办海军事务处参赞厅秘书司，宣统二年（1910），改属军枢司。同年，随司并入海军部。掌承办本部官员升调、黜陟、考试、京察、保送、功过、请假、袭荫、请封，及不归各司之一切典礼事宜。置科长、科员、录事。

典庸器　官名。《周礼》春官之属，一说为周朝置，掌藏乐器、庸器及祭祀时之陈设。《周礼·春官》："典庸器，下士四人，府四人，史二人，胥八人，徒八十人"，"掌藏乐器庸器。及祭祀，帅其属而设筍虡陈庸器，飨食、宾射，亦如之。大丧，廞筍虡"。

典庸器下士　官名。西魏恭帝三年（556）置，北周沿置。初为春官府大司乐中大夫属官，北周武帝保定四年（564），改大司乐为乐部，遂隶乐部中大夫，正一命。隋文帝开皇元年（581）罢。职掌参见"典庸器中士"。

典庸器中士　官名。西魏恭帝三年（556）仿《周礼》典庸器置，北周沿置。初为春官府大司乐中大夫属官，北周武帝保定四年（564），改大司乐为乐部，遂隶乐部中大夫。掌乐器及征服敌国所获庸器的收藏，正二命。下设典庸器下士以佐其职。隋文帝开皇元年（581）罢。

典谒　官名。❶战国置。内廷小臣，掌引见宾客。《韩非子·亡征》："相室轻而典谒重，如此则内外乖。"太田方注："相室，卿也。典谒，主宾客请谒之事者。"❷唐朝置。中书省通事舍人属吏，十人。太子右春坊亦置四人。

典绳索　官名。太平天国军中给事官。见"军中典官"。

典琮　官名。隋文帝所置。内官六典之一，隶尚宫，置三员，视流外二品，掌内宫琮玺器玩。

典硝　官名。太平天国朝上及军中职官。见"朝上典官"、"军中典官"。

典幄署　官署名。元朝置，掌太子供帐，隶詹事院、储政院。置令、丞各二员。

典御　官名。北魏置，分管皇帝生活起居，依所管具体事务分尚食典御、尚药典御等。北齐设中尚食典御、中尚药典御等。隋初门下省尚食、尚药局各置二人，正五品，炀帝大业三年（607）改奉御，隶殿内省。又，隋初内侍省有内尚食典御二人，正六品。宋徽宗崇宁二年（1103），殿中省复置六尚局，每局各置若干人，分掌各局事务。钦宗靖康元年（1126）罢。

典御都尉　官名。北魏置。《魏书·奚斤传》："太宗以其世典戎御，遂拜（奚和观）典御都尉，赐爵广兴子，建威将军。"

典御监　官名。北魏置，为后宫女职。《大监刘阿素墓志》："同火人典御监秦阿女等痛金兰之奄契，悲红颜而逃年，乃刊玄石，述象德音。"（赵万里《汉魏南北朝墓志集释》图二九）。

典掌 宋朝尚书内省二十四司诸典、掌统称。典即指典记、典言、典簿、典闱、典籍、典乐、典宾、典赞、典宝、典衣、典饰、典仗、典膳、典酝、典药、典饎、典设、典舆、典苑、典灯、典制、典珍、典彩、典计、典正，掌即指掌记、掌言、掌簿、掌闱、掌籍、掌乐、掌宾、掌赞、掌宝、掌衣、掌饰、掌仗、掌膳、掌酝、掌药、掌饎、掌设、掌舆、掌苑、掌灯、掌制、掌珍、掌彩、掌计。明女官六局下各司亦设，名目稍有变化。

典腊局 官署名。北齐置，设丞。隶太仆寺。

典腊局丞 官名。北齐置。见"典腊局"。

典属司 官署名。即典属清吏司。

典属司员外郎 官名。即典属清吏司员外郎。

典属司郎中 官名。即典属清吏司郎中。

典属国 官名。秦始置，西汉因之。掌诸属国归附少数族事务，秩二千石。属官有九译令。武帝时增设诸属国以处内附匈奴，各置都尉，皆隶之。多以熟悉边事者充任。成帝河平元年（前28）省并大鸿胪。北魏复置，其职略同，亦称典属国下大夫。

典属国下大夫 官名。北魏置，掌管与少数民族交往的事务。《魏书・崔挺传》："（挺）拜中书博士，转中书侍郎"，"转登闻令，迁典属国下大夫"。孝文帝太和十七年（493）职员令未载。参见"典属国"。

典属清吏司 官署名。简称典属司，清朝理藩院所属六司之一。掌理外札萨克各部、旗之疆界、封爵、设官、会盟、屯戍、驿递、互市及蒙藏等喇嘛之事，并办理与俄国、廓尔喀之交涉、入贡及贸易等项事务。乾隆二十二年（1757）改录勋司设；二十九年改旗籍司为典属司，改原典属司为旗籍司，遂为定制。以郎中满洲、蒙古各一人为主官，下设员外郎、主事、笔帖式、经承、贴写书吏等吏员佐理司务。光绪三十二年（1906）改隶理藩部。

典属清吏司员外郎 官名。简称典属司员外郎，清朝理藩院典属清吏司之副长官。佐郎中掌司事。初设满洲五人，蒙古四人，乾隆二十九年（1764）改设满洲二人，蒙古六人。

典属清吏司郎中 官名。简称典属司郎中，清朝理藩院典属清吏司之主官。掌司事。乾隆二十九年（1764）设满洲、蒙古各一人。

典瑞 官名。《周礼》春官之属，一说为周朝置，掌玉器收藏，供各种礼仪使用。《周礼・春官》："典瑞，中士二人，府二人，史二人，胥一人，徒十人"，"掌玉瑞玉器之藏，辨其名物，与其用事，设其服饰"。郑玄注："人执以见曰瑞，礼神曰器。瑞，符信也。服饰，服玉之饰，谓缫藉。"

典瑞下士 官名。西魏恭帝三年（556）置，为春官府典命下大夫属官。北周沿置，后改典命为大司礼，遂隶大司礼，武帝保定四年（564），改大司礼为礼部，又为礼部下大夫属官。正一命。隋文帝开皇元年（581）罢。

典瑞中士 官名。西魏恭帝三年（556）仿《周礼》典瑞置，北周沿置。初为春官府典命下大夫属官，后改典命为大司礼，遂隶大司礼，武帝保定四年（564），改大司礼为礼部，又为礼部下大夫属官。掌珽、圭等玉器的收藏及其作为帝王及百官服饰的规格。下设典瑞下士以佐其职。正二命。隋文帝开皇元年（581）罢。

典瑞院 官署名。元朝置，掌宝玺、金银符牌。世祖中统元年（1260），始置符宝郎二员。至元十六年（1279），立符宝局，给六品印。十七年，升正五品。十八年，改典瑞监，秩正三品。成宗大德十一年（1307），升典瑞院，正二品。置院使四员，正二品；同知二员，正三品；佥院二员，从三品；同佥二员，正四品；下设院判、经历等职。

典瑞监 见"典瑞院"。

典鼓 官名。唐朝司天台置，与典钟共三百五十员，掌报更点，更以击鼓为节，点以击钟为节；太子率更寺亦置，十二员。辽朝司天监沿置。

典虞丞 官名。西晋置。典田猎及马、牛的牧养等事务，属太仆卿，位在典虞都尉之下。

典虞都尉 官名。三国魏西晋置，主田猎，并与典牧都尉共同负责马、牛的牧养，属太仆卿。下设司马、典虞令、典虞丞等。六品。

典路 官名。《周礼》春官之属，一说为周朝置，掌天子和后妃所乘车辆。《周礼・春官》："典路，中士二人，下士四人，府二人，史二人，胥二人，徒二十人"，"掌王及后之五路，辨其名物与其用说。若有大祭祀，则出路，赞驾说。大丧、大宾客，亦如之。凡会同、军旅、吊于四方，以路从"。

典路下士 官名。西魏、北周春官府司车路下大夫典路中士佐官，正一命。

典路中士 官名。西魏恭帝三年（556）仿《周礼》典路置，北周沿置。春官府司车辂下大夫属官，正二命。下设典路下士以佐其职。隋文帝开皇元年（581）罢。参见"典路"。

典罪囚 官名。太平天国军中给事官。见"军中典官"。

典签 ❶官名。南北朝置，亦称典签帅或签帅、主帅。原为州、府掌管文书的佐吏。《南史・恩幸传》："故事，府州内部论事，皆签前直叙所论之事，后云谨签，日月下又云某官某签，故府州置典签以典之。"由于南朝宋时多以年幼的皇子出镇，皇帝委派亲信担任此职协助处理政事，故品阶虽不高，实权在长史之上。典签有时亦可带县令。出任者多为寒人，每州、府员数人，一岁中轮番还都，汇报当地情况，成为皇帝升黜地方长官的主要依据。以后其权愈重，即使年长皇子或其他人出任刺史，亦为其所控制。故当时人称："诸州唯闻有签帅，不闻有刺史。"南朝齐时，连皇子的饮食起居都由其控制，齐明帝杀武帝诸子，使典签执行，皆未遭到反抗。齐明帝控制政权后，命诸州急事宜密有所论，不得遣典签还都，其权任始渐轻。北朝各州亦置，但权任远较南朝为轻。北齐时司州及上州所置为从八品，中州为九品，下州为从九品。北周国公府、丞相府亦置。隋朝在亲王、嗣王、郡王、上柱国、柱国、上大将军、大将军府及上开府诸府，各置此职，员二人，各州仍沿北齐之制置之。隋朝亲王府所置从八品，上州正九品，中州从九品上，下州从九品；上柱国、嗣王、郡王、柱国府视正九品，上大将军、大将军、上开府府，视从九品。唐朝唯亲王府置，员二人，从八品下，掌宣传书教之事。宋朝虽存其名而罕除授，后罢。元朝则置为奎章阁学士院首领官，员二人，位在参书之下。❷明朝初期王相府典签司的简称。

典签司　官署名。明太祖洪武三年（1420）于各王府置，掌文书处理。九年罢。

典禀大监　官名。北魏置，为后宫女职，典宫内仓禀。《刘华仁墓志》：“赐宫典禀大监。”（赵万里《汉魏南北朝墓志集释》图版三一）参见“大监”。

典殿　宫中女官名。南朝宋太宗定后宫百官时置，无定员。

典舆　官名。隋炀帝始置，为宫廷女官。二十四典之一，属尚寝局。员二人，从七品。唐朝改正七品。为司舆之佐。协掌舆辇、伞扇之事。宋沿置，属尚书内省。金、明悉如唐制。明永乐（1403—1424）后尽归其职于宦官。

典旗帜　官名。太平天国军中给事官。见“军中典官”。

典察右署　官署名。明朝永乐（1403—1424）年间上林苑监十属署之。其置废、设官同“典察左署”，见该条。

典察左署　官署名。明朝永乐（1403—1424）年间上林苑监十属署之一。永乐五年（1407）置，设典署一人，正七品，署丞一人，正八品，录事一人，正九品。具体职掌不详。洪熙元年（1425）与典察右、前、后署分别并入本监蕃育署、嘉蔬署。

典察后署　官署名。明朝永乐（1403—1424）年间上林苑监十属署之一。其置废、设官同“典察左署”，见该条。

典察前署　官署名。明朝永乐（1403—1424）年间上林苑监十属署之一。其置废、设官同“典察左署”，见该条。

典彘下士　官名。西魏、北周冬官府司水中大夫典彘中士佐官，正一命。

典彘中士　官名。西魏恭帝三年（556）置，北周沿置。冬官府司水中大夫属官，主猪的饲养、繁殖。正二命。下设典彘下士以佐其职。隋文帝开皇元年（581）罢。

典蕃署　官署名。即鸿胪寺典客署，隋炀帝大业三年（607）改，唐朝复名典客署。参见“典客署”。

典饎　官名。隋炀帝始置，为宫廷女官。二十四典之一，属尚食局。员二人，从七品。唐朝改正七品。为司饎之佐。协掌廪饩薪炭之事。宋沿置，属尚书内省。金、明悉如唐制。明永乐（1403—1424）后尽归其职于宦官。

典饎下士　官名。西魏、北周天官府膳部中大夫典饎中士佐官，正一命。

典饎中士　官名。西魏恭帝三年（556）置，北周沿置。天官府膳部中大夫属官，正二命。隋文帝开皇元年（581）罢。

典馔署　官署名。明建文（1399—1402）中于各郡王府置，设官一人，掌膳食。永乐（1403—1424）初罢。

典翰局　官署名。明初太子东宫六局之一。洪武二年（1379）始置，设局郎一人，丞一人，以宦官担任，掌司文翰。二十八年罢。

典器　官名。隋文帝所置内官六典之一，隶尚食，置三员，视流外二品，掌内宫樽彝器皿。

典赞　官名。隋文帝开皇二年（582）始置，为宫廷女官，六典之一，属尚仪局。隋炀帝置为二十四典之一，仍属尚仪局。员二人，从七品。唐朝改正七品。为司赞之佐。协掌朝见、宴会、赞相之事。宋沿置，属尚书内省。金、明悉如唐制。明永乐（1403—1424）后归其职于宦官。

典膳　❶官名。隋炀帝置为宫廷女官，二十四典之一，员四人，从七品，属尚食局。唐朝改正七品。为司膳之佐，协掌割烹煎和之事。宋朝沿置，为尚食属佐。金、明悉如唐制。明永乐（1403—1424）后归其职于宦官。又，宋朝太子官属中曾置，存其名而未除授。❷官署名。明朝东宫典膳局和王府典膳所简称。

典膳正　官名。明朝于各王府长史司典膳所置，一人，初为正六品，后改正八品，掌王府祭祀、宾客及王、王妃膳食之事。

典膳丞　官名。即太子典膳丞。

典膳局　官署名。北齐太子门下坊置，有监、丞各二员。隋朝沿置。唐高宗龙朔二年（662）改监为郎，置二员；丞二员，隶太子左春坊。掌东宫进膳、尝食，每夕更值于厨；另有主食、典食等属。

典膳所　官署名。明洪武四年（1371）置，初隶王相府。十三年罢王相府，改隶王府长史司。设典膳正一人，正八品。副一人，从八品。掌祭祀、宾客、亲王及王妃之膳食。

典膳郎　官名。即太子典膳郎。

典膳监　官名。即太子典膳监。

典膳副　官名。明朝于各王府长史司典膳所置，一人，初为从六品，后改从八品，佐典膳正掌王府祭祀、宾客及王、王妃膳食之事。嘉靖四十四年（1565）革。

典膳署　官署名。元朝置，秩从五品，掌东宫饮膳，设于世祖至元十九年（1282），隶家令司。

三十一年，改掌膳署，隶内宰司。泰定帝泰定元年（1324），复为典膳署，隶家令司。置令、丞各二员。文宗天历二年（1329），复隶内宰司。

典壅下士 官名。西魏、北周冬官府司水中大夫典壅上士属官，正一命。

典壅中士 官名。西魏、北周冬官府司水中大夫典壅上士佐官，正二命。隋文帝开皇元年（581）罢。

典壅上士 官名。西魏恭帝三年（556）仿《周礼》壅氏置，北周沿置。冬官府司水中大夫属官，正三命。下设典壅中士，典壅下士以佐其职。隋文帝开皇元年（581）罢。

典饩 官名。即典饎。

典簿 官名。❶宫廷女官。隋炀帝始置，二十四典之一。员二人，从七品，属尚宫局，为司簿之佐，掌宫人名籍及廪赐之事。唐朝沿置，员二人，正七品。宋沿置，属尚书内省。金、明悉如唐制。明永乐（1403—1424）后，尽归其职于宦官。❷元朝为首领官，掌衙门文牍簿书等事。多设于监、司级官署。从七品，唯群玉内司为正七品。明朝于国子监、光禄寺、太常寺所属典簿厅置，正七品至从八品不等，掌章奏文书。又于王府长史司下置，员一人，正九品。清沿明制，诸王府不置，翰林院置，从八品。

典簿厅 官署名。明朝始置，分设于光禄寺、太常寺、国子监下。置典簿，光禄寺二人，从七品；太常寺二人，正七品；国子监一人，从八品。清朝沿置，并设于翰林院。设典簿各满、汉一人，从八品。参见"典簿"。

典簿书 官名。太平天国朝上职官。见"朝上典官"。

典籍厅 元、明、清三朝掌管官府文书图籍之机构。元朝始置于翰林院，设典籍办理所属事务。明朝设于翰林院、国子监，分别设典籍一至二人。清朝设于内阁、国子监，分别设典籍一人或数人。唯内阁大学士以下皆无官印，如对外行文只用此厅之印。

迪功佐郎 文散官名。明置，文官从八品，初授。

迪功郎 官名。宋朝始置。徽宗政和六年（1116）改原将仕郎置，为从九品寄禄官。明朝沿置为文散官，文官正八品，初授。

国 ❶诸侯封地。《孟子·离娄上》："人有恒言，皆曰天下国家，天下之本在国，国之本在家。"赵岐注："国谓诸侯之国。"《周礼·天官·大宰》："以佐王治邦国。"郑玄注："大曰邦，小曰国。"❷封君采邑。春秋、战国时卿大夫采邑及汉代诸侯王、列侯所食封邑皆称国。

国三老 官名。新莽末更始政权置。东汉亦置，汉碑有记载，为封国所置三老，职掌同三老。《后汉书·刘玄传》："悉拜置诸将，以族父良为国三老。"参见"三老"。

国大夫 爵名。战国魏置。汉朝亦置，即官大夫，第六级爵。《韩非子·内储说上》："（吴起）下令曰：'明日且攻亭，有能先登者，仕之国大夫，赐之上田宅。'"《史记·樊郦滕灌列传》："赐爵国大夫。"裴骃集解引文颖曰："即官大夫也。"张守节正义："爵第六级也。"

国子 周朝贵族子弟。《周礼·地官·师氏》"以三德教国子。"郑玄注："国子，公卿大夫之子弟。"

国子书写官 官名。金朝置，设于国子学，掌书写实录，秩从八品。

国子正 官名。北宋徽宗大观元年（1107）改国子监学正置，正九品。宣和三年（1121），改为太学正。

国子生 宋朝国子监学生总称。宋初多为七品以上官员子弟，又称监生。仁宗庆历四年（1044）建太学，扩大招生范围后，监生包括太学生、武学生，国子生则专指其父兄叔伯在朝为官、经补试合格入学之人。武学亦曾设国子生额，招收武臣子弟。明、清为国子监生之简称。

国子司业 官名。隋炀帝大业三年（607）于国子监始置，为次官，一员，从四品。唐高祖武德（618—626）初省，太宗贞观六年（632）复置，从四品下，高宗龙朔二年（662）改名少司成，咸亨元年（670）复旧；武则天垂拱元年（685）改名成均司业，中宗神龙元年（705）复旧；睿宗太极元年（712）加置为二员。北宋初置为四品寄禄官，仅表示品阶俸禄，无职掌。神宗元丰（1078—1085）改制，复置为职事官，一员，正六品，掌国子监及各学的教法、政令，为祭酒副贰；南宋高宗建炎三年（1129）省，绍兴十二年（1142）复置。辽朝国子监沿置。金朝国子监亦置，为正五品，掌学校之事。元世祖至元二十四年（1287）集贤院国子监置二员，正五品，协助国子祭酒掌学之教令，以德尊望重者为之；蒙古翰林院下属蒙古国子监亦置二员，正五品。朱元璋吴元年（1367）国子学置，正五品，明洪武十五年（1382）改隶国子监，置一员，正六品。宣德九年（1434）省，孝宗弘治十五年（1502）复置；中都国子监亦置，洪武二十六年随中都国子监而罢；初以有学行者任之，后由翰林院官迁转；南京国子监亦置一员。清朝沿置，必以翰林官为之，顺治元年（1644）置满洲二员，蒙、汉各一员，乾隆十三年（1748）省满洲一员，遂为满、蒙、汉各一员，正六品，光绪三十一年（1905）随监废。参见"国子监"。

国子寺 官署名。北齐置，掌训教胄子，管理中央、地方学校之政。设祭酒一人，置功曹、五官、主簿、录事员，领国子、太学、四门三学，各有博士、助教、学生；诸郡太学亦隶之。隋朝沿置，隶太常寺，设祭酒一员，属官有主簿、录事，统国子、太学、四门、书、算学，各置博士、助教、学生等员；文帝开皇十三年（593）独立，改名国子学；炀帝大业三年（607）又改国子监。

国子丞　官名。即国子监丞。

国子助教　学官名。西晋武帝咸宁（275—280）中国子学初置十五员，东晋孝武帝太元十年（385）减为十员。协助博士教授国子学生徒儒学，南朝宋沿置，分掌《周易》、《尚书》、《毛诗》、《礼记》、《周官》、《仪礼》、《春秋左氏传》、《公羊》、《穀梁》及《论语》、《孝经》十经；或不置学，则唯置一员。南齐高帝建元四年（482）置学，复设十员，位比侍御史。梁国学沿置十员，位二班。陈八品、秩六百石。北魏孝文帝太和二十三年（499）定为从七品。北齐国子寺国子学置十员，从七品，与太学博士品同而位稍低。隋朝国子寺国子学置五员，从七品；文帝仁寿元年（601）罢，炀帝大业三年（607）国子监国子学置一员，从七品。唐朝国子监国子学置五员，从六品上，佐博士分经教授。北宋沿置，神宗元丰（1078—1085）改制罢。辽朝国子监国子学亦置。金朝国子监国子学置二员，女真、汉人各一员，正八品，与教授分掌教诲诸生。元朝集贤院国子监国子学置四员，分教各斋生员，成宗大德八年（1304）为分职上都，增置二员，督习课业；蒙古翰林院国子学亦置二员，与教授并为正八品。元顺帝至正二十五年（1365）朱元璋置国子学，亦设，吴元年（1367）定置一员，从八品，明洪武十五年（1382）改国子监助教，直隶国子监，分属六堂。见“国子监助教”。

国子录　官名。北宋徽宗大观元年（1107）改国子监学录置，正九品。宣和三年（1121），改为太学录。

国子典学　参见“典学”。

国子学　国立儒学最高学府。西晋武帝咸宁（275—280）中置，隶太常，设国子祭酒、博士各一员，助教十五员，以儒学经典教授生徒。东晋时，博士、助教员数时有增减。南朝宋置国子祭酒一员、国子博士二员、国子助教十员，以助教分掌教十经；若不置学，则助教只设一员，祭酒、博士为常设；明帝泰始六年（470）废学，改置总明观。南齐高帝建元四年（482）复置，寻废，武帝永明三年（485）复立，设国子祭酒一员、博士二员、助教十员，选用以经学为先；下设典学、户曹、仪曹各二员，白簿治礼吏八员，保学医、威仪各二员；同时省总明观。梁沿置，隶太常卿，兼领太学，设祭酒一员、博士二员、助教十员、太学博士八员，又有限外博士员，武帝天监四年（505）又置五经博士各一员，大同七年（541）又立正言博士一员、助教二员。陈沿置，有国子祭酒、国子博士、五经博士、太学博士、国子助教等。北魏先立太学，道武帝天兴二年（399）增置国子学，太宗改为中书学，立教授、博士，孝文帝太和（477—499）中复为国子学，迁都洛阳则立国子太学，设国子祭酒、国子博士、国子助教等员。北齐国子寺置学，与太学、四门学并隶，置博士五员、助教十员。隋初因之，博士、助教各五员，学生一百四十人，文帝开皇十三年（593）国子寺罢隶太常，改寺为学，仁寿元年（601）又罢，唯立太学。炀帝大业三年（607）置国子监，统国子学、太学，国子学设博士、助教各一员，学生无定员。唐初改国子监为国子学，隶太常寺，太宗贞观二年（628）复置监，下统七学，国子学居首，以三品以上及国公子孙、从二品以上官曾孙为学生，设博士五员、助教五员、直讲四员、五经博士各二员，地位高于其他六学。北宋太宗端拱二年（989）改国子监为国子学，旋复旧制，以七品以上官子弟为生，称监生或国子生；仁宗庆历四年（1044）建太学，监生包括太学生、武学生，国子生则专指其父兄叔伯在朝、经补试合格入学者，名义属国子学，实际附属于太学。辽朝上京、中京国子监置国子学，有博士、助教。金朝国子监亦置国子学，设博士二员、助教二员，又有国子校勘、国子写书官。元朝集贤院国子监置国子学，正七品，有博士二员，掌教授生徒，考较儒人著述，教官所业文字；助教四员，分教各斋生员；成宗大德八年（1304）为分职上都，增助教二员、学正二员、学录二员，督习课业；典给一员，掌生员膳食。元顺帝至正二十五年（1365）朱元璋亦置学，设博士、助教、学正、学录、典乐、典书、典膳等官，朱元璋吴元年（1367）定其官制，增设祭酒、司业、典簿；明洪武八年（1375）又置中都国子学，以国子学分官领之，十五年均改为国子监。参见“国子监”。

国子校勘　官名。金朝设于国子学。掌校勘文字，秩从八品。

国子监　教育行政主管机构，兼领国立诸学。隋炀帝大业三年（607）置，设祭酒一员、司业一员、丞三员，另有主簿、录事。领国子学、太学，国子学设博士、助教各一员，学生无常员；太学设博士、助教各二员，学生五百人。唐初改置国子学，隶太常寺，太宗贞观二年（628）复置监，为专设机构，设祭酒一员、司业二员，为正、副长官，并以官兼师，总国子、太学、广文、四门、律、书、算七学；掌教者有博士、助教、直讲，广文馆专领修进士之国子学生，其余则以所教学生家世为等级，国子学为三品以上及国公子孙，太学为五品以上及郡县公子孙，四门为七品以上及侯伯子男子孙，律、书、算则为专门之学；设丞、主簿、录事各一员，为事务官；高宗龙朔二年（662）改名司成馆，祭酒名大司成，司业名少司成，咸亨元年（670）复旧；武则天垂拱（685）改名成均监，中宗神龙元年（705）复旧。北宋承五代后周制置，教七品以上官子弟，太宗端拱二年（989）改为国子学，旋复为监；仁宗庆历四年（1044）建太学后，国子监为掌管国子、太学之总机构，陪都西京、南京、北京亦置，以公司官兼领；置判监事二员，以两制或带职朝官充，凡监事皆总之；又有直讲八员、丞一员、主簿一员、监生无定员。神宗元丰（1078—1085）改制，始置祭酒一员，掌国子、太学、武学、律学、小学之政令；司业一员为之贰，丞一员参领监事，掌钱谷出纳，又有主簿一员，专管账簿，改直讲为太学博士，每经二员，凡十员，正、录各五员；武学博士二员，律学博士、正录各一员。南宋又建宗学。辽朝上京、中京分置，有祭酒、司业、监丞、主簿，并统国子学。金朝置，统国子学、太学，有祭酒、司业各一员；丞三员，一人兼提控女真学。元世祖至元二十四年（1287）置，隶集贤院，祭酒一员、司业三员，掌学之教令；监丞一员，专领监务；又有典簿一员、令史二员及译史、知印、典吏等各一员。明洪武十五年（1382）改国子学为监，置于南京，称京师国子监，置祭酒、司业、监丞、典簿各一员，博士三员，助教六员，学正五员，学录二员，典籍、掌馔各一员，后革博士一员、助教二员、学正一员及掌馔；永乐元年（1403）始置北京国子监，十八年迁都北京，以原京师国子监为南京国子监，遂有南北监之分；北监置祭酒一员、司业一员；学生多由各州县学选拔贡入肄业，亦有由捐纳而得者；其属：绳衍厅，监丞一员；博士厅，五经博士五员；率性、修道、诚心、正义、崇志、广业六堂，助教十五员、学正十员、学录七员；典簿厅，典簿一员；典籍厅，典籍一员；掌馔厅，掌馔二员；中都亦曾置监，设祭酒、司业、监丞、典簿、博士、学正、学录、掌馔各一员，助教二员，洪武二十六年罢。清顺治元年（1644）置，隶礼部，十五年归本监，康熙二年（1663）复隶礼部，十年仍归本监。凡国子生以时教授，课第优劣；雍正三年（1725）由满、汉大学士、尚书、侍郎内特简一人为管理监事大臣，并置祭酒，满、汉各一人；司业，满、蒙、汉各一人；由于捐例大开，非生员出身之纳资者，必先捐得监生，但并不真正在监修业，国子监渐渐成为有名无实，唯祭酒、司业必以翰林官为之；其属：绳愆厅监丞、博士厅博士、典簿厅典簿，俱满、汉各一人；典籍厅典籍，汉一人；率性、修道、诚心、正义、崇志、广业六堂：助教、学正、学录各一人；八旗官学助教，俱满洲二人、蒙古一人；教习，俱满洲一人、蒙古二人、汉四人；笔帖式，满洲四人、蒙古、汉军各二人；其兼领者：算学馆，汉助教二人，特简满洲文臣一人管理；俄罗斯馆，满、汉助教各一人；琉球学，汉教习一人；又档子房、钱粮处，俱派厅员司其事；光绪三十一年（1905）省入学部，嗣以文庙、辟雍典礼隆重，特置国子丞以次各官，分治其事。

国子监主簿 官名。隋炀帝大业三年（607）置，一员，管理本监庶务。唐朝国子监置一员，正八品，武则天垂拱元年（685）改为从七品下，掌印，勾督监事；七学学生有不可教者，举免之。北宋仁宗景祐二年（1035）置，一员，以现任学官兼充或以京官、选人充，神宗元丰（1078—1085）改制，置一员，从八品，掌文簿以勾考其出纳。辽朝沿置。

国子监书库官 官名。北宋初，国子监有印书钱物所。太宗淳化五年（994）改称，以京朝官充任。掌印经史及其他书籍。神宗元丰三年（1080）省。南宋复置。

国子监司业 官名。即国子司业。

国子监讲书 官名。宋朝初年置，太宗淳化五年（994）改为国子监直讲。后复置，以幕职州县官充任。掌以经术教授学生。神宗元丰（1078—1085）改制罢。

国子监丞 官名。隋炀帝大业三年（607）国子监置三员，从六品。唐朝国子监沿置，一员，从六品下，掌判本监事务，每岁七学学生业成，与司业、祭酒莅试，登第者上于礼部。北宋仁宗景祐二年（1035）置一员，以现任学官充任，或以京朝官、选人充，掌钱谷出纳之事；神宗元丰（1078—1085）改制，置一员，正八品，参领监事。辽朝国子监亦置。金朝国子监置二员，从六品，章宗明昌二年（1191）增一人兼提控女真学。元世祖至元二十四年（1287）于集贤院国子监置一员，正六品，专领监务；二十九年蒙古国子监仿汉人国学例置一员，正六品。明洪武十五年（1382）改学为监，置一员，永乐十八年（1420）迁都北京，遂为南监丞；北监始置于永乐元年，置一员，正八品，掌绳愆厅事，以参领监务，坚明其约束，诸师生有过失及廪膳不洁，并纠惩之，而书于集愆册；中都国子监亦置，洪武二十六年罢。清朝国子监置，满、汉各一员，初满员五品，汉员八品，后并改正七品，掌绳愆厅事，颁规制，稽勤惰，均廪饩，核支销，并书八旗教习功过；光绪三十一年（1905）省入学部，嗣以文庙、辟雍典礼隆重，仍置以分治其事，正四品。

国子监直讲 见“直讲”。

国子监典簿 官名。明、清国子监属官。于典簿厅设。明朝一人，从八品，掌章奏文移及本监财务出纳。清朝满、汉各一人，掌章奏文移之事。

国子监典籍 官名。明、清国子监属官。于典籍厅设。明朝一人，清朝汉官一人，俱从九品，掌书籍碑版。

国子监学正 官名。明清国子监六堂掌管教诲约束学生及讲说经义文字的官员。洪武十五年（1382）改原国子学学正而置。中都国子监亦置。初各三人，正九品。二十四年，改国子监十人，中都国子监一人。二十六年，罢中都国子监及其官属。永乐元年（1403）设北京国子监，初置一人，后屡有增革。永乐十八年迁都北京后，定北京十人，南京五人。隆庆四年（1570），革南京一人。清沿置，掌六堂之教学。

国子监学录 官名。明、清国子监属官。明朝南京国子监、中都国子监亦设，初各一人，后于率性、修道、诚心、正义、崇志、广业六堂设七人，从九品；清朝崇志、广业二堂各设一人，初亦从九品，乾隆元年（1736）升正八品。与六堂助教、学正同掌教诲监生之事。

国子监说书 官名。北宋前期置，以幕职州县官充任，掌以经术教授学生。神宗元丰（1078—1085）改制罢。

国子监助教 学官名。❶国子学教官，即“国子助教”。❷明、清国子监置，分掌率性、修道、诚心、正义、崇志、广业六堂之教学，讲授儒家经典。明洪武十五年（1382）改学为监，置十六员，从八品，二十四年定置十五员，永乐元年（1403）北京国子监置二员，后增设不常，十八年迁都北京，遂有南北监助教之别，南监置六员，嘉靖三十七年（1558）革二员，北监十五员，后革二员，万历九年（1581）又革四员；中都国子监曾置，洪武二十六年罢。清顺治元年（1644）建八旗官学，置助教满洲十六员、蒙古八员，分设六堂，置助教满、汉各六人，初为从八品，乾隆元年（1736）升从七品，与博士经理南学事；光绪三十一年（1905）省入学部，嗣以文庙、辟雍典礼隆重，仍置以分治其事。

国子监祭酒 官名。即国子祭酒。

国子监博士 学官名。❶国子学教官，即“国子博士”。❷明、清国子监置，掌博士厅事，分经讲授儒学，考校程文，偕助教、学正、学录掌六堂学生之训诲，清朝还经理南学事宜。明洪武十五年（1382）改学为监，置三员，从八品，二十四年定置五员，《易》、《诗》、《书》、《春秋》、《礼记》，人专一经，又称五经博士。永乐元年（1403）北京国子监置一员，十八年迁都北京，遂有南北监博士之别，南监仍三员，北监五员；中都国子监曾置，洪武二十六年罢；宣德五年（1430）以北监博士汪奉、许子谟为翰林院检讨，自后，官满三考者皆可升翰林官，仍兼理监事。清顺治元年（1644）国子监博士厅置，汉三员，十年省一员，十八年置满洲一员，康熙五十二年（1713）又省汉一员，遂为汉、满各一员。初，汉员正八品，满员从七品，乾隆元年（1736）并改从七品；光绪三十一年（1905）省入学部，嗣以文庙、辟雍典礼隆重，仍置以分治其事。

国子监掌馔 官名。明朝国子监属官。洪武十三年（1380）于掌馔厅设，一人，未入流。掌监生饮食事务。

国子祭酒 官名。西晋武帝咸宁（275—280）中立国子学，置一员为长官，掌教授生徒儒学，主管国子学，参议礼制，隶太常。南朝宋国子学虽省置不常，而祭酒则常置。南齐高帝建元四年（482）置国学，置一员，位比诸曹尚书。梁置一员，总领国子学、太学，隶太常卿，位十三班。陈三品、秩中二千石。北魏孝文帝太和十七年（493）定为四品上，二十三年升为从三品，专领国子学。北齐不隶太常，置为国子寺长官，一员，从三品，与九卿地位相当，领国子、太学、四门三学，主管全国教育行政。隋朝沿置，一员，初隶太常，统国子、太学、四门、书算学，文帝开皇十三年（593）不隶太常，改为国子学长官，仁寿元年（601）罢，唯置太学，以博士领之。炀帝大业三年（607）改置国子监，仍置一员。唐朝置为国子监长官，一员，从三品，主管全国教育行政。总领国子、太学、广文、四门、律、书、算七学及府州县学，每年考核学官训导功业；高宗龙朔二年（662）改名大司成，咸亨元年（670）复旧；武则天垂拱元年（685）改名成均祭酒，中宗神龙元年（705）复为国子祭酒。北宋初为三品寄禄官，神宗元丰（1078—1085）改制，置一员，从四品，掌国子监及太学、武学、律学、小学之政令。辽朝国子监置。金朝沿置，正四品，统国子学、太学。元世祖至元（1264—1294）初以许衡为集贤馆大学士、国子祭酒，教国子与蒙古大姓四怯薛人员，至元二十四年定置一员，从三品，掌学之教令，以德尊望重者为之；蒙古国子监于至元二十九年仿汉人国学例，置一员，从三品。朱元璋吴元年（1367）定国子学官制，置一员，正四品，明洪武十五年（1382）改学为监，置一员，从四品，永乐元年（1403）北京国子监置一员，十八年迁都北京，遂有南北监祭酒之分，均一员，从四品；中都国子监亦置，洪武二十六年罢。掌国学诸生训导之政令，初择有学行者任之，后由翰林院官迁转。清顺治元年（1644）置，满、汉各一员，满员三品，汉员从四品，顺治十六年俱定从四品，兼太常寺少卿衔，掌官学训导之法，释奠则综典礼仪，天子视学则执经进讲；光绪三十一年（1905）随监罢。

国子博士 学官名。西晋武帝咸宁（275—280）中立国子学，置一员，以教授生徒儒学，取履行清淳、通明典义者为之，若散骑常侍、中书侍郎、太子中庶子以上，乃得召试，并应对殿堂，备咨询顾问，隶国子祭酒。地位高于太学博士。南朝宋不置学，亦常置二员。南齐高帝建元四年（482）置国学，设二员，位比中书郎。梁国学沿置，位九班。陈四品、秩千石。北魏孝文帝太和十七年（493）定为从五品上，二十三年升为五品上。北齐国子寺国子学置五员，五品。隋朝国子寺国子学置五员，正五品上，文帝仁寿元年（601）罢，唯置太学博士，炀帝大业三年（607）改置国子监，国子学置一员，正五品。唐朝国子监国子学置五员，正五品上，掌教三品以上及国公子孙、从二品以上曾孙为学生者，分掌《周礼》、《仪礼》、《礼记》、《毛诗》、《春秋左氏传》五经，求仕者上于监。高宗龙朔二年（662）改名宣业，咸亨元年（670）复旧。北宋初为五品寄禄官，神宗元丰（1078—1035）改制罢，徽宗大观元年（1107）复置四员；南宋高宗绍兴三年（1133）改置二员，正八品。辽朝国子监国子学置。金朝国子监国子学置二员，正七品，分掌教授生员，考艺课，章宗明昌二年（1191）添女真一员，泰和四年（1204）减，卫绍王完颜永济大安二年（1210）并罢。元朝集贤院国子学置二员，正七品，掌教授生徒、考较儒人著述、教官所业文字；蒙古国子监亦置二员，正七品，掌教习诸生，于随朝百官、怯薛台、蒙古、汉儿官员家，选子弟俊秀者入学。元末乙巳（1365）朱元璋置国子学而设，吴元年（1367）定制，置一员，正七品，明洪武十五年（1382）改置“五经博士”。

国夫人 命妇称号。唐朝一品及国公妻封之，母为国太夫人。宋朝以封宰相、使相、三师、三公、王、侍中、中书令之妻。明朝亦用以封公之妻或继妻。

国太夫人 命妇封号。宋朝初年置，以封太皇太后、皇太后、皇后，宰相、使相、三师、三公、王、侍中、中书令之曾祖母、祖母、母。同知枢密院至枢密使、参知政事再经恩及再任者，其曾祖母、祖母、母亦得此封。

国什哈辖 即郭什哈辖。

国公 ❶爵名。晋朝时即指“公”。隋朝始置，为九等爵之第三等，位郡王下、郡公上，从一品。炀帝大业三年（607）废。唐朝复置，食邑三千户，从一品。唐末及五代受此封者甚滥。宋置，位郡王下，郡公上，从一品。金朝置，食邑三千户，实封三百户，从一品。元朝置，或授僧人，为正二品。明朝封公者，均冠以字号，称某国公。清朝宗室封爵中，有镇国公、辅国公等，亦统称国公。❷官名。清朝王伦起义军所设之职官。

国史 ❶古代史官的泛称。《毛诗·关雎序》：“国史明乎得失之迹。”孔颖达疏：“国史者，周官大史、小史、外史、御史之等皆是也。”❷三国吴“左国史”、“右国史”的简称。

国史日历所 见“日历所”。

国史典书 官名。北魏置，为秘书监著作局属官。庄帝永安（528—530）末，高法显为之，尔朱兆入洛阳，官守奔散，法显密理史书，得免遗失。

国史院 官署名。掌修国史。宋初于门下省置编修院掌修国史，事毕即罢。神宗元丰（1078—1085）改制后，每修前朝国史则置国史案。哲宗元祐五年（1090）改置院，隶门下省，绍圣二年（1095）改隶秘书省。南宋时，每置即以宰相提举。其属有修撰、同修撰、检讨、编修等，皆以他官兼充。辽朝属南面朝官，设监修国史、史馆学士、史馆修撰、修国史等职。金朝设监修国史、修国史、同修国史及编修官、查阅官等。元朝置翰林兼国史院。

国史院同修撰 见“国史院”。

国史院修撰 见“国史院”。

国史院检讨 见“国史院”。

国史院编修 见“国史院”。

国史案 官署名。北宋神宗元丰（1078—1085）改制，改史馆置，隶秘书省，掌修国史、实录、日历。哲宗元祐五年（1090）改为国史院，隶门下省。

国史馆 清朝纂修国史之机构。简称“史馆”，隶翰林院。康熙二十九年（1690），为修太祖、太宗、世祖三朝史始开，称“三朝国史馆”。以后续修“四朝国史”、“五朝国史”。乾隆十四年（1749），以五朝本纪修成停馆。三十年，因重修国史列传再开馆，此后遂成常开之馆。馆设总裁，无定员，由大学士、尚书、侍郎内特简。以下设清文总校一人，由满侍郎内特简；提调满、蒙、汉各二人，掌章奏文移并管理吏员、差役，满员由内阁侍读学士或侍读派充，蒙员由内阁蒙古堂或理藩院司官派充，汉员由翰林院侍读学士以下官派充；总纂满四人、蒙二人、汉六人，纂修、协修无定员，分司编纂之事，其中蒙员由理藩院司官派充，满、汉人员由内阁侍读学士、侍读及翰林院官等内派充；校对满、蒙、汉各八人，掌校勘，由内阁中书充。辛亥革命后改称“清史馆”。

国史馆总裁 官名。清朝国史馆长官，掌修清国史。由皇帝在满、汉大学士及尚书、侍郎内特简，无定员。参见“国史馆”。

国计使 使职名。五代后梁太祖乾化二年（912）六月废建昌宫使以后置，凡天下金、谷、兵、戎，旧隶建昌宫使者，悉主之。后唐庄宗同光四年（926）以后废。

国正监 官名。战国秦置。朝廷派往军队中主管监察的长官。《商君书·境内》：“将军为木壹，与国正监，与王御史参望之。其先入者，举为最启；其后入者举为最殿。”

国用司 官署名。全称为三省户房国用司，南宋孝宗乾道二年（1166）置，总管全国财政。设制国用使以宰相兼，同知国用事以参知政事兼。五年罢。宁宗嘉泰四年（1204）再置。开禧二年（1206）改名国用参计所，三年亦废。

国用使 宋、元“制国用使”省称。详见“制国用使”。

国用参计所 见“国用司”。

国令 官名。隋、唐诸王、公等封国官长。隋朝诸封国各置一人，王、二王后国令视从六品，公国令视正七品，侯、伯国令视从七品，子、男国令视正八品。唐朝亲王国置一人，从七品下，与大农通判封国之事。宋初仅存空名，未尝除授，神宗元丰（1078—1085）改制废。

国司马 周朝大司马所属小司马、军司马、舆司马等各级军事长官统称。《周礼·夏官·都司马》：“以国法掌其政学，以听国司马。”郑玄注：“国司马，大司马之属皆是。”

国司空 官名。战国秦置。同“邦司空”。掌工程营建，及使役刑徒之官。《商书君·境内》：“其攻城围邑也，国司空訾县城之广厚之数。”参见“邦司空”。

国司徒 官名。春秋时齐国置，掌民政教化。《管子·五行》：“出国司徒令，命顺民之功力以养五谷。”

国老 ❶卿大夫、士之致仕者。《礼记·王制》：

"有虞氏养国老于上庠、养庶老于下庠。"孔颖达疏引熊氏曰:"国老谓卿大夫致仕者。"《左传·僖公二十七年》:"楚子将围宋,使子文治兵于睽,终朝而毕,不戮一人","国老皆贺子文"。孔颖达疏:"然则国老者,国之卿大夫、士之致仕者也。"❷国家元老大臣。《战国策·宋卫策》:"(宋康王)骂国老谏臣为无颜之冠以示勇。"

国务大臣 官名。清末责任内阁之职官,宣统三年(1911)四月设责任内阁,始置。以内阁总、协理大臣及各部大臣充,皇帝特简。掌辅弼皇帝,担负责任。总、协理大臣每日入对,各大臣分班值日。得参加内阁会议,讨论国务。重要国务,或会同或单独具奏。

国师 官名。新莽始建国元年(后9)置,位上公,与太傅、太师、国将同为四辅。刘歆曾任此职。东汉初,彭宠自立为燕王,亦置。西夏、元朝为佛教僧侣官衔。西夏国师曾主持译经,元多授吐蕃高僧。其位低于帝师,高于司空、司徒、国公等僧官。清朝为授与僧人的最高称号,专司教事,设于西藏、甘肃等地。隶驻藏大臣等管辖。又,太师、国子祭酒也别称国师。

国论右勃极烈 见"国论左勃极烈"。

国论左勃极烈 官名。金置。太祖建国时以四勃极烈共掌朝政,后又增设乙室、移赉两勃极烈。太宗改制,仍设回勃极烈,称谙班、国论忽鲁、国论左、国论右勃极烈。熙宗时废。

国论忽鲁勃极烈 官名。金置。太祖建国时,以四勃极烈共掌国政,以国相撒改为国论忽鲁勃极烈,意为国家诸部统帅勃极烈,参议国政,统军作战。太宗改制,仍存此职。熙宗时废。

国医 官名。太平天国之太医,属朝上职官。详"朝上典官"。

国伯 太平天国东王以下各王男系前辈之称谓。太平天国前期,东王以下各王男系前辈称国伯,亦称国叔,官爵约与燕王、豫王、侯、丞相相等。按制,国伯衙可置协理一人,尉十人,伺四人,皆职同总制。

国邸 汉朝诸侯王设在京师的邸宅。《汉书·哀帝纪》:"臣(定陶王)愿且得留国邸,旦夕奉问起居,俟有圣嗣,归国守藩。"

国阿辇斡鲁朵 即永兴宫。

国叔 参见"国伯"。

国宗 太平天国东王以下各王同宗兄弟之称谓。据太平天国前期定制,东王以下各王同辈兄弟称国宗,后辈称国相,出外任事者亦称国宗。官阶约与燕王、豫王、侯、丞相相等。督军或出任地方官者则加"提督军务"衔,据载有十四人。无职守者为闲散国宗,人数不详。按制,提督军务者,下设协理一人,职同总制;掌书若干,尉六百人,伺二十人,皆职同监军。闲散国宗只设协理一人,尉八人,伺二人,皆职同总制。

国学 ❶西周置于王城及诸侯国都之官学,分大学和小学,以礼、乐、射、御、书、数六艺教其学生,大学以习礼、乐、射、御为主,小学以书、数为主。❷泛指京师官学,如南北朝之国子学、太学、四门学。❸"国子学"、"国子监"省称,详见"国子学"、"国子监"。❹西夏官学之一,崇宗贞观元年(1101)于蕃学之外另置,设教授,收弟子三百,教儒术、尚诗书、重汉学,并立养贤务以供廪食;仁宗人庆元年(1144)州县亦置,增弟子三千人。

国相 ❶春秋战国辅政大臣之称。《左传·宣公十二年》:"困兽犹斗,况国相乎?"❷汉、晋以降诸王、公、侯、伯、子、男国行政长官。参见"相"。❸西夏官名,位居中书令之上,总揽国家军政大计,多由外戚把持。❹女真官名,为管理行政事务的要职。金朝建国后省。❺太平天国东王以下各王男系后辈的称谓,对外也称国宗。督军或出任地方官者,加提督军务衔。

国信司 官署名。南宋置,为临安府所属机构,掌往来国信事。

国信所 官署名。北宋真宗景德四年(1007)置,全称为管勾往来国信所。掌接待契丹使臣及遣使契丹之事。设管勾官二人,以内侍都知押班充任。南宋避高宗赵构名讳,改称主管往来国信所,以内侍都知押班为主管官。掌接待金国使臣及遣使金国之事。

国信所回易库干办官 官名。南宋高宗绍兴十七年(1147)置,掌国信所回易库。参见"回易库"。

国信所点检公事 官名。宋朝国信所属官,负责祇应具体事务。

国信使 官名。北宋太祖开宝八年(975)后,宋、辽之间不断通使,如正旦使、生辰使等,双方使臣各带国书,故称国信使。

国信副使 官名。宋朝遣使于辽,常置副使,因带国书,故称国信副使。

国将 官名。新莽四辅之一,始建国元年(后9)初置,位上公,以哀章任之。

国除 历朝诸侯王、列侯因罪、死亡或无继嗣被剥夺或撤销封国。《汉书·刘安传》:"安自刑杀,后、太子诸所与谋皆收夷,国除为九江郡。"

国部大人 官名。北魏置。《魏书·尉古真传》:"(尉诺)除平东将军,赐爵安乐子。从讨姚平,还,拜国部大人。"参见"大人"。

国家 ❶春秋战国时期称诸侯封域为国,卿大夫采邑为家。亦以为国之通称。《孟子·离娄上》:"人有恒言,皆曰天下国家。天下之本在国,国之本在家。"赵岐注:"国谓诸侯之国,家谓卿大夫家也。"《尚书·立政》:"其惟吉士,用劢相我国家(西周)。"❷指帝王。《续汉书·祭祀志上》:"二月,上至奉高。"刘昭注引应劭《汉官》马第伯《封禅仪记》:"国家(光武帝)居太守府舍,诸王居府中,诸侯在县庭中斋。"❸公家。《梁书·贺琛传》:"我自除公宴，不食国家之食，多历年稔，乃至宫人亦不食国家之食，积累岁月。”

国尉 官名。春秋晋国，战国赵、秦等国置。掌全国军政的长官。《史记·廉颇蔺相如列传》：“以许历为国尉。”《秦始皇本纪》：“大梁人尉缭来”，“以为秦国尉”。张守节正义：“若汉大尉，大将军之比也。”

固山 清朝八旗组织之最大单位。意为“旗”，故八旗又称“八固山”。长官称“固山额真”，汉名为“都统”。参见“牛录”。

固山大 即固山达。

固山王 见“和硕贝勒”。

固山厄真 即固山额真。

固山贝子 爵名。清朝宗室封爵之第六等。位多罗贝勒之下、奉恩镇国公上。简称贝子。

固山贝勒 见“和硕贝勒”。

固山达 满语官名。武职，汉译为协领。

固山伯喀达喇昂邦 满语官名。汉译为都统。详见“都统❶”。

固山伯喀达喇喇昂邦 满语官名。汉译为都统。详见“都统❶”。

固山昂邦 满语官名。又作“固山按班”、“固山谙班”。意为“旗之大臣”。原称“固山额真”，清雍正元年（1723）改是称。汉名为“都统”。秩从一品。参见“固山额真”、“都统”。

固山按班 即固山昂邦。

固山格格 见“格格”。

固山谙班 即固山昂邦。

固山额真 满语官名。又作固山厄真，意为旗主。清太祖努尔哈赤于明万历二十九年（1601）建立旗制，初为四旗，四十三年扩编为八旗，称八固山，每固山设固山额真一人统领。清顺治十七年（1660），定固山额真为固山昂邦。秩从一品。

固龙额驸 即固伦额驸。

固伦公主 清朝皇帝女之封号。固伦，满语，乃天下、国之意。清制，皇后所生女得受此封，品级同亲王。但康熙（1662—1722）以后，妃嫔所生之女亦有受此封者。据清末《公主册》统计，清代封授或追封为固伦公主或长公主者共二十八位。

固伦额驸 清朝皇后的女儿封固伦公主，其夫为固伦额驸，秩同固山贝子。详见“额驸”。

图书使 使职名。唐玄宗天宝十二载（753）以左相陈希烈充秘书省图书使。五代后唐明宗天成元年（926）以都官郎中庾传美为三川搜访图籍使。

图书科 官署名。清末各省提学使司所属六科之一，光绪三十二年（1906）设。掌编译、审查本省各学堂教课书、参考书，翻译本署往来公文书牍，并管理图书馆、博物馆等事务。置科长一人、副长一人。

图志科 官署名。清末民政部疆理司所属二科之一，光绪三十二年（1906）设。掌全国土地面积测绘清丈，审定地图、地志事。置员外郎一人主持科务。

图记 清朝印信之一种。管理伊犁索伦领队大臣、管理额鲁特领队大臣、管理锡伯营领队大臣、管理察哈尔领队大臣、塔尔巴哈台领队大臣、八旗佐领、盛京防御等用之。俱铜质直纽方形。其文体及尺寸，依官员品级大小而异，由礼部铸印局铸发。

图画署 官署名。金朝置，属少府监。掌图画缕金匠。设令、丞领署事，秩从六品、从七品。曾设直长一职，正八品，章宗明昌三年（1192）罢。明昌七年，图画署并入祗应司。

图撒拉克齐 官名。清朝新疆回部官员之一。乾隆十九年（1754）设，二人，一驻哈密，一驻辟展。佐总理回务札萨克郡王理回部事务。又称协理图撒拉克齐。因归诚著绩，封爵世袭。

果上人 官名。又称“司果执事”。清朝内务府掌仪司果房之属官。康熙十六年（1677）设，十二人，秩九品。隶于“掌果”之下，协办所属事务。

果丞 官名。西汉平帝元始元年（后1）始置，员一人，属少府，掌果园。《汉书·百官公卿表》不载。《后汉书·百官志》少府所属钩盾令及太官令皆置。

果官 清朝内务府果房官员之俗称。

果毅 ❶唐朝折冲府果毅都尉省称。❷宋朝功臣号。以授诸班直禁军将校。参见“功臣号”。

果毅右旅下大夫 官名。北周置。《隋书·杨素传》：“其后（杨文思）累以战功，迁果毅右旅下大夫。”正四命。

果毅郎将 官名。隋炀帝大业三年（607）左右领左右府改左右备身府，各置三人，以为折冲郎将副贰，从四品。

果毅将军 官名。明崇祯十六年（1643）李自成农民军置。于中营制将军下，设左、右、前、后各一人；其他四营制将军下，各设左、右二人，四品。与制将军同为本营大帅。

〔丿〕

牧 官名。一州之长。《礼记·曲礼下》：“九州之长，入天子之国，曰牧。”汉朝及其后，州牧亦省称牧，参见“州牧”。清朝为知州别称。

牧人 官名。《周礼》地官之属，一说为周朝置，掌放牧六牲，以共祭祀。《周礼·地官》：“牧人，下士六人，府一人，史二人，徒六十人”，“掌牧六牲而阜蕃其物，以共祭祀之牲牷”，“凡祭祀，共其牺牲，以授充人系之；凡牲不系者，共奉之”。郑玄注：“牧人，养牲于野田者。”

牧马 官名。西周时期郑国置，掌放牧马匹。《郑牧马受簋铭》：“郑牧马受作宝簋。”

牧夫 ❶官名。又称牧。西周置，主管一方政令的伯长。《尚书·周书·立政》：“宅乃牧，宅乃准。”

孔安国传：“牧，牧民九州之伯。”又《立政》：“我其立政、立事、准人、牧夫。”❷各官署长官泛称。《尚书·周书·立政》：“惟有司之牧夫。”孔颖达疏：“有司主养民者。”

牧牛　官名。西周置。掌放牧牛的山官。《㑷匜》铭：“牧牛辞誓成，罚金。”

牧长　官名。❶西晋武帝初置，为王国之属官，其职掌不详。南朝宋沿置。❷掌放牧之官吏。《史记·货殖列传》：“乌氏倮畜牧，及众，斥卖”，“秦始皇帝令倮比封君，以时与列臣朝请”，“夫倮鄙人牧长”。唐朝置，为牧监属吏。掌马、牛之群，每群置一人，领牧子。清朝亦置，为内务府庆丰司及上驷院等机构所属之游牧官。掌理畜牧马、驼、牛、羊之事。清制，马、驼、牛、羊各设牧厂，分管马、驼、牛、羊群数十至二、三百不等。每群设牧长一人司之。皆无品级，分别隶于司、院总管之下。下设副牧长、牧丁佐之。

牧正　官名。牧官之长。相传夏朝置。西周亦置。主管禽兽畜养。《左传·哀公元年》：“后缗方娠，逃出自窦，归于有仍，生少康焉，为仍牧正。”杜预注：“牧官之长。”《列子·黄帝篇》：“周宣王之牧正有役人梁鸯者，能养野禽兽。”陆德明《释文》：“牧正，养禽兽之长也。”

牧帅　官名。西晋置。国家牧场中的低级官吏，亦称牧率，掌苑马的牧养。见《晋书·石勒载记下》。

牧民　治理民众。以牧人养畜，比喻人君或官吏管理民众。《管子·牧民》：“凡有地牧民者，务在四时，守在仓廪。”

牧师　官名。❶殷朝置，掌牧马牛。《后汉书·西羌传》注引《竹书纪年》：“大丁四年，周人伐余无之戎，克之。周王季命为殷牧师。”❷《周礼》夏官之属。一说为周朝置，掌理牧场。《周礼·夏官》：“牧师下士四人，胥四人，徒四十人”，“掌牧地，皆有厉禁而颁之。孟春，焚牧。中春，通淫。掌其政令。凡田事，赞焚莱”。

牧师苑官　官署名。省称牧师苑、牧师官。主牧养繁殖军马。西汉于河西六郡置牧师苑三十六所，养军马三十万匹。据《汉书·地理志》，北地郁郅县置此官。边郡六牧师令各三丞，皆属太仆。东汉省，唯汉阳有流马苑，以羽林郎监领。

牧师苑令　官名。西汉于河西六郡置牧师苑，设令主之，属太仆。各有三丞，职掌养马。东汉省。

牧师苑丞　官名。西汉属太仆。为牧师苑令副贰，掌养马。东汉省。

牧守　州郡长官的泛称。

牧伯　州牧别称。

牧府　官署名。十六国前凉、西凉、北凉置，为州牧府的省称，前凉时多称少府。上述政权统治者皆兼凉州牧，故牧府即仅次于都督府的决议军政大事的权力机构。设长史（有时分置左、右），司马（有时分置左右）等官属，其地位高于作为大臣僚佐的一般长史、司马。

牧府长史　官名。十六国北凉置。《晋书·沮渠蒙逊载记》：“（蒙逊）乃遣建忠（将军沮渠）拏，牧府长史张潜见（姚）硕德于姑臧。”为州牧府主要僚属，参议军政事务。参见“牧府”。

牧府右长史　官名。十六国西凉置。《晋书·凉武昭王李玄盛传》：“（李暠以）张条为牧府左长史，令狐溢为右长史。”为州牧府主要僚属，参议军政事务。参见“牧府”。

牧府右司马　官名。十六国西凉置。《晋书·凉武昭王李玄盛传》：“（李暠以）索承明为牧府右司马。”为州牧府主要僚属，掌军务。位在郡太守之上。参见“牧府”。

牧府左长史　官名。十六国西凉置。《晋书·凉武昭王李玄盛传》：“（李暠以）张条为牧府左长史。”为州牧府主要僚属，参议军政事务。参见“牧府”。

牧府司马　官名。十六国西凉置。是州牧府掌管军务的主要僚属，其实权相当于一般政权的兵部尚书。有时分置左、右。

牧官中郎将　官名。北魏前朝置，掌畜牧事务。奚和观以龙骧将军领之。孝文帝太和十七年（493）职员令及二十三年复次职令皆未载。

牧官都尉　官名。三国魏置，掌管边郡苑马的牧养，六品。下设司马。西晋改置典牧都尉。十六国前秦复置。

牧监　❶官署名。隋始置，有盐州牧监，隶陇右牧总监。唐朝沿置，又称监牧，隶太仆寺。分随典牧署、牛羊署职能而设，依养马数目，以五千、三千、一千为率，分上、中、下三等。设监、副监以掌群牧孳课。明初亦置，又称群牧监，隶太仆寺。初设监令，正五品，监丞，正六品，镇抚，从六品。洪武十年（1377）改设监正一人，正九品，监副一人，从九品。二十三年定制，共置十四处：滁阳、大兴、香泉、仪真、定远、天长、长淮、江都、句容、溧阳、江东、溧水、当涂、舒城、下辖九十七群，均随水草利便立官署，专司牧养。二十八年悉罢。❷官名。隋朝置为盐州牧监长官，视从七品。唐朝分置于上、中、下牧监，各一人，自从五品下至从六品下。掌官牧马、牛、羊等事，以供国家之需。初隶太仆寺，后专设群牧使领之。

牧监使　使职名。即监牧使。

牧监副监　官名。唐朝太仆寺诸牧监副贰，上监各置二员，正六品下；中监各置一员，从六品下；下监置一员，正七品下。玄宗开元二十三年（735）废。

牧养下监　见“牧养监”。

牧养上监　见“牧养监”。

牧养监　官署名。宋朝养马机构。真宗大中祥符四年（1011）置于开封，有上、下二监，各设监官一人，以三班使臣充任。掌治疗病马、申报滋生马驹数目。初隶群牧司，神宗元丰（1078—1085）改制后属太仆寺。

牧曹尚书 官名。北魏置，掌管牲畜牧养事务。属尚书省。《北史·孝行传》：“（乞伏居）献文时为散骑常侍，领牧曹尚书，赐爵宁国侯。”一说与“都牧尚书”为同职异称。

牧副 官名。清朝内务府上驷院之属官。额设五人，正八品。协掌各马厩、牧厂之牧马事。

牧率 参见“牧帅”。

牧尉 官名。隋朝陇右所统诸牧皆置，主纠察。唐朝诸牧所统马牛之群亦置。

牧橐令 官名。西汉属太仆。有丞，主养牧橐。东汉省。

牧橐丞 官名。西汉属太仆，为牧橐令副贰，主牧橐。东汉省。

物林大 满语官名。汉译为司库。

物林达 即物林大。

物料库 官署名。北宋太宗太平兴国三年（978），改供备库为内物料库，掌供给尚食及内外膳羞以米、面、饴、密、豆等食料，设监官二人，以三班使臣及内侍充任。真宗大中祥符七年（1014），又改麸面库为外物料库，掌供给皇城外诸官署油、盐、米、面等物。设监官二人，以三班使臣及内侍充任。

和节郎 阶官名。金、元教坊阶官。金二十五阶之最末一阶，秩从九品下。元十五阶末阶，从八品。

和乐郎 阶官名。金、元教坊阶官。金二十五阶之第二十一阶，秩从八品下。元十五阶第十一阶，从七品。

和戎护军 官名。三国魏置。《三国志·王凌传》裴松之注引《魏书》：“（令狐）愚字公治，本名浚，黄初（220—226）中为和戎护军。乌丸校尉田豫讨胡有功，小违节度，愚以法绳之。”

和戎将军 官名。❶南朝梁置，武帝天监七年（508）定为武职二十四班中的十班，普通六年（525）改为武职三十四班中的十一班。陈沿置，拟七品，比秩六百石。❷南朝梁武帝大通三年（529）置，专施用于境外，地位较高，拟智威将军等号。

和会司 官署名。清末外务部所属四司之一，光绪二十七年（1901）设。掌订立约章，奏派使臣，更换领事，各国使臣觐见、会晤，本部官员升调各事。置郎中、员外郎、主事等。

和会司郎中 官名。清末外务部和会司长官，光绪二十七年（1901）设。掌司事。正五品，奏补。

和安大夫 官名。北宋徽宗政和二年（1112）重定医官阶官名，改军器库使置，为从六品医阶官。

和安郎 官名。北宋徽宗政和二年（1112）重定医官名，改军器库副使置，为从七品医阶官。

和声郎 阶官名。金、元教坊阶官名。金二十五阶之第二十四阶，秩从九品上。元十五阶第十四阶，从八品。

和声署 官署名。清朝乐部所属之机构，掌理殿廷朝会乐律及舞仪之事。雍正七年（1729）改教坊司置，隶礼部。乾隆七年（1742）改隶乐部。设满、汉署正各一人；满、汉署丞各一人，供用官三十人，经承四人，署史长十六人，署史百四十人。宣统三年（1911）并入典礼院。

和声署署正 官名。清朝乐部和声署之主官，掌署事。乾隆七年（1742）设满、汉各一人，以礼部、内务府司员拣充，并以侍从、待诏为加衔。宣统三年（1911）改隶典礼院。

和声署署丞 官名。清朝乐部和声署之副长官，佐署正掌署事。乾隆七年（1742）设，满、汉各一人，以礼部、内务府司官选充，并以侍从、待诏为加衔。

和林行省 即和林等处行中书省。

和林宣慰司都元帅府 元朝官署名。掌漠北军民政务，治司和林（今蒙古国后杭爱省厄尔得尼召北）。成宗大德十一年（1307），改为和林等处行中书省。

和林等处行中书省 元朝官署名。成宗大德十一年（1307）由宣慰司都元帅府改立，治和林，简称和林行省。仁宗皇庆元年（1312），改为岭北等处行中书省。

和尚功德司 官署名。西夏置。管理佛教事务的三功德司之一，次等司。负责全境僧人事务。与出家功德司共有六国师为正使，另有四副使、六通判、六承旨。

和籴使 官名。❶北魏朝廷派遣主管某一地区和籴事务的使者，或称和籴大使。❷唐德宗时，度支以边储无备，置此与边民和籴。穆宗长庆元年（821），因经年无效徒扰边民而罢。

和籴场 官署名。南宋置，属司农寺，掌行在临安府和籴事务，设监官、监门官等。

和剂局 官署名。宋朝置，掌修合良药，出卖以济民疾。神宗元丰（1078—1085）改制后，隶太府寺。

和容 官名。春秋时晋国置，掌接待宾客及出使。《大戴礼记·卫将军文子》：“（羊舌大夫）至于其为和容也，温良而好礼，博闻而时出其志。”卢辩注：“和容，主宾客也。”王聘珍解诂：“主宾客，谓应对诸侯及受命而使也。”

和硕厄夫 即和硕额驸。

和硕贝勒 清入关前对八旗旗主之称呼。满族早期，贵族皆称贝勒。清太祖努尔哈赤以其子侄八人分统八旗，封和硕贝勒。和硕，满语意为一方。当时八和硕贝勒亦称八固山贝勒，或八固山王，地位尊于其他贝勒，可参与议论国政。太宗崇德元年（1636）颁定贵族封爵等级为和硕亲王、多罗郡王、多罗贝勒、固山贝子等，此称遂废。

和硕公主 清朝皇帝女之封号。和硕，满语，乃一方之意。清制，妃嫔所生之女及皇后抚养的宗室女儿下嫁时，得受此封，品级同郡王。据清末《公主册》统计，清代封授或追封为和硕公主或长公主者共二十四位。

和硕亲王　爵名。清宗室封爵第一等，简称亲王。主要封皇子。初封时另给封号，称赐号。可传袭子孙。年俸银一万两，俸米五千石，亦有特旨给双俸者。

和硕格格　见“格格”。

和硕额夫　即和硕额驸。

和硕额驸　清朝皇帝妃嫔所生女及皇后抚养之女封和硕公主，其夫为和硕额驸，秩视超品公。详见“额驸”。

和敦大　即河吞大。

和德中郎将　官名。东汉献帝兴平（194—195）、建安（196—220）之际益州牧刘璋置，以庞羲为之，领兵讨张鲁。见《华阳国志·公孙述刘二牧志》。

知　官制用语。初为兼官形式之一，即以他官暂时主持某一官署事务。亦称权知、掌知、监知、知某事等。唐朝以佐官代理长官亦用此称。宋朝派遣中央官员主持州、军、县等地方事务，多用此称，为差遣（即实际职务）形式之一。后世遂入衔，成为正式官称。

知入内内侍省事　官名。北宋徽宗崇宁二年（1103），改入内内侍省都知置，为入内内侍省长官。

知大宗正丞　官名。北宋神宗熙宁三年（1070）始置，选异姓朝臣充任，员二人，为大宗正司属佐，掌纠合宗室而检防训饬之。

知大宗正事　见“大宗正司”。

知大都督府事　官名。宋朝扬州、福州等大都督府，若都督缺，则置知府事一人，总领府事。

知大理正　官名。辽朝置为南面官，即以他官兼理大理正事。道宗大康（1075—1084）初，耶律俨以少府少监知大理正。

知大理卿事　官名。北宋神宗元丰元年（1078）置，掌大理寺狱。五年新官制行，改为大理卿。

知门下省事　职衔名义。唐朝非门下省长官侍中而受命主持门下省事者。《旧唐书·太宗纪下》：“贞观十年（636）夏六月，以侍中魏征为特进，仍知门下省事”，“太常卿、安德郡公杨师道为侍中”。《玄宗纪上》：“开元二十四年（736）十一月，殿中监牛仙客兵部尚书、同中书门下三品。”十二月丙寅，“牛仙客知门下省事”。凡加此职衔者，均为宰相，并在制度上取得参加政事堂议政的资格。

知内侍省　官名。北宋徽宗崇宁二年（1103），命内侍省官在昭宣使以上、正使以下者各带真官，改内侍省都知置，为内侍省长官。南宋初沿置，高宗绍兴三十年（1160），内侍省并入入内内侍省，遂省。

知内侍省事　初为职衔名义。唐朝非内侍省长官内侍监而受命主持内侍省事者。《旧唐书·宦官·高力士传》：“先天（712—713）中，预诛萧、岑等功，超拜银青光禄大夫，行内侍同正员。开元（713—741）初，加右监门卫将军，知内侍省事。”《新唐书·兵志》：贞元十二年（796），以“知内侍省事窦文场为左神策军护军中尉，知内侍省事霍仙鸣为右神策军护军中尉”。北宋徽宗时改内侍省都都知置，为内侍省长官。

知书官　官名。唐玄宗开元五年（717），乾元殿写四部书置，八人，分掌四库书。六年，乾元殿更号丽正修书院，罢。十三年，改为集贤殿书院复置，协助校书、正字分掌四部图籍。

知北、南枢密使事　官名。辽朝置。多以太子或亲王为之，总知北、南二枢密院政事。

知北院枢密使事　官名。辽朝置为北面官，北枢密院官员。与北院枢密使共领北枢密院，或以北院枢密副使为之，或以他官为之。

知北院枢密院事　官名。辽朝置为北面官。北枢密院官员，低于知北院枢密使事，高于副使。

知北院枢密副使事　官名。辽朝置为北面官。北枢密院官员，低于副使，高于同知北院枢密使事。

知北院贴黄　官名。辽朝置为北面官，北枢密院官员，低于北院林牙。

知令录　宋朝官名简称。知令即知县令，知录即知司录、知录事参军。

知印　❶吏名。金朝置，为掌管各衙门印章之吏员。于孔目官内轮差，无孔目官，以上名司吏充任。元朝沿置，由长官自行选派。武宗至大元年（1308）规定，凡衙门设两名者，一名由职官充任。清朝各部院衙门中亦设，又称经承。❷官名。明、清孔氏世袭之衍圣公所属职官，掌印信。清制，正七品，由衍圣公保举题授或题补。

知印科　清朝都察院经历厅下属之办事机构。置经承一人，掌启用印信。

知礼仪院事　见“礼仪院”。

知臣监　官名。北魏置。《魏书·尉拨传》：“（拨）迁晋昌镇将，绥怀边民，甚著声绩，入为知臣监。”

知考使　使职名。唐朝吏部考功司之属，主持中外官考课。

知后官　吏名。宋朝初年置，掌诸军、监场务进奏之事。太宗太平兴国七年（982）废，选其合格者为进奏官。

知杂司　官署名。北宋神宗元丰（1078—1085）改制后，户部、大理寺均设，主管有关杂务。

知杂侍御史　见“侍御史知杂事”。

知杂房　官署名。北宋神宗元丰（1078—1085）改制后，枢密院置，掌有关杂务。南宋初沿置。孝宗乾道六年（1170），并入礼房。

知杂案　官署名。北宋神宗元丰（1078—1085）改制后，尚书左选、尚书右选，吏部考功，户部右曹、金部、仓部，刑部都官，工部、秘书省、太常寺、大晟府、宗正寺、大理寺等部门，皆曾先后设置，主管有关杂务。

知杂御史　即侍御史知杂事。

知会 文书名。清朝中央各部院间所使用的平行文书之一。

知州 官名。地方行政机构州之长官。宋朝以朝官为州一级长官，称“权知军州事”、“知军州事”，简称“知州”。掌教化百姓，劝课农桑，旌别孝悌，奉行法令，考察属员，赈济灾伤，以及赋役、钱谷、狱讼等事。时，州有都督、节度、观察、防御、团练、军事六等，其中节度州为三品，刺史州为五品。初制，官品与州品相同者领一州之政，则称为知州。其后，除辅臣、宣徽使、太子太保、仆射外，其余朝官领一州之政者，皆称为知州。辽朝南面官亦置，为某些州之长官，总领州事。如易、涿、平、蓟等州即设。元朝州分上、中、下三等，上州长官称州尹，中、下州长官称知州，品秩分别为正五品和从五品。明朝，统以知州为州一级长官，每州设一人，从五品，掌一州之政。明朝州有两种，一为属州（属府所辖），一为直隶州（直隶布政使司），属州如县制，直隶州如府制，而品秩相同。清沿明制，然直隶州知州正五品，例以六部、理藩院等衙门保举记名之主事等官升任；散州知州从五品，例以通判、知县、布政司经历、理问等升任。

知州军事 官名。简称知州。宋朝地方行政区划州的长官，职掌略同于知府事。

知州事 官名。宋朝州一级行政长官，以京朝官及閤门祗候以上武臣充任。

知军 官名。即知军事。宋朝地方行政区划军的长官，以京朝官充任，职掌与知府事略同。

知军国政事 官名。唐朝宰相职衔名义。《新唐书·高宗纪》：麟德元年（664）十二月“太子右中护乐彦玮、西台侍郎孙处约同知军国政事”。

知军国重事 官名。唐朝宰相职衔名义。中宗神龙元年（705）以后，不加“同中书门下三品”而为宰相者，必加此衔；尚书左、右仆射自高祖至武则天长安四年（704）为当然宰相；中宗即位，豆卢钦望自开府仪同三司拜左仆射，未加同中书门下三品，则不敢入政事堂参议政事，后诏加此名，方得议政，为相。

知军监事 官名。宋朝州一级行政长官，以京朝官及閤门祗候以上武臣充任，职掌与知州略同。

知观 明朝道官。于神乐观置，一人，从八品。佐提点掌教习乐舞生，以备祭祀舞乐。嘉靖（1522—1566）中革。

知贡举 官名。科举考试中特设之官。宋朝礼部试时设一员，并有同知贡举二、三员，均由侍从近臣、两省及台谏长官中选充，总称“知举官”。主持本届考试，决定合格举人名次。明朝以礼部尚书或侍郎掌会试之事，称知知贡举。清朝为会试之监考官，由礼部侍郎充任。总摄考场事务，不负阅卷取士之责。

知县 官名。地方行政机构县之长官，源于唐。唐朝县之长官为县令，如县令阙，令佐官代理县令之职者称“知县事”。知县之名起于宋。太祖乾德元年（963），始以朝官为县之长官，称为“知县事”，简称“知县”。掌教化百姓，劝课农桑，平决狱讼。凡户口、赋役、钱谷、赈济、给纳等事皆掌之。有戍兵驻县者，则兼兵马都监或监押，总治本县兵民之政。元朝不置，以县尹为县之长官。明朝始以知县正式为县一级长官。掌一县之政令，亲理户籍、赋役、缉捕、诉讼、文教等事，为临民之官，故有“父母官”之称。明初，知县品秩不一，朱元璋吴元年（1367）分天下县为三等，税粮十万石以下为上县，知县从六品；六万石以下为中县，知县正七品；三万石以下为下县，知县从七品。后并定为正七品。初期，颇重吏治，知县不限资格，而考核颇严。治绩优异者得取入京，升授六部主事等官，故每以内任为荣。中叶以后，地位愈轻。清承明制，品秩亦为正七品。例以新进士朝考后分发各省即用，或国子监荫生及恩、拔、副、岁贡生奉旨外用，以及由兵马司副指挥、京县县丞、汉军七品笔帖式、京府经历等官升任。

知县事 见“知县”。

知应天府 见“应天府尹”。

知枢 知枢密院事简称。

知枢密院事 官名。五代后晋高祖天福元年（936）始置，主管枢密院政务，以桑维翰为之。北宋初，无定制，与枢密使不并置，神宗熙宁（1068—1077）中并置，主持全国军政。神宗元丰（1078—1085）改制罢枢密使，以知枢密院事为枢密院长官，正二品，置同知枢密院事为副贰，哲宗元祐（1086—1094）初又置签书院事为之贰。南宋高宗绍兴七年（1137）罢，改置枢密使，遂为定制。辽朝北面朝官契丹北枢密院置，位北院枢密使、知北院枢密使事下；南面朝官汉人枢密院亦置，位枢密使、知枢密使事下。西夏枢密院置。元世祖至元二十八年（1291）置一员，因枢密使由太子真金兼领，以后常缺，遂为枢密院实际长官，屡有增置，后定置六员，从一品，掌全国军事机密之务；文宗天历二年（1329）岭北行枢密院亦置一员，掌边庭军务。

知事 ❶官名。金朝始置，为都元帅府、大宗正府、司农司、大兴府等官署之首领官。各署一至二员，品秩正七品至正八品不等。掌付事勾稽、省署文牍，总录诸案之事。多以识女真、汉字者充任。元朝沿置。设于户部、礼部、兵部各司、库，以及肃政廉访司（原为提刑按察司）、诸路总管府等官署者，为经历之副职，掌理案牍和管辖吏员。设于散府、上州等官府者，位在提控案牍之上，多由吏员升任。其品秩有正八品、从八品之别。明朝通政使司、都转运盐使司、提刑按察使司、军卫，以及府经历司经历下均设，与经历同掌出纳文移。品秩从七品至正九品不等。清朝通政使司设，满、汉各一人，正七品，满缺以各部院、将军、督抚衙门笔帖式升任，汉缺以知县、詹事府主簿、直隶州州同升任。与经历同掌出纳文移，并督役巡查登闻鼓厅。外省只江西按察使司设一人，正八品，掌收发文书及勘察刑名等事。例以布政司照磨、盐运司知事等升任。府、厅所设者十七处，正九品，均以刑部汉司狱、宣课司大使、兵马司吏目等升任。此外，盐运司亦设，直隶、两淮、广东各一人，从八品，例以县主簿升任。清末改革官制，光绪三十年（1904）设京师内外城巡警总厅，内城五分厅、外城四分厅各设知事一人为主官，正五品，掌厅事。宣统元年（1909）裁分厅，省知事。❷僧职之一，禅宗主事之别名，专管僧院事务。❸清朝道官之一。分掌道教事务。顺治（1644—1661）中设，十八人。隶于龙虎山正一真人，并由其保举，报部给札。具未入流。依例升迁副理、赞教，缺出由候补道官升补。

知匦使 使职名。唐武则天垂拱二年（686）置匦（铜柜）四枚，接受四方投书，令正谏大夫、补阙、拾遗一人充使，受理投匦之书信，是为知匦使。每日所有投书，至暮并进。玄宗天宝九载（750）改称献纳使，肃宗乾元元年（758）复称知匦使。德宗建中二年（781）择谏议大夫一人，充知匦使。文宗开成三年（838）以谏议大夫李中敏充。

知制诰 官衔名。唐初中书舍人掌草拟诏敕，称知制诰。玄宗开元（713—741）以后，或以尚书省诸司郎中等官领其职，称兼知制诰。其后翰林学士入院一年即加此衔，专掌内制，草拟机密诏令；以他官兼者则掌外制，起草政府文书。宋初因之。后翰林学士别领省府职任时仍带此衔；他官领外制者，亦或带此衔出为外官。神宗元丰（1078—1085）改制，复置中书舍人，罢他官知制诰，而翰林学士仍带此衔，以示其专掌内制。辽朝为翰林院属官。金翰林学士承旨、翰林学士、翰林侍读学士、翰林侍讲学士、翰林直学士，皆带此衔，掌制撰词命。明初翰林院亦置，以本院官充任，掌制诰。后罢，其职归内阁。清朝为军机章京之俗称。

知府 官名。地方行政机构府之长官。宋朝始置，称知某府事，简称知府。掌教化百姓，劝课农桑，旌别孝悌，奉行法令条制，宣读赦书，举行祀典，考察属官，赈济灾伤，安集流亡，以及赋役、钱谷、狱讼等事。视本府地望高下，或兼留守司公事，或兼安抚使、都总管、兵马钤辖、巡检等职务，总理本府兵民之政。以朝官及刺史以上官充任。凡二品以上官及带中书、枢密院、宣徽使等官职任职者，称判府事。辽朝五京都总管府及黄龙府、兴中府等均设知府事。元朝亦作为知某府事之简称。其后，或设府尹，或设知府，时府尹又称知府，均正四品，总判府事。江南兼管内劝农事，江北另兼诸军“奥鲁”。明朝始以知府为正式名称，掌一府之政令，总核所属州县之赋役、诉讼等事，汇总于布政司、按察司。明初，知府品秩不一。洪武六年（1373）分天下之府（元朝诸路改）为三等，税粮二十万石以上为上府，知府从三品；二十万石以下为中府，知府正四品；十万石以下为下府，知府从四品。后并定为正四品。清沿明制，然品秩改为从四品。例以京察一等记名之翰林院侍读、侍讲等，内阁侍读、给事中、御史，六部及理藩院、内务府、步军统领衙门郎中、员外郎、太仆寺员外郎等，以及治中、运同、同知、直隶州知州升任。清之各府，以冲、繁、疲、难四字分定等第，划为最要缺、要缺、中缺、简缺。各府调补知府时，有请旨缺、题补缺、调补缺、留补缺之分，应升、应补官员，亦按为官情况划分等第，以求人、缺相宜。

知府事 官名。宋、辽、元各朝地方行政机构府之长官，简称知府。详见“知府”。

知宗正丞 见“宗正寺”。

知宗正寺丞事 官名。北宋前期，宗正寺卿、少卿、丞皆为寄禄官，不领本职，别置判宗正寺事，若判寺事缺，则以宗姓朝官以上知丞事，掌奉诸庙诸陵荐享之事，司皇族之籍。神宗元丰（1078—1085）改制，宗正丞复为职事官，实领本职，知丞事遂罢。

知宗正寺事 官名。北宋仁宗时，英宗为太子，曾任此职，为宗正寺长官，后不除人。

知审刑院 见“审刑院”。

知经筵 官名。掌管皇帝经筵之事，明英宗正统元年（1436）始置。以勋臣一人充任。内阁大学士二人，同知经筵事，翰林院、春坊官及国子监祭酒等官进讲。参见“经筵”。

知城 官名。宋朝于边境险要处设置堡寨，以知城、知寨或寨主主管，掌训练士卒、完固防守以捍边境，兼收纳赋税、听断诉讼，小事许自理，大事则禀报上司裁决。金朝亦置，从七品。

知政事 官名。唐朝宰相职衔名义。《新唐书·高祖纪》：武德元年（618）六月“赵国公世民为尚书令，裴寂为尚书右仆射，知政事，刘文静为纳言，隋民部尚书萧瑀、丞相府司录参军窦威为内史令”。罢此衔者即罢宰相之职，《旧唐书·高宗纪上》：麟德二年（665）四月“西台侍郎孙处约、乐彦玮并停知政事”。

知政使 官名。明崇祯十七年（1644）三月，李自成农民军进入北京后改原明朝通政使而置。职掌仍因袭明朝旧制。

知南枢密院事 官名。辽朝置为南面官，南枢密院官员，在知南院枢密使事下。

知南院枢密使事 官名。辽朝置为南面官，南枢密院官员。与南院枢密使同掌南枢密院事。

知南院枢密副使事 官名。辽朝置为南面官，南枢密院官员，在同知南枢密院事下。

知临安府 见“临安府”。

知图谱官 官名。唐朝宗正寺置，一人，掌官修氏族谱牒和皇室宗谱，亦称修图谱官。

知举官 官名统称。即知贡举、权知贡举、同知贡举。俗称主司。唐玄宗开元（713—741）中，礼部侍郎缺人，始以别官权知贡举，掌礼部贡举之事。宋朝每礼部试，必于侍从近臣、两省和台谏官中，临时选差知贡举一员或权知贡举一员，同知贡举二至三员（其中一员须差台谏官），主持当届考试，决定合格举人名次，以防事先请托。

知院 官名。即知枢密院事省称。

知班 官名。主管朝会班秩、威仪。唐朝多以殿中侍御史充任，若全都出使在外，则以监察御史里行充，纠离班、语不肃者。五代沿之。宋真宗咸平六年（1003）三京留司御史台置一员，与令史分按院、管勾两班；又有入品知班三员、知班五员，南宋渐废。

知监 见“监使”。

知监事 见“监使”。

知通 知州与通判合称。

知通进司 见“通进银台司”。

知银台司 见“通进银台司”。

知御膳 官名。北魏置，为后宫女官，负责皇帝、皇后的饮食。赵万里《汉魏南北朝墓志集释》图版三四《傅姆王遗女墓志》：“（遗女）尤辨鼎和，是以著称，故显祖文明太皇太后擢知御膳。”

知寨 见“知城”。

知閤门事 见“閤门司”。

制 本意为制度、法式、命令。秦始皇统一六国后，定为皇帝命令文告之一种，又称制书。汉唐因之。内容有一定格式，其文曰制诏三公，皆玺封，尚书令印重封。宋明以后成为一种公文程式，即以上达下公文之一。明朝由殿阁学士起草进画，下之诸司。清朝凡举行大典，皇帝例有制辞，宣示百僚；制辞由内阁按定式拟进，经皇帝批准后由内阁发布。

制艺 明清科举考试的文字程式。又叫制义，即八股文，因是制举应试文章，故有其名。

制帅 制置使简称。

制用司 官署名。清末度支部所属机构，光绪三十二年（1906）设。掌筹拨京协各饷，稽核各项工程领款、一切例支杂支杌库、河工海塘岁修款项、路矿邮电本利、福建船厂经费报销及一切官有财产出入事宜。置郎中三人，员外郎四人，主事三人。

制用司郎中 官名。清末度支部制用司主官，光绪三十二年（1906）设。三人，正五品，奏补。掌管本司事务。

制台 清朝总督之俗称。

制机 制置司主管机宜文字简称。

制军 清朝总督之俗称。

制局监 侍卫武官名。南齐始置，主管宫廷武器、禁兵。地位虽低，因侍卫皇帝左右，颇具权势。《南齐书·幸臣传》：“领武官，有制局监，领器杖兵役，亦用寒人被恩幸者。”“制局小司，专典兵力，云陛天居，互设兰锜，羽林精卒，重屯广卫。”梁、北魏亦置。

制国用使 官名。南宋孝宗乾道二年（1166）置，为国用司长官，以宰相兼任，总管国家财政。五年罢。宁宗嘉泰四年（1204）再置，开禧三年（1207）废。元世祖至元三年（1266）置，为制国用使司长官，以中书平章政事阿合马兼领，下设同知制国用使司事、制国用副使。七年罢。

制国用使司 官署名。元世祖至元三年（1266）置，掌财政，设制国用使为长官，下设同知制国用使司事、制国用副使。七年罢。

制图局 官署名。清末军咨处第四厅所属机构，宣统元年（1909）设，负责绘制军事地图。置局长一人，由第四厅第三科科长兼任，下设经理委员、艺师、科员、艺士若干。三年，改属军咨府。

制府 清朝总督之别称。

制科 贡举科目名。汉朝以降，皇帝下诏策问士人。唐又称制举，凡德行、才能、文学之士，或高蹈幽隐与不能自达者，下至军谋将略、翘关拔山、绝艺奇伎莫不兼取。分贤良方正、直言极谏、博通坟典达于教化、军谋宏远堪任将率、详明政术可以理人等科。宋太祖乾德二年（964），设贤良方正能直言极谏、经学优深可为师法、详闲吏理达于教化三科。真宗景德二年（1005），增为六科。神宗熙宁七年（1074）罢。哲宗元祐（1086—1094）初，复贤良方正能直言极谏科。绍圣（1094—1098）初又罢，南宋复置，仅一科。清朝沿置有博学鸿词科、孝廉方正科、经济特科等。

制胜将军 官名。北齐置，为褒掌军功勋臣的闲职，五品。

制度科 官署名。清末海军部军制司所属五科之一。原属筹办海军事务处，宣统二年（1910），随司改归海军部。掌拟定海军各项章程，经管海军各类人员履历册籍。置科长、科员、录事。

制度掾 官名。东汉县府掾属。《续汉书·百官志》：“诸曹略如郡员，五官为廷掾，监乡为五部，春秋为劝农掾，秋冬为制度掾。”

制将军 官名。明末李自成农民军之武官。中、左、右、前、后五营各一人，为各营之长，其中营地位最高。均二品。

制举 参见“制科”。

制宪 清朝地方官员对总督之尊称。

制诰局 官署名。清末责任内阁所属机构。宣统三年（1911）四月成立责任内阁，始设。掌进拟徽号、谥号、庙号及制诏、诰敕，进呈贺本、贺表，颁赏勋章、宝星诸事。置局长一人，副局长一人，并佥事、录事等。

制诰局局长 官名。清末责任内阁属官。宣统三年（1911）四月设责任内阁，始置。一人，简任。承总理大臣之命管理局务，并监督指挥所属各员。

制诰局副局长 官名。清末责任内阁属官。宣统三年（1911）四月成立责任内阁，始置。一人，简任。职任辅佐局长管理局务，局长有事故时得代行其职。

制造库　官署名。清朝工部所属之办事机构，顺治元年（1644）置。十六年裁归内监局，本年改归工部。初以虞衡司员额管库事，乾隆十九年（1754）改为制造库郎中，设满洲二人、汉一人。下设司库、司匠各二人，库使二十二人，经承七人，分东西两科办事。所属有银作、镀作、皮作、绣作、甲作及帘子库、门神库等作库。掌制造册宝、车驾、仪仗、祭器、宫殿金铁饰件、帘幕、棕毡、更鼓与门神、门对等项，并兼掌循例颁给衣饰器用之物及查验都水司各项工程。光绪三十二年（1906）改隶内务府。

制造库东科　官署名。清朝工部制造库二科之一。设经承等吏员办事。分掌各项物品制造与收贮之事。

制造库司匠　官名。清朝工部制造库之属员。隶于制造库郎中。设满洲二人，分掌管理匠役之事。

制造库司库　官名。清朝工部制造库之属员。隶于制造库郎中。设满洲二人。分掌库贮之事。

制造库西科　官署名。清朝工部制造库二科之一。设经承等吏员办事。分掌各项物品制造与收贮之事。

制造库郎中　官名。清朝工部所属制造库之主官。掌库事。乾隆十九年（1754）设，满洲二人，汉一人。光绪三十二年（1906）裁。

制造科　官署名。清末海军部军政司所属三科之一。原属筹办海军事务处，宣统二年（1910），随司改属海军部。掌承办核计各类舰船的制造、修理、验收，以及海军制造人员之补官、任职、迁调、黜陟等事宜。置科长、科员、录事。

制阃　制置使简称。

制敕库房　官署名。北宋神宗元丰（1078—1085）改制后，门下省、中书省、尚书省皆置，掌编检敕、令、格、式，主管架阁文书。

制敕房中书舍人　官名。明宣德初年，选书法优良之中书舍人于内阁西小房办公，专掌书办制敕、诏书、诰命、册表、题奏等一应机密文书及各王府敕符底簿之事，故称其办公处曰西制敕房，中书舍人曰内阁制敕房中书舍人，简称制敕房舍人，仍从七品，无定员。

制敕房舍人　官名。内阁制敕房中书舍人之简称，见“制敕房中书舍人”。

制敕院　官署名。宋朝中书属吏堂后官以下官吏办公场所。

制勘司　官署名。清末法部八司之一。光绪三十二年（1906）设。掌勘定秋审实缓，宣布死刑，复核四川、河南、陕西、新疆、乌里雅苏台、科布多刑事民事各案件。置郎中三人，员外郎五人，主事四人。

制勘司郎中　官名。清末法部制勘司长官。光绪三十二年（1906）设。定额三人，正五品，奏补。掌本司事务。

制勘院　官署名。宋朝临时审讯机构之一。神宗以后置，掌审问判决奉皇帝命令立案推断之事，结案后即罢。

制勘案　官署名。北宋神宗元丰（1078—1085）改制后，刑部置，掌根究推勘诸路公事。

制置三司条例司　官署名。北宋神宗熙宁二年（1069）置，以参知政事王安石、知枢密院事陈升之同制置三司条例，讲求财计之利病，革除宿弊，更立新法，以开财利之源。三年，并归中书。

制置大使　见“制置使”。

制置发运使　见“发运使”。

制置司　见“制置使”。

制置条例司　即制置三司条例司。

制置青白盐使　官名。北宋仁宗康定元年（1040）始置，以閤门祗候充任，掌行陕西、河东沿边盐法。

制置使　官名。唐朝后期置，为临时军事长官，镇抚地方。宣宗时，以白敏中充招讨党项行营都统制置使。北宋或置，掌经画边防军旅之事。徽宗政和（1111—1118）中，西北用兵，以内侍童贯为之。宣和（1119—1125）末，又置京畿辅郡兵马制置使。钦宗靖康元年（1126），河东路与陕西五路亦置。南宋高宗建炎元年（1127）置招捉盗贼制置使，三年置行在五军制置使。诸路又增置制置副使。诸路之使多以安抚大使兼任，掌本路军马屯防捍御之事。绍兴二年（1132）置沿海制置使，三年置安抚制置使。六年，始铸印以某路制置司为名。其属有参谋，参议，主管机宜书写文字，干办公事，准备将领、差遣、差使等。后唯四川与沿海置，余皆罢。

制置茶盐司　见“制置茶盐使”。

制置茶盐使　官名。北宋太宗淳化三年（992）罢榷茶务后置，使领茶盐之事，置副使佐之。四年罢。至道元年（995）复置。其官署为制置茶盐司。

制置茶盐副使　见“制置茶盐使”。

制置副使　见“制置使”。

制置营田事　官名。北宋真宗咸平二年（999）置，以转运使兼任，掌本路营田之事。参见“营田使”。

制置解盐司　见“制置解盐使”。

制置解盐使　官名。简称解盐使。北宋仁宗庆历八年（1048）始置，以陕西提点刑狱兼任，掌陕西解州（治今山西运城西南）池盐生产、销售事宜。其官署为制置解盐司。

委人　官名。《周礼》地官之属，一说为周朝置，掌征收郊野物产的赋税。《周礼·地官》：“委人，中士二人，下士四人，府二人，史四人，徒四十人”，“掌敛野之赋敛薪刍，凡疏材木材，凡畜聚之物。以稍聚待宾客，以甸聚待羁旅。凡其余聚，以待颁赐。以式法共祭祀之薪蒸木材。宾客，共其刍薪。丧纪，共其薪蒸木材。军旅，共其委积薪刍凡疏材。共野委兵器，与其野囿财用。凡军旅之宾客馆焉”。

委吏　官名。春秋置。掌粮仓小吏。《孟子·万章下》：“孔子尝为委吏矣，曰，会计当而已矣。”焦循注：“孔子尝以贫而禄仕。委吏，主委积仓廪之吏也，不失会计当直其多少而已。”

委护军参领 官名。清朝职官之一种，即尚未实授之护军参领。亦有额定人数。

委补蓝翎长 官名。清朝前锋营之职官。额定八人，左、右翼各四人。由前锋内委补，佐前锋参领掌分辖营众。

委虎枪校 官名。清朝虎枪营之职官。额设二十一人，上三旗每旗各七人。掌率虎枪兵以供役使。

委参领 官名。清朝职官之一种，即尚未实授之参领。亦有额定人数。

委政 托付国政。《左传·襄公三十一年》："子皮以为忠，故委政焉。子产是以能为郑国。"

委前锋侍卫 官名。清朝职官之一种，即尚未实授之前锋侍卫。亦有额定人数。

委散秩大臣 官名。清朝职官之一种，即尚未实授之散秩大臣。

委蓝翎长 官名。清朝职官之一种，即尚未实授之蓝翎长。

委署 参见"署缺"。

委署千总 官名。清朝职官之一种，即尚未实授之千总。所设机构，均有额定人数。

委署主事 官名。清朝职官之一种。即尚未实授之主事。设于礼部铸印局、钦奉上谕事件处、侍卫处及内务府各司处等机构，均有额定人数。一般以笔帖式委署，由各衙门长官派委。任满可升主事。

委署司匠 官名。清朝内务府所属机构之属官，营造司之铁作、漆作，养心殿造办处等处皆设。无品级。隶于司匠之下，分掌器物造作及管理匠役之事。

委署护军参领 官名。清朝八旗护军营之职官，次于副护军参领。给五品顶戴，由护军校内选委，为护军参领之助手。

委署护军校 官名。清朝八旗护军营之职官。乾隆四十一年（1776）于护军内遴选材力优良者七十七人充任，给金顶虚衔，仍食护军月饷。

委署步军校 官名。清朝八旗步军营之低级武官。额定满洲四十人、蒙古、汉军各十六人，共七十二人。从六品，职同步军校。

委署帐房头目 参见"副司幄"。

委署库长 见"委署库掌"。

委署库掌 官名。又称委署库长，清朝内务府武备院之属官，南鞍、北鞍、甲、毡四库各设一人。正六品，协掌各库事务。

委署苑副 官名。清朝内务府奉宸苑之属官，佐苑丞掌各园庭看守值宿、陈设器皿之事。额设十五人。

委署参领 官名。清朝八旗组织内中层编制单位甲喇之副长官，即参领之副职。康熙三十四年（1695），以每甲喇只设参领一人不敷用而增设。协助参领处理旗务。雍正元年（1723）改为副参领，遂成定制。

委署亲军校 即署亲军校。

委署前锋侍卫 官名。清朝前锋营之职官。额定四员，左、右翼各二人。由统领于前锋校内酌委。给五品顶戴，仍食前锋校月饷。佐前锋侍卫掌分辖营众。

委署前锋参领 官名。清朝前锋营之职官，从五品。定额四员，左、右翼各二人，由统领于前锋校内酌委。佐前锋参领掌分辖营众之事。

委署章京 官名。清朝职官之一种，即尚未实授之章京。所设机构，均有额定人数。

委署掌盖 见"副掌盖"。

委署催长 官名。清朝职官之一种，即尚未实授之催长。所设机构，均有额定人数。

委署翼长 见"翼长"。

委翼长 见"翼长"。

季父族帐详稳司 官署名。辽朝置为北面官，掌季父帐之兵马。参见"一帐三房"。

季父族帐常衮司 官署名。辽朝置为北面官，掌季父房族属之事。

秉义郎 官名。北宋徽宗政和二年（1112）重定武臣官名，改西头供奉官置，为从八品武阶官，属小使臣。

秉节郎 官名。南宋置，为从八品武阶官，属小使臣。

秉仪 官名。金朝皇后位下女官，掌左右给事、宣传启奏、经籍纸笔之事。设一员，秩正八品。

秉衣 官名。金朝皇后位下女官，掌首饰、衣服、器玩诸宝财货，裁制缣彩之事。设一员，秩正九品。

秉忠将军 官名。东汉献帝建安（196—220）末刘备置。《三国志·孙乾传》："先主定盖州，乾自从事中郎为秉忠将军。"

秉铎 爵名。西汉武功爵第六级。武帝时因军国财用不足，故置赏官，名曰武功爵，令民买之，每级十七万。爵至第五级官首即可优先除补官吏。

秉笔 职名。唐朝政事堂（宰相议政办公总署）移中书省后，于众宰相中推一人执政事笔，即主持处理日常政务，称秉笔。主持宰相议政会议，总其记录，坐堂办公或承受皇帝旨意，实居首相之位。肃宗至德二载（757）始令宰相轮流执政事笔，每人十日，德宗贞元十年（794）改为每人一日。

秉笔太监 官名。明朝宦官衙门司礼监置，无定员，由最有权势的太监充任。因其参予批红，故多为识字的太监。其中第二或第三人往往提督东厂，权势最炽。

侍人 官名。同寺人。春秋置，近侍小臣。《孟子·万章上》："于齐主侍人瘠环，有诸乎？"赵岐注："君之所近狎人。"参见"寺人"。

侍干 官名。北魏置。孝文帝太和十七年（493）定为从六品上，二十三年复次职令，未载。

侍巾 官名。唐朝内官，高宗龙朔二年（662）置三十员，正九品，居末位；咸亨二年（671）废。

侍卫 官名。❶清朝负责宫廷宿卫及扈从皇帝之官员。从上三旗子弟中选才武出众者充任。而由下五旗或汉人中挑选者，则入上三旗“行走”。以领侍卫内大臣等统领。共分四等。顺治元年（1644）定各等员额；一等侍卫，正三品，六十人，每旗各二十人；二等侍卫，正四品，一百五十人，每旗各五十人；三等侍卫，正五品，二百七十人，每旗各九十人；蓝翎侍卫，分五品、六品两种，共九十人，每旗各三十人。以上共计五百七十人。其中隶上驷院二十一人，尚虞备用处三十六人，善扑营、什榜处无定额。另有宗室侍卫，亦分四等；一等九人，每旗各三人；二等十八人，每旗各六人；三等六十三人，每旗各二十一人；四等无定额。汉侍卫，分一、二、三等及蓝翎侍卫，俱无定额。诸侍卫中，以御前侍卫为最高，乾清门侍卫次之。均由皇帝特简。掌日常侍直，稽察出入，并负责引导奏事官及引见官员。遇皇帝出巡，则随扈保驾。❷太平天国天王宫内给事官，为天王侍从而供特差者。永安建制始仿古制而设，分日干、节气、月建、御林等，唯系衔、名号为新创。日干侍卫分十二名号，曰伸后、大冲、天罡、河魁、从魁、登明、胜光、太乙、大吉、小吉、传送、功曹，正、副各一人，共二十四人，以伸后侍卫为首，职同检点。日干侍卫为天王亲信近臣，临时由天王派任特差，常出任督战官。节气侍卫以二十四节气为名号，正、副各一人，共四十八人，如立春正侍卫、立夏副侍卫等。职同指挥。

侍卫上直军　军事编制。明洪武（1368—1398）中始置。初置上直卫亲军指挥使司十二卫：锦衣卫、旗手卫、金吾前卫、金吾后卫、羽林左卫、羽林右卫、府军卫、府军左卫、府军右卫、府军前卫、府军后卫、虎贲左卫。永乐（1403—1424）中增十卫：金吾左卫、金吾右卫、羽林前卫、燕山左卫、燕山右卫、燕山前卫，大兴左卫、济阳卫、济州卫、通州卫。宣德八年（1433）再增四卫：腾骧左卫、腾骧右卫、武骧左卫、武骧右卫。以护宫禁，不隶五军都督府。

侍卫马军司　官署名。即侍卫亲军马军都指挥使司。

侍卫马步司　官署名。即侍卫亲军马步军都指挥使司。

侍卫马步军都指挥使　官名。即侍卫亲军马步军都指挥使。

侍卫太师　官名。辽朝置为北面官，侍卫司长官。

侍卫太保　官名。辽朝置为北面官，侍卫司官员，在侍卫太师下。

侍卫什长　官名。清朝侍卫处之职官，顺治元年（1644）设，由侍卫中遴选。初无定员，乾隆三十六年（1771）定员六十人。掌理侍卫事务。

侍卫处　官署名。清朝随侍警卫皇帝之机构。初有其实而无其名，仅以上三旗中选拔的材武出众者为侍卫，以领侍卫内大臣等统之。而由下五旗或汉人中挑选之侍卫，均入上三旗行走。乾隆二十三年（1758）修《清会典》时，名为领侍卫府。乾隆四十五年（1780）始有侍卫处之称呼，其后方正式定为机构名。其职官员额，顺治元年（1644）即已确定：领侍卫内大臣、内大臣各六人，散秩大臣无定员，一等侍卫六十人，二等侍卫一百五十人，三等侍卫二百七十人，蓝翎侍卫九十人。此外，尚有侍卫领班、署领班、侍卫什长等。康熙三十七年（1698）增宗室侍卫。雍正三年（1725）增四等侍卫。所属有亲军营，由八旗兵一千七百七十人组成，以亲军校、署亲军校分别管理，由领侍卫内大臣统领。职责为掌上三旗侍卫亲军之政令，以供宿卫扈从之事，具体警卫事务分为警卫禁城及御前警卫、扈从警卫。

侍卫汉军兵马都指挥使司　官署名。辽朝置为南面官，掌汉人禁军。太宗会同（938—947）初，萧翰领汉军侍卫。

侍卫司　官署名。❶侍卫亲军马步军都指挥使司省称。❷辽朝北面御帐官置，掌御帐亲卫之事，设侍卫太师、侍卫太保、侍卫司徒、侍卫司空、侍卫，以出于贵戚者为之。

侍卫司空　官名。辽朝置为北面官，侍卫司官员，在侍卫司徒下。

侍卫司徒　官名。辽朝置为北面官，侍卫司官员，在侍卫太保下。

侍卫步军司　官署名。即侍卫亲军步军都指挥使司。

侍卫亲军马军都指挥使　官名。五代始置，为侍卫亲军马军统兵长官。宋朝沿置，一员，掌禁军马军诸指挥名籍，凡统制、训练、番卫、戍守、迁补、赏罚，皆总其政令，为三衙长官之一，地位颇重，俗称马帅。徽宗政和四年（1114）定其品序在正任观察使之上，正五品；南宋置主管后，常为虚衔。辽朝南面军官侍卫亲军马军都指挥使司置，南京侍卫亲军马军都指挥使司、南面大蕃府黄龙府皆置，地位较前为低。参见“侍卫亲军马军都指挥使司”。

侍卫亲军马军都指挥使司　官署名。简称侍卫马军司或马司。北宋初分侍卫亲军马步军都指挥使司而置，与殿前都指挥使司、侍卫亲军步军都指挥使司合称三衙，分掌全国禁军之统领，兼总厢兵，统兵官为侍卫亲军马军都指挥使、侍卫亲军马军副都指挥使和侍卫亲军马军都虞候，各一员，掌禁军马军诸指挥之名籍，总其政令，侍卫扈从及大礼宿卫；所领马军，自龙卫而下有左右四厢都指挥使，龙卫左右厢各有都指挥使；每军有都指挥使、都虞候，每指挥有指挥使、副指挥使，每都有军使、副兵马使、十将、将、虞候、承勾、押官。南宋专掌直隶本司之军，地位与御前诸军平列，置主管侍卫马军司一人，其属有干办公事、准备差遣、点检医药饮食各一人，掌出戍建康；差主管机宜文字一人，掌马军之政令；有巡防敕应，则纠率差拨龙卫四厢隶焉。辽朝南面官，以侍卫亲军马军都指挥使掌领；

南京亦置，以马军都指挥使掌领，地位远逊于前。

侍卫亲军马军副都指挥使 官名。五代始置，为侍卫亲军马军统兵官之一，位都指挥使下、都虞候上。宋朝沿置，为三衙军职之一，侍卫亲军马军司副长官。一员，徽宗政和四年（1114）定品序在正任观察使之上，正五品。

侍卫亲军马军都虞候 官名。五代始置，为侍卫亲军马军统兵官之一，位副都指挥使下。宋朝沿置，一员，徽宗政和四年（1114）定其品序在正任防御使之上，从五品。

侍卫亲军马步军都指挥使 官名。五代后唐明宗天成（926—930）中创置侍卫亲军，总领马、步禁军，用亲信为其长官都指挥使，遂以随驾马步军都指挥使为之，天成三年康义诚为首任；其后又设侍卫亲军马步军副都指挥使、侍卫亲军马步军都虞候。北宋初，因分置马军司、步军司，其员常缺，真宗时正式废除。辽朝南面军官侍卫亲军马步军都指挥使司置，统侍卫亲军马军都指挥使、侍卫亲军步军都指挥使；南京侍卫亲军马步军都指挥使司置为统兵长官；黄龙府亦置，下有黄龙府侍卫亲军都指挥使、副指挥使、马军都指挥使、步军都指挥使、马军副指挥使、步军副指挥使。

侍卫亲军马步军都指挥使司 官署名。简称侍卫司。五代始置，统掌禁军，后周世宗时与殿前司共掌禁军，地位极重。统兵官为侍卫亲军马步军都指挥使、侍卫亲军马步军副都指挥使、侍卫亲军马步军都虞候。北宋初，实际分为侍卫亲军马军都指挥使司、侍卫亲军步军都指挥使司两衙，马步军都指挥使、副都指挥使、都虞候皆缺而不授，以马军都指挥使、步军都指挥使等各领其务，与殿前司号为三衙（三司）。辽朝南面军置，统侍卫亲军马军都指挥使司、侍卫亲军步军都指挥使司；南京亦置，有南京侍卫亲军马步军都指挥使、南京马步副指挥使统领，职权逊于前朝。

侍卫亲军马步军都虞候 官名。五代始置，侍卫亲军马步军都指挥使司统兵官之一，位副都指挥使下。北宋初，因分置为马军司、步军司，其员常缺，后废。

侍卫亲军马步军副都指挥使 官名。五代始置，为侍卫亲军马步军统兵官之一，位都指挥使下、都虞候上。北宋初，因分置为马军司、步军司，其员常缺，后废。

侍卫亲军步军都指挥使 官名。五代始置，为侍卫亲军步军统兵长官。宋朝沿置，一员，掌禁军步军诸指挥名籍，凡统制、训练、番卫、戍守、迁补、赏罚，皆总其政令，为三衙长官之一，地位颇重，俗称步帅。徽宗政和四年（1114）定其品序在正任观察使之上，正五品；南宋置主管后，常为虚衔。辽朝南面军官侍卫亲军步军都指挥使司置，南京侍卫亲军步军都指挥使司、南面大蕃府黄龙府皆置，地位较前为低。参见“侍卫亲军步军都指挥使司”。

侍卫亲军步军都指挥使司 官署名。简称侍卫步军司或步司。北宋初由侍卫亲军马步军都指挥使司分置，与殿前都指挥使司、侍卫亲军马军都指挥使司合称三衙，分掌全国禁军，兼总厢兵，统兵官为侍卫亲军步军都指挥使、侍卫亲军步军副都指挥使和侍卫亲军步军都虞候，各一员，掌禁军步军诸指挥之名籍，总其政令，侍卫扈从及大礼宿卫；所领步军，自神卫而下有左右四厢都指挥使，左右厢各有都指挥使；每军有都指挥使、都虞候，每指挥有指挥使、副指挥使，每都有都头、副都头、十将、将、虞候、承勾、押官。南宋专掌直隶本司之军，地位与御前诸军平列，置主管侍卫步军司一人，其属有干办公事二人，准备差遣、点检医药饭食各一人，掌步军之政令；有巡防敕应，则纠率差拨神卫四厢隶焉。辽朝南面军置，以侍卫亲军步军都指挥使掌领；南京亦置，以步军都指挥使掌领。地位远逊于前。

侍卫亲军步军都虞候 官名。五代始置，为侍卫亲军步军统兵官之一，位副都指挥使下。宋朝沿置，为三衙军职。一员，徽宗政和四年（1114）定其品序在正任防御使之上，从五品。

侍卫亲军步军副都指挥使 官名。五代始置，为侍卫亲军步军统兵官之一，位都指挥使下、都虞候上。宋朝沿置，为三衙军职之一，侍卫亲军步军司副长官。一员，徽宗政和四年（1114）定品序在正任观察使之上，正五品。

侍卫亲军司 官署名。金朝军事机构。统领侍卫亲军。海陵王贞元元年（1153）设。正隆五年（1160）罢，以所掌付大兴府。后侍卫亲军分隶殿前都点检司及宣徽院。

侍卫亲军都指挥使 官名。即侍卫亲军马步军都指挥使。

侍卫班领 官名。清朝侍卫处之职官。顺治元年（1644）设，定员十二人，由署侍卫班领、侍卫什长内遴选。乾隆三十六年（1771）始定，同二等侍卫，武职正四品。掌领侍卫之事。

侍卫控鹤兵马都指挥使司 官署名。辽朝置为南面官，掌皇帝亲军，有时亦外出作战。始置于太宗会同元年（938）。

侍中 官名。❶秦朝始置，原丞相史，往来殿中奏事，故名。西汉为加官，凡列侯、将军、卿大夫、将、都尉、尚书以至郎中，加此即可入侍宫禁，亲近皇帝。多授外戚、亲信、文学侍从、材武之士、功臣子弟等。侍从皇帝左右，侍奉生活起居，分掌御用乘舆服物、下至亵器虎子唾壶等杂务，无员，以功高者一人为仆射。武帝以后常授重臣儒者，与闻朝政，赞导众事，顾问应对，与公卿大臣论辩，平议尚书奏事，为中朝要职。武帝末年因侍中马（亦作莽）何罗挟刃谋逆，令出居宫禁外，有事召入，事毕即出，虽尊显日甚，亲近则逊于前。王莽秉政，复令与宦官同止禁中。东汉置为正式职官，秩比二千石，无员；居首者称祭酒，不常授。职掌殿内门下众事，侍从左右，顾问应对，谏诤纠察，向公卿传谕御旨，皇帝出行则参乘骑从，名义上隶少府。地位尊贵亲近，多授硕儒，以备咨询。或用外戚，则“内干机密，出宣诰命”。(《后汉书·窦宪传》)章帝时复令出居宫外。东汉后期与给事黄门侍郎组成侍中寺，管理宫门内外众务。献帝时定员六人，与给事黄门侍郎出入禁中，入侍帷幄，省尚书事。三国魏、西晋置为门下之侍中省长官，员四人（加官无定员），三品、秩千石，常侍卫皇帝左右，管理门下众事，侍奉生活起居，出行则护驾；与门下其他官员同掌顾问应对，拾遗补阙，谏诤纠察，傧相威仪，平议尚书奏事，有异议得驳奏。或加予宰相、尚书等高级官员，令其出入殿省，入宫议政。东晋、南朝宋沿置，兼统宫廷内侍诸署，皆三品。南齐、梁、陈为门下省长官，愈益尊贵，员四人。梁十三班，陈三品、中二千石。于侍奉生活起居、侍从左右、顾问应对、谏诤纠察等侍从本职外，兼掌出纳、玺封诏奏，有封驳权，参预机密政务，上亲皇帝，下接百官，官显职重，时号门下，或以宰相目之。多选美姿容、有文才、与皇帝亲近者任之。陈亦用作亲王之起家官。北朝常总典机密，受遗诏辅政，权任尤重，时号小宰相。北魏初置四员，节闵帝普泰（531—532）间增至六员，孝文帝太和十七年（493）定为从一品中，二十三年改为三品，北齐因之。北周则仅为加官，宣帝末置。隋朝改名纳言、侍内。唐朝复置，为门下省长官，员二人，正三品。掌审议封驳中书省草拟诏敕，与中书、尚书省长官同为宰相，在政事堂共议国政。地位尊崇，师长百僚，玄宗以降，不轻授人，而以门下侍郎主持省务。代宗大历二年（767）升为正二品，名义崇高，罕议政事，仅在重大典礼中赞导礼仪。唐朝中后期常加检校名义，用为褒赏功臣、藩镇的加官，号为使相。五代亦然。唐高宗龙朔二年（662）曾改名东台左相，咸亨元年（670）复旧；武则天光宅元年（684）改名纳言，中宗神龙元年（705）复旧；玄宗开元元年（713）改名黄门监，五年复旧，天宝元年（742）改名左相，肃宗至德二载（757）复旧。北宋前期为二品寄禄官，仅表示品阶俸禄，无职事，作为亲王、枢密使、留守、节度使等之兼官，号使相，不预政事，不签署朝廷命令，唯于除授官员的敕书末尾，存其官衔。神宗元丰（1078—1085）改制后，复为门下省长官，正一品，然因官高未尝除授，而以尚书左仆射兼门下侍郎代行其职。南宋省。辽朝为南面官署门下省长官，实际上多为重臣、封疆大吏甚至著名僧人的加官。西夏为辅佐国主的亲信贵臣，亦掌军权。金初尚书、中书、门下三省并立，然中枢政务实由尚书省主持，侍中为显贵尊号，熙宗至海陵王时，多由尚书左丞相兼任，纯属虚衔，后随省废。元朝未设门下省，唯于皇帝祭祀时，临时委任他官暂摄侍中，为礼仪官。❷辽朝借用汉官名所置北面官，又译“世烛”。北面诸帐司、北面诸宫、马群司、诸路群牧使司等皆置。❸明朝建文帝时置于吏、户、礼、兵、刑、工六部，分左、右，位在侍郎上，正二品，成祖即位后废。

侍中省 官署名。魏、晋时为侍中所居，与散骑省、西省合为门下三省。南北朝散骑（集书）、西省各自独立，侍中省遂专门下之称，迳号门下省，两名亦常互称。参见“侍中”。

侍中祭酒 官名。西汉有侍中仆射，东汉改置祭酒，为侍中之长，不常置。南朝齐以侍中高功者为之。梁沿置，凡侍中高功者在职一年，诏加此官，与侍郎高功者一人对掌门下省禁令。

侍内 官名。即门下省长官侍中，隋初因避讳改名纳言，炀帝大业十二年（616）改纳言置。唐高祖武德三年（620）前复改纳言，其后改名侍中。参见“侍中”、“门下省”。

侍从官 官名。❶皇帝、后妃左右随侍官员统称。❷北宋前期，观文殿大学士、观文殿学士、资政殿大学士、资政殿学士、端明殿学士、龙图阁学士、龙图阁直学士、龙图阁待制、天章阁学士、天章阁直学士、天章阁待制、宝文阁学士、宝文阁直学士、宝文阁待制，均为侍从之臣。神宗元丰（1078—1085）改制后，翰林学士、给事中、六部尚书、六部侍郎亦属侍从，中书舍人、起居郎、起居舍人为小侍从，外任官带待制以上职称在外侍从。

侍书 官名。南朝宋晋安王属下，北朝北齐太子均置，以善书者任。唐玄宗开元二十四年（736）定制：凡王子未出阁者置为官属，以现任官充任。明洪武十四年（1381）始置于翰林院，正九品，掌以六书供事，不常置。建文（1399—1402）置文翰、文史二馆，又于文翰馆置。成祖即位，复旧制。

侍右 即侍郎右选。

侍右员外郎 官名。宋朝吏部侍郎右选置，参掌本选之事。参见“侍郎右选”。

侍右侍郎 官名。南宋光宗绍熙三年（1192）始置，以他官兼摄，掌侍郎右选之事。

侍右郎中 官名。宋朝吏部侍郎右选置，参掌本选之事。参见“侍郎右选”。

侍右郎官 宋朝侍郎右选郎中、员外郎通称。

侍左 即侍郎左选。

侍左员外郎 官名。宋朝吏部侍郎左选置，参掌本选之事。参见“侍郎左选”。

侍左侍郎 官名。南宋光宗绍熙三年（1192）始置，命他官兼摄，掌侍郎左选之事。

侍左郎中 官名。宋朝吏部侍郎左选置，参掌侍郎左选之事。

侍左郎官 宋朝吏部郎中、员外郎通称。

侍正 官名。元朝置为侍正府长官，正二品，置十四员，掌宫廷近侍事务。下置同知二员，正三品；佥府二员，从三品；侍判二员，正四品；经历一员，从六品；都事一员，从七品。

侍正府 官署名。元朝置，秩正二品。设于文宗至顺二年（1331），掌内廷近侍之事，领四怯薛速古儿赤四百人、奉御二十四员及拱卫直都指挥使司。

侍史 ❶官名。掌记录。《史记·孟尝君列传》："孟尝君待客坐语，而屏风后常有侍史，主记君所与客语，问亲戚居处。"❷汉朝称罪人家属没入官为奴婢者。多在官府担任杂役，或被皇帝赏赐大臣。《周礼·天官·酒人》郑玄注："古者从坐男女，没入县官为奴，其少才知，以为奚，今之侍史官婢。"《后汉书·药崧传》："诏太官赐尚书以下朝夕餐，给帷被皁袍，及侍史二人。"

侍仪司 官署名。金属宣徽院，由侍仪局改名，设令、直长，秩从六品、正七品。元设于世祖至元八年（1271），秩正四品，掌朝会、即位、册后、建储、上尊号及外国使者朝觐礼仪，隶礼部。置左右侍仪奉御二员，礼部侍郎知侍仪事一员，引进使知侍仪事一员，左右侍仪使二员，左右直侍仪使二员，左右侍仪副使二员，左右侍仪佥事二员。后减省司官。成宗大德十一年（1307），升秩为正三品。文宗时定制设侍仪使四员，引进使知侍仪事二员。明初沿置。初为从五品衙门，洪武四年（1371）改从七品。九年罢，改置殿廷仪礼司，后改置鸿胪寺。

侍仪局 官署名。金世宗大定元年（1161）改原擎执局而置，属宣徽院。掌奉朝仪，率捧案、擎执、奉辇等殿廷仪礼之事。设局使一人，后改为令，从六品。直长一人，正七品。五年改侍仪司。

侍立修注官 官名。南宋孝宗淳熙十五年（1188），罗点自户部员外郎除起居舍人，请避其曾祖讳，乃改为太常少卿兼侍立修注官，行起居舍人之职。其后，起居郎、起居舍人有缺而用资浅者，则除权侍立修注官。

侍芝郎 官名。三国吴孙皓特置，授工人黄耇，以符祥瑞。银印青绶。见《三国志·孙皓传》。

侍臣 官名。太平天国天王宫内给事官，永安建制始设。分左、右，编衔左单右双，共四十八人。职同检点。由童子充任，服侍天王生活起居。

侍讲 官名。始见于汉。《后汉书·郅郓传》："授皇太子《韩诗》，侍讲殿中。"《朱穆传》："宜为皇帝选置师、傅及侍讲者。"时仅侍从皇帝、太子，讲授经义。三国后正式置官。多以明经博学者充任，不常置，无定员。魏、北魏、北齐均置，南朝齐置，称侍皇太子讲。梁亦置为东宫官。唐玄宗开元二十四年（736）定制：凡王子未出阁者，均置，由现官充任。德宗时中书省集贤院置，贞元六年（790）罢。宋朝置为经筵及太子官属，并以学士、侍从有学术者任之，掌进读书史，讲释经义，备顾问应对。神宗元丰（1078—1085）改制，定正七品。明朝置为翰林院属官，正六品，掌讲读经史。清朝沿置，顺治元年（1644）定制二人，十五年增一人，俱汉官。康熙九年（1670）增满官三人。乾隆五十年（1785）定满官二人、汉官三人。光绪二十九年（1903）各增一人。初秩正六品，雍正三年（1725）改从五品，宣统元年（1909）再改从四品。掌撰著记载。

侍讲学士 官名。唐玄宗时于集贤院置，以五品以上官员充任，掌质史籍疑义。宋真宗咸平二年（999），置翰林侍讲学士，多以台谏官、宫观官兼充，秩正七品。金朝沿置，一人，从三品。元朝于翰林国史院置，二人，从二品，蒙古翰林院亦置二人，集贤院置二人，从二品。位次于侍读学士，与侍读学士共掌文翰之事，以备皇帝顾问。元末朱元璋于吴元年（1367）年置为翰林院学士之一，初正四品。洪武十八年（1385）改从五品，二人，位亦在侍读学士下。建文（1399—1402）中改为文学博士。成祖即位后，复旧制。掌制诰、史册、文翰之事，备皇帝顾问。凡经筵日讲，纂修实录、玉牒、史志等，则为总裁，并参与集议政事、典礼。凡皇帝赴太学及郊祀等仪典中，位在四品京卿之上，以示尊崇。成化（1465—1487）以后，礼部、吏部侍郎凡出身翰林者，兼任侍讲学士。东宫官属中庶子、谕德、中允、赞善、洗马等亦多有兼任者。清朝沿明制。

侍医 官名。战国始置。天子、王侯之医官。《战国策·燕策三》："荆轲逐秦王"，"是时侍医夏无且以其所奉药囊提轲"。汉朝亦置。《汉书·贡禹传》："疾病侍医临治。"颜师古注："侍医，天子之医也。"北齐太子门下坊药藏局置员四人。隋、唐太子左春坊（门下坊）药藏局皆置四人，诊候议方。

侍伯上士 官名。北周置。分隶于前、左、右侍伯中大夫，统所部禁军。可作为起家之职。正三命。隋文帝开皇元年（581）罢。

侍伯中旅下大夫 官名。北周置。《隋书·韩擒传》："周武帝时，（韩僧寿）为侍伯中旅下大夫。"正四命。

侍极 官名。即散骑常侍，唐高宗龙朔二年（662）改，咸亨元年（670）复名散骑常侍，仍分左、右。参见"散骑常侍"。

侍直大夫 散官名号。洪武四年（1371）置，以授从五品内官。

侍直郎 阶官名。金、元内侍阶官。金二十五阶之第十七阶，秩从七品下。元十四阶第九阶，正六品。

侍者 官名。春秋置，君主近侍小臣。

侍官 ❶东晋、南朝对侍中、散骑常侍等近侍之官的统称。❷北魏官名。《魏书·官氏志》：道武帝天赐四年（407），"增置侍官，侍直左右，出内诏命，取八国良家，代郡、上谷、广宁、雁门四郡民中年长有器望者充之"。初为皇帝侍从，后亦充宿卫，孝文帝时员一百二十人。北周用作府兵兵士名称。

侍郎 官名。❶皇帝侍从官。西汉武帝以后置，为郎官之一，隶光禄勋，宿卫宫禁，侍奉皇帝。亦供尚书、黄门等官署差遣。东汉五官、左、右中郎将署皆置，名义上备宿卫，实为后备官员。秩比四百石。魏、晋省。北魏初亦置于禁中，掌侍卫，隶属不详。❷尚书台（省）郎曹长官。西汉武帝以后或以侍郎供尚书署差遣，东汉设为固定官职，尚书台六曹各置六员，分隶列曹尚书。初入台称郎（郎中），任职满三年（一说满一年）者始得称此。亦统称为尚书郎。魏晋南北朝资深勤能之尚书郎得转侍郎，参见“尚书郎”。❸六部次官。隋炀帝大业三年（607）始于尚书省吏、民、礼、兵、刑、工诸部置，正四品。唐朝因之，改民部为户部，吏部正四品上，诸部正四品下。历朝沿置。高宗龙朔二年（662）改名少常伯，咸亨元年（670）复旧。中唐以后，六部尚书多为外官带职，部务实由侍郎主持。五代因之。北宋前期为四品寄禄官，神宗元丰（1078—1085）改制后成为职事官，从三品。辽朝为南面朝官，无实际职掌。西夏、金皆置，金正四品。元朝罢尚书省，改隶中书省，正四品。明初因之，后罢中书省，与尚书并为六部堂官，直隶皇帝，权任更重，分置左、右，正三品。清初六部、理藩院次官称参政，顺治元年（1644）复改此名，左、右侍郎各有满、汉员，初定满、汉军员正二品，汉员正三品，顺治十六年改皆正三品，康熙六年（1667）复旧制，九年复改皆正三品，雍正八年（1730）皆升正二品。清末新设各部亦置。宣统三年（1911）改名副大臣。详见各条。❹黄门侍郎、中书侍郎、散骑侍郎等官的省称。❺汉朝置为诸侯王国属官，掌侍从左右，隶郎中令。魏晋南北朝亦置，掌赞相威仪，通传教令。魏、西晋王、公、侯等国皆置，八品，位在典书令下。东晋改在常侍下，侯国以下不置。南朝或分置左、右，宋八品，梁一班至流外二班不等，陈九品至流外不等。北魏、北齐略同，九品至流外不等。隋初因之，王、公、侯、伯、子、男国多置，自视正九品至流外不等。炀帝废伯、子、男，改国官为府官。唐朝王府置四员，与师（傅）、常侍皆掌表启书疏、赞相礼仪，玄宗开元（713—741）中废。❻十六国西秦高级执政官员，置中、左、右各一员。参见“中侍郎”。❼麹氏高昌国官名。位次八部司马，在校书郎上。与司马相监检校诸城，名为城令。❽唐高宗时置兰台侍郎，为秘书少监改称。参见“秘书少监”。❾五代后梁太祖开平二年（908）改尚书左、右丞为左、右司侍郎，后唐庄宗同光元年（923）复旧。参见“尚书左丞”。

侍郎右选 官署名。简称侍右。北宋神宗元丰五年（1082），改三班院置，为吏部四选之一，掌自借差、监当至供奉官、军使等武臣铨注之事。设吏部侍郎领右选一员。若命他官兼摄，则称右选侍郎，后又称侍右侍郎。另设郎中、员外郎各一员，后称侍右郎中、侍右员外郎。南宋时，掌校、副尉以上较试、拟官、行赏、换官及考课之事。

侍郎左选 官署名。简称侍左。北宋神宗元丰三年（1080），改流内铨置，掌自初仕至幕职州县官铨注之事。凡初仕而未应参部者，皆试而后选。若应格，则具岁月历任功罪及所举官员数，同郎官引见于便殿，禀奏改官。设吏部侍郎领左选一员。若差他官兼摄，则称左选侍郎，后又称侍左侍郎。另设郎中、员外郎各一员，后改称侍左郎中、侍左员外郎。南宋时，掌承直郎以下拟注州官判司、诸县令佐、监当及磨勘功过之事。

侍栉 官名。唐朝内官，高宗龙朔二年（662）置二十员，正八品，位同采女；咸亨二年（671）废。

侍监 官名。清朝八品太监之衔名，充首领、副首领太监及敬事房笔帖式。

侍读 官名。北魏始置，侍从皇帝读经。西魏亦置为王公官属。北齐皇帝、北周太子、王公皆置。南朝齐置为诸王官属，梁太子、王侯俱置，均因人而设，不常置。唐朝于东宫置此官，无常员，为太子讲导经学。玄宗开元（713—741）初，十王宅引辞学工书者入教诸王，亦称侍读。宋以后定制，以学士、侍从有学术者充任，掌进读书史，讲释经义，备顾问应对。神宗元丰（1078—1085）改制，定正七品。时东宫官属亦置。明朝翰林院置，员二人，正六品，掌讲读经史。建文（1399—1402）改制后曾与侍讲、侍读等入文翰馆。成祖即位，复旧制，并特简侍读、侍讲等参预机务，谓之内阁。清沿明制。顺治元年（1644）置于翰林院，掌撰著记载。十五年增至三人，俱汉员。康熙九年（1670）增满官三人。雍正三年（1725）升从五品。乾隆五十年（1785）定制满官二人，汉官三人。光绪二十九年（1903）各增一人，升正五品。宣统元年（1909）再升从四品。清内阁亦置，顺治元年置满官十人，蒙古、汉军、汉各二人，秩正六品，掌校对。

侍读学士 官名。唐玄宗开元十三年（725）置集贤殿侍读学士，五品以上官充任。日一人侍读，以质史籍疑义。宋真宗咸平二年（999）沿置，其后，或不带学士，或仅为侍读。元丰改制后以侍读、侍讲为侍从以上兼职，正七品。辽朝置，所掌不详。金朝翰林学士院置，员一人，从三品。元朝翰林兼国史院，蒙古翰林院、集贤院各置二员，从二品。朱元璋吴元年（1367）定正四品。明朝翰林院亦置。洪武十四年（1381）定制二员，从五品。建文（1399—1402）中改为文学博士。成祖复旧制。皇帝至太学听讲、郊礼庆成诸宴时与翰林学士及侍讲学士坐于四品京官之上。成化（1465—1487）以后，礼部尚书、侍郎必由翰林，吏部两侍郎必有一由翰林，凡由翰林为六部侍郎者，则兼侍读、侍讲学士。侍读学士则不在从五品之限。其职掌制诰、史册、文翰之事，以考议制度，详正文字，备皇帝顾问。凡大政事、大典礼、集诸臣会议，则与诸司参决可否。清沿明制。顺治元年（1644）于翰林院设二人。十五年增至四人，俱汉员。康熙九年（1670）定满、汉各三人。雍正三年（1725）升从四品。乾隆五十年（1785）定制满二人、汉三人。光绪二十九年（1903）再升正四品。惟职掌仅撰著记载而已。清顺治八年（1651）于内阁亦设此官。满四人，蒙、汉各二人。从四品，掌典校。

侍读直学士 官名。唐玄宗开元十三年（725）集贤殿书院置，以六品以下为之，日以一人侍读，以备质询史籍疑义。

侍读博士 官名。南朝宋置，蔡茂之曾任此职。参见《宋书·武三王传》。

侍教 官名。北宋真宗大中祥符二年（1009），亲王府置，掌王府学事。

侍渔 官名。春秋时齐国置，掌监管渔业，或收取渔税。《左传·襄公二十五年》："申、蒯，侍渔者。"杜预注："侍渔，监取鱼之官。"梁国绳补注："齐擅鱼盐之利，侍鱼之官盖监收鱼税者。"

侍辇郎 官名。北魏置。随侍在皇帝左右，由功臣子弟及武勇之士充任，地位较高。《魏书·韩茂传》："以军功赐茂爵蒲阴子，加强弩将军，迁侍辇郎。"孝文帝太和十七年（493）职员令及太和二十三年复次职令时，皆未载。

侍御 官名。❶天子、王侯的侍从近臣。《尚书·周书·冏命》："其侍御仆从，罔非正人。"孔安国传："虽给侍进御，仆役从官，官虽微，无不用中正之人。"《史记·乐毅列传》："恐侍御者之亲左右之说，不察疏远之行，故敢献书以闻，唯君王之留意焉。"北魏亦置。❷宋太宗淳化元年（990）以前判、司簿、尉等官呼为侍御，其后禁断，不得呼。❸辽太宗会同元年（938）置，北、南面官皆设，北面属北枢密院中丞司，南面属御史台。掌监察官员过犯。❹侍御史、监察御史等的省称。

侍御中散 官名。北魏中期由中散官分化出来，属侍御曹。地位较中散略高，也更亲近皇帝。多选用功臣子弟，尤其是鲜卑等胡人功臣子弟，可作为起家官。任职于其他机构，则冠以机构名，如殿内侍御中散、内秘书侍御中散等。孝文帝太和十七年（493）定为五品上，二十三年复次职令，未见。

侍御长 官名。北魏置。统辖侍御郎等皇帝左右的武职侍从，多选用功臣子弟，地位高于侍御中散。孝文帝太和十七年（493）职员令未载。

侍御史 官名。亦简称御史、侍御。西汉为御史大夫属官，由御史中丞统领，入侍禁中兰台，给事殿中，故名。员十五人，秩六百石，掌受公卿奏事，举劾按章，监察文武官员，分令、印、供、尉马、乘五曹，监领律令、刻印、斋祀、厩马、护驾等事宜，或供临时差遣，出监郡国，持节典护大臣丧事，收捕、审讯有罪官吏等。武帝时特置绣衣直指使者，亦称绣衣御史，巡行郡国，逐捕盗贼，治理大狱，有权诛二千石以下官吏，不常置。其专掌皇帝玺印者，称符玺御史。又有治书侍御史，选明习法律者充任，复核疑案，平决刑狱。新莽时改侍御史名执法。东汉复旧，为御史台属官，于纠弹本职之外，常奉命出使州郡，巡行风俗，督察军旅，职权颇重。三国沿置，又临时设置督军粮、监农等侍御史，执行专门任务。魏晋南北朝至隋皆以治书侍御史为御史台佐贰官，分监御史台诸曹，位在侍御史上；设殿中侍御史专司殿廷朝仪，位在侍御史下，详见各条。魏置侍御史八员，七品，分掌治书、课第等八曹；尚书、符节等三台，长安（陕西西安）、谯（安徽亳州）、许都（河南许昌东）、邺（河北临漳西南）、洛阳五都，各驻侍御史监察之。西晋置九员，七品，分掌吏、课第、直事、印、中都督、外都督、媒、符节、水、中垒、营军、法、算十三曹。东晋省课第曹，置库曹（后分为外左库、内左库曹）。南朝宋、齐并外、内左库曹为左库曹，并营军曹入水曹，并算曹入法曹，凡十一曹，置侍御史十员，七品，其吏曹不设官。梁、陈减为九员，梁一班，陈九品。南朝其职虽重，其官为世族所轻。北魏、北齐置八员，颇重其选，必以对策高第者补之。魏宣武帝延昌（512—515）以来，每更换御史台长官，则由新长官更选御史。北魏孝文帝太和十七年（493）定为从五品中，二十三年改八品，北齐从七品。两晋南北朝之侍御史于分曹治事外，亦奉命监国，督察巡视州郡，收捕官吏、宣示诏命等。北魏有军事行动则遣监军侍御史。隋初沿置，从七品，由吏部选用，入直禁中。炀帝大业三年（607）罢直宿之制，唯掌侍从纠察，资位稍减，正七品。唐朝重宪职（御史台之职），其官号为雄要，由吏部与本台长官、宰相共议除授，或由皇帝直接选用。御史台分台、殿、察三院，侍御史所居称台院，居三院之首，掌纠弹百官、入阁承诏、受制出使、分判台事，又轮直朝堂，与给事中、中书舍人共同受理词讼，遇重大案件，则与刑部、大理寺会审，时号台端，尊称端公，权位重于殿中侍御史、监察御史。员六人，从六品下。以年资久者一员知杂事，即处理御史台内日常公务，分派殿中、监察御史职掌，台官提名、迁改，评定令史考课等第，专决台务，号称杂端，是御史台实际上的主管官；次一员知公廨，即管理衙署之事；次一员知弹，即纠劾百官；次二员分知东、西推，即分掌京城诸司、诸州案件之审理复查，知西推者兼理赃赎、三司受事，号副端，知东推者兼理匦使；次一员分司东都留台。又有里行、内供奉等名目，为定员以外添派之职，员数为正官之半，俸禄有差，职事略同。玄宗开元（713—741）以降，令其弹奏须先禀御史中丞、御史大夫，再通报中书、门下，始得奏上，职权渐轻。中唐以后，常为节度使、观察使之幕僚官如支使、参谋、掌书记等外官所带宪衔（加官之一种）。北宋前期为寄禄官及武臣兼官，另以郎中、员外郎任侍御史知杂事，号知杂、知端、御史知杂，佐贰御史台长官，职位显要，如缺御史中丞，则专判台事。神宗元丰（1078—1085）改制后，罢知杂，置侍御史一员，为御史台副长官，参掌台政，从六品。辽亦置，员二人。金、元置为御史台属官，位在御史中丞下，治书侍御史上，员二人，掌奏事、判台事。金初正六品，世宗大定十二年（1172）升从五品。元初从五品，世祖至元二十一年（1284）升正五品，二十七年升从四品，成宗大德十一年（1307）升从二品。元末朱元璋吴元年（1367）亦置，职甚清要，从二品，明太祖洪武九年（1376）罢，十三年复置，分设左、右，正四品，寻罢。参见“御史台”、“治书侍御史”、“殿中侍御史”。

侍御史知杂事　官名。唐朝置，以年深御史充任，总管御史台庶务。五代沿置，以郎中、员外郎一人兼任。宋初因之。神宗元丰（1078—1085）改制，去“知杂事”之号，置侍御史一人，为御史台副长官。

侍御主文中散　官名。北魏置，为任职于侍御曹的主文中散，选用才学之士，亦有由中书学生迁任者。五品中。参见“主文中散”。

侍御司徒　官名。辽天祚帝天庆六年（1116），有侍御司徒挞不也。见《辽史·天祚纪二》。

侍御师　官名。北魏置，为皇帝及皇后等看病。北齐属门下省尚药局，员四人，六品。

侍御扶持　官名。南朝宋置，为后宫官，比六品。见《宋书·后妃传》。

侍御医　官名。隋朝门下省尚药局置四员，正七品上；炀帝大业三年（607）改隶殿内省。唐朝殿中省尚药局沿置，四员，从六品上，掌宫内供奉诊候。

侍御郎　官名。十六国后燕、北魏置。为皇帝左右的武职侍从，属侍御长，随同皇帝出征。北魏孝文帝太和十七年（493）职员令及二十三年复次职令皆未载。

侍御给事　官名。北魏置。《魏书·阉官传》：“（王质）迁为侍御给事，又领选部、监御二曹事。”参见“给事”。

供人　女官名。北魏置，视四品。见《魏书·皇后列传》。

供用官　官名。清朝乐部和声署之属官，乾隆七年（1742）设，三十人。其中本署八人，礼部笔帖式兼充二人，内务府赞礼郎兼充六人，笔帖式及司员兼充十二人，鸿胪寺鸣赞官兼充二人。分掌殿廷朝会乐律及舞仪之事。

供奉　官名。❶唐朝侍奉皇帝左右之人。中书、门下主要官员称供奉官，朝谒时别为一班，最接近皇帝，其余百官依品秩为班。武则天时，御史、拾遗、补阙加置内供奉员。玄宗时又有翰林供奉，为翰林学士前身。见“供奉官”。❷唐朝内官，高宗龙朔二年（662）置八员，正七品，位同御女；咸亨二年（671）废。

供奉司　官署名。明太祖洪武六年（1373）改内府宦官衙门御用监而置，秩从七品（原为从三品），设官七人，掌诸器用造用之事。后复改称御用监。

供奉官　❶侍奉皇帝左右之近臣。唐朝指侍中、中书令、左右散骑常侍、黄门侍郎、中书侍郎、谏议大夫、给事中、中书舍人、起居郎、起居舍人、通事舍人、补阙、拾遗等官。❷官名。唐高宗永徽（650—655）以后，皇帝多居大明宫，宫中所置从官称东头供奉官，原大内从官称西头供奉官。宋朝内侍省置，分东头、西头；入内内侍省置，分内东头、内西头。神宗元丰（1078—1085）改制，隶入内内侍省者定为从八品。哲宗元祐（1086—1094）中，隶内侍省者亦定为从八品。徽宗政和二年（1112），内东头供奉官改供奉官，内西头供奉官改左侍禁。

供事　吏名。清朝京吏之一种。即在宗人府、内阁、中书科、翰林院、詹事府、文渊阁、上谕处、内廷三馆、各修书馆及各衙门则例馆办事之吏员。属宗人府、内阁、翰林院、詹事府者由民间考取；属内廷三馆及修书各馆者由内阁、翰、詹等衙门供事选送；属则例馆者由各该衙门经承、贴写充补。役满可授从九品或未入流职。

供备库使　官名。北宋置，属西班诸司使，多不领本职，仅为武臣迁转之阶。真宗咸平元年（998），定为同六品。神宗元丰（1078—1085）改制，改正七品。徽宗政和二年（1112）重定武臣官名，改武翼大夫。西夏初期亦置。

供备库副使　官名。北宋置，属西班诸司使，多不领本职，仅为武臣迁转之阶。真宗咸平元年（998），定为同七品。神宗元丰（1078—1085）改制，改从七品。徽宗政和二年（1112）重定武臣官名，改武翼郎。

供庖务　官署名。北宋真宗大中祥符四年（1011），析牛羊司置，掌屠宰牛羊司牲畜，以供内外庖炊。设监官二人，以三班使臣充任。仁宗嘉祐五年（1060），复并入牛羊司。

供府令　官名。北齐置。见“供府署”。

供府丞　官名。北齐置。见“供府署”。

供府署　官署名。北齐置，设令、丞。掌供奉宫廷衣服玩物之事。隶光禄寺。

供官　吏名。宋朝太常寺置，掌供办祭器等事务。

供给　官名。又称供给官。明清科举考试中特设之官，属外帘官。负责分送考场各官员之膳食、柴炭、笔墨、纸张等。

供曹　官署名。汉朝置，掌监督宗庙祭祀之仪节，属御史台。设侍御史主其事。

供殿左右　宫中女官名。南朝宋太宗定后宫百官时置。紫极殿置二十人，光兴殿置十人，官比诸房禁防，七品。

供殿直伥　宫中女官名。南朝宋太宗定后宫百官时置。紫极、光兴二殿俱置。官准二卫，五品。

供殿给使　宫中女官名。南朝宋太宗定后宫百官时置。紫极殿设二十人，光兴殿设十人，位比官人。

供膳司　官署名。元朝设于世祖至元二十二年（1285），秩从五品，掌供给内廷应需、购买百色生料及没入权相桑哥资产，隶大司农寺。置达鲁花赤、提员各一员，从五品。下设司令一员，正六品；丞一员，正七品。辖辅用库、兴中州等处油户提领所、蔚州面户提领所等机构。

使 ❶使者统称。《周礼·秋官·小行人》："待四方之使者。"注："使者，诸侯之臣，使来者也。"秦汉以降，大率交聘敌国、通接殊域、劳问远方、安辑新附、慰抚兵役、分给赈赐、采风俗、询民事、究吏治、察狱讼、搜访遗滞、刺举奸滥，皆临时差遣使者。❷朝廷派赴地方之军政长官。唐朝中期以后，有节度使、观察使、防御使、团练使等为地方常设官。❸职官本制以外的差遣。洪迈《容斋续笔》卷一一《杨国忠诸使》："杨国忠为度支郎，领十五余使。至宰相，凡领四十余使。"唐武则天至德宗时，是使职出现最多的时期。整个唐朝出现的使职在一百四十以上。其中，部分使职逐渐演为主管专项或部门行政事务的长官，如三司使、枢密使等，详见各有关使职条。❹皇帝侍从之首领。唐、宋时期，皇帝侍从多以使职统领，如唐朝有内诸司使，宋朝有横班、东班、西班诸使。宋朝又有大、小使臣之别。

使人 官名。西周始置，春秋战国沿置。❶使节。同"行人"。《左传·襄公十一年》："书曰'行人'，言使人也。"❷内侍供驱使之臣。《卫鼎》铭："用飨王出入使人。"《管子·五行》："天子出令，命左右使人，内御。"

使节 使臣所持符节。亦指出使之臣。《周礼·地官·掌节》："凡邦国之使节，山国用虎节，土国用人节，泽国用龙节，皆金也，以英荡辅之。"

使主 北朝对代表国家出使到其他政权的首席使臣之称。一般冠以使命名号，如聘梁使主、聘周使主、嚈哒使主等。其助手称使副。

使臣 ❶奉命出使的官员。❷宋朝对部分低级武阶官的称谓。北宋前期，皇城使至殿侍为使臣，供备库副使以上为大使臣，内殿承制以下为小使臣。宋徽宗政和二年（1112）改武臣官名后，武功大夫至修武郎为大使臣，从义郎至承信郎为小使臣。

使匈奴中郎将 官名。西汉时常遣中郎将使匈奴，称匈奴中郎将，作为使节，事讫即罢。东汉建武二十六年（后50），遣中郎将段郴等使南匈奴，授南匈奴单于玺绶，令入居云中，始置使匈奴中郎将以监护之，因设官府、从事、掾史。后徙至西河，又令西河长史岁将骑二千，弛刑五百人，助中郎将卫护单于，冬屯夏罢，后遂为常制。秩比二千石，所属从事、掾员数不定，随事增减。除监护南匈奴外，也常将南匈奴骑兵征伐乌桓、西羌等。三国魏至南北朝或置护匈奴中郎将。

使君 ❶奉命出使者尊称。❷汉朝对州刺史之尊称。三国、晋朝沿用。用以对州郡长官之尊称。《三国志·蜀志·先主传》："曹公从容谓先主曰：'今天下英雄，惟使君与操耳。'"按刘备时为豫州牧。后世因之。

使者 奉命出使之人。《左传·襄公二十七年》："止使者而盟于河，托于木门，不乡卫国而坐。"

使相 唐朝后期，宰相常兼节度使，节度使亦常加宰相衔，皆称使相。五代时，节度使多带宰相衔，但不预朝廷政事。宋初，凡亲王、枢密使、节度使兼侍中、中书令、同平章事者均称之，实与宰相之职无关。神宗元丰（1078—1085）改制，改开府仪同三司，仍别称使相。

使持节 汉朝官吏奉使外出时，或由皇帝授予节杖，以提高其威权。魏、晋以后，凡重要军事长官出征或出镇时，加使持节，可诛杀二千石以下官员。皇帝派遣大臣出巡或祭吊等事务时，亦使持节，以表示权力和尊崇。隋、唐亦作为皇帝赐以调度军事的符信。时诸州都督、总管、刺史，例加号使持节，以总军戎，然实际并不带节。唯节度使实有旌节，故得以军事专杀，行则建节，府树六纛，权任甚重。

使院 见"使院牙职"。

使院牙职 宋朝州府使院牙校职员总称。宋初，京城开封府及诸州府皆设使院，掌衙前具体事务。其牙职有孔目官、勾押官、左右都押衙、左右押衙、左右知客押衙、都孔目官、教练使、衙内指挥使、子城使、都知兵马使、守阙都教练使、守阙教练使、中军使等名目。徽宗政和三年（1113），改用新名，有都史、副史、介史、公皂、衙皂、散皂、上隶、中隶、下隶等。

使副 官名。北朝对代表国家出使到其他政权的首席使臣副手之称。一般冠以使命名号，如聘陈使副、聘齐使副等。

例贡 清朝贡入国子监生员之一种。以称由廪生、增生、附生或俊秀监生援例报捐贡生者，乃非正途出身，因其不由考选而入贡也。性质与明朝之纳贡相似。

例部 宋朝尚书省吏部俗称。当时吏部除官，多用例破法，或因例立法，故称。

例监 明清监生之一。指科举制度中，以捐资入国子监为监生者。明朝景泰元年（1450）始以纳粟纳马者入监读书。称民生、又称为俊秀。授职者仅得选州县佐贰及府首领官，若京职则光禄寺、上林苑、或边远直省，被视为异途。清朝例监由俊秀报捐后无出身者亦得报捐，或在监肄业，或在籍。监期满者考职以定选授，被视为正途出身。

侦测科 官署名。清末海军部军学司所属五科之一。原属筹办海军事务处军防司，宣统二年（1910），随司改属海军部。三年，军防司撤，并入军学司。掌测绘沿江、沿海水道及航道，经管沿海、沿江航标，管理测海练船、测海库之建筑，承办沿海、沿江台垒的防守、修造，经理划分台垒区域及戒严事。置科长、科员、录事。

侧室 官名。春秋置。卿大夫家臣，管理支子等家政事务。《左传·桓公二年》："天子建国，诸侯立家，卿置侧室。"杜预注："侧室，众子也，得立此一官。"

侧福晋　清制，亲王、世子、郡王的侧室，凡生有子女者，可封侧福晋。福晋，满语，妻子或贵妇之意。额定，亲王封侧福晋四人，世子、郡王封侧福晋三人，奉特旨赏给者不拘额数。其冠服比福晋降一等。每年一次由宗人府汇奏请封，咨送礼部入册。

侠毂队主　官名。南朝宋、齐置。亦作夹毂。统侠毂队，是皇帝及诸王的随身护卫。如分置左右，则称左、右侠毂主，掌骑兵者称马左、右夹毂主。

佽飞中大夫　官名。北周置。《隋书·窦荣定传》："（荣定）从武帝平齐，加上开府，拜前将军、佽飞中大夫。"正五命。其下设佽飞右旅下大夫以佐其职。

佽飞右旅下大夫　官名。北周置。佽飞中大夫属官，正四命。周武帝平齐后，授乞伏慧使持节、开府仪同大将军，拜此职。

佽飞令　官名。汉武帝太初元年（前104）改左弋令置，属少府，有九丞、两尉，领佽飞射士，具缯缴，以射凫雁，应给祭祀置酒，每射收得万头以上，给太官。东汉省。

佽飞丞　官名。西汉武帝太初元年（前104）改左弋丞置，属少府，为佽飞令副贰。

佽飞将军　官名。南朝梁置，武帝天监七年（508）定为武职二十四班中的三班，普通六年（525）改为武职三十四班中的八班。陈沿置，拟八品，比秩六百石。

佽飞督　官名。晋朝置，属右卫将军，统率佽飞虎贲（《晋书》中因唐朝人避讳改为武贲），负责侍卫皇帝，皇帝出行时随行护卫。

版　❶周朝官吏名册。《周礼·夏官·司士》："掌群臣之版。"郑玄注："郑司农云，班书或为版，版，名籍。"❷魏晋南北朝时亦作板。有府板、板授、板职等名目。指未经吏部正式任命，由地方行政长官或出征将领自行委任的官员。由府的户曹行版文。多为僚属或较低级将军。南朝陈制，凡板将军，皆降除一品。诸依此例降品秩，应假给章印，各依旧差，不贬夺。六品以下将军，板则无秩。参见"板授"。

版部　尚书省户部别称。梁章钜《称谓录》卷一五《户部》："《叩钵斋官制考》：民部（户部）亦称稼部，又称版部。"

版曹　户部别称。

版授　即板授。

版筑使　官名。辽朝置。掌皇都建造事。太祖神册三年（918），城皇都，以礼部尚书康默记充版筑使。

帛衣先人　官名。高句丽国置。《后汉书·东夷传》："其置官，有相加、对卢、沛者、古邹大加、主簿、优台、使者、帛衣先人。"

帛尉　官名。战国置，下级军吏。《墨子·备城门》："城上十人，一什长，属一吏士，一帛尉。"

岳　尧舜时主一方诸侯的伯长。《尚书·虞书·尧典》："帝曰：'咨，四岳'"，"岳曰：'异哉，试可乃已。'"孔安国传："分掌四岳之诸侯。"

凭由案　官署名。北宋哲宗元祐元年（1086），用司马光言，以比部之事归户部，设凭由、理欠、勾覆等案掌之。三年罢，其事复归比部。

凭科　官署名。清朝吏部文选清吏司所属之办事机构，掌理开写赴任文凭之事。设有经承等吏员办事。

皁通监　官署名。金朝置，掌铸造钱币。世宗大定二十年（1180）由代州钱监改名。设钱监、副监、丞各一员，以州节度同知、观察判官兼领其事。

卑府　官场用语。清朝为知府谒见督、抚、布、按时的自称。

卑职　官场用语。明、清为州县官谒见长官时的自称。亦有高于州县官（如知府、道台等）而以此自称者，以示对上级的尊重和自谦。

征夫　行人别称。《诗经·小雅·皇皇者华》："駪駪征夫，每怀靡及。"毛亨传："征夫，行人也。"郑玄笺："征夫即受君命当速行，每人怀其私相稽留，则于事无所及。"

征仕郎　散阶称号。明朝置，为文职从七品之升授。清朝沿置，为文职从七品之封赠。

征欠司　即三司都理欠司。

征东大将军　官名。三国魏文帝黄初三年（222）置，以曹休任之，假黄钺，督张辽等及诸州郡二十余军征讨孙权。职掌与征东将军同，而位在其上，多统兵出镇方面，都督数州诸军事。不常置。二品。晋朝沿置，二品，禄赐与将进同。如开府，则位从公，进为一品。十六国汉、前秦，北燕亦置。南朝宋二品，齐位从公，开府仪同如公。梁、陈皆较征东将军进一阶。北魏孝文帝太和十七年（493）定为一品下，二十三年改为二品。北齐成为褒赏军功勋臣的闲职，二品。参见"征东将军"。

征东中郎将　官名。东汉献帝兴平（194—195）间益州牧刘璋置。以州帐下司马赵韪为之，率兵征刘表。见《三国志·刘二牧传》、《华阳国志·公孙述刘二牧志》。

征东将军　官名。东汉献帝初平三年（192）中以马腾为之。曹操执政后，列为四征将军之一，多为持节都督，出镇方面，地位显要，秩二千石。魏文帝黄初（220—226）中，位次三公，二品。两晋沿置，三品，若为持节都督则进为二品。十六国前凉，前秦，西凉亦置。南朝沿置，宋三品，为持节都督则进为二品。梁武帝天监七年（508）定为武职二十四班中的二十三班，普通六年（525）改为武职三十四班中的三十三班。陈拟二品，比秩中二千石。北魏孝文帝太和十七年（493）定为从一品中，二十三年复次职令，改为二品。北齐成为褒赏军功勋臣的闲职，二品。北周八命。隋初列为散号将军，无职事，降为正六品，炀帝大业三年（607）罢。

征北大将军 官名。三国吴会稽王孙亮时置，任魏降将文钦为之，率军伐魏。晋朝沿置，职掌与征北将军同，而位在其上，多统兵出镇方面，都督数州诸军事。不常置。二品，禄赐与特进同，如开府，则位从公，进为一品。十六国后燕亦置。南朝宋列为二品，南齐位从公，开府仪同如公，梁、陈时较征北将军进一阶。北魏孝文帝太和十七年（493）定为一品下，二十三年复次职令，改为二品。北齐时成为褒赏军功勋臣的闲职，二品。参见“征北将军”。

征北将军 官名。东汉献帝兴平（194—195）中置，任李乐为此职。曹操执政后，列为四征将军之一，多为持节都督，出镇方面，地位显要，秩二千石。魏文帝黄初（220—226）中，位次三公，二品。两晋沿置，列为三品，若为持节都督则进为二品。十六国汉、后燕、大夏亦置。南朝沿置，宋三品，为持节都督则进为二品。梁武帝天监七年（508）定为武职二十四班中的二十三班，普通六年（525）改为武职三十四班中的三十三班。陈拟二品，比秩中二千石。北魏孝文帝太和十七年（493）定为从一品中，二十三年复次职令，改为二品。北齐成为褒赏军功勋臣的闲职，二品。北周八命。隋初列为散号将军，无职事，降为正六品。炀帝大业三年（607）罢。

征讨大都督 官名。东晋置，掌外出征伐统军之任，名位在征讨都督之上。十六国汉亦置。见《晋书·简文三子传》、《刘元海载记》。

征讨都督 官名。东晋及十六国汉皆置。为出征军队的主帅。《晋书·孝武帝纪》：“苻坚帅众渡淮，遣征讨都督谢石、冠军将军谢玄、辅国将军谢琰、西中郎将桓伊等距之。”

征西大将军 官名。东汉光武帝建武三年（后27），冯异任统兵征讨赤眉。两晋、南北朝为将军名号，多授统兵出镇在外、都督数州诸军事者。在武职中地位很高，居四征将军之上，历代皆不常置。两晋定为二品，禄赐与特进同。如开府，则位从公，假金章紫绶，升为一品。十六国后燕、后秦、北燕亦置。南朝宋二品。南齐位从公，开府仪同如公，置僚属亦从公。梁、陈皆较征西将军高一阶。北魏孝文帝太和十七年（493）定为一品下，二十三年复次职令，改为二品。北齐为褒赏军功勋臣的闲职，二品。参见“征西将军”。

征西护军 官名。东汉末置。东汉献帝建安十六年（211），曹操任夏侯渊行此职，督徐晃等军击太原贼帅商曜。时夏侯渊资序未得为征西将军，故以护军为名，但职掌同将军。

征西前将军 官名。明朝军制，大同地区总兵官挂印称将军者，曰征西前将军。参见“总兵”。

征西将军 官名。❶东汉和帝永元（后89—105）中，刘尚任之。当时地位不很高，与偏、裨、杂号将军同。东汉献帝建安（196—220）间曹操执政时，列为四征将军之一，地位提高，秩二千石。三国魏文帝黄初（220—226）中，定为二品，位次三公。魏、西晋时多授予都督雍、凉二州诸军事者，驻长安，三品，若为持节都督，则进为二品。其后亦多授予出镇方面的持节都督。十六国汉、西秦、大夏沿置。南朝、北魏地位仍显要，北齐时已成为褒赏军功勋臣的闲职。南朝宋三品，若为持节都督则进为二品，南朝梁武帝天监七年（508）定为武职二十四班中的二十三班，普通六年（525）改为武职三十四班中的三十三班。陈拟二品，比秩中二千石。北魏孝文帝太和十七年（493）定为从一品中，二十三年复次职令，改为二品。北齐仍二品，北周改为八命。隋初列为散号将军，降为正六品，炀帝大业三年（607）罢。❷明朝驻宁夏总兵，挂印则称征西将军。参见“总兵”。

征西校尉 官名。东汉置。《后汉书·邓骘传》：“使征西校尉任尚、从事中郎司马钧与羌战，大败。”

征收课税使 官名。又称宣课使、税课使。元朝置。太宗二年（1230）在所辖十路内设征收课税所，选择士人任征收课税使为长官，燕京路陈时可，宣德路刘中，西京路周立和，太原路吕振，平阳路杨简，真定路王晋，东平路张瑜，北京路王德亨，平州路夹谷永，济南路田木西。掌管路内科差、租税、课税的征收与转运，兼管刑名和选考儒士。

征收课税所 官署名。简称课税所。元朝太宗二年（1230）置，共分燕京、宣德、西京、太原、平阳、真定、东平、北京、平州、济南十路，合称十路征收课税所或十路征收宣课所，掌各路内赋税征发与转运等务。长官为正、副使。

征收课税副使 官名。元朝置。太宗二年（1230），以赵昉、刘桓、王贞、刘子振、高廷英、贾从、王锐、侯显、程泰、李天翼十人分任燕京、宣德、西京、太原、平阳、真定、东平、北京、平州、济南十路征收课税副使，辅佐各路征收课税使。

征远将军 官名。南朝梁置，陈沿之。梁武帝天监七年（508）定为武职二十四班中的十四班，与轻东将军同班，代旧辅国将军，大通三年（529）降入宁远将军班，为武职三十四班中的二十三班。陈定为拟五品，比秩千石。如加为征远大将军，则进一阶。

征事郎 ❶官名。隋炀帝大业三年（607）置，员五十人，正八品，隶谒者台，据事大小出使。❷唐朝置为正八品下文散官。金朝改为从八品上。元朝再改从七品，敕授。明朝从七品，升授。

征虏中郎将 官名。东汉献帝建安（196—220）初孙策置，领兵。《三国志·吕范传》：“（范）又从征祖郎于陵阳，太史慈于勇里，七县平定，拜征虏中郎将。”

征虏将军 官名。东汉初年有征虏将军祭遵。三国、魏、晋、南朝宋、齐、梁及北魏为武官，亦作为高级文职官员的加官。三国魏、晋、南朝宋为第三品。梁武帝天监七年（508）置智威、仁威、勇威、信威、严威等五将军代替此职，为武职二十四班中的十六班。北魏孝文帝太和十七年（493）定为第三品上，太和二十三年改为从三品。

征羌护军　官名。东汉献帝建安（196—220）末曹操置。《三国志·郭淮传》："（郭淮）又行征羌护军，护左将军张郃，冠军将军杨秋讨山贼郑甘，卢水叛胡，皆破平之。"

征南大将军　官名。东汉光武帝建武二年（后26），以廷尉岑彭为之，率八将军讨邓奉于堵乡。魏、晋、南北朝时，为将军名号，多授予统兵出镇在外、都督数州诸军事者。在武职中地位很高，在四征将军之上，历代皆不常置。三国魏二品，晋仍为二品，禄赐与特进同。开府则位从公，假金章紫绶，升为一品。十六国前燕亦置。南朝宋二品，齐位从公，开府仪同如公，置僚属亦从公。梁、陈时皆较征南将军进一阶。北魏孝文帝太和十七年（493）定为一品下，二十三年复次职令，改为二品。北齐为褒赏军功勋臣的闲职，二品。参见"征南将军"。

征南中郎将　官名。东汉献帝建安（196—220）中孙权置。兼此。见《三国志·步骘传》："（骘）徙交州刺史，立武中郎将，领武射吏千人，便道南行。明年，追拜使持节、征南中郎将。"

征南将军　官名。东汉献帝建安（196—220）中曹操置，为四征将军之一，秩二千石。魏文帝黄初（220—226）中，定为二品，位次三公。三国蜀、吴亦置。两晋南北朝多授持节都督，出镇方面，地位一直很显要，到北齐时渐成为褒赏军功勋臣的闲职。晋、南朝宋列为三品，若为持节都督则进为第二品。十六国成、前秦、西秦、南燕、北凉、大夏亦置。南朝梁武帝天监七年（508）定为武职二十四班中的二十三班，普通六年（525）改为武职三十四班中的三十三班。陈拟二品，比秩中二千石。北魏孝文帝太和十七年（493）定为从一品中，二十三年复次职令，改为第二品，北齐仍二品，北周改为八命。隋初列为散号将军，降为正六品，炀帝大业三年（607）罢。❷明朝驻云南总兵挂印者称征南将军。参见"总兵"。

征庸　应征出仕。《尚书·虞书·舜典》："舜三十征庸。"孔安国传："言其始见试用。"

征蛮大都督　官名。北魏置。《魏书·张熠传》："庄帝还宫，（张）熠出除镇南将军，东荆州刺史，寻加散骑常侍，征蛮大都督。"

征蛮将军　官名。明朝军制，两广地区总兵官挂印称将军者，曰征蛮将军。参见"总兵"。

征蛮都督　官名。北魏置。《魏书·道武七王列传》："（元谦）后拜前军将军，征蛮都督。"

征蜀护军　官名。东汉献帝建安（196—220）末曹操置，以曹真为之，督徐晃等将讨伐刘备。统兵，职掌同将军。三国魏沿置。

征蜀将军　官名。三国魏置。《晋书·文帝纪》："大将军曹爽之伐蜀也，以帝为征蜀将军，副征西将军夏侯玄出骆谷，次于兴势。"三品。

征聘　周朝朝廷以礼招聘有才能者入朝为官。《左传·宣公九年》："王使来征聘。"

征镇　四征、四镇将军的统称。

征藏史　官名。春秋时周王室置，掌典籍的征收及保藏。《庄子·天道》："孔子西藏书于周室。子路谋曰：'由闻周之征藏史有老聃者，免而归居，夫子欲藏书，则试往因焉。'"成玄英疏："为周征藏史，犹今之秘书官，职典坟籍。"

往来国信所　见"国信所"。

所　明朝卫所制度。为基层军事编制单位，分千户所、百户所。参见"千户所"、"百户所"。

所长　官名。清末新设机构以所为名者，其长官称所长。如大理院、京师高等审判厅、京师地方审判厅下设看守所，即以所长为长官。详见"看守所所长"等条。

所正　官名。明朝工部所属营缮所置，一人，正七品，为本所之长，以诸匠之精艺者为之。南京工部营缮所置一人。

所由　宋朝下等役职名。掌巡警盗贼，维持治安，隶镇将等官员。较大市镇则设都所由为其头目。

所丞　官名。明朝工部所属营缮所置，二人，正九品，佐所正、所副治所事，以诸匠之精艺者为之。南京工部营缮所置一人。

所副　官名。明朝工部所属营缮所置，二人，正八品，为所正之贰，以诸匠之精艺者为之。南京工部营缮所置一人。

质人　官名。《周礼》地官之属，一说为周朝置，掌理平衡市场价格及买卖双方契约文书。《周礼·地官》："质人，中士二人，下士四人，府二人，史四人，胥二人，徒二十人"，"掌成市之货贿人民牛马兵器珍异，凡卖者质剂焉。大市以质，小市以剂，掌稽市之书契。同其度量，壹其淳制，巡而考之。犯禁者，举而罚之。凡治质剂者，国中一旬，郊二旬，野三旬，都三月，邦国期。期内听，期外不听"。

质子军　见"秃鲁花军"。

质正　官名。一说即质人，掌市场平定物价的长官。《庄子·知北游》："夫子之问也固不及质正获之问于监市履豨也。"高亨《诸子新笺》："质正即质人，而名质正者，正，长也，官也。如酒正、庖正之例耳。"

质任　即质子、任子，三国时始连称。《三国志·卫觊传》裴松之注引《魏书》："时关西诸将，外虽怀附，内未可信，司隶校尉钟繇求以三千兵入关，外托讨张鲁，内以胁取质任。"三国两晋南北朝时，征戍将领、地方长官、少数民族首领向君主、上司提供人质，或军阀集团间互相提供人质，已形成制度。其人质称质子、任子或质任，或由任子馆、保官等机构看管，或委以官职。纳质者如军败降敌或反叛，质任要受惩罚或被斩首。《陈书·后主纪》：“诏曰：中岁克定淮泗，爰涉青徐，彼土酋豪，并输罄诚款，分遣亲戚，以为质任。今旧土沦陷，复成异域，南北阻远，未得会同”，“外可即检任子馆及东馆并带保任在外者，并赐衣粮，颁之酒食，遂其乡路，所之阻远，便发遣船仗卫送，必令安达。若已预仕宦，及别有事义不欲去者，亦随其意”。

乳酪院 官署名。宋朝左骐骥院下置，掌供应御厨乳饼酥酪。初分南、北二院，真宗景德二年(1005)合为一院。设监官，以骐骥院监官、专副兼任。神宗元丰(1078—1085)改制，归隶光禄寺。南宋高宗建炎三年(1129)，并入牛羊司。

命 ❶册命、锡命。《颂鼎》铭：“尹氏受王命书，王乎(呼)史虢生册命颂。”《周易·师》：“王三锡命。”❷任命，委命。《左传·僖公三十三年》：“襄公以三命命先且居将中军。”❸官秩称谓。历代官秩品级一般称品。西魏、北周改品为命，亦分九等。

命士 ❶秩位名。新莽始建国元年(后9)改五百石为命士。❷官名。新莽时羲和置命士督五均六管，每郡数人。东汉废。

命大夫 周朝受天子或诸侯亲命的大夫。《左传·哀公四年》：“使谓阴地之命大夫士蔑。”《穀梁传·庄公元年》：“单伯者何，吾大夫之命乎天子者也。命大夫，故不名也。”

命夫 周朝天子所命卿大夫士。又分内命夫和外命夫，内命夫指在内宫供职者，外命夫指在朝廷任职者。《周礼·天官·阍人》：“凡外内命夫、命妇出入，则为之辟。”

命中督 官名。西晋置。统领命中虎贲，负责皇帝宿卫侍从，员二人，由骁骑、游击将军分领。与虎贲、羽林、异力、上骑督并称二卫五部督。大驾出行时，分领左右骑队扈从。

命尹 官名。西周置。内史类史官。掌册命礼仪。《伊簋铭》：“王乎(呼)命尹封册命伊。”

命书 ❶周朝天子册命臣下的文书。《颂鼎铭》：“尹氏受王命书，王乎(呼)史虢生册命颂。”❷战国秦国国君发布的政令文书。《睡虎地秦墓竹简·行书律》：“行命书及书署急者，辄行之。”

命册 周朝天子册命臣下的文书。未宣读前称命书，既读之后则称命册。《颂鼎铭》：“尹氏受王命书，王乎(呼)史虢生册命颂”，“颂拜稽首受命册，佩以出”。

命圭 周朝天子册封诸侯大臣时颁发的作为瑞信的玉圭。分公、侯、伯三等。《周礼·冬官·考工记·玉人》：“命圭九寸，谓之桓圭，公守之；命圭七寸，谓之信圭，侯守之；命圭七寸，谓之躬圭，伯守之。”

命妇 受帝王封号的妇女。始于周朝，历代沿之。有内命妇和外命妇之分。详“内命妇”、“外命妇”。

命服 服饰名。始于周朝。指帝王所赐之官服。周之官秩，自一命至九命，分为九等。各视其命之数，有一定之制。故将天子按诸侯、大臣爵秩品位所颁赐之制服，谓之命服。《国语·晋语四》：“君以天子之命服命重耳，敢有安志。”后世将官员及受封诰的妇女按品级穿着的大礼服均称为命服。

命卿 ❶周朝由王室任命之卿。《左传·成公三年》：“不使命卿镇抚王室。”《礼记·王制》：“大国三卿，皆命于天子；次国三卿，二卿命于天子。”❷官名。即县丞、县尉。《续汉书·百官志》：“县万户以上为令，不满为长。侯国为相。皆秦制也。丞各一人。尉大县二人，小县二人。”刘昭注引应劭《汉官》：“大县丞左右尉，所谓命卿三人。小县一尉一丞，命卿二人。”

命家 有爵命之家。依其爵位等级，享有一定的优待或特权。《汉书·食货志》：“令命家田三辅公田。”颜师古注引韦昭曰：“命谓爵者，命家，谓受爵命一级为公士以上，令得田公田，优之也。”

舍人 官名。❶《周礼》地官之属，掌宫内粮食供应之事。《周礼·地官》：“舍人掌平宫中之政，分其财守，以法掌其出入。”释曰：“舍人总主给米之事。”❷战国、秦时贵戚官僚属员，类似宾客，为主人亲近私属。《史记·秦始皇本纪》载李斯为吕不韦舍人。裴骃集解引文颖曰：“主厩内小吏官名。或曰侍从宾客谓之舍人也。”至汉朝演变为正式职官。太子太傅、少傅属官及皇后、公主属官皆有之。同时，大臣仍有私养舍人者。卫青即有舍人百余人。三国、两晋、南北朝王国、公府、将军府皆设，掌文檄之事。南朝梁公府舍人为流外三品勋位。北魏诸开府舍人位从七品上。又有中书舍人、通事舍人、中书通事舍人、太子舍人等名目。唐朝诸王府、王国、公主邑皆置为属官，员二至四人不等。玄宗时废王府舍人。东宫属官有太子舍人四员，正六品上，掌文书表启，隶右春坊。另有中书舍人、通事舍人、中舍人、起居舍人等官。宋初，中书舍人、起居舍人、通事舍人等通常为寄禄官，不领本职。神宗元丰(1078—1085)改制后，复为职事官。明朝有中书舍人、王府引礼舍人，武臣有带刀舍人。后俗称武臣子弟为舍人。清朝内阁有中书舍人，詹事府有通事舍人。

舍人上士 官名。西魏恭帝三年(556)仿《周礼》舍人置，北周沿置。地官府司仓下大夫属官，掌宫内米粟出入。正三命。隋文帝开皇元年(581)罢。

舍人省 官署名。南朝齐置，属中书省。以中书通事舍人四人为长官，实际已脱离中书令的控制，直接受命于皇帝。负责草拟诏书，受理文书章奏，监督指导尚书省及中央、地方各机构执行政务。成为政权的中枢。梁、陈沿置，改中书通事舍人为中书舍人。陈增中书舍人为五人，领主事十人，书吏二百人，设诏诰局等二十一局，“各当尚书诸曹，并为上司，总国内机要，而尚书唯听受而已”。(《隋书·百官志上》）北魏亦置，但职掌较南朝为轻。北齐属中书省，负责草拟诏令，宣旨劳问，设中书舍人十人，主事十人。齐亡，罢。

舍人院　官署名。宋朝初年置，为中书舍人及知制诰办公场所。宋初，中书舍人尚特旨供职，后常缺而不除。另置知制诰以正言以上至给事中充任，或置直舍人院，代行舍人之职，起草外制。神宗元丰（1078—1085）改制，改为中书外省，复正除中书舍人。

舍儿别赤　职名。元朝置。亦作舍里八赤。舍儿别，波斯语音译，原为糖浆名称，因太祖时有撒麻耳干也里可温医生献舍儿别治病，后专于怯薛中设调制御用舍儿别人员，故名。

舍中大吏　官名。乌孙国置，员二人。见《汉书·西域传》。

舍里八赤　即舍儿别赤。

舍利　官名。契丹遥辇时期为豪民大族的荣衔。契丹旧例，凡豪民要裹头巾者，纳牛驼十头，马百匹，乃给官名曰舍利，后遂为帐官。入辽后，舍利实际成为贵族称号。

舍利司　官署名。辽朝置为北面官，掌皇族之军政。置详稳、都监、将军、小将军等职。各部族亦有舍利司，掌部族子弟之军政。

舍利军详稳司　官署名。辽朝置为北面官，统领皇族一帐三房之从军者。设详稳。

金工　官名。负责冶铸金属器具的官员。一说为殷代官名。周朝属司空，有筑氏、冶氏、凫氏、段氏、函人等。《礼记·曲礼下》："天子之六工，曰土工，金工，石工、木工、兽工、草工，典制六材。"郑玄注："此亦殷时制也。周则皆属司空。"

金书铁券　即丹书铁契。

金玉局　见"诸路金玉人匠总管府"。

金正　官名。传说颛顼氏所置五行之官，亦即秋官。死后为神，称蓐收。详"木正"。

金印紫绶　指黄金铸造的官印和系官印的紫色丝带。汉朝凡诸侯王，及丞相、大将军等高官，均佩用之。简称金紫，亦比喻高官。魏晋南北朝二品以上的三公以及开府位从公者，加金印紫绶；光禄大夫加者，称为金紫光禄大夫。又，诸王太妃、妃、诸长公主、公主、封君金印紫绶，佩山玄玉。

金台监　官署名。明成祖永乐五年（1407）始置，初属北京苑马寺，十八年随该寺并入太仆寺。掌蕃养马匹，以备军需。设监正一人，正九品，监副一人，从九品，录事一人。下辖水州、隆萃、大牧、遂宁四苑，苑设圉长一人，从九品，掌具体牧养之事。

金丝子局　官署名。元朝置。秩从五品，隶诸路金玉人匠总管府。世祖中统二年（1261），设二局。至元二十四年（1287），合为一局。置大使、副使各一员。

金字圆符　即金字圆牌。见"牌符"。

金吾卫上将军　官名。❶唐朝十六卫之左、右金吾卫上将军，宋朝环卫官之左、右金吾卫上将军统称。❷武散官三十四阶之第二阶。金朝为正三品中；元朝为正二品，宣授。

金吾仗司　见"金吾街仗司"。

金吾将军　武散官名。明置，武官正二品，升授。

金吾营　辽军名。南面，驻守辽阳路。

金吾街仗司　官署名。宋朝置，下设左右金吾引驾仗，掌殿内宿卫，车驾巡幸勘箭喝探之事及送诸道节度使旌节；左右街司，掌街鼓警场清道，巡徼街市，纠视违犯。设判街、仗司官各一人，皆以将军以上充任。其属有左右仗孔目、勾押、引驾官、都押衙、勾画、都知、节级、知箭、门仗官、探头，左右街司孔目、表奏官。兵士各一百二十人。太宗至道元年（995），设左右金吾都监，以诸司副使及三班使臣充任。仁宗时，又有勾当左右金吾街仗公事。北宋隶卫尉寺。南宋并归兵部，设干办左右金吾街仗司为长官，以大使臣充任。

金吾街司　见"金吾街仗司"。

金奇尼哈番　即精奇尼哈番。

金官　❶古官名。传说少皞氏之子该为金官。❷官署名。汉朝职掌采金的机构。西汉桂阳郡置有金官。

金券　即丹书铁契。

金肃军都部署司　官署名。辽朝置为北面官，西京诸司之一，控制西夏。

金威将军　官名。南朝梁置，武帝天监七年（508）定为武职二十四班中的二班，与前锋将军同班；普通六年（525）改为武职三十四班中的七班。陈沿置，拟九品，比秩四百石。

金科　官署名。明清户部诸司所属之办事机构。明洪武二十三年（1390）置，宣德十年（1435）隶户部十三清吏司。掌理市舶、鱼盐、茶钞税课及赃罚之折收。清顺治元年（1644）隶户部十四清吏司。各设经承一人办事。掌理矿税、芦课、鱼课及田房税契、牙帖商行当铺税、牛马猪羊落地税等项杂税、厘金。光绪三十二年（1906）裁。

金珰　汉朝皇帝近侍的冠饰。经常与貂尾并用，称为貂珰。据《续汉书·舆服志》，侍中、中常侍加黄金珰，附蝉为文，貂尾为饰。参见"貂珰"。

金部　官署名。魏晋南北朝为尚书省诸郎曹之一，设郎（郎中、侍郎）为长官，隶度支尚书。唯北魏前期置为尚书曹，设尚书、长、郎等官，孝文帝改制后仍为郎曹。掌审核全国库藏钱帛出纳账籍、钱币铸造及有关度量衡的政令。隋初仍隶度支，文帝开皇三年（583）改度支为民部，置侍郎、员外郎为正副长官，炀帝改置郎、承务郎。唐朝改民部为户部，遂为户部四司之一，置郎中、员外郎为长贰。历代沿置。高宗龙朔二年（662）改名司珍，咸亨元年（670）复旧；玄宗天宝十一载（752）改名司金，肃宗至德二载（757）复旧。玄宗开元（713—

741）后置铸钱使，其职渐夺。五代因之。北宋前期无职掌，设判部事一人，以无职事朝官充任，郎中、员外郎皆为寄禄官。神宗元丰（1078—1085）改制后，恢复职掌，兼勾考平准、市舶、榷易、商税、茶、盐、香、矾等岁入之数。领左藏、右藏、钱帛、榷易、请给、知杂六案。南宋时，太府寺一度并入。明太祖洪武十三年（1380）置为户部四属部之一，主市舶、鱼盐、茶钞税课，及赃罚之收折，设郎中、员外郎等官。二十三年罢。

金部长 官名。北魏前期置，协掌尚书省金部曹事务，属金部尚书。《魏书·穆崇传》：穆安国“历金部长、殿中尚书”。

金部员外郎 官名。隋文帝开皇六年（586）始置，为民部金部司次官。炀帝大业三年（607）省，后置承务郎行其职。唐朝复名员外郎，为户部金部司次官，从六品上。高宗、玄宗时曾随本司改名司珍员外郎、司金员外郎，寻各复旧。五代因之。北宋前期为六品寄禄官，不预司务，神宗元丰（1078—1085）改制后，始为职事官，置二员，正七品。明太祖洪武十三年（1380）亦置，从五品，二十三年罢。参见“金部”。

金部尚书 官名。北魏前期置，为尚书省金部曹长官。《魏书·毛修之传》：毛法仁“高宗初，为金部尚书”。

金部侍郎 官名。魏晋南北朝尚书金部郎之资深勤能者可转侍郎。隋初定置为金部司长官，正六品，文帝开皇三年（583）升从五品。炀帝大业三年（607）改名金部郎。参见“金部”、“金部郎”。

金部郎 官名。魏晋南北朝为尚书省金部曹长官通称，亦称金部郎中，资深勤能者可转侍郎。魏、晋、宋六品，梁侍郎六班、郎中五班，陈四品、六百石；北魏孝文帝太和十七年（493）定郎中为五品中，郎从五品中，二十三年皆称郎中，六品，仍可通称为郎；北齐六品。隋初改称金部侍郎，炀帝大业三年（607）复旧，为民部金部司长官，从五品。参见“金部”。

金部郎中 官名。魏晋南北朝与金部郎互称，为尚书省金部曹长官。唐朝定置为户部金部司长官，从五品上。高宗、玄宗时曾随本司改名司珍大夫、司金郎中，寻各复旧。五代沿置。北宋前期为五品寄禄官，不预司务，神宗元丰（1078—1085）改制后，始为职事官，置二员，从六品。明太祖洪武十三年（1380）亦置，正五品，二十三年罢。参见“金部”、“金部郎”。

金部郎官 金部郎中、员外郎通称。

金部都 金部都令史的简称。

金部都令史 官名。两晋以来尚书省置都令史八人，协助尚书左、右丞管理都省事务，监督诸曹尚书，参与政要。权任虽重，用人常轻。至南朝梁始重其选，置殿中、吏部、金部、左民、中兵五都令史，武帝天监九年（510）诏令选用有才干的士人。位仅二班，职权颇重。陈沿置。北魏、北齐复置八都令史。

金瓶掣签制 清朝确定藏传佛教活佛继承人的制度。此教认为达赖喇嘛、班禅额尔德尼及诸呼图克图圆寂之后皆能自在转生，代代承袭佛号，称为呼毕勒罕。呼毕勒罕的确定，向系达赖喇嘛所属之拉穆吹忠降神指认，以致秘相传袭，屡生事端。乾隆五十七年（1792）斥拉穆吹忠之妄，改行金瓶掣签，特颁金奔巴（藏语瓶曰奔巴）一于拉萨之大昭寺。凡达赖、班禅、哲布尊丹巴及诸呼图克图大喇嘛故后，将报出之呼毕勒罕数人名字、生辰缮签置于金瓶内，由驻藏大臣监视掣签一人为呼毕勒罕。五十八年复设金奔巴一于京师雍和宫，其内、外札萨克等所奉呼图克图之呼毕勒罕如力不能赴藏识认者，由盟长拟选数人报于理藩院，缮签入于金瓶内，由掌院大臣监看掣定。并规定，凡达赖、班禅之亲族及王、公、札萨克等之子弟一概不准指为“呼毕勒罕”。

金银库 官署名。金朝置，属宣徽院。掌内府金银。世宗大定二年（1162），从内藏库析出。设都监、同监领库事，秩正九品，从九品。下设本把八人，知书二人。清末置为度支部所属机构。光绪三十二年（1906）设。掌收全国金银铜锭条、各种钱币并出纳事项，收藏纸币及销毁事宜，筹备国家银行本金存置，收掌各省商家银行请发纸币之押金诸事。置郎中一人，员外郎四人，主事二人。

金银库郎中 官名。清末度支部金银库主官。光绪三十二年（1906）户部改度支部，设金银库，始置。一人，正五品，奏补。掌主管库务。

金银作坊院 官署名。唐朝少府监中尚署置，掌宫中金银器物铸造之事。

金银局 官署名。元朝置。设于世祖至元十五年（1278），掌宫廷金银器皿制作。二十四年，改为金银器盒提举司。

金银器盒提举司 官署名。元朝置。世祖至元二十四年（1287）由金银局改置，秩正六品，隶诸路金玉人匠总管府。后升从五品。置提举、同提举、副提举各一员。参见“金银局”。

金曹 官署名。汉朝三公府僚属诸曹之一，掌货币、盐铁事。郡国亦置，兼掌市政。以掾主其事。三国、晋丞相相国府、诸公府、大将军府皆置，西晋末改长官为参军。晋朝诸县亦置，长官仍为掾。北魏诸县、北齐三师二大三公府、诸州、诸郡县，隋朝雍州、诸郡县置，长官为从事、佐或掾、参军事。隋朝所置掌内外库藏、权衡量度事，文帝开皇三年（583）改名司金。

金曹从事 官名。东汉末州郡置。《三国志·胡综传》：“（孙）权为讨虏将军，以综为金曹从事。”但非定制。北齐司州置，为金曹长官，视从八品。隋朝雍州沿置，品同北齐，文帝开皇十二年（592）改为参军。参见“金曹”。

金曹参军　官名。金曹长官，西晋末司马睿丞相府始置。南朝不置。北齐称金曹参军事，三师、二大、三公府皆设，从六品上至从七品上。参见“金曹”。

金章　❶以黄金制成的印章，其文曰“某官之章”。在汉朝亦称金印，但西晋以后则将此类印文者称金章，将印文为“某官之印”省称金印。参见“金印紫绶”。❷铜印的别称。孔稚珪《北山移文》：“至其纽金章，绾墨绶，跨属城之雄，冠百里之首（李善注：金章，铜印也）。”参见“铜印”。

金章紫绶　官制术语。即在金质的印柄上系有紫色的绶带，其文作某官之章。简称金紫。标志较高官阶。晋、南朝规定：三公、诸开府位从公者，三品以上将军皆假金章紫绶，公侯五等及贵嫔、夫人、贵人亦假金章紫绶，唯郡公假金章、玄朱绶。光禄大夫假金章紫绶者称金紫光禄大夫。

金紫　❶指金印紫绶。❷金紫光禄大夫省称。

金紫光禄　金紫光禄大夫的省称。

金紫光禄大夫　官名。晋初有光禄大夫，授银章青绶。如加赐金章紫绶，则为金紫光禄大夫，二品，禄赐、班位、冠帻、车服、佩玉、置吏卒羽林及卒，诸所赐给皆与特进同。其以为加官者，唯假章绶、禄赐班位，不别给车服吏卒。梁十四班，陈三品。北魏孝文帝太和十七年（493）定为从一品下，二十三年改从二品。北齐因之。南朝梁及北周分置左、右。隋初为从二品散官，炀帝改正三品。唐太宗贞观十一年（637）置为正三品文散官，宋初因之。神宗元丰三年（1080）用为新寄禄官，正二品，取代旧寄禄官吏部尚书。哲宗元祐三年（1088）分为左、右两阶，绍圣二年（1095）复合为一阶。金、元沿置，为文散官四十二阶第五阶。金正二品。元正一品，宣授。

金紫阶　官制术语。指服用金印紫绶的官职，尤特指进为金紫光禄大夫。《周书·赵刚传》：“累迁镇东将军、银青光禄大夫，历大行台郎中、征东将军，加金紫阶。”

金紫将军　指加授金章紫绶的将军，位在假银章青绶的光禄大夫之上。

金符　见“牌符”。

金牌　即金符。见“牌符”。

金蝉　冠饰。汉朝皇帝近臣如侍中、中常侍均用之，常与貂尾并用，称为貂蝉。后为贵幸近臣代称。东汉时，宦官如中常侍亦冠此。唐朝显庆二年（657）增置散骑常侍二员，分左、右，隶门下，中书省，皆金蝉、珥貂。

金銮殿大学士　官名。五代后梁太祖开平三年（909）改思政殿为金銮殿，乾化元年（911）始置一人，以崇政院使为之。

金耀门书库　见“文书库”。

籴便司　见“河北籴便司”。

肴藏下士　官名。西魏、北周天官府膳部中大夫肴藏中士佐官，员一人，正一命。

肴藏中士　官名。西魏恭帝三年（556）置，北周沿置。天官府膳部中大夫属官，员一人，掌供御及祭祀、朝会所用的各种水陆特产，正二命。下设肴藏下士以佐之。隋文帝开皇元年（581）罢。

肴藏令　官名。北齐光禄寺肴藏署置为长官，从九品上，掌膳食器物鲑味等事。隋朝沿置，二员，从八品；炀帝大业三年（607）增为正七品。唐朝沿置，武则天垂拱元年（685）改名珍羞令，中宗神龙元年（705）复旧，玄宗开元元年（713）定名为珍羞令。

肴藏丞　官名。北齐光禄寺肴藏署次官。隋朝沿置，二员，从九品。唐朝亦置，武则天垂拱元年（685）、玄宗开元元年（713）两次改名珍羞丞。

肴藏署　官署名。北齐光禄寺始置，有令、丞，掌膳食器物鲑味等事。隋朝沿置，有令二员、丞二员，炀帝大业三年（607）升令品。唐朝沿置，武则天垂拱元年（685）改为珍羞署，中宗神龙元年（705）复，玄宗开元元年（713）定名为珍羞署。参见“珍羞署”。

肴藏署令　官名。即肴藏令。

肴藏署丞　官名。即肴藏丞。

斧钺司　官署名。清朝銮仪卫前所下设机构。顺治十一年（1654）置，掌斧钺、静鞭等。设掌印云麾使、掌司事治仪正各一人，共掌司事。

采　❶周朝王畿以外行政区域名。（1）九服之一。参见“九服”。（2）五服之一。参见“五服”。❷春秋战国时公卿大夫作为世禄的封地。《礼记·礼运》：“大夫有采以处其子孙。”

采女　宫廷女官名。东汉始置，并无爵秩，岁时赏赐充给而已。隋炀帝置三十七人，正七品，为御女之属。唐置二十七人，正八品，位在御女之下。宋、金沿置。金为正八品内命妇。后为宫廷选宫女之泛称。

采访处置使　使职名。唐玄宗开元二十一年（733）置，分十五道监察州、县官吏，京城长安、陪都洛阳以御史中丞领使职，其余各地择贤良刺史领使职，职权甚重，可罢免州刺史，除变革旧制须先报可，其余皆得自行处理，先行后奏。肃宗乾元元年（758）改为观察处置使。

采访使　官名。唐玄宗开元四年（716），以尚书右丞倪若水为汴州刺史兼河南采访使。二十一年，改称采访处置使。各地军政隶节度使，民政隶采访使。肃宗乾元元年（758）改观察处置使。宋朝或置，掌廉访民间灾伤。辽朝为南面分司官。金沿置，世宗时一度罢，章宗时复设，通常以朝官兼任。掌访察官吏之善恶。

采访副使　官名。北宋置，佐采访使察访官吏善恶和民间疾苦。

采材副将　官名。北魏置，掌管采伐宫殿营造所需材木。《魏书·裴骏传》：“（孝文帝）迁都洛阳，以（裴）宣为采材副将。”

采邑 周朝封赐公卿大夫作为世禄的封邑。《周礼·天官·大宰》郑玄注：“公卿大夫之采邑，王子弟所食邑，周召、毛聃、毕原之属在畿内者。”

采金铁冶提举司 官署名。元朝置，掌各地金、铁冶炼。简称铁冶提举司。世祖中统二年（1261），始于景州置提举司，管领景州、滦阳、新匠三冶。其后增置平阳、顺德、济南等提举司。成宗大德五年（1301）后次第升为都提举司，仍省称为铁冶提举司。

采铅伯克 官名。清朝新疆回部官员之一，掌理采铅之事。和阗所属之克里雅城设一人，秩五品。

采捕衙门 官署名。清朝内务府所属之机构，掌理所属武职官之铨选任用及打牲、捕鱼之事。顺治十八年（1661）裁尚膳监，改用今名。设郎中三人、员外郎六人、催总四人，分办所属事务。所属有吉林打牲乌拉处等机构。康熙十六年（1677）改称都虞司，遂废。

采铜伯克 清朝新疆回部官员之一，掌理采铜之事。阿克苏设三人，秩七品。

采薮房主 宫中女官名。南朝宋太宗定后宫百官时置，掌铨查六宫。三品。

受别官 官名。北魏置。《南齐书·魏虏传》：“受别官，比诸侯。”此系南朝人对北魏鲜卑语官名的音译。

受纳匹缎库 官署名。北宋太宗太平兴国二年（977）置，掌受纳绫锦院及西川所输锦、鹿胎、绫、罗、绢等物。真宗大中祥符元年（1008），并入内衣物库。

受纳司 官署名。西夏置。西夏语音“嚷张罗”，中等司。元昊建国初期设，掌仓储保管及收支等。

受事司 即三司受事司。

受卷 官名。又称受卷官，明清科举考试中特设之官，属外帘官。掌士子考卷之检查收发。

受卷官 见“受卷”。

受给库 官署名。元朝置。始设于世祖至元十三年（1277），掌京城内外营造木石等事。秩正八品。隶工部。置提领、大使、副使各一员。

受给官 官名。南宋军器所属官，位在提举、提点提辖、监造之下，掌仓库出纳之事，员一或二人。任满后授堂除现阙差遣。

受恩 官名。北魏前期置。《魏书·官氏志》：“（道武帝天兴）三年（400）十月，置受恩、蒙养、长德、训士四官。受恩职比特进，无常员，亲贵器望者为之。”

狗加 官名。夫余国置之。据《后汉书·东夷传》，夫余国以六畜名官，有狗加、马加、牛加等，其邑落皆属诸加。

狗监 官名。《汉书·司马相如传》有狗监杨得意，当为职掌皇帝田猎之犬的官吏。

饱卿 光禄卿别称。洪迈《容斋四笔》卷一五《官称别名》：“唐人好以它名标榜官称”，“光禄（卿）为饱卿”。

朋友 同官僚友。《克盨》铭：“唯用献于师尹、朋友、婚媾。”《诗经·大雅·假乐》：“燕及朋友。”

股长 官名。清末军咨府等中央机构中设，为各股之长官，六、七品不等，分管各股事。如果咨府所属测地局下设三角、地形、制图三股，各设股长一员，由军咨府第四厅各科科长兼充。

服 ❶担任，出仕。《礼记·内则下》：“五十命为大夫，服官政。”❷职事。《班簋》铭：“更虢成公服。”《尚书·周书·旅獒》：“无替厥服。”❸周朝划分的封国区域。《周礼·夏官·职方氏》：“乃辨九服之邦国。”

服不氏 官名。《周礼》夏官之属，一说为周朝置，掌驯养猛兽及赞佐射仪。《周礼·夏官》：“服不氏，下士一人，徒四人”，“掌养猛兽而教扰之。凡祭祀，共（供）猛兽。宾客之事则抗皮。射则赞张侯，以旌居乏而待获”。

服官 官署名。主织造，产品供宫廷服用。西汉设于齐临淄（今属山东淄博市）、陈留郡襄邑（今河南睢县）两县。由长、丞典领其事。襄邑主作锦绣，临淄作缯帛，作者数千人。因临淄服官制作首服、冬服、夏服，又有齐三服官之称。东汉初沿置，转隶郡国。

服阕 古丧礼规定，因父母死亡，服丧三年，期满除服，称服阕。清朝之官员为父母，或祖父母居丧，丁忧二十七个月，服满释服起复原官，也称服阕。

鱼曹尚书 北魏虞曹尚书别称。《韩震墓志》志阴载其妻父娥清曾任之。（赵万里《汉魏南北朝墓志集释》图二八一）

鱼袋 官员服饰。唐高宗永徽二年（651）定制，五品以上官随身佩鱼符，以明贵贱，应征召。其制左二右一，太子用玉，亲王用金，百官用铜，皆题姓名于符，并以袋盛之，故谓鱼袋。咸亨三年（672）规定，三品以上其袋饰以金，称金鱼袋，五品以上饰以银，称银鱼袋。玄宗开元（713—741）以后，赐服绯、紫者例赐鱼袋，故有赐绯鱼袋、赐紫金鱼袋之说。其都督、刺史及二品以上散官、五品以上致仕官、检校官、试官、内供奉等，亦皆赐佩。宋初其制多缺，太宗雍熙元年（984），始赐内外升朝文武官，衣紫服者饰以金，衣绯服者饰以银。亲王及武官内职将校皆不佩。金朝唯皇太子佩玉双鱼袋。

鱼钩匠 官名。清朝尚虞备用处属官。设二人。掌为皇帝钓鱼准备渔具。

备西夜君 官名。西域莎车国置，员一人，见《汉书·西域传》。

备身 ❶北魏时为备身左右的省称。见《魏书·外戚传》。❷官名。（1）隋朝置，掌宿卫侍从。初属左、右领左右府，员六十人，从八品上，炀帝大业三年

（607）改左、右领左右府为左、右备身府，遂罢。唐朝复置，属左、右千牛卫，员一百人，正八品。宋朝虽存其名而罕除授。（2）东宫官。隋朝太子左、右内率亦置此职，掌东宫宿卫侍从，员二十人，正九品上。唐太子左右内率府沿置，员二十八人，从八品。

备身五职　备身都将、备身别将、备身统军、备身军主、备身幢主的合称。北齐置，属领左右府，位在备身正，副都督之下。负责宫禁侍卫，从八品。

备身正都督　官名。北齐置，禁军将领之一，属领左右府，下统备身副都督，备身五职等，掌宫禁侍卫。从四品上。东宫亦设，称“太子备身正都督”。

备身左右　官名。❶北魏置，掌执御刀弓箭，宿卫侍从。隋初属左、右领左右府，员十二人，正六品。炀帝时左、右领左右府改为左右备身府，遂改称“司射左右”。唐朝复置，属左、右千牛卫，员十二人，皇帝临朝时，升殿列侍，正六品。宋朝虽存其名，而罕除授。❷东宫官。隋初，太子左、右内率亦设，掌供奉刀箭，员八人，正七品，炀帝时改称“主射左右”。唐初，太子左、右内率府复置，玄宗开元（713—741）中，与千牛备身合并，改称千牛。

备身主仗　官名合称。唐朝左、右千牛卫置，备身一百员，掌宿卫侍从；主仗一百五十员，掌守供御兵仗。

备身军主　见“备身五职”。

备身别将　见“备身五职”。

备身统军　见“备身五职”。

备身郎将　官名。隋炀帝大业三年（607）改左、右领左、右府为左、右备身府后置为长官，各一员，正四品，掌领亲信禁兵，侍卫皇帝左右。唐朝改名左右千牛府将军。

备身都将　见“备身五职”。

备身副都督　官名。北齐置。属领左右府，位在备身正都督下，佐其协领备身五职，负责宫禁侍卫。从五品上。东宫亦设，称“太子备身副都督”。

备身幢主　见“备身五职”。

备倭　官名。明朝时因倭寇入侵，乃专设备倭一职于沿海要害处，以进行防御。

备御　官名。明朝镇戍军官任职名目，无品级，无定员。有备御领班，领班备御都司等。

备御官　官名。清入关前八旗组织内基层编制单位牛录之长官。初设时称牛录额真。太祖天命五年（1620）改为备御官。太宗天聪八年（1634）改为牛录章京。顺治十七年（1660）定汉名为佐领。

备箭协领　见“司矢”。

备箭固山达　参见“司矢”。

昏钞库　官署名。元朝置，掌回收、销毁废旧钞币。置于世祖至元元年（1264），秩正九品。二十四年，改名烧钞库。

忽剌罕赤　官名。蒙、元怯薛执事名，蒙古语，意为捕盗者。

忽鲁　官名。金朝置，为统帅数部部民者，又译胡鲁。

周人　官名。春秋时鲁国置，掌理周朝礼法典籍。《左传·哀公三年》：“命周人出御书，俟于宫。”杜预注：“周人，司周书典籍之官。”

周师　官名。西周置，国都成周的太师，周王辅弼大臣。《守宫盘》铭：“王在周。周师光守宫事”，“守宫对扬周师厘”。

周兵将军　官名。北魏初置。道武帝拓跋珪以吏部尚书崔宏为之，赐爵白马侯，与旧功臣司空庾岳等同班。孝文帝太和十七年（493）改定官制后未见。见《魏书·崔玄伯传》。

周室　周朝王室的简称。《左传·僖公二十六年》：“昔周公、太公股肱周室。”

〔丶〕

旊人　官名。周朝置，掌制作陶瓦盛食器皿。《周礼·冬官·考工记》：“旊人为簋”，“凡陶旊之事，髻垦薜暴不入市”。

放选　官场用语。宋朝铨选制的一项规定。吏部每季一次，注授选人差遣窠缺。选人每任期满，依法应守选，若朝廷缺官，随时命赴吏部集注差遣，称放选。遇恩赦，幕职州县官及未出官选人，例准放行注授差遣，亦称放选。

刻字司　官署名。西夏朝置，掌管刻字、印刷等事务。末等司，设头监以主其事。

刻期百户所　明朝卫所制度中的一种特种编制。洪武二年（1369）始置，选能疾行者二百人，以百户领之，负责传递军情。

刻漏房　官署名。明朝置，为内府掌管时刻的机构。设掌房一员，佥书无定员。每一时，即令直殿监官入宫换牌，每夜报刻水。

刻漏博士　官名。辽朝置为南面官，司天监官员，掌孔壶刻漏之事。

劾奏　个人或有关政府机构向皇帝检举、弹劾官吏或贵族的罪状。

郊人　官名。春秋时郑国置，掌郊区内乡的行政长官。《左传·昭公十八年》：“（郑国火灾）郊人助祝史，除于国北，禳火于玄冥、回禄，祈于四鄘。”孔颖达疏：“郊人，当谓郊内乡之人也。”杨宽认为：“郊人即是郊内乡的长官。”

郊尹　官名。春秋时楚国置，掌郊区的行政长官。《左传·昭公十三年》：“（楚灵王）又夺成然邑，而使为郊尹。”杜预注：“郊尹，治郊竟（境）大夫。”

郊圻　指封邑的疆界。《尚书·周书·毕命》：“申画郊圻，慎固封守。”孔颖达疏：“郊圻，谓邑之境界。”

郊庙下大夫　官名。北魏置，掌宗庙的看守和日常清扫，参与考定朝仪典章。孝文帝太和十七年定为四品上，二十三年复次职令，未载。

郊社令 官名。宋朝太常寺置，为郊社局长官，正九品。参见“郊社局”。

郊社局 官署名。唐朝于两京置。宋朝东京亦置，掌四郊坛壝之事，隶太常寺。仁宗嘉祐元年(1056)，置郊社局令一员。

郊社斋郎 见“斋郎”。

郊社署 官署名。金朝置，属太常寺，掌社稷、祠祀、祈祷并听舍祭器等物。设令、丞领署事，秩从六品、从七品。曾设直长一职，章宗明昌三年（1192）罢。承安三年（1198），设祝史、斋郎一百六十人。卫绍王完颜永济大安元年（1209），兼领武成王庙署。

郊祠局 官署名。北齐置，设丞，掌五郊群神事，隶太常寺太庙署。

郊祠局丞 官名。北齐置。见“郊祠局”。

京卫指挥使司 官署名。明朝军事机构，其主要职责在拱卫京师守护宫禁。分上直卫亲军与非亲军卫。上直卫亲军有南、北京卫，不隶于五军都督府；非亲军卫有隶五军都督府与不隶五军都督府之别。设官品秩均与诸卫同。参见“卫”。

京尹 京城府尹之通称。南朝宋、齐、梁用以称丹阳尹，十六国北燕以称昌黎尹。唐朝指东京、西京、北京等尹。宋朝用以称西京、南京、北京及开封府尹。明朝用以称顺天府、应天府尹。清朝指顺天府尹。

京东西南三路检察司 官署名。金朝宣宗兴定四年（1220）置，主管检察支散军粮，验军户实给，均军户差役，劝农种，禁私杀马牛、和盐酒曲。设使、副使领司事，秩从六品、正七品。

京东抽税箔场 官署名。宋朝税收机构之一，太祖建隆元年（960）置，掌抽算汴河、惠民河商贩苇箔、芦席、蒲蔺席，以给内外之用。设监官二员，以京朝官、内侍及三班使臣充任。

京外按察司 官署名。唐代宗宝应二年（763）置，考核官吏。京察与御史台、外察与诸道观察使共同进行，各访察官吏善恶，其功过稍大，事当奏者，立案成便奏，每年九月三十日以前具状报吏部考功司；其功过稍小，理堪惩劝者，立案报吏部考功司。

京市令 官名。隋初为司农寺京市署长官，置二员，正八品。炀帝大业三年（607）改置京师、东都诸市令五员，隶太府寺。

京市署 官署名。隋朝司农寺置，管理京师市易，设令二员，肆长四十员。炀帝大业三年（607）改置京师、东都凡五市署，隶太府寺。

京市署令 官名。即京市令。

京司市师 官名，即长安东市五均司市师，新莽置，原为汉长安东市令。新莽亡后废。参见“五均司市师”。

京吏 指在京城各中央机构办事之吏。清制，京吏有三：供事、经承、儒士。

京师大学堂 清末所设之新式学堂。光绪二十四年（1898）创办，置管理京师大学堂事务大臣一人，总教习一人。分诗、书、易、礼四堂及春、秋二堂。二十六年，八国联军占领北京后停办。二十八年复校，增设预备科（政科、艺科）、速成科（仕学馆、师范馆）。二十九年，增设进士馆、译学馆、医学实业馆，又改管学大臣为学务大臣，专设京师大学堂总监督一人。大学堂分为经学科、政法科、文科、医科、格致科、农科、工科、商科八个分科大学和通儒院。译学馆、宗室、觉罗、八旗中、小学堂、进士馆、医学馆、编译局改由学务大臣统辖。三十二年，直隶学部。宣统二年（1910）改设经、法、文、格致、农、工、商七科。辛亥革命后改称北京大学。

京师大学堂总监督 官名。清末京师大学堂之总管官。光绪二十九年（1903）由管学大臣改设。受总理学务大臣之节制，专管京师大学堂各分科大学事务，统率全学人员。原属管学大臣的译学馆，宗室、觉罗、八旗中、小学堂，进士馆，医学馆，编译局等一律改由学务大臣直辖而不隶大学堂。三十二年，定为专官，秩视左、右丞，正三品。辖经学、文学、医学、格致、农学、工学、商学八科监督，教务、庶务、斋务三提调。

京师习艺所 官署名。清光绪三十一年（1905）设，属工巡总局。三十二年，改隶巡警部，旋归民政部直辖。收轻罪犯人，令习工艺，使之改过自新；又酌收贫民，教以谋生之技。设正四品监督一人，管理所务。

京师内外城地方审判厅 官署名。清末京师审判机构之一，光绪三十三年（1907）设，掌京师内外城地区不属初审厅管辖的一审及不服初审厅判决的二审。置厅丞一人，下分刑、民两科。每科分二庭，各置推事六人。审判采合议制。宣统元年（1909）增设二庭，各置推事三人。另置典簿二人，主簿二人等。附看守所一处，关押未决人犯。

京师内外城地方审判厅厅丞 官名。清末京师地方审判厅长官，光绪三十三年（1907）设，一人，从四品，简任。掌领本厅审判事宜，并监督所属各官。

京师内外城地方检察厅 官署名。清末京师检察机构之一，光绪三十三年（1907）设，附于京师内外城地审厅内。掌京师地审厅管辖案件的检察事宜。置检察长一人，检察五人，并典簿、主簿、录事等。

京师内外城地方检察厅检察长 官名。清末京师地方检察厅长官，光绪三十三年（1907）设，正五品。掌领本厅所司检察事宜，监督所属各官。

京师劝工陈列所 官署名。清末农工商部附属机构，光绪三十二年（1906）设，职司农林牧矿各类商品展出，兼其销售。置总理二人．协理二人，庶务长二人，由部派员充任。下设庋设处、考验处、调查处及收支处。

京师协巡营　官署名。又称协巡队。清光绪三十一年（1905）于巡警部设，专司京师巡防、接受诉讼案件，解送人犯，派遣坛差、道差，保护中外大员来往等事。置统带一人，统辖各队，管理营务。三十二年，改隶民政部。

京师同文馆　见“同文馆❷”。

京师初级审判厅　官署名。清末京师审判机构之一，光绪三十三年（1907）设，分五处。掌审理京师内外城不属地审厅管辖的一审案。审判采独任制。置刑、民科推事各五人，录事十人等。

京师初级检察厅　官署名。清末京师检察机构之一，光绪三十三年（1907）设，分五处。掌同级审判厅管辖案件的检察事宜。置检察官十人，录事五人。

京师高等审判厅　官署名。清末京师之审判机构，光绪三十三年（1907）设，掌京师刑、民案件审判，于重罪为二审，轻罪为终审。置厅丞一人，下设刑、民两科，各置推事六人，分掌所辖刑、民案件。设典簿厅，置典簿二人，主簿四人，录事六人，掌记录并庶务。附设京师高等检察厅。又设看守所，置所长、所官各一人。

京师高等审判厅厅丞　官名。清末京师高等审判厅长官，光绪三十三年（1907）设，一人，正四品，简任。掌综理厅务并监督下级审判厅。

京师高等审判厅看守所所长　官名。清末京师高审厅属官，宣统三年（1911）置，一人，正六品，奏补。掌理看守所关押人犯事宜。

京师高等检察厅　官署名。清末京师检察机构之一，光绪三十三年（1907）设，掌对同级审判厅审判案件的检察事宜。置检察长一人，检察官四人，并典簿、主簿、录事等。

京师高等检察厅检察长　官名。清末京师高等检察长官，光绪三十三年（1907）设，一人，正四品，简任。掌领本厅检察事宜并监督下级检察机关。

京师消防队　官署名。清光绪二十八年（1902）工巡总局设，三十一年，归巡警部。三十二年改隶民政部。专司救火之事，并分任巡逻、要差勤务。设总理兼统带一人，四品，辖官兵八百二十名，消防一、二大队，军乐队，内勤处、外勤处。

京师探访队　官署名。清末京师侦查机关，光绪三十一年（1905）于巡警部设，专司探访、侦缉奸宄。凡行踪诡秘、潜谋不轨、来历不明、形迹可疑者，均需进行探查。置监督一人，辖中、左、右三路局。三十二年，改隶民政部。宣统元年（1909），并入缉探总局。

京师路工局　官署名。清末巡警部、民政部所属之机构。光绪三十一年（1905），改工巡总局东西城路工局设。时隶巡警部。专司修筑路工事宜。辖内城路工东、西局，外城路工东、西局，西直门外路工局。置总办一员，辖文案、支应、测绘、监工、收发科委员。三十二年，改隶民政部。宣统元年（1909）撤，成立路工处。三十二年归并内、外城巡警总厅。

京师督学局　官署名。清末学部兼领机构，光绪三十二年（1906）设，掌京师教育行政事宜。辖师范教育、中等教育、小学教育三科。局长由学部奏派，局员由视学官内派充，另设译官任翻译。

京师稽查处　官署名。清末巡警部、民政部所属之机构，光绪三十一年（1905）设，时隶巡警部。专司坛庙跸路警卫，稽查内、外城巡警事及应查、交查事件。置总办、会办各一人，帮办二人，委员三十四人。三十二年，改隶民政部。

京兆少尹　官名。唐玄宗开元元年（713）置，为京兆府佐官，二员，从四品下，掌贰府事，岁终更次入计。

京兆尹　官名。西汉京畿地方行政长官之一。武帝太初元年（前104）改右内史置，职掌如郡太守。其地属京畿，为三辅之一，故不称郡。因治京师，又得参与朝政，故又有中央官性质。秩中二千石（一说秩二千石），地位高于郡守，位列九卿。属官有长安市、厨两令丞，都水、铁官两长丞。所典京师多勋臣贵戚，号为难治，历任此职者久者不过二三年，近者数月一岁，辄以罪过罢。东汉迁都洛阳，以三辅陵庙所在，故不改其号，唯改其秩为二千石。十六国之前秦、后秦、北朝西魏亦于京师长安置之。北周初改为京兆郡守，明帝二年（558）复改京兆尹。唐朝开元元年（713）始改雍州为京兆府，雍州长史为京兆尹，为首都行政长官，秩从三品。又有少尹二人，助理府事。唐以后亦作京城地方行政长官惯称。

京兆行省　即陕西行省。

京兆虎牙都尉　官名。东汉安帝永初四年（110）置，居长安，与扶风都尉并称二营，将兵卫护园陵，抵御羌族进犯。

京兆府　官署名。唐玄宗开元元年（713）改雍州置，领万年、长安、蓝田、渭南、昭应、三原、富平、栎阳、咸阳、高陵、泾阳、醴泉、云阳、兴平、鄠、武功、好畤、盩厔、奉先、奉天、华原、美原、同官等二十三县，察其丰歉、观其民风、理其刑狱、督其官吏。置牧一员为长官，以亲王领之；以长史为尹，置一员，通判府务，牧缺则行其事，为实际长官；少尹二员，掌贰府事；司录参军事二员，掌符印、参议得失；录事四员；功曹司功参军事二员，掌考课、礼乐、学校、表疏等；仓曹司仓参军事二员，掌租调、公廨、仓库、市肆等；户曹司户参军事二员，掌户籍、杂徭、逋负、田讼等；田曹司田参军事二员，掌园宅、口分、永业、荫田等；兵曹司兵参军事二员，掌武选、兵甲、军防、传驿等；法曹司法参军事二员，掌理狱、刑法、捕盗、追赃等；士曹司士参军事二员，掌津梁、舟车、舍宅、工艺等；参军事六员，掌出使、赞导；又有经学博士（文学）、助教、医学博士、助教、典狱、问事、白直、执刀等属。

京兆府司竹监 官署名。金朝置，掌竹园的养植和采伐。设管勾领监事，秩从七品。下设司吏一人，监兵百人。

京兆按察司 见“河东陕西道提刑按察司”。

京防营务处 官署名。清末京师临时军事治安机构，宣统三年（1911）设，职掌联络京师各军，稽查逃兵游勇诸事宜。

京坊局 官署名。北齐置，设丞。隶太府寺司染署。

京坊局丞 官名。北齐置。见“京坊局”。

京报 见“阁抄”。

京邑市令 官名。北魏置，掌京邑诸市，定都平城时属代尹，迁都洛阳后属司州牧。孝文帝太和十七年（493）定为从五品中，二十三年复次职令，未载。北齐时设东、西市署，各置令、丞。

京状 即京削。

京奇尼哈番 即精奇尼哈番。

京牧 司隶校尉、京兆尹等京都行政长官的别称。宋三京牧的通称。

京府 宋朝三京与开封府合称。参见“三京牧”。

京官 一般对在京都中央各衙门任职官员的统称。以别于地方官及差遣出外之官，故名。《北齐书·崔劼传》：“世门之胄，多处京官，而劼二子拱、㧑并为外任。”唐朝又称京职事官，指三公及省、台、寺、监、诸王、东宫、王府与公主邑司官等。宋朝在京文武高级官员无职事者每日参见皇帝，为常参官，亦称朝官，其非常参者为京官。明朝南、北两京各衙门之官员均称为京官，包括中央各机构及顺天府、应天府的官员。清制，中央各衙门官员称京官。

京城门收支器物使 官名。金朝贞祐元年（1213）设于京城各门，每门一员，掌收支器物，秩正八品，常以各门副尉兼任。

京城巡防处 官署名。清朝临时设置的京师卫戍机构。咸丰三年（1853），以太平军北伐，威胁京师，始设。掌京师防卫与治安事宜。置大将军一人，参赞大臣一人，巡防王大臣若干人，均特简王、大臣兼充。下设文案、营务、审案、粮台四处。五年裁。

京城善后协巡总局 官署名。清光绪二十七年（1901）设，掌京城警备、司法、公安及办理交涉事宜。辖文案、营务、发审三处及协巡局六、巡捕处六十二。置专职大臣一人，兼职大臣四人，以及提调、总办、会办、巡捕等官。二十八年撤销。

京削 宋朝官文书名。又称改官举状、京状，即高、中级官员向朝廷推荐选人磨勘改为京官的奏状。每年或分上、下半年依名额荐举，一个名额称一“京削”。

京省 即尚书省。北齐在晋阳置“并州尚书省”，称设于京师的尚书省为京省。《北齐书·崔劼传》：“（劼）迁并省度支尚书，俄授京省，寻转五兵尚书。”

京洛营作大监 官名。北周置，主持洛阳宫殿苑林的营建。《周书·窦炽传》：“及宣帝营建东京，以炽为京洛营作大监，宫苑制度，皆取决焉。”

京染都将 官名。北魏置。《魏书·阉官列传》：“延昌（512—515）末，（成轨）迁中常侍、中尝食典御、光禄大夫，赐始平伯，统京染都将。”

京都市五署 官署合称。即京师东市（都会）、西市（利人），东都东市（丰都）、南市（大同）、北京（通远）五署。隋炀帝大业三年（607）置，隶太府寺，各置令一员，正八品，掌市场财贸交易。

京都各省巡察使 官名。太平天国后期增设之朝上职官。分正、又正、副、又副，共四人，督察京内外军政。

京都园苑四面监 ❶官署合称。即唐朝司农寺所属东都苑东、西、南、北四面监，各置监一员、副监一员、丞二员，分掌所管方面苑内宫馆、园池；又有录事、典事等。❷唐朝司农寺属东都东、西、南、北四面监长官的合称，各置一员，从六品下。

京都园苑四面监丞 官名合称。即唐朝司农寺属东都苑东、西、南、北四面监佐官，各置二员，正八品下，掌判监事。

京都园苑四面监副监 官名合称。即唐朝司农寺属东都苑东、西、南、北四面监次官，各置一员，从七品下。

京都诸宫苑总监 ❶官署名。唐朝置，隶司农寺，分置于西京长安（今陕西西安）、东都（今河南洛阳），掌宫苑内馆宇、园池修葺，种植花草树木与饲养六畜之事。监各一员、副监各一员、丞各二员，另有主簿等。❷官名。唐朝司农寺京都诸宫苑总监长官，西京、东都各一员，从五品下。

京都诸宫苑总监副监 官名。唐朝司农寺属京都宫苑总监次官，西京、东都各一员，从六品下。

京卿 见“京堂”。

京通十三仓场监督 官名。清朝京、通十三仓之主官，隶属于总督仓场侍郎。顺治元年（1644）置。凡京仓十一：禄米仓、南新仓、旧太仓、北新仓、富新仓、兴平仓、太平仓、储济仓、本裕仓、丰益仓、海运仓。通仓二：中仓、西仓。分设满、汉监督各一人，京仓由户部于各衙门保送记名人员内按次补用，通仓由仓场侍郎于京仓监督内调补，皆三年一更代。下设看仓旗员、经制吏、攒典、铺军、花户、皂隶等员役佐理仓务。光绪二十八年（1902）裁储济、本裕及二通仓。三十二年，改隶度支部。

京职事官 唐朝以三公、三师及六省、一台、九寺、三监、十四卫、东宫诸司、王府、公主邑司官及唐初天策上将府官员为京职事官。参见“京官”。

京营 军事编制。明永乐二十二年（1424）始置，五军营、神机营、三千营三大营，因皆警卫京师，总称京营。每营选勋臣二人为提督。景泰元年（1450）选三营精锐立十团营。成化三年（1467）分为十二团营，嘉靖二十九年（1550）革，仍并入三大营，并改三千营为神枢营。设副将、参将、游击将军、佐击将军、坐营、号头、中军、千总、把总等官，统以提督总兵官一员。后改提督为总督，设总督京营戎政一员，并增设协理戎政一员，任之以文、武二臣。天启（1621—1627）、崇祯（1628—1644）时，设内臣为监督，大权尽落于宦官之手。

京辅都尉　官名。京辅都尉府长官，隋炀帝大业三年（607）置一员，从三品，领兵护卫京畿。

京辅都尉府　官署名。隋炀帝大业三年（607）置，立府潼关，设京辅都尉一员、副都尉一员，领兵护卫京畿。

京辅副都尉　官名。京辅都尉府次官，隋炀帝大业三年（607）置一员，从四品。

京堂　明清对某些高级官员之称呼，言其为堂上之官。一般为三品或四品官。清朝凡通政使司，大理寺、太仆寺、太常寺、光禄寺、詹事府、鸿胪寺等卿寺衙门之堂官皆称京堂。亦尊为京卿。中叶以后遂成为一种虚衔，如三品京堂，四品京堂之类，或称三、四品卿。

京察　明清考核官员之制度，考核京官。明初考满、考察之法并行。弘治十四年（1501）定京官考察之法，以巳、亥之年，六年一察，四品以上自陈以取上裁，五品以下不称职者，分别致仕、降调、闲住为民等处罚，具册奏请。清顺治八年（1651）踵沿明制。康熙元年（1662）罢之，专用考满之制。后复行，又罢。雍正元年（1723）改定为三年一考察，于子卯午酉年举行。三品京堂以上由吏部开列事实，具题请旨裁定；四、五品官员由特简王大臣会核，分别等第，具奏引见；其余官员分别由长官考察。京察的标准是按“四格”进行考核，即：守（有清、有谨、有平），才（有长、有平），政（有勤、有平），年（有青、有壮、有健），根据四格，分定等第：一等为称职，二等为勤职，三等为供职，列一等者加级，若记名，则加考引见备外用。经考察表现不好之官员，按六法予以参劾处分。凡属贪官、暴吏，则特参，不入六法。

京畿大都督　官名。北魏末、东魏、北齐置。统领京畿军士，为京都最高军事长官。东魏迁都邺城后，权势尤甚，孝静帝时，罢六州大都督，其事务由京畿府管辖。北齐时多任用宗室诸王。在宫廷政变中起着举足轻重的作用。高演、高湛杀废帝的辅政大臣杨愔等，高俨杀后主宠臣和士开，都是依靠此职所辖的京畿军士。北齐后主武平二年（571）罢，其职掌并入领军府。

京畿府　京畿大都督官府简称。

京畿南面都督　官名。北魏末置。《北齐书·慕容俨传》：“孝昌（525—527）中，尔朱荣入洛，授俨京畿南面都督。”

京畿都督　官名。北魏末置，统领京畿军兵。《魏书·出帝平阳王纪》：“帝幸华林都亭，集京畿都督及军士三千余人，慰勉之。”

京畿都漕运使司　官署名。元世祖至元十九年（1282）改原行省漕运司而置，隶户部。二十四年，分立内外两运司，领在京诸仓出纳粮斛及新运粮提举司站车运粮公事。为正三品衙门，设运使二人，下设同知、副使、判官各二人。领新运粮提举司、京师二十二仓、通惠河运粮千户所等。明初沿置，设漕运使，正四品，掌漕运之事。洪武十四年（1381）罢。永乐（1403—1424）后改设漕运总兵官，景泰（1450—1456）后改设总督掌其事。

京畿道　官署名。清朝都察院所属诸道之一。初制，京畿道给印信，但不设专员，惟以照刷部院卷宗事归之。乾隆十四年（1749）设掌印监察御史及监察御史，均满、汉各一人；属官有笔帖式、经承等。负责稽核直隶、盛京刑名，稽察内阁、顺天府及大兴、宛平二县事务。二十年，命京畿道改列河南道前，互易所掌，始参治院事，自是遂为要职。刷卷一差，改归河南道。

京畿道监察御史　官名。清朝都察院所属京畿道之主官，掌道事。乾隆十四年（1749）升为首道，参治院事。定设掌印御史满、汉各一人，御史满、汉各一人。皆为正五品。

享国　指帝王在位。《尚书·周书·无逸》：“肆中宗之享国，七十有五年。”

夜者　汉朝宫中女官名号，秩视百石。

卒　❶春秋时齐国地方行政区划名。十邑为一卒。首长为卒帅。见《国语·齐语》。❷军队编制名。（1）周朝军队一百人为一卒。《周礼·夏官·诸子》郑玄注：“百人为卒。”（2）春秋时齐国军队二百名士卒为一卒。《国语·齐语》：“故二百人为卒，连长帅之。”❸官名。周朝置，军吏，统领二十五人的长官。《逸周书·武顺》：“卒不力，无以承训。”孔晁注：“卒，二十五人之帅，故以勇力为之也。”❹卿大夫死于官位的讳称。《礼记·曲礼下》：“大夫曰卒。”

卒人　战国秦官长的部属随员。《睡虎地秦墓竹简·传食律》：“御史卒人使者。”

卒长　官名。❶周朝设。为下级武官，又称连长。《管子·轻重乙》：“兵接弩张，谁能得卒长者，赐之百金。”又《周礼》夏官之属，军制百人为卒，其长官为卒长，上士爵。❷太平天国军中及地方之职官。又名管长、营长。起义之初即仿古制设。军队基层编制为两，四两为一卒，五卒为一旅。每卒设卒长一人，以前、后、左、右、中和一、二、三、四、五编营系衔。其前、后、左、右、中与所在旅番号同，一、二、三、四、五则用以区别五个卒长。如“前二军右营后营后一卒长”，右营指所在师，后营指所在旅，后一指后营旅帅属下一卒长。另有职同卒长，数不可考。地方以一百零五家（一说一百家）

为一卒，设卒长一人为乡官，由地方推举。专司一卒民事、赋役和征兵事，然不如军中位尊。

卒正 官名。❶领兵将官。汉武帝时，左将军荀彘出辽东，其属有卒正。❷新莽郡一级地方行政机构长官。天凤元年（后14），王莽据《周官》、《王制》之文置卒正、连率、大尹，职如太守。以侯典郡称卒正。

卒史 汉朝官府属吏，秩多为百石，称百石卒史，唯三辅卒史称二百石。如《汉书·循吏传》载，黄霸入谷沈黎郡，补左冯翊二百石卒史。西汉中叶以后至东汉，碑传少见。

卒帅 官名。春秋时齐国置，掌理一卒行政事务的长官。《国语·齐语》："十邑为卒，卒有卒帅。"参见"卒"。

育才官 官名。太平天国职官。定都天京（今江苏南京）后设，为天京育才馆（一说天才书院）之教读官，分正、副。掌教授各官子弟和王府中人员。除京城外，各郡亦置有正、副育才官，派进士充任。凡"达士"（即文进士）举为王府教读者，亦加此称。是职无定员，也有出外来访人才者。

育材馆 见"育胄馆"。

育胄馆 馆名。又称育材馆、储材馆。郑成功设于思明州（今福建厦门），容纳阵亡将士子女，延师教育，优秀者选入储贤馆。

变置 周朝天子更换诸侯国君。《孟子·尽心下》："诸侯危社稷，则变置。"

店宅务 官署名。宋朝初年有楼店务，太宗太平兴国元年（976）改为左右厢店宅务。端拱二年（989）改邸店宅务，真宗咸平元年（998）改都大店宅务，大中祥符六年（1013）复称左右厢店宅务。掌官属邸店，计值出租及营选修缮之事。设监官三人，以京朝官、三班使臣及内侍充任。神宗元丰（1078—1085）改制后，归隶太府寺。金朝亦置，为管理房屋地产机构。分左、右厢设官。长官为管勾，左、右厢各设二人，秩正九品。下设吏员攒典各五人，库子各三人，催钱人各十五人。另有左厢平乐楼花园子一人，右厢馆子四人。一般设于都城，如中都店宅务，南京店宅务等。

庙长 官名。南朝梁诸王国置。北齐除皇子王国外，其余王国及公侯国皆置。隋因之，每王国置一人。

庙令 官名。汉朝置高庙令，员一人，六百石；世祖庙令一人，六百石。掌守帝王庙，案行扫除。唐朝前代帝王庙皆置，掌开阖、洒扫、释奠之事。三皇、五帝、周文王、周武王、汉高祖及武成王庙各置一人，从六品下；五岳四渎庙各置一人，正九品上，掌祭祀。又有太子庙令，从八品下。宋朝五岳、四渎诸庙沿置，掌庙宇葺治修饰。庙之政令多由所在县令主管，京朝官任知县者称管勾庙事，庙令或以令录老耄不治事者充任。

庙主簿 官名。宋朝五岳、四渎、东海、南海诸庙皆置，以判、司、簿、尉充任，佐庙令、庙丞掌庙宇葺治修饰之事，凡以财施于庙者，皆籍其名数。

庙丞 官名。唐朝三皇、五帝、周文王、周武王、汉高祖、武成王诸庙及太子庙皆置，佐庙令掌开阖、洒扫、释奠之事。前代帝王庙丞正八品下，太子庙丞正九品下。宋朝五岳、四渎、东海、南海诸庙沿置，与庙令同掌庙宇葺治修饰之事。

庙祀令 官名。西汉武帝太初元年（前104）更名祠祀令置。属太常，有丞，职掌祭祀。东汉复名太祝令。

庙祀丞 官名。西汉武帝太初元年（前104）更名祠祀丞置，属太常，为庙祀令副贰。东汉复名太祝丞。

庙署 官署名。隋朝太常寺置太庙署，有令一员、丞一员；炀帝大业三年（607）又置阴室丞，守视阴室。唐朝太常寺置有三皇五帝以前帝王庙、三皇五帝庙、周文王庙、周武王庙、武成王庙，宗正寺置诸太子庙，所在地方置五岳、四渎庙，均有令一员，帝王、太子庙又有丞，掌开阖、洒扫、释奠。

庙簿 官名。即庙主簿。宋朝五岳、四渎、东海、南海诸庙置，以判、司、簿、尉充任，凡以财物施于庙者，皆列其名数而记于籍。

府 ❶秦以前为收藏文书、财物之处，后泛指官署，凡百官所居皆称府。汉朝沿称，如三公府、郡府。❷官吏名。隋、唐、五代于中央诸寺、监、诸卫、东宫诸寺、王府、公主邑司、地方府州、镇戍关津等皆置，无一定职掌，盖为供派遣驱使的勤杂人员，属流外官。❸行政区划名。唐、五代首都及陪都皆为府级建制，始于唐玄宗开元元年（713）改雍州为京兆府，洛州为河南府，并州为太原府。后又增置凤翔、成都、河中、江陵、兴元、兴德府。以尹及少尹主本府事务，其他职官设置略同诸州。宋朝沿之、北宋分京府、次府二等。京府有四，次府有十。其牧、尹不常置，别置权知府事一人为长官。辽于五京所在置五府，另有兴中府（属中京道）、黄龙府（属东京道），均领州县。东京道边地有率宾、定理、铁利、安定、长岭、镇海等府。五京五府以留守行府尹事，其余设知某府事。西夏旧都和新都为西平府和兴庆府（后改兴中府），又有西凉府。金五京、十四总管共十九路，所治皆置府，以留守或都总管兼府尹。另有散府九，以尹、同知、少尹各一员领之，下设府判、推官、府教授、知法各一员。下辖州县。元朝有府三十三，秩正四品。置达鲁花赤、知府或府尹各一员，兼管劝农事，江北则兼诸军奥鲁。同知、判官、推官、知事、提控案牍各一员。府隶路及宣慰司、行省，或直隶中书省；或统州县，或不统州县。明朝初年，改诸路为府。洪武六年（1373）分天下府三等：粮二十万石以上为上府，知府秩从三品；二十万石以下为中府，知府正四品；十万石以下为下府，知府从四品。已，并为正四品。计天下府凡一百五十有九。其同知、通判、推官分掌清军、巡捕、管粮、治农、水利、屯田、牧马等事，无定员。清朝府级行政机构下属有州、县，设知府一人，从四品，掌一府政事。其办事机构称知府衙门。其佐贰官为同知，正五品；通判，正六品；均无定员，视事之繁简而设。分掌督粮、清军、捕盗、水利事宜。知府衙门所属有经历司，设经历一人，正八品；知事一人，正九品；照磨所，设照磨一人，从九品；司狱司，设司狱一人，从九品，分掌府属诸事。其分工与布政使，按察使二司属官同。又，知府衙门尚有典吏，是为书吏人员；攒典，为经历司等单位协助办事人员。

府人 官名。春秋置。❶掌验符节之官。《左传·文公八年》："司城荡意诸来奔，效节于府人而出。"杜预注："节，国之符信也。"❷掌府藏之官。《左传·昭公十八年》："使府人、库人各儆其事。"《昭公三十二年》："公薨，子家子反赐于府人。"

府中 官署名。县少内别称。战国秦置。县府储存钱财的官署。《睡虎地秦墓竹简·法律答问》："可（何）谓府中？唯县少内为府中，其他不为。"

府公 魏晋南北朝时诸公、军府僚佐、属吏对府主的尊称。《晋书·贾谧传》："果见（贾）充行至一府舍，侍卫甚盛。府公南面坐，声色甚厉。"《北齐书·陈元康传》："迁司徒府记室参军，尤为府公高昂所信待。"唐、五代沿为僚佐对节度、观察使的尊称。后亦用以泛称官府长官。

府尹 官名。掌府政之长官，多设于京城府及陪都府。唐朝玄宗开元元年（713）始置于京兆、河南、太原及凤翔、成都、河中、江陵、兴元、兴德等府，各一人，从三品。掌宣德化，岁巡属县、观风俗、录囚、恤鳏寡。属京兆、河南、太原府者，以府设牧为主官，则通判府务，牧缺则代行其事。宋朝设于京城开封府、临安府及陪都河南、应天、大名府等。一般以亲王担任，不常置，实际上常以权知府事或知府事为长官。辽朝南面官中五京留守司设，称某京留守行某府尹事。如圣宗统和元年（983），吴王稍为上京留守行临潢尹事。金朝大兴府及诸府均设一员，正三品，掌宣风导俗、肃清所部，总判府事。另诸京留守司及诸总管府，则由留守、都总管兼领府尹，亦正三品。元朝地方散府设府尹或知府，府尹又可称为知府。正四品。江南兼管内劝农事，江北另兼诸军"奥鲁"。明朝于顺天府、应天府各设一人，正三品，掌京府之政令。崇祯十六年（1643），李自成农民政权在襄阳将所占领之地的知府改为府尹，其职掌仍因袭明朝。清朝于京师顺天府及盛京奉天府各设一人，正三品，总判府事。地位犹如各省巡抚，可直接向皇帝奏事。又，郑成功于永历十六年（清康熙元年，1662）收复台湾后，置承天府，设府尹掌一府之政令。

府正司 官署名。元朝置，秩从三品，掌太子鞍辔弓矢等物，隶詹事院、储政院。世祖至元二十年（1283）置。三十一年，改宫正司。成宗大德十一年（1307）复为府正司。武宗至大四年（1311）罢。仁宗延祐四年（1317）复立，七年罢。泰定帝泰定元年（1324）再立。设府正、府丞各二员。文宗天历二年（1329）罢。

府寺 郡国官署。寺即官舍。《汉书·冯奉世传》："攻陇西府寺，燔烧置亭。"

府主 魏晋南北朝诸公、军府长官的泛称，相对本府僚佐、属吏而言。《魏书·辛纂传》："稍转太尉骑兵参军，每为府主清河王怿所赏。"

府军前卫 卫名。明永乐十三年（1415）始置，为京卫中上直亲军卫之一。设指挥使五人，指挥同知十人，指挥佥事二十人，卫镇抚十人，统所二十五。掌统领幼军，轮番带刀侍卫。

府丞 官名。❶汉朝郡府之属吏。《后汉书·朱博传》："于是府丞诣阁，博乃见丞掾曰：'以为县自有长吏，府未尝与也，丞掾谓府当与之邪。'"《后汉书·羊续传》："为南阳太守，常敝衣薄食。府丞尝献其生鱼，续受而悬于庭。"又，汉末称郡丞为府丞。❷明朝置，为两京顺天府、应天府之佐官，每府一人，正四品。协助府尹掌京府之政令，兼领学校。清沿明制，设于顺天、奉天二府，正四品，汉缺。专职分理学务。顺天府自乾隆五十八年（1793）专设学政（隶属直隶总督）后，府丞仅管府属各州、县考试童生及管理金台书院等事。奉天府丞则掌盛京、吉林学校之政令，同各省学政之治。❸清朝宗人府之职官，汉缺，正三品。掌校理汉文册籍。详"宗人府府丞"。

府佐 魏晋南北朝时期诸公、军府幕僚佐吏通称。《宋书·礼一》："司徒、征北、镇南三府佐。"后世亦指知府之佐官，如同知、通判之类。

府判 宋朝诸府判官简称。

府君 太守尊称。汉朝及魏晋太守自辟僚属如公府，因尊称太守为府君。《后汉书·华陀传》："广陵太守陈登忽患匈（胸）中烦懑，面赤不食，佗脉之，曰：'府君胃中有虫。'"汉碑亦多有之。唐以后，不论爵秩，子孙尊其先人，皆称府君。

府牧 官名合称。唐朝京兆府、河南府、太原府长官，各设一员，从二品，亲王为之，别以长史为尹，通判府务。宋朝开封府、应天府、次府皆置为长官，亲王为之，不常置，多以权知府事或知府事行其事，北宋前期亦为二品。

府试 ❶金朝科举第二级考试。凡乡试及格者可参加府试，原分六处，后增至十处。府试中选才能参加会试。元废。❷清朝童生取得生员资格的第二级考试。凡经县试录取的童生可参加所属府（或直隶州、厅）的考试，试期多在四月。考生需填写姓名、籍贯、年岁、三代履历，并取得本县廪生保结。约考五场，各场分别试八股文、试帖诗、经论、律赋等。录取者再经省学政主持的院试，即可入府、州、县学，取得生员资格。

府尉 官名。金、元均置为王府官员。金秩从四品，与本府长史掌警严侍从，兼总统本府事。元诸王府各设一至三员，唯宽彻不花、也不干、斡罗温孙三王府称傅尉。

府尊　清朝知府属员及部下对知府之尊称。

府啬夫　官名。战国魏等国置，掌铜器铸造及保管。魏《安邑铜钟》铭："安邑下官重（钟）。七年九月，府（府）啬夫某，治吏狭㱿（造）之。"

底渔　官名。西周置，地位及职掌不详。

庖　官名。春秋战国置，掌烹饪祭祀或膳馐的肉食。《庄子·内篇·养生主》："庖丁为文惠君解牛。"陆德明释文："庖人，丁其名也。"《淮南子·说林训》："进献者祝，治祭者庖。"高诱注："庖，宰也。"

庖人　官名。春秋战国置，掌烹饪馐膳肉食。《孟子·万章下》："其后廪人继粟，庖人继肉。"《周礼》亦有此官，一说为周朝置，《周礼·天官》："庖人，中士四人，下士八人，府二人，史四人，贾八人"，"掌共六畜六兽六禽，辨其名物。凡其死生鲜薨之物，以共王膳，与其荐羞之物，及后世子之膳羞。共祭祀之好羞，共丧纪之庶羞，宾客之禽献。凡令禽献，以法授之。其出入，亦如之"。"岁终，则会。唯王及后之膳不会"。

庖长　官名。清朝内务府御茶膳房之属官，分掌宫内备办饮食及典礼筵宴所用酒席之事。隶于总领、承应长之下。初设三人，康熙五十六年（1717）裁。旋复设二人，并增设六人。缺出，由膳房人内外补四缺，由庖人内升补四缺。乾隆二十四年（1759）改隶尚膳正、尚茶正等官。

庖正　官名。传说有虞氏置，掌烹饪供饮食的官长。《左传·哀公元年》："逃奔有虞，为之庖正。"

庖宰　官名。又作"炮宰"。商朝始置，春秋战国沿置，掌烹制饮食。《韩非子·难言》："（伊尹）身执鼎俎为庖宰。"《新序·杂事四》："楚惠王食寒葅而得蛭"，"则庖宰、食监法皆当死"。

废　罢免官职。《左传·襄公三十年》："废其舆尉。"《周礼·春官·内史》："掌王之八枋之法以诏王治"，"三曰废"。

废员　历朝对因罪、因过革职归旗或回籍住闲官员之称呼。

废格　罪名。指官员或诸侯王、列侯违抗、搁置皇帝诏命。西汉武帝时始立废格、诅诽之法，多从重判处，或至于死刑。

废置　指任免官吏的制度。《周礼·天官·大宰》："三曰废置，以驭其吏。"郑玄注："废，犹退也。退其不能者，举贤而置之。"

疡医　官名。《周礼》天官之属，一说为周朝置，掌治疗肿疡溃疡等疾病的医官。《周礼·天官》："疡医，下士八人"，"掌肿疡溃疡金疡折疡之祝药劀杀之齐，凡疗疡，以五毒攻之，以五气养之，以五药疗之，以五味节之"，"凡有疡者，受其药焉"。

疡医下士　官名。西魏、北周天官府太医下大夫疡医上士属官，正一命。

疡医上士　官名。西魏恭帝三年（556）置，北周沿置。天官府太医下大夫属官，掌治疗肿疡、溃疡、金创、折伤等外科疾患，正三命。下设疡医中士，疡医下士等佐之。隋文帝开皇元年（581）罢。

疡医中士　官名。西魏、北周天官府太医下大夫疡医上士佐官，正二命。

怯里马赤　官名。突厥一蒙古语，意为"通事"，即译员。元朝官衙多设怯里马赤，掌译写通问。

怯怜口　蒙古语，意为"家中八郎"。为蒙、元皇室、诸王、驸马、贵族私属人口，多为工匠、护卫、猎户、鹰户，由皇室、投下设总管府、提举司掌管。

怯怜口诸色人匠提举司　官署名。元朝置，秩从五品，隶长信寺，设于世祖至元二十五年（1288），掌大都、上都二铁局人匠及怯怜口人匠，以材木铁炭皮货等物供斡耳朵各帐房所需。置达鲁花赤、提举、同提举、副提举各一员。后于长秋寺、承徽寺下亦置司。

怯薛　军事机构名。蒙、元禁卫军。突厥一蒙古语，意为"番直宿卫"，汉译多作"宿卫"。太祖时建万人怯薛，征调千户、百户、十户那颜子弟及其随从为之，成员称怯薛歹，复数作怯薛丹。分为宿卫千户、火儿赤千户和秃鲁花八千户。分四番入值，护卫皇帝，故称"四怯薛"，其长由四功臣博尔忽、博尔术、木华黎、赤老温后裔世袭，称为"四怯薛太官"。又从事宫廷服役，有昔宝赤、博儿赤、速古儿赤、必阇赤等名目，称"怯薛执事"。历朝皇帝死，其斡耳朵仍保留一定员额怯薛歹。诸王亦各有怯薛。入元后，朝廷大员及重要官员多由怯薛歹出任。怯薛歹任官，径由怯薛长向皇帝荐举，不经中书省奏议，称"别里哥选"。

怯薛歹　见"怯薛"。

怯薛丹　见"怯薛"。

怯薛执事　见"怯薛"。

闸官　清朝州县所属吏员之一。掌理河闸蓄泄启闭之事，主要设于运河沿河州县。州属闸官共十四人，山东十一人，顺天府一人，江苏二人。其中属直隶州者八人，属散州者六人。县属闸官共二十五人，江西十一人，山东十四人。

炉头　❶清朝矿厂役丁之头目。掌管采矿冶铸之丁役。向有司领票开矿鼓铸、定期依成交纳税金。❷清朝户部宝泉局、工部宝源局所属各厂之工头。每厂约设二人，召募殷实人家子弟充任。掌管各厂铸钱事务，并司查报不安分守法者。

净乐堂　明朝内府诸堂之一。置内官，掌焚化宫女、内官死后无亲属者。

法一旦大　即法依旦达。

法一旦尼哈番　即法依旦尼哈番。

法一旦达　即法依旦达。

法王　本为佛教徒对释迦牟尼的尊称。元、明两朝为中央王朝授予喇嘛教主的封号。元世祖曾封八思巴为大宝法王，明成祖亦封昆泽思巴为大乘法王。

然皆一时荣典，非常制。

法旦达 即法依旦达。

法务司 官署名。清末陆军部海军处所属机构，光绪三十四年（1908）设，掌拟定海军军法、军狱规章，研究海军各公约之性质，承办海军裁判管狱人员之开补升调等事。设司长一人，承发官一人，司法官四人，录事六人。宣统元年（1909），并入筹办海军事务处。

法司 ❶官署名。宋朝大理寺左断刑下属机构，神宗元丰（1078—1085）改制后置。❷吏名。宋朝吏部、御史台置。

法司令史 吏名。宋朝谏院置。

法司案 官署名。南宋置，属吏部尚书右选。

法寺 大理寺别称。

法吏 执法之吏，亦指狱吏。《汉书·司马迁传》司马迁报任安书曰："身非木石，独与法吏为伍。"

法师 佛教官名。西夏置为佛教高级职称，可出任功德司副使，参与译、校佛经和重大佛事活动。

法衣丹尼哈番 即法依旦尼哈番。

法依旦尼哈番 满语官名。汉译为典仪。为王公府属官员之一种，掌礼节导引。清制，亲王府置六人，世子府五人，郡王府四人，长子府及贝勒、贝子、公府均各三人，官品自从四品至从八品不等。宣统元年（1909），以避溥仪讳，改称典卫。

法依旦达 满语官名。汉译为长史。清制，亲王、世子、郡王、长子各府置。掌董帅府僚，纪纲众务。秩从三品。

法克师大 满语官名。法克师，满语意为工匠、匠役。大，头目、首领之意。清初定汉名为催总，即工部及内务府属官之匠役催总。乾隆二十四年（1759），改为司匠。

法坐 汉朝皇帝听朝时专用的座位。《汉书·梅福传》："当户牖之法坐，尽平生之愚虑。"颜师古注："法坐，正坐也，听朝之处，犹言法官、法驾也。"

法直官 官名。❶唐朝亦称府院法直官，为节度使或副大使知节度事属官，置一人。❷宋朝刑部置，掌抄录各地旬奏大辟人数，检查旬奏情况。❸宋朝大理寺置，二员，掌检选律条，以供断狱，以幕府、州县官充。

法国股 官署名。清末总理各国事务衙门所属之机构，同治三年（1864）设，掌管对法兰西、荷兰、日斯巴尼亚（西班牙）、巴西四国交涉事务，并负责保护民教及招用华工事。光绪二十七年（1901）并入外务部。

法物库 ❶辽、金、元官署名。辽为南面官，属太常寺。金属兵部，掌卤簿仪仗、车辂、法服等事，设使、副使领库事，秩从六品、从七品；下设直长，正八品；章宗泰和三年（1203）罢。曾兼领大乐署，海陵王贞元二年（1154）以大乐署归太常寺。元隶礼部侍仪司，秩从五品，置提点、大使、副使各一员。❷宋朝服法物库的省称。

法物案 官署名。北宋神宗元丰（1078—1085）改制后，太常寺置，掌给纳朝服、祭服。徽宗时，大晟府亦置。

法制院 官署名。清末责任内阁直属机构，宣统三年（1911）五月设，掌撰拟、改废、解释法律法令，复核各部所拟法律命令案，编纂法规等法制事宜。置院使一人，副使一人，参议四人，参事、佥事、录事若干人。

法制院佥事 官名。清末内阁法制院属官，宣统三年（1911）五月设，位参事之下。无定员，视事之繁简酌置。分任本院法律法令之起草与审议。

法制院录事 官名。清末内阁法制院属官，宣统三年（1911）五月设，位佥事之下。无定员，视事之繁简酌置。分任本院法律法令之起草与审议。

法制院参议 官名。清末内阁法制院属官，宣统三年（1911）五月设，额设四人，简任。掌起草与审议各类法律法令。

法制院参事 官名。清末内阁法制院属官，宣统三年（1911）五月设，无定额，奏任。分任本院法律法令之起草与审议。

法制院院长 官名。即法制院院使。

法制院院使 官名。清末内阁法制院长官，宣统三年（1911）五月设，一人，正二品，简任。承总理大臣命管理本院事务，并指挥监督所属各官。

法制院副使 官名。清末内阁法制院副长官，宣统三年（1911）五月设，一人，简任。掌佐院使管理本院事务，院使有事故时代理其职。

法制院副院长 官名。即法制院副使。

法官 官名。❶战国秦置，为执掌法律条文的官吏。《商君书·定分》："遇民不修法，则问法官。法官即以法之罪告之。民即以法官之言正告之吏。吏知其如此，故吏不敢以非法遇民，民又不敢犯法。"后用以称法司之官。❷明朝道官亦置，为龙虎山正一真人僚佐。后亦用以泛称道士。

法律馆 即修订法律馆。

法冠 冠名。即柱后惠文冠、獬豸冠。本为战国时楚王所戴之冠，秦御史及汉朝执法官吏、使节也用。《后汉书·舆服志》："法冠，一曰柱后。高五寸，以纚为展筩，铁柱卷，执法者服之，侍御史、廷尉正监平也。或谓之獬豸冠。"魏晋至南朝宋皆沿用。也用作侍御史等执法官的代称。

法部 官署名。清末中央司法行政机构，光绪三十二年（1906），改刑部设。掌全国司法行政，办理朝审、秋审事宜，复核大理院死刑案件，监督京外各法司。置尚书一人，左、右侍郎，左、右丞，左、右参议均各一人。下设承政、参议二厅，审录、制勘、编置、宥恤、举叙、典狱、会计、都事八司，以及收发所等。置参事、郎中、员外郎、主事等分别任事。宣统三年（1911），改尚书为大臣，左侍郎为副大臣。

法部大臣 官名。清末法部长官，宣统三年

（1911），改法部尚书设。一人，从一品，特简。总理本部事务，并为国务大臣，参加阁议。

法部右丞 参见“法部左丞”。

法部右侍郎 参见“法部左侍郎”。

法部右参议 参见“法部左参议”。

法部左丞 官名。清末法部职官，光绪三十二年（1906）设，左、右各一人，正三品，简任。掌总核承政厅事务，并考核各司重要事件。

法部左侍郎 官名。清末法部副长官，光绪三十二年（1906）设，左、右各一人，正二品，特简。掌佐尚书管理部务，并监督本部厅司各官。尚书有事故时，代行其职权。宣统三年（1911），左侍郎改为副大臣，右侍郎省。

法部左参议 官名。清末法部职官，光绪三十二年（1906）设，左、右各一人，正四品，简任。掌总核参议厅事务，并审议各司重要事件。

法部会计司 官署名。清末法部八司之一，光绪三十二年（1906）设，掌本部出入经费、预决算款项及罪犯罚金、充公赃物财产、罪犯习艺所成绩等统计书表报告事件。置郎中三人，员外郎、主事各四人。

法部会计司郎中 官名。清末法部会计司长官，光绪三十二年（1906）设，定额三人，正五品，奏补。掌本司事务。

法部收发所 官署名。清末法部所属机构，光绪三十二年（1906）设，掌收发定罪人犯、京外来往文件折奏、逾限统计书表，掌罚书手、皂差、禁卒，宣告各项示谕，收发、修造刑具并全署工程各事项。置员外郎、主事各二人。

法部尚书 官名。清末法部长官，光绪三十二年（1906）设，一人，从一品，特简。掌总理本部事务，监督所属各官。宣统三年（1911），改为大臣。

法部参议厅 官署名。清末法部所属机构，光绪三十二年（1906）设，掌审定各司重要事务，纂修条例，调查中外法制，撰拟章奏文电，办理律师注册等。置左、右参议各一人，参事二人等。

法部参事 官名。清末法部属官，光绪三十二年（1906）刑部改法部，设承政、参议二厅，始置。每厅二人。掌襄理厅务。

法部承政厅 官署名。清末法部所属机构，光绪三十二年（1906）设，掌稽查各司重要事务，办理秋、朝审进呈册本，负责本部所辖京外各职进退，区划各审判厅辖区，调度各检察机关，置左、右丞各一人，参事二人等。

法部监医正 官名。清末法部属官，光绪三十二年（1906）设，定额一人，正八品，奏补。掌本部南、北二监人犯医疗事。

法部监医副 官名。清末法部属官，光绪三十二年（1906）设，定额一人，正九品，奏补。掌本部南、北二监人犯医疗事。

法部副大臣 官名。清末法部副长官，宣统三年（1911），改法部侍郎设。一人，正二品，特简。佐大臣管理部务。

法酒库 官署名。北宋置，隶光禄寺。掌造供御及祠祭所用三等法酒，以给飨祀宴赐之用。设监官三人，以京朝官、诸司使、诸司副使及内侍充任；监门官二人，以内侍充任。

法酒库使 官名。五代后周始置，为诸司使之一。宋朝沿置，属东班诸司使，多不领本职，仅为武臣迁转之阶。真宗咸平元年（998）定为同六品，神宗元丰（1078—1085）改制改正七品。徽宗政和二年（1112）废。

法酒库副使 官名。北宋置，属东班诸司使，多不领本职，仅为武臣迁转之阶。真宗咸平元年（998）定为同七品，神宗元丰（1078—1085）改制改从七品。徽宗政和二年（1112）废。

法曹 官署名。❶西汉始置，丞相府僚属诸曹之一，掌邮驿科程事，以掾主之。东汉、三国魏、晋丞相相国府、太傅府、太子二傅等府亦置，西晋末改以参军为长官。南朝、北魏、北齐公府、将军府，隋朝亲王府、诸卫，唐朝亲王府、都督府置，长官除南朝宋为参军、唐为参军事外，余皆为行参军。唐掌按讯、决刑。❷汉朝郡县置，以掾主其事。晋朝县、北齐诸州及近畿郡县，隋朝诸州郡县、唐朝诸府州、北宋前期开封府俱置，长官为掾或从事或佐或参军事。

法曹从事 官名。隋朝雍州牧属官，视从八品，文帝开皇十二年（592）改名法曹参军。

法曹令史 官名。汉、晋、十六国后赵皆置。法曹低级官吏，掌文书庶务。

法曹议令史 官名。东汉末曹操丞相府置，法曹属吏。卢毓曾任此职。见《三国志·卢毓传》。

法曹行参军 官名。法曹长官。南朝齐公府、将军府置，梁、陈沿置。梁三班至流外五班。陈八品至九品，又为尚书令、仆射子起家官之一。北魏、北齐公府、将军府、诸州府置。北魏孝文帝太和二十三年（499）定为七品上至九品，北齐七品上至八品上。隋朝置于亲王府、诸卫、诸州府，从七品至视从八品，炀帝时改为行书佐。唐初复旧，寻改为参军事。

法曹参军 官名。法曹长官。西晋末丞相府置。东晋、南朝宋公府、将军府沿置。南朝宋七品。北宋仅置于开封府，正七品下，掌检定法律，审议、判决案件等，徽宗崇宁三年（1104）后无闻。又为法曹行参军、法曹参军事省称，参见各条。

法曹参军事 官名。法曹长官。唐朝初年亲王府、都督府、诸州置，自正七品上至从八品下。玄宗开元（713—741）初改诸州所置为司法参军事，诸府仍旧。常省称作法曹参军。

法曹掾 官名。北齐清都郡，邺、临漳、成安三县所设法曹之长官，诸州府所设法曹之属官。

法箓局提举 官名。清朝道官之一，分掌道教事务。顺治（1644—1661）中设一人，隶于龙虎山正一真人，並由其保举，报部给札，缺出由太清宫法官充补。

河东山西等处铁冶都提举司　官署名。元朝置。世祖至元四年（1267），立西京路洞冶总管府，掌河东地区金、铁等冶炼。七年，罢。十三年，立平阳等路采金铁冶提举司。十四年，罢。其后提举司废置不常。成宗大德三年（1299），置河东山西铁冶提举司。武宗至大元年（1308），升为都提举司，掌大通、兴国、惠民、利国、益国、闰富、丰宁等八冶。秩正四品。设提举、同提举、副提举各一员。仁宗延祐三年（1316），于五台灵鹫寺置司。

河东山西道肃政廉访司　官署名。元朝地方监察机构，由提刑按察司改名，仍置司太原，为内八道监司之一，直隶御史台。参见"肃政廉访司"。

河东山西道提刑按察司　官署名。元朝地方监察机构，设于世祖至元八年（1271），置司太原路，亦称太原按察司，设分司于西京。监治上都、兴和、德宁、净州、集宁、砂井、大同、太原、晋宁等路，设使、副使等。二十五年，移司于大同路，二十六年，复移于太原路。二十八年，改肃政廉访司。

河东北路转运司　官署名。金朝置，掌本路税赋钱谷、仓库出纳、权衡度量之制。置于太原。长官为转运使，秩正三品。下设同知转运使、副转运使、户籍判官等职。参见"转运司"。

河东局　官署名。北齐置，设丞。隶太府寺司染署。

河东局丞　官名。北齐置。见"河东局"。

河东陕西等处转运盐使司　官署名。元朝置，秩正三品。掌措办盐货。蒙古太宗时，以平阳课税所掌盐课。后置立运司，世祖至元二十三年（1286）改为陕西都转运司，掌诸色课税。二十九年，置盐运司，专掌盐课。仁宗延祐六年（1319），定名为河东陕西等处转运盐使司，隶户部。设转运使二员，同知、副使各一员。下辖解盐场、河东等处解盐管民提领所、安邑等处解盐管民提领所三机构。

河东陕西道提刑按察司　官署名。元朝地方监察机构，设于世祖至元六年（1269），置司于凤翔府。八年，改为陕西四川道提刑按察司，移司于京兆府，简称为京兆按察司。十六年，改为陕西汉中道提刑按察司。

河东南北路提刑司　官署名。金朝地方九路提刑司之一，掌纠察黜陟、劝农采访、管领屯田及镇防诸军。世宗大定二十九年（1189）六月，置于汾州。设使、副使领司事，秩正三品、正四品。下设判官、知事等官。

河东南路转运司　官署名。金朝地方官署，掌本路税赋钱谷、仓库出纳、权衡度量之制。太宗天会六年（1128）置于平阳府。宣宗兴定三年（1219）以平阳残破，改置于绛州。长官为转运使，秩正三品。下设同知转运使、副转运使、户籍判官等职。参见"转运司"。

河东都转运盐使司　官署名。明太祖洪武二年（1369）置，掌河东（治所在今山西永济西南蒲州镇）盐政。下辖三分司：解盐东场、西场、中场。设都转运使一人，从三品，同知一人，从四品，副使一人，从五品，判官无定员，从六品，及经历司经历、知事，各盐课司、盐仓、批验所大使、副使等职。同知、副使分司进行管理，总于都转运使。所产盐行销山西、陕西及河南部分府县。

河帅　清朝河道总督之别称。

河北东西大名等路提刑司　官署名。金朝地方九提刑司之一，掌纠察黜陟、劝农采访、管领屯田及镇防诸军。世宗大定二十九年（1189）六月，置于河北河间府。设使、副使领司事，秩正三品、正四品。下设判官、知事等官。

河北籴便司　官署名。宋朝初年，差京朝官掌河北市籴粮草。其后，以转运使兼领。后置河北籴便司专领其事，设提举或勾当官一员掌之。哲宗绍圣三年（1096）复令转运司兼领。元符三年（1100），复置。徽宗大观元年（1107），再改由都转运使提举籴便粮草。

河北河南道肃政廉访司　官署名。元朝地方监察机构，由提刑按察司改名。世祖至元二十八年（1291），改为河北河南道肃政廉访司。参见"肃政廉访司"。

河北河南道提刑按察司　官署名。元朝地方监察机构，设于世祖至元六年（1269），置司彰德路（今河南安阳），监治顺天、真定、顺德、洺滋、彰德、卫辉、怀孟、南京等路，设使、副使等。十五年，移司于汴梁路（今河南开封），又称南京按察司。二十四年，迁司于南阳府（今河南南阳）。二十七年，又迁司于许州（今河南许昌）。二十八年，改肃政廉访司。

河北海运使　使职名。唐玄宗天宝元年（742）裴宽为范阳节度使，经略河北支度、营田、河北海运使，并为定制。

河台　清朝河道总督之俗称。

河西房　官署名。北宋神宗元丰（1078—1085）改制后，枢密院置，掌陕西路、麟、府、丰、岚、石、隰等州及保德军吏卒、蕃官，领有关西界边防之事。南宋孝宗乾道六年（1170）罢。

河西行御史台　官署名。元朝地方监察机构，世祖至元十九年（1282）由畏兀儿提刑按察司升立，设官、职掌与御史台略同。置台永昌路（今甘肃永昌），监治河西地区和畏兀儿地区。二十年，省罢。

河西陇北道肃政廉访司　官署名。元朝地方监察机构，由提刑按察司改名，仍置司甘州，隶陕西诸道行御史台。参见"肃政廉访司"。

河西陇北道提刑按察司　官署名。元朝地方监察机构，世祖至元二十年（1283）由陇右河西道提刑按察司改名，置司甘州（今甘肃陇西），监治甘州、永昌、肃州、沙州、亦集乃、宁夏、兀剌海、山丹州、西宁州等路、府、州，设使、副使等。二十八年，改为肃政廉访司。

河西鲜卑大都统　官名。十六国后凉吕光置。《晋书·秃发乌孤载记》："吕光遣使署（乌孤）为假节，冠军大将军，河西鲜卑大都统，广武县侯。"

河阳苑　官署名。明成祖永乐五年（1407）置，北京苑马寺六监二十四苑之一，属通州监。设圉长一人，从九品，下分各群，设群长，掌牧养马匹，以各军需。十八年并入太仆寺。参见"通州监"。

河吞大　满语官名。武职。汉译为城守尉。

河库道　官名。清朝道员之一。江苏省设一人，驻清江浦，掌理收放治河银两之事。咸丰三年（1853）裁撤，河款分别归淮扬、淮海、淮徐各道兼管，后归并淮扬海道及徐州二道兼管。

河间等处大兵农使司　见"大兵农司"。

河泊所　明、清掌征收鱼税的机构。于全国各河湖堰池设。明朝视事之繁简设官一至三人不等；清朝设大使以掌其事。

河南少尹　官名。唐玄宗开元元年（713）改洛州为河南府，置二员，为佐官，从四品下，掌贰府州之事，岁终则更次入计。天宝元年（742）改名东都少尹。宋朝不常置，北宋前期为从四品下。

河南中部掾　官名。东汉置，属河南尹，掌监察属县。西晋亦置。

河南尹　官名。东汉光武帝建武十五年（39）置，为京都洛阳所在河南郡长官，设一员，二千石；有丞一员，为其副贰。主掌京都事务，春行属县，劝农桑，振乏绝；秋冬案讯囚徒，平其罪法；岁终遣吏上计；并举孝廉，典禁兵。三国魏都洛阳，沿置，一员，三品。西晋都洛阳，仍置为河南郡长官，一员，三品。北魏孝文帝太和十七年（493）迁都洛阳，置河南郡，设为长官，第三品。隋炀帝大业三年（607）改豫州为河南郡置，一员，正三品；以内史（通守）一员次之，改赞务为丞。唐玄宗开元元年（713）改洛州长史置，一员，从三品，通判府务，河南牧缺则行其事，为河南府实际长官，巡属县、劝农桑、观民风、录囚徒、阅丁口、考官吏、纠不法、举贤才，岁终更次入计；天宝元年（742）改为东都尹。宋朝不常置，北宋前期为三品官。

河南尹丞　官名。东汉、三国魏、北魏置，为河南尹属官。汉秩六百石，魏七品。北魏亦称"河南郡丞"。参见该条。

河南司　官署名。即河南清吏司。

河南司员外郎　官名。即河南清吏司员外郎。

河南司郎中　官名。即河南清吏司郎中。

河南行省　河南等路行中书省、河南江北等处行中书省的简称。

河南江北行省　即河南江北等处行中书省。

河南江北等处行中书省　元朝官署名。简称河南江北行省、河南行省、河南省。秩从一品，设于世祖至元二十八年（1291），省治汴梁（今河南开封），辖十二路、七府、一州军民政务。辖境包括今河南省及湖北、安徽、江苏三省江北地区。置丞相一员，平章二员，右丞、左丞各一员，参知政事二员。

河南丞　即河南尹丞。

河南牧　官名。唐玄宗开元元年（713）改洛州为河南府置，以亲王遥领之，从二品，掌宣德化，岁以上佐巡属县，观风俗、录囚、恤鳏寡；天宝元年（742）改名东都牧。宋朝不常置，北宋前期为二品官。

河南府　官署名。唐玄宗开元元年（713）改洛州置，长官牧以亲王遥领，牧缺尹行其事；以长史为尹，通判府事；掌宣德化，岁巡属县，观风俗、录囚、恤鳏寡；置少尹二人，掌贰府事，岁终更次入计；又有司录参军事二人、录事四人，功、仓、户、田、兵、法、士诸曹参军事各二人，参军事六人等属官；天宝元年（742）改为东都。宋朝置为陪都，牧、尹不常置，权知府一人，以待制以上充，掌尹正畿甸之事，以教法导民而劝课；其属有判官、推官四人，分事以治，又有领南司者一人、司录参军一人，功、仓、户、兵、法、士曹参军各一人，左右军巡使、判官各二人、左右厢公事干当官四人；领县十八、镇二十四。

河南府少尹　官名。即河南少尹。

河南府尹　官名。即河南尹。

河南府知府　见"河南府"。

河南府通判　见"河南府"。

河南府推官　见"河南府"。

河南府牧　官名。即河南牧。

河南经略司　官署名。元朝置，又称河南道经略司、屯田经略司。宪宗二年（1252），管领汉地军国庶事的忽必烈请准在汴梁（今河南开封）设立经略司，在唐、邓等州屯田镇戍，掌管河南军民政务和财赋收入。设经略使、参议等职。宪宗七年（1257）罢。

河南经略使　官名。元朝宪宗二年（1252）置。以忙哥、史天泽、杨惟中、赵璧为经略使，陈纪、杨果为参议。掌管河南军屯镇戍和刑名财赋，邓州屯田万户、河南道总管等皆听节制。宪宗七年，阿蓝答儿等人至河南钩考财赋，罢经略司，官废。

河南郡丞　官名。北魏都洛阳时置，为河南郡次官，孝文帝太和二十三年（499）职员令定为六品下。亦称河南尹丞。

河南统军司　官署名。元朝地方军事机构，设于世祖中统三年（1262）十二月，掌河南戍军。置统军使、副使等职。十年四月罢。

河南部　官署名。❶明朝户部十二属部之一。洪武二十三年（1390）改原民部、度支部、金部、仓部四属部而置十二属部，分别以十二布政司为名。设郎中、员外郎各一人，主事二人，领河南布政司户口、钱粮等事。下分设四科：民科、度支科、金科、仓科。并置照磨、检校各一人，掌管文书出入等事。二十九年，改为河南清吏司。❷明朝刑部十二属部之一。洪武二十三年，改原宪部、比部、都官部、司门部四属部而置十二属部，分别以十二布政司为名，设官同户部，领河南布政司及部分卫所、在京衙门等刑名之事。二十九年，改为河南清吏司。

河南部员外郎 官名。明初户部河南部、刑部河南部均置，各一人，从五品，协郎中掌本属部之事。参见“河南部”。

河南部郎中 官名。明初户部河南部、刑部河南部均置，各一人，正五品，掌本属部之事。参见“河南部”。

河南等路行中书省 官署名。简称河南行省，元世祖至元五年（1268）十月设，主持对宋作战。置平章政事、行省事、同佥行省事等职。十年四月罢。十一年八月，又改荆湖行省为河南行省，指挥渡江攻宋诸军。置左丞相、平章政事、右丞、左丞、参知政事等职。十三年罢。

河南道 官署名。明清都察院所属诸道之一，明洪武十五年（1382）置。为首道，分理都察院事，独专诸内外考察。设监察御史十人。南京都察院亦置，设监察御史二人。在本道外协管礼部、都察院、翰林院等部院衙门，司礼、尚膳、尚宝、直殿等内府衙门，在京羽林左等六卫，及两淮盐运司，泰州等三千户所等处。清顺治元年（1644）置。初亦为首道，参治院事。并掌河南道兼理福建道。乾隆十四年（1749）设掌印监察御史、监察御史，均满、汉各一人；属官有笔帖式、经承等。负责稽核河南刑名之事。乾隆二十年（1755）后升京畿道为首道，互易职掌。并兼司照刷部院诸司卷宗，稽察吏部、詹事府、步军统领衙门及五城事务，与山西道共监文武官月选掣签。

河南道监察御史 明清都察院所属河南道之主官。掌道事。明洪武十五年（1382）设三至五人，后增至十人。南京都察院亦设二人。皆正七品。清顺治元年（1644）沿设。乾隆十四年（1749）定制，设掌印御史满、汉各一人，御史满、汉各一人。先是定为协道，分察在京诸司及各省刑名，至是按道办事。十七年俱定为从五品官。

河南清吏司 官署名。简称河南司。❶明清户部诸司之一。掌理河南省钱粮收支数目。明洪武二十九年（1396）改河南部置，设郎中、员外郎、主事等官。分置民科、度支科、金科、仓科等四科治事。兼掌在京燕山右等四卫，牧马千户所等处之俸饷。洪熙元年（1425）南京户部亦置，设官略同。清顺治元年（1644）沿置。设郎中、员外郎、主事等官。分置民科、支科、金科、仓科、火房等机构办事。兼掌察哈尔俸饷及各省动支款项报销未给者。光绪三十二年（1906）裁。❷明清刑部诸司之一。掌理河南省刑名之事。明洪武二十九年（1396）改河南部置，设郎中、员外郎、主事等官。兼掌周、唐等七府，光禄寺、教坊司、在京武德等六卫以及通州、汝宁千户所等处刑名之事。洪熙元年（1425）南京刑部亦置，设官略同。清顺治元年（1644）沿置。设郎中、员外郎、主事及经承等官兼掌收办礼部、太医院、德胜门等处之文移。光绪三十二年（1906）裁。

河南清吏司员外郎 官名。简称河南司员外郎。❶明清户部河南清吏司之副长官。佐郎中掌司事。明洪武二十九年（1396）改河南部员外郎设，一人，从五品。清顺治元年（1644）沿设，汉员外郎一人。满洲司官初不分曹，随长官所派。后定制满、汉各一人。❷明清刑部河南清吏司之副长官。佐郎中掌司事。明洪武二十九年（1396）改河南部郎中设，一人。南京刑部河南清吏司亦设一人，皆从五品。清顺治元年（1644）沿设，汉郎中一人。满洲司官初不分曹，随长官所派。后定制满、汉各一人。光绪三十二年（1906）裁。

河南清吏司郎中 官名。简称河南司郎中。❶明清户部河南清吏司之主官。掌司事。明洪武二十九年（1396）改河南部郎中设，一人。南京户部河南清吏司亦设一人，皆正五品。清顺治元年（1644）沿设，汉郎中一人。满洲司官初不分曹，随长官所派。后定制满、汉各一人。光绪三十二年（1906）裁。❷明清刑部河南清吏司之主官。掌司事。明洪武二十九年（1396）改河南部郎中设，一人。南京刑部河南清吏司亦设一人，皆正五品。清顺治元年（1644）沿设，汉郎中一人。满洲司官初不分曹，随长官所派。后定制满、汉各一人。光绪三十二年（1906）裁。

河津从事 官名。晋朝凉州刺史属官。

河桥掾 官名。西晋置，属河南尹。

河堤都尉 官名。西汉时领治河，不常置。据《汉书·沟洫志》，成帝鸿嘉四年（前17）因勃海等郡河水泛滥，命河堤都尉许商与丞相史孙禁行视，筹划方略。

河堤使者 官名。即河堤谒者，唐初都水监置，太宗贞观（627—649）初改名河堤谒者。参见“河堤谒者”。

河堤谒者 官名。西汉置，掌治河，不常置。陕西西安汉城出土有“河堤谒者”官印。或称河堤使者。据《汉书·沟洫志》，咸帝时有河堤使者王延世，监筑堤治河。《后汉书·王景传》李贤注引《十三州志》则曰：“以校尉王延世代领河堤谒者，秩千石，或名其官为护都水使者。”即以谒者奉遣出使治河者。东汉有时亦置，以三府掾属为谒者领之。三国魏为都水使者属官，隶都水台，员五人，分部巡视天下河渠，七品。西晋初置一员，后恢复魏制。东晋省。南朝梁复置，员八人，初隶都水台，武帝天监七年（508）改隶太舟卿。陈因之。北魏仍隶都水使者，六品下，然充事而已，无实职。后省。隋初复置，员六十人，隶都水台，文帝开皇三年

(583)都水台废，并入司农寺，十三年复分置。炀帝置为都水监河渠署属官。唐朝沿置，员六人，正八品下。(一说流外一品)掌堤堰修筑、沟渎疏通及渔捕之事。五代因之。

河渠令 官名。唐朝都水监河渠署置为长官，一员，正八品下。北宋初存其名而罕除授。参见“河渠署”。

河渠丞 官名。唐朝都水监河渠署次官，置一员，正九品下。北宋初存其名而罕除授。

河渠署 官署名。隋炀帝大业三年(607)始置，隶都水监。唐朝沿置，掌河渠、陂池、堤堰、鱼醢之事，凡沟渠开塞，渔捕时禁，皆由其主管。有令一员、丞一员、河堤谒者六员及渔师等属。北宋初存其名而无职司。

河渠署令 官名。即河渠令。

河渠署丞 官名。即河渠丞。

河道 官名。亦称管河道，明清道员之一。明弘治(1488—1505)中河南设一人，以按察司副使充任。隆庆六年(1572)添设一员，专理黄河修筑堤岸之事。清顺治(1644—1661)初年于河道总督之下，置各分司管理河务，后渐裁分司，改归河道管理，掌理疏浚堤防之事。初带原品衔充任，乾隆十八年(1753)定为正四品。共设十一人，计直隶五人，山东、河南、江苏各二人。其中专任者，有直隶永定河道、山东运河道、江苏淮徐河道及淮扬河道四人，其余各道皆由地方巡道兼管。光绪(1875—1908)年间仅余永定河道为专任，其余各道皆为兼管。另有河库道掌理治河银两，品级与河道同。

河道总督 官名。明清督理河道之最高长官，掌治南北各河疏浚堤防之事。明永乐九年(1411)，遣尚书治河，此后间遣侍郎、都御史。成化(1465—1487)后始称总督河道。嘉靖二十年(1541)，以都御史加工部职衔，提督河南、山东、直隶河道。万历五年(1577)改称总理河漕兼提督军务。清顺治元年(1644)沿设，一人，又称总河。综理黄、运两河事务。驻济宁。康熙十六年(1677)移驻清江浦。雍正二年(1724)设副总河一人，管理河南河务。七年改总河为总督江南河道，副总河为总督河南、山东河道，分管南北两河。八年，增设直隶河道水利总督一人，寻裁。初南北两总河并兼兵部尚书、右都御史衔，乾隆四十八年(1783)始定兼兵部侍郎、右副都御史衔。咸丰十年(1860)裁江南河道总督，事归漕运总督兼管。所辖有河标之中、左、右三营及驻守运河、黄河等八个营，官兵三千多员名。下设书吏二十人，协助办事。光绪二十八年(1902)裁东河河道总督，自此河务无专官。

油工下士 官名。西魏、北周冬官府司色下大夫油工中士佐官，正一命。

油工中士 官名。西魏恭帝三年(556)置，北周沿置。冬官府司色下大夫属官，正二命。下设油工下士以佐其职。隋文帝开皇元年(581)罢。

油官丞 官名。晋朝置。两晋隶少府，东晋省少府，改隶丹阳尹。南朝省。

油漆作 明朝内府所属机构，隶内官监，设宦官管理。掌油漆，与木作、瓦作、东行作等共同负责营造宫室、陵墓，并铜锡妆奁、器用等事。

油醋库 官署名。北宋置，掌造油、醋，以供膳局，设监官，以京朝官、三班使臣及内侍充任。初分二库，真宗大中祥符二年(1009)并为一库。隶光禄寺。

沮渠 官名。匈奴置。为匈奴语音译，亦译作且渠。分置左、右，由四贵姓中的须卜氏(一译作卜氏)充任。

泠人 官名。同“伶人”。乐官。《左传·成公九年》：“问其族，对曰：‘泠人也。’”杜预注：“泠人，乐官。”

沿河缺 清朝外官缺分之一。属此缺分者有直隶之良乡、通州等十二州、县，河南之祥符、郑州等十一州、县，山东之德州、东平等十一州、县，江南之山阳、邳州等十三州、县之佐贰、首领官。虽属腹俸，其历俸升擢与边俸同。俱三年俸满有功绩而无过失者，依例升用。

沿海缺 清朝外官缺分之一。属此缺者有江苏之太仓、上海等十县，浙江之仁和、海宁等十七县，山东之诸城、胶州等七州、县，广东之东莞、香山等十三县，福建之闽侯等九县之佐贰、首领官。其历俸升擢与边俸同，俱三年俸满有政绩而无过失者，依例升用。乾隆(1736—1795)中定海疆久任之制，有至六年或八年方可升擢者，依地择人，不拘常例。

注册局 官署名。清末商部附属机构，光绪三十年(1904)设。掌商标等注册事宜。原由江海关、津海关管理的标牌注册局作为沪、津二分局，归其管辖。置章京六人，供事四人。

注拟 官制用语。唐、宋时期，吏部选官，先将获选者姓名履历注于册书，再经考询而拟授其官，称为注拟。

注拟案 官署名。北宋神宗元丰(1078—1085)改制后，吏部尚书左选置，掌拟定文臣升朝官以上内外差遣。

注差 任官制度。明朝户部十三司官吏三差之一。凡由吏部选授，则为注差，由户部疏名上请，则为题差，本部札委则为部差。任期为三年、一年或三个月。

注销 清朝吏部之处分制度。凡官员因过失被撤销所存记的职衔和记录等，称注销。如笔帖式京察一等，记名以理事、同知、通判用者，再遇京察，若列入二、三等，即将记名注销。再如官员有四次以上奖叙，如因过抵销一二三次者，所余记录，皆即注销。又，某项事情办结，按规定行文声明，亦称注销。如刑部现审寻常案件，按期结案者，叫做依限注销。如迟延未完者，称为注销违限。得照例议处。

泽人　官名。春秋战国置，掌理川泽。《礼记·月令》："命泽人纳材苇。"

泽虞　官名。《周礼》地官之属，一说为周朝置，掌理国家湖泊水泽政令。《周礼·地官》："泽虞，每大泽大薮中士四人，下士八人，府二人，史四人，胥八人，徒八十人；中泽中薮如中川之衡；小泽小薮如小川之衡"，"掌国泽之政令，为之厉禁，使其地之人守其财物，以时入之于玉府，颁其余于万民。凡祭祀、宾客，共泽物之奠。丧纪，共其苇蒲之事。若大田猎，则莱泽野。及弊田，植虞旌以属禽"。

泽虞下士　官名。西魏、北周地官府虞部下大夫泽虞中士佐官，正一命。

泽虞中士　官名。西魏恭帝三年（556）仿《周礼》泽虞置，掌泽薮之政令，北周沿置。地官府虞部下大夫属官，正二命。下设泽虞下士以佐其职。隋文帝开皇元年（581）罢。参见"泽虞"。

泾州丝局　官署名。北齐置，设丞。隶太府寺中尚方署。

泾州丝局丞　官名。北齐置。见"泾州丝局"。

治　❶国都及郡县等地方官署所在地。如郡治、县治。天子所都亦称治。❷官制用语。即以它官行使某官职权，多以较高官职来管理较低官职事务，或有同级官员兼治的。北朝较多见。

治人官　官名。南诏官，千家置一人。

治中　❶官府案卷文书。《周礼·春官·天府》："凡官府乡州，及都鄙之治中，受而藏之，以诏王察群吏之治。"郑玄注引郑司农说："治中，谓其治职簿书之要。"❷官名。治中从事（史）省称，汉朝为州之佐吏。秩百石，主选署及文书案卷，有书佐。三国魏、蜀、吴皆置。晋亦置。魏晋之世，治中身分虽低，职权极重。东晋南朝治中、别驾虽地位尊崇，但职任日见削弱。南朝宋治中掌众曹文书事，多以六品官为之。齐同。梁扬州治中九班，他州分五等，高者七班，低者一班。陈扬州治中六品，他州高者六品，低者九品。十六国前凉置。北朝北魏亦置，州或一至三人不等。孝文帝太和二十三年（499）定司州治中为从四品下，他州治中自正五品至正七品不等，治中多迁别驾。北齐司州治中从四品下，上州治中正六品下，中州从六品下，下州无。北周三万户以上州治中四命，一万户以上州正三命，五千户以下州三命。自汉、魏晋以来，治中例用本地人，由刺史自辟，后渐由中央敕用。自北周始，合州衙军府佐吏为一。隋朝初年于诸郡置，开皇三年（583）改司马。唐朝初年亦称治中，永徽（650—655）时又改司马。明朝时为顺天、应天府尹佐官，正五品。参理府事。清朝顺天府沿置，应天府亦置，位于府丞之下，正五品。顺天府所属，顺治元年（1644）设，初为三员，六年，省二员，留一员，遂为定制。奉天府所属一员，康熙二年（1663）设，光绪二年（1876）省。职掌佐府尹、府丞掌府事，纪纲众务，兼乡会试场务。

治中从事　见"治中"。

治中从事史　见"治中"。

治书　❶治书侍御史简称。❷汉朝诸侯王国属官，由尚书改名。掌出纳文书。秩比六百石。两晋南朝置为王、公、侯等国属官，大国员四人。

治书史　乡官名。晋朝千户以下乡置，位次啬夫。

治书令史　官名。《宋书·乐一》："宋文帝元嘉九年（432），太乐令钟宗之更调金石。十四年，治书令史奚纵又改之。"

治书执法　官名。三国魏置，隶御史台。《三国志·高柔传》："文帝践阼，以柔为治书侍御史，赐爵关内侯，转加治书执法。"掌奏劾官吏。时别置治书侍御史，掌律令。西晋省。

治书侍御史　官名。亦称治书御史，简称御史、侍御。或说西汉宣帝时令侍御史二人治书，管理图籍文书，遂有其名。东汉为御史台属官，置二员，秩六百石。职掌依据法律审理疑狱，与符节郎共平廷尉奏事，选御史考试高第、明习法律者充任。魏晋南北朝为御史中丞佐贰，御史台要职，置二至四员，分领侍御史诸曹，监察、弹劾较高级官员，亦奉命出使，收捕犯官等。西晋初曾置"黄沙狱治书侍御史"，专掌审理疑狱，旋罢。南朝不为世族所重，梁武帝始重其选。北朝则威权甚重。魏、晋、宋六品，梁六班，陈七品、六百石；北魏孝文帝太和十七年（493）定为五品上，二十三年改六品上，北齐从五品。隋朝以御史大夫为御史台长官，治书侍御史为次官，员二人，实际主持台务，从五品。唐高宗时因避讳，改置御史中丞。金、元复置，员二人，为御史台属官，协助侍御史掌奏事、判台事。金从六品；元初因之，世祖至元二十一年（1284）升正六品，二十七年升从五品，成宗大德十一年（1307）升正三品。元末朱元璋吴元年（1367）亦置，正三品，明太祖洪武九年（1376）罢。参见"侍御史"、"御史台"。

治书御史　即治书侍御史。

治田　官名。掌农业生产。一说即司田。《荀子·王制》："相高下，视肥垸，序五种，省农功，谨蓄藏，以时顺修，使农夫朴力而寡能，治田之事也。"于省吾新证："治田即司田，《管子·立政》作申田之事也，申田即司田。"

治仪正　官名。清朝銮仪卫之职官，顺治四年（1647）设。十一年定员二十四人，正五品。掌六所一卫治仪之事。宣统元年（1909）为避帝讳，改称治宜正。

治市　官名。春秋战国置，掌理集市治安。《荀子·王制》："使宾旅安而货财通，治市之事也。"

治头大祭酒　东汉末张鲁五斗米道政权官名。《三国志·张鲁传》："其来学道者，初皆名鬼卒。受本道已信，号祭酒，各领部众，多者为治头大祭酒。""不置长吏，皆以祭酒为治。"

治礼下士 官名。西魏恭帝三年（556）置，为春官府典命中大夫属官。北周沿置，后改典命为大司礼，遂隶大司礼，武帝保定四年（564），改大司礼为礼部，又为礼部下大夫属官。员一人，正一命。隋文帝开皇元年（581）罢。

治礼中士 官名。西魏恭帝三年（556）置，北周沿置。为春官府典命下大夫属官，后改典命为大司礼，遂隶大司礼，北周武帝保定四年（564），改大司礼为礼部，又为礼部下大夫属官，员一人，正二命。下设治礼下士以佐其职。隋文帝开皇元年（581）罢。

治礼郎 官名。汉朝隶大鸿胪属官大行令，掌朝会时赞礼仪。东汉员四十七人。魏、晋沿置。东晋、南朝大鸿胪常省，其官亦省置无常。北魏仍置，为冗散之官，有俸无常职，孝文帝太和十七年（493）定为从六品下，二十三年改从九品。北齐员三十人，隶鸿胪寺司仪署，从九品。隋朝改隶太常寺，初置十六员，炀帝减为六员，从九品。唐初沿置，员四人，掌设版位执仪行事。高宗即位后，避名讳改奉礼郎。

治民长 官名。北魏初置。《魏书·奚牧传》："太祖录先帝旧臣，又以牧告（刘）显之功，拜为治民长。"

治行尤异 省称尤异，即官吏治绩优异。凡举尤异者多升迁高级官职或增秩。汉朝皇帝常不定期地下诏举治行尤异者，以资奖励。

治弟 旧时对州、县官自称的谦词。表示在其治辖之下。

治宜正 见"治仪正"。

治官 ❶整顿或管理官吏。《左传·成公十五年》："华元曰：'我为右师，君臣之训，师所司也。今公室卑而不能正，吾罪大矣。不能治官，敢赖宠乎？'乃出奔晋。"❷《周礼》天官系统属官的统称。《周礼》六官之一"天官"掌邦治，统摄六官，称治官。以冢宰为官长。《周礼·天官·序官》："乃立天官冢宰，使帅其属而掌治，以佐王均邦国。治官之属，大宰卿一人，小宰中大夫二人，宰夫下大夫四人，上士八人，中士十有六人，旅下士三十有二人。"孙诒让正义："自官之属者，自小宰至夏采，并属于太宰，即大宰八法之官属也。"

治剧 官员考评制度。亦称案剧、理剧。始见于汉。因郡县治理有难易之别，故分为剧、平，以作为察举科目。《汉书·陈遵传》："举能治三辅剧县，补郁夷令。"明朝定为评定官员能力标准之一。凡能治理雄剧难治府州县者，称才任治剧。

治粟内史 官名。秦置，入汉因之。秩中二千石，有两丞，掌谷货。景帝后元年（前143）更名大农令。

治粟内史丞 官名。秦置，员二人，为治粟内史副职，秩千石。汉景帝后元年（前143）治粟内史更名大农令后改名大农丞。

治朝 参见"内朝"。

郑兵将军 官名。北魏初置，明元帝永兴元年（409）以晋兵将军、幽州刺史奚斤为之，巡行州郡，问民疾苦。孝文帝太和十七年（493）改定官制后未见。见《魏书·太宗纪》、《奚斤传》。

单于元辅 官名。十六国后赵置，权势极重。《晋书·石勒载记下》："署石季龙为单于元辅，都督禁卫诸军事。"

单于右辅 官名。十六国汉、后燕、北燕置。十六国汉时，与单于左辅各主六夷十万落，每万落置一都尉。后燕时位次尚书。北燕时为大单于四辅之一。见《晋书·刘聪载记》、《慕容熙载记》、《冯跋载记》。

单于左辅 官名。十六国汉、后燕、北燕置。十六国汉时，与单于右辅各主六夷十万落，每万落置一都尉。后燕时位次尚书。北燕时为大单于四辅之一。见《晋书·刘聪载记》、《慕容熙载记》、《冯跋载记》。

单于台 官署名。十六国汉、前赵置。管理汉族以外的少数民族事务，以大单于为长官，属官亦任用少数民族酋豪。《晋书·刘曜载记》："（刘曜）置单于台于渭城，拜（子刘胤）大单于，置左、右贤王已下，皆以胡、羯、鲜卑、氐、羌豪桀为之。"

单于后辅 官名。十六国北燕置，为大单于四辅之一，佐大单于掌境内少数民族事务。见《晋书·冯跋载记》。

单于前辅 官名。十六国北燕置。为大单于四辅之一，佐大单于掌管境内少数民族事务。万陵曾任之。见《晋书·冯跋载记》。

单于率正 官名。三国魏置。七品，职掌不详。

单车 即单车刺史。

单车刺史 刺史等级之一。魏晋南朝制，凡庶姓任州刺史而未加将军号者为单车刺史。参见"刺史"。

单月选 明清吏部之铨选制度。参见"急选"。

单州招抚司 官署名。金末战时设立的机构，宣宗兴定五年（1221）二月，置于南京路单州，以招集河北离散民众。参见"招抚司"。

单眼花翎 服饰名。亦称一眼花翎，清朝官员所戴花翎之一。即孔雀羽尾端为一眼者。依例内大臣、一二三四等侍卫，前锋、护军各统领、参领、前锋侍卫，诸王府长史，散骑郎，二等护卫，均可戴用。

宝儿赤 即博尔赤。

宝川局 官署名。清朝四川之铸钱局。康熙七年（1668）置局，六十一年改今名。设监铸官一人，以同知，通判充任。掌理本省鼓铸事宜。

宝广局 官署名。清朝广东之铸钱局。顺治四年（1647）置局，乾隆三年（1738）改今名。设监铸官一人，以同知、通判选充。掌理本省鼓铸事宜。

宝云局 官署名。清朝云南之铸钱局。顺治十七年（1660）置局，康熙六十一年（1722）改今名。

设监铸官一人，以云南府知府充任。掌理本省鼓铸事宜。

宝丰监 见“宝源监”。

宝文 宋朝宝文阁省称。

宝文阁 宋朝阁名。仁宗庆历元年（1041），以寿昌阁改名。嘉祐八年（1063）英宗即位后，藏仁宗御书、御制文集于阁内。治平四年（1067）神宗即位，以英宗御书附于此阁，置学士、直学士、待制，恩数与龙图阁同。徽宗政和六年（1116），置直宝文阁。南宋于临安府重建，仍置学士等职。

宝文阁直学士 官名。北宋英宗治平四年（1067）置，充侍从以备顾问。神宗元丰（1078—1085）改制后，为从三品贴职。南宋因之。

宝文阁学士 官名。北宋英宗治平四年（1067）置，充侍从以备顾问。神宗元丰（1078—1085）改制后，为正三品贴职。南宋因之。

宝文阁待制 官名。北宋英宗治平四年（1067）置，充侍从以备顾问。神宗元丰（1078—1085）改制，定为从四品贴职。南宋因之。

宝伊局 官署名。清朝新疆之铸钱局。乾隆三十九年（1774）置，设监铸官一人，以伊犁同知充任，掌理本省鼓铸事宜。

宝苏局 官署名。清朝江苏之铸钱局。康熙六年（1667）置局，雍正九年（1731）改今名。设监铸官二人，俱以佐贰官选充。掌理本省之鼓铸事宜。

宝武局 官署名。清朝湖北之铸钱局。顺治七年（1650）置局，雍正七年（1729）改今名。设监铸官一人，以武昌府同知充任。掌理本省鼓铸事宜。

宝坻盐使司 官署名。金朝七盐使司之一，掌食盐产销。设在易州及永济县，行盐地面为中都路。设使、副使领司事，秩正五品、正六品。下设判官、管勾、同管勾、都监等官。宝坻盐旧课八十八万七千五百五十八贯六百文，章宗承安三年（1198）十二月增至一百三十四万八千八百三十九贯。参见“盐使司”。

宝林 官名。隋、唐内官。隋炀帝置二十四员，正五品。唐朝置二十七员，正六品，位才人下、御女上。

宝林御女 宋朝女官名。隶尚书内省。

宝直局 官署名。清朝直隶之铸钱局。乾隆九年（1744）置。设监铸官一人，以保定府同知充任。掌理本省鼓铸事宜。

宝昌局 官署名。清朝江西之铸钱局。顺治四年（1647）置局，雍正七年（1729）改今名。设监铸官一人，以南昌府同知充任。掌理本省鼓铸事宜。

宝陕局 官署名。清朝陕西之铸钱局。顺治元年（1644）置局，乾隆十二年（1747）改今名。设监铸官一人，以佐贰官充任。掌理本省鼓铸事宜。

宝南局 官署名。清朝湖南之铸钱局。顺治四年（1647）设局，雍正七年（1729）改今名。设监铸官一人，以长沙府同知充任。掌理本省鼓铸事宜。

宝钞司 官署名。明朝宦官二十四衙门之一，置掌印太监一员，佥书、管理、监工无定员。掌造宫中所用粗细草纸。

宝钞总库 官署名。元朝置，掌收储、发放钞币。世祖至元二十五年（1288）由元宝总库改立，秩正六品，寻升从五品。置达鲁花赤、大使各一员，从五品；副使三员，正七品。

宝钞提举司 官署名。元朝置，掌辖区印行钞币事务，为诸路宝钞都提举司之分设机构。世祖至元二十四年（1287），立陕西宝钞提举司。后又在和林、四川、中兴等地设司，均非常设。明洪武七年（1374）置，隶中书省，掌宝钞印造及出入，设提举、副提举、吏目各一人。下设钞纸、印钞二局，局置大使、副使、典史各一人。又置宝钞、行用二库，库设大使、副使各二人，典史一人。十三年罢。十九年复置，隶户部。明中叶后因钞法不行，革副提举、典史，所属局、库大使、副使等亦多裁革。

宝泉局 官署名。明清户部钱法堂所属之铸币机构。明天启二年（1622）置，位于皇城东北。以督理钱法侍郎为主官。开炉鼓铸。又，各布政司均设宝泉局，置大使，副使各一人。清顺治元年（1644）于户部沿置。设满、汉监督各一人司其事。所属有满洲局大使，笔帖式及经承等吏员。所属中东西南北五厂亦设满洲大使四人及经承等员。下设循环房、案房、钱库、铜库等机构办事。所铸样钱解送内务府、制钱解送户部银库。光绪五年（1879）后添派满、汉司员为监督帮办。三十二年改隶度支部。

宝泉局大使 官名。明清宝泉局之职官。明朝于各布政司宝泉局设，一人，从九品。掌各地铸造货币事。清朝于户部宝泉局设，一人，由满员充任。掌理库藏。

宝泉局四厂大使 官名。清朝户部宝泉局所属四厂之主官。东、西、南、北四厂设满洲大使四人，掌理各厂鼓铸事宜。

宝泉局监督 官名。清朝户部宝泉局之主官，隶于户部钱法右侍郎。顺治元年（1644）设，满、汉各一人，由各部司员中保送简用，两年一更代。掌监收铜铅及铸钱之事，并督察匠役勤惰。光绪三十二年（1906）改隶度支部。

宝晋局 官署名。清朝山西之铸钱局。顺治二年（1645）置局，雍正七年（1729）改今名。设监铸官一人，以佐贰官充任。掌理本省鼓铸事宜。

宝桂局 官署名。清朝广西之铸钱局。康熙六年（1667）置局，雍正九年（1731）改今名。设监铸官一人，布政使于所属官内任便选充。掌理本省鼓铸事宜。

宝浙局 官署名。清朝浙江之铸钱局。顺治六年（1649）设局，雍正七年（1729）改今名。设监铸官二人，以同知、通判选充。掌理本省鼓铸事宜。

宝章 宋朝宝章阁省称。

宝章阁 宋朝阁名。南宋理宗宝庆二年（1226）

置，以藏宁宗御制。置学士、直学士、待制为贴职。

宝章阁直学士 见“宝章阁”。

宝章阁学士 见“宝章阁”。

宝章阁待制 见“宝章阁”。

宝源局 官署名。明清工部所属之铸钱机构。元至正二十一年（1361）朱元璋于应天初设。明洪武十三年（1380）隶工部。嘉靖（1522—1566）中以京师城东石大人胡同为鼓铸公署，以虞衡司员外郎领其事。下设局大使一人，副大使一人。铸造通宝钱文。清顺治元年（1644）复置，归工部钱法堂统辖。设满、汉监督各一人、领其事。所属有大使二人，经承五人。下设案房、兑房、钱房、算房、循环房等办事机构。掌监收铜铅及铸钱之事。光绪三十二年（1906）改隶度支部。

宝源局大使 官名。明清工部宝源局之职官。明朝设大使一人，正九品。掌局事。清朝置二人，正九品，由本部笔帖式内保送。掌理库藏。

宝源监 官署名。金朝海陵王正隆三年（1158）于中都置钱监两所，东监名宝源，西监名宝丰，又在京兆置利用监，掌铸造正隆通宝。置监丞等职。

宝源局监督 官名。清朝工部宝源局之主官，隶属于工部钱法右侍郎。顺治元年（1644）设，满、汉各一人，领局事。缺出由各部院司员内保送简派，两年一更代。光绪三十二年（1906）改隶度支部。

宝谟 宋朝宝谟阁省称。

宝谟阁 南宋阁名。宁宗嘉泰二年（1202）置，以藏光宗御制。置学士、直学士、待制，为侍从贴职。

宝谟阁直学士 见“宝谟阁”。

宝谟阁学士 见“宝谟阁”。

宝谟阁待制 见“宝谟阁”。

宝福局 官署名。清朝福建之铸钱局。顺治六年（1649）置局，乾隆三年（1738）改今名。设监铸官一人，以佐贰官选充。掌理本省鼓铸事宜。

宝黔局 官署名。清朝贵州之铸钱局。康熙六年（1667）置局，雍正九年（1731）改今名。设监铸官一人，以贵阳府知府、贵筑县知县或通判、县丞选充。掌理本省之鼓铸事宜。

宗 秩宗或宗伯之简称。传说舜时置。主祭祀。《尚书·舜典》：“咨伯，汝作秩宗。”孔颖达疏引正义：“此为官名”，“主郊庙之官，掌序鬼神尊卑，故以秩宗为名”。又称宗伯。春秋时鲁置。《国语·鲁语上》：“夏公弗忌为宗”，“曰：‘我为宗伯。’”又见《周礼·春官·序官》。

宗人 官名。西周、春秋、战国置，又称宗伯，别称宗司。主司宗室礼法及宗庙社稷祭祀礼仪。明清时设为宗人府佐官，分置左、右二员。详“左宗人”。

宗人府 官署名。明洪武二十二年（1389）改原大宗正院而置。设宗人令一人，左、右宗正各一人，左、右宗人各一人。掌皇族属籍，以时修纂玉牒，书宗室子女嫡庶、名封、嗣袭、生卒、婚嫁、谥葬之事。以亲王领之。永乐（1403—1424）初以北京宗人府为行在宗人府，改以勋戚大臣署府事，不备官。洪熙元年（1425）南京亦置，设经历一人。其后事权渐移于礼部。清顺治九年（1652）沿置，改宗人令为宗令，一人，宗正、宗人各一人，俱以宗室王公充任。设府丞一人，掌汉文之事。属官有堂主事，经历司经历，左、右二司理事官、副理事官、主事、委署主事及笔帖式、效力笔帖式等。除府丞为汉员，堂主事有二名汉官缺外，均以宗室充任。所属机构有经历司、左司、右司、银库、黄档房、空房，兼领左右翼宗学及八旗觉罗学。逢修玉牒之年，另立玉牒馆。

宗人府右司 参见“宗人府左司”。

宗人府左司 官署名。清朝宗人府所属机构，与右司并行。各设理事官二人，副理事官二人，主事二人，委署主事二人，供事三人。分掌左（镶黄、正白、镶白、正蓝四旗）、右翼（正黄、正红、镶红、镶蓝四旗）宗室、觉罗之谱牒、承袭，文武官员之俸级、升迁、降革、教养、抚恤及户口、田土、刑名案件等事务。

宗人府府丞 官名。清朝宗人府之职官，掌核校本府汉文册籍事。顺治九年（1652）设，一人，以汉人充任。正三品。

宗人府经历司 官署名。明朝置，隶宗人府，设经历一人，掌出纳文移。清初沿置，设经历三人，宗室、满洲二人，汉一人。康熙（1662—1722）时裁汉官缺。乾隆（1736—1795）时专用宗室二人，另有供事二人。经历司印先由左司理事官兼掌，后专设理事官掌印。

宗人府经历司经历 官名。明、清宗人府属官。经历司设，一人，明为正五品，清改正六品。掌出纳文移。

宗人府空房 官署名。清朝宗人府所属机构，专门关押、圈禁有罪宗室。设司官二人、笔帖式四人，由府堂官派充。

宗人府理事官 官名。清朝宗人府所属左、右二司之长官，分掌左、右二司事。雍正二年（1724）改郎中设。左、右司各二人，正五品，以宗室充任。

宗人府副理事官 官名。清朝宗人府所属左、右二司之副长官，佐理事官掌左、右二司事。雍正二年（1724）改员外郎设。左、右司各二人，从五品，以宗室充任。

宗人府黄档房 官署名。清朝宗人府所属机构。掌登记黄册（宗室档案）、红册（觉罗档案），并负责翻译成汉文，交府堂汉主事载入汉文档案。设司官、笔帖式等，无定额，由府堂官派充。

宗人府堂主事 官名。清朝宗人府之属官。初设宗室二人，掌满文奏稿。雍正元年（1723），增汉主事二人，以进士出身者充任，掌汉文典籍。俱正六品。

宗工 官名。西周置，主管王室同姓宗人。《尚书·周书·酒诰》："惟亚惟服宗工。"

宗士 官名。北魏宣武帝永平四年（511）改宗子羽林置。由宗室子弟充任，在宫内值勤。由尚书计其本秩资集，叙从七品以下，从八品以上官职。

宗小子 西周时期称周王同宗担任小子官职者。《何尊》铭："王诰宗小子于京室。"参见"小子"。

宗女 清朝对不入格格五等（即郡主、县主、郡君、县君、乡君）之宗室女儿之称呼。入八分公侧室所生女以上者，给五、六品俸，不封授；不入八分公以下之宗女，不给俸，不封授。参见"格格"。

宗子 ❶周朝谓嫡长子，又称大宗子。《诗经·大雅·板》："怀德维宁，宗子维城。"郑玄笺："宗子，谓王之适子。"《礼记·曾子问》："宗子虽七十，无无主妇。非宗子，虽无主妇可也。"孔颖达疏："宗子，大宗子也。"❷贵族同族之子。《汉书·叙传》："侯王之祉，祚及宗子。"

宗子正 官名。北宋徽宗建中靖国元年（1101），复置宗学。崇宁元年（1102），诸王宫宗学各置宗子正、宗子录、宗子博士，掌教授之事。

宗子博士 官名。北宋徽宗崇宁元年（1102），诸王宫宗学置，掌教授之事。南宋高宗绍兴四年（1134），改为宗学教授。

宗子羽林 官名。北魏置。《魏书·官氏志》："（宣武帝永平）四年（511）七月，诏改宗子羽林为宗士，其本秩付尚书计其资集，叙从七已下，从八已上官。"

宗子录 见"宗子正"。

宗仁卫 即宗仁蒙古侍卫亲军都指挥使司。

宗仁蒙古侍卫亲军都指挥使司 官署名。元朝侍卫亲军指挥机构，秩正三品。简称宗仁卫。设于英宗至治二年（1322），军士来自从草原流散的蒙古子女。置营于大都北，衙司在大都丽正门内。设都指挥使三员，副都指挥使二员，佥事二员。辖千户所十翼，屯田千户所二翼。

宗公 周朝称宗室大臣。《国语·晋语四》："故《诗》云：'惠于宗公，神罔时恫。'"韦昭注："宗公，大臣也。"

宗正 官名。西周至战国已置，掌君主宗室亲族事务。《逸周书·尝麦》："我九宗正州伯教告于我。"《古玺汇编》第九二号："平匋宗正。"秦、汉列位九卿，秩中二千石，例由宗室担任，管理皇族外戚事务，掌其名籍，分别嫡庶亲疏，编纂世系谱牒，参与审理诸侯王犯法案件。凡宗室亲贵有罪，须向其先请，方得处治。有丞，属官有都司空令丞、内官长丞及诸公主官属。平帝元始四年（后4）改名宗伯，新莽时并入秩宗（太常），东汉复旧。三国沿置。魏多任皇族，或亦暂以他姓代理，有丞，属官有公主官属、行夜督郎等，三品。西晋兼用庶姓，又领太医令史、司牧掾等，三品，或尊称宗正卿、大宗正。东晋、南朝省，其职属太常，有事则权置兼官。梁、陈复置，定名宗正卿。北朝定名大宗正，官署名大宗正寺。隋、唐以来，官署移宗正寺，长官称宗正卿。宋有大宗正司。辽、金、元又有大惕隐司、大宗正府、大睦亲府等称。明、清其官署称宗人府，次官有左、右宗正，地位极高。明初正一品，并以亲王领之。后不备官，其职移归礼部。万历（1573—1620）间，诸王府亦置宗正。清朝宗人府左、右宗正皆由贝勒、贝子兼摄。

宗正下士 官名。西魏、北周天官府宗师中大夫宗正上士属官。正一命。

宗正上士 官名。西魏、北周时天官府宗师中大夫属官，正三命。掌管宗室事务。下设宗正中士、下士以佐其职。隋文帝开皇元年（581）废。

宗正中士 官名。西魏、北周天官府宗师中大夫宗正上士佐官，正二命。

宗正少卿 官名。北魏、北齐为大宗正少卿的省称。隋、唐、五代为宗正寺次官，亦称宗正寺少卿，通判本寺事务。隋初置一员，正四品上；炀帝增为二员，从四品。唐初一员，后增为二员，从四品上。高宗、武则天时曾随本寺改名司宗少卿、司属少卿，寻各复旧。初或任外姓，玄宗开元二十年（732）后由宗室专任。北宋前期为四品寄禄官，真宗大中祥符九年（1016）以后又为差遣，由给、舍以下兼少卿，神宗元丰（1078—1085）改制后复为职事官，从五品，协掌宗正寺事务。当时别有大宗正司管理皇族亲属，本寺为事务机构，职权较轻，故不专用宗姓。南宋寺卿不常置，少卿初以太常少卿兼任，高宗绍兴三年（1133）始专置，主持寺务。辽朝为南面朝官，无实际职掌。参见"宗正寺"。

宗正寺 官署名。北齐有大宗正寺，隋朝改此名，为掌管皇室亲族属籍的事务机关。设卿、少卿为长贰，有丞、主簿等属官。不领署。唐朝沿置，其政令仰承吏部司封司，属官又有知图谱官、修玉牒官、知宗子表疏官等。高宗龙朔二年（662）改名司宗寺，咸亨元年（670）复旧；武则天光宅元年（684）改名司属寺，中宗神龙元年（705）复旧。玄宗开元二十年（732），诏本寺官员悉由皇族充任，二十五年又以崇玄署归属之。诸宗庙、陵台等署，则或隶太常，或属本寺。五代因之。北宋前期卿、少卿等皆为寄禄官，置判寺事二员，以宗姓两制以上充任，缺则以宗姓朝官以上知丞事，掌奉宗庙、诸陵荐享之事及皇族属籍谱系。真宗大中祥符九年（1016）以后，定丞、郎以上兼卿，给、舍以下兼少卿，郎中以下兼丞，京官兼主簿，卿缺则丞以下代理寺事，无知、判寺事之名。神宗元丰（1078—1085）改制后，诸官复为职事官。当时因别有"大宗正司"管理皇族，本寺仅掌修纂谱系属籍，职权较轻，其长贰不专用宗姓。辖属籍、知杂二案及修玉牒官等。南宋卿不常置，少卿初由太常少卿兼任，后专置。又领宗学、玉牒所。辽朝置为南面官署，其职实归大惕隐司。金、元所置称大宗正府、大睦亲府，明、清所置称宗人府，详见各条。

宗正寺少卿　参见“宗正少卿”。

宗正寺主簿　官名。南朝梁武帝天监十年（511）始置，为七班。陈因之，北齐同。隋朝置二人。唐初沿置，员一人；玄宗开元二十五年（737）增置一人，从七品上，负责掌印及勾检稽失。北宋前期，置一人，以京朝官充任。神宗元丰（1078—1085）改制，定为从八品，仍置一人。南宋初不置，高宗绍兴十年（1140）复置。孝宗隆兴元年（1163）省并，二年复旧制。

宗正寺丞　参见“宗正丞”。

宗正寺卿　参见“宗正卿”。

宗正丞　官名。秦、西汉为宗正副贰，秩千石，协助管理皇族外戚事务，参与审判宗室诏狱，由宗室充任。平帝元始四年（后4）改宗正为宗伯后罢。东汉复置，秩比千石。魏、晋、南朝沿置，或以他姓暂代。魏、晋、宋七品，梁四班，陈八品、六百石。北魏、北齐为大宗正丞省称。隋、唐、五代置为宗正寺佐官，位次少卿，员二人，掌判本寺日常公务。隋初正七品，炀帝改从五品，唐从六品上。唐高宗、武则天时曾随本寺改名司宗丞、司属丞，寻各复旧。玄宗开元二十年（732）后悉以宗室充任。北宋沿置，初为五品寄禄官，别遣宗姓朝官以上知丞事，处理日常事务。真宗大中祥符九年（1016）以后，又作差遣，以郎中以下兼任。如卿、少卿缺，则代理寺务。神宗元丰（1078—1085）改制后，始单置为职事官，佐理寺务，不专用宗姓，从七品。南宋或置或省。辽朝为南面朝官，无具体职掌。参见“宗正”、“宗正寺”。

宗正奉使帐案　官署名。北宋神宗元丰（1078—1085）改制后，礼部置。掌皇后、皇子、公主、亲王、诸妃以上圣节大礼恩泽，公主降嫁及宗室冠葬，试经艺，图书，奉使押赐外国事，点磨所辖官署文帐。

宗正卿　官名。汉、魏、两晋为宗正尊称。南朝梁、陈为正式官称，位列十二卿，掌皇族外戚属籍，由宗室充任，梁十三班，陈三品、中二千石。隋朝置为宗正寺长官，历代沿置，亦称宗正寺卿。隋初正三品，炀帝改从三品。唐初因之，玄宗天宝（742—756）初改正三品。高宗、武则天时曾随本寺改名司宗正卿、司属卿，寻各复旧。玄宗开元二十五年（737）以来，又或兼掌诸宗庙、陵台及崇玄署。五代因之。北宋前期为三品寄禄官，不预寺务，真宗大中祥符九年（1016）以后，又为差遣，由宗姓丞、郎以上兼任。神宗元丰（1078—1085）改制后，始单置为职事官，正四品。当时因别有大宗正司管理皇族，本寺仅掌修纂谱系属籍，职权较轻，故不专用宗姓。南宋不常置。辽朝为南面朝官，无实际职掌。参见“宗正”、“宗正寺”。

宗令　官名。清朝宗人府之长官。掌皇族属籍，编纂玉牒，并负责宗室、觉罗子弟的教诫、议处、议叙等事。顺治九年（1652）设，一人，以亲王、郡王充任。

宗主　❶官名。宋代置为僧官，位最高者号宗主。❷泛指一宗之主。古代宗法制度中之嫡长。

宗圣士　官名。北魏置。孝文帝太和十七年（493）定为从五品下，二十三年复次职令，未见。

宗圣侯　爵名。三国魏文帝黄初二年（221）置。邑百户，奉孔子祀。晋武帝泰始三年（267）改为奉圣亭侯。

宗司　官名。又称宗人。春秋时鲁国置，掌理宗族礼法。《左传·哀公二十四年》：“公子荆之母嬖，将以为夫人，使宗人畔夏献其礼。对曰：‘无之。’公怒曰：‘女为宗司，立夫人，国之大礼也，何故无之？’”

宗老　春秋鲁、楚等国卿大夫家臣代称。掌礼乐仪式。《国语·鲁语下》：“乡其宗老，而为赋《绿衣》之三章。”韦昭注：“家臣称老。宗，宗人，主礼乐者也。”《楚语下》：“屈到嗜芰，有疾，召其宗老而属之。”

宗有司　宗（宗伯）属吏。《国语·鲁语上》：“夏父弗忌为宗，蒸将跻僖公。宗有司曰：‘非昭穆也。’”

宗臣　❶君王同宗之臣。《国语·晋语下》：“男女之飨，不及宗臣。”❷为后代所宗仰的名臣。《汉书·萧何曹参传》：“声施后世，为一代宗臣。”

宗师　官名。❶掌管宗室事务的官员。西汉末亦名宗卿师，郡国皆置。时王莽居摄，以其监视刘姓宗室活动。由二千石中选有德义者充任。纠察教训宗室。有不从教令者，因邮亭书言宗伯以闻。晋朝沿置。武帝咸宁三年（277）因宗室殷盛，无官统摄，仍置，一人，总领宗室事，训导观察，有不遵礼法，小者自行处理，大者随事奏闻。各郡国不置。多以太宰、三公领之。东晋称大宗师，地位甚重，在宗正之上。北魏亦置，职如中正，辨别姓族、门第、谱系、品举人才。均以诸王领之，地位甚崇。西魏称大宗师。北齐设，其制不详。北周称宗师中大夫，隶天官府，统辖小宗师下大夫，小宗师上士、中士，宗正上士、中士、下士等。隋朝废罢。❷明清时提学官之俗称。参见“提学”。

宗师上士　即小宗师上士。

宗师中士　官名。西魏恭帝三年（556）置，北周沿之。天官府宗师中大夫属官，正二命。掌管宗室事务。除宗室外，异姓亦可任之。《隋书·柳机传》：“（柳謇之）以明经擢第，拜宗师中士。”

宗师中大夫　官名。西魏恭帝三年（556）置，北周沿之。天官府宗师司长官，正五命。掌管宗室定世系、辨昭穆等事务，并负有训导之责。以宗室中之亲贤者为之。属官有小宗师下大夫、小宗师上士、宗正上士等。隋文帝开皇元年（581）废。

宗侍下士　官名。西魏末、北周置。天官府宫伯中大夫属官，分置左右，皆正一命。员十二人。负责皇帝寝宫的安全，夜里在寝庭之中侍卫。服金涂甲，左执豹环长刀，右执貔环长刀，并金涂饰，兼执狮子彤楯，列于左、右骑侍之外。多作为起家官。隋文帝开皇元年（581）罢。

宗妇　官名。春秋时诸侯后宫女官，多由卿大夫的妻子担任，佐助诸侯国君夫人掌妇事礼法。《礼记·祭统》："及迎牲，君执纼，卿大夫从，士执刍，宗妇执盎从夫人。"

宗伯　官名。❶周朝始置，又称宗人，礼官之长，卿爵。掌宗室礼法及宗庙社稷祭祀礼仪。《国语·周语上》："宗伯九之，王则大徇。"韦昭注："宗伯，卿官，掌相王之大礼。若王不与祭则摄位。"《大戴礼记·盛德》："父子不亲，长幼无序，君臣上下相乖，曰不和也。不和则饬宗伯。"又《周礼》列为六卿之一，为春官之长。有大、小宗伯之分职。西魏、北周时亦设为春官府长官。❷西汉平帝元始四年（后4）改宗正而置，掌皇族事务。新莽并其官于秩宗。东汉复旧名。❸明清时为礼部尚书俗称。

宗君　西周时称宗族的君长，负责同宗族内的事务。《六年琱生簋铭》："琱生对扬朕宗君其休。"

宗国　春秋战国时之同姓诸侯国。《孟子·滕文公上》："吾宗国鲁先君莫之行。"

宗学　学校名。专为宗室子弟而置。汉平帝置宗师，掌教训宗室子弟。唐初，于秘书外省别置小学，令宗室子孙就读。宋神宗元丰六年（1083）始称宗室小学。检八至十四岁宗室子弟入学。徽宗崇宁元年（1102），诸王宫设大、小二学，置教授。四年，改博士。南宋高宗绍兴十四年（1144）复置诸王宫大、小学教授。凡有籍宗室子弟三年试补一次。明制：凡宗室子弟年未满二十者，均入学。万历（1573—1620）后改十岁以上皆入学。衣冠同于生员，每年由提学官考试，以王府长史、纪善、伴读、教授学行优者为师。后令与生员同赴乡试，并有经乡试、会试得官者。清制：八旗各设宗学，始于顺治十年（1653）。选满洲生员为师，凡未封宗室子弟，十岁以上者俱入学习满文。雍正二年（1724），改设左、右翼满、汉学各一。王、公、将军及闲散宗室子弟十八岁以下入学分司满、汉文，兼骑射。以王、公一人总其事，并设总管、副管、满教习、汉教习等员掌教学事。乾隆十一年（1746）定学额，左翼七十，右翼六十。两翼学生可与天下贡士同殿试，赐进士甲第，用翰林部属等官。

宗学正　即宗子正。

宗学录　即宗子录。参见"宗子正"。

宗学总管　官名。清朝左、右翼宗学之职官。负责办理宗学具体事务。左、右翼各设二人、食七品俸。以宗室中辈尊年长者引见补授。

宗学教授　官名。北宋诸王宫宗学置，徽宗崇宁元年（1102）改宗子博士。南宋高宗绍兴四年（1134），复旧名，正八品。宁宗嘉定七年（1214），改宗学博士。

宗学副管　官名。清朝左、右翼宗学之职官。协助总管办理宗学事务。左、右翼各设八人，食八品俸，以宗室中辈尊年长者引见补授。

宗学谕　官名。南宋宁宗嘉定七年（1214），令行在复置宗学，设宗学谕、宗学博士各一人，掌宗学之事。

宗学博士　官名。南宋宁宗嘉定七年（1214），改宗学教授置，正八品。十年，令序位在太常博士之下。掌教授宗学生。

宗科　科举制度。明天启元年（1621）始置。因明末宗室极多，国家无力承担，遂改原宗室不任官之制，准宗室赴科举考试，中者授官。清沿明制，允许宗室参加科举考试，称宗室科目。

宗室侍卫　官名。清朝侍卫中之一种，康熙三十七年（1698）设。由上三旗子弟中才武出众者充任。初无定额，雍正七年（1729）定员九十人，一等九人，每旗三人；二等十八人，每旗六人；三等六十三人，每旗二十一人。品秩、职掌同一、二、三等侍卫。详见"侍卫"。

宗室侍卫什长　官名。清朝侍卫处之职官，顺治元年（1644）设，由宗室侍卫中遴选。初无定员，乾隆三十六年（1771）定员九人。掌理宗室侍卫事务。

宗室将军司　官署名。金朝置，属大宗正府。管领宗室将军（以族次充任）及其所占人口和奴婢。据世宗大定二十三年（1183）统计，在都宗室将军司，户一百七十，口二万八千七百九十，内正口九百八十二，奴婢口二万七千八百八。章宗明昌二年（1191），更名司属司。

宗室缺　清朝官缺之一。以宗室人员充补之官员专缺。有宗人府监察御史及理事官以下，笔帖式以上各缺；有从各部院衙门司官满官缺中改定之诸缺。凡宗室京堂以上得用满洲缺，惟内阁侍读学士之缺除外。外任道员以下官不授宗室，督抚藩臬由特旨简放者乃例外之除授，不入额缺。

宗室御史　官名。清朝由都察院派出视察宗人府事务之御史。雍正五年（1727）设，二人。

宗室御史处　即稽察宗室御史处。

宗祝　官名。西周始置，春秋齐国沿置，掌宗庙祭祀祝禳。《史记·周本纪》："（周武王）命宗祝享祠于军。"

宗卿　❶周朝称世卿之嫡长。《左传·襄公二十九年》："吾子为鲁宗卿。"❷宋朝礼部尚书别称。苏轼《谢礼部尚书表》："遂领宗卿之任。"❸唐宋宗正卿简称。

宗卿师　官名。西汉平帝置，即宗师尊称。平帝元始五年（后5），王莽摄政，郡国置宗师以主宗室，尊之为宗卿师。

宗属寺　官署名。渤海国置，有大令、少令。

宗属寺大令　官名。渤海国官，宗属寺长官。

宗属寺少令　官名。渤海国官，宗属寺次官。

宗职 春秋时期贵族世袭的官职。《左传·成公三年》:“若不获命,而使嗣宗职。”杜预注:“嗣其祖宗之位职。”

宗藩 受分封的同姓皇族。《史记·太史公自序》:“(汉高祖)乃封弟交为楚王,爰都彭城,以强淮泗,为汉宗藩。”藩即屏卫之意。

定户籍大使 官名。北魏置,负责户籍的清定。《魏书·外戚传上》:“太和(477—499)中初立三长,以(闾)庄为定户籍大使,甚有时益。”

定本 见“定琫”。

定边左副将军 官名。亦称乌里雅苏台将军,清朝派驻乌里雅苏台之最高行政长官。雍正九年(1731)设,统辖外蒙古唐努乌梁海、喀尔喀之土谢图汗、赛音诺颜、车臣汗、札萨克图汗四部及所附额鲁特、辉特二部之官族、军务、财赋、刑罚等军政事务。下设参赞大臣二人佐助,其一人由蒙古王、公、台吉兼任,并有笔帖式若干人分办具体公务。

定夺案 官署名。北宋神宗元丰(1078—1085)改制后,刑部置,掌诉雪除落过名。

定州紬绫局 官署名。北齐置,掌定州紬绫织造事务,设丞。隶太府寺中尚方署。

定州紬绫局丞 官名。北齐置,定州紬绫局长官。

定远将军 官名。南朝梁武帝天监七年(508)始置。位武职十二班,专施用于外国。唐朝置为正五品上武散官。宋沿置,神宗元丰(1078—1085)改制遂罢。明朝再置为武散官,从三品,升授。

定陇将军 官名。南朝梁置。武帝天监七年(508)定为施用于境外的武职二十四班中的十班,拟折冲将军等号,大通三年(529)罢。

定武中郎将 官名。三国吴置,领兵。《三国志·宗室传》裴松之注引《吴书》:“(孙)桓弟俊,字叔英,性度恢弘,才经文武,为定武中郎将,屯戍薄落。”

定国上公 官名。新莽末更始政权置。《后汉书·刘玄传》:“悉拜置诸将,以族父良为国三老,王匡为定国上公。”

定国将军 武散官名。明置,武官从二品,升授。

定胡将军 将军名号。新莽置。时有定胡将军王晏,见《汉书·王莽传》。

定威校尉 官名。东汉献帝建安(196—220)中孙权置。《三国志·陆逊传》:“逊以手下召兵讨治深险,所向皆服,部曲已有二千余人。鄱阳贼帅尤突作乱,复往讨之,拜定威校尉。”

定科郎 官名。一作定课郎。三国魏置,六品。为尚书省定科曹长官,掌制定律令。《晋书·裴楷传》:“钟令荐之于(魏)文帝”,“贾充改定律令,以楷为定科郎。事毕,诏楷于御前执读,平议当否”。西晋省。南朝所设“删定郎”,即其职。

定朔将军 官名。南朝梁置。武帝天监七年(508)定为施用于境外的武职二十四班中的九班,拟扫狄将军等号,大通三年(529)定制时罢。

定课郎 官名。三国魏置。参见“定科郎”。

定琫 官名。亦称定本,清朝西藏地方武官之一。隶于戴琫,分掌各城典兵之事。设七品定琫一百二十人。每人辖番兵二十五人。遇有缺出由材技出众之番兵中拔补。

定蛮长 官名。南朝宋为进攻北魏而特设,庞季明曾任此职。见《宋书·柳元景传》。

宜人 命妇名号。宋徽宗政和二年(1112)始置,封朝奉大夫以上官员之妻。元朝用以封七品官员之妻。明、清封五品官员之妻。

宜禾都尉 官名。西汉为敦煌郡所辖部都尉,治昆仑障。东汉主伊吾庐屯田。章帝建初二年(后77)罢。魏、晋亦置,主宜禾(今甘肃瓜州)一带军务,七品。

宜官曹 官署名。北魏置。职掌不详,多以他官典本曹事务。《魏书·宿石传》:“(文成帝)兴光(454—455)中,(宿石)迁侍御史,拜中垒将军,进爵蔡阳子,典宜官曹。迁内行令。”

宜都厄真 即伊都额真。

宜都章京 即伊都章京。

审计处 官署名。清末陆军部所属机构。详“陆军审计处”。

审计司 官署名。南宋高宗建炎元年(1127),改诸司专勾司为诸司审计司,马步军专勾司为马步军审计司。掌诸司自宫禁朝廷下至斗食佐史等一切赋禄者之给受,以式法审其名数,批书粮料历以送粮料院。设监官、都主押官领之。下设主押官、前行、后行、贴司等吏人。各总领所置分差审计司或分差审计院。

审计院 即审计司。

审刑 审刑院简称。

审刑司 官署名。西夏置。西夏语音“鮕力罗”。中等司。

审刑司右审刑 官名。明洪武十四年(1381)于审刑司置,一人,正六品。掌审理刑狱之事。十九年罢。

审刑司左审刑 官名。明洪武十四年(1381)于审刑司置,一人,正六品。掌审理刑狱之事。十九年罢。

审刑司右详议 官名。明洪武(1368—1398)中于审刑司置,三人,正七品。详见“审刑司左详议”。

审刑司左详议 官名。明洪武十四年(1381)于审刑司置,左、右各三人,正七品。佐左、右审刑掌其事。十九年审刑司并其官属俱罢。

审刑院 官署名。宋太宗淳化二年(991)置,设知院官一至二人,详议官六人,皆以朝官充任。凡具狱案牍先经大理寺断谳,然后关报本院,由知院与详议官定成文草上奏皇帝,再下中书审议,中书议后再奏,取旨后始定案,以防法吏舞文。神宗元丰三年(1080),并归刑部。

审官西院　官署名。宋神宗熙宁三年（1070）置，设知院、同知院各一人，掌閤门祗候以上诸司使副磨勘、注授差遣之事。省枢密院六十余项事务归此院。元丰五年（1082）大改官制，改为尚书右选。

审官院　官署名。宋太宗淳化四年（993），改磨勘京朝官院置，差遣院亦并入。设知审官院二人，由侍御史知杂以上充任。掌考校京朝官殿最，定其官爵品级，分拟其内外任使，奏报皇帝。神宗熙宁三年（1070）改为审官东院；又置审官西院，掌武臣閤门祗候以上至诸司使磨勘及常程差遣之事，设知院二人领之。元丰（1078—1085）改制，改为尚书左、右选。金朝复置，掌奏驳除授失当之事。部授以外，凡随朝六品、外路五品以上官除授，皆送院审核。设知院、同知各一员，掌书四人。

审判厅厅丞　官名。清末高等与京师地方审判厅长官。光绪三十三年（1907）后京师、各省设高等与地方审判厅，始置。每厅一人，京师高等厅正四品，省高等厅及京师地方厅从四品，请简。掌督领本厅各员行使审判事宜，并监察下级审判厅。

审录司　官署名。清末法部八司之一，光绪三十二年（1906）设。掌朝审录囚，复核大理院各裁判厅、局并直隶察哈尔左翼、两广、云、贵刑事民事各案件。置郎中四人，员外郎、主事各四人。

审录司郎中　官名。清末法部审录司长官，光绪三十二年（1906）设。定额三人，另宗室专缺一人，计四人，正五品，奏补。掌本司事务。

审录官　官名。金朝置。奉朝廷派遣，理问刑狱、审查诉讼案牍和纠察官员等。设于世宗大定（1161—1189）间。

审定处　官署名。清末学务大臣所辖六处之一，光绪二十九年（1903）设。置总办一人，帮办数人。负责审定各学堂教科书、参考书，检查私家撰述，刊布有关学务之书籍报章。三十二年，并入学部。

审定科　官署名。清末学部总务司所属三科之一，光绪三十二年（1906）设。掌审查颁行教科书，收管本部所用参考图书，编录各科学艺报章。额设员外郎二人，主事二人，此外，亦可酌派本部他司人员或各学堂教员之熟悉科学者助理之。

审理正　官名。明朝置于诸王府审理所，一人，正六品，掌王府中推按刑狱之事。

审理所　官署名。明洪武四年（1371）置，初隶王相府。十三年罢王相府后，改隶王府长史司。置审理正一人，正六品，副一人，正七品。掌推按刑名，禁防横暴，使诸王无干国纪。

审理副　官名。明朝诸王府审理所均置，一人，正七品，佐审理正掌推按刑狱之事。嘉靖四十四年（1565）革。

官　❶担任公职之人的总称。《礼记·王制》：“论定，然后官之。”孔颖达疏：“其诸侯以下，三公至士，总而言之，皆谓之官。”❷官署简称。《礼记·曲礼下》：“在官言官，在府言府。”郑玄注：“官谓校图文书之处。”❸任命职务。《尚书·虞书·皋陶谟》：“知人则哲，能官人。”❹魏晋南朝天子别称。《称谓录·天子古称官》：“魏晋六朝称官。”❺宋朝置官法之一。宋朝置官，有官，有职，有差遣。官以寓禄秩、叙位著。（1）文臣：北宋前期，自三师、三公、太子三师、太子三少、尚书省仆射、六部尚书、侍郎、郎中、员外郎、两省给事中以下、秘书省官、殿中省官，至九寺五监之官，皆为寄禄官。幕职州县官为选人阶官。元丰改制，以开府仪同三司至承务郎为新官。徽宗崇宁二年（1103），以承直郎以下七阶为选人新官。（2）武臣：北宋前期，节度、观察、防御、团练使、刺史，诸司使副至三班借职，横行使副为阶官。政和二年（1112），以太尉、大夫、郎诸阶为新官，取代旧官横行、诸司使副诸阶，节度使至刺史仍旧。

官人　❶泛指官吏。《荀子·强国》：“官人益秩，庶人益禄。”❷以官委人。《左传·襄公十五年》：“官人，国之急也。”❸唐朝指有官职的文士。韩愈《试大理评事王君墓志铭》：“一女怜之，必嫁官人，不以与凡子。”

官大夫　爵名。战国秦置，为二十等爵第六级。秦汉沿置。西汉初年，官大夫以下得免全家徭役。文帝后，第九级五大夫以上始得免除一人徭役。

官户　❶官场用语。宋朝一品至九品官员之家称为官户。进纳出身者，须至正七品以上，始为官户。触犯刑律时，按不同品级享有议、请、减、赎的特权。并可免除大部分职役。❷没入官家为奴者，其户称官户。《唐律疏议》卷一《名例》：“官户，隶属司农，州县元无户贯。”

官厅　❶旧指上级官署中供下级官员来谒长官时休息的地方。有等级之分。如清朝督抚衙门中有司道官厅、府官厅、州县官厅等。❷军事机构。明朝京营编制。正德（1506—1521）中置。分东西两官厅，系选团营中精锐组成，另设总兵、参将统领。嘉靖二十九年（1550）革。

官车处　官署名。清朝工部虞衡司所属之机构，顺治元年（1644）置，设满、汉监督各一人，由本部堂官于司员内派委，每年一更代。掌理车马，以备运送各项物品工料之用。

官氏　以官名为氏。《公羊传·隐公元年》：“宰者何？官也；咺者何，名也。曷为以官氏？宰，士也。”

官计　周朝考察核计官吏政绩的制度。《周礼·天官·太宰》：“八曰官计，以弊邦治。”郑玄注：“官计，谓小宰之六计，所以断群吏之治。”

官计司　官署名。西夏元昊建国初期设置，掌文武官员的注籍应选、人事调补。

官办　❶官员各司己职。《左传·哀公三年》：“无备而官办者，犹拾沈也。”❷由官方出面兴办的事业。

官书　官府文书档案。《周礼·天官·宰夫》：“六曰史，掌官书以赞治。”

官书局 官署名。清末官办之书局。光绪二十二年（1896），以强学书局改官办，故名。初属总理各国事务衙门。掌译刻各国关于律例、公法、商务、农务、制造、测算及武备、工程等书籍，刊行《官书局报》、《官书局汇报》，载谕折，译述新事新艺。辖学务、选书、局务、报务四门。设管理官书局大臣一员。二十四年，并入京师大学堂。

官正 官吏首长。《国语·楚语上》：“天子之贵也，唯其以公侯为官正，而以伯子男为师旅。”韦昭注：“正，长也。”

官田 周朝对做官的庶人颁赐的禄田。《周礼·地官·载师》：“以官田、牛田、赏田、牧田任远郊之地。”郑玄注：“官田，庶人在官者其家所受田也。”后泛指不属个人名户下的田地，由官府掌握。

官史 又作“官吏”。战国秦国官府掌文书记录的小吏。《睡虎地秦墓竹简·传食律》：“上造以下到官佐、史毋（无）爵者。”

官生 明清荫监之一。指科举制度中，以官荫而得入国子监读书者。明初因袭前代任子之制，文官一品至七品皆得荫一子以世其禄。成化三年（1467）定制，在京三品以上方得请荫，或即与职事，或送监读书。云南、四川有土官生。日本、琉球、暹罗诸国亦有官学生。清顺治二年（1645）定，文官在京四品及翰、詹、科、道，外官三品以上，武官二品以上俱送一子入监，宗室、觉罗及包衣佐领下官子弟并为官荫入监。琉球、俄罗斯官学生不时入监。

官司 ❶执掌、主管。《申簋》铭：“更乃祖考匹大祝，官司丰人众九戏祝。”❷指百官。《左传·定公四年》：“官司彝器。”杜预注：“官司，百官也。”❸职守。《左传·隐公五年》：“官司之守。”

官礼 ❶官府礼法。《管子·侈靡》：“官礼之司，昭穆之离。”❷官吏对上级长官的赠物。

官刑 惩处官吏的刑罚。❶谓鞭刑。《尚书·虞书·舜典》：“鞭作官刑。”孔安国传：“以鞭为治官事之刑。”❷对官吏黜陟废置等惩处之法的泛称。《周礼·天官·大宰》：“七曰官刑，以纠邦治。”《史记·五帝本纪》《集解》引马融：“官刑为办治官事者为刑。”

官寺 官署，衙门。《汉书·元帝纪》：“坏败豲道县城郭官寺及民室屋。”颜师古注：“凡府庭所在皆谓之寺”。

官当 唐、宋官员赎罪制度之一。唐制，官员犯罪，许以职事官、散官、卫官、勋官，抵徒罪若干年，所抵年数依官品高下不等。宋制，许用现任或历任官、职、差遣，抵徒罪若干年，不得用爵或勋官抵罪。

官师 ❶负责某一职司官吏之长。《韩非子·内储说上》：“宋崇门之巷人服丧，而毁甚瘠，上以为慈爱于亲，举以为官师。”❷中士、下士等低级官吏的统称。《礼记·祭法》：“适士二庙，官师一庙。”郑玄注：“适士，上士也；官师、中士、下士、庶士、府史之属。”❸大夫别称。《国语·吴语》：“行头皆官师。”韦昭注：“三君皆云：‘官师，大夫也。’”❹泛指众官。《尚书·夏书·胤征》：“官师相规。”孔安国传：“官师，众官，更相规阙。”

官吏 ❶同“官史”。战国秦国称在官府掌理文书记录的小吏。《睡虎地秦墓竹简·置吏律》：“啬夫之送见它官者，不得除其故官佐、吏以之新官。”❷担任国家公职人员的统称。

官成 周朝官府处理事务的程式。《周礼·天官·大宰》：“五曰官成，以经邦治。”郑玄注：“官成，谓官府之成事品式也。”

官臣 春秋时期称受天子之命得以自置官吏治理家邑的卿大夫。《左传·襄公十八年》：“其官臣偃实先后之。”杨伯峻注：“官臣，据《周礼·大宗伯》‘六命赐官’郑玄注，受天子命能自置官吏以治家邑者为官臣。”

官年 官场用语。宋朝官员上报朝廷的年龄。宋朝布衣应举，多减岁数，以期及第后得攀高门为婚。若不幸潦倒场屋，得特奏名恩典，则年未及六十始许入仕，亦不得不预减岁数。公卿任子，欲早列仕籍，则多虚增岁数。以此，遂有所谓官年、实年之说，并得到朝廷认可，形于制书，播告中外，君臣上下公然相欺。

官次 ❶官署。《左传·襄公二十三年》：“敬共朝夕，恪居官次。”注：“次，舍也。”❷官位、居官职守。汉朝为任官资历、官阶。《后汉书·郎𫖮传》：“夫有出伦之才，不应限于官次。”

官守 居官守职。《孟子·公孙丑下》：“有官守者，不得其职则去。”

官邪 春秋时期指官吏贪赃枉法。《左传·桓公二年》：“国家之败，由官邪也。”

官材 为官才能。《礼记·王制》：“司马辨论官材，论进士之贤者，以告于王而定其论。论定，然后官之。”

官医提举司 官署名。元朝置，秩从五品，隶太医院，掌医户差役、词讼。世祖至元二十五年（1288）设于各路，各设提举、副提举等职。

官邑 有官职者之封邑。《左传·昭公十六年》：“有事于山，艺山林也，而斩其木，其罪大矣，夺之官邑。”

官告使 使职名。唐朝所置专送封官告身之使者。僖宗中和四年（884）征东川节度使杨师立为右仆射，遣使奉右仆射告身调其入京，杨师立不接受而杀官告使。五代后梁沿置，太祖开平二年（908）以膳部郎中赵光裔、右补阙李殷衡充，清海、静海节度使刘隐留二人为用；乾化元年（911）以大理卿王鄯为安南送旌节官告使。

官告院 官署名。五代后唐吏部置，掌官员告身文书所需绫纸、褾轴、朱胶等。宋初属尚书省，分设兵、吏、司封、司勋四司告身案，掌文武官、将校告身及封赠告身。置提举一人，以知制诰充任；判院一人，以带职京朝官充任。神宗元丰（1078—1085）改制后，文武官告身归吏部，蕃官告身归兵部，封赠、命妇告身归司封，加勋、将校归司勋，遂废。徽宗崇宁四年（1105），置官告局，隶吏部，旋改属尚书省。五年，罢。大观元年（1107），复置官告局，隶尚书省左右司。三年，改属吏部。政和三年（1113），复旧名，设主管二员。南宋因之。金朝沿置，设提举二人，以吏部郎中、翰林修撰各一人充任，掌署院事。

官佐 战国秦称官长的助手。《睡虎地秦墓竹简·置吏律》："啬夫之送见它官者，不得除其故官佐、吏以之新官。"

官级 官阶等级。《商君书·境内》："以上至大夫，其官级一等，其墓树级一树。"

官事 官员之任务、公事。《论语·八佾》："官事不摄。"《孟子·告子》："官事无摄。"

官典院 官署名。唐宪宗元和十三年（818）平章事判度支借外命妇院内舍十数间隔截而置，有官典七人，随官勾检文案。

官命 官爵禄命。《左传·襄公二年》："官命未改。"

官府 ❶官署机构统称。《周礼·天官·大宰》："以八法治官府。"郑玄注："百官所居曰府。"❷长官代称。

官法 官府治事之法度。《周礼·天官·大宰》："六曰官法，以正邦治。"郑玄注："官法，谓职所主之法度。"

官学生 清朝对八旗官学生、觉罗学生、算学生、义学生等之统称。乃官员出身之一，属异途。其经考试入仕，用从九品笔帖式、库使、外郎等。参见"出身❷"。

官制 设官的制度。《管子·乘马》："五聚命之曰某乡，四乡命之曰方，官制也。"

官品 官员的等级，参见"品"。

官契 官府书契。《周礼·天官·宰夫》："五曰府，掌官契，以治藏。"孙诒让《正义》："官契，即小宰八成之书契也。"

官首 爵名。汉武帝所置武功爵第五级。时以军国用不足，故置武功爵，令民得以钱谷买之。凡买至官首者试补吏，优先除用。

官举 以官名称引。《公羊传·文公八年》："司马者何？司城者何？皆官举也。"

官诰院 官署名。金朝置，属吏部。掌颁行官员的封授命令。设提举二员领院事，以吏部郎中、翰林修撰各一人充任。

官都 官名。一说为众官之长，相当冢宰。《管子·问》："五官有度制，官都其有常断。"尹知章注："官都，谓总摄诸司者也。五官既各有制度，官都复自有常断。"郭沫若集校："此'官都'与'五官'同列，当为中央之官都"，"在中央者'总摄诸司'，等于冢宰"。

官秩 官禄等级。《史记·秦本纪》："遂复三人官秩如故。"

官缺 即官员之缺分。为内外官缺之统称。清朝中央及地方各级衙署之官员皆有法定之员额，此种空缺之员额称为缺分。凡内外官之缺，有宗室缺，满洲缺、蒙古缺、汉军缺、内务府包衣缺、汉缺之不同，按旗籍分别选授。

官徒 官之属员。《管子·七法》："货上流则官徒毁。"

官宰 官名。春秋时期卿大夫家臣之长。《国语·晋语四》："官宰食加。"

官职 ❶官吏职分、职责。《左传·襄公三十一年》："臣有臣之威仪，其下畏而爱之，故能守其官职。"《礼记·礼运》："官职相序。"❷官吏职位。《管子·制分》："道术知能，不为爱官职。"尹知章注："有道求知能，则以官职加之。"

官啬夫 官名。战国秦置，县令所属各专职啬夫的通称。《睡虎地秦墓竹简·金布律》："官啬夫免，效其官而有不备者，令与其稗官分，如其事。"参见"啬夫"。

官族 以官为氏的宗族，世袭官职。《左传·隐公八年》："官有世功则有官族。"

官联 会合众官共谋政事。《周礼·天官·大宰》："三曰官联，以会官治。"郑玄注："官联，谓国之大事一官不能独共，则六官共举之。"

官谤 官吏失职而受责难。《左传·庄公二十二年》："敢辱高位，以速官谤。"

官禄 官位与俸禄。《汉书·宣帝纪》："皆受官禄田宅财物。"

官属 官僚属吏。《周礼·天官·大宰》："以八法治官府，一曰官属，以举邦治。"郑玄注："官属，谓六官其属各六十。"

官照 捐官之执照。清制，凡由捐纳而得官位者，由吏部发一执照，以为凭证。亦称部照。

官牒 官吏名籍。《后汉书·李国传》："凡所辟召，靡非先归，或富室财路，或子婿婚属，其列在官牒者凡四十九人。"

官牒子 官府文书名。宋朝上级官府长官追呼下属，用小纸写明呼唤原由，差走吏勾集，称官牒子。

官僚 本指同官僚属，泛指官吏。《国语·鲁语下》："今吾子之教官僚。"

官遼 即"官寮"。《汉隶字源·三萧》："《夏堪碑》：'官遼临吊。'遼即寮字。"参见"官僚"。

官箴 ❶周朝百官箴诫周王的言辞。《左传·襄公四年》："昔周辛甲之为太史也，命百官，官箴王阙。"当时有《虞人之箴》传世。孔颖达疏："汉成帝时扬雄爱《虞箴》遂仿之，作十二州二十五《官箴》，后亡失九篇。后汉崔骃，骃子瑗，瑗子寔世补其缺。及临邑侯刘騊駼、太傅胡广，各有所增，凡四十八篇，广乃次而题之，署曰《百官箴》，皆仿此

《虞箴》为之。”❷唐宋后为官者的自诫条规。《四库全书总目》卷七九《史部·职官类》：“今所采录，大抵唐宋以来一曹司之旧事，与儆诫训诰之词，今厘为《官制》、《官箴》二子目，亦足以稽考掌故，激劝官方。”

官箴左右 官名。十六国前秦置，主规谏皇帝。《资治通鉴·东晋简文帝咸安元年（371）》：“（苻坚久猎不归，伶人王洛谏之）坚赐洛帛百匹，拜官箴左右，自是不复猎。”

官寮 亦作官僚。❶即官吏。《国语·鲁语下》：“今吾子之教官僚。”《北史·卢楚传》：“官寮多不奉法，楚每有纠举，无所回避。”❷官员之公务。《国语·楚语上》：“官寮之暇，于是乎临之。”

官爵 官职和爵位。《左传·庄公十四年》：“皆以官爵行赂劝贰而可以济事，君其若之何？”《商君书·农战》：“凡人主之所以劝民者，官爵也。”

实业司 官署名。清末学部所属之机构，光绪三十二年（1906）设，掌农工商学校，并审核各省实业，为民兴利。辖实业教务、实业庶务二科。置郎中二人，总理司务，下设员外郎、主事，分司各职。

实业司郎中 官名。清末学部实业司之长官，光绪三十二年（1906）设，额二人，正五品。掌司事。

实业处 官署名。清末学务大臣所辖六处之一，光绪二十九年（1903）设。置总办一人，帮办数人。管理实业科学务。三十二年，并入学部。

实业科 官署名。清末各省提学使司所属六科之一，光绪三十二年（1906）设。掌理本省农业学堂、工业学堂、商业学堂、实业教员讲习所、实业补习普通学堂、艺徒学堂及各种实业学堂之设立维持，教课规程，设备规则，以及关于管理员、教员、学生等一切事务。置科长一人、副长一人。

实业教务科 官署名。清末学部实业司所属二科之一，光绪三十二年（1906）设。掌农业学堂、工业学堂、商业学堂、实业教员讲习所、实业补习普通学堂、艺徒学堂及各种实业学堂之设立维持，教课规程，设备规则等一切事务。置员外郎一人、主事一人。

实业庶务科 官署名。清末学部实业司所属二科之一，光绪三十二年（1906）设。掌调查各省实业情形及实业教育与地方行政之关系，并筹划实业教育补助费用等事。置员外郎一人、主事一人。

实年 官场用语。即官员实际年龄。参见“官年”。

实官 有实际职务的官职。对虚衔而言。

实录院 官署名。南宋高宗绍兴九年（1139）置，掌修实录。设提举一人，以宰相兼任；修撰、同修撰、检讨无定员，检讨以秘书省官或他官兼任。

实录院同修撰 官名。南宋实录院置，以侍从官充任，掌修实录。参见“实录院”。

实录院修撰 官名。南宋实录院置，以侍从官充任，掌修实录。参见“实录院”。

实录院检讨 官名。南宋实录院置，以秘书省官或他官兼任，掌修实录。参见“实录院”。

实录馆 明清各朝例开之修书馆。自唐朝始，每一皇帝死后，新皇帝例敕史臣为其纂修实录。明制，帝崩即设馆修实录，视为大典。初以文武臣为监修，后改以勋臣充监修官，以内阁大臣为总裁，翰林院学士充副总裁。纂修官则由内阁于翰林院、詹事府、春坊、司经局诸官内具名题请。书成，誊录正副二本，底稿于进呈皇帝前由史官会同司礼监官于太液池椒园焚毁，以示禁密。正本原藏于内府，嘉靖十三年（1534）建皇史宬，始藏于此。清朝沿袭此制，新君嗣位，均开馆纂修前朝实录，修成闭馆。隶内阁，故有“内阁实录馆”之称。凡修实录，内阁大学士、协办大学士充监修总裁官、总裁官；学士、翰林院掌院学士兼充副总裁官；纂修、提调各职，内阁侍读学士例得兼充，翰林院亦保送侍读学士以下官充纂修等职。副总裁以上由皇帝特简，纂修、提调各职则由监修总裁等拟定具题。实录修成，用满、蒙、汉三种文字各缮录五份，并举行“进书仪”，然后分藏于皇史宬、“大内”乾清宫、内阁实录库和沈阳清宫各处。

实封 食邑制度之一。唐朝封户有虚实之别，其封国并无疆土，封户亦徒有虚名，唯加实封者，始食其所得封户之租税。玄宗开元（713—741）中定制，食实封者不得私征封户租调，需向太府寺领取封物，其实封有同俸赐。后又罢实封之给，而特加邑户。宋制实封自百户至千户共七等，文官至卿监、武官至横行、勋至上柱国，皆加实封食邑。每实封一户，每月随俸领取二十五文，后亦罢给。

实缺 清朝铨选制度用语。即额定之官职，经正式任命者。其委派署理者为署缺。

实授 任官制度。明定制，指对官吏正式授予官职。京官部寺所属，必考满后始实授；御史、中书舍人必经试职后始实授。

空土 司空别称。洪迈《容斋四笔》卷一五《官称别名》：“唐人好以它名标榜官称”，“司空为空土”。

空黄 官府文书名。北宋徽宗时，门下省属吏懒惰不虔，凡命令之出于门下者，皆事先将各长官官衔书于公文之上，遇事只须长官署名及填写事由，称为空黄。

空衔花翎 官名。清朝前锋营之职官。额定八员，左、右翼各四员，由统领于前锋校内选充。佐前锋参领掌分辖营众。

空衔前锋校 官名。清朝前锋营之职官。额定八员，左、右翼各四人。由统领于前锋校内选充。佐前锋参领掌分辖营众。

帘子库 官署名。清朝工部制造库所属之机构。顺治元年（1644）置，设首领太监一人，太监十人。掌每岁冬挂毡帘，夏挂竹帘，春秋更换雨搭之事。乾清门以内及宁寿宫、慈宁宫等处由首领太监收挂。

乾清门以外由部员带领匠役收挂。

帘子库首领太监　官名。清朝工部制造库所属帘子库之主官。掌库事。顺治元年（1644）设一人。

帘官　明清科举考试中对乡、会试考场官员之统称。分为内帘官、外帘官。因考场中有至公堂，其后有门，以帘隔之，故名。在内办事者，称入帘，如主考、房官、内提调、内监试、内收掌等，为内帘官，主要职责为阅卷，不得干预考场事。在外办事者，如监临、外提调、外监试、外收掌、受卷、弥封、誊录、对读等官，为外帘官，负责管理考场各项事务，不得干预阅卷事。内、外帘官不相往来，有事则在内帘门问答授受。

帘箔场　官署名。宋朝置，掌抽算竹木、蒲苇，制造帘箔，以供内外之用。设监官二人，以京朝官充任。上隶将作监。

学干　吏名。晋朝置。位从公以上诸府僚属诸曹低级属吏，位在令史下。

学士　官名。魏晋南北朝皆置，以文学之士充任，掌典礼、编纂、撰述、修史之事，为文学侍从之臣。唐朝弘文馆、崇文馆、集贤院置，由官员中选文人学者兼任，五品以上官为学士，六品以下官为直学士，掌整理经籍图书。弘文馆、崇文馆学士兼教授本馆学生。又弘文馆有详正学士，掌校理图籍；集贤院有侍讲学士、侍读直学士，掌解释史籍疑义。后相继置大学士，率以宰相兼领。玄宗开元（713—741）以后又置翰林学士，掌内廷制诏。五代增置金銮殿大学士、端明殿学士、护銮书制学士。宋朝置翰林学士、诸殿学士、诸阁学士、枢密直学士及侍读、侍讲学士，诸学士皆为侍从，备顾问应对。每月于本俸之外领取添支钱，并享受超迁官阶的优待。辽朝有翰林学士、宣政殿学士、观书殿学士、昭文馆直学士、崇文馆大学士、崇文馆学士、崇文馆直学士及乾文阁学士。西夏有翰林学士、徽猷阁学士、观文殿大学士，又有番学士、汉学士之别。金朝翰林院有学士承旨、学士、侍读学士、侍讲学士，直学士，掌草撰词命。元朝翰林兼国史院、蒙古翰林院置学士承旨、学士、侍读学士、侍讲学士、直学士、集贤院置大学士、学士、侍读学士、侍讲学士、直学士。明朝翰林院设学士一人，掌制诰、史册、文翰之事，兼考议制度、详正文书，备天子顾问。明、清两朝又有内阁学士。

学士使　使职名。唐朝内诸司使之一。玄宗开元二十六年（738）置学士院后，设中使以主院务，即学士使。昭宗天复（901—904）中，宦官韩全诲等遣中使二员监学士院，为学士使，掌传宣回奏，并暗中监视皇帝与诸学士密议国事。昭宗曾有《授学士使部文晏将军金紫光禄大夫制》，见《文苑英华》卷四一八。

学士承旨　官名。即翰林学士承旨。

学士省　南朝安置文学侍臣之所，设于宫禁中。《梁书·文学·到沆传》："时文德殿置学士省，召高才硕学者待诏其中，使校定坟史。"

学士院　官署名。唐玄宗开元二十六年（738）改翰林供奉为学士，别置学士院，使专掌内制。肃宗至德（756—758）以后，称翰林学士院。五代后梁因之。后晋高祖天福五年（940）废，出帝开运元年（944）复置。后周两宋沿置不替。参见"翰林学士院"。

学士院权直　官名。北宋前期，他官暂行学士院文书，称为权直。神宗元丰（1078—1085）改制后不设。南宋孝宗乾道九年（1173），复置翰林权直。淳熙五年（1178），改学士院权直。

学习序班　官名。清朝鸿胪寺之属官，协序班掌排列百官之班次。清初设，无定员。雍正六年（1728）定以直隶、山东、山西、河南儒学生内考取。乾隆九年（1744）定为十二人，直隶六人，山东、山西、河南各二人。十七年裁四人。光绪三十二年（1906）裁。

学习鸣赞　官名。清朝鸿胪寺之属官，协掌傧导及行礼唱赞之事。乾隆五十九年（1794）增设。初为四人，嘉庆十七年（1812）定为六人。

学习读祝官　官名。清朝太常寺之属官，乾隆四十年（1775）增设。四十六年以后增至八人，正九品。协掌唱赞礼仪等事。光绪三十二年（1906），太常寺裁并礼部，遂裁。参见"读祝官"。

学习赞礼郎　官名。清朝太常寺之属官，乾隆四十年（1775）增设。二人，以满员充任，正九品。协掌相仪序事，备物洁器。光绪三十二年（1906）裁。

学习翼长　官名。清朝神机营总理营务处之职官，咸丰十一年（1861）设，三人。位翼长、委翼长之后。协掌本营马步各队操练事。

学艺　宦官名。明朝内府钟鼓司置，掌内乐、传奇、过锦、打稻诸杂戏，以供娱乐，无定员。

学长　宋朝学校职事名。真宗咸平三年（1000）东宫建学，设一员，副学长二员。仁宗至和元年（1054），京兆府（今陕西西安）小学设二至四员，以学生担任，掌执行学规。哲宗时，太学设，掌依学生年龄序其位次。徽宗崇宁五年（1106），改小学学长为小长。诸县学亦设，选州学生或进士充任，职责与州学教授同。

学正　官名。宋朝始置。初为太学职事之一。仁宗时，选差学生充任。神宗熙宁四年（1071）选上舍生分经为之，每经二人。熙宁末年，始正式命官充任，并仍参用学生，遂有命官学正与职事学正之别。命官正九品，三年一任。南宋太学初置二人，后改一人，以命官充任。掌执学规、考核学生。元沿宋制，设于路、下州儒学及医学，由教谕、学录中选充。明朝设于国子监及州学。与助教、学录分掌六堂教务，并讲说经义文字，导约规矩。明初国子学即置，洪武十五年（1382）改国子学为国子监，定制三人，中都国子监一人。二十六年罢中都国子监，仅国子监设三人。建文（1399—1402）中，与学录并革，成祖即位复设。永乐元年（1403）定北京国子监一人，后增设不定，至十一人。永乐后渐定北京国子监十人，南京国子监五人，隆庆四年（1570）革南京一人。各州儒学亦置，一人，不入流。掌教诲生员，著录生员数额、按月考察艺业，讲授功课。明初多由举人选授。清沿明制，分设于国子监及地方儒学。国子监掌六堂中率性、修道、诚心、正义四堂。顺治元年（1644）始设，正九品，乾隆元年（1736）改正八品。掌经理南学事宜。地方州学亦设，正八品，掌本州生员教育，及评定生员品行优劣。

学务大臣 官名。清末管理全国教育行政之最高长官。初设于光绪二十九年（1903），职掌为统辖全国学务，凡整饬各省学堂，编订规制，考察学务，审定专门普通教科书，任用教员，选录毕业生，综核各学堂经费等一切有关教育之事，均属焉。辖专门、普通、实业、审订、游学、会计六处。三十二年，学部成立后撤销。宣统三年（1911）又改学部尚书为学务大臣，作为学部最高长官，掌劝学育才，稽颁各学校政令。

学务公所 官署名。清末省级教育咨询机构。光绪三十二年（1906），改学务处设。置议长一人，议绅四人。佐省提学使参画学务，并备督抚咨询。

学务处 官署名。清末省级教育机构，光绪二十九年（1903）设。总理全省学务。三十二年，改为学务公所。

学务副大臣 官名。清末负责全国教育行政之次长官。佐学务大臣掌管全国学务。

学台 提督学政之别称。

学司 国子学官通称。《陈书·袁宪传》："时生徒对策，多行贿赂，文豪请具束修，（袁）君正曰：'我岂能用钱为儿买第耶？'学司衔之。及宪试，争起剧难。"

学师 学官名。西魏时大丞相宇文泰置于行台省学，"以知诸生课业。"见《周书·薛慎传》。

学究科 贡举科目名。唐朝始设，为诸科之一。北宋因之。太祖开宝七年（974），令《毛诗》、《尚书》、《周易》三经学究并为一科。太宗雍熙二年（985），复分为三科。真宗景德二年（1005）定制，《尚书》、《周易》学究，考本经时，每十道义，各问疏义六道、经注四道，以通六者为合格。神宗熙宁（1068—1077）中废。

学林祭酒 女官名。南朝宋置于后宫，三品。参见《宋书·后妃传》。

学林馆帅 宫中女官。南朝宋太宗定后宫百官时置。六品。

学事 官名。东汉中央政府机构所属员吏。如太常所属员吏八十五人中，有学事九人；太仆员吏七十人中有学事三十一人。晋朝沿置，诸公及位从公者，其府所置属吏，西、东曹各有一人。

学事司 见"提举学事司"。

学制调查局 官署名。清末学部所属之机构，光绪三十二年（1906）设。负责研究各国学制以资考镜，预备随时改良章程。其局长由学部奏派，局员由视学官内派充，别设译官数人，以任翻译。

学官 泛指掌管学校教育之官员。又有教官、校官、广文、学博等称呼。汉朝设于中央机构者有博士、博士祭酒等。武帝时令天下郡国皆立学官，或称校官，有文学掾史、经师等，掌理学政，教授诸生。平帝元始三年（后3），王莽立学校于县、道、乡、聚。东汉因之，其学官多称校官。东汉末年，学校制度废败，故建安八年（203）规定，县满五百户者皆置学官。又，时学校官舍亦称学官，或学宫。西晋置国子祭酒、博士、助教，均属学官。隋朝国子寺四学、唐朝国子监六学各有博士、助教，均谓之学官。而国子监祭酒、司业、丞、主簿等，则称监官。宋朝以后的提学、学政，以及各级儒学的教授、教谕等均称学官。明、清两朝对儒学学官等级做了规定，属府者称教授，州称学正，县称教谕，又别称"广文"。各设训导为副职，职司教导在学之生员。

学官令 官名。西晋王国置。东晋、南朝沿置。梁依王国等级不同，位自流外五班至流外一班不等。北魏、北齐俱置，从九品上。

学录 官名。宋朝始置。仁宗时为太学职事之一，选差学生充任。神宗熙宁（1068—1077）末，改由命官充任，仍参用学生。命官正九品，掌协助学正执行学规，参与考核学生之事。元沿宋制，设于各路儒学及医学。地位低于教授及学正。选用任满并经考核合格的直学士充任。任满后考察所作文章，合格者可升正式山长。路医学亦设此职。明朝改置为国子监属官，从九品，与助教、学正分掌国子监六堂教务，并讲说经义文字。明初于国子学置，洪武十五年（1382）改国子学为国子监，定制三人，中都国子监亦置三人。二十四年改中都国子监一人。二十六年罢中都国子监，仅存国子监三人。建文（1399—1402）中革。成祖即位，复置。永乐元年（1403）于北京国子监置一人，后增至七人，万历九年（1581）革一人，增设不常。清朝定为国子监六堂中崇志、广业二堂职官。顺治元年（1644）始设。初从九品，乾隆元年（1736）升正八品。掌经理南学事宜。

学政 提督学政的简称。

学室 专门培养官吏的学校。战国秦立。负责对学童进行读写文字的教育。《睡虎地秦墓竹简·内史杂》："非史子殹（也），毋敢学学室，犯令者有罪。"

学宫 西周之小学。《静簋》铭："王命静司射学宫"，"小子、众服、众小臣、众尸仆学射"。参见"小学"。又，后世学校官舍也或称学宫。

学宪 清朝地方官员对学政之尊称。

学院 清朝学政之别称。

学部　官署名。清末新设的中央机构之一，系管理全国教育之总机构。光绪三十二年（1906）设。掌劝学育才，稽颁各学校政令。在此之前，曾设管理官书局大臣、管学大臣、学务大臣，管理新建之各学堂。至是，始设专部。辖总务、专门、普通、实业、会计五司及司务厅，兼管京师大学堂、京师督学局、学制调查局、教育研究所、高等教育会议所、国子监。置尚书、侍郎各一人，左、右丞，左、右参议，各一人，参事四人，司务二人，郎中五人，员外郎十二人，主事十五人，书记官无定员，视学官十二人，咨议官若干。宣统元年（1909），改视学官为差，增设郎中五人，员外郎四人，主事三人。三年，改尚书、侍郎为学务大臣、副大臣，同时，吏部学治馆并入。清亡，民国改设教育部。

学部右丞　官名。清末学部之职官，光绪三十二年（1906）设，左、右各一人，正三品。佐尚书、侍郎管理全部事宜，并分别各司事务，稽核五品以下各职员功过。

学部右参议　官名。清末学部之职官，光绪三十二年（1906）设。左、右各一人，正四品。佐尚书、侍郎核定法令章程，审议各司重要事宜。

学部左丞　官名。清末学部之职官，光绪三十二年（1906）设。左、右各一人，正三品。佐尚书、侍郎管理全部事宜，并分别各司事务，稽核五品以下各职员功过。

学部左参议　官名。清末学部之职官，光绪三十二年（1906）设。左、右各一人，正四品。佐尚书、侍郎核定法令章程，审议各司重要事宜。

学部参事　官名。清末学部属官，光绪三十二年（1906）设。额设四员，正五品，视郎中，位左、右参议之下。佐参议掌本部法令章制之起草核审。

学部咨议　官名。清末学部之顾问官，光绪三十二年（1906）置。非实缺，无定员。分四等，一等视丞，二等视参议，均由学部奏派；三等视郎中、员外郎，四等视主事，均由学部委派。凡部有重要筹议之事，随时咨询。该官于教育有所建议亦可随时分别函呈，以备采择。

学博　清朝州县学官之别称。

学谕　宋朝学校职事名。仁宗庆历（1041—1048）中，太学各斋设。神宗熙宁四年（1071），选上舍生担任，每经二员。徽宗崇宁元年（1102），太学外学辟雍亦设。又武学、宗学、算学、州县学皆设。掌以经术教谕诸生，季终施以考校。

试　❶选官方式之一。相传起源于上古禅让之时。《尚书·舜典》："虞舜侧微，尧闻之聪明，将使嗣位，历试诸难。"孔颖达疏："试以治民之难事。"后世用为选官之法。《诗经·小雅·大东》："私人之子，百僚是试。"毛亨传："私人，私家人也。是试用于百官也。"❷官制用语。汉制，任用官吏有试、守之制，试者为期一年，仅得半俸。若试用称职，满岁为真，得全俸。唐武则天时定试官之法，凡存抚使所举之人，不论贤愚，悉加擢用，高者试凤阁舍人、给事中，次者试员外郎、侍御史、补阙、拾遗、校书郎。宋神宗元丰四年（1081）定制，除授职事官，并依寄禄官高下分行、守、试，寄禄官低二品以下为"试"。辽制，朝官之官阶稍低于官职者，衔中加"守"字，更低者加"试"字。金制，散官高于职事者带"行"字，职事高于散官一品者带"守"字、二品者带"试"字。品同者不用此制。明朝有试百户、千户，试御史等。

试中书门下平章事　官名。辽朝置为南面官。系加官，非实职。

试百户　官名。明朝各千户所、百户所置。为百户的试职。明制：试职作一级，支半俸，不给诰。

试守　试任。为汉朝官吏任用制度之一，一般以一年为期，称职者可实授其职。《汉书·朱云传》："可使以六百石秩试守御史大夫，以尽其能。"

试佥事　官名。试按察佥事之简称。明太祖洪武十五年（1382）置天下府、州、县按察分司，以儒士王存中等五百三十一人为试佥事，人按二县。凡官吏贤否，军民利疾，皆得廉问纠举。翌年，尽罢。

试官　官制用语。❶试任其职，尚未正式任命，始于武则天天授二年（691）。《旧唐书·于休烈附敖传》：于敖"自协律郎、大理评事试监察御史。元和六年，真拜监察御史"。❷外官带职，仅试假其衔。《陆宣公集》卷一四《又论进瓜果人拟官状》："今之员外、试官，颇同勋散爵号"，"试官虚名，无损于事"。

试俸　清朝吏部之铨选制度，乃官吏升转资格之一。凡任京官郎中以下，小京官以上之职，外官道府以下，佐杂等官以上之职者，均需试俸二年、三年、五年，方能升转。康熙中定捐纳官试俸之制，乾隆中定满、汉捐纳及议叙升补等官一律试俸升转。议叙人员可以依例捐免试俸年限一至二年，然后方准升转，不得全行捐免。

试职　任官制度。明朝曾定为官吏正式授官前的试用制度。京官初入仕或外官升授京官应先行试用，后仅用于监察御史、中书舍人的授职，其余多不依此制。

试监察御史　简称试御史。明朝任官制度中的一种试职。入都察院为监察御史的官员，先以试职的身分在院工作一年，以熟悉政务，并听本院考察其品行才识，堪用者乃实授，故名。

试御史　官名。试监察御史的简称。明洪武十五年（1382）置，试授一年，然后实授。正德（1506—1521）中革。参见"试监察御史"。

试衔　官制用语。又称试秩。即试某阶官。宋朝初年，初授幕职官则试秘书省校书郎；再任至两使推官，则试大理评事；掌书记、支使、防御、团练判官则试大理司直、评事。亦有解褐即授试大理评事、校书郎、正字、寺监主簿、助教者。神宗元丰（1078—1085）改制，大理司直、评事，秘书省校书郎、正字，寺监主簿改为职事官，遂罢其试秩。

试换 宋朝选任官员考试之一。又称锁厅换试。北宋时，凡武臣愿换文资者，有三员侍从官推荐，即可应试，试法同铨试。南宋高宗绍兴（1131—1162）中，敦武郎以下有两名官员担保，即许应试，试以经义、诗赋。太学生老于场屋而改应武举者，获出身后，许再赴锁厅试应进士科。唯年老补授与杂出身人，不许应试。

诚议大夫 官名。北周置，省称诚议。为无职掌散职，多作为加官。正六命。隋文帝开皇元年（581）罢。

诛虏将军 将军名号。东汉初有诛虏将军刘隆。

诛貉将军 将军名号。新莽置。时有诛貉将军阳俊，见《汉书·王莽传》。

诤 臣下对君主冒死直言规谏。《说苑·臣术》："有能尽言于君，用则留之，不用则去之，谓之谏；用则可生，不用则死，谓之诤。"

详文 文书名。明清下级官府向上级官府请示公务时使用的正式上行文。只能申报给直接上级，并要求上级有所批示，不得越级使用。

详正学士 官名。唐高宗仪凤（676—679）中以弘文馆中多图籍而置，掌校理图书。

详议司 官署名。北宋钦宗靖康元年（1126）四月置，隶尚书省，掌讨论朝廷旧法得失。以宰相、执政提举，侍从官为参议，又设检讨官，下分六房分头讨论。五月即罢。

详议官 官名。❶北宋太宗淳化二年（991）审刑院置，与知审刑院共同详复大理寺所断案牍，写出奏章，上于皇帝。后定员六人，以朝官充任。不限在职年月，其阶官但及三年，即引对迁官。神宗元丰三年（1080），随审刑院并改，为刑部属官。参见"审刑院"。❷见"咨议参军事"。

详刑大夫 官名。即大理正，唐高宗龙朔二年（662）改，咸亨元年（670）复名大理正。参见"大理正"。

详刑少卿 官名。即大理少卿，唐高宗龙朔二年（662）改，咸亨元年（670）复名大理少卿。参见"大理少卿"。

详刑正卿 官名。即大理卿，唐高宗龙朔二年（662）改，咸亨元年（670）复名大理卿。参见"大理卿"。

详刑寺 官署名。即大理寺，唐高宗龙朔二年（662）改，咸亨元年（670）复名大理寺。参见"大理寺"。

详刑观察司 见"肃政廉访司"。

详定一司敕令所 官署名。北宋神宗时始置，掌删定某一方面敕令，纂类成书。设提举详定一司敕令官、详定官、删定官。

详定使司 即四方献言详定使司。

详定所 官署名。即详定官制所。北宋神宗元丰三年（1080）置，掌详定改革官制事宜，设详定官制以两制兼，检讨文字以他官兼。先后制定了以阶易官的《寄禄新格》，封爵食邑之法，行守试之法，又书行移法，制授、敕授、奏授告身式。金朝亦置，为审定礼仪、律令之机构。大定（1161—1189）初，世宗命官参校唐、宋故典沿革，设此以议礼制。章宗明昌元年（1190）又置审定律令。五年，令钩校制、律付送详定。同年编成《明昌律义》。设详定官、校定官、复定官等职。

详定官 官名。宋朝殿试举人，初考官先定试卷等第，封弥后交复考官再评。又设详定官，负责就初考官和复考官所定等第，选择确定，事毕即罢。金朝于详定所置，掌详定律令。

详定敕令所 官署名。北宋徽宗大观（1107—1110）中置，负责编修诸路敕令格式，其属有详定官、删定官。南宋绍兴三十二年（1162），孝宗即位后又置，负责裒辑高宗朝诏旨。

详定编敕所 官署名。北宋真宗大中祥符六年（1013）始置，以翰林学士、判大理寺等官同详定编敕，对咸平编敕、三司编敕重加增损。天禧（1017—1021）中，以参知政事、宰相主其事。其后，多以宰相为提举，执政为同提举。神宗时亦置，以宰相王安石提举。又别置重修编敕所、详定编修诸司敕式所。掌将历年所颁敕令统一整理，删定其互相抵牾者，编辑成书，经皇帝批准后，镂版印制，颁行天下。

详校所 官署名。金朝置，掌审定宫廷仪礼用乐。世宗大定（1161—1189）初，命参校唐、宋之制订立。

详理使 使职名。唐肃宗至德二载（757）特置，以礼部尚书李岘、兵部侍郎吕湮为使，与御史大夫崔器共按陈希烈等狱。

详断习学官 官名。北宋神宗熙宁七年（1074）始置，隶大理寺，掌助理详断官之事。在任满二年以上。通计历任成四考，有举主二人，即转合入京朝官。

详断司 官署名。北宋神宗元丰二年（1079）置，属刑部，掌详断大辟狱案，设详断官领之。元丰（1078—1085）改制，以其事归大理寺详断案，刑部不复详断。

详断官 官名。北宋前期，择常参官兼大理正、京官兼大理丞，皆称为详断官。掌断天下所奏狱案。神宗元丰元年（1078），刑部置司掌大辟狱，以天下奏案及大理寺断案归之，改为刑部详断官。元丰（1078—1085）改制，详断之事复归大理寺，改详断官为大理评事、司直。

详断案 官署名。北宋神宗元丰（1078—1085）改制后，大理寺置，专掌定断诸路申奏到狱案，以大理评事、大理司直领之。

详稳 官称。汉语将军的转译。❶辽太宗会同元年（938）定制置为鹰坊、监、冶等局长。❷辽朝北面帐宫（皇族、国舅及遥辇）诸帐，均设详稳司，掌军马之事。有详稳、都监、将军、小将军等官。皇族帐并设都详稳。❸辽朝北面军官。元帅府下设大详稳司，统领军马。有大详稳、都监、将军、小将军、军校、队帅诸职。各军设详稳司。❹辽朝部族官。各部族设详稳司，亦设详稳、都监等官。

详谳　官制用语。北宋太宗淳化二年（991）置审刑院，凡具狱案牍先由大理寺断谳，然后关报审刑院，知审刑院与本院详议官根据案情写成文章，上奏皇帝。审刑院这种职能，称为详谳。

详谳处　官署名。清末大理院所属机构，光绪三十三年（1907）增设。掌复判外省死罪案件，应驳审者由该处拟稿。置总核、分核等，由各庭推事中熟悉例案者兼充。

详复习学官　官名。北宋神宗熙宁七年（1074）置，属刑部，掌助理详复之事。在任满二年，通计历任成四考，有举主二人，许转合入京朝官。元丰（1078—1085）改制，罢。

详复官　官名。北宋太宗淳化元年（990）置，属刑部，员四人，以选人充任，专掌审阅天下旬奏大辟案牍。神宗元丰（1078—1085）改制，罢。

详复案　官署名。北宋哲宗元祐元年（1086）始置，属刑部，掌复审阅天下大辟狱案。南宋因之。

详复司　官署名。北宋太宗淳化元年（990）置，掌复审天下大辟狱案，设详复官领之。神宗元丰（1078—1085）改制，以详复之事归诸路提刑司，刑部不复详复。哲宗元祐元年（1086），刑部复置详复案。

视　官制用语。汉朝指一官兼参他官职事。晋朝沿用，即将某职的品班、待遇与另一职务一样看待。北魏、北齐设有比视官。唐、宋又有视品。

视事　❶就职治事，办理公务。《左传·襄公二十五年》："崔子称疾不视事。"❷官名。又作胝事。战国魏等国置，主管某一职事的官长。《滨虹草堂藏古玺印》著录魏国官印："右库胝（视）事。"

视学　见"视学官"。

视学官　官名。简称视学，清末巡视各地学务之官，光绪三十二年（1906）设。属学部者十二人，正五品，专任巡视京外学务。属地方者，每省六人，正六品，承提学使之命令，巡视各府、厅、州、县学务；每县设一人，兼充学务总董，常驻各厅、州、县城，由地方官监督办理学务，并以时巡察各乡村市镇学堂。

视品　隋朝于流内官与流外官之外，又置视流内与视流外，俱有品，谓视品。隋朝视流内从视正二品至视从九品凡十四等，自行台尚书令至公国侍郎；视流外从视勋品至视九品凡九等，极于胥吏，无上下阶。唐朝仅有视流内正五品至从九品，以处萨宝府及亲王国官等；视流外勋品至九品；玄宗开元（713—741）初罢减，视流内仅留萨宝与袄正，视流外仅留萨宝府袄祝及率府、府史等。

视流内品　参见"视品"。

视流外品　参见"视品"。

视祲下士　官名。西魏、北周春官府太卜下大夫视祲中士佐官，正一命。

视祲中士　官名。西魏恭帝三年（556）置，北周沿置。春官府太卜下大夫属官，正二命。掌观测太阳及其云气的变化，以辨吉凶，下设视祲下士以佐其职。隋文帝开皇元年（581）罢。

袄正　官名。唐朝萨宝府内供职官，协掌袄教事务，视流内从七品。参见"萨宝府"。

袄祝　官名。唐朝萨宝府供职官，协掌袄教事务，视流外勋品。参见"萨宝府"。

祈父　官名。即圻父，司马别称。西周置。《诗经·小雅·祈父》："祈父，予王之爪牙。"参见"圻父"。

祈请使　官名。南宋初年，凡有求于金国，即遣祈请使出使。

祈望　官名。春秋齐置，掌渔盐税利征收。《左传·昭公二十年》："海之盐蜃，祈望守之。"

郎　郎官泛称。春秋战国至秦有郎中，为君王侍从近官，宿卫宫廷，参与谋议，备顾问差遣。西汉依职责不同，有郎中、中郎、外郎、侍郎、议郎等，无定员，多至千余人。皆隶郎中令（光禄勋）。诸侯王国亦置。职掌守卫皇宫殿廊门户，出充车骑扈从，备顾问应对，守卫陵园寝庙等。其来源有任子、赀选、军功、入财货等。武帝以后，察举盛行，被举为孝廉、明经者多通过对策为郎。因与皇帝关系密切，任职满一定期限即可迁补内外官职，为重要选官途径。又常奉皇帝差遣，给事于将军幕府、尚书、黄门、九卿等官署。东汉于光禄勋下设五官、左、右中郎将署，主管诸中郎、侍郎、郎中，实为储备官吏人才的机构，其郎官多达二千余人。尚书、黄门等机构则设专职郎官。魏、晋以来备侍从宿卫选官的郎官制度废除，尚书、中书、门下、秘书、著作等机构所设郎、郎中、侍郎皆为固定官职。唐、宋以后又以郎为散阶官名称，位次大夫。详见有关各条。

郎中　官名。❶春秋战国为郎官通称，侍从君主左右，参与谋议，执兵宿卫，亦备差遣出使。秦、西汉掌执戟殿下，守卫宫殿门户，出充车骑扈从，又分车、户、骑郎，隶郎中令（光禄勋）所辖郎中车、户、骑将。其初多由功臣充任，地位亲近尊显，后稍减，位次中郎、侍郎，秩比三百石。任满一定期限，选补内外官职。东汉罢郎中三将，遂分隶五官、左、右中郎将三署，名义上备宿卫，实为后备官吏人材。魏、晋虽罢五官、左、右三中郎将署，仍置郎中，州郡所举秀才、孝廉多先授郎中，再出补长吏。❷郎中令省称。❸西汉武帝以郎官供尚书署差遣，后成定制。东汉尚书台置三十六郎，亦称郎中，秩四百石。协助诸曹尚书处理政务，其初上台者称守尚书郎中（一说初上台称守尚书郎，满岁称尚书郎中）。秩位虽轻，职显权重。魏晋南北朝为尚书省郎曹长官，与尚书郎互称。位次尚书、左右丞，分曹执行政务，其职清美。魏、晋、宋六品，梁吏部十一班、诸曹五班，陈四品、六百石，北魏孝文帝太和十七年（493）定为五品上，二十三年改六品，北齐六品上。唐朝置为尚书省左、右司及吏、户、礼、兵、刑、工六部诸司长官，历代因之。位居尚书、侍郎、左右丞下，为尚书省重要官员。吏部正五品上，诸部从五品上。高宗龙朔二年（662）改左、右司郎中为左、右丞务，诸司郎中为大夫，咸亨元年（670）复旧。五代因之。北宋前期为五品寄禄官，不预部司公务，神宗元丰（1078—1085）改制后，始成为职事官，左、右司正六品，六部诸司从六品。辽朝为南面朝官，无实际职掌。金、元尚书省（中书省）左右司仍置，正五品；六部不置诸司，故与侍郎并为尚书副贰，从五品。元朝行中书省（行尚书省）及大宗正府亦置。明初六部所置亦不分司，后仍置为六部诸司长官，正五品。清初六部诸司长官称理事官，顺治元年（1644）改此名，正三品，顺治十六年改正五品，寻升正四品，康熙六年（1667）升正三品，九年改正五品。除六部诸司外，理藩院各司、宗人府、太仆寺、内务府、步军统领衙门、陵寝衙门等官署皆置。宗人府、陵寝衙门专任满人，其余官署参用满、蒙、汉及宗室，员额不等。雍正二年（1724），宗人府所置郎中复改名理事官。光绪（1875—1908）中先后成立外务部、民政部、度支部、学部、陆军部、法部、农工商部、邮传部等，其所属各司亦置。清亡遂废。❹唐高宗龙朔二年（662）改著作郎为司文郎中，改太史令为秘阁郎中，咸亨元年（670）复旧。❺北宋初对太常博士、大理评事等官的别称。《宋史·职官八》："太宗淳化元年（990），翰林学士宋白等请自今太常博士、大理评事并不得呼'郎中'。"

郎中令 官名。❶秦始置，为郎中长官，掌宫廷戍卫，侍从皇帝左右，参与谋议，职甚亲重。二世时赵高曾任此职，左右朝政。西汉沿置，秩中二千石，列位九卿，凡郎官皆属之。文帝初由代邸入未央宫即位，当夜拜张武为郎中令，巡行宫禁，以备不虞。武帝太初元年（前104）改名光禄勋。❷汉朝诸侯王国属官。侍从左右，戍卫王宫，其职甚重，领诸大夫、郎官等。初秩二千石，武帝时减为千石，后更为六百石。魏、晋、南朝为王国三卿之一，地位颇重，公、侯等国亦或置，其品秩随国主地位高低不等。北朝诸王、公、侯、伯、子、男国皆置，品秩颇低，非南朝可比。

郎中柱下令 官名。西汉置。据《汉书·高惠高后文功臣表》，汉高祖五年（前202）山都贞侯王恬启曾任此官。

郎尹 官名。战国楚置，主管郎官的正长。《淮南子·人间训》："伏郎尹而笞之三百。"高诱注："郎尹，主郎官之尹也。"

郎仔辖 官名。清朝西藏地方政府官员之一，隶于噶伦。掌治拉萨街道之事。设五品官二人。

郎吏 即郎官。

郎君 官名。契丹初为贵族子弟称号，其犯罪籍入者，没入瓦里，为皇室服役，称著帐郎君。入辽后，一些官衙亦设郎君官，如会同元年（938），改南、北府及国舅帐郎君为敞史。北枢密院亦有郎君一职，还有横帐郎君等号。

郎官 ❶汉朝对中郎、侍郎、郎中等的统称。亦称郎吏。参见"郎"。❷南北朝对尚书郎中、侍郎的统称。隋、唐以来泛称尚书都省左、右司及六部诸司郎中，员外郎。

郎将 官名。❶中郎将的省称。❷隋朝诸卫府各置郎将为副贰，诸鹰扬府置鹰扬郎将、鹰击郎将为长贰，又有折冲郎将、果毅郎将统骁果宿卫。唐朝唯于亲、勋、翊三卫府置左、右郎将各一员，为中郎将之贰。宋朝为环卫官，左右金吾卫、左右卫、左右千牛卫皆置，位次中郎将，无职掌，无定员，多以宗室为之，或为武臣赠典及武官责降散官。详见有关各条。

郎曹 尚书省各部郎官别称。

郎署 ❶官署名。西汉有中郎，分属五官、左、右中郎将；有郎中，分属车、户、骑将，皆更直宿卫。时于皇宫、园囿、离宫等处皆设郎署，各置长，掌该处直卫郎官。东汉则专指五官、左、右三署。❷指尚书郎官所居官署。《梁书·王筠传》："除尚书殿中郎。王氏过江以来，未有居郎署者。"

房主 宫中女官名。南朝宋置，有采薮房主、南房主等，参见有关各条。

房地科 官署名。北宋神宗元丰（1078—1085）改制置，隶户部左曹检法案，掌诸州楼店务房廊课利，僧道免丁钱及土贡之物。

房考 官名俗称。亦称房官，即同考官。因明清乡、会试时，同考官各居一房，分卷取士，故名。时有十七房、十八房、二十房之称。详"同考官"。

房考官 参见"同考官"。

房师 明清乡试、会试中举人、贡士对荐举本人试卷的同考官之尊称。同考官各居一房，试卷首经其审阅，选中者送主考或总裁裁定后方能取中，因有此称。

房官 参见"同考官"。

〔一〕

弥士 周朝指中士、下士。《逸周书·王会》："中台之外，其右泰士，台右弥士。"孔晁注："弥士，盖中士、下士。"

弥里 官署名。原为契丹聚落单位。入辽后，置为乡一级建置，设官管理，长官称辛衮。

弥宗 官名。周朝置。《逸周书·王会》："为诸侯之有疾病者，阼阶之南祝淮氏，荣氏次之，珪瓒次之，皆西南，弥宗旁之。"孔晁注："弥宗，官名。"

弥封　官名。又称弥封官。明清科举考试中特设之官，属外帘官。负责考试后士子试卷的糊名、编号、用印，然后送考官评阅，以防止阅卷中之舞弊。

弥封官　见“弥封”。

弥勤　官名。南诏官，与爽酋、勤齐共掌赋税。

录　即总领之意。东汉以后或用作录尚书事的省称。

录三十六曹　即录尚书事。北魏前期尚书省分三十六曹，故名。《魏书·崔逞传》：“任以政事，录三十六曹。”

录公　“录尚书事”的尊称。《宋书·顺帝纪》：“录公齐王入守朝堂。”《南齐书·海陵王纪》：“宣城王辅政（为录尚书事），帝起居皆咨而后行。思食蒸鱼菜，太官令答无录公命，竟不与。”

录书　亦作录疏。清朝指对红本之钞录。定制，六科每日到内阁领出红本，除钞发有关衙门执行外，另做摘录二份，通本钞贴黄，部本摘重点，均按月汇钞于册。一份送内阁备修史，称史书，一份存科备编纂，称“录书”。录书原存放于午门外两庑，清末民初时损毁而不知下落。史书现保存于中国第一历史档案馆。

录白　官府文书名。北宋神宗元丰（1078—1085）改制后，枢密院得皇帝宣旨，皆另以白纸书知枢密院、同知枢密院宣奉行讫，录送门下省。其中，当面得旨者称录白，皇帝书面批示奏章者称画旨。

录记室事　官名。十六国南凉置。《晋书·秃发傉檀载记》：“傉檀虽受制于姚兴，然车服礼章一如王者。以宗敞为太府主簿，录记室事。”

录行台尚书事　官名。南朝梁置。《梁书·武帝纪下》：“（太清元年547）以大将军侯景录行台尚书事。”

录行尚书事　官名。三国魏置。皇帝出巡或出征时，尚书台部分官员随车驾而行，置此主持随行尚书台的日常事务。陈群曾以尚书令、镇军大将军任之。见《三国志·文帝纪》裴松之注引《魏略》。职类录尚书事。

录事　❶官名。掌管文书、勾稽缺失。三国诸将军府始置。晋朝骠骑将军以下及诸大将军不开府、非持节都督者、三品将军府、太子二傅、司隶校尉、诸州置。北魏、北齐门下省、都水台、司州、御史台、九寺、郡县等置，北魏司州录事，孝文帝太和十七年（493）定为七品上。隋、唐五代谒台者、御史台、诸寺监、东宫詹事府、左右春坊、诸率府、亲王府、都督府、诸府州县等置，位高者从九品上，低者为流外。宋朝置于中下州，职同录事参军，掌州院庶务。置于中州者正八品上，下州从八品上。金、元置于诸路、府，属录事司，掌城市民政，秩正八品。明朝詹事府、光禄寺、上林苑监等置，仍掌文书，秩从八或正九品。清初仅置于詹事府，始设汉人二员，后增设满汉各二员，秩从九品，掌章奏文移，康熙五十二年（1713）省。至清末光绪（1875—1908）间改组内阁，又置于民政部、陆军部、邮传部、大理院、盐政院等部院，职掌一般文字工作，名额不定，多可达数十员，秩八或九品。❷官署名。晋朝丞相府、将军府僚属诸曹之一。诸郡县亦置。南北朝、隋、唐沿置。参见“录事参军”。❸录事参军省称。

录事中郎　官名。《宋书·百官上》：“晋元帝为镇东大将军及丞相，置从事中郎，无定员，分掌诸曹，有录事中郎、度支中郎、三兵中郎。”参见“从事中郎”。

录事史　晋朝郡县守令属吏名。掌文簿。

录事司　官署名。金、元均置。管理城市民政。金置于诸府、节镇所在地，录事秩正八品。元置于路、府所在地，录事秩正八品。

录事参军　官名。西晋丞相府始置，为录事曹长官，掌总录众曹文簿，举弹善恶，位在列曹参军上。东晋、南朝公府、将军府、州刺史开军府者皆置。南朝宋七品，梁六至二班，陈七至九品。北魏至唐又称录事参军事，仍高于列曹参军，隋、唐置于州者为诸州长官重要僚佐而非署曹之官属。北魏公府、将军府所置，六品上至八品。北齐诸公府、将军府、诸州府所置，六品上至七品上。隋朝诸卫、太子卫率、王府、诸州所置。从六品上至流外，诸州所置者与州主簿合为一职。炀帝改制，以诸州所置仍为主簿，其他改司录书佐。唐初诸卫、诸军、太子诸率府、亲王府、都督府、西都等府、诸州置，仍称录事参军事，玄宗开元六年（718）后西都等府改名司录参军事，其他依旧，从七品下至正九品上。府州所置，初掌考核文书簿籍、监守符印，纠弹州县官员过失，威权已重，中唐后总掌诸曹事务，为府州行政核心人物。宋朝仅置于上州，掌州院庶务，纠诸曹违失，北宋前期从七品上，神宗时改从八品。辽朝诸州亦置。

录事参军事　官名。即录事参军。

录尚书　即录尚书事。

录尚书六条事　参录、分录尚书事之意。《宋书·百官上》：“晋康帝世，何充让录表曰：‘咸康中，分置三录，王导录其一，荀崧、陆晔各录六条事。’然则似有二十四录，若止有十二条，则荀、陆各录六条，导又何所司乎？若导总录，荀、陆分掌，则不得复云导录其一也。其后每置二录，辄云各掌六条事，又是止有十二条也。十二条者，不知悉何条。晋江右有四录，则四人参录也。”两晋、南朝皆有其名。此外又有关尚书七条事、关尚书八条事、参掌尚书五条事等名义。参见“录尚书事”。

录尚书事　初为职衔名，始于东汉。时政令、政务总于尚书台，太傅、太尉、大将军等加此名义始得总知国事，综理政务，成为真宰相。魏晋南北朝多以公卿权重者居之，总领尚书省政务，凡重号将军、刺史，皆得命曹授用，位在三公上。或以二人以上并录，参录，又有录尚书六条、关尚书七条事等名义。南朝宋孝武帝孝建（454—456）中，不欲威权外假，遂省。其后置省无常。南齐始单拜，成为正式官号，为尚书省长官。梁、陈以其威权过重，常缺不授。北魏、北齐亦定为官号，为尚书省长官，尚书令、仆射为其副贰，职权甚重，隋朝废。辽初曾拟授重臣。

录府国事 官名。十六国南凉置。时秃发乌孤自称大都督、大将军、大单于、西平王，置大都督府，以此职领大都督府、王国事务，主持政权日常事务，实际职权类似录尚书事。秃发傉檀曾以车骑大将军为之。

录南台尚书事 十六国夏置。《晋书·赫连勃勃载记》："乃于长安置南台，以璝领大将军、雍州牧、录南台尚书事。"职类录尚书事。参见"南台"。

录勋司 官署名。参见"录勋清吏司"。

录勋司员外郎 官名。即录勋清吏司员外郎。

录勋司郎中 官名。即录勋清吏司郎中。

录勋清吏司 官署名。简称录勋司。清朝理藩院诸司之一，顺治十八年（1661）设。乾隆二十二年（1757）改称典属司。

录勋清吏司员外郎 官名。清朝理藩院所属录勋清吏司之副长官，协助郎中掌司事。乾隆二十二年（1757）改称典属清吏司员外郎。

录勋清吏司郎中 官名。清朝理藩院所属录勋清吏司长官，掌司事。乾隆二十二年（1757）改称典属清吏司郎中。

录留台尚书事 官名。十六国后燕置。《晋书·慕容垂载记》："（慕容垂）建留台于龙城，以高阳王慕容隆录留台尚书事。"在帝王出征时，主持后方留守事务。

录副 录副奏折之简称。

录副奏折 文书名。即奏折之抄件。详"奏折"。

录黄 见"画黄"。

录疏 见"录书"。

居士 宋朝士名。徽宗政和八年（1118）置，以赐在学选人，正八品。

居吏 战国时秦国留任原职的官吏。《睡虎地秦墓竹简·效律》："其盈岁，虽非效，新吏与居吏坐之。"

居住 官制用语。宋朝处罚官员的一种方式。即指定贬谪官居住于某地区，限制其行动，这种处罚轻于安置。

居府长史 官名。东汉末曹操出征时临时置，掌留守事务。《三国志·国渊传》："太祖征关中，以渊为居府长史，统留事。"亦称留府长史。

居室令 官名。西汉属少府，主居室狱，有丞。武帝太初元年（前104）更名保宫令。东汉省。

屈律啜 官名。突厥阿史那氏部大臣，世袭其官而无员限。

隶人 官名。春秋置，供使役的低级小吏。《左传·昭公四年》："舆人纳之，隶人藏之。"杜预注："舆、隶，皆贱官。"

隶仆 官名。《周礼》夏官之属，一说为周朝置，掌宗庙宫寝洒扫的小吏。《周礼·夏官》："隶仆，下士二人，府一人，史二人，胥四人，徒四十人"，"掌五寝之扫除粪洒之事。祭祀，修寝。王行，洗乘石。掌跸宫中之事。大丧，复于小寝大寝"。

肃卫 功臣号。宋朝以赐禁军诸班直将校。参见"功臣号"。

肃纪右司 官署名。清朝盛京刑部所属四司之一，康熙元年（1662）设。掌边外蒙古狱讼案件。设郎中，满洲一人；员外郎，满洲一人；主事满洲一人、蒙古二人。光绪三十一年（1905）裁。

肃纪左司 官署名。清朝盛京刑部所属四司之一，康熙元年（1662）设。与肃纪前司掌十五城狱讼及旗、民交涉案件。设郎中一人，员外郎二人，主事一人，均以满员充任。光绪三十一年（1905）裁。

肃纪后司 官署名。清朝盛京刑部所属四司之一，康熙元年（1662）设。掌讯办私刨、私贩人参案件。设郎中、员外郎、主事各一人，均以满员充任。光绪三十一年（1905）裁。

肃纪前司 官署名。清朝盛京刑部所属四司之一，康熙元年（1662）设。与肃纪左司掌十五城狱讼及旗、民交涉案件。设郎中一人，员外郎二人，主事一人，均以满员充任。光绪三十一年（1905）裁。

肃和郎 阶官名。金朝教坊官二十五阶之第十二阶，秩从六品上。

肃政台 官署名。即御史台，唐武则天文明元年（684）改，光宅元年（684）分左、右肃政台，中宗神龙元年（705）复为左、右御史台，玄宗先天元年（712）废右台。参见"御史台"。

肃政廉访司 官署名。元朝地方监察机构，秩正三品。世祖至元二十八年（1291），由提刑按察司改名，简称监司、宪司。定制设二十二道，分属于中台、南台、西台管辖。成宗大德九年（1305）五月，改为详刑观察司。十月，复改为肃政廉访司。设肃政廉访使二员，正三品；下设副使二员，正四品；佥事四员，正五品；经历一员，从七品；知事一员，正八品。掌地方监察之事。

肃政廉访使 官名。元朝置，肃政廉访司长官，各道监司设二员，正三品。

建义大将军 官名。东汉为将军名号。《后汉书·光武帝纪》："（以）偏将军朱祐为建义大将军。"十六国后燕亦置。《晋书·慕容垂载记》："以翟斌为建义大将军，封河南王。"

建义中郎将 官名。东汉献帝初平（190—193）末袁绍置。见《三国志·袁绍传》裴松之注引《英雄记》："绍到，遂屯斥丘，以（保护其家属的）陶升为建义中郎将。"

建义将军 官名。东汉置，三国蜀、十六国后赵，西秦及北魏亦置。北魏孝文帝太和十七年（493）职员令未载，太和二十三年复次职令，定为四品。

建义校尉　官名。三国吴孙权置。《三国志·朱据传》："（孙权）追思吕蒙，张温以为据才兼文武，可以继之，由是拜建义校尉，领兵屯湖熟。"

建中将军　官名。北魏置。孝文帝太和十七年（493）定为从三品下，太和二十三年复次职令时罢，设建忠将军。

建节将军　官名。东汉献帝建安（196—220）末曹操置，三国魏，十六国前秦、后秦，西秦北魏及仇池杨难当沿置。后秦时列为第三品，北魏孝文帝太和十七年（493）定为从三品下，二十三年复次职令，改为四品。

建节尉　官名。隋炀帝大业三年（607）新置散职八尉之一，正六品。

建远将军　官名。北魏置。孝文帝太和十七年（493）定为从三品下，二十三年复次职令，未载。

建极殿大学士　官名。明朝内阁大学士之一。嘉靖（1522—1566）中改原谨身殿为建极殿，原谨身殿大学士亦随阁名而改。参见"内阁大学士"。

建武中郎将　官名。东汉献帝建安（196—220）末孙权置，领兵。胡综自解烦右部督加此。见《三国志·胡综传》。

建武将军　官名。东汉献帝兴平（194—195）间曹操置，三国魏、吴，晋，十六国前燕、前秦、后凉、后秦，南朝宋、齐，北魏及高昌沿置。南朝宋为五武将军之一。南朝梁置期门将军以代此职。魏、晋、宋皆定为四品，北魏孝文帝太和十七年（493）定为四品下，二十三年复次职令，改为从四品。

建武校尉　官名。三国吴孙权赤乌（238—251）中置，领兵。《三国志·陆逊传》："逊卒时，（陆抗）年二十，拜建武校尉，领逊众五千人。"

建武都尉　官名。三国吴置。《三国志·陆凯传》："黄武初，为永兴、诸暨长，所在有治迹。拜建武都尉，领兵。"

建忠中郎将　官名。东汉献帝建安（196—220）末孙权置，领兵。骆统以此职领武射吏三千人，后兼领凌统兵。见《三国志·刘丝传》、《骆统传》。

建忠将军　官名。东汉末置，十六国后秦、后凉、西秦、北凉及北魏置。北魏孝文帝太和十七年（493）职员令未载，二十三年复次职令，定为四品。

建忠都尉　官名。三国吴置。《三国志·朱然传》："（然子朱绪）以父任为郎，后拜建忠都尉。"

建昌宫使　使职名。五代后梁太祖开平元年（907）置建昌院，寻改判建昌院事置，掌四镇所管兵车税赋、诸色课利，按旧时簿籍施行，乾化二年（912）废。

建昌宫副使　官名。五代后梁太祖开平二年（908）置，乾化二年（912）废。

建昌院　官署名。五代后梁太祖开平元年（907）置，有判院事一人为长，领四镇所管兵车赋税、诸色课利，按旧时簿籍施行，寻改判院事为建昌宫使，乾元二年（912）废。

建国将军　官名。十六国时越质诘归自称此号。《晋书·乞伏乾归载记》："陇西太守越质诘归以平襄叛，自称建国将军，右贤王。"

建威大夫　散阶称号。清朝乾隆三十二年（1767）始定，为武职正一品之封赠。初，武职中属八旗者正、从一品封光禄大夫，属绿营者正、从一品封荣禄大夫。至此，始分正、从，并统一封赠。五十一年，改为建威将军。

建威中郎将　官名。东汉献帝建安三年（198）孙策置。以周瑜为之，授兵二千人，骑五十匹。见《三国志·周瑜传》。

建威将军　❶官名。西汉末新莽时设，为领兵之官。《汉书·王莽传》："骑都尉王晏为建威将军，屯城北。"东汉，三国魏，吴，晋，南朝宋、齐、梁，十六国时成汉、前秦、后秦、后燕、西秦及北魏均置。南朝时为五威将军之一。魏、晋、宋为四品。北魏孝文帝太和十七年（493）定为第四品中，二十三年改为从四品。❷散阶称号。隋文帝置，为散号将军之一，正七品。炀帝大业三年（607）罢。清朝为武职正一品之封赠。初，武职中满、汉公、侯、伯及属八旗者正、从一品封光禄大夫，属绿营者正、从一品封荣禄大夫。后各有变化，至乾隆五十一年（1786）始定，不分八旗、绿营，凡武职正一品均封此。从一品封振威将军。

建信将军　官名。东汉献帝建安（196—220）末刘备置。《三国志·刘封传》："（刘备）以（申）耽弟仪为建信将军、西城太守。"

建章卫尉　官名。西汉初置，掌守建章宫，不常置。

建章监　官名。监建章宫。武帝时，卫青为建章监、侍中。

建康三官　建康正、建康监、建康平的合称。南朝梁武帝初于京畿建康县置狱司比廷尉，设三官掌其事，职掌与廷尉三官略同。《隋书·百官上》："建康旧置狱丞一人。天监元年（502），诏依廷尉之官，置正、平、监，革选士流，务使任职。又令三官更直一日，分受罪系，事无大小、悉与令筹。若有大事，共详，三人具辨。脱有同异，各立议以闻。"陈沿置。

建康正　官名。亦称建康狱正。南朝梁、陈置，属建康令。职掌与"廷尉正"略同，为高级审判官。《梁书·孔休源传》："迁建康狱正，及辨讼折狱，时罕冤人。"梁四班，陈七品。参见"建康三官"。

建康平　官名。亦称建康狱平。南朝梁、陈置，属建康令。职掌与"廷尉平"略同，为高级审判官。《梁书·文学·庾于陵传》："天监初，为建康狱平。"梁四班，陈七品。参见"建康三官"。

建康监　官名。南朝梁、陈置，属建康令。职掌与廷尉监略同，为高级审判官。梁四班，陈七品。参见"建康三官"。

建锋将军　官名。十六国前燕置。《晋书·慕容垂载记》："（慕容）俊将图兼并之计，以慕容恪为辅国将军，慕容评为辅弼将军，阳骛为辅义将军，慕容垂为前锋都督、建锋将军，简精卒二十余万以待期。"

建筑科 官署名。❶清末陆军部军需司所属三科之一，光绪三十二年（1906）设。掌本部直辖各镇、各学堂及军营工程建筑，管理陆军所属官有财产，并筹备制造军用器具。置科长、科员、录事。❷清末学部会计司所属二科之一，光绪三十二年设。掌学部直辖各学校、图书馆、博物馆之建造、营缮，并考核全国学堂、图书馆等经营建造是否合度。置员外郎一人、主事一人。❸清末海军部军政司所属三科之一。原属筹办海军事务处，宣统二年（1910），随司改属海军部。掌海军建筑工程的设计、监修、验收，建筑材料的试制、购买，以及建筑人员的考核、奖惩、抚恤等事宜。置科长、科员、录事。

建德将军 官名。东汉献帝建安元年（196）置。《三国志·武帝纪》："天子拜太祖建德将军。"

建德校尉 官名。十六国后赵石勒置。《晋书·石勒载记下》："建德校尉王和掘得员石。"

陕西五路西蜀四川行省 见"陕西行省"。

陕西东西路提刑司 官署名。金朝九路提刑司之一，掌纠察黜陟、劝农采访、管领屯田及镇防诸军。世宗大定二十九年（1189）六月，置于陕西平凉府。设使、副使领司事，秩正三品、正四品。下设判官、知事等官。

陕西东路转运司 官署名。金朝地方官府，掌本路税赋钱谷仓库出纳、权衡度量之制。海陵王天德二年（1150），置于京兆府。长官为转运使，秩正三品。下设同知转运副使、副转运使、户籍判官等。参见"转运司"。

陕西四川行省 见"陕西等处行中书省"。

陕西四川道提刑按察司 见"河东陕西道提刑按察司"。

陕西汉中道肃政廉访司 官署名。元朝地方监察机构，由提刑按察司改立，简称陕西道廉访司。置司凤翔，隶陕西诸道行御史台。成宗大德元年（1297）罢，三年复立于京兆，七年迁回凤翔。监治奉元、延安、兴元、巩昌等路。参见"肃政廉访司"。

陕西汉中道提刑按察司 官署名。元朝地方监察机构，世祖至元十六年（1279）由陕西四川道提刑按察司改立。二十八年，改为肃政廉访司。

陕西司 官署名。即陕西清吏司。

陕西司员外郎 官名。即陕西清吏司员外郎。

陕西司郎中 官名。即陕西清吏司郎中。

陕西西路转运司 官署名。金朝地方官府，掌本路税赋钱谷、仓库出纳、权衡度量之制。设于平凉府。长官为转运使，秩正三品。下设同知转运使、副转运使、户籍判官等。参见"转运司"。

陕西行台 陕西诸道行御史台的简称。

陕西行省 见"陕西等处行中书省"。

陕西科 清朝兵部武选清吏司所属之办事机构。额设经承一人。

陕西部 官署名。❶明朝户部十二属部之一。洪武二十三年（1390）改原民部、度支部、金部、仓部四属部而置十二属部，分别以十二布政司为名。设郎中、员外郎各一人，主事二人，领陕西布政司户口、钱粮等事。下设四科：民科、度支科、金科、仓科。并置照磨、检校各一人，掌管文书出入等事。二十九年，改为陕西清吏司。❷明朝刑部十二属部之一。洪武二十三年，改原宪部、比部、都官部、司门部四属部而置十二属部，分别以十二布政司为名。设官同户部。领陕西布政司及部分卫所、在京衙门刑名之事。二十九年，改为陕西清吏司。

陕西部员外郎 官名。明初户部陕西部、刑部陕西部均置，各一人，从五品。协郎中掌本属部之事。参见"陕西部"。

陕西部郎中 官名。明初户部陕西部、刑部陕西部均置，各一人，正五品。掌本属部之事。参见"陕西部"。

陕西诸道行御史台 官署名。元朝监察机构，简称西台。成宗大德元年（1297）四月，由云南诸路行御史台改立，治奉元路（今西安市），辖汉中、陇北、四川、云南四道监司。设官同江南行台。下辖察院，置监察御史二十员。

陕西清吏司 官署名。简称陕西司。❶明清户部诸司之一。掌理陕西省钱粮收支数目。明洪武二十九年（1396）改陕西部置，设郎中、员外郎、主事等官。分置民科、度支科、金科、仓科等四科治事。兼掌宗人府、文思院等在京衙门宗室、勋戚、文武官吏之廪禄及延绥等各镇之俸饷。洪熙元年（1425）南京户部亦置，设官略同。清顺治元年（1644）沿置。设郎中、员外郎、主事及笔帖式、经承若干人。分置民科、支科、金科、粮科、火房等机构办事。兼掌各省茶课及京中各项支款。光绪三十二年（1906）裁。❷明清刑部诸司之一。掌理陕西省刑名之事。明洪武二十九年（1396）改湖广部置。设郎中、员外郎、主事等官。兼理后军都督府，行人司，在京府军后等十一卫及河东盐运司等处刑名之事。洪熙元年（1425）南京刑部亦置，设官略同。清顺治元年（1644）沿置。设郎中、员外郎、主事及经承若干人。并掌甘肃、新疆刑名之事，收办西安将军等处之文移。光绪三十二年裁。

陕西清吏司员外郎 官名。简称陕西司员外郎。❶明清户部陕西清吏司之副长官。佐郎中掌司事。明洪武二十九年（1396）改陕西部员外郎设，一人，从五品。南京户部陕西清吏司亦曾设一人。清顺治元年（1644）沿设，汉员外郎一人。满洲司官初不分曹，随长官所派。后增至四人，满洲三人，汉一人。❷明清刑部陕西清吏司之副长官。佐郎中掌司事。明洪武二十九年（1396）改陕西部员外郎设，一人，南京刑部陕西清吏司亦设一人，皆从五品。清顺治元年（1644）沿设，汉员外郎一人。满洲司官初不分曹，随长官所派。后增至三人，满洲二人，汉一人。

陕西清吏司郎中　官名。简称陕西司郎中。❶明清户部陕西清吏司之主官。掌司事。明洪武二十九年（1396）改陕西部郎中设一人，宣德（1426—1435）中增设二人。南京户部陕西清吏司亦设一人，皆正五品。清顺治元年（1644）沿设，汉郎中一人。满洲司官初不分曹，随长官所派。后增至三人，满洲、蒙古、汉各一人。光绪三十二年（1906）裁。❷明清刑部陕西清吏司之主官。掌司事。明洪武二十九年（1396）改陕西部郎中设，一人。南京刑部陕西清吏司亦设一人，皆正五品。清顺治元年（1644）沿设，汉郎中一人。满洲司官初不分曹，随长官所派。后增至三人，满洲一人，汉二人。光绪三十二年（1906）裁。

陕西等处行中书省　官署名。元世祖中统元年（1260），立秦蜀行中书省于京兆（今陕西西安），又称陕西四川行省、陕西五路西蜀四川行省、秦蜀五路四川行省、陕蜀行省，简称陕西行省。至元二年（1265），移治兴元（今陕西汉中）。五年，还治京兆。八年，复移京兆，同年罢。十七年，复立陕西四川行省于京兆，又称安西行省。十八年，分省四川。二十一年，仍合为一省。二十三年，另置四川行省，本省称陕西等处行中书省，秩从一品，领四路、五府、二十七州军民政务，辖境包括今陕西省大部及甘肃、内蒙古部分地区。置丞相一员，平章二员，右丞、左丞各一员，参知政事二员。

陕西道　官署名。明清都察院所属诸道之一，明洪武十五年（1382）置。设监察御史八人。南京都察院亦置，设监察御史二人。在本道之外协管后军都督府、大理寺、行人司、在京府鹰扬等八卫、安化等四府，以及直隶和州等处。清顺治元年（1644）沿置。初掌陕西道兼理湖广道。乾隆十四年（1749）设掌印监察御史、监察御史，均满、汉各一人，属官有笔帖式、经承等。负责稽核陕西刑名，兼管甘肃、新疆案件，并稽察工部及宝源局事务，复勘工部工程和监放宝源局以局钱搭放兵饷等事。

陕西道监察御史　官名。明清都察院所属陕西道之主官。掌道事。明洪武十五年（1382）设三至五人，后增至八人。洪熙元年（1425）南京都察院亦设二人。均正七品。清顺治元年（1644）沿设。乾隆十四年（1749）定制，设掌印御史满、汉各一人，御史满、汉各一人。先是定为协道，分察在京诸司及各省刑名，至是按道办事。十七年，俱定为从五品。

陕蜀行省　见“陕西等处行中书省”。

降用　清代吏部之处分制度。凡受降级处分之官员，就现任之级递降，照所降之级食俸，仍留现任，称为降用。其处分有三等，以级为差，有降一至三级之别。

降调　明清吏部之处分制度。凡因故受降级处分之官员，视现任之级实降离任，称为降调。清朝之处分以级为差，有降一级至五级之别。凡降调而级不足者，如从八品降三级，无级可降，则议革职。

降授　官制用语。宋朝官员犯有过失，降等注授差遣，无等可降者，授远小去处，称为降授。系衔首带降授二字。

限内　官制用语。南朝梁、陈对定员之内的官吏称限内。《梁书·孝行·褚修传》：“引为宣惠参军、限内记室。”《陈书·文学·杜之伟传》：“兼太学限内博士。”

限外　官制用语。南朝梁、陈对定员以外的官吏称限外。《隋书·百官上》：“（梁）太学博士八人。又有限外博士员。”《陈书·王通传》：“累迁王府主簿，限外记室参军。”

姑墨侯　官名。西域姑墨国置，员一人。见《汉书·西域传》。

姪娥　汉朝皇帝姬妾名号。汉武帝置。娥亦作何。姪、娥皆美貌之意，秩视中二千石，比关内侯。东汉省。

弩坊令　官名。唐朝军器监弩坊署长官，置一员，正八品下，掌出纳矛稍、弓矢、排弩、刃鏃、杂作及工匠。

弩坊丞　官名。唐朝军器监弩坊署次官，置一员，正九品下。

弩坊署　官署名。唐太宗贞观六年（632）改弓弩署置，隶军器监；军器监罢，则隶少府监，玄宗天宝六载（747）定隶军器监。置令一员、丞一员，掌出纳矛稍、弓矢、排弩、刃鏃、杂作及工匠，另有监作、典事等。

弩坊署令　官名。即弩坊令。

弩坊署丞　官名。即弩坊丞。

弩库曹下大夫　官名。北魏置。掌兵器的贮藏、保管，属库部尚书。《魏书·和其奴传》：“（和天受）初为内行令，（孝文帝）太和六年（482），迁弩库曹下大夫。”孝文帝太和改制罢。

驾驶科　官署名。清末海军部军制司所属五科之一。原属筹办海军事务处，宣统二年（1910），随司改属海军部。掌承办海军驾驶人员学习、补官、任职、迁调、黜陟，稽核、收存各种航海图籍、日记、报告书、意见书，研究航海术，航海器具。置科长、科员、录事。

驾部　官署名。魏晋南朝为尚书省诸曹之一，设郎（郎中）为长官。西晋一度设尚书主之。掌车舆畜牧之政。当时战争频繁，故马政尤重。或说魏隶左民尚书，西晋初有“驾部尚书”，当隶之。南朝隶左民尚书，兼辖车府署。北魏前期直隶尚书省，亦称乞银曹，设尚书、令、给事中、郎、校尉等官。孝文帝太和（477—499）改制后复为郎曹，隶殿中尚书。北齐沿置。西魏文帝大统十二年（546），置为尚书省十二部之一，设郎中；西魏末、北周仿《周礼》建六官，改隶夏官府，设中大夫为长官，下大夫、上士副之，领左右厩、典牡、典驼、典羊、兽医诸署。隋朝置为兵部四司之一，历代因之。初置侍郎、员外郎为长贰，炀帝改置郎、承务郎。唐朝改置郎中、员外郎，掌本乘、厩牧、驿传之政令，而由太仆寺掌具体事务。势门子弟多不乐为其官。高宗龙朔二年（662）改名司舆，咸亨元年（670）复旧；玄宗天宝十一载（752）改名司驾，肃宗至德二载（757）复旧。中唐以后，马政、驿传之职多归诸使，本司形同虚设。五代因之。北宋前期无所掌，置判驾部事一人，以无职事朝官充任，郎中、员外郎皆为寄禄官，神宗元丰（1078—1085）改制后，职掌与唐略同，马政则归枢密院。南宋高宗建炎三年（1129），以太仆寺并入。辽、金、元不置。明初为兵部诸属部之一，设郎中、员外郎为长贰，太祖洪武二十九年（1396）改名车驾清吏司。

驾部下大夫 即小驾部下大夫。

驾部中大夫 官名。西魏恭帝三年（556）置，北周沿置。夏官府驾部司长官，员一人，正五命。掌御用、军用马匹及骆驼、羊的饲养事务。下设小驾部下大夫，小驾部上士以佐其职，领左厩上士、右厩上士、典牝上士、典牡中士、典驼中士、典羊中士、兽医上士等官属。北周武帝建德二年（573）省。宣帝即位后，复置。隋文帝开皇元年（581）罢。

驾部令 官名。北魏置，协掌尚书省驾部曹事务，属驾部尚书。《魏书·尉羽传》："起家秘书中散，驾部令。"

驾部员外郎 兵部驾部司次官。隋文帝开皇六年（586）始置，炀帝大业三年（607）改置承务郎。唐高祖武德三年（620）复旧，员一人，从六品上。高宗、玄宗时曾随本司改名司舆员外郎、司驾员外郎，寻各复旧。五代因之。北宋前期为六品寄禄官，不预司务，神宗元丰（1078—1085）改制后，始为职事官，正七品。南宋或兼领库部司事，后省。明初复置，从五品，太祖洪武二十九年（1396）改名车驾清吏司员外郎。参见"驾部"。

驾部尚书 官名。西晋初置，掌尚书驾部曹，为六曹尚书之一，三品。武帝太康（280—289）以后省。北魏前期复置。《南齐书·魏虏传》："驾部尚书知牛马驴骡。"孝文帝改制后罢。参见"驾部"。

驾部侍郎 官名。两晋南北朝尚书驾部郎之资深勤能者可转侍郎。隋文帝定置为兵部驾部司长官，正六品上，开皇三年（583）升从五品。炀帝大业三年（607）改名驾部郎。参见"驾部"、"驾部郎"。

驾部郎 官名。魏晋南北朝尚书省驾部曹长官通称。亦称驾部郎中，资深者可转侍郎。魏、晋、宋六品，梁五班，陈四品，北魏孝文帝太和十七年（493）定郎中为五品上，郎从五品中，二十三年皆称郎中，六品，仍可通称为郎；北齐六品上。隋文帝定名为驾部侍郎，炀帝大业三年（607）改此名，从五品，掌兵部驾部司。唐朝改名驾部郎中。

驾部郎中 官名。魏晋南北朝与"驾部郎"互称，为尚书省驾部曹长官。唐朝置为兵部驾部司长官，历代因之。掌车乘、厩牧、驿传之政令，从五品上。权门子弟多不乐为之。高宗、玄宗时曾随本司改名司舆大夫、司驾郎中，寻各复旧。中唐以后，其职权为使职侵夺。五代因之。北宋前期为五品寄禄官，不预司务，神宗元丰（1078—1085）改制后，始为职事官，从六品。哲宗元祐（1086—1094）初罢，后复置。南宋初兼领库部司事，时省太仆寺，其事亦归之，后或省。辽、金、元不置。明初复置，正五品，太祖洪武二十九年（1396）改名车驾清吏司郎中。参见"驾部"、"驾部郎"。

驾部郎官 驾部郎中、员外郎通称。

驾部给事中 官名。北魏置，为派驻尚书省驾部曹监察政务、兼理曹事的内廷官员。孝文帝太和十七年（493）定为从三品上。

驾部校尉 官名。北魏置。《魏书·陆俟传》："（陆归）东宫舍人、驾部校尉。"职掌不详。

参 ❶官名。战国秦置。车战时立于车右护卫主将。《商君书·境内》："大将、御、参皆赐爵三级。"❷官制用语。以其他官员参预某一部门的管理事务，如参掌选事、参知政事等。❸即弹劾。

参计官 官名。南宋宁宗嘉泰四年（1204）置，为国用使属官，以侍从、卿监充任。

参议 官名。宋朝设有参议官，或名参议军事，为都督、制置使、招讨使、宣抚使、安抚使、镇抚使等属官，参预军事谋划，地位低于参谋官。又，南宋初年修政局等亦有参议官。元世祖中统元年（1260）于中书省置参议中书省事，为中书省参佐官首领，秩正四品，典掌左、右司文牍，总辖六部事务。其官署曰参议府。明朝始称参议，并分左、右，设于布政使司及通政使司。属布政使司者从四品，因事而设，各省员额不等，掌分守各道，及派管粮储、屯田、清军、驿传、水利、抚民等事。属通政使司者，左、右各一员，正五品，佐通政使受理四方章奏。清初沿明制，然属布政使司者仅作为道员兼衔，由科道官补授者为参议道，至乾隆十八年（1753）裁。属通政使司者，初分左、右，乾隆十三年改左参议为参议，满、汉各一人，裁右参议。初制满员四品，汉员五品，顺治十六年（1659）并定为正五品，职掌同明。清末改革官制，于新设之内阁法制院、外务部、民政部、度支部、学部、法部、农工商部、邮传部、盐政院、弼德院等机构设左、右参议（或参议），位左、右丞（或丞）之下。员额不等，俱请简。掌审议有关部务之法令章制。详见各部院参议条。

参议女林 宫中女官名。南朝宋太宗定后宫百官时置，准银青光禄大夫，三品。

参议厅 官署名。清末新设的外务部、民政部、度支部、邮传部、陆军部等下属机构。详见各该部参议厅条。

参议中书省事 官名。元朝置，简称参议。设于世祖中统元年（1260），秩正四品，为中书省参佐官首领，掌左、右司文牍，总管六部事宜，参预宰相会议军国重事。初设一员，至元二十二年（1285）增至六员。成宗大德元年（1297），定制为四员。

参议机务 唐朝宰相职衔名义。《唐会要》卷五一《名称》："唐隆元年（710）六月，刘幽求除中书舍人，参议机务。"

参议府 官署名。元置，属中书省，由参议中书省事主掌，管辖中书省左、右司与六部。朱元璋于元至正二十四年（1364）置，隶中书省。设参议，正三品，参军、断事官，从三品，断事、经历，正七品，知事正八品。吴元年（元至正二十七年，1367）革。

参议政事 官名。唐朝宰相名号，指以三省长官之外他官行宰相事者。高宗以后渐少，玄宗以后不再用此号。

参议朝政 唐朝宰相职衔名义。《旧唐书·太宗纪下》：贞观四年（630）二月"太常卿萧瑀为御史大夫，与宰臣参议朝政"。

参议朝章国典 唐朝宰相职衔名义。《新唐书·太宗纪》：贞观十年（636）六月"魏徵罢为特进，知门下省事，参议朝章国典"。

参议道 官名。清朝道员之兼衔。清顺治（1644—1661）中沿明旧制，分设守道、巡道，辅佐藩、臬二司办理地方政务，乃省与府州之间之地方长官，皆带原品衔充任。由科道如给事中、监察御史等官补授者，为参议道，从四品。乾隆十八年（1753）改道员为实官，遂省。

参有司 西周时期司徒、司马、司空三官的合称。《盠方彝铭》："用司六师王行，参有司、司土（徒）、司马、司工（空）。"

参军 官名。亦作参军事。东汉末车骑将军幕府置为僚属，掌参谋军务。曹操为丞相时，总揽军政，其僚属常有参丞相军事之名，职任颇重。西晋公以上领兵持节都督者，置参军六人，协助治理府事。东晋公府等所设僚属诸曹置，为诸曹长官，其人数依曹而异，不开府将军出征时亦置。南北朝王、公、将军府、都水台以及诸州多置为僚属，品级自六品至九品不等。皆由朝廷除授，晋末始有府主板除参军。隋朝州及亲王、嗣王、郡王、上柱国、柱国、上大将军、大将军、上开府仪同三司、开府仪同三司、上仪同三司、仪同三司等府或置参军事、行参军或诸曹置参军事、行参军，炀帝改行参军为行书佐。唐朝诸州府置，员额品秩随所隶官署而异，少则二、三人，多则五、六人，八至九品，无固定职掌，供派遣出使，士人初仕者或居此职。亦有行参军。又，诸州、府、镇、王府，诸卫、太子诸率各曹、司亦置。宋朝州府亦置，有录事参军、户曹参军、司法参军、司理参军等名目，分理诸曹事务。明建国前，曾于大都督府设。洪武三年（1370），各王府所属参军府置，员各一人，正五品，旋改从五品，九年，改为长史。

参军事 见"参军"。

参军府 官署名。明太祖洪武三年（1370）于各王府置。设参军一人，正五品；录事二人，正七品；纪善一人，正七品。翌年，改参军从五品。九年，改参军府为长史司，参军为长史。

参军官 官名。清末新陆军军官。光绪三十年（1904）定新陆军营制，始置。每标一人，正四品，协参领充，奏补。掌赞佐营务，参画机宜。

参军校尉 官名。三国吴孙权置，参议军事。吾粲自山阴令迁此。见《三国志·吾粲传》。

参军都尉 官名。十六国汉石勒为镇东大将军时，以授张宾，领记室，位次司马，主持军政事务。见《晋书·石勒载记上》。

参军祭酒 官名。东汉献帝建安（196—220）中曹操置为丞相府僚属。以参军久次者为之，七品。

参军督护 官名。东晋置，领营兵，有部曲。南北朝沿置，不领营兵。三公府、诸王府、持节都督府及将军开府皆置，地位较低，在长兼行参军之下。南朝梁列为流外官。

参佐 见"燕京行尚书省"。

参事 官名。❶南朝宋置。明帝定后宫九品官时，依宫号不同设有紫极房参事、宣融房参事，官四品；景德房参事、采蘩房参事，官五品，均无定员。掌铨选人士。❷北齐都水台设参事十人，与使者共管诸津桥事。又据《宋书》卷一八《礼五》，南朝宋亦有都水参事。❸清末新设之内阁法制院、外务部、民政部、学部、陆军部、海军部、法部、盐政院等机构设，员额不等，位参议之下，俱奏补。佐参议掌本部院法令章制之起草审议。

参事厅 官署名。清末学部所属机构，光绪三十二年（1906）设。掌本部法令章制之起草、核审。置参事四人。

参知机务 职衔名。唐朝宰相职衔名义，停知机务即罢宰相职。《旧唐书·太宗纪下》：贞观二十二年（648）正月"刑部侍郎崔仁师为中书侍郎，参知机务"；《睿宗纪》：景龙四年（710）"崔日用为雍州长史，薛稷为右散骑常侍，并停知机务"。

参知枢密院事 职衔名。五代后周世宗显德六年（959）置，命司徒平章事范质、礼部尚书平章事王溥，并参知枢密院事。

参知政事 官名。唐太宗贞观十三年（639），始以尚书左丞刘洎为黄门侍郎、参知政事。其后，非三省长官而加此衔者为宰相。宋太祖乾德二年（964），置为副宰相，辅助宰相处理政事。开宝六年（973），患宰相赵普专权，始命赴都堂与宰相同议公事，并与宰相轮日知印押班。太宗至道二年（996），罢知印押班，非议军国政事不得升都堂。神宗元丰（1078—1085）改制废，以尚书左、右丞为副宰相。南宋高宗建炎三年（1129）复置，正二品。辽朝南面朝官中书省置。西夏亦设。金朝尚书省置二员，从二品，与左、右丞合称为执政官，为左、右丞相之副手，佐治省事。元朝置为执政官，从二品，职位次于左、右丞，为副宰相，参议政务，同署中书省事。初置一人，后增为二至三人，文宗至顺元年（1330）定置二人。其尚书省亦置。明初沿置于中书省，从二品，洪武九年（1376）废。

参知政事行府　官署名。南宋高宗绍兴三十二年（1162），孝宗即位，因遣参知政事汪澈督视湖北京西路军马而置。其公事行移依三省体式，遇军期急切事务，难以申请待报者，许随宜措置。设主管机宜文字、提举一行事各一员，提辖一行军兵二员为属官。将士临敌用命，率先破敌立功者，许以空名付身书填酬奖，然后具奏。

参详官　官名。北宋讲议司置，以卿、监充任。南宋修政局亦置，以侍从官充任。参见“讲议司”、“修政局”。

参详仪制使　官名。宋真宗大中祥符九年（1016）举行恭谢大礼时置，以参知政事丁谓充任，掌有关仪制之事。

参详仪制副使　官名。宋真宗大中祥符九年（1016）举行恭谢大礼时置，以翰林学士充任，掌有关仪制之事。

参选　官制用语。又称参注。宋朝官员注授差遣的一种方式。即官员携带印纸、告敕或宣札，到主管官府如吏部四选或兵部、刑部、各转运司等注授差遣。

参政　❶宋、辽、金、元为参知政事省称。❷官名。明朝各布政使司置，从三品，位在布政使之下。分左、右，无定员，随事增减。掌分守各道，及派管粮储、屯田、驿传、水利、抚民等事。清入关前六部、都察院、理藩院等衙门置，为副长官。太宗天聪五年（1631）始置于六部。崇德元年（1636）复置于理藩院、都察院。三年，各部院分设左、右参政，员额不等。为各部院之副长官，佐长官承政掌部院事。顺治元年（1644）改用汉官名，六部及理藩院之左、右参政分别改为左、右侍郎，都察院改为左副都御史。

参政道　官名。清朝道员之兼衔。顺治（1644—1661）中沿明旧制，分设守道、巡道，辅佐藩臬二司办理地方政务，乃省与府州之间的地方长官，皆带原品衔充任。由京堂如各寺卿品级等官补授者，为参政道，从三品。乾隆十八年（1753）改道员为实官，遂省。

参战　三国魏相国府僚属名。《宋书·百官上》：魏元帝咸熙（264—265）中，相国府置“参战十一人”。

参将　官名。❶明朝镇守地方之统兵官。位于总兵、副总兵之下，分守各路。无品级，无定员。❷清朝绿营军之将领，即“营”之最高统兵官。位于副将之下，正三品，统理一营之军务。分属总督、巡抚、提督、总兵管辖。或专守一城，或与上级武官同守一城。又有为提督、巡抚总理营务者，称提标中军参将、抚标中军参将。水师中亦设。❸清入关前之八旗世职。后金天命五年（明万历四十八年，1620），清太祖努尔哈赤改设八旗官置，太宗天聪八年（1634）改为甲喇（扎兰）章京。

参预机务　职衔名。❶唐朝宰相名号，指以三省长官之外他官行宰相事者。高宗以后渐少，玄宗以后不再用此号。❷明朝官吏执政制度。始于建文（1399—1402）中，兵部尚书齐泰、太常卿黄子澄，以原官预务参政，主持日常政务。永乐（1403—1424）后专指大臣入内阁。

参预政务大臣　官名。清末督办政务处之副长官。光绪二十七年（1901）设，无定额，以大学士、总督兼充。与督办政务大臣共同管理督办政务处事。

参预朝政　隋、唐宰相职衔名义。《隋书·苏威传》：拜纳言，炀帝嗣位，高颎等诛，坐免，“岁余，拜鲁郡太守。俄召还，参预朝政”，“后岁余，复为纳言”。《旧唐书·太宗纪上》：贞观元年（627）九月，“御史大夫、检校吏部尚书、参预朝政、安吉郡公杜淹署位”；贞观三年二月“魏徵为守秘书监，参预朝政”。

参堂　官制用语。又称干堂，宋朝官员注授差遣的一种方式。京朝官不由吏部注授差遣，而由朝廷直接除授差遣，称为参堂，或称堂阙。

参领　❶清朝八旗组织内中层编制单位。即“甲喇”。❷官名。清朝八旗组织内中层编制单位甲喇之长官。满语称甲喇额真、甲喇章京、扎兰额真。顺治十七年（1660）定汉名为参领。满洲、蒙古、汉军八旗均置，位在都统、副都统之下，佐领之上。正三品。满洲每旗五人，共四十人；蒙古每旗二人，共十六人；汉军每旗五人，共四十人。掌颁都统之政令达于佐领，并审定佐领所办之事。又护军营、前锋营、骁骑营等亦置，详“护军参领”、“前锋参领”。

参游都守　参将、游击、都司、守备的合称。

参谋　官名。唐朝始置，为节度使、观察使、都团练使所属幕僚之一，无定员。掌参议谋划。文宗开成四年（839）废。元帅、都统又有行军参谋，参预军中机密。宋朝为参谋官或参谋军事之简称，系都督、宣抚使、安抚使、制置大使、招讨使等属官，参预军事谋划。清末新设之海军部设有参谋官，分一、二等，掌承办本部咨询事件，参订章制等。详见“海军部参谋官”。

参谋官　见“参谋”。

参随伴役　官名。明朝武官到任时所带的跟随人员。名额依官职不等。其中幼官或舍人称参随，勤杂随从称伴役。

参掌机密　唐朝宰相职衔名义。《新唐书·高宗纪》：贞观二十三年（649）六月“检校洛州刺史李勣为开府仪同三司，参掌机密”。

参掌朝政　隋朝宰相职衔名义。《隋书·苏威传》：威“复为纳言，与左翊卫大将军宇文述、黄门侍郎裴矩、御史大夫裴蕴、内史侍郎虞世基参掌朝政，时人称为‘五贵’”。

参赞　官名。❶明朝凡以都御史巡抚兼理军务者，有总兵地方则加参赞名。❷清朝出使大臣之属官。又称“参赞官”。光绪元年（1875）始设。佐出使大臣办理交涉事务。后分三等，头等正三品，二等从四品，三等正五品，俱奏补。三十二年定员额，头等无定员，二等每使馆一人，三等八人，英、法、德、俄各一人，美、日各二人。又有分馆代使二等参赞官二人，二等参赞兼总领事三人。❸清末筹办海军事务处所属参赞厅之主官。宣统元年（1909）设，一人，掌厅事。二年裁。详“参赞厅”。❹清朝驻藏大臣之属官。宣统二年（1910）设，左、右各一人。详“驻藏大臣左参赞”。

参赞大臣　官名。❶清朝派往新疆、蒙古地区的驻扎大臣。雍正九年（1731）以后陆续设置。辅佐驻防将军办理军政。由特旨简派。❷清制，凡出征之将军亦往往派参赞大臣，以分统军队。

参赞厅　官署名。清末筹办海军事务处所属之机构，宣统元年（1909）设。掌处内一切文牍庶务。置参赞一员掌厅事。辖秘书、庶务二司。二年，改秘书司为军枢司，庶务司为军储司。同年并入海军部。

参赞军事　官名。南宋御营使、都督、宣抚使的高级属官，参与谋划军事。

参赞官　见“参赞”。

参豫朝政　唐朝宰相职衔名义。《新唐书·太宗纪》：贞观四年（630）二月“民部尚书戴胄校检吏部尚书，参豫朝政”。

孤卿　少师、少傅、少保的合称。《汉书》卷一九《百官公卿表》：“太师、太傅、太保是为三公”，“又立三少为之副，少师、少傅、少保，是为孤卿，与六卿为九焉”。秦朝以前包含在六卿之内。之后则包含在九卿之内。王莽改制后为少师、少傅、少保的别称。

孤稳斡鲁朵　即崇德宫。

驷车庶长　爵名。战国秦置，为二十等爵第十七级。秦汉沿置。驷车庶长意即乘驷马之车而为众长。

驸马　“驸马都尉”的简称。魏、晋以后，尚公主者常加驸马都尉，后世因作为皇帝女婿的俗称。又据《魏书·官氏志》引北魏孝文帝太和十七年（493）职员令，有驸马，三品，别有驸马都尉，从四品上。

驸马都尉　官名。西汉武帝始置，皇帝出行时掌副车，秩比二千石。为侍从近臣，常用作加官。东汉员五人，名义上隶属光禄勋。魏、晋沿置，与奉车、骑都尉并号三都尉，多用作宗室、外戚、功臣子、贵族、亲近之臣的加官，或亦加于尚公主者。司马睿为晋王时，其府掾属皆授此号。东晋南朝隶集书省，无定员，无实职，尚公主者亦多加此号。至梁、陈渐成定制，专加尚公主者。梁无班秩，陈七品、六百石。北朝略同，虽位至卿尹，此号不去。北魏孝文帝太和十七年（493）定为从四品上，二十三年改六品，北齐从五品。历朝因之，专加帝婿，简称驸马。隋初隶左、右卫府，从五品。炀帝大业三年（607）废。唐朝复置，无定员，从五品下。宋朝从五品。辽朝列为北面皇族帐官。金朝正四品。明朝凡尚大长公主、长公主、公主者皆加此号，位在侯爵下、伯爵上。初有典兵出镇及掌府部事者，其后多不与政事，惟奉祀孝陵，摄行庙祭，署宗人府事。清朝改称额驸。

驺　官名。又称驺子。掌驾车之官。《左传·成公十八年》：“程郑为乘马御，六驺属焉，使训群驺知礼。”孔颖达疏：“驺是主驾之官也。”

驺子　官名。又称驺。或称御驺。驾车官。《韩非子·外储说左上》：“齐景公游少海，傅骑从中来谒曰：‘婴疾甚，且死，恐公后之。’景公遽起，傅骑又至。景公曰：‘趋驾烦且之乘，使驺子韩枢御之。’”

驺虞　官名。掌养鸟兽。《诗经·召南·驺虞》：“于嗟乎驺虞。”马瑞辰《毛诗传笺通释》卷三：“三家（齐、鲁、韩）诗皆以驺虞为天子掌鸟兽官。”

驻防将军　官名。清朝八旗驻防地之最高长官，见“将军”。

驻京喇嘛　僧号。清朝驻京喇嘛分为七等：掌印札萨克大喇嘛与副掌印札萨克大喇嘛各一人，札萨克喇嘛四人，达喇嘛十七人，副达喇嘛四人，苏拉喇嘛十九人，教习喇嘛六人，额外教习苏拉喇嘛四人，德木齐三十一人，格斯贵五十人。其徒众称格隆、班第。伊犁之掌教堪布一人，四川懋功广法寺堪布一人，由驻京喇嘛内派往，三年一更代。乾隆五十一年（1786）钦定喇嘛班次。其中章嘉呼图克图、噶勒丹锡胡图克图、敏珠尔胡图克图、济隆呼图克图皆历经掌印、或加国师、或加禅师等名号，皆出于呼毕勒罕。共理黄教事务。

驻泊　宋朝官场用语。诸州禁军、厢军皆戍更，其隶州者称驻泊。凡驻泊军，若捍御边寇，则由总管、钤辖共议，州长官不得参预。事涉本城及屯驻在城兵马，即知州、都监、监押同领。若州与驻泊事相关者，即发公牒互报。

驻泊钤辖　见“驻泊”。

驻泊总管　见“驻泊”。

驻泊都部署　见“都部署”。

驻藏大臣　官名。清朝特设管理前藏、后藏及喇嘛事务之官员。又称西藏办事大臣。雍正五年（1727）设二人，驻扎前、后藏，三年一更代。乾隆五十七年（1792）定，其办理藏务与达赖、班禅平等，诸凡官族、军务、财赋、刑罚皆由其管理。所属有司官、笔帖式等员，佐理政务。

驻藏大臣右参赞 见“驻藏大臣左参赞”。

驻藏大臣左参赞 官名。清末驻藏大臣之属官。宣统二年（1910），裁驻藏帮办大臣，置左、右参赞各一人。左参赞驻前藏，秉承办事大臣筹办全藏一切要政。右参赞驻后藏，秉承办事大臣监督亚东等三埠商务。

驼牛令 官名。北齐置。见“驼牛署”。

驼牛丞 官名。北齐置。见“驼牛署”。

驼牛都尉 官名。北魏置，掌畜牧骆驼牛驴等。《魏书·侯莫陈悦传》：“父婆罗门，为驼牛都尉，故悦长于河西，好田猎，便骑射。”北齐则于驼牛署下设典驼、特牛、牸牛诸都尉。

驼牛署 官署名。北魏置，掌饲驼骡驴牛。北齐沿置，设令、丞，隶太仆寺。领典驼、特牛、牸牛三局，各设都尉，亦常作为囚禁官员之所。《魏书·萧宝寅传》：“乃于太仆驼牛署赐死。”《北齐书·高昂传》：“（尔朱）荣入洛，以昂自随，禁于驼牛署。”北周不置，其职属“典驼中士”。

驼坊 官署名。宋朝牧养机构之一。太祖开宝二年（969）始置，掌牧养骆驼，以供内外负载之用。设监官二人，以三班使臣及内侍充任。神宗元丰（1078—1085）改制后，隶太仆寺。

驿 邮传机构。战国时已设，历代相沿。负责供应传递文书人员及来往官员的中途食宿、夫马车船。在此任差役者或称驿卒，或称驿夫。明清时设专管官员驿丞管理驿站事。清末举办邮局后废除。

驿传科 清朝兵部车驾清吏司所属之办事机构。额设经承二人。

驿传道 官名。明朝于各省设置。为各省按察使佐官按察副使、佥事的分道之职，以其中一人担任，掌本省驿递之事。浙江、山西、陕西、福建、广西、贵州以清军道兼，河南、江西、四川以屯田道兼。

驿丞 官名。明清之驿官，掌邮传迎送之事，未入流。明朝于府、州、县分别置驿，开支由地方销算，设一人管理。清朝亦于各省腹地置驿，设一人管理，有六个省设州属之驿，属直隶州者三人，属散州者五人；有八个省设县属之驿，共三十七人。

驿巡道 官名。清朝道员之一种，仅奉天府设一员，汉缺。掌巡察边防、督征税课、节制营伍，并审转奉天府属刑名，兼管驿站事务。

驿盐道 官名。清朝道员之一，兼管驿传与盐法。顺治三年（1646）始置江南驿盐道。湖北、江西、陕西、亦曾设之，后皆改置盐法道。四川改置盐茶道。

练兵处 官署名。清末中央军事管理机构，光绪二十九年（1903）设。掌划一全国军制，督练新军诸事宜。置总理练兵事务大臣一人，会办练兵大臣一人，襄办练兵大臣一人，特简王大臣兼充。下设提调一人。辖军队、军令、军学三司，各置正、副使一人。三十二年，并入陆军部。

细马车都督 官名。北齐置，隶长秋寺中宫仆署。

细杖主 官名。南朝宋、齐置。领细杖队，掌宫庭侍卫，多以直阁将军领之，亦有以广威将军等领者。或分置左、右。

细作令 官名。南朝、北齐皆置。见“细作署”。

细作丞 官名。南朝、北齐皆置。见“细作署”。

细作署 官署名。南朝刘裕始建宋朝，将原相府细作署划归宫廷，设令、丞，掌监制供奉御用精巧珍宝器玩，隶门下省。后改名御府、中署。齐、梁、陈复名细作，梁、陈改隶少府卿。北齐亦置，隶太府寺。

细铠主 宿卫武官名。南朝宋置。《宋书·恩幸·阮佃夫传》：“又告主衣吴兴寿寂之、细铠主南彭城姜产之，产之又语所领细铠将临淮王敬则。”

细铠将 宿卫武官名。南朝宋置。参见“细铠主”。

细谒小监 官名。北魏置，为后宫女职。《大魏宫内司高唐县君杨氏墓志》：“迁细谒小监，女功训综，巧妙绝群。”（赵万里《汉魏南北朝墓志集释》图版三六）参见“监”。

织帅 宫中女官名。南朝宋太宗定后宫百官时置，无定员，六品。

织丝下士 官名。西魏、北周冬官府司织下大夫织丝中士佐官，正一命。

织丝中士 官名。西魏恭帝三年（556）仿《周礼》典丝置，北周沿置。冬官府司织下大夫属官，正二命。下设织丝下士以佐其职。隋文帝开皇元年（581）罢。参见“典丝”。

织组下士 官名。西魏、北周冬官府司织下大夫织组中士佐官，正一命。

织组中士 官名。西魏恭帝三年（556）置，北周沿置。冬官府司织下大夫属官，正二命。下设织组下士以佐其职。隋文帝开皇元年（581）罢。

织室 官署名。西汉初置东、西织，成帝河平元年（前28）省东织，更名西织为织室，置令、丞，隶少府。职掌皇室丝帛织造和染练。东汉省令，置丞。三国吴亦置。

织室令 官名。秦置，入汉因之，职掌郊庙衣服织作。《汉书·百官公卿表》少府属官有东织、西织令、丞。成帝河平元年（前28）省东织，更名西织为织室。东汉省，置丞。

织室丞 官名。成帝河平元年（前28）更名西织为织室，置丞，为织室令副贰，属少府，主作郊庙文绣之服。东汉因之，名义上属少府。

织染方令 官名。唐朝少府监织染方署长官，武则天垂拱元年（685）去方字。参见“织染令”。

织染方丞 官名。唐朝少府监织染方署次官，武则天垂拱元年（685）去方字。参见“织染丞”。

织染方署 官署名。唐朝少府监置，武则天垂拱元年（685）去方字。参见“织染署”。

织染令　官名。隋炀帝大业三年（607）置，为少府监织染署长官。唐初为织染方令，武则天垂拱元年（685）去方字，为织染令，置一员，正八品上，掌供皇帝、太子、群臣冠冕等，辨其制度而供其职。北宋初存其名而罕除授。金朝少府监织染署亦置，从六品，掌织维、色染诸供御事务。

织染局　官署名。❶明清掌织染绸缎事务之机构。明朝又称“织染杂造局”，设于南、北两京和地方各府各布政使司。南、北两京所设者分内外，内局为宦官八局之一，以应上供，外局为地方所设者，浙江之杭州、湖州、嘉兴等十府，福建之福州，泉州二府，山东之济南府，直隶之镇江、苏州、松江等六府及江西、四川、河南布政使司。皆备公用，亦间有上供取用者，各设大使一人。府大使从九品，州大使未入流，副使一人。清朝中央衙门沿置。初隶工部，康熙三年（1664）改隶内务府。设专管大臣、员外郎、笔帖式、司库、库使、司匠等官。皆供内务府应用。道光二十三年（1843）裁。❷明清宦官衙门之一。掌织染御用缎匹之事。明洪武十七年（1384）改尚染局设，又称“内织染局”。设大使、副使司之。二十八年更定职秩，设正五品大使一人为官。下设左、右副使各一人佐之。所属有外厂，蓝靛厂等。为内官二十四衙门之一。清顺治十年（1653）沿置，十八年重立内务府，遂改隶工部。康熙三年（1664）又改隶内务府，设专管大臣司之。下设员外郎、笔帖式、司库、库使、司匠等十二人佐之。道光二十三年（1843）裁撤。

织染杂造人匠都总管府　官署名。元朝置，秩正三品，成宗元贞二年（1296），由管领织染缎匹匠人总管府升立，隶徽政院。文宗天历元年（1328），改隶储庆使司。三年，隶宫相都总管府。置达鲁花赤、总管、同知各一员，副总管二员。辖织染局、绫锦局、纹锦局及中山、真定、弘州荨麻林织造局，大名织染杂造两提举司。

织染杂造局　官署名。简称织染局。明朝分置于各府州，通计二十二处。各置大使一人、副使一人。府织染局大使从九品，副使未入流。州织染局大使亦未入流。掌造各种织物，以供皇室官府之用。

织染丞　官名。隋炀帝大业三年（607）置，为少府监织染署次官。唐初为织染方丞，武则天垂拱元年（685）监去方字，为织染丞，置二员，正九品上。北宋初存其名而罕除授。金朝少府监织染署亦置，从七品。

织染所　明朝政府所属工艺制造机构。隶于工部，设大使一人，正九品，副使一人，从九品。掌织染布匹等事。

织染署　官署名。隋炀帝大业三年（607）并司织、司染二署置，改隶少府监。唐初为织染方署，隶太府寺，太宗贞观元年（627）复隶少府监，武则天垂拱元年（685）改少府监为尚方监，织染方署则去方字，为织染署，掌织、染色杂作，供皇帝、皇太子及百官冠冕与绵织物等，令一员、丞二员，另有监作、典事等。北宋初存其名而无职司。金朝少府监置，有令、丞、直长，掌织维、色染诸供御及宫中锦绮币帛纱谷。

织染署令　官名。即织染令。

织染署丞　官名。即织染丞。

织枲下士　官名。西魏、北周冬官府司织下大夫织枲中士佐官，正一命。

织枲中士　官名。西魏恭帝三年（556）仿《周礼》典枲置，北周沿置。冬官府司织下大夫属官，正二命。下设织枲下士以佐其职。隋文帝开皇元年（581）罢。参见“典枲”。

织造　官名。明清负责江南织造衙门之长官。明朝于南京、杭州、苏州各置提督织造太监一人，均由宦官充任，掌织造御用龙衣。清朝沿置，江宁、杭州、苏州三处各设织造监督一人，简称织造。例以内务府司员简派，一年更代。光绪三十年（1904），省江宁一人。清制，织造官为钦差，与地方长官平行，权势大于明朝，不仅管理织务、机户、征收机税等，亦兼理采办及皇帝交办的其他事务，且监察地方。可专折奏事，行文中称织造部堂。

织造监督　官名。见“织造”。

织造衙门　官署名。明清负责江南织造之衙门。明朝于南京、杭州、苏州各置一衙门，由宦官掌管，负责织造御用龙衣。清朝于江宁、苏州、杭州各置一衙门，隶内务府。掌织造御用、内廷所用及官用绸缎布匹及其制品等事务。内设织造监督一人，由内务府司员内选充，下设司库一人，笔帖式二人，库使二人。

织彩下士　官名。西魏、北周冬官府司织下大夫织彩中士佐官，正一命。

织彩中士　官名。西魏恭帝三年（556）置，北周沿置。冬官府司织下大夫属官，正二命。下设织彩下士以佐其职。隋文帝开皇元年（581）罢。

组练人匠提举司　官署名。元朝置，掌织造丝绸。世祖至元二十四年（1287），改为撒答剌斯提举司。

终养　旧时辞官归家奉养年老之亲人，以终其天年，称终养。《晋书·李密传》载“乌鸟私情，愿乞终养”之语。清制，凡旗员祖父母、父母年七十五以上，汉员祖父母、父母八十以上，或七十以上而属独子者，或虽有兄弟而有病者等，皆合终养之例。虽六十以上未及七十者，若伯叔父、兄弟有病，或家无次丁不能迎养，亦准呈请终养。州县以上具题请旨，州同以下取结到部准行。

绍兴府宗正司　官署名。南宋高宗绍兴元年（1131）始置，管辖行在宗子，设权主管一人领之。孝宗乾道七年（1171）罢。

经干　宋朝经略司干办公事简称。

经历　官名。金朝始设，为枢密院、都元帅府等机构之属官，掌出纳文移。元朝沿置于宣政、枢密诸院、诸大都督、通政司、都察院等衙署。明清有设于宗人府、都察院、通政司等所属经历司者，为经历司之主官（详“经历司经历”）；亦有直接设于各衙署者，如明朝之五军都督府、京卫指挥使司、南京五军都督府、中都留守司、都指挥使司，明清之盐运使司、土官宣慰司、宣抚司以及清朝某些州等。其品秩分别为正五品至从七品。

经历厅 官署名。清朝都察院所属之办事机构。初名司务厅，后改经历厅。掌董察吏胥。乾隆六年（1741）与都事厅分工后，分办吏、户、刑部关涉事件。设经历，满、汉各一人，正六品，掌厅事。下设印房、稿房、火房、承发科、知印科、封简科、注销科，各置经承，一至三人不等，分别办事。

经历司 官署名。明清中央及地方官署之办事机构。掌理往来文移之事。中央官署宗人府、都察院、通政司等设，各设经历一人办理司务。地方布政使司、按察使司、府设，亦各设经历一人办理司务。间有掌理衙署之内部事务者。光绪（1875—1908）末改革官制，纷纷裁改。

经历司经历 官名。明清宗人府、都察院、通政司以及布政使司、按察使司、府所属经历司之主官。掌往来文移之事。每司设一至二人不等。明朝宗人府、都察院、通政司所属者分别为正五品、正六品、正七品，清朝则为正六品、从六品、正七品。布政使司、按察使司、府所属者，明清同，分别为从六品，正七品，正八品。其中府经历为首领官，掌衙署之内部事务。光绪（1875—1908）末叶，改革官制，纷纷裁改。

经正监 官署名。元武宗至大四年（1311）七月设，秩正三品，官五员。十月，官员增置为八员。掌管皇帝营盘纳钵及拨给各投下草原牧地，处理有关词讼。设太卿一员（正三品）、太监二员（从三品）、少监二员（从四品），均以奴都赤（管营盘者）充任。监丞二员（正五品），以流官充任。

经师 官名。指教授五经的五经师、孝经师等。西汉平帝元始三年（后3）立学官，郡国曰学，县、道、邑、侯国曰校，置经师一人；乡曰庠，聚曰序，置孝经师一人。东汉明帝永平九年（后66），为四姓小侯立学，又置五经师。

经任 官制用语。宋朝铨选制的一项规定，全称为经历任。即官员担任差遣达二年成资以上。

经会司 官署名。清朝盛京户部所属办事机构之一。设郎中一人为主官，下设员外郎二人，主事二人，笔帖式若干人，皆为满员。掌银钱物品之出纳，岁汇报京师户部，并请领用物。

经抚房 官署名。宋徽宗宣和四年（1122），宰相王黼力主联金伐辽，取燕京，乃于三省置，有关对辽作战之事，皆由其专掌，而不经枢密院。六年罢。

经明行修科 贡举科目名。宋哲宗元祐元年（1086）设，命升朝文官各举一人应试，试法同进士科，及第者授官优于进士。四年，令必须特诏，方许奏举。绍圣（1094—1098）中废。

经制发运使 官名。南宋高宗绍兴八年（1138），始置江淮荆浙闽广等路经制发运使，以徽猷阁待制程迈为之，掌经制钱及和籴之事。九年，改称经制使，以户部正副长官兼领。

经制发运使司 官署名。南宋高宗绍兴八年（1138）置，掌江、淮、荆、浙、闽、广等路经制钱及和籴之事，设经制发运使为长官。九年，改为经制使司，以户部长官或副长官兼经制使。

经制司 宋朝经制使司、经制发运使司、经制边防财用司简称。

经制边防财用司 即经制熙河兰会路边防财用司。

经制判官 见“经制使司”。

经制使 官名。宋徽宗宣和三年（1121），以发运使陈遘经制东南七路财赋，创收经制钱。南宋高宗绍兴九年（1139），改经制发运使为经制使，以户部长官或副长官兼领，掌江、淮、荆、浙、闽、广等路经制钱及和籴之事。

经制使司 官署名。南宋高宗绍兴九年（1139），改经制发运使司置，掌江、淮、荆、浙、闽、广等路经制钱及和籴之事。设经制使，以户部长官或副长官兼领。另设经制副使或经制判官一人，佐理其事。下属有主管文字二人，干办公事四人。

经制副使 见“经制使司”。

经制熙河兰会路边防财用司 官署名。北宋神宗熙宁十年（1077）置，掌经画钱帛、粮草，以供本路边费，以及榷易货物、官庄、营田水利、弓箭手等事。以秦凤路转运使、副使同领之。哲宗元祐元年（1086）罢。

经使阙 官制用语。宋朝吏部四选差遣阙榜公布后六日，所剩无人申请登记的窠阙，为经使阙。登记此阙者，有恩例、资考、举主等限制。

经学祭酒 官名。十六国后赵石勒赵王元年（319）置。《晋书·石勒载记下》：“署从事中郎裴宪，参军傅畅，杜嘏并领经学祭酒。”

经学博士 学官名。唐朝诸府、州、县均置，德宗建中元年（780）改名文学，掌以五经授诸生。宪宗元和（806—820）以后，中、下州不置。

经承 吏名。清朝京吏之一。清制，京吏有三：供事、经承、儒士。各部院衙门之办事人员，如堂吏、门吏、都吏、书吏、知印等，统称经承。属内阁、翰林院、詹事府者可考取供事；属礼部者可转补儒士。详见“吏”。

经界科 官署名。清末民政部疆理司所属二科之一，光绪三十二年（1906）设。掌府、厅、州、县区划变更及增置，核办官地收放，民地买卖注册等事。置员外郎一人主持科务。

经度制置使 官名。宋朝初年，举行大礼时或置，设副使佐之，掌大礼有关事宜。

经度制置副使 见“经度制置使”。

经济使 官名。金朝置，掌管理和救济灾民，设于受灾地区。如熙宗天眷三年（1140），陕西大旱，饥死者十七八，以傅慎微为京兆、鄜延、环庆三路经济使，许以便宜行事。傅慎微遂采取募兵入粟，立养济院等救灾措施。

经途尉　官名。北魏置于京师洛阳各处，分属六部尉，负责京师治安管理。初职任较轻，宣武帝永平四年（511），定为从九品。北齐亦称行经途尉，京师邺城共置三十二行经途尉，分隶于邺、临漳、成安三县，从九品。

经略　官名。❶经略使简称。❷明置，为朝中派出总制一方军务的重臣，称经略某地或某军务，后渐成官名。始于永乐十年（1412）侍讲杨荣经略甘肃。多以尚书、侍郎、都御史等官出任，权力极大。清初曾沿置，中叶后废罢。

经略大臣　官名。亦简称经略。清朝重大军事行动之统帅。特简亲信王、大臣充任，地位高于总督。属临时性设置，事罢即撤。

经略司　官署名。西夏置，西夏语音“京六罗”，为沿边重要地区设置的军事机构，分东、西经略司，各设经略使以掌其职。金朝末年置为军事机构，设经略使、副使，统领军兵经略边地。贞祐二年（1214）二月宣宗罢按察司，四月在代州、平州设东、西面两经略司，八月罢。四年六月，罢河北诸路宣抚司，更置经略司。后又置孟州、单州、海州、栏通渡等经略司，均为战时军事机构。

经略安抚使　官名。宋仁宗皇祐四年（1052）以侬智高起义，始于广州、桂州置，以本州知州兼任。其后，西南边帅多带此衔，以重其权。神宗熙宁五年（1072），又置于熙河、永兴、鄜延、环庆、秦凤、泾原等六路。后帅臣任河东、陕西、岭南路职任，皆带此衔。掌一路兵民之事，听其狱讼，颁其禁令，定其赏罚，稽其钱谷。甲械出纳之籍，若事难专决，则具可否禀奏，事干机速边防及士卒抵罪，则听以便宜裁断。南宋初，广南西路沿置，广南东路置主管经略安抚使公事。高宗绍兴五年（1135），令襄阳、湖北帅守带此衔，后罢。

经略安抚都总管司　官署名。宋神宗、哲宗时，于陕西、河东置，设管勾为长官，职掌同经略安抚使。

经略安抚副使　官名。宋神宗元丰四年（1081），于兰会路置，以兰州知州兼任。

经略使　官名。唐太宗贞观二年（628）始置于边州，掌管军务。后多由节度使兼领，有副使、判官。宋真宗咸平五年（1002）再置，渐成为陕西、河东、广南诸路长官，掌各地兵民之政，总制诸将，统帅军旅。西夏置有东、西经略司，亦置为长官。金末置。元朝沿置，职掌略同。明改“经略”。

经筵　儒臣向皇帝讲授经史之制度。汉成帝时，曾召郑宽中、张禹朝夕至金华殿，讲说《尚书》、《论语》。北魏孝武帝复延公卿学官于显阳殿，命儒臣讲《孝经》、《礼记》、《大戴礼》。至宋朝始成定制。宋太宗曾以著作佐郎吕文仲为侍读。真宗时置翰林侍读、侍讲学士。仁宗时又设崇政殿说书。皆掌进读史书，讲释经义，备顾问应对。自二月至端午日、八月至长至日，逢单日入侍迩英阁，轮流讲读。英宗命司马光编集历代君臣事迹，神宗赐名《资治通鉴》，每开经筵，常令进读。元丰（1078—1085）改制，废翰林侍读、侍讲学士，但以侍从以上兼侍读、侍讲。南宋时，侍读、侍讲多以台谏官兼任。元文宗天历二年（1329），置奎章阁学士院，设大学士、承制学士、供奉学士等官。掌进读经史，考历代帝王之治。顺帝时废。明初令文学侍从之士进讲经史，无定日，定所。英宗正统元年（1436）定制，每月二日、十二日、二十二日开经筵于文华殿，寒暑暂免。其仪式极为隆重，勋臣一人知经筵，内阁大学士或知、或同知，六部尚书、都御史通政使、大理寺卿侍班，由翰林院、春坊之官及国子监祭酒进讲。中叶以后，皇帝常借故不到，遂形同虚设。清朝设经筵讲官，满、汉各八人；讲官，满、汉各二人。掌进读讲章，敷陈训典。

经筵官　职名。宋朝经筵曾设翰林侍读、侍讲学士，崇政殿说书，侍读，侍讲等讲读官，统称经筵官。掌进读史书，讲释经义，备顾问应对。元朝有奎章阁学士院大学士、承制学士、供奉学士等。明朝由勋臣、内阁大学士、翰林院与春坊之官及国子监祭酒充任。清朝分为经筵讲官、讲官。经筵讲官满、汉各八人，满员由大学士以下、都察院副都御史以上官兼充，汉员由大学士、副都御史、掌院学士、侍读学士、侍讲学士、詹事、少詹事、国子监祭酒等官中翰林出身者兼充。掌进读讲章，敷陈训典。讲官满、汉各二人，由翰林院请旨简派。

经筵讲官　陪侍皇帝讲读经史之官。宋朝以翰林侍读、侍讲学士等为经筵官，每年春秋陪侍皇帝讲读经史。明朝以经筵为内廷经常典礼之一，选派大臣掌经筵事，以翰林院侍读、侍讲学士等兼充经筵讲官。清沿明制，设经筵讲官满、汉各八人，满员由大学士以下、副都御史以上官兼任；汉员由翰林出身之大学士、尚书、侍郎及内阁学士、詹事、少詹事、翰林院侍读学士、侍讲学士、国子监祭酒兼任。每逢经筵典礼，翰林院开列讲官名，皇帝钦派四人值讲。讲毕，恭聆皇帝御论。事后缮录御论及讲章进呈。

经籍案　官署名。南宋秘书省置，掌图书经籍之事。

贯城　官署所在地名。明太祖洪武十七年（1384）建刑部、都察院、大理寺、审刑司、五军断事官等司法部门官署于太平门外，名其所曰贯城。

承　辅佐。《左传·哀公十八年》：“使帅师而行，请承。”

承天府守备太监　官名。明嘉靖（1522—1566）时置，一人，掌承天（治今湖北钟祥）荆襄地方，征收籽粒，护卫显陵。为司礼监外差。

承化将军 官名。南朝梁置。武帝天监七年（508）定为施用于境外的武职二十四班中的二班，拟先锋将军等号，大通三年（529）定制后，改拟伏波将军等号。

承乏 出任官职者的谦辞。《左传·成公二年》："摄官承乏。"

承节郎 官名。宋徽宗政和二年（1112）重定武臣官名，改三班奉职置，为从九品武阶官，属小使臣。

承务 官名。即尚书省左、右司郎中，唐高宗龙朔二年（662）改，咸亨元年（670）复旧。参见"左司郎中"。

承务郎 官名。隋炀帝大业三年（607）置，代原尚书省二十四司员外郎以掌籍帐。唐朝改置为八品下文散官。北宋前期沿置。神宗元丰（1078—1085）改制，用为新寄禄官，改从九品，取代旧寄禄官秘书省校书郎、正字、将作监主簿等。金再置为文散官，以授从七品上文官。元朝沿置，改文官从六品，敕授。明朝为文官从六品，初授。

承议郎 官名。隋炀帝大业三年（607）置，员三十人，正六品，据事大小出使。唐朝沿置，为正六品下文散官，郡公出身者由此叙阶。宋初为正六品下文散官。太宗太平兴国元年（976），以避讳改承直郎。神宗元丰三年（1080）复置为寄禄官，从七品，取代旧寄禄官左右正言、太常、国子博士。

承发司 官署名。金朝置，属尚书省兵部，掌受发省部及外部文字。设管勾、同管勾领司事，秩从七品、从八品。

承发吏 吏名。清末设于初级审判厅及地方审判厅之属员，掌发送文件及承命执行判断及没收之物件。

承发科 官署名。❶清朝中央各部、院、寺之司务厅（或经历厅、主簿厅）的下属机构，掌文书收发。置有经承一二人。根据记载明确设有此机构的，有吏、户、礼、工各部之司务厅，都察院经历厅，太仆寺主簿厅，兵部职方司，此外通政使司内部机构中亦设。❷清末海军部军枢司所属三科之一。原属筹办海军事务处参赞厅秘书司，宣统二年（1910），改属军枢司。同年，随司并入海军部。掌部内外、京内外各种公文的收发、摘要、挂号、缮簿、呈堂、画到、分司事宜。置科长、科员、录事。

承华世妇 妃嫔号。北魏置。《魏书·皇后列传》："世宗闻之，乃召（胡氏）入掖庭为承华世妇。"参见"世妇"。

承华监 官署名。西汉属太仆，有长、丞主之，掌皇帝车马。东汉省。

承华监长 官名。西汉属太仆，有丞，掌皇帝车马。东汉省。

承华监丞 西汉属太仆，为承华监长副贰，掌皇帝车马。东汉省。

承华厩令 官名。东汉顺帝汉安元年（142）始置，员一人，秩六百石。

承旨 官名。❶唐朝有翰林学士承旨，五代有殿前承旨、枢密院承旨，御史台、三司、閤门、客省承旨。五代后晋高祖天福五年（940）除翰林学士承旨外，殿前承旨改为殿直，枢密院承旨改为承宣，御史台、三司、閤门、客省承旨别定其名。宋朝有枢密院都承旨、副都承旨、翰林学士承旨等。详见各条。❷唐朝内官，高宗龙朔二年（662）置五员，正五品，位同才人；咸亨二年（671）废。❸西夏中书、枢密、内宿司、磨勘司、功德司等置，位各司正、副职之下。

承旨都知 官名。五代宣徽院殿前受旨官。

承衣刀人 官名。隋炀帝内官，无定员，视六品以下，趋侍左右。

承运库 官署名。明朝置，隶户部。设大使一人，正九品，副使一人，从九品。掌收存浙江、江西、湖广、山西、四川等布政司及南直隶各府州岁解丝绢、毛皮等物。嘉靖（1522—1566）中革。

承应长 官名。清朝内务府御茶膳房之属官，分掌宫内备办饮食及典礼筵宴所用酒席之事。初设茶房三人，清茶房四人，膳房二人。康熙六十一年（1722）增设饭房一人。雍正元年（1723）又增设膳房二人。初隶总领、副总领之下。乾隆二十四（1759）改隶尚膳正、尚膳副、尚茶正、尚茶副之下。其下设庖长、笔帖式等员。

承局 官名。宋朝置。隶属都一级统兵官，由都头、副都头或军使、副兵马使管辖，位在将虞候下、押官上。

承奉 官名。明洪武九年（1376）于殿庭仪礼司置。一人，从八品，掌赞导礼仪等事。十三年革。

承奉郎 官名。隋文帝开皇六年（586）吏部置，为八郎之一，从八品上，为散官，番直出使监检。炀帝大业三年（607）废。唐高祖武德七年（624）复置，为从八品上文散官。宋初因之。神宗元丰三年（1080）以为新寄禄官，正九品，取代旧寄禄官太常寺太祝及奉礼郎。

承事郎 散官名号。北宋始置。前期为正八品下文散官。神宗元丰三年（1080）后改置为新寄禄官，正九品，取代旧寄禄官大理评事。金再置为文散官，以授正八品下文官。元朝沿置，改文官正七品，敕授。明为文官正七品，初授。

承直郎 散官名号。北宋始置。前期为正六品下文散官。神宗元丰三年（1080）废罢。徽宗崇宁二年（1103）改置为选人新寄禄官，取代旧寄禄官留守、节度、观察判官。从八品。金再置为文散官，以授正七品下文官。元朝沿置、改文官正六品，敕授。明朝为文官正六品，初授。

承帖人 宋朝职役名。神宗行保甲法后，募人充当，取代原乡役壮丁。每都保二名，隶属保正，承受本保文书。

承制　秉承皇帝旨意。有时并非出自帝命，而成为一种假借的名义或政治待遇。两晋南北朝或后世权臣多有此种名义，以此得自行处置政务、任免官吏，虽称“承制行事”，但不为取得皇帝同意。

承舍　差役、衙役之别称。

承受官　吏名。宋朝客省、阁门司置，转勒留官后，理七选，许出官为县主簿、县尉。

承政　官名。清入关前六部、都察院、理藩院等衙门之长官。顺治元年（1644）改用汉官名，六部及理藩院之承政改称尚书，都察院之承政改称左都御史。又，天聪十年（1636），改文馆为内三院，其长官初亦为承政，旋即改称大学士。

承政厅　官署名。清末新设的外务部、民政部、度支部、邮传部、陆军部等下属机构。详见各该部承政厅条。

承政司　官署名。清末陆军部所属机构，由承政厅改设。详见“陆军部承政司”。

承政司司长　官名。清末陆军部承政司之长官，宣统二年（1910）设，掌承政司事。

承信郎　官名。宋徽宗政和二年（1112）重定武臣官名，改三班借职置，为从九品武阶官，属小使臣。

承信校尉　散官名号。金始置为武散官，以授正七品上武官。元朝沿置，改武官正六品，敕授。明朝为武官正六品，升授。

承闺　官名。唐朝内官，高宗龙朔二年（662）置五员，正四品，位同美人；咸亨二年（671）废。

承宣　官名。❶即枢密院承旨，后晋高祖天福五年（940）改。❷宋朝承宣使省称。

承宣厅　官署名。清末内阁所属机构。详“内阁承宣厅”。

承宣厅厅长　官名。即内阁承宣厅厅长。

承宣厅副厅长　官名。即内阁承宣厅副厅长。

承宣布政使司　官署名。简称布政使司。明清设于各直省之地方政府机构，掌一省之政令及财赋之事。明洪武九年（1376），改行中书省置。宣德三年（1428）定制，除两京外，有浙江、江西、福建、广西、四川、山东、广东、河南、陕西、湖广、山西、云南、贵州，共十三处。均设左、右布政使各一人，左、右参政，左、右参议及经历、照磨、检校、理问等官若干人。所属有经历司、照磨所、理问所、杂造局、宝泉局等机构。清初沿置。顺治十八年（1661）以后分江南布政使司为江苏、安徽二处，分湖广布政使司为湖南、湖北二处，分陕西布政使司为陕西、甘肃二处。后于直隶设一处，并增设新疆一处，总计为十八布政使司。初设左、右布政使各一人，康熙六年（1667）改设一人，唯江苏设二人。下设经历、都事、照磨、理问及典吏、攒典等官。所属有经历司、照磨所及理问所等机构。

承宣使　官名。宋徽宗政和七年（1117）改节度观察留后置，正四品，为武臣寄禄阶官。辽朝置左、右承宣使，为内侍省属官。

承烈校尉　官名。东汉献帝建安（196—220）中孙权置。见《三国志·宗室传》：“即拜（孙韶）承烈校尉，统（其父）河部曲，食曲阿、丹徒二县，自置长吏，一如河旧。”

承烈都尉　官名。东汉献帝建安（196—220）中孙权置，领兵。《三国志·凌统传》：“权以（凌）统为承烈都尉，与周瑜等拒破曹公于乌林。”

承差　吏名。清朝外吏之一。清制，外吏有四：书吏、承差、典吏、攒典。承差乃总督、巡抚衙门之办事人员。详见“吏”。

承敕监　官署名。明洪武九年（1376）始置。设令一人，正六品，丞二人，从六品。后改令正七品，丞正八品。十年改令、丞为承敕郎，二人，从七品，并以中书舍人、给事中隶监下。后罢。

承敕监给事中　官名。明洪武十年（1377）以吏、户、礼、兵、刑、工六科给事中隶承敕监，称承敕监给事中。十二年改隶通政司，后不隶通政司，于午门外东、西两直房办公，无专署。

承御二命士　即承御中士。

承御下士　官名。北周置。承御大夫属官，随承御大夫侍卫皇帝左右。正一命。见赵万里《汉魏南北朝墓志集释》图四六六《豆卢寔墓志》。

承御大夫　官名。北周置。侍卫皇帝左右，佩承御刀。一说为正五命。其下设小承御大夫，小承御上士，承御中士，承御下士以佐其职。

承御上士　即小承御上士。

承御中士　官名。北周置，承御大夫属官，亦称承御二命士。随承御大夫侍卫皇帝左右。正二命。见赵万里《汉魏南北朝墓志集释》图四六八《赵朗墓志》。

承嗣大夫　爵名。又称嗣大夫，守嗣大夫，春秋时期继承父辈爵位的大夫。《左传·昭公二十年》：“承嗣大夫，强易其贿。”

承德郎　散官名号。金始置为文散官，以授正七品上文官。元朝沿置，改文官正六品，敕授。明朝为文官正六品，升授。清朝为正六品封赠。

承徽　女官名。南朝宋明帝泰始三年（467）置，为五职之一，位亚九嫔之充华。陈亦置，班同于宋。唐朝置为太子妃，位良媛下，十员，正五品。

承徽寺　官署名。元朝置，秩正三品，始设于英宗至治元年（1321），掌仁宗皇后答儿麻失里位下钱粮营缮等事。置寺卿五员，少卿、寺丞各二员。辖怯怜口诸色人匠提举司二。

函人　官名。周朝置，掌铠甲制作的工官。《周礼·冬官·考工记》：“函人为甲。”

函工下士　官名。西魏、北周冬官府司金中大夫函工上士属官，正一命。

函工上士　官名。西魏恭帝三年（556）置，北周沿置。冬官府司金中大夫属官，正三命。下设函工中士、函工下士以佐其职。隋文帝开皇元年

（581）罢。

函工中士 官名。西魏恭帝三年（556）置，北周沿置。冬官府司金中大夫函工上士佐官，正二命。

函使 官名。北魏置于各镇，往来京都传递信息，往返乘驿马。高欢尝自队主转此。见《北齐书·神武纪上》。

九　画

〔一〕

珍辛　职官封号名。西夏朝设，授七品。又称武孝恭敬东南姓关上立土，下有功障、禄召等数种。

珍羞令　官名。唐朝置，为光禄寺珍羞署长官，正八品下。掌庶羞之事。宋置官而多不除授。明朝更名珍羞署令。

珍羞丞　官名。唐朝光禄寺珍羞署次官，置二人，正九品下。参见“珍羞署”。

珍羞署　官署名。唐武则天垂拱元年（685）改原肴藏署而置。设令一人，丞二人，典书、锡匠若干。掌供祭祀、朝会、宾客之榛、栗、芟、芡及干肉、鱼、盐等物。中宗神龙元年（705）复名肴藏署。玄宗开元元年（713）再复原称。宋置而未设官。明洪武八年（1375）置，改珍羞为珍馐。为光禄寺四署之一。设令、丞、监事各一人。后改令为署正。南京光禄寺亦置。掌供宫膳肴核之事。清朝沿置。

珍羞署令　见“珍羞令”。

珍羞署丞　官名。即珍羞丞。

珍馐署　官署名。明清光禄寺所属之机构。明洪武八年（1375）置，隶光禄司。三十年改隶光禄寺。设署令一人，丞一人，监事一人，洪熙元年（1425）南京光禄寺亦置，设官略同。掌供宫膳肴核之事。清顺治元年（1644）沿置。设署正满、汉各一人，署丞满洲一人，满笔帖式五人，经承一人。掌供备禽、兔及鱼物，大祭祀预备应用器皿，并总办筵席及供应官员食物等事。所属有炸食房，设经承一人办事。十八年改隶礼部。康熙十年（1671）复属光禄寺。光绪三十二年（1906）随光禄寺并归礼部。

珍馐署署正　官名。明清光禄寺所属机构珍馐署之长官，掌署事。明朝设一人，从六品。清朝设二人，满、汉各一人。初制，满员四品，顺治十六年（1659）改六品，康熙六年（1667）升五品，九年与汉员并定为从六品。

珍馐署署令　官名。明初光禄寺所属机构珍馐署之长官，额设一人，掌署事。后改称珍馐署署正。

珍馐署署丞　官名。明清光禄寺所属机构珍馐署之副长官，协助署正掌署事。明初设一人，后改为四人，从七品。清朝设二人，俱由满人担任，初制六品，康熙九年（1670）定为从七品。

𩐈师　官名。《周礼》春官之属，一说为周朝置，乐官。掌教𩐈乐，祭祀时则率属而舞。《周礼·春官》：“𩐈师，下士二人，府一人，史一人，舞者十有六人，徒四十人”，“掌教𩐈乐。祭祀则帅其属而舞之。大飨，亦如之”。郑玄注：“舞之以东夷之舞。”贾公彦疏：“以其专主夷乐，则东夷之乐四𩐈是也。”

奏　臣下向君王进言或上书，也是一种公文程式，即奏本。清朝根据官员言事内容及章疏形式不同，又有奏片、奏书、奏本、奏折、奏帖、奏疏等名称。详见各条。

奏书　文书名。清朝皇帝上书皇太后时使用的一种文书。如庆贺寿诞等。首书“子皇帝臣某某谨奏”，正文用骈体文句，末以谨奏作结。又外藩等上书皇帝，亦有称奏书者。

奏本　文书名。上行文，用于臣下对皇帝。明朝规定，凡内外衙门循例奏报事项，如乞恩、认罪、缴敕、谢恩等。以及军民人等陈情、建言、申诉各事，俱用之，不加印。（凡各衙门汇报公事用“题本”。）清初沿用，明定，凡私事用之，不准盖印。然实际执行中并不十分严格。乾隆十三年（1748）以后废止使用，公、私事俱用题本。

奏札　官文书名。又称殿札，即宋朝臣僚上殿奏对时所上文字。凡知州以上朝官朝见皇帝或向皇帝告辞，皆用此。

奏可　省称“可”。谓皇帝允准上奏之事。

奏片　文书名。清朝军机处使用的简便上行文。军机大臣在遵旨办理日常政务时，随时有事向皇帝请示或报告即用。不具衔名，开首即陈述事项，末以“谨奏”作结。在清官文书中别具一格。

奏记　汉朝官员对上级长官陈述意见的呈文。《汉书·朱博传》：“文学儒吏时有奏记称说云云。”

奏抄　唐朝门下省上行公文之一，用于支度国用、授六品以下官、断流以下罪及除免官。

奏折　文书名。上行文，又称奏帖、折子。清朝中、后期高级职官向皇帝奏事时广泛使用的一种重要文书。始行于康熙二三十年代（或云创行于顺治时）。当时皇帝为准确了解下情，特命个别亲近臣僚用密折奏事，附于请安折内，专差送京，皇帝亲自拆阅批示。康熙五十年代以后，使用渐广。雍正（1723—1735）时开始普遍使用。至光绪二十七年（1901）改题为奏，废止题本后，遂成为唯一的奏陈文书。定制，在京文职京堂以上、武职副都统以上，在外文职布按二司以上、武职总兵以上、驻防总管城守尉以上，以及科道官等，均有递折之权。所上之折或及专差，或通过驿递直接送达宫廷，经奏事处呈进，皇帝亲自处理批示。凡经朱批之折，均发交原奏人执行，完毕后必须定期缴回内廷保存，同时，军机处均录副，以备发抄和存档。录副奏折每半月一包，是为“月折包”。少数奏折因事涉机密，或因内容系风闻无据，或因具奏人请求，皇帝不做批示，而留存宫中，谓之留中。留中折不录副，不发抄，过后以原折（一般裁去具奏人衔名）交军机处与录副奏折一起存档。

奏补 官制术语。❶宋朝高、中级官员遇朝廷举行大礼及其他庆典，奏荫弟侄、子孙或门客，称奏补。❷清朝官缺补授方法之一。指官缺不入月选，请旨补授之例。如运使、道府之缺，皆由军机处请旨授官。参见“月选”。

奏状 官文书名。官员向皇帝上奏之文书。宋朝则规定在外官员除前两省、在京官员除上殿奏事和大两省外，不能用札子，只准用表状，称奏状。其末云“谨录奏闻，谨状”。状前和封面用黄纸贴事目。

奏事太监 官名。亦称内奏事太监，清朝内奏事处中任职之太监。共四人，专司传宣谕旨，行引召对人员，承接题奏事件。

奏事中散 官名。北魏中期由中散官分化出来，专司奏案，地位略高于中散。长期任职于某一曹署者，冠以机构名，如龙牧曹奏事中散、秘书奏事中散等。孝文帝太和（477—499）后期改官制时罢。

奏事处 官署名。清朝负责呈递奏折传宣谕旨之机构，设于清宫内廷，成立年代不可考。掌向内递进奏折、题本，向外传宣谕旨；安排八旗、侍卫处及各部院每日在朝值日班次；呈递引见官员的膳牌、王公大臣年节所进如意和外省、外藩所进土贡方物等。分内奏事处和外奏事处，简称内奏事、外奏事。内奏事处在乾清宫西侧月华门之南，以太监任职使，设奏事太监四人，随侍太监二人，记档太监四人，使令太监八人。外奏事处在景运门里九卿值房，由御前大臣兼管，设领班侍卫一人，章京六人，笔帖式二人，奏蒙古事侍卫六人。清制，外奏事官向内传递事件由内奏事太监转达，内奏事太监向外传递事件由外奏事官转达。

奏事官 官名。金朝枢密院置，掌承受、传宣圣旨。有必须奏请皇帝裁夺之事，则入殿上章题奏，参与省院议事，记所议之事立为检目呈复。须赴尚书省议论之事，议论既定，由奏事官与省左右司官共同拟奏，呈复相臣。清朝亦置。参见“奏事章京”。

奏事给事 官名。北魏置。《丘哲妻鲜于仲儿墓志》：“（丘哲系）故乞银曹、比和真曹、迄纥曹四曹尚书，奏事给事，洛州刺史，河南河阴丘使君之长子。”参见“给事”。

奏事章京 官名。清朝外奏事处之职官，亦称奏事官。额设六人，其中内务府司员兼充四人，各部院司员派充二人。掌传递外廷章奏。

奏帖 文书名。参见“奏折”。

奏荐赏功案 官署名。北宋神宗元丰（1078—1085）改制后，尚书右选置，掌武臣奏荐、酬赏军功。

奏削 即举状。

奏钞房 官署名。北宋神宗元丰（1078—1085）改制后，尚书省左司置，掌吏、户、礼三部奏钞。

奏举 官制用语。宋朝官员选举的方式之一。选人积累一定任数、考数，由一定员数举主推荐，经磨勘改为京官；中级以上官员奉朝廷命令，荐举同级或下级官员任某种差遣；中级以上官员及皇室贵族据荫补法，奏荐一定数额的子弟、亲属补授官职，皆属奏举。

奏咨科 官署名。清末海军部军枢司所属三科之一，原属筹办海军事务处参赞厅秘书司，宣统二年（1910），改属军枢司。同年，随司并入海军部。掌承办本部堂各类奏件，录存、清点全部档案，承领军机处、内阁交旨、交片、交钞及进内送各衙门公文。置科长、科员、录事。

奏院 进奏院简称。

奏曹 官署名。西汉丞相府所属职事机构。东汉三公府亦置，主奏议事，以掾主之，秩比三百石。郡县所置，掾秩百石。三国魏、吴沿置。

奏笺 官文书名。宋朝官员、命妇进呈后妃、东宫的文字。

奏弹 ❶御史台上行公文，用于纠弹百官。《梁书·刘之遴传》：“宪台奏弹，皆之遴草焉。”❷门下省上行公文，用于纠弹百官。《新唐书·百官志二》：门下省“下之通上，其制有六”，“二曰奏弹”。

奏辟 即辟差。

奏蒙古事侍卫 官名。清朝外奏事处之职官。设于顺治（1644—1661）初，奏事处成立后，改隶奏事处。共六人，以乾清门或大门侍卫兼充，均为熟谙蒙古语人员。掌奏外藩王公呈奏事件。

奏署 参见“署缺”。

奏谳掾 官名。西汉廷尉属吏，主决疑狱。

春台 礼部之别称。

春衣 官名。北魏置，为后宫女职。孝文帝改定内官时，与女酒、女食等视五品。

春坊大学士 官名。明初詹事府所属左、右春坊长官。左、右春坊各一人，正五品。掌太子上奏请、下启笺及讲读之事。景泰（1450—1456）时因与内阁大学士名容易混淆，乃不复置。

春官 ❶官署名（1）西魏、北周春官府简称。参见“春官府”。（2）唐武则天光宅元年（684）至中宗神龙元年（705）尚书省礼部改称，后代即以为礼部或其首长别称。（3）太平天国吏、户、礼、兵、刑、工六部，以天、地、春、夏、秋、冬定名，春官即礼部。❷官名。（1）传说宓羲（伏牺氏、大皞氏）、共工、神农、黄帝、颛顼所置春、夏、秋、冬中五官之一。《左传·昭公十七年》：“昔者黄帝氏以云纪，故为云师而云名；炎帝氏以火纪，故为火师而火名；共工氏以水纪，故为水师而水名；大皞氏以龙纪，故为龙师而龙名。”孔颖达疏：“黄帝以上四代用云、火、水、龙纪事其官之名，必用云、火、水、龙为之。但书典散亡，更无文纪其名，不可复知。”“服虔云：‘黄帝以云名官，盖春官为青云氏，夏官为缙云氏，秋官为白云氏，冬官为黑云氏，中官为黄云氏。炎帝以火名官，春官为大火，夏官为鹑火，秋官为西火，冬官为北火，中官为中火。共工以水名官，春官为东水，夏官为南水，秋官为西水，冬官为北水，中官为中水。大皞以龙名官，春官为青龙氏，夏官为赤龙氏，秋官为白龙氏，冬官为黑龙氏，中官为黄龙氏。'此皆事无所见，苟出肺肠。"《汉书·百官公卿表》："自颛顼以来，为民师而命以民事，有重黎、句芒、祝融、后土、蓐收、玄冥之官，然已上矣。"应劭注："颛顼氏代少皞氏者也，不能纪远，始以职事命官也。春官为木正，夏官为火正，秋官为金正，冬官为水正，中官为土正。"(2)《周礼》六官之一。《汉书·百官公卿表》："周官则备矣。天官冢宰，地官司徒，春官宗伯，夏官司马，秋官司寇，冬官司空，是为六卿，各有徒属职分，用于百事。"《周礼·春官·序官》："乃立春官宗伯，使帅其属而掌邦礼，以佐王和邦国。"(3)明初四辅官之一，洪武十三年罢中书省，九月置春、夏、秋、冬四辅官。所任皆耆儒，位列都督之次。敕以协赞政事，均调四时。月分三旬，人各司之。秋冬官未备，以春夏官兼摄。寻罢。参见"四辅"。(4)太平天国礼部正、又正、副、又副之官统称。(5)太平天国朝内官春官正丞相、春官又正丞相、春官副丞相、春官又副丞相。又，女官中朝内官所置春官正、副丞相，亦称。

春官大夫　官名。南宋孝宗淳熙三年（1176）置，为太史局伎术官阶官。

春官正　官名。唐肃宗乾元（758—760）中始置，为秘书省司天台属官，员一人，正五品上，掌司四时及其方之变异，遇元日、冬日、朔望朝会及大礼，奏其方事。宋初沿置，隶司天监，神宗元丰（1078—1085）改制后隶太史局，掌测天文。元朝太史院亦置，兼任夏官正，正五品。明沿置，隶钦天监，正六品，掌推历法、定四时。清康熙四年（1665），于钦天监时宪科置，由汉人充任，从六品。掌编制时宪书，推算日、月食。清亡废。

春官尚书　官名。即礼部尚书，唐武则天光宅元年（684）改，中宗神龙元年（705）复名礼部尚书。参见"礼部尚书"。

春官侍郎　官名。即礼部侍郎，唐武则天光宅元年（684）改，咸亨元年（670）复名礼部侍郎。参见"礼部侍郎"。

春官府　官署名。西魏恭帝三年（556）置，北周沿置。与天官、地官、夏官、秋官、冬官府合称六府。以大宗伯卿为长官，设小宗伯上大夫、春官府都上士以佐其职，掌制订国家各项礼仪，主持祭祀仪式，守护宗庙陵墓，撰写皇帝诏命，修撰国史以及音乐、卜、祝、僧、道等方面的事务，府中置司宗中大夫、守庙中大夫、典祀中大夫、内史中大夫（后设内史上大夫）、外史下大夫、礼部下大夫、太史中大夫、乐部中大夫、太卜下大夫、太祝下大夫、司车辂下大夫、夏采下大夫等官属，各司其职。北周武帝建德二年（573），省六府诸司中大夫，府置四司，以下大夫为长官，上士佐之。宣帝即位后，六府诸司复置中大夫。隋文帝开皇元年（581）罢。

春官府都上士　官名。西魏恭帝三年（556）置，北周沿置。春官府属官，佐大宗伯卿、小宗伯上大夫掌府中事务。正三命。隋文帝开皇元年（581）罢。

春官副正　官名。唐朝秘书省司天台五官副正之一，肃宗乾元元年（758）置，一员，正六品上。为春官正副贰。

春秋科　贡举科目名。北宋哲宗元祐元年（1086），司马光以王安石贬低《春秋》，特建言设此科。绍圣四年（1097）罢。后废置不常。钦宗靖康元年（1126）再置，次年又废。

春卿　❶礼部长官别称。因《周礼》以春官宗伯掌礼，故名。参见"春官"。❷南朝梁太常、宗正、司农三卿的合称。❸明初四辅官之一，即春官。参见"四辅"。

春曹　礼部之别称。

春扈氏　官名。传说少昊氏置，掌农业管理。蔡邕《独断》："少昊之世，置九农之官如左、春扈氏、农正，趣民耕农。"

帮办　官名。清朝官署或办事机构之职官。一般为总办之副职，如帮总办、帮提调等，即帮助办理各项事务之意。其品秩视机构而异。

帮办大臣　官名。清朝派往新疆地区的驻扎大臣，位在参赞大臣及办事大臣之下。乾隆二十四年（1759）以后陆续在喀什噶尔、哈密等地设置。辅佐驻防将军协理该地区事务。

帮办章京　官名。清末总理衙门章京之一种，同治元年（1862）置。满、汉各一人，由总理衙门章京内选派。协助总办章京办理各项事务，并在总办章京离职期间代行其职。光绪二十七年（1901）撤。

帮办税务大臣　官名。清末税务处之副长官。详"督办税务大臣"。

帮办翼长　官名。清朝神机营总理文案处之职官，咸丰十一年（1861）设，二人。位翼长、委翼长之后。协掌章奏文移。

帮办翼尉　官名。又称副翼尉、步军副翼尉，清朝八旗步军营之职官。额设二人，左、右翼各一人。佐翼尉掌统辖步军，以守卫巡警京城。

帮总办　官名。清末各机构中所设总办一职之副手。

帮提调　官名。清末各机构中所设提调一职之副手。

帮操　官名。清朝神机营所辖二十五营之职官。每营设一人。协助营长官（专操管带）掌管营众训练之事。

契丹、汉儿、渤海内侍都知　官名。辽朝置。内侍省官员，统领内侍省契丹、汉人、渤海内侍。

契丹行宫都部署司 官署名。辽朝置。北面官，总领行在行军诸宫之政令。

契丹军详稳司 官署名。辽朝设。北面官，统领契丹军。设详稳等职。

契丹军都指挥使司 官署名。辽朝置。属契丹、奚、汉、渤海四军都指挥使司，统领契丹军。

契丹枢密院 即北枢密院。

契丹、奚、汉、渤海四军都指挥使司 官署名。辽朝置、驻守东京，统领契丹、奚、汉、渤海四族人组成的一支军队。

契丹警巡院 即警巡院。

契害真 官名。北魏置。《南齐书·魏虏传》："杀人者为契害真。"此系南朝人对北魏鲜卑语官名的音译。

贰 副职。《周礼·天官·大宰》："乃施法于官府，而建其正，立其贰。"贾公彦疏："谓小卿副贰大卿。"

贰公 清朝内阁学士之别称。

贰令 见"贰卿"。

贰师将军 将军名号。西汉武帝置。贰师，大宛国城名。时命李广利发天下谪民西征大宛，故名贰师将军。

贰宗 官名。春秋时期大夫所置属官。《左传·桓公二年》："天子建国，诸侯立家，卿置侧室，大夫有贰宗。"杨伯峻注："贰宗亦官名。亦以大夫之宗室之弟为之。"

贰卿 唐以后对六部侍郎之别称。因尚书称卿，侍郎次之，故曰卿贰。又称"贰令"。

城大 参见"城郎"。

城门下士 官名。西魏、北周地官府司门下大夫城门中士佐官，员一人，正一命。

城门千总 即门千总。

城门中士 官名。西魏恭帝三年（556）置，北周沿置。地官府司门下大夫属官，员一人，正二命。掌皇城十二门之禁令，即长安大城十二门的启闭出入，皆由其掌管，下设城门下士以佐其职。隋文帝开皇元年（581）罢。

城门司马 官名。东汉置，属城门校尉，员一人，秩千石，主兵，助校尉掌洛阳城门十二所。

城门寺 官署名。北齐置，设校尉二人，掌宫殿城门宿卫及诸仓库管钥。隶卫尉寺。参见"城门校尉"。

城门吏 官名。清朝八旗步军营所属掌管京师城门之职官，康熙十三年（1674）设。初名城门校，后改称城门吏。正七品，掌司门禁，稽察出入之事。额设满洲十八人，守内九门，每门二人；汉军七人，守外七门，每门一人。

城门局 官署名。隋朝门下省所统诸局之一，置校尉二员、直长四员；炀帝大业三年（607）后改隶殿内省，置校尉一员，后改名城门郎，置四员，又改隶门下省。掌京城、皇城、宫殿诸门启闭，出纳管钥。

城门郎 官名。隋炀帝大业三年（607）改门下省城门局校尉而置，隶殿内省（即殿中省），后复隶门下省。员四人，从六品。唐朝沿置，掌京城、皇城、宫殿诸门启闭等事。五代后梁太祖开平元年（907）改门局郎。后唐明宗同光元年（923）复旧称。宋置此官而未除授。明初再置，掌城禁及钥铜牌等。洪武十八年（1385）革，尽归其职于中军都督府。

城门指挥千百户 官名。清初兵部职方司所属职官，掌京师城门之守卫。顺治四年（1647）改门千总。

城门校 见"城门吏"。

城门校尉 官名。西汉武帝征和二年（前 91）始置，秩二千石。掌京城长安诸城门警卫，领城门屯兵，属官有司马一员及十二城门候。职显任重，每以重臣监领。王莽居摄时，更名为城门将军，诸城门各置校尉，始建国元年（后 9）又置中城将军主十二城门。东汉复旧名，秩比二千石。当时洛阳十二城门，惟北宫门属卫尉，其余十一门各设门候，隶城门校尉。位在北军五校尉之上，多以外戚重臣领之。三国沿置。魏四品，属官有司马一员，十二城门候、候副。西晋沿置。东晋、南朝罢。十六国后秦仍置。北朝魏、齐皆置，职权渐轻。北魏孝文帝太和十七年（493）定为三品下，二十三年改四品上。北齐置二员，为城门寺长官，四品上，隶卫尉寺。掌宫殿、城门并诸仓库门禁管钥，别有卫士署掌京城及诸门士兵。北周改置城门中士，掌京城十二门禁令，隶司门下大夫。隋朝复置，员二人，为城门局长官，初隶门下省，从四品上。炀帝大业三年（607）减一员，改隶殿内省，降为正五品，后又改名城门郎，复隶门下省。

城门领 官名。清朝八旗步军营所属掌管京师城门之长官，康熙十三年（1674）设。初名城门尉，后改称城门领，从四品。掌理门禁事务。额设满洲十八人，守内九门，每门二人；汉军七人，守外七门，每门一人。所领守城门之马甲三百二十人，门军六百四十人。

城门尉 见"城门领"。

城长 官名。西域诸国置，或分左、右，佩汉王朝印绶。

城令 官名。麴氏高昌国诸城的长官。每城遣司马、侍郎相监检校，名为城令。下设户曹、水曹、田曹等。

城主 官名。南北朝时期城的主将，主管防卫等军政事务，北周时多以刺史、郡守等兼领。

城守尉 官名。清朝驻防八旗中的专城将领，凡驻防之城不设将军、副都统者即设之。主要设于盛京、直隶、山东、山西、河南等地。额十六人，正三品。辖兵数百名至千余名不等，总掌本城旗籍和防守事务。下设佐领、防御、骁骑校等官。其驻在省置有将军或副都统者，由将军或副都统兼辖，未置者即受巡抚节制。

城局 ❶官署名。即城局贼曹。东晋末刘裕分贼曹置，公府僚属诸曹之一，掌盗贼劳作事。南北朝诸公府、将军府、州府多有置者。长官为参军或参军事。隋朝王府、大将军府、柱国府等亦置，唐高祖武德（618—626）间废。❷城局参军省称。

城局参军 官名。城局（贼曹）长官。东晋末始置，南朝沿置。南朝宋七品，梁四班至流外七班，陈八品至九品。参见“城局”。

城局参军事 官名。城局（贼曹）长官。北魏公府、将军府置，从六品上至从八品上。北齐公府、将军府、州府置，从六品上至从七品上。隋朝亲王、大将军、柱国等府置，正七品上至视正九品上，炀帝大业三年（607）改城局书佐。唐高祖武德（618—626）间废。参见“城局”。

城郎 官名。十六国前燕置。《资治通鉴·东晋穆帝永和六年（350）》：“（慕容）俊以弟宜为代郡城郎。”胡三省注：“城郎、城大，皆鲜卑所置，付以城郭之任。郎，主也。”

城将 官名。守城之将。《墨子·号令》：“城周里以上，封城将三十里地为关内侯，辅将如令赐上卿。”

城都尉 官名。西域乌垒等国置，员一人，佩汉王朝印绶。

城监 官名。南朝梁于石头城、琅琊城设，武帝天监七年（508）定为流外三品蕴位。

标下 ❶清朝督、抚等管辖下的绿营兵。清制，绿营兵组织分为标、协、营、讯，由总督统辖者称督标，巡抚统辖者称抚标，提督统辖者称提标，故以所统辖者称标下。❷清朝下级武官对长官的自称，意为在其管辖之下。

标统 见“统带”。

标营 军事编制。明末李自成农民军置，即五营中之中营，共大帅八人，亦称中权亲军或中权营。参见“五营”。

柯勒克牙拉克伯克 官名。清朝新疆回部官员之一。掌理商贾贸易之事。叶尔羌设一人，秩五品。

相 官名。❶初为辅佐君王的执政大臣的泛称。春秋齐景公初年置，为百官之长，执掌国政。《左传·襄公二十五年》：“崔杼立（景公）而相之，庆封为左相。”战国列国多设，总理政务，或称相邦、丞相。秦、汉以后，成为相国、丞相等宰相之官的通称。参见各条。❷春秋战国赞礼之官吏，掌接待宾客，后兼任外交事务。《左传·成公二年》：“王以巩伯宴，而私贿之。使相告之曰：‘非礼也，勿籍。’”杜预注：“相，相礼者。”《仪礼·乡射礼》：“（宾）及门，主人一相，出迎于门外。”郑玄注：“相，主人家臣，摈赞传命者。”❸西汉初诸侯王国置相国、丞相，景帝中五年（前145）改名相，秩二千石。职掌辅导、匡正、监督诸侯王，遇不法事有谏诤举奏之责。为王国最高行政长官，位高于郡守，尊显权重，多由朝廷代置，选派功臣或有才能者充任。统领王国众官，属吏有长史、少史、从吏、舍人、掾等。其后诸侯王势力逐渐削弱，相的地位也逐渐下降。元帝初元三年（前46）令诸侯王相位在郡守下。成帝时废王国内史，改令相治民政，职如郡守。又，武帝时改列侯国令长为相，由朝廷直接派遣，治民如县令、长，隶郡国守相，唯将应得户租与列侯，万户以上国相秩千石，万户以下国相秩四百石、三百石。西域诸国亦多置，掌民政。东汉、三国沿置。魏陈留王咸熙元年（264）置公、侯、伯、子、男爵，各有封国，并王国皆设相，悉由朝廷选置，实为国家委派的行政长官，与郡、县守令无异。王、公国五品，职如太守；侯国八品，与伯、子、男国相皆职如县令、长。西晋初沿置，武帝太康十年（289）改王国相为内史，公国以下仍置。东晋、南朝因之，品秩随民户多少而定。陈制万户以上国六品，不满万户国七品，五千户以上国八品，五千户以下国九品。北魏置王、公、侯、子四等爵，王、公封郡，侯、子封县，郡国设内史、相，县国设相，位自四品至八品不等。后省。明太祖洪武三年（1370）于诸王府置王相府，置左、右相各一员，正二品，掌辅弼匡正诸王，不治民。武相多以勋臣兼任，位在文相之上。洪武十三年罢。

相土 官名。春秋时吴国置，掌观看土地风水。《吴越春秋·阖闾内传》：“子胥乃使相土尝水象天法地，造筑大城。”

相王 对担任宰相而又封王者的尊称。《晋书·隐逸·孟陋传》：“简文帝辅政，命为参军，称疾不起”，曰“我疾病不堪恭相王之命，非敢为高也”。

相公 宰相尊称。因拜相者多封公，故名。或以为曹操以丞相封魏公，故相公之称自曹操始。

相甲 宋朝殿试合格人第五甲俗称。以其登第人后多贵显，故称。

相加 官名。高句丽国置。《后汉书·东夷传》：“其置官，有相加、对卢、沛者、右邹大加、主簿、优台、使者、帛衣先人。”

相邦 官名。即相国，战国赵、魏、中山、秦等国置。赵国兵器《相邦春平侯铍铭》：“四年，相邦春平侯。”《睡虎地秦墓竹简·为吏之道》所引魏国法律“魏户律”：“廿五年闰再十二月丙午朔辛亥，告相邦。”参见“相国”。

相州六府 即北周设于相州（今河北临漳）的天官、地官、春官、夏官、秋官、冬官府的合称。武帝建德六年（577）二月，于相州置宫及六府官，所设官职远少于设在京都的六府。静帝大象元年（579）二年癸亥，移相州六府于洛阳，改称东京六府。

相州司会 官名。北周置。武帝平北齐后，于建德六年（577）二月在相州置宫及六府官，此为天官府主要官员，静帝大象元年（579）二月癸亥，移相州六府于洛阳，遂罢。

相佑助译者　即助译者。

相位　指相国之官。《吕氏春秋·下贤》："今女欲官则相位，欲禄则上卿。"

相君　战国秦国丞相的别称。《史记·范雎蔡泽列传》："天下之事皆决于相君。"

相国　官名。初为春秋战国时期对宰辅大臣的尊称。《荀子·尧问》："缯丘之封人，见楚相孙叔敖曰"，"今相国有此三者，而不得罪楚之士民，何也？"时孙叔敖任楚令尹。后渐成为官称，多作相邦（一说本名相邦，至西汉因避高帝刘邦名讳改相国）。居宰辅之位，为百官之长，与丞相略同而位稍尊。秦朝唯置丞相。西汉承秦制置丞相为国务长官。高帝、惠帝时萧何、曹参曾由丞相迁相国（或说改名相国），职权秩位略同，礼遇稍尊，用绿绶。后复改丞相。诸侯王国亦置，惠帝元年（前194）改名丞相。魏晋南北朝不常置，位尊于丞相，职权品秩略同，非寻常人臣之职。隋、唐以来多用作对宰相的尊称。元末朱元璋吴元年（1367）置左、右相国为中书省长官，主管政务，明洪武元年（1368）改左、右丞相。清朝专指任大学士者。参见"丞相"。

相国长史　魏晋南北朝相国属官。职权品秩与丞相长史略同。或亦分置左、右。参见"丞相长史"。

相府　官署名。丞相处理政务之所。《史记·范雎蔡泽列传》："范雎归取大车驷马，为须贾御之，入秦相府。"

相威将军　将军名号。新莽置。时有相威将军李棽，见《汉书·王莽传》。

相室　官名。战国置。❶执政大臣泛称。《韩非子·孤愤》："主失势而臣得国，主更称蕃臣，而相室剖符，此人臣之所以谲主便私也。"陈奇猷注："松皋圆曰：'三晋以大夫为诸侯，犹仍旧号，故呼相国为相室。'奇猷案：《八经篇》：'相室约其廷臣。'《内储说》：'国君好外则相室危。'《亡征篇》：'相室轻而典谒重。'皆指执政大臣。"❷家臣。（1）女官，傅母。《战国策·秦策三》："相室"鲍彪注："室家之相。此女也。男曰'家老'。"《相室鼎铭》："王后左相室。"（2）家相。《韩非子·说林上》："隰子止之，其相室曰：'何变之数也。'"《鍴庐印稿》有"长平君相室"官印。

柞氏　官名。《周礼》秋官之属，一说为周朝置，主管攻除草木及伐取林木禁令。《周礼·秋官》："柞氏，下士八人，徒二十人"，"掌攻草木及林麓。夏日至，令刊阳木而火之。冬日至，令剥阴木而水之。若欲其化也，则春秋变其水火。凡攻木者，掌其政令"。

柱下五史　官名。王莽居摄元年（后6）始置，秩如御史，听政事，侍旁记疏言行。

柱下史　官名。一说即御史。常立殿柱之下，故名。周朝置，秦沿置。《史记·张丞相列传》司马贞索隐："周秦皆有柱下史，谓御史也。所掌及侍立恒在殿柱之下，故老聃为周柱下史。"《汉书·张苍传》："（张苍）秦时为御史，主柱下方书。"颜师古注引如淳："秦置柱下史，苍为御史，主其事。或曰主四方文书也。"师古曰："柱下，居殿柱之下，若今侍立御史也。"

柱下御史　官名。秦置。《汉书·张苍传》："苍乃自秦时为柱下御史，明习天下图书计籍。"

柱天大将军　将军名号。新莽末更始政权置，时有柱天大将军李通，见《后汉书·刘玄传》。

柱国　官名。❶战国楚、赵置，位令尹、相国下，位甚尊。《战国策·东周策》："公爵为执圭，官为柱国，战而胜，则无加焉矣。"《战国策·赵策四》："田驷谓柱国韩向曰。"鲍彪注："柱国，楚官，盖赵亦有。"秦、汉之际，张楚农民政权置，有柱国房君。❷柱国大将军省称。❸隋朝为正二品散官，炀帝大业三年（607）罢。唐朝为十一转勋官，比从二品。宋朝为十二等勋官第二等，从二品，徽宗政和三年（1113）罢。金朝亦为十二阶勋官第二阶，从二品。元朝为十阶勋官第二阶，从一品，只用于封赠。明朝为十二阶武勋第二阶，从一品；又有左、右者，为十二阶武勋第一阶，正一品。

柱国大将军　官名。十六国后燕慕容垂燕元元年（384）置，以翟檀为之。北魏太武帝神四年（431）亦置，位在太尉之上，后罢。北魏末复置，位在丞相上，用以位置权臣。尔朱荣自大将军迁此，后尔朱兆、高欢先后继任。西魏文帝大统三年（537）以宇文泰为之，省称柱国。在大统十六年以前共任命八人，称八柱国，是西魏的最高官职，其中六人分掌全国府兵。授此职者，並加使持节，大都督。北周除授渐多，成为没有具体职掌的勋官，正九命。周武帝建德四年（575），在其上置上柱国。

柱国府　官署名。即柱国大将军官府，西魏、北周时设长史、司马、司录，皆正七命；中郎、掾、属，皆正五命；列曹参军，正四命；参军，正三命。诸僚属命品亦有高于上述规定者。《周书·裴文举传》："（北周武帝）天和（566—572）初，进骠骑大将军（九命）、开府仪同三司，寻为（韦）孝宽柱国府司马。"

树　建置、设立某官。《左传·昭公元年》："王伯之令也，引其封疆而树之官。"

树功将军　官名。南朝梁置，武帝天监七年（508）定为武职二十四班中的六班，与武毅将军同班，普通六年（525）改为武职三十四班中的九班。陈沿置，拟八品，比秩六百石。

政务处　参见"督办政务处"。

政务处参预大臣　即参预政务大臣。

政令　官府发布的施政命令。《周礼·天官·小宰》："掌建邦之宫刑，以治王宫之政令。"孙诒让正义："凡施行为政，布告为令。"

政事　官府的行政事务。《左传·昭公二十五年》："为政事庸力行务，以从四时。"杜预注："在君为政，在臣为事。"

政事令　官名。辽朝置。南面官，太祖时，命韩延徽为守政事令、崇文馆大学士，中外事悉令参决。此为设政事令之始。世宗建政事省，名义上以政事令为长官，但实际上此职多为大臣加官，政事省改称中书省后，政事令亦改称中书令。

政事舍人　官名。辽朝置。南面官，政事省官员，袭唐中书舍人之制，掌侍奉进奏、参议表章，及劳问有功将帅及大宾客，按察详决冤狱等事。政事省改称中书省后，改称中书舍人。

政事省　官署名。辽朝置。南面官，掌南面政令之发布及铨注任命州县录事参军、主簿以下官。始置于世宗天禄四年（950），兴宗重熙十二年（1043），改称中书省。

政事堂　官署名。唐朝宰相"共议国政"之所，即中央政府最高议政决策机构。它直接对皇帝负责，承受皇帝旨意，提供决策，颁发诏令。唐初，为真宰相——三省长官"共议国政"之所，非三省长官不得入。随后，以他官加"参知政事"、"同中书门下三品"、"同中书门下平章事"为副相，分三省长官之权，皆可入政事堂议政。高祖武德（618—626）年间，常于门下省议事，至太宗贞观十六年（642）前后魏徵以太子太师知门下省事、房玄龄起复授左仆射知门下省事，始名政事堂，并成为制度。睿宗文明元年（684）七月，中书令裴炎迁政事堂于中书省。玄宗开元十一年（723），中书令张说改政事堂为中书门下，列吏、枢机、兵、户、刑礼五房于其后，分曹以主众务，制度始备，总中书、门下二省职权，佐天子而统大政。初以中书令为秉笔宰相，即首相，称执笔，或称执政事笔。后分直主政事，或一人知十日，或一人直一日。有会则为执行主席，无会则为值班宰相，处理日常公务、承帝旨。凡皇帝命令，须政事堂会议通过并加盖政事印方可颁行生效。后由翰林学士掌制诰，可不经政事堂直接颁下。懿宗时，"宰相、枢密，共参国政"。此后，枢密进一步分割政事堂之权。五代后期，枢密院成为与政事堂并立的宰相机构。宋朝政事堂与枢密院并称"二府"。神宗元丰（1078—1085）改制，以尚书省都堂为政事堂。清末宣统三年（1911）责任内阁亦置，为总理大臣、协理大臣及国务大臣议政之所，清亡即废。

政官　《周礼》主掌国家政典的官僚机构。以司马为官长。《周礼·夏官·序官》："乃立夏官司马，使帅其属而掌邦政，以佐王平邦国。政官之属，大司马卿一人，小司马中大夫二人。"参见"夏官"。

政戾庶长　爵名。为西汉武功爵第十级。武帝时以军国财用不足，故置武功爵，令民得以钱谷买之。自第七级千夫以上即可享受免役优待。

政堂省　官署名。渤海国置，有大内相一人，居左、右相上；左、右司政各一人，居左、右平章事之下，以比仆射；左、右允，比二丞。

故老　周朝称有声望的老年旧臣。《诗经·小雅·正月》："召彼故老。"朱熹传："故老，旧臣也。"

故吏　❶曾经为吏的人。❷旧时僚属。东汉时多指曾被贵戚官僚荐举、辟用的官吏。一些大官僚往往拥有众多故吏，形成社会政治势力。如袁绍及其父祖"树恩四世，门生故吏遍于天下"。举主或长官与故吏之间，结成一种形同君臣的从属关系。如胡广死后，故吏自公卿以下数百人皆衰绖送葬。举主如获罪，故吏当即免职。东汉末年党锢发生后，凡被列为党人者，其门生故吏皆免官禁锢。两晋南北朝仍有类似情况，然故吏与举主关系不如东汉广泛密切。

故纸仓　见"文书库"。

故事　先例、前代之典章制度。后世以此为成例，作为处理政事和审判案件的依据和参考。

胡洛真　官名。北魏置。《南齐书·魏虏传》："带仗人为胡洛真。"此系南朝人对北魏鲜卑语官名的音译。

胡骑司马　官名。东汉置。隶北军中候所属长水校尉，员一人，秩千石。掌宿卫，主乌桓骑。

胡骑校尉　官名。汉武帝初置，为北军八校尉之一。秩二千石，有丞、司马。掌池阳胡骑，常任征伐。池阳，宫名，去长安五十里。东汉初沿置，后省并长水校尉。

胡鲁　即忽鲁。

封　帝王将土地、爵位赐予臣下。汉朝以后由皇帝发布诏令实行。宠臣或有自选封名者。

封人　官名。殷朝已见。《小屯南地甲骨》第二九六四片有封人之称。西周至战国沿置。❶掌都邑城廓营建及封城疆界的划分。《左传·宣公十一年》："令尹蔿艾猎城沂，使封人虑事，以授司徒。"《周礼·地官》司徒属官有封人，中士四人，下士八人，其职云："凡封国，设其社稷之壝，封其四疆。造都邑之封域者亦如之。"郑玄注："壝，谓坛及埒也；畿上有封，若今时界矣。"❷镇守边邑封疆的地方长官。春秋郑、宋、齐、鲁等国皆设。《左传·桓公十一年》："郑庄公卒。初，祭封人仲足有宠于庄公，庄公使为卿。"《文公十四年》："宋高哀为萧封人，以为卿。"《韩非子·外储说左下》："管仲束缚，自鲁之齐，道而饥渴，过绮乌封人而乞食，乌封人跪而食之。"❸掌农田。战国韩置。《吕氏春秋·开春》："封人。"高诱注："封人，田大夫，职在封疆，故谓之封人。"

封印　官场用语。即停止办公之意。清制，每逢农历年，官署可停止办公，为期约一个月。因此间不用官印，故名。恢复办公时则称开印。

封印卷首官　宋朝贡院官名。真宗咸平二年（999）礼部试，始以考试官兼任。景德四年（1007），改设专职。掌密封举人试卷卷首之姓名、乡贯。天禧三年（1019）以后，兼用封弥官、封弥卷首官名。英宗治平四年（1067），令只称封弥卷首官。

封印院　见"封弥院"。

封册表奏宝印案 官署名。北宋神宗元丰（1078—1085）改制后，礼部置，掌册宝及封册礼命，章服冠帔，旌节、恩赐，奏表章制造表词，及图书、祥瑞，旌表孝行之事。凡宝印、朱记给赐，牌印关借、请纳等皆属之。

封诊式 战国秦结集的刑狱文书程式。一九七五年十二月在湖北省云梦睡虎地十一号墓出土。简文共分二十五节。内容包括对官吏审理案件的要求、对案件进行调查、检验、审讯等程序的文书程式，其中包括各类案例。以供有关官吏学习和参照施行。

封君 ❶指有封邑的贵族。《汉书·食货志》："封君皆低首仰给焉。"颜师古注："受封邑者，谓公主及列侯之属也。"❷因子孙显贵而受封典的人，也称封君。参见"封典"、"封翁"条。

封驳 大臣见皇帝诏敕有不便者举驳而封还。汉朝已有此例，但无定制。亦称涂归。唐制，奏驳正之目，由门下省给事中掌之。宋朝规定，皇帝制敕行下之前设官检查舛误及有所不便之事，许以封还、驳正之权。明朝则为六科给事中主要职事。清朝沿此名义，并无其实。

封驳司 官署名。北宋太宗淳化四年（993）置，凡制敕有所不便者皆许封驳，依例施行之常程公事不得辄有留滞，设知给事中事为长官，以两制以上充任。不久废知给事中事，以本司隶银台司，由枢密直学士领之。后另设知封驳司，真宗咸平四年（1001）改称兼门下封驳事。神宗元丰五年（1082）改革官制，改为门下省封驳房。参见"门下封驳司"。

封驳房 官署名。又称封驳案。北宋神宗元丰（1078—1085）改制，改门下封驳司置，隶门下外省（后改门下后省），以给事中为长官，掌录封驳文书及门下省人吏试补之事。南宋隶中书门下后省。

封驳案 见"封驳房"。

封事 密封的章奏，亦称封章。汉朝制度，臣下奏事，防有泄漏，以皂囊封板，谓之封事。其制似始于汉文帝，后相沿成故事。昭帝时上书者皆为两封，其一称副本，由领尚书事者先发之，所言不善，辄搁置不奏。宣帝时为夺霍氏权，遂去副封，以防壅蔽。后代或沿用。

封典 封建王朝给予臣子或其祖先以爵位名号的典礼。《宋书·颜延之传》："臣班叨首卿，位尸封典。"

封弥 贡举考试考校试卷的一项规定。又称糊名。唐朝，命应试者自糊试卷姓名。北宋太宗淳化三年（992）殿试，初行糊名考校法。真宗咸平二年（999）礼部试，委官专司封印卷首。仁宗明道二年（1033）诸州解试，亦令封弥。景祐四年（1037），又令开封府、国子监及别头试实行封弥法。其法，密封卷头，或截去卷头，编成字号，送誊录所抄成副本，据以考校等第。明清亦沿此制，称弥封。

封弥卷首官 见"封印卷首官"。

封弥院 官署名。又称封印院。宋朝贡院所属机构。掌贡举考试封弥之事。太宗淳化三年（992）始行构弥（即糊名）考校法。真宗景德四年（1007），始置封印院，设监门官，封印举人卷首，用奉使印。仁宗天圣七年（1029），专铸封弥院印。此后，各级考试均设封弥所。

封桩上库 见"封桩库"。

封桩下库 见"封桩库"。

封桩库 官署名。北宋太祖讨平诸国，尽收其府藏运至京师，贮之别府，称封桩库。每年财政盈余，皆入此库，以备非常之用。后改左藏库，又改内藏库。南宋，左藏分置封桩上库、封桩下库，掌封桩钱物。

封桩房 官署名。北宋神宗元丰（1078—1085）改制后，尚书省都司置，掌钱物封桩之事。

封翁 因儿子功名而得受封赠的人。《儒林外史》二："各家父兄听见这话，都各不平，偏要在荀老翁跟前恭喜，说他是个封翁太老爷，把个荀老爹气得有口难分。"

封得拔什库 即分得拨什库。

封禅使 使职名。唐高宗麟德二年（665）以李勣、许敬宗、陆敦信、窦德玄为检校封禅使，随驾东封泰山。

封简科 清朝都察院经历厅下属之办事机构。置经承二人，办理文移事务。

封赠 赏赐官爵之制。❶皇帝将官爵授给重臣、近臣之父母，其父母存者称封，已故者称赠。此制创行于晋、（南朝）宋，至唐而始备。初仅及于父母，亦很少有极品。五代以后直至清末始上追曾祖、祖、父母三代，往往以子孙之官位为赠。❷明代有公、侯、伯追封，皆递进一等。三品以上死谏、死节、阵亡，皆赠官。现任官员则初授散阶，京官考满及外官考满业绩卓著者，皆可封赠。生为封，死为赠。清制，凡覃恩给予封赠，文职封赠之阶十八：正一品予光禄大夫，从一品予荣禄大夫，正二品予资政大夫，从二品予奉政大夫，正三品予通议大夫，从三品予中议大夫，正四品予中宪大夫，从四品予朝议大夫，正五品予奉政大夫，从五品予奉直大夫，正六品予承德郎，从六品予儒林郎、宣德郎，正七品予文林郎、宣议郎，从七品予徵仕郎，正八品予修职郎，从八品予修职佐郎，正九品予登仕郎、从九品予登仕佐郎。武职封赠之阶亦十八，正一品予建威将军，公侯伯同，从一品予振威将军，正二品予武显将军，从二品予武功将军，正三品予武义都尉，从三品予武翼都尉，正四品予昭武都尉，从四品予宣武都尉，正五品予武德骑尉，从五品予武德佐骑尉，正六品予武略骑尉，从六品授武略佐骑，正七品授武信骑尉，从七品予武信佐骑尉，正八品授奋武校尉，从八品予奋武佐校尉，正九品予修武校尉，从九品予修武佐校尉。一品封赠三代，二、三品封赠两代，四品至七品封赠一代，八至九品只封本身。一品至五品授以诰命，六至九品授以敕命。

封冢　死后追封爵位。《汉书·张汤传》："上追思贺恩，欲封其冢，为恩德侯。"颜师古："身死追封，故云封冢。"

封爵之誓　汉高祖刘邦封赏功臣时所立的誓约，以保证功臣享有特权。其词曰："使黄河如带，泰山若厉，国以永存，爰及苗裔。"

封疆　封疆大吏之简称。

封疆大吏　明清对地方高级官员之统称。简称封疆。明朝指三司长官都指挥使、布政使、按察使。清朝指总督和巡抚。以其总揽地方军政大权，故比之于古代分封疆土之诸侯。亦称疆臣、疆吏。

荆关监督　官名。清朝工部荆关之主官，掌关政。顺治元年（1644）设，一人。由各部院衙门司员中选派，带原品充任，每年一更代。康熙四年（1665）裁，税课交地方官管理。八年复设。乾隆四十六年（1781）复裁，交督抚委员征课。

荆南行省　见"湖广等处行中书省"。

荆湖北道宣慰司　官署名。元朝置，秩从二品，隶河南江北等处行中书省。置司于中兴路（今湖北江陵），领中兴、峡州两路，安陆、沔阳、德安三府及荆门州，辖境包括今湖北省西南部。置宣慰使三员，同知、副使、经历各一员。

荆湖行省　见"荆湖等路行枢密院"。

荆湖行院　即荆湖等路行枢密院。

荆湖等路行中书省　见"湖广等处行中书省"。

荆湖等路行枢密院　官署名。元朝置。简称荆湖行院。设于世祖至元十年（1273）四月，掌镇守襄阳诸军。十一年三月，改为荆湖行省。八月，又改为河南行省。

荆襄等处田赋提举司　官署名。元朝置。秩正五品，隶隆禧总管府，掌荆襄等地南镇国寺田产。置提举、同提举、副提举各一员。

荆襄等处济农香户提举司　官署名。元朝置。秩正五品，隶隆祥使司，置于文宗天历三年（1330），掌河南、湖广大承天护圣寺田产人户。设达鲁花赤、司令、提举、同提举、副提举各一员。

剋　官名。契丹置。为统兵官。往往又因之为军名，如三剋军、九剋军。统和十二年（994），圣宗又以奚族之二剋军分置二部，即南剋部、北剋部。

剌马儿刚等处招讨使司　官署名。元朝置，秩正三品。隶吐蕃等路宣慰司都元帅府，掌剌马儿刚（今四川甘孜南）军民政务，又称剌马刚招讨司。置达鲁花赤、招讨使、经历各一员。

剌马刚招讨司　即剌马儿刚等处招讨使司。

敕葬祭奠使　官名。金朝置。重臣死后，皇帝派出为死者祭奠的大臣。亦称敕祭使、敕葬使。

勃极烈　官名。金朝置，原义为大部长。金初，设谙班、国论忽鲁、阿买、昃四勃极烈共掌国政，成为贵族尊官。熙宗时推行汉法，改革官制，勃极烈官制废。

南厂　官署名。明朝内府惜薪司所属机构，掌供宫廷薪炭。设佥书、监工以督其事，皆以宦官充任。

南大王　即南院大王。

南大王院　官署名。辽朝置，简称南院，掌六院部军民之政。天赞元年（922），耶律阿保机以迭剌部强大难制，析为五院、六院二部，各设夷离堇统之。太宗会同元年（938），更夷离堇为大王，因此，六院部在朝又称南大王院。南大王院以南院大王为最高长官，下设知南院大王事、太师、太保、司徒、司空、郎君等官，又设统军司掌南院从军之政令，有统军使、副使、都监等官；详稳司掌部族军马之政令，有详稳、都监、将军、小将军等职；都部署司掌部族军民之事，有都部署、副部署等职。

南女直汤河司　官署名。辽朝置。北面官，辽阳路诸司之一。控扼高丽，统领卢、归、苏、复等州兵马。亦称南女直详稳司、汤河详稳司。

南女直详稳司　即南女直汤河司。

南马牧丞　官名。南朝梁、陈置，掌饲宫廷用马。隶太仆卿。

南王府　即南大王院。

南王府舍利军详稳司　官署名。辽朝置。北面官，掌六院皇族之从军者，设详稳等职。

南屯司马　官名。即南宫南屯司马，东汉置，属卫尉，领员吏九人，卫士一百零二人，主守卫皇宫平城门。

南中大将军　官名。三国魏置。魏元帝咸熙元年（264），交趾吴将吕兴奉表降魏，魏以吕兴为使持节、都督交训诸军事、南中大将军，策命未至，兴为下人所杀。二品，不常置。见《三国志·三少帝记》。

南中郎　南中郎将省称。

南中郎将　官名。东汉末年置。与东、西、北中郎将并称四中郎将，献帝以曹植任之。魏晋南北朝沿置。多帅师征战，职权颇重。或兼荆、江、梁等州刺史，或持节，银印青绶。南朝宋、齐多用宗室诸王。梁时一度罢此职，后复置。东魏静帝天平元年（534）都邺后，于济北置南中郎将府。北魏初，属中护军（护军将军），世宗永平（508—512）中权隶中领军（领军将军）。东魏静帝武定七年（549）复属中护军。北齐亦属护军府。

南巴校尉　官名。十六国前秦置。《资治通鉴·东晋孝武帝太元五年（380）》："（苻坚以）南巴校尉姜宇为宁州刺史。"胡三省注："苻秦于南中置南巴校尉。"

南书房　在清宫乾清门内南庑西头，本为圣祖玄烨读书处。康熙十六年（1677），始选词臣人值，称"南书房行走"，亦称"南书房翰林"，除委以文学侍从之事外，还令其参预机务，撰拟皇帝特颁诏旨，一度成为发布政令之所在。行走各官均奉特旨召入，例以翰林官或翰林出身者充任。军机处成立后，南书房官员不再参预机务，而专司文词书画之事。

南右卫 渤海国十卫之一，相当唐朝十六卫，置大将军一人、将军一人。

南右卫大将军 官名。渤海国十卫之一南右卫长官，置一人。

南右卫将军 官名。渤海国十卫之一南右卫次官，置一人。

南左卫 渤海国十卫之一，相当唐朝十六卫，置大将军一人、将军一人。

南左卫大将军 官名。渤海国十卫之一南左卫长官，置一人。

南左卫将军 官名。渤海国十卫之一南左卫次官，置一人。

南外库 官署名。宋朝卫尉寺所属机构，掌收藏兵器。

南外宗正司 官署名。北宋徽宗崇宁元年（1102），置于南京（今河南商丘南），择宗室贤者一人管勾，掌外居宗室事务。大观三年（1109）罢，政和二年（1112）复置。南宋初，先移镇江，几经迁徙后，止于泉州。

南外都水丞 官名。北宋神宗元丰（1078—1085）改制后置，为南外都水丞司长官。哲宗元祐五年（1090），令以三年为一任。徽宗宣和三年（1121）罢。南宋高宗绍兴九年（1139）复置，于应天府置司。十年，都水事归工部，遂罢。

南外都水丞司 见“南外都水丞”。

南北选 科举名。又称南北通注铨法。分见“北选”、“南选”。

南北通注铨法 即南北选。

南史 官名。春秋齐置。太史属官，掌书国史。《左传·襄公二十五年》：“大史书曰：‘崔杼弑其君。’崔子杀之。”“南史氏闻大史尽死，执简以往。”《新序·节士》：“（齐崔杼杀太史）南史氏，是其族也，闻太史尽死，执简以往。”

南讨大都督 官名。十六国后赵置。《晋书·石季龙载记下》：“（晋）征北将军褚裒率师伐（石）遵，次于下邳，遵以李农为南讨大都督，率骑二万来拒。”

南主客曹尚书 官名。东汉置，南主客曹长官，名义上归属少府，秩六百石，主外国及周边少数族事务。属吏有左、右丞各一人，侍郎六人，令史三人。

南主客郎 官名，三国魏、西晋置，为尚书省南主客曹长官通称，初属客曹尚书，后不详。亦称郎中。六品。东晋省。北魏复置，或说属吏部尚书。孝文帝太和十七年（493）定郎为从五品中，郎中五品上；二十三年皆称郎中，仍可通称为郎，六品。北齐省并“主客郎”。

南主客郎中 官名。三国魏、西晋、北魏与主客郎互称，为尚书省南主客曹长官。参见“南主客郎”。

南主客曹 官署名。东汉光武帝分客曹置，与北主客曹分掌护驾及接待周边民族使节宾客事务，设尚书、郎，隶尚书台。三国魏置为郎曹，以郎为长官，隶客曹尚书。西晋沿置，东晋省。北魏复置，设郎。北齐省并主客曹。参见“主客曹”。

南市令 官名。南朝梁、陈置，与北市令分掌市肆税收。隶太府卿。

南台 ❶南北朝至唐御史台的俗称。❷十六国大夏尚书行台名，置于长安。❸元朝江南诸道行御史台的简称。

南台治书 即治书侍御史。《梁书·武帝纪上》：“副子生南台治书道赐。”

南台治书侍御史 即治书侍御史。

南台侍御 侍御史别称。南北朝称御史台为南台，故名。《和邃墓志》：“俄迁员外散骑侍郎，领南台侍御。”（赵万里《汉魏南北朝墓志集释》图版二六三）

南台侍御史 即侍御史。南北朝时称御史台为南台，故名。《宋书·州郡一》：“以南台侍御史部诸郡，如从事之部传焉。”

南台御史 即侍御史。《宋书·恩幸·徐爰传》：“又使奉朝请山谦之、南台御史苏宝生踵成之。”参见“侍御史”。

南皮室详稳司 官署名。辽朝置北面官，统领南皮室军。设详稳等职。

南司 ❶御史中丞别称。南北朝时称御史台为南台，御史中丞为台中长官，故名。《宋书·江淹传》：“以本官兼御史中丞，时明帝作相，因谓淹曰：‘君昔在尚书中，非公事不妄行，在官宽猛能折衷；今为南司，足以震惊百僚。’”❷唐朝中书、门下、尚书三省通称。时三省共议国政，其署皆设在宫禁南，故名。亦称南衙。《旧唐书·宋申锡传》：“谋反者适宋申锡耳，何不召南司令议？”

南寺 官署名。明朝南京大理寺的省称。因与北京大理寺相别，故名。

南夷校尉 官名。西晋置。《华阳国志·南中志》：“西晋武帝太康五年（284），罢宁州，置南夷，以天水李毅为校尉，持节，统兵镇南中，统五十八部夷族都监行事。”立府，设长史，司马、参军等僚佐。可举秀才、廉良，职掌与刺史同。四品。东晋改镇蛮校尉。

南行 官场用语。宋朝官员被贬责到两广或江西瘴烟远恶和水土恶逆州县，称南行。

南护卫府 官署名。辽朝置。北面官，掌南院护卫御帐之事。置太师、太保、司徒等职。

南园丞 官名。东汉置，隶少府属官钩盾令，员一人，秩二百石。南园，地名，在雒水南。

南作坊 见“作坊”。

南作坊使 官名。北宋太祖开宝九年（976）分作坊使置，属西班诸司使。多不领本职，仅为武臣迁转之阶。真宗咸平元年（998），定为同六品。神宗熙宁三年（1070）改东作坊使。

南作坊副使 官名。北宋太祖开宝九年（976）

置，属西班诸司使。多不领本职，仅为武臣迁转之阶。真宗咸平元年（998），定为同七品。神宗熙宁三年（1070），改东作坊副使。

南床 官名。侍御史别称。洪迈《容斋四笔》卷一五《官称别名》："唐人好以它名标榜官称"，"侍御史为端公、南床、横榻、杂端"。

南库 官署名。清朝礼部所属之办事机构。由本部堂官酌委所属司员管理库事，无定员。贮藏各省解部试卷，各处交回旧印、封王全册与赏寿民、寿妇缎匹银两等项。宣统三年（1911）改隶典礼院。

南闱 明朝南京科举考试的别称。

南冶令 官名。南朝宋、齐置，与东冶令分掌鼓铸冶金，领工徒。隶少府。

南枢密院 官署名。辽朝置。南面官。名义上为管理汉人的军事机构，实际为南面官最高衙署，所有南面军民政事、刑狱诉讼无所不统。《辽史·萧孝忠传》："国制，以契丹、汉分北、南枢密治之。"辽设司分治汉人，始于太祖时之汉儿司，太宗灭后晋，仿后晋置枢密院，会同元年（938），以晋降臣李崧为枢密使，统领汉人之事，称汉人枢密院。世宗置北枢密院，汉人枢密院又称南枢密院，简称"南院"、"南衙"。北、南二枢密院成为辽的政治中枢机构。兴宗重熙十二年（1043），北院枢密使萧孝忠曾上奏："一国二枢密，风俗所以不同，若并为一，天下幸甚。"（《辽史·萧孝忠传》）但此议并未实施，终辽之世，一直存在北、南二枢密院之制。任职南院者，契丹、汉人参用。但南枢密院地位比北枢密院要低。

南枢密院直学士 见"枢密直学士"。

南枢密院都承旨 官名。辽朝置。南面官，南枢密院官员，在南枢密院直学士下。掌传达皇帝旨意。

南枢密院副承旨 官名。辽朝置。南面官，南枢密院官员，在都承旨下。

南武库令 官名。南朝梁、陈分武库令置，为南武库署长官。梁一班。

南武库丞 官名。南朝梁、陈置，员二人。梁流外三品蕴位。

南武库署 官署名。南朝梁、陈分武库为南、北署，各设令、丞各二人。掌保管兵器。隶都官尚书所领库部曹。隋省并武库署。

南苑主事 官名。清朝内务府奉宸苑所属南苑之职官。协掌征收南苑地赋及管理行宫、寺庙等事。顺治十六年（1659）设，额定一人。

南苑郎中 官名。清朝内务府奉宸苑所属南苑长官。掌征南苑地赋，并治园庭事务。顺治十六年（1659）设，额定一人，正五品。初隶采捕衙门，康熙十六年（1677）改隶都虞司，二十三年始隶奉宸苑。

南奔 官场用语。南朝时御史台诸职资望较低，士族高门多不愿任之。御史台又称南台，故有此称。《梁书·谢几卿传》："天监（502—519）初，除征虏鄱阳王记室，尚书三公郎，寻为治书侍御史。旧郎官转为此职者，世谓为南奔。几卿颇失志，多陈疾，台事略不复理。"

南征统军司 官署名。辽朝置。北面官，非常制，南面有征伐之事，则设统军司以领兵马。

南房帅 女官名。南朝宋明帝定后宫百官时置五品。

南房主 女官名。南朝宋明帝定后宫百官时置，掌铨查六宫，三品。

南房参事 女官名。南朝宋明帝定后宫百官时置，员数不定，五品。

南京三司使司 官署名。辽朝置。南面官，设于南京（今北京市），掌南京道财政、赋税、度支盐铁等事。与上京盐铁使司、东京户部使司、中京度支使司，西京计司合称五京计司。置使、副使、判官等职。

南京工科 官署名。明朝南京六科之一。给事中一人从七品。永乐十八年（1420）迁都北京后始置，洪熙元年（1425）复以南京为京师，遂去南京二字。正统六年（1441）再定以北京为京师，南京之工科复冠以南京二字，遂为定制。

南京工科给事中 官名。明成祖永乐（1403—1424）时，迁都北京，于南京官置，一人，从七品，仍掌司言责，纠劾百官，稽察南京工科之事。

南京工部 官署名。明永乐（1403—1424）迁都北京后，于南京留置，设尚书一人，右侍郎一人，其属，司务厅，司务一人。营缮、虞衡、都水、屯田四清吏司，各郎中一人，营缮、都水二司各员外郎一人，后革都水司员外郎，营缮司主事三人，屯田司一人，虞衡、都水二司各二人。所辖，营缮所，龙江、清江二提举司，文思院，宝源局，军器局，织染所，龙江、瓦屑坝二抽分竹木局。职掌与工部相同。

南京大理寺 官署名。明朝南京官署。永乐十八年（1420）迁都北京后始置。洪熙元年（1425）复以南京为京师，遂去南京二字。正统六年（1441）再定以北京为京师，南京之大理寺复加南京二字，遂为定制。设大理寺卿一人，右寺丞一人，司务一人，左、右寺正各一人，左、右评事各三人，隆庆三年（1569）革左右评事各一人。品秩均与北京大理寺同。

南京卫 明朝于南京设四十九卫，负责南京防务。其中三十二卫分隶南京五军都督府，十七卫为亲军卫。俱听南京中军都督府节制，领所共一百一十八。各卫设指挥使、指挥同知、指挥佥事等，与北京卫同。但永乐十八年（1420）后，南京诸卫多调防北京，故南京实有兵力不多。

南京五军都督府 官署名。明朝南京军政衙门之一。永乐十八年（1420）迁都北京后，以原南京行在五军都督府为五军都督府，留南京之五府，加南京二字。洪熙元年（1425）复以南京为京师，遂去南京二字。正统六年（1441）再定以北京为京师，原留南京之五府，仍加南京二字，递成定制。设官品秩均同于北京，而无实掌。

南京太仆寺 官署名。明太祖洪武六年（1373）置太仆寺于滁州（今安徽滁州市），掌牧养马匹，以备军需。成祖永乐十八年（1420）定都北京，遂改北京行太仆寺为太仆寺，而以在滁州者加南京字，称南京太仆寺。设卿一人，从三品，少卿二人，正四品，寺丞二人，正六品，主簿一人，从七品。隆庆（1567—1572）中革少卿一人，寺丞一人。参见“行太仆寺”。

南京太医院 官署名。明朝南京官署之一。永乐十八年（1420）永乐迁都后始置。洪熙元年（1425）复以南京为京师，遂去南京二字。正统六年（1441）再定以北京为京师，原留南京之太医院仍加南京二字，遂为定制。设官院判一人，吏目一人。所属惠民药局、生药库，各大使一人。品秩职掌均与北京同。

南京太常寺 官署名。明永乐十八年（1420）定都北京，将太常寺官属移往北京，原在南京的太常寺官署仍存，加南京字，称南京太常寺。设卿一人，少卿一人，典簿一人，博士一人，协律郎二人，赞礼郎七人，司乐二人，孝陵等祠祭署合奉祀八人、祀丞七人，品秩俱与北京同。但除各祠祭署掌以时祭祀外，本寺实无所职掌，设官备员而已。

南京内府二十四衙门 官署名。明朝南京宦官衙门的统称。即指永乐（1403—1424）迁都北京后留置于南京的原宦官十二监、四司、八局，共二十四衙门。

南京丰衍东西库 官署名。金朝置。掌谷物财赋储积支纳等事。隶运司。设使、副使、判、监、支纳诸官，秩正八品、从八品、正九品。

南京六科 明朝南京吏、户、礼、兵、刑、工六科给事中之简称。永乐十八年（1420）定都北京，于北京置六科给事中，而原在南京的六科仍存，加南京字，称南京六科给事中。设户科给事中二人，以一人管理后湖黄册库，其余五科各置给事中一人。

南京六部 官署名。即明朝南京吏、户、礼、兵、刑、工六部。洪武（1368—1398）中，建都南京，设六部。永乐（1403—1424）迁都北京后，移至北京。南京留置礼、刑、工三部，均加南京二字。仁宗即位，去南京二字，并增吏、户、兵三部于南京，复原六部之制。正统六年（1441），复定以北京为京师，南京六部前各加南京二字，遂成定制。

南京户科给事中 官名。明永乐（1403—1424）时迁都北京，于南京官置，二人，从七品，仍掌司言责，纠劾百官，稽察南京户部，并以一人管理后湖黄册库。

南京户部 官署名。明朝南京六部之一。永乐十八年（1420）迁都北京后，原留南京之户部遂加南京二字。洪熙元年（1425）复以南京为京师，去南京二字，只称户部。正统六年（1441）再定以北京为京师，留南京之户部仍加南京二字，遂为定制。设尚书一人，右侍郎一人，司务一人，照磨一人。下设十三清吏司，计郎中十三人，员外郎九人，即浙江、江西、湖广、广东、广西、福建、江西、陕西、云南各一人，嘉靖三十七年（1558）革山西、陕西二清吏司员外郎各一人，隆庆（1567—1572）中又革广西、云南二清吏司员外郎各一人。另设主事十七人，江西、广东、广西、云南各二人，余各一人，隆庆三年（1569）革广东清吏司主事一人。所辖有宝钞提举司，提举一人；广积库，承运库，赃罚库，甲、乙、丙、丁、戊五字库，宝钞广惠库，军储仓，各大使一人。长安门、东安门、西安门、北安门四仓，各副使一人。龙江盐仓检校批验所，大使一人。隆庆三年革宝钞提举司、军储仓大使。其品秩均与北京同。又设总督粮储一人，以右侍郎加都御史衔充任。因南京为明朝财赋重地，其职掌与北京户部相应，较为重要。

南京左藏库 官署名。北宋于陪都南京应天府置，掌收受当地财赋之入。神宗元丰（1078—1085）改制后，隶太府寺。

南京礼科给事中 官名。明永乐（1403—1424）时迁都北京，于南京官置，一人，从七品，仍掌司言责，纠劾百官，稽察南京礼部之事。

南京礼部 官署名。明永乐（1403—1424）迁都北京后于南京留置。设尚书一人，右侍郎一人。其属司务厅，司务一人，仪制、祠祭、主客、精膳四司各郎中一人，仪制、司祭二司各置主事一人。所辖有铸印局、教坊司等。职掌同于礼部。

南京刑科 官署名。明朝南京六科之一。永乐十八年（1420）迁都北京后始置。洪熙元年（1425）复以南京为京师，去南京二字，正统六年（1441）再定以北京为京师，仍加南京二字，遂成定制。设官给事中一人，品秩职掌与北京同。

南京刑科给事中 官名。明永乐（1403—1424）时迁都北京，于南京官置，一人，从七品，仍掌司言责，纠劾百官，稽察南京刑部之事。

南京刑部 官署名。明永乐（1403—1424）迁都后，于南京留置。设尚书一人，右侍郎一人。所属，司务厅，司务一人，照磨一人。十三清吏司各郎中一人，浙江、江西、河南、陕西、广东五清吏司各员外郎一人，广东司主事二人，余十二司各一人。分掌南京诸司及公、侯、伯、五府、京卫所刑名之事。

南京吏科给事中 官名。明朝永乐（1403—1424）时迁都北京，于南京官置，一人，从七品，仍掌司言责，纠劾百官，稽察南京吏部之事。

南京吏部 官署名。明朝永乐十八年（1420）定都北京，将吏部官属移往北京。明仁宗时，于南京复置。正统六年（1441）始于南京所置官署加“南京”字，称南京吏部，设尚书一人，右侍郎一人，文选、考功、验封、稽勋四清吏司，各郎中一人，主事一人（后革验封、稽勋二司主事）。除考功清吏司掌南京官六年一考察外，其余多无实际职事，设官备员而已。

南京协同守备　官名。明朝掌管南京留守防护之事的官员。景泰三年（1452）始置，一人，以侯、伯、都督充任，领南京五军都督府之事，其治所设于中军都督府。

南京光禄寺　官署名。明永乐十八年（1420）定都北京，将光禄寺官属移往北京，原在南京的光禄寺官署仍存，加南京字，称南京光禄寺。设卿一人，少卿一人，典簿一人，大官、珍羞、良酝、掌醢四署，各署正一人，署丞一人，品秩俱与北京之光禄寺同，但其实无所职掌。嘉靖（1522—1566）中，革良酝、掌醢二署署丞，隆庆四年（1570）革少卿，万历（1573—1620）中又革珍羞署丞。

南京延津渡河桥官　官名。金朝置，都水监属官。设于南京延津渡，管理、检查桥、船、渡口事务。有南京延津渡河桥管勾、同管勾之名目。

南京行人司　官署名。明永乐十八年（1420）定都北京，于北京置行人司，原在南京之行人司官署仍存，加南京字，称南京行人司。只设右司副一人，从七品，无所职掌。

南京交钞库　官署名。金朝置，掌货币出纳、流通、兑换等业务。设在南京（今河南开封）。长官为使、副使，秩正八品、正九品。下设攒典二人，掌记写账目，类会合同。库子八人，掌受纳钱数、辨验交钞、毁旧注簿历。

南京守备太监　官名。明洪熙元年（1425）始置，为司礼监外差。初置一人，后增正、副二人，正德（1506—1521）、嘉靖（1522—1566）间多至四员。掌护卫留都、兼辖孝陵神宫监，位在南京守备之上。

南京兵马都总管　官名。辽朝置。南面官，南京（今北京市）兵马都总管府长官，多以南京留守兼任，以朝廷大员为之。

南京兵马都总管府　官署名。辽朝置。南面官，统领驻守南京（今北京市）各路兵马。兴宗重熙四年（1035），改为南京都元帅府。

南京兵科给事中　官名。明永乐（1403—1424）时，迁都北京，于南京官置，一人，从七品，仍掌司言责，纠劾百官，稽察南京兵部之事。

南京兵部　官署名。明永乐十八年（1420）定都北京，将兵部官属移往北京。明仁宗时于南京复置。设尚书一人、右侍郎一人。其属司务厅，司务一人，武选、职方、车驾、武库四法吏司，各郎中一人，职方、车驾二司各员外郎一人，车驾司主事二人，其余三司各一人。所辖典牧所、会同馆和大胜关。宣德（1426—1435）后，定以尚书参赞机务，同内外守备官共掌操练军马，抚恤人民，禁戢盗贼，振举庶务。正统六年（1441）始于南京官署前加“南京”二字，称南京兵部。在南京六部中职任最重。

南京转运使司　官署名。辽朝置。南面官，掌南京道漕米、盐铁等转运事。始置于圣宗开泰三年（1014）。亦称燕京转运使司。设转运使、知事、同知、副使、判官等职。

南京尚宝司　官署名。明永乐十八年（1420）定都北京，于北京置尚宝司，原在南京的尚宝司官署仍存，加南京字，称南京尚宝司。但只设卿一人，其实无所掌。

南京国子监　官署名。明朝永乐元年（1403）于北京置国子监，原置于南京之国子监仍存。十八年定都北京，凡在南京的加南京字，称南京国子监。设祭酒一人，司业一人，监丞一人，典簿一人，博士三人，助教六人，学正五人，学录二人，典籍一人，掌馔一人，品秩俱与北京国子监同，嘉靖二十七年（1548）革助教二人及掌馔，隆庆四年（1570）革博士一人，学正一人。

南京侍卫亲军马军都指挥使司　官署名。辽朝置。南面官，统领南京侍卫亲军马军，属南京侍卫亲军马步军都指挥使司。

南京侍卫亲军马步军都指挥使司　官署名。辽朝置。南面官，统领南京侍卫亲军。

南京侍卫亲军步军都指挥使司　官署名。辽朝置。南面官，统领南京侍卫亲军步军。

南京店宅务　官署名。金朝置，设在南京（今河南开封）的房屋地产管理机构。参见“店宅务”。

南京宗人府　官署名。明朝永乐十八年（1420）定都北京，移宗人府官属于此，其在南京者仍存，加南京字，称南京宗人府，但实无所掌，设官备员而已。参见“宗人府”。

南京官　明朝南京各衙署官吏的总称。永乐十八年（1420）迁都北京后，原南京的各官署官员仍存，于官职前加南京字。洪熙元年（1425）后曾去南京字，仍以南京为京师，并补置其缺置的部分官署官员。正统六年（1441）再定北京为京师，南京官员复加南京字。其中以南京兵部尚书、右侍郎（南京无左职），户部尚书、右侍郎为重。

南京参赞机务官　官名。明永乐十八年（1420）迁都北京后，在旧都南京设守备、协同守备及参赞机务等官。参赞机务以南京兵部领之，协守备节制南京诸卫所，掌一切留守、防卫之事。

南京按察司　见“河北河南道提刑按察司”。

南京钦天监　官署名。明永乐十八年（1420）定都北京，于北京置钦天监，原在南京之钦天监官署仍存，加南京字，称南京钦天监。设监正一人，监副一人，主簿一人，五官正一人，五官灵台郎二人，五官监候一人，五官司历一人，品秩各与北京钦天监同。

南京亲军卫指挥使司　官署名。明朝南京亲军金吾前卫、金吾后卫等十七卫指挥使司的总称。各设指挥使、指挥同知、指挥佥事、镇抚司镇抚等官。警卫南京，听南京中军都督府节制。

南京宣徽院 官署名。辽朝置。南面官，设于南京。掌御前祇应等事。置宣徽使、知南京宣徽院事、副使等职。

南京都统军司 官署名。辽朝置。北面官，统领南京（今北京市）部分兵马，亦领有民户，为辽重要军事机构。又称燕京统军司。

南京都元帅府 参见“南京兵马都总管府”。

南京都察院 官署名。明永乐（1403—1424）迁都北京后于南京留置。设右都御史、右副都御史、右佥都御史各一人，不设左职。下设司务、经历、都事、照磨各一人，司狱二人。十三道监察御史，员数少于北京。嘉靖（1522—1566）后常以一人兼数道，名额更少。职掌同北京之都察院，惟偕户部、户科，覆后湖黄册，提督操江，为其专职。

南京都虞候司 官署名。辽朝置，掌南京诸军戒严执法等事。

南京栗园司 官署名。辽朝置，南面官，掌管种栗等事。

南京留司御史台 官署名。北宋仁宗庆历五年（1045）置，掌拜表行香，纠举违失。设权判台事或管勾台事一人，以朝官以上充任。下设令史、知班、驱使官、书吏各一人。

南京留守 官名。北宋置，为南京（今河南商丘南）留监司长官，以知应天府兼任。掌宫钥及京城守卫、弹压、修葺之事，畿内钱谷、兵民之事皆总之。辽先后以辽阳、幽州为南京，皆置留守。参见“留守司”。

南京留守司 官署名。辽朝、金朝皆置。南面官，辽太宗天显三年（928），升东平郡为南京，治辽阳（今辽宁辽阳），会同元年（938），改幽州为南京，治析津，辽阳为东京。先后设留守司统领政事及部分军事。金设于南京开封府，长官秩正三品。参见“留守司”。

南京流泉务 官署名。金朝置，设在南京（今河南开封），掌解典诸物、流通货币。长官为使、副使，秩正八品、正九品。下设勾当官、攒典。参见“流泉务”。

南京通政使司 官署名。明朝永乐十八年（1420）定都北京，将通政使司官属移往北京，原在南京的通政使司官署仍存，加南京字，称南京通政使司。设通政使一人，正三品，右通政司，正四品，右参议一人，正五品，掌收呈诉书状，付刑部审理。

南京鸿胪寺 官署名。明永乐十八年（1420）定都北京，将鸿胪寺官属移往北京，原在南京的鸿胪寺官属仍存，加南京字，称南京鸿胪寺。设卿一人，主簿一人，司仪、司宾二署各署丞一人，鸣赞四人，序班九人，品秩各与北京鸿胪寺同。但其实无所掌，设官备员而已。

南京提举京城所 官署名。金朝置，掌南京（今河南开封）城壁及缮修等事。设提举、同提举总领所事，秩正七品、从七品；管勾一员，正八品，掌佐缮治；受给官一员，掌收支之事；壕寨官一员，掌监督修造。

南京路提刑司 官署名。金朝置，九路提刑司之一。掌纠察黜陟、劝农采访、管领屯田和镇防诸军。大定二十九年（1189），章宗初置于河南府许州，故亦称河南路提刑司。明昌四年（1193）七月，自许州迁至南京开封府。设使、副使领司事，秩正三品、正四品。下设判官、知事筹官。参见“提刑司”。

南京詹事府 官署名。明永乐十八年（1420）定都北京，将詹事府官属移往北京，原在南京的詹事府官署仍存，加南京字，称南京詹事府，但只设主簿一人，实无所职掌。

南京翰林院 官署名。明永乐十八年（1420）定都北京，将翰林院官属移往北京，原在南京的翰林院官署仍存，加南京字，称南京翰林院。设学士一人，正五品，不常置，孔目一人，未入流，实无所职掌。

南郊五使 即大礼五使。

南郊太庙祭器库 官署名。宋朝太常寺所属机构，掌收藏祭器，以备郊祀之用。

南郊什物库 官署名。宋朝太常寺所属机构，掌收藏南郊所用杂物。

南郊家事库 官署名。北宋真宗景德四年（1007）置，掌南郊皇帝所用器物，以玉津园官兼领。仁宗嘉祐八年（1063），别差监官，下置手分、库子。

南郊祭器库监 官名。北宋少府监置，员二人，掌祠祭所用器服等物。

南府 官署名。❶即南宰相府。❷清朝内务府所属之机构。乾隆（1736—1795）初年置于南长街南口之南花园。掌承应宫廷奏乐演戏之事。总管内务府大臣及堂郎中常来园内办公，以区别于西华门内之本府，故称。道光七年（1827）改称升平署。

南府宰相 官名。辽朝置。北面官，南宰相府长官。分左、右。皇族四帐世预其选，始于神册六年（921），太祖以其弟苏为南府宰相。但以后国舅族及汉人任此职者亦不少。

南河河道总督 见“江南河道总督”。

南单于 官名。十六国前秦置。《魏书·鲜卑乞伏国仁传》：“（国仁）父司繁，拥部落降于苻坚，以为南单于，又拜镇西将军，镇勇士川。”

南学 学校名。清朝国子监太学生在学肄业之处。雍正九年（1731）置。经国子祭酒孙嘉淦奏准，获赐毗连国子监街南官房一所，为助教等官及肄业生居住，遂有此称。设正、副管学官各一人，常川住学、管理学内事务。学生六十名。光绪三十一年（1905）改隶学部。

南学正管学官 官名。清朝国子监南学之主官。掌南学事。雍正九年（1731）设一人，由六堂助教、学正、学录内选充。

南学副管学官 官名。清朝国子监南学之副长官。佐主官掌南学事。雍正九年（1731）设一人，由六堂助教、学正、学录内选充。

南城兵马指挥司 官署名。明、清五城兵马指挥司之一。凡京城内外，划境为五，其南境附该司，掌巡捕盗贼，疏理街道及囚犯、火禁之事。明朝设指挥一人，正六品，副指挥四人，正七品，吏目一人；清沿置，改副指挥只设一人，俱汉员。

南城将军 将军名号。新莽置，时有南城将军廉丹，见《汉书·王莽传》。

南面大蕃府 辽朝地方行政建制，有府一级机构，除五京留守司所在地之府外，黄龙府、兴中府地位又略高于其他府，称南面大蕃府。

南面分司官 辽朝职官类名。属南面官，非常设官，皇帝临时差遣官员，平理庶狱、采摭民情。有分决诸道滞狱使、按察诸道刑狱使、采访使。

南面方州官 辽朝职官类名。属南面官。辽立国后，仿中原地方建制，设府、州、军、县、乡等地方行政机构，置节度、观察、防御、团练等使及刺史、知州、知府、县令等官，统称为南面方州官。

南面边防官 辽朝职官类名。属南面官，大多设于与宋交界处，为防宋而设。如易州飞狐招安使司、兵马司、招抚司，西南面招安使司，五州都总管府，山后五州都管司，五州制置使司，三州处置使司，霸州处置使司等。

南面行宫都部署司 即汉儿行宫都部署院。

南面行营总管府 官署名。辽朝置。北面官，非常制，统领南京道诸路兵马。

南面行营都部署司 官署名。辽朝置。北面官，非常制，有征伐则设。掌南部兵马之政令。

南面财赋官 辽朝职官类名。属南面官，主要为钱帛、转运等官署、官员。有长春、辽西、平州三路钱帛司，各设都点检总其事；又有诸转运使司，如奉圣、蔚、应、朔、保、西山等州，在山西路还设有都转运使司，各设转运使、副使、同知转运使、转运判官。

南面林牙 官名。辽朝置。南面官，翰林院官员，在南面都林牙下。多以契丹人为之。

南面京官 辽朝职官类名。属南面官。五京南面诸官署之官员称南面京官。主要有三京东京、中京、南京宰相府、五京留守司、五京都总管府、五京都虞候司、五京警巡院、五京处置使司、五京计司（即上京盐铁使司、东京户部使司、中京度支使司、南京三司使司、西京计司及燕京转运使司）及诸京内省、客省等司，此外，在某京还有特设之官府，如东京特设安抚使司、军巡院；中京有文思院、中京路按问使司、中京巡逻使司、中京大内都部署司；南京宣徽院、处置使司、栗园司、侍卫亲军马步军都指挥使司；云州宣谕招抚使司等。

南面官 辽朝职官类别。与北面官相对而言，以管理汉人为主，也为招徕中原士人，即所谓以汉制待汉人。设立汉官，始于太祖时。辽之南面官，大多先设官，后置官署，太祖时有总知汉儿司事、政事令、尚书、仆射等官，世宗时，方置尚书省（后改称中书省）。后晋献十六州之地，辽境内汉人大增，南面官员随之增多。太宗入汴灭后晋，仿后晋制度，设立汉人枢密院，成为管理汉人的最高行政机构，其他官制也日趋完备。但南面官地位远不如北面官。契丹人任职者亦多，凡契丹人任南面官，可从汉仪，着汉服，与汉人通婚。南面官中又分朝官、宫官、军官、方州官、大蕃府官、财赋官、分司官、边防官等。

南面宫官 辽朝职官类名。属南面官。辽十二宫各有汉人丁户，设汉人行宫都部院总领汉人之事，各宫又分设汉人行宫都部署司分理汉人。统称为南面宫官。

南面都林牙 官名。辽朝置，南面官。翰林院长官，多以契丹人为之。兴宗重熙十九年（1050），有南面都林牙耶律高家奴破夏国兵。见《辽史·兴宗纪三》。亦称翰林都林牙。

南面朝官 辽朝职官类名。辽得燕云十六州后，即逐渐完善南面官制，统治汉人。三省六部、台院寺监、诸卫、东宫之官，称南面朝官。

南省 ❶官署名。西魏文帝大统（535—551）初，独孤信镇守洛阳，置行台，时称南省。《周书·柳虬传》："以虬为行台郎中，（裴）诹为都督府属，并掌文翰。"时人为之语曰："北府裴诹，南省柳虬。"❷尚书省别称。唐朝尚书省设在皇宫正南，故称。宋因之。

南省舍人 礼部郎官别称。洪迈《容斋四笔》卷一五《官称别名》："唐人好以它名标榜官称"，"礼部（郎）为小仪、为南省舍人"。

南选 铨选制度。唐高宗上元三年（676）因桂、广、交、黔等州都督府土人首领任官简择，未甚得其才，始四年一度，差强明清正、五品以上官充使前往选补，御史同往注拟；有应任五品以上官者，选补使与所管都督府具条奏闻。金朝设科取仕，分南、北选，南选150人，诗赋、经义并举。后南、北通选，只设词赋，取六七十人。

南选使 使职名。唐高宗上元三年（676）置，以强明清正五品以上官充任，赴桂、广、交、黔等州，选、补官吏。

南洋大臣 即南洋通商大臣。

南洋通商大臣 官名。简称南洋大臣。清朝咸丰十年（1860），改五口通商大臣设，由江苏巡抚兼。掌中外交涉之总务，专辖上海入长江以上各口，兼理闽、粤、浙各口通商事务。同治元年（1862），设专任通商大臣，二年，复归江苏巡抚兼。四年，改由两江总督兼。十二年，始成定制。

南宫 ❶本指东汉皇宫，位于洛阳城南。东汉尚书台设于禁中，遂成为尚书台别称。《后汉书·郑弘传》："建初（76—84）初，为尚书令"，"前后所陈有补益王政者，皆著之南宫，以为故事"。后亦用作尚书省的别称。《全唐诗》卷三八五张籍《新除水曹郎答白舍人见贺》："年过五十到南宫，章句无名荷至公。黄纸开呈相府后，朱衣引入谢班中。"❷礼部别称。王禹偁《小畜集》卷一〇《赠礼部宋员外阁老》："未还西掖旧词臣，且向南宫作舍人。"自注："礼部员外，号南宫舍人。"

南宫卫士令 官名。东汉置，属卫尉。秩六百石，有丞。领员吏九十五人，卫士五百三十七人，守卫南宫。

南宫卫士丞 官名。东汉置，属卫尉，员一人，为南宫卫士令副贰，秩三百石，掌卫士，守护南宫。

南宫舍人 官名。礼部郎官别称。唐朝礼部郎中因掌尚书省文翰，遂有此称。宋朝以后多沿用。礼部员外郎亦有此号。

南院 ❶即南大王院。❷即南枢密院。❸即宣徽南院。

南院大王 官名。辽朝置，北面官，南大王院长官。天赞元年（922），太祖以迭剌部强大难治，分为北、南二院，以耶律绾思为南院夷离堇。太宗会同元年（938），改称南院大王。

南院王 西夏诸王位之一。在师位、中书位、枢密位之上。

南院太师 官名。辽朝置，北面官，南大王院官员，在知南院大王事下。

南院太保 辽官名。辽朝置，北面官，南大王院官员，在南院太师下。天祚帝天庆八年（1118）省。

南院司空 官名。辽朝置，北面官，南大王院官员，在南院司徒下。

南院司徒 官名。辽朝置，北面官，南大王院官员，在南院太保下，典族属，原称梯里己（惕隐），会同元年（938），改称司徒。

南院夷离堇 参见"南院大王"。

南院行宫三司 官署名。西夏置。下等司。

南院枢密使 官名。辽朝置，南面官，南枢密院长官，总领汉人军民政事。契丹、汉人参用。

南院枢密副使 官名。辽朝置，南面官，南枢密院官员，在知南枢院事下。

南院使 见"宣徽院"。

南院详稳司 官署名。辽朝置，北面官，属南大王院，掌南大王院部族兵马之政令。设详稳等职。

南院郎君 官名。辽朝置，北面官，南大王院官员，太宗会同元年（938）改称敞史。在南院司空下。

南院宣徽使 官名。辽朝置，北面官，宣徽南院长官。亦称宣徽南院使。

南院宣徽副使 官名。辽朝置，北面官，宣徽南院官员，在知南院宣徽事下。

南院都统军司 官署名。辽朝置，北面官，属南大王院。掌南大王院从军之政令。

南院都部署司 官署名。辽朝置，北面官，属南大王院，掌南大王院部族军民之政。

南统将军 官名。北魏初置。明元帝永兴（409—413）初，长孙道生为之，兼冀州刺史。孝文帝太和十七年（493）改定官制后未见。见《魏书·长孙道生传》。

南班 即环卫官。

南盐厅 官署名。清末盐政院所属机构，宣统三年（1911）八月设。掌理淮、浙、闽、粤盐务。置厅长一人掌厅事，下设参事二人，一、二、三、四等佥事，一、二、三等录事无定员。十一月裁。

南盐厅厅长 官名。清末盐政院南盐厅长官，宣统三年（1911）八月设。掌南盐厅事。十一月裁。

南监 官署名。南京国子监之简称。

南部大人 官名。原为少数民族部落首领的称号。十六国代拓跋什翼犍建国二年（339）沿用其称。《魏书·官氏志》："其诸方杂人来附者，总谓之乌丸，各以多少称酋、庶长，分为南北部，复置二部大人以统摄之。时帝弟觚监北部，子寔君监南部，分民而治。"北魏初沿置，管理南方州郡。明元帝泰常二年（417），与天部、地部、东部、西部、北部大人并称六部大人，皆以诸公为之，共同管理国家日常政务，下设三属官。其职掌后并入南部尚书。

南部大夫 官名。北魏置，尚书省南部曹次官，管理南部各州郡事务。《魏书·王宪传》："（王嶷）稍迁南部大夫，高祖初，出使、巡察青、徐、兖、豫，抚慰新附，观省风俗。还，迁南部尚书。"亦有以他官兼录者。孝文帝太和（477—499）改制时废。

南部长 官名。北魏置，尚书省南部尚书属官（一说为南部曹次官，与大夫不并置）。协助尚书、大夫管理南方州郡事务，并负责上奏。孝文帝太和（477—499）改制时废。

南部帅 官名。东汉献帝建安（196—220）中曹操置，三国魏沿置。为南部匈奴长官。三国魏末改名南部都尉，一说西晋武帝太康（280—289）中改。参见"五部都尉"。

南部令 官名。北魏置，尚书省南部尚书属官，协理南方州郡事务，亦参议礼仪制度。孝文帝太和（477—499）改制时废。

南部主书 官名。北魏置，南部尚书属官，主管部内文书往来，用文学之士。《魏书·刘藻传》："藻涉猎群籍，美谈笑，善与人交"，"擢拜南部主书，号为称职"。孝文帝太和（477—499）改制时废。

南部尚书 官名。北魏道武帝皇始元年（396）置，尚书省南部曹长官。初员一人，后以南方州郡数量最多，权重政繁，故设员二人或二人以上。崔逞曾以此职录尚书三十六曹事。除管理南方州郡事务外，还统兵南进。多由本部属官迁任。孝文帝太和（477—499）改制罢。

南部尚书都郎 官名。北魏置，南部尚书属官。《公孙猗墓志》："父臻，南部尚书都郎，车骑府长史。"（赵万里《汉魏南北朝墓志集释》图版二五三）

南部郎 官名。北魏置，尚书省南部尚书属官，协理南部州郡事务，亦出使招慰南方边境的蛮族。

孝文帝太和（477—499）改制时废。

南部给事　官名。北魏置，为内廷派驻尚书省南部曹监察政务的官员。位在南部给事中之下。《魏书·李顺传》：“（李冏）太和中，拜下大夫，南部给事，出为龙骧将军、南豫州刺史。”孝文帝太和（477—499）改制时废。

南部给事中　官名。北魏置，为内廷派驻尚书省南部曹监察政务的官员。地位较南部给事为高。《魏书·李冲传》：“（冲）迁内秘书令、南部给事中”，“迁中书令，加散骑常侍，给事中如故。寻转南部尚书”。孝文帝太和（477—499）改制时废。

南部都尉　官名。三国魏末置，为匈奴南部长官，由南部帅改名。一说西晋武帝太康（280—289）中改置。统三千余落，居蒲子县。见《晋书·北狄传》、《刘元海载记》。参见“五部都尉”。

南部曹　官署名。北魏置，属尚书省。管理南方州郡的考课、选举、辞讼以及巡察等事务。以南部尚书为长官，下设有南部大夫、南部长、南部令、南部郎、南部主书等属官，以及由内廷派驻的南部给事中、给事等，亦有以他职兼理曹事的。《魏书·光暄传》：“（暄）除太尉中给事，兼北部曹事，后转南部。太和中，迁南部尚书。”孝文帝太和（477—499）改制时废。

南益　西夏官位。枢密位之一。

南宰相府　官署名。辽朝置。北面官，亦称南府。始于遥辇时期，由遥辇八部中乙室、楮特、突举三部组成，乙室部为核心。太祖继位以后，以耶律欧里思为南宰相，领南府三部，南宰相府成为常设机构，分理全国政事。圣宗时，南府所辖部族多至十五个。

南诸侯率　西周晚期所称南方诸侯的伯长。《驹父盨》铭：“南仲邦父命驹父即南诸侯率高父，见南淮夷。”

南曹　官署名。掌铨选档案文书。唐朝尚书省吏部兵部下属机构，高宗总章二年（669）置，因在选曹之南，故有此名。分由吏、兵部员外郎一人掌判曹事，每岁选人，有解状、簿书、资历、考课，必由其核实。宋初沿置，以考核选人殿最者写成文状送流内铨，设判曹事一人，以朝官充任，神宗熙宁五年（1072）并归流内铨。

南曹郎　官名。唐朝尚书省吏部兵部南曹官，高宗总章二年（669）置，各一、二员不定，多由员外郎权判，掌核选人解状、簿书、资历、考课。

南掌客上士　官名。西魏恭帝三年（556）仿《周礼》掌客置，北周沿置。秋官府宾部中大夫属官，员一人，掌南边诸国使臣来朝的接待与安排。正三命。下设南掌客中士以佐其职。隋文帝开皇元年（581）罢。

南掌客中士　官名。西魏、北周秋官府宾部中大夫南掌客上士佐官，正二命。

南蛮校尉　官名。西晋武帝置，亦称护南蛮校尉。治襄阳，四品。东晋初省，后复置，改治江陵。十六国后赵、前燕、后燕亦置。南朝宋四品。宋孝武帝孝建（454—456）省，齐高帝建元元年（479）复置，建元三年省。海陵王延兴元年（494）复置，明帝建武（494—498）中又省。员一人，有时并置二人。掌荆州及江州少数民族事务，统兵。在东晋、南朝地位很重要，多由地位较高之将军如车骑、安西、右将军等及南中郎将兼领，且多兼任荆州刺史或都督周围数州诸军事。立府，有长史、司马、参军等僚佐。

南塘邸税库令　官名。南朝梁、陈置，有丞。隶少府卿。

南蓟科　清朝兵部武选清吏司所属之办事机构。额设经承一人。

南路都统司　参见“都统司”。

南衙　❶唐朝三省等中央政府机构设在皇城南，称故南衙。❷辽朝南枢密院简称。

南閤祭酒　官名。汉朝置为三公府僚属，或说以声望辈行较高者充任。东汉许慎曾任太尉京閤祭酒。其子许冲上《说文解字》书：“臣父故太尉南閤祭酒慎。”段玉裁注：“閤各本讹作阁，今正”，“太尉南閤祭酒，谓太尉府掾曹出入南閤者之首领也”，“陈元为司空南閤祭酒，见《经典释文》”。又称南閤即黄閤。

南鞍库　官署名。清朝内务府武备院之办事机构，康熙三十七年（1698）分鞍库设，掌供奉宫用鞍辔、皮张、雨缨、条带诸事。下设熟皮作。置五品员外郎二人，六品库掌二人，委署六品库掌一人，各种匠役二百余人。

南镇抚司　官署名，明太祖洪武十五年（1382）置锦衣卫，下设镇抚司，掌本卫刑名，兼理军匠，设镇抚二人，从五品。永乐（1403—1424）时置北镇抚司，专治诏狱，乃以旧所设改称南镇抚司，专理军匠。

南镇国寺怯怜口事产提举司　见“福元营缮司”。

荐削　即“举状”。

荐举　选官制度。又名察举、保举、举保。分聪明正直、贤良方正、孝悌力田、儒士、孝廉、秀才、人才、耆民、明经、文学等名目。汉制：公卿或州郡地方官员须向皇帝推荐人才。凡得荐者，或由皇帝亲询，以观其能，量才使用；或即委以官职；或待诏候补。隋、唐后渐为科举所代，不再成为选官主要途径。明洪武六年（1373）太祖朱元璋罢科举后，一度复盛。除由官员推荐外，被荐者亦可转荐，皆具名礼部，再由礼部送吏部任用。十七年复科举，两途并行。建文（1399—1402）、永乐（1403—1424）后，科举日重，此途名存实亡。

草人　官名。《周礼》地官之属，一说为周朝置，掌除草施肥改良土壤。下士爵，属员有史、徒等。《周礼·地官·草人》：“掌土化之法以物地，相其宜而为之种。”

草工　官名。掌以茅草等植物编织器具。一说为殷朝官名。《礼记·曲礼下》："天子之六工，曰土工、金工、石工、木工、兽工、草工。"郑玄注："此亦殷时制也"，"盖谓作萑苇之器"。

草市尉　官名。南朝置，掌建康台城六门外草市的事务。《资治通鉴·南齐和帝中兴元年（501）》："（萧宝夤）乃戎服诣草市尉。"胡三省注："台城六门之外，各有草市，置草市尉司察之。"

草场　金朝管理草料的机构。京城、府、节镇等地皆置，设使、副使领场事。西京不设副使，防御州、刺史州设都监一员。使下设吏员攒典、场子。岁收五万以上设场子四人，掌积垛、出纳、看守、巡护等事。

草料场　官署名。简称草场，北宋置，掌草料储积、出纳等事务。设监官、监门官等。初隶提点仓场所，神宗元丰（1078—1085）改制后隶司农寺。

茶上人　官名。亦称尚茶。清朝内务府御茶膳房之员役。顺治元年（1644）设，共十七人，隶于总领。分掌宫内备办饮食及典礼筵宴所用酒席之事。雍正元年（1723）定授三等侍卫三人，蓝翎侍卫四人，称"茶上侍卫"。乾隆八年（1743）定三等侍卫内授一等侍卫一人。二十四年改隶尚茶正、尚茶副。

茶上侍卫　官名。亦称尚茶侍卫，清朝内务府御茶膳房"茶上人"之加衔。详"茶上人"。

茶马司　官署名。宋朝始置。初为茶场司与买马司合称。神宗熙宁七年（1074）始置官管理成都收买茶货，以供秦凤熙河路买马之费，遂置茶场司。元丰四年（1081）合二司为一司。宁宗庆元六年（1200）以提举茶事兼理马政，改称都大提举茶马司。嘉泰三年（1203）复分二司。凡市马于边区则以茶交易。置都大提举及主管、同主管官，许其自置僚属。明初沿置于秦州（今甘肃天水）、洮州（今甘肃临洮）、河州（今甘肃临夏）、雅州（今四川雅安），管理同少数民族地区茶马交易。设司令、司丞领其事。洪武十五年（1382）改令、丞为大使、副使。后罢洮州茶马司，以河州兼管。三十年曾改秦州为永宁（今属四川）茶马司，后复旧。

茶马官　宋朝茶马司都大提举、主管、同主管统称。

茶引批验所大使　官名。明朝始设于各府州县，为茶引批验所之主官，掌批验茶引事。下设副使一人。清沿置，仅于江苏江宁府设茶引批验所，置大使一员，例以吏员除授，品秩未入流。

茶衣大　满语官名。汉译为尚茶正。清内务府所属御茶、膳房设有此官。

茶汤钱　官制用语。宋朝禄赐制度之一。凡选人、使臣等无职田或职田不足者，于本俸之外每月另给补贴，称茶汤钱。

茶饭处　官署名。参见"御茶膳房"。

茶库　官署名。❶宋朝太府寺所属官库之一。掌接受江南东西路、两浙路、荆湖南北路与建州、剑州茶茗，以供赏赐、出卖及翰林司之用。❷清朝内务府广储司所属六库之一。掌储藏茶叶、人参、香、纸、颜料、绒线等物。缎库郎中兼司茶库事。本库置员外郎三人，由部员兼摄者一人；六品司库一人，无品级副司库二人，及库使若干。库藏出纳，按月缮折，送司核对，并呈堂奏销。

茶迭儿局总管府　官署名。元宪宗（1251—1259）朝置，属工部，管领诸色人匠造作等事。"茶迭儿"，蒙古语，意为庐帐。宪宗后定置府官，秩正三品，置达鲁花赤、总管、同知各一员。下辖诸司局、收支库。

茶盐道　官名。清朝道员之一，设于四川，掌茶、盐生产及销售事。详"盐法道"。

茶案　官署名。北宋前期置，属三司盐铁部，掌行茶法。神宗元丰（1078—1085）改制，随三司废。

茭著库丞　官名。南朝梁置，流外三品蕴位。

荡边将军　官名。北齐置。为褒赏军功勋臣的闲职。从七品。

荡夷将军　官名。南朝梁置。武帝天监七年（508）定为武职二十四班中的七班，普通六年（525）罢。

荡虏将军　官名。南朝梁置，武帝天监七年（508）定为武职二十四班中的七班，普通六年（525）罢。北魏亦置，孝文帝太和十七年（493）定为七品下，二十三年复次职令，改为从七品上。

荡逆将军　官名。北魏置。孝文帝太和十七年（493）定为七品下，二十三年复次职令改为七品上。可作为起家官。

荡寇中郎将　官名。东汉献帝建安（196—220）初孙策置。领兵。程普自丹阳都尉迁此，领零陵太守。见《三国志·程普传》。

荡寇将军　官名。东汉末置，为杂号将军，统兵出征。三国两晋、南朝沿置，魏、晋、宋皆八品（一说魏为五品）。梁武帝天监七年（508）定为武职二十四班中的一班，陈改为拟九品，比秩四百石。北魏孝文帝太和十七年（493）定为七品下，二十三年改为从七品上，北周为三命。隋初列为散号将军，从八品下，炀帝大业三年（607）罢。

荡寇校尉　官名。东汉献帝建安（196—220）中孙权置。领兵。《三国志·朱桓传》："（桓自余姚长）迁荡寇校尉，授兵二千人。"

荡难将军　官名。将军名号。东汉末及三国魏置，十六国前凉亦置。南朝宋八品。北魏孝文帝太和十七年（493）定为七品下，二十三年改为从七品上。北周定为三命。隋初列为散号将军，从八品下，炀帝大业三年（607）罢。

荡魏将军　官名。三国吴置，吕据自越骑校尉迁此。见《三国志·吕范传》。

荫生　参见"荫监"。

荫补　官制用语。又称任子、世赏、恩荫，宋朝重要入仕途径之一。文武官五品以上、带职官六品以上，其子弟、本宗及异姓亲属、门客等皆可补官。有圣节荫补，每年逢皇帝诞辰一次；大礼荫补，每三年逢郊祀时一次；致仕荫补、遗表荫补等名目。其滥授超越前代，是冗官冗费的重要原因之一。

荫叙　明清荫子为官之制。明洪武（1368—1398）年间初行，后渐成定制。凡官三品京堂以上者，皆得蒙恩荫子为官。荫子必须年满二十五岁，能通五经四书大义者。首荫嫡长子孙，次及旁支。受荫之前必须于原籍所在之布政司铨注。本官一品至从三品者，分别荫子为五品至从七品官。清朝沿用此制，分为恩荫、难荫、特荫三种，并分为内用、外用、改武职等途径。凡文官、京官四品以上，外官三品以上，武职二品以上，皆得荫一人为官。满洲、蒙古、汉军荫生按品分四等受荫，汉官荫生分七等受荫，分别任京官员外郎以下，主簿、经历以上之官，任外官同知以下，主簿、吏目以上之官。武职荫生皆由兵部任职。

荫监　明朝国子监监生名目。明朝沿袭前代制度，定文官一品至七品，皆可荫一子入国子监读书。后改在京三品以上方可请荫。由此入监者称官生。另有出自皇帝特恩者，不限官品，称恩生。凡得荫叙者，由提学官考送部试，按贡生例送国子监读书。

荫第　官制用语。指家中祖先有功勋或出任一定的官职，子孙可以凭此取得仕宦或入国子学等特权。

药长　东宫属官。东汉置，职掌医药。《后汉书·宦者·孙程传》："初帝见废，监太子家小黄门籍建、傅高梵、长秋长赵熹、丞良贺、药长夏珍皆以无过获罪。"三国魏沿置，七品。

药丞　官名。东汉隶少府所属太医令，员一人，秩三百石，主药。

药园师　官名。隋、唐太常寺太医署均置二员，唐朝为流外六品。京师以良田三顷为药园，选年十六岁以上、二十以下庶人为药园生，业成者为师。掌药材种植与收采。

药库　见"生药库"。

药局　官署名。北宋徽宗崇宁（1102—1106）中，于有市易务之处置，共七所，掌出卖熟药。

药童　官名。隋、唐殿中省尚药局及唐太常寺太医署、太子左春坊药藏局皆置，掌药物加工之事。宋初御药院亦置，无定员。徽宗崇宁二年（1103）改御药院为殿中省尚药局，仍置。掌供御汤药之事。

药蜜库　官署名。宋朝初年置，掌收纳储存糖、蜜、药物，以供医马之用。设监官三人，以京朝官及三班使臣充任。真宗大中祥符七年（1014）改置二人，皆差京朝官充任。神宗熙宁三年（1070），并入杂物库。

药藏丞　官名。即太子药藏丞。

药藏局　官署名。北齐太子门下坊始置，监、丞各二员，又有侍医四员，掌东宫医药。隋朝沿置，监、丞各二员，侍医四员，炀帝大业三年（607）减侍医二员。唐朝沿置，高宗龙朔二年（662）改隶太子左春坊，改监为郎，置二员，丞仍置二员，掌和医药，又有侍医四员、典药二员。

药藏郎　官名。即太子药藏郎。

药藏监　官名。即太子药藏监。

巷伯　官名。周朝宫内侍御小臣。《左传·襄公九年》："令司宫、巷伯儆宫。"杜预注："司宫，阉臣；巷伯，寺人，皆掌宫内之事。"

巷伯下士　官名。西魏、北周天官府司内上士巷伯中士佐官，正一命。

巷伯中士　官名。西魏恭帝三年（556）置，北周沿置。天官府司内上士属官，由阉人充任，为宫中门巷之长，掌后宫事，正二命。下设巷伯下士以佐其职。隋文帝开皇元年（581）罢。

巷伯局　官署名。渤海国置，设常侍等官。

巷伯局常侍　官名。渤海国巷伯局官。

荣禄大夫　散官名号。金朝始置为散官，以授从二品下文官。元朝始置，改文官从一品，宣授。明朝文、武散官均置，从一品，初授。

革职　❶罢免官职。❷对官吏的处分制度之一。如清代吏部处分制度，革职之等，在降三级调用之上，是官员最重处分，更甚者则加"永不叙用"。革职有余罪，则交刑部。革职留任者，其等在降三级留用之上，与降一级调用同等。

带　官制用语。南北朝时期，一些中央官员兼任地方郡守、县令，但不理事，主要是为取得其禄秩，称带，也是皇帝的一种恩赐。《魏书·裴延俊传》："时高祖以（裴）聿与中书侍郎崔亮并清贫，欲以干禄优之，乃以亮带野王县，聿带温县，时人荣之。"南朝梁自侯景乱后，京官文武多遥带一郡、县官而取其禄秩。唐朝九品以上职事官，皆带散位，谓之本品。高祖时，职事官高于散位者，不带散位；太宗时，无论职事官高于或卑于散位者，仍各带散位。

带御器械　官名。宋朝初年，皇帝选三班使臣以下或内侍武干亲信者为卫士，以防不虞，赐佩带橐鞬及御剑，称御带。真宗咸平元年（998），改称带御器械，选诸司使副充任。掌轮番宿直，或出领外任。仁宗景祐二年（1035），令以六员为额。庆历元年（1041），以历边任有功者补阙员。神宗元丰二年（1079），命遇独员，差内侍押班兼权。南宋沿置。孝宗乾道六年（1170），令立班在枢密院检详诸房文字之下。

带牌天使　西夏信使名。指牌以传递信息、军情。

要会　官府记录财政收支情况的文书。《周礼·天官·小宰》："月终则以官府之叙受群吏之要"，"听出入以要会"。郑玄注引郑司农云："要会，谓计最之簿书，月计曰要，岁计曰会。"

残零阙　官制用语。又称残阙。宋朝吏部四选的破格阙榜公布十日后，所剩无人愿认窠阙，称为残零阙。再放榜公布十日，所剩无人愿认，称为无人愿就残零阙。年老免铨试选人或杂出身人，许注授此类窠阙。

殄夷将军　官名。三国魏置。北魏沿置，孝文帝太和十七年（493）职员令定为八品上，二十三年复次职令，未变。北齐为褒赏军功勋臣的闲职，八品。

殄吴护军 官名。西晋置。统兵，职掌同将军，位低于同号将军。参见“护军”。

殄吴将军 官名。三国魏置。《三国志·曹休传》：“初，文帝分（曹）休户三百封（曹）肇弟纂为列侯，后为殄吴将军。”

殄虏护军 官名。三国魏置。统兵，职掌同将军。参见“护军”。

殄虏将军 官名。南朝梁置，武帝天监七年（508）定为武职二十四班中的一班，地位最低，普通六年（525）改为武职三十四班中的七班。陈沿置，拟九品，比秩四百石。北魏亦置，孝文帝太和十七年（493）定为八品上。

殄难将军 官名。东汉末及三国魏置，两晋、南朝宋省置无常，八品，为杂号将军中地位较低者。北魏孝文帝太和十七年（493）定为八品上，北周改为正二命。隋初列为散号将军，正九品上，炀帝大业三年（607）罢。

殄寇将军 官名。东汉献帝兴平（194—195）中置。《三国志·孙策传》：“（袁）术表策为折冲校尉、行殄寇将军。”晋、南朝宋沿置，为杂号将军中地位较低者，八品。北魏孝文帝太和十七年（493）定为八品上，北周改为正二命。隋初列为散号将军，正九品上，炀帝大业三年（607）罢。

奎章阁学士院 官署名。元朝置。秩正二品，设于文宗天历二年（1329），掌聚集文人学士，鉴赏文籍，兼备皇帝咨询。置大学士二员，正二品；侍书学士二员，从二品；承制学士二员，正三品；供奉学士二员，正四品。下辖群玉内司。顺帝至元六年（1340）罢。

厘务官 官名统称。即宋朝各地专管财务的官员，如诸路提举茶盐、茶马、坑冶、市舶司及诸州茶盐酒税场务、征输、冶铸监当官等。

咸州乣将 官名。辽朝置。北面官，统领咸州路乣军。

咸州兵马详稳司 官署名。辽朝置。北面官，统领咸州路兵马，属长春路诸司，控制东北诸国。设详稳等职。

咸州路都统司 官署名。统领本路军兵。金初设于咸州路，设都统、副都统领司事。参见“都统司”。

咸和苑 官署名。明永乐五年（1407）置，北京苑马寺六监二十四苑之一，属清河监。设圉长一人，从九品，下分各群，设群长，掌牧养马匹，以备军需。十八年并入太仆寺。参见“清河监”。

咸真 官名。北魏置。《南齐书·魏虏传》：“诸州乘驿人为咸真。”此系南朝人对北魏鲜卑语官名的音译。

威力将军 参见“十威将军”。

威风将军 参见“十威将军”。

威东将军 官名。南朝梁武帝天监七年（508）置，与威西、威南、威北将军合称四威将军。为施用于境外的武职二十四班中的二十一班，地位相当于安东将军。

威北将军 官名。❶三国吴置。领兵。诸葛恪因招抚山越之功，自抚越将军、领丹杨太守拜此。见《三国志·诸葛恪传》。❷南朝梁武帝天监七年（508）置，与威南、威东、威西将军合称四威将军。为施用于境外的武职二十四班中的二十一班，地位相当于安北将军。

威仪司 官署名。元朝管理道教事务之机构，设于各县，掌理道人词讼。凡遇道人与百姓发生词讼，则与地方官府共同处理。

威戎将军 官名。将军名号。东汉末及三国魏置，两晋、南朝宋省置无常，八品（一说三国魏为五品）。南朝梁武帝天监七年（508）定为武职二十四班中的五班，陈改为拟八品、比秩六百石。北魏孝文帝太和十七年（493）定为六品中，二十三年改为七品上。隋初列为散号将军，从八品上，炀帝大业三年（607）罢。

威西将军 官名。南朝梁武帝天监七年（508）置，与威南、威北、威东将军合称四威将军。为施用于境外的武职二十四班中的二十一班，地位相当于安西将军。

威光将军 参见“十威将军”。

威远将军 官名。将军名号，三国吴置，权任很重，孙邵以丞相兼任此。三国魏、两晋时地位稍低，五品。十六国西凉沿置。北魏孝文帝太和十七年（493）定为五品中，二十三年改为从五品。北周沿置，命品不详。麹氏高昌国亦置，位在鹰扬将军之下。见《吐鲁番出土文书》第三册《阿斯塔那一五五号墓文书》。

威陇将军 官名。南朝梁置。武帝天监七年（508）定为施用于境外的武职二十四班中的十五班，拟智武将军等号，大通三年（529）定制后，仍拟智武将军等号。

威武中郎将 官名。东汉献帝建安（196—220）中孙权置，领兵。贺齐自平东校尉迁此。见《三国志·贺齐传》。

威武阿速卫亲军都指挥使司 官署名。元朝侍卫亲军指挥机构，秩正三品。设于顺帝元统元年（1333），又称彰德（今河南安阳）威武卫。军人来自文宗时由河南招募的阿速勇士五千人。设都指挥使、副使等职。

威武将军 官名。北魏始置，孝文帝太和十七年（493）定为第六品中，二十三年改第七品上。明末李自成农民军政权置，五品。崇祯十六年（1643）于襄阳定制，中营制将军下设正、副、左、右四人，左营制将军下设一人，通达卫、襄阳卫各设左、右二人，汝宁卫设一人。

威虏将军 官名。东汉初置，刘秀以冯骏任之。

后省。东汉献帝建安（196—220）中曹操复置，三国魏、两晋、南朝宋沿之，为将军名号，皆定为八品（一说三国魏定为五品）。梁武帝天监七年（508）定为武职二十四班的三班，陈改为拟八品，比秩六百石。北魏孝文帝太和十七年（493）定为六品中，二十三年改为七品上。

威河将军　官名。南朝梁置。武帝天监七年（508）定为施用于境外的武职二十四班中的十六班，拟智威将军等号，大通三年（529）定制后，仍拟智威将军等号。

威南将军　官名。❶三国吴置。领兵出征，薛珝曾为之。见《三国志·三嗣主传》。❷南朝梁武帝天监七年（508）置，与威北、威东、威西将军合称四威将军。为施用于境外的武职二十四班中的二十一班，地位相当于安南将军。

威信将军　参见“十威将军”。

威胜军详稳司　官署名。辽朝置。北面官，统领威胜军。设详稳等职。

威胜将军　参见“十威将军”。

威烈将军　官名。三国吴置。北魏沿置，孝文帝太和十七年（493）定为六品中，二十三年复次职令，改为七品上。南朝梁、陈列为十威将军之一，参见“十威将军”。

威振将军　参见“十威将军”。

威略将军　参见“十威将军”。

威猛将军　参见“十威将军”。

威寇中郎将　官名。东汉献帝建安（196—220）初孙权置，《三国志·孙韶传》裴松之注引《吴书》：“（孙河）从（孙）权讨李术，术破，拜威寇中郎将，领庐江太守。”

威寇将军　官名。西晋时益州牧赵廞置。北魏沿置，孝文帝太和十七年（493）定为六品中，二十三年复次职令，改为七品上。

威越校尉　官名。东汉献帝建安（196—220）初孙权置。董袭自扬武都尉迁此，领兵数千。见《三国志·董袭传》。

威雄将军　参见“十威将军”。

威漠将军　官名。南朝梁置。武帝天监七年（508）定为施用于境外的武职二十四班中的十四班，拟轻车将军等号；大通三年（529）定制后，仍拟轻车将军等号。

威震将军　见“十威将军”。

威耀将军　官名。南朝梁置。武帝天监七年（508）定为武职二十四班中的十三班，与宁远将军同班，代旧宁朔将军，普通六年（525）罢。

面对　宋朝官场用语。即百官按规定轮流面见皇帝，指陈时政得失、条举利害急务。通常五日一对，每次一人。是皇帝了解下情的途径之一。

挂印将军　官名。明朝称挂军印的总兵官、副总兵，带兵出征，事毕纳还。如征虏大将军、征南将军、征西将军、平蛮将军等。参见“将军”。

挂衔推官　官名。清初各府之佐贰官，与推官共掌刑名之事。顺治三年（1646）裁。

挂牌　清朝地方知府以下官员，凡经任免者，由各省布政使将任免公告书于粉漆牌上，在布政使衙署前揭出，称挂牌。

持书侍御史　即治书持御史。唐朝人避高宗李治名讳改。

持节　官员或使臣外出时持有皇帝授与的节杖，以示其威权。魏晋以后，军事长官出征或出镇时，加持节即可杀无官位之人，在军事行动中享有诛杀二千石以下官员的权力。大臣出使出巡或代表皇帝参加祭吊时，亦持节，以示权位与尊崇。后遂演变为一种官号。唐高祖武德元年（618）规定，刺史加号持节；太宗贞观二十二年（648）以契丹窟哥为持节十州诸军事松漠都督府都督，奚可度著为持节六州诸军事饶乐都督府都督。其后常加，然有名无实，但颁铜鱼符。后有节度使，持节之名亦废去。

持节尉　官名。战国魏置，持符节的使臣。《战国策·魏策四》：“魏攻管而不下。安陵人缩高，其子为管守。信陵君使人谓安陵君曰：‘君其遣缩高，吾将仕之五大夫，使为持节尉。’”

拱卫　功臣号。宋朝以赐禁军诸班直将校。参见“功臣号”。

拱卫大夫　官名。北宋徽宗政和二年（1112）重定武臣及内侍阶官名，改四方馆使、昭宣使置，正六品。

拱卫司　官署名。明初置，为正七品衙门。隶都督府，管领校尉。后改拱卫指挥使司，升正三品。再改都尉司。洪武三年（1370）改为亲军都卫府。

拱卫直使司　官署名。金朝置。属宣徽院。掌仪卫之事。原称龙翔军，海陵王正隆二年（1157）改名神卫军，世宗大定二年（1162）改称拱卫直使司。设使、副使统领司事。大定五年，以使为都指挥使，副使为副都指挥使，秩从四品、从五品。兼领威捷军。

拱卫直都指挥使司　官署名。元朝置。设于世祖至元三年（1266），秩从四品，掌控鹤六百余户及仪卫事。置都指挥使、副使各一员。十六年，升正三品，增达鲁花赤一员，隶宣徽院。二十年，复为从四品。二十五年，归于中书省礼部。成宗元贞元年（1295），又升正三品。文宗时拨隶侍正府，置达鲁花赤一员，都指挥使四员，皆正三品；副指挥使二员，从三品；佥事二员，正四品。下辖控鹤百户所十三所及仪从库，秩均为从七品。

拱卫郎　官名。北宋徽宗政和二年（1112）重定武臣官名始置，为从七品武阶官。

拱卫指挥使司　官署名。明初改拱卫司而置，为正三品衙门。后改都尉司。洪武三年（1370）改亲军都尉府。

拱极　功臣号。宋朝以赐禁军诸班直将校。参见“功臣号”。

挞马 官名。契丹置。北面官。《辽史·国语解》："挞马，扈从之官。"后为皇帝近侍。

挞马狘沙里 官名。契丹置。即扈从兵首领。辽太祖阿保机即位前曾任此官，参预部族事。耶律神速也曾任此。

拽剌 即曳剌。

拽剌军详稳司 官署名。辽朝置。北面官，统领拽剌军。设详稳等职。

挏马令 官名。武帝太初元年（前104）更名家马令置，仍属太仆，掌皇室乳马。据《汉书·百官公卿表》颜师古注引应劭曰："挏马令主乳马，取其汁挏治之，味酢可饮，故以名官也。"东汉省。

括户大使 官名。东魏置。孝静帝武定二年（544），以太保孙腾、司徒高隆之为之，分赴河北，青州等地，搜括不在国家户籍上的浮逃户，获逃户六十余万。见《魏书·孝静帝纪》、《北齐书·孙腾传》、《高隆之传》。

挢虔吏 矫称上命的不法官吏。《汉书·武帝纪》元狩六年诏："将百姓所安殊路，而挢虔吏因乘势以侵蒸庶邪？"颜师古注引孟康曰："虔，固也。矫称上命以货贿用为固。"又引韦昭："凡称诈为矫，强取为虔。"

拾遗 ❶官名。唐武则天垂拱元年（685）始置左、右拾遗各二员，分隶门下、中书两省，掌供奉讽谏。从八品上，为士人清选。宋初多出领外任，不专任谏职。太宗端拱元年（988），改正言。南宋孝宗淳熙十五年（1188）复旧名，掌规谏讽谕，隶中书门下省。光宗绍熙二年（1191）又改正言。辽置左、右拾遗，分隶门下省左谏院、中书省右谏院。金朝亦置，正七品。明朝建文（1399—1402）时，通政使寺及六科之下均设，分左、右，成祖即位后罢。❷指对四品以上官员的弹劾。明制，凡考察之年，四品以上大臣具疏自陈，由皇帝裁定去留。确定去留后，而居官有遗行或不称职者，由科道官纠劾，谓之拾遗。遭此劾者，通常难能获免。

指分 又称加捐指分。清朝任官方法之一。清制：凡京外月选官，均由吏部掣签确定分发何省或何衙门。捐纳章程规定，凡候补官，只要缴足规定额数捐银，即可要求指定分发至某省或某衙门，谓之指分。

指使 官名。宋朝神宗时置，为军队训练官之一。选散直、从九品使臣及无品殿侍充任。后提举保甲司、安抚使司亦置为属官。

指挥 ❶军事编制，五代后唐始置，隶军下每军十指挥，置指择使为其长官。宋沿置，上隶于厢、军，下领五都。❷官名。辽朝置。圣宗统和六年（988）以宋降军分置七指挥统领，各分左右厢，号称归圣军。太平天国亦置。初于检点之下，共七十二员，以殿前左一、右二为序，左单右双，依次排列。至第十一始去前字，直至殿右七十二止。受命出征时常统数军，总制以下皆听其指挥。未克湖北武汉前，有功将士常加恩赏指挥虚衔，称殿前指挥，不与正指挥同等。又另置职同指挥者，无定员。后期置六爵，指挥遂成卑官。天历戊午八年（1858）排至三百十二号。❸官文书名。宋尚书省各部临时解释敕文，以令属下遵照执行之指令。❹"指挥使"简称。

指挥同知 官名。明朝始置，为卫的副长官。每卫二人，从三品，与指挥使、佥事同掌卫事，多为世袭，兼有流官。羁縻卫所置，则由少数民族首领充任。清沿置为土官，设于甘肃、云南。掌所属土兵事务。参见"指挥使"。

指挥佥事 官名。明朝置为各卫副长官，每卫四人，正四品，与指挥使、指挥同知共掌本卫事务。清朝于甘肃、云南土官中设，正四品，掌所属土兵事务。参见"指挥使"。

指挥使 官名。唐始置。僖宗时，宦官田令改编左右神策军为五十四都，以神策大将军为诸都指挥使。唐朝、五代，藩镇皆置，为领兵将领。宋朝军下各指挥皆置。西夏元昊建国初于十二监军司内设置，为军职，党项与汉人均可出任。明朝各外卫、京卫、王府护卫及少数民族地区羁縻卫均置，为各卫长官，正三品，与同知、佥事共掌各卫事。遇征战，率其属所命于主帅。多为世袭，兼有流官。羁縻卫指挥使则由少数民族首领充任。凡袭击、升授、优给、优养，报都指挥使司，达所隶都督府，移兵部。清顺治元年（1644）沿明制置锦衣卫，置此官。二年罢。又，清土官中设，武职。置于甘肃、云南，正三品，掌所属土兵事务。袭替隶兵部。受陕甘总督、青海办事大臣及云贵总督管辖。

指挥使司 官署名。金朝置。凡州府所募射粮军、牢城军，每五百人为一指挥使司。设使掌本司事。分为四都，都设左右什将、承局、押官各一人。如本处军员不足，三百人或二百人亦设指挥使，百人则仅设军使，百人以下立为都，不及百人设什将、承局、管押官各一员。

指省 清朝任官方法之一。又称加捐指省。根据捐纳制度规定，没有补授实缺之官员在吏部候选者，不等抽签分发，而由自己捐钱指定到某省听候委用，称为指省。

指射 官制用语。宋朝差遣法之一。四川、两广、福建、湖南等八路文、武臣差遣，中原之人多不愿就任，因许本路及北方诸路在选官员随意选定窠阙，称八路官员"指射差遣法"。神宗元丰（1078—1085）改制后，吏部四选窠阙，在一定情况下，亦许人指射。

挑帘子军机 清朝对军机大臣中地位最低者之称呼。清制，军机大臣入值，以地位为序排列，首领者手捧折盒章奏等件首行，余以次从之，将及乾清宫奏对处，则首领者行稍缓，最后之军机趋前将帘卷起，让诸军机以次行毕而后入。及奏对毕，亦如是而退。

挖铜伯克　官名。清朝新疆回部官员之一，掌理挖铜之事。喀喇沙尔、库尔勒及所属布尔古各设一人，秩七品。

按劾　官制用语。宋朝弹劾制度之一。凡台、谏官向朝廷上奏疏检举官员过失，皆称按劾。参见“弹奏”。

按察分司　官署名。参见“四十一道按察分司”。

按察司　官署名。金朝承安四年（1199）改提刑司设。掌一路之司法刑狱、考核官吏，兼劝农桑。设按察使一员掌司事。元世祖至元六年（1269）设提刑按察司。二十八年，改称肃政廉访司。明初复设提刑按察使司，主管一省之刑名按劾之事。简称按察司。洪武十四年（1381），置各道按察分司。二十九年改按察分司为四十一道。建文（1399—1402）中改十三道按察司，各设按察使一人，副使、佥事无定员，以及经历、照磨、检校、司狱等官。所属有经历司、照磨所、司狱司等机构。清顺治（1644—1661）中沿置。初直隶省不设按察使，以道员兼领。雍正二年（1724）直隶亦设。总计内地十八直省共十八处按察司衙门，每省设按察使一人，属官与办事机构与明同。兼掌驿递、乡试、大计考官之事。宣统二年（1910），改为提法使司。

按察使　官名。唐朝始设，为监察官。后世因之，金朝以后转为司法官，兼监察官。唐睿宗景云二年（711），置十道按察使，道各一人，分察天下。玄宗开元（713—741）间，曾改称按察采访处置使。十七年置十道、京都、两畿按察使，二十年改称采访处置使。掌察所部善恶，举大纲，凡奏请，皆属于州。宋朝不设节度使，初由转运使兼领提刑，后别置提点刑狱，遂为后世按察使之前身。金朝承安四年（1199），改提刑司为按察司，设按察使一员，正三品，掌一路之司法刑狱、考核官吏，兼劝农桑。元世祖至元六年（1269）设提刑按察司。二十八年，改称“肃政廉访司”，置使，正三品，掌断定六品以下官吏轻罪，复审地方已断之民间称冤案件，签署官员考核政绩。明初复设提刑按察使司，置按察使，为按察司之长官，正三品，主管一省之刑法。别称臬司，尊称臬台、外台。清承明制，每省设一人，与布政使同为督抚大员之下属。掌一省刑名按劾之事，以振风纪而澄吏治，乡试充监试官，大计充考察官，秋审充主稿官。亦正三品。宣统三年（1911），改为提法使，不久废。

按察诸道刑狱使　官名。辽朝置。南面官，非常置，临时差遣，分路判察各地冤狱。

按察副使　官名。明朝及清初各省按察司之副长官。朱元璋于吴元年（1367）始置，正四品。各省员额不等，视事之烦简而定。与按察佥事分道巡察，凡兵备、提学、抚民、巡海、清军、驿传、水利、屯田、招练、监军，各专事置，并分员巡备京畿。清初沿明制。乾隆十八年（1753）裁。

按摩师　官名。唐朝殿中省尚药局、太常寺太医署各置四员，均流外三品，掌教按摩导引之法。

按摩博士　官名。隋朝太常寺太医署置，员一人。唐沿置，从九品下，掌以推拿按摩之术教授按摩生。

拯危急　官名。太平天国军中给事官。见“军中典官”。

轻车将军　官名。西汉置，武帝任太仆公孙贺为之，统兵出征。东汉末一度地位较高，在九卿及卫将军之上。三国魏后地位稍降，为将军名号。魏、晋、南朝宋皆为五品（一说魏为三品）。十六国前梁亦置。南朝梁武帝天监七年（508）定为武职二十四班中的十四班，除改为拟五品，比秩千石。北魏孝文帝太和十七年（493）定为五品中，二十三年改为从五品。北齐仍为从五品，北周改定为五命。隋初列为散号将军，从七品下，炀帝大业三年（607）罢。

轻车都尉　官名。唐高祖武德七年（624）改开府仪同三司置，为从四品上勋官。宋初因之，为从四品勋官。徽宗政和三年（1113）罢文臣勋官，只授武臣及蕃官。金、元沿置。金为十二勋阶第六阶，从四品。元为十勋阶第六阶，从三品，止用于封赠。明为武勋官十二阶第六阶，从三品。清乾隆元年（1736）置为九等世爵第六等，其中又分四等：一等轻车都尉兼一云骑尉、一等轻车都尉、二等轻车都尉、三等轻车都尉。皆叙正三品。

轻骑将军　官名。十六国前秦置。《晋书·苻坚载记下》：“坚於是以骁骑吕光为使持节、都督西讨诸军事，与陵江将军姜飞、轻骑将军彭晃等配兵七万，以讨定西域。”

轻锐将军　官名。南朝梁置，武帝天监七年（508）定为武职二十四班中的七班，普通六年（525）改为武职三十四班中的十班。

〔丨〕

点宝　官名。金朝置。宗庙执事，视察册宝殿封缄，由太常官担任。

点检文字　官名。宋朝国史院属官，掌文字校对之事。

点检医药饭食　见“点检医药饮食”。

点检医药饮食　官名。或称提点医药饭食、点检医药饭食、提点医药饮食。南宋三衙长官、都统制、招讨使、招抚使等属官，分督医人，主管军队药食。

点检侍卫亲军马步司　官署名。辽朝置。南面官，总领侍卫亲军。

点检侍卫亲军马步司都点检　官名。辽朝置。南面官，点检侍卫亲军马步司长官。

点检侍卫亲军马步司副点检　官名。辽朝置。南面官，点检侍卫亲军马步司副长官。

点检试卷官　官名。宋朝置。真宗景德四年（1007）礼部试，始设点检进士程文官及考校诸科程文官。天禧三年（1019），改称点检试卷官，于馆职、学官中选差。分课题考校举人试卷，批定分数、等第。知举官定合格与否及等第后，再检查试卷中有无杂犯事项。其后，各级考试皆置。

点检房 官署名。宋朝门下省、中书省所属机构。神宗元丰（1078—1085）改制后置，掌省察差失。

点检雷同官 官名。宋朝置。南宋理宗时，应试举人私相抄袭，或抄古作，或袭老儒旧文，极多雷同，故于礼部试、国子监解试置。凡雷同试卷，即行黜落。后以贡院参详等官兼任。

背批 官府文书名。宋朝官员任职或出行，若主管官府无印纸，可取官员本人台敕或宣札、公据，于背面批写某时差到干办某事、至某时替罢及有无不了事件等，由本司长官具衔签押盖印，称为背批。又官告后面批书官员三代、乡贯，亦称背批。

临安广西元江等处宣慰司兼管军万户府 官署名。元朝置。秩从二品，隶云南行省。置司于临安路（今云南通海），领临安、广西、元江、和泥四路及车里军民总管府，统有今云南省东南部地区。置宣慰使三员，同知、副使各一员。

临安行省 见“江浙等处行中书省”。

临安府 官署名。南宋高宗建炎三年（1129）置，治南宋京都之事。设知府一人，通判二人，签书节度判官厅公事、节度推官、观察推官、观察判官、隶事参军、左司理参军、右司理参军、司户参军、司法参军各一人。掌畿甸之事，籍其户口，均其赋役，颁其禁令。城外内分南北左右厢，各置厢官，听断民间讼诉。领九县，分士、户、仪、兵、刑、工六案，辖开拆司、财赋司、大礼局、国信司、排办司、修造司。属吏有点检文字、都孔目官、副孔目官、节度孔目官、观察孔目官各一人。孝宗乾道七年（1171），以皇太子为临安尹，废通判、签判职官，设少尹一人、判官二人。推官三人。九年，罢皇太子领尹事，依旧制设知府、通判等官。

临安府少尹 官名。南宋孝宗乾道七年（1171）置，以侍从以上官充任。掌受民词以报于尹，隔日率僚属诣东宫禀事。九年罢。

临安府尹 官名。南宋孝宗乾道七年（1171）置，以皇太子为之，为临安府长官。九年罢。

临安府判官 官名。南宋孝宗乾道七年（1171）置，以郎官以上官充任，其地位相当于通判。九年罢。

临安府知府 官名。南宋初年置，为临安府行政长官。孝宗乾道七年（1171）罢，以皇太子领临安府尹事。九年复置。

临安府通判 官名。南宋初年置，为临安府副长官。孝宗乾道七年（1171），改置判官领其事。九年复置。

临安府推官 官名。南宋孝宗乾道七年（1171）置，员三人，为临安府尹募职。九年废。

临安府签判 南宋临安府签书节度判官厅公事简称。参见“临安府”。

临潢府路转运司 参见“北京都转运司”。

竖 官名。又称“寺人”或“内竖”。周朝置，未成年的近侍小臣，掌内外之令的传达。《国语·晋语四》：“文公之出也，竖头须，守藏者，不从。”韦昭注：“竖，文公内竖里凫须，公出不从，窍藏以逃，尽用以求纳公。”《周礼·天官·内竖》：“掌内外之通令。”郑玄注：“使童竖通王内外之命。”

削 官文书名。即举状，又称荐削。宋朝中、高级官员作为举主，每年一次或两次，向朝廷推荐选人改为京官，每递呈一纸举状，推荐一名选人，称为一削。

削国 汉朝诸侯王因罪削夺国邑。有削部分或全部，视罪行而定。《汉书·刘濞传》：“赵王有罪，削其常山郡。胶西王以卖爵事有奸，削其六县。”

削爵 因罪削减爵位。汉朝削爵多指诸侯王、列侯。《汉书·王子侯表》：“（祚阳侯仁）初元五年坐擅兴徭赋，削爵一级，为关内侯。”后历朝均沿其法。

省 ❶即视、察。周朝天子或大臣巡察方国及边陲地区之谓。《太保玉戈铭》：“王在丰，命太保省南国。”《周易·观》：“先王以省方观民设教。”汉朝又有省录尚书事，指主管尚书台之事。❷天子遣使臣对诸侯臣子进行聘问之谓。《周礼·秋官·小行人》：“存、覜、省，聘问臣之礼也。”❸指皇宫禁地。《汉书·昭帝纪》：“帝姊鄂邑公主益汤沐邑，为长公主，共养省中。”或说省中本称禁中，门阁有禁，非侍御之臣不得妄入，后因孝元皇后父名禁，故改称以避之。后世因之。❹官署通称。两晋南北朝有尚书、中书、门下、集书、散骑、秘书、著作等省，多设于禁中，故名。后世有门下、中书、尚书、秘书、殿中等省，或设宫外，然仍沿旧称。

省马院 官署名。南宋养马机构。孝宗淳熙元年（1174），置养马使唤人，由步军司差拨。

省元 官场用语。即宋朝贡举礼部试第一名。太祖开宝八年（975），殿试礼部奏名举人，重定名次，始与状元有别。殿试唱名时，如过第三次尚未呼及，可越众声明，虽成绩在下等，亦可升甲，或升至第一甲。若皇帝因丧暂停殿试，便以省元为榜首。

省中 皇宫之内称省中。据蔡邕《独断》，本为禁中，因避汉元帝皇后父王禁之讳，故改称省中。或以为汉朝原有禁、省之别，非自避王禁讳始。

省方大使 官名。北齐置，负责巡视州郡。《北齐书·李雅廉传》：“肃宗即位，（稚廉）兼散骑常侍、省方大使，行还，所奏多见纳用。”

省札 官府文书名。宋朝尚书省处置公事，由长官签署后，发付诸司、诸路监司、州军施行，称省札。

省可尚书奏事 十六国后赵所设总揽军国政务的一种名义。职权与“录尚书事”相类，乃宰相之任。《晋书·石勒载记下》：“勒令其太子省可尚书奏事，使中常侍严震参综可否，征伐刑断大事乃呈之。”

省史　官名。西周置，掌监察。《鬲攸从鼎铭》："王令省史南以即虢旅。"杨树达《积微居金文说》："省，罪也。其史司罪过之事，故曰省史。"

省库　官署名。北宋置，掌收纳诸路州府买扑场院所收课利。

省事　官吏名。❶诵读文书的小吏。西晋始置，隶尚书令。《晋书·职官》："始贾充为尚书令，以目疾表置省事吏四人，省事盖自此始。"品职章服与令史略同。惠帝元康（291—299）中太子詹事属吏亦有之。南朝宋尚书省、中书省正副长官皆置。北魏于尚书、中书省外，其余省、局亦置，孝文帝太和十七年（493）定为从八品上。万俟丑奴所置大行台亦有之。❷州郡长官属吏。西晋司隶校尉属吏有之，东晋罢。南朝及北齐复置为州刺史、郡太守属吏。隋朝亦置，地位较前为重，可超迁颇高职位。❸麹氏高昌国官名。位在从事下，掌导引宾客。

省尚书事　参与审核评议军国政务的一种名义。三国吴置，地位略低于录尚书事、平尚书事，亦宰相之任。《三国志·是仪传》："迁偏将军，入阙省尚书事，外总平诸官，兼领辞讼。"西晋惠帝时曾令太子太师、太子太傅、太子太保、太子少师、太子少傅、太子少保通省尚书事。

省闼　皇宫内的官署。《后汉书·何进传》："中官在省闼者或数十年，封侯贵宠，胶固内外。"

省试　即礼部试。

省曹　三省、六部合称。

省眼　吏部郎官别称。洪迈《容斋四笔》卷一五《官称别名》："唐人好以它名标榜官称"，"吏部郎为小选、为省眼"。

省掾　元朝中书省令史别称。掌文书案牍。定员汉人省掾六十人，回回省掾十四人。一般选自枢密院、御史台令史，也可从正、从七品文资官内选取。武宗至大元年（1308）规定，从文资官内选取者须占省掾的一半。

尝药次御　官名。北魏置。《魏书·恩幸传》："（徐义恭）为尝药次御，出为东秦州刺史。"为皇帝身边亲近之职，佐尝药典御负责御药的调制，在进御前要先尝。

尝药典御　官名。北魏置。《魏书·恩幸传》："（正光）五年（524），（侯详）拜司徒左长史，领尝药典御、燕州大中正。"为皇帝左右亲近之职，负责御药的调制，进御前要先尝。下设尝药次御以佐之。时又有中尝药典御。

尝药监　官名。北魏置。负责御药的调制，进御之前须先尝。孝文帝太和十七年（493）定为从五品下，二十三年复次职令，未见。

尝食典御　官名。北魏置，负责帝、后御膳的烹制及进奉，在进食前要先尝。其下设丞。为皇帝左右亲近之职。侯刚以左卫将军领之，后被解此职，虽余官未动，但颇为失意。或以宗室子弟兼领。

尝食典御丞　官名。北魏置。《魏书·阉官传》："景明（500—504）中，（成轨为）尝食典御丞，（中谒者）仆射如故。"佐尝食典御负责帝、后御膳的烹制及进奉。参见"尝食典御"。

尝食监　官名。北魏置，为后宫女职。《傅姆王遗女墓志》："世宗顺后善其宰调，酸甜滋味允中，又进尝食监。"（赵万里《汉魏南北朝墓志集释》图版三四）

哄师　官名。隋朝太常寺鼓吹署置二员。

哈儿班　蒙古语，意为"十"，或用以称十户，参见"牌子头"。

哈的　一作合的，又称哈的大师。伊斯兰教法官称号。元朝于伊斯兰教徒聚居区设哈的，朝廷设回回哈的司作为管理伊斯兰教徒的机构。武宗至大四年（1311），罢回回哈的司，命哈的大师只管掌教念经，回回人所有刑名、户籍、钱粮、词讼均由官府衙门断决。但此后回回人相互间诉讼实际仍按旧制由哈的处理，只有无法解决的案件才向官府陈告。

哈的大师　见"哈的"。

哈剌鲁万户府　军府名。元朝设于世祖至元二十四年（1287），置司于辽阳行省内，掌哈剌鲁军人。后移屯襄阳，又称为阿儿鲁万户府。成宗大德二年（1298）后，置司于南阳北。文宗天历二年（1329），划归大都督府，列入卫军系统。设达鲁花赤、万户各一员，辖千户所三翼。

哈思户额尔机阿达飞拜察喇昂邦　见"哈思呼额尔吉阿达费拜察喇按班"。

哈思户额尔机阿里飞拜察喇昂邦　即哈思呼额尔吉阿里费拜察喇按班。

哈思户额尔机阿思哈尼拜察喇昂邦　即哈思呼尔吉阿思罕尼拜察喇昂邦。

哈思户额尔机哈分布勒哈番　即哈思呼额尔吉哈福布勒哈番。

哈思呼额尔吉阿达费拜察喇按班　满语官名。又作哈思户额尔机阿达飞拜察喇昂邦。汉名为左佥都御史。乾隆（1736—1795）时裁。

哈思呼额尔吉阿里费拜察喇按班　满语官名。汉译为左都御史。

哈思呼额尔吉阿思罕尼拜察喇昂邦　满语官名。汉译为左副都御史。

哈思呼额尔吉哈福布勒哈番　满语官名。汉译为左通政使。

哈思呼额尔吉爱叶拉喇哈番　满语官名。汉译为左参议。

哈资伯克　官名。清朝新疆回部官员之一，掌总理刑名。喀什噶尔等处设五品伯克二人。喀什噶尔属之察拉根、叶尔羌属之波斯坎木等处设六品伯克各二十四人。叶尔羌属之色勒库尔设七品伯克一人。

哈喇都管伯克　官名。清朝新疆回部官员之一，掌理台站兵械之事。叶尔羌设五品伯克一人，和阗等地设七品伯克三人。

哈番　满语。意为官。

哈敦 即可敦。

峒长 ❶清朝矿厂丁户之头目。掌管采矿之丁役。向所司领票开矿，交纳税金。❷苗、瑶等族之头人。

昧死 秦汉臣民上书皇帝时所用的套语，以表示敬畏。《史记·秦始皇本纪》："臣等昧死上尊号。"汉承秦制，群臣上书皆云昧死言。新莽改为稽首。东汉光武帝因而不改。

昭义中郎将 官名。东汉献帝建安（196—220）初孙权置，三国吴沿之。领兵。孙静自奋武校尉迁此。见《三国志·宗室传》、《顾雍传》。

昭义校尉 官名。三国吴孙权黄武（222—229）中置。鄱阳太守周鲂讨擒鄱阳大帅彭绮，加此。见《三国志·周鲂传》。

昭文学士 昭文馆大学士简称。

昭文相 宰相兼昭文馆大学士之简称。

昭文将军 官名。三国蜀置。《三国志·伊籍传》："（伊籍）后迁昭文将军，与诸葛亮、法正、刘巴、李严共造蜀科，蜀科之制，由此五人焉。"

昭文馆 官署名。即唐朝弘文馆，中宗神龙元年（705）因讳改，二年改修文馆，睿宗景云（710—711）中又改昭文馆，玄宗开元七年（719）复名弘文馆，隶门下省。详见"弘文馆"。宋朝为崇文院三馆之一，掌藏经、史、子、集四部图籍及修写校雠等事，置大学士，以宰相兼，别置直馆、判官，神宗元丰（1078—1085）改制，并归秘书省。辽朝置，有直学士等员。

昭文馆大学士 官名。宋朝初年，改弘文馆大学士置。以上相兼领，或同时兼监修国史。神宗元丰（1078—1085）改制罢。

昭文馆直学士 官名。辽朝置，南面官。所掌不详。杨晦曾任此官。见《辽史·能吏传》。

昭功万户都总使 官名。元朝置，秩正三品，昭功万户都总使司长官，置二员。下设同知一员，从三品；副使二员，正四品；经历、知事各一员。

昭功万户都总使司 官署名。元朝置，秩正三品。设于文宗至顺二年（1331），掌文宗潜邸扈从之臣。辖宫相都总管府、膳工司等机构。顺帝时罢，至元六年（1340）将其司属划归资正院。

昭仪 内官名。皇帝嫔妃。西汉元帝始置，位视宰相，仅次皇后，爵比诸侯王。东汉唯皇后行册封礼时权置。东汉末曹操置为内官第二等，三国魏沿置，位淑媛下，爵比县侯。十六国后赵置一人，位比上公；北燕、后燕亦置。南朝宋孝武帝孝建三年（456）又置，明帝泰始三年（467）列为九嫔；梁、陈复置为九嫔之一。唐朝置为九嫔之首，一人，正二品。宋朝为内命妇之一，位婉仪、婉容下，昭容、昭媛上，正二品。金朝亦为九嫔之首，正二品。明朝间置，永乐（1403—1424）中李氏曾为之，嘉靖（1522—1566）后定九嫔，遂罢此号。

昭玄 官署名。北魏置，主管佛教事务，由监福曹改名。以沙门统为长官，北魏宣武帝永平元年（508）下诏："自今已后，众僧犯杀人已上罪者，仍依俗断，余犯悉付昭玄，以内律僧制治之。"（《魏书·释老志》）北齐时称昭玄寺，置大统一人，统一人，都维那三人，下置功曹，主簿等，以管诸州、郡、县沙门曹。

昭玄寺 参见"昭玄"。

昭玄统 北齐昭玄寺次官。协助大统管理佛教事务，亦称沙门统。

昭玄都 官名。东魏、北齐置，主管僧务。《北齐书·杜弼传》："敕弼升师子座，当众敷演。昭玄都僧达及僧道顺并缁林之英，问难锋至，往复数十番，莫有能屈。"一说即昭玄寺大统的别称。

昭训 官名。唐朝太子内官，置十六员，正七品，位良娣、良媛、承徽下，奉仪上。

昭孝营缮司 官署名。元朝置。秩正五品，隶崇祥总管府，掌大承华普庆寺营造修缮。初为寿安山规运提点所，文宗天历三年（1330）改为昭孝营缮司。置达鲁花赤、司令、大使、副使各一员。

昭华 内官名。三国魏明帝置，位在昭仪下，爵比乡侯。晋朝不置。南朝宋武帝孝建三年（456）复置。为九嫔之一，明帝泰始元年（465）废，三年（467）复置。南齐不置，梁、陈仍列入九嫔。

昭武大夫 散阶称号。清朝乾隆二十年（1755），改明威将军置，为武职中属绿营者正四品之封赠。三十二年，属八旗者正四品亦封此。五十一年，改为昭武都尉。

昭武中郎将 官名。三国蜀、吴置。蜀胡济以此职行中参军，吴孙奂以此职统兵，领江夏太守。见《三国志·李严传》裴松之注引诸葛亮《公文上尚书》、《宗室传》。

昭武将军 官名。三国魏置，为杂号将军中权任较重者，《三国志·诸葛诞传》："复以诞为御史中丞、尚书，出为扬州刺史，加昭武将军。"五品，三国吴亦置。北魏孝文帝太和十七年（493）定为从三品下，二十三年改为四品。明朝定为正三品武官加授之散阶称号。

昭武都尉 散阶称号。清朝武职正四品之封赠。初，武职中属绿营者正四品封明威将军，乾隆二十年（1755）改昭武大夫，属八旗者正四品封中宪大夫。三十二年，统一为昭武大夫。五十一年，改此称，遂为定制。

昭武校尉 官名。唐太宗贞观十一年（637）置为正六品上武散官。北宋初沿置，为正六品上武散官，神宗元丰（1078—1085）改制罢。

昭武副尉 官名。唐太宗贞观十一年（637）置为正六品下武散官。北宋初沿置，为正六品武散官，神宗元丰（1078—1085）改制罢。

昭和署 官署名。元朝置。设于世祖至元十七年（1280），掌河西乐人，秩从六品，隶礼部仪凤司。成宗大德十一年（1307），升正六品。武宗至大四年（1311），改为天乐署。

昭威将军　官名。南朝梁武帝普通六年（525）置，定为武职三十四班的九班。

昭信中郎将　官名。东汉献帝建安（196—220）中孙权置。领兵。吕岱自督军校尉迁此。见《三国志·吕岱传》。

昭信将军　官名。南朝梁置。武帝天监七年（508）定为施用于境外的武职二十四班中的十四班，拟轻车将军等号，大通三年（529）定制后，仍拟轻车将军。

昭信校尉　官名。三国蜀置，授予出使其它政权的使臣。《三国志·费祎传》："（诸葛）亮以初从南归，以祎为昭信校尉，使吴。"金、元皆置为武散官，金正七品下，元正六品，敕授。明朝定为正六品武官初授之散阶称号。清初沿置，为武职中属绿营者正六品之封赠，乾隆二十年（1755），改名武信郎。

昭宣使　官名。北宋太宗淳化四年（993）置，为宦官高级阶官。朝参位在东班前，称为班官。神宗时定为正六品。徽宗政和二年（1112）重定内侍阶官，改拱卫大夫。

昭勇将军　官名。北齐置，以褒赏军功勋臣，无职事，六品上，位在尚书诸曹郎中之上。明朝定为正三品武官初授之散阶称号。清初沿置，为武职中属绿营者正三品之封赠，乾隆二十年（1755），改名武义大夫。

昭烈将军　官名。三国魏置，授予外戚。《三国志·后妃传》："初，（下）太后弟秉以功封都乡侯，黄初七年（226），进封开阳侯，邑千二百户，为昭烈将军。"五品。

昭容　内官名。皇帝嫔妃。南朝宋孝武帝孝建三年（456）置，明帝泰始三年（467）取代修容以为九嫔之一。南齐武帝永明七年（489）复置，位列九嫔。梁、陈沿置。唐朝置为九嫔第二；一人，正二品。宋朝为内命妇之一，位昭仪下、昭媛上，正二品。金朝亦为九嫔第二，正二品。

昭媛　内官名。皇帝嫔妃。唐朝列为九嫔第三，一人，正二品。宋朝为内命妇之一，位昭容下、修仪上，正二品。金朝亦为九嫔第三，正二品。

昭德将军　官名。三国魏、蜀皆置。《三国志·后妃传》："（明帝）迁（郭）表昭德将军，如金紫，位特进。"

昭毅将军　武散官名。明置，武官正三品，升授。

贴书　吏职名。宋朝宗正寺、大理寺等机构置，与楷书同掌抄写文字。元朝各级官署沿置，职掌同，为候补吏职。五年无过，可升为吏。

贴写中书　官名。清朝内阁属官。掌缮写之事，额设四十六人，满洲四十人，蒙古六人。

贴司　吏名。宋朝初年，中央及监司置。真宗景德二年（1005），各州县皆置。为低级吏人，在押司及手分之下，掌书写、造帐等事务。

贴祗候内品　宋朝内侍阶官名。隶入内内侍省者，位在入内内品上、祗候小内品下；隶内侍省者，位在内品上、祗候内品下。

贴职　官制用语。北宋前期，外任官带三馆及诸殿、阁职名。称为贴职。神宗元丰（1078—1085）改制后，宰执资格者带观文、资政、端明学士，侍从资格者带诸阁学士，余官带侍制、修撰、直阁，武臣带閤门宣赞舍人，皆称为贴职。每月领取一定数量添支钱，后改称贴职钱。

贴职钱　官制用语。宋朝官员带观文殿大学士至直秘阁等职，每月领取一定数额添支钱。徽宗大观（1107—1110）中，改称贴职钱。自学士至直阁，内外皆给。观文殿大学士百千，观文殿学士、资政殿大学士八十千，端明殿学士五十千，若前执政为之加二十千；龙图、天章、宝文、显谟、徽猷阁学士、枢密直学士四十千，龙图、天章、宝文、显谟、徽猷阁直学士三十千，待制二十千，集贤殿修撰十五千，直龙图阁至直秘阁十千。

贴黄　❶公文制度。唐朝敕书皆用黄纸，下两省议决，凡有更改，再以黄纸贴之，故名。宋朝奏状、札子皆用白纸，有意所未尽，别以黄纸书写附贴于后，亦名。明崇祯时（1628—1644）由官员本人摘取奏疏要点，书于黄纸，贴附奏疏之后，以备览阅。清沿明制。其纸非黄色，而沿用旧称。通本均用，部本只刑部用。凡公文以黄绫、黄纸书便笺呈上者，亦称。❷官吏档案制度。亦称写黄、续黄。明洪武二十六年（1393）定，凡任命官员，用黄纸二份，书写年月、乡贯、出身，各置文簿附贴，分内外二种。每年十二月通类具奏，赴内府用宝，一送印绶监收掌，一送内府铜柜收存。遇官吏开调改降，则续写附贴。

虾　满语官名。武职。汉译为侍卫。

虾伊巴额者库哈番　满语官名。汉译为侍卫处主事。

勋一府　官署名。唐朝左、右卫所领内府五府之一，置中郎将一员、左右郎将各一员、兵曹参军一员、校尉五员；每校尉领旅帅二员，每旅帅领队正二十员、副队正二十员。掌领近卫卫士勋卫之属宿卫，号为内仗，极受亲信。

勋一府中郎将　官名，唐朝左、右卫所领内府勋卫一府长官，置一员，正四品下，总其府事，掌领本府校尉、旅帅、勋卫之属宿卫。

勋一府右郎将　官名。唐朝左、右卫所领内府勋卫一府次官之一，置一员，正五品上，与左郎将同为本府中郎将副贰。

勋一府左郎将　官名。唐朝左右卫所领内府勋卫一府次官之一，置一员，正五品上，与右郎将同为本府中郎将副贰。

勋二府　官署名。唐朝左、右卫所领内府五府之一，置中郎将一员、左右郎将各一员，兵曹参军一员、校尉五员；每校尉领旅帅二员，每旅帅领队正二十员、副队正二十员。掌领近卫卫士勋卫之属宿卫，号称内仗，极受亲信。

勋二府中郎将 官名。唐朝左、右卫所领内府勋卫二府长官，置一员，正四品下，总其府事，掌领本府校尉、旅帅、勋卫之属宿卫。

勋二府右郎将 官名。唐朝左右卫所领内府勋二府次官之一，置一员，正五品上，与左郎将同为本府中郎将副贰。

勋二府左郎将 官名。唐朝左右卫所领内府勋卫二府次官之一，置一员，正五品上，与右郎将同为本府中郎将副贰。

勋卫 ❶军府名。左、右卫及太子左、右率卫府所领三卫之一，皆为内府，极受亲信，可宿卫内庑。隋朝设左勋卫开府，炀帝大业三年（607）改名勋侍。唐朝有左右卫勋卫一府、勋卫二府和率府勋卫府。宋徽宗崇宁四年（1105）置为三卫之一，掌殿庭宿卫之事，设郎、中郎各二十员，次年即罢。❷近卫卫士名。左右卫、太子左右卫率府所领勋卫府属官。隋朝左右卫勋卫，从七品上；太子勋卫，正八品上；炀帝大业三年改勋卫为勋侍，太子勋卫为义曹。唐朝左右卫勋卫，从七品上；改义曹为率府勋卫，正八品上。甚受亲信，宿卫内庑，号称内仗，为士大夫进身之途，皆用势官子弟。唐初，二品曾孙、三品孙、四品子、职事官五品子若孙、勋官三品以上有封及国公子，补勋卫；四品孙、五品及上柱国子，补率府勋卫。

勋卫中郎 官名。北宋徽宗崇宁四年（1105），勋卫府置，员十人，秩比宣德郎。选勋臣贤德之后及太中大夫、正任团练使、遥郡观察使以上官之弟亲属充任。五年罢。参见“勋卫府”。

勋卫府 官署名。北宋徽宗崇宁四年（1105），仿唐制置为三卫府之一，设郎与中郎，皇帝升殿时立于朵殿。五年罢。

勋卫郎 官名。北宋徽宗崇宁四年（1105）置，员十人，属勋卫府，选勋臣贤德之后及太中大夫、正任团练使、遥郡观察使以上官子弟亲属充任。五年罢。参见“勋卫府”。

勋书 官职制度文书。又称勋案、勋簿。北魏时记载将士军功勋劳的文簿。由主将在每次战事结束后将部属的勋劳记于黄素之上，注明所立战功应授的阶数。勋书上原来只列姓名、阶级数，不记载所属单位，孝明帝时因窃冒军功者太多，从卢同之奏，改为无官职者要列出本州、郡、县三长之所，有官职者亦要注明现任及所历官阶。主将写明后，统将、都督皆须印记，再由行台、太尉转至尚书省。吏部加阶后，亦注明加补时间。主将所拟勋书内容，须得监军同意始生效。早期勋书多由督将回京后再造，易生弊端，孝明帝时改为军还之后即上，不得隔月。为防止主将循私，又规定立功至一阶以上，即给券，券上书写行台、统军位号、勋人姓名、立功时间及地点。券由中剖为二，由勋人及行台各持一半，战事结束到京后再核对。

勋旧佐领 清朝八旗世管佐领之一。又称勋爵佐领。凡努尔哈赤时期率属归诚之女真各部落酋长，授为佐领，仍统其众，爰及子孙，世袭罔替者，均谓之勋旧佐领。

勋阶 参见“勋官”。

勋位 流外官等级。南朝梁置，位在蕴位下，门下、中书、尚书正令史等官此位。亦称三品勋位。

勋武前锋五职 勋武前锋都将、勋武前锋别将、勋武前锋统军、勋武前锋军主、勋武前锋幢主的合称。北齐左、右卫府直荡属官，属勋武前锋正、副都督，负责宫掖禁卫。从八品。

勋武前锋正都督 官名。北齐置，为左右卫府直荡属官，统勋武前锋副都督及勋武前锋五职等，禁卫宫掖。七品上。

勋武前锋军主 见“勋武前锋五职”。

勋武前锋别将 见“勋武前锋五职”。

勋武前锋统军 见“勋武前锋五职”。

勋武前锋都将 见“勋武前锋五职”。

勋武前锋副都督 官名。北齐置，为左、右卫府直荡属官，佐勋武前锋正都督统勋武前锋五职，禁卫宫掖。从七品。

勋武前锋散都督 官名。北齐置，为左、右卫府直突属官，在直突都督之下。佐其负责宫禁侍卫。从七品。

勋武前锋幢主 见“勋武前锋五职”。

勋侍 官名。即勋卫，隋炀帝大业三年（607）改，隶鹰扬府，唐朝复名勋卫。

勋侍下士 官名。西魏末，北周置。天官府宫伯中大夫属官，分置左、右，皆正一命。员十二人，与庶侍下士同掌宫门出入之禁，服金涂甲，左执吉良环、右执狰狞环长剑，兼执师子彤楯，列于左右庶侍之外。隋文帝开皇元年（581）罢。

勋府 军府名。即勋卫之府。参见“勋卫”。❶隋朝左右卫置，称左勋卫开府，下领开府府（骠骑府）、仪同府（车骑府），是为内府。唐朝左右卫所置五府之勋卫一府、勋卫二府，每府中郎将一员、左右郎将各一员、兵曹参军事一员、校尉五员，每校尉有旅帅二员，每旅帅有队正二十员、副队正二十员，领勋卫，掌宿卫事，有大朝会、巡幸则领仪仗。❷隋朝东宫领兵开府置，领开府府（骠骑府）、仪同府（车骑府），为内府。唐朝太子左右卫率府所置三府之一，每府中郎将一员、左右郎将各一员、录事一员、兵曹参军一员、校尉五员、旅帅十员、队正二十员、副队正二十员，领勋卫，掌宿卫事，有大朝会及太子出则领仪仗。

勋府中郎将 官名。❶唐朝左右卫所领勋卫府长官，各置一员，正四品下，领本府之属以宿卫，而总其事。❷太子左、右卫率府所领勋府长官，各置一员，从四品上，领本府之属以宿卫，而总其事，高宗永徽三年（652）改名旅贲郎，显庆元年（656）复名中郎将。

勋府右郎将　官名。❶唐朝左、右卫所领勋卫府次官之一，各置一员，正五品上。❷唐朝太子左、右卫率府所领勋府次官之一，各置一员，正五品下，高宗永徽三年（652）改名右翊军郎，显庆元年（656）复名右郎将。

勋府左郎将　官名。❶唐朝左右卫所领勋卫府次官之一，各置一员，正五品上。❷唐朝太子左右卫率府所领勋府次官之一，各置一员，正五品下，高宗永徽三年（652）改名左翊军郎。显庆元年（656）复名左郎将。

勋官　官号。始见于南北朝，本以酬战士，其后渐及朝流。阶爵之外，更为节级。北魏陆续设其官号，然皆杂乱，北周始制勋官十一等，自正九命至七命不等。隋因其制改命为品。隋文帝沿北周旧制，用赏勋劳。更增损而定为十一等：上柱国、柱国、上大将军、大将军、上开府仪同三司、开府仪同三司、上仪同三司、仪同三司、大都督、帅都督、都督，自从一品至七品不等。唐高祖武德七年（624）定为十二等：上柱国、柱国、上大将军、大将军、上轻车都尉、轻车都尉、上骑都尉、骑都尉、骁骑尉、飞骑尉、云骑尉、武骑尉。自正二品上至从七品上。太宗贞观十一年（637）改上大将军为上护军，大将军为护军。宋沿唐贞观定制，设勋官十二等。太宗淳化二年（991）定不得用以赎罪。仁宗康定二年（1041）又规定不系品位，此后形同虚设，无实际作用。徽宗政和三年（1113）罢，惟存蕃官、蕃兵勋。金同唐、宋之制，设十二等。元朝改为十等，废云骑尉、武骑尉，并改品级为自正一品至从五品。除上柱国外，余仅用于封赠。明制分为文勋、武勋。文勋十等：左、右柱国、柱国、正治上卿、正治卿、资治尹、资治少尹、赞治尹、赞治少尹、修正庶尹、协正庶尹。从五品以上官员，再考称职乃授勋。武勋十二等，除第一等改为左、右柱国外，余同前制，自正一品至从六品。初文、武授勋俱属吏部，后武勋改兵部。清朝废除勋官制。

勋品　官阶等级名称。北魏置，隋唐沿置。流外官的最高品阶不称第一品而称勋品，其下依次为二品，三品直至九品。北魏宣武帝永平四年（511），将洛阳诸坊里正由流外四品进至勋品，以加强京师的治安管理。宣武帝景明二年（501）诏勋品以下的流外官如犯罪逃亡，遇赦不在限内，仍须远流，而流内官则可因赦免罪，尚书左仆射源怀认为应与流内官一样受到赦免，宣武帝纳其奏。隋、唐时还设有视流外勋品。参见“流外”。

勋案　北魏时记载将士军功勋劳的文书，参见“勋书”。

勋曹中大夫　官名。北周置。《隋书·杜整传》：“（整）从武帝平齐，加上仪同，进爵平原县公，邑千户，入为勋曹中大夫。”后又分置左、右。正五命。

勋爵佐领　见“勋旧佐领”。

勋簿　北魏时记载将士军功勋劳的文书。详见“勋书”。

品　❶官员等级名。三国魏始设，将主要官职分为九等，自第一品至第九品，依其品享受禄秩和其他待遇。晋、南朝宋、齐沿用，仅调整了某些官职的品级。南朝梁武帝天监七年（508）改为班制，陈初遵梁制，后复为品，但诸号将军多未列入正式九品，而另设拟品。北魏始设从品，每一级增设从品，自第一品至从九品，共十八个等级；孝文帝太和十七年（493）职员令于每品内又分上、中、下三阶，二十三年改为四品以下分上、下阶，三品以上不分阶。北齐沿北魏制，另设流内比视官十三等。北周改为九命制，以命数多者为贵。隋朝流内官分正、从九品及上、下阶共三十等；又有流内视品十四等，自视正二品至视从九品，其中无视正四、正五品；低级官吏授流外勋品至九品、视流外勋品至九品，皆无上下阶。唐朝流内官分正、从九品上、下共三十阶；又有视流内起居，五品至从九品，初以授萨宝府、亲王国官及三师、三公、开府、嗣郡王、上柱国以下护军以上勋官带职事者府官等，玄宗开元（713—741）初皆罢，唯留萨宝、祆正二官；又有流外自勋品以至九品，用作诸司令史、赞者、典谒、亭长、掌固等吏员的等级；视流外亦自勋品至九品，开元初唯留萨宝府祓祝、萨宝率府、萨宝府史，余皆罢。宋初，以文武散官、勋、爵及寄禄官之品为官员品级，仁宗康定二年（1041）散官、勋、爵不再系品，专以寄禄官品表示官员地位，神宗元丰（1078—1085）改制后，有寄禄品、职事品，每品分正、从，无上、下，共九品十八阶；徽宗政和四年（1114）以后，三衙高级军职也有品级。金朝职事官设正、从九品十八阶；文武散官从一品至从九品各四十二阶，司天翰林官、太医官、内侍、教坊等自从四品而下立为十五阶。元朝不分上、下，正、从九品十八阶，表示官署、官员等级；文散官自正一品至从八品四十二阶，武散官自正二品至从八品三十四阶，内侍散官自正二品至从八品十四阶，司天散官自从三品至从八品十四阶，太医散官自从三品至从八品十五阶，教坊司散官亦自从三品至从八品十五阶，五品以上以制命宣授，六品以下中书署牒敕授。明朝文官分正、从九品十八阶，武官分正、从六品十二阶；文散官自正一品至从九品四十二阶，武散官自正一品至从六品三十阶。清朝则简化为正、从九品十八阶，满洲、汉军、汉人皆同。❷魏晋南北朝士族内部等级，亦称品仪或乡品。自第一品至第九品分九等，根据家世、品行等，由中正评定并掌其升降，其品级与起家官及以后所任官职有一定联系，被中正降品则官职亦随之而降；南朝宋以后，士族高门子弟皆二品，三品以下被称为卑品，是寒士品级。参见“九品官人之法”。

品节　周朝官吏品位等级的规定。《礼记·檀弓下》："品节斯，斯之谓礼。"孔颖达疏："品，阶格也；节，制断也。"

品色衣 北周天台侍卫服装。北周宣帝禅位于静帝后，所居称天台。《周书·宣帝纪》："诏天台侍卫之官，皆著五色及红紫绿衣，以杂色为缘，名曰品色衣。有大事，与公服间服之。"

品阶 即官品之等级。

品级山 清朝大朝会时官员排班行礼之位标。其物仿明朝木制朝牌之例以铜铸，呈山状。高约三十厘米，中空，底面呈扁圆形，长径三十九厘米，短径约二十四厘米，上嵌铸满汉字品级阶位。每举行典礼之时，摆列太和殿前丹墀内御路两旁，东西各两行，每行自正、从一品至正、从九品，各十八座，总共七十二座。每逢皇帝登极，大婚或每年之元旦、冬至、万寿节，均在太和殿举行盛典。届时参加朝贺之王公大臣、文武百官均按规定，分为东、西两班，各以品级为序，以品级山为标志，面向北，东西横向排列，东西各十八排，每排排首有御史一名，皆依仪礼拜祝嵩呼。所设铜制品级山，亦熠熠生光。

品级考 清朝吏部记载内外官员职秩之簿册。凡大小官员之品级、等次以及加级、记录等项皆须登录于册，以备官员升调、转补时查考之用。

品秩 官职等级制度。❶官品与官秩的联系，详见"品"、"秩"。❷官品的异称，《晋书》卷二四《职官志》："光禄大夫加金章紫绶者，品秩第二……光禄大夫假银章青绶者，品秩第三。"

炭场 官署名。北宋置，掌年额税炭木炭，以供内外之用，并向京城百姓出售。设监官，以京朝官及三班使臣充任。初隶三司，神宗元丰（1078—1085）改制后隶司农寺。

炭库令 官名。南朝梁、陈置，有丞。隶少府卿。

炭库丞 官名。南朝梁、陈置。参见"炭库令"。

显大夫 战国时秦国泛指名显于王及年俸六百石以上的高级官吏。《睡虎地秦墓竹简·法律答问》："可（何）谓'宦者显大夫'？宦及智（知）于王，及六百石吏以上，皆为'显大夫'。"

显文 宋朝显文阁省称。

显文阁 南宋阁名。度宗咸淳元年（1265）置，以藏理宗御制。设学士、直学士、待制等贴职。

显文阁直学士 见"显文阁"。

显文阁学士 见"显文阁"。

显文阁待制 见"显文阁"。

显阳苑丞 官名。东汉桓帝延熹二年（159）初置。

显武将军 官名。北魏置为将军名号。孝文帝太和十七年（493）定为从三品下，二十三年改为四品。金朝定为武散官，从五品中。元朝因置，从四品，宣授。明朝为从四品武官升授之散阶称号。

显信将军 官名。北齐置，为褒赏军功勋臣的闲职，六品。

显谟阁 宋朝阁名。哲宗元符元年（1098）建，以藏神宗御制文集。徽宗建中靖国元年（1101）一度改名熙明阁，同年置学士、直学士、待制等贴职。南宋复于临安府建。

显谟阁直学士 官名。北宋徽宗建中靖国元年（1101）置，为侍从贴职。后定为从三品。南宋因之。

显谟阁学士 官名。北宋徽宗建中靖国元年（1101）置，属侍从贴职。后定为正三品。南宋因之。

显谟阁待制 官名。北宋徽宗建中靖国元年（1101）置，属侍从贴职。后定为从四品。南宋因之。

曷苏馆路都统司 官署名。金朝置，统领本路军兵，设都统、副都统领司事。太宗天会七年（1129）置于东京曷苏馆。章宗明昌四年（1193）废。

贵人 ❶公卿大夫、达官显贵泛称。《吕氏春秋·重己》："世之人主贵人。"高诱注："贵人，谓公卿大夫也。"❷后宫名号。始于东汉，位仅次皇后，金印紫绶，奉粟数十斛。晋武帝时为三夫人之一，低于夫人，位视三公。十六国成汉、后赵、后燕皆设。后赵员一人，位视列侯。南朝宋孝武帝孝建三年（456）重定三夫人，以贵人位比三司。宋明帝泰始三年（467）省。齐高帝建元元年（479）复置。梁沿置。北魏初无，至太武帝增置。隋朝时为内官之一，文帝仁寿二年（602）置三员，掌宫闱事务，炀帝时罢。宋真宗大中祥符二年（1009）复置，位才人下。清康熙（1662—1722）后，定后宫名位，列嫔之下，常在之上。无定额。

贵仪 内命妇名。北宋仁宗乾兴元年（1022）始置，位在淑仪之上，正二品。

贵华夫人 妃嫔号。北魏置，位在第一贵嫔夫人之下。《王普贤墓志》："魏故贵华夫人王普贤，徐州琅邪郡临沂县都乡南仁里人也。"（赵万里《汉魏南北朝墓志集释》图版二二）

贵州司 官署名。即贵州清吏司。

贵州司员外郎 官名。即贵州清吏司员外郎。

贵州司郎中 官名。即贵州清吏司郎中。

贵州科 清朝兵部武选清吏司所属之办事机构。额设经承一人。

贵州清吏司 官署名。简称贵州司。❶明清户部诸司之一。掌理贵州省钱粮收支数目。明永乐十八年（1420）置。设郎中、员外郎、主事等官。分置民科、度支科、金科、仓科等四科治事。兼掌在京济州等三卫、永平等五镇之俸饷及崇文门等处杂征敛与临清等七处钞关税。洪熙元年（1425）南京户部亦置，设官略同。清顺治元年（1644）沿置。设郎中、员外郎、主事及笔帖式、经承若干人。分置民科、支科、金科、仓科、火房等机构办事。兼掌户部榷关税及貂贡。光绪三十二年（1906）裁。❷明清刑部诸司之一。掌理贵州省刑名之事。明永乐十八年（1420）置。设郎中、员外郎、主事等官。兼掌长芦盐运司、万全都司、直隶苏州、保定等府，永宁等各卫及广昌千户所等处刑名之事。洪熙元年（1425）南京刑部亦置，设官略同。清顺治元年（1644）沿置。设郎中、员外郎、主事及经承若干人。兼掌收办吏部、贵州道御史、镶蓝旗等处之文移及管理题升、题补本衙门汉员，考核书吏。光绪三十二年（1906）裁。

贵州清吏司员外郎　官名。简称贵州司员外郎。❶明清户部贵州清吏司之副长官。佐郎中掌司事。明永乐十八年（1420）设一人，从五品。清顺治元年（1644）沿设，汉员外郎一人，满洲司官初不分曹，随长官所派，后增至四人，满洲三人，汉一人。光绪三十二年（1906）裁。❷明清刑部贵州清吏司之副长官。佐郎中掌司事。明永乐十八年（1420）设一人，从五品。清顺治元年（1644）沿设，汉员外郎一人，满洲司官初不分曹，随长官所派，后定制满、汉各一人。光绪三十二年（1906）裁。

贵州清吏司郎中　官名。简称贵州司郎中。❶明清户部贵州清吏司之主官。掌司事。明永乐十八年（1420）设一人，宣德（1426—1435）中增设二人，南京户部贵州清吏司亦设一人，皆正五品。清顺治元年（1644）沿设，汉郎中一人，满洲司官初不分曹，随长官所派，后定制满、汉各一人。光绪三十二年（1906）裁。❷明清刑部贵州清吏司之主官。掌司事。明永乐十八年（1420）设，一人。南京刑部贵州清吏司亦设一人，皆正五品。清顺治元年（1644）沿设，汉郎中一人，满洲司官初不分曹，随长官所派，后定制满、汉各一人。光绪三十二年（1906）裁。

贵州道　明清都察院所属诸道之一。明永乐十八年（1420）置，设监察御史七人。南京都察院亦置，设监察御史二人。在本道之外协管吏部、太仆寺，上林苑监、内官、印绶二监，长芦盐运司，大宁、万全二都司，河间等十二卫，及嘉兴等七千户所等处。清顺治元年（1644）沿置。初为坐道，由掌山西道兼理。乾隆十四年（1749）设掌印监察御史满、汉各一人；属官有笔帖式、经承等。负责稽核贵州刑名并稽察鸿胪寺事务。

贵州道监察御史　官名。明清都察院所属贵州道之主官，掌道事。明永乐十八年（1420）设三至五人，后增至七人。洪熙元年（1425）南京都察院亦设二人，皆正七品。清顺治元年（1644）沿设。乾隆十四年（1749）定制，设掌印御史满、汉各一人。先是定为坐道，乃空衔，不理本道之事。至是，则以职事分隶之。十七年，俱定为从五品官。

贵妃　妃嫔封号。南朝宋孝武帝孝建三年（456）始置，位比相国，与贵嫔、贵人合为三夫人。后世多沿其名，然位之尊卑不同。齐初不设，至武帝永明（483—493）中复置。陈亦设。均为三夫人之一。隋炀帝因置，与淑妃、德妃合为三夫人，正一品。唐朝与淑妃、德妃、贤妃为夫人，位仅次于皇后，正一品。掌佐皇后论妇礼，于内无所不统。玄宗开元（713—741）中不置，后复。宋承唐制，位皇后之下，正一品。金朝位元妃之下，淑妃之上，亦正一品。明朝属妃嫔之最高封号，位仅次于皇后。洪武三年（1370）册孙氏为贵妃，授册，无宝。至宣宗立孙贵妃，始赐金宝。宪宗封万贵妃，加称皇贵妃。后万历妃郑氏、崇祯妃田氏，亦称皇贵妃，以示其尊。清康熙（1662—1722）时定后宫名位，贵妃列皇贵妃之下，妃之上。册封赐金册、金宝，出入用仪仗，使用宫女八人。

贵赤卫亲军都指挥使司　元朝侍卫亲军指挥机构。秩正三品，设于世祖至元二十四年（1287），掌贵赤军人万名，扈驾出入。置达鲁花赤一员，都指挥使二员，副都指挥使二员，佥事二员。下辖八千户所。置营于檀州（今北京市密云县），衙司在大都丽正门内。

贵姬　内官名。南朝宋明帝泰始三年（467）置，代贵人以为三夫人之一。陈朝亦置。

贵嫔　内官名。三国魏文帝置，位次皇后。晋武帝列为三夫人之一。十六国前赵分为左右，后赵位视列侯。南朝宋、齐均列入三夫人。梁亦置，制不详；陈则同晋制。北魏亦置。

畏兀儿提刑按察司　官署名。金朝置，掌地方监察。设于世祖至元十五年（1278），置司哈剌火州（今新疆吐鲁番）。十九年，改升为河西行御史台。

思悔侯　爵名。十六国后燕段玑获封此爵，见《晋书·慕容盛载记》。

思答笼剌万户　官名。元朝置，乌思藏十三万户之一，隶乌思藏宣慰司，又称俺卜罗万户，治所先在今西藏山南地区浪卡子县境内的浪卡子，后迁到今达隆乡。

胄子律博士　官名。南朝梁武帝天监四年（505）置，隶廷尉卿。三班。陈沿置，八品。别有廷尉律博士。

胄子监　官署名。渤海国置，有监长等官。

胄子监长　官名。渤海国胄子监长官。

胄试　即牒试。

胄监　宋朝国子监别称。

胄案　官署名。北宋前期置，属三司盐铁部，掌修护河渠、供给造军器之物品，领军器作坊、弓弩院诸务季料帐籍。神宗熙宁六年（1073）废，以其事归军器监。

胄曹参军　官名。即胄曹参军事。

胄曹参军事　官名。唐武则天长安（701—704）初改铠曹参军事置。十六卫各置一员，正八品下，掌兵械甲仗、公廨兴缮、罚谪，左右监门、左右千牛四卫则兼骑曹参军事；禁卫军六军各置一员，正八品下；太子十率府各置一员，从八品下。中宗神龙元年（705）复名铠曹参军事，玄宗先天元年（712）又改为胄曹参军事。

罚俸　历朝官员处分制度。扣发官员俸饷，如清制以年月为差，分为七等：即罚俸一月、二月、三月、六月、九月、一年、二年等。因公罪罚俸，准以其记录、加级相抵销；私罪罚俸，皆为实罚，不准抵销。

罚爽 官名。南诏官，主刑，由清平官、酋望、大军将兼。

骨都侯 匈奴官名。分左、右，由异姓贵族充任。通常居单于庭，为单于辅政近臣。

囿 官名。殷朝始置，西周沿置，掌苑囿之官。《殷虚书契前编》卷七页二〇第一片："癸卯卜，亘贞，乎（呼）囿往。"

囿人 官名。《周礼》地官之属，一说为周朝置，掌理苑囿饲养野兽。《周礼·地官》："囿人，中士四人，下士八人，府二人，胥八人，徒八十人"，"掌囿游之兽禁、牧百兽。祭祀，丧纪、宾客，共其生兽死兽之物"。

〔丿〕

牲口房 官署名。明朝置，为内府收养珍禽异兽之所。下有虎城、羊房等名目。设提督太监一员，佥书无定员。

拜 官制用语。指按照一定礼仪和手续授与官职或名义。

拜他拉布勒哈番 爵名。清初九等世爵之第七等。乾隆元年（1736）定汉文名为骑都尉。为公、侯、伯、子、男五等封爵之下四级世职的第二级。分为二等，叙正四品。参见"骑都尉"。

拜他喇布勒哈番 即拜他拉布勒哈番。

拜相 任宰相之职。清朝以授予大学士为荣典，亦习称拜相。

拜唐阿 满语。本义为有用、成材料，引申为听差的人、听用的人。清朝内外衙门中无品级的管事人员、随营听用的各项匠人、医生等，统称拜唐阿。

拜塔喇布勒哈番 即拜他拉布勒哈番。

拜察脉拖拉哈番 即拜察默拖喇哈番。

拜察脉拖喇哈番 即拜察默拖喇哈番。

拜察默拖喇哈番 满语官名。汉译为监察御史。

秋典 刑部之别称。

秋官 ❶官署名。(1)西魏、北周秋官府简称。(2)唐武则天光宅元年（684）至中宗神龙元年（705）刑部改名。后代即沿用以称刑部或其首长。(3)太平天国吏、户、礼、兵、刑、工六部，以天、地、春、夏、秋、冬定名，秋官即兵部。❷官名。(1)传说颛顼氏所置五官之一。参见"春官"。(2)《周礼》六官之一。《周礼·秋官·序官》："乃立秋官司冠，使帅其属而掌邦禁，以佐王刑邦国。"(3)明初四辅官之一。未任选。参见"春官"。(4)太平天国刑部正、又正、副、又副之官统称。(5)太平天国朝内官秋官正丞相、秋官又正丞相、秋官副丞相、秋官又副丞相。又，女官中朝内官所置秋官正、副丞相，亦称。

秋官大夫 官名。南宋孝宗淳熙三年（1176）置，为太史局伎术官阶官。

秋官正 官名。唐肃宗乾元（758—760）中始置，员一人，正五品上，隶秘书省司天台，掌司四时及其方之变异，遇元日、冬日、朔望朝会及大礼，奏其方事。宋初沿置，隶司天监，神宗元丰（1078—1085）改制后隶太史局，掌测天文。元朝太史院亦置一人，兼冬官正、中官正，正五品。明朝隶钦天监，正六品，掌推历法、定四时。清康熙四年（1665）钦天监时宪科置，从六品，掌编制时宪书，推算日、月食。清亡废。

秋官尚书 官名。即刑部尚书，唐武则天光宅元年（684）改，中宗神龙元年（705）复名刑部尚书。参见"刑部尚书"。

秋官府 官署名。西魏恭帝三年（556）置，北周沿置。与天官、地官、春官、夏官、冬官府合称六府。以大司寇卿为长官，设小司寇上大夫、秋官府都上士以佐其职。掌刑政，负责刑法的制订与执行，掌朝仪并负责接待四方使者，管理各种徒隶和罪犯。领司寇中大夫，刑部中大夫、掌朝下大夫、布宪中大夫、蕃部中大夫、宾部中大夫、司要下大夫、田正下大夫、司隶下大夫等官属，各司其职。北周武帝建德二年（573），省六府诸司中大夫以下官，府置四司，以下大夫为长官，上士贰之。周宣帝即位后，六府诸司复置中大夫。隋文帝开皇元年（581）罢。

秋官府都上士 官名。西魏恭帝三年（556）置，北周沿置。秋官府属官，佐大司寇卿、小司寇上大夫掌府务。正三命。隋文帝开皇元年（581）罢。

秋官侍郎 官名。即刑部侍郎，唐武则天光宅元年（684）改，中宗神龙元年（705）复名刑部侍郎。参见"刑部侍郎"。

秋官副正 官名。唐朝秘书省司天台属官，肃宗乾元三年（760）置，一员，正六品上，为秋官正副贰。

秋审处 官署名。又称总办秋审处。清朝刑部所属办事机构，雍正十二年（1734）设。原以广西、四川二清吏司掌核秋审（即录各省狱囚）之案。至是，始遣各司满、汉员外郎各二人专办。后又设协办四人。乾隆十九年（1754）定，以总办司员任其事。所设郎中、员外郎、主事无定员，由刑部尚书酌定。凡秋审，分情实、缓决、可矜、留养承祀四项，先由十七司拟送本处提出审核意见，再呈刑部尚书核阅，然后汇供词送于九卿、詹事、科、道以待会审。经会审情实者，另缮册呈皇帝批准。所用经费，由本处查核题销。光绪三十二年（1906）裁。

秋宪 ❶汉朝御史之别称。汉授御史多在立秋，取肃杀之意，故名。❷刑部尚书之别称。

秋卿 ❶刑部长官别称。因《周礼》以秋官司寇掌刑，故名。参见"秋官"。❷南朝梁卫尉、廷尉、大匠三卿的合称。❸明初四辅官之一，即秋官。参见“四辅”。

秋曹　刑部之别称。

秋赋　宋朝贡举考试之一。又称秋试。各路转运司、府、州及国子监、太学，每三年一次于八月十五日举行解试。因考试时间在秋季，故名。

科长　官名。❶清朝矿厂丁户之头目。管理采矿之丁役，向所司领票开矿，交纳税金。如新疆等处金厂，课长领取照票之后，可领客民五十名，课金三分，交司金局兑收。❷清朝陆军部、海军部、军咨府司、处所属各科之主官。掌科事。光绪三十二年（1906）设，陆军部三十三人。三十三年海军处设七人，军咨府设十八人。皆以正、副参领充任。宣统元年（1909）军咨府改设十六人。宣统三年，陆军部改设二十八人，海军处改设二十三人。

科布多参赞大臣　官名。清朝派驻科布多之军政长官。乾隆二十六年（1761）设，统掌外蒙古杜尔伯特、辉特、新土尔扈特、新和硕特、札哈沁、明阿特、额鲁特以及阿尔泰乌梁海等八部之官族、军务、财赋、刑罚等项事务。下设办事大臣一人，笔帖式若干人佐理政务。

科甲　即指科举。经科举考试录取者称科甲出身。又，对此种人简称为科甲。

科员　官名。清末中央各部属官，隶各司、科之内，位科长之下。八、九品不等。

科条　官府制定的法令条规。《战国策·秦策一》：“科条既备，民多伪态。”

科试　明清学校制度之一。每届乡试之前，由各省学政巡回所属举行考试。凡欲参加乡试之生员，先要通过此种考试。考试合格者，方准应本省之乡试。

科钞　文书处理制度。明清题本批红后，由六科值日给事中赴内阁领出，分别传钞有关衙门执行，是为科钞。科钞本有正钞、外钞之别：钞发主管衙门的为正钞；关系衙门的为外钞。

科举　以考试选拔官吏的制度。始于隋，因分科取士，故名。隋废九品中正制，文帝开皇七年（587）定制，诸州每年贡三人，十八年诏以“志行修谨”、“清平干济”二科取士。至炀帝时置进士科，正式形成科举制度。唐朝于进士科外复设秀才、明经、俊士、明法、明字、明算诸科，又有一史、三史、开元礼、道举、童子等科。武则天长安二年（702）又增设武举。唐制，分常举和制举。常举即每年举行的进士、明经、明法、明算等科的考试，其中以进士科最为重要。考中各科的人即获得“出身”（做官资格），须再经吏部考试方可授官。制举即皇帝临时下诏设立科目，招考非常之才。应考成绩“高者特授以美官（原有官职者可升迁，无官职者由吏部授官），其次与出身”。宋朝，科举制进一步完善，科目以进士、明经、明法为主，分解试、省试（礼部试）、殿试三级进行。科考内容，均采用儒家经义，为后代所遵循。辽朝设有进士甲、乙科，分乡贡、礼部试、廷试。契丹人不得应试。金朝设进士科和女真进士科，前者分词赋、经义两目取士，后者以策论取士。分乡试、府试、会试、殿试四级，三年一试。殿试中选者分为上、中、下甲，授以不同官职。此外，尚有律科、经童、武举等科。元初废科举，仁宗皇庆二年（1313）定制，考试以经术为主，在《四书》内出题，以朱熹《四书集注》为准。三年一试，分乡试、会试、御试三级。蒙古、色目人只考二场，考中后单列一榜，称右榜；汉人、南人考三场，考中后另列一榜，名左榜。考试项目及内容均有区别。御试中选者分一、二、三甲，授官有差。明朝分文、武两途。分童试、乡试、会试和殿试。童试考中者称生员，习称秀才。乡试考中者称举人，除可继续参加会试外，已获入仕之途。会试考中者称贡士。殿试考中者称进士，分三甲。一甲赐进士及第，共三名，俗称状元、榜眼、探花；二甲赐进士出身，三甲赐同进士出身；均成为政府的正式官员，分别授予官职。考试以《四书》文句为题，文章格式始为八股文。考生作文只是代圣贤立言，解释依朱熹之《四书集注》，不得自由发挥。清沿明制。雍正元年（1723），于殿试之后又增新进士朝考，朝考后授官，优者用庶吉士，次者分别用为主事、中书、知县三级。清初，科考分为满、汉两榜，旗人乡、会试只考满译汉文一篇，称翻译科。雍正时始定旗人、汉人一体考试。清之制科，初有博学鸿词，至光绪二十九年（1903）又开经济特科。光绪三十一年，实行新学教育，科举制度废。

科第　汉朝选官制度。即考核选拔官吏时，按科别评定等第。科别因时因事而异。如武帝时规定博士选三科，高第为尚书。元帝永光二年（前43）又诏丞相、御史举质朴、敦厚、逊让、有行者，光禄勋岁以此科第郎、从官，以定其高下，判别其人贤否。后多指科举登第。

科道　官名。明清六科给事中与各道监察御史之合称。

科道官　明清对六科给事中与都察院各道监察御史之合称。因其均有监察稽核，建言朝政，纠弹百官之责，故亦统称为“言官”。明代六科与都察院分别独立，通称两衙门，至清雍正（1723—1735）以后六科并入都监院，台、垣于是合一。

钞关御史　官名。明朝掌管巡关的巡按御史。宣德四年（1429）始置，正统十年（1445）后改以户部主事掌钞关之事。

钞库　即平准行用交钞库。

钞纸局　官署名。明朝户部宝钞提举司所属机构，洪武七年（1374）置。设大使一人，正八品；副使一人，正九品；典史一人。掌备印钞用纸。十三年罢，十九年复置。中叶后，以钞法不行，革副使。

钟　官名。西周置，主司乐钟演奏的乐官。《师嫠簋铭》：“命汝司乃祖旧官：小辅、众鼓、钟。”

钟人　官名。春秋战国置，掌乐钟演奏。《仪礼·燕礼》:"奏《陔》。宾所执脯，以赐钟人于门内霤，遂出。"郑玄注:"钟人以钟鼓奏。《陔》、《夏》，赐之脯，明虽醉志礼不忘乐。"

钟氏 官名。《周礼》冬官之属，一说为周朝置，掌染鸟羽以为旌旗及车饰的工官。《周礼·冬官·考工记》:"钟氏染羽，以朱湛丹秫，三月而炽之。"郑玄注:"羽所以饰旗及王后之车。"

钟师 官名。《周礼》春官之属，一说为周朝置，掌钟鼓演奏。《周礼·春官》:"钟师，中士四人，下士八人，府二人，史二人，胥六人，徒六十人"，"掌金奏。凡乐事，以钟鼓奏《九夏》"，"凡祭祀、飨食，奏燕乐。凡射，王奏《驺虞》，诸侯奏《狸首》，卿大夫奏《采》，士奏《采蘩》，掌鼙，鼓缦乐"。

钟官丞 官名。西汉置，属水衡都尉，为钟官令副贰，主铸钱。东汉省。

钟官令 官名。初属少府。武帝元鼎二年（前115）始属水衡都尉，有丞。职掌铸钱，为上林三官之一。新莽时民因私铸钱被囚送钟官罚作官奴婢者以十万数。东汉省。

钟律郎 官名。十六国前燕置。《晋书·慕容暐载记》:"（慕容）暐钟律郎郭钦奏议以暐承石季龙水为木德，暐从之。"北魏亦置，为秘书省属官，负责历法的推算。孝文帝太和十七年（493）定为从六品上。

钟院 官署名。辽朝处理上诉冤案的机构，有冤者到钟院击钟，以达于皇帝。始置于太祖时，穆宗时废，保宁三年（971），景宗下诏恢复，并铸钟刻诏，说明所以废置之意。

钟鼓司 官署名。明清宦官衙门之一，掌理出朝钟鼓之事。明洪武二十八年（1395）置。设正五品司正一人为主官，下设左、右司副等官佐之。所属有学艺司房等机构。为内官二十四衙门之一。清顺治十年（1653）沿置，为十三衙门之一。十三年改置礼仪监。

钟鼓院 官署名。宋朝置，掌文德殿钟鼓楼刻漏进牌之事。设节级三人，直官三人，鸡唱三人，学生三十六人。北宋前期属司天监，神宗元丰（1078—1085）改制后隶太史局。

钤记 清朝印信之一种。凡文职佐杂官以及不兼管兵马钱粮的武职官员用之，木质，由布政司发官匠刻给。

钤辖 官名。❶宋、金兵马钤辖简称。❷金朝钤辖司主要职官，正六品，掌管辖军人、防卫警捕之事，隶武卫军都指挥使司。

钤辖司 官署名。北宋真宗咸平四年（1001）始置于西川，后沿边及内地亦置，为地方军事机构。领一州、一路或数路兵马，总其屯戍、营防、守御之政令。设兵马钤辖，以朝官及诸司使以上官充任，其官高资深者称都钤辖。多以知州兼州钤辖，诸路转运使、安抚使兼路分钤辖。金朝亦置，隶武卫军都指挥使司。设钤辖十人，正六品；都钤辖四人，从七品；都将二十人，从九品。掌管辖军人、防卫警捕之事。

钤辖教坊所 官名。宋朝教坊主管官，以内侍官兼任，掌宴乐阅习，以待宴享之用。

钤辖钧容直所 官名。宋朝教坊属官，掌军乐。

钦天监 官署名。明清掌管观测天文、气象，编制历书之机构，明洪武三年（1370）改司天监设。置监正、监副为正、副长官，所属有主簿、五官正、五官灵台郎、五官保章正、五官挈壶正、五官监候、五官司历、五官司晨、漏刻博士等。三十一年，罢回回钦天监，以其历法归本监。清顺治元年（1644）沿置，隶礼部。初设监正、监副等官，皆用汉员。康熙四年（1665）增设满洲监正、监副。雍正三年（1725）以西洋人为监正。乾隆十年（1745）增设管理监事大臣一人，始为独立机构。下设时宪科、天文科、漏刻科、主簿厅等。属官与明同。

钦天监右监副 见"钦天监监副"。

钦天监左监副 见"钦天监监副"。

钦天监官散官 散官名。明太祖洪武四年（1371）始置，专授钦天监官。监令，授正仪大夫；少监，授分朔大夫；五官司，授司玄大夫；监丞，授灵台郎；五官保章正，授平秩郎；五官灵台正，授司正郎；五官挈壶正，授挈壶郎。十四年罢。俱改从品级授以文散官。

钦天监监正 官名。明清钦天监之长官，掌观察天文，推定历数，编制时宪书，于岁终奏新历，送礼部颁行。俱正五品。明洪武二十二年（1389），改钦天监监令设，一人。清顺治元年（1644）沿置，初由汉人充任。康熙四年（1665），定满、汉各一人。

钦天监监修 官名。清朝钦天监之长官。康熙八年（1669），因以西洋人南怀仁充钦天监汉监正，故更名为监修。雍正三年（1725），实授西洋人戴进贤为监正，去监修名。

钦天监监副 官名。明清钦天监之副长官，佐监正掌监事，正六品。明洪武二十二年（1389），改监丞设，二人。清顺治元年（1644）沿置，初由汉人充任。康熙四年（1665），定设左、右监副，满、汉俱各二人。雍正八年（1730），增置西洋监副一人。乾隆十年（1745），定左、右监副满、汉各一人，与西洋人分用。道光六年（1826），始定不用西洋人。

钦帅 参见"钦差大臣"。

钦使 参见"钦差大臣"。

钦命文衡总裁 官名。太平天国朝上职官。天历己未九年（1859），改革科举，废掌考各官而设。分正、又正、副、又副，共四人，为主持天试（京试）的主考官。下设副总裁，正、副总阅，磨勘和阅文官。协理考试事宜。亦主武考、下统正、副讲武官等武考官。

钦命出使大臣 见"出使大臣"。

钦差　明清对奉皇帝委派而特办某事官员之称呼。清制，其三品以上者称“钦差大臣”。均属临时性差遣，事毕则解任。

钦差大臣　官名。又称钦差、钦派。明清对皇帝钦派外出办理重大军国事务官员之通称。明朝之钦差有出征、出使、巡视按察、专办某差之使命，总督、巡抚、经略、总理、巡视、抚治等官员往往冠此称。清朝职任更重，授自特命并颁给关防，一般简称钦使，统兵者称钦帅，出使者称钦差出使某国大臣。

钦派　参见“钦差大臣”。

钦授大夫　司天散官名。金朝置。二十五阶之第三阶，秩从四品下。

钦象大夫　司天散官名。金、元皆置。金为二十五阶之第一阶，秩从四品上。元十四阶之第一阶，秩从三品。

钦察卫亲军都指挥使司　官署名。元朝侍卫亲军指挥机构，秩正三品。设于世祖至元二十三年(1286)，掌钦察、康里、哈剌鲁军士万人。置营于清州（今河北省青县）。辖十九千户所，三屯田千户所。设都指挥使、副都指挥使等职。英宗至治二年(1322)，分为左、右二卫。

钦察亲军都督府　官署名。元朝设于文宗天历二年（1329）正月，秩从二品，掌左钦察卫、右钦察卫、龙翊卫三支钦察卫军。次年六月，改为大都督府。

钧容直　官署名。北宋太宗淳化三年（992）置，隶教坊，以内侍一或二人监领，下设押班二人，有乐工百余人。掌军乐。后乐工增至二百余人。南宋沿置。

钩师　官名。春秋时吴国置。掌冶铸钩兵器的工官。《吴越春秋·阖闾外传》：“于是钩师向钩而呼二子之名。”

钩盾令　官名。西汉隶少府，秩六百石。由宦者充任，官署设在未央宫中，主管京城附近皇家苑囿，属官有五丞两尉。甘泉、上林等大苑囿别置专官管理，不属钩盾。东汉名义上仍隶少府，主管京城内外园苑离宫池观，职任颇重，郑众、蔡伦等皆以中常侍兼任，属官更多，有丞、永安丞、苑中丞、果丞、鸿池丞、南园丞、濯龙监、直里监等。灵帝时或任用士人。三国魏沿置，七品，属官增设灵芝园监、总章监、戎马监及郧玄武丞。西晋改隶大鸿胪，属官稍减。东晋、南朝大鸿胪不常置，遂无闻。北魏仍置，亦用宦者。北齐、隋、唐为司农寺钩盾署长官，不设宫禁中，任用士人，职掌亦不同。隋朝置三员，正八品；唐朝置二员，正八品上。宋朝存其名而罕除。参见“钩盾署”。

钩盾丞　官名。钩盾令副贰。西汉置五员，东汉置一员，又于永安宫、苑中离宫、果园、鸿池、南园等处各置丞，分领其事。秩皆三百石，以宦者充任。三国魏沿置，九品，又于郧玄武苑设丞。西晋稍减其官。东晋以后无闻。北魏仍置。北齐、隋、唐为司农寺钩盾署次官，隋朝置十二员，正九品；唐朝四员，正九品上。参见“钩盾署”。

钩盾署　官署名。北齐置，隶司农寺，设令、丞为长贰，掌供应薪菜果实，管理园池，领大囿、上林、游猎、柴草、池薮、苜蓿六部丞。隋、唐、五代沿置，掌薪炭及家禽水产之物，以供祭祀、朝会及饷宴宾客。隋朝设令三员、丞十二员，唐朝设令二员、丞四员。又有监事、典事等属官。

钩盾署令　官名。即钩盾令。

钩盾署丞　官名。即钩盾丞。

复工下士　官名。西魏、北周冬官府司士中大夫复工中士佐官，正一命。

复工中士　官名。西魏恭帝三年（556）置，北周沿置。冬官府司土中大夫属官，正二命。下设复工下士以佐其职。隋文帝开皇元年（581）罢。

复土将军　将军名号。汉朝每于皇帝驾崩时临时设置，掌营造帝陵，事讫即罢。《汉书·文帝纪》：“郎中令张武为复土将军。”颜师古注引如淳曰：“主穿圹窨瘗事也。”颜师古注：“穿圹，出土下棺也。已而窴之，又即以为坟，故云复土。”三国魏亦置，位在将作大匠下。

复土校尉　官名。汉朝皇帝丧葬时或置，主穿圹起坟等事宜，事讫即罢。

复考所　宋朝贡举考试机构。殿试、省试时常置，设复考官、复考点检试卷官。掌复审初考官所定等第，转送详定所。

复考官　见“复考所”。

复育少卿　官名。北魏置。《魏书·官氏志》：“（孝文帝太和十五年）又置司空、主客、太仓、库部、都牧、太乐、虞曹、宫舆、覆育少卿官。”太和十七年定为三品上，二十三年复次职令，未载。

复姓　因过继、收养等关系改用他人姓氏，及后归宗，要求恢复本姓者，称为复姓。清制，凡官员复姓，京官由各该衙门咨部，旗员由本旗咨部，分别取具同乡京官印结和本佐领图记。在籍候补汉京官，由本籍总督巡抚咨部；外官，由所隶总督巡抚咨部。汉军复姓者，由本旗咨报户部，户部按档而复。准予归宗者，仍移咨吏部复姓。凡吏员出身者，皆不准归宗复姓。

复道丞　官名。东汉置，隶大长秋属官中宫署令，员一人，以宦者任之，秩三百石，主中宫阁道。

复籍　先因寄籍外省，后愿改归原籍者，称复籍。清制，凡官员复籍，需察其原籍确有坟墓、庐舍，方准改归原籍。由祖籍所在地方官察核，报吏部定议。

香万户　官名。又称斯卜剌、贝尔、琼万户，元朝乌思藏十三万户之一，隶乌思藏宣慰司，治所在今西藏日喀则地区南木林县境内。

香山监　官署名。明永乐五年（1407）始置，初属北京苑马寺，十八年随该寺并入太仆寺。掌蕃养马匹，以备军需。设监正一人，正九品，监副一人，从九品，录事一人。下辖清流、广蓄、龙泉、松林四苑，苑设圉长一人，从九品，掌具体牧养之事。

香药库 官署名。北宋置，掌出纳外国贡献及市舶香药、宝石。设监官二人，以京朝官及三班使臣充任。真宗天禧五年（1021）分为内、外二库。内库置于皇城中，掌贮细色香药以备宫廷需用。

香药库使 官名。北宋太宗太平兴国（976—984）中置，属东班诸司使。多不领本职，仅为武臣迁转阶官。真宗咸平元年（998），定为同六品。神宗元丰（1078—1085）改制，改正七品。徽宗政和二年（1112）重定武臣阶官，废。

香药库副使 官名。北宋太宗太平兴国（976—984）中置，属东班诸司使。多不领本职，仅为武臣迁转阶官。真宗咸平元年（998），定为同七品。神宗元丰（1078—1085）改制，改从七品。徽宗政和二年（1112）重定武臣阶官名，废。

看守所 官署名。清末大理院、京师高等审判厅、京师地方审判厅，以及地方审判厅所属机构。负责关押未决人犯。置所长、所官掌其事。

看守所所长 官名。清末大理院、京师高等审判厅、京师地方审判厅所属机构看守所之长官。负责看押未决人犯，及处理所内一切事务。属大理院者从五品，奏补；属京师两审判厅者分别为正六品、从六品，奏补。

看守所所官 官名。清末大理院、京师高等审判厅、京师地方审判厅所属机构看守所之属官。佐所长管理所内一切事务。大理院看守所设四人，正八品，奏补；京师高等审判厅看守所设一人，从八品，咨补；京师地方审判厅看守所设二人。又，地方审判厅看守所不设所长，即以所官管理，各设一人，正九品。

看详元祐诉理局 官署名。北宋哲宗元符元年（1098）置。先是元祐元年（1086）曾置诉理所，申理神宗时命官获罪案件。至是，御史中丞安惇以为当时收恩私室、归怨先朝，建议重新看详，依原断施行，遂置此局。元祐申雪者八十三家，复依原判得罪。

看详赏功房 官名。南宋置，为枢密院承旨司属官。孝宗初年，以尚书左右司郎官兼领其事。

看班祗候 官名。南宋閤门司属官。孝宗淳熙（1174—1189）中置，选清廉干练，有方略、善弓马，忠训郎以下两任亲民官无阙误及曾历边任者充任。

笃信中郎将 官名。三国蜀置。职掌不详。见《三国志·李严传》裴松之注引诸葛亮《公文上尚书》。

选 官制用语，即量才授官。宋朝分选人注拟差遣窠阙为十等，每等为一选。第一选为两府司录，次赤令、留守、两府、节度、观察判官、少尹，顺次至第十选，为中下县、下县簿尉。

选人 宋朝幕职州县官统称。因由吏部铨选注授差遣，故称。宋初分两使职官、初等职官、令录、判司簿尉四等共七阶。经徽宗崇宁二年（1103）及政和六年（1116）两次改名，七阶为承直郎、儒林郎、文林郎、从事郎、从政郎、修职郎、迪功郎。选人经磨勘改官方能升为京朝官。此外，未入流而参吏部铨选者，如斋郎、试衔等，亦称选人。

选司 吏部别称。《晋书·石季龙载记上》：“有所调用，皆选司拟官，经令、仆而后奏行。不得其人，案以为令、仆之负、尚书及郎不坐。至是，吏部尚书刘真以为失铨考之体而言之。”或为明、清吏部所属文选清吏司的简称。

选补使 使职名。唐高宗上元二年（675）以岭南五管、黔中都督府选任土人，官非其才，乃遣郎官、御史为选补使，亦称南选使，前往简补广、交、黔等州官吏。其后，江南、淮南、福建因水旱，皆遣选补使即选地方官吏，废置不常。参见“南选”。

选官 主持铨选官吏的官员。《晋书·蔡克传》：“（司马）颖为丞相，擢为东曹掾。克素有格量，及居选官，苟进之徒望风畏惮。”时东曹掾典铨选官员。《梁书·王泰传》：“士多怀泰，每愿其居选官。顷之，为吏部尚书，衣冠属望。”

选院 官署名。唐玄宗开元二十八年（740）以尚书省吏部考功司贡院地置吏部南院，因放置选人文书，故谓此名。

选部 官署名。东汉灵帝时由尚书台吏曹改名，设尚书，掌选任官吏。魏晋南北朝改名吏部，后遂成为吏部的别称。北魏前期或名吏部，或名选部。设尚书为长官，下设选部监等属官，及给事中、给事等内廷派出监察官员。孝文帝改制前复名吏部。隋炀帝大业三年（607）改尚书省吏部头司吏部司为选部司，设郎、承务郎，唐高祖武德三年（620）复旧。明太祖洪武二十二年（1389）改吏部四属部之一的总部为选部，设郎中、员外郎，二十九年改为文选清吏司。参见“吏部”。

选部尚书 官名。东汉灵帝末由吏曹尚书改名，掌选任官吏，秩六百石，隶尚书台。魏、晋改名吏部尚书。北魏前期或置选部尚书，或置吏部尚书，孝文帝时定置吏部尚书。参见“吏部尚书”。

选部郎 魏晋南北朝为尚书吏部郎的别称。隋炀帝大业三年（607）改吏部侍郎置，为吏部头司选部司长官，从五品。唐朝改名吏部郎中。

选部给事中 官名。北魏前期置。内廷派驻尚书省选部曹监察政务并佐理曹务的官员。《魏书·杨播传》：“（杨懿）征为选部给事中，有公平之誉。”参见“选部”、“给事中”。

选部监 官名。北魏置，掌监督尚书省选部曹事。《魏书·阉官·赵黑传》：尚书李奏“选部监公孙蘧为幽州”。

选海 即选调。

选调 官场用语。宋朝选人在七阶中逐阶升迁，称选调。因难出常调，故又称选海。

选曹　❶尚书台曹名。参见“选曹尚书”、“选曹郎”。❷吏部别称。《宋书·蔡兴宗传》：“前居选曹，多不平允。”兴宗曾任吏部尚书。❸主管官吏铨选机构的通称。《晋书·祖约传》：“后转（丞相）从事中郎，典选举。”“司直刘隗劾之曰：‘约幸荷殊宠，显位选曹，铨衡人物，众所具瞻。’”

选曹尚书　官名。三国吴置，主管铨选官吏，职掌与吏部尚书相类。《三国志·顾雍传》裴松之注引《江表传》：“（顾）谭时为选曹尚书，见任贵重。”十六国汉刘聪省吏部，置“左选曹尚书”、“右选曹尚书”。

选曹郎　❶三国蜀、吴所置尚书台郎官名。主管铨选官吏事务。《三国志·陈祗传》：“弱冠知名，稍迁至选曹郎。”《虞翻传》：“第四子汜最知名，永安初从选曹郎为散骑中常侍。”❷吏部郎别称。《三国志·夏侯玄传》裴松之注引《魏略》：“（许允）明帝时为尚书选曹郎。”《梁书》卷五三《良吏·沈瑀传》：“去官还京师，兼行选曹郎。”

选授　清朝吏部之铨选制度。乃官缺补授方法之一。指依照月选之制补授官职之例。京官郎中以下，除题缺、调缺、拣选缺、考选缺外，皆依月选之法授官。外官道以下，除请旨缺、题缺、调缺、拣选缺、佐杂要缺外，亦皆依月选之法授官。凡月选之官皆由吏部依班定缺，经司议、堂议，定选日，公同掣签，以定选缺。

适士　周朝上士别称。《礼记·祭法》：“适士二庙，官师一庙。”郑玄注：“适士，上士也。”

毡库　官署名。清朝内务府武备院之办事机构，康熙十五年（1676）设。掌制造、收发弓箭、靴袜、毡片等。下设备弓处、备箭处、箭厂、鲍头作、靴皮作、毡作、沙河毡作、帽作、杂活作。置五品员外郎二人，六品库掌二人，六品委署库掌一人，各种匠役一千二百余人。

毡毯使　官名。五代始置。宋初属东班诸司使，多不领本职，仅为武臣迁转阶官。真宗咸平元年（998），定为同六品。神宗元丰（1078—1085）改制，改正七品。徽宗政和二年（1112）重定武阶官名，废。

毡毯副使　宋朝武阶官名。宋初属东班诸司使，多不领本职，仅为迁转之阶。真宗咸平元年（998），定为同七品。神宗元丰（1078—1085）改制，改从七品。徽宗政和二年（1112）重定武阶官名，废。

重人　战国时期称不法权臣。《韩非子·孤愤》：“重人也者，无令而擅为，亏法而利私，耗国以便家，力能得其君，此所为重人也。”

重号将军　相对于小号、杂号将军而言，用以称地位重要的名号将军，各朝所包含的将军名号不同。参见“将军”。

重臣　官居要职的大臣。《管子·明法解》：“乱主之行爵禄也，不以法令案功劳；其行刑罚也，不以法令案罪过，而听重臣之所言。”

重禄法　宋朝特别法之一。神宗熙宁三年（1070）立仓法，吏人皆给厚俸，称重禄法。领取重禄吏人称“重禄公人”，重禄公人受贿或勒索，即从严惩罚。朝廷各司及监司、各州皆行之，以图养廉。

便钱务　官署名。北宋太祖开宝三年（970）置于京师，掌商人以钱换券事务。商人在京师纳钱于左藏库后领券，凭券在外地各州领钱，以便其经商。

便殿中监典　宫中女官名。南朝宋明帝定后宫百官时置，属宣融房，五品。

便殿帅　宫中女官名。南朝宋明帝定后宫百官时置，属宣融房，六品。

修内司　官署名。北宋、金、元皆置，掌宫中营造事。北宋设勾当官。以入内内侍充任。神宗元丰（1078—1085）改制后，隶将作监。金朝世宗大定七年（1167）始置，设使、副使总领司事，秩从五品、从六品。下设直长、部役官、受给官等职。直长二员，正八品；部役官四员，正八品，掌监督工役。受给官二员，正八品，掌支纳诸物。元隶大都留守司，秩从五品。设于世祖中统二年（1261）。领大、小木局及泥厦、车、桩钉、铜、竹作，绳等局工匠。置提点、大使、副大使各一员。

修日历所　官署名。南宋高宗绍兴元年（1131）置，掌修皇帝日历，以秘书省长官、副长官通领。三年，改命宰相提举，以侍从官为修撰。

修日历所修撰　见“修日历所”。

修文馆　官署名。即门下省弘文馆。唐高祖武德四年（621）置，九年改名弘文馆；中宗神龙二年（706）复名修文馆，睿宗景云二年（711）改昭文馆，玄宗开元七年（719）又改弘文馆。参见“弘文馆”。

修订法律大臣　官名。清末修订法律馆长官，光绪二十八年（1902）置。二至三人，二、三品不等，特简，兼任。掌督饬法律馆参酌中外成法，修订旧律，编纂新律。

修订法律馆　官署名。简称法律馆，清末修纂法律机构。光绪二十八年（1902）简派修律大臣，修订现行律例。三十三年特开馆设专衙，以编纂民法、商法、民刑诉讼法诸法典及附属各法。置修订法律大臣二至三人，提调二人。下设两科，分掌调查起草民律、商律及民事、刑事诉讼律，并分任奉旨交议各项法律。各置总纂一人，纂修、协修各四人，调查员一或二人。另设译书处，掌编译各国法律书籍，置总纂一人，译员若干；编案处，掌删订旧律例及编纂诸章程，置总纂一人，纂修、协修各二人；庶务处，掌文牍、会计诸事，置庶务总办一人，委员若干。

修订法律馆总纂　官名。清末修订法律馆属官，光绪三十三年（1907）设。定额四人，奏补，分掌本馆第一、第二两科与译书、编案两处事务。

修订法律馆庶务处总办　官名。清末修订法律馆属官，光绪三十三年（1907）设。定额一人，奏补。

掌庶务处一切事宜。

修订法律馆提调 官名。清末修订法律馆属官，光绪三十三年（1907）设。定额二人，正三品，简任。掌承修订法律大臣之命，总管馆中一切事宜。

修订法律馆纂修 官名。清末修订法律馆属官，光绪三十三年（1907）设。定额十人（第一、第二科各四人，编案处二人），奏补。辅佐总纂分别主管科处事务。

修书使 使职名。即丽正殿修书使，唐玄宗开元七年（719）置。十三年改为集贤殿书院学士，以五品以上官为之。

修正庶尹 文勋官名。明置，以授正五品文官再考称职者。

修玉牒官 官名。唐朝宗正寺属官，置一员。宋朝沿置，掌以编年之体记叙帝王世系而记其历数，辨皇族亲属昭穆之序，以侍从官兼任。太宗淳化六年（995）设玉牒所，置官，真宗咸平（998—1003）初始创规制，大中祥符九年（1016）以后置一至二人；神宗元丰（1078—1085）改制，复隶宗正寺。南宋高宗绍兴二十九年（1159）罢。以宗正少卿、丞同领其事。

修功德使 官名。唐德宗贞元四年（788）以后置，与左右街大功德使、东都功德使总领僧、尼之籍及功役。

修仪 内官名。皇帝嫔妃。三国魏明帝置，太和（227—233）中定其位比关内侯。西晋武帝定内官，置为九嫔之一，位视九卿。南朝宋孝武帝省，明帝泰始元年（465）复置，三年列位九嫔。南齐沿置，陈亦为九嫔之一。隋炀帝置为九嫔第四，正二品。唐朝内官沿置，为九嫔第四，正二品。宋朝为内命妇之一，位昭媛下、修容上，正二品。金朝亦为九嫔之四，正二品。

修礼局 撰定礼制的机构。南朝齐、梁置。设吉、凶、宾、军、嘉五礼新旧学士。《梁书·徐勉传》："时修礼局住在国子学中门外，东昏之代，频有军火，其所散失，又逾太半。天监元年（502），（何）佟之启审省置之宜，敕使外详。"

修司农寺条例司 官署名。北宋神宗熙宁二年（1069）置，掌编修司农寺条例。八年罢。

修华 内官名。皇帝嫔妃。西晋武帝定内官，置为九嫔之一，位视九卿。南朝宋孝武帝孝建三年（456）省，明帝泰始元年（465）复置，三年列位九嫔。南齐、梁沿置，陈亦置为九嫔之一。隋炀帝置为九嫔第六，正二品。

修行 吏名。一作循行。参见"循行"。

修合卖药所 官署合称。即宋朝修合药所与出卖药所，徽宗初于京城置二修合药所、五出卖药所，政和四年（1114），改修合药所为医药和剂局，出卖药所为医药惠民局。参见"熟药所"。

修奉宝册使 官名。北宋真宗大中祥符九年（1016），皇帝亲行南郊大礼临时设置，以参知政事充任。

修奉宝册副使 官名。北宋真宗大中祥符九年（1016），皇帝亲行南郊大礼临时设置，以户部侍郎林特充任。

修武佐郎 散阶称号。清朝乾隆三十二年（1767）置，为武职从八品之封赠。五十一年，改奋武佐校尉。

修武佐校尉 散阶称号。清朝武职从九品之封赠。初，武职中属绿营者从九品无封赠，属八旗者从九品从文职封登仕郎。乾隆五十一年（1786），统一于此，绿营、八旗划一，遂为定制。

修武郎 官名。宋徽宗政和二年（1112）重定武臣官名，改内殿崇班置，为武臣阶官，正八品。清乾隆三十二年（1767）置为散阶称号，封赠正八品武职。五十一年，改奋武校尉。

修武校尉 散阶称号。金朝置，为武职从八品上之封阶，乃三十四阶之第二十九阶。元朝袭之，升为从七品，敕授。明朝未置。清朝为武职正九品之封赠，属十八阶之第十七阶。乾隆五十一年（1786）始增此称。初，绿营正九品无封赠，八旗正九品从文职封登仕郎。至是，绿营、八旗划一，遂为定制。

修国史 官名。北魏置，西魏沿置。掌修撰国史，除著作郎外，多以中书、集书省官兼领。唐朝一指宰相监修国史，二指非宰相参予修国史。北宋哲宗及南宋高宗时亦置，以尚书及翰林学士充任，掌修国史，隶国史院。辽朝国史院亦置，职掌同。

修国史日历所 官署名。南宋高宗绍兴三年（1133）置，掌修国史、日历。以宰臣提举，选侍从官为修撰。四年，改称史馆。

修图谱官 官名。即知图谱官。

修注 官名。唐朝为起居郎、起居舍人别称。洪迈《容斋四笔》卷一五《官称别名》："唐人好以它名标榜官称"，"起居郎为左螭，舍人为右螭，又并为修注"。宋朝为修起居注、起居郎、起居舍人等官省称。

修政局 官署名。南宋高宗绍兴二年（1132）宰相秦桧建议设置，自为提举，命侍从、台省寺监官、监司、守令上书，讨论省费裕国、强兵息民之法。数月即罢。

修政局参详官 官名。南宋高宗绍兴二年（1132）置，以侍从官兼任，掌讨论内外政事，数月后罢。

修政局检讨官 官名。南宋高宗绍兴二年（1132）置，掌讨论内外政事，数月后罢。

修政局参议官 官名。南宋高宗绍兴二年（1132）置，以卿、郎充任，掌讨论内外政事，数月后罢。

修故局 官署名。北齐置，设丞。掌领工匠修理兵器甲胄，隶卫尉寺武库署。

修故局丞 官名。北齐置。参见"修故局"。

修闾下士 官名。西魏、北周秋官府布宪中大夫修闾中士佐官，正一命。

修闾中士 官名。西魏恭帝三年（556）仿《周礼》修闾氏置，北周沿置。秋官府布宪中大夫属官，正二命。下设修闾下士以佐其职。隋文帝开皇元年（581）罢。参见“修闾氏”。

修闾氏　官名。《周礼》秋官之属，一说为周朝置，掌理王城中击柝巡查闾里道路戒禁。《周礼·秋官》：“修闾氏，下士二人，史一人，徒十有二人”，“掌比国中宿互欜者与其国粥，而比其追胥者而赏罚之。禁径逾者，与以兵革趋行者，与驰骋于国中者。邦有故，则令守其闾互。唯执节者不几”。

修宫阙使　使职名。唐昭宗乾宁五年（898）京兆尹韩建请修复宫阙，奉帝归长安，遂以为修宫阙使，总诸道助钱及工材，以都将蔡敬思督其役，营葺长安，并亲临施工，按期竣工。

修起居注　官名。北魏置，掌皇帝起居注之修撰，以文学之士为之。《册府元龟》卷五五四《国史部·总序》：北魏“置修起居注二人，以他官领之，而隶于集书省”。西魏沿置。北宋神宗元丰（1078—1085）改制前，起居郎、舍人为寄禄官，另置起居院，以三馆、秘阁校理以上修起居注；神宗元丰（1078—1085）官制行，改以起居郎、舍人为之，亦称修注官。金朝记注院置，掌记皇帝言、动，章宗明昌元年（1190）不以谏官兼，或以左、右卫将军兼，宣宗贞祐三年（1215）以左、右司首领官兼，为定制。

修造司　官署名。北宋太宗太平兴国七年（982）置，掌京城营缮及畿县屯兵营舍修葺之事。淳化三年（992）分左右两厢，隶东西八作司。五年，复分出为独立机构，以诸司使及内侍提举。真宗咸平元年（998），以都大店宅务兼领。六年复分出。

修造案　官署名。北宋前期置，隶三司户部，掌京城工作及陶瓦八作、排岸作坊、诸库簿账勾校及诸州营垒、官廨、桥梁、竹木、簰筏之事。神宗元丰（1078—1085）改制，随三司废，其事归隶将作监。

修容　内官名。皇帝嫔妃。三国曹魏文帝置，明帝太和（227—233）中定其位比亭侯。西晋武帝定内官，置为九嫔之一，位视九卿。南朝宋孝武帝孝建三年（456）省，明帝泰始元年（465）复置，三年列为九嫔之一。南齐、梁沿置，陈亦为九嫔之一。隋炀帝置为九嫔之至，正二品。唐朝内官沿置，为九嫔之五，正二品。宋朝为内命妇之一，位修仪下、修媛上，正二品。金朝亦为九嫔之五，正二品。

修职佐郎　散阶称号。明朝置，为文职从八品之升授，属四十二散阶之第三十七阶。清朝沿置，为文职从八品之封赠，属十八阶之第十六阶。

修职郎　❶官名。宋朝徽宗政和六年（1116），改登仕郎设，为从八品寄禄官。❷散阶称号。明朝置，为文职正八品之升授，属四十二散阶之第三十五阶。清朝沿之，为文职正八品之封赠，属十八阶之第十五阶。又，清初武职中属八旗者正、从八品亦封此。乾隆三十二年（1767）改同绿营武职，正八品封修武郎，从八品封修武佐郎。

修媛　内官名。皇帝嫔妃。唐朝内官置为九嫔之六，正二品。宋朝为内命妇之一，位修容下、充仪上，正二品。金朝亦为九嫔之六，正二品。

修勤　官名。北魏置。《魏书·官氏志》：“（道武帝天赐）二年（405）二月，复罢尚书三十六曹，别置武归、修勤二职。武归比郎中，修勤比令史，分主省务。”太武帝时复置诸曹尚书，遂罢。

修撰　官名。唐朝置为史馆官，四人，掌修国史。玄宗天宝（742—756）以后，以他官兼职史馆者为之，初入为直馆。宪宗元和（806—820）以后，改以登朝官领史馆职者充任，未登朝官为直馆。集贤院亦设，无定员，多六品以下官员兼。宋沿唐制，设于史馆，掌修日历，设于实录院者掌修实录。宋初贴职有集贤殿修撰，徽宗政和六年（1116）改右文殿修撰，又增置集英殿修撰。金朝设为翰林学士院属官，与待制分掌词命文字，分判院事，无定员，从六品。元朝沿置，翰林兼国史院，三人，蒙古翰林院二人，集贤院一人。明清设为翰林院史官之魁，掌修国史。凡修日历、宝训、实录及史志等，分任撰著，考辑、检阅诸事。明洪武十四年（1381）定制三人，后多超制，无定员，以殿试一甲第一名进士，即状元除授，从六品。清宣统元年（1909）改从五品。

修撰官　官名。唐玄宗开元（713—741）中集贤殿书院置，无常员，以他官兼，天宝（742—756）以后，史馆亦置，掌修史，以登朝官领史职者为之。

保　官名。殷朝始置，西周至战国沿置，指保母、保傅等养育、傅教太子、国君的官员。三国魏王国官属有保，品第六。

保儿赤　即博尔赤。

保兀儿赤　即博尔赤。

保义郎　官名。北宋徽宗政和二年（1112）重定武臣阶官名，改右班殿直置，正九品，位成忠郎下、承节郎上，属小使臣。

保长　乡役名。宋朝始置。神宗熙宁元年（1068），王安石变募兵而行保甲之法。三年，始令民间联比以相保任。每十家为一保，选主户有能力者一人为保长。掌率同保之人维持治安。清朝地方编户中亦设。顺治（1644—1661）初年，将州县城乡十户编为一牌，设牌长，十牌为一甲，十甲为一保，设保长，又称保正，一年一更代。岁给门牌，依时更换，并司查报作奸犯科及户口迁移，登耗诸事。

保介　官名。❶武臣。《诗经·周颂·臣工》：“嗟嗟保介，维莫之春。”郑玄笺：“保介，车右也”，“介，甲也。车右勇力之士，被甲执兵也”。❷农官之副。《吕氏春秋·孟春》：“天子新载耒耜措之，参于保介之御间。”朱熹《诗集传》卷十九：“保介，见《月令》、《吕览》，其说不同，然其为籍田而言，盖农官之副也。”

保氏 官名。《周礼》地官之属，一说为周朝置，掌劝谏王的过失，兼掌国子六艺六仪的教育。《周礼·地官》："保氏，下大夫一人，中士二人，府二人，史二人，胥六人，徒六十人"，"掌谏王恶，而养国子以道，乃教之六艺"，"凡祭祀、宾客、会同，丧纪、军旅，王举则从。听治，亦如之。使其属守王闱"。

保氏下大夫 官名。西魏恭帝三年（556）仿《周礼》保氏置，北周沿置。地官府师氏中大夫属官，掌规谏皇帝之任，正四命。下设保氏上士以佐其职。隋文帝开皇元年（581）罢。参见"保氏"。

保氏上士 官名。西魏、北周地官府师氏中大夫保氏下大夫佐官。正三命。

保引 官制用语。宋朝官员依恩例担保引荐亲属充任内外各司差遣，系名簿籍，等待考试或超补，称保引。与州、县通常差补不同。

保平大夫 太医阶官名。金朝二十五阶之第三阶，秩从四品下。

保正 乡役名。宋朝始置。神宗熙宁元年（1068）王安石变募兵而行保甲之法。三年，始令民间联比以相保任。每十家为一保，设保长，五百家为一百都保，设都保正、副都保正。后又改为每二百五十户为一都保，并以保正取代原乡役耆长，负责治安。清朝地方编户中设有保长，亦称保正。

保甲 宋朝乡兵组织与乡村基层组织。神宗时行保甲法，以十户为一保，五十户为一大保，五百户为一都保，分别设保长、大保长、都保正和副保正，每户两丁以上，一丁选充保丁。后改为五户一保，二十五户一大保，二百五十户一都保。保内行连坐法，以加强治安。为使与正规军互相参用，又行上番制度，由保正和保长率保丁分期赴县尉司和巡检司，出入巡警，教习武艺，以取代县尉司弓手与巡检司兵士。开封府界与河北、河东、陕西路保甲又实行教阅，即军训。哲宗以后，教阅逐渐废弛，保甲遂为单纯的乡村基层组织。

保甲司 见"提举保甲司"。

保头 官场用语。宋朝举人赴解试或选人注官，皆须三、五人或十数人结成一保，撰写保状。三次应试而终场者称为保头。

保任 官制用语。即奏举。宋朝高、中级官员推荐京朝官或选人充任某种差遣，并担保其胜任，称保任。若被推荐人任职期间有违法或失职，举主亦须受罚。

保全郎 太医阶官名。金朝二十五阶之第十三阶，秩从六品下。元朝十五阶之第七阶，秩从五品。

保合大夫 太医阶官名。金朝二十五阶之第十阶，秩正六品上。

保州都统军司 官署名。辽朝置，北面官，统领保州路兵马。

保冲大夫 金、元太医阶官名。金二十五阶之第十一阶，秩正六品下。元十五阶之第六阶，秩正五品。

保安大夫 医官阶官名。宋徽宗政和二年（1112），改権易使置，后定为正七品。金朝置为太医官二十五阶第五阶，正五品中。元朝沿置，为太医散官十五阶第三阶，正四品。

保安郎 官名。北宋徽宗政和二年（1112）重定医官阶官名，改権易副使置，从七品。

保林 内官名。汉元帝始置，秩视百石。南朝宋孝武帝置，为太子内职之一。南齐高帝建元三年（481）太子宫置三内职，保林为第二等，位比五等侯。

保拂 官名。新莽太子四师之一。始建国三年（后11）置，秩大夫，以京兆尹王嘉任之。

保和大夫 医官阶官名。宋徽宗政和二年（1112）改西绫锦使置。五年改名保痊大夫，宣和元年（1119）又改平和大夫。后定为正七品。金朝复置，为太医官二十五阶第六阶，正五品上。元朝沿置，为太医散官十五阶第四阶，正四品。

保和郎 官名。北宋徽宗政和二年（1112）重定医官阶官名，改西绫锦副使置。五年，改名保痊郎。宣和元年（1119），又改平和郎。从七品。

保和殿大学士 大学士衔名之一。宋朝置，徽宗宣和元年（1119）改宣和殿大学士设，秩正三品，地位与资政殿大学士同。清朝亦置。顺治十五年（1658），改内三院为内阁，大学士系殿阁衔，始有保和殿（明为建极殿）大学士之名，但不常置，定制后只傅恒一人授此衔。参见"大学士"、"殿阁大学士"。

保和殿学士 官名。北宋徽宗宣和元年（1119），改宣和殿学士置，掌出入侍从以备顾问，为正三品贴职。

保宜大夫 太医阶官名。金朝二十五阶之第一阶，秩从四品上。元朝十五阶之第一阶，从三品。

保官 三国魏关押质任的机构。官亦作宫。《三国志·魏明帝纪》裴松之注引《魏略》："保官空虚，初无（资）〔质〕任。"参见"质任"。

保定等处大兵农使司 见"大兵农司"。

保学医 官名。南朝齐高帝建元四年（482）置，属国学，员二人，旋废。

保顺 宋朝功臣号。参见"功臣号"。

保顺大夫 太医阶官名，金朝二十五阶之第九阶，秩从五品下。元朝十五阶之第五阶，秩从四品。

保举 明清荐擢官吏之方式。长官于属员之中，选拔有才能或有功绩者，举以上闻，谓其才堪重任，或应予议叙而为之保证者，称保举。所举不实，则罪及举者。明洪武十七年（1384）始命天下朝觐官举廉能属吏。其后定制，九卿准许保荐属员，督抚、藩臬保荐道府州县之官。凡保举必须开列实在政绩，以便量才擢用。清顺治（1644—1661）中定保举连坐之法。乾隆（1736—1795）中厉行保荐之法，司、道、郡守，多由此选。

保宫令　官名。西汉武帝太初元年（前104）改居室令置，属少府，有丞。东汉省。

保宫丞　官名。西汉武帝太初元年（前104）改居室丞置，为保宫令副贰，属少府。东汉省。

保痊大夫　见“保和大夫”。

保痊郎　见“保和郎”。

保章大夫　司天散官名。金、元皆置。金为二十五阶之第九阶，秩从五品下。元十四阶之第四阶，秩从四品。

保章上士　官名。西魏恭帝三年（556）仿《周礼》保章氏置，北周沿置。春官府太史中大夫属官，掌观测天象，以记载日月星辰的变动，并依此而辨吉凶。正三命。下设保章中士以佐其职。隋文帝开皇元年（581）罢。

保章中士　官名。西魏、北周春官府太史中大夫保章上士佐官，正二命。

保章氏　官名。《周礼》春官之属，一说为周朝置，掌理天文星历，观测其变异而测吉凶。《周礼·春官》：“保章氏，中士二人，下士四人，府二人，史四人，徒八人”，“掌天星，以志星辰日月之变动，以观天下之迁，辨其吉凶。以星土辨九州之地，所封封域，皆有分星，以观妖祥。以十有二岁之相，观天下之妖祥。以五云之物，辨吉凶、水旱降丰荒之祲象。以十有二风，察天地之和，命乖别之妖祥。凡此五物者，以诏救政，访序事”。

保章正　官名。唐武则天长安二年（702）改历博士置。肃宗乾元元年（758）加号五官保章正。员一至二人，从七品上。宋朝沿置，省五官之号，初隶司天监，神宗元丰（1078—1085）改制后隶秘书省太史局，掌测天文等事务。哲宗元祐（1086—1094）中定为从八品。辽朝隶司天监。元朝太史院置，员五人，正七品。明朝复置五官保章正，正八品，隶钦天监。清顺治元年（1644）钦天监置，由汉人充任。康熙四年（1665）定员为二人，正八品。十四年省。

保章副　官名。元朝太史院置，五人，正八品，佐保章正观测记录星象变异，占定其吉凶之事。明太祖朱元璋建立明朝前曾沿置于太史监。吴元年（1367）改太史监为太史院，仍置，秩从八品，职掌依旧。洪武元年（1368）罢。

保康大夫　太医阶官名。金朝二十五阶之第二阶，秩从四品中。元朝十五阶之第二阶，秩从三品。

保惠司　官署名。清末商部所属四司之一，光绪二十九年（1903）设，掌提倡商务，保护商人各事项，并本部司员升调补缺保奖事。置郎中、员外郎、主事各二人。三十二年，商部改农工商部，改为商务司。

保傅　官名合称。❶春秋战国时国君侍从女官。《战国策·秦策三》：“足下上畏太后之严，下惑奸臣之态，居深宫之中，不离保傅之手。”鲍彪注：“女保、女傅，非大臣也。”❷太保、太傅或太子太保、太子太傅合称。

保善大夫　金朝太医阶官名。二十五阶之第七阶，秩从五品上。

保颐大夫　金朝太医阶官名。二十五阶之第四阶，秩正五品上。

保愈郎　金朝太医阶官名。二十五阶之第十二阶，秩从六品上。

保嘉大夫　金朝太医阶官名。二十五阶之第八阶，秩从五品中。

俄国股　官署名。清末总理各国事务衙门所属机构，同治三年（1864）设。掌管对俄国、日本的交涉事务，并掌陆路通商、边防、疆界、外交、礼仪，及本衙门官吏的迁转、考试、甄录等事。光绪二十七年（1901）并入外务部。

俄罗斯文馆　清朝教习俄国留学生学习满、汉语言文字的学馆，康熙四十七年（1708）设。初名俄罗斯学，后改称俄罗斯文馆，亦简称俄罗斯馆。设满、汉助教各一人，额缺隶国子监。雍正五年（1727）恰克图条约签订后，定俄国学习语言学生名额为四人，十年更代。同治元年（1862）裁撤。

俄罗斯馆　官署名。❶清朝理藩院所属机构。康熙三十三年（1694）设。为安置来京俄商及传教士、留学生之所，附设教堂。设馆监督一人。由理藩院司员内佥派，并拣领催轮班至馆照料。专设馆夫二人守门。❷清朝俄罗斯文馆（俄罗斯学）之简称。

俄罗斯馆监督　官名。清朝理藩院所属俄罗斯馆主官。掌接待来京俄商、俄人居住之事。设一人，由本院堂官派充。

信人　官名。战国置，掌奉命出使。《墨子·号令》：“外使者来”，“若行县，必使信人先戒舍室”。

信义将军　官名。西晋惠帝（291—306）时拓跋猗㐌置。无员限。北魏建国后未设。

信臣　官名。同“信人”。战国置。《史记·韩世家》：“发信臣，多其车，重其币。”

信武将军　官名。将军名号。南朝梁置，为五德将军之一，在武职中地位较高，并可为文职清官兼领。《梁书·世祖徐妃传》：“父绲，侍中、信武将军。”武帝天监七年（508）定为武职二十四班中的十五班。陈沿置，与智武、仁武、勇武、严武等合称五武将军，拟四品，比秩中二千石。金朝置为武散官，从五品上。元朝因之，从四品，宣授。明朝为从四品武官加授之散阶称号。

信威将军　官名。南朝梁置，称为五德将军之一，武帝天监七年（508）定为十六班，与智威将军等代旧征虏将军，普通六年（525）改为武职三十四班中的二十六班。陈沿置，改称为五威将军之一，定为拟四品，比秩中二千石。如加为信威大将军，则进一阶。

信炮总管　官名。清朝八旗步军营之职官。额设一人，满缺，掌白塔信炮之鸣放事。若有警，得旨后则鸣炮。九门之炮闻声即应，官兵闻炮则集合候旨。

总管下设监守信炮官、领催、炮手等。

信都局 官名。北齐置，设丞。隶太府寺司染署。

信都局丞 官名。北齐置。参见“信都局”。

信部 官署名。渤海国置，右六司之一，置卿一人，又有郎中、员外。

信部员外 官名。渤海国右六司信部属官，位郎中下。

信部郎中 官名。渤海国右六司信部属官，位卿之下。

信部卿 官名。渤海国官，右六司信部长官，置一人，居司政（比仆射）下。

侯 ❶爵名。周朝五等爵之一。一说为五等爵第二等，《礼记·王制》：“王者之制禄爵，公、侯、伯、子、男，凡五等。”一说为五等爵第三等，《孟子·万章上》：“天子一位，公一位，侯一位，伯一位，子、男同一位，凡五等。”战国秦至秦朝行二十等爵，十九级为关内侯，居京畿无国邑；二十级为彻侯，有食邑，为最高爵位。汉朝沿置，以封宗室、外戚、功臣。彻侯亦称列侯，后避武帝讳改通侯，有食邑。东汉后期列侯依其封邑地区等级，又有县侯、乡侯、都乡侯、亭侯、都亭侯之别，末期曹操所设关中侯、关外侯为虚封，不食租。三国魏复五等爵制，侯次公，居第二等。两晋至南北朝有郡侯、县侯、乡侯、亭侯、开国侯、散侯、关内侯等名号。三国魏元帝咸熙元年（264）定制，诸侯国地方七十里，邑一千六百个，官属同公，设相一人，职如县令，又有傅、家令、丞、庶子、文学等，妾五人，司马八人，旅贲三十六人，凡侯爵皆一品。西晋武帝咸宁三年（277）定大、次、小王国之制，大国、次国承封王之支子为侯，侯国制度同不满五千户王国，置军一千人，以中尉领之。东晋罢中尉，不置军，又省大农、常侍及侍郎。南朝宋因之，自三品至六品不等。齐侯国置郎中令一卿。梁置相，由朝廷选任，掌民政；典祠令、典书令、典卫长等，得自选补。封郡县者，言曰教，境内称之曰第下，自称寡人，国官称臣。其食邑千户以上，置家丞、庶子。陈制，自三品至九品不等。北魏道武帝天赐元年（404）定制，侯封大县，三品，臣吏二十五人。孝文帝太和二十三年（499）定为二品或从二品。北齐开国县侯从二品，散县侯三品，侯国设官减公国将军、大夫员，封内之调，四分食一。魏、齐侯国设郎中令、大农、中尉、常侍、侍郎，典书、典祠、学官、典卫等令，食官、厩牧等长。北周唯县侯一级，食邑五百户至一千八百户，正八命。隋置开国侯，为九等爵第六等，正二品。唐初为五等爵第二等，太宗贞观十一年（637）加开国之称，为九等爵第六等，从三品，无封土，加实封者乃给租庸。宋沿置，为十二等爵第九等。金置郡侯，食邑一千户，实封一百户。元朝沿置，正三品或从三品，仅用于封赠。明朝置为三等爵第二等，以封功臣外戚，有流、世即及身与世袭之别。清朝为九等世爵第二等，其中又分为四等：一等侯兼一云骑尉、一等侯、二等侯、三等侯。叙为超品。乾隆十四年（1749）追加美名，以为侯号，如奉义侯等。太平天国亦置，1853年初封北伐三路主帅五人，并封秦日纲为顶天侯，胡以晃为护国侯，爵号前冠以“真忠报国”或“忠贞报国”，除战功卓著者，不许世袭。位仅次王爵，其后位日渐卑下。❷行政区划九服之一。《周礼·天官·职方氏》：“乃辨九服之邦国。”九服，即王畿以外之侯、甸、男、采、卫、蛮、夷、镇、藩等九等地区。❸官名。同“候”。军中主侦察之官。战国秦以刑徒充侯。《睡虎地秦墓竹简·内史杂》：“侯、司寇及群下吏毋敢为官府佐、史及禁苑宪盗。”

侯大夫 官名。春秋时晋国置。《大戴礼记·卫将军文子》：“（羊舌大夫）其为侯大夫也悉善，而谦其端也。”

侯夫人 命妇名号，明置，以封侯爵之曾祖母、祖母、母及本官妻为某侯夫人，俱从其爵。如非追封，本官母以上俱加太字，称侯太夫人。

侯伯 周朝称诸侯的伯长。《左传·僖公二十八年》：“王命尹氏及王子虎、内史叔兴父策命晋侯为侯伯。”

侯国 汉朝列侯食邑。东汉又有县侯、乡侯、都亭侯、亭侯。大者食县、小者食乡、亭。侯国大者置相一人。西汉有行人、洗马、门大夫等五官，其家臣置家丞、庶子各一人，使理家事。东汉不满千户不置家丞，又悉省行人、洗马、门大夫。魏晋南北朝仍置。参见“侯”。

侯牧 春秋时期称诸侯方伯。《左传·哀公十三年》：“王合诸侯，则伯帅侯牧以见于王。”

俟斤 官名。❶突厥阿史那氏别部大臣之一，世袭其官而无员限。西突厥沙钵罗咥利失可汗右五弩失毕部置五大俟斤，居碎叶以西；贺鲁沙钵罗可汗弩失毕置五俟斤，以阿悉结阙俟斤最盛强。❷奚五部每部之帅，置一人。

俟发 官名。西突厥处罗可汗置。与阎洪达等官评议国事。

俟利发 官名。突厥语的音译，突厥置，世袭，无员限。《周书·突厥传》：“大官有叶护，次设，次特勤，次俟利发，次吐屯发，及余小官凡二十八等，皆世为之。”

俟厘 官名。十六国前燕、后燕置。《资治通鉴·穆帝永和六年（350）》：“（慕容）使中部俟厘慕舆句督蓟中留事。”为鲜卑部落帅名的音译，与突厥“俟利发”、契丹“夷离堇”为同名异译。参见《魏书·儒林传》。

俟懃地何 官名。北魏置。《南齐书·魏虏传》：“又有俟懃地何，比尚书。”此系南朝人对北魏鲜卑语官名的音译。

俊秀 官制用语。明朝凡幼童、白丁和商贾以捐纳而得入监为监生者称俊秀，或称“例生”。大都不入国子监读书，只候凭票选官。清朝专指汉人无

“出身”而入仕者。武生行伍就文职者亦视于此。其捐输官职，止授从九品或未入流。识满、汉字者考翻译，优者可用八品笔帖式。

顺义中郎将 官名。北魏置。孝文帝太和十七年（493）定为从五品下，二十三年复次职令，未载。

顺义苑 官署名。明成祖永乐五年（1407）置。北京苑马寺六监二十四苑之一，属清河监。设圉长一人，从九品，下分各群，设群长，掌牧养马匹，以备军需。十八年并入太仆寺。参见“清河监”。

顺义侯 爵名。北魏置，孝文帝太和十七年（493）定为五品下，二十三年改从五品。

顺天府 官署名。明清设于京城北京之府属建制。掌京畿之刑名钱谷，并司迎春、进春、祭先农之神，奉天子耕耤、监临乡试、供应考试用具等事。明永乐元年（1403）置。十年升秩，如应天府。设府尹一人、府丞一人、治中一人、通判六人、推官一人、儒学教授一人、训导一人以及统历、照磨、检校等官。所辖有宛平、大兴二县。清顺治元年（1644）沿置。设官大体如明制。雍正元年（1723）增设兼管府事大臣一人。并设四路厅、二十州县长官各一人，在京之宛、大二县知县各一人，县丞四人等官。初辖宛、大二县。康熙十五年（1676）划入昌平等十九州县。二十七年置东、西、南、北四路同知。乾隆八年（1743）定为二十四州县。

顺天府尹 官名。明清顺天府之主官，掌府事。明永乐十年（1412）设，一人，正三品。清顺治元年（1644）沿设一人，品秩、职掌一如明旧。

顺天府丞 官名。明清顺天府之属官。明永乐十年（1412）设，一人，正四品。为府尹之佐贰，兼领学校。清顺治元年（1644）沿设，汉官一人，亦为正四品。兼提督学政衔，乾隆五十八年（1793）停兼衔。另设学政一官。

顺龙盐马司 官署名。明朝洪武（1368—1398）年间置，设司令、司丞，掌盐、马交易。后革。

顺仪 内官名。皇帝嫔妃。隋炀帝置为九嫔之首，正二品。唐玄宗开元（713—714）中置为六仪之四，一人，正二品，共掌教九御四德，率其属以赞后礼。北宋真宗大中祥符六年（1013）置为内命妇之一，位淑容下、顺容上，从一品。金宣宗贞祐（1213—1217）以后置，位丽人、才人下，淑华、淑仪上，正四品。

顺华 内官名。皇帝嫔妃。隋炀帝所置九嫔之一，位第三，正二品。次顺仪、顺容之下，位修仪、修容上。

顺容 内官名。皇帝嫔妃。隋炀帝置为九嫔之一，位第二，正二品。北宋真宗大中祥符六年（1013）置为内命妇之一，位顺仪下、婉仪上，从一品。

顺常 汉朝宫中女官名号，秩视二百石。

顺德、广平、彰德等处采金铁冶都提举司 官署名。元朝置。世祖末年，置顺德、彰德、广平、卫辉、保定紫荆关五铁冶提举司，分掌六千冶户，冶炼金、铁。成宗大德元年（1297），罢五提举司，分立广平彰德、顺德两都提举司，秩正四品，设官四员，直隶中书省户部。武宗至大元年（1308），罢两都提举司。后复置。仁宗延祐六年（1319），两司合并为一，掌神德、左村、丰阳、临水、沙窝、固镇六冶。

戕奏 官吏向皇帝陈事议政的表奏。汉朝以此作为选拔官吏的项目。《后汉书·胡广传》：“诸生试章句，文吏试戕奏。”

段匹库 金朝管理内府段匹（绸缎布匹）的机构。属宣徽院。世宗大定二年（1162），从内藏库析出。设都监、同监领库事，秩正九品、从九品。有本把十二人，知书二人。

段氏 官名。《周礼》冬官之属，一说为周朝置，掌铸冶镈类生产工具。《周礼·冬官·考工记》有“段氏”官名。《总序》：“攻金之工，筑、冶、凫、㮚、段、桃。”贾公彦疏：“段氏为㮚。”

皇门使 官名。朱元璋吴元年（元至正二十七年，1367）置，正五品，以宦官充任，掌司皇宫各门晨昏启闭，关防出入。后改称门正。

皇门官 官名。明清负责皇宫、东宫、皇城、京城内外各门官的总称。均以宦官充任。朱元璋吴元年（1367）设皇门使，副使。洪武二年（1369）改门正、门副。后只设门正一员，下属管事无定员，掌晨昏启闭，关防出入。统由司礼监提督太监节制。

皇门副使 官名。朱元璋吴元年（元至正二十七年，1367）置，从五品，以宦官充任，佐皇门使掌司皇宫各门晨昏启闭，关防出入。后改称门副。

皇木厂 官署名。清朝工部所属之机构。顺治（1644—1661）初定通州、张家湾各设木厂一，差笔帖式二人管理。康熙二十六年（1687）通州木厂归通惠河分司管理。张家湾木厂由工部派满司官一人管理。四十年（1701）通州木厂归通永道管理。掌理监收木材。每届各省官员解运木材到厂，会同工部司员验收，交运木仓存储。

皇木厂监督 官名。清朝工部皇木厂之主官，掌厂事。顺治（1644—1661）初设，满、汉各一人，由本部堂官委派司员充任，一年一更代。于通州、张家湾各设木厂一。各省委派官员解运木材至厂，赴工部报递批文，工部派人会同木厂监督验收，交运木仓存储。

皇太子宫小学教授 官名。南宋孝宗淳熙七年（1180）置，掌以经史教授皇孙。

皇太子祗应司 官署名。辽朝置，北面官，属著帐郎君院，掌皇太子帐祗应之事，由著帐户充其杂役。

皇太子惕隐 官名。辽朝置，北面官，皇太子惕隐司长官。

皇太子惕隐司 官署名。辽朝置，北面官，掌皇太子宫帐之事。

皇太后左护卫太保 官名。辽朝置，北面官，皇太后宫设左、右护卫，左护卫太保统领左护卫。掌皇太后宫护卫事。耶律独攧为皇太后左护卫太保。见《辽史·耶律独攧传》。

皇太后祗应司 官署名。辽朝置，北面官，属著帐郎君院，掌皇太后帐祗应之事。由著帐户充其杂役。

皇太妃祗应司 官署名。辽朝置，北面官，属著帐郎君院，掌皇太妃宫帐祗应之事。由著帐户充其杂役。

皇内司 官名。北魏置，为后宫女职，典宫内事。《吴光墓志》："大魏熙平元年（516），岁在丙申，七月丙寅朔，十六日辛巳，皇内司终于天宫。"（赵万里《汉魏南北朝墓志集释》图版二六）

皇史宬 明清收藏历朝实录、宝训等书之处。在紫禁城东华门外迤南、太庙之东南。明嘉靖（1522—1566）时始建。清仍之。凡实录、圣训、方略、玉牒等书修成后皆送此保存，由内阁满本房掌管。设守尉三人，正七品；守吏十六人；负责防守、看管。

皇史宬守吏 参见"皇史宬"。

皇史宬守尉 参见"皇史宬"。

皇华驿 清朝设于京师之驿站。隶属于兵部会同馆，管理京师驿传事务。额设驿兵五百匹，马夫二百五十名，车一百五十辆，车马一百五十匹，车夫一百五十名。每年经费由兵部核明数目移咨户部颁给。

皇后祗应司 官署名。辽朝置，北面官，属著帐郎君院，掌皇后帐祗应之事。由著帐户充其杂役。

皇坛库 官署名。明朝内府贮库之一。属内府十二监之一的内官监，设宦官管理。

皇弟皇子公府 南朝梁、陈时期指由皇弟、皇子出任三公所建府署。其僚属的班品高于非宗室诸公的僚属。参见"庶姓公府"。

皇宗学 北魏孝文帝置。设博士，掌教授皇子宗室经义。《魏书·高祖纪下》："幸皇宗学，亲问博士经义。"

皇宗博士 官名。北魏置于皇宗学内。孝文帝太和十七年（493）定为五品下。

皇居从御 官名。北魏置。《元诠墓志》："（诠）少袭王爵，加征西大将军，寻拜光爵。又以本官领太子中庶子及皇居从御。"（赵万里《汉魏南北朝墓志集释》图版一六〇）

皇城司 官署名。五代始置。宋初改武德司，太宗太平兴国六年（981）复旧名。掌皇城出入管籥木契、亲从官与亲事官名籍，拱卫皇城。其皇城使、副使为武臣叙迁之阶，不领本职。另置勾当皇城司公事为长官，以诸司使、副使及内侍都知、押班充任。南宋初，设行营禁卫所，高宗绍兴元年（1131）改称行在皇城司，置提举官与提点官，改勾当皇城司公事为干办皇城司公事。西夏亦置，西夏语音"斡尼则啰"，属次等司，设正使、承旨各四员。

皇城巡检 官名。宋朝皇帝出巡、亲征，则于京师置，掌皇城守备之事。

皇城使 官名。唐昭宗天祐三年（906）置，五代后梁因之。掌检校皇城启闭与警卫。宋朝属东班诸司使，多不领本职，仅为武臣迁转之阶。真宗咸平元年（998），定为同六品。神宗元丰（1078—1085）改制，降为正七品。徽宗政和二年（1112）重定武臣官名，改武功大夫。西夏置四员，掌皇城司事。金朝置一人，为正八品职事官，掌宫阙缮修之事，不常设。

皇城都点检 官名。宋朝皇帝出巡、亲征，则于京师置，掌皇城守备之事。

皇城副使 官名。五代置，宋朝因之。多不领本职，仅为武臣迁转之阶，真宗咸平元年（998），定为同七品。神宗元丰（1078—1085）改制，改为从七品。徽宗政和二年（1112）重定武臣官名，改武功郎。金朝置一人，为正九品职事官，与皇城使同掌宫阙缮修之事，不常置。

皇贵妃 皇帝妾侍称号。地位仅次于皇后。历朝多封，无常制。清康熙（1662—1722）以后，定后宫名位，在皇后之下列七个等级，皇贵妃列其首，在内宫之名位次于皇后。册封时赐金册金宝，出入用仪仗，使用宫女八人。

皇差销算处 官署名。清朝工部都水司所属之机构。顺治元年（1644）置，由本部堂官委派所属司员满、汉各二人管理，每年一更代。掌理销算皇帝巡幸所经之处整理道路、桥梁、营址等项皇差费用之事。

皇都夷离毕 官名。辽朝置。太祖神册五年（920），以康默记为皇都夷离毕，主刑狱。

泉司 宋朝提点坑冶铸钱司别称。

泉府 官名。《周礼》地官之属，一说为周朝置，掌理市场税收，调节货物供求。《周礼·地官》："泉府，上士四人，中士八人，下士十有六人，府四人，史八人，贾八人，徒八十人"，"掌以市之征布、敛市之不售，货之滞于民用者，以其贾（价）买之。物楬而书之，以待不时而买者"，"凡民之贷者，与其有司辨而授之，以国服为之息。凡国事之财用取具焉。岁终，则会其出入而纳其余"。

泉府下士 官名。西魏、北周地官府司市下大夫泉府中士佐官，正一命。

泉府中士 官名。西魏恭帝三年（556）置，北周沿置。地官府司市下大夫属官，掌钱币的铸造，正二命。其下设泉府下士以佐其职。隋文帝开皇元年（581）罢。

泉使 宋朝提点坑冶铸钱公事别称。

泉货监 官署名。元朝置。武宗至大二年（1309）变更钞法，立山东、河东、辽阳、江淮、湖广、川汉六处泉货监，掌铸造至大通宝和大元通宝。四年罢。

泉部局 官署名。北齐置，设丞。隶太府寺诸冶西道署。

泉部局丞　官名。北齐置。参见“泉部局”。

追师　官名。《周礼》天官之属，一说为周朝置，掌王后九嫔及内外命妇冠戴制作。《周礼·天官》：追师“掌王后之首服，为副编次，追衡笄。为九嫔及外内命妇之首服，以待祭祀宾客。丧纪，共（供）笄绖，亦如之”。

追封　旧指宗室王公死后予以追加封爵。清制，如孙子承袭祖父爵位，其父母已故，即可追封。

追毁案　官署名。北宋神宗元丰（1078—1085）改制后，刑部置，掌断罚追毁宣敕。

追锋将军　官名。南朝梁置。武帝天监七年（508）定为武职二十四班中的十一班，普通六年（525）罢。

追锐将军　官名。南朝梁武帝普通六年（525）置以代追锋将军，定为武职三十四班中的十二班。陈沿置，拟七品，比秩六百石。

待次　❶按官职等级秩序提升任用。《荀子·王制》：“贤能不待次而举。”王先谦集解：“不以官之次序，若傅说起版筑为相者。”❷又称待班，宋朝选举制度之一。选人经磨勘改为京官后，编排成甲，每甲数人，等待皇帝接见，方能赴铨除拟差遣。每月接见三甲或六甲，岁约百人左右。

待补生　南宋候补太学生、国子生、武学生简称。孝宗乾道二年（1166），准许在朝清要官牒送期亲子弟充待补国子生。其后，太学正式实行待补法，各州解试落第人百人取三或取六，留为待补太学生。

待补法　南宋太学招补新生的一项规定。孝宗淳熙四年（1177），太学行混补法，以考生太多，遂改待补法加以限制。后每遇科举年分，诸州未解发者百人取三，选解试时有两场或一场试卷文理优长者，于本州备案，待太学补试，出给公据，赴补试一次。前省试落第者可召保就补，当年省试落第者可凭原发解公据赴补。后规定，解试终场人百取其六赴补试。

待诏　指应皇帝征召随时待命，以备咨询顾问。汉朝皇帝征召才术之士至京，以其处所性质不同，有待诏公车、待诏金马门、待诏博士、待诏射声士等名目。后遂演变为官名，凡具一技之长而备谘询顾问者，如太史、治历、音律、本草、相工等皆置。北魏、南朝梁等沿之，但名目不同。唐初，凡文辞经学之士及医卜等有专长者均值于翰林院，以备待诏。玄宗时遂以待诏命官，称翰林待诏，负责四方表疏批答。辽有翰林画待诏。明朝为翰林院属官，从九品，掌校对文史，凡遇皇帝宣问文义，以备召呼。清朝属翰林院待诏厅。顺治十五年（1658）置。满汉各二人，秩从九品，掌缮写校勘之事。

待诏中郎将　官名。西晋置。《徐夫人菅洛碑》碑额：“晋待诏中郎将徐君夫人菅氏之墓碑。”

待诏文林馆　官名。北齐后主武平三年（572）开文林馆置。引用文学之士，多为年纪较轻的参军、郎中等，亦有中书监阳休之，特进崔季舒等要臣。无固定品阶。参见“文林馆”。

待制　❶官吏更宿制度。始见于唐。太宗即位，命京官五品以上更宿中书、门下二省，时时召以草制。高宗永徽（650—655）中，命弘文馆学士一人，日待制于武德殿西门。武则天文明元年（684）诏京官五品以上清官，日一人待制于章善、明福门。玄宗先天末（713）又命朝集使六品以上二人随仗待制。代宗永泰（765—766）时，勋臣罢节制，无职事，皆待制于集贤门，凡十三人。崔祐甫为相，建议文官一品以上更直待制，其后正衙待制官日二人。❷官名。即待制之官。唐始置，隶集贤殿书院。玄宗时增置，待以草制。宋朝为侍从职名。龙图阁、天章阁、宝文阁、显谟阁、徽猷阁、敷文阁、焕章阁、华文阁、宝谟阁、宝章阁、显文阁均设，从四品，为侍从贴职。金朝置为翰林学士院属官，分掌词命文字，分判院事，无定员，正五品。元朝沿置翰林院兼国史馆五人、蒙古翰林院四人、集贤院一人。明太祖洪武二年（1369）沿置，为翰林院属官，从五品。十四年革。

待制官　官名。唐太宗贞观元年（627）选京官五品以上，更宿中书、门下省，以备咨询政事，为待制官之始。高宗永徽（650—655）以后，以学士、文人待制；玄宗先天（712—713）时以京“清官”及“朝集使”六品以上，每日两人随仗待制；开元十四年（726），令百官更直待制；德宗建中二年（781）令中书、门下两省分置三十员，其后正衙待制，每日二人，议论时政，指陈得失，以备咨询政事。五代因置。

待班　即待次。

待罪　❶供职之谦词。官吏因怕失职获罪，故称。《汉书·石庆传》：“幸得待罪丞相，疲驽无以辅治。”宋朝宰相、执政于奏章中常自谦言：“待罪政府。”❷臣僚等候处分之谓。《汉书·匡衡传》：“免冠徒跣待罪，天子使谒者诏衡冠履。”❸宋朝官员向朝廷上章自劾，亦称“待罪”。

衍圣公　孔子后裔世袭之封号。宋至和二年（1055），始封孔子四十七代孙以此官号，掌奉至圣阙里庙祀。元朝继封之，并赐三品印。明洪武元年（1368）以孔子五十六代孙袭封，秩正二品。属官有掌书、典籍、司乐等职，皆以流官充任。清顺治元年（1644）以孔子六十五世孙袭封。属官同明制。康熙六十一年（1722）定为正一品，荫一子五品官。

律令师　官名。东汉置，为司隶校尉及州部佐吏，主平法律。南朝宋亦置。

律例馆　官署名。清朝刑部所属机构，顺治二年（1645）始设。特简王大臣为总裁，以各部院通习法律者十八人为提调、纂修等官。乾隆七年（1742）改隶刑部。设总裁无定员，以刑部尚书、侍郎兼充，提调官一人，纂修官四人，以本部司员充任，收掌官四人，翻译官四人，誊录官六人，以本部笔帖式充任。掌修明法令，刊定条式，随时审订，以诏有司。每经五年汇辑编排，称小修；每十年则重编新格，增减补删，定为宪典，颁行全国，称大修。此外，刑部各司案件有应驳者及应更正者，均交该馆复核。光绪三十二年（1906）裁。

律例馆收掌 官名。清朝刑部所属律例馆之属官，乾隆七年（1742）设。四人，以刑部笔帖式充任。掌收发文件。光绪三十二年（1906）裁。

律例馆总裁 官名。清朝刑部所属律例馆之长官。顺治二年（1645）设律例馆，由皇帝特派王大臣为总裁。乾隆七年（1742）律例馆并入隶刑部，仍设总裁，以刑部尚书、侍郎兼充，无定员。掌修订编审法律条例之事。光绪三十二年（1906）裁

律例馆校对 官名。清朝刑部所属律例馆之属官，乾隆七年（1742）设。四人，以刑部司员及笔帖式充任。掌校勘核对。光绪三十二年（1906）裁。

律例馆提调 官名。清朝刑部所属律例馆之属官。顺治二年（1645）设律例馆，以各部院通习法律者为提调。乾隆七年（1742），律例馆并入刑部，仍设提调官一人，以刑部司员兼充。后定满、汉各四人、掌章奏、文移、管理吏役及稽核律例之事。凡各司案件有应驳及应更正者，呈堂交馆稽核。光绪三十二年（1906）裁。

律例馆誊录 官名。清朝刑部所属律例馆之属官，乾隆七年（1742）设。六人，以刑部笔帖式充任。掌誊抄缮写。光绪三十二年（1906）裁。

律例馆翻译 官名。清朝刑部所属律例馆之属官，乾隆七年（1742）设。四人，以刑部笔帖式充任。掌满、汉文翻译。光绪三十二年（1906）裁。

律例馆纂修 官名。清朝刑部所属律例馆之属官。顺治二年（1645）设律例馆，以各部院通习法律者为纂修。乾隆七年（1742），律例馆并入刑部，仍设纂修官四人，以刑部司员兼充。掌纂修律例。光绪三十二年（1906）裁。

律学 教习律令的国立学校。十六国后赵石勒赵王元年（319）建经学、律学、史学，以续咸、庾景为律学祭酒。后秦姚兴亦置，《晋书·姚兴载记上》："兴立律学于长安，召郡县散吏以授之。其通明者还之郡县，论决刑狱；若州郡县所不能决者，谳之廷尉。"唐朝隶国子监，有博士三员、助教一员，教授八品以下及庶人子为生者，以律令为专业，兼习格式法例。高宗龙朔二年（662）以前置废不定，其后定置不改，有典学二员、学生二十员。宪宗元和（806—820）初东都置学生五员。北宋初置律学博士、助教，神宗熙宁六年（1073）始于国子监置学，有博士二员、正一员，又有教授四员，凡命官、举人皆得入学；习断案，则试按一道，每道叙列刑名五事或七事；习律令，则试大义五道，中格乃得给食；凡朝廷有新颁条令，刑部即送学；寻又置学正一员，后又以教授一人兼管干本学规矩。

律学正 官名。北宋神宗熙宁六年（1073）置，正九品，掌举行学规。凡诸生违规矩，施以五等之罚。

律学助教 官名。唐朝始置，后几度废置。隶国子监，例置一人，从九品上，掌助博士教文武官八品以下及庶人子弟为生者，以律令为专业。宋初沿置，与律学博士共掌教授法律。神宗元丰（1078—1085）改制后不置。

律学教授 官名。北宋神宗熙宁六年（1073）置，员四人，以三年为一任，资序同国子监直讲，掌教授法律。元丰（1078—1085）改制，改为律学博士。

律学馆 官署名。清末商部附属机构，光绪二十九年（1903）设。职司翻译各国商业、保险、实业各律，并参以中国律例，编纂各种商法草案。置总纂官二人，纂修官二人，以本部司员兼充。

律学祭酒 官名。十六国后赵石勒赵王元年（319）置，掌管司法、律令等事务，以参军续咸、庾景任之。石勒称帝，建置百官后罢。

律学博士 官名。❶即"律博士"。❷唐朝国子监置律学，初设博士一员，后增至三员，从八品下，掌教授八品以下及庶人子为生者，以律令为专业，兼格式法例；高宗显庆三年（658）废学，以其隶大理寺，龙朔二年（662）复置学，再隶国子监。北宋初沿置，神宗元丰（1078—1085）改制，置二员，从八品，掌传授法律及校试之事。

律博士 官名。或称律学博士。三国魏明帝即位（226）始置，教授刑律，咨询法律。两晋廷尉皆置。南朝宋置一员，仍隶廷尉；南齐沿置；梁武帝天监四年（505）置胄子律博士，位视员外郎，三班；陈置胄子律博士，八品、秩六百石。皆隶廷尉卿。北魏孝文帝太和十七年（493）定为六品中，二十三年定为九品上。北齐大理寺置四员，九品上。隋朝大理寺置八员，正九品上。

须入 官制用语。宋朝铨选制的一项规定。选人初改京官，必须先任县令，称为须入。南宋宁宗庆元（1195—1200）中，规定除殿试前三名，省试第一名外，皆须任县令。其后，又命大理评事已改官而未历县令者，并须作亲民官一次。

叙用 分级任用。《三国志》卷二十八《魏书·邓艾传》："陛下龙兴，阐弘大度，释诸嫌忌，受诛之家，不拘叙用。"

叙仪 官名。隋炀帝大业三年（607）所置四方使者署属官，每署一员，掌其方小大次序。

叙迁 官制用语。宋朝选举制度之一。北宋前期，文臣京官至三师，武臣三班借职至节度使、通事舍人至横班，宗室率府副率至侍中，以及宦官，皆依一定秩序升迁，称为叙迁。

叙阶 官制用语。按班秩阶品授官，称为叙阶。唐朝有二十九阶。叙阶之法，有以封爵，有以亲戚，有以勋庸，有以资荫，有以秀孝，有以劳考，有除免而复叙者。凡应入三品五品者，皆待别制而进之，不然则否。宋朝亦行叙阶之法。

叙官局　官署名。清末责任内阁所属机构。宣统三年（1911）四月成立责任内阁，始设。掌文官履历稽核存储，简任官开单请简，委任官资格审查，并考试、处分诸事宜。置局长一人，副局长一人，并佥事、录事等。

叙官局局长　官名。清末责任内阁属官。宣统三年（1911）四月设责任内阁，始置。一人，简任。承总理大臣之命管理局务，并监督指挥所属各官。

叙官局副局长　官名。清末责任内阁属官。宣统三年（1911）四月成立责任内阁，始置。一人，简任。职任辅佐局长管理局务，局长有事故时得代行其职。

叙封　官制用语。宋朝宗室外戚、内外臣僚依不同品级加封其母、妻邑号，如国太夫人、郡太夫人、郡夫人、郡太君、郡君之类，称为叙封。

叙复　官制用语。宋朝官员罢官、责降、追停、停职者，遇赦恩得以恢复官职，收叙任用，称叙复。

叙职　官名。隋炀帝大业三年（607）所置四方使者署属官，每署一员，掌其方贵贱立功合叙者。

叙赠　宋朝叙封与赠官合称。宋制，三公、宰执、节度使叙赠三代，金紫光禄大夫、银青光禄大夫叙赠两代，余官叙赠一代。

剑履上殿　即带剑穿履上殿。汉朝皇帝赐予亲信大臣上朝时的特殊待遇。受赐者可以佩剑穿履朝见皇帝。魏晋南北朝沿袭此制。多授予执政权臣。

食田　春秋晋国将田地分给士作为俸禄的形式。《国语·晋语四》："士食田。"

食医　官名。❶《周礼》天官之属，一说为周朝置，掌君王饮食之医官。中士爵。《周礼·天官·序官》"食医"郑玄注："食有和齐药之类。"贾公彦疏："案其职云'春多酸，夏多苦'之等，皆须齐和，与药故同。郑云'食有和齐药之类'，故在医官之内。""食医掌和王之六食、六饮、六膳、百羞、百酱、八珍之齐。"贾公彦疏："掌和王之六食以下者，此等并是膳夫所掌，此食医调和而已。"❷隋唐尚食局属官。隋文帝时隶门下省，炀帝时隶殿内省，置四人。唐隶殿中省，置八人，正九品下。掌率主食王膳。

食医下士　官名。西魏恭帝三年（556）仿《周礼》食医置，北周沿置。天官府膳部中大夫属官，正一命。隋文帝开皇元年（581）罢。职掌参见"食医"。

食邑　受封者所享有的封地。收其租税而食，故名。又称采邑。春秋时晋国将县邑分封给大夫，作为俸禄形式。汉初，诸侯王、列侯对其封邑还享有一定的行政管理权，景帝后逐渐被剥夺，仅可敛取封邑内民户的租税，数量按户数多少计算；食邑随爵位黜升而损益，亦得世袭，魏晋南北朝各朝皆置。其制大抵是受封者分成食封户所纳租税，其邑可在本邑也可不在本邑。西晋：诸国三分食一；东晋：九分食一；北朝北魏王公侯伯子男开国食邑者，王食半，公三分食一，侯伯四分食一，子男五分食一；北齐制：王三分食一。公以下四分食一。又，自三国魏始有些爵位是虚封，有爵位但不食租，没有食邑。唐为宗室及官员的一种加衔，不等于实封。宋承唐制，有二百户、三百户、四百户、五百户、七百户、一千户、二千户、三千户、四千户、五千户、七千户、八千户、一万户，共十四级。宰相、亲王、枢密使经恩加一千户，两府、使相、节度使七百户。宣徽使、三司使，观文殿大学士以下至直学士，文臣侍郎、武臣观察使、宗室正任以上，皇子上将军、驸马都尉加五百户。宗室大将军以上加四百户。知制诰、待制及文臣少卿监、武臣诸司副使、宗室副率以上，以及承制、崇班、军员等，初该恩加三百户。承制、崇班、军员再该恩加二百户。亲王、重臣有特加至万户者。开国公、侯、伯、子、男等爵，皆随食邑而封。三百户已上封男，五百户已上封子，七百户已上封伯，一千户已上封侯，二千户已上封公。

食货监　❶官署名。隋朝行台省置，有监、副监各一员，丞四员。唐朝陕东道大行台尚书省置，有监一员、丞二员，掌膳羞、财物、宾客、铺设、音乐、医药事；诸道行台尚书省亦置，有监、丞各一员，兼掌农圃监事。另有录事、典事等属。唐高祖武德五年至九年（622—626）渐省。❷官名。隋朝行台省食货监长官，置一员，视正八品。唐朝陕东道大行台尚书省食货监长官，置一员，正八品下；诸道行台尚书省食货监为从八品上，兼农圃监事。高祖武德五年至九年渐省。

食货监丞　官名。隋朝行台省食货监属官，置四员，视从九品。唐朝行台尚书省食货监次官，陕东道大行台尚书省置二员，正九品下，诸道行台尚书省各置一员，从九品下，高祖武德五年至九年（622—626）渐省。

食货副监　官名。隋朝行台省食货监次官，置一员，视从八品。

食官长　官名。王国属官。南朝齐、梁及齐、隋俱置，掌供膳食。唐朝沿置，正九品下。

食官令　官名。❶太子食官令简称。❷皇后属官，西汉置。属官有丞一员，主管后宫饮食。初隶詹事，成帝鸿嘉三年（前18）省詹事后改隶大长秋。东汉罢。金朝置为太后两宫属官，秩正八品。❸东汉太常属官，每先帝陵置一员，秩六百石，掌望晦时节祭祀。

食官丞　官名。秦置，属詹事。入汉因之，为食官令副贰。成帝鸿嘉三年（前18）詹事省，逐并属大长秋。东汉省。南朝梁、北齐、隋、唐亦置，即"太子食官丞"。

食官局　官署名。南朝梁置，为东宫诸局之一。长官为丞。

食官署　官署名。北齐太子家令寺始置，有令、丞，别领器局，酒局二丞。隋朝沿置，令一员、丞二员。唐朝置令一员、丞二员，掌东宫饮膳之事，另有掌膳、奉觯等属。

食实封 见“实封”。

食监 官名。战国楚置，掌监督饮食卫生。《新序·杂事四》：“楚惠王食寒菹而得蛭”，“则庖宰、食监法皆当死”。

食职 春秋时期卑职官吏依靠职事获取俸禄。国语·晋语四》：“皂隶食职。”韦昭注：“食职，各以其职大小食禄。”

食禄 ❶即俸禄。《史记·魏世家》：“食禄千钟。”❷谓食其禄。借代为官者。《史记·循吏列传》：“食禄者不得与下民争利。”

爰书 秦汉司法机关通行的文书，有一定程式。《睡虎地秦墓竹简》和《居延汉简》中均保存有完整的爰书，内容包括以下各项：司法案件的诉辞、供辞、现场检验记录和案件的综合性报导等。

独坐 御史中丞别称。洪迈《容斋四笔》卷一五《官称别名》：“唐人好以它名标榜官称”，“（御史）中丞为独坐、为中宪”。参见“三独坐”。

狡士 官名。战国秦置，掌理王宫犬政。又有宫与外之区别。《睡虎地秦墓竹简·法律答问》：“可（何）谓‘宫狡士’、‘外狡士’？皆主王犬者殹（也）。”

狱门亭长 官名。西晋置，为县属吏。

狱小史 官名。西晋置，为县属吏。

狱子 宋朝州县下等役人名。掌看守牢狱人犯。

狱司 泛指掌刑狱之官。《柴书·朱异传》：“上书言建康宜置狱司，比廷尉。”

狱吏 官名。春秋置，掌理狱讼。汉朝及后代沿置，为地方官府职掌刑狱的属吏。

狱掾 官名。秦汉县级行政机构属吏，职掌刑狱。十六国前秦郡置。北朝北魏孝文帝太和十七年（493）定从七品下。北齐大理寺置二人。隋朝大理寺所属，增至八人。

饷司 南宋总领所别称。

饷所 南宋总领所别称。

胜兵将军 官名。北魏初置。道武帝时，谒者仆射张济“以累使称旨，拜胜兵将军”。（《魏书·张济传》）孝文帝太和十七年（493）改定官制后未见。

胞人长 官名。西汉置，属少府，有丞，掌宫中牲畜屠宰。东汉省。

胞人丞 官名。秦置，属少府。入汉因之，为胞人长副贰，掌屠宰之事。东汉省。

急选 明清吏部之铨选制度。又称单月选。明朝之制，凡内外官出缺，由吏部选补，其改授、改降、丁忧、候补者归单月选。所谓急选，有在选班中快于他人被选补之意。清朝因之，以属于补班之官员入单月选。后又以除班之满洲期满教习及捐输、议叙二项入满洲单月选班；以除班之进士、举人及捐输议叙二项，升班之京升一项入汉官单月选班。

怨军八营都详稳司 官署名。辽朝置，北面官。天祚帝天庆七年（1117），命秦王耶律淳募辽东饥民，置怨军八营，募自宜州者称前宜营、后宜营，募自锦州者称前锦营、后锦营，募自乾州者为乾营、显州为显营，又有乾显大营、岩州营，共二万八千余人，设司以统之，驻守卫州蒺藜山。保大二年（1122），李处温借怨军之力，立耶律淳为帝，改怨军为常胜军。

〔丶〕

亭 ❶战国时守城之军事单位。《墨子·备城门》孙诒让注：“城上百步一亭。”❷春秋吴国城市设亭、秦及汉朝为隶属于乡的基层行政机构。亭原为军事、交通需要而设，后兼管一亭部之政事。据《汉书·百官公卿表》，西汉全国亭数为二万九千六百三十五，大率十里为一亭，十亭为一乡。十里一亭之“里”究竟是表示长度的道里，还是表示居住单位的乡里，至今尚有分歧。亦有都亭、邮亭、旗亭、市亭等等。皆设亭长以主之。

亭长 官名。春秋吴国城市设亭，以亭长主之。战国时在两国接壤地区设亭，置亭长以御敌人。秦汉沿置为地方基层行政单位，亭长下属有求盗、亭父。农村每十里设一亭，由服兵役期满而合格的人担任亭长。城内与城厢的都亭、门亭亦设亭长。亭长主求捕盗贼，承望都尉，兼及民事，理辞讼。晋朝沿置。南朝宋宫内亦置。隋唐五代为中央部分官署吏职名。

亭父 有二说，一说为亭卒。《史记·田叔列传》：“（任安）为求盗亭父，后为亭长。”张守节《正义》引应劭云：“旧时亭有两卒，其一为亭父，掌关闭扫除；一为求盗，掌逐捕盗贼。”一说为亭长。《风俗通义》：“亭长者，一亭之长率也。为率吏，陈、楚、宋、魏谓之亭父。”

亭佐 秦汉亭部小吏，辅佐亭长处理一亭事务，如亭父、亭卒之属。《后汉书·陈寔传》：“少作县吏，常给事厮役，后为都亭佐。”

亭伯 爵名。三国魏置，封公之庶子。

亭卒 秦汉亭部小吏。亭有两卒，分理内外。一为亭父，掌开闭扫除；一为求盗，掌捉捕盗贼。或以为亭父、求盗为一职。

亭侯 爵名。汉制，列侯大者食县，小者食乡、亭。亭侯即指列侯食邑为亭者。封爵不世袭，位视中二千石。三国魏文帝定爵制，亭侯为第九等，位在乡侯下、关内侯上，以嗣王庶子为之。晋朝亦置。南朝宋制，亭侯五品。南凉二千石长吏清高有惠化者封亭侯。陈制，亭侯八品，视千石。北朝北魏亦置。

亭啬夫 官名。战国秦置，县府属官，掌亭务。《睡虎地秦墓竹简·效律》：“其它冗吏、令史掾计者，及都仓、库、因、亭啬夫坐其离官属于乡者，如令、丞。”

亭尉 官名。战国置，守城低级军吏，掌一亭守备。《墨子·备城门》："亭一尉，尉必取有重厚忠信，可任事者。"孙诒让注："城上百步一亭，故亭一亭尉矣。"

帝师 佛教最高神职。受皇帝供奉，始设于西夏。仁宗仁孝时期帝师名波罗显胜，师号贤觉，并有讲经律论、功德司正、偏袒都大提点职务，受俱足封号。曾与仁宗同署名详勘佛经。元朝于世祖忽必烈至元六年（1269）始设，由乌思藏佛教萨斯迦派的高级喇嘛充任。第一任为八思巴。其后各朝皆设，成为定制。多出身于萨斯迦款氏家族，为全国佛教的最高领袖，帝后妃主都从受灌顶。其法旨与皇帝诏令并行于吐蕃地区及内地寺院。

帝姬 命妇封号名。北宋徽宗政和三年（1113），以公主改称，长公主为长帝姬，大长公主为大长帝姬。南宋高宗建炎元年（1127），复旧称。

音官 官名。西周置，掌理音律。《国语·周语上》："瞽帅音官以风土。"韦昭注："音官，乐官。风土，以音律省土风，风气和则土气养也。"

亲卫 ❶军府名。左、右卫及太子左、右卫率府所领三卫之一，皆为内府，极受亲信，可宿卫内庑。隋朝设亲卫开府，炀帝大业三年（607）改亲侍。唐朝。有左、右卫亲卫府和率府亲卫府。宋徽宗崇宁四年（1105）置为三卫之一，掌殿庭宿卫之事，设郎、中郎各十员，次年即罢。❷近卫卫士名。左右卫、太子左右率府所领亲卫府属官。隋朝左右卫亲卫，正七品上，太子亲卫，从七品上；炀帝大业三年改亲卫为亲侍，太子亲卫为功曹。唐朝左右卫亲卫，正七品上；改功曹为率府亲卫，从七品上。甚受亲信，可宿卫内庑，号称内仗，为士大夫进身之途，皆用势官子弟。唐初，二品、三品子补亲卫，二品曾孙、三品孙、四品子、职事官五品子若孙、勋官三品以上有封及国公子，补率府亲卫。

亲卫大夫 官名。北宋徽宗政和六年（1116）置，为从五品武臣阶官，位在翊卫大夫下、拱卫大夫上。

亲卫中郎 官名。北宋徽宗崇宁四年（1105），亲卫府置，员十人，品秩同承议郎。选后妃之家有服亲属及翰林学士、三衙管军官在正任观察使以上者子孙充任，掌殿庭宿卫之事。五年罢。

亲卫府 官署名。北宋徽宗崇宁四年（1105），仿唐制置，设亲卫府郎、中郎各十人，掌殿庭宿卫之事。五年罢。

亲卫府郎 官名。北宋徽宗崇宁四年（1105），亲卫府置，员十人，品秩同朝奉郎，掌殿庭宿卫之事。选后妃之家有服亲属及翰林学士、三衙管军官在正任观察使以上者子孙充任。五年罢。

亲卫郎 官名。北宋徽宗政和六年（1116）置，为从七品武阶官。

亲王 爵名。其称始于南北朝，指皇族中封王者。《隋书·百官志上》："陈承梁，皆循其制官"，"其亲王起家则为侍中"。隋朝以皇伯叔昆弟、皇子为亲王，以别于嗣王，正一品。始置亲王府，并设官属。唐朝因之。玄宗开元（713—741）以后，亲王多不出閤，王府官益轻而员亦减。辽、金之亲王亦置府，设官属。辽朝常以亲王掌国政，如为天下兵马大元帅，总北、南枢密院等事。明朝，皇子封亲王，授金册、金宝，位在公、侯之上。成年始就封地，设王府，置官属及护卫。太祖定制，亲王列爵而不临民，分藩而不赐土。成祖以后，藩王势力日削，惟袭爵食禄而不治事。清朝为宗室封爵之第一等，位郡王之上。全称"和硕亲王"。凡宗室封爵授亲王者皆另加嘉名以别之，称赐号。如礼亲王（全称"和硕礼亲王"，下同）、睿亲王、豫亲王等。此外，蒙古贵族之封爵，第一等亦为亲王。清制，诸王均不就藩。然内襄政本，外领师干，军机处成立后，又有任军机大臣者，职权甚重。有清一代，亲王用事，以摄政始，以摄政终。

亲王护卫指挥使司 官署名。明洪武五年（1372）置，掌诸王府护卫。详见"王府护卫指挥使司"。

亲王宾辅 官名。明朝建文（1399—1402）中于亲王府置，二人，以辅弼亲王。进见时，侍坐，称名而不称臣，亲王侍之以宾师礼。永乐（1403—1424）初罢。

亲王福晋 见"福晋"。

亲汉都尉 官名。东汉授予乌桓等少数族首领。《后汉书·乌桓传》："是后乌桓稍复亲附，拜其大人戎朱廆为亲汉都尉。"

亲民官 宋朝各级地方行政长官统称。自知州、知县至监镇、知寨，皆属亲民官。选人改京官后，通常皆须任亲民官一次。明清时亦称知州、知县为亲民官。

亲军都尉府 官署名。洪武二年（1369），改原都尉司而置，秩正三品。统中、左、右、前、后军及仪銮司，掌皇帝仪仗护卫。十五年罢，改置锦衣卫。

亲军营 清朝侍卫处所属之警卫部队。由上三旗满洲、蒙古每佐领下选二名亲军（由下五旗挑取者亦分入上三旗），共一千七百七十人组成。以亲军校、署亲军校各七十七人分别管辖，在领侍卫内大臣统领下担任宿卫扈从任务。

亲军校 官名。清朝侍卫处所属亲军营之武官，归领侍卫内大臣统领。顺治元年（1644）定员七十七人，正六品。由上三旗满洲、蒙古中遴选补授。分别掌管亲军，用作宿卫扈从。

亲事府 官署名。唐初秦王、齐王府置，分左、右，各有统军一员，并有长史、录事及兵铠曹参军、别将、库直等；太宗贞观（627—649）中诸王府所置，不分左右，各有典军二员、副典军二员。皆掌守卫、陪从，统亲事亲兵兼知鞍马；领校尉五员及旅师、队正、队副，视亲事多少而置；有执仗亲事、执乘亲事各十六员，亲事三百三十员。

亲事府典军 官名。唐朝王府亲事府长官，置二员，正五品上，统亲事亲兵守卫、陪从，兼知鞍马。

亲事府副典军 官名。唐朝亲王亲事府次官，置二员，从五品上。

亲事官 ❶五代后汉、后周力役之一种，于诸州百姓中选差。❷宋朝皇城司军卒名。分隶诸指挥使、都头、十将，掌郊祀大礼警戒、把守宫门，稽察人物，遇贡举则守贡院之门，兼刺探臣民之情。每五人为保，互相纠察，不得饮酒赌博。有阙则于军头司招到人内选补。

亲侍 即亲卫，隋炀帝大业三年（607）改，隶鹰扬府，唐朝复名亲卫。

亲府 军府名。即亲卫之府。参见“亲卫”。❶隋朝左右卫置，下领开府府（骠骑府）、仪同府（车骑府），是为内府。唐朝左右卫所置五府之一，每府中郎将一员、左右郎将各一员、兵曹参军事一员、校尉五员，每校尉有旅帅二员，每旅帅各有队正二十员、副队正二十员，领亲卫，掌宿卫事，大朝会、巡幸则领其仪仗。❷隋朝东宫领兵开府置，领开府府（骠骑府）、仪同府（车骑府），为内府。唐朝太子左右卫率府所置三府之一，每府中郎将一员、左右郎将各一员、录事一员、兵曹参军一员、校尉五员、旅帅十员、队正二十员、副队正十员，领亲卫，掌宿卫事，大朝会及太子出则领其仪仗。

亲府中郎将 官名。❶唐朝左右卫所领亲府长官，置一员，正四品下，掌领校尉、旅帅、亲卫之属宿卫，而总其府事。❷唐朝太子左右卫率府亲府长官，置一员，从四品上，掌其府校尉、旅帅及亲卫之属宿卫，而总其事；高宗永徽三年（652）改旅贲郎，显庆元年（656）复名中郎将。

亲府右郎将 官名。❶唐朝左右卫所领亲府次官之一，高祖武德七年（624）置一员，正五品上。❷唐朝太子左右卫率府所领亲府次官之一，置一员，正五品下，高宗永徽三年（652）改右翊军郎，显庆元年（656）复名右郎将。

亲府左郎将 官名。❶唐朝左右卫所领亲府次官之一，置一员，正五品上。❷唐朝太子左右卫率府所领亲府次官之一，置一员，正五品下，高宗永徽三年（652）改左翊军郎，显庆元年（656）复名左郎将。

亲信 ❶吏职。南朝置，为高级官员的侍从，由朝廷赐给。《南齐书·百官志》：“诸大夫官，皆处旧齿老年，重者加亲信二十人。”❷官名。西魏置，属大丞相府，地位很重。《周书·李贤传》：“（李基）累迁抚军将军、银青光禄大夫、通直散骑常侍，领大丞相亲信。”亦可作为起家官。

亲信都督 官名。北魏末尔朱荣置，东魏高欢父子沿置。统领主帅左右的侍卫。选工于骑射者为之。见《北齐书·神武纪上》、《斛律金传》。

亲信副都督 官名。东魏高欢置。佐亲信都督统领主帅左右的侍卫。《北齐书·皮景和传》：“景和少通敏，善骑射。初以亲信事高祖，后补亲信副都督。”

度支 ❶官署名。（1）魏晋南北朝尚书省诸曹之一，设尚书为长官。掌军国财赋的收支会计及事役漕运物价屯田之政令。或说魏领度支、库部、仓部、金部诸郎曹，西晋增领运曹、起部。东晋省运曹，后又省起部。南朝领度支、金部、仓部、起部四部曹。北魏、北齐领度支、仓部、左户、右户、金部、库部六部曹，掌会计、事役、仓廪帐籍、田宅租调、度量衡、军械库藏之政令。隋初沿置，领度支、民部、金部、仓部四曹。文帝开皇三年（583）改名民部，唐朝改名户部，高宗显庆元年（656）复改度支，设尚书、侍郎为长贰。龙朔二年（662）改名司元，后复改户部。清光绪三十二年（1906）改户部为度支部，参见“户部”、“度支部”。（2）魏晋南北朝为尚书省诸郎曹之一，设郎（郎中）为长官，掌会计军国财用，隶度支尚书。隋朝称度支司，隶民部，置侍郎、员外郎为长贰。炀帝大业三年（607）长贰改称郎、承务郎。唐朝沿置，以郎中、员外郎为长贰，隶户部（度支、司元），职掌略同。高宗龙朔二年（662）改名司度，咸亨元年（670）复旧。中唐以后，户部诸司职权多被侵废，唯本司所掌财赋出纳日益重要，多以宰相或户部侍郎判度支事务。北宋前期承唐末五代之制，其职归三司度支部，本司无职掌，置判度支事一人，以无职事朝官充任，郎中、员外郎皆为寄禄官。神宗元丰（1078—1085）改制后，废三司，本司参掌计度全国财政收支、支付漕运费用及赏赐、俸给、驿券等事务，设郎中、员外郎。辖度支、发运、支供、赏赐、知杂诸案。明太祖洪武十三年（1380）置为户部四属部之一，二十二年罢。参见“度支部”。（3）晋朝诸公府僚属曹名，设参军。南朝罢。参见“度支参军”。（4）唐末、五代、北宋初三司有度支部，神宗元丰（1078—1085）以后废。参见“三司”。❷官号。三国魏有度支中郎将、校尉、都尉等，晋有度支中郎，详见各条。❸官名。晋朝诸郡属官，掌仓廪会计、漕运事务。

度支大臣 官名。清末度支部长官，宣统三年（1911）改度支部尚书设。一人，从一品，特简。总理本部事务，并为国务大臣，参加阁议。

度支中郎 公府僚属名。《宋书·百官上》：“晋元帝为镇东大将军及丞相，置从事中郎，无定员，分掌诸曹，有录事中郎、度支中郎、三兵中郎。”参见“从事中郎”。

度支中郎将 官名。三国魏置。掌诸军兵田，职与典农中郎将相通。六品，二千石。隶大司农。西晋省。

度支分巡院院使 使职名。唐代宗宝应（762—763）中刘晏为度支盐铁转运使，自淮北列置巡院，搜择能吏以主之，使江淮钱米转运入京。德宗贞元（785—805）初一度废，八年张滂为转运使，复置江淮各巡院。其后置使以主巡院事。僖宗乾符三年（876）李仲章曾充任度支分巡院使，迁建州刺史。

度支员外郎 官名。隋文帝开皇六年（586）始置，为民部度支司次官，炀帝大业三年（607）改置承务郎。唐朝复名员外郎，员一人，从六品上，隶户部（度支、司元）。高宗时曾随本司改名司度员外郎，寻复旧。五代因之。北宋前期为六品寄禄官，不预司务，神宗元丰（1078—1085）改制后，始为职事官，员二人，正七品。明初亦置。

度支尚书 官名。魏晋南北朝至隋初为尚书省诸尚书曹之度支曹长官。魏、晋、宋三品，梁十三班，陈三品、中二千石，北魏孝文帝太和十七年（493）定为二品中，二十三年改三品，北齐三品，隋正三品。隋文帝开皇三年（583）改名民部尚书；唐朝改名户部尚书，正三品；龙朔二年（662）改名司元太常伯，后复名户部尚书。清朝光绪三十二年（1906）行新官制，改户部尚书为度支部尚书，从一品，宣统三年（1911）改名度支部大臣。参见“度支”、“度支部”、“户部尚书”。

度支侍郎 官名。❶两晋南北朝尚书度支郎之资深勤能者可转侍郎。隋初置为度支司长官，正六品上。初隶度支尚书，文帝开皇三年（583）后隶民部尚书，从五品。炀帝大业三年（607）改名度支郎。参见“度支”、“度支郎”。❷即户部侍郎。唐高宗显庆元年（656）改此名，龙朔二年（662）改名司元少常伯。清朝光绪三十二年（1906）改户部左、右侍郎为度支部左、右侍郎，宣统三年（1911）改名度支部副大臣。参见“户部侍郎”、“度支部”。

度支使 官名。❶初为临时设置的使职。唐肃宗以战事费多，乾元二年（759）以吕諲为兵部侍郎、平章事充勾当度支使，德宗贞元五年（789）窦参以同中书门下平章事充度支使，掌计度天下军资粮仗之用。顺宗永贞元年（805）以后停。❷宋太宗太平兴国八年（983）分三司使而置，一员，掌会计天下财赋之数，每岁均其有无、制其出入，以计邦国用；淳化四年（993）复三司使，遂省，五年又置，真宗咸平六年（1003）罢。有副使一员，通签逐部之事。❸清末东三省度支使司长官。光绪三十三年（1907）置，奉天、吉林、黑龙江各一员，正三品，主财赋；其属有佥事、科员、一、二等库官；宣统元年（1909）省黑龙江一员。

度支使司 官署名。清末东三省所属之办事机构。光绪三十三年（1907）置，掌主财政。各设度支使一人掌司事，下设佥事、科员及一、二等库官协助办事。宣统元年（1909），黑龙江省裁，其事隶民政使司兼理。

度支郎 三国两晋南北朝尚书省诸郎曹之度支曹长官通称。亦称度支郎中，资深勤能者可转侍郎。隶度支尚书。魏、晋、宋六品，梁五班，陈四品、六百石，北魏孝文帝太和十七年（493）定郎中为五品上，郎从五品中，二十三年皆称郎中，六品，仍可通称为郎，北齐六品上。隋初改名度支侍郎，设二员，从五品，炀帝大业三年（607）复旧名，唐改名“度支郎中”。

度支郎中 官名。魏晋南北朝与度支郎互称，为尚书省郎曹度支曹长官。唐朝置为尚书省户部度支司长官，从五品上。高宗龙朔二年（662）改名司度大夫，咸亨元年（670）复旧。中唐以后，以度支司事务繁剧，多以他官带判度支或度支使衔领本司事务，郎中形同虚设。五代因之。北宋前期为五品寄禄官，不预司务，神宗元丰（1078—1085）改制后，始为职事官，小事则拟划，大事请示户部长官。员二人，从六品。明初置度支部郎中。

度支参军 公府僚属名。西晋末司马睿置于丞相府，掌度支曹。南朝不置。

度支科 官署名。❶明清户部司所属之办事机构。掌理会计夏税、秋粮、存留、起运及赏赉、禄秩之经费。明洪武二十三年（1390）置。宣德十年（1435）隶户部十三清吏司。清顺治元年（1644）隶户部十四清吏司，称支科。各设经承一人办事。光绪三十二年（1906）裁。❷清末学部会计司所属二科之一。光绪三十二年（1906）设。掌学部经费之收支报销，岁出岁入之预算、决算，以及教育恩给事，兼理学部所有财产器物，核算各省教育费用。置员外郎一人、主事一人。

度支院 官署名。北宋前期置，为三部勾院所属机构之一，上隶三司。参见“三部勾院”。

度支校尉 官名。三国魏置，掌诸军兵田。职与典农校尉相通。六品，秩比二千石。隶大司农。两晋、南朝宋置于诸郡，掌财赋会计漕运。常简称度支。梁、陈则唯置于巴陵郡，皆立府，管理郡务。

度支都尉 官名。三国魏置。掌诸军兵田。职与典农都尉相通。七品，秩六百石。隶大司农。西晋省。

度支部 官署名。明初户部下属机构。洪武十三年（1380）设为户部属部，置郎中、员外郎各一人，主事三人。二十三年罢。清末新设中央部院之一。光绪三十二年（1906）由财政处、户部改设。掌理全国财政，管理田赋、关税、榷课、漕仓、公债、货币、银行及会计度支一切事宜。置尚书一人，左、右侍郎，左、右丞，左、右参议均各一人。下设承政、参议二厅及田赋、漕仓、税课、管榷、通阜、库藏、廉俸、军饷、制用、会计十司及收发稽核处、核捐处、金银库。各厅、司、库分置郎中、员外郎、主事等。所属有宝泉局、崇文门税关、大清银行、造币总厂等。宣统三年（1911），尚书改大臣，左侍郎改副大臣。

度支部右丞 参见“度支部左丞”。

度支部右侍郎 参见“度支部左侍郎”。

度支部右参议 参见“度支部左参议”。

度支部左丞 官名。清末度支部职官，光绪三十二年（1906）设。左、右各一人，正三品，简任。掌佐理财政上一切重要事宜，经理本部各员进退升转及出入经费，兼管收发稽查处、译电所各事。

度支部左侍郎 官名。清末度支部副长官，光绪三十二年（1906）设。左、右各一人，正二品。特简。掌佐尚书管理部务，并监督本部厅司各官。尚书有事故时，代行其职权。宣统三年（1911）左侍郎改为副大臣，右侍郎废。

度支部左参议　官名。清末度支部职官，光绪三十二年（1906）设。左、右各一人，正四品，简任。掌佐拟本部则例及一切章程，审议各司重要事务。

度支部会计司　官署名。清末度支部所属机构，光绪三十二年（1906）设。掌综合全国岁入岁出款目，编列预算决算表式，汇纂各部各省财政统计，核定各项特别经费特别报销，核算赔还洋款诸事项。置郎中三人，员外郎四人，主事三人。

度支部会计司郎中　官名。清末度支部会计司主官，光绪三十二年（1906）设。三人，正五品。奏补。掌管本司事务。

度支部尚书　官名。清末度支部长官，光绪三十二年（1906）设。一人，从一品，特简。掌理本部所属事宜。宣统三年（1911）改大臣。

度支部参议厅　官署名。清末度支部所属机构，光绪三十二年（1906）设。掌佐拟本部则例及一切章程草稿，会同各司筹拟各项奏咨、变通章程，拟复交议特别事件等。置郎中三人，员外郎四人，主事三人。

度支部参议厅郎中　官名。清末度支部属官，光绪三十二年（1906）设。三人，正五品，奏补。掌承左、右参议之命管理厅务。

度支部承政厅　官署名。清末度支部所属机构，光绪三十二年（1906）设。掌佐理重要机密财政事件，审定全国通年出入款项，经理本部职员进退升转并本部经费诸事宜。置郎中三人，员外郎四人，主事三人。

度支部承政厅郎中　官名。清末度支部属官，光绪三十二年（1906）设。三人，正五品，奏补。承左、右丞之命，综理厅务。

度支部副大臣　官名。清末度支部副长官。宣统三年（1911）改度支部左侍郎设。一人，正二品，特简。佐大臣管理部务。

度支副使　见“三部副使”。

度外　度支员外郎简称。

度辽将军　官名。西汉置。昭帝元凤三年（前78），辽东乌桓起事，以中郎将范明友为此，率骑击之，因须度辽水，故以为官号。宣帝时罢。东汉明帝永平八年（后65），为防止南、北匈奴交通，乃置度辽营兵，以中郎将吴棠行度辽将军事领之，驻屯五原曼柏，与使匈奴中郎将、护羌校尉、护乌桓校尉等同掌西北边防及匈奴、鲜卑、乌桓、西羌诸部事。安帝元初元年（114）置真，遂为常守。秩二千石，下设有长史、司马等僚属。东汉末，曾分置左、右度辽将军。三国魏沿置，亦称渡辽将军，洪饴孙《三国职官表》作三品。十六国后赵亦置，仍统兵出征。北齐置以褒赏军功勋臣，无职掌，从六品上。

度河将军　官名。南朝梁置。武帝天监七年（508）定为施用于境外的武职二十四班中的二班，拟先锋将军等号，大通三年（529）改为渡河将军。

度牒　文书名。即由官府发给出家僧尼之凭证，亦简称牒。唐朝始行之，由礼部祠部司掌管发放。有牒者得免地税、徭役。后官府以出售度牒充军政费用。宋沿唐制，亦有鬻度牒之例。南渡后，军费大增，度牒收入成为官府收入的一项重要来源。明朝由僧录司、道录司掌颁，给予众僧、道。洪武五年（1372）始行，二十四年定制，三年一颁牒，令僧、道赴京考试颁给，不通经典者黜之。清初沿明制，天聪六年（1632），定各庙僧、道以僧录司、道录司综之，凡谙经义、守清规者，给予度牒。顺治二年（1645），停度牒纳银例。乾隆元年（1736），酌复度牒。

度牒库　官署名。宋朝礼部所属机构，掌印造、保管度牒。

度嶂将军　官名。南朝梁置。武帝天监七年（508）定为施用于境外的武职二十四班中的七班，拟历锋将军等号；大通三年（529）定制后，班阶略有提高，改拟猛烈将军等号。

庭中将军　官名。十六国前秦置。《资治通鉴·东晋孝武帝太元元年（376）》：“（苻坚）乃使殿中将军张旬前行宣慰，庭中将军魏昌飞帅骑二万七千随之。”胡三省注：“庭中将军，秦所置，盖立仗殿庭中者也。”

庭氏　官名。《周礼》秋官之属，一说周朝置，掌射妖鸟。《周礼·秋官》：“庭氏，下士一人，徒二人”，“掌射国中之夭鸟。若不见其鸟兽，则以救日之弓与救月之矢射之。若神也，则以大阴之弓与枉矢射之”。

迹人　官名。❶春秋时宋国置，掌田猎时报告禽兽踪迹。《左传·哀公十四年》：“迹人来告曰：‘逢泽有介麇焉。’”❷《周礼》地官之属，一说为周朝置，掌王畿内田猎之地政令。《周礼·地官》：“迹人，中士四人，下士八人，史二人，徒四十人”，“掌邦田之地政，为之厉禁而守之。凡田猎者受令焉。禁麛卵者，与其毒矢射者”。

恢武将军　官名。十六国后秦置。北魏沿置，孝文帝太和十七年（493）定为从三品下，二十三年复次职令，改为四品。见《晋书·姚泓载记》。

恢猛将军　官名。北齐置，为褒赏军功勋臣的闲职，七品。

闻司马　官名。战国置。《善斋吉金录》卷一四页三著录有“闻司马鉥”官印文。即门司马。

闽隶　官名。《周礼》秋官之属，一说为周朝置，掌供役畜养鸟类的低级小吏。《周礼·秋官》：“闽隶，百有二十人”，“掌役畜养鸟而阜蕃教扰之。掌子则取隶焉”。郑玄注：“杜子春云：‘子’当为‘祀’。玄谓掌子者，王立世子，置臣使掌其家事，而以闽隶役之。”

闾史　官名。春秋战国置，掌闾府文书之小吏。《礼记·内则》："宰辩告诸男名，书曰：'某年、某月、某日、某生。'而藏之。宰告闾史，闾史书为二，其一藏诸闾府，其一献诸州史。"

闾有司　官名。乡官，春秋齐国置，掌闾门开闭。《管子·立政》："置闾有司，以时开闭，闾有司观出入者，以复于里尉。凡出入不时，衣服不中，圈属群徒不顺于常者，闾有司见之，复无时。"

闾师　官名。《周礼》地官之属，一说为周朝置，掌王城及四郊人民赋税征收。《周礼·地官》："闾师，中士二人，史二人，徒二十人"，"掌国中及四郊之人民、六畜之数，以任其力，以待其政令，以时征其赋"。

闾府　官署名。春秋战国置，管理闾里文件档案之所。《礼记·内则》："宰告闾史，闾史书为二，其一藏诸闾府，其一献诸州史。"

闾胥　官名。《周礼》地官之属，一说为周朝置，掌闾征课政令的行政长官。《周礼·地官》："闾胥，每闾中士一人"，"各掌其闾之征令，以岁时各数其闾之众寡，辨其施舍。凡春秋之祭祀、役政、丧纪之数，聚众庶。既比，则读法，书其敬敏任恤者。凡事，掌其比觵挞罚之事"。

阁下令史　官名。东汉太尉府属吏，主阁下威仪事。晋、南朝宋、北魏沿置。北魏孝文帝太和十七年（493）定为从九品中。

阁下书令史　官名。晋朝置，公府属官。

阁长　宋朝宦官干办龙图、天章等阁俗称。

阁老　官名别称。❶唐朝中书舍人年深者别称。❷唐朝中书省、门下省属官别称。❸宋朝中书舍人院第一厅舍人别称。❹明朝宰辅及掌诰翰林别称。

阁师　清代，庶吉士称大学士为阁师。

阁抄　清朝政府所发行的公报。凡朝廷示谕京外大臣一切应办之事，以及用人行政并使天下人共知之事，均以公报形式公布于众。所载内容均由内阁抄发而来，故名。又称邸抄。后将所抄内容交报局刊印通行，故又称京报。

阁学　❶宋朝诸阁学士、直学士统称。❷清朝内阁学士之俗称。

炮人　官名。同"庖人"。春秋时晋国置，掌烹饪膳食。《韩非子·内储说下》："晋平公觞客，少庶子进炙而发绕之，平公趣杀炮人。"

炮子库　官署名。清朝工部虞衡司所属之机构。顺治元年（1644）置，设监督一人，由本部堂官于司员内派委，一年一更代。掌收贮废铁炮子。光绪三十二年（1906）改隶陆军部。

炮手军详稳司　官署名。辽朝置，北面官，掌发射飞炮（石炮）之事。

炮队协领官　官名。清末新陆军军官，光绪三十年（1904）定新陆军营制，始置。每军一人，正三品，正参领充，简放。参佐全军炮队事务，聚战时由其指挥督率。唯平时不编军，故不常置。

炮队科　官署名。清末陆军部军学司所属七科之一，光绪三十二年（1906）设，宣统三年（1911）改隶军学处。掌拟炮队教育、训练、校阅之计划，审订炮队操法，核议炮队应用军械器具，考察学堂成绩。置科长、科员、录事。

炮宰　官名。同"庖宰"。春秋战国置，掌烹制膳食。《韩非子·难二》："凡为人臣者，犹炮宰和五味而进之君。"

洭浦官　官署名。据《汉书·地理志》，南海郡中宿县置，当为职掌陂湖水利的机构。

浊官　官制术语。❶魏晋南北朝时期指寒士、寒人出任之官职，一般品阶较低，而且政事较为烦碎，如南朝梁时流外七班中的诸王国低级属官、台省令史等。见《隋书·百官志》上。❷魏晋南北朝时期在士族所任的流内官中，亦有清浊程度的不同，如南朝时一些高门将尚书郎、御史台官属亦视为浊官，不屑于担任。但这些官职在一般士族中仍被认为是清官，须乡品二品的士族方可出任。见《宋书·江智渊传》。

洞冶总管府　官署名。元朝置。世祖至元四年（1267）正月，在西京、济南等路立洞冶总管府，掌管金、铁冶等事宜。七年六月，罢各路洞冶总管府，以各路转运司兼管洞冶课程等务。

测地司　官署名。清末军谘处所属机构，光绪三十三年（1907）设，掌陆路测量绘图，以及测量人员之教育。设司长一人，承发官一人。辖三角、地形、制图三科。宣统元年（1909），改称第四厅。

测地局　官署名。清末军谘处第四厅所属机构，宣统元年（1909）设，负责军事测绘。置局长一人，由第四厅厅长兼。辖三角、地形、制图三股。股长由第四厅各科长兼。三年，改属军谘府。

测验科　官署名。金朝置，属司天台，掌观测气象等。设八人。

测验浑仪刻漏所　官署名。北宋神宗元丰（1078—1085）改制后置，隶太史局，负责以浑仪昼夜测验辰象，置学生，分番祗应。

洗马　官名。❶汉朝诸侯王国属官，东汉省。❷太子属官。秦置，汉因之。掌宾赞受事，太子出行则为前导。亦称先马。西汉属太子太傅、少傅，秩比六百石，员十六人。东汉属太子少傅。三国魏因之，七品。蜀亦置。晋朝置八员，七品，为太子詹事属官，掌太子图籍、经书，太子出行则前导威仪。南朝因之，宋七品，秩比六百石；梁置八员，六班，隶詹事所辖典经局；陈六品，秩六百石。北魏孝文帝太和十七年（493）定为从四品上，二十三年改从五品上。北齐置八员，从五品上，属詹事府典书坊所辖典经坊。隋隶太子门下坊司经局，从五品上，初置四人，炀帝大业三年（607）减二人。唐因之，员二人，从五品下，掌经籍，出入侍从。高宗龙朔二年（662）改司经大夫，三年改桂坊大夫，咸亨元年（670）复旧名。北宋前期用为五品寄禄官，神宗元丰（1078—1085）改制换通直郎。辽朝为南面朝官，隶司经局。明朝为詹事府司经局长官，从五品，掌收贮经史，刊辑图书，立正本、副本、贮本，以备进览。后不掌本职，仅为翰林官迁转之阶。清顺治九年（1652）沿置，十五年罢，康熙十四年（1675）复置。掌经籍、典制、图书刊刻、收藏之事。满、汉各一人，从五品，汉员兼翰林院修撰衔。光绪二十八年（1902），詹事府并入翰林院，遂废。

洗沐 即休沐，休息沐浴，指官员的例假。汉朝规定，中朝官每五日归家休沐，三署诸郎、太子舍人同。

洮州元帅府 官署名。元朝置，秩从三品，隶吐蕃等处宣慰司都元帅府，掌洮州（今甘肃卓尼）军民政务。置达鲁花赤一员，元帅二员，知事一员。

洛阳宫农圃监 ❶官署名。即东都苑东面监，唐高祖武德（618—626）中置，高宗显庆二年（657）改为东都苑东面监。❷官名。即东都苑东面监长官，唐高祖武德（618—626）中置，正八品下，高宗显庆二年（657）改为东都苑东面监。

洛苑使 官名。五代后梁置，掌洛阳苑囿园池之事。宋初属西班诸司使，多不领本职，仅为武臣迁转之阶。真宗咸平元年（998）定为同六品，神宗元丰（1078—1085）改制改正七品。徽宗政和二年（1112）重定武臣阶官，改武略大夫。

洛苑副使 官名。北宋置，多不领本职，仅为武臣迁转之阶，属西班诸司使。真宗咸平元年（998）定为同七品，神宗元丰（1078—1085）改制改为从七品。徽宗政和二年（1112）重定武臣阶官名，改武略郎。

济司局 官署名。即典设局，唐高祖武德（618—626）中置，长官为太子斋郎。太宗贞观元年（627）改为典设局，长官改为太子典设郎。

济州都漕运使司 官署名。元朝置。世祖至元十九年（1282），分设南、北两漕运司，又在济州（今山东济宁）置漕运司。二十五年二月，升为都漕运使司，并领济之南北漕运。简称济州漕司。至元二十七年，罢司，事归江淮漕司掌领。

济州路转运司 地方官署名。金朝置，掌本路税赋钱谷、仓库出纳、权衡度量之制。设于济州路。原称上京路都转运司，海陵王天德四年（1152）改名。设转运使领司，秩正三品。下设同知转运使、副转运使等官。世宗大定二十九年（1189）改隆州转运司。参见“转运司”。

济南兵马司 即济南兵马指挥司。

济南兵马指挥司 官署名。元末置，简称济南兵马司。设于顺帝至正十年（1350）十月，掌境内防御、捕盗等职。置都指挥、指挥各二员，副指挥四员。

济南莱芜等处采金铁冶都提举司 官署名。元朝置。世祖至元（1271—1294）年间，在济南等地置铁冶提举司，废置不常。武宗至大元年（1308），立济南、莱芜等处采金铁冶都提举司，秩正四品，掌宝成、通和、昆吾、元国、副国五冶，直隶中书省户部。设提举、同提举、副提举等职。

洋关 又称新海关。清末总理衙门所属之海关，咸丰四年（1854）始设，至光绪二十二年（1896）达二十二处，至宣统三年（1911）达四十七处。以税务司为主官，聘请洋员充任，直隶于总税务司。海关监督管理、督抚兼管仅具名耳。掌征纳进口洋货税及土产出口、转口税，兼征洋药厘金。光绪二十八年（1902）以后又兼征五十里内常关税。依照协定关税的原则，进口税值百抽五，子口税值百抽二点五。各关分设总务、秘书、会计、监察、查验等五科。任用副税务司、帮办、供事、文案、工役等吏役稽征。洋员享有任职及薪水上的特权。光绪二十七年（1901）改归外务部管理。

浑天监 ❶官署名。即秘书省司天台，唐武则天久视元年（700）由太史局改名，独立设置，不隶麟台，其年又改浑仪监。肃宗乾元元年（758）定名司天台。❷官名。浑天监长官，武则天久视元年（700）改太史令置，其年又改浑仪监。

浑仪监 ❶官署名。即秘书省司天台，唐武则天久视元年（700）改浑天监置，设监、副监及丞、主簿，改司辰师曰司辰。长安二年（702）又改太史局，肃宗乾元元年（758）定名司天台。❷官名。浑仪监长官，武则天久视元年（700）改浑天监置，长安二年（702）改为太史令。

浒墅关监督 官名。清朝户关监督之一，顺治二年（1645）设，为浒墅榷关之主官。大关在苏州府长洲浒墅地方。掌理征纳货税，船料及牲畜税。雍正二年（1724）改由苏州织造兼充。

津长 官名。隋朝都水台所领下津属官，每津置四员，炀帝大业三年（607）罢。

津令 官名。唐高宗永徽（650—655）中改津尉置，每津一员，正九品上，掌其津济渡舟梁之事。京兆、河南诸津隶都水监，余则隶所在州县。

津主 官名。东晋、南朝置。在建康城西的石头津和城东的方山津各置一人，下设贼曹一人，直水五人，以检核禁物及亡叛者。荻、炭、鱼、薪之类过津，并十分税一以入官。东路无禁货，故方山津检察较简。

津吏 官名。春秋时吴国置，掌理渡口。

津丞 官名。都水监（台）诸津次官。隋朝上津置二员，从九品上；中津置一员，从九品，为津尉副贰。唐朝置二员，从九品下，为津令副贰；便桥、渭桥、万年三桥，有丞一员，从九品下。太宗贞观（627—649）中废。

津尉 官名。管理河津渡口。北齐隶护军府，从九品上。隋初隶都水台（都水监），上津尉从八品，有丞二员；中津尉正九品上，有丞一员；下津不置尉。炀帝大业三年（607）后隶都水监舟楫署。唐朝改名津令。

将 ❶官名。(1)春秋始置，战国沿置。或称将军，军队主帅。《孙子·作战篇》："故知兵之将，民之司命，国家安危之主也。"(2)百人之长。又称"百将"。战国秦置。《商君书·境内》："五人一屯长，百人一将。"(3)麹氏高昌国置。位在参军下，吏上。❷军队编制单位。宋朝神宗时部分军队实行将兵法，以不同番号的禁军指挥，混合组成将的编制。下设部，部下设队。兵力自数千至万余人。番号以路分为名，依次编排。统兵官有正将、副将各一，下设押队使臣、训练官、部将、队将等。南宋时，为各屯驻大军第二级军队编制单位，隶属于军。

将下军 春秋晋国等置下军长官。参见"三军"。

将上军 春秋晋国等置上军首长，其副称佐上军。晋军制有上、中、下三军，设职约同。参见"三军"。

将屯将军 汉朝将军名号。《汉书·文帝纪》："属国悍为将屯将军。"

将长 战国时称带领军队的长官。《墨子·号令》："诸吏卒民，有谋杀伤其将长者。"《睡虎地秦墓竹简·法律答问》："支(肢)或未断，及将长令二人扶出之，为大痍。"

将帅 军队的主将。《吕氏春秋·孟秋》："天子乃命将帅，选士厉兵，简练桀儁，专任有功，以征不义。"

将仕佐郎 散官名号。金朝置为文散官最低一阶，从九品下。元朝改从八品，敕授。明朝定为文散官从九品，初授。

将仕郎 官名。隋炀帝大业三年(607)始置，属谒者台，员五十人，从八品，掌出使。唐朝定为文散官，从九品下。宋初因之。神宗元丰三年(1080)废。徽宗崇宁二年(1103)置为选人新阶官，取代旧阶官之军巡判官，司理、司户、司法参军，县主簿、尉。政和六年(1116)改为迪功郎，同时改假将仕郎为将仕郎。金朝置为文散官，正九品下。元朝改正八品，敕授。明朝为文散官正九品，初授。

将吏 官名。军队主将的佐吏。《孙膑兵法·将失》："众不能其将吏，可败也。"

将行 官名。秦置，入汉因之。秩二千石，掌皇后官属，或用宦者，或用士人。景帝中六年(前144)，更名大长秋。

将军 ❶高级军事统帅。春秋战国为军队统帅的泛称，一般亦作为高级武官的尊称。秦、西汉初略同，后渐作为正式官称，冠以各种名号，如骠骑将军、车骑将军、卫将军等，典领禁军，戍卫京师，或受命统兵出征，皆为朝廷重臣，常加中朝官号，参与朝政。又有楼船、材官、将屯、伏波等杂号将军，地位稍低，因事立名，临时设置，统兵征伐，事讫即罢。东汉略同。魏、晋、南朝、北魏、北齐唯领军将军、护军将军及其所领左右卫、骁骑、前后左右军将军等为专职武官，典掌禁军，各有职司，其余诸名号将军多为大臣、地方长官加官，虽亦领兵，并非专职统帅。西魏、北周实行府兵制，各级府兵组织的统帅亦带将军号。隋朝十二卫，唐朝十六卫、及左右羽林、左右龙武、左右神武、左右神策、左右神威诸禁卫军皆置，各冠以卫号、军号，协助大将军、上将军统领府兵、禁兵，从三品。十二军亦置。辽朝北面御帐官、皇族帐官、诸帐官、部族官、属国官、军官中皆置，参掌本部军队之政令。金朝宫中置宿直将军，领亲军，掌宫城及出行禁卫；大宗正府下设诸宗室将军，分治宗室事务；章宗泰和(1201—1208)中发兵攻宋，曾临时设置平南诸名号将军，军还即罢。明朝镇守边防的将领及率兵出征的总兵官得挂将军印。驻防总兵官，如云南总兵得称征南将军，两广称征蛮将军，辽东称征虏前将军，宣府称镇朔将军，甘肃称平羌将军，宁夏称征西将军，交趾称副将军，延绥称镇西将军等。出征总兵官，得挂平贼将军、平胡将军、平虏将军、征夷将军、征虏将军、讨贼将军、前将军、副将军等印，事毕纳印。清朝临时派遣的军事统帅亦授将军名号，如靖逆将军、扬威将军等，颁给印信，事毕即罢，军队各归原建制，印信缴还皇史宬。❷高级军政官员。汉朝骠骑、车骑、卫、前后左右将军等重号将军于典领军队外，亦常参政。魏晋南北朝诸州郡长官加将军名号，可开军府，总领辖区军事民政。清朝置将军为驻防各地的八旗最高长官，皆用满人，各冠以驻防地名，如江南将军、奉天将军、伊犁将军等。其驻防内地各省者掌驻防旗营军事及旗籍民事，驻防边疆地区如黑龙江、吉林、伊犁等处者则为辖区最高军政长官。初为正一品，乾隆三十三年(1768)改从一品。光绪九年(1883)、三十三年先后建新疆、奉天、吉林、黑龙江行省，原驻防将军遂罢，改置总督、巡抚。❸名誉职衔。魏晋南北朝将军名号繁多，品秩不等，多用作诸王、大臣、地方长官加官荣衔，又有虎贲、积射、强弩等将军，充任侍卫，分司丹禁。北周诸将军列为勋官或戎号。隋初共设翊军、翊师、征东、征南、征西、征北、内军、镇军、抚军、平东、平南、平西、平北、前军、后军、左军、右军、冠军、辅国、镇远、安远、建威、宁朔、宁远、振威、伏波、轻车、宣威、明威、威戎、讨寇、荡寇、荡难、殄寇、殄难、扫寇、扫难、旷野、横野、偏、裨等四十三号，自正六品至从九品，合称散号将军，以作加官，又有员外将军，炀帝大业三年(607)悉罢之。唐、宋有云麾、忠武、壮武、宣威、明威、定远、宁远、游击诸将军，分别为从三品上至从五品下武官散阶名号，用以代表武职官员的品阶；又有怀化、归德将军，以授内附之少数族首领。唐朝府兵制消亡后，十六卫将军成为武官虚衔；宋朝因之，置为环卫官，从四品，无定员、无职掌，以宗室、闲散武官为之，亦作为武官赠典；辽朝因之。金、元武散官有广威、宣威、明威、信武、显武、宣武、武节、武德、武义、武略诸将军，金自正五品上至从六品上，元自正四品至从五品。明朝武官散阶有骠骑、金吾、龙虎、镇国、定国、奉国、昭勇、昭毅、昭武、怀远、定远、安远、明威、宣威、广威、宣武、显武、信武、武德、武节、武略、武毅诸将军，自正二品至从五品。清朝阶官有建威、振威、武显、武功诸将军，自正一品至从二品，用以封赠武职。❹明清宗室爵号。明制，郡王诸子封镇国将军，孙封辅国将军，曾孙封奉国将军。清制，宗室封爵凡十二等，第九至十二等为镇国、辅国、奉国、奉恩将军。❺太平天国军中职官。位在指挥下，出征时总制以下皆听调遣。初员一百人，以炎、水、木、金、土系衔，分正副，如炎正将军、炎副将军等。定都天京（今江苏南京）后，又加从一至十的序数，如炎一正将军、炎一副将军等，依次类推。又有头卫提船将军一员，主管船舶；巡守将军十八员，分守天京九门。另有恩赏将军、职同将军等，无定员。天国后期，降为卑官。

将军大夫 春秋战国大夫出任将军职者。《管子·立政》："将军大夫以朝。"宋翔凤注："将军大夫，是大夫为将军，乃上大夫也。《墨子》亦有将军大夫之名。"

将军司 官署名。金朝置，设于南京（今河南开封）宫城。掌宫城诸门禁卫。

将材科 清朝兵部武选清吏司所属之办事机构。额设经承一人。

将兵长史 官名。西汉郡置丞、边郡又置长史，掌军务，领兵马。东汉边郡易郡丞为长史，又易长史为将兵长史，专门负责军事。《后汉书·和帝纪》有象林将兵长史。

将兵法 宋朝军制。神宗改革兵制，以不同番号之禁军指挥，混合组成将的编制，其下设部，部下设队。置正将、副将、押队使臣、训练官、部将、队将等职。一将兵力通常为几千人，少数将达万余人。边地蕃兵、弓箭手等也与禁兵混合编将。在外禁军设将者称系将禁军，不设将者称不系将禁军，京城中央禁军不设将称在京禁军。南宋军队沿用将、部、队编制。

将兵都尉 官名。晋朝置，领兵。多为战时临时设置，故未假以名号。《晋书·魏浚传》："河间王颙之伐赵王伦，以（魏）该为将兵都尉。"

将佐 西夏军队职官。在行主之下，权正首领之上。分步、马两种。

将作大匠 官名。西汉景帝中六年（前144）由将作少府改名。亦简称将作、大匠。秩二千石，或以功劳增秩中二千石。掌领徒隶修建宫室、宗庙、陵寝及其他土木工程，植树于道旁。设两丞，左、右中候，属官有石库、东园主章（木工）、左右前后中五校令、丞，主章长、丞。成帝阳朔三年（前22）罢左、右中候，又省左、右、前、后、中五校丞，但置令。新莽改名都匠。东汉复旧，然初不置专官，常以谒者兼领其事，至章帝始真授。设丞一员，属官减省，唯置左、右校令、丞。三国沿置。魏三品，有丞一员，领右校令。两晋南朝有事则临时设置，事讫即罢，常以他官兼领。梁、陈常置，改名"大匠卿"。北魏仍置，领将作都将、将作监等官，孝文帝太和十七年（493）定为从二品下，二十三年改从三品。北齐、隋初为将作寺长官，从三品。隋文帝开皇二十年（600）改寺为监，历代沿称。其长官改称将作大监，炀帝大业三年（607）复改将作大匠，五年又改将作大监。唐初复名将作大匠，从三品。其后屡有改称，玄宗天宝十一载（752）定名为将作大监。参见"将作寺"、"将作监"、"将作大监"。

将作大匠丞 官名。为将作大匠副职，西汉员二人，东汉减至一人，秩皆六百石。助将作大匠掌修作宗庙、路寝、宫室以及陵园土木之功。

将作大监 官名。隋文帝开皇二十年（600）改将作大匠置，炀帝大业三年（607）复名大匠，五年又改大监，正四品；十三年又改为令。唐高祖武德（618—626）初复改大匠，高宗龙朔二年（662）改名缮工大监，玄宗天宝十一载（752）定名将作大监。

将作少令 官名。即将作少监，隋炀帝大业十三年（617）改，唐高祖武德（618—626）初称少匠，玄宗天宝十一载（752）定名将作少监。

将作少匠 官名。即将作少监，隋文帝将作寺次官，开皇二十年（600）改称少监，炀帝大业三年（607）复名少匠，五年又改为少监，十三年改名少令。唐高祖武德（618—626）初改名少匠，玄宗天宝十一载（752）定名将作少监。

将作少府 官名，简称少府。秦置，有两丞，左、右中候。掌治宫室，兼及陵墓、京师建筑。入汉沿置。景帝中六年（前144）更名将作大匠。

将作少监 将作监次官。隋炀帝大业五年（609）由将作少匠改名，员一人，五品，十三年改名将作少令。唐朝屡改其称，或名将作少匠，或名将作少监，玄宗天宝十一载（752）定置将作少监，员二人，从四品下。北宋前期为四品寄禄官，不预监务，神宗元丰（1078—1085）改制后，复为职事官，从六品。南宋初省，高宗绍兴十一年（1141）复置，孝宗隆兴（1163—1164）初虚而不除，乾道（1165—1173）以后以授久任台省官者及郡邑有声望者，不预营缮庶务。辽朝为南面朝官。参见"将作监"。

将作令 官名。即将作监长官，隋炀帝大业十三年（617）改将作大监置，唐高祖武德（618—626）初称大匠。参见"将作大匠"。

将作司 官署名。朱元璋吴元年（1367）置。设卿、少卿、丞等官。下设左右提举司提举、同提举，司程，典簿，副提举，军需库大使、副使等。掌工程建造诸事。明太祖洪武元年（1368）隶工部。初正三品，六年改正六品，下设营造提举司及营造提举分司。十年罢。

将作司少卿 官名。朱元璋吴元年（元至正二十七年，1367）于将作司置，正四品，为司卿之副职。明太祖洪武元年（1368）改将作司隶工部，六年，改司正六品，少卿品秩亦随降。十年罢。

将作司丞 官名。朱元璋吴元年（元至正二十七年，1367）于将作司置，正五品，佐卿、少卿掌司事。明太祖洪武元年（1368）改将作司隶工部，六年改司正六品，司丞品秩亦随降。十年罢。

将作司卿 官名。朱元璋吴元年（元至正二十七年，1367）于将作司置，为本司长官。一人，正三品。明太祖洪武元年（1368）改将作司隶工部，六年，改正六品。十年，罢。

将作寺 官署名。北齐置，掌诸营建土木工程。设将作大匠为长官，有丞四员，又置功曹、主簿、录事等属吏。若有营作，设将、副将、长史、司马等官，辖诸军主、军副，幢主、幢副等。隋初沿置，丞、主簿、录事各置二员，领左、右校署，各设令、丞、监作等官。文帝开皇二十年（600）改名将作监。

将作丞 官名。西汉置二员，东汉置一员，为将作大匠副贰，秩六百石。三国魏沿东汉制，七品。两晋南朝省。北魏仍置。北齐为将作寺次官，员四人，从七品上。隋初因之，从七品。文帝开皇二十年（600）改将作寺为将作监，置监、副监为长贰，丞降为佐贰官，员二人，掌判本监日常公务。其后长贰之名屡变，本官相沿不改，亦称“将作监丞”。初为从六品，炀帝时升从五品。唐朝置四员，从六品下。高宗、武则天时曾随本监改名缮工丞、营缮丞，后复旧。北宋前期为寄禄官，不预监务，神宗元丰（1078—1085）改制后，始为职事官，置二员，参领本监日常公务，覆检营造计帐。从八品。南宋初省，高宗绍兴三年（1133）复置，主持本监事务，兼领少府监事。十一年后复置将作监、少监，遂仍居佐贰之位。孝宗隆兴（1163—1164）初本监职务简省，唯置丞一员，余官皆虚而不除，乾道（1165—1173）以后，以授久任台省官者及郡邑有声望者，不预营缮庶务。元末朱元璋吴元年（1367）置为将作司佐贰官，正五品。明太祖洪武元年（1368）罢。

将作院 官署名。元朝置，秩正二品，掌宫廷服用、饰物制造。设于世祖至元三十年（1293）。置院使七员，正二品；同知二员，正三品；同佥二员，正四品；院判二员，正五品。辖诸路金玉人匠总管府、异样局总管府等机构。

将作都将 官名。北魏置。《魏书·酷吏·羊祉传》：“为将作都将，加左军将军。”领将作大匠所属工徒。北齐、北周不置。

将作监 ❶官名。北魏将作大匠属官。《魏书·屈垣传》：“迁将作监，统京师诸署。”❷官署名。隋文帝开皇二十年（600）由将作寺改名，设将作大监（大匠、大令）、将作少监（副监、少匠、少令）为长贰，丞为佐贰官，领左、右校及甄官署。掌营缮宫室宗庙城门东宫王府诸中央官署及京都其他土木工程。宫外营缮及重大工程须奉皇帝制敕，小事奉省符即可。唐朝增领中校署及百工、就谷、库谷、斜谷、太阳、伊阳诸监。其长贰或称将作大匠、少匠，或称将作大监、少监，玄宗天宝十一载（752）定名为将作大监、少监。高宗龙朔二年（662）曾改名缮工监，武则天光宅元年（684）又改营缮监，中宗神龙元年（705）复旧。五代因之。北宋前期土木修缮之职归三司修造案，本监仅掌祠祀供省牲牌、镇石、炷香、盥手、焚版币等事，置判监事一人，以朝官以上充任。神宗元丰（1078—1085）改制后，恢复职掌，主管城壁、宫室、桥梁、道路、舟车营缮修造之事，出纳籍帐，上于工部。设监、少监为长贰，有丞、主簿等佐官，领修内司、东西八作司、竹木务、事材场、麦䴬场、窑务、丹粉所、作坊物料库第三界、退材场、帘箔场。徽宗宣和五年（1123），罢营缮所归之。南宋初并归工部，高宗绍兴三年（1133）复置，设丞主持，十一年设长贰官。孝宗隆兴（1163—1164）初，宫室无所营缮，职务简省，百工器用属工部所辖文思院，本监唯置丞，乾道（1165—1173）以后，营缮之职多由府尹、畿漕分任，本监长贰丞簿并置，用以安置久任台省官及郡邑有声望者，号为储才之地。辽朝为南面官署。元有“将作院”，掌宫廷服用、饰物制作，营缮之职则归工部。元末朱元璋曾置将作司，明初亦并工部。❸官名。隋、唐为将作大监的省称。宋朝置为将作监长官。初为寄禄官，神宗元丰（1078—1085）改制后始为职事官，从四品。辽亦置。参见❷。

将作监主簿 官名。辽朝置，南面官，将作监官员，掌印及勾检稽失，在将作监丞下。

将作监丞 参见“将作丞”。

将作卿 将作司长官。元末朱元璋吴元年（1367）置，三品。明太祖洪武元年（1368）随本司罢。

将作副监 官名。隋文帝开皇二十年（600）置，为将作监次官。炀帝改将作少匠、将作少监等名。参见“将作监”、“将作少监”。

将作掾 官名。职掌营造。汉朝《三公山碑》有郡将作掾。

将官 见“将”。

将相 将军和相国合称。泛指高级文武官员。《墨子·法仪》：“虽至士之为将相者。”

将率 即将帅。参见“将帅”。

将虞侯 宋朝军职名。隶属都一级统兵官，由都头、副都头或军使、副兵马使管辖，位十将下、承局上。

前大司马 官名。新莽地皇元年（后20）置，时王莽因各地起兵反抗，故外置前后左右中大司马五人，欲镇压之。参见“大司马”。

前卫率 即太子前卫率。

前卫亲军都指挥使司 元朝侍卫亲军指挥机构。五卫之一，秩正三品。掌汉军万名。置营于涿州（今河北涿县），衙司在大都丽正门内。设职与属衙同左、右卫亲军都指挥使司。

前引大臣 官名。清朝侍卫处之职官，掌皇帝出入之扈从。额定十人，于内大臣、散秩大臣及前锋统领、护军统领、副都统内特简。凡皇帝朝会、祭祀、驾出、驾入以及谒陵、耕耤等，皆扈从前导。凡皇帝御经筵、大阅、御楼受俘赐见等，则立于御座之侧。

前司主管班次 吏名。宋朝御史台置，初设五人，南宋孝宗乾道六年（1170）减为二人。

前行 指吏部、兵部。唐、宋尚书省六部分前行、中行、后行三部，以吏部、兵部为前行。

前行员外郎 唐宋吏部、兵部员外郎通称。北宋前期，叙迁转前行郎中。

前行郎中 唐宋吏部、兵部郎中通称。北宋前期，叙迁：有出身转太常少卿，无出身转司农少卿，左曹转卫尉少卿，带待制已上职转右谏议大夫。

前军大将军 官名。十六国汉置。《晋书·刘聪载记》："（聪）署其卫尉呼延晏为使持节，前锋大都督、前军大将军，配禁兵二万七千，自宜阳入洛川。"

前军大都督 官名。北魏末置，统率前军。《魏书·出帝平阳王纪》："以斛斯椿为前军大都督，寻诏椿镇镇虎牢。"

前军师 官名。东汉献帝建安（196—220）中曹操置，为丞相府主要僚属，在中军师下。参议军国大事。三国蜀，十六国前燕、前秦亦设。参见"军师"。

前军兵马使 官名。唐朝元帅、都统、招讨使属官，出征则置，兵罢即省，置一人，位行军参谋下。

前军将军 官名。西晋武帝泰始（265—274）初置，与后军、左军、右军将军合称四军将军，各领营兵千人，是护卫皇帝宫禁的主要禁军将领之一。员一人，四品。东晋初犹领营兵，哀帝兴宁二年（364），因不领营兵，罢。南朝宋复置，仍掌宫禁宿卫，员一人，四品。明帝泰始（465—471）后，多以军功得官，无复员限。梁武帝天监七年（508）定为九班，陈五品、秩千石。北魏孝文帝太和十七年（493）定为从三品上，二十三年复次职令，改为从四品上。北齐属左、右卫府，员四人，从四品上。隋初列为散号将军，从六品上，炀帝大业三年（607）罢。

前军都督 官名。三国蜀置，南朝陈及北魏亦置。为前军统帅。《三国志·张翼传》："（诸葛）亮之出武功，以翼为前军都督，领扶风太守。"

前军都督府 官署名。明朝五军都督府之一。分领在京留守前卫、龙骧卫、豹韬卫，在外湖广都司、福建都司、福建行都司、江西都司、广东都司、湖广行都司、兴都留守司、直隶九江卫，及南京前军都督府所属各卫。但只有统兵权，发兵之令总于兵部。设左、右都督，正一品，都督同知，从一品，都督佥事，正二品，及经历司经历等职。参见"五军都督府"。

前护军 官名。三国蜀置。《三国志·王平传》："延熙元年（238），大将军蒋琬住沔阳，（王）平更为前护军，署琬府事。"

前驱中大夫 官名。北周置。《隋书·伊娄谦传》："（谦）累迁前驱中大夫。"正五命。

前驱司马 官名。晋朝置，左、右卫将军下属三部司马之一，掌殿中宿卫，领禁兵。下领督史。

前侍下士 官名。西魏、北周天官府宫伯中大夫前侍中士佐官。正一命。

前侍中士 官名。西魏恭帝三年（556）置，北周沿置。天官府宫伯中大夫属官，分置左、右，皆正二命。亦称前侍二命士。领前侍下士，负责御寝南门的警卫，披银甲，左执狮子环、右执象环长刀，刀用银饰。隋文帝开皇元年（581）废。

前侍伯中大夫 官名。北周置。领所统禁军，负侍卫之责。武帝宣政元年（578），苏慈自开府仪同大将军迁此。正五命。见赵万里《汉魏南北朝墓志集释》图四〇九《苏慈墓志》。

前府 官署名。明朝五军都督府中前军都督府的省称。

前宜营 参见"怨军八营都详稳司"。

前将军 官名。汉朝为重号将军之一，与后、左、右将军并位上卿，位次大将军及骠骑、车骑、卫将军。有兵事则典掌禁兵，戍卫京师，或任征伐。设长史、司马等僚属。平时无具体职务，一般兼任他官，常加诸吏、散骑、给事中等号，成为中朝官，宿卫皇帝左右，参与朝议。如加领尚书事衔则负责实际政务。不常置。魏、晋常设，权位渐低，仅为武官名号，略高于一般杂号将军，不典禁兵，不与朝政，三品。初犹领兵征战，东晋南北朝成为军府名号，用作加官，常不载官品。南朝宋三品，北魏孝文帝太和十七年（493）定为从二品上，二十三年改三品，北周正七命，隋朝废。明朝领兵出师的将领及镇戍军之总兵官有佩其官印者，如征虏前将军、大同征西前将军等。

前校令 官名。西汉属将作大匠，与后、左、右、中并为五校。有丞，主领工徒掌修作事。成帝阳朔三年（前22）省。

前校丞 官名。秦属将作少府，为前校令副贰。汉因之。景帝中六年（前144）更属将作大匠。成帝阳朔三年（前22）省。

前监军 官名。三国蜀置，统兵。后主延熙六年（243），王平自前护军拜此，兼镇北大将军，统汉中守军，以拒魏兵。

前部帅 官名。十六国姚襄将其随军营户分为前、后、左、右四部，以略阳王黑为前部帅，统率前部。见《晋书·姚襄载记》。

前部督 官名。东汉献帝建安（196—220）中孙权置，三国吴沿之。《三国志·甘宁传》："后曹公出濡须，（孙权以甘）宁为前部督，受敕出斫敌前营。"

前领军　官名。三国蜀置。《三国志·张翼传》："（诸葛）亮出武功，以翼为前军都督。领扶风太守。亮卒，拜前领军。"

前廊学录　宋朝太学职事名。即职事学录。参见"学录"。

前锋大将　官名。北魏置。《魏书·源贺传》："（源贺）从驾临江，为前锋大将。"

前锋大将军　官名。北魏置。《魏书·阳平王传》："拜（拓跋他）使持节、前锋大将军，都督诸军事，北讨蠕蠕，破之。"

前锋大都督　官名。东晋置，统率前锋部队。《晋书·元帝纪》："（王敦举兵武昌，元帝）以司空王导为前锋大都督。"十六国汉进攻长安时，亦授赵染。

前锋小督　官名。东晋置。《晋书·康帝纪》："以辅国将军、琅邪内史桓温为前锋小督，假节，帅众入临淮。"

前锋正都督　官名。北齐置，为左、右卫府直卫属官，负责舆驾出入的侍卫。从七品。

前锋侍卫　官名。清朝前锋营之职官。顺治元年（1644）定前锋营编制时称噶布什贤侍卫，十七年定汉名为前锋侍卫。位于前锋参领之下。共八人，左、右翼各四人。初制正五品，乾隆元年（1736）升正四品。掌分辖营众，以备扈从宿卫。康熙（1662—1722）时定员缺，于云骑尉、三等侍卫、护卫、前锋校、护军校内题补。

前锋参领　官名。清朝前锋营之将领。顺治元年（1644）定前锋营编制时称噶布什贤章京，十七年定汉名为前锋参领。位于前锋统领之下，共八人，左、右翼各四人。正三品。掌分辖营众，以备警跸宿卫。康熙（1662—1722）时定员缺，于护军参领、骁骑参领、前锋侍卫、一二三等侍卫，以及子爵以下佐领、都骑尉以上军官内题补。

前锋将军　官名。西晋置。《晋书·陆云传》："张昌为乱，（成都王）颖上（陆）云为使持节、大都督，前锋将军以讨昌。"南朝沿置。梁武帝天监七年（508）定为武职二十四班中的二班，普通六年（525）改为武职三十四班中的七班。陈定为拟九品，比秩四百石。

前锋统领　官名。清朝前锋营之长官。顺治元年（1644）称为"噶布什贤噶喇依昂邦"，十七年定汉名为前锋统领。左、右翼各一员，正二品。分掌左、右翼前锋之政令，统辖所部备警跸寄卫。

前锋都督　官名。两晋十六国汉、前秦、后燕及北魏置。大军出征时，统率前锋部队。《晋书·陆云传》："（成都王司马）颖将讨齐王冏，以云为前锋都督。"《晋书·苻坚载记上》："（苻）坚率中外精锐以付之，以其前将军杨安、镇军毛盛等为前锋都督。"

前锋校　官名。清朝前锋营之下级军官。顺治元年（1644）定前锋营编制时称噶布什贤壮达，十七年定汉名为前锋校。额定九十六人，左、右翼各四十八人。正六品，掌分辖营众，扈从宿卫。员缺由满洲、蒙古八旗之前锋内题补。

前锋监军　官名。东晋置。《晋书·钟雅传》："苏峻之难，诏雅为前锋监军、假节，领精勇千人以距峻。"参见"监军"。

前锋营　清朝负责警卫皇帝之机构。正二品衙门。长官为前锋统领，左、右翼各一人。下设协理事务前锋参领二人，协理事务前锋侍卫二人，协理事务前锋校四人，协理事务笔帖式四人，掌章奏文移。另前锋参领八人，为正三品，下属委署前锋参领四人，前锋侍卫八人，委署前锋侍卫四人，空衔花翎八人，前锋校九十六人，空衔前锋校八人，委署蓝翎长八人，掌分辖营众。额设前锋兵一千七百七十人，满洲、蒙古八旗中每佐领下选二人。前锋营之职掌为平时守卫紫禁城；当皇帝出巡时则扈从宿卫，阅兵时则充列首队。

前锋副都督　官名。北齐置。为左、右卫府直卫属官，佐前锋正都督负责舆驾出入的侍卫。八品。

前锋督护　官名。西晋末凉州张轨置，十六国前秦沿置。是统率前锋的主将，地位高于诸州所置的一般督护。阴预自左督护迁此。见《晋书·张轨传》、《苻坚载记上》。

前禁将军　官名。十六国前秦苻坚置，为四禁将军之一。统兵驻于京师，经亦常率军出外征讨。见《晋书·苻坚载记》。

前锦营　参见"怨军八营都详稳司"。

酋　魏晋南北朝时期羌、胡等少数民族的首领的称号。《魏书·太宗记》："（泰常五年，420）夏四月，河西屠各帅黄大虎，羌酋不蒙娥等遣使内附。"

酋大　魏晋南北朝时山胡、羌等少数民族首领的称号。《晋书·刘曜载记》："先是，上郡氐、羌十余万落保崄不降，酋大虚除权渠自号秦王。"

酋望　官名。南诏官，犹唐朝卿、监官，具体职掌待考。

首相　官场用语。宋朝宰相常置数员，其先除者称首相或上相。明朝内阁首辅，亦称首相。

首卿　即太常。以其位居九卿之首，故称。《宋书·颜延之传》："臣班叨首卿，位尸封典。"时延之为太常。

首辅　官名。亦称首揆，明朝对内阁首席大学士之习称。嘉靖（1522—1566）、隆庆（1567—1572）与万历（1573—1620）初期首辅、次辅界限严格。首辅职权重于宰相、主持大政，次辅不敢与较。清朝军机处之领班军机大臣职权较重，一般皆称首辅。

首领　西夏军队职称。有大首领、正首领、副首领、首领等职。多以部族酋首担任，授铜印。

首领太监　官名。清朝太监官职之一，品衔各有不同。以七品充任者为"执守侍"衔，八品者为侍监衔，亦有以无品级太监充任者。宫内各处、各园、行宫、陵寝及内务府掌仪司、营造司、敬事房等机构均设，掌率所属太监承应差事。亲王、郡王、公主府第亦各派有一名。缺出由副首领太监充补。

首领官 金、元以后对中央及地方各官署中掌管案牍、管辖吏员，并协助长官处理政务官员之统称。与主官、属官、堂上官相对而言。金、元时遍设于各级衙门，包括经历、都事、主事、知事、典簿、照磨、管勾（以上为从五品至九品）、提控案牍、都目、吏目、典史（以上为流外职）等职，多由吏员升任。明、清沿之，中央及地方各级官府均设，如经历、司务、典簿等。明初各部主事亦为首领官，有主事印，洪武二十九年（1396）改为司官。明制，六部首领官由荫生选任，都、布、按三司首领官由监生选任，外府、外卫、盐运司首领官由吏员、承差等选任。此外，清朝绿营军中之中军官亦属此类。

首僚 官场用语。指官府僚佐中地位最高者。常指长史，如分置左、右，则以左长史居首。

总干 宋朝总领所干办公事简称。

总马医官 官名。清朝新陆军职官。光绪三十年（1904）定新陆军营制，始置。每军一人，从三品，副参领充，简放。掌筹计全军马匹卫生医药等事。唯平时不编军，故不常置。

总计使 官名。北宋太宗淳化四年（993）置，总领左、右计事。五年罢。参见“三司”。

总办 官名。清朝后期于新设的官署或办事机构中所设置的官员，其地位及权限因机构而异。因其多为一个部门或方面的主管官，故名。如神机营枪炮厂及机器局之总办，即为该厂、局之长官，分掌演练枪炮、测量算学及制造枪支、火药事。总理衙门之总办章京，为统率司员之官。大清银行所属各分行总办，为各分行之长官。各铁路局之总办，为各路局事务之主持人。此外，各省新设机构如营务处之类，主官也多称总办。

总办秋审处 即秋审处。

总办章京 官名。清末总理衙门章京之一种，咸丰十一年（1861）设。满、汉各二人。掌承发、庶务之总，综理文书、收支、庶务等事；分配各股工作，监督各股人员办事；起草章奏；随王大臣办理交涉，担任记录；稽核各种经费收支情况。光绪二十七年（1901），外务部成立，改为左、右丞，左、右参议。

总甲 元明以来地方之职役。清朝由州县派官充任。每甲辖数十百家，往往为一乡。乡中设乡约约束，有里长司劝化之事，而统归总甲管理，又，山西、陕西等处边外蒙古地方种地民人内亦设此官，位在十家长之上。每堡设牌头四名，总甲一名，皆於种地民人内择其诚实者充任。各司稽查拖欠地租、偷窃为匪及来历不明者之事。

总目 官名。清朝农民起义军捻军所设之职官。咸丰五年（1855），捻军各路结为联盟，改编为五色总旗，每旗之统帅即称总目。

总务厅 官署名。清末军谘府、盐政院、典礼院等下属机构，掌综理庶务。军谘府总务厅设军谘使管理厅务，盐政院、典礼院总务厅各设厅长一人。

总务司 官署名。清末学部所属之机构，光绪三十二年（1906）设。掌机要文移、审核图书典籍事。辖机要、案牍、审定三科。置郎中二人，总理司务，下设员外郎、主事，分司各职。

总务科 官署名。清末各省提学使司所辖六科之一，光绪三十二年（1906）设。掌办理机密文书事件，收发一切公文、函电、案卷、册籍，编纂统计报告及各种学务报告，编印教育官报，考核所属职官、教员功过，办理司内一切杂项事务。置科长一人、副长一人。

总司 宋朝总领所简称。

总司稽查守卫事宜大臣 官名。清末稽查宫禁守卫长官，光绪三十四年（1908）置。三人，特简，王大臣充。掌稽查禁城、禁门、宫门、殿阁各处亲军、护军各营守卫事宜。宣统三年（1911）省。

总圣库 官名。太平天国朝上职官。见“朝上典官”。

总圣粮 官名。太平天国朝上职官。见“朝上典官”。

总师傅 官名。清朝上书房之主管官，负责教授皇子、皇孙。详见“上书房”。

总爷 清朝绿营兵对军官守备之尊称。

总军医官 官名。清末新陆军职官，光绪三十年（1904）定新陆军营制，始置。每军一人，正三品。正参领充，简放。掌筹计全军卫生医药事宜。唯平时不编军，故不常置。

总军械官 官名。清末新陆军职官，光绪三十年（1904）定新陆军营制，始置。每军一人，正三品，正参领充，简放。掌筹计全军战具军火等事。唯平时不编军，故不常置。

总军需官 官名。清末新陆军职官，光绪三十年（1904）定新陆军营制，始置。每军一人，正三品，正参领充，简放。掌筹计全军粮饷服装等事务。唯平时不编军，故不常置。

总兵 即总兵官。

总兵官 官名。❶明之武官。无品级，无定员，总镇一方者为镇守，独镇一路者为分守。其上加提督、提调、巡视、备倭等衔，皆随事立名。初期多以公、侯、伯、都督充之，故各有本品。有挂印称将军者，如湖广曰平蛮将军；有总督漕运者。初时只是差遣之称，事毕交印回本任。后来渐成常驻之官，分驻九边及各直省等处，有二十二人。崇祯时授派分杂，事权不一。❷清朝绿营军之高级将领，仅次于提督，正二品。所辖为绿营最高组织“标”。分设于内地各省，每省二至七人不等。水师中亦设。管辖本标及所属各协、营，镇守本镇所属地方，受本省总督与提督双重节制。因所辖之部队称镇，故俗称“总镇”。各镇多以所驻之地取名。所属有副将、参将、游击、都司、守备、千总、把总、外委各官。❸清入关前之八旗世职。后金天命五年（明万历四十八年，1620），清太祖努尔哈赤改设八旗官置，分为三等。太宗天聪八年（1634）改为昂邦章京，亦分三等。顺治四年（1647）改为精奇尼哈番。乾隆元年（1736）再改为子爵。

总执法官 官名。清末新陆军职官，光绪三十年（1904）定新陆军营制，始置。每军一人，正三品，正参领充，简放。掌考查全军法律。唯平时不编军，故不常置。

总佐 官名。南诏官，每百家置一人。

总明观 国立学校名。南朝宋明帝泰始六年（470），以国学废，“立总明观，征学士以充之。置东观祭酒、访举各一人，举士二十人，分为儒、道、文、史、阴阳五部学，言阴阳者遂无其人。”（《南史·宋本纪下》）南齐沿置，隶太常。设总明观祭酒一人。分玄、儒、文、史四科，科置学士各十人，正令史一人，书令史二人，干一人，门吏一人，典观吏二人。建元（479—482）中，掌治五礼。永明三年（485）国学建，省。

总明观祭酒 官名。南齐置。参见“总明观”。

总明学士 官名。南朝宋、齐置。《梁书·傅昭传》：“寻为总明学士、奉朝请。”参见“总明观”。

总明馆学士 即总明学士。《梁书·儒林·何佟之传》：“起家扬州从事，仍为总明馆学士。”参见“总明观”。

总典群牧使司 官署名。辽朝置，北面官，总诸路群牧、马牛群之事。

总典群牧部籍使司 官署名。辽朝置，北面官，总领诸路群牧之事，长官为总典群牧部籍使。

总制 ❶见“总督”。❷官名。太平天国军中与地方之职官，起义之初即设。军中所设，共九十五员。为一军指挥官，监军以下悉归节制。以炎、水、木、金、土五字系衔，每字以下又有一至十九之数，自炎一总制至土十九总制依次类推。另有恩赏总制、职同总制无定额。地方每郡设钦命总制一人为守土官，主一郡民政、狱讼和钱粮事。

总制司 见“总制使”。

总制使 官名。南宋高宗绍兴五年（1135）置，以参知政事兼任，掌提领措置财用，创收总制钱。其官署为总制使司，或称总制司。六年罢。

总制院 即释教总制院。

总制院使 官名。元朝置。释教总制院长官，例由国师推类，掌全国释教及吐蕃事务。

总知中丞司事 官名。辽朝置，北面官，北枢密院中丞司官员，又称总领中丞司事。在北南枢密院点检中丞司事下。

总知汉儿司事 官名。辽朝置。设于太祖时，以韩知古总知汉儿司事，统领汉人事务。置汉人枢密院后，废。

总知军国事 官名。辽朝置，北面官。始于遥辇后期，耶律阿保机即位前，为于越，总知军国事；即位后，以耶律曷鲁为阿鲁敦于越，总军国事，成为最高执政官。后演为北、南宰相府官员，参预国家大政。

总知宿卫事 官名。辽朝置，北面官，宿卫司官员，在总宿卫事下。

总知翰林院事 官名。辽朝置，南面官，非常置，总领翰林院之事。

总油盐 官名。太平天国朝上职官。见“朝上典官”。

总参谋官 官名。清末新陆军军官，光绪三十年（1904）定新陆军营制，始置。每军一人，从二品，协都统充，简放。赞佐号令，参画机宜。唯平时不编军，故不常置。

总宪 明朝对都察院左都御史的别称。

总统 官名。❶元朝僧官。掌理佛教事务。世祖时，设总统所管领各地佛教之事。武宗至大四年（1311）二月，罢总统所，僧人诉讼统归有司。❷清朝八旗军制中属禁卫军各营之长官。如圆明园八旗内务府三旗护军营、火器营、健锐营、虎枪营、响导处、善扑营等均设总统大臣，简称总统，无员限，亦有设掌印总统大臣者。掌本营之政令，并督率操练演习之事。详见各营总统大臣条。❸清末新编陆军之长官，每军设总统官一人，统领一军，简称总统。详见“总统官”。

总统所 官署名。元朝管理佛教事务之机构。世祖时设于路以上（亦有设总摄司者），统辖僧录司、僧正司、都纲司，掌理僧尼词讼。凡遇僧尼与百姓发生词讼，则与地方官府共同处理。长官为总统，下设书吏、公使人等。武宗至大四年（1311）二月，仁宗登极，下令罢各级僧司衙门，遂废。

总统官 官名。清末新陆军一军之长官，光绪三十年（1904）定新陆军营制，始置。每军一人，从一品，正都统充，简放。职统领一军。唯平时不编军，故不常置。

总监督 参见“监督”。

总部 官署名。明洪武六年（1373）于吏、礼、兵、刑、工五部下分置，为各部属部之首，并置郎中、员外郎、主事等官，员额不定。十三年，户部改原属下五科为四属部，亦置为属部之首。遂定制六部各总部分设郎中一员，员外郎一员，主事员额视事之繁简有差。二十二年，吏部改置为选部，户部改置为民部，礼部改置为仪部，兵部改置为司马部，刑部改置为宪部，工部改置为营部，遂罢。

总理 官名。❶明朝加都御史衔的外职。如万历五年（1577）改原总督河道为总理河漕兼提督军务，一人。崇祯八年（1635）设总理南直隶、河南、山东、湖广、四川军务，一人。皆因事而特设，或随设随罢，职权甚大，地位在巡抚之上。❷明朝宦官各衙门的太监。地位仅次于掌印太监，总管本监、司事务。如内官监、尚膳监、惜薪司均设。❸清末内阁总理大臣简称。参见“总理大臣”。

总理大臣 官名。清末责任内阁之最高长官。又称内阁总理大臣。宣统三年（1911）四月设责任内阁，始置，一人，特简。为国务大臣领袖。掌辅弼皇帝，总理政务。得主持阁议，发布阁令，九月，据《宪法信条》改由资政院公举，皇帝任命。

总理回务札萨克郡王 官名。清朝新疆回部之最高首领。乾隆十九年（1754），封吐鲁番伯克为札萨克公，综理回务。后获罪，改封额敏和卓。不久又晋为郡王。其下设协理图撒拉克齐二人，佐理政务。

总理全营事务翼长 官名。清朝八旗神机营之职官，又称“全营翼长”。咸丰十一年（1861）设，三人。以别于所属各处、局之翼长，故名。掌佐管理大臣，督理全营队伍及各处、局、厂、库事。

总理行营大臣 官名。清朝掌管行营政令之长官。光绪（1875—1908）初年置，六人，由宗室王公、蒙古王公及满大臣内特派兼管。下属有办事章京十六人，掌章奏文移，由护军参领兼任。

总理各国事务亲王 官名。清末总理各国事务衙门首席大臣，咸丰十年十二月（1861年1月）设。以亲王、郡王、贝勒特简。率大臣、章京处理外交事务，大事上之，小事则行。光绪二十七年（1901）废。

总理各国事务衙门 官署名。简称总理衙门、总署、译署。清末新设的中央机构之一，即办理洋务及外交事务的总机构。咸丰十年十二月（1861年1月）设。其后，管理权限不断扩大。掌外交、通商、侨务、边防、海防、水师，以及制造、电线、铁路、矿务、学校、庆典、礼宾等事务，总揽了外交及与外国发生干系的财政、军事、教育、矿务、交通等各方面的大权。其职官分为大臣和章京两级。大臣无定额，均属特简，由总理各国事务亲王、郡王、贝勒为总领。凡该署所掌事宜，均由王大臣率属定议，遵约行事；重要者奏报皇帝裁决。章京乃承担具体工作者，又分为总办章京、帮办章京、章京、额外章京四种。下设英国股、法国股、俄国股、美国股、海防股、司务厅、清档房、收掌处、电报处、银库，又辖总税务司、同文馆、南、北洋通商大臣、出使各国大臣、总领事、领事。光绪二十年（1894）后，改海防股为日本股。二十七年更名外务部。

总理各国事务衙门大臣 官名。简称总理大臣，又名总署大臣、译署大臣，清末总理各国事务衙门之长官。咸丰十年十二月（1861年1月）设。分为三种：一为总理各国事务亲王、郡王、贝勒，特简；一为大臣，以军机大臣兼领，特简；一为大臣上行走、大臣上学习行走、办事大臣等，由内阁、部院满汉京堂内特简；均无定额。掌各国盟约、关税、通商、疆界、外交礼仪、文译传达、民教交涉等事务。光绪二十七年（1901），外务部设立后撤。

总理各国事务衙门大臣上行走 官名。又名总理衙门大臣上行走，清末总理各国事务衙门大臣之一种，同治四年（1865）始设。由内阁、各部院满汉堂官内特简，依原职品级入值办事。无定额。光绪二十七年（1901）省。

总理事务处 官署名。清朝乾隆（1736—1795）初取代军机处的一个政务机构。雍正十三年（1735）十月，高宗即位，裁办理军机处设。原办军机事务之大臣除任总理事务王大臣者，余均命回本任。乾隆二年（1737）十一月，恢复军机处，遂裁。

总理学务王 官名。清朝左、右翼宗学之长官，总领宗学事务。左、右翼各设一人，由皇帝在宗室王公内简派。

总理亲王 参见“外务部总理王大臣”。

总理监营 见“监营”。

总理海军事务衙门 官署名。清光绪十一年（1885）设，管理海军军政。二十一年撤。参见“海军部”。

总理清漪园园务大臣 官名。清朝内务府所属清漪园之主管官，兼领静明园、静宜园。掌三园管理、修缮、器皿陈设及属官迁除奖罚事。乾隆十六年（1751），改瓮山、金海为清漪园，置总管大臣，无员限，由皇帝特简。

总理衙门 即总理各国事务衙门。

总理衙门大臣 即总理各国事务衙门大臣。

总理衙门大臣上行走 即总理各国事务衙门大臣上行走。

总理衙门章京 官名。清末总理各国事务衙门之职官，咸丰十一年（1861）设。分为四种：总办章京，满、汉各二人，掌承发庶务；帮办章京，满、汉各一人，掌赞佐总办之职；章京，满、汉各七人；额外章京，满、汉各八人；掌各股之事，并分班轮流值宿。章京的品级与升补，按原衙门官职办理。光绪二十七年（1901）撤。

总理銮仪卫事内大臣 见“銮仪卫掌卫事大臣”。

总检察厅 官署名。清末最高检察机构，光绪三十三年（1907）设，掌大理院民刑案件的检察事宜，并监督下级各检察厅。置厅丞一人，检察官六人，主簿一人，录事四人。

总检察厅厅丞 官名。清末总检察厅长官，光绪三十三年（1907）设。一人，从三品，请简。职司大理院刑民案件检察事务，调度司法警察官吏，并监督下级各检察厅。

总检察厅检察官 官名。清末总检察厅属官，光绪三十三年（1907）设。六人，正五品，奏补。分任本厅检察事宜。

总领 官名。❶南宋置。高宗绍兴三年（1133）始设于都督府，六年，又设于诸大将之下。均以朝臣充任。先是以总制财赋为名而设，后实专掌报发御前军马文字，与闻军政。❷清朝设于虎枪营及内务府。虎枪营总领，康熙二十三年（1684）设，三人，上三旗每旗一人。雍正元年（1723）增至六人，每旗二人。由一品至五品大臣、官员内特简，位虎枪营总统之下。与总统共掌辖本营官兵以备扈从。内务府于御茶、膳房设，为二房主官。掌理宫内备办饮食及典礼筵宴所用酒席之事。顺治（1644—

1661）初于茶房、膳房各设三人，康熙二十八年（1689），膳房设委署总领一人。雍正元年（1723），定授二等侍卫衔。乾隆十三年（1748）改由总管大臣统辖。二十四年，膳房总领改称“尚膳正”，茶房总领改称“尚茶正”。此外，内务府奉宸苑及圆明园等园亦设，均为各处属官，员额不等，分掌各园庭看守、值宿事务，亦于乾隆二十四年改称苑丞。

总领中丞司事 即总知中丞司事。

总领内外厩马司 官署名。辽朝置，北面官，掌皇帝宫帐马匹之事。

总领左右护卫司 官署名。辽朝置，北面官，北、南护卫府皆设，各统领左、右护卫司。

总领司 官署名。金朝置，统军机构。哀宗正大二年（1225）选诸路精兵为总领司，直隶枢密院，每司军兵数万人。长官为总领，秩正四品。后改为都尉司。

总领西北路军事 官名。辽朝置，北面官，不常置，为西北路总领司长官。

总领事 官名。清末派驻外国的官员，光绪元年（1875）始设。秩四品，奏补。掌总领事馆事务，保护华侨。辖二等、三等书记官各一人，二等通译官一人。

总领所 官署名。南宋初年，始置于四川，为宣抚处置使司措置财赋。高宗绍兴六年（1136），又置于镇江，以户部侍郎为长官，掌屯驻江淮诸军钱粮。同年，鄂州亦置，以户部郎官领之，掌岳飞军钱粮。十一年，收诸帅之兵改为御前军，分屯诸处，遂置淮东、淮西江东、湖广三总领所。以卿、少卿为总领，并带专一报发御前军马文字，使预闻军政。镇江诸军钱粮、淮东总领掌之；鄂州、荆南、江州诸军钱粮，湖广总领掌之；建康、池州诸军钱粮，淮东总领掌之。十五年，复置于四川，掌兴元、兴州、金州诸军钱粮，不隶宣抚司。各置分差粮料院、分差审计司、大军仓库机构。属官有干办公事、准备差遣等。宁宗开禧（1205—1207）中，令皆由宣抚司节制。嘉定三年（1210），复自为一司。

总领南面边事 官名。辽朝置，北面官，南京兵马都管府官员。多由南京留守兼，统领对宋边界事务。

总领南面戍兵 官名。辽朝置，南京兵马都总管府官员，统领南面与宋交界处之戍兵。景宗时，诏耶律休哥总南面戍兵。

总领南面军务 官名。辽朝置，南京兵马都总管府官员。总领南面兵马之事。圣宗时，耶律休哥总南面军务，以便宜从事。

总领措置官田所 见“提领官田所”。

总章工 乐官名。管理宫廷舞蹈演员。《宋书·乐一》：宋文帝元嘉十三年（436），“司徒彭城王义康于东府正令，依旧给伎、总章工冯大列：‘相承给诸王伎十四种，其舞伎三十六人’”。参见“总章监”。

总章帅 南朝宋后宫女官名。管理后宫舞蹈演员。《宋书·后妃传》：“置人无定数。”五品。

总章伎伥 南朝宋后宫女官名。为后宫舞蹈演员之长。

总章校尉 乐官名。南朝梁、陈置。掌舞蹈。隶太常卿。

总章监 乐官名。掌宫廷舞蹈。《后汉书·献帝纪》：建安八年（203）“公卿初迎冬于北郊，总章始复备八佾舞”。李贤注：“总章，乐官名。”三国魏至南朝置总章监。又有总章工、总章校尉等官。

总宿卫事 官名。辽朝置，北面官，宿卫司长官。亦称典宿卫事。

总尉 见“翼尉”。

总堪布 见“堪布”。

总裁 官名。❶元明清朝廷修书的主持者。负责组织、裁定全书。元朝修宋、金、辽三史，以丞相脱脱为都总裁，又置总裁若干。其后凡官修篇幅较大之书，例以进呈领衔之大臣为总裁。明朝永乐（1403—1424）中纂修永乐大典，自翰林院学士、史官以至僧儒布衣等皆得充任，多至十余人。后多以太子师保、殿阁大学士等充任。❷明朝直省乡试主考的通称。❸清朝会试之主考官。初用阁、部大员四至六人，后改为二至五人，分正、副。咸丰以后定例选派四人，一正三副，负责会试试卷的总阅和录取工作。

总税务司 官名。清后期主管全国海关税务行政的最高官员。咸丰九年（1859）设，为总税务司署长官。由英人把持。掌各海关征收税课之事。同治三年（1864），自上海迁北京办公，职权不断扩大。

总税务司署 官署名。清后期中央海关行政机关。咸丰十年（1860）设于上海，同治三年（1864）迁北京。掌综理全国关税行政与关员任免事务。置总税务司一人，副总税务司一人。分总务、机要、统计、汉文、铨叙五科，造册处、驻外办事处、内债基金处。宣统二年（1910），省副总税务司。税务司以下各关职员悉由英人总税务司任免，总理衙门、外务部均无从干涉。

总禁卫事 官名。辽朝置，北面官，禁卫局长官。详“禁卫局”。

总摄 官名。元朝管理佛教事务之僧官，即总摄司之长官。详见“总摄司”。

总摄司 官署名。元朝管理佛教事务之机构。世祖时设于路以上（亦有设总统所者），统辖僧录司、僧正司、都纲司，掌理僧尼词讼。凡遇僧尼与百姓发生词讼，则与地方官府共同处理。长官为总摄，下设书吏、公使人等。武宗至大四年（1311）二月，仁宗登极，下令罢各级僧司衙门，遂废。

总督 官名。明、清地方长官。其名之起，始于明正统六年（1441）以兵部尚书王骥总督军务征麓川。初非专设之职，事毕即罢。至成化（1465—1487）初，以韩雍总督两广兼巡抚广东，开府于梧州，始设专职。后各地逐渐增置，成为定制。正德

(1506—1521）时改称总制，嘉靖（1522—1566）时复旧。除管辖地方者外，尚有管辖专务者，如河道总督、漕运总督。亦有二者兼管者。所管辖之地区，并非以当时布政司为制，而以临时之敕书规定。凡任总督者，均先命为兵部尚书、侍郎或都御史、副都御史，作为本官，而以总督为临时差遣，故所到之地，按钦差部院官之体制，地方一切官员均自居为属吏，用关防而不用印。清朝沿置，正式成为地方最高长官，位巡抚之上，专辖一省或二、三省，综理军民要政，视为封疆大吏。虽挂兵部尚书或右都御史衔，然已视为虚衔，非实官。定制，正二品，加尚书衔者为从一品。但实际上，总督兼兵部尚书已成定例。因总督有节制文武之权，故又尊称为制宪，并以制府、制军、制台别称之。

总督仓场 官名。明洪武初置官掌北平等军储仓。永乐（1403—1424）中迁都北京，以户部司员经理，宣德（1426—1435）后专设户部尚书、侍郎督其事，不治部事。遂为定制。

总督仓场侍郎 官名。清朝户部仓场衙门之主官，又称仓场总督、仓场侍郎。顺治元年（1644）仿明制置，设汉总督仓场侍郎一人。康熙十八年（1679）定满、汉侍郎各一人。掌理漕粮之积储及北运河运粮事务。下设笔帖式、经承、门吏等员佐理。所辖有坐粮厅、大通桥、京、通十三仓等处监督等官。光绪三十二年（1906）改隶度支部。

总督京营戎政 官名。明嘉靖二十九年（1550）改原京营提督总兵官而置，为京营总督。一人，以公、侯、伯等勋臣充任。隆庆（1567—1572）初罢，仍改置提督，四年复置，详见“戎政府”。

总督漕运总兵官 官名。明朝负责漕运事务的总兵官。永乐二年（1404）设总兵、副总兵统领海运之事，后罢海运，专督漕运，一人，以公、侯、伯充任，下领协同督运参将一人，把总十二人。

总署 即总理各国事务衙门。

总署大臣 即总理各国事务衙门大臣。

总管 官名。❶地方高级军政官员。或说东魏孝静帝武定六年（548）已置。《北齐书·清河王岳传》：高岳“又拜使持节、河南总管、大都督”。北周明帝武成元年（559）改“都督诸州军事”为总管，加使持节，管理辖区军政民政。所辖区域增减无常，一般辖数州，多者可达数十州。隋及唐初因之，领一州或数州、十数州军政，刺史以下官得承制补授。其品秩分三等：上总管视从二品，中总管视正三品，下总管视从三品。边镇大州或置大总管。唐高祖武德七年（624）改名都督、大都督。辽朝北面边防官、南面军官有诸兵马都总管、副总管、五州都总管等；金朝诸路总管府设都总管（府尹兼领，正三品）、同知副都总管（从四品）、副都总管（正五品），兼掌军事民政司法。元朝诸路设都总管、总管，位次达鲁花赤，上路正三品，下路从三品，管理民政。清朝顺治十七年（1660）定驻防江南、浙江两处的“昂邦章京”汉名为总管，为总领当地驻防八旗军政事务的最高长官，康熙二年（1663）改名将军。热河、察哈尔、山海关亦曾置，后改置都统、副都统。又，盛京将军、黑龙江将军、新疆伊犁将军、热河都统、察哈尔都统等属官有总管（正三品）、副总管（正五品），掌分理营务，率兵驻防，协领军政事务。❷军事统帅。北周、隋及唐初有行军大总管、行军总管，为军队出征时临时委派的统帅。唐高祖武德七年（624）诸州总管改名都督后，出征将帅仍称总管。五代或置。后唐石敬塘曾任蕃汉马步军都总管，为最高军事统帅。北宋初期军队出征置行营都部署、副都部署为统帅，屯驻、驻泊各地的禁军亦各置都部署、副都部署统领，官位较低、辖区较小、统兵较少者称部署、副部署，皆临时委派。后渐成定制，划定辖区，设于诸路、府、州，由驻地行政长官兼任，管理驻防禁军屯戍、攻防、训练、赏罚之事，为军事差遣，后因避英宗赵曙讳，改称马步军都总管、副都总管、总管、副总管，事权甚重。神宗改制，实行将兵法后，除兼任将官者外，渐成闲职。钦宗时一度设东、南、西、北道都总管，分领四方勤王兵。南宋初、中期仍为闲职，后期在一部分地区复为统兵官。金海陵王正隆六年（1161）攻宋，于诸统制、左右领军大都督下设三十二总管，各统营兵，冠以神策、神威、神捷、神锐、神毅、神翼、神勇、神果、神略、神锋、武胜、武定、武威、武安、武捷、武平、武成、武毅、武锐、武扬、武翼、武震、威定、威信、威胜、威捷、威烈、威毅、威震、威略、威军、威勇等名号。❸管理专门事务的官员。元朝宫廷、兵部工部和各位下皆设，为诸总管府长官，品秩由正三品至从四品不等。（参见“总管府”）清朝内务府、理藩院、宗人府、太仆寺、步军统领衙门等署皆置为属官，分掌具体事务，如陵寝总管、围场总管、盘山行宫总管、宗学总管、信炮总管等，员额、品秩不等，为低级官员。满名“乌赫哩达”。❹元朝后期僧官。文宗至顺二年（1331）立诸广教总管府，置为长官，以僧人充任，分领各地僧尼之政。顺帝元统二年罢。❺清朝管理少数民族事务的官员。满名“乌赫哩达”。设正、副，选各族上层人物充任，在各地驻防将军、都统、大臣统辖节制下，管本族事务。蒙古之察哈尔、额鲁特、明阿特、扎哈沁、乌梁海各部旗，伊犁、黑龙江将军所属之锡伯、索伦、达呼尔、鄂伦春、巴尔哈等，皆行其制。❻总管大臣、总管太监的简称。

总管大臣 见“八大臣❶”。

总管太监 官名。清朝太监官职之一，其品衔各有不同。以四品充任者为宫殿监都领侍衔，五品者为宫殿监正侍衔，亦有以七品执守侍充任者。内务府敬事房设四品总管一人，五品总管二人，六品副总管六人，七品执守侍委署总管无定额。专司遵奉谕旨，承应宫内事务与其礼节，承办来往文移及巡查各门启闭、火烛关防等事，并负责太监之甄别、调补、赏罚。此外，御膳房、景山、南府、圆明园等处也设有总管太监，为执守侍衔。

总管内务府大臣　官名。亦称内务府总管大臣，简称内务府总管。清朝内务府之长官。总掌本府之政令，凡本府职官选除、仓储、财务、工程、刑罚及宫廷典礼、宴飨、祭祀、膳食、服御、赏赉、供应诸事，皆核夺处理。顺治十八年（1661）设，无定员，由上三旗满侍卫、本府郎中、内三院卿升补，或以王公、内大臣、尚书、侍郎兼任，皆满人。初秩从二品，乾隆十四年（1749）改正二品。同时，还充任广储、营造、庆丰三司，上驷、武备、奉宸三院及官租房处、牺牲所、绮华馆等所属机构之值年或兼管大臣。

总管六库郎中　见“广储司总办郎中”。

总管轮　官名。清末海军技术官，正三品、正四品不等。同治（1862—1874）、光绪（1875—1908）年间筹办海军，除置管带等战官外，另设管轮等艺官。光绪十四年（1888）的《北洋海军章程》规定，大舰每舰置总管轮一人，由游击、都司充；全军置总管轮（即“提标管轮”）一人，参将充任。宣统（1909—1911）年间，巡洋、长江两舰队与最大舰只海圻均置总管轮一人，正参领充。掌理、稽查轮机事务。

总管府　官署名。北周明帝武成元年（559）始置，为地方最高行政机构，管理所属地区的军事民政，职权甚重。辖区增减无常，一般辖数州、多者可达数十州。设总管为长官，江陵总管府又设副总管。僚属有长史、司马、司录、治中、中郎、掾、属、列曹参军等，领诸州刺史、诸防防主。隋初因之，分上、中、下三等，炀帝大业元年（605）罢，唐初复置。边镇及大州或设大总管府。将帅出征或设行军大总管、总管府。唐高祖武德七年（624）改名都督府、大都督府。辽朝南面官署有诸军兵马都总管府、五州都总管府。金朝五京、诸路皆置，设都总管为长官，由府尹兼领，又置同知都总管、副都总管、总管判官、府判、推官、知法等官，兼掌军事民政司法。元朝于大都路、上都路设都总管府，其余各路设总管府，管理地方司法民政事务，兼管劝农事，江北诸路另兼诸军奥鲁。十万户以上及要冲之地为上路，秩正三品，十万户以下为下路，秩从三品。置达鲁花赤、总管、同知、治中、判官、推官、经历、知事等官，下设儒学教授、学正、学录各一员，蒙古教授、医学教授、阴阳教授各一员，及司狱司，平准行用库、织染局、杂造局、府仓、惠民药局、税务、录事司等机构。其宫廷（帝、后、太后、太子）、兵部、工部及诸王等位下亦设管理各种具体事务的总管府，有打捕鹰房、屯田、民匠、人匠、异样局、财赋等名目，常冠以地区名，分掌屯田、渔猎、手工业等生产收入，以为供奉，亦有管理宗教寺庙事务者，设官略同，品秩由正三品至从四品不等。文宗时又置管理僧尼之政的广教总管府十六所，详见该条。

总管郎中　见“广储司总办郎中”。

总管畅春园事务大臣　官名。清朝内务府所属畅春园之主管官，掌理畅春园及附近恩佑寺、恩慕寺、圣化寺、西花园、虎城等处事务。乾隆二十九年（1764）设，由皇帝特简，无员限。

总管圆明园事务大臣　官名。清朝内务府所属圆明园之主管官，掌圆明园岁修工程、陈设器皿及属官迁除奖罚诸事。雍正元年（1723）设，无定员，由皇帝特简。

总管旗务八大臣　见“八大臣❶”。

总镇　清朝总兵之别称。

总纂　官名。参见“纂修”。

养心殿造办处　官署名。简称造办处，清朝内务府所属办事机构。以初设于养心殿而得名，后虽逐渐迁出养心殿，而名称依旧。掌制造供皇帝使用及宫中陈设之各项器物。下设舆图房、活计房、如意馆、金玉作、铸炉处、造钟处、炮枪处、鞍甲作、弓作、珐琅作、玻璃厂、铜作、匣裱作、油木作、灯裁作、盔头作、内活计库、圆明园活计库、查核房、督催房、汇稿处等。置管理大臣、郎中、员外郎各二人，主事一人。

养贤务　官署名。西夏置，掌供给国学廪食，中等司。立于西夏崇宗乾顺贞观元年（1101）。

养济院　唐玄宗开元（713—741）中置，给两京乞儿廪食，使居之。宋朝沿置。明朝初年亦令天下广置，收容、周济贫人。

养象所　官署名。宋朝太仆寺所属机构，掌豢养驯象。

养廉　清朝官吏管理制度。即在正式俸禄之外附加俸银，以培养廉洁之风，杜绝贪污。始于雍正（1723—1735）时，详“养廉银”。

养廉处　官署名。清朝礼部所属之办事机构，由本部堂官酌委所属司员管理，掌理收纳户部拨银及山东、安徽、福建、河南、山西等省解部银，并支给官员、吏役，以供养赡。宣统三年（1911）改隶典礼院。

养廉银　清朝官员之附加俸禄。此项银两初为火耗。各地征课田赋，借口火耗，多征分肥，有征一钱者，亦有加至四、五钱者。雍正二年（1724）山西巡抚诺珉、布政使高成龄奏请耗羡提解归公，以充衙门公费及发给官员充作养廉之费，获准在山西试行，随之推行各直省，并酌定提解分数。遂定每年地方官之养廉，补薪俸之不足。总督一万三千至三万两，巡抚一万至一万五千两，布政使、按察使三千至九千两，道台两千至六千两，知府八百至六千五百两，知县四百至两千二百余两，分别高出原有俸禄数倍、数十倍之多。武官之养廉，绿营提督二千两，总兵一千五百两、副将以下至把总分别为八百两、五百两，至九十两不等。此外又有八旗官之养廉。凡文武官员之养廉总计二百八十余万两。

养澹官 官名。新莽置。新莽末年社会动乱，流民入关者数十万人，故临时设置养澹官，以为救济。

举 ❶举荐。汉朝用为选官主要途径。后世因之。有察举、荐举、奏举等名目。❷宋朝科举制度，举人参加乡试或省试一次，作为一举。一举约三年。凡举人应试，均需登记举数。乡试达到一定举数，可免一解或永免文解，直赴省试；省试达一定举数，可享受特奏名待遇。金制，举人参加乡试、府试、会试、御试，各为一举，四试终场为四举。若御试下第，再赴御试则为五举。四举终场者与五举人，止试赋诗。元朝，三年开试一次科场，举人参加乡试、会试、御试一次为一举，试场内违制者，殿二举。

举人 选举制度。其称始见于汉，因由各地官吏荐举，故名。后俗称举人，专指科举制度中应贡举考试的各科士人。隋唐时为进士科由官府，特别是州、县、馆、监送往尚书省参加礼部或吏部考试者，意为应举之人。宋朝举人登科即授官，应试不合格者允许继续应举。未获出身，亦可免除丁役、身丁钱米；曾赴礼部试者，犯徒以下公罪和杖以下私罪，许赎。明、清专指乡试取录者，成为一种出身资格。明代有新中式、下第、坐监、署教和正榜、副榜之分。可于次年进京会试，亦可直接为官。清制，举人应会试三次以上而未取，可参加大挑，选中者可授知县或教职。参见“大挑”。

举主 官制用语。即宋朝选人磨勘改官、官员除授差遣及举人应试时的推荐和保证人。依法举主须有一定员数和一定官职。被举者日后违犯名教或犯贪赃罪，则以不如举状连坐举主。

举状 官府文书名。即宋朝举主为被推荐人所撰荐举书。又称举削、奏削、荐削、荐牍。内容视推荐目的，如改官、荫补、应举等而有所不同。参见“职令状”、“京削”。

举叙司 官署名。清末法部八司之一。光绪三十二年（1906）设。掌法部及所属衙门司员的升降补调京察考核等事，并考验法官、书记、律师、法律毕业生各员事项。置郎中三人，员外郎、主事各四人。

举叙司郎中 官名。清末法部举叙司长官，光绪三十二年（1906）设。定额三人，正五品。奏补。掌本司事务。

举叙案 官署名。北宋神宗元丰（1078—1085）改制后，刑部置，掌命官叙复之事。

举削 官场用语。又称奏削，即宋朝州以上官府和中级以上官员每年荐举选人改京朝官或任某种差遣的定额。参见“削”。

举将 即举主。《后汉书·郑弘传》：“（章帝）元和元年（后84）代邓彪为太尉，时举将第五伦为司空，班次在下。”伦为会稽太守时曾举弘孝廉。时秀才、孝廉多由州郡长官察举，刺史、太守将兵，也称“州将”、“郡将”，故又有举将之称。三国沿之。

举监 明清监生之一。指科举制度中以举人资格入国子监读书者，始行于明永乐（1403—1424）中。凡举人入监，给予教谕之俸。可入监读书，亦可回籍读书。出授教职。清光绪十一年（1885）许各省举人入监，与贡监、荫监、例监一体读书。

觉义 分见“左觉义”、“右觉义”。

觉罗 清朝以太祖努尔哈赤之父显祖塔克世为大宗，其直系子孙称宗室，其伯叔兄弟的旁支子孙则称觉罗。宗室系黄带，因称黄带子；觉罗系红带，称红带子。

宣力军都指挥使司 官署名。辽朝置，南面官，统领宣力军。

宣力武臣 功臣封号。明朝置。武臣因功封公、侯、伯爵者，如特奉圣旨，可得封。

宣义郎 ❶官名。隋朝谒者台之职官。炀帝大业三年（607）设，四十人，正七品，主出使。北宋神宗元丰三年（1080）置，为新寄禄官，从八品，取代旧寄禄官光禄、卫尉寺丞、将作监丞。❷散阶称号。唐高祖武德七年（624）置，为从七品下文散官，男爵出身者由此叙阶。亦作“宣议郎”。明朝为文职正七品中属吏员出身者之封阶，改作宣议郎。清沿明制，为文职正七品中属吏员出身者之封赠，亦作宣议郎。

宣义将军 官名。东汉献帝兴平（194—195）间李傕置。南朝梁沿置，武帝天监七年（508）定为施用于境外的武职二十四班中的五班，拟克狄将军等号；大通三年（529）定制后，改拟明智将军等号。

宣正大夫 官名。北宋徽宗政和六年（1116）置，为正五品武阶官。位在正侍大夫下、履正大夫上。

宣正郎 官名。北宋徽宗政和六年（1116）置，为从七品武阶官。

宣节将军 官名。南朝梁置，武帝天监七年（508）定为施用于境外的武职二十四班中的十三班，拟宁远将军等号，大通三年（529）定制后，仍拟宁远将军等号。

宣节校尉 官名。唐太宗贞观十一年（637）置，为正八品上武散官。宋初因之。神宗元丰（1078—1085）改制，唯蕃官蕃兵仍授，余者并罢。

宣节副尉 官名。唐太宗贞观十一年（637）置，为正八品下武散官。宋初沿置，正八品。神宗元丰（1078—1085）改制，唯蕃官蕃兵仍授，余者皆罢。

宣札 见“宣帖”。

宣业 官名。即国子博士，唐高宗龙朔二年（662）改，咸亨元年（670）复名国子博士。

宣仪 内官名。唐高宗龙朔二年（662）置四员，正二品，位同九嫔，咸亨二年（671）废。

宣议郎 见“宣义郎❷”。

宣令舍人 官名。即隋朝太子典书坊通事舍人，炀帝大业三年（607）改，唐朝复名通事舍人，隶右春坊。参见“通事舍人”。

宣头　官府文书名。宋朝枢密院奉旨处置公事，如给驿马、命监修工程之类用之。其底本称宣底。

宣训卫尉　官名。南朝宋置，为高祖皇太后三卿之一，掌宣训宫禁卫，职比卫尉。见《宋书·王敬弘传》。

宣传左右　官名。北魏置。《魏书·崔亮传》："宣传左右郭神安颇被世宗识遇，以弟托（崔）亮，亮引为御史。"为皇帝左右的亲近之职，权势虽大，品阶不高。

宣庆使　官名。❶北宋真宗大中祥符元年（1008），封禅泰山后特置，位在宣政使之上，为内侍高级阶官。朝参位在东班前，称为班官。神宗元丰（1078—1085）改制，定为正六品。徽宗政和二年（1112）重定内侍阶官名，改中亮大夫。❷金朝置。与敌国作战获胜后，派去属邦宣庆胜利的专使。

宣远将军　官名。南朝梁置，武帝大通三年（529）置此职以代贞武将军，定为武职三十四班中的二十三班。陈沿置，与宁远将军等合称五远将军，拟五品，比秩千石。

宣农提举司　官署名。金朝置。文宗天历二年（1329），以大都等处田赋提举司隶隆祥总管府，三年，改宣农提举司，秩从五品，隶隆祥使司，掌征收田赋。置达鲁花赤、提举、同提举、副提举各一员。

宣抚处置使　官名。南宋初年置，以知枢密院事张浚充任，置宣抚处置使司于秦州，掌川陕、京西、湖北路宣抚之事，许以便宜行事，设属官如宣抚使。后设副使佐之，又设参议官专掌措置财用。

宣抚处置使司　见"宣抚处置使"。

宣抚处置副使　见"宣抚处置使"。

宣抚司　官署名。南宋高宗建炎四年（1130），始于秦州置川陕京西湖北路宣抚处置使司，简称宣抚司，以张浚为宣抚处置使，许以便宜行事，询访民间疾苦。绍兴元年（1131），以淮南守臣多阙，又于淮南置司。二年，又于扬州置。又有荆湖广南路宣抚司、福建江西路宣抚司。多以现任执政为宣抚使，或置副使佐之。属官有参谋官，参议官，机宜干办公事等。掌宣布威灵、抚绥边境及统护将帅、督视军旅之事。元朝于西南地区置绍熙、永顺、平缅三司，每司设使、同知、副使各二人。明朝沿置于西南少数民族地区，设使、同知、副使、佥事、经历、知事、照磨各一人，皆为土官。

宣抚司同知　官名。元朝地方行政机构宣抚司之职官。位宣抚使之下，协宣抚使掌司事。明清沿元旧称，始作为土官名号之一，武职。系土官官署宣抚司之职官。湖广、四川、云南等省设。正五品。有自己所辖之土兵及地区。世袭，其承袭事隶兵部。详见"土官"。

宣抚司佥事　官名。明清土官名号之一。武职。湖广、四川、云南等省设，系土官官署宣抚司之职官。正六品。有自己所辖之土兵及地区。世袭，其承袭事隶兵部。详见"土官"。

宣抚司副使　官名。宋朝宣抚司之副职。或佐宣抚使掌宣布威灵，抚绥沿边地区及统率一路至数路军旅，或任宣抚使职事。元朝为地方行政机构宣抚司之职官，位同知之下，协掌司事。明清沿元旧称，始作为土官名号之一，武职。系土官官署宣抚司之职官。湖广、四川、云南等省设。从五品。有自己所辖之土兵及地区。世袭，其承袭事隶兵部。详见"土官"。

宣抚判官　官名。宋朝宣抚司属官，掌赞使务，不常设。神宗熙宁（1068—1077）中，以直舍人院吕大防充任，为宣抚司上佐。南宋沿置。高宗绍兴十年（1140），杨沂中以太尉为淮北宣抚副使，刘琦以节度使为判官，礼抗权均，非昔日可比。

宣抚使　官名。唐宪宗元和十四年（819）始置，以户部侍郎杨於陵为淄青等州宣抚使。北宋仁宗庆历二年（1042），以枢密副使杜衍为河东路宣抚使。三年，又以范仲淹为陕西宣抚使，后以枢密副使韩琦代替。其后，每兴兵征讨，多置使，例由二府大臣充任。若重其事体，则置宣抚大使。南宋初，为抚绥百姓，多以执政大臣兼任，出使于外，设宣抚司为其官署。亦有非执政大臣而为之者，如刘光世、韩世忠、岳飞、吴玠等。元朝置为宣抚司长官，员二人。明朝沿置，员一人，从四品，为土官。

宣抚使司　见"宣抚司"。

宣抚副使　官名。北宋仁宗庆历二年（1042）始置，以韩林学士丁度充任，协助宣抚使宣抚河东路。八年，又以安抚使明镐充任，宣抚河北路。徽宗宣和（1119—1125）末，以伐燕，命少保蔡攸充任。南宋初，宣抚司多置为副长官，亦有不置使而仅置副使者。元朝亦置，为宣抚司属官，在使、同知之下，员二人。明朝沿置为土官，员一人，从五品。

宣判　宣抚判官简称。

宣诏书　官名。太平天国军中给事官。见"军中典官"。

宣诏郎　官名。三国吴置。《三国志·孙登传》裴松之注引《吴书》："惟（羊）道及宣诏郎豫章杨迪拒绝不与通。"

宣诏省　官署名。渤海国置，左相、左平章事、侍中、左常侍、谏议居之。

宣纳下大夫　官名。北周置，掌延纳王言，出宣帝命。一说为天官府属官，正四命。下设宣纳上士、宣纳中士以佐其职。

宣纳上士　官名，北周置。宣纳下大夫属官，佐其延纳王言，出宣帝命，故须选用口齿清晰之人，柳謇之即因读祝文音韵清雅，自守庙下士被擢充此职。正三命。

宣纳中士　官名。北周宣纳下大夫属官，正二命。职掌参见"宣纳下大夫"。

宣表官　官名。清朝礼部之属官。初设满州四人，后裁二人，乾隆（1736—1795）中省入太常寺。

宣奉大夫　官名。北宋徽宗大观二年（1108），改左光禄大夫置，为正三品文臣寄禄阶官。参见“光禄大夫”。

宣奉郎　官名。北宋太宗太平兴国元年（976），改宣议郎置，为从七品下文散官。神宗元丰三年（1080）废。

宣武大夫　散阶称号。清朝乾隆二十年（1755），改宣武将军置，为武职中属绿营者从四品之封赠。三十二年，属八旗者从四品亦封此。五十一年，改为宣武都尉。

宣武将军　散阶称号。金朝武散官三十四阶第十八阶，从五品下。元朝亦为三十四阶武散官第十八阶，从四品，宣授。明朝亦置，为武职从四品之初授。清初沿置，为武职中属绿营者从四品之封赠。乾隆二十年（1755），改宣武大夫。五十一年，与八旗从四品统一定为宣武都尉。

宣武都尉　散阶称号。清朝武职从四品之封赠。初，武职中属绿营者从四品封宣武将军，乾隆二十年（1755）改宣武大夫；属八旗者从四品封中宪大夫。三十二年，统一为宣武大夫。五十一年，改此称，遂为定制。

宣明殿学士　南朝陈文学侍从官名。《陈书·姚察传》：“补宣明殿学士，除散骑侍郎、左通直。”

宣忠扈卫　即宣忠斡罗思扈卫亲军都指挥使司。

宣忠扈卫亲军都万户府　元朝侍卫亲军机构。设于文宗至顺元年（1330）五月，掌斡罗思（俄罗思）军士万人。二年四月，改为亲军都指挥使司。

宣忠斡罗思扈卫亲军都指挥使司　元朝侍卫亲军指挥机构。秩正三品。文宗至顺二年（1331）四月，由宣忠扈卫亲军都万户府改立。掌斡罗思军士。简称宣忠扈卫、斡罗思卫。置营于大都北，衙司在大都丽正门内。置都指挥使、副使等职。

宣帖　官府文书名。又称宣札，即宋朝颁给军校的委任状。持此可依照恩例升补官职。

宣和库　官署名。北宋徽宗宣和（1119—1125）年间，蔡絛为邀取宠信而建议创置。拘括四方金帛及府藏所储，入藏此库，作为皇帝私财。

宣和殿大学士　官员。北宋徽宗政和七年（1117）置，属侍从贴职，品秩同资政殿大学士。宣和元年（1119），改保和殿大学士。

宣和殿学士　官名。北宋徽宗政和五年（1115）置，以两制充任，掌出入侍从以备顾问，属侍从贴职。宣和元年（1119），改保和殿学士。

宣政使　官名。北宋太宗淳化五年（994），为赏昭宣使王继恩镇压王小波、李顺起义之功，特置此官授之。后用为内侍高级阶官，朝参位在东班前，称为班官。神宗元丰（1078—1085）改制，定为正六品。徽宗政和二年（1112）重定内侍阶官名。改中卫大夫。

宣政院　官署名。元朝置，秩从一品。世祖至元二十五年（1288）十一月，以释教总制院统领吐蕃事务，责任重大，宜加崇异，乃用唐朝皇帝在宣政殿接见吐蕃使臣的故典，改释教总制院为宣政院，以帝师领院事，掌全国释教僧徒，兼治吐蕃之境。下辖吐蕃三道宣慰司及僧录司、僧政司、都纲司等衙。

宣政院使　官名。元朝置，秩从一品，宣政院长官。初置院时，设二员，为长者以朝廷大臣兼任，位居第二者由帝师推荐僧人担任；下设同知二员，副使二员，参议二员，经历二员。后增设断事官、佥院、同佥、院判等职，院使员数也不断增加，皆僧俗并用。文宗时定制，置院使十员；同知二员，正二品；副使二员，从二品；佥院二员，正三品；同佥三员，正四品；院判三员，正五品；参议二员，正五品；经历二员，从五品。下设吏员若干。

宣政院客省使　官名。元朝置。设于世祖至元二十五年（1288），秩从五品，置二员，下设副使一员。

宣政院断事官　官名。元朝置。设于世祖至元二十六年（1289），秩从三品，置四员。掌宣政院所辖刑狱断案等务。成宗大德四年（1300）罢，后又复置。

宣威将军　官名。三国魏置，为杂号将军。晋及南朝宋废置不常。北朝北魏、北周亦置。魏、晋、宋八品（一说魏五品），北魏孝文帝太和十七年（493）职员令定为六品上，北周正四命。隋初置为散号将军，正八品上，炀帝大业三年（607）罢。唐高祖武德七年（624）复置，为从四品上武散官。宋初因之。神宗元丰五年（1082），罢武散官，唯蕃兵、蕃官仍带。金、元为武散官三十四阶第十四阶。金正五品中。正元四品，宣授。明沿置，为正四品武官升授散官之称号。

宣信中郎　官名。三国蜀置。董恢以此职副昭信校尉费祎使吴。见《三国志·董允传》裴松之注引《襄阳记》。

宣信校尉　官名。三国蜀、吴置，主要担任出使到其它政权的任务。《三国志·霍峻传》裴松之注引《襄阳记》：“（罗宪）为太子舍人，迁庶子，尚书吏部郎，以宣信校尉再使于吴，吴人称美焉。”

宣差勘事官　即断事官，见“札鲁忽赤”。

宣课司　明朝设置于京师顺天府的税务部门。凡四：正阳门外、正阳门、张家湾、卢沟桥，掌商业税及财产税的征课。各设大使一人，从九品。

宣课使　见“征收课税使”。

宣课提举司　见“税课提举司”。

宣教郎　官名。北宋徽宗政和三年（1113），改宣德郎置，为从八品文臣寄禄阶官。

宣黄案　官署名。宋朝大理寺左断刑所属机构。神宗元丰（1078—1085）改制后置，掌断讫命官指挥。

宣猛将军　官名。南朝梁置，武帝天监七年（508）定为武职二十四班中的第六班，普通六年（525）定为武职三十四班中的九班。陈沿置，拟八品，比秩六百石。

宣麻　文书名。唐朝凡拜免将相、号令征伐，皆用白麻书写诏敕，于朝堂宣布，谓之宣麻。宋承唐制，凡宰相，枢密使、使相、节度使加官除授，群臣奖谕敕书、赦书德音、巡幸大礼敕书敕榜、立皇子制、命后妃告辞，皆由翰林学士用麻纸书写，再由外制宣布。

宣谕化导使　官名。清朝特设劝谕化导风俗之官。雍正九年（1731），以征准噶尔，陕西、甘肃当师行道，任馈饷，故命兵部尚书史贻直为陕西宣谕化导使，偕侍郎杭奕禄前往。乾隆（1736—1795）间，以两江士风不振，亦置四员，江苏、安徽各二员。掌宣谕朝廷德化，矫正风俗。皆为临时性差遣，不专设，事毕则解。

宣谕使　官名。北宋徽宗宣和七年（1125）置，以宇文虚中充任，掌宣谕河北、河东路。钦宗靖康元年（1126），又以种师道为河北宣谕使。南宋高宗绍兴元年（1131），又置，使宣谕淮南东路。后两浙西路、浙东福建路、湖南路、荆湖南路、江南东西路、广南西路等，各遣使宣谕。九年，楼炤以签书枢密院往永兴宣谕，得制置兵马移屯等事，宣谕之权遂重。置官署称宣谕使司，或称宣谕司，事毕则罢。

宣谕使司　见“宣谕使”。

宣葬　官场用语。宋朝六品以下官死，朝廷赐资财助办葬事，差官传宣押赐，称宣葬。

宣惠尉　官名。隋炀帝大业三年（607）增置散职八尉之一，正七品。

宣惠将军　官名。南朝梁置，武帝天监七年（508）定为武职二十四班中的十七班，与镇兵将军等代旧四中郎将；普通六年（525）定为武职三十四班中的二十七班，与四中郎将并置。陈沿置，拟四品，比秩中二千石。如加为宣惠大将军，则进一阶。

宣镇侍卫屯田万户府　见“宣镇侍卫府”。

宣镇侍卫府　元朝侍卫亲军机构。顺帝后至元三年（1337）正月，立宣镇侍卫屯田万户府于宁夏。四月，改为宣镇侍卫府。秩正三品。置都指挥使、副使等职。

宣德门家事库　官署名。北宋卫尉寺所属机构，掌皇帝祭天所需祭器什物。设监官二人，以登闻鼓院监门官兼领。

宣德太仆　官名。南齐置，为郁林王文安太后三卿之一，掌宣德宫车马，职比太仆。

宣德少府　官名。南齐置，郁林王文安太后三卿之一，掌宣德宫供御事务，职比少府。

宣德郎　❶官名。隋朝谒者台之职官。炀帝大业三年（607）设，四十人，正七品，主出使。❷散阶称号。唐高祖武德七年（624）置，为正七品下文散官，伯爵出身者多由此叙阶。北宋初因之，神宗元丰（1078—1085）改制后，用为新寄禄官，从八品，取代旧寄禄官大理寺丞、著作佐郎。徽宗政和三年（1113）改名宣教郎。西夏置为文散官，见于西夏后期，然品阶等次不详。元朝未置。明朝为文职从六品中属吏员出身者之封阶。清沿明制，为文职从六品中属吏员出身者之封赠。

宣德将军　官名。东汉置。《后汉书·梁统传》：“（建武五年，29）诏加统宣德将军。”三国魏沿置，洪饴孙《三国职官表》作五品。

宣德隆兴等处玛瑙人匠提举司　官署名。元朝置。秩正六品，设于世祖至元十五年（1278），隶诸路金玉人匠总管府。置提举、副提举各一员。

宣德楼什物库　官署名。宋朝卫尉寺所属机构，掌收贮什物，按籍以供给用。

宣毅将军　官名。南朝梁置，武帝天监七年（508）定为武职二十四班中的十七班，与镇兵将军等代旧四中郎将；普通六年（525）改为武职三十四班中的二十七班，与四中郎将并置。陈沿置，拟四品，比秩中二千石。如加为宣毅大将军，则进一阶。

宣慰司　即宣慰使司。

宣慰使　官名。元朝地方行政机构宣慰使司之长官。每司设三人，掌军民之政。西南少数民族地区多以土人为之，世袭。明清沿元旧称，始作为土官名号之一，武职，系土官官署宣慰使司之长官。湖广、四川、云南等省设。从三品。管所辖土兵及司事，受地方长官约束。世袭，其承袭事隶兵部。详见“土官”。

宣慰使司同知　官名。元朝地方行政机构宣慰使司之职官。每司设一人，位宣慰使之下，协宣慰使掌司事。明清沿元旧称，始作为土官名号之一，武职，系土官官署宣慰使司之职官。湖广、四川、云南等省设。正四品。有自己所辖之土兵及地区。世袭，其承袭事隶兵部。详见“土官”。

宣慰使司佥事　官名。明清土官名号之一。武职，湖广、四川、云南等省设，系土官官署宣慰使司之职官。正五品。有自己所辖之土兵及地区。世袭，其承袭事隶兵部。详见“土官”。

宣慰使司都元帅府　官署名。元朝置，秩从二品。掌军民之务，在各道设置。领路、府、州、县，行省有政令则布于下，郡县有请则转达于省。有边陲军旅之事，则兼都元帅府。设使三员，同知、副使、经历、知事各二员，或置宣慰使都元帅、副都元帅、佥都元帅等职。

宣慰使司兼管军万户府　元地方官署名。秩同二品，职掌同宣慰使司都元帅府。设宣慰使三员，同知、副使、经历各一员。参见“宣慰使司都元帅府”。

宣慰使司副使　官名。元朝地方行政机构宣慰使司之职官。每司设一人，位同知之下。明清沿元旧称，始作为土官名号之一，武职，系土官官署宣慰使司之职官。湖广、四川、云南等省设。从四品。有自己所辖之土兵及地区。世袭，其承袭事隶兵部。

详见“土官”。

宣赞舍人 閤门宣赞舍人简称。

宣徽 宣徽使省称。

宣徽北院 官署名。唐朝后期宣徽院分南、北两院，各设厅事，各置使一人，以宦官充任。五代迄宋，改用士人。宋朝用以安置罢政之勋旧大臣，与南院通掌总领内诸司及三班内侍之名籍，郊祀、朝会、宴享供帐之仪，应内外进奉，悉检视名物；其吏有都勾押官，勾押官各一员，前行三员，后行十二员，分掌四案：兵案、骑案、仓案、胄案。神宗元丰（1078—1085）改制罢，其职事分隶省、寺，而使号犹存。哲宗元祐三年（1088）复置，绍圣三年（1096）复罢。南宋不复置。辽太宗会同元年（938）置，掌北院御前祗应之事，设北院宣徽使、知北院宣徽事、北院宣徽副使、同知北院宣徽事，为北面朝官。西夏毅宗置，又称北宣徽院，属次等司，有北宣徽院使，汉官。参见“宣徽院”。

宣徽北院使 官名。唐朝后期宣徽北院置，一员，武宗会昌六年（846）宦官刘遵礼曾充任。五代迄宋，改用士人，为宣徽北院长官，或以检校官为之，或领节度及两使留后，常用以待罢政的勋旧大臣。如阙，则以枢密副使一员兼领，亦有兼枢密副使、签书枢密院者。与参知政事、枢密副使、同知枢密院事以先后入叙位，神宗熙宁四年（1071）著令位参政、枢副、同知下。北院使与南院使共院而各设厅事，通掌院事，资望稍逊南院使。元丰（1078—1085）改制，罢宣徽院，其职事分隶省、寺，而使号犹存。哲宗元祐三年（1088）复置，绍圣三年（1096）罢，南宋不复置。辽太宗会同元年（938）宣徽北院置，又称北院宣徽使。西夏毅宗北宣徽院亦置，又称北院宣徽使，汉官。

宣徽判官 官名。亦称院判。金朝宣徽院置为属官，从六品。元朝世祖至元二十三年（1286）置二员，后定为正五品。俱位同佥下。朱元璋吴元年（1367）宣徽院置，正五品，位同知下、典簿上。

宣徽使 官名。唐宪宗元和（806—820）中置，以宦官充任，渐为宣徽院长官，总领内诸司使及三班内侍名籍，掌其迁补、郊祀、朝会、宴享供帐，检视内外进奉名物。五代迄宋，因事简官尊，常以枢密院官兼。宣徽院分南、北院，使亦分南、北院使，宋朝以南院使资望优于北院使，二使共院而各设厅事，通掌院事。神宗熙宁四年（1071）著令，其位参政、枢副、同知下，元丰（1078—1085）改制罢院而存使号，哲宗元祐三年（1088）复置院，绍圣三年（1096）罢院，南宋不复置。辽朝北面官分置南、北使，南面宣徽院不分南、北，置于太宗会同元年（938）；南京宣徽院亦置，不分南、北。金朝宣徽院置，分左、右，俱正三品，为长官，掌朝会、宴享、殿庭礼仪及监知御膳。西夏亦分南、北。元世祖至元十五年（1278）置一员，二十年升从二品，增一员；二十三年升正二品，三十一年置四员，成宗大德三年（1299）升从一品，仁宗皇庆元年（1312）增三员；后定置六员，从一品，掌供御食。朱元璋吴元年（1367）宣徽院亦置，正三品，明洪武元年（1368）改置光禄寺卿。

宣徽南院 官署名。唐朝后期宣徽院分南、北两院，各设厅事，各置使一员，以中官充任。五代迄宋，改用士人。宋朝用以安置罢政之勋旧大臣，与北院通掌总领内诸司及三班内侍之名籍，郊祀、朝会、宴享供帐之仪，应内外进奉，悉检视名物，用其印；其吏有都勾押官、勾押官各一员，前行三员，后行十二员，分掌四案：兵案、骑案、仓案、胄案。神宗元丰（1078—1085）改制罢，其职事分隶省、寺，而使号犹存。哲宗元祐三年（1088）复置，绍圣三年（1096）复罢。南宋不复置。辽太宗会同元年（938）置，掌南院御前祗应之事，设南院宣徽使、知南院宣徽事、南院宣徽副使、同知南院宣徽事，为北面朝官。西夏毅宗置，又称南宣徽院，属次等司，有南宣徽院使，汉官。参见“宣徽院”。

宣徽南院使 官名。唐朝后期宣徽南院置，一人，武宗会昌七年（847）宦官刘遵礼曾由北院使改任南院使。五代迄宋，改用士人，或以检校为之，或领节度及两使留后，阙，则枢密副使一人兼领，亦有兼枢密副使、签书枢密院者，其资望比北院使为优，与参知政事、枢密副使、同知枢密院事以先后入叙位。神宗熙宁四年（1071）著令位参政、枢副、同知下，与北院使共院而各设厅事、通掌院事；元丰（1078—1085）改制罢宣徽院，其职事分隶省、寺，而使号犹存。哲宗元祐三年（1088）复置，绍圣三年（1096）罢，南宋不复置。辽太宗会同元年（938）宣徽南院置，又称南院宣徽使。西夏毅宗南宣徽院亦置，又称南院宣徽使，汉官。

宣徽院 官署名。唐代宗大历（766—779）末已置，后分南、北两院，各置使一人，以宦官充使。五代迄宋，改用士人，亦分南、北两院，通掌总领内诸司及三班内侍之名籍，郊祀、朝会、宴享供帐之仪，应内外进奉，悉检视名物。宋朝南、北院虽共院而各设厅事，然只用南院印；其吏有都勾押官、勾押官、前行、后行等，分掌四案：兵案、骑案、仓案、胄案。三班院建立后，宣徽院则无实权。神宗元丰（1078—1085）改制罢，其职事分隶省、寺。哲宗元祐三年（1088）复置，绍圣三年（1096）复罢，南宋不复置。辽太宗会同元年（938）置北面朝官宣徽南、北院，南面亦置，有宣徽使、知宣徽院事、宣徽副使、同知宣徽使事、同知宣徽院事等；南面京官南京亦置，有南京宣徽使、知使事、知院事、副使、同知等。西夏毅宗置，属次等司，亦分南、北，各有使。金朝不分南、北，置左、右宣徽使，同知宣徽院事、同签宣徽院事、宣徽判官，掌朝会、宴享、殿庭礼仪及监知御膳，统拱卫直使司、客省、引进司、閤门、尚衣局、仪鸾局、尚食局、尚药局、太医院、御药院、教坊、内藏库、头面库、段匹库、金银库、杂物库、宫闱局、内侍局、内侍寄禄官、典卫司、孝靖宫、懿安家、宫苑司、尚酝署、典客署、侍仪司及其属，分掌谨严仪卫、接引使贡及一应供奉之事。元朝沿置，正三品，掌供御食，凡稻粱牲牢酒醴蔬果庶品之物，宰享宗戚宾客之事，及诸王宿卫、怯怜口粮食，蒙古万户、千户合纳差发，系官抽分，收养孳畜，岁支刍草粟菽，羊马价值，收受阑遗等事，与尚食、尚药、尚酝三局，皆隶焉，所辖内外司属，用人则自为选；世祖至元十五年（1278）置院使一人，同知、同佥各二人，主事二人、照磨一人，仁宗以后定置院使六人、同知二人、副使二人、佥院二人、同佥二人、院判二人、经历二人、都事三人、照磨一人、承发架阁库一人、掾史二十人、蒙古必阇赤六人、回回掾史二人、怯里马赤二人、知印二人、典吏六人、蒙古书写二人。其属有光禄寺、大都尚饮局、上都尚饮局、大都尚酝局、上都尚酝局、大都醴源仓、上都醴源仓、尚珍署、安丰怀运等处稻田提领所、尚舍寺、诸物库、阑遗监、尚食局、大都生料库、上都生料库、大都太仓、上都太仓、大都柴炭局、上都柴炭局、尚牧所、沙糖局、永备仓、丰储仓、淮东淮西屯田打捕总管府、淮安州屯田打捕提举司等九处、抽分场提领所十处、满浦仓、园米棋子局、软皮局、手号军人打捕千户所、龙庆栽种提举司、弦州种田提举司、丰润署、常湖等处茶园都提举司、榷茶提举司等，分掌各项供奉之事。朱元璋吴元年（1367）亦置，设院使、同知、院判、典簿以尚食、尚醴二局隶之；明洪武元年（1368）改为光禄寺。清顺治十七年（1660）改内务府十三衙门之内官监为此，置郎中三员、员外郎六员、总催八员，掌内府帑项出纳及庄园田庄事；康熙十六年（1677）改为会稽司。

宣徽院使　官名。即宣徽使。

宣徽副使　官名。宣徽院官员。辽朝北面朝官宣徽北院、南院，南面朝官宣徽院、南面京官南京宣徽院皆置，位知院事下、同知院事上。元朝成宗大德四年（1300）置二员，从二品，位同知下、佥院上。

宦寺　宦官的统称。因其初有宦人、寺人之称，故名。

宦吏　即宦官。《汉书·宣帝纪》："赐吏二千石、诸侯相，下至中都官、宦吏、六百石，爵各有差，自左更至五大夫。"颜师古注："宦吏，诸奄官也。"

宦者　❶官名。即在宫内担任职役的阉人。❷官署名。西汉属少府，有丞。

宦者令　官名，宦者之长。战国置。西汉为宦者署之长，属少府，掌宫中宦者，有丞。东汉省。

宦者丞　官名。秦置，属少府，为宦者令副贰。入汉因之，武帝太初元年（前104）增至员七人。东汉省。

宦奄　官名。战国秦置，宦官中的小吏。《睡虎地秦墓竹简·传食律》："不更以下到谋人，粺米一斗，酱半升，采（菜）羹，刍槁各半石。宦奄如不更。"

宥司　枢密院别称。又称宥府。

宥府　刑部及枢密院别称。

宥恤司　官署名。清末法部八司之一，光绪三十二年（1906）设。掌办理赦典，颁降条款，清理广狱，并复核江苏、安徽、江西、福建、浙江、湖南、湖北刑事民事案件。置郎中三人，员外郎四人，主事五人。

宥恤司郎中　官名。清末法部宥恤司长官，光绪三十二年（1906）设。定额三人，正五品，奏补。总理本司事务。

室长　官名。唐朝太庙九室，各置三人，主管礼器及锁钥之事，由礼部自斋郎中奏补。宋朝沿置，属太常寺，多用为荫补之官，掌应奉郊祀等典礼。

室老　春秋时卿大夫家臣之长。《左传·襄公二十一年》："室老闻之。"《襄公二十二年》："郑公孙黑肱有疾，归邑于公，召室老、宗人立段。"杨伯峻注："室老即宰，家臣群吏之长，见胡匡衷《仪礼释官》。"

宫人　官名。周朝置。《周礼》有宫人一职，掌理宫室扫除，侍奉周王沐浴等事务。《周礼·天官》："宫人，中士四人，下士八人，府二人，史四人，胥八人，徒八十人"，"掌王之六寝之修，为其井匽，除其不蠲，去其恶臭，共王之沐浴。凡寝中之事，扫除、执烛、共炉炭。凡劳事，四方之舍事，亦如之"。

宫大内司　官名。北魏置，为后宫女职之首，主管宫内事务。《大魏宫内司高唐县君杨氏墓志》："（自文绣大监）改授宫大内司。"（赵万里《汉魏南北朝墓志集释》图版三六）参见"内司"。

宫门下士　官名。西魏、北周地官府司门下大夫宫门中士佐官，员一人，正一命。

宫门大夫　官名。即太子宫门大夫。

宫门小执法　官名。十六国后赵置，掌监督宫殿门禁。《晋书·石勒载记下》："勒宫殿及诸门始就，制法令甚严"，"有醉胡乘马突入止车门，勒大怒，谓宫门小执法冯翥曰：'夫人君为令，尚望威行天下，况宫阙之间乎！向驰马入门为是何人，而不弹白邪？'"

宫门中士　官名。西魏恭帝三年（556）置，北周沿置。地官府司门下大夫属官，员一人，掌皇城五门之禁令，即露门、应门、崇阳门、肃章门、玄武门的启闭出入，皆由其掌管，正二命。下设宫门下士以佐其职。宣帝即位后，内外门閤皆由宦者看守，逐分其职权。隋文帝开皇元年（581）罢。

宫门仆　官名。北魏置，掌诸宫门卫。孝文帝太和十七年（493）定为从六品中。后称宫门仆射。

宫门仆射　官名。北魏置，掌诸宫门卫。孝文帝太和二十三年（499）定为从八品。北齐沿置，设六人，从八品。参见"宫门署"。

宫门抄 又名邸抄、邸报。因抄录揭示于宫门之外，故名。详见“邸抄”。

宫门局 官署名。隋朝太子门下坊置，设大夫二员为长官，掌东宫门籍，炀帝大业三年（607）改宫门大夫为宫门监。唐朝沿置，高宗龙朔二年（662）改宫门监为郎，仍置二员，隶左春坊，又置丞二员。掌东宫宫门管钥；另有门仆百员。北宋初存其官名而无职司。辽朝东宫左春坊置，设宫门郎。

宫门郎 官名。即太子宫门郎。

宫门将 官名。即太子宫门将。

宫门监 官名。即太子宫门监。

宫门署 官署名。北齐置，设仆射六人，掌诸宫门禁。隶光禄寺。北周设中士掌宫门署，隶地官府。

宫太师 即太子太师。见“宫衔”。

宫太保 即太子太保。见“宫衔”

宫太傅 即太子太傅。见“宫衔”。

宫内大监 官名。北魏置，为后宫女职，典宫内事。位视二品，但亦有例外。《魏宫内大监刘阿素墓志铭》：“为宠其劳，赐宫品第一。”（赵万里《汉魏南北朝墓志集释》图版二九）

宫内典官 官名。太平天国天王府内给事官，永安建制始设。分一等、次等和三等，分工极细。一等有：典天舆，正、副各一人，为天王轿夫头目，职同检点，典天舆（轿夫）一千人，职同指挥；另有典天马一百人、典天乐三百人、典天锣四十八人、典天袍三十人、典天炮三十人、典天更六人、典天厨二人、典天水二人、典天鱼一人、典天柴二人，皆职同指挥。一等典官给事宫内，专供天王所用。次等有典花官四人、典天鸟四人、典天兽四人、医骡马一人、典钟表二十人、典凤琴四人，职同将军。三等有典花官一人，职同总制。还有他役，惟人数、官阶不详，如典天浪（司天王御伞）是。

宫内御作女尚书 官名。北魏置，为后宫女职。《魏故宫御作女尚书冯女郎之志》：“十五蒙授宫内御作女尚书，干涉王务，贞廉两存，称莅女功，名烈俱备。”（赵万里《汉魏南北朝墓志集释》图版三二）参见“女尚书”。

宫分军详稳司 官署名。辽朝置，北面官，统领由宫分人组成的军马。

宫尹 官名。即太子詹事，唐武则天天授（690—692）中改，中宗神龙元年（705）复改詹事。参见“詹事”。

宫尹中士 官名。北周置，太子宫尹下大夫属官，正二命。

宫尹府 官署名。即太子詹事府，唐武则天天授（690—692）中改，中宗神龙元年（705）复改詹事府。

宫正 官名。❶《周礼》天官之属。《周礼·天官·宫正》：“掌王宫之戒令纠禁，以时比宫中之官府、次舍之众寡，为之版以待。”❷三国魏改御史中丞置。《三国志·勋鲍传》：“黄初四年，尚书令陈群、仆射司马宣王并举勋为宫正，宫正即御史中丞也。”❸北周东宫属官。分置左、右，掌匡正辅弼太子。❹宫内女官。唐朝置一人，正五品，掌宫内戒令、纠禁、谪罚等事。宋真宗时沿置，掌总领宫内格式及纠正、推罚之事。金朝置二人，正五品。明洪武五年（1372）置二人，正六品，为宫正司长官。十七年，改为一人，正五品。掌纠察宫闱之事。永乐（1403—1424）以后，其职归于宦官。逐废。

宫正司 官署名。明洪武五年（1372）置为宫廷女官衙门。初设宫正二人，正六品。十七年改一人，正五品。增司正一人，正六品。二十七年增典正一人，正七品。次年定制，设宫正一人，司正二人，典正四人，女史四人。掌纠察宫闱，戒令谪罚之事。大事则奏闻。永乐（1403—1424）后，尽移其职于宦官。

宫市使 使职名。唐玄宗天宝（742—756）中杨剑（国忠）已充此任，德宗贞元（785—804）末以宦官为之，主持宫市。托名为宫中购物，实于京城市肆强买。《唐会要》卷八六《市》：德宗时“屡有中官于京城市肆，强买人间。率用直百钱物买人数千钱物，仍索脚价及进奉门户，谓之宫市”。“名为宫市，其实夺之。”顺宗永贞元年（805）罢。其后仍有宫市，未见置使。

宫台 即尚书台。国其官署设于宫中，故名。《后汉书·黄香传》：“赐以督责之职，任之宫台烦事。”香曾任尚书令。

宫臣 东宫官员泛称。《旧唐书·李纲传》：“皇太子勇尝以岁首宴宫臣。”

宫师 即太子少师。见“宫衔”。

宫师府 官署名。金朝置，掌保护东宫，导以德义。海陵王天德四年（1152）正月始设，三师（太子太师、太子太傅、太子太保）、三少（太子少师、太子少傅、太子少保）、詹事院詹事、三寺、十率府等皆隶之。

宫观判官 见“宫观官”。

宫观使 见“宫观官”。

宫观官 官名统称。即宋朝神祠官，真宗时始置。在京宫观，以宰相、执政充使，丞、郎、学士以上充副使，两省五品以上为判官，内侍及诸司使副为都监。又有提举、提点、管勾、勾当、主管等名目。皆食其禄，为佚老优贤之职。神宗时为安置对变法持异议者，始定宫观差遣不限员数，以三十月为一任。又置外任宫观，其俸给，大两省、卿、监及职司资序人视小郡知州，知州资序人视小郡通判。徽宗时天下遍置宫观，知州、通判皆带祠职。钦宗靖康元年（1126），内外官所带提举、主管神雷、玉清、万寿宫皆罢。南宋高宗时，官多阙少，遂许承务郎以上官权差宫观一次，后又有选人在部无阙可入破格除宫观，月给其俸，降资序二等支给，理为资任。

宫观都监 见“宫观官”。

宫观副使 见“宫观官”。

宫均人 官名。战国秦置，掌理宫中巡查。《睡虎地秦墓竹简·法律答问》：“可（何）谓‘宫均人’？宫中主循者殹（也）。”

宫坊 东宫官署通称。《梁书·徐悱传》：“转太子舍人，掌书记之任。累迁洗马、中舍人，犹管书记。出入宫坊者历稔。”

宫作司 官名。北魏置，为后宫女职，典宫内事务。亦称作司。孝文帝改定内官，视二品。亦有追赠一品者。《张安姬墓志》：“上知其能，复除宫作司。”“春二月，卒于洛阳宫，内愍宿懃，旨赠弟一品。”（赵万里《汉魏南北朝墓志集释》图版三三之二）

宫伯 官名。❶《周礼·天官》中掌管宫中宿卫的长官，掌担任宿卫的卿大夫的嫡子、庶子及士之嫡子的名籍，负责其职务安排，并执行赏罚。设有中士二人，下士四人。❷西魏、北周宫伯中大夫的省称。

宫伯中大夫 官名。西魏恭帝三年（556）置，北周沿置。天官府宫伯司长官，分置左、右，皆正五命。其属有左、右小宫伯下大夫，左、右宫伯都上士，左、右中侍上士，左、右侍上士、中士，左、右前侍中士，左、右后侍中士，左、右骑侍下士，左、右宗侍下士，左、右庶侍下士，左、右勋侍下士。掌管宫寝的侍卫、轮换在宫中值勤并负责临朝及出行的警卫。临朝时在前侍之首，金甲，执龙环金饰长刀。出行时卫护在路车两侧。由于总管宫庭的警卫，在发生宫庭政变时，能起到很关键的作用。隋文帝开皇元年（581）废。

宫伯都上士 官名。西魏恭帝三年（556）置，北周沿之。天官府宫伯中大夫属官，分置左、右，皆正三命。协助宫伯中大夫、小宫伯下大夫掌管宫庭、临朝及出行的侍卫事宜。隋文帝开皇元年（581）废。

宫闱令 官名。❶隋朝内侍省宫闱局长官，置二员，正八品。用宦官。炀帝大业三年（607）改置为长秋监宫闱署长官，参用士人。唐朝变为内侍省宫闱局长官，置二员，从七品下。掌侍奉宫闱，出入管钥。❷宋朝宗正寺属官，以入内内侍充任，掌太庙、后庙洒扫之事。❸金朝宣徽院宫闱司长官，世宗大定二年（1162）改为宫闱使。

宫闱司 官署名。金朝置，属宣徽院。掌宫中閤门之禁。设令、丞领司事。世宗大定二年（1162）改为局。参见“宫闱局”。

宫闱丞 官名。隋朝内侍省宫闱局次官，置三员，正九品，用宦官。炀帝大业三年（607）改置为长秋监宫闱署次官。唐朝复置为内侍省宫闱局次官，二员，从八品下。金朝宣徽院宫闱司置为次官，世宗大定二年（1162）改为宫闱局副使。

宫闱局 官署名。隋朝内侍省置，有令二员、丞三员，并用宦官。炀帝大业三年（607）改局为署，隶长秋监，参用士人。唐朝内侍省复置，仍用宦官，令二员、丞三员。掌侍宫闱及出入管钥；凡享太庙，皇后神主出入，则率其属舆之；总小给使学生之籍，给粮廪；又领内掌扇十六员、内给使无常员、内阍史二十员、小给使学生五十员等属。金朝宣徽院于世宗大定二年（1162）改宫闱司为此，置提点、使、副使，掌宫中閤门之禁，率随位都监、同监及内直各给其事；又有直长及内直一百七十余员。

宫闱局令 官名。即宫闱令。

宫闱局丞 官名。即宫闱丞。

宫苑司 官署名。金朝置，属宣徽院。掌宫庭修缮、洒扫、启闭门户和铺设毡席之事。设令、丞领司事，秩从六品、从七品。下设直长、都监、同监等官。章宗泰和元年（1201）设都监、同监，四年罢同监。

宫苑使 官名。唐朝中期始置，以宦官充任。五代后梁亦置，掌京城苑囿园地。宋初属西班诸司使，多不领本职，仅为武臣迁转之阶。真宗咸平元年（998）定为同六品，神宗元丰（1078—1085）改制改正七品。徽宗政和二年（1112）重定武臣阶官，改武德大夫。

宫苑副使 官名。唐朝后期始置，为诸司使之一，多以宦官充任。宋初沿置，多不领本职，仅为武臣迁转之阶，属西班诸司使。真宗咸平元年（998）定为同七品，神宗元丰（1078—1085）改制改从七品。徽宗政和二年（1112）重定武臣阶官名，改武德郎。

宫府大夫 官名。即太子家令，唐高宗龙朔二年（662）改，咸亨元年（670）复改太子家令。参见“太子家令”。

宫府寺 官署名。即太子家令寺，唐高宗龙朔二年（662）改，咸亨元年（670）复改家令寺。参见“太子家令寺”。

宫学生 后宫女职。北魏置，择没入宫掖幼女中聪颖者入宫学，授以诗书，而后委以女尚书等需要文化的职务。《魏故宫御作女尚书冯女郎之志》：“年十一，蒙简为宫学生。”“十五蒙授宫内御作女尚书。”（赵万里《汉魏南北朝墓志集释》图版三二）

宫官 ❶太子属官统称。《旧唐书·隐太子建成传》：“又遣礼部尚书李纲、民部尚书郑善果俱为宫官，与参谋议。”❷宫中女官统称。《新唐书·高宗纪》：“诏妇人为宫官者，岁一见其亲。”❸宦官统称。

宫相 太子左、右庶子别称。左庶子比侍中，右庶子比中书令，太子监国则庶子比尚书令，故名宫相。元文宗至顺元年（1330）封皇子阿剌忒纳答剌为燕王，立宫相府总其府事。

宫相都总管府 官署名。元朝置，秩正三品。文宗至顺二年（1331），罢宫相府青鹤驭司，改怯怜口钱粮总管府置，隶昭功万户都总使司，旋独立。置达鲁花赤二员，都总管一员，副达鲁花赤、同知、副总管各二员。辖织染杂造人匠都总管府、管领诸路打捕鹰房纳绵等户总管府等机构。

宫省 即宫禁。指皇帝所居皇宫，亦用称皇宫内官署。《后汉书·何进传》："将军受诏领禁兵，不宜轻出入宫省。"

宫保 ❶唐、宋太子太保、太子少保之别称。❷清朝对太子少保之称呼。雍正（1723—1735）后不立太子，而保留太子傅保之名，作为大臣及有功者之加官与赠官，有衔而无实职，然仍视为荣典。大臣多以庆典而得太子傅保衔。清制，加衔自太子少保始，以后逐次递升，凡得太子少保衔者，人多尊称为宫保。

宫狡士 官名。战国秦置，掌王宫犬政。《睡虎地秦墓竹简·法律答问》："可（何）谓'宫狡士'？'外狡士'？皆主王犬者殹（也）。"

宫闱帅 宫中女官名。南朝宋明帝定后宫百官时置，六品。

宫闱史 宫中女官名。南朝宋明帝定后宫百官时置，七品。

宫室都将 官名。北魏置。《魏书·阉官列传》："（孝明帝）孝昌（525—527）初，（封津）除中侍中，加征虏将军，仍除崇训太仆，领宫室都将，冀州大中正。"参见"都将"。

宫卿 官名。❶大长秋别称。《后汉书·定者传》："（郑众）遂享分土之封，超登宫卿之位。"李贤注："宫卿谓为大长秋也。"❷太子左庶子别称。《旧唐书·李纲传》："左庶子唐令则自请奏琵琶"，"纲白勇曰：'令则身任宫卿，职当调护。'"

宫职 东宫官职。《梁书·徐勉传》："频表解宫职，优诏不许。"时勉任太子詹事。

宫教博士 宦官名。北齐长秋寺掖庭署、晋阳宫署、中山宫署置，各二员，从九品。隋朝内侍省掖庭局置二员，从九品上。唐玄宗开元（713—741）末改中书省文学馆内教博士置，隶内侍省掖庭局，二员，从九品下。掌教习宫人书、算、众艺。

宫厩 官署名。春秋战国楚、秦等国置，负责王宫所属马匹牛畜的机构。《左传·襄公十五年》："养由基为宫厩尹。"《睡虎地秦墓竹简·厩苑律》："其大厩、中厩、宫厩马牛殹（也），以其筋、革、角及其价钱效，其人诣其官。"

宫厩尹 官名。春秋战国楚置，掌王宫马厩政令的长官。《左传·昭公六年》："令尹子荡师伐吴"，"吴人败其师于房钟，获宫厩尹弃疾"。战国曾侯乙墓出土竹简记载楚官名亦有宫厩尹。

宫厩令 官名。战国楚置，掌王宫马厩政令之官长。战国曾侯乙墓出土竹简记载楚官名有宫厩令。

宫僚 东宫官通称。

宫衔 清朝对太子太师、太子太傅、太子太保、太子少师、太子少傅、太子少保诸加衔之统称。清制，不立太子，但仍保留太子傅保之名，作为大臣及有功者之加衔，无职掌，无员限。因太子称东宫，故名宫衔。太子太师等又分别称宫太师、宫太傅、宫太保、宫师、宫傅、宫保。

宫傅 即太子少傅。见"宫衔"。

宫殿监正侍 官名。清朝五品太监之衔名，充敬事房总管。雍正四年（1726）原定从四品总管为此衔，后改五品，太监品级亦不再分正从。

宫殿监都领侍 官名。清朝四品太监之衔名，为太监之最高职衔，充敬事房总管。清制，太监品级最高不过四品，然清末亦有特赏二品顶带者，如李莲英等。

宫殿监副侍 官名。清朝六品太监之衔名，充敬事房副总管。

宫舆曹少卿 官名。北魏孝文帝太和十五年（491）置。《魏书·杨播传》："（杨椿）转授宫舆曹少卿，加给事中。"太和十七年定为三品上。二十三年复次职令，未载。

宫端 太子詹事别称。以其居东宫官之首，故称。《南史·江总传》："转太子詹事"，"及为宫端，与太子为长夜之饮"。

宫籍监 官署名。金朝置，掌宫内外监户及皇室地土、钱财、差役，隶殿前都点检司。置提点，正、副监、丞、直长等职。

宪司 ❶御史台别称。《封氏闻见记》卷三《风宪》："唐兴，宰辅多自宪司登钧轴，故谓御史为宰相。"❷宋朝各路提点刑狱司别称。❸即"肃政廉访司"。

宪台 汉魏以来为御史台的别称。唐高宗龙朔二年（662）为御史台的改称，咸亨元年（670）复旧。后世亦作为地方官吏对知府以上长官的尊称。

宪府 御史台别称。

宪政编查馆 官署名。清末预备立宪机构，光绪三十三年（1907），改考查政治馆设。掌议复宪政折件，承拟周查各件，研究各国宪法，编订宪法草案，考核法典草案与单行法规，并汇成全国统计表诸事。以军机大臣兼领馆事。宣统三年（1911），军机处裁，内阁总理大臣、协理大臣兼充宪政编查馆大臣。另置提调四人，总核、参议各二人。下设编制局、总务处、译书处、图书处，并附设官报局。各局、处、科分置局长、总办、编纂等主其事。宣统三年五月裁。

宪政筹备处 官署名。清末中央各部院、各省督抚及顺天府之附属机构，宣统元年（1909）十二月奏设。机构、职官无定制，一般在京各衙由丞参督管，各省由司道督管。职司有关该衙该省筹备宪政事宜的执行与统计。

宪部 官署名。唐玄宗天宝十一载（752）至肃宗至德二载（757）改原刑部而置。明洪武二十二年（1389）曾改原刑部属部之总部而置。次年改于刑部下置十二清吏司，遂罢。

宪部员外郎 官名。明朝刑部所属宪部之副长官。洪武二十二年（1389）改刑部总部为宪部，原总部员外郎遂改宪部员外郎，二人，从五品。二十三年，改刑部四属部为十二部，罢宪部，改置十二部员外郎各一人。

宪部尚书　官名。即刑部尚书，唐玄宗天宝十一载（752）改，肃宗至德二载（757）复名刑部尚书。参见“刑部尚书”。

宪部侍郎　官名。即刑部侍郎，唐玄宗天宝十一载（752）改，肃宗至德二载（757）复名刑部侍郎。参见“刑部侍郎”。

宪部郎　官名。即隋朝尚书省刑部头司长官，炀帝大业三年（607）改刑部司侍郎置，以区别于刑部次官侍郎之名。

宪衔　官制用语。唐、宋兼御史台官，称宪衔。唐朝后期，始授御史台兼官，以示优崇。宋朝分兼御史大夫，兼御史中丞、兼侍御史、兼殿中侍御史、兼监察御史五等。以授武臣、宗室及禁军将校。通事舍人、内殿崇班以上武臣，初除即加兼御史大夫。宗室副率以上及初除军头等军职，经恩加兼监督御史，再经恩则依次迁之。神宗元丰（1078—1085）改制废。

宪盗　官名。同“害盗”。战国秦置，掌追捕盗贼的小吏。《睡虎地秦墓竹简·内史杂》：“侯（候）、司寇及群下吏毋敢为官府佐、史及禁苑宪盗。”

客　春秋战国时期称出使来聘的别国卿大夫。《周礼·地官·大司徒》：“大宾客，令野修道委积。”贾公彦疏：“案《大行人》，诸侯来朝曰宾，卿大夫来聘称客。”

客长　清朝客民编户之头目。客民在地方开张贸易，置有产业者，与土著一律顺编里甲，其头目称客长。掌查报编户客民之偷盗奸伪情事，督催钱粮，勾摄公事等项，并查察往来无定之商贾。

客省　官署名。唐代宗时，政事多留滞，四方使者及奏计，到京后或连岁不得返，乃置客省以处之。五代沿置。宋因之，掌国信使朝见与辞别时宴赐；接待各地进奉使及少数民族首领，受其贡献，返回时颁给诏书及赐物；按官品等级颁赐宰相、群臣及禁军将校节日礼物。置客省使、副使，俱为武臣叙迁之阶，别以判客省事、管勾客省等公事差遣主管本省事务。神宗元丰（1078—1085）改制，始以客省使、副使各二员为长官、副长官，实掌其事。徽宗政和二年（1112）改客省使为中亮大夫、副使为中亮郎，另置知客省二员为长官。南宋初，并归东上閤门，以知閤门事总管其事。辽太宗会同元年（938）置，设都客省、客省使、左右客省使、客省副使等官。除中央所置，诸京亦有。金朝设使、副使，掌接伴使者见、辞等事，隶宣徽院。元世祖至元九年（1272）设使二员，一兼通事。成宗大德元年（1297）增置使二员、副使二员，属中书省。

客省局　官署名。辽朝置。北面官，掌接伴使者见辞等事。天显二年（927），太宗即位，“阅旗鼓、客省诸局官属”。

客省局使　官名。辽朝置。北面官，客省局长官。详见“客省局”。

客省局副使　官名。辽朝置。北面官。客省局副长官。详见“客省局”。

客省使　官名。唐代宗时始置，主客省，接待四方奏计及外族使者。五代沿置。宋初用为横行武官阶，太祖乾德二年（964）定为视三品。神宗元丰（1078—1085）改制，置为职事官，员二人，从五品，为客省长官，掌契丹、高丽国信使见辞宴赐及四方进奉、朝觐之事。徽宗政和二年（1112）改武臣官名，更名中亮大夫，为武臣阶官，另置知客省二人掌客省之事。辽、金仍置为职事官。金正五品，掌接伴使者见、辞之事。元世祖至元九年（1272）置二人，一人兼通事。成宗大德元年（1297）增置二人，正五品，属中书省，掌直省舍人、宣使等官选举、差遣之事。

客省副使　官名。唐代宗时始置，为客省副长官。五代沿置。宋初用为横行武官阶，不领本职。太祖乾德二年（964）定为视六品。神宗元丰（1078—1085）改制，始为职事官，员二人，从七品，佐客省使掌契丹、高丽国信使见辞宴赐及四方进奉、朝觐之事。徽宗政和二年（1112）改武臣官名，更名中亮郎，为武臣阶官。辽、金仍置为职事官。金从六品，与客省使共掌接伴使者见、辞之事。元成宗大德元年（1297）置二人，正六品，佐客省使掌直省舍人、宣使等官选举、差遣之事。

客将军　官名。战国魏置。对别国人在本国任将军职务者以客礼相待，故称。《战国策·赵策三》：“魏王使客将军新垣衍间入邯郸。”鲍彪注：“称客，则衍他国人仕魏也。”

客卿　❶官名。战国秦、齐、燕、赵等国皆置。以别国人担任，位为卿，以客礼相待，故名。《战国策·秦策三》：“秦昭王召见（蔡泽），与语，大说之，拜为客卿。”《史记·苏秦列传》：“齐宣王以（苏秦）为客卿。”《乐毅列传》：“燕、赵以（乐毅）为客卿。”❷唐朝鸿胪卿别称。鸿胪卿主管客宾及凶仪事，故名。洪迈《容斋四笔》卷十五《官称别名》：“唐人好以它名标榜官称”，“（以）鸿胪卿为客卿、睡卿”。

客曹　官署名。西汉置，主外国及周边少数民族事务，设尚书为长官，隶尚书署。东汉分置南主客曹、北主客曹，隶尚书台。三国魏、西晋初复置，后罢。

客曹尚书　官名。西汉置为尚书客曹长官，秩六百石。东汉分为南主客曹，北主客曹，各置尚书。三国魏、西晋初复置，三品，后罢。

客曹参军　官名。麹氏高昌国郡级官署客曹长官。

客馆令　官名。三国魏由大行令改名，掌接待四方宾客，管理诸郡设在京城的客邸。七品。隶大鸿胪。南齐亦置。

突骑将军　官名。南朝梁置。武帝天监七年（508）定为武职二十四班中的第十一班，与电威将军同班；

普通六年（525）定制后班阶稍降，列武职三十四班中的十二班。陈沿置，拟七品，比秩六百石。

穿红近侍　官名。明朝宦官名目。参见“衙前近侍”。

咨　文书名。即咨文。

咨文　文书名。清朝高级官衙间相互行文时使用的平行文书。如在京部院衙门之间、各部院与各省总督、巡抚、将军、都统之间、总督与巡抚之间等相互行文时均用之，文武衙门之间，如督抚与提督，巡抚、司道与总兵，布按二司与参将、游击间相互行文亦用之。

咨议　官名。❶麴氏高昌国所置官。❷咨议参军省称。

咨议局　官署名。清末各省准地方议会机构，光绪三十三年（1907）令设，宣统元年（1909）经选举成立。每省一所（新疆未及成立），设于督抚所驻之地。掌议决本省兴革事件，岁出入预决算、税法、公债等事，以及申复督抚咨询事件。其议案，督抚有裁夺施行之权。置议长一人，副议长二人，常驻议员及议员若干人。分常年会与临时会，前者会期四十日，后者会期二十日。

咨议局议长　官名。清末各省咨议局长官，宣统元年（1909）置。每局一人，由该局议员选举产生，任期三年。掌总理全局事务。

咨议局议员　官名。清末各省咨议局成员，宣统元年（1909）依《各省咨议局章程》，采复选制产生。数额按各省取进学额百分之五并参酌漕粮数确定，多者一百四十人，少者三十人。掌参与咨议局职权内议案的提出、讨论与表决。

咨议局副议长　官名。清末各省咨议局副长官，宣统三年（1909）置。每局一或二人，由本局议员选举产生，任期三年。掌协理全局事务，议长有事故时，得代行其职权。

咨议局常驻议员　官名。清末各省咨议局议员之一种，宣统元年（1909）置。由本局议员按十分之二比例互选，任期一年。除行使一般议员权力外，得常川到局办事，协助议长、副议长处理会期外有关咨询、人民陈述等事宜。

咨议所　官署名。明洪武二十八年（1395）于靖江王府置，设咨议、记室、教授各一人。成祖即位，改置为长史司，置官与诸王府长史司同。

咨议官　官名。明太祖洪武三年（1370）于各王府置，九年罢。二十八年，于靖江府置咨议所，再置咨议一人。成祖即位，改咨议所为长史司，遂罢。清末陆军部亦置。光绪三十二年（1906）改兵部为陆军部，分属承政、参议两厅。每厅均设一、二、三等咨议官，无定员。宣统二年（1910）省。

咨呈　文书名。清朝官府之间对地位略尊而无统属关系衙门行文时使用的一种文书。如京中各部院行文宗人府，顺天府行文六部、都察院，各寺、监、局行文六部，各驻防将军、督抚行文军机处，司道行文提督，府厅州县行文总兵等均用之。

咨议参军　官名。西晋末司马睿镇东大将军丞相府始置为僚属，掌顾问谏议，员二人。东晋、南朝王府丞相府、公府、位从公府、州军府皆有置者，但无定员，亦不常置，职掌不定。其位甚尊，在列曹参军上，州所置者常带大郡太守，且有越次行府州事者。梁自九班至六班，陈自五品至七品，皆依府主地位而定。北魏、北齐、隋、唐多称咨议参军事，参见该条。北宋太宗太平兴国八年（983）诸王府置，以常参官充任，掌赞导之事，其后不常置。元朝废。

咨议参军事　官名。北魏皇子府、王府、公府、将军府、州府僚属，孝文帝太和二十三年（499）定为正四品至正六品上。州府所置者位次长史、司马，高于诸曹参军。初置多员，宣武帝永平二年（509）省并为一员。北齐三师、二大、三公府置，三公府所置者从四品上。隋朝亲王府置，正五品上，上柱国、嗣王、郡王、柱国府置，视从六品。唐朝亲王府置，正五品上，掌参谋议事。常简称为“咨议参军”。

咨报　官府文书名。又作咨报。唐末、五代及宋朝，翰林学士院有事通知三省及枢密院则用之，而不用申状。

染人　官名。《周礼》天官之属，一说为周朝置，掌理染治丝帛。《周礼·天官》：“染人，下士二人，府二人，史二人，徒二十人”，“掌染丝帛。凡染，春暴练，夏纁玄，秋染夏，冬献功。掌凡染事”。

染工上士　官名。西魏恭帝三年（556）仿《周礼》染人置，员一人，正三命。下设染工中士以佐其职。隋文帝开皇元年（581）罢。参见“染人”。

染工中士　官名。西魏、北周天官府太府中大夫梁工上士佐官，正二命。

染坊使　使职名。唐穆宗长庆四年（824）已置，因张韶于染坊强役民夫，染坊使田晟、段政直被流放。

染局丞　官名。北齐置，掌后宫染织。以宦者担任。隶长秋寺奚官署。

染坊　官署名。宋朝初年置，属少府监。太宗太平兴国三年（978），改为东、西染院。参见“染院”。

染院　官署名。北宋太宗太平兴国三年（978），改染坊置，分东、西二院，隶少府监，掌染丝枲币帛。真宗咸平六年（1003），并为一院。以京朝官、诸司使副或内侍一人为监官，三班使臣一人为监门官。

染院使　官名。北宋太宗太平兴国三年（978）置，分东、西二使，属西班诸司使。多不领本职。仅为武臣迁转之阶。真宗咸平元年（998）定为同六品，神宗元丰（1078—1085）改制改正七品。徽宗政和二年（1112）重定武臣阶官名，改武义大夫。

染院副使　官名。北宋太宗太平兴国三年（978）

置，分东、西二使，属西班诸司使。多不领本职，仅为武臣迁转之阶。真宗咸平元年（998）定为同七品，神宗元丰（1078—1085）改制改从七品。徽宗政和二年（1112）重定武臣阶官名，改武义郎。

染署　官署名。南朝宋顺帝时因避讳改平准置。南齐复旧名。参见“平准令”。

染署令　官名。南朝梁、陈置。有丞，隶少府卿。

染署丞　官名。南朝梁、陈置。参见“染署令”。

差车　官名。春秋时齐国置，掌理车驾之官。《左传·哀公六年》：“其臣差车鲍点。”杜预注：“差车，主车之官。”

差次　官爵尊卑的等级班次。《史记·商君列传》：“明尊卑爵秩等级，各以差次。”裴骃《集解》：“谓各随其家爵秩之班次。”

差次案　官署名。南宋刑部都官司所属机构，分掌有关事务。

差事　清朝对在非正式官缺内任职的称呼。凡在额定官署编制以外之机构任职，如总办、提调等，以及临时奉差委办某事之官员，其职务均称差事。

差使　宋朝以禁军剩员供中、高级官员宣借役使，称为差使。参见“差使剩员所”。

差使剩员所　官署名。北宋神宗熙宁（1068—1077）中置，掌拘辖诸军剩员，以供宣借役使。初以提点仓草场官勾当，后命步军司兼领。哲宗元符元年（1098），置为步军司差使剩员所，以文臣升朝官二人管勾，隶兵部。

差委　❶清朝吏部之铨选制度。乃任用官员方法之一。由皇帝钦派称差，由各衙门堂官及各省督抚等所派称委。凡学政等限年期满更换之差，均请旨简派，各衙门所属无额缺官员，均由本堂官派委。❷差委侍卫章京之简称。

差委侍卫章京　官名。简称差委。清朝神机营总理营务处之职官，额设七十四人，位学习翼长之后。掌管马步全队操练事务。

差摄　见“摄官”。

差遣　官制用语。宋朝任官制度，有官、职、差遣之别。宋初，分命朝臣领内外之事，三省六部及诸寺监正官皆阙而不除，止为代表官位、俸禄等级的寄禄官，遂有官与差遣之别。北宋前期，枢密使、三司使、判省事、判部事、判寺事、判监事、知谏院、知审官院、知审刑院及转运使、提点刑狱、知州、通判、知县等，皆属差遣，即指官员所任实际职务。神宗元丰（1078—1085）改制后，三省六部、诸寺监官复为差遣。两宋时期，唯以差遣为资序。职指馆职、贴职，为一种加官。

差遣院　官署名。即京朝官差遣院。北宋太宗太平兴国六年（981）置，掌少卿监以下京朝官考课、注拟差遣之事。淳化四年（993）罢，以其事归审官院。

美人　妃嫔封号。西汉置，视二千石，比少上造。东汉亦置，无爵秩，岁时赏赐充给而已。汉末魏置为第五等内官。三国魏明帝太和（227—233）中定比视二千石。晋武帝重定内官，位三夫人九嫔之下，爵视千石以下。十六国前凉、后赵并置，前赵品位视男，无定员。南朝宋明帝泰始三年（467）置，位九嫔五职之下，为散役。齐沿置。陈文帝天嘉（560—566）初亦置，无定员。北魏孝文帝置，位视三品。隋、唐置，位在婕妤之下，正四品。玄宗开元（713—741）中，升正三品，掌率女官修祭祀、宾客之事。金朝同唐制。明初未立九嫔之名，于后妃以下置，与婕妤、昭仪、贵人等同为诸嫔名号。

美国股　官署名。清末总理各国事务衙门所属之机构，同治三年（1864）设。掌管对美利坚、德意志、秘鲁、意大利、瑞典、挪威、比利时、丹麦、葡萄牙等国交涉事务。光绪二十七年（1901）并入外务部。

美凌厄真　即梅勒额真。

美凌章京　即梅勒章京。

类省试　宋朝贡举考试名。简称类试。南宋高宗建炎元年（1127），因战乱举人难赴省试，遂命各路提刑司选官于转运司所在州府举行类省试，每十四人取一。绍兴五年（1135），恢复省试，唯四川仍行类试。七年，由宣抚司移试于制置司。类省试合格者，直接参加殿试。

送故　官制用语。晋、南朝时期，地方长官卸任后，由所在州、郡、县拨付一定数量钱物（如南朝齐时永嘉郡一般为二十余万），并派遣官员和兵士护送的制度。一般送至新任所、京师或家乡。亦用以指护送官员、兵士或赠给卸任官员的钱物。护送官员返回后即另行安排，兵士则多为被送官员长期扣留役使。

送故主簿　官名。南朝置，州郡属官。职掌伴送离任长官至其他任所或京师，多由长官亲信担任。

送伴使　见“馆伴使”。

送伴副使　官名。北宋真宗时始置，掌接待契丹使者。

迷儿军万户　官名。元朝置，迷儿军万户府长官之一。参见“迷儿军万户府”。

迷儿军万户府　官署名。元朝置，乌思藏十三万户之一，隶乌思藏宣慰司，又译必里公（今译止贡）万户，治所在今西藏拉萨市墨竹贡卡县东北止贡地方。置达鲁花赤、万户各一员。

逆出使人　官名。即出入使人。

逆命　❶接受委命。《仪礼·聘礼》：“众介皆逆命，不辞。”郑玄注：“逆，犹受也。”❷拒受君命。《左传·昭公四年》：“庆封唯逆命。”

诫　官府文告。《荀子·强国》：“发诫布令而敌退，是主威也。”

语书　秦朝的一种法律文书。《睡虎地秦墓竹简》保存有南郡守腾发布之文告，原简题为语书。内容为告诫吏民守法，宣布官吏良、恶标准，颁行于南郡地区。

诰命　❶皇帝发布的命令。❷明清专指皇帝封赠官员及其曾祖父母、祖父母、父母、妻的命令，又称官诰。凡官员应予封典，依其品秩以给五品以上者。五品以下称敕命。官员革职，追夺所领诰敕。❸诰命夫人的俗称。亦泛指受封的妇女。

诰轴　文书名。即诰命之俗称。

诰敕房　明清内阁所属之办事机构。明宣德（1426—1435）间置。始选能书者于内阁之西小房办事，称西制敕房。诸学士掌诰敕者居阁东，具稿付中书缮进，称东诰敕房。正统后，学士不能视诰敕，内阁悉委于中书等官，于是内阁又有东诰敕房，设中书舍人，掌书办文官诰敕，翻译敕书及外国文书、揭帖、兵部纪功、勘合底簿。清康熙十年（1671）沿置，由汉本房兼辖，遇办理诰敕，由大学士于汉侍读、中书内添派管理，无定员。额设供事四人。掌理核校颁发诰敕之事。宣统三年（1911）裁。

诰敕房中书舍人　官名。明正统（1436—1449）中，选书法优良之中书舍人于内阁东小房办公，专掌书办文官诰敕，翻译敕书，并外国文书、揭帖，兵部纪功、勘合底簿。故称其办公处为东诰敕房，中书舍人曰内阁诰敕房中书舍人，简称诰敕房舍人，以别于中书科之中书舍人，仍从七品，无定员。

诰敕科　清朝兵部武选清吏司所属之办事机构。额设经承二人。

说帖　❶旧时文书名，指简帖。犹建议书，意见书。❷清后期对外交照会之俗称。林则徐《会谕义律分别准驳事宜》："本大臣、本部堂查阅此次说帖，尚不及前次之明白。"

诵训　官名。《周礼》地官之属，一说为周朝置，掌四方习俗民间掌故以诏告君王。《周礼·地官》："诵训，中士二人，下士四人，史二人，徒八人"，"掌道方志以诏观事，掌道方慝以诏辟忌，以知地俗。王巡守则夹王车"。

诵训下士　官名。西魏、北周地官府师氏中大夫诵训中士佐官，正一命。

诵训中士　官名。西魏恭帝三年（556）仿《周礼》诵训置，北周沿置。地官府师氏中大夫属官，正二命。下设诵训下士以佐其职。隋文帝开皇元年（581）罢。参见"诵训"。

祐国营缮都司　官署名，元朝置。文宗天历元年（1328）立万圣祐国营缮提点所。三年，改为营缮都司，秩正四品，隶隆禧总管府下，置达鲁花赤、司令、大使、副使各一员。

神士下士　官名。西魏、北周春官府太祝下大夫神士中士佐官，正一命。

神士中士　官名。西魏恭帝三年（556）置，北周沿置。春官府太祝下大夫属官，掌三辰之法，以布祭于神鬼，正二命。下设神士下士以佐其职。隋文帝开皇元年（581）罢。

神于越　辽天祚皇帝败走乌古敌烈部，谟葛失来迎，率部人防卫，天祚帝封其为神于越。

神木厂　官署名。明朝工部营缮司所属五大厂之一，永乐（1403—1424）中置。掌存贮北京建造宫殿所剩木料。

神仓下士　官名。西魏、北周地官府司仓下大夫神仓中士佐官，正一命。

神仓中士　官名。西魏恭帝三年（556）置，北周沿置。地官府司仓下大夫属官，掌皇帝所耕耤田收获的谷物，供大祭祀之用。正二命。下设神仓下士以佐其职。隋文帝开皇元年（581）罢。

神仕　官名。《周礼》春官之属，一说为周朝置，掌鬼神地示之事。《周礼·春官》："神仕者无数，以其艺为之贵贱之等"，"掌三辰之法，以犹鬼神示之居，辨其名物。以冬日至致天神人鬼，以夏日至致地示物鬽。以国之凶荒，民之札丧"。郑玄注："男巫之俊，有学问才智者。"

神乐观　官署名。明清太常寺所属机构。明洪武中置，设提点、知观。顺治元年（1644）沿置，设汉提点一人，左、右知观各一人，协律郎五人，司乐二十六人。掌管郊庙祠祭奏乐事务。乾隆七年（1742）兼隶乐部，其官吏任免仍归太常寺。八年（1743）改称神乐所。

神乐观右知观　官名。参见"神乐观左知观"。

神乐观左知观　官名。清朝太常寺神乐观之属官。顺治元年（1644）设，左、右各一人，正八品。乾隆七年（1742）兼隶乐部，八年裁。

神乐观提点　官名。清朝太常寺神乐观之主官，掌观事。顺治元年（1644）设，一人，正六品。乾隆七年（1742）改隶乐部。八年裁。

神乐所　官署名。清朝乐部所属之机构，掌郊庙祠祭奏乐之事。乾隆八年（1743）改神乐观置。设知所为主官，下设提点、协律郎、司乐等官。十九年，改称神乐署。

神乐所知所　官名。清朝乐部神乐所之主官。乾隆八年（1743）改神乐观知观设，一人，正八品。掌所事。十九年（1754）裁。

神乐署　清朝乐部所属之机构。掌管郊庙祠祭奏乐事务。乾隆十九年（1754）改神乐所置，设署正，署丞为长官。下设协律郎五人，司乐二十五人，乐生一百八十人，舞生三百人。宣统三年（1911）并入典礼院。

神乐署右署丞　官名。参见"神乐署左署丞"。

神乐署左署丞　官名。清朝乐部神乐署之副长官，佐署正掌署事。乾隆十九年（1754）改神乐所左、右知观设，左、右各一人，汉员，从八品。

神乐署署正　官名。清朝乐部神乐署之主官，掌署事。乾隆十九年（1754）改神乐所提点设，一人，汉员，正六品。宣统三年（1911）改隶典礼院。

神机营　❶明朝京营三大营之一。永乐二十二年（1424）置，掌操演火器及随驾护卫马队官军。设提督内臣一、武臣二、掌号头官二。下设中军，左、右哨，左、右掖等五军，分别由管哨、掖官等统之。

❷清朝八旗禁卫部队。咸丰十一年（1861）建，选前锋、护军、步军、火器、健锐诸营精捷者组成。掌皇城及三海墙外守卫，并担任皇帝扈从警卫。置掌印管理大臣一人，管理大臣无员额，共掌营之政务。下设总理全营事务翼长三人，督理队伍。以下有马、步队二十五营，分别由专操管带及帮操等官掌各营训练事。总营内部设有文案、营务、印务、粮饷、核对、稿案六处及军火局、军器库、枪炮厂、机器局共十个机构，分别设翼长、管带等员，分司各职。

神机营专操管带　见“专操管带”。

神机营掌印管理大臣　官名。清朝统领神机营之最高长官。咸丰十一年（1861）置，一人，由王公大臣内特简。总掌神机营之政令。

神机营管理大臣　官名。清朝神机营之长官。咸丰十一年（1861）置，无定员，由王、公、领侍卫内大臣、都统、前锋统领、护军统领、副都统内特简。协助掌印管理大臣掌神机营之政令。

神农　官名。春秋战国置，掌农事之官。《吕氏春秋·季夏》：“水潦盛昌，命神农将巡。”高诱注：“昔炎帝神农能殖嘉谷，神而化之，号为神农。后世因名其官为神农。”

神枢营　军事编制。明嘉靖二十九年（1550）复置京军三大营，改原景泰（1450—1456）前三千营而置。设提督、坐营官、大号头官及监枪号头官、中军官、千总、选锋把总、把总等十营，各以副将、参将、游击将军、佐击将军、练勇将军等十员分领。

神使　官名。太平天国后期增设之朝上职官。天历庚申十年（1860）始设，位高于六部官，以天王最亲信者为之。职掌未详。

神牲所　官署名。明洪武三年（1370）置，隶太常司，掌祭祀用牲之事，次年革。设官不详。洪熙元年（1425）改置牺牲所。

神将　官名。太平天国后期增设之朝上职官。天历庚申十年（1860）始设，位高于神使。系衔另冠以二字，如忠鲰神将，但多数无特号或数字。受封者仅十余人。

神宫内使监　官署名。明初内廷宦官衙门。洪武十年（1377）始置，设监令，正五品；丞，从五品；司香奉御，正七品；典簿，从九品。掌太庙等各庙洒扫、香灯之事。十七年改名神宫监，所设官亦改。

神宫监　官署名。明朝宦官二十四衙门之一。洪武十年（1377）置神宫内使监，十七年改神宫监，改令一人，正七品；丞一人，从七品；奉御一人，正八品。后再改置掌印太监一人，佥书、掌司无定员。掌太庙各庙洒扫、香灯等事。

神部长　官名。北魏置，尚书神部曹次官，佐尚书掌祭祀之事。《魏书·奚斤传》：“（奚买奴）有宠于显祖，官至神部长。”一说即祠部长之别称。职掌参见“祠部”。

神部令　官名。北魏置。《魏书·辛绍先传》：“（绍先）自中书博士，转神部令。”一说即祠部令之别称。职掌参见“祠部”。

神部尚书　官名。北魏置，尚书省神部曹长官，掌祭祀事务。《魏书·礼志三》：“高祖荐酌，神部尚书王谌赞祝讫，哭拜遂出。”一说为祠部尚书之异称。参见“祠部尚书”。

神厨院　官署名。唐朝太常寺四院之一，掌藏大享所用，廪食及器具。

神策军节度使　官名。唐肃宗上元二年（761），以北衙军使卫伯玉充任，击史朝义于陕州。又以陕州节度使郭英兼任。代宗宝应元年（762）郭英入朝，神策军遂统于观军容使，不再置节度使。参见“节度使”。

神策军护军中护　官名合称。即左、右神策军护军中尉、中护军。详见各条。

祝　官名。❶殷朝始置。掌宗庙祭祀祷告之赞词。《殷虚文字甲编》第三九一六片：“贞叀祖丁祝用，王受年。丁丑卜，犾贞其求年于河，叀祖丁祝用。贞叀祝用。”西周时又置大祝，为众祝之长。《申簋铭》：“王命尹册命申，更乃祖考胥大祝，官司丰人及九戏祝。”春秋战国沿置。《国语·楚语下》：“从其时享，虔其宗、祝。”韦昭注：“宗，主祭祀。祝，主祝祈。”《周礼·春官》有大祝、小祝等职官。❷掌诅盟载书之官。春秋宋、战国三晋置。《左传·哀公二十六年》：“使祝为载书”，“将盟之，祝襄以载书告皇非我”。《周礼·春官》有诅祝，掌盟诅之载辞。

祝史　官名。春秋战国置，掌祀礼仪司告鬼神。《左传·昭公二十年》：“吾事鬼神丰，于先君有加矣。今君疾病，为诸侯忧，是祝史之罪也。”隋朝初，于太常寺置太祝署，置十六人，炀帝时废署，以其直隶太常寺。唐初置十二人，后减至六人，为流外官；又，五岳四渎亦置。

祝版案　官署名。宋朝秘书省所属机构，掌祭祠所用祝文版。

祝宗　官名。春秋战国晋、齐等国置，掌祭祀祈祷。《左传·成公十七年》：“晋范文子反自鄢陵，使其祝宗祈死。”杜预注：“祝宗，主祭祀祈祷者。”《管子·五行》：“天子出令，命祝宗选禽兽之禁，五谷之先熟者，而荐之祖庙与五祀。”

祝宗人　官名。春秋战国置，掌宗庙祭祀祝祷。《庄子·外篇·达生》：“祝宗人玄端以临牢筴。”

祝宰　官名。春秋战国置，主管祭祀牺牲的供应。《淮南子·诠言训》：“守官者如祝宰，尸虽能剥狗烧彘，弗为也，弗能无亏，俎豆之列次，黍稷之先后，虽知弗教也，弗能害也。”

祝册　周朝祭祀时由史官宣读的祝祷文告。《尚书·周书·洛诰》：“王命作册逸祝册。”

祇应司　辽、金、元官署名。辽代有皇太后、皇太妃、皇后、近位、皇太子、亲王等祇应司，职掌不详。金代属工部，掌给宫中诸色工作。设提点、令丞、直长、收支库都监、同监等官。提点、令、丞领司事，秩从五品、从六品、从七品。直长正八品。收支库都监、同监置于章宗泰和元年（1201）。元代隶大都留守司，秩从五品，设于世祖中统年间（1260—1263）。领油漆、画、销金、裱褙、烧红等局工匠七百户。置大使、副使各一员。

祇候 ❶官名。宋朝内侍省、入内内侍省有祇候小内品、祇候内品、祇候高品、祇候高班内品、祇候黄门、祇候殿头、祇候殿直、祇候侍禁等官；閤门又有閤门祇候。❷元朝公使人。各级衙门均置，随侍长官左右，听候使唤。上等县设十二名，其他衙门多少不等。于税粮二石之下一石之上的民户中选充，应纳税粮由其他人户代纳。

祇候小内品 官名。宋朝入内内侍省宦官，位在贴祇候内品上、祇候内品下。

祇候内品 官名。宋朝入内内侍省、内侍省宦官，位在祇候高班内品下。

祇候库 官署名。宋朝太府寺所属机构，掌收受钱帛、器皿、什物、衣服、巾带、茶菽，以备皇帝殿庭赏赐和诏令颁赐。设监官三人，以诸司使、诸司副使和内侍充任。

祇候典 宋朝诸州役职名。又称知后典。掌受付州县之间往来文书。

祇候侍禁 见“祇候殿头”。

祇候郎君 官名。辽朝置，北面官，属著帐郎君院祇候郎君班详稳司。掌御前祇应事，多由内族、外戚及世官之家子弟充任。

祇候郎君班详稳司 官署名。辽朝置，北面官，属著帐郎君院。统领祇候郎君。下辖左、右祇候郎君班详稳司。置详稳、直长、闸撒狘、拽剌等职。

祇候班 官名统称。宋朝入内内侍省、内侍省置。隶入内内侍省者，包括北班内品、后苑散内品、后苑勾当事内品、后苑内品、把门内品、入内内品、贴祇候内品、祇候小内品、祇候内品、祇候高班内品、祇候高品、祇候殿头十二阶。隶内侍省者，包括后苑散内品、散内品、北班内品、后苑勾当事内品、把门内品、后苑内品（与把门内品同为一阶）、内品、贴祇候内品、祇候内品、祇候高班内品、祇候高品十阶。多系责降或责降人保引者。

祇候高品 宦官名。宋朝入内内侍省及内侍省置，徽宗政和二年（1112）改名祇候殿直。

祇候高班内品 宦官名。宋朝入内内侍省及内侍省置，位在祇候高品下。徽宗政和二年（1112），改名祇候黄门内品。

祇候黄门内品 见“祇候高班内品”。

祇候殿头 宦官名。宋朝入内内侍省置，位在祇候高品上，为祇候班最高一阶。徽宗政和二年（1112），改名祇候侍禁。

祇候殿直 官名。西夏置，内侍阶官。西夏中期惠宗时有此官职，多以党项人领其职。

祠祀长 官名。秦置，属詹事。入汉因之，成帝鸿嘉三年（前18）詹事省，遂并属大长秋。主皇后宫祠祀。又，汉朝诸侯王国亦置，秩比四百石，职掌同。

祠祀令 官名。❶西汉太常属官。景帝中六年（前144）更名太祝令置。武帝太初元年（前104）又改为庙祀令。职掌祠祀事宜。❷西汉詹事属官。成帝鸿嘉三年（前18）詹事官省，并属大长秋。❸东汉少府属官。员一人，秩六百石，掌宫中小祠祀。有丞一人。

祠祀丞 官名。秦置，属詹事。汉因之，为祠祀令副贰，掌皇后宫祠祀。成帝鸿嘉三年（前18）詹事省，遂并属大长秋。

祠官 宋朝宫观官俗称。

祠部 ❶官署名。尚书省诸曹之一。东晋、南朝掌宗庙祭祀礼乐制度，领祠部、仪曹二郎曹。长官为尚书，然不常授，如缺则由尚书右仆射兼领。北魏不常置，或设神部、仪曹、礼部等尚书领祭祀礼仪事。北齐为尚书省六曹之一，掌宗庙祭祀、少数民族、疆域地图、田猎、屯田、土木工程之政令，领祠部、主客、虞曹、屯田、起部五郎曹，仪曹则转属殿中尚书。其长官尚书或缺，则以尚书右仆射兼领。隋朝改名“礼部”。❷官署名。魏晋南北朝为尚书省诸郎曹之一。设郎（郎中、侍郎）为长官，隶祠部尚书，其官如缺，则隶尚书右仆射。职掌参议、制定郊祀宗庙吉凶礼仪制度，唯北齐专掌祠祀医药、死丧赠赐，吉凶礼制归仪曹。隋朝改称祠部司，隶礼部。历代因之。初设侍郎、员外郎为长贰，炀帝改置郎、承务郎。唐朝以郎中、员外郎为长贰，遂成定制。掌祠祀、享祭、天文、漏刻、国忌、庙讳、卜祝、医药及僧尼簿籍之政。高宗龙朔二年（662）改名司禋，咸亨元年（670）复旧，玄宗天宝十一载（752）再改司禋（一说改职祠），肃宗至德二载（757）再复。当时或置祠祭使掌其职事，以他官兼领。五代因之。北宋前期设判部事一人，以无职事朝官充任，主管祠祭、国忌、休假日期，掌僧尼、道士、女冠、童行名籍，颁发度牒。神宗元丰（1078—1085）改制后，设郎中、员外郎各一员为长贰，掌全国祀典、道释、祠庙、医药之政令，兼领医官磨勘、医生试补等事。哲宗元祐（1086—1094）中，省一员郎官。南宋高宗建炎三年（1129），兼领膳部。孝宗隆兴（1163—1164）以后省并。明初复置，为礼部四属部之一，设郎中、员外郎，太祖洪武二十九年（1396）改名祠祭清吏司。❸礼部司官的别称。

祠部长史 官名。麹氏高昌国祠部长官，职掌同尚书。参见“祠部”。

祠部司马 官名。麹氏高昌国祠部次官，协助祠部长史处理本部事务。如被派遣至诸城相监检校，则称城令。

祠部员外郎 礼部祠部司次官。隋文帝开皇六年（586）始置，炀帝大业三年（607）改置承务郎。唐高祖武德三年（620）复旧，员一人，从六品上。高宗、玄宗时曾两次随本司改名司禋员外郎（一说玄宗时改名职祠员外郎），寻各复旧。五代因之。北宋前期为六品寄禄官，不预司务，神宗元丰（1078—1085）改制后，始为职事官，正七品。南宋孝宗时省并。明初复置，正六品，太祖洪武十三年（1380）升从五品，二十九年改“祠祭清吏司员外郎”。参见“祠部”。

祠部尚书　官名。东晋始置，南北朝沿置。北魏或称仪曹、祠曹、神部尚书，职掌略同。掌尚书省祠部曹。东晋、南朝领祠部、仪曹二曹郎。北齐领祠部、主客、虞曹、屯田、起部五曹郎。与尚书右仆射不并置。阙祠部尚书时，以尚书右仆射兼摄祠部事；阙尚书右仆射时，亦常置祠部尚书兼掌右仆射事。隋改名礼部尚书。晋、宋、陈、北齐皆三品，梁十三班。

祠部侍郎　官名。两晋南北朝尚书祠部郎之资深勤能者可转侍郎。隋初置为礼部祠部司长官，正六品上，文帝开皇三年（583）升从五品。炀帝大业三年（607）改名祠部郎。

祠部郎　官名。魏晋南北朝为尚书祠部曹长官通称，亦称祠部郎中，资深勤能者可转侍郎。多以明礼通儒充任。魏、晋、宋六品，梁五班，陈四品、六百石，北魏孝文帝太和十七年（493）定郎中为五品上，郎从五品中，二十三年皆称郎中，六品，仍可通称为郎；北齐六品上。隋初改名祠部侍郎，隋炀帝大业三年（607）改祠部侍郎为此名，为礼部祠部司长官，从五品。唐改名祠部郎中。参见“祠部”。

祠部郎中　官名。魏晋南北朝与祠部郎互称，为尚书省祠部曹长官。唐高祖武德三年（620）定置为礼部祠部司长官，从五品上。高宗龙朔二年（662）改名司禋大夫，咸亨元年（670）复旧，玄宗天宝十一载（752）改名司禋郎中（一说改职祠郎中），肃宗至德二载（757）复旧。自天宝六载至至德三载，常以他官充祠祭使，主持本司事务。五代因之。北宋前期为五品寄禄官，不预司务，神宗元丰（1078—1085）改制后，始为职事官，从六品。南宋初或兼领膳部，孝宗后省并。明初复置，正五品，太祖洪武二十九年（1396）改名“祠祭清吏司郎中”。参见“祠部”、“祠部郎”。

祠部郎官　祠部郎中、员外郎通称。

祠部牒　即度牒。

祠曹尚书　官名。北魏前期置，为尚书省祠曹长官，掌礼仪祭祀宗庙。《魏书·外戚传上》：“（常）喜，镇东大将军、祠曹尚书、带方公。”

祠祭司　官署名。即祠祭清吏司。

祠祭司员外郎　官名。即祠祭清吏司员外郎。

祠祭司郎中　官名。即祠祭清吏司郎中。

祠祭使　使职名。唐玄宗开元二十五年（737）置，王屿以侍御史领之，掌祭祀，监察诸色祭官。

祠祭案　官署名。宋朝太常寺所属机构，掌大中小祠祀差行事官及酒齐、币帛、蜡烛、礼料。

祠祭清吏司　官署名。简称祠祭司，明清礼部四司之一，明洪武二十九年（1396）改祠部置。设郎中一人，员外郎一人，主事二人。洪熙元年（1425），南京礼部亦置，设官略同。掌理诸项祀典及天文、国恤、庙讳之事。清顺治元年（1644）沿置。设郎中二人，满、汉各一人；员外郎五人，满洲三人，蒙古、汉各一人；主事二人，满、汉各一人及笔帖式、经承等吏员。掌吉礼、凶礼之事，并兼司僧、道、医学、阴阳学官升用等事。所属有祭祀科、僧道科、时宪科、火房等机构办理本司事务。宣统三年（1911）改隶典礼院。

祠祭清吏司员外郎　官名。简称祠祭司员外郎，明清礼部祠祭清吏司之副长官。佐郎中掌司事。明洪武二十九年（1396）改祠部员外郎设，一人，从五品。清顺治元年（1644）沿设，汉员外郎一人。七年（1650）增设满洲员外郎。后增至五人，满洲三人，蒙古、汉各一人。

祠祭清吏司郎中　官名。简称祠祭司郎中，明清礼部祠祭清吏司之主官，掌司事。明洪武二十九年（1396）改祠部郎中设，一人。南京礼部祠祭清吏司亦设一人，皆正五品。清顺治元年（1644）沿设，汉郎中一人。七年增设满洲郎中一人。

祠祭署　官署名。❶明清太常寺所属办事机构。掌各坛庙祭祀事宜。明朝天坛、地坛、先农坛、朝日坛、夕月坛、帝王庙等各署均置奉祀一人，祀丞二人。清朝由太常寺汉寺丞总理，下设协律郎五人，赞礼十四人，司乐二十三人。各坛庙亦设奉祀、祀丞等官。❷清末典礼院所属机构。宣统三年（1911）设。掌坛、庙、陵寝、大事等典礼事项，恭拟山陵、园寝名号及神祇封号，备办典礼所需卤簿、仪仗、器具等。置署长一人，并佥事、录事等。

祠祭署署长　官名。清末典礼院属官，宣统三年（1911）设。一人，奏任。承掌院、副掌院之命总核本署事务。

祠祭署署令　官名。明洪武十年（1377）于各祠祭署置，一人，正七品，以宦官充任。二十四年改置奉祀，以流官充任，隶太常司（后改太常寺）。参见“祠祭署”。

冠军　官爵名号。《宋书·百官志上》：“楚怀王以宋义为卿子冠军，冠军之名，自此始也。”西汉霍去病曾被封为冠军侯。东汉末置有冠军将军，十六国后赵又置冠军大将军。

冠军大将军　官名。十六国后赵置。《魏书·临渭氐苻健传》：“石虎平秦陇，表石勒拜（苻洪）冠军将军、泾阳伯，又徙之枋头。迁光烈将军，进爵为侯，稍迁冠军大将军，进封西平公。”前凉、后凉、西秦亦置，权任颇重，张天锡曾以冠军大将军辅政，乞伏炽磐以太子领此职，都督中外军事、录尚书事。唐太宗贞观十一年（637）置为正三品武散官，宋初沿置，正三品上阶。神宗元丰五年（1082）罢武散官，唯蕃兵蕃官仍带。

冠军使 官名。清朝銮仪卫之职官，顺治四年（1647）设。十一年定员十人，正三品。其中七员为掌印冠军使，分掌左、右、中、前、后、驯象六所及旗手卫（总称七所）之印。一员为“掌卫事冠军使”，专掌旗手卫之事务。另外二员在七所之外，为陪祀冠军使，负责祭祀时陪祀。

冠军将军 官名。东汉献帝建安（196—220）中置，三国魏、吴沿置。西晋时领有营兵。《晋书·汝南王亮传》：“征亮为侍中、抚军大将军，统冠军。步兵、射声，长水等营。”魏、晋皆三品。十六国后赵、前秦、后燕、南燕、西秦、北凉皆置。南、北朝置为将军名号，南朝宋定为三品；齐品秩不详，位在辅国将军上；梁武帝天监七年（508）罢，设五武将军代之，大通三年（529）复置，列武臣将军班内；陈定为拟四品，比秩中二千石。北魏孝文帝太和二十三年（499）定为从三品，北齐仍从三品，北周七命。隋初列为散号将军，从六品下，炀帝大业三年（607）罢。唐初复置，仍为散号将军，正三品，太宗贞观（627—649）中罢。

冠武将军 官名。南朝梁置。武帝天监七年（508）定为武职二十四班中的第十班，与折冲将军同班；普通六年（525）改为武职三十四班中的十一班。陈沿置，拟七品，比秩六百石。

冠威将军 十六国汉，后秦置，省称冠威。《晋书·刘聪载记》：“（刘聪）使冠威卜抽监守东官，禁（刘）朝贺。”

冠带闲住 任官制度。明朝对忤旨或有过官吏的处置，仍保留官籍及原官冠带居家闲住。

扁长 官名。春秋战国楚置。乡属扁一级行政机构的长官。《鹖冠子·王铁》：“四里为扁，扁为之长”，“扁长退修其里”，“扁不以时循行教诲，受闻不悉以告乡师，谓之乱扁，其罪扁长而贰其家”。

〔乛〕

弭妖下士 官名。西魏、北周秋官府田正下大夫弭妖中士佐官，正一命。

弭妖中士 官名。西魏恭帝三年（556）置，北周沿置。秋官府田正下大夫属官，正二命。下设弭妖下士以佐其职。隋文帝开皇元年（581）罢。

郡 战国行政区划。诸侯列国于边地设置郡一级行政机构。初时郡比县小，其后郡大于县。《鹖冠子·王铁》：“十县为郡，有大夫守焉。”《史记·韩世家》：“我上党郡守以上党郡降赵。”《秦始皇本纪》：“分天下为三十六郡，郡置守、尉、监。”直至隋唐，以郡辖县。

郡大夫 官名。战国楚置，掌一郡行政的长官。《鹖冠子·王铁》：“十县为郡，有大夫守焉”，“郡大夫不以时循行教诲，受闻虽实，有所遗脱，不悉以教柱国，谓之乱郡，其诛郡大夫无赦”。

郡王 爵名。隋朝始置，位在王下，从一品。唐定以封皇太子之子及异姓功臣，为九等爵第二等。从一品。唐五代后，分封甚滥。宋朝定为十二等爵第三等，位在嗣王下，国公上。辽亦置，有中山郡王、广平郡王等名目，均以封皇室子侄。金置，正一品，食邑五千户，实封五百户。并封广平郡王。末年为防御蒙古，曾封地方武装首领十人为郡王，合称十郡王。元沿置，改从一品。明朝为宗室封号，以封亲王嫡长子以外诸子。低于亲王一等。其府置官教授、舆膳各一人。清沿置，又称多罗郡王，并封予蒙古贵族，位在亲王下，贝勒上。

郡王宾友 官名。明朝建文（1399—1402）中于郡王府置，二人，以辅弼郡王。进见时，侍坐，称名而不称臣，郡王待之以宾师礼。永乐（1403—1424）初罢。

郡王福晋 见“福晋”。

郡夫人 命妇封号名。宋朝置，以封执政、东宫三太、文武二品、御史大夫、六尚书、两省侍郎、太常卿、留守、节度使、诸卫上将军、嗣王、郡王、国公、郡公、县公之妻。徽宗政和二年（1112），规定执政以上官之妻始得此封。

郡太夫人 命妇封号名。宋朝置，以封诸妃曾祖母、祖母、母，执政曾祖母、祖母、母及东宫三太至县公之母。

郡太君 命妇封号名。宋朝置，以封婕妤祖母、母，签书枢密院事曾祖母、祖母、母，三司使祖母、母，散骑常侍、太子宾客、御史中丞、尚书左右丞、侍郎、给事中、谏议大夫、中书舍人、卿、监等及团练使以上武臣之母。徽宗政和二年（1112）重定命妇封号，废。

郡长 官名。秦汉之际楚怀王改秦郡守为郡长。《汉书·高帝纪》：“（怀王）以沛公为砀郡长，封武安侯，将砀郡兵。”颜师古注引韦昭曰：“秦曰守，是时改曰长。”

郡公 爵名。魏晋始置，初定为公的一个等级，高于县公。其后各朝多置。晋武帝咸宁三年（277）定大、次、小王国制，规定郡公制如小国王。北魏道武帝天赐元年（404）赐郡公国臣吏，自五十人至百人不等，北周时定食邑自一千户至八千户不等。北朝时并有开国郡公，指最初得爵者，以别于袭封子弟。隋唐定开国郡公，九等爵第四等，隋为从一品，唐改正二品，食邑二千户。宋朝定为十二等封爵中第五等，位在国公下，开国公上。金置，分正、从二品，食邑二千户，实封二百户。元朝为从二品，只用于封赠。

郡文学 官名。汉朝于州郡及王国皆置文学，掌学校教育。《巴郡太守张纳碑》有文学主事掾史，文学掾史。

郡计 官名。《晋书·羊琇传》：“琇少举郡计。”即郡上计吏。参见“上计吏”。

郡正 官名。隋朝诸郡属员，位郡尉下、光初功曹上，视正九品。

郡功曹　官署名。汉朝指郡府所置功曹。其主者为功曹史（掾），也省称功曹，秩百石，总揆众务，职统诸曹，又握群吏升迁黜免之权，在郡守自辟属吏中地位最为尊显。参见“功曹”。

郡主　命妇封号。始见于晋。隋、唐用以封皇太子之女，视从一品。宋沿唐制。明、清用以封亲王之女。

郡主额驸　见“额驸”。

郡守　官名。始见于战国。初为武职，防守边郡，后渐演变为郡级行政机构，最高长官，省称守。秩二千石。西汉因之，景帝中二年（前148）更名太守。魏晋时也为郡太守代称。参见“太守”。宋朝以后郡改为府，知府亦称郡守。

郡丞　官名。秦汉郡置，为郡守（太守）副贰，佐郡守掌众事。边郡别有长史，掌兵马。秩六百石，由朝廷任命。东汉建武六年（后30），令郡太守病，丞、长史代行其事。后又罢边郡丞，以长史领郡职。三国魏、蜀、吴皆置，魏八品，亦称府丞。西晋亦置。东晋元帝大兴（319）罢。南朝宋复置。梁、陈沿置。西晋、南朝宋皆八品。梁制，郡丞十班。陈制，万户郡丞七品，万户以下郡丞八品，秩皆六百石。北朝北魏、北齐亦置。北齐时，清都郡丞从八品。唐朝废。

郡邸长　官名。秦置，属典客。入汉因之，初属少府，中属中尉，后属大鸿胪，有丞。主管诸郡设在京师之郡邸。东汉省，但令郎治之。

郡邸丞　官名。秦置，属典客。入汉因之，初属少府，中属中尉，后属大鸿胪。为郡邸长副贰，主诸郡设在京师之郡邸。东汉省，但令郎治之。

郡君　命妇封号。汉始置，以武帝封平原君为始。北魏、北齐、北周亦见，无定制，多封皇后之母，高官之母、妻或郡公之妻，间或有封宫婢者。北周武帝保定二年（562）定柱国以下，帅都督以上母妻，授太夫人、夫人、郡君、县君。隋唐定封四品官员之妻，其母为郡太君。不因夫、子得封者，称某品郡君。宋朝沿置，封签书枢密院事、三司使、常侍、宾客、中丞、左右丞、侍郎、翰林学士至龙图阁直学士、给事中、谏议大夫、中书舍人、卿、监、祭酒、詹事、诸王傅、大将军、都督、中都护、副都护、观察留后、观察使、防御使、团练使等官之妻，位在郡夫人下。徽宗政和二年（1112）罢。金置，封郡侯母妻。章宗承安二年（1197）改称郡侯夫人。元、明沿宋制，封皇室妇女。清朝为格格封授之第三等。贝勒嫡长女及亲王侧福晋之女得受此封。品级同贝子夫人。

郡君额驸　见“额驸”。

郡宗　官名。南朝梁武帝天监七年（508）置，为郡属官。《梁书·武帝纪》：“诏于州郡县置州望、郡宗、乡豪各一人，专掌搜荐。”

郡侯　❶爵名。晋、南朝为开国郡侯省称。金朝置为正、从三品爵，食邑一千户，实封一百户。元朝亦为正、从三品，但只用于封赠。❷一郡长官之尊称。《全唐诗》卷七〇一王贞白诗：“改贯永留乡党额，减租重感郡侯恩。”

郡将　郡守别称。汉朝因郡守（太守）兼领武事，故名。魏晋南朝沿称。宋朝以朝臣出知列郡，其结衔称知某州军事，郡邑武官，皆其所属，故亦有此称。

郡监　官名。秦置，掌监察一郡政务。《史记·秦始皇本纪》：“分天下为三十六郡，郡置守、尉、监。”

郡尉　官名。省称“尉”。秦始皇统一天下后分天下为三十六郡，郡置守、尉、监。郡尉协助郡守典武职甲卒，为郡守主要佐官，秩比千石，有丞。汉因之，景帝中二年（前148）更名都尉。参见“都尉”。隋朝为诸郡属官，位郡丞下、郡正上，上郡从八品、中郡正九品上、下郡正九品。

郡朝　东汉三国对郡守府的尊称。参见《后汉书·法真传》、《三国志·钟离牧传》。

郡掾祭酒　官名。汉朝郡府散吏。《汉书·鲍宣传》：“薛方尝为郡掾祭酒。”

退材场　官署名。宋朝将作监所属机构，掌拣选京城内外退弃木材，区分长短曲直，合用者供营造，余作薪柴。设监官一人，以京朝官充任。

陛见　臣下谒见皇帝称陛见。如《后汉书》载周党曾“陛见帝廷”。清朝指外省大臣到京。各省布政使、按察使，每届三年应奏请进京陛见。奏请未获准者，次年以后每年复行奏请。若奉旨允准或不令来京，俱自行报部，如逾期不行奏请，吏部察明具奏。

陛长　侍卫武官名。东汉隶光禄勋所属虎贲中郎将，左、右各一员，秩六百石。主应值宿卫之虎贲郎，朝会时在殿中侍卫。魏、晋亦置。

陛楯郎　郎官别称。因执楯侍卫于宫陛侧，故名。《史记·滑稽列传》：“秦始皇时，置酒而天雨，陛楯者皆沾寒。优旃见而哀之”，“临槛大呼曰：‘陛楯郎！’郎曰：‘诺！’”

除　官制用语，即拜官授职。汉朝也称官员改任它官。《汉书·景帝纪》：中元二年（前148）“列侯薨及诸侯太傅初除之官，大行奏谥、诔、策”。颜师古注引如淳曰：“凡言除者，除故官就新官也。”历代沿用。又，免除官职亦称除。

除书　朝廷除授官职的文书。朝廷决定某人任某职后，由吏部发出除书，并送达受任者。在吏部留有底案。

除名　官制用语。宋朝对犯罪官员处分方式之一，即除去名籍，贬为平民。被除名者，同时附加其他处分，如勒停或送某州编管。

除吏　任免官吏。《汉书·田蚡传》：“君除吏尽未，吾亦欲除吏。”颜师古注：“凡言除者，除去故官就新官。”

除板　官制用语。即除拜与府板的合称。

除班　清朝授官班秩之一。指官员初授或新授官职之班次。有多途：以科举初授者，文进士一甲一名除修撰；以考除者，满洲顺天府学教授以文进士、文举人，由礼部考拟正陪，交部引见除；以拣选除者，太常寺、陵寝衙门满洲读祝官、赞礼郎，鸿胪寺满洲鸣赞，各由该寺咨部奏派大臣会同拣选引见；以贡生、监生、官学生等人除，及以效力期满除者、以保举除者、以议叙除者等等。凡有职衔者各照职衔除。捐输者，京官郎中以下，外官道以下皆按例除。

除籍　官制用语。又称削籍、落籍，宋朝学制和官制中的一项规定。太学生严重违犯学规，或请长假满一年，即予除籍。官员犯某些罪过，以除籍为处分，降为平民。文武官因故亡没者，例皆除籍。

院长　❶唐朝指御史台三院御史之为首者，分别主持三院院务，遂以其为御史之别称。见赵璘《因话录》卷五。❷唐朝拾遗之别称。见洪迈《容斋四笔》卷一五《官称别名》。❸唐朝翰林学士院之翰林学士承旨。《新唐书》卷一三二《沈传师传》："召入翰林（院）为学士，改中书舍人。翰林缺承旨，次当传师，穆宗欲面命，（传师）辞曰：'学士院长，参天子密议，次为宰相，臣自知必不能，愿治人一方，为陛下长养之。'因称疾出。"❹宋朝俗称都城内辑事人为院长。❺书院之掌教。宋元书院之掌教曰山长，清乾隆三十年（1765）改山长为院长。至清末仍名山长。详见"山长"。❻清末新设内阁法制院及弼德院之长官，主管院事，简任，有副院长佐之。详见"法制院院长"、"弼德院院长"。

院务　官署名。金朝置，掌酒业酿造及税收。设在课不及二万贯之地。置都监、同监各一员，领院务事。不及千贯之院务仅设都监一员。参见"酒使司"。

院使　官名。明朝各院长官。朱元璋吴元年（1367）于太史院、太医院置，均正三品。洪武元年（1368）罢太史院使。十四年，改太医院使为令，二十二年复改令为院使，正五品。掌太医院之事。

院判　官名。明朝各院的副职。朱元璋吴元年（1367）于太史院置，正五品，协掌天文历法之事。洪武元年（1368）罢。吴元年，太医院亦置，正五品。十四年罢，二十二年复置，二人，正六品，协掌太医院之事。

院试　清朝童生取得生员资格的第三级考试。凡经县试、府试两级考试录取的童生，即可参加由各省学政主持的考试。因学政别称提督学院，故名。录取者即可入府、州、县学，成为生员。

院虞候　宋朝司理院虞候简称。包括节级、狱子等，掌管牢狱人犯，通常差第四等以上户充，为州役之一。

胥　官名。周朝置，掌管徒役的低级官吏，一说胥管理十名徒役为什长。《周礼·天官·冢宰》："胥十有二人，徒有二十人。"贾公彦疏："胥，有才智，为什长。徒，给使役。故一胥十徒也。"

胥长　吏名。宋朝宗正寺、大理寺置，员各一人，位在胥史上。

胥史　吏名。宋朝宗正寺、大理寺置，位在胥长下、胥佐上。

胥师　官名。《周礼》地官之属，一说为周朝置，司市属官，掌管二十个市的政务。《周礼·地官》："胥师，二十肆则一人，皆二史"，"各掌其次之政令，而平其货贿，宪刑禁焉。察其诈伪饰行慝者而诛罚之。听其小治小讼而断之"。

胥佐　吏名。宋朝宗正寺、大理寺、太常寺置，位在胥史下。

胥附　官名。新莽太子四友之一。始建国三年（后11）置，秩大夫，以故尚书令唐林任之。

胥附大夫　官名。北周置，统领禁军，侍卫皇帝。下设小胥附下大夫、胥附上士以佐其职。一说为正五命。

胥附上士　官名。北周置。胥附大夫属官，佐其统所部禁兵。正三命。

胥命　春秋时期诸侯约盟制度。《春秋·桓公三年》："夏、齐侯、卫侯胥命于蒲。"杨伯峻注："胥命者，诸侯相见，约言而不歃血。""《荀子·大略篇》云：'不足于行者，说过；不足于信者，诚言。故《春秋》善胥命，而《诗》非屡盟，其心一也。'依《荀子》之意，亦以胥命为可信之约言，不待盟誓。"

架阁库　官署名。宋神宗元丰（1078—1085）改制，置于中书省及六部，储纳文书，隶中书者由制敕库房掌管。徽宗宣和二年（1120）罢，南宋高宗绍兴三年（1133）复置。宁宗嘉定八年（1215），三省、枢密院皆置。金朝隶尚书省，世宗大定二十一年（1181）分设左、右，以都事提控。六部设三库：一掌吏、兵两部架阁，兼检校吏部行止；一掌户、礼两部架阁；一掌刑、工两部架阁。以主事提控，下设管勾、同管勾各一员。户、礼部架阁库增设检法、勾当官。枢密院、御史台、三司等署亦置。元朝中书省所置掌收藏省府籍帐案牍，以备稽考。左右部架阁库，掌六部文卷簿籍架阁之事。另设蒙古架阁库与回回架阁库。枢密院、御史台等官署亦设，或置承发架阁库。

架阁科　清朝兵部武选清吏司所属之机构。负责保管档案。内设掌稿笔帖式六人，外郎若干人。

贺正旦国信使　官名。宋、辽及宋、金之间，互相祝贺正旦的使臣。简称正旦使或贺正旦使。

贺生辰国信使　官名。宋、辽及宋、金之间，祝贺对方皇帝、皇太后或皇后生辰的使臣。简称生辰使或贺生辰使。

贺表　文书名。历代皇帝遇有庆典，或朝廷遇有武功等喜庆之事，臣下均上书颂表，是为贺表。《南史·垣崇祖传》："高帝即位，方镇皆有贺表。"历代所上贺表情形各有不同，如宋朝之制，诸路有大庆瑞，宰相及文武群臣则上表称贺。明、清之制，凡元旦、冬至、万寿三大节或逢其他庆典，如皇帝登极、大婚，皇太后寿辰，及实录修成进书等，王公百官例向皇帝进表祝贺。

拏马　宦官名。明朝设置于武骧左卫、武骧右卫、腾骧左卫、腾骧右卫四卫营，属内府御马监。

勇武将军　官名。南朝梁置，列为五德将军之一。武帝天监七年（508）定为武职二十四班中的十五班，与智武将军等代旧冠军将军；普通六年（525）定为武职三十四班中的二十五班。陈沿置，改列为五武将军之一，拟四品，比秩中二千石。如加为勇武大将军，则进一阶。北魏时此职属于地位较低的士族出任的浊官。孝文帝太和十七年（493）定为从三品下，二十三年复次职令，改为四品。

勇威将军　官名。南朝梁置，列为五德将军之一。武帝天监七年（508）定为武职二十四班中的第十六班，与智威将军等代旧征虏将军；普通六年（525）定为武职三十四班中的十六班。陈沿置，改为五威将军之一，拟四品，比秩中二千石。

勇猛中大夫　官名。北周置。《隋书·达奚长儒传》："宣政元年（578），除左前军勇猛中大夫。"正五命。

勇骑将军　官名。南朝梁武帝普通六年（525）刊正将军名号时置，列武职三十四班中的八班。陈沿置，拟八品，比秩六百石。

柔远司　官署名。参见"柔远清吏司"。

柔远司员外郎　官名。即柔远清吏司员外郎。

柔远司郎中　官名。即柔远清吏司郎中。

柔远后司　官署名。清朝理藩院诸司之一，康熙三十八年（1699）分柔远司而置。乾隆二十二年（1757）改为旗籍司。

柔远前司　官署名。清朝理藩院诸司之一，康熙三十八年（1699）分柔远司而置。乾隆二十二年（1757）改为柔远司。

柔远清吏司　官署名。简称柔远司。清朝理藩院所属六司之一。掌理外札萨克各部、旗王、公等及各地喇嘛之俸禄、朝贡、随围、赏赐、燕飨等项事务。顺治十八年（1661）置。康熙三十八年（1699）分为前、后二司；乾隆二十二年（1757）改前司为柔远司。二十六年（1761）并旗籍、柔远为一司，翌年仍分为二司，遂为定制。以郎中宗室一人为主官，下设员外郎、主事、笔帖式、经承等佐理司务。光绪三十二年（1906）改隶理藩部。

柔远清吏司员外郎　官名。简称柔远司员外郎。清朝理藩院柔远清吏司之副长官。佐郎中掌司事。初设满洲三人，蒙古三人；后改设满洲二人，蒙古五人。

柔远清吏司郎中　官名。简称柔远司郎中。清朝理藩院柔远清吏司之主官。掌司事。初设满洲一人，嘉庆四年（1799）后改设宗室一人。

孩儿班　辽制，凡宗戚子弟别组一班，号孩儿班，置班使、班详稳等官。

结甲　官场用语。宋朝选人改官手续中的编组方式。凡选人经磨勘许改官者，由吏部出榜，以二至四人结为一甲，每五日或十日引一甲上殿朝见皇帝，称为结甲。

结衔　宋朝官员的各类官衔，如寄禄官、散阶、差遣、封爵、食邑、勋、服色、功臣号及加职等，按一定顺序排列，称结衔。北宋前期，差遣多系于寄禄官前，带职学士也如是，唯宰相兼昭文馆、集贤殿大学士者，以及待制、修撰，则列于寄禄官后，宰执结衔常有八、九十字，多者百余字。神宗元丰（1078—1085）改制，废散阶、功臣号等虚衔，结衔稍简，又移差遣于寄禄官后。唯奉使外国者依旧，南宋时亦移至寄禄官后。责降官员，衔首带降授两字。丁忧者，具衔只称草土臣。

绕帐督　官名。三国吴置。统禁军绕帐兵，负责宿卫侍从，地位颇重要。孙邻以豫章太守，步阐以西陵督皆召入都为此。

给公据　宋朝勇敢、效用兵资级名。为八等资级最低一等，以授有战功者。

给纳案　官署名。北宋神宗元丰（1078—1085）改制后，仓部置，掌仓庾储积给受之事。由仓部郎官领之。

给事　❶即担任职役。汉朝常有此称。如以郎官给事尚书、黄门、谒者等，后亦渐入官衔。❷官名。北魏置。属内朝官，有内给事、内行给事等，还多被派到尚书各曹及东宫任职，如殿中给事、库部给事等，不仅处理曹务，还负有监察之责。孝文帝太和十七年（493）定为从三品下，在给事中之下。太和二十三年复次职令，未载。隋朝复置，属门下省，员二十人，掌部从朝直，兼出使劳问。从六品上。❸南朝宋后宫内职。有紫极三厢给事，员十人，职掌不详。见《宋书·后妃传》。❹给事中的省称。

给事上士　官名。北周置，天官府纳言中大夫属官，掌理六经及诸文志，给事于皇帝左右，正三命。其下设给事中士。隋文帝开皇元年（581）罢。

给事中　官名。秦始置。西汉因之，为加官，位次中常侍，无定员。所加或大夫、博士、议郎，御史大夫、三公、将军、九卿等亦有加者。加此号得给事宫禁中，常侍皇帝左右，备顾问应对，每日上朝谒见，分平尚书奏事，负责实际政务，为中朝要职，多以名儒国亲充任。东汉省。魏、晋或为加官，或为正官，亦无员，五品。所加或三公、将军、中书监令、博士、郎等。隶散骑省，位在散骑常侍下、给事黄门侍郎上。南朝隶集书省，地位渐低，在通直散骑侍郎下、员外散骑侍郎上，选轻用卑，宋五品，梁四班，陈七品、六百石。常侍从皇帝左右，献纳得失，谏诤纠弹，收发传达诸奏闻文书，虽可封驳，权不甚重。亦管图书文翰、修史等事。北魏则为内朝官，常派往尚书省诸曹，参领政务，并负有监察之责。孝文帝太和十七年（493）定为从三品上，二十三年改从六品上。北齐隶集书省，掌谏议献纳，从六品上，员六十人。隋炀帝大业三年（607）于门下省置给事郎，位仅次于黄门侍郎，员四人，掌省读奏案；唐高祖武德三年（620）改名给事中，正五品上。为门下省重职，分判本省日常事务，具体负责审议封驳诏敕章奏，有异议可直接批改驳还诏敕，无异议则封下经门下省长官审复后，交尚书省执行。百司章奏，得驳正其违失，事权甚重。当时人谓“凡制敕有不便于理者，得封奏之；刑狱有未合于理者，得驳正之；天下冤滞无告者，得与御史中丞申理之；有司选补不当者，得与侍中裁退之”。（《白居易集》卷四八《郑覃可给事中制》）高宗龙朔二年（662）改名东台舍人，咸亨元年（670）复旧。又，吐蕃仿唐制置官，其掌诏令承旨之官译名亦用此名。五代、北宋初门下封驳之职渐废，至宋太宗淳化四年（993），置同知给事中掌其事，未几其职改归银台司所领封驳司，给事中为寄禄官，无职事。神宗元丰（1078—1085）改制后，复为职事官，正四品，员四人，分治门下省日常公务，审读内外出纳文书，驳正政令、授官之失当者，日录章奏目以进，纠治其违失，一度令其须赴执政禀议后始得行驳权，后允其直接驳还。下设上、下、封驳、谏官、记注五案，分理杂务，领通进司、进奏院。南宋置一或二员。辽朝置为南面朝官。金朝罢门下省，章宗泰和二年（1202）置为内侍从五品寄禄官，以奖内侍局御直、内直之有年劳者。元朝亦不置门下省，世祖至元六年（1269）始置起居注，掌随朝记录省、台、院、诸司奏闻之事，十五年改置给事中兼修起居注，后定置二员。初定正四品，仁宗皇庆元年（1312）升正三品，延祐七年（1320）复改正四品。明朝掌侍从、谏诤、补阙、拾遗，审核、封驳诏旨，驳正百司所上章奏；监察六部诸司，弹劾百官，与御史互为补充；记录编纂诏旨题奏，监督诸司执行情况；乡试充考试官，会试充同考官，殿试充受卷官；册封宗室、诸蕃或告谕外国，充正、副使；受理讼冤诉状等。品卑而权重。初定正五品，后数更其秩。太祖洪武六年（1373）设十二员，正七品，始分吏、户、礼、兵、刑、工六科，分科治事；九年定员十人；十年隶承敕监；十二年改隶通政司；后增至八十一员，改名元士；二十二年改名源士；未几复旧。二十四年定制，六科各设都给事中一员，正八品；左、右给事中各一员，从八品；给事中员四十人，吏科四员，户科八员，礼科六员，兵科十员，刑科八员，工科四员，正九品。惠帝建文（1399—1402）中升都给事中正七品，给事中从七品，罢左、右给事中。成祖永乐（1403—1424）中复置，从七品。又置六科官署于午门外直房。其后各科员数增减不常。清初沿明制，无员额。顺治十八年（1661），设都、左、右给事中，满、汉各一员，满员正四品，汉员正七品；汉给事中二员，正七品。康熙（1662—1722）中改都给事中为掌印给事中，满、汉各一员，正七品；给事中，满、汉各一员，正七品。雍正（1723—1735）初为加强皇权，六科并入都察院，与监察御史合称科道，同为言官，有进言谏诤之责，职掌抄发题本，审核章奏，监察六部、诸寺、府、监公事，其封驳之权有名无实，职权较明为轻。雍正七年升正五品。光绪三十二年（1906），省六科，仅设给事中员二十人，仍隶都察院，分掌原六科公务。参见“六科给事中”。

给事中士 官名。西魏恭帝三年（556）置，北周沿置。天官府纳言中大夫属官，掌理六经及诸文志，给事于皇帝左右。员六十人，分置左、右，正二命。北周时于其上置给事上士。隋文帝开皇元年（581）罢。

给事北院知圣旨头子事 官名。辽朝置，北面官，北枢密院官员。在知北院贴黄下，为北枢密院掌诰命奏事官。又称给事北院知圣旨事。

给事北院知圣旨事 即“给事北院知圣旨头子事”。

给事局 官署名。金朝置，属卫尉司。从事内廷服务。设使、副使领局事，秩正七品、正八品。有内谒者兼司宝二员，奉阁十一人，閤直二十人。

给事诰院 官名。辽朝置，南面官。门下省诰院官员，掌起草发布诰书之事。

给事郎 官名。晋、南朝梁曾置，职掌不详，一说即给事黄门侍郎省称。隋文帝开皇六年（586）尚书省吏部置，八郎之一，正八品上，为散官番直，常出使监察。炀帝大业三年（607）罢，并取其名置于门下省，位黄门侍郎下，员四人，从五品，掌省读奏案，即前代给事中之职。唐朝复置为文散官，正八品上。北宋沿置，神宗元丰三年（1080）废。

给事黄门 官名。秦置，西汉为加官，加此得给事宫门之内，故名。多加于中郎、侍郎、郎中，故亦称黄门侍郎、黄门郎。据丁孚《汉仪》，皇后官属又有给事黄门四人，比黄门侍郎。至东汉末献帝时，初置给事黄门侍郎，员六人，出入禁中，近侍帷幄，省尚书事，不复为加官。

给事黄门侍郎 官名。东汉合并黄门侍郎与给事黄门而置。亦简称黄门、黄门郎、黄门侍郎。掌侍从左右、关通内外，与侍中平省尚书奏事，因出入禁中，故职任显要。初无员数，汉献帝定为六人，秩六百石。一度改名侍中侍郎，旋复故。魏晋南北朝置为侍中省或门下省次官，与侍中俱掌门下众事，职掌略同，地位随皇帝旨意或侍中地位而上下。南齐时知诏令，被称为小门下。北魏一度甚重之，“出参尚书，入厕帷幄”（《魏书·甄琛传》），孝明帝时（516—528）与侍中一起被称为“小宰相”。魏、晋、南朝置四员。魏五品，秩六百石，晋、南朝宋同。梁十二班。陈四品，秩二千石。北魏节闵帝普泰（531—532）间置六员。孝文帝太和十七年（493）定为三品中，二十三年改四品上。北齐置六员，四品。隋朝亦置为门下省次官，四员，正四品上，炀帝大业三年（607）改名黄门侍郎。参见“侍中”、“门下省”。

给事黄门郎 给事黄门侍郎省称。

给事谒者 官名。东汉末光禄勋属官谒者仆射，秩四百石。掌宾赞受事，及上章报问，将大夫以下之表，掌使吊。凡谒者，初为灌谒者，满岁为给事谒者。

给舍 给事中、中书舍人合称。

给谏 官名别称。给事中与谏议大夫合称。明清罢谏议大夫，专用为给事中别称。

统 官名。僧官。《隋书·百官志（中）》：“昭玄寺，掌诸佛教。置大统一人，统一人。”参见“都统”。

统计科 官署名。❶清末陆军部军需司所属三科之一，光绪三十二年（1906）设。掌汇核京外陆军之军费预算、决算，厘订、审查军需法规及各项薪饷、军贴制度。置科长、科员、录事。❷清末海军部主计处所属二科之一，宣统二年（1910）设。掌本部及京内外下属单位各项统计事宜，汇造历年比较统计表及统计总表分别进呈、咨送。置科长、科员、录事。

统计局 官署名。清末责任内阁所属机构。宣统三年（1911）四月成立责任内阁，始设。掌统一各部统计事件并其他统计事宜。置局长一人，副局长一人，并佥事、录事等。

统计局局长 官名。清末责任内阁属官。宣统三年（1911）四月设责任内阁，始置。一人，简任。承总理大臣之命管理局务，并监督指挥所属各员。

统计局副局长 官名。清末责任内阁属官。宣统三年（1911）四月成立责任内阁，始置。一人，简任。职任辅佐局长管理司务，局长有事故时得代行其职。

统史 官名。北魏置。孝文帝太和十七年（493）定为从九品上，二十三年复次职令，未见。

统军 官名。❶北魏置，统兵武官，位在军主之上，别将之下，其地位相当于南朝的军主。时又设有中统军、帐内统军等。北齐时置为备身五职之一。北周定为五命。隋朝从八品。❷唐初秦王、齐王左右六护军府皆置，左一右一护军府五员，分领亲、勋卫及外军府兵，左二右二、左三右三护军府各减三员。左右亲事府各一员，正四品下，掌率左右别将，侍卫陪从。左右帐内府亦置，同护军府。❸唐高祖武德七年（624），改骠骑将军府为统军府，骠骑将军为统军，统府内军士。太宗贞观十年（636），改统军为折冲都尉。❹唐德宗兴元元年（784）正月二十九日敕左右羽林、左右龙武、左右神武六军各置一员，秩从二品（一说正三品），贞元十四年（798），左右神策军亦置，品秩同六军。❺西夏置。元昊建国初于监军司内设，以党项贵戚豪右领其职。西夏语言为“遏暮”。

统军元帅府 官署名。朱元璋于元至正十六年（1356）攻克南京后置，寻罢。详见“诸翼统军元帅府”。

统军司 官署名。辽设东京、东北路、南京、乌古敌烈、西北、东征、西征、南征等统军司，与招讨司、兵马都署司、详稳司分领兵马，置统军使、副使、都监等官。西夏监军司，亦设统军职。金设河南、山西、陕西、益都统军司，督领军马，镇驻一方。置统军使一员，正三品，下设副统军、判官、知事、知法等职。元初设河南、山东、东川、西川、陕西等统军司，置统军使、副使等职，掌各万户军队，后改为行枢密院。

统军府 官署名。即折冲都尉府，唐高祖武德七年（624）改骠骑将军府置，太宗贞观十年（636）改为折冲都尉府。参见“折冲都尉府”。

统府 官署名。十六国后燕慕容垂在未正式建立政权前所置的最高执政机构。《资治通鉴·东晋孝武帝太元九年（384）》：“（慕容）垂至荥阳，群下固请上尊号，垂乃依晋中宗故事，称大将军、大都督、燕王，承制行制，谓之统府。”下设左、右司马等官属。

统制 官名。南宋设，武职。初，诸路起兵，有自称为统制者；州县起发勤王兵，有管押一二百人即差充统制者。寻改由朝廷任命，为各屯驻大军之统兵官。位都统制、副都统制之下，同统制、统领、同统领、副统领之上。元、明未置。清末新设陆军中设有统制官，为陆军中一镇之长官，正二品。掌领全镇军务。详“统制官”。

统制官 官名。别称镇统，清末新陆军镇之长官。光绪三十年（1904）定新陆军营制，始置。每镇一人，正二品，陆军副都统充，简放。掌领全镇事务。

统带 官名。即统带官，清末新陆军标之长官。正三品，掌辖全标。详“统带官”。

统带官 官名。别称标统，清末新陆军标之长官。光绪三十年（1904）定新陆军营制，始置。每标一人，正三品，正参领充，简放。掌统辖全标。

统副 官名。南朝宋置。当时大军出征，以名位高者一人为统或大统，号令诸将，又置此职佐理军务，多以皇帝亲信之人充任。

统领 官名。❶南宋置，为各屯驻大军之统兵官。一般各军设二人，位都统制、统制之下，以为偏裨。❷郑成功设。其军队分为五军，下辖陆军七十二镇、水师二十镇。每镇有官兵一千二百人，各设提督、统领，掌一镇之军务。凡有战事，则与提督率队出征。❸清朝置，为八旗护军营、前锋营及步军巡捕五营之最高长官，称为护军统领、前锋统领、步军统领，分别为正二品、从一品。分掌本营事务。又，清末新式陆军中每一协设统领官一人，为协之长官，从二品。掌全协之军务。详见“护军统领”、“前锋统领”、“步军统领”、“统领官”等。

统领官 官名。别称协统，清末新陆军一协之长官。光绪三十年（1904）定新陆军营制，始置。每协一人，从二品，由协都统充，简放。掌统辖全协。

统管 官名。太平天国后期增设之朝上职官。天历庚申十年（1860）始设，职务未详。低于掌率，高于尽管。又曾置京畿统管，专治天京内政事。

统辖矿务铁路总局 即矿务铁路总局。

骁卫将军 官名。西魏置，位在车骑将军之上。《周书·杨绍传》："（杨绍）累迁车骑将军、通直散骑常侍、骁卫将军、左光禄大夫。"

骁迅将军 参见"十骁将军"。

骁名将军 参见"十骁将军"。

骁武将军 参见"十骁将军"。

骁胜将军 参见"十骁将军"。

骁勇将军 参见"十骁将军"。

骁烈将军 参见"十骁将军"。

骁桀将军 参见"十骁将军"。

骁猛将军 参见"十骁将军"。

骁骑将军 官名。西汉置，东汉沿之，为杂号将军，统兵出征，事迄即罢。三国魏置为内军将领，有营兵，遂常设，以高功者任之。先设长史、司马、功曹等僚属，后省。元帝咸熙（264—265）中，司马昭为相国，置于相国府，统率亲军。两晋与领军、护军、左右卫、游击诸将军合称六军，担当宿卫之任，是护卫皇帝宫庭的主要将领之一。魏、晋皆定为四品。十六国成汉、前秦、后秦、后凉皆置。南朝宋仍为四品，齐沿置。梁武帝天监六年（507）四月，置左、右骁骑将军，五月，改骁骑为云骑将军。陈仍分置左、右。北魏孝文帝太和十七年（493）定为从三品上，二十三年改为四品上。北齐时属左、右卫府，虽仍负有护卫宫禁之责，但权任已轻。员五人，四品上。清朝置为散阶称号，初用为武职中属绿营者从二品之封赠，乾隆二十年（1755）改武功大夫。

骁骑校 官名。清朝八旗组织中基层编制单位的副长官，位佐领之下。亦为骁骑营之下级武官。满语称为"分得拨什库"。顺治十七年（1660）定汉名为骁骑校。每佐领下设一人，计满洲六百八十一人，蒙古二百零四人，汉军二百六十六人，共一千一百五十一人。正六品。协助佐领管理所属户口、田宅、兵籍，以及骁骑营操练、守卫等事务。

骁骑校尉 官名。东汉初为屯骑校尉改称，掌北军宿卫兵，建武十五年（后39）复旧。东汉末复置，董卓曾表曹操任此职，操未就任。

骁骑尉 勋官名。隋文帝开皇六年（586）置，为正七品下散官，八尉之一。炀帝大业三年（607）废。唐朝再置为四转勋官，比正六品。宋初定为正六品勋官，徽宗政和三年（1113）罢。金朝置为勋官十二阶中第九阶，正六品。元朝为勋官十阶中第九阶，正五品，仅用于封赠。明朝为武勋官十二阶中第九阶，正五品武官再考称职者授。

骁雄将军 参见"十骁将军"。

骁锐将军 参见"十骁将军"。

骁游 骁骑将军和游击将军的合称。

骅骝令 官名。魏、晋、南朝称骅骝厩令。北齐置为骅骝署长官。隋朝沿置，员二人，正八品。炀帝大业三年（607）随署省。参见"骅骝署"。

骅骝牧 官署名。隋朝陇右牧总监所统诸牧之一，置仪同及尉、大都督、帅都督等员。掌牧畜。

骅骝厩令 官名。亦称骅骝令。三国魏置。掌饲宫廷用马，隶太仆。西晋沿置。皆七品。东晋以后常省太仆，遂改置骅骝厩丞，隶门下省。北齐所置称骅骝令。

骅骝厩丞 官名。东晋、南朝置。掌饲宫廷用马，隶门下省。隋沿北齐制，置骅骝令、丞。

骅骝署 官署名。北齐隶太仆寺，掌御马及诸鞍乘。设令、丞各一员为长贰，又置奉承直长二员。隋初沿置，设令、丞各二员。炀帝大业三年（607）减入殿内省。

逊位 ❶让位。《史记·太史公自序》："唐尧逊位，虞舜不台。"《尚书·尧典序》："（尧）将逊于位，让于虞舜。"❷辞职之婉言。《晋书·王祥传》："累乞逊位。"

十 画

〔一〕

珪 同“圭”。周朝天子册命诸侯臣子时颁赐的玉器，作为册封的凭信。《史记·晋世家》：“成王与叔虞戏，削桐叶为珪以与叔虞曰：‘以此封若。’”

珠轩达 满语官名。汉译作珠轩长。清朝东北吉林松花江乌拉地方打牲牲丁的劳动组织称“珠轩”，每珠轩三十人，设正、副珠轩长各一人，专门负责捕鱼、捞珠及采蜜、采松子等各项采捕差务，由内务府都虞司所属打牲乌拉处管理。打牲乌拉牲丁有上三旗、下五旗之别。上三旗所属珠轩共六十五个，采捕之物纳于内务府；下五旗珠轩共四十五个，采捕之物纳于王、贝勒、贝子府。

班 官职等级制度。又称班次。❶官员临朝时所站位置。又称班序、班位。始见于春秋。《左传·庄公二十三年》：“朝以正班爵之义。”以后历朝各有具体规定。如两晋时特进为第二品，所占位置在诸公下，开府骠骑之上。唐朝以官同者先爵，爵同者先齿。致仕官居上；职事与散官、勋官合班，则文散居职事下，武散次之，勋官又次之；官同者，异姓为后；亲王、嗣王任文武官者，从其班，官卑者从王品。凡告谢、引对官员，皆于引见前一日由阁门司编排班次，次日依次朝见皇帝。明景泰时定，午朝时，西内阁、五府、六部奏事官，六科侍班官，南面北立侍班御史二、序班二、将军四。❷官职等级。南朝梁武帝天监七年（508）始定，自丞相、太宰等至车府，共分十八班，以班多者为贵，同班以居下者为劣。其下为乡品不及二品者设七班，至南朝陈时称流外七班。系寒微士人所任之官。经流外七班，方能进入十八班中第一班。梁天监七年（508），又置一百二十五号将军，分为二十四班，以镇、卫、骠骑将军等最高，为二十四班，驰射将军等为一班，其下为乡品不及二品者，置流外八班，地位较低。此外又置武安、镇远等一百九号将军，分二十四班，施于外国。梁武帝大通三年（529）改定二百四十号将军分为三十四班，原流外八班亦包括于内。施于外国为一百二十五号将军，分为二十八班。转则进一班，黜则退一班。陈初承梁制，定为十八班，十二班以上并诏授，十一至九班，礼数复为一等。陈后又改用九品官制。❸表示地位之班次。如清朝官员因品级地位不同分为道班、府班、县班。而吏目、巡检、典史一类佐杂小吏则称小班子。官员因保举或捐纳升阶，称过班。同时也表示不同出身之官员。如举人、进士称正途班。又有保举班、捐班等。❹清朝各衙门轮值班次。朝廷各文职衙门及八旗、侍卫处等分为十班，每班三、四衙门不等。如一班为吏部、翰林院、正黄旗，二班为户部、通政司、詹事府、镶黄旗。每日轮班值日，周而复始。有应办之事，则于班日奏闻。若急事不待班日而奏，则称加班。

班长 官名。郑成功设。为其军队中最基层之带兵官。参见“正领”。

班引 官场用语。宋朝选人改官的一种程序。经磨勘许改京官的选人，数人结为一甲，定期引见皇帝，称为班引。引见时，选人在便殿立班，逐一宣名，皇帝有疑者，即命吏部复验，如不中选，则取旨裁决。

班同三司 赐予大臣的特殊礼遇。即朝会的班次同于司徒等三公。《宋书·百官上》：“汉章帝建初三年（后78），始使车骑将军马防班同三司，班同三司自此始也。”

班行 官场用语。宋朝武阶官概称。因武臣有东、西班诸司使副及横行诸使，故名。有时也泛指入朝列班的全体文武官员。

班次 官场用语。官员朝见皇帝的次序。参见“班”。

班位 参见“班”。

班改 官场用语。宋朝选人经磨勘应改京官者，须赴班引见皇帝，方能正式改官，称班改。参见“班引”。

班直 宋朝军队编制名合称。即诸班、诸直。诸班有：殿前指挥使、内殿直、散员、散指挥、散都头、散祗候、金枪班、东西班、招箭班、散直、钓容直等。诸直有：御龙直、御龙骨朵子直、御龙弓箭直、御龙弩直等。皆属殿前司。通常选武艺绝伦者充当，为皇帝亲近扈从。或为仪仗队、乐队。

班剑 本指饰有花纹之剑。汉制，朝服带剑。晋朝代之以木，谓之班剑。因其为虎贲所持，故晋以后成为随从侍卫之代称，且成为皇帝对功臣之恩赐，可随身进入宫殿，亦作为丧礼时的仪仗。晋朝得赐班剑者，自骠骑、车骑将军至侍中、尚书令、中书监、三公等，南朝梁只赐给极少数权臣。所赐人数自百二十人至十人不等。唐高祖武德四年（621）赐李世民四十人。后世亦有沿之者。清朝掌管帝、后仪仗的銮仪卫内设有班剑司。详“班剑司”。

班剑司 官署名。清朝銮仪卫后所下设机构。顺治十一年（1654）置，掌管帝、后仪仗之旗、瓜、吾仗等。设掌印云麾使、掌司事治仪正各一人，共掌司事。

班禅 见“班禅额尔德尼”。

班禅额尔德尼 佛号。简称班禅，藏传佛教格鲁派两大活佛转世系统之一。班为梵文“班智达”之略称，意为学者。禅藏语意为“大”，班禅即大学者之意。清顺治二年（1645），卫、藏首领蒙古和硕特部固治汗尊宗喀巴四传弟子罗桑却吉坚赞为班禅博克多，主持札什伦布寺，统摄后藏，是为班禅四世。康熙五十二年（1713）封班禅五世罗桑益西为班禅额尔德尼（额尔德尼，满语意为珍宝），赐金册，金印。册封班禅转世遂成定制。其掌后藏寺院与教民，与达赖喇嘛同为西藏政教领袖。所属有札萨喇嘛、苏琫、森琫、却琫等大勘布及商卓特巴等官员。

班爵 排列爵位的次序等级。《国语·鲁语上》：“是故先王制诸侯，使五年四王、一相朝。终则讲于会，以正班爵之义。”韦昭注：“班，次也。谓朝毕则习礼于会，以正爵位次序尊卑之义也。”

班簿房 官署名。北宋神宗元丰（1078—1085）改制后，中书省与尚书省各置，掌本省朝班名籍，由本省属吏领之。

辉人 官名。周朝置。掌制作鼓。《周礼·冬官·考工记·辉人》：“辉人为皋陶。”郑玄注引郑司农：“皋陶，鼓木也”。孙诒让《正义》：“疑皋陶当读为鼛鼗，《大司乐》有雷鼗、灵鼗、路鼗，则亦当有皋鼗矣。”

辉工下士 官名。西魏、北周冬官府司皮下大夫辉工中士佐官，正一命。

辉工中士 官名。西魏恭帝三年（556）置，北周沿置。冬官府司皮下大夫属官，正二命。下设辉工下士以佐其职。隋文帝开皇元年（581）罢。

敖尔布 又作鄂尔布。满语。汉译作鹿角兵，为清朝八旗汉军骁骑营掌舁鹿角之甲兵。康熙二十四年（1685）置。八旗汉军每佐领下额设八名（初为四名），在佐领下养育兵及闲散内挑选。

素金牌 见“牌符”。

秦兵将军 官名。北魏初置。《魏书·贺狄干传》：“初，太祖普封功臣，狄干虽为姚兴所留，遥赐爵襄武侯，加秦兵将军。”太和十七年（493）改定官制后未见。

秦蜀五路四川行省 见“陕西等处行中书省”。

泰士 ❶官名。同“大士”。春秋时齐国置。掌狱讼刑罚。《晏子春秋·内篇谏上》：“（齐景公）曰：‘何哉？吾为夫妇狱讼之不正乎？则泰士子牛存矣。’”❷一说为上士别称。《逸周书·王会解》：“中台之外，其右泰士，台右弥士。”孔晁注：“泰士，盖上士。”

泰祝 官名。同“太祝”。春秋时齐国置，掌宗庙祝享之事。《晏子春秋·内篇谏上》：“（齐景公曰）为社稷宗庙之不享乎？则泰祝子游存矣。”苏舆注：“‘泰祝’，即《曲礼》之六大中之‘大祝’。《周礼》大祝‘掌六祝之辞以事鬼神示’，即此也。”

挈壶氏 官名。《周礼》夏官之属，一说为周朝置，掌行军时穿凿水井悬挂壶、辔、畚以指示军队宿营地点的军吏。《周礼·夏官》：“挈壶氏，下士六人，史二人，徒十有二人。”“掌挈壶以令军井，挈辔以令舍，挈畚以令粮。凡军事，悬壶以序聚欜。凡丧，悬壶以代哭者。皆以水火守之，分以日夜。及冬，则以火爨鼎水而沸之，而沃之。”

挈壶正 官名。唐武则天长安二年（702）始于太史局置，员二人，从八品下，掌知更鼓漏刻。肃宗乾元元年（758）加号五官挈壶正，置五人，正八品上。宋初沿置，隶司天监。神宗元丰（1078—1085）改制后，隶秘书省太史局，掌钟鼓漏刻。哲宗时定为正九品。辽朝隶司天监。元朝隶太史院，从八品。明钦天监置五官挈壶正，从八品，初设二人，后减一人，掌知刻漏。清沿置。参见“五官挈壶正”。

挈壶郎 司天散官名。金、元皆置。金二十五阶之第二十三阶，秩正九品下。元十四阶之第十二阶，秩正八品。明洪武四年（1371）置为钦天监散官，以授五官挈壶正。十五年废，改依文散官分授。

挈壶署 官署名。十六国后赵石勒置。掌钱币铸造。《晋书·石勒载记上》：“置挈壶署，铸丰货钱。”

桂坊 官署名。即太子司经局，唐高宗龙朔二年（662）改，罢隶左春坊，领崇贤馆，咸亨元年（670）复改司经局，仍隶左春坊。参见“司经局”。

桂坊大夫 官名。即太子洗马，唐高宗龙朔三年（662）改，咸亨元年（670）复改洗马。参见“太子洗马”。

桔官 官署名。主岁贡名桔，供皇帝食用。据《汉书·地理志》，巴郡朐忍县、鱼腹县均置。

栢唐阿 即拜唐阿。

档子 满语。参见“档案”。

档子房 官署名。清朝国子监所属办事机构。顺治元年（1644）置。掌理满文奏折及往来文书。无专官，由堂官选派满洲、蒙古助教及笔帖式数员管理。

档房 官署名。清朝内阁、军机处及六部、理藩院、大理寺等中央各部院卿寺衙门所属办事机构之一。一般称为清（满）档房、汉档房。有称南档房、北档房。亦有称档房者。多设两个档房，亦有设一个或三个者。掌理满、汉文档案，撰拟奏折或题本，并办理本衙门满、蒙官员之题升调补之事。设堂主事、笔贴式、堂书、经承等吏员办理事务。

档案 通指政府机关或团体、个人在其活动中所形成，已处理完毕并加以分类保存的文书、文件等各种资料。其称始于清。其源出于东北边外民族书写文字的木牌。清杨宾《柳边纪略》云：“边外文字，多书于木，往来传递者曰牌子，以削木片若牌故也。存贮年久者曰档案，曰档子，以积累多，贯皮条挂壁若档故也。然今文字之书于纸者，亦呼为牌子、档子。”清朝所称档案，指各衙署公事完毕加以分类存贮的各种公文书和册籍等，多设有专门库房，并派专人管理。

桥道顿递使 官名。宋朝大礼五使之一。参见“大礼五使”。

格式司　官署名。❶唐朝吏部下属机构，设郎中，掌检勘官资档案。《唐会要》卷八二《甲库》：大和九年（835）十二月敕："中书、门下、吏部各有甲库历，各为三库，以防逾滥"，"诸司、诸使、诸道应奏六品以下诸色人，称旧有官及出身，请改转并请授官可与商量者，除进士登科众所闻知外，宜令先下吏部、中书、门下三库，委给事中、中书舍人、吏部格式郎中，各与本甲库官同检勘，具有无申报。中书、门下审无异同者，然后依资拟进"。五代沿置，掌勘验、出给敕甲告身。❷五代吏部置，掌据户数定州府等第。宋朝置判格式司事一人，掌据户数升降州县地望，参定置官及官员料钱。

格式使　官名。即删定格式使，唐德宗建中二年（781）中书侍郎张镒与卢杞同充此任，俄令刑部长官兼知，使停。参见"删定格式使"。

格式郎中　官名。唐朝吏部格式司长官，掌选人选格、历状及其式样。参见"格式司"。

格格　满语，意为小姐。清制，亲王至入八分辅国公的女儿统称格格。亲王女称和硕格格，郡王、贝勒女称多罗格格，贝子女称固山格格，入八分镇国公、辅国公女称格格。其许婚时，视其父爵秩品级及嫡庶所出，分别以郡主、县主、郡君、县君、乡君五等封授。

格斯贵　封号。清朝藏传佛教之职任喇嘛。位在德木齐之下。于北京、盛京、热河等地各设若干人。分掌寺庙佛教事务。

移中监　官名。西汉置，管理皇室马厩，或以为掌移园马厩。

桃氏　官名。周朝置，掌冶铸剑类兵器。《周礼·冬官·考工记》："桃氏为剑。"

校　官名。春秋战国置。❶下级军吏。《墨子·迎敌祠》："校自门左，先以挥，木石继之。"孙诒让注："校，盖军部曲吏。"❷掌驾车马。同"校人"。《荀子·哀公》："三日而校来谒，曰：'东野毕之马失。两骖列、两服入厩。'"❸官员通称。《广雅·释宫》："校，官也。"❹教育机构之一。周朝为乡学，汉朝为侯国之学。《左传·襄公三十一年》："郑人游于乡校。"《正韵》："校，乡学为校。"《汉书·平帝纪》："郡国曰学，乡学为校。"❺秦汉军队编制，亦称营。以校尉或校长领之。校即营垒，故谓军之一部为一校。

校人　官名。周朝置。❶掌马政，马官之长，春秋鲁国有此官。《左传·哀公三年》："校人乘马。""命校人驾乘车。"《周礼·夏官》有校人，郑玄注："校人，马官之长。"❷主管沼泽池塘的小吏。《孟子·万章上》："昔者有馈生鱼于郑子产，子产使校人畜之池。"焦循注："校人，主池小吏也。"

校长　官名。❶亭长属吏，战国秦置。《睡虎地秦墓竹简·封诊式》："某亭校长甲、求盗在某里曰乙，丙缚诣男子丁。"❷武官，为一校之长。❸东汉守卫皇帝陵园之官亦置，员一人，主兵戎盗贼事。

校内外官考使　官名。唐太宗贞观（627—649）初，以京官望高者二人，分校京官、外官考核，给事中、中书舍人各一人主持，号校内外官考校，亦称校考使、监中外官考使。

校书　官名。❶唐朝中书省集贤院置，四人，正九品下，掌校理典籍、刊正错谬。宋属崇文院，神宗熙宁二年（1069）置，掌校勘书籍，备顾问。任期三年，或除馆职或升擢资任。元丰（1078—1085）改制废。❷隋朝太子司经局置，员六人，从九品上。唐朝沿置，四人，正九品下，掌校刊经史。明朝为太子官属，隶詹事府司经局，秩正九品，掌校勘书籍之事。

校书下士　官名。西魏恭帝三年（556）置，北周沿置。春官府外史下大夫属官，员十二人，掌书籍文字的校正。正一命。隋文帝开皇元年（581）罢。

校书郎　官名。东汉置，即以郎官典校皇家秘籍图书。《后汉书·杨终传》："征诣兰台，拜校书郎。"三国魏隶秘书，八品。十六国北凉及北魏、北齐沿置。北魏属秘书省，亦称秘书校书郎，孝文帝太和十七年（493）定为从六品上，二十三年改九品上。北齐秘书省置十二人，著作省置二人，起居省置二人，皆九品上。多以饱学之士为之，掌整理、考校典籍，兼参预修史及修正历法之事。隋、唐秘书省及著作局皆置，掌校雠典籍，为文士起家之良选。隋初秘书省置十二人，炀帝大业三年（607）减为十人；著作曹置二人，炀帝大业三年增至四十人，皆正九品上。唐朝秘书省置十人，著作局置二人，皆正九品上。德宗贞元八年（792）分二员隶集贤书院。弘文馆、崇文馆亦各置二人，从九品上、下不等。宋初为文臣寄禄官。神宗元丰（1078—1085）改制，复于秘书省置为职事官，员四人，从八品，掌编辑校定经籍图书，皆先试于学士院，合格者乃授。南宋时，减二人。辽朝为南面官，隶秘书监著作局。金沿置，为从七品，掌校勘秘书监书籍。元置二人，正八品，隶秘书监。

校书祭酒　官名。十六国前凉置。《晋书·张轨传》："（张）天锡数宴园池，政事颇废，荡难将军、校书祭酒索商上书极谏。"

校正　官名。春秋时晋、宋等国置，掌马政的长官。《左传·成公十八年》："晋悼公即位于朝，始命百官"，"弁纠御戎，校正属焉，使训诸御知义"。杜预注："校正，主马官。"

校对　宋朝校对黄本书籍官省称。

校对黄本书籍　官名。北宋哲宗元祐五年（1090）置，属秘书省，掌誊写校正黄本书以供收藏。绍圣元年（1094）罢。

校考使　使职名。见"监中外官考使"。

校事　官名。东汉献帝建安（196—220）中曹操置，以身边地位较低的亲信充任，负责监察百官及吏民，直接隶属于曹操，威权甚大。初以卢洪、赵达任之。"故于时军中为之语曰：'不畏曹公，但畏卢洪，卢洪尚可，赵达杀我。'"（《太平御览》卷二四一《都尉》引《魏略》）与各级官员，尤其主管司法机构的官员矛盾极大。三国魏沿置，亦称抚军校事或抚军都尉，权势仍极大。齐王曹芳嘉平（249—254）中司马氏控制朝政后罢。三国吴亦置，参见"典校"。

校学女史 宫中女官名。南朝宋明帝定后宫百官时置，五品。

校官 ❶官立学校。西汉置于郡国。《汉书·韩延寿传》："于是令文学校官诸生皮弁执俎豆，为吏民行丧嫁娶礼。"平帝时郡国置学，县、邑、道、侯国之学曰校。东汉仍置于郡。东汉末曹操令郡国兴学，县满五百户则置校官，选其乡才俊之士为教师。❷三国时校事、中书典校等官的别称。

校官掾 官名。晋朝置，为县属官，掌教学。《晋书·职官志》："户千以上，置校官掾一人。"

校郎 官名。麹氏高昌国置。位在侍郎之下，分曹理事，有中兵校郎、门下校郎等。详见各条。

校理 官名。唐朝始置，为弘文馆、集贤殿书院之属官，亦称"校理官"。掌校刊典籍之错谬。玄宗开元七年（719）始设于弘文馆，八年，丽正修书院（集贤殿书院前身）亦置，无常员，多以他官兼。德宗贞元八年（792）罢集贤殿书院校理，宪宗元和二年（807）复置。四年，定以非登朝官为之。穆宗长庆三年（823）罢弘文馆校理。宋朝设有"秘阁校理"。元、明未置。清乾隆四十一年（1776）设文渊阁校理，掌文渊阁书籍的注册点验。详"秘阁校理"、"文渊阁校理"。

校理官 见"校理"。

校勘 官名。宋朝史馆置，掌校勘新编史籍。

校曹 参见"典校"。

校尉 官名。秦汉为统兵武官，略次于将军，高于都尉。出征时临时任命，领一校（营）兵，有司马、候等属官。亦或冠以名号，如横海校尉、轻骑校尉等。又有常设的专职校尉，依其具体职务冠以名号。如统领常备禁军的中垒、屯骑等北军诸校尉，西园八校尉，管理京畿的司隶校尉，管理京师门卫的城门校尉等，西汉秩二千石，东汉秩比二千石。东汉又置护乌桓校尉、护羌校尉，为少数民族地区军政长官。魏晋南北朝名号极繁，品秩高低不等。其专职武官有北军五校尉、城门校尉等，负责具体事务的有盐府、司盐校尉等，掌郡国屯田的有典农校尉，管理少数民族地区军政的校尉亦名目甚多。诸领兵征战的杂号校尉地位略次于中郎将，高于都尉。隋朝诸鹰扬府、唐朝诸折冲府之下设团（唐制二、三百人为团），其长官称校尉，位次都尉。隋正六品，唐改从七品下。唐朝诸卫、率所领内府亲、勋、翊三卫中郎将府亦置，属诸卫者正六品上，属率府者从六品上。又，唐、宋至明、清亦用作武散、阶官号。明又置为侍卫装士，侍卫上直亲军置，锦衣卫亦置，掌直驾侍卫，巡察缉捕。五军、三千营亦置，检民间丁壮无恶疾、过犯者充任。详见各条。

校景郎 司天散官名。金朝置。二十五阶之第二十阶，秩从八品上。

校籍令史 官名。南齐置。参见"校籍郎"。

校籍郎 官名。南齐置。《南齐书·王奂传》："校籍郎王植属吏部郎孔琇之以校籍令史俞公喜求进署。"

核销科 官署名。清末陆军审计处所属二科之一。宣统三年（1911）设。掌依陆军会计法及规定之决算表式，复核陆军各项决算表册。置科长、科员、录事。

配隶案 官署名。北宋神宗元丰（1078—1085）改制，刑部置，分属都官司，掌配隶人名籍。哲宗元祐四年（1089），并入举叙案。徽宗崇宁二年（1103）复置。南宋沿置。由都官郎官领之。

都 ❶国都。《尚书·说命中》："明王奉若天道，建邦设都。"❷行政区划之一。（1）十邑为都。《广雅·释地》："八家为邻，三邻为朋，三朋为里，五里为邑，十邑为都。"王念孙《疏证》："盖虞夏之数。"（2）四县为都。周朝制，九夫为井，四井为邑，四邑为丘，四丘为甸，四甸为县，四县为都。（3）四乡为都。春秋时齐国制度。《管子·乘马》："五家而伍，十家为连，五连而暴，五暴而长，命之曰某乡。四乡命之曰都。"又一说十州为都。《管子·度地》："故百家为里，里十为术，术十为州，州十为都，都十为霸国。"（4）宋朝神宗实行保甲法，以二百五十户为一都保，设都、副保正各一人，负责治安。后或改为乡都两级，或都、里并行。❸军队编制单位。唐、五代、宋均设。唐朝每都千人，置都指挥使。宋朝以百人为一都，马军置军使、副兵马使；步兵置都头、副都头。

都士 ❶官名。《周礼》秋官之属，一说为周朝置，掌都家狱讼。《周礼·秋官》："都士，中士二人，下士四人，府二人，史四人，胥四人，徒四十人。"郑玄注："都家之士，主治都家吏民之狱讼以告方士者。"❷州都别称。应璩《新论》："百郡立中正，九州置都士。"参见"州都"。

都大夫 官名。战国齐置，掌都邑行政的长官。《孙膑兵法·擒庞涓》："孙子曰：'都大夫孰为不识事？'"张震泽《校理》："战国时各国多行郡县制"，"齐国不设郡，其县邑仍用旧称为都，其长官称都大夫"。

都大主管茶马 见"都大提举茶马司"。

都大司马 官名。战国置，掌都邑军事的长官。《中日欧美澳纽所见所摹所拓金文汇编》第七三三号（镈铭）："杜湮都大司马。"

都大发运使 见"发运使"。

都大制置发运使 见"发运使"。

都大提点坑冶铸钱 官名。北宋仁宗景祐元年（1034）始置，资序同提点刑狱。后省。南宋高宗绍兴五年（1135）复置，后又省。孝宗淳熙二年（1175）再置。掌坑冶铸钱之事。参见“提点坑冶铸钱公事”。

都大提点坑冶铸钱司　见“提点坑冶铸钱公事”。

都大提举内外制造军器所　官署名。北宋徽宗崇宁元年（1102）置，掌制造器甲之事，设提举官。

都大提举导洛通汴司　官名。北宋神宗元丰二年（1079）置，以内侍充任，掌引洛水入汴河工程。三年，改为都大提举汴河堤岸司。参见“汴河堤岸司”。

都大提举汴河堤岸司　见“汴河堤岸司”。

都大提举茶马　见“都大提举茶马司”。

都大提举茶马司　官署名。北宋神宗熙宁七年（1074），始于秦州（今甘肃天水）及成都府利州路分别置茶场司和买马司。元丰四年（1081），合并为茶马司。掌收茶利以佐用度，凡市马于蕃部者，率以茶易之。设都大提举、都大主管、同主管、提举、同提举，各因其资品高下而除授之。凡产茶及市马州郡官属，得自辟置，视茶马数额之登耗以诏赏罚。

都大提举茶场　属名。宋朝都大提举茶场司长官。参见“都大提举茶马司”。

都大提举茶场司　官署名。即茶场司。参见“都大提举茶马司”。

都大提举茶事司　官署名。即茶事司。参见“都大提举榷茶司”。

都大提举茶事　官名。宋朝都大提举茶事司长官。参见“都大提举榷茶司”。

都大提举诸司官　官名。南宋高宗时，国史院置，以内侍省官充任，掌国史院杂务。

都大提举榷茶公事　见“都大提举榷茶司”。

都大提举榷茶司　官署名。北宋神宗元丰六年（1083），改茶马司置，职掌如故，设都大提举榷茶公事领之。后改称茶事司。

都卫指挥使司　官署名。明初于各省置，掌一方军政。洪武八年（1375）俱改为都指挥使司或行都指挥使司。

都卫断事司　官署名。明太祖洪武四年（1371）置各都卫指挥使司断事司，以理军中词讼。洪武八年改各都卫为都指挥使司或行都指挥使司。仍置断事司，设断事，正六品，副断事，正七品。

都乡侯　爵名。东汉置。凡封邑位于都乡（靠近城郊之乡）者，称都乡侯，位次于县侯。晋朝、南朝宋亦置，后多无封地。

都元帅　官名。辽、金都元帅府长官。金从一品。元初诸将仍沿用此称，无定制。世祖以后，置宣慰使司兼都元帅府，以宣慰使兼都元帅，从二品。

都元帅府　官署名。辽朝北面军官置，以大将总帅府军马事。设兵马都元帅、副元帅、同知元帅等。金朝战时临时设置，掌统军，事讫即罢。太宗天会二年（1124）对宋用兵时置，掌金、宋边境军事。次年，更西南、西北两都统府为元帅府。设都元帅，左、右副元帅，元帅左、右监军，左、右都监，下署经历、都事、知事、检法等官。章宗泰和八年（1208），并入枢密院。元初诸将多沿金制以都元帅系衔，于军前置都元帅府，无定制。在边地以宣慰司兼都元帅府，掌军旅之事，从二品。又曾专设北庭、曲先塔林、蒙古军、征东等都元帅府，以都元帅、副都元帅领之。

都厅　❶尚书省长官办公场所。《魏书·元顺传》：录尚书事元雍“昧爽坐都厅，召尚书及丞郎毕集”。即“都堂”。❷宋朝诸路州、军职官聚议公事之所。徽宗宣和三年（1121），改名签厅。❸宋朝宰相治事之所。徽宗宣和三年，改名公相厅。

都内令　官名。西汉属大司农，主国家所藏货币、布帛等财物，有丞。西汉晚期，国家财政收入除支付官吏俸禄外，余皆藏于都内。东汉省。帑藏由大司农部丞主之。

都内丞　官名。秦置，属治粟内史，为都内令副贰。入汉因之，景帝后元年（前143）更属大农令，武帝太初元年（前104）更属大司农。东汉省。

都公　尚书都省左、右司郎官别称。洪迈《容斋四笔》卷一五《官称别名》：“唐人好以它名标榜官称”，“左右司（郎）为都公”。

都勾押官　吏名。北宋神宗元丰（1078—1085）改制前，宣徽院、三司、群牧司皆设，补正名后，理三年之选，可出为三班奉职。

都孔目官　吏名。❶五代州府属吏。宋朝临安府所领九县各置一员，位点检文字下、副孔目官上。❷宋期三司三部各置一员，分掌诸案事，任满三年无遗缺则出西头供奉官；神宗元丰（1078—1085）改制，随司而废。❸金朝都转运司置二员，掌勾稽文牍。

都水　官署名。汉朝中央、郡国皆置。主修护水利设施或收取渔税。西汉太常（奉常）所属都水专管皇帝陵园区域内之水利事务，大司农、少府所属都水主管地方水利事务。水衡都尉亦设置长、丞。东汉唯置于郡国。

都水长　官名。西汉太常（奉常）、大司农、少府及水衡都尉皆置都水，设长、丞。

都水少令　官名。都水监次官，隋炀帝大业五年（609）以后，改都水少监置，从四品。参见“都水监”。

都水少监　都水监次官。隋炀帝大业五年（609）始置，正五品，寻改名都水少令。唐朝罢。辽朝复置，为南面朝官。金朝于都水监、都水外监各置，从五品，参掌监务，兼管漕运。元朝都水监一员，置正五品。又有行都水监，亦置少监。参见“都水监”。

都水从事　官名。晋朝诸州置，属刺史。

都水令　官名。即都水监长官，隋炀帝大业五年（609）改都水使者置，增为四品，后增为从三品。唐太宗贞观六年（632）复改都水使者。参见“都水使者”。

都水外监 官署名。北宋置于澶州，掌就近治理河渠之事。神宗元丰（1078—1085）改制后，或置外都水使者领之。又置南、北外都水丞司，以外都水丞领之，分治河事。徽宗宣和三年（1121）罢。南宋高宗绍兴九年（1139）复置，十年罢归工部。

都水司 官署名。即都水清吏司。

都水司员外郎 官名。即都水清吏司员外郎。

都水司郎中 官名。即都水清吏司郎中。

都水台 官署名。西晋始置，掌舟船水运河渠灌溉事务。长官为都水使者，属官有河堤谒者，参军二员，令史若干员。惠帝元康（291—299）中复置水衡都尉，亦隶之。东晋改河堤谒者为都水谒者，员六人。南朝宋孝武帝初罢，改置水衡令，寻复置。梁初有使者一员，参军二员，河堤谒者八员，武帝天监七年（508）罢，改置太舟卿。北魏仍置，多设二使者，有参军、录事等属官。北齐亦设使者二员，参事十员，又领都尉、合昌、坊城等局，都尉分司各地关津桥梁。隋初设使者、丞各二员为长贰，属官有参军三十员、河堤谒者六十员、录事二员，领掌船局、都水尉二员，又领诸津尉、丞、典作、津长。文帝开皇三年（583）省并入司农寺，十三年复置，仁寿元年（601）改名都水监。唐高祖武德八年（625）改监为台，寻改监为署，太宗贞观（627—649）中复改为监。参见“都水监”。

都水丞 官名。秦、汉为都水长副贰，西汉太常、治粟内史、水衡都尉、主爵都尉等署皆置。隋初为都水台次官，员二人，正八品上。文帝仁寿元年（601）改台为监，历代沿置，故亦称都水监丞。炀帝大业五年（609）以后增置少监（少令）为都水监次官，丞降为佐贰官，品秩升为从七品。唐朝不置少监，复以丞为都水监（台、署）次官，兼判诸署诸津事，员二人，从七品上。北宋初不置都水监，仁宗嘉祐三年（1058）复置，设丞二员，以京朝官充任，协助判监事、同判监事处理监务，并轮流出外治河。神宗元丰（1078—1085）改制后，复为都水监次官，参领监务。又设南、北外都水丞各一员，各领专司，分掌地方治河事，后省置无常，徽宗宣和三年（1121）罢。南宋本监不设丞，高宗绍兴九年（1139）复置南、北外都水丞，分别于应天府、东京置官司，十年并入工部。辽朝为南面朝官。金朝为佐贰官，位次少监，员二人，正七品，其中一员属卫州之都水外监。元朝员二人，正六品。其行都水监亦置。参见“都水长”、“都水台”、“都水监”。

都水使者 官名。西汉于太常、少府、大司农、三辅等处均设都水官，管理河渠陂池灌溉，武帝时以都水官多，置左、右都水使者总领三辅都水官，或称领护三辅都水，不常置。东汉省。三国魏置水衡都尉管理全国河渠灌溉水运事务，或说亦置都水使者。西晋省水衡都尉，置都水使者为都水台长官，行其职，四品。南朝宋孝武帝初一度废，改置水衡令，寻复。梁武帝天监七年（508）改置太舟卿。北魏仍置，员一至二人，孝文帝大和十七年（493）定为四品中，二十三年改从五品上。北齐置二员，从五品。隋初置一员，从五品。文帝开皇三年（583）省，十三年复置，仁寿元年（601）改名都水监。炀帝大业三年（607）复名都水使者，为都水监长官，正五品，后改名都水令。唐初复旧，旋改都水令，太宗贞观（627—649）中又复。高宗龙朔二年（662）改名司津监，咸亨元年（670）复旧，武则天光宅元年（684）改名水衡都尉，中宗神龙元年（705）复旧。员二人，正五品上。北宋初不置，神宗元丰（1078—1085）改制后，复置为都水监长官，员一人，正六品，总领水利工程，有重大急务则亲临处理。或置外都水使者。南宋高宗绍兴十年（1140）省。参见“都水台”、“都水监”。

都水参军 官名。亦称都水参军事。两晋南北朝都水台属官。南朝梁武帝天监七年（508）改都水台为太舟卿，遂省。北齐亦不置。隋初复置，员三十人，正九品上，后省。参见“都水台”。

都水参军事 参见“都水参军”。

都水监 ❶官署名。隋文帝仁寿元年（601）由都水台改名，长官为监。炀帝时长官先后称使者、监、令，次官先后称少监、少令，领舟楫、河渠署及诸津尉，为国家水利工程、水路运输管理机关，政令仰承工部水部司。唐高祖武德八年（625）改名都水台，旋降为署，隶将作监。太宗贞观（627—649）中复名监，置使者为长官。高宗龙朔二年（662）改名司津监，咸亨元年（670）复旧，武则天光宅元年（684）改名水衡监，长官称都尉，中宗神龙元年（705）复旧。置都水使者二员，分总其事。玄宗开元二十五年（737）方自将作监独立，以使者、丞为长贰，领署与隋朝同。北宋初不置，其职司归三司河渠案，仁宗嘉祐三年（1058）复置，设判监事一员，以员外郎以上充任，同判监事一员，以朝官以上充任，丞二员、主簿一员，并以京朝官充任，丞轮流出外治理水利工程，又在澶州设外监。神宗元丰（1078—1085）改制后，职掌与隋、唐略同，设使者一员、丞二员为长贰，又有南、北外都水丞各一员，都提举官八员，监埽官一百三十五员，分治各地川泽渠堰、水利工程，有重大急务则由使者行视处理。别置南、北外都水司，各设丞统领，又或置外都水使者。领提举汴河堤岸司、街道司。南宋初沿置，高宗绍兴十年（1140）省并于工部。辽朝为南面官署，有监、少监、丞等官。金朝仍掌川泽、津梁、舟楫、河渠之事，宣宗兴定五年（1221）以后，兼掌漕运，设监、少监为长贰，又有丞、掾、勾当官等属官。领街道司、诸都巡河官、诸埽物料场官。又于卫州置分治外监，专规指黄河、沁河，设少监、丞、掾等官。元初有漕运河渠司，世祖至元二年（1265）改置都水监，设监（太监）、少监为长贰，有丞、经历、知事等属官，后兼领河道提举司。至元七年隶大司农司，十三年并入工部，二十八年复置，直隶中书省。后为修浚会通河和建闸，增设官员，佩分监印，兼提点黄河事。武宗至大三年（1310），以黄河连年为害，分监官专治河患，置汴梁分监。仁宗延祐元年（1314），复隶大司农司，七年复改隶中书省。其后又设河南山东都水监、行都水监，分治各地河患。明朝不置，以其职归工部都水清吏司。❷都水监长官。隋文帝仁寿元年（601）由都水使者改名，从五品。炀帝复改使者。辽、金、元复置，金正四品，元从三品。参见❶。

都水监主簿　官名。西晋水衡都尉置主簿一人。隋文帝仁寿元年（601），改立都水监，炀帝大业（605—618）中，置一人。唐朝沿置，从八品下，负责掌印、勾检稽失，纠举运漕、渔捕有违失者。北宋初不置，仁宗嘉祐三年（1058）复置，以京朝官充任。神宗元丰（1078—1085）改制，置一人，从八品，管理内外河渠、津梁、堤堰疏凿浚治之事。南宋高宗绍兴十年（1140），都水监并归工部，遂废。

都水监丞　见“都水丞”。

都水清吏司　官署名。简称都水司。明清工部四司之一。掌理川泽、陂池水利之事，修筑道路、津梁、备造舟车、织造布帛、制作卷契、画一量衡之器。明洪武二十九年（1396）置，设郎中五人，员外郎一人，主事七人。南京工部都水清吏司亦设郎中一人，员外郎一人，主事二人。清顺治元年（1644）沿置，设郎中六人，满洲五人，汉一人；员外郎五人，满洲四人，汉一人；主事六人，满洲四人，汉二人，以及笔帖式、经承等若干人，分理司务。所属有河防科、桥道科、织造科、算房等办事机构。并兼掌藏冰、颁冰及坛庙殿廷器用之事。光绪三十二年（1906）裁。

都水清吏司员外郎　官名。简称都水司员外郎。明清工部都水清吏司之副长官。佐郎中掌司事。明洪武二十九年（1396）设，一人。南京工部都水清吏司亦设一人，皆为从五品。清顺治元年（1644）沿设，汉员外郎二人。满洲司属初不分曹，随堂官所派。后增至五人，满洲四人，汉一人。

都水清吏司郎中　官名。简称都水司郎中。明清工部都水清吏司之主官。掌司事。明洪武二十九年（1396）设，一人，后增设四人，南京工部都水清吏司亦设一人，皆正五品。清顺治元年（1644）沿设，汉郎中一人。满洲司属初不分曹，随堂官所派。后增至六人，满洲五人，汉一人。光绪三十二年（1906）裁。

都水谒者　官名。都水台属官。东晋置六人，南朝宋、齐一人，梁八人，亦称河堤谒者。北魏亦置。

都水庸田使司　官署名。元朝置。秩正三品。设于顺帝至元二年（1336），掌种植稻田事，置司平江（今江苏苏州）。至正十二年（1352），又于汴梁（今河南开封）置司。设庸田使、副使、佥事等职。

都水署　官署名。隋文帝开皇三年（583）废都水台入司农寺为署，十三年复改都水台。唐高祖武德（618—626）初废都水监为署，隶将作监，太宗贞观六年（632）复改监。

都正　❶南朝宋“州都”与郡“中正”合称。❷官名省称。南宋初，忠义民兵每五千人为一都社，设都社正统领，简称都正。

都功德使　即功德司、功德使。

都功德使司　见“功德司”。

都右司马　官名。战国置，掌都邑军事的高级军吏。《古玺汇编》第五九号：“庚都右司马。”

都右司徒　官名。战国置，《古玺汇编》第二一号：“□都右司徒。”

都左司马　官名，战国置，都大司马副佐，掌都邑军事的高级军吏。《古玺汇编》第五号：“杫垩都左司马。”

都目　金、元首领官名。管理衙门文书等日常公务，管辖吏员。凡由吏目升入者，可升为提控案牍，属流外职。

都史　宋朝胥吏名。徽宗政和三年（1113），董正州军胥徒府史之名，废子城使等职名，改置都史、副史、介史、公皂、衙皂、散皂、上隶、中隶、下隶。

都主辖支收司　即三司都主辖支收司。

都头　官名。❶唐僖宗入蜀后神策新军五十四都各置为统兵官，亦称都将。五代、宋朝为禁军步军诸都统兵官，领副都头及十将、将虞侯、承勾、押官等属官。❷县役通称。清梁章钜《称谓录》卷二六《各役·都头》：“唐代尝以都头为官名”，宋朝之后“以都头为县役之通称”，如《水浒》十八回：“随即叫唤尉司并两个都头，一个姓朱名仝，一个姓雷名横”。❸宋朝步兵都一级统兵官。统兵百人。其下有副都头、十将、将虞侯、承局、押官。上隶步军司。❹宋朝义勇兵都一级统兵官。统民兵百人。其下有副都头、十将、将虞侯、承局、押官各一人。

都司　❶指隋、唐、五代、宋之尚书省左、右司。因其分辖六部诸司事务，故名。❷明朝都指挥使司之简称。❸官名。清朝绿营军官，武职正四品。位于参将、游击之下，守备之上。与参将、游击相同，可充营所领兵官，掌防汛军政。有的则充副将的中军官，综理一协之军务。分为陆路都司及水师都司。此外，四川、云南土司中亦有都司之官，称土都司。

都司工　官名。即都司空，战国置，掌都邑工程营造的工官之长。《古玺汇编》第八五号：“平阴都司工。”

都司马　官名。❶战国魏置，掌都邑军事之长官。《文物》一九五九年第八期六二页图二著录魏国官印有之。❷《周礼》夏官之属，一说为周朝置，掌周王子弟之封邑及三公采邑的军事长官，上士爵。属员有中士，下士，府，史，胥，徒若干。《周礼·夏官·都司马》：“掌都之士庶子及众庶车马兵甲之戒令，以国法掌其政学，以听国司马。”《序官》：“都司马。”郑玄注：“都，王子弟所封及三公采地名。司马主其军赋。”

都司空 官名。又称都司工，都邑的司空官。战国置。《墨子·号令》：“诸吏卒民，非其部界而擅入他部界，辄收以属都司空若侯。”《杂守》：“都司空，大城四人。”《古玺汇编》第八五号战国齐国官印：“平阴都司工。”

都司空令 官名。西汉属宗正，有丞，职掌土木工程，制作修建宫殿官署所需砖瓦等，故出土汉瓦常有都司空记载者，又设狱囚系宗族外戚等。东汉省。

都司空丞 官名。秦置，属宗正。入汉因之，平帝元始四年（后4）更属宗伯，为都司空令副贰，主宗室犯罪者。东汉省。

都司徒 官名。战国置，掌都邑土地人民政教的长官。《古玺汇编》第一三号：“平阴都司徒。”

都司御史房 见“御史房”。

都台 官署名。即尚书省，唐武则天垂拱元年（685）由文昌都省改置，长安三年（703）又改中台。参见“尚书省”。

都老爷 清朝御史之俗称。以御史属都察院，故名。

都吏 官名。❶汉朝郡府属吏，主监察，性质与督邮近似。《汉书·文帝纪》：“二千石遣都吏循行，不称者督之。”颜师古注引如淳曰：“律说，都吏今督邮是也。”❷清朝各部院衙门属吏。分办具体事务。又称经承。

都匠 官名。❶掌治水，春秋战国齐置。《管子·度地》：“乃取水左右各一人，使为都匠水工”，“后常令水官吏与都匠因三老里有司伍长案行之”。西晋亦置。《水经注》四《河水》：“晋泰始三年正月，武帝遣监运大中大夫赵国，都匠中郎将河东乐世帅众五千余人修治河滩。”❷主持工程建造之匠师。《汉书·王莽传》：“因赐治庙者司徒、大司空钱各千万，侍中、中常侍以下皆封，封都匠仇延为邯淡里附城。”颜师古注：“都匠，大匠也。”

都则 官名。《周礼》秋官之属，一说为周朝置，掌八则治理都鄙。《周礼·秋官》：“都则，中士一人，下士二人，府一人，史二人，庶子四人，徒八十人。”郑玄注：“都则，主都家之八则者也。”贾公彦疏：“郑（玄）知主八则者，《太宰》云：‘八则治都鄙’，此经云‘都则’，故知则，八则也。”

都团练使 官名。唐肃宗乾元元年（758）置，亦称都团练守捉使，大者领州十余，小者二三州，以保境、安民、惩奸为务。德宗时，行营亦置。

都行省 官署名。元朝置。太祖十二年（1217），封木华黎为太师、国王、都行省承制行事，总管汉地军政和民政，建行省于燕、云间，各地元帅和行省皆听节制。太宗六年（1234）设中州断事官掌中州民政，都行省仍掌军政，有权措置各行省监镇事务。

都色长 见“教坊”。

都讲 主持学舍之人。《后汉书·侯霸传》：“师事九江太守房元，治《穀梁春秋》，为元都讲。”《魏书·祖莹传》：“时中书博士张天龙讲《尚书》，选为都讲。”

都讲祭酒 官名。❶东汉末张鲁置。《资治通鉴·汉献帝建安十八年（213）》：“（马）超兵败，遂南奔张鲁。鲁以超为都讲祭酒。”胡三省注：“鲁为五斗米道，自号师君，其来学者，初名鬼卒，后号祭酒，各领部众。都讲祭酒者，鲁使学者都习《老子》五千文，置都讲祭酒，位次师君。”❷三国吴所置学官。《三国志·孙权传》：“诏立都讲祭酒，以教学诸子。”

都军主 官名。北魏置。在边镇统兵，属镇将。参见“军主”。

都军头 宋朝军职名。属御前忠佐军头司。有马步军都军头、副都军头，马军都军头、副都军头，步军都军头、副都军头等名目。参见“御前忠佐军头引见司”。

都军司 官署名。金朝置。设在府镇之地。掌地方军事、维护治安。设都指挥使一员，秩正七品。下设军典、公使等吏员。辖有军兵。

都纪 官名。管理道教事务之道官。明洪武十五年（1382）设，为各府道纪司之长官。府各一人，从九品，设官不给禄，颁发度牒。掌钤束一府之道人。清沿明制，品秩未入流。例由礼部拣选通晓经义之道人充补，移咨吏部注册。

都丞 ❶官名。地位低下的宦官，春秋时齐国等置。《韩非子·难一》：“当世之行事都丞之下征令者，不辟尊贵，不就卑贱。”陈奇猷引旧注：“都丞，宦官之卑者也。”❷尚书左、右丞的别称。

都巡河官 官名。金朝置。设于河渠之处。隶属都水监。掌巡视河道、修整堤堰、栽植榆柳等河防之事，秩从七品。

都巡检 见“巡检”。

都巡检使 见“巡检”、“都巡检使司”。

都巡检使司 官署名。金朝置。掌地方治安。中都设东北、西南二司，一在通州，一在良乡。诸州亦设。置都巡检使，正七品；副使，正八品。

都运 都转运使简称。

都护 官名。汉朝有西域都护。东汉献帝建安（196—220）年间孙权曾以其侄孙皎为都护、征虏将军，代程普镇守夏口。三国吴又别置左、右都护，蜀分置中、左、右，皆掌军事。唐朝于边境地区置大都护府与上都护府，长官分别为大都护，从二品；都护，正三品。另有副大都护、副都护等。管辖境内军政及各族事务。中唐以后，渐名存实亡。宋朝寄禄官有上都护、中都护、副都护，不常除授。哲宗元符三年（1100），置陇右都护，以熙河兰会路都监充任，于湟州设都护府，职掌同沿边安抚司。明初金吾侍卫亲军都护府置，从二品，掌各亲军卫。

后置十七卫亲军指挥使司，罢都护府，遂废。

都护府 官署名。汉朝有西域都护府，详见“西域都护”。唐朝分置于边境地区，有大都护府、上都护府之别，设大都护、副大都护或都护、副都护等官，管辖区境内军政及民族事务。属官有长史、司马、录事及功、仓、户、兵、法诸曹参军事等。宋哲宗元符三年（1100），于湟州置陇右都护府，以熙河兰会路都监为陇右都护，职掌同沿边安抚司，下设同都巡检使一人。元世祖至元十一年（1274），于畏兀儿亦都护之下置畏兀儿断事官，十八年改领北庭都护府，二十年改称大理寺，二十二年复称大都护府。主管畏兀儿旧领州城及畏兀儿人入属汉地者之词讼。设大都护为长官，从二品。下设同知、副都护等官。明初金吾侍卫亲军置，掌各亲军卫，后废。

都护大将军 官名。西晋置。不开府非持节都督者，二品，位在镇军大将军上，禄与特进同。置长史、司马、主簿等僚属。如开府，则位从公，进为一品，俸禄及置僚属皆从诸公。

都护将军 官名。东汉初光武帝以贾复为之，从光武出征，监督诸将。献帝建安二十年（215），夏侯渊自护军将军迁行都护将军，督张郃，徐晃等平巴郡。三国魏及西晋初为禁军长官，统原属光禄勋的虎贲中郎将等五署，掌宫庭宿卫。武帝泰始三年（267），罢。

都邮 即督邮。

都邑大夫 官名。春秋战国齐国等置，掌城邑政令的长官。《史记·田敬仲完世家》：“田襄子既相齐宣公”，“襄子，使其兄弟宗人尽为齐都邑大夫”。

都作院 官署名。宋朝于各重要州府置，掌制造军器等物。初隶军器监，南宋高宗建炎三年（1129）并入军器所。

都伯 ❶武官名。《三国志·于禁传》：“及太祖领兖州，禁与其党俱诣为都伯。”《通典·兵二》引曹操《步战令》：“伍中有不进者，伍长杀之。伍长有不进者，什长杀之。什长有不进者，都伯杀之。”❷行刑小吏名。《资治通鉴·齐明帝建武元年（494）》：“即勒兵入尚书，斩萧令，两都伯力耳。”胡三省注：“都伯，行刑者也。今谓之刽子。”

都坐 北魏、北齐时尚书省的议事场所。《资治通鉴·宋孝武帝大明二年》：“宗爱方用事，威振四海，尝召百官于都坐。”胡三省注：魏有都坐大官。魏之都坐，犹唐之朝堂也。或曰都坐尚书。都坐即唐之政事堂。

都坐大官 即北魏时中都坐大官、内都坐大官、外都坐大官的泛称。

都兵郎 官名。尚书省都兵曹长官通称。亦称郎中。三国魏、西晋、北魏、北齐皆置。魏、晋六品，秩四百石；北魏孝文帝太和十七年（493）定郎中为五品上，郎从五品中，二十三年皆称郎中，六品，然仍可通称为郎；北齐六品上。参见“都兵曹”。

都兵郎中 官名。魏晋北朝与都兵郎互称，为尚书省都兵曹长官。参见“二千石郎”。

都兵曹 官署名。三国魏、西晋皆置，为尚书省诸郎曹之一，设郎（郎中），隶五兵尚书。东晋省。北魏复置，隶七兵尚书。北齐沿置，隶五兵尚书。掌鼓吹太乐杂户等军政杂事。

都译勾管作者 即主译者。

都社正 南宋忠义巡社职名。高宗建炎元年（1127），立诸路州府忠义巡社之法，令自相团结。每十人为一甲，设甲长一人；每五甲为一队，设队长一人；每四队为一部，设部长一人；每五部为一社，设社长、副社长各一人；每五社为一都社，设都社正、副都社正各一人。绍兴元年（1131）罢。

都君子 春秋时楚国从都邑征召的亲军武士称号。《左传·昭公二十七年》：“左司马沈尹戌帅都君子与王马之属以济师。”杨伯峻注：“‘都君子’为亲军之称号，征发自都邑者。”

都纲 官名。管理佛教事务之僧官。金朝设于各州郡，掌领州郡之僧众，理决僧尼词讼。元朝设于县，为各县都纲司之长官，掌理僧尼词讼。武宗至大四年（1311）二月，仁宗登极，下令罢各级僧司衙门，废僧官，遂废。明洪武十五年（1382）复置，为各府僧纲司之长官，府各一人，从九品，设官不给禄，颁发度牒。掌钤束一府之僧人。清沿明制，品秩未入流。例由礼部拣选通晓经义之僧人充补，移咨吏部注册。

都纲司 官署名。元朝管理佛教事务之机构，设于各县，掌理僧尼词讼。凡遇僧尼与百姓发生词讼，则与地方官府共同处理。长官为都纲。武宗至大四年（1311）二月，仁宗登极，下令罢各级僧司衙门，遂废。

都事 官名。隋朝始设，又称尚书都事。隋初改尚书都令史为尚书都事，置八人，正八品，为尚书都省处理日常事务的官员。掌文书收发，稽察缺失，监印给纸笔等事。炀帝大业三年（607），移其职属都司郎（即左、右司郎中），以都事分隶六尚书。唐朝尚书都省置六人，从七品上。职掌同隋。宋神宗元丰（1078—1085）改制，尚书省设二人，正八品。掌点检案牍。金朝设于尚书省左、右司，为首领官，正七品。掌本司受事付事，省署案牍，兼管架阁库事。元朝设于中书省左、右司，以及行中书省、御史台、枢密院、行御史台、行枢密院、宣慰司等机构，秩七品，亦为首领官。掌案牍，上奏公事及管辖吏员。明朝设于都察院、五军都督府、留守司、各省都指挥使司、布政使司经历司下，正、从七品不等。掌收受文移。清朝于都察院设，兼用满洲及汉员，正六品，与经历同掌出纳文移。又于福建、河南布政使司各设一人，从七品，兼职库大使。

都事厅 官署名。清朝都察院所属之办事机构。掌章奏文移。乾隆六年（1741），与经历厅分工后，分办礼、兵、工部关涉事件。设都事，满、汉各一人，正六品。下隶笔帖式等人员。

都事司 官署名。清末法部八司之一。光绪三十二年（1906）设。掌翻清译汉，誊缮专折，值日递折递牌，典守掌印，誊缮汇奏与核议各省折件等事项。置郎中三人，员外郎、主事各四人。

都事司郎中 官名。清末法部都事司长官。光绪三十二年（1906）设。定额三人，正五品，奏补。掌本司事务。

都转运司 官署名。或称都转运使司。西夏有都转运使司，设转运使等官。金朝中都路置都转运司，掌本路税赋钱谷、仓库出纳、权衡度量之制。设使为长官，正三品。下设同知、副使、都勾、户籍、支度、盐铁判官、都孔目官、知法等官职。元世祖中统三年（1262），以阿合马领中书左右部兼诸路都转运使，专理财赋。至元十二年（1275），以军兴国用不足，置十一处都转运司。

都转运使 官名。宋朝诸路置转运使，如五品以上官充任，则为都转运使，掌经度一路财赋，监察各州官吏。辽朝山西路都转运使司亦设。金朝中都路都转运司所置为正三品，掌本路税赋钱粮、仓库出纳、权衡度量之制。明朝为都转运盐使司长官，从三品。明初事权繁巨，颇受重视。自隆庆（1567—1572）起，罢大臣不遣，其权日轻，归重于巡盐御史及盐法道。万历（1573—1620）时，并盐法道、都转运使为一官。清朝为都转盐运使司盐运使省称，从三品，奉天、直隶、山东、两淮、两浙、广东、四川等处各设一人。掌督察盐场生产与盐商之行息而平其盐价，兼管水陆挽运事宜，按时奏报盐政察核。

都转运盐使司 官署名。简称盐运司。元、明、清掌管食盐产销的机构。元朝于辽东、大都、河间、山东、两淮、两浙、福建等地分设，隶户部。各设都转运使二人，正三品，同知一人，正四品，副使一人，正五品，运判一人，正六品，下辖盐场多所，各场设司令、司丞以掌其事。其中以两淮规模最大，年额盐多达九十余万引，约占全国三分之一以上。明仍元制，于两淮、两浙、长芦（今河北沧县）、河东（今山西运城）、福建、山东等地分设，置都转运使一人，从三品，同知一人，从四品，副使一人，从五品，判官无定员，从六品，下辖各场盐课司、盐仓、批验所共受巡盐御史或盐法道臣的监督。清代又作“都转盐运使司”。设于奉天、直隶、山东、两淮、两浙、广东、四川，各置盐运使一人，另有运同、运副、监掣同知等职，分别设于各分司。

都转运盐使分司 官署名。明朝两淮、两浙、长芦、河东、山东，五都转运盐使司下辖十四分司：两淮辖泰州、淮安、通州，两浙辖嘉兴、松江、宁绍、温台，长芦辖沧州、青州，山东辖胶莱、滨乐，河东辖解盐东场、西场、中场。以都转运使同知、副使分司治事，督各场仓盐课司，以总于都转运使。清代都转盐运使司下亦有分司。参见“盐务分司”。

都押牙 官名。唐朝节度使衙门所属牙将。宋雍熙二年（985），西夏李继迁入据银州，预署官职，设左、右都押牙，掌军法，亦参预军机。李德明在位时亦设。

都拘辖司 官署名。北宋神宗元丰（1078—1085）改制后，户部置，由户部尚书总领，掌内外财赋之数，钩考钱谷帐籍。后废。徽宗政和（1111—1118）中复置。

都典簿 官名。清末大理院典簿厅之长官。详见“大理院典簿厅都典簿”。

都牧令 官名。北魏置，掌牲畜的牧养事务，属都牧尚书。《魏书·高湖传》：“（高道）拜都牧令。迁镇南将军、相州刺史。”孝文帝太和（477—499）改制罢。

都牧少卿 官名。北魏置。《魏书·官氏志》：“（孝文帝太和十五年，491）又置司空、主客、太仓、库部、都牧、太乐、虞曹、官舆、复育少卿官。”太和十七年定为三品上，二十三年复次职令，未载。

都牧尚书 官名。北魏置。尚书省都牧曹长官，掌管马、牛等牲畜的牧养事务。《魏书·昭成子孙列传》：“后（拓跋桢自南豫州刺史）征为都牧尚书。薨，赠侍中，仪同三司。”孝文帝太和（477—499）改制时罢。

都牧给事 官名。北魏置。内廷派驻尚书省都牧曹监察政务的官员，亦佐理曹务，掌马及杂畜的牧养。《魏书·宇文福传》：“（宇文福）除都牧给事。”“时仍迁洛，敕福检行牧马之所。福规石济以西、河内以东，拒黄河南北千里为牧地，事寻施行，今之马场是也。及从代移杂畜于牧所，福善于将养，并无损耗。”孝文帝太和（477—499）改制时罢。

都牧曹 官署名。北魏置，掌管马、牛等牲畜的牧养，属尚书省。以都牧尚书为长官，下设都牧少卿、都牧令等官属，以及内廷派驻的都牧曹给事中、给事、龙牧曹奏事中散等监察官员。孝文帝太和（477—499）改制罢，其职掌并入太仆。

都牧曹给事中 官名。北魏置，内廷派驻尚书省都牧曹监察政务的官员，亦佐理曹务，位在都牧曹给事上。《魏书·张衮传》：“（张修虎）都牧、驾部二曹给事中，上谷公，司农少卿。”孝文帝太和（477—499）改制时罢。参见“给事中”。

都知 官名。❶宋朝军职。充当皇帝近卫的班直诸班，设都知、副都知和押班作统兵官。有散直左班都知、内殿直左第一班副都知等名目。❷宋朝内侍官。为宦官最高职事。入内内侍者设都都知、都知、副都知、押班等，内侍省设左班和右班都知、副都知、押班等。❸宋朝教坊之歌师。宋教坊有使、副使、大小都知。❹清初尚宝、惜薪二司之主官。掌理本司所属事务。下设左、右参知各一人佐之。后俱裁。

都知兵马使 官名。唐、五代方镇使府军将，掌军府兵权，肃宗至德（756—758）以后实为藩镇储帅。又有衙内都知兵马使、衙前都知兵马使、中军都知兵马使等名目。西夏李德明在位时亦置。

都知杂房 官署名。北宋神宗元丰（1078—1085）改制后置，隶尚书省，掌进制敕名、班簿具员，考察都事以下功过及迁补之事。由本省属吏领之。

都知监 官署名。明朝宦官二十四衙门之一。洪武三十年（1397）始置，设太监一人，正四品，左、右少监各一人，从四品，左、右监丞各一人，正五品，典簿一人，正六品。后改置掌印太监一员，佥书、掌司、长随、奉御无定员。初掌给监行移、关知、勘合之事。后惟随从皇帝前导警跸，为内府十二监下等衙门。

都知蕃落使 官名。党项西夏置。本唐、五代、宋时领州内蕃部事宜的党项首领，李继迁曾任此职，较低者似为管内押蕃落使，或押蕃落使。李德明在位时亦设，为定难军府属官，主管党项部落事宜。

都凭由司 即三司都凭由司。

都宗人 官名。《周礼》春官之属，一说为周朝置，掌王子弟封邑及公卿采邑中主祭祀礼仪。《周礼·春官》："都宗人，上士二人，中士四人，府二人，史四人，胥四人，徒四十人"，"掌都宗祀礼。凡都祭祀，致福于国，正都礼与其服。若有寇戎之事，则保群神之。国有大故，则令祷祠。既祭，反命于国"。

都官 ❶即中都官，泛指设在京师、直属朝廷的官署。《睡虎地秦墓竹简·厩苑律》："内史课县，大仓课都官及受服者。"❷即都官从事。❸十六国大夏及南北朝尚书省诸曹之一，设尚书为长官。南朝领都官、水部、库部、功论四郎曹，职掌军事刑狱、徒隶狱囚、水利河工、库藏、官吏考课。时起部所掌土木工程，亦常由都官、左民分治。北齐领都官、二千石、比部、水部、膳部五郎曹，职掌制定律令法制、纠劾违法、水利工程、舟船津梁、宫廷百官膳食等务。隋初沿置，领都官、刑部、比部、司门四郎曹，职掌以法律刑狱为主，文帝开皇三年（583）改名刑部。❹尚书省郎曹之一。魏晋南北朝皆置，设郎（郎中、侍郎）为长官。掌刑狱徒隶、劾治违法案件，遇战事或佐督军事。北齐专掌京畿以内刑狱诉讼。或说三国魏隶尚书左仆射，西晋隶三公尚书。南北朝隶都官尚书。隋初沿置，设侍郎二员为长官。文帝开皇三年（583）以后称都官司，隶刑部，历朝因之。掌官私奴婢名籍配役及其有关事务，后又增设员外郎为次官。炀帝大业三年（607）改置郎、承务郎为长贰，唐高祖武德三年（620）改置郎中、员外郎。掌全国官府奴婢名籍配役及部曲客女之政。高宗龙朔二年（662）改名司仆，咸亨元年（670）后闲简无事。五代因之。北宋前期唯置判都官事一员，以无职事朝官充任，无职掌，郎中、员外郎皆为寄禄官。神宗元丰（1078—1085）改制后，掌全国徒流、配隶、吏役之政，主管在京百司无选限公人名籍、补换、更替，总州县应募役人数，登记各地编配、羁管人员名册，及军大将（副尉）阙额、招收、转补、停放等事。辖吏籍、配隶等四案。设郎中、员外郎为长贰，亦或者并郎官。南宋辖差次、磨勘、吏籍、配隶、知杂五案，孝宗隆兴元年（1163）以后兼领比部、司门事。明初置为刑部四属部之一，设郎中、员外郎各一员，洪武二十三年（1390）分四部为十二部，遂罢。

都官从事 官名。东汉、魏、晋为司隶校尉属官，由其自辟除。秩仅百石，权势颇重，掌监察举劾百官。东晋、南朝罢司隶校尉，遂省。北魏置为司州牧、司州刺史属官，孝文帝太和十七年（493）定为从四品中。后省。

都官有秩吏 战国时秦国在中央派驻地方的机构中供职的高级官吏统称。《睡虎地秦墓竹简·金布律》："都官有秩吏及离官啬夫，养各一人，其佐、史与共养。"

都官员外郎 刑部都官司次官。隋文帝开皇六年（586）始置，炀帝大业三年（607）改置承务郎。唐高祖武德三年（620）复旧，从六品上。高宗龙朔二年（662）改名司仆员外郎，咸亨元年（670）复旧。五代沿置。北宋初为正六品寄禄官，不预司务。神宗元丰（1078—1085）改制后始为职事官，正七品。或有省并。明初复置，员一人，正六品，洪武十三年（1380）升从五品，二十三年罢。参见"都官"。

都官佐 官名。战国秦置，在中央派驻地方的机构中担任副职官员统称。《睡虎地秦墓竹简·金布律》："都官佐、史不盈十五人者，七人以上鼠（予）车牛、仆。"

都官尚书 尚书省都官曹长官。十六国大夏始置。《晋书·赫连勃勃载记》："于是拜（王）买德为都官尚书。"南北朝皆置。南朝宋三品，梁十三班，陈三品、中二千石，北魏孝文帝太和十七年（493）定为二品中，二十三年改三品，北齐三品。隋初沿置，正三品，文帝开皇三年（583）改名刑部尚书。参见"都官"。

都官侍郎 官名。魏晋南北朝尚书都官郎之资深勤能者可转侍郎。隋初定置为刑部（都官）都官司长官，员二人，正六品上，文帝开皇三年（583）升从五品。炀帝大业三年（607）改名都官郎。唐高祖武德三年（620）改置都官郎中。

都官郎 官名。魏晋南北朝皆置，为尚书省都官曹长官通称，亦称都官郎中，资深勤能者可转侍郎。职掌刑狱，亦佐督军事。或说魏隶尚书左仆射，晋隶三公尚书。东晋桓玄一度改名贼曹郎。南北朝隶都官尚书。魏、晋、宋六品，梁五班，陈四品、六百石。北魏孝文帝太和十七年（493）定郎中为五品上，郎从五品中，二十三年皆称郎中，六品，仍可通称为郎。北齐六品上。隋初定名为都官侍郎，炀帝大业三年（607）改名都官郎，为刑部都官司长官，从五品。唐高祖武德三年（620）改名都官郎中。参见"都官"。

都官郎中 官名。魏晋南北朝与都官郎互称，为尚书省都官曹长官。唐高祖武德三年（620）定置为刑部都官司长官，从五品上。高宗龙朔二年（662）改名司仆大夫，咸亨元年（670）复旧。五代沿置。北宋前期为五品寄禄官，不预司务。神宗元丰（1078—1085）改制后，始为职事官，从六品。哲宗元祐元年（1086）兼领司门，绍圣元年（1094）诏都官、司门二司互置郎官一员。南宋孝宗隆兴元年（1163）兼领比部、司门事。明初亦置，员一人，正五品，洪武二十三年（1390）罢。

都官郎官 都官郎中、员外郎通称。

都官部 官署名。明初刑部四属部之一。洪武六年（1373）置，设郎中、员外郎各二人，主事四人。十三年后改郎中、员外郎各一人主事二人。二十三年改置十二属部，遂罢。与总部、比部，司门部共掌刑法之事。

都官部员外郎 官名。明初刑部都官部副长官。初二人，正六品。洪武十三年（1380）改一人，从五品。协郎中共掌本属部事。参见“都官部”。

都官部郎中 官名。明初刑部都官部长官。初二人，正五品。洪武十三年（1380），改一人。掌本属部之事。参见“都官部”。

都详稳 官名。辽朝置。北面官，四帐都详稳司长官。

都录 都录事省称。

都录事 官名。南朝梁置，郡属官，总掌文簿。与太守甚亲近，常主管众务。北齐诸州亦置。

都承旨 即枢密都承旨。

都城所 官署名。金朝置。属工部。掌修缮庙社及城隍门钥、百司公廨、系官舍屋并栽植树木工役等事。设左、右厢官各二员，掌监督工役；受给官二员，掌支纳诸物及制作陶器等事；秩均正八品。

都茶场 官署名。南宋高宗建炎二年（1128）置于行在，掌出卖钞引，以榷货务监官通管。

都指挥同知 官名。明朝置，为各都司、行都司及羁縻卫所都司副长官。都司及行都司定制二人，羁縻都司随需设置。均从二品。参见“都指挥使司”。

都指挥佥事 官名。明朝置，为各都司、行都司及羁縻卫所都司副长官。都司、行都司定制四人，羁縻都司随需设置。均正三品。参见“都指挥使司”。

都指挥使 官名。唐末始置。僖宗广明元年（880）为防黄巢军入长安，置汝、郑把截制置都指挥使。又有左右军宿卫都指挥使。五代始置为厢与军之统兵长官，亦有兼领数厢数军者。后唐明宗长兴三年（932）卫军神威、雄威、英魏府广捷以下指挥改左右羽林，置四十指挥，每十指挥为一军，每军置一人，分左、右厢。宋朝禁军三衙或军也置，为统兵官。殿前司都指挥使以节度使任，有副都指挥使。辽朝北面边防官各军均置指挥使，以刺史以上充任。南面官南京侍卫亲军马步军都指挥使司，马军、步军都指挥使司及南面大蕃府官、黄龙府南面方州官马步军都指挥使司，南面军官各军、侍卫亲军、左右厢均置。金朝诸府镇都军司置一人，正七品；节镇军置，从七品。掌军率差役、巡捕盗贼、总判军事，仍与录事同管城隍。武卫军都指挥司亦置，隶尚书省兵部。大定二十九年（1189）以武卫军六十人，兵马一人，副都二人其职低，遂置使，复旧。正四品。承安三年（1198）升从三品。元世祖中统元年（1260）置武卫军沿之。至元元年（1264）改侍卫亲军。置官如故。二十六年设枢密院所属京城侍卫武卫亲军都指挥使司，亦置三人，正三品，与达鲁花赤、副使、佥事共掌修治城隍及京师内外工役、大都屯田诸事。明初置帐前总制亲军都指挥使司，置都指挥使一人。后改都护府，遂罢。洪武八年（1375）改各都卫指挥使司为都指挥使司、行都司，置为各都司长官，一人，正二品，均用流官，仅少数民族地区羁縻卫所用其首领充任。与同知、佥事共掌一省一地军政。一人统司事，称掌印；一人练兵，一人屯田，称佥书。巡捕、军器、漕运、京操、备倭诸务，并选充任。否则只称带俸。羁縻卫所置，掌附辑诸部族，谨守疆土，修职责，供征调。

都指挥使司 官署名。简称都司。明初置都卫指挥使司，洪武八年（1375）改置。多置于各省，掌一方之军政，分隶五军都督府，而听命于兵部。设都指挥使一人，都指挥同知二人，都指挥佥事四人为长官。以流官或世官充任，其属有经历司，设经历、都事，以掌文移。断事司，设断事、副断事；司狱司，设司狱，共掌刑狱。并有仓库、草场，分设大使、副使管理。又于少数民族地区设置，有奴儿干都司、乌思藏都司、朵甘都司等。均以当地少数民族首领为长官，管理本地区军政之事。

都点检 殿前都点检省称。

都省 官署名。即尚书都省。魏晋南北朝尚书省长官办公场所，亦称尚书上省、尚书都坐。以录尚书事、尚书令、仆射为长官，属官有左、右丞，都令史，下统六部。隋唐五代及北宋前期为尚书省总官署。唐制，下设左司辖吏、户、礼三部，右司辖兵、刑、工三部，分由尚书左、右丞统之，左、右司郎中、员外郎副之。掌纠举省内六部诸司及百僚之程式。《唐会要》卷五七《尚书省》：凡“诸司文案，准式并合都省发付；诸司判讫，都省勾检稽失”。中唐以后，常以宰相判六部事，都省诸司几成闲曹。宋神宗元丰（1078—1085）改制前，以诸同三品以上官或翰林学士一员权判尚书都省，总领省事及集议、定谥、祠祭受誓戒、在京文武官封赠、注甲、发付选人及出雪投状等事。

都保卫 参见“保正”。

都保正 宋朝乡兵统兵官名。保甲乡兵以五百家为一都保，选众人所服者一人为都保正。枪仗手以二百五十人为一都保，设都保正一人领之。

都钤辖 见“钤辖”。

都亭西驿　官署名。北宋真宗大中祥符九年（1016），以京城西旧染院为夏州蕃驿，属鸿胪寺。后改称都亭西驿，掌接待河西蕃部贡奉使者。设管勾二人，以诸司副使以下至三班使臣充任。

都亭驿　见“怀信驿”。

都亭侯　爵名。东汉置，位在乡侯下。晋、南朝宋、梁、北朝北魏皆置。初封都亭，后无封地。

都将　官名。❶北魏所置武职之一种，统禁军侍卫皇帝左右或出征、镇守在外。出外时多作为一路主将。如西道都将、义阳道都将、南征都将等，随皇帝出征时有的主管前锋或中军，为前锋都将、中军都将。地位很高，多自镇将或三都大官迁此，亦有以三公任此职者。孝文帝太和十七年（493）及二十三年职员令皆未载。唐朝代宗时李晟为右神策都将，后唐李从敏曾为捧圣都将，皆为统兵武职。❷北魏负责经济方面的官员，如盐池都将、铸钱都将、西冶都将等，地位稍低。

都总管　官名。宋初有都部署为一方军事统帅，后避英宗赵曙名讳，改称都总管。常以诸路帅臣、知州兼任。神宗行将兵法后，地位渐轻。南宋高宗建炎元年（1127）置为要郡帅府长官，以文臣充任，并带安抚使衔。绍兴二年（1132）罢。辽朝五京都总管府置为长官。金朝为诸路总管府长官，各一员，正三品，掌统诸城隍兵马甲仗，总判府事，常由所在留守、府尹兼任，兼管军民。海陵王完颜亮攻宋时分三十二军，亦临时于每军设一员为将。元朝大都路、上都路都总管府置为长官，正三品。上都路都总管由留守兼。宫廷、兵部、工部等机构所设都总管府亦置为长官。参见“总管”。

都总管府　官署名。辽、金各京及元大都、上都均设，多由留守司官兼长官，管都城造作、修缮等务。元宫廷、兵部、工部和各位下还设有各种掌管专门事务的都总管府。参见“总管府”。

都给事中　官名。明清六科之主官。明洪武二十四年（1391）设六人，吏、户、礼、兵、刑、工六科每科一人，秩正八品。建文（1399—1402）中改为正七品。掌侍从、规谏、补阙、拾遗、稽察六部百司之事。清顺治十八年（1661）沿设，满、汉各六人，每科满、汉各一人。掌发科抄，分稽庶政，注销各衙门文卷及给发敕书、赴任文凭，稽核奏销册、文武生童学册等事。康熙五年（1666）改称掌印给事中。

都统　官名。❶军事统领。前秦建元十九年（东晋太元八年，383），苻坚进攻东晋，征富家子弟二十岁以下者共三万余骑，以秦州主簿赵盛之为少年都统，作为带领青年兵之将官。都统之名，始于此。南朝宋置，惟出征时设，以统率各领兵将军。北魏亦置，为皇帝左右亲信，有都统长，领殿内之兵。唐朝置，为总兵统帅名。玄宗天宝（742—756）末，置天下兵马元帅，都统诸道节度使，以平安史之乱。肃宗乾元（758—760）中，置都统，或总三道，或总五道。后又置诸道行营都统，为各道出征兵之统帅，掌征伐。属临时性军事长官，不赐旌节，事毕即罢。宋朝置都统制，简称都统，以节制军马，亦非常职。辽、金亦有都统之名。❷地区长官名。前秦末年，有河西鲜卑大都统、都统之名，为地区性少数民族统治者之官号。❸僧官。北魏置，设于州及畿郡。管理佛教寺院僧众及僧祇粟之应用。❹清朝八旗组织中各旗的最高长官。满洲、蒙古、汉军旗各一人，共二十四人，从一品。掌本旗户籍、田宅、教养、营制、兵械，以及选官序爵、操演训练等军政事务。满名原为“固山额真”，顺治十七年（1660）始定汉名为都统。雍正元年（1723），以额真（意为“主”）二字非臣下所用，将满名改为固山伯喀达喇喇昂邦，后又更为固山伯喀达喇昂邦（意为管旗大臣），惟汉名仍称都统，终清未变。又，各省驻防八旗设将军或都统为长官，一般将军与都统不并置，凡设将军处，其下置副都统。设都统者有察哈尔都统（驻张家口）、热河都统（驻承德）、乌鲁木齐都统（驻乌鲁木齐）等，除掌驻防旗营军政事务外，并兼管地方民政事务，为驻防地区的最高军事行政长官。❺清末新陆军军阶有正都统、副都统、协都统之称。光绪三十年（1904），定新陆军官佐等级，分为三等九级，上等一级正都统，从一品；二级副都统，正二品；三级协都统，从二品。详见“正都统”等条。

都统长　官名。北魏道武帝登国元年（386）置。领殿内之兵，直卫皇宫。

都统处置使　官名。唐肃宗乾元元年（758）置，总诸道兵马，掌察所部善恶，不赐旌节。后行营亦置。又称都统使。

都统司　官署名。金朝置。统领一方军马进行征伐。收国二年（1116），太祖以征东京高永昌，置南路都统司。征奚部，又置奚路都统司，不久改为六部路都统司。后在咸州、曷苏馆、上京、泰州等处置司。每司统军五六万人，长官为都统、副都统。

都统军　见“统军”。

都统制　官名。北宋末年，大军出师征讨，诸军统制不相统属，即以其中一人为都统制，统率诸军。南宋高宗建炎元年（1127），御营司亦置。其后，各屯驻大军皆设，其副职为副都统制。

都统制府　官署名。金朝置。正隆六年（1161），海陵王攻南宋时设立，共分三道：浙东道水军都统制府、汉南道行营兵马都统制府、西蜀道行营兵马都统制府。亦称三道都统制府。设都统制、副都统制统领本道军兵，分路攻宋。

都统使　使职名。唐肃宗乾元元年（758）置，以户部尚书李峘除都统淮南、江东、江西节度、宣慰、观察、处置等使，都统使之号自此始，总诸道军事。德宗建中元年（780），以汴州节度使李勉充河南汴州、宋、滑、亳、河阳等道都统使。宣宗大中五年（851），以特进守司空兼门下侍郎平章事白敏中充邠宁节度使、招讨南山平夏党项兵马都统处置等使。

都统房 官署名。清朝兵部武选清吏司所属之办事机构。额设经承一人。

都都知 宋朝入内内侍省都都知简称。

都教头 宋朝军吏名。神宗时置，选武艺精强者为之，位在教头之上。

都教练使 见“子城使”。

都校 官名。❶唐僖宗忠武军置，为千人（都）统兵官。《旧五代史·王建传》：“初，（杨）复光以忠武军八千人立为八都，（鹿）晏弘与王建各一都校也。”五代亦置。《旧五代史·安审琦传》：“（天）成初，唐末帝由潞邸出镇河中，奏审琦为牙兵都校，未几，入为归化指挥使。王师伐蜀，充行营马军都指挥使，及凯旋，改龙武右厢都校，领富州刺史。”❷宋朝为诸军都指挥使、厢都指挥使、诸班直都虞候别称。

都盐院 官署名。北宋置。掌收纳解州（治今山西运城西南）池盐，供给京师及京东诸州廪禄并出卖。设监官二人，以京朝官及三班使臣充任。下设典五人，主秤八人。

都盐案 官署名。北宋前期置，隶三司盐铁部，掌盐事。由本部都孔目官以下分领之。神宗元丰（1078—1085）改制，随三司罢。

都监 官名。❶三国魏内侍官，以宦者充任。《三国志·曹爽传》：“又以黄门张当为都监，专共交通，看察至尊，候伺神器，离间二宫，伤害骨肉。”❷唐朝中叶以后监军宦官。时调数道兵马会战，常置都统或都都统为其最高统帅，别遣宦官为都监军使，称都监或都都监。❸宋朝地方军事长官兵马都监的简称，位次钤辖。北宋初为临时差遣，分统各地屯驻禁军，参用文臣，后渐成固定差遣。诸路设路分都监，掌本路禁军的屯戍、边防、训练事务；府、州所设掌本城禁军屯戍、兵甲、训练、差使事务；又有统兵出征的行营都监、统领临时屯驻禁军的驻泊都监，不预地方军务。资历浅者称监押，职权略同。关、城、县、镇、堡、寨等处如有屯兵亦置，多以知县、县令等地方行政长官兼任。神宗推行将兵法以后，各地驻防禁军由专设将领统率，都监渐成闲职。南宋略同。高宗建炎（1127—1130）初，令较重要府州的长官兼任本路都监，另以武臣一人任副都监为之副贰，许以便宜行军马事，可辟置僚属，屯兵数目不等。绍兴三年（1133）废地方长官兼都监之制，各路都监多为闲职，掌本处治安、防火、捕盗之事，又有正员以外的添差都监，无职事。至后期部分地区的都监复为统兵官。❹协助管理军政的官员。辽朝北面朝官、御帐官、皇族帐官、诸帐官、部族官、军官、边防官诸详稳等司皆置，位次详稳，高于将军，协掌军政军令。北面朝官中北院、南院都统军司所置位次统军使、副统军使；北面边防官诸兵马都部署、副部署，诸军指挥使、副指挥史，诸都统军使、副统军史，北面行军都统、副都统，南面诸军都指挥史、副指挥史之下，诸乣军，皆置此官，掌部署约束监督营伍。金朝都元帅府置左、右都监各一员，从三品，位次左、右监军，为高级武官。❺管理具体事务的官员。辽朝大惕隐司有之，协助惕隐、知惕隐司事管理皇族事务；北面诸坊、监养鸟兽官皆有之，位次详稳。金朝殿前都点检司所辖器物局、尚辇局，宣徽院所辖诸局、司、院、库，太府监所辖支应所，户部、礼部、工部所辖诸库、司、局、园，各地管理盐、酒、商税的官署等皆置，为低级事务官员，位正八至正九品。内侍局所掌宫廷诸门、殿、庙、园、诸妃位下亦置，分掌门禁管钥及各位下承应。

都监牧使 官名。唐高宗仪凤三年（678）置，统南监牧使、西监牧使、北监牧使、盐州监牧使、岚州监牧使等，总领四十八监及沙苑、楼烦、天马监群牧孳课之事，有副使、判官等，夺太仆寺之权。亦称监牧都使、群牧都使。

都候 官名。《汉书·百官公卿表》未载，汉印、封泥等有之，当为卫尉属官。《续汉书·百官志》：左右都候皆六百石，主管剑戟士以巡逻护卫宫禁，奉命收考贵戚大臣。据洪饴孙《三国职官表》，魏亦置左、右都候各一人，六百石，七品。丞各一人，七品，属卫尉晋朝沿置。东晋省。南朝。宋复置。

都部从事 十六国后赵置，掌监察诸州。《晋书·石勒载记下》：“置署都部从事各一部一州，秩二千石，职准丞相司直。”

都部署 官名。北宋初置，为一方军事统帅，掌军旅屯戍、攻防等事务。后避英宗赵曙名讳，改称都总管。辽朝有兵马都部署，属北面边防官。

都家 周朝诸侯王子弟及公卿大夫采邑。《周礼·秋官·方士》：“方士，掌都家。”郑玄注：“都，王子子弟及公卿之采地。家，大夫之采地。大都在畺地，小都在县地，家邑在稍地。不言掌其民数，民不纯属王。”

都宰 官名。春秋时鲁国置，掌都邑行政的长官。《史记·孔子世家》：“其后定公以孔子为中都宰。”

都理欠司 即三司都理欠司。

都检正官 即检正五房公事。

都副将 官名。北魏前期置。统兵，地位在都将之下。《魏书·周观传》：“（观）以军功进为都副将，镇方中。”孝文帝太和十七年（493）及二十三年职员令皆未载。

都厢 见“厢宫”。

都曹 官署名。北魏前期置，属尚书省。设尚书为长官，协助尚书令、仆射综理尚书省各曹事务。多以侍中、殿中尚书、吏部尚书等官参、治、录其事。孝文帝太和（477—499）改制时废。

都曹尚书 官名。北魏前期置。尚书省都曹长官，协助尚书令、仆射综理各曹事务，位居诸尚书之首。为之者多兼侍中，常迁为尚书令、仆射或三公。孝文帝太和（477—499）改制时废。

都曹参军 官名。南朝梁置。《梁书·袁峻传》："天监（502—519）初，鄱阳国建，以峻为侍郎，从镇京口。王迁郢州，兼都曹参军。"

都堂 ❶即都省，南北朝及隋唐五代尚书省总署之称。❷宋朝百官集议之所。北宋前期设于尚书都省，凡典礼之事当议者，皆下诏都省传当议之官赴都堂集议，由判尚书都省事主持。神宗元丰（1078—1085）改制后，以旧中书东、西厅为门下省、中书省都堂，尚书省都堂为三省都堂。❸明朝都察院都御史、副都御史、佥都御史及总督、提督、巡抚等官别称。❹清入关前之理讼官。明万历四十三年（1615）清太祖努尔哈赤设理国政听讼大臣五人，扎尔固齐十人。扎尔固齐又称都堂，佐五大臣理国事，专掌讼诉。

都船令 官名。西汉置。初属中尉，主都船狱，有三丞。或以都船狱令为治水官。武帝太初元年（前104）中尉更名执金吾后改属之。东汉省。

都船丞 官名。秦置，属中尉。入汉因之，武帝太初元年（前104）更属执金吾，为都船令副贰，员三人。东汉省。

都御史 官名。明朝都察院长官。洪武十四年（1381）罢御史台置都察院，设左、右都御史各一人，俱正二品。掌纠劾百官，辨明冤枉，提督各道监察御史，为天子耳目风纪之司。后有以尚书、侍郎等官加都御史或副都御史、佥都御史衔，出为总督、提督、巡抚者，其职多为总理一方军务，但终明之世皆系京官出差性质，非为正式的地方长官。清朝都察院只以左都御史为院长，设满、汉各一员，从一品，而以右都御史定为总督的加衔。

都商税务 见"都商税院"。

都商税院 官署名。北宋置，掌京城商贾廊店税收，设监官三人，以京朝官、诸司使副及三班使臣充任。上隶三司。神宗元丰（1078—1085）改制，改称都商税务，隶太府寺。

都尉 官名。❶统兵武官。战国赵、魏、秦等国已置，地位略低于将军。《战国策·赵策三》："秦、赵战于长平，赵不胜，亡一都尉。"《史记·白起王翦列传》："大破李信军，入两壁，杀七都尉，秦军走。"秦、两汉亦为高级武官，稍低于校尉，或冠以骁骑、车骑、军门、强弩、复土等名号，皆有事时临时设置，事讫即罢。魏、晋名号极繁，地位渐低，亦不常置。唐朝有折冲都尉、果毅都尉，为诸卫府所辖折冲府正副长官，统率各地府兵，地位高于校尉。辽朝亦有其名目，仅为虚职，无职掌。金章宗泰和六年（1206）攻宋，曾临时设置殄寇折冲、果毅都尉统兵，军还即罢。哀宗正大（1224—1231）间，选各路精兵直隶枢密院，其统率初名总领使，后改都尉，有建盛、折冲、振武、荡寇、果毅、殄寇、虎贲、鹰扬、破虏、虎威、振威等名目，初秩正四品，后升从三品。分屯各地，以曾掌元帅权者任之，其府职权与元帅府、行枢密院相等，每卫士兵不下万人。后行尚书省亦或置都尉统兵。明初一度置都尉司（亲军都尉府）领禁卫军，寻罢。明崇祯十六年（1643）李自成亦置，正六品，位次威武将军，领兵六百人。❷执行特定职务的专职官员。西汉中央有常设的水衡都尉、非常设的搜粟都尉、协律都尉，分掌行政事务，位次九卿；奉车都尉、驸马都尉侍从皇帝左右，骑都尉监领羽林骑，或护西域事务；大司马、大将军属官有护军都尉，掌监督节制诸军。地位皆颇高，秩比二千石。诸郡或置农都尉、关都尉。三国有水衡、抚军、典弩、典铠等都尉，各有职事，权任颇重；度支、典农等都尉掌诸军、郡县屯田事务；各地或置司金、司盐、司竹都尉，分掌冶金、盐务等具体事务。十六国前凉置五都尉，专主监伺刺举。北齐都水台、太仆寺属下诸局亦置，为低级事务官员，隋朝都水台沿置。奉车、驸马、骑都尉，魏晋南北朝并号三都尉，名为侍从武官，实为加官冗职，地位渐低。唯驸马都尉成为帝婿专官，唐、宋至明皆置。❸郡军事长官。秦、西汉初设郡尉，景帝中二年（前148）改名都尉，秩比二千石。协助太守典掌军事，维护治安，统率、训练本郡军队，职权颇重。自置府，有丞、主簿、诸曹掾史等属吏。有时代理太守职务。边郡往往分置为数部。新莽曾改名太尉。东汉内地诸郡省，并其职于太守，如有紧急军情，亦临时设置。边郡仍置，多分部。三国、晋诸郡沿置，五品，后省。北齐、隋初设郡尉，炀帝大业三年（607）罢州置郡，各设都尉（正四品）、副都尉（正五品），专掌军事，不预行政，与郡不相知。又置京辅都尉，从三品，立府于潼关，领兵镇守。唐朝罢。❹少数民族地区长官。汉朝有属国都尉，管理属国军事民政。西晋武帝太康（280—289）中，改南匈奴五部帅为五部都尉，分领匈奴诸部。十六国汉于六夷每万落置一都尉统领之。❺唐、宋、金、元、明武臣勋官等级，次于将军，高于骑尉，有上轻车都尉、轻车都尉、上骑都尉、骑都尉等名目。清朝爵位有轻车都尉、骑都尉，位次男爵，以封功臣、外戚；武阶官有武义、武翼、昭武，宣武都尉等名目。详见各条。

都尉司 官署名。❶亦简称都尉。金朝置。直属枢密院。设于哀宗正大（1224—1231）间。原为总领司，后更名。长官为都尉，秩正四品，以曾秉帅权者充任，不受地方帅府行院统辖。天兴元年（1232）设都尉司多达十四个（一说十三个）。每司军兵不下万人，由各路精选。兵士强壮敏捷，步卒负担器甲粮糗重至六七斗，一日夜行二百里。❷明初改拱卫指挥使司而置。为正三品衙门，掌领校尉之事。洪武三年（1370）改为亲军都尉府。

都尉局 官署名。北齐置，隶都水台，管理诸津桥尉。

都维那 ❶官名。北魏置，佐沙门统掌管全国佛教事务，北齐昭玄寺设三人，佐大统、统管理全国佛教事务，位在各寺寺主之上。北魏时僧令即自嵩高闲居寺主迁都维那，再迁沙门大统。见赵万里《汉魏南北朝墓志集释》图版二八八《魏故昭玄沙门大统僧令法师墓志铭》。❷僧官名。佛教寺院中管理僧务的知事僧，各寺皆置，与上坐、寺主合称寺院三纲。位在上坐、寺主之下。见《旧唐书·职官二》。

都提举万亿广源库 官署名。元朝置。设于世祖至元二十五年（1288）。掌香药、纸扎诸物。属户部。

都提举万亿宝源库 官署名。元朝置，属户部。初为万亿库，又称提举万亿库。世祖至元二十四年（1287）定秩为正四品。二十五年，分万亿库为宝源、赋源、绮源、广源四库。本库掌宝钞、玉器。

都提举万亿绮源库 官署名。元朝置，设于世祖至元二十五年（1288）。掌诸色段匹。属户部。

都提举万亿赋源库 官署名。元朝置，设于世祖至元二十五年（1288）。掌丝绵、布帛诸物。属户部。

都提举市易司 官署名。北宋神宗熙宁六年（1073），改市易务置，总辖内外市易务。初设提举、同提举，后多以三司户部副使兼领。元丰（1078—1085）改制，改隶太府寺，掌提点贸易货物，辖市易上、下界及诸州市易务、杂买务、杂卖场，设都提举一人领之。

都提举官 官名。宋朝南、北外都水丞司属官，员八人，分掌治水之事。

都税司 官署名。明朝设置于京师顺天府，掌境内税务工作。设大使一人，从九品，副使一人。

都督 ❶领兵将帅。东汉末始置。《后汉书·袁绍传》："绍乃分（沮）授所统为三都督，使授及郭图、淳于琼各典一军。"北魏置大都督，左、右都督。西魏亦置。❷军中统兵或管理杂务的低级军官。西魏、北周府兵中置，位在大都督、帅都督之下，七品。并参见"营都督"。❸汉末乌丸置，为部族军事首领。❹地方军政长官。三国魏文帝黄初（220—226）初年置，称都督诸州军事，领驻在州刺史，兼理民政。无固定品级，多带将军名号。蜀、吴亦均置于军事要地。如汉中都督、康降都督等。晋、南北朝沿置，为地方军政长官，分使持节、持节、假节三种，职权各有不同，北周时改总管。唐高祖武德（618—626）中复旧名，总一州事务。太宗贞观（627—649）中分上、中、下都督府，皆置一人，大都督府从二品、中都督府正三品、下都督府从三品。开元后，节度使成为地方军政长官，都督遂成虚设。唯并、益、荆、扬、潞五州犹存，为赠官。宋初政区置都督府，置都督、大都督或下都督，多以亲王充任，有缺，则以知府事为长官，掌本府兵民之政。❺隋朝置为牧畜官。骅骝牧、二十四军马牧置大都督、帅都督，骠马牧置帅都督，原州羊牧置大都督，苑州十二马牧置大都督、帅都督。❻最高军事长官。三国魏置，称都督中外诸军事，掌全国军务。南宋以宰相兼，总督诸路军马。元末朱元璋曾置大都督府，下设大都督、左右都督等。参见"大都督府"、"都督府"、"五军都督府"。

都督中外诸军 都督中外诸军事的省称。

都督中外诸军事 官名。魏晋南北朝置。《三国志·曹真传》："黄初三年（222）还京都，以真为上军大将军、都督中外诸军事，假节钺。"总统禁卫军、地方军在内的内外诸军，为全国最高军事统帅，权力极大。不常置。如东晋时仅王导、王敦、桓温、司马道子和刘裕曾受此任。亦可称为都督中外诸军、中外都督、中外诸军事、中外诸军、中外等。初多以他官兼任，无品阶，北魏孝文帝太和十七年（493）定为一品下，二十三年改从一品。

都督内外诸军事 官名。北周置。《周书·静帝记》："隋公杨坚为都督内外诸军事。"即都督中外诸军事，为避杨坚父讳而改。参见"都督中外诸军事"。

都督同知 官名。元末朱元璋于大都督府置，又称同知都督。初一人，从二品。吴元年（1367）改从一品。隶都督府。明洪武十三年（1380）改设五军都督府，均置。永乐元年（1403）所设北京留守行后军都督府及后设行在五军都督府亦置。恩功寄禄无定员。

都督佥事 官名。元末朱元璋于大都督府置，一人，又称佥都督，从三品。吴元年（1367）升从二品。明洪武十二年（1379）再升正二品。十三年改都督府为五军都督府，分置，恩功寄禄，无定员。凡有公、侯、伯爵者，可与左、右都督、都督同知分任掌印、佥书以掌府事。或任总兵、副总兵镇守，或挂印出征。参见"都督"。

都督府 官署名。❶魏晋南北朝时都督诸州军事府之简称。❷元朝钦察亲军都督府之简称。后改大都督府。❸明朝置为最高军事机构。朱元璋吴元年（1367）即改原大都督府而置。设左、右都督为长官，正一品，同知都督，从一品，副都督，正二品，佥都督，从二品。下设参议、经历、断事官、都事、照磨等。明洪武九年（1376），罢副都督，改参议为掌判官。十二年，升都督佥事为正二品，掌判官为正三品。十三年，改置为五军都督府。

都督部大 官名。十六国汉置。《晋书·石勒载记上》："（刘）元海署（张）督为亲汉王，（冯）莫突为都督部大，以（石）勒为辅汉将军，平晋王以统之。"

都督诸军事 官名。北魏置。出征时作为一路的军事长官，总管所部的军事事务。《魏书·显祖纪》："诏北部尚书尉元为镇南大将军、都督诸军事，镇东将军、城阳公孔伯恭为副，出东道救彭城。"

都督诸路军马 宋朝都督全称。参见"都督"。

都虞司 官署名。清朝内务府所属七司之一。初名尚膳监，顺治十八年（1661）改采捕衙门，康熙十六年（1677）改都虞司。掌上三旗武职官员的铨选任用，官兵俸饷、赏恤的稽核，府属各司处书吏的考核。此外，打牲乌拉处每年缴纳之钱粮牲物，以及下五旗所纳之钱粮等，亦由司稽核、掌理。设郎中二人，员外郎五人，主事、委署主事各一人，以及笔帖式、书吏等员。

都虞司员外郎　官名。清朝内务府都虞司之职官。额设五人。佐郎中理司事。

都虞司郎中　官名。清朝内务府都虞司之主官。额设二人，掌司事。

都虞候　官名。❶唐朝中后期诸节度使置，掌整肃军纪。《全唐文》卷四一三常衮《授张自勉开府仪同三司制》：都虞候“职在刺奸，威属整旅，齐军令之进退，明师律之否臧”。其职颇重，有继任藩帅者。元帅、都统出征，置中军都虞候一人。五代侍卫亲军马步军都指挥使司、殿前都指挥使司各置一员，其属亦各置一员，俱为统兵官。宋朝殿前司置一员，以刺史以上充；骑军诸班置，御龙诸直有四直都虞候；本直亦各置，诸军亦置；侍卫亲军马军司、步军司各置一员，在正任防御使之上，每军亦置。俱为统兵官。辽朝北面边防官诸军都虞候司，南面五京（上京、东京、南京、西京、中京）都虞候司，俱置。❷五代诸道州府马步院置一员，以衙前大将中久历事任、晓会刑狱者充，仍三年为限，掌刑狱、捕盗。

都鄙　周朝公卿大夫采邑及王族子弟食邑。《周礼·天官·大宰》：“以八则治都鄙。”郑玄注：“都鄙，公卿大夫之采邑，王子弟所食邑。”

都粮料使　官名。唐朝用兵时设置，统各军粮料使。德宗建中四年（783），河东、泽潞、河阳、朔方四节度之师同在魏州行营，以汴西水路转运使崔纵兼魏州四节度都粮料使，总管四军给养。参见“粮料使”。

都管　官名。清初内务府御用、御马、尚方、尚膳诸监之主官。掌理诸监所属事务。其下设左、右副管各一人佐之。后改设郎中、员外郎等官，遂省。

都管伯克　官名。清朝新疆回部官员之一。掌理兵马粮饷、官物文移之事。伊犁等地设六品伯克三人，阿克苏、库车等地设七品伯克九人。

都漕　都转运使简称。

都漕运使司　官署名。元朝置。世祖至元十二年（1275），改漕运司为都漕运司。后分设京畿、江淮、济州三都漕运使司。二十五年，京畿都漕运使司分置内外二司，内司仍旧名，外司称都漕运使司，于河西务置总司，临清置分司，领接运海道粮事，“掌御河上下至直沽、河西务、李二寺、通州等处儧运粮斛”。（《元史·百官志一》）置运使、同知、副使各二员，运判三员，品秩同京畿都漕运使司。下辖河西务、通州、直沽等地四十五仓及纲（每编船三十只为一纲）三十。江淮、济州两漕司后皆罢，只存京畿与此两漕司。

都察院　官署名。明清全国最高监察机构。掌纠劾百司，辨明冤枉，提督各道，为天子耳目风纪之司。明洪武十五年（1382）改御史台置。设监察御史八人，分为十二道，每道下设御史三至五人。十六年设左、右都御史各一人，左、右副都御史各一人，左、右佥都御史各二人。下设经历一人，都事一人，司务二人，照磨、检校、司狱各一人，十三道监察御史一百一十人。所属有经历司、司务厅、照磨所、司狱司等机构。洪熙元年（1425）南京亦置，设官略同。其都御史，副、佥都御史均为在外总督、提督等官之加衔。清崇德元年（1636）沿置，设承政，左、右参政等官。顺治（1644—1661）中，改设左都御史，满、汉各一人；左副都御史，满、汉各二人。左佥都御史一人，于乾隆十年（1745）裁。其右都御史为总督加衔，右副都御史为巡抚、河督、漕督加衔。下设御史、给事中、经历、都事、经承等官。分置经历厅、都事厅、值月处、督催所等办事机构。所属有六科、十五道、五城察院、宗室御史处及稽察内务府御史处等机构。

都幢将　官名。北魏置。为皇帝的侍从武官。《魏书·常山王遵传》：“世祖壮之，即日拜（内行阿干拓拔可悉陵）都幢将，封暨阳子。”参见“幢将”。

都镇抚　官名。元及明初掌军事司法的职官。见“都镇抚司”。

都镇抚司　官署名。元行枢密院、行中书省（尚书省）皆置，设都镇抚、副都镇抚、万户府、千户所亦或置，掌军事司法。明太祖沿置，总领禁卫，先属中书省，后改隶大都督府，设都镇抚，从四品，副镇抚，从五品，知事，从八品。寻改称宿卫镇抚司。洪武三年（1370）又改为留守卫指挥使司。

都磨勘司　即“三司都磨勘司”。

都麹院　官署名。北宋置，掌造麹以供内酒坊或出卖收值。设监官二人，以京朝官、诸司使副及内侍充任。初隶三司，神宗元丰（1078—1085）改制后隶司农寺。

都麹使司　金朝官署名。亦称都麹酒使司，掌酿酒业的课税。设使、副使主司事，秩从六品、正七品。下设都监二员，正八品；司吏四人，公使十人。凡京都及真定设都麹酒使司，它处置酒使司。

都麹酒使司　即都麹使司。

真　官判用语，指真除实授。汉朝官吏有真、守之分。官吏由守（代理）转正曰真。后世如北齐等沿用。亦指行、兼或领某职的官员得到朝廷的正式除授。

真二千石　汉朝官吏秩位等级。次于中二千石，高于二千石。西汉诸侯王相秩即真二千石。据汉律，真二千石月俸二万，如以谷计，则月得百五十斛，一岁凡得千八百石。东汉半钱半谷，偶有变动。

真臣邦君公　战国秦对少数民族首领的称谓，又称“臣邦真戎君长”。真，谓纯粹少数民族血统。《睡虎地秦墓竹简·法律答问》：“真臣邦君公有罪，致耐罪以上，令赎。”

真定流泉务 官署名。金朝置。设在真定府。掌解典诸物、疏通货币。长官为使、副使，秩正八品、正九品。下设勾当官、攒典。参见“流泉务”。

真相 官场用语。宋朝称同平章事、尚书左仆射、尚书右仆射等实际宰相为真相，以与使相相区别。

真神殿大学士 官名。太平天国职官。天历庚申十年（1860）九月，黄期陞受封是职。职掌与地位未明。

索头单于 ❶鲜卑拓跋氏首领的称号。《宋书·索虏传》：“（晋）惠帝末，并州刺史东嬴公司马腾于晋阳为匈奴所围，索头单于猗㐌遣军助腾。”❷官名。十六国时辽西鲜卑段龛所置。《晋书·慕容儁载记》：“（段）龛所置徐州刺史王腾、索头单于薛云降于（慕容）恪。”

壶涿氏 官名。《周礼》秋官之属，一说为周朝置，掌除水中害虫。《周礼·秋官》：“壶涿氏，下士一人，徒二人”，“掌除水虫，以炮土之鼓驱之，以焚石投之。若欲杀其神，则以牡橭午贯象齿而沈之，则其神死，渊为陵”。

莫弗纥 辽时诸部酋长之称，亦称莫弗贺。

莫弗贺 即莫弗纥。

莫伦赤 蒙、元怯薛执事名。蒙古语，意为掌管车马者。

莫府 官署名。同“幕府”。军帅处理军务之机构。参见“幕府”。

莫敖 官名。春秋战国楚置，掌军政，领兵征战。相当于别国的司马官。《左传·桓公十一年》：“莫敖患之。”杨伯峻注：“莫敖，楚国官名。即司马。此时之莫敖，盖相当大司马之官，但以后楚又另设大司马、右司马、左司马，莫敖则位降至左司马之下。”

莫堤 官名。北魏置。《南齐书·魏虏传》：“又有俟懃地何，比尚书；莫堤，比刺史。”此系南朝人对北魏鲜卑语官名的音译。

莫提色布依伯克 官名。清朝新疆回部官员之一。掌理回族教法之事。喀什噶尔设五品伯克一人，叶尔羌设六品伯克一人，和阗等地设七品伯克四人。

莫嚣 官名。春秋时楚国置，军吏，大夫爵。《淮南子·修务训》：“吴与楚战，莫嚣大心抚其御之手曰：‘今日距强敌，犯白刃，蒙矢石，战而身死，卒胜民治，全我社稷，可以庶几乎？’”

蒍尹 官名。春秋时楚国置。《左传·昭公二十七年》：“楚蒍尹然，王尹麇帅师救潜。”

莅官 上任就职。《礼记·曲礼上》：“莅官行法。”孔颖达疏：“涖（莅），临也。官，谓卿大夫士各有职掌。”

莅阼 周朝天子登王位主持国事。《礼记·文王世子》：“成王幼，不能莅阼。”郑玄注：“莅，视也。不能视阼阶，行人君之事。”

获库丞 官名。南朝梁、陈置，隶司农卿。

恭人 命妇封号。宋始置。徽宗政和二年（1112）改命妇名号，定封中散大夫以上官员之妻。元朝置，封六品以上官员之妻。明、清定封四品官员之妻。清朝又作为宗室奉恩将军之妻封号。因子孙封者，称太恭人。

恭义校尉 官名。东汉献帝建安（196—220）初孙权置。《三国志·宗室传》：“（孙）瑜字仲异，以恭义校尉始领兵众。”

恭使宫人 官名。北魏置。为后宫女职。一作“恭信宫人”。孝文帝改定内官时，视四品。见《魏书·皇后列传》。

恭信宫人 参见“恭使宫人”。

盐人 官名。《周礼》天官之属，一说为周朝置，掌理盐政的宦官。《周礼·天官》：“盐人，奄人二人，女盐二十人，奚四十人”，“掌盐之政令，以共（供）百事之盐；祭祀，共（供）其苦盐散盐；宾客，共（供）其形盐散盐；王之膳羞，共（供）饴盐；后及世子，亦如之。凡齐事，煮盐以待戒令”。

盐马司 官署名。明朝掌管以盐市马的机构。洪武五年（1372）设纳溪、白渡二盐马司，设司令、司丞，司丞以内使为之。十三年罢，后复置。十五年改设大使、副使。又设顺龙盐马司，后均革。

盐仓下士 官名。西魏、北周地官府司仓下大夫盐仓中士佐官，正一命。

盐仓中士 官名。西魏恭帝三年（556）置，北周沿置。地官府司仓下大夫属官，掌各种盐类的收藏和保管，正二命。下设盐仓下士以佐其职。隋文帝开皇元年（581）罢。

盐引批验所大使 官名。明清盐引批验所之主官。初，元朝于大德（1297—1307）年间置批验所，掌批验盐引。明朝沿置，以大使领之，计两浙四人，两淮、河间长芦各二人，山东一人，未入流。清朝设官十六：广东一人，直隶、山东、两淮、福建各二人，四川三人，两浙四人，为正八品。下设副使、攒典等佐理。凡不设大使之处，其职司由盐课司大使兼充。

盐务分司 官署名。明、清分管督察盐场之机构。明朝又称都转运盐使分司，共设十四处，隶于都转运盐使司下，分别以运同、运副、运判司之。掌督查各场仓盐课司，以总于都转运使，共奉巡盐御史或盐法道臣之政令。清朝沿设，隶于都转盐运使或盐法道之下。亦分别由运同、运副、运判司之。计运同三人，直隶、山东、广东各一人；运副仅两浙一人；运判五人，直隶一人，两淮三人，两浙一人。此外，淮南、淮北及河东各设监掣同知一人，掌查验行盐事务；云南地方没有提举司三，分掌盐井事务。均同于分司。参见“都转运盐使分司”。

盐台 宋朝诸路提举茶盐公事简称。

盐司 清朝盐运使之别称。

盐州牧监 ❶官署名。隋朝陇右牧总监所统诸牧之一，置监、副监、丞，统诸羊牧。❷官名。隋朝陇右牧总监所统盐州牧长官，视从七品。

盐州监牧使 官名。唐朝置，即盐州使，领八牧监，掌其马牧孳课之事。设丞二人以佐其掌。

盐池四面监 ❶官署合称。即隋朝盐池总监所管东、西、南、北面等四监，各置监、副监及丞。❷官名合称。即隋朝盐池总监所管东、西、南、北面等四监长官，视正八品。

盐池四面副监 官名合称。即隋朝盐池总监所管东、西、南、北面等四监次官，视从八品。

盐池使 使职名。主盐务。唐睿宗景云二年（711）始置，以浦州刺史充关内盐池使，玄宗先天二年（713）强循除豳州刺史，充盐池使，主管盐州池务，开元十五年（727）兵部尚书萧嵩除关内盐池使，此后朔方节度使常带盐池使。

盐池总监 ❶官署名。隋朝置，主盐务，有总监、总副监、丞等员。管东、西、南、北面等四监。❷官名。隋朝盐池总监长官，视从六品，管东、西、南、北面等四监。

盐池总副监 官名。隋朝盐池总监次官，视从七品。

盐池都将 官名。北魏末、西魏置。《周书·寇儁传》："孝昌（525—527）中，朝议以国用不足，乃置盐池都将，秩比上郡。"主管盐池事务，统兵守卫，有时加将军号。西魏文帝大统（535—551）初，辛庆之以行台左丞兼此职，统守军击退东魏的进攻。

盐池监 ❶官署名。唐朝司农寺所统诸监之一，掌盐功簿帐，长官为监，置一员，另有录事等。❷官名。唐朝司农寺盐池监长官，置一员。正七品下。

盐运司 即都转运盐使司。

盐运使 官名。明都转运使别称。清朝"都转盐运使司盐运使"之简称。奉天、直隶、山东、两淮、两浙、广东、四川各设一人。从三品。掌督察盐场生产与盐商之行息而平其盐价，兼管水路挽运事宜，按时奏报盐政核察。

盐使司 官署名。金朝置。掌食盐产销。秩正五品。在产盐地分设山东、宝坻、沧、解、辽东、西京、北京七司，下辖盐场。各司都有自己的行盐地面。置使一员，正五品；副使一员或二员，正六品；判官三员，正七品。下设管勾、同管勾、都监等。

盐府校尉 参见"司盐校尉"。

盐法道 官名。明清道员之一。明景泰七年（1456）设，由广西按察司之分巡道兼管所属盐课司。其后山西、山东、浙江、福建、云南及延绥、固原等处，或由分巡道、兵备道兼管盐法，或由专设道员管理盐法。清朝沿设。凡不设盐运使司之处皆设之，秩正四品。计十三人：兼盐运使衔者三，山西、福建、云南各一人；不兼者六人，江南、江西、湖北、湖南、陕西各一人；另甘肃二人由地方巡道兼，河南一人为粮盐道，四川一人为盐茶道。掌督察盐场生产与盐商行息而平其盐价，并管水陆挽运之事，依时奏报察核。

盐官 官署名。西汉大农令（大司农）原有斡官，斡盐铁而榷酒酤。武帝时实行盐铁专卖，于全国产盐多的二十七郡置盐官三十七处，依据事务繁简，置令、长及丞，主盐税，隶大司农。东汉改隶郡县。

盐政 官名。清朝管理地方盐务之最高长官。康熙（1662—1722）中改巡盐御史设。长芦、两淮、河东各一人。三十年（1691）增设福建、广东、广西各一人。由特旨简充或都察院奏差者，各带原衔品级，由内务府官员简用者仍带御史衔。掌督察征纳盐课，调剂时价及纠察所属盐务官员。其后改制，总督兼盐政者六人：两广总督兼管广东、广西，福建总督兼管福建，四川总督管理四川，陕甘总督管理甘肃花马池，两江总督兼管两淮，直隶总督兼管长芦。巡抚兼盐政者三人：浙江巡抚兼管两浙，山西巡抚兼管河东，云南巡抚兼管云南。各省盐政既无办事专署，亦不专置属官，形同虚设。具体办理盐务归盐运使司、盐法道等衙门。

盐政大臣 官名。清末盐政院之长官，宣统三年（1911）八月设，掌理全国盐政。额一人，由度支大臣兼。十一月裁。

盐政院 官署名。清末最高盐政机构，宣统三年（1911）八月改督办盐政处设，掌理全国盐政，统辖盐务各官。置盐政大臣一人（度支大臣兼），丞一人，参议一人。下设总务、南盐、北盐三厅，各置厅长一人并佥事、录事各官。十一月裁。

盐政院丞 官名。清末盐政院之副长官。宣统三年（1911）八月设。佐盐政大臣掌理盐政。额一人。十一月裁。

盐茶道 官名。清朝道员之一。专司盐务与茶法。雍正五年（1727）置四川驿盐道一人，停粮道兼理之责。乾隆二十五年（1760）专司盐茶，设一人。宣统二年（1910）裁。

盐铁转运使 使职名。唐代宗宝应元年（762），以社会动乱，关东漕运宜有倚办，遂以通州刺史刘宴为户部侍郎、京兆尹、度支盐铁转运使。盐铁兼漕运，自此始。

盐铁使 官名。唐肃宗乾元元年（758），始以度支郎中第五琦为诸道盐铁使，掌盐铁专卖，兼及矿冶，以聚敛军资。代宗、德宗时曾分汴东、汴西两使，后复为一使，或与转运使合为一职，称盐铁转运使，亦有以度支使兼领者。多以宰相或淮南、浙西节度使兼之。官署多设于扬州，于长安、扬子、江陵等处置留后，诸道设巡院。晚唐及五代，与度支、户部并号三司使，总领全国财政事务。北宋太宗至真宗时，两度改三司为三部，分设盐铁使、度支使、户部使。真宗咸平六年（1003），合三部为三司，设三司使总领，盐铁、度支、户部仅设副使，遂罢。辽朝五京亦置，为南面京官。参见"上京盐铁司"。

盐铁院 见"三部勾院"。

盐铁副使 见"三部副使"。

盐课司 官署名。明清管理盐场、盐井之机构，掌理产盐事务。明朝于都转运盐使司所属之盐场置。设大使一人为主官，下设副使等官。凡一百五十九处：两淮三十处、两浙三十五处、河间长芦二十四处、山东十九处、福建七处、广东十五处、四川十七处、云南十二处。清初沿置。隶盐运使司或盐法道。设大使一人为主官，下设攒典等吏员。凡一百一十四处：直隶八处、两浙三十二处、山东八处、四川五处、山西三处、广东十二处、两淮二十三处、云南七处、福建十六处。如批验所与巡检司省置者，则由其兼办。

盐课司大使 官名。明清盐课司之主官，掌盐场、盐井产盐事务。明洪武十五年（1382）改司令设，司各一人，凡一百五十九人，未入流。隶盐运使司。清初沿设，司各一人，凡一百一十四人，为正八品。隶盐运使司或盐法道。

盐课提举司 官署名。掌管食盐生产及运销的机构，同于都转运盐使司，而品秩较低，为从五品。管辖各盐仓、盐场及盐井盐课司。元朝设有广东、广海二盐课提举司。明朝设有四川、广东海北、黑盐井、白盐井、安宁、五井、察罕脑儿七盐课提举司。各设提举一人，同提举一人，副提举无定员，下设吏目、库大使、副使各司其职。清沿置，设云南石膏、黑盐井、白盐井三盐课提举司，设提举以掌司事。

盐课提举司同提举 官名。明朝盐课提举司之副长官。佐提举掌司事。定制，每司设一人，从六品。

盐课提举司副提举 官名。明朝盐课提举司之副长官。佐提举掌司事。每司所设无定员，从七品。

盐课提举司提举 官名。简称盐提举，盐课提举司长官，掌司事。明朝每司设一人，从五品，下设同提举、副提举等。清朝亦每司设一人，从五品。例以通判、运判、州同升位。

盐提举 见“盐课提举司提举”。

耆 宋朝耆长简称。

耆长 五代、宋职役名，又称三大户。五代后周时，以百户为团，每团以三家大户轮充耆长。宋初沿置，选乡村第一、二等户充任，维持治安，参与推排户等，编造五等丁产簿。神宗熙宁三年（1070）行免役法，改为雇役。行保甲法后，由保正取代。南宋时，福建路仍设，或轮差或雇募。

耆民 荐举名目。又称耆儒。明洪武六年（1373）罢科举后，置为荐举名目之一。凡山林遗隐中德行文艺可称者，礼送京师授官。其后复科举，此法并行不废，但渐衰，徒有其名而已。

晋阳冶局 官署名。北齐置，设丞为长官。隶太府寺诸冶西道署。

晋阳冶局丞 官名。北齐置。参见“晋阳冶局”。

晋阳宫令 宦官名。北齐置，为长秋寺晋阳宫署长官，从九品上。

晋阳宫丞 宦官名。北齐置，为长秋寺晋阳宫署次官。

晋阳宫教博士 宦官名。北齐置，属长秋寺晋阳宫署。从九品上，员二人。

晋阳宫署 宦者官署名。北齐置，属长秋寺。设令、丞、宫教博士等，掌晋阳宫庶务。

晋兵大将军 官名。北魏明元帝泰常七年（422）进攻南朝宋时置，以司空奚斤为之，统率吴兵将军、宋兵将军等为前锋南征。孝文帝太和十七年（493）改定官制后未见。

晋兵将军 官名。北魏道武帝天兴（398—404）、天赐（404—409）间置。奚斤自都水使者迁此，兼幽州刺史。孝文帝太和十七年（493）改定官制后未见。

贾 官名。西周置，掌商贾贸易。《颂鼎铭》：“命汝官司成周贾，监司新造贾，用宫御。”

贾人 官名。春秋战国置，掌商贾贸易之官。《仪礼·聘礼》：“贾人西面坐，启椟，取圭垂缫，不起而授宰。”郑玄注：“贾人在官知物贾（价）者。”

贾正 官名。掌调节市场货物价格的官长，春秋时鲁国置。《左传·昭公二十五年》：“使为贾正。”杜预注：“贾正，掌货物使有常价，若市吏。”

贾师 官名。《周礼》地官之属，一说为周朝置，司市属吏，掌平定市场物价。《周礼·地官》：“贾师，二十，肆则一人，皆二史”，“各掌其次之货贿之治，辨其物而均平之。展其成而奠其贾（价），然后令市。凡天患，禁贵儥者，使有恒贾。四时之珍异，亦如之。凡国之卖儥，各帅其属而嗣掌其月。凡师役、会同，亦如之”。

贾部曹令 官名。北魏置。《魏书·费于传》：“（费于）以宿卫之勤，除宁远将军，赐爵松杨男。迁商、贾部二曹令，除平南将军，怀州刺史。”

速古儿赤 蒙、元怯薛执事名。掌内府尚供衣服。

起 ❶出仕、举用。《战国策·秦策二》：“起樗里子于国。”❷官吏出身。《汉书》卷三十九《萧何曹参传》：“萧何、曹参皆起秦刀笔吏。”

起运科 官署名。金朝置，属漕运司，掌兵、刑、工三部案牍。设司吏管领科事。参见“漕运司”。

起废 任官制度。明朝保举官吏制度，指因过犯免官后，因急用人才而荐举擢用之法。明中叶以后间有用此法者。

起居表 官府文书名。宋朝监司帅守每月初一向皇帝进表问候起居，以代朝参，称起居表。若皇帝持服，官员所上贺表亦改称起居表。

起居舍人 官名。隋炀帝大业三年（607）内史省始置，员二人，从六品。唐初沿置，太宗贞观二年（628）省，而于门下省置起居郎二人。高宗显庆二年（657）复于中书省置二人，与起居郎同掌起居注，记录皇帝言行以备修史，皆为从六品上。龙朔二年（662）改称右史，咸亨元年（670）复旧名。宋初为六品寄禄官，不领本职。神宗熙宁二年（1069）始命别官兼之，称修起居注，掌修注之事。

元丰五年（1082），改置起居郎、起居舍人，并为从六品，掌记皇帝言行。皇帝御正殿则侯于门庑外，便殿则侍立，行幸则从，大朝会则对立于殿下螭首之侧。凡朝廷命令、赦宥，执政官以下进对，文臣御史、武臣刺史以上除拜，祭祀燕飨临幸引见之事，日月星辰风云气候之兆，郡县祥瑞之符，孝悌之行，户口增减，皆书之以授著作官。辽朝亦置，隶起居舍人院。

起居注令史　官名。北魏置，亦称起居令史，掌起居注的修撰。“每行幸宴会。则在御左右记录帝言及宾客训答。”（《册府元龟》卷五五四《国史部·总序》）孝文帝太和十七年（493）定为从七品上。

起居注官　掌记载皇帝言行之官员。自汉朝以后，皇帝皆修撰记其言行的起居注。魏晋及南朝多以著作郎兼司其事。北魏设起居令史，又别设修起居注、监起居注等，始有专官。隋内史省（中书省）设起居舍人。唐、宋又于门下省设起居郎，与起居舍人分掌记注。金朝设记注院，掌修起居注。元朝以给事中兼修起居注。明初专设起居注官，后罢。清朝于康熙初设起居注馆，以日讲官兼充起居注官。以后日讲不行，起居注官仍带日讲衔，并成专职记注官，以翰、詹官充任。参见“日讲起居注官”。

起居注馆　清朝纂修皇帝起居注之机构，又称起居注衙门，隶翰林院。康熙九年（1670）设，五十七年裁，以其事归内阁。雍正元年（1723）复旧。额设日讲起居注官，满十人、汉十二人，翰林院掌院学士和詹事府詹事照例兼充，余由侍读学士、少詹事以下翰詹官内简充。掌侍值起居，记言记动。又设主事满二人、汉一人，掌文移；笔帖式满十四人、汉军二人，供事二人，分掌翻译、收发文书及校对典簿。凡皇帝坐朝或举行典礼、祭祀、记注官均侍班，出行亦随侍，退而记载。记注体例，凡起居、谕旨、题奏、官员引见除授，均按日依次记载，并核以档册。次年依记注编纂上年事，月各二册，每年二十四册。先成草本，由总办记注官查核，送掌院学士阅定，注明记注官姓名及编纂年月，盖翰林院印封存。年底取出进呈，发下后送内阁储藏，副本存翰林院。

起居注衙门　即起居注馆。

起居郎　官名。唐太宗贞观二年（628）始置，员二人，隶门下省。掌记录皇帝言行，修起居注，从六品上。高宗龙朔二年（662）改称左史，咸亨元年（670）复旧名。宋初不领本职，为六品寄禄官。神宗元丰五年（1082）复为职事官，从六品，掌修注之事，辽朝亦置，隶起居舍人院。

起居省　官署名。北齐置，属集书省，掌起居注的修撰。置散骑常侍、通直散骑常侍、散骑侍郎、通直散骑侍郎各一人，校书郎二人。

起居院　官署名。五代置，掌抄录朝廷制敕以备修史。宋初不掌撰集之事。太宗淳化五年（994），始命官领记注之事，称修起居注或同修起居注，以三馆秘阁校理以上充任，起居郎、起居舍人并为寄禄官。神宗元丰（1078—1085）改制，起居郎、起居舍人复实领本职，因废起居院。辽朝置起居舍人院，简称起居院，下设起居舍人、知起居注、起居郎。

起复　❶官吏因父母丧去职而重新被起用，称为起复。《晋书·卞壶传》：“遭继母忧，既葬，起复旧职。”宋朝文官父母丧制未终，朝廷起用，先授以武官，系衔添加起复二字，然后恢复原来官阶；直接授以原官者，衔前亦加起复二字。明清两朝演为专指服父母丧期满后重新被起用者，服未满而起用者谓夺情。❷革职降官及致仕后重新被起用，亦谓起复。《宋史·向子諲传》：“初（张）邦昌为平章军国事，子諲乞致仕避之，坐言者降三官，起复知潭州。”

起部　❶尚书省诸曹之一。南北朝临时设置，以尚书为长官。掌营建宗庙宫室、修作军国器械。有事即置，事讫即省，其职分隶度支、都官、左民、祠部等尚书。❷尚书省郎曹之一。设郎（郎中、侍郎）为长官。西晋始置，掌土木工程、匠役。或说隶度支尚书。东晋康帝、穆帝以后省。南北朝复置，南朝隶度支尚书，北魏或说隶仪曹尚书，北齐隶祠部尚书。隋初改名工部，炀帝大业三年（607）复旧，唐高祖武德三年（620）又改工部，为尚书省工部头司。❸工部的别称。

起部尚书　官名。南北朝有营建工程时临时设置，常以他官兼领，事毕即省。参见“起部❶”。

起部郎　官名。西晋南北朝尚书起部曹长官通称。亦称起部郎中，资深勤能者可转侍郎。晋、宋六品，梁五班，陈四品、六百石，北魏孝文帝太和十七年（493）定为五品上，二十三年改六品，北齐六品上。隋初改名工部侍郎，炀帝大业三年（607）改此，从五品。唐高祖武德三年（620）改名工部郎中。参见“起部”。

起家　自家中获征召授官。《史记·袁盎晁错列传》：“建元中，上招贤良，公卿言邓公，时邓公免，起家为九卿。”后亦指初仕。《隋书·百官上》叙南朝陈制：“其亲王起家则为侍中”，“皇太子冢嫡者，起家封王，依诸王起家。余子并封公，起家中书郎。诸王子并诸侯世子，起家给事。三公子起家员外散骑侍郎，令仆子起家秘书郎”，“次令仆子起家著作佐郎”，“此外有扬州主簿、太学博士、王国侍郎、奉朝请、嗣王行参军，并为起家官”。

栽接使　使职名。唐朝内诸司使之一，领掌宫苑内花木果树栽接事，肃宗至德二载（757）宦官李辅国拜殿中监，为闲厩、五坊、宫苑、营田、栽接、总监使，五代沿置。

载师　❶官名。《周礼》地官之属，主管土地分配、使用及征收税赋。上士二人，中士四人。《周礼·地官·序官》：“载之言事也。事民而税之。”郑玄注：“载师者，闾师、县师、遗人、均人官之长。”❷官署名。西魏、北周置，属地官府。长官为载师中大夫，下设小载师下大夫、小载师上士，辖司封中士、司农上士、司均上士、司赋上士、司役上士、掌盐中士、掌遗中士、掌堰下士、典牧中士、典牛中士等。主管土地分配、使用，农业运输，和赋役摊派等。

载师下大夫 参见“小载师下大夫”。

载师中大夫 官名。西魏恭帝三年（556）置，北周沿置。地官府载师司长官，掌封邑的划分，管理全国农、牧、盐业生产及赋役的征发。正五命。下设小载师下大夫、小载师上士以佐其职，领司封中士、司农上士、司均上士、司赋上士、司役上士、掌盐中士、掌遗中士、典牧中士、典牛中士等官属。周武帝建德二年（573）省，以下大夫为长官。宣帝即位后，复置。隋文帝开皇元年（581）罢。

殊祥总管府 见“隆禧总管府”。

顾命大臣 皇帝临终前遗诏所定协助新主理政之大臣。如清朝咸丰帝临终前，定载垣、肃顺等八人为顾命大臣。

砲（炮）兵科 官署名。清末陆军部军制司所属七科之一。光绪三十二年（1906）设。掌炮兵军士以下之补充，炮兵常备、续备、后备官兵之册籍，核办各处军械、军火、机器局厂、兵工厂之建设、生产，以及各项军用器材的购置存发。置科长、科员、录事。

破白合尖 官场用语。宋朝选人初得举状称破白，最后一状凑足举主员数称合尖，如造塔上顶之意。

破奸将军 汉朝将军名号。《后汉书·王霸传》有破奸将军侯进。

破阵将军 官名。南朝梁武帝普通六年（525）刊正将军名号时置，定为武职三十四班中的七班。陈沿置，定为拟九品，比秩四百石。

破羌将军 官名。西汉宣帝神爵元年（前61）置，征讨西北地区叛乱的羌族，拜酒泉太守辛武贤为之，后省。东汉献帝建安（196—220）中曹操复置，任张绣为之。

破羌都尉 官名。西晋末凉州刺史张寔置，掌管凉州地区的羌族事务，张诜曾为之。见《晋书·张轨传》。

破虏将军 官名。东汉献帝初平（190—193）初置，东汉末董卓专权，孙坚与袁术合兵讨伐董卓，袁术表孙坚行此职。十六国前秦沿置。

破贼都尉 官名。东汉献帝建安（196—220）中孙权置，领兵。《三国志·凌统传》：“拜统别部司马，行破贼都尉，使摄父兵。”

破贼校尉 官名。东汉献帝建安（196—220）中孙权置，领兵，随从征伐。《三国志·凌统传》：“（凌操）守永平长，平治山越，奸猾敛手，迁破贼校尉。”

破敌将军 官名。南朝梁武帝普通六年（525）刊正将军名号时置，定为武职三十四班中的七班。陈沿置，定为拟八品，比秩六百石。

烈武将军 官名。南齐置。《梁书·丘仲孚传》：“（齐）明帝即位，起（仲孚）为烈武将军、曲阿令。”

烈荣 内官名。南朝陈置，文帝天嘉（560—566）初定为五职之一。

夏国王 辽、金授给西夏国主的封爵。有时称大夏国王。李继迁、李德明和夏景宗元昊、惠宗秉常、崇宗乾顺、仁宗仁孝都曾获此爵号。

夏国公 唐、辽授给党项族首领的封爵。拓拔思恭、元昊曾获此爵号。

夏国主 辽、宋授给西夏国君的封爵。景宗元昊、毅宗谅祚、惠宗秉常、崇宗乾顺曾获此爵号。

夏采 ❶官名。《周礼》天官之属，一说为周朝置，下士爵，掌丧事服饰羽毛。《周礼·天官·序官》郑玄注：“夏采，夏翟羽毛。《禹贡》‘徐州贡夏翟之羽’，有虞氏以为緌，后世或无，故染鸟羽象而用之，谓之夏采。”❷官署名。西魏、北周置。属春官府。长官为夏采下大夫。下设小夏采上士，辖守陵上士、掌墓中士、职丧中士等。主管陵墓及送葬等事。

夏采下大夫 官名。西魏恭帝三年（556）仿《周礼》夏采置，但权限更大，北周沿置。春官府夏采司长官，掌帝王丧葬事务。正四命。下设小夏采上士以佐其职，领守陵上士、守墓中士、职表中士等官属。隋文帝开皇元年（581）罢。

夏官 ❶官署名。（1）西魏、北周夏官府简称。（2）兵部别称。唐武则天光宅元年（684）至中宗神龙元年（705）兵部改名。后代即沿用以称兵部或其首长。（3）太平天国吏、户、礼、兵、刑、工六部，以天、地、春、夏、秋、冬定名，夏官即兵部。❷官名。（1）传说颛顼氏所置五官之一。参见“春官”。（2）《周礼》六官之一。《周礼·夏官·序官》：“乃立夏官司马，使率其属而掌邦政，以佐王平邦国。”参见“天官”。（3）明初四辅官之一。参见“春官”。（4）太平天国兵部正、又正、副、又副之官统称。（5）太平天国朝内官有夏官正丞相、夏官又正丞相、夏官副丞相、夏官又副丞相。又，女官中朝内官所置夏官正、副丞相，亦称。

夏官大夫 官名。南宋孝宗淳熙三年（1176）始置，为太史局伎术官阶官。

夏官正 官名。唐肃宗乾元元年（758）置，属秘书省司天台，正五品上，掌司四时及其方之变异。宋初沿置，隶司天监。神宗元丰（1078—1085）改制后，隶秘书省太史局。元朝以春官正兼，正五品，隶太史院。明朝沿置，正六品，隶钦天监，掌推历法、定四时。清康熙四年（1665）置，从六品，由汉人充任，为钦天监时宪科主要职官。掌编制时宪书，推算日、月食。清亡废。

夏官尚书 官名。即兵部尚书，唐武则天光宅元年（684）改，中宗神龙元年（705）复名兵部尚书。参见“兵部尚书”。

夏官侍郎 官名。即兵部侍郎，唐武则天光宅元年（684）改，中宗神龙元年（705）复名兵部侍郎，参见“兵部侍郎”。

夏官府　官署名。西魏恭帝三年（556）置，北周沿置。与天官、地官、春官、秋官、冬官府合称六府。以大司马卿为长官，设小司马上大夫、夏官府都上士以佐其职，掌军政，主持征伐敌国及四时治兵讲武，并掌官员迁调之权。统率宿卫将士，掌管军用库藏及牲畜、车辆等。领军司马中大夫、职方中大夫、吏部中大夫、司士中大夫、司勋中大夫、左右武伯中大夫、兵部中大夫、大驭中大夫，司右中大夫、司射下大夫、驾部中大夫、武藏中大夫等官属，各司其职。北周武帝建德二年（573），省六府诸司中大夫以下官，府置四司，以下大夫为长官，上士贰之。周宣帝即位后，六府诸司复置中大夫。隋文帝开皇元年（581）罢。

夏官府都上士　官名。西魏恭帝三年（556）置，北周沿置。夏官府属官，佐大司马卿、小司马上大夫掌府中事务。正三命。隋文帝开皇元年（581）罢。

夏官副正　官名。唐肃宗乾元三年（760）司天台置一员，正六品上，为夏官正副贰。

夏祝　官名。春秋战国置，熟习夏朝礼法而掌祝祷之事。《仪礼·士丧礼》：“夏祝鬻余饭，用二鬲于西墙下。”郑玄注：“夏祝，祝习夏礼者。”贾公彦疏：“同是周祝，仰习夏礼则曰夏祝。”

夏卿　❶兵部长官别称。因《周礼》以夏官司马掌兵，故名。参见“夏官”。❷南朝梁太府、少府、太仆三卿的合称。❸明初四辅官之一，即夏官。参见“四辅”。

原仇局　官署名。北齐置，设丞为长官。隶太府寺诸冶西道署。

原仇局丞　官名。北齐置。参见“原仇局”。

原州驼牛牧　官署名。隋朝陇右牧总监所统诸牧之一，置尉。

逐便　官制用语。宋朝官员被贬责至远地州军，遇赦恩量移近里州军，再遇赦恩则取消对其居住地的限制，称逐便。

逐贼军将　官名。北魏置。为追捕京畿盗魁而设。《魏书·张赦提传》：“赦提设防遏追穷之计，宰司善之，以赦提为逐贼军将。”

振行　考功郎中、度支郎中别称。洪迈《容斋四笔》卷一五《官称别名》：“唐人好以它名标榜官称”，“考功（郎）度支（郎）为振行”。

振远将军　官名。南朝梁置，武帝天监七年（508）定为武职二十四班中的十三班，与宁远将军等代旧“宁朔将军”；普通六年（525）改为武职三十四班中的二十三班。陈沿置，列为五远将军之一，拟五品。

振陇将军　官名。南朝梁置。武帝天监七年（508）定为施用于境外的武职二十四班中的六班，拟武毅将军等号；大通三年（529）定制后班阶略提高，改拟忠勇将军等号。

振武将军　官名。西汉置，为杂号将军，统兵。新莽、东汉沿之，不常置，三国魏改为常设将军名号，两晋、南朝宋沿置，宋时与建武、奋武、扬武、广武将军合称五武将军。魏、晋、宋皆四品。北魏孝文帝太和十七年（493）定为四品下，二十三年改为从四品。

振武营　军事编制。明世宗嘉靖二十四年（1545）于南京设置，为京营之一。简选各营精锐兵卒三千人，以勋臣统领，别设场进行训练。但营卒多无赖子弟，骄横不法，甚至哗变殴死督储侍郎。隆庆元年（1567）罢。

振忠将军　官名。十六国后秦置。《晋书·乞伏乾归载记》：“元兴元年（402），（乞伏）炽磐自西平奔长安，姚兴以为振忠将军、兴晋太守。”

振忠都尉　官名。十六国后赵石勒置。《晋书·石勒载记下》：“（石勒）旦召（王）假以为振忠都尉，爵关内侯。”

振肃卫司　官署名。金朝置。设于南京宫城。掌妃嫔出入，总领护卫导从。

振威大夫　散阶称号。清朝乾隆三十二年（1767）始定，为武职从一品之封赠。初，武职中属八旗者正、从一品封光禄大夫，属绿营者正、从一品封荣禄大夫。至此，始分正，从，并统一封赠。五十一年，改振威将军。

振威中大夫　官名。北周置。《隋书·侯莫陈颖传》：“（颖）迁司武，加振威中大夫。”正五命。

振威中郎将　官名。东汉献帝建安（196—220）初曹操置。以李通为之，领兵屯汝南西界。见《三国志·李通传》。

振威护军　官名。三国魏置，统兵，职掌同将军，位低于同号将军。三国魏元帝咸熙（264—265）中，牵弘自陇西太守迁此职，西晋武帝泰始四年（268），罢振威、扬威护军，置左、右积弩将军。东晋复置。

振威将军　官名。东汉置，为杂号将军，统兵出征。三国魏、吴沿之，魏许定任职时，曾都督徼道虎贲。魏、晋皆四品。十六国前赵、后凉、北凉亦置。南朝宋列为五威将军之一，四品。北魏刘尼任职时典禁兵宿卫。孝文帝太和十七年（493）定为四品中，二十三年改为从四品。北齐用以褒赏军功勋臣，无具体职掌，从四品。隋初列为散号将军，从七品上，炀帝大业三年（607）罢。清朝复置，为武职从一品之封赠称号。

振威校尉　官名。唐太宗贞观十一年（637）置为从六品上武散官。宋朝沿置，神宗元丰（1078—1085）改制废。

振威副尉　官名。唐太宗贞观十一年（637）置为从六品下武散官。宋朝沿置，神宗元丰（1078—1085）改制罢。

振旅将军　官名。南朝梁武帝普通六年（525）刊正将军名号时置，定为武职三十四班中的十班。陈沿置，定为拟七品，比秩六百石。

振朔将军 官名。南朝梁置。武帝天监七年（508）定为施用于境外的武职二十四班中的十三班，拟宁远将军等号，大通三年（529）定制后，仍拟宁远将军等号。

振漠将军 官名。南朝梁置。武帝天监七年（508）定为施用于境外的武职二十四班中的十二班，拟武威将军等号，大通三年（529）定制后，改拟威雄将军等号。

捕厅 清朝对地方州县之吏目、县丞、典史等佐杂官之通称。以其有缉捕之责，故名。

捕役 旧指州县衙门担任缉捕事务的差役。亦称捕快。

捕快 即捕役。

捕虏将军 官名。东汉初置，为杂号将军，统兵出征。后省。献帝建安（196—220）中曹操复置，李典由裨将军迁此。十六国西秦亦置。见《晋书·吐谷浑传》。

捕兽下士 官名。西魏、北周秋官府田正下大夫捕兽中士佐官，正一命。

捕兽中士 官名。西魏恭帝三年（556）置，北周沿置。秋官府田正下大夫属官。正二命。下设捕兽下士以佐其职。隋文帝开皇元年（581）罢。

捕盗司 官署名。金朝置。掌捕盗。设于诸府下。

捕盗步军校 官名。清朝八旗步军营之职官，康熙三十四年（1695）设，正五品。满洲旗各三人，蒙古、汉军旗各一人，于各旗步军校内派委。掌率捕盗步军三百二十人，以缉捕盗贼。

捕盗官 清朝专司缉捕盗贼之官员，武职。京师步军营设捕盗步军校四十人。在外省有直隶捕盗官、奉天、吉林捕盗官八十余人，由千总、把总、外委充任，分别统于总督、将军和府尹，具体为地方文职官员所辖。察哈尔地方亦设四人，统于定边左副将军。

捕盗使 使职名。唐僖宗中和二年（882）以杨迁充任，诱人出首“盗贼”。用刑极酷，见者冤之，纷纷竞起反抗，蜀中州县不能制。

捕盗将军 将军名号。新莽置。《汉书·王莽传》：“莽遣捕盗将军孔仁将兵与郡县合击，岁余。”

捕盗都尉 官名。新莽置。地皇二年（后21）王莽因三捕盗贼群起，故置此官，以镇压之。

捕盗案 官署名。北宋神宗元丰（1078—1085）改制后，刑部置，掌治安之事。由刑部郎官领之。

捉贼使 官名。宋朝发兵征讨时或置，为临时军事统帅。

捉钱令史 官名。唐高祖、太宗时置公廨本钱，为诸司办公费用，以诸司令史主之，号捉钱令史；每司九人，补于吏部，岁满授官。一度废置。高宗以后改以典史主公廨本钱。

捉曹主簿 官名。十六国西凉置。阿斯塔那一号墓出土文书九《捉曹残文书》：“捉曹主簿仙。”（《吐鲁番出土文书》第一册）

捐贡 明朝用称由捐纳而取得贡生资格者。清朝称例贡。

捐免 清朝捐纳授官途径之一。凡官吏仕途中所应经历之试俸、历俸、实授、保举、试用、离任引见、投供、验看、回避等项，皆可捐免。康熙中准异途人员捐免保举。乾隆中定保举、试俸、考试捐免例，列入常捐，捐例限制至此废弛。

捐纳 封建政府准予士民捐资纳粟以得官之法。秦始皇四年（前243）因灾荒大疫，准百姓纳粟千石，拜爵一级，始行捐纳之例。嗣后历代相沿，或因赈灾，需饷，因边储，兴工，遇有度支不济，即准士民捐银，授予官职。至清朝，文官捐纳始于康熙十三年（1674），因用兵三藩，军需孔亟，始开捐例。武职捐纳，雍正初年只捐千总、把总；乾隆九年（1744）方可递捐参将、游击、都司、守备等职。捐例分为两种，一为拯荒、河工、军需之捐；乃暂行事例，期满或事竣即停；一是捐纳贡监、衔封、加级、记录无关铨政者，为现行事例，乃属定制。文职捐途自小京官至郎中，不入流至道员；武职捐途自把总、千总至参将。捐纳官不得分用于吏、礼二部；道府不得授实缺正印官，仅授简缺。凡报捐者称官生，吏部发给执照，捐贡监者并给国子监监照。先是户部专设捐纳房办理此事，咸丰（1851—1861）以后并由京铜局办理。初为战时筹措经费之措施，后即成为捐纳事例，明定章程及价格，列为国家正项收入，致使仕途淆杂，吏风日下。

捐纳房 官署名。清朝户部所属办事机构之一。设满、汉司员各六人，由尚书在郎中、员外郎、主事、七品小京官内派委，二年一更代。掌理常例捐纳及特开事例。光绪三十二年（1906）改为暂设核捐处。

捐例 清朝捐钱授官之章程。初由补充军饷、兴办工程及赈济之需，准富民献纳款项，依例奖叙，后遂列为正项收入，明订章程及价格，如河工捐例、海防捐例等。是为暂行事例。又有捐贡监、衔封、加级、记录等为现行事例。龚自珍言：大臣非不忧，主上非不咨，而不外乎开捐例、加赋、加盐价之类。

捐复 清朝捐纳授官途径之一。凡官吏因公失误或无实犯赃私而受到降革留任、离任、夺衔、夺资及摘翎等处分者，可以纳捐坐补原缺，称为捐复。旧例，官吏缘事受处分，非数年无过，不得开复。乾隆（1736—1795）中，初定因公失误无余罪，可以捐复。继定因公处分停止升转者，许捐复。嘉庆（1796—1820）中规定，大计劾参，有疾休致，调治就痊及特旨降革留任限年开复人员，加十分之五捐复。咸丰（1851—1861）中准许一、二品大员捐复原官顶戴。此外，文职京察、大计六法，武职军政被劾，无奸赃情罪，亦许捐复原衔。

捐班 清朝授官班秩之一。由捐纳出身者用此称。候补候选改入捐班人员，其官阶班次业经更易，仍俟该员赴选文结或注册呈结到部后，扣限铨选。

捐监　明清捐纳事例之一。指由生员或普通身份之人捐纳钱粮取得监生资格者。初推行于明景泰（1450—1457）年间，报捐者仅限于生员，后来普通身份之人可以报捐，称例监。

捐输　清朝出于急公好义之捐赠。凡捐资修葺文庙、城垣、书院、义学、考棚、义仓、桥梁、道路，或捐谷米银两，或如各省盐商、士绅捐出巨款，皆属此类。此外尚有捐马百匹给予记录，运丁三年多交米三百石给予顶戴之例。政府分别给予议叙、顶戴、职衔、加级、记录等奖叙。

换授　荐举制度。明崇祯（1628—1644）始定，由亲王保举宗室入仕。无亲王之藩，郡王亦可保举。

挽郎　执事于皇帝、皇后等丧礼之仪仗队员。南朝宋、陈、北魏、唐朝、宋朝置，均选品官子弟担任，为入仕途径之一。南朝宋制，选六品以上子弟为之，人数自二十至六十不等。北魏制，被选挽郎后，可除奉朝请或将军府参军等官。唐朝亦选五、六品以上子弟。宋朝诸帝陵墓置，与斋郎出身同，许于南曹投状铨选注官。

挨贡　参见“岁贡❷”。

挨选　清朝吏部之铨选制度。乃月选班秩之一。按例应选官员，在本班中，依照先后次序选用，称为挨选。

辀人　官名。周朝置，掌制作车辕。《周礼·冬官·考工记》：“辀人为辀。”郑玄注：“辀，车辕也。”

致仕　指官员告老辞官。汉朝并无年龄规定，如大臣年老有病，可随时向皇帝提出。宣帝时，韦贤为相五岁，年七十余，以老病乞骸骨，赐黄金百斤，罢归，加赐第一品。丞相致仕自此始。致仕后待遇为皇帝褒赏，并非定制。东汉亦然。唐朝凡职事官年七十以上，即应致仕。若齿力未衰，亦听厘务。宋朝规定，文臣年满七十致仕，武臣可至八十。自请就闲，可提前致仕。北宋前期，官员致仕不许带学士及馆职，神宗以后许带职致仕。致仕官享有种种优待，自真宗时起皆给半俸，部分有功武官可领全俸，致仕时皆升转一官，后每遇朝廷推恩，还可转官。享有荫补特权的官员致仕时，可特补子弟为官。南宋时，一些官员死后数年，朝廷仍追除致仕，以使其子弟享受恩例。明朝洪武元年（1368）规定，内外大小官员七十岁退职，十三年改为六十岁。二十六年复为七十岁。一般非特旨选用，不得逾例。凡自愿告退者，不分年限。致仕又分以礼和考察致仕。明初，凡以礼致仕者，与现任同，朝廷待以优礼，又有升秩给俸、赐敕之典。其后大臣致仕，或给驿还乡，或命地方官岁拨人夫，月给食米。其尤宠者，或赐敕，或加赐白金文绮，或官一子，皆自特恩，非定制。考察致仕指大计之年，官员以年老、疾病、不称职致仕。其初为吏部稽勋司职掌，后改考功司。清朝亦称休致，其制规定，凡自陈衰老，准予休致者，称自请休致；年老不克胜任而令休致者，准予原品休致；年老有疾，恋职不退而被议者，则勒令休致，罢其职而存其衔。官员休致，不属处分之列，其或因故被议处，应降调者，按级降去顶戴；应革职者，革去职衔；应议罚俸、降俸、降职及降革留位者，俱免议。

致远务　官署名。北宋置，隶太仆寺。掌饲养驴骡，以供运载皇帝行幸时所用器物及边防军用物资之用。设监官三人，以车营务监官兼领。

致事　❶年终向上级报告所司职事治理情况。《周礼·天官·大宰》：“岁终，则令百官府，各正其治，受其会，听其致事，而诏王废置。”《小宰》：“岁终，则令群吏致事。”❷告老辞官。同“致仕”。《礼记·曲礼上》：“大夫七十而致事。”郑玄注：“致其所掌之事于君而告老。”

致果校尉　官名。唐太宗贞观十一年（637）置为正七品上武散官。宋朝沿置，神宗元丰（1078—1085）改制罢。

致果副尉　官名。唐太宗贞观十一年（637）置为正七品下武散官。宋朝沿置，神宗元丰（1078—1085）改制罢。

致政　❶辞官。《礼记·王制》：“七十致政。”郑玄注：“致政，还君事。”❷归还所掌政权。《周礼·天官·冢宰》郑玄注：“周公居摄而作六典之职，谓之周礼。营邑于土中，七年，致政成王。”

哲伯伯克　官名。清朝新疆回部官员之一。掌理修造甲械之事。叶尔羌设一人，秩六品。

〔丨〕

柴草部　官署名。北齐置，设丞为长官。隶司农寺钩盾署。

柴草部丞　官名。北齐置，参见“柴草部”。

柴炭司　官署名。明置，隶工部屯田司，设大使一人，从九品，副使一人，未入流。掌供皇室诸司柴炭。

赀选　选官制度。亦作资选，即选拔官员应具有的财产标准。秦及西汉初年为选拔官吏的主要途径之一，郎吏多以富赀入选。汉初规定，家赀十算以上方得担任官职。景帝后二年（前142）下诏减为赀算四得官。武帝时废除。后代或沿用，制度则有不同。

监　❶官署名的统称。汉朝各衙属多有以此命名者。如太仆寺属下有龙马、闲驹、橐泉、騊駼、承华五监。魏晋隋唐后渐成部分衙门的统称。如国子监、将作监、少府监、长秋监、都水监、军器监。明朝内外衙门均有，如内官二十四衙门十二监有司礼监、内官监等，外府有钦天监、上林苑监、国子监等。清朝间有沿置。❷官名。西周置，为监诸侯国之官。《中几父簋铭》：“中几父使几使于诸侯诸监。”《礼记·王制》：“天子使其大夫为三监，监于方伯之国，国三人。”县下四郡亦置，掌山川林泽。《吕氏春秋·季冬》：“乃命四监收秩薪柴，以供寝庙及百祀之薪燎。”高诱注：“四监者，围制天子畿方千里之内分为百县，县有四郡，郡有一大夫监之，故命四监使收掌薪柴也。”时又为诸侯国君之称。《周礼·夏官·大司马》：“建牧立监。”郑玄注：“监，监一国，谓君也。”战国时秦置。《商君书·禁使》：“今恃多官众吏，官立丞、监。夫置丞立监者，且以禁人之为利也。”秦朝统一后，置为各郡职掌监察的官员，即监御史。汉朝不置。魏晋以后，除中书、秘书、廷尉等官署设为长官、属官外，并以较高官员监理下级部门或某地区诸军事，亦有以他官监理某地区民政事务者。凡监某州、郡、县者，即行刺史、郡守、县令职权。南朝多见此制。亦可由监改除为正式长官。三国吴于各要地设置以统兵。北魏后宫亦设，视三品，其上设有大监。隋唐五代用以泛称各监长官。❸秦朝以前亦指太监。《史记·秦本纪》：卫鞅“因景监求见孝公”。

监工 官名。始见于战国，为工官之长，掌监督百工。《吕氏春秋·季春》：“监工日号，无悖于时。”高诱注：“监工，工官之长。”明朝内官置，为宦官二十四衙门及内府各库中次等宦官。品秩在六品以下，无定员。协助掌印太监等掌本监、司、局、库之事。

监门 ❶官名。守门小吏，春秋战国时设。《荀子·荣辱》：“或监门、御旅、抱关、击柝，而不自以为寡。”王先谦注：“监门，主门也。”宋朝三省、诸院、所，亦置，多由使臣充任。❷隋、唐监门府简称。参见“左监门府”、“右监门府”。

监门直长 官名。❶隋朝左、右监门府各置三十员，正七品。唐朝左右监门卫置六百八十员。掌禁卫宫门。❷隋朝太子左、右监门率各置十员，从七品，炀帝大业三年（607）改为监门直事，置六十员。唐朝复名监门直长，置七十八员，从七品下。掌禁卫东宫门户。

监门直事 官名。即太子左、右监门率统领之监门直长，隋炀帝大业三年（607）改此名，增为六十人，唐朝复名监门直长。

监卫都督 官名。东魏置。为皇帝亲近侍卫。见《魏书·孝静纪》。

监马尹 官名。春秋时楚国置，掌马政之官，大夫爵。《左传·昭公三十年》：“楚子大封，而定其徒，使监马尹大心逆吴公子。”

监太仓使 官名。唐睿宗文明元年（684），监太仓事由御史台察院移入殿院，以殿中侍御史第一人充使，监太仓出纳。

监中外官考使 使职名。唐太宗贞观（627—649）初置，每年定京官名望高者二人，分校京官、外官考核，以给事中、中书舍人各一人莅之，加此号；考功郎中判京官考，员外郎判外官考。其后屡置监考使、校考使、知考使等名目。

监正 官名。明、清钦天监皆设为长官，明设一人，清设满、汉各一人，俱正五品。又，明朝太仆寺、苑马寺所辖诸牧监，亦各设监正一人，正九品。

监左藏库使 使职名。唐玄宗开元十九年（731）以监察御史一人莅太府寺左藏署库，监钱帛出纳，其后以殿中侍御史第二人充任。

监北军使者 官名。西汉置。皇帝派遣监领北军之使者。《汉书·刘屈氂传》：“太子召监北军使者任安发北军兵。”

监生 ❶指在国子监就读之学生。为入仕途径之一。五代时已有此称。后唐制，国子监每年置监生二百名。初补时交束脩钱二千，及第后交光学钱一千。宋朝亦沿此称。明朝监生分举监、贡监、荫监、例监四种。凡以举人资格入监读书者称举监，以贡生资格入监读书者称贡监，官宦子弟不经考选而取得监生资格者称荫监，由普通身份捐纳取得监生资格者称例监。洪武时，贡监、举监皆称民生，以别于官生。时重考取，故官生少而民生多。洪武二十四年（1391），官、民生一千五百三十二名，二十六年至八千一百二十四名。永乐九年（1411），南、北监监生九千八百八十四名。宣德四年（1429），四千八百九十三名。其盛况可见。景泰（1450—1456）间始有例监。其中有生员以纳粮、马、银得以入监者，即纳贡；亦有幼童、白丁和商贾以捐纳入监者，称民生、俊秀、或曰例生。天顺（1457—1464）、成化（1465—1487）时，监生至数万人，大都不入监读书，只候凭票选官，其质量大逊于前。清朝凡国子监肄业生分贡生、监生两种。贡生凡六，亦有沿明旧称为监生者。监生凡四，恩监、荫监、优监、例监。由皇帝恩赐国子监生资格者称恩监。荫监有二，遇恩诏予荫者为恩荫，因公差军务遇难予荫者称难荫。由附生或武生举报入监者称优监。廪、增、附生及俊秀援例捐纳取得监生资格者称例监。清制，监生考职，用州判、州同、县丞、主簿、吏目等。乾隆（1736—1795）以后，一般所称监生者，多指由捐纳而得者。如未入府、州、县学而欲应乡试，或未得科名而欲入仕者，都必先捐监生，作为“出身”，未必在监读书。光绪间，推广举人入监，时风稍振。未几，至光绪三十一年（1905），行新学，废科举，此名遂废。❷宋朝司天监（后改太史局）之属员，位在学生之上。

监令 官名。明初司天监、钦天监置，为本监长官，洪武二十二年（1389）改监正。又，明太仆寺所辖诸牧监初亦置为长官，洪武十年（1377）改监正。

监印处 官署名。清朝户部所属办事机构之一。顺治元年（1644）置。设满、汉司员各二人，由十四司司员分日轮值，每月更换一次。掌监印信。光绪三十二年（1906）裁。

监市 官名。春秋置，掌监督市场物价。《庄子·知北游》：“正获之问于监市履狶也，每下愈况。”王先谦集解：“监市，市魁也。”

监司　官名或官署名统称。汉朝、两晋及南北朝时期指刺史、侍御史及尚书左、右丞等有监察权的官员。《后汉书·左雄传》：“监司项背相望，与同疾疢，见非不举，闻恶不察。”宋朝诸路转运使司、提点刑狱司、提举常平司有监察各州官吏之责，故亦有此称。明朝为提刑按察司。清朝为司、道之统称。因藩司、道台有监督府县之责，故称。

监母斡鲁朵　即彰愍宫。

监考使　使职名。见“监中外官考使”。

监当官　官名统称。宋朝诸州粮料院、钱监、监仓、监盐、监酒、监镇、作院、交引、库务、监门、监茶、监场、监务等官的统称。诸州、军随事而置，掌场务库藏出纳之事。征榷场务每年皆有定额，年终据其登耗予以奖惩。其课利所入，每日具数申报本州。南宋高宗建炎元年（1127），诸路州、县有阙，令漕臣奏辟。二年，令以二年为一任，满六考许关升。金世宗大定（1161—1189）中规定，掌管仓库院务之官为监当官。

监州　官名。南朝在某州无刺史时，以其他官员监理该州事务，代行刺史职权，称监某州或监某州事，简称监州。地位较正式任命的刺史为低，亦可升任刺史。见《南齐书·陆慧晓传》。后亦为通判的别称。

监军　官名。❶初为临时差遣之职，置于军中，监督出征将帅。《史记·司马穰苴列传》：“愿得君之宠臣，国之所尊，以监军，乃可。”汉朝亦或置。《后汉书·袁绍传》：“绍遂以（孟）岱为监军，代配守邺。”时又有监军使者，掌监出征将帅；有监军御史，掌监京师北军营垒等。三国诸军出征皆置，监视将帅，权势颇重。蜀有中、前、后、右诸号，位在军师下、护军上。晋朝有时亦置，或统兵。北魏或设监军侍御史。魏、晋诸军师（军司）亦行其职。隋末唐初有时以御史监军，非常制，中宗神龙元年（705）始任用宦官，中唐以后诸方镇及出征军中皆置，例以宦官为之，有监军使、观军容使等名目，简称监军，成为常设使职，有副使、判官等佐官，自置亲兵，与藩帅分庭抗礼，权势极重。五代设置不常。宋朝罢其职，偶有差遣。辽朝置于北面行军都统所，位次都统、副都统，为专职军官。当时又有都监、监战等官，亦行监督军务之职，皆为常设职官。西夏有左右厢十二监军司，为地方驻军指挥机构，于都统军、副统军下设监军使。金朝都元帅府（枢密院）置元帅左、右监军各一员，正三品，位次副元帅。明朝监察御史、宦官皆得受命监军，御史随师出征，监督军务，稽核功罪赏罚，宦官则常把持军务。清朝废其制。❷地方军政长官。东汉末监军或兼掌军务，魏晋南北朝诸州或阙都督，则置监诸军事，简称监军，为该地区军政长官，位在都督诸军事下、督诸军事上，职掌略同。或有监数州诸军事者。其权任因所加使持节、持节或假节之号而有所不同。太平天国诸州县设此官，由中央委派，掌地方民政、狱讼、钱粮。❸宋朝对都监、监押的统称。❹太平天国统兵军官。初期员一百人，每军一员，以炎、水、木、金、土系衔，分正副，其下又以天干和一至十的数字编次，位在总制下。后增员无定数。平时军队由军帅管理，出征时则由监军统辖。后期又有职同监军、恩赏监军等名目。

监军侍御史　官名。北魏置，即侍御史之受命随军出征者，负有监察将帅之责。奚斤追击大夏赫连昌时，安颉以内侍长为此职，随其出征。

监军使　❶使职名。唐玄宗开元二十年（732）诸道方镇置为监军使院长官，以宦官充任，一般任三年，掌“监视刑赏，奏察违谬”，属有副使、判官、小使等，并掌握部分军队。各支郡镇兵，别有品秩较低宦官监临。平时出征，偏将所领军队置监阵。安史乱后，凡有兵马处皆置。在跋扈的方镇，不敢作威作福；在唐政权直接控制的地方，权力颇大。行军用兵，主将往往为其掣肘。胜则归功于己，败则委过于将帅。昭宗天复三年（903）废。五代后梁、后唐复以宦官监军，明宗天成（926—930）中再废。❷官名。西夏景宗建左右厢十二监军司为地方驻军指挥机构，每司置一人，以贵族豪右为之，位副统军下。

监军使者　临时差遣监督军务的使职。西汉置。《汉书·刘屈氂传》：“太子召监北军使者任安发北军兵，安受节闭军门，不肯应太子。”东汉亦或置。灵帝时刘焉、刘璋皆以监军使者领益州牧。三国吴亦置。

监军校尉　官名。东汉献帝建安（196—220）中曹操置。荀衍以此职守邺都，督河北事。

监军御史　官名。汉朝皇帝为加强对军队的控制，常派职司监察的近臣御史外出监领军队，故称监军御史。东汉称督军御史。

监军道　官名。明朝于各省设，不常置。为各省布政使佐官左右参政、参议的分道之职，以监督武职，整理文书，商榷机密，参谋军务。

监军寨统领司　官署名。辽朝置。北面官，为南京诸司之一。

监农御史　官名。三国吴置，掌监农事，隶御史台。《三国志·楼玄传》：“孙休时为监农御史。”

监丞　官名。隋炀帝大业三年（607）置五监，国子、将作、少府、长秋四监所置，掌判监事，都水监初置为次官，五年改为掌判监事。唐朝五监沿置，俱掌判监事。军器监初为掌判监事，玄宗开元十六年（728）以后为次官。隋朝行台省食货、武器、农圃、百工四监，同州总监及所统食货、农圃二监，岐州监、诸冶监，盐池总监及所统东西南北四监，陇右牧总监及所统皮毛监、盐州牧监，皆置，掌判监事。唐朝多所因置，诸牧监、司竹监、京都诸宫苑总监、京都诸园苑监、苑四面监、九成宫总监、诸铸钱监、百工、就谷、库谷、斜谷、太阴、伊阳等监皆置，掌判监事。高祖武德（618—626）行台省、大行台省食货、农圃、武器、百工四监，庆善、石门、温泉汤等监，诸冶监、互市监，置为次官。东宫九牧监初为掌判监事，后改为长官。宋朝神宗元丰（1078—1085）改制后，国子监、少府监、将作监、军器监、都水监俱置，参领监事；元丰改制前司天监亦置。辽朝诸监（秘书监、司天监、国子监、太府监、将作监、都水监）皆置，多为掌判监事。金朝秘书监、国子监、太府监、少府监、军器监、都水监置，掌判监事；宫籍监亦置，隶殿前都点检司。元朝国子监、蒙古国子监、艺文监、典用监、典医监、典牧监、典宝监、甄用监、掌医监、群牧监、太府监、度支监、利用监、中尚监、章佩监、经正监、都水监、秘书监、司天监、回回司天监皆置，或掌判监事，或为属官。明朝秘书监、国子监、司天监、回回司天监、上林苑监、宦官十二监、内史监、内使监、内仓监、南京国子监皆置，或分左、右，多为掌判监事。明初内官诸监亦置，后罢。清朝国子监置。

监医正 官名。清末法部属官。详见“法部监医正”。

监医副 官名。清末法部属官。详见“法部监医副”。

监佃督 官名。西晋置，为荆州刺史属官，职掌不详。

监作 官名。隋朝内侍省掖庭局、将作监左、右校署皆置，二员至十二员不等，从九品。唐朝内侍省掖庭局、少府监诸署、将作监诸署、军器监诸署皆置，二员至十员不等，从九品下。掌监其署中杂作，典工役。

监兑同知 即管粮同知。

监兑通判 即管粮通判。

监冶谒者 官名。东汉末魏国临时设置，以谒者之职兼领冶铸。《三国志·韩暨传》：“后迁乐陵太守，徙监冶谒者。旧时冶作马排”，“暨乃因长流为水排，计其利益，三倍于前。在职七年，器用充实”。

监枪内臣 官名。明永乐（1403—1424）京军神机营十二司分置，各以宦官一人充任。监督操演火器。嘉靖（1522—1566）时罢。

监事 官名。隋朝于门下省御府局置，为掌具体事务的低级官吏，从九品。唐、五代沿置，卫尉、太仆、司农、太府等寺及将作监所统部分官署分设一至十人不等，自从九品或正九品。宋朝置官而未除授。明朝光禄寺大官、珍羞、良酝、掌醢各署置，位署正、署丞下。四人，从八品，掌各署具体事务。清初沿置，以汉员充任。顺治十二年（1655）裁。

监押 见“都监”。

监尚书六部门 即六部监门。

监国使者 官名。三国魏所遣监伺诸王侯国的使者。常以谒者为之。《三国志·陈思王传》裴松之注引《魏氏春秋》：“是时待遇诸国法峻。任城王暴薨，诸王既怀友于之痛，（曹）植及白马王彪还国，欲同路东归，以叙隔阔之思，而监国使者不听。”

监国谒者 官名。三国魏对诸王、侯国防制甚密，特遣谒者等使者监伺诸国，故名。《三国志·陈思王传》：“黄初二年（221），监国谒者灌均希指，奏（曹）植醉酒悖慢，劫胁使者。”

监国御史 官名。晋朝所置监伺诸侯王国之御史。《晋书·阎缵传》：“今监国御史直副皆当三族。”

监国摄政王 官名。清末代行皇帝权力的特设职官。光绪三十四年（1908）十月，光绪帝、西太后先后死。西太后死前，先命醇亲王载沣为摄政王，其三岁子溥仪为嗣皇帝，又命摄政王监国。职掌代皇帝主持国政，军国政事悉由裁定，遇有重大事件得面请太后（隆裕）懿旨。裁定以谕旨宣示。加盖监国摄政王印。宣统三年（1911）十月退位。

监牧 同“牧监”。

监牧使 使职名。唐高宗仪凤（676—679）中始置，立四使：南使有监十五、西使有监十六、北使有监七、东使有监九。其后增置盐州使，有监八；岚州使，有监三。掌终岁巡按，以功过相除为考课；其南使、西使各有丞三员、录事一员，北使、盐州使各有丞二员。玄宗开元二十三年（735）废。

监牧都使 官名。即都监牧使。

监使 官名。宋朝地方行政区划监的长官。职掌与知州、府事略同，选京朝官及閤门祗候以上武臣充任。或称知监事，简称知监。

监岳庙 官名。北宋神宗时，五岳庙设管勾、提举或提点官。后改置监官，以选人充任。如非自己陈请而由朝廷特差者，如同黜降宫观之例。南宋时，因官多阙少，选人及使臣往往破格选差岳庙，理为资任。掌庙宇葺治修饰之事。

监夜帅 宫中女官名。南朝宋明帝定后宫百官时置，七品。

监试 官名。又称监试官，明清科举考试中特设之官。分为外监试，掌纠查考场，属外帘官；内监试，掌纠察阅卷事，属内帘官。明制，乡、会试各设二员。顺天、应天二府乡试以监察御史充任，各省乡试以按察司官员充任。会试则以京官七品任之。此外，殿试亦设有监试官。清制，顺天乡试以御史充任，各省乡试初以按察使充任，雍正（1723—1735）间改用道员。会试以御史充任。

监试加一等 参见“功勋制度”。

监试官 见“监试”。

监战 官名。掌监督军事将帅。辽朝设于行军都统所。金太宗时，临战设监战官随军。金迁都汴京（今河南开封）后，差奉御官在军中监督，牵制将帅之指挥，称监战。蒙古在降附汉军中设监战，后改达鲁花赤。元世祖中统三年（1262），又设监战万户，监管汉军万户。

监战万户 官名。金朝置。元朝设于世祖中统四年（1263），由探马赤军将领充任，监督汉军万户作战、戍守。后罢。

监临　官名。又称监临官。科举考试中乡试之监考官。总摄考场事务，除主考、同考官外，考场办事人员均归其委派、监督。明制，各省乡试皆由中央委派巡按御史充任。清制，顺天乡试用满、汉各一人，汉员以府尹充，满员以其他二、三品官充。各省乡试初沿明制，以巡按御史充，后改用巡抚。

监临官　❶金朝派往诸路督察的官员之称。❷见“监临”。

监香使　官名。宋朝御史台临时差置，掌国忌行香，为御史台五使之一。神宗元丰（1078—1085）改制废。

监修　官名。即监修官，官修书籍时置，如修实录、朝典等均置。多以勋臣或有影响的大臣充任。

监修国史　官名。东晋康帝始以大臣领史局，渐为制度。《史通》卷一〇《辨职》：“近古每有撰述，必以大臣居首。案《晋起居注》载康帝诏，盛称著述任重，理藉亲贤，遂以武陵王（晞）领秘书监”，“既而齐撰国史，和士开总知”。卷一一《史官建置》：“高齐及周，迄于隋氏，其史官以大臣统领者，谓之监修。国史自领，则近循魏代，远效江南，参杂其间，变通而已。”唐太宗贞观三年（629）闰十二月移史馆于禁中，以宰相监修国史，著作郎罢史职，成为故事，监修国史遂为官称。宋初首相加昭文馆大学士、监修国史衔，亦有不带昭文馆大学士者，次相加集贤殿大学士、监修国史衔，若置三相则分授昭文馆、集贤殿二大学士、监修国史；神宗元丰（1078—1085）改制罢。南宋高宗绍兴三年（1133）置国史院重修《神宗、哲宗实录》，以右仆射朱胜非监修国史，十年罢史馆官并归实录院，二十八年复置国史院，以宰臣监修；孝宗隆兴二年（1164）以参知政事钱瑞礼权监修国史。辽朝国史院置为长官。金朝国史院置，掌监修国史事，先曾以谏官兼其职，章宗明昌二年（1191）诏谏官不得兼，恐于其奏章私溢己美。

监津渠漕水掾　官名。汉朝郡守属吏，职掌水利。据《汉官》，东汉河南尹员吏有监津渠漕水掾二十五人。

监罟囿　官名。战国中山国置，守护王陵丘墓的官吏。《中山石刻铭》：“监罟有（囿）臣公乘是导（得）守丘。”参见黄盛璋《平山战国中山石刻初步研究》（《古文字研究》第八辑）。

监造　官名。宋朝军器所属官。参见“军器所”。

监造诸般宝贝官　官名。元朝置。秩正五品，设于世祖至元二十一年（1284），隶诸路金玉人匠总管府，置达鲁花赤二员。

监候　官名。隋初于太史曹置，四人，从九品下。掌观察天文。炀帝大业三年（607）增至十人。唐沿置，高祖武德七年（624）废。肃宗乾元元年（758）置五官监候，定制三人，正八品下。宋置官而未除授。明朝钦天监置，称五官监候，三人，正九品，后减至二人。佐五官正推历法，定四时。子孙相承，不得改任他官，亦不得徙业。清朝于钦天监沿置，属天文科，汉官一人。

监埽官　官名。宋朝南、北外都水丞司属官，掌有关河埽之事。

监营　官名。郑成功设。其军队分为五军，下辖陆军七十二镇、水师二十镇。各镇设有监营，负责政务工作。有总理监营、左右协理监营等。由总理监营统管其他各监营，出师时同处镇提督、统领同行。

监营谒者　官名。即东汉谒者奉皇帝之命外出监督常备营兵者。《后汉书·耿恭传》：“及防还，监营谒者李谭承旨奏恭不忧军事，被诏怨望。坐征下狱，免官归本郡。”时有黎阳等营，屯驻常备军队，以供调遣征战。

监曹奏事令　官名。北魏置。《魏书·杨播传》：“（杨津）转振威将军，领监曹奏事令，又为直寝，迁太子步兵校尉。”

监舶　宋朝监市舶务简称。

监祭使　使职名。唐朝以监察御史一人为之，莅祭祀，监阅牲牢，省器服，不敬则劾祭官；德宗兴元元年（784）以监察御史第一人察吏部、礼部，兼监祭使。宋朝为御史台五使之一，以御史充兼，掌受誓戒致斋，检视纠劾，神宗元丰（1078—1085）改制，罢使名。

监鹿　官名。辽朝置，北面官，为监鹿详稳司养鹿小吏。

监鹿详稳司　官署名。辽朝置，北面官，掌御帐围场养鹿等事。

监淮海津都尉　参见“淮海津都尉”。

监掣同知　官名。清朝管理盐务之官员，乾隆二十四年（1759）始设。后定员额，山西、河东、两淮、淮南、淮北各一人。正五品。掌掣盐政令。

监御长　官名。北魏置，为监御曹长官。《魏书·王洛儿传》：“（孝文帝）承明（476）初，（王陵）迁监御长，赐爵始新子，加宁朔将军、员外散骑常侍。”孝文帝太和（477—499）改制时罢。

监御史　官名。秦置。公元前221年，秦始皇统一六国，推行郡国制，全国分为三十六郡，郡置守、尉、监。监即监御史，主监察郡政。西汉初年省。

监御令　参见“监御曹令”。

监御曹　官署名。北魏初置，太武帝时，于洛拔曾任监御曹令，后省，孝文帝延兴五年（475）九月复置。负责料理皇帝生活起居事务，以令、长为长官，还有内廷派驻曹中监察政务的监御曹给事。

监御曹令　官名。北魏置，监御曹长官，亦省称为监御令。《魏书·于栗传》：“车驾征讨，（侍御中散于洛拔）恒在侍卫，擢领监御曹事。从征凉州，既平，赐奴婢四十口，转监御曹令。”孝文帝荐祭文明太皇太后时，监御令陈服笥于太和庙陛南。孝文帝太和（477—499）改制罢。

监御曹给事 官名。北魏置，为内廷派驻监御曹监察政务的官员。《魏书·来大千传》：“（来提）官至监御曹给事，冠军将军、兖州刺史、濮阳侯。”

监铸官 官名。清朝各省铸钱局主官之统称，掌理各直省鼓铸事宜。直省设局者十六处，除宝苏局、宝浙局设官二人外，其余皆设一人管理，分别由布政使于所属官员中派委。

监解帅 宫中女官名。南朝宋明帝定后宫百官时置。无定员，六品。

监督 官名。清朝设，为某一具体办事机构之主管官。初，为户部、工部所辖之职官，如户部所属之京通十三仓、大通桥、各榷关、工部各榷关均设。后，清末新设各学堂及大清银行亦置，为主管官。光绪二十七年（1901）后在全国各类中、高等新式学堂及大学堂普遍设置，负责主持教育事务，董理学规，稽察办事人员，裁定出入经费等事。辖教务提调、庶务提调、斋务提调各一员。辛亥革命后改称校长。光绪三十四年，户部银行改为大清银行后亦置监督一职。又，户部崇文门榷关及大清银行所设监督，分为正监督、副监督；京师大学堂所设监督称总监督。参见“京通十三仓场监督”、“大通桥监督”、“户部榷关监督”、“崇文门监督”、“浒墅关监督”、“工部榷关监督”、“京师大学堂总监督”、“大清银行正监督”、“大清银行副监督”等。

监照 清朝给予报捐贡监者之凭证。凡报捐者称官生，给予户部执照，报捐贡监者另加给国子监照，以为凭证。

监福曹 官署名。北魏置，主管全国佛教事务。《魏书·释老志》：“先是，立监福曹，又改为昭玄，备有官署，以断僧务。”

监察里行 官名。即监察御史里行。

监察御史 官名。亦称监察侍御史，简称御史、侍御。秦、汉有监御史、监郡御史，东晋、北朝有检校御史，皆掌出巡郡县，监察地方行政。隋初改检校御史为监察御史，置十二员，掌出使巡察州县，从八品上，隶御史台；炀帝大业三年（607）增至十六员，从七品。唐朝置于御史台下属之察院，正员十人，正八品下，在诸御史中品秩最低，然为士林清选，多以新进为之，常从京畿县尉中选任，颇为朝官所惮。职掌分察百官，肃正朝仪，分道巡按州县，巡查馆驿，奉命出使，监督祭祀、库藏、军旅等。又有内供奉、里行、员外、试等名目，皆非正员，俸禄稍减，职事略同。后又分察尚书省六部，号六察官。中唐以后，亦常作为外官所带宪衔。北宋初常用作加官；御史台亦置，正八品，然常奉遣外出领州县之政，留在台内者或兼领他职；亦有六察，皆临时差遣，事毕即罢。太平兴国三年（978）以张巽任之，始正其名。神宗元丰（1078—1085）改制后，置为正员职事官，从七品，员六人，分察六部、百司政务，纠其谬误，监祠祭、定谥之事，官卑而为之者，称里行。其考绩归尚书省都司御史房。后又许兼谏诤言事。南宋改置三员。西夏亦置，掌外出纠察。金朝置十二员，正七品，直隶御史台，职掌略同。元朝复隶御史台察院，正七品。世祖至元五年（1268）置十二员，全用汉人，八年增六员，十九年减二员，后又增十六员，始参用蒙古人，二十二年参用南儒二人，定员三十二人。江南诸道行御史台置二十八员，其中蒙古人十四员；陕西诸道行御史台置二十员。明初为御史台属官，正九品。太祖洪武十三年（1380）废御史台，十五年置都察院，诸侍御史、书侍御史、殿中侍御史等悉罢，唯置监察御史为其属官，十七年升正七品。初分为浙江、河南、山东、北平、山西、陕西、湖广、福建、江西、广东、广西、四川十二道，各置数员，后或有增减，宣宗宣德十年（1435）罢北京（北平），增云南、贵州，定为十三道，置官一百一十员。各道分任本省纠察，兼察内府监局、南北两京直属诸官署，弹劾官吏，整肃政纲，河南道参与内外官员考察，职守尤重。诸道御史在京有查核诸司档案，巡视京营、内库、仓场、皇城、五城，监临乡、会试及武举等差遣；在外有巡按京畿、边防、各省，清军，提督学校，巡盐，茶马，巡漕，巡关，儹运，印马，屯田，监军等差遣。其外出巡按者号为代天子巡狩，考察藩服大臣、府州县官，举劾之权尤重，大事奏议，小事立断。诸道监察之职责虽有地域、官署范围之划分，实际上纠弹并无限制。其差遣分三等：两京畿道、提学道，巡按顺天、真定、应天、苏松、淮扬与各省及巡视京营为大差；巡按辽东、宣大、甘肃及清军、印马、屯田、巡盐等为中差；巡视皇城、马房、十库、卢沟桥、五城等为小差。清朝大体沿置，增京畿、江南为十五道，各设掌印监察御史，亦有单设掌印监察御史者。员额屡有增减，后定员五十六人，满、汉员各半。初定满、汉军正三品，顺治十六年（1659）改正七品，后屡有升降，乾隆十七年（1752）定为皆从五品。分核各省刑名，弹纠官吏，稽察在京各衙门政事，有建言之责。朝会纠仪，祭祀监礼。遇有监临乡、会、殿试及巡视京营、巡盐、巡漕、巡仓等差，与六科给事中并得列名，由皇帝点选，与给事中合称科道官。清初犹有巡按等差，后省，职权较明为轻。光绪三十二年（1906）改十五道为二十道，改设掌道御史、协道御史，其名遂废。参见“御史台”、“察院”、“都察院”及诸道。

监察御史里行 官名。隶御史台察院。唐太宗贞观（627—649）初，马周以布衣进用，令于监察御史里行，后遂常置，员额为监察御史之半，俸禄稍减，职事略同。北宋以授官卑而任监察御史者，任职二年即正除御史。

监漕 官名。唐太宗贞观六年（632）都水监舟楫署置四员，从九品上，掌监诸州漕运至京（长安）都（洛阳）往来之隐失；玄宗开元二十六年（738）

废。河渠署亦置十员，从九品上，代宗大历（766—779）后省。

监膳　官名。隋、唐光禄寺太官署属官，隋朝十二员，唐朝十员，皆从九品下，其属有监膳史十五员，供膳二千四百员。掌监供膳食事。

监膳史　官名。唐朝光禄寺太官署置，为监膳佐官，置十五员，流外五品。

党　周朝行政组织。五百家为一党。《周礼·地官·大司徒》："五族为党。"郑玄注："党，五百家。"

党长　北魏地方基层行政官吏。孝文帝太和十年（486）"二月甲戌，初立党、里、邻三长，定民户籍"。（《魏书·高祖纪下》）五家立一邻长，五邻立一里长，五里立一党长。负责核对户籍，征发赋役。最初可复三夫兵役，后改为复一夫役调。

党正　官名。《周礼》地官之属，一说为周朝置，一党行政的长官，掌党的政教禁令。《周礼·地官》："党正，每党下大夫一人"，"各掌其党之政令教治，及四时之孟月吉日，则属民而读邦法，以纠戒之。春秋祭禜，亦如之。国索鬼神而祭祀，则以礼属民而饮酒于序，以正齿位。壹命齿于乡里，再命齿于父族，三命而不齿。凡其党之祭祀、丧纪、婚冠、饮酒，教其礼事，掌其戒禁。凡作民而师田行役，则以其法治其政事。岁终，则会其党政，帅其吏而致事。正岁，属民读法，而书其德行道艺，以岁时莅校比。及大比，亦如之"。

党正旅下士　官名。西魏恭帝三年（556）置，北周沿置。地官府民部中大夫属官，每党置一人，掌本党事务，非经申牒许可，不得辄离本部，正一命。

逍遥公　爵号。北周韦琼辟官不应，被封此爵。见《周书·韦琼传》。

哨官　官名。清朝对绿营兵中管哨（百人为一哨，五哨为一营）武官之称呼。

哨总　官名。明崇祯十六年（1643）李自成农民军置，为基层军官。九品。

贼捕掾　官名。汉朝为郡县掾吏，主收捕盗贼事。晋朝亦置。

贼曹　官署名。西汉丞相（三公）府所属诸曹之一，主盗贼事。东汉沿置，以掾主之，秩三百石。郡县亦置，掾秩百石。三国魏末大将军府亦置。咸熙（264—265）中相国府贼曹增属二人。晋朝公府置属一人，至赵王伦为相国，增设掾一人。太子二傅、诸大将军不开府者、三品将军、诸郡县亦置。西晋末镇东大将军府贼曹长官为参军。东晋末，分为长流贼曹、刑狱贼曹、城局贼曹，各置参军、南齐公、将军府仅置长流贼曹。北朝北齐清都郡邺县等置贼曹、以掾主之；诸州亦置，以参军主之。又，亦为贼曹官员如掾属、参军等省称。

贼曹佐　官名。西晋末凉州张寔置，隗瑾曾任此职。见《晋书·张寔传》。

贼曹尚书　官名。三国吴尚书台诸曹尚书之一。《三国志·薛综传》："入守贼曹尚书，迁尚书仆射。"

贼曹参军　官名。西晋末镇东大将军府僚属，贼曹长官。东晋沿置。贼曹一分为三后，亦为城局贼曹、长流贼曹、刑狱贼曹参军之省称。参见"贼曹"。

赃罚库　官署名。明朝内府十库之一。掌没官衣物等件，或作价抵俸发给官员。清朝为刑部所属办事机构。掌追缴、收贮现审案内赃罚、赃变、赃赎银两及没收各物，会其数以送户部，并保管本部现银及堂印。设司库一人、库使二人，均为满员，经承一人。光绪三十二年（1906），刑部改为法部，遂裁。

赃罚库司库　官名。清朝刑部所属赃罚库之长官。额设满洲一人，正七品。掌收贮现审案内赃赎银两及没收各物，会其数以送户部。光绪三十二年（1906）裁。

眂祲　官名。《周礼》春官之属，一说为周朝置，掌望气之法以占验吉凶。《周礼·春官》："眂祲，中士二人，史二人，徒四人"，"掌十辉之法，以观妖祥，辨吉凶"，"掌安宅叙降，正岁，则行事，岁终，则弊其事"。

眂瞭　官名。《周礼》春官之属，一说为周朝置，乐官。掌击奏钟镈竽笙等乐器。《周礼·春官》："眂瞭，三百人，府四人，史八人，胥十有二人，徒百有二十人"，"掌凡乐事，播鼗，击颂磬笙磬，掌大师之县。凡乐事，相瞽。大丧，廞乐器。大旅，亦如之。宾射，皆奏其钟鼓。鼜恺献，亦如之"。

罟工下士　官名。西魏、北周冬官府司卉下大夫罟工中士佐官，正一命。

罟工中士　官名。西魏恭帝三年（556）置，北周沿置。冬官府司卉下大夫属官，正二命。下设罟工下士以佐其职。隋文帝开皇元年（581）罢。

恩贡　明清贡监之一。指科举制度中，凡遇国家庆典或登极诏书，依例将府、州、县学生员之当贡者，贡入国子监之制。其为常例外之加贡，亦视为正途出身。

恩荫　明、清荫叙之制。为入仕途径之一。明初自一品至七品，皆得荫一子以世其禄。洪武十六年（1383）定，所荫者视原官降四品用，正一品子，正五品用；从一品子，从五品用；至正六品子于未入流上等职内叙用，从六品子于未人流中等职内叙用；正、从七品子于未入流下等职内叙用。后渐为限制，京官三品以上，考满著绩，始荫一子曰官生，其出自特恩者曰恩生。清沿明制，恩荫始于顺治十八年（1661）。后凡遇庆典，恩诏予荫，满、汉文官在京四品以上，在外三品以上；武官不分京外，凡二品以上俱准送一子入监读书，期满录用。其中护军统领、副都统、阿思哈尼哈番、侍郎、学士以上之子为荫生，余为监生。雍正（1723—1735）初，定例荫生、荫监生通达文义者，即交吏部分各部、院试验行走。其十五岁以上送监读书者，年满学成，咨部奏闻，分部、院学习。又令文武荫、监生通达文理者，遵例考试，以文职录用。其幼习武艺，人材壮健，愿改武职者，呈明吏部，移兵部改荫。

恩科　❶见“特奏名”。❷明清科举考试中，因皇帝登极，或皇帝、皇太后大寿而加开的考试，称恩科。

恩俸　清朝官员之加俸。雍正六年（1728）始命予吏、户、兵、刑、工五部尚书、侍郎双俸，后兼管部务大学士亦得双俸。乾隆元年（1736），命在京文职一律发双俸。其原有之俸称正俸，新增部分称恩俸。初，官吏受罚俸处分者，只罚正俸，不罚恩俸。后改双俸俱罚。予告及休致人员奉旨赏给全俸者，只支正俸，不支恩俸。

恩监　清朝监生之一。指出于皇帝特赐，借助上代余荫得入国子监读书者。由八旗汉文官学生，算学满、汉肄业生考取者及临雍观礼圣贤后裔，由武生、奉祀生、俊秀入监者，俱为恩监。

恩骑尉　爵名。清朝于公、侯、伯、子、男五等世爵之下所加四级世职的最末一级。上有轻车都尉、骑都尉、云骑尉。

圃羞官　官署名。职责皇宫膳食所需物料。据《汉书·地理志》注，南海郡置有此官。

圃囿署　官署名。东汉灵帝光和五年（182）始置，以宦者主之。

圆坛大乐礼器库　官署名。宋朝太常寺所属机构，掌收储有关礼器。设专知官、库子各一人。

圆明园八旗内务府三旗护军营　即圆明园护军营。

圆明园八旗内务府三旗护军营总统大臣　官名。简称“圆明园护军营总统大臣”，清朝圆明园八旗内务府三旗护军营之长官。雍正二年（1724）初设圆明园护军营，简选王公大臣二人统辖营务。乾隆十六年（1751）定为总统大臣，由王公大臣内特简，无定员。偕掌印总统大臣一道掌该营之政令。

圆明园八旗内务府三旗护军营掌印总统大臣　官名。简称“圆明园护军营掌印总统大臣”，清朝圆明园八旗内务府三旗护军营之最高长官。掌该营之政令。乾隆十六年（1751）设，定员一人，由本营总统大臣内特简。

圆明园八旗护军营营总　官名。又称圆明园营总，清朝圆明园八旗护军营统兵长官。雍正二年（1724）设，额设八人，每旗一人，正三品。掌率营众警夜巡昼。

圆明园护军营　全称“圆明园八旗内务府三旗护军营”，清朝守卫圆明园及保卫皇帝由紫禁城赴圆明园沿途安全之特设部队。雍正二年（1724）设。以圆明园八旗护军营及圆明园内务府三旗护军营（又称“包衣营”）组成。设掌印总统大臣一人，总统大臣无定员，掌圆明园翊卫政令。下设营总、护军参领、副护军参领、署护军参领、护军校、副护军校、笔帖式等员，分掌营众及办理文移事务。

圆明园护军营总统大臣　即圆明园八旗内务府三旗护军营总统大臣。

圆明园护军营掌印总统大臣　即圆明园八旗内务府三旗护军营掌印总统大臣。

圆明园营总　即圆明园八旗护军营营总。

圆审　又称九卿会审。明清司法制度。遇大案、要案及难决之案，三法司会审仍不决，便会同吏、户、礼、兵、工五部长官，通政使司通政使共同审理。

〔丿〕

特牛局　官署名。北齐置，设都尉，管理公牛之牧养。隶太仆寺驼牛署。

特牛都尉　官名。北齐置，从九品上。参见“特牛局”。

特用班　清朝授官班秩之一。指奉旨以某官用者之特旨班次。乾隆四年（1739）定，凡特用指明分至何部者，先在该部额外上行走，遇缺题补实授，未指明何部者，掣签分部学习行走，遇缺由部照例铨补。

特羊局　官署名。北齐置，设都尉，管理公羊之牧养。隶太仆寺司羊署。

特羊都尉　官名。北齐置，从九品上。参见“特羊局”。

特进　初为对大臣的优待名义。西汉末始置，以赐列侯中有特殊地位者。东汉因之。加此者朝会时班次可进至三公下（一说车骑将军下），得自辟僚属，车服吏卒等待遇仍从本官。退免大臣加此者仍得参与大政。三国两晋南北朝成为正式加官名号，用以安置闲退大臣。魏、晋、宋二品，梁十五班，陈二品、中二千石，北魏孝文帝太和十七年（493）定为一品下，二十三年改二品，北齐二品。隋初为正二品散官，炀帝大业三年（607）废。唐朝至北宋前期为正二品文散官，神宗元丰（1078—1085）改为新寄禄官，从一品，取代旧寄禄官尚书左、右仆射。金、元复为文散官，列四十二阶之第三阶，金从一品中次；元正一品，宣授。明朝正一品文散阶官初授为特进荣禄大夫，升授为特进光禄大夫，列四十二阶之第一、二阶。

特进光禄大夫　散阶称号。明朝置，为文职正一品之升授。清初沿置，为文职正一品之封赠，顺治九年（1652）改为光禄大夫。

特进荣禄大夫　散官名。明置，文、武正一品，初授。

特招　汉朝选官制度，亦作特召。《汉书·武帝纪》元狩六年（前117）诏：“士有特招，使者之任也。”汉朝如才能出众之士，有时由皇帝亲自召见，问以政事，或授以官职。

特转　官制用语。宋朝官员升转官阶的一项特殊规定。即不循常法升转，而由朝廷特别指挥酬赏转官。

特征　朝廷特别征召。汉朝以察举征辟制选任官吏。如德才出众者则由皇帝在常科之外特别下诏征召。

特奏名　宋朝贡举名目之一。又称恩科。即举人年高而屡经省试或殿试落第者，许由礼部贡院另立名册奏上，参加附试。礼部贡院合格奏名举人，则称正奏名。太祖开宝三年（970），命应试十五次以上终场举人，具名奏闻，特赐本科出身。真宗景德二年（1005）殿试，特奏名进士科举人合格者，分赐本科及第、出身或同出身；诸科举人赐同学究出身，授试衔官。

特勒　即特勤，唐宋史书多误写。

特授　亦称特简、简授、简补、简放。清朝吏部之铨选制度，乃官缺补授方法之一。指凡不经开列，由皇帝特旨而授官之例。在京京堂以上、在外道府以上各缺经本衙门或吏部具题，带领引见奉旨补授。

特勤　官名。突厥语音译，以称可汗子弟。位在叶护、设之下。

特简　见“特授”。

特满军详稳司　官署名。辽朝置。北面官。统领特满军。设详稳等职。

牺人　官名。西周置，掌供酒醴以祭祀。《国语·周语上》：“牺人荐醴。”韦昭注：“牺人司樽，掌共酒醴。”

牺牲所　官署名。明朝太常寺所属机构。洪熙元年（1425）置掌祭祀时所用牲品，有犊、牛、太牢、少牢之分。设吏目一人，从九品，掌文书出入之事。

牸牛局　官署名。北齐置，设都尉。管理母牛之牧养。隶太仆寺驼牛署。

牸牛都尉　官名。北齐置，从九品上。参见“牸牛局”。

牸羊局　官署名。北齐置，设都尉。管理母羊之牧养。隶太仆寺司羊署。

牸羊都尉　官名。北齐置，从九品上。参见“牸羊局”。

钱谷师爷　参见“师爷”。

钱帛司　官署名。辽朝和金朝初期均置。辽为南面官，掌钱币铸造等事。金太祖天辅七年（1123）以平州为南京，以钱帛司为三司。太宗天会九年（1131）又置于黄龙府，设都管勾等官。

钱帛案　官署名。北宋前期置，属三司度支部，由本部都孔目官以下领之，掌军中春冬衣、百官俸禄、左藏钱帛及香药榷易等事务。神宗元丰（1078—1085）改制罢，以其事归户部金部司。

钱府　官署名。新莽始建国二年（后10）置。长安及洛阳、邯郸、临甾、宛、成都五均司市师均设，又称司市钱府，有丞一人主之。凡工商能采金银铜连锡登龟取贝者，皆自占于司市钱府。

钱府丞　官名。即司市钱府丞，掌钱府事，新莽始建国二年（后10）置。长安、及洛阳、邯郸、临甾、宛、成都五均司市师均设，员一人。

钱法侍郎　官名。即督理钱法侍郎。明末于户部置，品秩正三品，与侍郎同。天启五年（1625）因钱法混乱，专设户部侍郎一人督理。清亦置。参见“督理钱法侍郎”。

钱署　官署名。南朝宋置，掌铸钱。《宋书·文帝纪》：文帝元嘉七年（430）冬十月“立钱署，铸四铢钱”。

钱粮处　官署名。清朝国子监所属办事机构之一，掌学堂经费的关领支销事务。无专员管理，例由堂官指派厅员二人，助教二人掌管。发放监生的膏火银、奖赏银、赒助银等。光绪三十一年（1905）裁。

钱粮衙门　即三旗庄头处。

钵阐布　官名。即吐蕃官钵掣逋，掌国政最高长官。

钾仗都将　官名。北魏置。《元融妃卢贵兰墓志》：“（元景哲）俄迁尚书祠部郎中，通直散骑常侍，朱衣直阁、钾仗都将。”（《汉魏南北朝墓志集释》图版一五〇）

铁市长　官名。西汉属大司农，有丞。武帝元封元年（前110）郡国置铁官，皆属之。东汉省，地方铁官归属郡国。

铁市丞　官名。秦置，属治粟内史。入汉因之，景帝后元年（前143）更属大农令，武帝太初元年（前104）又属大司农，为铁市长副贰。东汉省。

铁坊　官署名。辽朝置。北面官，掌铁冶铸造等事。多置于产铁之处。置使、副使。

铁作司匠　官名。清朝内务府营造司之属官，乾隆二十四年（1759），改“催总”设，用八品衔。掌理铁作之造铁器及管理匠役之事，并兼掌漆作。

铁冶务　西夏冶铁管理机构。景宗元昊天授礼法延祚三年（1040），设于夏州（今属陕西靖边）东境距黄河八十里处。

铁冶所　官署名。明洪武七年（1374）置，设大使一人，正八品，副使一人，正九品，后俱改用流外官。全国共十三所，分掌各地铁矿开采冶炼及征收税课之事。

铁林军详稳司　官署名。辽朝置。北面官。统领铁林军。设详稳等职。

铁券　参见“丹书铁契”。

铁官　官名。春秋时齐国置，《管子·海王篇》：“今铁官之数曰：一女必有一针一刀，若其事立；耕者必有一耒一耜一铫，若其事立；行服连轺辇者，必有一斤一锯一锥一凿，若其事立。不尔而成者，天下无有。”战国时秦亦置，汉因之。汉武帝于三辅及四十郡国置铁官四十八处，主鼓铸，随事广狭，分别置令、长及丞，职如县道。又在不产铁处置小铁官，铸旧铁。西汉郡国铁官属大司农，东汉改隶郡县。

铁官长　官名。西汉京兆尹、左冯翊、右扶风均置，员各一人，有丞。东汉省。

铁官丞　官名。西汉京兆尹、左冯翊、右扶风均置，员各一人，为铁官长副贰。东汉省。

铁案 官署名。北宋前期置，属三司盐铁部，以本部都孔目官以下领之，掌有关金、银、铜、铁、朱砂、白矾、绿矾、石炭、锡等开采、鼓铸之事。神宗元丰（1078—1085）改制罢，以其事归虞部。

铁骑将军 官名。南朝梁置，武帝天监七年（508）定为武职二十四班中的六班；普通六年（525）改为武职三十四班中的九班。陈沿置，拟八品，比秩六百石。

铁帽子王 清朝对亲王、郡王中不降封者之俗称。清初定制：宗室封爵，自亲王以下，俱世降一等袭封。惟礼亲王、睿亲王、郑亲王、豫亲王、肃亲王、庄亲王、克勤郡王、顺承郡王等八王，以开国有大勋，王爵可世袭罔替，即不降封，即使获罪革爵，仍以旁支袭封，故京师俗谚谓之铁帽子王。雍正（1723—1735）以后，怡亲王允祥、恭亲王奕䜣、醇亲王奕譞、庆亲王奕劻亦先后获得王爵世袭罔替。

铁路总局 官署名。清末邮传部直辖机构。光绪三十三年（1907）改邮传部提调处设。掌官办铁路行政事宜，凡借款各路交涉、建设、保存、运输各事均属之。置局长一人，提调二人，副提调一人，下设建设、计理、考工、统计四课。宣统二年（1910）改为营业、建筑、计理、交涉、汽机五课。三年夏改为机务、计理、通译三课。民国元年（1912）并入交通部。

铁路总监督 官名。清末京汉铁路长官，光绪三十三年（1907）置。一人，品秩无定制，隶邮传部。掌监督该路总管理处事务、养路、厂务诸事宜。三十四年改为总办。

铁路监督 官名。清末正太铁路长官。光绪二十九年（1903）修正太铁路，设总局于石家庄，始置。品秩无定制。又称局长、总管。三十四年改为总办。掌监督总理该路建筑经营事宜。

铁路督办 官名。清末各官办铁路行政长官。品秩不等。光绪十七年（1891），筹筑关东铁路，始置，由直隶总督兼充。嗣后龙州等路亦置。掌司该路筹建事宜。

铁鹞军详稳司 官署名。辽朝置。北面官。分左、右。统领铁鹞军。设详稳等职。

铃下 官名。❶汉朝官署侍从小吏。三国、晋也作为门吏代称。以在铃阁之下，有警则掣铃以呼，故名。❷对将帅、太守之敬称。因不敢直指其人，言将由铃下以达，犹言左右。明王志坚《表异录》十二：“唐称太守曰节下，又云铃下，又曰第下。”

铅子库 官署名。清朝工部虞衡司所属之机构，顺治元年（1644）置，设满洲员外郎一人，汉主事一人。掌收发大小枪炮铅子。光绪三十二年（1906）改隶陆军部。

秫秸厂 机构名。清朝盛京工部所属之办事机构，顺治十六年（1659）置，设满洲监督一人，由右司兼管。从银库领银采买秫秸，发给陵寝等处领用，年终核销。光绪三十一年（1905）裁。

秤子 宋朝下设役职名。掌仓库出纳用秤，差下户充当，或招募。参见“库子”。

租曹掾 官名。北齐诸州、郡、县置，租曹长官。

租庸使 使职名。唐玄宗开元十一年（723）始置，以宇文融勾当租庸地税使，天宝二年（743）以陕郡太守韦坚兼知勾当租庸使，天宝六载（747）杨慎矜加诸郡租庸使，代宗广德元年（763）考功郎中裴谞出为河东道租庸盐铁使，皆朝廷临时派往各地催办租庸赋税的使臣。永泰元年（765）停。代宗大历五年（770），以刘晏与户部侍郎分领关内、河东、山南、剑南租庸青苗使，征办租庸、青苗税。僖宗又置租庸使，以征敛军用资粮。五代则为中央财政长官，可不通过节度使直接发符征调州县赋税，后唐明宗天成元年（926）废。

租庸院 官署名。五代后唐庄宗同光二年（924）置，盐铁、户部、度支三司凡关钱物，皆委其管辖。明宗天成元年（926）依旧归三司，以宰臣一人专判。

积功 汉朝官吏升迁制度。即官吏以累计功绩取得升迁的资格。《汉书·周仁传》：“景帝为太子时，为舍人，积功迁至太中大夫。”

积石州元帅府 官署名。元朝置，秩从三品，隶吐蕃等处宣慰司都元帅府，掌积石州（今青海循化撒拉族自治县）内驻军及吐蕃部族。置达鲁花赤、元帅、同知、知事各一员。

积庆宫 宫帐名。辽朝置，亦称“耶鲁碗斡鲁朵”，契丹语称兴盛为“耶鲁碗”，宫帐为“斡鲁朵”。世宗以其父耶律倍之卫从、太祖俘户、云州提辖司及高、宜等州户置。宫帐在土河东，陵寝在长宁宫北。有州三：康、显、宜；县一：山东；石烈一：兮腊；瓦里八：达撒、合不、吸烈、逼里、潭马、槊不、耶里直、耶鲁兀也；抹里十：纥斯直、蛮葛、厥里、潭马忒、出懒、速忽鲁碗、牒里得、阎马、迭里特、女古。提辖司四处：南京、西京、奉圣州、平州。正户五千、蕃汉转户八千，正丁一万、蕃汉转丁一万六千、骑军八千。设有宫使、副使、太师、太保、侍中（亦曰世烛）、都部署等官，又有提辖司掌典兵丁、马群司掌养马。

积庆宫马群司 官署名。辽朝置。北面官，掌积庆宫马群饲养蕃息之事。

积庆宫汉人行宫都部署司 即积庆宫南面行宫都部署司。

积庆宫使 官名。辽朝置。北面官，积庆宫长官，总理积庆宫军民之政。下设副使、太师、太保、侍中等职。

积庆宫南面行宫都部署司 官署名。辽朝置。南面官，掌积庆宫汉人军民之政。亦称积庆宫汉人行宫都部署司。

积庆宫都部署司 官署名。辽朝置。北面官，掌积庆宫契丹军民之事。置都部署、副部署、判官等职。

积庆宫提辖司　官署名。辽朝置。北面官，统领积庆宫所属丁户之事。积庆宫共有提辖司四处，为南京、西京、奉圣州、平州。

积劳　汉朝官吏升迁制度。即官吏累计劳绩取得升迁的资格。《汉书·酷吏传·赵禹传》："武帝时，禹以刀笔吏积劳，迁为御史。"

积弩司马　官名。北周置，正二命，职掌不详。

积弩将军　官名。新莽置。《汉书·王莽传》："复以太仆武让为积弩将军屯函谷关。"后省。西晋武帝太康十年（289）复置，领积弩营，辖二千五百人，担当宿卫之任。员一人，四品。孟观任此时曾率营兵出征关中。十六国后秦亦置。南朝齐为四品，银章青绶。北魏孝文帝太和二十三年（499）定为七品上，无员限。北齐时属左右卫府，员二十五人，七品上。

积弩都尉　官名。三国魏置。统领禁军中的弩士，秩比二千石，后改名典弩都尉。

积射将军　官名。东汉初置，统兵，为杂号将军。西晋武帝太康十年（289）复置（一说三国魏时复置），领积射营，辖二千五百人，担当宿卫之任。员一人，四品。东晋沿之。十六国西秦亦置。南朝宋太宗泰始（465—471）以后，多以军功得此，无员限，五品。梁武帝天监七年（508）定为四班，陈改为八品，秩六百石。北魏孝文帝太和二十三年（499）定为七品上。北齐时属左右卫府，员二十五人，七品上。

秩　官吏俸禄，也指官吏职位或品级。汉朝官秩以石计，自二千石至百石不等。西汉主要为谷，东汉为半钱半谷。《续汉书·百官志》载有东汉百官受奉例。两晋南北朝大体仍沿汉制，以石计秩。唐朝以后与"品"连称。勃海国则以品为秩。参见"品"。

秩宗　官名。虞舜时为掌宗庙祭祀之官。见《尚书·虞书·舜典》。新莽时，曾为太常改称，又以宗正官并入，或典兵，加将军衔，称秩宗将军。后世亦用以称礼部。

秩官　常设的官职。《商君书·修权》："秩官之吏隐下以渔百姓，此民之蠹也。"

称长　官名。唐朝左、右武卫属官，二员，掌唱警，为应跸之节。

称海宣慰司　官署名。元朝置。置司于称海（今蒙古人民共和国科布多东），设于成宗大德十一年（1307）隶岭北行省。分管行省西境屯军。英宗至治三年（1323）罢，改立屯田总管府。后复置。

秘少　秘书少监简称。

秘书　❶官署名。东汉桓帝延熹二年（159）置秘书监，掌图书秘记，属太常，后省。献帝建安十八年（213）曹操为魏公后，置秘书令、丞，典尚书奏事，权威最重。三国魏文帝黄初（220—226）初，置中书令典尚书奏事，秘书令改为秘书监，下设秘书丞，复掌艺文图籍，称秘书署。初属少府，魏明帝时从王肃之议，不复属少府。西晋武帝时将秘书并入中书省，称秘书局，晋惠帝永平元年（291），复置秘书监，统著作局，掌国史并管理中外三阁图书，称秘书寺。自此秘书之官府始居宫禁外，亦称秘书省（一说南朝梁时始改称秘书省）。南北朝、隋、唐、宋皆称秘书省。北魏时别置内秘书，亦称中秘书，典宫禁中文书机要之事，与秘书省职掌不同。辽、金、元置秘书监。详见"秘书署"、"秘书寺"、"秘书省"、"秘书监"、"内秘书"等。❷官名。为"秘书监"的省称。后亦作为"秘书郎"的省称。

秘书少令　官名。即秘书少监，隋炀帝大业三年（607）增置少监后改。唐高祖武德四年（621）复名少监。参见"秘书少监"。

秘书少监　官名。隋炀帝大业三年（607）置，员一人，为秘书省次官，从四品。佐秘书监掌图书典籍。旋改称秘书少令。唐高祖武德四年（621）复旧，武德七年罢。太宗贞观四年（630）复置，从四品上，高宗龙朔二年（662）改称兰台侍郎，咸亨元年（670）复旧。武后天授（690—692）初，改称麟台少监，中宗神龙元年（705）复旧。睿宗太极元年（712）加一员，为二人。北宋前期为四品寄禄官，神宗元丰（1078—1085）改制后，置一员，从五品，为秘书省次官。佐秘书监掌古今经籍图书、国史实录、天文历数之事。南宋初不置，高宗绍兴元年（1131）复置。辽、西夏、金皆为秘书监次官，金正五品。元朝秘书监以卿为长官，太监为次官，少监位在太监下，员二人，从四品。参见"秘书监"。

秘书中允　官名。辽朝置，南面官，秘书监官员。所掌不详。

秘书中散　官名。北魏置，为任职于秘书省的中散官。掌管禁中文书事务，参预礼仪、制度的议定，亦受皇帝之命外出执行临时任务，或亦领监御等曹事务。多由中书学士迁任。五品中。参见"中散"。

秘书内小　官名。北魏置。秘书省属官。《李宪墓志》："（李宪）年十有二，为秘书内小。"（赵万里《汉魏南北朝墓志集释》图版二九二）参见"内小"。

秘书内省　官署名。隋朝始置，为秘书内外三阁之一，兼具庋藏、校理和著述职能。唐太宗贞观三年（629）于中书省置，以修五代史，十年史成即罢。

秘书右丞　官名。东汉献帝建安十八年（213）曹操为魏公后置，典尚书奏事，属秘书令，权柄颇重。《三国志·刘放传》："文帝即位，（刘）放、（孙）资转为（秘书）左、右丞，数月，放徙为令。黄初（220—226）初，改秘书为中书，以放为监，资为令。"遂罢。秘书仅置一丞，掌典籍图书，黄初中，文帝欲以何桢为秘书丞，时秘书本有一丞，遂以何桢为右丞。

秘书左丞　官名。东汉献帝建安十八年（213）曹操为魏公后置。参见"秘书右丞"。

秘书令 官名。东汉献帝建安十八年（213）曹操为魏公后置，典尚书奏事，兼掌图书秘记，为亲近机要之职。魏文帝黄初（220—226）初罢，改设秘书监，掌艺文图籍，另置中书令典尚书奏事。三国蜀置，秩六百石，管理图书，参预起草诏令文书。北魏孝文帝亦置，为秘书省次官，位在秘书监下。太和十七年（493）定为从三品上。典禁中图书、主持修史，参预议定制度。太和二十三年复次职令，未载。时又有内秘书令。隋炀帝大业三年（607）改秘书监置，为秘书省长官，从二品。

秘书令史 官名。三国蜀置，属秘书令，管理秘书所藏典籍，多用文学之士。《三国志·郤正传》：“弱冠能属文，入为秘书吏，转为令史，迁郎，至令。”魏、晋亦置，八品。南齐亦置。北魏置，孝文帝太和十七年（493）定为从七品上。

秘书主文中散 官名。北魏置，为任职于秘书省的主文中散，选用才学之士充任。参见“主文中散”。

秘书寺 官署名。西晋惠帝永平元年（291）改中书省秘书局置。秘书原在禁中，统著作局，管理中外三阁图书，并掌管国史的修撰，自是秘书之府始居于外。以秘书监为长官，下置秘书丞，秘书郎，校书郎、著作郎、佐著作郎等。南朝宋、齐因之，至梁改秘书省。一说晋朝已称秘书省。参见“秘书省”。

秘书考课郎中 官名。十六国北凉置，掌经籍的校对刊定。《魏书·阚骃传》：“拜秘书考课郎中，给文吏三十人，典校经籍，刊定诸子三千余卷。”

秘书丞 官名。东汉献帝建安十八年（213）曹操为魏公后置，员二人，辅佐秘书令典尚书奏事，职权甚重。魏文帝黄初（220—226）初，分秘书立中书，以秘书左丞刘放为中书监，秘书右丞孙资为中书令。而秘书长官改称秘书监，专掌图书典籍，设丞一员，多由秘书郎迁任，四百石。以后魏文帝欲用何桢为此职，而秘书已有一丞，遂以何桢为秘书右丞。后复省为一丞。西晋武帝将秘书并入中书省为秘书局，罢秘书监，称此官为中书秘书丞，成为秘书局的长官，六品。晋惠帝永平元年（291）复置秘书监，丞仍为次官。负责典籍图书的管理和整理校定。为清要之官，在两晋南北朝时期，出任者多为士族或侨姓高门，当时称为“天下清官”，亦称作“第一官”。南朝宋六品，梁武帝天监七年（508）定为八班，陈五品、秩六百石。在北魏时多参领著作事，主修撰国史及起居注，并得参预议定礼仪制度。孝文帝太和十七年（493）定为四品下，二十三年复次职令，改为五品上，北齐五品上。隋朝正五品上。炀帝大业三年（607）增置秘书少监，位其上，遂降为佐官。唐朝从五品上。高宗龙朔二年（662），改秘书省为兰台，遂改称兰台大夫，咸亨元年（670）复旧。武则天天授（690—692）初，改秘书省曰麟台，又改称麟台丞，中宗神龙元年（705）复旧。北宋前期，为五品寄禄官。神宗元丰（1078—1085）改制后，置奉仪郎代此为新寄禄官，复于秘书省置此职，为职事官，员一人，参领省事，从七品。南宋初不置，高宗绍兴元年（1131）复置。金朝沿置，正六品。元朝称秘书监丞，员二人，从五品，由大臣奏荐，选世家名臣子弟为之。

秘书佐郎 官名。隋炀帝大业三年（607）后加置，隶秘书省，置四员，从六品，为秘书郎副贰。

秘书局 官署名。西晋武帝时改秘书署置，属中书省，管理艺文图籍。以秘书丞为长官，称中书秘书丞，其属有秘书郎、校书郎等。惠帝永平元年（291）罢，改置秘书。

秘书舍人 官名。北魏置，秘书省属官。太和十七年（493）定为七品下。二十三年复次职令，未载。

秘书郎 官名。东汉置，马融曾任之，诣东观典校图书。东汉献帝建安十八年（213）曹操为魏公后亦置，属秘书令、丞，掌管文书机要，职任重。三国魏文帝黄初（220—226）初，置中书典机要，而以秘书专管艺文图籍。置四员，亦称秘书郎中，掌整理典籍、考核旧文，删省浮秽，隶秘书监，六品。三国蜀亦置，职掌同。晋朝沿置。晋武帝分秘书图籍为甲、乙、丙、丁四部，使四人各掌一部。六品。多任用文学之士。许多文士因欲看秘书所藏书籍而求为此职。南朝宋以后只称秘书郎。自三国魏以来，即多为世族起家之官。《梁书·张缅传》：“宋、齐以来，为甲族起家之官，待次入补，其居职，例数十百日便迁任。”这些世族之弟，有才学者少，当时谚曰：“上车不落则著作，体中何如则秘书。”（《颜氏家训·勉学第八》）南朝陈制，尚书令、仆射子起家为此职。宋六品，梁武帝天监七年（508）定为二班，陈七品、秩四百石。北魏孝文帝太和十七年（493）定为从五品上，二十三年以后称秘书郎中，北齐仍称郎中。隋朝去“中”字，仍置四员，掌四部图书。初定为正七品，炀帝大业三年（607）升为从五品。唐初沿之，从六品上。高宗龙朔二年（662），改称兰台郎，咸亨元年（670）复旧。武后天授（690—692）初，改称麟台郎，中宗神龙元年（705）复旧。分掌四部图书，判校写功程事。玄宗开元二十八年（740），减一员，置三员。北宋前期为寄禄官，神宗元丰（1078—1085）改制后，置为职事官，员二人，掌集贤院、史馆、昭文馆、秘阁图籍，以甲、乙、丙、丁为部，各分其类。正八品。南宋初不置，高宗绍兴五年（1135）复置，仍员二人。辽、金、元皆为秘书监属官，掌经籍图书，金、元皆员二人，正七品。

秘书郎中 官名。三国魏文帝黄初（220—226）初置，秘书署属官，亦称“秘书郎”。两晋因之，南朝宋以后多称秘书郎，或亦称此名。《梁书·王佥传》：“（王佥）策高第，除长兼秘书郎中。”北魏初称秘书郎，孝文帝太和二十三年（499）复次职令时改此名，北齐因之。详见“秘书郎”。

秘书奏事中散 官名。北魏置。《魏书·李孝伯传》：“（自中散）迁秘书奏事中散，转侍郎、光禄大夫。”为任职于秘书省的奏事中散。参见“奏事中散。”

秘书省 官署名。晋朝置。《晋书·徐广传》：“（徐广）除秘书郎，典校秘书省。”一说晋朝称秘书寺，至南朝梁终改称秘书省，与尚书、中书、门下、集书并称五省。设秘书监为长官，领著作省，掌管国史的修撰及管理中外三阁图书。其官属有秘书丞、秘书郎、著作郎、著作佐郎、校书郎等。北魏又设秘书令，位在监下，还设有秘书钟律郎；当时，秘书省长官经常参议制度，因设有“内秘书”，亦称秘书省为外秘书。北齐置监、丞各一员，郎中四员，校书郎十二员，正字四员，又领著作省。隋初加置录事二员，领著作、太史二曹。隋炀帝大业三年（607），增置秘书少监一员，为秘书省次官，减校书郎为十员，改太史局为监。其后又改秘书监、少监为秘书令、少令。又置儒林郎十员，掌明经侍问，唯诏所使；文林郎二十员，掌撰录文史，检讨旧事。此二郎皆炀帝即位前的直司学士。增校书郎四十人，加置楷书郎二十人，掌抄写御书。唐高宗龙朔二年（662），改名兰台，改秘书监为兰台太史，少监为兰台侍郎，秘书丞为兰台大夫，咸亨元年（670）复旧。武则天天授（690—692）初，改秘书省为麟台，秘书监、少监、丞为麟台监、少监、丞，中宗神龙元年（705）复旧。以秘书监一员为长官，少监二员为次官（睿宗太极元年（712）增为二员），置秘书丞一员，秘书郎四员，校书郎八员，正字四员，主事一员，令史四员，书令史九员，典书八员，楷书手八十员，亭长六员，掌固八员，熟纸匠、装潢匠各十员，笔匠六员。并领著作、太史二局。后国史、太史分为别曹，秘书省但主书写勘校。北宋前期，典籍图书之事皆归秘阁，秘书省仅掌常祭祀祝板，置判省事一员，以判秘阁官兼任。神宗元丰（1078—1085）改制后，秘书省始置监、少监、丞各一员，著作郎一员，著作佐郎二员，秘书郎二员，校书郎四员，正字二员。掌古今经籍图书、国史实录、天文历数之事，并领太史局。南宋初不置，高宗绍兴元年（1131）复置。西夏亦置。辽、金、元改称“秘书监”。

秘书省正字 官名。北齐置，秘书省属官。详见“正字”。

秘书钟律郎 官名。北魏秘书省属官。详见“钟律郎”。

秘书阁局 官署名。即唐朝秘书省太史局（司天台），高宗龙朔二年（662）改，咸亨元年（670）复名太史局。

秘书阁郎中 官名。即唐朝秘书省太史令（司天监），高宗龙朔二年（662）改，咸亨元年（670）复名太史令。

秘书校书郎 官名。北魏置，秘书省属官。详见“校书郎”。

秘书监 ❶官名。东汉桓帝延熹二年（159），置员一人，秩六百石，掌典图书秘记，校定文字，属太常。后省。三国魏文帝黄初（220—226）初，置为秘书署长官，掌管艺文图籍，员一人，三品。初属少府，魏明帝时王肃任此职，上表论秘书不应属少府，后遂不复属。晋武帝以秘书并入中书省，罢此职。惠帝永平元年（291）复置，为秘书寺长官，综理经籍，考校古今，课试署吏，统著作局，掌国史修撰并管理中外三阁图书。三品。十六国后赵、前秦、后燕亦置。南北朝时为秘书省长官，仍掌图书经籍之事，领著作省。南朝宋定为三品；梁武帝天监七年（508）定为第十一班；南朝陈改为第四品、秩中二千石。北魏孝文帝太和十七年（493）职员令定为从二品中，太和二十三年复次职令，改为三品；北齐时仍三品。隋朝领著作、太史二曹，初为正三品，炀帝大业三年（607）改为从三品，后改名秘书令。唐高祖武德（618—626）初，复改秘书监，从二品。高宗龙朔二年（662）改称兰台太史，咸亨元年（670）复旧。武后天授（690—692）初，改称麟台监，中宗神龙元年（705）复旧。掌邦国经籍之事，并统著书、太史二局。后国史、太史分为别曹，秘书省但主书写勘校。北宋前期为三品寄禄官，神宗元丰（1078—1085）改制后，置中大夫代此为新寄禄官，而以此职为秘书省长官，员一人，正四品，掌古今经籍图书、国史实录、天文历数之事。南宋初不置，高宗绍兴元年（1131）复置。金朝为秘书监长官，从三品。❷官署名。辽朝置，南面官，以太监为长官，少监为次官。设监丞，主簿、秘书郎、正字等属官，并统著作局，掌经籍图书；天文历数析归司天监。西夏为秘书省长官，不列司品。金朝设监一员为长官，少监一员为次官，下设丞一员，秘书郎二员，掌经籍图书；校书郎一员，专掌校勘在监文籍。统著作局、笔砚局、书画局、司天台等。元朝秩正三品，掌历代图籍并阴阳禁书。世祖至元九年（1272）置，以卿为长官，员四人，参用宦者二人。以太监为副长官，员二人。下设少监二员，监丞二员，典簿一员，令史三员，知印、奏差各二员，译史、通事各一员，典书二员，典吏一员。属官有著作郎二员，著作佐郎二员，秘书郎二员，校书郎二员，辨验书画直长一员。

秘书监令 官名。明洪武（1368—1398）中改秘书监丞而置。掌内府书籍，十三年革。

秘书监主簿 辽官名。南面官，秘书监官员，在丞下，掌印及文书簿册之类。

秘书监丞 官名。明洪武三年（1370）于秘书监置，一人，寻增一人，佐监令掌宫廷藏书。十三年罢。

秘书著作佐郎 即著作佐郎。

秘书著作郎 官名，西晋惠帝元康二年（292），改中书著作郎置，属秘书省。一说元康元年改。南北朝因之。详见“著作郎”。

秘书署 官署名。三国魏置。管理艺文图籍，初属少府，魏明帝时独立。以秘书监为长官，下设秘书丞、秘书郎、秘书校书郎等。晋武帝时并入中书省，称秘书局。

秘府 宫廷中收藏图书典籍之所。《汉书·刘歆传》：“及《春秋》左氏丘明所修，皆古文旧书，多者二十余通，藏于秘府，伏而未发。”三国吴设秘府中书郎、秘书郎等官管理其藏书。后亦作为秘书省的别称。

秘府中书郎 官名。三国吴置，秘府属官，典掌秘府所藏图籍，多选用文学之士，或作为起家之职。《三国志·薛综传》：“（薛）莹字道言，初为秘府中书郎。”

秘府郎 官名。三国吴置，秘府属官，掌秘府所藏图籍，多为文学之士。《三国志·华覈传》：“始为上虞尉，典农都尉，以文学入为秘府郎，迁中书丞。”

秘阁 ❶秘书省别称。❷尚书省别称。《文选》卷二四陆机《答贾长渊》：“升降秘阁，我服载晖。”李善注谓秘阁即尚书省。❸宋朝藏书机构。太宗端拱元年（988）建于崇文院中堂，以藏三馆真本书籍及字画，置判秘阁、直秘阁、秘阁校理等职。神宗元丰（1078—1085）改制，并归秘书省。

秘阁令 秘书令别称。《魏书·游明根传》：“（游肇）转通直郎、秘阁令，迁散骑侍郎、典命中大夫。”

秘阁局 官署名。即秘书阁局。

秘阁郎中 官名。即秘书阁郎中。

秘阁修撰 官名。北宋徽宗政和六年（1116）置，为从六品贴职，位在直阁之上。

秘阁校理 官名。北宋太宗端拱元年（988）置，以京朝官充任，与直秘阁通掌阁事。其后，或用为外官贴职。神宗元丰（1078—1085）改制罢。哲宗元祐元年（1086）复置，为贴职最末一等。

秘监 秘书监简称。

敌烈皮室详稳司 官署名。辽朝置。北面官，统领敌烈部人组成之皮室军。设详稳等职。

敌烈军详稳司 官署名。辽朝置。北面官，统领敌烈军。设详稳等职。

敌烈麻都 官名。辽朝置。北面官。敌烈麻都司长官。

敌烈麻都司 官署名。辽朝置。北面官，掌礼仪等事。

笔帖式 满语官名。意为办理文书、文件之人。后金天聪五年（1631）设六部时由巴克什改称。为清朝中央各部院衙门、内务府、地方督抚衙门以及八旗驻防将军、都统、副都统衙门内掌管翻译、缮写满汉文书之低级官员，通过考除、考选、调补从八旗满、蒙、汉军人员内任用。此外，尚有缮本笔帖式、掌稿笔帖式、额外笔帖式等名目。

笔帖式哈番 满语“文官”之意。指正卿以下、有顶戴官员以上之文职官。

笔帖黑衙门 满语官署名。汉译为翰林院。

笔砚局 官署名。辽、金朝皆置。辽朝为北面官，属著帐郎君院，掌各宫帐笔砚等事。置祗候郎君、小底、吏等职。金朝属秘书监，设直长二员，秩正八品，章宗泰和七年（1207），以女真应奉兼任。

笔特黑衙门 即笔帖黑衙门。

造士 爵名。汉武帝时置武功爵共十七级，造士为第一级，即最低级。北魏时沿用此名，规定文官五品以下，才能秀异者总比之造士，亦有五等。见《魏书·官氏志》。

乘马御 官名。又称赞仆。春秋时晋国置，掌六驺驾驭之长官，大夫爵。《左传·成公十八年》：“程郑为乘马御，六驺属焉，使训群驺知礼。”

乘田 官名。主畜牧的小吏，春秋时鲁国置。《孟子·万章下》：“孔子尝为委吏矣，曰‘会计当而已矣’。尝为乘田矣，曰‘牛羊茁壮长而已矣’。”赵岐注：“乘田，苑囿之吏也，主六畜之刍牧者也。”

乘传使者 官名。北魏置。孝文帝太和十七年（493）定为从八品下，二十三年复次职令，未见。

乘黄令 官名。东汉末曹操始置，亦称乘黄厩令。魏、晋因置，七品，隶太仆。职掌皇帝乘舆及御厩诸马。东晋或省。南朝复置，隶太常，掌按皇帝出行的不同规模、用途，保管供给各类车辆。梁为流外官。北齐为乘黄署长官，隶太仆寺，职掌略同。隋、唐、五代因之。隋从八品上，唐从七品下。宋朝存其名而罕除授。辽朝为南面朝官。

乘黄丞 官名。魏晋为乘黄令副贰，九品。南北朝沿置。北齐、隋、唐为乘黄署次官。隋从九品上，唐从八品下。辽朝为南面朝官。参见“乘黄令”。

乘黄局 宦者官署名。北齐置，设教尉。掌后宫用车。隶长秋寺中宫仆署。

乘黄局教尉 宦官名。北齐置。参见“乘黄局”。

乘黄署 北齐、隋、唐、辽太仆寺官署名。参见“乘黄令”。

乘黄署令 官名。即乘黄令。

乘黄署丞 官名。即乘黄丞。

乘曹 官署名。汉朝置，属御史台。《宋书·百官下》：“掌护驾。”设侍御史掌其事。三国以后不置。

俸 俸禄。《韩非子·奸劫弑臣》：“事富贵，为私善，立名誉，以取尊官厚俸，故奸私之臣愈众。”

俸户 五代后汉及宋初为州县官及部分中级以上官员配置的负责将其俸禄中的实物转换为现钱的民户。又称回易料钱户、回易料钱俸户。选充俸户者，除二税外免除其他赋役。太宗太平兴国元年（976）废。

俸饷房 清朝八旗中掌支俸饷之机构。设参领，满洲、蒙古、汉军八旗每旗各一人，共二十四人。章京，每旗各二人，共四十八人。骁骑校，每参领下一人，即满洲四十人，蒙古十六人，汉军四十人，共九十六人。

俸银　即朝廷发给官员作为俸饷之银两，如清朝亲王年俸银一万两，世子年俸银六千两。

俸禄　旧时称官吏所得之薪水。

俸缎　清朝外藩俸禄之一。亦称俸帛。清制，藩属之王公、下嫁之公主、格格及额驸，均有俸禄，按年颁给俸银、俸缎。王公中分七等，最高者亲王每年四十匹，最低者四匹。下嫁之公主、格格亦分七等，最高者固伦公主每年三十匹，最低者五匹。额驸每年十匹至四匹。在京居住者折给俸米。

俸满　任官制度。明清官员任职满一定年限后可酌情升调，称俸满。清制，京官以历俸二年为俸满，外官以历俸三年为俸满，并以俸满作为等待补缺的选班之一。

俸粮科　清朝兵部武库清吏司所属之办事机构。额设经承一人。

借补　清朝吏部之铨选制度。指官员所补用之缺，原非应补之缺，乃以现缺先用之例。有候补大员以小官之缺补用者，亦有候补官员以同品之缺补用者。部院宗属司员可借补满缺。笔帖式、库使等官可借补现缺，待本旗缺出再行还抵。晚清武官候补者多，本职补官，终身无望，准提、镇借补副、参、游击缺，副、参、游借补都、守缺，都、守借补千、把总缺。

借紫　官员服制。唐朝官员，章服皆依散官品秩而定，三品以上服紫，佩金鱼袋。玄宗开元三年(715)驸马都尉从五品，准借紫金鱼袋，其后散官未及三品者听著紫佩金鱼，谓之借紫。宋朝沿此制。

借绯　官员服制。唐朝官员章服皆依散官品秩而定，四品、五品服绯，佩银鱼袋。唐玄宗开元(713—741)初定制，都督、刺史散官未及五品者，并听著绯佩银鱼，离任则停，谓之借绯。宋朝沿此制。

借款各路提调处　官署名。清末邮传部所属机构，光绪三十三年(1907)二月设。掌卢汉、松沪各官办铁路交涉借款与建设事宜。置提调一人(亦称五路大提调)总其事。十一月，改为铁路总局。

值年河道沟渠大臣　官名。简称值年大臣，清朝工部值年河道沟渠处之管理大臣。乾隆十七年(1752)设，四人，每年由工部奏请钦派本部堂官一人，奉宸苑、颐和园、步军统领衙门堂官各一人，岁终更代，掌理京师内外沟渠之事。光绪三十二年(1906)裁。

值年河道沟渠处　官署名。清朝工部所属之机构。乾隆十七年(1752)置，设值年河道沟渠大臣四人管理。掌京师五城河道沟渠之事，春秋勘察，分别疏濬。先是，顺治元年(1644)由街道厅管理京师内外沟渠。雍正四年(1726)将内城沟渠交步军统领管理，外城沟渠交街道厅管理。至是划一。光绪三十二年(1906)改隶民政部。

倒塌岭节度使司　官署名。辽朝置，负责督察达里底、谟葛夫等部，始置于道宗清宁九年(1063)。

倒塌岭西路群牧使司　官署名。辽朝置，北面官，掌倒塌岭西路牲畜饲养蕃息之事。

倒塌岭统军司　官署名。辽朝置，北面官，与倒塌岭节度使司分领倒塌岭路兵马。

俳长　官名。清朝礼部教坊司之属官，分掌殿廷朝会乐律及舞仪之事。顺治元年(1644)设，初二十人，后改无定员。皆未入流。雍正七年(1729)裁。

俱足　西夏职官封号。授与上品官，与大国王同级，称为文武法竟孝种口恭敬东南姓关上柱天。

候　官名。春秋战国置，主迎送宾客，亦指军中主侦察或伺望敌情的小吏，汉朝沿称。如京师诸城门有门候。军中下级武官亦多有称候者，如东汉大将军营部下有军候、假候等，为一级指挥官。边郡所置有候官、候长。西域等诸国或有以此名官者。

候人　官名。❶西周置，春秋战国沿置。又称候。掌迎送宾客之事。《诗经·曹风·候人》："彼候人兮，何戈与祋。"毛传："候人，道路送迎宾客者。"南凉亦置。《晋书·秃发傉檀载记》："州人王钟、宋钟、王娥等密为内应，候人执其使送之。"❷《周礼》夏官之属，一说为周朝置，上士爵。掌道路治安和迎送宾客事。❸辽朝北面行军官候骑属官之一。

候长　官名。汉朝边塞每百里置有候官，候官下分若干部，以候长主之，领亭燧若干，以此形成障候、障尉、候长、亭燧长构成的边防候望系统。候长西汉秩比二百石，王莽时改为百石，东汉又减为比百石。

候正　官名。❶春秋战国晋置，又称候、候奄、元候。主侦察敌情之军官。《左传·成公二年》："司马、司空、舆帅、候正、亚旅皆受一命之服。"杜预注："候正，主斥候。"❷北周置，负责警卫候望。《周书·刘雄传》："(建德)二年(573)，转内史中大夫，除候正。"

候仪郎　司天散官名。金、元皆置。金为二十五阶之第十七阶，秩从七品下。元十四阶之第八阶，秩从六品。

候吏　官名。又称候人，春秋战国置，掌迎送宾客。《韩非子·外储说左下》："臣居齐，荐三人，一人得近王，一人为县令，一人为候吏。及臣得罪，近王者不见臣，县令者迎臣执缚，候吏者追臣至境上，不及而止。"

候补　清朝吏部之铨选制度。乃任用官员办法之一。凡未补授实缺之官员，在吏部候选。经吏部呈请分发名单，每月掣签一次，分发某部或某省听候委用。出钱请免抽签，指定某处候补者，称指省或指分。

候者　候或军中候的统称。负责侦察敌情的军吏。《战国策·齐策一》："候者言章子以齐入秦，威王不应。"鲍彪注："候者，齐之侦者。"

候奄 官名。又称元候。春秋时晋国置，掌侦察敌情的军吏。《国语·晋语七》“使张老为司马，使范献小为候奄。”韦昭注：“候奄，元候也。”参见“元候”。

候官 ❶官署名。汉朝边塞置，参见“候长”。❷官名。北魏置，负责监察百官。《魏书·刑罚志》：“（文成帝）增置内外候官，伺察诸曹外部州镇，至有微服杂乱于府寺间，以求百官疵失。”亦名候职。多时员至千数。孝文帝太和（477—499）初，减至四百人，择谨慎正直者任之，司察违法举动，以防宣閙械斗于街道，权力大减。

候选 清朝吏部之铨选制度。京官郎中以下，外官道员以下，凡初由考试或捐纳出身，以及原官因故开缺，依例起复者，均赴吏部报到，听候选用，称为候选。选定后，赴各该指定处所候补。

候律将军 官名。南朝梁置。武帝天监七年（508）定为施用于境外的武职二十四班中的十三班，拟宁远将军等号；大通三年（529）定制后仍拟宁远将军等号。

候缺 清朝吏部之铨选制度。乃任用官员之方法。官员赴吏部报到听候选用，选定后，赴各该指定处所候补，等候补授实缺。参见“候补”。

候职 参见“候官”。

候骑将军 官名。南朝梁置。武帝天监七年（508）定为武职流外八班中的七班，代旧振威将军；普通六年（525）改为武职三十四班中的五班。

倅 ❶宋朝通判俗称。参见“守倅”。❷副职。《周礼·夏官·戎仆》：“戎仆，掌王倅车之政。”郑氏注：“倅车，戎车之副。”

健锐营 又称“云梯健锐营”。清朝八旗军中专门操演云梯之军营。乾隆十四年（1749），金川战役之后设。以八旗兵中习云梯者组成。分左、右二翼。兵额屡有增加，至光绪（1875—1908）间已达三千八百余人。设有掌印总统大臣一人，总统大臣无定员，总掌全营之政令。下设左、右翼翼长各一人，署翼长前锋参领各一人，前锋参领各四人，署前锋参领各十六人，前锋校各五十人。平时驻香山静宜园，担任守卫，大阅时充翼队。

健锐营协理事务章京 官名。又作协理事务参领，清朝健锐营之职官。由总统大臣于本营参领内委派，无定员。掌章奏文移。

健锐营总统大臣 官名。清朝健锐营之长官，仅次于掌印总统大臣。于王、公、大臣内特简，无定员。乾隆十四年（1749）健锐营初设时名总统，后改称总统大臣。其中一人选为掌印总统大臣。掌健锐营之政令。

健锐营掌印总统大臣 官名。清朝健锐营之最高长官，额设一人，由总统大臣内选派。总掌健锐营之政令。

健锐营翼长 官名。清朝健锐营中左、右翼之长官，额设二人，左、右翼各一人，于署翼长内补放，正三品。分掌左、右翼之营卒。

射 官名。殷朝始置，西周沿置，掌射箭的武官。《殷虚书契续编》卷三第四七页第一片：“已丑卜、宾贞，令射卫。”《害簋铭》：“官司尸仆小射。”《静簋铭》：“王命静司射。”

射人 官名。春秋战国置，掌射礼。《仪礼·大射》：“大射之仪”，“射人戒诸公卿大夫射”。《周礼·夏官》有“射人”，“下大夫二人，上士四人，下士八人，府二人，史四人，胥二人，徒二十人”，“以射法治射仪”。

射人师 官名。春秋战国置，射人的官长。《礼记·檀弓上》：“扶君，卜（仆）人师扶右，射人师扶左。”

射夫 周朝掌射箭的武臣。《诗经·小雅·车攻》：“决拾既佽，弓矢既调，射夫既同，助我举柴。”

射鸟氏 官名。《周礼》夏官之属，一说为周朝置，掌射鸟。《周礼·夏官》：“射鸟氏掌射鸟。祭祀，以弓矢驱乌鸢。凡宾客、会同、军旅，亦如之。射则取矢。矢在侯高，则以并夹取之。”

射师 官名。南朝宋置。《宋书·杨运长传》：“（杨运长）素善射，太宗初为皇子，出运长为射师。”

射声校尉 官名。西汉武帝始置，为北军八校尉之一，位次列卿，属官有丞、司马等。领待诏射声士，所掌为常备精兵，屯戍京师，兼任征伐。东汉光武帝建武七年（后31）省，十五年复置，为五校尉之一，隶北军中候。掌宿卫兵，属官有司马一员。旧有虎贲校尉掌轻车，亦省并射声，故皇帝大驾、法驾出，则乘轻车随行。当时五校尉所掌北军五营为京师主要的常备禁军，故地位亲要，官显职闲，多以宗室外戚近臣充任。三国沿置。魏、晋以来隶中领军（领军将军），迄至东晋初犹领营兵。其时别置二卫、四军诸禁军掌宿卫，五校职任渐轻。后罢其营兵，旋省其官。十六国多置。南朝复置，为侍卫武官，不领兵，仍隶中领军（领军将军），用以安置勋旧武臣。北魏初领营兵，位次列卿，后罢其兵，成为武臣散官，定员二十人。北齐置十人，隶领军府所辖左、右卫府。西汉秩二千石，东汉秩比二千石，魏、晋、宋四品，梁七班，陈六品，北魏孝文帝太和十七年（493）定为从三品中，二十三年改五品，北齐从四品。隋废。

射策 即设科射策。汉朝选官考试的一种方法。其法，将试题书于简策，按难易分为甲、乙两科，或甲、乙、丙三科，列而置之，不使彰显。应试者任意取策，不得更换。主考者依其答案评定优劣。主要行于太学，岁试博士弟子；其次行于太常考试地方察举的诸科人才。两类射策均由博士职掌。朝廷依成绩优劣，分别授与相应官职。魏、晋南北朝沿之，与对策并用。时荐举之孝廉、秀才、明经，或入学之国子生、诸等馆生等，皆有经射策而被选拔入仕者。

射雉典事　官名。南朝宋置。《南齐书·吕文度传》:“(吕文度)元徽(473—477)中,为射雉典事。”

射阙　宋朝官员注授差遣的程序之一。即官员授受差遣前,按吏部四选颁布的阙榜,申请登记某一差遣窠阙。登记时,须填报籍贯或寄居地,历任功过,举主情况,以及有田产物力处。

臬司　❶宋朝诸路提点刑狱司简称。❷明、清朝按察使之别称。

臬台　明清按察使之别称。

臬使　明清按察使之别称。

隼击将军　官名。北齐置,为褒赏军功勋臣的闲职,从八品上。

徒　爵名。战国秦置,军爵之一。《商君书·境内》:“军爵,自一级已下至小夫,命曰校徒,操出。”

徕远司　官署名。即徕远清吏司。

徕远司员外郎　官名。即徕远清吏司员外郎。

徕远司郎中　官名。即徕远清吏司郎中。

徕远清吏司　官署名。简称徕远司,清朝理藩院所属六司之一。掌回部之封爵、设官、俸禄、朝贡、燕赍、四川土司之年班朝觐,以及回部卡伦外游牧之布鲁特、哈萨克、霍罕等部落朝贡,给衔等事。乾隆二十六年(1761)置。以蒙古郎中一人为主官,下设员外郎、主事、笔帖式、经承等吏员佐助司务。光绪三十二年(1906)改隶理藩部。

徕远清吏司员外郎　官名。简称徕远司员外郎。清朝理藩院徕远清吏司之副长官。佐郎中掌司事。设满洲二人,蒙古三人。

徕远清吏司郎中　官名。简称徕远司郎中。清朝理藩院徕远清吏司之主官。掌司事。初设满洲一人,后改设蒙古一人。

徐州兵马司　即徐州兵马指挥司。

徐州兵马指挥司　官署名。元朝置,设于顺帝至正十年(1350)十月,掌境内防御、捕盗等职。简称徐州兵马司。置都指挥、指挥各二员,副指挥四员。

殷正百辟　商朝内服百官,即供职于朝廷以及王畿内官员的统称,主要指尹、宰、师、保、戍、亚、大史、乍册、祝宗、卜、巫、小臣、邑人等官。与殷边侯田相对应。参见“殷边侯田”。

殷边侯田　商朝外服诸侯君长统称。为商朝名义上的属臣,主要指侯、伯、任(即男)等,与殷正百辟对应。参见“殷正百辟”。

般押推司　吏名。宋朝置,属大理寺右治狱。

航海将军　官名。南朝梁置。武帝天监七年(508)定为施用于境外的武职二十四班中的十七班,与平远将军同班,拟镇兵将军等号;大通三年(529)定制后仍拟镇兵将军等号。

颁降案　官署名。宋朝刑部所属机构,掌颁降条法、赦文,由刑部郎官领之。

颁朔大夫　司天散官名。金、元皆置。金为二十五阶之第六阶,秩正五品下。元十四阶之第三阶,秩正四品。

豹尾班侍卫　官名。清朝侍卫处中掌皇帝出入导从之侍卫,于直班侍卫内派充。分执豹尾枪十人、佩刀十人、佩弓矢十人,共三十人。随后扈大臣、前引大臣持前导扈从列侍之事。

豹韬卫　官署名。唐朝始置,分为左、右二卫。武则天光宅元年(684)至中宗神龙元年(705)改左、右威卫而置。明朝初定为亲军指挥使司之一,隶侍卫亲军都护府,后改隶前军都督府。掌宿卫。

爱马　蒙古语,即投下。

爱什拉库哈番　即爱惜喇库哈番。

爱惜喇库哈番　满语官名。汉译为员外郎。

奚王　官名。辽朝置。北面官,太祖阿保机置六部奚,命勃鲁恩主之,为辽有奚王之始。终辽之世,一直为奚族的最高长官,统领奚族军民之政。亦称奚六部大王、六部奚王、奚部长。

奚王北剋军详稳司　官署名。辽朝置。北面官,统领奚族之北剋军,以剋为军之统帅。

奚王府　官署名。辽朝置。北面官,为管理奚六部的最高官衙。

奚王府舍利军详稳司　官署名。辽朝置。北面官,掌奚六部贵族子弟之从军者。设详稳等职。

奚王府都监　官名。辽朝置。北面官,奚六部监治官。

奚王府监军　即奚监军。

奚王南剋军详稳司　官署名。辽朝置。北面官,统领奚族之南剋军,以剋为军之统帅。

奚六部大王　即奚王。

奚六部大常衮　官名。辽朝置。北面官。班在奚王左右,掌奚六部族属。始置于太宗时。后无所掌,圣宗统和八年(990),复旧制。

奚六部汉军详稳　官名。辽朝置。北面官,统领奚王府帐下之汉人兵马。

奚六部吐里　即奚六部秃里。

奚六部秃里　官名。辽朝置。北面官,掌理奚六部词讼和防察背叛之事,多以契丹人为之。又译为奚六部吐里,亦称契六部秃里太尉、奚吐里太尉,简称吐里。

奚六部秃里太尉　即奚六部秃里。

奚六部宰相　官名。辽朝置。北面官,掌匡辅奚王,治理奚六部。置于太宗时,二员。

奚六部副常衮　官名。辽朝置。北面官,总知奚王五房族属。太宗置,后无所掌,圣宗统和八年(990),复旧制。

奚吐里太尉　即奚六部秃里。

奚军都指挥使司　官署名。辽朝置。北面官。辽在东京设四军都指挥使司,指挥契丹、奚、汉、渤海四军,下面又各设都指挥使司分领各军,奚军都指挥使司即统领奚军之机构。

奚枢密院 官署名。辽末，奚六部大王回离保拥兵自立，号奚国皇帝，设奚、汉、渤海三枢密院，以奚枢密院主奚人之事。

奚官女奴 官名。北魏置。为后宫女职。孝文帝改定内官时，视五品。见《魏书·皇后列传》。

奚官令 官名。西晋始置，隶少府。掌管宫人疾病、罪罚、丧葬等事，管理使役从坐为奴罪犯家属。东晋或省少府，其制不详。南北朝仍置，梁、陈隶大长秋；北齐隶长秋寺，为奚官署长官，以宦者充任。隋初置二员。从八品，隶内侍省。炀帝大业三年（607），改内侍省为长秋监，参用士人。唐朝复用宦者，为内侍省奚官局长官，正八品下。掌奚隶工役、宫官品命。

奚官丞 官名。北齐为长秋寺奚官署次官，以宦者充任。隋、唐为奚官局次官，员二人。隋初隶内侍省，从九品；炀帝大业三年（607）改隶长秋监，参用士人。唐朝复用宦者，正九品下，隶内侍省。参见“奚官令”。

奚官局 官署名。隋朝内侍省置，有令、丞各二员；炀帝大业三年（607）改为署，隶长秋监，参用士人。唐朝复为局，仍隶内侍省（监），置令、丞各二员。掌宫内奚隶、工役、宫官之品及宫人病、丧之事。另有典事、药童等。

奚官局令 官名。即奚官令。

奚官局丞 官名。即奚官丞。

奚官署 官署名。南朝梁、北齐皆置。梁时隶大长秋寺；北齐隶长秋寺；司宫闱之职。参见“奚官令”、“奚官丞”。

奚监军 官名。辽朝置。北面官，奚六部监治官，主兵事。亦称“奚王府监军”。

奚部长 奚王有时亦称奚部长。

奚路都统司 参见“都统司”。

鬯人 官名。一说为周朝置，掌祭祀时供应鬯酒。《周礼·春官》：“鬯人，下士二人，府一人，史一人，徒八人”，“掌共秬鬯而饰之”，“凡王之齐事，共其秬鬯。凡王吊临，共介鬯”。贾公彦疏：“饰者，设巾也”。

卿 ❶官称。西周至战国为天子、诸侯所置执掌军政的高级长官。秦、汉为中央高级官员的尊称，位次三公。如太常（奉常）、光禄勋（郎中令）、卫尉、太仆、廷尉、大鸿胪（典客）、宗正、大司农（治粟内史、大农令）、少府、执金吾（中尉）等号称九卿，又与将作大匠、太后三卿、大长秋等并号列卿，车骑将军、卫将军等居其上，号上卿。南北朝逐渐入衔，成为正式官称，如梁、陈置太常、宗正、司农、太府、少府、太仆、卫尉、廷尉、大匠、光禄、鸿胪、太舟十二卿，北齐名太常、光禄、卫尉、宗正、太仆、大理、鸿胪、司农、太府九寺正副长官为卿与少卿，历朝因之，皆为高级事务官员，职权较汉为轻。而六部尚书亦或称卿，仍用古意。元、明诸寺、司，清朝诸寺及内务府所属上驷、武备、奉宸等院皆得置卿、少卿，品秩高低不等。❷爵称。西周至战国王室与诸侯国爵制，公以下、大夫以上为卿，诸侯国初分上、下两等，后分上、中、下三等。因其所属国之大小，地位又有差别。❸即君。《广雅·释诂一》：“卿，君也。”

卿士 ❶官名。又称卿事。周朝王室及诸侯国执政大臣，六卿之长。《诗经·大雅·常武》：“王命卿士，南仲大祖，大师皇父。”《史记·管蔡世家》：“周公闻之，而举胡以为鲁卿士，鲁国治。”❷指卿大夫。《尚书·周书·洪范》：“汝则有大疑，谋及乃心，谋及卿士，谋及庶人，谋及卜筮。”❸泛指执政者。《左传·哀公十六年》：“楚王与二卿士，皆五百人当之，则可矣。”二卿士指楚令尹子西、司马子期，皆为当时楚国执政大臣。

卿大夫 ❶卿与大夫爵名合称。西周及春秋战国时天子或诸侯所封。《公羊传·襄公十一年》徐彦疏：“卿、大夫者，皆是爵号，但大同小异而已。若总而言之，皆曰‘卿大夫’；若别而异之，乃贵者曰卿，贱者曰大夫耳。”详“卿”、“大夫”。❷爵名。同“上大夫”。春秋战国设。《管子·揆度》：“令诸侯之子将委质者，皆以双武之皮。卿大夫豹饰，列大夫豹幨。”《注》：“卿大夫，上大夫也。”

卿老 周朝对上卿的尊称。《礼记·曲礼下》：“国君不名卿老、世妇。”郑玄注：“卿老，上卿。”

卿事 官名。同“卿士”。周朝王室执政大臣。《番生簋铭》：“王命摄司公族、卿事、大史寮。”

卿事寮 官署名。西周置，王室处理国政的权力机关。在内任职者称卿事。《作册令尊铭》：“王命周公子明保尹三事四方，受卿事寮。”

卿相 春秋战国时丞相别称。《商君书·赏刑》：“自卿相、将军以至大夫、庶人，有不从王令、犯国禁、乱上制者，罪死不赦。”

卿监 唐宋诸寺监卿、少卿、监、少监总称。卿与监又称大卿监，少卿、少监称少卿监。北宋前期为寄禄官，神宗元丰（1078—1085）改制后为职事官。

胶工下士 官名。西魏、北周冬官府司皮下大夫胶工中士佐官，正一命。

胶工中士 官名。西魏恭帝三年（556）置，北周沿置。冬官府司皮下大夫属官，正二命。下设胶工下士以佐其职，隋文帝开皇元年（581）罢。

留中 皇帝将臣下章奏留在宫中，或存档备查，或暂缓批答交议；大臣亦借此陈述机密。明朝时为题奏文书处理方式之一。依制题奏批答，或下部议；留于禁中不答不议，为留中。清朝制度，凡官员有奏章上呈，均需面交（或差小官交）奏事处，由奏事处转交奏事内监，奏事内监呈递皇上。皇帝看毕，如无别旨，只云“览”或“知道了”，仍命内监经奏事处转交原奏事官。如事关紧要、须有谕旨者，则将此折留而不发，待召见军机大臣时当面降谕宣示。俗称留中。

留司台官　见“三京留司御史台”。

留司御史台　见“三京留司御史台”。

留后　官名。即节度留后。

留后大都督　官名。北魏末宇文泰置，西魏沿置。在最高统治者亲自出征时，掌管后方军务。《周书·王盟传》：“太祖将讨侯莫陈悦，征（王）盟赴原州，以为留后大都督，镇高平。”“魏文帝东征，（王盟）以留后大都督行雍州事，节度关中诸军。”

留守　官名。隋朝陪都太原置，掌守宫阙，炀帝大业十三年（617）以李渊为之。唐太宗贞观十九年（645）亲征辽东，京城以房玄龄留守，其后皇帝不在京城则置；东都（洛阳）亦置。玄宗开元十一年（723）北都太原以太原尹为之，总称三都留守。分掌京城陪都军政大事。五代皇帝不在京都皆置。宋朝沿置，以亲王或大臣总其事，京都东京、西京洛阳、南京应天、北京大名诸府各置一员，以知府兼，管掌宫钥及京城守卫、修葺、弹压之事，畿内钱谷、兵民之政皆属焉。南宋初，东京、北京、南京、西京先后复置，高宗绍兴四年（1134）行宫亦置。辽、金上京、北京、东京、南京、西京诸京留守司置为长官，各一员，掌本府尹兼本路兵马都总管，管理辖区军民之政。元上都、大都亦置。明朝中都、兴都留守司置为长官，设一员，正二品。

留守卫指挥使司　官署名。明洪武三年（1370）改原都镇抚司而置。后改留守都卫。八年复为留守卫。详见“留守五卫”。

留守司　官署名。北宋时，天子巡守，亲征，则置东京留守司，命亲王或大臣为留守，掌宫城管钥及京城守卫、修葺，弹压之事，并行畿内钱谷、兵民之政令。南宋初，东京开封府、北京大名府并置。辽朝上、东、中、南、西五京皆置，各置留守行府尹事、副留守、知留守事、少尹、同知留守事、同签留守事、留守判官、留守推官。金朝东、西、南、北、中诸京亦皆置，每司设留守一人，带本府尹兼本路兵马都总管；同知留守事一人，带同知本府尹兼本路兵马都总管；副留守一人，带本府少尹兼本路兵马副都总管；判官、推官、司狱各一人。元世祖中统四年（1263）置上都路总管府。至元三年（1266）给留守司印，皇帝巡狩时总管府行留守司事。十八年，并为上都留守司兼本路都总管府。秩正二品，设留守、同知、副留守、判官等。十九年，大都亦设，设官与上都同。掌守卫宫阙都城、营缮宫室、尚方车服、殿庑供帐等事，兼理民政。明洪武十四年（1381），于中都（临濠）置，设留守，左、右副留守各一人。嘉靖十八年（1539），于荆州置兴都留守司，设官同中都。皆掌防护皇陵。

留府长史　官名。三国两晋诸公、军府皆置长史，为幕僚之长。府主出征，则权置留府长史，掌留守府事。《三国志·徐奕传》：“太祖征孙权，徙为留府长史。”《后主传》：“以丞相留府长史蒋琬为尚书令，总统国事。”

留营司马　官名。东汉献帝建安（196—220）中刘备置，以赵云为之，统领留守荆州军营事务。

留授　清朝官缺补授方法之一。指官缺不入月选，留归本衙门主官题补授官之例。在京司官、小京官、笔帖式有定为题缺者，皆由本衙门留补。在外道府以下，部选缺内有升调所遗之缺，准为封疆留缺，佐杂之要缺亦为留缺。凡留补者皆由本衙门主官于应升此缺内拣选，奏请补用。

玺　印章。先秦时代，贵族所用印章皆称玺，自秦始皇始，成为皇帝印章专称，以玉制成。秦朝玺由符玺令掌管。据《汉旧仪》，汉朝皇帝有六玺，皆白玉螭虎钮，文曰皇帝行玺、皇帝之玺、皇帝信玺、天子行玺、天子之玺、天子信玺。天子自佩，行玺、信玺在符节台，以符节令主之。后代沿用，具体制度不同。

玺书　原指用印信封记的文书。秦统一后用指皇帝印玺封记的诏书。秦始皇病危时，即以玺书赐公子扶苏。据蔡邕《独断》，汉朝凡制书皆玺封，尚书令印重封。

玺绶　玺即印信，绶即系印的丝组。玺本印章通称，以金银铜犀角象牙等为之，百姓皆佩之。秦以后成为皇帝印信专称，以玉为之，臣民一般不得僭用。然皇后、皇太子、诸侯王亦或用之。

〔丶〕

旄人　官名。《周礼》春官之属，一说为周朝置，掌教散乐和夷乐舞蹈。《周礼·春官》：“旄人，下士四人，舞者众寡无数，府二人，史二人，胥二人，徒二十人”，“掌教舞散乐，舞夷乐。凡四方之以舞仕者属焉。凡祭祀、宾客，舞其燕乐”。

旄头　皇帝仪仗中警卫先驱的骑兵。或羽林充任，也用以赐诸侯王。

旅　❶周朝军制。五百人为一旅，以旅帅为长官。《诗经·大雅·皇矣》：“爰整其旅。”《周礼·夏官·序官》：“五百人为旅，旅帅皆下大夫。”❷官名。一说为周朝置，处理一般政务的属吏，下士爵。《周礼·秋官·司寇》：“旅，下士三十有二人。”

旅人　官名。春秋战国置，雍人属官，掌割烹之事。《仪礼·公食大夫礼》：“旅人南面加匕于鼎。”郑玄注：“旅人，雍人之属。”

旅帅　官名。❶《周礼》夏官之属。为一旅之长，下大夫爵。郑玄注：“旅一党”，“凡军帅不特置，选于六官六乡之吏，自乡以下德任者使兼管焉”。孙诒让《正义》引江永说：“党出五百人为旅，旅帅下大夫，即党正也。”参见“党正”。❷隋炀帝大业三年（607），十二卫改帅都督为旅帅，为一旅之长。唐朝三卫中郎将府置，每校尉有旅帅二人，从六品上；率府为正七品下。折冲府每府十人，从八品上。宋朝官制中有旅帅一职，然只存其名而不除授。❸太平天国军中与地方之职官，起义之初仿古制设。军队编制，基层为两，四两为一卒，五卒为一旅，五旅为一师。每旅设旅帅一人，以前、后、左、右、中五营编号。如左八军右营师帅中营旅帅、中十军左营师帅后营旅帅等。下辖卒长五人，两司马二十人，伍长一百人，伍卒四百人，共五百二十五人。另有“职同旅帅”，数不可考。地方建制，以五百二十六家（一说五百家）为一旅，设旅帅一人为乡官。由地方推举，专司一旅之民事、赋役和征兵之事。下属与军中相同，然不如军中位尊。

旅师　官名。《周礼》地官之属，一说为周朝置，掌理收纳郊野的锄粟、屋粟、闲粟，贮藏以备用。《周礼·地官》：“旅师，中士四人，下士八人，府二人，史四人，胥八人，徒八十人”，“掌聚野之锄粟、屋粟、间粟而用之。以质剂致民，平颁其兴积，施其惠，散其利，而均其政令，凡用粟，春颁而秋敛之。凡新甿之治皆听之，使无征役，以地之媺恶为之等”。

旅贲　官名。周朝置，诸侯之禁卫武臣。《国语·鲁语下》：“诸侯有旅贲，御灾害也。”韦昭注：“御，禁也。旅贲，掌执戈盾夹车而趋，车止则持轮，所以备非常，禁灾害也。”三国魏咸熙元年（264）复五等爵，诸公国置旅贲四十人，诸侯国置三十六人，伯国置二十八人，子国置二十人，男国置十二人。唐朝太子左右司御率府之卫士亦称旅贲。

旅贲中郎将　即太子旅贲中郎将。

旅贲氏　官名。《周礼》夏官之属，一说为周朝置，掌随王出行守卫。《周礼·夏官》：“旅贲氏，中士二人，下士十有六人，史二人，徒八人”，“掌执戈盾，夹王车而趋。左八人、右八人，车止，则持轮。凡祭祀、会同，宾客，则服而趋。丧纪，则衰葛、执戈盾。军旅，则介而趋”。

旅贲令　官名。秦置，属卫尉，秩位、职守不详，当主禁卫武士。有丞。西汉沿置，景帝初更属中大夫令，后元年（前143）复属卫尉。东汉省。

旅贲丞　官名。秦置，属卫尉，为旅贲令副贰。入汉因之，东汉省。

旅贲郎　官名。即太子诸率府所领亲府、勋府、翊府之长官中郎将，唐高宗永徽三年（652）改此名，显庆元年（656）复名中郎将。

旅食　春秋战国时入仕为官，然未受正禄之士众食于公家。《仪礼·燕礼》：“士旅食于西门。”郑玄注：“旅，众也。士众食，谓未得正禄，所谓庶人在官者也。”

旅骑尉　官名。隋文帝开皇六年（586）吏部别置散官八尉之一，从八品。炀帝大业三年（607）罢。

站　军事设置。明朝于奴儿干都司下置，共有别儿真站、黑龙江地方莽亦帖站、弗杂河站、亦罕河卫忽把希站、忽把希站、弗答林站、古代替站七处。置如羁縻卫所。均以当地少数民族首领管理。

站班　旧时长官出行时，属员及仆人在两旁垂手侍立，以示恭敬，称站班。

效士　南宋效用兵资级名。为效用十资之一，位在守阙效士上、守阙听候使唤下。

效用十资　南宋效用兵等级合称。即守阙毅士、毅士、守阙效士、效士、守阙听候使唤、听候使唤、守阙听候差使、听候差使、守阙准备使唤、准备差使。

剖符　原指帝王分封诸侯或功臣，后泛指任命外官。《战国策·秦策三》：“决裂诸侯，剖符于天下。”《晋书·陈训传》：周亢“剖符近郡”，为义兴太守。

部　❶官署和行政区域通称。汉朝刺史分部，又称部刺史。北齐中央诸署（令丞所掌）之下常分诸部。郡县也常分部置尉。北魏则有“八部”，各置大夫，地位相当于尚书诸曹；又置天地东南西北六部大人官。历朝中央行政机构设吏、户、礼、兵、刑、工六部等。详见各条。❷军事编制单位，指军之部伍。汉有部曲。宋朝自神宗实行将兵法后，将一级下有部，其统兵官为部将。南宋初，部分军队亦曾以部作为统制或统领管辖的军队编制单位，如右部、后部等，相当于军。❸周边少数族编制单位。

部大　少数民族首领的称号。《晋书·石勒载记上》：“时胡部大张督、冯莫突等拥众数千，壁于上党。”

部长　官名。宋朝乡兵统兵官。南宋初年，诸路州军忠义巡社乡兵，每十人为一甲，五甲为一队，四队为一部，于本部推择一人为部长。

部从事　❶司隶校尉属官部郡从事的省称。❷晋朝诸郡属官，掌督察非法。

部办　清朝各部书办之俗称。

部本　文书名。清朝题本之一，与通本对称。清制，在京部院衙门之题本直接送达内阁，俗称部本。参见“通本”。

部曲将　官名。汉朝置。三国、两晋、南朝宋、陈沿之，军中及州、郡皆置，属部曲督。三国魏时规定须留家属作为人质，西晋武帝泰始元年（265）罢部曲将长吏以下质任。八品。

部曲督　官名。三国、两晋、南朝陈及十六国前凉军中及州、郡皆设，统兵，属官有部曲将、副散部曲将等。三国魏及晋初，须留家属作为质任，晋武帝咸宁五年（279）始除部曲督以下质任。魏、晋皆七品。

部传　官名。南朝梁置，郡属官。见《梁书·沈约传》。

部传从事　官名。南朝梁诸州置，掌督察非法。官品依州等级不同，各为一班和流外七班。

部刺史　官名。即刺史。汉朝刺史分部，故名。详见“刺史”。

部使者　宋朝监司俗称。

部注　官制用语。宋朝授予官员差遣的一种方式。即吏部四选按照窠阙，注授官员差遣。是官员获得差遣的主要途径。

部将　宋朝军职名。神宗实行将兵法后，每将之下分设部一级编制单位，以部将为统兵官。

部郎　明清中央各部郎中、员外郎之统称。

部总　官名。崇祯十六年（1643）李自成农民军政府于襄阳置。武官，正八品，位次于掌旗。

部差　任官制度。明朝户部十三司官员三差之一。由本部劄委充任。

部郡从事　官名。汉朝置，为司隶校尉、诸州刺史属官，每郡一人，掌督促文书、察举非法，州自辟除，秩百石。魏晋时为司隶校尉，北齐诸州置，职掌巡视诸郡，督察非法。北齐置于司州者视九品，置于它州者视从九品。

部郡从事史　官名。南朝宋诸州置。参见“部郡国从事”。

部郡国从事　官名。东汉司隶校尉及州部属吏。司隶校尉所属，每郡国一人，主督促文书，察举非法，如案系郡国属吏，奏免守相。秩百石。州部所属职秩同，均由所部长官自辟除。晋、南朝宋沿置。亦作部郡从事、部郡从事史。

部院　清朝巡抚之别称。

部监　官名。新莽置。天凤元年（后14）置州牧、部监二十五人，见禄如三公。监位上大夫，各主五部。东汉废。

部曹　明清中央各部分司办事官员之泛指，如郎中、员外郎、主事。

部曹侍御史　即侍御史之分掌诸曹者。参见“侍御史”。

部推　任官制度。明朝京官太常卿以下官职空缺，多由吏部推举，再加任用。武官任副将、参将、游击将军、佐击将军、坐营官、大号头官等，则由兵部推举。

部堂　清朝各部尚书、侍郎之通称。又作为总督之别称。

部符　官府文书名。宋朝吏、户、礼、兵、刑、工六部及寺、监发往下级官府的公文，称部符。符末署：“符到奉行。”

部族节度使　官名。辽、金朝皆置。辽掌契丹及其他部族军政、民政等事，并负责督察诸部动静，有平乱招抚之责。天赞元年（922），太祖下诏，分北大浓兀为二部，立两节度使以统之，为辽置部族节度使之始。统和十四年（996），圣宗改各部（五院、六院、乙室、奚六部除外）令稳为节度使。契丹之外各部节度使，一般以契丹人为之。金制，各部节度使一员，副使一员，下设判官、知法、司吏、通事等若干员。

部照　见“官照”。

部署　见“都部署”。

郭什哈昂邦　满语官名。汉译为御前大臣。

郭什哈按班　即郭什哈昂邦。

郭什哈辖　满语官名。武职，汉译为御前侍卫。

郭齐哈摆牙喇壮大　满语官名。武职，汉译为亲军校。

高力督　官名。十六国后赵置，属东宫，统率高力侍卫东宫。见《晋书·石季龙载记下》。

高士　❶宋朝士名。徽宗政和八年（1118）置，以赐在学选人，从五品。❷道士封号。明朝置，并有加太常寺卿、礼部尚书及宫保等衔者。为一时殊荣，非常制。

高门生　十六国前燕官学生之别称。《晋书·慕容皝载记》：“赐其大臣子弟为官学生者号高门生，立东庠于旧宫，以行乡射之礼”，“皝亲临东庠考试学生，其经通秀异者，擢充近侍”。

高车羽林郎　官名。北魏置。为皇帝的侍卫武官，由高车（亦称敕勒）族人担任，属高车羽林郎将。孝文帝太和十七年（493）定为从五品下，二十三年复次职令，未载。

高车羽林郎将　官名。北魏置。侍卫武官首领之一，统领高车羽林郎，侍卫皇帝，并随驾出征。孝文帝太和十七年（493）定为从四品上，二十三年复次职令，未载。

高车虎贲　官名。北魏置。皇帝侍卫武官，由高车（亦称敕勒）族人担任，属高车虎贲将军。孝文帝太和十七年（493）定为从六品下，二十三年复次职令，未载。

高车虎贲司马　官名。北魏置。侍卫武官将领，佐高军虎贲将军统领高军虎贲，位在高车虎贲将之上。孝文帝太和十七年（493）为从五品下，二十三年复次职令，未载。

高车虎贲将　官名。北魏置。侍卫武官将领，统领高军虎贲。孝文帝太和十七年（493）定为从五品下，二十三年复次职令，未载。

高车虎贲将军　官名。北魏置。侍卫武官首领，统领高车虎贲。孝文帝太和十七年（493）为从四品下，二十三年复次职令，未载。

高丽女直汉军万户府管女直侍卫亲军万户府　元朝侍卫亲军机构。又称女直侍卫亲军万户府。原隶高丽女直汉军万户府，顺帝元统二年（1334）划入侍卫亲军系统。置营辽阳，衙司在大都丽正门内。设达鲁花赤、万户等职。

高昌馆　参见“提督四夷馆”。

高庙令　官名。东汉置，属太常，秩六百石，领员吏四人，卫士十五人，职掌守高庙，案行扫除。

高品　即内侍高品。

高班　即内侍高班。

高第　考试成绩优等。汉朝博士弟子、贤良文学皆有高第。博士弟子每年考试，能通一经以上，补文学掌故；其高第则可为郎中。又，官吏考课成绩列为第一亦称高第。《后汉书·邓晨传》：“复拜为中山太守，吏民称之，常为冀州高第。”李贤注：“中山属冀州，于冀州所部郡课常为第一也。”

高等审判厅　官署名。清末地方审判机构之一。光绪三十三年（1907）始设于京师、奉天等地，宣统元年（1909）后各省渐设。每省省城一所，大商埠距省城远者得设分厅。掌全省诉讼，审理不服地审厅一审、二审判决上告案，不属大理院之宗室觉罗一审案。置厅丞一人。下设民科一庭，刑科一庭，各置推事三人。另置典簿一人，主簿二人，录事四至六人。分厅除不置厅丞外，余同。附设高等检察厅。

高等审判分厅 官署名。清末各省高等审判厅分设机构。光绪三十三年（1907）定四级三审制，省城设高等审判厅，距省城较远的大商埠得设分厅（如天津）。设民、刑各一庭，置推事六人（一人为推事长），并典簿、主簿、录事等。管辖案件同高审厅。

高等教育会议所 官署名。清末学部所领之机构，光绪三十二年（1906）设。定期每年会议一次，如遇重要事件，亦可临时召集会议。其议员例由学部属官、直辖各学堂监督、各省中等以上学堂监督及京外官绅之于教育事业素有阅历者充任，均需奏请派充。其议长则就议员中公选。所中设庶务员二人，掌理所务，由学部司员兼任。

高等检察厅 官署名。清末地方检察机构之一，光绪三十三年（1907）始设于京师、奉天等地，宣统元年（1909）后各省渐设。每省省城一所，附于高审厅内，距省城较远的大商埠得设分厅。掌对同级审判厅案件的检察事项。置检察长一人，检察官一人，录事二人。

高等警务科 官署名。清末民政部警政司所属四科之一，光绪三十二年（1906）设。掌非常保安事，如检查新闻杂志及各类图书之出版，访查集会、结社、凶器及危险物品等。置员外郎一人主持科务。

高寝郎 官名。西汉高庙卫寝之郎。武帝时车千秋曾任此官，见《汉书·车千秋传》。

高爵 秦汉二十等爵制中级位高者，相对低爵而言。其界限及标志因时而异。秦时第七级公大夫以上，其地位与县令、丞相等。入汉因之，高帝五年五月诏规定，七大夫（即公大夫）、公乘以上皆为高爵，得食邑。文帝后，第九级五大夫始称高爵，其特权由食邑改为免役。

高霸黎 官名。西域东女国宰相。

离官啬夫 官名。战国秦置。秦制，附设的官府机构称离官，长官称离官啬夫。《睡虎地秦墓竹简·金布律》："都官有秩吏及离官啬夫，养各一人。"

斋长 学官名。宋朝国子学及各类学校都分斋教学，每斋约三十人，设斋长一人，负责表率本斋学生，凡违规矩者，依斋规五等罚纠之，并每月考斋生行艺，记著于籍。

斋内局 官署名。南朝梁置，为东宫诸局之一。

斋右下大夫 官名。西魏恭帝三年（556）仿《周礼》齐右置，北周沿置。夏官府司右下大夫属官，随从皇帝出征，刘雄任此职时，曾兼理小驾部下大夫事务。正四命。隋文帝开皇元年（581）罢。参见"齐右"。

斋帅 官名。❶南朝宋、梁置。在皇帝、诸王及州郡长官左右担任侍卫及洒扫铺设等职。地位较低，多由寒人充任。北朝在皇帝左右的斋帅地位较高，常兼任其它较重要的官职。《魏书·李灵传》："（李翼）初为荡寇将军、斋帅，又除员外郎，迁尚书郎，仍斋帅。"北齐门下省设斋帅局，有斋帅四员，从七品。诸王国皆设斋帅四员。北齐时此职还起到过伺察百官的作用。❷东宫官。北齐太子门下坊设斋帅局，置二员，负责东宫侍卫及洒扫等事务，八品。隋朝员四员，正七品下。唐初沿之，高宗龙朔二年（662）改名太子典设郎。

斋帅局 官署名。北齐门下省、东宫门下坊置，掌铺设洒扫等事务，设斋帅、内阁帅等官。隋朝及唐初仅置于太子门下坊，仍设斋帅，掌东宫汤沐、灯烛、洒扫、铺设事。唐高宗龙朔二年（662）改名典设局。

斋务提调 官名。清末各学堂负责斋务之职官，又名斋务长。光绪二十七年（1901）后在全国各类中等、高等新式学堂及大学堂普遍设置。掌考验学员品行及堂外寄宿舍一切事务。辖监学官、检查官。

斋驭下大夫 官名。西魏恭帝三年（556）仿《周礼》齐仆置，北周沿置。夏官府大驭中大夫属官，正四命。隋文帝开皇元年（581）罢。参见"齐仆"。

斋郎 官名。掌郊庙祭祀杂役。三国魏置，隶太常属官太庙令，八品。两晋、南朝沿之。北魏分太常斋郎与祀官斋郎，孝文帝太和十七年（493）定前者为从七品中，后者九品中。唐朝太常寺置太庙斋郎（后归宗正寺）一百三十人，所领两京郊社署置郊社斋郎一百一十人，鸿胪寺司仪署置三十人。任斋郎者必须是经过考试的五品或六品官子孙，任职年久可补室长、掌坐、掌次等，为唐朝官员子弟入仕途径之一。宋朝略如唐制，亦为荫补入仕之官。

斋监 官名。南朝梁置。武帝天监七年（508）定为流外三品蕴位。

斋谕 宋朝学校职事名。仁宗庆历（1041—1048）中，太学始设，协助斋长率导本斋学员，执行学规和斋规。后各类学校分斋教学者，皆置。

座主 官名别称。唐朝以来，贡举之士称有司为座主。参见"座师"。

座主门生 官场用语。❶贡举之士称主考官为座主，自称为门生。唐朝及第举人须拜谒座主，以表谢意。中唐以后，积成朋党之弊。宋初，为防止座主门生结党，礼部试后复殿试，天子自为座主，殿试合格人遂自称天子门生。❷宋朝高、中级官员得荐举选人改京官或任某些差遣，被荐举者见举主自称门生，久而久之又结成新的座主门生关系。

座师 又称座主。唐朝进士称主考官为座主。明清举人或进士称主考官或总裁为座师。

座位榜 宋朝贡举考试时在考场前颁布的一种图榜。又称混榜、座图、座次榜。真宗大中祥符元年（1008），亲试进士，于崇政殿两廊设座位，逐一标出举人姓名，榜示座次，命举人依次入座。四年省试，由贡院排定座位次序，使不同科目间隔而坐，于试前一日张榜颁布，举人入场依榜就座，不得改易。

唐兀卫亲军都指挥使司　元朝侍卫亲军指挥机构。秩正三品。设于世祖至元十八年（1281），掌唐兀军（又称河西军）三千人，置司于大都丽正门内。都指挥使三员，副都指挥使二员，佥事二员。辖九千户所。

唐古特学　学校名。清理藩院所属学校之一，掌教授藏文以译西藏章疏文移之事。顺治十四年（1657）置，设六品教习一人为主官，后改为司业。又设助教一人，教习、副教习各二人，学生四十人。学生修业五年由达赖考试具题。

唐古特官　官名。清朝西藏地方官员之统称。唐古特原为西藏族之一枝，后用以通称西藏人。乾隆五十九年（1794）定西藏官制，前后藏官员由驻藏大臣会同达赖、班禅选补。前藏有噶伦、仔琫、商卓特巴、业尔仓巴、朗子辖、协尔邦、硕第巴、达琫、大中译、卓尼尔、小中译以及第巴等官，后藏有商卓特巴、业尔仓巴、小商卓特巴、达琫等官，地方上有营官治民，武官有戴琫、如琫、甲琫、定琫等，统称为唐古特官。

病囚院　官署名。又称病牢，掌关押、医治有病囚犯。五代后唐始置。宋朝沿置。真宗咸平四年（1001），因王禹偁请，除徒、流刑以上病囚仍在院治疗外，其余许保外就医。

病免　官吏病假超过一定期限而被免职。汉朝高级官员病假一般为三个月，如蒙皇帝恩准可继续带职休养。贵戚重臣病免者，皇帝又赐食俸禄养老。

疾医　官名。《周礼》天官之属，一说为周朝置。掌治疗百姓疾病。《周礼·天官》："疾医，中士八人"，"掌养万民之疾病"，"以五味五谷五药养其病，以五气五声五色眡其死生"，"凡民之有疾病者，分而治之"。

悖义将军　官名。北魏置。《魏书·阉官传》："后（安南将军苻）承祖坐赃应死，高祖原之，削职禁锢在家，授悖义将军、佞浊子，月余遂死。"

悦众　❶官名。赞宁《大宋僧史略》卷中《僧寺纲科》："案西域知事僧总曰羯磨陀那，译为知事，亦曰悦众，谓知其事悦其众也。"亦译作"维那"。十六国后秦以慧远为之，佐僧正管理全国僧务。僧正秩同侍中，此职稍降。❷僧官名。各寺中皆置，以管理寺中僧务。参见"维那"。

烧钞库　官署名。元朝置，掌回收、销毁废旧钞币。世祖至元二十四年（1287）由昏钞库改立，在大都分设东西二库，秩从八品。二十八年五月罢，各路昏钞令行省官监烧。后复置，增为烧钞四库，秩正八品，设达鲁花赤、大使、副使各一员。各省省治亦置烧钞库，就地销毁昏钞，

烛剌赤　蒙古语，意为掌灯烛者。元朝大都、上都留守司属下仪鸾局，均设烛剌赤提领所，掌殿庭灯烛张设。

烟瘴缺　清朝外官缺分之一。此缺有广东之崖州、感恩、昌化、陵水等县，广西之百色、太平、宁明、明江、镇安、泗城、凌云、西隆、西林等府、厅、州、县及忠州、河池等数十杂职。属于边俸缺，有政绩而无过失者，照例三年升擢，因边疆水土恶毒，或可提前升迁。乾隆（1736—1795）中，依地择人，不拘常例，实行久任之制，有至六年或八年方可升用者。

凌人　官名。《周礼》天官之属，一说为周朝置，掌理藏冰以供祭祀及膳羞。秦嘉谟辑《世本·氏姓》："卫康叔支子为周凌人，子孙以官为氏。"《周礼·天官》："凌人，下士二人，府二人，史二人，胥八人，徒八十人"，"掌冰"，"凡外内饔之膳羞，鉴焉。凡酒浆之酒醴，亦如之。祭祀，共冰鉴。宾客，共冰。大丧，共夷槃冰。夏颁冰，掌事，秋刷"。

凌江将军　官名。三国魏置，亦称淩江将军或陵江将军。魏、晋皆定为五品。十六国前秦亦置。南朝宋五品。梁时地位下降，武帝天监七年（508）定为武职流外八班中的二班，仅高于偏、裨将军，授予门第较低的士人或寒人，普通六年（525）罢。北魏地位较高，孝文帝太和十七年（493）定为五品上，二十三年复次职令，改为从五品上。北齐为褒赏军功勋臣的闲职，从五品上。麹氏高昌国亦置。

凌室　汉朝宫中藏冰之室。西汉未央宫即有凌室。

准人　官名。又称准夫。西周置。主狱讼刑罚。《尚书·周书·立政》："王左右常伯、常任、准人。"孔安国传："准人平法，谓士官。"孔颖达疏："准训平也。平法之人谓士官也。士，察也，察狱之官用法必当均平，故谓狱官为准人。"

准夫　官名。同准人。西周置，主狱讼刑罚。《尚书·周书·立政》："立政，任人，准夫，牧，作三事。"参见"准人"。

准备干办　官名。宋朝宣抚处置使等属官，以备临时派遣处置各种事务。

准备使唤　官名。宋朝都督等属官，临时派遣处置各种事务。

准备将　见"将"。

准备将领　官名。宋朝都督、制置大使、经略使等属官，临时派遣处置各种事务。

准备差使　官名。宋朝制置使、留守、经略安抚使、安抚使、转运使、都大提举茶马、主管殿前司公事等属官。临时派遣处置各种事务。

准备差遣　官名。宋朝都督、制置使、总领、留守、安抚使、转运使、三衙长官等属官。临时派遣处置各种事务。

凉州作曹　官署名。北魏置。设于京师，多由其它内官典其事。《魏书·苟颓传》："（苟颓）迁奏事中散，典凉州作曹。迁内行令。"一说属西部尚书。

凉都尹 官名。十六国后凉京都行政长官。《资治通鉴·晋安帝隆安四年》："（吕纂）以后父（杨）桓为尚书左仆射、凉都尹。"胡三省注："凉都姑臧，改武威太守为凉都尹。"

酒人 官名。❶商朝始置。《殷契粹编》第五一九片："丙午贞，酒人册祝。"❷一说周朝置宦官之一。《周礼·天官》："酒人，奄十人，女酒三十人。奚三百人"，"掌为五齐三酒，祭祀则供奉之，以役世妇。共宾客之礼酒而奉之。凡事，共酒而入于酒府。凡祭祀，共酒以往。宾客之陈酒，亦如之"。

酒工 宋朝殿中省尚醖局属吏。参见"尚酝局"。

酒士 官名。新莽始建国二年（后10）置，属羲和，每郡一人。时初设六筦之令，命官府酤酒，故置酒士乘传督酒吏。

酒正 官名。《周礼》天官之属，一说为周朝置，掌理酿酒的政令及方法。《周礼·天官》："酒正，中士四人，下士八人，府二人，史八人，胥八人，徒八十人"，"掌酒之政令，以式法授酒材。凡为公酒者，亦如之"。"掌其厚薄之齐，以共王之四饮三酒之馔，及后、世子之饮与其酒。凡祭祀，以法共五齐三酒，以实八尊。大祭三贰，中祭再贰，小祭壹贰，皆有酌数。共宾客之礼酒，共后之致饮于宾客之礼医酏糟，皆使其士奉之。凡王之燕饮酒，共其计，酒正奉之。凡飨士庶子，飨耆老、孤子，皆共其酒，无酌数。掌酒之赐颁，皆有法以行之。凡有秩酒者，以书契授之。酒正之出，日入其成，月入其要，小宰听之。岁终，则会。唯王及后之饮酒不会。以酒式诛赏。"

酒正下士 官名。西魏、北周天官府膳部中大夫酒正中士佐官，员四人，正一命。

酒正中士 官名。西魏恭帝三年（556）仿《周礼》酒正置，北周沿置。天官府膳部中大夫属官，员二人，掌供御及祭祀用酒的酿制和保管。正二命。下设酒正下士以佐之。隋文帝开皇元年（581）罢。

酒务 宋朝榷酒机构。京城及州府县镇皆置，设监当官掌之，或募豪民买扑经营。

酒坊 官署名。金朝置，属太府监，掌酿造御酒及支用诸色酒醴。设使、副使领坊事，秩从八品，正九品。

酒坊使 官名。唐朝始置，为诸司使之一。宋初称内酒坊使，掌内酒坊之事。后复旧称，且多不领本职，仅为武臣迁转之阶。属东班诸司使。真宗咸平元年（998）定为同六品，神宗元丰（1078—1085）改制改正七品。徽宗政和二年（1112）重定武臣阶官，废。

酒坊副使 官名。宋朝改内酒坊副使置，属东班诸司使，多不领本职，仅为武臣迁转之阶。真宗咸平元年（998）定为同七品，神宗元丰（1078—1085）改制改从七品。徽宗政和二年（1112）重定武臣阶官名，废。

酒库丞 官名。南朝梁、陈置，三品蕴位，为流外官职。当属太官令。

酒使司 官署名。金朝置，掌酿酒及税收，设在京都及真定以外、课二万贯以上之地。课及十万贯以上设使、副使、小都监各一员，司吏三人；五万贯以上者设使、副使各一员，司吏三人；二万贯以上设使及都监各一员，司吏二人。设于京都及真定者称都麴使司。参见"都麴使司"。

酒课提举司 官署名。元朝置，掌酒醋榷酤之事。世祖至元十九年（1282），始置于大都，秩从五品，设提举一员，同提举二员，副提举二员。二十八年，减同提举、副提举各一员。成宗大德八年（1304），开和林酒禁，亦设酒课提举司。武宗至大二年（1309），弛酒禁。各行省皆置。后罢各司，只存大都酒课提举司。顺帝至正十六年（1356），复立于各行省。

酒醋面局 官署名。明朝宦官二十四衙门之一，洪武二十八年（1385）始置。初置大使一人，正五品，左、右副使各一人，从五品。后改置掌印太监一员、总理、佥书、掌司、写字、监工数十员。掌宫内食用酒醋、糖酱、面豆等。与御酒房不相统辖。

浙东海右道肃政廉访司 官署名，元朝置。掌地方监察。由提刑按察司改立，为江南十道监司之一。参见"肃政廉访司"。

浙东海右道提刑按察司 官署名。元朝置，掌地方监察。设于世祖至元十四年（1277），置司绍兴府，监治婺州、绍兴、庆元、建德、衢州等路。二十六年，移司于婺州路（今浙江金华）。二十八年，改肃政廉访司。

浙东道宣慰司 官署名。元朝置，秩从二品，隶江浙行省。置司庆元路（今浙江宁波），领庆元、衢州、婺州、温州、台州、处州、绍兴七路，军民政务辖境包括今浙江省大部分地区。设宣慰使三员，同知、副使、经历各一员。

浙江司 官署名。即浙江清吏司。

浙江司员外郎 官名。即浙江清吏司员外郎。

浙江司郎中 官名。即浙江清吏司郎中。

浙江科 清朝兵部武选清吏司所属之办事机构。额设经承一人。

浙江部 官署名。❶明朝户部十二属部之一。洪武二十三年（1390）改原民部、度支部、金部、仓部四属部而置十二属部，分别以十二布政司为名。设郎中、员外郎各一人，主事二人，领浙江布政司户口、钱粮等事。部下分设四科：民科、度支科、金科、仓科。并置照磨、检校各一人，掌管文书出入等事。二十九年，改为浙江清吏司。❷明朝刑部十二属部之一。洪武二十三年，改原宪部、比部、都官部、司门部四属部而置十二属部，分别以十二布政司为名，设官同户部，领浙江布政司及部分在京衙门卫所刑名之事，并兼领云南布政司刑名。二十九年，改为浙江清吏司。

浙江部员外郎 官名。明初户部浙江部、刑部浙江部均置，各一人，从五品，协郎中掌本属部之事。参见“浙江部”。

浙江部郎中　官名。明初户部浙江部、刑部浙江部均置，各一人，正五品，掌本属部之事。参见“浙江部”。

浙江清吏司　官署名。简称浙江司。❶明清户部诸司之一，掌理浙江省钱粮收支数目。明洪武二十九年（1396）改浙江部置，设郎中、员外郎、主事等官。分置民科、度支科、金科、仓科等四科治事。兼理在京羽林右等七卫及神机营之俸饷。洪熙元年（1425）南京户部亦置，设官略同。清顺治元年（1644）沿置。设郎中、员外郎、主事及笔帖式、经承若干人。分置民科、支科、金科、仓科、火房等机构办事。兼掌天下之民数、谷数及织造之奏销。光绪三十二年（1906）裁。❷明清刑部诸司之一，掌理浙江省刑名之事。明洪武二十九年（1396）改浙江部置，设郎中、员外郎、主事等官。兼掌崇府、中军都督府、广洋等八卫及两浙盐运司等处刑名之事。洪熙元年（1425）南京刑部亦置，设官略同，清顺治元年（1644）沿置。设郎中、员外郎、主事及经承若干人。兼理分办都察院、南城御史、杭州将军及乍浦副都统等处之文移。光绪三十二年（1906）裁。

浙江清吏司员外郎　官名。简称浙江司员外郎。❶明清户部浙江清吏司之副长官。佐郎中掌司事、明洪武二十九年（1396）改浙江部员外郎设，一人。南京户部浙江清吏司亦设一人，皆从五品。清顺治元年（1644）沿设，汉员外郎一人，满洲司官初不分曹，随长官所派，后增至三人，满洲二人，汉一人。❷明清刑部浙江清吏司之副长官。佐郎中掌司事。明洪武二十九年（1396）改浙江部员外郎设，一人。南京刑部浙江清吏司亦设一人，皆从五品。清顺治元年（1644）沿设，汉郎中一人。满洲司官初不分曹，随长官所派。后增至三人，满洲一人，汉二人。

浙江清吏司郎中　官名。简称浙江司郎中。❶明清户部浙江清吏司之主官。掌司事。明洪武二十九年（1396）改浙江部郎中设，一人。洪熙元年（1425）南京户部浙江清吏司亦设一人，皆正五品。清顺治元年（1644）沿设，汉郎中一人。满洲司官初不分曹，随长官所派。后定制满、汉各一人。光绪三十二年（1906）裁。❷明清刑部浙江清吏司之主官。掌司事。明洪武二十九年（1396）改浙江部郎中设，一人。洪熙元年（1425）南京刑部浙江清吏司亦设一人，皆正五品。清顺治元年（1644）沿设，汉郎中一人。满洲司官初不分曹，随长官所派。后定制满、汉各一人。光绪三十二年（1906）裁。

浙江道　官署名。明清都察院所属诸道之一。明洪武十五年（1382）置，设监察御史十人。南京都察院亦置，设监察御史二人。在本道之外协管前军都督府，在京府军前、燕山左等八卫，及直隶淮安府并淮安等六卫。清顺治元年（1644）沿置。初掌浙江道兼理云南道。乾隆十四年（1749）设掌印监察御史、监察御史，均满、汉各一人；属官有笔帖式、经承等。负责稽核浙江刑名并稽察礼部、都察院事务。

浙江道监察御史　官名。明清都察院所属浙江道之主官。掌道事。明洪武十五年（1382）设三至五人，后增至十人。南京都察院亦设二人。皆秩正七品。清顺治元年（1644）沿设。乾隆十四年（1749）定制设掌印御史满、汉各一人。先是定为协道，分察在京诸司及各省刑名，至是按道办事。十七年（1752）俱定为从五品官。

涓人　官名。春秋战国置。又称铜人。一说为宫中主洒扫之人，同中涓；一说为谒者，主通书谒出入之命，为亲近之官。秦汉之际称中涓。张楚农民政权亦置。

海口侍卫　即镇守海口屯储亲军都指挥使司。

海北广东道肃政廉访司　元朝地方监察官署名，由提刑按察司改立，为江南十道监司之一。参见“肃政廉访司”。

海北广东道提刑按察司　元朝地方监察官署名。世祖至元十九年（1282）设广东按察司，二十年，定名为海北广东道提刑按察司。置司广州路，监治广州、韶州、惠州、南雄、潮州、肇庆等路。二十六年，移司于韶州路（今广东韶关）。二十八年，改肃政廉访司。

海北海南道肃政廉访司　元朝地方监察官署名。设于世祖至元三十年（1293）十一月，置司雷州路。成宗大德元年（1297），并入广西廉访司。四年复立。为江南十道监司之一。参见“肃政廉访司”。

海西辽东道提刑按察司　元朝地方监察官署名。设于世祖至元二十年（1283），监治女真水达达地域。二十五年，并入山北辽东道提刑按察司。

海西海东哈思罕等处鹰房诸色人匠怯怜口万户府　官署名。元朝置，掌中宫钱粮造作，管领哈思罕（今辽宁大连北）、肇州（今黑龙江肇州东）、朵因温都儿（今内蒙古札赉特旗雅克山一带）诸色人匠四千户，隶中政院。置达鲁花赤、万户、副万户各一员。下辖十一千户所：哈思罕等处打捕鹰房怯怜口千户所，诸色人匠怯怜口千户所，肇州等处女直千户所，朵因温都儿兀良哈千户所及灰亦儿、开元、古州、沈阳、辽阳、盖州、韩盘等处怯怜口千户所。

海关监督　官名。清朝海关行政长官。康熙二十三年（1684）始设海税监督。道光二十二年（1842）后，凡通商口岸设海关，并设海关道管理，亦称海关监督。掌水陆通商货税之职。分专设监督与关道分理。隶南、北洋大臣或本省督抚，亦有由将军监理者。由于外籍税务司把持海关行政，监督权限只有报告表册、印发护照等事宜。

海关道　见“海关监督”。

海军大臣　官名。清末海军部之长官，宣统二年

（1910）设。军阶正都统，从一品。掌主全国海军行政事宜，统辖海军及各省水师，并暂行兼办海军司令部。民国改称海军总长。

海军处 官署名。清末陆军部所属机构，为海军部之前身。光绪三十三年（1907）设。同时将练兵处军学司水师科及工部船政事宜并入。掌全国海军政务，凡厘定章制，考究教育，节制海军人员，监督造械，任补黜陟官员，皆由该处详酌，呈陆军部堂官核定奏咨办理。设正使、副使各一员，管理全处事务。初辖机要、运筹、船政三司。三十四年，以该处为兴立海军之基础，改辖海政、船政、筹备、储蓄、医务、法务六司及主计处。宣统元年（1909）改为筹办海军事务处。

海军处正使 官名。清末陆军部海军处长官，光绪三十三年（1907）设。军阶协都统，从二品。管理海军处事务。宣统元年（1909）省。

海军处副使 官名。清末陆军部海军处副长官，光绪三十三年（1907）设，军阶正参领，正三品。佐正使管理全处事务。宣统元年（1909）省。

海军部 官署名。清末新设的中央机构之一，系管理海军军政之总机构。宣统二年（1910），改筹办海军事务处设。初以海军之发展，光绪九年（1883）于总理各国事务衙门内设海防股。十一年设总理海军事务衙门，二十一年撤。二十九年，设练兵处军学司水师科。三十三年，设陆军部海军处。宣统元年，设筹办海军事务处。至是，始独立成部。掌全国海军行政事宜，统辖海军军人、军属及各省水师，暂时兼办海军司令部事宜，辖船厂、船坞军港、枪炮制造厂。内设军制、军政、军学、军枢、军储、军法、军医七司及主计处。置海军大臣、副大臣各一人，总理部务。下设参谋官、参事官、秘书官、司长、计长、科长、科员、录事等，分司各职。清亡，民国仍沿其名。

海军部参事官 官名。清宣统二年（1910）设，二员。掌承定法律章制，并承办海军大臣、副大臣交参议各项事宜。

海军部参谋官 官名。清宣统二年（1910）设。一等二人，军阶副参领，从三品；二等四人，军阶协参领，正四品。掌承办本部谘询事件，参订舰队、学堂、厂所章制，调查海军水师应行改革事宜。

海军部秘书官 官名。清宣统二年（1910）设，六员。掌监守部印，承办机密文牍、函电及不属各司处文件。

海军副大臣 官名。清末海军部副长官，宣统二年（1910）设。军阶副都统，正二品，或协都统，从二品。佐海军大臣管理全国海军行政事宜。民国改称海军次长。

海军提督 官名。清末海军统领官。光绪十四年（1888）置北洋海军提督一人，从一品，统率该舰队。中日甲午战后裁。宣统元年（1909）复置海军提督一人，副都统加正都统衔，为巡洋、长江两舰队统制官。

海军衙门 即总理海军事务衙门。

海防同知 官名。清朝同知之一种，设于直隶天津府，奉天营口、金州厅，山东登州府、青州府，江苏苏州府，浙江嘉兴府、宁波府、台州府、温州府，福建福州府等地。以专理海防事务，故名。由各守道、巡道所辖，统于将军、督、抚。正五品。

海防股 官署名。清末总理各国事务衙门所属之机构，光绪九年（1883）设。掌管南北洋海防之事。凡长江水师、北洋海军、沿海炮台、船厂购置轮船、枪炮、弹药，创造机器、电线、铁路及各省矿务诸事，均属焉。光绪二十年后改为日本股。

海丞 官名。西汉属少府，员一人，主海税。

海政司 官署名。清末陆军部海军处所属机构，光绪三十四年（1908）由原机要司改设。掌海军及各省水师官任用，拟定章制礼仪，制造收存炮械，管理海军驾驶、管轮人员。辖制度、器械、驾驶、管轮四科。置司副官、科长、科员、艺师等。宣统元年（1909），并入筹办海军事务处。

海道运粮万户府 见“海道都漕运万户府”。

海道都漕运万户府 官署名。元朝至元二十年（1283）前名海道运粮万户府，至元二十八年后改此名。管理海运。秩正三品。置于平江府（今江苏苏州），设达鲁花赤一名，万户、副万户若干。下辖千户所，几经调整，至大四年（1311）定为七处：温台所、庆元（今宁波）绍兴所、杭州嘉兴所、昆山崇明所、常熟江阴所、松江嘉定所和海运香莎糯米所。

浮辽将军 官名。南朝梁置。武帝天监七年（508）定为施用于境外的武职二十四班中的五班，拟克狄将军等号，大通三年（529）定制后，班阶略提高，改拟明智将军等号。

浮沮将军 将军名号。西汉武帝置。时有浮沮将军公孙贺率兵出九原。浮沮，井名，在匈奴地界。

浮海将军 官名。南朝梁置。武帝天监七年（508）定为施用于境外的武职二十四班中的二班，拟先锋将军等班，大通三年（529）罢。

流人都督 官名。十六国后赵置。《晋书·苻洪载记》：“（石虎）以（苻）洪为龙骧将军、流人都督，处于枋头。”

流内 官制术语。在一定官阶、品位之内，谓流内；相反，则为流外。南朝梁流内九品十八班，为清流。陈沿其制。北齐有九品三十阶、视官十三等。隋朝为九品三十阶、视品十四等。唐朝九品三十阶，及萨宝府、亲王国官及三师、三公、开府、嗣郡王、上柱国以下，护军以上勋官带职事者府官，五品至从九品，玄宗开元（713—741）初唯萨宝、祆正二官，余皆罢。宋朝为九品以内正官、视品官、同品官。

流内官 官制用语。唐朝称吏部尚书铨、中铨、东铨所管官人为流内官，以其已入九品之流，故称。

流内视品　流内九品三十阶之外，隋朝又有十四等，行台尚书令为视正二品，又有视从二品、视正三品、视从三品、视从四品、视从五品，以下为视正、从六品，视正、从七品，视正、从八品，视正、从九品。唐朝又有视流内起居，五品至从九品，初以萨宝府、亲王府官及三师、三公、开府、嗣郡王、上柱国以下，护军以上勋官带职事者府官等品；玄宗开元（713—741）初，一切罢之，唯有萨宝、祆正二官。

流内铨　官署名。唐朝置，为吏部三铨之一，掌流内官铨选之事。五代沿置，或以他官主判。宋初沿置，掌文臣自初仕至幕职州县官之铨选注拟及对换差遣、磨勘功过等事。设判流内铨事二人，以御史知杂以上充任。神宗元丰（1078—1085）改制，厘为吏部侍郎左选。

流外　官制用语。在一定官阶、品位之外，谓流外；相反，则为流内。南朝梁指位不登乡品二品、十八班之外的七班，皆以寒微士人为之；从此班者方得进登十八班之第一班。梁武帝天监七年（508）所置位不登乡品二品、在武官二十四班之外的八班，亦为流外，大通三年（529）并入武职二十四班。陈沿梁制。北齐循北魏官制，置流外九品。流外勋品与品官同，各给事力。西魏废帝三年（554）改流外品为九秩，以九为上。隋朝九品正官、九品视官外，又置流外勋品至九品、视流外勋品至九品，皆无上下阶。唐朝沿置，以诸司令史，赞者、典谒、亭长、掌固等为流外勋品至九品，视流外亦置勋品至九品。玄宗开元（713—741）初，唯留萨宝府袄祝、萨宝率府、萨宝府史。宋朝为杂流之一，为储司吏职及诸州、监司吏人在九品之外者，依选限可补授低级品官，称为入流，具有流外出身。其后，渐以流外称作未入流。

流外七班　官职等级制度。南朝梁武帝天监七年（508）置。乡品不及二品的寒士所任官职，自皇弟皇子府长兼参军至郡公国典书令，分为七班，即七个等级，以班多者为上，多为较低级的僚佐。由此方能升入流内十八班之第一班。陈初沿置，用九品官制后废。

流外八班　官名。南朝梁武帝天监七年（508），在二十四班将军之外，为乡品二品以下的寒士、寒人。置牙门、期门至禆将军等十四号将军，自一班至八班，分为八班，以班多者为贵。是将军中地位较低者。

流外官　官制用语。唐朝称流外铨所管选人为流外官，如六品以下，九品以上官之子及州县佐吏，以其未入九流故称。

流外视品　隋唐均有流外视勋品、视二品至视九品之差，唐玄宗开元（713—741）初唯留萨宝府袄祝及萨宝率府、萨宝府史，余皆罢。

流外勋品　流外官品级，自勋品至九品，共九级，唐朝用为诸司令史、赞者、典谒、亭长、掌固等吏职。

流外铨　官署名。唐朝置，为吏部三铨之一，又称小选，由吏部郎官主之，掌流外人铨选之事，曾一度废罢，德宗贞元二年（786）复置。五代沿置。宋初因之，掌诸司胥吏考试、升迁及年满出官之事，择中选者补正名，叙其劳绩。神宗元丰（1078—1085）改制，废。

流民督护　官名。东晋末交州置，以统流民，并可统兵出征。杜慧度父子先后由此迁太守。见《宋书·良吏传》。

流官　明清时由政府任命的西南少数民族地区行政官员之统称。相对于土官而言。因属政府派设，有任期，可调动，不同于世袭的土官，故名。

流泉务　金朝官营的质典库。世宗大定十三年（1173），以民间质典利息过重，遂在中都、南京、东平、真定等处设官营质典库，名为流泉务，取息助官吏廪给。各设使、副使一员，掌解典诸物，流通泉货。大定二十八年（1188），京、府、节度州添设，增至二十八所。金章宗明昌元年（1190）罢，二年中都复设。宣宗南迁后，兴定元年（1217）又在南京设流泉务，同年十月罢。

浣衣局　官署名。明朝宦官二十四衙门之一，俗称浆家房。置掌印太监一员，佥书、监工无定员。凡宫人年老及罢退废官者，发此局居住。亦有以罪臣家属发往此局者。内官八局，惟此局不在皇城内。

浚稽将军　将军名号。西汉武帝置。浚稽即浚稽山，匈奴常以此为障蔽。汉时出击匈奴，故以此为号。太初二年（前103）曾遣浚稽将军赵破奴将二万骑出朔方击匈奴。

朔平司马　官名。东汉置，属卫尉，领员吏五人，卫士百一十七人。职守宫掖北门。

朔野将军　官名。南朝梁置。武帝天监七年（508）定为施用于境外的武职二十四班中的十六班，拟智威将军等号，大通三年（529）定制后，仍拟智威将军等号。

粉侯　驸马都尉俗称。

料估所　官署名。清朝工部所属之机构。雍正七年（1729）置，设满洲掌印司员一人，满、汉主稿司员各四人，皆由本部堂官委派所属司员带原品充任。下设经承六人。掌估各项工程应用物料之数。在京千两以下兴作，由堂官交办，千两以上工程奏请钦派承修。

料院　即粮料院。

料钱　官制用语。即俸钱，宋朝官员正俸的一种。依官位分等支付钱币，部分折支实物。又宋朝士兵俸钱亦称料钱。

益都额真　即伊都额真。

兼　官制用语。即以本官兼任、兼行或兼领其他官职。两汉常行其制，如张安世为车骑将军兼光禄勋。南北朝时凡祭祀、奉使等临时委官代行某职，皆曰兼某职，或于正式任命某职之前，先授予兼某职之名义，意即试某职。唐朝，职事官皆带散位，其低一阶者称兼，本职之外另有职事者亦为兼。高宗永徽（650—655）以后，官员兼职者颇多。唐玄宗时，杨国忠为度支郎，兼领五十余使，任宰相，兼领四十余使。北宋前期，朝官加除三省、台、省、寺、监之官，若新除官品级低于寄禄官，系衔时于新官前加“兼”字，如某尚书（三品）兼御史中丞（四品）、守司空（一品）兼侍中（二品）；若新除官品级与寄禄官同，系衔时于寄禄官前加“兼”字，如丞郎（四品）任御史中丞（四品），称御史中丞兼某官。神宗元丰（1078—1085）改制后，官员若带两个职事官衔，系衔时官高者在前，官低者在后，中间加一“兼”字，如左仆射（从一品）兼门下侍郎（正二品）。

兼充 清朝吏部之铨选制度。乃任用官员之方法，亦是减省官员方式之一。如经筵讲官，起居注官，武英殿、国史馆及修书各馆官员，皆无额设，各由翰、詹、坊、局官员以本职兼充；翰林院掌院学士，本系专官，例由大学士，尚书、左都御史，侍郎兼摄。威远堡等六关口事务，以盛京五部侍郎兼摄。

兼侍御史 宋朝宪衔之一。参见“宪衔”。

兼官 官制用语。本官以外又任他官者。唐朝以一职事又任另一职事者谓兼官，以职事官品低散位一阶者亦为兼官，高宗咸亨二年（671）改为守。宋朝又称宪衔，为加官，武臣及宗室许带御史大夫、侍御史、殿中侍御史、监察御史；通事舍人、内殿崇班以上，初除加兼御史大夫；宗室副率以上，初授军头等，经恩加兼监察御史，余经恩以次迁入，神宗元丰（1078—1085）改制废。明朝凡兼官者，事权随之扩大，有暂理其事而兼官者，如本部尚书兼理别部事；有因集中事权而兼官者，如总督、巡抚兼提督军务；有因职事相关而兼官者，如詹事府多由他官兼掌，其坊局官与翰林院官互兼，东宫师傅无与职事，亦只为兼官。参见“兼”。

兼监秘阁图籍孔目官 吏名。北宋前期三馆置，员一人，掌秘阁图籍。授勒留官后理八选，可出为簿、尉。

兼监察御史 宋朝宪衔之一。参见“宪衔”。

兼理 官制术语。指兼管某项事务。

兼衔 旧指以本官兼领他官衔。如清朝之总督例兼右都御史、兵部尚书衔，巡抚例兼右副都御史、兵部侍郎衔。又，所兼之衔亦称某官之兼衔。

兼御史大夫 宋朝宪衔之一。参见“宪衔”。

兼殿中侍御史 宋朝宪衔之一。参见“宪衔”。

兼管奉天府事大臣 官名。又称兼尹。清朝特派管理奉天府之长官。乾隆三十年（1765）设，特简盛京五部侍郎充任。掌理所属二府、四厅、五州、十四县之政事与宗室、觉罗官学。光绪二年（1876），奉天府改由盛京将军兼管，遂裁。

兼管顺天府尹事大臣 官名。又称兼尹。清朝特派管理京畿之官员。雍正元年（1723）设，特简汉大学士、尚书、侍郎等部院大臣充任，无正员。兼掌顺天府所管一切政务、民事。

害盗 官名。同“宪盗”。战国秦置，掌追捕盗贼的小吏。《睡虎地秦墓竹简·法律答问》：“害盗别徼而盗，驾（加）罪之。”

宸妃 皇妃封号。唐高宗永徽（650—655）中，召武则天入宫，初拜昭仪，后进号宸妃。永徽六年（655）立武则天为皇后，不再置。北宋时亦设。

家士 官名。周朝置。《周礼》秋官之属，掌理都家狱讼，中士爵。《周礼·秋官·序官》：“家士”。郑玄注：“都家之士，主治都家吏民之狱讼以告方士者。”

家马令 官名。西汉属太仆。主管祭祀及军国用途以外的皇帝私用马匹。有五丞、一尉。武帝太初元年（前104）更名挏马令。东汉省。

家长 即一家之长，乃编户之户主。清朝之牌甲制度中，乾隆二十二年（1757）定，每户岁给门牌，牌上书家长姓名，生业，附注丁男名数，出注所往，入稽所来。

家仆 官名。三家魏置为王太妃、公主属官，掌车马，九品。西晋王太妃亦置。

家令 官名。❶即太子家令。❷即公主家令。❸王国、侯国属官。掌国主私务。三国魏置，八品。❹王太妃、太子妃属官。三国魏王太妃置，九品；晋汝南王亮太妃置；南朝梁昭明太子妃置，因居金华宫，称金华家令。皆掌宫中庶务。

家令司 官署名。元世祖至元二十年（1283）置，隶储政院，秩正三品，有家令、家丞各二员，典簿二员，照磨一员，掌东宫饮膳供帐仓库；三十一年改名内宰司，隶徽政院。成宗大德十一年（1307）复立，秩升从二品，武宗至大四年（1311）罢；仁宗延祐四年（1317）复立，秩正三品，七年又罢；泰定帝泰定元年（1324）复由内宰司改名，文宗天历元年（1328）罢，未几复立，二年又罢。明洪武七年（1374）公主府置，有家令一员，正七品，二十三年改为中使司。

家令寺 官署名。即太子家令寺。

家令寺丞 官名。即太子家令寺丞。

家司马 官名。《周礼》夏官之属，一说为周朝置，掌卿大夫家邑军赋。《周礼·夏官》：“家司马，各使其臣以正于公司马”；“都司马，掌邦之士庶子及其众庶车马兵甲之戒令，以国法掌其政学，以听国司马。家司马，亦如之”。

家老 春秋时期大夫家之宰臣。《国语·晋语八》：“（叔向）见宣子曰：‘（訾祏）吾子之家老也。’”杜预注：“家老，家臣、室老。”参见“家臣”。

家吏 ❶私家之吏。战国、秦汉均有。《睡虎地秦墓竹简·封诊式》：黥妾爰书，“某里公士甲缚诣大女子丙，告曰：‘某里五大夫乙家吏。’”《汉书·高惠高后文功臣表》：“宋昌以家吏从高祖起山东。”❷皇太后、皇后、太子官属统称。《汉书·戾太子传》：

“皇后及家吏请问皆不报。”颜师古注引臣瓒注：“太子称家，家吏是太子吏也。”《汉书·外戚传》：“家吏不晓。”颜师古注：“家吏，皇后之官属。”

家臣　诸侯卿大夫私家臣属统称。春秋战国、秦汉均称。春秋战国卿大夫宗族及政权组织称家，总管家务称宰，下设司徒、司马、工正、马正等职。《左传·昭公二十五年》：“我家臣也，不敢知国。”汉朝诸侯王家臣有行人、洗马等。东汉时食邑千户者置家臣、庶子各一人。《续汉书·百官五》“家臣”本注曰：“主侍候，使理家事。列侯旧有行人、洗马、门大夫，凡五官。中兴以来，食邑千户以上置家臣、庶子各一人，不满千户不置家丞，又悉省行人、洗马、门大夫。”

家讳　官制用语。宋朝官员除授官职、差遣的一项规定。对犯其家三代名讳的官名、地名，许申请回避，朝廷特予改地或改授，或临时更改官称。

家丞　官名。❶即太子家丞。❷即公主家丞。❸王国、侯国属官。西汉列侯食邑千户以上置；三国魏王国、侯国皆置，西晋侯国亦置；南朝梁列侯食邑千户以上置。与庶子共掌国内事。❹太妃属官。三国魏王太妃置，九品；晋汝南王亮太妃、琅玡王焕太妃皆置。摄祠祭。

家伯　周朝称卿大夫家臣之长。别称家宰。《诗经·小雅·十月之交》：“家伯为宰。”

家状　文书名。唐朝贡举考试举人须写家状，呈礼部，注明本人姓名、年甲、乡贯、三代、户主、举数、场第，以及父母年甲、现任或曾任官职等。宋朝则附于试卷前，作为卷首。试前投纳贡院。文、武官员亦须写家状，注明乡贯、三代、出身、历任有无违缺等，交朝廷备案。

家君　官名。即家宰，卿大夫家臣之长。《墨子·尚同下》：“卿之宰又以其知力为未足独左右其君也，是以选择其次，立而为乡长、家君。”

家宗人　官名。《周礼》春官之属，一说为周朝置，掌卿大夫采邑祭祀仪礼。《周礼·春官》：“家宗人，如都宗人之数。”“掌家祭祀之礼。凡祭祀、致福。国有大故，则令祷祠，反命。祭，亦如之。掌家礼，与其衣服宫室车旗之禁令。”

家相　官名。❶西周置，掌王家政之官。《逸周书·祭公》：“汝无以家相乱王室。”❷西夏置。总揽军国大事。世袭。奲都五年（1061）毅宗谅祚立梁氏为后，以其弟梁乙埋任此职。

宴乐案　官署名。宋朝大晟府所属机构。参见“大晟府”。

宾　❶周朝称来朝见的诸侯国君。《周礼·地官·大司徒》：“大宾客，令野修道委积。”贾公彦疏：“案《大行人》：‘诸侯朝称宾。’”❷官名。掌迎送宾客。《史记·宋微子世家》：“（箕子曰）八政：一曰食、二曰货、三曰祀、四曰司空、五曰司徒、六曰司寇、七曰宾、八曰师。”裴骃《集解》引郑玄说：“掌诸侯朝觐之官。”

宾友　官名。明建文（1399—1402）中于各郡王府置，二人，以辅弼郡王，进见时，侍坐，称名而不称臣，王待之以宾师礼。永乐（1403—1424）初罢。

宾从　周朝称诸侯宾客的随从官员。《左传·襄公三十一年》：“车马有所，宾从有代。”

宾右上士　官名。西魏恭帝三年（556）置，北周沿置。夏官府司右中大夫属官，正三命。隋文帝开皇元年（581）罢。

宾贡　贡举名目之一。唐、宋时期，周邻各族、各国士人投牒申请参加科举考试，获准应试，称宾贡。合格者赐及第、出身，释褐授官。

宾服　诸侯依时贡朝天子以示臣服。《礼记·乐记》：“暴民不作，诸侯宾服。”

宾客　太子宾客的简称。

宾客司　官署名。即宾客清吏司。

宾客司员外郎　官名。即宾客清吏司员外郎。

宾客司郎中　官名。即宾客清吏司郎中。

宾客清吏司　官署名。简称宾客司，清朝理藩院诸司之一，顺治十八年（1661）设。乾隆二十二年（1757）改称王会清吏司，遂废。

宾客清吏司员外郎　官名。清朝理藩院所属宾客清吏司之副长官。协助郎中掌司事。乾隆二十二年（1757）改称王会清吏司员外郎。

宾客清吏司郎中　官名。清朝理藩院所属宾客清吏司长官。掌司事。乾隆二十二年（1757）改称王会清吏司郎中。

宾部下大夫　参见“小宾部下大夫”。

宾部中大夫　官名。西魏恭帝三年（556）置，北周沿置。秋官府宾部司长官，掌大宾客之仪，主要是南朝陈、北齐及突厥等敌国使臣晋见皇帝的礼仪。正五命。下设小宾部下大夫、小宾部上士以佐其职，领司仪上士、东掌客上士、南掌客上士、西掌客上士、北掌客上士、司行下士、掌讶中士、司环中士、野庐中士、象谞中士、掌货贿中士等官属。北周武帝建德二年（573）省。宣帝即位后，复置。隋文帝开皇元年（581）罢。

宾辅　官名。明朝建文（1399—1402）中于亲王府置，二人，以辅弼亲王。进见时，侍坐，称名而不称臣，亲王待之以宾师礼。永乐（1403—1424）初罢。

宰　❶官名。商朝始置，掌管家务和家奴。西周、春秋沿置，为王室总管，掌王家内外事务，传达君王王后之命。后为官吏通称，百家之长称太宰或冢宰，卿大夫家臣之长称家宰，卿大夫采邑总管称邑宰，都邑长官如中都宰，以及膳宰、庖宰等。新莽始建国元年（后9）曾改县令、长曰宰。❷县令、知县之简称。

宰人　官名。周朝置。❶冢宰属吏。《左传·哀公三年》：“命宰人出礼书。”杜预注：“宰人，冢宰之属。”《国语·晋语九》：“及臣之长也，端委韠带以随宰人。”韦昭注：“宰，宰官也。”❷膳宰，掌饮食。《吕氏春秋·过理》：“晋灵公无道”，“使宰人臑熊蹯不熟，杀之”。《庄子·说剑》：“王乃牵而上殿，宰人上食。”《韩非子·内储说下》：“宰臣上炙而发绕之，文公召宰人而谯之。”❸近侍之臣。《晏子春秋·内篇杂下》：“晏子人，呼宰人具盥，御者具巾。”

宰士 宰相僚属的尊称。《汉书·翟方进传》：“今丞相宣请遣掾吏，以宰士督察天子奉使命大夫，甚悖逆顺之理。”颜师古注：“谓丞相掾史为宰士者，言其宰相之属官，而位为士也。”

宰夫 官名。周朝置。❶周王近侍，掌饮食膳馐。《仪礼·少牢馈食礼》：“宰夫以笾受啬黍，主人尝之，纳诸内。”郑玄注：“宰夫掌饮食之事者。”❷冢宰属官，掌百官征令。《仪礼·大射》：“宰夫戒宰及司马。”郑玄注：“宰夫，冢宰之属，掌百官之征令者。”❸《周礼》天官之属。下大夫爵。属员有上士、中士、旅、府、史、胥、徒若干。职掌治朝之法，正百官之位，各级官府的征令，考核吏治，收敛财货，以及祭祀、朝觐宾客、会同的牢礼膳馐饮食的陈设。

宰尹 官名。同“膳宰”。周朝置，饮食官之长。《韩非子·八说》：“厨人轻君而重于宰尹矣。”

宰执 宰相与执政合称。北宋前期，宰执包括宰相、参知政事和枢密院长官、副长官。神宗元丰（1078—1085）改制，以左右仆射兼门下、中书侍郎为宰相，尚书左右丞与枢密院长官、副长官为执政。元朝包括中书省右、左丞相，平章政事，右、左丞及参加政事。

宰臣 官名。春秋时晋国置，掌膳馐之事的小吏。《韩非子·内储说下》：“（晋）文公之时，宰臣上炙而发绕之，文公召宰人而谯之。”后指宰相。

宰杀务 见“供庖务”。

宰府 即宰相府。西汉丞相为宰相，故丞相府亦称宰府。东汉丞相更名司徒，司徒府沿称宰府。

宰官中散 官名。北魏置。《北史·慕容白曜传》：“太和（477—499）初，（慕容契）以名家子擢为中散，迁宰官中散。”掌供御膳，位在宰官令之下。太和十七年改制，后废。

宰官令 官名。北魏置，掌供御膳。《魏书·慕容白曜传》：“（慕容契）迁宰官令，微好碎事，颇晓工作，主司厨宰，稍以见知。”

宰官尚书 官名。北魏置，尚书省宰官曹长官，掌供御膳。《魏书·昭成子孙列传》：“及（拓跋浑）为宰官尚书，颇以骄纵为失，坐事免。”一说与太官尚书为同职异称。

宰官曹 官署名。北魏置，掌管皇帝的饮食事务，属尚书省。以宰官尚书、宰官令为长、贰，还有内廷派驻本曹的宰官中散等。孝文帝太和（477—499）改制罢。

宰录 太宰兼录尚书事的简称。《晋书·慕容暐载记》：“（慕容恪等言）猥以轻才，窃位宰录。”

宰相 ❶初为君王辅政大臣如相邦、相国、丞相等官的泛称。《吕氏春秋·制乐》：“宰相所与治国家也。”《韩非子·显学》：“故明主之吏，宰相必起于州部，猛将必发于卒伍。”秦、汉以来成为对辅佐皇帝、统领百官、综理全国政务的最高行政长官的通称。《史记·陈丞相世家》：“宰相者，上佐天子理阴阳，顺四时，下育万物之宜，外镇抚四夷诸侯，内亲附百姓，使卿大夫各得任其职也。”其具体职名、职权范围因时因人而异，历朝各有不同。秦、西汉以相国、丞相当之，参决大政，综理要务，不亲庶事，职高权重；御史大夫为其副贰，偶亦有此名义。然武帝、昭帝以后，逐渐形成以大司马大将军为首领，以尚书、中书为核心，由皇帝高级侍从官员组成的中朝（内朝），掌握政务的决策之权，以丞相为首的中央政府号外朝，仅负责奉诏命、执行政务之责。西汉后期罢丞相、御史大夫，改置大司马、大司徒、大司空，并号宰相，三分相权。东汉太尉、司徒、司空三公名义上仍为宰相，然位尊权轻，备员而已，实际上由尚书台总揽政务，统摄百官。太傅、太尉、大将军等大臣加录尚书事衔，始得预闻国政，行宰相职权。魏晋南北朝相国、丞相亦号宰相，实非寻常人臣之职，多用以安置权臣；三公皆为名誉宰相；诸公、将军、开府仪同三司等大臣加录尚书事衔者始得为实际主持政务的真宰相，或以数人同录尚书事；录尚书事缺而不授，时尚书令、尚书仆射亦可为真宰相。当时宰相无常官，皇帝所与商决政事、委以机密者，皆可行其职权，故近臣如中书监、中书令、侍中、黄门侍郎、领军将军、中书舍人等如受命参议国政，亦可称宰相。北周设六官府分管全国政务，如皇帝下达“五府总于天官”之诏命，则天官府长官大冢宰得为真宰相，然至末年，军政大权悉归由权臣担任的大丞相。隋朝以尚书省正副长官尚书令、仆射为真宰相，内史令、纳言参掌政务，或有宰辅之称。唐初以尚书、门下、中书三省长官尚书左右仆射、侍中、中书令为真宰相，在政事堂共同商决处理政务，轮番秉笔，即决断政务。太宗以后渐以他官加参知政事、参掌机密、参预朝政、参知机务、同中书门下三品、同中书门下平章事等职衔为副宰相，入政事堂议政，削弱尚书左右仆射等正宰相的职权。玄宗以后，三省长官多虚而不除，或作为藩镇加官，同中书门下平章事成为正式宰相职衔。宰相多置四员，皇帝初崩，新君始立，选一人摄冢宰名义，是为首相。首相多授太清宫使，次三相皆带馆职，以弘文馆大学士、监修国史、集贤殿大学士为序。又置枢密使以分其职权。宰相用人渐轻，权力缩小，又常作为加官，用以赏功及安置大臣、藩镇，遂有使相之名。五代因之。北宋前期以同平章事为真宰相，无定员，以尚书丞、郎以上至三师为之。如置二相，则以首相兼昭文馆大学士、监修国史，次相兼集贤殿大学士；

如置三相，则分别兼昭文馆大学士、集贤殿大学士、监修国史。亲王、枢密使、留守、节度使而兼侍中、中书令、同平章事衔者，称使相，不预政务，有时宰相虚位，即令其代宰相签署敕书。又有参知政事，为副宰相之职，号执政。神宗元丰（1078—1085）改制后，以尚书左、右仆射为宰相，兼领中书、门下二省事，徽宗政和二年（1112）改名太宰、少宰。后又以太师、太傅、太保为真宰相，少师、少傅、少保为副宰相。钦宗靖康元年（1126）复行元丰之制。南宋初尚书左、右仆射皆加同中书门下平章事，孝宗乾道八年（1172）改置左、右丞相。西夏建国初年设官，以党项人充任。晚期称右丞相。金朝以尚书省左右丞相、平章政事为宰相，左右丞、参知政事为副宰相。元朝以中书省左、右丞相、平章政事为宰相，左右丞、参政为副宰相。明初置中书省左右丞相，太祖洪武十三年（1380）罢中书省，不设宰相，皇帝亲揽政务，总领六部。又置诸殿、阁大学士，侍从左右，初仅备顾问而已；成祖以后，渐得参预机务，然品秩较低，不置属官，不得干预六部事务；仁宗、宣宗以后，其职渐崇，号为内阁，居六部之上，拟定诏旨，批答章奏，裁决政务，然其职权又受制于宦官、六部。诸阁臣权位虽不及前朝宰相，或有宰相之称。清朝内阁大学士为名誉宰相，雍正（1723—1735）以后实际上由军机大臣执行宰相职权，然名望职权较前皆有所不及。❷吐蕃王朝仿唐所置官职译名。亦译作“大论”。总管政务，员数不定。❸官名。辽朝北面官有北、南宰相府，各置左、右宰相为长官，分领部族，佐理军国大政，由皇族、外戚充任。诸大部族亦置左、右宰相，协助大王处理部族事务。元朝有内八府宰相，为近侍官员，凡八员，掌诸王朝觐傧介事务，并与蒙古翰林院官同译写、润色诏令文字。以其贵近，特以其名宠之，并无授受宣命。秩视正二品，以国戚勋贵子弟充任。

宰祝　官名。春秋战国置，掌献牺牲以荐祭祝。《淮南子·时则训》：“乃命宰祝，行牺牲，案刍豢，视肥臞全粹”，“以犬尝麻，先荐寝庙”。

宰旅　官名。春秋周王室置，太宰属官，掌收纳诸侯所献职贡。《左传·襄公二十六年》：“晋韩宣子聘于周，王使请事。对曰：‘晋士起将归时事于宰旅，无他事矣。’”

宰桑　官名。清初蒙古准噶尔部官。时准部分为二十四个鄂拓克（部属），每一鄂拓克设一至三、四人，管理大小事务。清政府统一设旗后废。

宰职　❶宰相之职。《古文苑》卷一董仲舒《诣丞相公孙弘记室书》：“窃见宰职任天下之重，群心所归。”❷县令之职。南朝宋鲍照《鲍氏集》卷九《谢秣陵令表》：“用谢刀笔，猥承宰职。”

宰掾　宋朝尚书省左右司郎中、员外郎别称。

宰辅　❶对宰相、三公、执政等辅政大臣的泛称。《后汉书·李固传》：“时太后比遭不逆，委任宰辅，固所匡正，每辄从用。”《魏书·王肃传》：“高祖崩，遗诏以肃为尚书令，与咸阳王禧等同为宰辅。”明、清亦作为对大学士的尊称。❷太平天国后期翼王新设官职。设天台、地台、人台宰辅，各置左右。

宰衡　王莽官号。西汉平帝元始四年（后4）置。王莽因伊尹为阿衡，周公为太宰，故采此二人称号为宰衡，加于安汉公之上以自尊。宰衡位上公，在诸侯王上，掾史秩六百石。三公言事称“敢言之”。出则尚书郎、侍御史、谒者、中黄门随从，期门羽林侍卫。

宰爵　官名。掌牺牲之牢数。春秋战国置。《荀子·王制》：“宰爵知宾客祭祀养食牺牲之牢数。”王先谦注：“宰爵者，主爵也。《汉书·百官公卿表》：‘主爵中尉，秦官，掌列侯。’秦官之有主爵，殆本于古之宰爵乎？其所掌为列侯，故宾客、祭祀、飨食、牺牲之牢数，无不与知。”

案上　清朝宫中奏事处、敬事房对值班官员之通称。

案钞房　官署名。北宋神宗元丰（1078—1085）改制后置，属尚书省，由右司郎中、员外郎主管，掌右司有关文案。

案狱仁恕　即仁恕掾。汉朝郡县佐吏，经办狱事。据《汉官》，东汉河南尹员吏有案狱仁恕三人。

案牍科　官署名。清末学部总务司所属三科之一，光绪三十二年（1906）设，掌收储各种公文、函电、案卷、册籍，分类编号，兼管各省学务报告等事。置员外郎一人，主事二人。

容台　❶礼部之别称。❷太常寺之别称。

容华　内官名，一作傛华。西汉武帝始置，视真二千石，比大上造。汉末魏国曹操置为王后以下第四等，魏明帝太和（227—233）中定为视真二千石。晋武帝以容华为九嫔之一，位婕妤下，视九卿。南朝宋明帝泰始三年（467）改为五职之一，位亚九嫔。齐高帝建元元年（479）复列为九嫔，陈文帝天嘉（560—566）初又入五职。十六国后赵石勒亦置，位视男，无定员。

浆人　官名。《周礼》天官之属，一说周朝置，宦官之一。掌周王所需水、浆、醴、凉、医、酏六种饮料的供应。《周礼·天官》：“浆人，奄五人。女浆十有五人，奚百有五十人”，“掌共王之六饮，水、浆、醴、凉、医、酏，入于酒府。共宾客之稍礼。共夫人致饮于宾客之礼清醴、医酏糟而奉之。凡饮，共之”。

瓷库　清朝内务府广储司所属六库之一。掌储瓷器及铜、锡器皿。银库郎中兼司瓷库事。本库置员外郎三人，六品司库一人，八品司匠二人，无品级副司库二人及库使若干。库藏之出纳，按月缮折，送司核对并呈府堂奏销。

瓷器库　北宋官库名。掌收受明、越、饶、定、青州等地瓷器、漆器以供支用，以京朝官、三班使臣及内侍为监官。神宗熙宁三年（1070），并入杂物库。

资 官制用语。即官吏的任职资历。唐制，文武职事官、文武散官、卫官、勋官皆视为官资。如见任职事官、前资官、常选官属上资，文武散官、卫官、勋官五品以上属次资，五品以上子孙，上柱国、柱国子及六品以下勋官属下资，白丁、卫士属无资。宋制，以选人及京朝官阶官为官资。如选人七阶亦称选人七资。叙迁有循资、超资之别。

资正院 官署名。元朝置。顺帝至元六年（1340）置。掌完者忽都皇后财赋等事，正二品。设院使六员，同知、佥院、同佥、院判各二员。将昭功万户府司属，集庆路钱粮并入，有司每年验数拨付资正院。正官皇后死后，册立完颜忽都为皇后，改置崇政院。

资任案 官署名。北宋神宗元丰（1078—1085）改制后，吏部置，分属考功司，掌文武官资任之政令，由考功郎中、员外郎主管。南宋因之。

资国院 官署名。元朝置。武宗至大二年（1309），立于大都，掌印造银钞并铸至大通宝和大元通宝。秩正二品，设院使、同知、副使、判官等员。下属泉货监六处、采铜提举司十九处。至大四年罢。

资治少尹 官名。明朝文官勋级之一，为文勋十级中第六级。凡文官从三品，经再考之后，可授此勋。

资治尹 官名。明朝文官勋级之一，为文勋十级中第五级。以授正三品文官再考称职者。

资政 资政殿学士简称。

资政大夫 散阶称号。金朝始置，为文散官。正三品中，属四十二阶之第十阶。元朝沿置，升为正二品，宣授。明朝为文职正二品之升授。清初沿置，为文职正二品及武职中属八旗者正、从二品之封赠。乾隆三十二年（1767），始专封文职正二品，八旗正、从二品改同绿营，分别封武显大夫、武功大夫。

资政院 官署名。清末中央咨议机构。光绪三十二年（1906）宣布增设，次年设总裁筹办。宣统二年（1910）正式成立。掌议决国家预决算、税法、公债、法律（宪法除外），并其他奉旨交议事件。宣统三年九月，短期代行议会职权。初定置总裁、副总裁各二人，实仅总裁二人，并增协理四人、帮办三人。后改为总裁、副总裁各一人。议员二百人，钦选、互选（民选）各半，任期三年。分常年会与临时会。常年会每年一次，会期三个月；临时会无定次，遇有紧急事件，由特旨召集。下设秘书厅，置秘书长一人，秘书官十二人。清亡遂废。

资政院民选议员 官名。清末资政院议员。宣统二年（1910）由各省咨议局按定额从本局议员中选出，共九十八人（定额一百人，缺新疆二人）。掌参与资政院议案的讨论、表决。

资政院协理 官名。清末资政院高级筹办官员，正二品。光绪三十三年（1907）十二月置。四人，特简。掌协理资政院开办事务。

资政院帮办 官名。清末资政院筹办官员，光绪三十四年（1908）始置。无定额，由各部院侍郎、丞、参兼充。二、三、四品不等。掌帮办资政院开办事务。

资政院钦选议员 官名。清末资政院议员。宣统二年（1910）选定，共九十八人（定额一百人）。由皇帝从年满三十岁以上的宗室王公世爵、满汉世爵、外藩王公世爵、各部院衙门官员、硕学通儒、纳税多额者六类候选人中钦定。掌参与资政院议案的讨论、表决。

资政院总裁 官名。清末资政院长官，光绪三十三年（1907）置。初为二人，由王公大臣内特简。宣统元年（1909）后仅一人。三年正式定为一人。掌总理全院事务，主持资政院会议，充任议长。

资政院秘书厅 官署名。清末资政院所属机构。宣统二年（1910）设。掌本院文牍、会计、议事记录及一切庶务。置秘书长一人，一、二、三等秘书官各四人。下设机要、议事、速记、庶务四科及图书室一所。

资政院秘书长 官名。清末资政院秘书厅长官，宣统二年（1910）置。一人，简任。正四品。掌承本院总裁、副总裁之命，监督本厅一切事宜。

资政院秘书官 官名。清末资政院秘书厅属官，宣统二年（1910）置。分一、二、三等，各四人，奏补。五、六、七品不等。掌承秘书长之命，分掌本厅各科事务。

资政院副总裁 官名。清末资政院副长官，宣统二年（1910）置。初为二人，三年改为一人，由三品以上大员内特简。掌佐理全院事务，会议时为副议长。总裁有事故时，代理其职权。

资政殿大学士 官名。北宋真宗景德二年（1005）置，以前任执政充任，出入侍从，以备顾问，无官守，无典掌，而资望极高。其后，多以前宰相为之。神宗元丰（1078—1085）改制后，定为正三品，为侍从贴职。

资政殿学士 官名。北宋真宗景德二年（1005）置，以前任执政为之，掌出入侍从，以备顾问。神宗元丰（1078—1085）改制，定为正三品，属侍从贴职。

资悉波折逋 官名。吐蕃官，掌帐册簿籍。

资善 官名。明建文（1399—1402）中，增置资德院为太子官属，于资德院下置，二人。成祖即位罢。

资善大夫 文散官名。明置，文官正二品，初授。

资善堂 宋朝堂名。真宗大中祥符八年（1015）建，为皇子赵祯（即后来继位的仁宗）就学之所。赵祯立为皇太子后，曾于此听政。仁宗宝元二年（1039），置编修官在此编排书籍，以教授内臣。哲宗初，用为讲筵之所。徽宗时，重为皇子肄学之所，置直讲、赞读、翊善等官。南宋高宗绍兴五年

(1135)，于行在复建，令建国公赵昚就学。其后，皇储、皇子尝入堂听读。

资善堂小学教授　官名。南宋宁宗庆元六年(1200)置，掌教授皇子。

资善堂直讲　见“资善堂”。

资善堂说书　官名。南宋宁宗开禧元年(1205)置，掌教授皇子。

资善堂翊善　见“资善堂”。

资善堂赞读　见“资善堂”。

资德　官名。明建文(1399—1402)中增置资德院为太子官属，置一人为主官。成祖即位罢。

资德大夫　文散官名。明置，文官正二品加授。

资德院　官署名。明建文元年(1399)于詹事府增置，设资德一人，资善二人，赞读、赞书、著作郎各二人，掌典、籍各一人。成祖即位罢。

递运所　官署名。明置，掌运递粮物。洪武九年(1376)始置。设官大使、副使各一人，并验民夫多寡，设百夫长统领。后汰副使及百夫长。

递送科　清朝兵部车驾清吏司所属之办事机构。额设经承一人。

请老　春秋时期卿大夫请求辞官养老。《左传·襄公二十七年》：“(崔)成请老于崔，崔子许之。”

请旨　清朝吏部之铨选制度。乃官缺补授方法之一。指官缺不入月选，由军机处等衙门请旨而授官之例。运使皆请授，道府亦有请授者。凡请授，由军机处奏请，以俸深道十人、知府十人进单请旨特授；由吏部奏请，则以在部候补之运使及应升之道府开单请旨简放。

请命　❶请示。《仪礼·聘礼》：“几筵既设，摈者出请命。”❷请求任命官吏。《新五代史》卷四一《杂传》：“卢光稠独以虔、韶二州，请命于京师。”

请举　宋朝举人参加解试的一种手续。又称请解。即举人向州、府或转运司、国子监、太学等投纳家状，申请应举。获准后，方许参加解试。

请给案　官署名。北宋神宗元丰(1078—1085)改制后，户部置，分属金部，掌审覆、供给时赐、俸给，由金部郎官领之。

请谒　春秋战国时卑微者拜托求见尊上。《管子·立政》：“请谒任举之说胜，则绳墨不正。”《商君书·错法》：“故人君者先请谒而后功力，则爵行而兵弱矣。”

诸子　官名。《周礼》夏官之属，一说为周朝置，负责贵族子弟的教育管理，掌其戒令。《周礼·夏官》：“诸子，下大夫二人，中士四人，府二人，史二人，胥二人，徒二十人”，“掌国子之倅，掌其戒令与其教治。辨其等，正其位。国有大事，则帅国子而致于大子，唯所用之。若有兵甲之事，则授之车甲，合其卒伍，置其有司，以军法治之。司马弗正，凡国正弗及。大祭祀，正六牲之体。凡乐事，正舞位，授舞器。大丧，正群子之服位。会同、宾客，作群子从。凡国之政事，国子存游倅，使之修德学道。春合诸学，秋合诸射，以考其艺而进退之”。

诸王文学馆　官署名。辽朝置，掌辅导诸王学习经史，收藏管理诸王府典籍等事。设教授、伴读等职。

诸父　周朝天子对同姓诸侯、诸侯对同姓大夫均尊称“父”，一般则“诸父”。《诗经·小雅·伐木》：“既有肥羜，以速诸父。”

诸尹　西周各官署正长合称。《作册矢令尊铭》：“明公朝至于成周出命，舍三事命，众卿事寮、众诸尹、众里君、众百工。”

诸节　西周各级受有符节官吏的统称。《史记·周本纪》：“(武王)乃告司马、司徒、司空、诸节。”裴骃《集解》引马融说：“诸受符节有司也。”

诸司　官名。南宋国史实录院置，员一人，以内侍省官充任。

诸司正使　见“诸司使”。

诸司局人匠总管府　官署名。元朝置，设于世祖至元十四年(1277)，掌大都、上都金银器及符牌造作十四局工匠。二十四年，止存五局一库，掌毡毯制造等事。秩正三品，隶工部。置达鲁花赤、总管、副达鲁花赤、同知、副总管各一员。所辖五局一库为收支库、大都毡局、大都染局、上都毡局、隆兴毡局、剪毛花毯蜡布局，各置大使与副使掌之。

诸司使　官名统称。唐朝后期始置，多以宦官充任。五代改用武臣。宋初尚有实任者，后多不领本职，仅为迁转之阶。分东、西二班，各二十使。东班有皇城使、翰林使、尚食使、御厨使、军器库使、仪鸾使、弓箭库使、衣库使、东绫锦院使、西绫锦院使、东八作使、西八作使、牛羊使、香药库使、榷易使、毡毯使、鞍辔库使、酒坊使、法酒库使、翰林医官使；西班有宫苑使、左骐骥使、右骐骥使、内藏库使、左藏库使、东作坊使、西作坊使、庄宅使、六宅使、文思使、内园使、洛苑使、如京使、崇仪使、西京左藏库使、西京作坊使、东染院使、西染院使、礼宾使、供备库使。诸使又各有副使。真宗咸平元年(998)，定正使为同六品，副使为同七品。神宗元丰(1078—1085)改制，改正使为正七品，副使为从七品。徽宗政和二年(1112)重定武臣官名，使副皆罢，改换新阶。

诸司副使　见“诸司使”。

诸吏　官名。西汉置，为加官，属中朝官。据《汉书·百官公卿表》，诸吏得举法。东汉省。

诸行宫都部署院　官署名。辽朝置，北面官，总诸行宫契丹汉人之事。道宗清宁元年(1055)，“诏部署院，有事机密即奏，其投谤讪书，辄受及读者并弃市”。《辽史·道宗纪一》置都部署、知事、副部署、判官等职。

诸色人匠总管府　官署名。元朝置，设于世祖至元十二年(1275)，秩正三品，隶中书省工部，掌百工技艺。置达鲁花赤、总管各一员，同知、副总管各二员。下辖梵像、出蜡局两提举司及铸泻等铜局、银局、镔铁局、玛瑙玉局、石局、木局、油漆局及诸物库。各局设大使一员。另置有管领随路人匠都提领所，掌工匠词讼，设提领、大使各一员。

诸州造仗都使 官名。北魏置，主管甲仗的制造。《魏书·崔光传》："正始（504—508）中，大修器械，（崔长文）为诸州造仗都使。"

诸军都虞候司 官署名。元朝置，北面官，掌上京道诸军执法戒严等事。

诸冶东道令 官名。北齐置。参见"诸冶东道署"。

诸冶东道丞 官名。北齐置。参见"诸冶东道署"。

诸冶东道署 官署名。北齐置，设令、丞。掌东部地区诸冶，领滏口、武安、白间三局丞。隶太府寺。隋并入掌冶署。

诸冶令 官名。北魏置。《侯海墓志》："（海）起家为威烈将军、诸冶令。"（赵万里《汉魏南北朝墓志集释》图三〇一之二）

诸冶西道令 官名。北齐置。参见"诸冶西道署"。

诸冶西道丞 官名。北齐置，参见"诸冶西道署"。

诸冶西道署 官署名。北齐置，设令、丞。掌西部地区诸冶，领晋阳冶、泉部、大邻、原仇四局丞。隶太府寺。隋并入掌冶署。

诸物库 官署名。元朝置，秩从七品，隶宣徽院，设于成宗大德四年（1300），掌宫廷诸物出纳。置提领、大使、副使各一员。

诸科 北宋贡举九经、五经、开元礼、三史、三传、三礼、学究、明法部科统称。其地位次于进士科。经礼部试、殿试合格，即获本科及第、出身或同出身。神宗时罢，命诸科举人改应进士科。哲宗时复设春秋科、通礼科等，又立经明行修科，后罢春秋科。南宋尽罢诸科，科举仅存进士一科。

诸侯 ❶西周时各级封国国君统称。《令方彝铭》："众诸侯：侯、田（甸）、男。"❷春秋以后专指封国国君。诸侯分公、侯、伯、子、男五等，为封国最高统治者，掌握一国政治、军事、经济等大权。并按时向周天子交纳贡赋和朝见述职。《国语·周语上》："诸侯春秋受职于王，以临其民。"

诸侯王 汉朝封爵的最高称号。高帝初置。西汉王朝建立过程中，分封七个异姓诸侯王，即楚王韩信、梁王彭越、淮南王英布、赵王张耳、燕王臧荼、韩王信、长沙王吴芮。刘邦称帝前后，先后翦除异姓诸侯王，仅留下一个势力较小的吴芮；又陆续分封许多刘姓子弟为诸侯王，即同姓诸侯王。东汉沿续此例。汉初，诸侯王跨州连郡，具有相对独立性，与直属中央的郡县并存。诸侯王得自置国相以外百官，如朝廷之制，掌握封国军、政、财权。景、武以后，其臣属皆由朝廷任命，诸侯王被剥夺治国权力，仅得衣食租税。诸侯王国或削或减，虽有王国之名，实与郡县无异。

诸侯相 官名。汉朝诸侯王国相。高帝时王国置丞相，统王国众官，秩二千石，由朝廷任命。景帝中五年（前152），令诸侯王不得复治国，改丞相曰相。成帝绥和元年（前8）省内史，更令相治民，如郡太守。东汉相一人，秩二千石，职如太守，有长史，如郡丞。

诸站都统领使司 官署名。元朝置，掌驿站。设于世祖至元七年（1270），设官六员。十三年，改通政院。

诸监 西周派驻各诸侯国的监察官员统称。《仲几父簋铭》："仲几父使几使于诸侯、诸监。"

诸陵署 官署名。金朝置，属太常寺。主管山陵事务。设提点山陵、令、丞、直长诸官。提点山陵秩正五品，由涿州刺史兼领；令、丞掌守山陵、秩从六品、从七品；直长正八品。

诸曹 丞相、三公以至州郡等官署所属各职事机构统称。所置曹多寡不同，各有主事，曹置掾（史）。

诸御 官名。春秋时齐国等置，掌仆御。《吕氏春秋·慎势》："齐简公有臣曰诸御鞅，谏于简公。"陈奇猷《校释》："《越世家》有'诸御千人'之语，是列国时有诸御之官。然则诸御鞅者，以官为氏，而为齐大夫也。"

诸路交钞都提举司 见"交钞提举司"。

诸路交钞提举司 见"交钞提举司"。

诸路兵马统署司 官署名。辽朝置，北面官，为统领诸路兵马之指挥机构。置都统署、副统署等官。

诸路杂造总管府 官署名。元朝置，属工部。元世祖至元元年（1264），改提领所为提举司。十四年，改工部尚书行诸路杂造局总管府。秩正三品。置达鲁花赤、总管、同知、副总管各一员。下领帘网局、收支库。

诸路金玉人匠总管府 官署名。元朝置，秩正三品，隶将作院，掌制造宫内金玉冠帽、束带及金银器皿。世祖中统二年（1261），初立金玉局，秩正五品；至元三年（1266），升为总管府。置达鲁花赤、总管各二员，正三品；副达鲁花赤二员，正四品；同知二员，从四品；副总管二员，正五品。下辖制造司局十余所。

诸路宝钞都提举司 官署名，元朝置，掌印行钞币。世祖至元二十四年（1287）由诸路交钞都提举司改立，秩升为正四品。置达鲁花赤、都提举、副达鲁花赤、提举各一员，同提举、副提举各二员。顺帝至正十年（1350），改为诸路宝泉都提举司。

诸翼统军元帅府 官署名。朱元璋于元至正十六年（1356）攻克集庆（今南京市）后，遣将分兵略定四方。置诸翼统军元帅府，设元帅，正三品，同知元帅，从三品，副使，正四品。寻罢。

读卷官 官名。明清科举试中特设之官。明制，殿试设若干名，以内阁、六部、都察院、通政司、大理寺正官及詹事府、翰林院堂上官充任。分看各试卷，详定高下，届期上殿读卷唱名。清制，殿试中设，以朝臣进士出身者为之。负责在考卷评阅之后拟名次以进呈，候皇帝裁决。

读祝官　官名。清朝太常寺之属官，顺治元年（1644）设。初只四人，后屡增至十二人，宗室一人，满洲十一人。初制五品，康熙九年（1670）改为正九品，寻改为视出身为差。乾隆元年（1736），改定以六品冠带食七品俸。掌鸣赞礼仪，并酌派恭请神牌、司爵帛香烛、安炉盖及安拜牌拜褥等事。光绪三十二年（1906），太常寺并隶礼部，遂裁。又，盛京礼部置，满洲八人。掌祭祀之仪。

课利司　官署名。北宋太宗雍熙四年（987）置，掌京城诸寺邸店、庄园课利之物，以寺务司官兼领，上隶于三司。

课利科　官署名。北宋神宗元丰（1078—1085）改制，户部左曹置，掌诸军酒课，人户买扑盐场酒务祖额酒息，以及卖田投纳牙契之事。由左曹郎官领之。

课第曹　官署名。西晋置，隶御史台。设侍御史掌其事。东晋省。

课税所　见“征收课税所”。

调人　官名。《周礼》地官之属，一说为周朝置，掌调解民众纠纷。《周礼·地官》：“调人，下士二人，史二人，徒二十人”，“掌司万民之难而谐和之。凡过而杀伤人者，以民成之。鸟兽，亦如之”。

调用　清朝吏部之铨选制度。指官员在同品秩官缺上之迁转。凡内外官入于月选之调班者，有对品调用，即同品互易地方；对品调闲散用，即才力稍有不及以同品而事少之缺调补；照级调别项杂职用，即正印官才力不足则以同品之佐杂缺调补等不同的补用方法。

调补　清朝吏部之铨选制度。参见“调授”。

调音郎　教坊阶官名。金、元朝皆置。金二十五阶之第十五阶，秩正七品下。元十五阶第八阶，正六品。

调班　清朝授官班秩之一。指同品级官员调补之班次，有多途：以开列具题调者，吏部尚书以五部、理藩院尚书调；以保举调用年满更换者，户部三库郎中以宗人府理事官、部院宗室郎中、理藩院步军统领衙门内务府满洲郎中调；以年满调京者，陵寝宗室郎中、员外郎、主事六年期满调宗人府及部院宗室缺；以拣选调者，工部节慎库满洲郎中、员外郎，制造库满洲郎中、汉郎中，各以本衙门郎中、员外郎调。凡调补者或三年、或五年，皆依期更换。

调授　清朝官缺补授方法之一。指官缺不入月选，由本衙门主官调补授官之例。在京司官、小京官、笔帖式、在外道府以下皆有调缺。凡调补，皆由本衙门主官将此处之实任官，经具题请旨改作彼处同品级之官。

调遣大臣　官名。清太宗皇太极于天命十一年（1626）九月登基后设。八旗中每旗设二人，共十六人。专司出兵驻防时之调遣诸事，亦可参予审理本旗内之词讼。

调繁调简　任官考核制度。明朝官吏考核后，凡能力与其职事繁简不相当者，于品内互调。其繁简之别，在外税粮十五万石以上之府，七万石以上州，三万石以上县，王府、三司所在地，军马守御，路当驿道、边防冲安供给之处及在京诸司均为繁，下府、州、县及僻静之处为简。

冢人　官名。❶春秋战国置。掌墓地兆域的官吏。《仪礼·士丧礼》：“筮宅，冢人营之。”郑玄注：“冢人，有司掌墓地兆域者，营犹度也。”❷《周礼》中掌王陵墓地兆域的官员。一说为周朝置。《周礼·春官》：“冢人，下大夫二人，中士四人，府二人，史四人，胥十有二人，徒百有二十人”，“掌公墓之地，辨其兆域而为之图。先王之葬居中，以昭穆为左右”；“凡祭墓，为尸。凡诸侯及诸臣葬于墓者，授之兆，为之跸，均其禁”。

冢子　❶太子别称。《左传·闵公二年》：“大子，奉冢祀社稷之粢盛，以朝夕视君膳者也，故曰冢子。”❷官名。战国三晋工官，掌铜器监造。《冢子韩矰戈铭》：“十八年冢子韩矰，邦库啬夫……造戈。”参见黄盛璋《关于鲁南新出赵导工剑与齐工师铜泡》（《考古》一九八五年第五期）。

冢司土　官名。西周置，为师旅中掌管土地事务的长官。《曶壶铭》：“王乎（呼）尹氏册命曶，曰‘更乃祖考作冢司土于成周八师。’”参见于省吾《略论西周金文中的‘六’和‘八’及其屯田制》（《考古》一九六四年第三期）。

冢司马　官名。西周置。西周师旅中有司马，掌马政，冢司马即其长。见《鼎铭》。见于省吾《略论西周金文中的‘六自’和‘八自’及其屯田制》（《考古》一九六四年第三期）。

冢邦君　又称“冢君”。西周诸侯国君别称。《逸周书·商誓》：“尔冢邦君无敢其有不告见于我有周。”

冢君　周朝诸侯封君别称。《国语·郑语》：“惟谢、郑之间，其冢君侈骄，其民怠沓其君，而未及周德。”

冢卿　上卿别称。《左传·襄公十四年》：“先君有冢卿以为师保。”

冢宰　❶相传为殷、周辅政大臣、百官之长。《尚书·伊训》：“百官总己以听冢宰。”《礼记·檀弓下》：“古者天子崩，王世子听于冢宰三年。”春秋战国泛指执掌国政的大臣。后世亦用以称宰相。唐朝中后期，皇帝初崩，新君始立，从诸宰相中选一人摄冢宰，相当于首相之位。❷《周礼》天官之长。亦作大（太）宰。居六卿之首，主管宫廷供御事务，参掌大政，总领百官及财赋之政。西魏末、北周建六官府，置为天官府长官。明、清亦作为吏部尚书的别称。参见“大冢宰”、“天官府”。❸同“宰夫”。《诗经·大雅·云汉》：“鞫哉庶正，疚哉冢宰，趣马师氏，膳夫左右。”陈奂《诗毛氏传疏》：“此冢宰为宰夫。”参见“宰夫”。

冥氏 官名。周朝置，《周礼》秋官之属，掌捕杀猛兽，获取皮革齿须等珍异物资。《周礼·秋官·冥氏》：“下士二人，徒八人”，“掌设弧张，为阱护以攻猛兽，以灵鼓驱之。若得其兽，则献其皮革齿须备”。

扇手司 官署名。清朝銮仪卫前所下设机构，顺治十一年（1654）置，掌扇炉、瓶盂、杌椅等。设掌印云麾使、掌司事治仪正各一人，共掌司事。

〔乛〕

剥麻 官场用语。宋朝，大臣有罪例不诛杀，而是先授以宫观使等闲散职务，然后台谏官再上章弹劾，皇帝依奏降旨，择日宣麻再降之。这种渐次行贬，称为剥麻。

剧县 ❶难治之县。《后汉书》卷五《安帝纪》：“诏曰：‘自今长吏被考，竟未报。自非父母丧，无故辄去职者，剧县十岁、平县五岁以上，乃得次用。’”❷县的等级名。汉代以来，以称事务繁重、人口众多及难治之县，设官较一般品阶为高。金朝凡户口在二万五千户以上者为剧县，又称次赤。设令，正七品，比一般县高。二万户以上为次剧县。

剧曹 汉代官府依事务繁简有剧平之分，剧曹即事务繁杂的办事机构。东汉尚书分六曹，每曹有令史三人，后剧曹另增三人。

陵长 官名。西晋王国置，率兵守卫王陵。南朝宋、梁，北齐俱置。帝、后之陵亦或置。

陵尹 官名。春秋时楚国置。《左传·昭公十二年》：“陵尹喜帅师围徐以惧吴。”

陵令 官名。❶帝陵长官。西晋改陵园令置，管理守卫帝王陵寝，隶太常。南朝宋沿置，每陵一员；南齐武帝永明（483—493）末置，置主簿、户曹各一员；梁武帝天监七年（508）以后由陵监改名，二班；陈五品、秩六百石。北齐置为太常寺陵署长官，掌守卫帝王山陵等事，从八品上。隋朝沿置，每陵一员，从八品。唐朝或隶太常，或隶宗正，初为七品下，高宗永徽二年（651）加献、昭二陵令为从五品上，玄宗天宝十三载（754）改献、昭、乾、定、桥五陵署为台，升令品，其启运、建初、兴宁、永康陵令仍从七品下，掌先帝山陵，率陵户守卫之。北宋初存其名而罕除授。宋太宗至道三年（997）置一员，管勾永熙陵事。金朝太常寺陵署置，从六品，位提点山陵下。❷太子陵长官。唐朝每陵置一员，从八品下，隶宗正寺。

陵台 官署名。唐玄宗天宝十三载（754）改献、昭、乾、定、桥五陵署为台，余称署如故。

陵台令 官名。唐玄宗天宝十三载（754）改献、昭，乾、定、桥五陵署为五陵台，五陵令改为五陵台令，升一阶，各置一员，从五品上，掌守卫帝王山陵。初隶太常寺，玄宗开元二十五年（737）改隶宗正寺，天宝十二年载复隶太常寺，德宗至德二载（757）复隶宗正寺，代宗永泰元年（765）又隶太常寺，大历二年（767）再隶宗正寺不改。宋朝沿置，掌陵园守护管理，以河南府巩县或永安县（俱属今河南讯县）令兼任。

陵台丞 官名。唐玄宗天宝十三载（754）所置献、昭、乾、定、桥五陵台次官，各一员，从七品下。参见“陵台令”。

陵江将军 即“凌江将军”之异称。

陵丞 官名。❶帝陵次官，协助管理守卫帝王陵寝。北齐置为太常寺陵署次官。隋朝沿置，一员，从九品。唐朝初为从九品，高宗永徽二年（651）加为从七品上，玄宗开元（713—741）间省，天宝十三载（754）改献、昭乾、定、桥五陵署为五陵台，置陵台丞为次官，各一员，从七品下，其启运、建初、兴宁、永康陵丞从八品下。北宋初存其名而罕除授。金朝太常寺陵署置一员，从七品，位提点山陵、令下。❷太子陵次官。唐朝每陵置一员，从九品下。

陵河将军 官名。南朝梁置。武帝天监七年（508）定为施用于境外的武职二十四班中的四班，拟伏波将军等号，大通三年（529）定制后，班阶略提高，改拟光烈将军等号。

陵海将军 官名。南朝梁置。武帝天监七年（508）定为施用于境外的武职二十四班中的十二班，拟武威将军等号；大通三年（529）定制后，改拟威雄将军等号。

陵监 官名。南朝梁初期置，掌守卫皇帝陵园。隶太常卿。武帝天监七年（508）改名陵令。

陵署 官署名。北齐太常寺始置，有令、丞，掌管理守卫山陵等事。隋朝沿置，令一员、丞一员。唐朝或隶太常寺，或隶宗正寺，玄宗天宝十三载（754）改献、昭、乾、定、桥五陵署为五陵台，余陵称署如故，代宗大历二年（767）隶宗正寺不改，各置令一员、丞一员，掌守卫山陵；又有录事、典事、主衣、衣辇、主药、陵户等属。北宋初存其官名而无职司。金朝太常寺置，有提点山陵，以涿州刺史兼；令、丞各一员及直长。

陵寝礼部衙门 官署名。清朝礼部分设于东西二陵管理陵寝事务之机构，为管理陵寝三衙门之一，掌理陵寝之礼仪与岁供物品，并管理判署文书。东陵陵寝八处，设掌关防郎中、郎中、员外郎等官，分掌东陵祭祀之事。西陵陵寝七处，设郎中、员外郎、主事等官，分掌西陵祭祀之事。另于西山妙高峰奕谖墓所设主事一人，掌祭祀之事。

陶人 官名。春秋战国置，掌制作陶瓦器皿。《礼记·丧大记》：“陶人出重鬲。”孔颖达疏：“陶人，作瓦器之官也。”《周礼·冬官·考工记》：“陶人为甗。”

陶工下士　官名。西魏、北周冬官府司土中大夫陶工中士佐官，员一人，正一命。

陶工中士　官名。西魏恭帝三年（556）置，北周沿置。冬官府司土中大夫属官，员一人，掌作鑮、彝、簠、簋等器。正二命。下设陶工下士以佐其职。隋文帝开皇元年（581）罢。

陶尹　官名。战国燕置，掌监制陶器的工官。分左陶尹、右陶尹。见《季木藏匋》。

陶正　官名。西周置，制陶工匠长官。《左传·襄公二十五年》："昔虞阏父为周陶正。"杜预注："当周之兴，阏父为武王陶正。"战国齐也有官印存在。

陶铸　官场用语。宋朝宰相提拔官员，称为陶铸。南宋时，避留正家讳，改称陶镕。

陷阵都尉　官名。东汉献帝建安（196—220）初曹操置，领兵，随从出征。《三国志·于禁传》："拜（禁）陷阵都尉，从讨吕布于濮阳。"

陪戎校尉　官名。唐太宗贞观十一年（637）置为从九品上武散官。宋朝沿置，神宗元丰（1078—1085）改制罢。

陪戎副尉　官名。唐太宗贞观十一年（637）置为从九品下武散官。宋朝沿置，神宗元丰（1078—1085）改制罢。

陪臣　❶诸侯卿大夫对天子自称。《礼记·曲礼下》："列国之大夫入天子之国曰某士，自称曰陪臣某。"郑玄注："陪，重也。"孔颖达疏："其君已为王臣，己今又为已臣之臣，故自称对王曰重臣。"南朝诸王公侯国官袭用。明朝用以称蕃国之臣。❷卿大夫家臣别称。《论语·季氏》："陪臣执国命，三世希不失矣！"

陪祀冠军使　官名。清朝銮仪卫之职官，顺治十一年（1654）设，汉二人，正三品。掌祭祀时陪祀。康熙二十三年（1684），改掌步辇事。三十七年，又以一人掌库事。四十八年俱停。

娱灵　西汉宫中女官名号，秩视百石。

难荫　清朝荫叙制度之一。顺治三年（1646）定制，官员为王事而亡，依应升品级赠衔，并荫一子入监读书。康熙十八（1679）定，殉难官依本衔荫子，不依赠衔。雍正十二年（1734）定，官员因公差而死，依应升品级荫子、赠衔，然八品以下官，只赠衔不给荫。参见"荫叙"。

能救　西夏职官封号。授与下品官。下有威取、特扬、皆平、最、度苗、功仰、臣悲、遗顺、功平、艺广、茂导等十一种。

桑园部　宦者官署名。北齐置，属长秋寺园池署。设丞。

桑园部丞　官名。北齐置，长秋寺园池署桑园部长官。

通艺司　官署名。清末商部所属四司之一，光绪二十九年（1903）设，掌管工艺、制造、铁路、行轮、邮电及开矿诸事。置郎中、员外郎、主事各二人。三十二年，商部改农工商部，本司改为工务司，所辖铁路、邮电诸务移交邮传部。

通引官　吏名。北宋三司、开封府、殿前司、马步军司皆置。隶三司者，任满五年，授三班奉职；隶开封府者，任满七年，授三班奉职；隶殿前司者，任满三年，授三班奉职；隶马步军司者，任满三年，授三班借职。南宋时，御史台亦置。负责本部门有关杂务。

通本　文书名。清朝题本之一，与部本对称。清制，外省官员之题本均先送交通政使司，经稽核其程限、规制后，再送达内阁，俗称通本。参见"部本"。

通仕郎　官名。北宋徽宗崇宁二年（1103）置为选人阶官，取代旧官县令、录事参军。政和六年（1116）改为从政郎，同时将假承事郎、承奉郎改为通仕郎，相当于试衔与斋郎，授予初与官者。

通市监　❶官署名。即少府监所统互市监，唐武则天垂拱元年（685）改，中宗神龙元年（705）复名互市监。❷官名。即互市监长官，唐武则天垂拱元年改，中宗神龙元年复名互市监。

通玄院　官署名。唐肃宗乾元元年（758）置，隶司天台，有主簿掌其事，以各地通天文历象之士被召至京师者居之。

通议大夫　散官名号。隋炀帝始置，为从四品文散官。炀帝大业三年（607）罢。唐朝复置，定正四品下。宋初沿唐制。太宗太平兴国元年（976）改通奉大夫。神宗元丰三年（1080）后，复设为新寄禄官，正四品，取代旧寄禄官给事中。金再置为文散官，正四品中。元朝改正三品，宣授。明沿元制，定正三品，升授。清初为文、武散官正三品封赠。后只封文官。

通议郎　官名。隋文帝开皇六年（586）吏部别置散官八郎之一，从六品上；炀帝大业三年（607）罢。唐高祖武德七年（624）置为文散官，从六品上，太宗贞观元年（627）改为奉议郎。

通考　官吏考核制度。明朝定为考满之法。见"考满"。

通问使　官名。南宋为向金及蒙古求和、议和所派使臣。

通州抽分竹木局　官署名。明朝商业税务机构。设于北京通州（今北京通县），设大使、副使各一人。掌科收竹木柴薪税。

通州监　官署名。明永乐五年（1407）始置，初属北京苑马寺，十八年随该寺并入太仆寺。掌蕃养马匹、以备军需。设监正一人，正九品，监副一人，从九品，录事一人。下辖河阳、崇义、兴宁、永成四苑，苑设圉长一人，从九品，掌具体牧养之事。

通守　官名。隋炀帝大业三年（607）以后，诸郡加置一员，位次太守，协助掌本郡政务；京兆、河南所置则谓之内史。

通进司　见"通进银台司"。

通进银台司 官署合称。宋朝置通进司掌收受银台司所领天下章奏案牍及阁门在京百司奏牍、文武近臣表疏以进御，然后颁布于外；银台司掌收受天下奏状案牍，抄录其目进御，发付勾检，纠其违失，督其淹缓，兼领发敕司。设知司官二人，以两制以上充任，其属有主事、令史、书令史及贴房。初隶枢密院，神宗元丰（1078—1085）改制，通进司改隶给事中，罢银台司，其职归章奏房。

通判 官名。宋朝置，又称半刺，俗称倅。太祖乾德元年（963），始置于湖南诸州。二年，惩五代藩镇专擅之弊，又置于各藩镇，皆以朝臣充任。因有与州郡长官共同处理政务之意，故名。其后遂为定员。州郡之政皆需通判与长吏签议连署方许行下，且所部官吏有善否及职事修废得刺举上闻，即握有监察官吏之实权，故又号称监州。南宋亦置，平时为州、府副长官，战时则专任钱粮之责，元朝不置。明朝于地方各府置，为府之副职，位于知府、同知之下，正六品。无常职，无定员。与同知分掌清军、巡捕、管粮、治农、水利、屯田、牧马等事。清沿明制，设于各府，亦正六品。与府同知分掌粮盐、督捕、河工、水利、职事修废、清军、理事诸务。京府通判例以通政使司经历、知事、京县知县、外府通判等升任，外府通判例以詹事府汉主簿、兵马司副指挥、京县县丞、知县、布政司经历等升任。又，清之直隶厅亦有以通判为行政长官者，其名有理事通判、抚民通判等。其制同直隶州知州及知府，直隶于布政司。另设有专管河道之通判及海防通判。因通判之职类似汉之别驾从事史，故又别称别驾。以在府之位列知府、同知之下，又别称三府。

通判太史监事 官名。明太祖朱元璋建立明朝前于太史监置，为太史令之佐官。掌观察天文、推定历法等事。吴元年（元至正二十七年，1367），改监为院，职官亦随改。

通译官 官名。清朝出使大臣之属官，光绪元年（1875）始设。掌使馆翻译事，分为三等。三十二年定员额，头等，正五品，无定员；二等、三等分别为从五品、从六品，各使馆均一名。俱奏补。

通奉大夫 散官名号。北宋前期为正四品下阶文散官。神宗元丰三年（1080）废。徽宗大观二年（1108），以寄禄官右正议大夫改置，从三品。金朝置为文散官，从三品中。元朝改从二品，宣授。明朝为从二品，升授。清为从二品封赠。

通直正员郎 通直散骑侍郎省称。

通直郎 ❶通直散骑侍郎简称。❷官名。隋炀帝大业三年（607）谒者台置，员三十人，从六品，据事大小出使。唐高祖武德七年（624）置为从六品下文散官。宋初因之。神宗元丰三年（1080）废文散官，遂用为新寄禄官，正八品，取代旧寄禄官太子中允、赞善大夫、中舍、洗马。

通直常侍 通直散骑常侍省称。

通直散骑侍郎 官名。东晋元帝太兴元年（318）使员外散骑侍郎二人与散骑侍郎通员当值，故名。后增至四人，属散骑省。职同散骑侍郎，参平尚书奏事，兼掌侍从、讽谏，地位较高。南朝属集书省，宋以后地位渐低，常授衰老之士，多为加官，不被人重。梁六班，陈八品、秩千石。北魏孝文帝太和十五年（491）亦置，属集书省，员六人。初定四品中，太和二十三年改从五品上。北齐沿置，除集书省置六员外，集书省所辖起居省亦置一员，从五品上。隋初属门下省，掌陪从值朝，员四人，从五品上，炀帝大业三年（607）罢。唐高祖武德七年（624）置为从五品上文散官，太宗贞观元年（627）废。参见“散骑侍郎”。

通直散骑郎 通直散骑侍郎省称。

通直散骑常侍 官名。西晋武帝泰始十年（274）使员外散骑常侍二人与散骑常侍通员当值，故名。东晋增至四员。属散骑省。职同散骑常侍，参平尚书奏事，并掌讽谏、侍从，位颇重。南朝属集书省，多以衰老之士担任，地位渐低。梁武帝曾欲提高其地位，以比御史中丞，但终不被人所重，常为加官。梁十一班，陈四品、秩二千石。北魏孝文帝太和十五年（491）亦置，员六人，属集书省。初定为三品下，太和二十三年改四品。北齐沿置，除集书省置六员外，集书省所辖起居省亦设一员，皆四品。隋初属门下省，掌值朝陪从，员四人，正四品，炀帝大业三年（607）罢。唐高祖武德七年（624）置为正四品文散官，太宗贞观元年（627）废。参见“散骑常侍”。

通事 ❶指朝觐聘问之事。《周礼·秋官·掌交》：“掌邦国之通事而结其交好。”❷中书通事郎、中书通事舍人、通事令史、通事舍人等官的简称。详见各条。❸北魏吏名。太武帝太平真君五年（444）为侍中、中书监、司徒等诸辅政大臣置。孝文帝时代郡及中央诸局亦置，代郡通事七品上，诸局通事八品上。❹翻译官吏。五代时契丹置，以熟习汉俗、精通汉语之人为之。金、元诸官署多置，掌诸民族及外国语言之通译。金制经三考者秩从七品。元亦称“怯里马赤”。明初置于通政使司，后改隶太常寺（翰林院）四夷馆，鸿胪寺设外夷通事。清初分隶礼部会同馆、翰林院四译馆，称朝鲜通事官。顺治十四年（1657）置员外郎品级通事一员，掌会同馆印，寻省，乾隆十三年（1748），二馆并为会同四译馆，隶礼部，定置通事八员，正六品、正七品各二员，正八品四员。鸦片战争前后，担任中国官商与外国商人之间联系的译员并为外商代理某些临时性业务者，亦称通事，地位仅次于行商，由海关监督委派，领有专门牌照，代表政府向外商宣示法令，稽查外商违制行为，为外商代办若干业务。

通事令史 官名。两晋南朝中书省、门下省皆置为属吏，掌奏文案、宣诏令。北魏、北齐置于门下省，员八人。隋初沿置，文帝开皇六年（586）罢。麹氏高昌国亦置，隶门下省，仅次于门下校郎，地位较高。

通事守舍人 东宫属官名。南朝齐置，隶太子中庶子，掌传达令旨内外启奏。梁、陈沿置，隶太子中舍人。梁三品勋位，为流外官。北齐员四人，隶太子门下坊。

通事舍人 官名。❶中书省属官。亦称中书通事舍人、中书舍人。东晋始置，掌呈奏案章，七品，多选名流充任。后省，由中书侍郎兼其职。南朝复置，员四人，渐引用有才干的寒士，于呈奏本职外，兼掌诏令，入直内廷，出宣帝命，凡有陈奏，由其持入参决，遂夺中书侍郎之职，权倾天下。梁后期改名中书舍人。北朝亦称中书舍人。参见“中书舍人”。❷隋初置为内史省（中书省的改称）属官，员十六人。职如前朝谒者，掌承旨传宣之事，从六品上。文帝开皇三年（583）增为二十四员。炀帝大业三年（607）改名通事谒者，从六品，隶谒者台。唐高祖武德四年（621）废谒者台，复名通事舍人，员十六人，从六品上。掌朝见引纳、殿庭通奏、承旨宣劳等事，选善辞令者充任。隶四方馆，名义上属中书省。北京改隶閤门司，亦称閤门通事舍人，员十人，从七品。朝会宴幸时赞相礼仪，传宣引班，赞其拜舞之节而纠其违失。号为閤职，为武臣清要之选。辽为南面朝官，隶门下省通事舍人院。金复称閤门通事舍人，员二人，从七品。时閤门司隶宣徽院。元置于侍仪司，隶礼部。世祖至元十二年（1275）始置十四员，后或减或增，英宗至治元年（1321）以后定置十六员，从七品。元末朱元璋吴元年（1367）亦置，隶侍仪司，明洪武四年（1371）定为从九品。后改侍仪司为殿廷仪礼司（鸿胪寺），遂罢。❸北魏门下省属官。孝文帝太和十七年（493）定为六品上。麴氏高昌国亦置，地位较高。❹东宫属官。南朝齐、梁、陈皆置，亦称东宫通事舍人，掌传宣令旨、内外启奏。梁位一班，陈九品。北齐太子门下坊属官有通事守舍人。隋初隶太子典书坊，员八人，正七品，掌导引东宫官员辞见，承令劳问。炀帝大业三年（607）改名宣令舍人。唐复旧名，隶太子右春坊，员八人，正七品下。辽为南面朝官，隶太子右春坊。明置二员，隶詹事府。清初沿置，从九品。顺治十五年（1658）省。

通事舍人院 官署名。辽朝置，南面官，属门下省。统辖管理通事舍人等事。

通事谒者 官名。隋炀帝大业三年（607）增置谒者台属官，置二十员，从六品，同内史省通事舍人之职。

通和吐蕃使 使职名。唐代宗广德二年（764）以郭子仪充河北道邠宁、泾原、河西以来通和吐蕃使，以陈郑、泽潞节度使李抱玉充南道通和吐蕃使，以通和缓解吐蕃对唐用兵。

通侍大夫 官名。北宋徽宗政和二年（1112），改内客省使置，为武臣或内侍阶官，正五品。

通侍郎 内侍阶官名。金、元皆置。金二十五阶之第十三阶，秩正七品下。元十四阶第七阶，正五品。

通阜司 官署名。清末度支部所属机构，光绪三十二年（1906）设，掌稽核各省金银铜铅矿务，筹铸金属货币，核议制造纸币，订正银行造币厂章程，筹画全国流通货币办法诸事宜。置郎中三人，员外郎四人，主事三人。

通阜司郎中 官名。清末度支部通阜司主官，光绪三十二年（1906）设。三人，正五品，奏补。掌管本司事务。

通官 ❶泛指通掌各种政务、不专一职之官。《南齐书·百官》：“太尉、司徒、司空三公，旧为通官。”❷即高官、显官。《陈书·王冲传》：“冲有子三十人，并致通官。”

通政 官名。明朝通政使司副长官。左、右各一人，正四品。明太祖朱元璋称：政事如同水，欲其常通，故名。详见“右通政”。

通政少卿 官名。明建文（1399—1402）中改通政使司为通政寺，改通政为少卿。成祖朱棣即位，复旧。

通政寺 官署名。明建文（1399—1402）中，改通政使司而置，并改通政使为通政卿、通政为少卿、参议为寺丞。增设左、右补阙，左、右拾遗各一人。成祖朱棣即位，复旧制。

通政丞 即通政寺丞。

通政寺丞 官名。明朝建文（1399—1402）中，改通政使司为通政寺，改原通政参议为通政少卿、通政寺丞。成祖即位，复旧制，复称通政使司左、右参议。

通政使 官名。明清通政使司之长官。掌司事。明洪武十年（1377）设，一人，正三品。建文（1399—1402）中改称通政卿。永乐（1403—1424）中仍复旧制。清顺治元年（1644）沿设，满、汉各一人，正三品。光绪二十四年（1898）后一度改隶内阁。二十八年裁。

通政使司 官署名。别称银台。明清管理章奏文书之中央机构。命名通政，系以政比水，欲其常通之意。掌内外章疏臣民密封申诉之事，凡在外题本、奏本，在京之奏本，并受而进之。明洪武十年（1377）置。设通政使一人，左、右通政各一人，誊黄右通政一人，左、右参议各一人。所属经历司，设经历、都事各一人。建文（1399—1402）中改通政寺，成祖复旧名。洪熙元年（1425）南京亦置，设官略同。清顺治元年（1644）沿置。设通政使、副使、参议，皆满、汉各一人，下设经历、都事，满、汉各一人，笔帖式八人，经承十五人。分置启奏科、稿房、吏房、礼房、上房、火房等办事机构。所属有登闻鼓厅。光绪二十四年（1898）后一度并入内阁。二十八年裁。

通政使司右参议 参见“通政使司左参议”。

通政使司左参议 官名。明朝通政使司置，左、右各一人，正五品，佐通政使掌受内外章奏封驳之事。

通政院 官署名。元朝置，秩从二品。世祖至元十三年（1276），由诸站都统领使司改立，掌驿传。十四年，分置大都、上都两院。武宗至大四年（1311）罢，事归兵部。同年复立，只掌蒙古驿站。仁宗延祐七年（1320），恢复旧制，仍兼领汉地驿站。

通政院江南分院 即行通政院。

通政院使 官名。元朝置，秩从二品。通政院长官。大都置四员，上都置一员。下设同知，正三品，大都二员，上都一员；副使，从三品，大都二员，上都一员；佥院，正四品，上都、大都各置一员。

通政卿 官名。明建文（1399—1402）中，改通政使司为通政寺，改通政使为通政卿。成祖朱棣即位，复旧。

通政副使 官名。清朝通政使司之副长官。佐通政使掌司事。乾隆十三年（1748）改左通政设，满、汉各一人，正四品。光绪二十四年（1898）后曾一度改隶内阁，二十八年裁。

通侯 爵名。战国时楚国置，一说为秦国所置二十等爵最高级彻侯，秦朝及西汉沿置；因避汉武帝刘彻讳改称通侯，又称列侯。参见“列侯”。

通济库大使 官名。清朝户部坐粮厅所属通济库之主官。顺治元年（1644）设，一人。掌收各省漕粮折价、芦粮折价等银，发放河工、造船、职官养廉、河兵船夫工食等银。

通济监 官署名。西夏朝仁宗天盛十年（1158）始置。西夏朝景宗元昊始造货币，但境内铜少，故通用宋、辽、金三国货币，而以宋钱为主。仁宗置此监，命监察御史梁惟忠执掌，铸天盛元宝等钱，与金正隆元宝钱并用。

通积抽分竹木局 官署名。明朝设置于北京的商业税务机构，设大使、副大使各一人，掌科收竹木柴薪税。

通流闸官 官名。清朝管理北运河通流闸之官员，未入流，隶于坐粮厅，掌闸门之启闭，水小则蓄，水大则兼。并管束运米脚夫，勿任抛散。

通课司 官署名。明初地方税务部门，各设大使一人，从九品，掌所在商业税及财产税的征收。后改府所属为税课司，县所属为税课局。

通掖郎 内侍阶官名。金朝置。二十五阶之第十四阶，秩正七品上。

通御郎 内侍阶官名。金、元朝皆置。金二十五阶之第十五阶，秩正七品下。元十四阶第八阶，从五品。

通善君 官名。西域车师前国等置，员一人，佩汉朝印绶，见《汉书·西域传》。

通禁郎 内侍阶官名。金朝置。二十五阶之第十二阶，秩从六品上。

通道观学士 学官名。亦称“通道馆学士”。北周武帝置，员一百二十人。以道士、道人、儒士等为之，研究传习道家之学。参见王仲荦《北周六典》卷七。

通署三十六曹 官制用语。北魏置，总揽尚书省诸曹政务，职掌如尚书令。《魏书·崔玄伯传》：“及置八部大夫以拟八坐，玄伯通署三十六曹，如令、仆统事，深为太祖所任。”

通赞 官名。太平天国朝上职官。永安建制始设。分左、右，左单右双，各八人，共十六人。称如左一通赞、右二通赞等。职同检点，主天王视朝时出入言语。

验马寺 官署名。明崇祯十七年（1644）三月，李自成农民军政府克北京，改原明太仆寺而置，职掌因明旧制。

验封司 官署名。即验封清吏司。

验封司员外郎 官名。即验封清吏司员外郎。

验封司郎中 官名。即验封清吏司郎中。

验封清吏司 官署名。简称验封司。明清吏部四司之一。掌理文职官员封爵、褒赠、袭荫、土司嗣职之事。明洪武二十九年（1396）改司封部置，设郎中一人，员外郎一人，主事一人。洪熙元年（1425）南京吏部亦置，设官略同。清顺治元年（1644）沿置。设郎中满、汉各一人，员外郎满二人，汉一人，主事满、蒙、汉各一人及笔帖式、经承若干人。分置印房、都吏科、京官科、外官科、土官科等机构分办司务。并掌任用吏员之事。宣统三年（1911）改组内阁，设铨叙，制诰等局，遂裁。

验封清吏司员外郎 官名。简称验封司员外郎。明清吏部验封清吏司之副长官。佐郎中掌司事。明洪武二十九年（1396）改司封部员外郎设，一人，从五品。清顺治元年（1644）沿设，汉员外郎一人，以科甲出身者注授。满洲司官初不分曹，随长官所派。后增至三人，满洲二人，汉一人，皆从五品。并分掌任用吏员之事。宣统三年（1911）裁。

验封清吏司郎中 官名。简称验封司郎中。明清吏部验封清吏司之主官。掌司事。明洪武二十九年（1396）改司封部郎中设，一人，南京吏部验封清吏司亦设一人，皆正五品。清顺治元年（1644）沿设，汉郎中一人，以科甲出身者注授。满洲司官初不分曹，随长官所派。后定制满、汉各一人，皆正五品。并掌任用吏员之事。宣统三年（1911）裁。

验看 选官制度之术语。清制，吏部所选之官员，如不引见皇帝，则由特派之王大臣共同传见，以考察其年力是否胜任，称验看。

骏马令 官名。秦置。汉因之，属太仆，有丞，掌皇帝车乘。东汉省。

骏马丞 官名。秦置。汉因之，属太仆，为骏马令副贰，掌皇帝车乘。东汉省。

骏马监 官署名。也用作官名。《汉书·傅介子传》：“介子以骏马监求使大宛。”据《汉书·百官公卿表》，西汉太仆属官有骏马令、丞，当为骏马监主管。东汉省。

绣帅　宫中女官名。南朝宋明帝定后宫百官时置，无定员，六品。

绣衣执法　官名。新莽置，时王莽发大军结集边郡征讨匈奴，吏士放纵扰民，故置，员五十五人，镇抚边郡，督大奸猾擅弄兵者。然皆货赂为市，侵渔百姓。

绣衣直指　见“绣衣直指御史”。

绣衣直指御史　官名。省称绣衣直指，西汉武帝时置，为侍御史的一种，因其衣绣衣，专门执行皇帝亲自交付的司法案件，故名。地位很高，然不常置。

绣衣将军　官名。南朝梁置。武帝天监七年（508）定为武职流外八班中的五班，代旧扬武将军，由乡品二品以下的人充任，地位很低。

绥方将军　官名。南朝梁置。武帝天监七年（508）定为施用于境外的武职二十四班中的二班，拟先锋将军等号；大通三年（529）定制后，改拟伏波将军等号。

绥东将军　官名。南朝梁置，为四绥将军之一。武帝天监七年（508）定为施用于境外的武职二十四班中的二十班，拟四平将军；大通三年（529）定制后，仍拟四平将军。

绥北将军　官名。南朝梁置。为四绥将军之一，武帝天监七年（508）定为施用于境外的武职二十四班中的二十班，拟四平将军；大通三年（529）定制后，仍拟四平将军。

绥边将军　官名。东汉献帝建安（196—220）间曹操置，三国魏沿置，五品。南朝梁武帝天监七年（508）定为施用于境外的武职二十四班中的十五班，拟智武将军等号；大通三年（529）定制后，仍拟智武将军等号。北魏孝文帝太和十七年（493）定为七品上，二十三年复次职令，无此职。

绥戎将军　官名。北齐置，为褒赏军功勋臣的闲职，八品上。

绥戎校尉　官名。三国魏置，授予羌人首领。《魏书·羌姚苌传》：“（苌）祖尉回，助魏将绊姜维于沓中，以功假绥戎校柯、西羌都督。”

绥戎都尉　官名。三国蜀置。职掌不详。参见《三国志·孝严传》裴松之注引《（诸葛）亮公文上尚书》。

绥西将军　官名。南朝梁置，为四绥将军之一，武帝天监七年（508）定为施用于境外的武职二十四班中的二十班，拟四平将军；大通三年（529）定制后，仍拟四平将军。

绥夷都尉　官名。西晋置。《晋书·朱伺传》：“（伺）转骑部曲督，加绥夷都尉。”

绥关将军　官名。南朝梁置。武帝天监七年（508）定为施用于境外的武职二十四班中的十班，拟折冲将军等号，大通三年（529）罢。

绥军将军　官名。三国蜀置。《三国志·杨仪传》：“（建兴）八年（230），（杨仪）迁长史，加绥军将军。”

绥远将军　官名。东汉献帝建安（196—220）中孙权置。《三国志·宗室传》：“建安九年（204），（孙渝）领丹阳太守，为众所附，至万余人，加绥远将军。”三国吴沿置。两晋、南朝宋省置无常，八品。北魏孝文帝太和十七年（493）定为七品上，二十三年复次职令，无此职。

绥狄将军　官名。南朝梁置。武帝天监七年（508）定为武职二十四班中的三班，普通六年（525）罢。

绥陇将军　官名。南朝梁置。武帝天监七年（508）定为施用于境外的武职二十四班中的九班，拟扫狄将军等号，大通三年（529）罢。

绥武将军　官名。三国蜀置。《三国志·蒋琬传》：“（蒋琬）子斌嗣，为绥武将军、汉城护军。”

绥虏将军　官名。南朝齐置，地位较高，苏侃自步兵校尉出为绥虏将军、山阳太守。梁时地位较低，武帝天监七年（508）定为武职二十四班中的一班，是流内武职地位最低的一班，普通六年（525）罢。北魏孝文帝太和十七年（493）定为七品上，二十三年复次职令，无此职。

绥河将军　官名。南朝梁置。武帝天监七年（508）定为施用于境外的武职二十四班中的十四班，拟轻车将军等号。大通三年（529）定制后，仍拟轻车将军等号。

绥南中郎将　官名。东汉末置。士燮为之，董督交州七郡，领交阯太守。三国蜀亦置，加授庲降都督张翼，镇南中。

绥南将军　官名。东汉献帝建安（196—220）末孙权置，三国吴沿置。南朝梁为四绥将军之一，武帝天监七年（508）定为施用于境外的武职二十四班中的二十班，拟四平将军，大通三年（529）定制后，仍拟四平将军。

绥集将军　官名。西晋末王濬置。《晋书·邵续传》：“时天下渐乱，（邵）续去县还家，纠合亡命，得数百人。王濬假续绥集将军，乐陵太守，屯厌次。”

绥集都尉　官名。东汉献帝建安（196—220）中曹操置。管理屯田事务。《三国志·仓慈传》：“建安中，太祖开募屯田于淮南，以慈为绥集都尉。”

绥德校尉　官名。隋炀帝大业三年（607）新置散职八尉之一，从七品。

绦作　官署名。明朝宦官所掌内府衙门之一，隶属御用监，设掌作一员，协同无定员。掌造各色兜罗绒及诸绦绶之类。

十一画

〔一〕

理 官名。又称大理或大司理。治狱官。相传大禹时皋陶为理。春秋时晋、齐等国置。《国语·晋语八》:“昔隰叔子违周难于晋国，生子舆为理，以正于朝，朝无奸官。”韦昭注:“理，士官也。”《左传·昭公十四年》:“士景伯如楚，叔鱼摄理。韩宣子命断旧狱，罪在雍子。”杜预注:“士景伯，晋理官。”《吕氏春秋·孟秋》:“命理瞻伤察创，视折审断。决狱讼，必正平。戮有罪，严断刑。”高诱注:“理，狱官也。”

理欠司 见“三司都理欠司”。

理欠案 官署名。北宋神宗元丰(1078—1085)改制，改三司理欠司置，隶比部。哲宗元祐元年(1086)采纳司马光建议，改隶户部。三年，复归比部，由比部郎官领之。

理刑司 官署名。即理刑清吏司。

理刑司员外郎 官名。即理刑清吏司员外郎。

理刑司郎中 官名。即理刑清吏司郎中。

理刑进士 明朝任官制度中的一种试职。新科进士被分配到都察院熟悉政务，理刑半年，然后实授御史，故名。正德(1506—1521)后规定新科进士不得除风宪，遂革去此制。

理刑知县 明朝任官制度中的一种试职。考满知县因考选或被荐举入都察院，带原职理刑半年，然后实授监察御史，故名。

理刑清吏司 官署名。简称理刑司。清朝理藩院所属六司之一。掌理外藩各部刑罚之事。顺治十八年(1661)置，以蒙古郎中二人为主官，下设员外郎、主事、笔帖式、经承等佐理司务。光绪三十二年(1906)改隶理藩部。

理刑清吏司员外郎 官名。简称理刑司员外郎。清朝理藩院理刑清吏司副长官，佐郎中掌司事，设满洲二人，蒙古四人。

理刑清吏司郎中 官名。简称理刑司郎中。清朝理藩院理刑清吏司主官，掌司事。初设满洲、蒙古各一人;后改设蒙古二人。

理问 官名。元、明、清三朝理问所主官，掌勘核刑名案件。元朝各所设二人，正四品。明朝各所置一人。初称“正理问”，正四品，后改从六品。清沿明制，为从六品。例以兵马司副指挥、京县县丞、京府经历、布政司都事、州判、县丞等升任。

理问所 官署名。元朝始设，为行中书省所属机构。掌勘核刑名案件。设理问二人，副理问二人，知事一人，提控案牍一人。明、清沿置，为布政使司所属机构。明设理问一人，副理问一人，提控案牍一人。清于直隶、江西、江苏、浙江、湖南、陕西、云南等布政使司设。初设理问、副理问，康熙三十八年(1699)裁副理问。

理事十大臣 见“扎尔固齐”。

理事同知 官名。清朝同知之一种，为厅之长官，掌厅事。清制，直隶厅或厅之长官，分设理事同知、理事通判、抚民同知及抚民通判。属同知者，正五品;属通判者，正六品。

理事官 官名。清入关前置。太宗崇德三年(1638)，于六部、理藩院等机构设，员额不等。顺治元年(1644)改为郎中。唯宗人府于雍正二年(1724)复改郎中置。参见“宗人府理事官”。

理事通判 参见“理事同知”。

理匦使 使职名。匦即匣。唐武则天垂拱二年(686)铸四铜柜(匦)列于朝堂:青匦在东，告养人劝农之事者投之;丹匦在南，论时政得失者投之;白匦在西，陈仰屈者投之;黑匦在北，告天文、秘谋者投之。置使署理四方投匦之书，以御史中丞、侍御史一人充任。玄宗天宝九载(750)改名献纳使，肃宗至德元载(756)复名理匦使。代宗宝应元年(762)以给事中、中书舍人正直清白者充任，德宗建中二年(781)以御史中丞为之。投匦者，使先验副本。文宗开成三年(838)罢验副封。

理官 大理寺官通称。

理政听讼大臣 官名。又作理国政听讼大臣，清入关前职官。设于明万历四十三年(1615)，共五人，均为努尔哈赤之亲信大臣和统兵将领，又称“五大臣”。同时还设有扎尔固齐十人，亦称理事十大臣，与五大臣佐理国政，厘治政刑。凡有听断之事，先经十大臣审问，然后言于五大臣再审，最后由努尔哈赤亲审。五大臣参加议政，故又称“议政五大臣”。

理都察院刑狱 试职名。明朝进士实授官前所任试职之一，半年后实授，多授官监察御史。始于洪武(1368—1398)中，正德(1506—1521)中革。

理卿 大理卿简称。

理能人 官名。太平天国军中给事官。见“军中典官”。

理检使 官名。北宋仁宗天圣七年(1029)始置，以御史中丞兼任，掌检院、鼓院之事。神宗元丰(1078—1085)改制废。

理曹 官署名。❶东汉献帝建安十九年(214)曹操置于丞相府，设掾属。典司法刑狱。《三国志·魏武纪》："夫刑，百姓之命也，而军中典狱者或非其人，而任以三军死生之事，吾甚惧之。其选明达法理者，使持典刑。于是置理曹掾属。"西晋末司马睿丞相府及十十六国后赵亦置，设参军。参见"理曹参军"。❷十六国前凉所置尚书省曹名。参见"理曹郎中"。

理曹郎中　官名。十六国前凉所置尚书省诸郎之一，典司法刑狱。《晋书·张轨传》："理曹郎中索询谏曰：'曜虽东征，胤犹守本。险阻路遥，为主人甚易。'"

理曹参军　官名。西晋末司马睿丞相府及十六国后赵皆置，典刑狱。

理番同知　官名。清朝同知之一种，设于甘肃、四川、云南、台湾等省的少数民族地区，为厅之长官。掌理所属番户事。正五品。

理徭同知　官名。清朝同知之一种，设于湖南、广东等省的少数民族地区，为厅之长官。掌理所属徭户事。正五品。

理藩大臣　官名。清末理藩部长官，宣统三年（1911）改理藩部尚书设，并为国务大臣。一人，从一品，以满人充，特简。掌领部务，参加阁议。

理藩院　官署名。清朝特设管理少数民族事务之机构。掌管内外蒙古、青海、西藏、新疆及四川土司等地区之少数部族事务，并办理与俄罗斯、廓尔喀等国的交涉、通商及入贡事宜。崇德三年（1638）改蒙古衙门设。以承政为主官，下设左、右参政、副理事官、启心郎等官，专管外藩事务。顺治元年（1644）改设尚书等官。十六年改属礼部。十八年仍复旧制，制同六部，并分置录勋、宾客、柔远、理刑四司。乾隆二十九年（1764）定制，额设满尚书一人为主官，以左、右满侍郎（亦间蒙古人）各一人，额外蒙古侍郎一人佐之。并特简王、公、大学士一人兼掌院事。下设郎中、员外郎、堂主事、主事、校正汉文官、司务、笔帖式等官分司治事。分设旗籍、王会、典属、柔远、徕远、理刑六司，以及满档房、汉档房、蒙古房、司务厅、当月处、督催所、银库、饭银处等办事机构。所属有内外馆、蒙古官学、唐古特学、托忒学、俄罗斯馆、喇嘛印务处、木兰围场等机构。光绪三十二年（1906）改置理藩部。

理藩部　官署名。清末管理少数民族事务之机构。光绪三十二年（1906），改理藩院设。职掌同理藩院。置尚书一人，左、右侍郎各一人，并额外侍郎一人。下设领办处，为合署公务总汇之区，置领办二人，帮办二人，以郎中、员外郎充。原旗籍、典属、柔远、王会、徕远、理刑六司及司务厅、当月处、银库、饭银处、喇嘛印务处仍旧。增调查、编纂二局，置正管股、副管股，分股任事。宣统二年（1910），局改科。三年，尚书改大臣，左侍郎改副大臣。

理藩部右侍郎　参见"理藩部左侍郎"。

理藩部左侍郎　官名。清末理藩部副长官，光绪三十二年（1906）设。左、右各一人，正二品，以满人充，简任。佐尚书管理部务。宣统三年（1911），左侍郎改为副大臣，右侍郎省。

理藩部尚书　官名。清末理藩部长官，光绪三十二年（1906）设。一人，从一品，以满人充，特简。综领本部事务，监督所属各官。宣统三年（1911）改为大臣。

理藩部调查局　官署名。清末理藩部所属机构，光绪三十三年（1907）设。掌内外蒙古等地开垦、畜牧、商务、军队、台务、界务等调查事宜。置正管股、副管股各一人，并翻译官等。

理藩部领办处　官署名。清末理藩部所属机构，光绪三十二年（1906），并满档房、汉档房、俸档房、督催所设。相当秘书处，为本部公务总汇之区。置领办二人，帮办二人，稽核文移二人，总看奏折四人等。

理藩部领办处领办　官名。清末理藩部领办处长官，光绪三十二年（1906）设。二人，正五品、从五品、正六品不等，奏补。主管本处事务。

理藩部编纂局　官署名。清末理藩部所属机构，光绪三十三年（1907）设。掌酌拟、编纂调查有关的办法、条规。置正管股、副管股各一人等。内外蒙古等地殖产、边卫事项。

理藩部额外侍郎　官名。清末理藩部副长官，光绪三十二年（1906）因旧制设。一人，正二品，以蒙古贝勒、贝子贤者充。职掌同理藩院额外侍郎。

琉球官学　学校名。清朝培养琉球留学生之机构。康熙二十三年（1684），琉球陪臣子弟四人赴京受业，均准入国子监就读，始称官学。其后，二十七年、雍正二年（1724）、乾隆二十五年（1760）、嘉庆十年（1805）、道光二十一年（1841）、同治八年（1869）均派有陪臣子弟三至八人入监就读，月给膏火银。同治十二年停。

琉璃厂　官署名，明朝工部营缮司所属五大厂之一。掌烧制琉璃砖瓦器物。

琉璃窑　官署名。清朝工部营缮司所属机构。顺治（1644—1661）初置，始设于和平门外，后移于西山。掌监制琉璃瓦件，依照质色式样，按限督令窑户烧造，以备大工所用。先是设汉司官一人管理。康熙元年（1662）设满、汉监督各一人。下设经承一人。光绪三十二年（1906）改隶民政部营缮司。

琉璃窑监督　官名。清朝工部所属琉璃窑主官，掌窑事。顺治（1644—1661）初以汉司官一人充任。康熙元年（1662）改设满、汉各一人，由工部堂官委派司员兼充，每年一更代。

麸面库　见"外物料库"。

舂人　官名。《周礼》地官之属，一说为周朝置，宦官。掌舂米，供应祭祀、宾客及飨食所需各种米物。《周礼·地官》："舂人，奄二人，女舂抭二人，奚五人"，"掌共米物。祭祀，共其齍盛之米。宾客，共其牢礼之米。凡飨食，共其食米，掌凡米事"。

堆章京　即纛章京。

埽物料场官 官名。金朝都水监属官。设在河渠之地，掌修治堤岸等工程所用材料场。

梅勒章京 满语官名。又作美凌章京，原称梅勒额真，后金天聪八年（1634）改是称。汉名为副都统。参见“梅勒额真”、“副都统”。

梅勒额真 满语官名。又作美凌厄真。意为围肩之主，或两肩之主。清太祖努尔哈赤于明万历四十三年（1615）编立八旗，每旗设一固山厄真，又设左、右梅勒额真各一人以佐之。后金天聪八年（1634），改称“梅勒章京”。清顺治十七年（1660），定汉名为副都统。秩正二品。

检户使 官名。东魏置，检括隐漏户口。《魏书·高崇传》：“兴和初，（高子儒）除兼殿中侍御史。时四方多有流民，子儒为梁州、北豫、西兖三州检户使，所获甚多。”

检正 即检正官。

检正五房公事 见“检正官”。

检正官 官名。宋朝中书门下属吏。神宗熙宁三年（1070），置检正五房公事一人，总领孔目房、吏房、户房、兵礼房、刑房之事；诸房各置检正公事二人，皆以京朝官充任。若以选人充任，则称习学公事。元丰（1078—1085）改制废，以其职事分归中书舍人、给事中、尚书左右司郎官。南宋高宗建炎三年（1129），又置中书门下省检正诸房公事二人，正六品。次年罢。绍兴二年（1132）复置一人。

检正诸房公事 见“检正官”。

检讨 官名。唐朝始置，集贤院有知检讨官。宋朝崇文院、史馆均置，以他官兼任，掌修国史。北宋末年讲议司、南宋初年修政局亦置。明清为翰林院史官，位次于编修，从七品。掌撰述记载，修纂国史。一般由三甲进士留馆者充任，无定员。清宣统元年（1909）改从五品。

检讨官 官名。宋朝讲议司、修政局、实录院皆置，在本部门负责检验故事，进行研究。

检吏 宋朝检正中书吏房公事简称。参见“检官”。

检法 官名。宋朝刑部、大理寺、御史台、户部、三司及各路提点刑狱司均设，即检法官，掌检详法律。金朝户部架阁库、元帅府、大宗正府、御史台、左右三部检法司等官署亦置，员数不等，从八品。章宗明昌五年（1194）规定，女真检法从省院台部统军司令史、书史内，选年五十以下者充任。元世祖至元五年（1268），于御史台置二人，正八品。其行省、按察司等官署亦或置。

检法官 官名。宋朝三司、户部、御史台、刑部、大理寺及诸路提点刑狱司皆设，负责提供检详各种条法。省称检法。

检法案 官署名。宋朝吏部、礼部、兵部、刑部、工部、大理寺皆设，掌检详条法事宜。

检详 即检详官。

检详官 官名。北宋神宗熙宁四年（1071），枢密院置，相当于中书检正官，掌监察枢密院事务。元丰（1078—1085）改制废。南宋高宗建炎三年（1129）复置。又王安石主持变法期间，制置三司条例司与编修条例司亦置。

检点 官名。太平天国朝上职官，起义之始即设。初期设三十六员，以殿前左一、殿前右二为序编次；至第十一始，去“前”字，依次类推，至殿右三十六检点止。奉命可统数军，行文称钦差大臣，总制以下皆听指挥。有功将士，常加恩（赏）检点虚衔，称殿前检点，不得与正检点并列。另有职同检点无定数。天朝后期设六爵，检点已成卑官。至天历丁巳七年（1857），已排至一百五十二号。

检校 ❶查核、察看之意。东晋、北朝有检校御史。❷官制用语。初谓代理，隋及唐初皆有。《资治通鉴·唐高祖武德三年》：“诏（李）仲文检校并州总营。”胡三省注：“检校官未为真。”即尚未实授其官，但已掌其职事。中唐以后，使职、外官多带中央台省官衔，其加三公、尚书仆射、尚书、丞郎等高级官衔者，称检校官，为寄衔之意，仅表示官品高下，不掌其职事。五代因之。北宋前期置检校太师、太尉、太傅、太保、司徒、司空，尚书左仆射、右仆射，吏部尚书、兵部尚书、户部尚书、刑部尚书、礼部尚书、工部尚书、左散骑常侍、右散骑常侍、太子宾客、国子祭酒、水部员外郎十九等，皆为由诏命除授而非正式任命的一种加官，多加授武臣、军职、吏职、蕃官，文臣则枢密使、宣徽使、节度使、使相及前任宰相始加授，皇子及宗室近亲亦得加授。神宗元丰三年（1080）后，武臣承宣使以下所带检校官皆废，唯留检校三师、三公。徽宗政和（1111—1118）以后，改三公为三少。❸官名。唐玄宗开元六年（718）改乾元院为丽正修书院，曾置检校官，掌校理书籍。元成宗大德元年（1297）于中书省置检校官四员，正七品，掌审核左右司、六部公事之程期、文牍稽失等事。明朝中央官署如户部、刑部、都察院，地方官署如各省布政使司、按察使司、各府皆置，隶照磨所，为办理文书案卷的低级事务官员。中央诸官署、布政使司所置为正九品，按察使司所置为从九品，各府所置未入流。清初置于顺天府，从九品，康熙六年（1667）省。后唯江苏知府属吏有之，未入流。

检校库 官署名。北宋置，掌保管孤儿财产，经营借贷，收取息钱，以为教养孤儿费用。同时寄存国子监、武学、律学钱，借贷取息，以供公用。以勾当开封府司录司官兼管。

检校官 ❶参见“检校”。❷官名。辽朝袭唐制而设，指诏除而非正命之加官。始见于太祖九年（915），授齐行本为检校尚书、左仆射。辽之检校官名目繁多，有太师、太尉、太保、太傅、尚书、司徒、司空等。有时尚在检校之前加特进等称。

检校御史 官名。东晋孝武帝太元（376—396）中始置，掌监察宫外百官，隶御史台。南朝省。北魏孝文帝太和（477—499）末复置，宿直御史台，不得入宿宫省。九品上。北齐沿置，员十二人，从八品上。隋改名监察御史。

检阅　官名。❶明初翰林院属官。洪武十三年（1380）设，从九品。次年革。❷清朝文渊阁职官。详见“文渊阁检阅”。

检察厅　官署名。清末新设检察机构。分为不同级别，有总检察厅、高等检察厅、检察厅等，负责对同级审判厅管辖案件的检察事宜。详见“总检察厅”、“京师高等检察厅”、“京师内外城地方检察厅”、“地方检察厅”等。

检察长　官名。清末高等检察厅及地方检察厅长官。光绪三十三年（1907）后京师、各省设高等检察厅与地方检察厅，始置。每厅一人，京师高等厅正四品，省高等厅从四品，京师地方厅正五品，省地方厅从五品。掌督领本厅各员对同级审判厅案件执行检察事宜。

检察官　官名。清末新设各级检察厅官员，负责对刑事案件的检察。又，陆军部亦设，详见“陆军部检察官”。

检察斛面官　官名。南宋司农寺置，监督本寺各仓场出纳粮食时斗斛盘量。

梓人　官名。《周礼》冬官之属，一说为周朝置。❶掌以木材制作乐器架构。《周礼·冬官·考工记》：“梓人为簨虡。”《仪礼·大射》：“工人，士与梓人，升自北阶两楹之间，疏数容弓，若丹若墨，度尺而午。”郑玄注：“梓人”，“能正方圆者”。❷掌以木材制作饮酒器皿。《周礼·冬官·考工记》：“梓人为饮器：勺一升，爵一升，觚三升。”

梯山将军　将军名号。南朝梁置。武帝天监七年（508）定为施用于境外的武职二十四班中的十五班，拟智武将军等号；大通三年（529）定制后，仍拟智武将军等号。

梯里已　即惕隐。

榔人　官名。《周礼》冬官之属，一说为周朝置，掌精工雕凿木器的工官。《周礼·冬官·考工记》：“刮摩之工：玉、榔、雕、矢、磬。”

职　❶主管。《尚书·周书·泰誓》：“亦职有利焉。”蔡沈集传：“职，主也。”❷职务、官职。《尚书·周书·周官》：“六卿分职。”《周礼·天官·序官》：“设官分职。”❸宋朝任官制度。宋朝任官有官、职、差遣之别。职以待文学之选，翰林学士、诸殿大学士、学士、馆职、阁职均属之。

职内　官名。《周礼》天官之属，一说为周朝置，主管财税收入。《周礼·天官》：“职内，上士二人，中士四人，府四人，史四人，徒二十人”，“掌邦之赋入，辨其财用之物，而执其总。以贰官府都鄙之财入之数，以逆邦国之赋用”。

职币　官名。《周礼》天官之属，一说为周朝置，掌收敛官府结余的费用财物。《周礼·天官》：“职币，上士二人，中士四人，府二人，史四人，贾四人，胥二人，徒二十人”，“掌式法以敛官府都鄙与凡用邦财者之币，振掌事者之余财”，“以诏上之小用赐予”。

职分田　亦称职田。隋唐内外职事官俸田之一。隋文帝时，自诸王以下至于都督，给永业田外，“又给职分田”，一品五顷，至五品则为三顷，其下每品以五十亩为差，至九品为一顷；外官亦各有职分田。唐高祖武德元年（618）制，京官一品十二顷、二品十顷、三品九顷、四品七顷、五品六顷、六品四顷、七品三顷、八品二顷五十亩、九品二顷；雍州及外州官略高于此，镇戍官略低于此。居官依品而授地，计田而出租，一般按亩收六升的租率出租，离任则转给下任。整个唐朝，时有废复和加减。宋朝用作官吏在职补贴，亩数以差遣为别。真宗咸平二年（999）设置，以系官田及远年逃田充，招人承佃，随二税输租，免二税及沿纳，官、佃各得收获之半。佃户初只招客户，后许招四等以下税户。仁宗时一度罢给，后复。北宋末至南宋，曾几次拘籍职田，或统一收租，或按职均给田租。金、元两朝，亦沿此制，而有损益。

职方　❶《周礼》官名。掌天下地图及四方职责。❷官署名。西魏、北周置，隶夏官府，设官职方中大夫，下设小职方中大夫、小职方上士，辖土方中士、山师中士、川师中士、怀方中士、训方中士等。掌管天下图籍、山林川泽之名及四方职贡。隋唐五代置为司，隶兵部，设郎中、员外郎一人及主事等官，掌地图、城隍、镇戍、堡寨、烽堠及征防路途远近诸事。唐高宗龙朔二年（662）曾改司域司，咸亨元年（670）复旧。宋朝沿置，亦隶兵部。北宋前期设判职方事一人，以无职事朝官充任，掌受诸州闰年图及图经。神宗元丰（1078—1085）改制，置郎中、员外郎，掌地图及城隍、堡寨烽堠、四方海外归朝内附诸事。后或兼领库部，或由兵部郎官兼。明初置职方部为兵部属部。洪武二十九年（1396）改清吏司，置郎中、员外郎各一人，主事二人，后间有增置。以郎中主司事，掌舆图、军制、城隍、镇戍、简练、征讨之事；三年一报地图，以听征调之令；阅视修浚城池，因事增置镇戍将校，设兵屯戍；巡视操练，请命将出师，悬赏罚、调兵食、纪功过，及关津、缉捕、整顿军伍诸事。南京兵部亦置，掌守卫南京内外城门及皇陵，操练各营及江操官军，维持南京地方治安等。清沿置，设郎中七人，满洲五人、汉二人；员外郎五人，满州二人，蒙古一人，汉二人。下设承发、督漕、关引等科，直隶、两广等甲，分别办理各项事宜。

职方下大夫　即小职方大夫。

职方中大夫　官名。西魏恭帝三年（556）仿《周礼》职方置，北周沿置，为夏官府职方司长官，掌天下地图，主四方职贡。正五命。下设小职方下大夫、小职方上士以佐其职，领士方中士、山师中士、川师中士、怀方中士、训方中士等官属。北周武帝建德二年（573）省。宣帝即位后，复置。隋文帝开皇元年（581）罢。

职方氏 官名。《周礼》夏官之属，一说为周朝置，掌管国家地图，制定四方的职贡。《周礼·夏官》："职方氏，中大夫四人，下大夫八人，中士十有六人，府四人，史十有六人，胥十有六人，徒百有六十人"，"掌天下之图，以掌天下之地，辨其邦国都鄙四夷八蛮七闽九貉五戎六狄之人民、与其财用九谷六畜之数要"，"乃辨九服之邦国"，"制其职，各以其所能；制其贡，各以其所有"。

职方司 官署名。即职方清吏司。

职方司员外郎 官名。即职方清吏司员外郎。

职方司郎中 官名。即职方清吏司郎中。

职方员外郎 官名。隋文帝开皇六年（586）始置，炀帝大业三年（607）改职方承务郎。唐高祖武德三年（620）复置为员外郎。员一人，从六品上。为尚书省兵部职方司副长官，与郎中共掌天下地图、城隍、镇戍、烽堠等事。高宗龙朔二年（662）曾改司域员外郎，咸亨元年（670）复旧。北宋前期置为六品寄禄官。神宗元丰（1078—1085）改制，始领职方事，为正七品职事官。明初曾置职方部，为属兵部，设员外郎一人。洪武二十九年（1396）改职方清吏司，仍设一人，从五品。嘉靖十二年（1533）增一人，清朝沿置，员五人，满洲二人、蒙古一人、汉二人。初秩正四品，顺治十六年（1659）改正五品，康熙六年（1667）复旧秩，九年定从五品，遂为定制。

职方侍郎 官名。隋朝尚书省兵部职方司长官，置二员，初为正六品上，文帝开皇三年（583）加为从五品，炀帝大业三年（607）改为职方郎。

职方郎 官名。即隋朝尚书省兵部职方司长官职方侍郎，炀帝大业三年（607）改。唐高祖武德三年（620）改置职方郎中。

职方郎中 官名。隋文帝曾置职方侍郎，炀帝改职方郎。唐高祖武德三年（620）始置为郎中，员一人，从五品上，为尚书省兵部职方司长官。掌天下地图、城隍、镇戍、烽堠等事。高宗龙朔二年（662）曾改司域大夫，咸亨元年（670）复旧。北宋前期置为五品寄禄官。神宗元丰（1078—1085）改制后始领本职，为从六品职事官，掌地图、城隍、烽堠等事。明初置职方部，隶兵部，设郎中一人。洪武二十九年（1396）改置职方清吏司，初置郎中一人，正五品。正统十年（1445）增一人，万历九年（1581）革。清朝沿置，定制七人，满洲五人，汉二人。初正三品，顺治十六年（1659）改正五品，后升正四品，康熙六年（1667）复正三品，九年定正五品，遂为定制。

职方郎官 职方郎中、员外郎通称。

职方清吏司 官署名。简称职方司。明清兵部四司之一。掌理各省之舆图、武职官之叙功、核过、赏罚、抚恤及军旅之检阅、考验等事。明洪武二十九年（1396）改职方部置。设郎中、员外郎各一人，主事二人。洪熙元年（1425）南京兵部亦置职方司，设官略同。清顺治元年（1644）沿置。设郎中满洲五人、汉二人，员外郎满洲二人、蒙、汉各一人，主事满、蒙各一人、汉二人，以及笔帖式、经承若干人。并掌关禁、海禁。下设承发科、都漕科、关引科、黄旗科及直隶甲、两江甲等机构，分办司务。光绪三十二年（1906），兵部改为陆军部，遂裁。

职方清吏司员外郎 官名。简称职方司员外郎。明清兵部职方清吏司之副长官。佐郎中掌司事。明洪武二十九年（1396），改职方部员外郎设，一人。洪熙元年（1425）南京兵部职方司亦设一人，皆从五品。清顺治元年（1644）沿设，汉员外郎一人，以科甲出身者补授。满洲、蒙古司官初不分曹，随长官所派。康熙五十七年（1718）定制四人，满洲二人，蒙古、汉各一人，均为从五品。光绪三十二年（1906）裁。

职方清吏司郎中 官名。简称职方司郎中。明清兵部职方清吏司主官。掌司事。明洪武二十九年（1396）改职方部郎中设，一人。洪熙元年（1425），南京兵部职方司亦设一人，皆正五品。清顺治元年（1644）沿设，汉郎中一人，以科甲出身者补授。满洲司官初不分曹，随长官所派。雍正五年（1727）增至七人，满洲五人，汉二人。满洲郎中初定为三品官，乾隆九年（1744）满洲、汉官均为正五品。光绪三十二年（1906）裁。

职计 官名。春秋时齐国置，掌财政会计。《晏子春秋·内篇谏上》："景公燕赏于国内，万钟者三，千钟者五，令三出，而职计莫之从。公怒，令免职计。"

职令状 文书名。又称关升职令状、关升荐削。宋朝中级以上官员荐举选人由判、司、簿、尉关升为令、录、职官的一种举状。荐举职官者为职状，荐举令、丞者为令状。

职司 ❶职掌、职务。《左传·成公二年》："未有职司于王室。"❷宋朝选人磨勘改官，须数员举主奏举，其中之一必为职司，即现任所隶官司长官、副长官。❸宋朝监司与朝廷特派的宣抚、安抚、察访等使统称。详见"监司"等条。

职吏 汉朝丞相（三公）及郡县官署各曹处理具体事务的员吏。晋朝，凡郡、国户不满五千者置职吏五十人，五千户以上置六十三人，万户以上置六十九人；凡县户不满三百置十八人，三百以上置二十八人，五百以上置四十人，千户以上置五十三人，千五百以上置六十八人，三千以上置八十八人。

职岁 官名。《周礼》天官之属，一说为周朝置，掌财政支出。《周礼·天官》："职岁，上士四人，中士八人，府四人，史八人，徒二十人"，"掌邦之赋出，以贰官府都鄙之财出赐之数，以待会计而考之。凡官府都鄙群吏之出财用，受式法于职岁。凡上之赐予，以叙与职币授之。及会，以式法赞逆会”。

职状　文书名。宋朝文官选人所得高、中级官员推荐其升改幕职官的举状，称为职状。

职役　宋朝基层政权乡、里、都等头目及州县衙门办事人员统称。又称吏役、徭役，皆由民户充当，分乡役、县役和州役。北宋前期，职役多差民户轮充，故又称差役。行免役法后，出现雇役和义役。

职丧　官名。《周礼》春官之属，一说为周朝置，掌诸侯及卿大夫士的丧葬事务。《周礼·春官》：“职丧，上士二人，中士四人，下士八人，府二人，史四人，胥四人，徒四十人”，“掌诸侯之丧，及卿大夫士凡有爵者之丧。以国之丧礼莅其禁令，序其事。凡国有司以王命有事焉，则诏赞主人。凡其丧祭，诏其号，治其礼。凡公有司之所共，职丧令之趣其事”。

职丧下士　官名。西魏、北周春官府夏采下大夫职丧中士佐官，正一命。

职丧中士　官名。西魏恭帝三年（556）仿《周礼》职丧置，北周沿置。春官府夏采下大夫属官，掌管百官丧事，按命品以定其规格，并主持丧事。正二命。下设职丧下士以佐其职，隋文帝开皇元年（581）罢。

职事学录　宋朝太学职事名，即前廊学录。参见“学录”。

职事官　官职统称。隋、唐、宋指居曹而有执掌的官员。唐朝，三公及省、台、寺、监、卫府、东宫、王国、州县、镇戍等官为职事官。北宋前期，省、部、寺、监之官多为寄禄官，而以差遣为职事官。神宗元丰（1078—1085）改制后，始复行唐制。

职事教谕　见“教谕”。

职使　官名。回鹘黠戛斯官，居宰相、都督下，第三等，置十人，皆典兵。

职金　官名。《周礼》秋官之属，一说为周朝置，主管金、玉、锡、石、丹砂、空青等物质，掌其戒令。《周礼·秋官》：“职金，上士二人，下士四人，府二人，史四人，胥八人，徒八十人”，“掌凡金玉锡石丹青之戒令。受其入征者，辨其物之媺恶与其数量，楬而玺之。入其金锡于为兵器之府，入其玉石丹青于守藏之府，入其要。掌受士之金罚货罚，入于司兵。旅于上帝，则共其金版。飨诸侯，亦如之。凡国有大故而用金石，则掌其令”。

职金下士　官名。西魏、北周秋官府掌朝下大夫职金中士佐官，正一命。

职金中士　官名。西魏恭帝三年（556）仿《周礼》职金置，北周沿置。秋官府掌朝下大夫属官，负责收受并保管罪人所纳罚金及物品。正二命，下设职金下士以佐其职。隋文帝开皇元年（581）罢。

职官　❶做官之人，亦为文武百官的通称。《左传·定公四年》：“职官五正。”孔颖达疏：“刘炫云：‘职官五正’，职，主也；正，长也。主官事者有五长。”❷职守。《左传·成公九年》：“（晋景）公曰：‘能乐乎？’（钟仪）对曰：‘先父之职官也，敢有二事。’”

职钱　官制用语。北宋前期，官员带大学士、学士等衔者，于本官俸禄外又给添支钱，若出为外官，再加给职钱。神宗元丰（1078—1085）改制后，在京职事官除本俸外，皆有职钱，以寄禄官高下分行、守、试三等给，不称行、守、试者按行给。徽宗大观三年（1109），待制至大学士职钱改为贴职钱，宣和三年（1121）复旧称。

职道　官场用语。清朝为道台谒见督抚时的自称。

教　僧人等级。明朝官定僧级第三等，可充任僧官，不给俸禄。

教习　官名。❶明朝掌教翰林院庶吉士的官员。初无定制，宣德五年（1430）始以翰林学士充任。正统十三年（1448）定由内阁于翰林院学士及詹事府坊局官中择资望高深者一二人，请旨充任。万历（1573—1620）以后，专以吏、礼二部侍郎二人掌之。❷清朝负责教学的官员。八旗官学、宗学、觉罗学，景山官学，咸安官学均设，员额不等。分满教习、汉教习、骑射教习。分掌教授满、汉文及骑射事。又太医院教习厅亦设二人，负责传授医术，培养医官人才。

教务长　见“教务提调”。

教务提调　官名。清末各学堂负责教务之职官，又名教务长。光绪二十七年（1901）后在全国各类中等、高等新式学堂及大学堂普遍设置。掌审量教法、修饰学规，稽察教员勤惰，考验学员优劣。有实施教学之责，约束学生之权。凡学堂中应办要事，随时与监督商办。辖教员、副教员若干。

教头　军吏名。宋朝军中设，掌教授武艺。民间习兵仗，亦有自设者。

教坊　见“教坊司”。

教坊司　官署名。唐高祖武德（618—626）后始置于禁中，隶太常寺，又名内教坊。武则天如意元年（692）更名云韶府，以中官为使。玄宗开元二年（714）复置于蓬莱宫侧。有音声博士，第一、二曹博士。京都又置左、右教坊，掌俳优杂技，不隶太常寺，以中官为教坊使。宋朝置，仍隶太常寺，掌教习音乐，备大宴、曲宴应奉，游幸则引从。置使一人，副使二人，下设都色长、色长、都部头、部头、副部头等。辽朝设，隶宣徽院，定秩正五品，掌殿廷音乐。设提点、使、副使、判官、谐音郎等。金置教坊，设使、副使，职掌略同。元世祖中统二年（1261）置，改定秩从五品。至元十七年（1280）改提点教坊司，隶宣徽院。二十五年改隶礼部。成宗大德八年（1304）升正三品。仁宗延祐七年（1320）又改正四品。置达鲁花赤一人，大使三人，下领兴和署、祥和署、广乐库等。明沿元制，隶礼部。设奉銮一人，左、右韶舞各一人，左、右司乐各一人，秩仅九品、从九品。掌乐舞承应。除原有乐户外，常以罪囚家属发充其中。嘉靖（1522—

1566）时，又置显陵供祀教坊司，设左、右司乐各一人。清初沿明制，升左、右韶舞，左、右司乐及协同官均正九品。雍正七年（1729）改名和声署，省奉銮等官。乾隆七年（1742）设乐部，和声署遂归入乐部。

教坊使 使职名。唐高祖武德（618—626）置内教坊于禁中，以按习雅乐。武则天时改内教坊为云韶府，以宦官为使。玄宗开元二年（714）又置内教坊于蓬莱宫侧，京都置左、右教坊，掌俳优杂技。自此，教坊不隶太常寺，以宦官为教坊使。直至五代，沿袭不改。

教坊副使 官名。宋朝教坊副长官，员二人。金朝亦置，从六品，位在教坊提点、教坊使之下。

教育官练习所 官署名。清末各省之教育培训机构。光绪三十二年（1906）设。各省一所，受督抚监督。由提学使选聘本国或外国精通教育之士讲演教育学，教授管理诸法、教育行政、视学制度等。自提学使以下，所有学务职员，每周至少须上堂听讲三次。

教育研究所 官署名。清末学部所属机构，光绪三十二年（1906）设。掌延聘精通教育之士定期演讲，内容以教育原理及教育行政为主。学部人员均按时听讲。置庶务员、编辑员各一人，由学部司员兼理。

教育科 官署名。❶清末陆军部军学司所属七科之一。光绪三十二年（1906）设，宣统三年（1911）改隶军学处。掌陆军各学堂教育章程之厘定，教科书之审定，经费、房舍、图书、器械之管理，学生之招收、考试、毕业、出国留学，以及职员之奖罚革补等事。置科长、科员、录事。❷清末海军部军学司所属五科之一。原属筹办海军事务处，宣统二年（1910），随司改属海军部。掌厘定海军学堂教育宗旨、管理章程，承办海军学员的招生、考试、毕业、见习、奖惩，以及审定教材，采购图书器械等事。置科长、科员、录事。

教官 ❶《周礼》叙述的负责民众教化的官僚机构。以司徒为官长。《周礼·地官·序官》："乃立地官司徒，使帅其属而掌邦教，以佐王安抚邦国。教官之属，大司徒卿一人，小司徒中大夫二人。"❷学官统称。宋、元、明、清之府、州、县学教授、学正、教谕、训导等，通称教官。❸军队中司教练之官统称。

教官试 宋朝选拔州学教授的一种方式。神宗熙宁八年（1075），始以考试选拔州学教授。元丰七年（1084），规定试人上等为博士，中、下等为学正、学录。哲宗元符元年（1098），令每年一试。南宋高宗绍兴十二年（1142），令进士出身试教官者，依次考经义、诗赋两场，中选则为州学教授。

教练使 使职名。唐、五代方镇使府军将。唐玄宗天宝十五载（756）始置，杨国忠选剑南旧将为之，于苑中教习监牧小儿。宣宗大中六年（852）诏天下军府有兵马处皆置左、右两员，选善兵法武艺者充任，掌教练兵法及武艺，亦或领兵出战。西夏亦置，军职，党项与汉人均可担任。参见"子城使。"

教练官 官名。清末新陆军军官。光绪三十年（1904）定新陆军营制，始置，每标一人，从三品，副参领充，简放。掌平时督理本标教练，战时参画军机。

教授 官名。宋朝东宫、大宗正司、诸王宫、府皆置，为皇侄、皇孙讲授经学。国子监所领武学、律学亦置。后或改名博士。又，仁宗庆历四年（1044）令诸州、军、监各立学，置教授训导考核诸生。南宋初罢，旋复置。西夏置于中央及各州诸蕃、汉学，讲授儒学。金朝国子学设四员，正八品；地方府学、州学、女真府学、女真州学亦置，以进士充任，从九品。元朝诸路、府和上、中州儒学、蒙古学、医学、阴阳学皆置，秩正九品至从九品。中央蒙古国子学设二员，正八品；太史院、司天监、回回司天监等亦设，从八品至从九品不等。元末朱元璋所置医学提举司设医学教授，正九品。明朝诸府、都司、卫之学皆置，掌教诲训导考核管理生员，初为正九品，后改从九品。衍圣公府及诸王府亦设，从九品。清朝唯设于府学，正七品。

教堂帅 官名。南朝宋明帝定后宫女官时置，无定员，六品。

教阅房 官署名。北宋神宗元丰（1078—1085）改制后，枢密院置。掌军兵校习，封桩阙额请给，催督驿递及湖南路边防之事。与其他各房由副承旨总领，自设令史、书令史佐理其事。

教谕 官名。宋朝始置于太学附属小学，一至二人，掌训导、考校、责罚学生。徽宗崇宁四年（1105）各州武学亦置。政和五年（1115）各路医学又置。南宋初，州学不置教授者亦置教谕一人，掌学事。元朝于县儒学及医学置。儒学由任满并考试合格之直学选充，任满后考查合格者再升学正、山长。明朝置为县学正官，不入流。每县一人，掌学政，教诲生徒。清朝沿置，改正八品。

敕 文书名。下行文，始用于汉朝。凡官长告诫僚属，尊长告谕子孙均称敕。南北朝以后，则成为皇帝专用的命令文书之一。唐、宋之时，君主指示及诫励臣工或晓谕军民时，有敕旨、敕牒、敕书之类。明朝之敕由殿阁大学士起草进画，以下之诸司，作为皇帝下达的文书之一。属皇帝对臣工有所训示时用敕谕，属封赠中下级官员时用敕命。清沿明制，然使用范围较广，主要有敕书和敕命两种，前者用作指明官员职责范围的训令，后者作为封赠六品以下官员和封授有袭次世爵的凭证文件。详见"敕书"、"敕命"等。

敕书 文书名。也称敕谕，属敕之一种。是皇帝专用的命令文书之一。唐朝有论事敕书。宋朝皇帝赐少卿监、中散大夫、防御史等以下官员，均用敕书。明朝皇帝对臣工有所训示时所用敕书称敕谕。

清朝使用范围较广，主要用作皇帝封授地方职官之凭证文件，其内规定各该官员的职权范围和任职要求。以所授对象不同，又分作坐名敕、传敕两种。凡督抚、驻防将军、学政、漕运总督、各关监督、总督仓场侍郎、盐政、织造、提督、总兵，以及临时差遣的军事统帅，如经略、大将军等，授坐名敕，即敕书中写明本官官职、姓名、职权范围，任满交六科验销，然后缴送内阁。布政使、按察使、道员，以及副将、参将、游击等官，授传敕，因其内不写明本官姓名，任满亦不必缴销，而是转交接任者收执，依次传替，故名。此外，开馆修史、修书，大都颁布敕谕，有事谕外藩亦用敕书。

敕令所　宋朝编修敕令所或详定一司敕令所简称。

敕令格式　宋朝法令、法制文书名。唐朝法令、法制文书有律、令、格、式。德宗时选律学之士，取至德（756—758）以来制敕掇其可为法者藏之，而不名书。宪宗时删天宝（742—756）以后敕为《开元格后敕》。文宗命尚书省郎官各删本司敕，中书门下参其可否而奏，为《大和格后敕》。宣宗时又以刑律分类为门，附以格敕，为《大中刑律统类》，诏刑部颁行之。宋初称令、格、式、敕。神宗以律不能概括所有情况，改为敕、令、格、式，而仍存律。凡断狱必先依律，律未载，则依敕、令、格、式。《宋史·刑法志》："禁于已然之谓敕，禁于未然之谓令，设于此以待彼之谓格，使彼效之之谓式。"于刑名轻重、行政条法、奖惩标准、公文程式，皆有规定。前朝所颁敕、令、格、式，后朝必编纂成书，用为正式法规。

敕库　宋朝大理寺所属机构。掌收管本寺架阁文书，由左断刑官领之。

敕局　即详定编敕所。

敕命　文书名。属敕之一种，是皇帝专用的命令文书之一。明朝皇帝封赠中下级官员时使用，文字由殿阁大学士起草奏定。清沿明制，用作敕封外藩，封赠六品以下官员及世爵有袭次者之凭证文书。书于锦轴之上，轴柄有玉饰、犀角饰、黑牛角饰之别。文字由翰林院撰拟，内阁大学士奏定，于内阁侍读学士、侍读内简委一二人专司检稽，按品颁给。非因事追夺或绝嗣，例不交还。

敕葬　官场用语。宋朝大臣、贵戚死，皇帝派宦官监护丧葬，称敕葬。

敕谕　见"敕书"。

敕牒　官府文书名。宋朝，凡进士及第与任知县以上官者，被差充科举考试官、出使外邦、接待外邦来使，以及僧道被旨住持寺庙，给降庙额等公事，皆用敕牒指挥，由尚书省颁降。

敕榜　宋朝官府文书名。赐酺、戒励百官、晓谕军民时用之。由翰林学士撰文。

觋　官名。春秋战国置，掌巫术祷禳的男性官吏。《国语·楚语上》："在男曰觋、在女曰巫。"

乾元院使　使职名。唐玄宗开元五年（717）置，掌乾元殿写四部书，领刊正官四员、押院中使一员、知书官八员，六年改为丽正修书院使。

乾文院使　使职名。即文思院使，五代后梁太祖开平元年（907）改，三年罢置。

乾清门行走　官名。清朝侍卫之一种，即掌翊卫近御，常值班于内廷及皇帝出巡时扈从值班之侍卫。次于乾清门侍卫，无定员，归御前大臣统领。

乾清门侍卫　官名。清朝侍卫之一种，即掌翊卫近御，常值班于内廷及皇帝出巡时扈从值班之侍卫，次于御前侍卫。于侍卫内特简，无定员，归御前大臣统领。

勘箭官　官名。辽朝置，掌勘箭等事。皇帝车驾远归，閤门使持雄箭，勘箭官持雌箭，比较相合，然后入宫。称勘箭。

勒留官　宋朝在京诸司吏人任职年满，应出职授官而复令留司继续任吏职；或在任差遣得替后，归本司祗应者，称勒留官。勒留官依一定选限，可出职授官。

勒停　官制用语。宋朝对官员的一种处分。若官员罪在编管以上，则追毁其有出身以来文字，除名降为平民，称为勒停，又称停任。

副大臣　见"大臣"。

副大都护　官名。唐朝大都护府次官，置二员，从三品，为大都护副贰。参见"大都护府"。

副万户　官名。明朝万户府副长官。明初于各万户府置，从四品，掌带军士从征诸事。后罢万户府，遂革。只在少数民族地区设为土官。

副千夫长　官名。明朝土官名号之一。乃管理少数民族地区之头目，无专职品级。世袭。

副千户　官名。❶明朝各千户所下设二人，从五品。与千户同掌本所军士。上隶卫指挥使司，下督百户。而守御千户所亦设，而不隶卫，直达于都司。❷清朝土官名号之一。武职。甘肃省设有，隶指挥使之下。从五品。有自己所管辖之地区，并掌有一定之士兵，受地方武官约束。世袭，其承袭事隶兵部。详见"土官"。

副王　汉朝西域诸国国王副贰。《汉书·西域传》："大宛，王治贵山城"，"副王、辅国王各一人"。

副开拆官　南宋京城临安府属吏。员一人，分领开拆司之事。

副厅长　官名。清末新设机构厅之副长官，协助厅长管厅事。也有只设厅长而不设副厅长者，如军咨府所属四厅，厅长下各设副官一人。

副中郎将　官名。《汉书·苏建传附苏武传》："武与副中郎将张胜及假吏常惠等募士斥候百余人俱。"时武为中郎将，副中郎将当为其副贰。

副长官　官名。明朝少数民族土司官，长官司之副，一人，从七品，由少数民族首领充任，掌本长官司所属各族军政事务。

副引赞官　宋朝御史台属吏。员一人，位在前司主管班次下、入品知班上。补正名后，遇大礼可出为录事参军。

副孔目 即副孔目官。

副孔目官 吏名。宋朝秘书省、南宋临安府置，掌本署有关具体事务。

副本 文书名。清朝题本之抄录本。清制，京内外衙门缮具题本进呈，需另缮录一份存内阁备查。题本奉旨后用朱笔批写，抄录本则依红本以墨笔批录。初贮皇史宬，乾嘉以后另设副本库于太和门东。

副本库 官署名。清朝内阁所属之办事机构，设于清中期以后。雍正七年（1729）定京内外衙门之题本、副本俱送内阁，由内阁照红本用墨笔批录，存贮皇史宬。后来专设副本库收贮副本。其司员由大学士于满、汉中书内派委，无定员。

副札萨克达喇嘛 封号。清朝藏传佛教之职任喇嘛。位在札萨克达喇嘛之下，设于京师等处。分理寺庙佛教事务。

副史 见“都史”。

副主考 参见“主考”。

副司弓 官名。又称署司弓，清朝内务府武备院所属毡库之属官，协掌备弓处事。初名弓匠委署固山达，额设五人。乾隆二十四年（1759），改是称。四十四年定为八品职衔。光绪三十年（1904）省一人。

副司矢 官名。又称署司矢，清朝内务府武备院所属毡库之属官，协掌备箭处事。额设五人，食八品俸。光绪三十年（1904）裁一人。

副司匠 官名。清朝内务府武备院四库之属官，协掌督催各库匠役及制造器物事宜。

副司库 官名。清朝司库之副职，内务府广储司所属六库均设，佐司库管库事。

副司幄 官名。又名署司幄，清朝内务府武备院所属北鞍库之属官，协掌帐房处事。初名委署帐房头目，额设三人。乾隆三年（1738）定为八品职衔。二十四年改是称。三十六年定为六品职衔，食七品俸。

副司鞍长 官名。清朝内务府上驷院之属官，协掌服驾。额设二人，给六品衔。

副达喇嘛 封号。清朝藏传佛教之职任喇嘛，位在达喇嘛之下、德木齐之上。于北京、盛京、热河等处各设若干人。分掌寺庙佛教事务。

副执法官 官名。清末新陆军职官，宣统元年（1909）置。每混成协或未成镇的独立协一人，正四品，协参领充，奏补。掌办本协军事司法及战时俘虏与占领地司法事宜。

副爷 清朝绿营兵对下级军官把总之尊称。

副军中郎将 官名。东汉献帝建安（196—220）末刘备置。《三国志·刘封传》：“益州既定，以封为副军中郎将。”

副军师 官名。三国吴置，辅佐军师治理军国之事，地位较高。见《三国志·孙皓传》。参见“军师”。

副军医官 官名。清末新陆军职官。光绪三十年（1904）定新陆军营制，始置。每标一人，正四品，协参领充，奏补。掌督理本标卫生医药等事。

副军将军 官名。东汉献帝建安（196—220）末刘备置。《三国志·刘封传》：“迁封为副军将军。”

副军校 官名。清末新陆军次等官阶之一。光绪三十年（1904）定新陆军官员等级，分三等九级，始置。为次等第二级，任排长、掌旗官等，秩视千总，阶正六品。宣统元年（1909）修订，军官冠以某队（步队、马队）、军佐冠以某科（军医、军需）字样。

副军校尉 官名。三国吴置。领兵大臣年迈有病，则任其子为之，协助处理军务。《三国志·吕范传》：“后范寝疾，拜（子吕据）为副军校尉，佐领军事。”

副军械官 官名。清末新陆军职官。光绪三十年（1904）定新陆军营制，始置。每标一人，正四品，协参领充，奏补。掌督理炮标战具军火。

副军需官 官名。清末新陆军职官。光绪三十年（1904）定新陆军营制，始置。每标一人，正四品，协参领充，奏补。掌督理本标粮饷服装等事，步马标兼管军械。

副防主 官名。西魏、北周置。为防的副主将，协助防主管理辖区域内的军政事务。见《周书·郑伟传》。

副巡检 官名。宋太宗太平兴国元年（976）置，为巡检使副贰。金朝为诸巡检司次官，明清于巡检司置，从九品，为巡检之副职。

副折 文书名。清朝奏折之副本，始行于乾隆（1736—1795）年间。初，臣工之奏折并无本人抄录之副本，只有军机处抄录者，称录副奏折。至是，和珅任领班军机大臣，遂传文各省，凡有奏折，除正折径送宫门外，必须同时另备副本，送军机处交他本人阅看。嘉庆四年（1799），和珅被处死，其制遂废。

副医师长 官名。清朝内务府上驷院属官，佐医师长掌教习上驷院蒙古医生。额设二人，由蒙古医生充任。

副贡 清朝五贡之一。乡试中列入副榜之生员准做贡监。康熙元年（1662）曾停贡，十一年仍开贡例。

副护军参领 官名。清朝八旗护军营将领。雍正元年（1723）以“署护军参领”改称，次于护军参领，初制正五品，雍正十二年升为正四品。满洲每旗十人，蒙古每旗四人，共一百一十二人。与护军统领共掌统率护军。

副护军校 官名。清朝圆明园八旗、内务三旗护军营低级武官，从八品。协护军校掌辖护军。

副兵马使 见“军使”。

副库掌 官名。清朝内务府所属各库属官。营造司所属木、铁、炭等七库及铁作、漆作、炮作等三作，养心殿造办处各库，武英殿修书处各库，御茶膳房库等处皆设，自七品至无品级不等。隶于库掌下，分掌本库所贮物品之事。

副判录　官名。明初判录司副长官。洪武十三年（1380）置，二人，从七品，协判录掌在京官吏俸禄及公文出入等事。后改左、右司副。

副社长　南宋乡兵忠义巡社统兵官。参见“社长”。

副局长　官名。清末新设机构局之副长官，协助局长管各局事。也有只设局长而不设副局长者。

副直监　官名。北齐置，员二人。属太子门下坊殿内局。隋改殿内局为内直局，置内直监、内直副监。

副招讨使　官名。金朝招讨司置，员二人，从四品，佐招讨使招怀降附、征讨携离。元朝招讨司不设达鲁花赤者亦置一人。明朝或置副招讨。

副使　官名。为各种正使的副职。始见于秦、汉，北魏时置为皇帝所派使者的副手。自后凡有正使多并置，如唐、宋、辽、金之节度使、观察使、团练使、防御使、节度使兼安抚使以及支度、营田、招讨、经略使、指挥使、安抚使、宣尉使、宣抚使等均置。唐朝各州诸军，刺史领使五千人以上置，万人以上有营田副使一人。明朝户部、礼部、工部、光禄寺、太医院、顺天府、应天府诸王府长史司、各布政使司、都转运盐使司、盐课提举司所属各局、库、仓、所、院、司、分司、关及茶马司、税课司、各府州县仓、织染杂造局、批验所、递运所、冶铁所等均置，位大使下，秩九品、从九品或不入流。按察使司所置为正四品，与佥事分司诸道。都转运盐使司正使下设，为从五品，与同知、判官分司盐务。明朝派往少数民族地区或外国的使节中亦多置副使，以他官兼领。宦官所设副使为从五品。清沿明制，并于通政司设，正四品。清末光绪三十三年（1907）设军谘处亦置为副职。以正参领一人充任。宣统元年（1909）于军咨处设总务厅，废正、副使，改置军咨使。参见有关各条。

副使道　官名。清朝道员兼衔。顺治（1644—1661）中沿明旧制，分设守道、巡道，辅佐藩、臬二司办理地方政务，乃省与府州之间之地方长官。皆带原品衔充任。由掌印给事中、知府补授者为副使道。乾隆十八年（1753）改道员为实官，遂省。

副官　官名。清末新设陆军部职官。宣统二年（1910）置，分部、司、处三级。部副官四人，俱以正参领（正三品）以次军官充任，供大臣、副大臣差遣及传达命令。承政、军制、军衡等六司及暂设之军实、军牧二司各设一人，以正、副军校（五、六品）及相当文官充；军学、审计二处各设一人，制同司；负责传达司、处长之命令。另，光绪三十三年（1907）所设之海军处（时隶陆军部）下属机要、船政、运筹三司亦各设副官一人。

副牧长　官名。清朝内务府庆丰司、上驷院等机构所属游牧官，分掌畜牧马、驼、牛、羊之事。康熙（1662—1722）年间京畿马厩所属马驼牧群共设十一人，佐助牧长。口外及盛京、吉林等处四个牧厂，马群二百六十一个，驼群六十五个、每群设一人，佐助牧长。其后裁撤不一。初张家口外、盛京及吉林等地之牧厂，分设牛群领催、羊群领催，为十群长之副。乾隆二十三年（1758）改十群长为牧长，省领催而用今称，为之副贰。无品级。下辖牧丁等役。

副知　官名。知事之副贰。唐德宗贞元十二年（796）始号，授苏弁度支郎中、副知度支事。

副承旨　官名。五代置，宋因之。为枢密院承旨司属官，掌通书承旨司诸房公事，或出任中外武职。

副参领　❶官名。清朝八旗组织中层编制单位甲喇副长官，即参领之副贰。雍正元年（1723），改委署参领设。员额、职掌均同参领，正四品。此外，护军营、前锋营、骁骑营等皆置，详见“副护军参领”等。❷军阶名。清末新陆军中等官阶之一。光绪三十年（1904）定新陆军官员等级，分三等九级，始置。为中等第二级，任教练官、中军官等，秩视游击，阶从三品。宣统元年（1909）修订，军官冠以某队（步队、马队）、军佐冠以某科（军医、军需）字样。

副贰　泛指长官的副手或佐吏。《后汉书·景丹传》：“丹以言语为固德侯相，有干事称，迁朔调连卒副贰。”李贤注：“副贰，属令也。”

副封　汉朝臣民向皇帝呈递奏疏的副本。汉制，凡上书者皆为二封，署其一曰副。领尚书者先发副封，所言不善，屏去不奏。宣帝时为削夺霍氏权势，采纳御史大夫魏相建议，去副封以防壅敝。

副相　官名。吐蕃官，曰论茝扈莽，亦号小论，置一人，与大相论茝（亦号大论）统国事。

副指挥使　见“指挥使”。

副保正　见“保正”。

副钤辖　官名。宋朝钤辖司副长官。北宋时期，知州若兼任本州钤辖，则以武臣一员为其副职。南宋因之。又改诸路都监为副钤辖。佐钤辖掌兵马之事。

副将　❶官名。（1）宋朝军事编制将的统兵官。神宗时，一部分禁军实行将兵法，一般每将设正将、副将各一员。南宋时，将为各屯驻大军第二级军事编制单位，隶属于军，统兵官中亦设有副将。参见“将”。（2）金朝诸边将之一。位正将之下，部将之上。正八品。掌轮番巡守边境。（3）清朝绿营军官。武职，从二品。隶于提督、总兵之下，可充协的领兵官，统理一协军务。又称协镇，别称协台。下辖参将、游击等。另有充督标中军官者，协总督综理军务。又，漕运总督下亦设副将，掌理催护粮船等事。❷清入关前世职名。后金天命五年（明万历四十八年，1620）三月，清太祖努尔哈赤改设八旗官，总兵、副将、参将、游击，各分三等，俱为世职。天聪八年（1634），改一等、二等、三等副将为一等、二等、三等梅勒章京。顺治四年（1647）改称阿思哈尼哈番，乾隆元年（1736）再改为男爵，为异姓封爵公、侯、伯、子之下的爵位。

副首领太监 清朝太监官职之一。以八品“侍监”充，亦有无品级者。坤宁宫、养心殿内（兼吉祥门）、御茶房、苍震门、遵义门、寿康宫、御花园、太庙、慈宁宫、祭神房、寿皇殿、瀛台、画舫斋、永安寺及内务府掌仪司、营造司等处均设，掌率所属太监。

副总兵 官名。明朝置，为武臣职，位总兵下。无品级，无定员。皆以公、侯、伯、都督充任。总镇一方者为镇守，独镇一路者为分守，与主将同守一城为协守。出征时，总兵官总镇正兵，副总兵分领奇兵。

副总领 见“苑副”。

副总管 官名。北周各地设总管府管理军政，其江陵总管府因有保护及监视梁国之责，特置此职辅佐总管。宋、辽、金、元、清皆置为总管副贰。参见“总管”。

副总管太监 清朝太监官职之一。以六品太监充任者为宫殿监副侍衔，敬事房设六人，养心殿内（兼吉祥门）设一人。以七品太监充任者为执守侍衔，皇太后宫设一人。

副宪 清朝都察院副都御史尊称。

副院长 官名。清末新设内阁法制院及弼德院之副长官，佐院长掌院务。详见“法制院副院长”、“弼德院副院长”。

副都头 见“都头”。

副都军头 见“都军头”。

副都纪 官名。管理道教事务之道官。明洪武十五年（1382）设于各府，为道纪司之副长官。府各一人，未入流，设官不给禄，颁发度牒，与都纪共同掌领一府之道人。清沿明制，例由礼部拣选通晓经义之道人充补，移咨吏部注册。

副都护 官名。唐置，为都护府次官，位都护下。大都护府所置为正四品上，上都护府所置为从四品上。宋朝无职掌，不常置，仅为寄禄阶官，位在太常少卿上。

副都纲 官名。管理佛教事务之僧官。明洪武十五年（1382）设于各府僧纲司，府各一人，为僧纲司副长官。品秩未入流，设官不给禄，颁发度牒，与都纲共同掌领一府之僧人。清沿明制，例由礼部拣选通晓经义之僧人充补，移咨吏部注册。

副都承旨 即枢密院副都承旨。

副都指挥使 官名。五代及宋时设为统兵官都指挥使之副。

副都点检 即殿前副都点检。

副都保正 见“保正”。

副都总管 见“副都部署”。

副都统 官名。❶临时性军事副统帅。唐朝德宗兴元元年（784）始置，位都统之下。与都统同属临时性军事长官，掌征伐，不赐旌节，事毕即罢。宋朝置“副都统制”，简称副都统，与都统制共掌节制军马，亦非常职。辽、金亦有副都统之名。❷清朝八旗组织中各旗之副长官。满洲、蒙古、汉军旗各二人，共四十八人，正二品。协助都统掌本旗户籍、田宅、教养、操练等军政事务。满名原为梅勒额真，天聪八年（1634）改为梅勒章京。顺治十七年（1660），始定汉名为副都统。又，各省驻防八旗中亦设。凡驻防地区设有将军者，则归将军兼管；未设驻防将军者，则为驻防旗营的最高军政长官。❸清末新陆军军阶名。光绪三十年（1904），定新陆军官佐等级，分三等九级。上等一级正都统，从一品；二级副都统，正二品；三级协都统，从二品。副都统秩视总兵，可任统制官，简放。宣统元年（1909）修订，军佐冠以军医、制械等字样。

副都统制 见“都统制”。

副都监 官名。南宋初年，置于诸路，以武臣充任，协助守臣掌兵马之事。遇朝廷起兵，则受副总管节制。

副都部署 官名。北宋初年置，佐都部署掌一路或数路军旅屯戍、营防守御之政令，以观察使以下充任。后避英宗讳，改称副都总管。

副都尉 官名。隋炀帝大业三年（607）于有兵诸郡别置，正五品，为都尉副贰，领兵，与郡之行政长官不相知。京辅所置从四品。

副都御史 官名。明洪武十六年（1383）置，为都察院副长官。左、右各一人，正四品。十七年升正三品。建文（1399—1402）中改御史大夫。成祖即位，复旧制。南京都察院亦置，无左职。佐都御史掌都察院事。

副校尉 官名。即西域副校尉，省称副尉，西汉宣帝地节二年（前68）初置，属西域都护，秩比二千石，助西域都护卫护西域。东汉沿置。

副监 官称。❶隋朝同州总监、岐州总监、盐池总监、陇右牧总监、皮毛监、盐州牧监、缘边交市监及诸屯监次官。❷唐朝宫官阿监之下置，视从七品。❸唐朝太仆寺所统诸牧监，司农寺所统司竹监、诸宫苑总监、诸园苑监、九成宫总监，少府监所统诸铸钱监，将作监所统百工等监次官。❹唐玄宗开元二十年（732）以后监军使副职。

副监理官 官名。清末度支部派驻各省清理财政处官员。宣统元年（1909）各省设清理财政处，始置。每省一人，度支部遴员奏派（共派二十四人），任期二年。掌佐正监理官稽查督催该处一切应办事宜。

副监督 见“监督”。

副留守 官名。皇帝不在京都，置留守，以副留守协助掌理京都政事。唐太宗征高丽，以房玄龄为京都留守，以右金吾大将军为副留守。其后，京都、西都、北都分置。玄宗开元元年（713）改长史为尹，又置少尹，皆以少尹为副留守。南宋初以掌兵官为副留守。辽朝南面官五京留守司皆置，位留守下、知留守事上。金朝诸京各置一人，从四品下，位同知留守事下，带本府少尹兼本路兵马副都总管。元朝大都、上都等留守司均置二人，正四品，位同知下。明朝洪武十四年（1381）始置于中都留守司，左右各一人，后改一人，不分左右，正三品，职略同于各卫指挥使，协正留守同掌中都守御防护之事。嘉靖十八年（1539）兴都亦置，与中都同。掌兴都及显陵守护之事。

副部署　官名。北宋初年置，佐部署掌一州、一路或数路军旅屯戍、营防守御之政令，以武臣诸司使以上或文臣两省五品以上充任。后避英宗讳，改称副总管。

副宰　女官名。北宋徽宗政和三年（1113）改尚书内省官制，置内宰二人，副宰四人。总率其属以行内治，并掌外省六曹所上之事。

副通赞官　官名。清末国子监职官，光绪三十二年（1906）设。协掌文庙、辟雍典礼事。二人，从八品，咨补。

副理　官名。清朝道官之一，分掌道教事务。顺治（1644—1661）中设二人，隶于龙虎山正一真人，并由其保举，报部给札。道光元年（1821）定为正七品，依例升迁提举，缺出由知事等官升补。

副理问　官名。元、明、清三朝理问所副长官，佐长官理问掌勘核刑名案件。元朝各所设二人，从五品。明朝每所置一人，初为正五品，后改从七品。清初沿明制，每所设一人，从七品。康熙三十八年（1699）裁。

副理事官　官名。清入关前置。太宗崇德三年（1638），于六部、理藩院等机构设，员额不等。顺治元年（1644）改为员外郎。唯宗人府于雍正二年（1724）复改员外郎置。参见“宗人府副理事官”。

副笺　见“笺”。

副领　官名。郑成功设。参见“正领”。

副领事　官名。清末派驻外国的官员，光绪十三年（1887）始置。从五品，奏补。掌领事馆事务，保护华侨。辖二等通译、二等书记各一人。

副率　官称。隋、唐迄宋，太子诸率府副长官统称。隋朝太子左右卫、左右宗卫、左右内、左右监门，唐朝太子左右率府、左右司御率府、左右清道率府、左右监门率府、左右内率府，宋朝太子左右卫率府、左右司御率府、左右清道率府、左右监门率府、左右内率府，皆置一至二员，从四品上至正五品上不等。元丰（1078—1085）改制后官存而无职司，为四品寄禄官。详见各条。

副谒者　官名。南朝宋置。掌宣旨慰劳。见《宋书·夷蛮传》。

副尉　❶汉朝西域副校尉简称。❷散官名号。唐太宗贞观十一年（637）置武散官，自正六品至从九品为昭武、振威、致果、翊麾、宣节、御侮、仁勇、陪戎八校尉及八副尉，其上阶为校尉，下阶为副尉。后代沿此制。宋朝有进武、进义、守阙进义、进勇、守阙进勇等副尉。金朝武散官有保义、进义二副尉，世宗大定十四年（1174）增设，为三十四阶之末二阶，分别为从九品上、下。元沿金制，武散官末二阶亦为保义副尉、进义副尉，从八品，敕授。❸官名。金朝卫尉司副长官，从四品。协助中卫尉管理皇后宫事务。❹清朝步军副尉之简称。详见“步军副尉”。

副掌果　官名。清朝内务府掌仪司果房属官。康熙四十五年（1706）设，二人，秩九品。协掌果掌果房事。

副掌盖　官名。又称委署掌盖。清朝内务府武备院所属北鞍库之属官。额设三人，正八品。协掌伞房事。参见“掌盖”。

副税务司　官名。参见“正税务司”。

副盟长　官名。清朝蒙古各盟副长官。清于内、外蒙古及青海蒙古各部实行盟旗制，每盟设一人。佐盟长掌理一盟之政事，督同札萨克办理旗下之大事。

副催长　官名。清朝内务府所属七司以及钱粮衙门等机构均置。位催长下，负责催办具体事务。自九品至无品级不等。

副催总　见“苑副”。

副詹事　官名。明初太子东宫职官。以勋旧大臣兼领其事，佐左、右詹事掌辅导太子。洪武二十五年（1392）改名少詹事，定正四品。

副端　官名别称。唐宋以知西推、理赃赎、三司受事的侍御史称副端，又以知左、右巡的殿中侍御史称副端。

副镇抚　官名。明初掌军事司法的职官。详见“都镇抚”。

副整事　官名。吐蕃官，曰喻寒觅零逋，与整事大相、小整事任国事，总号曰尚论掣逋突瞿。

副翼尉　即帮办翼尉。

副讥察　官名。金朝设在关口、河渡之处，为讥察官佐贰。秩正九品。

著帐户司　官署名。辽朝北面官，管理皇室奴隶的机构。辽制，凡内族、外戚及世官之家因罪没入者为著帐郎君，其余人犯罪籍没者及各宫帐析出为皇室和亲王服役之人称著帐户，统属于著帐户司。凡皇室、亲王侍从、近位、伶官及其他杂役，皆由著帐户充任。

著帐节度使　官名。辽朝北面官，著帐户司长官。下设殿中等职。

著帐郎君　官称。辽朝北面官，辽凡内族、外戚及世官之家犯罪者，皆没入瓦里，成为皇家奴隶，这些人在宫中任职服役，称著帐郎君。

著帐郎君节度使　官名。辽朝北面官，著帐郎君院长官。

著帐郎君司徒　官名。辽朝北面官，著帐郎君院官员，在著帐郎君节度使之下，掌著帐郎君族属之事。

著帐郎君院 官署名。辽朝北面官，为管理著帐郎君的机构。下设祗候郎君班详稳司及著帐诸局为皇室服务。

著作 著作郎、佐著作郎、著作佐郎省称。《晋书·束皙传》："转佐著作郎"，"迁转博士，著作如故"。夏竦《文庄集》卷一三《议职官》："号为著作，罔知笔削之事。"分见各条。

著作上士 官名。西魏恭帝三年（556）置，北周沿置。春官府外史下大夫属官，员二人，正三命。掌撰国录，下设著作中士以佐其职。隋文帝开皇元年（581）罢。

著作中士 官名。西魏、北周春官府外史下大夫著作上士佐官，员四人，正二命。

著作令史 官名。三国魏置，著作局属官，协助著作郎、佐著作郎修撰国史。晋朝因之。著作局改为省后，为著作省属官。南北朝沿置。南朝宋时，吴癸曾制历法。《宋书·律历志下》："元嘉二十年（443），太祖使著作令史吴癸依（刘）洪法，制新术，令太史施行之。"魏、晋、宋八品，梁流外三品蕴位。

著作佐郎 官名。三国魏明帝太和（227—233）中置佐著作郎，协助著作郎修撰国史及起居注。东晋改此名，六品。一说南朝宋改称，属著作省（局），掌搜集史料，供著作郎撰史。晋制，此职初到任，必撰名臣传一篇，南朝宋初，始建国，未有适合撰写者，此制遂废。由秘书监选用，无秘书监时，由吏部选用。本用文学之士，但在南北朝后期，因其职务清闲，成为世族高门子弟的起家之官。梁武帝天监七年（508）定为二班，陈七品、秩四百石。北魏秘书省著作局置四员，孝文帝太和十七年（493）定为从五品上，二十三年改为七品。北齐著作省置八员，七品。隋文帝时属秘书省著作曹，员八人，正七品。炀帝大业三年（607），增置四员，共员十二人，升为正六品。唐高祖武德四年（621），改著作曹为著作局，仍隶之，员四人，从六品上。高宗龙朔二年（662），改称司文郎，咸亨元年（670）复旧。玄宗开元二十六年（738），减置二员。与著作郎分判局事。唐朝职掌协助著作郎撰写碑志、祝文、祭文等，国史的修撰则改由史馆担任。北宋前期为八品寄禄官，神宗元丰（1078—1085）改制后，以宣德郎代之，于秘书省置此职为职事官，员二人，正八品。掌修日历及祭祀祝辞。南宋时减为一员。辽朝秘书监著作局亦置。金熙宗皇统六年（1146）于著作局设二员，正七品。掌编修日历，以学士院兼领之。后隶秘书监，减为员一人。元朝属秘书监，员二人，正七品。参见"佐著作郎"。

著作局 官署名。三国魏明帝太和（227—233）中置，设著作郎为长官，其下设佐著作郎、著作令史等，掌国史的修撰，隶中书省。西晋初沿置，惠帝元康二年（292），以秘书典艺文图籍，故由中书省转隶秘书。一说转隶时间在元康元年。后改称著作省。北魏中期亦置，属秘书省，设著作郎二员，著作佐郎四员，后又改称著作省。唐高祖武德四年（621），复置，以著作郎二员为长官，设著作佐郎四员，书令史一员，校书郎二员，正字二员，楷书手五员，书吏二员，掌固四员。太宗贞观三年（629）置史馆后，不复掌修国史，而以修撰碑志、祝文、祭文为职。高宗龙朔二年（662），改称司文局，咸亨元年（670）复旧。玄宗开元二十六年（738），减著作佐郎为二员，校书郎为一员。辽朝属秘书监。金熙宗皇统六年（1146），设著作郎、佐郎各二员，编修日历，以学士院兼领之。后改隶秘书监，减著作郎、佐郎员为各一人。

著作郎 官名。❶三国魏明帝太和（227—233）中置，为著作局长官，员一人，六品，隶中书省。西晋惠帝元康二年（292），改隶秘书寺，一说改隶时间在元康元年。后著作别自置省，仍以为长官，隶秘书省，六品。亦称大著作郎、大著作、著作、正郎等，掌国史及起居注的修撰。其下设佐著作郎（后改称著作佐郎），"佐郎职知博采，正郎资以草传。"有时亦兼管秘书省所藏典籍。在西晋、南北朝时为清要之官，出任者多为有名望的文学之士，亦有以司空、侍中、尚书等官领、典者。南朝宋时曾作为宗室的起家之官。六品。梁武帝天监七年（508）定为六班。陈六品，秩六百石。北魏中期於秘书省置著作局，设员二人，孝文帝太和十七年（493）定为五品上，二十三年改为从五品上。北齐著作省亦置二员，从五品上。北周春官府设有著作上士，职掌同此。隋朝为著作曹长官，员二人，隶秘书省。初为从五品上，炀帝大业三年（607）升为正五品，后复降为从五品。唐高祖武德四年（621），改著作曹为著作局，仍为长官，员二人，从五品上。高宗龙朔二年（662），改称司文郎中，咸亨元年（670）复旧。掌修撰碑志、祝文、祭文，与著作佐郎分判局事，不再掌国史修撰之事。北宋前期为寄禄官，神宗元丰（1078—1085）改制后，以奉议郎代之为新寄禄官，而以此职置于秘书省，为日历所长官，员一人，从七品。掌修日历，以宰执时政记、左右史起居注所书会集修撰，并撰祭祀祝辞。元丰八年，诏吏部郎中曾肇、礼部郎中林希兼著作，以职事官兼职自此始。南宋因之。辽朝仍置为著作局长官。金熙宗皇统六年（1146），设于著作局，员二人，从六品。掌编修日历，以学士院兼领之。后隶秘书监，减为员一人。元朝属秘书监，员二人，从六品。参见"著作局"。❷东宫官属。明朝建文（1399—1402）中，在詹事府下设资德院，置为资德院属官，二员。成祖即位后罢。

著作省 官署名。西晋改著作局置，隶秘书省。以著作郎为长官，下设佐著作郎、著作令史等，负责国史与起居注的修撰，有时兼管秘书省所藏典籍。南朝、北魏、北齐沿之。北齐增置校书郎二员，又别置起居省，遂不再掌起居注的修撰。

著作曹　官署名。隋朝秘书省所领，置郎二员、佐郎八员及校书郎、正字等属官。唐高祖武德四年（621）改曹为局。

著武将军　将军名号。新莽置，时有著武将军逯并，见《汉书·王莽传》。

萆氏　官名。《周礼》春官之属，一说为周朝置，掌燃火之燋（苇草）和灼龟之契（荆木），佑助卜师占卜。《周礼·春官》："萆氏，下士二人，史一人，徒八人"，"掌共燋契，以待卜事。凡卜，以明火爇燋，遂吸其焌契，以授卜师，遂役之"。

萍氏　官名。《周礼》秋官之属，一说为周朝置，掌管国家的水禁。《周礼·秋官》："萍氏，下士二人，徒八人"，"掌国之水禁。几酒，谨酒。禁川游者"。

萨甫　官名。北齐置，属鸿胪寺典客署，京邑置二员，诸州置一员。管理境内波斯商人及掌祆教（琐罗亚斯德教）祠宇祭祀。为梵语音译，亦译为萨宝、萨保。隋朝雍州萨保，视从七品，诸州有波斯人二百户以上者置，视正九品。唐朝为萨宝府长官，视正五品。

萨宝　官名。唐朝萨宝府长官，视流内正五品，掌祆教事务。

萨宝府　官署名。唐高祖武德四年（621）始置，掌祆教事务，隶礼部祠部司，后在两京（长安与东都）分设，长官萨宝，另有祆正、祆祝、率府、府史等员。

萨保　官名。隋朝诸州掌祆教事务官，雍州视从七品，诸州二百户以上所置视从九品。

营下督　官名。三国吴置。《三国志·朱然传》："（朱绩）以胆力称。迁偏将军、营下督，领盗贼事，持法不倾。"

营千总　见"千总❷"。

营长　见"卒长❷"。

营田大使　官名。北魏置。掌管军士屯田事务。《魏书·范绍传》："发河北数州田兵二万五千人，通缘淮戍兵合五万余人，广开屯田。八座奏绍为西道六州营田大使，加步兵校尉。绍勤于劝课，频岁大获。"

营田使　使职名。唐朝有屯田之州置，掌军屯。武则天延载元年（694）曾以娄师德为河源军检校营田大使；如节度使兼，则有副使、判官各一人，节度使罢秩则留营田印以郎官主之；诸军万人以上有营田副使一人；玄宗开元十五年（727）朔方五城各置田曹参军事一人，专莅营田。宋朝沿置，掌营田事务，有大使、招置营田使、营田副使、制置营田事等名，以宣抚使、转运使、知府、知州、通判等兼任。元末朱元璋置都水营田使。

营田副使　使职名。唐朝有屯田之州，置营田使；节度使兼营田使者，其军一万人以上，置营田副使一人，协掌军屯。

营务处　官署名。清末地方督抚置。因督抚统兵，并多增募军队，故设此机构，负责办理军营行政。处设总办、会办等职，多以道、府文官充任。

营司马　官名。东汉献帝建安（196—220）末刘备为左将军时置，以庞羲任之。建安二十四年，马超等上刘备为汉中王，表于汉献帝，在表中庞羲排在军师将军诸葛亮之前。

营军都督　官名。三国魏置，为大将军及太尉府属官。洪饴孙《三国职官表》作七品。西晋三品将军以上军府皆置，诸公及开府位从公加兵者亦置。

营军曹　官署名。❶御史台下设诸曹之一，设侍御史掌其事。晋朝置，南朝宋顺帝时省并"水曹"。❷公府僚属诸曹之一。两晋司马孚为太宰时设属，司马伦为相国时设掾。东晋以后不置。

营把总　见"把总❷"。

营作大监　官名。北周置，掌宫殿苑林的营造，下设营作副监。周宣帝营建东京（今河南洛阳）时，设京洛营作大监，主持宫苑修建。

营作副监　官名。北周置。营作大监之副贰，佐其掌宫殿苑林营建。

营构大将　官名。东魏置。掌京都邺城宫殿、城郭、堤防等营建，兼管缮治三署乐器、衣服及百戏之属。高隆之以尚书右仆射领此。

营构东宫都将　官名。北魏置。掌东宫的营建事务。卢同自司空谘议参军兼司马迁此。

营构左都将　官名。东魏置。掌邺城宫殿的营建，属营构大将。见《魏书·张熠传》。

营构明堂大都督　官名。北魏置。主持明堂的营建事务。清河王元怿以太傅兼任。

营构明堂都将　官名。北魏置。掌管明堂的营建事务，属营明堂大将。赵万里《汉魏南北朝墓志集释》图版一二一《元周安墓志》："神龟元年（518），除城门校尉，营构明堂都将。"

营构使　官名。东魏置，掌宫室营建事务。《魏书·神元平文诸帝子孙列传》："孝静时，邺宫创制，以（元）轨为营构使。"

营构将　官名。北魏、东魏置。掌管京城宫殿营建事务。一说为营构都将省称。李遵自尚书度支郎迁此。

营构都将　官名。北魏、东魏置，掌营建事务。《魏书·韦阆传》："（姜昭）自平宪司直，出为兖州安东长史，带高平太守，卒于营构都将。"

营构监　官名。北周置，掌宫室营建。《隋书·循吏·樊叔略传》："宣帝时，于洛阳营建东京，以叔略有巧思，拜营构监，宫室制度皆叔略所定。"

营明堂大将　官名。北魏置，掌明堂的修建事务。元义以领军、尚书令领之。见赵万里《汉魏南北朝墓志集释》图版七五《元墓志》。

营官　官名。又称宗本，清朝西藏地方官员之统称，掌治分营寨而居藏民之政事。前、后藏共置营一百二十四处，每营设营官一人或二人，设二人者，僧、俗各一，共一百六十三人。有边营官、大营官、中营官、小营官之称。道光（1821—1850）中增设曲木多寺等处之四品、六品及七品番目营官。

营科 清朝兵部武库清吏司所属办事机构。额设经承一人。

营室殿军器大监 官名。北周置。营军器监长官，掌管宫殿营建和军器制作，其下设有军器副监等以佐其职。地位很重要，齐王宇文宪以大司马、理小冢宰事兼之。

营都督 官名。三国蜀、吴皆置。统军营事务。将军不在时，代行其事务。

营缺 清朝官缺之一种。指绿营兵武官的额定编制。在京巡捕营、各省督抚提镇统辖的水陆各营，及河标各营均适用。其缺除少数为满洲缺外，大多数是由汉人充任的汉缺。但满洲、蒙古、汉军亦可用于汉缺。

营造司 官署名。清朝内务府所属七司之一。初为惜薪司，顺治十八年（1661）改内工部，康熙十六年（1677）始称营造司。掌宫廷修缮事务。凡宫殿及庭园工程，大者会同工部办理，寻常岁修自行承办，每年定期淘挖紫禁城沟渠并拔除城上之草。由总管大臣一人值年管理，设郎中二人，员外郎八人，主事、委署主事各一人，以及笔帖式、书吏等员。又设太监若干，负责带引匠役内廷工作。下设木、铁、房、器、薪、炭六库，圆明园薪炭库及铁、漆、炮三作，分别以库掌、副库掌、库守、司匠、委署司匠等人员管理，炮作并以总管大臣一人值年管理。

营造司员外郎 官名。清朝内务府营造司之职官，额设八人，佐郎中掌司事。

营造司郎中 官名。清朝内务府营造司之主官，额设二人，掌司事。

营造库 官署名。明朝内府贮库之一，隶内官监。设宦官管理，收存营造宫殿、陵墓等物料。

营造案 官署名。北宋神宗元丰（1078—1085）改制后，工部置，掌营缮、制作之事。由工部郎官参领。

营造提举分司 官署名。明初于工部所属将作司下设。洪武六年（1373）置，设正提举一人，副提举二人，掌营造供需诸事。十年随将作司同罢。

营造提举司 官署名。明洪武六年（1373）置，隶于工部所属之将作司，设正提举一人，副提举二人。掌兴建造作之事。十年罢。

营幕使 使职名。唐玄宗时置，主皇帝谒宗庙沿路设置营幕事，有副使、判官。见《全唐文》卷二二《亲谒太庙推恩制》。

营缮司 官署名。❶见“营缮清吏司”。❷清末民政部所属之机构。光绪三十二年（1906）由原工部营缮司改设，归并巡警部警保司工筑科。掌督理本部直辖土木工程，稽核京外官办土木工程及经费报销，保存古迹，调查寺庙等事。辖建筑、道路、古迹三科。置郎中一人总理司务，下设员外郎、主事各四人，七品小京官一人，六、七品艺师各一人，分司各职。

营缮司员外郎 官名。❶即营缮清吏司员外郎。❷清末民政部所属营缮司副长官，佐郎中掌司事。

营缮司郎中 官名。❶即营缮清吏司郎中。❷清末民政部所属营缮司之长官。光绪三十二年（1906）设，一人，总理司务。

营缮所 官署名。宋朝始置。徽宗宣和五年（1123）罢，职事并归将作监。明初曾于工部下复设将作司，洪武二十五年（1392）改将作司而置。设所正一人，正七品，所副二人，正八品，所丞二人，正九品。多以诸匠精艺者充任。

营缮监 官署名。即将作监，唐武则天光宅元年（684）改，中宗神龙元年（705）复名将作监。参见“将作监”。

营缮清吏司 官署名。简称营缮司。明清工部四司之一。掌理营建宫殿、陵寝、城廓、祠庙、仓库、廨宇、营房、府第之事，监管匠人、工役，备办物料，辨材分贮，以待兴工。明洪武二十九年（1396）置，设郎中一人，员外郎三人，主事四人。南京工部营缮清吏司亦设郎中一人，员外郎一人，主事三人。清顺治元年（1644）沿置。设郎中满洲四人、蒙古一人、汉一人；员外郎满洲四人、汉一人；主事满洲二人、蒙古一人，汉二人。所属有吏科、营造科、砖木科、柜科、夫匠科等办事机构。光绪三十二年（1906）裁。

营缮清吏司员外郎 官名。简称营缮司员外郎。明清工部营缮清吏司之副长官，佐郎中掌司事。明洪武二十九年（1396）设，一人，后增至二人。南京工部营缮清吏司亦设一人，皆从五品。清顺治元年（1644）沿设，汉员外郎二人。满洲司属初不分曹，随堂官所派。后增为五人，满洲四人，汉一人。光绪三十二年（1906）裁。

营缮清吏司郎中 官名。简称营缮司郎中。明清工部营缮清吏司之主官，掌司事。明太祖洪武二十九年（1396）设，一人。南京工部营缮清吏司亦设一人，皆正五品。清顺治元年（1644）沿设，汉郎中二人。满洲司属初不分曹，随堂官所派。后增为六人，满洲四人，蒙古、汉员各一人。光绪三十二年（1906）裁。

黄门 ❶官署名。《汉书·霍光传》：“上乃使黄门画者画周公负成王朝诸侯以赐光。”颜师古注：“黄门之署，职任亲近，以供天子，百物在焉。”汉、魏、两晋、南朝、北魏皆置。参见“黄门令”。❷唐朝官署名。玄宗开元元年（713）改门下省为黄门省，五年复旧。参见“门下省”。❸黄门侍郎、给事黄门侍郎的简称。❹指宦官。汉朝宫中有小黄门、中黄门、黄门令等宦官，魏、晋或径称黄门。后遂成为对宦官的泛称。宋朝宦者初补内侍称小黄门，迁补则为内侍黄门。

黄门内品 宋朝内侍阶官名。从九品。

黄门从官 官名。东汉末置。以宦者为之，属黄门令。三国魏沿置，八品。

黄门令 官名。西汉为少府属官，掌宫中乘舆狗马倡优鼓吹等事。职任亲近，由宦者充任。有技艺才能者常在其署待诏。东汉名义上隶少府，主宫中诸宦者，秩六百石。中叶以后多以中常侍兼任，或典禁军，或持节收捕大臣，权势尤盛。三国沿置，管理宦者、宫人。魏、晋改隶光禄勋，侍从皇帝左右，颇有权势，或非宦者。南朝宋、齐不详，梁、陈隶光禄卿，大长秋下亦有黄门署。北魏置，北齐、北周不置。辽朝为南面官，隶内侍省。

黄门丞 官名。为黄门令副贰。西汉置一员，任用宦者。东汉丞、从丞各一员，秩三百石。丞佐令管理宫中宦者，从丞侍从皇帝出入。三国沿置。

黄门侍郎 官名。秦、西汉为郎官加给事黄门省称。亦称黄门郎，无员数。为中朝官员，给事于宫门之内，侍从皇帝、顾问应对，出则陪乘。与皇帝关系密切，多以重臣外戚子弟、公主婿为之。东汉与给事黄门合为一官，遂成为“给事黄门侍郎”省称。魏晋至隋初因之，为侍中省或门下省次官，位颇重要。参见“给事黄门侍郎”。隋炀帝大业三年（607）去“给事”置为门下省次官，设二员，正四品上。唐朝沿置。玄宗以后侍中渐成空衔，门下省事务实由其主持，任职者多加“同中书门下平章事”衔出任宰相。高宗龙朔二年（662）改名东台侍郎，咸亨元年（670）复旧；武则天垂拱元年（685）改名鸾台侍郎，中宗神龙元年（705）复旧；玄宗天宝元年（742）改名门下侍郎，肃宗乾元元年（758）复旧。代宗大历二年（767）又改为门下侍郎，并升秩正三品。参见“门下省”、“门下侍郎”。

黄门郎 官名。❶秦、汉时黄门侍郎或给事黄门侍郎省称。❷金章宗泰和二年（1202）置，内侍寄禄官之一，从六品，作内侍局御直、内直有年劳者升进之用。

黄门省 官署名。即门下省，唐玄宗开元元年（713）改，五年复名门下省。参见“门下省”。

黄门都监 官名。三国魏置，宦官张当曾任此职。见《三国志·曹爽传》。

黄门监 官名。❶三国魏置，以宦者充任。《三国志·夏侯玄传》：“（李）丰密语黄门监苏铄、永宁署令乐敦、冗从仆射刘贤等曰：‘卿诸人居内，多有不法。’”❷即侍中。唐玄宗开元元年（713）改门下省为黄门省，侍中为监，五年复旧。参见“侍中”。

黄门署长 官名。东汉置，名义上归属少府，秩四百石，以宦者任之，分主中宫各处。

黄马褂 服饰名。清朝官服之一，即用明黄色绸缎或纱制成的无花纹及彩绣之行褂，当时又称“黄褶”。凡因职任关系，或因“赏穿”，皆得穿用。领侍卫内大臣、御前大臣、侍卫班长、护军统领、健锐营翼领皆为亲臣近侍，可以穿用“职任褂子”。在行围、校射中得到赏穿者，可以穿用“行围褂子”，唯平时不得穿服。文官赏穿自乾隆十一年（1746）始。因战绩显赫而得到赏穿“武功褂子”者，自咸丰以后渐多，并可随时穿用。职任与行围褂子用黑色纽襻，武功褂子用明黄色纽襻。

黄户局 官署名。北齐置，设丞。掌供乐人衣服。隶太常寺鼓吹署。

黄户局丞 官名。北齐置。参见“黄户局”。

黄龙府兵马都监署司 即黄龙府兵马都部署司。

黄龙府兵马都部署司 官署名。辽朝北面官，长春路诸司之一，控制东北诸国。统领隗衍突厥、奥衍突厥、北唐古、五国等部及信、宾、祥等州兵马。亦称黄龙府都部署司、黄龙府兵马都监署司。

黄龙府学 辽朝官立学校。掌教授黄龙府附近生员。始置于道宗清宁元年（1055），设博士、助教等职。

黄龙府都部署司 即黄龙府兵马都部署司。

黄龙府铁骊军详稳司 官署名。辽朝北面官，统领铁骊部人兵马。

黄甲 官场用语。宋朝殿试合格礼部正奏名举人，分为五甲，以黄纸写榜，称为黄甲。

黄甲阙榜 宋朝吏部注授新及第人差遣所颁布的文榜。又称吏部黄甲榜。每殿试毕，吏部颁之，开具合格人姓名、甲次、名次、所注授差遣。

黄册 ❶文书名。上行文。明朝始行之，为进呈文书之一，主要应用于赋役方面。清朝沿其旧称，应用范围扩大。如河工报销及各处营建工程所缮之图册，乡试、会试录、题名录等，凡因事缮造文册随题本进呈御览者，均属此。因其以黄色为封面，故名。❷清朝宗人府之户籍簿。其制，分黄、红册两种，宗室载入黄册，觉罗载入红册，以图永世保存。

黄皮室乣都监 官名。辽朝北面官，黄皮室乣军监治官。

黄皮室军详稳司 官署名。辽朝北面官，统领黄皮室军。黄皮室为大帐皮室军之一。

黄头郎 官名。汉朝郎官一种，以著黄帽，故名。或以黄头为施黄旄于船头，职掌行船。又，汉朝水军士卒亦称黄头。东汉沿袭此称。

黄沙狱治书侍御史 官名。简称黄沙御史。西晋武帝置，主管诏狱案件之审理及复核廷尉所处理的案件。《晋书·职官》：“泰始四年（268），又置黄沙狱治书侍御史一人，秩与中丞同，掌诏狱及廷尉不当者皆治之。后并河南，遂省黄沙治书侍御史。”一说太康五年（284）始置黄沙狱。

黄沙御史 黄沙狱治书侍御史简称。

黄汴都巡河官 官名。金朝都水监属官，设于河阴（今河南原武西南），管辖雄武、阳武、荥泽、原武、延津五埽（一说加河阴为六埽）及兼汴河事。人选由都水监廉举，领埽兵约二千人。

黄沁河堤大管勾司 官署名。金朝属都水监，掌黄河、沁水之河防事务。熙宗皇统三年（1143）四月，置于怀州。

黄沁都巡河官 官名。金朝都水监属官，设于怀州（今河南沁阳），辖怀州、孟津、孟州及城北四埽，并兼沁水事。人选由都水监廉举，领有埽兵约二千人。

黄纸 选举制度用语。魏晋南北朝时期中正用黄纸书写本籍士族的品、状，后遂成为评定士族品第的代称。《晋书·石季龙载记》："先帝创临天下，黄纸再定，至于选举，铨为首格。自不清定，三载于兹。主者其更诠论，务扬清激浊，使九流咸允也。"

黄带子 清朝宗室别称。以其系金黄色带，故名。以指显祖塔克世（太祖努尔哈赤之父）的直系子孙。

黄阁 汉朝丞相或三公处理政事之处。因官署避用朱门，厅门涂成黄色，故名。北朝齐三师二大三公之官并置府，其府三门，当中门黄阁。南朝陈三公开黄阁，听事寝堂，置鸱尾。故黄阁亦作为三公代称。

黄阁主簿 官名。汉朝丞相府门涂成黄色，故所属主簿以此得名。东汉三公府亦然，主省录众事。

黄素勋簿 北魏记载将士军功勋劳的文书，因其写于黄素之上，故名。详见"勋书"。

黄档房 分见"工部黄档房"、"宗人府黄档房"。

黄钺 官制术语。指以黄金为装饰的斧，本为帝王征伐专用。《尚书·牧誓》："王左杖黄钺，右秉白旄以麾。"后成为皇帝出行时的仪仗。三国以后极少数重臣在出征时假授黄钺，为皇帝授予的最高恩赐。其拥有的权力大于使持节，可诛杀持节镇守一方的军事长官。《宋书·百官志上》："假黄钺，则专戮节将，非人臣常器矣。"北魏、东魏时亦有在重臣死后，追赐假黄钺者。

黄钺大将军 官名。三国魏置，指加"假黄钺"名义之大将军，一品，位在三公之上。北魏时元休为黄钺大将军、太傅、大司马、安定靖王（赵万里《汉魏南北朝墓志集释》图版一五七《元愿平妻王氏墓志》）。薛修义起兵反抗北魏政权时，曾自以为号。

黄堂 清朝知府别称。黄堂乃古时太守之厅堂，以知府之地位略同于太守，故名。

黄绶 绶即系印的丝组。黄绶指汉朝官印上的黄色绶带，亦用作低级官吏代称。西汉秩比二百石以上至五百石官吏，如小县长、小侯国相、县丞、尉等皆授铜印黄绶。成帝绥和元年（前8），长、相一度改为黑绶。哀帝建平二年（前5）复故。东汉四百石、三百石、二百石官亦用黄绶。

黄散 黄门侍郎、散骑常侍等门下官员统称。《陈书·蔡凝传》："黄散之职"，"须人门兼美"。

黄牒 文书名。宋朝任命状的一种。宋制，凡委任官员，有品者给告身；无品者及临时差遣，不论职任轻重，皆给黄牒。敕授者由中书省、吏部奏授者由门下省颁给。

黄旗科 清朝兵部职方清吏司所属办事机构。额设经承一人。

黄藏令 官名。晋朝有中黄藏令，南朝有中黄令，皆掌宫中金银币帛库藏。北齐置此，为太府寺黄藏署长官，职掌略同。隋初沿置，从八品上。炀帝大业三年（607）省并左藏监。

黄藏丞 官名。北齐、隋初置。参见"黄藏署"。

黄藏署 官署名。北齐、隋初置。掌宫中金银币帛库藏，置令、丞。

黄藏署令 官名。即黄藏令。

黄藏署丞 官名。即黄藏丞。

啬夫 官名。战国以前已有。战国时县及县属各级长官多称啬夫。秦及魏、赵、韩、中山等国皆置。据《睡虎地秦墓竹简》，秦国有田啬夫、仓啬夫、库啬夫、厩啬夫、皂啬夫、苑啬夫、亭啬夫、司空啬夫、漆园啬夫、采山啬夫，以及管理皮革、公器、牛马、度量衡的各类啬夫，统称官啬夫，分管中央及地方行政部门各类行政事务。又有县啬夫，或称大啬夫，是县一级的啬夫。汉朝所置，则为各部门职吏或乡官，如少府掖庭有分管财政的少内啬夫、主管织作染练的暴室啬夫，以及市啬夫、虎圈啬夫等。不满五千户小乡所置啬夫，由县廷选署，秩百石，掌乡政，如知民善恶，为役先后，知民贫富，为赋多少，平其差品。啬夫得半章印。十六国北凉及南朝宋、麹氏高昌国亦置。

票 文书名。下行文。明朝大多作为派遣官、役执行某种公务时的凭证，如兵票、火票、差票等。清朝沿之。中期以后，一些官署的官员常以此代替牌向下行文，成为向属下发布命令、指示的文书。

票旨 亦称条旨或票拟，始于明宣德（1426—1435）中。凡政府重要文书之处理，由内阁辅臣先行拟定办法，将所拟批答之辞，墨书写于票签上，进呈皇帝，再由皇帝朱笔批书。明后期皇帝多不问政，朱批实由宦官掌握。清初沿明制，但不由司礼监秉笔太监代写，而由内阁满、汉票签处侍读、中书等官拟写草签，署名呈大学士阅定、书押，再缮写正签，签背写明缮写中书姓名，然后送皇帝，由皇帝亲批。所拟有单签、双签、三签、四签之别，视本章情况而定。自设军机处后，重要奏章改用奏折，仅例行事务题本仍交内阁拟写。

票拟 明清批答奏章之制。明制，凡内阁接到奏章后，用小票缮写所拟批答，交进后由皇帝朱笔批出，亦称调旨或条旨。清初沿用此法，但废止司礼监秉笔太监代写批红之例。雍正（1723—1735）中扩大奏折使用范围，并设军机处综理军国大政，此制渐废。

票骑将军 将军名号，即骠骑将军。西汉昭帝时有票骑将军上官安。

票签 文书名。清朝书写内阁票拟批答之纸签。其纸幅较题本略小，长七寸余，宽四寸余；左书满文，右书汉文。

票签处 官署名。清朝内阁所属办事机构，分为满票签处、汉票签处。详见“满票签处”、“汉票签处”。

曹　官署通称，即分科办事机构。战国时秦国郡县所属职事部门泛称曹。《睡虎地秦墓竹简·语书》：“发书，移书曹，曹莫受，以告府，府令曹画之。其画最多者，当居曹奏令、丞。”汉朝自公、卿至郡县皆分曹治事。主管者正曰掾、副曰史，其次曰属。魏晋南北朝均置。如尚书台、侍御史、公府、将军府、州郡所属，分为吏部曹、度支曹、兵曹、金曹、法曹等数十种；主管长官有尚书、参军、掾史属等。隋唐为尚书省六部及十六卫、各率府、王国、州县下设对应六部职署的通称。宋朝为尚书省六部的别称，六曹即六部；开封府等所属职事机构也以曹名之，如士曹、户曹、兵曹、刑曹、工曹等。

曹长　官名。战国秦置。工师属官，主管工匠的小吏，见《睡虎地秦墓竹简·秦律杂抄》。汉朝亦有此称。南诏国凡六曹各置有曹长，位在大军将下。又，唐朝尚书丞郎、郎中也相呼为曹长。

曹甸都巡河官　官名。金朝属都水监，管辖东明、西佳、孟华、凌城四埽。人选由都水监廉举，领埽兵约二千人。

曹官　官名统称。宋朝诸州府录事参军（简称录事）、司户参军（简称司户）、司理参军（简称司理）、司法参军（简称司法）等统称。开封府则置司录、功曹、仓曹、户曹、兵曹、法曹及士曹参军。徽宗崇宁三年（1104），改置士、户、仪、兵、刑、工六曹参军。大观二年（1108），令诸州依开封府例置曹官。政和二年（1112），以选人通仕郎以下任曹官者为掾官。

曹济都巡河官　河防官。金朝属都水监，管辖定陶、济北、寒山、金山四埽。人选由都水监廉举，领有埽兵约二千人。

曹掾案　官署名。北宋神宗元丰（1078—1085）改制后，吏部置，分属考功司，掌曹掾官考课之事，由考功郎官领之。

梦占下士　官名。西魏、北周春官府太卜下大夫梦占中士佐官，正一命。

梦占中士　官名。西魏恭帝三年（556）仿《周礼》占梦置，北周沿置。春官府太卜下大夫属官，掌其岁时，以天地阴阳、日月星辰占六梦之吉凶，正二命。下设梦占下士以佐其职。隋文帝开皇元年（581）罢。

梵像局　官署名。元朝设于世祖至元十二年（1275），隶诸色人匠总管府。仁宗延祐三年（1316）改为提举司。

梵像提举司　官署名。元朝仁宗延祐三年（1316）由梵像局改立，秩从五品，隶工部诸色人匠总管府下，掌绘画佛像及土木刻削工匠。置提举、同提举、副提举各一员。

硕人　命妇封号名。北宋徽宗政和二年（1112）置，以赐侍郎以上官之妻。

硕第巴　官名。清朝西藏地方政府官员之一，隶于噶伦，掌治布达拉番民。设五品官二人。遇有缺出，以大缺、边缺营官及嘎厦卓尼尔升补，亦准挑选喇嘛补用。

袭封　清制，凡亲王以下、奉恩将军以上缺出，由宗人府选其子嗣内才智、骑射、满语优者数人，无论嫡庶，引见钦定，承袭爵位，称为袭封。

盔甲厂　官署名。又名鞍辔局，明朝内府所属厂局之一，宣德二年（1427）置。置掌厂太监一员，贴厂、佥书无定员。掌营造军器。万历三十三年（1605）后，以营造火药铳炝之事归王恭厂。

盛京工部　官署名。清朝盛京五部之一，掌盛京营缮工程事务，顺治十六年（1659）设。置侍郎一人，总掌部务；堂主事二人，掌档案文移。下设左、右二司及银库等机构。左司掌办一部分工程并负责征收木税、修造各处船只等事。置郎中一人、员外郎三人、主事一人，四品官、六品官各一人，属员有外郎、领催、匠役、壮丁等。右司掌办一部分工程并负责征收苇税，兼管火药库、颜料库事务。置郎中一人、员外郎二人、主事一人，四品官一人，属员同左司。银库掌工帑出纳，置司库二人。本部所征木、苇税和砖瓦折银均存银库。此外，还设有笔帖式十七人，分在各司、库等处掌翻译。以上各官除笔帖式有汉军一人外，均为满缺。光绪三十一年（1905）裁。

盛京工部右司　官署名。清朝盛京工部所属办事机构，顺治十六年（1659）置。设郎中一人为主官，又设员外郎二人，主事一人，笔帖式若干人，皆为满员。掌理部分营作之事，并兼收苇税，染造色低、督造火药，供给柴薪。所辖满员四品官、六品官各一人，督率外郎、领催、匠役，壮丁等吏役，掌治烧造黄瓦及大政殿之洒扫。光绪三十一年（1905）裁。

盛京工部左司　官署名。清朝盛京工部所属办事机构，顺治十六年（1659）置。设郎中一人为主官，下设员外郎三人，主事一人，笔帖式若干人，皆为满员。掌理部分营缮工程之事，并征收木税，修葺车船，供给围场车马。所辖满洲四品官一人，率外郎、领催、匠役、壮丁等吏役烧造砖瓦。满洲六品官一人，亦率所属吏役以应陵寝物役之需。光绪三十一年（1905）裁。

盛京工部侍郎　官名。清朝盛京工部之长官。额设一人，满缺，秩正二品。总掌部务。

盛京工部银库　官署名。清朝盛京工部所属办事机构，顺治十六年（1659）置，设司库二人，笔帖式若干人，皆为满员。藏贮户部发给岁修工料银及本部所征苇税、木税、砖瓦折银，以备支用。光绪三十一年（1905）裁。

盛京五部　即清朝于盛京（今辽宁沈阳）所设之户部、礼部、兵部、刑部、工部。详见“盛京户部”等。

盛京内仓　官署名。清朝盛京户部所属办事机构之一，顺治十五年（1658）置。设正、副监督各一人，皆为满员，由盛京五部司员内拣选充补。下设笔帖式若干人，亦为满员。贮藏粮石，收纳官庄米及辽阳、开原、广宁三城旗地之米，以待支放。

盛京内务府 官署名。清朝设于盛京之内务府，掌理盛京陵园及祭祀等项事务，并掌本府职官升迁调补，生死逃亡之事。顺治元年（1644）盛京包衣三旗设佐领三人，由一人掌关防，下设司库、催总、笔帖式各官，办理所属事务。康熙十七年（1678）设总管一人，统摄府事，直接对皇帝负责，由盛京将军充任。分置广储、会计、掌仪、都虞、营造五司及文溯阁、三旗织造库、黑牛馆、乳牛馆、内关防处等机构。下设主事、委署主事、笔帖式、司库、库使、内管领、骁骑校等七十余员，分办各项府务。光绪三十年（1904）省主事各官。

盛京户部 官署名。清朝盛京五部之一，掌盛京财赋，顺治十六年（1659）设。置侍郎一人，总掌部务；宗室郎中、堂主事各一人，掌档案文移。下设经会、粮储、农田三司，分掌泉货、谷糈、田亩诸事，各置郎中一人，员外郎二人，主事一、二人不等。此外，尚设有正关防郎中、副关防员外郎各一人，司库二人，库使八人，笔帖式二十二人等。光绪三十一年（1905）裁。

盛京户部侍郎 官名。清朝盛京户部长官。额设一人，满缺，秩正二品。总掌部务。

盛京礼部 官署名。清朝盛京五部之一，掌盛京朝祭之事，顺治十五年（1658）设。置侍郎一人，掌部务；堂主事一人，掌档案文移；读祝官八人、赞礼郎十六人，掌祭祀礼仪；笔帖式十人、掌翻译缮写。分设左、右二司，左司掌关领祭物及各庙宇用品供应、岁修等事。右司掌陵寝、祠庙祭物供应及各庙宇僧道管理、养赡各事。各置郎中一人、员外郎二人。各官均为满员。光绪三十一年（1905）裁。

盛京礼部右司 官署名。清朝盛京礼部办事机构，顺治十五年（1658）置。设郎中一人，员外郎二人，皆为满员。掌理供应各陵祭物，管理僧道养赡，并供给过往官吏饭食。光绪三十一年（1905）裁。

盛京礼部左司 官署名。清朝盛京礼部办事机构，顺治十五年（1658）置。设郎中一人，员外郎二人，皆为满员。掌关领祭祀物品，供祭陵之需用；并管盛京各庙应用之物及岁修工程。光绪三十一年（1905）裁。

盛京礼部侍郎 官名。清朝盛京礼部长官。额设一人，满缺，秩正二品。总掌部务。

盛京刑部 官署名。清朝盛京五部之一，掌审办盛京旗人及边外蒙古狱讼案件，康熙元年（1662）设。置侍郎一人，总掌部务；堂主事二人，掌题奏文移。下设肃纪前、左、右、后四司，各置郎中一人，员外郎、主事一、二人不等。肃纪前、左司掌盛京十五城旗人狱讼及旗、民交涉案件。右司掌边外蒙古狱讼案件。后司掌私刨私贩人参案件。此外还设有司狱二人，掌理监狱；司库一人、库使二人，掌赃罚银两之出纳；笔帖式三十人，在各司掌翻译。光绪三十一年（1905）裁。

盛京刑部侍郎 官名。清朝盛京刑部长官。额设一人，满缺，秩正二品。总掌部务。

盛京兵部 官署名。清朝盛京五部之一，掌盛京戎政、邮驿及武职铨选之事，康熙三十年（1691）设。置侍郎一人，总掌部务；堂主事二人，掌题奏文移及档案事务。下设左、右二司，左司掌驿站邮传事务，负责验看邮符和供应夫役、马匹。右司掌边门稽察事务，有公事出边者凭单验放；还负责盛京仓官、驿官、守边官等的铨选和笔帖式考试、注册、补用之事。各置郎中一人、员外郎二人、主事一人。此外还设有笔帖式十二人，分别在二司等处掌翻译。以上各官均为满缺。光绪（1875—1908）初，命盛京将军兼管部事，并增置宗室员外郎一人。三十一年（1905）裁。

盛京兵部右司 官署名。清朝盛京兵部所属二司之一，康熙三十年（1691）设。掌边门稽察事务。凡因公事出入边门者，由守边官察单验放，随时呈报，由盛京将军衙门按季报部查核。此外，仓官、驿官、守边官等缺，亦由本司拣选题补选用。设有郎中一人，员外郎一人，主事一人，笔帖式六人。

盛京兵部左司 官署名。清朝盛京兵部所属二司之一，康熙三十年（1691）设。掌邮传驿递事务，负责管理盛京二十九驿站。凡驿员传递文书经过者负责验看邮符，并供应其所需役夫马匹。设有郎中一人，员外郎二人，主事一人，笔帖式六人。

盛京兵部侍郎 官名。清朝盛京兵部长官。额设一人，满缺，秩正二品。总掌部务。

盛京将军 官名。全称镇守盛京等处将军。清朝盛京驻防八旗之最高长官。顺治元年（1644）设留守大臣一人，驻盛京。三年（1646）改称昂邦章京，康熙元年（1662）改称镇守辽东等处将军，四年改称镇守奉天等处将军。乾隆元年（1736）改今名。统辖驻防旗营之军政事务，综制文武、镇守封疆。将军衙门设主事一人，笔帖式十一人，分办所属事务。所辖有副都统四人，副都统衔总管一人，城守卫八人以及协领、防守卫、佐领、防御、骁骑校等武职，分辖驻防旗营各项事务。光绪二年（1876）兼管盛京兵、刑二部及奉天府府尹事务，以兵部尚书、都察院右都御史衔行总督事。光绪三十三年（1907）改设东三省总督，遂裁。

盛京银库 官署名。清朝盛京户部所属办事机构之一，顺治十五年（1658）置。设掌关防郎中一人，副关防一人，司库二人，笔帖式若干人，皆为满员。为经会司掌管银钱之收藏。

厢公 官名。南朝梁时侯景置。《梁书·简文帝本纪》："侯景遣卫尉彭、厢公王僧贵入殿，废太宗为晋安王，幽于永福省。"

厢主　五代至北宋殿前司、侍卫司所统厢都指挥使省称。

厢头　清朝管理厢街之头目。近城曰厢，其头目称厢头。推诚实及家道殷实者充任，掌稽查偷盗、赌博及来历不明之人。定期更换。

厢兵　宋朝地方军。北宋太祖建隆二年（961），命殿前、侍卫司及诸州长吏检阅士卒，选骁勇者升为禁兵，其余留诸州充厢兵。厢兵不行训练，不事战斗，唯供役使。多来自招募，部分来自流放罪犯，其俸薄而役重。设都和指挥两级建制，一部分设有军一级编制。名义上也分马兵和步兵，分别隶侍卫马军司和步军司。

厢官　宋朝都城行政区划厢的长官。神宗熙宁三年（1070），以京朝官曾任通判、知县者四人为勾当左右厢公事，分治京城四厢。凡民间斗讼、贼盗情节较轻者，即可决遣。并置勾当左右厢公事所，民间称为都厢，以京朝官一人主管。南宋临安府亦置，许奏辟京朝官亲民资序人充任，分治城内外南北左右四厢。后城内罢，惟城外置。掌听断民间诉讼。

厢都指挥使　官名。五代至北宋禁军厢一级统兵官。宋朝禁军捧日、天武、龙卫、神卫、虎翼、骁捷等军设左、右厢，捧日和龙卫军每厢统三军，仅四千五百人或三千七百五十人；南宋名存实亡。

厩长　官名。❶汉朝詹事属官。《汉书·百官公卿表》：“詹事，秦官，掌皇后、太子家，有丞。属官有太子率更、家令丞，仆、中盾、卫率、厨、厩长丞。”❷清朝内务府庆丰司、上驷院等机构所属典牧官。掌理马、驼、牛、羊畜养之事。上驷院所属皇城及京畿南苑设马厩十七个，养马七百多匹，每厩设一人司之。庆丰司所属在京皇城及南苑、丰台等地分设内牛圈三处、外牛圈四处、羊圈六处，皆设一人司之。口外及其他群牧之处，亦有设此官者。其后各处裁设不一。康熙二十一年（1682），曾赏给庆丰司所属厩长以八品衔，旋又撤销。皆为无品级，月有银、米之赏。如系由笔帖式、拜唐阿、护军补授者，食本身钱粮。隶于牧厂总管或值年司员之下。所属有牧长、牧丁等员，佐理其事。❸太子厩长简称。

厩尹　官名。春秋时楚国置，掌马厩政令。秦嘉谟辑《世本·氏姓》：“厩尹氏，楚大夫厩尹然之后。”

厩令　官名。秦汉管理车马的官吏。西汉太仆、詹事、水衡都尉及三辅官府均置厩令（长），主帝后乘舆马匹，有丞。东汉或并或省。

厩吏　官名。春秋时齐国置，掌养马的小吏。《管子·小问》：“桓公观于厩，问厩吏曰：‘厩，何事最难。’”

厩丞　官名。秦置，属詹事，为厩长副贰，协掌厩中马匹饲养。汉因之，为太子家及皇后中宫官属。东汉省。

厩牧长　官名。南北朝诸王公侯国置，掌牧养马匹。隋罢。

厩牧令　官名。见“太子厩牧令”。

厩牧丞　官名。见“太子厩牧丞”。

厩牧典乘　官名。见“太子厩牧署典乘”。

厩牧署　官署名。北齐置，隶太子仆寺，有令、丞。隋朝置令一员。唐朝沿置，令一员、丞二员，掌东宫车马、闲厩、牧畜，又有典事四员、翼驭十员、驾士十五员、兽医十员、主酪三十员。

厩副　官名。清朝内务府庆丰司、上驷院等机构所属典牧官，分掌马、驼、牛、羊畜养之事。上驷院所属皇城及京畿南苑设马厩十七个，养马七百多匹，每厩皆设一人司之。庆丰司所属在京皇城及南苑、丰台等地分设内牛圈三、外牛圈四、羊圈六，每处皆设一至二人，佐理牧长办事。口外及其他各亦有设之者，各处裁设不一。皆无品级，月有银、米之赏。其下有厩丁等员服役。

厩啬夫　吏名。战国秦置，秦汉沿置，主管马厩。《睡虎地秦墓竹简·秦律杂抄》：“马劳课殿，赀厩啬夫一甲。”《汉书·田广明传》：“守尉魏不害与厩啬夫江德、尉史苏昌共收捕之。”参见“啬夫”。

爽酋　官名。南诏官，与弥勤、勤齐掌赋税。

捧日天武四厢都指挥使　宋朝军职名。五代后周，殿前司骑兵铁骑军和步兵控鹤军各分左、右厢，设铁骑控鹤四厢都指挥使总领之。宋太宗时，铁骑军改捧日军，控鹤军改天武军，设捧日天武四厢都指挥使为统兵官。徽宗政和四年（1114）定为从五品，序位在正任团练使之上。南宋因之。

捧香恩例　官制用语。宋朝外戚入仕途径之一。后妃亲属以恩例得官，称捧香恩例，简称捧香。捧香授官人为七色补官人之一，升转只能至训武郎，不得任知县、县令及监仓场等差遣。

捷报处　官署名。清朝兵部所属机构。凡各省由驿站驰奏之折均经本处转递奏事处入奏，凡军机处“寄信”批折亦由此加封发递。司官无定额，由尚书酌委郎中、员外郎、主事、笔帖式等任职。下有差官四十人，负责递送文件。此外，各省派有驻京提塘官十六人，掌递本省与各部院来往文书，以及领送颁给本省官员之敕书与印信。

排长　官名。清末新陆军军官，光绪三十年（1904）定新陆军营制，始置。每排一人，正六品，副军校充，奏补。掌辖全排。

排阵使　使职名。唐僖宗乾符（874—879）中，黄巢进兵江西，朝廷以宦官杨复光为排阵使，遣判官吴彦弘入城晓谕朝旨，策动黄巢归降。宋朝亦置，真宗咸平四年（1001）契丹谋犯境，以王显为镇、定、高阳关三路都部署，王超为副都部署，王汉忠为排阵使。

排连　宋朝军职升迁制度。节级内部依次升迁，或由长行（军士）升充承局、押官，称排连。

排岸司　官署名。北宋初，置京东、京西、京南、京北四排岸司于开封。东司掌经汴河运至京师之纲船粮运，分定诸仓交卸，领装卸役卒五指挥，以京朝官二人为勾当官。西司领汴河上镲，以京朝官一人为勾当官，有装卸役卒五百人。南司领惠民河、蔡河所到纲运，以京朝官一人勾当，领役卒两指挥一千人。北司领广济河纲运，以京朝官一人勾当，有役卒十五指挥七千五百人。初隶提点仓场所，神宗熙宁三年（1070），改直属三司管辖，元丰（1078—1085）改制后，改隶司农寺。南宋于临安府、扬州各置一司，于建康府置行在排岸司，设监官。

推升　任官制度。明朝凡未满考之官升任官职，由廷臣公推，再经皇帝决定任命。因所升任官职不同，又分部推、会推等。清朝官吏论俸序升迁亦称推升。凡推升官员，掣签得缺后，具题开缺，由该管官出具考语，办清经办事务，赴部引见，给凭赴新任。知县以下毋庸引见。

推丞　官名。❶宋朝大理寺属官。神宗元丰（1078—1085）改制，于大理寺设四人，属右治狱，掌审理京百司当推治之事，制勘刑狱，追究官物。❷清末大理院属官。光绪三十二年（1906），大理寺改大理院，始置。正四品，分刑科推丞与民科推丞。详见“大理院推丞”。

推事　官名。清末各级审判厅之审判官，光绪三十二年（1906）后设大理院等各级审判机构，始置。品秩自从五品至正七品不等。职掌刑民案件审理。

推事长　官名。清末高等审判分厅与地方审判厅长官，光绪三十三年（1907）后各省城、府设地方审判厅，大商埠设高等审判分厅，始置。每厅一人，从五品，奏补。掌本厅审判事宜，并监督所属各员。

推事院　官署名。唐武则天垂拱二年（686），来俊臣为左台御史中丞，召集无赖数百人，令其告事，共为罗织。载初元年（689）于丽景门别置推事院，作大枷凡十号，专令来俊臣推勘，亦号新开门。入新开门者，百不存一。

推直　即推直官。

推直官　官名。宋朝初年御史台置，员二人，专治狱事。神宗元丰（1078—1085）改制废。

推官　官名。唐朝始置，节度使、观察使、团练使、防御使、采访处置使下皆设一员，位次判官、掌书记，掌推勾狱讼之事。五代因之。宋朝三司各部设一员，主管各案公事。开封府亦设左、右厅推官各一员，分日轮流审判案件。临安府设节度推官、观察推官各一员。诸州幕职亦有节度、观察推官。金朝始为地方官，诸留守司、路总管府、府均设，分判刑狱及其他政务，品秩从六品或正七品。元朝各路总管府及各府亦沿置，掌治刑狱。明朝为各府之佐贰官。洪武三年（1370）设，正七品，属顺天、应天二府者从六品。定制，每府设一员，亦有因事而增设者。掌理刑名，赞计典。清初沿明制，于府设推官及挂衔推官。顺治三年（1646）省挂衔推官。康熙六年（1667）省推官。

推垛子　宋朝军职升迁程序之一。即由皇帝亲临殿庭阅试将校武艺，依高下定升迁。通常三年举行一次。

推选　清朝选官制度。文职官之推选吏部文选司掌之，武职官之推选兵部武选司掌之。凡推选分仕进之途，文职官视科甲及恩、拔、副岁、优贡生、荫生出身者为正途，余为异途；武职官以行伍出身为正途，科目次之。别流品以严登进。文武官俱分九品十八级，附以未入流之杂职。别满、汉之畛域，依缺分而授职，文职官有宗室缺、满洲缺、包衣缺、汉军缺、汉缺；武职官有旗缺、门缺、卫缺。定升迁降黜之法，文职官三年京察，六年大计，迁转依月选而进；武职官考绩分四格，举劾与文职相同。补铨法之不足，文职官有捐纳、劳绩之途；武职官惟军功保举为盛。

推勘公事　即三司推勘公事。见“三司推勘院”。

推勘官　官名。❶北宋御史台属官。太宗淳化元年（990）置，掌审讯重大刑狱案件。神宗元丰（1078—1085）改制废。❷北宋三司属官。专掌审讯有关财务刑狱案件，以京朝官充任。英宗治平三年（1066）废。神宗熙宁二年（1069）复置管勾推勘官，以京朝官或幕职州县官充任。参见“三司推勘院”。

推勘院　官署名。宋朝临时审讯机构之一，凡皇帝降诏遣官推勘狱事则置，结案后即罢。

推授　清朝官缺补授方法之一。指凡不经开列具题，而以应升之员论俸推取，经引见而授官之例。在京钦天监监副，翰詹坊缺及其他司官等员，或论俸推取二十人，引见奉旨补授；或拟定正陪，引见奉旨补授。

推策郎　官名。金朝置，为司天散官。二十五阶之第十八阶，秩正八品上。

授田　官名。西周置，掌农村土地分配事宜。

授时郎　官名。金、元司天散官。金为二十五阶之第十三阶，秩从五品。元十四阶之第六阶，秩从五品。

掐子　宋朝下等役职名。掌检查粮仓出纳粮食质量，差下户充，或招募。与拣子合称拣掐。参见“拣子”。

掖直郎　官名。金朝内侍阶官。二十五阶之第十八阶，秩正八品上。

掖庭右丞　官名。东汉置。隶少府所属掖庭令，员一人，秩三百石，以宦者任之。

掖庭左丞　官名。东汉置，隶少府所属掖庭令，员一人，秩三百石，以宦者任之。

掖庭令　官名。西汉武帝太初元年（前104）由永巷令改名，隶少府，有八丞。掌后宫宫女及供御杂务，管理宫中诏狱，由宦者充任，侍从皇帝左右，权势颇重。属官有掖庭户卫、掖庭狱丞、少内啬夫、暴室丞、暴室啬夫等。东汉沿置，秩六百石，名义上隶少府，有左右丞、暴室丞各一员。掌后宫贵人采女事。魏、晋改隶光禄勋，任用士人。南朝不置。北齐复任宦者，为长秋寺掖庭署长官。隋初置二员，正八品，为掖庭局长官，隶内侍省。炀帝大业三年（607）改局为署，参用士人，隶长秋监。唐朝复为内侍省掖庭局长官，用宦者，员二人，从七品下，掌宫人簿帐、女工之事。金朝为卫尉司掖庭局长官，正九品，掌皇后宫事务。

掖庭丞　官名。西汉武帝太初元年（前104）由永巷丞改名，任用宦者，员八人，其一为暴室丞。辅佐掖庭令管理宫女事务。东汉置左右丞及暴室丞各一员。三国魏沿置。北齐置一员，为掖庭署次官。隋朝置二员，正九品。初为掖庭局次官，炀帝大业三年（607）改局为署，参用士人。唐朝复用宦者，为掖庭局次官，置三员，从八品下。金朝亦置，从九品。参见“掖庭令”、“掖庭局”。

掖庭局　官署名。❶隋朝内侍省置，有令、丞、宫教博士各二员，用宦官；炀帝大业三年（607）隶长秋监，改局为署，参用士人。唐朝复隶内侍省（监），用宦官，令二员、丞三员，掌宫人簿帐、女工；妇人配没，工缝巧者隶之，无技能者隶司农寺。玄宗开元（713—741）末置宫教博士二员；又有监作四员监杂作、工役，典事十员，计史二员掌料功程，皆用宦官。❷金朝卫尉司置，有令、丞，以内直充，掌皇后宫事务；又有宫司，以宫苑司、仪鸾局兼；食官，以尚食局兼；饮官，以尚酝署兼；医官，以尚药局、太医院兼；主藏，以内藏、典给署官兼；主廪以太仓官兼任。

掖庭局令　官名。即掖庭令。

掖庭局丞　官名。即掖庭丞。

掖庭宫教博士　官名。北齐置，员二人，位从九品。属长秋寺掖庭署，为宦者学官。

掖庭监　官名。北魏置。孝文帝太和十七年（493）定为从五品上，二十三年官品令未载。

掖庭监作　官名。隋朝内侍省掖庭局置，从九品下，并用宦者。炀帝大业三年（607），改隶长秋监，参用士人。唐朝内侍省掖庭局沿置，四人，从九品下，掌监杂作，典工役。

掖庭署　官署名。北齐置，属长秋寺，掌宫女之事。置令、丞，又有宫教博士二人，并用宦者，隋初改名掖庭局，炀帝大业三年（607）复改署，设令、丞各二人，隶长秋监，参用士人。唐复称掖庭局。

接手官　官名。金朝设于上林署花木局，掌诸苑园种植花木。章宗泰和元年（1201）罢。

接折　清朝军机处术语。每日皇帝将已批阅之臣工奏折发交军机处，由军机章京分送给各军机大臣互阅，称“接折”。

接伴使　见“馆伴使”。

接伴副使　见“馆伴使”。

控鹤官　官名。五代后梁太祖开平三年（909）置，内皇城诸门各二员，掌把守。

控鹤监　❶官署名。唐武则天圣历二年（699）置，多安置其嬖宠之人，并用才能文学之士，侍奉宴乐。长官为监，置一员，有丞、主簿等官，并置内供奉六员。次年改名天骥府，旋改奉宸府，长官为令，另置奉宸侍郎、奉宸内供奉等。中宗神龙元年（705）罢。❷官名。控鹤监长官，唐武则天圣历元年（699）以张易之为之，从三品，次年改奉宸令。

探花　科举取录进士名目。唐朝新及第进士于赐宴之日，先选同榜中年最少者二人去琼林折花，迎接状元，并吟诗，称探花郎。此制后废。南宋用以称贡举文、武科殿试第三名。明、清沿宋制，赐进士及第，授翰林院编修。清朝武科授二等侍卫。

探赜郎　官名。金朝置，为司天散官。二十五阶之第十二阶，秩从六品上。

掇尔契达　满语官名。汉译为内头领，清朝乐部什帮处之职官。额设一人，兼三等侍卫，正五品。下设六品衔达、七品衔达各二人，拜唐阿六十人。掌奏“掇尔多密”（音律平和）乐曲。

辅　官名。❶传说夏朝的辅佐大臣。《尚书大传·虞夏传·皋陶谟》：“左者天子必有四邻，前曰疑，后曰丞，左曰辅，右曰弼。”❷西周置，又称“辅师”。乐官。《辅师嫠簋铭》：“更乃祖考司辅。”

辅义中郎将　官名。三国吴置。张温以此职使蜀。见《三国志》之《张温传》。

辅义将军　官名。三国吴置，孙休永安元年（258）以长水校尉张布为之，权势很大。前燕时阳骛曾任此职，地位亦重，仅在辅国、辅弼将军之下。南朝梁武帝天监七年（508）定为施用于境外的武职二十四班中十八班，拟武臣将军等号；大通三年（529）定制后，仍拟武臣将军等号。

辅义校尉　官名。东汉献帝建安（196—220）中孙权置。《三国志·刘繇传》：“（孙）权为骠骑将军，辟（刘基）东曹掾，拜辅义校尉、建忠中郎将。”

辅义都尉　官名。东汉献帝建安（196—220）中孙权置。以顾徽任此职，出使曹操。三国吴孙权赤乌（238—251）中置为东宫官。见《三国志·顾雍传》裴松之注引《江表传》、《钟离牧传》。

辅正都尉　官名。三国吴置。孙权黄龙元年（229）立孙登为太子，置左辅、右弼、辅正、翼正都尉，以辅佐太子，称太子四友。顾谭自中庶子转此。见《三国志》之《顾雍传》、《孙登传》。

辅用库　官署名。元朝置，秩正九品。掌规运息钱以给内廷供需，隶供膳司。置大使、副使各一员。

辅汉将军　官名。新莽末更始帝所置。《后汉书·光武帝纪》建武二年（后26）：“更始复汉将军邓晔、辅汉将军于匡降，皆复爵位。”后省。三国蜀复置，权任很重。李严自此拜尚书令。十六国汉亦任石勒为之。

辅臣　官名。明朝内阁阁臣通称。

辅师　官名。西周置，乐官。《辅师嫠簋铭》：“荣伯入右辅师嫠。王呼作册尹册命嫠曰：‘更乃祖考司辅。’”

辅师将军 官名。南朝宋明帝泰始四年（468）改辅国将军置，后废帝元徽二年（474）复称辅国将军。参见“辅国将军”。

辅行 官名。战国齐置，副使。《孟子·公孙丑下》：“孟子为卿于齐，出吊于滕。王使盖大夫驩王为辅行。”

辅军中郎将 官名。东汉献帝建安（196—220）末孙权置，以潘濬任此职，领兵。见《三国志·潘濬传》。

辅军将军 官名。三国蜀置。《三国志·来敏传》：“后主践阼，（来敏）为虎贲中郎将。丞相（诸葛）亮住汉中，请为军祭酒、辅军将军。”东晋亦置。

辅吴将军 官名。三国吴置。《三国志·张昭传》：“（孙）权既称尊号，昭以老病，上还官位及所统领。更拜辅吴将军，班亚三司，改封娄侯，食邑万户。”

辅国大将军 官名。新莽末刘永割据政权置，任其弟刘防为之。三国蜀后主景耀四年（261）复置，迁尚书令董厥为之，与诸葛瞻共同辅政。三国魏末亦置，二品。西晋初，不置司马，不给官骑，王濬任职后，“诏依征镇给五百大车，增兵五百人为辅国营，给亲骑百人、官骑十人，置司马”。（《晋书·王濬传》）二品，禄与特进同，如开府则位从公，进为一品。十六国西秦、后凉亦置。北魏孝文帝太和十七年（493）定为二品下，二十三年改为二品。唐初为正二品武散官，太宗贞观（627—649）中改为从二品武散官。北宋前期为正二品武散官，神宗元丰（1078—1085）改制罢。

辅国中尉 宗室爵号。明朝置，以封郡王五世孙非嫡长者。

辅国公 ❶爵名。清朝宗室封爵有奉恩辅国公、不入八分辅国公。详见该条。又，清朝对蒙古贵族之封爵亦设辅国公，为第六等，位镇国公下，台吉或塔布囊上。❷官名。清朝西藏达赖喇嘛及班禅喇嘛属官，佐理藏务。

辅国侯 官名。西域且末、鄯善等国置，员一人。见《汉书·西域传》。

辅国将军 ❶官名。将军名号。东汉献帝建安元年（196）置，拜伏完为之，仪比三司。三国、两晋沿之，魏、晋皆三品。十六国前燕、后秦、后凉、北凉亦置。南朝宋明帝泰始五年（469）七月改名辅师将军，后废帝元徽二年（474）六月复旧，三品。齐为小号将军。梁武帝天监七年（508）罢，改置轻车至贞毅等五号将军代之。北魏置，孝文帝太和十七年（493）定为三品上，二十三年改为从三品。北齐从三品。北周七命。隋初置为散号将军，从六品，炀帝大业三年（607）罢。❷明、清宗室爵名。明朝凡郡王嫡长孙以外之诸孙，授此。清朝为十四等封爵的第十二等，其中又有一、二、三等之分。

辅相 官名。西晋时鲜卑拓跋猗㐌置。《魏书·卫操传》：“桓帝嘉之，以为辅相，任以国事。”后置左、右辅相。

辅政大臣 官名。清康熙初特设辅佐皇帝之职官。顺治十八年（1661）正月，福临死，子玄烨嗣位，年仅八岁，福临遗诏命内大臣索尼、苏克萨哈、遏必隆、鳌拜为辅政大臣。后来出现鳌拜专权局面。康熙六年（1667）七月玄烨亲政，八年五月逮治鳌拜。

辅政王 官名。清初特设辅佐皇帝之职官。崇德八年（1643）八月皇太极死，子福临嗣位，年仅六岁，遂以郑亲王济尔哈朗、睿亲王多尔衮辅政，称辅政王。顺治元年（1644）十月福临在北京即位，加封多尔衮为“叔父摄政王”，济尔哈朗为“信义辅政叔王”。四年二月罢济尔哈朗辅政。七月，封豫亲王多铎为“辅政叔德豫亲王”（六年死）。七年十二月多尔衮死。次年正月福临亲政。

辅威将军 将军名号。东汉初有辅威将军臧宫，曾攻拔涪城，斩公孙恢。见《后汉书·光武帝纪》。

辅将 官名。战国置，武官，守城主将的副职，即副将。《墨子·号令》：“城周里以上，封城将三十里地为关内侯，辅将如令赐上卿。”

辅弼将军 官名。十六国前燕置。《晋书·慕容儁载记》：“（慕容）儁将图兼并之计，以慕容恪为辅国将军，慕容评为辅弼将军。”

〔丨〕

堂子尉 官名。清朝礼部属官，掌堂子之管钥、守卫、值宿之事。额设八人，七品二人，八品六人，均以满员充任。遇有缺员则由吏部牒八旗选送补授。

堂长 书院及州学职事名。南唐白鹿洞书院设。宋初沿置，为书院职事人，差补进士或贡士充任，官府给牒。仁宗时，州学亦设，选学生充任，仍给牒，位在学录之下。

堂书 清朝中央部院衙门书吏之一种。负责文书事务。

堂札 文书名。下行文。宋朝称堂札子，系中书行遣小事时所颁公文。清朝称堂札，即堂官委派属员差务时所颁公文。

堂占 官制用语。宋朝官员注授差遣的一种方式，即选人事先占射政事堂所掌握差遣窠阙。神宗时罢。

堂老 唐朝宰相别称。洪迈《容斋四笔》卷一五《官称别名》：“唐人好以它名标榜官称”，“宰相呼为堂老”。

堂吏 吏名。清朝各部院衙门属吏。又称经承。

堂后官 官名。北宋中书门下属吏。五房各置三人，一人掌承受批凿圣语、定押敕草，一人掌点检书写熟状、呈押进入，一人掌对读、印押发放。初以吏人充任，太祖开宝六年（973），令吏部流内铨选用士人。其后，逐渐以市朝官充任。神宗元丰（1078—1085）改制废。

堂评事 官名。清朝大理寺所属职官，掌办左、右二寺章奏及收在京衙门文书，并办理有关本寺官员升除、理藩院所管蒙古地方刑名和八旗满文文移事务。顺治元年（1644）设，一人，满洲缺，秩正七品。例以在京部院及外省将军、总督、巡抚衙门笔帖式升任。下设经承二人，笔帖式六人。

堂帖　文书名。唐朝宰相处理中央官署事务之公文。宋太祖时赵普在中书，其堂帖势力重于敕命，遂令削去，中书仅以堂札子行遣小事。

堂官　明清对各衙署长官通称，意为堂上之官。如各部尚书、侍郎即为各该部堂官。其他各院、司、寺长官同。又府、县衙门的知府、知县亦称堂官，故有府正堂、县正堂之称谓。

堂试　宋朝州学考试名。因于讲堂举行，故名。每季一次，每次考三场，由本学教授出题，试卷亦行封弥、誊录。三试合格，且未受第三等以上罚者，由学官担保，可赴太学补试。

堂食公使酒库　官署名。金朝属尚书省，掌受给岁赐钱。设库使、副使各一员领库事，秩从八品、正九品。

堂选　即堂除。

堂除　官制用语。又称堂选、堂差。宋朝，京官、选人一般由吏部选差，其有特殊勋劳者，得由政事堂直接奏注差遣，称堂除。武臣即由枢密院专差员阙。

堂翁　清朝地方府、州、县辅佐官对主官之尊称。

堂案　唐朝宰相处理地方府州事务之公文，谓之堂案。

堂谢　官场用语。宋朝官员新授官职，除朝见皇帝谢恩外，又赴政事堂向宰相、执政致谢，称堂谢。

堂阙　官制用语。宋朝官员差遣的一种窠阙。如监察御史、省郎以上官员、秘书省编修官、各路节镇通判、州教官、大理寺法官等重要差遣，皆由政事堂除授，其员阙亦归政事堂掌握，称堂阙。

常从　参见“太子常从”。

常从郎　官名。隋炀帝大业三年（607）增设谒者台后置，五十员，正九品，寻改为登仕郎，量事大小，受命出使。

常从督　即太子常从虎贲督。

常少　太常少卿简称。

常平令　官名。唐高宗显庆三年（658）置为太府寺常平署长官，一员，从七品下，掌仓储之事。武则天垂拱（685—688）初东都（洛阳）亦置。北宋初存其名而罕除授。

常平丞　官名。唐高宗显庆三年（658）置为太府寺常平署次官，二员，从八品下。武则天垂拱（685—688）初东都（洛阳）亦置。北宋初存其名而罕除授。

常平使　使职名。唐代宗永泰二年（766）以刘晏为东都京畿、河南、淮南、江南东西道、湖南、荆南、山南东道之常平、转运、铸钱、盐铁等使；以第五琦为京畿、关内、河东、剑南西道之常平、转运、铸钱、盐铁等使。大历五年（770）停关内、河东、三川常平等使，主均诸道之货，抑兼并，宣壅滞。

常平官　宋朝常平仓提举官、管勾官、监官通称。

常平监官　官名。唐高祖武德元年（618）置，以均天下之货，抑止兼并，宣通拥滞。高宗显庆三年（658）置常平署以代之。

常平案　官署名。北宋神宗元丰（1078—1085）改制后，户部右曹置，掌常平、农田水利及义仓赈济，户绝田产，居养鳏寡孤独之事。由右曹侍郎领之。

常平署　官署名。唐高宗显庆三年（658）置，隶太府寺，令一员、丞二员、监事五员，掌平籴、仓储、出纳。武则天垂拱（685—688）初东都（洛阳）亦置，北宋初存其官名而无职司。

常平署令　官名。即常平令。

常平署丞　官名。即常平丞。

常在　清朝后宫妃嫔于皇后之下分皇贵妃、贵妃、妃、嫔、贵人、常在、答应七等，常在列第六等，名分很低，无封号、定额。使用宫女三人。

常任　周朝三公六卿合称。《尚书·立政》：“王左右常伯、常任、准人、缀衣。”孔安国传：“（常任）常所委任，谓三公六卿。”

常阳帖城阿不笼等处万户府　官署名。元朝置，秩从三品，隶吐蕃等处招讨使司，亦作常阳帖城河里洋脱元帅府。置达鲁花赤一员，千户一员。

常阳帖城河里阳脱等处元帅府　即常阳帖城阿不笼等处万户府。

常贡　见“岁贡❷”。

常伯　皇帝近臣泛称。《尚书·立政》：“王左右常伯、常任。”孔颖达疏：“王之亲近左右，常所长事，谓三公也。”秦汉以后，常作为侍中的别称。

常忠将军　官名。北魏置。《魏书·铁弗刘虎传》：“（太武帝）又诏（赫连）昌尚始平公主，假常忠将军、会稽公，封为秦王。”

常侍　官名。❶西汉加官名号，加之者得常侍从皇帝左右，职甚亲近。有中常侍、骑常侍、常侍骑、武骑常侍、常侍郎等名目，泛称常侍。❷中常侍、内常侍等宦官的简称。详见各条。❸散骑常侍、散骑中常侍、通直散骑常侍、员外散骑常侍等官的简称。详见各条。❹十六国西秦中枢长官。有左、右、中常侍，与左、右、中侍郎共执国政。❺汉朝王国加官称号之一，侍从王之左右，备顾问应对。魏晋南北朝王、公等国置为属官，掌侍从左右，赞相礼仪，献替谏诤。两晋南朝及北魏皆分置左右，员额依国之大小不等。魏、晋、宋八品，梁二班至一班，陈九品。隋朝王、公、侯、伯、子、男国多置，员二人，视正八品至视从九品不等。唐初沿置，兼掌表启书疏。玄宗开元（713—741）中废。❻渤海国官名，属巷伯局。

常侍骑　官名。西汉置。以骑郎持节骑从乘舆左右，故名。《汉书·杨恽传》颜师古注：“为骑郎而常侍，故谓之常侍骑也。”

常侍曹 官署名。西汉成帝初置尚书四人，分四曹，其一为常侍曹。东汉因之。为尚书六曹之一，其职掌说法不一。《后汉书·百官志》本注曰主公卿事，刘昭注引《汉仪》谓主常侍黄门御史事。《晋书·百官志》则以为主选举祠祀事。设尚书主之，有左、右丞各一人，侍郎六人，令史三人。

常侍曹尚书 官名。西汉成帝时置，属尚书令，为四曹（一说五曹）尚书之一。东汉沿置，为六曹之一，秩六百石。

常侍谒者 官名。东汉置，属光禄勋，由谒者仆射统领。员五人，秩六百石，职掌殿中礼仪。

常服 服饰名。最初指平日穿的军装。《诗·小雅·六月》："四牡骙骙，载是常服。"郑玄笺："戎车之常服，韦弁服也。"后通称日常所穿之服，与"礼服"相对。汉朝以绛衣为常服。晋朝改称五时朝服。清朝官服中亦有常服，乃皇帝及官员平时在衙署内办公及忌辰之日所穿用者，包括袍与褂。常服袍又称开禊袍，帝袍四开衩，宗室以下两开衩，庶民正开衩，即俗称一裹团者。常服褂又称外褂，不缀补子。

常官 ❶任用官吏的常规。《商君书·农战》："常官则国治。"❷长期担任同一官职。《商君书·农战》："常官治者迁官。"

常参 唐朝皇帝每日御殿见群臣，称常参，后泛称定时入朝为常参。宋朝常朝日，参见皇帝、问候起居，称常参起居，省称常参。

常参官 官名。唐朝文官五品以上职事官、八品以上供奉官及员外郎、监察御史、太常博士，每日朝参，号常参官。宋朝指常朝日参见皇帝的高级官员，亦称朝官。

常捐 明清捐纳事例之一。即常例捐纳，又称现行事例。清朝拯荒、军需、河工为暂行事例，期满或事竣即停。现行事例则不停，如乾隆元年（1736）停一切捐例，而捐监得以不停。乾隆四十一年以保举、考试、试俸、捐免例，列入常捐。

常秩 常设之官职。又指官职禄位。《左传·文公六年》："委之常秩。"

常调 官制用语。宋朝判、司、簿、尉及其摄官，依不同出身、任数、考数、举主员数，是否流外，升转录事参军或下州令、录，称为常调。以此法升转之官，则称常调官。时有俗语说："家常饭好吃，常调官好做。"

常调官 见"常调"。

常盈库 官署名。明朝太仆寺所属仓库，设大使一人。掌贮凡各牧监草场被垦为田地之岁收租金。

常衮 官名。辽朝北面官，一译"敞稳"，为典族属之官，兼掌部族户籍之事。有大横帐常衮司，三父房各有常衮司，遥辇帐大常衮、大国舅司四帐各有常衮，奚王府有大常衮、副常衮等等。

常湖等处茶园都提举司 官署名。元朝置，秩正四品，掌常州、湖州二路茶园户二万三千，采种茶叶，供应内府。隶宣徽院。设于世祖至元十六年（1279）。置达鲁花赤、提举、同提举、副提举各一员。下辖七提领所，每所设正、同、副提领各一员，掌九品印。

唱名 宋朝贡举考试中的一种仪式。又称唱第、传胪、胪传、胪唱。太宗雍熙二年（985），皇帝亲试礼部奏名举人，合格者分两日宣召，面赐及第，称为唱名。其后成为定制。

唱第 见"唱名"。

啜 官名。突厥官，沙钵罗咥利失可汗左五咄陆部置五啜：处木昆律啜、胡禄屋阙啜、摄舍提暾啜、突骑施贺逻施啜、鼠尼施处半啜。

距马河戍长司 官署名。辽朝北面官，掌距马河宋界东西七百里巡察之事。始置于圣宗太平八年（1028）。设戍长等职。

野司寇 官名。春秋时郑国置，掌野鄙县邑民众狱治。一说相当《周礼》的"县士"。《左传·昭公十八年》："使野司寇各保其征。"杜预注："县士也。"

野庐下士 官名。西魏、北周秋官府宾部中大夫野庐中士佐官，正一命。

野庐中士 官名。西魏恭帝三年（556）仿《周礼》野庐氏置，北周沿置，秋官府宾部中大夫属官，正二命。下设野庐下士以佐其职。隋文帝开皇元年（581）罢。参见"野庐氏"。

野庐氏 官名。《周礼》秋官之属，一说为周朝置，掌道路交通的禁令。下士爵。属员有胥、徒若干。《周礼·秋官》："野庐氏掌达国道路，至于四畿"，"掌凡道禁"。

野虞 官名。春秋战国置，掌农事及山野林木。《吕氏春秋·季春》："命野虞无伐桑柘。"高诱注："野虞，主林官。"《孟夏》："命野虞出行田野，劳农劝民，无或失时。"

鄂尔布 见"敖尔布"。

鄂尔沁伯克 官名。清朝新疆回部官员之一，掌理数十人征输之事。叶尔羌所属之鄂普尔设六品伯克一人。

崇义苑 官署名。明永乐五年（1407）置，北京苑马寺六监二十四苑之一。属通州监。设围长一人，从九品，下分各群，设群长，掌牧养马匹，以备军需。永乐十八年并入太仆寺。参见"通州监"。

崇文门正监督 见"崇文门监督"。

崇文门监督 官名。清朝户关监督之一，顺治二年（1645）设，正、副监督各一人。正监督为主官，由特派旗籍大臣兼充。副监督又称副使，由内务府大臣选派。关署在崇文门外大街东。掌征纳出入京师商货之税，正额解户部，盈余归内务府；兼充内务府买办及抄没物资之发卖。所属有经承、税课大使、攒典等吏员。所辖有卢沟桥、黄庄、半壁店等七处分设口岸。光绪三十二年（1906）改隶度支部管理。

崇文门副使 官名。明朝顺天府崇文门税课分司官员。永乐（1403—1424）初置，一人，不入流。掌征收商税之事。

崇文门副监督 见“崇文门监督”。

崇文观 官署名。三国魏置，设祭酒。《三国志·魏明帝纪》：青龙四年（236），“置崇文观，征善属文者以充之”。

崇文观祭酒 官名。三国魏明帝置。《三国志·王肃传》：“以常侍领秘书监，兼崇文观祭酒。”

崇文院 官署名。北宋初，以史馆、昭文馆、集贤院为三馆。太宗太平兴国二年（977）修建三馆书院，次年赐名崇文院。设检讨、校书等职，以他官兼领。神宗元丰（1078—1085）改制，并归秘书省。

崇文院校书 官名。北宋神宗熙宁二年（1069）置，以选人考试合格者充任，以备朝廷访问差使。在任二年后取旨，或除馆职，或升擢资任，或授合入差遣。元丰（1078—1085）改制废。

崇文院检讨 官名。北宋前期置，以京朝官兼任，职掌同史馆检讨。神宗元丰（1078—1085）改制废。参见“史馆检讨”。

崇文馆 官署名。唐高宗上元二年（675）改崇贤馆置，设学士、直学士，无常员，缺则以太子庶子领馆事。肃宗乾元（758—760）初，以宰相为学士，总馆事，掌经籍图书，教授生徒。德宗贞元八年（792）以前隶属不定，时隶门下坊，时隶桂坊；此后隶左春坊不改，又置校书郎、馆生、书直、典书等。辽朝沿置，设学士、直学士为东宫文学馆官。

崇文馆大学士 官名。辽朝南面官，崇文馆官员，所掌不详。太祖时韩延徽曾为崇文馆大学士。（《辽史·韩延徽传》）

崇文馆学士 官名。唐朝太子左春坊崇文馆长官，无常员，掌经籍图书，教授学生，无其人则庶子领馆事。肃宗乾元（758—760）初以宰相为之，总馆事。

崇文祭酒 官名。❶十六国前凉置。《晋书·张轨传》：“征九郡胄子五百人，立学校，始置崇文祭酒，位视别驾。”❷十六国前赵置。《晋书·刘曜载记》：“曜立太学于长乐宫东，小学于未央宫西，简百姓年二十五已下十三已上，神志可教者千五百人，选朝贤宿儒明经笃学以教之。以中书监刘均领国子祭酒。置崇文祭酒，秩次国子。散骑侍郎董景道以明经擢为崇文祭酒。”

崇仪使 官名。北宋太宗太平兴国五年（980），改闲厩使置，属西班诸司使。多不领本职，仅为武臣迁转之阶。真宗咸平元年（998）定为同六品，神宗元丰（1078—1085）改制改正七品。徽宗政和二年（1112）重定武臣阶官，改武略大夫。

崇仪副使 官名。北宋太宗太平兴国五年（980）置，属西班诸司使。多不领本职，仅为武臣迁转之阶。真宗咸平元年（998）定为同七品，神宗元丰（1078—1085）改制改从七品。徽宗政和二年（1112）重定武臣阶官，改武略郎。

崇玄令 官名。隋朝鸿胪寺崇玄署置为长官，一员，从八品，炀帝大业三年（607）增为正七品。唐朝为宗正寺崇玄署长官，置一员，正八品下，掌京都诸寺观名数、道士帐籍及斋醮之事。北宋初存其名，极少除授。

崇玄丞 官名。唐朝宗正寺崇玄署次官，置一员，正九品下。北宋初存其名，极少除授。

崇玄学 唐玄宗开元二十九年（741）置于玄元皇帝庙，天宝元年（742）两京置博士、助教各一员，学生百人，每祠享，以学生代斋郎。二年改崇玄馆，学为通道学，博士为道德博士，未几而罢。

崇玄馆 官署名。唐玄宗天宝二年（743）改崇玄学置，改博士曰学士，助教曰直学士，置大学士一员，以宰相为之，领两京玄元宫及道院。德宗贞元四年（788）罢大学士。

崇玄署 官署名。隋朝鸿胪寺置，有令一员，文帝开皇三年（583）废鸿胪遂隶太常寺，十二年复隶鸿胪寺。唐朝改隶宗正寺，置令一员、丞一员，掌京都诸寺观名数与道士帐籍、斋醮之事；两京度僧、尼、道士、女官，御史一人莅之；每三岁州县为籍，一以留县，一以留州；僧、尼一以上祠部，道士、女官一以上宗正，一以上司封。宋朝存其名而无职司。

崇玄署令 官名。即崇玄令。

崇玄署丞 官名。即崇玄丞。

崇宁库 官署名。北宋徽宗崇宁（1102—1106）中置，职掌同元丰库。

崇圣侯 爵名。北魏孝文帝太和十九年（495）置，封诸孔宗子中一人，食邑一百户，奉孔子祀。北齐沿置。从五品。

崇贤馆 官署名。唐太宗贞观十三年（639）置，高宗显庆元年（656）置学生二十人，上元二年（675）改为崇文馆。参见“崇文馆”。

崇政院 官署名。❶即枢密院。五代后梁太祖开平元年（907）改枢密院置，院使、副使各一人，直学士二人，后改为直崇政院；后唐庄宗同光元年（923）复为枢密院。参见“枢密院”。❷即资正院。元惠宗至元六年（1340）十二月为完者忽都皇后置资正院，掌财赋等事，正二品，有院使六员，同知、佥院、同佥、院判各二员，将昭功万户府司属，集庆路钱粮并入，有司每年验数拨付，正宫皇后崩，册立完者都忽为皇后，遂改此名。

崇政院直学士 官名。五代后梁太祖开平二年（908）于崇政院置二员，选有政术文学者为之，寻改为直崇政院。参见“崇政院”。

崇政院使 使职名。五代后梁太祖开平元年（907）改枢密院为崇政院后置为长官，以敬翔为之。后唐庄宗同光元年（923）崇政院依旧为枢密院，复为枢密院使。

崇政殿说书 官名。北宋仁宗景祐元年（1034）置，员四人，掌为皇帝讲说经史。其后，凡官卑资浅者入侍讲筵，例除此职。神宗元丰（1078—1085）改制，定为从七品。南宋因之。

崇恩福元提点所 见“福元营缮所”。

崇祥财用所 官署名。元朝置，隶崇祥总管府，掌大承华普庆寺粮草等物出纳。原设诸物库、普赡仓，文宗天历二年（1329）合为财用所。置提领、大使、副使各一员。

崇祥总管府 官署名。元朝文宗天历元年（1328）由大承华普庆寺总管府改立，隶太禧宗禋院。置达鲁花赤、总管、副达鲁花赤、同知各一员。下辖永福、昭孝、普庆三营缮司及崇祥、永福财用所等机构。

崇祥院 见“大承华普庆寺都总管府”。

崇祥监 见“大承华普庆寺都总管府”。

崇虚局 官署名。北魏有“崇虚都尉”。北齐置崇虚局，设丞。掌五岳四渎诸神之祭祀，管理京师、诸州道士名籍。隶太常寺太庙署。

崇虚局丞 官名。北齐置。参见“崇虚局”。

崇虚都尉 官名。北魏置。孝文帝太和十七年（493）定为从五品中。参见“崇虚局”。

崇禄寺 官署名。辽朝南面官。本名光禄寺，避太宗讳改。掌酒醴、膳羞及祭祀供品牺牲之事。置卿、少卿、丞、主簿等职。

崇福司 官署名。元朝置，掌也里可温教（基督教）事务，管理本教教务和十字寺（教堂）。世祖至元二十六年（1289）置，秩从二品。仁宗延祐二年（1315），改为崇福院，升正二品；同年革所属各地也里可温教司七十二所，也里可温词讼由地方官府断决。七年，复改称崇福司，降为从二品。设崇福使、同知、付使、司丞、经历、都事、照磨等员，由朝廷任命。其下属吏员或由中书省吏部选派，或可自用；自用吏员任满出身品级比省部选派者降一等。

崇德宫 辽朝宫帐名。圣宗母承天太后置，亦称孤稳斡鲁朵。契丹语称玉为孤稳、宫帐为斡鲁朵。以乾、显、双三州户置，宫帐在土河东，陵袝景宗皇帝。有州四：乾、川、双、贵德；县一：上京潞县；石烈三：镬里、滂、迭里特女古；瓦里七：达撒、耶里、合不、歇不、合里直、慢押、耶里直；抹里十一：阿里厮直述垒、预笃温稍瓦里、潭马、赁预笃温一腊、牙葛直、牒得直、虎温、孤温、撒里僧、阿里葛斯过邻、铁里乖稳镬里；闸撒五：合不直迷里几频你，牒耳葛太保果直，爪里阿本果直、僧令隐公里直、老昆令公果直。提辖司三：南京、西京、奉圣州。有正户五千、蕃汉转户一万，正丁一万二千、蕃汉转丁二万、骑军一万。

崇德宫马群司 官署名。辽朝北面官，掌崇德宫马群饲养蕃息之事。

崇德宫汉人行宫都部署司 即崇德宫南面行宫都部署司。

崇德宫使 官名。辽朝北面官，掌崇德宫契丹、汉人军民之政，为崇德宫长官。下设副使、太师、太保、侍中等职。

崇德宫南面行宫都部署司 官署名。辽朝南面官，掌崇德宫汉人军马之政令。亦称崇德宫汉人行宫都部署司。

崇德宫都部署司 官署名。辽朝北面官，掌崇德宫契丹军民之政。置都部署、副部署、判官等职。

崇德宫提辖司 官署名。辽朝北面官，统领崇德宫所属丁户。崇德宫共有南京、西京、奉圣州三处提辖司。

崇德侯 爵名。三国魏文帝黄初元年（220）置，以汉诸侯王为之，名号侯之一。见《三国志·文帝纪》。

晨门 阍人别称。春秋置，掌早晚开闭城门。《论语·宪问》：“子路宿于石门，晨门曰：‘奚自？’”邢昺疏：“晨门，掌晨昏开闭门者，谓阍人也。”

冕服 周朝贵族所穿礼服。各有定制等差。《礼记·杂记上》：“复，诸侯以褒衣；冕服，爵弁服。”

略远将军 官名。南朝梁置。武帝天监七年（508）定为武职二十四班中的八班；普通六年（525）改为武职三十四班中的十班。陈沿置，七品，比秩六百石。

累室帅 女官名。南朝宋明帝定后宫百官时置，无定员，六品。

悬车 悬束其车而不用，即致仕、辞官家居。古者官员以车代步，阖门悬车即表示辞去官职，不豫政事。后或沿称。

逻主 官名。东晋、南朝逻所的主将，负责辖区的巡逻、侦候，下设逻将。见《梁书·武帝纪上》、《资治通鉴·晋成帝咸和三年》。

罢夫 官名。西周置，一说职掌与土地有关。余不详。

圉 见“圉人”。

圉人 官名。省称圉。掌养马的小吏。❶周王室及诸侯置。《国语·楚语下》：“鲁圉人荦杀子般于次。”韦昭注：“圉人，养马者。”《周礼·夏官》圉师属官有圉人，掌养马刍牧之事。❷卿大夫家臣属吏。《左传·定公十年》：“圉人。”杜预注：“武叔之圉人。”于鬯《香草校书》：“顺文读之，自足知为侯犯之圉人也。《周礼》校人掌王马之政，王官校人之下有圉人，则家臣马正之下亦有圉人。”

圉长 官名。明朝各苑马寺所属诸苑置，各一人，从九品，掌各苑牧马之事。

圉师 官名。《周礼》夏官之属，一说为周朝置，掌教圉人养马。每一圉师掌养马四匹。《周礼·夏官》：“圉师，乘一人，徒二人”，“掌教圉人养马”。

圉牧司 官署名。金朝置为掌饲养牛马等牲畜的机构，宣宗兴定二年（1218）设。置使、副使、判官理司事，秩正七品、正八品、正九品。

〔丿〕

铜印　铜质官印。汉朝吏秩比二百石以上，比二千石以下的官员皆授铜印，绶带以官秩高低有黑、黄之分。秩比六百石以上，铜印黑绶；比二百石以上，铜印黄绶。后或沿用。南朝齐尚书令、仆，中书监、令，秘书监、丞，太子二率，诸府长史，卿、尹、丞、尉、中丞、都水使者，诸州刺史，皆铜印。唐制，诸司皆用铜印。宋因之，惟三省、枢密院用银印，六部以下用铜印。清朝由礼部铸印局铸造。中央机构中詹事府、光禄寺、太仆寺、国子监、太医院、武备院、上驷院、奉宸苑，以及各部、院、寺司务厅；各省按察使司、盐运使司，以及府、州、县等皆用之。印之大小，随各机构地位而定，方、厚不等。多以满、汉两种文字并用，亦有用满、汉、蒙三种文字（如厄鲁特总管）及满蒙二种文字（如察哈尔总管）者。字体有钟鼎、小篆、重露篆等数种。

铜印黄绶　官制用语。汉朝凡秩比二百石、四百石、六百石的官员，其官印为铜质，印绶黄色，刻文曰某官之印。后或沿用。

铜印墨绶　官制用语。即以铜铸成印章，在印柄系黑色的绶带，是标志一定官阶的服制，亦称铜印黑绶，规格在金印（章）紫绶、银印（章）青绶之下。汉朝规定吏秩在比六百石以上至千石者，多应用铜印黑绶。魏晋南北朝时，一些官职的地位、职掌已发生很大变化，但所用印绶规格，仍依汉朝旧制。如尚书令、仆射主管国家日常政务，实际地位远在九卿（银章青绶）之上，州刺史作为地方行政长官，亦高于郡太守（银章青绶）。但尚书令、仆射及刺史的印绶仍沿用此规格。

铜虎符　虎形铜符。省称铜虎、铜符。春秋至秦已用为朝廷调兵凭证。西汉文帝二年（前 178）始，颁与郡守作为发兵信物。铜虎符第一至第五，国家当发兵遣使者，至郡合符，符合乃听受之。符分两半，右留京师，左与郡守。后或沿用。北朝北魏委派都督重臣出征时给铜虎符十，以示有调兵权。

铜官　官署名。汉朝郡国产铜多者设铜官，置长、丞主之，掌采铜、铸作器用之事。据《汉书·地理志》，丹阳郡设铜官。

铠甲署　官署名。隋炀帝大业三年（607）置，掌制作铠甲等，隶少府监，不久废除。

铠曹　官署名。东汉末曹操丞相府僚属诸曹之一，设掾、属各一人。三国魏沿置。西晋公府、将军府俱置，长官为掾或属。西晋末司马睿丞相府亦置，改长官为参军。东晋、南朝、北魏、北齐公府、将军府，隋朝王府、诸卫、太子卫率并置，长官为参军或行参军。唐初王府置，掌仪卫兵仗，太宗贞观（627—649）间废。十六卫，太子诸率府亦置，武则天长安（701—704）初改为胄曹，中宗复旧。玄宗先天元年（712）又为胄曹。长官皆为参军事。

铠曹行参军　官名。铠曹长官。南朝齐公府、将军府置。梁沿置，自三班至流外五班，陈自八品至九品。北魏公府、将军府置，七品上至九品。北齐公府、将军府、州府置，自六品上至七品上。隋朝诸卫率府、王府置，自从七品上至视从八品。

铠曹参军　官名。铠曹长官。西晋末置，东晋、南朝宋沿置，七品。又称铠曹参军事。唐初王府置，太宗废。十六卫、太子卫率亦置，随曹改为胄曹参军事。参见“铠曹”。

铨试　宋朝官员考选方式之一。凡选人（包括荫补得官、同进士出身与特奏名者）及宗室子弟须赴吏部流内铨或吏部长官厅考试，合格者始注文职差遣，称铨试。

铨选　官制用语。南朝已见此说。唐制以吏部尚书铨、中铨、流外铨，宋朝以吏部流内铨、流外铨，铨量人才、选拔官员，后世沿用此制。

铨曹　吏部及其所属各司的别称。

铨量　官制用语。宋朝凡新任知州、通判上任，例需赴京，由皇帝亲自核其功过，察其人物，确堪任使，始许上任，称为铨量。新任之官若身在四川、两广，可特免赴京，令本路长官精加铨量。

铨衡科　官署名。清末海军部军制司所属五科之一。原属筹办海军事务处军防司，宣统二年（1910）随司改属海军部，三年，军防司撤，并入军制司。掌承办水师人员注册分发，千总、把总、外委之拔补，水师副将、参将各员之密保、预保，海军人员之调动，以及员弁季报、大报清册等。置科长、科员、录事。

银印　银质官印。为高级官员资格及施政的凭证。秦汉秩二千石以上官员皆授。西晋以下，以授侯、九嫔、将军、中郎将、校尉、都尉等，品阶不定。宋三省、枢密院用之。元授一、二、三品官府及诸王、宣抚使、廉访司。明授一品、二品官员，诸将军、内阁。清朝为中央和地方常设机构所用最高一等之印信，由礼部铸印局铸造。宗人府、军机处、六部、都察院、理藩院、翰林院、内务府、通政使司、大理寺、太常寺、顺天府、各省布政使司，以及衍圣公、公、侯、伯、经略大臣、领侍卫内大臣、大将军、将军等俱用之。其规制，视各衙署而定，有直钮，直钮二台、三台，虎钮二台、三台等不同种类。文字多以满、汉文并用，亦有用满、汉、蒙三种文字者（如理藩院），及满、汉、托忒、回四种文字者（如伊犁将军）。字体有尚方大篆、柳叶篆者，而蒙、托忒、回三种文字不篆。

银印青绶　汉朝官吏玺印制度。凡秩比二千石以上官员，其官印为银质，印绶青色，龟钮，刻文曰某官之章。后世沿用之，品阶不定。参见“银印”。

银台　❶宋朝银台司简称。❷明、清通政使司别称。以其职掌与宋朝银台司相仿，故名。又用作通政使别称。

银台司 见“通进银台司”。

银字圆符 即银字圆牌。参见“牌符”。

银字圆牌 见“牌符”。

银作局 官署名。明朝宦官二十四衙门之一。置掌印太监一人，管理、佥书、写字、监工无定员。掌打造金银器饰。

银库 官署名。❶清朝户部三库之一。顺治十三年（1656）分后库置。初归户部理事官管理，雍正元年（1723）改归管理户部三库大臣统辖。掌收各省岁输田赋、盐课、关税、杂赋、直省赃罚银用剩者及宝泉局新铸制钱，并稽其支放。设郎中一人领库事，下设员外郎、司库、大使、笔帖式、库使、经承等分理诸务。❷清朝宗人府所属机构。掌银钱出纳，皇帝简派宗人府堂官和满洲大臣各一人领之。下设司官二人，笔帖式四人，供事二人。司官由府引见补授，任期三年。凡宗室养赡银及宗室、觉罗赏恤银，均由本库颁发，年终奏销。❸清朝内务府广储司所属六库之一。掌储金、银、珠、玉、珊瑚、玛瑙及宝石等物，置郎中二人（兼司皮、瓷二库），员外郎三人，六品司库一人，八品司匠二人，无品级副司库二人及库使若干。库藏之出纳，按月缮折，送司核对并呈府堂奏销。❹清末总理各国事务衙门所属机构，光绪十年（1884）设。掌储存总理衙门出纳之现金。二十七年，并入外务部。

银青 即银青光禄大夫。

银青光禄大夫 官名。东晋置，即原光禄大夫。《通典》卷三四《光禄大夫》：“魏晋以来无员，其左、右光禄大夫、光禄大夫皆银章青绶，其重者诏加金章紫绶，则谓之金紫光禄大夫。其重者既有金紫之号，故谓本光禄为银青光禄大夫。”北周置，分设左、右。隋初为正三品散官，炀帝改从三品。唐因之。北宋前期为从三品文散官。神宗元丰三年（1080）废文散官，遂为新寄禄官，取代旧寄禄官户部、礼部、兵部、刑部、工部尚书，升为从二品。哲宗元祐三年（1088），分左右两阶。徽宗大观二年（1108），以左银青光禄大夫为银青光禄大夫，右银青光禄大夫为光禄大夫。参见“光禄大夫”。

银青荣禄大夫 官名。金、元皆置，为文散官四十二阶第六阶。金正二品下。元正一品，宣授。

银券 见“丹书铁契”。

银捐 清朝捐纳方式之一。乃后期之加捐花样。咸同年间，初为鼓励加捐，实行多立班次，减折加捐之法。纳捐者多以饷粟交进，有成数不及定额之半者。其后另订加成新章，并令交进实银，因有此称。同治三年（1864）设银捐新班，尽先、遇缺等项，输银不过六成有零，而选用优异，他途莫及。八年另设十成实银一班，各新班遇缺先，其选用最为优异，新班遇缺次之。序补五缺一周，先用新班遇缺先三人，然后新班遇缺及各项轮补班各得其一。因其序补过速，有见缺指捐之弊。其时称银捐者还有分缺先前，分缺间前，本班尽先前等班次。光绪四年（1878）暂停捐例，旋又陆续恢复，直至二十七年停办捐纳而止。

银符 即银牌，又称平银牌。参见“牌符”。

银章 即以银铸成的印章。其文曰某官之章。汉朝亦称银印，魏晋以后仅印文为某官之印者称银印。参见“银章青绶”。

银章青绶 官制用语。即以银铸成印章，在印柄系青色的绶带，其印文作某官之章，标志一定官阶，规格在金印紫绶下。汉朝亦称银印青绶，规定吏秩二千石以上服用。西晋后将印文作某官之章者称银章，一般不再与银印混称，晋、南朝时规定光禄大夫、卿、尹、太子傅，诸领护将军、中郎将、校尉、郡国太守内史、四品五品将军等，皆银章青绶。参见“金章紫绶”、“银印青绶”。

银牌 见“牌符”。

移 文书名。指平级官署之间传递公文，如汉、魏。唐朝制度，诸司自相质问，其义有三：关、刺、移。移，谓移其事于他司。移则通判之官皆连署京师诸司，有移下诸州者，必由尚书都省以遣之。宋朝各级官府之间文书往来称“行移”，往来文书则称“移文”。学士院移文三省称“谘报”，尚书省移文六部称“刺”，各州互相移文称牒，秘书省、殿中省、内侍省、入内内侍省移文三省称“申状”。清制，凡不相统属的官署间行文统称移，无统属关系之机构彼此行文亦称移。

移会 文书名。清朝在京衙门间的平行文书之一。清制，六科、各道、内廷各馆、内阁典籍厅、稽察房、中书科等处与各部、院、寺、监来往行文，均用之。

移里堇 即夷离堇。

移里堇司 官署名。金朝置，掌部族村寨事。设移里堇一员，秩从八品。参见“夷离堇”。

移病 汉朝官员上书称病请假或辞职之谓。《汉书·疏广传》：“即日父子俱移病，满三月赐告，广遂称笃，上疏乞骸骨。”

移赉勃极烈 官名。金太祖建国后设四勃极烈共掌国政，后增设移赉勃极烈，又为第三勃极烈，处理对外事务。太宗时废。

敏安 蒙古语，意为“千”，或用以简称千户。

笺 文书名。上行文，始用于汉朝，为四种章奏文书之一。后代沿之，然使用范围有异。唐制，凡上行文有六，笺用作上于皇太子及上官，非公文所施。宋、元、明用作臣下进贺文书，多上于皇帝、皇后、皇太子。清朝专指臣工上呈皇后之文书。凡遇元旦、冬至、万寿三大节或其他庆典，如皇太后、皇后寿辰等，直省官员除向皇帝、皇太后上表祝贺外，另向皇后上笺祝贺。例进笺官员，康熙五十五年（1716）定为文官按察使以上，武官副将以上，均由督抚汇进。乾隆十八年（1753）停布、按二司及副将进笺。乾隆末，定皇后千秋暨元旦、冬至永停笺贺。笺文与表文均由翰林院撰拟，内阁奏定颁布，全属一律。有正笺、副笺。正笺卷而不折，副笺折成本章式样，盛匣用黄绫包裹。进表、笺仪后，与表同贮内阁。

笙师 官名。《周礼》春官之属，一说为周朝置，掌管教授吹奏笙类乐器。中士爵。属员有下士、府、史、胥、徒等。

符 ❶古代国君传达命令和征调兵将的凭证，用金、玉、铜、竹、木制成。上刻文字，分左右两半，右半在朝廷，左半在外官或兵将之手。国君有事，使节持半符至，外官或兵将合符以验真假。如兵符、虎符等。战国时两国关系的信符亦称符。秦汉亦然。汉朝自文帝始颁与郡守铜虎符、竹使符，作为发兵的凭信。❷公文程式。始于晋。时尚书所下公文称符，三公府、大将军府、州府所下亦然。唐朝凡尚书省下于州、州下于县、县下于乡的公文，皆曰符。宋诸州对下属县行文用“符”，末云“符到奉行”。《庆元条法事类》载有“符”的格式。尚书省各部有“部符”。明朝为皇帝下达的一种文书。由殿阁大学士起草进画，以下之诸司。

符节 ❶古代门关出入所持凭信，为节的一种，用竹木制成。❷符与节的合称。分别参见各条。

符节仆射 官名。三国魏置。《鲍捐神坐》：“魏故符节仆射鲍捐之神坐。”（赵万里《汉魏南北朝墓志集释》图版六）

符节令 官名。秦有符玺令，掌管皇帝玺印。西汉改名符节令，兼保管铜虎符、竹使符，遣使掌授节，职任颇重。有丞，又领尚符玺郎，隶少府。东汉秩六百石，位次御史中丞，其官署亦称台，领尚符玺郎中四员及符玺令史。三国沿置。西晋武帝泰始九年（273）省，其职归御史台，置符节御史。南朝或于御史台置主玺令史、符节令史。北魏仍置，隶御史台，领符玺郎中。孝文帝太和十七年（493）定为四品中，二十三年改从八品上。北齐为御史台符节署长官，领符玺郎中四员。隋朝改名符玺监（符玺郎），唐朝改名符宝郎，皆掌皇帝玺印，隶门下省。

符节令史 官名。东汉为符节台属官，秩二百石，掌文书。南朝梁、陈为御史台属官，掌符节事。

符节台 官署名。东汉设令、丞，属官有尚符玺郎中、符节令史等。三国沿置。西晋省并御史台。参见“符节令”。

符节丞 官名。秦置，属少府。入汉因之，为符节令副贰。东汉省。

符节曹 官署名。两晋南朝置，掌符节。设侍御史掌其事。隶御史台。

符节御史 官名。西晋武帝泰始九年（273），符节台省并入御史台，置符节御史掌其事。职掌与符节令同。东晋、南朝宋沿置。

符节署 官署名。北齐置。隋改名符玺局。参见“符节令”。

符史郎 官名。北魏置。孝文帝太和十七年（493）定为七品下。

符者 官名。春秋战国管理符信之吏。《墨子·号令》：“为符者曰养吏一人。”孙诒让注：“养吏，吏掌养为符信者。”

符宝司 官署名。辽朝南面官，属门下省，掌皇帝及太后、皇后之印，辨其所用。置符宝郎等职。

符宝局 官署名。金设于南京宫城，掌御宝及金银等牌。设有符宝郎、符宝典书等职。元世祖中统元年（1260）设符宝郎二员，至元十六年（1279）立符宝局，给六品印。十七年，升正五品。十八年，改典瑞院。

符宝郎 官名。唐高宗显庆三年（658）由符玺郎改名，员四人，从六品上，为门下省符玺局长官。居宫禁中，掌管皇帝玺印，事简职重。中宗神龙元年（705）改名符玺郎，玄宗开元元年（713）复旧。五代因之。北宋前期为寄禄官，无职掌，神宗元丰（1078—1085）改制后亦未除授。徽宗大观元年（1107）始除，从七品，掌外廷符玺，别置内符宝郎掌宫内符玺。钦宗靖康元年（1126）罢。辽朝置为南面朝官，掌门下省符宝司。金朝置四员（一说十二员），掌皇帝符玺及金银符牌，领符宝祗候（牌印祗候）、符宝典书（牌印令史）等，隶殿前都点捡司。元世祖中统元年（1620）置二员，至元十六年（1279）又立符宝局，给正六品印，十七年升正五品。十八年改符宝局为典瑞监，长官改称卿，后又升为典瑞院，长官称使。

符券吏 官名。北魏置。孝文帝太和十七年（493）定为从八品中，二十三年复次职令，未见。

符玺令 官名。战国秦置，掌管符玺的长官。秦嘉谟辑《世本·氏姓》：“鲁顷公之孙公雅仕秦为符玺令。”

符玺局 官署名。隋朝门下省置，掌符玺。设监二员，直长四员。炀帝大业三年（607）改监为郎，置二员。

符玺直长 官名。隋朝门下省符玺局次官，置四员，从七品上。

符玺监 官名。隋朝门下省符玺局长官，置二员，正六品；炀帝大业三年（607）改为符玺郎。

符玺郎 官名。汉朝有尚符玺郎（尚符玺郎中），为符节令属官，掌保管玺印符节。三国魏称符玺郎（符玺郎中），七品。西晋省。北魏复置，仍隶符节令，孝文帝太和十七年（493）定为从四品中，二十三年改从六品上。北齐沿置，员四人，从六品上。隋初罢，炀帝大业三年（607）改符玺监为符玺郎，员二人，从六品，为门下省符玺局长官。唐初因之，高宗显庆三年（658）改名符节郎，中宗神龙元年（705）复旧，玄宗开元元年（713）又改符宝郎。元末朱元璋复置，正七品，掌管玺印符牌，吴元年（1367）改名尚宝司卿。

符玺郎中 参见“符玺郎”。

符牌局 官署名。元朝设于世祖至元十七年

（1280），隶工部，掌制造虎符牌面。秩正八品。置大使、副使各一员。

第一女郎 女官名。北魏置。《元液墓志》：“（母）亲浮海吴，勑赐第一女郎。”（赵万里《汉魏南北朝墓志集释》图版一一一）

第一不领人酋长 官名。北齐置。原称第一不领民酋长，唐朝人修史时避讳改。视四品。

第一不领人庶长 官名。北齐置。原称第一不领民庶长，唐朝人修史时避讳改。视五品。

第一品大酋长 官名。北魏置。《显祖嫔侯骨氏墓志》：“祖俟万斤，第一品大酋长。”（赵万里《汉魏南北朝墓志集释》图版二一）参见“领民酋长”。

第一品嫔 妃嫔号。北魏置。见《显祖献文皇帝第一品嫔侯夫人墓志铭》。（赵万里《汉魏南北朝墓志集释》图版二一）

第一贵嫔夫人 妃嫔号。北魏置。《司马显姿墓志》：“（先为贵华夫人）未几，迁命为第一贵嫔夫人。”（赵万里《汉魏南北朝墓志集释》图版三〇）

第一酋长 官名。北魏置。《刘懿墓志》：“赵家口大将军府骑兵参军，第一酋长。”（赵万里《汉魏南北朝墓志集释》图版二九四）一说即第一领民酋长的省称。

第一客 北魏对归附其政权者的一种待遇。《魏书·毕众敬传》：“众敬弟众爱，随兄归国，以勋为第一客，赐爵巨平侯。”

第一领人酋长 即第一领民酋长。唐朝人修史时因避讳改。见“第一领民酋长”。

第一领人庶长 官名。北齐置。原称第一领民庶长，唐朝人修史时避讳改。视从四品。

第一领民酋长 官名。北魏置，唐朝人修史时，因避讳改称“第一领人酋长”。主要授予依附北魏政权的北方少数民族首领，可世袭，未被列为中央政权的正式官职。在孝文帝太和十七年（493）职员令及太和二十三年复次职令时，皆未载此职品阶。北魏末期战乱后，北方边镇的军人集团地位提高，进入中央政权，北齐时定为视从三品。

第一领民庶长 官名。北齐置，授予依附北齐的北方少数民族首领，视从四品。

第一清 官制术语，指清官中的等级。北魏孝明帝末，吏部郎中辛雄以郡县守、令委派不得人，上疏称：“但郡县选举，由来共轻，贵游儁才，莫肯居此。宜改其弊，以定官方。请上等郡县为第一清，中等为第二清，下等为第三清。”（《魏书·辛雄传》）因孝明帝崩而未施行。

第一镇人酋长 官名。北魏置。《北史·齐本纪上》：“（魏普泰二年，532）四月癸巳，又加授（高欢）东道大行台，第一镇人酋长。”一说即第一领民酋长。

第二不领人酋长 官名。北齐置。原称第二不领民酋长，唐朝人修史时避讳改。视五品。

第二不领人庶长 官名。北齐置。原称第二不领民庶长，唐朝人修史时避讳改。视六品。

第二领人酋长 即第二领民酋长。唐朝人修史时避讳改。参见“第二领民酋长”。

第二领人庶长 官名。北齐置。原称第二领民庶长，唐朝人修北朝史时因避讳改。视从五品。

第二领民酋长 官名。北魏置，唐朝人修史时，因避讳改称第二领人酋长。授予依附北魏政权的北方少数民族首领，未被列为中央政权的正式官职。在孝文帝太和十七年（493）职员令及太和二十三年复次职令时，皆无此职品阶。北魏末期战乱后，北方边镇拥有武力的少数民族首领地位提高，进入中央政权，北齐时定为视从四品。

第二领民庶长 官名。北齐置，授予依附北齐的北方少数民族首领，视从五品。

第二清 官制术语。参见“第一清”。

第三不领人酋长 官名。北齐置。原称第三不领民酋长，唐朝人修史时避讳改。视六品。

第三不领人庶长 官名。北齐置。原称第三不领民庶长，唐朝人修史时避讳改。视七品。

第三领人酋长 即第三领民酋长。唐朝人修史时避讳改，参见“第三领民酋长”。

第三领人庶长 官名。北齐置。原称第三领民庶长，唐朝人修史时避讳改。视从六品。

第三领民酋长 官名。北魏置。唐朝人修史时，因避讳改称第三领人酋长。授予依附北魏政权的北方少数民族首领，未被列为中央政权的正式官职，孝文帝太和十七年（493）职员令及二十三年复次职令时，皆未载此职品阶。北魏末期战乱后，北方边镇拥有武力的少数民族首领地位提高，进入中央政权，北齐时定为视从五品。

第三领民庶长 官名。北齐置。授予依附北齐的北方少数民族首领，视从六品。

第三镇人酋长 官名。北魏置。《北史·齐本纪上》：“（高欢）累迁第三镇人酋长。”一说即第三领民酋长。

第三清 官制术语。指清官中的等级，与官品虽有联系，但不相同。《魏书·明亮传》：“自给事中历员外常侍。（宣武帝）延昌（512—515）中，世宗临朝堂，亲自黜陟，授亮勇武将军。亮进曰：‘臣本官常侍，是第三清。今授臣勇武，其号至浊，且文武又殊，请更改授。’”员外常侍为五品上，勇武将军为四品，但在清官中的等级低于第三清，所以明亮不愿迁任。孝明帝末辛雄建议以下等郡县守令为第三清，因孝明帝崩，未施行。

第巴 官名。清朝西藏地方政府官员之一种，隶于噶伦。设七品官十三人，管门、管牛羊场者各三人，管糌粑、管柴、管帐房各二人，管草一人。缺出由达赖喇嘛自行拣选。

笾人 官名。《周礼》天官之属，一说为周朝置，宦官。掌用竹编食器供应祭祀燕享等所需的食物。《周礼·天官》：“笾人，奄一人，女笾十人，奚二十人”，“掌四笾之实”，“凡祭祀，共其笾荐羞之实。丧事及宾客之事，共其荐笾羞笾。为王及世子共其内羞。凡笾事，掌之”。

犁汙都尉　匈奴官名。《汉书·匈奴传》：“获单于父行及嫂、居次、名王、犁汙都尉、千长、将以下三万余级。”

梨园使　使职名。唐玄宗开元（713—741）初置，掌领乐工数百人教“皇帝梨园子弟”习法曲雅乐。代宗大历十四年（779）罢。

停年格　官吏任用制度。北魏孝明帝神龟（518—520）中，由吏部尚书崔亮奏立此格。因当时武官可依资入选，候选人多而官职少，吏部任用官吏时，以官员停解年月为断，不问贤愚，时间在前者先用，即称停年格。施用后反对者很多，但北魏末一直施行未改。东魏孝静帝元象元年（538），高澄摄吏部尚书后废。

偏将　即副将，相对主将而言，常与裨将连称之为偏裨。

偏将军　官名。西汉置，为主将之下的副将、小将。新莽时曾普赐诸郡卒正、连帅、大尹此号。东汉、三国时为杂号将军中地位较低者，仅高于裨将军。魏、晋、南朝宋皆八品（一说魏为五品）；梁武帝天监七年（508）定为武职流外一班；北魏孝文帝太和十七年（493）定为九品上，二十三年改为从九品上，北齐仍从九品上。隋初列为散号将军，从九品下，炀帝大业三年（607）罢。

假　官制用语。代理、兼摄之意。汉朝指官吏未授正式官衔暂且代行职权，其位低于正式官职。亦指副职。如假候、军假司马。魏晋南北朝多见，举凡实职、加官皆可假授。北魏更有假爵之制。授于假职者，或为临时性，以提高出使、出征官员地位；故出征将领、使节出行多带假职。北魏孝文帝时，假官更成为制度，实际上仅享有名义、禄赐、无代理摄职之义。

假节　假以节杖。汉朝指大臣临时持节出巡。三国魏、蜀、吴沿袭此制，然非临时性，无论在外掌军、在朝秉政，权臣均得假节，实际已成为一种象征地位的政治待遇。至晋朝，地方性军事长官分为都督、监（军）、督（军）三等，职权范围也相应分为三等。都督有使持节、持节、假节之分，监、督军亦然。使持节得杀二千石以下，持节杀无官位人，假节唯有军事得杀犯军令者，成为其地位、职权范围的标志之一。南北朝相沿此制。

假节钺　东汉末、三国时期帝王特赐给权位极重的大臣的一种待遇。受此号者拥有代行帝王旨意、掌握生杀的特权。节即符节，钺是专用于帝王仪仗的斧状兵器，两者都是象征帝王权威的信符。《三国志·董卓传》：“迁太尉，假节钺、虎贲。”东汉献帝时曹操亦受此号，得以总统内外诸军。三国时，魏蜀皆有此号。

假龙　宋朝直龙图阁俗称。

假吏　权宜委以差事的吏员。《汉书·苏建传》：“武与副中郎将张胜及假吏常惠等募士斥候百余人俱。”颜师古注：“假吏犹言兼吏也。时权为使之吏，若今之差人充使典矣。”

假守　官名。假有兼摄之意，假守即代理郡守。秦汉皆有此制。

假佐　❶官名。代理官佐。《睡虎地秦墓竹简·秦律杂抄》：“有兴，除守啬夫，假佐居守者，上造以上不从令，赀二甲。”❷官府掌文书的职吏，如司隶校尉属官有假佐二十五人，主簿录阁下事，省文书。

假试官　即假版官与试衔。

假版官　官制用语。唐朝后期，藩镇自辟属官，因非经吏部铨授，故称假版官。宋初有试衔官，神宗元丰（1078—1085）改制后，以试大理评事为假承事郎，试秘书省正字为假承奉郎，又改太庙斋郎为假将仕郎，皆非正官，亦称假版官。徽宗政和六年（1116）皆去“假”字，改假将仕郎为将仕郎，原将仕郎改迪功郎，假承务郎为登仕郎，原登仕郎改修职郎，假承事郎、假承奉郎为通仕郎，原通仕郎改从政郎。

假相　见“假相国”。

假相国　官名。简称假相。战国赵置，代理相国。《史记·廉颇蔺相如列传》：“赵以尉文封廉颇为信平君，为假相国。”

假钺　东汉末、三国时期帝王特赐给大臣的一种待遇。受此号者拥有生杀大权。钺是一种专用于帝王仪仗的斧状兵器。《后汉书·献帝纪》：“董卓自为太尉，加铁钺、虎贲。”李贤注：“加铁钺者，得专杀也。”《三国志·夏侯尚传》：魏文帝黄初三年（222），尚“假钺，进为牧”。参见“假节钺”。

假黄钺　黄钺即饰以黄金的钺，本用于皇帝仪仗。三国时特赐予出征重臣，以示威重，令其专主征伐。魏文帝黄初三年（222）亲征孙权，以曹休为征东大将军，假黄钺，督张辽等及诸州郡二十余军。其后相沿为成制。吴亦有此号，权位虽高，然次于假节钺。晋朝无假节钺，而以假黄钺为最高，汝南王亮、王导、桓温等重臣均加此号，所加者多为大司马、大都督、都督中外诸军事等最高军事长官。南朝宋、齐沿之。北齐亦有此制。隋朝为荣誉称号。恭帝义宁元年（617）以李渊为假黄钺、使持节大都督内外诸军事、尚书令、大丞相、进封唐王。

假署　官制用语。指暂时代理。《后汉书·百官志》：尚书右丞假署印绶。也指临时任命代理官职。《资治通鉴·晋孝武帝太元十年（385）》：后燕慕容垂属下骠骑大将军慕容农令“参佐家在赵北者，悉假署遣归”。胡三省注：“假署者，权时以假版署置其官，未以白燕王垂也。”

假爵　北魏的一种封爵制度。即王、公、侯、子等爵位，皆可假授，称假王、假公、假侯、假子等。其地位低于同级真爵。《魏书·官氏志》孝文帝延兴二年（472）诏：“旧制诸镇将、刺史假五等爵，及有所贡献而得假爵者，皆不得世袭。”

徙 官制用语。指官吏的调动，有转、迁二义，视具体情况而定。转属于官秩相同的调动，迁则属于升迁性质。

衔 官吏阶位。如官衔、军衔。《正字通》：“衔，官吏阶位曰衔。《语林》曰：‘近代选曹补授，先具旧官于前，次书拟官于后，新旧相衔也。’”

衔枚下士 官名。西魏、北周夏官府大驭中大夫衔枚中士佐官，正一命。

衔枚中士 官名。西魏恭帝三年（556）仿《周礼》衔枚氏置，北周沿置。夏官府大驭中大夫属官，正二命。下统衔枚下士。隋文帝开皇元年（581）罢。参见“衔枚氏”。

衔枚氏 官名。《周礼》秋官之属，一说为周朝置，掌禁喧哗。《周礼·秋官》：“衔枚氏，下士二人，徒八人”，“掌司嚣。国之大祭祀，令禁无叫。军旅、田役，令衔枚。禁叫呼叹鸣于国中者，行歌哭于国中之道者”。

衔牌 表示官员职衔之牌。木质朱漆。为官者均以金字书官衔于其上。平时置于门前，出行及举行礼节时拿作前导，以示荣耀。

船政司 官署名。❶清末邮传部所属机构，光绪三十三年（1907）设。次年掌全国船政，凡内港外海各江航业、测量沙线、推广埠头、建设公司、营辟厂坞、审议运货保险以及检查灯台浮标等皆属之。置郎中二人，员外郎二人，主事四人并小京官等。❷清末陆军部海军处所属机构，光绪三十三年（1907）设。掌修造船只、监察船坞、兵轮等事。置司长一人，承发官一人，考工官五人，艺师一人，艺士二人，录事六人。宣统元年（1909），并入筹办海军事务处。

船政司郎中 官名。清末邮传部船政司主官，光绪三十三年（1907）设。二人，正五品，奏补。掌主本司事务。

盘水加剑 汉朝大臣向皇帝请罪的一种方式。大臣如遭皇帝严厉谴责，即盘水加剑，至请室谢罪，是自请处死的一种表示。《汉书·贾谊传》：“故其在大谴大何之域者，闻谴何则，白冠氂缨，盘水加剑，造请室而请罪耳”。

领 官制用语。初指兼领、暂代，即已有本官本职，又暂行他官他职，而不居其位，不任其官。魏晋南北朝多为暂摄之意，常有以卑官领高职、以白衣领某职者。唐、五代以亲王、宰相为京兆、河南牧、大都督、大都护、节度使者谓之领、遥领。宋朝以官阶高而兼较低级职务为领。

领刀剑左右 官名。北魏置，掌侍卫皇帝左右。《魏书·恩幸传》：“（侯刚）稍迁奉车都尉、右中郎将、领刀剑左右。”

领队大臣 官名。清朝派往新疆地区的驻扎大臣，位在驻防将军、都统、参赞大臣、办事大臣之下。负责辅佐将军，分统游牧，兼管卡伦。

领左右 官名。北魏置，为皇帝身边的亲信侍臣，掌禁中事务，权力很大，故北魏后期的权臣如元乂、尔朱荣等都兼任此职。孝文帝太和十七年（493）职员令及二十三年复次职令时，皆未载。北齐为门下省领左右局长官，员二人，五品。但权势无北魏时大。

领左右大将军 官名。北齐置。领左右府长官，位在领左右将军之上，品阶不详。隋初分置左、右，各一员，为左、右领左右府长官，正三品。隋炀帝大业三年（607）罢。参见“领左右府”。

领左右大都督 官名。北齐置。《北齐书·元景安传》：“（文宣帝天保）三年（552），（元景安）从破库莫奚于代川，（自征西将军）转领左右大都督。”

领左右局 官署名。北齐置，属门下省。掌知朱华阁内诸事，主宣传以下至白衣斋子诸职。以领左右二员为长官，下设左右直长四员以佐之。

领左右府 官署名。北齐置，属领军府。以领左右将军为长官，统千牛备身、左右备身正副都督、左右备身五职、左右备身、刀剑备身正副都督、刀剑备身五职、刀剑备身、备身正副都督、备身五职等侍卫武官，侍卫皇帝左右，供御兵仗。后又设领左右大将军，位在领左右将军上。隋初沿置，分置左、右，各设大将军一员为长官，将军二员为副贰，领千牛备身十二员，备身左右十二员，备身六十员，并各置长史、司马及参军等员。隋炀帝大业三年（607），改为左、右备身府。

领左右将军 官名。北齐置，领左右府长官，后于其上置领左右大将军，遂降为次官。从三品。隋初沿置，为左、右领左右府次官，员各二人，佐大将军掌府事，从三品。隋炀帝大业三年（607）罢。

领四厢直 领羽林四厢直卫的省称。

领民大都督 官名。东魏置，北齐沿之。《北齐书·步大汗萨传》：“（孝静帝）元象（538—539）中，行燕州，累迁临川领民大都督。”

领民别将 官名。北魏置。《北齐书·步大汗萨传》：“父居，龙骧将军、领民别将。”参见“别将”。

领民酋长 官名。北魏置。委任依附其政权的少数民族首领为之，可世袭。北齐沿置。有第一领民酋长、第二领民酋长、第三领民酋长等，详见各条。

领民都督 官名。北魏置。《北齐书·慕容俨传》：“牒舍乐，少从尔朱荣为军主、统军，后西河领民都督。”

领军 官名。东汉献帝建安（196—220）中曹操置，统领禁卫军，属丞相府。魏晋南北朝时期，资深者称领军将军，资轻者称中领军，职掌相同，多由中领军迁领军将军，一般不并置。只有北魏孝文帝太和十七年（493）职员令中专设有领军，二品中。另，三国时还设有行领军、前领军、左领军、右领军等职，详见各条。

领军大将军 官名。北齐文宣帝天保（550—559）中置，为领军府长官，总掌禁卫诸军，在领军将军之上。权势极重，二品，位次尚书令。参见“领军府”。

领军府 官署名。即领军将军（中领军）的官府。东汉末、三国魏即置领军将军，统禁军，护卫皇帝宫禁。虽置僚属，但未正式建府。晋、南朝、北魏沿之。北齐时正式置府、以领军将军或中领军一员为长官，掌禁卫宫掖，主朱华阁外的禁卫官，舆驾出入时，督摄仗卫。设有长史、司马等掌府务。又领左右卫、领左右等府。北齐文宣帝天保（550—559）中置领军大将军，位在领军将军之上。北齐后主武平二年（578），罢京畿大都督府，将其职权并入领军府。隋初置左、右领军府，各掌十二军籍帐、差科、辞讼之事，不置将军，以长史、司马统府务，下设掾属及诸曹参军，又置明法，隶于法司，掌律令轻重。炀帝大业三年（607）罢。

领军将军 官名。东汉献帝延康元年（220）曹丕置，职掌与中领军同，但任职者资重于中领军，省称领军。三国魏沿置，为禁卫军最高统帅，由亲信或宗室担任，权势极重。吴亦置。西晋初省，以中军将军羊祜统二卫、前、后、左、右、骁骑七军禁卫营兵，取代其职权。惠帝时复置，仍为禁卫军最高统帅。东晋元帝永昌元年（322），改置北军中候，寻复，成帝时又改为北军中候，寻又复。三国魏、西晋时有营兵，并辖护军将军，东晋时无营兵，亦不再领护军事。十六国汉、前凉、前秦、北燕、南燕皆置。南朝宋时掌禁卫军及京都诸军。魏、晋、宋皆三品。南朝齐规定，诸为将军官皆敬领军、护军，如诸王为将军，道相逢，则领、护让道。梁武帝天监七年（508）定为十五班。陈三品，秩中二千石。北魏时如以侍臣带此职，则称中领军将军，孝文帝太和十七年（493）定为二品上，二十三年改为从二品。宣武帝永平（508—512）中，四中郎将亦属之，东魏静帝武定七年（549），以四中郎将还属护军。北齐时为领军府长官，员一人，掌禁卫宫掖，主朱华阁以外的禁卫官，又领左、右卫，领左右等府，从二品。但北齐后期，官爵滥授，同时任此职者有二十人之多。北齐文宣帝后设领军大将军，位在其上。

领军校尉 官名。西晋置。《晋书·王戎传附郭舒传》：“（郭舒）始为领军校尉，坐擅放司马彪，系廷尉。”

领羽林四厢直卫 官名。南齐置。统率羽林军侍卫宫廷，多以黄门郎兼任。《南齐书·周山图传》：“（山图）转黄门郎，领羽林四厢直卫。”

领运千总 官名。明清督理漕粮之官员，隶于总漕。明朝漕粮北运，由卫所官军运，设守御千户所千总、所千总领运。清朝裁卫，改归州县，而领运之卫所依旧。设守御所千总十三人，为从五品，所千总一百八人，为从六品。分领各省漕帮，每帮由一人或二人领运。必须依限过淮抵通，按限回空。约束军兵，杜绝盗蚀。

领运守备 官名。明清督理漕粮之官员，隶于总漕。明朝漕粮北运，由卫所官军运，设守备、卫守备领运。清朝裁卫，改归州县，而领运之卫所依旧。设守备五人，卫守备九人，皆正五品。下设守御所千总、所千总、随帮效力武举等官员。

领直 参见“东宫领直”。

领事 官名。清末派驻外国的官员，光绪三年（1877）始设。秩五品，奏补。掌领事馆事务，保护华侨。辖二等书记官、二等通译官各一人。

领尚书事 职衔名。即以他官兼领尚书政事，参与政务。始于西汉昭帝时，霍光以大司马大将军领尚书事，受武帝遗诏辅政。其后，张安世以车骑将军、孔光以光禄勋、张禹以光禄大夫等均曾领尚书事。位尊权重。东汉称录尚书事。三国吴或有此称。

领侍卫内大臣 官名。清朝侍卫处最高长官。顺治元年（1644）设，武职正一品。定额六员，以勋戚大臣充任，镶黄、正黄、正白旗各二人。掌统领侍卫处，董帅侍卫亲军，偕内大臣、散秩大臣翊卫扈从。平时，率所属会于太和门以坐班。皇帝御门听政时，列侍；宿斋宫则环卫；诣坛庙则设后管；燕飨时则视席；大阅时则列队以卫御营；巡幸时则率其属扈驾；驻行宫则守卫等。

领侍卫府 见“侍卫处”。

领凭 清朝吏部铨选制度。凡升选之外官赴任前，均由吏部发给文凭，到省后呈交督抚查验，称为领凭。吏部发给外官文凭，某月某省均有定章，领凭官员必须等到应发之月才能领取，谓之对月领凭。凡升选官赴任者，京官由吏部知照有关衙门，不再给凭；外官皆由部给凭。如属在外升任，或在籍候选毋庸引见官员，由吏部将文凭咨发各省督抚转给。

领皇太后诸局事 官名。辽朝北面官，总领皇太后帐祗应诸局之事。

领枢密使 官名。辽朝置，即以他官兼掌枢密院事。圣宗统和十二年（994），耶律隆运为北府宰相，仍领枢密使。

领枢密院事 官名。北宋徽宗政和七年（1117），以内侍童贯宣抚陕西、河东、河北三路，带同签书枢密院衔。后改权领枢密院，宣和元年（1119）进为领枢密院事，为枢密院长官。其后，又以郑居中为之。

领催 官名。清朝八旗军下级军官，满语“拨什库”。顺治元年（1644），定满、蒙八旗每佐领下设六人，汉军八旗每佐领下设四人。由“马甲”（即八旗骁骑营之士兵）内选充，满、蒙八旗兼于本佐领识字护军内挑补。康熙四十三年（1704），满、蒙每佐领下裁一人。掌登记档册，支领官兵俸饷。

斜谷监 ❶官署名。唐朝将作监所统采伐木材的机构，置监、副监、丞各一人，监作四人。❷官名。唐朝将作监所统斜谷监长官，置一人，正七品下，掌本监采伐木材之事。

斜谷监丞 官名。唐朝将作监斜谷监佐官，置一员，正八品下。

斜谷监副监 官名。唐朝将作监所统斜谷监副长官，置一人，从七品下。

彩制帅 女官名。南朝宋明帝定后宫百官时置，无定员，六品。

彩绸库 官署名。清朝工部都水司所属之机构。顺治元年（1644）置，设满、汉监督各一人，由本部堂官于所属司员内委派，带原品充任，每年一更代。掌收发制帛、诰轴、逊衣、彩缯、潞绸、葵藤、棕毛、宝砂等物。

悉南纰波 官名。吐蕃官，赞普近侍官。

悉编掣逋 官名。吐蕃官，即都护，置一人。

猎郎 官名。北魏道武帝天赐三年（406）置。以善骑射的鲜卑人充任，多系大臣子弟，是皇帝左右的侍从。随从皇帝出猎，亦被派充使职及出监军事。孝文帝太和十七年（493）职员令及太和二十三年复次职令，皆未载。

猛安 官名。金朝置，原为女真部落统军首长。金建国后，成为统领女真千户的千夫长称号，也用为荣誉爵号。

猛安谋克 女真部落与军事组织称谓。金建国前，“猛安”为女真部落统军首长，“谋克”为氏族长。建国后，诸军由猛安、谋克逐级统领。初制三百户为一谋克，十谋克为一猛安。后来减少到二十五人为一谋克，四谋克为一猛安，一谋克参战的不过十八人。宣宗南迁后，猛安谋克瓦解，无力作战。

猛进将军 见“十猛将军”。

猛武将军 见“十猛将军”。

猛虎将军 见“十猛将军”。

猛威将军 见“十猛将军”。

猛拽剌详稳司 官署名。辽朝北面官，统领猛拽剌军。设详稳等职。

猛胜将军 见“十猛将军”。

猛烈将军 官名。南朝梁置，武帝天监七年（508）定为武职二十四班中的第十班，普通六年（525）刊正将军名号时列为“十猛将军”之一。陈沿置，拟六品，比秩千石。

猛骏将军 见“十猛将军”。

猛锐将军 见“十猛将军”。

猛智将军 见“十猛将军”。

猛震将军 见“十猛将军”。

猛毅将军 见“十猛将军”。

馆人 官名。春秋时郑、战国时滕国等置，掌理馆舍，接待宾客。《左传·昭公元年》：“敝邑馆人之属也。”杜预注：“守舍人也。”《孟子·尽心下》：“孟子之滕，馆于上宫。有业屦于牖上，馆人求之弗得。”

馆长 官名。太平天国男馆和女馆中设立的低级职官。金田起义时，太平军分别男行女行，设男馆（也称男营）和女馆（也称女营、姐妹营、姐妹馆）。女馆中卒长以下设两司马，即为馆长，下领二十五人。一部分肩负作战任务，大部分从事农耕和战时后勤工作。男馆中青壮年称牌面，以征战为主，也兼后勤工作；老幼称牌尾，主要从事勤杂，间亦作战。后专门设立牌尾馆（又称老人馆、老民残废馆），每馆二十五人至三十五人不等，设一馆长。天历甲寅四年（1854）十二月，解散男、女馆，恢复家庭制度。但在新占领区，初时仍设男馆、女馆，待民心安定后再行解散。

馆伴使 官名。宋、辽及宋、金之间因事派遣使臣往来，进入对方辖区后，对方则遣接伴使、副使迎接；至对方京城，则有馆伴使、副使相陪；返回时，则有送伴使、副使相送。

馆驿使 使职名。唐玄宗开元十六年（728）以监察御史兼巡传驿，二十五年又以监察御史检校两京馆驿，肃宗乾元元年（758）以第五琦充诸道馆驿使，代宗大历五年（770）杜济除京兆尹充本府馆驿使，自后京兆尹常带使，德宗建中元年（780）停。宪宗元和（806—820）以后多以宦官充任。

馆选 任官制度。明洪武十八年（1385）定选进士为庶吉士之制，永乐二年（1404）以庶吉士隶翰林院，遂有馆选之名。清沿明制，凡选庶吉士均曰馆选。初由新进士中直接选拔。雍正元年（1723）后，改以朝考选庶吉士。参见“庶吉士”、“朝考”。

馆阁 ❶官署名合称。唐置昭文馆、史馆、集贤院，号称三馆。宋太宗太平兴国二年（977）总为崇文院。端拱元年（988），于崇文院中堂建秘阁，与三馆合称馆阁。掌收藏图籍、修国史及编校书籍之事。置昭文馆、集贤殿大学士，监修国史，皆由宰相兼任。又有集贤院学士、集贤殿修撰、直集贤院、集贤校理、史馆修撰、直史馆、史馆检讨，直昭文馆、崇文院检讨、崇文院校书、直秘阁、秘阁校理、馆阁编校书籍等职，或召试除授，或特恩加职。除外官特恩加职以外，凡除馆职，均须供职一至二年，期满许带职外补，享受超迁官阶的优待。神宗元丰五年（1082）改革官制，改崇文院为秘书省，馆阁遂废。❷明、清两朝为翰林院别称。因图书、修史、编敕等事皆归翰林院，故称。

馆阁校理 官名。北宋前期置，以朝官充任，为馆阁职事之一，掌有关编校书籍之事。神宗元丰（1078—1085）改制废。

馆阁校勘 官名。北宋前期置，以京官充任，为馆阁职事之一，掌校勘书籍，通常不许带职补外。神宗元丰（1078—1085）改制罢。哲宗元祐（1086—1094）中复置。

馆阁编校 即馆阁编校书籍。

馆阁编校书籍 官名。北宋仁宗嘉祐四年（1059）置，为馆阁职事之一，不兼他务，专掌编校三馆、秘阁图书，以二年为一任。神宗元丰（1078—1085）改制废。

馆客 官名。东魏高欢初起兵时，身边蓄养精于术数、风角之人，以备咨询，称馆客，非正式官职。

北齐后主时置为官，召颜之推等文士为之，在京撰著。武平三年（572）立文林馆后，改称待诏文林馆。见《北齐书·文苑传》。

馆职　官名统称。北宋前期，史馆、昭文馆、集贤院、秘阁置直馆、直院、直阁、修撰、检讨、校理、校勘等职，通称馆职。一般由文学之士考选授职。掌整理图籍，备顾问应对。通常以一至二年为一任，多数馆职任满后许带职外补。太宗时，带馆职外皆除知州。真宗景德（1004—1007）以后，其官卑者止除通判。仁宗时，常以特恩加赐外官。凡带馆职，叙迁同有出身人，得超迁官阶。神宗元丰（1078—1085）改制，三馆、秘阁并归秘书省，原有馆职遂罢，改称秘书省著作郎、校书郎为馆职。哲宗元祐元年（1086）复置，为秘书省官所迁官，多不供职，唯别无职事者始供职。南宋后授予渐滥，不似北宋时为人所重。明、清以在翰林院、詹事府任职为馆职。

脚力科　官署名。清朝兵部车驾清吏司所属办事机构。额设经承二人，至光绪（1875—1908）间改为一人。

脚色　文书名。宋朝士人上于主管官府的简历。初入仕者须陈述籍贯、户主、三代名衔、家中人口及年龄、本人出身及履历。如注授、改官，则并须说明举主及本人有无过犯。徽宗时，又须说明不在元祐党籍。南宋高宗时，须说明不是蔡京、童贯、朱勔、王黼等人亲属。宁宗时，须说明并非伪学。

豚尹　官名。春秋时楚国置。或以为豕人，或以为即使者。《左传·襄公十八年》："楚子闻之，使杨豚尹宜告子庚。"石经、宋本等"杨"多作"扬"。杨伯峻引《说苑》，以为使者，杨其氏，宜其名。

脱思马田地招讨使司　即吐蕃等处招讨使司。

脱思马路元帅府　即脱思麻路军民万户府。

脱思麻探马军四万户府　元朝地方军府名。秩正三品。隶吐蕃等处招讨使司，掌探马赤军，镇守脱思麻地区。置万户五员，千户八员，经历一员，镇抚一员。

脱思麻路军民万户府　官署名。元朝置，秩正三品，又称脱思马路元帅府。隶吐蕃等处宣慰司都元帅府。置达鲁花赤、万户（元帅）、副达鲁花赤、副万户各一员。

脱脱火孙　即脱脱禾孙。

脱脱禾孙　蒙古语，意为"查验者"，又译脱脱火孙、脱脱和孙。元朝设于重要驿站，盘查往来使臣、防止伪诈的官员。正职从五品，副职正七品。

脱脱和孙　即脱脱禾孙。

斛斗案　官署名。北宋前期置，属三司度支部，由本部都孔目官以下领之，掌两京仓廪积，计度东京粮料、百官禄粟、厨料。神宗元丰（1078—1085）改制，随三司废。

象胥　官名。《周礼》秋官之属，周朝置，掌接待少数民族国家的使臣和来宾，及通译事宜。《周礼·秋官》："象胥，每翟上士一人，中士二人，下士八人，徒二十人"，"掌蛮夷闽貉戎狄之国使，掌传王之言而谕说焉，以和亲之。若以时入宾，则协其礼与其辞言传之"。

象谞下士　官名。西魏、北周秋官府宾部中大夫象谞中士佐官，正一命。

象谞中士　官名。西魏恭帝三年（556）仿《周礼》象胥置，北周沿置。秋官府宾部中大夫属官，正二命。下设象谞下士以佐其职。隋文帝开皇元年（581）罢。参见"象胥"。

祭仆　官名。《周礼》夏官之属，一说为周朝置，掌受王命处理有关祭祀的各项事务。《周礼·夏官》："祭仆，中士六人"，"掌受命于王以眂（视）祭祀，而警戒祭祀有司，纠百官之戒具。即祭，帅群有司而反命，以王命劳之，诛其不敬者"。

祭史　官名。春秋晋置，掌祭祀山川神祇之官。《左传·昭公十七年》："使祭史先用牲于雒。"

祭有司　周朝称职司祭祀礼仪的官员。《周礼·春官·小宗伯》："若军将有事，则与祭有司将事于四望。"

祭酒　官名。❶古代贵族大夫飨宴，以长者酹酒祭神，称祭酒，后渐演为官名。《史记·孟子荀卿列传》："田骈之属皆已死齐襄王时，而荀卿最为老师。齐尚修列大夫之缺，而荀卿三为祭酒焉。"司马贞《索隐》："礼食必祭先，饮酒亦然，必以席中之尊者一人当祭耳，后因以为官名，故吴王濞为刘氏祭酒是也。而卿三为祭酒者，谓荀卿出入前后三度处列大夫康庄之位，而皆为其所尊，故云'三为祭酒'也。"汉朝多用以称主管长官，如博士祭酒、侍中祭酒、军师祭酒等。三国魏加散骑常侍高功者，为祭酒散骑常侍，此后又有别驾祭酒、祭酒从事等名目。❷王府、公府属官。西晋始置，称东阁祭酒，西阁祭酒，亦因主阁内事，故有其名。隋唐沿置。❸国子监（学）长官，即国子监祭酒，西晋始置，历朝沿置。详见"国子祭酒"。❹东汉末张鲁五斗米道置，各领部众。多者号治头大祭酒。

祭酒从事　官名。亦称祭酒从事史。州府主要僚属之一。晋朝始置，掌州所置兵、贼、仓、史户、水、铠诸曹事，不设之州则以主簿治事。南朝沿之，无定员，梁自一班至流外四班，陈九品。北齐、隋诸州亦置，视九品，隋炀帝罢州置郡后废。

祭酒从事史　见"祭酒从事"。

祭奠国信使　官名。宋、辽之间所派祭奠对方亡故皇太后或皇帝的使臣，因皆带国书故名。简称祭奠使。南宋与金之间称吊祭使。

逸士　宋朝士名。徽宗政和八年（1118）置，以赐在学选人，从八品。

〔丶〕

旌节　周朝使臣所持作为通行凭证的符节。《周礼·地官·掌节》："道路用旌节。"历代沿用。

旌节司 官署名。清朝銮仪卫中所下设机构。顺治十一年（1654）置，掌麾氅、旌节等。设掌印云麾使、掌司事治仪正各一人，共掌司事。

旌节官 官名。宋朝少府监属吏，员二人，掌旌节制造之事。

旌擢 官场用语。宋朝官员建立功勋，朝廷特予升迁官职、差遣，称为旌擢。

族 官名。春秋时期齐国置，掌手工业。《管子·小匡》："市立三乡，工立三族，泽立三虞，山立三衡。"《管子集校》王引之云："乡，亦官名，与族、虞、衡同例。"

族马 官名。殷朝置。武职。《甲骨文合集》第五七二八片："隹族马令往。"

族师 官名。《周礼》地官之属，一说为周朝置。百家为一族，族师掌一族行政戒令。《周礼·地官》"族师，每族上士一人"，"各掌其族之戒令政事。月吉，则属民而读邦法，书其孝弟睦姻有学者。春秋祭酺，亦如之。以邦比之法，帅四闾之吏。以时属民，而校登其族之夫家众寡，辨其贵贱老幼废疾可任者，及其六畜车辇。五家为比，十家为联。五人为伍，十人为联。四闾为族，八闾为联。使之相保相受。刑罚庆赏，相及相共，以受邦职，以役国事，以相葬埋。若作民而师田行役，则合其卒伍，简其兵器，以鼓铎旗物帅而至。掌其治令戒禁刑罚。岁终，则会政致事"。

族中承袭佐领 清朝八旗世管佐领之一。又称族中承管佐领。凡兄弟一同带来人丁编立及族人合编之佐领，或无根由佐领经一家管过五世以上者，佐领员缺于族人中通行拣选世管，名为族中承袭佐领。

族中承管佐领 见"族中承袭佐领"。

旋匠提举司 官署名。元朝设于世祖至元九年（1272），隶工部，秩从五品。置提举、副提举各一员。

翊一府 官署名。唐朝左右卫所领内府五府之一的翊卫一府，置中郎将总府事，左、右郎将副之，下领兵曹参军、校尉、旅帅、队正、副队正及近卫卫士、翊卫等属，掌宿卫，号为内仗，极受亲信。

翊一府中郎将 官名。参见"翊府中郎将❶"。

翊一府右郎将 官名。参见"翊府右郎将❶"。

翊一府左郎将 官名。参见"翊府左郎将❶"。

翊二府 官署名。唐朝左右卫所领内府五府之一的翊卫二府，置中郎将总府事，左、右郎将副之，下领兵曹参军、校尉、旅帅、队正、副队正及近卫卫士翊卫等属，掌宿卫，号称内仗，极受亲信。

翊二府中郎将 官名。参见"翊府中郎将❶"。

翊二府右郎将 官名。参见"翊府右郎将❶"。

翊二府左郎将 官名。参见"翊府左郎将❶"。

翊卫 ❶军府名。朝廷十二卫、太子左右卫率府所领三卫之一，皆为内府，极受亲信，可宿卫内府，左、右卫所领尤重。隋朝设翊卫开府，炀帝大业三年（607）改为武侍。唐朝有左右卫翊卫一府、翊卫二府和各卫率府翊卫府。宋徽宗崇宁四年（1105）置为三卫之一，掌殿庭宿卫之事，设郎、中郎各二十员，次年即罢。❷近卫卫士名。朝廷十二卫、太子左右卫率府所领翊卫府属官。隋朝左右卫翊卫正八品上，太子翊卫从八品上；炀帝大业三年（607）改翊卫为武侍，太子翊卫为良曹。唐朝左右卫翊卫，正八品上；改良曹为率府翊卫，从八品上。甚受亲信，可宿卫内庑，号称内仗，为士大夫进身之途，皆用势官子弟。唐初，四品孙、五品及上柱国子，补翊卫；勋官二品及县男以上、散官五品以上子若孙，补率府翊卫。

翊卫大夫 官名。北宋徽宗政和六年（1116）置，为武臣阶官，从五品。

翊卫中郎 官名。北宋徽宗崇宁四年（1105）置，员二十人，选卿监、正任刺史、遥郡团练使以上官之子孙充任，掌殿陛护卫之事，属翊卫府。五年废。

翊卫正都督 官名。北齐置。为左、右卫府直卫属官，负责舆驾出入侍卫。从五品。

翊卫司 西夏官署名。元昊建国初期设置，掌统制训练、宿卫戍守及扈从车驾。官有马步军都指挥、副都指挥及诸卫上将军、大将军之号。

翊卫府 官署名。北宋徽宗崇宁四年（1105）置，为三卫府之一，掌殿陛护卫之事。设翊卫府郎二十人，翊卫中郎二十人，选卿监、正任刺史、遥郡团练使以上官之子孙充任。五年废。

翊卫府郎 见"翊卫府"。

翊卫官 宋朝翊卫府郎、中郎通称。参见"翊卫府"。

翊卫郎 官名。宋徽宗政和六年（1116）置，为武臣阶官，从七品。

翊卫副都督 官名。北齐置。为左、右卫府直卫属官，佐翊卫正都督负责舆驾出入的侍卫。七品。

翊正司 官署名。元朝置，秩正三品，隶中政院。仁宗延祐六年（1319），由御位下管领随路民匠打捕鹰房纳绵等户总管府改立，掌皇后所属怯怜口民匠五千余户。置翊正令五员，正三品；丞四员，正四品。下辖两提举司、一提领所。

翊右将军 官名。将军名号。南朝梁置，武帝天监七年（508）定为武职二十四班中的二十班，与四平将军同班。普通六年（525）改为武职三十四班中的三十班。陈沿置，拟三品，比秩中二千石。

翊左将军 官名。将军名号。南朝梁置，武帝天监七年（508）定为武职二十四班中的二十班，与四平将军同班。普通六年（525）改为武职三十四班中的三十班。陈文帝天嘉六年（565），杜稜自领军将军迁此职、丹阳尹。拟三品，比秩中二千石。

翊师将军 官名。将军名号。南朝梁武帝天监七年（508）置，武职二十四班中的十七班，与镇兵、宣惠、宣毅将军代旧四中郎将。陈沿置，拟四品，比秩中二千石。梁、陈时如为翊师大将军，则进一阶。隋初列为散号将军，正六品上，炀帝大业三年（607）罢。

翊后将军　官名。将军名号。南朝梁置，武帝天监七年（508）定为武职二十四班中的二十班，与四平将军同班。普通六年（525）改为武职三十四班中的三十班。陈沿置，拟三品，比秩中二千石。

翊军郎　官名。即太子诸率所领亲卫、勋卫、翊卫府左、右郎将，唐高宗永徽三年（652）改，显庆元年（656）复名郎将。

翊军将军　官名。东汉献帝建安（196—220）末刘备置，统兵。《三国志·赵云传》："成都既定，以云为翊军将军。"三国蜀、十六国成沿之。北齐时从二品。隋初列为散号将军，六品上，炀帝大业三年（607）罢。

翊军校尉　官名。西晋置。《晋书·武帝纪》太康元年（280）："六月丁丑，初置翊军校尉官。"唐彬自右将军征拜，地位与北军五校尉同，大驾出行时，与五校并行护驾，东晋初沿置，后罢。南朝宋置为东宫三校之一。

翊武将军　官名。三国蜀置。《三国志·诸葛亮传》："（诸葛乔）子攀，官至行护军、翊武将军。"

翊府　军府名。即翊卫之府。参见"翊卫"。❶隋朝左、右卫置，分为左翊一开府、二开府、三开府、四开府，各领开府府（骠骑府）、仪同府（车骑府），是为内府。唐朝十二卫皆置，左右卫领翊一、翊二两府，左右骁卫、武卫、威卫、领军卫、金吾卫各领翊府一府，每府设中郎将一员、左右郎将各一员、兵曹参军事一员、校尉五员、旅帅十员、队正二十员、副队正二十员，领翊卫，掌宿卫事，有大朝会、巡幸则领仪仗。❷隋朝东宫领兵开府置，领开府府（骠骑府）、仪同府（车骑府），为内府。唐朝太子左右卫率府所领三府之一，每府中郎将一员、左右郎将各一员、录事一员、兵曹参军一员、校尉五员、旅帅十员、队正二十员、副队正二十员，领翊卫掌宿卫事，大朝会及太子出则领仪仗。

翊府中郎将　官名。❶唐朝十二卫所领翊卫一府、二府长官，各置一员，正四品下，领本府之属以宿卫，而总其府事。❷唐朝太子左右卫率府所领翊府长官，各置一员，从四品上，领本府之属以宿卫，而总其府事，高宗永徽三年（652）改为旅贲郎，显庆元年（656）复名中郎将。

翊府右郎将　官名。❶唐朝十二卫所领翊卫一府、二府次官之一，各置一员，正五品上。❷唐朝太子左右卫率府所领翊府次官之一，各置一员，正五品下，高宗永徽三年（652）改为右翊军郎，显庆元年（656）复名右郎将。

翊府左郎将　官名。❶唐朝十二卫所领翊卫一府、二府次官之一，各置一员，正五品上。❷唐朝太子左右卫率府所领翊府次官之一，各置一员，正五品下，高宗永徽三年（652）改为左翊军郎，显庆元年（656）复名左郎将。

翊前将军　官名。将军名号。南朝梁置，武帝天监七年（508）是为武职二十四班中的二十班，与"四平将军"同班。普通六年（525）改为武职三十四班中的三十班。陈沿置，拟三品，比秩中二千石。

翊海将军　官名。将军名号。南朝梁置。武帝天监七年（508）定为施用于境外的武职二十四班中的十六班，拟智威将军等号；大通三年（529）定制后，仍拟智威将军等号。

翊善　官名。北宋太宗太平兴国八年（983），诸王府置，掌赞导之事，选常参官年五十以上有文行者充任。后资善堂亦置，以儒臣充任。神宗元丰（1078—1085）改制后，定为从七品。

翊麾校尉　官名。唐太宗贞观十一年（637）置为从七品上武散官。宋朝沿置，神宗元丰（1078—1085）改制罢。

翊麾副尉　官名。唐太宗贞观十一年（637）置为从七品下武散官。宋朝沿置，神宗元丰（1078—1085）改制罢。

商　官名。春秋置，掌管官府商业贸易。《国语·晋语四》："工、商食官。"韦昭注："商，官贾也。"

商务司　官署名。清末农工商部所属机构，光绪三十二年（1906）改商部保惠司设。掌商业诸事并农工商各公司保护、奖励、调查、禁令事宜，统辖京外各商业学堂、公司、局、厂，兼管本部商律馆、商报馆、公司注册局、商标局。置郎中三人，员外郎、主事各四人。

商务司郎中　官名。清末农工商部属官，光绪三十二年（1906）设。定额三人，正五品，奏补。掌本司事务。

商务委员　官名。清朝出使大臣属官。光绪二十六年（1900）始设海参崴商务委员。三十三年各使馆专派一人，定制为五品。掌稽查外国商务及金银市价，随时禀报外务部、农工商部。

商报馆　官署名。清末商部附属机构，光绪二十九年（1903）设。职掌编辑发行商报，通过刊登本报招商、集股诸事及各地商情，以推动工商业。置提调官一人，本部司员兼充。编辑聘请学问深邃通达商务者出任。

商伯克　官名。清朝新疆回部官员之一，掌征输粮赋。叶尔羌等地设四品伯克三人，内喀什噶尔一人，兼回兵副总管。和阗、阿克苏等地设五品伯克八人。叶尔羌所属色勒库尔设六品伯克一人。

商卓特巴　官名。清朝西藏地方政府官员之一，隶于噶伦。掌理库事。设二人，后藏设一人，为四品官。遇有缺出以叶尔仓巴、协尔帮、大中译及济仲喇嘛升补。又后藏增设小商卓特巴一人，缺出以岁琫喇嘛、森本喇嘛升补。

商标局　官署名。清末农工商部附属机构，掌理商标等注册事宜。

商律馆　官署名。清末农工商部附属机构，掌管翻译各国商业、保险、实业各律，并参以中国律例，编纂各种商法草案。

商祝 官名。春秋战国置，掌祝祷之事而熟悉商朝礼法的官吏。《仪礼·士丧礼》："商祝袭祭服褖衣次。"郑玄注："商祝，祝习商礼者。"

商部 官署名。清末新设中央机构之一，光绪二十九年（1903）创设，并将原矿务铁路总局并入。总司商政，兼管路矿。置尚书一人，左、右侍郎，左、右丞，左、右参议均各一人。下设保惠、平均、通艺、会计四司及司务厅。各司置郎中、员外郎、主事各二人。司务厅置司务二人等。附有商标局、商律馆。三十二年工部并入，更名农工商部。

商部右丞 见"商部左丞"。

商部右侍郎 见"商部左侍郎"。

商部右参议 见"商部左参议"。

商部左丞 官名。清末商部属官，光绪二十九年（1903）设。左、右各一人，正三品。简任。掌辅佐堂官，综核各司事务。三十二年，商部改农工商部，省。

商部左侍郎 官名。清末商部副长官，光绪二十九年（1903）设。左、右侍郎各一人，正二品，特简。佐尚书整理部务，监督本部厅司各官。三十二年，商部改农工商部，省。

商部左参议 官名。清末商部属官，光诸二十九年（1903）设。左、右丞各一人，正四品。简任。掌辅佐堂官，审核各司重要事务。三十二年，商部改农工商部，省。

商部会计司 官署名。清末商部所属四司之一，光绪二十九年（1903）设。掌管商业银行、各业赛会各事，并本部经费报销。置郎中、员外郎、主事各二人。三十二年，商部改农工商部，改为庶务司。

商部尚书 官名。清末商部长官，光绪二十九年（1903）设。一人，从一品，特简。掌理本部事务，监督所属各官。三十二年，商部改农工商部，省。

商税案 官署名。北宋前期置，属三司盐铁部，掌有关商税之事，以本部都孔目官以下领之。神宗元丰（1078—1085）改制，随三司废，其职事归于户部。

率 官称。❶同"帅"，军队主将。《荀子·富国》："将率不能则兵弱。"❷东宫武官。秦汉詹事属官有太子卫率，东汉隶太子少傅，主门卫士。西晋武帝建东宫，初置太子中卫率，泰始五年（269）分为左右，各领一军，惠帝时愍怀太子又加前后二率。东晋省前后二率，孝武帝太元（376—396）中又置。南北朝皆置太子左、右卫率。两晋南北朝东宫事权颇重，诸率统领禁卫精兵，地位亲贵。隋朝太子左右卫、左右宗卫、左右内、左右监门各置一员为长官，正四品上或正五品上，分领诸内、外府兵、掌宿卫；炀帝大业三年（607）左右卫率改为左右侍率、左右宗卫率改为左右武侍率、左右虞候开府改为左右虞候率，俱正四品，左右内率降为正五品。唐朝设太子左右率府、左右司御率府、左右清道率府、左右监门率府、左右内率府十率府各置一员为长官，正四品上，分掌兵仗、仪卫、巡警、诸门禁卫、千牛供奉等事，领诸内、外府兵。宋朝沿置，官存而无职司，或兼左春坊谒者。辽朝东宫十率府亦置。金朝东宫宫师府左右卫率府置，从五品，掌周卫导从仪仗。

率义王 爵名。三国魏以封鲜卑首领慕容莫护跋。

率义中郎将 官名。北魏置。孝文帝太和十七年（493）定为从五品下，二十三年复次职令，未载。

率义侯 爵名。十六国前赵、北魏置。孝文帝太和十七年（493）定为五品下，二十三年改从五品。

率义将军 官名。十六国时陇西鲜卑乞伏部置。《晋书·乞伏国仁载记》："（乞伏述延以）叱卢那胡为率义将军，镇牵屯山。"

率长 官名。又称卒帅，春秋时齐国置，一卒之长官。《管子·小匡》："制五家为轨，轨有长；六轨为邑，邑有司；十邑为率，率有长。"《国语·齐语》："三十家为邑，邑有司；十邑为卒，卒有卒帅。"

率更令 官名。即太子率更令。

率更丞 官名。即太子率更丞。

率更寺 官署名。即太子率更寺。

率更寺令 官名。即太子率更令。

率更寺丞 官名。即太子率更丞。

率府 官署名。唐朝太子左右卫率、左右宗卫率（左右司御卫率）、左右清道率、左右监门率、左右内率置府，号太子十率府，各置率一员、副率一员或二员，并有长史、录事参军事、仓兵（胄）曹参军及司阶、中候、司戈、执戟或监门直长或千牛、备身、主仗等属，分掌东宫兵仗羽卫、内外巡警、宫门禁卫、侍卫供奉等事，领诸内、外府兵。宋朝十率府官存而无职司。辽朝沿置，十率府皆置率。金朝东宫宫师府置左右卫率府，有率，掌周卫导从仪仗。明洪武（1368—1398）初曾置左右率府使、同知左右率府使、左右率府副使，皆以勋旧大臣兼领，后革。

率敖 官名。里典别称，战国秦置，《睡虎地秦墓竹简·法律答问》："可（何）谓'率敖'？'率敖'当里典谓殹（也）。"

率善中郎将 官名。三国魏置，无常员，以官归附少数民族。明帝景初二年（238），曾授倭国使臣难升未。见《三国志·东夷传》。

章京 满语官名。源自汉语"将军"一词。清入关前多用于武官，如牛录章京（佐领）、甲喇章京（参领）、梅勒章京（副都统）。后不限于称武官，如军机处之军机章京，总理各国事务衙门之总办章京、帮办章京、章京、额外章京，均为协助堂官处理文书等事之文职官。此外，清政府派驻新疆各地的参赞大臣、帮办大臣、办事大臣下属有印房章京，蒙古各旗札萨克下属有管旗章京、副章京等。

章庆使司 官署名。元朝置，秩正三品，隶徽政院。设于武宗至大三年（1310）。置司使四员，同知、副使、丞各二员。辖寿和署、上都掌设署等机构。英宗至治三年（1323）罢。

章佩院　见“章佩监”。

章佩监　官署名。元朝置，掌宦者、速古儿赤所收御服宝带。世祖至元二十二年（1285）置。武宗至大元年（1308）升为院，秩从二品。四年复为监。秩正三品，领以监卿五员；下设太监、少监、临丞等官。辖御带库、异珍库。

章奏房　官署名。北宋神宗元丰（1078—1085）改制后，门下省置，掌有关章奏之事，以本省属吏领之。

章绶　即印章与绶带的合称。

章德大夫　官名。金朝教坊阶官，为二十五阶之第四阶，秩正五品上。

鸾台　官署名。即门下省，唐武则天光宅元年（684）改，中宗神龙元年（705）复名门下省。参见“门下省”。

鸾台侍郎　官名。即门下侍郎，唐武则天光宅元年（684）改，中宗神龙元年（705）改为黄门侍郎，玄宗天宝元年（742）复名门下侍郎。参见“门下侍郎”。

望士队　皇帝的侍从武官。北魏孝明帝孝昌二年（526）置。《魏书·官氏志》：“置望士队四百人，取肺腑之族有武艺者。”

庶人　官名。周朝置，官府供使役的小吏。《礼记·王制》：“庶人在官者，其禄以是为差也。”郑玄注：“庶人在官，谓府史之属。官长所除，不命于天子国君者。”

庶士　官秩名。新莽始建国元年（后9）更名秩百石曰庶士。东汉复故。

庶子　官名。西周已置。《邾公华钟铭》：“铸其和钟，以恤其祭祀盟祀，以乐大夫士庶子。”或说职掌教谕管理诸侯、卿、大夫、士之庶子，亦作诸子。《周礼》列为夏官之属，掌宿卫王宫。战国时期，国君、太子、公卿大夫等置为家臣，侍从左右，又有御庶子、中庶子、少庶子等名目。秦、汉以来，历朝置为太子属官，详见“太子庶子”。又，汉朝列侯国置为家臣，管理列侯家事务。魏、晋、南朝沿置，兼摄祠祭，王国则置世子庶子。

庶长　❶官名。春秋时秦国置，掌握军政。大权，相当其他各国的卿。《左传》：襄公十一年，“秦庶长鲍、庶长武帅师伐晋以救郑”。❷爵名。战国秦置。意即众列之长。有左庶长、右庶长、驷车庶长、大庶长等名，分别为二十等爵第十、十一、十七、十八级。

庶氏　官名。《周礼》秋官之属，周朝置，掌清除毒虫。《周礼·秋官》：“庶氏，下士一人，徒四人”，“掌除毒蛊。以攻说禬之，嘉草攻之。凡驱蛊，则令之、比之”。

庶尹　官府正职长官统称。相传夏朝已称，周朝因袭。《尚书·虞书·益稷》：“庶尹允谐。”孔安国传：“尹，正也。”《周书·酒诰》：“百僚、庶尹，惟亚惟服。”

庶正　周朝官府正长统称。《诗经·大雅·云汉》：“鞫哉庶正，疚哉冢宰，趣马师氏，膳夫左右。”

庶务长　见“庶务提调”。

庶务司　官署名。清末外务部所属四司之一，光绪二十七年（1901）设。掌界务、防务、传教、游历保护、赏恤、禁令、词讼、巡警各事。置郎中、员外郎、主事等。

庶务司郎中　官名。清末外务部庶务司长官，光绪二十七年（1901）设。掌司事。正五品，奏补。

庶务科　官署名。清末海军部军储司所属三科之一。原属筹办海军事务处参赞厅庶务司，宣统二年（1910）改属军储司。同年，随司并入海军部。掌承办全署纸张、文具、器具并一切物件的购置与分发，稽查杂役人员勤惰及值日各员应用伙食，经管全署一应杂务并接待事宜。置科长、科员、录事。

庶务提调　官名。清末各学堂负责庶务之职官，又名庶务长。光绪二十七年（1901）后在全国各类中等、高等新式学堂及大学堂普遍设置。掌修建房屋，置备器物，雇用工役一切庶务。凡学堂中应办要事，随时与监督商办。辖文案官、杂务官各一员。

庶吉士　官名。亦称庶常，明清翰林院庶常馆学员。明初分设于六科，学习办事。永乐二年（1404）始置翰林院庶常馆，选进士之优于文学书法者充之。宣德五年（1430）命学士充任教习。清初沿设，每科殿试后选文品兼优之进士充之，雍正元年（1723）后，改以朝考选之。又，试博学鸿词入式，或奉特旨改馆职者，亦得充之，均员额无定，称馆选。在馆学习三年后奏请御试，分发任用，称“散馆”。或授编修、检讨，或授部院司员、知县，亦有留馆者。领取俸给与廪饩银。光绪（1875—1908）末停科举，改由留学毕业及国内大学毕业者充之，食七品俸，或径授编修、检讨，与旧制不同。参见“朝考”。

庶侍下士　官名。西魏恭帝三年（556）置，北周沿置。天官府宫伯中大夫属官，分置左、右，皆正一命，员十二人。掌管非皇帝所进出的宫门之禁卫。服金涂甲，左执獬豸环，右执狻环长剑，并金饰，兼执师子彤盾，列于左、右宗侍之外。隋文帝开皇元年（581）年罢。

庶官　❶百官、众官。《尚书·周书·周官》：“推贤让能，庶官乃和。”❷北宋前期指寄禄官，元丰改制后指侍从以外的官。

庶姓公府　官署名。南朝梁、陈指非宗室者担任的三公之官府。其僚属班品低于皇弟皇子公府僚属，置长史、司马、从事中郎、咨议参军、掾属，中直兵、中录事、中记室参军，录事、记室、中兵参军，主簿，诸曹参军，行参军、长兼参军、参军督护、东曹督护等。

庶姓持节府　官署名。南朝梁、陈指非宗室者担任的持节都督之官府。其府属有长史、司马，中录事、中记室、中直兵参军，录事、记室、中兵参军，主簿、诸曹参军、行参军、长兼参军，参军督护，功曹督护等。

庶常 见“庶吉士”。

庶常馆 官署名。清朝翰林院所属机构，为庶吉士学习场所。初隶内弘文院，后改入翰林院。掌教习庶吉士满、汉文课程。设教习，满、汉各一人，由吏部开列掌院学士、内阁学士题请皇帝钦派，或于大学士、尚书、侍郎内特简，称“大教习”。又设“小教习”数人，由掌院学士于侍读学士以下官内选学问优长者充任；提调二人，以编、检充，掌庶吉士廪饩。

庶虞 官名。春秋战国置，掌山林川泽物产。《大戴礼记·千乘》：“方冬三月，草木落落，庶虞藏，五谷必入于仓。”

庶蠹下士 官名。西魏、北周秋官府田正下大夫庶蠹中士佐官，正一命。

庶蠹中士 官名。西魏恭帝三年（556）置，北周沿置。秋官府田正下大夫属官，正二命。下设庶蠹下士以佐其职。隋文帝开皇元年（581）罢。

庚人 官名。《周礼》夏官之属，一说为周朝置，掌十有二闲之政教。《周礼·夏官》：“庚人，下士闲二人，史二人，徒二十人”，“掌十有二闲之政教，以阜马、佚特、教駣、攻驹”。闲，即马厩。

庚司 宋朝诸路提举常平司别称。

廊下使 官名。北宋前期置，为御史台五使之一，专掌祭祀入阁监食。神宗元丰（1078—1085）改制罢。

庸 官名。西周置，侍臣。《訇簋铭》：“今余命汝嫡官司邑人，先虎臣后庸。”《逆钟铭》：“仆，庸、臣妾、小子，室家毋有不闻知。”

康义将军 官名。将军名号。南朝梁武帝大通三年（529）置，以取代执义将军，专施用于境外，拟猛烈将军等号。

康礼卫 即康里卫亲军都指挥使司。

康里卫亲军都指挥使司 官署名。元朝侍卫亲军机构，秩正三品。设于武宗至大元年（1308）七月，统康里军士，亦称康礼卫。置都指挥使、副都指挥使等职。三年正月，罢。

鹿鸣苑 官署名。明成祖永乐五年（1407）置，北京苑马寺六监二十四苑之一。属涿鹿监。设圉长一人，从九品，下分各群，设群长，掌牧养马匹，以备军需。十八年并入太仆寺。参见“涿鹿监”。

麻都不 契丹官名。原为县官之佐，太宗会同元年（938），改称县令。

麻普 即马步。

庲降都督 官名。东汉献帝建安十九年（214）刘备定益州后置，三国蜀沿之。为南中诸郡最高军政长官，多带将军名号，如邓方为安远将军、马忠为安南将军等，统兵，以管理境内少数民族事务。初治南昌县（今云南镇雄），移治平夷县（今贵州毕节），后治味县（今云南曲靖）。

惜喇脉哈番 满语官名。汉译为监丞，为清国子监绳愆厅职官。

惜薪厂 官署名。清朝工部虞衡司所属之机构。顺治元年（1644）置，设满、汉监督各一人，由本部堂官委派所属司员带原品充任，每年一更代。掌收发支搭天棚等所用苇席、竿、绳等物。

惜薪司 官署名。明清宦官衙门之一，掌理宫中及二十四衙门、山陵等处柴炭及宫中防火之事。明洪武二十八年（1395）置。设正五品司正为主官，下设左、右司副各一人。所属有北厂、南厂、西厂、东厂、新西厂、新南厂等，掌收贮柴炭。为内官二十四衙门之一。清顺治十年（1653）沿置，为十三衙门之一。初设都知一人为主官，以左、右参知各一人佐之，后皆裁。十八年改称内工部。

惕隐 官名。辽朝北面官，又称“梯里已”。❶大惕隐司长官。太祖二年（908），“始置惕隐，典族属，以皇弟撒剌为之”。（《辽史·太祖纪下》）❷各部族典族属之官。太宗会同元年（938），改五院、六院二部惕隐为司徒，其他各部也相继改为司徒。但属国仍有称惕隐者，“清宁八年（1062），吾独婉惕隐屯秃葛等乞岁贡马驼，许之”。（《辽史·部族表》）

阉尹 官名。周朝及春秋战国诸侯宫内宦官之长。《吕氏春秋·仲冬》：“命阉尹申宫令，审门闾，谨房室，必重闭。”高诱注：“於《周礼》为宫人，掌王之六寝。”

阍 官名。春秋时楚、吴、邾等国置，楚国或称“大阍”，守门小吏。《左传·昭公五年》：“（楚子曰）若吾以韩起为阍，以羊舌肸为司宫，足以辱晋，吾亦得志矣。”《襄公二十九年》：“吴人伐越，获俘焉，以为阍”。《定公二年》：“邾庄公与夷射姑饮酒，私出。阍乞肉焉，夺之杖以敲之。”

阍人 官名。守门小吏，多以受刑者为之。《礼记·檀弓下》：“季孙之母死，哀公吊焉。曾子与子贡吊焉。阍人为君在，弗内也。”郑玄注：“阍人，守门者。”《周礼·天官》有阍人，掌晨昏启闭宫门，每门四人。后世通称守门人为阍人。

阍寺 官名。春秋置。守门小吏。《礼记·内则》：“阍寺守之。”

阎洪达 官名。突厥官，西突厥处罗可汗置，与俟发评议国事；阿史那氏别部置，二十八等官之一，世袭其官而无员限。

阐教 详见“左阐教”、“右阐教”。

焕章阁 南宋阁名。孝宗淳熙元年（1174）建，以收藏高宗御制。十五年，置学士、直学士、待制为贴职。

焕章阁直学士 见“焕章阁”。

焕章阁学士 见“焕章阁”。

焕章阁待制 见“焕章阁”。

减年　官制用语。宋朝磨勘制度的一项规定。凡官员磨勘转官，皆有规定年限，如须四考或五考，若获朝廷特恩，得以减少一定年数，发给公据以资证明，称减年。实任年数加减年达到规定磨勘年限，即可提前转官。

减选　官制用语。宋朝铨选之制，选人各有选限，自一选至九选不等，选限满，始许赴铨试。如有劳绩，减其选限数，初前赴铨试，称为减选。

减等处　官署名。清朝刑部所属办事机构。无额定职官，由刑部尚书酌委郎中、员外郎、主事数员在本处办事。凡遇国家庆典，皇帝颁布赦令，则由本处汇总各省及现审案件，核议应否减免，送江苏清吏司查核具奏。光绪三十二年（1906）裁。

清尹　官名。春秋时楚国置。《左传·成公七年》："及共王即位，子重、子反杀巫臣之族子阎、子荡及清尹弗忌及襄老之子黑要，而分其室。"

清平官　南诏用以指坦绰、布燮、久赞，犹唐朝宰相，决国事轻重。

清册　文书名。❶即青册。❷明细之账册。如清朝各州县所管之仓库皆造四柱清册，记录旧管、新收、现存、开支等项目，以便查核。

清议　选举制度用语。❶东汉指乡间评议，主要由大族名士控制，如许邵主持的汝南月旦评等。东汉时期以察举征辟为主要仕宦途径，而清议则是察举征辟的根据。❷"中正"设立后，清议成为降品的代称。《晋书·阎缵传》："（缵）父卒，继母不慈，缵恭事弥谨。而母疾之愈甚，乃诬缵盗父时金宝，讼于有司。遂被清议十余年，缵无怨色，孝谨不怠。母后意解，更移中正，乃得复品。"南朝宋武帝即位后下诏："其有犯乡论清议，藏污淫盗，一皆荡涤洗除，与之更始。"（《宋书·武帝纪下》）即受到前朝中正贬降的士族得以恢复原有的品级。

清台　钦天监之别称。

清台令　官称。南朝宋孝武帝大明六年（462）置。职掌不详。朱铭盘《南朝宋会要》序在太常下。

清江提举司　官署名。明朝南京工部所属机构。设提举一人，正八品，副提举二人，正九品，后革副提举。掌供办物料诸事。

清军道　官名。明朝除江西外，各省皆设。为各省按察使佐官按察副使、佥事的分道之职，以其中一人担任，清理本省军役。浙江、山东、陕西、福建、广西、贵州清军道兼管驿传。江西以右布政使清军。

清纪郎　官名。明朝太子官署詹事府所属左、右春坊置，左、右二人，从八品。掌弹劾纠举，以佐司直郎之职。不常设。

清河监　官署名。明成祖永乐五年（1407）始置，初属北京苑马寺，十八年随该寺并入太仆寺。掌蕃养马匹，以备军需。设监正一人，正九品；监副一人，从九品；录事一人。下辖顺义、长春、咸和、驯良四苑，苑设圉长一人，从九品，掌具体牧养之事。

清定　官名。魏晋南北朝时与"访问"同为中正的属官。《南齐书·王谌传》："明帝好围棋，置围棋州邑，以建安王休仁为围棋州都大中正，谌与太子右率沈勃、尚书水部郎庾珪之、彭城丞王抗四人为小中正，朝请褚思庄、傅楚之为清定、访问。"西晋时石尠曾为国清定。见赵万里《汉魏南北朝墓志集释》图一五《石尠墓志》。参见"中正"。

清官　官职制度。魏晋南北朝指适于士族高门担任的官职。除尚书、中书等地位显要的官职外，一些品阶较高，政事不繁，不一定有实权的官职，如秘书省属官、东宫官属等，亦为清官。在清官中仍有程度的不同，如侍中较散骑常侍清要，一般文职较武职为清。而且清的程度与官品之间无直接联系。如步兵校尉品在散骑侍郎之上，而不及侍郎清显。北魏时有第一清、第二清、第三清之分。唐朝规定，内外三品以上官及三省六部、太常寺、秘书省、国子监、詹事府的次官、太子左右庶子、左右率（皆为四品）等，称清望官，上述官署及左右卫、左右千牛卫的其它四品至八品官皆为清官。如尚书省诸司郎中、员外郎，秘书省的秘书丞、著作郎、秘书郎、著作佐郎等。此类官多由文人充任，伎术官及流外入流者一般不得与选。

清品　官职制度。魏晋南北朝时期指清官的品级。北魏后期，武职地位较低，《魏书·张彝传》："（彝）第二子仲瑀上封事，求铨别选格，排抑武人，不使预在清品。"

清浊　官职制度。魏晋南北朝时期的官职有清、浊之分，士族高门只出任与自己身份相适的"清官"，寒门则只能任"浊官"。由浊官迁任清官，则可大大提高其社会地位，故当时"其官唯论清浊，从浊官得微清，则胜于转"。（《隋书》卷二六《百官志》上）这一时期仅西魏、北周时官不分清浊。北宋时清流指进士出身及带职人，浊流指恩荫及杂流入仕者。哲宗元祐三年（1088）为甄别资品，寄禄官自朝议大夫至金紫光禄大夫并分左、右两阶，进士出身及带职人，转至左朝议大夫迁左中散大夫，为两阶；其余人转至右朝议迁左朝议大夫，再转右中散大夫迁左中散大夫，为四阶。其后，以人言省去，不再分清浊。参见"清官"。

清都尹　官名。北齐置，为都城所在郡长官，多由宗室担任，三品。职比京兆尹。

清都郡丞　官名。北齐置，清都郡次官，从五品。

清档房　官署名。❶清朝吏、礼、兵、刑、工五部所属机构，掌理满文档案。分别由各部堂主事兼管，吏、礼、兵、刑四部各二人，工部三人，均为满员。❷清末总理各国事务衙门所属机构，同治三年（1864）设。置提调二人，掌稽查章京修档、校档及供事缮写清档之事。督修五人，掌都催、承修、校对清档。承修五人，掌编辑档案。校对五人，掌校勘档案。军机处兼行八人，掌交涉事务、检查机密文移及校理清档。光绪二十七年（1901）并入外务部。

清流苑 官署名。明成祖永乐五年（1407）置，北京苑马寺六监二十四苑之一。属香山监。设圉长一人，从九品，下分各群，设群长，掌牧养马匹，以备军需。十八年并入太仆寺。参见“香山监”。

清理财政处 官署名。清末度支部所属机构，宣统元年（1909）设。掌清理全国财政，调查各省收支，综核出入款项汇录京外各处预决算报告册等。置提调、帮提调各二人，总办一人，帮办一人。

清理财政处总办 官名。清末度支部清理财政处职官，宣统三年（1911）设。一人，奏补，以本部司员兼充。掌佐提调、帮提调分管清理财政事宜。

清理财政处帮办 官名。清末度支部清理财政处职官，宣统元年（1909）设。一人，奏补，以本部司员兼充。掌佐提调、帮提调、总办分管清理财政事宜。

清理财政处帮提调 官名。清末度支部清理财政处副长官，宣统元年（1909）设。二人。正四品，以本部左、右参议兼充。掌佐提调总司清理财政事宜，稽核处务。

清理财政处提调 官名。清末度支部清理财政处长官，宣统元年（1909）设。二人，正三品，以本部左、右丞兼充。掌管理本处，总司清理财政事宜。

清黄 官吏审核制度。清理贴黄的省称。明朝清理文武官员名籍，文职官由吏部稽勋司主持，每年春秋二季进行。凡官员升调、改降，则续附转贴；有事故则揭去贴黄，另填事故册。武官三年一次，由兵部侍郎一人主持，都御史一人纠察，翰林官一人编纂。事前，在京卫所，在外都司卫所进行清理。然后申报兵部，以为凭据。

清野将军 官名。将军名号。南朝梁武帝普通六年（525）置，定为武职三十四班中的十班。陈沿置，拟七品，比秩六百石。北齐亦置，九品上。

清商帅 女官名。南朝宋后宫置，五品，无定员。掌清商乐。见《宋书·后妃传》。

清商令 官名。❶三国魏置。管理后宫门户宫女事务。有丞。《三国志·齐王纪》裴松之注引《魏书》：“（帝）于陵云台曲中施帷，见九亲妇女”，“使保林李华、刘勋等与（郭）怀、（袁）信等戏，清商令令狐景呵华、勋曰：‘诸女，上左右人，各有官职，何以得尔？’”晋沿置。隶光禄勋。南朝不置。❷隋朝所置乐官。为太常寺清商署长官，从八品下。炀帝大业三年（607）罢。参见“清商署”。

清商丞 官名。❶三国魏、晋置。佐清商令管理后宫。参见“清商令”。❷南朝梁、陈及隋初所置乐官。参见“清商署”。

清商部 官署名。北齐置，设丞。掌清商音乐（南北朝时期民间音乐）及乐队、歌舞演员。隶太常寺太乐署。隋改置清商署。

清商部丞 官名。北齐置。参见“清商部”。

清商署 官署名。南朝梁、陈置，设丞。掌清商音乐（南北朝时期民间音乐）及乐队、歌舞演员。隶太常卿所属太乐令。北齐所置则称清商部。隋初亦置清商署，设令、丞、乐师，隶太常寺。炀帝大业三年（607）罢，以其职并入鼓吹署。

清望官 唐朝用以指内外三品以上及中书侍郎、门下侍郎、尚书左右丞、六部侍郎、太常少卿、秘书少监、太子少詹事、左右庶子、左右率府率、国子司业等清贵之职。

清道斩斫使 使职名。唐僖宗光启二年（886）宦官田令孜劫帝幸宝鸡，锋镝纵横，帝以神策军使王建、晋晖为清道斩斫使，以长剑五百前驱奋击开道，乘舆方得前行，而入散关。

清谨 西夏职官封号。授与六品官，称为文孝恭敬东南姓关上耐原。下有是直、惠行、惊就、略炉、遮蔽等五种。

清漳令 官名。北齐置。参见“清漳署”。

清漳丞 官名。北齐置。参见“清漳署”。

清漳署 官署名。北齐置，设令、丞。掌供宫廷用酒，岁二万石。隶光禄寺。

涿鹿监 官署名。明成祖永乐五年（1407）始置，初属北京苑马寺，十八年随该寺并入太仆寺。掌蕃养马匹，以备军需。设监正一人，正九品，监副一人，从九品，录事一人。下辖汧池、鹿鸣、龙河，长兴四苑，苑设圉长一人，从九品，掌具体牧养之事。

添支 官制用语。又称增给，宋朝官员的一种加俸。宋制，有官、职、差遣之别，除本官正俸料钱、衣粮外，带职与任差遣则另加钱、米等，称为添支。北宋前期，权三司使、知开封府，百千；权发遣三司使，五十千；玉清昭应宫、景灵宫、会灵观副使，观文殿大学士，三十千；观文殿学士，资政殿大学士，宫观判官，三司判官、判子司，开封府判官，提举诸司库务，管辖三司军大将，提点内弓箭库，二十千；宫观都监、勾当官，十七千；资政、端明、翰林侍读、龙图、天章学士，枢密直学士，龙图、天章直学士，十五千；群牧使、副使，开封府推官，三司河渠勾当公事，同管勾河渠案公事，十五千；群牧都监，十三千；银台司、审官院、三班院、吏部铨、登闻检院、登闻鼓院、太常礼院主判官，纠察在京刑狱，群牧判官，监祭使，十千；判司农寺，七千；知、判诸路州、军、府，自六十千至七千，凡八等；有都总管、经略安抚等使者，自五十千至七千，凡六等；通判，自二十千至七千，给铁钱则自八十千至五十千，皆四等；转运使、副使，发运使、副使，提点刑狱，劝农使，开封府界提点诸县镇公事，自三十千至七千分五等，给铁钱则自十百五十千至八十千分三等；诸路副都总管、权总管、都钤辖，路分钤辖，州钤辖、路分都监，自五十千至八千，凡六等；府界及诸路州、府、军、监、县、镇都监、巡检、寨主、监押，自诸司使至三班借职，十五千至五千，凡六等；监当官，自五千至四千，凡二等；提举，提点铸钱，自二十千至十五千，凡二等；皆以月给。神宗元丰（1078—1085）改制，差遣添支依新寄禄官高下分等，带职人改领职钱。徽宗时，带职人职钱改为贴职钱，另给添支钱或添支米。南宋时，内外官有添支料钱，在京厘务官又有添支钱、添支米等。

添差 官制用语。宋朝于定员以外，额外加派官员主管或处理某事，称添差。如仅有其名不管实事，则称添差不厘务。

添差教授 官名。北宋徽宗政和三年（1113），因以孝、悌、睦、姻、任、恤、忠、和“八行”取士，令诸州添差八行教授，以八行中选者充任。八年，令止许添差大藩，不预职事，后许与学生讲学。宣和二年（1120），令八行出身人不许添差教授，应依法堂除者依旧制正式除授，不称添差。

添倅 通判别称。

鸿飞将军 官名。北魏置。《魏书·尉古真传》：“太宗初，（尉古真）为鸿飞将军，率众五千，镇大洛城。”

鸿池丞 官名。东汉置，隶少府所属钩盾令，员一人，秩二百石。鸿池，池名，在洛阳东。

鸿胪少卿 官名。北齐始置，为鸿胪寺次官，四品上。历朝沿置，亦称鸿胪寺少卿。隋初置一员，四品上，炀帝增为二员，从四品。唐朝从四品上。高宗、武则天时曾随本寺改名同文少卿、司宾少卿，寻各复旧。北宋前期为四品寄禄官，不预寺务，神宗元丰（1078—1085）改制后始成为职事官，参掌寺务，领宾客及凶仪之事，正六品。南宋初随寺废，高宗绍兴二十五年（1155）复置，旋废。辽朝为南面朝官。明太祖洪武三十年（1397）置，员二人，分左、右，从五品。清初置满一员，汉左、右少卿各一员，顺治十五年（1658）改满、汉各一员，从五品。光绪三十二年（1906）随寺废。参见“鸿胪寺”。

鸿胪礼宾使 使职名。唐玄宗天宝十三载（754），礼宾院由鸿胪勾当检校。代宗永泰二年（766）宦官鱼朝恩加内侍监、判国子监事，充鸿胪礼宾等使，主礼宾诸事。

鸿胪寺 官署名。北齐始置，设卿、少卿、丞各一员。职掌外国或少数民族宾客接待、朝会及吉凶礼仪，兼管佛教、祆教寺庙，领典客、典寺、司仪等署。历朝沿置。隋初罢典寺署，增崇玄署掌管佛道寺观。文帝开皇三年（583）省入太常寺，十二年复置。炀帝大业三年（607）少卿增为二员，改典客署为典蕃署，又别置四方馆，接待各方国使者，管理互市事务，名义上隶本寺。唐初，犹掌诸佛道寺观，寻罢，其职归宗正寺，本寺唯掌诸蕃册封、外国使节接待、凶仪丧葬事务，政令仰承礼部，领典客、司仪署。设卿一员、少卿二员为长贰，有丞、主簿、录事等属官。高宗龙朔二年（662）改名同文寺，咸亨元年（670）复旧；武则天光宅元年（684）改名司宾寺，中宗神龙元年（705）复旧。五代因之。北宋前期卿、少卿等为寄禄官，别置判鸿胪寺事一员，以朝官以上充任，掌管祭祀、朝会前资、致仕、蕃客、进奉官、僧道陪位，公主、妃主以下丧葬事务，文武官死亡赙赠等事。神宗元丰（1078—1085）改制后，掌少数族、外国君长使者接待事务，诸蕃册封及宗室、大臣凶仪礼制，寺庙宫观、僧道籍帐除附之事，领往来国信所、都亭西驿及管干所、礼宾院、怀远驿、寺务司及提点所、传法院、左右街僧录司、同文馆及管勾所等。南宋高宗建炎三年（1129）并入礼部，绍兴二十五年（1155）复置，设少卿，旋废。辽朝为南面官署。明太祖洪武三十年（1397）改殿庭仪礼司置，设卿、左右少卿为长贰，左右寺丞参领寺务，主簿厅主事为首领官，领司仪、司宾署，又设鸣赞、序班、外夷通事等属官。掌重大典礼、郊庙祭祀、朝会、宴享、外官朝觐、外国诸蕃朝贡礼仪及吉凶仪制。惠帝建文（1399—1402）中罢司仪、司宾署，以行人司隶之，成祖复旧制。清朝沿置，卿、少卿、主簿，满、汉各有员，丞设汉员。其余鸣赞、序班等属官，满、汉员额不等。罢司仪、司宾署。初隶礼部，顺治十六年（1659）独立，十八年仍隶礼部。康熙十年（1671）独立，雍正四年（1726）复旧礼部。至乾隆十四年（1749）又独立，以礼部满尚书兼管理寺事大臣，遂成定制。光绪二十四年（1898）省入礼部，寻复故，三十二年（1906）复省入礼部。

鸿胪寺少卿 见“鸿胪少卿”。

鸿胪寺右少卿 官名。明朝鸿胪寺置，一人，从五品。详见“鸿胪寺左少卿”。

鸿胪寺右寺丞 见“鸿胪寺左寺丞”。

鸿胪寺右丞 官名。明朝鸿胪寺置，一人，从七品。清称鸿胪寺右寺丞。详见“鸿胪寺左丞”。

鸿胪寺左少卿 官名。明朝鸿胪寺副长官。分左、右，各一人，从五品，佐寺卿掌朝会、宾客、吉凶礼仪之事。建文（1399—1402）时曾升为正五品，成祖即位，复旧制。

鸿胪寺左寺丞 官名。清初鸿胪寺属官。顺治元年（1644）设。左、右各一人，以汉人充任，正六品。协掌鸿胪寺事。十五年裁一人，康熙五十二年（1713）废。

鸿胪寺左丞 官名。明朝鸿胪寺置，分左、右，各一人，从六品，同左、右少卿佐寺卿掌朝会、宾客、吉凶礼仪之事。建文（1399—1402）中曾升为正六品，成祖即位，复旧制。清称鸿胪寺左寺丞。

鸿胪寺主簿 官名。西汉鸿胪有主簿，后代因之。隋初，鸿胪寺置主簿。唐初沿置，员二人，正八品。太宗贞观（627—649）中减一人，改从七品上，负责掌印及勾检稽失。北宋前期，用为文臣寄禄官。神宗元丰（1078—1085）改制，改为职事官，置一人，从八品。南宋高宗时，鸿胪寺并归礼部，因废。

辽朝亦置。明朝置一人，从八品。清朝沿置。

鸿胪寺丞 见“鸿胪丞”。

鸿胪寺卿 见“鸿胪卿”。

鸿胪丞 官名。南朝梁、陈为鸿胪卿副贰，梁二班、陈八品。北齐置一员，为鸿胪寺处理日常公务的事务官，位次少卿，七品。历朝沿置，亦称“鸿胪寺丞”。隋、唐、五代置二员，隋初正七品，炀帝改从五品，唐从六品上。唐高宗、武则天时曾随本寺改名同文丞、司宾丞，寻各复旧。北宋前期为寄禄官，不预寺务，神宗元丰（1078—1085）改制后，始成为职事官，置一员，正八品。南宋随寺省。辽朝为南面朝官。明朝置左、右丞各一员，从六品。清初沿置，称寺丞，皆为汉员，正六品。顺治十五年（1658）省一员，康熙五十二年（1713）又省一员，遂罢。参见“鸿胪寺”及相关各条。

鸿胪卿 官名。晋、南朝宋时为大鸿胪的别称。梁、陈由大鸿胪改名，有丞，掌朝会时赞导礼仪。梁九班，陈三品、中二千石。北齐置为鸿胪寺长官，三品。历朝沿置，亦称“鸿胪寺卿”。隋初正三品，炀帝改从三品，唐因之。唐高宗、武则天时曾随本寺改名同文正卿、司宾卿，寻各复旧。北宋前期为三品寄禄官，表示品级俸禄，不预寺务，神宗元丰（1078—1085）改制后，始成为职事官，从四品。南宋随寺省。辽朝为南面朝官。明太祖洪武三十年（1397）改殿庭仪礼司正置，正四品。清朝置满、汉各一员，初定满员从三品，汉员正四品，顺治十六年（1659）改皆正四品。其上又置管理寺事大臣，由礼部满尚书兼任。光绪（1875—1908）中随寺省。参见“鸿胪寺”。

鸿德苑令 官名。东汉桓帝延熹元年（158）初置，秩六百石。

淑人 命妇名号。宋徽宗政和二年（1112）改旧命妇名号，始置，以封尚书以上官员之妻。明、清沿置，封三品官及宗室奉国将军之妻。因子孙封者称太淑人。

淑仪 官名。晋武帝置，九嫔之一，位视九卿。南朝沿置。十六国后赵亦置，员一人，位视上公。唐玄宗开元（713—741）中于妃下置，为六仪之首，掌教九御四德，率其属以赞后礼，正二品。宋朝置于贵仪下，属嫔，正二品。金初不设，宣宗贞祐（1213—1217）后置，位淑华下，正四品。

淑妃 官名。三国魏明帝置，太和（227—233）中定其位在夫人之下，视相国。西晋武帝置为九嫔之首，位视九卿。南朝宋明帝泰始元年（465）省，齐复置，武帝永明元年（483）升其品为位比三司。隋炀帝置为三夫人之一，正一品。唐初沿置，位贵妃下，为夫人之一，正一品，玄宗开元（713—741）以后不置。宋朝复设，为正一品夫人。金朝同。明朝定为诸妃之一，多摄六宫事。

淑容 官名。南朝宋明帝泰始三年（467）置，为九嫔之一。齐不置。梁、陈复置，陈亦位列九嫔。隋、唐不设。宋朝置在淑仪下、顺仪上，正二品，属嫔。

淑媛 官名。三国魏文帝置，位在淑妃下，视御史大夫，爵比县公。晋武帝定内官，列为九嫔之一，位视九卿。南朝沿置。十六国后赵亦置，爵视子，不限员数。

混补法 宋朝太学招补新生的考试法。各地士人，经原籍给公据，召到保人，不论有无学籍，皆可参加太学入学考试，考本经大义一场，合格者补外舍生，称混补法。南宋孝宗淳熙四年（1177），以应试者众，改行待补法。宁宗时一度复行。参见“待补法”。

混堂司 官署名。明朝宦官二十四衙门之一。置掌印太监一员，佥书、监工数员。掌宫中沐浴。

混榜 即座位榜。

淮东行省 即江淮行省。

淮东淮西屯田打捕总管府 官署名。元朝置，秩正三品，掌官田岁入及湖泊山场渔猎，供应宫廷，隶宣徽院。初于世祖至元十四年（1277）设总管府，十六年又置扬州鹰房打捕达鲁花赤总管府。二十二年，合为淮东淮西屯田打捕总管府。置达鲁花赤、总管、同知各一员。下辖淮安州、高邮、招泗、安东海州、扬州通泰、安丰庐州、镇巢等处、塔山徐邳沂州等处八屯田打捕提举司及连海高邮、沂州两处湖泊提举司，俱从五品，各设达鲁花赤、提举、同提举、副提举等职；抽分场抽领所十处；手号军人（新附军）打捕千户所一，秩从四品。

淮西行省 见“淮西等路行枢密院”。

淮西行院 即淮西等路行枢密院。

淮西江北道肃政廉访司 官署名。元朝地方监察官，由提刑按察司改立，为内八道监司之一，直隶御史台。参见“肃政廉访司”。

淮西江北道提刑按察司 官署名。设于元世祖至元十四年（1277），掌监察地方，置司庐州路（今安徽合肥），监治庐州、安丰、安庆等路。二十八年，改肃政廉访司。

淮西等路行枢密院 官署名。简称淮西行院。元世祖至元十年（1273）四月由山东行院改立，置司正阳（夹淮河东西二镇，东属安徽寿县，西属颍上），掌淮西戍军。十一年三月，改为淮西行省。八月，复降为行院。十二年七月罢，事归河南行省。

淮安关监督 官名。清朝户关监督之一，顺治二年（1645）设，为淮安榷关主官。关署在淮安府板闸镇。掌征纳通过淮安一带之船料、货税，并兼管宿迁工关与庙湾口海关之税课征纳。所设笔帖式由内务府司员充任，并设经承、书吏、巡拦、哨丁等吏役帮办关务。光绪三十二年（1906）改归度支部管理。

淮南尹 官名。汉末袁术置。《三国志·袁术传》：袁术“遂僭号，以九江太守为淮南尹”。

淮海津都尉 官名。三国魏置，掌管淮海津，七品。晋朝沿置，七品。北魏称监淮海津都尉，孝文帝太和十七年（493）定为从六品中，二十三年复次职令，改为从九品上。西魏、北周称淮海都尉。

淮海都尉　官名。西魏恭帝三年（556）置，北周沿置。一命。

渔人　官名。春秋战国置，掌捕鱼。《淮南子·时则训》高诱注："渔人，掌渔官。"

渔师　官名。春秋战国时置。《吕氏春秋·季夏纪》："令渔师伐蛟取鼍，升龟取鼋。"高诱注："渔师，掌渔官也。"唐朝都水监河渠署置长上渔师十人，短番渔师、明资渔师百二十人。

粘竿长头等侍卫　官名。清朝尚虞备用处职官，位管理大臣之下。额定一人，正三品。掌翊卫随扈之事，并兼协理事务头等侍卫，掌章奏文移。

粘竿处　清朝尚虞备用处别称。

粘竿处二等侍卫　官名。清朝尚虞备用处之职官，额定三人，正四品。掌翊卫扈从事。

粘竿处三等侍卫　官名。清朝尚虞备用处之职官，额定二十一人，正五品。掌翊卫扈从事。

粘竿处蓝翎侍卫　官名。清朝尚虞备用处属官。额设十五人。掌为皇帝巡狩垂钓做准备工作。详见"尚虞备用处"。

粘竿拜唐阿　官名。清朝尚虞备用处属官。拜唐阿，满语意为执事官。这里指尚虞备用处之一般侍卫，额设四十人，掌为皇帝巡狩垂钓做准备工作。

粗官　即麤官。

断司　官署名。宋朝司法机构之一。神宗元丰六年（1083），大理寺置，由大理评事、司直、大理正领之掌公案判决，大理正详审其当否，签押盖印，注明日期，然后送议司复议。

断丞　即大理断丞。

断事　官名。明朝各都指挥使司、行都指挥使司断事司置，正六品，副断事，正七品，掌理断军中刑狱。又，洪武（1368—1398）时，五军都督府亦曾置断事官，建文（1399—1402）中革。

断事官　官名。❶见"札鲁忽赤"。❷元末朱元璋置，为大都督府属官。吴元年（1367）定，秩从五品，掌刑狱。明洪武十三年（1380）改大都督府为中、左、右、前、后五军都督府，改置中军都督府断事官为五军断事官。参见"五军断事官"。

断官　即详断官。

兽人　官名。春秋置，掌田猎，捕捉野兽。《左传·宣公十二年》："楚潘党逐之，及荧泽，见六麋，射一麋以顾献，曰：'子有军事，兽人无乃不给于鲜？敢献于从者。'"《周礼·天官》有"兽人"，一说为周朝置。《周礼·天官》："兽人，中士四人，下士八人，府二人，史四人，胥四人，徒四十人"，"掌罟田兽，辨其名物；冬献狼，夏献麋，春秋献兽物；时田，则守罟；及弊田，令禽注于虞中；凡祭祀、丧祀、宾客，共其死兽生兽；凡兽人于腊人，皮毛筋角入于玉府；凡田兽者，掌其政令"。

兽工　官名。主管以野兽皮革制作器物。一说为殷朝官名。周朝属司空，分函人、鲍人、韗人、韦人、裘人。《礼记·曲礼下》："天子之六工，曰土工、金工、石工、木工、兽工、草工。"郑玄注："此亦殷时制也。周则皆属司空"，"兽工，函、鲍、、韦、裘也"。孔颖达疏："兽工函、鲍、韦、裘者，此物并用兽皮，故曰兽工。"

兽门学士　北周露门学士的别称。因露门又称虎门，故亦可称虎门学士，唐朝人避讳，改作此名。参见"露门学士"。

兽臣　官名。西周置，掌田猎。《左传·襄公四年》："兽臣司原，敢告仆夫。"杜预注："虞人掌田猎"，"兽臣，虞人"。

兽医　官名。❶《周礼》天官之属，主管治疗牲畜疾病，下士爵。《周礼·天官·兽医》："掌疗兽病，疗兽疡。"❷唐朝设于太仆寺、殿中省尚乘局、太子厩牧署等机构，掌厩牧杂畜之事。清朝内务府上驷院设，为属官，额设十六人，由礼部转咨五城于民人内选补。掌医治上驷院马驼之疾。

兽医下士　官名。西魏、北周夏官府驾部中大夫兽医上士属官，正一命。

兽医上士　官名。西魏恭帝三年（556）置，北周沿置。夏官府驾部中大夫属官，专治疗马、驼等牲畜的伤病，正三命。下设兽医中士、兽医下士以佐其职。隋文帝开皇元年（581）罢。

兽医中士　官名。西魏、北周夏官府驾部中大夫兽医上士佐官，正二命。

兽医博士　官名。隋朝太仆寺置，一百二十员。唐朝设四员，掌教兽医之术。

寇　官名。殷朝置，武官，主征伐。《殷虚编》第三三二片："贞，勿乎（呼）寇伐工。"参见"多寇"。

寄应　官场用语。宋朝举人不在原籍，于其他州府参加乡试取解，称寄应。

寄居官　官场用语。又称私居官。宋朝官员不以客居及本贯土著，皆称为私居、寄居官。意指有官者，本朝廷仕宦之臣。

寄官　即寄资。

寄信　即廷寄。

寄食　官制用语。南北朝时，有些爵位的封邑不在自己政权的辖区内，被准许在其它郡县享受国租收入，称寄食。北魏临淮王元彧就被准许寄食相州魏郡。北周武帝保定二年（562）下诏："比以寇难犹梗，九州未一，文武之官立功效者，虽锡以茅土，而未给租赋。诸柱国勋德隆重，宜有优崇，各准别制，邑户听寄食他县。"

寄班都知　见"三班院"。

寄桩库　官署名。南宋置，掌发卖香药、匹帛，收其值纳左藏南库。隶太府寺，由太府寺丞专管，其下设监官。

寄资　官制用语。又称寄官。宋朝，内侍升迁阶官依法至内东头供奉官止，再迁则当转出，依外官例归于吏部。如不转出，而又非正式地带更高阶官，称为寄资。除待遇外，其升迁方式与带正式阶官相同。候迁至带御器械、押班、都知，方许正式带高级阶官。又吏人勒留或归司仍充吏职，其所迁官亦称寄资。

寄理　官制用语。宋朝官员转官的一项规定。当转官者，如官序之名犯其家讳，则暂不转，官衔且带“寄理”二字，至他年一并升转。

寄禄官　官制用语。用以确定官员俸禄、品秩的阶官。唐朝前期，官员皆依品领俸。代宗大历十二年（777），始改以官定俸，自三师、三公至参军、文学博士、录事，月给一百二十贯文至十贯文。中期以后，三省、六部常以他官主判，其正官渐失本职。宋初，又以京朝官出领州、县，三省、六部、九寺、五监类以他官主判，其正官非有特旨不领本职。然犹袭唐制，以官定俸，如别无差遣及所任差遣未入《禄令》，即领本官俸，因称其官为寄禄官。铨叙、升迁皆以此为资级，同时以此确定官品。文臣以三师至诸寺监主簿为寄禄官；武臣以节度使至刺史，横班、东西班诸使副，以及三班使臣为寄禄官。神宗元丰（1078—1085）改制，省部寺监之官复为职事官，裁定原散官制为《寄禄新格》，以开府仪同三司至承务郎为文臣新寄禄官。徽宗崇宁二年（1103），又置承直郎至将仕郎七阶，为选人寄禄官。政和二年（1112），重定武臣寄禄官，置大夫及郎诸阶，罢横班及东西班诸使副；内侍与医官亦改置新阶，寄禄之制始臻完备。南宋因之。

宿卫　参见“怯薛”。

宿卫队主　官名。北魏置，负责宫廷守卫的较低级军官，统率羽林、虎贲等宿卫军士，有时亦执行其它任务。《魏书·彭城王传》：“（世宗）诏宿卫队主率羽林、虎贲，幽守诸王于其第。”参见“队主”。

宿卫司　官署名。辽朝北面官，专掌御帐及各宫殿宿卫之事。

宿卫军司马　官名。北魏置，宿卫禁军中的较低级军官。孝文帝太和十七年（493）定为从八品上，二十三年复次职令未载。

宿卫军吏　官名。北魏置，宿卫禁军中的下级官吏。孝文帝太和十七年（493）定为九品上，二十三年复次职令未载。

宿卫军将　官名。北魏置，统带宿卫军士，负责宫廷侍卫。孝文帝太和十七年（493）定为从五品上，二十三年复次职令未载。

宿卫给事　官名。北魏置。《魏书·阉官传》：“（张）宗之兄鸾旗，中书侍郎、东宫中庶子，兼宿卫给事。”参见“给事”。

宿卫统　官名。北魏置，统带宿卫军士，负责宫廷守卫。孝文帝太和十七年（493）定为从六品上，二十三年复次职品未载。

宿卫幢将　官名。北魏置，统领宿卫军士，负责宫廷守卫。孝文帝太和十七年（493）定为从七品上，二十三年复次职令未载。

宿直司　官名。辽朝北面官。辽以百官番宿为宿直，宿直司专掌轮直官员宿直之事。置详稳、都监将军、小将军、宿直官、宿直护卫等职。

宿治　官吏隔宿办理公务。喻官风拖沓。《商君书·去强》：“以日治者王，以夜治者强，以宿治者削。”

密图瓦利伯克　官名。清朝新疆回部官员之一，掌理田产税务之事。喀什噶尔、叶尔羌各设五品伯克一人，和阗等地设七品伯克三人。

密学　枢密直学士简称。

密院　枢密院简称。

密寄　清朝雍正以后，凡皇帝上谕不由内阁明发，而由军机大臣机密寄发者，称为密寄，亦称寄信，外间官员谓之廷寄。详见“廷寄”。

密喇布伯克　官名。清朝新疆回部官员之一，掌水利之事。叶尔羌等地设五品伯克三人。伊犁、叶尔羌属之英额齐盘等处设六品伯克十三人。和阗、喀喇沙尔等处设七品伯克三十二人。

窑务　官署名。宋朝初年置，分东、西二务，掌烧制砖瓦以供营缮之用。真宗景德四年（1007）废东、西二务，止于河阴置务，于京城置受纳场。大中祥符二年（1009），复置东窑务，以诸司使副及三班使臣三人监领；改受纳场为西窑务，以三班使臣二人为监官。神宗时，令隶将作监。

渠帅　少数民族首领的称号。《魏书·太宗纪》：“车驾自大室西南巡诸部落，赐其渠帅缯帛各有差。”

渠堰使　使职名。唐玄宗开元十六年（728）以宇文融充河南北渠堰使，用《禹贡》九河故道开稻田，换取陆运钱，收其利。五代后周显德五年（958）十一月置关西渠堰使，于雍、耀二州界（今陕甘交界一带）疏泾水（今泾河）以溉田。

梁州水次仓令　官名。北齐置，有丞。隶司农寺。

梁州水次仓丞　官名。北齐置。参见“梁州水次仓令”。

谋人　爵名。战国秦二十等爵第三级簪袅的别称。《睡虎地秦墓竹简·传食律》：“不更以下到谋人，粺米一斗，酱半升，采（菜）羹、刍藁各半石。”

谋克　官名。金朝置。原为女真氏族长称号，建国后演变为军职百夫长称号。

谋略科　官署名。清末海军部军学司所属五科之一。原属筹办海军事务处，宣统二年（1910），随司改属海军部。掌筹议舰队、学堂及各类海军部队的扩充、改良，核定战前之规则，承办海疆戒严、解严等事宜。置科长、科员、录事。

谏大夫　官名。汉武帝元狩五年（前118）始置，或以为秦已有，汉初不置，武帝因秦而置之。初属郎中令，太初元年（前104）郎中令更名光禄勋后改隶之，秩比八百石，无定员，多至数十人。掌顾问应对，参预谋议，多以名儒宿德为之。东汉光武帝时改为谏议大夫，秩六百石，据《汉官》，员额为三十人。

谏长 左、右谏议大夫简称。

谏议 官名。❶渤海国官，隶宣诏省，居左常侍下。❷高昌国官，门下散职。❸谏议大夫省称。

谏议大夫 官名。秦置，专掌论议。西汉初废，武帝时置谏大夫。东汉光武帝复置谏议大夫，秩六百石，掌侍从顾问、参谋讽议，名义上隶光禄勋。三国魏沿置，七品。晋七品。南朝唯梁、陈置。北魏置七十人，隶集书省，掌谏诤议论，孝文帝太和十七年（493）定为四品下，二十三年改从四品下。北齐沿置，员七人，从四品。北周正六命。隋初于门下省置七人，从四品，炀帝大业三年（607）废。唐初置四人，正五品上。高宗龙朔二年（662）改正谏大夫，中宗神龙元年（705）复旧名。德宗贞元四年（788）分左、右，各置四员，分隶门下、中书两省，升正四品下，掌谏议得失，侍从赞相。宪宗元和元年（806）罢左、右之名，只称谏议大夫。武宗会昌二年（842），复分置左、右。宋初为五品寄禄官，多别领其他职任而不专言职。神宗元丰（1078—1085）改制，升为从四品，左隶门下省，右隶中书省，复专掌讽谕规谏，凡朝政阙失，大臣至百官任非其人，三省至百司事有失当，皆得谏正。南宋高宗建炎二年（1128）兼领登闻检、鼓院。辽朝置，左隶门下省左谏院，右隶中书省右谏院。金朝为正四品。李自成于崇祯十七年（1644）进入北京后，改六科给事中置，职掌如故。

谏臣 ❶官名。春秋时齐国置，掌规劝君王过失。《韩非子·外储说左下》：“桓公问置吏于管仲。管仲曰：‘犯颜极谏，臣不如东郭牙，请立以为谏臣。’”❷西夏官位。谏臣为谏师位之一，在中书、枢密位下，与次等司同等。

谏师位 西夏官位。在中书、枢密位下，有谏臣、仁师、忠师。

谏坡 谏议大夫别称。

谏官 谏诤之官的统称。历代之设，名目不一。汉朝有谏议大夫。唐、宋为左右散骑常侍、左右谏议大夫、左右补阙（司谏）、左右拾遗（正言）统称。又，唐、宋以来台谏官亦称谏官。

谏官案 官署名。北宋神宗元丰（1078—1085）改制后置，隶门下省，由给事中领之，掌关报文书之事。

谏院 官署名。五代始置。凡谏议大夫、司谏、正言，皆须别降敕许赴院供职者，方为谏官。由他官领者，需知谏院，以两省官充掌供奉、谏诤。宋初不置，仁宗明道元年（1032）始置。知院官六人，以司谏、正言充任，由他官领者带知谏院。其后，谏议大夫非特旨不供谏职。司谏、正言亦有领他职而不预谏诤者。神宗元丰（1078—1085）改制后始专谏职。凡朝廷阙失，大则廷议，小则上封。初兼弹奏之责，后令只许言事，不兼弹劾。哲宗即位后，复弹劾之权。辽设左、右两院，分隶门下、中书二省，各设左、右谏议大夫，左、右补阙，左、右拾遗等官。金沿置，列于监寺，不属三省。设官左、右谏议大夫，下设左、右司谏，左、右补阙，左、右拾遗等官。明洪武十三年（1380）置，设左、右司谏，左、右正言，均以耆儒充任。十五年又置谏议大夫，掌侍从、诤谏，不久废罢，归其职于六科。

谒者 官名。春秋战国时期为国君、卿大夫的侍从官员，掌接待引见宾客，朝会时担任警卫，亦奉命出使。《国语·齐语四》：“谒者以告，公遽见之。”《韩非子·说林下》：“靖郭君谓谒者曰：‘毋为客通。’”秦汉宫廷、后宫、太子宫、诸侯王国皆置，员额不等，皆掌关通内外，导引宾客。宫廷所置为郎中令（光禄勋）属官，设谒者仆射统领。西汉员七十人，秩比六百石。选孝廉、郎官年不满五十仪容威严能大声赞导者充任，本职为侍从皇帝，担任宾礼司仪，宿卫宫廷及供其他临时差遣，亦常充任皇帝使者，出使诸侯王国、少数民族，巡视地方，派往灾区宣慰存问、发放赈贷，或收捕、考案贵戚、大臣，主持水利工程等。又有中谒者令、中书谒者令，为宦官之职。东汉名义上隶光禄勋，实自为一台，以谒者仆射为长官，职权甚重。有常侍谒者五员，比六百石，掌殿上时节威仪；谒者三十员，掌宾礼司仪、上章报问、奉命出使。其初任职者亦称灌谒者，比三百石；满岁为给事谒者，四百石。东汉初或遣谒者监军及监领筑城和水利工程等，后遂常设监领常备营兵的监营谒者和专掌水利河渠的河堤谒者。魏、晋员十人，七品，为谒者台属官，掌宾礼司仪，传宣诏命，奉命出使。又有监国谒者，监察诸侯王，权势颇重。晋一度省谒者台，以谒者并入御史台。南北朝复置谒者台，宋七品，梁、陈为流外官，员皆十人。北魏孝文帝太和十七年（493）定为从五品中，二十三年改九品。北齐员二十人，九品。又，魏晋南北朝有都水、河堤、劝农、监冶、运水、伐船等各种专职谒者，分隶有关官署；宦官有中谒者、内谒者等；诸王、公、侯等国亦置为属官。隋初罢，炀帝大业三年（607）复置，隶谒者台，有司朝谒者二员，从五品，为谒者台副长官；通事谒者二十员，从六品，掌承旨传宣；将事谒者三十员、谒者七十员，掌受诏出使，劳问宣慰，监察地方，后省。唐朝废谒者台，改通事谒者为通事舍人，隶中书省。隋、唐太常寺亦设谒者十员，为流外官，祭祀时担任司仪；宦官有内谒者；王府、公主属官亦置，玄宗开元（713—741）间废；都水台（监）属官有河堤谒者。金朝太后两宫属官有之，员二人，从六品。

谒者仆射 官名。秦、西汉隶郎中令（光禄勋），统领诸谒者，职掌朝会司仪，传达策书，皇帝出行时在前奉引。东汉为谒者台长官，名义上隶光禄勋，侍从皇帝左右，关通内外，职权颇重。秩皆比千石。三国沿置，魏五品。西晋武帝省，东晋省置无常。

南北朝复置为谒者台长官，掌大拜授及百官朝会班次，或奉命出使，职权较汉为轻。宋五品，梁六班，陈七品，北魏孝文帝太和十七年（493）定为从四品上，二十三年改六品上。北齐置三员，六品上。北朝又置中谒者仆射，领宦官中谒者。隋初罢，炀帝时置大夫为谒者台长官。参见“谒者”、“谒者台”。

谒者台　官署名。东汉置，设谒者仆射为长官，常侍谒者五员、谒者三十员，掌朝会典礼，遣使传宣诏命、巡视监察。名义上隶光禄勋，实际直达皇帝，时号外台，与尚书、御史合称三台，共掌朝政。三国沿置。晋省并入御史台。南北朝复置，掌朝觐宾飨吉凶典礼之司仪、安排朝会班次、传宣诏命，职权渐轻。南朝设仆射一员、谒者十员，北齐设仆射二员、谒者三十员、录事一员。隋初罢，炀帝大业三年（607）复置，与御史台、司隶台合称三台。掌遣使奉诏劳问，持节监察，受理冤枉而申奏之，奉引御驾。设大夫一员、司朝谒者二员为长贰，属官有丞、主簿、录事等。领通事谒者二十员；其次有议郎二十四员、通直三十六员、将事谒者三十员、谒者七十员，皆掌出使；后罢，改置员外郎八十员；寻又置散骑郎二十员，承议郎、通直郎各三十员，宣德郎、宣义郎各四十员，征事郎、将仕郎、常从郎（登仕郎）、奉信郎（散从郎）各五十员，又各有散员郎，皆掌出使。唐朝罢。参见“谒者”。

谒者台大夫　官名。隋朝谒者台长官，炀帝大业三年（607）置，一员，从四品，五年改为正四品，掌受诏劳问，出使慰抚，持节察授及受冤枉而申奏；驾出，对御史引驾。唐高祖武德四年（621）随台废。

谒者假史　官名。南朝梁、陈时谒者台置谒者十人，以高功者一人为假史，管理其余谒者。

谕　旧指皇帝颁布的诏令。如圣谕、谕旨、上谕等。参见“上谕”、“谕旨”。

谕旨　文书名。下行文。清朝皇帝处理日常政务下达的指示和命令的统称。谕和旨的具体区别是：皇帝主动发布的指示性命令或因臣僚奏请而下达宣示中外的命令，称谕，亦称上谕；对臣僚奏请批示的意见，或令人传达的某项指示，称旨。雍正以后，重要谕旨均由军机处草拟进呈，皇帝审定后或交内阁明发，或由军机大臣寄信。参见“明发”、“廷寄”。

谕德　官名。唐、宋东宫官有太子左、右谕德，简称谕德。明朝太子官署詹事府所属左、右春坊置左、右谕德，从五品，掌侍从赞谕。参见“左谕德”、“右谕德”。

谙班勃极烈　官名。金朝置。太祖时设谙班、国论忽鲁、阿买、昃回勃极烈共掌国政，以谙班（大）勃极烈为首，由弟吴乞买（太宗）出任。军出作战，设都元帅，例由谙班勃极烈兼任。太宗时，成为皇位继承者官号。熙宗改制后废。

裍褥局　官署名。辽朝北面官，属著帐郎君院，掌御帐被褥制作、保管、使用等事。

啓府仪同三司　官名。北魏置。《刁遵墓志阴》载司马楚之官职：“魏使持节、侍中、镇西大将军、啓府仪同三司、扬州刺史、琅邪王。”（赵万里《汉魏南北朝墓志集释》图版二二二之三）即开府仪同三司的异称。

〔一〕

敢告之　章奏程式。汉朝尚书所拟章奏，文中必须有“敢告之”字样乃下。《汉官典职仪式选用》则作：“尚书言左右丞，敢告知如诏书律令。”

敢言之　汉朝下属对上级言事的习惯用语。《论衡·谢短》：“郡言事二府曰‘敢言之。’”汉简中亦常见此语。

弹子房　官署名。明朝置，为内府制备弹弓泥弹之所。设掌房一员，佥书数员。所制泥弹分轻重大小，各以黄布作袋盛贮，以供皇帝之用。

弹纠　官制用语。也称纠弹，即由某些专司监察的官员对其他官员的违法、失职行为进行纠察、奏劾。《后汉书·史弼传》：“州司不敢弹纠，傅相不能匡辅。”《北齐书·唐邕传》：“其未经府寺陈诉，越览词牒，条数甚多，俱为宪台及左丞弹纠，并御注放免。”参见“弹劾”。

弹压　官名。元朝千户所官员，二员，蒙古、汉人参用。上千户所从八品，中、下千户所从正、从九品内铨注。

弹曲　官名。三国吴置，属司直中郎将，佐其监察群臣。《三国志·孙皓传》裴松之注引《江表传》：“（司直中郎将张）俶表立弹曲二十人，专纠司不法，于是爱恶相攻，互相谤告，弹曲承言，收系囹圄，所讼失理，狱以贿成。”

弹事　弹劾官吏的奏疏。也称弹章。

弹劾　官制用语。国家监察制度之一。即由监察官员对政府官吏的违法或失职行为提出检举，请求惩治。秦汉以来，历代设有御史等官，专司其职。

弹奏　官制用语。唐宋弹劾制之一。凡台、谏官向朝廷上奏疏弹劾官员犯有公罪，以及閤门、御史台检举官员违犯仪制等事，皆称弹奏。

尉　官名。武官统称。春秋时晋国上、中、下三军均设尉，主发众使民。战国时，赵国设中尉，掌京师警卫。各国又设国尉、都尉等，秦国曾以国尉为武官之长。县、郡所设掌一县或一郡之兵政。秦始皇统一天下后，中央设太尉等，又分天下为三十六郡，各郡有郡尉、县有县尉。汉朝沿置。魏晋南朝亦置，员数、品秩有不同；京师及部分重要地区或置部尉、经途尉、左右尉。隋朝为郡县属官，位丞下正上。上郡从八品，中郡正九品上，下郡正九品；上县从九品上，中县从九品。炀帝大业三年（607）改曰正。唐高祖武德七年（624）复曰尉，京县六人，从八品下；畿县二人，正九品下；上县二人，从九品上；中下县、下县各一人，从九品下。又，隋太子典书坊内厩置二人，掌内车舆之事；武散官有八尉，自正六品至从九品。隋唐诸牧监统领各牧或马牛之群亦置一至二人。宋朝为县尉简称。金亲王府属官亦置，掌警卫侍从，秩从四品。参见“都尉”、“校尉”、“县尉”等。

尉马曹 官署名。汉朝所置御史台五曹之一。设侍御史主之，掌监督诸厩马署。

尉史 官名。汉朝边郡置障、塞尉，百里一人，属吏有尉史二人，掌徼巡诸侯部。内郡则于县尉下置之。

尉司 官署名。即县尉司。宋朝于诸县置，掌统领本县弓手，肃清乡村贼盗并受理斗讼，由县尉主其事。真宗咸平元年（998），令天下县尉司不得置狱。

尉官吏 官名。战国秦置，县尉官府供职的文书小吏。《睡虎地秦墓竹简·效律》：“尉计及尉官吏节（即）有劾。”

尉裨将 官名。战国秦置，上将军副将。《史记·白起王翦列传》：“乃阴使武安君白起为上将军，而王龁为尉裨将。”

屠耆王 匈奴官名。地位仅次于单于，分左、右，各有分地。单于居中，左、右屠耆王分居东、西两方。以单于子弟充任。匈奴尚左，常以太子为左屠耆王。屠耆为匈奴语“贤”。汉朝因称左、右屠耆王为左、右贤王。下辖万余骑，并各置千长、百长、什长、裨小王、相、都尉、当户、且渠等官属，以管理辖地军政事务。

随处交钞库抄纸坊 官署名。金朝为管理交钞、盐引的机构，属户部。宣宗贞祐二年（1214），分设于上京、西京、北京和东平、大名、益都、咸平、真定、河间、平阳、太原、京兆、平凉、广宁等府，瑞、蔚、平、清、通、顺、蓟等州。贞祐三年罢。

随印房行走散秩官 官名。清朝八旗都统衙门中供印房使令之官员。从闲散世职、不掌图记之佐领及改补、降补等官员中派委，无定员。

随军转运使 见“转运使”。

随侍太监 官名。清朝内奏事处中任职之太监，额设二人。详见“奏事处”。

随征千总 见“千总❶”。

随帮武举 官名。清朝督理漕运之官员，隶于漕运总督。漕粮北上，各省漕船分帮，每帮设武举一人随帮效力，协助领运千总督运，三年无误，以卫千总推用。咸丰三年（1853）停。

随营千总 见“千总❶”。

随堂太监 官名。明朝宦官司礼监置，无定员。地位低于掌印、秉笔太监。参与批红。

随路诸色人匠都总管府 官署名。元英宗至治三年（1323）由缮珍司改立，秩正三品。领以达鲁花赤一员、总管二员，下设同知、副总管。辖上都诸色民匠提举司、大都等路诸色人匠提举司等大小机构三十余所。

随路诸色民匠打捕鹰房等户都总管府 官署名。设于元世祖至元三十年（1293），秩从三品。掌世祖母唆鲁禾帖尼别吉大营帐及大都打捕鹰房户。隶中书省兵部。仁宗延祐四年（1317），升为正三品。置达鲁花赤、总管、同知、经历、知事各一员。

随路诸色民匠都总管府 官署名。元朝置，秩正三品，掌仁宗潜邸诸色人匠。原属崇祥院、将作院，英宗至治三年（1323）划隶工部。置达鲁花赤、总管、同知、副总管各一员。下设织染人匠提举司、杂造人匠提举司、大都诸色人匠提举司、大都等处织染提举司、收支诸物库等机构。

随旗行走散秩官 官名。清朝八旗都统衙门中供本旗之使令而无固定职位之官员，即闲散世职、不掌图记之佐领及改补降调等官。除挑补印房章京及随印房学习行走外，皆令随本旗衙门行走。

隆州转运司 参见“济州路转运司”。

隆兴行省 即江西等处行中书省。

隆祥使司 官署名。元朝置，秩从二品，隶太禧宗禋院。文宗至顺二年（1331）由隆祥总管府改立。置司使四员，同知、副使、司丞各二员。下辖普明、集庆万寿、元兴营缮都司等机构。

隆祥总管府 官署名。元朝置，秩正三品，设于文宗天历二年（1329）。掌修建大承天护圣寺，置官八员，隶太禧宗禋院。至顺二年（1331），改隆祥使司。

隆萃苑 官署名。明成祖永乐五年（1407）置，北京苑马寺六监二十四苑之一，属金台监。设圉长一人，从九品，下分各群，设群长，掌牧养马匹，以备军需。十八年并入太仆寺。参见“金台监”。

隆福宫卫候司 官署名。设于元世祖至元三十一年（1294）七月，掌控鹤士。成宗大德十一年（1307），改为卫候直都指挥使司。

隆福宫右都威卫使司 官署名。为元朝侍卫亲军指挥机构，秩正三品，简称右都威卫。世祖至元三十一年（1294）八月，由东宫蒙古侍卫亲军都指挥使司改立，仍统扎剌儿、忙兀、兀鲁兀、弘吉剌、亦乞列思五部探马赤军，隶徽政院。顺帝至正十三年（1353），复归詹事院管辖。置营于易州（今河北易县），衙司在大都隆福宫内。设职同左都威卫。下辖行军千户所五，屯田千户所一。

隆福宫左都威卫使司 官署名。为元朝侍卫亲军指挥机构，秩正三品，简称左都威卫。世祖至元三十一年（1294）八月，由东宫侍卫亲军都指挥使司改立，隶徽政院。顺帝至正十三年（1253），复划归詹事院管辖。置司于大都隆福宫内。设卫使三员，副使二员，佥事二员。下辖行军千户所二，屯田千户所二，弩军千户所二。

隆镇上万户府 官署名。为元朝侍卫亲军机构。设于武宗至大四年（1311）闰七月，辖十千户所，屯驻大都周围四十三处隘口。仁宗皇庆元年

(1312)，改为隆镇卫亲军都指挥使司。

隆镇卫亲军都指挥使司 官署名。为元朝侍卫亲军指挥机构，秩正三品，仁宗皇庆元年（1312），由隆镇上万户府改立。军士来自唐兀、贵赤、西域、钦察、阿速等色目卫军，亦包括部分汉军和哈剌鲁军。掌屯守大都围周各隘口。置都指挥使三员，副都指挥使二员，佥事二员。下辖北口、南口、白羊口、碑楼口、古北口、迁民镇、黄花镇、庐儿岭、太和岭、紫荆关、隆镇十一个千户所。

隆禧总管府 官署名。元朝置，秩正三品，隶太禧宗禋院。武宗至大元年（1308），建南镇国寺(即大掌思福元寺)，立规运提点所。二年，改为规运都总管府。三年，升为隆禧院。文宗天历元年(1328)，罢会福、殊祥二院，以隆禧、殊祥合为殊祥总管府，后又改为隆禧总管府。置达鲁花赤、总管、副达鲁花赤各一员。下辖福元营缮司、普安智全营缮司、祐国营缮都司、田赋提举司等机构。

隆禧院 见"隆禧总管府"。

隐士 宋朝士名。徽宗政和八年（1118）置，以赐在学选人，正九品。

隐官 官署名。指隐蔽的官府机构，为刑徒免罪后服役的场所。《睡虎地秦墓竹简·法律答问》："将司人而亡，能自捕及亲所知为捕无罪，已刑者处隐官。"或以为罪徒受宫刑后服役的场所。

堕长 官名。春秋时越国置，军吏。《吴越春秋·勾践阴谋外传》："（越王）乃命五板之堕长高习之，教军士。"

粜籴案 官署名。北宋神宗元丰（1078—1085）改制后，户部置，分属仓部，掌诸路收籴出粜之事，由仓部郎中、员外郎领之。

粜盐院 官署名。北宋太宗至道元年（995）置，掌出卖颗盐及煎制皇帝膳食所用盐花。初以都盐院官兼领，真宗大中祥符七年（1014）专以使臣二人勾当。

婕妤 内官名。亦作倢伃。西汉武帝始置，位次皇后，视上卿，比列侯。元帝增设昭仪后，位次昭仪。东汉初废。汉末魏国复置，位王后以下第三等。三国魏明帝太和（227—233）中定为视中二千石。西晋武帝置为九嫔之一，位视九卿。南朝宋明帝泰始三年（467）改为五职之一，班亚九嫔。齐复列入九嫔。陈又入五职。隋炀帝设十二员，正三品，为世妇之首，位九嫔下。唐初沿置，九员，正三品，玄宗开元（713—741）以后不置。宋朝复置于嫔下，为正三品内命妇。金朝同。明成祖永乐（1403—1424）中置为诸嫔之一。

婚礼作 官署名。明朝内府所属机构，隶内官监，设宦官进行管理，负责制造妆奁、器用之事。

婚局监 官名。南朝梁置，流外三品勋位。

婚娶官 官名。太平天国后期增设之朝上职官。分正、又正、副、又副，共四人，司婚姻行政事。地方一级亦设。

婉仪 内官名。北魏始置。唐玄宗开元（713—741）中置，为六仪之一，位顺仪下，芳仪上，员一人，正二品。宋朝属嫔，位顺容下，为正二品内命妇。

婉容 内官名。北宋真宗大中祥符六年（1013）置，位在昭仪之上。

骐驎官 官名。北魏明元帝永兴元年（409）置，员四十人，宿直殿省，职掌比常侍、侍郎。

骐骥使 即骐骥院使。

骐骥院 官署名。宋朝养马机构。宋初有左右飞龙院，太宗太平兴国五年（980）置天驷监。雍熙二年（985），改骐骥院。初设骐骥使、副使，为正、副长官，后改设监官，为堂除差遣。真宗咸平三年(1000)，令隶群牧司。神宗元丰（1078—1085）改制，改隶太仆寺。南宋置行在骐骥院。

骐骥院使 官名。北宋太宗雍熙二年（985）置，分左、右二使，简称骐骥使。初为骐骥院长官，后多不领本职，仅为武臣迁转阶官，属西班诸司使。真宗咸平元年（998）定为同六品，神宗元丰（1078—1085）改制改正七品。徽宗政和二年(1112)重定武臣阶官，改武德大夫。

骐骥院副使 官名。北宋太宗雍熙二年（985）置，分左、右二使，简称骐骥副使。初为骐骥院副长官，后多不领本职，仅为武臣迁转之阶，属西班诸司使。真宗咸平元年（998）定为同七品，神宗元丰（1078—1085）改制改从七品，徽宗政和二年(1112)重定武臣阶官，改武德郎。

骐骥副使 即骐骥院副使。

骑士参军 官名。西晋末置，镇东丞相府骑士曹长官。南朝罢。

骑士曹 官署名。三国魏末相国府僚属诸曹之一，长官为属。西晋初不置，司马睿镇东丞相府复置，长官为参军。南朝罢。

骑士曹属 官名。三国魏末相国府骑士曹长官。一说为骑兵曹属官。

骑马令 官名。秦置，属太仆。入汉因之，主皇帝乘马。东汉省。

骑马丞 官名。秦置，属太仆。入汉因之，为骑马令副贰，主皇帝乘马。东汉省。

骑司马 官名。汉朝置。《汉书·高惠高后文功臣表》高陵圉侯王虞人条："以骑司马汉王元年从起废丘。"参见"司马"。

骑兵郎 官名。尚书省骑兵曹长官通称，亦称骑兵郎中。三国魏明帝青龙二年（234）采纳尚书陈矫建议始置，六品。管理骑兵事务，属五兵尚书。西晋沿置，六品。东晋省。南朝宋或置或省，明帝以后至南齐皆不置。梁复置于尚书省，与中兵、外兵郎分理军务，仍属五兵尚书，五班。陈制不详。北魏属七兵尚书。孝文帝太和十七年（493）定郎中为五品上，郎从五品中；二十三年皆称郎中，六品，仍可通称为郎。北齐省。

骑兵郎中 官名。魏晋南北朝与骑兵郎互称，为尚书省骑兵曹长官。参见“骑兵郎”。

骑兵参军 官名。省称为骑兵。西晋末司马睿丞相府始置为僚属，为骑兵曹长官。东晋诸公、将军府置，南朝沿置。南朝宋七品，梁四班至流外七班，陈八品至九品。北魏至唐称骑兵参军事。北魏公府、将军府置，自从六品上至从八品。北齐诸公、将军府置，从六品上至从七品上。隋朝王府、太子卫率府置，正七品上或从八品，文帝开皇三年（583）改司骑参军事，炀帝大业三年（607）改司骑书佐。唐初置于诸王府、十六卫、太子率府。诸王府所置，高祖武德（618—626）间改骑曹参军事，其他则于玄宗开元元年（713）改骑曹参军事。

骑兵参军事 参见“骑兵参军”。

骑兵省 官署名。北齐改相府骑兵曹置。自北魏后期至东魏，大丞相、相国掌军国大政，相府诸曹成为实际上的行政中枢，其外兵曹、骑兵曹分掌全国兵马。天保元年（550）北齐代魏，罢相国府，原相府诸曹多并入尚书省，唯外兵、骑兵二曹不废，特置为省，分掌军机枢务，直接禀命于皇帝，位权极重。骑兵省主管骑兵马匹。参见《北齐书》之《文宣帝纪》、《唐邕传》、《白建传》。

骑兵将军 官名。十六国汉置。《晋书·刘聪载记》：“赵固、郭默攻其河东，至于绛邑，右司隶部人盗牧马、负妻子奔之者三万余骑。骑兵将军刘勋追讨之，杀万余人，固、默引归。”

骑兵曹 官署名。亦简称骑曹。❶尚书台、省置。详见“骑兵郎”。❷诸公、将军府置。详见“骑兵参军”、“骑兵省”。

骑君 官名。西域乌孙等国置之，员一人，见《汉书·西域传》。

骑侍下士 官名。西魏末、北周置。天官府宫伯中大夫属官，分置左、右，皆正一命，员十二人。负责皇帝寝宫安全，立于寝宫东西阶，披银甲，左执罴环长刀，右执熊环长刀，刀以银饰，兼执师子彤盾，列左、右侍之外。皇帝临朝及出行时，亦随从护卫。隋文帝开皇元年（581）罢。

骑官 官名。北魏孝武帝永熙三年（534）五月置，为皇帝的亲近侍卫，品秩比直斋，左、右厢各二百人。南朝宋、齐亦置，位在游荡军主之下。见《南齐书·崔慧景传》。

骑官主 官名。南朝宋置，统领骑官。《南齐书·周盘龙传》：“元徽二年（474），桂阳贼起，盘龙时为冗从仆射、骑官主、领马军主。”

骑郎 官名。任骑兵的郎中，秦置。西汉因之，秩比三百石，属骑将。平时居宫中更直宿卫，皇帝出行则充车骑侍从。东汉省车、户、骑三将，不复置骑郎。

骑将 官名。即郎中骑将、骑郎将，主骑郎，西汉秩比千石。东汉省。亦泛指骑兵将领。

骑都尉 官名。秦末汉初为统领骑兵之武职，无员，无固定职掌，不统兵时为侍卫武官。宣帝时以一人监羽林骑，又以一人领西域都护，秩比二千石，遂成定制。后又有领三辅胡越骑、监河堤事者。因亲近皇帝，多以侍中兼任。东汉名义上隶光禄勋，秩比二千石。三国沿置，吴或以其统羽林兵，宿卫左右。魏、晋与奉车都尉、驸马都尉并号“三都尉”，皆为亲近侍从武官，多用作皇族、外戚的加官，奉朝请，六品。西晋末司马睿为晋王时，其府行参军、舍人悉委此职。后罢。十六国多置，前秦时王猛以尚书左仆射、辅国将军、司隶校尉加此职，得居禁中宿卫皇帝左右。南朝复置，宋六品。北朝成为冗职，北魏孝文帝太和十七年（493）定为从四品上，二十三年改从六品上，宣武帝正始四年（507）定员六十人；北齐因之，隶左、右卫府。北周列为散官，改名奉骑都尉。唐至明为勋官，位在上骑都尉下、骁骑尉上。唐比从五品，宋、金从五品，元、明从四品。清朝为爵位等级，列九等世爵之第七等，在轻车都尉下、云骑尉上，正四品，满名“拜他喇布勒哈番”。

骑部曲督 官名。西晋置。《晋书·朱伺传》：“（朱伺）转骑部曲督，加绥夷都尉。”参见“部曲督”。

骑案 官署名。❶北宋前期宣徽院所属机构。掌赐群臣史书，诸司使至崇班、内侍供奉官、诸司工匠兵卒之名籍，以及三班使臣以下迁补、假故、鞫劾之事。由都勾押官、勾押官等吏人分掌。神宗元丰（1078—1085）改制罢。❷北宋前期三司度支部所属机构。掌诸坊、监、院、务饲养牛羊、马畜及市马等事务，由本部都孔目官以下分领之。神宗元丰（1078—1085）改制，随三司罢，其职事归于太仆寺。

骑曹 ❶东晋南北朝以来为骑兵曹或骑兵参军的简称。《北齐书·赵起传》：“征为相府骑曹。”唐朝为骑曹参军简称。❷官署名。北齐京畿州、郡、县府置。州设从事，郡、县设掾。管理军马。

骑曹从事 官名。北齐司州牧属官。

骑曹参军 官名。即骑曹参军事。

骑曹参军事 官名。❶隋朝左右卫、左右武卫、左右武候、左右领军府置，从八品上或正八品下，文帝开皇三年（583）改为司骑参军事。唐朝诸卫沿置，玄宗开元（713—741）初复名骑曹参军事，各置一员，正八品下，掌诸外府（折冲都尉府）杂畜簿帐、牧养。左右监门卫、左右千牛卫以胄曹兼，左右羽林军以仓曹参军事兼总其事。❷唐朝王府各置一员，正七品上，掌厩牧、骑乘、文物、器械。

骑督 官名。军中统帅骑兵的中级军官。《资治通鉴》：三国魏元帝景元元年（260）“骑督成倅”。胡三省注：“骑督，督骑兵。”《三国志·钟会传》：“悉请护军郡守牙门骑督以上及蜀之故官，为太后发丧于蜀朝堂。”魏晋以来，中央、地方诸军多置。据《通典·职官一九》，晋时位居诸杂号、牙门将军下，位第六品。

驹騊监　官署名。秦置，属太仆。入汉因之，有长丞主其事，主皇帝乘马。东汉省。

驹騊监长　官名。秦置，属太仆。入汉因之，主驹騊监，掌皇帝乘马。东汉省。

驹騊监丞　官名。秦置，属太仆。入汉因之，为驹騊监长副贰，掌皇帝乘马。东汉省。

绫锦使　即绫锦院使。

绫锦织染提举司　官署名。元世祖至元二十四年（1287）改局置司，秩从五品，隶异样局总管府。置提举、同提举、副提举各一员。

绫锦院　官署名。北宋太祖乾德四年（966），以灭后蜀所得锦工数百人置内绫院，命常参官监领。太宗太平兴国二年（977），改为东、西绫锦院，掌织纴锦绣，以供皇帝服饰之用。隶少府监，设东、西绫锦院使、副使为正、副长官。端拱元年（988），合为一院。其后，使、副使多不领本职，别设监官三人，以京朝官、诸司使副及内侍充任。金朝亦置，掌匹缎等织物课程。设在真定、平阳、太原、河间、怀州等地。长官为使、副使，秩正八品、正九品。

绫锦院使　官名。北宋太宗太平兴国二年（977）置，分东、西二使，简称锦绫使，为绫锦院长官。后多不领本职，仅为武臣迁转之阶，属东班诸司使。真宗咸平元年（998）定为同六品，神宗元丰（1078—1085）改制改正七品。徽宗政和二年（1112）重定武臣阶官，废东绫锦院使，西绫锦院使换为医官阶官保和大夫。金为绫锦院长官，秩正八品。

绫锦院副使　官名。北宋太宗太平兴国二年（977）置，分东、西二使，简称绫锦副使，为绫锦院次官。后多不领本职，仅为武臣迁转之阶，属东班诸司使。真宗咸平元年（998）定为同七品，神宗元丰（1078—1085）改制改从七品。徽宗政和二年（1112）重定武臣阶官，废东绫锦院副使，西绫锦院副使换为医官阶官保和郎。金为绫锦院副长官，秩正九品。

绫锦副使　即绫锦院副使。

绮华馆　官署名。清朝内务府所领机构。光绪十七年（1891）设。掌织造绸绉。然只招募缫丝、染炼、纺织各等工匠，不设官缺，由内务府大臣兼管。

绰尔齐巴　满语官署名。又作绰尔齐衙门，清朝专习满洲、蒙古吹歌处。

绰尔齐衙门　见“绰尔齐巴”。

绳衍厅　官署名。明清国子监所属机构，掌颁肄业之规制，稽师生之勤惰，并办理释奠释菜事务。明洪武十五年（1382）始置，设监丞一人，主其事。清顺治元年（1644）沿置。曾一度归礼部管理，康熙十年（1671）改归本监。设满、汉监丞各一人，经承一人。光绪三十一年（1905）裁。

维那　❶僧官名。是汉语与梵语的合称。维即纲，那即梵语羯磨陀那的省称，意即寺院中管理僧务的知事僧，亦有意译为“悦众”者。佛教各寺院皆设，在上坐、寺主之下。唐代亦称作都维那。见赞宁《大宋僧史略》卷中《杂任职员》。❷北魏置。诸州、镇、郡、县皆置，为沙门曹主要长官之一，分管各地僧务，管理僧祇户和僧祇粟等，位在各寺上坐、寺主之上。京城有都维那，佐沙门大统掌管全国僧务。北齐沿置。金朝置于各县，管理佛教事务，掌理僧尼词讼，三年一任。

绶　指系在印柄上的丝带。依官爵品阶的高下，而用不同颜色的丝带作为标志。汉朝制度，皇帝、皇后用黄赤绶，黄、赤、缥、绿、绀五采（一说为黄、赤、缥、绀四采）；太子、诸王用纁朱绶，赤、黄、缥、绀四采；相国用绿綟绶，绿、紫、绀三采；公侯、将军用紫绶；比二千石以上用青绶；千石至六百石用黑绶（后亦作墨绶）；四百石至二百石用黄绶。以后历朝皆沿用，但具体官职所用印绶有所改易，至唐朝罢。

绾曹郎中　官名。麹氏高昌国官，比唐朝尚书左右仆射，非宗室、外戚不得充任。

综察科　官署名。清末陆军部审计处所属二科之一，宣统三年（1911）设。掌察核各军队学堂、局、厂等正杂用费、建筑购办以及军需司经理之各项用款。置科长、科员、录事。

绿头牌　清朝“膳牌”之一种，为高级文武官员呈进给皇帝的衔名牌。木质，绿漆。详见“膳牌”。

绿綟绶　官制用语。指系在印柄上的丝带，呈绿、紫、绀三采。綟本为草名，其色绿，故用作绶名。汉朝以之系在金质印章柄上，授予相国及诸王国贵人，两晋、南朝时只授于相国，作为其地位的标志。

缀衣　官名。西周置，周王近侍大臣。一说为大仆之官。《尚书·周书·立政》：“王左右常伯、常任、准人、缀衣、虎贲。”孔安国传：“缀衣，掌衣服。”孔颖达疏：“衣服必连缀著之，此历言官人，知缀衣是掌衣服者，此言亲近大臣，必非造衣裳者”，“此掌衣服者，当是大仆之官也”。

缁衣　周朝卿士上朝听政所穿黑色朝服。《诗经·郑风·缁衣》：“缁衣之宜兮。”毛亨传：“缁，黑色。卿士听朝之正服也。”

十二画

〔一〕

琮爽　官名。南诏官，主户籍，由清平官、酋望、大军将兼充。

辇运司　官署名。北宋初设三门白波发运司，掌陕西诸州自渭河、黄河、汴河起发纲运，供输京城开封，设发运使、发运判官各一人。仁宗时，改名三门白波提举辇运司，废发运使，以发运判官领其事，又置都大提举辇运公事一人，同提举辇运公事二人。又有广济河都大辇运司，掌京东诸州自广济河起发纲运，供输开封。神宗元丰五年（1082）改名清河辇运司，哲宗元祐元年（1086）改为广济河管勾催遣辇运司。

辇郎　官名。汉朝侍奉皇帝车驾出行的郎官。《汉书·刘向传》："以父德任为辇郎。"

博儿赤　即博尔赤。

博士　官名。春秋战国已有其称，初泛指学者，战国末年齐、魏、秦等国置为职官。秦、西汉初充当皇帝顾问，参与议政、制礼，典守书籍，秩四百石，秩虽卑而职位尊显。设仆射为之长，名义上隶太常。秦始皇时有七十余人，二世时有三十余人，诸家并立，而以儒家为主。汉初诸子、儒经、术数、方伎等皆立博士，文帝时达七十余人；武帝改置五经博士，兼具学官职能，掌教授经学、考核人材、奉命出使等事。详见"五经博士"。东汉以降，议政职能逐渐削弱。魏晋南北朝专设五经博士、国子博士、太学博士等学官，掌经学教授，设太常博士专掌议定礼制，地位渐轻。北朝郡国学或置博士为学官，又设律学博士、医学博士等，专精本行技艺，教授学生及服务于宫廷官府。隋、唐以下历朝制度大体相沿，员额品秩不等。除太常寺、国子学外，诸专门学校如唐、宋之崇玄、兽医、律、广文馆、四门馆、书、算、画等学皆置为学官，又有历、天文、漏刻、视祲、按摩、咒禁等博士，皆以本行技艺供职于官府，地位甚低。辽朝府、州、县学亦置为学官。西夏设于番、汉大学院，蕃汉三学院设百法博士。金、元改称教授。明、清太常寺设太常博士，国子监有五经博士，钦天监有漏刻博士等，详见各条。

博士三科　西汉博士选迁制度。自成帝始，博士选三科，即高第为尚书，次为刺史，其不通政事，以久次补诸侯太傅。

博士厅　官署名。明清国子监所属机构。掌教经义，立肄业之课程，并考试其学业。明洪武十五年（1382）始置，设正七品之五经博士三人，二十四年增设博士至五人。改为从八品。洪熙元年（1425）设南京国子监之博士厅。清顺治元年（1644）沿置，设满洲博士一人，汉博士三人。康熙五十二年（1713）定制，设满、汉各一人。光绪三十一年（1905）裁。

博士仆射　官名。博士之长。秦已有之，入汉沿置，东汉改为博士祭酒，秩六百石。

博士弟子　汉朝从学于博士官者。汉武帝元朔五年（前124）采纳公孙弘建议，为博士官置弟子五十人，免除其本人徭役。由太常择民年十八以上仪状端正者，补博士弟子。每岁课试，能通一艺以上，补文学掌故缺，其高第者可以为郎中。自后成为制度。员数因时而异。昭帝时增至百人，宣帝倍增之。元帝罢而复置，至成帝时一度至三千人。东汉沿置。

博士郎中　官名。十六国北燕置为学官。《晋书·冯跋载记》："可营建太学，以长乐刘轩、营丘张炽、成周翟崇为博士郎中，简二千石已下子弟年十五已上教之。"

博士祭酒　官名。秦、西汉有博士仆射，为博士之长，东汉改置此官，秩六百石。由太常选定博士一人兼任，领诸五经博士，仍掌教授经学，备顾问应对。三国沿置。西晋为太学之长，与国子学之长国子祭酒并隶太常。东晋南朝以国子祭酒兼统国子、太学博士，此官或省。据《梁书·儒林传序》，梁武帝时"分遣博士祭酒，到州郡立学"，则有时也置。十六国汉、南凉等置。后赵"命郡国立学官，每郡置博士祭酒二人，弟子百五十人"。（《晋书·石勒载记下》）北魏初亦有其官，后省。

博尔赤　蒙古语，意为司膳、厨师，蒙、元怯薛执事名。又译宝儿赤、卜儿赤、博儿赤、保兀儿赤、保儿赤。掌宫廷烹饪与宴饮。

博学宏词科　选举制度。唐朝一种打破格限选拔人才的铨选办法。《唐会要》卷五四《中书省》：大和五年（831）中书门下奏，"设博学宏词、书判拔萃、三礼、三传、三史等科目以待之"。宋朝简称宏博科。清朝有博学鸿词科。参见"词科"。

博闻师　官名。战国赵置，君王顾问。《史记·赵世家》："武灵王少，未能听政，博闻师三人，左右司过三人。"

椒房　妃嫔号。北魏置。北魏初，后宫除皇后外，皆称夫人。太武帝时，增左、右昭仪及贵人、椒房、中式数等。见《魏书·皇后列传》。

堪布　僧官名。清朝喇嘛教司教官。京师雍和宫、承德普宁寺均设，称总堪布，位于呼图克图之下。亦有派往伊犁之掌教堪布、派往四川懋功广法寺之堪布各一人。又，西藏达赖喇嘛及班禅喇嘛之高级侍从亦称堪布，负责监督各僧官。

塔布囊 ❶明朝对同成吉思汗后裔成婚人之称号。❷爵名。清朝蒙古贵族之爵位。为内蒙古土默特左翼旗、喀喇沁三旗世职封袭的第七等，位次辅国公。品至四品。

塔材作 官署名。明朝内府所属机构，隶内官监，设宦官进行管理。与木作、瓦作、东行作等负责营造宫室、陵墓等事。

棘卿 大理卿别称。洪迈《容斋四笔》卷一五《官称别名》："唐人好以它名标榜官称"，"大理卿为棘卿"。

颉利发 官名。突厥阿史那氏别部大臣之一，世袭其官而无员限。

散大夫 官名。北魏置，属散官，无具体职掌。《魏书·屈遵传》："（拓跋焘）乃赦（南部大夫屈）拔，免为散大夫。"一说即孝文帝太和十七年（493）职员令所载之散员大夫。

散子 爵名。北魏中期置，位第九等，低于子。孝文帝太和二十三年（499）定为从四品。

散内品 官名。宋朝内侍省置，位在后苑散内品之上、北班内品之下。

散公 爵名。北魏中期置，位第三等，低于开国郡公。孝文帝太和二十三年（499）定为从一品。

散从 宋朝州役名。宋初，有承符直、散从直、步奏官、人力等名目，神宗元丰三年（1080），统一改称散从官。分管追催税赋、迎送官员等公事，多差三等以上户充。

散从官 宋朝职役名。即散从。

散从郎 官名。隋炀帝大业三年（607）以后改奉信郎置，隶谒者台。量事大小，受命出使。

散号官 魏晋至隋朝，以军中无职事之官为散号官，如隋朝有四十三号将军，以加泛授。

散号将军 官职种类。北魏置，隋、唐因之。指不带兵、没有实际职掌、仅代表品阶待遇的名号将军。北魏末战事频繁，授官较滥，北魏孝武帝永熙二年（533），规定担任官职低于自己应授品阶者，可加散号将军，享受该官的品阶待遇。隋初，设翊军、翊师至偏、裨等四十三号将军为散号将军，自正六品上阶至从九品，凡十六等，以加泛授。隋炀帝大业三年（607）罢。唐高祖武德七年（624），以辅国大将军、镇军大将军及冠军、云麾、忠武、壮武、宣威、明威、定远、宁远、游骑、游击等十将军为散号将军，自正二品至从五品下，以加武士之无职事者。唐太宗贞观（627—649）中，改称武散官。

散令 官名。北魏置。无具体职掌，常奉命巡察州、镇等地方行政机构。见《魏书·张彝传》。

散巡河官 官名。金朝置于河渠之地。为都巡河官下属，分管某处河防事务。金沿河凡二十五埽，每埽设巡河官一员。

散吏 官府无具体职掌的闲散吏员。汉朝指冗从、从史之类。其地位相当于掾史，最高则为祭酒。郡府所置议曹或谋曹均为散吏，作为对郡内知名人士的一种优礼。晋朝郡、国、县皆置，为在编吏员；依郡、国、县大小，郡国置十三至三十九人不等；县置四至二十六人不等。

散臣中校 官名。北魏置。孝文帝太和十七年（493）定为从六品上，二十三年复次职令未载。

散臣监 官名。北魏置。孝文帝太和十七年（493）定为五品中，二十三年复次职令未载。

散臣督事 官名。北魏置。孝文帝太和十七年（493）定为从七品上，二十三年复次职令未载。

散员 ❶无具体职掌之官。《隋书·李德林传》："授殿中将军。既是西省散员，非其所好。"❷五代后周皇帝近卫亲军班直番号之一，招诸州豪杰为之。北宋初因置，殿前司马军诸班直有散员左右四班，侍卫司马军有散员指挥，军头司置散员一班。

散员士 官名。北魏孝文帝太和十五年（491）十二月置，申景义曾任之。十七年定为从六品上，二十三年复次职令未载。

散员大夫 官名。北魏初置。《魏书·薛野賭传》："父达头，自姚苌时率部落归国。太祖嘉其忠款，赐爵聊城侯，散员大夫，待以上客之礼。"孝文帝太和十七年（493）定为从五品中，二十三年复次职令未载。

散员郎 官名。隋炀帝大业三年（607）后门下、内史、御史、司隶、谒者五官署置，无员无禄，亦主出使。

散兵马使 官名。唐朝后期置，东都留守属官，魏弘章曾任之。

散男 爵名。北魏中期置，位第十一等，低于男。孝文帝太和二十三年（499）定为从五品。

散伯 爵名。北魏中期置，位第七等，低于伯。亦作为赏赐。《魏书·侯刚传》："（侯刚）进爵为公。以给侍之劳，加赏散伯。"孝文帝太和二十三年（499）定为从三品。

散位 内官等级。南朝宋孝武帝孝建三年（456）定后宫内官，以中才人、充衣为散位，明帝泰始元年（465）省。陈亦置，以美人、才人、良人为之，置无定员。

散皂 见"都史"。

散实官 隋朝以戎号上柱国、柱国、上大将军、大将军、上开府仪同三司、开府仪同三司、上仪同三司、仪同三司、大都督、帅都督、都督为散实官；炀帝大业三年（607）罢，其开府仪同三司改升从一品，位次王公。

散实参领 官制用语。指担任较低官职者带或领较高级的散官。北魏末孝武帝曾下诏禁止卑官带领大夫及员外散骑常侍等正员以外的高级散官，只可加散号将军。如愿任散官者，则免去其有实际职权的官职，不能兼得。见《魏书·出帝平阳王本纪》。

散官 官名。指有官名而无固定职事的官，与职事官相对而言。汉朝无此专名。东汉献帝建安年间

(196—220)，曹操置散官骑从。北魏道武帝天赐元年（404）置散官五等：五品散官比三都尉，六品散官比议郎，七品散官比郎中，九品散官比舍人。如百官有缺，则于中擢补。孝文帝太和十一年（487）置散官员一百人。隋朝定散官之制，居曹有职务者为执事者，无职务者为散官。散官仅加于文武官有德声者，并不理事。唐朝又分文散官、武散官。文散官自开府仪同三司至将仕郎凡二十九阶，武散官自骠骑大将军至陪戎副尉凡四十五阶；凡九品以上职事，皆带散位。散位按门荫结品，按劳考进叙，谓之叙阶。散官与职事官品级不一定一致，通常低级散官而任较高级职务者为“守某官”，高级散官而任低级职务者为“行某官”，待遇仍按其散官品级。亦称阶官。宋朝沿袭唐制，文散官仍为二十九阶，武散官减为三十一阶。元丰（1078—1084）改制废，另以节度副使、团练副使、长史、司马、别驾、司户、司士、文学、助教为九等散官，亦称为寄禄官。金、元用以表示官员品级，有文、武两类，品级与职事官品级未必一致，亦有“守”、“行”之制。明朝一称阶官，指获有散阶的官员。散阶属荣誉称号。明初沿元制，洪武九年（1376）定文、武官员散阶。文官自特进光禄大夫至将仕佐郎，共四十二阶；武官自特进光禄大夫至忠显校尉，共三十阶。分别由吏部验封司和兵部武选司给授，宦官散阶不从此例。洪武四年定，自中正大夫至司直郎，共十阶。钦天监监官，洪武四年设正仪大夫至分朔大夫共七阶，十四年改从文官散阶给授。光禄寺寺官则依官员出身而授予不同的散阶。洪武十年规定，出身宦官从内官散阶；出身流官同文官散阶；出身庖人，自尚膳大夫至执膳郎，共八阶。散官给授与考满相关。官员授职，即于对应品级内初授散官。三年初考、六年再考称职事者始得升授、加授散官。清朝凡文、武官员封赠，各有十八阶。文职正一品为光禄大夫，从一品荣禄大夫，正二品资政大夫，从二品通奉大夫；武职正一品为建威将军，从一品为振威将军，正二品为武显将军，从二品为武功将军。

散郎　❶官名。《史记·秦始皇本纪》：“（二世）以罪过连逮少近官三郎。”司马贞《索隐》：“三郎谓中郎、外郎、散郎。”魏、晋中郎、郎中等郎官无职事，故亦有此称。《晋书·夏侯湛传》：“而官不过散郎，举不过贤良。”时湛为郎中。❷“散骑侍郎”简称。《三国志·方技·杜夔传》：“时散郎邓静、尹齐善咏雅乐。”❸唐朝指尚书省诸司员外郎，郎中则称正郎。

散侯　爵名。北魏中期置，位第五等，低于侯。孝文帝太和二十三年（499）定为从二品。

散班　见“秃鲁花”。

散都头　官名。后周世宗显德元年（954）以武艺超绝及相貌堂堂者署为殿前诸班，因有此号。宋朝殿前司马军有散都头左右二班，为近侍卫士。

散秩大臣　官名。清朝侍卫处高级官员，次于内大臣。顺治元年（1644）设，武职从二品，食三品俸。无定员，由特恩补授。协助领侍卫内大臣，掌率侍卫亲军，以宿卫扈从。

散职　内官等级。南齐置，以美人、中才人、才人为之，无定员。位低于九嫔。

散馆　官制用语。明清指翰林院庶吉士肄业期满后，不留翰林院而正式任官吏之称。参见“庶吉士”。

散骑　官名。❶秦朝置。随皇帝出行，骑而散从，故名。无常职、无定员。西汉因之，为加官，武帝元鼎三年（前114）以其掌顾问应对，属中朝官。东汉光武帝省。三国魏初一度置，后与中常侍合为一官。北魏又置，孝文帝太和十七年（493）令定为六品下，二十三年令不载。❷三国魏以后泛指散骑侍郎、散骑常侍等官。

散骑中常侍　官名。三国吴置，多以才学之士担任。见《三国志·王蕃传》。

散骑侍郎　官名。三国魏置，员四人，五品。隶散骑省，吴国亦置。西晋因魏制。与散骑常侍、侍中、黄门侍郎等侍从皇帝左右，顾问应对、谏诤拾遗，共平尚书奏事。东晋罢。南朝复置，员四人，隶集书省，掌文学侍从、谏诤纠劾，收纳章奏，地位渐轻。宋五品，梁八班，陈五品。选功高者一人，与散骑常侍祭酒同掌纠劾禁令。北朝兼修史，地位略高于南朝。北魏孝文帝太和十七年（493）定为四品上，二十三年改五品上。北齐集书省置六员，其下起居省置一员，皆五品。隋初并属门下省，掌值朝陪从，正五品上。炀帝大业三年（607）废。唐初复置，为加官，武德七年（624）改为正五品下文散官，太宗贞观（627—649）后无闻。参见“门下省”、“散骑省”。

散骑郎　官名。❶北魏道武帝天赐三年（406）曾置，职掌不详。隋炀帝大业（605—617）间又置，属谒者台，员二十，从五品，掌出使。清朝为王公府属武职官员。顺治八年（1651）置，以世职领之。雍正四年（1726）定制：亲王府四人，世子府及郡王府三人，长子府二人。掌佐长史理府事。❷散骑侍郎省称。

散骑省　官署名。三国魏、西晋与侍中省并属门下，设于宫禁中。设散骑常侍、给事中、通直散骑常侍、员外散骑常侍、散骑侍郎、员外散骑侍郎等官，得出入宫禁，为皇帝的亲近侍从官员。侍从皇帝左右，顾问应对，谏诤得失，与侍中省共平尚书奏事，有异议得驳奏。东晋为门下三省之一，移中书省纳奏、拟诏、出令之职归之，参预机密，后又与中书同直西省，共分诏令，权任颇重。南朝改名集书省，职任骤降，亦常作为集书省的代称。北魏初仍置，孝文帝改制后改为集书省。参见“门下省”。

散骑将　官名。西晋置，职掌不详。见《晋书·赵王伦传》。

散骑常侍 官名。三国魏文帝黄初（220—226）初年置散骑，合于中常侍，谓之散骑常侍。西晋沿置，员四人，位比侍中，三品，秩比二千石，为门下重职，散骑省长官。职掌侍从皇帝左右，谏诤得失，顾问应对，与侍中等共平尚书奏事，有异议得驳奏。亦常用作宰相、诸公等加官，得入宫禁议政。至东晋，夺中书出令之权，参掌机密，选望甚重，职任比于侍中。南朝出令之权复归中书省，散骑省改名集书省，职以侍从左右、主掌图书文翰、文章、撰述、谏诤拾遗，收纳转呈文书奏事为主，地位骤降，虽宋大明（457—464）、梁天监（502—519）中均曾下令复重其选以比侍中，但终因职轻事简，不为人重。宋三品，梁十二班，陈三品。选其功高者一人为祭酒，掌纠劾禁令。北朝以兼领修史，实际地位略高于南朝，但仍为闲散之职。唯北魏初一度掌出令，位在中书令之上。北魏孝文帝太和十七年（493）定为二品下，二十三年（499）改从三品。北齐集书省设六员，下设之起居省又设一员，皆从三品。隋初罢集书省，置为门下省属官，仅掌值朝陪从，员四人，从三品。炀帝大业三年（607）罢。唐初复置，为加官。太宗贞观（627—649）初改为从三品散官，旋罢。十七年（643）复置为职事官，员二人，隶门下省。高宗显庆二年（657）分置左右，以左散骑常侍二员隶门下省，右散骑常侍二员隶中书省，常侍从规谏，备顾问应对，实则多为安置退罢大臣之虚职。唐高宗时曾改名左右侍极、左右常侍，旋皆复旧。代宗广德二年（764）升正三品。五代因之。北宋仍分左、右，各隶门下、中书省，前期置为三品寄禄官，神宗元丰（1078—1085）改制后定为正三品，但未尝除授。辽朝亦分置左、右，为南面朝官。参见“门下省”、“散骑省”。

散骑常侍祭酒 官名。三国魏置，以久任散骑常侍者担任。南朝梁亦置，以散骑常侍功高者担任，与散骑侍郎高功者对掌集书省禁令，纠察非违。

散属 官名。三国魏末相国府僚属，即不署曹、无具体职司之属，位在诸曹掾属下。员九人。

散辈 无具体职掌的散官的泛称。《魏书·高允传》：“（高怀）授中散，恬淡退静，不竞世利，在散辈十八年不易官。”

散端 唐朝御史台诸侍御史，除年长资深者一人主日常事务号为杂端外，余者呼为散端。

款塞将军 官名。将军名号，南朝梁置。武帝天监七年（508）定为施用于境外的武职二十四班中的四班，拟伏波将军等号。大通三年（529）定制后，班阶略提高，改拟光烈将军等号。

戟楯虎贲 官名。北魏置，为皇帝的侍从武官，属戟楯虎贲将军。孝文帝太和十七年（493）定为从六品下，二十三年复次职令未载。

戟楯虎贲司马 官名。北魏置，统领戟楯虎贲，位在戟楯虎贲将之上。孝文帝太和十七年（493）定为从五品下，二十三年复次职令未载。

戟楯虎贲将 官名。北魏置，统领戟楯虎贲。孝文帝太和十七年（493）定为从五品下，二十三年复次职令未载。

戟楯虎贲将军 官名。北魏置，为皇帝的侍从武官首领之一，统领戟楯虎贲。孝文帝太和十七年（493）定为从四品下，二十三年复次职令未载。

朝 ❶臣见君之通称。《尔雅·释言》：“陪朝也。”注：“臣见君曰朝。”（1）周朝诸侯春季谒见天子。《周礼·春官·大宗伯》：“春见曰朝。”（2）周朝诸侯五年谒见天子。《礼记·王制》：“诸侯之于天子也”，“五年一朝”。（3）军事之外天子与诸侯相见。《礼记·王制》：“天子无事与诸侯相见，曰朝。”事，谓戎事。❷周朝诸侯与诸侯相见。《穀梁传·桓公九年》：“诸侯相见曰朝。”❸天子晨见百官。《正字通》：“朝，古者朝而听政，百官咸见，故朝见曰朝，夕见曰夕。”《左传·成公十二年》：“朝而不夕。”❹朝廷。君王与臣议政之所。《礼记·曲礼下》：“天子当宁而立，诸公东面，诸侯西面曰朝。”孔颖达疏：“凡天子三朝，其一在路门内，谓之燕朝，其二是路门外之朝，谓之治朝，其三是皋门之内，库门之外，谓之外朝。”《周礼·秋官·朝士》：“掌建邦外朝之法。”《礼记·曲礼下》：“在朝言朝。”郑玄注：“朝，谓君臣谋政事之处也。”❺太子、卿大夫、诸侯、地方太守治事听政之所。《正字通》：“朝，诸侯亦有三朝。又，郡守听事，古亦称朝。”《通鉴胡注》：“郡听事曰郡朝，府听事曰府朝。”《国语·鲁语下》：“合家事于内朝。”韦昭注：“家，大夫也。内朝，家朝也。”《文选》颜延年《应诏燕曲水作诗》：“君彼东朝。”李善注：“东朝，东宫也。”❻天子治下。《旧唐书·宪宗纪上》：“举族归朝。”❼某一皇帝在位的时期。杜甫《蜀相》：“两朝开济老臣心。”❽朝代，指整个王朝的统治时期。❾政事。《吕氏春秋·贵直论》：“期年不听朝。”高诱注：“朝，政也。”

朝士 官名。《周礼》秋官之属，一说为周朝置，掌朝会时身居外朝参与议政的诸侯、卿大夫、地方长官等之朝仪、位次、法禁、刑罚。《周礼·秋官》：“朝士，中士六人，府三人，史六人，胥六人，徒六十人”，“掌建邦外朝之法。左九棘，孤卿大夫位焉，群士在其后；右九棘，公侯伯子男位焉，群吏在其后；面三槐，三公位焉，州长众庶在其后”，“帅其属而以鞭呼趋，且辟禁慢朝错立族谈者”。

朝大夫 官名。《周礼》秋官之属，一说为周朝置。王族子弟采邑的家臣在朝廷供职者，负责向采邑君长传达朝廷政令。《周礼·秋官》：“朝大夫，每国上士二人，下士四人，府一人，史二人”，“掌都家之国治，日朝以听国事故，以告其君长。国有政令，则令其朝大夫”。

朝上典官 太平天国朝上职官之统称。永安建制始设，各有专职，且分工极细，名称以职守不同各异。如负责后勤供应者，有总圣库，主接受各军官搜得之金银财宝，职同将军；总圣粮，主收发粮食，职同检点；总油盐，主收发油盐；典买办，主采买，职同指挥等。主管军需生产者，有典红粉，主制造火药，职同指挥；典铁库，主制造兵器、铁器，职同指挥；典硝，主煎熬硝磺，职同指挥等。办理文书者，有典诏命，主缮写诏书，职同指挥；典簿书，主诏旨文书，职同指挥等。掌刑法者，有典刑罚，主刑法，职同指挥；典天牢，主监狱，职同指挥。此外，掌医药者，尚有国医（即太医）、天朝掌医（外科）、天朝内医（内科）、朝内拯危（临时救急之医官）等。朝上典官，可兼统军中典官。至后期，多以世爵定，地位提高。

朝日　国君或皇帝听朝之日。汉朝皇帝五日一听朝，会见大臣，议论政事。《汉书·于定国传》："上于是数以朝日引见丞相、御史。"颜师古注："五日一听朝，故云朝日。"后代沿称。

朝内拯危　官名。太平天国之医官，属朝上职官。详见"朝上典官"。

朝正　周朝诸侯正月朝见天子之谓。《左传·文公四年》："昔诸侯朝正于王，王宴乐之。"刘文淇旧注疏证："朝正"，"以正月朝京师也"。

朝仪　皇帝临朝的礼仪制度。汉高祖刘邦建立西汉王朝后废止秦仪法，群臣无所约束，故命叔孙通制订朝仪。通与其弟子采古礼与秦仪杂就之。高帝七年（前200）长乐宫成，诸侯群臣依新订朝仪于十月朝贺，无喧哗失礼。刘邦叹："吾乃今日知为皇帝之贵也。"后代各有沿革。

朝议大夫　官名。隋高祖始置，为从三品文散官。炀帝大业三年（607）罢。唐复置，为文散官正五品下。宋初沿唐制。太宗太平兴国元年（976）改为朝奉大夫。神宗元丰三年（1080）后再置为新寄禄官，正六品，取代旧寄禄官九寺少卿及左、右司郎中。哲宗元祐三年（1088）分为左、右两阶，徽宗大观二年（1108）将左朝议大夫去左字，右改奉直大夫。明朝置为文散官，从四品，升授。清为文职从四品封赠。

朝议郎　官名。隋文帝开皇六年（586）吏部别置散官八郎之一，炀帝大业三年（607）罢。唐朝又置为正六品上文散官。

朝考　清朝科举制度。即对新科进士再进行一次殿廷考试，专为选庶吉士而设。始于雍正元年（1723）癸卯科。五年，经内阁会议后，成为定制。殿试后，集诸进士于保和殿再行考试，用论、诏、奏议、诗四题。由皇帝特派大臣阅卷，并按考试成绩，结合殿试及复试之名次，由皇帝分别决定应授何种官职。最优者，选为翰林院庶吉士，其余分别录用为主事、中书、知县等。

朝吏　即郡吏。《三国志集解·钟离牧传》"（钟离）牧问朝吏"条引胡三省注："朝，郡朝也"。参见"郡朝"。

朝列大夫　官名。金朝始置，为文散官。完颜亮天德二年（1150）由奉德大夫改。从五品下。元朝改从四品，宣授。明朝为从四品，初授。

朝会　古时诸侯朝见天子，春见曰朝，时见曰会。秦汉诸侯、百官朝见皇帝，皆称朝会，有一定仪式。汉高祖即位之初，仪法未立，群臣朝会时喧哗失礼，后由叔孙通兼采古礼与秦仪，制定朝仪。后代亦然，具体制度有沿革。

朝廷　又作朝庭。❶帝王议政之所。《论语·乡党》："其在宗庙朝庭，便便言，唯谨尔。"邢昺疏："朝廷，布政之所。"❷指天子。《后汉书·王允传》："朝廷幼小，恃我而已。"李贤注："朝廷，谓天子也。"

朝报　文书名。又称邸报。宋朝门下后省每日编定朝廷有关大事，由给事中审定，交都进奏院印发全国，称朝报。

朝奉大夫　官名。北宋前期，为正五品下文散官。神宗元丰三年（1080）废文散官，用为文臣新寄禄官，取代旧寄禄官后行郎中，从六品。

朝奉郎　官名。北宋前期，为正六品上文散官。神宗元丰三年（1080）废文散官，用为文臣新寄禄官，取代旧寄禄官后行员外郎、左右司谏，正七品。

朝直掾　官名。北齐置，州府属官，职掌不详。

朝服　君臣朝会时所穿礼服。周朝有玄冠、缁衣、素裳等，属吉服。聘仪、祭享时也可服用。后代沿袭变化，尊卑异制。如晋朝制度，皇帝为通天冠、绛纱袍、卓缘中衣；群臣则冠帻各一，绛绯袍、皂缘中单衣领袖各一领，革带袷裤各一等。又有"四时朝服"、"五时朝服"等名。清代尤与前代不同。

朝服法物库　官署名。北宋太宗太平兴国二年（977）置，下分三库，属太常寺。设监官三人，以诸司使、副使、三班使臣及内侍充任。掌百官朝服及诸司礼衣，仪仗，遇大礼则出借，礼毕收回。徽宗崇宁二年（1103），并入殿中省。

朝服侯　爵名。北魏置，孝文帝太和十七年（493）定为五品下，二十三年改从五品。

朝官　官名统称。唐制，自宰相以下在京城为官者皆称京官，其中凡常参者称常参官，未常参者称未常参官。宋制，称常参官为朝官，未常参者为京官。北宋前期，秘书郎以上文臣内殿崇班以上武臣属朝官。神宗元丰（1078—1085）改制后，文臣通直郎、武臣修武郎以上属朝官

朝带　服饰名。朝服佩饰之一。用丝或革制成，用以束腰，上有带版（即带扣）、带环。带环用以系物。下垂有粉，又叫飘带。皇帝及王公百官著朝服时系之。带及带环佩饰，历朝各有沿革。如清帝用明黄色，金园版上饰宝石东珠、珍珠，带环上佩带荷包、燧觿、刀削等物，称为园版朝带。自亲王以下，宗室用黄带子，觉罗用红带子，玉方版，饰宝石东珠、猫睛石等物。文武一品至九品朝带之区别主要在版制不同，分别为：镂金衔玉方版，饰红宝石一；镂金园版，饰红宝石一；镂花金园版；银衔镂花金园版；银衔素金园版；银衔玳瑁园版；素园

版；银衔明羊角园版；银衔乌角园版。

朝将 官名。太平天国后期增设之朝上职官，天历庚申十年（1860）始设。位高于神将。系衔一般以“忠”字冠首，另加一字以资区别，如忠逢朝将、忠佑朝将等；也有不以“忠”字冠首，而以数字编号的，如制胜朝将、一百七十八朝将等。受封者多为统兵将领。

朝冠 服饰名。历代制度沿革不同，如玄冠、通天冠等。如清朝冠胎高耸，略呈圆锥形，上有顶珠为饰，乃最尊之礼冠。冬称暖帽，夏称凉帽。凡遇殿廷朝会，坛庙祭祀等隆重典礼戴用。有帝后之冠与品官之冠。皇冠顶金龙三层，饰以东珠、大珍珠，冬用薰貂、玄狐为之，夏用玉草、藤竹丝为之，称为珠顶冠。亲王以下至辅国公减其顶之金龙层数与东珠数。称为红宝石顶。镇国将军以下至文武一品亦用红宝石顶。文武二品以下之顶戴亦有定制。有花翎者须依例戴用。参见“顶戴”、“花翎”。

朝贺 诸侯百官每年岁首朝见拜贺皇帝的仪式。秦始皇统一六国后，以十月为岁首，规定十月朔日（初一）举行朝贺仪式。入汉因之。诸侯王、列侯等如不按规定参加朝贺，要依法治罪。武帝太初元年（前 104）改历后，朝贺改在正月朔日举行。后代亦有此制，礼仪日程或有因革。

朝珠 服饰名。亦称素珠，清朝官服佩饰之一。用珠宝穿缀而成，每盘一百另八颗，中有四颗大珠，垂于胸前者叫佛头，背后者叫背云，另有三串小珠，称为纪念。用以分等第、别品秩。依典制所定，帝后、王公大臣以下，文职五品，武职四品以上及翰詹、科道、侍卫、公主、福晋以下，五品官命妇以上均得带用。珍珠、东珠为御用。诸王至文武一品官用珊瑚。文武二品官以下用杂宝及诸香为之。礼部主事、太常寺博士、鸿胪寺鸣赞、国子监监丞、光禄寺署正等官，仅在坛庙执事、殿廷侍仪时用，平时不准用。嘉庆（1796—1820）以后获准赏带者更多。

朝请 ❶汉朝诸侯王列侯春秋两季朝见皇帝的制度。春曰朝，秋曰请。文帝时，吴王濞曾诈病不朝请二十余年。外戚定期朝见皇帝和太后，也称朝请。景帝时，窦太后除窦婴门籍，不得入朝请，这是一种惩处。后代如晋朝等沿袭此制。亦泛指朝见、朝觐。宋朝规定，常参官每日上朝参见皇帝，六参官每五日一上朝参见皇帝，称为朝觐。❷官名。汉代公卿高官年高德劭者，以列侯就第，特进奉朝请，因以为官名。魏晋南北朝沿置，或省称朝请。❸散官号。隋唐以来有朝请大夫、朝请郎等。

朝请大夫 官名。隋炀帝大业三年（607）始置，正五品散官。唐朝定为文散官，从五品下。诸王众子出身封郡公者，由此叙阶。北宋沿置。神宗元丰三年（1080）废文散官，改为新寄禄官，从六品，取代旧寄禄官前行郎中。金置为文散官，从五品上。元朝改从四品，宣授。明朝为从四品，加授。

朝请郎 官名。隋文帝开皇三年（583）始置，为散官八郎之一，正七品上。炀帝大业三年（607）罢。唐朝置为文散官，正七品上。侯爵出身多由此叙阶。北宋沿置。神宗元丰三年（1080）废文散官，改为新寄禄官，正七品，取代旧寄禄官前行员外郎、侍御史。

朝聘 ❶诸侯定期朝见天子。《礼记·王制》：“诸侯之于天子也，比年一小聘，三年一大聘，五年一朝。”❷春秋时期诸侯小国定期朝见称霸的大国。《左传·襄公八年》：“公如晋朝，且听朝聘之数。”

朝散 朝散大夫简称。

朝散大夫 官名。隋文帝始置，为正四品文散官。炀帝大业三年（607）为从五品。唐沿置，从五品下。北宋初沿唐制，神宗元丰三年（1080）废罢文散官，改为新寄禄官，定为从六品，取代旧寄禄官中行郎中。金再置为文散官，从五品中，元改从四品，宣授。

朝散郎 官名。隋文帝开皇三年（583）始置，为散官八郎之一，从七品上。炀帝大业三年（607）罢。唐朝复置为文散官，从七品上。子爵出身多由此叙阶。北宋沿置。神宗元丰三年（1080）废文散官，遂为新寄禄官，正七品，取代旧寄禄官中行员外郎、起居舍人。

朝集使 外官入朝制度。唐玄宗开元八年（720）定制，诸州都督、刺史或其上佐，每年轮流朝集，十月二十五日到京，十一月一日朝见，汇报民情风俗、属官考课，并进纳贡物、聆听敕命；边要州及遭水旱灾州，都督刺史不必亲行，可以他官替代。

朝褂 服饰名。参见“补服”。

朝鲜通事 官名。清朝会同四译馆之属官，掌译朝鲜语之事。初置六人，后增至八人，六品二人，七品二人，八品四人。或于内务府佐领下选习者充补，或于凤凰城无品级通事内调补，皆为满员。

朝觐考察 即外察。

期门郎 官名。西汉武帝建元三年（前 138）初置，武帝以微行，选材力之士执兵送从，期之诸门，故名期门，位比郎，亦称期门郎。无员，多至千人。平帝元始元年（后 1）更名虎贲郎。三国魏复置，属虎贲中郎将，七品（一说三国魏时无此职）。

期门将军 官名。将军名号。南朝梁置，武帝天监七年（508）定为武职流外八班中的八班，代旧建武将军。地位较低，由乡品三品以下的人充任。普通六年（525）定为武职三十四班中的六班。

斯帕哈资伯克 官名。清朝新疆回部官员之一，掌理头目争讼。叶尔羌设一人，秩五品。

葴尹 官名。春秋时楚国置。《左传·昭公四年》：“楚沈尹射奔命于夏汭，葴尹宜咎城钟离。”

募人别将 官名。北魏末政局动荡，朝廷无力镇压各地义军，遂授予一些士族武职名号，令其回乡招募军队。《魏书·裴延儁传》：“诏（裴）庆孙为募人别将，招率乡豪，得战士数千人以讨之。”

募员虎贲　官名。北魏置。为皇帝的侍从武官，属募员虎贲将军。孝文帝太和十七年（493）定为从六品下，二十三年复次职令未载。

募员虎贲司马　官名。北魏置。统领募员虎贲，位在募员虎贲将之上。孝文帝太和十七年（493）定为从五品下，二十三年复次职令未载。

募员虎贲将　官名。北魏置。统领募员虎贲。孝文帝太和十七年（493）定为从五品下，二十三年复次职令未载。

募员虎贲将军　官名。北魏置。为皇帝侍从武官的首领之一，统领募员虎贲。孝文帝太和十七年（493）定为从四品下，二十三年复次职令未载。

葆子　秦朝一种特殊身份的人，见于《睡虎地秦墓竹简·法律答问》。其身份有两说：一说即汉朝的任子。《汉书·哀帝纪》："除任子令。"颜师古注："任，保也。"保与葆通，故葆子即任子。一说政府将前线官吏、将士之父母妻子集中守护，给予特殊照顾，作为人质，称"葆子"、"葆质"。《墨子·杂守》："吏侍守所者，财足廉信，父母昆弟妻子有在葆宫中者，乃得为侍吏，诸吏必有质乃得任事。"即指葆子。

蔔亚　官名。西周置。《蔔亚罍角铭》："王锡蔔亚嚣奚贝。"

落　❶即聚落。汉朝县、乡以下的居民点，相当于城市的里。亦指周边少数族部落。❷官场用语，意为取消，如落致仕、落职。

落致仕　见"致仕"。

落职　官制用语。宋朝翰林学士、知制诰、杂学士及馆阁等带职官员，因过犯被削夺职名，称落职。后沿用为官员被削夺官职。

致史　官名。西周诸侯国置，职掌不详。见《永盂铭》。

粟客　官名。战国楚置。楚国官印文："郢粟客鉨。"参见石志廉《战国古玺考释十种》（《中国历史博物馆馆刊》一九八二年第二期）。

惠文冠　古代武官所戴之冠，亦称武冠。相传为战国时赵惠文王所制，故名。或以为秦朝御史所戴法冠即此。汉朝以后侍中、中常侍亦戴此冠。后代或有沿用。晋朝亦名武冠，详见"武冠"。

惠民司　官署名。金朝属礼部，掌发卖汤药的慈善机构。长官为令，秩从六品。下设直长、都监等官，秩正八品、正九品。曾设丞一员，后罢。

惠民局　官署名。即惠民药局。

惠民药局　官署名。宋朝始置。原为熟药所，隶太医局。徽宗政和四年（1114）由太医局分出五出卖熟药所而置，改名惠民药局。南宋高宗绍兴六年（1136）置行在熟药东、南、南、北所。后诸州亦置。十八年，改京师熟药所为太平惠民局。掌配制药品出卖，取其息钱以助户部经费。设监官、监门官。属太府寺。二十一年，诸州亦改。明洪武三年（1370）于各府、州、县置，隶太医院。府有提领官，州、县有医官。后改大使、副使。掌给军民贫病医药之用。

惠妃　内官名。唐玄宗开元（713—741）中置为三夫人之首，位次皇后，正一品，与丽妃、华妃掌佐皇后论妇礼，管理后宫众务。其后置贵妃，惠妃即为其次。

裁造小底　辽朝宫帐杂役。掌宫中衣物裁造等事，属著帐户司承应小底局，例由著帐户充任。

裁造院　官署名。北宋太祖乾德四年（966）置，掌裁制衣服，以供官用。设监官二人，监门官一人，以京朝官、三班使臣及内侍充任。北宋前期隶三司度支部赏给案，神宗元丰（1078—1085）改制后隶少府监。

裁造署　官署名。金朝属少府监。掌制作皇宫、陵庙、省、台、部内所用诸物。设令、丞、直长诸官，秩从六品、从七品、从八品。辖有裁造匠六人，针工妇人三十七人。

㦽尹　官名。战国楚置。《鄂君启节铭》："大工尹脽以王命命"，"㦽尹逆"，"鄂君启之府賸铸金节"。

㦽命　官名。战国楚置。《鄂君启节铭》："大工尹脽以王命命集尹邵椅、㦽尹逆，㦽命阬，为鄂君启之府铸金节。"

越兵将军　官名。北魏初置。明元帝泰常八年（423）薛道千曾任此职、青州刺史，率军进攻南朝宋。孝文帝太和十七年（493）改定官制后，未见。

越转　即超转。

越骑将军　官名。东汉初置，统兵出征。后省。东汉献帝建安（196—220）末曹操复置，以子曹彰行之，统兵留守长安。

越骑校尉　官名。❶西汉武帝始置，为北军八校尉之一，位次列卿，属官有丞、司马等。领内附越人骑士，戍卫京师，兼任征伐。东汉初罢，光武帝建武十五年（后39）改青巾左校尉置，为五校尉之一，隶北军中候，掌宿卫兵，有司马一员。当时五校尉所掌北军五营为京师主要的常备禁军，故地位亲要，官显职闲，府寺宽敞，舆服光丽，伎巧毕给，多以宗室外戚近臣充任。三国沿置。魏、晋以来隶中领军（领军将军），迄至东晋犹领营兵。其时别置二卫、四军诸禁军掌宿卫，五校职任渐轻。后罢其兵，旋省其官。十六国多置。南朝复置，为侍卫武官，不领兵，仍隶中领军（领军将军），用以安置勋旧武臣。北魏初典掌禁军，位次列卿，后罢其兵，成为武臣散官，定员二十人。北齐置十人，隶领军府所辖左、右卫府。西汉秩二千石，东汉秩比二千石，魏、晋、宋四品，梁七班，陈六品，北魏孝文帝太和十七年（493）定为从三品中，二十三年改五品，北齐从四品。❷隋炀帝大业三年（607），令诸鹰扬府每府置二员，领骑士，正六品。唐高祖武德元年（618）废。

越嶂将军　官名。北齐置，为褒赏军功勋臣的闲职，从六品。

超迁　官员破格升迁。《汉书·贾谊传》："孝文帝说之，超迁，岁中至太中大夫。"

超陇将军　官名。将军名号。南朝梁置。武帝天监七年（508）定为施用于境外的武职二十四班中的七班，拟厉锋将军等号。大通三年（529）定制后，班阶略提高，改拟猛烈将军等号。

超武将军　官名。将军名号。南朝梁武帝普通六年（525）刊正将军名号时置，为武职三十四班中的九班。陈沿置，拟八品，比秩六百石。

超转　官制用语。又称越转，宋朝官员转官的一项规定。凡有军功武臣或进士及第、出身等文臣，经磨勘，朝廷特准一次超越数阶官阶升转，称超转。后朝沿用，或称超擢。

硬寨司　官署名。辽朝北面官。辽冬季捺钵时，皇帝牙帐以枪为硬寨，用毛绳连系。每枪下有一黑毡伞，以便卫士躲避风雪。枪外一层小毡帐，每帐五人，各执兵仗为禁围。外设铺，掌盘查报警，称下铺、传铃。硬寨司即掌御帐禁围枪寨、下铺、传铃之事。

硝磺库　官署名。清朝工部虞衡司所属机构。顺治元年（1644）置，设满洲员外郎一人，汉主事一人。掌收发硝磺。光绪三十二年（1906）改隶陆军部军实司。

雄义将军　官名。将军名号。南朝梁置。武帝天监七年（508）定为施用于境外的武职二十四班中的二十四班，班阶最高，拟车骑将军；大通三年（529）定制后，仍拟车骑将军等号。

雄边将军　官名。将军名号。南朝梁置。武帝天监七年（508）定为施用于境外的武职二十四班中的六班，拟武毅将军等号；大通三年（529）定制后，班阶略有提高，改拟忠勇将军等号。

雄壮将军　见"十雄将军"。

雄武郎将　官名。隋炀帝大业三年（607）左右领左右府改为左右备身府，置左、右雄武府，以雄武郎将掌府事，领骁果禁兵。各置一人，正五品。

雄武将军　见"十雄将军"。

雄明将军　见"十雄将军"。

雄威将军　见"十雄将军"。

雄信将军　官名。将军名号。南朝梁置。武帝天监七年（508）定为武职二十四班中的九班，普通六年（525）列为十雄将军之一，武职三十四班中的十七班。陈沿置，改为拟六品，比秩千石。

雄勇将军　见"十雄将军"。

雄烈将军　官名。将军名号。南朝梁武帝普通六年（525）置，列为十雄将军之一，武职三十四班中的十七班。陈改为拟六品，比秩千石。北齐用以褒赏军功勋臣，无职事，七品。

雄健将军　见"十雄将军"。

雄猛将军　见"十雄将军"。

雄戟将军　官名。将军名号。南朝梁置。武帝天监七年（508）定为武职二十四班中的四班，与伏波将军同班；普通六年（525）定为武职三十四班中的八班。陈沿置，拟八品，比秩六百石。

雄毅将军　见"十雄将军"。

厨　官署名。战国置，掌供应君主饮食。《三代吉金文存》卷二页五三："上乐床（厨），容参分。"郭沫若《金文丛考》页二一七："床疑厨之异文，从广朱声，朱声与尌声同部。"

厨人　官名。春秋战国郑、赵等国置，掌庖厨。《史记·郑世家》："子驷怒，使厨人药杀厘公。"又《赵世家》："使厨人操铜料以食代王及从者。"

厨帅　女官名。南朝宋明帝定后宫百官时置，诸房各置一人。七品。

厨官　官署名。战国楚置，负责供应王室膳羞。《铸客鼎铭》："铸客为大句（后）脰（厨）官为之。"

厨食钱　官制用语。宋朝部分官员俸禄外的加给。六部尚书以职事官，分四等加给。为枢密院检详诸房文字、计议官、编修官，每日五百文。

厨宰　官名。春秋时吴国置，掌庖厨供饮食。《吴越春秋·勾践入臣外传》："今越王放于南山之中，游于不可存之地，幸来涉我壤土，入吾梐梱，此乃厨宰之成事食也，岂可失之乎！"

厨料　官制用语。宋朝高级官员俸禄外的加给。学士、权三司使以上及兼秘书监给酒，宫观副使、观文殿学士、资政殿大学士、龙图阁直学士、枢密直学士给茶，节度使、副使以下给米面。

厥爽　官名。南诏官，主工作，由清平官、酋望、大军将等兼充。

雁门将军　将军名号。武帝时有雁门将军李广。广原为骁骑将军，因出雁门击匈奴，故名。

搽里八田地里管民万户　官名。元朝乌思藏十三万户之一，隶乌思藏宣慰司，治所在今西藏拉萨市东郊蔡公堂，由掌握搽里八派主寺的噶尔氏贵族充任。

提干　提点刑狱司干办公事简称。

提仓　提举常平仓简称。

提台　清朝提督俗称。

提刑　宋朝为诸路提点刑狱公事的简称。金设提刑使。明、清各省有提刑按察使，简称提刑。

提刑司　官署名。宋朝提点刑狱司简称，或称宪司、宪台。宋太宗端拱元年（988），始于诸路转运司置提点刑狱官，后设专司。掌本路郡县之庶狱，核其情实而覆以法，督治奸盗，申理冤滥，并岁察所部官吏，保任廉能，劾奏冒法。设提点刑狱公事为长官，兼以文武臣充任。后屡经废置，至仁宗明道二年（1033）始成为常设机构。神宗熙宁六年（1073），各增设检法官。哲宗绍圣（1094—1098）初，令兼管坑冶事。南宋又设干办官。孝宗乾道八年（1172），又兼催督经总制钱。金朝亦置，掌监察官吏，体察廉能赃滥，以行赏罚。兼掌劝农、采访、管领屯田及镇防诸军。设于中都西京路、南京路等九路，统称九路提刑司，设提刑使、副使领司事，秩正三品、正四品。下设判官、知事诸职。因职权极重，号称外台。承安四年（1199）改称按察司。

提刑司干办官 官名。宋朝提刑司属官，佐提刑分理具体事务。参见“提刑司”。

提刑司检法官 官名。宋朝提刑司属官，掌检详法律。参见“提刑司”。

提刑转运司 见“按察司”。

提刑按察司 即提刑按察使司。

提刑按察使 即按察使。

提刑按察使司 见“按察司”。

提考 官名。太平天国朝上职官。干王改革科举，废省试正、副掌考而设。每省派正、副各一员，职同燕爵。每三年一科，由天朝简放，考毕回京。

提观 宋朝提举宫观官的简称。

提牢 官名。清朝刑部提牢厅主事之简称。详见“提牢厅主事”。

提牢厅 官署名。清朝刑部所属机构。掌理狱卒，稽核南、北二所收禁人犯，发放囚衣、囚粮、药物等。设主事，满、汉各一人；司狱，满四人、汉军、汉人各二人；经承二人。另有太医院所派之医士二人隶厅轮值。光绪三十二年（1906）刑部改法部，遂裁。

提牢厅主事 官名。清朝刑部所属提牢厅长官。满、汉各一人，于额外及试俸主事内拣选充任，任期一年。掌管理狱卒、稽核罪犯及支放衣粮药物等事。光绪三十二年（1906）裁。

提法使 官名。清末地方最高司法长官。光绪三十三年（1907），始置于东三省。宣统二年（1910），各省均由提刑按察使改置。每省一人，正三品，简任。掌承法部及本省督抚之命，管理本省司法行政事务并监督各级审判厅、检察厅及监狱。

提法使司 官署名。清末各省司法机构，光绪三十三年（1907）始设于东三省。宣统二年（1910），各省均由提刑按察使司改设，掌全省司法行政并监督各级审判厅、检察厅及监狱。置提法使一人。下设总务、刑民、典狱三科，各科置科长一人，一等科员一人，二等科员一至四人。

提法使司总务科 官署名。清末各省提法使司所属机构、掌本司及省司法各员补署升降奖惩及收发文牍、稽核度支诸事宜。置科长一人，一等科员一人，二等科员一至四人。

提学 官名。❶宋朝以后管理府、州、县等地方学校及教育行政之官员。宋于各路设提举学事司，简称提学。金设提举学校官。元设儒学提举司。明正统元年（1436）设提督学校官。两京以御史，十三布政司以按察司佥事充任，称提学道。清雍正四年（1726）改设提督学院，长官称提督某省学政，简称学政。光绪三十一年（1905）改设提学使，并增吉林、黑龙江、江宁、江苏、新疆各一人。以迄清亡。❷太平天国朝上职官。干王洪仁玕改革科举，始设。为郡试主考官。每年一科，由天朝简放，考毕回京。

提学使 官名。清末省级教育行政长官。光绪三十一年（1905）设，每省一人，正三品，作为督抚属官，位布政使之次，提法使之前。掌总理全省学务，选用僚佐，旌别属官，管理驻防学务，聘用外国教员等事宜。

提学使司 官署名。清末省级教育行政机构。光绪三十一年（1905）设，掌一省教育行政，稽核学校规程，征考艺文师范。辖总务、专门、普通、实业、图书、会计六科。置提学使一人，科长六人。

提标管轮 见“总管轮”。

提点 官名。宋朝始置。初为差遣名目，如提点五房公事、提点仓场所等。又置为宫观道教官。辽朝置，为内局库官。金朝沿置，并置为教坊司长官，掌殿廷音乐。元朝沿置为内局库官。明仅置为道教官。神乐观提点掌教习乐舞生，以备祭祀舞乐，隶太常寺；太和山（武当山）提点掌钤束道士，隶道录司。清置神乐观提点。乾隆八年（1743）改观为所，十三年改所为署，改提点为署正。

提点大理寺 即大理寺提点。

提点万寿观 宋朝宫观官名。仁宗庆历八年（1048）置，以武臣观察使充任。

提点开封府界诸县镇公事 见“开封府界提点”。

提点五房公事 官名。北宋前期置，为中书门下属官，总领中书门下五房公事，位在堂后官之上。神宗元丰（1078—1085）改制废。

提点中太一宫兼集禧观公事 宋朝宫观官名。神宗元丰五年（1082）置，以诸司使以上武臣充任。参见“宫观官”。

提点仓场所 官署名。北宋置。或称提点仓场司、提点仓草场所、都大提点在京仓场司、都大提点仓场所等。掌开封各粮仓、草场粮草积储、出纳等事务。设监官二人，以閤门祗候以上充任。真宗时，又别置都大提举官二人，以朝官、诸司使充任，后省。神宗元丰（1078—1085）改制后，各仓场归司农寺掌管。

提点东西太一宫 宋朝宫观官名。仁宗嘉祐六年（1061）置，以节度观察留后充任。参见“宫观官”。

提点司 官署名。全称开封府界提点司。北宋真宗景德二年（1005）置，掌提辖开封府所属诸县刑狱、兵民，肃清贼盗，兼管仓场库务及沟洫河道之事。设提点、同提点，以朝官以上充任。属吏有勾押官一人，典七人。神宗元丰（1078—1085）改制，沿置不改。

提点寺务司 即寺务司。

提点刑狱 即提点刑狱公事。

提点刑狱公事 官名。即提点刑狱，简称提刑或宪。北宋太祖开宝五年（972），遣常参官分往诸路，相度田土苗稼，点检采访公事。开宝九年（976），复遣朝臣至江南道采访。太宗端拱元年（988），改于诸路转运司置提点刑狱，掌本路司法、刑狱，审问囚徒，复查冤案，凡难决疑案与盗窃犯逃而不获者，上奏朝廷，并监察所部官吏，举廉能劾违法。后自置官署，称提点刑狱司，简称提刑司、宪司。淳化四年（993）罢。真宗景德四年（1007）复置，以武臣为副职。天禧四年（1020）加劝农使，不久改提点刑狱劝农使，以武臣为副使。仁宗天圣六年（1028）复罢，八年又置，后又罢。明道二年（1033）再置。神宗熙宁二年（1069），令皆用文臣。南宋初复参用武臣，孝宗以后又专用文臣。

提点刑狱劝农使 见“提点刑狱公事”。

提点刑狱劝农副使 见“提点刑狱公事”。

提点刑狱司 见“提刑司”。

提点在京四园苑所 官署名。北宋仁宗天圣三年（1025）置，辖汴京玉津园、瑞圣园、宜春苑、琼林苑，掌种植蔬菜林木，修饰亭宇等事。设提点及勾当官，以内侍充任。初属内园司，后隶提举在京诸司库务司。神宗元丰（1078—1085）改制废，以四园苑隶司农寺。

提点岁赐所 官署名。金朝属尚书省，掌岁赐、出入钱币之事。由左右司郎中、员外郎兼领。

提点行在皇城司 官名。南宋高宗绍兴元年（1131）置，员二人，为行在皇城司次官，以诸司副使、内侍都知押班充任。

提点军器所 官名。南宋置。全称为提点制造御前军器所。以内侍都知押班或主管步军司公事充任，为军器所长官。

提点坑冶铸钱公事 官名。北宋初，以发运使兼提点各钱监。真宗咸平三年（1000），以江南转运副使兼都大提点江南、福建路铸钱事，另设同提点铸钱事。仁宗景祐二年（1035），始置江、浙、川、广、福建等路都大提点坑冶铸钱公事，掌冶炼金属、铸造货币之事。神宗元丰二年（1079），分置虔州（治今江西赣州）与饶州（治今江西波阳）两提点司，分管东南九路。后或合为一司，或分为数司，或由转运使、发运使兼任。南宋置都大提点坑冶铸钱，置司于饶州。另有提辖铸钱坑冶官、提辖措置坑冶官、提举措置坑冶铸钱事等名目。其官署称提点、提举坑冶铸钱司。

提点所 宋朝主管官员带提点衔的各种机构简称。提点在京寺务所、提点中太一宫所、提点建隆观所等。

提点宫观 见“宫观官”。

提点教坊司 见“教坊司”。

提点朝服法物库所 官署名。宋朝太常寺所属机构，管辖朝服法物库、南郊什物库、太庙什物库，掌藏其器服，以侍祭祀、朝会之用。

提点铸钱 见“提点坑冶铸钱公事”。

提点铸钱司 官署名。或名提举坑冶司。宋朝置，掌收山泽之利，鼓铸泉货，以供国家之用，设提点坑冶铸钱公事等官领之。凡地利所入及铸钱，岁有定额，视其盈亏而行赏罚。参见“提点坑冶铸钱公事”。

提点管干郊庙祭器所 官署名。宋朝太常寺所属机构，管辖南郊太庙祭器库，掌藏郊庙祭器，以待祭祀之用。

提点醴泉观 宋朝宫观官名。以武臣未至横行使臣和内侍两省押班者充任，掌点检本观官物，月终签押簿历。参见“宫观官”。

提举 官名。宋朝始置，提举常平官简称，亦为差遣名目，如提举保甲、提举弓箭手等。元朝置为诸提举司长官，如提举左八作、提举都城所、提举富宁库、田赋提举司、织染人匠提举司、都提举万亿宝源库等均置。并多置同提举、副提举等。明沿元制，如盐课提举司、宝钞提举司、市舶提举司、大通关提举司等均置。清除沿置为盐课提举司长官外，文渊阁亦置。又，道官亦设提举，分掌道教事务。道光元年（1821）定为从六品，依例升迁提点，缺出由副理、赞教升补。

提举一行事务 官名。南宋御营使司、宣抚司等机构属官，掌分管军务，或指挥诸军作战。其下有同提举一行事务，职掌略同。

提举三白渠公事 官名。北宋置、掌开浚三白渠，以给关中灌溉之事。

提举万亿库 见“都提举万亿宝源库”。

提举万寿观 宋朝宫观官名。仁宗至和元年（1054），始以观文殿大学士晏殊为之。后按例置官。品秩稍低者，则为同提举。

提举万寿宫 宋朝宫观官名。徽宗政和七年（1117），令天下州郡皆设万寿宫。重和元年（1118），每路设提举一人，以漕臣充任，同提举以通判充任。钦宗靖康元年（1126）罢。

提举义勇 官名。北宋神宗熙宁三年（1070），王安石欲革募兵之弊，而代之以民兵，始于陕西路置，掌义勇兵分番教阅之事。四年罢，令转运司、提刑司领其事。元丰（1078—1085）中，又置提举义勇保甲，每路文、武臣各一员，文臣为提点刑狱兼提举义勇保甲，武臣为提举义勇保甲兼提点刑狱。

提举义勇官 官名。北宋河北、河东、陕西路有义勇乡兵，神宗熙宁三年（1070）置提举官，四年罢。

提举弓箭手 官名。北宋真宗时，募边民为弓箭手，给以闲田，蠲免徭赋，有战事则入正规军为前锋。神宗时，沿边各路置提举弓箭手，掌本路弓箭手名籍，行教阅、赏罚等事。参见“提举弓箭手司”。

提举弓箭手司 官署名。北宋神宗时，置于沿边各路，掌本路弓箭手名籍，行组织、训练、赏罚之事，设提举弓箭手为长官。哲宗元符三年（1100）罢，徽宗政和五年（1115）复置。

提举太史局 官名。南宋光宗绍熙五年（1194），仿北宋差大两省官提举司天监例，置为太史局长官，以权侍郎充任，领观测天文、考定历法之事。

提举太医局　官名。北宋神宗熙宁九年（1076）置为太医局长官，选知医事者充任。元丰（1078—1085）改制罢，改置太医局令。

提举中太一宫兼集禧观公事　宋朝宫观官名。神宗元丰八年（1085），以资政殿大学士兼侍读吕公著为之。后援例置官。参见“宫观官”。

提举仓场司　官署名。金宣宗贞祐五年（1217）置，主管仓、场出纳公平及不使亏败。设使、副使领司事，秩从五品、从六品。初由吏部辟举，后由尚书省拟。下设监支纳官十六员，秩八品，以年六十以下廉干人充任。

提举六尚局　官名。北宋徽宗崇宁二年（1103）置，员一人，以入内内侍省官充任，总领六尚局事务，序位在内侍副都知之下、閤门使之上。钦宗靖康元年（1126），随六尚局罢。

提举玉清宫　宋朝宫观官名。徽宗政和七年（1117），令天下州军皆建玉清宫，无道观处则以僧寺改建。重和元年（1118），诸路各置提举，以漕臣充任，选通判为同提举。钦宗靖康元年（1126）罢。

提举玉牒所　见“玉牒所”。

提举市舶司　见“市舶司”。

提举市舶使　见“市舶使”。

提举在京诸司库务司　官署名。北宋真宗景德二年（1005）置，或称提举库务所、都大提举诸司库务司。掌举察京城储蓄受给、监官能否，覆验所受三司计度移用之事。设提举官领之。神宗元丰元年（1078）罢，其所领事令三司分隶所属。

提举行在皇城司　官名。南宋高宗绍兴元年（1131）置，员一人，为行在皇城司长官，以诸司副使、内侍都知押班充任。

提举讲议司　见“讲议司”。

提举军器所　官名。北宋末年始置，全称为提举御前军器所，领制造兵器之事。南宋改置提举制造御前军器所。

提举坑冶司　见“提点铸钱司”。

提举帐勾磨勘司　官署名。简称帐司。北宋神宗熙宁五年（1072）置，隶三司。掌稽查清理财赋簿书文籍，钩考钱财盈亏多寡。设提举官、同提举官、帐勾官、催驱官各一人。元丰（1078—1085）改制，并归比部。

提举帐司　即提举帐勾磨勘司。

提举国史　官名。北宋前期，以宰相监修国史，其再次任职者则改称提举国史。神宗元丰（1078—1085），罢监修国史，以尚书左仆射提举修国史，左仆射阙，即差右仆射。南宋初因之。孝宗乾道元年（1165），命参知政事兼权。宁宗开禧三年（1207），以签书枢密院事兼。

提举制造御前军器所　见“御前军器所”。

提举制置解盐司　官署名。北宋置，掌盐泽之禁令，使民入粟边郡给钞，按钞给盐以足民用。凡盐价高下及文钞出纳多寡之数，皆由本司掌管。参见“制置解盐使”。

提举备用库　官署名。元朝置，秩从五品，掌东宫田赋、财赋出纳，隶家令司、内宰司。设于世祖至元二十年（1283）。置达鲁花赤、提举、大使各一员。

提举河北籴便司　见“河北籴便司”。

提举河北籴便粮草　官名。北宋仁宗天圣元年（1023）始置，员一人，于河北路现任官中选差朝臣充任，掌河北路籴便粮草，以供边储。其后专置官署，或由转运使兼领，或置提举官。参见“河北籴便司”。

提举学事　见“提举学事司”。

提举学事司　官署名。北宋徽宗崇宁二年（1103）置于各路，掌一路州县学政，巡视所部学校，考察师儒，审批州军贡士以上奏于朝廷。每路选监司二人为提举学事。宣和三年（1121）罢。南宋高宗时复置。

提举宗子学事　官名。北宋徽宗崇宁元年（1102）置，以宗正卿、少卿充任，领诸王宫宗子学。政和三年（1113），改命知大宗正司事充任。

提举官告院　官名。北宋前期置为官告院长官，员一人，以知制诰充任。神宗元丰（1078—1085）改制后，改置主管官。参见“官告院”。

提举实录院　见“国史院”。

提举茶马司　见“都大提举茶马司”。

提举茶盐司　见“提举茶盐官”。

提举茶盐官　官名统称。北宋初有制置茶盐使。徽宗政和元年（1111）命江、淮、荆、浙六路置茶盐提举一员，后各路均置，称提举茶盐香矾事。或由转运使、提点刑狱公事兼领。掌一路茶、盐之政，其官署为提举茶盐司。南宋高宗绍兴十五年（1145），与常平官合为一职，称提举常平茶盐公事，其官署改名提举常平茶盐司。

提举南京榷货司　官署名。金宣宗贞祐四年（1216）置。掌发卖香茶盐引。设提举、同提举、勾当官，秩从五品、从六品、正九品。

提举修日历所　官名。南宋高宗绍兴三年（1133）置，以宰相充任，总领修日历之事。

提举修政局　见“修政局”。

提举修敕令　官名。北宋初，编修敕令例由翰林学士等儒臣掌之。仁宗天圣五年（1027）以后，改差宰臣提举，选侍从官晓法令者为详定官，另置删定官，无常员。

提举保甲司　官署名。北宋神宗熙宁八年（1075），始以朝臣提举陕西等五路义勇保甲。元丰二年（1079），开封府界置提举保甲官。自置官署，称提举保甲司。后有保甲路分皆置。掌什伍其民，分番教阅武艺，进赏其优者。八年罢提举官，以其事归诸路提点刑狱。

提举宫观　宋朝宫观官名。神宗熙宁五年（1072），规定武臣横行使臣及内侍两省押班以上领在京宫观为提举，其余以下官为提点。

提举神霄宫 宋朝宫观官名。徽宗政和七年（1117），令天下州军皆设神霄宫，无道观处则以僧寺改建。重和元年（1118），诸路各置提举，以转运使兼任，选通判为同提举。钦宗靖康元年（1126）罢。

提举都城所 官署名。设于元世祖至元三年（1267），掌修造都城内外仓库，隶工部。秩从五品。置提举、同提举、副提举各二员。

提举诸司 官名。南宋国史院属官，以内侍省官充任，掌国史院杂务。

提举常平司 见“提举常平官”。

提举常平官 官名通称。简称提仓。北宋真宗时，诸路常平仓设提举官。神宗时，为推行新法，各路差提举常平广惠仓兼管勾农田水利差役事。后或废或置。南宋时，与提举茶盐官合为一职，称提举茶盐常平等公事或提举常平茶盐公事，通称提举常平官。掌本路役钱、青苗钱、义仓、赈济、水利、茶盐等事，与转运使分管财赋，并监察本路官吏。其官署称提举常平司或常平司，简称仓司、庾司。

提举常平茶盐公事 见“提举常平官”。

提举圉牧所 官署名。金章宗泰和二年（1202）置，设于地方的畜牧机构，隶各路统军司。河南东路、河南西路、陕西路提举圉牧所皆设提举、同提举官，山东路仅设提举职。

提举富宁库 官署名。设于元世祖至元二十七年（1290）十二月，秩从五品。分掌万亿宝源库出纳金银之事。简称富宁库，属户部。设提举一员，同提举一员，从六品；副提举一员，从七品。

提举编修敕令所 见“编修敕令所”。

提举御前弓马子弟所 见“御前弓马子弟所”。

提举讥察使 官名。金朝置，掌稽察之事。设于陕西、河南，一至二员，秩正五品。宣宗南迁后，改称讥察使，秩从七品。陕西讥察使设在秦州，河南讥察使设在唐、邓、息、寿、泗五州。

提调 官名。❶明清科举考试中特设之官，又称提调官。明制，顺天、应天二府乡试用府尹，各省乡试以布政司官充任，会试则用京官。俱设一员。掌理试场帘外一切事务，封闭内外门户，凡送卷、供应物料、弥封、誊录等事，皆跟随点检查封。此外，殿试亦设，用礼部尚书或侍郎。清制，顺天乡试以府丞充，各省乡试初以布政使充，雍正（1723—1735）间改用道员。会试以礼部尚书充。负责统筹安排考场内外各项事务。乡试中又分内提调、外提调，分别管理阅卷事和考试事。❷清朝一些特设机构之专管官。如内翻书房、方略馆、实录馆、玉牒馆、律例馆、国史馆、武英殿修书处等均设，专司处理内部杂务及管理吏员、差役等事。❸清末新设机构之职官。其地位职权，因机构而异。如度支部所辖币制局，即以提调、帮提调为主官；而京师大学堂的教务、庶务各部门之主持人亦称提调，负责处理日常事务。详见各提调条。

提调官 见“提调❶”。又，明朝镇戍军中设，为下级军官。负责分守一堡。其地位在守备、备御之下。

提控案牍 官名。元朝始置，为各衙署首领官。置于府、上中州者为专职，置于路总管府及肃政廉访司者为兼职，掌文书案牍之事。多由书吏及都目升任，未入流。明朝置于各布政使司理问所，初置知事，后改此职，未入流。掌刑名诉讼之案卷文牍。

提领左藏南库 官名。南宋置为左藏南库主管官，以侍从官充任。

提领拘催安边钱物所 官署名。南宋宁宗嘉定元年（1208）置，掌搜访宫廷内外诸司浮费，拘催以供封桩。同时拘桩官司房廊及激赏库四季所入和籍没韩侂胄家产。设提领，以卿监充任，下设拘催官。

提领国史 官名。南宋高宗绍兴二十八年（1158）置国史院，命宰相提举，汤思退以避其父讳，改称提领。

提领所 官署名。南宋高宗建炎三年（1129）置，属尚书都司，掌榷货务都茶场之事。后罢，其事归户部正副长官兼领。孝宗乾道六年（1170）复置，仍属尚书都司。

提领官田所 官署名。南宋掌管官田的临时机构。高宗绍兴二十八年（1158）置，掌根括浙西、江东、淮东之沙田、芦场，增其租课。理宗景定四年（1263）再置，掌回买两浙、江东西逾限民田为公田。

提领诸路课税所 官署名。元太宗十一年（1239），回族商人奥都剌合蛮扑买中原课税，十二年，立提领诸路课税所，以奥都剌合蛮为长官，掌管课税征收。奥都剌合蛮加倍征收中原课税，造成混乱，不久即废该所。

提领诸路铸钱官 官名。南宋置，掌本路铸钱之事。

提领措置户部财用 官名。南宋高宗绍兴五年（1135）置，以参知政事孟庾兼任，又称总制使。其官署为总制司，或称总制使司。以户部尚书章谊兼措置财用。后孟庾除知枢密院事，仍兼领。孟庾罢，沈与求继任。六年，沈与求罢，遂不复任命，财用之事专委户部掌之。

提领编修玉牒所 官名。宋朝有提举编修玉牒所，以宰相兼任。南宋高宗绍兴（1131—1162）末年，命尚书左仆射同中书门下平章事沈该兼任，避其曾祖名讳，改称提领。

提塘 见“提塘官”。

提塘官 官名。明清时外省派驻京师传递文书之官员，简称提塘。掌递本省与各部院往来文书，并负责领送颁给本省官员的敕书及州县印信。清制，各省派驻京师者共十六人，隶兵部捷报处。由督抚于本省武进士、武举人及候补、候选守备内拣选，咨兵部充补。光绪末，改隶邮传部。

提督　官名。❶明朝置，武官。始以内臣、文臣充任，位在总兵官之上，寓以监察之义。永乐（1403—1424）中，亲军三大营均设提督内臣。正德（1506—1521）中，皇帝自称总督军务，武臣江彬以平虏伯为提督。武臣之有提督始此。中叶后，巡抚多兼提督军务衔，亦间有总兵加提督者。万历（1573—1620）时专设提督，但不常置。又，南京置有操江提督。❷清朝置。在明朝设置不常的提督，至清朝设为常置，为提督军务总兵官的简称，又别称提台、军门。绿营军之最高长官，从一品。分设于内地各省，掌一省之军政，并节制各镇总兵。所属有总兵、副将、参将、游击、都司、守备、千总、把总、外委等官。虽与直省督抚并称“封疆大吏”，然听总督节制。其不设之省，则由巡抚兼任。沿江、沿海地区，专设水师提督。江南、湖南、浙江等地，则置水陆提督。此外，京城有“提督九门巡捕五营步军统领”。❸郑成功设。其军队分为五军，下辖陆军七十二镇、水师二十镇。每镇有官兵一千二百名，各设提督、统领，掌管一镇之军务。凡有战事，则与统领率队出征。

提督九门步军巡捕三营统领　参见“提督九门步军巡捕五营统领”。

提督九门步军巡捕五营统领　官名。简称步军统领，俗称九门提督。清朝步军统领衙门之最高长官。额设一人。初设时名步军统领，专管八旗步兵，秩正二品。康熙十三年（1674）兼提督九门事务。三十年兼管巡捕三营（南、北、中）事务，名提督九门巡捕三营统领。乾隆四十六年（1781）增巡捕营为五营（南、北、中、左、右），此后名提督九门步军巡捕五营统领。嘉庆四年（1799），升从一品。掌八旗步军营、京城绿营之巡捕五营，负责京师之警卫、稽查事。

提督太监　官名。明朝于内府司礼监、御酒房、御药房、御茶房及京营、礼仪房、宝和店，南京、苏州、杭州三处织造局以及市舶司等分置。

提督内臣　官名。明朝提督各衙门宦官的统称。如提督东厂、提督西厂、提督京营等。为宦官中地位高且有实权者。

提督四夷馆　官职名。明朝太常寺置。弘治七年（1494）始设，以太常寺增卿一人、少卿一人，专职提督诸馆事。嘉靖（1522—1566）中，裁卿，只设少卿一人。

提督团营　参见“提督京营❷”。

提督会同四译馆礼部郎中兼鸿胪寺少卿　官名。清朝会同四译馆主官，掌馆事。乾隆十三年（1748）设，一人，于本部满、汉郎中内拣选派充，三年一更代。光绪二十九年（1903）裁。

提督军务总兵官　见“提督❶”。

提督易州山厂　官名。明宣德四年（1429）于保定府设易州山厂（今河北易县境内），负责采办宫廷生活所用柴炭之事。相继以工部尚书或侍郎一人为提督易州山厂。嘉靖八年（1529）罢提督，改设主事掌其事。

提督京营　官职名。❶明朝掌管京营军务的宦官。景泰元年（1450）始设，置提督太监、坐营太监、监枪、掌司、佥书，俱无定员。❷明朝掌管京营的武臣。永乐二十二年（1424）设京营三大营时始设，每营二人，以勋臣充任。景泰元年，选三大营精锐立团营，原有三营六提督选二人领团营事，称提督团营。嘉靖二十九年（1550）复三大营之制，统设提督总兵官一人，掌三大营事，后改提督为总督，称“总督京营戎政”，隆庆（1567—1572）初，仍以总督为提督，并改原阅视官为提督。四年更改京营制度，三大营复各设提督，又以右都御史一人为提督，同年九月，罢三营提督，乃置总督京营戎政一人统之。

提督学政　见“提督学道”。

提督学道　明朝各省按察使佐官按察副使、佥事的分道之职。湖广（今湖南、湖北）置二人，余皆一人，督理一省学校教育及各种文化学术之事。清初沿设于各省。雍正四年（1726）改提督学政。

提督织造太监　官名。明朝设提督织造太监，南京一员、苏州一员、杭州一员，掌织造御用衣服等事。

提督誊黄右通政　即誊黄右通政。

提辖　官名。❶北宋州郡有提辖兵甲官，多由知州兼任。掌统辖州兵，训练教阅，维持治安。❷南宋榷货务都茶场，杂买务、杂卖务，文思院，左藏东西库主管官，合称四辖。皆简称提辖。

提辖司　官署名。辽朝北面官。为辽诸宫帐领兵官署，统领各宫帐所属丁户。十二宫一府各置有提辖司，皆设于上京至南京重要之处，重地每宫皆置，内地仅一二个而已。平时管理各地丁户，有事则负责招集兵丁。各宫帐提辖司大多在五京及平、奉圣二州。

提辖军器所　官名。南宋置，为军器所属官。初设六员，后改二员。

提辖兵马捉贼事　官名。北宋真宗咸平四年（1001），于益州、梓州、利州、夔州置，皆以知州兼任，职掌与钤辖略同。

提辖修仓所　官署名。北宋置，属司农寺，掌修缮仓屋事。哲宗绍圣元年（1094）废，以其事归将作监。

提辖检察官　官名。南宋左藏南库置为次官，员一人，位在提领之下。

揭帖　文书名。元朝官员用之为官文书。《京畿都漕运使善政记》：“其出纳也，务为均平。收支之数，有所勘合，止从本司揭帖图帐申报，无烦文也。”明朝始为正式进呈文书之一，属上行文。凡官员上题本等疏章，皆须另备呈文揭帖，备言其事之始末情节，利害缘由，并抄送有关衙门。一度为内阁直达皇帝之机密文书，后使用渐广，以至私人启事亦用此称。带有揭发性又不具名者称匿名揭帖。清朝沿用此称而用途不同，作为通本之副本。凡各省题本均先投送通政使司，同时附揭帖三份，内容与题本相同，一存本司，一送关系部院，一送六科，以备查考。如题奏本章有违式之处，通政使司即以此揭露。初制，揭帖与题本同日投送，雍正十二年（1734）改为题本送阁五日后投送。有关员缺之本不受此限。又，清初在京各部院衙门具题事件，亦有随本揭帖。

插选 清朝吏部铨选制度。乃月选班秩之一。指官员出缺，候缺者依序于指定缺分补授之例，满洲刑部司狱任职期满者，于双单月主事等官除不积缺外，升选十缺后升用一人。吉林、黑龙江主事期满，系汉军者，于双单月汉缺员外郎与在京汉军堂主事较俸，俟汉主事升过六缺之后升用一人。皆应此选。

搜检 官名。又称"搜检官"，明清科举考试中特设之官。掌督率搜役搜检士子，以防夹带。

搜检官 见"搜检"。

搜粟都尉 官名。西汉武帝置。属大司农，职掌农耕及屯田事宜，不常置。

搜简科 官署名。清末陆军部军制司所属七科之一，光诸三十二年（1906）设。掌陆军建设之章制，筹画军队之征兵、配备，负责军队之征发、调集，兼管驻外武官和外国驻华武官等涉外事。置科长、科员、录事。

揆 宰相别称。揆，有筹度、管理意，宰相综理百事，故称。《晋书·礼志》："桓温居揆，政由己出。"参见"百揆"。

掾 官名。汉朝三公府及其他重要官府皆置掾、史、属，分曹治事。掾为曹长，史、属为副贰。故掾多冠以曹名，如户曹掾。掾为有职吏，其下还有从掾位、待事掾等散吏。三国晋南北朝公府皆置。晋朝以前大抵诸曹各设一人，每府有掾一二十人。东晋以后仅户曹、仓曹等数曹设。品级自五品至七品不等。北齐大理寺、郡县并置，亦为僚属泛称。隋朝炀帝大业三年（607）郡置东西曹掾。

掾史 官名。明朝诸军事衙门中的吏员。五军都督府、京军三大营及各镇守总兵官下均设，掌文移出入等事。

掾吏 官名。❶掾、吏合称。❷明朝各衙门吏员。亦为选举途径之一。凡外府、外卫、盐运司首领官，中外杂职，入流、未入流官，多由吏员承差等选。明初一品、二品衙门掾吏，正八品出身，为吏员中上等，仅次于一品衙门提控，二品衙门都吏。后多有所限制。永乐（1403—1424）中定不得为御史，正统（1436—1449）中又定不得历官知府。

掾官 见"曹官"。

掾属 属官统称。汉朝泛指公府及郡县官府属吏，正曰掾，副曰属。三国魏晋南北朝沿置。参见"掾"。

辍朝 为大臣去世休朝致哀。唐朝中外、文武大臣三品以上和致仕官曾任三品以上正官或四品清望官者死亡，休朝致哀一日或数日。五代因之，后唐追册四庙亦休朝。后沿为历朝之制。

辎重队科 官署名。清末陆军部军学司所属七科之一，光绪三十二年（1906）设，宣统三年（1911）改隶军学处。掌拟辎重队教育、训练、校阅之计划，审订辎重队操法，核议辎重队应用车辆、马匹、械器，考察所属学堂成绩等。置科长、科员、录事。

辎重兵科 官署名。清末陆军部军制司所属七科之一，光绪三十二年（1906）设。掌辎重兵科军士以下之补充，辎重队常备、续备、后备官兵之册籍，从及辎重队应用车辆材料之研究改良。置科长、科员、录事。

雅乐郎 官名。东汉置，负责雅乐的制作，并指导其演奏。《晋书·乐志上》："仅自东京大乱，绝无金石之乐，乐章亡缺，不可复知。及魏武平荆州，获汉雅乐郎河南杜夔，能识旧法，以为军谋祭酒，使创定雅乐。"

晢蔟氏 官名。《周礼》秋官之属，一说为周朝置，掌毁坏害鸟的巢穴。《周礼·秋官》："晢蔟氏，下士一人，徒二人"，"掌覆天鸟之巢"。

〔丨〕

紫衣 春秋时期大臣所穿的紫色朝服。《左传·哀公十七年》："良夫乘衷甸，两牡，紫衣，狐裘，至。"

紫花印 清制，中央六部、都察院，以及外省督、抚之文书，可盖紫色印信，故称紫花印。

紫带子 清朝对束紫带人之别称。清制，宗室腰束金黄带子，觉罗束红带子；宗室犯罪革退者给束红带子，觉罗革退则给束紫带子。又，对改进满文做出贡献的达海被称为满洲圣人，其支下子孙亦准用紫带。

紫宸 紫宸殿学士简称。

紫宸殿学士 官名。北宋仁宗庆历七年（1047），避真宗谥号，改文明殿学士置。八年，丁度罢参知政事，遂加此职。不久，以御史言紫宸不可为官称，改为观文殿学士。

紫微令 官名。即中书令，唐玄宗开元元年（713）改，五年复名中书令。参见"中书令"。

紫微侍郎 官名。即中书侍郎，唐玄宗开元元年（713）改，五年复名中书侍郎。参见"中书侍郎"。

紫微舍人 官名。即中书舍人，唐玄宗开元元年（713）改，五年复名中书舍人。参见"中书舍人"。

紫微省 官署名。即中书省，唐玄宗开元元年（713）改，五年复名中书省。参见"中书省"。

凿空将军 官名。将军名号。南朝梁置。武帝天监七年（508）定为施用于境外的武职二十四班中的五班，拟克狄将军等号；大通三年（529）定制后，班阶略提高，改拟明智将军等号。

敞史　官名。契丹北面官，为各官衙之佐吏。入辽后，仍沿此称。掌文书案牍之事，有时亦领兵作战。

敞稳　即常衮。

赏功案　官署名。北宋神宗元丰（1078—1085）改制后，兵部置，掌民兵酬奖之事。

赏给案　官署名。北宋前期三司置，分属度支部，掌百官给赐、赙赠例物、口食及冬春衣物等事，由本部都孔目官以下领之。神宗元丰（1078—1085），改制，随三司废。

赏赉科　官署名。清末陆军部军衡司所属四科之一，光绪三十二年（1906）设。掌陆军官佐、军士、军中文官、防营各员弁，陆军各学堂职员、学生之叙勋、奖赏、恤典、荫袭、世职、请封、加级、记录，以及土司承袭等事。置科长、科员、录事。

赏赐科　官署名。清朝礼部主客清吏司所属机构，分办本司事务。参见“主客清吏司”。

赏赐案　官署名。北宋神宗元丰（1078—1085）改制后，户部置，分属度支司，掌赏赐衣物钱帛。

掌卫事冠军使　见“冠军使”。

掌犬下士　官名。西魏、北周秋官府田正下大夫掌犬中士佐官，正一命。

掌犬中士　官名。西魏恭帝三年（556）仿《周礼》犬人置，北周沿置。秋官府田正下大夫属官，管理田猎中所用的犬，正二命。下设掌犬下士以佐其职。隋文帝开皇元年（581）罢。参见“犬人”。

掌太保印　官名。辽朝置，所掌不详。重熙中，耶律乙辛为文班吏、掌太保印。

掌历　官名。明朝内府二十四衙门各监、司、局及内府各供用库多有设置，无定员。

掌计　官名。唐朝始置为宫廷女官，二十四掌之一，属尚功局。员二人，正八品。为司计典计之佐，协掌度支衣服、饮食、柴炭及其他杂物之事。宋、金悉如唐制。明永乐（1403—1424）后归其职于宦官。

掌书　官名。❶战国齐置，掌书记之事，又称尚书。《吕氏春秋·骄恣》：齐宣王“遂召掌书曰：‘书之，寡人不肖而好为大室，春子止寡人。’”❷唐朝太子内官，三人，从八品，掌符契、经籍、传宣、启奏、教学、禀赐与纸笔等事。❸明清衍圣公府属官，一人。明朝以流官充任，清朝定秩正七品，掌府内文书。❹太平天国官，专掌文书。起义之始即设，于东、西、南、北、翼王殿六部尚书之下，国宗、侯、相、检点、指挥之下，官阶随之变化，一般只低于主管官一级，最高则至职同总制。如国宗掌书职同总制，侯、相掌书职同监军。❺明朝道官。为龙虎山正一真人的僚佐。

掌书记　官名。唐中宗景龙元年（707）行军则置，玄宗开元元年（713）方镇节度使府置为幕僚，掌起草朝觐、聘问、慰荐、祭祀、祈祝之文与号令及使府升绌之事。五代各方镇皆以重金聘求。观察使府亦置。辽朝节度使亦置。

掌正　官名。❶隋炀帝所置女官二十四掌之一，置二员，从九品，隶尚官局，与典正为司正之佐。❷唐朝太子内官，置三员，从八品，掌文书出入、管钥、纠察推罚，隶司闺。

掌节　官名。《周礼》地官之属，一说为周朝置，掌管各种符节。《周礼·地官》：“掌节，上士二人，中士四人，府二人，史四人，胥二人，徒二十人”，“掌守邦节而辨其用，以辅王命”，“凡通达于天下者必有节，以传辅之；无节者，有几则不达”。

掌节下士　官名。西魏、北周地官府司门下大夫掌节中士佐官，正一命。

掌节中士　官名。西魏恭帝三年（556）置，北周沿置。地官府司门下大夫属官，掌过所的发放，正二命。下设掌节下士以佐其职。隋文帝开皇元年（581）罢。

掌北院头子　官名。辽朝北面官，北枢密院官员，在给事北院知圣旨头子事下。掌北枢密院公文。

掌出上士　官名。西魏恭帝三年（556）置，北周沿置。天官府计部中大夫属官，掌国家各项财政支出帐簿，正三命。下设掌出中士以佐其职。隋文帝开皇元年（581）罢。参见“掌纳上士”。

掌出中士　官名。西魏、北周天官府计部中大夫掌出上士佐官，正二命。

掌囚　官名。《周礼》秋官之属，一说为周朝置，掌囚禁罪犯。《周礼·秋官》：“掌囚，下士十有二人，府六人，史十有二人，徒百有二十人”，“掌守盗贼。凡囚者，上罪梏而桎，中罪桎梏。下罪梏。王之同族，有爵者桎，以待弊罪，及刑杀。告刑于王，奉而适朝士，加明梏，以适士而刑杀之。凡有爵者，与王之同族，奉而适甸师氏，以待刑杀”。

掌囚下士　官名。西魏、北周秋官府刑部中大夫掌囚中士佐官，正一命。

掌囚中士　官名。西魏恭帝三年（556）仿《周礼》掌囚置，北周沿置。秋官府刑部中大夫属官，掌拘于刑部的囚犯，正二命。下设掌囚下士以佐其职。隋文帝开皇元年（581）罢。

掌仗　官名。隋炀帝始置，为宫廷女官二十四掌之一，属尚服局。员二人，从九品，为司仗、典仗之佐。协掌朝贺时帅女官擎执仪仗之事。唐改正八品。宋、金、明悉如唐制。

掌仪　官名。❶隋朝鸿胪寺司仪署置二十员。❷唐朝太子左春坊置二员，流外二品，为左赞善大夫之属，赞相礼仪。❸宋朝太学、武学、州县学常置一员，掌升堂释奠礼仪。

掌仪司　官署名。清朝内务府所属七司之一。初名钟鼓司，继改礼仪监、礼仪院，康熙十六年（1677）改此名。掌内廷礼乐及太监之品级、升调诸事。每届纂修玉牒之年，将未入黄册之皇子、皇孙、公主等开单送宗人府。设郎中二人，员外郎八人，主事、委署主事各一人，以及赞礼郎、司俎、司祝、司香、司碓、司爨、笔帖式、书吏各官。又设首领太监、副首领太监、太监等，掌传达内廷交办事项及内务府与敬事房往来文移。所属有中和乐处及果房，分掌奏乐和供备果品。此外，南苑、京畿、直隶、盛京等处所设果园之额征亦由司查核。宣统元年（1909），以避溥仪讳改掌礼司。

掌仪司员外郎 官名。清朝内务府掌仪司之职官。额设八人，佐郎中掌司事。

掌仪司郎中 官名。清朝内务府掌仪司主官。额设二人，掌司事。

掌印云麾使 见“云麾使”。

掌印太监 官名。明朝于宦官二十四衙门及内府供用库、司钥库、内承运库、灵台、皇陵、孝陵、长陵、等处分置，为各衙门最高宦官。以司礼监掌印太监品秩最尊。

掌印中书 官名。清朝中书科之职官。乾隆（1736—1795）间置，满州一人充任，从七品。掌缮书诰敕。

掌印冠军使 见“冠军使”。

掌印给事中 官名。清朝六科主官，康熙五年（1666）改都给事中设。每科满、汉各一人。掌发科抄，稽庶政，注销各衙门文卷及发给敕书、赴任文凭，察核奏销册、文武生童学册等事。初制，满员四品，汉员七品，康熙九年，俱定七品，雍正七年（1729）升正五品。光绪三十二年（1906）升正四品。

掌印监察御史 官名。清朝都察院属官。初，十五道中仅河南、江南、浙江、山东、山西、陕西六道授给印信，其掌印者称掌道，一般监察御史称协道；湖广、江西、福建、四川、广东、广西、云南、贵州八道为不给印的空衔坐道，由六道掌道兼理；京畿道给印而不设专员。乾隆十四年（1749）按道定额，各道均给印信，每道设掌印监察御史满、汉各一人，并固定各道职掌。

掌刍下士 官名。西魏、北周地官府虞部下大夫掌刍中士佐官，正一命。

掌刍中士 官名。西魏恭帝三年（556）置，北周沿置，地官府虞部下大夫属官，掌收敛饲养牲畜的刍草，正二命。下设掌刍下士以佐其职。隋文帝开皇元年（581）罢。

掌乐 官名。隋炀帝所置女官，隶尚仪局，为司乐、典乐之属，员四人，从九品，协掌音乐。唐朝沿置，四人，正八品，协掌内宫弦乐及诸乐陈布之仪。金朝沿唐制，品秩、职掌皆同。明太祖洪武十七年（1384）尚仪局置，为女官二十四掌之一。员四人，正八品，协助司乐、典乐掌音乐之事。

掌乐郎 官名。金朝教坊置，为二十五阶之第二十阶，秩从八品上。

掌记 官名。唐始制，为宫廷女官，二十四掌之一，属尚功局，员二人，正八品。为司记、典记之佐，协掌宫内诸司簿书，出入录目，番署加印，然后授行之事。宋、金悉如唐制。明永乐（1403—1424）后归其职于宦官。

掌礼上士 官名。北周置。掌祭祀等活动中的礼仪，一说属春官府。正三命。

掌礼郎 官名。《晋书·礼下》：“太常导皇帝升御座，钟鼓止，百官起。大鸿胪跪奏‘请朝贺’。掌礼郎赞‘皇帝延王登’。”

掌皮 官名。《周礼》天官之属，一说为周朝置，掌制作皮革。《周礼·天官》：“掌皮，下士四人，府二人，史四人，徒四十人”，“掌秋敛皮，冬敛革；春献之，遂以式请颁皮革于百工；共其毳为毡，以待邦事；岁终，则会其财赍”。

掌皮下士 官名。西魏、北周秋官府田正下大夫掌皮中士佐官，正一命。

掌皮中士 官名。西魏恭帝三年（556）置，北周沿置。秋官府田正下大夫属官，正二命。下设掌皮下士以佐其职。隋文帝开皇元年（581）罢。

掌式上士 官名。西魏恭帝三年（556）置，北周沿之。天官府纳言中大夫属官。正三命。隋文帝开皇元年（581）罢。

掌式中士 官名。西魏、北周天官府纳言中大夫掌式上士佐官。田仁恭曾以明经任此职。正二命。

掌戎隶下士 官名。西魏、北周秋官府司隶下大夫掌戎隶中士佐官，正一命。

掌戎隶中士 官名。西魏恭帝三年（556）置，北周沿置。秋官府司隶下大夫属官，正二命。下设掌戎隶下士以佐其职。隋文帝开皇元年（581）罢。

掌考 官名。太平天国朝上职官，定都天京（今江苏南京）后始设。天王一度特任，为会试、乡试主考官。天试、东试、北试、翼试及各省乡试均设正、副一人。翼王出走后，仅存天试。天历己未九年（1859），干王改革科举，改为钦命文衡总裁。

掌夷隶下士 官名。西魏、北周秋官府司隶中大夫掌夷隶中士佐官，正一命。

掌夷隶中士 官名。西魏恭帝三年（556）置，北周沿置。秋官府司隶下大夫属官，正二命。下设掌夷隶下士以佐其职。隋文帝开皇元年（581）罢。

掌伞总领 见“掌盖”。

掌衣 官名。隋炀帝始置，为宫廷女官，从九品，二十四掌之一。唐沿置，属尚服局。员二人，正八品，为司衣、典衣之佐，协掌衣服首饰之事。宋、金、明悉如唐制。

掌交 官名。《周礼》秋官之属，一说为周朝置，掌巡行邦国结好诸侯。《周礼·秋官》：“掌交，中士八人，府二人，史四人，徒三十有二人”，“掌以节与币巡邦国之诸侯，及其万民之所聚者。道王之德意志虑，使咸知王之好恶，辟行之，使和诸侯之好，达万民之说”。

掌交上士 官名。西魏恭帝三年（556）仿《周礼》掌交置，北周沿置。秋官府蕃部中大夫属官，掌与依附国的交往事宜，正三命。下设掌交中士以佐其职。隋文帝开皇元年（581）罢。参见“掌交”。

掌交中士　官名。西魏、北周秋官府蕃部中大夫掌交上士佐官，正二命。

掌灯　官名。隋炀帝始置，为宫廷女官二十四掌之一，属尚寝局。员二人，从九品，唐改正八品，为司灯之佐，协掌灯油火烛之事。宋、金悉如唐制。明永乐（1403—1424）后尽归其职于宦官。

掌次　官名。《周礼》天官之属，一说为周朝置，掌王出行止息处所的帷幕张设等事。《周礼·天官》："掌次，下士四人，府四人，史二人，徒八十人"，"掌王次之法，以待张事"，"凡祭祀，张其旅幕，张尸次。射则张耦次。掌凡邦之张事"。贾公彦疏："'以待张事'者，王出宫则幕人以帷与幕等送至停所，掌次则张之，故云，'以待张事'。"

掌次下士　官名。西魏、北周沿置。春官府典祀中大夫掌次上士佐官，正一命。

掌次上士　官名。西魏恭帝三年（556）仿《周礼》掌次置，北周沿置。春官府典祀中大夫属官，正三命。下设掌次下士以佐其职。隋文帝开皇元年（581）罢。参见"掌次"。

掌冰下士　官名。西魏、北周天官府膳部中大夫掌冰中士佐官，正一命。

掌冰中士　官名。西魏恭帝三年（556）仿《周礼》凌人置，北周沿置。天官府膳部中大夫属官，掌冰的采制、收存，正二命。下设掌冰下士以佐之。隋文帝开皇元年（581）罢。

掌关防处　官署名。又名掌关防管理内管领事务处、内管领处，俗称关防衙门。清朝内务府所属之办事机构。掌理宫内房屋之修葺、拔草、裱糊、洒扫以及备办粮、盐、水、糖、饼饵、菜蔬等物。由内务府郎中一人、员外郎一人兼管。下设内管领、副内管领各三十人及笔帖式等员。役使苏拉近五千人。所属有官三仓、恩丰仓、内外饽饽房、酒醋房、菜库、车库等。

掌关防参领　官名。清朝八旗都统衙门所属左、右司之职官。雍正七年（1729）设，每旗二人，左、右司各一人。负责掌管本旗印信。十三年省，改设印务参领。

掌关防章京　官名。清朝八旗都统衙门所属左、右司之职官。雍正七年（1729）设，每旗二人，左、右司各一人。协助掌关防参领掌管本旗印信。十三年省，改设印务章京。

掌讶　官名。《周礼》秋官之属，一说为周朝置，掌礼籍等级以迎宾客。《周礼·秋官》："掌讶，中士八人，府二人，史四人，胥四人，徒四十人"，"掌邦国之等籍以待宾客。若将有国宾客至，则戒官修委积，与士逆宾于疆，为前驱而入"。

掌讶下士　官名。西魏、北周秋官府宾部中大夫掌讶中士佐官，正一命。

掌讶中士　官名。西魏恭帝三年（556）仿《周礼》掌讶置，北周沿置。秋官府宾部中大夫属官，正二命。下设掌讶下士以佐其职。隋文帝开皇元年（581）罢。参见"掌讶"。

掌设　官名。❶女官二十四掌之一。隋炀帝始置二员，从七品，隶尚寝局，佐司设、典设掌内宫床席帷帐、铺设洒扫。唐朝沿置，二员，正八品。宋朝亦隶尚寝。金同唐制，佐司设、典设掌帷帐、床褥、枕席、洒扫、铺设。明洪武十七年（1384）置，二员，正七品；二十七年增二十四典后，遂改为正八品；服劳多者，或五六载，得归父母，听婚嫁，年高者许归，愿留者听，现授职者家给与禄。永乐（1403—1424）后，其职尽移于宦官。❷唐朝卫尉寺守宫署属官，置六员，流外八品，掌帐帘、帷幕。❸唐朝鸿胪寺司仪署置十八员，陈设凶礼丧葬之具。

掌军中郎将　官名。东汉献帝建安（196—220）末刘备置。以益州太守董和任之，与军师将军诸葛亮并署左将军大司马府事，成为主要辅政官员。

掌材下士　官名。西魏、北周冬官府匠师中大夫掌材上士佐官，正一命。

掌材上士　官名。西魏恭帝三年（556）置，北周沿置。冬官府匠师中大夫属官，掌管本司用于兴造的材料，员二人，正三命。下设掌材中士、掌材下士以佐其职。隋文帝开皇元年（581）罢。

掌材中士　官名。西魏、北周冬官府匠师中大夫掌材上士佐官，员二人，正二命。

掌严　官名。唐朝置为太子内官，三员，从八品，掌东宫首饰、衣服、巾栉、膏沐、服玩、仗卫等事，隶司则。

掌医　官名。唐朝置为太子内官，三员，从八品，掌东宫医药、伎乐，隶司馔。太平天国军中置为给事官。

掌医监　官署名。元武宗至大元年（1308）由掌医署改立，秩正五品，隶徽政院。置领监官、达鲁花赤各一员，卿四员，太卿、太监各五员，少监六员，丞二员。至治三年（1323），罢。

掌医署　官署名。元世祖至元三十一年（1294）由典医署改立，秩从五品，隶徽政院。武宗至大元年（1308），升掌医监。

掌园　官名。唐朝置为太子内官，三员，从八品，掌东宫园苑种植蔬果，隶司馔。

掌坐　官名。宋朝恩荫补官名目之一。由礼部奏补。

掌狄隶下士　官名。西魏、北周秋官府司隶下大夫掌狄隶中士佐官，正一命。

掌狄隶中士　官名。西魏恭帝三年（556）置，北周沿置。秋官府司隶下大夫属官，正二命。下设掌狄隶下士以佐其职。隋文帝开皇元年（581）罢。

掌饮局　官署名。元朝置秩，正五品，掌内府饮食。

掌言　官名。隋炀帝始置，为宫廷女官。二十四掌之一，属尚宫局，员二人，从九品。唐朝改正八品。为司言、典言之佐，协掌宣传启奏之事。宋、金悉如唐制。明永乐（1403—1424）后归其职于宦官。

掌库 宋置为吏职。服法物库及鞍辔库均置，各若干名，掌本库细务。明置为内官。内府甲字、乙字、丙字、丁字、戊字、承运、广盈、广惠、广积、赃罚各设一员，由低级宦官充任。有关防曰某字库关防，篆文一行直下。职掌参见“十库”。

掌闱 官名。隋炀帝始置，为宫廷女官，二十四掌之一，属尚宫局，员二人，从九品。唐改正八品。为司闱、典闱之佐，协掌宫闱管钥之事。宋、金悉如唐制。明永乐（1403—1424）后归其职于宦官。

掌闲 吏职名。唐朝殿中省尚乘局置，员五千人，掌饲六闲之马，治其乘具鞍辔。

掌冶方令 官名。唐太宗贞观元年（627）置，武则天垂拱元年（685）改名掌冶令。

掌冶方丞 官名。唐太宗贞观元年（627）置，武则天垂拱元年（685）改名掌冶丞。

掌冶方署 官署名。唐太宗贞观元年（627）置，武则天垂拱元年（685）改名掌冶署。

掌冶令 官名。隋朝太府寺掌冶署长官，置二员，从八品上；炀帝大业三年（607）改隶少府监，升从六品。唐武则天垂拱元年（685）改掌冶方令置，一员，正八品上，掌熔铸铜铁器物。北宋初存其名而罕除授。

掌冶丞 官名。隋朝太府寺掌冶署次官，置四员，从九品上；炀帝大业三年（607）改隶少府监。唐武则天垂拱元年（685）改掌冶方丞置，员二人，正九品上。北宋初存其名，极少除授。

掌冶署 官署名。隋朝太府寺置，有令二员、丞四员；炀帝大业三年（607）改隶少府监。唐武则天垂拱元年（685）改掌冶方署置，令一员、丞二员，掌冶铸金银铜铁及涂饰玻璃玉作；另有监作、典事等。北宋存其官名而无职司。

掌冶署令 官名。即掌冶令。

掌冶署丞 官名。即掌冶丞。

掌纳上士 官名。西魏恭帝三年（556）仿《周礼》职内置，北周沿置。天官府计部中大夫属官，掌赋税等国家各项收入的帐簿，定期与掌出上士所管的财政支出帐目核对，以掌握国家所存资财。正三命。设掌纳中士以佐其职。隋文帝开皇元年（581）罢。

掌纳中士 官名。西魏、北周天官府计部中大夫掌纳上士佐官，正二命。

掌武 太尉别称。洪迈《容斋四笔》卷一五《官称别名》：“唐人好以它名标榜官称”，“太尉为掌武”。

掌苑 官名。隋炀帝始置，为宫廷女官，二十四掌之一，属尚寝局，员二人，从九品，唐改正八品。为司苑、典苑之佐，协掌园苑种植疏果之事。宋、金悉如唐制。明永乐（1403—1424）后归其职于宦官。

掌郁下士 官名。西魏、北周春官府典祀中大夫掌郁中士佐官，正一命。

掌郁中士 官名。西魏恭帝三年（556）仿《周礼》郁人置，北周沿置。春官府典祀中大夫属官，正二命。下设掌郁下士以佐其职。隋文帝开皇元年（581）罢。参见“郁人”。

掌果 官名。清朝内务府掌仪司果房主官。康熙十六年（1677）设，二人。正九品。掌理供备祭祀、筵宴果品及供应内庭食用果品之事。下设司果执事十二人，分办各项事务。

掌固 官名。❶《周礼》夏官司马属官，有上士二人、下士八人。掌修筑城郭沟池树渠等防御工事。❷即掌故。❸太子掌固简称。❹唐、五代中央部分官署流外吏职，由隋掌事改名，掌管仓库及厅事铺设，经考试可转府、史。

掌制 官名。隋炀帝始置，为宫廷女官，二十四掌之一，属尚工局。员二人，从九品。唐改正八品，属尚功局。为司制、典制之佐，协掌裁缝衣服之事。宋、金悉如唐制。明永乐（1403—1424）后归其职于宦官。

掌货贿 官名。《周礼》秋官之属，一说为周朝置，《周礼·秋官·序官》：“掌货贿，下士十有六人，史四人，徒三十有二人。”贾公彦疏：“掌邦国所致货贿”，“文阙，不可强言也”。

掌货赂下士 官名。西魏、北周秋官府宾部中大夫掌货赂中士佐官，正一命。

掌货赂中士 官名。西魏恭帝三年（556）仿《周礼》掌货赂置，北周沿置。秋官府宾部中大夫属官，正二命。下设掌货赂下士以佐其职。隋文帝开皇元年（581）罢。

掌舍 官名。❶《周礼》天官属官，下士爵。《周礼·天官》：掌舍“掌王之会同之舍，设梐枑再重，设车宫辕门，为坛宫棘门，为帷宫役旌门。无宫，则共人门。凡舍之事则掌之”。❷小吏。宋朝三馆置。一人。掌有关细务。

掌所事云麾使 见“云麾使”。

掌饰 官名。隋炀帝始置，为宫廷女官，二十四掌之一。隶尚服局。员二人，从九品，唐朝改正八品。为司饰、典饰之佐，协掌膏沐巾栉服玩之事。宋、金、明初悉如唐制。

掌服郎 官名。北魏置。孝文帝太和十七年（493）定为从六品上。

掌法案 官署名。宋朝太常寺与大晟府所属机构，掌礼乐之法。

掌宝 官名。❶隋炀帝始置，为宫廷女官，二十四掌之一，属尚工局。员二人，从九品。唐朝改正八品。属尚服局，为司宝、典宝之佐。协掌宝玺符契图籍之事。宋、金、明初悉如唐制。❷金朝詹事院下置，员二人，从六品，掌奉宝。

掌织 官名。隋炀帝女官二十四掌之一，隶尚工局，置二员，从九品，佐司织、典织掌内宫织染。

掌珍 官名。唐朝始置，为宫廷女官，二十四掌之一，属尚功局。正八品，员二人，为司珍、典珍之佐，协掌金玉珠宝财货之事。宋、金悉如唐制。明永乐（1403—1424）后尽归其职于宦官。

掌故　官名。亦称掌固。西汉置，属太常，故亦称太常掌故，秩百石。又有文学掌故、太史掌故、治礼掌故等。熟习礼乐制度等典章故事，备咨询。武帝时，丞相公孙弘请置博士弟子，一岁皆试，能通一艺以上，补文学掌故；择太常掌故补中二千石曹史，文学掌故补郡属曹史。后遂成定制，岁课甲、乙、丙三科，其丙科即补文学掌故，射策得乙科可为太常掌故、太史掌故。南朝梁、陈太常卿属官亦置，为乐官。北齐尚书省吏部、仪曹、三公、虞曹、都官、二千石、比部左户诸郎曹皆置，为吏职。

掌药　官名。隋炀帝始置，为宫廷女官，二十四掌之一，属尚食局。为司药、典药之佐，协掌医方药物。员二人，从九品。唐改正八品。宋、金悉如唐制。明永乐（1403—1424）后尽归其职于宦官。

掌炭　官名。《周礼》地官之属，一说为周朝置，掌征收灰炭。《周礼·地官》："掌炭，下士二人，史二人，徒二十人"，"掌灰物炭物之征令，以时入之，以权量受之，以共邦之用"。

掌炭下士　官名。西魏、北周地官府虞部下大夫掌炭中士佐官，正一命。

掌炭中士　官名。西魏恭帝三年（556）仿《周礼》掌炭置，掌炭的烧制、征收，北周沿置。地官府虞部下大夫属官，正二命。下设掌炭下士以佐其职。隋文帝开皇元年（581）罢。

掌囿下士　官名。西魏、北周地官府虞部下大夫掌囿中士佐官，正一命。

掌囿中士　官名。西魏恭帝三年（556）仿《周礼》囿人置，掌养于苑囿的百兽，北周沿置。地官府虞部下大夫属官，正二命。下设掌囿下士以佐其职。隋文帝开皇元年（581）罢。

掌科　官名。明指六科掌印者。洪武六年（1373）铸六科给事中印，推各科给事中年长者掌之。二十四年定各科都给事中一人，掌本科印。故名。

掌剑大夫　官名。春秋时吴国置，掌管刀剑。《吴越春秋·阖闾内传》："阖闾使掌剑大夫以莫耶献之。"

掌食　官名。唐朝置为太子内官，三员，从八品。掌东宫膳羞、酒醴、灯烛、柴炭及宫人食料器皿，隶司馔。

掌津下士　官名。西魏、北周冬官府司水中大夫掌津中士佐官，正一命。

掌津中士　官名。西魏恭帝三年（556）置，北周沿置。冬官府司水中大夫属官，员一人，掌津渡川渎之制，而为之桥梁。正二命。下设掌津下士以佐其职。隋文帝开皇元年（581）罢。

掌宪　清朝都察院御史之别称。

掌客　官名。❶《周礼》官名，为秋官司寇之属，有上士二人、下士二人，掌飨宴宾客牢礼等级之事。❷隋朝鸿胪寺典客署官，置十员，正九品；炀帝大业三年（607）改典客署为典蕃署后不置。唐朝鸿胪寺典客署复置，十五员，正九品上。掌送迎蕃客，专莅馆舍。

掌班　官名。明朝宦官特务组织东厂置，无定员。高级宦官如各监、司、局掌印太监，司礼监秉笔太监、随堂太监的私臣中亦置。

掌荼　官名。《周礼》地官之属，一说为周朝置，掌征收荼草以供丧葬。《周礼·地官》："掌荼，下士二人，府一人，史一人，徒二十人"，"掌以时聚荼，以共丧事。征野疏材之物，以待邦事，凡畜聚之物"。

掌盐下士　官名。西魏、北周地官府载师中大夫掌盐中士佐官。正一命。

掌盐中士　官名。西魏恭帝三年（556）置，北周沿置。地官府载师中大夫属官，掌海盐、池盐、形盐、饴盐等四盐的生产、交易及征税。于每产盐地各设一人以掌之，正二命。下设掌盐下士以佐其职。隋文帝开皇元年（581）罢。

掌圃下士　官名。西魏恭帝三年（556）仿《周礼》场人置，掌国家林木果圃的管理，北周沿置。地官府虞部下大夫属官，正一命。隋文帝开皇元年（581）罢。参见"场人"。

掌徒下士　官名。西魏、北周秋官府司隶下大夫掌徒中士佐官，正一命。

掌徒中士　官名。西魏恭帝三年（556）置，北周沿置。秋官府司隶下大夫属官，正二命。下设掌徒下士以佐其职。隋文帝开皇元年（581）罢。

掌彩　官名。隋炀帝始置，为宫廷女官，二十四掌之一，属尚工。员二人，从九品。唐改隶尚功局。为司彩、典彩之佐，正八品，协掌锦衣缣彩丝枲之事。宋、金悉如唐制。明永乐（1403—1424）后尽归其职于宦官。

掌玺　官名。隋炀帝所置女官二十四掌之一，隶尚服局，置二员，从九品，佐司玺、典玺，掌内宫琮玺符节。

掌玺郎　官名。北魏置。孝文帝太和十七年（493）定为从六品上。

掌教上士　官名。北周置。卢恩道曾任此职。一说为春官府属官，正三命。

掌教中士　官名。北周置，正二命。一说为春官府属官。

掌率　官名。太平天国后期增设之朝上职官。翼王出走后新设，分正、副、又正、又副共四员。初为百官之长，位高责重。后洪仁玕受干王，总理朝政，遂成为普通官职，一般低于天将，高于义爵。

掌畜　官名。《周礼》夏官之属，一说为周朝置，掌驯养鸟类动物，以供祭祀用牲及饮食膳羞。《周礼·夏官》："掌畜，下士二人，史二人，胥二人，徒二十人"，"掌养鸟而阜蕃教扰之。祭祀，共卵鸟。岁时，贡鸟物。共膳献之鸟"。

掌畜令　官名。西汉属右扶风，职掌畜牧，秩六百石，有丞。

掌畜丞　官名。西汉属右扶风，为掌畜令副贰，主牧畜。

掌座　官名。唐朝两京郊社署郊坛置，二十四员，以主神御之物。皆由礼部自斋郎中奏补，任满十二年授官。

掌家　官名。明朝为高级宦官如各内府司、监、局掌印太监，司礼监秉笔太监、随堂太监的私臣，仍以宦官为之。掌各大太监公私干办之事。

掌宾　官名。隋炀帝始置，为宫廷女官，二十四掌之一，属尚仪局。员二人，从九品，唐朝改正八品。为司宾、典宾之佐，协掌宾客参见、朝会引导、宴会赐赉之事。宋、金悉如唐制。明永乐（1403—1424）后归其职于宦官。

掌染草　官名。《周礼》地官之属，一说为周朝置，掌征收用作染料的草类植物。《周礼·地官》："掌染草，下士二人，府一人，史二人，徒八人"，"掌以春秋敛染草之物，以权量受之，以待时而颁之"。

掌醖　❶官名。隋炀帝始置，为宫廷女官，二十四掌之一，属尚食局。员二人，从九品，唐朝改正八品，佐司醖、典醖，协掌酒醴进御。宋、金悉如唐制。明永乐（1403—1424）后归其职于宦官。❷吏名。隋唐光禄寺良醖署置，员数十人，掌酒醴供设。

掌船局　官署名。隋朝都水台置，掌舟楫，以都尉领其事。炀帝大业三年（607）改都水台为监，掌船局为舟楫署。

掌船局都尉　官名。隋朝都水台所领掌船局长官，置二员，从八品。炀帝大业三年（607）罢。

掌盖　官名。又称伞房掌盖，清朝内务府武备院所属北鞍库之属官。初设时称掌伞总领，二人，康熙三十三年（1694）增为三人。乾隆二十四年（1759）改是称。正六品，掌伞房事。凡皇帝御殿或祭祀行礼，则负责张黄盖。

掌谒司　官署名。元世祖至元三十一年（1294）由典宝署改立，秩从五品，隶徽政院。成宗元贞元年（1295）升正四品，设官四员。大德十一年（1307）升正三品。置司卿、少卿各四员，丞二员。英宗至治三年（1323）罢。

掌辇　官名。隋炀帝大业三年（607）殿内省尚辇局置六员。唐朝殿中省尚辇局初置四员，玄宗开元十三年（735）减二员，正九品下。掌率主辇四十二人分七辇以供事。北宋初存其名，极少除授。

掌堰下士　官名。西魏恭帝三年（556）置，北周沿置。地官府载师中大夫属官，正一命。隋文帝开皇元年（581）罢。

掌葛　官名。《周礼》地官之属，一说为周朝置，掌向山泽农家征收织布用的葛和苎麻。《周礼·地官》："掌葛，下士二人，府一人，史一人，胥二人，徒二十人"，"掌以时征絺绤之材于山农。凡葛征，征草贡之材于泽农，以当邦赋之政令，以权度受之"。

掌散乐下士　官名。西魏恭帝三年（556）置，北周沿置。初为春官府大司乐中大夫属官，北周武帝保定四年（564），改大司乐为乐部，遂为乐部中大夫属官。正一命。隋文帝开皇元年（581）罢，职掌参见"掌散乐中士"。

掌散乐中士　官名。西魏恭帝三年（556）仿《周礼》旄人置，北周沿置。初为春官府大司乐中大夫属官，北周武帝保定四年（564），改大司乐为乐部，遂为乐部中大夫属官。掌祭祀、宴饮时的散乐及杂伎百戏，正二命。下设掌散乐下士以佐其职。隋文帝开皇元年（581）罢。

掌朝下大夫　官名。西魏恭帝三年（556）置，北周沿置。秋官府掌朝司长官，皇帝临朝时，典笔砚，持至御坐，由承御大夫取以进上，并掌纠察非违，肃正朝仪。下设小掌朝上士以佐其职，领掌察上士、司约中士、司盟中士、职金中士、掌璧中士、司厉中士等官属。正四命。隋文帝开皇元年（581）罢。

掌朝门　官名。太平天国天王宫内给事官。永安建制始设，分左、右，各二人，职同检点。掌守天王府朝门（天朝门）。

掌朝仪　官名。太平天国朝上职官。永安建制始设，分左、右，正、副各一人，职同检点。主议礼乐。

掌遗中士　官名。西魏恭帝三年（556）仿《周礼》遗人置。北周沿置。地官府载师中大夫属官，正二命。隋文帝开皇元年（581）罢。参见"遗人"。

掌筵　官名。唐朝置为太子内官，三员，从八品。掌东宫帷幄、床褥、几案、舆伞、铺设、洒扫等事，隶司闺。

掌筵郎　官名。北魏置。孝文帝太和十七年（493）定为从六品上。

掌禽下士　官名。西魏、北周地官府虞部下大夫掌禽中士佐官，正一命。

掌禽中士　官名。西魏恭帝三年（556）仿《周礼》羽人置，掌征收禽类及其羽毛，北周沿置。地官府虞部下大夫属官，正二命。下设掌禽下士以佐其职。隋文帝开皇元年（581）罢。参见"羽人"。

掌蛮隶下士　官名。西魏、北周秋官府司隶下大夫掌蛮隶中士佐官，正一命。

掌蛮隶中士　官名。西魏恭帝三年（556）置，北周沿置。秋官府司隶下大夫属官，正二命。下设掌蛮隶下士以佐其职。隋文帝开皇元年（581）罢。

掌蜃　官名。《周礼》地官之属，一说为周朝置，掌征收蚌蛤以供丧葬祭祀。《周礼·地官》："掌蜃，下士二人，府一人，史一人，徒八人"，"掌敛互物蜃物，以共（供）闉圹之蜃。祭祀，共蜃器之蜃"。

掌阙案　官署名。北宋神宗元丰（1078—1085）改制后，吏部置，掌官阙。

掌墓下士　官名。西魏、北周春官府夏采下大夫掌墓中士佐官，正一命。

掌墓中士　官名。西魏恭帝三年（556）置，北周沿置。春官府夏采下大夫属官，掌管国家墓地，以及执行禁止立庙村碑之命，正二命。下设掌墓下士以佐其职。隋文帝开皇元年（581）罢。

掌罪隶下士　官名。西魏、北周秋官府司隶中大夫掌罪隶中士佐官，正一命。

掌罪隶中士　官名。西魏恭帝三年（556）置，北周沿置。秋官府司隶下大夫属官，正二命。下设掌罪隶下士以佐其职。隋文帝开皇元年（581）罢。

掌墐下士　官名。西魏、北周秋官府布宪中大夫掌墐中士佐官，正一命。

掌墐中士　官名。两魏恭帝三年（556）置，北周沿置。秋官府布宪中大夫属官，正二命。下设掌墐下士以佐其职。隋文帝开皇元年（581）罢。

掌舆　官名。隋炀帝始置，为宫廷女官，二十四掌之一，属尚寝局。员二人，从九品。唐朝改正八品。为司舆、典舆之佐，协掌舆辇伞扇之事。宋、金沿唐制，为尚寝属佐，明隶尚寝局下，员二人，正八品。明永乐（1403—1424）后尽归其职于宦官。

掌旗官　官名。清末新陆军军官。光绪三十年（1904）定新陆军营制，始置。每标一人，正六品，副军校充，奏补。掌奉持步马队标旗。炮队不置。

掌察下士　官名。西魏、北周秋官府掌朝下大夫掌察上士属官，正一命。

掌察上士　官名。西魏恭帝三年（556）置，北周沿置。秋官府掌朝下大夫属官，正三命。下设掌察中士、掌察下士以佐其职。隋文帝开皇元年（581）罢。

掌察中士　官名。西魏、北周秋官府掌朝下大夫掌察下士佐官，正二命。

掌察四方　官名。《周礼》秋官之属，一说为周朝置。《周礼·秋官·序官》："掌察四方，中士八人，史四人，徒十有六人。"贾公彦疏："（掌察四方）盖督察邦国之事。"

掌缝　官名。唐朝置为太子内官，三员，从八品。东宫裁剪、缝纫与织绩，隶司则。

掌稿笔帖式　官名。清朝中央机构中之属官，掌册籍整理之事。如吏部文选司、兵部武选司中即设，由该部笔帖式中遴选。五年期满，勤慎无过，案卷清楚，可升用。

掌饎　官名。隋炀帝始置，为宫廷女官，二十四掌之一，属尚食局。员二人，从九品。唐朝改正八品，为司饎、典饎之佐，掌宫人饭食及柴炭之事。宋、金明沿置。宋、金为尚食属佐。明置于尚食局下。明永乐（1403—1424）后尽归其职于宦官。

掌馔　官名。❶金朝置，为皇后位下女职。一人，八品，掌饮食汤药洒醴蔬果之事。❷明朝国子监属官。洪武十三年（1380）改典膳而置。国子监掌馔厅初置一人，后增至二人。中都国子监、南京国子监均置。于掌馔厅办事，管监生饮膳之事。

掌戮　官名。《周礼》秋官之属，一说为周朝置，掌刑杀罪犯。《周礼·秋官》："掌戮，下士二人，史一人，徒十有二人"，"掌斩杀贼谍而搏之。凡杀其亲者，焚之。杀王之亲者，辜之。凡杀人者，踣诸市，肆之三日"。

掌薪下士　官名。西魏恭帝三年（556）仿《周礼》委人置，北周沿置。地官府虞部下大夫属官，掌敛野之疏材木材，以供祭祀、宾客、军旅薪蒸之用。正一命。隋文帝开皇元年（581）罢。参见"委人"。

掌赞　官名。隋炀帝始置，为宫廷女官，二十四掌之一，属尚仪局。员二人，从九品。唐改正八品。为司赞、典赞之佐。宋朝为尚仪属佐，协助司赞掌礼仪、班序、设版、参拜之事。金沿唐宋之制，置二人。明朝置为女官六局中尚仪局属。位次司赞，员二人，正八品，掌朝见、宴会、赞相之事。明永乐（1403—1424）后归其职于宦官。

掌膳　❶女官名。隋炀帝始置，为二十四掌之一，属尚食局。员四人，从九品。唐改正八品。为司膳、典膳之佐。协掌膳羞器皿之事。宋、金悉如唐制。明永乐（1403—1424）后归其职于宦官。❷吏名。唐太子家令寺食官署置，四人，掌饮膳。

掌膳郎　散官名号。明洪武十年（1377）置，以授光禄司大官、珍羞、良酝、掌醢四署署丞中庖人出身者。三十年改司为寺，官制仍旧。

掌膳署　见"典膳署"。

掌醢下士　官名。西魏、北周天官府膳部中大夫掌醢中士佐官，正一命。员十二人。

掌醢中士　官名。西魏恭帝三年（556）仿《周礼》醢人置，北周沿置。天官府膳部中大夫属官，员一人，正二命。下设掌醢下士以佐之。隋文帝开皇元年（581）罢。参见"醢人"。

掌醢令　官名。隋朝光禄寺掌醢署长官，置一员，从八品下，炀帝大业三年（607）升为正七品。唐朝沿置，一员，正八品下。掌供醢醢之属而辨其名物。北宋初存其名，极少除授。明洪武八年（1375）改光禄寺为光禄司，置为掌醢署长官，一员，从六品，三十年复置光禄寺，改署令为署正。

掌醢丞　官名。隋朝光禄寺掌醢署次官，置二员，从九品下。唐朝沿置，正九品下。北宋初存其名，极少除授。明洪武八年（1375）改光禄寺为光禄司，置为掌醢署次官，一员，从七品，三十年复光禄寺，仍为署丞不改，增为四人。清朝光禄寺掌醢署沿置，满洲二人，定从七品。

掌醢署　官署名。隋朝光禄寺置，有令一员、丞二员、掌醢十员。唐朝沿置，令一员、丞二员，掌供醢醢之物：鹿、兔、羊、鱼醢；宗庙用葅以实豆，宾客、百官用醢酱以和羹；又有主醢、酱匠、酢匠、豉匠、葅醢匠等属。宋初存其官名而无职司。明洪武八年（1375）光禄司置，有令、丞各一员，监事一员，三十年改隶光禄寺，置署正一员，署丞四员、监事四员，掌供饧、油、醯、酱、梅、盐之事。清朝光禄寺沿置，满、汉署正各一员，满洲署丞二员，又有笔帖式、经承等属，掌供醯酱，筵宴廪饩皆供其物，征果园赋额致诸库。

掌醢署令　官名。即掌醢令。

掌醢署丞　官名。即掌醢丞。

掌藏　官名。唐朝置为太子内官，三员，从八品，掌东宫财货、珠宝与锦彩出入，隶司则。

掌壁下士　官名。西魏、北周秋官府掌朝下大夫掌壁中士佐官，正一命。

掌壁中士　官名。西魏恭帝三年（556）置，北周沿置。秋官府掌朝下大夫属官，正二命。下设掌壁下士以佐其职。隋文帝开皇元年（581）罢。

掌簿　官名。隋炀帝始置，为宫廷女官，二十四掌之一，属尚宫局。员二人，从九品。唐朝改正八品，为司簿、典簿之佐。宋朝置为尚宫属佐，协助司簿掌宫人名册及廪赐之事。金沿唐宋之制，二人。明朝宫中尚宫局下设二人，正八品。明永乐（1403—1424）后尽归其职于宦官。

掌疆　官名《周礼》夏官之属，一说为周朝置，掌理边境疆界的守备。《周礼·夏官》："掌疆，中士八人，史四人，胥十有六人，徒百有六十人。"贾公彦疏："按其职阙，虽未知其事，盖掌守疆界，亦是禁戒之事，故在此也。"

掌籍　官名。隋炀帝始置，为宫廷女官，二十四掌之一，属尚仪局。员二人，从九品。唐朝为正八品，协助司籍、典籍掌管四部经籍，教授笔札之事。宋属尚书内省，员二人，正八品，职掌如故，金同唐、宋制，置二人。明朝置为宫中尚仪局女官，正八品。永乐（1403—1424）后尽归其职尽移于宦官。

喇嘛　僧号。藏语音译。意为上师，乃喇嘛教对僧侣之尊称。十五世纪宗喀巴所创立的黄教传布到西藏、蒙古，至清朝则有驻京喇嘛、藏喇嘛、番喇嘛、游牧喇嘛之名。

喻寒觅零逋　官名。吐蕃官，副整事，与整事大相等共任国事。

喻寒波充　官名。吐蕃官，小整事，与整事大相、副整事等共任国事。

喻寒波掣逋　官名。吐蕃官，整事大相，与副整事、小整事等共任国事。

幌氏　官名。周朝置，主管湅丝帛。《周礼·冬官·考工记》："幌氏湅丝，以涚水沤其丝。"

睹鲁华　即秃鲁花。

赐号　清朝赐称号嘉美诸王之制。凡初封亲王、郡王，均奉旨加给封号，称赐号，颁给册宝册印。其子孙承袭时，封号不变，册宝不换，仅在封册内增注承袭者姓名。亲王、郡王皆依赐号排定班位，次序。亲王依次是礼亲王、睿亲王、郑亲王、豫亲王、肃亲王、庄亲王、恭亲王、醇亲王、庆亲王、怡亲王。郡王依次是克勤郡王、顺承郡王、端郡王，定郡王。贝勒以下，不给封号。亲王、郡王死后，均赐予谥号，于其封号之下加一字为谥。追封者不予谥。贝勒以下兼一品官职者，予谥与否，请旨定夺。兼二品以下官职者，不请谥。

赐名　清朝赐号嘉美封爵之制。雍正元年（1723）赐公爵美称十种，即忠达公、褒绩公、奉义公、超武公、雄勇公、果毅公、信勇公、建烈公、勇勤公、英诚公。乾隆十四年（1749）仿公爵赐名之例，赐侯爵美称六种，即奉义侯、恭诚侯、顺勤侯、顺义侯、昭武侯、延恩侯；赐伯爵美称十二种，即敦惠伯、义烈伯、宣义伯、襄宁伯、昭毅伯、威靖伯、襄勤伯、诚毅伯、昭信伯、懋烈伯、诚武伯、勤宣伯。凡始封公、侯、伯，由内阁撰拟嘉名，俟钦定，载入袭爵诰、敕内颁给。至于子、男仅分等次，不赐美称。

赐劳　赏赐劳绩。秦汉考课官吏劳绩以日计算，有功则赏赐若干日，有过则罚若干日。《睡虎地秦墓竹简·厩苑律》："赐牛长日三旬"，"赐田典日旬"。

赐命　又称锡命。春秋时期君主对臣子赏赐物品、爵位或官职的命令。《左传·成公十三年》："君来赐命曰：'吾与女伐狄。'"

赐官　周朝天子赐予卿大夫自置官吏以治家邑。《周礼·春官·大宗伯》："六命赐官。"郑玄注："赐官者使得自置其臣治家邑，如诸侯。"

赐绯　官员服制。唐朝京官散阶未及五品者可赐服绯，佩银鱼袋，以示尊宠，谓赐绯。宋朝沿此制。

赐紫　官员服制。唐朝京官散阶未及三品者可赐服紫，佩绯鱼袋、紫金鱼袋，以示尊宠，谓赐紫。宋朝沿此制。

赐爵　国君或皇帝赐吏民爵位。战国时秦国制定二十等爵，以奖励军功、事功。秦及西汉沿之，依爵级赐与田宅，享受减刑、免役待遇，或有权役使无爵平民，及以爵位赎罪、赎免奴隶等。公大夫（七级）或公乘（八级）以上为高爵，皆令食邑。汉惠帝后军功赐爵渐形消亡，多于重大庆典时赐吏民爵位，文帝以后益轻滥。高爵移至五大夫（九级）以上，仅能免役，除列侯（二十级）外无食邑。公乘以下低爵徒有其名，与齐民无异，不享受免役等特权，不赐田宅。并实行卖爵制。武帝一度恢复以军功赐爵，设武功爵。旋废。东汉唯赐民低爵，且无实际优待。高爵唯置列侯、关内侯，又有县侯、乡侯、亭侯等名号。东汉末曹操又设名号侯、关中侯、关外侯、五大夫，以赏军功，皆不食租。魏晋南北朝所赐民爵对象并无定制，被赐爵位自一级至三级不等。后世仍有沿用，然具体制度不同。

量人　官名。《周礼》夏官司马之属，掌测量营造城邑宫室的土地面积及道路。《周礼·夏官》："量人，下士二人，府一人，史四人，徒八人"，"掌建国之法，以分国为九州，营国城郭、营后宫。量市朝道巷门渠。造都邑，亦始之"。《仪礼·大射》："司马命量人，量侯道，与所设乏。"郑玄注："量人，司马之属，掌量道巷涂数者。"

量试　宋朝官员考选方式之一。二十五岁以上宗室子弟，出官前须赴礼部贡院考试，称量试。例试一场，考经义二道，诗、赋各一首，或考论一道。合格者，授保义郎和承节郎；不合格者，四十岁以上，授承信郎，四十岁以下，许省试时再试。若在外地量试，合格者授承信郎。

量移　官制术语。唐、宋官员以微过谴逐者，经一定考限或遇恩赦而迁用于内地，称量移。白居易《贬江州司马自题》："一旦失恩先左迁，三年随例未量移。"

景云大夫　官名。金朝教坊阶官二十五阶之第七阶，秩从五品上。

景州漕运司　官署名。金朝置，掌景州地区河仓漕运，辖六河仓，担负方圆近二百里、每年税粮万余石的运输任务。景州刺史兼任提举漕运司。参见"漕运司"。

景运门直班大臣　官名。清朝护军营分掌门禁之长官，额定一人，以前锋统领、护军统领十人轮流值班。掌率值班官兵以守卫紫禁城内外之门。下属有印务章京一人，上三旗司钥章京一人，下五旗司钥章京一人。

景灵宫判官　宋朝宫观官名。真宗大中祥符九年（1016）置，以知制诰充任，分掌修建景灵宫之事。后用为祠禄官。

景灵宫使　宋朝宫观官名。真宗大中祥符七年（1014）置，以宰相兼领。后用为祠禄官。

景灵宫副使　宋朝宫观官名。真宗大中祥符九年（1016）置，掌修建景灵宫之事。后用为祠禄官。

景奇尼哈番　即精奇尼哈番。

景蓟等处大兵农使司　见"大兵农司"。

景福殿使　官名。北宋真宗大中祥符五年（1012），宣政使、应州观察使、修玉清昭应宫副使刘承珪以病求致仕，特加此职以示宠信，班序在客省使之上。后用为内侍及武臣阶官。哲宗元祐（1086—1094）中，定为从五品。徽宗政和二年（1112）重定武臣及内侍阶官，改中侍大夫。

鼎甲　科举考试中经会试、殿试取中一甲进士及第者。共三人，即状元、榜眼、探花，有如三足鼎立之意。故名。

黑山校尉　官名。东汉灵帝时置。《三国志·张燕传》裴松之注引《九州春秋》："（黑山诸部义军）大者二三万，小者不减数千，灵帝不能讨，乃遣使拜杨凤为黑山校尉，领诸山贼，得举孝廉，计吏。"

黑龙江将军　官名。清朝黑龙江驻防八旗之最高长官。康熙二十三年（1684）设，驻瑷珲。二十九年移驻墨尔根，三十八年移驻齐齐哈尔。统辖黑龙江驻防旗营及地方之军政事务，综制文武，镇守封疆。其衙门设主事三人、笔帖式二人佐理。所属有银仓等办事机构。辖副都统六人，副都统衔总管二人，总管九人，以及协领、佐领、防御骁旗校等武职，分掌驻防旗营及打牲、游牧事务。光绪三十三年（1907）改设巡抚，遂裁。

黑白昂邦　满语官名。汉译有二：❶议政大臣。❷参赞大臣。

黑白按班　即黑白昂邦。

黑衣　宫廷卫士代称。《战国纵横家书》一八："愿令得补黑衣之数，以卫王宫。"

黑盐井盐课提举司　官署名。明太祖洪武十五年（1382）置，治所在云南楚雄府（今属云南），掌黑盐井食盐生产、税课、运销之政。设提举一人，从五品；同提举一人，从六品；副提举无定员，从七品；及各盐课司、各盐仓大使、副使等职。

黑窑厂　官署名。明朝工部营缮司所属五大厂之一。掌烧造和贮存营缮所需陶瓦器物。

遗人　官名。《周礼》地官之属，一说为周朝置，掌理结余财物以供馈赠施予及接待宾客等使用。《周礼·地官》："遗人，中士二人，下士四人，府二人，史四人，胥四人，徒四十人"，"掌邦之委积，以待施惠。乡里之委积，以恤民之艰阨。门关之委积，以养老孤。郊里之委积，以待宾客。野鄙之委积，以待羁旅。县都之委积，以待凶荒"。

遗公　左、右拾遗别称。洪迈《容斋四笔》卷一五《官称别名》："唐人好以它名标榜官称"，"拾遗（今正言）为小谏，又曰遗公"。

遗折　文书名。清朝官员临终前给皇帝上的奏折。定制，凡三品以上官员方得享受。

遗表　文书名。宋朝官员临终前所撰表文，死后由其家属申报朝廷，称遗表。朝廷则给予其家遗表恩泽，许补荫若干人。

〔丿〕

铸工下士　官名。西魏、北周冬官府司金中大夫铸工中士佐官，正一命。

铸工中士　官名。西魏恭帝三年（556）置，北周沿置。冬官府司金中大夫属官，正二命。下设铸工下士以佐其职。隋文帝开皇元年（581）罢。

铸印局　官署名。掌铸印信之机构。元朝始设，明、清沿之，均隶礼部。元世祖至元五年（1268）置，掌刻印销印之事，秩正八品。设大使一员领其事，下设副使、直长各一员。明朝设大使一人，副使二人，万历九年（1581）革副使一人。清顺治元年（1644）置，设员外郎、主事、大使各一员，掌铸造金宝、金印及内外百官之印信。宣统三年（1911），改隶典礼院。

铸印局大使　官名。元、明、清礼部铸印局官员。元设为铸印局主官，正八品。明洪武（1368—1398）沿置。掌理铸造金宝、金印及内外百司之印信，并改铸、换铸印信。清乾隆二年（1737）设汉大使一人，为铸印局之属官，未入流。由本部期满儒士选充，五年称职以应升官用。佐主官掌局事。

铸印局员外郎　官名。清朝礼部所属铸印局主官，掌局事。顺治元年（1644）设满洲一人，寻省。雍正十一年（1733）复设，於礼部司员内拣选一人充任，一年而代。乾隆二年（1737）定制，设汉一人。宣统三年（1911）改隶典礼院。

铸印篆文官 宋朝少府监属官。掌官印铸造、书写印文之事。

铸客 官名。战国楚置为工官，掌冶铸器物。《铸客鼎铭》："铸客为大句（后）脰（厨）官为之。"

铸钱局 官署名。清朝各直省所设鼓铸机构统称，隶户部钱法堂。顺治元年（1644）始设，康熙六十一年（1722）定制，各直省铸钱皆以宝字为首，局称宝某局。共设局十六，以监铸官为主官，各开炉若干座，时开时停，皆依部颁程式铸造钱文。光绪三十二年（1906）改隶度支部。

铸钱使 使职名。唐玄宗开元二十五年（737）以监察御史罗文信充诸道铸钱使，天宝三载（744）杨慎矜除御史中丞充铸钱使，掌钱币铸造；代宗大历五年（770）停。

铸钱都尉 官名。北魏置，主管钱币的铸造事务。下设长史。参见《魏书·高崇传》。

铸钱监 ❶官署名。唐朝置，分属所在州府而总隶于少府监，掌造钱币，置监一员，以所在都督、刺史判；副监一员，以州府上佐判；丞一员，以判司判；监事一员，以参军或县尉知之。凡七监，武宗会昌（841—846）中增至八监，宣宗大中（847—859）初废三监。宋朝于诸矿山附近置，隶转运司或提点坑冶铸钱司。❷官名。唐朝铸钱监长官，每监置一员，以所在州府都督、刺史判之，而总隶于少府监。

铸钱监丞 官名。唐朝少府监铸钱监官，置一员，以所在州府判司判之。

铸钱监副监 官名。唐朝少府监铸钱监次官，置一至二员，以所在州府上佐判之。

铸钨务 官署名。北宋真宗景德三年（1006），改在京铸钱监置。掌造铜、铁、输石（黄铜）诸器及铙、钹、钟、磬等。设监官，以京朝官、三班使臣充任。

锁厅试 宋朝现任官参加贡举考试，称锁厅试。以锁其官厅而赴试，故称。宋初，官员考试合格，只迁官不赐科第，不合格即停现职。太宗淳化三年（992），应试合格始赐进士及第。真宗天禧二年（1018），应试者先由其长官考试艺业，及格方给解赴礼部试。仁宗天圣四年（1026）定制，应试不合格者免责罚。宗室亦可应锁厅试，原为京官考取进士出身者迁一官，原无官者授修职郎。

锁院 宋朝贡举考试中防止考官作弊的一项措施。各级考试前数日，考官同时进入考场，关闭院门，开始拟题、收领试纸、排定举人座位图，直至考毕，定出等第，方许出院。

锁宿 宋朝贡举考试中防止考官作弊的一项措施。太宗淳化三年（992）省试，命翰林学士承旨苏易简等权知贡举，命下即锁宿尚书省不得回私第，以防亲友请托。真宗大中祥符四年（1011），令省试、解试考官锁宿。此后，各级考试均行此制。

铜人 官名。同"涓人"，春秋楚置，掌扫除的侍臣。《史记·楚世家》："王行，遇其故铜人。"裴骃《集解》引韦昭说："今之中涓也。"参见"涓人"。

锐司徒 官名。春秋时齐国置，盖主管锐（矛）类兵器。《左传·成公二年》：（保者）曰："锐司徒免乎？"杨伯峻注："锐是古代矛类兵器"，"'锐司徒'或是主管此种兵器之官"。

稍人 官名。《周礼》地官之属，一说为周朝置，掌井田出车徒的政令。《周礼·地官》："稍人，下士四人，史二人，徒十有二人"，"掌令丘乘之政令。若有会同、师田、行役之事，则以县师之法作其同徒輂辇，帅而以至，治其政令，以听于司马"。

稍大夫下大夫 官名。西魏恭帝三年（556）置，北周沿置。地官府民部中大夫属官，每稍置一人，掌本稍行政事务，下设稍正上士、稍正中士以佐其职。正四命。隋文帝开皇元年（581）罢。

稍正上士 官名。西魏恭帝三年（556）置，北周沿置。地官府民部中大夫属官，佐稍大夫下大夫掌本稍事务，正三命。下设稍正中士。隋文帝开皇元年（581）罢。

稍正中士 官名。西魏、北周地官部民部中大夫稍正上士佐官。正二命。

稍伯下大夫 即小稍伯下大夫。

稍伯中大夫 官名。西魏恭帝三年（556）仿《周礼》稍人置，北周沿置。地官府民部中大夫属官，每方置一人，掌本方行政事务，正五命。下设小稍伯下大夫、小稍伯上士、小稍伯中士以佐其职，领稍大夫下大夫等官属。隋文帝开皇元年（581）罢。

稍法上士 官名。西魏恭帝三年（556）仿《周礼》稍人置，北周沿置。秋官府刑部中大夫属官，正三命。下设稍法中士以佐其职。隋文帝开皇元年（581）罢。

稍法中士 官名。西魏、北周秋官府刑部中大夫稍法上士佐官，正二命。

税务司 官名。清后期主管各海关税务行政的官员，咸丰四年（1854）设。由外国人充任，掌各海关税务司署行政及海关人员任免事项。只对由英国人把持的总税务司负责，是各海关的真正主管，而清政府任命的海关监督无权过问其事。辖征税科即内班，掌行政；稽查科，即外班，掌检查；巡缉科，即海班，掌缉私。光绪二十七年（1901），海关周围五十里以内常关关税，亦归其征收。

税务处 官署名。清末中央税务管理机构，光绪三十二年（1906）设，掌理全国税务事宜。置督办税务大臣一人，会办大臣一人，提调一人。下设一、二、三、四四股及收发处，分理海关、常关及庶务。

税青苗地钱使 使职名。亦作税地青苗钱使。唐肃宗乾元（758—760）以后，天下用兵，百官俸钱折损，命御史台差使征天下地亩青苗上量配税钱，以充百官俸料。代宗永泰二年（766）税青苗地钱使、殿中侍御史韦光裔于诸道税地得钱四百九十万贯，每岁据数均给百官俸料，以为常式。大历三年（768）御史大夫崔涣为税地青苗钱使，给百官俸钱不平，贬为道州剌史。

税钱使　使职名。唐代宗永泰元年（765）曾以御史大夫王翊充诸道税钱使，催征榷酤之利。

税课分司　官署名。明朝设于京师的税务部门，凡二：崇文门、德胜门。掌商业税的征课。各设副使一人进行管理。

税课司　官署名。❶明清地方征税机构。明初改在京官店为宣课司，府州县官店为通课司，后改通课司为税课司、局。府称局，县称司。设从九品大使一人，典商贾、侩屠、杂市之常征，汇于府州县。清朝沿置，征纳地方店铺牙贴契税、牲畜税、落地税等杂税，隶道府者设从九品大使一人，隶州县者为未入流之大使。❷清末度支部所属机构，光绪三十二年（1906）设。掌稽核常洋各关收支、各省商货统税及当杂各税，筹计各省新增税项、烟酒杂捐、机器制造各货税，发给各省田房税契、货商牙帖及一切印花，考核进出口税则，发给关单执照等事项。置郎中三人，员外郎四人，主事三人。

税课司大使　官名。明清负责地方税收事务之官员。明朝为从九品，清朝隶道、府者从九品，隶州、县者未入流。

税课司郎中　官名。清末度支部税课司主官，光绪三十二年（1906）设。三人，正五品，奏补。掌本司所管事宜。

税课局　官署名。明朝置于地方各县的税务部门，掌一县商业税及财产税的征收。设大使一人，从九品。

税课使　见“征收课税使”。

税课提举司　官署名。元朝置，又称宣课提举司。世祖至元十六年（1279）四月，设江南诸路宣课提举司，掌征收各地课税。十七年六月，因各司设官冗滥，扰乱地方而罢，仅于大都、上都置司。

税醋使司　官署名。金朝置，掌征收醋税。世宗大定初以国用不足设官征收醋税，大定二十三年（1183）罢。章宗明昌五年（1194）再设税醋官，旋罢。承安三年（1198）又置。税醋使官员依据课多寡而设，五百贯以上设都台，千贯以上设同监一员。

短差　官制用语。明朝指国子监监生往各衙门历事时间较短者。初历事时间短，期满回监，弘治（1488—1505）后定为一年，期满上选。计有承运库十名、司礼监十六名，尚宝司六名、六科四十名。又有随御司刷卷一百七十八名，工部清匠六十名，俱事完日上选。又有礼部写民情条例七十二名，光禄寺刷卷四名，修斋八名，参表二十名，报计二十名，赍俸十二名，锦衣卫四名，兵部查马册三十名，工部大木厂二十名，后府磨算十名，御马监四名，天财库四名，正阳门四名，崇文、宣武、朝阳、东直各门具三名，阜成、西直、安定、德胜各门具二名，以半年为期，到期回监。

毳工下士　官名。西魏、北周冬官府司皮下大夫毳工中士佐官，正一命。

毳工中士　官名。西魏恭帝三年（556）置，北周沿置。冬官府司皮下大夫属官，正二命。下设毳工下士以佐其职。隋文帝开皇元年（581）罢。

黍仓下士　官名。西魏、北周地官府司仓下大夫黍仓中士佐官。正一命。

黍仓中士　官名。西魏恭帝三年（556）置，北周沿置。地官府司仓下大夫属官，掌黍类作物的收藏与保管，正二命。下设黍仓下士以佐其职。隋文帝开皇元年（581）罢。

筐人　官名。周朝置，掌治丝。《周礼・冬官・考工记・总序》：“设色之工，画、缋、钟、筐、㡆。”

等衰　周朝制定的尊卑等级制度。《左传・桓公二年》：“故天子建国，诸侯立家，卿置侧室，大夫有贰宗，士有隶子弟，庶人工商各有分亲，皆有等衰。”

筑氏　官名。《周礼》冬官之属，一说为周朝置，掌制作书写工具曲刀的工官。《周礼・冬官・考工记》：“筑氏为削。”

策　文书名。帝王封土赐爵、任免大臣的一种文书，因书于简册故名。亦称策书。参见“策书”。

策书　文书名。古代写于竹木简的书牍。汉朝为皇帝下达的一种文书，多用于封土授爵、任免三公。据蔡邕《独断》，皇帝命令有四，即策书、制书、诏书、戒书。策书以命诸侯王三公，其诸侯王三公之薨于位者，亦以策书诔谥其行而赐之，如诸侯之策。三公以罪免，亦赐策。后世或沿用之。

策名　登记官吏之名策。后借指出仕做官。《左传・僖公二十三年》：“策名委质。”孔颖达疏：“古之仕者，于所臣之人书己名于策，以明系属之也。”《文选・李陵答苏武书》：“勤宣令德，策名清时。”

策问　❶察举选官制度。汉朝皇帝常常将经义及政事方面的问题书之于策，召纳臣民应对，谓之策问，为当时选拔人才常用考试方法之一。魏晋南北朝沿用之。❷科举中策论之试题。

策论取士　科举制度。明崇祯十七年（1644）正月，李自成农民军政权在西安开科时始定，改明朝八股文取士为策论取士。入北京后，仍用为取士之法。

策免　或作册免，策即策书。汉朝三公坐法或得咎于皇帝，皇帝以策书罢免，故名。东汉初，遇有灾变唯策免太尉。安帝永初元年（107），太尉徐防以灾异等原因策免，三公皆免。三公因灾异策免自防始。后世沿指帝王以策书免官。

策命　同“册命”。周朝天子对诸侯卿大夫封赏土地官爵的诰命。《左传・僖公二十八年》：“王命尹氏及王子虎，内史叔兴父策命晋侯为侯伯。”《周礼·春官·内史》："凡命诸侯及孤卿大夫，则策命之。"后世沿用之。

答应　❶明朝宦官，御前近侍之称。掌召对、钦赐各项奔走之役，为地位卑下者。其为首者称答应牌子。❷清朝妃嫔之末等，位在贵人之下，常在、答应并称。未有爵秩，仅供使令，如同西汉之家人子，东汉之宫人采女。

掣签　明清吏部铨选制度。亦称抽签，乃选授官员方法之一。明朝选官初用拈阄之法。万历二十九年（1601）倪斯蕙创议掣签法，由候选者自行抽签，以定选授先后。吏部尚书孙丕扬奏准实行，（一说万历二十二年实行）以杜权贵请托之弊。凡大选、急选，吏部文选司郎中将缺员品秩、任所远近及选人合宜与否，注入签中，任选人抽取以定。初行尚可杜弊，不久弊端复出，由人意而定，徒有抽签之名。清朝沿用此法，凡月选官员均抽签定选缺，称为掣差。京官郎中以下每月三十日截限，初五日到部掣签；十二月、正月封印前后所出之缺，二月初五日掣签，仍按双、单月升选。掣签后，咨取本衙门堂官考语，或有无钱粮拖欠，复齐后引见。外官掣签后，由该管官出具考语，赴部补行引见。

智武将军　官名。将军名号。南朝梁置，为五德将军之一，武帝天监七年（508）定为武职二十四班中的十五班。陈置为五武将军之一，拟四品，比秩中二千石。北魏亦置，但孝文帝太和十七年（493）职员令及太和二十三年职员令皆未载其品阶。见赵万里《汉魏南北朝墓志集释》图版九〇《元弼墓志》。

智威将军　官名。将军名号。南朝梁置，为五德将军之一。武帝天监七年（508）定为武职二十四班中的十六班。陈置为五威将军之一，拟四品，比秩中二千石。

智部　官署名。渤海国置，右六司之一，置卿一人，又有郎中、员外郎。

智部员外　官名。渤海国右六司智部属官，位郎中下。

智部郎中　官名。渤海国右六司智部属官，位卿下。

智部卿　官名。渤海国右六司智部长官，置一人，居司政下。

智慧　职官封号。西夏授与次品官，与集礼同一等级。

智聪　职官封号。西夏授与中品官，与办式同一等级。

傅　官名。西周置。春秋战国及后代沿置。国君辅相称太傅、少傅，太子辅相多称太子太傅、太子少傅。汉朝太子少傅和诸侯王国亦省称傅，分别参见各条。魏晋诸王及侯国亦置。唐朝亲王府置一人，从三品，掌辅正过失，中宗以前称师。宋朝为亲王府官，虽有其名，然未尝除授。明朝初年，为王府官，左、右二人，从二品，以辅导诸王。洪武九年（1376）罢。

傅丞　官名。新莽太子四师之一，始建国三年（后11）置，秩大夫，以故少府宗伯凤任之。

傅姆　官名。北魏置。为后宫女职，亦称"内傅母"，位在诸监之上。《王遗女墓志》："又进尝食监"，"故超升傅姆焉，又赐品二"。（赵万里《汉魏南北朝墓志集释》图版三四）

傔人餐钱　官制用语。宋朝官员正俸外的一项加给。自判三馆、秘书监、两制、两省官带修撰职者，五千；直馆阁，校理，史馆检讨，校勘，三千；直龙图阁，审刑院详议官，国子监书库官，五千；京畿诸司库、务、仓、场监官；朝官自二千至五千，凡七等，京官自十五千至三千，凡八等；诸司使副，閤门通事舍人，内殿承制、崇班，二十千至五千，凡九等；閤门祗侯及三班使臣，十五千至三千，凡十等；内侍，十七千至三千，凡九等；寄班，八千至五千，凡三等。皆以月给。

傛华　汉朝皇帝姬妾名号。亦作容华。西汉武帝置，秩视二千石，比大上造。东汉省。

储才馆　官署名。清末外务部直辖机构。光绪三十二年（1906）设。掌训练、储备、调配外交人员。辖办事厅、调查翻译处、评议撰拟处、编辑处、讲堂、图书室、阅报室等。置提调、帮提调、文案、支应、庶务、讲员各一员，书记生无定额。

储材馆　见"育胄馆"。

储贤馆　馆名。郑成功设于思明州（今福建厦门），容纳明朝遗臣及文人。馆中人员多转而协助六官办事。

储备科　官署名。清末海军部军储司所属三科之一。原属筹办海军事务处参赞厅庶务司，宣统二年（1910），改属军储司。同年，随司并入海军部。掌经办海军粮食、服装、器具及其他军用品的采办、保存、分发事。置科长、科员、录事。

储政院　官署名。元朝置，秩正二品，文宗天历二年（1329）由詹事院改名，掌辅翼皇太子之事。下辖家令司、曲幄署、府正司、资武库、延庆司、典医监等机构。

储政院使　官名。元朝置，秩正二品，储政院长官，置六员。下设同知二员，正三品；佥院二员，从三品；同佥二员，正四品；院判二员，正五品；司议二员，从五品；长史二员，正六品。

储相　明朝对翰林院庶吉士别称。相，指内阁辅臣。天顺（1457—1464）后，非翰林不得入内阁。故新进士选庶吉士后，地位优崇，即被目为储相。

储傅　太子太傅别称。

储蓄司　官署名。清末陆军部海军处所属机构。光绪三十三年（1907）拟设储备司，三十四年正式设立。掌海军收支经费，购置服装，存储军粮及一切物品事。辖会计、服用、屯积三科。置司长一人，承发官一人，科长三人，科员九人，录事六人。宣统元年（1909），并入筹办海军事务处。

储蓄银行总办　官名。清末大清银行内所附储蓄银行主官，光绪三十四年（1908）设。定额一人，由大清银行执事中奏派。掌理全行事务。

储膳司　官署名。元朝置，秩正三品，掌太子饮膳，隶储政院，设于文宗天历二年（1329）。置卿四员，少卿、丞各二员。

牌　文书名。下行文，亦称牌文。清制，凡六部行文各道府以下，各省督抚行文司道以下，司道行文府厅以下，府厅行文知县以下，提督行文副将以下，总兵行文参将以下，副将、参将行文所辖游击、都司以下均用之。另，经略行文总兵以下亦用。

牌子头　又作牌头。蒙古早期基层军官，统十夫，又称十夫长。元朝建国后，内迁蒙古军中的十夫长仍有此称。

牌长　清朝编户头目。顺治（1644—1661）初年于州县城乡十户立一牌，设牌长；十牌立一甲，设甲长；十甲立一保，设保长，亦称保正。由士民公举诚实识字及有身家之人充任。三年一更代。岁给门牌，依时更换，并司查报作奸犯科及户口迁移、登耗诸事。

牌文　见“牌”。

牌头　清朝山西、陕西等处边外蒙古地方编户头目。乾隆八年（1743）设，每堡四名，於种地民人内择其诚实者充任。专司查报拖欠地租、偷窃为匪及来历不明者之事。

牌印局　官署名。辽朝北面官，掌御帐符契银牌保管之事，属著帐郎君院。

牌票　文书名。清朝使用的下行文。凡提督、巡抚行文守备、千总即用此。

牌符　符节制度。辽朝有银牌，为皇帝遣使之凭证。使者持牌，如皇帝亲临，沿途乘驿马需索，不准违误。使还，呈交皇帝。银牌上铸有契丹字，长一尺。有西夏铸西夏文的铜牌传世。内宿命令、防守命令牌为宫廷宿卫和驻军佩带，敕燃马牌为差使牌。金朝牌符有两类。一类为官员佩带，以示功赏。金太祖时，始铸金牌、银牌、木牌，分别授与万户、猛安、谋克及蒲辇（浦里衍）。另一类为遣使递送文书的信牌。金朝建国前，女真部落各有信牌，交互驰驿。金世宗时，仿宋制，递送皇帝敕书用朱漆金字牌（木制），递送尚书省文书用绿油红字牌。蒙古和元朝的牌符也有两类。官员佩带的牌子有虎头金牌、平金牌（又称素金牌）、平银牌，分别授与品级不同的万户、千户、百户各级军官。遣使牌子有两种，一为皇帝遣使的虎头金牌，长形，铸蒙古字，如皇帝亲行；另一种为军务遣使的差使圆牌，又称圆符。军务使者持牌于沿途驿站倒换驿马，需索酒食。圆牌铁质，铸蒙古字，有金银字两种。金字牌为朝廷遣使，银字牌为蒙古诸王及军政官员遣使。

牌檄　文书名。清朝使用的下行文。如织造行文府、厅、州、县即用此。

集尹　官名。战国楚置。见《鄂君启节铭》。

集书令史　官名。北魏置，集书省属官，孝文帝太和十七年（493）定为从七品上。

集书舍人　官名。北魏置，集书省属官。孝文帝太和十七年（493）定为从六品上。

集书省　官署名。南朝宋改散骑省置，为门下三省之一。有时仍习称散骑省。南朝齐、梁、陈沿置。掌侍从左右，谏诤献纳，纠劾百官，主掌图书文翰，集录诏令等文，撰述文章，收纳转呈诸奏闻文书，有异议得随事为驳。因拟诏出令之职移归中书省，职任闲散，用人渐轻，地位远逊东晋之散骑省。设散骑常侍、通直散骑常侍各四员，员外散骑常侍无定员，散骑侍郎、通直散骑侍郎各四员，员外散骑侍郎无定员，给事中无定员。以散骑常侍高功者一人为祭酒，与散骑侍郎高功者一人对掌禁令。北魏前期置散骑省，孝文帝时改名集书省，职掌与南朝略同，兼修起居注，地位略高于南朝，然亦多安置冗官。北齐因之，设散骑常侍、通直散骑常侍各六员，谏议大夫七员，散骑侍郎六员，员外散骑常侍二十员，通直散骑侍郎六员，给事中六员，员外散骑侍郎一百二十员，奉朝请二百四十员，又领起居省，设散骑常侍、通直散骑常侍、散骑侍郎，通直散骑侍郎各一员，校书郎二员。隋朝废。

集书校书郎　官名。北魏置，集书省属官。孝文帝太和十七年（493）定为从六品上。

集正　宋朝小学职事名。神宗元丰（1078—1085）改制后，在京小学置，员二人，掌学生名册，纠程课不逮者。

集庆万寿营缮都司　官署名。元朝置。文宗天历二年（1329），建龙翔、万寿两寺于建康（今江苏南京），立龙翔万寿营缮提点所，秩正四品，隶隆祥总管府。三年，改为集庆万寿营缮都司，仍正四品，掌营造出纳钱粮事。置达鲁花赤、司令、大使、副使各一员。

集庆崇禧财用所　官署名，元朝置。秩从七品，隶隆祥使司，掌大承天护圣寺钱银出纳，设于文宗天历三年（1330）。置大使、副使各一员。

集英殿修撰　官名。北宋徽宗政和六年（1116）置，为正六品贴职。

集贤学士　官名统称。即集贤院学士、集贤殿学士、集贤殿大学士。唐玄宗开元十三年（725）始置集贤殿书院学士，以授宰相及其他侍从官。代宗大历（766—779）中，改为集贤殿学士，宰相带者则加“大”字。五代或为集贤殿学士，或为集贤院学士。宋初置集贤院学士与集贤殿大学士，神宗元丰（1078—1085）改制时罢。元朝隶集贤院，定置二员，正二品。

集贤相　宋朝宰相别称。神宗元丰（1078—1085）改制前，宰相带集贤殿大学士者，称集贤相。

集贤院　官署名。唐玄宗开元十三年（725），改丽正殿修书院为集贤殿书院，简称集贤院，掌修书之事，置学士，以宰相及侍从官兼。宋初沿置，掌收藏、校勘典籍。与史馆、昭文馆合称三馆。设集贤殿大学士，由宰相兼；集贤院学士、集贤殿修撰、直集贤院、集贤校理皆由他官兼。神宗元丰（1078—1085）改制，并归秘书省。金宣宗贞祐五年（1217）复置，长官为知集贤院，下设同知集贤院、司议官、咨议官等，以备咨访。元世祖至元二十年（1283）并归翰林国史院，二十二年复分立，置大学士、学士、直学士。掌提调学校、征求隐逸贤良等事，并领国子监、道教及阴阳、祭祀、占卜等事。成宗、武宗时曾置院使为长官，后省，复以大学士领之。其属又有侍读学士、侍讲学士、待制、修撰等官。又辖国子学、兴文署等。

集贤院使　官名。元世祖至元二十四年（1287）置，一员，为集贤院长官，正二品，位在大学士上。成宗元贞元年（1295），增一员。大德十一年（1307），升从一品，置六员。武宗至大四年（1311）罢，复以大学士领集贤院事。

集贤院学士　官名。唐玄宗开元十三年（725）置，以授宰相与其他侍从官，使掌修书之事。代宗大历（766—779）中，改为集贤殿学士。五代，与集贤殿学士并置。宋初置集贤院为三馆之一，遂定置集贤院学士。其后，多不领本职。神宗元丰（1078—1085）改制罢。哲宗元祐五年（1090）复置，为贴职。绍圣二年（1095），并入集贤殿修撰。元朝为从二品。

集贤校理　官名。北宋前期置为馆职，掌整理图书，供职一至二年后，许带职补外，并可超迁官阶。神宗元丰（1078—1085）改制罢。哲宗元祐元年（1086）复置，为贴职之一。绍圣二年（1095），并入秘阁校理。

集贤殿大学士　官名。唐代宗大历（766—779）中改集贤院学士置，以宰相兼，掌修书之事。五代、宋初因之。神宗元丰（1078—1085）改制罢。

集贤殿书院　官署名。唐玄宗开元十三年（725）改丽正修书院置，凡天下图书之遗逸，贤才之隐滞，则旨以求之。置学士、直学士、知院事、副知院事、判院、押院中使及侍讲学士、侍读学士、修撰官、校理官、待制官、留院官、检讨官、正字、孔目官、专知御书检讨、知书官等。隶属中书省。

集贤殿书院正字　官名。唐德宗贞元八年（792）罢校理官而置，二员，从九品上。宪宗元和二年（807）复校理官而罢之。

集贤殿书院判院　官名。唐朝中书省集贤殿书院置一员，以学士年高者为之，掌判院事。

集贤殿书院直学士　官名。唐朝中书省集贤殿书院置，六品以下为直学士，宪宗元和四年（809）学士、直学士皆用五品。

集贤殿书院押院中使　官名。唐朝中书省集贤殿书院置一员，掌出入、宣进奏，领宦官以监守院门。

集贤殿书院侍讲学士　官名。唐朝中书省集贤殿书院置，五品以上为之，以质史籍疑义。

集贤殿书院侍读直学士　官名。唐朝中书省集贤殿书院置，六品以下为之，曰一人侍读。

集贤殿书院学士　官名。唐朝中书省集贤殿书院置，五品以上为学士，宪宗元和四年（809）学士、直学士皆用五品。

集贤殿书院学士知院事　官名。唐朝中书省集贤殿书院置，以宰相一人为学士者充任。

集贤殿书院校书　官名。唐德宗贞元八年（792）罢校理官而置，四员，正九品下，宪宗元和二年（807）复校理官而罢之。

集贤殿书院副知院事　官名。唐朝中书省集贤殿书院置，以散骑常侍一人为学士者充任。

集贤殿修撰　官名。北宋前期置为馆职，神宗元丰（1078—1085）改制罢。哲宗元祐元年（1086）复置，为正六品贴职。徽宗政和六年（1116），改为右文殿修撰。

集注　官制用语。宋朝官员注拟差遣的一种方式。吏部及转运司每季注拟一次，称集注，又称四时选。

集校　集贤校理简称。

集曹　官署名。汉朝丞相府置，主管郡国上计，以掾主之。郡亦置。三国魏相国府置，有掾属各一人。晋初不设，至杨俊为太傅，置属一人；赵王伦为相国，增设掾一人。南朝宋、齐公府，北朝齐州府皆置，长官为参军或行参军。

集曹行参军　官名。南齐公督府僚属，集曹长官。梁、陈沿置。梁自三班至流外四班，陈自八品至九品。北魏亦置，初设员若干，宣武帝永平二年（509）并为一员，自七品上至九品。北齐沿置，自七品上至八品上不等。常省称为集曹参军。

集曹参军　官名。南朝宋置，集曹长官，七品。常为集曹行参军省称。

集厨　官署名。战国楚置。负责供应王室饮食的机构。《太子镐铭》："集尌（厨），太子之镐。"

集撰　集贤殿修撰、集英殿修撰简称。

集禧观使　宋朝宫观官名。仁宗皇祐五年（1053），于会灵观旧址建集禧观。后置使名。神宗熙宁（1068—1077）中，富弼始带此衔居洛阳。

奥鲁　蒙古语，意为"老小营"。蒙古军出征，其老小辎重留于后方，称奥鲁。占领中原后，置奥鲁官（蒙古语称奥鲁赤）管领军户，不受地方官府统辖。元世祖至元元年（1264）以后逐渐撤销奥鲁官，改由地方官长兼领诸军奥鲁管领军户，只有部分蒙古军保留奥鲁官。

奥鲁总管　官名。元世祖中统四年（1263）置，掌管各地汉军军户。至元五年（1268）罢，改由州县民官管理军户。参见"奥鲁总管府"。

奥鲁总管府　官署名。元世祖中统四年（1263），为削夺汉军万户军权，于燕京、益都济南、河南、北京、平阳太原、真定、东平、大名彰德、西京、京兆十路分立，分管各地汉军军户。至元元年（1264），罢各路奥鲁总管府，设总押所管理奥鲁，仍设奥鲁官。五年，罢奥鲁官，军户归所在州县民官兼管。

粤海关监督　官名。清朝户关监督之一。康熙二十三年（1684）设一人，为粤海关主官，派遣内务府包衣充任。掌征纳洋船、夷船及沿海贸捕船通关税，并兼充内务府买办及人参、东珠、玉石等物之发卖。时人视为美差。所属曾置笔帖式一员，形同副监督，裁撤后由地方佐杂官充任委员，分理关务。并设书吏、巡丁等吏役佐关务。所辖总口七处，分口五十三处，挂号口二十二处。咸丰九年（1859）改隶总理衙门，设税务司管理税务。监督之名虽存，所掌仅只循例按期向户部奏报征课数目而已。参见“洋关监督”。

街司　宋朝左、右街司省称。

街道司　官署名。北宋仁宗嘉祐二年（1057）置，掌修治京城道路以奉乘舆出入。设管勾街道司公事为长官，或设勾当官二人，以大使臣或三班使臣充任。有兵士五百人，为街道司指挥。隶都水监。金朝置，掌京城洒扫街道、修治沟渠。设管勾，正九品。原属都水监。海陵王迁都中都后，贞元二年（1154）罢归京城所。

御　官名。周朝置。❶驾车马之官。同“驭”。《诗经·小雅·车攻》：“徒御不惊。”郑玄笺：“徒，御马也。”《礼记·王制》：“凡执技以事上者，祝、史、射、御、医、卜及百工。”❷武官又称“御戎”。《左传·成公十八年》：“弁纠御戎，校正属焉，使训诸御知义。”《商君书·境内》：“大将、御、参皆赐爵三级。”❸侍御之臣。《国语·吴语》：“一介嫡男，奉盘匜，以随诸御。”韦昭注：“御，近臣宦御之属。”❹宫内女官。《国语·周语上》：“王御不参一族。”韦昭注“御，妇官也。”《左传·哀公元年》：“宿有妃、嫱、嫔、御焉。”杜预注：“妃、嫱，贵者；嫔、御，贱者，皆内官。”

御人　官名。❶侍御之臣。西周、春秋置。《得免父鼎铭》：“中伯御人得免父作旅鼎。”《左传·庄公二十八年》：“御人以告子元。”❷女官。新莽置。《汉书·王莽传》：“御人八十一，视元士”，“佩印韨，执弓韣”。参见“女官”。

御士　官名。春秋楚、宋、吴等国置，君王侍卫武臣。《左传·襄公二十二年》：“子南之子弃疾为王御士，王每见之，必泣。”《昭公二十一年》：“多僚为御士。”

御士尹氏　官名。春秋时吴国置，侍御武士的长官。《叔繁簠铭》：“吴王御士尹氏叔繁作旅簠。”

御女　官名。北魏置为内官，位视元士。《魏书·皇后列传》：“高祖改定内官，左右昭仪位视大司马，三夫人视三公，三须视三卿，六嫔视六卿，世妇视中大夫，御女视元士。”隋文帝仁寿二年（602）后置八十一员，炀帝置二十四员，正六品，位宝林下、采女上。唐因隋制，置二十七员，正七品。金朝内命妇沿唐制置，与宝林、采女为八十一御妻之数。

御马司　官署名。朱元璋吴元年（1367）设于内史监，置司正，正五品；司副，从五品。属宦官衙门。明洪武十七年（1384）改御马监。

御马院　官署名。南宋养马机构，又称御前马院，掌饲养御前良马。设副知、手分等领其事。

御马监　官署名。明清宦官衙门之一。掌理御厩、兵符之事。明洪武十七年（1384）改御马司设，置令、丞、奉御等官司之。二十八年更定职秩，设正四品太监一人为主官。下设左、右少监，左、右监丞及典簿、长随、奉御等官佐之。所属有象房、大坝等二十四马房、鹰房、豹房、百鸟房及天师庵、旧都府等处草场。为内官二十四衙门之一。清顺治十年（1653）沿置。初设都管一人为主官，左、右副管各一人佐之，后俱裁。十八年改称阿敦衙门。

御仆　官名。《周礼》夏官之属，一说为周朝置，掌群吏庶民的奏告，奉王命吊劳。《周礼·夏官》：“御仆下士十有二人，府二人，史四人，胥二人，徒二十人”，“掌群吏之逆及庶民之复，与其吊劳。大祭祀，相盥而登。大丧，持翣。掌王之燕令，以序守路鼓”。

御正　官名。❶西周置，主管周王室车马驾御之事。《御正卫簋铭》：“懋父赏御正卫马匹自王。”《御正良爵铭》：“今太保赏御正良贝。”❷西魏、北周时御正中大夫的省称。

御正下大夫　官名。西魏恭帝三年（556）置，北周沿之。亦作小御正下大夫。天官府御正司次官，佐御正中大夫掌本司事务，正四命。周武帝建德二年（573）省中大夫，遂成为长官，宣帝大象元年（579）复置中大夫后，仍为副贰。隋文帝开皇元年（581）废。

御正上士　即小御正上士。

御正上大夫　官名。北周明帝武成元年（559）八月，以御正职亲任重增置，天官府属官，员四人，正六命。后罢，静帝大象元年（579）二月复置，亦称大御正。隋文帝开皇元年（581）废。其职掌参见“御正中大夫”。

御正中士　官名。西魏恭帝三年（556）置，北周沿之。天官府御正中大夫属官，正二命。《隋书·刘行本传》：“（周）武帝亲总万机，转御正中士，兼领起居注。”隋文帝开皇元年（581）废。

御正中大夫　官名。西魏恭帝三年（556）置，北周沿之。天官府御正司长官，正五命。周明帝武成元年（559）于其上置上大夫，遂降为副职。周武帝建德二年（573）省，以下大夫主司务，静帝大象元年（579）复置，仍在上大夫下。在皇帝左右，负责宣传诏命，参议刑罚爵赏及军国大事。颁发诏书时，须由其连署。属官有小御正下大夫、主寝上士、司服上士等。隋文帝开皇元年（581）废。

御札　官府文书名。宋朝，布告登封、郊祀、宗祀及重大号令时用之，由翰林学士起草。又皇帝手诏亦称御札。

御史　官名。西周为侍从属吏，同“御事”。《竞篮铭》："伯犀父蔑御史竞历，赏金。"春秋战国置为史官，本职掌记录国事、君王言行，接受、保管文书等；因侍从君主左右，为亲近之职，常执行临时性差遣，秦、韩等国常奉遣监察郡、县、军队。秦或奉使出外调查审理重大案件，收捕罪犯。秦朝置御史大夫为其长官，御史监郡成为定制，亦称监御史、郡监。西汉置四十五员，为御史大夫属官，其中三十员留御史府（御史大夫官署），由御史丞统领，监察考课百官政务，亦或受遣出使，执行专项监察任务；十五员入侍殿中，由御史中丞统领，称"侍御史"，职权尤重，依其职务、差遣之不同，又有符玺御史、治书御史、绣衣直指御史、监军御史等名目。西汉前期犹以御史监郡，武帝时改置诸州刺史。新莽改名执法。东汉罢御史府，置御史台，以御史中丞为长官，设侍御史十五员。两汉侍御史皆可简称御史，西汉御史府、御史大夫亦或简称御史。三国两晋南北朝则为侍御史、治书侍衔史、督军粮侍御史、殿中侍御史、监国侍御史等的简称。又有禁防御史、检校御史，虽隶御史台，不居台中，不入宿，不带"侍"字。北周为春官府内史上大夫所辖御史上士、中士、下士的简称。隋唐以来，成为对侍御史、治书侍御史、殿中侍御史、监察御史、巡按御史等官的通称。中唐以后，常为外官所带宪衔。详见各条。

御史下士 官名。西魏、北周春官府内史中大夫御史上士属官，正一命。

御史大夫 官名。❶秦始皇始置，位仅次于左、右丞相，辅佐丞相处理全国政务，权重而秩尊。西汉沿置，仍为丞相副贰，秩中二千石，与丞相对称二府、两府，协调处理天下政务，而以监察、执法为主要职掌，为全国最高监察、执法长官，位上卿。主管图籍秘书档案、四方文书，百官奏议经其上呈，皇帝诏命由其承转丞相下达执行，负责考课、监察、弹劾官吏，典掌刑狱，收捕、审讯有罪官吏等，或派员巡察地方，镇压事变，有时亦督兵出征。丞相缺位，常由其递补。因与皇帝关系亲近，有时权势尚在丞相之上，或尊称宰相。属官有两丞，一名御史丞，领御史三十员留御史府，受理百官事务；一名御史中丞，领侍御史十五员入侍宫中兰台，掌文书档案，收纳公卿奏事，监察百官，外督诸部刺史。武帝以后，章奏诏命之出纳转归尚书、中书，监察、弹劾之职权实移御史中丞，御史大夫职权逐渐旁落。成帝绥和元年（前8）改名大司空，列位三公，号称宰相，备位而已。哀帝建平二年（前5）复旧，元寿二年（前1）复改大司空。东汉称司空，参议朝政，职掌土木工程，不复领御史、掌监察。东汉末曹操罢三公，曾复置。三国吴置左、右御史大夫。魏晋南北朝不置，唯十六国汉、西秦、大夏等国置，位次丞相，名同汉制，实权仍归尚书。隋、唐五代为御史台长官，专掌监察弹劾百官，地位虽隆，职同前朝御史中丞，非如秦、汉副宰相之职。隋从四品；唐初从三品，武宗会昌二年（842）升正三品。唐高宗龙朔二年（662）改名大司宪，咸亨元年（670）复旧；武则天光宅元年（684）改置左、右肃政大夫，中宗神龙元年（705）改名左、右御史大夫，玄宗先天（712—713）中复并为一员。中唐至五代，多为外官所带宪衔，正职常缺。北宋前期正员存而不除，多作从二品加官，神宗元丰（1078—1085）改制后罢检校加官，正员仍存，未尝除授。辽朝置为南面朝官，任用契丹贵族。西夏任用党项贵族，职位崇高，在皇帝左右谏诤参谋，后期常出任金国使臣。金朝亦置，皆为御史台长官。掌纠察朝仪、弹劾百官、审核官府公事、复查刑狱案件。金初正三品，世宗大定十二年（1172）升从二品。元朝置一至二员，世祖至元五年（1268）定为从二品，二十一年升从一品。江南、陕西诸道行御史台亦置，品秩同内台。元末朱元璋吴元年（1367），置左、右御史大夫为御史台长官，职任清要，从一品；明洪武十三年（1380）随台罢。后设都察院，以左、右都御史为长官。惠帝建文二年（1400）改都察院为御史府，复置御史大夫为长官，成祖复改御史府为都察院，御史大夫为左、右都御史。参见"御史台"。❷西汉初诸侯王国自置，位次丞相，掌督察官吏。景帝中三年（前147）省。东汉末至南北朝诸霸府所建王国或置，称帝后悉改司空。

御史上士 官名。西魏恭帝三年（556）仿《周礼》御史置，北周沿置。春官府内史中大夫属官，正三命。下设御史中士、御史下士以佐其职。隋文帝开皇元年（581）罢。

御史中士 官名。西魏、北周春官府内史中大夫御史上士佐官，正二命。

御史中执法 官名。西汉初年置。汉初诏令即由御史大夫下相国，相国下诸侯王，御史中执法下郡守。或以为即御史中丞。

御史中丞 官名。西汉始置，为御史大夫副贰，秩千石。简称中丞、中执法。居宫中兰台，为宫掖近臣。其主要职掌为监察、执法；掌管兰台所藏图籍秘书、文书档案；外督诸监郡御史（武帝以后为诸州刺史），监察考核郡国行政；内领侍御史十五员，监督殿庭、典礼威仪，受公卿奏事，关通中外朝；考核四方文书计簿，劾按公卿章奏，监察、纠劾百官；参治刑狱，收捕罪犯等。汉初百官奏议先呈御史大夫，经由中丞，始得上呈；皇帝诏命经中丞传达御史大夫，始得转达丞相执行，故比御史大夫更接近皇帝。武帝以后，章奏诏命出纳之职移归尚书、中书，又增丞相司直、司隶校尉监察京师百官，然仍以中丞为最尊。成帝改御史大夫为大司空后，中丞曾改名大司空长史、御史长史，实为诸御史之长。东汉独立为御史台长官，秩千石。名义上隶少府，专掌监察、执法，领治书侍御史、侍御史，常受命领兵，出督军旅。与司隶校尉、尚书令并号三独坐，为京师显官，职权甚重。三国沿置。魏四品，一度改名宫正，旋复。又或置督军御史中丞，两晋南北朝及十六国皆置。南朝亦称南司，其职虽重，世族名士多不乐为之。晋、宋四品，梁十一班，陈三品、二千石。北魏改名御史中尉，北齐复旧，从三品，皆甚重其职。隋朝因避文帝讳，改置御史大夫为御史台长官。唐初因之，高宗时因避讳，改御史台次官治书侍御史为御史中丞，员二人，佐御史大夫监察弹劾百官，为清要之选。初为正五品上，武宗会昌二年（842）升正四品下。高宗龙朔二年（662）改名司宪大夫，咸亨元年（670）复旧；武则天光宅元年（684）改置左、右肃政台中丞，中宗神龙元年（705）改名左、右御史台中丞，玄宗先天（712—713）中复并为一御史台，中丞员二人。中唐以后，御史大夫常缺而不授，中丞权任甚重，亦用作外官所带宪衔，然御史台日常具体事务实由诸侍御史主持。宋朝为御史台长官，初为正四品，兼理检使，常以他官兼、权，神宗元丰（1078—1085）改制后，为正员职事官，从三品。辽、西夏、金、元则为御史台次官。西夏多由党项贵族担任，后期多出任辽、金使节。金从三品。元初从三品，世祖至元二十一年（1284）升正三品，二十七年升从二品，成宗大德十一年（1307）升正二品。江南、陕西诸道行御史台亦置。元末朱元璋吴元年（1367）置二员，正二品，为御史台次官，职甚清要，明洪武十三年（1380）分设左右，旋罢。清朝为各省巡抚兼右副都御史的别称。参见“御史台”。

御史中尉　官名。十六国前燕曾置。《晋书·慕容俊载记》：“遣其御史中尉阳约数其残酷之罪，鞭之。”北魏为御史中丞之改称，主御史台。颇重其选。孝文帝太和十七年（493）定为三品上，二十三年定为从三品。东、西魏沿置。西魏恭帝三年（556）改官制，遂罢。北齐复名御史中丞。

御史长史　官名。汉成帝绥和元年（前8）更名御史大夫为大司空，置长史如中丞，哀帝建平二年（前5）复故。元寿二年（前1）更名御史中丞为御史长史。东汉复名御史中丞。至献帝建安十三年（208）复置御史大夫，并置长史，然别置御史中丞。

御史台　官署名。国家最高监察机构。东汉始置，设于禁中兰台，别称兰台、宪台，与尚书、谒者台并称三台，名义上隶少府。职掌保管宫廷所藏图籍秘书、文书律令档案，监察、弹劾百官，复查疑狱。长官为御史中丞，属官有治书侍御史二员，掌复核疑狱；侍御史十五员，分掌令、印、供、尉马、乘五曹，监察举劾百官；兰台令史，掌管章奏文书印工。三国沿置。魏初曾改御史中丞为宫正，旋复，又或置督军御史中丞；治书侍御史二员，掌律令，协助中丞分领侍御史诸曹；治书执法一员，掌奏劾，又有督军粮执法，出征则临时设置；殿中侍御史二员，居殿中监察；侍御史八员，分掌治书、课第等八曹；尚书、符节等三台，长安（陕西西安）、谯（安徽亳州）、许都（河南许昌东）、邺（河北临漳西南）、洛阳五都，亦各驻侍御史；又有禁防御史、督军粮御史等名目。吴置中、左右执法、监农御史等。西晋沿置，以符节台并入，殿中侍御史增为四员，侍御史九员分领吏、课第、直事、印、中都督、外都督、媒、符节、水、中垒、营军、法、算十三曹；武帝时曾置黄沙狱治书侍御史，掌复查疑狱，后省。东晋减殿中侍御史为二员，省课第曹，置库曹（后分为外左库、内左库曹），又置检校御史，监察地方行政。南朝其职虽重，其官为世族所轻。宋、齐置侍御史十员，外、内左库曹并为左库曹，营军曹并入水曹，算曹并入法曹，吏曹不置侍御史，凡十一曹。梁、陈殿中侍御史复增为四员，侍御史置九员，分曹治事，设符节令史。北魏长官名御史中尉，权威甚重。北齐，复改御史中丞，置治书侍御史二员，侍御史八员，殿中侍御史、检校御史各十二员，录事四员，又领符节署。时亦称兰台、南台。北魏宣武帝延昌（512—515）以后，每更换长官，则由其自行更选御史。隋初始由吏部选用，仍旧入直禁中，以御史大夫一员、治书侍御史二员为长贰，侍御史八员，殿内侍御史、监察御史各十二员，录事二员。炀帝大业三年（607）省殿内侍御史，增监察御史为十六员，罢御史直宿禁中之制，台中庶务，皆由治书侍御史主持。唐朝沿置，下设三院：台院，置侍御史六员，掌监察弹劾百官、入阁承诏、管理台务；殿院，置殿中侍御史九员，掌监督殿庭朝会巡幸供奉仪节、宫禁门户库藏及京城内外治安，领京畿诸州兵马；察院，置监察御史十五员，分察尚书省六部，巡按州县，监督地方行政。又有主簿、录事、主事等属官。高宗时因避讳，改次官治书侍御史为御史中丞，主持台务，然具体事务实由侍御史主管。初不受词讼，唯择诉状可闻者，略其原告姓名，托以风闻访知，奏弹有关官吏，后多承制受理刑狱，亦受理词讼，调查审核后始行弹劾。高宗龙朔二年（662）改名宪台，咸亨元年（670）复旧；武则天光宅元年（684）改置左、右肃政台，左台监察在京百官及诸军旅，右台按察州县、省风俗。旋命左、右兼察州县，两台定期遣使八员，巡察地方，春日风俗使，秋日廉察使。两台诸御史，又有假、检校、员外、试等名目。中宗神龙元年（705）罢诸假、检校等名目，改名左、右御史台，后或并或分，因两台职权重迭，纠举苛察，百官厌其烦，玄宗先天（712—713）中并为一台。时又于东洛都阳置留台，称东台，亦设诸官，员额较少，称分司御史。北宋以御史大夫为加官，中丞实为御史台长官。其初诸御史多为宪衔兼官，常以他官兼领，多出外任。真宗咸平四年（1001）以御史二人充左、右巡使，分纠文武官员之违失，祭祀时兼监察使，掌受誓戒致斋，检视纠劾；别有廊下使，掌入阁监食；监香使，掌国忌行香，通称五使。后又置言事御史，兼谏诤之责。神宗元丰（1078—1085）改制后，使名悉罢，台院置侍御史一员，为御史台次官；殿院置殿中侍御史二员，掌监督朝会仪制，许谏诤言事，兼掌监察；察院置监察御史六员，分察中央、地方官吏。南宋改置三员，亦许言事；又有检法、主簿等属官。北宋西京（河南洛阳）、南京（河南商丘）、北京（河北大名）三留守司亦各置御史台，设管勾台事，以朝官充任，为闲散差遣。辽朝为南面官署，主要职责为复查刑狱，设御史大夫、御史中丞、侍御等官。西夏亦置，属次等司，设御史大夫为长官，有御史中丞、殿中御史、监察御史等官。金朝掌纠察朝仪、弹劾官吏、勘鞫官府公事、复查刑狱，以御史大夫、御史中丞为长贰，属官有侍御史、治书侍御史、殿中侍御各二员，监察御史十二员，及典事、架阁库管勾、检法、狱丞等员，辖登闻检院。元朝掌纠察百官善恶、政治得失，得与中书省、枢密院同奏政事。因江南、云南等处设行御史台，中央所设号内台。行台举劾官吏，五品以上须上咨内台奏闻。世祖至元五年（1269）始置，设御史大夫二员为长官，领御史中丞、侍御史、治书侍御史各二员，及典事（都事）、检法、狱丞等。辖殿中司（置殿中侍御史二员）、察院（置监察御史三十二员）。江南、陕西（云南）诸道行御史台，设官品秩与内台等，员额稍减。元末朱元璋吴元年（1367）亦置，设左右御史大夫、御史中丞、侍御史、治书侍御史、殿中侍御史、监察御史、经历、都事、照磨、管勾等官与中书省、大都督府并称三大府，职任清要。明太祖洪武十三年（1380）罢，十五年改置都察院。

御史台五使 官名合称。北宋前期指御史台左巡使。右巡使、监祭使、廊下使、监香使。神宗元丰（1078—1085）改制，皆罢。

御史台主簿 官名。西汉始置，张忠为御史大夫，署孙宝为主簿。魏、晋以来不置，至隋炀帝大业三年（607）复置，员二人。唐朝沿置，员一人，从七品下，掌御史台印及受事发辰，勾稽省署抄目，查其失误。五代因之。宋初沿置，神宗熙宁十年（1077），改作检法官。元丰六年（1083）复置，员一人，从八品，掌朝班名籍，参预定刑。南宋初，许殿中侍御史奉辟。宁宗嘉定（1208—1224）以后，阙而不除。

御史执法 官名。西汉初年置之，以监察百官。《汉书·叔孙通传》："御史执法举不如仪者辄引去。"

御史知杂 侍御史知杂事简称。

御史府 官署名。明朝建文二年（1400）改原都察院而置，设官御史大夫，改所辖各道为左、右两院，设御史二十八人。成祖即位，复旧制。参见"都察院"。

御史府右院 官署名。参见"御史府"。

御史府左院 官署名。参见"御史府"。

御史治书 即治书侍御史。《晋书·崔洪传》："武帝世，为御史治书。"

御史房 官署名。北宋神宗元丰六年（1083），于尚书省都司置，掌纠弹御史失职，考校六察御史殿最。置簿籍记载六察御史纠劾之多寡当否为殿最，岁终取旨升黜。本房举发六察御史察而不当及失察不尽等事，岁终由都司考校。

御仗 官名。北齐置。为左、右卫府御仗属官，由御仗正、副都督统领，负责舆驾出入仗卫。九品。

御仗五职 即御仗都将、御仗别将、御仗统军、御仗军主、御仗幢主的合称。北齐置，属左、右卫府，由御仗正、副都督统领。负责舆驾出入仗卫。从八品。

御仗正都督 官名。北齐置。为皇帝侍从武官首领之一，属左、右卫府，下统御仗副都督、御仗五职、御仗等。掌舆驾出入仗卫。从四品上。

御仗左右 官名。北魏置。《魏书·官氏志》："（孝文帝太和）十九年（495）八月，初置直斋，御仗左右武官。"长孙瑱曾以左军将军领之。（赵万里《汉魏南北朝墓志集释》图二一三《长孙瑱墓志》）

御杖主 官名。南齐置。统御杖队，为宫庭侍卫武官。武帝永明（483—493）初，萧谌以建威将军、步兵校尉、带南濮阳太守领之。

御仗军主 见"御仗五职"。

御仗别将 见"御仗五职"。

御仗统军 见"御仗五职"。

御仗都将 见"御仗五职"。

御仗副都督 官名。北齐置。属左、右卫府，协助御仗正都督统率御仗五职、御仗等。从五品上。

御仗幢主 见"御仗五职"。

御鸟枪处 官署名。清朝内务府所属办事机构，乾隆五十一年（1786），分内火药库设。掌供备御用枪炮事务。置管理大臣，无定员。下属蓝翎总承、副总承各二人，鸟枪长五人。

御用监 官署名。明清宦官衙门之一，掌理御前所用围屏、摆设器具之事。明初设之，乃总管内府之称。洪武十七年（1384）复设，专办御用器具，设令、丞、奉御等官司之。二十八年更定职秩，设正四品太监一人为主官。下设左、右少监，左、右监丞及典簿、长随、奉御等官佐之。所属有智仁殿、监库等机构，为内官二十四衙门之一。清顺治十年（1653）沿置，为十三衙门之一。初设都管一人为主官，左、右副管各一人佐之，后俱裁。十八年置银、皮、缎、衣四库隶之，设郎中三人，员外郎八人、库使四十人。康熙十六年（1677）改称广储司。

御用监外监把总 明朝宦官名，详见"御用监里监把总"。

御用监里监把总 官名。明朝宦官十二监之一御用监置，设里、外监把总各一人。凡御前所用围屏、床榻诸木器，及紫檀、象牙、乌木、螺甸诸玩器，皆造办之。

御用器物局 官署名。设于元世祖中统四年（1263），掌内府宫殿营缮器物与工匠，受中书省剳。至元七年（1270），改器物局。

御司马 官名。战国燕置，君王侍卫长官。《燕王喜镂铭》："郾（燕）王喜造御司马镂。"

御戎　官名。春秋时晋、楚等国置，掌驾国君戎车，众御官之长。《左传成公二年》："彭名御戎。"《成公十八年》："弁纠御戎，校正属焉，使训诸御知义。"

御衣院　官署名。唐朝太常寺所统四院之一，掌收藏天子大享所用祭服。

御医　官名。供奉内廷之医官。隋朝门下省尚药局置四人，正七品上。亦称侍御医。炀帝大业三年（607）随局改属内殿省。唐朝殿中省尚药局置四人，从六品上，掌供奉诊候。参见"侍御医"。明清置为太医院医官。明初设四人，后增至十八人。隆庆五年（1571）定制为十人。正八品。专为皇帝、后妃等诊治疾病。凡诊视御脉，与院使、院判共同参看校同，会内臣就内局选药，连名封记药剂，具本开写药性、证治之法以奏。药凡烹二剂，一由御医、内臣先尝，一进御。清沿明制，顺治元年（1644）置十一人，康熙五十二年（1713）省二人，雍正元年（1723）复故，七年增至十五人，道光二十二年（1842）定为十三人。皆汉员，各精专一科，分班侍值。内兼首领厅事二人。初制正八品，雍正七年升七品，给六品冠带。宣统元年（1909）升正六品。初由各省选举精通医理之士报太医院考选补用，后改为由太医院吏目、医士中考试顶补。

御伯　御伯中大夫省称。

御伯下大夫　官名。西魏恭帝三年（556）置，北周武帝保定四年（564）改称纳言下大夫。天官府属官，员二人，正四命。其职掌参见"纳言下大夫"。

御伯上士　官名。西魏恭帝三年（556）置，天官府御伯中大夫属官，正三命。北周武帝保定四年（564）改称纳言上士。

御伯中大夫　官名。西魏恭帝三年（556）置，天官府属官，员二人，正五命。《大唐六典》卷八《侍中》："后周天官府，置御伯中大夫二人，天子出入，则侍于左右，大祭祀盥洗，则授巾，武帝改御伯为纳言，盖侍中之职也。"北周武帝保定四年（564）改称纳言中大夫。

御武校尉　官名。唐太宗贞观十一年（637）置为从八品上武散官。宋朝沿置，神宗元丰（1078—1085）改制罢。

御武副尉　官名。唐太宗贞观十一年（637）置为从八品下武散官。宋朝沿置，神宗元丰（1078—1085）改制罢。

御者　参见"御"。

御事　❶治理政务。《国语·周语上》："百官御事。"❷官名。西周置。侍御小臣。《竞簋铭》："伯犀父蔑御史（事）竞曆，赏金。"《尚书·周书·顾命》："乃同召太保奭"，"师氏、虎臣、百尹、御事"。

御妻　官名。天子后宫女官，掌侍御天子居寝等后宫之事。《礼记·昏义》："古者，天子后立六宫，三夫人，九嫔，二十七世妇，八十一御妻，以听天下之内治。"

御府　官署名。秦、两汉隶少府，设令、丞。管理宫廷金钱、衣服及刀剑、玉器等珍玩的库藏、出纳，亦称中御府。东汉掌使役宫婢制作补完宫廷所用衣服等事，又置织室丞。三国因之。西晋改隶光禄勋，掌使役工匠制作宫廷所用器玩，东晋元年太兴二年（319）省。十六国后赵仍置。南朝宋孝武帝大明（457—464）中改门下省细作署置，设令、丞各一员，隶少府，掌制作精巧手工艺品，后废帝时省。南齐复置。梁、陈其制不详，然有御府锦署、堂署，掌营造礼乐仪服军器等，则当亦置。隋初改北齐主衣局为御府局，为门下省六局之一，设监为长官，掌宫廷服用器玩。参见"御府局"。

御府令　官名。御府长官，两汉秩六百石，任用宦者。三国、西晋、南朝亦置，用士人。参见"御府"。

御府丞　官名。御府次官，两汉魏晋南朝皆置。汉秩三百石，任用宦者。魏、晋、南朝用士人。参见"御府"。

御府局　官署名。隋朝门下省所统六局之一，置监二员、直长四员；炀帝大业三年（607）改为尚衣局，隶殿内省（殿中省）。

御府局直长　官名。隋朝门下省御府局次官，置四员，从七品上；炀帝大业三年（607）改为尚衣直长，隶殿内省。

御府监　官名。隋朝门下省御府局长官，置二员，正六品；炀帝大业三年（607）改为尚衣奉御，隶殿内省。

御试　见"殿试"。

御饰下士　官名。北周置，佐御饰大夫掌御饰，正一命。

御饰大夫　官名。北周置，宣帝即位后，以柳裘为之，掌御饰，其下设御饰下士以佐其职。一说为天官府属官。命品不详。

御驺　官名。春秋置，掌为国君养马及驾车。《左传·成公十八年》："程郑为乘马御，六驺属焉，使训群驺知礼。"杨伯峻注："驺，官名，据《礼记·月令》郑注，即《周礼·夏官》之趣马，主管驾车与卸车。"

御细部　官署名。北齐置，设仓督。隶司农寺导官署。

御细部仓督　官名。北齐置。参见"御细部"。

御茶房　官署名。明朝内府所属机构，掌供奉皇帝及宫中茶酒瓜果。置提督太监正副二人，牌子四人，常行近侍无定员。

御药局　官署名。设于元世祖至元十年（1273），秩从五品，隶太医院。原掌两都行幸医药治疗，后分立行御药局，本司专管上都药仓。置达鲁花赤一员，局使二员，副使二员。

御药房　官署名。明朝内府所属机构，掌皇帝用药。置提督太监正、副二人；近侍、医官无定员。与太医院相辅。凡皇帝有疾，御医诊毕将药方送入，御药房用金罐煎成进上。罐口以“御药谨封”缄记。

御药院 官署名。北宋太宗至道三年（997）置，掌按验秘方，以时剂和药品进御及供奉禁中之用。皇帝廷试进士，则主行禁令，雕印试题及出处义理，试毕封印卷首。设勾当官，无常员，初以入内内侍充任，后参用士人。仁宗时，又置上御药及上御药供奉，后罢。其属有典、药童、匠、典事、局史、书史、贴书及守阙贴书等。神宗元丰（1078—1085）改制，以入内内侍四人为勾当官，所制药品皆先尝而后进，有奏方书则集国医按验以闻，兼掌馈进膳羞，祭祀、朝会、燕飨、行幸则于皇帝左右扶侍，岁时酌献陵园、春夏颁中外药、元日生辰致契丹国礼币及宫省庆赐，皆先期为之办具，仍主廷试禁令。南宋沿置，设干办官领之，又置待诏掌书写崇奉先皇表词，并召置工匠专一应奉乘舆服御等物。金朝属宣徽院，掌进御汤药，设提点、直长、都监、同监等官。提点秩从五品，直长正八品，明昌五年（1194）设，以亲信内侍充任；都监正九品，不限员；同监从九品，不常设。元朝隶太医院，秩从五品，设于世祖至元六年（1269），掌收受各路乡贡及诸蕃国进献珍贵药品。置达鲁花赤一员，大使二员，副使三员。

御带 官名。宋朝初年，选三班使臣以上亲信武臣佩櫜、御剑，为皇帝护卫，称御带，或以宦官充任。真宗咸平元年（998），改称带御器械。

御临亲军都指挥使司 见“卫率府”。

御香局 官署名。设于元武宗至大元年（1308），秩从五品，隶太医院，掌宫廷御用诸香，置提点，司令各一员。

御食使 使职名。唐末所置内诸司使之一，掌御膳，昭宗天复三年（903）第五可、范曾为之。五代后梁太祖开平元年（907）改为司膳使。

御食监 官名。北魏置，为后宫女职，典御膳烹制。《张安姬墓志》：“年廿，蒙除御食监，厉心自守，莅务有称。”（赵万里《汉魏南北朝墓志集释》图版三三之二）

御食曹 官署名。北魏置，掌管皇帝饮食事务，或以内行官领之。《魏书·罗结传》：“（罗伊利）除内行长，以沉密小心，恭谨不怠领御食、羽猎诸曹事。”

御侮 官名。新莽太子四友之一。始建国三年（后11）置，秩以大夫，以中郎将廉丹任之。

御前大臣 官名。清康熙（1662—1722）间置，由王公大臣内特简兼充，无定员。掌乾清门内侍卫、司员诸务，实际即统辖内廷事务，并常日侍直于皇帝左右。逢皇帝出宫巡幸，与领侍卫内大臣任后扈大臣。并兼管奏事处事务。乾隆以后，蒙古王公递摄其职。

御前弓马子弟所 官署名。南宋孝宗时有御前弓马所，后罢。宁宗开禧二年（1206），复置，以御前弓马子弟所为名。设提举官一员，干办官二员，并兼押教官。招募见在军、离军兵官及品之官家或良家子弟，不限有无官资或武举有学籍生员，年在三十岁以下，身高五尺五以上，有小使臣一人为保，共五百人入所教阅武艺，每一百人设弓马都头一员。提举官每季抽试一次，合格者，量其武艺人材补转官资。隶枢密院。

御前弓马所 见“御前弓马子弟所”。

御前甲库 官署名。南宋高宗时置，集百工巧匠，供奉皇帝所需图画、什物。

御前行走 官名。清朝侍卫之一种，次于御前侍卫。掌翊卫近御，常日直班内廷。于蒙古王公内特简，无定员。由御前大臣统领。

御前军器所 官署名。北宋末年置，掌以御前法式制造兵器，设提举官领之。南宋初沿置，设提举制造御前军器所一人，提点二人，下设提辖官、干办官、监造官、受给官、监门官等。辖东西作坊工匠五千人。高宗绍兴五年（1135）令隶工部，罢提举官，由工部郎官、军器监官轮日赴所点检监视。十一年，复置提举官以内侍充任，不隶工部。三十二年，孝宗即位，复令隶工部。乾道四年（1168）拨属步军司，以主管步军司公事提点。

御前军器案 官署名。南宋置，属工部，掌器甲制造之政令。

御前近侍 官名。明朝宦官中置，为皇帝身边各种侍奉的宦官。尊卑不等，其中乾清宫管事，负责督理御用诸事；打卯牌子，掌随朝捧剑。均位居司礼、东厂、提督、守备太监之次。御前牌子，暖殿，管柜子，赞礼，答应长随，当差听事，拏马，尚冠、尚衣、尚履等，为中低级宦官。皇后、妃嫔、皇子女等宫中亦置为某宫近侍。因近侍皆穿红衣，故又称穿红近侍。

御前忠佐引见司 见“御前忠佐军头引见司”。

御前忠佐军头引见司 官署名。简称军头引见司。北宋初年，有军头司与引见司。太宗端拱二年（989），改称御前忠佐军头司、御前忠佐引见司，后合为一司。设勾当官五人，以内侍省都知押班及閤门通事舍人以上充任。其属有勾押官、前行、后行。南宋沿置，设提点官一人，干办官三人，以閤门官充任。下设使臣二人，押司官二人，前行一人，守阙前行一人，后行九人，贴司五人，守阙贴司五人。掌崇宁殿供奉，军头名籍，诸军拣阅、引见、分配及马直、步直后殿起居军员之政令，以及诸司引见、诸州驻泊捕捉权管等事务。

御前忠佐军头司 见“御前忠佐军头引见司”。

御前侍卫 官名。清朝侍卫之一种。即靠近皇帝，常日直班内廷之侍卫。由侍卫内特简，无定员。

御前牌子 官名。明朝宦官御前近侍之一，侍奉皇帝身边，听候差遣。

御笔 文书名。皇帝亲笔所撰，北朝始有此名。

《北史·元勰传》:“帝令勰为露布，辞曰：臣闻露布者，露之耳目，以臣才小，岂足大用。帝曰：‘汝亦为才达，但可为之。’及就，尤类帝文，有见者，咸谓御笔。”北宋徽宗政和（1111—1117）中宰相蔡京推荐吴敏充馆职，中书侍郎刘正夫以为不可，蔡京乃请皇帝亲书诏旨，特召吴敏上殿，除右司郎官。御笔始盛行。后蔡京患言者议己，每有奏请，皆乞徽宗亲书手诏，称为御笔手诏，违者以违制论。贵戚、近臣亦争相请求御笔，致使徽宗命宦官杨球代书，号称书杨。皇帝亦以此处理政事，上至庙堂政务，下至州县民事，对内平乱，对外和战，皆以御笔处分。三省无所干预，唯奉行而已，缴驳之制遂废。南宋初年废，凡御笔事出于法外者，悉加厘正。高宗绍兴二年（1132），复以御笔行事，但必经三省、枢密院，如有未省，许臣下奏禀、缴驳。

御酒库　官署名。宋朝掌贮存供应御酒，于禁中置局，设主管官。元朝于世祖中统四年（1263）亦置，秩从六品。以金符宣差。至元十一年（1274）增设提点一员。掌制造诸王百官酒醴。十六年，改为尚酝局。

御酒房　官署名。明朝内府所属机构，掌酿酒及酒糟制物。设提督太监一员，佥书无定员。

御庶子　官名。战国魏置。卿大夫侍御家臣。《战国策·魏策一》:“痤有御庶子公孙鞅。”

御营司　即御营使司。

御营使　使职名。唐昭宗天祐元年（904）东迁洛阳，以扈卫兵士为御营，朱全忠以其将张廷范为御营使，提举御营一行事务。南宋高宗建炎元年（1127）亦置，以中书侍郎黄潜善兼充，以同知枢密院事汪伯彦兼副使，旋以尚书右仆射兼中书侍郎李纲兼御营使，掌行在诸军，四年以范宗尹为尚书右仆射兼御营使，旋罢。

御营使司　官署名。南宋高宗建炎元年（1127）置，总领行在军政。设御营使以宰相兼，御营副使以执政兼。其属有参赞军事，以侍从官兼；提举一行事务，以大将兼。将佐有都统制及五军统制等。三年，令只辖行在五军，其余边防事务归三省、枢密院。四年罢，兵权皆归枢密院。绍兴三十二年（1162）复置，仅掌殿前忠勇等军。不久即罢。

御营使司都统制　官名。南宋高宗建炎元年（1127）置，为御营使司统兵官。四年，随御营使司罢。

御营都统　官名。辽朝北面官。皇帝亲征，则设此职总领御林军。

御营宿卫使　官名。南宋高宗绍兴三十一年（1161）置，掌皇帝出行宿卫之事。同年罢。

御厩令　官名。北魏置，管理宫廷用马。《魏书·阉官·苻承祖传》:“自御厩令迁中部给事中、散骑常侍、辅国将军。”

御羞令　官名。初属少府，汉武帝元鼎二年（前115）后属水衡都尉，有两丞。据《汉书·百官公卿表》颜师古注引如淳曰，御羞为地名，在蓝田，土地肥沃，多出御物可进贡者。御羞令即主其事。东汉省。

御羞丞　官名。西汉置，初属少府，后属水衡都尉，员二人，为御羞令副贰。

御清帅　宫中女官名。南朝宋明帝定后宫百官时置，七品。

御辇院　官署名。北宋置，掌乘舆步辇供奉及宫闱车乘之事。设监官三人，以诸司使及内侍充任。下设供御指挥使、副兵马使、供御辇官、次供御辇官、下都军使等，分掌轮流擎御辇，荷负御衣箱，伺候宫中及外戚用车舆。南宋沿置，设监官二人，一员差内侍，一员差武臣。

御椅　官名。明朝锦衣卫属官，洪武十五年（1382）置，正六品，职掌不详。

御厨　官署名。北宋初年置，掌供奉御用膳食等事。设勾当官四人，以京朝官、诸司使副及内侍充任。辖有食手、兵校千余人。神宗元丰（1078—1085）改制，归隶膳部。后改隶光禄寺。徽宗崇宁二年（1103），并入太官局。南宋复分置，隶膳部。

御厨使　官名。唐朝置，为内诸司使之一。初由宦官充任。唐末尽诛宦官，始改用文武官。宋初属东班诸司使，多不领本职，仅为武臣迁转之阶。真宗咸平元年（998）定为同六品，神宗元丰（1078—1085）改制，改为正七品。徽宗政和二年（1112）重定武臣阶官，废。

御厨副使　官名。北宋置，属东班诸司使，多不领本职，仅为迁转之阶。真宗咸平元年（998）定为同七品，神宗元丰（1078—1085）改制改从七品。徽宗政和二年（1112）重定武臣官名，废。

御属　官名。为公府吏职。东汉太尉府置令史及御属二十三员，御属掌为太尉驭车。西晋诸公、位从公府置，赵王伦为相国，其府僚属二十曹皆设，职掌省录公事。东晋、南齐诸公府唯置二员。北魏亦置，七品上。

御婉　妃嫔名号。北周置，是后宫中地位最低的，地位相当于六府官的士。但是否依上、中、下士那样分三个等级，不详。

御媛　妃嫔名号。北周置，是后宫中地位较低的妃嫔，仅在御婉之上。分上媛、中媛、下媛三个等级，地位分别相当于六府中的上、中、下大夫。

御膳厨司　官署名。西夏置，语音“每底渠啰”。次等司。

循吏　旧史所称奉法循理之吏。《史记》作有《循吏列传》,《汉书》、《后汉书》亦有《循吏传》。后代史书或沿之。西汉著名循吏有文翁、黄霸、龚遂、朱邑、召信臣等；东汉有杜诗、卫飒、任延、王景等。循吏一般能注意发展社会经济，安定民生，倡导礼义教化，对缓和阶级矛盾和民族矛盾，巩固封建统治有一定作用。

循行　官名。一作修行。汉朝置，为郡府小吏。

东汉河南尹员吏九百二十七人，有循行二百三十人。三国魏、晋沿置。

循资　选举制度，即选人依资序叙迁。唐玄宗开元十八年（730），侍中裴光庭以选人猥众，有出身二十余年而不获禄者，乃作循资格，无论贤与不肖，一概据资考配拟。凡官罢，满若干选而后集，各有差等，官卑选多，官高选少，必合乎格者乃得铨授。天宝九载（750），令选人注拟不限循资。后或行或废。五代复作循资长定格，准格者循资考入官。宋朝因之。凡七阶选人，皆依不同出身、考数、任数乃举主人数，自下而上依格铨授。

释巾　谓脱去头巾，换戴官帽。指初仕。亦作解巾。《北齐书·刘祎传》："释巾太学博士。"参见"释褐"。

释教总制院　官署名。元朝置，简称总制院。掌全国释教，兼治吐蕃事务，设于世祖至元元年（1264），以国师八思巴领之。二十五年，改为宣政院。

释褐　谓脱去布衣，换著官服。即初仕之意。亦作"解褐"。《文选》卷四五扬雄《解嘲》："夫上世之士，或解缚而相，或释褐而傅。"《梁书·朱异传》："旧制，年二十五方得释褐。时异适二十一，特敕擢为扬州议曹从事史。"后亦以新进士及第授官为释褐。北宋太宗太平兴国二年（977）赐新及第进士与诸科举人绿袍、靴、笏。此后，中第者未命官而先解褐，成为定制。神宗行三舍法后，太学上舍生积分与舍试皆优等，可释褐，赐袍、笏，择两优释褐，分数最高者称释褐状元。

貂珰　冠饰名。貂即貂尾，珰指金珰。汉朝皇帝近侍如侍中、中常侍服用，中常侍为银珰左貂。东汉专任宦官为中常侍，右貂金珰，貂珰渐为宦官代称。南朝宋以来，王公贵臣加侍中、散骑常侍，乃得佩带。

貂蝉　冠饰名。貂即貂尾，蝉指金蝉。汉朝皇帝近侍服用。据应劭《汉官仪》，侍中冠武弁，加金珰，附蝉为文，貂尾为饰，谓之貂蝉。后用为贵幸近臣代称。东汉时宦官为中常侍，亦以此为冠饰。魏晋南北朝沿之。

舒和郎　官名。金朝教坊阶官，为官二十五阶之第十四阶，秩正七品上。

番役　又称番子。明、清掌管缉捕罪犯的差役。明朝东、西厂及锦衣卫均置。清朝内务府慎刑司及步军统领衙门亦置。

番官　唐朝中央官署轮番上下的部分吏职，以流外官充任，经若干考限，一般可入流为低级品官。

番喇嘛　僧号。清朝甘肃之庄浪、河州、循化、西宁、岷州，四川之木里及将入藏境之乍雅察木多类乌齐各番寺喇嘛之称。其中入院册之出呼毕勒罕者，庄浪二人，西宁三十三人，木里一人，乍雅察木多类乌齐四人。掌其地之黄教。

馈人　官名。主饮食之官，春秋时晋国置。《左传·成公十年》："晋侯欲麦，使甸人献麦，馈人为之。"杜预注："主饮食之官。"

腊人　官名。《周礼》天官之属，一说为周朝置，掌腌制干肉，《周礼·天官》："腊人，下士四人，府二人，史二人，徒二十人"，"掌干肉，凡田兽之脯腊膴胖之事。凡祭祀，共豆脯，荐脯膴胖，凡腊物。宾客、丧纪，共脯腊，凡干肉之事"。

鲁兵将军　官名。北魏置。明元帝（409—423）时安原镇守云中，以功加此，后迁驾部尚书。见《魏书·安原传》。

〔丶〕

就　升迁官爵禄位。《商君书·境内》："行间之吏也，故爵公士也，就为上造。"

就谷监　❶官署名。唐朝将作监下属机构，置于王屋（一说周至），掌采伐材木，有监、副监、丞、监作等属。❷官名。唐朝将作监就谷监长官，置一员，正七品下。

就谷监丞　官名。唐朝将作监就谷监官，置一员，正八品上。

就谷监副监　官名。唐朝将作监就谷监次官，置一员，从七品下。

就注　官制用语。宋朝官员注授差遣的一种方式。边远地区官员满任后，许免赴京参选，由转运司立格就地注授，称就注。

就移　官制用语。宋朝官员注授差遣的一种方式。官员因被奏举或责降，就地改注其他差遣，称就移。

就第　即归第。汉朝、晋朝或称官员免官为就第。

敦武郎　官名。北宋徽宗政和二年（1112）重定武臣阶官，改内殿承制置，为正八品武阶官。后改名训武郎。

敦宗院　官署名。宋朝宗正司所属机构。徽宗崇宁元年（1102），南外宗正司、西外宗正司各置，供宗室疏属居住，并置学立师加以训导，设大、小学教授掌教学之事。南宋沿置，设教授及监门官。

敦睦宫　辽朝宫帐名。又称赤实得本斡鲁朵。契丹语称孝为赤实得本，宫帐为斡鲁朵。圣宗弟耶律隆庆以文献皇帝耶律倍承应人及渤海俘户及建、沈、岩三州户置。有州三：建、沈、岩；石烈二：嘲、兴敦；瓦里六：乙辛、得里、奚烈直、大潭马、小潭马、兴敦；抹里二：潭马抹乘、柳实；闸撒二：聂里频你、打里频你；提辖司只南京一处。有正户三千、蕃汉转户五千，正丁六千，蕃汉转丁一万，骑军五千。

敦睦宫马群司　官署名。辽朝北面官，掌敦睦宫马群饲养蕃息之事。

敦睦宫汉人行宫都部署司　即敦睦宫南面行宫都部署司。

敦睦宫使　官名。辽朝北面官，敦睦宫长官。统领敦睦宫契丹、汉人军民之政。下设副使、太师、太保、侍中等职。

敦睦宫南面行宫都部署司　官署名。辽朝南面官，掌敦睦宫汉人军民之政。亦称“敦睦宫汉人行宫都部署司”。

敦睦宫都部署司　官署名。辽朝北面官，掌敦睦宫契丹军民之政。置都部署、副部署、判官等职。

敦睦宫提辖司　官署名。辽朝北面官，统领敦睦宫所属丁户。唯于南京设一处提辖司。

亵臣　指君王宠信之小臣。《礼记·檀弓下》：“调也君之亵臣也。”郑玄注：“亵，嬖臣也。”

亵事　官名。西周置，君王侍御。《毛公鼎铭》：“命汝摄司公族雩（与）叁有司、小子师氏、虎臣，雩（与）朕亵事。”

亵御　掌侍御之小臣。❶西周置。《诗经·小雅·雨无正》：“曹我亵御，憯憯日瘁。”❷西周卫国置。《国语·楚语上》：“昔卫武公年数九十有五矣，犹箴儆于国……居寝有亵御之箴。”

童子奉车郎　侍从官名。授未成年者。《梁书·文学·岑之敬传》：年十六，策试擢为高第，“乃除童子奉车郎”。

童子试　即童子科。

童子郎　东汉专授未成年者之郎官。《后汉书·左雄传》：“及汝南谢廉、河南赵建年始十二，各能通经，雄并奏拜童子郎。”《三国志·司马朗传》：“十二试经为童子郎。监试者以其身高体壮大，疑朗匿年。”

童子科　选举制度。唐朝始设，十岁以下能通一经及《孝经》、《论语》，每卷诵文十，全通者授官，通七者授出身。应试者由本贯申送礼部，同明经举人之例，考试讫奏闻。宋朝沿置，十五岁以下能通经赋诗者，州举送朝廷，先由国子监验，继由中书复试，合格者再由皇帝亲试，所赐出身及授给官职皆临时裁决。仁宗时一度罢，后复。南宋因之。初无定格，孝宗淳熙八年（1181），始分合格者为三等，上等与推恩，中等免文解两次，下等免文解一次。宁宗嘉定十四年（1221）定制岁取三人。度宗咸淳三年（1267）废。金朝亦设，凡士庶子年十三以下，能诵二大经、三小经，又诵《论语》诸子及五千字以上，府试十五题通十三以上，会试三场四十五题通四十一以上，为中选。殿试合格，赐出身，给钱粟官舍，肄业太学。

童生　明、清对士子未经录取入府、州、县学读书者之称呼。无论老幼皆称。入学后则称生员。

蛮夷长官司　见“长官司”。

蛮夷长官司长官　官名。元朝于西南少数民族地区置长官司，亦称蛮夷长官司，并以土人为长官。明朝沿元制，始作为土官名号之一，武职。云南、贵州等省设，正六品，管所辖长官司之政，受地方武官都指挥使约束。世袭，其承袭事初隶吏部，洪武三十年（1397）改隶兵部。详见“土官”。

蛮夷长官司副长官　官名。元朝于西南少数民族地区置长官司，亦称蛮夷长官司，并以土人为长官、副长官。明朝沿元制，始作为土官名号之一，武职。云南、贵州等省设，从七品。职位低于蛮夷长官司长官，亦有所辖之地区，受地方武官都指挥使约束。世袭，其承袭事初隶吏部，洪武三十年（1397）改隶兵部。详见“土官”。

蛮夷邸　汉朝大鸿胪接待少数族和外国来使宾客的馆所，西汉设在长安藁街。《汉书·陈汤传》：“斩郅支首及名王以下，宜县头藁街蛮夷邸间，以示万里。”

蛮夷官　官名。明朝武职土官，非泛指。设置于某些少数民族地区，以当地民族头人担任，无专职品级，世袭。

蛮隶　官名。《周礼》秋官之属，一说为周朝置，掌役校人养马。在王宫者，并掌兵守护王宫。《周礼·秋官》：“蛮隶，百有二十人”，“掌役校人养马，其在王宫者，执其国之兵，以守王宫，在野外，则守厉禁”。

阑遗所　见“阑遗监”。

阑遗监　官署名。元朝隶宣徽院，掌收管无主认领的流散人口、牲畜与财物。世祖至元二十年（1283），立阑遗所，秩正九品。二十五年，改为监，正四品。二十八年，升正三品，后又降为正四品。置太监一员，少监二员，监丞二员，知事一员。

湖广司　官署名。即湖广清吏司。

湖广司员外郎　官名。即湖广清吏司员外郎。

湖广司郎中　官名。即湖广清吏司郎中。

湖广行省　湖广等处行中书省简称。

湖广承天府守备太监　官名。明朝掌管承天府守备之事的太监。嘉靖（1522—1566）间置，一人，管辖承天府（今湖北钟祥等地）、德安府（今湖北安陆等地）及荆襄地区，护卫显陵。

湖广部　官署名。❶明朝户部十二属部之一。洪武二十三年（1390）改原民部、度支部、金部、仓部四属部而置十二属部，分别以十二布政司为名。湖广部设郎中、员外郎各一人，主事二人，领湖广布政司户口、钱粮等事。部下分设四科：民科、度支科、金科、仓科。并置照磨、检校各一人，掌管文书出入等事。二十九年，改为湖广清吏司。❷明朝刑部十二属部之一。洪武二十三年，改原宪部、比部、都官部、司门部四属部而置十二属部，分别以十二布政司为名，设官同户部，本部领湖广布政司及部分在京衙门、卫所刑名之事。二十九年，改为湖广清吏司。

湖广部员外郎　官名。明初户部湖广部、刑部湖广部均置，各一人，从五品。掌本属部之事。参见“湖广部”。

湖广部郎中　官名。明初户部湖广部、刑部湖广部均置，各一人，正五品，掌本属部之事。参见“湖广部”。

湖广清吏司　官署名。简称湖广司。❶明清户部诸司之一，掌理湖广（湖南、湖北）钱粮收支数目。明洪武二十九年（1396）改湖广部置，设郎中、员外郎、主事等官。分置民科、度支科、仓科、金科等四科治事。带管国子监，教坊司，在京羽林前、昭陵等六卫及兴都留守司之俸饷。南京户部亦置湖广清吏司，设官略同。清顺治元年（1644）沿置。设郎中、员外郎，及笔帖式、经承若干人。分置民科、支科、金科、仓科、火房等机构分办司务，兼掌耗羡银两之动支。光绪三十二年（1906）裁。❷明清刑部诸司之一，掌理湖广（湖南、湖北）刑名之事。明洪武二十九年（1396）改湖广部置，设郎中、员外郎、主事等官，兼掌右军都督府、天财库、在京留守右等九卫及渤海千户所等处刑名之事。南京刑部亦置，设官略同。清顺治元年（1644）沿置。设郎中、员外郎、主事及经承若干人，兼掌收办湖广道御史、荆州将军之文移。光绪三十二年（1906）裁。

湖广清吏司员外郎 官名。简称湖广司员外郎。❶明清户部湖广清吏司之副长官，佐郎中掌司事。明洪武二十九年（1396）改湖广部员外郎设，一人。洪熙元年（1425）南京户部湖广清吏司亦设一人，皆从五品。清顺治元年（1644）沿设，汉员外郎一人。满洲司官初不分曹，随长官所派。后增至三人，满洲二人，汉一人。光绪三十二年（1906）裁。❷明清刑部湖广清吏司之副长官，佐郎中掌司事。明洪武二十九年（1396）改湖广部员外郎设，一人，从五品。清顺治元年（1644）沿设，汉员外郎一人。满洲司官初不分曹，随长官所派。后增至三人，满洲二人，汉一人。光绪三十二年（1906）裁。

湖广清吏司郎中 官名。简称湖广司郎中。❶明清户部湖广清吏司之主官，掌司事。明洪武二十九年（1396）改湖广部郎中设，一人。南京户部湖广清吏司亦设一人，皆正五品。清顺治元年（1644）沿设，汉郎中一人。满洲司官初不分曹，随长官指派。后增至三人，满洲二人，汉一人。光绪三十二年（1906）裁。❷明清刑部湖广清吏司之主官，掌司事。明洪武二十九年改湖广部郎中设，一人。南京刑部湖广清吏司亦设一人，皆正五品。清顺治元年（1644）沿设，汉郎中一人。满洲司官初不分曹，随长官所派。后增至三人，宗室一人，汉二人。光绪三十二年（1906）裁。

湖广等处行中书省 官署名。元世祖至元十一年（1274），改荆湖行枢密院为行中书省，主持攻宋军事。同年取鄂州，留右丞阿里海牙分省鄂州，经略荆湖南、北路地，为荆湖等路行中书省。十二年，取江陵，遂以中书右丞廉希宪行省事于江陵以治之，又称江陵行省、荆南行省。十三年，又于鄂州立行省。次年，荆湖行省移至潭州，鄂州行省并人，并以转得广西地隶之，称湖广等处行中书省，又称潭州行省、湖南行省。十八年，移治鄂州。辖三十路、三府、十三州及十五安抚司等地军民政务，辖境包括今湖南、广西、贵州三省大部分地区。置平章政事二员，右丞、左丞各一员，参知政事二员。

湖广道 官署名。明清都察院所属诸道之一，明洪武十五年（1382）置。设监察御史八人。南京都察院亦置，设监察御史二人。在本道之外协管右军都督府，五城兵马司，在京留守右等八卫，荆、襄、楚三府长史司，宣州等五卫等处。清顺治元年（1644）沿置，由掌陕西道兼理。乾隆十四年（1749）设掌印监察御史、监察御史，均满、汉各一人。属官有笔帖式、经承等。负责稽核湖广刑名并稽察通政使司、国子监事务。清末改革官制，分为湖北、湖南二道。

湖广道监察御史 官名。明清都察院所属湖广司之主官，掌道事。明洪武十五年（1382）设，三至五人。后增至八人。南京都察院亦设三人。皆正七品。清顺治元年（1644）沿设。乾隆十四年（1749）定制，设掌印御史满、汉各一人，御史满、汉各一人。先是定为坐道，不理本道之事，乃空衔。至是，则以职事分隶之。十七年俱定为从五品官。光绪三十二年（1906）按省分道，设湖南、湖北二道，遂废。

湖西砖屯丞 官名。南朝梁置。流外三品蕴位。

湖官 官署名。职掌陂湖之利。据《汉书·地理志》，九江郡置有此官。

湖南行省 见“湖广等处行中书省”。

湖南科 清朝兵部武选清吏司所属办事机构。额设经承一人。

湖南道宣慰司 官署名。元朝湖广行省所属机构，秩从二品。置司于天临路，分管天监、衡州、道州、永州、郴州、全州、宝庆、武冈、桂阳等九路，茶陵、常宁、耒阳三州。辖境包括今湖南省大部和广西省部分地区。置宣慰使、同知、副使等职。

渤海军详稳司 官署名。辽朝北面官。统领由渤海人组成之军。设详稳等职。

渤海军都指挥使司 官署名。辽朝北面官，统领契丹、奚、汉、渤海四军之渤海军。

渤海帐司 官署名。辽朝北面官，辽灭渤海以后，仍保留其王族族帐，置渤海帐司总其事。置宰相、太保、挞马等职。

温汤丞 官名。唐朝司农寺温泉汤监次官，置二员，从八品上。北宋初存其名，极少除授。

温汤监 ❶官署名。唐朝司农寺下属机构，置于京兆府昭应县西（今陕西临潼一带）温泉处。设监一员、丞二员，掌汤池、宫禁、防堰及修调度；近汤之地所润瓜蔬，先时而熟者，以荐陵庙。北宋初存其官名而无职司。❷官名。唐朝司农寺温汤监长官，置一员，正七品下。北宋初存其名而罕除授。

温汤监丞 官名。即温汤丞。

温泉汤监 即温汤监。

温禺鞮王 匈奴官名。分左、右，与左右日逐王、左右渐将王，统称六角。见《后汉书·南匈奴传》。

温都赤　即云都赤。

滑濬都巡河官　官名。金朝都水监属官，设于教城。管辖武城、白马、书城、教城四埽。人选由都水监廉举，领埽兵约二千人。

渡辽将军　官名。亦作度辽将军，三国魏置。十六国时后赵为伐辽西鲜卑段辽，置此职，以王华为之。参见“度辽将军”。

渡河将军　官名。将军名号。南朝梁置。施用于境外，地位较低。武帝大通三年（529）定制后，班品拟伏波将军等号。参见“度河将军”。

游击　官名。❶清朝绿营军将领，即“营”之统兵官。位于参将之下。初制正三品，顺治十年（1653）改从三品。统领一营之军务，分属总督、巡抚、提督、总兵管辖。又有为总兵总理营务者，称镇标中军游击。水师中亦设。❷清入关前之八旗军世职。后金天命五年（明万历四十八年，1620），清太祖努尔哈赤改设八旗官置。太宗天聪八年（1634）改为甲喇（扎兰）章京。

游击使　官名。唐朝边镇武官，位军镇大使、副使下。

游击将军　官名。汉朝始置，为杂号将军之一。武帝时有游击将军韩说。魏、晋为禁军将领，与骁骑将军分领命中虎贲，掌宿卫之任，四品，隶中领军（领军将军）。十六国前凉、北燕亦置。南朝沿置。宋四品。梁武帝天监六年（507），置左、右游击将军，十一班，原游击将军改游骑将军。陈复置，四品，秩二千石。北魏、北齐置为侍卫武职。北魏孝文帝太和二十三年（499）定为四品上。北齐员五人，四品上，隶左、右卫府。唐高祖武德七年（624）置为从五品下武散官。宋初沿置，为从五品武散官。神宗元丰（1078—1085）改制罢。明朝镇戍军中置，位在参将之下，掌率游兵往来防御。

游击都尉　官名。新莽置。《汉书·匈奴传》：“罢诸将率屯兵，但置游击都尉。”

游奕使　使职名。唐中期以后用兵，兵多地广者则置，主巡营、防遏事。肃宗乾元二年（759）河阳决战中，郭子仪遣都游奕使灵武韩游环将五百骑前趣河阳。昭宗光化元年（898）马殷以李琼、秦彦晖为岭北七州游奕使，张图英、李唐为副使，将兵攻衡州，引兵趣永州；天复三年（903）杨行密据淮南，西尽淮源，东暨于海，边面延袤数千里，置都游奕使，以谨防遏。

游学处　官署名。清末学务大臣所辖六处之一，光绪二十九年（1903）设。置总办一人，帮办数人，管理出洋游学生一切事务。三十二年，并入学部。

游学生监督　官名。清末管理出国留学生之职官。同治九年（1870），专为筹办幼童赴美留学而设。后陆续在欧洲、日本各国设置。禀承出使大臣办理所有留学生事务，将学生成绩高下、功课勤惰、旷课月日、品行优劣据实咨报学部及各省督抚。

游宗　官名。乡里低级官吏，春秋时齐国置。《管子·立政》：“分国以为五乡，乡为之师；分乡以为五州，州为之长；分州以为十里，里为之尉；分里以为十游，游为之宗”，“若在长家子弟臣妾属役宾客，则里尉以谯于游宗，游宗以谯于什伍，什伍以谯于长家，谯敬而勿复”。

游牧喇嘛　僧号。清朝归化城、土默特、察哈尔、锡呼图库伦内札萨克四十九旗及喀尔喀、阿拉善各游牧地喇嘛之称。其出呼毕勒罕入理藩院册者，有归化城十二人，察哈尔九人，锡呼图库伦二人，科尔沁六人，浩齐特一人，阿巴噶一人，阿巴哈纳尔五人，苏尼特二人，四子部落一人，乌喇特五人，鄂尔多斯一人，喀尔喀十九人，阿拉善二人。

游猎部　官署名。北魏有游猎曹，北齐置部，设丞。隶司农寺钩盾署。

游猎部丞　官名。北齐置。参见“游猎部”。

游猎曹　官署名。北魏置，掌管皇帝出游行猎事务。多以他官典其事。《魏书·韩茂传》：“（韩备）迁宁西将军，典游猎曹，加散骑常侍。”

游骑将军　官名。南朝梁武帝天监六年（507），改游击将军置，低左、右游击将军一阶，为十班。陈四品，秩千石。唐高祖武德七年（624）置为从五品上武散官。宋初因之，神宗元丰（1078—1085）改制罢。

游骑尉　官名。隋文帝开皇六年（586）吏部所置散官八尉之一，从七品下。炀帝大业三年（607）罢。

游徼　官名。秦置，汉朝沿置。《汉书·百官公卿表》、《续汉书·百官志》均载乡置游徼，掌徼巡，禁司奸盗。但史传所见，均直属于县而不言乡。故游徼应为县职而分部派往各乡之巡视者。晋朝、南朝宋亦置，为县府属吏，又称门下游徼，职掌同。后废。

游徼军将　官名。北魏置，为追捕寇盗而设。《魏书·张赦提传》：“赦提应募求捕逐，乃以赦提为游徼军将，前后禽获，杀之略尽。”

曾臣　春秋时期诸侯对神的自称。天子对神称臣，诸侯为天子之臣，对神则称曾臣。《左传·襄公十八年》：“晋侯伐齐，将济河”，“而祷曰：‘节环怙恃其险，负其众庶，弃好背盟，陵虐神主。曾臣彪将率诸侯以讨焉。’”

奠人　官名。西周置。奠即甸，为管理远郊区农业生产者的地方长官。

孳生监　官署名。宋朝置为养马机构，掌繁殖良种马匹。设于大名府、洺州、卫州、相州，共七处，以府、州通判兼领。

孳牧所　官署名。明朝光禄寺所属机构，掌供宫廷所需牲畜之牧养。洪武八年（1375）始置，设大使一人，从九品，副使一人，未入流。十年改司牧司。

普庆营缮司　官署名。元朝置，秩正五品，隶崇祥总管府，掌大承华普庆寺营造修缮。文宗天历元年（1328）置，为普庆营缮提点所。三年，改营缮司。置达鲁花赤、司令、大使、副使各一员。

普安智全营缮司 官署名。元文宗天历元年（1328），以太玉山普安寺、大智全寺两规运提点所合为一所。三年，改为营缮司，隶隆禧总管府下，秩正五品，置达鲁花赤、司令、大使、副使各一员。

普明营缮都司 官署名。元文宗天历元年（1328），建大兴龙普明寺于海南，置规运提点所，秩正四品，设官六员。二年，拨隶隆祥总管府。三年，改为都司，仍正四品。掌营造出纳钱粮之事。置达鲁花赤、司令、大使、副使各一员。

普通处 官署名。清末学务大臣所辖六处之一，光绪二十九年（1903）设。置总办一人，帮办数人，管理普通学科事务。三十二年，并入学部。

普通司 官署名。清末学部所属机构，光绪三十二年（1906）设。掌师范、中、小学校，各以其法定规程，稽督课业。辖师范教育、中等教育、小学教育三科。置郎中二人，总理司务，下设员外郎、主事，分司各职。

普通司郎中 官名。清末学部普通司长官。光绪三十二年（1906）设，二人，正五品。掌司事。

普通科 官署名。清末各省提学使司所属六科之一，光绪三十二年（1906）设。掌理本省优级、初级师范学堂、中等学堂、女子师范学堂、女子中学堂、小学堂之教课规程、设备规则，以及关于管理员、教员、学生等一切事务。置科长一人、副长一人。

善夫 官名。西周置。❶周王近侍，掌传达王命。《大克鼎铭》："王乎（呼）尹氏册命善夫克。王若曰：'克，昔余既命汝出入朕命，今余唯缅乃命。'"《小克鼎铭》："王命善夫克舍命于成周。"❷掌饮食。同"膳夫"。《善夫山鼎铭》："南宫乎入右善夫山"，"王曰：'山，命汝官司饮献人于莬。'"

善世 分见"左善世"、"右善世"。

善世院 官署名。明朝掌管佛教的机构。洪武元年（1368）置，四年革，后改置为僧录司。

善扑营 军事编制名。清朝专为皇帝演习掼跤等技艺之军营。其职掌：平时准备为皇帝表演技艺，遇皇帝出巡，则与护军一体随班护卫。设有总统大臣，无定员。其下有协理事务翼长二人，左、右翼翼长各三人，笔帖式六人。

善扑营总统大臣 官名。清朝善扑营长官，无定员。于都统、前锋统领、护军统领、副都统内特简。总掌善扑营之事。

善扑营协理事务翼长 官名。清朝善扑营职官，额设二人。由善扑营总统大臣于左、右翼翼长内简派。掌本营之章奏文移。

善扑营翼长 官名。清朝善扑营职官，额设六人，分左、右二翼，各三人。由善扑营总统大臣于本营侍卫教习及外营侍卫章京内拣选，引见补放，掌统辖营众。

善政司 见"管领本位下怯怜口随路诸色民匠打捕鹰房都总管府"。

寓公 古诸侯失国寄寓别国者泛称。《礼记·郊特牲》："诸侯不臣寓公，故古者寓公不继世。"后亦以称仕宦之寄寓他乡者。

寓试 选举制度。南宋理宗嘉熙元年（1237）罢牒试，凡郎官以上资序监司、知州、通判之门客及姑姨同宗子弟，以及寓居士人，由所在县给公据，依乡试法试于各路转运司，称寓试。

窝笃盌斡鲁朵 即延庆宫。

装饰帅 内官名。南朝宋明帝定后宫百官时置，无定员，六品。

道人 官名。相传夏朝所置，掌宣布政令。《尚书夏书·胤征》："遒人以木铎徇于路。"孔安国传："遒人，宣令之官。"《左传·襄公十四年》："故《夏书》曰：'遒人以木铎徇于路，官师相规，工执艺事以谏。'"木铎，金口木舌之铃。

道人统 官名。北魏置，主持佛教僧务。《魏书·释老志》："初，(道武帝) 皇始（396—398）中，赵郡有沙门法果，诫行精至，开演法籍。太祖闻其名，诏以礼征赴京师。后以为道人统，绾摄僧徒。"文成帝和平（460—465）初，更名为沙门统。

道仆 官名。《周礼》夏官之属，一说为周朝置，掌驾驭象路，备王乘坐，兼掌副车政令。见《周礼·夏官》："道仆，上士十有二人"，"掌驭象路以朝夕燕出入，其法仪如齐车，掌贰车之政令"。

道正 官名。掌管道教事务之道官，金朝始置于各路，掌领一路之道人。元朝设于各州，为道正司长官。明洪武十五年（1382）亦置于州，每州一人，为诸州道正司长官。品秩未入流，无俸禄，颁发度牒，掌钤束一州之道人。清沿明制未改，例由礼部拣选通晓经义之道人充补，移咨吏部注册。

道正司 官署名。管理道教事务机构，元朝始设于各州，掌理道人词讼。凡遇道士与百姓发生词讼，则与地方官府共同处理。长官为道正。洪武十五年（1382）亦置于各州，掌钤束一州之道人，长官仍为道正。清沿明制未改。

道正司道正 官名。元、明、清三朝地方各州道正司之长官。详见"道正"。

道右 官名。《周礼》夏官之属，一说为周朝置，掌王乘象路时护卫。《周礼·夏官》："道右，上士二人"，"掌前道车，王出入，则持马陪乘。如齐车之仪。自车上谕命于从车。诏王之车仪。王式，则下，前马。王下，则以盖从"。

道右上士 官名。西魏恭帝三年（556）仿《周礼》道右置，北周沿置。夏官府司右中大夫属官，正三命。隋文帝开皇元年（581）罢。参见"道右"。

道台 明清道员别称。

道民君 官名。西域车师后王国置，员一人，佩汉印绶。见《汉书·西域传》。

道驭上士 官名。西魏恭帝三年（556）仿《周礼》道仆置，北周沿置。夏官府大驭中大夫属官，正三命。隋文帝开皇元年（581）罢。参见“道仆”。

道会 官名。管理道教事务之道官。明洪武十五年（1382）设于各县道会司，县各一人，为道会司长官。品秩未入流，设官不给禄。清沿明制，例由礼部拣选通晓经义之道人充补，移咨吏部注册。

道会司 官署名。管理道教事务之机构。明洪武十五年（1382）始设于各县，掌钤束一县之道人，颁发度牒。长官为道会。清沿明制未改。

道会司道会 官名。明清地方各县道会司之长官。详见“道会”。

道纪司 官署名。管理道教事务之机构。明洪武十五年（1382）始设于各府，掌颁发度牒，钤束一府之道人。设都纪、副都纪为正、副长官。清沿明制未改。

道纪司都纪 官名。明、清各府道纪司主官。明洪武十五年（1382）设，一人，从九品，无俸禄。清顺治（1644—1661）中沿设，一人，未入流。选通晓经义、恪守清规者充任。

道纪司副都纪 官名。明、清各府道纪司之副主官。分理诸府之道众，颁发度牒。明洪武十五年（1382）设，一人，未入流，无俸禄。清顺治（1644—1661）中沿设，一人，亦未入流。选通晓经义、恪守清规者充任。

道员 明清地方各道主官统称。亦称道台、观察。明制，布政、按察二司因辖区广大，由布政使之佐官左、右参政及参议分理各道钱谷，称为分守道，由按察使之佐官副使、佥事分理各道刑名，称为分巡道。此即道员称谓之始。清乾隆（1736—1795）时裁参政、参议、副使、佥事等职衔，专设分守、分巡道，多兼兵备衔，管辖府、州，或为省以下、府以上之最高行政长官。此外又设督粮、盐法等道。光绪中又设巡警、劝业二道，各司专职。

道官 ❶管理道教事务官员统称。隋朝有道观监、丞，炀帝大业三年（607）以后改为玄坛监、丞，隶鸿胪寺。唐朝置诸寺观监；每寺观有监一人。玄宗开元（713—741）中置崇玄学，德宗贞元四年（788）置左、右街功德使，以道士、女冠隶之。五代后周设有道录。宋因设左、右街道录院。金朝于各路设道录、道正。元朝于地方设道官衙门，路置道录司，州置道正司，县置威仪司，道官分别为道录、道正、道判。明朝于洪武十五年（1382）置道录司，为掌管道教事务之最高机构，隶礼部。道官设有左、右正一，左、右演法，左、右至灵，左、右至义，俱选精通经典、戒行端洁者为之，不给俸。地方府置道纪司，州置道正司，县置道会司，道官分别为都纪、副都纪、道正、道会。凡道官均给度牒，三年一颁。二十八年，令天下道官赴京考试给牒，不通经典者黜之。清沿明制，中央及地方之道官衙门设官、职掌均与明同。且于京师分设东南城、西南城、中城等六处道官，各设协理一人为佐，亦颁度牒。宣统三年（1911）道官事归民政部管辖。详见各道官条。❷指道士入朝为官或挂衔者。唐高宗时，叶静能入直翰林，为国子监祭酒；侄孙法善，玄宗时授银青光禄大夫、鸿胪卿。宋太祖开宝五年（972）十二月赐道士玄秘大师马志通议大夫阶。明朝，道士有大真人、高士等封号，亦加太常卿、礼部尚书及宫保衔。至有封伯爵者，皆一时宠幸，非制也。清朝乾隆元年（1736）授正一真人光禄大夫，妙正真人通议大夫。❸官署名。战国秦置，为道的行政官署。

道录 官名。管理道教事务之道官。五代后周始设，掌理道人词讼等事。宋因设道录院。金朝设于各路，掌领一路之道人。元朝亦设于路，为道录司之长官，下设书吏、公使人等。掌理所属道人，如有道士与百姓发生词讼，则与地方官共同处理。

道录司 官署名。管理道教事务之机构。元朝设于各路，掌管所属道人。如有道士与百姓发生词讼，则会同地方官府共同处理。以道录为长官，下设书吏、公使人等。明朝设于洪武十五年（1382），为掌管道人之最高机构，隶于礼部。负责颁给道官度牒，三年一颁；总理天下道人；统领地方各道官衙门，即府之道纪司、州之道正司、县之道会司。设左、右正一，左、右演法，左、右至灵，左、右至义，均各一人，选精通经典，戒行端洁者充任，不支俸。清沿明制置，设道官一人兼正一衔，给予部札，其他设官、职掌皆与明同。并于京师分设东南城、西南城、中城等六处道官，各设协理一人，给予司札，佐理道人，颁发度牒。康熙十六年（1677），诏令道录司稽查设教聚会，严定处分。宣统三年（1911），事归民政部管辖。

道录司正印 官名。清朝道录司主官，掌天下道教之事。天聪五年（1631）设，一人，由道官带原品衔充任。道光二十四年（1844）定制，兼正一等衔。

道录司副印 官名。清朝道录司副长官，分掌天下道教之事。天聪五年（1631）设，一人，由道官带原品衔充任。乾隆四十一年（1776）裁。

道录院 官署名。宋朝置，掌有关道教之事。初隶鸿胪寺，徽宗政和六年（1116）改隶秘书省。分左衔、右衔两院，各设道录领之。

道桥掾 官名。亦作导桥掾。汉朝为地方政府掌修治道路桥梁的吏员，多置于交通要道或险阻处。河南尹所属见《水经注·谷水注》引《建青门石桥纪功柱铭》，其他如武都有西部道桥掾，蜀郡属国有南部道桥掾，均见于汉碑。晋朝则置为司空府僚属。

道啬夫 官名。战国秦置，汉沿置，主管少数民族事务的地方行政长官。《睡虎地秦墓竹简·语书》：“南郡守腾谓县、道啬夫。”《汉书·百官公卿表》：“县有蛮夷曰道。”《汉旧仪》：“内郡为县，三边为道。”参见“啬夫”。

道路行事 官名。南朝宋置。《宋书·邓琬传》：“废帝以邵陵王子元为冠军将军、湘州刺史，中兵参军沈仲玉为道路行事。”

道德司 官署名。西夏置，为掌管道教的机构之一。

遂 周朝行政区划名。距京城百里之外二百里之内的远郊地区称遂。共设六遂，每遂设遂大夫掌理政务。

遂人 官名，《周礼》地官之属，一说为周朝置，掌王城郊外六遂的政令。《周礼·地官》：“遂人，中大夫二人”，“掌邦之野，以土地之图经田野，造县鄙形体之法。五家为邻，五邻为里，四里为酂，五酂为鄙，五鄙为县，五县为遂，皆有地域，沟树之，使各掌其政令刑禁。以岁时稽其人民，而授之田野，简其兵器，教之稼穑”。“以岁时登其夫家之众寡及其六畜车辇，辨其老幼废疾，与其施舍者，以颁职作事，以令贡赋，以令师田，以起政役”。“其不用命者，诛之。凡国祭祀共野牲，令野职。凡宾客，令修野道而委积。大丧，帅六遂之役而致之，掌其政令。及葬，帅而属六綍。及窆，陈役，凡事致野役。而师田作野民，帅而至，掌其政治禁令”。

遂士 官名。《周礼》秋官之属，一说为周朝置，掌王城四郊及六遂民众的狱讼。《周礼·秋官》：“遂士，中士十有二人，府六人，史十有二人，胥十有二人，徒百有二十人”，“掌四郊，各掌其遂之民数而纠其戒令，听其狱讼。察其辞，辨其狱讼，异其死刑之罪而要之，二旬而职听于朝。司寇听之，断其狱”。“若邦有大事聚众庶，则各掌其遂之禁令，帅其属而跸。六卿若有邦事，则为之前驱而辟。其丧，亦如之。凡郊有大事，则戮其犯命者”。

遂大夫 官名。《周礼》地官之属，一说为周朝置，掌王城郊外一遂的行政长官。《周礼·地官》：“遂大夫，每遂中大夫一人”，“各掌其遂之政令。以岁时稽其夫家之众寡六畜田野，辨其可任者与其可施舍者，以教稼穑，以稽功事。掌其政令戒禁，听其治讼。令为邑者，岁终则会政致事。正岁，简稼器，修稼政。三岁大比，则帅其吏而兴甿，明其有功者，属其地治者。凡为邑者，以四达戒其功事，而诛赏废兴之”。

遂大夫下大夫 官名。西魏恭帝三年（556）仿《周礼》遂大夫置，北周沿置。地官府民部中大夫属官，每遂置一人，掌本遂行政事务，正四命。下设遂正上士、遂正中士以佐其职。隋文帝开皇元年（581）罢。

遂正上士 官名。西魏恭帝三年（556）置，北周沿置。地官府民部中大夫属官，佐遂大夫下大夫掌本遂事务，正三命。下设遂正中士以佐其职。隋文帝开皇元年（581）罢。

遂正中士 官名。西魏、北周地官府民部中大夫遂正上士佐官，正二命。

遂宁苑 官署名。明成祖永乐五年（1407）置，北京苑马寺二十四苑之一。隶金台监，设圉长一人，从九品，下分各群，设群长，掌牧养马匹，以备军需。十八年并入太仆寺。参见“金台监”。

遂师 官名。《周礼》地官之属，一说为周朝置，遂人属官。掌六遂政令戒禁。《周礼·地官》：“遂师，下大夫四人，上士八人，中士十有六人，旅下士三十有二人，府四人，史十有二人，胥十有二人，徒百有二十人”，“各掌其遂之政令戒禁，以时登其夫家之众寡六畜车辇，辨其施舍与其可任者。经牧其田野，辨其可食者，周知其数而任之，以征财征。作役事，则听其治讼。巡其稼穑，而移用其民，以救其时事。凡国祭祀，审其誓戒共其野牲，入野职野赋于玉府。宾客，则巡其道修，庀其委积。大丧，使帅其属以幄帟先，道野役。及窆，抱磨，共丘笼及蜃车之役。军旅、田猎，平野民，掌其禁令，比叙其事而赏罚”。

遂伯下大夫 即小遂伯下大夫。

遂伯中大夫 官名。西魏恭帝三年（556）仿《周礼》遂人置。北周沿置。地官府民部中大夫属官，分置左右遂伯中大夫，每方置一人，掌本方行政事务，下设小遂伯下大夫，小遂伯上士、小遂伯中士以佐其职，领遂大夫下大夫等官属。正五命。隋文帝开皇元年（581）罢。

遂法上士 官名。西魏恭帝三年（556）仿《周礼》遂士置，北周沿置。秋官府刑部中大夫属官，正三命。下设遂法中士以佐其职。隋文帝开皇元年（581）罢。参见“遂士”。

遂法中士 官名。西魏、北周秋官府刑部中大夫遂法上士佐官，正二命。

谟宁令 官名，西夏置，意为天大王。西夏党项语“谟”即天，“宁”即王，“令”即大。景宗显道元年（1032），元昊立官制时，此为蕃官名号之一，授重臣野利仁荣。

谢表 文书名。宋朝帅守监司初到任、升迁官阶及朝廷有所宣赐，皆上表谢恩，称谢表。采用四六句文体。

谢病 官制用语。以患病的名义辞职。《战国策·秦第三》：“应侯因谢病，请归相印。”

谥 人死后，由朝廷依其生前行事给予相应称号，称为谥。其号称谥号。起于西周，历代因之。《礼记·檀弓上》：“死谥，周道也。”孔颖达疏：“殷以上有生号，仍为死后之称，更无别谥。尧、舜、禹、汤之例是也。周则死后别立谥，故总云周道也。”秦统一六国一度废之，皇帝以二世、三世名之。汉朝以后复用。参见“谥法”。

谥号 参见“谥”、“谥法”。

谥法 有一定地位的人死后朝廷给予谥号的规则，始于周朝，相传有周公谥法、春秋谥法等。秦朝废，汉朝复用，历代因袭。《史记·秦始皇本纪》：“太古有号毋谥，中古有号，死而以行为谥。如此，则子议父，臣议君也。甚无谓。朕弗取焉。自今已来除谥法。”《容斋续笔·谥法》：“自（周）文王武王以来始有谥。周之政尚文，斯可验矣。如尧、舜、禹、汤，皆名，皇甫谧之徒附会为说；至于桀、纣，亦表以四字，皆非也。周王谥以一字，至威烈、贞定益以两。而卫武公曰‘懿圣武公’，见于《楚语》；孔文子曰‘贞惠文子’，见于《檀弓》；各三字。意当时尚多有之。唐诸帝谥经三次加册，由高祖至明皇，皆七字，其后多少不齐。代宗以四字，肃、顺、宪以九字，余以五字，唯宣宗独十八字，曰元圣至明成武献文睿智章仁神聪懿道大孝。国朝祖宗谥十六字，唯神宗二十字，曰礼元显道法古立宪帝德王功英文烈武钦仁圣孝。盖蔡京所定也。”

裕民司　官署名。明太祖洪武七年（1374）于广西庆远府（治所在今广西宜州市）置，设大使一人，从八品，副使一人，正九品，掌购买当地少数民族所养马匹。后革。

裕民局　官署名。北宋徽宗重和元年（1118）置，掌讨论强兵富民之法。以宰臣提举，详定官以侍从充任，下设参详官、检讨官。宣和元年（1119）废。

禄讬　官名。南诏官，主牛，以清平官、酋望、大军将兼。

禄秩　官吏俸禄等级。《荀子·荣辱》：“是官人百吏之所以取禄秩也。”

棨戟　有缯衣或漆绘的木戟，官吏出行时用作前导的一种仪仗。据《续汉书·舆服志》，公以下至二千石，骑吏四人，千石以下至三百石、县长二人，皆带剑，持棨戟为前列。后世或沿用。

裙带头官　即西官。

幂人　官名。《周礼》天官之属，一说为周朝置，掌供给祭祀礼器所用巾幂的宦官。《周礼·天官》：“幂人，奄一人，女幂十人，奚二十人。”“掌共（供）巾幂。祭祀，以疏布巾幂八尊，以画布幂六彝，凡王巾皆黼。”

〔乛〕

弼　官名。传说夏、商、周所设四辅官之一。《礼记·文王世子》：“设四辅及王公。”孔颖达疏：“其四辅者，案《尚书大传》云：‘古者天子必有四邻，前曰疑，后曰丞，左曰辅，右曰弼。’”

弼亮　辅佐君王。《尚书·周书·毕命》：“弼亮四世。”孔安国传：“辅佐文、武、成、康，四世为公卿。”

弼德院　官署名。清末新设的皇帝最高顾问机构，宣统三年（1911）设。掌有关皇帝及宪法附属法令并外交条约等事宜之审议。置院长一人，副院长一人，顾问大臣三十二人，参议官十人。下设秘书厅，置秘书长一人，秘书官若干人。

弼德院参议官　官名。清末弼德院属官，宣统三年（1911）设。专任六人，兼任四人，请简。掌佐顾问大臣办理本院审查纂拟事件。

弼德院院长　官名。清末弼德院长官，宣统三年（1911）设。二人，特简。掌全院事务，主持院会，签发奏咨文件。

弼德院顾问大臣　官名。清末弼德院顾问官，宣统三年（1911）设。三十二人，以“著有勋劳及富有政治上学识经验者任之”。除专任者外，现任国务大臣及宗人府、内务府大臣得兼任顾问大臣。掌参与本院各项顾问事件的审议。

弼德院秘书长　官名。清末弼德院属官，宣统三年（1911）设。一人，请简。掌承院长、副院长之命总理秘书厅事务。

弼德院秘书厅　官署名。清末弼德院所属机构，宣统三年（1911）设。掌本院文牍、会计、议事记录及一切庶务。置秘书长一人，秘书官若干人。

弼德院副院长　官名。清末弼德院副长官，宣统三年（1911）设。一人，特简。掌佐院长总理全院事务，院长有事故时代行其职。

强弩司马　官名。西晋置，为宿卫禁军将领之一，侍卫皇帝。《晋书·职官志》：“二卫始制前驱、由基、强弩为三部司马，各置督史。”北周亦置，为无职掌的散官，亦可作为起家官，正二命。

强弩将军　官名。西汉武帝元狩元年（前122）置，以李沮任之，统兵伐匈奴。两汉为杂号将军，省置无常。三国魏末，司马昭受封晋王后，置以掌宿卫。西晋武帝太康十年（289），立弩营，以为长官，充任皇帝侍卫。初员一人，东晋末桓玄篡立后，增置员数。魏、晋皆四品。南朝宋明帝泰始（465—471）以后，多以军功得之，无复员限，成为将军名号，五品。齐沿置。梁武帝天监七年（508）定为四班，陈八品、秩六百石。北魏孝文帝太和十七年（493）定为从四品下，二十三年改为从七品上。北齐属左、右卫府，员二十五人，从七品上。

强弩都尉　官名。西汉置之。武帝时有强弩都尉路博德，曾领兵筑居延塞。

犀首　官名。战国魏置。《韩非子·外储说右上》：“犀首，天下之善将也，梁王之臣也。”陈奇猷注：“犀首，魏官名。”《庄子·则阳》：“犀首公孙衍。”成玄英疏：“犀首，官号也。”《史记·张仪列传》：“犀首者，魏之阴晋人也，名衍，姓公孙氏。”

属　❶官署名。春秋时齐国置。掌管地方军事。《管子·小匡》：“三乡为属，属有帅。五属一大夫。武政听属，文政听乡。”❷官名。《周礼·天官·冢宰》：“帅其属而掌邦治。”汉朝泛指三公府和郡县等官府各曹的属吏，各曹主管称掾（掾吏），副则称属。故有掾属、令史属、御史属等名目。三国、晋、南朝及北朝魏、齐均置。晋朝以前大抵诸曹各级一人，每府有属一、二十人；又有不署曹之散属。东晋以后仅户、仓等少数曹设属，品级自五品至七品不等。

属大夫　官名。又称五属大夫。春秋时齐国置，统摄五属军政的长官。《管子·山至数》："君下令谓郡、县、属大夫、里邑皆籍粟入若干。"《小匡》："三乡为属，属有帅。五属一大夫。武政听属。"

属长　官名。新莽天凤元年（后14）置，职如郡都尉。

属正　官名。新莽天凤元年（后14）分三辅为六尉部，河东、河内、弘农、河南、颍川、南阳为六队部。置大夫，职如太守；属正，职如都尉。东汉废。

属令　官名。新莽天凤元年（后14），王莽据《周官》、《王制》之文，置卒正、连率、大尹，职如太守；属令、属长，职如都尉。东汉废。

属邦　官署名。主管少数民族事务的机构。始置于战国秦，汉朝沿置，避高祖讳改称属国或典属国。《睡虎地秦墓竹简·属邦》："道官相输隶臣妾，收人，必署其已禀年日月。"《汉书·百官公卿表》："典属国，秦官，掌蛮夷降者。"武帝元狩三年，"复增属国"。

属吏　❶官名。春秋时期齐国称在称属之官署供职的官吏。《管子·立政》："五属大夫，皆以行车朝。出朝不敢就舍，遂行至都之日，遂于庙致属吏，皆受宪。参见"属"。❷官名。长官下属之吏。《管子·立政》："遂于庙致属吏。"❸委事于吏。《汉书·夏侯胜传》："王怒谓：'胜为妖言，缚以属吏。'"

属师　官名。春秋时齐国置，地方武装机构属的长官。《管子·小匡》："三乡为属，属有帅"，"武政听属，文政听乡"。

属国都尉　官名。即管理属国事务的行政长官。西汉武帝元狩三年（前120）置五属国于西北边郡，安置内附匈奴族，沿其旧俗，置匈奴官号，而设都尉主之，掌民政军事，兼负戍卫边塞之责，秩比二千石。属官有丞、候、千人等。初隶典属国，后典属国省并大鸿胪，遂直隶中央，与诸郡守略同。宣帝以后，属国或增置，或废罢，兼安置羌族。东汉西北、东北、西南等边境地区皆置，多从诸郡中分置以安置降附及内属匈奴、胡、羌等少数族，属官又或设长史、主簿等员。三国蜀亦置，后废。

属珊军详稳司　官署名。辽朝北面官。太祖述律后以所俘人户中有技艺者及蕃汉精兵置军，称属珊军，谓其珍美如珊瑚，多至二十万骑，设详稳司以统之。

属籍案　官署名。宋朝宗正寺所属机构。掌宗室族属名籍，序其服纪之远近。

疏　臣下向皇帝陈述意见的奏章。《汉书·贾谊传》："谊数上疏陈政事。"

疏决囚徒使　使职名。唐玄宗开元十三年（725）分遣御史中丞蒋钦绪等往十道疏决囚徒，降死罪从流，流以下罪悉原之。唐文宗大和四年（830）置使，以清强御史二人为之，疏决处分京城诸司现禁囚徒，并具轻重奏闻。

疏附　官名。太平天国朝上职官，永安建制始设。设正、副各一人，职同检点。主接递文报。

疏浚黄河司　官署名。北宋神宗熙宁七年（1074）置，掌疏黄河自卫州（治今河南卫辉市）至海口一段。设都大提举及勾当公事官。

疏勒侯　官名。西域疏勒国置，员一人，佩汉印绶，见《汉书·西域传》。

媒氏　官名。《周礼》地官之属，一说为周朝置，掌理民众婚姻事务。《周礼·地官》："媒氏，下士二人，史二人，徒十人"，"掌万民之判，凡男女自成名以上皆书年月日名焉。令男三十而娶，女二十而嫁"。

媒曹　官署名。❶三国魏司马昭相国府僚属诸曹之一，设属一人。西晋以后不置。❷御史台诸曹之一，两晋南朝置。设侍御史掌其事。

登仕佐郎　官名。金朝始置，为文散官，从九品以上。元朝沿置，改从八品，敕授。明朝为从九品，敕授。清朝为从九品，封赠。

登仕郎　官名。隋炀帝大业三年（607）以后改常从郎为之，正九品，掌出使。唐朝置为文散官，正九品下。宋初沿唐制，神宗元丰三年（1080）废。徽宗崇宁二年（1103）又置为选人新寄禄官，取代旧寄禄官试衔知县、知录事参军。政和六年（1116）改为修职郎，同时将假承务郎改此官。金朝定为文散官，正九品上。元朝改正八品，敕授。明朝为正九品，升授。清朝为正九品，封赠。

登科　科举制度。经会试、殿试，分三甲取中进士，谓之登科。

登闻检院　官署名。宋真宗景德四年（1007）改登闻院置，委朝臣主管。神宗元丰（1078—1085）改制后，隶谏议大夫。凡机密章奏及上于登闻鼓院而遭拒绝者，皆受之而上于朝廷，为畅通言路的重要机构。金朝隶御史台，掌奏进告尚书省、御史台所断不当之事。设知登闻检院、同知登闻检院各一员。

登闻鼓厅　官署名。亦称鼓厅衙门。西晋至唐朝廷皆置登闻鼓。宋朝设有登闻鼓院，受理官民建议或申诉。明于都察院设登闻鼓，军民有冤而有司不为审理，许具状通政使司；又不为转达，可击鼓鸣冤。清始置厅。顺治元年（1644），设登闻鼓于都察院门首，日轮御史一人监值，掌达冤民申诉。十三年移置长安右门外，以满、汉科道官轮值；专设笔帖式二人，并有书吏、皂隶人等。康熙六十一年（1722），以鼓厅改隶通政使司。以参议一人兼管，知事督役巡查，设笔帖式满洲、汉军各一人。厅下分设吏、户、礼、兵、刑、工六房，各以经承一人办事。冤民击鼓，由通政使讯供，情实奏闻，下刑部昭雪；诬告者送刑部加等治罪。

登闻鼓使　见"登闻鼓院"。

登闻鼓院　官署名。宋真宗景德四年（1007）改鼓司置，设判院官二人，以带职朝官或卿监充任。凡官吏士民有诉冤枉，皆受其词而上于皇帝，藉此通达民情。辽景宗保宁三年（971）置，设登闻鼓使为长官，属南面官。金朝掌奏进告御史台、登闻检院所断不当之事，设知登闻鼓院、同知登闻鼓院事各一员。元初亦置，后废。清朝置登闻鼓厅，职掌同鼓院。参见“登闻鼓厅”。

缋工下士　官名。西魏、北周冬官府司色下大夫缋工中士佐官，正一命。

缋工中士　官名。西魏恭帝三年（556）置，北周沿置。冬官府司色下大夫属官，正二命。下设缋工下士以佐其职。隋文帝开皇元年（581）罢。

缎匹库　官署名。清朝户部三库之一，位于东华门外旧里新库址。顺治十三年（1656）分后库置，归理事官管理。雍正元年（1723）归管理户部三库大臣统辖。设郎中一人领库事，下设员外郎、司库、大使、笔帖式、库使、经承等吏员，皆为满洲。掌收各省解到谷、缎、绢、布、皮、丝、棉、线、麻及江南织造之缣帛纱縠等项，以待支放。光绪三十二年（1906）改隶度支部。

缎库　官署名。清朝内务府广储司所属六库之一，掌储缎、纱、绸、绫、绢、布等物。置郎中二人（兼司衣、茶二库），员外郎三人，六品司库一人，无品级副司库二人及库使若干。库藏之出纳，按月缮折，送司核对并呈府堂奏销。

缅甸馆　官署名。明、清负责缅甸语言文字翻译的机构。永乐五年（1407）始置，设译字生、通事以掌其事。初隶翰林院，弘治七年（1494）改隶太常寺。清初沿置，隶翰林院。乾隆十三年（1748）省并入礼部。

缉探总局　官署名。清末京师公安侦查机关。光绪三十一年（1905）于巡警部设探访队，三十三年于民政部设稽查缉捕局，宣统元年（1909），将缉捕探访归并为缉探总局。专司侦探、缉捕事宜并检阅各种报告、新闻。置总办一人，辖左、中、右三缉探中队。三年，缉探事务划归内、外城巡警总厅。后撤。

编军科　清朝兵部武库清吏司所属办事机构。额设经承一人。

编估局　官署名。南宋高宗绍兴七年（1137），以左藏库监门官一员兼编估职事，九年专设编估官，十一年专置局，属太府寺。掌对市舶司送到香药、杂物及诸州、军所纳无用赃罚衣服等进行拣选、估价，不堪公用者送杂卖场出卖。

编译图书局　官署名。清末学部兼辖机构，光绪三十二年（1906），改学务处编书局设。掌研究、编纂各种课本。置局长一人，局员若干。附设研究所。

编译科　官署名。清末海军部军学司所属五科之一。原属筹办海军事务处，宣统二年（1910），随司改属海军部。掌译海军部各种文件、图表，各国海军建设、海防规划之文件书籍，编译中外海军史、海战史，承办印刷文件、图表等事。置科长、科员、录事。

编定书籍　宋朝国史院属官。以秘书省校书郎、正字充任，掌有关修史之事。

编修　官名。❶历朝掌奉敕编修有关书籍的官员，又称编修官。宋朝始置，分设于国史院、实录院、枢密院，随事而设，无定员。明、清沿置。凡有编纂任务时则选任，事竣则罢。❷翰林院官员。元朝置为翰林院国史馆属官。十人，正八品。明、清沿置，为翰林院史官，正七品，无定员。地位低于修撰。一般以殿试一甲第二、三名，及二甲进士留馆者充任。清宣统元年（1909）改从五品，掌撰修记载。

编修中书条例司　官署名。北宋神宗熙宁二年（1069）置，掌清理中书政务，以为变法之准备，设看详、同看详及编修官。八年罢。

编修条例司　即编修中书条例司。

编修官　官名。❶宋朝国史院、实录院属官，掌编修国史、实录。后沿置，无专授，以原官掌编修事。❷宋朝枢密院属官。仁宗庆历四年（1044）始置，掌编修例册。神宗时，令编修《经武要略》。南宋沿置一人，或以枢密院别官兼任，正八品。

编修院　官署名。宋朝史馆所属编书机构，掌编修国史、会要、实录、日历，以馆职分领其事。

编修敕令所　官署名。简称敕令所。北宋仁宗时始命宰相提举编修敕令，神宗时复专置司局，以敕令所为名，仍以宰相提举。掌裒集诏旨，类编成书。参见“提举修敕令”。

编类圣政所　官署名。简称圣政所。南宋高宗绍兴三十二年（1162）置，掌编修忠臣义士传记，裒集高宗即位以来诏旨条例，编类其重要政事，由宰相提举。孝宗隆兴元年（1163），并归日历所。

编类御笔所　官署名。北宋徽宗政和二年（1112）置，掌分类编纂御笔，设详议官、同详议官。

编案处　官署名。清末法律馆所属机构。详见“修订法律馆”。

编排试卷官　宋朝贡院官名。简称编排官、管号官。北宋初年，置编排官兼详定官，真宗天禧三年（1019），始分置。以翰林学士及员外郎以上官兼任，掌编排举人试卷字号及合格举人名次。

编敕　宋朝法令文书名。即长期适用的敕文汇编成册者。如《太平兴国编敕》、《咸平编敕》、《天圣编敕》。其中，除诏敕正文外，常附有看详、申明、指挥、赦书、德音等。与律并行，且有优先适用效力。

编置司　官署名。清末法部八司之一，光绪三十二年（1906）设。掌京外奏咨减等、盗犯定地、编发给官兵为奴事项，并复核奉天、吉林、黑龙江、山西、山东、察哈尔右翼、绥远城、归化城刑事民事案件。置郎中三人，员外郎五人，主事四人。

编置司郎中　官名。清末法部编置司长官，光绪三十二年（1906）设。定额三人，正五品，奏补。掌本司事务。

编管 官制用语。宋朝对官员的一种处罚。被贬谪官员送指定地区予以管制，称编管。此种处罚重于安置，而稍次于勒停。

缘边交市监 ❶官署名。隋朝置，掌周边互市之事，设监、副监领其事。畿内互市隶于司农寺，自外互市隶于相关各州。炀帝大业三年（607）入鸿胪寺，隶每方使者署，为互市监。❷官名。隋朝缘边交市监长官，置一人，视从八品，掌其所辖地域互市事。炀帝大业三年（607）入鸿胪寺，隶每方使者署，改为互市监。

缘边交市副监 官名。隋朝缘边交市监次官，每监置一员，视正九品；炀帝大业三年（607）改为互市副监，隶鸿胪寺。

缨史 官名。西周中期置，掌文书簿籍。见《散盘铭》。

缨史正 官名。西周置，缨史之长。参见“缨史”。

十三画

〔一〕

琯工下士　官名。西魏、北周冬官府司玉下大夫琯工中士佐官，正一命。

琯工中士　官名。西魏恭帝三年（556）仿《周礼》琯师置，北周沿置。冬官府司玉下大夫属官，正二命。下设琯工下士以佐其职。隋文帝开皇元年（581）罢。

塘报　见“邸抄”。

填外将军　将军名号。新莽置，《汉书·王莽传》：“莽拜钦为填外将军。”

堨西节度使司　官署名。辽朝置，负责督察党项别部，以契丹人充任。始置于圣宗太平六年（1026）。

楷书　❶吏职名。唐朝门下省弘文馆校书郎置十二员、中书省史馆置十二员、秘书省置十员、秘书省著作局置五员、内侍省内教（宫教）博士置二员、太子司经局置二十五员，宋朝吏部置三员、秘书省秘阁置正名楷书五员、秘书省国史实录院置四员、宗正寺置二员、大理寺置十四员。南宋孝宗隆兴（1163—1164）中共减七人，皆掌誊写文书。❷明朝内阁中书舍人来源之一。选能书者为之，不由科甲者称楷书出身，后虽加衔九列，仍带衔办事，或有太常卿衔，有加至翰林学士、礼部尚书者。

楷书手　吏职名。唐朝中书省、秘书省以及弘文馆、史馆、著作局、崇文馆、太子司经局皆置，四、五人至八十员不等，皆流外勋品，掌誊写文书，与楷书之区别待考。

楷书郎　官名。隋炀帝大业三年（607）秘书省加置，二十员，从九品，掌抄写御书。

楼下都尉　官名。三国吴孙皓置。《江表传》：“（孙）皓以（何定）为楼下都尉，典知酤籴事，专为威福，而皓信任，委以众事。”（《三国志·三嗣主传》裴松之注引）

楼船官　官署名。汉朝监修楼船的工官。楼船为甲板上起有楼阁的大船，多用于作战。据《汉书·地理志》，庐江郡置此官。

楼船将军　官名。西汉武帝时置，统水军出战。东汉沿置。三国魏以后成为将军名号之一，不专用于水军将领，五品。南朝梁武帝天监七年（508）定为武职二十四班中的六班，陈拟八品、比秩六百石。北齐从五品。

楼船都尉　官名。三国吴置。《会稽典录》：“（钟离）牧父绪，楼船都尉。”（《三国志·钟离牧传》裴松之注引）

聘　❶春秋时期诸侯国家定期派遣卿或大夫一级使臣持礼品朝见周天子。《礼记·王制》：“诸侯之于天子也，比年一小聘，三年一大聘。”郑玄注：“比年，每岁也。小聘，使大夫；大聘，使卿。”❷春秋时期晋文公称霸后规定附属小国定期派遣使臣持礼品朝贡晋国。《左传·昭公三年》：“昔文、襄之霸也，其务不烦诸侯，令诸侯三岁而聘，五岁而朝。”参见“朝”。

甄用监　官署名。元朝置，秩正三品，掌供须、文成、藏珍三库，供内府段匹宝货，隶徽政院、储政院。设于武宗至大元年（1308）。置卿三员，太监、少监、丞各二员。英宗至治三年（1323）罢。

甄官令　官名。甄官署长官，或说东汉已置。两晋南北朝至唐皆置，隋朝员二人，从八品；唐朝员一人，从八品下。宋朝存其名而罕有除授。金朝复置，从六品。参见“甄官署”。

甄官丞　官名。甄官署次官。两晋南北朝至唐皆置，隋朝员四人，从九品；唐朝员二人，正九品下。宋朝存其名而罕有除授。金朝复置，从七品。参见“甄官署”。

甄官署　官署名。掌供砖瓦石器陶瓷等事，设令、丞为长贰。或说东汉已置，西晋隶少府，东晋并归丹扬尹，南朝复隶少府。北齐隶太府寺，兼领石窟丞。隋初因之，设令二员、丞四员，炀帝大业三年（607）改隶将作监。唐朝设令、丞各一员，又置监作、典事等属官。宋朝存其名而不设官。金朝复置，设令、丞、直长等官，隶工部。

甄官署令　官名。即甄官令。

甄官署丞　官名。即甄官丞。

鼓　官名。西周置。乐官，主奏鼓乐。《师嫠簋铭》：“命汝司乃祖旧官小辅、众鼓、钟。”

鼓人　官名。《周礼》地官属官。一说为周朝置。掌教击鼓鸣金。《周礼·地官》：“鼓人，中士六人，府二人，史二人，徒二十人”，“掌教六鼓四金之音声，以节声乐，以和军旅，以正田役”。

鼓厅衙门　见“登闻鼓厅”。

鼓司　即登闻鼓院。

鼓吹　演奏鼓吹乐的乐队。鼓吹乐源自北方民族，主要乐器有鼓钲箫笳等。本用于军中。汉朝宫廷卤簿亦用之，甚隆重。或以赐有功大臣，遂成为皇帝赐予臣下的一种礼遇。东汉边将及万人将军始有，位不及者仅得假之。魏晋其赐甚轻，牙门督将五校均得用之。南北朝复重，唯赐大臣及有功者。《陈书·蔡征传》：“初拜吏部尚书，启后主借鼓吹，后主谓所司曰‘鼓吹军乐，有功乃授，蔡征不自量揆，紊我朝章，然其父景历既有缔构之功，宜且如所启，拜讫即追还。'”

鼓吹令 官名。两晋南北朝至唐为鼓吹署长官。东晋或省。隋朝正八品；唐朝置二员，从七品下。北宋为太常寺鼓吹局长官。辽朝复为鼓吹署长官。参见“鼓吹署”、“鼓吹局”。

鼓吹主簿 官名。北魏置。《魏书·食货志》：“及鼓吹主簿王后兴等词称，请供百官食盐二万斛之外，岁求输马千匹、牛五百头。”参见“鼓吹令”。

鼓吹丞 官名。两晋南北朝至唐为鼓吹署次官。隋朝正九品，唐朝从八品下，皆置二员。辽朝为南面朝官。参见“鼓吹署”。

鼓吹局 官署名。北宋置，属太常寺。设令为长官，掌宫廷仪仗所用鼓吹音乐。徽宗崇宁（1102—1106）后改为大晟府鼓吹案。

鼓吹署 官署名。掌皇帝仪仗所用鼓吹乐队。设令、丞为长贰，西晋始置，隶太常。东晋初省太乐并入鼓吹，成帝咸和（326—334）中复分置。南朝宋、齐或设鼓吹监。梁、陈隶太常卿。北朝亦置，北齐隶太常寺，兼掌百戏。隋朝沿北齐制，又领哄师二员。唐朝并清商入鼓吹，设令、丞各二员，后减丞一员，领乐正四员。北宋改名鼓吹局。辽朝复置，为南面官署。

鼓吹署令 官名。即鼓吹令。

鼓吹署丞 官名。即鼓吹丞。

献纳使 官名。即理匦使，唐玄宗天宝九载（750）改，肃宗至德元载（756）复改理匦使。参见“理匦使”。

献曹 官署名。职掌不详。汉《巴郡太守张纳碑》有献曹史。

勤齐 官名。南诏官，与爽酋、弥勤掌赋税。

蓝尹 官名。春秋时楚国置。《左传·定公五年》：“王之奔随也，将涉于成臼。蓝尹亹涉其帑，不与王舟。”

蓝翎 清朝低级官员冠饰。用鹖鸟翎制成，赏给有功者，插于冠后，以示荣耀。初，受赏者皆出特恩，后赏赐渐滥，亦可以捐纳得之。

蓝翎长 官名。清朝八旗下级武官。设于内务府三旗包衣护军营、三旗包衣前锋营，以及火器营、健锐营等诸军营。以冠为金顶蓝翎，故名。均为正九品。属护军者十五人，掌治营务。属前锋营者十二人，掌习马上技艺。属火器营者一百二十人，属健锐营者一百人，分管所辖之兵士。

蓝翎侍卫 官名。清朝侍卫之一种，位三等侍卫之后。武职五品或六品。由上三旗子弟中才武出众者充任。顺治元年（1644）定制：每旗三十人，共九十人。雍正五年（1727）始定，武进士三甲者得选授十人充任。掌宫廷宿卫及随扈皇帝之事。雍正三年，始选其中材力魁健者置为四等侍卫。详见“侍卫”。

蓝旗科 清朝兵部职方清吏司所属之办事机构。额设经承一人。

墓大夫 官名。《周礼》春官之属。一说为周朝置。掌理国家公墓的地域版图，安排民众聚族而葬。《周礼·春官》：“墓大夫，下大夫二人，中士四人，府二人，史四人，胥十有二人，徒百有二十人”，“掌凡邦墓之地域，为之图。令国民族葬，而掌其禁令。正其位，掌其度数，使皆有私地域。凡争墓地者，听其狱讼”。

幕人 官名。《周礼》天官之属。一说为周朝置。掌理帷幕。《周礼·天官》：“幕人，下士一人，府二人，史二人，徒四十人”，“掌帷幕幄帟绶之事。凡朝觐，会同，军族，田役、祭祀，共其帷幕幄帟绶。大丧，共帷幕帟绶。三公及卿大夫之丧，共其帟。”

幕士 唐朝殿中省尚舍局置八十员、卫尉寺守宫署置八十员、鸿胪寺司仪署置六十员，掌设帐幕。宋朝殿中省尚舍局于徽宗崇宁二年（1103）置，钦宗靖康元年（1126）随局罢。

幕扐 官名。南诏官，小府主将。

幕府 亦作莫府。将军出征时的府署。战国置，将帅出征军还则罢，治无常处，故以帐幕为府署。幕府省约文书图籍。后世沿称，亦作为将军府、将军的代称。五代时指节度使府。后唐诸道开置幕府，除节度副使、两使判官由中央授任外，其余自辟举，府罢亦罢。

幕览 官名。南诏官，小府副将。

幕职州县官 宋朝幕职官与州县官合称。幕职官有签书判官厅公事、节度掌书记、观察支使，诸州府判官、推官，军、监判官等。州县官有州录事参军及诸曹官，县令、丞、主簿、尉等。

幕职官 官名统称。唐朝中期以后，节度使属官节度副使、行军司马、判官、掌书记、参谋、随军，观察使属官观察判官、支使，经略使属官经略判官，以及节度、观察、防御、团练推官、巡官，皆为幕职官。五代后唐明宗天成二年（927）规定，藩镇幕职不得兼录事参军。宋朝包括留守判官，节度、观察判官，节度、观察掌书记，观察支使，防御、团练判官，留守推官，节度、观察推官，军事判官，防御、团练推官及军事推官等，皆由朝廷选士人为之。金朝称地方官府之判官、推官、掌书记、主簿、县尉为幕职官。

幕爽 官名。南诏官，主兵，以清平官、酋望、大军将兼。

蒲里衍 又译蒲辇。女真氏族长谋克的副职，一谋克辖两蒲里衍，一蒲里衍管正军五十名。

蒲速盌斡鲁朵 即长宁宫。

蒲类将军 将军名号。西汉武帝时赵充国曾为蒲类将军。蒲类，泽名。见《汉书·武帝纪》。

蒙古卫军 元代由蒙古、探马赤军人编组的侍卫亲军，包括左、右翊蒙古侍卫，右都威卫，宗仁卫等军。

蒙古必阇赤 见“必阇赤”。

蒙古国子学 元朝国立学校名。秩正七品。掌用蒙古新字（八思巴字）教习诸生。世祖至元七年（1270），各路置蒙古字学。八年，立京师蒙古国子学，选随朝蒙古、色目、汉人官员及怯薛子弟入学。后隶蒙古翰林院。置博士、助教、教授、学正、学箓各二员。

蒙古国子监　官署名。设于元世祖至元十四年（1277），掌蒙古国子学，隶蒙古翰林院，秩从三品。仁宗延祐四年（1317），升正三品。七年，复降为从三品。置祭酒一员，从三品；司业二员，正五品；监丞一员，正六品。

蒙古侍卫亲军都指挥使司　官署名。元朝侍卫亲军指挥机构。世祖至元十七年（1280），由蒙古侍卫总管府改立，掌编入卫军的蒙古军士。成宗大德七年（1303），分为左、右翊蒙古侍卫亲军都指挥使司。

蒙古官学　学校名。清朝理藩院所属学校之一，掌教授蒙文之事。以总裁三人为主官，设教习三人，学生二十四人。其经费及供给等项由咸安宫官学代办，每冠“咸安宫”三字。

蒙古房　官署名。清朝内阁所属之办事机构，掌翻译蒙、回、藏各部文字的本章、庆贺表文；缮写皇帝颁发给各部的诰、敕、碑文及武英殿蒙文书签及各体印文等；负责内阁大库及皇史宬所藏蒙文实录、圣训的编号记档和管理。设侍读学士二人，侍读二人，中书十六人，贴写中书十六人，均为蒙员。

蒙古架阁库　见“架阁库”。

蒙古缺　清朝官缺之一。亦称蒙古官缺。指为具有蒙古八旗旗籍身份之官员而专设之额缺。唐古特司业、助教、中书及游牧员外郎、主事定为其额缺。内阁侍读学士、侍读中书、给事中，御史，各部院郎中、员外郎、主事、堂主事、司务、国子监司业、助教、钦天监五官正、灵台郎、挈壶正、博士及部院衙门笔帖式，皆定有其额缺。在京官员，凡京堂以上得用满洲缺，唯内阁侍读学士不得代用。在外官员，得用满洲缺，亦得用汉缺。蒙古缺无从六品首领、佐贰以下之微员。

蒙古馆　官署名。明朝负责蒙古语言文字翻译的部门，始置于永乐五年（1407），设译字生、通事以掌其事。初隶翰林院，弘治七年（1494）改隶太常寺。

蒙古衙门　官署名。清朝特置管理蒙古事务之机构，崇德元年（1636）置，以承政为主官，又设参政等官佐之。崇德三年（1638）以蒙古部落尽来归附，改置理藩院，遂废。

蒙古翰林院　官署名。设于元世祖至元十二年（1275），秩从二品，专掌蒙古文字诏敕文书及译写一切文字。成宗大德五年（1301），升正二品。仁宗皇庆元年（1312），又升为从一品。置承旨、学士等职。下辖蒙古国子监、蒙古国子学等机构。

蒙古翰林院承旨　官名。元朝置，为蒙古翰林院长官。建院时置一员，后屡增至七员。秩从一品。下置学士二员，正二品；侍读学士二员，从二品；侍讲学士二员，从二品；直学士二员，从三品；待制四品，正五品；修撰二员，从六品。

蒙古翻译房　官署名。清朝理藩院所属办事机构之一，掌蒙古语文翻译之事。以蒙古员外郎一人主之，下设主事、经承等员。

蒙养　官名。北魏道武帝天兴三年（400）置，职比光禄大夫，无常员，任用退养的功臣勋旧。

禁卫军训练大臣　官名。清末禁卫军训练处长官，光绪三十四年（1908）置。三人，特简，王大臣充。掌禁卫军的筹办、训练与管理事宜。宣统三年（1911）减为一人，更名禁卫军总统。民国初年裁。

禁卫军训练处　官署名。清末禁卫军训练大臣衙署。光绪三十四年（1908），始设禁卫军训练大臣。宣统元年（1909）置衙署。掌禁卫军的训练与管理事宜。置训练大臣三人，军咨官六人，执事官十人。下设军械、军法、军需、军医四科，各置监督一人及科员等。宣统三年（1911）改为司令处。

禁卫局　官署名。辽朝北面官，属宿卫司，掌御帐禁卫事。设总禁卫事、禁卫长等职。

禁止　官制用语。❶受到弹劾的官员不能进入殿省。《宋书·百官志》：“二台奏劾，则符光禄加禁止，解禁止亦如之。禁止，身不得入殿省，光禄主殿门故也。”❷官员犯罪后，被关押在监狱之外的禁处，称禁止于某处，即软禁，多在所属官署内。《北齐书·司马子如传》：“（尚书令司马子如）寻以赃贿为御史中尉崔暹所劾，禁止于尚书省。”

禁中录事　官名。十六国前凉置。《晋书·苻丕载记附索泮传》：“（张）天锡即位，拜（索泮）司兵，历位禁中录事、执法御掾，州府肃然，郡县改迹。”

禁中候　官名。三国吴置。掌殿中侍卫，地位甚重要。《三国志·楼玄传》：“（孙皓）遂用（大司农楼）玄为宫下镇，禁中候，主殿中事。玄从九卿持刀侍卫，正身率众，奉法而行。”

禁从　官场用语。宋朝称翰林学士等高级侍从官为禁从。

禁印　禁室之印。战国秦设禁室，用以收藏法令副本，密封以禁印。《商君书·定分》：“为法令于禁室，有铤钥，为禁而以封之，内藏法令一副禁室中，封以禁印，有擅发禁室印，及入禁室视禁法令，及剟一字以上，罪皆死不赦。”

禁司　管理京都治安官员通称。《南齐书·长沙威王晃传》：“私载数百人仗还都，为禁司所觉，投之江水。”《梁书·何敬容传》：“坐妾弟费慧明为导仓丞，夜盗官米，为禁司所执，送领军府。”

禁杀戮　官名。《周礼》秋官之属，一说为周朝置，掌禁止民众互相杀伤。《周礼·秋官》：“禁杀戮，下士二人，史一人，徒十有二人”，“掌司斩杀戮者。凡伤人见血而不以告者，攘狱者，遏讼者，以告而诛之”。

禁杀戮下士　官名。西魏、北周秋官府布宪中大夫禁杀戮中士佐官，正一命。

禁杀戮中士　官名。西魏恭帝三年（556）仿《周礼》禁杀戮置，北周沿置。秋官府布宪中大夫属官，正二命。下设禁杀戮下士以佐其职。隋文帝开皇元年（581）罢。参见“禁杀戮”。

禁防　❶禁防曹或禁防参军省称。❷南朝宋明帝定后宫百官，置诸房禁防、三厢禁防，皆七品。❸南齐宫中置，掌禁卫，以宦者为之。《南齐书·东昏侯纪》：帝“闻兵入，趋出北户，欲还后宫”，“阉人禁防黄泰平以刀伤其膝”。

禁防参军　官名。禁防曹长官，南朝宋七品。参见“禁防曹”。

禁防曹　官署名。西晋末司马睿镇东丞相府僚属诸曹之一，长官为参军。南朝宋凡小府不设长流贼曹者始置。南齐沿之。

禁防御史　官名。三国魏、晋朝置，掌监察。隶御史台。《晋书·职官》：“又案魏晋官品令又有禁防御史，第七品”，“亦兰台之职也”。

禁直郎　官名。金朝为内侍阶官二十五阶之第十六阶，秩从七品上。

禁圃令　官名。西汉属水衡都尉，有丞、两尉。东汉省。

禁圃丞　官名。西汉置，属水衡都尉，为禁圃令副贰。东汉省。

禁烟大臣　官名。清末民政部所属禁烟总局之主管官，光绪三十四年（1908）设，五人。管理全国查禁鸦片烟毒事务。

禁烟总局　官署名。清末民政部所属之机构，光绪三十四年（1908）设。专司全国查禁鸦片烟毒事务。设大臣五人，提调五人，帮办一人，辖文牍、会计、检查、差遣、收发五所。

禁谒　宋朝禁止有关官员会见宾客的制度。县令、知州、通判非假日不许出谒；在京台谏、侍从，假日许受谒，但不许出谒；大理寺官，受谒、出谒皆不许。

禁游下士　官名。西魏、北周秋官府布宪中大夫禁游中士佐官，正一命。

禁游中士　官名。西魏恭帝三年（556）置，北周沿置。秋官府布宪中大夫属官，正二命。下设禁游下士以佐其职。隋文帝开皇元年（581）罢。

禁锢　官制用语。亦作禁固，禁止担任官职。被禁锢者或因犯罪，或因社会地位低贱，以及其他政治原因，终身禁止担任官职，非有诏令特许不得解除。西汉文帝时，贾人、赘婿及吏坐赃者皆禁锢不得为吏。东汉安帝为严惩赃吏，遂增锢二世。永初中因陈忠奏言，乃解赃吏三世禁锢。及至东汉末年党锢事起，党人禁锢终身，其五族、门生、故吏也受牵连，黄巾起义后以大赦解除。魏晋南北朝士族违犯礼教者也予禁锢。南朝梁士人有禁锢之科，南朝陈法制唯重清议禁锢之科，若缙绅之族，犯亏名教，不孝及内乱者，即发诏弃之。

禁暴中士　官名。西魏恭帝三年（556）仿《周礼》禁暴氏置，北周沿置。秋官府布宪中大夫属官，正二命。隋文帝开皇元年（581）罢。

禁暴氏　官名。《周礼》秋官之属，一说为周朝置，掌禁止民众暴乱。《周礼·秋官》：“禁暴氏，下士六人，史三人，胥六人，徒六十人”，“掌禁庶民之乱暴力正者，挢诬犯禁者，作言语而不信者，以告而诛之”。

楚古　官名。契丹北面官，掌北面官审讯犯人之事。

楚兵将军　官名。北魏置。明元帝泰常（416—423）间叔孙建自广阿镇将除使持节、都督前锋诸军事，楚兵将军、徐州刺史，率军进攻南朝宋。见《魏书·叔孙建传》。

想昆　源于汉语将军。辽金时或译作详稳。转入蒙语后，再译为汉语，作想昆，又译鲜昆、翔昆、桑昆。蒙古贵族常用为尊显称号。

碉门鱼通黎雅长河西宁远等处军民安抚使司　官署名。元朝置，秩正三品，隶吐蕃等路宣慰司都元帅府。元初，置碉门（今四川天全）等处安抚使、鱼通（今四川康定东）等处达鲁花赤等官，招谕、镇抚当地吐蕃部落。世祖至元二年（1265），建哈答城（一作匣答，今四川道孚县）。十三年，改为宁远府。后均属吐蕃招讨司管辖。二十年，又以成都路所属黎州、雅州归吐蕃招讨司。成宗大德二年（1298），并招讨司、安抚司为一，称碉门鱼通黎雅长河西宁远等处军民安抚使司（亦称碉门宣抚司），置达鲁花赤、安抚使、同知、副使、佥事各一员。

雷音将军　官名。将军名号。南朝梁武帝普通六年（525）置，定为武职三十四班中的十二班。陈沿置，拟七品，比秩六百石。

摄　官制用语。代理、兼职。长官兼理部属职责，低级官员代行较高职权，均可称。《左传·隐公元年》：“羊舌鲋摄司马。”杜预注：“摄，兼官。”《史记》卷四《周本纪》：“公乃摄行政当国。”

摄进勇副尉　官名。宋朝无品武阶官，位同进勇副尉下，守阙进勇副尉上。

摄官　官制用语。即兼官，又称权局、差摄。《左传·成公二年》：“敢告不敏，摄官承乏。”五代时，州县官多属摄官。北宋初年，诸路州县幕职官阙，选差有官人或罢任待阙人、举人等临时代理，亦称摄官。太祖开宝四年（971），令不再差置，其职事由现任官兼任。太宗时复置，但不得以前资官为之。其后，仅两广边远地区置，并给印纸，令本州依正官例批书在任功过。

摄政　古代君主年幼不能亲政，由最亲近的亲族或戚族权且代行职务，称摄政。如清代有摄政王。

摄政王　清朝顺治（1644—1661）初年睿亲王多尔衮和清末宣统（1909—1911）时醇亲王载沣均以亲王摄政，因称摄政王。

摸金校尉　官名。东汉献帝建安（196—220）初曹操置（一说曹操并未置，此系敌方诋斥之辞）。南朝宋置，主发掘坟墓，搜括金宝。见《三国志·袁绍传》裴松之注引《魏氏春秋》，《宋书·前废帝纪》。

摆牙喇甲喇章京　即巴牙喇甲喇章京。

摆达喇布勒哈峰　即拜他拉布勒哈番。

携仆　官名。西周置，周王左右近侍之臣，一说即"寺人""内小臣"《尚书·周书·立政》："左右携仆。"孔安国传："左右携持器物之仆。"孔颖达疏："谓寺人、内小臣等也。"

摈者　官名。春秋战国置，掌司礼仪摈相之事。《仪礼·聘礼》："几筵既设，摈者出请命。"

辑濯令　官名。西汉属水衡都尉，领辑濯士，掌上林苑池中船舶，有丞。东汉省。

辑濯丞　官名。西汉置，属水衡都尉，为辑濯令副贰。东汉省。

裘　官名。❶掌理皮裘之官。西周置。《裘卫盉铭》："矩伯庶人取瑾璋于裘卫"，矩"或取赤虎两、麀桒两，桒韐一"。《裘卫鼎铭》："迺舍裘卫林孤（狐）里（狸）。"❷《周礼》冬官之属，一说为西周置，掌制作皮裘。《周礼·冬官·考工记·总序》："攻皮之工，函、鲍、韗、韦、裘。"

裘工下士　官名。西魏、北周冬官府司皮下大夫裘工中士佐官，正一命。

裘工中士　官名。西魏恭帝三年（556）置，北周沿置。冬官府司皮下大夫属官，正二命。下设裘工下士以佐其职。隋文帝开皇元年（581）罢。

裘氏　官名。《周礼》冬官之属，一说为西周置，掌制作皮裘。《周礼·冬官·考工记》有"裘氏"，其职掌不详。

肆长　官名。❶《周礼》地官司市之属，掌市肆摊档货物买卖。《周礼·地官·司市》："肆长，各掌其肆之政令。"《疏》："此肆长谓一肆立一长，使之检校一肆之事。"❷隋朝司农寺京市署置四十员，炀帝大业三年（607）京市署改隶太府寺后罢。唐朝称行头。

肆师　官名。《周礼》春官大宗伯属官，一说为周朝置，掌祭祀之位及陈列牺牲礼器。《周礼·春官》："肆师，下大夫四人，上士八人，中士十有六人，旅下士三十有二人，府六人，史十有二人，胥十有二人，徒百有二十人"，"掌立国祀之礼"，"凡国之大事，治其礼仪，以佐宗伯。凡国之小事，治其礼仪而掌其事，如宗伯之礼"。

〔丨〕

督　官名。❶地方军事长官。东汉常命御史、中郎将等出督州郡军事，属临时差遣。三国吴于沿江要地置，统兵屯守，如西陵督、夏口督、武昌左部督、武昌右部督等，权势甚重，以皇帝亲信重臣出任。晋朝以督某州诸军事为该地区军政长官，位在都督或监某州诸军事之下。十六国汉、前凉、前秦、后凉及南朝沿置。❷东汉大司马、大将军等府属吏，全称督盗贼。❸统兵武官。三国吴置有无难督、前烦督、绕帐督等，统领营兵，为皇帝的侍卫武官首领，时亦外出征战，地位低于作为地方军事长官的诸督。

督义司马　官名。东汉末益州牧刘焉置。《三国志·张鲁传》："益州牧刘焉以鲁为督义司马，与别部司马张修将兵击汉中太守苏固。"

督亢部　官署名。北齐置，设丞，隶司农寺典农署。

督亢部丞　官名。北齐置。参见"督亢部"。

督队官　官名。清末新陆军军官，光绪三十年（1904）定新陆军营制，始置。每营一人，正五品，正军校充，奏补。掌佐管带教练事，并管庶务。

督办政务大臣　官名。清末督办政务处长官，光绪二十七年（1901）设，以军机大臣兼充，总管督办政务处事。

督办政务处　官署名。清末为推行新政而设置的办事机构，简称政务处。光绪二十七年（1901）设。掌审议变通政治章奏，拟具意见，请旨定夺。置督办政务大臣、参预政务大臣，无定额，以军机大臣、大学士、总督兼充。下设提调二人，章京八至十人，分股任事。三十二年改为会议政务处。

督办盐政处　官署名。清末中央盐政管理机构，宣统元年（1909）设。掌佐督办盐政大臣管理全国盐务事宜。置提调一人，帮提调二人，秘书官一人，参事官九人，并坐办、委员等。下设盐务总厅、奉直盐务厅、潞东盐务厅、两淮盐务厅、两浙盐务厅、闽粤盐务厅、川滇盐务厅、庶务厅及译电所。三年，改为盐政院。

督办铁路大臣　官名。清末各官办铁路行政长官。光绪二十二年（1896）设铁路总公司，筹办芦汉铁路，始置。嗣后关内外、津镇、汉粤川等路均置之。路各一人，品秩不等，特简。掌司该路筹款、建设诸事宜。

督办税务大臣　官名。清末税务处长官，光绪三十二年（1906）设，负责节制全国各海关华人、洋人，管理总税务司及各关税务司征税事。其副职为帮办税务大臣。二者均以大学士、尚书、侍郎充、后改大臣、副大臣充。

督办路矿大臣　官名。清末矿务铁路总局长官，光绪二十四年（1898）设。二人，从一品、正二品不等，特简。掌理全国开矿铁路事宜。二十八年改总办路矿事宜大臣。次年裁。

督册道　官名。明朝于江西、陕西等省间设，为所在省布政使佐官左右参政、参议的分道之职，以其中一人担任，督理攒造赋役黄册及鱼鳞图册等事。

督师　官名。明末置。以阁臣或兵部尚书等充任，赐上方剑，于重要军事去处全权督理军务。权在总督、巡抚之上。

督军　官名。❶东汉献帝时曹操置，三国魏、蜀、吴皆置。统兵，权任较重，位在郡守之上。❷公国属官。三国魏文帝黄初元年（220），封原汉献帝为山阳公，于山阳公国置，员一人，负统兵监察之责。西晋武帝泰始二年（266）罢。

督军中郎将　官名。东汉献帝初平（190—193）中，袁术以吴景为之，统兵击刘繇。孙策亦授徐琨，统兵出征。

督军从事　官名。州府属官。东汉献帝建安（196—220）初，袁绍为冀州牧时置，以牵招为之，兼领乌丸突骑。三国蜀益州亦置，典刑狱，论法决疑。参见“从事”。

督军使者　官名。三国吴置。统兵出征，亦负有督察将帅之责。羊衜自太子中庶子迁此。

督军校尉　官名。东汉献帝时孙坚、曹操皆置。统兵出征。《三国志·夏侯渊传》：“及与袁绍战于官渡，行督军校尉。绍破，使督兖、豫、徐州军粮。”

督军都尉　官名。三国吴置。郡武职，统率郡兵。《三国志·陆胤传》：“后为衡阳督军都尉。”

督军御史　官名。即侍御史之临时奉命督军者。《晋书·职官》：“东汉光武建武初，征伐四方，始权置督军御史，事竟罢。”东汉末及三国魏、吴，以兵事日多，亦或置之。

督军御史中丞　官名。即以御史中丞之职督军者。东汉末及三国魏置。《三国志·魏文帝纪》裴松之注引《献帝传》有“督军御史中丞司马懿”。《荀彧传》裴松之注引《三辅决录》：严象“以督军御史中丞诣扬州讨袁术”。一说督军、御史中丞为二官。

督军粮执法　官名。三国魏置，掌出征时督运军粮。隶御史台。六品。位高于督军粮御史。《三国志·杜袭传》：“及（文帝）践阼，为督军粮御史，封武平亭侯，更为督军粮执法。”

督军粮御史　官名。三国魏置，掌出征时督运军粮。七品。隶御史台。参见“督军粮执法”。

督农　官名。三国蜀置。《三国志·吕乂传》：“（乂）徙为汉中太守，兼领督农，供继军粮。”

督运令史　官名。晋朝置，掌督运军粮。《晋书·五行中》：“丞相府斩督运令史淳于伯”，“是时，后将军褚裒镇广陵，丞相扬声北伐，伯以督运稽留及役使赃罪，依军法戮之”。

督运御史　官名。东晋置，掌督漕运。隶御史台。《晋书·孝武帝纪》：太元六年（381）“初置督运御史官”。

督护　官名。两晋南北朝置。州、郡及出镇方面将军府皆设，掌兵事。两晋时常被派出统军征伐。隶于州、郡者地位较低，隶于军府者或有地位较高的，如东晋陶侃为江夏太守、鹰扬将军，加任此职。南朝齐、梁、陈时广州设有西江、东江、南江督护，专掌征伐。

督邮　官名。汉朝置，郡府属吏。本名督邮书掾（或谓督邮曹掾），省称督邮掾、督邮。主要职掌除督送邮书外，又代表郡守督察诸县、宣达教令，兼及案击盗贼，点录囚徒，催缴租赋等。守相自辟，秩六百石，其权甚重，有“督邮功曹，郡之极位”之说。督邮分部，有二部、三部、四部、五部不等。其职名或冠以东、西、南、北、中，或称为五部督邮。三国魏、晋、十六国之后凉，以及南朝宋、齐、梁，北朝北齐皆置，晋朝郡或因事而立，可多达三十余人。

督邮书掾　官名。省称督邮、督邮掾。《汉书·朱博传》：“出为督邮书掾，所部职办。”汉朝郡府职吏。详见“督邮”。

督邮掾　见“督邮书掾”。

督作使　使职名。唐武则天延载元年（694）以姚铸为督作使，督铸铜铁天枢，铭记功德，黜唐颂周。四夷酋长、诸胡聚钱买铜铁不能足，又赋民间农器以足之。

督冶掾　官名。西晋置，分南北东西四部，掌督诸郡县冶令。隶卫尉。东晋省。

督事　官名。北魏置，为中央机构低级办事官员，各局皆置。孝文帝太和十七年（493）定为从七品下，二十三年复次职令未载。当时还没有散臣督事。

督学科　清朝兵部武库清吏司所属办事机构。额设经承一人。

督学御史　参见“督学道”。

督学道　官名。清朝道员之一，负责各省学校教育事宜。各省均置，系按察使佥事衔，以各部郎中进士出身者补用。惟直隶设“督学御史”。雍正四年（1726），各省督学改为提督学政。

督视军马　官名。南宋高宗绍兴三十一年（1161），置督视江、淮、荆、襄军马，以知枢密院事充任，其官署称枢密行府，公事依枢密院体例施行，有所奏报则直送入内内侍省进呈。三十二年罢。又置督视湖北、京西路军马，以参知政事充任，其官署称参知政事行府，公事依三省体例施行。孝宗隆兴元年（1163）罢。

督练公所　官署名。清末各省军政机构，光绪三十年（1904）设。掌理该省新旧各军及筹备粮饷、编练队伍等事宜。置督办一人，由该省原管之将军、都统、督抚兼充，总管所务；军事参议官一人，承督办之命综理所务。下设筹备科、粮饷科、军械局、测地分局，置一、二等副官分掌各务。

督促所　官署名。清朝中央各部、院、寺下属机构，负责督促本部、院、寺所属司、署应办事务，并限期完成，分别设郎中、员外郎、主事等管理。

督宪　清朝总督尊称。

督饷侍郎　官名。明万历二十五年（1597）起以右侍郎一人督办辽饷，四十七年遂正式置官一人，不治部事，驻天津，专督辽饷。崇祯（1628—1644）间，增设三、四人，分督辽饷、剿饷、宣大饷。

督捕右理事官　官名。清初督捕衙门之职官。顺治十一年（1654）设，满洲、汉军各一人，后改满、汉各一人。掌督捕逃人事。康熙二年（1663）改隶兵部。三十八年，以督捕衙门并入刑部，遂裁。

督捕左理事官　官名。清初督捕衙门之职官。顺治十一年（1654）设，满洲、汉军各一人，后改满、汉各一人。掌督捕逃人事。康熙二年（1663）改隶兵部。三十八年，以督捕衙门并入刑部，遂裁。

督捕司　即督捕清吏司。

督捕司员外郎　即督捕清吏司员外郎。

督捕司郎中　即督捕清吏司郎中。

督捕后司　官署名。清初刑部所属机构。康熙三十八年（1699）设，掌督捕八旗及驻防逃人事。雍正十二年（1734），与督捕前司并为督捕清吏司。详“督捕清吏司”。

督捕前司　官署名。清初刑部所属机构。康熙三十八年（1699）设，掌督捕八旗及驻防逃人事。雍正十二年（1734），与督捕后司并为督捕清吏司。详“督捕清吏司”。

督捕清吏司　官署名。清朝刑部所属十八清吏司之一。简称督捕司。顺治十一年（1654）设督捕衙门，隶兵部。康熙三十八年（1699），改设督捕前、后二司及督捕厅，隶刑部。雍正十二年（1734），并督捕前、后司及督捕厅为督捕司。掌督捕八旗及各省驻防逃人事。设郎中满、汉各一人，员外郎满一人，主事满、汉各一人，经承四人。光绪三十二年（1906），刑部改为法部，遂裁。

督捕清吏司员外郎　官名。清朝刑部督捕清吏司副长官。简称督捕司员外郎。雍正十二年（1734）设。满洲一人，从五品。佐郎中掌八旗及各省驻防逃人事。光绪三十二年（1906），刑部改为法部，遂裁。

督捕清吏司郎中　官名。清朝刑部所属督捕清吏司长官。简称督捕司郎中。雍正十二年（1734）设。满、汉各一人，正五品。掌督捕八旗及各省驻防逃人事。光绪三十二年（1906），刑部改为法部，遂裁。

督捕衙门　官署名。清初兵部所属机构，顺治十一年（1654）设，掌捕政。置满洲左侍郎、汉右侍郎各一人，满、汉左、右理事官、司务郎中均各一人，员外郎满洲七人，汉军八人、汉一人，主事满洲二人，汉军一人，汉六人。十二年，增置督捕员外郎八人，每旗一人。康熙三十八年（1699），裁督捕侍郎以下各官，改设督捕前、后二司及督捕厅，隶刑部。

督理钱法侍郎　官名。明清户部钱法堂主官。明天启五年（1625）设，一人。掌理宝泉局鼓铸事宜。清顺治元年（1644）以满、汉右侍郎兼理钱法堂，分掌宝泉局、直省铸钱局及宝源局鼓铸事宜。光绪三十二年（1906）裁撤。

督理街道厅　官署名。参见“督理街道衙门”。

督理街道衙门　官署名。又称督理街道厅。清朝工部所属机构，顺治元年（1644）置。遣满、汉司官各一人管理。乾隆三十一年（1766）改由四人管理，满、汉御史各一人，本部司员一人，步军统领衙门司员一人，一年一更代。下设经承二人。掌理京师外城街道之事，垫巷修路，浚沟挖渠，查勘房界，荡垢疏涝。光绪三十二年（1906）改隶民政部营缮司。

督理街道衙门司官　官名。清朝工部督理街道衙门主官之一，掌本衙门之事。乾隆三十一年（1766）设本部司员一人，步军统领衙门司员一人，皆由本部拟定正陪，奉旨拣派，每年一更代。

督理街道衙门御史　官名。清朝工部督理街道衙门主官之一。掌本衙门之事。乾隆三十一年（1766）设，满、汉各一人，皆由工部拟定正陪，钦派充任，每年一更代。

督甄令史　官名。南朝宋于校猎时临时设置，掌督摄纠司，多由诸曹令史兼任。

督爽　官名。南诏官，总爽（省）之官。

督率　官名。太平天国后期增设之朝上职官。翼王出走后新设，为朝官之长。

督盗　见“门下督盗贼”。

督铸钱掾　官名。东汉京兆尹置之，监督铸钱事宜。《后汉书·第五伦传》：“长安铸钱多奸巧，乃署伦为督铸钱掾，领长安市。”

督销局　官署名。清朝后期在行盐省份所设之机构，派委大员经理，以督率销售食盐事。

督催所　官署名。清朝六部及理藩院、都察院、光禄寺等中央各部院卿寺衙门所属办事机构之一，掌理督催诸司、署、处所办事项或应题应奏之件，皆须依照例限或分别规定期限办结，按月奏销。由本部堂官酌派郎中、员外郎、主事等属员办理所务，皆无定员。另有额定经承若干人。

督道仓吏　官名。秦置。《汉书·货殖传》：“宣曲任氏，其先为督道仓吏。”

督粮道　官名。亦称粮道。明清漕运总督之属官，掌监察兑粮、督押运船等项漕务。明朝十三布政司各设一人，驻省城。清朝沿设，又称粮贮道。山东、浙江、江西、湖北、湖南、河南各一人，江苏二人，秩正四品。所属有库大使、典吏、攒典等。顺治（1644—1661）中始定南方各道每年粮船起帮，督运过淮，盘验毕回任料理新粮，由山东、河南粮道押运抵通。乾隆四十八年（1783）定各省粮道必须亲督漕粮至临清交盘后方回本任，惟山东粮道上下趱运，待漕督押送尾帮抵临清，然后回任。其他无漕粮省分之督粮道归地方督抚管辖。

督漕科　清朝兵部职方清吏司所属办事机属。额设经承一人。

㮚氏　官名。《周礼》冬官之属，一说为周朝置，掌冶铸量器。《周礼·冬官·考工记》：“㮚氏为量。改煎金锡则不耗，不耗然后权之，权之然后准之，准之然后量之。”

㮚客　官名。战国楚置，掌量器制造。《尊古斋古钦集林》著录战国楚官印文:"群栗客鉨。"

敼 官名。战国齐、燕等国置，掌量器制作。参见曹锦炎《释战国陶文中的"敼"》(《考古》一九八四年第一期)。

虞 释官名。同"吴"，又称虞人，相传尧舜时始置，周朝沿置，掌山泽苑囿。《史记·五帝本纪》:"于是以益为朕虞"，"益主虞，山泽辟"。裴骃集解:"马融曰:'虞，掌山泽之官名。'"《同簋铭》:"王命同左右吴大父，司场、林、虞、牧。"《免簋铭》:"王在周，命免作司土，司奠还林众吴(虞)众牧。"参见"虞人"。

虞人 官名。同"吴人"，西周置。虞，春秋战国沿置，多称虞人。掌山泽、苑囿之官。《左传·昭公二十年》:"齐侯田于沛，招虞人以弓，不进。"《国语·周语中》:"虞人入材。"韦昭注:"虞人，掌山泽之官。祭祀、宾客，供其材也。"《吕氏春秋·慎子》:"鸿集于囿，虞人以告。"高诱注:"虞人，主囿之官也。"

虞师 官名。同"吴师"，周朝置，掌山林水泽。《大簋铭》:"王呼吴(虞)师召大。"《管子·立政》:"修火宪，敬山泽林薮积草，夫财之所出，以时禁发焉；使民于宫室之用，薪蒸之所积，虞师之事也。"《荀子·王制》:"使国家足用，财物不屈，虞师之事也。"

虞庠 官署名。周朝置，掌管贵族子弟初级教育的机构，相当于"小学"。《礼记·王制》:"周人养国老于东胶，养庶老于虞庠。"郑玄注:"虞庠，亦小学也。""周之小学，为有虞氏之庠，制是以名庠。"

虞候 官名。❶掌山泽之利的官员。《左传·昭公二十年》:"薮之薪蒸，虞候守之。"❷北朝魏、齐、周皆置。《北齐书·莫多娄贷文传》:"中兴(531—532)初，除伏波将军、武贲中郎将，虞候大都督。""子敬显，位至领军将军，恒检校虞候事。"❸唐朝东宫置左、右虞候，位列诸率，掌斥候伺非。❹唐朝方镇皆置，为衙前之职，又称军候，并有左、右及马军、步军之分，诸州又有衙前虞候等名目。❺宋朝禁军诸直、诸都皆置，位将之下，为禁卫官。

虞候大都督 官名。北魏置，北周沿之。《北齐书·莫多娄贷文传》:"(安定王)中兴(531—532)初，(莫多娄贷文)除伏波将军、武贲中郎将，虞候大都督。"

虞候都督 官名。西魏置。《周书·韩果传》:"大祖由是以果为虞候都督，每从征行，常领候骑，昼夜巡察，略不眠寝。"

虞部 官署名。❶西魏文帝大统十二年(546)置为尚书省十二部之一，设郎中等官，职掌有关山泽、园囿、草木、鸟兽之政令，掌其出产、供应之节制，禁人随意采猎。西魏末至北周仿《周礼》建六官府，遂为地官府诸司之一，设下大夫为长官，佐官有小虞部上士，属官有山虞中士、下士，泽虞中士、下士，林衡中士、下士，川衡中士、下士，掌禽中士、下士，掌囿中士、下士，掌圃下士，掌炭中士、下士，掌薪中士、下士，掌刍中士、下士等。❷隋、唐、五代为工部四司之一，其职掌略同❶，兼掌京都街巷种植和供应百官蕃客菜蔬、薪炭，殿中省、太仆寺所管马匹刍料、田猎等政令。隋初设侍郎、员外郎为长贰，炀帝大业三年(607)改设郎、承务郎。唐朝设郎中、员外郎为长贰，又有主事等员。高宗龙朔二年(662)改名司虞，咸亨元年(670)复旧，玄宗天宝十一载(752)再改，肃宗至德二载(757)再复。北宋前期无职掌，设判部事一员，以无职事朝官充任，其郎中、员外郎皆为寄禄官。神宗元丰(1078—1085)改制后，掌山泽、苑囿、矿冶之政，辨其矿藏出产而为之厉禁，监管诸金、银、铜、铁、铅、锡、盐、茶、矾之生产及开支。初设郎中、员外郎各一员，哲宗绍圣元年(1094)与屯田司互置郎官兼领。南宋省郎官，由工部郎官兼领。明太祖洪武六年(1373)复置，为工部四部属之一，设郎中、员外郎各一员，主事四员。二十九年改名虞衡清吏司。

虞部下大夫 官名。西魏恭帝三年(556)置，北周沿置。地官府虞部司长官，员一人，掌山泽草木鸟兽等事务。正四命。下设小虞部上士以佐其职，领山虞中士、泽虞中士、林衡中士、川衡中士、掌禽中士、掌囿中士、掌圃中士、掌炭中士、掌薪中士、掌刍中士等官属。隋文帝开皇元年(581)罢。参见"虞部"。

虞部员外郎 官名。隋文帝开皇六年(586)始置，炀帝大业三年(607)改置承务郎。唐高祖武德三年(620)复旧，从六品上。高宗、玄宗时曾随本司改名司虞员外郎，寻各复旧。五代因之。北宋前期为六品寄禄官，不预司务，神宗元丰(1078—1085)改制后，始为职事官，正七品。南宋省。明初复置，从五品，洪武二十九年(1396)改名虞衡清吏司员外郎。参见"虞部"。

虞部侍郎 官名。隋朝尚书省工部虞部司长官，置一员，正六品上，文帝开皇三年(583)加为从五品；炀帝大业三年(607)改为虞部郎。

虞部郎 官名。隋炀帝大业三年(607)改虞部侍郎置。唐高祖武德三年(620)改置虞部郎中。

虞部郎中 官名。❶西魏置，掌尚书省虞部曹。❷工部虞部司长官。唐高祖武德三年(620)由虞部郎改名，从五品上。高宗、玄宗时曾随本司改名司虞大夫、司虞郎中，寻各复旧。实闲简无事。五代因之。北宋前期为五品寄禄官，不预司务。神宗元丰(1078—1085)改制后，始为职事官，从六品。哲宗绍圣(1094—1098)时与屯田司郎官互置。南宋省。辽朝为南面朝官。明初复置，正五品，洪武二十九年(1396)改名虞衡清吏司郎中。参见"虞部"。

虞部郎官 虞部郎中、员外郎通称。

虞曹　官署名。魏晋南北朝尚书省诸曹之一。三国魏始置，或说隶左尚书，设郎（郎中、侍郎）为长官。西晋因之，东晋康帝、穆帝以后省。南朝梁、陈复置，仍隶左民尚书。北魏前期直隶尚书省，以虞曹尚书为长官，设虞曹令等。孝文帝太和（477—499）改制后仍为郎曹，设郎（郎中），隶仪曹尚书。北齐隶祠部尚书，掌地图，山川远近，园囿田猎，肴膳杂味等事。西魏改称虞部。

虞曹少卿　官名。北魏置。《魏书·官氏志》："又置司空、主客、太仓、库部、都牧、太乐、虞曹、官舆、复育少卿官。"太和十七年定为三品上，太和二十三年复次职令未载。

虞曹令　官名。北魏前期尚书省虞曹尚书属官。《魏书·安同传》："（安平城）袭爵，官至虞曹令。为乙浑所杀。"参见"虞曹"。

虞曹尚书　官名。北魏前期尚书省虞曹长官。《山徽墓志》载其父曾任此职。（《汉魏南北朝墓志集释》图二七二）参见"虞曹"。

虞曹侍郎　官名。参见"虞曹郎"。

虞曹郎　官名。尚书省虞曹长官通称。亦称虞曹郎中，资深勤能者可转侍郎。三国魏始置，六品。西晋沿置，东晋康帝、穆帝后省。南朝梁、陈复置，梁郎中五班，侍郎六班；陈皆四品、六百石。北魏置，初隶虞曹尚书，孝文帝改制后复为虞曹长官，太和十七年（493）定郎为从五品中，郎中五品上；二十三年皆称郎中，六品，仍可通称为郎。北齐六品上。参见"虞曹"。

虞曹郎中　官名。参见"虞曹郎"。

虞衡司　官署名。即虞衡清吏司。

虞衡司员外郎　官名。即虞衡清吏司员外郎。

虞衡司郎中　官名。即虞衡清吏司郎中。

虞衡清吏司　官署名。简称虞衡司。明清工部四司之一。明洪武二十九年（1396）置，设郎中一人，员外郎二人，主事四人。南京工部虞衡清吏司亦郎中一人，主事二人。掌理采捕山泽鸟兽之肉、皮革、骨角、羽毛等物，并司制造军装、兵械，烧造陶瓷，冶铸器具等事。清顺治元年（1644）沿置。设郎中五人，满洲四人，汉一人；员外郎六人，宗室一人，满洲三人，蒙古一人，汉一人；主事四人，满洲三人，汉一人及笔帖式、经承等吏员分理司务。专掌制造各项器物、稽核军装、军火，分辨东珠等次之事。所属有都吏科、军器科、窑冶科、杂科、军器算房、火房等办事机构。光绪三十二年（1906）裁。

虞衡清吏司员外郎　官名。简称虞衡司员外郎。明清虞衡清吏司之副长官，佐郎中掌司事。明洪武二十九年（1396）设，一人，后又增设一人，从五品。清顺治元年（1644）沿设。汉员外郎二人。满洲司属初不分曹，随堂官所派。后增为六人，宗室一人，满洲三人，蒙古一人，汉一人。光绪三十二年（1906）裁。

虞衡清吏司郎中　官名。简称"虞衡司郎中"。明清工部虞衡清吏司之主官，掌司事。明洪武二十九年（1396）设，一人。南京工部虞衡清吏司亦设一人，皆正五品。清顺治元年（1644）沿设，汉郎中一人，满洲司属初不分曹，随堂官所派。后增为五人，满洲四人，汉一人。

暗保　清朝荐擢官吏之方式。参见"明保"。

暖殿　官名。明朝宦官御前近侍之一，品级虽然不高，因系皇帝近侍，地位颇重。

睦亲宅　官署名。北宋仁宗景祐二年（1035）营建睦亲宅，以供宗室亲王居住。次年完工，设专官管理。神宗熙宁三年（1070），置为官局，设知丞事领之，隶大宗正司。

睡卿　鸿胪卿别称。洪迈《容斋四笔》卷一五《官称别名》："唐人好以它名标榜官称"，"鸿胪（卿）为睡卿"。

路分　宋朝路分都监简称。

路分都监　见"都监"。

路分监押　见"都监"。

路分钤辖　见"钤辖"。

路局总办　官名。清末各官办铁路长官或副长官。光绪年间兴办铁路，各路多于督办下置总办，三十三年（1907）始独置。一至二人不等。无品级规定。总司该路事宜。

路政司　官署名。清末邮传部所属机构，光绪三十三年（1907）设。掌全国路政，凡铁路及电车各事皆属之。置郎中二人，员外郎三人，主事六人等。

路政司郎中　官名。清末邮传部路政司主官，光绪三十三年（1907）设。二人，正五品，奏补，掌主本司事务。

路軨令　官名。秦置。属太仆，有丞，掌皇帝乘舆。西汉因之。东汉省。

路軨丞　官名。秦置，属太仆，为路軨令副贰，掌皇帝乘舆。西汉因之。东汉省。

路钤　宋朝路分钤辖简称。

嗣大夫　爵名。又称守嗣大夫或承嗣大夫，春秋时期卿大夫子孙世袭的爵位。《左传·昭公十六年》："孔张，君之昆孙子孔之后也，执政之嗣也，为嗣大夫。"

嗣王　爵名。亲王嫡子所封之王，与郡王相当，从一品。南朝梁、陈开府，置府官。隋朝沿置，开府。唐朝置王官，有傅、谘议参军事，友，文学，东、西阁祭酒，侍读；出阁则开府，置府官。参见"嗣王府"。

嗣王府　官署名。王府等级之一。南朝梁、陈低于皇弟、皇子府，高于蕃王府。置长史、司马、从事中郎、谘议参军及掾属、中录事、中记室、中直兵等参军，功曹史，录事、记室、中兵等参军，主簿、正参军、行参军等员。隋朝置文学、长史、司马、谘议参军事、掾、属，功曹、记室、户、仓、兵曹及骑兵、城局参军事，法、田、水、铠、士曹行参军，参军事，行参，典签等。唐朝嗣王出阁则开府，置府官：司马、掾、属、主簿、记室、录事、功、仓、户、兵、骑、法、士曹参军事及参军事、行参军、典签。

嗣卿　继承父亲为卿。《左传·成公十三年》：“且先君之嗣卿也。”杨伯峻注：“郤铸，郤克之子，郤克为晋景上卿，郤锜又为其子厉公之卿，故云‘嗣卿’。”

鄙　❶周朝王畿内行政区划名。五百家为一鄙。《周礼·地官·遂人》：“五酂为鄙。”❷周朝王族子弟和公卿大夫的食邑、采邑。《周礼·天官·大宰》：“以八则治都鄙。”郑玄注：“都鄙，公卿大夫之采邑，王子弟所食邑。”

鄙师　官名。《周礼》地官之属，一说为周朝置，掌一鄙行政事务的长官。《周礼·地官》：“鄙师，每鄙上士一人”，“各掌其鄙之政令祭祀。凡作民，则掌其戒令。以时数其众庶，而察其媺恶而诛赏。岁终，则令其鄙之政而致事”。

署人　官名。监狱看守小吏，战国秦置。《睡虎地秦墓竹简·法律答问》：“可（何）谓署人、更人？耤（藉）牢有六署，囚道一署旞，所道旞者命曰署人，其他皆为更人。”

署长　官称。汉朝泛指列卿下属诸署长官，秩位低于署令。如西汉少府属官有诸仆射、署长，东汉少府官有黄门署长、画室署长、玉堂署长等，皆四百石，黄绶。清末典礼院置。宣统三年（1911），改礼部为典礼院，置礼制、祠祭、奉常、精膳四署，各设署长一人为长官，分掌各署事。奏补。

署正　官名。署之长官。明、清光禄寺所属大官、珍馐、良酝、掌醢四署设。明朝每署设一人，清朝每署设满、汉各一人，均为从六品。清朝乐部所属神乐署设一人，和声署设满、汉各一人，均为正六品。分掌各署事。详见各署正条。

署史　官名。清朝乐部和声署属官。乾隆七年（1742）设，一百四十人，皆为鼓手及乐工。从事殿廷朝会乐律及舞仪之事。

署史长　官名。清朝乐部和声署属官。乾隆七年（1742）设，十六人。为鼓手及乐工之长。分掌殿廷朝会乐律及舞仪之事。

署令　官名。署之长官。秦汉至南北朝为列卿下属诸署长官泛称，品秩高低不等。隋唐五代之九寺、少府、将作、都水、长秋诸监，太子三寺下属各署均设，为各署长官。分上、中、下三等。隋朝初以上署令为正八品，中署令从八品上，下署令从八品；炀帝大业三年（607），升上署令为正六品，中署令从六品，下署令正七品。唐朝上署令从七品下，中署令正八品上，下署令正八品下。明洪武初，太常寺所属天坛、地坛、朝日坛、夕月坛、先农坛、帝王庙等各祠祭署均设，分掌各署事。二十四年（1391），改称“奉祀”。

署吏　官名。战国置，掌署内杂役的小吏《墨子·杂守》：“睨者小五尺，不可卒者，为署吏，令给事官府若舍。”

署司弓　见“副司弓”。

署司矢　见“副司矢”。

署司钥章京　见“司钥章京”。

署司幄　见“副司幄”。

署丞　官名。署之次官。秦汉至南北朝为署令或署长副职之泛称，品秩高低不等。隋唐五代之九寺、少府、将作、都水、长秋诸监，太子三寺下属各署均设，为署之次官。分为上、中、下三等。隋朝上署丞正九品，中署丞从九品上，下署丞从九品。唐朝上署丞从八品下，中署丞正九品上，下署丞正九品下。明朝光禄寺所属大官、珍馐、良酝、掌醢四署各设四人，从七品，为各署次官，佐长官署正掌署事。鸿胪寺所属司仪、司宾二署各设一人，正九品，为二署之主官，掌署事。又，洪武初，太常寺所属天坛、地坛、朝日坛、夕月坛、先农坛、帝王庙等各祠祭署均设，亦为各署次官。二十四年（1391），改称“祀丞”。清朝光禄寺四署各设二人，为满员，从七品。乐部所属和声署设满、汉各一人，神乐署设左、右署丞各一人。均为署之次官，从八品。

署护军参领　见“副护军参领”。

署君子　官名。战国秦置，守城官吏。城上分段防守，每段称署，主管官员称署君子。《睡虎地秦墓竹简·秦律杂抄》：“戍者城及补城，令姑（嫴）堵一岁，所城有坏者，县司空署君子将者，赀各一甲。”

署侍卫班领　官名。清朝侍卫处职官，次于侍卫班领。顺治元年（1644）设，定员二十四人，由侍卫中遴选。掌领侍卫之事。

署亲军校　官名。又作委署亲军校，清朝侍卫处所属亲军营之武官，位次亲军校，归领侍卫内大臣统领。乾隆四十年（1775）增设，定员七十七人。初无品级，五十一年定为从八品。由上三旗满洲、蒙古中遴选补授。与亲军校共掌亲军，用作宿卫扈从。

署缺　清朝职官之一种。清制，凡未经实授之缺，谓之署缺。其分两类：一为奏署，即由各衙署长官题奏，经皇帝允准派署，称署某官。一为委署，即由各衙署长官派委署理，称委署某官，如委署主事，委署章京等。

署笔帖式　官名。清朝职官之一种，即尚未实授之笔帖式。所设机构，亦有额定人数。

署理　官制用语。清朝吏部铨选制度。指内外官缺出，差委品级相近官员代理其职之制。尚书、侍郎、京堂之署缺办理者皆由特简。总督、巡抚印务，互相署缺。藩、臬印务，或互相署理，或藩以臬署，臬以道署。同知以下印务，由督抚委署。其各省试用班次，由督抚保题升用者，实授者亦称署缺。

署职　原指代理暂任或试充某官职。至清朝，始将署某职作为官名之一种，以表示尚未实授之官职，如署笔帖式、署亲军校等。

署翼长前锋参领　官名。清朝健锐营之职官。额设二人，左、右翼各一人，于前锋参领内补放兼管。正三品。分掌左、右翼之营卒。

署翼长营总　官名。清朝八旗火器营职官，正三品，位在翼长之下。于各营总内拣选充任。分掌章奏文移及内、外火器营训练之事。

置　设立官职。《商君书·定分》："为法令置官吏。"《周礼·天官·大宰》："三曰废置，以驭其吏。"《春官·内史》："掌王之八枋之法，以诏王治"，"四曰置"。

置顿使　使职名。唐玄宗时已置，天子出，主置顿储供，有副使、判官。天宝十五载（756）六月车驾次马嵬驿，诛杨国忠等后，以韦谔为御史中丞充置顿使；旋以监察御史宋若思为御史中丞充置顿使，发扶风郡。昭宗乾宁二年（895）李继鹏（阎圭）乱，帝宿莎城镇，以薛王、京兆尹知柔权知中书事及置顿使。

罪隶　官名。《周礼》秋官之属，一说为周朝置，掌供役刑徒及守护王宫等事。《周礼·秋官》："罪隶，百有二十人"，"掌役百官府与凡有守者，掌使令之小事。凡封国若家，牛助为牵傍。其守王宫与其厉禁者，如蛮隶之事"。

罪黜　因犯罪被罢官。《晋书·石崇传》："伏待罪黜，无所多言。"

盟长　官名。清朝蒙古各盟长官。清朝于内、外蒙古及青海蒙古各部实行"盟旗制"，由若干个旗组成一盟，每盟设一人，由理藩院于本盟各旗之札萨克及闲散王公等贵族内拣选请旨简充。掌理一盟之政事，督同札萨克办理旗下之大事。每届三年召集各旗会盟一次，清理刑名，编审丁籍，报送理藩院查核。此外，内札萨克各盟长每年春验看各旗官兵操练，遇兵事则负领兵之责。

盟府　❶官署名。周朝及诸侯国所置收藏盟约载书、封爵勋策的机构。一说长官为司盟。❷盟府长官代称。《左传·僖公五年》："虢仲、虢叔，王季之穆也。为文王卿士，勋在王室，藏于盟府。"杜预注："盟府，司盟之官。"孔颖达疏："以勋受封必有盟要，其辞当藏于司盟之府也。"

照札　文书名。北宋神宗以后，官员除授差遣，先给信札。若官员辞免不允，或不待其领取官诰，先令供职，则再降札子晓谕有关官府，由宰执亲自签押，称为照札。

照会　文书名。平行文。明朝为中央文书，如五军都督府对六部行文即用之。清朝为地方文书，如总督对总兵，提督对司、道、盐运使司，总兵对府、厅、州、县行文均用之。近代演变为外交文书，用于外事交涉。

照票　见"印票"。

照磨　官名。元朝始置，为首领官。中书省、行中书省、六部均置。正八品，掌各衙门钱谷出纳、营缮料理等事。设于路总管府衙者，兼理案牍、刑狱。多由吏员升任。明朝于各照磨所置，品秩随所属衙门高低而定，自正八品至从九品不等。掌文书卷宗。清朝于各布政使司及顺天府下沿置，如明制。

照磨所　官署名。明朝始置。为户部、刑部、都察院、各布政使司、按察使司及各府衙下属办事机构，主管文书、卷宗。置官照磨、检校。清朝沿置，仅置于各布政使司及顺天府。

遣使　官名。战国置，掌持旌节出使。《韩非子·八经》："遣使约其行介，县令约其辟吏，郎中约其左右。"

〔丿〕

稜威将军　官名。将军名号。南朝梁武帝普通六年（525）置，定为武职三十四班的九班。陈沿置，拟八品，比秩六百石。

锡库局　官署名。南朝梁置，为东宫诸局之一。

锡命　同"赐命"。君主对臣下赐予物品、爵位或官职的命令。《穀梁传·庄公元年》："锡命非正也。"《公羊传·庄公元年》："王使荣叔来赐桓公命。"

锦衣卫　官署名。明朝上直卫亲军指挥使司之一。洪武十五年（1382）罢仪鸾司后置，秩从三品，所属有御椅等官七员，皆正六品。下设经历司，掌文书之事，又有镇抚司，掌本卫刑名，并兼管军匠。十七年，改锦衣卫指挥使为正三品，设官与诸卫同。二十年，罢锦衣卫狱。成祖即位后，复锦衣卫狱，又增设北镇抚司，专掌诏狱，而以旧镇抚司为南镇抚司，专理军匠。其职掌则由仪卫转为侍卫、缉捕、刑狱等事。成化（1465—1487）中北镇抚司刻有专印，所掌诏狱渐独立于锦衣卫外，凡狱事不报锦衣卫官，卫官亦不得干预，遂与东厂、西厂等组成特务统治机构，人称厂卫。

锦衣卫帅　官名。明朝对掌管诏狱的锦衣卫指挥使的别称。

辞命　西周、春秋战国时使节交往相互应对的言辞。《孟子·公孙丑上》："我于辞命，则不能也。"《周礼·秋官·大行人》："属象胥，谕言语，协辞命。"

辞曹　官署名。西汉丞相府所属诸曹之一。东汉时三公府皆置，以掾主之，秩比三百石，掌辞讼事。郡府辞曹少见，或见于汉碑中。晋朝沿置。西晋初荆州人避羊祜讳，改荆州都督府户曹为辞曹。

筹办海军大臣　官名。清宣统元年（1909）设，主掌筹办海军事务处。二年，海军部成立后省。

筹办海军事务处　官署名。清宣统元年（1909）承陆军部海军处而设，掌筹画成立海军基础事宜。置筹办海军大臣二员，以掌其事。初分参赞厅、第一、第二、第三、第四及医务五司。二年，改军制、军政、军学、军防、军医、军枢、军储、军法八司。

同年，改为海军部。

筹备司 官署名。清末陆军部海军处所属机构，光绪三十四年（1908）由原运筹司改设。掌海军参谋、教育、测绘及研究各国海军事宜。辖参谋、教育、测量三科。置司副官、科长等员。宣统元年（1909），并入筹办海军事务处。

筮 官名。又称“筮人”。周朝置，掌以蓍草占问吉凶。《尚书·周书·洪范》：“汝则从，龟从，筮从，卿士从，庶民从，是之谓大同。”

筮人 官名。周朝置，掌筮法以蓍草筮问吉凶。《尚书·周书·洪范》：“稽疑：择建立卜、筮人，乃命卜筮。”《仪礼·士冠礼》：“筮人还东面，旅占卒，进告吉。”《周礼·春官》有“筮人”：“筮人，中士二人，府一人，史二人，徒四人”，“掌三易，以辨九筮之名”，“凡国之大事，先筮而后卜；上春，相筮”，“凡国事，共筮”。

筮占下士 官名。西魏、北周春官府太卜下大夫筮占中士佐官，正一命。

筮占中士 官名。西魏恭帝三年（556）仿《周礼》筮人置，北周沿置。春官府太卜下大夫属官，掌以蓍草占卜吉凶，执三易，以辨九筮之名。正二命。下设筮占下士以佐其职。隋文帝开皇元年（581）罢。

筮史 官名。春秋战国置，掌占卜筮卦预言吉凶。《国语·晋语》：“筮史占之。”韦昭注：“筮史，筮人，掌以三易辨九筮之名。”《史记·赵世家》：“王召筮史敢占之。”

筮仕 以蓍草占问出仕为官的吉凶。《左传·闵公元年》：“初毕万筮仕于晋。”

筮者 官名。春秋战国置，筮人别称，掌筮法、卦问吉凶。《仪礼·士丧礼》：“筮者东面抽上韇，兼执之，南面受命。命曰哀子某，为其父某甫筮宅，度兹幽宅，兆基无有后艰。筮人许诺，不述命，右还，北面指中封而筮。”

签厅 ❶签书判官厅公事简称。❷宋朝诸路州、军职官聚议公事之所。徽宗宣和三年（1121），以都厅改称。

签书节度判官厅公事 官名。北宋太宗太平兴国四年（979），始于诸节度州置，以京官充任，掌助理郡政，总领诸案文移，凡郡事皆与守倅通签书。徽宗大观二年（1108），改为司录参军。南宋高宗建炎元年（1127），复旧名。临安府置一人，位在知府、通判之下，孝宗乾道七年（1171）罢，九年复置。

签书判官厅公事 官名。北宋太宗太平兴国四年（979），于诸州府置，以京官以上充任，领判官之职，助理郡政。徽宗大观二年（1108），改为司录参军。南宋高宗建炎元年（1127），复旧名。

签书枢密院事 官名。宋太宗太平兴国四年（979），枢密使曹彬随太宗征太原，始以枢密直学士石熙载签署枢密院事，为枢密院代理长官，后用为次官。后避英宗赵曙名讳，改签书枢密院事。神宗元丰（1078—1085）改制罢。哲宗元祐三年（1088）复置，后定为从二品。辽朝北、南枢密院分设签书北、南院枢密使事，位在同知枢密使事下。金置于枢密副使下，员一人，正三品。元世祖中统四年（1263）设枢密院，始置一员，后定置二员，正三品。

签帅 典签别称。南朝权势极重。《南史·齐武帝诸子传》载当时人称：“诸州唯闻有签帅，不闻有刺史。”详见“典签”。

签判 签书判官厅公事省称。

签枢 签书枢密院事省称。

签院 签书枢密院事省称。

简书 周朝官方文告。《诗·小雅·出车》：“王事多难，不遑启居。岂不怀归，畏此简书。”毛亨《传》：“‘简书’，戒命也。邻国有急，以简书相告，则奔命救之。”孔颖达疏：“古者无纸，有事书之于简，谓之‘简书’，以相戒命之。救急，故云‘戒命’。”“闵元年《左传》引此诗，乃云‘简书，同恶相恤之谓也。’言同恶于役，共相忧念，故奔命相救。得彼告则奔赴其命救之。”一说以为是策命临遣之词。朱熹《诗集传·采薇六章》：“或曰：‘简书’，策命临遣之词也。”

简补 见“特授”。

简放 见“特授”。

简点使 使职名。唐高祖武德九年（626）以右仆射封德彝为之，简取十八岁以上中男入军，给事中魏徵执奏不可。太宗贞观元年（627）又发诸道简点使，以征简兵壮。

简授 见“特授”。

筦榷司 官署名。清末度支部所属机构。光绪三十二年（1906）设，掌各省盐法，稽核引票、课厘等项考成，奏销春秋拨册、贡盐、纸珠各款，兼管茶引、茶课、土药统税等。置郎中三人，员外郎四人，主事三人。

筦榷司郎中 官名。清末度支部筦榷司主官。光绪三十二年（1906）设，三人，正五品，奏补。掌本司事务。

催长 官名。清朝内务府所属七司以及钱粮衙门等机构均置，负责催办具体事务。自八品至无品级不等。其下设有副催长、委署催长等。

催阵使 使职名。唐僖宗中和元年（881）车驾御成都府廨，置京城四面催阵使，以守兵部尚书王徽充。

催运使 使职名。唐昭宗乾宁三年（896）李茂贞进逼京师，帝出渭北，以韩建为京畿都指挥，催促诸道纲运等使，移檄诸道，令共输资粮诣行在。

催驱房 官署名。北宋神宗元丰（1078—1085）改制后，门下省、中书省、尚书省均置，掌考察督催文牍稽违。

催驱案 官署名。北宋神宗元丰（1078—1085）改制后，吏部尚书左选置。

催纲司　见“催纲官”。

催纲官　宋朝发催纲运官统称。三门白波发运司有催使促装纲，以京朝官及三班使臣充任；催纲，以三班臣以上充任；都大催纲，以京朝官充任。东南诸路水运有催辖纲运。通称催纲官。其官署称催纲司。

催税甲头　即甲头。

催辖纲运官　见“催纲官”。

牒　文书名。最初只作为一般书札。《左传·昭公二十五年》：“右师不敢对，受牒而退。”《汉书·路温舒传》：“取泽中蒲，截以为牒。”至唐，始定为官府文书，属上行文之一种。唐制，凡下之上达，其制有六，牒为其一，乃有品以上之公文。至清，牒之使用，基本上属于平行文。在无直接隶属关系的中、低级各衙门之间来往行文时，其地位略高者对地位略低者用此。如州县官对儒学行文即用牒。又，唐、宋、明各朝颁发给出家僧尼之“度牒”，亦简称牒。详见“度牒”。

牒呈　文书名。清朝地方官署之间地位略低者对地位略高者行文时使用的一种文书。如直隶州知州行文知府，府厅行文提督，儒学行文州县等即用之。

牒试　选举制度。宋朝贡举考试方式之一，亦称胄试。即有关官员子弟、亲戚、门客，为避嫌，牒送别处考试。真宗景德二年（1005），始命文、武升朝官嫡亲送国子学附试。其后，逐形成制度，知州、通判门客、本治所同宗或异姓亲属及离乡两千里的随侍同宗亲属，考官缌麻以上亲及大功以上姻亲，皆牒送本路转运司应试；本路帅司、监司亲属、门客，送邻路转运司应试；宰执、侍从、在朝文武官子侄等，牒送国子监附试。南宋理宗嘉熙元年（1237）废。

衙内指挥使　官名。唐朝为节度使府衙内之牙将，统最亲近卫兵，高一级的称衙内都指挥使。党项复州定难军节度使府设此职，至李德明在位时均设置。

衙内都指挥使　见“衙内指挥使”。

衙司　官署名。❶北宋前期三司所属机构。掌三司军将、大将等无品武官名籍，差除押送纲运等差遣。设管辖官二人，以判开拆司与内侍都知、押班充任。神宗元丰（1078—1085）改制，并归刑部都官司。❷宋朝州府衙门下属机构。亦称牙司。掌州府衙前差遣、保明出职及贬责官员编管等事。曾一度废罢，神宗元丰元年（1078）因司农寺请，复置。

衙司管辖官　见“衙司”。

衙皂　见“都史”。

衙前　官名。唐、宋州府衙门胥佐统称。唐末、五代，多由衙校充当，称将吏衙前，属军职，分管州府各种公务，有都知兵马使、兵马使、中军使、都押衙、押衙、教练使、子城使等名目。宋初沿置，不属军职，用为公人迁转之阶，掌主管官物、辇运、场务、仓库、馆驿、河渡等。徽宗政和三年（1113），改称都史、副史、介史、公皂、衙皂、散皂、上隶、中隶、下隶等。南宋高宗绍兴元年（1131），复旧称。乡里又有乡户衙前、里正衙前，多差民户轮充，神宗行免役法后，募人充当。

衙前兵马使　宋朝衙前将吏都知兵马使、兵马使统称。

衙推　官名。唐、五代节度使、观察使、团练使府各置一员，位推官、巡官之下。

微臣　身份微贱之臣。特用于臣下对君主之自称。

微行　帝王和高级官员隐匿身份外出。《史记·范雎蔡泽列传》：“范雎闻之，为微行，敝衣闲步之邸，见须贾。”《史记·秦始皇本纪》：“微行咸阳。”

微员　地位卑微之官员。特用于官员谦称。

微官　❶卑微官职。❷下级对上级之谦称。

貉隶　官名。《周礼》秋官之属，一说为周朝置，供使役驯养野兽及守护王宫。《周礼·秋官》：“貉隶，百有二十人”，“掌役服不氏而养兽而教扰之，掌与兽言。其守王宫者，与其守厉禁者，如蛮隶之事”。

遥刺　遥郡刺史简称。

遥郡　官制用语。唐朝京兆牧、河南牧、大都督、大都护，皆以亲王遥领。实际政务，分由尹、长史、副大都护主之。北宋初年，命武臣遥领未统一地区州府防御使、团练使、刺史，号称遥郡。后用为武臣叙迁阶官，皇城使转遥郡刺史，遥郡刺史转遥郡团练使，遥郡团练使转遥郡防御使，遥郡防御使转防御使。领遥郡者仍带原有阶官，以系品位。

遥郡团练使　见“遥郡”。

遥郡防御使　见“遥郡”。

遥郡刺史　见“遥郡”。

遥领　官制用语。北宋初，为奖励武臣，多赐带未收复地区防御、团练使、刺史等衔，称为遥领。其后又多以文臣知州、府事，武臣又多有军事差遣，实赴本任者不多，节度使、节度观察留后、防御使、团练使、刺史遂用为武臣阶官，其非实任本职者，皆为遥领。

遥辇九帐大常衮司　官署名。辽朝北面官。遥辇氏在阿保机立国前，世袭可汗之位。阿保机代遥辇称帝，以其九世可汗宫帐居皇族一帐之上，设大常衮司总其事，官府不预其政，名为尊之，实际上削弱了遥辇氏族的地位。置大常衮、太师、太保、太尉、司徒、司空、侍中等职。

遥辇纠详稳司　官署名。辽朝北面官，统领遥辇帐所属之纠军，设详稳等职。

遥辇帐节度使司　官署名。辽朝北面官，掌遥辇帐所属军民之政。

腰牌　系在腰间证明身份的通行凭证。明、清、太平天国军政机构多有制造颁发者。其材质、款式、铭文不一。清朝官员人等出入宫禁所佩，为木制，长方形，正面烫有腰牌字样，背面书持牌人姓名、年龄、面貌。由内务府发给，并由行取衙门将领牌人造具清册两份，一送内务府，一送景运门，以便查对。三年更换一次，其间如持牌人员内有更换或斥革等情，应随时咨报内务府及景运门稽核。军营中之通行证，亦木制。

腹俸 清朝吏部铨选制度。乃外官历俸升转途径之一，内地之缺皆属此类，凡道、府、州、县之佐贰、首领官，五年无过失，例得升擢。既不同于京秩，又异于边俸。边俸中，边疆水土非甚恶劣，苗疆非甚紧要者，升迁或视同腹俸。

媵 ❶春秋战国时诸侯嫁女随嫁或陪嫁之人。《仪礼·士昏礼》："媵御馂。"郑玄注："古者嫁女必侄娣从，谓之媵。侄，兄之子；娣，女弟也。"《公羊传·庄公十九年》："媵者何？诸侯娶一国，则二国往媵之，以侄娣从。"❷唐朝亲王、郡王、嗣王及五品以上官之妾。十至三人不等。品位高者视正六品，低者视从八品。

媵臣 诸侯嫁女时陪嫁的侍臣。《史记·殷本纪》："阿衡欲奸汤而无由，乃为有莘氏媵臣。"《史记·秦本纪》："吾媵臣百里奚在焉，请以五羖羊皮赎之。"

解 文书名。向上级机构呈报的公文形式。《宋书·礼志二》："云杜国解称国子檀和之所生亲王，求除太夫人。"《梁书·高祖三王·南康王绩传》："主者有受货，洗改解书，长史王僧孺弗之觉。"

解巾 谓除去头巾，换戴官帽。指初仕。亦作"释巾"。《后汉书·韦著传》："诏书逼切，不得已，解巾之郡。"李贤注："巾，幅巾也。既服官冕，故解幅巾。"《陈书·儒林·沈洙传》："解巾梁湘东王国左常侍。"

解马营 见"三旗包衣前锋营"。

解元 科举取录举人名目。始见于宋，对各类解试第一名之称。又沿称解头、举首。明、清士大夫沿用以称乡试第一名。

解任 官制用语。官员因故交卸公务，离任或卸职，称解任。清朝定制，凡革职、裁缺、请假、丁忧、终养等官员，请准后，交卸篆务后即可离任。督抚解任，接到吏部文书方准交卸离任。外官布政使以下道、府、厅、州、县官，具题解任；州同以下咨部解任。

解州盐使司 官署名。金朝为七盐使司之一，掌食盐产销。设在澄城县（今属陕西），行盐地面为河东南北路、陕西东、南京河南府及陕、郑、唐、邓、嵩、汝诸州。设使、副使领司事，秩正五品、正六品。下设判官、管勾、同管勾、都监、同监、知法等官。解州盐旧课收入八十一万四千六百五十七贯五百文，章宗承安三年（1198）十二月增至一百三十二万一千五百二十贯二百五十六文。参见"盐使司"。

解事舍人 唐朝中书舍人中以明练政事者一人专典机密，谓解事舍人。

解试 选举制度。贡举考试之一种。唐朝，地方官考校士人，选合格者解贡朝廷，称解试，又称乡贡。宋朝解试包括州试（乡试）、转运司试（漕试）、学馆（太学）试等。每三年举行一次，各依解额选合格者解送礼部，参加省试。徽宗崇宁三年（1104），停乡试，举人全由学校升贡。宣和三年（1121），复乡试。

解烦督 官名。东汉末孙权置，三国吴沿置。时以军兵数少，使胡综征兵于诸县，得六千人，立解烦两部，以徐详领左部，胡综领右部，皆为督，用于侍卫及征战，是直属最高统治者的精锐部队。后解烦兵数量又有增加。

解智 西夏职官封号。授与七品官，称为文孝恭敬东南姓关上立土。下有诚珍礼劳、才益、目审等数种。

解褐 谓脱去布衣，换着官服。指初仕。亦作"释褐"。《晋书·范汪传》："护军、平南二府礼命交至，始解褐，参护军事。"《梁书·武帝纪中》："诏曰：'今九流常选，年未三十，不通一经，不得解褐。'"后世沿称。

鲍人 官名。周朝置，掌柔治韦革。见《周礼·冬官·考工记》。

詹事 官名。战国秦为管理太后、王后、太子诸宫庶务的官员。秦、西汉皇太后、皇后、太子宫皆置，秩二千石（一说真二千石），亦有秩中二千石者。皇太后宫所置冠以宫名，称长信詹事，地位在九卿之上，掌宫内大小庶务，景帝时改名少府，有长信少府、长乐少府等名目，哀帝时曾置左、右詹事，不久罢。皇后宫所置亦称中少府，掌宫内供御侍奉事务，与大长秋（将行）分领后宫官属，辖中长秋、私府、永巷、仓、厩、祠祀、食官令丞，诸中宫宦者皆属之。成帝鸿嘉三年（前18）省并大长秋，哀帝时复置左、右詹事，不久罢。太子宫所置职掌略同，兼掌警卫、刑狱、食邑车马等事，东宫诸辅导侍从顾问宿卫之官隶太子太傅、少傅，诸供奉之官如太子率更令、家令、仆、中盾、卫率长、厨长、厩长等则悉隶詹事。东汉省，其属官改隶太子少傅。魏、晋以来唯置于太子宫，故亦称太子詹事。位三品，掌东宫内外庶务，明帝以后久不立太子，遂省，其职由太子太傅、少傅兼摄。西晋武帝咸宁元年（275）因太子二傅皆由诸公兼领，位望崇高，复置詹事，领东宫庶务，后或省或置，惠帝太安（302—303）以后常置。自后太子诸师傅虽以辅导为名，詹事实负辅翊教导太子之责，兼掌东宫一切事务、官属。两晋南北朝东宫地位极重，官属齐备，拟于朝廷，时号宫朝，诸卫率各领其兵，常任征伐，詹事任总宫朝，当时称其职比朝廷之尚书令、领军将军，位权甚重，有时亦参预朝政。其官署称府，属官有太子家令、率更令、仆、门大夫、左右卫率（或增置前、后卫率）、中庶子、中舍人、食官令、庶子、舍人、洗马、屯骑步兵、翊军校尉、冗从仆射、旅贲中郎将、左右积弩将军、殿中将军等。晋、宋三品，梁十四班，陈三品、中二千石。北魏初分置左、右，孝文帝太和十七年（493）定为二品下，后并为一员，二十三年改三品。北齐三品，领东宫三寺及左右卫坊、门下坊、典书坊。北周改置太子宫正宫尹。隋初复置，旋省。唐朝复置为詹事府长官，正三品，掌东宫三寺十率府之政。位高职闲，多用以安置退罢大臣。高宗龙朔二年（662）改名端尹，咸亨元年（670）复旧，武则天天授（690—692）中改名宫尹，中宗神龙元年（705）再复。宋朝初年为闲散之职，止食其俸禄，真宗天禧四年（1020）以后，建储辄置，领本职，多以他官兼任，从三品。时东宫官多阙，或虽设而无职司，詹事职事闲简。辽、金、元为詹事院长官。辽制不详。金从三品，掌东宫内外庶务，隶宫师府，三寺、诸率府亦直属官师府；元置省无常，或置左右詹事、副詹事，或单置詹事，或改名储庆使、储政院使，秩正二品至从一品，掌辅翼皇太子，管理东宫官属，职任较重。明初置左、右副詹事等为东宫官，皆以勋旧大臣兼领，洪武二十二年（1389）置詹事院，二十五年改院为府，置詹事一员为长官，正三品，掌辅导太子，统詹事府、左右春坊、司经局之政，多由尚书、侍郎等官兼任，并带翰林院学士衔。清朝亦为詹事府长官，顺治九年（1652）置，十五年裁，康熙十四年（1675）复置，满、汉各一员，正三品，汉员兼翰林院侍读学士衔。初犹有辅导太子之职，康熙（1662—1722）以后不立太子，遂定其职掌为文学侍从，经筵充日讲官，典试提学，编纂图书，与翰林官略同。凡秋审、朝审及下九卿翰詹科道合议之事，皆入班参与集议。嘉庆二年（1797）裁，五年复置。光绪二十四年（1898）裁，旋复，二十八年废。参见“詹事府”、“詹事院”。

詹事司直　官名。唐朝太子詹事府属官，置二员，正七品上，掌纠劾宫僚及率府之兵；太子监国，一人与司仪郎、舍人分日受理启状。

詹事丞　官名。初为詹事副贰官，协掌宫内庶务，战国秦太后、王后、太子诸宫皆设。秦、西汉沿置，秩从六百石。太后宫所置景帝以后改名少府丞，冠以太后所居宫名，皇后宫所置成帝时省，太子宫所置东汉省。魏、晋以来，唯置于太子东宫，管理詹事府内事务，掌文书，亦称太子詹事丞。魏、晋、南朝宋七品，梁四班，陈八品，北魏孝文帝太和十七年（493）定为从五品中，二十三年改七品，北齐从七品。北周不置。隋初复置，旋省。唐朝设少詹事为詹事副贰，丞降为处理詹事府日常公务的事务官，亦称詹事府丞，员二人，正六品上。凡敕令及尚书省、左右春坊符牒下东宫百司，及东宫百司上呈文表，皆由其转发。高宗龙朔二年（662）改名端尹丞，咸亨元年（607）复旧；武则天天授（690—692）改名宫尹丞，中宗神龙元年（705）复旧。宋朝仅存空名，未尝除授。辽、元为詹事院事务官。明初沿置，由勋旧大臣兼领，洪武二十五年（1392）改院为府，遂称府丞，员二人，正六品，协助詹事、少詹事管理府事，多与坊、局及翰林院职互兼，常参与试士、修书等事。

詹事府　管理东宫事务的官署。以詹事为长官。南北朝设，东宫内外大小众务及辅翊太子之职皆属之，职权甚重。北齐设丞、功曹、五官、主簿、录事等官属，领太子家令、率更、仆三寺，左、右卫二坊，以及门下坊、典书坊。北周不置。隋初复置，旋罢，由三寺、二坊、十率府分掌东宫事务。唐朝复置，掌东宫家令、率更、仆三寺，以及左右卫、左右司御、左右清道、左右监门、左右内十率府之政，管理东宫行政事务，职似朝廷之尚书省，别有左、右春坊（门下坊、典书坊），职似朝廷之中书省、门下省。实际上职闲事简，其官多选用儒臣。设詹事、少詹事为长贰，府置丞、司直、主簿等员。高宗龙朔二年（662）改名端尹府，咸亨元年（670）复旧；武则天天授（690—692）中改名宫尹府，中宗神龙元年（705）复旧。五代因之。宋朝东宫官常阙，或以他官兼任，或唯食俸禄而无职司，其府形同虚设。辽、金、元改称詹事院等名，变革不常。明太祖洪武二十五年（1392）复改詹事院置，设詹事、少詹事为长贰，多由他官兼领，府置丞、主簿，以及录事、通事舍人等员，领左、右春坊及司经局。初掌辅导太子，府、坊、局官与翰林院职相兼，凡侍太子讲读、试士、修书之事皆参与。嘉靖（1522—1566）以后，太子出阁讲读，每委他官，府、坊、局诸官仅为翰林官升转之阶。清朝顺治元年（1644）设，寻裁，九年复置，十五年再裁，康熙十四年（1675）再设。初仍掌辅导太子之职，康熙（1662—1722）以后，不立太子，遂掌文学侍从、经史文章之事，其官亦充任经筵讲官、日讲官、尚书房侍值、典试提学等差，与翰林官略同，实为翰林院辅佐机构，备翰林官迁转之地。设詹事、少詹事为长贰，满、汉各有员，辖左、右春坊、司经局、主簿厅。其汉员皆兼翰林院职。嘉庆二年（1797），以府事改隶翰林院，五年复旧。光绪二十四年（1898）省入翰林院，寻复旧，二十八年仍省入翰林院，遂废。

詹事府司直　官名。即詹事司直。

詹事府丞　参见“詹事丞”。

詹事院　官署名。辽朝始置，设詹事、少詹事、詹事丞等官，以掌辅导皇太子之事。金沿置。元朝改设左、右詹事、副詹事等官。文宗时曾更名储政院，顺帝至正十三年（1353）复旧名。改设詹事、同知、副詹事。明初不置，洪武二十二年（1389）以左、右春坊、司经局等无所统属，始置。二十五年改詹事府。

〔丶〕

新北厂　官署名。明朝内府惜薪司所属机构，掌供应宫廷薪炭。设佥书、监工以督其事，皆以宦官为之。

新衣库　官署名。北宋置，掌收受锦衣、杂帛衣服及礼仪所需衣物。设监官二人，以三班使臣及内侍充任；监门官二人，以司天监官及三班使臣充任。真宗咸平四年（1001），以受纳衣服库并入，始兼掌诸司丁匠及诸军所需衣服。神宗熙宁四年（1071）废，其所存官物拨归仪鸾司等处。

新者库　即辛者库。

新官令　官名。战国楚、曾（即随）等国置。曾侯乙墓出土竹简所载有“新官令”官职名。

新南厂　官署名。明朝内府惜薪司所属机构，掌供应宫廷薪炭。设佥书、监工以督其事，皆以宦官为之。

新城左右厢公事所　官署名。北宋哲宗元祐元年（1086），于开封府置。掌检覆抄札、打量界至，领福田院，支贫子钱等事。四年罢，绍圣元年（1094）复置。

新科明法　选举制度。宋朝贡举科目名，神宗熙宁四年（1071）后，改明法科置，只许以前明经和诸科举人不能改试进士科者应试，考律令、《刑统》大义、断案。徽宗时罢。南宋高宗建炎二年（1128）复设，绍兴十六年（1146）又罢。

新班遇缺　清朝捐纳事例之一，乃后期之加捐花样。咸丰九年（1859）为鼓励加捐而特设之班次。同治中又添设新班遇缺先一班，皆因成交纳实银而称为银捐。其选用之优异仅次于新班遇缺先，以致有“序补过速，见缺指捐”之指斥。光绪中停而复设，直至捐纳停办。

新班遇缺先　清朝捐纳事例之一，乃后期之加捐花样。同治八年（1869）吏部于新班遇缺之上，另设加捐十成实银一班，即用今称。又称为银捐事例班次。其选途最为优异，以致有“序补过速，见缺指捐”之指斥。光绪中停而复设，直至捐纳停办。

新造尹　官名。战国楚置，同“新造盩”。曾侯乙墓出土竹简所载有新造尹官职名。

新造盩　官名。战国楚置，《战国策·楚策一》：“楚使新造盩棼昌勃苏。”鲍彪注：“楚官。”

禀　❶官名。即廪人，春秋时齐国置，掌发放粮谷救济民众。《晏子春秋·内篇谏上》：“晏子乃返，命禀巡氓，家有布缕之本而绝食者，使有终月之委。绝本之家，使有期年之食。无委积之氓，与之薪橑，使足以毕霖雨。”俞樾注：“禀乃官名，即《周官》廪人也。‘禀’、‘廪’古字通耳。使之巡行氓间，有令食者周给之，正廪人之事。”❷文书名。上行文。亦称“禀文”，最初属于官员间私人信件性质，为下级官员向上级写信祝贺或疏通情节时所使用，无一定程式及套语，其运转程序也较灵便。至清朝乾隆（1736—1795）初，始将其归档，成为公开的上行文书。然与札文不同，未列入法定文书。此后，地方州县官向总督、巡抚，以及衙署内部书吏、衙吏向其官长请示或报告公事时普遍使用。普通士民向官府陈述事件，亦采用，称禀帖。

禀文　见“禀❷”。

禀台　官制用语。宋朝官员因公事向御史台禀报，称禀台。

禀帖　见“禀❷”。

禀假掾史　官名。东汉大将军营部职吏。《续汉书·百官志》：“禀假掾史，主禀假禁司。”

雍人　官名。春秋战国置，掌宰割烹饪。《仪礼·少牢馈食礼》：“羹定，雍人陈鼎五，三鼎在羊镬之西，二鼎在豕镬之西。”郑玄注：“雍人，掌割亨之事者。”《礼记·杂记下》：“雍人举羊升屋”，“刲羊血流于前”。

雍氏　官名。《周礼》秋官之属，一说为周朝置，掌沟渎浍池水利的禁令。《周礼·秋官》：“雍氏，下士二人，徒八人”，“掌沟、渎、浍、池之禁，凡害于国稼者，春令为阱擭沟渎之利于民者，秋令塞阱杜擭，禁山之为苑泽之沈者”。

雍州丝局　官署名。北齐置，设丞。掌供宫廷丝织品。隶太府寺中尚方署。

雍州丝局丞　官名。北齐置。参见“雍州丝局”。

雍州萨保　官名。隋朝雍州掌祆教之官，视从七品。

廉帅　女官名。南朝宋明帝定后宫百官时置。诸房并置，无定员，五品。

廉帅祭酒　女官名。南朝宋明帝定后宫百官时置。紫极、光兴、宣融三房各置一人，四品。

廉访　明清按察使别称。

廉访司　肃政廉访司简称。

廉访使　肃政廉访使简称。

廉访使者　见“走马承受公事”。

廉捕　清朝县典史别称。

廉俸司　官署名。清末度支部所属机构，光绪三十二年（1906）设。掌核京外王公臣官廉俸、各处驻防官兵半俸半饷养赡红白事赏及各衙门经费事宜。置郎中三人，员外郎四人，主事三人。

廉俸司郎中　官名。清末度支部廉俸司主官，光绪三十二年（1906）设。三人，正五品，奏补。掌管本司事务。

廉能官　金朝对廉洁贤能官员的称谓，后成为一种举荐和选拔官员的制度。章宗明昌元年（1190）三月，诏内外五品以上，岁举廉能官一员，不举者坐蔽贤罪。四年，又订立军民共誉者为廉能官之制。泰和八年（1208）又增加善最法。

廉清　选举制度。十六国后赵石勒赵王二年（320），“令群僚及州郡岁各举秀才、至孝、廉清、贤良、直言、武勇之士各一人”。（《晋书·石勒载记下》）石勒建平二年（331）又下书令公卿百僚岁荐廉清一人，答策上第者拜议郎，中第中郎，下第郎中。

廉察使　❶使职名。唐武则天光宅元年（684）左、右肃政台每年秋季所发之使，以四十八条纠察州县，中宗神龙元年（705）废。❷金朝主管廉访检察的官员。地方官员上告冤狱等事，多由朝廷派遣廉察使处理。

慎刑司　官署名。清朝内务府所属七司之一。初名尚方司，后称尚方院，康熙十六年（1677）改慎刑司。掌审拟本府刑名事宜。凡审办案件，笞杖者自行处理，徒罪以上咨送刑部。奉旨交审重案，会同三法司定拟题结。设郎中二人，员外郎八人，主事一人，委署主事一人，以及笔帖式、书吏等员。

慎刑司员外郎　官名。清朝内务府慎刑司之职官。额设八人，佐郎中掌司事。

慎刑司郎中　官名。清朝内务府慎刑司主官。额设二人，掌司事。

阙士　宋朝士名。徽宗政和八年（1118）置，以赐在学选人，从七品。

满本房　官署名。清朝内阁所属办事机构，掌校阅、缮写汉本房翻译通本之满文贴黄，并负责一切满文缮写。同时掌管实录库及皇史宬收藏，每日进呈实录收发、增注王公世爵皇册（“世袭官员册”）、收贮八旗世爵家谱等事。设侍读学士二人，侍读四人，中书三十九人，贴写中书二十四人，供事三人，均为满员。

满里子弟　官制用语。宋朝知州、通判等官离原籍二千里以上，其随侍缌麻以上亲参加科考，称满里子弟。例由各转运司举行别头试，即牒试或漕试。

满洲缺　清朝官缺之一。亦称满洲官缺，专指为有满洲旗籍身份之官员所设额缺。京官除顺天府府尹、府丞，奉天府府丞，京府、京县官及司坊官无满洲缺外，大学士以下，翰林院孔目以上皆有之。奉天府府尹、奉锦山海道、吉林分巡道、直隶热河道、口北道、山西归绥道及各省理事同知、通判皆为其专缺。各部院衙门笔帖式，皆定有其缺。宗室、内务府包衣、汉军得用京堂以上额缺。凡外任官，蒙古得其缺。满洲可用汉缺，然而无微员，不任从六品首领，佐贰以下之官。

满档房　官署名。清朝理藩院所属机构，掌理满文档案。设堂主事，满洲二人、蒙古三人掌其事。

满票签处　官署名。清朝内阁所属办事机构，掌拟、缮满文票签，发递“本报”，知照有关衙门抄录明发谕旨，登录“上谕簿”等事。设满侍读三人，满中书二十人，蒙古中书二人，满贴写中书八人，供事四人。此外，还有委署侍读，无定额，在满典籍、中书内派委。

漠北滑水马群司　官署名。辽朝北面官，掌漠北马群饲养蕃息之事。长官为太保。

漠南马群司　官署名。辽朝北面官，掌漠南马群饲养蕃息之事。以太保为长官。

源士　官名。明朝六科属官。洪武（1368—1398）中改原元士而置，共八十一人，取六科为事之本源之意。二十四年，复改名给事中。

滂人　官名。春秋战国置，掌池泽禁令。《淮南子·时顺训》：“令滂人入材苇。”高诱注：“滂人，掌池泽之官也。”

滏口局　官署名。北齐置，设丞。掌冶铸。隶太府寺诸冶东道署。

滏口局丞　官名。北齐置。参见“滏口局”。

粮长　明朝乡间掌税粮征收之人。洪武四年（1371）始设于南直隶（今江苏、安徽二省）、浙江、江西等地，后向全国推广。大率以万石左右的税粮区为单位，择田粮多者充任。初为大户承充的优差，可以凭借职权欺压乡里，中饱税款；洪武时征税后须解运到京，得到皇帝召见，问对称旨，则可任官。故地方有势之人往往世代把持粮长一职。中叶以后，赋税日重，税户多逃亡，粮长赔累不堪，遂成苦差，职务立由大户承担变成由若干小户充当的朋充制。清初仍保留于个别地区，后渐罢。

粮台　明清督粮道别称。

粮服科　官署名。清末陆军部军需司所属三科之一，光绪三十二年（1906）设。掌经理被服，发放军粮，以及战用粮秣、炊具、马装、器具之购备，并兼管被服呢革各厂。置科长、科员、录事。

粮科　见“仓科”。

粮盐道　官名。清朝道员之一，专司粮储及盐务。雍正十三年（1735）改河南开归道为分守粮驿盐道，停大梁道兼理之责。

粮料使　使职名。唐朝后期藩镇出兵，一离本境，朝廷给出界粮；每军以台省官一人为使，主供粮料，谓粮料使。代宗广德元年（763）郭子仪以第五琦为粮料使，给军食。

粮料院　官署名。北宋初年，有三司粮料院，以三司大将为都粮料使。太祖开宝六年（973），改用京官充任在京都粮料使、西京粮料使。太宗太平兴国五年（980），分立诸司、马军、步军三粮料院。后马军与步军粮料院或合成分。各设勾当官一人，以京朝官充任。掌发放文武百官、诸司、诸军俸禄等事务。神宗元丰（1078—1085）改制后，转属太府寺。南宋临安府有诸军、诸司粮料院，镇江、建康府有分差诸军粮料院，鄂州有分差户部粮料院，四川总领所有分差户部鱼关粮料院、分差利州户部粮料院等。各设监官领之。

粮料案　官署名。北宋前期三司置，属度支部，掌诸军粮料，诸州刍粟给受，诸军校口食，御河漕运及商人飞钱等事，以本部都孔目官以下掌之。神宗元丰（1078—1085）改制废，以其事归户部。

粮储司　官署名。清朝盛京户部所属办事机构之一，顺治十五年（1658）置。设郎中一人为主官，下设员外郎二人，主事二人，笔帖式若干人，皆为满员。掌粮石之出纳，入则储仓，出则口粮俸饷。

粮储道　官名。即督粮道。

粮道　即督粮道。

煎胶务　官署名。北宋太宗太平兴国元年（976）置，掌煮皮为胶，以供诸司之用，设监官一人，以三班使臣及内侍充任。

慈爽　官名。南诏官，主礼，以清平官，酋望、大军将兼。

塞吏 官名。汉朝缘边郡县守塞之吏。《汉书·匈奴传》："当遣人之河西虎猛制虏塞下，告塞吏曰欲见和亲侯。"

塞尉 官名。汉朝缘边郡县守塞武官。

塞曹 官署名。掌边塞事宜。汉《郃阳令曹全碑》有塞曹吏。

塞曹掾 官名。三国魏置，郡属官。仅置于边郡如朔方郡等。

寝尹 官名。春秋时楚国置。《左传·哀公十八年》："寝尹、工尹勤先君者也。"

寝殿小底 辽朝宫中杂役名。属著帐户司承应小底局，掌寝殿侍候事。例由著帐户充任。

窠阙 官制用语。宋朝指官员离任、致仕、死亡等而空阙的职务，由铨选部门选人填补。

誊录 ❶官名。明清科举考试中特设之官，属外帘官。凡乡、会试后，均选书吏将试卷另誊他纸，再送考官评阅，以防舞弊。且选官监督誊写，称誊录官，简称誊录。其充当誊写之书吏亦称誊录。❷清朝方略馆等机构中充任缮写之吏员。❸贡举考试中的一项规定。北宋真宗大中祥符八年（1015）礼部试，为防止舞弊，始行誊录法。举人纳卷后，由封弥院密封卷首，送誊录院，由书手抄录副本，以副本送考官考校定等第。其后，殿试、解试皆行此法。金、元、明、清因之。

誊录官 见"誊录"。

誊录院 官署名。又称誊录所。宋朝贡举考试掌管誊录试卷的机构。真宗大中祥符八年（1015）始置。举人纳卷后，密封卷头，编写字号，发送誊录院，在宦官监督下，由誊录官指挥数百名书手抄录成副本，再以副本送考官考校定等。此后，各级贡举考试皆设。

誊黄 文书名。即诏书的刊刻颁行件。清制，诏书在天安门举行颁诏仪式后，由礼部官接领到部，照式刊刻，颁行全国。因以黄纸印刷，故名。

誊黄右通政 官名。明成化二年（1466）于通政使司置，一人，正四品。不理司事，录武官黄卫所袭替之故，以征选事。万历九年（1581）革。

塗工下士 官名。西魏、北周冬官府司土中大夫塗工中士佐官，正一命。

塗工中士 官名。西魏恭帝三年（556）置，北周沿置。冬官府司土中大夫属官，正二命。下设塗工下士以佐其职。隋文帝开皇元年（581）罢。

谨身殿大学士 官名。明永乐二十二年（1424）仁宗即位置，与武英殿、文渊阁等殿阁大学士同备皇帝顾问，并入内阁参予机务，批答章奏，起草诏令。但其品级仅正五品，故常以尚书兼之，以高其品秩，嘉靖（1522—1566）时因殿名改建极殿大学士。朝位班次俱列于六部之上。

谪吏 因犯罪而罚处劳役的官吏。

福 太平天国后期在"王"下陆续增设的六等爵之一。由福王演变而成。1856年，杨韦事件后，翼王石达开入京辅政，天王洪秀全封其次兄洪仁达为福王，以挟制石达开。后因翼王出走及朝臣反对，改为天福，始有是爵。位在安爵之下，属六等爵之第三等。系衔加"天"字，又别冠一字以资区别，如成天福、禧天福等。后以封赏过滥，位渐卑下。又，太平天国对妇女亦有六爵，其第三等为女贞福。参见"六等爵❷"。

福元营缮司 官署名。元朝置，秩正五品，隶隆禧总管府。文宗天历元年（1328），以南镇国寺怯怜口事产提举司改为崇恩福元提点所，三年，改为福元营缮司。置达鲁花赤、司令、大使、副使各一员。

福仓科 见"仓科"。

福田院 北宋安置老疾乞丐的机构。置于开封，初有东西福田院，后置南北福田院，各有屋五十间，每岁由内藏给经费五千贯。

福建广东道提刑按察司 官署名。元朝地方监察机构。设于世祖至元十五年（1278），置司福州路。二十年，改为福建闽海道提刑按察司。监治福州、建宁、泉州、兴化、邵武、汀州、漳州等路。二十八年，改肃政廉访司。

福建司 官署名。即福建清吏司。

福建司员外郎 官名。即福建清吏司员外郎。

福建司郎中 官名。即福建清吏司郎中。

福建行省 官署名。全称福建等处行中书省。元世祖至元十五年（1278）置，治福州。后移至泉州，寻复还旧治。二十八年，改为宣慰司，隶江西行省。次年，复立。成宗大德元年（1297），改称福建平海等处行中书省，移治泉州。二年，并入江浙行省，立福建道宣慰司都元帅府。顺帝至正十六年（1356），改为福建行中书省，仍治福州。十八年，分省于建宁、泉州。参见"行中书省"。

福建江西等处行中书省 官署名。元顺帝至正二十六年（1366）八月置。参见"行中书省"。

福建科 清朝兵部武选清吏司所属办事机构。额设经承一人。

福建闽海道肃政廉访司 官署名。元朝地方监察机构。由提刑按察司改立，为江南十道监司之一，隶江南诸道行御史台。参见"肃政廉访司"。

福建闽海道提刑按察司 见"福建广东道提刑按察司"。

福建总统水师 官名。清朝福建海军长官。光绪五年（1879）由福建轮船统领改置，从一品。职掌如前，督率福州船政局轮船。

福建都转运盐使司 官署名。明太祖洪武初年置，掌福建盐政。设都转运使一人，从三品，同知一人，从四品，副使一人，从五品，判官无定员，从六品，及经历司经历、知事，各盐课司、盐仓、批验所大使、副使等职。所产盐行销福建境内。

福建部 官署名。明太祖洪武二十三年（1390）分置于户、刑二部，均为各部十二属部之一。分别掌管福建布政司户口、钱粮与刑名等事，并各带管直隶部分府州、在京衙门、卫所相关事宜。各设郎中一人，正五品，员外郎一人，从五品，主事二人，正六品。二十九年，与其他各属部俱改清吏司。

福建船政大臣　官名。清朝福建船政长官。同治五年（1866）置，一人，特简。初为钦差大臣，正二品，光绪四年（1878）后，曾数次由地方巡抚、总督、将军等兼任，品秩不定。掌理福州船政局轮船制造事宜。

福建清吏司　官署名。简称福建司。❶明清户部诸司之一。掌理福建省钱粮收支数目。明洪武二十九年（1396）改福建部置，设郎中、员外郎、主事等官。分置民科、度支科、金科、仓科等四科治事。兼理顺天府，北直隶真定、大名、保安等处之贡赋，以及在京燕山左等八卫、大宁都司、通济仓等处之俸饷。洪熙元年（1425）南京户部亦置，设官略同。清顺治元年（1644）沿置。设郎中、员外郎、主事及笔帖式、经承若干人。分置保民科、河民科、直仓科、福仓科、金科、支科、火房等机构办事。兼理直隶之钱粮、天津之海税、赈济与官房之事。光绪三十二年（1906）裁。❷明清刑部诸司之一。掌理福建省刑名之事。明洪武二十九年（1396）改福建部置，设郎中、员外郎、主事等官。兼理户部，甲字等十库，武成中等十卫，福建盐运司及美峪千户所等处刑名之事。洪熙元年（1425）南京刑部亦置，设官略同。清顺治元年（1644）沿置。设郎中、员外郎、主事及经承若干人。兼掌收办户部、左右翼监督、福州将军、阜成门等处之文移。光绪三十二年（1906）裁。

福建清吏司员外郎　官名。简称福建司员外郎。❶明清户部福建清吏司之副长官。佐郎中掌司事。明洪武二十九年（1396）改福建部员外郎设，一人，南京户部福建清吏司亦设一人，皆从五品。清顺治元年（1644）沿设，汉员外郎一人。满洲司官初不分曹，随长官所派。后增至六人，满洲五人，汉一人。光绪三十二年（1906）裁。❷明清刑部福建清吏司之副长官，佐郎中掌司事。明洪武二十九年（1396）改福建部员外郎设，一人，从五品。清顺治元年（1644）沿设，汉员外郎一人。满洲司官初不分曹，随长官所派。后定制满、汉各一人。光绪三十二年（1906）裁。

福建清吏司郎中　官名。简称福建司郎中。❶明清户部福建清吏司之主官，掌司事。明洪武二十九年（1396）改福建部郎中设，一人。南京户部福建清吏司亦设一人。皆正五品。清顺治元年（1644）沿设，汉郎中一人。满洲司官初不分曹，随长官所派。后增至三人，满洲二人，汉一人。光绪三十二年（1906）裁。❷明清刑部福建清吏司主官。掌司事。明洪武二十九年（1396）改福建部郎中设，一人。南京刑部福建清吏司亦设一人，皆正五品。清顺治元年（1644）沿设，汉郎中一人。满洲司官初不分曹，随长官裁。所派。后定制满、汉各一人。光绪三十二年（1906）裁。

福建道　官署名。明清都察院所属诸道之一，明洪武十五年（1382）置。设监察御史七人。南京都察院亦设三人。在本道之外协管户部，承运、赃罚等库，在京金吾后等十卫，及直隶常州、池州二府，定边、开平中屯二卫，美峪千户所。清顺治元年（1644）沿置。初为坐道，由掌河南道兼理。乾隆十四年（1749）设掌印监察御史、监察御史，均满、汉各一人；属官有笔帖式、经承等。负责稽核福建刑名并稽察太常寺事务。

福建道宣慰司都元帅府　官署名。元朝置，秩从二品。隶江浙行省。置司于福州路、分管福州、建宁、泉州、兴化、邵武、延平、汀州、漳州八路军政，辖境包括今福建全省。

福建道监察御史　官名。明清都察院所属福建道主官，掌道事。明洪武十五年（1382）设，三至五人。后增至七人。洪熙元年（1425）南京都察院亦设三人。秩正七品。清顺治元年（1644）沿设。乾隆十四年（1749）定制，设掌印御史满、汉各一人，御史满、汉各一人，先是定为坐道，不理本道之事，乃空衔。至是，则以职事分隶之。十七年俱定为从五品官。

福晋　满语，妻子或贵妇之意。清制，亲王、郡王以及亲王世子的嫡、继正室封福晋，侧室封侧福晋，福晋视其夫之爵位而分别称亲王福晋、世子福晋、郡王福晋。每五年一次由礼部题准给册。

褚师　官名。春秋郑、宋、卫等国置，掌理市场的官吏。《左传·昭公二年》："请以印为褚师。"杜预注："褚师，市官。"

裨　副职，或与偏连称偏裨。《史记·楚世家》："虏我大将军屈匄、裨将军逢侯丑等七十余人。"

裨王　即小王，亦作裨小王。匈奴官制自左、右贤王以下置二十四长，诸长下则置裨小王。其它少数族或有置之。

裨将　官名。即副将，相对主将而言，亦称裨将军。《汉书·项籍传》："籍为裨将。"颜师古注："裨，助也，相副助也。"战国秦汉皆置。汉武帝时大将军卫青击匈奴，从征之中将军公孙敖、左将军公孙贺、前将军赵信、右将军赵建、后将军李广、强弩将军李沮、轻车将军李蔡等皆称裨将。

裨将军　初谓副将，相对主将而言，亦称裨将。《史记·楚世家》："秦大败我军，虏我大将军屈匄、裨将军逢侯丑等七十余人。"后成为低级将军名号。新莽时赐诸县属令长皆为裨将军。魏晋南北朝位列诸杂号将军之末，魏、晋、宋八品（一说为魏五品），梁为武职流外一班，北魏孝文帝太和十七年（493）定为九品上，二十三年改从九品上，北齐从九品。隋朝为散号将军之一，从九品，炀帝大业三年（607）废。

〔一〕

辟　先秦文献和金文作君王、官吏、统辖、任职解。汉朝为一种选官制度，皇帝以敕令形式选用官吏，称辟召、征辟；公府、大将军及州郡任用属吏称“辟除”。后者为汉朝选官入除重要途径。三国两晋南北朝沿之。

辟公　春秋战国时期公卿大夫别称。《论语·八佾》：“相维辟公，天子穆穆。”《荀子·王制》：“论礼乐，正身行，广教化，美风俗，兼覆而调一之，辟公之事也。”

辟仗使　使职名。唐朝左右羽林、左右龙武、左右神武六禁卫军置，以宦官充任，监视刑赏，奏察违谬，犹藩镇之监军使。宪宗元和十三年（818）出印二纽赐之，俾专诸军事务。

辟司徒　官名。同“壁司徒”。春秋时齐国置，军吏。详见“壁司徒”。

辟吏　❶县令属吏。《韩非子·八经》：“下约以侵其上，相室约其廷臣，廷臣约其官属，兵士约其军吏，遣使约其行介，县令约其辟吏。”❷任命下级官吏。

辟举　见“辟除”。

辟差　官制用语。又称差辟、辟置、奏辟、奏举。宋朝授予官员差遣的方式之一。各路转运司、安抚司、知州等，依法许自行选择官员，具名奏辟。往往侵夺吏部窠阙，使冗官现象更加严重。

辟除　选官制度。或称辟署、辟举，指高级官吏任用僚属的一种方式。汉朝中央自丞相、御史大夫、三公以至地方官员如州牧、郡国守相，皆可自行辟除掾属。被辟除者经公府、州郡试用，再经荐举或察举，可迁任中央或地方官职。北朝北周时刺史僚佐、州吏亦自署。隋朝，一命之官皆出于朝廷，州郡不得辟署。唐初，视品官及流外官皆判补。后藩镇幕职多自辟。宋朝初年，令藩镇不得奏初官人为掌书记。太宗雍熙四年（987），令转运使及州郡长吏不得擅举人所部官吏。

辟雍　学校名。商、周为天子所设大学。东汉以后，历代设为皇家祭祀之所。唯北宋末年设为太学的预备学校，徽宗崇宁元年（1102）于汴京城南置，亦称太学之外学。收纳各路贡士三千人，原太学外舍生也转入此学。每年进行考核，合格者升入太学。设四讲堂，分一百斋，每斋三十人。由国子监祭酒总管，另置司业、丞各一人，博士十人，学正、学录各五人。三年，置辟雍大司成一人，四年改为太学大司成。宣和三年（1121）罢，其学生归入太学为外舍人。

辟雍大司成　见“辟雍”。

辟雍正　官名。即辟雍学正。北宋徽宗崇宁元年（1102）置，员五人，负责执行学规。宣和三年（1121）罢。

辟雍司业　见“辟雍”。

辟雍丞　见“辟雍”。

辟雍录　即辟雍学录。见“辟雍”。

辟雍博士　见“辟雍”。

群长　官名。明朝太仆寺所属各群之长。洪武二十二年（1389）改群头置，每群一人，不入流。掌各群牧养马匹之事。

群玉内司　官署名。元朝置，秩正三品，隶奎章阁学士院，掌图书宝玩，设于文宗天历二年（1329）。置监司、司尉、亚尉、佥司、司丞各二员。

群头　官名。明朝太仆寺所辖各群群官。洪武四年（1371）曾于群牧监下置，后改置太仆寺，乃置，未入流。二十二年，改置为群长。

群牧千户所　官署名。明朝牧养军马的机构。设正千户、副千户、镇抚、百户等官与一般千户所同，往往不隶卫，而直属都指挥使司或行都指挥使司。

群牧司　官署名。北宋真宗咸平三年（1000）置，掌国马饲养之事。设群牧制置使，以枢密使或副使兼领；同群牧制置使，以曾历中书、枢密院及使相、宣徽使、节度使者充任；群牧使，以两省以上官充任；同群牧使，以待制以上充任；群牧副使，以閤门使以上及内侍都知充任；群牧都监，以诸司使以上充任；群牧判官，以京朝官充任。同群牧使以上诸使不常置。神宗元丰（1078—1085）改制后，并入太仆寺。辽朝凡置七处，各设群牧使、群牧副使。西夏亦置，西夏语音“能合啰”，属中等司。金朝置群牧所，女真语称“乌鲁古”，掌检校群牧畜养蕃息之事。

群牧判官　官名。北宋群牧司属官，以京朝官充任。参见“群牧司”。

群牧军详稳司　官署名。辽朝北面官，统领诸群牧使司兵马。

群牧制置使　官名。北宋群牧司长官，以枢密使或副使兼任。参见“群牧司”。

群牧使　官名。北宋真宗咸平三年（1000）群牧司置，以两省以上官充任，不常设。神宗元丰（1078—1085）改制，群牧司并入太仆寺，使名遂罢。辽朝七处群牧司皆置使。金朝从四品，位在提控诸乌鲁古之下。

群牧使司　即群牧司。

群牧都林牙　官名。辽朝北面官，总典群牧使司官员，总领诸路群牧文书簿册之事。

群牧都使　官名。即都监牧使。

群牧都监　官名。北宋群牧司属官，以诸司使以上武臣充任。参见“群牧司”。

群牧监　官署名。元朝置，秩正三品，掌中宫马畜，隶徽政院。武宗至大四年（1311）置卿三员，太监、少监、监丞各二员。英宗至治三年（1323）罢。

群牧副使　官名。北宋真宗咸平三年（1000）群牧司置，以閤门使以上及内侍都知充任。神宗元丰

（1078—1085）改制，群牧司并入太仆寺，使名遂废。辽朝七处群牧司皆置为次官。金朝为从六品。

群官　官名。明朝太仆寺分置各牧监，监下辖诸群之官，掌牧养马匹之事，以备军需。初，群设群长一人，群副二人。洪武二十二年（1389）革群副，后又革群长。

殿上列将　见“殿中列将”。

殿上将军　官名。十六国前秦置。苻登曾任之，后迁羽林监。见《晋书·苻登载记》。

殿中　❶殿中尚书简称。❷南朝陈王国官名，九品。❸辽朝殿中司属官。属南面朝官。

殿中上将军　官名。十六国前秦、后秦置。统殿中兵，掌宫庭侍卫。前秦位在五校尉下。见《晋书》之《苻坚载记下》、《姚兴载记下》。

殿中太医　医官名。亦称殿中医，晋朝置，掌内宫医药，与太医有别。《晋书·贾充传》：“帝遣侍臣谕旨问疾，殿中太医致汤药。”有校尉、都尉等职衔。

殿中太医校尉　医官名。晋朝置，银印青绶。与太医校尉有别。参见“殿中太医”。

殿中太医都尉　医官名。晋朝置，银印青绶。与太医都尉有别。参见“殿中太医”。

殿中少监　官名。殿中省次官，唐高祖武德三年（620）改殿内少监置，员二人，从四品上。协助殿中监掌供奉皇帝生活事务。高宗龙朔二年（662）随本省改名中御少监，咸亨元年（670）复旧。北宋前期为四品寄禄官，神宗元丰（1078—1085）改制时罢，徽宗崇宁二年（1103）复置，员一人。辽朝亦置，为南面官，殿中司副长官。参见“殿中省”。

殿中中郎　官名。西晋置。统殿中兵护卫皇帝，位在殿中将军之下。因其为皇帝亲信，控制殿中禁卫军，又能进行宫庭内外的联系，故在西晋时的历次宫庭政变中起到相当重要的作用。南朝宋沿置，但权力和重要性都大为减小。

殿中内监　官名。南齐分殿中监为内、外殿中监，隶尚书省。梁、陈改名殿中内、外监。皆流外官职。参见“殿中监”。

殿中冗从武贲　参见“殿中冗从虎贲”。

殿中冗从虎贲　官名。东晋置，负责宫殿内侍卫，位在殿中虎贲上。可享有注家籍的衣食客一人。唐朝人修史时，因避讳改称殿中冗从武贲。

殿中右曹尚书　官名。北魏置。参见“殿中尚书”。

殿中左监　官名。十六国后燕置，冯跋曾任之。

殿中帅　官名。十六国燕置，统殿中兵，侍卫宫殿。见《晋书·慕容德载记》。

殿中外监　官名。参见“殿中内监”。

殿中司　官署名。辽朝南面官，袭唐朝殿中省而设。掌天子服御、执伞扇、进大珪、镇珪、驂乘等事。设监、少监、丞等官。辖尚舍、尚乘、尚辇、尚食、尚衣五局。

殿中司马　即殿中司马督。

殿中司马督　官名。西晋置，统领禁军，负责宫殿内的宿卫。分隶于左、右卫将军，员十人，六品。东晋孝武帝时，任用士族。南朝宋高祖永初（420—422）初，增为二十人，过员者称殿中员外司马督，后无员限。六品。梁降为流外七班中的五班，为侍从武官。北魏孝文帝太和十七年（493）定为从六品中，二十三年改为九品，宣武帝正始四年（507）定员二百人。北齐员五十人，九品。北周正一命。隋朝因避讳，改称殿内司马督。

殿中寺　官署名。渤海国置，有大令、少令。

殿中寺大令　官名。渤海国官，殿中寺长官。

殿中寺少令　官名。渤海国官，殿中寺次官。

殿中列将　官名。三国吴置，亦称殿上列将。是皇帝左右亲近之职。见《三国志》之《孙皓传》、《陆凯传》。

殿中羽林郎　官名。三国魏置，侍卫殿内，八品。

殿中丞　官名。殿中省佐贰官。唐高祖武德三年（620）改殿内丞置，员二人，从五品上协助殿中监、少监处理本省日常事务，兼勾检稽失，省署抄目。高宗龙朔二年（662）随本省改名中御大夫。咸亨元年（670）复旧。北宋前期为五品寄禄官，神宗元丰（1078—1085）改制后罢，徽宗崇宁二年（1103）复置，员一人。辽朝亦置，为南面朝官，隶殿中司。

殿中医　官名。即殿中太医。《晋书·王览传》：“遣殿中医疗疾给药。”

殿中医师　官名。南朝梁置，掌内宫医药。《周书·艺术·姚僧垣传》：梁武帝大同九年（543），“还领殿中医师”，“十一年，转领太医正”。

殿中帐吏　官名。晋朝置，管理宫中铺设。《晋书·范坚传》：“时廷尉奏殿中帐吏邵广盗官幔三张。”

殿中员外司马督　官名。南朝宋置。即正员之外添授之殿中司马督。南朝梁定为流外四班，北魏孝文帝太和二十三年（499）定为从九品，北魏宣武帝正始四年（507）定员三百人。北齐员一百人，从九品，北周正一命。

殿中员外将军　官名。十六国后赵置，南北朝沿置，即正员之外添授的殿中将军，职掌与殿中将军同。后赵末石闵辅政，为树恩惠，奏请殿中将士万余人皆授此职。南朝隶左、右卫。梁定为流外七班。北魏孝文帝太和十七年（493）定为从五品中，二十三年改为从八品。北齐属左、右卫府，员一百人，从八品。又，南朝梁东宫二率下设太子殿中员外将军，位稍逊，而班品同。参见“殿中将军”。

殿中局　官署名。北齐门下省六局之一，掌驾前奏引行事，制请修补，东耕则进耒耜，设殿中监四员，隋朝因避讳，改名殿内局。

殿中武贲　见“殿中虎贲”。

殿中虎贲　官名。晋朝置，为皇宫殿内侍卫武官，属左、右卫将军。规定给注家籍的衣食客一人，与第九品官同。唐朝人修史时，因避讳改称殿中武贲。

殿中尚书 官名。西晋武帝太康（280—289）中始置，为尚书省六曹尚书之一，职掌不详。东晋南朝省，唯设殿中郎领尚书省殿中曹。梁末侯景曾改左民尚书为殿中尚书。北魏复置，领宫中兵马，典宫禁宿卫及仓库，或说领殿中、直事、三公、驾部四郎曹。北齐沿置，员一人，为尚书省六曹尚书之一。管理宫殿禁卫、礼制、宫廷车马及仓库等事。领殿中、仪曹、三公、驾部四郎曹。晋三品；北魏孝文帝太和十七年（493）定为二品中，二十三年改为三品；北齐三品。

殿中典兵中郎将 官名。西晋置。是皇帝临朝及出行时的主要侍卫武官之一，统殿中兵护卫皇帝，位在殿中将军之下。以明解军令的清望之士担任。

殿中侍郎 见“殿中郎”。

殿中侍御史 官名。亦称殿中御史。三国魏始置，员二人，七品，居宫殿中纠察非法，隶御史台。西晋员四人，东晋减为二员，七品。南朝沿置，宋七品；梁增为四员，流外七班，陈亦为流外官。北朝地位较重。北魏或掌宿卫禁兵，孝文帝太和十七年（493）定为从五品中，二十三年改从八品上。北齐员十二人，八品。隋朝因避讳，改名殿内侍御史。唐朝复旧，员六人，从七品下，又有里行、内供奉等名目，皆非正员，俸禄稍减。隶御史台下设之殿院，职掌纠弹殿庭供奉朝会班次及大驾卤簿仪节，后又兼掌宫门、库藏。其中二员协助侍御史，同知东、西推；二员为廊下食使；二员分知左、右巡，号两巡使，掌京城内外治安，为御史中最繁剧之职，领京畿诸州兵。中唐以后，又常为外官所带宪衔。北宋初有实任者，或兼左、右巡使，分别监察文武官员，有为寄禄官者，官卑而任此职者称里行。神宗元丰（1078—1085）改制后，以言事御史为殿中侍御史，为职事官，正七品，员二人，掌谏诤言事、纠弹朝会班次典礼仪节，后亦兼任监察。辽置为南面官。西夏置，属御史台，其制不详。金朝隶御史台，元朝隶御史台殿中司，皆二员，正七品，掌纠弹朝会班次仪节及京城百官在任、假告事宜。元朝大臣奏事由其引入，不可与闻者则纠使回殿。元末朱元璋吴元年（1367）亦置，正五品，明洪武九年（1376）废。参见“侍御史”、“御史台”、“殿院”。

殿中侍御史里行 官名。宋仁宗景祐元年（1034）始置，选三丞以上曾任知县人充任，掌纠绳百官，肃清纪纲。任职满二年除正任御史，再供职二年即除三司或开封府判官。神宗元丰（1078—1085）改制，罢。

殿中郎 官名。魏晋南北朝皆置，为尚书省殿中曹长官通称。亦称殿中郎中。资深者可转侍郎。西晋属殿中尚书。东晋南朝直属尚书左仆射，为亲近皇帝的文学侍从官员，常代拟诏敕，故多用文学之士。北魏、北齐属殿中尚书，领宫内兵马，典宫殿禁卫、仓库。魏、晋、宋六品；梁侍郎六班，郎中五班；陈四品；北魏孝文帝太和十七年（493）定郎中为五品上，郎从五品中，二十三年皆称郎中，六品，仍可通称为郎；北齐六品上。

殿中郎将 官名。十六国前秦置，为殿中侍卫武官。《魏书·安同传》：“（安同）父屈仕慕容，为殿中郎将。”

殿中省 官署名。管理皇帝衣食住行等生活事务的宫廷机构。唐高祖武德三年（620）由殿内省改名，设监、少监、丞等官，领尚食、尚药、尚衣、尚舍、尚乘、尚辇六局。高宗龙朔二年（662）改名中御府，咸亨元年（670）复旧。五代因之。北宋前期唯掌郊祀、元日、冬至皇帝御殿及禘祫后庙神主赴太庙时供具伞扇之事，置判省事一员，以无职事朝官充任。徽宗崇宁二年（1103）复置监、少监、丞，掌供奉皇帝御食、医药、服御、幄帟、辇舆、舍次之政令，领尚食、尚药、尚酝、尚衣、尚舍、尚辇六局，原掌供奉事务的御药院、尚衣库等悉并入本省。钦宗靖康元年（1126）罢六尚局。辽朝改名殿中司。

殿中将军 官名。三国魏置，员一人，六品，掌典禁兵督守殿廷。西晋员十人，六品，分隶左、右卫将军，朝会宴飨及乘舆出入，直侍左右，夜开宫城诸门，则执白虎幡监之，多选清望之士充任。东晋孝武帝太元（376—396）中改选，以门阀居之。十六国后燕、北凉等亦置。南北朝沿置，为侍卫武职，不典兵，员额渐多，品秩渐低。南朝宋初员二十人，六品，定员之外又设殿中员外将军，后无定员；梁一班，陈九品。南朝又置太子殿中将军、殿中员外将军，直侍东宫。北魏孝文帝太和十七年（493）定为五品中，二十三年改八品上。北齐员五十人，八品上，又有员外将军一百人，皆隶左、右卫府。麹氏高昌国亦置。

殿中将兵 官名。西晋置，统领殿中武士。见《晋书·嵇绍传》。

殿中给事 官名。北魏置，为内廷派驻殿中曹监督政务的官员，亦佐理曹务。孝文帝太和十七年（493）定为从三品上。后罢。参见“给事”。

殿中校尉 官名。三国魏置，七品。两晋、南朝宋沿之。领兵侍卫殿内，位在殿中将军、中郎将之下。由皇帝及执政大臣的亲信充任。南朝宋时银印青绶，四时朝服，武冠。

殿中都 殿中都令史简称。

殿中都令史 官名。两晋以来尚书省置都令史八人，协助尚书左、右丞管理都省事务，监督诸曹尚书，参与政要。权任虽重，用人常轻。南朝梁始重其选，置殿中、吏部、金部、左民、中兵五都令史，武帝天监九年（510）诏令选用有才干的士人。位仅二班，职权颇重。以殿中都令史监督殿中曹政务。陈沿置。北魏、北齐复置八都令史。

殿中都尉 官名。三国魏、两晋、南朝宋、十六国南凉置。侍卫殿中，皇帝出行时随驾护卫，有时亦被派出宣诏及执陵等任务。西晋杨骏辅政时，曾给十人以充护卫。魏、晋八品。南朝宋时银印青绶。

殿中监　官名。三国魏置，七品，掌殿中张设监护之事，领禁兵。《三国志·卫臻传》："及殿中监擅收兰台令史，臻奏案之。"两晋及十六国后凉皆领禁兵，掌殿中宿卫，管理皇帝生活事务，亦代宣诏旨，地位虽低，颇有权势。南朝沿置，南齐分内、外殿中监，隶尚书省，梁、陈称殿中内、外监，皆为流外官职，资品甚低。北魏亦为禁卫武职，孝文帝太和十七年（493）定为从五品下。北齐员四人，置于门下省殿中局，掌驾前奏引等事，其职司已异。隋朝改名殿内监，唐朝复称殿中监，员一人，从三品，为殿中省长官，管理皇帝衣食住行等生活事务。高宗龙朔二年（662）改名中御大监，咸亨元年（670）复旧。北宋前期为三品寄禄官，神宗元丰（1078—1085）改制后罢。徽宗崇宁二年（1103）复置为殿中省长官。辽朝亦置，为南面官，殿中司长官。

殿中曹　官署名。魏晋南北朝皆置。参见"殿中尚书"、"殿中郎"。

殿中曹给事中　官名。北魏置。为内廷派驻殿中曹监察政务的官员，亦佐理曹务。孝文帝太和十七年（493）定为从三品上，后罢。

殿中骑将　官名。十六国南凉置。职掌不详。见《晋书·秃发傉檀载记》。

殿中御史　即殿中侍御史。

殿中督　官名。三国蜀置，为皇帝左右亲近之职。见《三国志·郤正传》、《华阳国志·刘后主传》。

殿内少监　官名。殿内省次官，隋炀帝大业三年（607）置，一人，从四品。

殿内司马督　官名。隋朝左、右卫各置二十员，正九品，参列军府，出使劳问。文帝开皇六年（586）罢。

殿内丞　官名。殿内省官，隋炀帝大业三年（607）置，一员，从五品。

殿内局　官署名。❶北齐隶太子门下坊，设内直监二员、副直监四员。隋朝改名内直局。❷隋初改殿中局置，隶门下省，设监二员、直长四员，炀帝大业三年（607）改名尚舍局，隶殿内省。参见"殿中局"。

殿内侍御中散　官名。北魏置，为任职于殿内的侍御中散。《魏书·恩幸传》："（王仲兴）以父任早给事左右，太和（477—499）中殿内侍御中散、武骑侍郎、给事中。"参见"侍御中散"。

殿内侍御史　官名。隋朝因避讳，由殿中侍御史改名，置十二员，正八品上。炀帝大业三年（607）省。唐朝复名殿中侍御史。

殿内省　官署名。隋炀帝大业三年（607）置，长官监一员，次官少监一员，丞一员，掌侍奉皇帝生活起居事务，又有奉车都尉十二员，掌进御舆马；统尚食、尚药、尚衣、尚舍、尚乘、尚辇六局。唐高祖武德三年（620）改为殿中省。

殿内将军　官名。即殿中将军，隋朝因避讳改。左、右卫各置十五员，正八品上，参列军府，出使劳问，文帝开皇六年（586）罢。

殿内监　官名。隋朝门下省殿内局长官，置二员，正六品。炀帝大业三年（607）改为殿内省长官，置一员，正四品。

殿内御史　官名。即殿内侍御史。

殿帅　宋朝殿前都指挥使简称。又称殿岩。

殿头　官名。北宋内侍省置，为宦官阶官，叙迁转内西头供奉官。神宗时定为正九品，哲宗时改从九品。徽宗政和二年（1112），改为右侍禁。

殿司　宋朝殿前都指挥使司简称。

殿丞　宋朝殿中丞简称。

殿直　官名。即殿前承旨，五代后晋高祖天福五年（940）改。

殿直都知　官名。即殿前承旨都知。

殿侍　官名。北宋置，为无品武阶官，位在三班借差下、大将上。徽宗政和（1111—1118）后，改名下班祗应。

殿试　选举制度。科举考试名，又称御试、廷试，亲试。唐武则天曾策问贡士于洛城殿，为殿前试士之始。宋太祖开宝六年（973），从下第举人徐士廉所请，创立殿试制度，为科举最高一级考试，礼部试后再由皇帝亲临覆试。内出试题及出处义理，由御药院雕印。八年，又别为升降等第，始有省试、殿试之分，省试第一名为省元，殿试第一名为状元。此后，取士大权收归皇帝，中第者为天子门生。金朝，设读卷官十九人，初黜者亦赐第，称为恩例。初或设二状元，后改一名。元朝，设考试官二人，读卷官二人，又以监察御史二人参掌其事。明朝，以翰林及朝臣有文学者为读卷官，共阅试卷，拟定名次，呈皇帝裁决。清朝，会试中式者赴殿试，等第分一、二、三甲。一甲三人为状元、榜眼、探花，赐进士及第。二甲若干人，赐进士出身，第一名称胪传。三甲若干人，赐同进士出身。考试多在四月举行。殿试揭晓，皇帝升殿传胪，宣布名次，张榜于长安门外。

殿试详定所　官署名。宋朝贡举考试殿试时负责详审举人试卷的机构，从两制、六部尚书、台谏官、学官中选差详定官。举人试卷，经初考官、复考官定等第后，密封送详定所详审。初考官、复考官所定相同者，详定官不得变更；互异者则择一而从，不得另行拟等。神宗熙宁三年（1070），始令：如初、复考官所定等第相远，许详定官酌中别立等第。

殿省　殿即宫殿为皇帝起居、理政之处。殿省指皇宫中诸官署，如尚书、中书等。汉、晋皆然。

殿庭仪礼司　官署名。明太祖洪武九年（1376）改原侍仪司而置，设使一人，副三人，承奉二人，序班十六人，九关通事使一人，副六人。十三年改使为司正，左、右司副各一人，序班增至四十四人。革承奉，增设司仪四人。二十二年增设左、右司丞四人。三十年改鸿胪寺。

殿庭仪礼司右司丞 官名。明太祖洪武二十二年（1389）于殿庭仪礼司置，二人，正九品。详见“殿庭仪礼司左司丞”。

殿庭仪礼司右司副 官名。明太祖洪武十三年（1380）置，一人，正八品。详见“殿庭仪礼司左司副”。

殿庭仪礼司左司丞 官名。明太祖洪武二十二年（1389）于殿庭仪礼司置左、右各二人，正九品，佐司正、司副掌司事。三十年改殿庭仪礼司为鸿胪寺，遂罢。

殿庭仪礼司左司副 官名。明太祖洪武十三年（1380）改殿庭仪礼司副使为左、右司副，各一人，正八品，佐司正掌朝会典礼等事。三十年改殿庭仪礼司为鸿胪寺，左、右司副等官并罢。

殿庭仪礼司司正 官名。明朝殿庭仪礼司长官。洪武十三年（1380）改殿庭仪礼司使置。为一人，正七品。三十年，改殿庭仪礼司为鸿胪寺，遂罢。

殿庭仪礼司使 官名。明朝殿庭仪礼司长官。洪武九年（1376）置。为一人，正七品，十三年，改司正。

殿庭仪礼司副使 官名。明朝殿庭仪礼司副长官。洪武九年（1376）置，三人，正八品，佐司使掌司事。十三年，改左、右司副。

殿阁大学士 官名统称。明清大学士以殿阁系衔，故名。宋朝沿唐、五代之制设昭文馆、集贤殿大学士，以宰相领之。后又设观文殿、资政殿大学士，以解职宰相充任，并不任事，以为荣衔。明朝设大学士侍直内廷，遂专以殿阁名系衔。洪武十五年（1382）设华盖殿、文华殿、武英殿、文渊阁、东阁大学士。仁宗时增置谨身殿大学士。嘉靖（1522—1566）时因殿名更改，华盖殿大学士和谨身殿大学士分别改为中极殿大学士和建极殿大学士。清顺治十五年（1658）改内三院为内阁，始加大学士殿阁衔。初制仍为四殿二阁，即中和殿（明中极殿）、保和殿（明建极殿）、文华殿、武英殿、文渊阁、东阁。乾隆十三年（1748）省中和殿，增体仁阁，成为三殿三阁，沿为定制，但保和殿大学士不常设，定制后仅傅恒一人授过此衔。

殿前马步司狱 官署名。宋朝殿前司、马步军司各置，为系狱者设浆铺席，时具沐浴，供给吃食，冬季给薪炭、衣物，夏季则五日一洗枷扭。

殿前司 官署名。五代后周始置，掌殿前诸班禁军，设都点检、副都点检、都指挥使。因其军精强，与侍卫司为禁军重要统领机构。宋朝沿置，掌殿前诸班直及步骑诸指挥之名籍，总统制、训练、番卫、戍守、迁补、赏罚之政令。有都点检、副都检之名，后不复置，而以都指挥使、副都指挥使、都虞候各一员为统兵官；与侍卫马军司、侍卫步军司为禁军三衙。南宋唯掌诸班直及殿前司诸军，置主管殿前司公事，都指挥使、副都指挥使、都虞候亦为重要将领之虚衔。西夏亦置，属次等司，为亲兵统帅机构，以殿前太尉为长官，又有殿前步军太尉等属。

殿前都指挥使 官名。五代后周太祖广顺二年（952）置，总领殿前诸班。宋初沿置，位在殿前都点检之下，废殿前都点检后，遂为殿前司长官。掌殿前诸班、诸直及步骑诸指挥之名籍，凡统制训练、番卫、戍守、迁补、赏罚，皆总其政令。徽宗政和四年（1114），始定其品序，位在节度使之上，从二品。南宋时，闲虚其位，而以主管殿前司一员任其事。

殿前都指挥使司 官署名。即殿前司。

殿前都点检 官名。五代后周殿前司长官。因其兵精强，赵匡胤以此职发动陈桥兵变建立宋朝。北宋初以其军权颇重，仅存其名，后不复置，而以殿前都指挥使为殿前司最高统兵官。辽朝殿前都点检司置为长官。金熙宗天眷元年（1138）置为殿前都点检司长官，正三品，兼侍卫亲军都指挥使，掌行从宿卫，关防门禁，督摄队仗，总判司事。

殿前都点检司 官署名。辽朝南面军官置，设殿前都点检、副点检，掌御帐宿卫，多用契丹人。金熙宗天眷元年（1138）置，统亲军以行从宿卫，掌关防门禁，置殿前都点检、殿前左副都点检、殿前右副都点检，分别兼侍卫亲军正、副都指挥使；又有殿前都点检判官、知事、殿前左右卫正副将军、符宝郎、左右宿直将军、左右振肃；总领宫籍监、近侍局、器物局、尚厩局、尚辇局、鹰坊、武库署、武器署等官。

殿前都虞候 官名。五代后周始置，掌殿前诸班军纪整肃。宋朝殿前司沿置，为统兵官之一，位副都指挥使下，以刺史以上充，徽宗政和四年（1114）定其位在正任防御使上。

殿前副点检 官名。五代后周置为殿前司副长官。宋初存其名，后不复置。辽朝南面官，殿前都点检司副长官。金朝殿前都点检司置，分左、右。

殿前副都指挥使 官名。五代后周始置，宋朝不置殿前都点检后，为统兵官之一，位殿前都指挥使下、殿前都虞候上，以刺史以上充，徽宗政和四年（1114）定其位在正任承宣使上。

殿前副都点检 见“殿前都点检司”。

殿前赉奏 官名。太平天国后期增设之朝上职官。天历庚申十年（1860），幼主特诏新置，分左、右，专理朝臣进奏事务，职同天将。

殿院 官署名。唐朝御史台三院之一，为殿中侍御史之所，双日受事；初入院者知左、右巡，纠察违头，分监京畿诸州兵，为务剧之任；其年资深者则主东、西推，监太仓、左藏出纳及宫门内事。五代迄宋，御史台沿置，以殿中侍御史居之，掌以仪法纠百官之失，监察朝会礼仪。

殿最 官制用语。秦汉凡官吏治绩最优者称最，最劣者称殿。治绩依据租赋徭役课征，刑狱治理等，由丞相御史评定殿最，奏报皇帝。最者予以赏赐或迁升，殿者则予惩处或贬职。

殿幄局　官署名。辽朝北面官，掌诸殿帏幄之事。属著帐郎君院。

殿撰　集贤殿修撰、集英殿修撰、右文殿修撰等简称。

障尉　官名。汉朝边防官员。又称塞尉、障塞尉，为障候之副贰。据《续汉书·百官志》，边县有障塞尉，警备羌人犯塞。秩二百石。与障候同辖诸部候长。障候不在，常试守其职。属吏有尉丞、士吏、尉从史、尉史等。障候下行文书皆经障尉下达士吏、候长。

嫔　内官名。周朝置。《左传·哀公元年》："宿有妃、嫱、嫔、御焉。"杜预注："妃、嫱，贵者；嫔、御，贱者，皆内官。"历代沿置，有三嫔、六嫔、九嫔等名号。北魏孝文帝设三嫔位视三卿、六嫔位视六卿；北周设六嫔。隋文帝开皇二年（582）设嫔三员，掌教四德，视正三品，仁寿三年（603）增至九员。明嘉靖十年（1531）前封才人、婕妤、昭仪、美人等为诸嫔名号。清朝康熙（1662—1722）以后定后宫名位，嫔列妃之下，贵人之上，额六人，出入用采仗，使用宫女六人。其他各朝多仿周制置九嫔，如西晋武帝设淑妃、淑媛、淑仪、修华、修容、修仪、婕妤、容华、充华为之，位三夫人下，视九卿。参见"九嫔"。

嫔妇　周朝后宫女官统称。《周礼·天官·典妇功》："掌妇式之法，以授嫔妇及内人女功之事赍。"

嫔嫱　春秋时期后宫女官统称。《左传·昭公二年》："以备嫔嫱，寡人之望也。"参见"嫔"、"嫱"。

叠掘都统　官名。十六国西秦置，掌管鲜卑叠掘部事务。《资治通鉴·东晋安帝隆安三年（399）》："夏，四月，鲜卑叠掘河内帅户五千降于西秦。西秦主（乞伏）乾归以河内为叠掘都统，以宗女妻之。"胡三省注："叠掘亦鲜卑一种也，河内其名。"

缝人　官名。《周礼》天官之属，一说为周朝置，掌管缝制王及王后衣服的宦官。《周礼·天官》："缝人，奄二人，女御八人，女工八十人，奚三十人"，"掌王宫之缝线之事，以役女御，以缝王及后之衣服"，"掌凡内之缝事"。

缝工上士　官名。西魏恭帝三年（556）置，北周沿置。天官府太府中大夫属官，掌宫中缝纫之事，正三命。下设缝工中士以佐其职。隋文帝开皇元年（581）罢。

缝工中士　官名。西魏、北周天官府太府中大夫缝工上士佐官，正二命。

十四画

〔一〕

耤臣　官名。又称“小耤臣”，殷商置。《甲骨文合集》第五六〇四片：“己亥卜，令镦耤臣。”

静室令　官名。晋朝置，在大驾卤簿中领先开道。参见《晋书·舆服志》。

静朔将军　官名。将军名号。南朝梁置。武帝天监七年（508）定为施用于境外的武职二十四班中的八班，拟略远将军等号。大通三年（529）定制后，班阶略提高，改拟骁雄将军等号。

静谟将军　官名。北齐置。为褒赏军功勋臣的闲职，八品上。

槛车督　官名。北齐置，员二人。隶大理寺。

槁人　官名。❶《周礼》地官之属，一说为周朝置，掌供当值官吏伙食。《周礼·地官》：“槁人，奄八人，女槁每奄二人，奚五人”，“掌共外内朝冗食者之食”。❷《周礼》夏官之属，一说为周朝置，掌制造弓弩矢箙所需财政支出。《周礼·夏官》：“槁人，中士四人，府二人，史四人，胥二人，徒二十人”，“掌受财于职金，以赍其工。弓六物、为三等。弩四物，亦如之。矢八物，皆三等。箙亦如之”，“凡赍财与其出入，皆在槁人”。

榜子　文书名。宋朝翰林学士院奏事和皇亲外出、归第奏闻时用之。宗室任外官、使臣等差出，用辞见榜子；回京赴吏部、三班院等，则用入门榜子。

榜什　即榜式。

榜式　满语文臣之通称，即巴克什。清太宗天聪五年（1631）七月规定，除特赐称此号者，余皆改称笔帖式。参见“巴克什”。

榜花　唐宣宗大中（847—859）以后，每岁礼部放榜取二、三名姓氏稀僻者，谓之色目人，亦谓榜花。

榜识　即榜式。

榜眼　选举制度。科举取录进士名目，始见于宋。初指文、武科殿试第二、三名，后专指第二名。明、清赐进士及第，文科授官翰林院编修。清朝武科授二等侍卫。

榷场兼酒使司　官署名。金朝榷场与酒税相兼者称榷场兼酒使司，管理贸易及酒税。根据课税数额定立官吏人数。长官为酒榷场使，秩从七品。

榷易使　官名。北宋初年置，属东班诸司使。真宗咸平元年（998）定为同六品，神宗元丰（1078—1085）改制改正七品。通常不领本职，多用为医官迁转之阶。徽宗政和二年（1112）重定医官阶官，改保安大夫。

榷易副使　官名。北宋初年置，属东班诸司使。真宗咸平元年（998）定为同七品，神宗元丰（1078—1085）改制为从七品。通常不领本职，多用为医官迁转之阶。徽宗政和二年（1112）重定医官阶官，改保安郎。

榷货务　官署名。北宋前期置，掌受商人便钱给券及入中茶盐、出卖香药等货物，以朝官、诸司使副、内侍三人监之。神宗熙宁五年（1072）并入市易务为下界。南宋初复置，设提辖官，隶尚书左、右司。金朝亦置，隶户部。掌发卖给随路香茶盐引，收管在京税钱。设使，从六品；副使，从七品。

榷货务都茶场　官署合称。北宋置榷货务以通榷易，南宋初又置都茶场。设提辖官一人，以京朝官充任，监场官二人以选人充任，通管两司之事。掌盐、茶、香、矾、钞引之政令，以通商贾、佐国用。由尚书省都司提领。

榷货务都茶场提辖　见“榷货务都茶场”。

榷茶使　官名。唐文宗大和九年（835）置，以宰相、诸道盐铁、转运使王涯为之，总榷茶利，徙民茶树于官场，焚其旧积，天下大怨。及王涯遭诛，以右仆射令狐楚代为盐铁使兼榷茶使，复令纳榷，加价而已。开成元年（836）李石为相，以茶税皆归盐铁。

榷盐使　官名。唐德宗贞元十六年（800）始置，掌安邑、解县两盐池事务，有推官一人、巡官六人、院官各一人及胥吏若干。贞元二十一年废，宪宗元和三年（808）复置。

榷盐院　官署名。辽朝食盐官卖机构。太宗时，辽得十六州之地，置榷盐院于香河县，官卖食盐。

榷酤官　官署名。汉武帝天汉三年（前98）置，主管酒类专卖。昭帝始元六年（前81）罢郡国榷酤官，改征酒税。

榷税使　官名。唐朝盐州乌池旧置一人，温池于宣宗大中六年（853）置一人，掌本盐池榷税事务。乌池又有推官一人、巡官二人、胥吏一百三十人；温池又有推官二人、巡官二人、胥吏三十九人。

榷算司　官署名。清末外务部所属四司之一，光绪二十七年（1901）设。掌关税、商务、租界、行船、华洋借款、财币、邮政、本部经费、出使经费各事。置郎中、员外郎、主事等官。

榷算司郎中　官名。清末外务部榷算司长官，光绪二十七年（1901）设。掌司事。正五品，奏补。

遭章　官场用语。宋朝凡官员被台谏官上疏奏论其罪过并请朝廷贬责，称为遭章。

酷吏　指执法严酷的官吏。《史记》始立《酷吏列传》，《汉书》、《后汉书》、《魏书》、《北齐书》、《北史》、《隋书》、新旧《唐书》、《金史》也有《酷吏传》。

斡官长　官名。西汉属大司农，主均输、斡盐铁及榷酒酤等，一说为主竹箭之官，有丞。东汉省。

斡官丞　官名。秦置，属治粟内史，为斡官令副贰，主均输等事。汉因之，初属少府，中属主爵，后属大司农。东汉省。

斡罗思卫　即宣忠斡罗思扈卫亲军都指挥使司。

斡鲁朵　意为宫帐。辽朝历代皇帝均有斡鲁朵，有直属的军兵、民户、奴隶和州县，为皇帝私有，设有专官管理。执政的皇后也有自己的斡鲁朵。帝后死后，由家族后裔继承。辽太祖、太祖述律后，太宗、世宗、穆宗、景宗、承天太后、圣宗、兴宗、道宗及天祚帝均置斡鲁朵，各有专名，分别设宫管理。

鞄工下士　官名。西魏、北周冬官府司皮下大夫鞄工中士佐官，正一命。

鞄工中士　官名。西魏恭帝三年（556）置，北周沿置。冬官府司皮下大夫属官，正二命。下设鞄工下士以佐其职。隋文帝开皇元年（581）罢。

嘉议大夫　官名。金朝始置，为文散官，授正四品下文官。元朝改文官正三品，宣授。明朝为文官正三品，初授。

嘉成大夫　官名。金元教坊阶官。金为二十五阶之第十一阶，秩正六品下。元为十五阶之第六阶，正五品。

嘉蔬署　官署名。明成祖上林苑监属署之一。永乐五年（1407）置，设典署一人，正七品，署丞一人，正八品，录事一人，正九品。掌苑地内莳艺瓜菜，以供上用。嘉靖元年（1522）革典署、录事。参见“上林苑监”。

嘉德殿学士　官名。南朝陈置为文学侍从。《陈书·姚察传》：“寻补嘉德殿学士，转中卫、仪同始兴王府记室参军。”

蔑曆　西周君主称美臣子功绩或臣子自诩政绩用语。《师望鼎铭》：“王用弗忘圣人之后，多蔑曆锡休。”

蔡河锁　官署名。五代藩镇多私置河锁，以所征之利为津渡之资。北宋初，陈州城北有蔡河锁，太宗太平兴国三年（978）罢。真宗大中祥符八年（1015），又于京城蔡河上下游置上、下二锁，属提点仓场所，掌征收蔡河中舟船通行税。神宗元丰（1078—1085）改制后，属太府寺。

蔚州面户提领所　官署名。元朝置，掌岁办白面葱菜供给内廷，隶大司农司供膳司。置提领、副使各一员。

截缺　清朝铨选制度。指官缺月选之截止日期。凡月选，满洲、蒙古、汉军皆以上旬（即每月初五日），汉官以下旬（即每月二十五日），笔帖式以中旬（即每月二十日）为截止日期。截前出缺、开缺为本月之缺，逾期为下月之缺。在京衙门满洲官于二十八、九日出缺，汉官于十八、九日出缺，应立即咨报开缺。应具题奉旨开缺者，满缺系二十一日以前到部者，赶于十七日以前具题，科抄虽在截缺以后下部，其缺仍为本月之缺，如满缺至二十二日到部，汉缺至十三日到部，赶题不及，其缺即为下月之缺。

摧锋将军　官名。将军名号。南朝梁置。武帝天监七年（508）定为武职二十四班中的九班；普通六年（525）定为武职三十四班中的十一班。陈沿置，拟七品，比秩六百石。

摘印　清朝官员处分制度。外任官员因钱粮、刑名事件被降调或革职离任，由督抚另行委员接署印篆者，称为摘印。凡被参奉旨降革之员，于部文到日，该督抚应及时委员摘印。否则，得照徇庇例，降三级调用。至于钱粮、盗案限满等案处分定例内，必须离任者，督抚于查参之日即可委员摘印署理，不必等候部复。

辕门　旧指官署外门。清朝习惯上专指督抚官署。

辕门抄　清朝地方督抚衙门发行的地方性质的公报。所载内容，均抄自督抚衙门。因称督抚衙门为辕门，故名。

辖　满语官名。武职。汉译为侍卫。

熙明阁　宋朝阁名徽宗建中靖国元年（1101），由显谟阁改称，仍置学士、直学士、待制等职。不久，即复旧名。参见“显谟阁”。

熙明阁直学士　官名。北宋徽宗建中靖国元年（1101），改显谟阁直学士置，旋复旧名。参见“显谟阁直学士”。

熙明阁学士　官名。北宋徽宗建中靖国元年（1101），改显谟阁学士置，旋复旧名。参见“显谟阁学士”。

熙明阁待制　官名。北宋徽宗建中靖国元年（1101），改显谟阁待制置，旋复旧名。参见“显谟阁待制”。

〔丨〕

嘎厦　官署名。清朝西藏政府衙署，隶于达赖，掌理全藏地方行政事宜。康熙六十年（1721）置，为噶伦之议事厅。设有大中译二人、卓尼尔三人，小中译三人，办理文书交际之事。

瞍　官名。周朝置，乐宫，大师属吏。掌向王吟颂诗赋。《史记·周本纪》：“师箴、瞍赋、矇诵。”

閤门　官署名。即閤门司。宋朝始置，有东上閤门、西上閤门使各三人、副使各二人、宣赞舍人十人、祗候十二人，掌朝会宴幸、供奉赞相礼仪之事。文武官员自宰相，宗室自亲王以下及外国使节与少数族首领朝见、谢辞，按品秩引导叙班，赞其拜舞并纠其失仪。庆礼奉表，东上閤门掌管；慰礼进名，西上閤门掌管。神宗元丰七年（1084）以客省、四方馆使副领本职外，官最高者一人兼领閤门事；哲宗元祐元年（1086）客省、四方馆、閤门并以横行通领职事；徽宗崇宁四年（1105）依元丰法隶门下省，大观元年（1107）依殿中省例不隶台察；南宋高宗建炎（1127—1130）初元并东上閤门、西上閤门为一，其引进司、四方馆并归閤门，客省依旧法，非横行不许知閤门；绍兴五年（1135）右武大夫以上并称知閤门事兼客省、四方馆事，官未至者即称同知閤门事同兼客省、四方馆事，宣赞舍人与閤门祗候并为閤职；孝宗乾道六年（1170）又置閤门舍人十人，以待武举之人入官者，掌诸殿觉察失仪兼侍立。辽朝分为东、西上閤门司，各置使、副使，隶门下省。金章宗明昌五年（1194）置，隶宣徽院，其官以次排转除授，东上閤门使二人、副使四人、佥事一人，掌签判閤门事；西上閤门使二人、副使一人、佥事一人，掌赞导殿庭礼仪；閤门祗候二十五人，閤门通事舍人二人，掌通班赞唱、承奏劳问之事；承奉班都知，掌总率本班承奉之事；内承奉班押班，掌总率本班承奉之事；御院通进四人，掌诸进献礼物及荐享编次位序。西夏亦置。

閤门司 官署名。参见“閤门”。

閤门使 使职名。唐朝中期始置，掌供朝会、赞引百官，以宦官充任。宋朝分置东上、西上閤门使，为武臣阶官，清要之选，多用以处外戚勋贵，属横班，各三员，视四品。神宗元丰（1078—1085）改制，始实掌閤门司事，置六员，正六品。徽宗政和二年（1112）改为左、右武大夫。辽朝东、西上閤门司分置。金章宗明昌五年（1194）宣徽院閤门分置东、西上閤门使，掌签判閤门事及赞导殿庭礼仪，各二员，初为正五品，后改从五品。明洪武（1368—1398）初置四员，后革。参见“閤门”。

閤门舍人 官名。南宋孝宗乾道六年（1170）置，隶閤门司，以武举入官者充任，仿儒臣馆阁之制，先召试于中书然后任命。掌平时诸殿及皇帝出行觉察失仪，六参、常朝时引见亲王于后殿问候皇帝及侍立之事。

閤门承旨 官名。唐末五代置。百官从东西上閤门入殿庭，以其承传旨意。五代后晋高祖天福五年（940），令别定其名。

閤门宣赞舍人 官名。北宋徽宗政和六年（1116），改閤门通事舍人置，掌传宣赞谒之事，从七品。

閤门祗候 官名。唐制，中书省所隶通事舍人抽赴閤门供职，称閤门祗候。宋初犹有以正官充任者，其后但以检校官为之，或用为武臣加官而不领閤门之事。神宗元丰（1078—1085）改制，始为职事官，从八品。助理閤门司传宣赞谒之事。金朝置二十五人，哀宗正大（1224—1231）间，增为三十二人。

閤门通事舍人 官名。宋朝閤门司置，初选通识文字、善于宣赞、熟于祗应者任职，后用为横班阶官以加赐武臣。神宗元丰（1078—1085）改制，复为职事官，从七品。徽宗政和六年（1116）改宣赞舍人，掌传宣赞谒之事。金朝亦置，员二人，从七品，职与宋略同。

閤门副使 官名。宋初置东、西上閤门副使，为武臣阶官，属横班使臣，品秩视员外郎（六品）。神宗元丰（1078—1085）改制，各置二人，从七品，为閤门司副长官。徽宗政和二年（1112）改武臣官名，更名左武、右武郎，复用为武臣阶官。辽、金亦置，为閤门使副贰。金初员各二人，正六品，章宗明昌六年（1195）各减一人。

閤内大都督 官名。北魏末置，统领皇帝左右的侍卫禁军，位在閤内都督之上。《周书·杨宽传》：“孝武与齐神武有隙，遂召募骑勇，广增宿卫。以（杨）宽为閤内大都督，专总禁旅。”

閤内都督 官名。北魏末置，佐閤内大都督统率皇帝左右的亲信侍卫。《周书·宇文神举传》：“及（孝武帝）即位，擢授（字文显和）冠军将军、閤内都督，封城阳县公，邑五百户。”

閤帅 官名。见“太子閤帅”。

閤职 官名统称。即宋朝知閤门事、引进使、四方馆使、东上閤门使、西上閤门使、同知閤门事、閤门通事舍人（閤门宣赞舍人）、閤门祗候、閤门舍人及带御器械等官。为武臣清要之选。

蜡氏 官名。《周礼》秋官之属，一说为周朝置，掌理清除腐烂尸骨和国家有关掩埋弃尸的禁令。《周礼·秋官》：“蜡氏，下士四人，徒四十人”，“掌除骴”，“掌凡国之骴禁”。

蝈氏 官名。《周礼》秋官之属，一说为周朝置，掌清除蛙类水虫。《周礼·秋官》：“蝈氏，下士一人，徒二人”，“掌去鼃黾。焚牡蘜，以灰洒之，则死。以其烟被之，则凡水虫无声”。

鹘军详稳司 官署名。辽朝北面官，统领大、小鹘军。设详稳等职。

〔丿〕

锻工下士 官名。西魏、北周冬官府司金中大夫锻工上士属官，正一命。

锻工上士 官名。西魏恭帝三年（556）置，北周沿置。冬官府司金中大夫属官，正三命。下设锻工中士、锻工下士以佐其职。隋文帝开皇元年（581）罢。

锻工中士 官名。西魏、北周冬官府司金中大夫锻工上士佐官，正二命。

锻署丞 官名。南齐置。武帝永明三年（485）省，四年复置。隶少府。

镀铁院 官署名。金朝属永丰库，掌生熟铁钉线。设都监二员领院事，不设攒典。

铖工局 官署名。明宦官二十四衙门之一，即针工局。洪武十二年（1379）置，十七年，更定宦官品职，定设大使一人，正九品，副使一人，从九品。二十八年（1395）改大使正五品，左、右副使各一人，从五品。后渐改置掌印太监一人，管理、佥书、掌司、监工无定员。掌造宫中衣服之事。

铖尹　官名。又作箴尹，春秋时楚国置，掌诤谏君王过失。《左传·定公四年》："楚子取其妹季芈畀我以出，涉睢。铖尹固与王同舟。"参见"箴尹"。

箬库丞　官名。南朝梁置，掌管贮存箬竹及其制品的仓库，属司农卿。

算历科　官署名。金朝属司天台，掌历算，设八人。参见"司天台"。

算生　官名。北魏诸官寺属吏，掌计算。孝文帝太和十七年（493）定为从八品下，唯尚书算生高一阶。

算生博士　官名。北魏置。《魏书·术艺·殷绍传》："好阴阳术数，游学诸方，达《九章》、《七曜》。世祖时为算生博士，给事东宫西曹。"

算法馆　见"算学"。

算学　学校名。隋朝置为国子学之一，设博士二人，掌教授学。文帝仁寿元年（601）罢。唐高宗显庆元年（656）复置，三年又废，博士以下隶太史局。龙朔二年（662）复置，属国子监。设博士二人，从九品下，助教一人。掌教八品以下官子弟及庶人子为生者。宋初不置。徽宗崇宁三年（1104）复置，依神宗元丰（1078—1085）算学条制编成"算学敕令格式"，招收学生二百余人，许平民报考。习读算书、天文书，演练算法，并习一小经。大观四年（1110）并入太史局。宣和二年（1120）罢。南宋复置，仍隶太史局。设算学博士、算学谕，分掌教学之事。清朝又称算法馆。为国子监附设专教算法之学馆。康熙五十二年（1713）设于畅春园蒙养斋，简精于教学之大臣官员教授八旗世家子弟学习算法，并命皇子、亲王管理。雍正十二年（1734），于八旗官学中增设算学教习。乾隆三年（1738），停官学教习算法，专立算学一所，由钦天监管理。四年，改隶国子监，称国子监算学。额设学生满十二人，蒙古、汉军、汉各六人。特简满大臣一人管理。设助教汉一人、教习汉二人，掌教算法。学生五年学习期满，经过考核，以天文生、博士等职选用。光绪三十一年（1905），以裁国子监，复改隶钦天监。

算学助教　官名。隋朝国子寺置算学，设二员，文帝开皇十三年（593）国子寺罢隶太常，不置。唐高宗显庆元年（656）置，三年废，龙朔二年（662）复置，设一员，掌佐博士分经教授算法。清朝属国子监，乾隆四年（1739）设。一人，由汉人充任，掌教授算法。光绪三十一年（1905）改隶钦天监。

算学馆　见"算学"。

算学馆助教　官名。清朝算学馆负责教授算法之官员，一人，由汉人充任。详见"算学"。

算学谕　官名。北宋神宗元丰七年（1084）置，选吏部四选官通算学并经考试合格者充任，掌算学教授之事。徽宗宣和二年（1120）罢。

算学博士　官名。隋朝国子寺置算学，设二员，从九品下，文帝开皇十三年（593）国子寺罢隶太常，不置。唐朝高宗显庆元年（656）复置，隶国子监，设二员，从九品下，掌教八品以下及庶人子为生者算法；二分其经，以《九章》、《海岛》、《孙子》、《五曹》、《张丘建》、《夏侯阳》、《周髀》、《五经算》、《缀术》、《缉古》为专业，兼习《记遗》、《三等数》；三年废学，博士等改隶太史局；龙朔二年（662）复置。宋神宗元丰七年（1084）于秘书监置，以四选命官考试上等者为之，徽宗大观四年（1110）以算学生并入太史局，宣和二年（1120）罢其官。

算曹　官署名。晋朝置，为御史台诸曹之一。设侍御史掌其事。南朝宋沿置，至顺帝初省并法曹。

算斡鲁朵　即弘义宫。

管　宋朝乡村基层组织名。太祖开宝七年（974），设于乡里之间，置户长掌催纳租赋，耆长掌维持治安。

管人　官名。春秋战国置，掌理馆舍，接待宾客。《仪礼·聘礼》："管人为客三日具沐，五日具浴。"又："管人布幕于寝门外。"郑玄注："管犹馆也。馆人谓掌次、舍、帷幕者也。"

管干太医局　官名。北宋有管勾太医局，南宋避高宗赵构名讳改称。

管干六尚局　官名。北宋有管勾六尚局，南宋避高宗赵构名讳改称。

管干宫观　宋朝宫观官名。北宋有管勾宫观，南宋避高宗赵构名讳改。参见"宫观官"。

管干架阁库　官名。北宋有管勾架阁库，南宋避高宗赵构名讳改称。

管内押蕃落使　见"都知蕃落使"。

管长　见"卒长❷"。

管勾　官名。❶宋朝始置为差遣名目之一，如管勾机宜文字、管勾往来国信所、管勾留司御史台事等。金、元置为首领官，各司多置。设于左、右司，以及各部、御史台、枢密院所属架阁库，各一至二员，正八品，掌收藏籍帐案牍等事。元朝并有蒙古架阁库、回回架阁库之别。又有设于各院、司、署、局，以及鹰房、河桥、盐场、廉访司、宣慰司等处者，自从七品至从九品不等，职掌衙门公务。明初沿元制。于中书省、御史台、户部等分置，自从七品至从八品不等，掌出纳文移、庋藏籍帐。洪武（1368—1398）中改定官制，渐废。❷清屯田管勾简称，详见"屯田管勾"。

管勾太医局　官名。北宋神宗熙宁九年（1076）置，以选人充任，为太医局次官。

管勾北宅所　官署名。北宋真宗大中祥符七年（1014），置都大管勾南宫北宅所，掌诸王出纳事务。仁宗景祐三年（1036），徙南宫吴王院属睦亲宅，遂只称管勾北宅所，以诸司副使二人管勾。

管勾北京留司御史台事　见"三京留司御史台"。

管勾机宜文字　见"主管机宜文字"。

管勾西京留司御史台事　见"三京留司御史台"。

管勾尚书省乐工 官名。金朝置，秩从九品，直省局属官。

管勾和市 官署名。西夏建国初期设置。掌和市贸易事务。

管勾往来国信 见“国信所”。

管勾往来国信所 见“国信所”。

管勾官 北宋管勾太医局、管勾北宅所、管勾留司御史台事、管勾机宜文字等官通称。南宋避高宗名讳，改称管干官。

管勾南京留司御史台事 见“三京留司御史台”。

管记 官名。南朝梁、陈，北齐置。掌文书。多置于东宫、相府、王府等。常以文学之士担任，亦有以中书侍郎兼掌者。一说即记室参军之职。

管记舍人 官名。即太子舍人，隋炀帝大业三年（607）改，减置四员。唐高祖武德（618—626）初复名太子舍人。参见“太子舍人”。

管匠都提领所 官署名。元朝置，秩从七品，设于世祖至元十三年（1276），隶诸路金玉人匠总管府，掌人匠词讼。置都提领一员。

管军 宋朝中央禁军高级将领统称。包括殿前都指挥使、副都指挥使，马军都指挥使、副都指挥使，殿前、马军、步军都虞候，捧日、天武四厢都指挥使，龙、神卫四厢都指挥使。初不入品序，徽宗政和四年（1114）始定其品位。

管柜子 官名。明朝宦官御前近侍之一。品级虽然不高，但因掌管皇帝起居，地位颇重。

管学大臣 官名。又名管理京师大学堂事务大臣。清光绪二十四年（1898）设。职掌为管理新成立的京师大学堂，并节制各省所设之学堂。二十九年，改称学务大臣。别置京师大学堂总监督，管理京师大学堂事。

管河道 官名。明朝于河南省置。为本省布政使佐官左右参政、参议及按察使佐官副使、佥事的分道之职，以其中一人担任，专管黄河防汛、水利诸事务。

管带 官名。清末新编海军、陆军中设。设于海军者，为一舰之长；设于陆军者，为一营之长。

管带官 官名。❶清朝神机营军火局及军器库之长官，各设一人。分掌制造军火器械及收发军火器械。❷清末新陆军军官。光绪三十年（1904）定新陆军营制，始置。每营一人，正四品。掌辖全营。协参领充，奏补。

管理 ❶宦官名。明朝内府二十四衙门各监、司、局及内府各供用库多有设置，无定员。❷清朝吏部铨选制度。指特派高级官员管低级衙门事宜，以示重视，如六部、理藩院以大学士管理部务、院务等。

管理三旗纳银庄 官署名。清朝内务府所属机构之一，雍正元年（1723）设。掌镶黄、正黄、正白三旗庄地钱粮草束之征收。后改称“三旗庄头处”。

管理三旗银两庄头处 见“三旗庄头处”。

管理太医院务大臣 官名。清朝管理太医院事务之最高长官。乾隆五十八年（1793）设，由满大臣内特简。总领院务。

管理太常寺事大臣 官名。清朝太常寺之主管官。雍正元年（1723）设，由大臣内特简。乾隆十四年（1749），始定由礼部满尚书兼领。掌管坛庙祭祀礼仪及遴补本衙门官吏。光绪三十二年（1906），太常寺并入礼部，遂裁。

管理火药局 官署名。清朝工部所属机构。顺治元年（1644）于右安门内置工部濯灵厂，委官制造火药，命大臣督理之。雍正三年（1725）设管理火药局大臣二人，一由大臣中钦派，一由本部尚书、侍郎内拣派。掌理存贮火药，别其精粗，辨其物料，核其出纳之数。下设监督，由本部堂官委派司员及笔帖式充任，无定员。专掌监造火药之事。光绪三十二年（1906）裁。

管理火药局大臣 官名。清朝工部火药局主管，掌局事。雍正三年（1725）设二人，一由大臣中钦派，一由本部尚书、侍郎内简派。光绪三十二年（1906）裁。

管理火药局监督 官名。清朝工部火药局属官，佐管理火药局大臣掌局事。由本部堂官于满、汉司员、笔帖式内派委，无定员。

管理户部三库大臣 官名。清朝户部三库总管。雍正元年（1723）设，满、汉各二人，由王公大臣中简派，三年一更代。掌管三库之行政，慎守藏，严出纳，月报岁汇，依期奏销。光绪二十八年（1902）裁。

管理旧营房大臣 官名。清朝八旗中掌辖旧营房官兵大臣。额设十六人，满洲、蒙古每旗各一人。于都统、副都统内特简。任职一年，岁终更代。凡兵丁内有不安分者严加管束，如能悔过准其居住，若不悛改则遣往拉林种地，岁终将应去应留者具奏。其下属有分辖营众之旧营房营总十六人，章京十六人，骁骑校五十六人。

管理光禄寺事大臣 官名。清朝光禄寺主管官。乾隆十三年（1748）设，由皇帝特简，无常员。掌总理大内膳羞及祭祀朝会等大典礼预备筵席诸事。光绪三十二年（1906）裁。

管理江宁织造 官名。清朝内务府广储司所辖负责江宁织造官员，由司员内奏简。光绪三十年（1904）裁。

管理军咨处事务大臣 官名。清末军咨处长官，宣统元年（1909）置。额设二员，由亲王、郡王、贝勒、大臣中特简。总领全处，通筹全国陆、海军及国防用兵事宜。三年，改军咨大臣。

管理苏州织造 官名。清朝内务府广储司所辖负责苏州织造官员，由司员内奏简。

管理杭州织造 官名。清朝内务府广储司所辖负责杭州织造官员，由司员内奏简。

管理国子监事大臣 官名。清朝特设管理国子监事之最高长官。雍正三年（1725）设一人，于满、汉大学士、尚书、侍郎内特简。统辖祭酒以下各官，总理监事。光绪三十一年（1905）裁。

管理京师大学堂事务大臣　参见“管学大臣”。

管理官书局大臣　官名。清末官书局长官。光绪二十二年（1896），京师原强学书局改归官办，遂设大臣一人总理局务。二十四年，官书局并入京师大学堂，又改称管学大臣。

管理官房大臣　官名。清朝掌管八旗官房事大臣。额设二十四员，满洲、蒙古、汉军每旗各一人。于都统、副都统内简派。任职一年，岁终更代。凡八旗兵丁之贫乏者，以空地官房拨给居住，并稽察官房有无租典倒坏之处，会同查旗御史共同出结，咨报直年大臣汇奏。

管理药库委官　官名。清朝太医院所属生药库职官。专管买办之药材，凡各省照例解送之药材，均由其验收。例由医士内选委。

管理钦天监事王大臣　官名。清朝管理钦天监事务最高长官。乾隆十年（1745）设，特简。总领监务。钦天监原属礼部，至此，始为独立机构。

管理鸿胪寺事大臣　官名。清朝鸿胪寺主管官。乾隆十四年（1749）设，以礼部满洲尚书兼。掌总理赞导朝会、宴会、祭祀礼仪。光绪三十二年（1906）裁。

管理新营房大臣　官名。清朝八旗中掌辖新营房官兵大臣。额设二十四人，满洲、蒙古、汉军每旗各一人。于都统、副都统内特简。任职一年，岁终更代。职掌与管理旧营房大臣同。其下属有新营房总管二十四人，章京三十二人，骁骑校三十二人。

管铜伯克　官名。清朝新疆回部官员之一，掌理管铜之事。库车及所属之沙雅尔各设一人，秩七品。

管领大都等路打捕民匠等户总管府　官署名。元朝置，秩正三品，隶中政院，设于世祖至元二十六年（1289），掌隶属于皇后宫的人户一万五千。置达鲁花赤、总管、同知、副总管各一员。下辖在京二提举司及涿州、保定、真定、冀宁、河南、大名、东平、东昌、济南九提举司，均秩从五品，领二十五处提领所。

管领上都等处诸色人匠提举司　官署名。元朝置，秩从五品，隶翊正司，掌皇后属户二千五百，设于成宗元贞元年（1295）。置达鲁花赤、提举、同提举、副提举各一员。

管领六盘山等处怯怜口民匠都提举司　官署名。元朝置，秩正四品，隶内正司，掌皇后汤沐邑赋税、民匠、属民，设于武宗至大四年（1311）。置都提举一员，同提举、副提举各二员。下辖五处长官司，秩正五品；提领所十，秩正七品，分掌各地赋税属民。

管领本投下大都等路打捕鹰房诸色人匠都总管府　官署名。设于元成宗大德八年（1304），掌伊利汗哈赞位下事，秩正三品，置达鲁花赤二员，总管、同知、副总管、知事各一员，官吏均由伊利汗选用。下辖东局织染提举司，秩从五品。

管领本投下大都等路怯怜口民匠总管府　官署名。又称人匠总管府。设于元世祖中统元年（1260），掌怯怜口哈赤民匠一千一百余户，秩正六品。至元九年（1272），拨隶安西王位下。仁宗时改隶徽政院。英宗至治三年（1323），划归陕西行省管辖。文宗天历二年（1329），又改隶储政院。设达鲁花赤、总管、同知、副总管各一员。属下有织染提举司和管民管地二提领所。

管领本位下打捕鹰房民匠等户都总管府　官署名。设于元泰定元年（1324），秩正三品，隶中书省兵部，掌世祖母唆鲁禾帖尼别吉大营帐差发与阿里不哥后王薛彻干位下事。置达鲁花赤、总管、副达鲁花赤、同知、副总管各一员。

管领本位下怯怜口随路诸色民匠打捕鹰房都总管府　官署名。秩正三品，设于元世祖中统二年（1261），掌怯怜口二万九千户，田一万五千顷，纳赋税以供内府。成宗大德十年（1306），隶詹事院。武宗至大三年（1310）改隶徽政院。仁宗延祐三年（1316），改为善政司。英宗至治二年（1322）罢。文宗天历三年（1330）复立府，归中政院。置达鲁花赤、都总管、同知、副总管各一员。

管领归德亳州等处管民提领所　官署名。秩从七品，隶翊正司。设于元成宗大德二年（1298），掌民户三百五十。置提领、同提领、副提领各一员。

管领怯怜口总管府　官署名。设于元世祖中统五年（1264），招集析居、放良、还俗僧道等户，习各种匠役，从事造作，秩正四品。至元九年（1272），升正三品。成宗大德十一年（1307），改缮珍司。

管领怯怜口诸色民匠都总管府　官署名。又称皇太子位人匠总管府，设于元武宗至大元年（1308），秩正三品，掌皇太子怯怜口人匠造作。设达鲁花赤、总管、同知各一员，副总管二员。隶詹事院管辖。英宗至治三年（1323）罢。文宗天历二年（1329）复立，隶储政院。属下有杂造人匠提举司，管领大都、上都怯怜口诸色人匠提举司，及典制局、杂造局、典设署等官署。

管领种田打捕鹰房民匠等户万户府　官署名。秩正三品，设于元世祖中统二年（1261），掌归德、亳州、宿州等二十余城蒙古军、汉军种田户差税，原隶东道诸王塔塔儿位下，后改属皇后中宫，隶中政院。置万户、经历各一员。下辖管领大名等处种田诸色户总管府，管领大都河间等路打捕鹰房总管府、管领本投下大都等处诸色户计都达鲁花赤、管领东平等路管民官，均秩正五品；又领曹州、东明、藩城、汴梁四提领所，秩正七品。

管领珠子民匠官　官名。秩正七品，设于元世祖中统二年（1261），掌捞采蛤珠，隶诸路金玉人匠总管府。任官者子孙世袭。

管领随路打捕鹰房民匠总管府　官署名。设于元世祖中统二年（1261），掌旭烈兀位下民匠七千余户。至元十二年（1275）归还朝廷，隶中书省兵部。秩从三品。置达鲁花赤、总管各一员，副总管二员。

管领随路打捕鹰房民匠等户总管府 官署名。元朝置，秩正三品，隶中政院，掌皇后中宫钱粮造作，设于成宗大德三年（1299）。置达鲁花赤、总管同知、副总管各一员。下辖大都、翼宁、南阳、唐州、河南府路四所管民提举司，秩从五品，领十一处提领所。

管领随路打捕鹰房纳绵等户提举司 官署名。元朝置，秩从五品，隶翊正司，设于成宗元贞元年（1295）。置达鲁花赤、提举、同提举、副提举各一员。

管粮同知 官名。亦称监兑同知，清朝督理漕粮的官员，隶于总漕。初以府推官监兑漕粮。康熙六年（1667）改委各府同知六人，秩正五品。稽查米色之美恶，兑运之迟速，并查禁包揽、搀和、需索、滋事等弊。光绪三十一年（1905）裁。

管粮通判 官名。亦称监兑通判，清朝督理漕粮的官员，隶于总漕。清初以府推官监兑漕粮。康熙六年（1667）改委各府通判三十三人，秩正六品。掌稽查米色之美恶，兑运之迟速，并查禁包揽、搀和、需索、滋事等弊。光绪三十一年（1905）裁。

管旗副章京 官名。清朝蒙、回各部札萨克属官，分管一旗之事。凡十佐领以下之蒙古旗分每旗设一人，十佐领以上者设二人。

管旗章京 官名。清朝蒙、回各部扎萨克属官，统管一旗之事。遇有缺出由札萨克择本旗台吉、塔布囊之贤能者以原品补放，或以参领选补。

舞师 官名。《周礼》地官之属，一说为周朝置，掌教导和带领祭祀山川社稷的舞蹈。《周礼·地官》："舞师，下士二人，胥四人，舞徒四十人"，"掌教兵舞、帅而舞山川之祭祀。教祓舞。帅而舞社稷之祭祀。教羽舞，帅而舞四方之祭祀。教皇舞，帅而舞旱暵之事"。

舆 官名。春秋置。❶供使役的贱臣。《左传·昭公七年》："人有十等"，"王臣公，公臣大夫，大夫臣士、士臣皁、皁臣舆、舆臣隶"。❷军吏。掌车舆辎重。《淮南子·兵略训》："收藏于后，迁舍不离，无淫舆，无遗辎，此舆之官也。"

舆人 官名。❶春秋时期供使役的卑职小吏。《左传·昭公四年》："舆人纳之，隶人藏之。"杜预注："舆、隶皆贱官。"❷《周礼》冬官之属，一说为周朝置，掌制造车辆的工官。《周礼·冬官·考工记》："舆人为车。"

舆正上士 官名。北周置。《隋书·赵才传》："才少骁武，便弓马，性粗悍，无威仪，周世为舆正上士。"一说属夏官府。正三命。

舆帅 官名。春秋时晋国置。掌兵车的军吏。《左传·成公二年》："公会晋师于上鄍。赐三帅先路三命之服。司马、司空、舆帅、侯正、亚旅皆受一命之服。"杜预注："舆帅主兵车。"

舆司马 官名。❶春秋时晋国置，"上军司马"的别称，大夫爵。《国语·晋语七》："知籍偃之惇帅旧职而恭给也，使为舆司马。"韦昭注："舆司马，上军司马也。"❷《周礼》夏官之属，一说为周朝置，掌军队战车。《周礼·夏官·序官》："舆司马，下士八人。"

舆尉 官名。春秋时晋国置。❶军吏"上军尉"的别称。《国语·晋语七》："知铎遏寇之恭敬而信强也，使为舆尉。"韦昭注："舆尉，上军尉。"❷县属主持军赋的官员。《左传·襄公三十年》："赵孟问其县大夫，则其属也。召之而谢过焉"，"而废其舆尉"。

舆嬖 官名。春秋时陈国置，掌国君车乘之官。《左传·昭公八年》："（楚）灭陈。舆嬖袁克杀马毁玉以葬。"顾炎武《日知录》卷二七："舆嬖，嬖大夫也。言舆者，掌君之乘，如晋七舆大夫之类。"

僚 ❶供使役贱臣。《左传·昭公七年》："隶臣僚、僚臣仆。"❷官吏泛称。《尚书·虞书·皋陶谟》："百僚师师。"孔颖达疏："百官各师其师。转相教诲。"❸属吏。《左传·昭公十一年》："遂奔僖子，其僚从之。"

僚友 又作寮友、寮人。即同僚。《礼记·曲礼上》："僚友称其弟（悌）也。"参见"同僚"。

僭 ❶以下级拟上级。《公羊传·隐公五年》："讥始僭诸公也。"何休注："僭，齐也。下仿上之辞。"❷以下级犯上级。《穀梁传·隐公五年》："始僭乐矣。"范宁注："下犯上谓之僭。"

僭号 冒用尊号。《春秋经·哀公十三年》："公会晋侯及吴子于黄池。"杜预注："夫差欲霸中国、尊天子，自去其僭号而称子，以告令诸侯。故史承书之。"

僭令 下级妄行号令。《左传·昭公二十年》："内宠之妾，肆夺于市；外宠之臣，僭令于鄙。"

僭乐 臣下使用的礼乐超越礼制的规定。《穀梁传·隐公五年》："舞夏，天子八佾，诸公六佾，诸侯四佾，初献六羽，始僭乐矣。"

僭礼 越礼行为。《礼记·郊特性》："舞大武，乘大路，诸侯之僭礼也。"

僭位 非法占据上位。

僭称 同僭号。参见"僭号"。

僮仆都尉 匈奴官名。属西边日逐王，置于焉耆、危須、尉黎间，掌诸国赋税。匈奴视诸国为僮仆，故名。汉宣帝神爵二年（前60），日逐王降汉，使郑吉为西域都护，并护南北两道，僮仆都尉由此罢。

僧正 官名。掌管佛教事务之僧官。十六国后秦以道法师为之，是为僧人立官之始。南朝宋置。《南齐书·纪僧真传》："宋世道人杨法持，与太祖有旧，元徽（473—477）末，宣传密谋。升明（477—479）中，以为僧正。"梁亦置，名"大僧正"。金朝设于路，掌一路之僧众，理决僧尼词讼。元朝置于各州，为各州僧正司之长官，掌理僧尼词讼。武宗至大四年（1311）二月，仁宗登极，下令罢各级僧司衙门，废僧官，遂废。明洪武十五年（1382）复置于州，每州一人，为诸州僧正司之主官，颁发度牒。掌钤束一州之僧人。未入流，无俸禄。清沿明制未改，例由礼部拣选通晓经义之僧人充补，移咨吏部注册。

僧正司　官署名。管理佛教事务之机构。元朝始设于各州，掌理僧尼词讼。凡遇僧尼与百姓发生词讼，则与地方官府共同处理。长官为僧正。武宗至大四年（1311）二月，仁宗登极，下令罢各级僧司衙门，遂废。明洪武十五年（1382）复置于各州，掌钤束一州之僧人。长官仍为僧正。清沿明制未改。

僧正司僧正　官名。元、明、清各州僧正司主官。详见“僧正”。

僧会　官名。管理佛教事务之僧官。明洪武十五年（1382）设于各县僧会司，县各一人，为僧会司长官。品秩未入流，设官不给禄，颁发度牒。掌领一县之僧人。清沿明制，例由礼部拣选通晓经义之僧人充补，移咨吏部注册。

僧会司　官署名。管理佛教事务之机构。明洪武十五年（1382）始设于各县，掌钤束一县之僧人。长官为僧会。清沿明制未改。

僧会司僧会　官名。明、清各县僧会司主官。详见“僧会”。

僧判　官名。元朝管理佛教事务之僧官。设于各路僧录司，位僧录之下。掌理僧尼词讼。武宗至大四年（1311）二月，仁宗登极，下令废。

僧纲司　官署名。佛教事务之机构。明洪武十五年（1382）始设于各府，掌钤束一府之僧人。设都纲、副都纲为正、副长官。清沿明制未改。

僧纲司都纲　官名。明朝僧纲司主官，掌各府佛教事务的官员。一人，从九品。洪武十五年（1382）始置，设官不给俸禄。清朝各府沿置，详见“都纲”。

僧纲司副都纲　官名。明朝掌管各府佛教事务的官员，洪武十五年（1382）始设，一人，协都纲掌教事。未入流，无俸禄。清朝沿置，详见“副都纲”。

僧官　管理佛事务官员统称。十六国后秦以道䂮法师为僧正，是为立僧官之始。南朝宋亦置僧正，梁置大僧正。北魏、北齐置有沙门统、都维那等僧官。唐、宋设有僧官衙门僧录司，掌众僧事。辽朝上京、燕京设僧录。金朝路设僧录、僧正，州郡设都纲，县设维那。元朝路设僧录司，州设僧正司，县设都纲司，僧官分别为僧录、僧正、都纲。路以上有总统所或总摄司，有总统、总摄等职。武宗至大四年（1311）二月，仁宗登极，下令罢各级僧司衙门，废僧官。文宗至顺二年（1331）立广教总管府十六所，以僧为总管。顺帝元统二年（1334）复罢。明朝于中央设僧录司，为掌管僧人之最高机构，僧官设左、右善世，左、右阐教，左、右讲经，左、右觉义。地方府置僧纲司、州置僧正司，县置僧会司，僧官分别为正、副都纲、僧正、僧会，均颁度牒。清沿明制。宣统三年（1911），僧官事归民政部管辖。又，喇嘛诸官职，亦称为僧官。详见各僧官条。

僧录　官名。管理佛教事务之僧官。详见“僧录司”。

僧录司　官署名。管理佛教事务之机构。唐朝僧尼初隶礼部祠部司，文宗开成（836—840）中设左、右僧录司，掌众僧事。宋承唐制，置左、右街僧录司，掌寺院僧尼帐籍和僧官补授事务。神宗元丰（1078—1085）改制，拨隶鸿胪寺。南宋随鸿胪寺并入礼部。辽朝于上京、燕京，金朝于各路设有僧录。元朝于各路设僧录司，以僧录为长官，且有书史、公使人等。掌理僧尼词讼，凡僧尼与百姓发生词讼，则与官府共同处理。武宗至大四年（1311）二月，仁宗登极，下令罢各级僧司衙门，遂废。明洪武十五年（1382）复置，为掌管僧人之最高机构，隶于礼部。负责颁给僧官度牒，三年一颁；总理天下僧人；统领地方各僧官衙门，即府之僧纲司、州之僧正司、县之僧会司。设左、右善世，左、右阐教，左、右讲经，左、右觉义，均各一人，选精通经典，戒行端洁者充任，不支俸。清沿明制置。设正印、副印各一人，为长官，兼善世等职衔，给予部札。其余设官、职掌皆与明同。并于京师分设东城、南城、西城等八处僧官，各设协理一人为佐，管理各庙僧尼，颁发度牒。宣统三年（1911），事归民政部辖理。

僧录司正印　官名。清朝僧录司主官。天聪六年（1632）设，一人，由僧官带原品衔充任。掌天下释教之事。道光二十四年（1844）定制，兼善世等衔。

僧录司副印　官名。清朝僧录司副长官。天聪六年（1632）设，一人。由僧官带原品衔充任。分掌天下释教之事。道光二十四年（1844）定制，兼善世等衔。

僧祇部　官署名。北齐置，设丞一人。管理佛教僧侣事务。隶鸿胪寺典寺署。

僧祇部丞　官名。北齐置。参见“僧祇部”。

鲜卑大单于　少数民族首领称号。西晋怀帝永嘉（307—313）初，辽东鲜卑慕容廆自称鲜卑大单于。

鲜卑大都督　官名。晋朝置，掌管鲜卑族事务。慕容廆曾任此职，东晋元帝建武元年（317）六月，与刘琨等一百八十人向司马睿上书劝进。见《晋书·元帝纪》。

鲜卑单于　少数民族首领称号。西晋时，辽东鲜卑首领慕容涉归，以勋被西晋政权拜为鲜卑单于。

鲜卑都督　官名。西晋置。《晋书·慕容廆载记》：“（慕容廆）乃遣使来降，（晋武）帝嘉之，拜为鲜卑都督。”

〔丶〕

旗手卫　官署名。明朝亲军二十六上直卫之一，洪武（1368—1398）中由旗手千户所改置。设指挥使、指挥同知、指挥佥事等官。掌大驾金鼓、旗纛，帅力士随驾宿卫。清朝顺治十一年（1654）沿置，属銮仪卫、掌陈设卤簿、乐器及钟鼓值更之事。置掌印冠军使、掌卫事冠军使等官，下设左、右二司，分掌卫事。

旗长　官名。见“札萨克”。

旗务使司　官署名。清末奉天省所属办事机构，光绪三十三年（1907）设。掌奉天省旗民事务。置旗务使一人，下设佥事、科员等协助办事。宣统元年（1909）裁。

旗务科　官署名。清末陆军部军衡司所属四科之一，光绪三十二年（1906）设。掌京外各旗营官弁之升迁、调补、委署、更名，各旗员世爵、世职之承袭，各旗营军政人员之叙功、议处、休致、请俸、告退、养赡等事。置科长、科员、录事。

旗头　宋朝军队职名。神宗时，军中行结队法，凡五十人为一队，出战时以壮勇者一人执大旗麾众当先，称为旗头。

旗缺　清朝官缺之一种。即由八旗充任的武职官缺。如侍卫处、八旗在京各营、各省驻防，以及銮仪卫除汉銮仪使外皆是，由满洲、蒙古、汉军各旗分任。

旗牌　❶明、清官员标志。以写有令字的蓝旗和圆牌颁给地方大员（如总督、巡抚或钦差大臣），作为具有便宜行事特权的标志。称王命旗牌。❷官名。掌旗牌的官称为旗牌官，也简称为旗牌。

旗鼓牛录　即旗鼓佐领。

旗鼓佐领　官名。清朝八旗包衣佐领之一，即由包衣汉人编成的包衣汉军佐领。上三旗旗鼓佐领隶内务府，下五旗旗鼓佐领为王公府属。佐领下之包衣汉军文武科考归入八旗汉军，仕进亦补汉军缺或汉缺；但在内务府仕进或在王公府当差则与包衣满洲同。

旗鼓拽剌　辽朝御帐、亲王及诸军掌旗鼓者，兼掌护卫之事。

旗鼓拽剌详稳司　官署名。辽朝北面官，统领旗鼓拽剌，掌旗鼓之事。设详稳等职。

旗籍司　官署名。即旗籍清吏司。

旗籍司员外郎　官名。即旗籍清吏司员外郎。

旗籍司郎中　官名。即旗籍清吏司郎中。

旗籍清吏司　官署名。简称旗籍司。清朝理藩院所属六司之一。掌理内蒙古所属四十九旗之疆界、封爵、设官、会盟、军旅、驿递等事以及土默特游牧，黑龙江打牲处之各项事务。乾隆二十二年（1757）改柔远后司设；二十九年（1764）改原旗籍司为典属司，典属司为旗籍司，遂为定制。以郎中满洲一人，蒙古二人为主官。下设员外郎、主事、笔帖式、经承及贴写书吏等吏员。光绪三十二年（1906）改隶理藩部。

旗籍清吏司员外郎　官名。简称旗籍司员外郎。清朝理藩院所属旗籍清吏司之副长官，佐郎中掌司事。初设满洲三人，蒙古二人；后改宗室一人，满洲一人，蒙古二人。

旗籍清吏司郎中　官名。简称旗籍司郎中。清朝理藩院所属旗籍清吏司之主官，掌司事。初设满洲二人，蒙古一人；后改设满洲一人，蒙古二人。

端公　侍御史别称。《通典》卷二四《职官》六《侍御史》：“定殿中监察以下职事及进名改转台内之事，悉主之，号台端，他人称之曰端公。”

端尹　官名，即太子詹事，唐高宗龙朔二年（662）改，咸亨元年（670）复名詹事。参见“詹事”。

端尹府　官署名。即詹事府，唐高宗龙朔二年（662）改，咸亨元年（670）复名詹事府。参见“詹事府”。

端右　❶尚书令、仆射别称。以居尚书省首列，故名。《晋书·职官》尚书令，“受拜则策命之，以在端右故也”。《宋书·王弘传》：“端右肃正风轨，诚副所期，岂拘常仪。”❷功曹别称。以居州僚属首列，故名。《宋书·郑鲜之传》：“转补功曹，举陈郡谢绚自代”，称绚“居以端右，虽未足舒其采章，升庸以渐，差可以位拟人”。

端明　端明殿学士简称。

端明殿学士　官名。五代后唐明宗天成元年（926）置，掌四方书奏，多由翰林学士充任，班在翰林学士之上。北宋初沿置，太宗太平兴国五年（980）改文明殿学士，后不复除授。仁宗明道二年（1033）复置，与文明殿学士并存。神宗元丰（1078—1085）中，自曾孝宽始，或以前任执政为之。初无品级，元丰改制始定为正三品。徽宗政和四年（1114）改为延康殿学士，南宋高宗建炎二年（1128）复旧名。后签书枢密院者多带此职。与诸殿学士同掌出入侍从，以备顾问。

端贰　尚书省正副长官泛称。《晋书·苻登载记》附《徐嵩传》：“此年少落落，有端贰之才。”

端副　尚书仆射别称。《文苑英华》卷三八〇沈约《王亮王莹加授诏》：“端副要重，政首民经，任切朝寄。”《魏书·李平传》：“平自在支度，至于端副，夙夜在公。”李平官至尚书右仆射。

端揆　初指尚书令、仆射。《晋书·职官》：“建安十三年，罢汉台司，更置丞相，而以曹公居之，用兼端揆。”《梁书·沈约传》：“约久处端揆，有志台司。”后成为宰相的代称。

彰愍宫　辽朝宫帐名。景宗以太宗弟李胡侍卫及武安州户置，亦称监母斡鲁朵。契丹语称遗留为监母，宫帐为斡鲁朵。辖州四：永、龙化、降圣、同；县二：行唐、阜俗；石烈二：监母、南女古；瓦里七：潭马、奚烈、埃合里直、蛮雅葛、特末、乌也、灭合里直；抹里十一：尼母曷烈因稍瓦直、察改因麻得不、移失邻斡直、辛古不直、撒改直、牙葛直、虎狘阿里邻、泼昆、闸腊、楚兀真果邻；提辖司四处：南京、西京、奉圣州、平州。正户八千、蕃汉转户一万，正丁一万六千、蕃汉转丁二万、骑军一万。

彰愍宫马群司　官署名。辽朝北面官，掌彰愍宫马群牧养蕃息之事。

彰愍宫汉人行宫都部署司　即彰愍宫南面行宫都部署司。

彰愍宫使　官名。辽朝北面官，总领彰愍宫契丹、汉人军民之政，彰愍宫长官。下设副使、太师、太保、侍中等职。

彰愍宫南面行宫都部署司　官署名。辽朝南面官，掌彰愍宫汉人军民之政。亦称“彰愍宫汉人行宫都部署司”。

彰愍宫都部署司　官署名。辽朝北面官，掌彰愍宫契丹军民之政。置都部署、副部署、判官等职。

彰愍宫提辖司　官署名。辽朝北面官，统领彰愍宫所辖丁户。彰愍宫共有南京、西京、奉圣州、平州四处提辖司。

彰德威武卫　即威武阿速卫亲军都指挥使司。

銮仪卫　官署名。清朝掌管帝后车驾仪仗之机构。顺治元年（1644）承明制置锦衣卫，设指挥使等官，二年（1645）更名銮仪卫。四年，罢指挥使等官，设銮仪使、冠军使等。五年定为正二品衙门。掌供奉帝后祭祀、朝会、出巡、大阅时之卤簿、仪驾。设掌卫事大臣一人，总领卫事；銮仪使，满洲二人，汉军一人，掌卫之日常工作。所属机构有左、右、中、前、后、驯象等六所及旗手卫，分掌车驾、盖伞、旌节、斧钺、吾仗、饲象、乐器诸项。各置冠军使、云麾使、治仪正、整仪尉等以领之。此外，尚有办事章京、主事、经历等官，协助掌卫事大臣及銮仪使工作。宣统元年（1909）因避帝讳，改称“銮舆卫”。

銮仪卫中所　官署名。清朝銮仪卫所属六所之一，顺治十一年（1654）设。掌麾氅、旌节、纛帜及仗马。置掌印冠军使、掌所事云麾使等官，下设旌节、幡幢二司。

銮仪卫右所　官署名。清朝銮仪卫所属六所之一，顺治十一年（1654）设。掌伞盖、刀戟及弓矢。置掌印冠军使、掌所事云麾使等官，下设擎盖、弓矢二司。

銮仪卫左所　官署名。清朝銮仪卫所属六所之一，顺治十一年（1654）设。掌辇舆、车驾。置掌印冠军使、掌所事云麾使等官，下设銮舆、驯马二司。

銮仪卫后所　官署名。清朝銮仪卫所属六所之一，顺治十一年（1654）设。掌旗瓜、吾仗。置掌印冠军使、掌所事云麾使等官，下设班剑、戈戟二司。

銮仪卫前所　官署名。清朝銮仪卫所属六所之一，顺治十一年（1654）设。掌扇炉、瓶盂、星拂、斧钺、静鞭、品级山。置掌印冠军使、掌所事云麾使等官，下设扇手、斧钺二司。

銮仪卫掌卫事大臣　官名。清朝銮仪卫长官。初名总理銮仪卫事内大臣，顺治九年（1652）改此称。额设一人，无专员，以满、蒙王公大臣兼授，正一品。掌卫之政令。

銮仪使　官名。清朝銮仪卫主官。顺治四年（1647）改指挥使设。十一年（1654）定满、汉各二人。康熙三十一年（1692），省汉一人。均为正二品。掌銮仪卫之日常工作。宣统元年（1909），因避帝讳，改称銮舆使。

銮仪司　官署名。明洪武三年（1370）设。正五品。隶亲军都尉府，十五年，改锦衣卫。

銮舆卫　见“銮仪卫”。

銮舆司　官署名。清朝銮仪卫左所下设机构。顺治十一年（1654）置，掌管帝、后仪仗之辇舆。设掌印云麾使、掌司事治仪正各一人，共掌司事。

銮舆使　见“銮仪使”。

韶舞　见“左韶舞”。

麽忽　官名。金朝乣军官员，详稳的副职。

漆工下士　官名。西魏、北周冬官府司色下大夫漆工中士佐官，正一命。

漆工中士　官名。西魏恭帝三年（556）置，北周沿置。冬官府司色下大夫属官，正二命。下设漆工下士以佐其职。隋文帝开皇元年（581）罢。

漕仓司　官署名。清末度支部所属机构，光绪三十二年（1906）设。掌各省漕粮漕折漕项等奏销，考成春秋拨册及临时蠲缓等款，稽核京外各仓积储支放等事宜。置郎中三人，员外郎四人，主事三人。

漕仓司郎中　官名。清末度支部漕仓司主官，光绪三十二年（1906）设。三人，正五品，奏补。掌理本司事务。

漕帅　清朝漕运总督别称。

漕司　转运使司省称。

漕台　清朝漕运总督俗称。

漕臣　转运使、副使通称。

漕运司　官署名。金、元掌河仓漕运之官。金设提举、同提举领司事，秩正五品、正六品。下设勾当官掌催督起运纲船。吏员有司吏、孔目官、公使、押纲官等。凡河漕所经之地，州府官衔内皆带提控漕河事，县官带管勾漕河事。漕运司下设傔使科、起运科。元亦称漕运使司，世祖中统四年（1263）由漕运所改置，秩正五品。至元十二年（1275），改为都漕运使司。次年，分设江南漕运司，十五年罢，以其事隶行中书省。后都漕运使司亦简称漕运司。

漕运所　官署名。元朝置，掌转运军需粮草。世祖中统三年（1262）由军储都转运使司改置。四年，改为漕运司。

漕运总兵官　官名。即总督漕运总兵官。

漕运总督　官名。明清督理漕运的最高长官。明景泰二年（1451）设，与总兵同理漕务，并兼巡抚淮、扬、庐、凤四府及徐、和、滁三州，驻淮安。嘉靖四十年（1561）兼提督军务。万历七年（1579）后曾一度兼管河道。清朝沿置，定制为正二品。若兼尚书衔则为从一品。掌相度运道，催趱过淮漕船，总理一切漕务。每年随重运入京述职。综制文武，标下辖副将、参将等官；属下有督粮道、管粮押运各官。顺治（1644—1661）中亦曾兼凤庐巡抚事，並曾设满洲侍郎一人襄理。咸丰十年（1860）以后节制江北镇、道各官。光绪三十一年（1905）因漕运停废而裁省。

漕试 选举制度。宋朝贡举考试名目之一。又称漕举。仁宗时，命各路转运司类试现任官员亲戚。后转运司类聚本路现任官所牒送随侍子弟和五服内亲戚，以及寓居本路士人、有官文武举人、宗女夫等，举行考试，成为制度。试法同州、府解试。考试合格者，解赴省试。

漕标副将 官名。清朝督理漕粮之武官。隶于总漕，设一人，从二品。统辖漕标营兵。掌催护粮艘之事。下设游击一人，都司二人，守备二人，管理塘务一人，千总四人，把总十八人。

漕举 见“漕试”。

漕曹 官署名。主漕运，即将郡国粟运至京师或它郡。汉《巴郡太守张纳碑》有漕曹掾及左右史各一人。

演习 官名。南诏官，大府主将。

演法 分见“左演法”、“右演法”。

演览 官名。南诏官，大府副将。

漏刻科 官署名。金朝属司天台，掌漏刻（计时器），设二十五人。明清为钦天监所属机构，掌调壶漏，报时报更。遇祭为祀、朝会、营建等，则择选吉日。设有五官挈壶正、五官司晨、博士、天文生、阴阳生等，分掌各事。

漏刻博士 官名。❶隋朝始于秘书省太史曹置。掌教漏刻生。唐朝秘书省太史局沿置，初有二十员，流外二品；肃宗乾元元年（758）改太史局为司天台，置六员，从九品下，掌知漏刻，教授漏刻生。明朝钦天监（司天监）置六员，后革五员，从九品，掌定时、换时、报更、警晨昏，大朝贺充报时官。❷唐朝太子率更寺置二、三员，流外三品，掌教漏刻。❸明朝洪武元年（1368）司天监置。初置六人，从九品。三年改司天监为钦天监后革五人，仍从九品。掌定时、换时、报更、晨昏、钟鼓诸事，大朝贺时则充报时官。

精奇尼哈番 爵名。清初九等世爵之第四等，乾隆元年（1736）定汉文名为子。分四等，叙正一品，不加美名。参见“子”。

精微批文 明清榷关税差赴任时所携之通行证。明弘治六年（1493）始行，由户部颁给，户科登记，请用御宝。差官亲领，沿途津关验实放行，任所督抚比对硃墨号簿，以防假冒。清顺治元年（1644）沿袭此制，並规定交销期限，以重考核。乾隆三十八年（1773）因无益吏治，徒为具文而停止颁发。

精膳司 官署名。即精膳清吏司。

精膳司员外郎 官名。即精膳清吏司员外郎。

精膳司郎中 官名。即精膳清吏司郎中。

精膳清吏司 官署名。简称精膳司。明清礼部四司之一。掌宴飨、牲豆、酒膳之事。明洪武二十九年（1396）改膳部置。设郎中一人，员外郎一人，主事一人。南京礼部精膳清吏司亦设郎中一人。清顺治元年（1644）沿置。设郎中二人，满、汉各一人；满洲员外郎一人；主事三人，宗室、蒙古、汉各一人及笔帖式、经承等吏员。并掌祭祀供物、赏恤牛羊及本部机构所用银物之题销。所属有勘合科、俸粮科、下程科、厨役科、火房等机构，办理本司事务。光绪三十二年（1906）以光禄寺并入，更名光禄司。宣统三年（1911）改隶典礼院。

精膳清吏司员外郎 官名。简称精膳司员外郎。明清礼部精膳清吏司副长官，佐郎中掌司事。明洪武二十九年（1396）改膳部员外郎设，一人，从五品。清顺治元年（1644）沿设，汉员外郎一人。七年增设满洲员外郎。后改设满洲员外郎一人。光绪三十二年（1906）。改称光禄司员外郎。宣统三年（1911）改隶典礼院。

精膳清吏司郎中 官名。简称精膳司郎中。明清礼部精膳清吏司主官，掌司事。明洪武二十九年（1396）改膳部郎中设，一人，南京礼部精膳清吏司亦设一人，皆正五品。清顺治元年（1644）沿设，汉郎中一人。七年（1650）增设满洲郎中一人。光绪三十二年（1906）更名光禄司郎中。宣统三年（1911）改隶典礼院。

精膳署 官署名。清末典礼院所属机构。宣统三年（1911）设。掌筵宴、祭品事项，稽核典礼应用酒醴、牲牢、庶羞等。置署长一人，佥事、录事等。

精膳署长 官名。清末典礼院属官。宣统三年（1911）设。一人，奏任。承掌院、副掌院之命总核本署事务。

寨 军事设置。宋朝于边境险要处设置堡寨，以知寨、寨主主管，训练士卒，捍卫边防。参见“知城”。明朝于奴儿干都司下置黑龙江忽里平寨，置如羁縻卫所，以当地少数民族首领管理。

寨主 见“知城”。

寨主簿 官名。宋朝诸城寨皆置，掌勾考簿书并通治民事。

寨巡检 官名。北宋哲宗绍圣四年（1097）置，以小使臣充任。参见“巡检”。

寨官 官名统称。宋朝寨主、寨主簿、寨都监、寨监押、寨将、寨副将、寨巡检通称寨官。

寨栅使 使职名。唐僖宗广明（880—881）中，为堵截黄巢西进长安所置，主于潼关以外置寨事，以左军兵马使赵珂充任。

寨将 官名。北宋哲宗绍圣四年（1097）置，以本路系将兵正将兼任，提举城寨兵马之事。

寨都监　官名。北宋哲宗绍圣四年（1097）置，以使臣充任。参见“都监”。

寨监押　官名。北宋哲宗绍圣四年（1097）置，以使臣充任。参见“都监”。

寨副将　官名。北宋哲宗绍圣四年（1097）置，掌城寨兵马事，招置弓箭手，任满三年升正将。

察议　见“议处”。

察访使　官名。北宋神宗推行新法时置，掌检查各地执行青苗、募役、农田水利法情况并加以督促。

察言司　官署名。明太祖洪武三年（1370）置，设司令二人。掌受四方章奏。不久即罢。后改置通政使司。

察言司司令　官名。明太祖洪武三年（1370）置为察言司长官，二人，掌受四方章奏。寻罢。

察判　观察判官简称。

察罕脑儿盐课提举司　官署名。明太祖洪武三年（1370）置于陕西察罕脑儿，掌该处粮盐生产、税课、运销之政。设提举一人，从五品，同提举一人，从六品，副提举无定员，从七品，及各食课司、各盐仓大使、副使等职。

察罕脑儿等处宣慰使司都元帅府　官署名。元朝置，秩从二品，隶陕西行省。立于武宗至大三年（1310），辖黄河以东盐、夏等州地。泰定帝泰定元年（1324）罢，文宗即位后复立。置宣慰使都元帅三员，副都元帅、佥都元帅事各二员。

察非掾　官名。隋炀帝大业三年（607）左、右候卫置二员，专纠弹之事。隋恭帝义宁元年（617）丞相府置二员。

察官　监察御史简称。

察战　官名。三国吴置。为皇帝身边的亲信，多被派出执行使命。

察举　选官制度。汉朝规定由公卿、列侯、刺史及郡国守相等推举人才，由朝廷考核后任以官职。始于汉文帝，至武帝时形成较为完备的制度，主要有岁举和诏举。岁举一年一次，由刺史、郡国守相察举孝廉及秀（茂）才等。诏举则时间、对象、员额等均由诏令规定，科目有贤良方正、文学、明经等，对策合格者授以官职。后世仍有沿用，具体制度不同。

察院　官署名。唐朝御史台三院之一，为监察御史办公之所。院有都厅，为诸监察御史会话之所；又有吏察厅、礼察厅、兵察厅、刑察厅等，知馆驿使、监祭使者亦各有厅；察吏、礼部，兼监祭使者，为同僚之冠，谓院长。五代迄宋御史台沿置，掌分察尚书省六部及百司之事，纠其谬误，大事奏劾，小事举正。元朝御史台亦置，正七品，司耳目之寄，任刺举之事，世祖至元五年（1268）始置监察御史十二员，悉以汉人为之，后定制为三十二员，参用蒙古人、南儒；江南诸道行御史台、陕西诸道行御史台亦置，品同，分置监察御史二十八员、二十员。参见监察御史，明清为都察院省称。

察推　观察推官简称。

察兽　官名。三国吴置。《太平御览》卷九二四《孔雀》引《晋书》：“孙皓时交趾太守孙谞贪累，为百姓所患。会察兽邓荀至，擅调孔雀三千头。”一说即察战之误。

寡小君　春秋时期臣子对别国自称其国君夫人的谦辞。《论语·季氏》：“邦君之妻”，“邦人称之曰君夫人，称诸异邦曰寡小君”。

寡君　春秋时期臣子对别国自称其国君的谦辞。《左传·僖公二十六年》：“寡君闻君亲举玉趾。”

肇州招讨司　官署名。金朝地方置，掌招抚、征讨等事。宣宗贞祐二年（1214）置于会宁府肇州。设使领司事，并兼本州事，秩正三品。参见“招讨司”。

肇州漕运司　官署名。金朝置掌河仓漕运之事，章宗承安五年（1200）置于会宁府肇州。设提举领司事，秩正五品，并兼本州同知。下设同提举一员，秩正六品，兼本州判官。勾当官掌催起运纲船。参见“漕运司”。

〔乛〕

隧　同“遂”。西周时期鲁国行政区划名，指国都郊外地区。《史记》卷三三《鲁周公世家》：“鲁人三郊三隧。”

隧正　官名。春秋鲁、宋等国置，掌国都郊区的行政长官，一说同《周礼》“隧人”。《左传·襄公七年》：“叔仲昭伯为隧正。”杜预注：“隧正，主役徒。”孔颖达疏：“隧正当《周礼》之隧人也。掌诸隧之政令。徒役出诸隧之民故为主役徒者。”《襄公九年》：“宋灾，令隧正纳郊保，奔火所。”杜预注：“隧正，官名也。五县为隧。纳聚郊野保守之民，使随火所起往救之。”

嫱　官名。春秋时期君主后宫女官，地位低于妃，高于嫔、御。侍御君主，赞助后妃管理后宫事务。《左传·哀公元年》：“宿有妃、嫱、嫔、御焉。”杜预注：“妃、嫱，贵者；嫔、御，贱者，皆内官。”

熊军详稳司　官署名。辽朝北面官，统辖熊军。辽多以凶禽猛兽名军，熊军即其一。设详稳等职。

熊渠中大夫　官名。北周置，统兵。周武帝宣政元年（578），郭衍为右中军熊渠中大夫。正五命。

熊渠将军　官名。将军名号。南朝梁置。武帝天监七年（508）定为武职流外八班中的七班，代旧振武将军，与候骑将军同班，由乡品三品以下的寒士、寒人出任，地位很低。普通六年（525）定为武职三十四班中的五班。

熊渠督　官名。西晋置，统领熊渠虎贲，为皇帝的侍卫武官，属左卫将军。大驾出行时，掌仪卫侍从。

骠骑　骠骑大将军、骠骑将军简称。

骠骑大将军 官名。东汉初临时设置，统兵征战，事迄则罢。魏、晋制度，骠骑将军为重号将军，仅次于大将军，高于诸名号大将军，本不须加“大”。然两晋将军名号愈授愈滥，遂又增置此号，居诸名号将军之首，一品。多加于权臣元老，以示尊崇，开府置僚属，不领兵。十六国、南北朝因之。南朝宋一品，梁二十四班，陈一品。北魏孝文帝太和十七年（493）定为一品中，二十三年改从一品。北齐因之。西魏、北周实行府兵制，用作开府府长官军号，九命。隋朝改置骠骑将军。唐高宗显庆元年（656）置为从一品武散官。五代、北宋初沿置，神宗元丰（1078—1085）改制后废。

骠骑府 骠骑将军府简称。两汉、魏、晋、南朝、北魏、北齐骠骑将军为重号将军，多开府置僚属。西魏、北周实行府兵制，以十二大将军领二十四军，各军长官例授骠骑大将军、开府仪同三司（开府仪同大将军），其府简称开府府，下辖仪同府。隋初改开府府为骠骑府，分设各地，统领府兵，府数增多，职级降低，设骠骑将军、车骑将军为长贰，分属十二府大将军。炀帝大业三年（607）改名鹰扬府。唐初复改骠骑府，置骠骑、车骑将军，分属十二卫、十二军等，诸卫、东宫诸率府所属亲、勋卫下亦置。高祖武德七年（624）后陆续改名统军府、折冲府等。参见“骠骑将军”。

骠骑将军 官名。骠亦作票。西汉武帝置为重号将军，仅次于大将军，秩万石。东汉位比三公，地位尊崇。魏、晋南北朝沿置，居诸名号将军之首，仅作为军府名号，加授大臣、重要州郡长官，无具体职掌。魏、晋、宋二品，开府者位从公，一品。梁武帝天监七年（508）定为武秩二十四班，陈一品。北魏孝文帝太和十七年（493）定为一品下，二十三年改二品。北齐二品。北周正八命。隋朝因袭北周府兵制度，改开府府为骠骑府，置为长官，分驻各地，统领府兵，正四品上，分属十二府大将军。炀帝大业三年（607）随府改名鹰扬郎将。唐初复改鹰扬府为骠骑府，置为长官，正四品下，分属十二卫、十二军等。高祖武德七年（624）后陆续改名统军、折冲都尉，诸卫、东宫诸率府亲、勋卫府所置改名中郎将。明朝置为正二品武散官，初授。清朝为散阶称号。初为武职中属绿营者正二品之封赠，乾隆二十年（1755）改武显大夫。

十五画

〔一〕

麹案　官署名。北宋前期三司置，分属户部，掌榷酤、官麹之事，以本部都孔目官以下领之。神宗元丰（1078—1085）改制，随三司废。

墩官　官名统称。辽官排班，有高墩、矮墩、方墩之分，大丞相至阿扎割只为墩官。其礼仪、丧葬、政治地位及服饰，皆有区别。具体内容，史籍记载不详。

增广生员　简称增生。明清学校生员名目之一。指科举制度下考入府、州、县学廪生，定数之外增广员额之生员。明宣德（1426—1435）中定制，在京府学增广六十人，在外府学增广四十人，州增广三十人，县增广二十人。其缺额由岁、科两试高第者补充。清朝沿设，定数之外屡有增广。

增生　明清学校生员名目之一。即增广生员。

横行　即横班。

横行正使　见“横班”。

横行副使　见“横班”。

横江将军　官名。东汉献帝建安十九年（214）孙权置。《三国志·鲁肃传》：“（建安）十九年，（鲁肃）从（孙）权破皖城，转横江将军。”

横帐详稳司　官署名。辽朝北面官，掌横帐所属兵马。设详稳等职。

横帐常衮　官名。辽朝北面官。大横帐常衮司长官，典太祖皇帝后九帐族属。亦称横帐敞稳。下设太师、太保、司空、郎君、知事等职。

横帐敞稳　即横帐常衮。

横沙将军　官名。将军名号。南朝梁置。武帝天监七年（508）定为施用于境外的武职二十四班中的六班，拟武毅将军等号；大通三年（529）定制后，班阶略有提高，改拟忠勇将军等号。

横班　武臣阶官。又称横行。北宋初，有内客省使、客省使、引进使、四方馆使、东上阁门使、西上阁门使，客省副使、引进副使、东上阁门副使、西上阁门副使等。神宗元丰（1078—1085）改制，令各领本职。徽宗政和二年（1112）重定武臣阶官，改正使为大夫，副使为郎。其后，又有所增置。以通侍、正侍、宣正、履正、协忠、中侍、中亮、中卫、翊卫、亲卫、拱卫、左武、右武大夫为横行正使，正侍、宣正、履正、协忠、中侍、中亮、中卫、翊卫、亲卫、拱卫、左武、右武郎为横行副使。南宋因之。

横海将军　官名。西汉置，武帝时有横海将军韩说，统军越海出征。三国魏后成为杂号将军之一，五品。十六国后赵以桃豹为之，统舟师伐段辽。

横海校尉　官名。西汉置。《汉书·西南夷两粤朝鲜传》：“横海校尉福为缭荌侯。”时汉攻东粤，渡海作战，故名。

横朔将军　官名。将军名号。南朝梁置。武帝天监七年（508）定为施用于境外的武职二十四班中的十一班，拟电威将军等号；大通三年（529）定制后，改拟武猛将军等号。

横野大将军　将军名号。东汉置。《后汉书·王常传》：“（建武）七年，使使者持玺书即拜常为横野大将军，位次与诸将绝席。”

横野中郎将　官名。东汉献帝建安（196—220）中孙权置，领兵。吕蒙自平北都尉迁此。见《三国志·吕蒙传》。

横野将军　官名。东汉置。三国魏、两晋、南朝宋亦置，为杂号将军中地位较低者，皆八品（一说三国魏为五品）。梁武帝天监七年（508）定为武职二十四班中的一班，陈拟九品、比秩四百石。北魏孝文帝太和十七年（493）定为九品上，北齐九品上，北周正一命。隋初列为散号将军，从九品上，炀帝大业三年（607）罢。

横榻　侍御史别称。洪迈《容斋四笔》卷一五《官称别名》：“唐人好以它名标榜官称”，“侍御史为端公南床、横榻、杂端”。

横壄将军　将军名号。新莽置。《汉书·翟方进传》：“将作大匠蒙乡侯逯并为横壄将军屯武关。”

聪明正直　选举制度。明朝荐举科目。洪武六年（1373）罢科举后，置为荐举名目之一。由地方官吏察选德才兼备者，礼送京师授官。其后复科举，此法并行不废，但渐衰，徒有其名而已。

鞍楼　官署名。清朝顺治（1644—1661）初年设，掌陈设御用武备、修造器械及赏赐支放诸事。以三旗侍卫三人综理。属官有员外郎四人，笔帖式十五人，库掌三人，库守二十四人。顺治十一年（1654），改为兵仗局。

鞍辔局　官署名。明朝置，隶工部。初设大使一人，正九品，副使一人，从九品。隆庆元年（1567）俱革。掌鞍辔之制造、供应、整点和补充等事宜。

鞍辔库　官署名。北宋置，掌御马鞍辔及给赐王公，群臣、外国使臣国信使等鞍辔诸物。设监官二人，以诸司使、副使及三班使臣、内侍充任。神宗元丰（1078—1085）改制前隶群牧司，其后并入太仆寺。

鞍辔库使　官名。五代始置。北宋初，属东班诸司使，多不领本职，仅为武臣迁转之阶。真宗咸平元年（998）定为同六品，神宗元丰（1078—1085）改制改正七品。徽宗政和二年（1112）重定武臣阶官，废。

鞍辔库副使　官名。北宋初，属东班诸司使，多不领本职，仅为武臣迁转之阶。真宗咸平元年（998）定为同七品，神宗元丰（1078—1085）改制改从七品。徽宗政和二年（1112）重定武臣阶官，废。

覲　周朝诸侯秋季朝见天子称覲。《周礼·秋官·大行人》："春朝诸侯而图天下之事，秋覲以比邦国之功。"《说文解字》："诸侯秋朝日覲，勤劳王事也。从见堇声。"

覲见　先秦时代诸侯秋季朝天子称覲。后世之王公百官、外国使节等进谒皇帝，称覲见。清朝外任三品以上高级官员每三年得请覲见。每逢庆典，外国使节拜谒皇帝亦称覲见。

敷文阁　宋朝阁名。南宋高宗绍兴十年（1140）建，收藏徽宗御制文集等，置学士、直学士、待制为贴职。

敷文阁直学士　官名。南宋高宗绍兴十年（1140）置，为从三品贴职。参见"贴职"。

敷文阁学士　官名。南宋高宗绍兴十年（1140）置，为正三品贴职。参见"贴职"。

敷文阁待制　官名。南宋高宗绍兴十年（1140）置，为从四品贴职。参见"贴职"。

蕃大学院　官署名。西夏置，不在官制序列中。有学正主其事，设博士。参见"蕃汉二字院"。

蕃书译语　官名。唐朝中书省置十人，为翻译人员。

蕃汉二字院　官署合称。西夏景宗元昊大庆元年（1036）置，掌管与邻近王朝、民族的往来文书。汉字院（又称汉大学院）掌管与宋朝的来往表奏，中写汉字，旁列蕃书（西夏文）。蕃字院（又称蕃大学院）掌管与吐蕃、回鹘等往来文字，用蕃字书写，再分别副以其他文字。因蕃字地位最高，故蕃字院受到特别重视。

蕃汉三学院　官署。西夏佛教学术与教育机构，传扬戒、定、慧三学。设百官法士。

蕃汉大学院　参见"蕃汉二字院"。

蕃汉官　西夏官制。景帝元昊称帝前立官制，设文武班，其制多仿宋朝。自中书、枢密、宰相、御史大夫、侍中、太尉以下命蕃、汉人分任。另有专授蕃（党项）人的官职，以蕃语称呼。军队各监军司都统军、副统军、监军使以党项贵族担任，其余指挥使、教练使、左右侍禁官等由蕃、汉人并任。毅宗諒祚都六年（1062），汉官增设各部尚书侍郎、南北宣徽使及中书学士等。

蕃昌苑　官署名。明成祖永乐五年（1407）置，北京苑马寺六监二十四苑之一。属卢龙监。设圉长一人，从九品，下分各群。设群长，掌牧养马匹、以备军需。十八年并入太仆寺。参见"卢龙监"。

蕃育署　官署名。明成祖上林苑监属署之一。永乐五年（1407）置，设典署一人，正七品；署丞一人，正八品；录事一人，正九品。掌苑地内饲育鹅、鸭、鸡之事。嘉靖（1522—1566）时革典署。参见"上林苑监"。

蕃官　官制用语。宋朝，边境地区少数民族任宋朝官职，称为蕃官。由枢密院与兵部掌管。有三班借职、三班奉职、左班殿直、右班殿直、閤门祗候、左右侍禁、内殿崇班、内殿承制、染院使、洛苑副使、东西头供奉官、内藏库副使、内藏库使、西京左藏库副使、团练使、团练副使、节度观察使、节度观察留后、知州、刺史、防御使、押蕃落使，检校司空、太傅、太保，检校太子宾客，太子左清道率府率、左右监门卫将军、右领军、左右千牛卫将军国子祭酒、兼监察御史、武骑尉、郡公、郡王、银青光禄大夫、金紫光禄大夫、都虞候、都巡检、巡检、正副军主、正副都军主、正副都指挥使、正副指挥使、都监、钤辖等名目。官、职、差遣、阶、勋、检校官、功臣号、食邑，皆依功劳大小、族帐多少而授。西夏亦置。景宗显道二年（1033）设文武班，其制多仿宋，命蕃（党项族）人、汉人分任。另有专授蕃人的官职如宁令、谟宁令、丁卢、丁弩、素斋、祖儒、吕则、枢铭等，皆以蕃语称呼。军队系统各监军司统军、副统军、监军使以党项贵族担任，其余指挥使、教练使、左右侍禁官等许蕃、汉并任。毅宗諒祚都六年（1062）蕃官增昂聂、昂星、谟固、阿泥、芭良、春约、鼎利、映吴、祝能、广东。此外尚有令能、庆唐等名号。

蕃学　宋朝为少数族贵族及外国商人子弟所设的专门学校。神宗时，于熙（治今甘肃临洮）、河（治今甘肃临夏东北）二州置，收蕃部首领、蕃官子弟入学。徽宗时，陕西沿边用蕃字地区及广州、泉州亦置。西夏于景宗天授礼注延祚二年（1039）亦置，以谟宁令（天大王）野仁利茶主其事。学生皆选自蕃汉官僚子弟。学成后视其才能酌量授以官职。各州亦设有蕃学。

蕃部　官署名。西魏文帝大统十二年（546）置，为尚书省十二部之一，掌管诸侯朝覲礼仪，以蕃部郎中为长官。恭帝三年（556）改以中大夫为长官，隶秋官府。隋文帝开皇元年（581）罢。参见"蕃部中大夫"。

蕃部下大夫　参见"小蕃部下大夫"。

蕃部中大夫　官名。西魏恭帝三年（556）置，北周沿置。秋官府蕃部司长官，掌诸侯朝覲礼仪。正五命。下设小蕃部下大夫、小蕃部上士、小蕃部下士以佐其职，领掌交上士、司匡上士等官属。北周武帝建德二年（573）省。宣帝即位后，复置。隋文帝开皇元年（581）罢。

蕃部郎中　官名。西魏文帝大统十二年（546）置，为尚书省蕃部长官，掌管诸侯朝覲礼仪。恭帝三年（556）罢。

蕃部指挥使　官名。本五代、宋时党项部落政权首领所受封，统部落兵马。宋太宗雍熙二年（985）李继迁占银州、预署官员时设置。李德明继立相沿，以党项人任之。元昊建国于十二监军司中设此职，则不分党项与汉人，悉以委任。

蓄殖科　官署名。清末陆军部军牧司所属二科之一，光绪三十二年（1906）设。掌马匹之蓄殖，马科之改良，马牛羊驼数字之统计。以及陆军各镇马骡之治疗。置科长、科员、录事。

趣马　官名。同"走马"。西周置，掌马政。《尚书·周书·立政》："虎贲、缀衣、趣马、小尹。"孔安国传："趣马，掌马之官。"《周礼·夏官》："有趣马，为校人属吏，职卑位低。"《周礼·夏官·司马》："凡颁良马而养乘之"，"三乘为皁，皁一趣马"，趣马"掌赞正良马而齐其饮食"。

震狄将军　将军名号。新莽置。《汉书·王莽传》："震狄将军王巡出云中。"

撒答剌欺提举司　官署名。元世祖至元二十四年（1287）由组练人匠提举司改立，掌织造撒答剌欺人匠，隶工部。秩正五品。置提举、副提举各一员。

撢人　官名。《周礼》夏官之属，一说为周朝置，掌政治宣传。《周礼·夏官》："撢人，中士四人，史四人，徒八人"，"掌诵王志道国之政事，以巡天下之邦国而语之，使万民和说而正王面"。

撰文中书　官名。清朝内阁属官，由大学士于内阁汉中书内委派，无定员。掌拟以皇帝名义发布的文稿。

撰史学士　官名。南朝梁置，秘书省属官，参预修撰国史。陈沿置。

撰史著士　官名。南朝陈置，参预史事的修撰，多以他官兼领。《陈书·阮卓传》："转翊右记室，带撰史著士。迁鄱阳王中卫府录事，转晋安王府记事，著士如故。"

撰达　即壮达。

〔丨〕

噶卜什先章京　即噶布什贤章京。

噶布什贤下　满语官名。武职。汉译为前锋侍卫。

噶布什贤壮达　满语官名。武职。汉译为前锋校。

噶布什贤章京　满语官名。武职。汉译为前锋参领。

噶布什贤噶喇衣昂邦　即噶布什贤噶喇依昂邦。

噶布什贤噶喇依昂邦　满语官名。武职。汉译为前锋统领。

噶布什贤噶喇依按班　即噶布什贤噶喇依昂邦。

噶布什贤噶喇昂邦　即噶布什贤噶喇依昂邦。

噶布式显下　即噶布什贤下。

噶布式显壮尼大　即噶布什贤壮达。

噶布式显章京　即噶布什贤章京。

噶布伦　官名。即噶伦。

噶伦　官名。亦称噶布伦，清朝西藏之最高行政长官。隶于达赖喇嘛之下，综理藏务，凡任官、军务、财赋、刑狱事皆掌之。其议事之署称嘎厦。康熙六十年（1721）废第巴，改设四噶伦。以喇嘛一人为首，遇有缺出由番目中挑补。俗官三人，皆为正三品官。乾隆五十八年（1793）赏给三品顶戴。遇有缺出，由戴琫、商上仔琫、商卓巴特中拣选奏补。

噶杂拉齐伯克　官名。清朝新疆回部官员之一，掌地亩粮赋。喀什噶尔、叶尔羌各设四品伯克一人，内喀什噶尔一人兼回兵副总管。伊犁、和阗等处共设五品伯克七人。拜城设七品伯克一人。

噶拉衣章京　即噶喇依章京。

噶拉昂邦　满语官名。武职。即噶布什贤噶喇依昂邦。汉译为前锋统领。

噶拉章京　即噶喇依章京。

噶拉谙班　即噶拉昂邦。

噶尚拨什库　满语官名。即屯拨什库。

噶喇大　满语官名。武职。汉译为翼长。

噶喇依章京　满语官名。武职。汉译为前锋参领。

噶赖大　即噶喇大。

幢帅　官名。柔然兵豆伐可汗（社仑）置，统领百人。《魏书·蠕蠕传》："始立军法，千人为军，队置将一人，百人为幢，幢置帅一人。"

幢主　官名。南北朝置，为幢的主将，所领人与数与队主相近，主要用于仪卫，在必要时也参加作战。多以他职兼领。北齐时与军主、别将、统军、都将合列为"备身五职"，备宿卫；将作寺亦置，负责营造。北齐从九品，北周正三命。隋朝沿置，从九品下。

幢将　官名。北魏道武帝登国元年（386）置。《魏书·官氏志》："员六人，主三郎卫士直宿禁中者。"除领禁兵宿卫外，有时也外出作战。孝文帝太和十七年（493）定宿卫幢将为从七品，二十三年复次职令未载。还有内幢将、都幢将、虎贲幢将、羽林幢将等，详见各条。

幢副　官名。南北朝时幢的副主将，主要执行仪卫任务。北齐时将作寺亦置为属官，管理营造事务。

暴室令　官名。汉朝掖庭令下有暴室丞，三国魏始置令，管理后宫受罚宫人。两晋南朝沿置，隶光禄勋，梁、陈于大长秋下又别置暴室署。

暴室丞　官名。东汉隶少府所属掖庭令，员一人，以宦者任之。主宫中妇人医病事。皇后、贵人有罪亦系治之。

暴室局　官署名。北齐置，设丞。用宦者。隶长秋寺。

暴室局丞　官名。北齐置。参见"暴室局"。

暴室啬夫　官名。汉朝小吏，任用宦者，主暴室事。暴室为宫中织作染练之署，有宫人狱。

暴室署　官署名。南朝梁、陈置，隶大长秋。光禄卿下别有暴室令。

暹罗馆　官署名。明、清负责暹罗（今泰国）语言文字翻译的部门。明神宗万历（1573—1620）年间始置，设译字生、通事以掌其事，隶太常寺。清初沿置，隶翰林院，乾隆十三年（1748）省并入礼部。

墨义 选举制度。唐、宋贡举考试内容之一，以经义考进士和诸科举人，命其笔答，称为墨义。北宋神宗熙宁四年（1071）罢明经科，进士科亦罢考墨义。

墨卷 选举制度。明、清乡、会试时，考生本人以墨笔书写的试卷。考试官不得直接批阅，须待誊抄后方得批阅。

墨离 即抹里。

墨离军详稳司 官署名。辽朝北面官，统领墨离军，设详稳等职。墨离军为御帐亲军之一，后撤销。

墨曹 官署名。南朝宋公府僚属诸曹之一，掌文翰，长官为参军。齐、梁、陈公府、将军府，北齐公府、护军府、诸州府亦置，长官为行参军。又，一说北魏所置默曹亦即墨曹。

墨曹行参军 官名。南朝齐、梁、陈及北齐置，为墨曹长官。梁自三班至流外四班，陈自八品至九品，北齐自七品上至八品上。多以文学之士担任。常省称为墨曹参军。

墨曹参军 官名。南朝宋置，为墨曹长官。七品。

墨绶 系官印的黑色丝带。汉朝亦用作中级官吏代称。西汉官秩比六百石以上至千石之大县令、郡丞、长史、都尉丞等皆授铜印墨绶，故名墨绶长吏。成帝绥和元年（前8），一度令县长、侯国相改用墨绶。哀帝建平二年（前5）复用黄绶。东汉常指县令、长之属，后世因以作为县官的典故。晋、南朝宋一些官职原来品阶较低，后职权虽大，但仍用墨绶，如尚书令、仆射、御史中丞等皆然。

题本 文书名。明朝始行之上行文，凡内外衙门向皇帝报告关系政务之公事时使用。（私事用“奏本”）清初明确规定，公事用题本，盖章；私事用奏本，不盖印。然实际运用中并不十分严格。乾隆十三年（1748）废止奏本，公、私事俱用题本。清中期以后由于直达皇帝的奏折普遍使用，题本内容仅为呈报例行之事，其重要性遂日益降低。光绪二十七年（1901）废止使用，专用奏折。

题补 清朝吏部铨选制度。乃补授官员之方法。按官员铨选章程规定，凡应具题补授之官员出缺，某上司在应补或应升此缺人员中拣选，题请补用，称题补。

题阁监 官名。南朝梁置，流外三品勋位。

题差 任官制度。明朝户部十三司官员三差之一，疏名上请而任。详见“注差”。

题授 任官制度。清朝官缺补授方法之一，指官缺不入月选，经题补而授官之例。外官道府以下有题补之缺，缺出由本省督抚以应调、应升之员拣选题奏，由吏部引见奉旨补授。

〔丿〕

镈师 官名。《周礼》春官之属，一说为周朝置，掌击鼓奏钟镈。《周礼·春官》：“镈师，中士二人，下士四人，府二人，史二人，胥一人，徒十人”，“掌金奏之鼓。凡祭祀，鼓其金奏之乐。飨食、宾射、亦始之”。

镇 ❶捍防守御据点。北魏于各要地置，地位与州等同，以镇都大将或镇将为长官，下设副将、监军及长史、司马、录事参军等属；不置州郡的西、北地区则兼统军政、民政；与州郡并置地区仅掌军政，若兼所在州刺史则仍兼掌军政、民政；下统军（相当于郡）、戍。孝文帝改制后内地多废，北魏末年北方亦改为州。隋朝沿置，有将、副，分三等。唐朝以防人五百为上镇，三百为中镇，不足者为下镇，皆置镇将、镇副、兵曹参军事、兵曹佐、仓督等属，上镇又有仓曹参军事、仓曹佐等员。凡镇，皆有使、副使各一员；军镇，不及二万人置司马，仓、兵曹参军事；二万人以上置司马一员，增仓、兵曹参军事各一员；镇将、镇副防掌捍防守御，且征械甲粮饷，权侵州县。❷节度使辖地。唐朝中后期称方镇，其兵称镇兵。辽、金两朝称节镇。❸有课税而不成县之街市。宋朝县置，以监镇官管辖，管火禁并兼酒税之事。大县置十余镇，亦有不置者。镇可升县，县可降镇。❹明、清多用于称总兵官。

镇卫大将军 官名。十六国后赵置，在武职中地位仅次于大将军，握有实际兵权。十六国北凉沿置，沮渠蒙逊立其子政德为世子，加此职并录尚书事。南朝梁、陈亦置，地位极高，多以宗室任之。参见“镇卫将军”。

镇卫将军 官名。将军名号。十六国后赵石虎建武（335—348）中置，位在车骑将军之上。南朝梁武帝天监七年（508）复置，定为武职二十四班之首，在骠骑、车骑将军之上。陈沿置，拟一品，比秩中二千石。

镇右将军 官名。将军名号。南朝梁置，为八镇将军之一。武帝天监七年（508）定为武职二十四班中的二十二班，止授予在京师任职之官。普通六年（525）改为武职三十四班中的三十二班。陈拟二品，比秩中二千石。

镇左将军 官名。将军名号。南朝梁置，为八镇将军之一。武帝天监七年（508）定为武职二十四班中的二十二班，止授予在京师任职之官。普通六年（525）改为武职三十四班中的三十二班。陈沿置，拟二品，比秩中二千石。

镇东大将军 官名。三国魏置，职掌与镇东将军同，唯资历深者得任此职，历代皆不常置。三国魏高贵乡公正元二年（255），诸葛诞自镇南将军迁此职，仪同三司，都督扬州，二品。晋定为二品，禄赐与特进同。如开府，则位从公，假金章紫绶，升为一品。十六国、前秦、后燕、北燕、北凉亦置。南朝宋列为二品，南齐时位从公，开府仪同如公，置僚属亦从公。梁、陈时皆较镇东将军进一阶。北魏孝文帝太和十七年（493）职员令定为从一品上，位次尚书令，太和二十三年复次职令改为二品。北齐为褒赏军功勋臣的闲职，二品。参见“镇东将军”。

镇东将军　官名。东汉献帝时置，张济、曹操、刘备皆曾任之。三国魏时与镇西、镇南、镇北将军合称四镇将军，多授持节都督，出镇方面，二品。位在征东将军下，一般不与征东将军并置。蜀、吴亦置。晋朝定为三品，如为持节都督，则进为二品。十六国汉、前燕、前秦、大夏沿置。南朝宋沿晋制。梁、陈列为八镇将军之一，梁武帝天监七年（508）定为武职二十四班中的二十二班，普通六年（525）改为武职三十四班中的三十二班。陈拟二品，比秩中二千石。北魏孝文帝太和十七年（493）定为从一品下，二十三年复次职令改为从二品。北齐成为褒赏军功勋臣的闲职，从二品。麹氏高昌国亦置。

镇北大将军　官名。三国蜀、吴置，职掌与镇北将军同，唯资历深者得任此职，历代皆不常置。三国蜀后主延熙六年（243），王平任此职，统汉中守军，以拒魏军。三国吴会稽王孙亮时，曾授魏降将文钦为此职。晋定为二品，禄赐与特进同。如开府，则位从公，假金章紫绶，升为一品。十六国前秦、南朝、北魏、北齐沿置。西晋时益州流民领袖李特亦自称此号。南朝宋列为二品；齐位从公，开府仪同如公，置僚属亦从公。南朝梁、陈时皆较镇北将军进一阶。北魏孝文帝太和十七年（493）职员令定为从一品上，位次尚书令，二十三年复次职令改为二品。北齐为褒赏军功勋臣的闲职，二品。参见“镇北将军”。

镇北将军　官名。东汉献帝建安（196—220）中，任王邑为此职，并领河东太守。三国魏时，与镇东、镇西、镇南将军合称四镇。多为持节都督，出镇方面。魏、晋及南北朝前期权势很重，后期渐轻。三国魏定为二品；晋、南朝宋改为第三品，如为持节都督则进为二品。十六国汉、前秦、后秦、南凉等沿置。南朝梁、陈时列为八镇将军之一。梁武帝天监七年（508）定为武职二十四班中的第二十二班，普通六年（529）定为武职三十四班中的第三十二班；南朝陈拟二品，比秩中二千石。北魏孝文帝太和十七年（493）定为从一品下，二十三年复次职令改为从二品。北齐为褒赏军功勋臣的闲职，从二品。麹氏高昌国亦置。

镇主　官名。南北朝时防守要地的军事长官，地位相当于刺史，多由刺史兼任。北魏时亦作为镇将的别称。

镇民中郎将　官名。东汉末置。张鲁割据汉中，朝廷力不能讨，拜鲁为之。领汉宁太守。见《三国志·张鲁传》。

镇台　清朝总兵别称。

镇西大将军　官名。三国蜀置，职掌与镇西将军同，唯资历深者得任此职，历代皆不常置。后主延熙六年（243），姜维任此职，领凉州刺史。晋定为二品，禄赐与特进同。如开府，则位从公，假金章紫绶，升为一品。十六国后秦亦置。南朝宋列为二品。南朝齐时位从公，开府仪同如公，置僚属亦从公。梁、陈时，皆较镇西将军进一阶。北魏孝文帝太和十七年（493）定为从一品上，位次尚书令。二十三年复次职令，改为二品。北齐为褒赏军功勋臣的闲职，二品。参见“镇西将军”。

镇西将军　官名。❶东汉末置，献帝初平三年（192），以韩遂任之。三国魏时，与镇东、镇南、镇北将军合称四镇将军。多授持节都督，出镇方面，二品。位在征西将军下，一般不与征西将军并置。蜀、吴亦置。晋朝定为三品，如为持节都督，则进为二品。十六国前秦、后秦、后燕、北凉沿置。南朝宋沿晋制。梁、陈时列为八镇将军之一。梁武帝天监七年（508）定为武职二十四班中的二十二班，普通六年（525）改为武职三十四班中的三十二班，陈拟二品，比秩中二千石。北魏孝文帝太和十七年（493）定为从一品下，二十三年复次职令改为从二品。北齐成为褒赏军功勋臣的闲职，从二品。北周命品不详。麹氏高昌国亦置。❷明朝延绥总兵挂印者称镇西将军。

镇夷中郎将　官名。东汉末置。张鲁割据汉中，东汉政权力不能讨，拜张鲁为此，一说名镇民中郎将。领汉宁太守。见《后汉书·刘焉传》。

镇后将军　官名。将军名号。南朝梁置，为八镇将军之一。武帝天监七年（508）定为武职二十四班中的二十二班，止授予在京师任职之官，普通六年（525）改为武职三十四班中的三十二班。陈拟二品，比秩中二千石。

镇江稻田提举司　官署名。元朝置，秩从五品，隶崇祥总管府，掌镇江大承华普庆寺田产。置达鲁花赤、提举、同提举、副提举各一员。

镇守　官名。明朝派出总镇一方的武臣，均为总兵官或副总兵，称镇守某处总兵官或副总兵。参见“总兵官”。

镇守太监　官名。明朝派驻各地镇守地方的太监。洪熙元年（1425）始设，正统（1436—1449）始遍设于各省各镇，均由地位极高的太监出任，控制地方官员，权势显赫。嘉靖八年（1529）后始革。

镇守辽东等处将军　见“盛京将军”。

镇守使　使职名。镇守一方之军事长官，多以经略使、节度使兼。唐武则天长寿三年（694）曾诏诸军经略、镇守大使以一子为宿卫。玄宗先天二年（713）甄道一除幽州节度、经略、镇守使。肃宗乾元二年（759）置陕虢华节度使，领潼关防御、团练、镇守等使，治陕州。代宗大历（766—779）中，张镒团阅乡兵严守御，有诏褒美，擢侍御史，兼缘淮镇守使。

镇守奉天等处将军　见“盛京将军”。

镇守海口屯储亲军都指挥使司　官署名。元朝侍卫亲军指挥机构，又称镇守海口侍卫亲军屯储都指挥使司，简称海口侍卫。设于武宗至大二年（1309），掌汉军五千，康里军二千，屯田于直沽（今天津市）海口。秩正三品。置都指挥使、副都指挥使等职。

镇守盛京等处将军 见“盛京将军”。

镇军大将军 官名。三国魏文帝黄初六年（225）置，权任很重，以尚书令陈群为之，二品。蜀、吴亦置。西晋齐王司马攸任职时，改在骠骑将军之上，后复旧。两晋开府者位从公，一品。不开府者二品，禄赐同于特进。南朝宋二品，南齐位从公，开府仪同如公。北魏孝文帝太和十七年（493）定为从一品中，在四征将军之下；二十三年改为二品，在四征将军上。

镇军司马 官名。即镇军将军的司马，位在长史之下，员一人。西晋时秩千石，北魏孝文帝太和十七年（493）定为五品上，二十三年复次职令，仍五品上，北周定为五命。宋朝亦有其名，而罕除授。

镇军将军 官名。东汉献帝建安（196—220）末刘备置。三国魏定为三品，蜀、吴亦置。西晋武帝泰始五年（269）罢，六年复置，三品。位在镇军大将军下，两职可并置。与中军、抚军三号将军位比四镇将军。主要为中央军职，但亦可出任地方军事长官，并领刺史等地方官，兼理民政。十六国成汉、前秦、北凉亦置。南朝宋三品，南齐位在四征将军之上。北魏孝文帝太和十七年（493）定为从一品下，二十三年复次职令，改为从二品。北齐多以罢任武职者任之，无职事，从二品。北周八命。隋初列为散号将军，正六品。炀帝大业三年（607）罢。

镇远将军 官名。新莽置，因事而设，事讫即罢。东汉献帝建安（196—220）末刘备置，权任很重。晋朝省置无常。十六国后秦亦置。南朝梁置，为将军名号，专施用于境外，品班拟车骑将军，相当于武职中最高的一班。北魏孝文帝太和十七年（493）定为从三品下，二十三年改为四品。北齐四品上。北周正六命。隋初列为散号将军，正七品上，炀帝大业三年（607）罢。

镇抚 官名。元朝始置，为万户府下镇抚司官，二人，蒙古、汉人参用。上万户府所属为正五品，中万户府从五品，俱金牒；下万户府所属正六品，银牒。明朝于各卫镇抚司设，二人，从五品，掌本卫刑名。设于千户所千户下二人，初正六品，后改从六品，掌狱事，无狱事则管军，百户缺则代之。又，明初曾置都镇抚司，总领禁卫，设都镇抚、副镇抚。后改宿卫镇抚司，设宿卫镇抚。洪武三年（1370）改留守卫，制同诸卫。

镇抚司 官署名。元朝始置，隶万户府，设镇抚二人，蒙古、汉人参用。明朝沿置，隶卫指挥使司下，掌本卫刑名。设镇抚二人，从五品。隶锦衣卫下者，除掌本卫刑名及理军匠外，兼掌诏狱。洪武（1368—1398）末罢锦衣卫狱，成祖即位复旧，并增设北镇抚司，专理诏狱。成化（1465—1487）中，治北司印，狱成得专达，锦衣官不得干预。旧设则称南镇抚司，专理军匠。亦称镇抚使司。

镇抚使 官名。南宋高宗建炎四年（1130），分京畿、湖北、淮南、京东、京西州军为若干镇，每镇置镇抚使一人为帅臣。除茶盐之利归朝廷，依旧设提举官，其余监司并罢。所有财赋除上供钱帛依数送纳，其余皆许本镇移用。管内州县官并许辟置，知州、通判则具名辟奏。官吏廉污勤惰，并许按察升黜。遇军兴，则许便宜从事。如能捍御外寇，显立大功，可特许世袭。嗣后或战死，或降金，或反叛，或失地，乃废。南宋末年复置。其官署称镇抚使司或镇抚司。

镇抚使司 官署名。南宋高宗建炎四年（1130）置，分领京畿、湖北、淮南、京东、京西诸镇。设镇抚使为长官，其属有参议官一人，书写机宜文字一人，干办公事二人，许长官奏辟。后废。南宋末年复置。参见“镇抚使”。

镇护将军 官名。三国魏置。齐王曹芳即位后，郭太后叔父郭立之子甄德、郭建俱任之。封列侯，掌宫禁宿卫。三品。

镇兵将军 官名。将军名号。南朝梁置，武帝天监七年（508）定为武职二十四班中的十七班，与翊师将军等代旧四中郎将；普通六年（525）定为武职三十四班中的二十七班。陈沿置，拟四品，比秩中二千石。如加为镇兵大将军，则进一阶。

镇国大将军 官名。北宋前期置，为武散官，从二品。神宗元丰五年（1082）罢。

镇国中尉 爵位名。明置为较低等封爵，以封郡王非嫡长之四世孙。

镇国公 爵名。清朝宗室封爵有奉恩镇国公、不入八分镇国公。详见该条。又，清朝对蒙古贵族之封爵亦设镇国公，为第五等。列贝子下，辅国公上。

镇国将军 ❶官名。明朝置为武散官，从二品，初授。❷明、清宗室封号。明朝郡王由嫡长子袭爵，余子封镇国将军。清沿明置，为宗室封爵十二等中第九等。

镇使 官名。唐朝军镇，每镇置一人，以监诸镇捍防守御之事。

镇京将军 官名。十六国北凉置。《晋书·沮渠蒙逊载记》：“（沮渠蒙逊）又以从祖益子为镇京将军、护羌校尉、秦州刺史，镇姑臧。”

镇城 官名。东魏置，负责地方上的军事事务。《周书·李棠传》：“时东魏又遣镇城奚寿兴典兵事，（刺史高）仲密但知民务而已。”南朝梁边境各戍亦置。见《北齐书·文宣纪》。

镇城大都督 官名。北魏末置。《北齐书·刘丰传》：“魏（孝庄帝）永安（528—530）初，（刘丰）除灵州镇城大都督。”参见“镇城都督”。

镇城都将 官名。北魏置，为地方上负责军事事务的武职。北魏末高欢为晋州刺史时，曾任潘乐为之。参见“都将”。

镇城都督　官名。北魏末、东魏各州置，负责城防等军事事务。员数可在一人以上。见《北齐书》之《窦泰传》、《韩轨传》。

镇南大将军　官名。三国蜀置，职掌与镇南将军同，唯资历深者得任此职，后主延熙五年（242），加拜庲降都督马忠为此，驻南中。晋定为第二品，禄赐与特进同。如开府，则位从公，假金章紫绶，升为一品。十六国后燕、北燕亦置。南朝宋列为二品。南齐时位从公，开府仪同如公，置僚属亦从公。梁、陈时皆较镇南将军进一阶。北魏孝文帝太和十七年（493）定为从一品上，位次尚书令，二十三年复次职令，改为二品。北齐为褒赏军功勋臣的闲职，二品。参见“镇南将军”。

镇南将军　官名。东汉献帝初平（190—193）中，任刘表为此职、荆州牧。三国魏时，与镇东、镇西、镇北将军合称四镇，多为持节都督，出镇方面。魏、晋及南北朝前期权势很重，后渐轻。三国魏定为二品；晋、南朝宋改为三品，如为持节都督则进为二品。南朝梁、陈时列为八镇将军之一。梁武帝天监七年（508）定为武职二十四班中的二十二班，普通六年（525）定制后，改为武职三十四班中的三十二班。陈拟二品，比秩中二千石。北魏孝文帝太和十七年（493）定为从一品下，二十三年复次职令，改为从二品。北齐为褒赏军功勋臣的闲职，从二品。麹氏高昌国亦置。

镇将　官名。北魏置，镇的长官。在不设州郡的地区，如西边、北边诸镇，兼统军民；在设州郡的内地，主要掌军政，但兼任驻在州刺史时，亦兼理民政。北魏前期多以宗室或鲜卑勋贵为之，多兼刺史，并持节、都督邻近州镇，地位高于刺史，孝文帝改制后地位渐低。其下设副将、监军及长史、司马等僚佐。北魏孝文帝太和十七年（493）职员令及二十三年复次职令时皆未载其品阶。北齐三等镇将为四品。隋以后仅于边防处置镇，以其掌镇捍防守，总判镇事，地位较前大为下降。隋、唐镇皆分三等，隋上镇将从四品，中镇将从五品，下镇将正六品；唐上镇将正六品下，中镇将正七品上，下镇将正七品下。

镇前将军　官名。将军名号。南朝梁置，为八镇将军之一。武帝天监七年（508）定为武职二十四班中的二十二班，止授予在京都任职之官，普通六年（525）改为武职三十四班中的三十二班。陈拟二品，比秩中二千石。

镇统　见“统制官”。

镇都大将　官名。北魏于缘边诸镇置，为镇的长官，管理辖区内的军务及民政，地位甚高，多任用鲜卑宗室，如拓跋他以镇西大将军为虎牢镇都大将。其下设都副将以佐之。孝文帝太和十七年（493）职员令及二十三年复次职令时皆未载其品秩。

镇都副将　官名。北魏于缘边诸镇置，镇的副长官，佐镇都大将掌镇务。孝文帝太和十七年（493）职员令及二十三年复次职令时皆未载其品秩。

镇监　官名。南朝梁、陈置，为朝廷派驻诸镇监察政务的官员。梁武帝天监七年（508）定为流外三品蕴位。

镇贼中郎将　官名。东汉末为镇压黄巾起义置。统兵，朱儁自右中郎将迁此。见《后汉书·朱儁传》。

镇朔将军　官名。将军名号。南朝梁置，以代旧辅国将军，武帝天监七年（508）定为武职二十四班中的十四班。陈拟五品，比秩千石。明朝宣府总兵挂印则称镇朔将军。

镇副　官名。镇将副贰。隋朝上镇从五品，中镇正六品，下镇从六品。唐朝上镇二员，正七品下；中镇一员，从七品上；下镇一员，从七品下。

镇副将　官名。北魏置，镇的副长官，佐镇将掌镇务。重要之镇置都副将，职掌同，而品秩在其上。孝文帝太和十七年（493）职员令及二十三年复次职令时皆未载其品秩。

镇蛮护军　官名。东晋、南朝置。职掌如将军，而地位略低。统兵，管理少数民族事务。东晋时桓云、桓冲、桓石秀皆以江州刺史领此职、西阳太守。南朝宋定为六品。庐江、晋熙、西阳太守加此，立府。梁时，南新蔡太守亦加此。陈拟八品，比秩八百石。若单为此职，不兼太守，则减太守一阶，如其上别设将军，亦减一阶。

镇蛮校尉　官名。东晋改南夷校尉置，掌管宁州的少数民族事务。领兵，立府，置长史、司马、参军等僚属。四品。南朝沿置。宋四品，陈拟六品，比秩千石。

镇寨官　官名合称。宋朝于人烟繁盛处诸镇置监官，掌管火禁或兼酒税之事，与寨官合称镇寨官。参见“寨官”。

稽义　官名。明太祖洪武二十三年（1390）于中、左、右、前、后五军断事司分置，每司一人，正七品，分理军中刑狱。建文（1399—1402）中革。参见“五军断事司”。

稽仁　官名。明太祖洪武二十三年（1390）于中、左、右、前、后五军断事司分置，每司设一人，正七品，分理军中刑狱。建文（1399—1402）中革。参见“五军断事司”。

稽礼　官名。明太祖洪武二十三年（1390）于中、左、右、前、后五军断事司分置，每司设一人，正七品，分理军中刑狱。建文（1399—1402）中革。参见“五军断事司”。

稽查守卫事宜处　官署名。清末稽查守卫事宜大臣衙署。光绪三十四年（1908）置总司稽查守卫事宜大臣，始设。职掌稽查守卫宫禁事宜。置稽查守卫事宜大臣三人，下设总办、帮办各一人，稽查章京四人，稽查委员十数人等。宣统三年（1911）裁。

稽查官　官名。清末新陆军职官。光绪三十年（1904）定新陆军营制，始置。每军一人，正五品，正军校充，奏补。掌管带马弁护兵。唯平时不编军，故不常置。

稽信 官名。明太祖洪武二十三年（1390）于中、左、右、前、后五军断事司分置，每司设一人，正七品，分解军中刑狱。建文（1399—1402）中革。参见“五军断事司”。

稽勋司 官署名。即稽勋清吏司。

稽勋司员外郎 官名。即稽勋清吏司员外郎。

稽勋司郎中 官名。即稽勋清吏司郎中。

稽勋清吏司 官署名。简称稽勋司，明清吏部四司之一。掌理勋级、名籍、丧养之事。明洪武二十九年（1396）改司勋部置，设郎中一人，员外郎一人，主事一人。洪熙元年（1425）南京吏部亦置，设官略同。清顺治元年（1644）沿置。设郎中，满、汉各一人；员外郎，宗室、满、汉各一人；主事，宗室、满、汉各一人，及笔帖式、经承若干人。分置贴黄科、都吏科、八旗科及山东、山西科等机构分办司务。并掌稽满、汉文职京官之俸禄。宣统三年（1911）改组内阁，设铨叙、制诰等局，遂裁。

稽勋清吏司员外郎 官名。简称稽勋司员外郎，明清吏部稽勋清吏司副长官，佐郎中掌司事。明洪武二十九年（1396）改勋部员外郎设，一人，从五品。清顺治元年（1644）沿设汉员外郎一人，以科甲出身者注授。满洲司官初不分曹，随长官所派。后增至三人，宗室、满洲、汉各一人。乾隆九年（1744）皆定从五品。并分掌稽满、汉文职京官之俸禄。宣统三年（1911）裁。

稽勋清吏司郎中 官名。简称稽勋司郎中，明清吏部稽勋清吏司主官，掌司事。明洪武二十九年（1396）改司勋部郎中设，一人，南京吏部稽勋清吏司亦设一人，皆正五品。清顺治元年（1644）沿设汉郎中一人，以科甲出身者注授。满洲司官初不分曹，随长官所派。后定制满、汉各一人，皆正五品。并掌稽满、汉文职京官之俸禄。宣统三年（1911）裁。

稽俸厅 官署名。清朝吏部稽勋司及兵部所属办事机构，掌稽检满、汉文武官员俸银、俸米之事。吏部所属设经承二人。兵部所属分左翼、右翼二科，亦设经承二人，办理厅务。

稽智 官名。明太祖洪武二十三年（1390）于中、左、右、前、后五军断事司分置，每司设一人，正七品，分理军中刑狱。建文（1399—1402）中革。参见“五军断事司”。

稽察内务府御史处 官署名。又称稽察内务府御史衙门，清朝都察院所属机构，掌稽察内务府事务，兼稽察紫禁城内混入客留闲杂人等之事。雍正四年（1726），设内务府御史四人，十三年裁。乾隆三年（1738）复设二人，由协理陕西道及掌贵州道满御史兼管，另设经承三人。光绪三十二年（1906）十二月裁。

稽察内务府御史衙门 即稽察内务府御史处。

稽察宗人府衙门 即稽察宗室御史处。

稽察宗学京堂官 官名。清朝左、右翼宗学职官。掌总稽学课，每月考核学生经义、翻译与骑射。乾隆（1736—1795）初设，满、汉各一人，于京堂内请旨简派。

稽察宗室御史处 官署名。又名稽察宗人府衙门，清朝都察院所属机构，掌稽察宗人府事务，每月两次注销宗人府银库钱粮册籍。雍正五年（1727）设，铸有稽查宗人府御史铜印。由十五道之宗室御史二人兼管，一人掌印，一人协理，另设经承三人。光绪三十二年（1906）十二月裁。

稽察宝坻等处驻防大臣 官名。又名两翼稽察大臣。清朝负责稽察驻防八旗官兵之大臣，额定二人，每翼一人，于护军统领、副都统内特简。每三年前往各驻防处巡视一次，阅看官兵骑射，分别奖惩兵丁，且甄别官员优劣具奏。

稽察房 官署名。清朝内阁所属办事机构。雍正五年（1727）设，掌稽察、汇奏各衙门办理事件之情形，按日记档，按月汇奏。由大学士于满、汉侍读、中书内委员理事，无定员。另有额设供事四人。

稽察钦奉上谕事件处 官署名。清朝内阁所属机构。雍正八年（1730）设，掌稽察各部院及八旗办理奉旨特交之事，按时汇奏。同时，负责稽察修书各馆的“课程”。长官为管理大臣，无定员，于满、汉大学士、尚书、左都御史内特简兼充。其下设委署主事一人，行走司官四人，笔帖式四十人，额外笔帖式八人，供事五人，分掌本处事务。宣统三年（1911）与内阁同时裁撤。

稷 官名。相传尧舜时置，掌农田耕种。《史记·五帝本纪》：“舜曰：‘弃，黎民始饥，汝后稷播时百谷’”；“弃主稷，百谷时茂”。

稷仓下士 官名。西魏、北周地官府司仓下大夫稷仓中士佐官，正一命。

稷仓中士 官名。西魏恭帝三年（556）置，北周沿置。地官府司仓下大夫属官，掌稷类作物的收藏与保管，正二命。下设稷仓下士以佐其职。隋文帝开皇元年（581）罢。

稻人 官名。《周礼》地官之属，一说为周朝置，掌种植水稻。《周礼·地官》：“稻人，上士二人，下士四人，史二人，徒八人”，“掌稼下地”，“作田，凡稼泽，夏以水殄草而芟荑之，泽草所生，种之芒种”。

稻仓下士 官名。西魏、北周地官府司仓下大夫稻仓中士佐官，正一命。

稻仓中士 官名。西魏恭帝三年（556）置，北周沿置。地官府司仓下大夫属官，掌稻谷的收藏和保管，正二命。下设稻仓下士以佐其职。隋文帝开皇元年（581）罢。

稻田务 官署名。北宋徽宗政和（1111—1117）中所置检括官田机构，六年改名公田所。

稻田使者 官名。西汉置之，属大司农，《汉书·昭帝纪》："故稻田使者燕仓先发觉，以告大司农敞。"或以为主假民公田之租入。

稿案　清朝对地方官署中管理收发公文之低级人员统称。

稼部　尚书省户部别称。梁章钜《称谓录》卷一五《户部》："《叩钵斋官制考》：民部（户部）亦称稼部。"

箱录事　官名。北齐置，为州属官。

箴尹　官名。又作"鍼尹"，春秋时楚国置，主诤谏。《左传·宣公四年》："（令尹子文）其孙箴尹克黄使于齐。"杜预注："箴尹，官名。"《吕氏春秋·勿躬》高诱注："楚有箴尹之官，谏臣也。"

箭　官名。即突厥沙钵罗咥利失可汗十部每部首领设。

箭工下士　官名。西魏、北周冬官府司木中大夫箭工中士佐官，正一命。

箭工中士　官名。西魏恭帝三年（556）置，北周沿置。冬官府司木中大夫属官，正二命。下设箭工中士以佐其职。隋文帝开皇元年（581）罢。

德木齐　封号。清朝藏传佛教职任喇嘛，位在副达喇嘛之下，格斯贵之上。于北京、盛京、热河等地各设若干人。分掌佛教寺庙事务。

德仪　内官名。唐玄宗开元（713—741）中所置六仪之一，位居第二，正二品，与淑仪、贤仪、顺仪、婉仪、芳仪共掌教九御四德，率其属以赞后礼。

德师　西夏官位。师位之一，在诸王位之下，中书、枢密位之上，与上等司等位。

德妃　内官名。隋炀帝置，为三夫人之一，正一品。唐初沿置，与贵妃、淑妃、贤妃合为夫人，正一品，玄宗开元（713—741）中省。宋朝复置，为正一品夫人。金朝属诸妃之一，仍正一品。明正德元年（1506）亦置。

德和大夫　官名。金、元教坊阶官、金为二十五阶之第六阶，秩正五品下。元为十五阶之第四阶，正四品。

德教学士　官名。南朝陈置，为文学侍从。《陈书·顾从典传》："丁父忧去职，寻起为德教学士。"

徵仕郎　官名。明置，为文散官。文官从七品，升授。

饎人　官名。《周礼》地官之属，一说为周朝置，宦官。掌炊供饭食。《周礼·地官》："饎人，奄二人，女饎八人，奚四十人"，"掌凡祭祀共盛。共王及后之六食。凡宾客，共其簠簋之实。飨食，亦如之"。

饍宰　官名。同"膳宰"。一说即膳夫，掌饮食膳羞。《国语·周语中》："饍宰不敢饩。"韦昭注："饍宰，膳夫也。掌宾客之牢。"参见"膳宰"。

〔丶〕

廛人　官名。《周礼》地官之属，一说为周朝置，掌征收市场税收。《周礼·地官》："廛人，中士二人，下士四人，府二人，史二人，胥二人，徒二十人"，"掌敛市布、总布、质布、罚布、廛布而入于泉府。凡屠者，敛其皮角筋角入于玉府。凡珍异之有滞者，敛而入于膳府"。

颜料局　官署名。明朝工部虞衡司所属机构。初设大使一人，正九品，后革。掌淘洗青绿，如烧造银硃所用之水银，烧造黄丹所用之黑丹等，皆按月支料烧炼完备，逐月进赴甲字库收贮。

颜料库　官署名。清朝户部三库之一，位于西安门内旧甲字库址，顺治十三年（1656）分后库置。负责藏贮各省解到茶、蜡、香料、颜料及铜、铁、木料等项物品，以备支用。初由户部理事官管理，康熙二十五年（1686）设掌印郎中一人领库事，下设员外郎、司库、笔帖式、库使等分理库务。光绪三十二年（1906）改隶度支部。

熟状　文书名。宋朝，中书遇事奏对，以白纸撰状，宰相押字，执政列具姓名，经皇帝亲阅，于状尾加盖御宝，并批"依"字，然后降外施行，称为熟状。

熟药所　官署名。北宋神宗熙宁九年（1076），合并熟药库、合药所及市易务卖药所置，或称修合卖药所，隶太医局，掌修合、出售药物以供民间治病。元丰（1078—1085）改制后，隶太府寺。徽宗政和四年（1114），改修合药所为医药和剂局，出卖药所为医药惠民局。南宋高宗绍兴六年（1136）置药局，以行在太医局熟药所、和剂局为名。十八年，改熟药所为太平惠民局。

潭州行省　见"湖广行省"。

糊名考校法　贡举考试考校试卷的一项规定。唐朝命举人自糊试卷卷首姓名，称糊名或封弥。宋朝由贡院糊举人试卷卷首姓名、乡贯等，防止考校中舞弊，称糊名考校法。详见"封弥"。

额兀迭臣　即玉典赤。

额夫　即额驸。

额外外委　参见"外委"。

额外军官　清末新陆军低等官阶军官。光绪三十年（1904）定新陆军官员等级，分三等九级。宣统元年（1909）修订，增额外军官等，计十四级。如司务长、技士长等均属之，阶正八品。

额外笔帖式　官名。清朝笔帖式之一种。即指定员之外所设者，如稽察钦奉上谕事件即处设。详见"笔帖式"。

额外章京　见"总理衙门章京"。

额者库哈番　即额哲库哈番。

额驸　清朝对皇帝及王公女儿公主、格格之夫的称呼。其品级视公主、格格的等级而有差。公主有固伦公主（皇后女）、和硕公主（妃嫔女及皇后抚养女）二等。其夫分别为固伦额驸、和硕额驸，前者秩视"固山贝子"，后者视超品公。格格有五等，分别为郡主（亲王女，称和硕格格）、县主（世子及郡王女，称多罗格格）、郡君（贝勒女，亦称多罗格格）、县君（贝子女，称固山格格）、乡君（入八分镇国公及辅国公女，称格格），其夫依次为郡主额驸，秩视武职一品；县主额驸，秩视武职二品；郡君额驸，秩视武职三品；县君额驸，秩视武职四品；乡君额驸，秩视武职五品。

额真 满语。意为主子、君、皇帝。清入关前曾用作官名，如牛录额真、甲喇额真、固山额真等。后来使用渐严，自雍正（1723—1735）时将固山额真最后改为固山昂邦（其他以额真为官名者早已改作别称）后，不再用作官名。

额哲库 满语官名。❶清朝通政使司知事和都察院都事，满语均作额哲库。通政使司知事，满、汉各一人，秩正七品，与经历分掌出纳文移，并帅役在登闻鼓厅巡察。都察院都事，满、汉各一人，秩正六品，负责承办缮本及满官册籍。乾隆六年（1741）以后专管礼、兵、工各部关涉事件。❷清入关前六部所设之职官。入关后改为主事，其满文名为额哲库哈番。

额哲库哈番 满语官名。汉译为主事。

寮 ❶西周官署统称。《毛公鼎铭》："王曰：'父厝，已曰级兹卿事寮，太史寮于父即尹。'"❷同官僚友。《左传·文公七年》："同官为寮。"❸即官，通"僚"。参见"僚"。

寮人 即僚友。《令簋铭》："用飨王逆造，用既寮人。"参见"僚友"。

寮友 又作僚友。即同僚。参见"僚友"。

寮佐 属吏。亦作僚佐。《晋书·杜预传》："钟会反，寮佐并遇害。"

寮位 官位。潘岳《西征赋》："寮位儡其隆替，名节漼以隳落。"

翦氏 官名。《周礼》秋官之属。一说为周朝置。掌理清除损坏器物的虫类。《周礼·秋官》"翦氏，下士一人，徒二人"，"掌除蠹物。以攻禜攻之，以莽草熏之，凡庶蛊之事"。

翦蠹下士 官名。西魏、北周秋官府田正下大夫翦蠹中士佐官，正一命。

翦蠹中士 官名。西魏恭帝三年（556）仿《周礼》翦氏置，北周沿置。秋官府田正下大夫属官，正二命。下设翦蠹下士以佐其职。隋文帝开皇元年（581）罢。参见"翦氏"。

〔乛〕

尉表 文书名。宋朝，凡皇亲亡故，皇帝或皇太后等持服期间，官员撰表文安慰皇帝或皇太后等，称为尉表。

履工下士 官名。西魏、北周冬官府司皮下大夫履工中士佐官，正一命。

履工中士 官名。西魏恭帝三年（556）置，北周沿置。冬官府司皮下大夫属官，正二命。下设履工下士以佐其职。隋文帝开皇元年（581）罢。

履正大夫 官名。北宋徽宗政和六年（1116）置，为正五品武阶官。

履正郎 官名。北宋徽宗政和六年（1116）置，为从七品武阶官。

屦人 官名。《周礼》天官之属，一说为周朝置，掌理周王和王后配合各种服色所穿的鞋子。《周礼·天官》："屦人，下士二人，府一人，史一人，工八人，徒四人"，"掌王及后之服屦"，"凡四时之祭祀，以宜服之"。

豫 太平天国后期在"王"下陆续增设的六等爵之一，由豫王演变而成。天历甲寅四年（1854），封胡以晃为豫王，后革去，改称天豫，始有是爵。位在燕爵之下，为六等爵之第五等。系衔加"天"字，又别冠一字以资区别，如"扐天豫"、"閦天豫"等。后以封赏过滥，位渐卑下。又，太平天国对妇女亦有六爵，其第五等为女贞豫。参见"六等爵❷"。

翨氏 官名。《周礼》秋官之属，一说为周朝置，掌捕捉鹰隼等凶猛的鸟类、摘取鸟羽。《周礼·秋官》："翨氏，下士二人，徒八人"，"掌攻猛鸟，各以其物为媒而掎之。以时献其羽翮"。

缮人 官名。《周礼》夏官之属，一说为周朝置，掌理周王所用的弓弩矢箙，赞助周王行射仪。《周礼·夏官》："缮人，上士二人，下士四人，府一人，史二人，胥二人，徒二十人"，"掌王之用弓弩矢箙矰弋抉拾。掌诏王射，赞王弓矢之事。凡乘车，充其笼服，载其弓弩。即射，则敛之，无会计"。

缮工大监 官名。即将作监，唐高宗龙朔二年（662）改将作大匠置，咸亨元年（670）复名将作大匠。

缮工少监 官名。即将作少监，唐高宗龙朔二年（662）改将作少匠置，咸亨元年（670）复名将作少匠。

缮工监 官署名。即将作监，唐高宗龙朔二年（662）改，咸亨元年（670）复名将作监。

缮本笔帖式 官名。清朝笔帖式之一种，以负责缮写本章，故名。如吏部、刑部、工部所属司务厅，设十余人至数十人不等。详见"笔帖式"。

缮珍司 官署名。元朝置，秩正三品。成宗大德十一年（1307）由管领怯怜口总管府改立，隶徽政院，领上都、大都等地诸色人匠提举司从事造作。仁宗延祐六年（1319）升徽仪使司。七年，复为缮珍司。英宗至治三年（1323），改为随路诸色人匠都总管府。

缮览 官名。南诏官，中府副将。

缮裔 官名。南诏官，中府主将。

畿大夫下大夫 官名。西魏恭帝三年（556）置，北周沿置。地官府民部中大夫属官，每畿置一员，掌本畿行政事务，正四命。下设畿正上士、畿正中士以佐其职。隋文帝开皇元年（581）罢。

畿正上士 官名。西魏、北周地官府民部中大夫畿大夫下大夫属官，正三命。

畿正中士 官名。西魏、北周地官府民部中大夫畿大夫下大夫属官。正二命。

畿伯下大夫 即小畿伯下大夫。

畿伯中大夫 官名。西魏恭帝三年（556）置，北周沿置。地官府民部中大夫属官，每方置一人，掌本方行政事务，正五命。下设小畿伯下大夫、小畿伯上士、小畿伯中士以佐其职，领畿大夫下大夫等官属。隋文帝开皇元年（581）罢。

畿法上士 官名。西魏恭帝三年（556）置，北周沿置。秋官府刑部中大夫属官，正二命。下设畿法中士以佐其职。隋文帝开皇元年（581）罢。

畿法中士 官名。西魏、北周秋官府刑部中大夫畿法上士佐官，正二命。

畿部都督 官名。北魏置。《魏书·神元平文诸帝子孙列传》："高祖末，（元鸷）以征伐有功，赐爵晋阳男，累迁领军、畿部都督。"

十六画

〔一〕

翰林 翰林院、翰林学士院官员的统称。唐、宋有翰林待诏、翰林供奉、翰林学士及茶、酒翰林等，辽、金、元有翰林学士等，明、清有翰林学士、侍读学士、侍讲学士，侍读、侍讲、修撰、编修、检讨、庶吉士等。详见各条。

翰林天文 官名。唐朝待诏于翰林院的天文博士、天文生等，称翰林天文。

翰林天文院 官署名。亦称翰林天文局。北宋置，掌观测天象，占候卜筮，以其观测所得与司天监互相关防，以质同异。设天文官、局生、学生分领其事。南宋高宗建炎三年（1129）并归太史局，绍兴元年（1131）复分置。

翰林书艺局 官署名。宋朝置、隶翰林院，掌书写诏命及供奉书籍、笔墨、琴弈等。设待诏、艺学、书学、祇候、学生等。

翰林司 官署名。宋朝置，属光禄寺，掌供奉果品及茶酒等物，以备游幸、饮宴之用，兼掌翰林院事。设勾当官四人，以诸司使、副使及内侍充任。

翰林权直 官名。北宋神宗元丰（1078—1085）改制前，遇翰林学士院偶阙学士时或置，以别官兼任，掌暂行学士院文书。

翰林医正 官名。北宋徽宗政和二年（1112）重定医官阶官，改翰林医官副使置。

翰林医证 官名。北宋徽宗政和三年（1113）置，为从八品医官阶官。

翰林医诊 官名。北宋徽宗政和三年（1113）置，为从八品医官阶官。

翰林医官 官名。北宋徽宗政和三年（1113）置，为从七品医官阶官。

翰林医官使 ❶使职名。亦称医官使。唐末置，为以医药待诏者。❷官名。五代改太医署令置，职如故。宋初属东班诸司使，主管翰林医官院，并用为医官迁转之阶。真宗咸平元年（998）定为同六品，神宗元丰（1078—1085）改制，改为正七品。徽宗政和二年（1112）重定医官名，改翰林良医。

翰林医官院 官署名。宋朝置，隶翰林院，掌以医药侍奉皇帝，治疗疾病。以翰林医官使、副使主管院事，下设直局、奉御、医丞、医学、祇候等。神宗元丰五年（1082），改名翰林医官局。南宋沿置，以入内内侍省官一人主管。

翰林医官副使 官名。北宋置，属东班诸司使，多用为医官阶官。真宗咸平元年（998）定为同七品，神宗元丰（1078—1085）改制改从七品。徽宗政和年二（1112）重定医阶官，换为翰林医正。

翰林医学 官名。北宋徽宗政和三年（1113）置，为从九品医官阶官。

翰林医候 官名。北宋徽宗政和三年（1113）置，为从八品医官阶官。

翰林医效 官名。北宋徽宗政和三年（1113）置，为从七品医官阶官。

翰林医痊 官名。北宋徽宗政和三年（1113）置，为从七品医官阶官。

翰林医愈 官名。北宋徽宗政和三年（1113）置，为从八品医官阶官。

翰林应奉 官名。辽朝南面官，属翰林院，所掌不详。耶律大石，天祚帝时为翰林应奉，寻升承旨。见《辽史·天祚纪四》。

翰林良医 官名。北宋徽宗政和二年（1112）重定医官阶官，改翰林医官使置，后定为正七品。

翰林画待诏 官名。辽朝南面官，翰林院、翰林画院官员，掌作画等事。亦称翰林待诏。

翰林画院 官署名。辽朝南面官，掌奉旨作画等事。

翰林图画院 官署名。北宋太宗雍熙元年（984）置，隶翰林院，掌绘画及塑造。设勾当官二人，以内侍充任。其属有待诏、艺学、祇候、学生等。神宗熙宁六年（1073），改隶都大提举诸司库务司。哲宗绍圣二年（1095），改称图画局。

翰林供奉 官名。唐玄宗开元（713—741）初改翰林待诏置，以文学之士充任，与集贤殿书院学士分掌制诏书敕。开元二十六年（738），改为翰林学士。

翰林侍讲 见“翰林侍读学士”。

翰林侍讲学士 官名。见“侍讲学士”、“翰林侍读学士”。

翰林侍读 见“翰林侍读学士”。

翰林侍读学士 官名。北宋真宗咸平二年（999），始置翰林侍读学士、侍讲学士。为皇帝进读书史，讲释经义，备顾问应对。其后，或以大臣为翰林侍读、翰林侍讲，不带学士；或为侍读、侍讲，不加别名。神宗元丰（1078—1085）改制后，以侍读，侍讲为侍从官兼职，定为正七品。

翰林使 官名。唐朝设二人，以宦官充任，掌领在翰林院待诏的文学侍从之臣、有伎艺之士，上承下达，包揽军国重事，职权极重。五代称翰林茶酒使，北宋初称茶床使，后改翰林使，属东班诸司使，通常无职掌，仅为迁转之阶。

翰林学士 官名。唐玄宗开元二十六年（738）由翰林供奉改名，选任有文学才能的朝臣，置于学士院，入直内廷，以备随时宣召，撰拟文字。初为文学侍臣，后渐成定制，凡任免将相、册立太子、号令征伐、宣布大赦等机要内命，皆由其草诏，用白麻书写，其颁发不经政事堂，称为内制，分中书省出令之权，原掌制诰之中书舍人则称外制。当时仅为职衔，无阶品俸禄，无官署属员，一般置六人，由他官兼任，自诸部尚书、丞、郎至校书郎、京畿县尉皆得与选。选用甚重，礼遇甚亲，班次依其本官，内宴则居宰相之下。德宗以后，内参密命，与商朝政，成为皇帝最亲近的顾问兼秘书官，职权益重，号称内相，升迁极易，宰相出此途者甚众。五代后晋高祖天福五年（940）罢其职归中书舍人，旋复置，以六员为额。宋朝沿置，仍掌撰拟重大机要诏旨，加知制诰衔，称内制，隶翰林学士院。员六人，但常不满员。太宗淳化二年（991）始兼领外司，其后三班院、审官院、审刑院、通进银台司、在京诸司库务、群牧使、三司使等常由其兼领，三省、六部及诸省、寺、监亦多由其兼判，或权知开封府、权御史中丞。除任三司使、权知开封府者外，兼领他职时仍轮流入院草制，多自中书舍人院知制诰依次递补，由皇帝亲自任命。他官初入院者称直学士院，资历深者始正式除授。神宗元丰（1078—1085）改制后，成为正员官，置二员，正三品，掌撰训词，颂宣功德，备顾问应对，谏诤阙失。号称内相，为擢任宰执的主要人选。南宋时以其官高，多不除授，而以中书舍人兼掌内制。辽朝为南面朝官，隶翰林院。西夏、金隶翰林学士院，金朝正三品，应奉文字时加知制诰衔，掌撰拟诏命。元朝分别置于翰林兼国史院、蒙古翰林院，员皆二人，正二品。朱元璋吴元年（1367）置一员，正三品，为翰林院长官，明洪武二年（1369）增设翰林学士承旨居其上，遂降为从三品，十四年革承旨，复为翰林院长官，正五品。掌制诰、修史、文翰之事，参议政事、礼制，备皇帝顾问，教习庶吉士。拟诏之职移归内阁，权任转轻。诸部尚书由翰林出身者，则兼翰林学士衔，詹事、少詹事亦带此衔。清朝罢，唯特派大臣为翰林院掌院学士。光绪二十九年（1903）省詹事府，遂复置，以为翰林侍读学士升迁之阶，无实职，满、汉各一员，正三品。参见“翰林学士院”、“翰林院”。

翰林学士承旨　官名。唐玄宗始置翰林学士院，专掌内命，设翰林学士六员。肃宗至德（756—758）以后，择年深德重者一人承旨，独承密命。宪宗正式置翰林学士承旨，为学士院之长，职权尤重，多至宰相，然犹为职衔，例由他官兼任。五代后梁一度改称翰林学士奉旨。宋朝以翰林学士中资深者为之，不常置。神宗元丰（1078—1085）改制，定为正员官，正三品。辽朝置于翰林院，为南面官，位在林牙下。金朝为翰林学士院长官，正三品，宣宗贞祐三年（1215）升从二品，应奉文字时加知制诰衔，掌撰拟诏命。元朝为翰林兼国史院长官，初置一员，正三品，屡有增减，后定置六员，从一品；蒙古翰林院亦置为长官，初置一员，从二品，屡有增减，后升从一品，定置七员。明洪武二年（1369）置一员，正三品，为翰林院长官，十四年革。参见“翰林学士”、“翰林学士院”、“翰林院”。

翰林学士院　官署名。唐玄宗初于翰林院设翰林待诏、翰林供奉，掌撰拟诏旨，批答表疏，开元二十六年（738）改翰林供奉为翰林学士，在宫中别建学士院为其居所，专掌机要诏命，职权甚重。肃宗以后又置翰林学士承旨为院长，虽非正式官署，不置属员，诸学士皆为使职差遣，实际上已成为宫廷秘书机构，并参与议政，有关军国机密重事的诏命（内制）皆由其撰拟下达，分中书省出令之职。五代后晋一度罢，旋复置。宋朝置为正式官署，掌重大诏命撰述之事，以翰林学士承旨为长官，由翰林学士之久次者充任，不常置；翰林学士六员，不轻除授，常不满员；他官初入院，称直学士院，资深者始除学士；学士俱阙，以他官暂行院中文书，称翰林权直或学士院权直。宋以后职任渐轻。西夏置，设学士、直学士，仿宋制。金朝海陵王天德三年（1151）置，以翰林学士承旨为长官，下设翰林学士、侍读学士、侍讲学士、直学士，掌制撰词命，凡应奉文字，带知制诰衔；翰林待制、修撰，分掌词命文字，分判院事，不带知制诰衔；再下为应奉翰林文字。自侍读学士以下共二十四员，汉人十员，女真、契丹人各七员。元世祖至元元年（1264）置，四年改并为翰林兼国史院。参见“翰林学士”。

翰林承旨　即翰林学士承旨。

翰林修撰　官名。见“修撰”。

翰林待诏　官名。唐玄宗开元元年（713）置，以张说、陆坚、张九龄等为之，掌四方表疏批答，应和文章。其后，以中书省务剧，文书多壅滞，乃选文学之士，号翰林供奉，与集贤院学士分掌制诏书敕，开元二十六年（738）置为翰林学士，专掌内命。又，翰林画待诏亦称翰林待诏。

翰林院　官署名。❶宫廷供奉机构。唐朝制度，初于皇帝宫殿所在，各设待诏之所，安置文学、经术、卜、医、僧道、书画、奕棋人才，各别院以廪之，陪侍皇帝游宴娱乐，统称翰林院，并非正式官署；玄宗以文学之士为翰林待诏、翰林供奉，后又改名翰林学士，专掌内命，别建学士院以居之，翰林院遂成为专掌伎艺供奉的内廷机构。五代因之。宋朝置为正式官署，隶内侍省，掌图画、奕棋、琴院等内廷娱乐供奉，置提举官或勾当官一员，以内侍押班、都知等宦官充任，领天文院（天文局）、书艺局、医官院（医官局）、图画院（图画局）、御书院等署。❷唐、宋有翰林学士院，辽朝改此名，为南面官署，设翰林都林牙、南面林牙、翰林学士承旨、翰林学士、翰林祭酒等官。金朝复称翰林学士院，元朝改并为翰林兼国史院，又置蒙古翰林院。朱元璋吴元年（1367）置翰林院，掌制诰、讲读、修史、图书等事，设学士、侍讲学士、直学士、修撰、典簿、编修等官。明洪武二年（1369）增设学士承旨、待制、应奉、典籍等官；十三年增设检阅，秘书监亦并入，十四年革承旨、直学士、待制、应奉、检阅、典簿，增设孔目、五经博士、侍书、待诏、检讨，令编修、检讨、典籍同詹事府左春坊官考驳诸司奏启。十八年定制，设翰林学士一员为长官，侍读学士、侍讲学士各二员，侍读、侍讲各二员，五经博士九员（世袭），典籍二员，侍书二员（后不常设），待诏六员（不常设），孔目一员（未入流），史官有修撰、编修、检讨等，员额不定。建文（1399—1402）中或有变革，成祖以后仍复旧制。初以进士在翰林院、承敕监等近侍者，俱称庶吉士，永乐二年（1404）定置于翰林院，选进士中文学优等及善书者，设馆教习，以备考选。明朝任官特重翰林，内阁及吏、礼等部尚书、侍郎，多由此出身，且常兼翰林官，詹事府官亦多带其官衔。清顺治元年（1644）沿置，次年并入内三院，即内翰林国史院、内翰林秘书院、内翰林弘文院，十五年复置，十八年复并，康熙九年（1670）改内三院为内阁，遂再次独立，成为定制。掌修史撰文，凡撰写祝文、册文、宝文、祭文、碑文，纂修实录、圣训、本纪、玉牒等，或直接承办，或派员参与，南书房侍直、上书房教习、进士朝考、乡试、会试诸事，咸与其选。设掌院学士满、汉各一员为长官，初为专官，后选大学士、尚书等重臣兼领；侍读学士、侍讲学士各满二员、汉三员，侍读、侍讲各满三员、汉四员，修撰、编修、检讨无定额；属官有主事、典簿厅典簿、孔目、待诏厅待诏、笔帖式等。领庶常馆、起居注馆、国史馆等。其官皆出身于进士中年纪稍轻、名次较高者，为清华之选，职务虽极闲散，礼遇甚优，升迁甚速，如编修、检讨等官经京察后得以正七品外放为正四品之道府官，内迁则开坊后可按资转至尚书、侍郎。清末省詹事府，其职事亦并入本院。

翰林院兼平驳诸司文章事 明朝翰林院与詹事府左春坊官员考驳诸司奏本、启本行文时的加衔。洪武十四年（1381）令翰林院编修、检讨、典籍同左春坊左司直郎、正字、赞读考驳诸司奏、启，平允则署其衔曰“翰林院兼平驳诸司文章事某官某”，列名书之。

翰林院掌院学士 官名。清朝翰林院长官，总领侍读学士以下翰林官，掌国史笔翰，备左右顾问。顺治元年（1644）设。汉一人，正三品，兼礼部侍郎衔。十五年，定为满、汉各一人。雍正八年（1370）升从二品。乾隆五十八年（1793），停止兼礼部侍郎。例由大学士、尚书、侍郎内特简。

翰林都林牙 官名。辽朝南面官，总领翰林院之事。多兼掌修国史等事，常以契丹人为之。

翰林祭酒 官名。辽朝南面官，翰林院官员，在翰林学士下，所掌不详。

翰林庶吉士 官名。见“庶吉士”。

翰林御书院 官署名。北宋置，隶翰林院，掌皇帝御制、御书及供奉笔札图籍之事。设勾当官三人，以内侍充任。其属有待诏、书艺等。南宋高宗建炎三年（1129）罢，绍兴十六年（1146）复置。

翰苑 ❶翰林院别称。❷翰林俗称。

鞓带斜皮局 官署名。元朝置，秩从八品，隶诸路金玉人匠总管府，设于世祖至元十五年（1278）。置大使、副使各一员。

薨 ❶周朝特指诸侯死于君位。《礼记·曲礼下》：“天子死曰崩，诸侯曰薨。”《左传·庄公三十二年》：“公薨于路寝。”❷唐朝三品以上职官死称薨。《新唐书·百官志》：“凡丧，三品以上称薨，五品以上称卒，自六品达于庶人称死。”

薪者库 即辛者库。

燕 太平天国后期在“王”下陆续增设的六等爵之一。由燕王演变而成。天历甲寅四年（1854），封秦日纲为燕王，后革去，故称天燕，始有是爵。位在福爵之下，属六等爵之第四等。系衔加“天”字，又别冠一字以资区别，如“闳天燕”、“钰天燕”等。后以封赏过滥，位渐卑下。又太平天国对妇女亦有六爵，其第四等为女贞燕。参见“六等爵❷”。

燕台 官署名。十六国后燕置，掌管少数民族事务。《资治通鉴·东晋安帝隆安四年（400）》：“（十二月）壬辰，燕主（慕容）盛立燕台，统诸部杂夷。”

燕京行中书省 官署名。简称燕京行省。设于元世祖中统元年（1260），掌管中原财赋刑名，管辖各路宣抚司。设丞相一员，平章政事二员，参知政事一员为行省官，下设左右司郎官、都事、提控令史、左右房省掾等职，择士人充任。仍设断事官，由蒙古人、色目人充任。中统三年前后，并入中书省。

燕京行台 即燕京行尚书省。

燕京行尚书省 官署名。元朝置，又称燕京行台、燕京等处行尚书省，简称燕京行省。太祖十年（1215），改金中都为燕京，设燕京行尚书省，契丹人石抹明安父子先后任行省长官，兼蒙古汉军兵马都元帅，掌管燕京事务。太宗六年（1234），设中州断事官于燕京，总管中原政刑财赋，为燕京行省最高长官，兼任燕京留守（亦称留后长官）。断事官下设必阇赤为之副，汉人习用行六部事、行六部侍郎、左右司郎中等官称称呼必阇赤。行省自开幕府，选辟属吏，谓之“参佐”。忽必烈即位后（1260），改为燕京行中书省。

燕京行省 即燕京行尚书省、燕京行中书省。

燕京转运使司 见“南京转运使司”。

燕京统军司 即南京统军司。

燕京留守 即公元 938 年后辽之南京留守。

燕京留守司 即南京留守司。

燕京等处行尚书省事 见“中州断事官”。

燕京路总管大兴府 官署名。元朝置。太祖十年

(1215)蒙古军占领金中都，改名燕京，置燕京路总管大兴府管理市政，隶燕京行尚书省。

燕南河北道肃政廉访司　官署名。元朝地方监察机构。由提刑按察司改立，初置司于大名，世祖至元二十九年(1292)移至真定。为内八道监司之一，直隶御史台。参见“肃政廉访司”。

燕南河北道提刑按察司　官署名。元朝地方监察机构。设于世祖至元十二年(1275)，置司真定(今河北正定)，监治真定、保定、顺德、广平、彰德、大名、怀庆、卫辉、河间等路。二十四年，移司于大名路。二十八年，改肃政廉访司。

燕朝　参见“内朝”。

薙氏　官名。《周礼》秋官之属，一说为周朝置，掌理清除杂草及其政令。《周礼·秋官》：“薙氏，下士二人，徒二十人”，“掌杀草”，“掌凡杀草之政令”。

橐泉监　官署名。秦置，属太仆，有长、丞，主皇帝乘马。西汉因之。东汉省。

橐泉监长　官名。秦置，属太仆，有丞，主皇帝乘马。西汉因之。东汉省。

橐泉监丞　官名。秦置，属太仆。为橐泉监长副贰，主皇帝乘马。西汉因之。东汉省。

整仪尉　官名。清朝銮仪卫职官。顺治四年(1647)设，正六品。后改从六品。次于治仪正，掌整仪之事。共三十一员，其中满缺十六员、汉缺十五员。宣统元年(1909)因避帝讳改称整宜尉。

整饬兵备道　见“兵备道”。

整事大相　官名。吐蕃官，又曰喻寒波掣逋，与副整事喻寒觅零逋、小整事喻寒波充等任国事。

磬工下士　官名。西魏、北周冬官府司玉下大夫磬工中士佐官，正一命。

磬工中士　官名。西魏恭帝三年(556)置，北周沿置。冬官府司玉下大夫属官，正二命。下设磬工下士以佐其职。隋文帝开皇元年(581)罢。

磬氏　官名。《周礼》冬官之属，一说为周朝置，掌磨制石磬类乐器。《周礼·冬官·考工记》：“磬氏为磬。”

磬师　官名。《周礼》春官之属，一说为周朝置，乐官。掌教击奏磬类乐器。《周礼·春官》：“磬师，中士四人，下士八人，府四人，史二人，胥四人，徒四十人。”“掌教击磬，击编钟，教缦乐燕乐之钟磬。凡祭祀，奏缦乐。”

擎执局　官署名。金朝置，属宣徽院，掌朝会典礼。世宗大定元年(1161)改为侍仪局。设使、副使领局事，秩从六品、从七品。

擎盖司　官署名。清朝銮仪卫右所下设机构。顺治十一年(1654)置，掌管帝、后仪仗之伞、盖等。设掌印云麾使，掌司事；治仪正各一人，共掌司事。

飙出将军　见“十飙将军”。

飙决将军　见“十飙将军”。

飙奇将军　见“十飙将军”。

飙武将军　官名。将军名号。南朝梁置。武帝天监七年(508)定为武职二十四班中的十二班，普通六年(525)罢。

飙胜将军　见“十飙将军”。

飙勇将军　见“十飙将军”。

飙起将军　见“十飙将军”。

飙烈将军　见“十飙将军”。

飙略将军　见“十飙将军”。

飙猛将军　见“十飙将军”。

飙锐将军　见“十飙将军”。

操　官名。战国秦置。低级军吏。《商君书·境内》：“吏自操及校以上大将尽赏。”

操江御史　官名。明朝南京都察院专管上下江防之事的御史。

〔丨〕

赠官　朝廷对官员的一种恩典。即授予已故官员或现职官员的已故直系亲属如曾祖父母、祖父母、父母、妻室的荣誉职衔。始于晋朝，历代沿之。参见“封赠”。

蟒袍　服饰名。明清官服之一。明朝称蟒衣，乃皇帝御服，常用来赏赐近臣、重臣，有行蟒、坐蟒之纹绣。清朝为品官之服。服长过膝，上绣行蟒，穿于补褂之内，为最尊之礼服袍。时人称为“花衣”。凡遇殿廷朝会、坛庙祭祀等典礼，与朝冠、朝褂一体穿用。自亲王以下至文武百官之服色与绣蟒数目不同。典制所定：亲、郡王用蓝及石青色，蒙赐者可以用金黄色，其余多用石青，绀色(黑中透红)。武二品、文三品以上官员皆绣五爪九蟒，文四品以下绣四爪八蟒，文七品以下绣四爪五蟒。袍服春秋两季为棉、袷，夏季用纱，冬秋用裘。皮裘皆毳在内，革在外，用料须一尊禁令，不得僭越。

踰(逾)岷将军　官名。北齐置，为褒赏军功勋臣的闲职，从六品。

默曹参军　官名。北魏诸公府、将军府属官，一说即“墨曹参军”。

器工下士　官名。西魏、北周冬官府司木中大夫器工中士佐官，正一命。

器工中士　官名。西魏恭帝三年(556)置，北周沿置。冬官府司木中大夫属官，正二命。下设器工下士以佐其职。隋文帝开皇元年(581)罢。

器师　官名。春秋战国置，掌理督造器物。《荀子·解蔽》：“工精于器而不可以为器师。”

器作局　官署名。北齐置，设丞。隶太府寺左尚方署。

器作局丞　官名。北齐置。参见“器作局”。

器物局　官署名。辽为北面官，掌器物造作。有使、副使等官。金隶殿前都点检司，主管御用器械鞍辔诸物。设提点、使、副使领局事，秩正五品、从五品、从六品。下设直长、都监，秩正八品、正九品。金章宗明昌三年（1192），罢都监，泰和四年（1204），增设同监，秩从九品。元隶大都留守司，世祖至元七年（1270）由御用器物局改立，秩从五品，掌内府宫殿、寺观、公廨营缮物品及御用各位下鞍辔、轿子、车辆。置大使、副使各一员。辖铁、盒钵、鞍、网、刀子、旋、银、轿子、采石等局。

器械科　官署名。清末海军部军政司所属三科之一。原属筹办海军事务处军制司，宣统二年（1910）随司并入海军部。三年，改属军政司。掌承办海军各类炮械的试验、修改、购买、保存、销发，以及枪炮、鱼雷员弁的补官、任职事项。置科长、科员、录事。

〔丿〕

穑人　官名。春秋置，疑掌边鄙地区农事。《左传·襄公四年》："边鄙不耸，民狎其野，穑人成功。"杨伯峻注："疑为当时管理边鄙农田之官吏。"

穆昆达　满语官名。汉名为族长。

篴　宋朝三司副使简称。

赞　❶下级佐助上级。《周礼·春官·职丧》："凡国有司以王命有事焉，则诏赞主人。"❷周朝各种仪式中之引导。《国语·周语上》："内史赞之。"

赞仆　官名。乘马御别称。春秋时晋国置，掌理六驺驾驭的长官。《国语·晋语七》："知程郑端而不淫，且好谏而不隐也，使为赞仆。"韦昭注："赞仆，乘马御也，六驺属焉。"参见"乘马御"。

赞公　县丞别称。洪迈《容斋四笔》卷一五《官称别名》："唐人好以它名标榜官称"，"县令曰明府，丞曰赞府、赞公"。

赞书　周朝天子诏文，若后代之诏书。《周礼·春官·御史》："掌赞书。"郑玄注："王有命，当以书致之，则赞为辞，若今尚书作诏文。"

赞引　官名。隋朝太常寺置六十员。唐朝沿置，二十员，流外三品，掌祭祀赞相导引之事。

赞引使　吏名。宋朝太常寺属吏，员二人，掌礼仪赞导之事。

赞仪署　官署名。元朝置。秩正五品，隶内正司，掌皇后车舆器具制造，设于仁宗皇庆二年（1313）。置提领、大使、副使各一员。

赞务　官名。隋朝雍州属官，居别驾下，从四品。炀帝大业三年（607）罢州长史、司马后置一员，为郡太守副贰，京兆、河南所置从四品，上郡正五品，中郡从五品，下郡正六品。

赞乐女史　女官名。南朝宋明帝定后宫百官时置，四品。

赞礼郎　官名。明清太常寺属官，掌祭祀、典礼时赞导事务。朱元璋吴元年（1367）设，隶太常司。明洪武三十年（1397），始隶太常寺。秩正九品。常设九人，嘉靖（1522—1566）中增至三十三人。后革二人。又南京太常寺亦设七人，嘉靖中革一人。清顺治元年（1644）沿设，满洲十六人，汉员十六人，其后省设不一。乾隆（1736—1795）时定汉员十四人，满洲二十二人。定为用六品冠带，食七品俸。又有学习赞礼郎，满洲八人，宗室六人，正九品。又，盛京礼部亦置，十六人，均满员，掌祭祀之仪。

赞军校尉　官名。东汉献帝建安（196—220）中孙权置。以鲁肃为之，参赞军谋，助画方略。见《三国志·鲁肃传》。

赞者　官名。隋朝太常、鸿胪二寺皆置。唐朝因置，隶门下省、太常寺，各十二员、十六员，掌赞唱，为行事之节，分番上下，凡祭祀、朝会，掌承传。太子左春坊亦置四员。宋朝太常寺沿置，正名赞者七员，守阙赞者七员，私名赞者七员。

赞府　县丞别称。洪迈《容斋四笔》卷一五《官称别名》："唐人好以它名标榜官称"，"县令曰明府，丞曰赞府、赞公"。

赞治少尹　官名。明置，为文勋官，以授从四品文官再考称职者。

赞治尹　官名。明置，为文勋官，以授正四品文官再考称职者。

赞教　官名。明清道官之一，分掌道教事务。明太祖洪武元年（1368）设二人，隶属于龙虎山正一真人。清顺治（1644—1661）中沿设四人，由正一真人保举、报部给札。秩七品。依例升补提举，缺出由知事升补。

赞读　官名。宋朝始置。徽宗政和七年（1117）改原诸王府侍读而置，又资善堂亦设，职掌均同旧制。明建文（1399—1402）中增设资德院为太子官属，置此官。成祖即位废。

赞理　❶代理（某官），也称摄理。❷官名。即"赞理军务"。明朝置于北部边远地区，如辽东、宣府（今宣化）、大同、延绥等处巡抚多兼赞理军务衔。明末崇祯（1628—1644）时所置巡抚兼此衔者，则无边地、内地之分。

赞理军务　官名。明朝巡抚兼理军务之职。其地原设有总兵官，则称赞理军务。

赞德　官名。唐高宗龙朔二年（662）置二员，正一品，位同夫人，咸亨二年（671）废。

赞襄政务王大臣　见"八大臣❷"。

盥漱小底　辽朝宫中杂役名。属北面官著帐户司承应小底局，掌宫中皇帝、太后、太妃、皇后、太子盥洗侍候之事。例由著帐户充任。

儒士　吏名。清朝京吏之一。清制，京吏有三：供事、经承、儒士。儒士只设于礼部。例由经承转补，食粮三年，用府检校、典史。详见"吏"。

儒士科举　选举制度。明朝科举制度，凡儒士可不经府、州、县学，直接参加乡试。

儒林从事　官名。晋朝置，黄颖曾任此职，见《隋书·经籍志》，当为州属官。

儒林郎　官名。隋文帝开皇六年（586）始置，正九品上文散官，炀帝大业三年（607）罢。改于秘书省置，十人，正七品，掌明经待问，唯诏所使。唐朝定制为正九品上文散官。北宋前期沿唐制，神宗元丰三年（1080）废。徽宗崇宁二年（1103）改置为选人新阶官，从八品，取代旧阶官节度掌书记，观察支使，防御、团练判官。金置以授从七品下文官。元改文官从六品，敕授。明朝为文官从六品，敕授。清朝为文官从六品封赠。

儒林参军　官名。掌学馆。东晋征西将军府初置为僚属。南朝宋、梁王府、将军府并有置者。麴氏高昌国亦置。

儒林校尉　官名。东汉末刘备置，为州牧属官。《三国志·周群传》："先主定蜀，署（周群）儒林校尉。"

儒林祭酒　官名。晋怀帝永嘉（307—313）中江州置，掌讲授儒经。十六国前凉、南朝宋豫章王、梁湘东王俱设。宋位比州治中从事。

儒学提举司　官署名。元朝置，掌地方儒学。秩从五品。设于各行省所在地，统诸路、府、州、县学校、祭祀、教养钱粮等事，并考校呈进著述。设提举、副提举各一员。

衡　官名。春秋时齐国等置，掌理山林禁令。《国语·齐语》："山立三衡。"

衡官长　官名。初属少府，武帝元鼎二年（前115）更属水衡都尉。东汉省。

衡官丞　官名。西汉置，初属少府，后属水衡都尉，为衡官长副贰。东汉省。

衡鹿　官名。春秋时齐国置，掌山林之吏。《左传·昭公二十年》："山林之木，衡鹿守之。"衡通林。鹿通麓。《说文解字》卷六："麓，守山林吏也。"

膳上侍卫　官名。即饭上侍卫。

膳夫　官名。周朝置。❶西周晚期执政大臣。《诗经·小雅·十月之交》："皇父卿士，番维司徒，家伯为宰，仲允膳夫，聚子内史，蹶维趣马，楀维师氏。"❷掌王饮食之官。《左传·庄公十九年》："及惠王即位"，"王夺子禽祝跪与詹父田，而收膳夫（大夫石速）之秩"。《周礼·天官·膳夫》："掌王之食饮膳羞，以养王及后、世子。"

膳部　官署名。西魏文帝大统十二年（546）置为尚书省十二部之一。西魏末、北周仿《周礼》建六官府，遂为天官府诸司之一，掌供宫廷饮食，设中大夫为长官，武帝建德二年（573）省中大夫，改以下大夫为长官，宣帝时复旧。下大夫、上士、下士贰之，辖内膳上士、中士；食医下士；外膳上士、中士、下士；典庖中士、下士；典饎中士、下士；酒正中士、下士；肴藏中士、下士；掌醢中士、下士；司鼎俎中士、下士；掌冰中士、下士。北齐为都官尚书所辖诸郎曹之一，掌侍官百司礼食肴馔等事，设郎中为长官。隋朝为礼部（祠部）四司之一，掌祭器、酒膳、食料之政，初设侍郎二员为长官，员外郎为次官，炀帝大业三年（607）改置郎、承务郎为长贰。唐高祖武德三年（620）改置郎中、员外郎为长贰。历朝沿置。高宗龙朔二年（662）改名司膳，咸亨元年（670）复旧，玄宗天宝十一载（752）再改，肃宗至德二载（757）再复。五代因之。渤海国亦置，属左六司，设郎中。北宋前期无职掌，设判部事一员，以无职事朝官充任，神宗元丰（1078—1085）改制后，主管供进酒膳、祠祭牲牢礼料、藏冰供赐等事，郎中、员外郎复为职事官，领御厨、翰林司、牛羊司。哲宗元祐元年（1086），由主客郎中兼管，南宋高宗建炎三年（1129），由祠部郎官兼管。明初亦置，为礼部四属部之一，设郎中、员外郎各一员，主事三员，洪武二十九年（1396）改名精膳清吏司。

膳部下士　官名。西魏恭帝三年（556）置，北周沿置。《常丑奴暨妻宗氏墓志》："（保定）三年（563），转膳部下士。"（赵万里《汉魏南北朝墓志集释》图四二五）为天官府膳部中大夫属官，正一命。隋文帝开皇元年（581）罢。

膳部中大夫　官名。西魏恭帝三年（556）置，北周沿之。天官府膳部司长官，员一人，掌管皇帝的饮食事务。正五命。设小膳部下大夫、小膳部上士以佐之，领内膳上士、设膳上士、典庖中士、典饎中士、酒正中士、肴藏中士、掌醢中士、司鼎俎中士、掌冰中士、食医下士等官属。周武帝建德二年（573）省，以下大夫为长官。宣帝即位后，复置。隋文帝开皇元年（581）罢。

膳部员外　官名。渤海国左六司膳部属官，位郎中下。

膳部员外郎　官名。礼部膳部司次官。隋文帝开皇六年（586）始置，炀帝大业三年（607）改置承务郎。唐高祖武德三年（620）复旧，员一人，从六品上。高宗、玄宗时曾随本司改名司膳员外郎，寻各复旧。五代因置。北宋前期为六品寄禄官，不预司务，神宗元丰（1078—1085）改制后，始为职事官，正七品。明初亦置，从五品，洪武二十九年（1396）改精膳清吏司员外郎。参见"膳部"。

膳部侍郎　官名。隋朝尚书省礼部膳部司长官，置二员，正六品上，文帝开皇三年（583）加为从五品。炀帝大业三年（607）改为膳部郎。

膳部郎　官名。隋炀帝大业三年（607）改膳部侍郎置，唐高祖武德三年（620）改膳部郎中置。渤海国左六司膳部属官亦置，位员外上。

膳部郎中　官名。或说西魏置为尚书省膳部长官。北齐置为都官尚书所辖膳部曹长官，六品上。隋朝改置膳部侍郎、膳部郎，唐朝复称郎中，从五品上，为礼部膳部司长官。高宗、玄宗时曾随本司改名司膳大夫、司膳郎中，寻各复旧。五代因置。北宋前期为五品寄禄官，不预司务，神宗元丰（1078—1085）改制后始为职事官，从六品。明初亦置，正五品，洪武二十九年（1396）改名精膳清吏司郎中。

参见“膳部”。

膳部郎官 膳部郎中、员外郎统称。

膳宰 官名。春秋置，掌饮食膳羞。王官或称膳夫，诸侯官只称膳宰。《仪礼·燕礼》：“膳宰具官馔于寝东。”郑玄注：“膳宰，天子曰‘膳夫’。掌君饮食膳羞者也。”

膳牌 清朝官员向皇帝呈递的名衔牌。因于御膳前呈递，故名。清制，凡文武官员值班、奏事或被引见之日，均各按品级，分别以红、绿两色牌写明衔名，由奏事处递进皇帝阅览，称红头牌、绿头牌。用红头牌者，为宗室王公；用绿头牌者，文职副都御史以上，武职副都统以上。

雕 官名。又称“雕人”。《周礼》冬官之属，一说为周朝置，掌雕凿器物。《周礼·冬官·考工记》：“刮摩之工：玉、楖、雕、矢、磬。”

雕人 参见“雕”。

雕工下士 官名。西魏、北周冬官府司金中大夫雕工中士佐官，正一命。

雕工中士 官名。西魏恭帝三年（556）置，北周沿置。冬官府司金中大夫属官，正二命。下设雕工下士以佐其职。隋文帝开皇元年（581）罢。

雕骑将军 官名。将军名号。南朝梁置，武帝天监七年（508）定为武职二十四班中的四班，普通六年（525）改为武职三十四班中的八班。陈沿置，拟八品，比秩六百石。

〔丶〕

辨章郎 官名。北魏置。孝文帝太和十七年（493）定为从五品下，二十三年改八品。

辨铜令 官名。西汉属水衡都尉，有丞。辨铜即分别铜之种类。为上林三官之一，掌铸钱原料，与钟官令同主铸钱。武帝元鼎四年（前113），悉禁郡国铸钱，专令上林三官铸。郡国前所铸钱皆废销之，输其铜三官。东汉省。

辨铜丞 官名。西汉置，属水衡都尉，为辨铜令副贰，主辨别铜材以铸钱。东汉省。

磨勘 ❶官吏考核制度用语，指官吏考核过程中的复核。唐朝后期，凡对官吏考课，其政绩均需复核。文宗大和元年（827）正月敕：“诸道节度观察使去任日，宜具交割状。仍限新人到任一月日分析闻奏，并报中书门下，据新旧状磨勘闻奏，以凭殿最。”宋初形成制度，置磨勘差遣院等机构及三司都磨勘官等职，并制定磨勘之法。凡寄禄官迁转皆有定年，任内每年勘验其劳绩过失，吏部复核后决定迁转寄禄官阶。选人惟改京官时才实行磨勘。❷科举考试之专用语，即对乡、会试试卷进行复核。明嘉靖（1522—1566）中，以时文体诡异，令以后乡试，礼部必磨勘试录，有仍前离经叛道诡辞邪说者，则治监临考校官之罪，黜其中式者为民。清制，乡、会试发榜后，各考官依程限将朱、墨卷解送至礼部。复核内容，首严弊幸，即朱、墨卷有无不符之处；次检瑕疵，即卷内语句、书法有无犯规之处。如发现问题，中式者除名，考官及同考官革职。磨勘官初由礼部及礼科主之，康熙（1662—1722）间始钦派大臣专司其事。乾隆（1736—1795）初，改任都察院科、道五品以上，科甲京堂、中允、赞善以上翰、詹官，并集朝房复核。二十一年（1756），始令磨勘官填注衔名。二十五年，复增大臣复勘例，以便稽察弊窦。太平天国天试在正、副主考官下亦设磨勘官，掌试卷之复核。

磨勘司 官署名。西夏置，称赤剋罗。主持官吏考核升迁，属中等司。明太祖洪武三年（1370）亦置，设司令，司丞。十年革，十四年复设，二十年复罢。凡诸司刑名、钱粮，有冤滥隐匿者，稽其功过以闻。

磨勘司右司丞 官名。明太祖洪武（1368—1398）时磨勘司置，一人。详见“磨勘司左司丞”。

磨勘司右司副 见“磨勘司左司副”。

磨勘司左司丞 官名。明太祖洪武三年（1370）于磨勘司置司丞，不分左右，五人，佐司令掌司事。十年革。十四年复置，始分左、右，各一人。二十年复罢。

磨勘司左司副 官名。明太祖洪武十四年（1381）于磨勘司置，左、右各一人，佐司令掌司事。二十年革。

磨勘司司令 官名。明太祖洪武三年（1370）置为磨勘司长官，凡刑名、钱粮，有冤滥隐匿者，稽其功过以奏闻于皇帝。初置一人，七年增设一人。十年革。十四年复置，一人。二十年复罢。

磨勘京朝官院 见“磨勘院”。

磨勘官 官名。清朝称科举考试中进行复核考卷官员。详见“磨勘”。

磨勘院 官署名。北宋太宗淳化三年（992），以官吏清浊混淆，难以甄别，置磨勘京朝官院与磨勘幕职州县官院，总称磨勘院。掌京官、升朝官及幕职州县官考课之事，设知京朝官考课与知幕职州县官考课分领其事。四年，改磨勘京朝官院为审官院，磨勘幕职州县官院为考课院。

磨勘案 官署名。❶宋朝刑部都官司所属机构，掌役人及在京百司吏职考核之事。❷宋朝大理寺左断刑所属机构，掌通知吏部等处改降犯案命官官职之事。

磨勘幕职州县官院 见“磨勘院”。

廪 ❶负责储藏粮食的机构。战国齐等国置，有左廪、右廪之分。《左关釜铭》：“左关釜一节于廪釜。”❷廪人省称。

廪人 官名。省称廪。西周置，春秋战国沿置。主管谷米收藏及颁发配给的官员。《国语·周语中》：“廪人献饩。”韦昭注：“生曰饩，禾米也。”《周语上》：“廪协出。”韦昭注：“廪人，掌九谷出用之数也。”《仪礼·少牢馈食礼》：“廪人摡甑甗匕与敦于廪灶。”郑玄注：“廪人，掌米之藏者。”《周礼·地官·廪人》：“掌九谷之数，以待国之匪（分）颁，赒赐稍食。以岁之上下数邦用，以知足否，以诏谷用，以治年之凶丰。”

廪生　明清学校生员名目之一。即廪膳生员。

廪吏　管理粮仓的小吏。春秋战国置。《韩非子·内储说》：“黎种贵而廪吏覆。”

廪给司　官署名。元朝置，秩从七品，设于世祖至元十九年（1282），隶通政院，掌诸王、诸蕃国、各行省使客饮食供张。置提领、司令、司丞各一员。

廪牺令　官名。西汉左内史（左冯翊）属官，秩六百石，有丞、尉，掌藏谷养牲以供祭祀，后属大司农。东汉改隶河南尹。东晋初未置，后复置，南朝因之，隶太常。梁位流外三品勋位。北魏孝文帝太和十七年（493）定为从五品下，二十三年职员令未载。北齐为太常寺廪牺署长官，掌养牺牲供祭群祀等事。隋、唐、五代沿置，掌牛羊谷物等祭祀用品，隋从八品，唐正八品下。宋朝存其名而罕有除授，于太常寺下设廪牺案掌其事。金朝以太庙令兼其职。

廪牺丞　官名。廪牺令副职，两汉至南北朝皆置。北齐至隋、唐、五代为太常寺廪牺署次官，隋从九品，唐正九品下。金朝由太庙丞兼其职。参见“廪牺令”。

廪牺案　官署名。宋朝太常寺所属机构，掌祠祭所用牲牢之事。

廪牺尉　官名。西汉置，属左冯翊，为廪牺令副职。廪牺主藏谷养牲，以供祭祀。东汉省。

廪牺署　参见“廪牺令”。

廪牺署令　官名。即廪牺令。

廪牺署丞　官名。即廪牺丞。

廪膳生员　简称廪生。明清学校生员名目之一。指科举制度下考入府、州、县学之学生，以领取月米以补助生活，故名。明洪武二年（1369）定制，府学四十人，州学三十人，县学二十人。其缺额由岁、科两试等第高者补充。清沿明制，廪生领取膏火银。初定大学四十名，中学三十名，小学二十名，满洲、汉军各一百二十名，蒙古六十名。其后增减不一。

燧长　官名。汉朝边郡小吏，主亭燧，属候长，月奉约六百钱。亭燧为汉朝边防候望系统中前沿哨所，燧长领燧士数人，备警戒，候望，侦察塞外动静，有敌情则举烽燧燧。

濒史　官名。西周置。又作濒事。为周王内宫近臣。与西周内史、内小臣地位类似。

澹览　官名。南诏官，下府副将。

澹酋　官名。南诏官，下府主将。

羲和　官名。新莽更名大司农曰羲和，后更名纳言。

〔乛〕

壁司徒　官名。春秋时齐国置，军吏，主垒壁之事。《左传·成公二年》：“齐侯以为有礼，既而问之，辟（壁）司徒之妻也。”杜预注：“辟司徒，主垒壁者。”

避房法　选举制度。宋朝贡举考试考校试卷的一项规定。举人三场试卷，分发贡院帘内各房，由点检试卷官考校，决定高下去取。若举人与本房考官有亲属关系，则应避嫌，将试卷转别房考校，称避房法。铨试、公试、上舍试亦行此法。

嬖大夫　爵名。“下大夫”别称。春秋晋、郑、吴等国置。《左传·昭公七年》：“罕朔奔晋。韩宣子问其位于子产”，“使为嬖大夫”。《昭公元年》：“（郑子产曰）子皙，上大夫；汝，嬖大夫，而弗下之，不尊贵也。”

缴凭　清朝铨选制度用语。清制，官员抽签分发到某一地方候补，均限期报到。由吏部视路程远近，发一文书，写明到达期限，称凭限。持此，到所在地报到缴纳，称缴凭。

十七画

〔一〕

檄 文书名。❶军中文书统称。凡征召、罪责、晓慰等皆用之。❷朝廷有大征讨，为申明出师之名，晓谕将士奋力诛讨而颁布的文告。

檀景等处采金铁冶都提举司 官署名。元朝置，掌各冶采金炼铁，榷货以资国用。世祖中统二年（1261），置景州铁冶提举司。至元十四年（1277），增置檀州提举司。成宗大德五年（1301），并檀、景两州三提举司为檀景等处采金铁冶都提举司，秩正四品。设提举、同提举、副提举各一员。掌双峰、暗峒、银崖、大峪、五峪、利贞、锥山七冶。直隶于中书省户部。

醢人 官名。《周礼》天官之属，一说为周朝置，宦官。掌供应豆类食具所盛的各种酱制食物。《周礼·天官》："醢人，奄一人，女醢二十人，奚四十人"，"掌四豆之实"，"凡祭祀，共荐羞之豆实；宾客、丧纪，亦如之。为王及后世子共其内羞。王举，则共醢六十瓮，以五齐七醢七菹三臡实之。宾客之礼，共醢五十瓮。凡事，共醢"。

藉田令 见"籍田令"。

藉田署 见"籍田署"。

藏府 官署名。亦称中藏府、中黄藏府，掌管皇室财物。《汉书·王莽传》："时省中黄金万斤者为一匮，尚有六十匮。黄门、钩盾、臧府、中尚方处，各有数匮。"东汉少府属官有中藏府令，秩六百石，掌中币帛金银诸货物，有丞一人。所藏币帛或赏赐大臣，或增助军费。

藏珍库 官署名。元朝置，掌金银珠玉等物，秩从五品，设提点、大使、副使各二员。立于至元二十七年（1290），隶詹事院。至大元年（1308）到至治三年（1323），隶甄用监。天历二年（1329），划隶内宰司。另置有文成库，掌段匹丝绵；供须库，掌皮毡鞍辔，建置、设官、归属同藏珍库。

藏喇嘛 僧号。清朝西藏喇嘛之称。其出呼毕勒罕者，前藏达赖喇嘛、后藏班禅喇嘛之外，还有第穆呼图克图、噶拉木巴呼图克图、色木巴呼图克图等十八人及沙布隆等十二人，皆入理藩院册。其中呼徵呼图克图原系沙布隆，后为呼图克图。共理西藏地区黄教事务。

戴琫 官名。亦称代本，清朝西藏地方武官之一，隶于噶伦。掌理各城典兵之事。设四品官六人。每人辖如琫二人，及甲琫、定琫等。遇有缺出，由如琫拨补。乾隆五十七年（1792）定，不由东科尔世家出身者，亦准升至戴琫。其选补由达赖喇嘛会同驻藏大臣奏明补用。

擢用 官制用语。清朝吏部之铨选制度。即任用官员之方法。指不拘流品，越等破格任用贤才之例。凡经博学宏词、经济特科、孝廉方正等特科选拔，以及会推、保举荐擢之人才，均属此例。

〔丨〕

黜 官制用语，即贬官免职，同罢黜、黜免、贬黜。

黜陟 官制用语。考核官员，以定升降，谓之黜陟。降免者称黜，晋升者称陟。清初，定内外官三年考满，视其称职与否而定黜陟。

黜陟使 使职名。唐太宗贞观八年（634）发十六道黜陟大使，畿内以李靖充任；二十年又遣大理卿孙伏伽等以六条巡察四方，黜陟官吏。玄宗、肃宗皆曾遣使，德宗建中元年（780）又分遣黜陟使观风俗，问疾苦，推行两税法。

羁縻卫所 官署名。明朝专指少数民族地区归附地区所置的卫所，包括都司。以当地少数民族首领为都督、都指挥、指挥、千百户、镇抚等，并赐给敕书印记。

〔丿〕

魏尹 官名。十六国后赵、前燕京都行政长官。职掌略同京兆尹。石虎自襄国迁都于邺，为魏郡治所，故改魏郡太守置。前燕破冉闵后，亦都邺。东魏孝静帝天平元年（535）迁都于邺，亦置。北齐改称清都尹。

傈使科 官署名。金朝漕运司下属机构。掌吏、户、礼三部案牍。设司吏管领科事。参见"漕运司"。

徽仪使司 见"缮珍司"。

徽猷阁 宋朝阁名。徽宗大观二年（1108）建，收藏哲宗御制文集，置学士、直学士、待制等职。

徽猷阁直学士 官名。北宋徽宗大观二年（1108）始置，从三品，为高级文官赐衔。

徽猷阁学士 官名。北宋徽宗大观二年（1108）置，正三品，属侍从贴职。西夏献宗时亦置。

徽猷阁待制 官名。北宋徽宗大观二年（1108）置，从四品，属侍从贴职。

爵 爵位。君主颁与臣民的一种封号等级。商周皆置。据《礼记·王制》："王者之制禄爵，公、侯、伯、子、男，凡五等；诸侯之上大夫卿、下大夫、上士、中士、下士，凡五等。"战国秦置二十等爵，秦及西汉沿之。西汉除以诸侯王、列侯分封刘氏宗亲及封赏异姓功臣，又有王子侯、外戚恩泽侯等名目。武帝时一度置武功爵以卖官。东汉高爵唯诸侯王、列侯、关内侯，又有县侯、乡侯、亭侯等。东汉末曹操秉政，设名号侯、关中侯、关外侯、五大夫等以赏军功。魏晋南北朝有五等爵、九等爵，多封与贵族、功臣，受封者或开国，或食封。隋朝初年爵封九等：国王为正一品；郡王、国公、郡公、县公，从一品；侯，正二品；伯，正三品；子，正四品；男，正五品。炀帝大业三年（607），改为王、公、侯三等，余并废。唐朝封爵九等：王为正一品，食邑万户；嗣王、郡王，从一品，食邑五千；国公，从一品，食邑三千；郡公，正二品，食邑二千；县公，从二品，食邑一千五；县侯，从三品，食邑千户；县伯，正四品上，食邑七百；县子，正五品上，食邑五百；县男，从五品上，食邑三百。皇兄弟、皇子皆封国，为亲王；皇太子子，为郡王；亲王子，承嫡者为嗣王，诸子为郡公；以恩进者为郡王；袭郡王、嗣王者，封国公。宋朝爵位共十二等，即亲王、嗣王、郡王、国公、郡公、开国公、开国郡公、开国县公、开国侯、开国伯、开国子及开国男。金、元凡八等：王、郡王、国公、郡公、郡侯、郡伯、县子、县男。自正一品至从五品。金各等食邑、实封有定制。元朝郡公以下仅止于封赠。明皇室爵位有八等：亲王、郡王、镇国将军、辅国将军、奉国将军、镇国中尉、辅国中尉、奉国中尉。功臣爵位有公、侯、伯三等，皆视一品。亦有追封王者。明初曾封县子、县男，后罢。清宗室爵位分十二等：和硕亲王、多罗郡王、多罗贝勒、固山贝子、奉恩镇国公、奉恩辅国公、不入八分镇国公、不入八分辅国公、镇国将军、辅国将军、奉国将军、奉恩将军。功臣外戚爵位分九等：公、侯、伯，超品；子，正一品；男，正二品；轻车都尉，正三品；骑都尉，正四品；云骑尉，正五品；恩骑尉，正七品。

爵列　爵位的等级。《吕氏春秋·制乐》："颁其爵列等级田畴以赏群臣。"

爵里刺　官吏所持名刺。《三国志·夏侯渊传》裴松之注引《世语》："宾客百余人，人一奏刺，书其乡邑名氏，世所谓爵里刺也。"

爵服　爵位和官职。《管子·权修》："民贱其爵服，则人主不尊。"

爵秩　爵位俸禄。《史记·商君列传》："明尊卑爵秩等级，各以差次。"

爵部　官署名。渤海国置，左六司支司之一，置郎中、员外，以主其事。

爵部员外　官名。渤海国官，左六司支司爵部属官，位郎中下。

爵部郎中　官名。渤海国左六司支司爵部属官，位员外上。

爵禄　爵位和俸禄。《孟子·万章下》："周室班爵禄也，如之何？"《庄子·秋水》："爵禄不足以为勸。"《礼记·祭统》："古者明君爵有德而禄有功，必赐爵禄于太庙。"《周礼·夏官·司士》："稽士伍而进退其爵禄。"

僬人　官名。同"傔人"。《周礼》地官之属。一说为周朝置。掌炊煮米饭。参见"傔人"。

〔丶〕

襄办　官名。清末新设官署或办事机构职官。一般为总办副职，意即协助办理。其品秩视机构而异。

襄尹　官名。春秋时楚国置。《新序·杂事一》："楚庄王既讨陈灵公之贼杀夏征舒，得夏姬而悦之"，"后襄尹取之"。

襄阳营田提举司　官署名。元朝置。秩从五品，隶会福总管府，掌大护国仁王寺田产。初为襄阳等处水陆地土人户提领所，成宗大德元年（1297）改为提举司。置达鲁花赤、提举、同提举、副提举各一员。

襄武将军　官名。北魏置。孝文帝太和十七年（493）定为六品上，二十三年复次职令，未载。

襄国都水长　官名。晋朝置，隶大司农。

襄威将军　官名。将军名号。北魏置，孝文帝太和二十三年（499）定为从六品上。可作为士族的起家官。《魏书·崔挺传》："（崔朗）以军功起家襄威将军、员外散骑常侍。"隋初列为散号将军，正八品下，炀帝大业三年（607）罢。

濯龙监　官署名。东汉置，隶少府属官钩盾令，有长、丞主其事。

豁儿赤　即火儿赤。

豁你赤　即火你赤。

〔乛〕

翼长　官名。清朝八旗武职官员。初名翼领，乾隆（1736—1795）时改称。健锐、火器、神机、善扑等营及陵寝、围场等处均设。其名称有别，品秩悬殊，职掌各异。如火器营所辖内外二营、健锐营所辖左右二翼各设翼长一人，正三品，分管营、翼事。神机营设总理全营事务翼长（又称"全营翼长"）三人，掌董帅队伍。所属各处、局亦设翼长一二人不等，分管各处、局事，其下尚有委翼长、帮办翼长、学习翼长等，均佐翼长管理各项事务。另，太仆寺所属边外左右翼骒马厂、骟马厂亦各设翼长一人，管左右翼各马厂。此外，尚有正翼长、委署翼长等名目，均属此例。

翼正都尉　官名。三国吴置。孙权黄龙元年（229）立孙登为太子，置左辅、右弼、辅正、翼正都尉，以辅佐太子，称太子四友。陈表自中庶子转此。参见《三国志·孙登传》。

翼驭　唐朝太子仆寺厩牧署置十员，掌调马执驭。

翼驭郎　官名。北魏置。孝文帝太和十七年

(493) 定为从五品下，二十三年复次职令，未载。

翼军将军　官名。十六国汉置。《晋书·石勒载记上》："(刘聪) 署其长子 (石) 兴为上党国世子，加翼军将军，为骠骑副贰。"

翼军校尉　官名。十六国后赵石虎置。《魏书·临渭氏苻健传》："健便弓马，善于事人，石虎深爱之，历位翼军校尉、镇军将军。"

翼缺　清朝官缺之一种，属八旗官缺。即左、右两翼额设之职官，由本翼四旗应用人员内拣选任命。

翼领　见"翼长"。

翼尉　官名。又称步军翼尉。清朝八旗步军营之职官。初名总尉，乾隆十九年 (1754) 改名翼尉。额设二人，左、右翼各一人。正三品，掌分辖步军，以守卫、巡警京城。

孺人　命妇名号。古称大夫之妻。宋徽宗政和二年 (1112) 改定外命妇名号，置以封通直郎以上、朝奉郎以下官员之妻。金朝亦置，章宗承安二年 (1197) 改原王之次室封号王夫人为此。明沿置，封七品官员之妻。因子孙得封者称太孺人。清朝为命妇的最低封号，七品官之妻封孺人，八、九品官之母亦可封为八品孺人、九品孺人。

孺子　西汉太子妻妾名号，次于妃、良娣。十六国汉亦置。

十八画

鞮鞻氏　官名。又作趯娄。《周礼》春官之属，一说为周朝置，掌理四夷的乐曲和声歌，以备祭祀和宴饮时演奏。《周礼·春官》："鞮鞻氏，下士四人，府一人，史一人，胥二人，徒二十人"，"掌四夷之乐与其声歌。祭祀，则吹而歌之。燕，亦如之"。

藩台　明清布政使别称。

藩司　明清布政使别称。

覆囚使　使职名。唐高宗上元二年（675）关内道覆囚，使邵师德等奉辞，往诸州县省察复核囚徒，至玄宗开元十年（722），宇文融除殿中侍御史，充覆囚使。

覆考官　官名。宋朝贡举殿试时设，负责与初考官决定合格人等第，事毕即罢。

覆实司　官署名。金朝属户、工部，主管复核营造材物、工匠价值等事。设管勾一员领司事，秩从七品。原另设同管勾官，后罢。宣宗贞祐五年（1217），罢管勾，以户、工二部主事兼任。兴定四年（1220），复设管勾，人员由尚书省拟，不令户、工部举。

瞽　官名。相传夏朝始置，周朝沿置，掌乐，通晓历、数、天、道。《尚书·夏书·胤征》："乃季秋月朔，辰弗集于房，瞽奏鼓。"《国语·周语上》："瞽献曲。"

瞽史　官名。周朝置，掌天时历数。或说瞽为掌乐大师，史为太史。《国语·晋语四》："《瞽史之纪》曰：唐叔之世，将如商数。"韦昭注："瞽史，知天道者。"《周语下》："吾非瞽史，焉知天道？"韦昭注："瞽，乐大师，掌知音乐风气，执同律以听军政，而诏吉凶。史，太史，掌抱天时，与太师同车，皆知天道者。"

瞽师　官名。春秋置，掌乐官。《淮南子·缪称训》："侏儒瞽师，人之困慰者也，人主以备乐。"

瞽矇　官名。瞽、矇合称，《周礼》春官之属。《周礼·春官》："瞽矇上瞽四十人，中瞽百人，下瞽百又六十人。"郑玄《注》引郑司农曰："无目眹谓之瞽，有目眹而无见谓之矇。"掌弦歌、讽诵。《国语·楚语上》："临事有瞽史之导，宴居有师工之诵。史不失书，矇不失诵，以训御之。"韦昭注："诵，谓箴谏之语也。"

曜武将军　官名。北魏置。孝文帝太和十七年（493）定为从三品下，二十三年改为四品。

曜锋将军　官名。北齐置，为褒赏军功勋臣的闲职，从七品上。

矇（蒙）　官名。周朝置，乐官，掌讽诵诗歌劝导君主。《史记·周本纪》："师箴，瞍赋、矇诵。"《国语·楚语上》："史不失书，矇不失诵，以训御之。"

瞻人郎　官名。北魏置。孝文帝太和十七年（493）定为从五品下，二十三年复次职令，未载。

嚚尹　官名。春秋时楚国置。《左传·昭公十二年》："嚚尹午、陵尹喜帅师围徐以惧吴。"

酂　《周礼》地方行政区划名。一百家为一酂。《周礼·地官·遂人》："五家为邻，五邻为里，四里为酂"。

酂长　官名。《周礼》地官之属，一说为周朝置，掌一酂行政事务的长官。《周礼·地官·酂长》："各掌其酂之政令。以时校登其夫家，比其众寡，以治其丧纪祭祀之事。"参见"酂"。

酂人　官名。同"篴人"。《周礼》春官之属，一说为周朝置。参见"篴人"。

簪袅　爵名，亦称谋人。战国秦置，为二十等爵第三级。秦及西汉沿置。《汉书·百官公卿表》颜师古注："以组带马曰袅。簪袅者，言饰此马也。"

翻黄　文书名。宋朝，诸路监司、州军用黄纸翻录朝廷所降敕书、德音，转发所部，称为翻黄。

饙（饩）廪司　官署名。元仁宗延祐五年（1318）由上都应办所改立，掌诸王驸马使客饮食，隶上都留守司。置大使、副使各一员。

旛幢司　官署名。清朝銮仪卫中所下设机构。顺治十一年（1654）置，掌帝、后仪仗所用旛幢、仗马等。设掌印云麾使、掌司事治仪正各一人，共掌司事。

鹰击司马　官名。西汉置。《汉书·霍去病传》："鹰击司马破奴再从票骑将军斩遬濮王。"

鹰击郎将　官名。隋炀帝大业五年（609）改副鹰扬郎将置，一人，从五品，为鹰扬府次官。唐初改为折冲都尉府府副。

鹰扬府　军府名。隋炀帝大业三年（607）改骠骑府置，为府兵组织系统一大变更。每府长官称鹰扬郎将，置一员，副长官称鹰扬副郎将，一员，各有司马及兵、仓两司。领亲、勋、武三侍，为内军鹰扬府；外军鹰扬府，则分隶十二卫。各府府名，前面既系所属之卫，又冠以地名，如右武卫纯德府等等，分布各州。每府又置越骑校尉，二员，掌骑士；步兵校尉二员，领步兵。大业五年（609），改鹰扬副郎将为鹰击郎将。唐初复名骠骑府。

鹰扬郎将　官名。隋炀帝大业三年（607）改骠骑将军置，鹰扬府长官，置一员，正五品。唐高祖武德元年（618）改为军头，升正四品下。

鹰扬将军　官名。东汉献帝建安（196—220）中曹操置，三国魏、两晋沿之，是杂号将军中地位较高者，西晋时曾作为荆、兖等州刺史的加官，魏、晋皆五品。十六国前燕、前秦亦置。南朝宋为五品。梁时地位明显降低，武帝天监七年（508）定为武职流外三班。北魏孝文帝太和十七年（493）定为五品上。麴氏高昌国亦置，位在威远将军上。见《吐鲁番出土文书》第三册《阿斯塔那一五五号墓文书》。

鹰扬副郎将 官名。隋炀帝大业三年（607）改车骑将军置，为鹰扬府次官，置一员，从五品。五年又改为鹰击郎将。

鹰扬校尉 官名。东汉献帝兴平（194—195）间曹操置，以曹洪为之，位在扬武中郎将下。一说曹操于建安（196—220）中置鹰扬将军，以曹洪任之。见《三国志·曹洪传》。

鹰师曹 官署名。北魏置，掌鹰、鹞等用于出猎的羽禽的饲养。孝文帝太和四年（480）罢，以其地为报德佛寺。见《魏书》之《高祖纪》、《皇后列传》。

鹰军详稳司 官署名。辽朝北面官，统领鹰军。以鹰名军，取其迅捷之意。设详稳等职。

鹰坊 官署名。唐武则天圣历（698—700）以后置，为闲厩使所押五坊之一，以供时狩。辽、金、元三朝为管理蓄养鹰鹘以供畋猎的机构。辽朝属北面官，设使、详稳等官。金朝隶殿前都点检司，设提点（正五品）、使（从五品）、副使等。元朝皇帝御位下有鹰坊总管府（曾改称仁虞院和仁虞都总管府），秩正二品。各投下设打捕鹰房总管府或提领所。

鹰房 即鹰坊。

癞医 官名。清朝内务府上驷院属官，掌治上驷院马驼疾病。额设六人，以厩丁、牧丁充补。

彝工下士 官名。西魏、北周冬官府司木中大夫彝工中士佐官，正一命。

彝工中士 官名。西魏恭帝三年（556）置，北周沿置。冬官府司木中大夫属官，正二命。下设彝工下士以佐其职。隋文帝开皇元年（581）罢。

十九画

醯人　官名。《周礼》天官之属。一说为周朝置。宦官。掌理供给祭祀、飨食所需的醋醃食物。《周礼·天官》："醯人，奄二人，女醯二十人，奚四十人"，"掌共五齐七菹凡醯物，以共祭祀之齐菹，凡醯酱之物。宾客，亦如之"。

警务长　官名。清末地方州县佐治官。光绪三十三年（1907）改革地方官制，始置。直隶州、直隶厅及州县每处一人，奏补。掌理该州厅县巡警、户籍、消防、营缮、卫生事宜。

警务司　官署名。清末巡警部所属机构，光绪三十一年（1905）设。掌本部章奏、电报、电话、报告、司员功过簿册及一切杂项事务。辖文牍、庶务二科。置郎中一员，总理司务，下设员外郎二人。三十二年，司撤，事归民政部。

警务司郎中　官名。清末巡警部警务司长官。光绪三十一年（1905）设，一人，正五品。掌司事。三十二年，警务司撤归民政部，遂废。

警巡院　官署名。辽、金、元皆置。设于都城内，管理民政。辽五京置使、副使。金诸京亦设，使正六品，下设副、判官。元大都城设左、右警巡院，隶大都路总管府，上都置警巡院，秩均正六品。设达鲁花赤、使、副使、判官。

警法司　官署名。清末巡警部所属机构，光绪三十一年（1905）设。掌司法警察，负责国际警务交涉，调查政法民情，检查书刊报章等。辖司法、国际、调查、检阅四科。置郎中一人，总理司务，下设员外郎四人。三十二年，司撤，事归民政部。

警法司郎中　官名。清末巡警部警法司长官。光绪三十一年（1905）设，一人，正五品。掌司事。三十二年，警法司撤归民政部，遂废。

警学司　官署名。清末巡警部所属之机构，光绪三十一年（1905）设。掌各省巡警学堂，编译各国警察法规、专书。辖课程、编辑二科。置郎中一员，总理司务，下设员外郎二人，三十二年，司撤，事归民政部。

警学司郎中　官名。清末巡警部警学司长官。光绪三十一年（1905）设，一人，正五品。掌司事。三十二年，警学司撤归民政部，遂废。

警学科　官署名。清末民政部警政司所属四科之一，光绪三十二年（1906）设。掌巡警学堂，巡警教练，派遣警务留学生，以及巡警学生之考核注册事。置员外郎一人主持科务。

警政司　官署名。清末巡警部、民政部所属机构，光绪三十一年（1905）设。初隶巡警部。掌全国警察行政、警务人员考绩、经费预决算、户口等事。辖行政、考绩、统计、户籍四科。置郎中一人总理司务，每科设员外郎一人。三十二年，以巡警部改民政部，遂归并民政部。并将原巡警部警法司之司法科、国际科，警保司之保安科、营业科，警学司之课程科所掌事务皆归并办理。掌核办行政警察、司法警察、高等警察及教练巡警各事。辖行政警务、高等警务、司法警务、警学四科。改郎中为二人，员外郎仍四人，尚有主事五人，七品小京官一人。

警政司郎中　官名。清末巡警部、民政部所属警政司长官，掌司事。详见“警政司”。

警保司　官署名。清末巡警部所属机构，光绪三十一年（1905）设。掌治安、公共卫生、建筑审核、营业执照、京师市政工程等事宜。辖保安、卫生、工筑、营业四科。置郎中一员，总理司务。下设员外郎四人。三十二年，司撤，事归民政部。

警保司郎中　官名。清末巡警部警保司长官。光绪三十一年（1905）设，一人，正五品。掌司事。三十二年，警保司撤归民政部，遂废。

攒典　吏名。金朝始置，掌诸仓、草场之钱粮帐目。岁收一万石以上之仓设二人，草场设二人。元朝沿置，凡与钱粮有关之仓、库、务中均设，员额不等，任满后可转为司吏或典吏。明朝负责税务之衙署亦设。清朝为地方吏员之一种。清制，地方之吏员有书吏、承差、典吏、攒典四种，攒典为各首领官、佐贰官、杂职官所属之吏。如县丞、典史之属吏均作是称。

簿曹书佐　官名。汉朝司隶校尉及州部佐吏，主簿书。

簿曹从事　官名。东汉司隶校尉及州部属吏。司隶校尉所属簿曹从事主财谷簿书，秩百石。刺史（州牧）所属职秩同。均由所部长官自行辟除。

遼师　官名。《周礼》夏官之属，一说为周朝置，掌理四方丘陵平原的名称和物品。《周礼·夏官》："遼师，中士四人，下士八人，府四人，史八人，胥八人，徒八十人"，"掌四方之地名，辨其丘陵坟衍遼隰之名，物之可以封邑者"。郑玄注："遼，地之广平者。"

譏（讥）察使　见“提举讥察使”。

譏（讥）察官　官名。金朝设于关隘、渡口之处，掌稽察奸伪，秩正八品。设在关口之处者，尝由关使兼任。

疆臣　见“封疆大吏”。

疆吏　官名。春秋时鲁国等置。负责边疆守卫。《左传·桓公十七年》："于是齐人侵鲁疆，疆吏来告。"参见“封疆大吏”。

疆埸之司　春秋时郑国称管理边境事务的地方官

吏。《左传·襄公十一年》："郑人患晋、楚之故"，"使疆埸之司恶于宋"。

疆理司　官署名。清末民政部所属之机构，光绪三十二年（1906）设。掌核议地方区划，统计土地面积，稽核官民土地收放买卖，核办测绘，审订图志。辖经界、图志二科。置郎中二员总理司务。下设员外郎二人，七品小京官一人，分司各职。

疆里司郎中　官名。清末民政部疆里司长官。光绪三十二年（1906）设，二人，正五品，掌司事。

二十画以上

醴泉观使　宋朝宫观官名。仁宗至和二年（1055）建醴泉观，后置使名，为祠禄官。

鳖人　官名。《周礼》天官之属。一说为周朝置。掌捕捉鱼鳖。见《周礼·天官》："鳖人，下士四人，府二人，史二人，徒十有六人。""掌取互物，以时簎鱼鳖龟蜃凡狸物。春献鳖蜃，秋献龟鱼。祭祀，共蠯蠃蚳，以授醢人。掌凡邦之簎事。"郑玄注："郑司农云：'簎，谓以扠刺泥中搏取之。'"

巍行　官名。西夏职位权位之一。西夏语音"六合尼正"，与中等司等位。

纂修　官名。明朝置。凡修实录、宝训及史志等书，皆置纂修官若干人，实任秉笔，众手成书。初，杂用部院、外官及山林隐逸之士，天顺（1457—1464）后多用翰林院及詹事府官，成化（1465—1487）后则多用翰林院官。清朝修书各馆局皆置。清制，各修书馆局一般都设总纂、纂修、协修各职，负责编纂事务。总纂地位较高，不一定亲自参加具体编纂，然最后由其总其成。纂修、协修分司具体编纂，而以纂修为主，其职多由内阁侍读学士、侍读及翰、詹人员充任。

籍工下士　官名。西魏、北周冬官府司卉下大夫籍工中士佐官，正一命。

籍工中士　官名。西魏恭帝三年（556）置，北周沿置。冬官府司卉中大夫属官，正二命。下设籍工下士以佐其职。隋文帝开皇元年（581）罢。

籍田令　官名。亦作藉田令。西汉文帝二年（前178）始置，管理籍田之事，隶大司农。籍田即每年春耕前皇帝率群臣在专辟的土地籍田上行耕作之礼，以示重视农耕。籍田所获谷物供宗庙祭祀之用。东汉省。西晋武帝泰始十年（274）复置，东晋省，南朝复置，仍隶大司农（司农卿），梁位流外三品勋位。北齐为司农寺藉田署长官，隋罢。宋朝复置，隶太常寺，正九品。北宋员一人，正九品，为籍田司长官。掌皇帝籍田之事，兼管藏冰之事。

籍田司　官署名。北宋置，隶太常寺，设籍田令为长官，掌皇帝籍田之事，于皇帝所籍之田种植五谷蔬果，兼管藏冰之事。

籍田丞　官名。秦置，属治粟内史，为籍田令副贰。西汉因之。景帝后元年（前143）更属大农令，武帝太初元年（前104）更属大司农。东汉省。

籍田署　官署名。北齐置藉田署，隶司农寺，设令、丞。元朝置籍田署。秩从六品。掌耕种籍田，奉宗庙祭祀。设于世祖至元七年（1270），隶大司农司。大司农司罢，改隶太常寺。二十二年复隶大司农司。置署令、署丞各一员。

籍田署令　官名。元朝籍田署正官，从六品，置一员。下设署丞一员，从七品，司吏一人。

譆尹　官名。春秋时徐国置。见《徐譆尹征铖铭》。

灌谒者　官名。汉朝置，隶光禄勋属官谒者仆射。秩比三百石。掌宾赞受事，及上章报向。凡谒者，初为灌谒者，满岁即为给事谒者。

夔州路行省　官名。元朝置。宪宗八年（1258），宋大获山守将杨大渊降，授夔州路行省。世祖中统二年（1261）宋泸州守将刘整降，授夔府行省，兼安抚使。三年，杨大渊死，刘整改成都行省，行省罢。

夔府行省　见"夔州路行省"。

霸府　指魏晋南北朝时期控制朝政、作称帝准备的权臣的府署。《南齐书·谢朓传》："高宗辅政，以朓为骠骑谘议，领记室，掌霸府文笔。"即指南齐明帝萧鸾即位前的鸾骑大将军府。

霸朝　指魏晋南北朝时期控制朝政、作称帝准备的权臣的官府。《北齐书·魏收传》："（魏）季景、（魏）收初赴并，顿丘李庶者，故大司农谐之子也，以华辩见称，曾谓收曰：'霸朝便有二魏。'"即指魏收等进入当时在晋阳遥执朝政的高欢的幕府。

露门学　官署名。北周武帝天和二年（567）立，置学生十二人，文学博士四人。还置有学士，职司教授。学生多为大臣子弟，亦有大臣带职入学，皇太子亦曾在此受教。其学在露门左侧，因露门又称虎门，故亦称虎门学。

露门学士　官名。北周置，为露门学属官，教授生徒，位低于露门学文学博士，因露门又称虎门，故亦称虎门学士，唐朝人避讳，改称兽门学士。参见"露门学"。

露门学文学博士　学官名。北周武帝天和二年（567）置露门学，以萧㧑、唐瑾、元伟、王褒任之，教授学子，四人皆为公卿中的文学之士，任官中大夫，可知其职之重。皇太子亦曾在此受教。参见"露门学"。

露门学博士　露门学文学博士的省称。

露门博士　露门学文学博士的省称。

露布　不加密封的文书，亦称露版、露板。据蔡邕《独断》，汉朝唯赦令、赎令，召三公诣朝堂受制书，司徒印封，露布下州郡。唐朝亦为公文程式。时门下省与中书省参总军国政务，凡下之通上者，制有六：一曰奏钞，二曰奏弹，三曰露布，四曰议，五曰表，六曰状。自露布以上乃审，其余复奏，画制可而授尚书省。宋制，用兵获胜，上其功状于朝廷，称为露布。明朝亦为以下达上的一种公文，一般为上报而欲速公布之事。故亦用称檄文、捷报或其他紧急文书。

㪉人　官名。《周礼》天官之属，一说为周朝置，掌捕鱼供膳及征牧渔税。《周礼·天官》："㪉人，中士四人，下士四人，府二人，史四人，胥三十人，徒三百人"，"掌以时㪉为梁。春献王鲔，辨鱼物，为鲜槁，以共王膳羞。凡祭祀、宾客、丧纪，共其鱼之鲜槁。凡㪉者，掌其政令。凡㪉征入于玉府"。

曩论充　官名。吐蕃官，即小相，置一人，与大相、内大相、副相、内副相、整事大相等共任国事。

曩论觅零逋　官名。吐蕃官，即内副相，置一人，与大相、副相、内大相、小相、整事大相等共任国事。

曩论掣逋　官名。吐蕃官，即内大相，置一人，与大相、副相、内副相、小相、整事大相等共任国事。

懿旨　旧指皇太后或皇后的命令。世称女德为懿，故谓之懿旨。

籥人　籥师及其属员的合称。《逸周书·世俘》："籥人奏。"参见"籥师"、"籥师丞"。

籥师　官名。周朝置，乐官，掌教国子舞羽吹籥。《礼记·文王世子》："凡学世子，及学士，必时，春夏学干戈，秋冬学羽籥"，"籥师学戈"。郑玄注："籥师掌教国子舞羽吹籥。"《周礼·春官》有"籥师"，"中士四人、府二人，史二人，胥二人，徒二十人"，"掌教徒国子舞羽龡籥"。

籥师丞　官名。周朝置。乐官。籥师副职。《礼记·文王世子》："籥师学戈，籥师丞赞之。"参见"籥师"。

籥章　官名。《周礼》春官之属，一说为周朝置，乐官。掌击土鼓吹奏豳风诗歌。《周礼·春官》："籥章，中士二人，下士四人，府一人，史一人，胥二人，徒二十人"，"掌土鼓豳籥"。

籥章下士　官名。西魏、北周春官府大司乐（乐部）中大夫属官籥章中士的佐官。正一命。隋文帝开皇元年（581）罢。

籥章中士　官名。西魏恭帝三年（556）仿《周礼》籥章置，北周沿置。初为春官府大司乐中大夫属官，北周武帝保定四年（564），改大司乐为乐部，遂为乐部中大夫属官，正二命。下设籥章下士以佐其职。隋文帝开皇元年（581）罢。参见"籥章"。

饔人　官名。春秋时齐国置，掌饮食烹调。《左传·襄公二十八年》："公膳日双鸡，饔人窃更之以鹜。"杨伯峻注："饔人，主割烹之事者。"《昭公二十五年》："及季姒与饔人檀通。"杜预注："饔人，食官。"

蠲纳司　见"三司都理欠司"。

麟台　官署名。即秘书省，唐武则天光宅元年（684）改，中宗神龙元年（705）复名秘书省。参见"秘书省"。

麟台郎　官名。即秘书郎，唐武则天光宅元年（684）改，中宗神龙元年（705）复名秘书郎。参见"秘书郎"。

麟台监　官名。即秘书省长官秘书监，唐武则天光宅元年（684）改，中宗神龙元年（705）复名秘书监。参见"秘书监"。

麟寺　宗正寺别称。

麟趾学　官署名。北周明帝即位后，集公卿以下有文学者八十余人於麟趾殿，刊校经史，因立麟趾学。在朝有艺业者，不限贵贱，皆为学士。后以于翼之议，分其班次，以为差等。

麟趾学士　即麟趾殿学士。

麟趾殿学士　官名。北周明帝即位后，立麟趾学，以在朝公卿以下有文学者为学士，称麟趾殿学士。初不限贵贱，后以于翼之议，定学士班次。亦有以他官参麟趾殿学士者，掌著述，刊校经史。

麟牒　玉牒别称。

纛厄真　即纛额真。

纛章京　满语官名。武职。汉译为护军统领。

纛额真　满语官名。武职。清入关前设巴牙喇营，以巴牙喇纛额真统领营务。天聪八年（1634）改纛额真为纛章京。顺治十七年（1660）定纛章京汉译名为护军统领。

鬱人　官名。周朝置，掌祭祀祼食时供应鬱鬯之酒。《国语·周语上》："鬱人荐鬯。"《周礼·春官》有"鬱人"，"下士二人，府二人，史一人，徒八人"，"掌祼器，凡祭祀宾客之祼事，和鬱鬯以实彝而陈之"。郑玄注："祼器谓彝及舟与瓒。"

爨僰军　即寸白军。

麤（粗）官　❶泛指武官。赵升《朝野类要》卷二："麤官，武臣及军官之自谦，或以为讥。"❷节度使别称。孙光宪《北梦琐言》卷四："薛能以文章自负，累出戎镇，尝郁郁叹息，其诗云：'麤官乞与真抛却，赖有诗名合得偿。'盖以节度为麤官也。"❸县尉别称。周煇《清波杂志》卷一〇："唐之名臣由尉超迁，驯至公卿，不可以数计，今铨法以处试吏者"，"类以麤官目之"。

中国历代官制大辞典

附　　录

附录一

历代职官品位表

（一）汉代百官秩禄表*

万　石

太师　太傅　太保　丞相　御史大夫
太尉　前后左右将军

中二千石

太常　光禄勋　太仆　廷尉　大鸿胪　宗正　大司农　少府
卫尉　执金吾

真二千石

诸侯相　詹事

二千石

太子太傅　太子少傅　詹事　将作少府　大长秋　长乐少府　长信少府　典属国　水衡都尉　京兆尹　左冯翊　右扶风　京辅都尉　左辅都尉　右辅都尉　司隶校尉　诸侯相　郡太守　长信中太仆　诸侯太傅　诸侯御史大夫　诸侯中尉　中少府　左曹　右曹　大郡都尉　州牧　长陵令
城门校尉　中垒校尉　屯骑校尉　步兵校尉　越骑校尉　长水校尉　胡骑校尉　射声校尉　虎贲校尉

比二千石

丞相司直　光禄大夫　五官中郎将　左中郎将　右中郎将　虎贲中郎将　监羽林中郎将　西域都护　奉车都尉　驸马都尉　骑都尉　郡都尉
护军都尉

千　石

丞相长史　大司马长史　御史中丞　太常丞　光禄丞　卫尉丞　太仆丞　大鸿胪丞　宗正丞　大司农丞　少府丞　廷尉正监　廷尉左丞　廷尉右监　诸侯郎中令　诸侯仆　万户县令
将军长史　执金吾丞

比千石

太中大夫　郎中车将　郎中户将　郎中骑将　谒者仆射　期门仆射

比八百石

谏大夫

六百石

将作少府丞　詹事丞　水衡都尉丞　廷尉左平　廷尉右平　京兆丞　左冯翊丞　右扶风丞　京辅都尉丞　左辅都尉丞　右辅都尉丞　郡长史　州刺史　郡太守丞　郡都尉丞　万户县令　朔方刺史　太子门大夫　太子庶子　太常掌故　武骑常侍　公车司马令　大厩令　未央令　家马令　车府令　路軨令　骑马令　骏马令　式道左候　式道右候　式道中候　廪牺令　闾师

比六百石

博士　议郎　左中郎　右中郎　五官中郎　戊己校尉　太子洗马　谒者

五百石

县长

四百石

县丞　县尉

比四百石

五官侍郎　左侍郎　右侍郎

三百石

次县长

比三百石

五官郎中　左郎中　右郎中

二百石

左冯翊卒史　县丞　县尉

百　石

御史属　左右内史卒史　郡国五经卒史　大行卒史　长安游缴　长安狱史

比百石

斗食佐史

* 本表据《汉书·百官公卿表》、《续汉书·百官志》等写成。

（二）三国魏职官品位表*

第一品

黄钺大将军　三公　诸国王、公、侯、伯、子、男　大丞相

第二品

诸四征、四镇、车骑、骠骑将军　诸大将军

第三品

侍中　散骑常侍　中常侍　尚书令　左、右仆射　尚书　中书监、令　秘书监　诸征、镇、安、平将军　光禄大夫　九卿　司隶校尉　京兆、河南尹　太子保、傅　大长秋　太子詹事　中领军　诸县侯　龙骧将军　征虏将军　辅国将军

第四品

城门校尉　武卫、左卫、右卫、中坚、中垒、骁骑、游骑、前军、左军、右军、后军、宁朔、建威、建武、振威、振武、奋威、奋武、扬威、扬武、广威、广武、左右积弩、积射、强弩等将军　护军　监军　五营校尉　南、北、东、西中郎将　御史中丞　都水使者　州领兵刺史　乌丸、诸匈奴、护羌蛮夷等校尉诸乡侯

第五品

给事中　给事黄门侍郎　散骑侍郎　中书侍郎　谒者仆射　虎贲中郎将　符节令　冗从仆射　羽林监　太子中庶子　太子庶子　太子家令　太子率更令、仆　太子卫率　诸军司　北军中候　都督护军　西域校尉　西戎校尉　礼见诸将军　鹰扬、折冲、轻车、虎烈、宣威、威远、宁远、伏波、虎威、凌江等将军　太学博

士将兵都尉　牙门将　骑督　安夷、抚夷护军　郡太守　国相、内史　州、郡、国都尉　国子祭酒　诸亭侯　州单车刺史

第六品

尚书左、右丞　尚书郎中　秘书丞、郎　著作郎　治书侍御史　部曹侍御史　诸督军　奉车、驸马都尉　诸博士　公府长史、司马　骠骑将军长史、司马　车骑将军长史、司马　廷尉正、监、平　将兵助郡尉置司马史卒者　诸护军　太子侍讲　太子门大夫　太子中舍人　太子常从虎贲督、司马督　水衡、典虞、牧官都尉　司盐都尉　度支中郎将、校尉　司竹都尉　材官校尉　骠骑、车骑、卫将军府从事中郎　四征镇公府从事中郎　公车令　诸县、署令千石者　千人督校尉　督守殿内将军　殿内典兵　黄门冗从仆射　诸关内名号侯　诸王、公友

第七品

期门郎　诸国公谒者　殿中监　诸卿、尹丞　诸狱丞　太子保、傅丞　太子詹事丞　诸军长史、司马秩六百石者　护羌、戎、蛮、夷、越、乌丸校尉长史　护羌、戎、蛮、夷、越、乌丸校尉司马　诸公正、行参军　诸大将军正、行参军　诸持节督正、行参军　二品将军正、行参军　门下督　中书通事舍人　尚书曹典事　中书佐著作郎　太子洗马　北军中候丞　城门、五营校尉司马　宜禾、伊吾都尉　度支都尉　典农都尉　诸封公保、傅、相、郎中令及中尉、大农　监淮海津都尉　诸国文学　太子食官令、舍人　单于率正　都水参军　诸县令、相秩六百石以上者　左、右都尉　武卫、左卫、右卫长史　武卫、左卫、右卫司马　京城门候　诸门候副　散牙门将　部曲督　殿中中郎将、校尉　尚药监　尚食监　太官食监　中署监　南、北军监　中廷御史　禁防御史　小黄门　诸署长　谒者　灵芝园监　黄门署丞　中黄门　太中、中散、谏议三大夫　议郎　三台五都侍御史　太庙令　诸公府掾、属　诸府记室　符玺郎　门下郎　中书主事通事

第八品

尚书、中书、秘书、著作各省署之主书、主图、主谱令史　太常斋郎　京城门郎　四安、四平将军长史　四安、四平将军司马　三品将军正、行参军　四品将军正、行参军　郡丞　西域戎部译长　诸县、署令千石以上者丞　州、郡、国都尉司马　司盐、司竹监丞　水衡、典虞、牧官都尉司马　材官校尉司马　秘书校书郎　东宫摘句郎　诸杂署长　关谷长　王太妃、公主家令　诸部护军司马　王、郡公诸杂署令　国子、太学助教　诸京城四门学博士　诸国常侍、侍郎　殿中都尉司马　殿中羽林郎　左、右、度支中郎将司马　黄门从官　诸杂号宣威将军以下五品将军长史、司马　兰台、谒者、都水使者令史　门下禁防　校尉部司马　军司马　假司马　诸乡有秩、三老　诸州郡防门　尚书、中书、秘书令史

第九品

兰台、殿中、谒者及都水使者书令史　诸县令、长、相　关谷塞尉　仓簟河津督监　殿中监典事　总章戏马监　诸纸署监　王郡公侯诸署长　司理治书　异族封公世子庶子　诸王友　国谒者大夫　诸署丞　诸王太妃及公主家仆、丞　公主行夜督郎　太庙令行夜督郎　太子掌固　主事候郎　王官舍人副散部曲将　武猛中郎将、校尉部司马、军司马、假司马

* 本表据《通典》、洪饴孙《三国职官表》而作。

（三）晋代职官品位表 *

第一品

公　诸位从公者　开国郡公、县公

第二品

特进　骠骑、车骑、卫将军　诸大将军　诸持节都督　开国县侯、伯、子、男

第三品

侍中　散骑常侍　尚书令、仆射　尚书　中书监、令　秘书监　诸征、镇、安、平将军　中军、镇军、抚军、前、后、左、右、征虏、辅国、龙骧等将军　光禄大夫　诸卿、尹　太子保、傅　大长秋　太子詹事

司隶校尉 中领军 中护军 县侯

第四品

武卫、左卫、右卫、中坚、中垒、骁骑、游击、前军、左军、右军、后军、宁朔、建威、振威、奋威、扬威、广威、建武、振武、奋武、扬武、广武等将军 五营校尉 左右积弩、积射、强弩等将军 城门校尉 护军 监军 东、西、南、北中郎将 州刺史领兵者 护匈奴中郎将 护羌、戎、夷、蛮、越、乌丸校尉 御史中丞 都水使者 乡侯

第五品

给事中 给事黄门侍郎 散骑侍郎 中书侍郎 谒者仆射 虎贲中郎将 冗从仆射 羽林监 太子中庶子 太子庶子 太子家令 太子率更令 太子仆 太子卫率 诸军司 北军中候 西域校尉 礼见诸将军 鹰扬、折冲、轻车、武牙、威远、宁远、虎威、材官、伏波、凌江等将军 牙门将 骑督 安夷、抚夷护军 郡太守 国相、内史 州、郡、国都尉 亭侯

第六品

尚书左、右丞 尚书郎 治书侍御史 侍御史 诸督军 奉车、驸马、骑等都尉 诸博士 公府长史、司马、从事中郎 二品将军、诸大将军、特进、都督、中护军之长史及司马 廷尉正、监、平 秘书丞 秘书郎 著作郎 黄沙治书侍御史 诸护军长史、司马 水衡、典虞、牧官、典牧、司盐都尉、度支中郎将、校尉 材官校尉 王郡公侯郎中令及中尉、大农 王傅、师 王国将军 诸县令秩千石者 太子门大夫、中舍人 司马督 太子常从虎贲督 千人督校尉 督守殿中将军 黄门令 黄门冗从仆射 关内名号侯

第七品

殿中监 诸卿、尹丞 符节御史 黄沙典事 太子保、傅、詹事丞 诸军长史、司马秩六百石者 护匈奴中郎将长史、司马 护羌、戎、夷、蛮、越、乌丸校尉长史 护羌、戎、夷、蛮、越、乌丸校尉司马 北军中候丞 城门、五营校尉司马 宜禾、伊吾都尉 监淮海津都尉 中书通事舍人 尚书典事 太子洗马、食官令、舍人 诸县令秩六百石者 左、右都候 阊阖门司马 城门候 大官食监 中署监 小黄门 诸署令 谒者 黄门诸署丞 中黄门 太中大夫 中散大夫 谏议大夫 议郎 关外侯

第八品

门下中书主事通事 散骑、集书、中书、尚书、秘书、著作诸省之治书、主书、主图、主谱令史 郡丞 四安、四平将军长史 四安、四平将军司马 水衡、典虞、牧官、典牧都尉司马 材官校尉司马 州、郡、国都尉司马 司盐、司竹监丞 诸县令、长 关谷长 诸县、署令千石者之丞、尉 王郡公侯诸侍郎、诸杂署令 王太妃、公主家令 副散督司马、长史 部曲将 羽林郎 黄门从官 杂号宣威将军以下

第九品

兰台、谒者、都水、黄沙令史 门下、散骑、中书、尚书、秘书令史 殿中、兰台、谒者、都水、黄沙书令史 诸县、署令长之丞、尉 关谷塞护道尉 王郡公侯诸署长 司理治书 中大夫 署丞 王太妃家丞、仆、舍人 公主家丞、仆、舍人 副散部曲将 武猛中郎将、校尉部司马、军司马、军假司马

* 本表据《通典》、《晋书·职官志》而作。

（四）南朝宋职官品位表 *

第一品

太傅 太保 太宰 太尉 司徒 司空 大司马 大将军 诸位从公者

第二品

特进 骠骑、车骑、卫将军 诸大将军 诸持节都督

第三品

侍中 散骑常侍 尚书令 尚书仆射 尚书 中书监、令 秘书监 诸征、镇、安、平将军 中军、镇

军、抚军、前、后、左、右、征虏、冠军、辅国、龙骧等将军 光禄大夫 诸卿、尹 太子太傅 太子少傅 大长秋 太子詹事 领军 护军 县侯

第四品

左卫、右卫、骁骑、游击、左军、右军、前军、后军将军 左、右中郎将 屯骑、步兵、越骑、长水、射声等五校尉 宁朔、建威、振威、奋威、扬威、广威、建武、振武、奋武、扬武、广武将军 东、西、南、北中郎将 刺史领兵者 戎、蛮校尉 御史中丞 都水使者 乡侯

第五品

给事中 黄门、散骑、中书侍郎 谒者仆射 虎贲中郎将 冗从仆射 羽林监 积射、强弩将军 太子中庶子、庶子、家令、率更令、仆、卫率 鹰扬、折冲、轻车、扬烈、宁远、材官、伏波、凌江将军 刺史不领兵者 郡太守 国内史、相 亭侯

第六品

尚书丞 尚书郎 治书侍御史 侍御史 奉车、驸马、骑等三都尉 博士 抚军将军以上及持节都督、领军、护军之长史、司马 公府从事中郎 廷尉正、监、评 秘书丞 秘书郎 著作郎 王、国公之郎中令、中尉、大农、师、友、文学 诸县、署令千石者 太子门大夫 殿中将军、司马督 杂号护军 关中侯

第七品

谒者 殿中监 诸卿、尹丞 太子傅丞、詹事丞、卫率丞 诸军长史、司马秩六百石者 诸府参军 戎、蛮府长史及司马 公府掾、属 太子洗马、舍人、食官令 诸县令六百石者

第八品

内台正令史 郡丞 诸县、署长 杂号宣威将军以下

第九品

内台书令史 外台正令史 诸县、署之丞、尉

* 本表据《宋书·百官志》、《通典》而作。

（五）南朝梁职官品位表*

十八班

丞相 太宰 太傅 太保 大司马 大将军 太尉 司徒 司空

十七班

诸将军开府仪同三司者 左、右光禄大夫开府仪同三司者

十六班

尚书令 太子太傅 左、右光禄大夫

十五班

尚书左仆射 太子少傅 尚书仆射、右仆射 中书监 特进 领军将军 护军将军

十四班

中领军 中护军 吏部尚书 太子詹事 金紫光禄大夫 太常卿

十三班

中书令 列曹尚书 国子祭酒 宗正、太府卿 光禄大夫

十二班

侍中　散骑常侍　左、右卫将军　司徒左长史　卫尉卿

十一班

御史中丞　尚书吏部郎　秘书监　通直散骑常侍　太子左、右卫率　左、右骁骑将军　左、右游击将军　太中大夫　皇弟皇子师　司农、少府、廷尉卿　太子中庶子　光禄卿

十　班

给事黄门侍郎　员外散骑常侍　皇弟皇子府长史　太仆、大匠卿　太子家令、率更令、仆　扬州别驾中散大夫　司徒右长史　云骑、游骑将军　皇弟皇子府司马　朱衣直阁将军

九　班

尚书左丞　鸿胪卿　中书侍郎　国子博士　太子庶子　扬州中从事　皇弟皇子公府从事中郎　太舟卿　大长秋　皇弟皇子府谘议　嗣王府长史　前军、左军、右军、后军将军　嗣王府司马　庶姓公府长史、司马

八　班

秘书丞　太子中舍人　司徒左西掾　司徒属　皇弟皇子友　散骑侍郎　尚书右丞　南徐州别驾　皇弟皇子公府掾、属　皇弟皇子单为二卫司马　嗣王、庶姓公府从事中郎　左、右中郎将　嗣王、庶姓公府谘议　皇弟皇子之庶子府长史、司马　蕃王府长史、司马　庶姓持节府长史、司马

七　班

屯骑、步兵、越骑、长水、射声等五校尉　太子屯骑、太子步兵、太子翊军等东宫三校　皇弟皇子府中录事、中记室、中直兵参军　南徐州中从事　皇弟皇子之庶子府、蕃王府谘议

六　班

太子洗马　通直散骑侍郎　司徒主簿　尚书侍郎　著作郎　皇弟皇子府功曹史　五经博士　皇弟皇子府录事、记室、中兵参军　皇弟皇子荆、江、雍、郢、南兖五州别驾　领军长史、司马　护军长史、司马　嗣王府、庶姓公府掾属　南台治书侍御史　廷尉正、监、平　谒者仆射　太子门大夫　庶姓持节府谘议　嗣王府中录事、中记室、中直兵参军　庶姓公府中录事、中记室、中直兵参军

五　班

尚书郎中　皇弟皇子文学及府主簿　太子太傅丞　太子少傅丞　太常丞　皇弟皇子湘、豫、司、益、广、青、衡七州别驾　皇弟皇子荆、江、雍、郢、南兖五州中从事　嗣王庶姓荆、江、雍、郢、南兖五州别驾　皇弟皇子国郎中令　虎贲中郎将　冗从仆射　羽林监　太子旅贲中郎将　太子冗从仆射　嗣王府功曹史　庶姓公府录事、记室、中兵参军　皇弟皇子之庶子府中录事、中记室、中直兵参军　蕃王府中录事、中记室、中直兵参军

四　班

给事中　皇弟皇子府正参军　中书舍人　建康正、监、平　皇弟皇子北徐、北兖、梁、交、南梁五州别驾　皇弟皇子湘、豫、司、益、广、青、衡七州中从事　嗣王庶姓湘、豫、司、益、广、青、衡七州别驾　嗣王庶姓荆、江、雍、郢、南兖五州中从事　宗正、太府、卫尉、司农、少府、廷尉、太子詹事等丞　积射、强弩将军　太子左、右积弩将军　皇弟皇子国大农　嗣王国郎中令　皇弟皇子之庶子府、蕃王府功曹史　皇弟皇子之庶子府、蕃王府录事、记室、中兵参军　嗣王府、庶姓公府主簿

三　班

太子舍人　司徒祭酒　皇弟皇子公府祭酒　员外散骑侍郎　皇弟皇子府行参军　太子太傅五官、功曹、主簿　太子少傅五官、功曹、主簿　左、右卫将军司马　公车令　胄子律博士　皇弟皇子越、桂、宁、霍四州别驾　皇弟皇子北徐、北兖、梁、交、南梁五州中从事　嗣王庶姓北徐、北兖、梁、交、南梁五州别驾　嗣王庶姓湘、豫、司、益、广、青、衡七州中从事　嗣王府、庶姓公府正参军　皇弟皇子之庶子府、蕃王府主簿　武卫将军　光禄丞　皇弟皇子国中尉　太仆、大匠丞　嗣王国大农　蕃王国郎中令　庶姓持节府中录

事、中记室、中直兵参军　北馆令

二　班

秘书郎　著作佐郎　扬、南徐州主簿　嗣王府、庶姓公府祭酒　皇弟皇子单为领军、护军、太子詹事、左卫将军、右卫将军等职之五官、功曹、主簿　太学博士　皇弟皇子国常侍　奉朝请　国子助教　皇弟皇子越、桂、宁、霍四州中从事　皇弟皇子荆、江、雍、郢、南兖五州主簿　嗣王庶姓越、桂、宁、霍四州别驾　嗣王庶姓北徐、北兖、梁、交、南梁五州中从事　鸿胪丞　尚书五都令史　武骑常侍　材官将军　明堂、二庙、帝陵令　嗣王府、庶姓公府行参军　皇弟皇子之庶子府正参军　蕃王国大农　庶姓持节府录事、记室、中兵参军　庶姓持节府功曹史

一　班

扬、南徐二州西曹、祭酒从事　皇弟皇子王国侍郎　嗣王国常侍　扬、南徐州议曹从事　东宫通事舍人　南台侍御史　太舟丞　二卫属下殿中将军　太子二率属下殿中将军　皇弟皇子之庶子府、蕃王府行参军　蕃王国中尉　皇弟皇子湘、豫、司、益、广、青、衡七州主簿　皇弟皇子荆、雍、郢　南兖四州之西曹、祭酒、议曹从事　皇弟皇子江州西曹、议曹、祭酒、部传从事　嗣王庶姓越、桂、宁、霍四州中从事　嗣王庶姓荆、江、雍　郢、南兖五州主簿　庶姓持节府主簿　汝阳、巴陵二国郎中令　太官、太乐、太市、太史、太医、太祝、东冶、西冶、左尚方、右尚方、南武库、北武库、车府等令

* 本表据《隋书・百官志上》、《通典》而作。

（六）南朝陈职官品位表*

第一品

相国　丞相　太宰　太傅　太保　大司马　大将军　太尉　司徒　司空　开府仪同三司　巴陵王、汝阳王后裔　尚书令　郡王

第二品

中书监　尚书左、右仆射　特进　太子太傅、少傅　左、右光禄大夫　嗣王　蕃王　开国郡公　开国县公

第三品

中书令　侍中　散骑常侍　领军　护军　中领军　中护军　吏部尚书　列曹尚书　金紫光禄大夫　光禄大夫　左卫将军　右卫将军　御史中丞　太后卫尉、太仆、少府三卿　太常卿　宗正卿　太府卿　卫尉卿　司农卿　少府卿　廷尉卿　光禄卿　大匠卿　太仆卿　鸿胪卿　太舟卿　太子詹事　国子祭酒　扬州刺史　南徐、东扬州刺史　皇弟皇子封国王世子　开国县侯

第四品

通直散骑常侍　员外散骑常侍　黄门侍郎　秘书监　左、右骁骑将军　左、右游击将军　太子中庶子　太子左、右卫率　朱衣直阁　云骑将军　游骑将军　中书侍郎　尚书左、右丞　吏部侍郎、郎中　尚书列曹侍郎、郎中　太子家令、率更令、仆　太中大夫　中散大夫　司徒左、右长史　诸王师　国子博士　荆、江、南兖、郢、湘、雍等州刺史　嗣王、蕃王、郡公、县公等世子　开国县伯

第五品

秘书丞　明堂令　太庙令　帝陵令　散骑侍郎　前军、左军、右军、后军将军　左、右中郎将　大长秋　太子中舍人、庶子　豫、益、广、衡等州，青州领冀州，北充、北徐等州，梁州领南秦州，司、南梁、交、越、桂、霍、宁等十五州刺史　丹阳尹　会稽太守　吴郡太守　吴兴太守　侯世子　皇弟皇子府谘议参军、板谘议参军　皇弟皇子府长史、板长史　皇弟皇子府司马、板司马　皇弟皇子公府从事中郎　开国县子

第六品

通直散骑侍郎　著作郎　步兵、射声、长水、越骑、屯骑五校尉　太子洗马　太子步兵、翊军、屯骑三校尉　司徒左西掾、属　皇弟皇子友　皇弟皇子公府属　五经博士　子、男之世子　万户以上郡太守、内史、

相　嗣王府、皇弟皇子之庶子府谘议参军　嗣王府长史、司马　皇弟皇子之庶子府长史、司马　庶姓公府谘议参军　庶姓公府长史、司马　嗣王府、庶姓公府从事中郎　皇弟皇子府中录事参军、板中录事参军、中记室参军、板中记室参军、中直兵参军、板中直兵参军　扬州别驾、中从事　皇弟皇子南徐、荆、江、南兖、郢、湘、雍州之别驾及中从事　开国县男

第七品

给事中　员外散骑侍郎　秘书郎　著作佐郎　奉车都尉　驸马都尉　骑都尉　虎贲中郎将　羽林监　冗从仆射　谒者仆射　南台治书侍御史　太子舍人　太子门大夫　太子旅贲中郎将　太子冗从仆射　司徒主簿　司徒祭酒　领军长史、司马　护军长史、司马　廷尉正、监、平　皇弟皇子府录事、记室、中兵等参军，板录事、记室、中兵等参军，功曹史、主簿　公府祭酒　皇弟皇子文学　嗣王府掾、属　庶姓公府掾、属　太子太傅丞　太子少傅丞　蕃王府谘议参军、板谘议参军　蕃王府长史、司马　庶姓持节府谘议参军　庶姓非公不持节将军之长史　庶姓持节府板谘议参军　庶姓持节府长史、司马　嗣王府、皇弟皇子之庶子府、庶姓公府之中录事、中记室、中直兵参军及板中录事、中记室、中直兵参军　不满万户郡太守、内史、相　丹阳、会稽、吴郡、吴兴等及万户以上郡丞　建康令　建康正、监、平　沐食侯

第八品

中书通事舍人　积射、强弩将军　武卫将军　公车令　太子左、右积弩将军　奉朝请　武骑常侍　太后三卿丞　太常、宗正、太府、卫尉、司农、少府、廷尉、光禄、大匠、太仆、鸿胪、太舟等十二卿之丞　大长秋丞　左、右卫将军司马　太子詹事丞　胄子律博士　皇弟皇子府正参军、板正参军、行参军、板行参军　嗣王府录事、记室、中兵参军，板录事、记室、中兵参军，功曹史、主簿　皇弟皇子之庶子府录事、记室、中兵参军，板录事、记室、中兵参军，功曹史、主簿　庶姓非公不持节诸将军置主簿　庶姓公府录事、记室、中兵参军，板录事、记室、中兵参军，主簿　嗣王府、庶姓公府祭酒　蕃王府中录事、中记室、中直兵参军及板中录事、中记室、中直兵参军　庶姓持节府中录事、中记室、中直兵参军及板中录事、中记室、中直兵参军　太子太傅五官、功曹史、主簿　太子少傅五官、功曹史、主簿　太学博士　国子助教　司樽郎　安蛮、戎、越校尉及中郎将等府长史、板长史、司马　庶姓南徐、荆、江、南兖、郢、湘、雍等州别驾及中从事　不满万户已下郡丞　五千户已上县令、相　皇弟皇子国郎中令、大农、中尉　乡侯　亭侯

第九品

殿中将军　南台侍御史　东宫通事舍人　材官将军　太子殿中将军　太子左、右卫率丞　嗣王府正参军、板正参军、行参军、板行参军　皇弟皇子之庶子府正参军、板正参军、行参军、板行参军　庶姓公府正参军、板正参军　蕃王府录事　记室、中兵等参军及板录事、记室、中兵等参军　蕃王府功曹史、主簿、正参军、板正参军、行参军、板行参军　庶姓持节府录事、记室、中兵参军及板录事　记室、中兵参军　庶姓持节府功曹史、主簿　庶姓豫、益、广、衡、青、冀、北兖、北徐、梁、秦、司、南梁等州别驾及中从事史　扬州主簿、西曹及祭酒、议曹二从事　南徐州主簿、西曹及祭酒、议曹二从事　皇弟皇子诸州主簿、西曹　不满五千户已下县令、相　皇弟皇子国常侍、侍郎、嗣王国郎中令、大农、中尉　嗣王国常侍　蕃王国郎中令、大农、中尉　关中侯　关外侯

* 本表据《隋书·百官志上》、《通典》而作。

（七）北魏职官品位表*

第一品

太师　太傅　太保　王　大司马　大将军　太尉　司徒　司空　开国郡公

从一品

仪同三司　开国县公　都督中外诸军事　诸开府　散公

第二品

太子太师　太子太傅　太子太保　特进　尚书令　骠骑将军　车骑将军　卫将军　四征将军　诸将军加大者　左、右光禄大夫　开国县侯

从二品

尚书仆射　中书监　司州牧　四镇将军　中军将军　镇军将军　抚军将军　金紫光禄大夫　散侯

第三品

吏部尚书　四安将军　中领军　中护军　太常卿　光禄卿　卫尉卿　太子少师　太子少傅　太子少保　中书令　太子詹事　侍中　列曹尚书　四平将军　太仆卿　廷尉卿　大鸿胪卿　宗正卿　大司农卿　太府卿　河南尹　上州刺史　秘书监　诸王师　左、右卫将军　前、左、右、后将军　光禄大夫　开国县伯

从三品

散骑常侍　东、西、南、北中郎将　护匈奴中郎将　护羌戎中郎将　护夷中郎将　护蛮越中郎将　国子祭酒　御史中尉　大长秋卿　将作大匠　征虏将军　二大、二公长史　太子左、右卫率　武卫将军　冠军将军　护羌戎校尉　护夷校尉　护蛮越校尉　太中大夫　辅国将军　中州刺史　龙骧将军　散伯

第四品

二大、二公司马　太常少卿　光禄少卿　卫尉少卿　尚书吏部郎中　给事黄门侍郎　太子中庶子　司空、皇子长史　太仆少卿　廷尉少卿　大鸿胪少卿　宗正少卿　大司农少卿　太府少卿　中常侍　中尹　城门校尉　司空、皇子司马　从一品将军、开府长史　骁骑将军　游击将军

以前官职为上阶

镇远将军　安远将军　平远将军　建义将军　建忠将军　建节将军　立义将军　立忠将军　立节将军　恢武将军　勇武将军　曜武将军　昭武将军　显武将军　从一品将军、开府司马　通直散骑常侍　中散大夫　下州刺史　上郡太守、内史、相　开国县子

从四品

中坚将军　中垒将军　尚书左丞　二大、二公谘议参军事　司州别驾从事史　第二品将军、始蕃王长史　太子家令　太子率更令　太子仆　中书侍郎　太子庶子　第二品将军、始蕃王司马　前军、左军、右军、后军将军

以前官职为上阶

宁朔将军　建威将军　振威将军　奋威将军　扬威将军　广威将军　谏议大夫　尚书右丞　司空、皇子谘议参军事　司州治中从事史　左、右中郎将　建武将军　振武将军　奋武将军　扬武将军　广武将军　从一品将军、开府谘议参军事　散子

第五品

宁远将军　鹰扬将军　折冲将军　扬烈将军　从二品将军、二蕃王长史　二大、二公从事中郎　秘书丞　皇子友　国子博士　散骑侍郎　太子中舍人　员外散骑常侍　从二品将军、二蕃王司马

以前官职为上阶

射声校尉　越骑校尉　屯骑校尉　步兵校尉　长水校尉　司空、皇子之开府从事中郎　第二品将军、始蕃王谘议参军事　开府从事中郎　中郡太守、内史、相　开国县男

从五品

伏波将军　凌江将军　平汉将军　第三品将军、三蕃王长史　二大、二公掾属　著作郎　通直散骑侍郎　太子洗马　从二品将军、二蕃王谘议参军事　第三品将军、三蕃王司马　奉车都尉

以前官职为上阶

太子屯骑校尉　太子步兵校尉　太子翊军校尉　都水使者　司空　皇子之开府掾属　领军长史、司马　护军长史、司马　归义侯　率义侯　顺义侯　朝服侯　轻车将军　威远将军　开府掾属　虎威将军　洛阳令　中给事中　散男

第六品

宣威将军 明威将军 从三品将军长史 二大、二公主簿 二大、二公录事参军事 皇子郎中令 司空主簿 司空、皇子录事参军事 从三品将军司马 第三品将军、三蕃王谘议参军事 二大、二公之功曹、记室、户曹、仓曹、中兵参军事 皇子文学 治书侍御史 谒者仆射 从一品将军、开府录事参军 司空、皇子之功曹、记室、户曹、仓曹、中兵参军事 皇子功曹史

以前官职为上阶

河南郡丞 虎贲中郎将 羽林监 冗从仆射 驸马都尉 廷尉正、监、评 尚书郎中 中书舍人 从一品将军、开府之功曹、记室、户曹、仓曹、中兵参军事，功曹史 下郡太守、内史、相 上县令、相

从六品

襄威将军 厉威将军 第二品将军、始蕃王录事参军 二大、二公列曹参军事 给事中 太子门大夫 皇子大农 骑都尉 符玺郎

以前官职为上阶

从二品将军、二蕃王录事参军 皇子主簿 司空、皇子列曹参军事 第二品将军、始蕃王功曹、记室、户曹、仓曹、中兵参军事，功曹史 从一品将军、开府主簿及列曹参军事 从二品将军、二蕃王之功曹、记室、户曹、仓曹、中兵参军事，功曹史 太子舍人 太常丞 光禄丞 卫尉丞

第七品

威烈将军 威寇将军 威虏将军 威戎将军 威武将军 第四品将军长史、司马 从四品将军长史、司马 二大、二公祭酒 第三品将军、三蕃王录事参军 司空、皇子之开府祭酒 武烈将军 武毅将军 武奋将军 王、公国郎中令 积弩将军 积射将军 员外散骑侍郎 皇子中尉 二大、二公参军事 二大、二公列曹行参军 开府祭酒

以前官职为上阶

司空、皇子参军事 司空、皇子列曹行参军 从三品将军录事参军 第二品将军、始蕃王主簿及列曹参军事 从一品将军、开府列曹参军事 第三品将军、三蕃王功曹、记室、户曹、仓曹、中兵参军事，功曹史 从二品将军、二蕃王主簿及列曹参军事 左、右卫将军司马 讨寇将军 讨虏将军 讨难将军 讨夷将军 从三品将军功曹、户曹、仓曹、中兵参军事 太子詹事丞 太仆丞 廷尉丞 大鸿胪丞 宗正丞 大司农丞 太府丞 秘书郎中 著作佐郎 中县令、相

从七品

荡寇将军 荡虏将军 荡难将军 荡逆将军 第五品将军长史、司马 从五品将军长史、司马 强弩将军 二大、二公行参军 司空、皇子行参军 第二品将军、始蕃王列曹行参军 第三品将军、三蕃王主簿及列曹参军事 第一品将军 开府行参军 王、公国大农

以前官职为上阶

太学博士 皇子常侍 太常博士 武骑常侍 从二品将军、二蕃王参军事及列曹行参军 从三品将军主簿及列曹参军事 第四品将军录事、功曹、户曹、仓曹、中兵参军事 从四品将军录事、功曹、户曹、仓曹、中兵参军事 司州主簿 奉朝请 国子助教

第八品

殄寇将军 殄虏将军 殄难将军 殄夷将军 第二品将军、始蕃王行参军 第三品将军、三蕃王参军事及列曹行参军 第四品将军主簿及列曹参军事 从四品将军主簿及列曹参军事 侯、伯国郎中令 司州西曹书佐 殿中将军 皇子侍郎 大长秋丞

以前官职为上阶

侍御史 协律郎 辨章郎 从二品将军、二蕃王行参军 从三品将军参军事及列曹行参军 第五品将军录事、功曹、户曹、仓曹、中兵参军事 从五品将军录事、功曹、户曹、仓曹、中兵参军事 王、公国中尉

司州祭酒从事　下县令、相

从八品

扫寇将军　扫虏将军　扫难将军　扫逆将军　司州议曹从事史　二大、二公长兼行参军　公车令　符节令　诸署令千石以上者　中黄门令　门下录事　尚书都令史　主书令史　殿中侍御史　中谒者仆射　中黄门冗从仆射

以前官职为上阶

宫门仆射　侯、伯国大农　司空、皇子长兼行参军　皇子上、中、下将军　皇子中大夫　二率丞　第四品将军列曹行参军　从四品将军列曹行参军　王、公国常侍　厉武将军　厉锋将军　虎牙将军　虎奋将军　第五品将军主簿及列曹参军事　从五品将军主簿及列曹参军事　司州文学　从一品将军、开府长兼行参军　员外将军

第九品

旷野将军　横野将军　子、男国郎中令　太祝令　诸署令六百石以上者　中黄门　公主家令　皇子典书令　四门小学博士　律博士　校书郎　二大、二公参军督护　都水参军　检校御史

以前官职为上阶

王、公国侍郎　侯、伯国中尉　谒者　太子家令丞　太子率更令丞　太子仆丞　第五品将军列曹行参军　从五品将军列曹行参军　司空、皇子参军督护　第二品将军、始蕃王长兼行参军　从一品将军、开府参军督护　殿中司马督

从九品

偏将军　裨将军　太子厩长　监淮海津都尉　诸局都尉　皇子典祠令　皇子学官令　皇子典卫令　王、公国之上、中、下将军　王、公国中大夫　诸署令不满六百石者

以前官职为上阶

第二品将军、始蕃王参军督护　从二品将军、二蕃王长兼行参军　太常、光禄、卫尉、领军、护军、太子詹事之功曹、五官　治礼郎　子、男国大农　小黄门　员外司马督

*本表据《魏书·官氏志》、《通典》而作。按：北魏孝文帝太和十七（493）颁行记载百官品阶的职员令，太和二十三年又进行了较大修改，在宣武帝即位后施行，成为固定制度，直到魏末。因后一个令施行时间较长，并对后世影响较大，故本表收载的为后令。

（八）北齐职官品位表*

第一品

太师　太傅　太保　王　大司马　大将军　太尉　司徒　司空

从一品

开府仪同三司　开国郡公

第二品

仪同三司　太子太师　太子太傅　太子太保　特进　尚书令　骠骑将军　车骑将军　卫将军　四征将军　左、右光禄大夫　散郡公　开国县公

从二品

尚书仆射　中书监　司州牧　四镇将军　中军将军　镇军将军　抚军将军　领军将军　护军将军　翊军将军　金紫光禄大夫　散县公　开国县侯

第三品

吏部尚书　四安将军　中领军　中护军　太常卿　光禄卿　卫尉卿　太子少师　太子少傅　太子少保　中书令　太子詹事　侍中　列曹尚书　四平将军　诸王师　大宗正卿　太仆卿　大理卿　鸿胪卿　司农卿　太府卿　清都尹　三等上州刺史　左卫将军　右卫将军　秘书监　银青光禄大夫　散县侯　开国县伯

从三品

散骑常侍　三等中州刺史　司徒左长史　东、西、南、北中郎将　护匈奴中郎将　护羌戎中郎将　护夷中郎将　护蛮越中郎将　国子祭酒　御史中丞　中侍中　长秋卿　将作大匠　冠军将军　太尉长史　领左右将军　武卫将军　太子左、右卫率　辅国将军　护匈奴校尉　护羌戎校尉　护夷校尉　护蛮越校尉　太中大夫　龙骧将军　三等上郡太守　散县伯

第四品

镇远将军　安远将军　太常少卿　光禄少卿　卫尉少卿　尚书吏部郎中　给事黄门侍郎　太子中庶子　司徒右长史　司空长史　大宗正少卿　太仆少卿　大理少卿　鸿胪少卿　司农少卿　太府少卿　三公府司马　中常侍　中尹　城门校尉　武骑将军　云骑将军　骁骑将军　游击将军

以前官职为上阶

建忠将军　建节将军　通直散骑常侍　诸开府长史　中散大夫　三等下州刺史　三等镇将　诸开府司马　开国县子

从四品

中坚将军　中垒将军　尚书左丞　三公府谘议参军事　司州别驾从事史　三等上州长史　太子家令　太子率更令　太子仆　前军、左军、右军、后军将军　中书侍郎　太子庶子　三等中郡太守　左右备身正都督　刀剑备身正都督　备身正都督　御仗正都督　直荡正都督　三等上州司马

以前官职为上阶

振威将军　奋威将军　谏议大夫　尚书右丞　诸开府谘议参军　司州治中从事史　左、右中郎将　步兵校尉　越骑校尉　射声校尉　屯骑校尉　长水校尉　朱衣直阁　直阁将军　太子骑官备身正都督　太子内直备身正都督　三等镇副将　散县子

第五品

广德将军　弘义将军　太子备身正都督　直入正都督　直卫正都督　领左右　三等中州长史　三公府从事中郎　秘书丞　皇子友　国子博士　散骑侍郎　太子中舍人　员外散骑常侍　三等中州司马

以前官职为上阶

折冲将军　制胜将军　主衣都统　尚食典御　尚药典御　太子旅骑校尉　太子屯卫校尉　太子典军校尉　领军府长史、司马　护军府长史、司马　诸开府从事中郎　开国县男

从五品

伏波将军　凌江将军　三等下州长史　三公府掾属　著作郎　通直散骑侍郎　太子洗马　左右备身副都督　刀剑备身副都督　御仗副都督　直荡副都督　左右直长　中尚食典御　中尚药典御　三等下州司马

以前官职为上阶

轻车将军　楼船将军　驸马都尉　翊卫正都督　直寝　直斋　奉车都尉　都水使者　诸开府掾属　崇圣侯　归义侯　归正侯　归命侯　归德侯　清都郡丞　治书侍御史　邺、临漳、成安三县令　中给事中　三等下郡太守　大理司直　太子直阁　二卫队主　太子骑官备身副都督　太子内直备身副都督　开国乡男　散县男

第六品

劲武将军　昭勇将军　尚书诸曹郎中　中书舍人　三公府主簿　三等上州别驾从事史　东、西、南、北

四中郎将府长史　三等镇长史　三公府录事参军事　皇子郎中令　三公府功曹、记室、户曹、仓曹、中兵参军事　皇子文学　谒者仆射

以前官职为上阶

明威将军　显信将军　太子备身副都督　东、西、南、北四中郎将府司马　虎贲中郎将　羽林监　冗从仆射　直入副都督　千牛备身　大理正、监、评　侍御师　诸开府录事、功曹、记室、户曹、仓曹、中兵参军事　三等上州录事参军事、治中从事史　三等上郡丞　三等上县令　太子内直监　平准署令

从六品

度辽将军　横海将军　直突都督　三等中州别驾从事史　三公府列曹参军事　给事中　太子门大夫　三等上州功曹、仓曹、中兵参军事　皇子大农　骑都尉　直后　符玺郎中　三等中州录事参军事

以前官职为上阶

逾岷将军　越嶂将军　直卫副都督　三等中州治中从事史　诸开府主簿及列曹参军事　三等中州功曹、仓曹、中兵参军事　太子舍人　太常寺丞　光禄寺丞　卫尉寺丞　太子直前　太子副直监　太子诸队主

第七品

戎昭将军　武毅将军　勋武前锋正都督　三公府东、西阁祭酒　三等下州别驾从事史　三等上州府主簿及列曹参军事　三等下州录事参军事　东、西、南、北四中郎将府录事参军事　王、公国郎中令　积弩将军　积射将军　员外散骑侍郎　皇子中尉　三公府参军事及列曹行参军

以前官职为上阶

雄烈将军　恢猛将军　翊卫副都督　诸开府东、西阁祭酒及参军事、列曹行参军　二等下州功曹、仓曹、中兵参军事　东、西、南、北四中郎将府功曹、仓曹、中兵参军事　三等中州主簿及列曹参军事　二卫府司马　太子詹事府丞　左右备身五职　三等镇录事参军事　大宗正寺丞　太仆寺丞　大理寺丞　鸿胪寺丞　司农寺丞　太府寺丞　秘书郎中　著作佐郎　太子侍医　太子骑尉　太子骑官备身五职　三等中郡丞　三等中县令

从七品

扬麾将军　曜锋将军　勋武前锋副都督　强弩将军　三公府行参军　三等上州参军事、列曹行参军　三等下州府主簿及列曹参军事　四中郎将府列曹参军事　王、公国大农　长秋寺丞　将作寺丞　太子二率坊司马　三等镇仓曹、中兵参军事

以前官职为上阶

荡边将军　开域将军　勋武前锋散都督　太学博士　皇子常侍　太常博士　武骑常侍　左右备身　刀剑备身五职　三等中州参军事及列曹行参军　诸开府行参军　奉朝请　国子助教　公车、京邑二市署令　三等镇列曹参军事　邺、临漳、成安三县丞　侍御史　尚食丞　尚药丞　斋帅　中尚食丞　中尚药丞　太子直后　二卫队副　前锋正都督　太子骑官备身　太子内直备身五职　诸戍主、军主

第八品

静漠将军　绥戎将军　协律郎　三等上州行参军　三等下州参军事及列曹行参军　四中郎将府列曹行参军侯、伯国郎中令　殿中将军　皇子侍郎

以前官职为上阶

平越将军　殄夷将军　刀剑备身五职　前锋副都督　太子内直备身　主书　殿中侍御史　太子典膳丞　太子药藏丞　太子斋帅　三等中州行参军　王、公国中尉　三公府典签　三等镇铠曹行参军　三等下郡丞　三等下县令

从八品

飞骑将军　隼击将军　三公府长兼左右户行参军及长兼行参军　门下录事　尚书都令史　检校御史　诸陵、太庙令　大乐、武库诸署令　衣冠将军　太仓、典客、骅骝、钩盾、鼓吹、守宫、左右尚方、左藏、太

宫、掖庭、司染典农、左右龙、左右牝、诸冶东西道、驼牛、司羊诸署令　诸开府典签　中谒者仆射　中黄门冗从仆射

以前官职为上阶

虎牙将军　虎奋将军　备身五职　御仗五职　宫门署仆射　太子备身五职　侯、伯国大农　皇子上、中、下将军　皇子上、中大夫　王、公国常侍　诸开府长兼左右户行参军及长兼行参军　员外将军　勋武前锋五职　司州及三等上州典签　太子诸队副　诸戍副　诸军副　清都郡丞

第九品

清野将军　子、男国郎中令　太祝、导官、太史、太医、黄藏、卫士、细作诸署令　内谒者局统　三等上州长兼行参军　中黄门　太子内坊令　公主家令　皇子防阁　皇子典书令　四门博士　大理律博士　校书郎　三公府参军　督护　都水参军事　七部尉　诸郡尉

以前官职为上阶

横野将军　王、公国侍郎　侯、伯国中尉　谒者　太子家令丞　太子率更令丞　太子仆丞　诸开府参军督护　殿中司马督　御仗　太子食官、中盾、典仓令　太子备身　平准署丞　公车署丞　三等中州典签

从九品

偏将军　诸宫教博士　太子司藏、厩牧令　太子校书　诸署别部局及都尉、合昌、坊城局都尉　诸关、津尉　三等上州参军督护　三等中州长兼行参军　秘书省正字　皇子典祠令　皇子学官令　皇子典卫令　王、公国之上、中、下将军　王、公国之上、中大夫　廪牺、太宰、司仪、左校、中宫仆、奚官、肴藏、清漳、典寺、乘黄、车府、籍田、华林、甄官诸署令　诸县丞

以前官职为上阶

裨将军　领军府、护军府、太常寺、光禄寺、卫尉寺、太子詹事府之功曹、五官　治礼郎　子、男国大农　小黄门　员外司马督　太学助教　诸幢主　经途尉　中侍中省录事　三等下州典签　尚书省、门下省、中书省医师

* 本表据《隋书·百官志中》、《通典》而作。

（九）北周职官品位表*

正九命

太师　太傅　太保　王　公　柱国大将军　大将军

九　命

骠骑大将军　开府仪同三司　车骑大将军　仪同三司　雍州牧

正八命

少师　少傅　少保　侯　骠骑将军　左光禄大夫　车骑将军　右光禄大夫　刺史户三万以上者

八　命

四征将军　左金紫光禄大夫　中军将军　镇军将军　抚军将军　右金紫光禄大夫　大都督　刺史二万户以上者　京兆尹

正七命

大冢宰　大司徒　大宗伯　大司马　大司寇　大司空　伯　四平将军　左银青光禄大夫　前、后、左、右将军　右银青光禄大夫　帅都督　柱国府长史、司马、司录　大将军府长史、司马、司录　刺史万户以上者

七　命

冠军将军　太中大夫　辅国将军　中散大夫　都督　刺史户五千以上者　郡守万五千户以上者

正六命

小冢宰、小司徒、小宗伯、小司马、小司寇、小司空等上大夫　子　镇远将军　谏议大夫　建忠将军诚议大夫　别将　开府长史、司马、司录　刺史户不满五千以下者　郡守万户以上者　大呼药

六　命

中坚将军　左中郎将　宁朔将军　仪同府、正八命州之长史、司马、司录　右中郎将　郡守户五千以上者　小呼药

正五命

天官、地官、春官、夏官、秋官、冬官六府诸司中大夫　男　宁远将军　左员外常侍　扬烈将军　右员外常侍　统军　骠骑将军府长史、司马、司录　车骑将军府长史、司马、司录　八命州长史、司马、司录　柱国府中郎、掾属　大将军府中郎、掾属　郡守千户以上者　长安令　万年令

五　命

伏波将军　奉车都尉　轻车将军　奉骑都尉　四征将军府长史、司马、司录　中军将军府长史、司马、司录　镇军将军府长史、司马、司录　抚军将军府长史、司马、司录　正七命州长史、司马、司录　开府中郎、掾属　郡守户不满一千以下者　县令户七千以上者　正八命州呼药

正四命

六府诸司下大夫　公之孤、卿　宣威将军　虎贲给事　明威将军　冗从给事　仪同府中郎、掾属　柱国府、大将军府列曹参军事　四平将军府长史、司马、司录　前、后、左、右将军府长史、司马、司录　七命州长史、司马、司录　县令户四千以上者　八命州呼药　正八命州别驾

四　命

襄威将军　给事中　厉威将军　奉朝请　军主　开府列曹参军事　冠军将军府长史、司马、司录　辅国将军府长史、司马、司录　正六命州长史、司马、司录　县令户三千以上者　正七命州呼药　正七命州别驾　正八命州治中　七命郡丞

正三命

六府诸司上士　侯之孤、卿　伯之孤、卿　公之大夫　威烈将军　左员外侍郎　讨寇将军　右员外侍郎　幢主　仪同府、正八命州列曹参军　镇远将军府长史、司马　建忠将军府长史、司马　中坚将军府长史、司马　宁朔将军府长史、司马　柱国府、大将军府参军　县令户五百以上者　七命州呼药　正六命州别驾　正七命州治中　正六命郡丞

三　命

荡寇将军　武骑常侍　荡难将军　武骑侍郎　戍主　开府参军　骠骑将军府、车骑将军府、八命州列曹参军　宁远将军府、扬烈将军府、伏波将军府、轻车将军府长史　县令户不满五百以下者　正六命州呼药　正六命州治中　六命郡丞

正二命

六府诸司中士　子之孤、卿　男之孤、卿　侯、伯之大夫　公之上士　殄寇将军　强弩司马　殄难将军　积弩司马　四征将军府、中军将军府、镇军将军府、抚军将军府、正七命州列曹参军　正五命郡丞

二　命

扫寇将军　武骑司马　扫难将军　武威司马　四平将军府列曹参军　前、后、左、右将军府列曹参军　七命州列曹参军　戍副　五命郡丞

正一命

六府诸司下士　子、男之大夫　公之中士　侯、伯之上士　旷野将军　殿中司马　横野将军　员外司马　冠军将军府、辅国将军府、正六命州列曹参军

一　命

虎威将军　山林都尉　虎牙将军　淮海都尉　镇远将军府、建忠将军府、中坚将军府、宁朔将军府、宁远将军府、扬烈将军府、伏波将军府、轻车将军府列曹参军

* 本表据《通典》、王仲荦《北周六典》而作。

（十）隋朝职官品位表*

正一品

太师　太傅　太保　王（爵）　太尉（公）　司徒（公）　司空（公）

从一品

上柱国　郡王（爵）　国公（爵）　开国郡公（爵）　开国县公（爵）

正二品

柱国　太子太师　太子太傅　太子太保　特进　尚书令　左光禄大夫　右光禄大夫　开国侯（爵）

从二品

上大将军　尚书左仆射　尚书右仆射　雍州牧　金紫光禄大夫

正三品

大将军　吏部尚书　太常卿　光禄卿　卫尉卿　太子少师　太子少傅　太子少保　纳言　内史令　左卫大将军　右卫大将军　左武卫大将军　右武卫大将军　左武候大将军　右武候大将军　左领左右府大将军　右领左右府大将军　礼部尚书　兵部尚书　都官尚书　度支尚书　工部尚书　宗正卿　太仆卿　大理卿　鸿胪卿　司农卿　太府卿　上州刺史　京兆尹　秘书监　银青光禄大夫　开国伯（爵）

从三品

上开府仪同三司　散骑常侍　左卫将军　右卫将军　左武卫将军　右武卫候军　左武候将军、右武候将军　左领左右府将军　右领左右府将军　左监门将军　右监门将军　国子祭酒　御史大夫　将作大匠　中州刺史　亲王师　朝议大夫

正四品上

骠骑将军　开府仪同三司　太常少卿　光禄少卿　卫尉少卿　太子左卫率　太子右卫率　太子左宗卫率　太子右宗卫率　太子左内率　太子右内率　吏部侍郎　给事黄门侍郎　太子左庶子　宗正少卿　太仆少卿　大理少卿　鸿胪少卿　司农少卿　太府少卿　下州刺史

正四品下

内史侍郎　太子右庶子　通直散骑常侍　左监门郎将　右监门郎将　朝散大夫　开国子（爵）

从四品上

上仪同三司　尚书左丞　太子左卫副率　太子右卫副率　太子左宗卫副率　太子右宗卫副率　太子左内副率　太子右内副率　太子左监门率　太子右监门率　上郡太守　雍州别驾　亲王府长史　太子家令　太子率更令　太子仆　内侍　城门校尉

从四品下

尚书右丞　上镇将　雍州赞务　直阁将军　亲王府司马　谏议大夫

正五品上

车骑将军　仪同三司　内常侍　秘书丞　国子博士　散骑侍郎　太子内舍人　太子左监门副率　太子右监门副率　员外散骑常侍　上州长史　亲王府谘议参军事　开国男（爵）

正五品下

尚食典御　尚药典御　上州司马

从五品上

著作郎　通直散骑侍郎　中郡太守　直寝　太子洗马　中州长史　奉车都尉

从五品下

都水使者　治书侍御史　大兴令　长安令　大理司直　直斋　太子直阁　京兆郡丞　中州司马　中镇将　上镇副　内给事　驸马都尉　亲王友　员外散骑侍郎

正六品上

翊军将军　翊师将军　主爵侍郎　司勋侍郎　考功侍郎　礼部侍郎　祠部侍郎　主客侍郎　膳部侍郎　兵部侍郎　职方侍郎　驾部侍郎　库部侍郎　都官侍郎　刑部侍郎　比部侍郎　司门侍郎　度支侍郎　户部侍郎　金部侍郎　仓部侍郎　工部侍郎　屯田侍郎　虞部侍郎　水部侍郎　内史舍人　下郡太守　大都督　亲王府掾属　下州长史

正六品下

征东将军　征南将军　征西将军　征北将军　内军将军　镇军将军　抚军将军　大理正　大理监　大理评　千牛备身　备身左右　左监门校尉　右监门校尉　内尚食典御　符玺监　御府监　殿内监　太子内直监　下州司马　下镇将　中镇副

从六品上

平东将军　平南将军　平西将军　平北将军　前军将军　后军将军　左军将军　右军将军　通事舍人　亲王文学　帅都督　左领军府长史　右领军府长史　太子直寝　亲王府主簿　亲王府录事参军事　太子门大夫　给事　上县令

从六品下

冠军将军　辅国将军　太子舍人　直后　太常丞　光禄丞　卫尉丞　亲王府功曹参军事　亲王府记室参军事　亲王府仓曹参军事　亲王府户曹参军事　城门直长　太子直斋　太子副直监　太子典内　左领军府司马　右领军府司马　下镇副

正七品上

镇远将军　安远将军　员外散骑侍郎　御医　左卫府长史　右卫府长史　左武卫府长史　右武卫府长史　左武候府长史　右武候府长史　左领左右府长史　右领左右府长史　亲卫诸曹（仓曹、兵曹）参军事　亲王府诸曹（兵曹、骑兵曹、城局）参军事

正七品下

建威将军　宁朔将军　宗正丞　太仆丞　大理丞　鸿胪丞　司农丞　太府丞　秘书郎　著作佐郎　太子千牛备身　太子备身左右　尚食直长　尚药直长　左监门直长　右监门直长　太子通事舍人　左卫府司马　右卫府司马　左武卫府司马　右武卫府司马　左武候府司马　右武候府司马　左领左右府司马　右领左右府司马　都督　太子典膳监　太子药藏监　太子斋帅　上戍主

从七品上

宁远将军　振威将军　左监门府长史　右监门府长史　太子左卫率府长史　太子右卫率府长史　太子左宗卫率府长史　太子右宗卫率府长史　太子左虞候率府长史　太子右虞候率府长史　太子左内率府长史　太子右内率府长史　符玺直长　御府直长　殿内直长　上州录事参军事　左领军府掾属　右领军府掾属　亲王

府东阁祭酒 亲王府西阁祭酒 中县令 上郡丞 太子亲卫 将作丞 勋卫 亲王府参军事 上镇长史

从七品下

伏波将军 轻车将军 太学博士 太常博士 武骑常侍 奉朝请 国子助教 亲王府诸曹（法曹、田曹、水曹、铠曹、士曹）行参军 太子直后 太子左监门直长 太子右监门直长 大兴县令 长安县丞 太子侍医 侍御史 太史令 上州诸曹（功曹、户曹、兵曹）参军事 左监门府司马 右监门府司马 太子左卫率府司马 太子右卫率府司马 太子左宗卫率府司马 太子右宗卫率府司马 太子左虞候率府司马 太子右虞候率府司马 太子左内率府司马 太子右内率府司马 上镇司马

正八品上

宣威将军 明威将军 协律郎 都水丞 殿内将军 太子左监门率府长史 太子右监门率府长史 别将 下县令 中郡丞 中州录事参军事 上州诸曹（法曹、士曹）行参军 亲王府行参军 左领军府录事参军事 右领军府录事参军事 中镇长史 太子内坊丞 太子勋卫

正八品下

襄威将军 厉威将军 殿内侍御史 掖庭令 宫闱令 上署（公车、郊社、太庙、太祝、平准、太乐、骅骝、武库、典客、钧盾、左藏、太仓、左尚方、右尚方、司染、典农、京市、太官、鼓吹）令 太子左监门率府司马 太子右监门率府司马 中州诸曹（功曹、户曹、兵曹）参军事 左卫府录事参军事 右卫府录事参军事 左武卫府录事参军事 右武卫府录事参军事 左武候府录事参军事 右武候府录事参军事 左领军府诸曹（仓曹、兵曹）参军事 右领军府诸曹（仓曹、兵曹）参军事 内尚食丞 中戍主 上戍副

从八品上

威戎将军 讨寇将军 四门博士 主书 门下录事 尚书都事 监察御史 内谒者监 上关令 中署（太医、右藏、黄藏、乘黄、龙厩、衣冠、守宫、华林、上林、掌冶、导官、左校、右校、牛羊、典牧）令 下郡丞 下州录事参军事 中州诸曹（法曹、士曹）行参军 备身 左卫府诸曹（仓曹、兵曹）参军事 右卫府诸曹（仓曹、兵曹）参军事 左武卫府诸曹（仓曹、兵曹）参军事 右武卫府诸曹（仓曹、兵曹）参军事 左武候府诸曹（仓曹、兵曹）参军事 右武候府诸曹（仓曹、兵曹）参军事 左领左右府诸曹（仓曹、兵曹）参军事 右领左右府诸曹（仓曹、兵曹）参军事 左领军府诸曹（法曹、铠曹）行参军 右领军府诸曹（法曹、铠曹）行参军 太子左卫率府录事参军事 太子右卫率府录事参军事 太子左宗卫率府录事参军事 太子右宗卫率府录事参军事 下镇长史 太子翊卫

从八品下

荡寇将军 荡难将军 亲王府长兼行参军 亲王府典签 员外将军 统军 太子三寺（家令寺、率更寺、仆寺）丞 中关令 奚官令 内仆令 下署（诸陵、崇玄、太卜、车府、清商、司仪、珍羞、良酝、掌醢、甄官、廪牺）令 下津尉 下州诸曹（功曹、户曹、兵曹）参军事 左卫府法曹行参军 右卫府法曹行参军 左武卫府法曹行参军 右武卫府法曹行参军 左武候府法曹行参军 右武候府法曹行参军 左领左右府铠曹行参军 右领左右府铠曹行参军 左监门府诸曹（录事、仓曹、兵曹）参军事 右监门府诸曹（录事、仓曹、兵曹）参军事 太子左卫率府诸曹（功曹、仓曹、兵曹、骑兵曹）参军事 太子右卫率府诸曹（功曹、仓曹、兵曹、骑兵曹）参军事 太子左宗卫率府诸曹（功曹、仓曹、兵曹、骑兵曹）参军事 太子右宗卫率府曹诸（功曹、仓曹、兵曹、骑兵曹）参军事 太子左虞候率府诸曹（功曹、仓曹、兵曹、骑兵曹）参军事 太子右虞候率府诸曹（功曹、仓曹、兵曹、骑兵曹）参军事 太子左内率府诸曹（仓曹、兵曹）参军事 太子右内率府诸曹（仓曹、兵曹）参军事 掌船局都尉 上镇诸曹（功曹、户曹、兵曹、法曹）参军事 上县丞 上郡尉

正九品上

殄寇将军 殄难将军 太学助教 太子备身 大理寺律博士 校书郎 都水参军事 内史录事 内谒者令 内寺伯 中县丞 下关令 中津尉 下州诸曹（法曹、士曹）行参军 上州行参军 左监门府铠曹行参军 右监门府铠曹行参军 太子左卫率府诸曹（法曹、铠曹）行参军 太子右卫率府诸曹（法曹、铠曹）行参军 太子左宗卫率府诸曹（法曹、铠曹）行参军 太子右宗卫率府诸曹（法曹、铠曹）行参军 太子左虞候率府诸曹（法曹、铠曹）行参军 太子右虞候率府诸曹（法曹、铠曹）行参军 太子左内率府铠曹行参军 太子右内率府铠曹行参军 左领军府行参军 右领军府行参军 中镇诸曹（功曹、户曹、兵曹、法曹）参

军事　上镇士曹行参军　中郡尉

正九品下

扫寇将军　扫难将军　殿内司马督　太子食官令　太子典仓令　太子司藏令　尚食丞　尚医军主　太史丞　掖庭局丞　宫闱局丞　上署（公车、郊社、太庙、太祝、平准、太乐、骅骝、武库、典客、钩盾、左藏、太仓、左尚方、右尚方、司染、典农、京市、太官、鼓吹）丞　太子左监门率府诸曹（仓曹、兵曹）参军事　太子右监门率府诸曹（仓曹、兵曹）参军事　中州行参军　左卫府行参军　右卫府行参军　左武卫府行参军　右武卫府行参军　左武候府行参军　右武候府行参军　上州典签　下戍主　上关丞　太子典膳局丞　太子药藏局丞　下郡尉　典客署掌客　司辰师

从九品上

旷野将军　横野将军　掖庭局宫教博士　太祝　太子厩牧令　太子校书　下县丞　中署（太医、右藏、黄藏、乘黄、龙厩、衣冠、守宫、华林、上林、掌冶、导官、左校、右校、牛羊、典牧）丞　太子左监门率府铠曹行参军　太子右监门率府铠曹行参军　下州行参军　中州典签　左监门府行参军　右监门府行参军　太子左卫率府行参军　太子右卫率府行参军　太子左宗卫率府行参军　太子右宗卫率府行参军　太子左虞候率府行参军　太子右虞候率府行参军　太子左内率府行参军　太子右内率府行参军　正字　太子内坊丞直中关丞　上津丞　下镇诸曹（功曹、户曹、兵曹、法曹）参军事　中镇士曹行参军　上县尉

从九品下

偏将军　裨将军　四门助教　书学博士　算学博士　奉礼郎　员外司马督　幢主　奚官局丞　内仆局丞　下署（诸陵、崇玄、太卜、车府、清商、司仪、珍羞、良酝、掌醢、甄官、廪牺）丞　下州典签　内府局丞　中津丞　中县尉　太子正字　太史监候　太官监膳　御府局监事　左校署监作　右校署监作　掖庭局监作　太史司历　乐师

视正二品

行台尚书令

视从二品

上总管　行台尚书仆射

视正三品

中总管　行台兵部尚书　行台度支尚书

视从三品

下总管

视从四品

行台尚书左丞　行台尚书右丞

视从五品

同州总监　陇右牧总监

视正六品

行台考功侍郎　行台礼部侍郎　行台膳部侍郎　行台兵部侍郎　行台驾部侍郎　行台库部侍郎　行台刑部侍郎　行台度支侍郎　行台户部侍郎　行台金部侍郎　行台工部侍郎　行台屯田侍郎

视从六品

上柱国府长史　上柱国府司马　上柱国府谘议参军事　嗣王府长史　嗣王府司马　嗣王府谘议参军事　郡王府长史　郡王府司马　郡王府谘议参军事　柱国府长史　柱国府司马　柱国府谘议参军事　盐池总监　同州副监　陇右牧副监　王国令　二王后国令

视正七品

上大将军府长史　上大将军府司马　大将军府长史　大将军府司马　上柱国府掾属　嗣王府掾属　郡王府掾属　柱国府掾　嗣王文学　公国令　王国大农　王国尉　王国典卫　二王后国大农　二王后国尉　二王后国典卫

视从七品

上开府仪同三司府长史　上开府仪同三司府司马　开府仪同三司府长史　开府仪同三司府司马　上大将军府掾属　大将军府掾属　上柱国府诸曹参军事　嗣王府诸曹参军事　郡王府诸曹参军事　柱国府诸曹参军事　盐池总副监　盐州牧监　屯监　国子学生　侯国令　伯国令　公国大农　公国尉　公国典卫　雍州萨保

视正八品

上仪同三司府长史　上仪同三司府司马　仪同三司府长史　仪同三司府司马　上大将军府诸曹参军事　大将军府诸曹参军事　上柱国府参军事　上柱国府诸曹行参军　嗣王府参军事　嗣王府诸曹行参军　郡王府参军事　郡王府诸曹行参军　柱国府参军事　柱国府诸曹行参军　行台食货监　行台农圃监　行台武器监　行台百工监　同州食货监　同州农圃监　盐池四面监　皮毛监　岐州监　同州总监丞　陇右牧总监丞　大冶监　雍州州都主簿　子国令　男国令　侯国大农　侯国尉　侯国典卫　伯国大农　伯国尉　伯国典卫　王国常侍　二王后国常侍

视从八品

行台尚书都事　上开府仪同三司府诸曹参军事　开府仪同三司府诸曹参军事　上大将军府参军事　上大将军府诸曹行参军　大将军府参军事　大将军府诸曹行参军　上柱国府行参军　嗣王府行参军　郡王府行参军　柱国府行参军　东岳令　西岳令　南岳令　北岳令　中岳令　四渎令　吴山令　盐池四面副监　皮毛副监　行台食货副监　行台农圃副监　行台武器副监　行台百工副监　屯副监　中冶监　缘边交市监　盐池总监丞　州都主簿　雍州西曹书佐　雍州诸曹从事　京兆郡正　京兆郡功曹　太学生　子国大农　子国典卫　男国大农　男国典卫

视正九品

开府仪同三司府法曹行参军　上仪同三司府诸曹参军　事仪同三司府诸曹参军事　上大将军府行参军　大将军府行参军　上柱国府典签　嗣王府典签　郡王府典签　柱国府典签　同州食货副监　同州农圃副监　岐州副监　小冶监　盐州牧监丞　大冶监丞　缘边交市副监　郡正　郡功曹　京兆郡主簿　州西曹书佐　州祭酒从事　雍州部郡从事　公国常侍　王国侍郎　二王后国侍郎　公主家令　州胡二百户以上萨保

视从九品

仪同三司府法曹行参军　上开府仪同三司府行参军　开府仪同三司府行参军　上大将军府典签　大将军府典签　上仪同三司府行参军　仪同三司府行参军　上开府仪同三司府典签　行台食货监丞　行台农圃监丞　行台武器监丞　行台百工监丞　盐池四面监丞　皮毛监丞　中冶监丞　四门学生　郡主簿　州部郡从事　雍州武猛从事　大兴县正　大兴县功曹　大兴县主簿　长安县正　长安县功曹　长安县主簿　侯国常侍　伯国常侍　子国常侍　男国常侍　公国侍郎

内宫　女官品位**

正一品

贵妃　淑妃　德妃

正二品

顺仪　顺容　顺华　修仪　修容　修华　充仪　充容　充华

正三品

婕妤（十二员）

正四品

美人　才人（十五员）

正五品

宝林（二十四员）

从五品

尚宫　尚仪　尚服　尚食　尚寝　尚工

正六品

御女（二十四员）

从六品

司言　司簿　司正　司闱　司籍　司乐　司宾　司赞　司玺　司衣　司饰　司仗　司膳　司酝　司药　司饎　司设　司舆　司苑　司灯　司制　司宝　司彩　司织

正七品

采女（三十七员）

从七品

典言　典簿　典正　典闱　典籍　典乐　典宾　典赞　典玺　典衣　典饰　典仗　典膳　典酝　典药　典饎　典设　典舆　典苑　典灯　典制　典宝　典彩　典织

从九品

掌言　掌簿　掌正　掌闱　掌籍　掌乐　掌宾　掌赞　掌玺　掌衣　掌饰　掌仗　掌膳　掌酝　掌药　掌饎　掌设　掌舆　掌苑　掌灯　掌制　掌宝　掌彩　掌织

* 本表据《隋书·百官志下》、《通典·职官二一》而作，为隋文帝开皇初之制。

** 据《隋书·后妃传》序，为隋炀帝之制。

（十一）唐朝职官品位表 *

正一品

太师　太傅　太保　太尉　司徒　司空　王（爵）

从一品

开府仪同三司（文散）　太子太师　太子太傅　太子太保　骠骑大将军（武散）　嗣王（爵）　郡王（爵）　国公（爵）

正二品

特进（文散）　辅国大将军（武散）　开国郡公（爵）　上柱国（勋）

从二品

尚书左仆射　尚书右仆射　太子少师　太子少傅　太子少保　京兆府牧　河南府牧　太原府牧　大都督　大都护　光禄大夫（文散）　镇军大将军（武散）　开国县公（爵）　柱国（勋）

正三品

侍中　中书令　吏部尚书　门下侍郎　中书侍郎　左卫大将军　右卫大将军　左骁卫大将军　右骁卫大将军　左武卫大将军　右武卫大将军　左威卫大将军　右威卫大将军　左领军卫大将军　右领军卫大将军

左金吾卫大将军 右金吾卫大将军 左监门卫大将军 右监门卫大将军 左羽林军大将军 右羽林军大将军 左龙武军大将军 右龙武军大将军 左英武军大将军 右英武军大将军 左千牛卫大将军 右千牛卫大将军 户部尚书 礼部尚书 兵部尚书 刑部尚书 工部尚书 太子宾客 太常卿 宗正卿 太子詹事 左散骑常侍 右散骑常侍 内侍监 中都督 上都护 金紫光禄大夫（文散） 冠军大将军（武散） 怀化大将军 上护军（勋）

从三品

御史大夫 秘书监 光禄卿 卫尉卿 太仆卿 大理卿 鸿胪卿 司农卿 太府卿 国子祭酒 殿中监 少府监 将作监 太史监 左卫将军 右卫将军 左骁卫将军 右骁卫将军 左武卫将军 右武卫将军 左威卫将军 右威卫将军 左领军卫将军 右领军卫将军 左金吾卫将军 右金吾卫将军 左监门卫将军 右监门卫将军 左羽林军将军 右羽林军将军 左龙武军将军 右龙武军将军 左英武军将军 右英武军将军 左千牛卫将军 右千牛卫将军 下都督 上州刺史 京兆府尹 河南府尹 太原府尹 大都督府长史 大都护府副都护 亲王傅 银青光禄大夫（文散） 开国侯（爵） 云麾将军（武散） 归德将军 护军（勋）

正四品上

尚书左丞 吏部侍郎 太常少卿 太子左庶子 太子少詹事 太子左卫率 太子右卫率 太子左司御率 太子右司御率 太子左清道率 太子右清道率 太子左内率 太子右内率 太子左监门率 太子右监门率 中州刺史 军器监 上都护府副都护 上府折冲都尉 正议大夫（文散） 开国伯（爵） 忠武将军（武散） 上轻车都尉（勋）

正四品下

尚书右丞 户部侍郎 礼部侍郎 兵部侍郎 刑部侍郎 工部侍郎 太子右庶子 太子左谕德 太子右谕德 左千牛卫中郎将 右千牛卫中郎将 左监门卫中郎将 右监门卫中郎将 亲卫中郎将 勋卫中郎将 翊卫中郎将 羽林中郎将 下州刺史 通议大夫（文散） 壮武将军（武散）

从四品上

秘书少监 光禄少卿 卫尉少卿 宗正少卿 太仆少卿 大理少卿 鸿胪少卿 司农少卿 太府少卿 殿中少监 太子左卫副率 太子右卫副率 太子左司御副率 太子右司御副率 太子左清道副率 太子右清道副率 太子左内副率 太子右内副率 太子左监门副率 太子右监门副率 太子亲卫中郎将 太子勋卫中郎将 太子翊卫中郎将 太子家令 太子率更令 太子仆 内侍 大都护府长史 亲王府长史 太中大夫（文散） 宣威将军（武散） 轻车都尉（勋）

从四品下

国子司业 少府少监 将作少匠 京兆府少尹 河南府少尹 太原府少尹 大都督府司马 大都护府司马 亲王府司马 上州别驾 中府折冲都尉 中大夫（文散） 明威将军（武散）

正五品上

谏议大夫 御史中丞 国子博士 给事中 中书舍人 太子中允 太子左赞善大夫 太子右赞善大夫 都水使者 万年县令 长安县令 河南县令 洛阳县令 太原县令 晋阳县令 奉先县令 会昌县令 亲卫郎将 勋卫郎将 翊卫郎将 羽林郎将 中都督府长史 上都护府长史 亲王府谘议参军事 军器少监 太史少监 亲王府典军 中散大夫（文散） 开国子（爵） 定远将军（武散） 上骑都尉（勋）

正五品下

太子中舍人 尚食奉御 尚药奉御 太子亲卫郎将 太子勋卫郎将 太子翊卫郎将 内常侍 中都督府司马 上都护府司马 中州别驾 下府折冲都尉 朝议大夫（文散） 宁远将军（武散）

从五品上

左司郎中 右司郎中 吏部郎中 司封郎中 司勋郎中 考功郎中 户部郎中 度支郎中 金部郎中 仓部郎中 礼部郎中 祠部郎中 膳部郎中 主客郎中 兵部郎中 职方郎中 驾部郎中 库部郎中 刑部郎中 都官郎中 比部郎中 司门郎中 工部郎中 屯田郎中 虞部郎中 水部郎中 秘书丞 著作郎 太

子洗马　殿中丞　尚衣奉御　尚舍奉御　尚乘奉御　尚辇奉御　诸陵令　亲王府副典军　下都督府长史　上州长史　下州别驾　朝请大夫（文散）　开国男（爵）　游骑将军（武散）　骑都尉（勋）

从五品下

大理正　太常丞　太史令　内给事　太子典内　下都督府司马　上州司马　亲王友　宫苑总监　上牧监　上府果毅都尉　驸马都尉　奉车都尉　朝散大夫（文散）　游击将军（武散）

正六品上

太学博士　詹事府丞　太子司议郎　太子舍人　中州长史　太子典膳郎　太子药藏郎　京兆府诸县令　河南府诸县令　太原府诸县令　亲王府掾　亲王府属　武库令　中尚令　诸卫左司阶　诸卫右司阶　中府果毅都尉　镇（军满二万人以上）司马　亲卫校尉　勋卫校尉　翊卫校尉　朝议郎（文散）　昭武校尉（武散）　骁骑尉（勋）

正六品下

千牛备身　备身左右　太子文学　下州长史　中州司马　内谒者监　中牧监　上牧副监　上镇将　承议郎（文散）　昭武副尉（武散）

从六品上

起居郎　起居舍人　左司员外郎　右司员外郎　吏部员外郎　司封员外郎　司勋员外郎　考功员外郎　户部员外郎　度支员外郎　金部员外郎　仓部员外郎　礼部员外郎　祠部员外郎　膳部员外郎　主客员外郎　兵部员外郎　职方员外郎　驾部员外郎　库部员外郎　刑部员外郎　都官员外郎　比部员外郎　司门员外郎　工部员外郎　屯田员外郎　虞部员外郎　水部员外郎　光禄丞　卫尉丞　宗正丞　太仆丞　大理丞　鸿胪丞　司农丞　太府丞　大理司直　国子助教　城门郎　符宝郎　通事舍人　秘书郎　著作佐郎　侍御医　诸卫长史　羽林长史　两京市令　下州司马　亲王文学　亲王府主簿　亲王府记室参军　亲王府录事参军　上县令　率府左司阶　率府右司阶　镇（军不满二万人）司马　左监门校尉　右监门校尉　亲卫旅帅　勋卫旅帅　翊卫旅帅　奉议郎（文散）　振威校尉（武散）　飞骑尉（勋）

从六品下

侍御史　少府监丞　将作监丞　国子监丞　太子内直郎　太子典设郎　太子宫门郎　太公庙令　园苑监　沙苑监　下牧监　宫苑总副监　互市监　中牧副监　下府果毅都尉　亲王府校尉　通直郎（文散）　振武副尉（武散）

正七品上

四门博士　詹事府司直　左千牛卫长史　右千牛卫长史　尚食直长　尚药直长　太子左卫率府长史　太子右卫率府长史　太子左司御率府长史　太子右司御率府长史　太子左清道率府长史　太子右清道率府长史　军器监丞　中县令　京兆府司录参军　河南府司录参军　太原府司录参军　大都督府录事参军　大都护府录事参军　亲王府诸曹（功曹、仓曹、户曹、兵曹、骑曹、法曹、士曹）参军　中镇将　太子千牛　亲卫队正　勋卫队正　翊卫队正　亲卫　朝请郎（文散）　致果校尉（武散）　云骑尉（勋）

正七品下

尚衣直长　尚舍直长　尚乘直长　尚辇直长　太子通事舍人　内寺伯　京兆府诸曹（功曹、仓曹、户曹、田曹、兵曹、法曹、士曹）参军　河南府诸曹（功曹、仓曹、户曹、田曹、兵曹、法曹、士曹）参军　太原府诸曹（功曹、仓曹、户曹、田曹、兵曹、法曹、士曹）参军　大都督府诸营（功曹、仓曹、户曹、田曹、兵曹、法曹、士曹）参军　大都护府诸曹（功曹、仓曹、户曹、兵曹、法曹）参军　中都督府录事参军　上都护府录事参军　仓监　冶监　司竹监　温汤监　诸卫左中候　诸卫右中候　上府别将　上府长史　上镇副　下镇将　下牧副监　亲卫副队正　勋卫副队正　翊卫副队正　宣德郎（文散）　致果副尉（武散）

从七品上

殿中侍御史　左补阙　右补阙　太常博士　太学助教　门下录事　中书主书　尚书都事　九寺（太常寺、光禄寺、卫尉寺、宗正寺、太仆寺、大理寺、鸿胪寺、司农寺、太府寺）主簿　詹事府主簿　太子左内率府长史　太子右内率府长史　太子左监门率府长史　太子右监门率府长史　太子侍医　太子家令丞　太子率更

丞 太子仆丞 都水监丞 中下县令 亲王府东阁祭酒 亲王府西阁祭酒 京县（万年县、长安县、河南县、洛阳县、奉先县、会昌县、太原县、晋阳县）丞 下都督府录事参军 上州录事参军 中都督府诸曹（功曹、仓曹、户曹、田曹、兵曹、法曹、士曹）参军 上都护府诸曹（功曹、仓曹、户曹、兵曹）参军 中府别将 中府长史 中镇副 左监门直长 右监门直长 勋卫 太子亲卫 朝散郎（文散） 翊麾校尉（武散） 武骑尉（勋）

从七品下

太史丞 御史台主簿 少府监主簿 将作监主簿 国子监主簿 掖庭局令 宫闱局令 上署（郊社署、太乐署、鼓吹署、太医署、太官署、左藏署、乘黄署、典厩署、典客署、上林署、太仓署、平准署、常平署、左尚署、右尚署、典牧署）令 下县令 诸陵丞 园苑副监 宫苑总监丞 下都督府诸曹（功曹、仓曹、户曹、田曹、兵曹、法曹、士曹）参军 太子内坊局丞 亲王国令 公主家令 上州诸司（司功、司仓、司户、司田、司兵、司法、司士）参军 下府别将 下府长史 下镇副 屯监 率府左中候 率府右中候 镇（军满二万人以上）诸曹（仓曹、兵曹）参军 太子左监门直长 太子右监门直长 亲王府旅帅 折冲府校尉 宣议郎（文散） 翊麾副尉（武散）

正八品上

监察御史 协律郎 诸卫录事参军 羽林录事参军 龙武军录事参军 中署（钩盾署、右藏署、织染署、掌冶署）令 中州录事参军 太医博士 太子典膳局丞 太子药藏局丞 军器监主簿 武库丞 两京市署丞 上牧监丞 镇（军不满二万人）诸曹（仓曹、兵曹）参军 翊卫 太子勋卫 亲王府执仗亲事 亲王府执乘亲事 给事郎（文散） 宣节校尉（武散）

正八品下

奚官局令 内仆局令 内府局令 下署（太卜署、廪牺署、珍羞署、良酝署、掌醢署、守宫署、武器署、车府署、司仪署、崇玄署、导官署、中校署、左校署、右校署、甄官署、河渠署、弩坊署、甲坊署）令 十二卫诸曹（仓曹、兵曹、骑曹、胄曹）参军 监门卫诸曹（兵曹、胄曹）参军 羽林诸曹（仓曹、兵曹、胄曹）参军 龙武军诸曹（仓曹、兵曹、胄曹）参军 中州诸司（司功、司仓、司户、司田、司兵、司法、司士）参军 亲王府参军 京兆府参军 河南府参军 太原府参军 大都督府参军 大都护府参军 尚药局司医 畿县（京兆府诸县、河南府诸县、太原府诸县）丞 太子内直局丞 太子宫门局丞 太公庙丞 农圃监丞 互市监丞 司竹副监 园苑监丞 灵台郎 诸卫左司戈 诸卫右司戈 上戍主 备身 征事郎（文散） 宣节副尉（武散）

从八品上

左拾遗 右拾遗 太医署针博士 四门助教 左千牛卫录事参军 右千牛卫录事参军 下州录事参军 上县丞 中牧监丞 京县（万年县、长安县、河南县、洛阳县、奉先县、会昌县、太原县、晋阳县）主簿 太子左卫率府录事参军 太子右卫率府录事参军 太子左司御率府录事参军 太子右司御率府录事参军 太子左清道率府录事参军 太子右道清率府录事参军 中都督府参军 上都护府参军 亲王府行参军 京兆府博士 河南府博士 太原府博士 大都督府博士 仓监丞 冶监丞 司竹监丞 温汤监丞 保章正 太子翊卫 折冲府旅帅 承奉郎（文散） 御侮校尉（武散）

从八品下

大理评事 律学博士 太医丞 医监 太子左春坊录事 太子右春坊录事 右千牛卫诸曹（兵曹、胄曹）参军 右千牛卫诸曹（兵曹、胄曹）参军 内谒者 太子左卫率府诸曹（仓曹、兵曹、胄曹）参军 太子右卫率府诸曹（仓曹、兵曹、胄曹）参军 太子左司御率府诸曹（仓曹、兵曹、胄曹）参军 太子右司御率府诸曹（仓曹、兵曹、胄曹）参军 太子左清道率府诸曹（仓曹、兵曹、胄曹）参军 太子右清道率府诸曹（仓曹、兵曹、胄曹）参军 太子食官署令 太子典仓署令 太子司藏署令 太子厩牧署令 掖庭局丞 宫闱局丞 太史监主簿 都水监主簿 中书省主事 门下省主事 尚书都省主事 兵部主事 吏部主事 考功主事 礼部主事 上署（郊社、太乐、鼓吹、太官、左藏、乘黄、典厩、典客、上林、太仓、平准、常平、左尚、右尚、典牧）丞 下都督府参军 上州参军 中都督府博士 上州博士 下州诸司（司仓、司户、司田、司法）参军 中县丞 亲王府典签 京县（万年县、长安县、河南县、洛阳县、奉先县、会昌县、太原县、晋阳县）尉 亲王国大农 公主家丞 屯监丞 上关令 上府兵曹参军 上镇仓曹参军 上镇兵曹参军 挈壶正 中戍主 上戍副 率府左司戈 率府右司戈 太子备身 亲王府队正 承务郎（文散） 御侮副尉

（武散）

正九品上

校书郎 太祝 太子左内率府录事参军 太子右内率府录事参军 太子左监门率府录事参军 太子右监门率府录事参军 太子内坊典直 中署（钩盾、右藏、织染、掌冶）丞 典客署掌客 亲卫府兵曹参军 勋卫府兵曹参军 翊卫府兵曹参军 羽林卫府兵曹参军 岳渎令 津令 下牧监丞 中下县丞 中州博士 畿县主簿 武库署监事 儒林郎（文散） 仁勇校尉（武散）

正九品下

正字 太子校书 奚官局丞 内仆局丞 内府局丞 下署（太卜、廪牺、珍羞、良酝、掌醢、守宫、武器、车府、司仪、崇玄、导官、中校、左校、右校、甄官、河渠、弩坊、甲坊）丞 尚食局食医 尚药局医佐 尚乘局奉乘 尚乘局司库 尚乘局司廪 尚辇局尚辇 太史局司辰 典厩署主乘 太子左内率府诸曹（兵曹、胄曹）参军 太子右内率府诸曹（兵曹、胄曹）参军 太子左监门率府诸曹（兵曹、胄曹）参军 太子右监门率府诸曹（兵曹、胄曹）参军 太子三寺（家令寺、率更寺、仆寺）主簿 詹事府录事 太子亲卫府兵曹参军 太子勋卫府兵曹参军 太子翊卫府兵曹参军 下县丞 上县主簿 中州参军 下州博士 畿县尉 上牧监主簿 农圃监丞 中关令 中府兵曹参军 亲王国尉 上关丞 诸卫左执戟 诸卫右执戟 中镇兵曹参军 下戍主 折冲府队正 登仕郎（文散） 仁勇副尉（武散）

从九品上

尚书省诸司（司封、司勋、户部、度支、金部、仓部、祠部、膳部、主客、职方、驾部、库部、刑部、都官、比部、司门、工部、屯田、虞部、水部）主事 御史台主事 秘书省主事 殿中省主事 奉礼郎 律学助教 太子正字 弘文馆校书 太史局司历 太医署医助教 京兆府录事 河南府录事 太原府录事 九寺（太常寺、光禄寺、卫尉寺、宗正寺、太仆寺、大理寺、鸿胪寺、司农寺、太府寺）录事 少府监录事 将作监录事 都督府录事 都督府市令 都护府录事 都护府市令 上州录事 上州市令 宫苑总监主簿 中牧监主簿 中县主簿 下县主簿 上县尉 中县尉 下府兵曹参军 文林郎（文散） 陪戎校尉（武散）

从九品下

内侍省主簿 国子监录事 亲王府录事 太子左春坊主事 太子右春坊主事 崇文馆校书 书学博士 算学博士 门下典仪 太医署按摩博士 咒禁博士 太卜署博士 太医署针助教 太医署医正 太卜署卜正 太史局监候 亲王国丞 掖庭局宫教博士 太子食官署丞 太子典仓署丞 太子司藏署丞 太子厩牧署丞 太子厩牧署典乘 监作 监事 计官 太官署监膳 太乐署乐正 鼓吹署乐正 大理寺狱丞 下州参军 中州医博士 下州医博士 中县尉 下县尉 京县录事 下牧监主簿 下关令 中关丞 诸卫长上 羽林长上 公主邑司录事 津丞 下镇兵曹参军 率府左执戟 率府右执戟 亲王府队副 折冲府队副 将仕郎（文散） 陪戎副尉（武散）

视正五品

萨宝

视从七品

萨宝府祆正

内官正一品

贵妃 惠妃 丽妃 华妃

内官正二品

淑仪 德仪 贤仪 顺仪 婉仪 芳仪

内官正三品

美人

内官正四品

才人

宫官正五品

尚宫　尚仪　尚服　尚食　尚寝　尚功　宫正

宫官正六品

司记　司言　司簿　司闱　司籍　司乐　司宾　司赞　司宝　司衣　司饰　司仗　司膳　司酝　司药　司饎　司设　司舆　司苑　司灯　司制　司珍　司彩　司计　司正　彤史

宫官正七品

典记　典言　典簿　典闱　典籍　典乐　典宾　典赞　典宝　典衣　典饰　典仗　典膳　典酝　典药　典饎　典设　典舆　典苑　典灯　典制　典珍　典彩　典计　典正

宫官正八品

掌记　掌言　掌簿　掌闱　掌籍　掌乐　掌宾　掌赞　掌宝　掌衣　掌饰　掌仗　掌膳　掌酝　掌药　掌饎　掌设　掌舆　掌苑　掌灯　掌制　掌珍　掌彩　掌计

宫官视七品

阿监　副监

太子内官正三品

良娣

太子内官正四品

良媛

太子内官正五品

承徽

太子内官从六品

司闺　司则　司馔

太子内官正七品

昭训

太子内官从八品

掌正　掌书　掌筵　掌严　掌缝　掌藏　掌食　掌医　掌园

太子内官正九品

奉仪

太子内官流外三品

女史

* 本表据《旧唐书·职官志》、《通典·职官二一》、《新唐书·百官志》、《唐六典》而作，为唐玄宗至代宗时之制。

（十二）宋代职官品位表*

正一品

文臣：太师　太傅　太保　少师　少傅　少保

职事官：左丞相　右丞相
封爵：王

从一品

文阶官：开府仪同三司　特进
职事官：枢密使
东宫官：太子太师　太子太傅　太子太保
封爵：嗣王　郡王　国公

正二品

文阶官：金紫光禄大夫
武阶官：太尉
职事官：参知政事　知枢密院事　同知枢密院事　枢密副使
封爵：开国郡公
勋官：上柱国

从二品

文阶官：银青光禄大夫
武阶官：节度使
职：观文殿大学士
职事官：签书枢密院事　御史大夫　吏部尚书　户部尚书　礼部尚书　兵部尚书　刑部尚书　工部尚书
军职：殿前都指挥使
东宫官：太子少师　太子少傅　太子少保
环卫官：左右金吾卫上将军　左右卫上将军
地方官：冀州牧　兖州牧　青州牧　徐州牧　扬州牧　荆州牧　豫州牧　梁州牧　雍州牧
封爵：开国县公
勋官：柱国

正三品

文阶官：宣奉大夫　正奉大夫
职：观文殿学士　资政殿大学士　保和殿大学士　资政殿学士　保和殿学士　端明殿学士　龙图阁学士　天章阁学士　宝文阁学士　显谟阁学士　徽猷阁学士　敷文阁学士　枢密直学士
职事官：翰林学士承旨　翰林学士　左右散骑常侍　权六曹尚书
勋官：上护军

从三品

文阶官：正议大夫　通奉大夫
职：龙图阁直学士　天章阁直学士　宝文阁直学士　显谟阁直学士　徽猷阁直学士　敷文阁直学士
职事官：御史中丞　开封尹　尚书列曹侍郎
东宫官：太子宾客　太子詹事
环卫官：诸卫上将军
封爵：开国侯
勋官：护军

正四品

文阶官：通议大夫
武阶官：承宣使
职事官：给事中　中书舍人　太常卿　宗正卿　秘书监
军职：殿前副都指挥使
环卫官：诸卫大将军
封爵：开国伯

勋官：上轻车都尉

从四品

文阶官：太中大夫
职：保和殿待制 龙图阁待制 天章阁待制 宝文阁待制 显谟阁待制 徽猷阁待制 敷文阁待制
职事官：左右谏议大夫 权六曹侍郎 七寺卿 国子祭酒 少府监 将作监
环卫官：诸卫将军
勋官：轻车都尉

正五品

文阶官：中大夫
武阶官：观察使 通侍大夫 正侍大夫 宣正大夫 履正大夫 协忠大夫 中侍大夫
军职：马军都指挥使 步军都指挥使 马军副都指挥使 步军副都指挥使
封爵：开国子
勋官：上骑都尉

从五品

文阶官：中奉大夫 中散大夫
武阶官：内客省使 延福宫使 景福殿使 中亮大夫 中卫大夫 翊卫大夫 亲卫大夫 防御使 团练使 诸州刺史
职事官：太常少卿 宗正少卿 秘书少监 枢密都承旨
军职：殿前马步军都虞候 捧日天武龙神卫四厢都指挥使
东宫官：太子左、右庶子
封爵：开国男
勋官：骑都尉

正六品

文阶官：朝议大夫 奉直大夫
武阶官：宣庆使 宣政使 昭宣使 拱卫大夫 左武大夫 右武大夫
职：集英殿修撰
职事官：七寺少卿 中书门下省检正诸房公事 尚书左右司郎中 国子司业 军器监 都水使者 枢密承旨 副承旨
东宫官：太子少詹事 太子左右谕德
宦官：入内内侍省都知 入内内侍省副都知 内侍省都知 内侍省副都知
勋官：骁骑尉

从六品

文阶官：朝请大夫 朝散大夫 朝奉大夫
职：右文殿修撰 秘阁修撰
职事官：起居郎 起居舍人 侍御史 尚书左右司员外郎 枢密院检详诸房文字 开封少尹 尚书诸司郎中 开封府判官 开封府推官 少府少监 将作少监 军器少监 陵台令
医官：和安大夫 成和大夫 成安大夫
勋官：飞骑尉

正七品

文阶官：朝请郎 朝散郎 朝奉郎
武阶官：武功大夫 武德大夫 武显大夫 武节大夫 武略大夫 武经大夫 武义大夫 武翼大夫
职：侍讲 直龙图阁 直天章阁 直宝文阁
职事官：殿中侍御史 左右司谏 尚书诸司员外郎 开封府司录参军事 枢密副承旨 枢密院诸房副承旨 两赤县令
东宫官：太子侍读 太子侍讲

医官：成全大夫　平和大夫　保安大夫　翰林良医
勋官：云骑尉

从七品

文阶官：承议郎
武阶官：正侍郎　宣正郎　履正郎　协忠郎　中侍郎　中亮郎　中卫郎　翊卫郎　拱卫郎　左武郎　右武郎　武功郎　武德郎　武显郎　武节郎　武略郎　武经郎　武义郎　武翼郎
职：崇政殿说书　直显谟阁　直徽猷阁　直敷文阁
职事官：左右正言　符宝郎　监察御史　太常丞　宗正丞　秘书丞　大理正　著作郎　内符宝郎　阁门宣赞舍人
东宫官：太子中舍人　太子舍人　太子诸率府率
王府官：亲王府翊善　赞读直讲
医官：和安郎　成和郎　成安郎　成全郎　保和郎　保安郎　翰林医官　判太医局令　翰林医效　翰林医痊
勋官：武骑尉

正八品

文阶官：奉议郎　通直郎
武阶官：训武郎　修武郎
职：直秘阁
职事官：七寺丞　秘书郎　太常博士　枢密院计议官　枢密院编修官　敕令所删定官　著作佐郎　国子监丞　国子博士　大理司直　大理评事　开封府诸曹参军事　军巡使　判官　京府判官　京畿县令　两赤县丞　三京赤县令　三京畿县令　太史局五官正　中书门下省录事　尚书省都事
王府官：诸王宫大小学教授

从八品

文阶官：宣教郎　宣议郎　承直郎　儒林郎　文林郎　从事郎　从政郎　修职郎
武阶官：从义郎　秉义郎
职事官：御史台检法官　御史台主簿　少府监丞　将作监丞　军器监丞　都水监丞　寺监主簿　秘书省校书郎　秘书省正字　太常寺奉礼郎　太常寺太祝　太学博士　武学博士　律学博士　阁门祗候　枢密院主事　枢密院守阙主事　枢密院令史　枢密院书令史　三省主事　三省守阙主事　三省令史　三省书令史　京府推官　京府诸曹参军事　京府军巡判官　京畿县丞　三京赤县丞　三京畿县丞　两赤县主簿　两赤县尉　太史局丞　太史局直长　太史局灵台郎　太史局保章正
东宫官：太子诸率府副率
王府官：亲王府记室
地方官：节度判官　观察判官　防御判官　团练判官　军事判官　军监判官　节度掌书记　观察支使　节度推官　观察推官　防御推官　团练推官　军事推官　诸州签判　节镇录事参军　上中下州录事参军　诸州上中下县令　诸州上中下县丞　诸府诸曹参军事　节镇诸司参军事　上州诸司参军事
宦官：东头供奉官　西头供奉官
医官：翰林医愈　翰林医证翰　林医诊翰　林医候　主管太医局
贬谪官：节度副使　行军司马　防御副使　团练副使

正九品

文阶官：承事郎　承奉郎
武阶官：忠训郎　忠翊郎　成忠郎　保义郎
职事官：郊社令　籍田令　大官令　国子学正　国子学录　太学正　太学录　武学谕　律学正　挈壶正　枢密院守阙书令史　京畿县主簿　京畿县尉　三京赤县主簿　三京赤县尉
宦官：殿头高品
医官：太医局丞
贬谪官：诸州别驾　长史　司马

从九品

文阶官：承务郎　迪功郎
武阶官：承节郎　承信郎
地方官：中下州诸司参军　诸州上中下县主簿　诸州上中下县尉　城砦马监主簿　诸州司士　文学　助教
宦官：高班　黄门内品
医官：翰林医学

* 本表据《宋史·职官八》而作。

（十三）金朝职官品位表*

正一品

太师　太傅　太保　太尉　司徒　司空　尚书令　郡王（封爵）　元妃　贵妃　淑妃　德妃　贤妃（以上为内命妇）　大长公主　长公主（以上为外命妇）

从一品

文职：尚书左丞相　尚书右丞相　平章政事　燕京行台尚书令　判大宗正（睦亲）事　宣抚使　国公（封爵）开府仪同三司　仪同三司　特进　崇进（以上为散官）　郡主（外命妇）
武职：都元帅　枢密使

正二品

文职：尚书左丞　尚书右丞　大司农　太子太师　太子太傅　太子太保　郡公（封爵）　上柱国（勋级）金紫光禄大夫　银青光禄大夫（以上为散官）昭仪　昭容　昭媛　修仪　修容　修媛　充仪　充媛　充容（以上为内命妇）县主（外命妇）
武职：左副元帅　右副元帅

从二品

文职：参知政事　同判大宗正（睦亲）事　御史大夫　三司使　郡公（封爵）　柱国（勋级）　光禄大夫荣禄大夫（以上为散官）
武职：枢密副使

正三品

文职：吏部尚书　户部尚书　礼部尚书　兵部尚书　刑部尚书　工部尚书　同签大宗正（睦亲）事　宣抚副使　劝农使　三司副使　翰林学士承旨　翰林学士　左宣徽使　右宣徽使　太子少师　太子少傅　太子少保　大兴府尹　诸京留守　按察使　上京、东京等路按察并安抚使　府尹　都转运使　郡侯（封爵）　上护军（勋级）资德大夫　资政大夫　资善大夫（以上为散官）　婕妤　丽人　才人（内命妇）　良娣（东宫命妇）
武职：元帅左监军　元帅右监军　签书枢密院事　殿前都点检　总管府都总管　统军使　招讨使　龙虎卫上将军　金吾卫上将军　骠骑卫上将军（以上三职为散官）

从三品

文职：御史中丞　翰林侍读学士　翰林侍讲学士　审官院知院　太常寺卿　秘书监　太子詹事　中卫尉郡侯（封爵）　护军（勋级）　正奉大夫　通奉大夫　中奉大夫（以上为散官）
武职：都元帅府左都监　都元帅府右都监　殿前左副点检　殿前右副点检　武卫军都指挥使　诸节镇节度使　部族节度使　奉国上将军　辅国上将军　镇国上将军（以上三职为散官）

正四品

文职：吏部侍郎　户部侍郎　礼部侍郎　兵部侍郎　刑部侍郎　工部侍郎　司农卿　签三司事　同知宣

徽院事 国子监祭酒 太府监 都水监 左谏议大夫 右谏议大夫 大理寺卿 亲王傅 驸马都尉 诸京同知留守事 按察副使 上京、东京等路按察并安抚副使 府同知 提控诸乌鲁古 郡伯（封爵） 美人 顺仪 淑华 淑仪（以上为内命妇） 良媛（东宫命妇） 正议大夫 通议大夫 嘉议大夫（以上为散官）

武职：招义军都尉 同签枢密院事 统军司副统军 昭武大将军 昭毅大将军 昭勇大将军（以上三职为散官）

从四品

文职：大宗正（睦亲）丞 翰林直学士 同知审官院事 知集贤院 卫尉司副尉 太子少詹事 亲王府尉 太后副卫尉 大兴府同知 诸京副留守 防御使 都转运使司同知 猛安 群牧使 郡伯（封爵） 轻车都尉（勋级） 大中大夫 中大夫 少中大夫（以上为散官） 钦象大夫 正仪大夫 钦授大夫（上为司天官） 保宜大夫 保康大夫 保平大夫（上为太医官） 中散大夫 中尹大夫 中侍大夫（上为内侍官） 云韶大夫 仙韶大夫 成韶大夫（上为教坊官）

武职：拱卫直使司都指挥使 武卫军副都指挥使 武卫军副都 总管府同知都总管 副招讨使 安远大将军 定远大将军 怀远大将军（以上三职为散官）

正五品

文职：尚书左司郎中 尚书右司郎中 翰林待制 劝农副使 司农少卿 同签三司事 太常寺少卿 提点山陵 提点宫籍监 提点近侍局 提点器物局 提点尚厩局 提点鹰坊 同签宣徽院事 客省使 引进使 东上阁门使 西上阁门使 提点尚衣局 提点仪鸾局 提点尚食局 提点尚药局 提点太医院 提点御药院 提点教坊 提点宫闱局 中常侍 秘书少监 提点司天台 国子监司业 签按察司事 府少尹 刺史 都转运副使 山东盐使 宝坻盐使 沧州盐使 解州盐使 辽东盐使 西京盐使 北京盐使 四方馆使 太子左谕德 太子右谕德 大兴府少尹 签上京、东京安抚司事 签上京、东京按察司事 提举漕运司 提举讥察使 县子（封爵） 上骑都尉（勋级） 中议大夫 中宪大夫 中顺大夫（以上为散官） 尚宫夫人 尚宫左夫人 尚宫右夫人 宫正夫人 宝华夫人 尚仪夫人 尚服夫人 尚寝夫人 钦圣夫人 资明夫人（以上为内命妇） 承徽（东宫命妇） 灵宪大夫 明时大夫 颁朔大夫（上为司天官） 保颐大夫 保安大夫 保和大夫（上为太医官） 中列大夫 中御大夫 中仪大夫（上为内侍官） 章德大夫 长宁大夫 德和大夫（上为教坊官）

武职：总管府副都总管 节镇同知节度使 总管府节镇兵马司都指挥使 广威将军 宣徽将军 明威将军（以上三职为散官）

从五品

文职：吏部郎中 户部郎中 礼部郎中 兵等郎中 刑部郎中 工部郎中 侍御史 宫籍监 近侍局使 器物局使 尚厩局使 尚辇局使 鹰坊使 提点武器署 尚衣局使 仪鸾局使 尚食局使 尚药局使 太医院使 军器监都水监 左司谏 右司谏 大理寺少卿 弘文院知院 知登闻鼓院 知登闻检院 同知集贤院 惠民司令 修内司使 提点祗应司 提点上林署 提举南榷货司 提举仓场司使 八作左右院使 左右卫率府率 亲王府长史 太后左典禁 太后右典禁 大兴府总管判官 大兴府判 诸京留守判官 教坊使 内藏库使 宫闱局使 给事中 司天台监 太府少监 少府少监 卫尉司左常侍 卫尉司右长侍 南京提控规运柴炭场使 提举讥察副使 提举秦、蓝两关 沿淮讥察使 谋克 县男（封爵） 骑都尉（勋级） 朝请大夫 朝散大夫 朝列大夫（上为散官） 云纪大夫 中协纪大夫 保章大夫（上为司天官） 保善大夫 保嘉大夫 保顺大夫（上为太医官） 中常大夫 小益大夫 中卫大夫（上为内侍官） 景云大夫 云和大夫 协律大夫（上为教坊官）

武职：招义军总领使 枢密院经历 拱卫直使司副都指挥使 左右宿直将军 诸节镇节度副使 部族节度副使 诸纠详稳 诸京都总管判官 信武将军 显武将军 宣武将军（以上三职为散官）

正六品

文职：左司员外郎 右司员外郎 司农司丞 太常寺丞 东上阁门副使 西上阁门副使 内殿通直 秘书监丞 大理寺正 同知登闻鼓院 同知登闻检院 宫师府左右监门 同知防御使事 警巡使 太子左赞善 太子右赞善 太后太仆 太后门卫 太后典宝 同提举漕运司 山东盐副使 宝坻盐副使 沧州盐副使 解州盐副使 辽东盐副使 西京盐副使 北京盐副使 南京提控规运柴炭场副使 同提举秦、蓝两关 提举三门、集津南北岸 骁骑尉（勋级） 奉政大夫 奉议大夫（上为散官） 纪和大夫 司玄大夫（上为司天官） 保合大夫 保冲大夫（上为太医官） 中良大夫 中涓大夫（上为内侍官） 庆喜大夫 嘉诚大夫（上为教坊官）　宝林　尚仪御侍　尚服御侍　尚寝御侍　尚正御侍　宝符宸侍　奉恩令人　奉光令人　奉徽令人　奉美令人（上为内命妇）

武职：威捷军钤辖　武卫军都指挥使司钤辖司钤辖　总管府节镇兵马司副都指挥使　武节将军　武德将军（以上二职为散官）

从六品

文职：吏部员外郎　户部员外郎　礼部员外郎　兵部员外郎　刑部员外郎　工部员外郎　治书侍御史　三司判官　翰林修撰　太庙署令　郊社署令　武成王庙署令　大乐署令　诸陵署令　宫籍副监　近侍局副使　器物局副使　尚厩局副使　尚辇局副使　鹰坊副使　武器署令　武库署令　宣徽判官　客省副使　引进副使　东上閤门签事　西上閤门签事　尚衣局副使　仪鸾局副使　尚食局副使　尚药局副使　太医院副使　教坊副使　内藏库副使　宫闱局别使　黄门郎　宫苑司令　尚酝署令　典客署令　侍仪司令　著作郎　司天台少监　国子监丞　太府监丞　左藏库使　右藏库使　太仓使　典给署令　少府监丞　尚方署令　图画署令　裁造署令　文肃署令　织染署令　文思署令　军器少监　利器署令　大理丞　同知弘文院事　内谒者兼司宝　榷货务使　平准物使　四方馆副使　法物库使　提举万宁宫　修内司副使　提举都城所　祗应司令　甄官署令　上林署令　京东、西南三路检察司使　同提举南京榷货司　提举仓场司副使　八作左右院副使　仆正　掌宝　典仪　亲王府司马　提举卫绍王家属　太后谒者　大兴府推官　留守推官　提举上京皇城司　按察司判官　诸府府判　赤县县令　都转运司都勾判官　都转运司户籍判官　都转运司支度判官　都转运司盐铁判官　中都都麴使　提举南京路榷货事　群牧副使　飞骑尉（勋级）　奉直大夫　奉训大夫（以上为散官）　探赜郎　授时郎（上为司天官）　保愈郎　保全郎（上为太医官）　通禁郎　通侍郎（上为内侍官）　肃和郎　纯和郎（上为散坊官）

武职：招义军总领副使　殿前都点检判官　总管府总管判官　总管府府判　总管府节镇兵马司指挥使　诸府州兵马钤辖　招讨司判官　武义将军　武略将军（上二职为散官）

正七品

文职：左司都事　右司都事　诸宗室将军　殿中侍御史　监察侍御史　司农司知事　规措审计官　太常寺博士　承奉班都知　内承奉班押班　典卫司令　侍仪司直长　秘书郎　著作佐郎　国子学博士　太学博士　都水监丞　左补阙　右补阙　左拾遗　右拾遗　大理寺司直　给事局使　提举庆宁宫　京东、西、南三路检察司副使　典牧司使　太子侍正　太子副仆　太子内值郎　太后奉令　太后副仆　南京提举京城所　诸府判官　诸刺史州同知　剧县县令　山东盐使司判官　宝坻盐使司判官　沧州盐使司判官　解州盐使司判官　辽东盐使司判官　西京盐使司判官　北京盐使司判官　中都都麴副使　规措京兆府耀州三白渠公事　中都东北都巡检使　西南都巡检使　诸州都巡检使　潼关使兼讥察官　云骑尉（勋级）　承德郎　承直郎（上为散官）　究微郎　灵台郎（上为司天官）　成正郎　承安郎（上为太医官）　通掖郎　通御郎（上为内侍官）　舒和郎　调音郎（上为教坊官）　御女　司正御侍　宝符御侍　司仪御侍　司符御侍　司寝御侍　司饰御侍　司设御侍　司衣御侍　司膳御侍　仙韶使　光训良侍　明训良侍　遵训良侍　从训良侍（以上为内命妇）　昭训（东宫命妇）

武职：都元帅府经历　都元帅府知事　枢密院都事　左右振肃　总管府推官　节度判官　观察判官　总管府节镇兵马司军使　诸边正将　承信校尉　昭信校尉（上二职为散官）

从七品

文职：尚书省祗候郎君管勾官　吏部主事　户部主事　礼部主事　兵部主事　刑部主事　工部主事　户部干办官　工部覆实司管勾　大宗正（睦亲）府知事　御史台典事　三司知事　应奉翰林文字　太庙署丞　郊社署丞　武成王庙署丞　诸陵署丞　大乐署丞　宫籍监丞　武器署丞　武库署丞　閤门通事舍人　御院通进　殿头　典卫司丞　宫苑司丞　尚酝署丞　典客署丞　秘书监校书郎　左藏库副使　右藏库副使　太仓副使　典给署丞　尚方署丞　图画署丞　裁造署丞　文肃署丞　织染署丞　文思署丞　军器监丞　利器署丞　都巡河官　榷货务副使　交钞库使　平准务副使　法物库副使　承发司管勾　同提举万宁宫　同提举都城所　祗应司丞　甄官署丞　上林署丞　太子赞仪　亲王府文学　提举卫绍王家属　太后閤正　同提举上京皇城司　同提举南京京城所　警巡使副　诸县县令　知城　知寨　知堡　知镇　中都广备库使　水备库使　京兆府司　竹监管勾　居庸、紫荆、通会、会安等处关使　讥察使　秃里　武骑尉（勋级）　承务郎　儒林郎（上为散官）　明纬郎　候仪郎（上为司天官）　成顺郎　成和郎（上为太医官）　禁直郎　侍直郎（上为内侍官）　比音郎　司乐郎（上为教坊官）

武职：殿前都点检知事　武卫军都指挥使司钤辖司都钤辖　统军司知事　招讨司勘事官　十四门尉　忠

武校尉　忠显校尉（上为散官）

正八品

文职：尚书省架阁库管勾　吏部架阁库管勾　户部架阁库管勾　兵部架阁库管勾　户部架阁库勾当官　礼部左三部检法司司正　礼部右三部检法司司正　三司勾当官　国史院编修官　诸陵署直长　乐工部籍直长　宫籍监直长　近侍局直长　器物局直长　尚辇局直长　鹰坊直长　武库署直长　武器署直长　武器署顿舍官　尚衣局直长　仪鸾局直长　尚食局直长　尚药局直长　御药院直长　宫闱局直长　内侍高品　宫苑司直长　尚酝署直长　笔砚局直长　书画局直长　国子学助教　国子学教授　太学助教　典给署直长　尚方署直长　图画署直长　文绣署直长　织染署直长　文思署直长　军器监直长　军器监军器库使　利器署直长　都水监掾　大理寺评事　弘文院校理　集贤院司议官　给事局副使　惠民司直长　法物库直长　同提举庆宁宫　修内司直长　修内司部役宫　修内司受给官　都城所左、右厢官　都城所授给官　祗应司直长　甄官署直长　上林署直长　南京丰衍东、西库使　南京丰衍东、西库监支、纳　提举仓场司监支纳官　圉牧司副使　太子典食令　太子侍药　太子掌饮令　太子家令　太子司经　太子侍丞　亲王府记室参军　太后奉丞　太后食官令　太后閤丞　太后宫令　太后医令　太后饮官令　大兴府知事　诸京留守司狱　京城门收支器物使　南京提举京城所管勾　皇城使　管勾北太一宫、同乐园　按察司知事　知安抚司事　节镇州教授　诸防御州判官　赤县县丞　赤县县尉　市令　诸京军器库使　中都都麹使司都监　中都都商税务使　南京交钞库使　中都流泉务使　诸绫锦院使　诸仓使　南京诸仓监支、纳官　南京草场监支、纳官　副都巡检使　大庆关管勾桥官兼讥察事　孟津渡讥察　讥察副使　群牧所判官　文林郎　承事郎（上二职为散官）　推策郎　司正郎（上二职为司天官）　成愈郎　成全郎（上为太医官）　掖直郎　内直郎（上为内侍官）　典乐郎　协乐郎（上为教坊官）　典仪御侍　典膳御侍　典寝御侍　典饰御侍　典设御侍　典衣御侍　典药御侍　仙韶副使　承和良侍　承惠良侍　承宣良侍　采女（上为内命妇）　司闱　秉仪　掌馔（上为皇后女官）

武职：枢密院架阁库管勾　诸节镇知法　诸边副将　招讨司知事诸节镇司狱　诸节镇录事　忠勇校尉　忠翔校尉（上二职为散官）

从八品

文职：尚书省架阁库同管勾　尚书省堂食公使酒库使　尚书省直省局长　吏部架阁库同管勾　户部架阁库同管勾　兵部架阁库同管勾　户部架阁库检法　礼部左三部检法司检法　礼部右三部检法司检法　大宗正（睦亲）府检法　御史台架阁库管勾　御史台架阁库检法　三司知法　太祝　太常寺奉礼郎　太常寺协律郎　太医院判官　教坊判官　内侍局令　内侍高班　懿安家令　司天台判官　国子校勘　国子书写官　孝靖宫令　酒坊使　市买司使　裁造署直长　大理寺知法　大理寺明法　登闻鼓院知法　登闻检院知法　交钞库副使　印造钞引库使　抄纸坊使　随处交钞库抄纸坊使　军需库使　典牧司副使　按察司知法　上京、东京等路按察司并安抚司知法　刺史州判官　移里堇　承发司同管勾　南京丰衍东西库副使　太子司藏　太子司仓　大兴府知法　都转运司知法　中都广备库副使　永备库副使　中都左、右厢别贮院使　中都木场使　中都买物司使　漕运司勾当官　京西规运柴炭场使　群牧所知法　征士郎　从仕郎（上二职为散官）　校景郎　平秩郎（上为司天官）　医全郎　医正郎（上为太医官）　司赞郎　司谒郎（上为内侍官）　掌乐郎　和乐郎（上为教坊官）

武职：都元帅府检法　招义军训练官　枢密院知法　统军司知法　招讨司知法　诸乣麻忽　修武校尉　敦武校尉（上二职为散官）

正九品

文职：尚书省堂食公使酒库副使　尚书省直省局副局长　太常寺检阅官　太常寺检讨　掌厩都辖　尚辇局收支都监　尚衣局都监　仪鸾局收支都监　尚食局都监　尚药局都监　御药院都监　头面库都监　缎匹库都监　金银库都监　杂物库都监　孝靖宫丞　懿安家丞　书画局都监　支应所都监　酒坊副使　市买司副使　军器监军器库副使　街道司管勾　集贤院司议官　掖庭局令　交钞库判官　印造抄引库使　印造钞引库判　抄纸坊副使　交钞库物料场场官　惠民司都监　南京丰衍东、西库判　提举南京榷货司勾当官　典牧司判官　圉牧司判官　太子仆丞　太子典食丞　太子奉药　太子掌饮丞　太子家丞　太子副司经　太子中侍局都监　太后食官丞　太后宫官丞　太后医丞　太后饮官丞　皇城副使　警巡院判官　诸防刺州司候　赤县主簿　剧县县丞、主簿、县尉　诸县县丞、主簿、县尉　司狱　市令司丞　诸盐使司管勾　中都都商税务副使　剧中都广备库判官　永备库判官　南京交钞库副使　中都流泉务副使　中都店宅务管勾　南京店宅务管勾　中都左右厢别贮院副使　中都木场副使　中都木场判官　中都买物司副使　诸绫锦院副使　诸仓副使　京西规运柴炭场副使　散巡检　潼关副讥察　孟津渡副讥察　管勾泗州兼排岸巡检　诸府节镇录事司判官　登仕

郎　将仕郎（上二职为散官）　正纪郎　挈壶郎（上为司天官）　医效郎　医候郎（上为太医官）　司阍郎　司仆郎（上为内侍官）　司音郎　司律郎（上为教坊官）　掌仪御侍　掌服御侍　掌寝御侍　掌饰御侍　掌设御侍　掌衣御侍　掌膳御侍　掌药御侍　仙韶掌音　祇肃良侍　祇敬良侍　祇愿良侍（上为内命妇）　丞仪　直閤　司陈　秉衣　奉衣奉馔（上为皇后女官）　奉仪（东宫命妇）

武职：十四门副尉　诸边部将　诸边队将　保义校尉　进义校尉（上二职为散官）

从九品

文职：管勾尚书省药工　御史台狱丞　国史院检阅官　大乐正　掌厩副辖　典舆都辖　鹰坊管勾　威捷军都辖　尚衣局同监　仪鸾局收支同监　太医院管勾　御药院同监　教坊协音郎　头面库同监　缎匹库同监　杂物库同监　内侍局长　司天台管勾　掖庭局丞　中都左右厢别贮院判官　中都买物司都监　抄纸坊判　军需库副使　太子副司藏　太子副司仓　太子中侍局同监　诸防御州知法　诸防御州教授　诸防刺州司候司司判　军器库副使　中都都商税务都监　登仕佐郎　将仕佐郎（上二职为散官）　司历郎　司辰郎（上为司天官）　医痊郎　医愈郎（上为太医官）　司奉郎　司引郎（上为内侍官）　和声郎　和节郎（上为教坊官）

武职：武卫军都指挥使司钤辖司都将　防御州司军　防御州军辖　兼巡捕使　刺史州司军　刺史州军辖兼巡捕使　保义校尉　进义校尉（上二职为散官）

* 本表据《金史》、《大金国志》而作。

（十四）元朝职官品位表*

正一品

文职：太师　太傅　太保　大司徒　中书右丞相　中书左丞相

散官：开府仪同三司　仪同三司　特进　崇进　金紫光禄大夫　银青荣禄大夫　王（爵）　上柱国（勋）

从一品

文职：中书平章政事（行省同）　平章政事　知枢密院事　御史大夫　大宗正府札鲁忽赤（断事官）　大司农　翰林兼国史院承旨　集贤院大学士　宣政院使　徽政院使　宣徽院使　行中书省丞相　行枢密院知院　蒙古翰林院承旨

散官：光禄大夫　荣禄大夫　郡王（爵）　柱国（勋）

正二品

文职：中书省右丞　中书省左丞　枢密院同知　御史中丞　大司农卿　蒙古翰林学士　翰林学士　内八府宰相　集贤院使　集贤院学士　宣政院同知　宣徽院同知　太常礼仪院院使　典瑞院使　太医院使　太史院使　奎章阁大学士　将作院使　中政院使　储政院使　左右詹事　总制院使　徽政院群牧监卿　内史府内史　大都留守司留守　守司徒　上都留守司留守　随路诸色民匠打捕鹰坊都总管府都总管　行中书省右丞　行中书省左丞

散官：资德大夫　资政大夫　资善大夫

武职：大都督府大都督

武散官：龙虎卫上将军　金吾卫上将军　骠骑卫上将军

国公（爵）　上护军（勋）　中散大夫（内侍）

从二品

文职：中书省参政　枢密院副枢　侍御史　大司农少卿　翰林侍读　侍讲学士　集贤院侍读　侍讲学士　宣政院副使　宣徽院副使　奎章阁侍读学士　通政院使　大都护府大都护　崇福司使　隆祥司使　太仆寺卿　宣慰使司宣慰使　都总制庸田使　中书省参知政事（行省同）　徽政院副使　泉府大卿　太子詹事　晋王内史　安西王相　昭文馆大学士

文散官：正奉大夫　通奉大夫　中奉大夫

武职：都元帅府宣慰使　各处宣慰使司元帅　各处宣慰兼管军万户　都元帅

武散官：奉国上将军　辅国上将军　镇国上将军

郡公（爵）　护军（勋）　中引大夫（内侍）

正三品

文职：中书省断事官 吏部尚书 户部尚书 礼部尚书 兵部尚书 刑部尚书 工部尚书 京畿都漕运使司运使 御河等处都漕运使司运使 各路都转运盐使司使 侍仪使 领会同馆事 枢密院佥院 枢密院断事官 尚供总管府总管 治书侍御史 肃政廉访使 宣政院佥院 宣徽院佥院 光禄寺卿 隆禧总管府达鲁花赤 会福总管府达鲁花赤 崇祥总管府达鲁花赤 寿福总管府达鲁花赤 隆禧总管府总管 会福总管府总管 崇祥总管府总管 寿福总管府总管 太常礼仪院同知 典瑞院同知 太史院同知 太医院同知 广惠司卿 奎章阁承制学士 群玉内司监司 将作院同知 诸路金玉人匠总管府达鲁花赤 诸路金玉人匠总管府总管 异样局总管府达鲁花赤 通政院同知 中政院同知 中瑞司卿 内政司卿 翊正司令 各管领总管府达鲁花赤 各管领总管府总管 云需总管府达鲁花赤 云需总管府总管 储政院同知 家令司家令 延庆司使 典医监达鲁花赤 典医监卿 典医监太监 典牧监卿 典牧监太监 储膳司卿 典宝监卿 典宝监太监 掌谒司卿 甄用监卿 延福司令 章庆使司使 内宰司内宰 各都总管府达鲁花赤 各都总管府都总管 昭功万户都总使司都总使 缮工司卿 内史府中尉 内史府延庆使 内史府断事官 大都留守司同知 广谊司令 武备寺卿 尚乘寺卿 长信寺卿 长秋寺卿 承徽寺卿 长宁寺卿 宁徽寺卿 太府监卿 庆支监卿 利用监卿 中尚监卿 章佩监卿 经正监太卿 秘书监卿 上都留守司同知 尚供总管府达鲁花赤 宣抚司达鲁花赤 宣抚使 安抚司达鲁花赤 安抚使 诸上路总管府达路花赤 诸上路总管府总管 屯田使 屯田打捕总管府总官 松潘、叠威茂州等处军民安抚使司达鲁花赤及安抚使 大都路都总管府达鲁花赤及都总管

文散官：正议大夫 通议大夫 嘉义大夫

武职：右卫都指挥使 左卫都指挥使 中卫都指挥使 前卫都指挥使 后卫都指挥使 武卫亲军隆镇卫都指挥使 左卫率府率使 右卫率府率使 河南淮北蒙古军都万户府都万户 右阿苏卫达鲁花赤 左阿苏卫达鲁花赤 右阿苏卫都指挥使 左阿苏卫都指挥使 回回炮手军匠上万户府达鲁花赤 回回炮手军匠上万户府万户 唐兀卫亲军都指挥使 贵赤卫亲军都指挥使 忠翊侍卫亲军都指挥使 西域亲军达鲁花赤 西域亲军都指挥使 宗仁蒙古侍卫亲军都指挥使 左翊蒙古侍卫亲军都指挥使 右翊蒙古侍卫亲军都指挥使 虎贲亲军都指挥使 大都督府同知 右钦察卫达鲁花赤 左钦察卫达鲁花赤 右钦察卫都指挥使 左钦察卫都指挥使 龙翊侍卫亲军都指挥使 李店文州蒙古汉军西番军民元帅府达鲁花赤 李店文州蒙古汉军西番军民元帅府元帅 吐番等处招讨使 脱思麻探马赤军四万户府万户 上万户府达鲁花赤 上万户府万户 左都威卫使司卫使 右都威卫使司卫使 九府元帅府达鲁花赤 九府元帅府元帅 招讨司达鲁花赤 招讨使 海道运粮万户府达鲁花赤 海道运粮万户府万户 黎兵万户府万户 征行先锋使 管蒙古军万户 炮手军匠万户 漕运万户府达鲁花赤 漕运万户府万户 海船达鲁花赤

武散官：昭武大将军 昭勇大将军 昭毅大将军

郡侯（爵） 上轻车都尉（勋） 中御大夫（内侍）

从三品

文职：仪凤司大使 各随路打捕总管府达鲁花赤 各随路打捕总管府总管 管领随路打捕鹰房诸色人匠怯怜口总管府达鲁花赤 管领随路打捕鹰房诸色人匠怯怜口总管府总管 延安屯田打捕总管府达鲁花赤 延安屯田打捕总管府总管 大司农丞 翰林院直学士 蒙古翰林院直学士 蒙古国子祭酒 集贤院直学士 集贤院国子祭酒 宣政院断事官 太常礼仪院佥院 典瑞院佥院 太史院佥院 群玉内司司尉 艺文监太监 通政院副使 中政院佥院 储政院佥院 府正司府正 昭功万户府都总使司同知 都护府同知 崇福司同知 武备寺同判 太府监太监 度支监太监 利用监太监 中尚监太监 章佩监太监 经正监太监 都水监太监 秘书监太监 宣慰使司同知 四川茶盐运使司使 都总制庸田副使 下路总管府达鲁花赤 下路总管府总管 管领诸路打捕纳锦等处总管府达鲁花赤及都总管 库军储使 管领保定等路阿哈探马儿诸色人匠总管府达鲁花赤及总管 晋王中尉 昔保赤八剌哈孙副达鲁花赤 只哈尔八剌哈孙副达鲁花赤 大都路都总管府副达鲁花赤 淘金总管 卫尉院佥院 大理少卿 储峙所使 都功德使司同知

武职：右卫副都指挥使 左卫副都指挥使 中卫副都指挥使 前卫副都指挥使 后卫副都指挥使 武卫亲军副都指挥使 隆镇卫亲军副都指挥使 左翼屯田万户府达鲁花赤 左翼屯田万户府万户 右翼屯田万户府达鲁花赤 右翼屯田万户府万户 左卫率府副使 右卫率府副使 河南淮北都万户府副都万户 右阿速卫副都指挥使 左阿速卫副都指挥使 唐兀卫亲军副都指挥使 贵赤卫亲军副都指挥使 忠翊侍卫亲军副都指挥使 西域亲军副都指挥使 宗仁蒙古侍卫亲军副都指挥使 山东河北蒙古军大都督府同知 左翊蒙古侍卫亲军副都指挥使 右翊蒙古侍卫亲军副部指挥使 虎贲亲军副都指挥使 大都督府副都督 右钦察卫副都指挥使 左钦察卫副都指挥使 龙翊侍卫亲军副都指挥使 上万户府副万户 中、下万户府达鲁花赤 中、下万户府万户 洮州元帅府十八族元帅府达鲁花赤 洮州元帅府十八族元帅府元帅

武散官：安远大将军　定远大将军　怀远大将军

郡侯（爵）　轻车都尉（动）　钦象大夫（司天官）　侍中大夫（内侍官）　保宜大夫　保康大夫（太医官）　云韶大夫　仙韶大夫（教坊官）

正四品

文职：参议中书省事　吏部侍郎　户部侍郎　礼部侍郎　兵部侍郎　刑部侍郎　工部侍郎　户部各库都提举（宝源、赋源、广源、绮源）　诸路宝钞提举司达鲁花赤　诸路宝钞提举司都提举　同知京畿都漕运司　同知御河等处都漕运使司　檀景等处采金铁冶都提举司都提举　引进使知侍仪事　教坊司达鲁花赤　教坊司大使　会同馆大使　同佥枢密院事　同佥宣徽院事　同佥宣政院事　殿中司殿中侍御史　廉访副使　尚舍寺太监　花阑遗监太监　普明营缮都司达鲁花赤　集庆万寿营缮都司达鲁花赤　元兴营缮都司达鲁花赤　万宁营缮司达鲁赤　普明营缮都司大使　集庆万寿营缮都司大使　元兴营缮都司大使　万宁营缮司大使　普明营缮都司司令　集庆万寿营缮都司司令　元兴营缮都司司令　万宁营缮司司令　太常礼仪院同佥　典瑞院同佥　太史院同佥　太医院同佥　奎章阁供奉学士　群玉内司亚尉　给事中　将作院同佥　通政院佥院　中政院同佥　中瑞司丞　翊正司丞同知　内政司少卿　储政院同佥　管领大都等路打捕鹰房胭粉人户总管府达鲁花赤及总管　各管领总管府　昭功万户都总使司副使　内史府司马　大都副留守　广谊司同知　司天监提点　司天监　回回司天监提点　回回司天监　上都副留守　行中书省理问　宣慰副使　各都转盐运使同知　诸散府达鲁花赤　诸散府知府　诸散府府尹　王府尉　掌谒司令　左右侍仪奉御同修起居注　太子中庶子　太子左右谕德　隆福宫左右使司事　知登闻鼓院事　知登闻佥院事　卫候直都指挥使司达鲁花赤　卫候直都指挥使

文散官：中议大夫　中宪大夫　中顺大夫

武职：各卫佥事　各亲军佥事　左右卫率府佥事　山东河北蒙古军大都督副使　大都督府佥都督事　右左钦察卫佥事　诸路中万户府副万户　各道宣慰副使都元帅　土番等处宣慰副使副都元帅　乌思藏纳速古鲁孙等三路宣慰副使副元帅　大理金齿等处宣慰副使佥元帅府事　广西两江道宣慰副使佥元帅府事　临安广西元江宣慰司兼管军万户府副使　罗罗斯宣慰司兼管军万户府副使　曲靖宣慰司兼管军万户府副使　乌撒乌蒙宣慰司兼管军副使　兵马都指挥使司达鲁花赤　兵马都指挥使　同知李店文州蒙古汉军元帅府事　同知便宜都元帅

武散官：广威将军　宣威将军　明威将军

郡伯（爵）　上骑都尉（勋）　中卫大夫（内侍官）　明时大夫　颁朔大夫（司天官）　保安大夫　保和大夫（太医官）　长宁大夫　德和大夫（教坊官）

从四品

文职：仪凤司副使　光禄寺少卿　群玉内司佥司　艺文监少监　通政院同佥　都护府副都护　崇福司副使　武备寺少卿　太仆寺少卿　尚乘寺少卿　长信寺少卿　长秋寺少卿　承徽寺少卿　长宁寺少卿　长庆寺少卿　太府监少监　度支监少监　利用监少监　中尚监少监　章佩监少监　经正监少监　秘书监少监　尚供总管府同知　云需总管府同知　广海盐课提举司都提举　上州达鲁花赤　上州州尹　都总制庸田佥司　晋王司马　同知上路总管府事　家令司丞　府正司丞　大理司丞

文散官：朝请大夫　朝散大夫　朝列大夫

武职：山东河北蒙古军都督副使　下万户府副万户　上千户所达鲁花赤　上千户所千户

武散官：信武将军　显武将军　宣武将军

郡伯（爵）　骑都尉（勋）　中涓大夫（内侍官）　保章大夫（司天官）　保顺大夫（太医官）　协律大夫（教坊官）

正五品

文职：中书省左司郎中　中书省右司郎中　中书省客省使　枢密院客省使　户部各库提举　檀景等处采金铁冶都提举司同提举　诸路宝钞提举司副达鲁花赤　诸路宝钞提举司副提举　京畿都漕运使司副使　新运粮提举司达鲁花赤　新运粮提举司都提举　御河等处都漕运使司副使　教坊副使　枢密院院判　参议枢密院事　廉访司佥事　翰林待制　蒙古国子监司业　集贤院待制　国子监司业　宣政院院判　宣徽院院判　阑遗监少监　太常礼仪院院判　典瑞院院判　太史院院判　太医院院判　群玉内司丞　艺文监监书博士　将作院院判　通政院院判　中政院院判　储政院院判　上都掌设署令　掌医监领监官　掌医监达鲁花赤　掌医监卿　各管领总管府副总管　大都留守判官　上都留守判官　大都仪鸾局大使　上都仪鸾局大使　太府监丞　中尚监丞　章佩监丞　经正监丞　都水少监　司天少监　怯怜皮局人匠提举司提举　万亿库达鲁花赤　万亿库

提举　税库提举司提举　中州达鲁花赤　中州知州　开河都提举　各都转盐运司副使　春官正兼领夏官正　秋官正兼领冬官正中官正　太师府参军　太傅府参军　太保府参军　营田使　同知大护国仁王寺昭应宫规财赋都总管府事　檀州采金都提举司达鲁花赤　宁夏府路营田使司达鲁花赤　广都盐课都提举　同知管领本位下随路诸色人匠打捕鹰房总管府事　同知本位下随路诸色人匠总管府事　同知诸路金玉人匠总管府事　同知织染杂造人匠总管府事　同知异样局事　佥各道肃政廉访司事　同知下路总管府事　四川茶盐转运司副使　湖南湖北等处淘金转运副使　江西榷都茶转运副使　广惠司提举　四川医药提领所提举　四川药材医局惠民局局使　同知益都陶金总管府事　同知陕西屯田总管府事　同知管领诸路鹰房总管府事　同知淮东淮西屯田打捕事　安西王府郎中令　左右赞善大夫　詹事院判　行泉府司镇抚　上都宣课同提举　詹事署令　同知大都甲匠总管府事　同知斡脱府事　诸路杂造提举　诸路箭匠提举　弓匠提举　弦匠提举　下路宣课提举　大都人匠总管府副总管　诸色人匠总管府副总管　金玉人匠总管府副总管　杂造局副总管

文散官：奉政大夫　奉议大夫

武职：枢密院各卫千户所千户　上万户府镇抚　中千户所达鲁花赤　中千户所千户　副招讨　蒙古都万户奥鲁官　炮手军匠副万户　大都南北两城兵马都指挥使司副达鲁花赤　西夏新民安抚副使　管军上副千户　蒙古军千户　管契丹军千户　蒙古军万户府镇抚　宣慰使司都元帅府镇抚　各卫屯田镇抚　元帅府镇抚　管领海船万户府镇抚　统领罗罗斯都元帅宣慰司断事官

武散官：武节将军　武德将军

县子（爵）　骁骑尉（勋）　通侍郎（内侍官）　司玄大夫（司天官）　保冲大夫（太医官）　嘉成大夫（教坊官）

从五品

文职：吏部郎中　户部郎中　礼部邮中　兵部郎中　刑部郎中　工部郎中　都提举万亿宝源库同提举　都提举万亿绮库同提举　都提举万亿赋源库同提举　提举富宁库提举　诸路宝钞都提举司同提举　宝钞总库达鲁花赤　宝钞总库大使　大都宣课司提举　礼部仪凤司云和、安和、天乐各署署令　礼部法物库提点　兵部大都陆运提举司提举　枢密院经历　御史台经历　大宗正府郎中　大司农司经历　大司农供膳司达鲁花赤　大司农供膳司提点　翰林院经历　集贤院经历　宣政院经历　大都提举资善库达鲁花赤　大都提举资善库提举　宣徽院经历　光禄寺丞　宣政院客省使　大都尚饮局提点　上都尚饮局提点　大都尚酝局提点　上都尚酝局提点　宣徽院尚珍署达鲁花赤　宣徽院尚珍署令　宣徽院尚食局提点　大都生料库提点　上都生料库提点　尚牧所提举　沙糖局提点　沙糖局达鲁花赤　永备仓提点　淮安州屯田打捕提举司达鲁花赤及提举　高邮屯田打捕提举司达鲁花赤及提举　招泗屯田打捕提举司达鲁花赤及提举　安东海州屯田打捕提举司达鲁花赤及提举　扬州通泰屯田打捕提举司达鲁花赤及提举　安丰庐州等处打捕提举司达鲁花赤及提举　镇巢等处打捕提举司达鲁花赤及提举　塔山徐邳沂州等处山场屯田提举司达鲁花赤及提举　龙庆栽种提举所达鲁花赤及提举　常湖等处茶园都提举司达鲁花赤及提举　太常礼仪院经历　典瑞院经历　太史院经历　襄阳营田提举司达鲁花赤及提举　江淮等处营田提举司达鲁花赤及提举　宣农提举司达鲁花赤及提举　平江善农提举司达鲁花赤及提举　太医院御药院达鲁花赤及大使　太医院御药局达鲁花赤及局使　行御药局达鲁花赤及大使　御香局提点　上都惠民司提点　医学提举司提举　奎章阁参书　艺文监丞　将作院经历　尚衣奉御　尚冠奉御　尚辇奉御　尚沐奉御　金银器盒提举司提举　玛瑙提举司提举　阳山玛瑙提举司提举　金丝子局大使　行诸路人匠总管府副总管　异样局总管府副总管　异样纹绣提举司提举　绫锦织染提举司提举　纱罗提举司提举　大都等路民匠总管府副总管　尚衣局达鲁花赤及提举　御衣局达鲁花赤及提举　高丽提举司提举　织佛像提举司提举　通政院经历　中政院司议　内政司丞　尚工署令　储政院司议　中瑞司丞　管领上都等处诸色人匠提举司达鲁花赤及提举　管领随路打捕鹰房纳锦等户提举司达鲁花赤及提举　在京提举司达鲁花赤及提举　管领诸路打捕鹰房民匠等户总管府副总管　管民提举司达鲁花赤及提举　江浙等处财赋都总管府副总管　哈思罕等处打捕鹰房怯怜口千户所达鲁花赤及千户　诸色人匠怯怜口千户所达鲁花赤及千户　管领本位下怯怜口随路诸色民匠打捕鹰房都总管府副总管　修合司药正司达鲁花赤　行篋司药达鲁花赤及局使　广济提举司达鲁花赤及提举　江西财赋提举司达鲁花赤及提举　瑞州上高县户计长官司达鲁花赤及长官　藏珍、文成、供须三库提点　提举备用库达鲁花赤及提举　典设署令　随路诸色人匠都总管府副总管　上都诸色民匠提举司提举　大都等路诸色人匠提举司提举　成制提举司达鲁花赤及提举　管领诸路怯怜口民匠都总管府副总管　江淮等处财赋都总管府副总管　内史府咨议　管领曹州东平等路民匠提举司达鲁花赤及提举　管领口子迤北长官司达鲁花赤及长官　管领随路打捕纳绵民匠长官司达鲁花赤及长官　管领涿州成锦局人匠提举司达鲁花赤及提举　管领上都大都等处长官司达鲁花赤及长官　管领曹州等处长官司达鲁花赤及长官　管领大都上都打捕鹰房纳米面提举司达鲁花赤及提举　管领河间路清州人匠提举司达鲁花赤及提举　管领大都等处金玉民匠稻田提举司达鲁花赤及提举　管领大都蓟州等处打捕提举司达鲁花赤及提举　崇福司丞

大都修内司提点 祗应司大使 器物局大使 凡山采木提举司达鲁花赤及提举 器备库提点 大都路管领诸色人匠提举司提举 武备寺丞 寿武库提点 利器库提点 广胜库达鲁花赤及大使 大同路军器人匠提举司达鲁花赤及提举 大都甲匠提举司提举 辽河等处诸色人匠提举司达鲁花赤及提举 东平等路军器人匠提举司达鲁花赤及提举 欠州武器局大使 太仆寺丞 尚乘寺丞 资成库提点 长信寺丞 长信寺怯怜口诸色人匠提举司达鲁花赤及提举 大都铁局大使 上都铁局大使 长秋寺丞 长秋寺怯怜口诸色人匠提举司 承徽寺丞 长宁寺丞 长庆寺丞 宁徽寺丞 太府监内藏库提点 太府右藏库提点 太府左藏库提点 度支监丞 利用监资用库提点 貂鼠局提举司提单 资成库提点 御带库提点 异珍库提点 大都河道提举司提举 秘书监丞 上都修内司大使 上都祗应司大使 上都器物局大使 尚供总管府副总管 景运仓提点 云需总管府副总管 行中书省郎中 行中书省副理问 儒学提举司提举 蒙古提举学校官 广东盐课提举司提举 广海盐课提举司提举 市舶提举司提举 下州达鲁花赤 下州知州 各处脱脱禾孙 大都、上都回回药院达鲁花赤

文散官：奉直大夫 奉训大夫

武职：中万户府镇抚 中千户所副千户 下千户所达鲁花赤及千户 屯田副千户 两番军民千户 李店文州蒙古汉儿奥鲁官

武散官：武义将军 武略将军

县男（爵） 正骑尉（勋） 授时郎（司天官） 通御郎（内待官） 保金郎（太医官） 纯和郎（教坊官）

正六品

文职：中书省左司员外郎 中书省右司员外郎 中书省客省副使 京畿都漕运使判官 御河等处都漕运使运判 蒙古国子监丞 集贤院国子监丞 中政院长史 储政院长史 大都尚饮局大使 上都尚饮局大使 大都尚酝局大使 上都尚酝局大使 阑遗监丞 尚食局提点大都生料库大使 上都生料库大使 大都太仓提点 上都太仓提点 沙糖局大使 永备仓大使 淮东淮西屯田打捕总管府府判 弘州种田提举司达鲁花赤及提举 尚饰兼尚辇奉御 宣德隆兴等处玛瑙人匠提举司提举 备库总院大使 大名织染杂造两提举司达鲁花赤及提举 杂造局达鲁花赤及提举 大都城门尉 广谊司判官 寿武库大使 利器库大使 平阳路军器人匠提举司达鲁花赤及提举 蔚州军器人匠提举司达鲁花赤及提举 通州甲匠提举司达鲁花赤及提举 大都甲匠提举司达鲁花赤及提举 丰州杂造局达鲁花赤及大使 资成库大使 内藏库大使 资用库大使 资成库大使 御带库大使 都水监丞 司天监丞 回回司天监丞 上都警巡院达鲁花赤 上都警巡使 开平县达鲁花赤 开平县尹 尚供总管府判官 景运仓大使 大都左、右警巡院达鲁花赤及警巡使 云需总管府判官 大都路提举学校所提举 大兴县达鲁花赤 大兴县尹 宛平县达鲁花赤 宛平县尹 两淮都转运盐使司运判 上州同知 都漕运判官 山东东路盐运判官 四川茶盐判官 大都等处都转运司判官 福建等路盐运判官 河南等路盐运司判官 两浙盐运司判官 提举左八作司 提举右八作司 大都太仓使 上都万盈仓达鲁花赤 广积仓监支纳达鲁花赤 上都留守司器备库使 景运仓使 息州等处管民总管府判官

文散官：承德郎 承直郎

武职：下千户所副千户 各卫副奥鲁官 下万户府镇抚 屯田万户府镇抚 安东州万户府镇抚

武散官：承信校尉 昭信校尉

侍直郎（内侍官） 灵台郎（司天官） 成安郎（太医官） 调音郎（教坊官）

从六品

文职：吏部员外郎 户部员外郎 礼部员外郎 兵部员外郎 刑部员外郎 工部员外郎 都提举万亿宝源库副提举 都提举万亿绮源库副提举 都提举万亿赋源库副提举 提举富宁库同提举 诸路宝钞都提举司副提举 大都宣课都提举司同提举 大都酒课提举司同提举 檀景等处采金铁冶都提举司副提举 兴和署署令 祥和署署令 会同馆副使 常和署署令 礼部法物库大使 枢密院客省副使 大宗正府员外郎 籍田署署令 翰林院修撰 蒙古翰林院修撰 集贤院修撰 兴文署令 大都醴源仓提举 大都太仓大使 上都太仓大使 尚牧同提举 淮安州、高邮、招泗、安东海州、扬州通泰、安丰庐州、镇巢、塔山徐邳、沂州九处屯田打捕提举司同提举 龙庆栽种提举司同提举 丰润署丞 常湖等处茶园都提举司同提举 太常礼仪院署令 艺文监艺林库提点 侍正府经历 尚冠、尚衣、尚辇、尚沐副奉御 上都金银器盒局大使 御衣史道安局大使 尚工署丞 管领随路打捕鹰房纳锦等户提举司同提举 管领上都等处诸色人匠提举司同提举 在京提举司同提举 内史府记室 管领大都纳锦提举司达鲁花赤及提举 管领上都大都奉圣州长官司达鲁花赤及长官 管领保定织染局达鲁花赤及提举 归德长官司达鲁花赤及长官 都护府经历 崇福司经历 大都留守司经历 犀象牙局大使 大都四窑场提领 保定军器人匠提举司达鲁花赤及提举 真定路军器人匠提举司达鲁

花赤及提举　大宁路军器人匠提举司达鲁花赤及提举　仪鸾局副使　器备库大使　大都河道提举司同提举　秘书监著作郎　行中书省员外郎　宣慰使司经历　官医提举司提举　广东盐课提举司同提举　广海盐课提举司副提举　市舶提举司同提举　大都提举学校官　宁夏府营田大使　广积仓使　泉府司富藏提领　各路总管府推官　中州同知　上县达鲁花赤及县尹　税务提领　散府判官　赤县达鲁花赤及县尹

文散官：儒林郎　承务郎

武职：大都督府经历　下万户府镇抚　上百户所百户　宣慰司都元帅府经历　左右卫百户　礼店管汉军上百户　都元帅府经历　元帅府经历　蒙古军百户　蒙古万户翼副奥鲁官

武散官：忠武校尉　忠显校尉

内直郎（内侍官）　候仪郎（司天官）　成和郎（太医官）　司乐郎（教坊官）

正七品

文职：中书省都事　中书省检校官　户部宝钞总库副使　印造宝钞库达鲁花赤　京畿都漕运使司经历　京师二十二仓监支纳　河西务十四仓监支纳　通州十三仓监支纳　直沽广通仓大使　礼部侍仪司承奉班都知　掌薪司令　枢密院都事　御史台都事　监察御史　蒙古国子学博士　集贤院国子学博士　供膳司丞　大都尚饮局、尚酝局副使　上都尚饮局　尚酝局副使　尚珍署丞　尚食局副使　大都生料库副使　上都生料库副使、大都、上都柴炭局达鲁花赤及大使　沙糖局副使　永备仓副使　弘州种田提举司同提举　保章正　灵台郎　太医院御药院副使　御药局副使　行御药局副使　群玉内司典簿　太常礼仪院博士　艺林库大使及副使　尚饰兼尚辇副奉御　玉局提举司提举　金丝子局副使　异样纹绣提举司同提举　绫锦织染提举司同提举　纱罗提举司同提举　尚衣局同提举　御衣局同提举　奉元等十处民匠提领所提领　典饮局大使　各路管民提领所提领　织染、杂造、丰州毛子、缙山毛子旋匠诸局大使　弘州衣锦院大使　管领大都民匠提举司提举　管领河间、临邑等处军民长官司达鲁花赤及长官　管领泰安等处长官司达鲁花赤及长官　管领大都等处纳锦提举司达鲁花赤及提举大都祇应司副使　器物局副使　凡山采木提举司同提举　器备库副使　甸皮局大使　大都路管领诸色人匠提举司同提举　大同路军器人匠提举司同提举　太原路军器人匠局达鲁花赤及局使　怀孟河南等路军器人匠局局使　汴梁路军器局局使　益州济南箭局局使　彰德路军器人匠局大使　大名军器局大使　上都杂造局大使　资乘、资用、资成、太府内藏及左、右藏库副使　御带、异珍库副使　上都祇应司副使　上都修内司副使　景运仓副使　秘书监著作佐郎　秘书郎　两淮都转运盐使司盐场批验所提领　上州判官　下州同知　中县达鲁花赤及县尹　各处副脱脱禾孙　户部司计官　工部司程官　教习亦思替文字　宣政院都事　也可札鲁急赤　同提举左右八作司　五千定之上税务提领

文散官：文林郎　承事郎

武职：汉军元帅府计议官　各卫屯田百户　各卫弩军百户　海道运粮百户　炮手军匠百户　管领系官海船百户　大都屯田百户

武散官：忠勇校尉　忠翊校尉

司谒郎（内侍官）　司正郎（司天官）　成全郎（太医官）　协乐郎（教坊官）

从七品

文职：行御史台都事　各行省都事　户部印造宝钞库大使　行用六库提领　大都宣课提举司副提举　各市提领　大部酒课提举司副提举　京师二十二仓大使　都漕运使司经历　河西务十四仓大使　通州十三仓大使　馆陶、陵州、傅家池三仓监支纳　户部所属各转运盐使司经历　各盐场司令　礼部侍仪司典薄　通事舍人　法物库副使　仪从库大使　仪凤司经历　大都陆运副提举　铸泄等铜局大使　银局大使　石局大使　木局大使　油漆局副使　大都毡局大使　诸司局提领　绣局大使　织染人匠提举司达鲁花赤及提举　杂造人匠提举司达鲁花赤及提举　收支诸物库提领　别失八里局大使　急丹八里局大使　枢密院客省使经历　各肃政廉访司经历　大宗正府都事　大司农司都事　翰林院应奉翰林文字　集贤院都事　兴文署典簿　宣政院都事　宣徽院都事　光禄寺主事　太常礼仪院都事　大都及上都太仓副使　尚牧所副提举　淮东淮西屯田打捕总管府经历　淮安州等九处屯田打捕提举司副提举　龙庆栽种提举司副提举　常湖等处茶园都提举司副提举　太常礼仪院各署丞　典瑞院都事　太史院都事　太医院都事　太医院经历　艺文监广成局大使　待正府都事　奉御掌薄　将作院都事　诸路金玉人匠总管府经历　玉局提举司同提举　金银器盒提举司同提举　宣德隆兴等处玛瑙人匠提举司提举　管匠都提领所都提领　异样局总管府经历　大都等路民匠总管府经历　通政院都事　中瑞司典簿　玉列赤局提领　内正司典簿　翊正司典簿　管领上都等处诸色人匠提举司副提举　管领随路打捕鹰房纳绵等户提举司副提举　管领归德亳州等处管民提领所提领　管领大部等路打捕民匠等户总管府经历　在京提举司副提举　管领诸路打捕鹰房民匠等户总管府经历　江浙等处财赋都总管府经历　管领大名等路宣抚司、燕京路管民千户所提领　昭功万户都总使司各局大使　延庆司典簿　管领彰德等处长官司达

鲁花赤及长官　都护府都事　崇福司都事　大都留守司都事　大都所属各路管匠官大使　采石局大使　上林署令　南北二寺收支诸物库提领　河道副提举　上都留守司都事　检校所检校　宣慰司都事　各行省儒学副提举　蒙古提举学校官同提举　各都转运盐使司经历　各盐场司令　广东盐课提举司副提举　市舶提举司副提举　总制庸田使都事　中州判官　下县达鲁花赤及县尹　只哈赤八剌哈孙经历　昔宝赤八剌哈孙经历　大都及上都警巡院副使　三千定以上税提领　土蕃等处宣慰司经历

文散官：征事郎　从事郎

武职：拱卫直都指挥使司经历　各卫各亲军经历　各总管万户府经历　大都督府都事　海道运粮万户府经历　下百户所百户　都元帅府都事　唐邓均三千户所奥鲁官　管军拔都儿　各招讨司经历　典军司典军

武散官：修武校尉　敦武校尉

司阍郎（内侍官）　平秩郎（司天官）　医正郎（太医官）　和乐郎（教坊官）

正八品

文职：中书省照磨　中书省管勾　中书省架阁库管勾　户部印造宝钞库副使　钞纸坊提领　烧钞东西二库达鲁花赤　河西务十四仓、通州十三仓副使　荥阳等三十纲各纲押纲官　礼部铸印局大使　掌薪司司丞　刑部司狱　工部镔铁局、玛瑙、玉局各局大使　左三部照磨　左、右部架阁库管勾　枢密院承发兼照磨　御史台照磨　承发管勾兼狱丞　各廉访司知事　大司农司架阁库管勾及照磨　翰林院编修官　翰林院检阅及典籍　蒙古国子学教授及助教　集贤院管勾兼承发架阁库　集贤院国子学助教　宣政院照磨及管勾　宣徽院属各直长及照磨　宣徽院承发架阁库　太常礼仪院照磨　典瑞院照磨　太史院保章副　太史院掌历　太史院校书郎　太医院照磨　广成局副使　将作院照磨及管勾　通政院照磨　中政院照磨　储政院照磨及管勾　都护府照磨　崇福司照磨　大都留守司管勾　大都上都各司各局直长　秘书省校书郎　辨验书画直长　各行中书省照磨　各行中书省架阁库管勾　各盐运使批验所大使　各路总管府录事　下州判官　上县丞　五台山思阳州副巡检　一千定以上税提领

文散官：登仕郎　将仕郎

武职：大都路兵马都指挥使司司狱　蒙古军千户弹压　各卫千户弹压　蒙古军千户副奥鲁官

武散官：保义校尉　进义校尉

司奉郎（内侍官）　正纪郎　挈壶郎（司天官）　医效郎　医候郎（太医官）　司音郎　司律郎（教坊官）

从八品

文职：户部各库知事　宝钞提举司知事　烧钞库大使　行用六库大使　各市大使　煤木所提领　钞纸坊大使　京畿都漕运司知事　各盐场司丞及管勾　礼部所属各司知事仪从库副使　白纸坊大使　大宗正府管勾　阑遗监知事　太常礼仪院奉礼郎　奉礼兼检讨　协律郎　太祝　太史院监候　挈壶正　太史院教授　翊正司照磨　各总管府知事　利用监各局大使　内史府照磨兼管勾　大都诸色库大使　太庙收支诸物库大使　各都转盐运司知事　各盐场司丞　庸田司照磨兼管勾　行省理问所知事　太史院架阁库管勾　上都及大都警巡院判官　上路司狱　耽罗国军民安抚司司狱　各处儒学教授　五百定以上税提领　蒙古字教授

文散官：登仕佐郎　将仕佐郎

武职：各卫各亲军知事及照磨　各路万户府知事　海道运粮万户府知事　上千户所弹压　各翼副奥鲁官　元帅府知事

武散官：保义校尉　进义校尉

司引郎（内侍官）　司历郎　司辰郎（司天官）　医痊郎　医愈郎（太医官）　和声郎　和节郎（教坊官）

正九品

文职：刑部狱丞　工部诸物库提领　枢密院架阁库管勾　御史台架阁库管勾　各廉坊司照磨兼管勾　大司农司辅用库大使　太史院各省司历　太史院副监候　太史院司辰郎　广成局立长　内正司照磨　宣尉司照磨　大都收支库提点　各都转盐运司批验所副使　巡检司巡检

武职：中千户所弹压　元帅府主簿

从九品

文职：户部四库照磨兼架阁库管勾　诸路宝钞提举司照磨　烧钞库副使　行用六库副使　各市副使　煤木所大使　钞纸坊副使　侍仪舍人　会同馆收支诸物库大使　枢密院同管勾　太常礼仪院礼直管勾　太史院

管勾　腹里印史管勾　印历管勾　学正　司天监提学　司天监教授　司天监学正　各科管勾　各都转盐运司照磨　各盐场管勾　回回司天监教授

武职：海道运粮万户府照磨　下千户所弹压

* 本表据《元史》、《元典章》、《续通典》而作。

（十五）明代职官品位表 *

正一品

左宗正　右宗正　左宗人　右宗人

太师　太傅　太保

武职：左都督　右都督

从一品

少师　少傅　少保　太子太师　太子太傅　太子太保

武职：都督同知

正二品

太子少师　太子少傅　太子少保

文职：吏部尚书　户部尚书　礼部尚书　兵部尚书　刑部尚书　工部尚书　都察院左都御史　都察院右都御史　衍圣公　龙虎山正一真人

武职：都督佥事　留守司正留守　都指挥使

从二品

文职：左布政使　右布政使

武职：都指挥同知

正三品

太子宾客

文职：吏部左侍郎　吏部右侍郎　户部左侍郎　户部右侍郎　礼部左侍郎　礼部右侍郎　兵部左侍郎　兵部右侍郎　刑部左侍郎　刑部右侍郎　工部左侍郎　工部右侍郎　都察院左副都御史　都察院右副都御史　通政使　大理寺卿　詹事府詹事　太常寺卿　顺天府府尹　应天府府尹　按察使

武职：指挥使　留守司副留守　都指挥佥事

从三品

文职：光禄寺卿　太仆寺卿　布政使司左参政　布政使司右参政　行太仆寺卿　苑马寺卿　都转运使

武职：指挥同知

土官：宣慰使

正四品

文职：都察院左佥都御史　都察院右佥都御史　通政使司左通政　通政使司右通政　通政使司誊黄右通政　大理寺左少卿　大理寺右少卿　詹事府少詹事　太常寺少卿　太常寺提督四夷馆少卿　太仆寺少卿　鸿胪寺卿　顺天府府丞　应天府府丞　按察使司副使　行太仆寺少卿　苑马寺少卿　知府

宦官：太监　午门门正　东华门门正　西华门门正　玄武门门正　奉天门门正　左顺门门正　右顺门门正

武职：指挥佥事

土官：宣慰同知

从四品

文职：国子监祭酒　布政使司左参议　布政使司右参议　都转运盐使司同知

宦官：左少监　右少监　午门门副　东华门门副　西华门门副　玄武门门副　奉天门门副　左顺门门副　右顺门门副

土官：宣抚使

正五品

文职：内阁大学士　郎中　通政司左参议　通政司右参议　大理寺左寺丞　大理寺右寺丞　翰林院学士　左春坊大学士　右春坊大学士　左庶子　右庶子　光禄寺少卿　尚宝司卿　钦天监监正　太医院院使　上林苑监左监正　上林苑监右监正　顺天府治中　应天府治中　左长史　右长史　按察使司佥事　府同知　宗人府经历

宦官：左监丞　右监丞　司正　局大使

女官：尚宫　尚仪　尚服　尚食　尚寝　尚功　宫正司宫正

武职：正千户　王府仪卫正

土官：宣慰使司佥事　宣抚司同知

从五品

文职：员外郎　左谕德　右谕德　司经局洗马　侍读学士　侍讲学士　鸿胪寺左少卿　鸿胪寺右少卿　尚宝司少卿　都转运盐使司副使　盐课提举司提举　市舶提举司提举　知州

宦官：左司副　右司副　局左副使　局右副使

武职：五军都监府经历司经历　镇抚司镇抚　王府仪卫副　副千户

土官：宣抚副使　安抚使　招讨使

正六品

文职：主事　都察院经历司经历　大理寺左寺寺正　大理寺右寺寺正　詹事府府丞　左中允　右中允　翰林院侍读　翰林院侍讲　国子监司业　太仆寺寺丞　尚宝司司丞　钦天监监副　春官正　夏官正　中官正　秋官正　冬官正　太医院院判　上林苑监左监副　上林苑监右监副　中、东、西、南、北五城兵马指挥司指挥　顺天府通判　应天府通判　宛平县知县　大兴县知县　上元县知县　江宁县知县　僧录司左善世　僧录司右善世　道录司左正一　道录司右正一　神乐观提点　审理正　行太仆寺寺丞　苑马寺寺丞　府通判

宦官：典簿

女官：司记　司言　司簿　司闱　司籍　司乐　司宾　司赞　彤史　司宝　司衣　司饰　司仗　司膳　司酝　司药　司饎　司设　司舆　司苑　司灯　司制　司珍　司綵　司计　宫正司司正

武职：留守司经历司经历　都指挥使司经历司经历　都指挥使司断事司断事　王府典仗

土官：宣抚佥事　安抚同知　招讨司副招讨　长官司长官　蛮夷长官司长官

从六品

文职：大理寺左寺副　大理寺右寺副　左春坊左赞善　左春坊左司直郎　右春坊右赞善　右春坊右司直郎　翰林院修撰　光禄寺寺丞　大官署署正　珍羞署署正　良酝署署正　掌醢署署正　鸿胪寺左寺丞　鸿胪寺右寺丞　顺天府推官　应天府推官　僧录司左阐教　僧录司右阐教　道录司左演法　道录司右演法　布政使司经历司经历　都转运盐使司判官　盐课提举司同提举　市舶提举司副提举　州同知

宦官：长随　奉御

武职：所镇抚

土官：安抚副使

正七品

文职：都察院监察御史　都察院经历司都事　营缮所所正　通政使司经历司经历　大理寺评事　翰林院编修　太常寺典簿厅典簿　太常寺博士　吏科都给事中　户科都给事中　礼科都给事中　兵科都给事中　刑科都给事中　工科都给事中　行人司司正　上林苑监左监丞　上林苑监右监丞　上林苑监良牧署署正　上林苑监蕃育署署正　上林苑监林衡署署正　上林苑监嘉蔬署署正　中城兵马司副指挥　东城兵马司副指挥　西城兵马司副指挥　南城兵马司副指挥　北城兵马司副指挥　苑平县县丞　大兴县县丞　上元县县丞　江宁县县丞　王府长史司审理所审理副　公主府家令　按察使司经历司经历　府推官　知县　辽东煎盐提举司提举

留守司经历司都事　留守司断事司断事　都指挥使司经历司都事　都指挥使司断事司副断事

女官：典记　典言　典簿　典闱　典籍　典乐　典宾　典赞　典宝　典衣　典饰　典仗　典膳　典酝

典药 典僖 典设 典舆 典苑 典灯 典制 典珍 典綵 典计 典正

土官：安抚司佥事

从七品

文职：翰林院检讨 太常寺天坛祠祭署奉祀 太常寺地坛祠祭署奉祀 太常寺朝日坛祠祭署奉祀 太常寺夕月坛祠祭署奉祀 太常寺先农坛祠祭署奉祀 太常寺帝王庙祠祭署奉祀 太常寺祈谷殿祠祭署奉祀 太常寺长陵祠祭署奉祀 太常寺献陵祠祭署奉祀 太常寺景陵祠祭署奉祀 太常寺裕陵祠祭署奉祀 太常寺茂陵祠祭署奉祀 太常寺泰陵祠祭署奉祀 太常寺显陵祠祭署奉祀 太常寺康陵祠祭署奉祀 太常寺永陵祀祭署奉祀 太常寺昭陵祠祭署奉祀 光禄寺典簿厅典簿 光禄寺大官署署丞 光禄寺珍羞署暑丞 光禄寺良酝署署丞 光禄寺掌醢署署丞 太仆寺主簿厅主簿 吏科左给事中 吏科右给事中户 科左给事中 户科右给事中 礼科左给事中 礼科右给事中 兵科左给事中 兵科右给事中 刑科左给事中 刑科右给事中 工科左给事中 工科右给事中 吏科给事中 户科给事中 礼科给事中 兵科给事中 刑科给事中 工科给事中 中书舍人 直文华殿东房中书舍人 直武英殿西房中书舍人 内阁诰敕房中书舍人 内阁制敕房中书舍人 行人司左司副 行人司右司副 钦天监五官灵台郎 顺天府经历司经历 应天府经历司经历 布政使司经历司都事 布政使司理问所副理问 行太仆寺主簿 苑马寺主簿 都转运盐使司经历司经历 盐课堤举司副提举 州判官 中军都督府都事 左军都督府都事 右军都督府都事 前军都督府都事 后军都督府都事 卫指挥使司经历司经历

土官：宣慰使司经历司经历 长官司副长官 蛮夷长官司副长官

正八品

文职：户部照磨所照磨 宝钞提举司提举 刑部照磨所照磨 工部营缮所所副 都察院照磨所照磨 通政使司经历司知事 翰林院五经博士 国子监绳愆厅监丞 太常寺协律郎 行人 钦天监主簿厅主簿 钦天监五官保章正 太医院御医 上林苑监良牧署署丞 上林苑监蕃育署署丞 上林苑监林衡署署丞 上林苑监嘉蔬署署丞 宛平县主簿 大兴县主簿 上元县主簿 江宁县主簿 僧录司左讲经 僧录司右讲经 道录司左至灵 道录司右至灵 阁皂山灵官 三茅山灵官 王府长史司典膳所典膳正 王府长史司奉祠所奉祠正 王府长史司典宝所典宝正 王府长史司纪善所纪善正 王府长史司良医所良医正 王府长史司工正所工正 郡王府典膳 公主府司丞 按察使司经历司知事 府经历司经历 县丞 辽东煎盐提举司同提举 卫指挥使司经历司知事

女官：掌记 掌言 掌簿 掌闱 掌籍 掌乐 掌宾 掌赞 掌宝 掌衣 掌饰 掌仗 掌膳 掌酝 掌药 掌僖 掌设 掌舆 掌苑 掌灯 掌制 掌珍 掌綵 掌计

土官：宣慰使司经历司都事

从八品

文职：詹事府左春坊左清纪郎 詹事府右春坊右清纪郎 翰林院典籍 国子监五经博士 国子监助教 国子监典簿厅典簿 太常寺天坛祠祭署祀丞 太常寺地坛祠祭署祀丞 太常寺朝日坛祠祭署祀丞 太常寺夕月坛祠祭署祀丞 太常寺先农坛祠祭署祀丞 太常寺帝王庙祠祭署祀丞 太常寺祈谷殿祠祭署祀丞 太常寺长陵祠祭署祀丞 太常寺献陵祠祭署祀丞 太常寺景陵祠祭署祀丞 太常寺裕陵祠祭署祀丞 太常寺茂陵祠祭署祀丞 太常寺泰陵祠祭署祀丞 太常寺显陵祭祠署祀丞 太常寺康陵祠祭署祀丞 太常寺永陵祠祭署祀丞 太常寺昭陵祠祭署祀丞 光禄寺典簿厅录事 光禄寺大官署监事 光禄寺珍羞署监事 光禄寺良酝署监事 光禄寺掌醢署监事 鸿胪寺主簿厅主簿 钦天监五官挈壶正 顺天府经历司知事 僧录司左觉义 僧录司右觉义 道录司左玄义 道录司右玄义 应天府经历司知事 王府长史司典膳所典膳副 王府长史司奉祠所奉祠副 王府长史司典宝所典宝副 王府长史司良医所良医副 王府长史司工正所工副 布政使司照磨所照磨 都转运盐使司经历司知事

土官：宣抚司经历司经历

正九品

文职：户部照磨所检校 宝钞提举司副提举 宝钞广惠库大使 广积库大使 赃罚库大使 甲字库大使 乙字库大使 丙字库大使 丁字库大使 戊字库大使 外承运库大使 承运库大使 会同馆大使 工部营缮所所丞 文思院大使 皮作局大使 鞍辔局大使 宝源局大使 颜料局大使 军器局大使 织染所杂造局大使 都察院照磨所检校 詹事府主簿厅录事 司经局校书 翰林院侍书 国子监学正 太常寺赞礼郎 太仆寺牧监监正 鸿胪寺司仪署署丞 鸿胪寺司宾署署丞 钦天监五官监候 钦天监五官司历 上林苑监典簿厅典簿 上林苑监良牧署录事 上林苑监蕃育署录事 上林苑监林衡署录事 上林苑监嘉蔬署录事 教坊司奉

銮　王府长史司典簿　王府长史司奉祠所典乐　王府长史司典仪所典仪正　公主府录事　布府使司照磨所检校　按察使司照磨所照磨　苑马寺牧监监正　辽东煎盐提举司副提举　茶马司大使　府经历司知事　县主簿

土官：宣抚司知事

从九品

文职：吏部司务厅司务　户部司务厅司务　宝钞广惠库副使　广积库副使　赃罚库副使　甲字库副使　乙字库副使　丙字库副使　丁字库副使　戊字库副使　广盈库大使　外承运库副使　承运库副使　御马仓大使　军储仓大使　礼部司务厅司务　兵部司务厅司务　会同馆副使　刑部司务厅司务　刑部司狱司司狱　工部司务厅司务　文思院副使　皮作局副使　鞍辔局副使　宝源局副使　节慎库大使　织染所杂造局副使　柴炭司大使　都察院司务厅司务　都察院司狱司司狱　大理寺司务厅司务　詹事府左春坊左司谏　詹事府右春坊右司谏　司经局正字　翰林院待诏　国子监学录　国子监典籍厅典籍　衍圣公府教授司教授　太常寺司乐　太常寺牺牲所吏目　光禄寺司牲司大使　光禄寺司牧局大使　太仆寺牧监监副　鸿胪寺鸣赞　鸿胪寺序班　钦天监五官司晨　钦天监漏刻博士　太医院吏目　顺天府儒学教授　顺天府照磨所照磨　宛平县司狱司司狱　大兴县司狱司司狱　上元县司狱司司狱　江宁县司狱司司狱　顺天府都税司大使　应天府都税司大使　顺天府税课司大使　应天府税课司大使　教坊司左韶舞　教坊司右韶舞　教坊司左司乐　教坊司右司乐　王府长史司典仪所典仪副　王府长史司伴读　王府长史司教授　郡王府教授　镇国将军府教授　布政使司司狱司司狱　布政使司库大使　布政使司仓大使　布政使司杂造局大使　布政使司军器局大使　布政使司宝泉局大使　布政使司织染局大使　按察使司照磨所检校　按察使司司狱司司狱　苑马寺牧监监副　苑马寺圉长　盐课提举司吏目　市舶提举司吏目　茶马司副使　府照磨所照磨　州吏目　府儒学教授　巡检司巡检　巡检司副巡检　税课司大使　府仓大使　织染杂造局大使　府医学正科　府阴阳学正术　府僧纲司都纲　府道纪司都纪　卫指挥使司吏目　都指挥使司司狱司司狱

土官：宣抚司照磨　安抚司吏目　招讨司吏目

* 本表据《明史·职官志》、《大明会典》、《明会要》编写。

（十六）清代职官品位表*

正一品

文职：太师　太傅　太保　光禄大夫　殿阁大学士

武职：建威将军　领侍卫内大臣　銮仪卫掌卫事大臣

封爵：子

从一品

文职：少师　少傅　少保　太子太师　太子太傅　太子太保　荣禄大夫　协办大学士　各部院尚书　都察院左右都御史

武职：振威将军　内大臣　八旗满洲蒙古汉军都统　外省驻防将军　乌鲁木齐都统　察哈尔都统　提督

正二品

文职：太子少师　太子少傅　太子少保　资政大夫　各省总督（加尚书衔者从一品）　各部院左右侍郎内务府总管

武职：武显将军　左右翼前锋统领　八旗护军统领　提督九门步军统领巡捕五营　八旗满洲蒙古汉军副都统　銮仪使　外省驻防副都统　总兵

封爵：男

从二品

文职：通奉大夫　内阁学士　翰林院掌院学士　各省巡抚（加侍郎衔者正二品）　布政使司布政使

武职：武功将军　散秩大臣　副将

正三品

文职：通议大夫　都察院左右副都御史　宗人府府丞　通政使司通政使　大理寺卿　詹事府詹事　太常

寺卿　顺天府府尹　奉天府府尹　武备院卿　上驷院卿　奉宸苑卿　孔庙三品执事官　按察使司按察使

武职：武义都尉　一等侍卫　冠军使　火器营翼长　健锐营翼长　步军翼尉　包衣护军统领　圆明园营总　鸟枪营总　前锋参领　护军参领　鸟枪护军参领　骁骑参领　陵寝总管　围场总管　黑龙江总船炮水手总管　察哈尔总管　城守尉　王府长史　参将　指挥使司指挥使

封爵：轻车都尉

僧道官：龙虎山正一真人

从三品

文职：中议大夫　光禄寺卿　太仆寺卿　都转盐运使司盐运使

武职：武翼都尉　圆明园包衣营总　包衣护军参领　包衣骁骑参领　吉林参领　黑龙江参领　察哈尔参领　驻防协领　一等护卫　游击　宣慰使司宣慰使　指挥同知　土游击

三品（不分正从）

少数民族地方官：阿奇木伯克　大营官

正四品

文职：中宪大夫　通政使司副使　大理寺少卿　詹事府少詹事　太常寺少卿　太仆寺少卿　鸿胪寺卿　顺天府府丞　奉天府府丞　四品太庙尉　陵寝掌关防官　陵寝尚茶正　陵寝尚膳正　孔庙四品执事官　布政使司参政　按察使司副使　各省守巡道　督捕理事官　盛京五部理事官　都察院佥都御史

武职：昭武都尉　二等侍卫　云麾使　前锋侍卫　副护军参领　副鸟枪护军参领　副前锋参领　副骁骑参领　佐领　步军协尉　信炮总管　南苑总管　陵寝副总管　陵寝司工匠　围场翼长　上都达布逊诺尔达里岗爱总管　太仆寺马厂驼厂总管　防守尉　黑龙江吉林等处管水手四品官　司仪长　都司　指挥佥事　土都司

封爵：骑都尉

从四品

文职：朝议大夫　内阁侍读学士　翰林院侍读学士　翰林院侍讲学士　国子监祭酒　都转盐运使司同知　各府知府　土知府

武职：宣武都尉　城门领　包衣副护军参领　包衣副骁骑参领　包衣佐领　察哈尔副参领　察哈尔佐领　四品典仪　二等护卫　宣抚使司宣抚使

四品（不分正从）

宦官：宫殿监督领侍总管太监

少数民族地方官：阿奇木伯克　伊什罕伯克　噶杂拉齐伯克　商伯克　仔琫　商卓特巴　戴琫

正五品

文职：奉政大夫　左右春坊左右庶子　通政使司参议　光禄寺少卿　六科给事中　宗人府理事官　各部院郎中　大理寺寺丞　太常寺满所牧　五品坛尉　五品太庙尉　顺天府治中　奉天府治中　钦天监监正　太医院院使　陵寝副掌关防官　孔庙五品执事官　盛京凤凰城迎送官　各府同知　盐运监掣同知　各直隶州知州　土同知

武职：武德骑尉　三等侍卫　治仪正　步军副尉　步军校监守信炮官　南苑门章京　陵寝防御　陵寝管理烧造砖瓦官　分管佐领　盖州牛庄二处满洲掌印防御　关口守御　黑龙江吉林等处管水手五品官　守备　土千户　土守备

封爵：云骑尉

从五品

文职：奉直大夫　翰林院侍读　翰林院侍讲　左右春坊左右谕德　司经局洗马　各道监察御史　鸿胪寺少卿　内阁侍读　宗人府副理事官　各部院员外郎　盐运使司副使　盐课提举司提举　市舶提举司提举　各州知州　土知州

武职：武德佐骑尉　四等侍卫　委署前锋参领　委署护军参领　委署鸟枪护军参领　委署前锋侍卫　下五旗包衣参领　五品典仪　三等护卫　守御所千总　安抚使司安抚使　副土千户

五品（不分正从）

宦官：宫殿监正侍总管太监

少数民族地方官：阿奇木伯克 伊什罕伯克 噶杂拉齐伯克 商伯克 哈资伯克 斯帕哈资伯克 拉雅哈资伯克 密喇布伯克 讷克布伯克 帕提沙布伯克 莫提色布依伯克 密图瓦利泊克 柯勒克牙拉克伯克 哈喇都管伯克 采铅伯克 叶尔仓巴 朗仔辖 协尔帮 硕第巴 如琫 边营官 大营官

正六品

文职：承德郎 左右春坊左右中允 国子监司业 各部院主事 宗人府主事 宗人府经历 起居注主事 理藩院主事 理藩院院判 大理寺左右寺丞 都察院都事 都察院经历 太常寺寺丞 内务府副内管领 内务府司俎官 武备院掌盖 武备院库掌 奉宸苑六品苑丞 奉宸苑六品库掌 六品坛尉 钦天监监副 钦天监春夏秋冬五官正 太医院院判 王府管领 孔庙六品执事官 京府通判 京县知县 兵马司指挥 神乐署署正 六品朝鲜通事 盛京管官屯六品官 盛京管千丁六品官 盛京管理琉璃窑官 各府通判 土通判

武职：武略骑尉 蓝翎侍卫 整仪尉 亲军校 前锋校 护军校 骁骑校 监造火药官 陵寝祭祀供应官 太仆寺马厂驼厂翼长 黑龙江吉林等处管水手六品官 门千总 营千总 长官司长官 土百户 土千总

僧道官：僧录司左右善世 道录司左右正一

从六品

文职：儒林郎 左右春坊左右赞善 翰林院修撰 大理寺寺丞 大理寺左右寺副 光禄寺寺丞 光禄寺署正 钦天监满洲五官正 王府典膳 王府马群牧长 布政使司经历 布政使司理问 盐运司运判 各州同知 京府推官 土州同

武职：武略佐骑尉 委署步军校 内务府六品翎长 六品典仪 卫千总

僧道官：僧录司左右阐教 道录司左右演法

六品（不分正从）

宦官：宫殿监副侍副总管太监

少数民族地方官：阿奇木伯克 伊什罕伯克 商伯克 哈资伯克 密喇布伯克 帕提沙布伯克 莫提色布依伯克 巴济吉尔伯克 阿尔巴布伯克 巴克玛塔尔伯克 都管伯克 明伯克 鄂尔沁伯克 杂布提墨克塔布伯克 哲伯伯克 色依得尔伯克 什和勒伯克 六品伯克 达琫 大中译 卓尔尼 甲琫 中营官

正七品

文职：文林郎 翰林院编修 通政使司知事 通政使司经历 大理寺左右评事 内阁典籍 皇史宬尉 太常寺博士 太常寺典簿 七品堂子尉 国子监监丞 太仆寺满主簿 各部寺内务府司库 武备院司弓 武备院司幄 上驷院厩长 上驷院牧长 奉宸苑七品苑丞 奉宸苑七品苑副 奉宸苑七品库长 孔颜曾孟四氏儒学教授 孔庙七品执事官 孔庙司乐 孔庙管勾 孔庙典籍 京府儒学满汉教授 京府儒学满训导 兵马司副指挥 京县县丞 各部院衙门七品笔帖式 七品朝鲜通事 盛京管理驿站官 盛京管千丁七品官 按察使司经历 各县知县 各府儒学教授 各府推官 土推官 土知县

武职：武信骑尉 城门吏 盛京游牧正尉 太仆寺马厂驼厂固山达 七品荫监生 把总 长官司副长官 土把总

封爵：恩骑尉

从七品

文职：征仕郎 翰林院检讨 内阁撰文办事中书舍人 中书科中书舍人 国子监助教 国子监博士 詹事府主簿 光禄寺典簿 光禄寺各署署丞 銮仪卫经历 顺天府经历 奉天府经历 京府儒学汉训导 太常寺各祠祭署奉祀 钦天监五官灵台郎 王府司库 布政使司都事 盐运司经历 各州州判 卫经历 土州判

武职：武信佐骑尉 盛京游牧副尉 七品典仪

七品（不分正从）

宦官：执守侍首领太监

少数民族地方官：噶杂拉齐伯克 哈资伯克 密喇布伯克 讷克布伯克 帕提沙布伯克 莫提色布依伯

克　密图瓦利伯克　巴济吉尔伯克　色迪尔伯克　阿尔巴布伯克　都管伯克　哈喇都管伯克　明伯克　玉资伯克　什和勒伯克　七品伯克　挖铜伯克　采铜伯克　管铜伯克　小中译　定瑧　第巴　小营官

正八品

文职：修职郎　翰林院五经博士　国子监学正　国子监学录　钦天监主簿　各部院衙门笔帖式　八品朝鲜通事　太常寺协律郎　太医院御医　八品堂子尉　各部院司务　内务府司匠　武备院司矢　武备院司匠　奉宸苑八品苑丞　奉宸苑八品苑副　孔庙八品执事官　布政使司库大使　按察使司知事　各府经历　同知经历　各县县丞　各州儒学学正　各县儒学教谕　盐课司大使　盐运司批验所大使　土经历　土县丞

武职：奋武校尉　盛京养息牧左右翼长　八品荫监生　外委千总

僧道官：僧录司左右讲经　道录司左右至灵

从八品

文职：修职佐郎　翰林院典簿　国子监典簿　鸿胪寺主簿　钦天监五官挈壶正　太常寺各祠祭署祀丞　神乐署署丞　太医院八品吏目　王府司匠　王府牛群牧长　王府羊群牧长　布政使司照磨　盐运司知事　各府州县学儒学训导

武职：奋武佐校尉　八品典仪　委署亲军校　委署前锋校　委署护军校　委署骁骑校　副护军校

僧道官：僧录司左右觉义　道录司左右至义

八品（不分正从）

宦官：侍监首领太监

正九品

文职：登仕郎　礼部太常寺盛京读祝官　内务府太常寺盛京赞礼郎　各部院九品笔帖式　宝泉宝源局大使　会同馆大使　钦天监五官监候　钦天监五官司书　孔庙九品执事官　布政使司检校　营缮所所丞　按察使司照磨　各府知事　茶马司大使　各县主簿　土知事　土主簿

武职：修武校尉　各营蓝翎长　外委把总

从九品

文职：登仕佐郎　翰林院待诏　司经局正字　国子监典籍　四译馆正教　四译馆序班　太常寺司乐　鸿胪寺鸣赞　鸿胪寺序班　工部内务府制造库司匠　钦天监博士　钦天监五官司晨　刑部司狱　京府照磨　京府司狱　太医院九品吏目　府宣课司大使　布政司仓大使　按察司司狱　道库大使　各府照磨　同知照磨　各州吏目　府税课司大使　各府司狱　通判司狱　巡检司巡检　各府仓大使　土吏目　土巡检

武职：修武佐校尉　太仆寺委署固山达　额外外委

附　清末新官制

正一品

文职：头等出使大臣

武职：大将军　将军

从一品

武职：正都统

正二品

文职：二等出使大臣　保和会专使大臣　大理院卿

武职：副都统　军需副都统　军医副都统　制械副都统

从二品

文职：民政使司民政使

武职：协都统　军需协都统　军医协都统　制械协都统

正三品

文职：内阁丞　头等参赞　三等出使大臣　大学堂总监督　大理院少卿　提学使司提学使　提法使司提法使　交涉使司交涉使　度支使司度支使　局长

武职：警察队正参领　步队正参领　马队正参领　炮队正参领　工程队正参领　辎重队正参领　军需正参领　军医正参领　司药正参领　马医正参领　制械正参领　测绘正参领

从三品

文职：内外城巡警总厅厅丞　总检察厅厅丞

武职：警察队副参领　步队副参领　马队副参领　炮队副参领　工程队副参领　辎重队副参领　军需副参领　军医副参领　司药副参领　马医副参领　制械副参领　测绘副参领

正四品

文职：内阁参议　总领事　厅长　局长　国子监丞　大理院刑科民科推丞　京师高等审判厅厅丞　京师高等检察厅检察长

武职：警察队协参领　步队协参领　马队协参领　炮队协参领　工程队协参领　辎重队协参领　军需协参领　军医协参领　司药协参领　马医协参领　制械协参领　测绘协参领

从四品

文职：二等参赞　内外巡警总厅总佥事　京师地方审判厅厅丞　地方高等审判厅厅丞　地方高等检察厅检察长　民政使司佥事

正五品

文职：头等通译官　三等参赞　局长　参事　秘书官　商务委员　领事　五品警官　巡警部邮传部佥事　巡警厅知事　大理院刑科民科推事　总检察厅检察官　京师地方检察厅检察长　正审官　陪审官　民事审判官　提法使司各科科长　视学官

武职：警察队正军校　步军正军校　马队正军校　炮队正军校　工程队正军校　辎重队正军校　军需正军校　军医正军校　司药正军校　马医正军校　制械正军校　测绘正军校

从五品

文职：二等通译官　外务部一等书记官　副领事　大理院典簿厅都典簿　大理院看守所所长　京师高等审判厅刑科民科推事　京师地方审判厅刑科民科推事　京师高等检察厅检察官　地方审判厅推事　地方检察厅检察长　管狱官　民政使司一等科员

正六品

文职：六品警官　一等艺师　科长　股长　秘书官　京师高等看守所所长　京师地方检察厅检察官　地方高等检察厅检察官　地方高等检察厅记事官　地方高等审判厅刑科民科推事　提法使司一等科员　交涉使司一等科员　度支使司一等科员　民政使司一等医官　民政使司二等科员

武职：警察队副军校　步队副军校　马队副军校　炮队副军校　工程队副军校　辎重队副军校　军需副军校　军医副军校　司药副军校　马医副军校　制械副军校　测绘副军校

从六品

文职：三等通译官　二等书记官　正通赞官　大理院典簿厅典簿　京师地方看守所所长　京师初步审判厅刑科民科推事　京师初级检察厅检察官　地方审判厅刑科民科推事　地方检察厅检察官　副管狱官

正七品

文职：一等翻译官　七品警官　二等艺师　七品医官　科长　股长　课长　秘书官　学部一等书记官　国子监典簿　文庙七品奉祀官　大理院典簿厅主簿　京师高等审判厅典簿　京师地方审判厅典簿　地方高等审判厅典簿　提法使司二等科员　交涉使司二等科员　度支使司二等科员　民政使司三等科员　民政使司二等医官　地方初级审判厅推事　地方初级检察厅检察官

武职：警察队协军校　步队协军校　马队协军校　炮队协军校　工程队协军校　辎重队协军校　军需协

军校　军医协军校　司药协军校　马医协军校　制械协军校　测绘协军校　军乐协军校

从七品

文职：京师高等审判厅主簿　京师地方检察厅典簿　地方审判厅典簿　府管狱官

正八品

文职：二等翻译官　八品警官　科员　股员　课员　八品录事　学部二等书记官　国子监典籍　文庙八品奉祀官　法部监医正　大理院看守所所官　京师地方审判厅主簿　地方高等审判厅主簿　一等艺士

武职：警察队司务长　步队司务长　马队司务长　炮队司务长　炮队技士长　工程队司务长　工程队技士长　辎重队司务长　测绘司务长　军乐司务长

从八品

文职：副通赞官　京师高等看守所所官　京师地方检察厅主簿　地方审判厅主簿　州县副管狱官

武职：警察队上士　步队上士　马队上士　马队蹄铁上士　炮队上士　炮队鞍技上士　炮队枪技上士　炮队木技上士　炮队锻冶上士　炮队蹄铁上士　工程队上士　辎重队上士　辎重队蹄铁上士　会计上士　缝技上士　靴技上士　调护上士　测绘上士　军乐上士

正九品

文职：三等翻译官　九品警官　九品录事　学部三等书记官　文庙九品奉祀官　法部监医副　二等艺士　地方看守所所官　管狱所所长　科员　课员

武职：警察队中士　步队中士　马队中士　马队蹄铁中士　炮队中士　炮队鞍技中士　炮队枪技中士　炮队木技中士　炮队锻冶中士　炮队蹄铁中士　工程队中士　辎重队中士　辎重队蹄铁中士　会计中士　缝技中士　靴技中士　调护中士　测会中士　军乐中士

从九品

文职：地方高等审判厅录事

武职：警察队下士　步队下士　步队缝技士　步队靴技士　马队下士　马队蹄铁下士　马队缝技士　马队靴技士　炮队下士　炮队鞍技下士　炮队枪技下士　炮队木技下士　炮队锻冶下士　炮队蹄铁下士　炮队缝技士　炮队靴技士　工程队下士　工程队缝技士　工程队靴技士　辎重队下士　辎重队蹄铁下士　辎重队缝技士　辎重队靴技士　会计下士　缝技下士　靴技下士　调护下士　测绘下士　军乐下士

* 本表据《清朝文献通考·职官考》、《清朝续文献通考·职官考》、《清史稿·职官志》而作。

附录二

历代中央机构简表

（一）秦汉中央机构简表*

组织系统与机构	官名	编制员额	职掌	下属机构
上公	太师 太傅 太保	各一人	辅佐皇帝（多无实权）	
三公	丞相（大司徒）	一人	百官之首，协助皇帝处理国政	司直、长史、丞相征事、丞相史、西曹掾、丞相少史、集曹掾、奏曹、议曹、侍曹、主簿、丞相属、大车属、从史、令史计相、计室掾史
	御史大夫（大司空）	一人	监察百官，主管文书图籍	御史丞、御史中丞、符玺御史、治书（持书）御史、绣衣御史、五曹御史、御史掾、御史属、主簿、少史、柱下令史、御史中丞从事
	太尉（大司马）	一人	掌武事	长史、西曹掾、东曹掾、户曹掾、奏曹掾、辞曹掾、法曹掾、尉曹掾、贼曹掾、决曹掾、兵曹掾、金曹掾、仓曹掾、黄阁主簿、令史、御属、官骑
	太常	一人	掌宗庙礼仪文教	太常丞、太乐令、太祝令、太宰令、太史令、太卜令、太医令、均官长、都水长、庙令、高庙令、世祖庙令、寝令、园令、食官令、廱太宰令、廱太祝令、五畤尉、博士祭酒、博士、赞飨礼官大夫、太常掾、太常掌故、曲台署长
	宗正	一人	掌宗室事务	宗正丞、都司空令、内官长、诸公主家令门尉
	光禄勋（郎中令）	一人	掌宫殿宿卫，侍从皇帝左右，出充皇帝车骑	光禄丞、光禄掾、光禄主事、光禄主簿大夫、议郎、五官中郎将、五官郎、左中郎将、左署郎、右中郎将、右署郎、郎中三将、郎署长、期门、虎贲中郎将、羽林中郎将、羽林左监、羽林右监、骑都尉、奉车都尉、驸马都尉、谒者仆射
	卫尉	一人	卫护宫门	卫尉丞、公车司马令、卫士令、南宫卫士令、北宫卫士令、旅贲令、左右都候、宫掖门司马
	太仆	一人	掌舆马畜牧	太仆丞、大厩令、未央（厩）令、家马（厩）令、车府令、路軨（厩）令、骑马（厩）令、骏马（厩）令、龙马监长、闲驹监长、騊駼监长、承华监长、边郡六牧师苑令、牧橐令、昆蹏令、承华厩令、考工令
	廷尉	一人	掌司法刑狱	廷尉正、廷尉左监、廷尉右监、廷尉左平、廷尉右平、廷尉史、奏谳掾、奏曹掾、文学卒史从史、书佐
	大鸿胪	一人	掌宾礼	大鸿胪丞、行人令、译官令、别火令、郡邸长、大鸿胪文学、大行卒史、大行治礼丞、典属国

续表

组织系统与机构	官名	编制员额	职掌	下属机构
	大司农（大农令）	一人	掌国家财政	大司农丞、大司农部丞、太仓令、均输令、平准令、都内令、籍田令、斡官长、铁市长、郡国诸仓长、郡国农监、郡国都水、盐官、铁官、导官令、大司农史、大司农斗食属
	少府	一人	掌帝室财政	少府丞、尚书令、符节令、太医令、大官令、汤官令、导官令、乐府令、若卢令、考工室令、左弋令、居室令、甘泉居室令、左右司空令、东织令、西织令、东园匠令、胞人长、都水长、均官长、上林十池监、中书谒者令、黄门令、钩盾令、尚方令、永巷令、御府令、内者令、宦者令、中黄门、守宫令、上林苑令、侍中、中常侍、给事黄门侍郎、小黄门、黄门署长、画室署长、玉堂署长、丙署长、中黄门冗从仆射、掖庭令、祠祀令、中藏府令
	水衡都尉	一人	同掌帝室财政	水衡丞、上林令、均输令、御羞令、禁圃令、辑濯令、钟官令、技巧令、六厩令、辨铜令、衡官、水司空、都水、农仓、甘泉上林、都水
	执金吾（中尉）	一人	掌京师治安	执金吾丞、中垒令、寺互令、都船令、武库令、左辅都尉、右辅都尉、缇骑
	将作大匠	一人	掌治宫室等土木工程	将作大匠丞、石库令、东园主章令、左校令、右校令、前校令、后校令、中校令、主章长
尚书台	尚书令（尚书仆射）	一人	出令纳奏，参与决策	尚书左丞、尚书右丞、三公曹、吏曹、二千石曹、民曹、南北主客曹
太子宫官属	太子太傅	一人	监护辅导太子	
	太子少傅	一人	协助监护辅导太子，主太子宫官属	太子率更令、太子庶子、太子舍人、太子家令、太子仓令、太子食官令、太子仆、太子厩长、太子门大夫、太子中庶子、太子洗马、太子中盾、太子卫率
	詹事	一人	掌皇后、太子家	詹事丞、中长秋、私府令、永巷令、仓令、厩令、祠祀令、食官令、中太仆、中宫卫尉、大长秋、大长秋丞、中宫仆、中宫谒者令、中宫尚书、中宫私府令、中宫永巷令、中宫黄门冗从仆射、中宫署长、中宫药长

* 本表据《汉书·百官公卿表》、《续汉书·百官志》等作成。

（二）三国魏中央机构简表 *

官署名称	长官名	编制员额	职掌	下属机构或属官
相国府	相国	一人，不常置	佐皇帝总管军国事务	置长史、掾属等分管具体政务
太尉府	太尉	一人	名义上佐皇帝治理天下，但除司徒府掌管全国户籍、中正选用、人物品评等事务外，多不掌具体政务	
司徒府	司徒	一人		
司空府	司空	一人		
尚书省	录尚书事	一人	综理全国政务	吏部、左民、客曹、五兵、度支五曹尚书，其下有殿中、吏部、驾部、金部、虞曹、比部、南主客、祠部、度支、库部、农部、水部、仪曹、三公、仓部、民曹、二千石、中兵、外兵、别兵、都兵、考功、定科、都官、骑兵二十五曹郎
	尚书令	一人		
	尚书左仆射	一人		
	尚书右仆射	一人		
侍中省	侍中	四人	掌向皇帝奏事、进书，平尚书奏事，并侍奉皇帝起居，主殿内门下诸事，并负有谏诤之责	
	给事黄门侍郎	四人		
散骑省	散骑常侍	四人	与侍中省共平尚书奏事，侍从皇帝，亦有谏诤之责	给事中、散骑侍郎
中书省	中书监	一人	掌管机要，为皇帝草拟诏令，典尚书奏事，兼掌修撰国史	中书通事郎、著作郎、著作佐郎
	中书令	一人		
秘书署	秘书监	一人	掌管国家所藏的图书典籍	秘书丞、秘书郎
御史台	御史中丞	一人	掌管监察朝中百官以及地方行政官员	治书侍御史、治书执法、侍御史、殿中侍御史、三台五都侍御史
都水台	都水使者	一人	掌管河渠堤防、陂池灌溉，水军舟船器械等事务	水衡都尉、河堤谒者
谒者台	谒者仆射	一人	掌管朝中主要官员除授，朝会时百官班次及司仪等事务	谒者
符节台	符节令	一人	掌管授节、铜虎符、竹使符，并主管玺印及留在朝中的一半虎符、竹符	符玺郎
	太常	一人	掌管经学教育、议定百官谥号，祭祀礼仪，管理宗庙陵寝，天文术数，音乐等	太常博士、太学博士、协律都尉、太史令、太庙令、太祝令、太乐令、各陵园邑令、灵台丞
	光禄勋	一人	掌管宫殿禁卫，宫门出入以及在殿中侍卫的诸郎	五官中郎将、左中郎将、右中郎将、虎贲中郎将、羽林中郎将、守宫令、黄门令、掖庭令、清商令、暴室令、华林园令

续表

官署名称	长官名	编制员额	职掌	下属机构或属官
	卫尉	一人	掌管皇宫诸门卫士以及宫中巡逻及收捕罪臣等事务	公车司马令（公车令）、卫士令、左都候、右都候、宫掖诸门司马
	太仆	一人	掌管御有车马、负责田猎、国家畜牧业以及兵器、织绶等的生产事务	车府令、考工令、典牧令、乘黄厩令、骅骝厩令、典虞都尉、牧官都尉
	廷尉	一人	掌管国家司法刑讯，并处理郡、国所上报的疑狱	廷尉正、廷尉监、廷尉评、律博士
	大鸿胪	一人	掌管诸侯、王的拜授、吊祭、入朝礼仪，诸侯及四方蛮夷朝贡，郡国上计等事务	客馆令
	宗正	一人，多以宗室充任	掌管宗室属籍，序录嫡庶以及宗室犯法等事务	
	大司农	一人	掌管国家的屯田生产，粮食贮藏以及钱货金帛等，并供应御膳	太仓令、导官令、典农中郎将、典农校尉、典农都尉
	少府	一人	掌管御用器物及兵器的制作，皇家苑林，皇帝的饮食、医药事务，皇帝私有的金银钱帛等物，主要建筑材木以及管理物价和织物染色等事务	材官校尉、太医令、太官令、上林苑令、御府令、钩盾令、中藏府令、中尚方令、左尚方令、右尚方令、平准令
	执金吾	一人	负责皇宫外的戒备，如水火等意外事故，并主管兵器收藏	武库令
	将作大匠	一人	掌管修作宗庙、宫室、陵园等土木工程	左校令、右校令
	大长秋	有皇后则置	掌管皇后宫中事务	

*本表据《宋书·百官志》、《晋书·职官志》、《大唐六典》、《通典》、洪饴孙《三国职官表》、杨晨《三国会要》而作。

（三）晋代中央机构简表 *

官署名称	长官名	编制员额	职掌	下属机构或属官
相国府	相国	皆不常置	佐皇帝总管军国事务	置长史、掾属等分管具体政务
丞相府	丞相			
	太宰	一人	名义上佐皇帝治理天下，但除司徒府掌管全国户籍、中正选用、人物品评等事务外，多不掌具体政务	
	太傅	一人		
	太保	一人		
	太尉	一人		
	司徒	一人		
	司空	一人		
	大司马	一人		
	大将军	一人		
尚书省	录尚书事	一人，亦有二至三人分录，或四人参录者	综理天下政务	初置吏部、三公、客曹、驾部、屯田、度支六曹尚书，后又有所增减。其下有直事、殿中、祠部、仪曹、吏部、三公、比部、金部、仓部、度支、都官、二千石、左民、右民、虞曹、屯田、起部、水部、左主客、右主客、驾部、车部、库部、左中兵、右中兵、左外兵、右外兵、别兵、都兵、骑兵、左士、右士、北主客、南主客、运曹三十五曹，置郎中二十三人，更相统摄，以后也有变化
	尚书令	一人		
	尚书左仆射	一人		
	尚书右仆射	一人		
侍中省	侍中	四人	掌向皇帝奏事，侍奉皇帝起居，充当顾问，主管殿内门下诸事、并负有谏诤之责，与散骑常侍等共平尚书奏事	
	给事黄门侍郎	四人		
散骑省	散骑常侍	四人	与侍中省共平尚书奏事，侍奉皇帝起居，亦曾掌草拟皇帝诏表，还负有顾问谏诤之责	通直散骑常侍、员外散骑常侍、给事中、散骑侍郎、通直散骑侍郎、员外散骑侍郎
中书省	中书监	一人	掌管草拟皇帝诏令，呈奏案章，兼有侍从皇帝之任	中书舍人
	中书令	一人		
	中书侍郎	四人		
秘书寺	秘书监	一人	掌管国家所藏的图书典籍，兼掌修撰国史	秘书丞、秘书郎，又领著作省
	太常	一人	掌管宗庙陵寝，祭祀礼仪，天文术数，议定百官谥号，音乐鼓吹以及经学教育等事务	太常博士、国子祭酒、国子博士、太学博士、太史令、太庙令、太乐令、鼓吹令、陵令、协律校尉、灵台丞

续表

官署名称	长官名	编制员额	职掌	下属机构或属官
	光禄勋	一人	掌管宫殿禁卫，宫门出入，管理在殿中侍卫的诸郎以及皇家园林，并侍奉皇帝饮食等事务	虎贲中郎将、羽林郎将、冗从仆射、羽林监、五官中郎将、左中郎将、右中郎将、东园匠令、太官令、御府令、守宫令、黄门令、掖庭令、清商令、华林园令、暴室令
	卫尉	一人	掌管皇宫诸门卫士，宫中巡逻，收捕罪臣，国家武器仓库以及全国的金属开采冶炼	武库令、公车令、卫士令、诸冶令，左、右都候，南、北、东、西督冶掾等
	太仆	一人	掌管御用车马，负责田猎，国家畜牧业生产等事务	典农都尉，典虞都尉，典虞丞，左、右、中典牧都尉，车府令，典牧令，乘黄厩令，骅骝厩令，龙马厩令
	廷尉	一人	掌管国家司法刑讯，并处理郡、国所上报的疑狱	廷尉正、廷尉监、廷尉评、律博士
	大鸿胪	一人	掌管诸侯、王的拜授、吊祭、入朝礼仪，诸侯及四方蛮夷的朝贡，皇家园林等	大行令、典客令、园池令、钩盾令、邺玄武苑丞
	宗正	一人	掌管宗室属籍，序录嫡庶以及宗室的违法行为等	
	大司农	一人	掌管国家粮食贮藏、运输，以及供应御膳等事务	太仓令、籍田令、导官令，襄国都水长，东、西、南、北部护漕掾
	少府	一人	掌管御用器物及兵器的制作，皇帝私有金银钱帛等物的收藏，主要建筑材木和工匠，管理物价，织物染色等事务	材官校尉、中尚方令、左尚方令、右尚方令、中黄左藏令、中黄右藏令、左校令、甄官令、平准令、奚官令、左校坊丞、邺城中黄左藏丞、邺城中黄右藏丞、油官丞
	将作大匠	一人，有事则置	掌管修建宗庙、宫室、陵墓、园林等土木工程	
	大长秋	有皇后则置	掌管皇后宫中事务	
御史台	御史中丞	一人	监察朝中百官以及地方行政官员，并掌授节、铜虎符、竹使符等事务	治书侍御史、侍御史、殿中侍御史、禁防御史、检校御史、符节御史
谒者台	谒者仆射	一人，省置无常	掌管朝中主要官员的拜授，朝会时百官班次及司仪等事务	谒者
都水台	都水使者	一人	掌管河渠堤防，陂池灌溉以及舟船器械等事务	河堤谒者

* 本表据《宋书·百官志》、《晋书·职官志》、《大唐六典》、《通典》而作，主要反映的是西晋时期的机构设置情况，对其变化情况可详见辞条内容。

（四）南朝宋中央机构简表 *

<table>
<tr><th colspan="2">官署名称</th><th>长官名</th><th>编制员额</th><th>职掌</th><th>下属机构或属官</th></tr>
<tr><td colspan="2">相国府</td><td>相国</td><td rowspan="2">皆不常置</td><td rowspan="2">佐皇帝总管军国事务</td><td rowspan="2">置长史等僚佐以统事</td></tr>
<tr><td colspan="2">丞相府</td><td>丞相</td></tr>
<tr><td colspan="2">太尉府</td><td>太尉</td><td>一人</td><td rowspan="3">名义上佐皇帝治理天下，但除司徒府掌管全国户籍等事务外，多不掌具体政务</td><td rowspan="3"></td></tr>
<tr><td colspan="2">司徒府</td><td>司徒</td><td>一人</td></tr>
<tr><td colspan="2">司空府</td><td>司空</td><td>一人</td></tr>
<tr><td colspan="2" rowspan="4">尚书省</td><td>录尚书事</td><td>一至二人</td><td rowspan="4">综理全国政务</td><td rowspan="2">吏部、祠部、度支、左民、都官、五兵等六尚书</td></tr>
<tr><td>尚书令</td><td>一人</td></tr>
<tr><td>尚书左仆射</td><td>一人</td><td>领殿中、主客二曹</td></tr>
<tr><td>尚书右仆射</td><td>一人，与祠部尚书不并置</td><td>领祠部、仪曹二曹</td></tr>
<tr><td rowspan="7">尚书省</td><td>吏部</td><td>吏部尚书</td><td>一人，曾加置为二人，后复为一人</td><td>掌管全国官吏的选拔和任用，法律的制订与修改，刑狱诉讼等事务</td><td>吏部、删定、三公、比部四曹</td></tr>
<tr><td>祠部</td><td>祠部尚书</td><td>若置右仆射，则省</td><td>掌管祠祀、礼仪等事务</td><td>祠部、仪曹二曹</td></tr>
<tr><td>度支</td><td>度支尚书</td><td>一人</td><td>掌管国家财赋收支、钱帛出纳、货币铸造、粮仓以及土木工程建筑等事务</td><td>度支、金部、仓部、起部四曹</td></tr>
<tr><td>左民</td><td>左民尚书</td><td>一人</td><td>掌管国家户籍、计帐以及御用车马等事务</td><td>左民、驾部二曹</td></tr>
<tr><td>都官</td><td>都官尚书</td><td>一人</td><td>掌管军事刑狱、奴婢配役，航运及水利工程，国家库藏的出纳，官吏的考核等事务</td><td>都官、水部、库部、功论四曹</td></tr>
<tr><td>五兵</td><td>五兵尚书</td><td>一人</td><td>掌管全国军事行政事务</td><td>中兵、外兵二曹</td></tr>
<tr><td>起部</td><td>起部尚书</td><td>有大工程则置</td><td></td><td></td></tr>
<tr><td colspan="2" rowspan="2">门下省</td><td>侍中</td><td>四人</td><td rowspan="2">掌向皇帝奏事，侍奉皇帝起居，掌管殿内门下诸事，负有顾问谏诤之责</td><td rowspan="2">公车令、太医令、太官令、骅骝厩丞</td></tr>
<tr><td>给事黄门侍郎</td><td>四人</td></tr>
<tr><td colspan="2" rowspan="2">集书省</td><td>散骑常侍</td><td>四人</td><td rowspan="2">侍从皇帝，亦负有顾问谏诤之责</td><td rowspan="2">员外散骑常侍、散骑侍郎、通直散骑侍郎、员外散骑侍郎、给事中</td></tr>
<tr><td>通直散骑常侍</td><td>四人</td></tr>
</table>

续表

官署名称	长官名	编制员额	职掌	下属机构或属官
中书省	中书监	一人	掌管草拟皇帝诏令，并呈奏案章，兼有侍从皇帝之任	中书通事舍人
	中书令	一人		
	中书侍郎	四人		
秘书省	秘书监	一人	掌管国家所藏图书典籍，并兼掌修撰国史	领著作省
	秘书丞	一人		
御史台	御史中丞	一人	掌管监察朝中百官及地方行政官员	治书侍御史、侍御史
谒者台	谒者仆射	一人	掌管朝中主要官员除授，朝会时百官班次及司仪等事务	谒者
都水台	都水使者	一人	掌管航运及制造舟船的材料	
	太常	一人	掌管宗庙陵寝，祭祀礼仪，天文术数，音乐以及御用车马等，兼掌国子学及太学等	太学博士、国子祭酒、博士、太庙令、明堂令、太祝令、太史令、太乐令、陵令、乘黄令
	光禄勋	一人	掌管宫殿禁卫、宫内出入等事务	
	卫尉	一人	掌管皇宫门的驻兵	
	廷尉	一人	掌管司法刑讯	廷尉正、廷尉监、廷尉评、律博士
	大司农	一人	掌管国家粮食贮藏及供应御膳	太仓令、东仓丞、石头仓丞、导官令、籍田令
	少府	一人	掌管金属冶炼、兵器制作、御用器物制作及织物染色等	左尚方令、右尚方令、东冶令、南冶令、平准令
	将作大匠	有事则置	掌管国家土木工程的施工	
	大鸿胪	有事则权置	掌管赞导拜授诸王	
	太仆	郊祀时权置	郊祀时为皇帝执辔	
	大长秋	有皇后时置	掌管皇后宫中事务	

*本表据《宋书·百官志》、朱铭盘《南朝宋会要》而作。南朝齐、梁、陈大致沿袭宋制，机构变化不大，为免于重复，故从略。

（五）北齐中央机构简表 *

官署名称		长官名	编制员额	职掌	下属机构或属官
尚书省		录尚书事	一人	综理全国政务	吏部、殿中、祠部、五兵、都官、度支六尚书
		尚书令	一人		
		尚书左、右仆射	各一人		
尚书省	吏部	吏部尚书	一人	掌管全国官吏的选拔、任用、考核及封爵等	吏部、考功、主爵三曹
	殿中	殿中尚书	一人	掌管宫殿禁卫、礼仪、御用车马及其他物品	殿中、仪曹、三公、驾部四曹
	祠部	祠部尚书	一人	掌管祭祀礼仪制度、接待蕃国使者、疆域地图、屯田、土木工程及工匠等事务	祠部、主客、虞曹、屯田、起部五曹
	五兵	五兵尚书	一人	主管全国军事行政事务及鼓吹、太乐、杂户等	左中兵、右中兵、左外兵、右外兵、都兵等五曹
	都官	都官尚书	一人	掌管国家司法及监察事务，并管理航运及水利工程，供应朝廷百官膳食等事务	都官、二千石、比部、水部、膳部五曹
	度支	度支尚书	一人	掌管国家财赋收支、计帐、户籍以及仓廪库藏等事务	度支、仓部、左户、右户、金部、库部六曹
门下省		侍中	六人	掌管侍奉皇帝起居，负有谏诤之责，兼收纳尚书奏章，并有封驳诏令之权	领左右局、尚食局、尚药局、主衣局、斋帅局、殿中局
		给事黄门侍郎	六人		
中书省		中书监	一人	掌管草拟皇帝诏令，兼掌侍从及进奉皇帝的伎乐	又领舍人省
		中书令	一人		
		中书侍郎	四人		
秘书省		秘书监	一人	掌管国家所藏图书典籍，并兼掌修撰国史	又领著作省
		秘书丞	一人		
集书省		散骑常侍	六人	侍从皇帝，有谏诤之责，并兼掌修撰起居注	又领起居省
		通直散骑常侍	六人		
中侍中省		中侍中	二人	管理皇帝饮食、药物以及宫门出入等事务	有中尚药典御、中谒者仆射等属官及中尚食局、内谒者局
		中常侍	四人		
		中给事中	四人		
御史台		御史中丞	一人	掌管监察百官以及地方行政	有治书侍御史、侍御史、殿中侍御史、检校御史等属官，又领符节署
都水台		都水使者	二人	掌管全国各地河流的渡口、桥梁以及灌溉、航运等事务	又领都尉、合昌、坊城等三局

续表

官署名称	长官名	编制员额	职掌	下属机构或属官
谒者台	谒者仆射	二人	掌管朝会及吉凶公事的司仪及传导等事务	
太常寺	太常卿	一人	掌管宗庙陵寝，祭祀礼仪以及天文术数等事务	诸陵署、太庙署、太乐署、衣冠署、鼓吹署、太祝署、太史署、太医署、廪牺署、太宰署、郊祠局、崇虚局、清商部、黄户局、灵台局、太卜局
	太常少卿	一人		
光禄寺	光禄卿	一人	掌管宫殿禁卫、殿内铺设和百官朝会的膳食等事务	守宫署、太官署、宫门署、供府署、肴藏署、清漳署、华林署、东园局
	光禄少卿	一人		
卫尉寺	卫尉卿	一人	掌管京城及皇宫诸门的警卫，守护国家武器仓库，并兼理冤狱	统城门寺，又领公车署、武库署、卫士署、修故局
	卫尉少卿	一人		
大宗正寺	宗正卿	一人	掌管宗室属籍	统皇子王国、诸王国、诸长公主家官吏
	宗正少卿	一人		
太仆寺	太仆卿	一人	掌管皇家御用车马以及国家畜牧业	骅骝署、左龙署、右龙署、左牝署、右牝署、驼牛署、司羊署、乘黄署、车府署、司讼局、典腊局、出入局
	太仆少卿	一人		
大理寺	大理卿	一人	掌管国家重大案件的审判	有大理正、大理监、大理评、律博士等属官
	大理少卿	一人		
鸿胪寺	鸿胪卿	一人	掌管接待蕃国宾客、朝会礼仪和宗教事务	典客署、典寺署、司仪署
	鸿胪少卿	一人		
司农寺	司农卿	一人	掌管国家农业生产，粮食贮藏及交易，并管理宫廷食物及百官廪禄的供应	平准署、太仓署、钩盾署、典农署、导官署、梁州水次仓署、石济水次仓署、藉田署
	司农少卿	一人		
太府寺	太府卿	一人	掌管金帛库藏以及冶铸、织染、器物制作等事务	左、中、右尚方，左藏署，司染署，诸冶东道署，诸冶西道署，黄藏署，右藏署，细作署，左校署，甄官署
	太府少卿	一人		
国子寺	国子祭酒	一人	掌管训教勋臣子弟以及国子学、太学、四门学事务	国子学博士、太学博士、四门学博士
长秋寺	长秋卿	一人（用宦者）	掌管后宫诸宫阁事务	中黄门署、掖庭署、晋阳宫署、中山宫署、园池署、中宫仆署、奚官署、暴室局
	中尹	一人（用宦者）		
将作寺	将作大匠	一人	掌管国家各项土木工程的施工事务	若有营作，则置主将、副将及长史、司马等，又领军主、军副、幢主、幢副等
昭玄寺	昭玄大统	一人	掌管全国佛教事务，管理诸州、郡、县沙门曹	诸州、郡、县沙门曹
	昭玄统	一人		
	都维那	三人		

* 本表据《隋书·百官志中》、《通典》而作。北魏前期机构繁杂，且变化较大，孝文帝太和（477—499）中改制后才较为稳定，基本上又为北齐官制所采纳，故从略。

（六）北周中央机构简表 *

官署名称	长官名	编制员额	职掌	下属机构或属官
天官府	大冢宰卿	一人	掌管宫庭供奉、侍御、警卫以及国家赋税收入、百官俸给等事务	司会中大夫、宗师中大夫、左右宫伯中大夫、御正中大夫、纳言中大夫、膳部中大夫、计部中大夫、太府中大夫、太医下大夫、司内上士
	小冢宰上大夫	二人		
地官府	大司徒卿	一人	掌管全国民户、土地、赋役、仓廪、教育、关市及山泽渔猎等事务	民部中大夫、载师中大夫、师氏中大夫、司仓下大夫、司门下大夫、司市下大夫、虞部下大夫
	小司徒上大夫	二人		
春官府	大宗伯卿	一人	掌管制订国家各项礼仪，主持祭祀仪式，守护宗庙陵墓，撰写皇帝诏书，修撰国史以及音乐、占卜、祝辞、僧、道等事务	司宗中大夫、守庙中大夫、典祀中大夫、内史中大夫、外史下大夫、礼部下大夫、太史中大夫、乐部中大夫、太卜下大夫、太祝下大夫、司车辂下大夫、夏采下大夫
	小宗伯上大夫	二人		
夏官府	大司马卿	一人	掌管全国军务，主持征讨敌国及平时治兵讲武，并掌全国官员的升、黜、迁、转等事务	军司马中大夫、职方中大夫、吏部中大夫、司士中大夫、司勋中大夫、左右武伯中大夫、兵部中大夫、大驭中大夫、司右中大夫、驾部中大夫、武藏中大夫、司射下大夫
	小司马上大夫	二人		
秋官府	大司寇卿	一人	掌管刑律的制订与执行，负责朝廷礼仪和接待四方使者等事务	司寇中大夫、刑部中大夫、布宪中大夫、蕃部中大夫、宾部中大夫、掌朝下大夫、司要下大夫、田正下大夫、司隶下大夫
	小司寇上大夫	二人		
冬官府	大司空卿	一人	掌管国家各种工匠，负责各项兴造制作事务以及金属的开采冶炼，疏浚河道，舟船运输等	工部中大夫、匠师中大夫、司木中大夫、司土中大夫、司金中大夫、司水中大夫、司玉下大夫、司皮下大夫、司色下大夫、司织下大夫、司卉下大夫
	小司空上大夫	二人		

* 本表据《通典》、王仲荦《北周六典》而作。

（七）隋朝中央机构简表 *

<table>
<tr><th colspan="2" rowspan="2">机构</th><th colspan="4">长官</th><th rowspan="2">职掌</th><th colspan="2">下属机构或主要职官</th></tr>
<tr><th colspan="2">通称</th><th colspan="2">员额</th><th colspan="2"></th></tr>
<tr><th>文帝</th><th>炀帝</th><th>文帝</th><th>炀帝</th><th>文帝</th><th>炀帝</th><th></th><th>文帝</th><th>炀帝</th></tr>
<tr><td colspan="2">三公</td><td colspan="2">太尉
司徒
司空</td><td colspan="2">一人
一人
一人</td><td>参议国之大事，无其人则缺</td><td colspan="2"></td></tr>
<tr><td colspan="2">尚书省</td><td colspan="2">尚书令
尚书左仆射
尚书右仆射</td><td colspan="2">一人
一人
一人</td><td>综理政务</td><td>吏部、礼部、兵部、都官、度支（民部）、工部六部</td><td>吏部、民部、礼部、兵部、刑部、工部六部</td></tr>
<tr><td colspan="2">吏部</td><td colspan="2">吏部尚书</td><td colspan="2">一人</td><td>掌天下官吏选授、勋封、考课</td><td>吏部、主爵、司勋、考功四司</td><td>选部、主爵、司勋、考功四司</td></tr>
<tr><td colspan="2">礼部</td><td colspan="2">礼部尚书</td><td colspan="2">一人</td><td>掌礼仪、祭祀、朝聘</td><td>礼部、祠部、主客、膳部四司</td><td>仪曹、祠部、主客、膳部四司</td></tr>
<tr><td colspan="2">兵部</td><td colspan="2">兵部尚书</td><td colspan="2">一人</td><td>掌天下武官选授、版图、甲仗</td><td>兵部、职方、驾部、库部四司</td><td>兵曹、职方、驾部、库部四司</td></tr>
<tr><td colspan="2">都官</td><td colspan="2">都官尚书</td><td colspan="2">一人</td><td>掌纠非违得失、律令勾检</td><td>都官、刑部、比部、司门四司</td><td>宪部、都官、比部、司门四司</td></tr>
<tr><td colspan="2">度支（民部）</td><td colspan="2">度支尚书</td><td colspan="2">一人</td><td>掌天下人口、土地、钱谷、贡赋</td><td>度支、户部、金部、仓部四司</td><td>民部、度支、金部、仓部四司</td></tr>
<tr><td colspan="2">工部</td><td colspan="2">工部尚书</td><td colspan="2">一人</td><td>掌天下营造、屯田、山泽</td><td>工部、屯田、虞部、水部四司</td><td>起部、屯田、虞部、水部四司</td></tr>
<tr><td colspan="2">门下省</td><td colspan="2">纳言
（侍内）</td><td colspan="2">二人</td><td>掌部从朝直，兼出使劳问</td><td>城门、尚食、尚药、符玺、御府、殿内六局</td><td>黄门侍郎、给事郎、符玺郎</td></tr>
<tr><td colspan="2">内史省</td><td colspan="2">内史令</td><td colspan="2">二人</td><td>掌出纳帝命</td><td>内史侍郎、内史舍人</td><td>内史侍郎、内史舍人、起居舍人</td></tr>
<tr><td colspan="2">秘书省</td><td colspan="2">秘书监</td><td colspan="2">一人</td><td>典司经籍、天文历法</td><td>著作、太史二曹</td><td>著作局、太史监</td></tr>
<tr><td colspan="2">御史台</td><td colspan="2">御史大夫
治书侍御史</td><td colspan="2">一人
二人</td><td>掌纠察弹劾</td><td colspan="2">侍御史、殿中侍御史、监察御史</td></tr>
<tr><td colspan="2">太常寺</td><td colspan="2">太常卿</td><td colspan="2">一人</td><td>掌陵庙群祀、礼乐仪制、天文术数</td><td>郊社、太庙、诸陵、太祝、衣冠、太乐、清商、鼓吹、太医、太卜、廪牺等署</td><td>郊社、太庙、诸陵、太乐、鼓吹、太医、太卜、廪牺等署</td></tr>
<tr><td colspan="2">光禄寺</td><td colspan="2">光禄卿</td><td colspan="2">一人</td><td>掌诸膳食</td><td colspan="2">太官、肴藏、良酝、掌醢四署</td></tr>
<tr><td colspan="2">卫尉寺</td><td colspan="2">卫尉卿</td><td colspan="2">一人</td><td>掌禁卫甲兵</td><td colspan="2">公车、武库、守宫三署</td></tr>
</table>

续表

机构		长官				职掌	下属机构或主要职官	
		通称		员额				
文帝	炀帝	文帝	炀帝	文帝	炀帝		文帝	炀帝
宗正寺		宗正卿		一人		掌宗室属籍	不统署	
太仆寺		太仆卿		一人		掌诸车辇、马牛、畜产之属	骅骝、乘黄、龙厩、车府、典牧、牛羊六署	乘黄、典厩、车府、典牧四署
大理寺		大理卿		一人		掌决正刑狱	大理司直、大理正、大理监、大理评、大理丞	大理正、大理监、大理评、大理司直、大理评事
鸿胪寺		鸿胪卿		一人		掌蕃客朝会、吊祭、吉凶	典客、司仪、崇玄三署	典蕃、四方使者、司仪等署
司农寺		司农卿		一人		掌仓、市、菜、薪、园池等	太仓、典农、平准、廪市、钩盾、华林、上林、导官八署	上林、太仓、钩盾、导官四署
太府寺		太府卿		一人		掌金帛府库、营造器物	左藏、右尚方、左尚方、司染、右藏、黄藏、掌冶、甄官八署	京师东市、京师西市、东都东市、东都南市、东都北市、平准、左藏、右藏八署
内侍省	长秋监	内侍	长秋令	二人	一人	掌内侍奉、传制令	内尚食、掖庭、宫闱、奚官、内仆、内府六局	掖庭、宫闱、奚官三署
都水台	都水监	都水使者	都水令	二人	二人	掌河渠、津梁、舟楫	掌船局、诸津	舟楫、河渠二署
国子寺	国子监	国子祭酒		一人		掌训教胄子	国子、太学、四门、书学、算学五学	国子学、太学
将作寺	将作监	将作大匠	将作大监	一人	一人	掌诸营造	左校、右校二署	左校、右校、甄官三署
	少府监		少府令		一人	掌宫廷器物、织染、冶炼		左尚、右尚、内尚、司织、司染、铠甲、弓弩、掌冶八署
	殿内省		殿内监		一人	掌诸供奉		尚食、尚药、尚衣、尚舍、尚乘、尚辇六局
	谒者台		谒者台大夫		一人	掌劳问、慰抚、察授及申奏冤枉		司朝谒者及通事谒者，并散骑、承议、通直、宣德、宣义、征事、将仕、常从、奉信九郎
	司隶台		司隶台大夫		一人	掌诸巡察		别驾、刺史、诸郡从事

* 本表据《隋书·百官志下》而作。

（八）唐朝中央机构简表 *

机构		长官		职掌	下属机构或主要职官
		通称	员额		
三公		太尉 司徒 司空	一员 一员 一员	佐天子理阴阳、平邦国，无所不统	
政事堂		执政事笔	一员	佐天子总百官、治万事	吏房、枢机房、兵房、户房、刑礼房五房
中书省		中书令	二员	掌决策出令	集贤殿书院、史馆。中书侍郎、中书舍人附：翰林院、翰林学士
门下省		侍中	二员	掌出纳帝命，审议政令	弘文馆。门下侍郎、给事中等
尚书省		尚书令 尚书左仆射 尚书右仆射	一员 一员 一员	掌总领百官，推行政令	尚书都省及吏部、户部、礼部、兵部、刑部、工部六部
尚书省	吏部	吏部尚书	一员	掌文选、勋封、考课之政	吏部、司封、司勋、考功四司
	户部	户部尚书	一员	掌田户、钱谷、贡赋之政	户部、度支、金部、仓部四司
	礼部	礼部尚书	一员	掌天下礼仪、祭享、贡举之政	礼部、祠部、膳部、主客四司
	兵部	兵部尚书	一员	掌武选、地图、车马、甲仗之政	兵部、职方、驾部、库部四司
	刑部	刑部尚书	一员	掌律令、刑法、徒隶、勾覆、关禁之政	刑部、都官、比部、司门四司
	工部	工部尚书	一员	掌百工、屯田、山泽、诸司公廨之政	工部、屯田、虞部、水部四司
御史台		御中大夫	一员	掌刑法典章，肃正朝廷	台院（侍御史）、殿院（殿中侍御史）、察院（监察御史）三院及东都留台
秘书省		秘书监	一员	掌经籍图书、天文历法	著作局、司天台
殿中省		殿中监	一员	掌天子服御	尚食、尚药、尚衣、尚舍、尚乘、尚辇六局及仗内六厩、仗内六闲

续表

机构		长官		职掌	下属机构或主要职官
		通称	员额		
内侍省		内侍监	二员	掌在内侍奉、出入宫掖宣传	掖庭、宫闱、奚官、内仆、内府、太子内坊六局
九寺	太常寺	太常卿	一员	掌礼乐、郊庙、社稷	两京郊社、太乐、鼓吹、太医、太卜、廪牺、汾祠、两京武成王庙八署
	光禄寺	光禄卿	一员	掌酒醴膳馐	太官、珍馐、良酝、掌醢四署
	卫尉寺	卫尉卿	一员	掌器械文物	两京武库、武器、守宫三署
	宗正寺	宗正卿	一员	掌天子族亲属籍	诸陵台、崇玄等署。诸陵，曾隶太常寺
	太仆寺	太仆卿	一员	掌厩牧、车辇	乘黄、典厩、典牧、车府四署及诸牧监
	大理寺	大理卿	一员	掌折狱、详刑	大理少卿、大理正、大理丞、大理司直、大理评事、大理狱丞
	鸿胪寺	鸿胪卿	一员	掌宾客及凶仪	典客、司仪二署
	司农寺	司农卿	一员	掌仓储委积	上林、太仓、钩盾、导官四署及储仓、司竹、诸汤、宫苑、盐池、诸屯等监
	太府寺	太府卿	一员	掌财货、廪藏、贸易	两京四市、平准、左藏、右藏、常平八署
五监	国子监	国子祭酒	一员	掌儒学训导之政	国子、太学、广文、四门、律、书、算七学
	少府监	少府监	一员	掌百工技巧之政	中尚、左尚、右尚、织染、掌冶五署及诸冶、铸钱、互市等监
	将作监	将作监	一员	掌土木工匠之政	左校、右校、中校、甄官四署及百工等监
	军器监	军器监	一员	掌缮造甲弩	弩坊、甲弩二署
	都水监	都水使者	二员	掌川泽、津梁、渠堰、陂池之政	舟楫、河渠二署及诸津

* 本表据《旧唐书·职官志》、《新唐书·百官志》、《唐六典》而作，为唐玄宗至代宗时之制。

（九）宋代中央机构简表 *

组织系统与机构名称	官名（长官名）	编制员额	职掌	下属机构
三师	太师	无定员	为宰相、亲王、使相加官，无职掌	
	太傅			
	太保			
三公	太尉	无定员	为宰相、亲王、使相加官，无职掌	
	司徒			
	司空			
门下省	侍中	各一员	佐天子议大政，审命令，驳正违失	起居院、进奏院、登闻检院
	侍郎			
	左散骑常侍			
中书省	令	各一员	进拟庶务，宣奉命令，除授高级官员	舍人院、吏、户、礼、兵、刑、工等房
	侍郎			
	右散骑常侍			
尚书省	令	各一员	施行制命，振举纲纪，听内外辞诉，考百司治否	吏部、户部、礼部、兵部、刑部、工部
	左、右仆射			
	左、右丞			
枢密院	知院	各一员	掌军国机务、兵防、边备、戎马之政令	承旨司
	同知院			
翰林学士院	翰林学士	二员	掌制、诰、诏、令撰述之事	
吏部	尚书	一员	掌文武官吏选试、拟注、资任、迁叙、荫补、考课之政令	司封、司勋、考功司，官告院
	侍郎	二员		
户部	尚书	一员	掌天下人户、土地、钱谷之政令，贡赋、征役之事	度支、金部、仓部司
	侍郎	二员		
礼部	尚书	各一员	掌礼乐、祭祀、朝会、宴享、学校、贡举之政令	祠部、主客、膳部司
	侍郎			
兵部	尚书	各一员	掌兵卫、武选、车辇、甲械、厩牧之政令	职方、驾部、库部司
	侍郎			
刑部	尚书	一员	掌刑法、狱讼、奏谳、赦宥、叙复之事	都官、比部、司门司
	侍郎	二员		
工部	尚书	各一员	掌城郭、宫室、舟车、器械、符印、钱币、山泽、河渠之政	屯田、虞部、水部司、文思院
	侍郎			
御史台	御史中丞	一员	掌纠察百官，肃正纲纪	台院、殿院、察院
秘书省	监	各一员	掌古今经籍图书、国史实录、天文历数之事	日历所、太史局
	少监			

续表

组织系统与机构名称	官名（长官名）	编制员额	职掌	下属机构
殿中省	监	各一员	掌供奉天子玉食、医药、服御、舆辇之政令	御药院、尚衣库
	少监			
太常寺	卿	各一员	掌礼乐、郊庙、社稷、坛壝、陵寝之事	太医局、教坊
	少卿			
宗正寺	卿	各一员	掌叙皇族宗派，纪其属籍，以别亲疏	
	少卿			
大宗正寺	知	各一员	掌训导宗室、纠正其违失	
	少知			
光禄寺	卿	各一员	掌祭祀、朝会、宴享酒醴膳馐之事	内酒坊、翰林司、牛羊司、乳酪院
	少卿			
卫尉寺	卿	各一员	掌仪卫兵械、甲胄之政令	仪鸾司，左右金吾街、仗司
	少卿			
太仆寺	卿	各一员	掌车辂、厩牧之政令	车辂院、骐骥院、群牧司
	少卿			
大理寺	卿	一员	掌折狱、详刑、鞫谳之事	左断刑、右治狱
	少卿	二员		
鸿胪寺	卿	各一员	掌四夷朝贡、宴劳、给赐、送迎之事，及凶仪、中都祠庙、道释籍帐	往来国信所、都亭西驿、礼宾院、寺务司、传法院、僧录司
	少卿			
司农寺	卿	各一员	掌仓储、苑囿、库务出纳之政令	草场、排岸司、下卸司、都麹院、水磨务
	少卿			
太府寺	卿	各一员	掌邦国财货之政令，及商税、平准、贸易之事	左藏库、内藏库、粮料院、审计司、都商税务、市易司
	少卿			
国子监	祭酒	各一员	掌学校之政令	国子学、太学、武学
	司业			
少府监	监	各一员	掌百工伎巧之政令	绫锦院、染院、裁造院
	少监			
将作监	监	各一员	掌宫室、城郭、桥梁、舟车营缮之事	修内司、八作司、事材场、丹粉所、竹木务
	少监			
军器监	监	各一员	掌监督缮治兵器什物，以给军国之用	东西作坊、作坊物料库、皮角场
	少监			

续表

组织系统与机构名称	官名（长官名）	编制员额	职掌	下属机构
都水监	使者	一员	掌川泽、河渠、津梁、堤堰疏凿浚治之事	街道司
殿前司	都指挥使	各一员	掌殿前诸班直及步骑诸指挥之名籍，总其统制、训练、番卫、戍守、迁补、赏罚之政令	
	副都指挥使			
马军司	都指挥使	各一员	掌马军之名籍，总其统制、训练、番卫、戍守、迁补、赏罚之政令	
	副都指挥使			
步军司	都指挥使	各一员	掌步军之名籍，总其统制、训练、番卫、戍守、迁补、赏罚之政令	
	副都指挥使			
皇城司	勾当官	无定员	掌宫城出入之禁令	
客省	使	各二员	掌国信使见辞宴赐，及四方进奉、朝觐贡献之仪	
	副使			
引进司	使	各二员	掌臣僚、蕃国进奉礼物之事	
	副使			
四方馆	使	二员	掌接受、进呈文武官朝见辞谢、庆贺起居章表	
阁门司	使	六员	掌朝会宴幸、供奉赞相礼仪之事	
	副使	四员		
内侍省	都知	无定员		掌拱侍殿中、备洒扫之职
	副都知			
入内内侍省	都都知	无定员	掌禁中侍奉之事	御药院，内东门司，合同凭由司
	都知			

* 本表系宋神宗元丰官制，据《宋史·职官志》而作。

（十）辽朝中央机构简表 *

官类		组织系统与机构名称	官名（长官名）	编制员额	职掌	下属机构
北面官	北面朝官	大于越府	大于越	无定员	无职掌，班在百僚上，如三公	
		契丹枢密院（北枢密院）	北院枢密使	一人	掌契丹军民之政	北枢密院中丞司
			知北院枢密使事	无定员		
		北宰相府	北府左宰相	一人	掌佐理军国之大政	
			北府右宰相	一人		
		南宰相府	南府左宰相	一人	掌佐理军国之大政	
			南府右宰相	一人		
		北大王院	北院大王	一人	统领迭剌部五院兵马	北院都统军司、北院详稳司、北院都部署司
			知北院大王事	无定员		
		南大王院	南院大王	一人	统领迭剌部六院兵马	南院都统军司、南院详稳司、南院都部署司
			知南院大王事	无定员		
		宣徽北院	北院宣徽使	一人	掌北院御前祗应之事	
			知北院宣徽使	无定员		
		宣徽南院	南院宣徽使	一人	掌南院御前祗应之事	
			知南院宣徽事	无定员		
		大惕隐司	惕隐（梯里已）	一人	掌皇族之政教	
			知惕隐司事	无定员		
		夷离毕院	夷离毕	一人	掌刑狱	
			左、右夷离毕	各一人		
		大林牙院	北面都林牙	一人	掌文翰之事	
		敌烈麻都司	敌烈麻都	一人	掌礼仪	
		文班司	文班太保	一人	不详	
	北面御帐官	侍卫司	侍卫太师 侍卫太保 侍卫司徒 侍卫司空	不详	掌御帐亲卫之事	近侍局、近侍详稳司
		北护卫府	太师、太保司徒	不详	掌北院护卫之事	左、右护卫司
		南护卫府	太师、太保司徒	不详	掌南院护卫之事	总领左、右护卫司，左、右护卫司，奉宸司，三班院
		硬寨司	硬寨太保	一人	掌禁围枪寨、下铺、传铃	
		皇太子惕隐司	皇太子惕隐	一人	掌皇太子宫帐之事	

续表

官类		组织系统与机构名称	官名（长官名）	编制员额	职掌	下属机构
北面官	北面著帐官	著帐郎君院	著帐郎君节度使	一人	统领著帐郎君为皇室服役	祗候郎君班详稳司、笔砚局、牌印局等
		著帐户司	著帐节度使	一人	统领著帐户为皇室亲王服役	承应小底局
	北面皇族帐官	大横帐常衮司	横帐常衮（敞稳）	一人	掌太祖后代九帐后族之事	
		孟父族帐常衮司			掌蜀国王岩木房族之事	
		仲父族帐常衮司			掌隋国王释鲁房族之事	
		季父族帐常衮司			掌德祖皇帝三房族之事	
		四帐都详稳司	都详稳	一人	掌四帐军马之事	横帐详稳司、孟父帐详稳司、仲父帐详稳司、季父帐详稳司
			都监	一人		
		舍利司	舍利详稳	一人	掌皇族之军政	
			舍利都监	一人		
		王子院	太师、太保	不详	掌王子各帐之事	
		驸马都尉府	驸马都尉	不详	掌公主帐宅之事	
	北面诸帐官	遥辇九帐大常衮司	大常衮（敞稳）	一人	掌遥辇九帐宫分之事	遥辇帐节度使司、遥辇乣详稳司
		大国舅司	乙室已国舅大翁帐常衮	一人	掌国舅乙室已、拔里二帐之事	国舅乙室已、拔里大、小翁帐详稳司、国舅夷离毕司、少父帐详稳司、国舅别部
			拔里国舅大父帐常衮	一人		
		渤海帐司	宰相	不详	不详	
		奚王府	大王	一人	掌奚族六部军民之政	
		乙室王府	大王	一人	掌乙室部族军民之政	
	北面宫官	诸行宫都部署院	诸行宫都部署	一人	总契丹、汉人诸行宫之事	
			诸行宫副部署	一人		
		契丹行宫都部署司	契丹行宫都部署	一人	总行在行军诸斡鲁朵之政令	行宫诸部署司
			契丹行宫副部署	一人		
		押行宫辎重夷离毕司	夷离毕	一人	掌诸宫巡幸扈从辎重之事	

续表

官类		组织系统与机构名称	官名（长官名）	编制员额	职掌	下属机构
北面官	北面坊场局冶牧厩等官	总典群牧使司	总典群牧部籍使	一人	总领诸路群牧使司、马群司	
			群牧都林牙	不详		
		飞龙院	飞龙使	一人		
		铁坊	铁坊使	一人		
		鹰坊	鹰坊使	一人		
		围场	都太师	一人		
		太医局	局使	一人		
		医兽局	局使	一人		
	北面军官	天下兵马大元帅府	天下兵马大元帅	一人	太子、亲王总军政	
			副元帅	不详		
		大元帅府	大元帅	一人	大臣总军马之政	
			副元帅	不详		
		都元帅府	兵马都元帅	一人	大将总军马之政	
			副元帅	不详		
		大详稳司	大详稳	一人		
			都监	一人		
		东都省	太师	一人	分掌军马之政	
		西都省	太师	一人	分掌军马之政	
		诸路兵马统署司	诸路兵马都统署	一人		
			诸路兵马副统署	不详		
南面官	南面朝官	三师府	太师、太傅、太保	无定员，多为加官		掌印
			少师、少傅、少保	无定员，多为加官		
		三公府	太尉、司徒、司空	无定员，多为加官		
		汉人枢密院（南枢密院）	枢密使	一人	总领汉人军民之政，初兼尚书省	吏、户、兵、刑、厅诸房
			枢密副使	一人		
		中书省	中书令	不详		中书舍人院、右谏院
			大丞相	无定员		
			左、右丞相	不详		
		门下省	侍中	不详		起居舍人院、左谏院、通事舍人院
			常侍	不详		
		尚书省	尚书令	不详		
			左、右仆射	不详		

续表

官类		组织系统与机构名称	官名（长官名）	编制员额	职掌	下属机构
南面官	南面朝官	吏部	尚书	不详		
		户部	尚书	不详		
		礼部	尚书	不详		
		兵部	尚书	不详		
		工部	尚书	不详		
		刑部	尚书	不详		
		御史台	御史大夫	不详		
			御史中丞	不详		
		殿中司	殿中	不详		尚舍、尚乘等局
		翰林院	翰林都林牙	一人	掌天子文翰之事	翰林画院、翰林医官、国史院
			南面林牙	不详		
		宣徽院	宣徽使	一人		
			宣徽副使	一人		
		内省	内省使	一人		内藏库
		内侍省	黄门令	一人		内库、尚衣库、汤药局
			内谒省	不详		
		客省	都客省	不定员		四方馆、引进司、典签司等
			客省使	一人		
		太常寺	太常卿	不详		太乐署、鼓吹署、法物库
		崇禄寺	崇禄卿	不详		
		卫尉寺	卫尉卿	不详		
		宗正寺	宗正卿	不详		
		太仆寺	太仆卿	不详		乘黄署
		大理寺	提点大理寺	不详		
			大理卿	一人		
		鸿胪寺	鸿胪卿	不详		
		司农寺	卿	不详		
		秘书监	太监	一人		著作局
		司天监	司天监	一人		太史令、司历、典鼓等
		国子监	祭酒	不详		国子学
		太府监	太监	不详		
		少府监	太监	不详		
		将作监	太监	不详		
		都水监	太监	不详		
		东宫三师府	太子太师、太傅、太保	不定员 多为加官		
			太子少师、少傅、少保			
		太子詹事院	太子詹事	不详		

续表

官类		组织系统与机构名称	官名（长官名）	编制员额	职掌	下属机构
南面官	南面宫官	汉儿行宫都部署院	都部署	一人		
			副部署	一人		
	南面军官	点检司	都点检	一人		
		殿前都点检司	都点检	一人		
		点检侍卫亲军马步司	都点检	一人		

* 本表据《辽史》、《契丹国志》而作。

（十一）金朝中央机构简表 *

组织系统与机构名称	官名（长官名）	编制员额	职掌	下属机构
三师	太师	一人	师范一人，仪刑四海	
	太傅	一人		
	太保	一人		
三公	太尉	一人	论道经帮，燮理阴阳	
	司徒	一人		
	司空	一人		
尚书省	尚书令	一人	总领纲纪、仪刑端揆	左、右司，架阁库
	左、右丞相	各一人	为宰相	
	左、右丞	各一人	副宰相，佐治省事	
	参知政事	二人		
吏部	尚书	一人	掌文武选授、勋封、考课、出给制诰之政	架阁库、官诰院
	侍郎	一人		
户部	尚书	一人	掌户籍、物力、婚姻、盐铁、财赋、租税等	架阁库、榷货务、交钞库、印造钞引库、平准务等
	侍郎	一人		
礼部	尚书	一人	掌凡礼乐、祭祀、学校、贡举、符印、图书、册命、制度、仪式等	左、右三部检法司、惠民司
	侍郎	一人		
兵部	尚书	一人	掌兵器、镇戍、厩牧、铺驿、郡邑图志等	四方馆、法物库承发司
	侍郎	一人		
刑部	尚书	一人	掌律令格式、追征给没、官吏改正、功赏捕亡等	架阁库、万宁宫提举司、庆宁宫提举司
	侍郎	一人		
工部	尚书	一人	掌修建营造法式、道路桥梁、工匠、屯田、山川林泽之禁	覆实司、修内司、都城所、祗应司、上林署等
	侍郎	一人		
都元帅府	都元帅	一人	掌征讨之事，兵罢则省	
	左、右副元帅	各一人		
枢密院	枢密使	一人	掌凡武备机密之事	
	枢密副使	一人		

续表

组织系统与机构名称	官名（长官名）	编制员额	职掌	下属机构
大宗正府（大睦亲府）	判大宗正事	一人	掌敦睦纠率宗属，钦奉王命	
	同判大宗正事	一人		
御史台	御史大夫	一人	掌纠察朝仪、弹骇官邪、勘鞫官府公事	
	御史中丞	一人		
劝农使司（司农司）	使、副使	各一人	掌劝课天下力田之事，兼采访公事	
	（大司农）	一人		
	卿	三人		
三司	使	一人	省户部署，兼劝农、盐铁、度支及户部三科事	
	副使	一人		
国史院	监修国史	不详	掌监修国史事修国史、判院事	
	修国史	不详		
翰林学士院	翰林学士承旨	不详	掌制撰词命。凡应奉文字，衔内带“知制诰”	
	翰林学士	不详		
审官院	知院	一人	掌奏驳除授失当事	
太常寺	卿	一人	掌太庙、廪牺、郊社、诸陵、大乐等事	太庙、廪牺、郊社、诸陵、园陵、大乐诸署
	少卿	一人		
殿前都点检司	殿前都点检	一人	掌亲军，总领左、右卫将军、近侍诸局等	宫籍监、器物局、近侍局、尚厩局、武库署等
	殿前左、右副点检	各一人		
宣徽院	左、右宣徽使	各一人	掌朝会、燕享，凡殿庭礼仪、监知御膳	拱卫直使司、客省、引进司、閤门、尚衣局、仪鸾局、太医院、内藏库、教坊等
	同知宣徽院事	不定员		
秘书监	监	一人	通掌经籍图书	著作局、笔砚局、书画局、司天台
	少监	一人		
国子监	祭酒	一人	掌学校	国子学、太学
	司业	一人		
太府监	监	一人	掌出纳邦国财用钱谷之事	左、右藏库、支应所、太仓、酒坊、典给署、市买司
	少监	一人		
少府监	监	一人	掌邦国百工营造之事	尚方署、图画署、裁造署、文绣署、织染署、文思署
	少监	一人		
军器监	监	一人	掌修治邦国戎器之事	军器库、甲坊署、利器署
	少监	一人		
都水监	监	一人	掌川泽、津梁、舟楫、河渠之事	街道司
	少监	一人		
谏院	左、右谏议大夫	不详		
大理寺	卿	一人	掌审断天下奏案、详谳疑狱	
	少卿	一人		
弘文院	知院	不详	掌校译经史	
登闻鼓院	知登闻鼓院	不详	掌奏进告御史台、登闻检院理断不当事	
	同知登闻鼓院	不详		

续表

组织系统与机构名称	官名（长官名）	编制员额	职掌	下属机构
登闻检院	知登闻检院	不详	掌奏告尚书省、御史台理断不当事	
	同知登闻检院	不详		
记注院	左、右司直领官兼	不定员	修起居注、掌记言动	
集贤院	知集贤院	不详		
益政院	以学问该博者兼	不定员	名则经筵，实内相	
武卫军都指挥使司	都指挥使	一人	掌防卫都城、警捕盗贼，隶兵部	钤辖司
	副都指挥使	二人		
卫尉司	中卫尉	一人	掌总中宫事务	给事局、掖庭局
京东西南三路检察司	使	不详	掌检察支散军粮、均军户差役等	
	副使	不详		
提举仓场司	使	一人	掌出纳公平、毋致亏败	
八作左右院	使	一人	掌收军须、军器	
军须库	使	一人		
典牧司	使	一人		
圉牧司	使	一人		
宫师府	太子太师、太傅、太保	各一人	掌保护东宫导以德义	
	太子少师、少傅、少保	各一人		
詹事院	太子詹事	一人	掌总统东宫内外庶务	

* 本表据《金史》、《大金国志》而作。

（十二）元朝中央机构简表 *

组织系统与机构名称	官名（长官名）	编制员额	职掌	下属机构
三公	太师	一人	以道燮阴阳，经邦国	
	太傅	一人		
	太保	一人		
中书省	中书令	无定员	典领百官会决庶务	左司、右司等
	右、左丞相	各一人	统六官率百官，次于令	
	平章政事	四人	掌机务，贰丞相，决军国事	
	左、右丞	各一人	副宰相裁决庶务	
	参政	二人	副宰相参大政，亚于丞	
吏部	尚书	三人	掌天下官吏选授之政令	
	侍郎	二人		
户部	尚书	三人	掌天下户口、财政收支、田土之政令	宝钞总库、都漕运使司、各路盐使司、抄纸坊、大都酒课提举司等
	侍郎	二人		
礼部	尚书	三人	掌天下礼乐、祭祀、朝会、燕享、贡举之政令	左三部照磨所、侍仪司、仪从库、常和署、兴和署等
	侍郎	二人		
兵部	尚书	三人	掌天下郡邑邮驿屯牧之政令	大都陆运提举司等
	侍郎	二人		
刑部	尚书	三人	掌天下刑名法律之政令	司狱司、司籍所
	侍郎	二人		
工部	尚书	三人	掌天下营造百工之政令	左右部架阁库，诸色人匠总管府，提举右、左八作司等
	侍郎	二人		
枢密院	知枢密院事	六人	掌天下兵甲机密之务	右、左、中、前、后五卫，武卫亲军都指挥使司等
	同知枢密院事	四人		
御史台	大夫	二人	掌纠察百官善恶、政治得失	殿中司、察院、肃政廉访司等
	中丞	二人		
大宗正府	札鲁忽赤（断事官）	无定员	掌诸工驸马投下蒙古、色目人应犯一切公事及汉人奸盗诈伪等	
大司农司	达鲁花赤（大司农）	一人 四人	掌农桑、水利、学校、饥荒等事	籍田署、供膳司、永平屯田总管府
	卿	二人		
翰林兼国史院	承旨	六人	掌拟写诏令、纂修国史及备咨询	
	学士	二人		

续表

组织系统与机构名称	官名（长官名）	编制员额	职掌	下属机构
蒙古翰林院	承旨	七人	掌译写一切文字，及颁降玺书，并用蒙古新字仍以其国文学副之	蒙古国子监、内八府宰相
蒙古翰林院	学士	二人	掌译写一切文字，及颁降玺书，并用蒙古新字仍以其国文学副之	蒙古国子监、内八府宰相
集贤院	大学士	五人	掌提调学校、征求隐逸、召集贤良	国子监、国子学、兴文署
集贤院	学士	二人	掌提调学校、征求隐逸、召集贤良	国子监、国子学、兴文署
宣政院	院使	十人	掌佛教僧徒及吐蕃之境而隶治之	兴教寺、吐蕃等处宣慰司都元帅府等
宣政院	同知	二人	掌佛教僧徒及吐蕃之境而隶治之	兴教寺、吐蕃等处宣慰司都元帅府等
宣徽院	院使	六人	掌供玉食。凡稻粱牲牢酒醴、燕享宾客宗戚，及诸王宿卫、怯怜口粮食等事	尚食、尚药、尚酝三局、光禄寺、尚舍寺、尚牧所、永备仓等
宣徽院	同知	二人	掌供玉食。凡稻粱牲牢酒醴、燕享宾客宗戚，及诸王宿卫、怯怜口粮食等事	尚食、尚药、尚酝三局、光禄寺、尚舍寺、尚牧所、永备仓等
宣徽院	副使	二人	掌供玉食。凡稻粱牲牢酒醴、燕享宾客宗戚，及诸王宿卫、怯怜口粮食等事	尚食、尚药、尚酝三局、光禄寺、尚舍寺、尚牧所、永备仓等
太禧宗禋院	院使都典制神御殿事	六人	掌神御殿朔望岁时、讳忌、日辰、禋享礼典	隆禧总管府、会福总管府、崇祥总管府、隆祥使司、寿福总管府
太禧宗禋院	同知兼佐仪神御殿事	二人	掌神御殿朔望岁时、讳忌、日辰、禋享礼典	隆禧总管府、会福总管府、崇祥总管府、隆祥使司、寿福总管府
太禧宗禋院	副使兼奉赞神御殿事	二人	掌神御殿朔望岁时、讳忌、日辰、禋享礼典	隆禧总管府、会福总管府、崇祥总管府、隆祥使司、寿福总管府
太常礼仪院	院使	二人	掌大礼乐、祭祀宗庙社稷、封赠谥号	太庙、郊祀、社稷、大乐四署
太常礼仪院	同知	二人	掌大礼乐、祭祀宗庙社稷、封赠谥号	太庙、郊祀、社稷、大乐四署
典瑞院	院使	四人	掌宝玺、金银符牌	
典瑞院	同知	二人	掌宝玺、金银符牌	
太史院	院使	五人	掌天文历数之事	
太史院	同知	二人	掌天文历数之事	
太医院	院使	十二人	掌医事，制奉御药物，领各署医职	广惠司、御药院、大都惠民局、上都惠民司等
太医院	同知	二人	掌医事，制奉御药物，领各署医职	广惠司、御药院、大都惠民局、上都惠民司等
奎章阁学士院	大学士	四人	命儒臣进经史之书，考帝王之治，以他官兼	群玉内司
奎章阁学士院	侍读学士	二人	命儒臣进经史之书，考帝王之治，以他官兼	群玉内司
艺文监	太监检校书籍事	二人	专以蒙古语敷译儒书，及儒书之合校雠者兼治之	艺林库、广成局
艺文监	少监同检校书籍事	二人	专以蒙古语敷译儒书，及儒书之合校雠者兼治之	艺林库、广成局
侍正府	侍正	十四人	掌内廷近侍之事	
侍正府	同知	二人	掌内廷近侍之事	
将作院	院使	七人	掌成造金玉珠翠宝贝及制绣段匹纱罗等	诸路金玉人匠总管府、异样局总管府等
将作院	同知	二人	掌成造金玉珠翠宝贝及制绣段匹纱罗等	诸路金玉人匠总管府、异样局总管府等
通政院	院使	大都四人 上都一人	掌驿站以给使传，辨奸伪	廪给司
通政院	同知	大都二人 上都一人	掌驿站以给使传，辨奸伪	廪给司
中政院	院使	七人	掌中宫财赋营造供给，并番卫之士，汤沐邑	中瑞司、翊正司、典饮局等
中政院	同知	二人	掌中宫财赋营造供给，并番卫之士，汤沐邑	中瑞司、翊正司、典饮局等

续表

组织系统与机构名称	官名（长官名）	编制员额	职掌	下属机构
储政院	院使	六人	备左右辅翼皇太子之任	家令司、府正司、延庆司、典用监等
	同知	二人		
大都留守司	留守	五人	掌守卫宫阙都城，兼理营建内府诸邸兼少府	修内司、祗应司、器物局等
	同知	二人		
武备寺	卿	四人	掌缮治戎器，兼典受给	寿武库、利器库、广胜库、各路军器局等
	同判	六人		
太仆寺	卿	二人	掌阿塔思马匹受给造作鞍辔	
	少卿	二人		
尚乘寺	卿	四人	掌上御鞍辔舆辇等事	资乘库
	少卿	二人		
长信寺	卿	四人	领大斡耳朵怯怜口诸事	怯怜口诸色人匠提举司、大都及上都铁局
	少卿	二人		
太府监	太卿	六人	领左、右藏等库掌钱帛出纳之数	内藏库，右、左藏
	太监	六人		
度支监	卿	三人	掌给马驼刍粟	
	太监	二人		
利用监	卿	八人	掌出纳皮货衣物之事	资用库、杂造双线局、熟皮局、软皮局等
	太监	五人		
中尚监	卿	八人	掌大斡耳朵位下怯怜口诸务，领资成库毡作	资成库
	太监	二人		
经正监	太卿	一人	掌营盘纳钵及标拨投下草地，有词讼则治之	
	太监	二人		
都水监	都水监	二人	掌治河渠，并堤防水利桥梁牐堰之事	领河道提举司
	太监	一人		
秘书监	卿	四人	掌历代图籍并阴阳禁书	
	太监	二人		
司天监	提点	一人	掌凡历象之事，与太史院并立	
	司天监	三人		
回回司天监	提点	一人	掌领回回人观测天象，编订回回历	
	司天监	三人		

* 本表据《元史》而作。

（十三）明代中央机构简表 *

组织系统与机构名称	长官名	编制	职掌	下属机构
内阁	大学士	中极殿、建极殿、文华殿、武英殿、文渊阁、东阁、均设	参与机务，票拟批答，起草制诰诏书等	诰敕房 制敕房
吏部	尚书	一人	天下官吏选授、封勋、考课之政令	文选、验封、稽勋、考功四清吏司
	左、右侍郎	各一人		
户部	尚书	一人	天下户口、田赋之令	浙江、江西、湖广、陕西、广东、山东、福建、河南、山西、四川、广西、贵州、云南十三清吏司
	左、右侍郎	各一人		
礼部	尚书	一人	天下礼仪、祭祀、宴享、贡举之政令	仪制、祠祭、主客、精膳四清吏司
	左、右侍郎	各一人		
兵部	尚书	一人	天下武卫官军选授、简练之政令	武选、职方、车驾、武库四清吏司
	左、右侍郎	各一人		
刑部	尚书	一人	天下刑名及徒隶、勾覆、关禁之政令	浙江、江西、湖广、陕西、广东、山东、福建、河南、山西、四川、广西、贵州、云南十三清吏司
	左、右侍郎	各一人		
工部	尚书	一人	天下百官、山泽之政令	营缮、虞衡、都水、屯田四清吏司
	左、右侍郎	各一人		
都察院	左、右都御史	各一人	纠劾百官、辩明冤枉，提督各道御史，为天子耳目风纪之司	浙江、江西、河南、山东、福建、广东、广西、四川、贵州、陕西、湖广、山西、云南十三道
	左、右副都御史	各一人		
	左、右佥都御史	各一人		
通政使司	通政使	一人	受内外章疏敷奏封驳之事	
	左、右通政	各一人		
	誊黄右通政	一人		
大理寺	卿	一人	审谳平反刑狱之令	左、右二寺
	左、右少卿	各一人		
詹事府	詹事	一人	统府、坊、局之政事，辅导太子	左、右春坊，司经局
	少詹事	二人		
翰林院	学士	一人	制诰、史册、文翰之事，以考议制度，详正文书，备天子顾问	
	侍读学士 侍讲学士	各二人		

续表

组织系统与机构名称	长官名	编制	职掌	下属机构
国子监	祭酒	一人	国学诸生训导之政令	绳衍厅、博士厅、率性、修道、诚心、正义、崇志、广业六堂，典簿厅、典籍厅、掌馔厅
	司业	一人		
太常寺	卿	一人	祭祀礼乐之事，总其官属，籍其政令，以听于礼部	
	少卿	二人		
光禄寺	卿	一人	祭享、宴劳、酒醴、膳馐之事，以听于礼部	大官、珍馐、良酝、掌醢四署
	少卿	二人		
太仆寺	卿	一人	牧马之政令，以听于兵部	各牧监
	少卿	二人		
鸿胪寺	卿	一人	朝会、宾客、吉凶礼仪之事	司仪、司宾二署
	左、右少卿	各一人		
尚宝司	卿	一人	宝玺、符牌、印章	
	少卿	一人		
吏科	都给事中	一人	侍从、规谏、补阙、拾遗、稽察六部百司之事	
户科	都给事中	一人		
礼科	都给事中	一人		
兵科	都给事中	一人		
刑科	都给事中	一人		
工科	都给事中	一人		
中书科	中书舍人	二十人	书写诰敕、制诏、银册、铁券等事	
行人司	司正	一人	捧节、奉使之事	
	左、右司副	各一人		
钦天监	监正	一人	察天文、定历数、占候、推步之事	
	监副	二人		
太医院	院使	一人	医疗之法	
	院判	二人		
上林苑监	左、右监正	各一人	苑囿、園池、牧畜、树种之事	良牧、蕃育、林衡、嘉蔬四署
	左、右监副	各一人		
僧录司	左、右善世	各一人	天下僧寺事务	
道录司	左、右正一	各一人	天下道观事务	
教坊司	奉銮	一人		
宗人府	宗人令	一人	皇九族属籍，以时修玉牒，书宗室子女适庶、名封、嗣袭、生卒、婚嫁、谥葬之事	
	左、右宗正	各一人		
	左、右宗人	各一人		

* 本表据《明史·职官志》作，洪武十三年以前及南京官署未列。

（十四）清代中央机构简表 *

机构名称	长官名	员额	职掌	下属机构
内阁	大学士	满、汉各二人	钧国政，赞诏命，厘宪典，议大政	兼管实录馆、三通馆等修书各馆，以及稽察钦奉上谕事件处、中书科
	协办大学士	满、汉各一人		
稽察钦奉上谕事件处	管理大臣	无定员	稽察各部院及八旗谕旨特交之事，督其限期	
中书科	稽察科事内阁学士	满、汉各一人	缮写册文、诰敕	
军机处	军机大臣	无定员	掌军国大政，以赞理机务	兼管内翻书房、方略馆
内翻书房	管理大臣	无定员	掌谕旨、书、文翻译事务	
方略馆	总裁	无定员	纂修方略	
吏部	尚书	俱满、汉各一人	管理全国文职官员选拔、任免、考核、封勋等事	文选、考功、验封、稽勋四清吏司
	左、右侍郎			
户部	尚书	俱满、汉各一人	管理全国疆土、田亩、户口、财谷之政令	江南、江西、浙江、湖广、福建、山东、山西、河南、陕西、四川、广东、广西、云南、贵州十四清吏司，以及宝泉局、三库、仓场衙门
	左、右侍郎			
礼部	尚书	俱满、汉各一人	管理国家祀典、庆典、军礼、丧礼，接待外宾，以及学校、科举之事	仪制、祠祭、主客、精膳四清吏司，以及会同四译馆、陵寝礼部衙门。兼领乐部
	左、右侍郎			
乐部	典乐大臣	无定员	管理大祭祀、大朝会演乐及审定乐器音律事务	神乐署、和声署、什傍处
兵部	尚书	俱满、汉各一人	管理全国军事及武职官员的任免、考核	武选、职方、车驾、武库四清吏司，以及会同馆、捷报处
	左、右侍郎			
刑部	尚书	俱满、汉各一人	掌管全国刑罚政令，并参加重大案件的审理	直隶、奉天、江苏、安徽、江西、福建、浙江、湖广、河南、山东、山西、陕西、四川、广东、广西、云南、贵州十七清吏司，以及督捕清吏司、秋审处、减等处、律例馆
	左、右侍郎			
工部	尚书	俱满、汉各一人	掌管天下造作之政令及处项工程之经费	营缮、虞衡、都水、屯田四清吏司，制造库、节慎库、料估所，以及宝源局、管理火药局、值年河道沟渠处、督理街道衙门、陵寝工部衙门
	左、右侍郎			

续表

机构名称		长官名	员额	职掌	下属机构
盛京五部	户部	侍郎	一人	掌盛京财赋	经会、粮储、农田三司
	礼部	侍郎	一人	掌盛京朝祭	左、右二司
	兵部	侍郎	一人	掌盛京戎政	左、右二司
	刑部	侍郎	一人	掌盛京谳狱	肃纪前、后、左、右四司
	工部	侍郎	一人	掌盛京工程	左、右二司
理藩院		尚书 左、右侍郎	俱各一人	掌理内外藩蒙古、回部及诸番部，制爵禄，定朝会，正刑罚	旗籍、王会、柔远、典属、理刑、徕远六清吏司
都察院		左都御史 左副都御史	俱满、汉各二人	监察政治得失，参加重大政事的讨论及重大案件的会审	六科、十五道、五城察院、宗室御史处、稽察内务府御史处
通政使司		通政使 副使	俱满、汉各一人	掌收各省题本，校阅后送内阁	登闻鼓厅
大理寺		卿 少卿	俱满、汉各一人	平反全国刑名案件，参加重大案件的会审	左、右二寺
翰林院		掌院学士	满、汉各一人	论撰文史，以备顾问	庶常馆、起居注馆、国史馆
詹事府		詹事 少詹事	俱满、汉各一人	掌文学侍从	左、右春坊，司经局
太常寺		卿 少卿	俱满、汉各一人	掌管坛庙祭祀礼仪	祠祭署、工程处
光禄寺		卿 少卿	俱满、汉各一人	掌管典礼预备筵席及供应官员食物	大官、珍馐、良酝、掌醢四署
太仆寺		卿 少卿	俱满、汉各一人	掌牧马事务	左、右二司
鸿胪寺		卿 少卿	俱满、汉各一人	掌管朝会与国家宴会之赞导礼仪	
国子监		祭酒	满、汉各一人	掌管国学政令	绳愆厅、博士厅、六堂、南学、八旗官学、算学
钦天监		监正 左、右监副	俱满、汉各一人	观测天文气象，编制历书	时宪科、天文科、漏刻科
太医院		院使 左、右院判	俱汉一人	掌管医药卫生事务	
宗人府		宗令 左、右宗正 左、右宗人	俱各一人	管理皇族事务，掌皇族属籍，并纂修玉牒	左、右二司，左、右翼宗学，八旗觉罗学
内务府		总管大臣	无定员	掌宫廷事务	广储、都虞、掌仪、会计、营造、庆丰、慎刑七司，兼管上驷院、武备院、奉宸苑、文渊阁、武英殿、御史处、咸安宫官学、景山官学、长房官学、御药房、敬事房
上驷院		卿	二人	管理御用马匹	左、右二司
武备院		卿	二人	制备器械，陈设兵仗	北鞍、南鞍、甲、毡四库
奉宸苑		卿	二人	管理皇家各园庭	

附：清末新设机构

责任内阁	总理大臣 协理大臣	各一人	参画机要，处理国政	承宣厅、制诰局、叙官局、统计局、印铸局，并辖法制院
制法院	院长 副院长	各一人	编制法规	
外务部	外务大臣 副大臣	各一人	掌管外交事务	和会、考工、榷算、庶务四司，司务厅，俄、德、英、法、日本五处，附设储才馆
民政部	民政大臣 副大臣	各一人	掌管民政及工巡事务	民治、警政、疆理、营缮、卫生五司，下辖内外巡警总厅、消防队
度支部	度支大臣 副大臣	各一人	管理全国财政事务	田赋、漕仓、税课、管榷、通阜、库藏、廉俸、军饷、制用、会计十司，下辖宝泉局、大清银行、造币总厂、仓场总督衙门
学部	学务大臣 副大臣	各一人	管理全国学校教育事务	总务、专门、普通、实业、会计五司
陆军部	陆军大臣 副大臣	各一人	管理全国陆军事务	承政、军制、军衡、军需、军医、军法六司
海军部	海军大臣 副大臣	各一人	管理全国海军事务	军制、军政、军学、军枢、军储、军法、军医七司
法部	司法大臣 副大臣	各一人	掌司法行政，监督大理院及京内外审判、检察机构	审录、制勘、编置、宥恤、举叙、典狱、会计、都事八司，下属京师各级审判厅、检察厅
大理院	正卿 少卿	各一人	审判讼诉案件	刑事四厅、民刑二厅，附设总检察厅
农工商部	农工商大臣 副大臣	各一人	掌全国农工商政令，专司推演实业	农务、工务、商务、庶务四司，下辖农事试验场、工艺局、劝工陈列所、化分矿质所、度量权衡局、商标局、商律馆
邮传部	邮传大臣 副大臣	各一人	掌全国交通、邮电事务	船政、路政、电政、邮政四司，下辖邮政总局、铁路总局、电政总局、电话局、交通银行、北京银行
军谘府	军谘大臣	二人	秉承诏命，襄赞军谋	一、二、三、四厅，下辖测地局、军事官报局
弼德院	院长 副院长	各一人	参预机密事务，并审议“洪疑大政”	
资政院	总裁 副总裁	各一人	议定国家岁出入预算、决算、税法、公债，及奉旨交议之事	
盐政院	盐政大臣 丞	各一人	掌管全国盐政，制定盐务法规	总务、南盐、北盐三厅
典礼院	掌院学士 副掌院学士	各一人	掌朝廷坛庙、陵寝之礼乐及制造、典守事宜，并修明礼乐，更定章制	礼制、祠祭、奉常、精膳四署

* 本表据《清朝文献通考·职官考》、《清史稿·职官志》而作。